Manual de DIREITO PREVIDENCIÁRIO

Frederico Amado

Manual de DIREITO PREVIDENCIÁRIO

De acordo com o
NOVO REGULAMENTO DA PREVIDÊNCIA
Decreto 10.410, de 30/06/2020

De acordo com a
REFORMA da PREVIDÊNCIA

2021

EDITORA JusPODIVM
www.editorajuspodivm.com.br

Para acessar os vídeos:

Para quem usa **Android**, importante instalar um aplicativo com leitor de QRCodes, que pode ser o "QR Code Reader". Você encontrará no seguinte link:

- http://editoraj.us/baixar-qr-android

Para quem usa **IOS** (iPhone, iPad), basta instalar um aplicativo com leitor de QRCodes, que pode ser o "QR Code Reader and Scanner". Você o encontrará no seguinte link:

- http://editoraj.us/baixar-qr-ios

EDITORA *Jus*PODIVM
www.editorajuspodivm.com.br

Rua Território Rio Branco, 87 – Pituba – CEP: 41830-530 – Salvador – Bahia
Tel: (71) 3045.9051
• Contato: https://www.editorajuspodivm.com.br/sac

Diagramação: Marcelo S. Brandão *(santibrando@gmail.com)*

Capa: Equipe *Jus*PODIVM

M294 Amado, Frederico.
Manual de Direito Previdenciário / Frederico Amado – Salvador: Editora JusPodivm, 2021.

1.440 p. (Manuais para Concursos)

Inclui bibliografia
ISBN 978-65-5680-227-5

1. Direito Previdenciário. I. Amado, Frederico. II. Título.

CDD 341.6

NOTA DO AUTOR

A idealização de mais uma obra teórica sobre o Direito Previdenciário decorreu da evolução dos inúmeros livros que publicamos nesta disciplina, especialmente o Curso de Direito e Processo Previdenciário ("Monstro Verde"), e da elevação do grau de dificuldade dos concursos públicos nesta disciplina.

Até a publicação deste ***Manual de Direito Previdenciário***, eu apresentava a Sinopse de Direito Previdenciário como o meu livro teórico indicado para a maioria dos concursos públicos, ressalvada a indicação do "Monstro Verde" para os certames de mais elevada densidade na matéria, a exemplo da magistratura federal, Procuradoria-Geral Federal e Defensoria Pública da União.

No entanto, o Curso de Direito e Processo Previdenciário tem hoje um nítido perfil profissional, adentrando em alguns temas que não são cobrados em concursos públicos e atingindo normatização muito além da cobrança pelos certames mais difíceis.

Nesse sentido, a obra ultrapassou a marca de 2.000 páginas em 2020 em formato de página gigante (21 x 28 cm) com duas colunas, o que equivale a uma obra com mais de 3.000 páginas se fosse diagramada no tamanho tradicional (17 x 24 cm), formato atual deste Manual de Direito Previdenciário.

Ademais, conquanto a Sinopse de Direito Previdenciário tenha um bom padrão de verticalização da disciplina, não dou plena segurança aos leitores que buscam a mais densa preparação para concursos públicos de elevado padrão de cobrança, de modo que se impôs a publicação de uma obra intermediária com viés de concursos.

Assim nasce o ***Manual de Direito Previdenciário***, que engloba o estudo dos três regimes de previdência (RGPS, RPPS e RPC), trazendo ainda temas processuais administrativos e judiciais que editais mais avançados inserem dentro dos programas do Direito Previdenciário.

Outrossim, os benefícios assistenciais com gestão pelo INSS e os delitos contra a previdência social são contemplados na obra, além do estudo da saúde pública e da assistência social, de modo que o alcance acaba sendo a seguridade social como um todo.

Ao final dos capítulos são apresentadas algumas questões de prova com gabarito, que são comentadas por **vídeos do autor acessíveis pelo QR CODE** em parceria com o Especcial Jus.

Esta 1ª edição foi escrita de acordo com a **nova previdência (Emenda 103/2019) e o novo Regulamento da Previdência Social (Decreto 10.410, de 30/06/2020 e Decreto 10.491, de 23/09/2020)**, trazendo ainda a normatização a respeito da **COVID-19** e seus impactos no custeio, nos benefícios previdenciários e no BPC/LOAS.

Destacamos ao longo da obra as inúmeras novidades da **jurisprudência**, especialmente os seguintes **temas julgados em 2020**:

- STF: ADI 6.096 – inconstitucionalidade da decadência contra ato de indeferimento de benefício;

- STF: Tema 942 – conversão de tempo especial em comum no RPPS;
- STF: Tema 1.091 – fator previdenciário;
- STF: Tema 503 – reaposentação;
- STF: Tema 709 – aposentadoria especial e afastamento do labor nocivo;
- STF: Tema 543 – salário família e baixa renda;
- STF: Tema 445 – prazo para registro de aposentadoria e pensão no Tribunal de Contas;
- STF: ADI 6.327 – ampliação do salário-maternidade na internação hospitalar;
- STF: 576.967 – inconstitucionalidade da contribuição no salário-maternidade;
- STJ: Tema 1.013 – cumulação de remuneração com benefício por incapacidade laboral;
- STJ: Tema 995 – reafirmação judicial da DER;
- STJ: Tema 975 – decadência e questões não apreciadas pelo INSS;
- TNU: Tema 255 – Prorrogação do período de graça/mais de 120 contribuições;
- TNU: Tema 251 – Termo inicial período de graça/auxílio por incapacidade temporária;
- TNU: Tema 203 – Divisor mínimo de 60% do período básico de cálculo;
- TNU: Tema 195 – acumulação de benefícios;
- TNU: Tema 217 – pedido judicial diverso do pedido administrativo;
- TNU: Tema 205 – agentes biológicos;
- TNU: Tema 213 – critérios de eficácia de EPI;
- TNU: Tema 216 – aluno aprendiz;
- TNU: Tema 245 – benefício irregular e período de graça;
- TNU: Tema 233 – servidor demitido e CTC.

Por fim, recomenda-se ao leitor que também deseja a capacitação por aulas EAD comigo consultar o nosso portal do **Especcial Jus Cursos Online (www.especcialjus.com.br)** para verificação da pós-graduação, dos cursos de prática previdenciária EAD e do curso completo para concursos públicos.

Bom estudo!

Frederico Amado

SUMÁRIO

CAPÍTULO 6
REGRAS GERAIS DO PLANO DE BENEFÍCIOS E SERVIÇOS DO REGIME GERAL DE PREVIDÊNCIA SOCIAL 363

CAPÍTULO 7
BENEFÍCIOS E SERVIÇOS PREVIDENCIÁRIOS E ASSISTENCIAIS EM ESPÉCIE 483

CAPÍTULO 8

CAPÍTULO 9
PROCESSO ADMINISTRATIVO PREVIDENCIÁRIO 907

CAPÍTULO 10
PROCESSO JUDICIAL PREVIDENCIÁRIO 951

CAPÍTULO 13

SIGLAS

ADI	– Ação Direta de Inconstitucionalidade
APS	– Agência da Previdência Social
CAT	– Comunicação de Acidente de Trabalho
CC	– Código Civil
CDA	– Certidão de Dívida Ativa
CEI	– Cadastro Específico do INSS
CLT	– Consolidação das Leis do Trabalho
CNAS	– Conselho Nacional de Assistência Social
CNIS	– Cadastro Nacional de Informações Sociais
CNPS	– Conselho Nacional de Previdência Social
CNS	– Conselho Nacional da Saúde
COFINS	– Contribuição para o Financiamento da Seguridade Social
COPES	– Cobertura Previdenciária Estimada
CP	– Contribuição Previdenciária
CPC	– Código de Processo Civil
CRFB	– Constituição da República Federativa do Brasil
CRP	– Certificado de Regularidade Previdenciária
CRPS	– Conselho de Recursos da Previdência Social
CSLL	– Contribuição Social sobre o Lucro Líquido
CTC	– Certidão de Tempo de Contribuição
CTN	– Código Tributário Nacional
CTPS	– Carteira de Trabalho e Previdência Social
CTS	– Certidão de Tempo de Serviço
DA	– Data do Acidente
DAT	– Data do Afastamento do Trabalhador
DATAPREV	– Empresa de Tecnologia e Informações da Previdência Social
DDB	– Data do Despacho do Benefício
DIB	– Data de Início do Benefício
DICB	– Data de Implementação das Condições Necessárias à Concessão do Benefício

DID – Data de Início da Doença
DII – Data de Início da Incapacidade
DIP – Data de Início do Pagamento
DRE – Data da Realização do Exame
DVM – Data da Verificação do Mal
EC – Emenda Constitucional
FAP – Fator Acidentário de Prevenção
FGTS – Fundo de Garantia por Tempo de Serviço
GFIP – Guia de Recolhimento do FGTS e de Informações Previdenciárias
GILRAT – Grau de Incidência de Incapacidade Laborativa Decorrente dos Riscos do Ambiente de Trabalho
INPS – Instituto Nacional da Previdência Social
INAMPS – Instituto Nacional de Assistência Médica da Previdência Social
INSS – Instituto Nacional do Seguro Social
JA – Justificação Administrativa
JEF – Juizado Especial Federal
LB – Lei de Benefícios (Lei 8.213/91)
LC – Lei de Custeio (Lei 8.212/91)
LOAS – Lei Orgânica da Assistência Social (Lei 8.742/93)
LTCAT – Laudo Técnico das Condições Ambientais de Trabalho
NIT – Número de Inscrição do Trabalhador
NTEP – Nexo Técnico Epidemiológico
OGMO – Órgão Gestor de Mão-de-Obra
PIS – Programa de Integração Social
PSSC – Plano de Seguridade Social dos Congressistas
PP – Pedido de Prorrogação
RAIS – Relatório Anual de Informações Sociais
RAT – Riscos Ambientais do Trabalho
RFB – Receita Federal do Brasil
RGPS – Regime Geral de Previdência Social
RMI – Renda Mensal Inicial
RPPS – Regime Próprio de Previdência Social
RPS – Regulamento da Previdência Social (Decreto 3.048/99)

RPV	–	Requisição de Pequeno Valor
SAT	–	Seguro de Acidente do Trabalho
SDPA	–	Seguro-Desemprego do Pescador Profissional Artesanal
STF	–	Supremo Tribunal Federal
STJ	–	Superior Tribunal de Justiça
SUAS	–	Sistema Único de Assistência Social
SUS	–	Sistema Único de Saúde
SINPAS	–	Sistema Nacional de Previdência e Assistência Social
TNU	–	Turma Nacional de Uniformização
TR	–	Turma Recursal
TRF	–	Tribunal Regional Federal

CAPÍTULO 1

A SEGURIDADE SOCIAL

1. INTRODUÇÃO

É preciso que o Estado proteja o seu povo contra eventos previsíveis, ou não, aptos a causar a sua miséria e intranquilidade social, providenciando recursos para manter, ao menos, o seu mínimo existencial e, por conseguinte, a dignidade humana, instituindo um eficaz sistema de proteção social.

Eventos como o desemprego, a velhice, a morte, a prisão, a infância, a doença, a maternidade e a invalidez poderão impedir temporária ou definitivamente que as pessoas laborem para angariar recursos financeiros visando atender às suas necessidades básicas e de seus dependentes, sendo dever do Estado Social de Direito intervir quando se fizer necessário.

Mas nem sempre foi assim no Brasil e no mundo. No estado absolutista, ou mesmo no liberal, eram tímidas as medidas governamentais de providências positivas, porquanto, no primeiro, sequer exista um Estado de Direito, enquanto no segundo vigorava a doutrina da mínima intervenção estatal, sendo o Poder Público apenas garantidor das liberdades negativas (direitos civis e políticos), o que agravou a concentração de riquezas e a disseminação da miséria, pois, como brilhantemente já afirmou o Padre Lacordaire, "entre o fraco e o forte a liberdade escraviza e a lei liberta"[1].

Nessa evolução natural entrou em crise o estado liberal, notadamente com as guerras mundiais, a Revolução Soviética de 1917 e a crise econômica mundial de 1929, ante a sua inércia em solucionar os dilemas básicos da população, como o trabalho, a saúde, a moradia e a educação, haja vista a inexistência de interesse regulatório da suposta mão livre do mercado, que de fato apenas visava agregar lucros cada vez maiores em suas operações mercantis.

Deveras, com o nascimento progressivo do Estado Social, o Poder Público se viu obrigado a sair da sua tradicional contumácia, passando a assumir gradativamente a responsabilidade pela efetivação das prestações positivas econômicas e sociais (direitos fundamentais de segunda dimensão), valendo destacar em nosso tema os direitos relativos à saúde, à assistência e à previdência social.

De efeito, a Constituição Federal de 1988 foi a primeira a instituir no Brasil o sistema da seguridade social[2], que engloba as ações na área da previdência social, da assistência social e da saúde pública, estando prevista no Capítulo II, do Título VIII, nos artigos 194 a 204, que contará com um orçamento específico na lei orçamentária anual[3].

---

1. Lacordaire apud Herkenhoff, João Batista. Justiça, Direito do Povo. 2ª ed. Rio de Janeiro: Thex, 2002, p. 71.
2. A expressão seguridade social foi utilizada oficialmente pela primeira vez pelo "Social Security Act" (1935), editado pelos EUA como política do "New Deal" (idealizada pelo Presidente Roosevelt), que abarcava Previdência e a Assistência Social naquele país.
3. Artigo 165, § 3º, III, da CRFB.

De efeito, conquanto não haja previsão expressa na Constituição Cidadã, é certo que a seguridade social forma um Sistema Nacional, pois regulada por um conjunto normativo harmônico e por órgãos e entidades estatais que objetivam concretizar os direitos fundamentais à saúde, à previdência e à assistência social.

Nesse sentido, dispõe o artigo 5º, da Lei 8.212/91, que "as ações nas áreas de Saúde, Previdência Social e Assistência Social, conforme o disposto no Capítulo II do Título VIII da Constituição Federal, serão organizadas em Sistema Nacional de Seguridade Social, na forma desta Lei".

Entre os direitos sociais expressamente previstos no artigo 6º, da Lei Maior, encontram-se consignados a saúde, a previdência social, a proteção à maternidade e à infância, bem como a assistência aos desamparados, reafirmando a sua natureza de fundamentais.

Convém de logo advertir que juridicamente as expressões "seguridade social" e "seguro social" têm acepções diversas, pois esta última se refere a uma relação de cobertura previdenciária, sendo mais restrita por se limitar à previdência social, enquanto a seguridade deve ser interpretada como segurança social.

Dentro da seguridade social coexistem dois subsistemas: de um lado o subsistema contributivo, composto apenas pela previdência social, que pressupõe o pagamento (real ou presumido) de contribuições previdenciárias dos segurados para a sua cobertura e dos seus dependentes.

Do outro, o subsistema não contributivo, integrado pela saúde pública e pela assistência social, pois ambas são custeadas pelos tributos em geral (especialmente as contribuições destinadas ao custeio da seguridade social) e disponíveis a todas as pessoas que delas necessitarem, inexistindo a exigência de pagamento de contribuições específicas dos usuários para o gozo dessas atividades públicas.

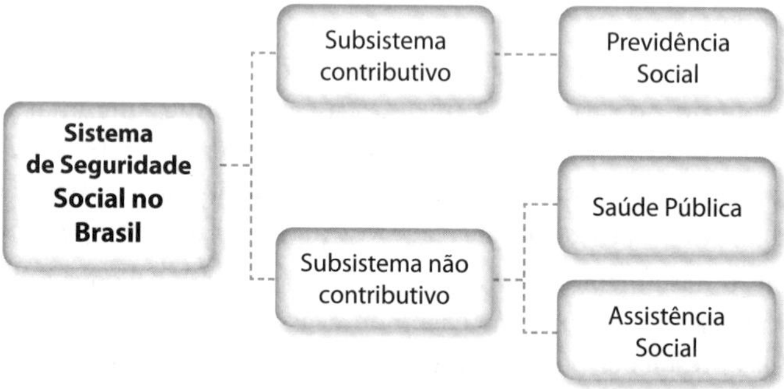

Em síntese, é preciso contribuir para ter uma cobertura pela previdência social, o que não ocorre na assistência social e na saúde pública.

Essa classificação do Sistema Nacional de Seguridade Social em subsistema contributivo (previdência social) e subsistema não contributivo (assistência social e saúde pública) é bastante importante na definição do regime jurídico de cada campo da seguridade social, inclusive na interpretação dos princípios e objetivos do sistema, refletindo efeitos que serão debatidos ao longo desta obra.

É possível afirmar que o objetivo genérico do sistema brasileiro de seguridade social é preservar a dignidade da pessoa humana, mediante a realização do bem-estar e da justiça social, tendo em vista ser integrante do Título VIII, da Constituição Federal, que regula a Ordem Social.

A seguridade social no Brasil consiste no conjunto integrado de ações que visam a assegurar os direitos fundamentais à saúde, à assistência e à previdência social, de iniciativa do Poder Público e de toda a sociedade.

Destarte, não apenas a União, os estados, o Distrito Federal e os municípios atuarão para a efetivação dos direitos fundamentais à seguridade social, pois também contarão com a colaboração das pessoas naturais e das pessoas jurídicas de direito privado.

Nesse sentido, são exemplos dessa participação da iniciativa privada na seguridade social a atuação das entidades de previdência privada, dos hospitais particulares que atendem pelo Sistema Único de Saúde e as doações feitas pelas pessoas físicas em favor das pessoas em situação de miséria.

Atualmente, a seguridade social ostenta simultaneamente a natureza jurídica de direito fundamental de 2ª e 3ª dimensão ou geração, vez que tem natureza prestacional positiva (direito social – 2ª geração) e possui caráter universal (natureza coletiva – 3ª geração).

Em regra, caberá privativamente à União legislar sobre seguridade social, na forma do artigo 22, inciso XXIII, da CRFB:

> "Art. 22. Compete privativamente à União legislar sobre:
>
> [...]
>
> XXIII – seguridade social;"
>
> Contudo, será competência concorrente entre as entidades políticas legislar sobre previdência social, proteção e defesa da saúde, dos portadores de deficiência, da infância e juventude, na forma do artigo 24, incisos XII, XIV e XV, da CRFB:
>
> "Art. 24. Compete à União, aos Estados e ao Distrito Federal legislar concorrentemente sobre:
>
> [...]
>
> XII – previdência social, proteção e defesa da saúde;
>
> [...]
>
> XIV – proteção e integração social das pessoas portadoras de deficiência;
>
> XV – proteção à infância e à juventude;"

Note-se que os municípios também entrarão na repartição dessas competências, pois aos mesmos caberá legislar sobre assuntos de interesse local, assim como suplementar a legislação estadual e federal no que couber[4].

Há uma aparente antinomia de dispositivos constitucionais, pois a seguridade social foi tema legiferante reservado à União pelo artigo 22, inciso XXIII, enquanto a previdência social, a saúde e temas assistenciais (todos inclusos na seguridade social) foram repartidos entre todas as pessoas políticas.

Essa aparente antinomia é solucionada da seguinte maneira: apenas a União poderá legislar sobre previdência social, exceto no que concerne ao regime de previdência dos servidores públicos efetivos dos estados, do Distrito Federal e dos municípios, que poderão editar normas jurídicas para instituí-los e discipliná-los, observadas as normas gerais editadas pela União e as já postas pela própria Constituição.

4. Artigo 30, incisos I e II, da CRFB.

Outrossim, os estados, o Distrito Federal e os municípios também poderão editar normas jurídicas acerca da previdência complementar dos seus servidores públicos, a teor do artigo 40, § 14, da Constituição Federal.

Contudo, entende-se que apenas a União possui competência para legislar sobre a previdência complementar privada, pois o tema deve ser regulado por lei complementar federal, conforme se interpreta do artigo 202, da Constituição Federal, tendo sido promulgada pela União as Leis Complementares 108 e 109/2001.

IMPORTANTE:

Por força da **Emenda 103/2019**, a competência para legislar sobre regras gerais de **inatividade remunerada** de policiais militares e bombeiros dos **estados e Distrito Federal** passou a ser **privativa da União**, tendo sido alterado o inciso XXI do artigo 22 da Constituição.

Dessa forma, analisando do ponto de vista previdenciário, busca-se uniformizar por lei federal as regras gerais da inativação remunerada e pensões por morte dos policiais militares e bombeiros dos estados da federação, a fim de que haja um único regramento a ser editado pelo ente central, deixando aos estados somente a suplementação de acordo com as peculiaridades locais.

Assim, caberá à União reger os requisitos gerais das inatividades remuneradas e pensões por morte das polícias militares e dos corpos de bombeiros militares, o que acarretará a ulterior suspensão das normas locais no que for contrário.

Entende-se que as regras locais permanecerão em vigor até a edição de lei geral por parte da União.

No que concerne à saúde e à assistência social, a competência acaba sendo concorrente, cabendo à União editar normas gerais a serem complementadas pelos demais entes políticos, conforme as suas peculiaridades regionais e locais, tendo em conta que todas as pessoas políticas devem atuar para realizar os direitos fundamentais na área da saúde e da assistência social.

Nesse sentido, as normas gerais sobre a saúde foram editadas pela União através da Lei 8.080/90, que dispõe sobre as condições para a promoção, proteção e recuperação da saúde, a organização e o funcionamento dos serviços correspondentes, e da assistência social pela Lei 8.742/93, que dispõe sobre a organização da assistência social no Brasil.

2. PRINCÍPIOS

Com o advento do constitucionalismo pós-positivista, os princípios passaram à categoria de normas jurídicas ao lado das regras, não tendo mais apenas a função de integrar o sistema quando ausentes as regras regulatórias, sendo agora dotados de coercibilidade e servindo de alicerce para o ordenamento jurídico, pois axiologicamente inspiram a elaboração das normas-regras.

É possível definir os princípios como espécie de normas jurídicas com maior carga de abstração, generalidade e indeterminação que as regras, haja vista não disciplinarem por via direta as condutas humanas, dependendo de uma intermediação valorativa do exegeta para a sua aplicação.

Com propriedade, é prevalente que no atual patamar do constitucionalismo o conflito entre princípios não se resolve com o sacrifício abstrato de um deles, devendo ser equacionada a tensão de acordo com o caso concreto, observadas as suas peculiaridades, manejando-se o Princípio da Proporcionalidade.

Outrossim, é preciso destacar que muitas vezes o próprio legislador já operou a ponderação entre princípios ao elaborar as regras, não cabendo ao intérprete (juiz, administrador público e particulares) contrariar a decisão legislativa, salvo quando atentar contra a Constituição Federal.

De sua vez, a maioria dos princípios informadores da seguridade social encontra-se arrolada no artigo 194, da CRFB, sendo tratados como objetivos do sistema pelo constituinte, destacando-se que a sua interpretação e grau de aplicação variará dentro da seguridade social, a depender do campo de incidência, se no subsistema contributivo (previdência) ou no subsistema não contributivo (assistência social e saúde pública).

Princípios da Seguridade Social

- Universalidade da Cobertura e do Atendimento;
- Uniformidade e Equivalência dos Benefícios e Serviços às Populações Urbanas e Rurais;
- Seletividade e Distributividade;
- Irredutibilidade do Valor dos Benefícios;
- Equidade de Participação no Custeio;
- Diversidade da Base de Financiamento;
- Gestão Quadripartite;
- Solidariedade;
- Precedência da Fonte de Custeio;
- Orçamento Diferenciado.

2.1. Universalidade da cobertura e do atendimento

A seguridade social deverá atender a todos os necessitados, especialmente através da assistência social e da saúde pública, que são gratuitas, pois independem do pagamento de contribuições diretas dos usuários (subsistema não contributivo da seguridade social).

Ao revés, a previdência terá a sua universalidade limitada por sua necessária contributividade, vez que o gozo das prestações previdenciárias apenas será devido aos segurados (em regra, aqueles que exercem atividade laborativa remunerada) e aos seus dependentes, pois no Brasil o sistema previdenciário é contributivo direto.

Logo, embora exista, a universalidade previdenciária é mitigada por sua necessária contributividade, haja vista limitar-se aos beneficiários do seguro, não atingindo toda a população.

O artigo 13, da Lei 8.213/91, faculta a toda pessoa maior de 14 anos que não trabalhe a possibilidade de filiação ao Regime Geral de Previdência Social, na qualidade de segurado facultativo, desde que verta contribuições ao sistema previdenciário, a fim de realizar ao máximo a universalidade do sistema.

Este princípio busca conferir a maior abrangência possível às ações da seguridade social no Brasil, de modo a englobar não apenas os nacionais, mas também os estrangeiros residentes, ou até mesmo os não residentes, a depender da situação concreta, a exemplo das ações indispensáveis de saúde, revelando a sua natureza de direito fundamental de efetivação coletiva.

Todavia, é preciso advertir que a universalidade de cobertura e do atendimento da seguridade social não tem condições de ser absoluta, vez que inexistem recursos financeiros disponíveis para o atendimento de todos os riscos sociais existentes, devendo se perpetrar a escolha dos mais relevantes, de acordo com o interesse público, observada a reserva do possível[5].

Segundo Marcelo Leonardo Tavares[6], "a universalidade, além do aspecto subjetivo, também possui um viés objetivo e serve como princípio: a organização das prestações de seguridade deve procurar, na medida do possível, abranger ao máximo os riscos sociais".

Em síntese, a vertente subjetiva deste princípio determina que a seguridade social alcance o maior número possível de pessoas que necessitem de cobertura, ao passo que a objetiva compele o legislador e o administrador a adotarem as medidas possíveis para cobrir o maior número de riscos sociais.

É possível cindir este princípio a fim de ligar a Universalidade da Cobertura aos riscos sociais abarcados pelo Sistema Nacional de Seguridade Social (aspecto objetivo), enquanto a Universalidade do Atendimento se refere às pessoas destinatárias das prestações securitárias (aspecto subjetivo).

É exemplo de aplicação da acepção subjetiva do Princípio da Universalidade da Cobertura e do Atendimento no campo da Previdência Social, a progressiva celebração de tratados internacionais pelo Brasil, visando o reconhecimento do tempo de contribuição prestado por brasileiros no exterior para o pagamento de benefícios previdenciários por totalização, existindo tratados celebrados com países do MERCOSUL, Grécia, Itália, Portugal e Japão, dentre outras nações.

Outrossim, os §§ 12[7] e 13[8], do artigo 201, da Constituição Federal, insertos pela Emenda 47/2005 e com redação dada pela EC 103/2019, tratam do sistema especial de inclusão previdenciária dos trabalhadores de baixa renda, dos que se encontram em situação de informalidade e dos que exercem trabalho doméstico sem renda própria, também decorrem de concretização do Princípio da Universalidade da Cobertura e do Atendimento na esfera previdenciária, pois a aposentadoria concedida ao segurado de que trata o § 12 terá valor de 1 (um) salário-mínimo, para fomentar a inclusão previdenciária, sendo atualmente regula mentos pelo artigo 21, da Lei 8.212/91, com redação dada pela Lei 12.470/2011.

2.2. Uniformidade e equivalência dos benefícios e serviços às populações urbanas e rurais

Cuida-se de corolário do Princípio da Isonomia no sistema de seguridade social, que objetiva o tratamento isonômico entre povos urbanos e rurais na concessão das prestações da seguridade social.

5. A reserva do possível (expressão cunhada por J. J. Gomes Canotilho) tem berço doutrinário e jurisprudencial na Alemanha, pregando que a efetividade dos direitos sociais condiciona-se a efetiva disponibilidade de recursos públicos, sendo que essa decisão cabia ao Parlamento e ao Governo na formulação do orçamento público.
6. Direito Previdenciário, 11ª edição, Impetus, p. 3.
7. § 12. Lei instituirá sistema especial de inclusão previdenciária, com alíquotas diferenciadas, para atender aos trabalhadores de baixa renda, inclusive os que se encontram em situação de informalidade, e àqueles sem renda própria que se dediquem exclusivamente ao trabalho doméstico no âmbito de sua residência, desde que pertencentes a famílias de baixa renda. (Redação dada pela Emenda Constitucional nº 103, de 2019)
8. § 13. A aposentadoria concedida ao segurado de que trata o § 12 terá valor de 1 (um) salário-mínimo. (Redação dada pela Emenda Constitucional nº 103, de 2019)

Enquanto os benefícios são obrigações de pagar quantia certa, os serviços são obrigações de fazer prestados no âmbito do sistema securitário.

Com efeito, não é mais possível a discriminação negativa em desfavor das populações rurais como ocorreu no passado, pois agora os benefícios e serviços da seguridade social deverão tratar isonomicamente os povos urbanos e rurais.

Isso não quer dizer que não possa existir tratamento diferenciado, desde que haja um fator de discrímen justificável diante de uma situação concreta, conforme ocorre em benefício das populações rurais por força do artigo 195, § 8º, da CRFB, que prevê uma forma especial de contribuição previdenciária baseada na produção comercializada, porquanto são consabidas as dificuldades e oscilações que assolam especialmente a vida dos rurícolas que labutam em regime de economia familiar para a subsistência.

Logo, em regra, os eventos cobertos pela seguridade social em favor dos povos urbanos e rurais deverão ser os mesmos, salvo algum tratamento diferenciado razoável, sob pena de discriminação negativa injustificável e consequente inconstitucionalidade material.

Nesse sentido, como política de ação afirmativa previdenciária, vez que o trabalho no campo é desgastante em razão da exposição aos fatores climáticos, os trabalhadores rurais terão direito à redução de cinco anos na aposentadoria por idade, não havendo qualquer violação a este princípio.

2.3. Seletividade e distributividade na prestação dos benefícios e serviços

A seletividade deverá lastrear a escolha feita pelo legislador dos benefícios e serviços integrantes da seguridade social, bem como os requisitos para a sua concessão, conforme as necessidades sociais e a disponibilidade de recursos orçamentários, funcionando como limitadora da universalidade da seguridade social.

Deveras, como não há possibilidade financeira de se cobrir todos os eventos desejados, deverão ser selecionados para a cobertura os riscos sociais mais relevantes, visando à melhor otimização administrativa dos recursos, conforme o interesse público.

Na medida em que se operar o desenvolvimento econômico do país, deverá o Poder Público expandir proporcionalmente a cobertura da seguridade social, observado o orçamento público, notadamente nas áreas da saúde e da assistência social.

Demais disso, como base no Princípio da Seletividade, o legislador ainda irá escolher as pessoas destinatárias das prestações da seguridade social, consoante o interesse público, sempre observando as necessidades sociais.

Dessarte, se determinada pessoa necessite de uma prótese para suprir a carência de um membro inferior, existindo disponíveis no mercado um produto nacional de boa qualidade que custe R$ 1.000,00, e uma importada de excelente qualidade no importe de R$ 10.000,00, o sistema de saúde pública apenas deverá custear a nacional, pois é certo que inexiste dinheiro público em excesso, sendo a melhor opção beneficiar dez pessoas com a prótese nacional do que apenas uma com a importada.

Outro exemplo de aplicação do Princípio da Seletividade ocorreu na Emenda 20/1998, que restringiu a concessão do salário-família e do auxílio-reclusão para os dependentes dos segurados de baixa renda, conforme a atual redação do artigo 201, inciso IV, da Constituição Federal.

Ademais, se uma pessoa apenas se encontra temporariamente incapaz para o trabalho habitual, ela não será selecionada para o benefício previdenciário da aposentadoria por invalidez (atual aposentadoria por incapacidade permanente – EC 103/2019), mas apenas do auxílio--doença (atual auxílio por incapacidade temporária), pois não está inválida permanentemente.

Por seu turno, a distributividade coloca a seguridade social como sistema realizador da justiça social, consectário do Princípio da Isonomia, sendo instrumento de desconcentração de riquezas, pois devem ser agraciados com as prestações da seguridade social especialmente os mais necessitados.

Assim, como exemplo, apenas farão jus ao benefício do amparo assistencial os idosos e os deficientes físicos que demonstrem estar em condição de miserabilidade, não sendo uma prestação devida aos demais que não se encontrem em situação de penúria.

Como muito bem afirmado por Sergio Pinto Martins, "seleciona para poder distribuir"[9]. Considerando que a assistência social apenas irá amparar aos necessitados, nos termos do artigo 203, da Constituição, entende-se que é neste campo que o Princípio da Distributividade ganha a sua dimensão máxima, e não na saúde e na previdência social, pois redistribui as riquezas da nação apenas em favor dos miseráveis.

É que a saúde pública é gratuita para todos, podendo uma pessoa abastada se valer de atendimento pelo sistema único de saúde. Já a previdência social apenas protegerá os segurados e seus dependentes, não bastando ter necessidade de proteção social para fazer jus às prestações previdenciárias.

2.4. Irredutibilidade do valor dos benefícios

Por este princípio, decorrente da segurança jurídica, não será possível a redução do valor nominal de benefício da seguridade social, vedando-se o retrocesso securitário.

Com propriedade, não seria possível que o Poder Público reduzisse o valor das prestações mesmo durante períodos de crise econômica, como a enfrentada pelo mundo em 2008/2009, ao contrário do que poderia ocorrer com os salários dos trabalhadores, que excepcionalmente podem reduzidos se houver acordo coletivo permissivo[10].

No que concerne especificamente aos benefícios previdenciários, ainda é garantido constitucionalmente o reajustamento para manter o seu valor real, conforme os índices definidos em lei[11], o que reflete uma irredutibilidade material.

Esta disposição é atualmente regulamentada pelo artigo 41-A, da Lei 8.213/91, que garante a manutenção do valor real dos benefícios pagos pelo INSS através da incidência anual de correção monetária pelo INPC, na mesma data de reajuste do salário mínimo.

Ou seja, esta norma principiológica atinge a sua máxima efetividade na previdência social (em razão do seu caráter contributivo), vez que, além de não poder reduzir o valor nominal do benefício previdenciário, o Poder Público ainda é obrigado a conceder um reajuste anual para manter o seu poder aquisitivo.

Logo, v.g., se um benefício da saúde pública ou da assistência social por pago no valor de R$ 200,00 por largo período, não haverá violação constitucional, pois apenas o seu valor nominal não poderá ser diminuído, inexistindo determinação para o seu reajustamento periódico visando manter o poder real de compra, certamente em razão do seu caráter não contributivo.

9. Direito da Seguridade Social, 29ª edição, Atlas, p. 55.
10. Artigo 7º, inciso VI, da CRFB.
11. Artigo 201, § 4º, da CRFB.

Contudo, no caso de um benefício previdenciário, além de não poder reduzir o seu valor nominal, o Poder Público ainda deverá garantir o seu reajustamento periódico, a teor da ordem insculpida no artigo 201, § 4º, da Constituição, em função do caráter contributivo que marca a previdência social no Brasil.

Irredutibilidade pelo valor nominal	Saúde pública e assistência social
Irredutibilidade pelo valor nominal e real	Previdência social

Impende salientar que a jurisprudência do STJ não vinha admitindo a aplicação de índice negativo de correção monetária no período de deflação para os benefícios previdenciários. De acordo com a Corte Superior, "considerando a garantia constitucional de irredutibilidade do valor dos benefícios (art. 194, parágrafo único, IV da CF) e o fim social das normas previdenciárias, não há como se admitir a redução do valor nominal do benefício previdenciário pago em atraso, motivo pelo qual o índice negativo de correção para os períodos em que ocorre deflação deve ser substituído pelo fator de correção igual a zero, a fim de manter o valor do benefício da competência anterior (período mensal)"[12]".

Contudo, no ano de 2012, a jurisprudência do STJ se firmou em sentido contrário. Com base em precedente da Corte Especial, a 3ª Seção passou a admitir a aplicação de índices negativos de inflação na atualização dos benefícios previdenciários, desde que respeitada à irredutibilidade do valor total a ser pago a título de parcelas atrasadas:

> "EDcl no AgRg no RECURSO ESPECIAL Nº 1.142.014 – RS
>
> Publicado em 11/10/2012
>
> **"PREVIDENCIÁRIO. EMBARGOS DE DECLARAÇÃO NO AGRAVO REGIMENTAL NO RECURSO ESPECIAL. POSSIBILIDADE DE APLICAÇÃO DE ÍNDICE INFLACIONÁRIO NEGATIVO SOBRE A CORREÇÃO MONETÁRIA, DESDE QUE PRESERVADO O VALOR NOMINAL DO MONTANTE PRINCIPAL.**
>
> **1. A Corte Especial deste Tribunal no julgamento do REsp nº 1.265.580/RS, Relator o Ministro Teori Albino Zavascki, DJe de 18/4/2012, modificou a compreensão então vigente, passando a adotar o entendimento segundo o qual desde que preservado o valor nominal do montante principal, é possível a aplicação de índice inflacionário negativo sobre a correção monetária de débitos previdenciários, porquanto os índices deflacionados acabam se compensando com supervenientes índices positivos de inflação.**
>
> 2.Embargos de declaração acolhidos com excepcionais efeitos modificativos."
>
> **Processo**
>
> REsp 1765765 / SP
>
> RECURSO ESPECIAL
>
> 2018/0236402-4
>
> **Relator(a)**
>
> Ministro HERMAN BENJAMIN (1132)

12. Passagem do julgamento do REsp 1.144.656, de 26.10.2010.

Órgão Julgador

T2 – SEGUNDA TURMA

Data do Julgamento

11/04/2019

Data da Publicação/Fonte

DJe 30/05/2019

Ementa

PROCESSUAL CIVIL E PREVIDENCIÁRIO. AUXÍLIO-DOENÇA. REVISÃO DA RMI. CORREÇÃO MONETÁRIA PELO IGP-M. ÍNDICES DE DEFLAÇÃO. APLICABILIDADE, PRESERVANDO-SE O VALOR NOMINAL DA OBRIGAÇÃO.

1. Hipótese em que o Tribunal de origem consignou que "No que tange aos índices de atualização dos salários-de– contribuição, considerados a garantia constitucional de irredutibilidade do valor dos benefícios (art. 194, parágrafo único, inciso IV, da CF) e o fim social das normas previdenciárias, não há como se admitir a redução dos valores utilizados no período de cálculo do salário-de-benefício em função de deflação, motivo pelo qual o índice negativo de correção deve ser substituído pelo fator de correção igual a zero" (fl. 291, e-STJ).

2. A Corte Especial do STJ, ao apreciar o Recurso Especial 1.265.580/CE, relatado pelo em. Min. Teori Albino Zavascki, DJe de 18/4/2012, consolidou o entendimento de que os índices negativos de correção monetária devem ser considerados no cálculo de atualização de débito judicialmente apurado, preservando-se, contudo, o valor nominal do montante principal.

3. Dessa forma, consoante orientação consolidada no âmbito do STJ, no cálculo dos débitos previdenciários, devem ser levados em consideração os índices negativos de inflação, desde que preservado o valor nominal da execução.

2.5. Equidade na forma de participação no custeio

O custeio da seguridade social deverá ser o mais amplo possível, mas precisa ser isonômico, devendo contribuir de maneira mais acentuada aqueles que dispuserem de mais recursos financeiros, bem como os que mais provocarem a cobertura da seguridade social.

Além de ser corolário do Princípio da Isonomia, é possível concluir que esta norma principiológica também decorre do Princípio da Capacidade Contributiva, pois a exigência do pagamento das contribuições para a seguridade social deverá ser proporcional à riqueza manifestada pelos contribuintes desses tributos.

Por conseguinte, a título de exemplo, algumas contribuições para a seguridade social devidas pelas instituições financeiras sofrerão o acréscimo de 2,5%[13], justamente porque a lucratividade e mecanização do setor é muito grande, tendo mais condições de contribuir para o sistema.

De seu turno, as empresas que desenvolvam atividade de risco contribuirão mais, pois haverá uma maior probabilidade de concessão de benefícios acidentários; já as pequenas e microempresas terão uma contribuição simplificada e de menor vulto.

Outrossim, realizando o Princípio da Equidade, é plenamente válida a progressividade das alíquotas das contribuições previdenciárias dos trabalhadores, proporcionalmente à sua remuneração, sendo 5%, 11% ou 20% do salário de contribuição, nos caso de contribuintes indivi-

13. Esse acréscimo incidirá sobre a contribuição previdenciária, sobre o faturamento e sobre o lucro das empresas, nos termos do artigo 22, § 1º, da Lei 8.212/91.

duais autônomos e segurados facultativos, nos termos do artigo 21 da Lei 8.212/91, devendo o segurado que receber acima de 1 salário mínimo recolher na alíquota de 20% necessariamente.

No mesmo sentido, nos termos do artigo 28 da EC 103/2019, desde março de 2020, adotou-se a progressividade por faixas de acordo com o valor do salário de contribuição do segurado empregado, empregado doméstico e trabalhador avulso: 7,5%, 9%, 12% e 14%.

As contribuições para a seguridade social a serem pagas pelas empresas também poderão ser progressivas em suas alíquotas, conforme autoriza o artigo 195, § 9º, da Constituição Federal, em razão da atividade econômica, da utilização intensiva de mão-de-obra, do porte da empresa ou da condição estrutural do mercado de trabalho, sendo outro consectário do Princípio da Equidade no Custeio.

Por sua vez, a redação do artigo 10, da Lei 10.666/03[14], claramente decorre da aplicação deste princípio, pois as empresas que têm um desempenho desfavorável nos índices de frequência, gravidade e custo nos acidentes de trabalho poderão pagar o dobro de contribuição SAT (seguro de acidente de trabalho), ao passo que o bom desempenho poderá reduzir em até 50% essa contribuição.

2.6. Diversidade da base de financiamento

O financiamento da seguridade social deverá ter múltiplas fontes, a fim de garantir a solvibilidade do sistema, para se evitar que a crise em determinados setores comprometa demasiadamente a arrecadação, com a participação de toda a sociedade, de forma direta e indireta.

Além do custeio da seguridade social com recursos de todas as entidades políticas, já há previsão das seguintes fontes no artigo 195, incisos I/IV, da Constituição Federal:

a) do empregador, da empresa e da entidade a ela equiparada na forma da lei;
b) do trabalhador e dos demais segurados da previdência social;
c) apostadores (receita de concursos de prognósticos);
d) importador de bens ou serviços do exterior, ou equiparados.

Em termos de previdência social, é tradicional no Brasil o tríplice custeio desde regimes constitucionais pretéritos (a partir da Constituição Federal de 1934), com a participação do Poder Público, das empresas/empregadores/equiparados e dos trabalhadores em geral.

Outrossim, é permitida a criação de novas fontes de custeio para a seguridade social, mas há exigência constitucional expressa de que seja feita por lei complementar[15], que exige um quórum qualificado para a sua aprovação (maioria absoluta).

Assim, se uma mera lei ordinária (não exige quórum qualificado para a sua aprovação) instituir uma nova fonte de custeio não prevista constitucionalmente para o pagamento de contribuição para a seguridade social, certamente será pronunciada formalmente inconstitucional, pois apenas a lei complementar poderá fazê-lo.

14. Art. 10. A alíquota de contribuição de um, dois ou três por cento, destinada ao financiamento do benefício de aposentadoria especial ou daqueles concedidos em razão do grau de incidência de incapacidade laborativa decorrente dos riscos ambientais do trabalho, poderá ser reduzida, em até cinqüenta por cento, ou aumentada, em até cem por cento, conforme dispuser o regulamento, em razão do desempenho da empresa em relação à respectiva atividade econômica, apurado em conformidade com os resultados obtidos a partir dos índices de freqüência, gravidade e custo, calculados segundo metodologia aprovada pelo Conselho Nacional de Previdência.

15. Artigo 195, § 4º, da CRFB.

IMPORTANTE:

Por força da Emenda 103/2019, o artigo 194, parágrafo único, inciso VI da Constituição passou a prever a diversidade da base de financiamento, identificando-se, em rubricas contábeis específicas para cada área, as receitas e as despesas vinculadas a ações de saúde, previdência e assistência social, preservado o caráter contributivo da previdência social.

A inovação busca organizar o orçamento da seguridade social, pois agora há determinação constitucional para que as três áreas identifiquem rubricas de despesas e receitas contábeis no orçamento, lembrando que as contribuições previdenciárias são afetadas a esta área (artigo 167, XI, da Constituição).

2.7. Gestão quadripartite

A gestão da seguridade social será quadripartite, de índole democrática e descentralizada, envolvendo os trabalhadores, os empregadores, os aposentados e o Poder Público, seguindo a tendência da moderna administração pública na inserção de membros do corpo social nos seus órgãos colegiados, a teor do artigo 194, parágrafo único, inciso VII, da Constituição Federal.

Na verdade este princípio é decorrência da determinação contida no artigo 10, da Constituição, que assegura a participação dos trabalhadores e empregadores nos colegiados dos órgãos públicos em que seus interesses profissionais ou previdenciários sejam objeto de discussão e deliberação.

Como exemplo, pode-se citar a composição do CNPS – Conselho Nacional de Previdência Social, do Conselho Nacional da Assistência Social e do Conselho Nacional da Saúde, pois em sua composição todos possuem representantes do Governo e das demais categoriais referidas.

Com o advento da Lei 13.341/2016, o Conselho Nacional de Previdência Social passou a se chamar de Conselho Nacional de Previdência, o que se afigura em indício de retirada do caráter social da Previdência, lastimável retrocesso.

Entretanto, nota-se que a referência aos aposentados é específica para a previdência social, tanto que na composição do Conselho Nacional da Saúde e do Conselho Nacional da Assistência Social não há assentos específicos para os aposentados.

Vale frisar também que não existe previsão constitucional de representantes dos pensionistas nos órgãos colegiados da seguridade social, conquanto estes possuam assentos juntamente com os aposentados no Conselho Nacional da Previdência Social, conforme será estudado no momento oportuno.

Até o advento da MP 2.166-37/2001, existia o Conselho Nacional da Seguridade Social, com composição democrática, vez que havia representantes do governo, dos trabalhadores, dos aposentados e dos empresários, a quem competia estabelecer as diretrizes gerais e políticas de integração entre a previdência, a assistência social e a saúde pública.

Lamentavelmente o CNSS foi extinto, deixando uma lacuna na integração dos subsistemas componentes da seguridade social, vez que a atuação dos Conselhos Nacionais da Saúde, da Previdência e da Assistência Social precisa ser harmonizada[16].

16. Tramita no Senado o projeto de lei 178/2007, com o objetivo de recriar o Conselho Nacional da Seguridade Social.

2.8. Solidariedade

É um princípio fundamental[17] que tem enorme aplicabilidade no âmbito da seguridade social, sendo objetivo da República Federativa do Brasil construir uma sociedade livre, justa e solidária.

Essencialmente a seguridade social é solidária, pois visa a agasalhar as pessoas em momentos de necessidade, seja pela concessão de um benefício previdenciário ao segurado impossibilitado de trabalhar (previdência), seja pela disponibilização de um medicamento a uma pessoa enferma (saúde) ou pela doação de alimentos a uma pessoa em estado famélico (assistência).

Há uma verdadeira socialização dos riscos com toda a sociedade, pois os recursos mantenedores do sistema provêm dos orçamentos públicos e das contribuições sociais, onde aqueles que pagam tributos que auxiliam no custeio da seguridade social, mas hoje ainda não gozam dos seus benefícios e serviços, poderão no amanhã ser mais um dos agraciados, o que traz uma enorme estabilidade jurídica no seio da sociedade.

Essa norma principiológica fundamenta a criação de um fundo único de previdência social, socializando-se os riscos, com contribuições compulsórias, mesmo daquele que já se aposentou, mas persiste trabalhando, embora este egoisticamente normalmente faça queixas da previdência por continuar pagando as contribuições.

Por outro lado, o Princípio da Solidariedade justifica o fato jurígeno de um segurado que começou a trabalhar poder se aposentar no mesmo dia, mesmo sem ter vertido ainda nenhuma contribuição ao sistema, desde que após a filiação seja acometido de infortúnio que o torne inválido de maneira definitiva para o trabalho em geral.

Outrossim, a garantia de saúde pública gratuita a todos e de medidas assistenciais a quem delas necessitar também decorre diretamente deste princípio.

De acordo com as lições de Wladimir Novaes Martinez, "solidariedade quer dizer cooperação da maioria em favor da minoria, em certos casos, da totalidade em direção à individualidade. Dinâmica a sociedade, subsiste constante alteração dessas parcelas e, assim, num dado momento, todos contribuem, e, noutro, muitos se beneficiam da participação da coletividade. Nessa ideia simples, cada um também se apropria do seu aporte. Financeiramente, o valor não utilizado por uns é canalizado por outros. Significa a cotização de certas pessoas, com capacidade contributiva, em favor dos despossuídos. Socialmente considerada, é ajuda marcadamente anônima, traduzindo mútuo auxílio, mesmo obrigatório, dos indivíduos"[18].

No âmbito do Regime Próprio de Previdência Social (previdência dos servidores públicos efetivos e militares), há expressa previsão do Princípio da Solidariedade no caput do artigo 40, da Constituição, ao prever que "o regime próprio de previdência social dos servidores titulares de cargos efetivos terá caráter contributivo e solidário, mediante contribuição do respectivo ente federativo, de servidores ativos, de aposentados e de pensionistas, observados critérios que preservem o equilíbrio financeiro e atuarial".

17. Artigo 3º, inciso I, da CRFB.
18. Curso de Direito Previdenciário. 3ª edição, LTR, São Paulo, pg. 121.

2.9. Precedência da Fonte de Custeio ou Contrapartida

Por esse princípio, "nenhum benefício ou serviço da seguridade social poderá ser criado, majorado ou estendido sem a correspondente fonte de custeio total"[19]. É também conhecido como Princípio da Preexistência ou Antecedência da Fonte de Custeio ou ainda Princípio da Contrapartida.

Este princípio surgiu no Brasil através da Emenda 11/1965, que alterou a Constituição de 1946, sendo aplicável naquela época aos benefícios da previdência e da assistência social.

De fato, o que essa norma busca é uma gestão responsável da seguridade social, pois a criação de prestações no âmbito da previdência, da assistência ou da saúde pressupõe a prévia existência de recursos públicos, sob pena de ser colocado em perigo todo o sistema com medidas irresponsáveis.

Por conseguinte, antes de criar um novo benefício da seguridade social ou majorar/estender os já existentes, deverá o ato de criação apontar expressamente a fonte de custeio respectiva, através da indicação da dotação orçamentária, a fim de se manter o equilíbrio entre as despesas e as receitas públicas.

Vale frisar que nem mesmo os casos fortuitos ou de força maior terão o condão de excepcionar esta norma principiológica.

A regulamentação da regra de contrapartida consta da Lei de Responsabilidade Fiscal (LC 101/2000 – LRF) nos artigos 17 e 24, se aplicável a benefício ou serviço de saúde, previdência e assistência social, inclusive os destinados aos servidores públicos e militares, ativos e inativos, e aos pensionistas.

De efeito, de acordo com a LRF, nenhum benefício ou serviço relativo à seguridade social poderá ser criado, majorado ou estendido sem a indicação da fonte de custeio total, nos termos do § 5º do art. 195 da Constituição, atendidas ainda as exigências do seu artigo 17, que exige:

a) os atos que criarem ou aumentarem despesa deverão ser instruídos com a estimativa e demonstrar a origem dos recursos para seu custeio;

b) Para efeito do atendimento acima, o ato será acompanhado de comprovação de que a despesa criada ou aumentada não afetará as metas de resultados fiscais previstas no anexo de metas fiscais, devendo seus efeitos financeiros, nos períodos seguintes, ser compensados pelo aumento permanente de receita ou pela redução permanente de despesa[20];

c) Considera-se aumento permanente de receita o proveniente da elevação de alíquotas, ampliação da base de cálculo, majoração ou criação de tributo ou contribuição;

d) A despesa não será executada antes da implementação das medidas referidas acima, as quais integrarão o instrumento que a criar ou aumentar.

Por outro lado, a exigências acima (art. 17, da LRF) arroladas são **dispensadas nas seguintes hipóteses**:

> I – concessão de benefício a quem satisfaça as condições de habilitação prevista na legislação pertinente;

---

19. Artigo 195, § 5º, da CRFB.
20. A comprovação, apresentada pelo proponente, conterá as premissas e metodologia de cálculo utilizadas, sem prejuízo do exame de compatibilidade da despesa com as demais normas do plano plurianual e da lei de diretrizes orçamentárias.

II – expansão quantitativa do atendimento e dos serviços prestados;

III – reajustamento de valor do benefício ou serviço, a fim de preservar o seu valor real.

O Princípio da Precedência da Fonte de Custeio foi um dos fundamentos utilizados pela Suprema Corte para impedir a majoração das pensões por morte concedidas anteriormente à edição da Lei 9.032/95. Colaciona-se abaixo passagem do RE 415.454, de 08.02.2007:

> [...] "12. Ausência de violação ao princípio da isonomia (CF, art. 5º, caput) porque, na espécie, **a exigência constitucional de prévia estipulação da fonte de custeio total consiste em exigência operacional do sistema previdenciário que, dada a realidade atuarial disponível, não pode ser simplesmente ignorada**.
>
> 13. O cumprimento das políticas públicas previdenciárias, exatamente por estar calcado no princípio da solidariedade (CF, art. 3º, I), deve ter como fundamento o fato de que **não é possível dissociar as bases contributivas de arrecadação da prévia indicação legislativa da dotação orçamentária exigida** (CF, art. 195, § 5º) [...]". (g.n.)

É possível citar como exemplo de concretização do Princípio da Precedência da Fonte de Custeio a extensão da aposentadoria especial em favor dos contribuintes individuais filiados à cooperativa de trabalho ou de produção.

Apenas com o advento da Lei 10.666/2003, que criou a contribuição previdenciária respectiva, esses segurados passaram a ter direito ao benefício da aposentadoria especial, que passou a contar com fonte de custeio específica.

Ou seja, o artigo 1º[21], da Lei 10.666/03, estendeu o citado benefício e imediatamente criou uma nova contribuição previdenciária para fazer frente às novas despesas.

Conquanto a previdência privada integre a previdência social, lhe sendo aplicável, no que couber, os princípios informadores da seguridade social, lamentavelmente o STF vem negando a incidência do Princípio da Precedência da Fonte de Custeio ao regime previdenciário privado, argumentando com fragilidade que o referido princípio "somente diz respeito à seguridade social financiada por toda a sociedade, sendo alheio às entidades de previdência privada" (RE 583687 AgR, de 29.03.2011, 2ª Turma).

O mesmo entendimento foi tomado pela 1ª Turma do STF, no julgamento do AI 714.000 AgR, de 01.06.2010:

> "EMENTA: AGRAVO REGIMENTAL EM AGRAVO DE INSTRUMENTO. PLANO DE PREVIDÊNCIA PRIVADA. RESTITUIÇÃO DE JÓIA. CONTROVÉRSIA DECIDIDA À LUZ DA LEGISLAÇÃO INFRACONSTITUCIONAL E DE CLÁUSULAS CONTRATUAIS. INCIDÊNCIA DA SÚMULA 454 DO STF. ALEGAÇÃO DE VIOLAÇÃO AO § 5º DO ART.

21. Art. 1º As disposições legais sobre aposentadoria especial do segurado filiado ao Regime Geral de Previdência Social aplicam-se, também, ao cooperado filiado à cooperativa de trabalho e de produção que trabalha sujeito a condições especiais que prejudiquem a sua saúde ou a sua integridade física.

§ 1º Será devida contribuição adicional de nove, sete ou cinco pontos percentuais, a cargo da empresa tomadora de serviços de cooperado filiado a cooperativa de trabalho, incidente sobre o valor bruto da nota fiscal ou fatura de prestação de serviços, conforme a atividade exercida pelo cooperado permita a concessão de aposentadoria especial após quinze, vinte ou vinte e cinco anos de contribuição, respectivamente.

§ 2º Será devida contribuição adicional de doze, nove ou seis pontos percentuais, a cargo da cooperativa de produção, incidente sobre a remuneração paga, devida ou creditada ao cooperado filiado, na hipótese de exercício de atividade que autorize a concessão de aposentadoria especial após quinze, vinte ou vinte e cinco anos de contribuição, respectivamente.

> 195 DA CONSTITUIÇÃO FEDERAL. IMPERTINÊNCIA. 1. Para chegar a conclusão diversa da adotada pela Instância Judicante de origem, são necessários o reexame da legislação infraconstitucional pertinente e a análise de cláusulas contratuais. Incidência da Súmula 454 do Supremo Tribunal Federal. **2. É impertinente, para o deslinde da controvérsia, a alegação de afronta ao § 5º do art. 195 do Magno Texto. Isso porque o mencionado dispositivo, nas palavras do ministro Sepúlveda Pertence, "diz respeito apenas à seguridade social financiada por toda a sociedade" (AI 530.944-AgR)**. 3. Agravo regimental desprovido".

Ora, conquanto o custeio dos planos de benefícios da previdência privada não seja de responsabilidade do Poder Público, é certo que é imprescindível à reserva dos recursos financeiros para a garantia do benefício contratado, nos termos do artigo 202, da Constituição, razão pela qual se discorda do entendimento do Supremo Tribunal Federal.

Por sua vez, para o STF, se o benefício da seguridade social for instituído pela própria Constituição, não terá aplicação o Princípio da Precedência da Fonte de Custeio:

> "EMENTA: – Pensão por morte do servidor público. Aplicação do artigo 40, § 5º, da Constituição Federal. 2. Esta Corte já firmou entendimento segundo o qual esse dispositivo, que é auto-aplicável, determina a fixação da pensão por morte do servidor público no valor correspondente à totalidade dos vencimentos ou proventos que ele percebia. Precedentes. **3. Inexigibilidade, por outro lado, da observância do artigo 195, § 5º, da Constituição Federal, quando o benefício é criado diretamente pela Constituição**. 4. Recurso extraordinário conhecido e provido" (RE 220.742, de 03.03.1998).
>
> "Considerada a redação do artigo 40 da Constituição Federal antes da EC 20/98, em vigor na data do falecimento da servidora, que não faz remissão ao regime geral da previdência social, **impossível a invocação tanto do texto do artigo 195, § 5º – exigência de fonte de custeio para a instituição de benefício –, quanto o do art. 201, V**" (RE 385.397 AgR, de 29.06.2007).

A regra de contrapartida tem se mostrado uma regra de conveniência política. Quando o Poder Executivo adere ao Legislativo ou ao Judiciário, passa em branco a elevação de despesas previdenciárias sem a respectiva prévia fonte de custeio.

Cita-se como exemplo, conquanto conquistas justas de empregados domésticos e pessoas com deficiência, a LC 150/2015 e 142/2013, em que houve ampliação de gastos previdenciários sem a contrapartida fiscal.

Aliás, no caso de empregados domésticos, a contribuição destinada à previdência foi reduzida de 12% para 8,8% do salário de contribuição com o advento da LC 150/2015.

Por outro lado, quando o Poder Executivo discorda da elevação de despesa feita pelo Legislativo ou por decisão judicial do STJ ou instâncias inferiores, recorre ao STF para a reversão da decisão, a exemplo da revisão de pensão por morte e desaposentação, em que um dos pilares do provimento pela Suprema Corte foi a regra de contrapartida.

Enfim, é preciso que os Poderes da República levem mais a sério a regra de contrapartida, pois o equilíbrio das contas da seguridade social é que manterá a sua proteção.

2.10. Orçamento Diferenciado

A partir da 3ª edição desta obra optou-se pela inserção de mais um princípio informador da seguridade social no Brasil, com base no artigo 165, § 5º, inciso III, da Constituição Federal de 1988.

De efeito, o Sistema Nacional de Seguridade Social é um instrumento tão importante de realização da justiça social que o legislador constitucional criou uma peça orçamentária exclusiva para fazer frente às despesas no pagamento de benefícios e na prestação de serviços.

É que a lei orçamentária anual da União compreende, além do orçamento fiscal e o de investimento nas empresas estatais federais, o orçamento da seguridade social, abrangendo todas as entidades e órgãos a ela vinculados, da administração direta ou indireta, bem como os fundos e fundações instituídos e mantidos pelo Poder Público.

Assim, os recursos do orçamento da seguridade social são afetados ao custeio do referido Sistema Nacional, não podendo ser utilizados para outras despesas da União, em regra.

Contudo, de acordo com o artigo 167, inciso VIII, da Constituição Federal, em situações deveras excepcionais, para a utilização de recursos dos orçamentos fiscal e da seguridade social para suprir necessidade ou cobrir déficit de empresas, fundações e fundos, é necessária autorização legislativa específica.

3. ASSISTÊNCIA SOCIAL

3.1. Introdução

No Brasil, assim como na maioria dos países, o assistencialismo é anterior à criação da previdência social, sendo esta consequência da transição do estado absolutista ao social, passando pelo liberal, até chegar à seguridade social, com o advento da Constituição Federal de 1988, sistema tripartite que engloba a assistência, a previdência social e a saúde pública.

Nos estados liberais, a proteção estatal se dava especialmente através de tímidas medidas assistencialistas aos pobres, que figuravam mais como liberalidades governamentais do que como direito subjetivo do povo[22], uma postura típica do absenteísmo da época (liberdades negativas – direitos fundamentais de primeira dimensão).

Mas com o advento do estado providência, de meras liberalidades estatais, as medidas de assistência social passaram à categoria de mais um dever governamental, pois o Poder Público passou a obrigar-se a prestá-las a quem delas necessitasse.

Na Constituição Federal de 1988, a assistência social vem disciplinada nos artigos 203 e 204, destacando-se, em termos infraconstitucionais, a Lei 8.742/93 (LOAS – Lei Orgânica da Assistência Social).

Importante tentativa de incrementar as medidas assistencialistas foi dada pela Emenda 42/2003[23], que facultou aos estados e ao Distrito Federal vincular a programa de apoio à inclusão e promoção social até 0,5% de sua receita tributária líquida, vedada a aplicação desses recursos no pagamento despesas com pessoal, serviço da dívida ou outra despesa corrente não vinculada diretamente aos investimentos ou ações apoiados, mas que depende da vontade política legiferante desses entes federados.

22. A Lei dos Pobres, na Inglaterra, em 1601, trouxe a primeira disciplina jurídica da assistência social ao criar o dever estatal aos necessitados.
23. Inseriu o parágrafo único, no artigo 204 da CRFB.

Vale advertir que as medidas assistenciais devem ser aplicadas na medida certa pelo Estado, de acordo com os recursos públicos disponíveis e as necessidades sociais de época, sob pena de prejuízo ao interesse público primário, na hipótese de exagero ou timidez na atuação do Poder Público.

Realmente, se os benefícios e serviços assistenciais não forem suficientes para suprir as necessidades básicas dos carentes, é sinal de que urgem reformas nas políticas públicas, pois a crescente legião de desamparados sem dignidade humana porá em risco a paz social.

Ao revés, o pagamento prolongado e excessivo de prestações assistenciais poderá gerar a acomodação dos beneficiários, pois recebem recursos sem qualquer contraprestação à sociedade, em que muitos não sentem necessidade de se integrar ao mercado de trabalho.

Por tudo isso, é preciso bom senso dos Poderes da República na instituição, revisão e efetivação das políticas assistenciais, para não se pecar pelo excesso ou pela negligência governamental.

3.2. Definição

É possível definir a assistência social como as medidas públicas (dever estatal) ou privadas a serem prestadas a quem delas precisar, para o atendimento das necessidades humanas essenciais, de índole não contributiva direta, normalmente funcionando como um complemento ao regime de previdência social, quando este não puder ser aplicado ou se mostrar insuficiente para a consecução da dignidade humana.

De acordo com o artigo 1º, da Lei 8.742/93, "a assistência social, direito do cidadão e dever do Estado, é Política de Seguridade Social não contributiva, que provê os mínimos sociais, realizada através de um conjunto integrado de ações de iniciativa pública e da sociedade, para garantir o atendimento às necessidades básicas".

Em nosso país, um dos traços característicos da assistência social é o seu caráter não contributivo, bem como a sua função de suprir as necessidades básicas das pessoas, como alimentação, moradia básica e vestuário.

Em regra, apenas as pessoas não cobertas por um regime previdenciário ou pela família farão jus às medidas assistencialistas, justamente porque já gozam de uma proteção que ensejará o pagamento de prestações previdenciárias ou alimentares, salvo se também preencherem os requisitos para as benesses assistenciais, a exemplo do Programa Bolsa-família, que auxilia vários segurados da previdência com baixa renda.

3.3. Objetivos

A assistência social tem por objetivos, conforme previsão constitucional[24]:

- proteger a família, a maternidade, a infância, a adolescência e a velhice;
- amparar as crianças e os adolescentes carentes;
- promover a integração do mercado de trabalho;
- habilitar/reabilitar as pessoas portadoras de deficiência e promover sua integração à vida comunitária.

24. Artigo 203, incisos I, II, III e IV, da CRFB.

Da mesma forma, visa a garantir um salário mínimo de benefício mensal à pessoa portadora de deficiência e ao idoso que comprovem não possuir meios de prover a própria manutenção ou de tê-la provida por sua família, conforme regulamentação legal[25].

Por sua vez, o artigo 2º, incisos I e II, da Lei 8.742/93, inseridos pela Lei 12.435/2011, ainda arrola como objetivo da assistência social no Brasil a vigilância socioassistencial, que visa a analisar territorialmente a capacidade protetiva das famílias e nela a ocorrência de vulnerabilidades, de ameaças, de vitimizações e danos e a defesa de direitos, que visa a garantir o pleno acesso aos direitos no conjunto das provisões socioassistenciais.

3.4. Princípios

De acordo com o artigo 4º, da Lei 8.742/93, a assistência social deverá observar os seguintes princípios, que mais se parecem com objetivos:

> "I – supremacia do atendimento às necessidades sociais sobre as exigências de rentabilidade econômica;
>
> II – universalização dos direitos sociais, a fim de tornar o destinatário da ação assistencial alcançável pelas demais políticas públicas;
>
> III – respeito à dignidade do cidadão, à sua autonomia e ao seu direito a benefícios e serviços de qualidade, bem como à convivência familiar e comunitária, vedando-se qualquer comprovação vexatória de necessidade;
>
> IV – igualdade de direitos no acesso ao atendimento, sem discriminação de qualquer natureza, garantindo-se equivalência às populações urbanas e rurais;
>
> V – divulgação ampla dos benefícios, serviços, programas e projetos assistenciais, bem como dos recursos oferecidos pelo Poder Público e dos critérios para sua concessão".

Com propriedade, os princípios informadores da assistência social brasileira revelam o seu espírito, pois este subsistema da seguridade social objetiva realizar as necessidades básicas das pessoas em situação de vulnerabilidade social, buscando restaurar ou preservar a sua dignidade, e não obter rentabilidade econômica, mesmo porque as prestações assistenciais independem de contribuição dos beneficiários.

Demais disso, em decorrência do Princípio da Universalidade da Cobertura e do Atendimento, busca o assistencialismo a inclusão social dos necessitados, através do maior alcance dos direitos sociais, o que poderá ser atingido através da publicidade das medidas a serem prestadas.

Aliás, não é porque uma pessoa precisa de um benefício ou serviço da assistência social que o Estado ou a sociedade poderá colocá-lo em situação vexatória, devendo ser preservada a sua dignidade, sendo vedada qualquer discriminação negativa no atendimento dos povos urbanos e/ou rurais.

3.5. Diretrizes

As diretrizes da assistência social brasileira foram traçadas pelo artigo 5º, da Lei 8.742/93:

> "I – descentralização político-administrativa para os Estados, o Distrito Federal e os Municípios, e comando único das ações em cada esfera de governo;

---

25. Artigo 203, inciso V, da CRFB.

II – participação da população, por meio de organizações representativas, na formulação das políticas e no controle das ações em todos os níveis;

III – primazia da responsabilidade do Estado na condução da política de assistência social em cada esfera de governo".

A realização dos direitos fundamentais no campo da assistência social é tarefa comum entre a União, os estados, o Distrito Federal e os municípios, existindo apenas um único órgão de cúpula na área em cada esfera de governo.

Por sua vez, a sociedade também participa da assistência social no Brasil, especialmente através de pessoas jurídicas de direito privado sem fins lucrativos (entidades filantrópicas) e de pessoas naturais que ajudam os carentes, mas a responsabilidade principal é do Poder Público.

3.6. Organização e gestão

A coordenação da Política Nacional de Assistência Social competirá ao Ministério da Cidadania (reforma ministerial de 2019), cabendo ao Conselho Nacional de Assistência Social (CNAS) – órgão superior de deliberação colegiada, vinculado à estrutura do referido órgão da Administração Pública federal, composto por 18 membros, sendo nove representantes do Poder Público e outros nove da sociedade civil – aprovar a Política Nacional de Assistência Social.

Competirá ao CNAS, dentre outras competências previstas no artigo 18, da Lei 8.742/93, normatizar as ações e regular a prestação de serviços de natureza pública e privada no campo da assistência social, acompanhar e fiscalizar o processo de certificação das entidades e organizações de assistência social no Ministério da Cidadania e apreciar e aprovar a proposta orçamentária da Assistência Social a ser encaminhada pelo órgão da Administração Pública Federal responsável pela coordenação da Política Nacional de Assistência Social.

Também é da competência do CNAS apreciar relatório anual que conterá a relação de entidades e organizações de assistência social certificadas como beneficentes e encaminhá-lo para conhecimento dos Conselhos de Assistência Social dos Estados, Municípios e do Distrito Federal e aprovar critérios de transferência de recursos para os Estados, Municípios e Distrito Federal, considerando, para tanto, indicadores que informem sua regionalização mais equitativa, tais como: população, renda per capita, mortalidade infantil e concentração de renda, além de disciplinar os procedimentos de repasse de recursos para as entidades e organizações de assistência social, sem prejuízo das disposições da Lei de Diretrizes Orçamentárias.

Um importante passo para a melhoria da assistência social no Brasil foi o nascimento do Sistema Único de Assistência Social – SUAS, que ocorreu com a edição da Resolução 130, de 15.07.2005, do Conselho Nacional de Assistência Social, que aprovou a Norma Operacional Básica do SUAS.

Com o advento da Lei 12.435/2011, que alterou vários artigos da Lei 8.742/93, o SUAS passou a ter previsão legal na Lei Orgânica da Assistência Social, tendo por objetivo a proteção à família, à maternidade, à infância, à adolescência e à velhice e, como base de organização, o território, integrado pelos entes federativos, pelos respectivos conselhos de assistência social e pelas entidades e organizações de assistência social.

O CNAS é presidido por um de seus integrantes, eleito dentre seus membros, para mandato de um ano, permitida uma única recondução por igual período, contando com a seguinte composição:

I – 9 (nove) representantes governamentais, incluindo 1 (um) representante dos Estados e 1 (um) dos Municípios;

II – 9 (nove) representantes da sociedade civil, dentre representantes dos usuários ou de organizações de usuários, das entidades e organizações de assistência social e dos trabalhadores do setor, escolhidos em foro próprio sob fiscalização do Ministério Público Federal.

Ainda competirá ao CNAS, a partir da realização da II Conferência Nacional de Assistência Social em 1997, convocar ordinariamente a cada quatro anos a Conferência Nacional de Assistência Social, que terá a atribuição de avaliar a situação da assistência social e propor diretrizes para o aperfeiçoamento do sistema.

As proteções sociais, básica e especial, serão ofertadas precipuamente no **Centro de Referência de Assistência Social (Cras)** e no **Centro de Referência Especializado de Assistência Social (Creas)**, respectivamente, e pelas entidades sem fins lucrativos de assistência social.

O **Cras** é a unidade pública municipal, de base territorial, localizada em áreas com maiores índices de vulnerabilidade e risco social, destinada à articulação dos serviços socioassistenciais no seu território de abrangência e à prestação de serviços, programas e projetos socioassistenciais de proteção social básica às famílias.

Já o **Creas** é a unidade pública de abrangência e gestão municipal, estadual ou regional, destinada à prestação de serviços a indivíduos e famílias que se encontram em situação de risco pessoal ou social, por violação de direitos ou contingência, que demandam intervenções especializadas da proteção social especial.

Os Cras e os Creas são unidades públicas estatais instituídas no âmbito do Suas que possuem interface com as demais políticas públicas e articulam, coordenam e ofertam os serviços, programas, projetos e benefícios da assistência social, devendo possuir instalações compatíveis com os serviços neles ofertados, com espaços para trabalhos em grupo e ambientes específicos para recepção e atendimento reservado das famílias e indivíduos, assegurada a acessibilidade às pessoas idosas e com deficiência.

Nos termos do artigo 6º, da Lei 8.742/93, com redação dada pela Lei 12.435/2011, são objetivos do SUAS:

> I – consolidar a gestão compartilhada, o cofinanciamento e a cooperação técnica entre os entes federativos que, de modo articulado, operam a proteção social não contributiva;
>
> II – integrar a rede pública e privada de serviços, programas, projetos e benefícios de assistência social, na forma do art. 6º-C;
>
> III – estabelecer as responsabilidades dos entes federativos na organização, regulação, manutenção e expansão das ações de assistência social;
>
> IV – definir os níveis de gestão, respeitadas as diversidades regionais e municipais;
>
> V – implementar a gestão do trabalho e a educação permanente na assistência social;
>
> VI – estabelecer a gestão integrada de serviços e benefícios; e
>
> VII – afiançar a vigilância socioassistencial e a garantia de direitos.

De acordo com o Ministério da Cidadania, o Sistema Único de Assistência Social (SUAS), cujo modelo de gestão é descentralizado e participativo, constitui-se na regulação e organização em todo território nacional dos serviços, programas, projetos e benefícios socioassistenciais, de caráter continuado ou eventual, executados e providos por pessoas jurídicas de direito público sob critério universal e lógica de ação em rede hierarquizada e em articulação com iniciativas da sociedade civil.

Além disso, o SUAS define e organiza os elementos essenciais e imprescindíveis à execução da política pública de assistência social, possibilitando a normatização dos padrões nos serviços, qualidade no atendimento aos usuários, indicadores de avaliação e resultado, nomenclatura dos serviços e da rede prestadora de serviços socioassistenciais[26].

O SUAS será composto pela Proteção Social Especial, destinada a famílias e indivíduos que se encontram em situação de risco pessoal e social, por ocorrência de abandono, maus tratos físicos e/ou psíquicos, abuso sexual, uso de substâncias psicoativas, cumprimento de medidas socioeducativas, situação de rua, situação de trabalho infantil, entre outras situações de violação dos direitos[27].

Ainda haverá a Proteção Social Básica, que se destina à população que vive em situação de vulnerabilidade social decorrente da pobreza, privação (ausência de renda, precário ou nulo acesso aos serviços públicos, dentre outros) e/ ou fragilização de vínculos afetivos – relacionais e de pertencimento social (discriminações etárias, étnicas, de gênero ou por deficiências, dentre outras)[28].

A Proteção Social Especial[29] e a Proteção Social Básica[30] passaram a integrar o texto da Lei 8.742/93, com a inserção do artigo 6º-A, por intermédio da Lei 12.435/2011, sendo criados o Serviço de Proteção e Atendimento Integral à Família (PAIS)[31] e o Serviço de Proteção e Atendimento Especializado a Famílias e Indivíduos (PAEFI)[32].

Ainda foi criado pela Lei 12.345/2011 o Programa de Erradicação do Trabalho Infantil (PETI), de caráter intersetorial, integrante da Política Nacional de Assistência Social, que, no âmbito do SUAS, compreende transferências de renda, trabalho social com famílias e oferta de serviços socioeducativos para crianças e adolescentes que se encontrem em situação de trabalho.

Competirá à União, aos estados, ao Distrito Federal e aos municípios fixar as suas respectivas Políticas de Assistência Social, devendo ser observado o regramento geral traçado pela Lei 8.742/93.

Os estados, o Distrito Federal e os municípios deverão instituir Conselhos de Assistência Social, que formarão as instâncias deliberativas do sistema descentralizado e participativo de assistência social juntamente com o Conselho Nacional de Assistência Social.

26. http://www.mds.gov.br/programas/rede-suas.
27. http://www.mds.gov.br/programas/rede-suas/protecao-social-especial.
28. http://www.mds.gov.br/programas/rede-suas/protecao-social-basica.
29. II – proteção social especial: conjunto de serviços, programas e projetos que tem por objetivo contribuir para a reconstrução de vínculos familiares e comunitários, a defesa de direito, o fortalecimento das potencialidades e aquisições e a proteção de famílias e indivíduos para o enfrentamento das situações de violação de direitos.
30. I – proteção social básica: conjunto de serviços, programas, projetos e benefícios da assistência social que visa a prevenir situações de vulnerabilidade e risco social por meio do desenvolvimento de potencialidades e aquisições e do fortalecimento de vínculos familiares e comunitários.
31. "Art. 24-A. Fica instituído o Serviço de Proteção e Atendimento Integral à Família (Paif), que integra a proteção social básica e consiste na oferta de ações e serviços socioassistenciais de prestação continuada, nos Cras, por meio do trabalho social com famílias em situação de vulnerabilidade social, com o objetivo de prevenir o rompimento dos vínculos familiares e a violência no âmbito de suas relações, garantindo o direito à convivência familiar e comunitária.
32. "Art. 24-B. Fica instituído o Serviço de Proteção e Atendimento Especializado a Famílias e Indivíduos (Paefi), que integra a proteção social especial e consiste no apoio, orientação e acompanhamento a famílias e indivíduos em situação de ameaça ou violação de direitos, articulando os serviços socioassistenciais com as diversas políticas públicas e com órgãos do sistema de garantia de direitos.

Por seu turno, a fiscalização e o funcionamento das entidades e organizações de assistência social dependerá de prévia inscrição no respectivo Conselho Municipal de Assistência Social, ou no Conselho de Assistência Social do Distrito Federal, conforme o caso.

De acordo com o artigo 3º, da Lei 8.742/93, "consideram-se entidades e organizações de assistência social aquelas sem fins lucrativos que, isolada ou cumulativamente, prestam atendimento e assessoramento aos beneficiários abrangidos por esta Lei, bem como as que atuam na defesa e garantia de direitos".

Assim, as entidades e organizações assistenciais foram divididas em três categorias, definidas pela Lei 12.435/2011:

- **De atendimento** – São aquelas entidades que, de forma continuada, permanente e planejada, prestam serviços, executam programas ou projetos e concedem benefícios de prestação social básica ou especial, dirigidos às famílias e indivíduos em situações de vulnerabilidade ou risco social e pessoal, nos termos desta Lei, e respeitadas as deliberações do Conselho Nacional de Assistência Social (CNAS);
- **De assessoramento** – São aquelas que, de forma continuada, permanente e planejada, prestam serviços e executam programas ou projetos voltados prioritariamente para o fortalecimento dos movimentos sociais e das organizações de usuários, formação e capacitação de lideranças, dirigidos ao público da política de assistência social, nos termos desta Lei, e respeitadas as deliberações do CNAS;
- **De defesa e garantia de direitos** – São aquelas que, de forma continuada, permanente e planejada, prestam serviços e executam programas e projetos voltados prioritariamente para a defesa e efetivação dos direitos socioassistenciais, construção de novos direitos, promoção da cidadania, enfrentamento das desigualdades sociais, articulação com órgãos públicos de defesa de direitos, dirigidos ao público da política de assistência social, nos termos desta Lei, e respeitadas as deliberações do CNAS.

Para se vincularem ao SUAS, as entidades e organizações de assistência social precisarão ser reconhecidas pelo Ministério da Cidadania de que a entidade de assistência social integra a rede socioassistencial, devendo cumprir as exigências do artigo 6º-B, da Lei 8.742/93.

Para a efetivação da Política Nacional de Assistência Social, é competência da União:

> I – responder pela concessão e manutenção dos benefícios de prestação continuada definidos no art. 203 da Constituição Federal;
>
> II – cofinanciar, por meio de transferência automática, o aprimoramento da gestão, os serviços, os programas e os projetos de assistência social em âmbito nacional;
>
> III – atender, em conjunto com os Estados, o Distrito Federal e os Municípios, às ações assistenciais de caráter de emergência;
>
> IV – realizar o monitoramento e a avaliação da política de assistência social e assessorar Estados, Distrito Federal e Municípios para seu desenvolvimento.

Competirá aos estados:

> I – destinar recursos financeiros aos Municípios, a título de participação no custeio do pagamento dos benefícios eventuais, mediante critérios estabelecidos pelos Conselhos Estaduais de Assistência Social;

II – cofinanciar, por meio de transferência automática, o aprimoramento da gestão, os serviços, os programas e os projetos de assistência social em âmbito regional ou local;

III – atender, em conjunto com os Municípios, às ações assistenciais de caráter de emergência;

IV – estimular e apoiar técnica e financeiramente as associações e consórcios municipais na prestação de serviços de assistência social;

V – prestar os serviços assistenciais cujos custos ou ausência de demanda municipal justifiquem uma rede regional de serviços, desconcentrada, no âmbito do respectivo Estado.

Competirá ao Distrito Federal:

I – destinar recursos financeiros para custeio do pagamento dos benefícios eventuais, mediante critérios estabelecidos pelos Conselhos de Assistência Social do Distrito Federal;

II – efetuar o pagamento dos auxílios natalidade e funeral;

III – executar os projetos de enfrentamento da pobreza, incluindo a parceria com organizações da sociedade civil;

IV – atender às ações assistenciais de caráter de emergência;

V – prestar os serviços assistenciais consistentes nas atividades continuadas que visem à melhoria de vida da população e cujas ações, voltadas para as necessidades básicas, observem os objetivos, princípios e diretrizes estabelecidas nesta lei;

VI – cofinanciar o aprimoramento da gestão, os serviços, os programas e os projetos de assistência social em âmbito local;

VII – realizar o monitoramento e a avaliação da política de assistência social em seu âmbito.

Competirá aos municípios:

I – destinar recursos financeiros para custeio do pagamento dos benefícios eventuais, mediante critérios estabelecidos pelos Conselhos Municipais de Assistência Social;

II – efetuar o pagamento dos auxílios natalidade e funeral;

III – executar os projetos de enfrentamento da pobreza, incluindo a parceria com organizações da sociedade civil;

IV – atender às ações assistenciais de caráter de emergência;

V – prestar os serviços assistenciais consistentes nas atividades continuadas que visem à melhoria de vida da população e cujas ações, voltadas para as necessidades básicas, observem os objetivos, princípios e diretrizes estabelecidas nesta lei;

VI – cofinanciar o aprimoramento da gestão, os serviços, os programas e os projetos de assistência social em âmbito local;

VII – realizar o monitoramento e a avaliação da política de assistência social em seu âmbito.

A Lei 8.742/93 ainda prevê os projetos de enfrentamento da pobreza, que compreendem a instituição de investimento econômico-social nos grupos populares, buscando subsidiar, financeira e tecnicamente, iniciativas que lhes garantam meios, capacidade produtiva e de gestão para melhoria das condições gerais de subsistência, elevação do padrão da qualidade de vida, a preservação do meio-ambiente e sua organização social.

Foi instituído pela Lei 8.742/93 o Fundo Nacional de Assistência Social, mediante transformação do Fundo Nacional de Ação Comunitária, sendo administrado pelo Ministério da Cidadania, sob orientação e controle do Conselho Nacional de Assistência Social.

O referido Fundo tem por objetivo proporcionar recursos e meios para financiar o benefício de prestação continuada e apoiar os serviços, programas e projetos de assistência social, sendo composto por recursos da União destinados à assistência social.

Para que os estados, o Distrito Federal e os municípios recebam repasses da União destinados aos benefícios e serviços assistenciais, é indispensável à prévia criação de um Conselho de Assistência Social, de composição paritária entre governo e sociedade civil; de um Fundo de Assistência Social, com orientação e controle dos respectivos Conselhos de Assistência Social e de um Plano de Assistência Social.

4. SAÚDE

4.1. Introdução

Historicamente, um marco importante na saúde brasileira foi o nascimento progressivo das Santas Casas de Misericórdia no século XVI, iniciando-se pela Santa Casa de São Vicente, provavelmente no ano de 1543, sendo uma estrutura de idealização portuguesa a partir do final do século XV.

De efeito, a saúde é certamente um dos direitos fundamentais mais difíceis de ser implementado com qualidade, justamente em razão dos seus altos custos de operacionalização. É tratada na Constituição de 1988, especialmente pelos artigos 196 a 200, com regulamentação dada pela Lei 8.080/90, sendo dever do Poder Público em todas as suas esferas prestá-la a todos os brasileiros, estrangeiros residentes e mesmo aos não residentes[33], havendo uma solidariedade entre todos os entes políticos.

Assim, a União, os estados, o Distrito Federal e os municípios são responsáveis solidários pela concretização do direito fundamental à saúde, podendo a pessoa exigir de qualquer das entidades políticas o custeio do necessário tratamento público, conforme pacificado pela jurisprudência da Suprema Corte:

> "EMENTA: AGRAVO REGIMENTAL NO RECURSO EXTRAORDINÁRIO. CONSTITUCIONAL E PROCESSUAL CIVIL. **DIREITO À SAÚDE (ART. 196, CF). FORNECIMENTO DE MEDICAMENTOS. SOLIDARIEDADE PASSIVA ENTRE OS ENTES FEDERATIVOS. CHAMAMENTO AO PROCESSO. DESLOCAMENTO DO FEITO PARA JUSTIÇA FEDERAL. MEDIDA PROTELATÓRIA. IMPOSSIBILIDADE**.
>
> 1. O artigo 196 da CF impõe o dever estatal de implementação das políticas públicas, no sentido de conferir efetividade ao acesso da população à redução dos riscos de doenças e às medidas necessárias para proteção e recuperação dos cidadãos. 2. O Estado deve criar meios para prover serviços médico-hospitalares e fornecimento de medicamentos, além da implementação de políticas públicas preventivas, mercê de os entes federativos garantirem recursos em seus orçamentos para implementação das mesmas. (arts. 23, II, e 198, § 1º, da CF). 3. O recebimento de medicamentos pelo Estado é direito fundamental, podendo o requerente pleiteá-los de qualquer um dos entes federativos, desde que demonstrada sua necessidade e a impossibilidade de custeá-los com recursos próprios. Isto por que, uma vez satisfeitos tais requisitos, o ente federativo deve se pautar no espírito de solidariedade para conferir efetividade ao direito garantido pela Constituição, e não criar entraves jurídicos para postergar a devida prestação jurisdicional. 4. In casu, o chamamento ao processo da União pelo

33. Nesse sentido, o TRF da 4ª Região garantiu a permanência no Brasil de turista estrangeiro pelo tempo necessário ao término do seu tratamento de saúde (REOHC 2007.71.00.005153-5, de 18.07.2007).

Estado de Santa Catarina revela-se medida meramente protelatória que não traz nenhuma utilidade ao processo, além de atrasar a resolução do feito, revelando-se meio inconstitucional para evitar o acesso aos remédios necessários para o restabelecimento da saúde da recorrida. 5. Agravo regimental no recurso extraordinário desprovido" (RE-AgR 607.381, de 31.05.2011).

No mesmo sentido o STJ, conforme notícia publicada em seu sítio no dia 23 de dezembro de 2015 referente ao Recurso Especial 1349023:

DECISÃO

Saúde: Remédio de graça é responsabilidade da União, estados e municípios

União, estados, Distrito Federal e municípios são igualmente responsáveis quando o assunto é garantir aos pobres o acesso grátis a remédios. Este é o entendimento da Segunda Turma do Superior Tribunal de Justiça (STJ), que levou em consideração que todos esses entes federativos formam o Sistema Único de Saúde, o SUS.

Os ministros do colegiado julgaram recurso especial que chegou ao STJ contra o estado do Paraná e a União para a aquisição, em caráter de urgência, de medicação especial para tratamento de um agricultor diagnosticado com linfoma não-hodgkin, que é um tipo de câncer.

A União argumentou que a responsabilidade para a aquisição do medicamento seria do Paraná, principalmente porque o repasse de verbas do Ministério da Saúde é feito para que os governos estaduais comprem e forneçam os medicamentos.

Já o estado do Paraná alegou que o medicamento solicitado seria excepcional e que não faz parte do rol de medicamentos fornecidos pelo SUS.

Entraves desnecessários

O relator do recurso, ministro Herman Benjamin, não acolheu nenhuma das duas argumentações. Segundo ele, a responsabilidade dos entes federativos, no cumprimento dos serviços públicos de saúde prestados à população, é solidária, ou seja, todos são responsáveis.

"A responsabilidade em matéria de saúde, aqui traduzida pela distribuição gratuita de medicamentos em favor de pessoas carentes, é dever do Estado, no qual são compreendidos aí todos os entes federativos", disse o ministro.

Em relação ao remédio necessário ao tratamento do agricultor não constar no rol daqueles distribuídos pelo SUS, uma perícia comprovou a inexistência de outro medicamento que pudesse substituí-lo. O laudo comprovou também a eficácia do remédio no tempo de sobrevida do paciente.

Para a Segunda Turma, por ser a saúde um direito fundamental, previsto na Constituição, os entes federativos deveriam mover esforços para cumprir o que é estabelecido na Carta Maior e não criar entraves para que o cidadão tenha acesso àquilo que lhe é garantido constitucionalmente.

Caberá ao STF, no julgamento do RE 566.471/RN em repercussão geral, decidir se há o dever de o Estado fornecer medicamento de alto custo a portador de doença grave sem condições financeiras para comprá-lo.

No julgamento do tema 106 em tese repetitiva no REsp 1.657.156-RJ, Rel. Min. Benedito Gonçalves, Primeira Seção, por unanimidade, julgado em 25/04/2018, decidiu o STJ que a " concessão dos medicamentos não incorporados em atos normativos do SUS exige a presença cumulativa dos seguintes requisitos: **(I)** comprovação, por meio de laudo médico fundamentado e circunstanciado expedido por médico que assiste o paciente, da imprescindibilidade ou necessidade do medicamento, assim como da ineficácia, para o tratamento da moléstia, dos fármacos fornecidos pelo SUS; **(II)** incapacidade financeira de arcar com o custo do medicamento prescrito; e **(III)** existência de registro na ANVISA do medicamento" (Informativo 625):

INFORMAÇÕES DO INTEIRO TEOR

Inicialmente cumpre ressaltar que a questão de fornecimento de medicamentos já possui ampla jurisprudência nesta Corte Superior de Justiça e do Supremo Tribunal Federal, que tem entendido que o inciso I do art. 19-M da Lei n. 8.080/1991, incluído pela Lei n. 12.401/2011, permite que seja deferido o fornecimento de medicamento não incorporado em atos normativos do SUS. Dos julgados existentes é possível extrair alguns requisitos necessários para que o pleito seja deferido. O primeiro requisito consiste na demonstração da imprescindibilidade ou necessidade do medicamento no tratamento, por meio de laudo médico circunstanciado e fundamentado, devidamente expedido por médico que assiste o paciente, da imprescindibilidade ou necessidade do medicamento, assim como da ineficácia, para o tratamento da moléstia, dos fármacos fornecidos pelo SUS. Quanto à questão, consta das Jornadas de Direito da Saúde, realizadas pelo Conselho Nacional de Justiça – CNJ, algumas diretrizes sobre a comprovação da imprescindibilidade do medicamento, sendo que no enunciado n. 15 da I Jornada de Direito da Saúde asseverou-se que o laudo médico deve conter, pelo menos, as seguintes informações: "o medicamento indicado, contendo a sua Denominação Comum Brasileira (DCB) ou, na sua falta, a Denominação Comum Internacional (DCI); o seu princípio ativo, seguido, quando pertinente, do nome de referência da substância; posologia; modo de administração; e período de tempo do tratamento; e, em caso de prescrição diversa daquela expressamente informada por seu fabricante, a justificativa técnica". O segundo requisito consiste na devida comprovação da hipossuficiência daquele que requer o medicamento, ou seja, que a sua aquisição implique o comprometimento da sua própria subsistência e/ou de seu grupo familiar. Não se exige, pois, comprovação de pobreza ou miserabilidade, mas, tão somente, a demonstração da incapacidade de arcar com os custos referentes à aquisição do medicamento prescrito. Por fim, o terceiro requisito a ser considerado é que o medicamento pretendido já tenha sido aprovado pela Agência Nacional de Vigilância Sanitária – ANVISA. Esta exigência decorre de imposição legal, tendo em vista o artigo 19-T, inciso II, da Lei n. 8.080/1991, o qual dispõe que são vedados, em todas as esferas de gestão do SUS a dispensação, o pagamento, o ressarcimento ou o reembolso de medicamento e produto, nacional ou importado, sem registro na Anvisa.

STF – Tema 500 – 1. O Estado não pode ser obrigado a fornecer medicamentos experimentais. 2. A ausência de registro na Agência Nacional de Vigilância Sanitária (Anvisa) impede, como regra geral, o fornecimento de medicamento por decisão judicial. 3. É possível, excepcionalmente, a concessão judicial de medicamento sem registro sanitário, em caso de mora irrazoável da Anvisa em apreciar o pedido (prazo superior ao previsto na Lei 13.411/2016), quando preenchidos três requisitos: (i) a existência de pedido de registro do medicamento no Brasil (salvo no caso de medicamentos órfãos para doenças raras e ultrarraras); (ii) a existência de registro do medicamento em renomadas agências de regulação no exterior; e (iii) a inexistência de substituto terapêutico com registro no Brasil. 4. As ações que demandem fornecimento de medicamentos sem registro na Anvisa deverão necessariamente ser propostas em face da União. **RE 657718/MG, rel. orig. Min. Marco Aurélio, red. p/ o ac. Min. Roberto Barroso, julgamento em 22.5.2019.**

De acordo com o STJ, "o funcionamento do Sistema Único de Saúde – SUS é de responsabilidade solidária da União, Estados-membros e Municípios, de modo que qualquer dessas entidades tem legitimidade ad causam para figurar no pólo passivo de demanda que objetiva a garantia do acesso à medicação para pessoas desprovidas de recursos financeiros" (2ª Turma, AgRg no Ag 1.107.605, de 03.08.2010).

STF, Tema 793 – Os entes da Federação, em decorrência da competência comum, são solidariamente responsáveis nas demandas prestacionais na área da saúde e, diante dos critérios constitucionais de descentralização e hierarquização, compete à autoridade judicial direcionar o cumprimento conforme as regras de repartição de competências e determinar o ressarcimento a quem suportou o ônus financeiro. **RE 855178 ED/SE, rel. orig. Min. Luiz Fux, red. p/ o ac. Min. Edson Fachin, julgamento em 23.5.2019.**

Por sua vez, ainda de acordo com o STJ, "esta Corte admite o fornecimento de medicamentos não incorporados ao SUS mediante Protocolos Clínicos, quando as instâncias ordinárias verificam a necessidade do tratamento prescrito" (AgRg no AREsp 697696, de 18/6/2015).

Todavia, de acordo com a 1ª Seção do STJ (Informativo 563), "a **União não tem legitimidade passiva em ação de indenização por danos decorrentes de erro médico ocorrido em hospital da rede privada durante atendimento custeado pelo Sistema Único de Saúde (SUS).** Isso porque, de acordo com o art. 18, X, da Lei 8.080/1990, compete ao município celebrar contratos e convênios com entidades prestadoras de serviços privados de saúde, bem como controlar e avaliar a respectiva execução. Nesse contexto, não se deve confundir a obrigação solidária dos entes federativos em assegurar o direito à saúde e garantir o acesso universal e igualitário às ações e serviços para sua promoção, proteção e recuperação, com a responsabilidade civil do Estado pelos danos causados a terceiros. Nesta, o interessado busca uma reparação econômica pelos prejuízos sofridos, de modo que a obrigação de indenizar se sujeita à comprovação da conduta, do dano e do respectivo nexo de causalidade. Dessa forma, não há qualquer elemento que autorize a responsabilização da União, seja porque a conduta não foi por ela praticada, seja em razão da impossibilidade de aferir-se a existência de culpa **in eligendo** ou culpa **in vigilando**. Precedentes citados: AgRg no CC 109.549-MT, Primeira Seção, DJe 30/6/2010; e REsp 992.265-RS, Primeira Turma, DJe 5/8/2009. EREsp 1.388.822-RN**, Rel. Min. Og Fernandes, julgado em 13/5/2015, DJe 3/6/2015".**

Ainda de acordo com a Corte Superior, "a substituição de um medicamento por outro para tratar a mesma doença não constitui novo pedido, pois os objetos imediatos e mediatos não foram alterados: a requerente busca provimento jurisdicional que condene o Estado a fornecer medicamentos, para tratar as seqüelas de moléstia que lhe sucedeu, com vistas à manutenção de sua saúde para garantia de uma vida digna" (REsp 1.195.704, de 09.11.2010), não sendo necessário o ajuizamento de nova ação judicial.

No entanto, o STJ não vem admitindo o chamamento ao processo de um ente político ao outro, máxime para evitar o retardo do curso processual:

> **Informativo 539 – "DIREITO PROCESSUAL CIVIL. CHAMAMENTO AO PROCESSO EM AÇÃO DE FORNECIMENTO DE MEDICAMENTO MOVIDA CONTRA ENTE FEDERATIVO. RECURSO REPETITIVO (ART. 543-C DO CPC E RES. 8/2008-STJ).**
>
> **Não é adequado o chamamento ao processo (art. 77, III, do CPC) da União em demanda que verse sobre fornecimento de medicamento proposta contra outro ente federativo.** Com efeito, o instituto do chamamento ao processo é típico das obrigações solidárias de pagar quantia. Entretanto, a situação aqui controvertida representa obrigação solidária entre os Municípios, os Estados, o Distrito Federal e a União, concernente à prestação específica de fornecimento de medicamento. Neste contexto, por se tratar de hipótese excepcional de formação de litisconsórcio passivo facultativo, não se admite interpretação extensiva do referido instituto jurídico para alcançar prestação de entrega de coisa certa. Além do mais, a jurisprudência do STJ e do STF assentou o entendimento de que o chamamento ao processo (art. 77, III, do CPC) não é adequado às ações que tratam de fornecimento de medicamentos, por ser obstáculo inútil ao cidadão que busca garantir seu direito fundamental à saúde. Precedentes citados do STJ: AgRg no AREsp 13.266-SC, Segunda Turma, DJe 4/11/2011; e AgRg no Ag 1.310.184-SC, Primeira Turma, DJe 9/4/2012. Precedente do STF:

RE 607.381 AgR-SC, Primeira Turma, DJe 17/6/2011. **REsp 1.203.244-SC, Rel. Min. Herman Benjamin, julgado em 9/4/2014".**

Com o advento da Lei 8.689/93, foi extinto o INAMPS – Instituto Nacional de Assistência Médica da Previdência Social, autarquia federal vinculada ao Ministério da Saúde, que teve as funções, competências, atividades e atribuições absorvidas pelas instâncias federal, estadual e municipal gestoras do Sistema Único de Saúde.

De efeito, a saúde é direito de todos e dever do Estado, garantida mediante políticas sociais e econômicas que visem à redução do risco de doença e de outros agravos e ao acesso universal e igualitário às ações e serviços para sua promoção, proteção e recuperação, sendo atividade aberta à iniciativa privada.

Um exemplo de benefício pago no âmbito da saúde pública é o auxílio-reabilitação psicossocial, previsto na Lei 10.708/2003, integrante do Programa "De Volta para a Casa", para assistência, acompanhamento e integração social, fora de unidade hospitalar, de pacientes acometidos de transtornos mentais, internados em hospitais ou unidades psiquiátricas, consistindo em pagamento mensal de auxílio pecuniário no importe de R$ 240,00, com duração de um ano, podendo ser renovado quando necessário aos propósitos da reintegração social do paciente, sendo plenamente possível a sua acumulação com o amparo assistencial do idoso ou deficiente carente[34].

Entretanto, na prestação de serviços privados de assistência à saúde, serão observados os princípios éticos e as normas expedidas pelo órgão de direção do Sistema Único de Saúde quanto às condições para seu funcionamento, cabendo à Agência Nacional de Saúde Suplementar exercer o poder normativo e fiscalizador do setor, através da promoção da defesa do interesse público na assistência suplementar à saúde, da regulação das operadoras setoriais – inclusive quanto às suas relações com prestadores e consumidores – e da contribuição para o desenvolvimento das ações de saúde no país[35].

Contudo, por se tratar de uma atividade possível de ser explorada pela iniciativa privada, desde que observados os pressupostos legais – exceto para as empresas estrangeiras, que apenas poderão participar da saúde brasileira nas hipóteses autorizadas pela Lei 13.097/2015.

Excepcionalmente, foi permitida a participação direta ou indireta, inclusive controle, de empresas ou de capital estrangeiro na assistência à saúde nos seguintes casos:

I – doações de organismos internacionais vinculados à Organização das Nações Unidas, de entidades de cooperação técnica e de financiamento e empréstimos;

II – pessoas jurídicas destinadas a instalar, operacionalizar ou explorar:

a) hospital geral, inclusive filantrópico, hospital especializado, policlínica, clínica geral e clínica especializada; e

b) ações e pesquisas de planejamento familiar;

34. Essa acumulação foi declarada válida pelo Parecer 3.271/2004, da lavra da Consultoria Jurídica do extinto Ministério da Previdência Social, que manifestou o entendimento de que não havia obstáculo legal para o recebimento cumulativo da LOAS e da bolsa do Programa "De Volta para Casa", dadas as características indenizatórias, de provisoriedade e de assistência à saúde desse Programa, cuja continuidade é assegurada pelo orçamento do próprio Ministério da Saúde, não havendo, assim, a necessidade de ser computado para os fins de cálculo da renda familiar per capita do supracitado benefício de prestação continuada.

35. http://www.ans.gov.br.

III – serviços de saúde mantidos, sem finalidade lucrativa, por empresas, para atendimento de seus empregados e dependentes, sem qualquer ônus para a seguridade social.

É plenamente possível o eventual controle judicial das políticas públicas na área da saúde, mormente para garantir as medidas básicas e urgentes para a prosperidade da vida, vez que se cuida de direito fundamental ligado ao mínimo existencial, conforme já se manifestou o STJ:

> "ADMINISTRATIVO – AÇÃO CIVIL PÚBLICA – CONTROLE JUDICIAL DE POLÍTICAS PÚBLICAS – POSSIBILIDADE EM CASOS EXCEPCIONAIS – DIREITO À SAÚDE – FORNECIMENTO DE EQUIPAMENTOS A HOSPITAL UNIVERSITÁRIO – MANIFESTA NECESSIDADE – OBRIGAÇÃO DO ESTADO – AUSÊNCIA DE VIOLAÇÃO DO PRINCÍPIO DA SEPARAÇÃO DOS PODERES – NÃO-OPONIBILIDADE DA RESERVA DO POSSÍVEL AO MÍNIMO EXISTENCIAL.
>
> [...]
>
> 3. A partir da consolidação constitucional dos direitos sociais, a função estatal foi profundamente modificada, deixando de ser eminentemente legisladora em pró das liberdades públicas, para se tornar mais ativa com a missão de transformar a realidade social. Em decorrência, não só a administração pública recebeu a incumbência de criar e implementar políticas públicas necessárias à satisfação dos fins constitucionalmente delineados, como também, o Poder Judiciário teve sua margem de atuação ampliada, como forma de fiscalizar e velar pelo fiel cumprimento dos objetivos constitucionais.
>
> 4. Seria uma distorção pensar que o princípio da separação dos poderes, originalmente concebido com o escopo de garantia dos direitos fundamentais, pudesse ser utilizado justamente como óbice à realização dos direitos sociais, igualmente fundamentais. Com efeito, a correta interpretação do referido princípio, em matéria de políticas públicas, deve ser a de utilizá-lo apenas para limitar a atuação do judiciário quando a administração pública atua dentro dos limites concedidos pela lei. Em casos excepcionais, quando a administração extrapola os limites da competência que lhe fora atribuída e age sem razão, ou fugindo da finalidade a qual estava vinculada, autorizado se encontra o Poder Judiciário a corrigir tal distorção restaurando a ordem jurídica violada.
>
> 5. O indivíduo não pode exigir do estado prestações supérfluas, pois isto escaparia do limite do razoável, não sendo exigível que a sociedade arque com esse ônus. Eis a correta compreensão do princípio da reserva do possível, tal como foi formulado pela jurisprudência germânica. Por outro lado, qualquer pleito que vise a fomentar uma existência minimamente decente não pode ser encarado como sem motivos, pois garantir a dignidade humana é um dos objetivos principais do Estado Democrático de Direito. Por este motivo, o princípio da reserva do possível não pode ser oposto ao princípio do mínimo existencial.
>
> 6. Assegurar um mínimo de dignidade humana por meio de serviços públicos essenciais, dentre os quais a educação e a saúde, é escopo da República Federativa do Brasil que não pode ser condicionado à conveniência política do administrador público. A omissão injustificada da administração em efetivar as políticas públicas constitucionalmente definidas e essenciais para a promoção da dignidade humana não deve ser assistida passivamente pelo Poder Judiciário" (REsp 1.041.197, de 25.08.2009).

Já no âmbito do STF, vale transcrever algumas palavras do Ministro CELSO DE MELLO sobre o tema:

> [...] O direito público subjetivo à saúde representa prerrogativa jurídica indisponível assegurada à generalidade das pessoas pela própria Constituição da República (art. 196). Traduz bem jurídico constitucionalmente tutelado, por cuja integridade deve velar, de maneira responsável, o Poder Público, a quem incumbe formular – e implementar – políticas sociais e econômicas idôneas que visem a

garantir, aos cidadãos, o acesso universal e igualitário à assistência farmacêutica e médico-hospitalar. – O direito à saúde – além de qualificar-se como direito fundamental que assiste a todas as pessoas – representa conseqüência constitucional indissociável do direito à vida. O Poder Público, qualquer que seja a esfera institucional de sua atuação no plano da organização federativa brasileira, não pode mostrar-se indiferente ao problema da saúde da população, sob pena de incidir, ainda que por censurável omissão, em grave comportamento inconstitucional [...] **(RE 393.175 AgR, de 12.12.2006).**

Mas é certo que inexistem recursos públicos disponíveis para a adoção de todos os procedimentos desejados na área da saúde, devendo a Administração Pública mirar nas ações mais importantes, dentro da reserva do possível, razão pela qual, em regra, deverá ser denegado o tratamento público de saúde no exterior, salvo se inexistente o procedimento no Brasil, havendo comprovação científica da eficácia clínica fora do país.

Nesse sentido, o STJ referendou ato regulamentar que veda o financiamento de tratamento médico no exterior:

"ADMINISTRATIVO. TRATAMENTO DE SAÚDE NO EXTERIOR. LEGITIMIDADE DA PORTARIA N. 763, DE 07.04.1994.

1. A Primeira Seção desta Corte, no MS n. 8.895/DF, julgado em 22.10.2003, considerou legítima a Portaria n. 763/1994, do Ministério da Saúde, que vedou o financiamento de tratamento médico no exterior pelo SUS.

2. Recurso especial a que se nega provimento" (REsp 200302292111, de 21.03.2005).

"ADMINISTRATIVO. TRATAMENTO DE SAÚDE NO EXTERIOR. LEGITIMIDADE DA PORTARIA N. 763, DE 07.04.1994. TRATAMENTO DE RETINOSE PIGMENTAR EM CUBA.

1. O financiamento de tratamento médico no exterior pelo Sistema Único de Saúde é vedado nos termos da Portaria n. 763/1994, do Ministério da Saúde, considerada legítima, no julgamento do MS nº 8.895/DF pela Primeira Seção desta Corte, julgado em 22.10.2003. Precedentes: REsp 844291/DF, Primeira Turma, julgado em 15/08/2006, DJ 31/08/2006 p. 281; REsp 511660/DF, Segunda Turma, julgado em 04/04/2006, DJ 18/04/2006 p. 189; REsp 616.460/DF, Primeira Turma, julgado em 15/02/2005, DJ 21/03/2005 p. 243.

2. Embargos de declaração acolhidos com efeitos infringentes para dar provimento ao Recurso Especial" (EDcl nos EDcl nos EDcl no AgRg no REsp 1028835, de 09/02/2010).

Sobre o tema, serão colacionados enunciados do FONAJEF:

Enunciado nº 190

Nos casos em que o pedido em ação judicial seja de medicamento, produto ou procedimento já previsto nas listas oficiais do SUS ou em Protocolos Clínicos e Diretrizes Terapêuticas (PDCT) para tratamento particular, dever ser determinada a inclusão do demandante em serviço ou programa já existentes no Sistema Único de Saúde (SUS), para fins de acompanhamento e controle clínico.

Enunciado nº 191

Nas demandas que visam o acesso a ações e serviços da saúde diferenciada daquelas oferecidas pelo Sistema Único de Saúde, o autor deve apresentar prova da evidência científica, a inexistência, inefetividade ou impropriedade dos procedimentos ou medicamentos constantes dos protocolos clínicos do SUS.

Enunciado nº 192

Sempre que possível, as decisões liminares sobre saúde devem ser precedidas de notas de evidência científica emitidas por Núcleos de Apoio Técnico em Saúde – NATS – ou similares.

Vale registrar que a revogação de antecipação de tutela que determinou um tratamento de saúde não irá gerar a cobrança dos valores ao autor da demanda em razão da sua boa-fé e da gratuidade da saúde pública brasileira:

> "RECURSO ESPECIAL. DIREITO ADMINISTRATIVO. TRATAMENTO MÉDICO EM CUBA (RETINOSE PIGMENTAR). EMBARGOS DE DECLARAÇÃO. RECORRENTE QUE NÃO DEFINE NEM DEMONSTRA A OMISSÃO. SÚMULA Nº 284/STF. ARTIGO 3º, PARÁGRAFO 1º, DA LEI Nº 8.437/92. DEFICIÊNCIA NAS RAZÕES RECURSAIS. SÚMULA Nº 284/STF. LIMINAR CONCEDIDA PARA REALIZAÇÃO DE TRATAMENTO MÉDICO EM CUBA. AÇÃO MANDAMENTAL JULGADA IMPROCEDENTE. RESTITUIÇÃO. INCABIMENTO. OSCILAÇÃO JURISPRUDENCIAL. BOA-FÉ OBJETIVA. SEGURANÇA JURÍDICA. DIREITO À SAÚDE. IRREPETIBILIDADE DE PRESTAÇÃO DE CARÁTER ALIMENTAR.
>
> 1. Em tema de violação do artigo 535 do Código de Processo Civil, a não indicação expressa das questões apontadas como omitidas vicia a motivação do recurso especial, inviabilizando o seu conhecimento. Incidência do enunciado nº 284 da Súmula do Supremo Tribunal Federal.
>
> 2. A ausência de vinculação dos dispositivos legais apontados como violados pelo recorrente com as razões recursais atrai a incidência do enunciado nº 284 da Súmula do Supremo Tribunal Federal.
>
> 3. É incabível o pedido de restituição de valores despendidos pelo erário, por força de liminar concedida em mandado de segurança posteriormente julgado improcedente, para tratamento de doença grave – retinose pigmentar – em Havana, Cuba, se a pretensão era reiteradamente acolhida no âmbito desta Corte Superior à época da concessão da tutela de urgência e se o tratamento era reputado indispensável para evitar a cegueira completa dos recorridos. Inaplicabilidade da Súmula nº 405/STJ.
>
> 4. Em casos tais, é de se afirmar efetivamente existente a boa-fé objetiva, induvidosamente aplicável às relações entre o particular e o Estado, não podendo os recorridos, após consumado o tratamento médico de urgência, ser condenados ao ressarcimento em função de posteriores oscilações jurisprudenciais sobre a matéria, o que não se ajusta aos postulados constitucionais do direito à saúde, segurança jurídica, estabilidade das relações sociais e dignidade da pessoa humana, próprios do Estado Social em que vivemos e fruto da opção garantista do legislador constitucional originário.
>
> 5. Ademais, se o Superior Tribunal de Justiça tem afirmado a irrepetibilidade de prestações de caráter alimentício, como nos casos de servidor público e previdenciários, com mais razão há que se afirmar o incabimento da restituição em hipóteses como a dos autos, em que se está a tratar da saúde, comprovada, na espécie, a urgência da consecução do tratamento pleiteado e a hipossuficiência financeira dos réus.
>
> 6. Recurso parcialmente conhecido e improvido". (STJ, REsp 950.382, de 14/04/2011).

4.2. Definição e natureza jurídica

A saúde pública consiste no direito fundamental às medidas preventivas ou curativas de enfermidades, sendo dever estatal prestá-la adequadamente a todos, tendo a natureza jurídica de serviço público gratuito, pois prestada diretamente pelo Poder Público ou por delegatários habilitados por contrato ou convênio, de maneira complementar, quando o setor público não tiver estrutura para dar cobertura a toda população.

Conforme previsão constitucional, as instituições privadas poderão participar de forma complementar do sistema único de saúde, segundo diretrizes deste, mediante contrato de direito público ou convênio, tendo preferência as entidades filantrópicas e as sem fins lucrativos, vedada a destinação de recursos públicos para auxílios ou subvenções às instituições privadas com fins lucrativos.

De acordo com o preâmbulo da Constituição da Organização Mundial da Saúde – OMS, que adota um conceito extensivo, a saúde é um estado de completo bem-estar físico, mental e social, e não apenas a ausência de doenças, definição recepcionada pelo ordenamento jurídico brasileiro, através do artigo 3º, da Lei 8.080/90[36].

4.3. O Sistema Único de Saúde

Para a efetivação das ações da saúde pública, o artigo 198, da CRFB, instituiu um Sistema Único de Saúde – SUS, com atendimento integral, regionalizado, descentralizado e hierarquizado, no âmbito das três esferas de governo, que prioriza a prevenção de doenças e garante a participação da comunidade.

Na forma do artigo 200, da Constituição Federal, compete ao SUS:

> I – controlar e fiscalizar procedimentos, produtos e substâncias de interesse para a saúde e participar da produção de medicamentos, equipamentos, imunobiológicos, hemoderivados e outros insumos;
>
> II – executar as ações de vigilância sanitária e epidemiológica, bem como as de saúde do trabalhador;
>
> III – ordenar a formação de recursos humanos na área de saúde;
>
> IV – participar da formulação da política e da execução das ações de saneamento básico;
>
> V – incrementar em sua área de atuação o desenvolvimento científico e tecnológico;
>
> VI – fiscalizar e inspecionar alimentos, compreendido o controle de seu teor nutricional, bem como bebidas e águas para consumo humano;
>
> VII – participar do controle e fiscalização da produção, transporte, guarda e utilização de substâncias e produtos psicoativos, tóxicos e radioativos;
>
> VIII – colaborar na proteção do meio ambiente, nele compreendido o do trabalho.

São objetivos do Sistema Único de Saúde a identificação e divulgação dos fatores condicionantes e determinantes da saúde; a formulação de política de saúde destinada a promover, nos campos econômico e social, a observância do dever do Estado de garantir a saúde consiste na formulação e execução de políticas econômicas e sociais que visem à redução de riscos de doenças e de outros agravos e no estabelecimento de condições que assegurem acesso universal e igualitário às ações e aos serviços para a sua promoção, proteção e recuperação; a assistência às pessoas por intermédio de ações de promoção, proteção e recuperação da saúde, com a realização integrada das ações assistenciais e das atividades preventivas[37].

Inclui-se no campo de atuação do SUS a execução de ações visando preservar a saúde do trabalhador, assim entendida o conjunto de atividades que se destina, através das ações de vigilância epidemiológica e vigilância sanitária, à promoção e proteção da saúde dos trabalhadores,

36. Art. 3º A saúde tem como fatores determinantes e condicionantes, entre outros, a alimentação, a moradia, o saneamento básico, o meio ambiente, o trabalho, a renda, a educação, o transporte, o lazer e o acesso aos bens e serviços essenciais; os níveis de saúde da população expressam a organização social e econômica do País.

    Parágrafo único. Dizem respeito também à saúde as ações que, por força do disposto no artigo anterior, se destinam a garantir às pessoas e à coletividade condições de bem-estar físico, mental e social.

37. Artigo 5º, da Lei 8.080/90.

assim como visa à recuperação e reabilitação da saúde dos trabalhadores submetidos aos riscos e agravos advindos das condições de trabalho.

Entende-se por vigilância sanitária um conjunto de ações capaz de eliminar, diminuir ou prevenir riscos à saúde e de intervir nos problemas sanitários decorrentes do meio ambiente, da produção e circulação de bens e da prestação de serviços de interesse da saúde, abrangendo o controle de bens de consumo que, direta ou indiretamente, se relacionem com a saúde, compreendidas todas as etapas e processos, da produção ao consumo e o controle da prestação de serviços que se relacionam direta ou indiretamente com a saúde.

Já a vigilância epidemiológica é um conjunto de ações que proporcionam o conhecimento, a detecção ou prevenção de qualquer mudança nos fatores determinantes e condicionantes de saúde individual ou coletiva, com a finalidade de recomendar e adotar as medidas de prevenção e controle das doenças ou agravos.

De seu turno, a saúde do trabalhador é um conjunto de atividades que se destina, através das ações de vigilância epidemiológica e vigilância sanitária, à promoção e proteção da saúde dos trabalhadores, assim como visa à recuperação e reabilitação da saúde dos trabalhadores submetidos aos riscos e agravos advindos das condições de trabalho[38].

Outrossim, nos termos do artigo 6º, da Lei 8.080/90, insere-se no SUS as ações de assistência terapêutica integral, inclusive farmacêutica; a participação na formulação da política e na execução de ações de saneamento básico; a ordenação da formação de recursos humanos na área de saúde; a vigilância nutricional e a orientação alimentar; a colaboração na proteção do meio ambiente, nele compreendido o do trabalho; a formulação da política de medicamentos, equipamentos, imunobiológicos e outros insumos de interesse para a saúde e a participação na sua produção; o controle e a fiscalização de serviços, produtos e substâncias de interesse para a saúde; a fiscalização e a inspeção de alimentos, água e bebidas para consumo humano; a participação no controle e na fiscalização da produção, transporte, guarda e utilização de substâncias e produtos psicoativos, tóxicos e radioativos; o incremento, em sua área de atuação, do desenvolvimento científico e tecnológico e a a formulação e execução da política de sangue e seus derivados.

No âmbito da União, competirá ao Ministério da Saúde a direção única do SUS, cabendo o mesmo às respectivas Secretarias de Saúde dos estados, do Distrito Federal e dos municípios, sendo admitida a celebração de consórcios municipais para desenvolver em conjunto as ações e os serviços de saúde que lhes correspondam.

38. A saúde do trabalhador abarca: I – assistência ao trabalhador vítima de acidentes de trabalho ou portador de doença profissional e do trabalho; II – participação, no âmbito de competência do Sistema Único de Saúde (SUS), em estudos, pesquisas, avaliação e controle dos riscos e agravos potenciais à saúde existentes no processo de trabalho; III – participação, no âmbito de competência do Sistema Único de Saúde (SUS), da normatização, fiscalização e controle das condições de produção, extração, armazenamento, transporte, distribuição e manuseio de substâncias, de produtos, de máquinas e de equipamentos que apresentam riscos à saúde do trabalhador; IV – avaliação do impacto que as tecnologias provocam à saúde; V – informação ao trabalhador e à sua respectiva entidade sindical e às empresas sobre os riscos de acidentes de trabalho, doença profissional e do trabalho, bem como os resultados de fiscalizações, avaliações ambientais e exames de saúde, de admissão, periódicos e de demissão, respeitados os preceitos da ética profissional; VI – participação na normatização, fiscalização e controle dos serviços de saúde do trabalhador nas instituições e empresas públicas e privadas; VII – revisão periódica da listagem oficial de doenças originadas no processo de trabalho, tendo na sua elaboração a colaboração das entidades sindicais; e VIII – a garantia ao sindicato dos trabalhadores de requerer ao órgão competente a interdição de máquina, de setor de serviço ou de todo ambiente de trabalho, quando houver exposição a risco iminente para a vida ou saúde dos trabalhadores.

Ainda existe o Conselho Nacional de Saúde – CNS, instância máxima de deliberação do Sistema Único de Saúde, de caráter permanente e deliberativo, tem como missão a deliberação, fiscalização, acompanhamento e monitoramento das políticas públicas de saúde.

O CNS é um órgão vinculado ao Ministério da Saúde, composto por representantes de entidades e movimentos representativos de usuários, entidades representativas de trabalhadores da área da saúde, governo e prestadores de serviços de saúde, sendo o seu Presidente eleito entre os membros do Conselho[39]. A Lei 8.080/90 ainda instituiu três Subsistemas de Saúde: De Atenção à Saúde Indígena, de Atendimento e Internação Domiciliar e de Acompanhamento Durante o Trabalho de Parto, Parto e Pós-parto Imediato.

Caso uma pessoa seja atendida pelo SUS, mas estiver coberta por um seguro privado de saúde, a seguradora particular terá que ressarcir ao Erário os custos do atendimento, que serão cobrados pela Agência Nacional de Saúde Suplementar – ANS, conforme previsão do artigo 32, da Lei 9.656/98[40].

Essa determinação de ressarcimento foi questionada no STF através da ADI/MC 1.931, mas a Suprema Corte reconheceu a validade da norma ao denegar a medida cautelar, conforme narrado no seguinte julgado:

> "EMENTA: AGRAVO REGIMENTAL NO RECURSO EXTRAORDINÁRIO. RESSARCIMENTO AO SUS. ARTIGO 32 DA LEI N. 9.656/98. CONSTITUCIONALIDADE. **O Supremo Tribunal Federal, por ocasião do julgamento da ADI n. 1.931-MC, Relator o Ministro Maurício Corrêa, DJ de 28.5.04, decidiu pela constitucionalidade do ressarcimento ao SUS instituído pela Lei n. 9.656/98**. Agravo regimental a que se nega provimento (**RE 597261 AgR, de 23.06.2009**)".
>
> **Informativo 890 – Planos e seguros privados de assistência à saúde e ressarcimento ao SUS.**
>
> É constitucional o ressarcimento previsto no art. 32 da Lei 9.656/1998 (1), o qual é aplicável aos procedimentos médicos, hospitalares ou ambulatoriais custeados pelo SUS e posteriores a 4.6.1998, assegurados o contraditório e a ampla defesa, no âmbito administrativo, em todos os marcos jurídicos.
>
> Com esse entendimento, o Plenário negou provimento a recurso extraordinário no qual discutida a validade de débitos cobrados a título de ressarcimento ao SUS em decorrência de despesas referentes a atendimentos prestados a beneficiários de planos de saúde.
>
> A Corte registrou que eventual questão envolvendo a possibilidade de fixação de tabelas de ressarcimento dentro dos limites mínimo e máximo instituídos pelo § 8º do art. 32 da Lei 9.656/1998 deveria ser resolvida no campo da análise infraconstitucional. Isso porque eventual conflito entre normas de 1º e 2º graus reflete, no máximo, ofensa reflexa à Constituição, impassível de análise na via do recurso extraordinário.
>
> Por outro lado, é certo que o ressarcimento previsto na norma em questão somente pode envolver procedimentos médicos, hospitalares ou ambulatoriais custeados pelo SUS depois da entrada em vigor da Lei 9.656/1998 — 4.6.1998 —, desde que assegurado o exercício do contraditório e da ampla defesa em todos os interstícios amparados por sucessivas reedições de medidas provisórias. **RE 597064/RJ, rel. Min. Gilmar Mendes, julgamento em 7.2.2018.**

39. http://portal.saude.gov.br/portal/saude/cidadao/area.cfm?id_area=1037.

40. Art. 32. Serão ressarcidos pelas operadoras dos produtos de que tratam o inciso I e o § 1º do art. 1º desta Lei, de acordo com normas a serem definidas pela ANS, os serviços de atendimento à saúde previstos nos respectivos contratos, prestados a seus consumidores e respectivos dependentes, em instituições públicas ou privadas, conveniadas ou contratadas, integrantes do Sistema Único de Saúde – SUS.

A União deverá aplicar na saúde os recursos mínimos fixados em lei complementar, que ainda não havia sido editada, razão pela qual o tema era regulado pelo artigo 77, do ADCT, da Constituição[41]. Já nos casos dos demais entes políticos, a CRFB já prevê diretamente os recursos a serem aplicados, no artigo 198, § 2º, incisos II e III[42].

Com a promulgação da Lei Complementar 141/2012, passou a ser previsto que a União aplicará, anualmente, em ações e serviços públicos de saúde, o montante correspondente ao valor empenhado no exercício financeiro anterior, apurado nos termos desta Lei Complementar, acrescido de, no mínimo, o percentual correspondente à variação nominal do Produto Interno Bruto (PIB) ocorrida no ano anterior ao da lei orçamentária anual.

Vale registrar que os recursos públicos repassados a entidades privadas pelo SUS para aplicação na saúde são impenhoráveis, pois afetados ao à prestação do serviço público, conforme vem pronunciando o STJ:

> "PROCESSO CIVIL. RECURSO ESPECIAL. CRÉDITOS DECORRENTES DE SERVIÇOS DE SAÚDE PRESTADOS POR ENTIDADE PRIVADA. SISTEMA ÚNICO DE SAÚDE – SUS. IMPENHORABILIDADE ABSOLUTA.
>
> 1. A Lei 11.382/2006 inseriu, no art. 649, IX, do CPC, a previsão de impenhorabilidade absoluta dos "recursos públicos recebidos por instituições privadas para aplicação compulsória em educação, saúde, ou assistência social".
>
> 2. Na hipótese, a origem pública dos recursos penhorados está claramente definida.
>
> 3. Não é qualquer recurso público recebido pelas entidades privadas que é impenhorável, mas apenas aquele de aplicação compulsória na saúde.

41. Art. 77. Até o exercício financeiro de 2004, os recursos mínimos aplicados nas ações e serviços públicos de saúde serão equivalentes: I – no caso da União: a) no ano 2000, o montante empenhado em ações e serviços públicos de saúde no exercício financeiro de 1999 acrescido de, no mínimo, cinco por cento; b) do ano 2001 ao ano 2004, o valor apurado no ano anterior, corrigido pela variação nominal do Produto Interno Bruto – PIB; II – no caso dos Estados e do Distrito Federal, doze por cento do produto da arrecadação dos impostos a que se refere o art. 155 e dos recursos de que tratam os arts. 157 e 159, inciso I, alínea a, e inciso II, deduzidas as parcelas que forem transferidas aos respectivos Municípios; e III – no caso dos Municípios e do Distrito Federal, quinze por cento do produto da arrecadação dos impostos a que se refere o art. 156 e dos recursos de que tratam os arts. 158 e 159, inciso I, alínea b e § 3º.

    § 1º Os Estados, o Distrito Federal e os Municípios que apliquem percentuais inferiores aos fixados nos incisos II e III deverão elevá-los gradualmente, até o exercício financeiro de 2004, reduzida a diferença à razão de, pelo menos, um quinto por ano, sendo que, a partir de 2000, a aplicação será de pelo menos sete por cento.

    § 2º Dos recursos da União apurados nos termos deste artigo, quinze por cento, no mínimo, serão aplicados nos Municípios, segundo o critério populacional, em ações e serviços básicos de saúde, na forma da lei.

    § 3º Os recursos dos Estados, do Distrito Federal e dos Municípios destinados às ações e serviços públicos de saúde e os transferidos pela União para a mesma finalidade serão aplicados por meio de Fundo de Saúde que será acompanhado e fiscalizado por Conselho de Saúde, sem prejuízo do disposto no art. 74 da Constituição Federal.

    § 4º Na ausência da lei complementar a que se refere o art. 198, § 3º, a partir do exercício financeiro de 2005, aplicar-se-á à União, aos Estados, ao Distrito Federal e aos Municípios o disposto neste artigo.

42. § 2º A União, os Estados, o Distrito Federal e os Municípios aplicarão, anualmente, em ações e serviços públicos de saúde recursos mínimos derivados da aplicação de percentuais calculados sobre: I – no caso da União, a receita corrente líquida do respectivo exercício financeiro, não podendo ser inferior a 15% (quinze por cento); II – no caso dos Estados e do Distrito Federal, o produto da arrecadação dos impostos a que se refere o art. 155 e dos recursos de que tratam os arts. 157 e 159, inciso I, alínea a, e inciso II, deduzidas as parcelas que forem transferidas aos respectivos Municípios; III – no caso dos Municípios e do Distrito Federal, o produto da arrecadação dos impostos a que se refere o art. 156 e dos recursos de que tratam os arts. 158 e 159, inciso I, alínea b e § 3º.

4. Os valores recebidos pela entidade privada recorrente vinculam-se à contraprestação pelos serviços de saúde prestados em parceria com o SUS – Sistema Único de Saúde, razão pela qual são absolutamente impenhoráveis.

5. Recurso especial provido" (REsp 1324276, de 04/12/2012).

A formulação e controle da execução da Política Nacional da Saúde é atribuição do Conselho Nacional da Saúde – CNS, sendo um órgão de caráter permanente e deliberativo, integrante da estrutura regimental do Ministério da Saúde e composto por representantes do governo, dos prestadores de serviços, dos profissionais de saúde e dos usuários[43].

Ainda prevê a Constituição que a lei disporá sobre as condições e os requisitos que facilitem a remoção de órgãos, tecidos e substâncias humanas para fins de transplante, pesquisa e tratamento, bem como a coleta, processamento e transfusão de sangue e seus derivados, sendo vedado todo tipo de comercialização[44].

Vale registrar que a realização de transplante ou enxertos de tecidos, órgãos ou partes do corpo humano só poderá ser realizada por estabelecimento de saúde, público ou privado, e por equipes médico-cirúrgicas de remoção e transplante previamente autorizados pelo órgão de gestão nacional do Sistema Único de Saúde, só podendo ser autorizada após a realização, no doador, de todos os testes de triagem para diagnóstico de infecção e infestação exigidos em normas regulamentares expedidas pelo Ministério da Saúde.

Ademais, a retirada post mortem de tecidos, órgãos ou partes do corpo humano destinados a transplante ou tratamento deverá ser precedida de diagnóstico de morte encefálica, constatada e registrada por dois médicos não participantes das equipes de remoção e transplante, mediante a utilização de critérios clínicos e tecnológicos definidos por resolução do Conselho Federal de Medicina, ainda sendo exigível autorização do cônjuge ou parente, maior de idade, obedecida a linha sucessória, reta ou colateral, até o segundo grau inclusive, firmada em documento subscrito por duas testemunhas presentes à verificação da morte.

Entretanto, a Lei 9.434/97 veda a remoção post mortem de tecidos, órgãos ou partes do corpo de pessoas não identificadas.

4.4. Princípios

De acordo com o artigo 7º, da Lei 8.080/90, as ações e serviços de saúde do SUS deverão observar os seguintes princípios:

"I – universalidade de acesso aos serviços de saúde em todos os níveis de assistência;

II – integralidade de assistência, entendida como conjunto articulado e contínuo das ações e serviços preventivos e curativos, individuais e coletivos, exigidos para cada caso em todos os níveis de complexidade do sistema;

III – preservação da autonomia das pessoas na defesa de sua integridade física e moral;

IV – igualdade da assistência à saúde, sem preconceitos ou privilégios de qualquer espécie;

V – direito à informação, às pessoas assistidas, sobre sua saúde;

43. http://conselho.saude.gov.br/apresentacao/apresentacao.htm.

44. Regulamentado pelas Leis 9.434/97 e 10.205/2001.

VI – divulgação de informações quanto ao potencial dos serviços de saúde e a sua utilização pelo usuário;

VII – utilização da epidemiologia para o estabelecimento de prioridades, a alocação de recursos e a orientação programática;

VIII – participação da comunidade;

IX – descentralização político-administrativa, com direção única em cada esfera de governo:

a) ênfase na descentralização dos serviços para os municípios;

b) regionalização e hierarquização da rede de serviços de saúde;

X – integração em nível executivo das ações de saúde, meio ambiente e saneamento básico;

XI – conjugação dos recursos financeiros, tecnológicos, materiais e humanos da União, dos Estados, do Distrito Federal e dos Municípios na prestação de serviços de assistência à saúde da população;

XII – capacidade de resolução dos serviços em todos os níveis de assistência; e

XIII – organização dos serviços públicos de modo a evitar duplicidade de meios para fins idênticos"; e

XIV – organização de atendimento público específico e especializado para mulheres e vítimas de violência doméstica em geral, que garanta, entre outros, atendimento, acompanhamento psicológico e cirurgias plásticas reparadoras, em conformidade com a Lei nº 12.845, de 1º de agosto de 2013[45]".

Veja-se que é princípio do Sistema Único de Saúde a igualdade da assistência à saúde, sem preconceitos ou privilégios de qualquer espécie, descabendo um tratamento diferenciado desta natureza. Nesse sentido, o STF:

Informativo 810– SUS e atendimento por diferença de classe

É constitucional a regra que veda, no âmbito do Sistema Único de Saúde – SUS, a internação em acomodações superiores, bem como o atendimento diferenciado por médico do próprio SUS, ou por médico conveniado, mediante o pagamento da diferença dos valores correspondentes. Essa a conclusão do Plenário, que desproveu recurso extraordinário em que discutida a possibilidade de internação pelo SUS com a faculdade de melhoria do tipo de acomodação recebida pelo usuário mediante o pagamento de diferença entre os valores correspondentes. O Colegiado explicou que o SUS, conforme instituído pela Lei 8.080/1990, prevê dois **eixos de ação**: estabelece a prestação de serviços públicos de saúde e uma gama de atividades denominadas de ações de saúde, conforme o art. 200 da CF. É regido pelos princípios da: a) **universalidade**, como garantia de atenção à saúde por parte do sistema a todo e qualquer cidadão, por meio de serviços integrados por todos os entes da federação; b) **equidade**, a assegurar que serviços de todos os níveis sejam prestados, de acordo com a complexidade que o caso venha a exigir, de forma isonômica, nas situações similares; e c) **integralidade**, reconhecendo-se cada indivíduo como um todo indivisível e integrante de uma comunidade. Embora os serviços de saúde devam obedecer a esses **princípios**, estão limitados pelos elementos técnico-científicos, e pela capacidade econômica do Estado. **Nesse contexto, possibilitar assistência diferenciada a pessoas numa mesma situação, dentro de um mesmo sistema, vulnera a isonomia e a dignidade humana. Admitir que um paciente internado pelo SUS tenha acesso a melhores condições de internação ou a médico de sua confiança mediante pagamento subverte a lógica do sistema e ignora suas premissas.** Além disso, a Constituição não veda o atendimento personalizado de saúde, e admite o sistema privado. Os atendimentos realizados pela rede pública, todavia, não devem se submeter à lógica do lucro, por não ser essa a finalidade do sistema. Ainda que os supostos custos extras corressem por conta do interessado, a questão econômica ocupa papel secundário dentre os objetivos impostos

45. Redação dada pela Lei nº 13.427, de 2017.

ao ente estatal. A implementação de um sistema de saúde equânime é missão do Estado, que deve buscar a igualdade sempre que chamado a atuar. O Tribunal assinalou que a diferença de classes dentro do sistema também não leva a maior disponibilidade de vagas na enfermaria, porque há um limite de admissão de pessoas para cada estabelecimento, e todo paciente, mesmo em acomodações superiores, é contabilizado dentro do mesmo sistema público. Sublinhou precedentes do STF relacionados ao tema, em que garantido, em casos excepcionais, o tratamento diferenciado, a despeito da proibição de pagamento a título de complementação aos hospitais, por internação de pacientes em quartos particulares. Ocorre que os julgados dizem respeito a casos individuais, baseados na situação clínica de pacientes específicos, e grande parte deles se dera na fase de implementação do SUS. No presente caso, entretanto, se objetiva implementar a diferença de classe de modo amplo e irrestrito. Assim, embora se reconheça que o SUS ainda carece de recursos e de aprimoramento para se consagrar como um sistema que atenda às suas finalidades constitucionais e legais, deve haver esforços no sentido da **promoção da igualdade de acesso**, e não em sentido oposto, em clara ofensa à Constituição. **RE 581488/RS, rel. Min. Dias Toffoli, 3.12.2015. (RE-581488)".**

5. PREVIDÊNCIA SOCIAL

5.1. Introdução

No Brasil, um dos grandes traços que diferenciam a previdência social da assistência social e da saúde pública é o seu caráter contributivo, pois apenas terão cobertura previdenciária as pessoas que vertam contribuições ao regime que se filiaram, de maneira efetiva ou nas hipóteses presumidas por lei, sendo pressuposto para a concessão de benefícios e serviços aos segurados e seus dependentes.

Em termos objetivos, em sua acepção ampla, a "previdência social" abarca todos os regimes previdenciários existentes no Brasil (básicos e complementares, públicos e privados), conforme será especificado no item 7.6.

Entretanto, a expressão "Previdência Social" também é utilizada no sentido subjetivo, com iniciais maiúsculas, como sinônima dos órgãos e entidades responsáveis pela gestão previdenciária, a exemplo do extinto Ministério da Previdência Social e do INSS, bastando lembrar que as agências da referida autarquia federal estampam essa nomenclatura.

Com efeito, a sua disciplina constitucional é ditada em especial pelos seguintes artigos da Constituição Federal de 1988:

- **Artigo 40** (previdência dos servidores públicos efetivos e militares – Regime Próprio de Previdência Social);
- **Artigo 201** (previdência dos trabalhadores em geral – Regime Geral de Previdência Social);
- **Artigo 202** (previdência complementar privada).

Mas antes de ser apresentada uma visão geral de todos os planos ofertados pela previdência social brasileira, é imprescindível apontar sinteticamente os principais fatos históricos que marcaram a sua evolução no mundo e no Brasil, pois para entender o hoje e planejar o amanhã, é imprescindível conhecer os fatos pretéritos que formaram a atual realidade.

5.2. Evolução histórica mundial

O nascimento da previdência social deve ser analisado à luz da evolução lenta e gradual dos direitos fundamentais sociais, pois inserta nesse rol de prestações positivas a serem adimplidas pelo Estado.

Aponta-se majoritariamente como o marco inicial mundial da previdência social no mundo a edição da Lei dos Seguros Sociais, na Alemanha, em 1883, perpetrada pelo chanceler Otto Von Bismarck, que criou o seguro-doença, seguida por outras normas que instituíram o seguro de acidente de trabalho (1884), o de invalidez (1889) e o de velhice (1889), em decorrência de grandes pressões sociais de época.

Consoante as excelentes lições de Sergio Pinto Martins a respeito do tema, "as leis instituídas por Bismarck tornaram obrigatória a filiação às sociedades seguradoras ou entidades de socorros mútuos por parte de todos os trabalhadores que recebessem até 2.000 marcos anuais. A reforma tinha objetivo político: impedir movimentos socialistas fortalecidos com a crise industrial. Visava obter apoio popular, evitando tensões sociais"[46].

Era um sistema equilibrado, de capitalização, compulsório e bastante restrito, pois se tratava de um seguro celebrado entre patrões e empregados por imposição do Estado, com contribuição de ambos, mas limitado a estes trabalhadores.

Ficou conhecido como sistema de capitalização ou bismarckiano, pois era custeado apenas com as contribuições dos trabalhadores e dos empregadores, exigindo-se cotizações durante certo prazo para que os beneficiários fizessem jus aos benefícios.

Em termos constitucionais, destacam-se as Constituições do México (1917) e da Alemanha (1919) como as primeiras no mundo a preverem a proteção previdenciária dos trabalhadores.

Já em 1942, a Inglaterra chamou a atenção do mundo ao adotar um sistema previdenciário diverso do germânico, através da aprovação do Plano Beveridge, idealizado pelo economista Sir William Henry Beveridge, em que a previdência social era custeada primordialmente com recursos dos tributos em geral, inexistindo apenas contribuições específicas para a sua manutenção, a serem pagas pelas empresas e trabalhadores, efetivamente implantado em 1946.

Esse formato de previdência social tem a vantagem de ser verdadeiramente universal e solidário, pois inclui todo o povo, mas é de difícil equilíbrio financeiro e atuarial, ficando conhecido como sistema inglês ou beveridgiano.

Também merece destaque a Declaração Universal dos Direitos do Homem, editada pela ONU em 1948, ao prever o direito à segurança em caso de desemprego, doença, invalidez, viuvez, velhice ou outros casos de perda dos meios de subsistência fora de seu controle[47].

Vale destacar que dificilmente serão encontrados sistemas previdenciários idênticos entre as nações, devendo ser analisado cada ordenamento jurídico. Alguns estados adotam apenas a previdência pública, vedando-se o desenvolvimento dessa atividade aos particulares.

Outros países têm planos previdenciários públicos e privados, a exemplo do Brasil, ao passo que o Chile adotou uma posição extremada de apenas oferecer ao seu povo a previdência

46. Op. cit, p. 04.
47. Artigo XXV, item 1.

privada, em adoção à política neoliberal sob o incentivo do Banco Mundial, para criar um sistema previdenciário substitutivo.

Segundo Eliane Romeiro Costa, "nos sistemas ditos substitutivos (Chile – 1981; Bolívia – 1997; México – 1997; El Salvador – 1998 e Nicarágua – 2001) o Sistema previsional público se fecha para novos integrantes, o Sistema Previsional Privado torna-se o único Sistema e o regime financeiro é o da capitalização plena individual (CPI)"[48].

Apesar de ser equilibrado, esse modelo reduz bastante a cobertura social, especialmente em países pobres, sendo bastante arriscado privatizar um serviço público estratégico e que poderá levar o país à bancarrota, caso as entidades de previdência tornem-se insolventes, com toda uma população desamparada e que irá cobrar medidas assistenciais do Estado para sobreviver.

Outrossim, a maioria das nações não estende a proteção previdenciária a todas as pessoas, mas apenas às que vertem contribuições diretas ao regime (sistemas contributivos), a exemplo do Brasil, enquanto alguns países são verdadeiramente universalistas ao tutelar toda a população com a cobertura previdenciária básica, pois custeada com os tributos em geral, a exemplo de alguns planos dos países escandinavos (sistemas não contributivos).

De arremate, insta aduzir que desde 1994 o Banco Mundial vem difundindo um modelo previdenciário fundado na Teoria dos Três Pilares, que influenciou bastante as reformas na previdência de inúmeros países latino-americanos.

Segundo Sara Granemann[49], o modelo do Banco Mundial é assim constituído:

> "a) **O "primeiro pilar":** uma previdência social gerida pelo Estado, de caráter obrigatório e que deveria assegurar um benefício mínimo para combater a indigência na velhice. No caso brasileiro, o "primeiro pilar" do Banco Mundial aproxima-se muito mais das políticas de "garantia de renda mínima" e dos benefícios assistenciais do tipo Benefício de Prestação Continuada (BPC). Para o Banco Mundial, este "pilar" destina-se aos que não possuem o direito a aposentadorias por não terem formalmente comprovado tempo de contribuição;
>
> **b) O "segundo pilar"**, também de caráter obrigatório, baseia-se em planos de "poupança" de tipo profissional (vale dizer, ligado ao contrato de trabalho, o fundo de pensão/previdência complementar fechada). Diferente do primeiro pilar, neste a gestão deverá ser privada e o sistema de aposentadorias deve operar por capitalização.
>
> **c) O "terceiro pilar"** denomina-se "voluntário" ou "pessoal". Funciona por capitalização e é oferecido por empresas de previdência complementar aberta, como os bancos e as seguradoras. É individual e por isso não está vinculado a qualquer relação de trabalho ou aos "direitos corporativos" (g.n.)

O Brasil não adotou uma reforma estrutural em seu regime previdenciário, ao contrário de vários países da América do Sul nas décadas de 1980 e 1990, que eliminaram o sistema público ou colocaram o sistema privado como regra geral.

De efeito, pela Emenda 20/98 (1ª reforma da previdência social após o atual ordenamento constitucional), inúmeras alterações foram perpetradas em nosso regime previdenciário, mas a sua essência foi mantida, pois os planos básicos brasileiros continuaram a ser públicos e com o regime de repartição (fundo único).

48. Sistemas Previdenciários Estrangeiros. Análise das Reformas Estruturais de Previdência Complementar. Revista de Direito Previdenciário n. 299, p. 06, LTR, 2005.
49. Políticas Sociais e Financeirização dos Direitos do Trabalho. Disponível em http://www.e-publicacoes.uerj.br.

5.3. Evolução histórica no Brasil

Registre-se, inicialmente, que a Constituição de 1891 foi a primeira brasileira a prever diretamente um benefício previdenciário, pois o seu artigo 75 garantia a aposentadoria por invalidez aos funcionários públicos que se tornaram inválidos a serviço na nação, mesmo sem existir o pagamento de contribuições previdenciárias.

Deveras, a Constituição Imperial (1824) apenas garantiu formalmente os "socorros públicos" (artigo 179, inciso XXXI), de pouca regulamentação em razão da doutrina liberal de época.

Em 1821, o Decreto de 1º de outubro concedeu aposentadoria aos mestres e professores após 30 anos de serviço. Já em 1888, criou-se a Caixa de Socorros para os trabalhadores das estradas de ferro de propriedade do Estado (Lei 3.397) e o Decreto 9.912-A previu a aposentadoria dos empregados dos Correios, após 30 anos de serviço e 60 anos de idade.

Já no dia 29 de novembro de 1892, a Lei 217 instituiu a aposentadoria por invalidez e a pensão por morte dos operários do Arsenal da Marinha do Rio de Janeiro.

Em 1911, foi editado o Decreto 9.284, que criou a Caixa de Aposentadoria e Pensões dos Operários da Casa da Moeda, restrita a esses servidores públicos. No ano seguinte, o Decreto nº 9.517 criou uma Caixa de Pensões e Empréstimos para o pessoal das Capatazias da Alfândega do Rio de Janeiro.

Por sua vez, em 1919 foi editada a Lei de Acidentes de Trabalho (Lei 3.724), que criou o seguro de acidente de trabalho para todas as categorias, a cargo das empresas, introduzindo a noção do risco profissional.

> No Brasil, prevalece doutrinariamente que a previdência social nasceu com o advento da Lei Eloy Chaves, em 1923 (Decreto-lei 4.682), que determinou a criação das caixas de aposentadorias e pensões para os ferroviários, mantidas pelas empresas, pois naquela época os ferroviários eram bastante numerosos e formavam uma categoria profissional muito forte.

Nesse sentido, o dia da Previdência Social no Brasil é comemorado oficialmente no dia 24 de janeiro, justamente porque nessa data começou a vigorar a Lei Eloy Chaves.

Crê-se tratar-se de uma meia verdade. A Lei Eloy Chaves pode sim ser considerada como o marco inicial da previdência brasileira, mas do sistema privado, pois as caixas dos ferroviários eram administradas pelas próprias empresas privadas e não pelo Poder Público, que apenas regulamentava e supervisionava a atividade.

A Lei Eloy Chaves determinou a criação de uma Caixa de Aposentadoria e Pensões em cada uma das empresas ferroviárias, visando tutelar os seus empregados, assim considerados não só os que prestavam os seus serviços mediante ordenado mensal, como também os operários diaristas, de qualquer natureza, que executavam serviço de caráter permanente, desde que tivessem mais de seis meses de serviços contínuos em uma mesma empresa.

As principais receitas das CAPs dos ferroviários vinham de uma contribuição mensal dos empregados, correspondente a 3% dos respectivos vencimentos; de uma contribuição anual da empresa, correspondente a 1 % de sua renda bruta e da soma que produzir um aumento de 1 1/2 % sobre as tarifas da estrada do ferro.

Os recursos arrecadados eram depositados mensalmente em banco escolhido pela gestão da CAP dos ferroviários, sendo de sua propriedade e afetados às finalidades da Caixa, sendo previstas as seguintes prestações:

a) Socorros médicos em casos de doença em sua pessoa ou pessoa de sua família, que habite sob o mesmo teto e sob a mesma economia;
b) Medicamentos obtidos por preço especial determinado pelo Conselho de Administração;
c) Aposentadoria (ordinária ou por invalidez);
d) Pensão para seus herdeiros em caso de morte.

De seu turno, coube à Lei nº 5.109, de 20 de dezembro de 1926, estender o Regime da Lei Eloy Chaves aos portuários e marítimos, posteriormente abarcando os trabalhadores dos serviços telegráficos e radiotelegráficos (Lei nº 5.485, de 30 de junho de 1928).

Em 1931 (Decreto nº 20.465, de 1º de outubro de 1931) foi a vez dos empregados dos demais serviços públicos concedidos ou explorados pelo Poder Público ter direito à extensão do regime da Lei Eloy Chaves, seguidos dos trabalhadores das empresas de mineração em 1932.

Na realidade, a previdência pública brasileira apenas iniciou-se em 1933, através do Decreto 22.872, que criou o Instituto de Previdência dos Marítimos – IAPM, pois gerida pela Administração Pública, surgindo posteriormente os seguintes Institutos: dos comerciários e bancários (1934); dos industriários (1936); dos servidores do estado e dos empregados de transportes e cargas (1938).

De efeito, os Institutos, ao contrário das Caixas de Aposentadorias e Pensões, tinham maior abrangência, pois abarcavam categorias profissionais inteiras, e não apenas os empregados de determina empresa, além de estarem sujeitos ao controle e administração estatal.

A Constituição de 1934 deu a sua contribuição ao prever o tríplice custeio da previdência social, mediante recursos do Poder Público, dos trabalhadores e das empresas, passando, em termos constitucionais, do plano apenas da assistência social para o seguro social, lançando mão da expressão "Previdência".

Por sua vez, a Constituição de 1946 contemplou pela primeira vez no país a expressão "Previdência Social", tratando da sua cobertura no artigo 157.

Em 1960, foi promulgada a Lei Orgânica da Previdência Social – LOPS (Lei 3.807), que unificou o plano de benefícios dos Institutos.

Já em 1965, a Emenda 11 alterou a Constituição de 1946 para criar o Princípio da Precedência de Fonte de Custeio para a instituição ou majoração dos benefícios previdenciários e assistenciais, existente até hoje e aplicável a toda a seguridade social.

> Em 1967, ocorreu a unificação da previdência urbana brasileira, vez que os Institutos foram fundidos, nascendo o INPS – Instituto Nacional de Previdência Social, através do Decreto-lei 72/1966, que também trouxe o seguro de acidente do trabalho para o âmbito da Previdência Pública.

Mais adiante, em 1971, ocorreu a inclusão previdenciária dos trabalhadores rurais, que passaram a ser segurados previdenciários com regência pela Lei Complementar 11, que instituiu o Pró-Rural (Programa de Assistência ao Trabalhador Rural), mantido pelos recursos do Fundo de Assistência ao Trabalhador Rural – FUNRURAL, que ganhou natureza jurídica de autarquia federal.

Na previdência rural foram previstos os seguintes benefícios: I – aposentadoria por velhice; II – aposentadoria por invalidez; III – pensão; IV – auxílio-funeral, V – serviço de saúde; VI – serviço social.

As aposentadorias correspondiam à metade do salário mínimo vigente, ao passo que a pensão por morte a 30% do salário mínimo. Já o auxílio-funeral era no valor de um salário mínimo.

Ou seja, naquela época coexistiam dois regimes previdenciários em paralelo: o Programa de Assistência ao Trabalhador Rural (Lei Complementar 11/1971) e a Previdência Social Urbana (Lei 3.807/1960).

Os empregados domésticos tiveram a sua vez em 1972, passando a ser segurados da previdência por força da Lei 5.859.

Em 1977, foi permitida a criação da previdência complementar privada, através das entidades abertas e fechadas, por intermédio da Lei 6.435, começando a nascer os grandes fundos de pensão das empresas estatais, a exemplo da PREVI e da PETROS.

Ainda em 1977 foi instituído o SINPAS – Sistema Nacional de Previdência e Assistência Social, que abarcava as seguintes entidades:

a) IAPAS (Instituto de Administração Financeira da Previdência e Assistência Social – arrecadação e fiscalização das contribuições);
b) INAMPS (Instituto Nacional de Assistência Médica da Previdência Social);
c) INPS (Instituto Nacional de Previdência Social – responsável pela gestão dos benefícios previdenciários);
d) LBA (Fundação Legião Brasileira de Assistência – cuidava dos idosos e gestantes carentes);
e) FUNABEM (Fundação Nacional do Bem-Estar do Menor – responsável pelos menores carentes);
f) CEME (Central de Medicamentos – fabricação de medicamentos de baixo custo);
g) DATAPREV (Empresa de Tecnologia e Informações da *Previdência* Social – controle de dados)[50].

Finalmente, em 1988, a Constituição Cidadã evoluiu para a seguridade social, Sistema Nacional que no Brasil engloba a assistência, a previdência social e a saúde pública (Título VIII, Capítulo II, artigos 194/204), contemplando as regras e princípios basilares que regulam a previdência brasileira.

É possível enumerar as principais conquistas sociais com o advento do atual ordenamento constitucional:

- A saúde pública passou a ser gratuita a todos os brasileiros, pois não mais depende do pagamento de contribuições específicas;

50. A DATAPREV não foi extinta, prestando relevantes serviços à Previdência Social.

- Garantia de um salário mínimo ao idoso ou deficiente carente no campo da assistência social[51];
- Os benefícios previdenciários que substituem a remuneração dos trabalhadores passaram a ser de, pelo menos, um salário mínimo, o que beneficiou os povos rurais[52];
- Os trabalhadores rurais, os garimpeiros e o pescador artesanal passaram a ter direito a uma redução de 05 anos na idade para gozar do benefício da aposentadoria por idade[53];
- O homem passou a ter direito à pensão por morte, pois anteriormente apenas tinham direito os maridos inválidos[54].

Posteriormente, houve a necessidade política de alterar e inserir várias regras constitucionais na previdência social, tendo a 1ª reforma sido aprovada pela Emenda 20, publicada em 16.12.1998.

Dentre outras, podem ser destacadas as seguintes inovações:

- Exigência de idade mínima para a aposentadoria voluntária integral no serviço público (60 anos para os homens e 55 anos para as mulheres);
- Desconstitucionalização do cálculo da renda mensal inicial das aposentadorias, que passou a ser regido pela Lei 9.876/99;
- Concessão do salário-família e do auxílio-reclusão apenas aos beneficiários de baixa renda;
- Elevação do teto do Regime Geral de Previdência Social para R$ 1.200,00;
- Vedação de percepção de duas aposentadorias pelo regime previdenciário dos servidores públicos, salvo na hipótese de acumulação de cargos autorizada constitucionalmente;
- Extinção do tempo de serviço e criação do tempo de contribuição;
- Proibição de contagem de tempo de contribuição fictício;
- Extinção da aposentadoria por tempo de contribuição proporcional no RGPS para os novos segurados;
- Instituição de novas fontes de custeio para a seguridade social;
- Previsão de competência da Justiça do Trabalho para executar, de ofício, as contribuições previdenciárias decorrentes das sentenças que proferir;
- Proibição de trabalho noturno, perigoso ou insalubre a menores de dezoito e de qualquer trabalho a menores de dezesseis anos, salvo na condição de aprendiz, a partir de quatorze anos;
- Vedação de filiação ao Regime Geral de Previdência Social, na qualidade de segurado facultativo, de pessoa participante de regime próprio de previdência.

51. O STF firmou entendimento de que este benefício dependia de regulamentação do Congresso Nacional para ser pago. Vide MI 448, de 05.09.1994.
52. De acordo com o STF, esta previsão constitucional é autoaplicável, pois independe de regulamentação. Vide RE 165.843 Agr, de 28.09.1993.
53. O STF entendeu que esta redução de idade não era autoaplicável, pois dependia de regulamentação. Vide RE 163.587, de 21.05.1998.
54. No julgamento do RE 366.246 Agr, em 01.04.2008, o STF decidiu que a circunstância de a morte do segurado haver ocorrido em data anterior à regulamentação do preceito constitucional não afasta o direito à pensão, devendo ser observados os parâmetros que passaram a viger.

Já a Emenda 41, publicada em 31.12.2003, aprovou a 2ª reforma da previdência social, com foco no regime previdenciário dos servidores públicos efetivos e militares, destacando-se as seguintes previsões:

- Fim da paridade remuneratória entre ativos e inativos, prevendo regra de transição para os antigos servidores;
- Autorizou a cobrança de contribuições previdenciárias sobre aposentadorias e pensões pagas no serviço público, desde que em valor acima do teto dos benefícios pagos pelo INSS;
- Previsão de redutor da pensão por morte no serviço público equivalente a 30% sobre a quantia que exceder o valor máximo dos benefícios pagos pelo INSS;
- Criação do abono de permanência no serviço público para os servidores que preencheram os requisitos para a aposentadoria voluntária com proventos integrais, mas optaram em permanecer na ativa, equivalente ao valor da sua contribuição previdenciária;
- Vedação de existência de mais de um regime próprio de previdência social para os servidores titulares de cargos efetivos, e de mais de uma unidade gestora do respectivo regime em cada ente estatal.

Com o advento da Emenda 103/2019, restou inaugurada a maior reforma constitucional dentro do atual sistema previdenciário brasileiro, especialmente do Regime Geral e o Regime Próprio de Previdência Social, refletindo em alguns pontos no Regime de Previdência Complementar, conforme será estudado ao longo desta obra.

Eis as maiores novidades da EC 103/2019 no RPPS:

- A competência para legislar sobre regras gerais de inatividade remunerada de policiais militares e bombeiros dos estados e Distrito Federal passou a ser privativa da União;
- Restou inserido o instituto da readaptação, permitindo que o servidor público titular de cargo efetivo possa ser readaptado para exercício de cargo cujas atribuições e responsabilidades sejam compatíveis com a limitação que tenha sofrido em sua capacidade física ou mental, enquanto permanecer nesta condição, desde que possua a habilitação e o nível de escolaridade exigidos para o cargo de destino, mantida a remuneração do cargo de origem;
- A concessão de aposentadoria no RGPS passa a gerar a extinção da relação de trabalho com a Administração Pública, quer celetista ou mesmo estatutária, o que atinge servidores efetivos de municípios que não criaram RPPS;
- Vedou-se que o complemento de aposentadorias e pensões por morte do RPPS seja feito pelos entes políticos, salvo no caso de regime de previdência complementar e de lei de extinção de RPPS que poderão prever os complementos;
- Afastou-se uma garantia do titular de mandato eletivo que possui cargo efetivo no serviço público, de modo que a Constituição não mais garante que os valores das remunerações para fins previdenciários sejam conservados como se o servidor estivesse no exercício do cargo efetivo, podendo agora ser considerados os valores das remunerações do mandato eletivo;
- Vedou-se a incorporação de vantagens de caráter temporário ou vinculadas ao exercício de função de confiança ou de cargo em comissão à remuneração do cargo efetivo;

- Não mais são citados no *caput* do artigo 40 da Constituição todos os entes políticos, de modo que não há mais imposição constitucional para que todos os entes políticos constituam RPPS, sendo o grande foco os municípios brasileiros;
- A aposentadoria por invalidez do servidor efetivo passa a se chamar de aposentadoria por incapacidade permanente, sendo necessário para a sua concessão um requisito adicional: não cabimento da readaptação;
- A renda mensal da aposentadoria por incapacidade permanente e das demais aposentações foi desconstitucionalizada, cabendo a aplicação da regra de transição do artigo 26 da Emenda;
- A aposentadoria por incapacidade por doenças graves, contagiosas ou incuráveis não mais possui garantia de proventos integrais;
- Fixou-se como regra permanente para os servidores federais efetivos a seguinte idade mínima para o deferimento de aposentadoria voluntária: a) 65 anos, homens; b) 62 anos, mulheres;
- No âmbito dos estados, do Distrito Federal e dos municípios, a aposentadoria voluntária com modificação de na idade mínima, dependerá de emenda às respectivas Constituições e Leis Orgânicas, sendo conservado o antigo regime constitucional provisoriamente;
- O teto da aposentadoria passa a ser o teto do RGPS para os novos servidores públicos empossados no novo regime, respeitado o valor mínimo de um salário mínimo;
- Caberá ao ente federativo aprovar lei ordinária para regular o valor dos proventos de aposentadoria do seu servidor efetivo, quebrando a uniformidade nacional, o que será uma lástima e com enorme insegurança jurídica;
- As aposentadorias especiais no RPPS eram uma determinação constitucional. Agora passaram a ser um ato discricionário do legislador, ao inserir expressamente no texto constitucional a expressão "poderão", via lei complementar da entidade política;
- Os professores do ensino infantil, fundamental e média conservaram o direito de reduzir 5 anos na idade no benefício de aposentadoria por idade em relação às regras ordinárias, que no serviço público federal são de 65 anos para os homens e 62 para as mulheres, reduzindo na área federal para 60 anos para os professores e 57 anos de idade para as professoras;
- Possibilita que a pensão por morte do servidor público possa ter renda inferior a um salário mínimo, desde que o dependente seja beneficiário de renda formal, a exemplo de salário ou de aposentadoria;
- A regra permanente não mais trata da renda da pensão por morte, fazendo remissão à lei do respectivo ente federativo, que necessariamente terá que tratar de modo diferenciado a morte dos policiais, agentes penitenciários e agentes socioeducativos por agressão em decorrência da sua função de risco;
- Passa a ser obrigatória a criação do regime de previdência complementar pelas entidades federativas que possuam RPPS (era facultativo);
- Abriu-se em favor das entidades abertas de previdência complementar (EAPCs) a possibilidade de gerir planos de previdência complementar dos servidores públicos;
- O abono de permanência em serviço passa a ser de pagamento facultativo;

- O valor do abono não mais é fixado no valor da contribuição previdenciária devida pelo servidor público, podendo ser inferior a esse valor, não tendo sido previsto sequer um limite mínimo;
- Exige que a União edite uma lei complementar estabelecendo normas gerais sobre os Regimes Próprios de Previdência Social.

Além disto, foram fixadas inúmeras regras de transição de duas espécies:

a) Regras para servidores federais empossados no serviço público até a publicação da Emenda;

b) Regras de transição ao regramento permanente, enquanto não editadas as leis exigidas pelo artigo 40 da Constituição.

Já no RGPS destacamos as seguintes:

- A competência federal delegada será extinta quando a Comarca de domicílio do beneficiário da previdência social distar até 70 km de alguma Vara da Justiça Federal, cabendo ao TRF editar uma lista de comarcas;
- O segurado somente terá reconhecida como tempo de contribuição ao Regime Geral de Previdência Social a competência cuja contribuição seja igual ou superior à contribuição mínima mensal exigida para sua categoria, assegurado o agrupamento de contribuições;
- São vedados a moratória e o parcelamento em prazo superior a sessenta meses e, na forma de lei complementar, a remissão e a anistia das contribuições sociais previdenciárias;
- Tornou facultativa a edição de lei complementar para regular a aposentadoria especial por agentes nocivos de novos segurados, vedados a caracterização por categoria profissional ou ocupação;
- Restou provisoriamente inserida uma idade mínima, conforme a espécie de aposentadoria especial: 15 anos – 55 anos de idade; 20 anos – 58 anos de idade; 25 anos – 60 anos de idade;
- Restou extinta a aposentadoria apenas por tempo de contribuição sem idade mínima;
- Idade mínima de sessenta e cinco anos de idade, se homem, e sessenta e dois anos de idade, se mulher, observado tempo mínimo de contribuição, para a concessão de aposentadoria pelo RGPS em regra permanente;
- Manutenção da idade da aposentadoria por idade rural: sessenta anos de idade, se homem, e cinquenta e cinco anos de idade, se mulher, para os trabalhadores rurais e para os que exerçam suas atividades em regime de economia familiar, nestes incluídos o produtor rural, o garimpeiro e o pescador artesanal;
- Lei complementar poderá disciplinar a cobertura de benefícios não programados, inclusive os decorrentes de acidente do trabalho, a ser atendida concorrentemente pelo Regime Geral de Previdência Social e pelo setor privado (abriu a possibilidade de atendimento pelo setor privado dos benefícios não programados, a exemplo do auxílio-doença, atual auxílio por incapacidade temporária);
- Lei complementar estabelecerá vedações, regras e condições para a acumulação de benefícios previdenciários;
- Os empregados dos consórcios públicos, das empresas públicas, das sociedades de economia mista e das suas subsidiárias serão aposentados compulsoriamente, observado

o cumprimento do tempo mínimo de contribuição, ao atingir a idade máxima de que trata o inciso II do § 1º do art. 40, na forma estabelecida em lei;

- Passou-se a admitir que o patrocínio da Administração Pública a entidade de previdência complementar possa abarcar entidades abertas de previdência complementar;
- Limitação da renda do auxílio-reclusão a um salário mínimo;
- Eliminação da menor cota do benefício do salário-família;
- Alteração na contribuição previdenciária do segurado empregado, trabalhador avulso e empregado doméstico.

Além disto, foram fixadas inúmeras regras de transição de duas espécies:

- Regras para segurados filiados ao RGPS até a publicação da Emenda 103/2019;
- Regras de transição ao regramento permanente, enquanto não editadas as leis exigidas pelo artigo 201 da Constituição.

5.4. Definição e abrangência

Em sentido amplo e objetivo, especialmente visando abarcar todos os planos de previdência básicos e complementares disponíveis no Brasil, a previdência social pode ser definida como um seguro com regime jurídico especial, pois regida por normas de Direito Público, sendo necessariamente contributiva, que disponibiliza benefícios e serviços aos segurados e seus dependentes, que variarão a depender do plano de cobertura.

A relação previdenciária tem duas vertentes:

- **O custeio** (que envolve a obrigação de pagar as contribuições previdenciárias pelos segurados e pelas empresas, empregadores e equiparados, tendo natureza tributária);
- **O plano de benefícios e serviços** (pagamento de prestações pela Previdência Social aos segurados e seus dependentes, uma vez realizadas as hipóteses legais de concessão).

Vale salientar que a definição de previdência é jurídico-positiva, pois sofrerá modificações de acordo com a análise da legislação de cada nação, sendo necessariamente contributiva no Brasil.

5.5. Classificação dos sistemas previdenciários

Quanto à contributividade, os sistemas previdenciários serão classificados em:

a) *Não contributivos* – custeados com os tributos em geral, inexistindo contribuições específicas, como ocorre no primeiro pilar da previdência da Dinamarca;

b) *Contributivos* – custeados por contribuições previdenciárias;

   b.1) *Capitalização* – Exige a cotização durante certo prazo para fazer jus aos benefícios, em fundo individual ou coletivo, sendo os valores investidos pelos administradores (Previdência Privada no Brasil);

   b.2) *Repartição* – Em regra, a ausência de contribuição durante determinado tempo não retira o direito ao benefício, salvo os casos de carência, existindo um fundo único (Previdência Pública do Brasil).

Quanto ao responsável pela gestão, adota-se a seguinte classificação:

a) *Pública* – O Poder Público assume a responsabilidade da administração do regime previdenciário;

b) *Privada* – O gerenciamento é feito pela iniciativa privada, como no Chile, desde a reforma de 1981;

c) *Mista* – Adota-se uma gestão pública e privada, a depender do plano, como ocorre no Brasil, onde há planos públicos e privados.

5.6. Planos previdenciários brasileiros

Os planos de previdência no Brasil podem ser divididos em básicos e complementares, sendo os primeiros compulsórios para as pessoas que exerçam atividade laboral remunerada, ao contrário dos últimos, que visam apenas ofertar prestações complementares para a manutenção do padrão de vida do segurado e de seus dependentes.

De efeito, a adesão aos planos básicos independe da vontade do trabalhador, que é obrigado a filiar-se enquanto perceber remuneração decorrente do seu labor, razão pela qual ostenta a natureza jurídica de seguro obrigatório legal, não incidindo as regras do Código de Defesa do Consumidor, por não se tratar de contrato que veicule relação de consumo, consoante já decidiu o STJ, no julgamento do AgRg no REsp 610.683, de 28.09.2004, dentre outros precedentes:

> "AGRAVO REGIMENTAL. PROCESSUAL CIVIL E PREVIDENCIÁRIO. AÇÃO CIVIL PÚBLICA. BENEFÍCIO PREVIDENCIÁRIO. DIREITOS INDIVIDUAIS DISPONÍVEIS. AUSÊNCIA DE RELAÇÃO DE CONSUMO ENTRE O INSS E O SEGURADO. MINISTÉRIO PÚBLICO FEDERAL. ILEGITIMIDADE ATIVA *AD CAUSAM*.
>
> A quaestio objeto da ação civil pública diz respeito a direito que, conquanto pleiteado por um grupo de pessoas, não atinge a coletividade como um todo, não obstante apresentar aspecto de interesse social. Sendo assim, por se tratar de direito individual disponível, evidencia-se a inexeqüibilidade da defesa de tais direitos por intermédio da ação civil pública. **Destarte, as relações jurídicas existentes entre a autarquia previdenciária e os segurados do regime de Previdência Social não caracterizam relações de consumo, sendo inaplicável, in casu, o disposto no art. 81, III, do Código de Proteção e Defesa do Consumidor.** Ressalva do entendimento do Relator".

Ao revés, o ingresso em um dos planos de previdência complementar é facultativo, razão pela qual há plena autonomia da vontade na filiação a esse sistema, conquanto haja normas jurídicas que limitem as regras do jogo após a avença, caracterizando-se como um seguro contratual *sui generis*.

Nestes casos, deverá incidir o Código de Defesa do Consumidor na previdência privada aberta, pois esta possui fim lucrativo, não sendo aplicável à previdência privada fechada, que não possui fins lucrativos.

> Nesse sentido, o STJ: "Súmula 563 – O Código de Defesa do Consumidor é aplicável às entidades abertas de previdência complementar, não incidindo nos contratos previdenciários celebrados com entidades fechadas".

Nesse sentido, se entende que a expressão "previdência social" tanto engloba os planos básicos quanto os complementares, de modo que são regidos na Seção III – Da Previdência Social, artigos 201 e 202, dentro do Capítulo da Seguridade Social na Constituição Federal de 1988.

Aliás, a legislação previdenciária é expressa nesse sentido, ao prever que a previdência social, além do Regime Geral, engloba o regime facultativo complementar, nos moldes do artigo 9º, da Lei 8.213/91.

O fato de ser facultativa a adesão a um plano de previdência privada não retira em nada o seu caráter social, pois os contratos deverão primar por sua função social, sendo cada vez mais crescente a adesão dos brasileiros a esses programas que visam a manter o seu padrão de vida na inatividade.

Com a mesma linha de pensamento, vale registrar o posicionamento de Wagner Balera, para quem "seguem existindo, entretanto, dois distintos programas de seguridade social, no Brasil. O que ampara os trabalhadores em geral, sob exame mais detalhado aqui, e o que cuida dos agentes públicos. Todavia, são atraídos para o interior do sistema em estudo, entendemos, os regimes privados de proteção social"[55].

Contudo, registre-se que há respeitáveis posições doutrinárias que limitam a previdência social aos planos básicos, a exemplo dos colegas procuradores federais Eduardo Rocha Dias e José Leandro Monteiro de Macêdo[56], justamente pelo seu caráter não contratual.

Já Sergio Pinto Martins tem uma posição diversa, seguindo a literalidade da norma, pois para ele "a Previdência Social compreende: 1 – o Regime Geral de Previdência Social; 2 – o Regime Facultativo Complementar de Previdência Social (art. 9º da Lei 8.212)"[57], sendo que a aparente opinião desse autor exclui o Regime Próprio de Previdência Social (previdência dos servidores públicos efetivos e militares).

5.6.1. Planos básicos

a) **Regime Geral de Previdência Social – RGPS**, obrigatório para os trabalhadores em geral, exceto para os titulares de cargos públicos efetivos e militares filiados a Regime Próprio de Previdência Social, de competência da União e administrado pelo Ministério da Economia.

Com o advento da Lei 13.341/2016, a pasta previdenciária restou transferida para o Ministério da Fazenda, tendo sido o Ministério do Trabalho e Previdência Social transformado em Ministério do Trabalho.

Posteriormente, em 2019, a área previdenciária passou a ser do novel **Ministério da Economia**, tendo sido criada uma Secretaria Especial de Previdência e Trabalho, com até duas secretarias.

Já ao INSS – Instituto Nacional do Seguro Social, autarquia federal criada pela Lei 8.029/90, fruto da fusão do IAPAS – Instituto de Administração Financeira da Previdência e Assistência Social com o INPS – Instituto Nacional de Previdência Social, competirá a administração do plano de benefícios e serviços.

Após a Lei 13.341/2016, o Instituto Nacional do Seguro Social – INSS foi transferido do Ministério do Trabalho e Previdência Social para o Ministério do Desenvolvimento Social, que passou a exercer a supervisão ministerial da autarquia previdenciária.

55. Sistema de Seguridade Social, 5ª edição, p. 12, Ed. LTR.
56. Curso de Direito Previdenciário, 1ª edição, p. 44, Ed. Método.
57. Op. cit, p. 286.

Em 2019, a supervisão ministerial do INSS passou para o Ministério da Economia (Decreto federal 9.660/2019, que regulamentou a reforma ministerial).

Com o advento da Lei 11.457/2007, a principal função administrativa do INSS se reduziu a gerir o plano de benefícios e serviços do RGPS, pois a Autarquia Federal não mais detém a Dívida Ativa das contribuições previdenciárias, que atualmente é da União, através da Secretaria da Receita Federal do Brasil.

Trata-se do maior plano previdenciário brasileiro, pois engloba cerca de 50 milhões de segurados, visando cobrir vários riscos sociais, tais como velhice, invalidez, doença, maternidade, prisão, acidente e morte.

O RGPS não visa manter o status social dos beneficiários, e sim conceder a cobertura necessária para a manutenção de uma vida digna, pois há um teto para o pagamento dos benefícios no valor de R$ 6.101,06 (valor atualizado para todo o ano de 2020 – Portaria ME nº 3.659, de 10/2/2020, que só poderá ser ultrapassado em hipóteses excepcionais a serem vistas.

A filiação ao Regime Geral é obrigatória para todas as pessoas que desenvolvam atividade remunerada, exceto para os servidores públicos efetivos e militares cobertos por regime previdenciário próprio, podendo as pessoas que não trabalhem se filiar como segurados facultativos, permissivo que atende ao Princípio da Universalidade de Cobertura e do Atendimento.

É preciso advertir que muitas vezes a expressão "previdência social" é empregada pela legislação ou mesmo pela doutrina em sentido estrito, ou seja, como sinônimo de Regime Geral de Previdência Social[58], devendo o leitor estar atento para saber interpretar adequadamente a sua utilização no contexto da oração.

As suas regras gerais encontram-se insculpidas no artigo 201, da Constituição Federal, com as alterações promovidas especialmente pela Emenda 20/1998 (primeira reforma previdenciária), tendo o seu Plano de Custeio sido aprovado pela Lei 8.212/91 e o Plano de Benefícios pela Lei 8.213/91, atualmente regulamentados pelo Decreto 3.048/99, já alterado em inúmeras oportunidades.

No exercício legítimo do seu poder regulamentar, o INSS editou a Instrução Normativa PRES 77/2015, que dispõe sobre a administração de informações dos segurados, o reconhecimento, a manutenção e a revisão de direitos dos beneficiários da Previdência Social e disciplina o processo administrativo previdenciário no âmbito da autarquia previdenciária.

O Regime Geral de Previdência Social será estudado com detalhes no Título II – Do Regime Geral de Previdência Social desta obra, pois o objetivo deste Capítulo é apenas dar uma visão geral sobre a previdência social brasileira.

b) **Regimes Próprios de Previdência Social – RPPSs**, obrigatórios para os servidores públicos efetivos da União, estados, Distrito Federal e municípios, bem como os militares, caso tenham sido criados pelas respectivas entidades políticas.

Com o advento da EC 103/2019, passa a ser facultativa a criação de RPPS e foi vedada a constituição de novo RPPS.

Ressalte-se que os servidores que são apenas titulares de cargo em comissão, temporários ou empregados públicos serão segurados obrigatórios do RGPS, na condição de segurados

58. A exemplo da cabeça do artigo 201, da CRFB, assim como do artigo 1º, da Lei 8.213/91.

empregados, nos termos do artigo 40, § 13, da Constituição Federal[59], bem como os titulares de mandato eletivo, pois o RPPS só abarca os servidores efetivos em todas as esferas de governo, desde a Emenda 20/98.

O regramento geral dos regimes previdenciários dos servidores públicos efetivos e militares está posto no artigo 40, da CRFB, observadas as regras de transição da EC 103/2019, cabendo a cada entidade política aprovar as suas leis criando e regulamentado os seus RPPSs, observada a regulação genérica federal.

A União, todos os estados e o Distrito Federal possuem os seus RPPSs instituídos, mas a esmagadora maioria dos municípios brasileiros ainda não os instituiu, justamente em razão da pequena estrutura administrativa que não comporta mais essa função administrativa, haja vista muitos entes políticos locais mal disponibilizarem os serviços públicos básicos.

Nestes casos, os servidores efetivos estarão automaticamente vinculados ao RGPS na condição de empregados[60], sendo o município considerado empresa para fins previdenciários.

No que concerne aos militares, é curial lembrar que estes foram excluídos do rol dos servidores públicos pela Emenda Constitucional nº 18/1998, constituindo agora uma categoria autônoma, razão pela qual os militares dos estados e do Distrito Federal não poderão ser regidos pelo mesmo regime previdenciário dos servidores públicos, devendo ter regras próprias, conforme já decidiu o Tribunal de Justiça do Rio Grande do Sul[61].

Nesse sentido, a Lei 9.717/98 consignou expressamente que as suas regras também serão aplicáveis aos regimes previdenciários dos militares dos estados e do Distrito Federal, o que evidencia a necessidade da regulação diferenciada, conforme se depreende da análise da sua introdução: "Dispõe sobre regras gerais para a organização e o funcionamento dos regimes próprios de previdência social dos servidores públicos da União, dos Estados, do Distrito Federal e dos Municípios, dos militares dos Estados e do Distrito Federal e dá outras providências".

O tratamento diferenciado se impõe pelo diverso regime jurídico dos militares em comparação aos servidores públicos, pois aqueles não se aposentam, e sim permanecem na reserva remunerada ou reforma, conquanto possam ser instituidores de pensão por morte aos seus dependentes.

No que concerne aos militares das Formas Armadas, o tema é regulado pela Lei 6.880/80, que aprovou o Estatuto dos Militares.

No Título III – Dos Regimes Próprios de Previdência Social serão estudadas as normas constitucionais e a regulamentação geral do regime previdenciário dos servidores públicos efetivos e militares, além do RPPS dos servidores efetivos da União, bem como o regime previdenciário dos militares das Forças Armadas.

---

59. § 13 – Ao servidor ocupante, exclusivamente, de cargo em comissão declarado em lei de livre nomeação e exoneração bem como de outro cargo temporário ou de emprego público, aplica-se o regime geral de previdência social.
60. Artigo 12, da Lei 8.213/91.
61. AÇÃO DIRETA DE INCONSTITUCIONALIDADE. PREVIDÊNCIA PÚBLICA. CONTRIBUIÇÃO ÚNICA PARA SERVIDORES CIVIS E MILITARES. INCONSTITUCIONALIDADE. 1. É INCONSTITUCIONAL O ART. 1.° DA LEI 12.065/04-RS AO ESTABELECER CONTRIBUIÇÃO PREVIDENCIÁRIA EM PERCENTUAL ÚNICO PARA SERVIDORES CIVIS E MILITARES, VEZ QUE O REGIME PREVIDENCIÁRIO, EM RAZÃO DA DIVERSIDADE DE REGRAS (EXPULSÓRIA) NECESSARIAMENTE HÁ DE SER DIFERENTE. 2. AÇÃO JULGADA PROCEDENTE. (Ação Direta de Inconstitucionalidade Nº 70010738607, Tribunal Pleno, Tribunal de Justiça do RS, Relator: Alfredo Guilherme Englert, Julgado em 03/10/2005).

c) **Plano de Seguridade Social dos Congressistas – PSSC,** instituído pela Lei 9.506/97, de filiação facultativa[62] aos Deputados Federais, Senadores e suplentes, que assim o requerer, no prazo de trinta dias do início do exercício do mandato.

Com o advento da Lei 9.506/97, foi extinto o Instituto de Previdência dos Congressistas e criado o Plano de Seguridade Social dos Congressistas, entendendo-se ser mais um plano básico da Previdência Social brasileira criado para privilegiar os parlamentares federais, gerido pelo Poder Legislativo da União.

Na verdade, cuida-se de um "RPPS disfarçado", mas que não recebeu esta nomenclatura, especialmente porque com o advento da Emenda 20/1998 apenas os titulares de cargo público efetivo e os militares permaneceram como filiados ao RPPS.

A filiação ao PSSC é de índole facultativa, sendo previstas no artigo 2º, da Lei 9.506/97, aposentadorias com proventos integrais[63] e proporcionais[64]. Também foi prevista pensão por morte em favor dos dependentes correspondente ao valor dos proventos de aposentadoria que o segurado recebia ou a que teria direito, com valor mínimo de treze por cento da remuneração fixada para os membros do Congresso Nacional.

O Plano de Seguridade Social dos Congressistas será custeado com o produto de contribuições mensais:

> I – dos segurados, incidentes sobre a remuneração mensal fixada para os membros do Congresso Nacional e calculadas mediante aplicação de alíquota igual à exigida dos servidores públicos civis federais para o custeio de suas aposentadorias e pensões;
>
> II – da Câmara dos Deputados e do Senado Federal, de valor idêntico à contribuição de cada segurado, fixada no inciso anterior;
>
> III – dos beneficiários das aposentadorias e pensões incidentes sobre o valor das mesmas que exceda o limite máximo estabelecido para os benefícios do regime geral de previdência social de que trata a Lei nº 8.213, de 24 de julho de 1991, e calculadas mediante a aplicação da mesma alíquota a que se refere o inciso I.

Por sua vez, em todos os entes federativos, o artigo 14 da Emenda 103/2019 veda a criação de novos regimes de previdência para parlamentares, e, nos existentes, proíbe a filiação de novos parlamentares, assegurando um direito de retirada em até 180 dias da vigência da reforma previdenciária, com permissão à contagem recíproca do tempo de contribuição.

No que tange ao Plano de Seguridade Social dos Congressistas – PSSC, aos segurados que permanecerem foi elevada a idade mínima para a aposentação de 60 anos para ambos os sexos para 65 anos de idade, se homens, e 62 anos de idade, se mulheres.

---

62. Art. 13. O Deputado Federal, Senador ou suplente em exercício de mandato que não estiver vinculado ao Plano instituído por esta Lei ou a outro regime de previdência participará, obrigatoriamente, do regime geral de previdência social a que se refere a Lei nº 8.213, de 24 de julho de 1991.
63. I – com proventos correspondentes à totalidade do valor obtido na forma do § 1º:

    a) por invalidez permanente, quando esta ocorrer durante o exercício do mandato e decorrer de acidente, moléstia profissional ou doença grave, contagiosa ou incurável, especificadas em lei;

    b) aos trinta e cinco anos de exercício de mandato e sessenta anos de idade.
64. II – com proventos proporcionais, observado o disposto no § 2º, ao valor obtido na forma do § 1º:

    a) por invalidez permanente, nos casos não previstos na alínea a do inciso anterior, não podendo os proventos ser inferiores a vinte e seis por cento da remuneração fixada para os membros do Congresso Nacional;

    b) aos trinta e cinco anos de contribuição e sessenta anos de idade.

Ademais, restou criado um "pedágio" de 30% do tempo de contribuição que faltaria para aquisição do direito à aposentadoria (30% do que faltar para integralizar 35 anos de contribuição) na data de entrada em vigor da Emenda Constitucional 103/2019.

No âmbito dos estados, Distrito Federal e municípios, caberá às respectivas entidades federativas aprovarem as regras de transição.

Assegurou-se, como não poderia ser diferente, o direito adquirido na situação de implementação de todos os requisitos até a publicação da Emenda ou de óbito de congressista federal até esta data, para fins de pensão por morte.

5.6.2. Planos complementares

a) **Regime Complementar dos Servidores Efetivos,** a ser implementado pelas entidades políticas, de índole facultativo e de contribuição definida, previsto nos §§ 14, 15 e 16, do artigo 40, da Constituição Federal.

Ainda não se tinha notícia que alguma entidade política o tenha instituído[65], mas a partir da sua criação será possível fixar um limite máximo para as aposentadorias e pensões no serviço público, no valor máximo do RGPS, para os servidores que ingressarem após a sua criação.

A previdência pública complementar deverá ser regulamentada por lei de iniciativa do Chefe do Poder Executivo, através da criação de uma entidade de previdência, disponibilizando benefícios na modalidade contribuição definida, ou seja, o seu valor dependerá do rendimento dos valores aplicados, não sendo previamente fixado.

No âmbito da União, o regime de previdência complementar dos servidores federais efetivos foi criado por intermédio da Lei 12.618/2012, sendo estudado no Título IV desta obra.

b) **Regime Complementar Privado Aberto,** explorado por sociedades anônimas com autorização estatal, de índole facultativo e que tem por objetivo instituir e operar planos de benefícios de caráter previdenciário, concedidos em forma de renda continuada ou pagamento único, acessíveis a quaisquer pessoas físicas, regulamentado pelo artigo 202, da CRFB e pelas Leis Complementares 108 e 109/2001[66].

c) **Regime Complementar Privado Fechado,** mantido por entidades fechadas de Previdência Complementar (associações ou fundações), facultativo, que oferece planos de benefícios a todos os empregados dos patrocinadores ou associados dos instituidores, também regulado pelas normas acima referidas[67].

A previdência complementar pública e privada terá o seu regramento básico na Constituição e nas leis complementares, a ser estudada no Título IV – Da Previdência Complementar.

65. Tramitava na Câmara dos Deputados o projeto de lei complementar 84/2003, bem como o projeto de lei 1.922/2007.

66. Exemplo: BRASILPREV.

67. Exemplos: PREVI e PETROS.

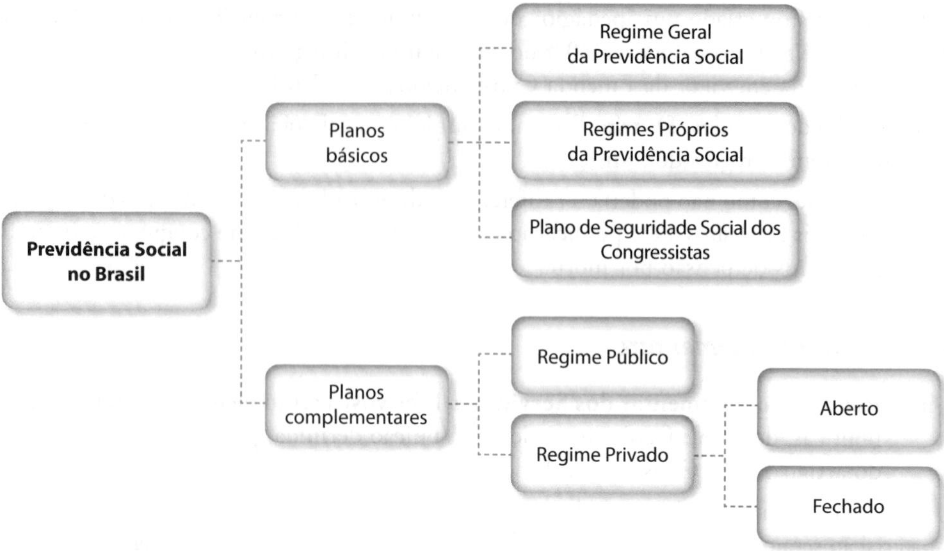

6. O DIREITO PREVIDENCIÁRIO

6.1. Autonomia

É certo que uma análise mais aprofundada e técnica do Direito ao longo dos anos na vida jurídica levará a conclusão que, no final das contas, a divisão da ciência jurídica em disciplinas é meramente para fins de estudo, pois todos os temas estão entrelaçados e não há como cindir o que é necessariamente uno.

Outrossim, entende-se também que a secular divisão do Direito em Público e Privado também carece de base científica, haja vista que as teses doutrinárias que buscaram diferenciar esses dois grandes campos sempre se depararam com questões que não conseguiram solucionar, a exemplo da Teoria do Interesse, da Qualidade dos Sujeitos e da Posição dos Sujeitos.

Logo, fala-se em autonomia de um ramo jurídico apenas para fins didáticos, sendo certo que toda a base do nosso ordenamento jurídico se encontra positivada na Constituição Federal de 1988, fundamento de validade e lastro de interpretação da legislação infraconstitucional.

Nesse sentido, o Direito Constitucional Previdenciário é composto pelas disposições constitucionais que regulam a previdência social, especialmente pelos artigos 40 (previdência dos servidores públicos efetivos), 201 (Regime Geral de Previdência Social) e 202 (previdência complementar).

O critério mais adotado doutrinariamente para a pronúncia da autonomia de uma disciplina jurídica é a existência de princípios peculiares que lhe informe, razão pela qual se crê na natureza autárquica do Direito Previdenciário, tendo em vista a presença de inúmeros princípios informadores que serão oportunamente estudados.

6.2. Definição

De efeito, é possível definir o Direito Previdenciário como o ramo do Direito composto por regras e princípios que disciplinam os planos básicos e complementares de previdência social no Brasil, assim como a atuação dos órgãos e entidades da Administração Pública e as pessoas jurídicas privadas que exerçam atividades previdenciárias.

6.3. Relação com demais ramos jurídicos

No passado, entendia-se estar a legislação previdenciária inserta no Direito do Trabalho. Contudo, começou-se a perceber que não se confunde a relação trabalhista com a previdenciária, conquanto normalmente a segunda seja derivada da primeira, pois, em regra, todos os que exercem atividade laboral remunerada no Brasil deverão se filiar a algum plano básico.

Assim, é clara a autonomia do Direito Previdenciário frente ao Direito do Trabalho, apesar de inúmeros institutos trabalhistas serem utilizados na esfera previdenciária, devendo ser muitas vezes adaptados após o traslado, como ocorre com a expressão "empregado", que é mais ampla na legislação previdenciária do que na trabalhista, que se refere apenas ao trabalhador com vínculo de emprego.

Outrossim, outro exemplo é o conceito de empresa trazido pela legislação previdenciária[68], que chega a englobar até entidades da Administração Pública Direta e outras equiparadas, mais extensivo que o trabalhista.

Há também uma proximidade muito grande do Direito Previdenciário com o Tributário, decorrente da natureza fiscal das contribuições previdenciárias, de modo que são plenamente aplicáveis a esses tributos as disposições do Código Tributário Nacional, observadas as peculiaridades da legislação previdenciária.

Com o Direito Penal o Direito Previdenciário também mantém estritas relações, vez que inúmeras fraudes contra a Previdência Social foram criminalizadas, a exemplo dos delitos de sonegação e de apropriação indébita de contribuição previdenciária.

Toda a base da legislação previdenciária se encontra esculpida na Constituição Federal de 1988, notadamente nos artigos 40, 201 e 202, o que demonstra a íntima relação com o Direito Constitucional.

Os órgãos e entes públicos previdenciários integram a Administração Pública, estando sujeitos ao regime jurídico administrativo e consequentemente à legislação respectiva, o que atesta a conexão direta do Direito Previdenciário com o Direito Administrativo, a exemplo da aplicação da Lei 9.784/99 (processo administrativo federal) aos processos previdenciários, no que for compatível.

Várias disposições do Direito Civil também poderão ser aplicáveis ao campo previdenciário, se compatíveis, notadamente o Livro das Obrigações, pois a relação entre a Previdência Social e os beneficiários no adimplemento das prestações previdenciárias é de natureza obrigacional, normalmente de trato sucessivo.

Comprovando essa conexão, o artigo 103, parágrafo único, da Lei 8.213/91, prevê que prescreve em cinco anos, a contar da data em que deveriam ter sido pagas, toda e qualquer ação para haver prestações vencidas ou quaisquer restituições ou diferenças devidas pela Previdência Social, salvo o direito dos menores, incapazes e ausentes, na forma do Código Civil.

As normas insertas no Código de Processo Civil também poderão ser aplicadas ao processo administrativo previdenciário, se compatíveis, o que denota a direta relação do Direito Previdenciário com o Direito Processual Civil.

68. Artigo 15, inciso I, da Lei 8.212/91.

Ademais, quando os pedidos dos segurados e dependentes não são atendidos na esfera administrativa, a questão algumas vezes é judicializada pelos beneficiários da Previdência Social, sendo que as disposições processuais civis regerão os processos judiciais.

Até com o Direito Ambiental o Direito Previdenciário mantém alguma relação imediata, pois o conceito de pesca e de extrativismo é fornecido pela legislação ambiental, para fins de identificação do segurado especial do RGPS.

Com o Direito Internacional Público o Direito Previdenciário vem se relacionando cada vez mais no Brasil, pois progressivamente o nosso país vem celebrando tratados internacionais para o reconhecimento do tempo de contribuição dos brasileiros residentes no exterior.

Ademais, através do Decreto Legislativo 269, de 19.09.2008, o Brasil aprovou o texto da Convenção nº 102 da Organização Internacional do Trabalho – OIT, relativa à fixação de normas mínimas de seguridade social, adotada em Genebra, em 28 de junho de 1952, sendo outro bom exemplo de relação entre os ramos jurídicos.

6.4. Interpretação, fontes e hierarquia da legislação previdenciária

De logo, convém ressaltar que, com o advento do pós-positivismo[69], os princípios passaram de meras fontes de integração a espécie de normas jurídicas, dotados, portanto, de conteúdo normativo.

Os princípios são normas jurídicas que fundamentam o sistema jurídico, com maior carga de abstração, generalidade e indeterminação que as regras, não regulando situações fáticas diretamente, carecendo de intermediação para a aplicação concreta. Devem ser pesados com outros princípios em cada caso concreto, à luz da ponderação casual (Princípio da Proporcionalidade). Ou seja, inexiste princípio absoluto.

Eles se diferenciam das regras por ter maior grau de abstração, de indeterminabilidade, pela condição de standard e função morfogenética.

Em que pese inexistir hierarquia jurídica entre princípios e regras, os primeiros são axiologicamente superiores, tendo as funções dimensional ou morfogenética (os princípios são fundamentos das regras), interpretativa, limitadora e integrativa.

O conflito entre regras se resolve com os critérios da hierarquia, especialidade e revogação, ao contrário dos princípios. Enquanto as regras valem ou não (tudo ou nada), os princípios pesam ou não[70].

Portanto, parte-se da premissa de que existem duas espécies de normas jurídicas: as principiológicas e as regras.

De seu turno, interpretar significa extrair o sentido e o alcance do ato normativo, existindo vários métodos tradicionais que o exegeta poderá se valer, que podem ser assim classificados:

a) **Quanto à origem:**

   1. *Interpretação legislativa ou autêntica* – É efetuada pelo Poder Legislativo, quando aplica o processo legislativo para elaborar normas jurídicas;

---

69. De acordo com Luís Roberto Barroso (2006, p. 27), o pós-positivismo é a designação provisória e genérica de um ideário difuso, no qual se incluem a definição das relações entre valores, princípios e regras, aspectos da chamada nova hermenêutica e a teoria dos direitos fundamentais.

70. AMADO, Frederico Augusto Di Trindade. Direito Ambiental Sistematizado. São Paulo: Método: 2009.

2. *Interpretação judicial* – É efetivada pelos órgãos do Poder Judiciário no exercício da jurisdição;
3. *Interpretação administrativa* – É exteriorizada pelo Poder Executivo, quando exerce a função administrativa;
4. *Interpretação doutrinária* é exercitada pelos escritores jurídicos.

b) **Quanto ao meio:**

1. *Interpretação gramatical ou filológica, literal, semântica, textual ou verbal* – É um método que observa o sentido literal dos vocábulos;
2. *Interpretação histórica* – Leva em consideração os antecedentes históricos;
3. *Interpretação sistemática* – Estabelece relações de coordenação e subordinação no ordenamento jurídico;
4. *Interpretação lógica* – Leva em conta a compatibilidade ou concordância por meio de raciocínios lógicos;
5. *Interpretação teleológica* – Contempla a finalidade da norma, por meio dos valores tutelados por ela.

c) **Quanto à finalidade:**

1. *Interpretação declarativa ou estrita* – Há concordância entre o signo de linguagem e o significado a ela atribuído;
2. *Interpretação restritiva* – Na hipótese que não há essa concordância, sendo necessária uma redução do aparente significado do texto, pois o legislador escreveu mais do que pretendia;
3. *Interpretação extensiva* – Não há consonância entre o signo e o significado, sendo necessária uma extensão do significado do texto, pois o legislador escreveu menos do que pretendia.

Vale ressaltar que o enunciado normativo não se confunde com a norma jurídica. O enunciado é o texto "seco" esculpido na legislação previdenciária, dissociado dos fatos sociais. São meras palavras reunidas.

Já a norma jurídica é o texto legal interpretado a luz dos fatos sociais do momento, dotada de carga criativa do intérprete, ante o caráter geral e abstrato que marca o enunciado normativo.

A maior prova de que a interpretação tem dose criativa é que existem inúmeros textos legais plurissignificativos, muitas vezes com mais de duas interpretações distintas. Ademais, é comum que o enunciado normativo permaneça inalterado, intacto, mas a sua interpretação evolua (ou involua) ao longo do tempo, o que em termos constitucionais é denominado de mutação, um processo informal de reforma constitucional.

Deveras, muitas vezes não mudou o enunciado normativo, e sim a sua interpretação, tomando como parâmetro a evolução dos fatos sociais que exigem um novo sentido e alcance do texto legal, mais consentâneo com as novas necessidades jurídicas, políticas, econômicas e sociais.

Hoje prevalece no constitucionalismo contemporâneo que a interpretação não é mais um processo mecânico, uma mera subsunção, vez que não pode ser perpetrada de maneira dissociada da realidade, sendo constitutiva, e não meramente declaratória, máxime quando se tratam de princípios jurídicos.

Insta frisar que a interpretação não se confunde com a hermenêutica, sendo esta o precedente lógico da interpretação. Com base nas lições do saudoso Carlos Maximiliano, enquanto a hermenêutica jurídica tem por objeto o estudo dos processos e métodos de interpretação, fixando-os e sistematizando-os, a interpretação é a aplicação dos métodos buscando o sentido e o alcance da lei[71].

A interpretação da legislação previdenciária deverá seguir a hierarquia da pirâmide kelseniana, que pode ser assim sintetizada:

1º) Normas previdenciárias constitucionais – Por estarem no ápice do ordenamento jurídico, as normas previdenciárias constantes da Constituição Federal de 1988 constituem-se em fundamento de validade e lastro de interpretação das demais normas previdenciárias, que são hierarquicamente inferiores.

De acordo com o Princípio da Supremacia da Constituição, esta tem uma posição hierárquica superior a das demais normas jurídica do ordenamento. Logo, as leis e demais atos jurídicos normativos não poderão existir validamente se incompatíveis com alguma norma constitucional.

Assim, a infringência das normas constitucionais, quer formal ou materialmente, culminará na invalidação do enunciado normativo inferior, exceto se este puder ser interpretado conforme a Constituição.

Logo, se o Estado da Bahia editar uma norma jurídica sobre o Regime Geral de Previdência Social, a lei estadual será pronunciada formalmente inconstitucional, pois apenas a União tem competência para normatizar esse regime previdenciário, cuja gestão é de sua competência.

Outrossim, uma lei federal que admita contagem de tempo de contribuição fictício será materialmente inconstitucional, por violação ao artigo 40, § 10, da Constituição Federal, combinado com o artigo 4º, da Emenda 20/1998.

2º) Leis complementares, leis ordinárias, leis delegadas e medidas provisórias – Estes atos normativos estão na mesma hierarquia e abaixo da Constituição Federal, que devem necessariamente respeitar, sob pena de invalidade.

Destarte, uma vez respeitada a Norma Suprema, em regra, esses atos normativos poderão disciplinar todas as relações jurídicas previdenciárias, quer no campo do custeio, quer no plano das prestações previdenciárias, sendo consideradas como fontes primárias.

Vale salientar que a lei complementar está no mesmo patamar da lei ordinária[72], conquanto tenha um quórum qualificado de aprovação (maioria absoluta dos congressistas), sendo necessária a sua aprovação apenas nos casos exigidos pela Constituição Federal.

São exemplos de temas previdenciários que deverão ser tratados por lei complementar previstos na Constituição de 1988: aposentadoria especial no RGPS (artigo 201, § 1º), aposentadoria especial no RPPS (artigo 40, § 4º), previdência complementar privada (artigo 202), prescrição e decadência das contribuições previdenciárias (artigo 146, III, "b") e criação de novas fontes de custeio para o pagamento das contribuições para a seguridade social (artigo 195, § 4º).

Se um tema reservado à lei complementar for regulado por uma lei ordinária (esta é aprovada com quórum de maioria simples), medida provisória ou lei delegada, haverá a sua pronúncia de inconstitucionalidade formal.

---

71. Hermenêutica e Aplicação do Direito. Rio de Janeiro: Forense, 2003.
72. Este é o entendimento do STF, a exemplo do julgamento do RE 592148 ED/MG em 25.08.2009.

Por sua vez, as medidas provisórias poderão veicular todos os temas previdenciários, exceto os reservados às leis complementares e sobre matéria já disciplinada em projeto de lei aprovado pelo Congresso Nacional e pendente de sanção ou veto do Presidente da República.

Entretanto, por força da Emenda 32/2001, que alterou o artigo 246, da Constituição Federal, "é vedada a adoção de medida provisória na regulamentação de artigo da Constituição cuja redação tenha sido alterada por meio de emenda promulgada entre 1º de janeiro de 1995 até a promulgação desta emenda, inclusive".

Já as leis delegadas serão elaboradas pelo Presidente da República, que deverá solicitar a delegação ao Congresso Nacional, não podendo versar sobre os temas afetos às leis complementares.

Quando inexistir uma regra jurídica para determinado caso, o aplicador da lei deverá promover a sua integração. Nesse sentido, de acordo com o artigo 4º, da Lei de Introdução às Normas do Direito Brasileiro, "quando a lei for omissa, o juiz decidirá o caso de acordo com a analogia, os costumes e os princípios gerais de direito".

Nesse sentido, no âmbito da previdência privada, assim como nos planos previdenciários públicos, o Superior Tribunal de Justiça invocou a analogia e a equidade como forma de integração de lacuna normativa, estendendo aos parceiros homoafetivos a condição de dependentes previdenciários conferida à união estável entre homem e mulher:

> **"Direito civil. Previdência privada. Benefícios. Complementação. Pensão post mortem. União entre pessoas do mesmo sexo. Princípios fundamentais. Emprego de analogia para suprir lacuna legislativa. Necessidade de demonstração inequívoca da presença dos elementos essenciais à caracterização da união estável, com a evidente exceção da diversidade de sexos. Igualdade de condições entre beneficiários.**
>
> – Despida de normatividade, a união afetiva constituída entre pessoas de mesmo sexo tem batido às portas do Poder Judiciário ante a necessidade de tutela, circunstância que não pode ser ignorada, seja pelo legislador, seja pelo julgador, que devem estar preparados para atender às demandas surgidas de uma sociedade com estruturas de convívio cada vez mais complexas, a fim de albergar, na esfera de entidade familiar, os mais diversos arranjos vivenciais.
>
> – O Direito não regula sentimentos, mas define as relações com base neles geradas, o que não permite que a própria norma, que veda a discriminação de qualquer ordem, seja revestida de conteúdo discriminatório. O núcleo do sistema jurídico deve, portanto, muito mais garantir liberdades do que impor limitações na esfera pessoal dos seres humanos.
>
> – Enquanto a lei civil permanecer inerte, as novas estruturas de convívio que batem às portas dos Tribunais devem ter sua tutela jurisdicional prestada com base nas leis existentes e nos parâmetros humanitários que norteiam não só o direito constitucional, mas a maioria dos ordenamentos jurídicos existentes no mundo. Especificamente quanto ao tema em foco, é de ser atribuída normatividade idêntica à da união estável ao relacionamento afetivo entre pessoas do mesmo sexo, com os efeitos jurídicos daí derivados, evitando-se que, por conta do preconceito, sejam suprimidos direitos fundamentais das pessoas envolvidas.
>
> – **O manejo da analogia frente à lacuna da lei é perfeitamente aceitável para alavancar, como entidade familiar, na mais pura acepção da igualdade jurídica, as uniões de afeto entre pessoas do mesmo sexo. Para ensejar o reconhecimento, como entidades familiares, de referidas uniões patenteadas pela vida social entre parceiros homossexuais, é de rigor a demonstração inequívoca da presença dos elementos essenciais à caracterização da união estável, com a evidente exceção da diversidade de sexos.**

- Demonstrada a convivência, entre duas pessoas do mesmo sexo, pública, contínua e duradoura, estabelecida com o objetivo de constituição de família, haverá, por consequência, o reconhecimento de tal união como entidade familiar, com a respectiva atribuição dos efeitos jurídicos dela advindos.
- A quebra de paradigmas do Direito de Família tem como traço forte a valorização do afeto e das relações surgidas da sua livre manifestação, colocando à margem do sistema a antiga postura meramente patrimonialista ou ainda aquela voltada apenas ao intuito de procriação da entidade familiar. Hoje, muito mais visibilidade alcançam as relações afetivas, sejam entre pessoas de mesmo sexo, sejam entre o homem e a mulher, pela comunhão de vida e de interesses, pela reciprocidade zelosa entre os seus integrantes.
- Deve o juiz, nessa evolução de mentalidade, permanecer atento às manifestações de intolerância ou de repulsa que possam porventura se revelar em face das minorias, cabendo-lhe exercitar raciocínios de ponderação e apaziguamento de possíveis espíritos em conflito.
- A defesa dos direitos em sua plenitude deve assentar em ideais de fraternidade e solidariedade, não podendo o Poder Judiciário esquivar-se de ver e de dizer o novo, assim como já o fez, em tempos idos, quando emprestou normatividade aos relacionamentos entre pessoas não casadas, fazendo surgir, por consequência, o instituto da união estável. A temática ora em julgamento igualmente assenta sua premissa em vínculos lastreados em comprometimento amoroso.
- A inserção das relações de afeto entre pessoas do mesmo sexo no Direito de Família, com o consequente reconhecimento dessas uniões como entidades familiares, deve vir acompanhada da firme observância dos princípios fundamentais da dignidade da pessoa humana, da igualdade, da liberdade, da autodeterminação, da intimidade, da não-discriminação, da solidariedade e da busca da felicidade, respeitando-se, acima de tudo, o reconhecimento do direito personalíssimo à orientação sexual.
- Com as diretrizes interpretativas fixadas pelos princípios gerais de direito e por meio do emprego da analogia para suprir a lacuna da lei, legitimada está juridicamente a união de afeto entre pessoas do mesmo sexo, para que sejam colhidos no mundo jurídico os relevantes efeitos de situações consolidadas e há tempos à espera do olhar atento do Poder Judiciário.
- Comprovada a existência de união afetiva entre pessoas do mesmo sexo, é de se reconhecer o direito do companheiro sobrevivente de receber benefícios previdenciários decorrentes do plano de previdência privada no qual o falecido era participante, com os idênticos efeitos operados pela união estável.
- Se por força do art. 16 da Lei n.º 8.213/91, a necessária dependência econômica para a concessão da pensão por morte entre companheiros de união estável é presumida, também o é no caso de companheiros do mesmo sexo, diante do emprego da analogia que se estabeleceu entre essas duas entidades familiares.
- "A proteção social ao companheiro homossexual decorre da subordinação dos planos complementares privados de previdência aos ditames genéricos do plano básico estatal do qual são desdobramento no interior do sistema de seguridade social" de modo que "os normativos internos dos planos de benefícios das entidades de previdência privada podem ampliar, mas não restringir, o rol dos beneficiários a serem designados pelos participantes".
- **O direito social previdenciário, ainda que de caráter privado complementar, deve incidir igualitariamente sobre todos aqueles que se colocam sob o seu manto protetor. Nessa linha de entendimento, aqueles que vivem em uniões de afeto com pessoas do mesmo sexo, seguem enquadrados no rol dos dependentes preferenciais dos segurados, no regime geral, bem como dos participantes, no regime complementar de previdência, em igualdade de condições com todos os demais beneficiários em situações análogas.**

– Incontroversa a união nos mesmos moldes em que a estável, o companheiro participante de plano de previdência privada faz jus à pensão por morte, ainda que não esteja expressamente inscrito no instrumento de adesão, isso porque "a previdência privada não perde o seu caráter social pelo só fato de decorrer de avença firmada entre particulares".

– **Mediante ponderada intervenção do Juiz, munido das balizas da integração da norma lacunosa por meio da analogia, considerando-se a previdência privada em sua acepção de coadjuvante da previdência geral e seguindo os princípios que dão forma à Direito Previdenciário como um todo, dentre os quais se destaca o da solidariedade, são considerados beneficiários os companheiros de mesmo sexo de participantes dos planos de previdência, sem preconceitos ou restrições de qualquer ordem, notadamente aquelas amparadas em ausência de disposição legal.**

– Registre-se, por fim, que o alcance deste voto abrange unicamente os planos de previdência privada complementar, a cuja competência estão adstritas as Turmas que compõem a Segunda Seção do STJ. Recurso especial provido" **(STJ, REsp1.026.981, de 04/02/2010)**.

– CIVIL. RECURSO ESPECIAL. FAMÍLIA. AÇÃO DE RECONHECIMENTO E DISSOLUÇÃO DE UNIÃO AFETIVA ENTRE PESSOAS DO MESMO SEXO POST MORTEM CUMULADA COM PEDIDO DE PARTILHA DE BENS. PRESUNÇÃO DE ESFORÇO COMUM.

1. Despida de normatividade, a união afetiva constituída entre pessoas de mesmo sexo tem batido às portas do Poder Judiciário ante a necessidade de tutela. Essa circunstância não pode ser ignorada, seja pelo legislador, seja pelo julgador, que devem estar preparados para regular as relações contextualizadas em uma sociedade pós-moderna, com estruturas de convívio cada vez mais complexas, a fim de albergar, na esfera de entidade familiar, os mais diversos arranjos vivenciais.

2. Os princípios da igualdade e da dignidade humana, que têm como função principal a promoção da autodeterminação e impõem tratamento igualitário entre as diferentes estruturas de convívio sob o âmbito do direito de família, justificam o reconhecimento das parcerias afetivas entre homossexuais como mais uma das várias modalidades de entidade familiar.

3. O art. 4º da LICC permite a equidade na busca da Justiça. O manejo da analogia frente à lacuna da lei é perfeitamente aceitável para alavancar, como entidades familiares, as uniões de afeto entre pessoas do mesmo sexo. Para ensejar o reconhecimento, como entidades familiares, de referidas uniões patenteadas pela vida social entre parceiros homossexuais, é de rigor a demonstração inequívoca da presença dos elementos essenciais à caracterização de entidade familiar diversa e que serve, na hipótese, como parâmetro diante do vazio legal – a de união estável – com a evidente exceção da diversidade de sexos.

4. Demonstrada a convivência, entre duas pessoas do mesmo sexo, pública, contínua e duradoura, estabelecida com o objetivo de constituição de família, sem a ocorrência dos impedimentos do art. 1.521 do CC/02, com a exceção do inc. VI quanto à pessoa casada separada de fato ou judicialmente, haverá, por consequência, o reconhecimento dessa parceria como entidade familiar, com a respectiva atribuição de efeitos jurídicos dela advindos.

5. Comprovada a existência de união afetiva entre pessoas do mesmo sexo, é de se reconhecer o direito do companheiro sobrevivente à meação dos bens adquiridos a título oneroso ao longo do relacionamento, mesmo que registrados unicamente em nome do falecido, sem que se exija, para tanto, a prova do esforço comum, que nesses casos, é presumida.

6. Recurso especial provido" (REsp 930460, de 19/05/2011).

3º) Atos regulamentares secundários (decretos, instruções normativas, resoluções, portarias e orientações internas) – É tradicional o entendimento de que os atos regulamentares secundários não poderão inovar no mundo jurídico, salvo nas hipóteses expressamente autorizadas pela Constituição Federal.

Dentre os atos regulamentares, o decreto será exclusivamente expedido pelo Chefe do Poder Executivo, sendo, portanto, hierarquicamente superior aos atos das demais autoridades administrativas.

Assim, no âmbito do RGPS, se houver um conflito inconciliável entre o Decreto 3.048/99 (Regulamento da Previdência Social) e a Instrução Normativa INSS PRES 77/2015, deverá prevalecer o Decreto, pois o Presidente da República é hierarquicamente superior ao Presidente do INSS.

Por sua vez, se o Decreto 3.048/99 conflitar com as Leis 8.212/91 e 8.213/91, estas deverão prevalecer, pois são de hierarquia superior.

Os regulamentos deverão se destinar à fiel execução das leis, pormenorizando-as, não podendo criar direitos e obrigações, em regra, vez que são meros atos secundários. Entretanto, cada situação deverá ser ponderada casuisticamente.

É possível sustentar que em determinadas situações um mero ato regulamentar possa instituir deveres e obrigações, se ele regulamentar diretamente a Constituição Federal, conquanto o recomendável fosse que a lei regulamentasse diretamente a Norma Maior e o ato secundário o fizesse apenas com base na lei.

Nesse sentido, no julgamento da ADPF 101, em 24.06.2009, o STF validou vedação de importação de pneus usados de países que não integram o MERCOSUL, feita através de atos regulamentares do CONAMA e da Secretaria do Comércio Exterior, aplicando diretamente o direito fundamental ao meio ambiente ecologicamente equilibrado e à saúde.

Ou seja, mesmo sem a promulgação de uma lei que proibisse a referida importação, a Suprema Corte validou os referidos atos secundários.

Ademais disso, na prática previdenciária vem se admitindo a instituição de direitos por intermédio de meros atos regulamentares, como ocorre no artigo 103, Decreto 3.048/99, que deu o direito à segurada aposentada que voltar a trabalhar de perceber o salário-maternidade juntamente com a sua aposentadoria, conquanto o artigo 18, § 2º, da Lei 8.213/91, diga expressamente que "o aposentado pelo Regime Geral de Previdência Social – RGPS que permanecer em atividade sujeita a este Regime, ou a ele retornar, não fará jus a prestação alguma da Previdência Social em decorrência do exercício dessa atividade, exceto ao salário-família e à reabilitação profissional, quando empregado".

De arremate, curial afirmar que diante da complexidade das atividades estatais, cada vez mais o legislador delega o complemento de leis ao Poder Executivo, o que não atenta contra o Princípio da Estrita Legalidade, desde que o ato delegatório fixe os parâmetros gerais para o exercício do legítimo poder regulamentar.

Exemplo desta delegação é o artigo 58, da Lei 8.213/91, que regula a aposentadoria especial, ao prever que "a relação dos agentes nocivos químicos, físicos e biológicos ou associação de agentes prejudiciais à saúde ou à integridade física considerados para fins de concessão da aposentadoria especial de que trata o artigo anterior será definida pelo Poder Executivo".

7. CUSTEIO DA SEGURIDADE SOCIAL

Além dos recursos provenientes dos orçamentos da União, dos estados, do Distrito Federal e dos municípios, a manutenção da seguridade social contará com as receitas decorrentes das contribuições para a seguridade social, que têm aplicação vinculada ao sistema securitário, por serem tributos afetados ao sistema.

Com propriedade, toda a sociedade deverá financiar a seguridade social brasileira, de maneira direta ou indireta, ante o seu caráter universal que objetiva a proteção do povo contra os riscos sociais selecionados pelo legislador, consoante o interesse público, através de prestações na área da saúde pública, assistência e previdência social.

Contudo, há uma exceção "temporária" no artigo 76, do ADCT, da Constituição, que criou a DRU – Desvinculação de Receitas da União, prorrogada até 31 de dezembro de 2015 pela Emenda Constitucional nº 68/2011, que permitiu que até 20% do montante arrecadado com as contribuições sociais tenham destinação diversa.

Coube à Emenda Constitucional 93/2016 prorrogar e ampliar a DRU, que agora abarca 30% da arrecadação da União relativa às contribuições sociais, sem prejuízo do pagamento das despesas do Regime Geral da Previdência Social, às contribuições de intervenção no domínio econômico e às taxas, já instituídas ou que vierem a ser criadas até a referida data até 31 de dezembro de 2023[73].

Ademais, foram inseridos os artigos 76-A e 76-B que instituíram a DRU em favor dos estados, Distrito Federal e municípios até 31 de dezembro de 2023 e no mesmo importe de 30% das receitas relativas a impostos, taxas e multas, já instituídos ou que vierem a ser criados até a referida data, seus adicionais e respectivos acréscimos legais, e outras receitas correntes, salvo recursos destinados ao financiamento das ações e serviços públicos de saúde e à manutenção e desenvolvimento do ensino(incisos II e III do § 2º do art. 198 e o art. 212 da Constituição Federal) e receitas de contribuições previdenciárias e de assistência à saúde dos servidores.

IMPORTANTE:

Com o advento da Emenda 103/2019 (art. 2º), a DRU não mais se aplica às contribuições para a seguridade social, tendo havido perda de interesse governamental na sua manutenção nesta área, pois desde o ano de 2016 as despesas da seguridade social passaram a superar as receitas, limitando-se o superávit ao ano de 2015.

No âmbito da seguridade social, a DRU perdeu a utilidade para o Governo federal, pois desde 2016 as contas da seguridade social estão no vermelho. De efeito, no âmbito federal, considerando todas as receitas e despesas da seguridade social, esta passou a ser deficitária desde o ano de 2016, conforme dados da ANFIP[74]:

73. Art. 76. São desvinculados de órgão, fundo ou despesa, até 31 de dezembro de 2023, 30% (trinta por cento) da arrecadação da União relativa às contribuições sociais, sem prejuízo do pagamento das despesas do Regime Geral da Previdência Social, às contribuições de intervenção no domínio econômico e às taxas, já instituídas ou que vierem a ser criadas até a referida data.

74. Análise da Seguridade Social em 2017.

DESPESAS REALIZADAS	2005	2008	2009	2010	2013	2014	2015	2016	2017	Despesas 2017 / 2016	Despesas 2010 / 2009
1. Benefícios Previdenciários [1]	**146.010**	**199.562**	**224.876**	**254.859**	**357.003**	**394.201**	**436.087**	**507.871**	**557.235**	**9,7**	**13,3**
Previdenciários urbanos	118.626	159.652	174.805	197.444	274.652	303.541	336.293	394.222	434.887	10,3	13,0
Previdenciários rurais	27.384	39.910	49.045	56.089	80.355	88.703	98.041	111.310	120.041	7,8	14,4
Compensação previdenciária [6]	0	0	1.027	1.325	1.996	1.958	1.753	2.339	2.307	-1,4	29,1
2. Benefícios assistenciais [7]	9.335	15.641	18.712	22.234	33.869	37.598	41.798	47.970	53.148	10,8	18,8
Assistenciais Idosos - LOAS e RMV	4.067	7.195	8.675	10.365	15.916	17.715	18.460	21.040	23.145	10,0	19,5
Assistenciais Deficientes - LOAS e RMV	5.268	8.446	10.037	11.869	17.953	19.882	23.338	26.930	30.003	11,4	18,2
3. Bolsa família e outras transferências	6.769	10.605	11.877	13.493	24.004	26.162	26.921	27.492	27.784	1,1	13,6
4. EPU - Benefícios de Legislação Especial [5]	1.052	1.456	1.307	1.535	1.782	1.835	2.226	1.976	2.047	3,6	17,4
5. Saúde: despesas do MS [8]	34.517	49.443	57.329	61.193	84.175	92.943	100.834	107.117	116.366	8,6	6,7
6. Assistência social: despesas do MDS [8]	1.716	2.599	2.745	3.992	6.225	7.015	5.383	5.318	9.813	84,5	45,4
7. Previdência social: despesas do MPS [8]	3.404	4.291	5.692	5.759	6.565	6.952	7.306	7.702	2.503	-67,5	1,2
8. Outras ações da seguridade social	1.795	3.922	7.244	7.584	11.871	10.859	11.547	11.894	13.498	13,5	4,7
9. Benefícios FAT	11.378	20.694	27.135	29.204	46.561	51.833	48.180	55.704	54.236	-2,6	7,6
10. Outras ações do FAT	543	722	607	551	505	522	506	551	561	1,8	-9,2
Despesas da Seguridade Social	**216.520**	**308.934**	**357.525**	**400.404**	**572.560**	**629.919**	**680.788**	**773.595**	**837.190**	**8,2**	**12,0**
Resultado da Seguridade Social	**72.798**	**66.303**	**34.319**	**57.610**	**78.871**	**57.575**	**13.653**	**-54.480**	**-56.858**		

Há ainda outras exceções previstas nos artigos 17 e 18 da Lei 8.212/91, que liberou a utilização de algumas contribuições para a seguridade social para o pagamento de despesas administrativas e de pessoal do INSS, bem como 10% da receita das contribuições sobre a receita, faturamento ou lucro com os encargos previdenciários da União, assim considerados pelo extinto Ministério da Fazenda como os "recursos destinados a pagamento dos proventos de aposentadoria e pensões dos servidores civis e militares da administração direta da União"[75].

Existe um orçamento específico para a seguridade social, ao lado do orçamento fiscal e do de investimentos nas empresas estatais[76], para onde são destinadas as contribuições, competindo à União cobrir a eventual falta de recursos financeiros para o pagamento dos benefícios previdenciários[77].

De acordo com o artigo 195, § 2º, da Lei Maior, "a proposta de orçamento da seguridade social será elaborada de forma integrada pelos órgãos responsáveis pela saúde, previdência social e assistência social, tendo em vista as metas e prioridades estabelecidas na lei de diretrizes orçamentárias, assegurada a cada área a gestão de seus recursos".

Em regulamentação, dispõe o artigo 8º, da Lei 8.212/91, que "as propostas orçamentárias anuais ou plurianuais da Seguridade Social serão elaboradas por Comissão integrada por 3 (três) representantes, sendo 1 (um) da área da saúde, 1 (um) da área da previdência social e 1 (um) da área de assistência social".

Apenas poderão os recursos do orçamento da seguridade social ser utilizados para suprir necessidade ou cobrir déficit de empresas, fundações e fundos, se aprovada autorização legislativa específica, nos termos da excepcional previsão do artigo 167, inciso VIII, da Constituição Federal.

75. http://www.stn.gov.br/servicos/glossario/glossario_e.asp.
76. Artigo 165, § 5º, da CRFB.
77. Artigo 16, da Lei 8.212/91.

Insta destacar que dentro da categoria tributária "contribuições sociais", existem duas espécies: contribuições para a seguridade social e contribuições sociais gerais, conforme já se pronunciou o STF[78], sendo que somente as primeiras se submetem ao regime jurídico do artigo 195, da CRFB.

Deveras, em regra, apenas a União tem competência para instituir as contribuições para a seguridade social, salvo no que concerne ao regime de previdência social dos servidores públicos efetivos dos estados, do Distrito Federal e dos municípios, pois há permissivo constitucional para que essas pessoas políticas criem contribuições para o custeio dos respectivos regimes previdenciários[79].

Com base nesse regime, o STF pronunciou a inconstitucionalidade de lei do Estado de Minas Gerais que criou contribuição compulsória para o custeio da assistência à saúde, benefícios fomentados pelo Regime Próprio de Previdência dos Servidores daquele Estado, no julgamento da ADI 3.106, de 14.04.2010.

Vale colacionar o julgamento da Suprema Corte que retrata muito bem o tema:

> "EMENTA: AGRAVO REGIMENTAL. CONSTITUCIONAL E PREVIDENCIÁRIO. DESCONTO COMPULSÓRIO PARA CUSTEIO DE SERVIÇOS DE SAÚDE AOS SERVIDORES ATIVOS E INATIVOS DO ESTADO DE MINAS GERAIS. REPERCUSSÃO GERAL RECONHECIDA. INCOMPETÊNCIA DOS ESTADOS-MEMBROS PARA INSTITUIR TAL CONTRIBUIÇÃO, QUE DEVE SER FACULTADA AOS QUE A ELA QUISEREM ADERIR. 1. **As contribuições previdenciárias para custeio de serviços de assistência médica, hospitalar, odontológica, social e farmacêutica não podem ser instituídos de forma compulsória pelo Estado-Membro por lhe faltar competência constitucional para tanto.** (Precedente: RE 573.540, Dje de 11/06/10, Relator Ministro Gilmar Mendes, cuja repercussão geral foi reconhecida, e da ADI 3.106, da relatoria do Ministro Eros Grau.) 2. In casu, correta a decisão proferida pelo TJ/MG que está em consonância com a matriz jurisprudencial firmada por esta Suprema Corte, devendo, portanto, ser mantida em sua integralidade. 3. Agravo regimental desprovido" (AI 720474 AgR, de 13.04.2011).

Conquanto exista corrente doutrinária minoritária que sustente a natureza não fiscal dessas contribuições, especificamente as previdenciárias[80], é certo que o STF já se pronunciou repetidas vezes que as contribuições para a seguridade social possuem natureza tributária[81].

Ao contrário dos impostos, taxas e contribuições de melhoria, tributos tradicionais previstos expressamente no CTN, que são diferenciados pela natureza jurídica específica do seu fato gerador da respectiva obrigação[82], não se identifica a natureza jurídica de uma contribuição para a seguridade social através da delimitação da sua hipótese de incidência.

Deveras, é plenamente possível que uma contribuição securitária tenha o mesmo fato gerador de um imposto, como ocorre na tributação sobre o lucro das pessoas jurídicas, considerado fato imponível tanto do imposto de renda quanto da contribuição social sobre o lucro líquido.

78. ADI 2.556, de 09.10.2002.
79. Artigo 149, § 1º, da CRFB.
80. A exemplo de Fábio Zambitte Ibrahim, Curso de Direito Previdenciário, 13ª Ed. p. 88, para quem a sua natureza é de salário socialmente diferido.
81. RE 556.664, de 12.06.2008; RE 342.336, de 20.03.2007, dentre outros julgados.
82. Artigo 4º, do CTN.

Dentre as espécies tributárias, o que define uma contribuição para a seguridade social é a sua finalidade de custeio do sistema securitário, independentemente da natureza do fato gerador, pois são tributos finalísticos.

No mais, o artigo 27, da Lei 8.212/91, ainda aponta outras receitas para o custeio da seguridade social, tais como as multas, a atualização monetária e os juros moratórios; a remuneração recebida por serviços de arrecadação, fiscalização e cobrança prestados a terceiros e 40% do resultado dos leilões dos bens apreendidos pelo Departamento da Receita Federal do Brasil[83].

Aliás, a arrecadação desses tributos é tão importante que há vedação constitucional para que o Poder Público contrate com as pessoas jurídicas em débito com a seguridade social, bem como lhes conceda incentivos fiscais ou creditícios[84].

A relação de custeio da seguridade social é nitidamente de índole tributária, porquanto as contribuições sociais são modalidade de tributos, uma vez superada a divisão tripartite do CTN,[85] com o advento do atual ordenamento constitucional.

É possível defini-la como um vínculo jurídico obrigacional público, em que o sujeito ativo (Estado) é credor do sujeito passivo (responsável ou contribuinte), que deverá promover o recolhimento de contribuição destinada ao custeio da seguridade social, acrescida de eventuais consectários legais (multas, juros de mora e correção monetária), uma vez realizada em concreto a hipótese de incidência prevista em lei stricto sensu, observada a base de cálculo, a alíquota e os prazos legais.

De acordo com o artigo 121, parágrafo único, do CTN, contribuinte é a pessoa que tem relação pessoal e direta com a situação que constitua o respectivo fato gerador, enquanto o responsável, apesar de não revestir a condição de contribuinte, tem obrigação decorrente de expressa previsão legal.

A responsabilidade, por seu turno, poderá ser por substituição ou por transferência, a depender do momento em que ocorra. Conforme lições de Ricardo Alexandre, "na responsabilidade por substituição, a sujeição passiva do responsável surge contemporaneamente à ocorrência do fato gerador. Já na responsabilidade por transferência, no momento do surgimento da obrigação, determinada pessoa figura como sujeito passivo, contudo, num momento posterior, um evento definido em lei causa a modificação da pessoa que ocupa o pólo passivo da obrigação, surgindo, assim, a figura do responsável, conforme definida em lei"[86].

Essa diferenciação é originária do Direito alemão, pois o débito ("schuld") não se confunde com a responsabilidade ("haftung"). No âmbito do Direito Civil, o fiador é responsável, mas

83. Art. 27. Constituem outras receitas da Seguridade Social: I – as multas, a atualização monetária e os juros moratórios; II – a remuneração recebida por serviços de arrecadação, fiscalização e cobrança prestados a terceiros; III – as receitas provenientes de prestação de outros serviços e de fornecimento ou arrendamento de bens; IV – as demais receitas patrimoniais, industriais e financeiras; V – as doações, legados, subvenções e outras receitas eventuais; VI – 50% (cinqüenta por cento) dos valores obtidos e aplicados na forma do parágrafo único do art. 243 da Constituição Federal; VII – 40% (quarenta por cento) do resultado dos leilões dos bens apreendidos pelo Departamento da Receita Federal; VIII – outras receitas previstas em legislação específica.

Parágrafo único. As companhias seguradoras que mantêm o seguro obrigatório de danos pessoais causados por veículos automotores de vias terrestres, de que trata a Lei nº 6.194, de dezembro de 1974, deverão repassar à Seguridade Social 50% (cinqüenta por cento) do valor total do prêmio recolhido e destinado ao Sistema Único de Saúde-SUS, para custeio da assistência médico-hospitalar dos segurados vitimados em acidentes de trânsito.

84. Artigo 195, § 3º, da CRFB.

85. O CTN prevê três modalidades de tributos: impostos, taxas e contribuições de melhoria. Contudo, com o advento da Constituição de 1988, entraram nesse rol as contribuições sociais e os empréstimos compulsórios.

86. Direito Tributário Esquematizado, Editora Método, 2008, p. 309.

não é o devedor, ao tempo em que o sujeito passivo de uma dívida prescrita é devedor, mas não é responsável, pois a pretensão que nasceu do direito subjetivo violado foi fulminada pelo citado fato jurídico extintivo.

8. CONTRIBUIÇÕES EM ESPÉCIE

As contribuições para a seguridade social estão previstas no artigo 195, da Constituição Federal, a cargo de diversas fontes de custeio, cujo texto foi reformado pela Emenda 20/1998, exigindo-se lei complementar para a criação de novas fontes não previstas no texto constitucional,[87] na forma do § 4º do referido artigo[88], que faz remissão à competência residual da União para criar novos impostos (artigo 154, inciso I), o que exige lei complementar.

Contudo, a despeito da exigência de lei complementar para a criação de novas contribuições para a seguridade social, o STF já se pronunciou diversas oportunidades no sentido de que não lhes é aplicável o disposto no artigo 154, I, da CRFB, ou seja, é plenamente válida a instituição de novas contribuições sociais cumulativas e com mesmo fato gerador ou base de cálculo dos impostos[89], mas não de outras contribuições sociais.

Por fugir do tema proposto nesta obra, não serão vistas de maneira aprofundada as contribuições sociais para o PIS – Programa de Integração Social e para o PASEP – Programa de Formação do Servidor Público, previstas no artigo 239[90], da CRFB, pois não se destinam à seguridade social, sendo contribuições sociais gerais, vez que os seus recursos irão financiar o

87. RE 138.284, de 01.07.1992 – (...) "As contribuições do art. 195, I, II, III, da Constituição, não exigem, para a sua instituição, lei complementar. Apenas a contribuição do parag. 4. do mesmo art. 195 e que exige, para a sua instituição, lei complementar, dado que essa instituição deverá observar a técnica da competência residual da União (C.F., art. 195, parag. 4.; C.F., art. 154, I). Posto estarem sujeitas a lei complementar do art. 146, III, da Constituição, porque não são impostos, não há necessidade de que a lei complementar defina o seu fato gerador, base de cálculo e contribuintes (C.F., art. 146, III, "a")".

88. § 4º – A lei poderá instituir outras fontes destinadas a garantir a manutenção ou expansão da seguridade social, obedecido o disposto no art. 154, I.

89. RE 258.470, de 21.03.2000.

90. Art. 239. A arrecadação decorrente das contribuições para o Programa de Integração Social, criado pela Lei Complementar nº 7, de 7 de setembro de 1970, e para o Programa de Formação do Patrimônio do Servidor Público, criado pela Lei Complementar nº 8, de 3 de dezembro de 1970, passa, a partir da promulgação desta Constituição, a financiar, nos termos que a lei dispuser, o programa do seguro-desemprego e o abono de que trata o § 3º deste artigo.

§ 1º – Dos recursos mencionados no "caput" deste artigo, pelo menos quarenta por cento serão destinados a financiar programas de desenvolvimento econômico, através do Banco Nacional de Desenvolvimento Econômico e Social, com critérios de remuneração que lhes preservem o valor.

§ 2º – Os patrimônios acumulados do Programa de Integração Social e do Programa de Formação do Patrimônio do Servidor Público são preservados, mantendo-se os critérios de saque nas situações previstas nas leis específicas, com exceção da retirada por motivo de casamento, ficando vedada a distribuição da arrecadação de que trata o "caput" deste artigo, para depósito nas contas individuais dos participantes.

§ 3º – Aos empregados que percebam de empregadores que contribuem para o Programa de Integração Social ou para o Programa de Formação do Patrimônio do Servidor Público, até dois salários mínimos de remuneração mensal, é assegurado o pagamento de um salário mínimo anual, computado neste valor o rendimento das contas individuais, no caso daqueles que já participavam dos referidos programas, até a data da promulgação desta Constituição.

§ 4º – O financiamento do seguro-desemprego receberá uma contribuição adicional da empresa cujo índice de rotatividade da força de trabalho superar o índice médio da rotatividade do setor, na forma estabelecida por lei.

seguro-desemprego (que não é benefício previdenciário, conforme regulamentação infraconstitucional) e o abono anual do trabalhador, assim como programas de desenvolvimento econômico.

Nos termos do artigo 51, do Decreto 4.524/2012, a alíquota do PIS/PASEP aplicável sobre o faturamento será de 0,65%, salvo as situações diferenciadas.

Constitui a hipótese de incidência da contribuição PIS/PASEP o auferimento de receita pela pessoa jurídica de direito privado.

Já nos seguintes casos a alíquota será de 1% sobre a folha de salários, nos termos do artigo 13, da Medida Provisória nº 2.158-35, de 24 de agosto de 2001:

> "I – templos de qualquer culto;
>
> II – partidos políticos;
>
> III – instituições de educação e de assistência social a que se refere o art. 12 da Lei nº 9.532, de 10 de dezembro de 1997;
>
> IV – instituições de caráter filantrópico, recreativo, cultural, científico e as associações, a que se refere o art. 15 da Lei nº 9.532, de 1997;
>
> V – sindicatos, federações e confederações;
>
> VI – serviços sociais autônomos, criados ou autorizados por lei;
>
> VII – conselhos de fiscalização de profissões regulamentadas;
>
> VIII – fundações de direito privado e fundações públicas instituídas ou mantidas pelo Poder Público;
>
> IX – condomínios de proprietários de imóveis residenciais ou comerciais; e
>
> X – a Organização das Cooperativas Brasileiras – OCB e as Organizações Estaduais de Cooperativas previstas no art. 105 e seu § 1º da Lei nº 5.764, de 16 de dezembro de 1971".

Nos termos do artigo 3º, § 2º, da Lei 9.718/98, para fins de determinação da base de cálculo, excluem-se da receita bruta PIS/PASEP: as vendas canceladas, os descontos incondicionais concedidos, o Imposto sobre Produtos Industrializados – IPI e o Imposto sobre Operações relativas à Circulação de Mercadorias e sobre Prestações de Serviços de Transporte Interestadual e Intermunicipal e de Comunicação – ICMS, quando cobrado pelo vendedor dos bens ou prestador dos serviços na condição de substituto tributário; as reversões de provisões e recuperações de créditos baixados como perda, que não representem ingresso de novas receitas, o resultado positivo da avaliação de investimentos pelo valor do patrimônio líquido e os lucros e dividendos derivados de investimentos avaliados pelo custo de aquisição, que tenham sido computados como receita; a receita decorrente da venda de bens do ativo permanente; a receita decorrente da transferência onerosa a outros contribuintes do ICMS de créditos de ICMS originados de operações de exportação, conforme o disposto no inciso II do § 1º do art. 25 da Lei Complementar no 87, de 13 de setembro de 1996.

Por sua vez, na forma do artigo 14, da Medida Provisória 2.158-35/2001, são isentas da contribuição PIS/PASEP desde os fatos geradores ocorridos a partir de 1º de fevereiro de 1999, as seguintes receitas:

> I – dos recursos recebidos a título de repasse, oriundos do Orçamento Geral da União, dos Estados, do Distrito Federal e dos Municípios, pelas empresas públicas e sociedades de economia mista;
>
> II – da exportação de mercadorias para o exterior;
>
> III – dos serviços prestados a pessoa física ou jurídica residente ou domiciliada no exterior, cujo pagamento represente ingresso de divisas;

IV – do fornecimento de mercadorias ou serviços para uso ou consumo de bordo em embarcações e aeronaves em tráfego internacional, quando o pagamento for efetuado em moeda conversível;

V – do transporte internacional de cargas ou passageiros;

VI – auferidas pelos estaleiros navais brasileiros nas atividades de construção, conservação modernização, conversão e reparo de embarcações pré-registradas ou registradas no Registro Especial Brasileiro – REB, instituído pela Lei no 9.432, de 8 de janeiro de 1997;

VII – de frete de mercadorias transportadas entre o País e o exterior pelas embarcações registradas no REB, de que trata o art. 11 da Lei no 9.432, de 1997;

VIII – de vendas realizadas pelo produtor-vendedor às empresas comerciais exportadoras nos termos do Decreto-Lei no 1.248, de 29 de novembro de 1972, e alterações posteriores, desde que destinadas ao fim específico de exportação para o exterior;

IX – de vendas, com fim específico de exportação para o exterior, a empresas exportadoras registradas na Secretaria de Comércio Exterior do Ministério do Desenvolvimento, Indústria e Comércio Exterior;

X – relativas às atividades próprias das entidades do artigo 13 (templos de qualquer culto; partidos políticos; instituições de educação e de assistência social a que se refere o art. 12 da Lei no 9.532, de 10 de dezembro de 1997; instituições de caráter filantrópico, recreativo, cultural, científico e as associações, a que se refere o art. 15 da Lei no 9.532, de 1997; sindicatos, federações e confederações; serviços sociais autônomos, criados ou autorizados por lei; conselhos de fiscalização de profissões regulamentadas; fundações de direito privado e fundações públicas instituídas ou mantidas pelo Poder Público; condomínios de proprietários de imóveis residenciais ou comerciais; e a Organização das Cooperativas Brasileiras – OCB e as Organizações Estaduais de Cooperativas previstas no art. 105 e seu § 1º da Lei no 5.764, de 16 de dezembro de 1971).

De acordo com a Lei 13.134/2015, é assegurado o recebimento de abono salarial anual, no valor máximo de um salário mínimo vigente na data do respectivo pagamento, aos empregados que:

I – tenham percebido, de empregadores que contribuem para o Programa de Integração Social – PIS ou para o Programa de Formação do Patrimônio do Servidor Público – Pasep, até dois salários mínimos médios de remuneração mensal no período trabalhado e que tenham exercido atividade remunerada ininterrupta por pelo menos 30 dias no ano-base; e

II – estejam cadastrados há pelo menos 5 (cinco) anos no Fundo de Participação PIS-Pasep ou no Cadastro Nacional do Trabalhador.

Outrossim, o salário-educação não será tratado pelos mesmos motivos, porque os recursos dessa exação, que se caracteriza como contribuição social geral, destinam-se ao custeio da educação, na forma do artigo 212, § 5º[91], da CRFB, que não integra o sistema da seguridade social.

De efeito, com base no artigo 195, incisos I/IV, serão analisadas as contribuições para a seguridade social pagas pelas empresas, empregadores e equiparados (contribuição previdenciária patronal, COFINS e CSLL), pelos trabalhadores e demais segurados do RGPS (contribuição previdenciária) e pelo importador de bens ou serviços do exterior (COFINS).

A receita dos concursos de prognósticos oriunda dos apostadores de jogos e loterias oficiais também será analisada, conquanto não goze de natureza tributária em razão da sua facultatividade.

91. § 5º A educação básica pública terá como fonte adicional de financiamento a contribuição social do salário--educação, recolhida pelas empresas na forma da lei.

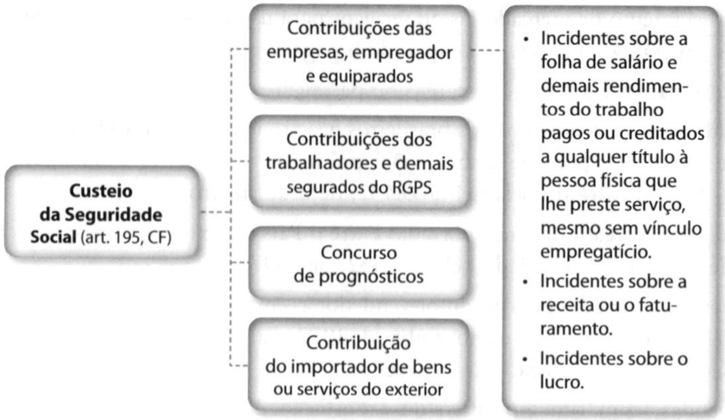

8.1. Contribuições do empregador, da empresa e da entidade a ela equiparada na forma da lei

8.1.1. Incidentes sobre a folha de salários e demais rendimentos do trabalho pagos ou creditados, a qualquer título, à pessoa física que lhe preste serviço, mesmo sem vínculo empregatício

Trata-se da contribuição previdenciária patronal para o custeio do Regime Geral de Previdência Social, prevista no artigo 195, inciso I, "a", da Constituição Federal e regulamentada pelos artigos 22/24, da Lei 8.212/91, que instituiu o Plano de Custeio da Seguridade Social, bem como pelo artigo 1º, da Lei 10.666/2003.

Essa contribuição incidirá sobre o total da remuneração paga ou creditada pelas pessoas jurídicas aos trabalhadores que lhe prestam serviços, com ou sem vínculo empregatício, sendo a sua arrecadação afetada ao pagamento dos benefícios do RGPS[92], através de depósito no Fundo previsto no artigo 250, da Constituição Federal, criado pela Lei Complementar 101/2000[93].

Por se tratar de uma contribuição previdenciária, o seu estudo será aprofundado no Título II – Do Regime Geral de Previdência Social.

8.1.2. Incidentes sobre a receita ou o faturamento

Trata-se da contribuição para financiamento da seguridade social – COFINS, cuja alíquota é de 7,6% (regime de incidência não cumulativa – Lei 10.833/2003), incidente sobre os valores faturados mensalmente, assim considerados como a receita bruta das pessoas jurídicas[94].

As pessoas jurídicas de direito privado, e as que lhe são equiparadas pela legislação do imposto de renda, que apuram o IRPJ com base no lucro real estão sujeitas à incidência não cumulativa, exceto: as instituições financeiras, as cooperativas de crédito, as pessoas jurídicas que tenham por objeto a securitização de créditos imobiliários e financeiros, as operadoras de

92. Artigo 167, inciso XI, da CRFB.

93. Art. 68. Na forma do art. 250 da Constituição, é criado o Fundo do Regime Geral de Previdência Social, vinculado ao Ministério da Previdência e Assistência Social, com a finalidade de prover recursos para o pagamento dos benefícios do regime geral da previdência social.

94. Artigo 3º, da Lei 9.178/98.

planos de assistência à saúde, as empresas particulares que exploram serviços de vigilância e de transporte de valores de que trata a Lei nº 7.102, de 1983, e as sociedades cooperativas (exceto as sociedades cooperativas de produção agropecuária e as sociedades cooperativas de consumo).

Já nos casos das empresas sujeitas ao regime de incidência cumulativa a base de cálculo será o total das receitas da pessoa jurídica, sem deduções em relação a custos, despesas e encargos, com alíquota de 3,0%.

As pessoas jurídicas de direito privado, e as que lhe são equiparadas pela legislação do imposto de renda, que apuram o IRPJ com base no lucro presumido ou arbitrado estão sujeitas à incidência cumulativa.

Vale registrar que as disposições do artigo 23 da Lei 8.212/91 sobre a COFINS estão tacitamente revogadas.

São isentas da COFINS as seguintes receitas, nos termos do artigo 14 da Medida Provisória nº 2.158-35, de 24 de agosto de 2001:

> I – dos recursos recebidos a título de repasse, oriundos do Orçamento Geral da União, dos Estados, do Distrito Federal e dos Municípios, pelas empresas públicas e sociedades de economia mista;
>
> II – da exportação de mercadorias para o exterior;
>
> III – dos serviços prestados a pessoa física ou jurídica residente ou domiciliada no exterior, cujo pagamento represente ingresso de divisas;
>
> IV – do fornecimento de mercadorias ou serviços para uso ou consumo de bordo em embarcações e aeronaves em tráfego internacional, quando o pagamento for efetuado em moeda conversível;
>
> V – do transporte internacional de cargas ou passageiros;
>
> VI – auferidas pelos estaleiros navais brasileiros nas atividades de construção, conservação modernização, conversão e reparo de embarcações pré-registradas ou registradas no Registro Especial Brasileiro – REB, instituído pela Lei nº 9.432, de 8 de janeiro de 1997;
>
> VII – de frete de mercadorias transportadas entre o País e o exterior pelas embarcações registradas no REB, de que trata o art. 11 da Lei nº 9.432, de 1997;
>
> VIII – de vendas realizadas pelo produtor-vendedor às empresas comerciais exportadoras nos termos do Decreto-Lei nº 1.248, de 29 de novembro de 1972, e alterações posteriores, desde que destinadas ao fim específico de exportação para o exterior;
>
> IX – de vendas, com fim específico de exportação para o exterior, a empresas exportadoras registradas na Secretaria de Comércio Exterior do Ministério do Desenvolvimento, Indústria e Comércio Exterior;
>
> X – relativas às atividades próprias das entidades a que se refere o art. 13.

Outrossim, possuem isenção as receitas relativas às atividades das seguintes entidades:

> I – templos de qualquer culto;
>
> II – partidos políticos;
>
> III – instituições de educação e de assistência social a que se refere o art. 12 da Lei nº 9.532, de 10 de dezembro de 1997;
>
> IV – instituições de caráter filantrópico, recreativo, cultural, científico e as associações, a que se refere o art. 15 da Lei nº 9.532, de 1997;
>
> V – sindicatos, federações e confederações;
>
> VI – serviços sociais autônomos, criados ou autorizados por lei;

VII – conselhos de fiscalização de profissões regulamentadas;

VIII – fundações de direito privado e fundações públicas instituídas ou mantidas pelo Poder Público;

IX – condomínios de proprietários de imóveis residenciais ou comerciais; e

X – a Organização das Cooperativas Brasileiras – OCB e as Organizações Estaduais de Cooperativas previstas no art. 105 e seu § 1º da Lei nº 5.764, de 16 de dezembro de 1971.

Antes da Emenda 20/98, a redação original do artigo 195, I, da Constituição, apenas se referia ao faturamento, assim concebido como o produto da venda de mercadorias e prestações de serviço, e não à receita bruta, que é uma expressão mais ampla, pois abarca toda a arrecadação da pessoa jurídica.

Entretanto, o § 1º, do artigo 3º, da Lei 9.718/98, editado antes da Emenda 20, alargou demasiadamente a definição de faturamento, a fim de abarcar todas as receitas brutas das pessoas jurídicas, razão pela qual o STF o reputou formalmente inconstitucional, vez que acabou por criar nova fonte de custeio por lei ordinária, quando a Lei Maior exige lei complementar[95], haja vista que a posterior revisão constitucional não teve o condão de convalidar um vício anterior de validade:

> "CONSTITUCIONALIDADE SUPERVENIENTE – ARTIGO 3º, § 1º, DA LEI Nº 9.718, DE 27 DE NOVEMBRO DE 1998 – EMENDA CONSTITUCIONAL Nº 20, DE 15 DE DEZEMBRO DE 1998. O sistema jurídico brasileiro não contempla a figura da constitucionalidade superveniente. TRIBUTÁRIO – INSTITUTOS – EXPRESSÕES E VOCÁBULOS – SENTIDO. A norma pedagógica do artigo 110 do Código Tributário Nacional ressalta a impossibilidade de a lei tributária alterar a definição, o conteúdo e o alcance de consagrados institutos, conceitos e formas de direito privado utilizados expressa ou implicitamente. Sobrepõe-se ao aspecto formal o princípio da realidade, considerados os elementos tributários. CONTRIBUIÇÃO SOCIAL – PIS – RECEITA BRUTA – NOÇÃO – INCONSTITUCIONALIDADE DO § 1º DO ARTIGO 3º DA LEI Nº 9.718/98. A jurisprudência do Supremo, ante a redação do artigo 195 da Carta Federal anterior à Emenda Constitucional nº 20/98, consolidou-se no sentido de tomar as expressões receita bruta e faturamento como sinônimas, jungindo-as à venda de mercadorias, de serviços ou de mercadorias e serviços. **É inconstitucional o § 1º do artigo 3º da Lei nº 9.718/98, no que ampliou o conceito de receita bruta para envolver a totalidade das receitas auferidas por pessoas jurídicas, independentemente da atividade por elas desenvolvida e da classificação contábil adotada"** (RE 390.840, de 09.11.2005).

A União apenas resolveu a questão com a edição MP 135/2003, convertida na Lei 10.833/2003, norma editada com fundamento de validade na Emenda 20/98, que prevê o faturamento como o total das receitas da pessoa jurídica.

De seu turno, a Suprema Corte decidiu que é legítima a cobrança da COFINS (e também do PIS e do FINSOCIAL) sobre as operações de energia elétrica, serviços de telecomunicações, derivados do petróleo, combustíveis e minerais do país, inclusive editando a Súmula 659[96] com esse conteúdo, pois o artigo 155, § 3º, da CRFB, prevê apenas que outros impostos não incidirão nessas operações além do ICMS, do imposto de importação e exportação, não englobando as contribuições para a seguridade social.

95. Artigo 195, § 4º.

96. Súmula 659 – "É legítima a cobrança da COFINS, do PIS e do FINSOCIAL sobre as operações relativas a energia elétrica, serviços de telecomunicações, derivados de petróleo, combustíveis e minerais do País".

Logo, também incidirá a COFINS sobre a receita que as empresas aufiram em decorrência das operações de energia elétrica, serviços de telecomunicações, derivados do petróleo, combustíveis e minerais do país.

Aliás, o STJ decidiu que é plenamente válida a postura das concessionárias de energia elétrica ao destacarem na fatura o valor pago a título de PIS e COFINS, conforme noticiado no Informativo 448:

> **"REPETITIVO. CONCESSIONÁRIA. ENERGIA ELÉTRICA. REPASSE. PIS. COFINS. CONSUMIDOR.**
>
> A Seção, ao julgar recurso submetido ao regime do art. 543-C e Res. n. 8/2008-STJ suscitado pelo tribunal *a quo*, negou provimento ao recurso, entendendo **que é legítimo repassar às faturas de energia elétrica a serem pagas pelo consumidor o valor correspondente ao pagamento da contribuição ao programa de integração social (PIS) e da contribuição para financiamento da Seguridade Social (Cofins) devidas pela concessionária.** No REsp, o recorrente buscava o reconhecimento da ilegalidade desse repasse às faturas de consumo de energia elétrica do custo correspondente ao recolhimento do PIS e à Cofins, bem como almejava repetição de indébito. Destacou o Min. Relator que a tese defendida pelo recorrente foi encampada pelo Instituto Brasileiro de Defesa do Consumidor (IDEC) e pelo Ministério Público, entretanto parte de um pressuposto manifestamente equivocado: atribuir à controvérsia uma natureza tributária. **Observa que, na relação jurídica que se estabelece entre concessionária e consumidor de energia elétrica, não existe relação tributária, em que os partícipes necessários são o Fisco e o contribuinte, mas há relação de consumo de serviço público, cujas fontes normativas são próprias, especiais e distintas das que regem as relações tributárias. Anotou-se ainda que o PIS e a Cofins, cobrados em decorrência da edição das Leis ns. 10.637/2002, 10.833/2003 e 10.865/2004, alteraram a forma de cobrança, mas trouxeram a possibilidade de que seus valores sejam fiscalizados não apenas pela Aneel, mas pelos consumidores de energia elétrica individualmente, visto que passaram a ser cobrados de forma destacada nas faturas, a exemplo do que ocorre com o ICMS.** REsp 1.185.070-RS, Rel. Min. Teori Albino Zavascki, julgado em 22/9/2010".

Por sua vez, de acordo com a Súmula 423, do STJ, "a Contribuição para Financiamento da Seguridade Social – COFINS incide sobre as receitas provenientes das operações de locação de bens móveis", por integrarem esses valores o faturamento da empresa, compreendido como o resultado econômico da atividade empresarial exercida.

Outra questão controversa que chegou ao STF sobre a COFINS foi a validade ou não da revogação de isenção desse tributo conferida em favor das sociedades civis de prestação de serviços de profissão legalmente regulamentada.

Em síntese, a controvérsia foi a seguinte: uma isenção instituída por lei complementar (artigo 6º, II, da LC 70/91) poderia ter sido revogada por uma lei ordinária (artigo 56, da Lei 9.430/96)? O STF entendeu que sim, ante a inexistência de hierarquia entre lei complementar e ordinária, bem como em face da inexigibilidade de lei complementar para a disciplina dos elementos próprios à hipótese de incidência das contribuições desde logo previstas no texto constitucional[97], o que levou o STJ a cancelar a Súmula 276, em 17.11.2008.

Posteriormente, em 26 de março de 2014, a 1ª Seção do STJ aprovou a Súmula 508:

> **Súmula 508** – "A isenção da Cofins concedida pelo artigo 6º, II, da LC 70/91 às sociedades civis de prestação de serviços profissionais foi revogada pelo artigo 56 da lei 9.430/96".

97. RE 377.457, de 17.09.2008, Informativo 520.

Da mesma forma, o Pretório Excelso entendeu ser válida a majoração da alíquota da COFINS de 2% para 3% por lei ordinária (artigo 8º, da Lei 9.718/98) e não complementar, vez que essa contribuição está alcançada pelo preceito do art. 195, I, da Constituição, o que torna dispensável cogitar-se de lei complementar para o aumento da alíquota[98].

De arremate, ainda se discute no STF sobre a constitucionalidade ou não da inclusão, na base de cálculo da COFINS, dos valores pagos a título de ICMS e repassados aos consumidores no preço dos produtos e serviços, desde que não se trate de substituição tributária, conforme previsto no artigo 3º, § 2º, I, da Lei 9.718/98.

A validade dessa previsão está sendo questionada pela ação declaratória de constitucionalidade nº 18, tendo a Suprema Corte deferido medida cautelar para determinar que juízes e tribunais suspendam o julgamento dos processos em trâmite, aí não incluídos os processos em andamento na Suprema Corte, que envolvam essa controvérsia, pois se reconheceu haver uma clara divergência de interpretação quanto ao dispositivo em questão em todo o território nacional.

Frise-se que é altamente provável que seja pronunciada a inconstitucionalidade da inclusão, na base de cálculo da COFINS, dos valores pagos a título de ICMS, pois também se encontra pendente de julgamento o RE 240.785/RJ, já tendo sido proferidos seis votos nesse sentido, porquanto aparentemente houve "violação ao art. 195, I, da CF, ao fundamento de que a base de cálculo da COFINS somente pode incidir sobre a soma dos valores obtidos nas operações de venda ou de prestação de serviços, ou seja, sobre a riqueza obtida com a realização da operação, e não sobre ICMS, que constitui ônus fiscal e não faturamento", vencido até o momento o Ministro Eros Grau.

Por seu turno, é prevista na Constituição que a lei defina os setores da atividade econômica onde a incidência da COFINS não será cumulativa[99], sendo o tema regulamentado pelo Capítulo I, da Lei 10.833/2003.

Outrossim, era possível que houvesse **a substituição gradativa da contribuição previdenciária patronal pela COFINS**, total ou parcialmente, observada a não cumulatividade, conforme previsão constitucional não regulamentada (artigo 195, § 13, revogado pela Emenda 103/2019), com o propósito de desonerar as folhas de salários das empresas.

Esta disposição constitucional, atualmente revogada pela EC 103/2019, fruto da Emenda 42/2003, já foi parcialmente regulamentada em alguns segmentos por normas especiais, muito embora não tenha alterado as regras da Lei 8.212/91.

Na atualidade os artigos 7º e 8º da Lei 12.546/2011, alterada pela Lei 13.161/2015 tratam do tema, tendo as alíquotas sido majoradas e a **substituição se tornado facultativa** cabendo à Instrução Normativa 1.436, da lavra da Secretaria da Receita Federal do Brasil, de 30 de dezembro de 2013, alterada em 05 de dezembro de 2014 e em 1º de dezembro de 2015, regulamentá-la. Posteriormente, nova alteração foi perpetrada pela IN RFB 1.812/2018.

Houve a redução a zero das contribuições de 20% previstas nos incisos I e III do artigo 22 da Lei 8.212/91, compensada pela majoração da contribuição sobre a receita ou faturamento em 1,0%, 2,5%, 3,0% e 4,5%, a depender do segmento.

Agora com a revogação da autorização constitucional não há mais base constitucional para a substituição da folha de remuneração das empresas em legislação futura.

98. RE 527.602, de 05.08.2009.

99. Artigo 195, § 12, acrescentado pela Emenda 42/2003.

Mas existe a regra de transição do artigo 30 da Emenda 103/2019 que aduz que "a vedação de diferenciação ou substituição de base de cálculo decorrente do disposto no § 9º do art. 195 da Constituição Federal não se aplica a contribuições que substituam a contribuição de que trata a alínea "a" do inciso I do caput do art. 195 da Constituição Federal instituídas antes da data de entrada em vigor desta Emenda Constitucional".

8.1.3. Incidentes sobre o lucro

Cuida-se da CSLL – contribuição social sobre o lucro líquido, criada pela Lei 7.689/88, cuja base de cálculo é o valor do resultado do exercício, antes da provisão para o imposto de renda.

Em regra, a alíquota dessa exação será de 9%. Para as pessoas jurídicas de seguros privados, de capitalização e para determinadas instituições financeiras, a alíquota será de 15%, tendo sido elevada para 20% até 31 de dezembro de 2018 pela Lei 13.169/2015 e para 17% no caso das cooperativas de crédito.

Consideram-se isentas da CSLL as instituições de caráter filantrópico, recreativo, cultural e científico e as associações civis que prestem os serviços para os quais houverem sido instituídas e os coloquem à disposição do grupo de pessoas a que se destinam, sem fins lucrativos, nos termos do artigo 15 da Lei 9.532/97.

8.2. Do trabalhador e dos demais segurados da previdência social

Esta é a contribuição previdenciária devida pelos trabalhadores e demais segurados do regime geral previdenciário, inclusive pelo aposentado que continua a desenvolver atividade laborativa e pela mulher que percebe o salário-maternidade.

IMPORTANTE:

Em sede de Repercussão Geral, em 4 de agosto de 2020, no RE 576.967, **o STF declarou inconstitucional a incidência de contribuição previdenciária sobre o salário-maternidade**, não tendo havido modulação da eficácia da pronúncia de inconstitucionalidade, sendo possível a apresentação de embargos de declaração pela União.

Restou fixada a seguinte tese: "É inconstitucional a incidência da contribuição previdenciária a cargo do empregador sobre o salário-maternidade":

> "69. Diante do exposto, considerando os argumentos formal e material, dou provimento ao recurso extraordinário, para declarar, incidentalmente, a **inconstitucionalidade da incidência de contribuição previdenciária sobre o salário maternidade, prevista no art. 28, § 2º, da Lei nº 8.212/91, e a parte final do seu § 9º, alínea a**, em que se lê " salvo o salário-maternidade" , e proponho a fixação da seguinte tese: " É inconstitucional a incidência da contribuição previdenciária a cargo do empregador sobre o salário maternidade".

A tese de aplica tanto à parte da empresa quanto à parte do segurado, conforme se depreende do voto vencedor acima transcrito, em que pese o fechamento tenha sido restritivo. A decisão é *inter partes*, pois não foi tomada em sede de ação abstrata, não tem efeitos *erga omnes*.

Este inciso foi incluído pela Emenda 20/98, não incidindo contribuição sobre aposentadoria e pensão concedidas pelo Regime Geral de Previdência Social.

Logo, se criou uma imunidade para excluir o poder de tributar sobre as aposentadorias e pensões do RGPS, ao contrário do que ocorre com o regime de previdência dos servidores públicos, em que os inativos e pensionistas passaram a poder contribuir ante a polêmica permissão imposta pela Emenda 41/2003.

Com o advento da Emenda 103/2019, o texto do inciso II do artigo 195 da Constituição passou a prever expressamente a progressividade de alíquotas das contribuições dos segurados, que decorre do Princípio da Equidade no Custeio, que é corolário da Isonomia Fiscal e Capacidade Contributiva, pois quem possui maior remuneração tem maiores condições de contribuir com a previdência social com alíquotas mais elevadas.

Foi interessante positivar a progressividade para segurados no texto constitucional, embora implicitamente a Constituição já a permitisse.

A regulamentação da contribuição previdenciária dos trabalhadores foi promovida pelos artigos 20, 21 e 25, da Lei 8.212/91, sendo também a sua arrecadação afetada ao pagamento dos benefícios do Regime Geral de Previdência Social – RGPS[100].

Assim como as contribuições previdenciárias patronais, o seu estudo será detalhado no Título II – Do Regime Geral de Previdência Social.

8.3. Sobre a receita de concursos de prognósticos

Apesar de a Constituição tratá-la como contribuição para a seguridade social, não se trata tecnicamente de um tributo, e sim de repasses de recursos financeiros arrecadados pelo Poder Público em decorrência das apostas oficiais.

O tema vem regulamentado pelos artigos 26 e 27, da Lei 8.212/91, sendo definidos os concursos de prognósticos como todos os concursos de sorteios de números, loterias, apostas, inclusive aquelas realizadas em reuniões hípicas, no âmbito federal, estadual, distrital e municipal.

As alterações normativas no artigo 26 da Lei 8.212/91 pela Lei 13.756, de 12/12/2018, implicaram nas seguintes modificações:

A) Deixou de ser repassada à seguridade social a receita líquida dos concursos de prognósticos;

B) Agora a legislação prevê que será destinada à seguridade social uma alíquota da contribuição corresponde ao percentual em cada modalidade lotérica;

C) A alíquota será definida em outra lei;

D) A base de cálculo da contribuição equivale à receita auferida nos concursos de prognósticos, sorteios e loterias.

De resto, frise-se que apenas a União poderá criar loterias, por se tratar de tema legiferante privativo do ente central, conforme entende pacificamente o STF:

> "EMENTA: Ação direta de inconstitucionalidade. 2. **Criação de serviço de loteria por lei estadual** (Lei nº 8.118/2002, do Estado do Rio Grande do Norte). 3. **Vício de iniciativa**. 4. **Competência**

100. Artigo 167, inciso XI, da CRFB.

privativa da União 5. **Expressão "sistemas de consórcios e sorteios" (CF, art. 22, XX) inclui serviço de loteria.** 6. Proibição dirigida ao Estado-membro prevista no Decreto-Lei nº 204/67. 7. Precedente: ADI 2.847/DF, Rel. Min. Carlos Velloso, DJ 26.11.2004, Tribunal Pleno. 8. Ação direta de inconstitucionalidade julgada procedente" (ADI 2.690, de 07.06.2006).

Nesse sentido, a súmula vinculante 02:

"**SÚMULA VINCULANTE 02** – É INCONSTITUCIONAL A LEI OU ATO NORMATIVO ESTADUAL OU DISTRITAL QUE DISPONHA SOBRE SISTEMAS DE CONSÓRCIOS E SORTEIOS, INCLUSIVE BINGOS E LOTERIAS".

8.4. Do importador de bens ou serviços do exterior, ou de quem a lei a ele equiparar

Essa novel fonte de custeio da seguridade social foi fruto da Emenda 42/2003, tendo sido publicada logo em seguida a Medida Provisória 164/2004, convertida na Lei 10.865/2004, que instituiu o PIS/PASEP e a COFINS importação, cuja hipótese de incidência é a entrada no Brasil de bens e serviços do exterior.

No caso de bens importados, a base de cálculo será o valor aduaneiro e, no caso de prestação de serviços por pessoas residentes no exterior, a quantia paga pela prestação.

Em regra, as alíquotas do PIS/PASEP serão de 1,65% e da COFINS de 7,6%, salvo as inúmeras exceções elencadas no artigo 8º, da Lei 10.865/2004, havendo autorização legal para a redução da alíquota para zero, em relação a vários produtos, por decreto presidencial, ante a natureza regulatória que também marca este tributo.

Há determinação constitucional ainda não regulamentada para que a lei defina os setores da atividade econômica onde a incidência da contribuição do importador não será cumulativa[101], evitando-se a cobrança em cascata.

9. ARRECADAÇÃO DAS CONTRIBUIÇÕES

Nos termos do artigo 2º, da Lei 11.457/2007, compete à Secretaria da Receita Federal do Brasil planejar, executar, acompanhar e avaliar as atividades relativas à tributação, fiscalização, arrecadação, cobrança e recolhimento das contribuições para a seguridade social, tendo em conta a revogação da capacidade tributária ativa delegada ao Instituto Nacional do Seguro Social – INSS para a fiscalização e cobrança das contribuições previdenciárias, cabendo agora à autarquia federal apenas administrar o plano de benefícios do RGPS.

Na verdade, com o advento da Medida Provisória 222/2004, convertida na Lei 11.098/05, competia ao Ministério da Previdência Social, através da Secretaria de Receita Previdenciária, arrecadar, fiscalizar, lançar e normatizar o recolhimento, em nome do Instituto Nacional do Seguro Social – INSS, das contribuições previdenciárias.

Ou seja, após a Lei 11.457/2007, o credor das contribuições previdenciárias não é mais o INSS, sendo agora a Dívida Ativa da União, pois revogada a parafiscalidade, tendo a Lei 11.941/2009 alterado a redação do artigo 33, da Lei 8.212/91:

101. Artigo 195, § 12, acrescentado pela Emenda 42/2003.

> "Art. 33. À Secretaria da Receita Federal do Brasil compete planejar, executar, acompanhar e avaliar as atividades relativas à tributação, à fiscalização, à arrecadação, à cobrança e ao recolhimento das contribuições sociais previstas no parágrafo único do art. 11 desta Lei, das contribuições incidentes a título de substituição e das devidas a outras entidades e fundos".

Também nesse sentido o artigo 39 da Lei 8.212/91:

> "Art. 39. O débito original e seus acréscimos legais, bem como outras multas previstas em lei, constituem **dívida ativa da União**, promovendo-se a inscrição em livro próprio daquela resultante das contribuições de que tratam as alíneas a, b e c do parágrafo único do art. 11 desta Lei" (Redação dada pela Lei nº 11.457, de 2007).

Frise-se que a União tentou criar a Secretaria da Receita Federal do Brasil já no ano de 2005, através da MP 258, que acabou caducando no Senado da República por não ter sido apreciada em tempo hábil.

É prerrogativa dos Auditores Fiscais da Receita examinar a contabilidade das empresas, ficando obrigados a prestar todos os esclarecimentos e informações solicitados o segurado e os terceiros responsáveis pelo recolhimento das contribuições previdenciárias e das contribuições devidas a outras entidades e fundos, sendo que a omissão ou sonegação dos documentos ou informações autoriza o fiscal a lançar as contribuições sociais de ofício e por arbitramento, sem prejuízo das penalidades pecuniárias.

Nesse sentido, a empresa, o segurado da Previdência Social, o serventuário da Justiça, o síndico ou seu representante, o comissário e o liquidante de empresa em liquidação judicial ou extrajudicial são obrigados a exibir todos os documentos e livros relacionados com as contribuições para a seguridade social.

Caso a documentação exigida pelo Auditor Fiscal não seja apresentada, ou o seja de maneira deficiente, a Receita Federal irá aplicar multa à empresa, bem como promover o lançamento tributário de ofício.

Destarte, as execuções judiciais dessas contribuições passaram a ser propostas pela União, através da Procuradoria-Geral da Fazenda Nacional, e não mais pelo INSS, por intermédio da Procuradoria-Geral Federal, que consequentemente não mais possui legitimidade para figurar no polo passivo das ações de repetição do indébito previdenciário, observada a regra de transição da referida norma[102].

Nesse sentido, o posicionamento do STJ expresso em passagem do julgamento do Recurso Especial 1.325.977 – SC, publicado em 24.09.2012:

> "2. O recolhimento dessas contribuições previdenciárias foi transferido à Secretaria da Receita Federal do Brasil pelo art. 2º. da Lei 11.457/07, que previu, por outro lado, em seus arts. 16 e 23, a transferência da responsabilidade pela sua cobrança judicial para a Fazenda Nacional, de modo que à Procuradoria-Geral Federal compete apenas a representação judicial e extrajudicial do INSS.

102. Art. 16. A partir do 1º (primeiro) dia do 2º (segundo) mês subseqüente ao da publicação desta Lei, o débito original e seus acréscimos legais, além de outras multas previstas em lei, relativos às contribuições de que tratam os arts. 2º e 3º desta Lei, constituem dívida ativa da União.

§ 1º A partir do 1º (primeiro) dia do 13º (décimo terceiro) mês subseqüente ao da publicação desta Lei, o disposto no caput deste artigo se estende à dívida ativa do Instituto Nacional do Seguro Social – INSS e do Fundo Nacional de Desenvolvimento da Educação – FNDE decorrente das contribuições a que se referem os arts. 2º e 3º desta Lei.

3. Em outras palavras, da mesma forma que se atribui à Fazenda Nacional a legitimidade ativa para a cobrança judicial da dívida ativa da União Federal, atribui-se-lhe também a legitimidade, no caso, passiva, para a sua defesa em processos como o presente, em que se pleiteia a inexigibilidade de multa e juros de mora incidentes sobre o montante relativo ao recolhimento, em atraso, das contribuições previdenciárias mencionadas no art. 2º. da Lei 11.457/07".

Outrossim, colaciona-se passagem do Informativo STJ 539:

"DIREITO TRIBUTÁRIO E PROCESSUAL CIVIL. ILEGITIMIDADE PASSIVA "AD CAUSAM" DO INSS EM AÇÃO DE REPETIÇÃO DE INDÉBITO TRIBUTÁRIO.

Após a vigência da Lei 11.457/2007, o INSS não possui legitimidade passiva nas demandas em que se questione a exigibilidade das contribuições sociais previstas nas alíneas "a", "b" e "c" do parágrafo único do art. 11 da Lei 8.212/1991, ainda que se tenha por objetivo a restituição de indébito de contribuições recolhidas em momento anterior ao advento da Lei 11.457/2007. De fato, da leitura dos arts. 2º, 16 e 23 da Lei 11.457/2007, infere-se que as atividades referentes à tributação, fiscalização, arrecadação, cobrança e recolhimento das contribuições sociais vinculadas ao INSS foram transferidas à Secretaria da Receita Federal do Brasil, órgão da União, cuja representação, após os prazos estipulados no art. 16 da Lei 11.457/2007, ficou a cargo exclusivo da Procuradoria-Geral da Fazenda Nacional. Precedente citado: REsp 1.265.333-RS, Segunda Turma, DJe 26/2/2013. **REsp 1.355.613-RS, Rel. Min. Humberto Martins, julgado em 24/4/2014".**

Com isso, o Brasil adotou um novo modelo de arrecadação centralizador, tendo sido extinta a Secretaria de Receita Previdenciária, órgão do extinto Ministério da Previdência Social, que arrecadava as contribuições previdenciárias em nome do INSS, esperando-se agora uma melhor eficiência e otimização administrativa.

Além das contribuições para a seguridade social, a Secretaria da Receita Federal do Brasil também arrecada as contribuições sociais gerais em favor de várias entidades, a exemplo do SESI, SESC e SENAC, cobrando um percentual de 3,5% como retribuição.

Com o advento da Emenda 45/2004, a Justiça do Trabalho teve ratificada a sua competência para executar, de ofício, as contribuições previdenciárias do empregador, empresa ou equiparada, assim como do trabalhador, decorrentes das sentenças que proferir, na forma do artigo 114, inciso VIII, da CRFB.

Vale frisar que esta competência da Justiça do Trabalho surgiu originalmente com o advento da Lei 8.620/93, que alterou a redação do artigo 43, da Lei 8.212/91, tendo sido incluída da Constituição Federal pela Emenda 20/1998, vez que as competências da Justiça do Trabalho devem ter previsão constitucional.

10. IMUNIDADE TRIBUTÁRIA

As entidades beneficentes de assistência social são imunes ao pagamento das contribuições para a seguridade social, desde que atendidos os requisitos legais, conforme estabelece o § 7º, do artigo 195, da CRFB, que atecnicamente se referiu a isenção, mas que de fato cuida de imunidade, ante a sua previsão constitucional.

As condições para o gozo da imunidade vinham estipuladas no artigo 55, da Lei 8.212/91, alterado pela Lei 9.732/98, que exigia que a entidade promovesse gratuitamente e em caráter exclusivo a assistência social beneficente a pessoas carentes e, se atuante na área da saúde, prestasse serviços ao Sistema Único de Saúde equivalente a, pelo menos, 60% de sua capacidade, definindo assistência social beneficente como a prestação gratuita de benefícios e serviços a quem dela necessitar.

Sucede que esses requisitos para o enquadramento de uma entidade como assistencialista foram insertos pela Lei 9.732/98, tendo sido sua validade questionada no STF por intermédio da ADI-MC 2.028, sob o argumento de ter restringido demasiadamente o enquadramento das pessoas jurídicas como entidades assistencialistas, além de ser uma limitação ao poder de tributar, razão pela qual deveria ser regulamentada por lei complementar, conforme exigido pelo artigo 146, inciso II, da CRFB.

O STF, por sua vez, em 11.11.1999, acatou os argumentos da ADI e deferiu medida cautelar, suspendendo a eficácia das alterações perpetradas pela Lei 9.732/98, sendo que o processo ainda aguarda desfecho final.

Contudo, todo o artigo 55 da Lei 8.212/91 restou revogado pela Lei 12.101, de 27.11.2009, posteriormente alterada pela Lei 12.868/2013, que passou a regular o tema, o que certamente prejudicará o julgamento final da referida ação direta de inconstitucionalidade. Entrementes, ao analisar o conteúdo da nova lei, nota-se que o vício formal apontado liminarmente pelo STF persiste, pois a matéria continua a ser regida por lei ordinária, e não complementar.

Assim, aguarda-se uma posição do STF a respeito, sendo que em 05.08.2010 a Confederação Nacional da Saúde requereu que a ação direta de inconstitucionalidade fosse convertida em arguição descumprimento de preceito fundamental, certamente temendo a perda do objeto da ADI em razão da revogação superveniente.

Posteriormente, vale frisar que em outro caso (ADI 3.330, de 03.05.2012) que discutia tema diverso o STF admitiu que a regulamentação da imunidade das entidades beneficentes de assistência social no que concerne às contribuições para a seguridade social se opere por lei ordinária, e não complementar, conforme se depreende de análise de parte do Informativo 664:

> **"ADI e Prouni – 5**
>
> No mérito, asseverou-se que a norma adversada erigira a educação à condição de direito social, dever do Estado e uma de suas políticas públicas prioritárias. **Afastou-se a alegação de que os artigos 10 e 11 da lei impugnada afrontariam os artigos 146, II, e 195, § 7º, da CF, ao argumento de invadirem seara reservada à lei complementar, ao pretenderem conceituar entidade beneficente de assistência social, e ao estabelecerem requisitos para que assim fosse intitulada. Nesse ponto, assentou-se que o termo "isenção", contido no § 7º do art. 195 da CF, traduziria imunidade tributária, desoneração fiscal que teria como destinatárias as entidades beneficentes de assistência social que satisfizessem os requisitos legais. Assim, ter-se-ia conferido à lei a força de aportar consigo as regras de configuração de determinadas entidades privadas como de beneficência no campo da assistência social, para terem jus a uma desoneração antecipadamente criada**. Repeliu-se, de igual modo, a assertiva de que os dispositivos legais em causa não se limitariam a estabelecer requisitos para o gozo dessa imunidade, mas desvirtuariam o próprio conceito constitucional de "entidade beneficente de assistência social". Aduziu-se que a elaboração do conceito dogmático haveria de se lastrear na própria normatividade constitucional, na regra que teriam as entidades beneficentes de assistência social como instituições privadas que se somariam ao Estado para o desempenho de atividades tanto de inclusão e promoção social quanto de integração comunitária (CF, art. 203, III). Esclareceu-se que esta seria a principal razão pela qual a Constituição, ao se referir às entidades de beneficência social que atuassem especificamente na área de educação, tê-las-ia designado por "escolas comunitárias confessionais ou filantrópicas" (art. 213). **Destacou-se que a lei em comento não teria laborado no campo material reservado à lei complementar, mas tratado apenas de erigir critério objetivo de contabilidade compensatória**

da aplicação financeira em gratuidade por parte das instituições educacionais que, atendido, possibilitaria o gozo integral da isenção quanto aos impostos e contribuições".

O tema está sendo novamente enfrentado pelo STF no julgamento das ADIs 2028, 2036, 2621 e 2228, que teve julgamento suspenso em 04 de junho de 2014, tendo sido proferidos votos por quatro Ministros pela exigência de lei complementar (Informativo STF 749), tendo sido novamente suspenso em 19/10/2016 (Informativo STF 544).

Em 2 de março de 2017 o STF definiu que os requisitos para o gozo de imunidade hão de estar previstos em lei complementar. Com base nesse entendimento, o Plenário, por maioria, deu provimento ao recurso extraordinário para declarar a inconstitucionalidade formal do art. 55 da Lei 8.212/1991, que dispõe sobre as exigências para a concessão de imunidade tributária às entidades beneficentes de assistência social (v. Informativos 749 e 844).

Prevaleceu o voto do ministro Marco Aurélio (relator). Ele explicou que as normas de imunidade tributária constantes da Constituição Federal (CF) objetivam proteger valores políticos, morais, culturais e sociais essenciais e não permitem que os entes tributem certas pessoas, bens, serviços ou situações ligadas a esses valores. **Além disso, lembrou que o § 7º do art. 195 da CF traz dois requisitos para o gozo da imunidade: ser pessoa jurídica a desempenhar atividades beneficentes de assistência social e atender a parâmetros legais.**

No entanto, aspectos meramente procedimentais referentes à certificação, à fiscalização e ao controle administrativo continuam passíveis de definição em lei ordinária. A lei complementar é forma somente exigível para a definição do modo beneficente de atuação das entidades de assistência social contempladas pelo art. 195, § 7º, da CF, especialmente quanto às contrapartidas a serem observadas por elas **(Informativo 855 – ADI 2.028 e outras).**

Veja-se passagem do Informativo 855:

> **Entidades beneficentes de assistência social e imunidade** – 7
>
> O Plenário, em conclusão de julgamento e por maioria, com base no princípio da fungibilidade, conheceu das ações diretas de inconstitucionalidade como arguição de descumprimento de preceito fundamental. Vencidos os ministros Roberto Barroso, Dias Toffoli, Cármen Lúcia e Marco Aurélio, que não convertiam as ações. O ministro Dias Toffoli ressaltava que, incluída em pauta a ação direta antes do exaurimento da eficácia da lei temporária impugnada, o Tribunal deveria julgá-la. O ministro Marco Aurélio afirmava que, se o ato normativo abstrato e autônomo tivesse sido revogado, seria o caso de decretar o prejuízo da ação (v. Informativos 749 e 844).
>
> **No mérito, prevaleceu o voto do ministro Teori Zavascki, que julgou procedentes os pedidos veiculados nas Ações Diretas de Inconstitucionalidade 2.028 e 2.036 para declarar a inconstitucionalidade do art. 1º da Lei 9.732/1998, na parte em que alterou a redação do art. 55, III, da Lei 8.212/1991 e acrescentou-lhe os §§ 3º, 4º e 5º, bem como dos arts. 4º, 5º e 7º da Lei 9.732/1998.**
>
> Além disso, julgou parcialmente procedentes os pedidos formulados nas Ações Diretas de Inconstitucionalidade 2.228 e 2.621 para declarar a inconstitucionalidade dos arts. 2º, IV; 3º, VI e §§ 1º e 4º; 4º, parágrafo único, todos do Decreto 2.536/1998; assim como dos arts. 1º, IV; 2º, IV e §§ 1º e 3º; e 7º, § 4º, do Decreto 752/1993.
>
> Afirmou que a reserva de **lei complementar** aplicada à regulamentação da imunidade tributária, prevista no art. 195, § 7º, da Constituição Federal (CF), limita-se à definição de **contrapartidas** a serem observadas para garantir a finalidade beneficente dos serviços prestados pelas entidades de assistência social, **o que não impede seja o procedimento de habilitação dessas entidades positivado em lei ordinária.**

Explicou que, justamente por cumprir uma missão mais nobre, a imunidade se diferencia das isenções e demais figuras de desoneração tributária. A imunidade de contribuições sociais serve não apenas a propósitos fiscais, mas à consecução de alguns dos objetivos fundamentais para a República – como a construção de uma sociedade solidária e voltada para a erradicação da pobreza –, os quais não podem ficar à mercê da vontade transitória de governos. Devem ser respeitados, honrados e valorizados por todos os governos, transcendendo a frequência ordinária em que se desenvolvem costumeiramente os juízos políticos de conveniência e oportunidade, para desfrutar da dignidade de políticas de Estado.

Portanto, não se pode conceber que o regime jurídico das entidades beneficentes fique sujeito a flutuações legislativas erráticas, não raramente influenciadas por pressões arrecadatórias de ocasião. É inadmissível que tema tão sensível venha a ser regulado por medida provisória. O cuidado de inibir a facilitação de flutuações normativas nesse domínio justifica-se, sobretudo, pela própria jurisprudência do Supremo Tribunal Federal, que afirma não haver direito adquirido a determinado tratamento tributário.

Assim, diante da relevância das imunidades de contribuições sociais para a concretização de uma política de Estado voltada à promoção do mínimo existencial e da necessidade de evitar que as entidades compromissadas com esse fim sejam surpreendidas com bruscas alterações legislativas desfavoráveis à continuidade de seus trabalhos, deve incidir nesse caso a reserva legal qualificada prevista no art. 146, II, da CF. É essencial frisar, todavia, que essa proposição não produz uma contundente reviravolta na jurisprudência da Corte a respeito da matéria, mas apenas um reajuste pontual. **Aspectos meramente procedimentais referentes à certificação, à fiscalização e ao controle administrativo continuam passíveis de definição em lei ordinária. A lei complementar é forma somente exigível para a definição do modo beneficente de atuação das entidades de assistência social contempladas pelo art. 195, § 7º, da CF, especialmente quanto às contrapartidas a serem observadas por elas.**

Por essas razões, o ministro Teori Zavascki concluiu pela **inconstitucionalidade dos artigos da Lei 9.732/1998** que criaram **contrapartidas a serem observadas pelas entidades beneficentes**, e também dos arts. 1º, IV; 2º, IV e §§ 1º e 3º; 7º, § 4º, do Decreto 752/1993, que perderam o indispensável suporte legal do qual derivam. Contudo, não há vício formal – tampouco material – nas normas acrescidas ao inciso II do art. 55 da Lei 8.212/1991 pela Lei 9.429/1996 e pela Medida Provisória 2.187/2001, essas últimas impugnadas pelas Ações Diretas de Inconstitucionalidade 2.228 e 2.621.

As sucessivas redações do art. 55, II, da Lei 8.212/1991 têm em comum a exigência de registro da entidade no Conselho Nacional de Assistência Social (CNAS), a obtenção do certificado expedido pelo órgão e a validade trienal do documento. Como o conteúdo da norma tem relação com a certificação da qualidade de entidade beneficente, fica afastada a tese de vício formal. Essas normas tratam de meros aspectos procedimentais necessários à verificação do atendimento das finalidades constitucionais da regra de imunidade.

Vencidos, em parte, os ministros Dias Toffoli e Marco Aurélio, que julgavam totalmente procedentes os pedidos formulados nas Ações Diretas de Inconstitucionalidade 2.228 e 2.621 e, portanto, reputavam inconstitucional o art. 55, II e III, da Lei 8.212/1991, com a redação conferida pelo art. 5º da Lei 9.429/1996, bem como os arts. 9º e 18, III e IV, da Lei 8.742/1993.

Por fim, o ministro Marco Aurélio aditou o seu voto para assentar a inconstitucionalidade formal do art. 55, III, da Lei 8.212/1991, na redação conferida pelo art. 1º da Lei 9.732/1998. **ADI 2028/DF, rel. orig. Min. Joaquim Barbosa, red. p/ o ac. Min. Rosa Weber, julgamento em 23.2 e 2.3.2017. (ADI-2028). ADI 2036/DF, rel. orig. Min. Joaquim Barbosa, red. p/ o ac. Min. Rosa Weber, julgamento em 23.2 e 2.3.2017. (ADI-2036). ADI 2621/DF, rel. orig. Min. Joaquim Barbosa, red. p/ o ac. Min. Rosa Weber, julgamento em 23.2 e 2.3.2017. (ADI-2621). ADI 2228/DF, rel. orig. Min. Joaquim Barbosa, red. p/ o ac. Min. Rosa Weber, julgamento em 23.2 e 2.3.2017. (ADI-2228).**

Contudo, todo o artigo 55 da Lei 8.212/91 restou revogado pela Lei 12.101, de 27.11.2009, posteriormente alterada pela Lei 12.868/2013, norma esta que ainda não foi apreciada pelo STF, mas que deve ser invalidada por ser lei ordinária na parte que constituiu contrapartidas.

Para a certificação de uma entidade sem fins lucrativos como de assistência social e, por conseguinte, para o desfrute da citada imunidade, a Lei 12.101/2009 diferenciou as entidades de saúde, de educação e de assistência social fora dessas duas áreas.

Inicialmente, para a certificação como ente assistencialista, será preciso o período mínimo de 12 (doze) meses de constituição da entidade, que poderá ser reduzido se a entidade for prestadora de serviços por meio de contrato, convênio ou instrumento congênere com o Sistema Único de Saúde ou com o Sistema Único de Assistência Social, em caso de necessidade local atestada pelo gestor do respectivo sistema.

Outrossim, será preciso que ato constitutivo da pessoa jurídica sem finalidades lucrativas (associação ou fundação) preveja que em caso de dissolução ou extinção, a destinação do eventual patrimônio remanescente a entidade sem fins lucrativos congêneres ou a entidades públicas.

Anteriormente à vigência da Lei 12.101/09, a certificação era feita pelo Conselho Nacional de Assistência Social – CNAS. Agora, caberá ao respectivo Ministério certificar a entidade beneficente (Ministério da Saúde, da Educação ou da Cidadania), que terá prazo de validade entre um e cinco anos, a ser fixado em ato regulamentar.

Assim como na norma anteriormente suspensa pelo STF, as entidades de saúde deverão ofertar a prestação de seus serviços ao SUS, no percentual mínimo de 60% (sessenta por cento), além de comprovar o cumprimento das metas estabelecidas em convênio ou instrumento congênere, celebrado com o gestor local do SUS.

Caso não atenda ao percentual mínimo de 60%, em razão da falta de demanda ou pela não contratação dos serviços de saúde da entidade, deverá a entidade comprovar a aplicação de percentual da sua receita bruta em atendimento gratuito de saúde da seguinte forma:

> I – 20% (vinte por cento), quando não houver interesse de contratação pelo gestor local do SUS ou se o percentual de prestação de serviços ao SUS for inferior a 30% (trinta por cento);
>
> II – 10% (dez por cento), se o percentual de prestação de serviços ao SUS for igual ou superior a 30% (trinta por cento) e inferior a 50% (cinquenta por cento); ou
>
> III – 5% (cinco por cento), se o percentual de prestação de serviços ao SUS for igual ou superior a 50% (cinquenta por cento).

Outrossim, em hipótese alguma será admitida como aplicação em gratuidade a eventual diferença entre os valores pagos pelo SUS e os preços praticados pela entidade ou pelo mercado.

Já as entidades de educação que atuam nas diferentes etapas e modalidades da educação básica, regular e presencial, deverão:

> I – demonstrar sua adequação às diretrizes e metas estabelecidas no Plano Nacional de Educação (PNE), na forma do art. 214 da Constituição Federal[103];

---

103. Art. 214. A lei estabelecerá o plano nacional de educação, de duração decenal, com o objetivo de articular o sistema nacional de educação em regime de colaboração e definir diretrizes, objetivos, metas e estratégias de implementação para assegurar a manutenção e desenvolvimento do ensino em seus diversos níveis, etapas e modalidades por meio de ações integradas dos poderes públicos das diferentes esferas federativas que conduzam a:

I – erradicação do analfabetismo;

> II – atender a padrões mínimos de qualidade, aferidos pelos processos de avaliação conduzidos pelo Ministério da Educação; e
>
> III – conceder anualmente bolsas de estudo na proporção de 1 (uma) bolsa de estudo integral para cada 5 (cinco) alunos pagantes.

Na concessão de bolsas gratuitas, a entidade poderá oferecer bolsas de estudo parciais, observadas as seguintes condições:

> I – no mínimo, 1 (uma) bolsa de estudo integral para cada 9 (nove) alunos pagantes; e
>
> II – bolsas de estudo parciais de 50% (cinquenta por cento), quando necessário para o alcance do número mínimo exigido, conforme definido em regulamento.

Ademais, será facultado à entidade substituir até 25% da quantidade das bolsas de estudo por benefícios complementares, concedidos aos alunos matriculados cuja renda familiar mensal per capita não exceda o valor de um salário-mínimo e meio, como transporte, uniforme, material didático, moradia, alimentação e outros benefícios definidos em regulamento, sendo vedada qualquer discriminação ou diferença de tratamento entre alunos bolsistas e pagantes.

De resto, as demais entidades serão enquadradas quando prestarem serviços ou realizarem ações socioassistenciais, de forma gratuita, continuada e planejada, para os usuários e a quem delas necessitar, sem qualquer discriminação.

Consideram-se entidades de assistência social aquelas que prestam, sem fins lucrativos, atendimento e assessoramento aos beneficiários abrangidos pela Lei nº 8.742, de 7 de dezembro de 1993, e as que atuam na defesa e garantia de seus direitos.

Outrossim, também são consideradas entidades de assistência social:

> I – as que prestam serviços ou ações socioassistenciais, sem qualquer exigência de contraprestação dos usuários, com o objetivo de habilitação e reabilitação da pessoa com deficiência e de promoção da sua inclusão à vida comunitária, no enfrentamento dos limites existentes para as pessoas com deficiência, de forma articulada ou não com ações educacionais ou de saúde;
>
> II – as de que trata o inciso II do art. 430 da Consolidação das Leis do Trabalho (CLT), aprovada pelo Decreto-Lei no 5.452, de 1º de maio de 1943, desde que os programas de aprendizagem de adolescentes, de jovens ou de pessoas com deficiência sejam prestados com a finalidade de promover a integração ao mercado de trabalho, nos termos da Lei no 8.742, de 7 de dezembro de 1993, observadas as ações protetivas previstas na Lei no 8.069, de 13 de julho de 1990; e (Incluído pela Lei nº 12.868, de 2013)
>
> III – as que realizam serviço de acolhimento institucional provisório de pessoas e de seus acompanhantes, que estejam em trânsito e sem condições de autossustento, durante o tratamento de doenças graves fora da localidade de residência, observada a Lei no 8.742, de 7 de dezembro de 1993.

Ademais, deverão estar inscritas no Conselho Municipal de Assistência Social ou no Conselho de Assistência Social do Distrito Federal.

II – universalização do atendimento escolar;

III – melhoria da qualidade do ensino;

IV – formação para o trabalho;

V – promoção humanística, científica e tecnológica do País.

VI – estabelecimento de meta de aplicação de recursos públicos em educação como proporção do produto interno bruto.

Para ter direito à imunidade ao pagamento das contribuições para o custeio da seguridade social, além de estarem devidamente certificadas, as entidades beneficentes de assistência social ainda deverão atender às determinações do artigo 29, da Lei 12.101/2009:

> "I – não percebam seus diretores, conselheiros, sócios, instituidores ou benfeitores remuneração, vantagens ou benefícios, direta ou indiretamente, por qualquer forma ou título, em razão das competências, funções ou atividades que lhes sejam atribuídas pelos respectivos atos constitutivos, exceto no caso de associações assistenciais ou fundações, sem fins lucrativos, cujos dirigentes poderão ser remunerados, desde que atuem efetivamente na gestão executiva, respeitados como limites máximos os valores praticados pelo mercado na região correspondente à sua área de atuação, devendo seu valor ser fixado pelo órgão de deliberação superior da entidade, registrado em ata, com comunicação ao Ministério Público, no caso das fundações; (**Redação dada pela Lei nº 13.151, de 2015**)
>
> II – aplique suas rendas, seus recursos e eventual superávit integralmente no território nacional, na manutenção e desenvolvimento de seus objetivos institucionais;
>
> III – apresente certidão negativa ou certidão positiva com efeito de negativa de débitos relativos aos tributos administrados pela Secretaria da Receita Federal do Brasil e certificado de regularidade do Fundo de Garantia do Tempo de Serviço – FGTS;
>
> IV – mantenha escrituração contábil regular que registre as receitas e despesas, bem como a aplicação em gratuidade de forma segregada, em consonância com as normas emanadas do Conselho Federal de Contabilidade;
>
> V – não distribua resultados, dividendos, bonificações, participações ou parcelas do seu patrimônio, sob qualquer forma ou pretexto;
>
> VI – conserve em boa ordem, pelo prazo de 10 (dez) anos, contado da data da emissão, os documentos que comprovem a origem e a aplicação de seus recursos e os relativos a atos ou operações realizados que impliquem modificação da situação patrimonial;
>
> VII – cumpra as obrigações acessórias estabelecidas na legislação tributária;
>
> VIII – apresente as demonstrações contábeis e financeiras devidamente auditadas por auditor independente legalmente habilitado nos Conselhos Regionais de Contabilidade quando a receita bruta anual auferida for superior ao limite fixado pela Lei Complementar no 123, de 14 de dezembro de 2006".

No entanto, excepcionalmente, a Lei 12.868/13 permitiu a remuneração aos diretores não estatutários que tenham vínculo empregatício, assim como a remuneração aos dirigentes estatutários, desde que recebam remuneração inferior, em seu valor bruto, a 70% (setenta por cento) do limite estabelecido para a remuneração de servidores do Poder Executivo federal.

Mas a remuneração dos dirigentes estatutários deverá obedecer às seguintes condições:

> I – nenhum dirigente remunerado poderá ser cônjuge ou parente até 3º (terceiro) grau, inclusive afim, de instituidores, sócios, diretores, conselheiros, benfeitores ou equivalentes da instituição beneficente;
>
> II – o total pago a título de remuneração para dirigentes, pelo exercício das atribuições estatutárias, deve ser inferior a 5 (cinco) vezes o valor correspondente ao limite individual acima estabelecido;

Outrossim, será possível a remuneração da pessoa do dirigente estatutário ou diretor que, cumulativamente, tenha vínculo estatutário e empregatício, exceto se houver incompatibilidade de jornadas de trabalho.

Vale frisar que a isenção (imunidade) não se estende a entidade com personalidade jurídica própria constituída e mantida pela entidade à qual a isenção foi concedida.

Entende o STF que a imunidade de que trata o artigo 195, § 7º, da Constituição, regulamentada originalmente pelo artigo 55, da Lei 8.212/91 (e atualmente pela Lei 12.101/2009) também abarca a contribuição PIS:

> Informativo 735
>
> Entidades beneficentes: contribuição para o PIS e imunidade
>
> **A imunidade tributária prevista no art. 195, § 7º, da CF (§ 7º – São isentas de contribuição para a seguridade social as entidades beneficentes de assistência social que atendam às exigências estabelecidas em lei), regulamentada pelo art. 55 da Lei 8.212/1991, abrange a contribuição para o PIS.** Com base nessa orientação, o Plenário negou provimento a recurso extraordinário em que se discutia o reconhecimento de imunidade tributária às entidades filantrópicas em relação à contribuição para o PIS, por suposta ausência de lei específica a tratar dos requisitos para o gozo da mencionada imunidade. Preliminarmente, por maioria, o Tribunal conheceu do recurso. Vencido, no ponto, o Ministro Marco Aurélio, que entendia que a matéria seria de ordem estritamente legal. No mérito, a Corte assinalou que a jurisprudência orientar-se-ia no sentido de que a contribuição para o PIS seria tributo e estaria abrangida pela imunidade consagrada na Lei 8.212/1991. Acresceu que não seria necessário lei complementar para a completude do que estabelecido no art. 195, § 7º, da CF. Sublinhou que as exigências constitucionais feitas às entidades beneficentes de assistência social, para o gozo de imunidade, estariam satisfeitas com a simples edição de lei ordinária, que seria a Lei 8.212/1991. Precedentes citados: RE 469079/SP (DJU de 20.4.2006); ADI 2028 MC/DF (DJU de 23.11.99); e MI 616/SP (DJU de 25.10.2002). RE 636941/RS, rel. Min. Luiz Fux, 13.2.2014. (RE-636941).

Por fim, insta destacar que o STJ entende que inexiste direito adquirido à imunidade, devendo as entidades assistenciais cumprir novos requisitos instituídos em lei para o seu gozo, conforme se denota da passagem de julgado abaixo transcrito, que reflete a atual posição da Corte Superior:

> "[...] 2. **O STJ firmou entendimento de que: a) inexiste direito adquirido a regime jurídico-fiscal, de modo que a imunidade da contribuição previdenciária patronal assegurada às entidades filantrópicas, prevista no art. 195, § 7º da Constituição, tem sua manutenção subordinada ao atendimento das condições previstas na legislação superveniente**; b) é legítima a exigência prevista no art. 3º, VI, do Decreto 2.536/1998, no que se refere à demonstração de aplicação de um mínimo de 20% da receita bruta anual em gratuidade. Precedentes do STJ.
>
> 3. Aplicação da **Súmula 352/STJ: "A obtenção ou a renovação do Certificado de Entidade Beneficente de Assistência Social (CEBAS) não exime a entidade do cumprimento dos requisitos legais supervenientes**. (EDcl no REsp 733.375, de 14.10.2008)" (g.n.).

Ademais, a concessão do CEBAS não constitui uma entidade como beneficente, ostentando natureza declaratória, o que permite a concessão da imunidade com efeitos retroativos:

> **SÚMULA N. 612 – STJ**
>
> O certificado de entidade beneficente de assistência social (CEBAS), no prazo de sua validade, possui natureza declaratória para fins tributários, retroagindo seus efeitos à data em que demonstrado o cumprimento dos requisitos estabelecidos por lei complementar para a fruição da imunidade. **Primeira Seção, aprovada em 09/05/2018, DJe 14/05/2018.**

Outra regra de imunidade é a existente no inciso I do § 2º do artigo 149 da Constituição Federal, alterado pela Emenda Constitucional nº 33, de 11 de dezembro de 2001, ao prever que **as contribuições sociais não incidirão sobre as receitas decorrentes de exportação**, o que obviamente inclui as contribuições para a seguridade social especialmente as contribuições previdenciárias incidentes sobre a produção rural comercializada de produtor rural pessoa física e pessoa jurídica.

A Secretaria da Receita Federal do Brasil, no entanto, se posiciona no sentido de que esta imunidade não se aplica à contribuição devida ao Serviço Nacional de Aprendizagem Rural (Senar, que integra o Sistema S), por se tratar de contribuição de interesse das categorias profissionais ou econômicas.

11. PRINCÍPIO DA ANTERIORIDADE NONAGESIMAL

Essa norma constitucional tributária decorre do Princípio da Segurança Jurídica, a fim de evitar a cobrança imediata de uma nova contribuição para a seguridade social ou a majoração de uma já existente, pois não se admite a tributação de surpresa ou inopino.

Pelo Princípio da Anterioridade Nonagesimal, também conhecido como Noventena ou Anterioridade Mitigada, previsto no artigo 195, § 6º, da CRFB, as contribuições para a seguridade social só poderão ser exigidas depois de decorridos noventa dias da data da publicação da lei que as houver instituído ou modificado.

De efeito, no caso de instituição ou majoração de alíquota de contribuição para a seguridade social por medida provisória, o prazo terá como termo inicial a data de publicação do referido ato, e não a da lei de conversão, conforme posição do STF[104].

No entanto, se o texto da medida provisória não contemplar aumento da contribuição, mas a lei de conversão alterá-lo para majorar o tributo, neste caso a noventena será contada a partir da publicação da lei de conversão:

> STF – Informativo 535
>
> "PIS e anterioridade nonagesimal
>
> **A contribuição social para o PIS submete-se ao princípio da anterioridade nonagesimal (CF, art. 195, § 6º), e, nos casos em que a majoração de alíquota tenha sido estabelecida somente na lei de conversão, o termo inicial da contagem é a data da conversão da medida provisória em lei.** Com base nessa orientação, o Plenário negou provimento a recurso extraordinário em que se discutia a não sujeição dessa contribuição ao referido postulado constitucional. No caso, o projeto de lei de conversão da Medida Provisória 164/2004, que resultara na promulgação da Lei 10.865, em 30 de abril de 2004, introduzira dispositivo que teria majorado a alíquota da aludida contribuição para água mineral. Ocorre que tal majoração não havia sido prevista, originariamente, pela Medida Provisória, adotada em janeiro de 2004. Entretanto, as alterações inseridas pela referida lei teriam produzido efeitos a partir de 1º de maio de 2004 (Lei 10.865, art. 50). O Plenário reputou que a jurisprudência seria pacífica no sentido de que se aplicaria o princípio da anterioridade nonagesimal às contribuições sociais. O Ministro Luiz Fux destacou que, em regra, o termo inicial para a contagem do prazo nonagesimal seria a data da publicação

104. AI 376.627 AGR, de 03.09.2002.

da medida provisória e não a da lei na qual fosse convertida. Todavia, se houvesse agravamento da carga tributária pela lei de conversão, a contagem do termo iniciar-se-ia da publicação desta. RE 568503/RS, rel. Min. Cármen Lúcia, 12.2.2014. (RE-568503)".

Esta norma constitucional foi tão bem recebida que restou estendida aos tributos em geral, por força da Emenda 42/2003, que o inseriu no artigo 150, da CRFB, apenas o excepcionando em hipóteses taxativas arroladas na norma constitucional.

Por outro lado, não é aplicável às contribuições para a seguridade social o Princípio da Anterioridade Anual, que proíbe a cobrança de tributos no mesmo exercício financeiro em que tenha sido publicada a lei que os instituiu ou majorou, razão pela qual uma contribuição para a seguridade social poderá ser cobrada no mesmo ano da sua instituição ou majoração, desde que respeitada a noventena.

Vale registrar que uma norma que apenas altera o prazo de recolhimento de uma contribuição para a seguridade social não estará sujeita ao Princípio da Noventena, haja vista não existir majoração do tributo.

Nesse sentido, o STF:

> "AGRAVO REGIMENTAL NO RECURSO EXTRAORDINÁRIO. CONTRIBUIÇÃO SOCIAL DESTINADA AO CUSTEIO DA SEGURIDADE SOCIAL. ANTERIORIDADE NONAGESIMAL. REDUÇÃO DO PRAZO DE RECOLHIMENTO. CONSTITUCIONALIDADE. PRECEDENTES. **1. O Supremo Tribunal Federal fixou entendimento no sentido de que a alteração do prazo para recolhimento das contribuições sociais, por não gerar criação ou majoração de tributo, não ofende o Princípio da Anterioridade Tributária [artigo 195, § 6º, CB/88]**. Agravo regimental a que se nega provimento" (RE 295992 AgR, de 10/06/2008).

Não é outro o entendimento da Súmula 669, do STF, que pontifica que "norma legal que altera o prazo de recolhimento da obrigação tributária não se sujeita ao princípio da anterioridade".

Posteriormente, o STF ainda editou súmula vinculante:

> **Súmula vinculante 50** – Norma legal que altera o prazo de recolhimento de obrigação tributária não se sujeita ao princípio da anterioridade.

12. CONSTITUIÇÃO DO CRÉDITO SECURITÁRIO

Por gozar de natureza tributária, o crédito da seguridade social será constituído pelo lançamento, assim considerado como o procedimento administrativo tendente a verificar a ocorrência do fato gerador da obrigação correspondente, determinar a matéria tributável, calcular o montante do tributo devido, identificar o sujeito passivo e, sendo caso, propor a aplicação da penalidade cabível[105], sendo vinculado e obrigatório, regido pela lei vigente no momento da ocorrência do fato gerador.

Em regra, o lançamento das contribuições para a seguridade social se dará por homologação (ou autolançamento), vez que normalmente é fixado por lei o dever de o sujeito passivo calcular

105. Artigo 142, do CTN.

e recolher por iniciativa própria as exações devidas, sem a prévia verificação da Secretaria da Receita Federal do Brasil, funcionando o pagamento como causa de extinção do crédito securitário, pois ocorrerá a aquiescência tácita do Tesouro se este não se pronunciar em até cinco anos após a ocorrência do fato gerador, salvo se verificado dolo, fraude ou simulação.

Excepcionalmente, caso não haja o regular recolhimento das contribuições para a seguridade social, caberá ao Fisco promover o lançamento de ofício, conforme determina o artigo 149, do CTN.

O lançamento de ofício poderá se dar por aferição indireta, assim considerado o procedimento de que dispõe a Secretaria da Receita Federal do Brasil para apuração indireta da base de cálculo das contribuições sociais[106].

A aferição indireta será utilizada nas seguintes hipóteses[107]:

> "I – no exame da escrituração contábil ou de qualquer outro documento do sujeito passivo, a fiscalização constatar que a contabilidade não registra o movimento real da remuneração dos segurados a seu serviço, da receita, ou do faturamento e do lucro;
>
> II – a empresa, o empregador doméstico, ou o segurado recusar-se a apresentar qualquer documento, ou sonegar informação, ou apresentá-los deficientemente;
>
> III – faltar prova regular e formalizada do montante dos salários pagos pela execução de obra de construção civil;
>
> IV – as informações prestadas ou os documentos expedidos pelo sujeito passivo não merecerem fé em face de outras informações, ou outros documentos de que disponha a fiscalização, como por exemplo:
>
> a) omissão de receita ou de faturamento verificada por intermédio de subsídio à fiscalização;
>
> b) dados coletados na Justiça do Trabalho, Delegacia Regional do Trabalho, ou em outros órgãos, em confronto com a escrituração contábil, livro de registro de empregados ou outros elementos em poder do sujeito passivo;
>
> c) constatação da impossibilidade de execução do serviço contratado, tendo em vista o número de segurados constantes em GFIP ou folha de pagamento específicas, mediante confronto desses documentos com as respectivas notas fiscais, faturas, recibos ou contratos".

No caso de construção civil, na falta de prova regular e formalizada pelo sujeito passivo, o montante dos salários pagos pela execução de obra pode ser obtido mediante cálculo da mão de obra empregada, proporcional à área construída, de acordo com critérios estabelecidos pela Secretaria da Receita Federal do Brasil, cabendo ao proprietário, dono da obra, condômino da unidade imobiliária ou empresa corresponsável o ônus da prova em contrário.

De seu turno, a mera confissão de débito das contribuições para a seguridade social equivale ao lançamento por homologação, a exemplo do preenchimento da GFIP – Guia de Recolhimento do Fundo de Garantia por Tempo de Serviço e Informações à Previdência Social, prevista no artigo 32, IV, da Lei 8.212/91, podendo o Fisco proceder imediatamente à inscrição do seu crédito em Dívida Ativa.

Nesse sentido, o STJ:

106. Artigo 446, da Instrução Normativa RFB 971/2009.

107. Artigo 447, da Instrução Normativa RFB 971/2009.

> "PROCESSUAL CIVIL E TRIBUTÁRIO – AGRAVO REGIMENTAL – DÉBITO DECLARADO PELO CONTRIBUINTE E PAGO A MENOR NO VENCIMENTO – DCTF OU GFIP – CONSTITUIÇÃO DO CRÉDITO TRIBUTÁRIO – APLICAÇÃO DO ART. 557 DO CPC. 1. Tem-se por pacificado nesta Corte o entendimento de que declarado e não pago (ou pago a menor) o débito no vencimento, a confissão do débito pelo contribuinte equivale à constituição do crédito tributário, podendo ser imediatamente inscrito em dívida ativa, independentemente de qualquer procedimento por parte do Fisco. Precedentes da Primeira Seção e Primeira e Segunda Turmas" (AgRg no REsp 774.291, de 20.09.2007).

Aliás, não é outra a previsão do § 7º, do artigo 33, da Lei 8.212/91, alterado pela Lei 11.941/2009, onde resta consignado que "o crédito da seguridade social é constituído por meio de notificação de lançamento, de auto de infração e de confissão de valores devidos e não recolhidos pelo contribuinte".

Além da GFIP, são documentos aptos a constituir o crédito da seguridade social[108]:

> **A – Lançamento do Débito Confessado (LDC)**, é o documento por meio do qual o sujeito passivo confessa os débitos que verifica;
>
> **B – Auto de Infração (AI),** é o documento constitutivo de crédito, inclusive relativo à multa aplicada em decorrência do descumprimento de obrigação acessória, lavrado por AFRFB e apurado mediante procedimento de fiscalização;
>
> **C – Notificação de Lançamento (NL)**, é o documento constitutivo de crédito expedido pelo órgão da Administração Tributária;
>
> **D – Débito Confessado em GFIP (DCG)**, é o documento que registra o débito decorrente de divergência entre os valores recolhidos em documento de arrecadação previdenciária e os declarados em GFIP.

Com o advento do regramento do artigo 25, da Lei 11.457/2007, o processo administrativo fiscal previdenciário também passou a ser regido pelo Decreto 70.235/72, que dispõe sobre o processo administrativo fiscal federal.

Importa ressaltar que a garantia prévia como condição de admissão do recurso administrativo não é mais admitida pelo STF, para quem é inconstitucional a exigência de depósito ou arrolamento prévios de dinheiro ou bens para a admissibilidade de recursos administrativos (Súmula vinculante 21).

Em regulamentação ao artigo 38, parágrafo único, da Lei 6.830/80, prevê o artigo 307, do RPS, que a propositura pelo beneficiário de ação judicial que tenha por objeto idêntico pedido sobre o qual versa o processo administrativo importa renúncia ao direito de recorrer na esfera administrativa e desistência do recurso interposto, pois resta demonstrado o desinteresse no curso do processo administrativo.

13. PROGRESSIVIDADE

As contribuições para a seguridade social devidas pelo empregador, empresa ou equiparado (COFINS e CSLL) poderão ser progressivas, ou seja, ter alíquotas e bases de cálculo diferen-

108. Artigo 460, da Instrução Normativa RFB 971/2009.

ciadas, em razão da atividade econômica, da utilização intensiva da mão-de-obra, do porte da empresa ou da condição estrutural do mercado de trabalho[109].

Mas o dispositivo foi sutilmente alterado pela Emenda 103/2019. A modificação é que no caso das contribuições previdenciárias das empresas (incidentes sobre a folha de salários e demais rendimentos do trabalho pagos ou creditados, a qualquer título, à pessoa física que lhe preste serviço, mesmo sem vínculo empregatício), a progressividade fiscal somente poderá abarcar as alíquotas, não mais englobando a base de cálculo do tributo.

Mas há regra de transição. Nos termos do artigo 30 da Emenda 103/2019, a vedação de diferenciação ou substituição de base de cálculo decorrente do disposto no § 9º do artigo 195 da Constituição Federal não se aplica a contribuições que substituam a contribuição de que trata a alínea "a" do inciso I do caput do artigo 195 da Constituição Federal instituídas antes da data de entrada em vigor da Emenda Constitucional.

Cuida-se de disposição constitucional que realiza o Princípio da Isonomia, da Capacidade Contributiva e da Equidade na Forma de Participação no Custeio, que visa a beneficiar as micro e pequenas empresas e as geradoras de muitos postos de trabalho, podendo a tributação pesar para os setores da economia que aufiram grandes lucros, a exemplo dos bancos.

Com efeito, trata-se de norma constitucional que também tem natureza extrafiscal, pois autoriza um tratamento diferenciado para as empresas que desenvolvam atividades econômicas cujo fomento atenda ao interesse público, a exemplo de atividades poluidoras com baixo impacto ambiental.

Ademais, esse dispositivo possibilita a majoração das contribuições previdenciárias das empresas cujas atividades ensejem um maior número de acidentes de trabalho e doenças equiparadas, pois provavelmente gerarão mais custos no pagamento de benefícios previdenciários por incapacidade.

14. MORATÓRIA, PARCELAMENTO, ANISTIA E REMISSÃO

A anistia é uma hipótese de exclusão do crédito tributário decorrente do cometimento de infrações administrativas, ocorrendo no lapso temporal entre a realização do fato gerador e o lançamento do crédito tributário. Já a remissão é umas das causas de extinção do crédito tributário como um todo, ocorrendo após a sua constituição.

O CTN exige lei para a ocorrência da anistia e da remissão, enquanto a Constituição Federal foi mais longe determinando que se operem apenas por lei específica[110]. No que concerne a algumas contribuições para a seguridade social, a concessão de anistia ou remissão é ainda mais difícil, pois há previsão constitucional de um teto para a sua concessão, a ser fixado por lei complementar[111].

De efeito, trata-se das contribuições previdenciárias patronais e dos trabalhadores, em que se veda a concessão de anistia ou remissão para débitos em montante superior fixado em lei complementar, justamente porque são tributos afetados ao pagamento dos benefícios previdenciários do RGPS.

109. Artigo 195, § 9º, da CRFB.

110. Artigo 150, § 6º, da CRFB.

111. Artigo 195, § 11, da CRFB.

De efeito, a teor do artigo 195, § 11 (redação antiga), da Constituição Federal, para as **contribuições previdenciárias patronais e dos trabalhadores, era vedada** a concessão de **anistia ou remissão** para débitos em montante superior fixado em lei complementar, justamente porque são tributos afetados ao pagamento dos benefícios previdenciários do RGPS.

No entanto, o dispositivo restou alterado pela reforma constitucional previdenciária. A remissão e a anistia das contribuições previdenciárias patronais e dos trabalhadores serão vedadas apenas se houver lei complementar nesse sentido, não sendo mais imposta fixação de um valor limite.

Ademais, restou inserido regramento com vigência imediata, vedando moratória e o parcelamento em prazo superior a 60 meses.

Contudo, há regra de transição no artigo 31 da Emenda 103/2019, ao prever que o disposto no § 11 do artigo 195 da Constituição Federal não se aplica aos parcelamentos previstos na legislação vigente até a data de entrada em vigor da Emenda Constitucional, sendo vedadas a reabertura ou a prorrogação de prazo para adesão.

15. DECADÊNCIA E PRESCRIÇÃO DAS CONTRIBUIÇÕES

A decadência e a prescrição são também causas de extinção do crédito tributário previstas no artigo 156, do CTN, decorrentes da inércia do Poder Público em constituí-lo mediante o procedimento de lançamento (decadência) e de cobrá-lo após a sua constituição definitiva (prescrição), ambas operando-se em cinco anos.

O lustro decadencial inicia-se na data da ocorrência do fato gerador, no caso dos tributos sujeitos ao lançamento por homologação[112]. Nos demais casos, o termo inicial do quinquênio da decadência será o primeiro dia do exercício seguinte àquele em que o lançamento poderia ter sido efetuado ou da data em que se tornar definitiva a decisão que houver anulado, por vício formal, o lançamento anteriormente efetuado[113].

De acordo com a "tese dos cinco mais cinco", encampada pelo STJ[114], o prazo de cinco anos para o lançamento dos tributos sujeitos a lançamento por homologação será acrescido em mais cinco anos para o lançamento de ofício, a contar do primeiro dia do exercício seguinte, em decorrência da interpretação sistemática dos artigos 173 e 150, § 4º, ambos do CTN.

Vale salientar que no caso de contribuições previdenciárias decorrentes de obras de construção civil, a decadência inicia-se em 1º de janeiro do ano seguinte ao da conclusão da obra, conforme a jurisprudência do Tribunal Regional Federal da 3ª Região[115].

Contudo, o TRF da 4ª Região entende diversamente, ao prever que o prazo decadencial não deve ser contado a partir da conclusão das obras, e sim à medida que se concretizou cada fato gerador, consubstanciado pelo pagamento de salários aos empregados que as executaram, ou seja, consumou-se durante todo o período em que perdurou a sua execução[116].

112. Artigo 150, § 4º, do CTN.
113. Artigo 173, do CTN.
114. A exemplo do AgRg no Ag 923.805, de 21.10.2008.
115. AC 1203005, de 16.02.2009.
116. APELREEX 2002.04.01.016.578-0, de 17.09.2008.

Já o prazo prescricional de cinco anos começará a correr da constituição definitiva do crédito tributário, que se operará com o término do processo administrativo de lançamento, quando esgotados ou não mais cabíveis recursos administrativos, *ex vi* do artigo 174, do CTN.

Durante muitos anos a decadência e a prescrição das contribuições para a seguridade social sofreram regulamentação específica nos artigos 45 e 46, da Lei 8.212/91, que previam o lapso temporal de dez anos para a ocorrência de ambos.

Sucede que a tese da inconstitucionalidade formal desses dispositivos foi muito bem construída ao longo dos anos e encontrou acolhida dos principais tributaristas do Brasil, pois obrigação, crédito, lançamento, prescrição e decadência tributários são temas afetos à lei complementar, e não ordinária, na forma do quanto consignado expressamente no artigo 146, III, "b", da CRFB.

Nesse sentido, o STF pronunciou a inconstitucionalidade formal dos artigos 45 e 46, da Lei 8.212/91, no julgamento do RE 560.626, de 12.06.2008:

> "PRESCRIÇÃO E DECADÊNCIA TRIBUTÁRIAS. MATÉRIAS RESERVADAS A LEI COMPLEMENTAR. DISCIPLINA NO CÓDIGO TRIBUTÁRIO NACIONAL. NATUREZA TRIBUTÁRIA DAS CONTRIBUIÇÕES PARA A SEGURIDADE SOCIAL. INCONSTITUCIONALIDADE DOS ARTS. 45 E 46 DA LEI 8.212/91 E DO PARÁGRAFO ÚNICO DO ART. 5º DO DECRETO-LEI 1.569/77. RECURSO EXTRAORDINÁRIO NÃO PROVIDO. MODULAÇÃO DOS EFEITOS DA DECLARAÇÃO DE INCONSTITUCIONALIDADE. I. PRESCRIÇÃO E DECADÊNCIA TRIBUTÁRIAS. RESERVA DE LEI COMPLEMENTAR. As normas relativas à prescrição e à decadência tributárias têm natureza de normas gerais de direito tributário, cuja disciplina é reservada a lei complementar, tanto sob a Constituição pretérita (art. 18, § 1º, da CF de 1967/69) quanto sob a Constituição atual (art. 146, III, b, da CF de 1988). Interpretação que preserva a força normativa da Constituição, que prevê disciplina homogênea, em âmbito nacional, da prescrição, decadência, obrigação e crédito tributários. Permitir regulação distinta sobre esses temas, pelos diversos entes da federação, implicaria prejuízo à vedação de tratamento desigual entre contribuintes em situação equivalente e à segurança jurídica. II. DISCIPLINA PREVISTA NO CÓDIGO TRIBUTÁRIO NACIONAL. O Código Tributário Nacional (Lei 5.172/1966), promulgado como lei ordinária e recebido como lei complementar pelas Constituições de 1967/69 e 1988, disciplina a prescrição e a decadência tributárias. III. NATUREZA TRIBUTÁRIA DAS CONTRIBUIÇÕES. As contribuições, inclusive as previdenciárias, têm natureza tributária e se submetem ao regime jurídico-tributário previsto na Constituição. Interpretação do art. 149 da CF de 1988. Precedentes. IV. RECURSO EXTRAORDINÁRIO NÃO PROVIDO. Inconstitucionalidade dos arts. 45 e 46 da Lei 8.212/91, por violação do art. 146, III, b, da Constituição de 1988, e do parágrafo ú nico do art. 5º do Decreto-lei 1.569/77, em face do § 1º do art. 18 da Constituição de 1967/69. V. MODULAÇÃO DOS EFEITOS DA DECISÃO. SEGURANÇA JURÍDICA. São legítimos os recolhimentos efetuados nos prazos previstos nos arts. 45 e 46 da Lei 8.212/91 e não impugnados antes da data de conclusão deste julgamento".

Contudo, provavelmente com receio do impacto financeiro em razão da restituição das contribuições securitárias já pagas, mas já fulminadas pela decadência ou prescrição, a Suprema Corte se valeu do instituto da modulação da eficácia da declaração de inconstitucionalidade, previsto no artigo 27, da Lei 9.868/99[117], validando as arrecadações feitas até o dia 11.06.2008 e não impugnadas administrativa ou judicialmente até essa data (dia do julgamento).

117. Art. 27. Ao declarar a inconstitucionalidade de lei ou ato normativo, e tendo em vista razões de segurança jurídica ou de excepcional interesse social, poderá o Supremo Tribunal Federal, por maioria de dois terços de seus

Ou seja, quem pagou contribuições para a seguridade social prescritas ou decaídas até 11.06.2008, apenas terá direito à restituição do indébito tributário se até a referida data propôs pleito na esfera administrativa ou judicial.

Posteriormente, o STF editou a Súmula Vinculante 08, que dispõe:

> **"Súmula vinculante 08 – São inconstitucionais o parágrafo único do artigo 5º do Decreto--Lei nº 1.569/1977 e os artigos 45 e 46 da Lei nº 8.212/1991, que tratam de prescrição e decadência de crédito tributário".**

Em 19.12.2008, a União promulgou a Lei Complementar 128, que revogou expressamente os artigos 45 e 46, da Lei 8.212/91. Assim sendo, as regras sobre a prescrição e decadência das contribuições para a seguridade social serão as ditadas pelo CTN, especialmente observando o prazo de cinco anos para a sua ocorrência.

16. QUADRO SINÓTICO

Princípios da seguridade social	Conteúdo
Universalidade da Cobertura e do Atendimento	Este princípio busca conferir a maior abrangência possível às ações da seguridade social no Brasil, na medida dos recursos disponíveis. É possível cindi-lo a fim de ligar a Universalidade da Cobertura aos riscos sociais abarcados pelo Sistema Nacional de Seguridade Social (aspecto objetivo), enquanto a Universalidade do Atendimento se refere às pessoas destinatárias das prestações securitárias (aspecto subjetivo).
Uniformidade e equivalência dos benefícios e serviços às populações urbanas e rurais	Este princípio veda a discriminação negativa em desfavor das populações urbanas ou rurais, como ocorreu com os povos rurais no passado, pois agora os benefícios e serviços da seguridade social deverão tratar isonomicamente ambos os povos.
Seletividade	A seletividade deverá lastrear a escolha feita pelo legislador dos benefícios e serviços integrantes da seguridade social, bem como os requisitos para a sua concessão, conforme as necessidades sociais e a disponibilidade de recursos orçamentários, de acordo com o interesse público. Também deverá o legislador escolher os destinatários das prestações de acordo com as necessidades sociais.
Distributividade	A distributividade coloca a seguridade social como sistema realizador da justiça social, consectário do Princípio da Isonomia, sendo instrumento de desconcentração de riquezas.
Irredutibilidade do valor dos benefícios	Por este princípio, decorrente da segurança jurídica, não será possível a redução do valor nominal de benefício da seguridade social. No caso específico da previdência social, ainda é garantido constitucionalmente o reajustamento para manter o seu valor real.
Equidade no custeio	O custeio da seguridade social deverá ser o mais amplo possível, mas precisa ser isonômico, devendo contribuir de maneira mais acentuada aqueles que dispuserem de mais recursos financeiros, bem como os que mais provocarem a cobertura da seguridade social.

membros, restringir os efeitos daquela declaração ou decidir que ela só tenha eficácia a partir de seu trânsito em julgado ou de outro momento que venha a ser fixado.

Princípios da seguridade social	Conteúdo
Diversidade da base de financiamento	O financiamento da seguridade social deverá ter múltiplas fontes, a fim de garantir a solvibilidade do sistema, para se evitar que a crise em determinados setores comprometa demasiadamente a arrecadação, com a participação de toda a sociedade, de forma direta e indireta.
Gestão quadripartite	A gestão da seguridade social será quadripartite, de índole democrática e descentralizada, envolvendo representantes dos trabalhadores, dos empregadores, dos aposentados e do Poder Público nos seus órgãos colegiados.
Solidariedade	Essencialmente a seguridade social é solidária, pois visa a agasalhar as pessoas em momentos de necessidade. Há uma verdadeira socialização dos riscos com toda a sociedade, pois os recursos mantenedores do sistema provêm dos orçamentos públicos e das contribuições sociais.
Precedência da fonte de custeio	Por esse princípio, nenhum benefício ou serviço da seguridade social poderá ser criado, majorado ou estendido sem a correspondente fonte de custeio total.
Orçamento diferenciado	Existe uma peça orçamentária exclusiva para a seguridade social.

SÍNTESE: Contribuições para o custeio da Seguridade Social	
Destinação	São tributos finalísticos, pois afetados ao custeio da seguridade social
Natureza jurídica	Tributária
Competência para instituir	Será da União, salvo as contribuições para o RPPS dos demais entes políticos
Novas contribuições	Lei complementar
Espécies	Contribuições previdenciárias, COFINS e CSLL
Arrecadação	União, através da Secretaria da Receita Federal do Brasil
Imunidade	Entidades beneficentes de assistência social que atendam aos requisitos legais. O STF exige que os requisitos sejam regulados por lei complementar
Noventena	A cobrança de nova contribuição ou elevação de já existente só pode ocorrer após 90 dias da publicação da lei
Progressividade	Em razão da atividade econômica, da utilização intensiva da mão de obra, do porte da empresa ou da condição estrutural do mercado de trabalho
Anistia e remissão	São vedados a moratória e o parcelamento em prazo superior a 60 meses e, na forma de lei complementar, a remissão e a anistia das contribuições previdenciárias
Decadência e prescrição	05 anos

17. QUESTÕES DE PROVA

1.1. **(Ano: 2020 Banca: CESPE / CEBRASPE Órgão: SEFAZ-AL Prova: CESPE – 2020 – SEFAZ-AL – Auditor de Finanças e Controle de Arrecadação da Fazenda Estadual)** Com relação a déficit público, reforma administrativa, reforma previdenciária, responsabilidade fiscal, regra de ouro e ordenação de despesa, julgue o item a seguir.

Nenhum benefício relativo à seguridade social poderá ser criado sem a indicação de uma fonte de custeio para suportar essa despesa.

Gabarito: Certo

Para acesso ao vídeo, utilize o QR Code ao lado.

1.2. **(Ano: 2020 Banca: VUNESP Órgão: Valiprev – SP Prova: VUNESP – 2020 – Valiprev – SP – Analista de Benefícios Previdenciários)** Assinale a alternativa correta sobre o custeio da seguridade social.

A) A seguridade social será financiada por toda a sociedade, mediante recursos provenientes dos orçamentos da União, dos Estados, do Distrito Federal e dos Municípios, exceto as contribuições sociais do empregador e da empresa.

B) A lei não poderá instituir outras fontes destinadas a garantir a manutenção ou a expansão da seguridade social.

C) As receitas dos Estados, do Distrito Federal e dos Municípios destinadas à seguridade social constarão dos respectivos orçamentos, integrando o orçamento da União.

D) Nenhum benefício ou serviço da seguridade social poderá ser criado, majorado ou estendido sem a correspondente fonte de custeio total.

E) A pessoa jurídica em débito com o sistema da seguridade social poderá contratar com o Poder Público, porém dele não poderá receber benefícios ou incentivos fiscais ou creditícios.

Gabarito: Letra D

Para acesso ao vídeo, utilize o QR Code ao lado.

1.3 **(Ano: 2020 Banca: VUNESP Órgão: AVAREPREV-SP Prova: VUNESP – 2020 – AVAREPREV-SP – Procurador Jurídico)** A respeito dos princípios aplicáveis à seguridade social, assinale a alternativa correta.

A) O princípio da solidariedade representa o dever de participação de todos os segmentos sociais no financiamento do sistema de seguridade social, autorizando a instituição de contribuições previdenciárias desvinculadas de qualquer contraprestação.

B) O princípio da equivalência de benefícios e serviços para as populações rurais e urbanas assegura uma identidade nos eventos sujeitos a cobertura, não impedindo que sejam estabelecidas regras distintas para o custeio.

C) O princípio da irredutibilidade dos benefícios assegura que, uma vez concedida a prestação, a renda mensal do beneficiário deve ser reajustada de forma a preservar o seu valor material.

D) O princípio da precedência da fonte de custeio não impede que o Poder Judiciário, com base no princípio da dignidade da pessoa humana, conceda a jurisdicionado benefício previdenciário sem prévia previsão legal.

E) O princípio da gestão democrática da seguridade social determina que a administração do sistema seja tripartite e conte com a participação exclusiva de representantes dos trabalhadores, empregadores e dos órgãos públicos.

Gabarito: Letra B

Para acesso ao vídeo, utilize o QR Code ao lado.

1.4 (Ano: 2019 Banca: VUNESP Órgão: SERTPREV – SP Prova: VUNESP – 2019 – SERTPREV – SP – Procurador Jurídico) Em matéria de competência para legislar sobre seguridade social no Brasil, é correto afirmar que

A) a União será a responsável por criar normas básicas e regras gerais do tripé da Seguridade Social.

B) apenas a definição da estrutura da Seguridade social será competência privativa dos Estados e do Distrito Federal.

C) compete privativamente aos Estados e ao Distrito Federal legislar sobre a Seguridade Social.

D) por meio de lei ordinária poderá se autorizar os Estados a legislar sobre questões específicas das matérias relacionadas a Seguridade Social.

E) as competências legislativas para editar normas gerais e específicas com relação à Seguridade Social são concorrentes entre União, Estado, Distrito Federal e Municípios.

Gabarito: Letra A

Para acesso ao vídeo, utilize o QR Code ao lado.

1.5 (Ano: 2019 Banca: VUNESP Órgão: Prefeitura de Campinas – SP Prova: VUNESP – 2019 – Prefeitura de Campinas – SP – Auditor de Controle Interno) A respeito da Seguridade Social e sua previsão na atual Constituição Federal de 1988, é correto afirmar que

A) as receitas dos Estados, do Distrito Federal e dos Municípios destinadas à seguridade social constarão dos respectivos orçamentos, não integrando o orçamento da União.

B) a Seguridade Social é financiada por toda a sociedade, de forma direta e indireta, incluindo as contribuições sociais que devem incidir, dentre outras, de pensionistas do regime geral.

C) a Seguridade Social é caracterizada, dentre outros princípios, pela regionalidade de sua cobertura e irredutibilidade do valor dos benefícios.

D) as contribuições para a seguridade social não têm incidência sobre gorjetas pagas aos segurados.

E) não se admite que mediante lei possam ser instituídas outras fontes destinadas a garantir o custeio, manutenção ou expansão da seguridade social, além dos casos já previstos pela Constituição.

Gabarito: Letra A

Para acesso ao vídeo, utilize o QR Code ao lado.

1.6 (Ano: 2019 Banca: VUNESP Órgão: IPREMM – SP Prova: VUNESP – 2019 – IPREMM – SP – Médico Perito) De acordo com o art. 195, § 5º , da Constituição Federal, "nenhum benefício ou serviço da seguridade social poderá ser criado, majorado ou estendido sem a correspondente fonte de custeio total". Tal parágrafo refere-se ao princípio da seguridade social da

A) universalidade da cobertura.

B) seletividade.

C) distributividade.

D) uniformidade dos benefícios.

E) precedência da fonte de custeio.

Gabarito: Letra E

Para acesso ao vídeo, utilize o QR Code ao lado.

1.7 (Ano: 2019 Banca: VUNESP Órgão: IPREMM – SP Prova: VUNESP – 2019 – IPREMM – SP – Médico Perito) A respeito da evolução histórica da Seguridade Social no Brasil, assinale a alternativa correta.

A) Em 1919, por meio da influência dos militares, foi instituída para os operários do Arsenal da Marinha a aposentadoria por idade e por invalidez.

B) A Lei Eloy Chaves previu a aposentadoria ordinária, sendo devida de modo integral ao empregado que comprovasse pelo menos 25 (vinte e cinco) anos de serviço e 55 (cinquenta e cinco) anos de idade.

C) A Constituição de 1891 foi a primeira a conter a expressão aposentadoria, benefício esse que era concedido apenas aos funcionários públicos, em caso de invalidez.

D) A Lei Eloy Chaves previu a aposentadoria ordinária, mas deixou de tratar da aposentadoria por invalidez e da pensão por morte.

E) A Constituição de 1988 foi a primeira a estabelecer a forma tríplice da fonte de custeio previdenciária e a utilizar o vocábulo previdência sem o adjetivo social.

Gabarito: Letra C

Para acesso ao vídeo, utilize o QR Code ao lado.

1.8 **(Ano: 2019 Banca: VUNESP Órgão: IPREMM – SP Prova: VUNESP – 2019 – IPREMM – SP – Médico Perito)** Com relação à evolução legislativa da seguridade social no Brasil, assinale a alternativa correta.

A) Apenas com a promulgação da Constituição de 1988 foi proibida a prestação de benefício social sem a correspondente fonte de custeio.

B) A Constituição de 1946 foi a primeira a prever o seguro-desemprego.

C) A Lei n° 6.439/77 instituiu o Sistema Nacional de Previdência e Assistência Social e o Instituto Nacional de Assistência Médica da Previdência Social.

D) A Constituição de 1988 instituiu o Programa de Assistência ao Trabalhador Rural – PRORURAL.

E) A Constituição de 1967 foi a primeira a estabelecer a forma tríplice da fonte de custeio previdenciária.

Gabarito: Letra C

Para acesso ao vídeo, utilize o QR Code ao lado.

CAPÍTULO 2

DO REGIME GERAL DE PREVIDÊNCIA SOCIAL – RGPS

1. ABRANGÊNCIA

O RGPS é o grande plano previdenciário brasileiro, pois abarca a grande maioria dos trabalhadores, exceto os servidores públicos efetivos e militares vinculados a Regime Próprio de Previdência Social instituído por entidade política, tanto que muitas vezes a legislação, a doutrina, a Administração Pública e a jurisprudência tomam a expressão "previdência social" como sinônima de Regime Geral de Previdência Social.

No Brasil, quem exerce atividade laborativa remunerada será obrigado a se filiar ao RGPS e verter contribuições previdenciárias ao sistema, dever este justificado na solidariedade social e na miopia que assola muitas pessoas, que certamente não se vinculariam ao regime previdenciário se fosse apenas uma faculdade, o que traria enormes transtornos sociais em decorrência da velhice, doença, morte, invalidez e outros riscos sociais a serem cobertos.

Mas não só quem trabalha poderá se filiar ao RGPS. As pessoas que não trabalham poderão ingressar no regime na condição de segurados facultativos, a exemplo do estagiário (este recebe apenas ajuda de custo, e não remuneração) e da dona de casa, em atendimento ao Princípio da Universalidade de Cobertura e do Atendimento.

Os benefícios pagos pelo INSS constituem grande parte da economia dos municípios brasileiros mais pobres e menores, onde têm se verificado que as aposentadorias muitas vezes são as principais fontes de recursos dos lares, muitas vezes gerando um maior impacto positivo do que os recursos repassados através do Fundo de Participação dos Municípios.

2. COBERTURA

Com o advento da Emenda 103/2019, o *caput* do artigo 201 da Constituição passou a consignar por expresso o nome do RGPS: "a previdência social será organizada sob a forma do **Regime Geral de Previdência Social**, de caráter contributivo e de filiação obrigatória, observados critérios que preservem o equilíbrio financeiro e atuarial".

De efeito, os eventos a serem cobertos pelo RGPS consignados no artigo 201, da Lei Maior são os seguintes:

a) Incapacidade temporária ou permanente para o trabalho (Emenda 103/2019) e idade avançada;

b) Proteção à maternidade, especialmente à gestante;

c) Proteção ao trabalhador em situação de desemprego involuntário;

d) Salário-família e auxílio-reclusão para os dependentes dos segurados de baixa renda;

e) Pensão por morte do segurado, homem ou mulher, ao cônjuge ou companheiro e dependentes.

Contudo, em desrespeito ao legislador constitucional, o desemprego involuntário não está coberto pelo RGPS[1], **não sendo o seguro-desemprego um benefício previdenciário**, que é regido pela Lei 7.998/90 e pago pelo Ministério do Trabalho com recursos do Fundo de Amparo ao Trabalhador (com a extinção do Ministério do Trabalho, desde 2019 o Ministério da Economia assumiu a área trabalhista, tendo sido criada uma Secretaria Especial de Previdência e Trabalho).

Mas frise-se que a natureza jurídica do seguro-desemprego é um tema polêmico na doutrina previdenciária brasileira, existindo abalizadas vozes que sustentam se tratar de um benefício previdenciário, como a posição do colega Procurador Federal Miguel Horvath Júnior[2].

A própria Advocacia-Geral da União, no Parecer CONJUR/MTE/Nº 256/2010, admitiu expressamente que o seguro-desemprego é um benefício previdenciário, justamente em razão de o artigo 201, III, da Constituição, elencar o desemprego involuntário como risco social a ser coberto pela Previdência Social, conforme já estudado no Título I desta obra.

Como se trata de um plano básico, o RGPS não objetiva pagar benefícios com valores altos aos seus beneficiários, tendo como teto atualmente o valor de **R$ 6.101,06** (valor atualizado para todo o ano de 2020 – Portaria ME nº 3.659, de 10/2/2020), cabendo aos segurados que queiram obter uma renda maior na inatividade contratar um plano complementar privado.

3. LEGISLAÇÃO DE REGÊNCIA

As regras gerais do RGPS estão positivadas no artigo 201, da Constituição Federal de 1988, tendo o seu Plano de Custeio sido aprovado pela Lei 8.212/91 e o Plano de Benefícios pela Lei 8.213/91, atualmente regulamentados pelo Decreto 3.048/99 (RPS – Regulamento da Previdência Social)[3].

Ademais, algumas regras importantes se encontram em normas esparsas, especialmente nas Leis 9.876/99 (criou o fator previdenciário e alterou as regras de cálculo do salário de benefício) e 10.666/03 (trouxe inovações sobre o custeio, as aposentadorias e o auxílio-reclusão).

No âmbito do INSS e da Receita Federal do Brasil, as principais normas de regulamentação do RGPS nos benefícios previdenciários e no custeio, respectivamente, são as seguintes:

- Instrução Normativa INSS/PRES nº 77, de 21 de janeiro de 2015;
- Instrução Normativa RFB nº 971, de 13 de novembro de 2009.

4. ADMINISTRAÇÃO

A administração do RGPS foi atribuída inicialmente ao Ministério da Previdência Social, órgão que integrava à União, sendo exercida pelos demais órgãos e entidades a ele vinculados,

1. Artigo 9º, § 1º, da Lei 8.213/91.
2. Direito Previdenciário, 8ª ed., Quartier Latin, pg. 350.
3. Após a Lei 8.213/91, o Regulamento da Previdência Social já foi aprovado pelos revogados Decretos 611/92 e 2.172/97.

tendo sido criado pela Lei 8.029/90 o Instituto Nacional do Seguro Social – INSS, autarquia federal, fruto da fusão do IAPAS – Instituto de Administração Financeira da Previdência e Assistência Social com o INPS – Instituto Nacional de Previdência Social, com principal função administrativa na atualidade gerir o plano de benefícios do RGPS.

No entanto, com o advento da Lei 13.341/2016, a pasta previdenciária restou transferida para o Ministério da Fazenda, tendo sido o Ministério do Trabalho e Previdência Social redesignado para Ministério do Trabalho.

Logo, a competência sobre Previdência e Previdência Complementar passou a ser exercida, de imediato, pelo Ministério da Fazenda, com apoio das estruturas que atualmente dão suporte a elas.

Posteriormente, em 2019, a área previdenciária passou a ser do novel **Ministério da Economia**, tendo sido criada uma **Secretaria Especial de Previdência e Trabalho**, com até duas secretarias.

Ademais, também por força da Lei 13.341/2016, o Instituto Nacional do Seguro Social – INSS foi transferido do Ministério do Trabalho e Previdência Social para o Ministério do Desenvolvimento Social e Agrário, que passou a exercer a supervisão ministerial.

Em 2019, a supervisão ministerial do INSS passou para o Ministério da Economia (Decreto federal 9.660/2019).

É certo que o atendimento em muitas agências do INSS ainda não é o ideal, mas inúmeros avanços vêm sendo conquistados progressivamente, considerando a complexidade administrativa da questão, sendo alguns narrados em publicação promovida pelo extinto Ministério da Previdência Social[4]:

> "Cabe destacar que muito progredimos na cobertura previdenciária, a qual subiu entre 2002 e 2008, conforme medido pela PNAD, e na qualidade do atendimento no Regime Geral, onde o INSS, com reorganização de processos, treinamento, concursos, fim da terceirização, tecnologia e muita dedicação dos servidores reduziu significativamente os tempos de espera para atendimento, implantou o atendimento agendado, mudou os processos da área de benefícios por incapacidade e está expandindo de forma inédita a rede de agências para todos municípios de 20 mil habitantes que ainda não contavam com a presença do INSS, para citar apenas alguns dos muitos projetos do período recente".

É possível notar significativos avanços na aprovação do Programa de Redução de Demandas do INSS, do Programa de Combate às Filas, na instituição do atendimento programado, na ampliação da rede de atendimento, no atendimento em 30 minutos, dentre outras medidas administrativas eficientes.

5. SISTEMÁTICA

O RGPS é um sistema previdenciário parcialmente inspirado no modelo bismarckiano, vez que pressupõe contribuições específicas dos filiados e das empresas para que haja a cobertura securitária, ao contrário do modelo beveridgiano, que abarcava toda a população e era mantido pelos tributos em geral.

4. Previdência Social: Reflexões e desafios. Coleção Previdência Social, vol. 30, p. 13, 2009.

Contudo, trata-se de um **sistema contributivo de repartição** e não de capitalização, pois restou instituído um *fundo único para o pagamento dos benefícios previdenciários*, sendo possível que determinados benefícios sejam concedidos mesmo que ainda não haja uma contribuição sequer ao sistema, no interstício entre a filiação e o primeiro pagamento, a exemplo do salário-família e do auxílio-acidente, prestações que dispensam a carência.

O Fundo do RGPS está previsto no artigo 250, da CRFB, sendo criado pelo artigo 68, da Lei Complementar 101/2000, vinculado ao Ministério da Economia e gerido pelo INSS, cuja arrecadação está afetada exclusivamente ao pagamento dos benefícios, na forma do artigo 167, inciso XI, da Constituição Federal, cabendo a União complementar os recursos faltantes.

Caso fosse adotado um sistema de capitalização no RGPS, seria necessariamente exigido um número mínimo de contribuições para o gozo de todos os benefícios previdenciários, provavelmente em contas individuais, mas esta sistemática em nada atenderia ao Princípio da Solidariedade, razão pela qual não foi adotado nesse plano básico brasileiro.

Outrossim, o artigo 201 da Constituição Federal determina que o Regime Geral observe **critérios que preservem o seu equilíbrio financeiro e atuarial**, prestando o Estado cada vez mais serviços com melhor qualidade e eficiência aos segurados e seus dependentes.

O *equilíbrio financeiro* se refere às reservas monetárias que devem existir para o pagamento de benefícios e também por precaução, enquanto o *atuarial* são os cenários futuros que devem ser traçados para a manutenção ou alcance do equilíbrio financeiro, com o auxílio da matemática estatística, através do desenho dos prováveis cenários que advirão.

6. CARACTERÍSTICAS

Hoje o RGPS funciona como o 1º pilar do Sistema de Proteção Social no Brasil, tendo as seguintes **características gerais**: *público, contributivo, prima pelo equilíbrio financeiro e atuarial, de filiação obrigatória para os trabalhadores em geral, de repartição* (fundo único), *solidário, de gestão quadripartite* (Poder Público, empregadores, trabalhadores e aposentados) e *de custeio tripartite* (Poder Público, trabalhadores e empresas/empregadores/equiparados).

O RGPS é um pacto político e social intra e intergeracional, haja vista que os inativos são sustentados pelos ativos na atualidade que, no futuro, serão mantidos pelas próximas gerações de trabalhadores.

7. ENTIDADES E ÓRGÃOS PREVIDENCIÁRIOS

De acordo com o Decreto 7.078/2010, o extinto Ministério da Previdência Social, órgão da administração federal direta, tinha como área de competência a previdência social e a previdência complementar.

O MPS contava com um Gabinete, uma Secretaria-Executiva e uma Consultoria Jurídica. Além disso, existiam dois órgãos singulares: a Secretaria de Políticas de Previdência Social e a Secretaria de Políticas de Previdência Complementar.

Por sua vez, eram quatro os órgãos colegiados integrantes do MPS: Conselho Nacional de Previdência Social, Conselho de Recursos da Previdência Social, Conselho Nacional de Previdência Complementar e a Câmara de Recursos da Previdência Complementar.

Outrossim, existiam duas autarquias federais vinculadas ao MPS (o Instituto Nacional do Seguro Social – INSS e a Superintendência Nacional de Previdência Complementar – PREVIC) e uma empresa pública federal (a Empresa de Tecnologia e Informações da Previdência Social – DATAPREV).

No entanto, esta organização administrativa foi profundamente alterada pela reforma ministerial aprovada pela Lei 13.341/2016, pois a pasta previdenciária restou transferida para o Ministério da Fazenda, tendo sido o Ministério do Trabalho e Previdência Social reduzido para o Ministério do Trabalho.

Eis as demais mudanças:

- o Conselho de Recursos da Previdência Social passou a se chamar Conselho de Recursos do Seguro Social e passou para o Ministério do Desenvolvimento Social e Agrário;
- o Instituto Nacional do Seguro Social – INSS foi transferido do Ministério do Trabalho e Previdência Social para o Ministério do Desenvolvimento Social e Agrário;
- a Superintendência Nacional de Previdência Complementar – PREVIC, o Conselho Nacional de Previdência Complementar e a Câmara de Recursos da Previdência Complementar foram transferidos para o Ministério da Fazenda;
- o Conselho Nacional de Previdência Social passou a se chamar de Conselho Nacional de Previdência;
- a Empresa de Tecnologia e Informações da Previdência Social – DATAPREV foi redesignada para Empresa de Tecnologia e Informações da Previdência – DATAPREV;
- o Conselho Nacional de Previdência e a Empresa de Tecnologia e Informações da Previdência – DATAPREV, foram transferidos para o Ministério da Fazenda;
- o INSS é vinculado ao Ministério do Desenvolvimento Social e Agrário e, quanto às questões previdenciárias, segue as diretrizes gerais estabelecidas pelo Conselho Nacional de Previdência;
- a competência sobre Previdência e Previdência Complementar será exercida, de imediato, pelo Ministério da Fazenda, com apoio das estruturas que atualmente dão suporte a elas.

Posteriormente, em 2019, **a área previdenciária passou a ser do novel Ministério da Economia**, tendo sido criada uma **Secretaria Especial de Previdência e Trabalho**, com até duas secretarias. **Em 2019, a supervisão ministerial do INSS passou para o Ministério da Economia** (Decreto federal 9.660/2019).

Em 2019, com a reforma ministerial, o CRSS voltou a se chamar Conselho de Recursos da Previdência Social – CRPS, agora integrante da estrutura do Ministério da Economia.

Atualmente, após a reforma ministerial de 2019, o Instituto Nacional do Seguro Social – INSS passou a ser vinculado ao Ministério da Economia, assim como os seguintes órgãos previdenciários:

– o Conselho Nacional de Previdência Complementar;
– a Câmara de Recursos da Previdência Complementar;
– o Conselho Nacional de Previdência;
– o Conselho de Recursos da Previdência Social.

Por pertinência temática, neste Capítulo serão estudados apenas o Conselho Nacional de Previdência, o Conselho de Recursos da Previdência Social e o INSS, pois estes atuam no Regime Geral de Previdência Social, descabendo analisar por hora os órgãos atuantes na previdência complementar.

Vale frisar que o Ministério da Previdência Social se uniu ao Ministério do Trabalho em 2015, fruto da reforma ministerial para conter gastos administrativos da União, passando a se chamar Ministério do Trabalho e Previdência Social – MTPS, como já havia acontecido anteriormente no Brasil, nos termos da MP 696/2015, convertida na Lei 13.266/2016.

Posteriormente, com o advento da Lei 13.341/2016, a pasta previdenciária restou transferida para o Ministério da Fazenda, tendo sido o Ministério do Trabalho e Previdência Social transformado em Ministério do Trabalho.

Mas com a **extinção do Ministério do Trabalho**, desde 2019 o Ministério da Economia assumiu a área trabalhista, tendo sido criada uma **Secretaria Especial de Previdência e Trabalho**.

7.1. Conselho Nacional da Previdência

Com o advento da Lei 13.341/2016, o Conselho Nacional de Previdência Social passou a se chamar de Conselho Nacional de Previdência.

O Conselho Nacional da Previdência – CNP, integrante da estrutura do Ministério da Economia, constitui-se em órgão superior de deliberação colegiada, contando com composição que atende ao Princípio da Gestão Quadripartite da Seguridade Social, nos moldes do artigo 3º, da Lei 8.213/91:

> **"I – seis representantes do Governo Federal;**
>
> **II – nove representantes da sociedade civil**, sendo:
>
> a) três representantes dos aposentados e pensionistas;
>
> b) três representantes dos trabalhadores em atividade;
>
> c) três representantes dos empregadores".

Ou seja, o Poder Público não possui a maioria da composição do CNP, pois apenas seis dos quinze representantes serão indicados pela União, sendo nomeados pelo Presidente da República.

É necessário destacar que a Lei 8.213/91, de maneira salutar, inovou em relação à Constituição de 1998. Isso porque, na gestão da seguridade social, o artigo 194, parágrafo único, da Lei Maior, não previu os pensionistas como integrantes dos órgãos colegiados da seguridade social, a exemplo do CNP.

Os representantes titulares da sociedade civil terão mandato de dois anos, podendo ser reconduzidos, de imediato, uma única vez, ao passo que serão indicados pelas centrais sindicais e confederações nacionais.

Os membros do CNP em atividade gozarão de estabilidade no emprego, da nomeação até um ano após o término do mandato de representação, somente podendo ser demitidos por motivo de falta grave, regularmente comprovada através de processo judicial.

Em regra, ocorrerá uma reunião ordinária mensal, podendo ser designada reunião extraordinária por decisão do Presidente do CNP ou por deliberação de 1/3 dos seus membros.

Compete ao CNP:

I – estabelecer diretrizes gerais e apreciar as decisões de políticas aplicáveis à Previdência Social;

II – participar, acompanhar e avaliar sistematicamente a gestão previdenciária;

III – apreciar e aprovar os planos e programas da Previdência Social;

IV – apreciar e aprovar as propostas orçamentárias da Previdência Social, antes de sua consolidação na proposta orçamentária da Seguridade Social;

V – acompanhar e apreciar, através de relatórios gerenciais por ele definidos, a execução dos planos, programas e orçamentos no âmbito da Previdência Social;

VI – acompanhar a aplicação da legislação pertinente à Previdência Social;

VII – apreciar a prestação de contas anual a ser remetida ao Tribunal de Contas da União, podendo, se for necessário, contratar auditoria externa;

VIII – estabelecer os valores mínimos em litígio, acima dos quais será exigida a anuência prévia do Procurador-Geral ou do Presidente do INSS para formalização de desistência ou transigência judiciais;

IX – elaborar e aprovar seu regimento interno.

Destaca-se como órgão que participa ativamente da formulação das políticas públicas previdenciárias, detendo, inclusive, poder normativo e de fiscalização, haja vista o dever de apreciar a prestação de contas anual a ser remetida ao Tribunal de Contas da União, podendo, se for necessário, contratar auditoria externa.

Ademais, o orçamento previdenciário deverá ser aprovado pelo CNP antes de ser integrado no orçamento do Sistema Nacional da Seguridade Social. O CNP se manifesta através de resoluções, moções, portarias e recomendações, a exemplo da RESOLUÇÃO MPS/CNPS 1.321, DE 04 DE OUTUBRO DE 2012, que recomendou providências a respeito da celebração de convênios com instituições financeiras para viabilizar o crédito consignado.

Outrossim, nos termos do artigo 5º da Lei 8.213/91, o CNP possui o poder de requisição de informações diante dos órgãos governamentais em geral a fim de viabilizar o exercício das competências do Conselho, inclusive estudos técnicos.

Considerando que compete ao CNP apreciar e aprovar as propostas orçamentárias da Previdência Social, antes de sua consolidação na proposta orçamentária da Seguridade Social, a proposta da previdência deve ser enviada ao CNP com, ao menos, dois meses de antecedência.

Em 2003, por força do Decreto nº 4.874, de 11 de novembro, foram criados os Conselhos de Previdência Social – CPS, unidades descentralizadas do Conselho Nacional de Previdência Social – CNP. São canais de diálogo social que funcionam no âmbito das Gerências Executivas do Instituto Nacional do Seguro Social – INSS. Têm por objetivo, assim como o CNP, apresentar propostas para melhorar a gestão e a política previdenciárias. São instâncias colegiadas e têm caráter consultivo e de assessoramento, podendo encaminhar propostas para serem deliberadas no âmbito do CNP.

Os conselhos buscam ampliar o diálogo entre a gerência-executiva do INSS e a sociedade, permitindo que as necessidades específicas de cada localidade no que diz respeito ao debate de políticas públicas e de legislação previdenciárias sejam atendidas de modo mais eficiente.

Os CPS são compostos por 10 conselheiros, sendo 2 representantes dos trabalhadores, 2 dos empregadores, 2 dos aposentados e pensionistas e 4 do Governo, os quais se reúnem ao menos uma vez por bimestre. Cada representante tem como principal atribuição identificar características da Previdência que possam ser aperfeiçoadas; fazer propostas para melhorar a gestão do sistema previdenciário; facilitar o desenvolvimento e solidificação da gestão democrática e próxima dos cidadãos, além de exercer o controle social sobre a administração pública[5].

7.2. Instituto Nacional do Seguro Social – INSS

O INSS teve autorização de criação dada pela Lei 8.029/90, sendo uma autarquia federal vinculada originalmente ao Ministério da Previdência Social, fruto da fusão do IAPAS – Instituto de Administração Financeira da Previdência e Assistência Social com o INPS – Instituto Nacional de Previdência Social.

Com o advento da Lei 13.341/2016, o Instituto Nacional do Seguro Social – INSS foi transferido do Ministério do Trabalho e Previdência Social para o Ministério do Desenvolvimento Social e Agrário. Em 2019, **a supervisão ministerial do INSS passou para o Ministério da Economia** (Decreto Federal 9.660/2019, que regulamentou a reforma ministerial).

Atualmente, tendo em vista que não mais compete ao INSS arrecadar, fiscalizar e cobrar as contribuições previdenciárias, pois essa Dívida Ativa passou a ser da União com o advento da Lei 11.457/07 (criou a Secretaria da Receita Federal do Brasil), a sua principal função administrativa é gerir o plano de benefícios e serviços do RGPS.

De acordo com o artigo 1º do Regimento do INSS, aprovado pelo **Decreto 9.746/2019**, "o Instituto Nacional do Seguro Social – INSS, autarquia federal com sede em Brasília, Distrito Federal, instituída com fundamento no disposto no art. 17 da Lei no 8.029, de 12 de abril de 1990, é vinculado ao Ministério da Economia.

Caberá ao INSS a competência de conceder, negar e revisar os benefícios e serviços do Regime Geral de Previdência Social em favor de segurados e seus dependentes. Ademais, desde abril de 2015 (Lei 13.134/2015), a gestão do seguro-defeso do pescador artesanal foi transferida para a autarquia previdenciária.

Ademais, por força artigo 20, § 6º, da Lei 8.742/93, a competência para gerir o BPC/LOAS do idoso e do deficiente carente também é do INSS.

Além desta função principal, caberá ao INSS, ainda, nos termos do artigo 5º, da Lei 11.457/2007:

> **"I – emitir certidão relativa a tempo de contribuição;**
>
> **II – gerir o Fundo do Regime Geral de Previdência Social;**
>
> **III – calcular o montante das contribuições referidas no art. 2º desta Lei e emitir o correspondente documento de arrecadação, com vistas no atendimento conclusivo para concessão ou revisão de benefício requerido".**

O INSS será dirigido por um Presidente e cinco Diretores, tendo a seguinte estrutura administrativa:

> **I – órgãos de assistência direta e imediata ao Presidente do Instituto Nacional do Seguro Social:**
>
> a) Gabinete;
>
> b) Assessoria de Comunicação Social;

5. http://www.previdenciasocial.gov.br.

c) Coordenação-Geral de Projetos Estratégicos e Inovação;

d) Coordenação-Geral de Tecnologia da Informação e Comunicações;

II – órgãos seccionais:

a) Procuradoria Federal Especializada;

b) Auditoria-Geral;

c) Corregedoria-Geral;

d) Diretoria de Gestão de Pessoas e Administração;

e) Diretoria de Tecnologia da Informação e Inovação; e

f) Diretoria de Integridade, Governança e Gerenciamento de Riscos;

III – órgãos específicos singulares:

a) Diretoria de Benefícios;

b) Diretoria de Atendimento; e

IV – unidades descentralizadas: Superintendências Regionais.

O Procurador-Chefe da Procuradoria Federal Especializada junto ao INSS será indicado pelo Advogado-Geral da União, na forma estabelecida no § 3º do art. 12 da Lei nº 10.480, de 2 de julho de 2002.

Os Superintendentes Regionais, os Gerentes-Executivos e os Gerentes de Agência da Previdência Social serão escolhidos entre os servidores ocupantes de cargos efetivos, pertencentes ao quadro de pessoal do INSS, observados o mérito profissional e as competências requeridas para o exercício de cargo em comissão ou função de confiança.

O Presidente do INSS tem as seguintes incumbências previstas no artigo 17, do Regimento Interno da autarquia:

I – exercer a direção superior e o comando hierárquico no âmbito do INSS;

II – representar o INSS;

III – exercer o poder disciplinar nos termos da legislação;

IV – decidir quanto à aplicação de pena a servidores do INSS em processos administrativos disciplinares, quando esta for de suspensão até trinta dias, ouvida previamente a Procuradoria Federal Especializada;

V – encaminhar ao Ministério da Economia propostas de instrumentos legais, documentos e relatórios que devam ser submetidos ao Conselho Nacional de Previdência;

VI – elaborar e divulgar relatórios semestrais sobre as atividades do INSS, remetendo-os ao Ministro de Estado da Economia e ao Conselho Nacional de Previdência, sem prejuízo do encaminhamento de outros relatórios e informações por eles solicitados;

VII – encaminhar ao Ministro de Estado da Economia as propostas de:

a) criação, extinção, alteração de localização e instalação de novas Superintendências Regionais, Gerências-Executivas, Auditorias Regionais, Corregedorias Regionais, Procuradorias Regionais e Procuradorias Seccionais; e

b) planos, programas e metas de inovação tecnológica em processos e sistemas utilizados pelo INSS;

VIII – remeter a prestação de contas do INSS ao Ministro de Estado da Economia para encaminhamento ao Tribunal de Contas da União;

IX – celebrar e rescindir contratos, convênios, acordos e ajustes e ordenar despesas; e

X – decidir sobre:

a) o Plano Anual de Ação do INSS, a proposta orçamentária anual e as suas alterações;

b) a alienação e a aquisição de bens imóveis;

c) a contratação de auditorias externas para análise e emissão de parecer sobre demonstrativos econômico-financeiros e contábeis e sobre pagamento de benefícios e submeter os resultados obtidos à apreciação do Ministro de Estado da Economia e ao Conselho Nacional de Previdência;

d) a localização, a alteração e a instalação das Agências da Previdência Social fixas e móveis;

e) a instalação de Agências da Previdência Social de competências específicas; e

f) a criação de comissões de ética no âmbito do INSS.

São órgãos de assistência direta e imediata ao Presidente do INSS: a) Gabinete; b) Assessoria de Comunicação Social; c) Coordenação-Geral de Projetos Estratégicos e Inovação.

Compete ao **Gabinete** do Presidente do INSS:

I – assistir o Presidente do INSS em sua representação política e social e ocupar-se do preparo e do despacho do seu expediente administrativo;

II – coordenar o planejamento e a elaboração da pauta de despachos e audiências do Presidente do INSS;

III – providenciar o atendimento a requerimentos e consultas oriundas do Congresso Nacional e encaminhadas pelo Ministério da Economia;

IV – coordenar e acompanhar o fluxo de entrada e de saída dos documentos institucionais de responsabilidade do Presidente do INSS;

V – coordenar as propostas de normas, acordos, convênios e demais atos de competência do Presidente do INSS quanto às regras para elaboração, articulação, redação ou alteração;

VI – planejar, coordenar e supervisionar as relações institucionais, incluídas as relações parlamentares e internacionais, e a publicação, a divulgação e o acompanhamento das matérias de interesse do INSS; e

VII – supervisionar e coordenar as atividades de assessoramento ao Presidente do INSS.

Compete à **Assessoria de Comunicação Social**:

Art. 6º À Assessoria de Comunicação Social compete:

I – executar as atividades de comunicação social e de publicidade legal, no âmbito do INSS, em articulação com a Assessoria Especial de Comunicação Social do Ministério da Economia;

II – coordenar as atividades de jornalismo, publicidade e relações públicas, no âmbito do INSS, em articulação com a Assessoria Especial de Comunicação Social do Ministério da Economia; e

III – coordenar o Serviço de Informações ao Cidadão, no âmbito do INSS, nos termos da Lei nº 12.527, de 18 de novembro de 2011 , e do Decreto nº 7.724, de 16 de maio de 2012 .

Compete à **Coordenação-Geral de Projetos Estratégicos e Inovação:**

I – coordenar e supervisionar as atividades de planejamento estratégico institucional e o gerenciamento de projetos prioritários;

II – coordenar e executar as atividades relacionadas com o Sistema de Organização e Inovação Institucional do Governo Federal – Siorg;

III – coordenar e supervisionar as atividades relacionadas com a inovação de processos, o desenvolvimento organizacional e a gestão de pessoas;

IV – coordenar e supervisionar as atividades relacionadas com os estudos socioeconômicos, a adequação da estrutura regimental e o desenvolvimento organizacional;

V – coordenar a sistematização dos indicadores de gestão propostos pelas áreas do INSS e propor o aperfeiçoamento dos indicadores relacionados com a sua área de atuação;

VI – acompanhar o desempenho dos órgãos e das unidades do INSS e elaborar relatórios de avaliação de resultados;

VII – coordenar e acompanhar a execução dos projetos estratégicos no âmbito da administração central do INSS, em articulação com as áreas de negócio responsáveis pelos referidos projetos, de forma a buscar o seu alinhamento com as diretrizes estratégicas; e

VIII – propor ao Presidente do INSS o relatório semestral sobre as atividades do INSS de que trata o inciso VI do **caput** do art. 17.

São **órgãos seccionais** da estrutura do INSS:

a) Procuradoria Federal Especializada;
b) Auditoria-Geral;
c) Corregedoria-Geral;
d) Diretoria de Gestão de Pessoas e Administração;
e) Diretoria de Tecnologia da Informação e Inovação; e
f) Diretoria de Integridade, Governança e Gerenciamento de Riscos.

A **Procuradoria Federal Especializada**, órgão da Procuradoria-Geral Federal, vinculada à Advocacia-Geral da União, tem a função de representar judicial e extrajudicialmente o INSS, exercendo as atividades de consultoria e assessoramento jurídicos no âmbito da autarquia previdenciária, lhe competindo fixar a orientação jurídica do INSS, intervindo na elaboração e edição de seus atos normativos e interpretativos, em articulação com os outros órgãos componentes.

A **Auditoria-Geral** terá a tarefa de planejar, acompanhar e controlar o desenvolvimento de auditorias preventivas e corretivas, identificando e avaliando riscos, recomendando ações preventivas e corretivas aos órgãos e unidades descentralizadas, em consonância com o modelo de gestão por resultados, assim como subsidiar o Presidente e os Diretores com informações sobre as auditorias e seus resultados, com vistas ao aperfeiçoamento de procedimentos de auditoria e de gestão do INSS, dentre outras atribuições.

Já à **Corregedoria-Geral** competirá acompanhar o desempenho dos servidores e dirigentes dos órgãos e unidades do INSS, fiscalizando e avaliando sua conduta funcional, analisando a pertinência de denúncias relativas à atuação dos dirigentes e servidores do INSS, promovendo a instauração de sindicâncias e processos administrativos disciplinares.

Apenas terá competência para julgar os servidores do INSS em processos administrativos disciplinares, quando a penalidade proposta for de advertência.

A **Diretoria de Gestão de Pessoas e Administração** irá propor diretrizes e gerenciar as ações inerentes à administração e ao desenvolvimento de pessoas e gerenciar os planos e programas de capacitação e desenvolvimento de recursos humanos e avaliar seus resultados.

Também terá a atribuição de julgar os servidores do INSS em processos administrativos disciplinares, quando a penalidade proposta for de suspensão até trinta dias, e planejar, coordenar, controlar, orientar, normatizar, supervisionar e executar as atividades relacionadas com a área de gestão de pessoas, bem como decidir sobre recursos interpostos por servidores contra decisões administrativas proferidas pelos Gerentes-Executivos.

A **Diretoria de Tecnologia da Informação e Inovação** deverá planejar, coordenar, gerir e supervisionar os projetos de desenvolvimento e manutenção de sistemas, comunicação de voz e dados, rede de dados estruturada com e sem fio, infraestrutura computacional, serviços de atendimento de informática e demais atividades de tecnologia da informação e comunicação do INSS; gerenciar planos, programas e ações relativos à tecnologia da informação e inovação, em articulação com a Empresa de Tecnologia e Informações da Previdência Social – Dataprev, dentre outras funções.

A **Diretoria de Integridade, Governança e Gerenciamento de Riscos** irá coordenar a estruturação, a execução e o monitoramento do programa de integridade e gestão de riscos no âmbito do INSS; orientar e elaborar diretrizes para a capacitação de servidores com relação aos temas pertinentes ao programa de integridade e gestão de riscos, dentre outras atribuições.

São **órgãos específicos singulares** da estrutura do INSS:

a) Diretoria de Benefícios;

b) Diretoria de Atendimento.

A **Diretoria de Benefícios** deverá gerenciar as bases dos dados cadastrais, vínculos, remunerações e contribuições dos segurados da Previdência Social, com vista ao reconhecimento automático do direito; o reconhecimento inicial, recurso e revisão de direitos ao recebimento de benefícios previdenciários e assistenciais, compensação previdenciária, convênios com empresas, entidades representativas e órgãos públicos e o pagamento aos beneficiários da Previdência e Assistência Social.

Também é sua tarefa desenvolver estudos voltados para o aperfeiçoamento dos mecanismos de reconhecimento de direito ao recebimento de benefícios e estabelecer diretrizes gerais para o desenvolvimento de planos, programas e metas das atividades de administração de informações de segurados, reconhecimento inicial, manutenção, recurso e revisão de direitos ao recebimento de benefícios previdenciários e assistenciais, compensação previdenciária, bem como para a formalização de convênios com empresas, entidades representativas e órgãos públicos referentes a sua área de atuação, exercidas pelas Gerências-Executivas.

Foi **extinta a Diretoria de Saúde do Trabalhador**, pois a Perícia Médica passou a ser uma Subsecretaria no âmbito do Ministério da Economia desde a Lei 13.846/2019.

Era atribuição da **Diretoria de Saúde do Trabalhador** gerenciar e normatizar as atividades de perícia médica de benefícios previdenciários, assistenciais e os relativos aos servidores públicos federais, nos termos do que dispõe o § 4º do art. 30 da Lei no 11.907, de 2 de fevereiro de 2009, de reabilitação profissional e de serviço social, inclusive quando efetuadas por executores indiretos; desenvolver estudos voltados para o aperfeiçoamento das atividades médico-periciais de benefícios previdenciários, assistenciais e os relativos aos servidores públicos federais, de reabilitação profissional e de serviço social, bem como promover a orientação à sociedade objetivando o reconhecimento do direito.

Competirá a **Diretoria de Atendimento** especialmente coordenar as ações de atendimento direto e remoto aos usuários dos serviços do INSS e a estratégia de disseminação de informações para a rede de atendimento, padronizando os procedimentos da rede de atendimento.

Outrossim, são suas atribuições: coordenar e supervisionar os serviços de suporte e manutenção de informática à rede de atendimento do INSS; promover os estudos técnicos e as ações para a expansão, classificação e diversificação da rede de atendimento, incluindo adequações no número de unidades de atendimento; aferir o desempenho da rede de atendimento e de seus gestores; coordenar a gestão das parcerias e convênios relacionados com o atendimento ao usuário, sem prejuízo das atribuições da Diretoria de Orçamento, Finanças e Logística e da Diretoria de Benefícios.

Às **Superintendências Regionais**, subordinadas ao Presidente do INSS, compete:

I – implementar as diretrizes e as ações definidas pelos órgãos da administração central do INSS no âmbito de sua atuação e das Gerências-Executivas subordinadas;

II – submeter ao Presidente do INSS Plano de Ação da Superintendência Regional e das Gerências-Executivas subordinadas, em conformidade com as diretrizes estabelecidas no Plano Plurianual e no Planejamento Estratégico do INSS, em articulação com a Coordenação-Geral de Projetos Estratégicos e Inovação e a Diretoria de Gestão de Pessoas e Administração;

III – planejar, propor, coordenar, controlar, normatizar, supervisionar, executar e avaliar os projetos e as atividades no âmbito da Superintendência Regional;

IV – planejar, coordenar, supervisionar e executar as atividades relacionadas com as áreas de logística, licitações e contratos, engenharia, patrimônio imobiliário, orçamento, finanças, contabilidade, documentação e informação no âmbito da Superintendência Regional, observadas as orientações e a normatização da Diretoria de Gestão de Pessoas e Administração;

V – supervisionar e coordenar as atividades relacionadas com as áreas de logística, licitações e contratos, engenharia, patrimônio imobiliário, orçamento, finanças, contabilidade, documentação e informação das Gerências-Executivas subordinadas;

VI – executar atividades necessárias à gestão e à execução de licitações e contratos, de acordo com as diretrizes da Diretoria de Gestão de Pessoas e Administração;

VII – propor e executar ações e atos de gestão e disposição dos bens móveis e imóveis do INSS, de acordo com as diretrizes e as autorizações da Diretoria de Gestão de Pessoas e Administração;

VIII – prover o suporte logístico para o funcionamento das Auditorias Regionais, das Corregedorias Regionais e das Procuradorias Regionais ou Seccionais localizadas na sua área de abrangência;

IX – planejar, propor, coordenar, normatizar, supervisionar, executar e avaliar as atividades relacionadas com a gestão de pessoas no âmbito da Superintendência Regional, de acordo com as diretrizes da Diretoria de Gestão de Pessoas e Administração;

X – planejar, coordenar e supervisionar as atividades relacionadas com a área de gestão de pessoas no âmbito das Gerências-Executivas subordinadas;

XI – planejar, propor, coordenar, executar e avaliar programas de formação, aperfeiçoamento e capacitação destinados ao desenvolvimento funcional dos servidores do INSS no âmbito da Superintendência Regional, de acordo com as diretrizes da Diretoria de Gestão de Pessoas e Administração;

XII – supervisionar e coordenar as atividades relacionadas com os programas de formação, aperfeiçoamento e capacitação destinados ao desenvolvimento funcional dos servidores do INSS no âmbito das Gerências-Executivas subordinadas, de acordo com as diretrizes da Diretoria de Gestão de Pessoas e Administração;

XIII – implementar políticas de saúde e qualidade de vida no trabalho dos servidores e de responsabilidade socioambiental no âmbito de sua área de abrangência, de acordo com as diretrizes da política nacional;

XIV – supervisionar e coordenar as atividades executadas pelas unidades subordinadas, relacionadas com o reconhecimento inicial, a revisão e a manutenção de direitos, recursos, compensação previdenciária, acordos internacionais, pagamento e consignação em benefícios, reabilitação profissional, serviço social e atendimento e implementar as diretrizes e as ações definidas pela Diretoria de Benefícios e pela Diretoria de Atendimento;

XV – acompanhar, junto às Gerências-Executivas, a execução das atividades destinadas ao monitoramento operacional de benefícios;

XVI – apoiar e executar as atividades de comunicação social e de representação política e social do INSS, de acordo com as diretrizes da Assessoria de Comunicação Social do INSS e do Ministério da Economia;

XVII – gerenciar, em articulação com a Ouvidoria, a resolubilidade das demandas referentes a sua área de abrangência;

XVIII – responder as solicitações de informações dos órgãos de controle e subsidiar a Presidência do INSS na elaboração do relatório de prestação de contas anual, com informações consolidadas de suas Gerências-Executivas subordinadas;

XIX – gerenciar a localização e a manutenção do parque de equipamentos de informática;

XX – constituir comissões, determinar a instauração e realizar a tomada de contas especial, no âmbito da Superintendência Regional, de acordo com as diretrizes da Diretoria de Gestão de Pessoas e Administração;

XXI – coordenar as atividades inerentes à tomada de contas especial no âmbito de sua área de abrangência;

XXII – implementar ações locais de saúde e qualidade de vida no trabalho dos servidores no âmbito de sua área de abrangência; e

XXIII – supervisionar e coordenar as atividades relacionadas com a gestão de tecnologia da informação e comunicação no âmbito de sua abrangência.

7.3. Conselho de Recursos da Previdência Social

Com o advento da Lei 13.341/2016, o Conselho de Recursos da Previdência Social passou a se chamar Conselho de Recursos do Seguro Social, passando ainda para a estrutura do Ministério do Desenvolvimento Social e Agrário.

No entanto, em 2019, com a reforma ministerial, voltou a se chamar Conselho de Recursos da Previdência Social – CRPS, agora integrante da estrutura do Ministério da Economia.

O Conselho de Recursos da Previdência Social – CRPS, é um órgão de controle "jurisdicional" das decisões do INSS, nos processos referentes a benefícios a cargo da autarquia previdenciária.

O CRPS é o órgão revisor das decisões administrativas do INSS, dispondo o artigo 126, da Lei 8.213/91, que "das decisões do Instituto Nacional do Seguro Social-INSS nos processos de interesse dos beneficiários e dos contribuintes da Seguridade Social caberá recurso para o Conselho de Recursos da Previdência Social, conforme dispuser o Regulamento".

O CRPS é o órgão revisor das decisões administrativas do INSS, dispondo o artigo 126, da Lei 8.213/91, a quem compte julgar recursos das decisões do INSS nos processos de interesse dos beneficiários. Eis as competências do CRPS, **ampliadas no ano de 2019:**

> Art. 126. Compete ao Conselho de Recursos da Previdência Social julgar, entre outras demandas, na forma do regulamento: (Redação dada pela Lei nº 13.876, de 2019)
>
> I – recursos das decisões do INSS nos processos de interesse dos beneficiários; (Incluído pela Lei nº 13.846, de 2019)
>
> II – contestações e recursos relativos à atribuição, pelo Ministério da Economia, do Fator Acidentário de Prevenção aos estabelecimentos das empresas; (Incluído pela Lei nº 13.846, de 2019)
>
> III – recursos das decisões do INSS relacionados à comprovação de atividade rural de segurado especial de que tratam os arts. 38-A e 38-B, ou demais informações relacionadas ao CNIS de que trata o art. 29-A desta Lei. (Incluído pela Lei nº 13.846, de 2019)

IV – recursos de processos relacionados à compensação financeira de que trata a Lei nº 9.796, de 5 de maio de 1999, e à supervisão e à fiscalização dos regimes próprios de previdência social de que trata a Lei nº 9.717, de 27 de novembro de 1998. (Incluído pela Lei nº 13.876, de 2019)

Vale ressaltar que é vedado ao INSS escusar-se de cumprir as diligências solicitadas pelo CRPS, bem como deixar de dar cumprimento às decisões definitivas daquele colegiado, reduzir ou ampliar o seu alcance ou executá-las de modo que contrarie ou prejudique seu evidente sentido.

O CRPS é formado pelos seguintes órgãos:

I – **vinte e nove Juntas de Recursos**, com a competência para julgar, em primeira instância, os recursos interpostos contra as decisões prolatadas pelos órgãos regionais do INSS, em matéria de interesse de seus beneficiários;

II – **quatro Câmaras de Julgamento**, com sede em Brasília, com a competência para julgar, em segunda instância, os recursos interpostos contra as decisões proferidas pelas Juntas de Recursos que infringirem lei, regulamento, enunciado ou ato normativo ministerial;

III – **Conselho Pleno**, com a competência para uniformizar a jurisprudência previdenciária mediante enunciados, podendo ter outras competências definidas no Regimento Interno do Conselho de Recursos da Previdência Social.

O CRPS é presidido por Representante do Governo, com notório conhecimento da legislação previdenciária, nomeado pelo Ministro de Estado da Economia.

De acordo com o Decreto 10.410/2020, as Juntas de Recursos e as Câmaras de Julgamento, presididas por representante do Governo federal, são integradas por quatro conselheiros em cada turma, nomeados pelo Ministro de Estado da Economia, com a seguinte composição:

I – para os órgãos com competência para processar e julgar as contestações ou os recursos de que tratam os incisos I, II e III do **caput** do art. 305 **(decisões do INSS e FAP):**

a) dois representantes do Governo federal;

b) um representante das empresas; e

c) um representante dos trabalhadores; e

II – para os órgãos com competência para processar e julgar os recursos de que tratam os incisos IV e V do **caput** do art. 305 **(compensação financeira e irregularidades em RPPS):**

a) dois representantes do Governo federal;

b) um representante dos entes federativos; e

c) um representante dos servidores públicos.

O mandato dos conselheiros do CRPS é de **três anos**, permitida a recondução, cumpridos os seguintes requisitos:

I – os representantes do Governo federal serão escolhidos entre servidores federais, preferencialmente do Ministério da Economia ou do INSS, ou de outro órgão da administração pública federal, estadual, municipal ou distrital, com graduação em Direito, os quais prestarão serviços exclusivos ao CRPS, sem prejuízo dos direitos e das vantagens percebidos no cargo de origem;

II – os representantes das empresas e dos trabalhadores serão escolhidos entre os indicados em lista tríplice pelas entidades de classe ou sindicais das respectivas jurisdições, com graduação em Direito, e serão enquadrados como segurados obrigatórios do RGPS na condição de contribuintes individuais;

III – os representantes dos entes federativos e dos servidores públicos serão escolhidos entre os indicados em lista tríplice pelo Conselho Nacional dos Regimes Próprios de Previdência Social, observadas as respectivas representações, com graduação em Direito, e manterão a qualidade de segurados do regime próprio a que estejam vinculados; e

IV – os representantes não poderão incidir em situações que caracterizem conflito de interesses, nos termos do disposto no art. 10 da Lei nº 12.813, de 16 de maio de 2013.

Os servidores do Instituto Nacional do Seguro Social, mediante ato do Ministro de Estado da Economia , poderão ser cedidos para terem exercício no Conselho de Recursos da Previdência Social, sem prejuízo dos direitos e das vantagens do respectivo cargo de origem.

O Regimento Interno do CRPS foi aprovado pela Portaria MDAS nº 116, de 20 de março de 2017, sendo estudado em ponto mais avançado desta obra na fase recursal do processo administrativo previdenciário.

8. PRINCÍPIOS DA PREVIDÊNCIA SOCIAL

No Capítulo I foram estudados os princípios informadores do sistema de seguridade social, aplicáveis tanto ao subsistema não contributivo (assistência social e saúde pública), quanto ao subsistema contributivo (previdência social).

Nesta oportunidade serão analisados os princípios específicos da previdência social, aplicáveis diretamente ao Regime Geral de Previdência Social e, no que couber, aos Regimes Próprios de Previdência Social e aos planos privados, ressaltando que tecnicamente alguns são verdadeiros objetivos previdenciários e não princípios propriamente ditos.

Deveras, uma parte destes princípios já se encontra positivada no artigo 2º, da Lei 8.213/91, bem como no artigo 3º, da Lei 8.212/91, enquanto outros têm berço constitucional ou decorrem implicitamente da legislação previdenciária.

Princípios informadores da Previdência Social

1. Contributividade;
2. Obrigatoriedade da Filiação;
3. Equilíbrio Financeiro e Atuarial;
4. Universalidade de Participação nos Planos Previdenciários;
5. Uniformidade e Equivalência dos Benefícios e Serviços às Populações Urbanas e Rurais;
6. Seletividade e Distributividade na Prestação dos Benefícios;
7. Salários de Contribuição Corrigidos Monetariamente;
8. Irredutibilidade do Valor dos Benefícios;
9. Garantia do Benefício não Inferior ao Salário Mínimo;
10. Previdência Complementar Facultativa;
11. Gestão Quadripartite da Previdência Social;
12. *Tempus Regit Actum;*
13. Responsabilidade;
14. Vedação ao Retrocesso Social;
15. *In Dubio Pro Misero;*
16. Automaticidade das Prestações;
17. Indisponibilidade dos Benefícios Previdenciários;
18. Territorialidade da Filiação.

9. PRINCÍPIO DA CONTRIBUTIVIDADE

Pelo Princípio da Contributividade, a previdência social apenas concederá os seus benefícios e serviços aos segurados (e seus dependentes) que se filiarem previamente ao regime previdenciário, sendo exigido o pagamento de tributos classificados como contribuições previdenciárias, haja vista se tratar do único subsistema da seguridade social com natureza contributiva direta.

De efeito, determina a cabeça do artigo 201, da Constituição Federal de 1988, que a previdência social será organizada sob a forma do Regime Geral da Previdência Social, **de caráter contributivo**, o que comprova a natureza constitucional deste princípio.

No Brasil, a previdência será necessariamente contributiva, ao contrário do ocorre em alguns países que adotam regimes previdenciários em que inexistem contribuições específicas para o seu custeio, que é realizado com os recursos dos tributos em geral, adotando-se nessas pontuais nações o modelo beveridgiano.

Vale frisar que a **contributividade** que marca a previdência social poderá ser **real ou presumida**. É que em muitas hipóteses a legislação previdenciária presume de maneira absoluta o recolhimento das contribuições previdenciárias, normalmente quando a responsabilidade tributária é conferida às empresas.

10. PRINCÍPIO DA OBRIGATORIEDADE DA FILIAÇÃO

O RGPS é de caráter compulsório para os trabalhadores em geral, na forma do quanto determinado pelo *caput* do artigo 201, da CRFB, exceto no que concerne aos servidores públicos efetivos e militares vinculados a algum RPPS.

Esta imposição constitucional se justifica pelo Princípio da Solidariedade, pois lamentavelmente grande parte das pessoas não programaria espontaneamente o seu futuro, de modo que, se a adesão ao regime fosse facultativa, certamente poucos trabalhadores se filiariam.

Dessa forma, na velhice, doença, maternidade, morte, acidente, desemprego ou na ocorrência de outros eventos programados ou não, as pessoas imprevidentes provavelmente iriam onerar o Estado com o pagamento de benefícios assistenciais e ainda aumentariam bastante a miséria brasileira.

Logo, como uma medida positiva e salutar de um Estado Social que deve intervir para a garantia de direitos sociais e econômicos, andou bem o legislador constitucional ao prever a obrigatoriedade de filiação ao RGPS dos trabalhadores em geral.

Este princípio é excepcionado para os segurados facultativos do RGPS, pois apenas se filiarão se manifestarem a sua vontade e recolherem as contribuições respectivas, haja vista não exercerem atividade laboral remunerada.

11. PRINCÍPIO DO EQUILÍBRIO FINANCEIRO E ATUARIAL

Este princípio está previsto na cabeça do artigo 201, da CRFB, *determinando que a previdência social observe critérios que preservem o seu equilíbrio financeiro e atuarial*, a fim de assegurar a incolumidade das contas previdenciárias para as presentes e futuras gerações.

É certo que é preciso haver um equilíbrio entre as receitas que ingressam no fundo previdenciário e as despesas com o pagamento dos benefícios, que restou prejudicado com a utilização pretérita dos recursos da previdência para o custeio de outras diversas despesas da União, especialmente a construção de Brasília.

Todo regime previdenciário, quando começa, tende a arrecadar muito mais com as contribuições do que gastar com o pagamento de benefícios e a promoção de serviços, pois apenas as prestações não programadas serão devidas no início, o que permitirá a reunião de uma grande soma de recursos para o futuro, formando um *equilíbrio financeiro*.

Ao menos, a arrecadação deverá cobrir o pagamento dos benefícios previdenciários, sob pena de inexistência de equilíbrio financeiro, o que ocorre atualmente no RGPS, quando, somados os números urbanos e rurais, as receitas não fazem frente às despesas, conquanto o déficit tenha sido reduzido nos últimos anos.

Por exemplo, em 2009, o prejuízo ficou no patamar dos 36,4 bilhões, diferença entre o montante arrecadado e o despendido com o pagamento de benefícios previdenciários, valendo ressaltar que se houvesse a divisão dos regimes, a previdência urbana teria um superávit de 3,6 bilhões (primeiro desde 1985), enquanto a rural um prejuízo de cerca de 40 bilhões.

Apesar da melhoria em comparação ao ano de 2008, pois neste ano o déficit total foi de cerca de 37,2 bilhões, o cenário é preocupante em razão dos benefícios rurais, cujo custeio não faz frente ao pagamento das prestações, merecendo uma urgente revisão legislativa, pois de fato se trata de um assistencialismo disfarçado de relação previdenciária.

Todavia, ante a dinâmica social, não basta a existência de boas reservas no presente para a garantia de uma previdência solvente no futuro, devendo ser monitoradas as novas tendências que possam afetar as contas da previdência, a exemplo da maior expectativa de vida das pessoas, a menor taxa de natalidade, o "efeito Viagra" (os aposentados se casam com pessoas cada vez mais novas e instituem pensões por morte a serem pagas por décadas), o número de acidentes de trabalho e a aplicação aos benefícios no valor de um salário mínimo índices de reajuste anual acima da inflação.

Logo, uma previdência poderá estar equilibrada financeiramente no presente, mas com perspectivas de não estar no amanhã, sendo também imprescindível o seu *equilíbrio atuarial*, onde serão traçados cenários futuros para a manutenção ou alcance do equilíbrio financeiro, com o manejo da matemática estatística.

Deveras, a *atuária* é uma parte da estatística que investiga problemas relacionados com a teoria e o cálculo de seguros numa coletividade[6], sendo imprescindível o seu uso adequado na programação da previdência.

Por esse motivo é que a legislação previdenciária deverá acompanhar a mutação dos fatos sociais a fim de manter (ou restabelecer) o equilíbrio das contas, o que levou, por exemplo, a criação do odiado fator previdenciário pela Lei 9.876/99, que reduz bastante o valor das aposentadorias por tempo de contribuição dos segurados que ainda não têm uma idade elevada como propósito de desestimulá-las.

O grande desafio do RGPS é equilibrar as contas no futuro ante duas tendências evidentes: menor taxa de natalidade e maior expectativa de vida das pessoas, o que poderá levar o regime ao buraco, pois cada vez mais cresce o número de inativos em comparação aos ativos.

Para se ter uma ideia da dimensão do problema, de acordo com o IBGE[7], com base na vigente legislação, em 2050 existirá apenas um trabalhador ativo para cada inativo, proporção que na atualidade é de três para um.

6. Dicionário Aurélio da Língua Portuguesa.
7. IBGE – Diretoria de Pesquisas, Coordenação de População e Indicadores Sociais: Projeção da população brasileira por sexo e idade 1980-2050 – Revisão 2008.

De resto, veja-se que o *Princípio da Precedência da Fonte de Custeio*, ao vedar a instituição, majoração ou extensão de benefício da seguridade social sem a prévia indicação da respectiva dotação orçamentária que bancará os gastos, busca também a concretização do Princípio do Equilíbrio Financeiro e Atuarial da previdência social.

12. PRINCÍPIO DA UNIVERSALIDADE DE PARTICIPAÇÃO NOS PLANOS PREVIDENCIÁRIOS

Esta norma previdenciária está consignada expressamente no artigo 2º, inciso I, da Lei 8.213/91, sendo corolário do Princípio Universalidade da Cobertura e do Atendimento da seguridade social.

Com propriedade, deverá o RGPS buscar sempre a sua expansão a fim de filiar cada vez mais segurados, inclusive facultando a adesão ao plano das pessoas que não exercem atividade laboral remunerada, na condição de segurados facultativos.

É preciso advertir que a universalidade na previdência social, no Brasil, é mais restrita do que na saúde pública e na assistência social, pois se limita aos segurados e seus dependentes, por ser necessariamente contributiva, ao passo que a saúde pública é direito de todos e dever do Estado e as medidas assistencialistas serão prestadas a quem delas necessitar, independentemente de contribuição específica ao Poder Público.

Com esse espírito, a Emenda 47/2005 alterou a redação do § 12 e inseriu o § 13 no artigo 201, da CRFB, determinando que a lei disponha sobre o **sistema especial de inclusão previdenciária** dos trabalhadores de baixa renda e domésticos, com a garantia de benefícios no valor de um salário mínimo, **com alíquotas inferiores aos demais segurados**, tendo sido regulamentada parcialmente pela Lei Complementar 123/2006 e pela Lei 12.470/2011, que alterou a redação do artigo 21, da Lei 8212/91, instituindo alíquotas inferiores aos segurados contribuintes individuais e facultativos de baixa renda, conforme ainda será estudado oportunamente (a redução de carência foi excluída pela EC 103/2019 – não havia sido regulamentada).

Realmente, cada vez mais o Poder Público busca a inclusão previdenciária dos trabalhadores informais, estimulando-os a verter contribuições ao RGPS, mesmo porque os autônomos que conseguem acumular um salário mínimo mensal com o seu trabalho estão em uma situação de clandestinidade previdenciária.

Em nada interessa ao Estado brasileiro e consequentemente ao interesse público que essas pessoas persistam na informalidade, pois futuramente acabarão engrossando as fileiras da assistência social, que não goza de contribuição direta dos beneficiários, sendo mantida com recursos de toda a coletividade.

13. PRINCÍPIO DA UNIFORMIDADE E EQUIVALÊNCIA DOS BENEFÍCIOS E SERVIÇOS ÀS POPULAÇÕES URBANAS E RURAIS

Trata-se de princípio constitucional da seguridade social que foi repetido pelo artigo 2º, inciso II, da Lei 8.213/91.

Conforme visto, o espírito da norma foi vedar a discriminação negativa dos povos rurais já ocorrida no passado, mas é possível o tratamento diferenciado em favor das populações urbanas ou campesinas se houver base constitucional para tanto, em aplicação ao Princípio da Igualdade Material.

Nesse sentido, os trabalhadores rurais que laboram em regime de economia familiar para a subsistência terão uma redução de cinco anos para se aposentarem por idade[8], justificável em razão do desgaste físico que a atividade campesina traz aos povos do campo.

Ressalte-se que antes do advento do atual ordenamento constitucional, o rurícola poderia se aposentar com um benefício equivalente a ½ salário mínimo[9], o que não é mais possível na atualidade, porquanto as aposentadorias urbanas ou rurais não poderão ser inferiores a um salário mínimo[10], valor presumido como o mínimo para um benefício previdenciário que venha a substituir a remuneração do trabalhador.

Assim, não será válida a distinção de tratamento previdenciário entre pessoas que moram no campo ou nas cidades pelo simples critério geográfico, sendo necessário um fator de discrímen com berço constitucional para justificar eventual distinção.

14. PRINCÍPIO DA SELETIVIDADE E DISTRIBUTIVIDADE NA PRESTAÇÃO DOS BENEFÍCIOS

Trata-se de reprodução parcial do Princípio Constitucional da Seletividade e Distributividade na Prestação dos Benefícios e Serviços promovida pelo artigo 2º, inciso III, da Lei 8.213/91.

Desconhece-se a motivação que levou o legislador ordinário a suprimir a expressão "serviços" prevista no texto constitucional, mas certamente foi um descuido do Poder Legislativo, pois não se vislumbra fundamento técnico-jurídico para a referida omissão.

Deveras, a *seletividade* obriga o legislador a escolher os riscos sociais a serem cobertos pelo RGPS, respeitado o conteúdo mínimo constitucional, que determina a cobertura de inúmeros eventos nos cinco incisos do artigo 201.

Da mesma forma, entre o universo de segurados e de dependentes, serão selecionados pelo legislador os que apresentem maior necessidade social da prestação previdenciária, de acordo com o interesse público.

Considerando as limitações orçamentárias, os eventos mais importantes para os segurados e seus dependentes deverão gerar os benefícios e serviços da previdência social, que deverão ser progressivamente alvo de expansão na proporção permitida pelo orçamento previdenciário.

Um caso que se insere no campo de incidência do Princípio da Seletividade foi à restrição promovida pela Emenda Constitucional 20/1998 para o benefício do auxílio-reclusão, que desde então passou a se destinar "para os dependentes dos segurados de baixa renda", na forma do artigo 201, inciso IV, da Lei Maior.

Isso porque, à luz do interesse coletivo, o poder constituinte derivado resolveu apenas conceder os referidos benefícios aos dependentes dos segurados de baixa renda.

A própria Suprema Corte, no julgamento do Recurso Extraordinário RE 587.365, de 25.03.2009, invocou o Princípio da Seletividade na hipótese em comento:

8. Artigo 201, § 7º, II, da CRFB.
9. De acordo com o artigo 4º, da Lei Complementar 11/1971, que criou o Programa de Assistência ao Trabalhador Rural (PRO-RURAL), "a aposentadoria por velhice corresponderá a uma prestação mensal equivalente a 50% (cinqüenta por cento) do salário-mínimo de maior valor no País, e será devida ao trabalhador rural que tiver completado 65 (sessenta e cinco) anos de idade".
10. Artigo 201, § 2º, da CRFB.

"PREVIDENCIÁRIO. CONSTITUCIONAL. RECURSO EXTRAORDINÁRIO. **AUXÍLIO--RECLUSÃO. ART. 201, IV, DA CONSTITUIÇÃO DA REPÚBLICA. LIMITAÇÃO DO UNIVERSO DOS CONTEMPLADOS PELO AUXÍLIO-RECLUSÃO. BENEFÍCIO RESTRITO AOS SEGURADOS PRESOS DE BAIXA RENDA. RESTRIÇÃO INTRODUZIDA PELA EC 20/1998. SELETIVIDADE FUNDADA NA RENDA DO SEGURADO PRESO**. RECURSO EXTRAORDINÁRIO PROVIDO. I – Segundo decorre do art. 201, IV, da Constituição, a renda do segurado preso é que a deve ser utilizada como parâmetro para a concessão do benefício e não a de seus dependentes. **II – Tal compreensão se extrai da redação dada ao referido dispositivo pela EC 20/1998, que restringiu o universo daqueles alcançados pelo auxílio-reclusão, a qual adotou o critério da seletividade para apurar a efetiva necessidade dos beneficiários.** III – Diante disso, o art. 116 do Decreto 3.048/1999 não padece do vício da inconstitucionalidade. IV – Recurso extraordinário conhecido e provido".

De sua vez, a *distributividade* torna a previdência social relevante instrumento de repartição de riquezas no Brasil, sendo responsável pela retirada de mais de 22 milhões de pessoas da pobreza, conforme noticiado por publicação do extinto Ministério da Previdência Social[11]:

"Um dos principais impactos sociais do RGPS é a redução da pobreza no País. Em **2007**, 56,87 milhões de pessoas em situação de pobreza considerando rendas de todas as fontes, número que chegou a 79,10 milhões quando excluídos todos os rendimentos oriundos da Previdência Social. **Isso significa que as transferências previdenciárias foram responsáveis pela retirada de aproximadamente 22,23 milhões de pessoas, de todas as faixas etárias, da condição de pobreza**" (g.n.).

O impacto positivo direto nas economias municipais em decorrência do pagamento dos benefícios previdenciários é altamente relevante, conforme relatado pelo referido órgão[12]:

"O papel social desse regime também envolve a melhoria da distribuição de renda e o fomento ao desenvolvimento econômico, principalmente na zona rural. **Para que se tenha uma noção da dimensão desse papel, a transferência de renda previdenciária é maior que o repasse do Fundo de Participação dos Municípios (FPM) em 63,7% dos municípios do país**" (g.n.).

15. PRINCÍPIO DOS SALÁRIOS DE CONTRIBUIÇÃO CORRIGIDOS MONETARIAMENTE

Determina o artigo 2º, inciso IV, da Lei 8.213/91, que o cálculo dos benefícios previdenciários deverá considerar os salários de contribuição corrigidos monetariamente, direito dos segurados reconhecido no § 3º, do artigo 201, da CRFB.

Ainda não é o momento adequado para o estudo aprofundado do salário de contribuição. Por ora, para que o leitor entenda o conteúdo deste princípio, insta asseverar que se trata de instituto exclusivo do Direito Previdenciário, cujo valor é utilizado para o cálculo de quase todos os benefícios (salário de benefício), sendo formado normalmente por parcelas remuneratórias decorrente do labor, observado o piso e o teto.

Assim, para que um segurado possa se aposentar com base na legislação atual, para o cálculo da renda mensal do seu benefício, todos os salários de contribuição deverão ser atualizados pelo índice legal (atualmente é o INPC), a fim de não defasar o valor da prestação previdenciária a ser recebida.

11. Panorama da Previdência Social brasileira, p. 28, 3ª edição, Brasília (DF), 2008.
12. Panorama da Previdência Social brasileira, p. 30, 3ª edição, Brasília (DF), 2008.

Parece óbvio, mas não era assim no passado. Na legislação previdenciária vigente no regime constitucional pretérito, nem todos os salários de contribuição eram corrigidos monetariamente[13], o que levava a uma acentuada defasagem da sua renda mensal inicial, especialmente em tempos de inflação galopante.

16. PRINCÍPIO DA IRREDUTIBILIDADE DO VALOR DOS BENEFÍCIOS

Na forma do artigo 2º, inciso V, da Lei 8.213/91, é direito dos segurados e dependentes que o valor do seu benefício previdenciário não seja reduzido nominalmente, bem como sofra os reajustes anuais a fim de preservar o seu poder aquisitivo.

Logo, não se cuida apenas de uma **irredutibilidade** nominal ou formal, e sim **material**, sendo direito subjetivo dos beneficiários do RGPS o reajuste pelo índice legal para a manutenção do seu valor real, conforme determinação do artigo 201, § 4º, da Constituição Federal.

Desde o advento das Leis 8.212/91 e 8.213/91 os benefícios previdenciários passaram a ter reajustes desvinculados do salário mínimo, ocorrendo anualmente de acordo com o índice legal, razão pela qual é possível que uma pessoa que se aposentou com o equivalente a cinco salários mínimos perceba uma proporção menor hoje, haja vista que as políticas públicas de reajuste do salário mínimo vêm aplicando percentuais acima da inflação.

É comum que muitos segurados e dependentes ingressem com ações judiciais visando à aplicação do mesmo percentual do salário mínimo ou de outros índices de correção monetária mais vantajosos, mas a atual sistemática já foi validada inúmeras vezes pelo STF[14].

Atualmente, em regra, os benefícios deverão ser reajustados na mesma data do reajuste do salário mínimo e de acordo com o INPC – Índice Nacional de Preços do Consumidor[15], elaborado pela Fundação IBGE, com base nos Índices de Preços ao Consumidor Regionais (IPCs), elaborados a partir de pesquisas mensais de preços nas Regiões Metropolitanas do Rio de Janeiro, Porto Alegre, Belo Horizonte, Recife, São Paulo, Belém, Fortaleza, Salvador e Curitiba, além de Brasília e do município de Goiânia[16], salvo quando aprovada lei especial prevendo expressamente um reajuste maior, como ocorreu com o advento da Lei 12.254, de 15.06.2010, que concedeu 7,72% de aumento.

Vale ressaltar que, por força deste princípio, a jurisprudência do STJ não vinha admitindo redução do valor nominal do benefício previdenciário pago em atraso em razão de índices negativos de deflação, a exemplo de passagem do julgamento do agravo regimental no recurso especial 1.242.584, de 19.05.2011:

> "Este Tribunal Superior, tendo em vista a função da correção monetária, qual seja, a manutenção do poder aquisitivo da moeda, bem como a vedação constitucional à irredutibilidade ao valor dos benefícios e, ainda, o caráter social e protetivo de que se reveste a norma previdenciária, firmou compreensão no sentido de ser inaplicável o índice negativo de correção monetária para a atualização dos valores pertinentes a benefícios previdenciários pagos em atraso".

13. Os doze últimos salários de contribuição não sofriam correção monetária, nos termos do artigo 37, § 1º, do Decreto 83.080/79.
14. A exemplo do AI 540956 AgR, de 14.03.2006.
15. Artigo 41-A, da Lei 8.213/91, inserto pela Lei 11.430/2006.
16. http://www.ibge.gov.br/ibgeteen/pesquisas/custodevida.html.

Contudo, no ano de 2012, a jurisprudência do STJ se firmou em sentido contrário. Com base em precedente da Corte Especial, a 3ª Seção passou a admitir a aplicação de índices negativos de inflação na atualização dos benefícios previdenciários, desde que respeitada à irredutibilidade do valor total a ser pago a título de parcelas atrasadas:

> "EDcl no AgRg no RECURSO ESPECIAL Nº 1.142.014 – RS
>
> Publicado em 11/10/2012
>
> **"PREVIDENCIÁRIO. EMBARGOS DE DECLARAÇÃO NO AGRAVO REGIMENTAL NO RECURSO ESPECIAL. POSSIBILIDADE DE APLICAÇÃO DE ÍNDICE INFLACIONÁRIO NEGATIVO SOBRE A CORREÇÃO MONETÁRIA, DESDE QUE PRESERVADO O VALOR NOMINAL DO MONTANTE PRINCIPAL.**
>
> **1. A Corte Especial deste Tribunal no julgamento do REsp nº 1.265.580/RS, Relator o Ministro Teori Albino Zavascki, DJe de 18/4/2012, modificou a compreensão então vigente, passando a adotar o entendimento segundo o qual desde que preservado o valor nominal do montante principal, é possível a aplicação de índice inflacionário negativo sobre a correção monetária de débitos previdenciários, porquanto os índices deflacionados acabam se compensando com supervenientes índices positivos de inflação.**
>
> 2. Embargos de declaração acolhidos com excepcionais efeitos modificativos."

17. PRINCÍPIO DA GARANTIA DO BENEFÍCIO NÃO INFERIOR AO SALÁRIO MÍNIMO

É assegurado constitucionalmente que nenhum benefício do RGPS que substitua o rendimento do trabalho tenha valor inferior a um salário mínimo[17], avanço que dobrou muitas aposentadorias rurais que tinham a renda equivalente a ½ salário mínimo no anterior regime.

Nessa trilha, o artigo 2º, inciso VI, da Lei 8.213/91, elevou esta norma à categoria de princípio da previdência social, fazendo com que apenas os benefícios que não venham a substituir a remuneração do trabalhador possam ser inferiores a um salário mínimo, como ocorre com o **auxílio-acidente** e o **salário-família**, conforme será visto no momento oportuno.

Mesmo após a EC 103/2019, no RGPS, a pensão por morte não poderá ser inferior a um salário mínimo, nos termos do artigo 201, § 2º, da Constituição:

> "§ 2º Nenhum benefício que substitua o salário de contribuição ou o rendimento do trabalho do segurado terá valor mensal inferior ao salário mínimo. (Redação dada pela Emenda Constitucional nº 20, de 1998)"

No entanto, no RPPS, poderá, desde que o dependente seja titular de renda formal, como emprego ou benefício previdenciário. São dois pesos, com duas medidas, em regra manifestamente não isonômica e desproporcional ao dependente do servidor público efetivo falecido, nos termos do artigo 40 da Constituição:

> "§ 7º Observado o disposto no § 2º do art. 201, **quando se tratar da única fonte de renda formal auferida pelo dependente**, o benefício de pensão por morte será concedido nos termos de lei do respectivo ente federativo, a qual tratará de forma diferenciada a hipótese de morte dos servidores de que trata o § 4º-B decorrente de agressão sofrida no exercício ou em razão da função. (Redação dada pela Emenda Constitucional nº 103, de 2019)".

17. Artigo 201, § 2º, da CRFB.

Todavia, essa garantia vem gerando uma situação inusitada e não isonômica para muitos segurados e dependentes do RGPS, porquanto ao longo dos anos os benefícios mínimos vêm sofrendo um reajuste maior que os demais, em decorrência dos maiores reajustes do salário mínimo ao longo das duas últimas décadas.

Explica-se a situação com um exemplo: no começo de 2009 foi concedido o aumento referente a 2008. Quem recebia um benefício no valor de um salário mínimo teve um reajuste de 12%, ao passo que os demais tiveram no máximo 5,92% pelo INPC, se começaram a receber o benefício até março de 2008.

Essa política faz com que os segurados do RGPS se aproximem cada vez mais do benefício mínimo, apesar de inexistir defasagem, pois é o salário mínimo que está subindo acima da inflação, razão pela qual os aposentados fazem cada vez mais pressão política para a adoção de um índice único para o salário mínimo e todos os benefícios previdenciários do RGPS, pleito que se revela justo, mas de difícil implementação orçamentária.

Aliás, começou a ter algum resultado prático essa postulação dos inativos, apesar do resfriamento que sofreu com a crise econômica de 2008/2009. Em 2010, a legislação conferiu aumento real aos benefícios previdenciários acima de um salário mínimo, pois a Lei 12.254/2010 concedeu 7,72%, conquanto a Medida Provisória 475/2009 previsse um aumento menor.

Entretanto, a elevação foi inferior a do salário mínimo, que em 2010 foi reajustado em 9,68%, passando de R$ 465,00 para R$ 510,00, já sendo um ótimo sinal da disposição governamental de atender progressivamente ao pleito dos aposentados, na medida do possível.

Já no ano de 2011, curiosamente, certamente por se tratar do primeiro ano de um novo Governo federal, todos os benefícios sofreram o reajuste pelo INPC, pois o salário mínimo não foi reajustado acima da inflação.

No entanto, em 2012, os benefícios acima de um salário mínimo receberam a variação no INPC de 2011 e nada mais (6,08%), ao passo que os benefícios no valor de um salário mínimo foram reajustados em 14,1%, que foi o percentual de reajustamento do salário mínimo.

O mesmo ocorreu no ano de 2013, pois os benefícios acima de um salário mínimo foram corrigidos em 6,20% (variação do INPC de 2012), ao passo que os benefícios no valor de um salário mínimo foram reajustados em 9%, percentual aplicado ao salário mínimo.

Curiosamente, para o exercício de 2017, o INPC foi o parâmetro para a atualização do salário-mínimo, não tendo subido acima da inflação, tendo reajuste similar aos benefícios previdenciários.

Em 2018, ainda com mais curiosidade, o salário mínimo foi reajustado ligeiramente abaixo da variação do INPC em 2017, devendo haver a compensação somente no exercício de 2019. Em 2019, o índice de reajuste do salário mínimo foi de 4,6% (salário mínimo de R$ 998,00), ao passo que o INPC ficou em 3,43%. Já o reajuste para o ano de 2020 foi de 4,48% que foi a variação do INPC em 2019.

18. PRINCÍPIO DA PREVIDÊNCIA COMPLEMENTAR FACULTATIVA

Além dos tradicionais planos básicos públicos (RGPS para os trabalhadores em geral e RPPSs para os servidores públicos efetivos e militares), a previdência social brasileira ainda contempla os planos complementares na área pública (ainda pendentes de instituição pelas entidades políticas interessadas) e na área privada, estes repartidos em abertos e fechados.

Em todos os **planos complementares**, ao contrário dos planos básicos, **a adesão será sempre facultativa**, ante a natureza contratual que rege essa relação jurídica e a previsão expressa na cabeça do artigo 202, da Constituição de 1988 e no artigo 2º, inciso VII, da Lei 8.213/91.

Deveras, a previdência complementar destina-se à manutenção do *status* social dos seus beneficiários, tendo importante e crescente função social, mormente porque muitos gastos pessoais são acentuados quando se chega à terceira idade, a exemplo do maior consumo de medicamentos e a elevação das mensalidades dos contratos privados de seguro-saúde.

Assim, um trabalhador da iniciativa privada que tem uma remuneração mensal de R$ 10.000,00 estará sujeito ao teto do RGPS quando se aposentar. Destarte, se for previdente e não quiser reduzir o seu padrão de vida na inatividade, ingressará em um plano previdenciário privado para que tenha direito a outro benefício previdenciário que venha a complementar a sua renda no futuro, pois se nenhum infortúnio acontecer todos nós envelheceremos.

19. PRINCÍPIO DA GESTÃO QUADRIPARTITE DA PREVIDÊNCIA SOCIAL

Este princípio é decorrência natural do Princípio da Gestão Quadripartite da Seguridade Social, na forma do artigo 2º, VIII, da Lei 8.213/91, pois a previdência social deverá contar com uma gestão democrática e descentralizada, com a participação de representantes do Poder Público, empregadores, trabalhadores e aposentados nos órgãos colegiados.

Nesse sentido, a composição do CNPS – Conselho Nacional de Previdência Social, órgão superior de deliberação colegiada [18], possui seis representantes do Governo federal e nove das demais categoriais referidas, o que demonstra que o Poder Público não detém a maioria dos membros, ainda inovando ao prever representantes dos pensionistas juntamente com os aposentados.

20. PRINCÍPIO DO *TEMPUS REGIT ACTUM*

Trata-se de um princípio geral do Direito que pontifica que os atos jurídicos deverão ser regulados pela lei vigente no momento da sua realização, normalmente não se aplicando os novos regramentos que lhe são posteriores, salvo previsão expressa em sentido contrário.

É possível afirmar que tem berço constitucional por derivar do direito fundamental que proíbe a nova lei de prejudicar o direito adquirido, **o ato jurídico perfeito** e a coisa julgada, conforme previsão do artigo 5º, inciso XXXVI, da CRFB.

Logo, a nossa Constituição adotou o Princípio da Irretroatividade Restrita, pois as novas leis não poderão desrespeitar o direito adquirido, a coisa julgada e o ato jurídico perfeito, podendo gerar efeitos retroativos em determinadas situações autorizadas, a exemplo da lei penal, que deverá retroagir para beneficiar o réu.

Conquanto não esteja explicitamente previsto na legislação da previdência social como princípio informador, entende-se que ele integra o seu rol, sendo muitas vezes usado para definir o regime jurídico dos benefícios previdenciários, pois deverá ser aplicada a lei vigente na data do nascimento do direito à prestação previdenciária.

18. Artigo 3º, da Lei 8.213/91.

É que o ato administrativo de concessão de um benefício pela Previdência Social classifica-se como ato jurídico perfeito, conquanto surta efeitos por dias, meses, anos ou décadas, pois a obrigação de pagamento das parcelas do benefício é mensal, configurando-se uma relação jurídica continuada ou de trato sucessivo.

O ato jurídico de concessão de um benefício se aperfeiçoa sob a vigência de uma lei, mas comumente continua gerando efeitos jurídicos sob a vigência de um ou mais regimes jurídicos instituídos por leis novas, o que não raro gera um conflito aparente intertemporal, especialmente quando o novel regime é mais benefício aos segurados e seus dependentes.

Assim, a rigor, a lei nova não se aplicará ao benefício concedido anteriormente, mesmo se melhor para o segurado, salvo previsão expressa em sentido contrário para favorecer os beneficiários.

Inclusive, o próprio STF já aplicou este princípio no julgamento de inúmeras lides previdenciárias, a exemplo da decisão no AI 732.564 AgR, de 25.08.2009:

> "EMENTA: AGRAVO REGIMENTAL NO AGRAVO DE INSTRUMENTO. PREVIDENCIÁRIO. PENSÃO POR MORTE. FILHA SOLTEIRA UNIVERSITÁRIA. AGRAVO REGIMENTAL AO QUAL SE NEGA PROVIMENTO. **1. A pensão por morte rege-se pela legislação em vigor na data do falecimento do segurado. Princípio da lei do tempo rege o ato (*tempus regit actum*). Precedentes.** 2. Impossibilidade de verificar, no caso concreto, se, na data do falecimento do segurado, a beneficiária cumpria os requisitos legais para receber o benefício previdenciário. Incidência das Súmulas 279 e 280 do Supremo Tribunal Federal. Precedentes".

Nesse caminho, já pontificou a Suprema Corte que "os benefícios previdenciários devem regular-se pela lei vigente ao tempo em que preenchidos os requisitos necessários à sua concessão. Incidência, nesse domínio, da regra 'tempus regit actum', que indica o estatuto de regência ordinariamente aplicável em matéria de instituição e/ou de majoração de benefícios de caráter previdenciário" (AI 625.446 AgR, de 12.08.2008).

Note-se que inexiste direito adquirido a novo regime jurídico criado por lei, devendo ser identificada a lei em vigor no momento em que o beneficiário faz jus ao benefício, pois antes do preenchimento de todos os requisitos legais há mera expectativa de direito.

Assim, se determinada pessoa busca a revisão judicial de uma aposentadoria concedida no ano de 1980, as normas vigentes à época é que deverão nortear a decisão do julgador (ultra atividade de normas já revogadas), e não as atuais, mesmo que mais favoráveis ao aposentado, salvo se houver expressa permissão legal em sentido contrário.

O Superior Tribunal de Justiça também vem seguindo o mesmo entendimento, conforme se depreende da análise do julgado colacionado:

> AGRAVO REGIMENTAL NO RECURSO ESPECIAL. PREVIDENCIÁRIO. TEMPO DE SERVIÇO ESPECIAL. FATOR DE CONVERSÃO. APLICAÇÃO DA LEI VIGENTE À ÉPOCA EM QUE A ATIVIDADE FOI PRESTADA. AGRAVO IMPROVIDO
>
> 1. Em obediência ao **princípio do tempus regit actum**, o fator a ser aplicado na conversão o tempo de serviço especial em comum, para obtenção de aposentadoria especial, deve ser regulada pela legislação em vigor à época em que o serviço foi prestado em condições especiais (AgRg no REsp 1.096.410 / MG, 6ª Turma, de 29.06.2009)".

Registre-se que esse caráter intertemporal dificulta bastante a análise de processos que tratam de benefícios antigos, pois toda a apreciação deverá ser promovida à luz da legislação de época.

21. PRINCÍPIO DA RESPONSABILIDADE

De maneira lúcida, Inocêncio Mártires Coelho, quando trata dos princípios da Ordem Social, aponta o ***Princípio da Responsabilidade*** como aplicável à previdência social, a ser observado por toda a sociedade, que financia os benefícios e serviços prestados pelo regime, tendo todos os setores da sociedade "a obrigação moral de cuidar do dia de hoje mas com os olhos postos no amanhã, porque a felicidade das gerações presentes não pode ser obtida com a infelicidade das gerações futuras"[19].

É por essa razão que são necessárias constantes reformas no regime previdenciário, a fim de não onerar demasiadamente as futuras gerações, que já nascem com uma dívida previdenciária que, um dia, poderá ser impagável, se não houver a responsabilidade previdenciária por parte dos legisladores, administradores e juízes, além de toda a iniciativa privada.

22. PRINCÍPIO DA VEDAÇÃO AO RETROCESSO SOCIAL

Parcela da doutrina[20] ainda aponta o ***Princípio da Vedação ao Retrocesso Social*** como norma que lastreia a Previdência Social no Brasil, que veda a redução da proteção previdenciária para que se preserve o mínimo existencial dos segurados.

Contudo, entende-se não se tratar de Princípio da Seguridade Social, vez que a vedação ao retrocesso é uma característica geral dos direitos fundamentais, fruto de conquistas históricas de um povo, visando impedir o desfazimento de avanços na evolução de um povo.

Ademais, alguns retrocessos na proteção previdenciária poderão se afigurar justificáveis, a exemplo do que se verificou na Emenda 20/1998, quando o auxílio-reclusão e o salário-família foram limitados aos de baixa renda.

Em situação de crise, ou se limita a proteção ou o regime quebra, como está ocorrendo em alguns RPPSs estaduais no Brasil. É uma infelicidade restringir direitos sociais, mas o discurso da proteção previdenciária não pode ser dissociado do custeio, pois a conta precisa ser paga.

Pior do que retroceder em termos de proteção previdenciária é quebrar o regime. Neste contexto, adveio a EC 103/2019, que é estudada dentro desta obra. O ideal é a ampliação da proteção previdenciária, mas nem sempre há contrapartida para isso.

23. PRINCÍPIO DO *IN DUBIO PRO MISERO*

Ainda é apontado o Princípio do *In Dubio Pro Misero*[21] a fim de se privilegiar o segurado nas hipóteses de *non liquet*, ou seja, após a instrução administrativa ou judicial exauriente, o decisor deveria beneficiar a parte supostamente mais fraca em caso de persistente dúvida.

Entretanto, nem sempre o beneficiário da seguridade social será uma pessoa hipossuficiente, ao tempo em que a relação jurídica previdenciária é diversa da trabalhista ou consumeirista, que visam tutelar a parte mais fraca.

19. Curso de Direito Constitucional, 4ª edição, Saraiva, São Paulo.
20. Carlos Alberto Pereira de Castro e João Batista Lazzari. Manual de Direito Previdenciário, p. 100/101, 11ª Edição.
21. Marcelo Leonardo Tavares. Direito Previdenciário, p. 32/98, 11ª Edição.

Deveras, a entidade previdenciária, conquanto verifique em um caso concreto que o segurado ou dependente é hipossuficiente (por questões de informação, saúde ou mesmo financeiras), não deve abusar dessa condição, pois a Administração Pública deverá pautar-se pelos princípios constitucionais administrativos.

Assim, entende-se que a adoção desse princípio não deve ser aceita na relação previdenciária. Da mesma forma, poderia se adotar a fórmula *in dubio pro societatis*, pois os recursos para o pagamento dos benefícios previdenciários são de origem pública e das demais fontes de custeio, inclusive dos trabalhadores vinculados ao regime.

Logo, o melhor caminho é analisar os casos com muita atenção e, onde houver dúvida sobre a existência do direito do beneficiário, se perpetrar uma maior dilação probatória com a conversão do processo em diligência.

Contudo, **insta registrar que o STJ já vem aplicando o Princípio *In Dubio Pro Misero* nas causas previdenciárias para beneficiar os segurados, notadamente para rescindir julgados desfavoráveis aos trabalhadores rurais, concedendo-lhes aposentadoria**[22].

Nesse sentido, colaciona-se julgado de 2010, da lavra da 3ª Seção do STJ:

> "PREVIDENCIÁRIO. PROCESSUAL CIVIL. AÇÃO RESCISÓRIA. INCIDENTE DE FALSIDADE. DOCUMENTO CONSIDERADO FALSO. POSTERIOR APRESENTAÇÃO DA CERTIDÃO DE CASAMENTO DA PARTE AUTORA. CÓPIA AUTENTICADA. SUA VALIDADE. ART. 5º DA LICC. **TRABALHADOR RURAL. APOSENTADORIA POR IDADE. SOLUÇÃO PRO MISERO.** INÍCIO DE PROVA MATERIAL CORROBORADO POR PROVA TESTEMUNHAL. PEDIDO JULGADO PROCEDENTE.
>
> 1. O documento apontado como novo e que motivou a propositura da rescisória foi alvo de incidente de falsidade. Intimada a apresentar o documento original, sob pena de ser considerado falso, a autora deixou de fazê-lo. Ante a não exibição do documento original, é considerado falso o documento de fl. 90.
>
> 2. Não há por que desprezar a certidão de casamento posteriormente colacionada aos autos, que não teve sua veracidade inquinada. Apresentada cópia autenticada, sua validade deve ser reconhecida. Precedente desta Corte.
>
> 3. O fato de a certidão de casamento não ter sido apresentada no momento da propositura da ação não implica inovação quanto ao fundamento jurídico do pedido. Esta rescisória está fundada no art. 485, VII, do CPC, que trata da rescisão do julgado ante a apresentação de documento novo, como ocorreu, in casu. No pertinente às ações que objetivam a percepção de benefício previdenciário, deve-se facilitar o acesso dos hipossuficientes à Justiça. A propósito, o art. 5º da LICC.
>
> **4. Segundo entendimento do Superior Tribunal de Justiça "desconsiderar a juntada de tais documentos após a contestação, dos quais foi dada regular vista ao INSS, seria fazer tábula rasa ao já mencionado princípio do pro misero e das inúmeras dificuldades vividas por esses trabalhadores, as quais refletem na produção das provas apresentadas em juízo"** (AR 1.368/SP, Rel. Min. MARIA THEREZA DE ASSIS MOURA, DJ 29/4/08).
>
> 5. A orientação jurisprudencial da 3ª Seção deste Superior Tribunal firmou-se no sentido de que os documentos apresentados por ocasião da ação rescisória autorizam a rescisão do julgado, embora já existentes quando ajuizada a ação ordinária. A solução pro misero é adotada em razão das desiguais condições vivenciadas pelos trabalhadores rurais.

22. AR 800, de 23.04.2008; AR 560, de 28.03.2008; AR 3.022, de 28.06.2006.

6. O benefício pleiteado não foi concedido pelo aresto rescindendo porque a prova dos autos foi considerada como exclusivamente testemunhal. Existindo início de prova material a corroborar os depoimentos testemunhais, não há como deixar de reconhecer o direito da parte autora à concessão do benefício, em razão de documento comprobatório de sua condição de trabalhadora rural. Precedentes do STJ.

7. Ação rescisória julgada procedente" (AR 1.298, de 26.05.2010).

24. PRINCÍPIO DA AUTOMATICIDADE DAS PRESTAÇÕES

Há, ainda, o Princípio da Automaticidade das Prestações, que estatui serem devidas as prestações previdenciárias mesmo na hipótese de não pagamento das contribuições previdenciárias, quando a responsabilidade tributária pelo recolhimento for das empresas tomadoras dos serviços, o que ocorre no Brasil como os segurados empregados, trabalhadores avulsos e contribuintes individuais prestadores de serviços à pessoa jurídica.

Assim, se uma empresa não recolhe as contribuições previdenciárias do seu empregado, o INSS deverá deferir o benefício, não podendo alegar a mora da empresa, devendo a Secretaria da Receita Federal do Brasil proceder a cobrança das contribuições em atraso, caso ainda não decaídas.

Este princípio não possui previsão expressa no ordenamento jurídico previdenciário do Brasil, mas é possível afirmar que implicitamente ele está consagrado. Na Itália, por exemplo, goza de previsão literal no artigo 67.º, do Decreto n.º 1.124, conforme aplicado pelo Tribunale di Vicenza no processo C-218/00, de 22.01.2002, no caso Cisal di Battistello Venanzio & C. Sas contra Istituto nazionale per l'assicurazione contro gli infortuni sul lavoro.

Vale frisar que o Princípio da Automaticidade das Prestações não se aplica às hipóteses em que o próprio segurado é responsável direto pelo pagamento das contribuições previdenciárias, conforme será visto.

No entanto, conforme será em breve estudado, a Reforma Constitucional de 2019 inseriu o § 14 no artigo 195 da Constituição, que passou a prever que "o segurado somente terá reconhecida como tempo de contribuição ao Regime Geral de Previdência Social a **competência cuja contribuição seja igual ou superior à contribuição mínima mensal exigida para sua categoria**, assegurado o **agrupamento de contribuições"**, o que acaba restringindo este princípio.

25. PRINCÍPIO DA INDISPONIBILIDADE DOS BENEFÍCIOS PREVIDENCIÁRIOS

Comumente, os benefícios da Previdência Social objetivam substituir a renda das pessoas quando verificado em concreto um risco social previsto em lei como sua hipótese de concessão, tendo nítida natureza alimentar.

Dessa forma, cuida-se, em regra, de direito indisponível, não sendo alvo da prescrição do fundo do direito (apenas poderá ocorrer o lustro prescricional progressivo de algumas parcelas mensais) nem podendo ser alienado, penhorado ou renunciado (salvo de houver alguma outra concessão melhor para o beneficiário).

De acordo com o artigo 114, da Lei 8.213/91, salvo quanto a valor devido à Previdência Social e a desconto autorizado por esta Lei, ou derivado da obrigação de prestar alimentos reconhecida em sentença judicial, o benefício não pode ser objeto de penhora, arresto ou sequestro, sendo nula de pleno direito a sua venda ou cessão, ou a constituição de qualquer ônus sobre ele, bem como a outorga de poderes irrevogáveis ou em causa própria para o seu recebimento.

Vale registrar que a indisponibilidade se refere ao benefício em si, bem imaterial, imprescritível, inalienável e impenhorável, não se referindo ao patrimônio material mensal que ele gera, que é bem disponível.

26. PRINCÍPIO DA TERRITORIALIDADE DA FILIAÇÃO

Determina o *caput* do artigo 201, da Constituição Federal, que a filiação ao Regime Geral de Previdência Social é compulsória para os trabalhadores. Nesse sentido, é possível afirmar que o artigo 11, da Lei 8.213/91, se inspirou basicamente no Princípio da Territorialidade da Filiação, pois, em regra, todos aqueles que trabalham no território brasileiro e não são filiados a Regime Próprio de Previdência Social, deverão ingressar no RGPS na condição de segurados obrigatórios.

Logo, em regra, o aspecto espacial da hipótese de incidência do tributo denominado de contribuição previdenciária, cujo elemento material é o exercício do labor remunerado, é o exercício do trabalho no território nacional.

Apenas em hipóteses excepcionais o Princípio da Territorialidade da Filiação foi afastado, pois há justificáveis casos pontuais em que pessoas que trabalham no Brasil não serão seguradas obrigatórias do RGPS, bem como há trabalho no exterior que gera a filiação ao regime previdenciário brasileiro.

27. QUADRO SINÓTICO

TÓPICO-SÍNTESE: Princípios Da Previdência Social	
Contributividade	A relação de proteção previdenciária pressupõe um vínculo jurídico-tributário consistente no recolhimento das contribuições previdenciárias
Obrigatoriedade da filiação	A filiação ao RGPS é compulsória para os trabalhadores
Equilíbrio financeiro e atuarial	É a harmonia no presente e no futuro entre as receitas e as despesas do regime previdenciário
Universalidade de Participação nos Planos Previdenciários	Deverá o RGPS buscar sempre a sua expansão, a fim de filiar cada vez mais segurados para elevar a proteção social
Uniformidade e Equivalência dos Benefícios e Serviços às Populações Urbanas e Rurais	Na Previdência Social não será possível a concessão diferenciada de prestações tão somente pela natureza urbana ou rural do trabalho desenvolvido pelo segurado
Seletividade	Cabe ao legislador com base no interesse público eleger os riscos sociais a serem cobertos pela Previdência, bem como os segurados e dependentes destinatários das prestações de acordo com as suas necessidades
Distributividade	Coloca a Previdência como campo para realização da justiça social através da redistribuição de riquezas no Brasil
Salários de Contribuição Corrigidos Monetariamente	Os salários de contribuição a serem utilizados no cálculo da renda dos benefícios deverão sofrer atualização monetária

TÓPICO-SÍNTESE: Princípios Da Previdência Social	
Irredutibilidade do Valor dos Benefícios	É direito dos segurados e dependentes que o valor do seu benefício previdenciário não seja reduzido nominalmente, bem como sofra os reajustes anuais a fim de preservar o seu poder aquisitivo
Garantia do Benefício não Inferior ao Salário Mínimo	Os benefícios que substituem o salário de contribuição ou a remuneração do trabalhador não poderão ter valor inferior a um salário mínimo
Previdência Complementar Facultativa	A adesão aos planos de previdência complementar será sempre facultativa
Gestão Quadripartite da Previdência Social	A previdência social deverá contar com uma gestão democrática e descentralizada, com a participação de representantes do Poder Público, empregadores, trabalhadores e aposentados nos órgãos colegiados
Tempus Regit Actum	A sua aplicação na esfera previdenciária faz com que a lei em vigor no momento do preenchimento de todos os requisitos para a concessão de um benefício seja a aplicável
Automaticidade das Prestações	Para os segurados que possuem a seu favor a presunção de recolhimento das contribuições previdenciárias, a concessão do benefício previdenciária deverá se dar automaticamente, mesmo que o recolhimento não tenho sido feito.

28. QUESTÕES DE PROVA

2.1 (Ano: 2020 Banca: FCC Órgão: AL-AP Prova: FCC – 2020 – AL-AP – Analista Legislativo – Assessor Jurídico Legislativo) Em relação aos princípios constitucionais da Previdência Social, considere:

I. O Sistema Previdenciário Nacional engloba a universalidade da cobertura e do atendimento, significando que todos os que vivem no território nacional têm direito ao mínimo indispensável à sobrevivência com dignidade, salvo àqueles que não tenham contribuído para com a seguridade social.

II. A Constituição Federal reafirmou o princípio da irredutidibilidade, ao garantir o reajustamento dos benefícios, a fim de preservar-lhes o valor real, conforme critérios legalmente estabelecidos.

III. É defesa em qualquer hipótese a adoção de requisitos e critérios diferenciados para a concessão da aposentadoria aos beneficiários do regime geral de previdência social.

Está correto o que se afirma APENAS em

A) I e III.

B) II.

C) III.

D) I e II.

E) II e III.

Gabarito: Letra B

Para acesso ao vídeo, utilize o QR Code ao lado.

2.2 **(Ano: 2019 Banca: VUNESP Órgão: IPREMM – SP Prova: VUNESP – 2019 – IPREMM – SP – Procurador Jurídico)** Entre os princípios específicos do Direito Previdenciário brasileiro, podemos citar:

A) universalidade de acesso.

B) caráter não contributivo.

C) filiação facultativa.

D) reciprocidade entre Regimes Previdenciários

E) seletividade e distributividade na prestação dos benefícios e serviços.

Gabarito: Letra D

Para acesso ao vídeo, utilize o QR Code ao lado.

CAPÍTULO 3

SEGURADOS, FILIAÇÃO E INSCRIÇÃO NO REGIME GERAL DE PREVIDÊNCIA SOCIAL

1. INTRODUÇÃO

No âmbito do RGPS, estão cobertos pelo sistema os segurados obrigatórios e os facultativos, formando dois grandes grupos de filiados, bem como as pessoas que se enquadrem como os seus dependentes.

Por óbvio, apenas poderão se filiar como segurados obrigatórios as pessoas naturais, inexistindo possibilidade jurígena de uma pessoa jurídica ser segurada do Regime Geral de Previdência Social.

De efeito, no grupo dos **segurados obrigatórios**, em regra, se enquadram as pessoas que exercem atividade laboral remunerada no Brasil, exceto os servidores públicos efetivos e militares já vinculados a Regime Próprio de Previdência Social, instituído pela entidade política que se encontrem vinculados.

Caso o servidor ou o militar venham a exercer, concomitantemente, uma ou mais atividades abrangidas pelo Regime Geral de Previdência Social, tornar-se-ão segurados obrigatórios em relação a essas atividades.

Logo, é possível que o servidor público efetivo que desenvolva uma atividade laborativa remunerada paralela ao serviço público seja abarcado simultaneamente pelo RPPS e RGPS, podendo receber nesta hipótese duas aposentadorias, observado o teto do funcionalismo público federal, a teor do artigo 40, § 11, da Constituição Federal[1].

Esse grupo engloba cinco categorias de segurados que obrigatoriamente terão que se filiar ao sistema: ***empregado***, ***empregado doméstico***, ***trabalhador avulso***, ***segurado especial*** e ***contribuinte individual***.

É plenamente possível que uma pessoa seja filiada em mais de uma categoria na hipótese de desenvolvimento de atividades laborais concomitantes, a exemplo do segurado que mantém um vínculo empregatício (será filiado na condição de segurado empregado) e que nos fins de semana vende sorvete por conta própria em estádios de futebol (será filiado na condição de contribuinte individual).

1. § 11 – Aplica-se o limite fixado no art. 37, XI, à soma total dos proventos de inatividade, inclusive quando decorrentes da acumulação de cargos ou empregos públicos, **bem como de outras atividades sujeitas a contribuição para o regime geral de previdência social**, e ao montante resultante da adição de proventos de inatividade com remuneração de cargo acumulável na forma desta Constituição, cargo em comissão declarado em lei de livre nomeação e exoneração, e de cargo eletivo.

> Destaque-se que o *dirigente sindical* manterá, durante o exercício do mandato eletivo, o mesmo enquadramento no Regime Geral de Previdência Social de antes da sua investidura.

Por sua vez, as pessoas que não desenvolvam atividade laborativa no Brasil poderão se filiar na condição de **segurados facultativos** da previdência social, em atendimento ao Princípio da Universalidade de Cobertura, a exemplo do estagiário e da dona de casa.

Deveras, o estágio é ato educativo escolar supervisionado, desenvolvido no ambiente de trabalho, que visa à preparação para o trabalho produtivo de educandos que estejam frequentando o ensino regular em instituições de educação superior, de educação profissional, de ensino médio, da educação especial e dos anos finais do ensino fundamental, na modalidade profissional da educação de jovens e adultos, nos termos do artigo 1º, da Lei 11.788/2008.

2. SEGURADOS OBRIGATÓRIOS

Os segurados obrigatórios do RGPS estão listados no artigo 12, da Lei 8.212/91, sendo repetidos no artigo 11, da Lei 8.213/91, com regulamentação no artigo 9º, do Decreto 3.048/99.

Vale salientar que a regra é a adoção do ***Princípio da Territorialidade da Filiação***, ou seja, quem exercer atividade laborativa remunerada no território do Brasil e não for servidor público efetivo ou militar vinculado a RPPS, será segurado obrigatório do RGPS.

Contudo, há hipóteses legais que serão vistas em que pessoas que trabalham no Brasil não serão seguradas do RGPS, bem como existirão segurados obrigatórios do RGPS trabalhando fora do país.

Vale frisar que a caracterização do trabalho como urbano ou rural, para fins previdenciários, depende da natureza das atividades efetivamente prestadas pelo empregado ou contribuinte individual e não do meio em que se inserem[2], sendo plenamente possível o desenvolvimento do trabalho rural nas cidades e vice-versa.

Nesse sentido também é a linha de decisão do Tribunal Regional Federal da 4ª Região: "a caracterização do trabalho como urbano ou rural depende da natureza das atividades efetivamente prestadas e não do meio em que se inserem"[3].

2. Artigo 7º, inciso IV, da Instrução Normativa INSS 77/2015.
3. Passagem do julgamento da AC 9604330870, de 25.11.1997.

Existem determinadas atividades profissionais que realmente geram dúvidas sobre a sua natureza urbana ou rural, a exemplo do tratorista, do motosserrista e do administrador de fazenda, considerados trabalhadores urbanos pela autarquia previdenciária[4].

Entretanto, este tema é extremamente polêmico e nem sempre a posição do INSS é admitida pela jurisprudência. O Superior Tribunal de Justiça, por exemplo, possui precedentes que inserem os *tratoristas* na condição de trabalhadores rurais, a exemplo da decisão tomada no Recurso Especial 591.370, de 03/06/2004:

> "No que se refere à comprovação da atividade rurícola do autor, além dos depoimentos testemunhais, a Certidão de Casamento, acostada à fls. 08 dos autos, que declara sua profissão de **tratorista** e as anotações em sua CTPS comprovam seu trabalho em empresas agropecuárias no cargo de tratorista e serviços gerais da fazenda, o que constitui um início razoável de prova material para comprovação do exercício da **atividade laborativa rural**".

Já o TRF da 1ª Região aderiu ao posicionamento do INSS, no julgamento da Apelação Cível 2006.01.99.0[44]305-6, de 16.06.2011, ao considerar o *motosserrista* como trabalhador urbano:

> "PREVIDENCIÁRIO. PENSÃO POR MORTE. RURAL. AUSÊNCIA DE INÍCIO RAZOÁVEL DE PROVA MATERIAL. PROVA EXCLUSIVAMENTE TESTEMUNHAL. PENSÃO INDEVIDA. 1. Na hipótese, inexiste qualquer documento relativo à pessoa do suposto instituidor conferindo-lhe a qualificação de lavrador. Eventualmente poder-se-ia considerar o fato de que a família é titular de uma propriedade rural (fls. 15 e ss.). Todavia, os documentos alusivos ao falecido, além de não ajudarem, labutam contra. **Com efeito, consoante observou o douto juízo primevo, mesmo a certidão de óbito o qualifica como "motosserrista", sendo que a narrativa do boletim de ocorrência indica que a morte deu-se durante o carregamento de toras de madeira em um caminhão. 2. Ausente início de prova material idôneo a comprovar a qualidade de trabalhador rural**, a produção de prova exclusivamente testemunhal é insuficiente à comprovação da atividade rurícola para efeito da obtenção de benefício previdenciário, nos termos das Súmulas 149 do STJ e 27 deste Tribunal 3. Apelação da autora desprovida".

Com relação ao *administrador de fazenda*, a natureza da sua atividade também gera polêmica na jurisprudência, existindo decisões que o considera como trabalhador urbano e outras como trabalhador rural, inclusive com divergência dentro do mesmo Tribunal:

> "PREVIDÊNCIA SOCIAL. APOSENTADORIA RURAL POR IDADE. AUSENTES OS REQUISITOS PARA CONCESSÃO DO BENEFÍCIO. APELAÇÃO DA PARTE AUTORA

4. **Art. 31. O segurado, ainda que tenha trabalhado para empregador rural ou para empresa prestadora de serviço rural, no período anterior ou posterior à vigência da Lei nº 8.213, de 1991, será considerado como filiado ao regime urbano como empregado ou contribuinte individual, conforme o caso, quando enquadrado, dentre outras, nas seguintes categorias:** I – carpinteiro, pintor, datilógrafo, cozinheiro, doméstico e toda atividade que não se caracteriza como rural; II – motorista, com habilitação profissional, e tratorista; III – empregado do setor agrário específico de empresas industriais ou comerciais, assim entendido o trabalhador que presta serviços ao setor agrícola ou pecuário, desde que tal setor se destine, conforme o caso, à produção de matéria-prima utilizada pelas empresas agroindustriais ou à produção de bens que constituíssem objeto de comércio por parte das agrocomerciais, que, pelo menos, desde 25 de maio de 1971, vigência da Lei Complementar nº 11, de 25 de maio de 1971, vinha sofrendo desconto de contribuições para o ex-Instituto Nacional de Previdência Social – INPS, ainda que a empresa não as tenha recolhido; IV – empregado de empresa agroindustrial ou agrocomercial que presta serviço, indistintamente, ao setor agrário e ao setor industrial ou comercial; V – motosserrista; VI – veterinário, administrador e todo empregado de nível universitário; VII – empregado que presta serviço em loja ou escritório; e VIII – administrador de fazenda, exceto se demonstrado que as anotações profissionais não correspondem às atividades efetivamente exercidas.

IMPROVIDA. SENTENÇA DE IMPROCEDÊNCIA MANTIDA.– Restou demonstrado o preenchimento do requisito etário.– Colacionada aos autos certidão de casamento, cuja profissão declarada à época pelo cônjuge foi a de lavrador.– **O conjunto probatório produzido demonstrou que o marido abandonou a profissão de trabalhador rural para ocupar o cargo de administrador de fazendas. Impossibilidade de extensão da profissão de rurícola à demandante.**– Ausência de comprovação de labor no meio **rural,** nos termos do art. 143 da Lei 8.213/91.– Recurso da parte autora improvido" (TRF 3ª Região, **9ª Turma**, APELAÇÃO CÍVEL 929.239, de 1403.2011).

"PROCESSUAL CIVIL. PREVIDENCIÁRIO. AGRAVO LEGAL (ART. 557, § 1º, DO CPC). REDISCUSSÃO DA MATÉRIA JÁ DECIDIDA. IMPOSSIBILIDADE. APOSENTADORIA POR INVALIDEZ. ATIVIDADE RURAL COMPROVADA. DECISÃO AGRAVADA MANTIDA. AUSÊNCIA DE ILEGALIDADE OU ABUSO DE PODER. 1. O agravo previsto no art. 557, § 1º, do Código de Processo Civil tem o propósito de submeter ao órgão colegiado o controle da extensão dos poderes do relator, bem como a legalidade da decisão monocrática proferida, não se prestando à rediscussão de matéria já decidida. 2. Inexistente qualquer ilegalidade ou abuso de poder na decisão questionada que justifique a sua reforma. **3. O empregado que presta seus serviços no campo como administrador de fazenda é, nos termos do art. 3º, § 1º, da Lei nº 5.889/73, trabalhador rural**. 3. Agravo legal desprovido" (TRF 3ª Região, **8ª Turma**, APELAÇÃO CÍVEL 1.508.870, de 02.08.2010).

Por tudo isso, cada situação fronteiriça deve ser analisada com cautela e bom senso, mesmo porque a Lei 5.889/73, que estatui normas reguladoras do trabalho rural no Brasil, não define nem especifica o rol de trabalhadores rurais.

Por sua vez, a natureza do vínculo de emprego, se urbano ou rural, não pode ser definido pela natureza da atividade econômica do empregador, existindo inclusive empresas que possuem diversas atividades e que simultaneamente possuem empregados urbanos e empregados rurais.

Nesse sentido, o correto posicionamento do STJ ao julgar o **tema 406**:

RECURSO REPETITIVO

Pesquisa de tema: Tema Repetitivo 406

Situação do tema: Trânsito em Julgado

Pesquisa de Repetitivos e IACs Organizados por Assunto

Processo

REsp 1133662 / PE RECURSO ESPECIAL

2009/0129027-3

Relator(a)

Ministro MAURO CAMPBELL MARQUES (1141)

Órgão Julgador

S1 – PRIMEIRA SEÇÃO

Data do Julgamento

09/08/2010

Data da Publicação/Fonte

DJe 19/08/2010

DECTRAB vol. 200 p. 45

RSSTJ vol. 46 p. 367

Ementa

PROCESSUAL CIVIL. VIOLAÇÃO DO ART. 535 DO CPC. CONTRADIÇÃO NÃO CONFIGURADA. FGTS. AGROINDÚSTRIA. USINA DE ÁLCOOL E AÇÚCAR. TRABALHADOR DA LAVOURA CANAVIEIRA. QUALIFICAÇÃO COMO TRABALHADOR RURAL. ISENÇÃO.

1. A contradição que autoriza o manejo dos aclaratórios é aquela que ocorre entre a fundamentação e o dispositivo, e não a interna à fundamentação.

2. Na hipótese dos autos, a apontada contradição confunde-se com o inconformismo da parte acerca do julgamento da controvérsia de fundo proferido pelo Tribunal, situação não enquadrada entre os vícios do art. 535 do CPC. Ao que se verifica não há fundamentos antagônicos no voto condutor do julgado que manteve absoluta coerência ao decidir que, para o enquadramento da atividade do rurícola, deve preponderar a atividade desenvolvida pelo próprio empregado, e não pela categoria do empregador. Decidiu-se, ainda, que apenas em relação aos empregados que trabalhavam na extração da cana-de-açúcar não era legítima a cobrança das contribuições para o FGTS. Fácil observar, portanto, que os argumentos que foram elencados nos aclaratórios constituem mera tentativa de rejulgamento da controvérsia, e não propriamente contradição do acórdão atacado.

3. A Lei Complementar n. 11/71, ao instituir o Programa de Assistência ao Trabalhador Rural, e a Lei n. 5.889/73, ao estabelecer regras para o referido programa, excluíram da exigência do recolhimento do FGTS aqueles trabalhadores que desenvolviam atividades classificadas como rurais. Somente com a promulgação da Constituição Federal de 1988, que desenvolveu um sistema de equiparação entre os trabalhadores urbanos e rurais, a contribuição para o FGTS passou a ser obrigatória, independentemente da atividade desempenhada pelo empregado, seja urbana, seja rural.

4. Na hipótese dos autos, discute-se a exigibilidade do FGTS dos empregados de usinas sucroalcooleiras que trabalham na lavoura canavieira, durante o período compreendido entre os anos de 1984 e 1988, ou seja, no período em que não era obrigatória a vinculação ao FGTS de empregados rurais.

5. A Lei 5.889/73 preconizou normas reguladoras do trabalho rural, estabelecendo os critérios para definição do empregado rural, ao prever em seu art. 2º, que o empregado rural é toda pessoa física que presta serviços a empregador rural, sob a dependência deste e mediante salário, desenvolvendo suas atividades em propriedade rural ou prédio rústico. E, em relação ao empregador rural, o art. 3º da mencionada norma legal definiu-o como sendo "a pessoa física ou jurídica, proprietário ou não, que explore atividade agro-econômica, em caráter permanente ou temporário, diretamente ou através de prepostos e com auxílio de empregados", inclusive mediante a exploração industrial em estabelecimento agrário (§ 1º).

6. De acordo com a lei em referência, uma mesma empresa agroindustrial, poderia ser qualificada como empregadora rural relativamente aos seus empregados que realizavam atividade rurais, e como urbana no que tange às demais atividades desenvolvidas.

7. Sobre o tema, o Tribunal Superior do Trabalho firmou entendimento de que a atividade exercida pelo empregado é que define a condição deste como rural ou industriário, assentando, inclusive, que o cultivo de cana– de-açúcar para usina sucroalcooleira não constitui atividade agroindustrial, mas sim rural. Precedentes.

8. Assim, conclui-se que os empregados, que laboram no cultivo da cana-de-açúcar para empresa agroindustrial ligada ao setor alcooleiro, detém a qualidade de rurícola, o que traz como consequência a isenção do FGTS desde a edição da Lei Complementar n. 11/71 até a promulgação da Constituição Federal de 1988. Precedente: EDRESP 952052 / PE, da relatoria da Ministra Eliana Calmon, DJ 12.3.2010.

9. Recursos especiais não providos. Acórdão submetido ao regime do art. 543-C do CPC e da Resolução STJ 08/2008.

No mesmo sentido o tema 115 da TNU:

Tema	115	Situação do tema	Julgado	Ramo do direito	DIREITO PREVIDENCIÁRIO
Questão submetida a julgamento		Saber como se define a natureza da atividade desenvolvida pelo trabalhador – se é rural ou urbana -, sem levar em conta o ramo da atividade do empregador.			
Tese firmada		**Não é ramo de exploração de atividade econômica do empregador que define a natureza do trabalho desempenhado pelo empregado, se rural ou urbano, para fins de concessão do benefício previdenciário de aposentadoria.**			
Processo	**Decisão de afetação**	**Relator (a)**	**Julgado em**	**Acórdão publicado em**	**Trânsito em julgado**
PEDILEF 2009.39.00.701490-8/ PA	05/09/2013	Juiz Federal Gláucio Ferreira Maciel Gonçalves	13/11/2013	14/01/2014	03/02/2014

Saliente-se que os magistrados classistas temporários da Justiça do Trabalho (a partir da Emenda 24/1999 este cargo foi extinto, preservando-se apenas os mandatos em vigor) e os magistrados da Justiça Eleitoral, serão aposentados, a partir de 14 de outubro de 1996, data da publicação da MP nº 1.523, de 1996, convertida na Lei nº 9.528, de 1997, de acordo com as normas estabelecidas pela legislação do regime previdenciário a que estavam submetidos, antes da investidura, **mantida a referida vinculação previdenciária durante o exercício do mandato.**

Conforme será visto, o trabalhador rural na ativa poderá se filiar ao RGPS na condição de segurado empregado, trabalhador avulso, segurado especial ou contribuinte individual, a depender da sua situação jurídico-laboral.

2.1. Segurado empregado

A legislação previdenciária enumera as hipóteses de enquadramento de um trabalhador como segurado empregado da previdência social, ressaltando que é uma categoria de segurados mais extensa do que os abarcados pela definição de relação de emprego fornecida pela legislação trabalhista, que exige remuneração, pessoalidade, subordinação e habitualidade para a configuração do vínculo de emprego.

Serão analisados os casos de enquadramento das pessoas físicas como segurados empregados, à luz do artigo 12, inciso I, da Lei 8.212/91, bem como do artigo 9º, I, do RPS (Decreto 3.048/99):

> "a) aquele que presta serviço de natureza urbana ou rural à empresa, em caráter não eventual, sob sua subordinação e mediante remuneração, inclusive como diretor empregado;"

É conceito similar ao do artigo 3º, da CLT[5], ou seja, exige-se a remuneração, a habitualidade, a pessoalidade e a subordinação para a configuração do vínculo empregatício, inclusive o diretor empregado.

5. Considera-se empregado toda pessoa física que prestar serviços de natureza não eventual a empregador, sob a dependência deste e mediante salário.

Com o veto parcial na Lei 11.457/2007, o vínculo empregatício continua podendo ser considerado pela fiscalização da Secretaria da Receita Federal do Brasil, independentemente de reconhecimento da Justiça do Trabalho.

O **menor aprendiz** é enquadrado como segurado empregado, sendo definido o *contrato de aprendizagem* como o contrato de trabalho especial, ajustado por escrito e por prazo determinado, em que o empregador se compromete a assegurar ao **maior de quatorze**[6] **e menor de vinte e quatro anos**[7], inscrito em programa de aprendizagem, formação técnico-profissional metódica, compatível com o seu desenvolvimento físico, moral e psicológico, e o aprendiz, a executar, com zelo e diligência, as tarefas necessárias a essa formação, pelo prazo máximo de dois anos, exceto quando se tratar de aprendiz portador de deficiência[8], ao qual não se aplica o limite máximo de idade[9].

Da mesma forma, a jurisprudência dominante entende que o ***aluno-aprendiz*** será considerado como segurado empregado, desde que perceba remuneração, mesmo que indireta (valores recebidos a título de alimentação, fardamento, material escolar e parcela de renda auferida com a execução de encomendas para terceiros, entre outros), conforme estatuído na **Súmula 18 da TNU (redação original)**:

> "Súmula 18 – Provado que o aluno aprendiz de Escola Técnica Federal recebia remuneração, mesmo que indireta, à conta do orçamento da União, o respectivo tempo de serviço pode ser computado para fins de aposentadoria previdenciária".

Seguindo esse posicionamento, a **Advocacia-Geral da União** editou em 2008 a **Súmula 24**:

> "Súmula 24 – É permitida a contagem, como tempo de contribuição, do tempo exercido na condição de aluno-aprendiz referente ao período de aprendizado profissional realizado em escolas técnicas, desde que comprovada a remuneração, mesmo que indireta, à conta do orçamento público e o vínculo empregatício".

No mesmo sentido o STF, a exemplo do julgamento do MS 28.399-AgR, de 22.05.2012:

> "AGRAVO REGIMENTAL. MANDADO DE SEGURANÇA. TRIBUNAL DE CONTAS DA UNIÃO. TEMPO DE SERVIÇO PRESTADO COMO ALUNO-APRENDIZ EM ESCOLA TÉCNICA. CÔMPUTO PARA APOSENTADORIA. LEGALIDADE. MUDANÇA DE ORIENTAÇÃO DA CORTE DE CONTAS QUANTO AOS REQUISITOS EXIGIDOS, APÓS A CONCESSÃO DA APOSENTADORIA. IMPOSSIBILIDADE. AGRAVO REGIMENTAL IMPROVIDO. **I – A jurisprudência do Supremo Tribunal Federal consolidou-se, em casos idênticos ao que ora se analisa, pela legalidade do cômputo do tempo prestado como aluno-aprendiz para fins de aposentadoria.** II – A nova interpretação da Súmula 96 do TCU, firmada no Acórdão 2.024/2005, não pode ser aplicada à aposentadoria concedida anteriormente. III – Agravo regimental improvido".

Nos termos do artigo 188-G, do Decreto 3.048/99, inserido pelo Decreto 10.410/2020, é considerado como tempo de contribuição "o tempo exercido na condição de aluno-aprendiz

6. Entre a data de promulgação da Constituição de 1988 e a Emenda 20/1998, a idade mínima do aprendiz era de 12 anos.
7. A idade máxima era de 18 anos de idade, tendo sido majorada para 24 anos pela Lei 11.180/2005.
8. Artigo 428 da CLT.
9. Artigo 6º, II, da Instrução Normativa RFB 971/2009.

referente ao período de aprendizado profissional realizado em escola técnica, desde que comprovados a remuneração pelo erário, mesmo que indireta, e o vínculo empregatício".

De acordo com o TCU, "para a contagem como tempo de serviço público, para todos os efeitos, de período trabalhado na qualidade de aluno-aprendiz, além da comprovação de recebimento de retribuição pecuniária à conta do Orçamento da União, é essencial a prova do labor do então estudante na execução de encomendas recebidas da escola"[10].

Registre-se que o menor aprendiz (atual contrato de aprendizagem) não se confunde com o aluno aprendiz, conforme bem pontuado pelo TCU:

> **Acórdão 1834/2015 Primeira Câmara** (Aposentadoria, Relator Ministro José Múcio Monteiro)
>
> Tempo de serviço. Aluno-aprendiz. Empregado-aprendiz.
>
> O tempo de serviço prestado na condição de empregado-aprendiz, desde que atestado por certidão do INSS, comprovadora do recolhimento da contribuição previdenciária, pode ser contado para efeito de aposentadoria.
>
> A condição do aluno-aprendiz difere da condição do empregado-aprendiz. O aluno-aprendiz aprende trabalhando em escola técnica federal, recebendo ou não pecúnia à conta do orçamento público e salário indireto, representado por alimento, fardamento, atendimento médico-odontológico e pousada. O empregado-aprendiz é empregado regido pela CLT e sua condição de aprendiz é dirigida a uma proficiência pessoal no interesse de seu empregador, além de o curso estar inserido no expediente de trabalho.

Em 14 de fevereiro de 2020, o tema foi revisitado pela TNU no tema 216[11]:

> **TNU fixa critérios para o cômputo do tempo de serviço prestado como aluno-aprendiz**
>
> **Decisão TNU**
>
> Em sessão ordinária realizada no dia 14 de fevereiro, a Turma Nacional de Uniformização dos Juizados Especiais Federais (TNU) decidiu negar provimento ao Pedido de Uniformização de Jurisprudência interposto pela parte autora, nos termos do voto da Juíza Relatora, fixando a seguinte tese: "para fins previdenciários, o cômputo do tempo de serviço prestado como aluno-aprendiz exige a comprovação de que, durante o período de aprendizado, houve simultaneamente: **(i) retribuição consubstanciada em prestação pecuniária ou em auxílios materiais; (ii) à conta do Orçamento; (iii) a título de contraprestação por labor; (iv) na execução de bens e serviços destinados a terceiros". Tema (216).**
>
> A Turma também aprovou a alteração da redação da Súmula 18, a fim de que passe a ostentar a mesma redação da tese fixada. A mudança foi publicada na quarta-feira, 19, no DJe n. 21/2020, pg. 00002.
>
> O Pedido de Interpretação de Uniformização de Lei foi interposto em face de acórdão da 1ª Turma Recursal do Ceará, no qual se discute o direito à averbação como tempo de serviço/contribuição do período em que o autor foi aluno aprendiz em Escola Técnica Federal. Segundo o requerente, o acórdão recorrido diverge da jurisprudência desta TNU (Súmula 18) e do Superior Tribunal de Justiça (STJ).
>
> Em suas razões de decidir, a relatora do processo na TNU, juíza federal Polyana Falcão Brito, iniciou sua exposição de motivos pontuando que o cerne da discussão é saber se, além da menção

10. Acórdão 6714/2015 Primeira Câmara (Pedido de Reexame, Relator Ministro Bruno Dantas).
11. https://www.cjf.jus.br/cjf/noticias/2020/02-fevereiro/tnu-fixa-criterios-para-o-computo-do-tempo-de-servico-prestado-como-aluno-aprendiz.

a eventual remuneração (ainda que indireta) auferida pelo aluno aprendiz de estabelecimento de ensino técnico, exige-se a comprovação do vínculo empregatício, ou seja, a relação de trabalho/emprego, para a contagem do respectivo período para fins de aposentadoria previdenciária.

Critérios

Dando o prosseguimento, a relatora abordou a Súmula 18 da TNU, publicada em 07/10/2004, que diz: "*Provado que o aluno aprendiz de Escola Técnica Federal recebia remuneração, mesmo que indireta, à conta do orçamento da União, o respectivo tempo de serviço pode ser computado para fins de aposentadoria previdenciária*". A magistrada também citou a jurisprudência atual do STJ, que, em ambas as Turmas de Direito Público, aponta para a necessidade de observância dos requisitos estampados na redação original da Súmula 96 do Tribunal de Contas da União (TCU), quais sejam a exigência de comprovação do vínculo empregatício e remuneração à conta do orçamento da União.

Após a contextualização, a relatora aprofundou o estudo a respeito do alcance e significado da Súmula 96 do TCU e a evolução interpretativa que lhe foi emprestada ao longo do tempo naquela Corte de Contas. De acordo com a magistrada, o entendimento do Tribunal no trato da matéria jamais prescindiu da prova de que o aluno comprovasse a existência de retribuição (que não deve ser confundida com remuneração, pura e simplesmente) pelo trabalho desenvolvido no ofício para o qual eram treinados, o que remete à ideia do vínculo empregatício.

Por fim, a relatora afirmou que é preciso ficar claro que a mera referência à percepção de remuneração por meio de fardamento, alimentação, material escolar ou outros benefícios de caráter não pecuniário não é suficiente, por si só, para atestar o efetivo labor do estudante, a existência do vínculo empregatício. Em tese (e muito comumente), tais benefícios podem ser custeados pelo orçamento público a um grupo de alunos de determinada instituição independentemente da realização de serviços para terceiros.

"No caso concreto, de acordo com o contexto probatório delineado no acórdão recorrido, 'não há menção ao exercício de trabalho pelo demandante, tampouco ao tipo de trabalho por este exercido', não restando atendidos assim os requisitos para o reconhecimento do tempo de serviço para fins previdenciários haja vista que, não havendo menção ao exercício de trabalho, não há como se inferir a existência de retribuição por este trabalho", completou a magistrada.

Nesse sentido, restou alterada a redação da Súmula 18:

Súmula 18 TNU – "Para fins previdenciários, o cômputo do tempo de serviço prestado como aluno-aprendiz exige a comprovação de que, durante o período de aprendizado, houve simultaneamente: (i) retribuição consubstanciada em prestação pecuniária ou em auxílios materiais; (ii) à conta do Orçamento; (iii) a título de contraprestação por labor; (iv) na execução de bens e serviços destinados a terceiros". **ALTERADA NA SESSÃO DE 14/02/2020**

Note-se que a Turma Nacional passou a exigir – para que o período de aluno aprendiz seja reconhecido como tempo de contribuição do empregado – que a atividade tenha sido desempenhada na execução de bens ou serviços destinados a terceiros (novidade), além da remuneração em pecúnia ou utilidade à conta do orçamento público à título de contraprestação do labor.

Por outro lado, entende-se que o *monitor acadêmico* e o *jogador amador de futebol* não se enquadram como segurados obrigatórios da previdência social, pois no primeiro caso há mera percepção de bolsa de natureza indenizatória como contraprestação à extensão curricular, e no segundo inexiste qualquer remuneração, consoante interpretações judiciais majoritárias[12].

12. TRF da 2ª Região, EDAC 20028300003682901, de 02.06.2009; TRF da 4ª Região, AC 200571010001052, de 29.01.2008.

Realmente, o atleta não profissional em formação não será considerado contribuinte obrigatório do RGPS, quando forem atendidas cumulativamente as seguintes condições previstas na Lei nº 9.615, de 1998: I – possuir idade entre 14 (quatorze) e 20 (vinte) anos; II – ser contratado por entidade de prática desportiva formadora; III – somente receber auxílio financeiro, se for o caso, sob a forma de bolsa de aprendizagem, nos termos da Lei nº 9.615, de 1998 (Lei Pelé), com a redação dada pela Lei nº 10.672, de 2003[13].

Neste rol também se insere o empregado rural, cujo trabalho é regulado pela Lei 5.889/73, assim considerado toda pessoa física que, em propriedade rural ou prédio rústico, presta serviços de natureza não eventual a empregador rural, sob a dependência deste e mediante salário.

Estatui o artigo 14-A, da Lei 5.889/73, inserido pela Lei 11.718/08, que o produtor rural pessoa física poderá realizar contratação de trabalhador rural por pequeno prazo para o exercício de atividades de natureza temporária.

Também se enquadrará como segurado empregado do RGPS o empregado público, nos termos do artigo 40, § 13[14], da Constituição Federal, pois não detentor de cargo público efetivo, sendo celetista.

> "b) aquele que, contratado por empresa de trabalho temporário, definida em legislação específica, presta serviço para atender a necessidade transitória de substituição de pessoal regular e permanente ou a acréscimo extraordinário de serviços de outras empresas;"

Trata-se do trabalhador temporário regido pela Lei 6.019/74, modificada pela Lei 13.429/2017, sendo o trabalho temporário definido como aquele prestado por pessoa física contratada por uma empresa de trabalho temporário que a coloca à disposição de uma empresa tomadora de serviços, para atender à necessidade de substituição transitória de pessoal permanente ou à demanda complementar de serviços.

O contrato de trabalho temporário, com relação ao mesmo empregador, não poderá exceder ao prazo de cento e oitenta dias, consecutivos ou não, podendo ser prorrogado por até noventa dias, consecutivos ou não, quando comprovada a manutenção das condições que o ensejaram.

Entende-se por empresa de trabalho temporário a pessoa física ou jurídica urbana, cuja atividade consiste em colocar à disposição de outras empresas, temporariamente, trabalhadores, devidamente qualificados, por elas remunerados e assistidos.

> "c) o brasileiro ou estrangeiro domiciliado e contratado no Brasil para trabalhar como empregado em sucursal ou agência de empresa nacional no exterior;"

Enquadra-se como segurado empregado o nacional ou o estrangeiro contratado e domiciliado no Brasil por empresa brasileira para trabalhar no exterior em sua filial, a fim de conferir cobertura previdenciária a essas pessoas.

13. Artigo 6º, § 8º, da Instrução Normativa RFB 971/2009.
14. § 13. Aplica-se ao agente público ocupante, exclusivamente, de cargo em comissão declarado em lei de livre nomeação e exoneração, de outro cargo temporário, inclusive mandato eletivo, ou de emprego público, o Regime Geral de Previdência Social. (Redação dada pela Emenda Constitucional nº 103, de 2019).

Frise-se que o conceito de empresa brasileira foi alterado pela Emenda 06/95, que revogou o artigo 171, da CRFB, pois agora basta que a pessoa jurídica seja constituída sob a égide da legislação brasileira e conte com sede e administração no Brasil, na forma do artigo 176, § 1º, da Lei Maior.

Trata-se de uma exceção ao Princípio da Territorialidade da Filiação, pois neste caso um trabalhador laborará no exterior e será segurado obrigatório do RGPS.

A justificativa política desta hipótese de filiação obrigatória ao RGPS certamente foi o fato da empresa tomadora do serviço ser brasileira, sendo natural o retorno do empregado ao Brasil ao final da prestação do serviço ou mesmo antes, sendo garantido o tempo de contribuição no regime previdenciário brasileiro, independentemente da existência de tratado internacional.

> "d) aquele que presta serviço no Brasil a missão diplomática ou a repartição consular de carreira estrangeira e a órgãos a ela subordinados, ou a membros dessas missões e repartições, excluídos o não-brasileiro sem residência permanente no Brasil *e o brasileiro amparado pela legislação previdenciária do país da respectiva missão diplomática ou repartição consular;*"

Trata-se de norma supletiva do RGPS, que visa conferir cobertura à pessoa que presta serviços no Brasil à missão diplomática ou a consulado estrangeiro, que apenas incidirá se o brasileiro não estiver coberto pela previdência estrangeira ou se cuidar de estrangeiro sem residência permanente no Brasil.

Caso o estrangeiro não tenha residência permanente no Brasil e o brasileiro tenha a cobertura previdenciária do país estrangeiro, não incidirá esta hipótese de filiação obrigatória ao RGPS na condição de empregado, o que se revela como uma exceção ao Princípio da Territorialidade da Filiação.

Entende-se que esta previsão legal deveria ser alterada para melhor atender aos interesses do brasileiro que presta serviços à missão diplomática e repartição consular estrangeira no Brasil, na hipótese de cobertura pela previdência estrangeira.

Suponha-se hipoteticamente que José preste serviços a um consulado e que tenha cobertura da previdência desse país, sendo, destarte, excluído do rol de segurados obrigatórios do RGPS.

Após 10 anos de serviço, José deixa de trabalhar para o consulado estrangeiro. Entretanto, tendo em vista a inexistência de tratado internacional celebrado com o Brasil, esse período de serviço não será computado na previdência brasileira, o que irá prejudicar os interesses do segurado.

Assim sendo, entende-se que deverá haver uma alteração legislativa neste dispositivo para deixar uma opção ao brasileiro para se filiar ao RGPS, o que excluiria a cobertura previdenciária estrangeira.

> "e) o brasileiro civil que trabalha para a União, no exterior, em organismos oficiais brasileiros ou internacionais dos quais o Brasil seja membro efetivo, ainda que lá domiciliado e contratado, *salvo se segurado na forma da legislação vigente do país do domicílio;*"

Cuida-se de outra norma subsidiária do RGPS, sendo apenas aplicável caso o brasileiro que trabalhe para a União no exterior em organismos oficiais não esteja amparado pela legislação estrangeira, desde que o Brasil seja membro efetivo do organismo oficial internacional, a exemplo da ONU.

Outrossim, obviamente esta norma não será aplicável se essa pessoa for segurada do RPPS da União, por se tratar de servidor público efetivo ou militar federal.

Aqui se tem mais uma exceção ao Princípio da Territorialidade da Filiação. Aqui se insere o auxiliar local, nos termos do artigo 9º, I, letra G, do Decreto 3.048/99.

> "f) o brasileiro ou estrangeiro domiciliado e contratado no Brasil para trabalhar como empregado em empresa domiciliada no exterior, *cuja maioria do capital votante pertença a empresa brasileira de capital nacional;"*

Neste caso, a pessoa que seja empregada de empresa com sede no exterior será considerada como segurada empregada do RGPS, desde que a maioria do capital votante seja pertencente à empresa brasileira, assim considerada a constituída sob a égide da legislação brasileira e que conte com sede e administração no Brasil.

Logo, cuida-se de outra exceção ao Princípio da Territorialidade da Filiação.

> "g) o servidor público ocupante de cargo em comissão, sem vínculo efetivo com a União, Autarquias, inclusive em regime especial, e Fundações Públicas Federais;"

Este dispositivo está em consonância com o artigo 40, § 13[15], da CRFB, inserido pela EC 20/1998, que enquadrou os servidores titulares exclusivamente de cargos em comissão, empregos públicos ou outros vínculos temporários como segurados obrigatórios do RGPS.

Nesse rol estão insertos os ministros e secretários sem vínculo efetivo com a Administração Pública, na forma do artigo 12, § 6º, da Lei 8.212/91.

Note-se que este dispositivo, posto pela Lei 8.647/93, só se refere aos titulares de cargos em comissão federais, razão pela qual os estaduais, distritais e municipais somente restaram vinculados ao RGPS com o advento da EC 20/1998, mesmo que suas respectivas entidades políticas tenham instituído RPPS.

Assim sendo, este dispositivo deve ser interpretado extensivamente, conforme a Emenda 20/1998, para inserir os servidores ocupantes exclusivamente de cargos em comissão nos estados, no Distrito Federal e nos municípios como segurados empregados do RGPS.

> "h) o exercente de mandato eletivo federal, estadual ou municipal, desde que não vinculado a regime próprio de previdência social;" (Suspenso pela Resolução 26/2005 do Senado da República)"

Este inciso foi inserto pela Lei 9.506/97, que acabou com o IPC – Instituto de Previdência dos Congressistas, que não tinha equilíbrio financeiro e atuarial. Entretanto, a Lei 9.506/97

---

15. § 13 – Ao servidor ocupante, exclusivamente, de cargo em comissão declarado em lei de livre nomeação e exoneração bem como de outro cargo temporário ou de emprego público, aplica-se o regime geral de previdência social. (Incluído pela Emenda Constitucional nº 20, de 15/12/98).

criou o Plano de Seguridade Social dos Congressistas, a cargo da União, de filiação facultativa dos Deputados Federais e Senadores.

O objetivo do legislador foi vincular o titular de mandato eletivo sem vínculo efetivo com a Administração Pública ao RGPS, na condição de segurado empregado. Todavia, com base na redação do artigo 195 da Constituição Federal em 1997, não poderia o titular de mandato eletivo ter sido inserido como segurado do RGPS por lei ordinária, vez que inexistia essa fonte de custeio para o pagamento das contribuições previdenciárias.

É que a criação de novas fontes de custeio para o pagamento de contribuições para a seguridade social não previstas na Constituição Federal demanda a edição de lei complementar, nos moldes do artigo 195, § 4º, da Lei Maior.

O STF, no RE 351.717, de 08/10/2003, julgou inconstitucional esta alínea "h", pois restou instituída uma nova fonte de custeio não prevista no artigo 195, da CRFB, que exige lei complementar para tanto:

> "EMENTA: CONSTITUCIONAL. TRIBUTÁRIO. PREVIDÊNCIA SOCIAL. CONTRIBUIÇÃO SOCIAL: PARLAMENTAR: EXERCENTE DE MANDATO ELETIVO FEDERAL, ESTADUAL ou MUNICIPAL. Lei 9.506, de 30.10.97. Lei 8.212, de 24.7.91. C.F., art. 195, II, sem a EC 20/98; art. 195, § 4º; art. 154, I.
>
> I. – A Lei 9.506/97, § 1º do art. 13, acrescentou a alínea h ao inc. I do art. 12 da Lei 8.212/91, tornando segurado obrigatório do regime geral de previdência social o exercente de mandato eletivo, desde que não vinculado a regime próprio de previdência social.
>
> II. – Todavia, não poderia a lei criar figura nova de segurado obrigatório da previdência social, tendo em vista o **disposto no art. 195, II, C.F. Ademais, a Lei 9.506/97, § 1º do art. 13, ao criar figura nova de segurado obrigatório, instituiu fonte nova de custeio da seguridade social, instituindo contribuição social sobre o subsídio de agente político. A instituição dessa nova contribuição, que não estaria incidindo sobre "a folha de salários, o faturamento e os lucros" (C.F., art. 195, I, sem a EC 20/98), exigiria a técnica da competência residual da União, art. 154, I, ex vi do disposto no art. 195, § 4º, ambos da C.F. É dizer, somente por lei complementar poderia ser instituída citada contribuição**.
>
> III. – Inconstitucionalidade da alínea h do inc. I do art. 12 da Lei 8.212/91, introduzida pela Lei 9.506/97, § 1º do art. 13. IV. – R.E. conhecido e provido".

Posteriormente, o Senado suspendeu a sua eficácia *erga omnes* ao editar a Resolução 26/2005:

> "Art. 1º É suspensa a execução da alínea "h" do inciso I do art. 12 da Lei Federal nº 8.212, de 24 de julho de 1991, acrescentada pelo § 1º do art. 13 da Lei Federal nº 9.506, de 30 de outubro de 1997, em virtude de declaração de inconstitucionalidade em decisão definitiva do Supremo Tribunal Federal, nos autos do Recurso Extraordinário nº 351.717-1 – Paraná".

Note-se que a apreciação do STF tomou como parâmetro o texto do artigo 195, da Constituição, anteriormente à reforma da previdência social perpetrada pela Emenda 20/1998, pois posteriormente a questão foi regularizada, vez que estão consignados como fonte de custeio o trabalhador e os demais segurados do RGPS, na forma da nova redação do inciso II, do artigo 195, da Lei Maior, vez que antes apenas havia a previsão dos trabalhadores, categoria que a Suprema Corte entendeu não se enquadrarem os agentes políticos titulares de mandato eletivo.

Ademais, com a atual redação do artigo 195, I, "a", da Constituição Federal, dada pela EC 20/1998, a contribuição previdenciária das empresas e equiparados não incidirá apenas sobre a folha de salários, mas também sobre os demais rendimentos do trabalho pagos ou creditados, a qualquer título, à pessoa física que lhe preste serviço, mesmo sem vínculo empregatício.

Como será visto no estudo da alínea "j", a questão se resolveu com a edição da Lei 10.887/2004.

> "i) o empregado de organismo oficial internacional ou estrangeiro em funcionamento no Brasil, *salvo quando coberto por regime próprio de previdência social;"*

Trata-se de norma supletiva do RGPS, que busca a cobertura previdenciária do empregado de organismo oficial internacional ou estrangeiro, que apenas incidirá caso inexista a proteção previdenciária desse trabalhador.

Caso incida esta norma subsidiária, haverá mais uma exceção ao Princípio da Territorialidade da Filiação.

> "j) o exercente de mandato eletivo federal, estadual ou municipal, desde que não vinculado a regime próprio de previdência social;"

Através da promulgação da Lei 10.887/2004, foi repetida a redação da alínea "h", pois, com o advento da Emenda 20/98, que alterou a redação do artigo 195, inciso II, da CRFB, o texto constitucional agora se refere ao trabalhador e demais segurados da Previdência Social, não cabendo mais se falar em inconstitucionalidade formal desta previsão por ser tema afeto à lei complementar para a criação de nova fonte de custeio.

Inclusive, este dispositivo já foi validado pelo STF (Informativo 866):

> **Informativo 866 – Contribuição previdenciária e exercentes de mandato eletivo**
>
> **Incide contribuição previdenciária sobre os rendimentos pagos aos exercentes de mandato eletivo, decorrentes da prestação de serviços à União, aos Estados e ao Distrito Federal ou aos Municípios, após o advento da Lei 10.887/2004, desde que não vinculados a regime próprio de previdência.**
>
> Com base nessa orientação, o Supremo Tribunal Federal, ao apreciar o Tema 691 da repercussão geral, por unanimidade, negou provimento a recurso extraordinário em que se discutiu a submissão dos entes federativos ao pagamento de contribuição previdenciária patronal incidente sobre a remuneração dos agentes políticos não vinculados a regime próprio de previdência social, após o advento da Lei 10.887/2004, na forma do art. 22, I, da Lei 8.212/1991
>
> A Corte entendeu que a Emenda Constitucional 20/1998 passou a determinar a incidência da contribuição sobre qualquer segurado obrigatório da previdência social, art. 195, I, "a" e II (2) e no art. 40, § 13 (3), ambos da Constituição Federal, que submeteu todos os ocupantes de cargos temporários ao regime geral de previdência, o que alcança os exercentes de mandato eletivo. **RE 626837/GO, rel. Min. Dias Toffoli, julgamento em 25.5.2017. (RE-626837)**

Esse posicionamento foi confirmado pela **Emenda 103/2019**, que alterou a redação do § 13 do artigo 40 da Constituição: "aplica-se ao **agente público** ocupante, exclusivamente, de cargo em comissão declarado em lei de livre nomeação e exoneração, de outro cargo temporário, inclusive aos detentores de **mandato eletivo**, ou de emprego público, o Regime Geral de Previdência Social".

Assim, até o advento da Lei 10.887/2004, observada a noventena, é devida a restituição das contribuições previdenciárias descontadas dos titulares de mandato eletivo e das respectivas entidades políticas[16], cuja legitimidade de cobrança iniciou-se em 21.09.2004 (data da vigência da Lei 10.877/2004 + 90 dias).

Apenas com o advento da Resolução 26, publicada em 22.06.2005, o Senado deu eficácia geral à decisão do STF, quando já vigorava a Lei 10.887/2004, que regularizou a inserção previdenciária do titular de mandato eletivo, tendo apenas efeitos prospectivos (*ex nunc*), e não retroativos (*ex tunc*), conforme posicionamento tradicional do STF:

> "Ainda que se admitisse tal possibilidade, haveria que se fazer a distinção entre declaração de inconstitucionalidade em sede de controle concentrado daquela exarada no controle difuso. Na primeira hipótese a declaração tem efeito vinculante, *erga omnes* e *ex tunc*, e, mesmo nestes casos, o Supremo Tribunal Federal pode, em concreto, delimitar o momento em que a declaração de inconstitucionalidade ou constitucionalidade será eficaz. Em sede de controle difuso, todavia, a declaração de inconstitucionalidade tem efeito inter partes, e a norma declarada inconstitucional pelo STF somente deixará a órbita jurídica mediante resolução do Senado Federal e ainda assim com efeito *ex nunc*, isto é, somente afeta as relações estabelecidas a partir da publicação da resolução respectiva"[17].

Logo, **salvo nos casos em que a contribuição previdenciária paga pelo órgão legislativo ou pelo titular de mandato eletivo foi restituída em processo individual**, entende-se que o INSS deve considerar sem qualquer exigência adicional os recolhimentos perpetrados pelo titular de mandato eletivo no período de 1º de fevereiro de 1998 a 18 de setembro de 2004.

No período anterior a 1º de fevereiro de 1998, o tempo de exercício de mandato eletivo somente será considerado no RGPS se havia filiação a outro regime previdenciário, desde que não tenha sido contado para efeito de aposentadoria por outro regime de previdência social.

Assim sendo, caso nesse período remoto não tenha havido recolhimento a nenhum regime previdenciário, o período de exercício de mandato eletivo somente poderá ser computado no RGPS se for paga a indenização previdenciária, instituto que ainda será estudado nesta obra.

De acordo com a TNU (Informativo 32/2018 – PUIL n. 0005130-72.2011.4.03.6302/SP), "fixada a tese no sentido de que o exercente de mandato eletivo estadual ou municipal em período anterior à publicação da Lei n. 10.887/2004, não vinculado a regime próprio de previdência social, deve comprovar os recolhimentos de contribuições sociais para o Regime Geral da Previdência Social (RGPS), **ressalvada a hipótese de pagamentos de contribuições efetuadas com fundamento na Lei n. 9.506/97 e não repetidas pelo ente público**".

Assim, a Turma Nacional possui decisão que se alinha a esta obra, pois admite sem necessidade de complementação as contribuições vertidas pelo titular de mandato eletivo.

Frise-se que apenas será filiado ao RGPS, na condição de empregado, o titular de mandato eletivo não vinculado a RPPS. Entretanto, na hipótese do vereador, que poderá

16. Nesse sentido, já decidiu o TRF da 1ª Região, no julgamento da AC 200738090011644, 7ª Turma, de 11.05.2009: A contribuição previdenciária sobre a remuneração dos ocupantes de cargo eletivo municipal, estadual ou federal somente deve ser exigida após a vigência da Lei 10.887, de 21 de junho de 2004, levando-se em consideração o prazo nonagesimal previsto no art. 195, § 6º, da CF.
17. AI 717.884 / GO, de 04.08.2009.

continuar a exercer a função no serviço público efetivo e a vereança, se houver compatibilidade de horários, será obrigatoriamente filiado ao RGPS em razão do cargo eletivo, devendo contribuir para o RGPS sobre a remuneração recebida pelo exercício do mandato eletivo e para o RPPS sobre a remuneração recebida pelo exercício do cargo efetivo[18].

Logo, salvo no caso do vereador acima posto, o servidor efetivo amparado por RPPS que for investido de mandato eletivo prosseguirá vinculado ao RPPS.

No plano constitucional, o tema é regulamentado pelo artigo 38 da Lei Maior, bem como pelo artigo 84 e 94, da Lei 8.112/90. O servidor efetivo poderá se licenciar por **prazo indeterminado e sem remuneração** para o exercício de mandato eletivo dos Poderes Executivo e Legislativo, ficando afastado do cargo efetivo.

Entretanto, caso o servidor seja investido no mandato de **prefeito**, será afastado do cargo, sendo-lhe facultado optar pela sua remuneração. Se investido no mandato de **vereador**, em não havendo compatibilidade de horários, será afastado do cargo, sendo-lhe facultado optar pela sua remuneração.

Vale frisar que, no caso de afastamento do cargo, o servidor contribuirá para a o RPPS como se em exercício estivesse.

Insta ressaltar também que não será filiado ao RGPS o congressista federal que optar em se filiar ao **Plano de Seguridade Social dos Congressistas**, nos moldes dos artigos 2º e 16, da Lei 9.506/97.

Logo, o Deputado Federal e o Senador da República poderão ter alternativamente as seguintes filiações:

- Ao RPPS, se for servidor público efetivo ou militar de ente político que tenha instituído este regime;
- Ao Plano de Seguridade Social dos Congressistas, se optar por este regime;
- Ao RGPS, se não for servidor efetivo ou militar e não optar pelo Plano de Seguridade Social dos Congressistas.

Na verdade, a Lei 9.506/97 é de duvidosa validade constitucional, notadamente tomando como parâmetro a Emenda 20/1998, pois acabou criando um "RPPS disfarçado" em favor de Deputados Federais e Senadores brasileiros, enquanto o artigo 40, da Constituição Federal, prevê um regime previdenciário apenas em favor dos servidores titulares de cargo público efetivo e dos militares, hipótese na qual não se enquadram os parlamentares da União que não são filiados a algum RPPS.

"k) Outras hipóteses."

Além destas hipóteses genéricas de segurados empregados, outras são contempladas em regulamentação específica no artigo 9º, I, do Decreto 3048/99, a exemplo do:

- **bolsista** e o **estagiário** que prestam serviços a empresa, em **desacordo com a Lei nº 11.788, de 25 de setembro de 2008;**

18. Artigo 6º, § 2º, da Instrução Normativa RFB 971/2009.

- **servidor** contratado pela União, Estado, Distrito Federal ou Município, bem como pelas respectivas autarquias e fundações, **por tempo determinado, para atender a necessidade temporária de excepcional interesse público**, nos termos do inciso IX do art. 37 da Constituição Federal;
- servidor da União, Estado, Distrito Federal ou Município, incluídas suas autarquias e fundações, ocupante, exclusivamente, de cargo em comissão declarado em lei de livre nomeação e exoneração;
- servidor contratado pela União, Estado, Distrito Federal ou Município, bem como pelas respectivas autarquias e fundações, por tempo determinado, para atender a necessidade temporária de excepcional interesse público, nos termos do inciso IX do art. 37 da Constituição Federal;
- servidor da União, Estado, Distrito Federal ou Município, incluídas suas autarquias e fundações, ocupante de **emprego público**[19];
- escrevente e do auxiliar contratados por titular de serviços notariais e de registro a partir de 21 de novembro de 1994, bem como aquele que optou pelo Regime Geral de Previdência Social, em conformidade com a Lei nº 8.935, de 18 de novembro de 1994;
- trabalhador rural contratado por produtor rural pessoa física, na forma do art. 14-A da Lei nº 5.889, de 8 de junho de 1973, para o exercício de atividades de natureza temporária por prazo não superior a dois meses dentro do período de um ano;
- aquele contratado como **trabalhador intermitente** para a prestação de serviços, com subordinação, de forma não contínua, com alternância de períodos de prestação de serviços e de inatividade, em conformidade com o disposto no § 3º do art. [44]3 da Consolidação das Leis do Trabalho, aprovada pelo Decreto-Lei nº 5.452, de 1º de maio de 1943.

De acordo com o INSS (art. 8º, § 2º, da IN 77/2015), somente será admitida a filiação do cônjuge ou companheiro como empregado quando contratado por sociedade em nome coletivo em que participe o outro cônjuge ou companheiro como sócio, desde que comprovado o efetivo exercício de atividade remunerada.

De outro giro, decidiu a TNU, em incidente representativo de controvérsia, (PUIL n. 5003697-34.2016.4.04.7210/SC), **que o fato de se tratar de vínculo empregatício mantido entre cônjuges casados sob regime de comunhão de bens (parcial ou universal) não impede o reconhecimento da qualidade de segurado empregado, contanto que comprovado o efetivo recolhimento das contribuições sociais pertinentes ao período (na época própria ou ulteriormente) que se pretende aproveitar para fins de concessão de benefício previdenciário** (Informativo 30/2018).

Logo, a TNU rejeitou a normatização do INSS, pois não existe essa vedação de modo expresso na legislação trabalhista ou previdenciária, **mas afastou com razoabilidade a presunção de recolhimento da contribuição previdenciária**, adotando tese intermediária com os seguintes fundamentos:

19. O STF repristinou liminarmente, com eficácia prospectiva, o regime jurídico único, no julgamento da ADI 2.135, de 02.08.2007, tendo em vista a ocorrência de vício de tramitação na Emenda 19/1998.

"18. Na relação empregatícia entabulada entre cônjuges casados sob regime de comunhão de bens, não se pode perder de perspectiva que o não cumprimento da obrigação legal de recolher as contribuições previdenciárias do segurado empregado acaba, na prática, redundando em benefício do casal: "poupa-se" o valor que haveria, ope legis, de ser repassado à Previdência Social. A valer a presunção do recolhimento, em casos tais, o segurado empregado acabaria tirando duplo proveito: afora essa "economia", ainda poderia utilizar-se de um presumido, de um fictício recolhimento de contribuição social para lograr o benefício previdenciário ambicionado. Somando-se a isso, é inegável a constatação de que o vínculo marital esmaece sobremaneira a hipossuficiência do segurado empregado frente ao seu cônjuge empregador, hipossuficiência essa que está no cerne do raciocínio presuntivo recém explanado.

19. Como se percebe, a existência de vínculo conjugal entre o segurado empregado e seu empregador encerra circunstância cuja importância não pode ser menoscabada, sendo impróprio colocar tal relação de emprego lado a lado, para fins previdenciários, à relação empregatícia entre duas pessoas que não mantêm liame marital. Essa desequiparação, em se cuidando de casamento sob regime de comunhão de bens, assume robustez ainda mais saliente, na medida em que o cônjuge se beneficiaria duplamente, como visto, com o inadimplemento das contribuições previdenciárias.

20. Portanto, se de um lado não se pode negar a possibilidade da caracterização de um segurado empregado pelo simples fato de o vínculo empregatício ter sido mantido com o seu cônjuge com quem casado sob regime de comunhão de bens, de outro lado não se deve reconhecer uma presunção de recolhimento das respectivas contribuições previdenciárias. Com essa ressalva, de uma só tacada, minora-se significativamente o espaço para fraudes e prestigia-se o caráter contributivo do sistema".

Mas é certo que existe jurisprudência que admite a validade do vínculo de emprego entre cônjuges sem afastar a presunção de recolhimento da contribuição previdenciária:

"PREVIDENCIÁRIO. APOSENTADORIA. CERTIDÃO DE TEMPO DE SERVIÇO. **Verificada a relação de emprego entre cônjuges casados pelo regime da comunhão universal de bens, não há óbice ao cômputo do respectivo período, como tempo de serviço, para efeito de expedição da correspondente certidão**" (TRF 4ª Região, AMS 1998.04.01.036917-2, de 15/10/98).

A relação de emprego entre cônjuges não é algo comum, sendo, por si só, suspeita, merecendo uma investigação diferenciada, máxime quando o patrimônio de empregador e do empregado acaba sendo um só.

Por outro lado, não se pode presumir como fraudulento o vínculo, máxime quando recolhidas as contribuições de modo tempestivo. Daí que foi razoável o posicionamento adotado pela TNU.

Mas o tema ganhou um novo contorno regulamentar com o advento do Decreto 10.410/2020 que inseriu novel parágrafo no artigo 9º do Decreto 3.048/99:

"**§ 27.** O vínculo empregatício mantido entre cônjuges ou companheiros não impede o reconhecimento da qualidade de segurado do empregado, **excluído o doméstico**, observado o disposto no art. 19-B[20]. (Incluído pelo Decreto nº 10.410, de 2020)".

Dessa forma, fica prejudicado o § 2º do artigo 8º da Instrução Normativa INSS 77/2015 no que tange ao segurado empregado. Ao que parece, se conserva a tese da TNU (PUIL n.

20. Art. 19-B. Na hipótese de não constarem do CNIS as informações sobre atividade, vínculo, remunerações ou contribuições, ou de haver dúvida sobre a regularidade das informações existentes, o período somente será confirmado por meio da apresentação de documentos contemporâneos dos fatos a serem comprovados, com menção às datas de início e de término e, quando se tratar de trabalhador avulso, à duração do trabalho e à condição em que tiver sido prestada a atividade. (Redação dada pelo Decreto nº 10.410, de 2020).

5003697-34.2016.4.04.7210/SC) com a validade do vínculo, afastada a presunção de recolhimento, pois o Regulamenta não tratou deste ponto.

A *contrario sensu*, no que tange ao empregado doméstico, o vínculo não terá validade, considerando que se trata de atividade desenvolvida no lar o que torna incompatível o regime de emprego doméstico entre cônjuges.

Note-se, por fim, que **o titular de cargo efetivo de ente político que não tenha regime próprio**[21] **estará vinculado automaticamente ao RGPS**[22], na condição de segurado empregado, na forma do artigo 12, da Lei 8.213/91[23].

2.2. Segurado empregado doméstico

Enquadra-se como segurado empregado doméstico **aquele que presta serviço de natureza contínua a pessoa ou família, no âmbito da residência desta, em atividades sem fins lucrativos**, *ex vi* do artigo 12, II, da Lei 8.212/91, a partir da competência de abril de 1973, por força do Decreto 71.785/73.

Deveras, o empregado doméstico é regido pela Lei Complementar 150/2015, que revogou a Lei 5.859/72, **sendo possível que haja atividades externas**, desde que direcionadas à família e sem finalidades lucrativas, a exemplo do trabalho do caseiro, do motorista e do piloto particular.

A Lei Complementar 150/2015 previu expressamente que a formação de vínculo de emprego doméstico exige a prestação de serviços de forma contínua, subordinada, onerosa e pessoal e de finalidade não lucrativa à pessoa ou à família, no âmbito residencial destas, **por mais de 2 (dois) dias por semana.**

É possível sintetizar as características do empregado doméstico:

- Existência de vínculo empregatício[24];
- Atividades desenvolvidas na residência ou em razão desta;
- Atuação em atividades sem fins lucrativos.

O Decreto 10.410/2020 atualizou o Regulamento da Previdência Social para definir o empregado doméstico como aquele que presta serviço de forma contínua, subordinada, onerosa e pessoal a pessoa ou família, no âmbito residencial desta, em atividade sem fins lucrativos, por mais de dois dias por semana.

Suponha-se que dona Lucrécia esteja passando por dificuldades financeiras e queira ajudar o seu marido, João das Virgens, nas despesas familiares, através da confecção e vendas de doces para festas, tais como casamentos, formaturas e aniversários.

---

21. É considerado regime próprio de Previdência Social o que assegura, pelo menos, as aposentadorias e pensão por morte previstas no art. 40 da Constituição Federal, nos termos do artigo 10, § 3º, do RPS.
22. Preceitua o § 1º, do artigo 10, do RPS, que o servidor civil ocupante de cargo efetivo ou o militar da União, Estado, Distrito Federal ou Município, bem como o das respectivas autarquias e fundações, são excluídos do Regime Geral de Previdência Social consubstanciado neste Regulamento, desde que amparados por regime próprio de previdência social.
23. Art. 12. O servidor civil ocupante de cargo efetivo ou o militar da União, dos Estados, do Distrito Federal ou dos Municípios, bem como o das respectivas autarquias e fundações, são excluídos do Regime Geral de Previdência Social consubstanciado nesta Lei, desde que amparados por regime próprio de previdência social.
24. Se não houver vínculo de emprego, o enquadramento será na condição de contribuinte individual.

Neste caso, a utilização do empregado doméstico de dona Lucrécia não será possível, pois se cuida de atividade com fins lucrativos, sob pena de mudança de enquadramento para a categoria dos segurados empregados.

Impende salientar que para o caseiro ser considerado como empregado doméstico é necessário que o sítio ou local onde exerça a sua atividade não possua finalidade lucrativa conferida pelo patrão.

> Com o advento da Lei 12.470/2011, que inseriu o parágrafo único no artigo 24, da Lei 8.212/91, o empregador doméstico não poderá contratar microempreendedor individual como empregado doméstico, sob pena de ficar sujeito a todas as obrigações dela decorrentes, inclusive trabalhistas, tributárias e previdenciárias.

De acordo com a TNU, "o caseiro de residência rural, sem finalidade lucrativa, é empregado doméstico, segurado obrigatório, que conserva tal qualidade, ainda que seu empregador não proceda ao recolhimento pontual das contribuições previdenciárias" (PROCESSO: 5003136-58.2012.4.04.7013/PR – Boletim em 16.03.2016).

Por sua vez, com o advento da Emenda 72/2013, a idade mínima constitucional para a admissão de um empregado doméstico passou a ser de 18 anos de idade, conforme já previsto no Decreto 6.481/2008, que regulamentou a Convenção 182 da Organização Internacional do Trabalho (OIT), que trata da proibição das piores formas de trabalho infantil e ação imediata para sua eliminação.

Por fim, é preciso esclarecer que os **empregados dos condomínios residenciais não são empregados domésticos**, a exemplo dos porteiros e zeladores, conforme o próprio entendimento do extinto Ministério do Trabalho (Cartilha do Trabalho Doméstico), pois a atividade não é prestada especificamente a uma pessoa ou família, não sendo o condomínio um empregador doméstico.

2.3. Segurado trabalhador avulso

É aquele que **presta serviços a diversas empresas, sem vínculo empregatício**, **de natureza urbana ou rural**, definidos no regulamento, conforme previsão do artigo 12, VI, da Lei 8.212/91.

De acordo com o artigo 9º, VI, do Decreto 3.048/99, **é o trabalhador sindicalizado ou não, que presta serviço por intermédio de órgão gestor de mão de obra[25] ou do sindicato da categoria**.

Logo, a filiação do trabalhador avulso terá as seguintes *características*:

- Prestação de serviços de natureza urbana ou rural a empresas sem vínculo empregatício;
- Intermediação do trabalho por órgão gestor de mão de obra ou sindicato da categoria;
- Não há necessidade de sindicalização.

São assim considerados:

25. Entidade civil de utilidade pública, sem fins lucrativos, constituída pelos operadores portuários, em conformidade com a Lei nº 8.630, de 1993, tendo por finalidade administrar o fornecimento de mão de obra do trabalhador avulso portuário.

a) o trabalhador que exerce atividade portuária de capatazia[26], estiva[27], conferência[28] e conserto de carga[29], vigilância de embarcação[30] e bloco[31];

b) o trabalhador de estiva de mercadorias de qualquer natureza, inclusive carvão e minério;

c) o trabalhador em alvarenga (embarcação para carga e descarga de navios);

d) o amarrador de embarcação;

e) o ensacador de café, cacau, sal e similares;

f) o trabalhador na indústria de extração de sal;

g) o carregador de bagagem em porto;

h) o prático de barra em porto;

i) o guindasteiro; e

j) o classificador, o movimentador e o empacotador de mercadorias em portos.

Outrossim, nos termos do Decreto 10.410/2020, é trabalhador avulso o segurado que exerça atividade de movimentação de mercadorias em geral, nos termos do disposto na Lei nº 12.023, de 27 de agosto de 2009, em áreas urbanas ou rurais, sem vínculo empregatício, com intermediação obrigatória do sindicato da categoria, por meio de acordo ou convenção coletiva de trabalho, nas atividades de:

1. cargas e descargas de mercadorias a granel e ensacados, costura, pesagem, embalagem, enlonamento, ensaque, arrasto, posicionamento, acomodação, reordenamento, reparação de carga, amostragem, arrumação, remoção, classificação, empilhamento, transporte com empilhadeiras, paletização, ova e desova de vagões, carga e descarga em feiras livres e abastecimento de lenha em secadores e caldeiras;
2. operação de equipamentos de carga e descarga; e
3. pré-limpeza e limpeza em locais necessários às operações ou à sua continuidade.

Os trabalhadores avulsos podem ser repartidos em duas categorias: **não portuários e portuários.**

O *trabalhador avulso não portuário* é aquele que presta serviços de carga e descarga de mercadorias de qualquer natureza, inclusive carvão e minério, o trabalhador em alvarenga (embarcação

26. Capatazia – a atividade de movimentação de mercadorias nas instalações dentro do porto, compreendidos o recebimento, a conferência, o transporte interno, a abertura de volumes para a conferência aduaneira, a manipulação, a arrumação e a entrega e o carregamento e a descarga de embarcações, quando efetuados por aparelhamento portuário.
27. Estiva – a atividade de movimentação de mercadorias nos conveses ou nos porões das embarcações principais ou auxiliares, incluindo transbordo, arrumação, peação e despeação, bem como o carregamento e a descarga das mesmas, quando realizados com equipamentos de bordo.
28. Conferência de carga – a contagem de volumes, anotação de suas características, procedência ou destino, verificação do estado das mercadorias, assistência à pesagem, conferência do manifesto e demais serviços correlatos, nas operações de carregamento e descarga de embarcações.
29. Conserto de carga – o reparo e a restauração das embalagens de mercadoria, nas operações de carregamento e descarga de embarcações, reembalagem, marcação, remarcação, carimbagem, etiquetagem, abertura de volumes para vistoria e posterior recomposição.
30. Vigilância de embarcações – a atividade de fiscalização da entrada e saída de pessoas a bordo das embarcações atracadas ou fundeadas ao largo, bem como da movimentação de mercadorias nos portalós, rampas, porões, conveses, plataformas e em outros locais da embarcação.
31. Bloco – a atividade de limpeza e conservação de embarcações mercantes e de seus tanques, incluindo batimento de ferrugem, pintura, reparo de pequena monta e serviços correlatos.

para carga e descarga de navios), o amarrador de embarcação, o ensacador de café, cacau, sal e similares, aquele que trabalha na indústria de extração de sal, o carregador de bagagem em porto, o prático de barra em porto, o guindasteiro, o classificador, o movimentador e o empacotador de mercadorias em portos[32].

O *trabalhador avulso portuário* é aquele que presta serviços de capatazia, estiva, conferência de carga, conserto de carga, bloco e vigilância de embarcações na área dos portos organizados e de instalações portuárias de uso privativo, com intermediação obrigatória do OGMO, assim conceituados na alínea "a" do inciso VI do art. 9º do RPS, podendo ser segurado trabalhador avulso quando, sem vínculo empregatício, registrado ou cadastrado no OGMO, em conformidade com a Lei nº 8.630, de 1993, presta serviços a diversos operadores portuários ou segurado empregado quando, registrado no OGMO, contratado com vínculo empregatício e a prazo indeterminado, na forma do parágrafo único do art. 26 da Lei nº 8.630, de 1993, é cedido a operador portuário[33].

No entanto, a Lei 8.630/93 foi expressamente revogada pela Lei 12.815/2013, que dispõe sobre a exploração direta e indireta pela União de portos e instalações portuárias e sobre as atividades desempenhadas pelos operadores portuários.

Nos termos do artigo 32, da Lei 12.815/2013, os **operadores portuários** devem constituir em cada porto organizado um órgão de gestão de mão de obra do trabalho portuário, destinado a:[34]

> I – administrar o fornecimento da mão de obra do trabalhador portuário e do trabalhador portuário avulso;
>
> II – manter, com exclusividade, o cadastro do trabalhador portuário e o registro do trabalhador portuário avulso;
>
> III – treinar e habilitar profissionalmente o trabalhador portuário, inscrevendo-o no cadastro;
>
> IV – selecionar e registrar o trabalhador portuário avulso;
>
> V – estabelecer o número de vagas, a forma e a periodicidade para acesso ao registro do trabalhador portuário avulso;
>
> VI – expedir os documentos de identificação do trabalhador portuário; e
>
> VII – **arrecadar e repassar aos beneficiários os valores devidos pelos operadores portuários relativos à remuneração do trabalhador portuário avulso e aos correspondentes encargos fiscais, sociais e previdenciários.**

Dentre outras atribuições, caberá ao **órgão gestor de mão de obra**[35]:

> "I – selecionar, registrar e cadastrar o trabalhador avulso portuário, mantendo com exclusividade o controle dos mesmos, ficando, desta maneira, formalizada a inscrição do segurado perante a Previdência Social;
>
> II – elaborar listas de escalação diária dos trabalhadores avulsos portuários, por operador portuário e por navio, e mantê-las sob sua guarda para exibição à fiscalização da RFB, quando solicitadas, cabendo a ele, exclusivamente, a responsabilidade pela exatidão dos dados lançados nessas listas;

32. Artigo 263, inciso II, da Instrução Normativa RFB 971/2009.
33. Artigo 263, inciso III, da Instrução Normativa RFB 971/2009.
34. Pessoa jurídica pré-qualificada para exercer as atividades de movimentação de passageiros ou movimentação e armazenagem de mercadorias, destinados ou provenientes de transporte aquaviário, dentro da área do porto organizado (definição dada pela IN RFB nº 1.453, de 24/02/2014).
35. Artigo 264, da Instrução Normativa RFB 971/2009.

III – efetuar o pagamento da remuneração pelos serviços executados e das parcelas referentes ao décimo terceiro salário e às férias ao trabalhador avulso portuário;

IV – elaborar folha de pagamento;

V – encaminhar cópia da folha de pagamento dos trabalhadores avulsos portuários aos respectivos operadores portuários;

VI – pagar, mediante convênio com o INSS, o salário-família devido ao trabalhador avulso portuário;

VII – **arrecadar as contribuições sociais devidas pelos operadores portuários e a contribuição social previdenciária devida pelo trabalhador avulso portuário, mediante desconto em sua remuneração, repassando-as à Previdência Social, no prazo estabelecido na Lei nº 8.212, de 1991**;

VIII – prestar as informações para a Previdência Social em GFIP relativas aos trabalhadores avulsos portuários, por operador portuário, informando o somatório do montante de mão de obra com as férias e o décimo terceiro salário, bem como a contribuição descontada dos segurados sobre essas remunerações, devendo observar as instruções de preenchimento daquela guia, contidas no Manual da GFIP;

IX – enviar ao operador portuário cópia da GFIP, bem como das folhas de pagamento dos trabalhadores avulsos portuários;

X – **comunicar ao INSS os acidentes de trabalho ocorridos com trabalhadores avulsos portuários**;

XI – registrar mensalmente em títulos próprios de sua contabilidade, de forma discriminada em contas individualizadas, as rubricas integrantes e as não-integrantes da base de cálculo das contribuições para a Previdência Social, bem como as contribuições descontadas dos segurados trabalhadores avulsos portuários e os totais recolhidos, por operador portuário;

XII – exibir os livros Diário e Razão, quando exigidos pela fiscalização, com os registros escriturados após 90 (noventa) dias contados da ocorrência dos fatos geradores das contribuições devidas, na forma prevista no inciso IV e no § 5º do art. 47.

No caso do trabalhador avulso não portuário, a empresa contratante ou requisitante dos serviços cuja contratação de pessoal não for abrangida pela Lei nº 8.630, de 1993, (atual Lei 12.815/2013) e pela Lei nº 9.719, de 1998, é responsável pelo recolhimento de todas as contribuições sociais previdenciárias e das contribuições destinadas a outras entidades ou fundos, bem como pelo preenchimento e pela entrega da GFIP, observadas as demais obrigações previstas no RPS[36].

De efeito, **o trabalhador avulso não tem vínculo empregatício, diferenciando-se do contribuinte individual pela intermediação feita pelo órgão gestor de mão de obra ou sindicato da categoria, não se exigindo a sua inscrição sindical.**

No entanto, caso celebrado contrato, acordo ou convenção coletiva de trabalho entre trabalhadores e tomadores de serviços, o disposto no instrumento precederá o órgão gestor e dispensará sua intervenção nas relações entre capital e trabalho no porto[37].

Por força da Lei 12.815/2013, o trabalhador avulso portuário que não preencher o direito a se aposentar terá direito a um benefício assistencial de até um salário mínimo, desde que conte com 60 anos de idade e não possua meios para prover a sua subsistência, na forma do artigo 10-A[38], da Lei 9.719/98.

36. Artigo 281, da Instrução Normativa RFB 971/2009.

37. Artigo 32, parágrafo único, da Lei 12.815/2013.

38. Art. 10-A. É assegurado, na forma do regulamento, benefício assistencial mensal, de até 1 (um) salário mínimo, aos trabalhadores portuários avulsos, com mais de 60 (sessenta) anos, que não cumprirem os requisitos para a aquisição das modalidades de aposentadoria previstas nos arts. 42, 48, 52 e 57 da Lei no 8.213, de 24 de julho de 1991, e que não possuam meios para prover a sua subsistência.

2.4. Segurado especial

O segurado especial do RGPS está previsto no artigo 12, inciso VII, da Lei 8.212/91 (e no artigo 11, inciso VII, da Lei 8.213/91), dispositivo que sofreu inúmeras alterações e inserções com o advento da Lei 11.718/2008.

É considerado *segurado especial* **a pessoa física residente no imóvel rural ou em aglomerado urbano ou rural próximo a ele que, individualmente ou em regime de economia familiar, ainda que com o auxílio eventual de terceiros a título de mútua colaboração**, na condição de:[39-40-41]

> a) produtor, seja proprietário, usufrutuário, possuidor, assentado, parceiro ou meeiro outorgados, comodatário ou arrendatário rurais, que explore atividade:[42-43-44]

1. **agropecuária** em área de **até 4 (quatro) módulos fiscais**; ou
2. **de seringueiro ou extrativista vegetal** que exerça suas atividades nos termos do inciso XII do *caput* do art. 2º da Lei 9.985, de 18 de julho de 2000[45], e faça dessas atividades o principal meio de vida;

> b) pescador artesanal ou a este assemelhado, que faça da pesca profissão habitual ou principal meio de vida; e
>
> c) cônjuge ou companheiro, bem como filho maior de 16 (dezesseis) anos de idade ou a este equiparado, do segurado de que tratam as alíneas a e b deste inciso, que, *comprovadamente, trabalhem com o grupo familiar respectivo.*

Em síntese, cuida-se do pequeno trabalhador rural ou pescador artesanal, que trabalham individualmente ou em família para fins de subsistência, sem a utilização de empregados permanentes.

De acordo com o § 5º, do artigo 9º, do RPS, entende-se como **regime de economia familiar** a atividade em que o trabalho dos membros da família é indispensável à própria *subsistência*

Parágrafo único. O benefício de que trata este artigo não pode ser acumulado pelo beneficiário com qualquer outro no âmbito da seguridade social ou de outro regime, salvo os da assistência médica e da pensão especial de natureza indenizatória.

39. Aquele que, proprietário ou não, desenvolve atividade agrícola, pastoril ou hortifrutigranjeira, por conta própria, individualmente ou em regime de economia familiar.
40. Aquele que, não sendo proprietário de imóvel rural, tem direito à posse, ao uso, à administração ou à percepção dos frutos, podendo usufruir o bem em pessoa ou mediante contrato de arrendamento, comodato, parceria ou meação.
41. Aquele que tem contrato escrito de parceria com o proprietário da terra ou detentor da posse e desenvolve atividade agrícola, pastoril ou hortifrutigranjeira, partilhando lucros ou prejuízos.
42. Aquele que tem contrato escrito com o proprietário da terra ou detentor da posse e da mesma forma exerce atividade agrícola, pastoril ou hortifrutigranjeira, partilhando rendimentos ou custos.
43. Aquele que, por meio de contrato escrito, explora a terra pertencente a outra pessoa, por empréstimo gratuito, por tempo determinado ou não, para desenvolver atividade agrícola, pastoril ou hortifrutigranjeira.
44. Aquele que, comprovadamente, utiliza a terra, mediante pagamento de aluguel, em espécie ou in natura, ao proprietário do imóvel rural, para desenvolver atividade agrícola, pastoril ou hortifrutigranjeira, individualmente ou em regime de economia familiar, sem utilização de mão de obra assalariada de qualquer espécie.
45. O extrativismo é um sistema de exploração baseado na coleta e extração, de modo sustentável, de recursos naturais renováveis.

e ao desenvolvimento socioeconômico do núcleo familiar e é exercido em condições de mútua dependência e colaboração, *sem a utilização de empregados permanentes.*

Em regra, no caso do **produtor rural que explore atividade agrícola ou pecuária**, apenas será considerado como segurado especial aquele cujo **prédio rústico** tenha área equivalente a **até 04 módulos fiscais**, pois a exploração em terra com dimensão maior afasta a caracterização da atividade familiar de subsistência.

O módulo fiscal varia de acordo com a produtividade da terra em número de hectares. Dessa forma, quanto mais produtiva a terra for, 1 módulo fiscal terá um número menor de hectares, ao passo que, em áreas pouco produtivas, o número de hectares por módulo fiscal será bem maior.

Considera-se como **pequena propriedade ou posse rural familiar** aquela explorada mediante o trabalho pessoal do agricultor familiar e empreendedor familiar rural, incluindo os assentamentos e projetos de reforma agrária, e que atenda ao disposto no artigo 3.º, da Lei 11.326, de 24 de julho de 2006 (Política Nacional da Agricultura Familiar e Empreendimentos Familiares Rurais), que exige que o imóvel rural seja de até **quatro módulos fiscais**, dentre outros requisitos.[46]

O módulo fiscal variará de acordo com a região do Brasil, conforme as instruções normativas especiais editadas pelo INCRA[47], sendo também utilizado para o cálculo do Imposto Territorial Rural.

Antes da Lei 11.718/08, inexistia uma dimensão máxima do imóvel rural, tendo sido editada a **Súmula 30, da TNU**, que dispõe:

> "**Súmula 30** – Tratando-se de demanda previdenciária, o fato de o imóvel ser superior ao módulo rural não afasta, por si só, a qualificação de seu proprietário como segurado especial, desde que comprovada, nos autos, a sua exploração em regime de economia familiar".

Conquanto a referida Súmula ainda não tenha sido cancelada, entende-se que ela não mais subsiste com o advento do novo regramento, pois o legislador fixou a área máxima de 04 módulos fiscais para que haja o enquadramento do trabalhador rural que explore atividade agropecuária como segurado especial.

E veja que o próprio texto da Lei 8.213/91 aduz que é segurado especial o "produtor, seja proprietário, usufrutuário, possuidor, assentado, parceiro ou meeiro outorgados, comodatário ou arrendatário rurais, **que explore atividade agropecuária em área de até 4 (quatro) módulos fiscais**".

O texto legal não chega ao ponto de vedar a filiação do segurado especial quando o prédio rústico possuir dimensão superior a 4 módulos fiscais, e sim limita a exploração da atividade agropecuária em área de até 4 módulos fiscais.

Veja-se o CRPS nesse sentido:

> **JR/CRPS – ENUNCIADO Nº 8 – Alterado: Publicado no DOU de 12.11.2019**
>
> O tempo de trabalho rural do segurado especial e do contribuinte individual, anterior à Lei nº 8.213/91, pode ser utilizado, independente do recolhimento das contribuições, para fins de benefícios no RGPS, exceto para carência.

46. "Utilize predominantemente mão de obra da própria família nas atividades econômicas do seu estabelecimento ou empreendimento; tenha percentual mínimo da renda familiar originada de atividades econômicas do seu estabelecimento ou empreendimento, na forma definida pelo Poder Executivo; dirija seu estabelecimento ou empreendimento com sua família".
47. A exemplo da INSTRUÇÃO ESPECIAL/INCRA/Nº 20, DE 28 DE MAIO DE 1980.

I – O tempo de trabalho rural do segurado especial e do contribuinte individual, anterior à Lei nº 8.213/91, pode ser utilizado para contagem recíproca, desde que sejam **indenizadas** as respectivas contribuições previdenciárias.

II – A atividade agropecuária efetivamente explorada em área de até 4 módulos fiscais, individualmente ou em regime de economia familiar na condição de produtor, devidamente comprovada nos autos do processo, não descaracteriza a condição de segurado especial, **independente da área total do imóvel rural**.

III – O exercício de atividade urbana por um dos integrantes do grupo familiar não implica, por si só, na descaracterização dos demais membros como segurado especial, condição que deve ser devidamente comprovada no caso concreto.

IV – Quem exerce atividade rural em regime de economia familiar, além das tarefas domésticas em seu domicílio, é considerado segurado especial, aproveitando-se-lhe as provas em nome de seu cônjuge ou companheiro (a), corroboradas por outros meios de prova.

V – O início de prova material – documento contemporâneo dotado de fé pública, sem rasuras ou retificações recentes, constando a qualificação do segurado ou de membros do seu grupo familiar como rurícola, lavrador ou agricultor – deverá ser corroborado por outros elementos, produzindo um conjunto probatório harmônico, robusto e convincente, capaz de comprovar os fatos alegados.

VI – Não se exige que o início de prova material corresponda a todo o período equivalente à carência do benefício, porém deve ser contemporâneo à época dos fatos a provar, inclusive podendo servir de começo de prova documento anterior a este período.

O carvoeiro pode ser segurado especial desde que haja a atividade rural de subsistência, não se enquadrando aquele que apenas adquire o carvão e o comercializa, sendo correta a posição da TNU:

> **REPRESENTATIVO DE CONTROVÉRSIA – DEFINIÇÃO DE TESE TEMA N. 214 – PUIL n. 0002632-38.2014.4.01.3817/MG** – Apreciando o pedido sob o regime dos representativos de controvérsia, a TNU fixou as seguintes teses: I) O processo de industrialização rudimentar por meio do carvoejamento não descaracteriza a condição de segurado especial, como extrativista ou silvicultor, desde que exercido de modo sustentável, nos termos da legislação ambiental; II) O carvoeiro que não se enquadre como extrativista ou silvicultor, limitando-se a adquirir a madeira de terceiros e proceder à sua industrialização, não pode ser considerado segurado especial.

Por seu turno, caso se trate de **atividade rural agroextrativista**, o enquadramento da pessoa natural como segurado especial **independerá da dimensão da área**, a exemplo da coleta da castanha do Pará.

De acordo com o acertado posicionamento da TNU, **"fixada a tese no sentido de que a mera obtenção de CTPS pelo segurado não constitui presunção do abandono da atividade rural e migração para atividade urbana"** (Informativo 31/2018 – PUIL n. 0038966-63.2016.4.03.6301/SP).

Outrossim, será considerado como segurado especial o **pescador artesanal** que, de acordo com o artigo 9º, § 14, do RPS, aquele que, individualmente ou em regime de economia familiar, faz da pesca sua profissão habitual ou meio principal de vida, desde que: I – não utilize embarcação; ou utilize embarcação de pequeno porte, nos termos da Lei nº 11.959, de 29 de junho de 2009, a teor do Decreto 8.424/2015.

De acordo com a Lei 11.959/2009, que dispõe sobre a Política Nacional de Desenvolvimento Sustentável da Aquicultura e da Pesca e regula as atividades pesqueiras, embarcação de pequeno porte se caracteriza quando possui arqueação bruta – AB é igual ou menor que 20 (vinte).

Logo, tivemos uma modificação no enquadramento do segurado especial que utiliza embarcação. Até então, o limite de peso do barco era de 6 toneladas de arqueação bruta (barco próprio) ou 10 toneladas (barco de parceiro outorgado exclusivamente). **Agora a dimensão da embarcação foi elevada para até 20 AB pelo Decreto 8.424/2015, que se refere à embarcação de pequeno porte, definida pela Lei de Pesca e Aquicultura (Lei 11.959/2009). Se a embarcação for de médio (acima de 20 AB) ou grande porte (igual ou superior a 100 AB), o pescador será contribuinte individual, e não segurado especial.**

É importante ressaltar que, nos termos da legislação ambiental, é considerada **pesca** toda operação, ação ou ato tendente a extrair, colher, apanhar, apreender ou capturar recursos pesqueiros[48].

Ou seja, a pesca não se restringe apenas aos peixes, estendendo-se a todos os animais e vegetais hidróbios (da água), restando caracterizada com a mera tentativa de apreensão do recurso pesqueiro, não sendo necessária a captura do alimento (basta o ato tendente).

É **assemelhado ao pescador artesanal** aquele que, utilizando ou não embarcação pesqueira, exerce atividade de captura ou de extração de elementos animais ou vegetais, que tenham na água seu meio normal ou mais frequente de vida, na beira do mar, no rio ou na lagoa[49].

No entanto, coube ao **Decreto 8.499, de 12 de agosto de 2015**, ampliar o mencionado enquadramento, declarando ser **assemelhado ao pescador artesanal** aquele que realiza atividade de apoio à pesca artesanal, exercendo trabalhos de confecção e de reparos de artes e petrechos de pesca e de reparos em embarcações de pequeno porte ou atuando no processamento do produto da pesca artesanal.

Destarte, se a esposa do pescador artesanal habitualmente trabalha no conserto de suas redes despescaria ou o auxilia constantemente no reparo da embarcação ou promove o tratamento dos mariscos, será segurada especial, mesmo que efetivamente não promova a pesca.

Para que sejam caracterizados como segurados especiais, o cônjuge, o companheiro ou o filho deverão trabalhar comprovadamente nas atividades laborais do grupo familiar, conforme determinação inserta pela Lei 11.718/2008, pois o anterior regime era omisso a esse respeito[50].

O tema foi esclarecido pelo Decreto 8.499, de 12 de agosto de 2015, que expressamente exigiu a participação de cônjuges, companheiros e filhos maiores de 16 anos ativa nas atividades rurais ou pesqueiras artesanais para a sua caracterização como segurados especiais.

Até o advento da Lei 11.718/2008, a idade mínima para a filiação do segurado especial era de 14 anos, passando agora para 16 anos de idade. Nesse sentido, eis precedente da TNU[51]:

> "EMENTA PEDIDO DE UNIFORMIZAÇÃO NACIONAL. PREVIDENCIÁRIO. SALÁRIO-MATERNIDADE. CONCESSÃO. SEGURADA MAIOR DE 14 ANOS E MENOR DE 16 ANOS NO MOMENTO DO PARTO. TRABALHO RURAL ANTERIOR À LEI Nº 11.718/2008.

48. Artigo 2º, I, da Lei 11.959/2009.
49. Artigo 41, II, da Instrução Normativa INSS 77/2015.
50. Nesse sentido, pontificava o § 9º, do artigo 7º, da IN INSS PRES 20/2007 que "considera-se segurada especial a mulher que, além das tarefas domésticas, exerce atividades rurais com o grupo familiar respectivo ou individualmente".
51. Incidente de uniformização 20077295008073, de 16/02/2009.

> **1. Entre 25.07.1991 e 23.06.2008, a rurícola menor com 14 anos de idade é segurada especial e apenas a partir desta data pode começar a contar tempo de serviço rural para fins de carência de salário-maternidade no período imediatamente anterior ao início do benefício, comprovando 12 (doze) meses de carência se o início do benefício tiver se dado até 28.11.99 ou 10 (dez) meses de carência se o início do benefício tiver se dado entre 29.11.99 e 23.06.2008.**
>
> **2. A partir de 24.06.2008 somente a rurícola menor com 16 anos de idade é segurada especial e apenas a partir desta data pode começar a contar tempo de serviço rural para fins de carência de salário-maternidade no período imediatamente anterior ao início do benefício, comprovando 10 (dez) meses de carência.**
>
> 3. Caso em que o parto ocorreu em 07.09.2001, quando a autora contava com 15 anos e 5 meses de idade, possuindo mais de 10 meses de carência após os 14 anos de idade e no período imediatamente anterior ao início do benefício. 4. Pedido de uniformização provido, concedendo-se o salário-maternidade pretendido".

De efeito, de acordo com a redação originária do artigo 11, inciso VII, da Lei 8.213/91, antes do advento da Lei 11.718/08, a idade mínima de filiação do segurado especial era de 14 anos de idade.

No entanto, com o advento da Emenda 20/1998, esse dispositivo deve ser interpretado de acordo com a citada reforma constitucional, vez que a idade mínima para o trabalho, em regra, passou de 14 para 16 anos de idade.

O próprio INSS, na seara administrativa, entende que com a Emenda 20/98 a idade:

> De acordo com a Súmula 05, da TNU, "a prestação de serviço rural por menor de 12 a 14 anos, até o advento da Lei 8.213, de 24 de julho de 1991, devidamente comprovada, pode ser reconhecida para fins previdenciários".
>
> Ainda de acordo com a TNU, desta feita na forma da Súmula 41, "a circunstância de um dos integrantes do núcleo familiar desempenhar atividade urbana não implica, por si só, a descaracterização do trabalhador rural como segurado especial, condição que deve ser analisada no caso concreto".

Portanto, o fato de um membro da família desenvolver a atividade urbana, por si só, não descaracteriza a condição do segurado especial. Contudo, quando a renda urbana constituir a principal fonte de renda, resta descaracterizada a condição de segurado especial do outro membro do grupo familiar, pois o valor da remuneração urbana acabará sendo a principal fonte de renda da família, o que deve ser verificado casuisticamente.

Nesse sentido, a TNU:

> "PREVIDENCIÁRIO. APOSENTADORIA POR IDADE RURAL. O REGIME DE ECONOMIA FAMILIAR SOMENTE RESTARÁ DESCARACTERIZADO SE A RENDA OBTIDA COM A ATIVIDADE URBANA OU COM O BENEFÍCIO URBANO FOR SUFICIENTE PARA A MANUTENÇÃO DA FAMÍLIA, DE MODO A TORNAR DISPENSÁVEL A ATIVIDADE RURAL, OU SE A RENDA AUFERIDA COM A ATIVIDADE RURAL NÃO FOR INDISPENSÁVEL À MANUTENÇÃO DA FAMÍLIA. ACÓRDÃO REFORMADO. QUESTÃO DE ORDEM 20. REMESSA DOS AUTOS À TURMA DE ORIGEM PARA READEQUAÇÃO DO JULGADO. PEDIDO DE UNIFORMIZAÇÃO PARCIALMENTE PROVIDO". (PEDILEF 200783025015224, JUIZ FEDERAL JOSÉ EDUARDO DO NASCIMENTO, 24.5.2011).

Esta é a mesma linha de raciocínio do STJ:

> "INFORMATIVO 507 – DIREITO PREVIDENCIÁRIO. SEGURADO ESPECIAL. TRABALHO URBANO DE INTEGRANTE DO GRUPO FAMILIAR. RECURSO REPETITIVO (ART. 543-C DO CPC E RES. N. 8/2008-STJ).
>
> O fato de um dos integrantes da família exercer atividade incompatível com o regime de economia familiar não descaracteriza, por si só, a condição de segurado especial dos demais componentes. A legislação previdenciária estabeleceu a possibilidade de um dos membros do grupo familiar exercer atividade estranha ao regime de subsistência (arts. 11, VII, § 9º, da Lei n. 8.213/1991 e 9º, § 8º, do Dec. n. 3.048/1999). Assim, a lei descaracteriza como segurado especial apenas o integrante da família que se desvinculou do meio rural. **O trabalho urbano de um dos membros do grupo familiar não descaracteriza, por si só, a situação de segurados especiais dos demais integrantes, devendo ser averiguado pelas instâncias ordinárias se o trabalho rural é dispensável para a subsistência do grupo familiar.** Dessa forma, a extensão de prova material em nome de um cônjuge ao outro não é possível quando aquele passa a exercer trabalho urbano, devendo a prova material ser apresentada em nome próprio. Precedentes citados: AgRg no REsp 1.218.286-PR, DJe 28/2/2011; AgRg no REsp 1.221.591-PR, DJe 28/3/2011; AgRg no REsp 1.118.677-SP, DJe 29/3/2010; AgRg no REsp 885.695-SP, DJe 1º/12/2008; AgRg no Ag 1.239.770-SP, DJe 17/2/2012; AgRg no REsp 1.104.311-SP, DJe 12/5/2011; AgRg no REsp 1.224.486-PR, DJe 26/9/2011; AgRg no REsp 1.296.889-MG, DJe 21/3/2012; AgRg no REsp 1.237.972-PR, DJe 5/3/2012; AgRg no Ag 1.239.770-SP, DJe 17/2/2012; AgRg no REsp 1.103.205-SP, DJe 1º/7/2011, e AgRg no REsp 1.104.311-SP, DJe 12/5/2011.REsp 1.304.479-SP, Rel. Min. Herman Benjamin, julgado em 10/10/2012".

Dessa forma, o tema 23 da TNU (6/12/2011) deve ser interpretado à luz da Súmula 41 da TNU, devendo ser analisado o valor do salário do marido da trabalhadora rural ou o valor da pensão de alimentos para aferição de compatibilidade com o regime de subsistência:

<table>
<tr><td>Tema</td><td>23</td><td>Situação do tema</td><td>Julgado</td><td>Ramo do direito</td><td>DIREITO PREVIDENCIÁRIO</td></tr>
<tr><td colspan="2">Questão submetida a julgamento</td><td colspan="4">Saber se o trabalho urbano do marido ou se percepção posterior de pensão alimentícia descaracteriza condição de segurada especial em regime de economia familiar.</td></tr>
<tr><td colspan="2">Tese firmada</td><td colspan="4">A condição de segurada especial em regime de economia familiar não é descaracterizada pelo trabalho urbano do marido da autora ou mesmo pela paga, posterior, de pensão alimentícia, em razão de separação.</td></tr>
<tr><td colspan="2">Processo</td><td>Relator (a)</td><td>Julgado em</td><td>Acórdão publicado em</td><td>Trânsito em julgado</td></tr>
<tr><td colspan="2">PEDILEF 2008.72.50.003366-8/ SC</td><td>Juiz Federal Paulo Ricardo Arena Filho</td><td>11/10/2011</td><td>18/11/2011</td><td>06/12/2011</td></tr>
</table>

Por sua vez, de acordo com a 3ª Seção do STJ, no julgamento do Recurso Especial 267.665/PR, publicado em 28.02.2012, "no caso de comprovação de que o marido exerceu atividade urbana durante o período de carência ou recebe aposentadoria por tempo de contribuição decorrente de vínculo urbano, a presunção relativa em benefício da autora, que adviria dos documentos em nome de seu cônjuge, não se dessume".

Ainda de acordo com o STJ, no julgamento do Recurso Especial 1.304.479 pela 1ª Seção em 10.10.2012, "a extensão de prova material em nome de um cônjuge ao outro não é possível quando aquele passa a exercer trabalho urbano, devendo a prova material ser apresentada em nome próprio" (Informativo 507).

Será possível que o segurado especial contrate temporariamente terceiros para auxiliarem no trabalho no período de safra, desde que não ultrapasse 120 pessoas/dia ano civil, de maneira contínua ou intercalada, ou por tempo equivalente em horas de trabalho.

Assim, é possível que um segurado especial contrate uma pessoa/ano por até 120 dias, duas pessoas/ano por até 60 dias, três por até 40 dias, e assim sucessivamente[52].

Por força do Decreto 10.140/2020, "o grupo familiar poderá utilizar-se de empregado contratado por prazo determinado, inclusive daquele referido na alínea "r" do inciso I do caput, ou de trabalhador de que trata a alínea "j" do inciso V do caput, à razão de, no máximo, cento e vinte pessoas por dia no mesmo ano civil, em períodos corridos ou intercalados, **ou, ainda, por tempo equivalente em horas de trabalho, à razão de oito horas por dia e quarenta e quatro horas por semana**, hipóteses em que períodos de afastamento em decorrência de percepção de auxílio por incapacidade temporária não serão computados".

Desse modo, no cálculo em horas de trabalho do critério limitador de 120 pessoas por dia no ano civil, deverá ser considerada a **jornada diária de 8 horas**, limitada à [44] **horas por semana.**

Por outro lado, por força da Medida Provisória 619/2013, convertida na Lei 12.873/2013, não será computado nesse prazo o eventual período de afastamento em decorrência da percepção de auxílio-doença.

> Desde o advento da Medida Provisória 619/2013, convertida na citada lei, a participação do segurado especial em sociedade empresária, em sociedade simples, como empresário individual ou como titular de empresa individual de responsabilidade limitada de objeto ou âmbito agrícola, agroindustrial ou agroturístico, considerada microempresa nos termos da Lei Complementar nº 123, de 14 de dezembro de 2006, **não o exclui de tal categoria previdenciária**, desde que, mantido o exercício da sua atividade rural em regime de subsistência, a pessoa jurídica componha-se apenas de segurados de igual natureza e sedie-se no mesmo Município ou em Município limítrofe àquele em que eles desenvolvam suas atividades.

Neste caso, embora conserve a qualidade de segurado especial por ficção jurídica durante o período em que desenvolver a citada atividade empresarial, as contribuições previdenciárias deverão ser recolhidas como se não se tratasse de segurado especial, na forma do § 13 do artigo 12 da Lei 8.212/91.

Ademais, o artigo 12, § 9º, da Lei 8.212/91, inserido pela Lei 11.718/08, contempla uma série de hipóteses que não descaracterização a condição de segurado especial, a saber:

> I – **a outorga**, por meio de contrato escrito de parceria, meação ou comodato, **de até 50% (cinquenta por cento) de imóvel rural** cuja área total não seja superior a 04 (quatro) módulos fiscais, desde que outorgante e outorgado continuem a exercer a respectiva atividade, individualmente ou em regime de economia familiar;

52. De acordo com o § 21º, do artigo 9º, do RPS, o grupo familiar poderá utilizar-se de empregado, inclusive daquele referido na alínea "r" do inciso I do caput deste artigo, ou de trabalhador de que trata a alínea "j" do inciso V, em épocas de safra, à razão de no máximo cento e vinte pessoas/dia dentro do ano civil, em períodos corridos ou intercalados ou, ainda, por tempo equivalente em horas de trabalho, à razão de oito horas/dia e quarenta e quatro horas/semana.

II – a exploração da **atividade turística** da propriedade rural, inclusive com hospedagem, **por não mais de 120 (cento e vinte) dias ao ano;**

III – a participação em **plano de previdência complementar instituído por entidade classista a que seja associado**, em razão da condição de trabalhador rural ou de produtor rural em regime de economia familiar;

IV – ser beneficiário ou fazer parte de grupo familiar que tem algum componente que seja **beneficiário de programa assistencial oficial de governo;**

V – a utilização pelo próprio grupo familiar, na exploração da atividade, **de processo de beneficiamento ou industrialização artesanal**[53]**,** na forma do § 11 do art. 25 desta Lei;

VI – a associação em cooperativa agropecuária ou de crédito rural *(parte final inserida pela Lei 13.183/2015);*

VII – a incidência do Imposto Sobre Produtos Industrializados – IPI sobre o produto das atividades desenvolvidas nos termos do § 14.

Assim, poderá o segurado especial outorgar até a metade do seu prédio rústico de até 04 módulos fiscais sem perder a sua condição, desde que ele persista em sua atividade campesina para a subsistência, devendo também o outorgado exercer a mesma atividade rurícola.

É possível se interpretar *a contrario sensu* o dispositivo, concluindo-se que se a outorga ultrapassar a metade do imóvel rural ou o outorgado não se enquadrar como segurado especial, o outorgante perderá a sua filiação como segurado especial.

Ademais, passou a ser possível que o segurado especial desenvolva paralelamente atividade turística em sua propriedade, inclusive com hospedagem, desde que não ultrapasse 120 dias por ano – pois um período maior passa a caracterizar o turismo como atividade principal do rurícola, fazendo com que cesse a sua filiação como segurado especial.

Esta regra foi introduzida pela Lei 11.718/2008, pois antes a Lei 8.213/91 não trazia limitador objetivo de período em que o segurado especial poderia desenvolver atividade urbana conservando a qualidade de segurado especial, tendo sido adotado desde 23 de junho de 2008 o critério de até 120 dias por ano, em dias corridos ou intercalados, sendo bastante razoável.

Na visão do STJ, esta regra é prejudicial ao segurado especial e não poderá retroagir para períodos anteriores a 23/6/2008:

"AgRg no RECURSO ESPECIAL Nº 1.354.939 – CE (2012/0248037-2), de 16/6/2014. RELATOR: MINISTRO ARNALDO ESTEVES LIMA AGRAVANTE: RAIMUNDO SOUZA VIEIRA ADVOGADO: BRUNO DE ANDRADE LAGE – DEFENSOR PÚBLICO E OUTROS AGRAVADO: INSS INSTITUTO NACIONAL DO SEGURO SOCIAL REPR. POR: PROCURADORIA-GERAL FEDERAL EMENTA PREVIDENCIÁRIO. AGRAVO REGIMENTAL NO RECURSO ESPECIAL. SEGURADO ESPECIAL. ART. 11, § 9º, III, DA LEI 8.213/91 COM A REDAÇÃO ANTERIOR À LEI 11.718/08. EXERCÍCIO DE ATIVIDADE URBANA NO PERÍODO DE CARÊNCIA. ADOÇÃO, POR ANALOGIA, DOS PRAZOS DO PERÍODO DE GRAÇA. ART. 15 DA LEI 8.213/91. AGRAVO NÃO PROVIDO. 1. Os arts. 39, I, e 143 da Lei 8.213/91 dispõem que o trabalhador rural enquadrado como segurado obrigatório no Regime

53. Considera-se processo de beneficiamento ou industrialização artesanal aquele realizado diretamente pelo próprio produtor rural pessoa física, observado o disposto no § 5º do art. 200 do RPS, desde que não esteja sujeito à incidência do Imposto Sobre Produtos Industrializados – IPI.

Geral de Previdência Social na forma da VII do art. 11 [segurado especial], tem direito a requerer aposentadoria por idade, no valor de um salário mínimo, desde que comprove o exercício de atividade rural, ainda que descontínua, no período imediatamente anterior ao requerimento do benefício, em número de meses idêntico à carência do referido benefício. 2. A norma previdenciária em vigor à época do ajuizamento da ação, antes do advento da Lei 11.718/08, não especificava, de forma objetiva, quanto tempo de interrupção na atividade rural seria tolerado para efeito da expressão legal "ainda que de forma descontínua". 3. **A partir do advento da Lei 11.718/08, a qual incluiu o inciso III do § 9º do art. 11 da Lei 8.213/91, o legislador possibilitou a manutenção da qualidade de segurado especial quando o rurícola deixar de exercer atividade rural por período não superior a cento e vinte dias do ano civil, corridos ou intercalados, correspondentes ao período de entressafra. Todavia, a referida regra, mais gravosa e restritiva de direito, é inaplicável quando o exercício da atividade for anterior à inovação legal**. 4. A teor do disposto nos arts. 4º e 5º da Lei de Introdução às Normas de Direito Brasileiro – LINDB, diante da ausência de parâmetros específicos indicados pelo legislador originário, mostra-se mais consentânea com o princípio da razoabilidade a adoção, de forma analógica, da regra previdenciária do art. 15 da Lei 8.213/91, que garante a manutenção da qualidade de segurado, o chamado "período de graça". **5. Demonstrado que a parte recorrente exerceu atividade urbana por período superior a 24 (vinte e quatro) meses no período de carência para a aposentadoria rural por idade, forçosa é a manutenção do acórdão recorrido**. 6. Agravo regimental não provido".

Entende-se que este julgado possui um equívoco, pois 24 meses desenvolvendo atividade urbana, mesmo antes da Lei 11.718/2008, é período considerável que deveria ter conduzido à perda da qualidade de segurado especial.

Por sua vez, foi legalmente autorizado que o segurado especial seja participante de plano previdenciário privado de sua categoria, a exemplo do instituído por sindicato rural, ou se associe em uma cooperativa agropecuária ou de crédito rural, bem como receba benefícios assistenciais (a exemplo do Programa Bolsa Família), tudo isso sem perder o seu enquadramento.

Também é possível que o segurado especial mantenha em sua terra processo de beneficiamento ou industrialização artesanal (não sujeito ao IPI), a exemplo de casa de farinha, sem perder a sua filiação.

Com o advento da MP 619/2013, convertida na Lei 12.873/2013, no caso de o segurado especial participar em sociedade empresária, em sociedade simples, como empresário individual ou como titular de empresa individual de responsabilidade limitada de objeto ou âmbito agrícola, agroindustrial ou agroturístico, desde que, mantido o exercício da sua atividade rural em regime de subsistência, a pessoa jurídica componha-se apenas de segurados de igual natureza e sedie-se no mesmo Município ou em Município limítrofe àquele em que eles desenvolvam suas atividades, poderá haver incidência de IPI sobre o produto das atividades sem a perda da qualidade de segurado especial.

De seu turno, em regra, é defeso o enquadramento como segurado especial de membro do grupo familiar que possua outra fonte de rendimento, exceto as decorrentes[54]:

I – benefício de **pensão por morte, auxílio-acidente ou auxílio-reclusão**, cujo valor **não supere o do menor benefício de prestação continuada da Previdência Social (01 salário mínimo);**

II – benefício previdenciário pela participação em plano de previdência complementar instituído nos termos do inciso IV do § 9º deste artigo;

54. Artigo 12, § 10, da Lei 8.212/91, inserido pela Lei 11.718/08.

> **III – exercício de atividade remunerada em período não superior a *120 (cento e vinte) dias*, corridos ou intercalados, no ano civil, observado o disposto no § 13 deste artigo;**
>
> IV – exercício de **mandato eletivo de dirigente sindical de organização da categoria de trabalhadores rurais**;
>
> V – exercício de **mandato de vereador** do município onde desenvolve a atividade rural, ou de dirigente de cooperativa rural constituída exclusivamente por segurados especiais, observado o disposto no § 13 deste artigo;
>
> VI – parceria ou meação outorgada na forma e condições estabelecidas no inciso I do § 9º deste artigo;
>
> VII – **atividade artesanal** desenvolvida com matéria-prima produzida pelo respectivo grupo familiar, podendo ser utilizada matéria-prima de outra origem, desde que a renda mensal obtida na atividade não exceda ao menor benefício de prestação continuada da Previdência Social; e
>
> VIII – **atividade artística**, desde que em valor mensal inferior ao menor benefício de prestação continuada da Previdência Social (01 salário mínimo).

A regra geral diz que o segurado especial não poderá ter outra fonte de rendimento a não ser a atividade campesina ou pesqueira para a subsistência, salvo nos casos previstos na norma previdenciária.

Assim sendo, não será considerado segurado especial aquele que receber qualquer benefício previdenciário, exceto pensão por morte, auxílio-acidente ou auxílio-reclusão, desde que não ultrapassem a um salário mínimo mensal.

Por óbvio, o segurado especial que estiver recebendo auxílio-doença ou auxílio-acidente também não perderá a sua condição durante o pagamento das referidas prestações previdenciárias, que foram concedidas justamente pela incapacidade laboral ou sequela acidentária do segurado especial.

Essa falha legal foi ajustada através do Decreto 10.410/2020, que alterou o artigo 9º do Decreto 3.048/99:

> "§ 8º Não é segurado especial o membro de grupo familiar que possuir outra fonte de rendimento, exceto se decorrente de: (Redação dada pelo Decreto nº 6.722, de 2008).
>
> I – benefício de pensão por morte, auxílio-acidente ou auxílio-reclusão, cujo valor não supere o do menor benefício da previdência social; (Redação dada pelo Decreto nº 10.410, de 2020).
>
> **I-A – benefício concedido ao segurado qualificado como segurado especial, independentemente do valor; (Incluído pelo Decreto nº 10.410, de 2020)".**

Da mesma forma, poderá o segurado especial, mantendo a sua condição, ser titular de benefício oriundo de previdência privada de sua categoria, sem que esta renda exclua a sua condição.

Já existe jurisprudência flexibilizando o valor de um salário mínimo para não descaracterizar a qualidade de segurado especial:

> Processo: AC 5016223-03.2019.4.04.9999 5016223-03.2019.4.04.9999
>
> Órgão Julgador: TURMA REGIONAL SUPLEMENTAR DE SC
>
> Julgamento: 28 de Agosto de 2019
>
> Relator: PAULO AFONSO BRUM VAZ
>
> "PREVIDENCIÁRIO. APOSENTADORIA RURAL POR IDADE. TRABALHADOR RURAL. REQUISITOS LEGAIS. COMPROVAÇÃO. INÍCIO DE PROVA MATERIAL,

COMPLEMENTADA POR PROVA TESTEMUNHAL. PENSÃO POR MORTE SUPERIOR AO SALÁRIO MÍNIMO. CUMULAÇÃO. POSSIBILIDADE.

1. É devido o benefício de aposentadoria rural por idade, nos termos dos artigos 11, VII, 48, § 1º e 142, da Lei nº 8.213/1991, independentemente do recolhimento de contribuições quando comprovado o implemento da idade mínima (sessenta anos para o homem e cinquenta e cinco anos para a mulher) e o exercício de atividade rural por tempo igual ao número de meses correspondentes à carência exigida, mediante início de prova material complementada por prova testemunhal idônea.

2. O art. 11, § 9º, da Lei de Benefícios, incluído nesse diploma legal pela Lei 11.718, com vigência a partir de 23/06/2008, não pode retroagir para abranger fatos que sejam precedentes à data da publicação.

3. Ademais, o fato de a autora perceber pensão por morte do esposo, em valor pouco acima de um salário mínimo, não descaracteriza necessariamente sua condição de segurado especial, porquanto a atividade agrícola desempenhada por esta era essencial para a subsistência da família. Precedentes.

4. Hipótese em que a parte autora preencheu os requisitos necessários à concessão do benefício".

Também passou a ser possível que o segurado especial desenvolva atividade urbana por até 120 dias por ano sem perder o seu enquadramento.

Exigia-se que essa atividade urbana se desse no período de entressafra ou defeso, mas esta exigência foi suprimida pela MP 619/2013, convertida na Lei 12.873/2013, não sendo mais necessário investigar o motivo do desenvolvimento da atividade urbana por até 120 dias durante o ano.

Neste caso, embora conserve a qualidade de segurado especial por ficção jurídica durante o período em que desenvolver a atividade urbana, as contribuições previdenciárias deverão ser recolhidas como se não se tratasse de segurado especial, o mesmo ocorrendo durante o período em que exercício exercer mandato de vereador do município onde desenvolve a atividade rural, ou de dirigente de cooperativa rural constituída exclusivamente por segurados especiais, na forma do § 13 do artigo 12 da Lei de Custeio[55].

Se a atividade urbana do segurado especial ultrapassar a 120 dias no ano, este perderá a sua filiação originária, devendo se enquadrar na categoria pertinente de segurado obrigatório.

> Nesse sentido, de acordo com a Súmula 46, da TNU, aprovada no ano de 2012, "o exercício de atividade urbana intercalada não impede a concessão de benefício previdenciário de trabalhador rural, condição que deve ser analisada no caso concreto".

Outra inovação da reforma perpetrada pela Lei 11.718/08, foi permitir expressamente que o segurado especial titularize o mandato de vereador ou de dirigente de cooperativa rural sem perder o seu enquadramento, caracterizando uma ficção legal.

A atividade artesanal do segurado especial também foi autorizada, desde que não se configure como labor principal, pois o segurado especial não poderá auferir mais de um salário mínimo por mês, sob pena de perder a sua filiação.

55. § 13. O disposto nos incisos III e V do § 10 e no § 14 não dispensa o recolhimento da contribuição devida em relação ao exercício das atividades de que tratam os referidos dispositivos.

Da mesma forma, a atividade artística poderá ser exercida pelo segurado especial, mas este terá que receber menos de um salário mínimo mensal, senão deixará de ser filiado na condição especial.

Por fim, vale ressaltar que nada obsta que o **índio** se enquadre como segurado especial, desde que preencha os pressupostos legais, a teor do artigo 14, do Estatuto do Índio:

> "Art. 14. Não haverá discriminação entre trabalhadores indígenas e os demais trabalhadores, aplicando-se-lhes todos os direitos e garantias das leis trabalhistas e de previdência social".

Caberá à FUNAI expedir a respectiva certidão de que o índio enquadra-se como segurado especial, na forma do artigo 19-D, §§ 13 e 14 do RPS.

Existe controvérsia acerca do enquadramento previdenciário do "boia-fria". Cuida-se de expressão imprecisa, que muitas vezes pode ser enquadrada genericamente como trabalhador rural, nomenclatura popular que decorre do transporte de refeição em recipientes sem isolamento térmico, alimentando-se o segurado de comida fria.

No entanto, embora não seja tema pacífico, a jurisprudência prevalente é generalista, não promovendo a diferenciação aqui proposta, enquadrando o "boia-fria" como segurado especial em razão da sua vulnerabilidade:

> "PREVIDENCIÁRIO. TRABALHADOR RURAL INDIVIDUAL. MEMBRO DA FAMÍLIA EXERCE ATIVIDADE URBANA. IMPOSSIBILIDADE DE RECONHECIMENTO DA CONDIÇÃO DE SEGURADO ESPECIAL SEM CONSIDERAR O RENDIMENTO URBANO. 1. A legislação de regência admite tanto a figura do segurado especial em regime de economia familiar, quanto a do segurado especial em regime de economia individual. Os institutos foram criados de forma complementar, não sendo admissível a conclusão de que um anule ou absorva o outro. São institutos que devem sobreviver juntos, aplicando-se a situações fáticas diferenciadas. Não se trata de regime individual dentro do familiar, e sim de regime individual contraposto ao familiar. Dois conceitos estabelecidos de forma conjunta na legislação de regência não podem se destruir. Seria incoerente que o legislador criasse a figura do segurado especial em regime de economia familiar, se a família fosse irrelevante para fins de consideração de uma categoria diversa, de segurado em regime individual. Bastaria a criação do regime individual, que atenderia a todos os postulantes. O conceito principal e originário é o de segurado especial em regime de economia familiar, previsto em sede constitucional, sendo que o regime individual deve manter sua característica de complementaridade, já que fixado pela legislação infraconstitucional regulamentadora. 2. O trabalho individual que possibilita o reconhecimento da qualidade de segurado especial é, primeiramente, aquele realizado por produtor que trabalha na propriedade em que mora e não possui família. Isso porque a legislação não poderia prejudicar ou punir, de forma desarrazoada, aquele que não pertence a grupo familiar algum, excluindo-o da possibilidade de ser abrigado pelo Regime Geral de Previdência na qualidade de segurado especial. **Também se caracteriza como segurado especial individual o trabalhador avulso, conhecido como "boia-fria" ou "volante", que independentemente de não possuir produção própria, é absolutamente vulnerável, encontrando proteção na legislação de regência.** 3. Já o produtor rural que possui família e pleiteia o reconhecimento da qualidade de segurado especial deve necessariamente demonstrar a relevância do trabalho na lavoura no orçamento familiar. Essa conclusão se ancora no § 1º do art. 11 da Lei nº 8.213/91, que exige que o trabalho dos membros da família seja indispensável à própria subsistência do grupo. Entendimento consagrado na Súmula nº 41 da TNU. Dessa forma, se algum membro integrante do grupo familiar auferir renda proveniente de atividade urbana, esse dado não pode deixar de ser considerado em comparação com a renda proveniente da atividade rural da família para efeito de definir se os familiares que exercem atividade rural podem se qualificar como segurados

especiais. Descaracterizado o regime de economia familiar, não se pode postular o reconhecimento de qualidade de segurado especial individual com desprezo do rendimento urbano auferido pelos demais membros da família. Esse entendimento, divergente do acórdão paradigma, é o que prevaleceu na TNU em julgamento representativo de controvérsia (Processo nº 2008.72.64.000511-6, Relator para acórdão Juiz Rogerio Moreira Alves, DJU 30/11/2012). 4. Pedido improvido" (TNU, PEDILEF 201072640002470, de 04/09/2013).

A condição de segurado especial deverá ser provada por **início de prova material contemporânea** à carência do benefício a ser postulado, podendo ser **complementada** a prova por **testemunhas.**

Nos termos do posicionamento do STJ (tema 554 – repetitivo – REsp 1321493, de 10/10/2012), "aplica-se a Súmula 149/STJ ('A prova exclusivamente testemunhal não basta à comprovação da atividade rurícola, para efeitos da obtenção de benefício previdenciário') aos trabalhadores rurais denominados 'boias-frias', sendo imprescindível a apresentação de início de prova material. Por outro lado, considerando a inerente dificuldade probatória da condição de trabalhador campesino, a apresentação de prova material somente sobre parte do lapso temporal pretendido não implica violação da Súmula 149/STJ, cuja aplicação é mitigada se a reduzida prova material for complementada por idônea e robusta prova testemunhal".

A **Lei 13.846/2019** previu que o Ministério da Economia manterá sistema de cadastro dos segurados especiais no Cadastro Nacional de Informações Sociais – CNIS e poderá firmar acordo de cooperação com o Ministério da Agricultura, Pecuária e Abastecimento e com outros órgãos da administração pública federal, estadual, distrital e municipal para a manutenção e a gestão do sistema de cadastro (inserção do art. 38-A e 38-B na Lei 8.213/91).

A novidade é que o sistema preverá a manutenção e a atualização anual do cadastro do segurado especial e conterá as informações necessárias à caracterização da condição de segurado especial, devendo ser feita até 30 de junho do ano subsequente, vedada a atualização após 5 anos, exceto se o segurado especial demonstrar em época própria a comercialização da produção e o recolhimento da contribuição efetivo da contribuição prevista no art. 25 da Lei 8.212/91.

No entanto, essa sistemática de atualização anual cadastral do segurado especial no CNIS só será aplicada a partir de 1/1/2023.

IMPORTANTE

Mas existe uma novidade inaugurada pela **Emenda 103/2019**. É que, para **fins de comprovação de atividade rural** exercida até a data de entrada em vigor da Emenda Constitucional, o prazo de que tratam os §§ 1º e 2º do art. 38-B da Lei n° 8.213, de 24 de julho de 1991, será **prorrogado** até a data em que o Cadastro Nacional de Informações Sociais – **CNIS atingir a cobertura mínima de 50% dos trabalhadores** de que trata o § 8º do art. 195 da Constituição Federal, apurada conforme quantitativo da **Pesquisa Nacional por Amostra de Domicílios Contínua – PNAD.**

Para o período anterior a 1º de janeiro de 2023, o segurado especial comprovará o tempo de exercício da atividade rural por meio de **autodeclaração** ratificada por entidades públicas credenciadas, nos termos do art. 13 da Lei nº 12.188, de 11 de janeiro de 2010, e por outros órgãos públicos, na forma prevista no regulamento.

Eis as novidades no texto da Lei 8.213/91:

"**Art. 38-A** O Ministério da Economia manterá sistema de cadastro dos segurados especiais no Cadastro Nacional de Informações Sociais (CNIS), observado o disposto nos §§ 4º e 5º do art. 17 desta Lei, e poderá firmar acordo de cooperação com o Ministério da Agricultura, Pecuária e Abastecimento e com outros órgãos da administração pública federal, estadual, distrital e municipal para a manutenção e a gestão do sistema de cadastro. (Redação dada pela Lei nº 13.846, de 2019)

§ 1º O sistema de que trata o **caput** deste artigo preverá a manutenção e a atualização anual do cadastro e conterá as informações necessárias à caracterização da condição de segurado especial, nos termos do disposto no regulamento. (Redação dada pela Lei nº 13.846, de 2019)

§ 2º Da aplicação do disposto neste artigo não poderá resultar nenhum ônus para os segurados, sem prejuízo do disposto no § 4º deste artigo. (Redação dada pela Lei nº 13.846, de 2019)

§ 3º O INSS, no ato de habilitação ou de concessão de benefício, deverá verificar a condição de segurado especial e, se for o caso, o pagamento da contribuição previdenciária, nos termos da Lei no 8.212, de 24 de julho de 1991, considerando, dentre outros, o que consta do Cadastro Nacional de Informações Sociais (CNIS) de que trata o art. 29-A desta Lei. (Incluído pela Lei nº 13.134, de 2015)

§ 4º A atualização anual de que trata o § 1º deste artigo será feita até 30 de junho do ano subsequente. (Incluído pela Lei nº 13.846, de 2019)

§ 5º É vedada a atualização de que trata o § 1º deste artigo após o prazo de 5 (cinco) anos, contado da data estabelecida no § 4º deste artigo. (Incluído pela Lei nº 13.846, de 2019)

§ 6º Decorrido o prazo de 5 (cinco) anos de que trata o § 5º deste artigo, o segurado especial só poderá computar o período de trabalho rural se efetuados em época própria a comercialização da produção e o recolhimento da contribuição prevista no art. 25 da Lei nº 8.212, de 24 de julho de 1991. (Incluído pela Lei nº 13.846, de 2019)

Art. 38-B. O INSS utilizará as informações constantes do cadastro de que trata o art. 38-A para fins de comprovação do exercício da atividade e da condição do segurado especial e do respectivo grupo familiar. (Incluído pela Lei nº 13.134, de 2015)

§ 1º A partir de 1º de janeiro de 2023, a comprovação da condição e do exercício da atividade rural do segurado especial ocorrerá, exclusivamente, pelas informações constantes do cadastro a que se refere o art. 38-A desta Lei. (Incluído pela Lei nº 13.846, de 2019)

§ 2º Para o período anterior a 1º de janeiro de 2023, o segurado especial comprovará o tempo de exercício da atividade rural por meio de autodeclaração ratificada por entidades públicas credenciadas, nos termos do art. 13 da Lei nº 12.188, de 11 de janeiro de 2010, e por outros órgãos públicos, na forma prevista no regulamento. (Incluído pela Lei nº 13.846, de 2019)

§ 3º Até 1º de janeiro de 2025, o cadastro de que trata o art. 38-A poderá ser realizado, atualizado e corrigido, sem prejuízo do prazo de que trata o § 1º deste artigo e da regra permanente prevista nos §§ 4º e 5º do art. 38-A desta Lei. (Incluído pela Lei nº 13.846, de 2019)

§ 4º Na hipótese de divergência de informações entre o cadastro e outras bases de dados, para fins de reconhecimento do direito ao benefício, o INSS poderá exigir a apresentação dos documentos referidos no art. 106 desta Lei. (Incluído pela Lei nº 13.846, de 2019)

§ 5º O cadastro e os prazos de que tratam este artigo e o art. 38-A desta Lei deverão ser amplamente divulgados por todos os meios de comunicação cabíveis para que todos os cidadãos tenham acesso à informação sobre a existência do referido cadastro e a obrigatoriedade de registro. (Incluído pela Lei nº 13.846, de 2019)

De efeito, **são requisitos para obter o credenciamento como Entidade Executora do Pronater:**

I – contemplar em seu objeto social a execução de serviços de assistência técnica e extensão rural;

II – estar legalmente constituída há mais de 5 (cinco) anos, exceto entidades públicas;

III – possuir base geográfica de atuação no Estado em que solicitar o credenciamento;

IV – contar com corpo técnico multidisciplinar, abrangendo as áreas de especialidade exigidas para a atividade;

V – dispor de profissionais registrados em suas respectivas entidades profissionais competentes, quando for o caso;

VI – atender a outras exigências estipuladas em regulamento.

Com propriedade, de acordo com o artigo 106, da Lei 8.213/91, a comprovação do exercício de atividade rural será feita, alternativamente, por meio de diversos documentos, tendo sido alterado o inciso IV e revogado o inciso III:

"III – declaração fundamentada de sindicato que represente o trabalhador rural ou, quando for o caso, de sindicato ou colônia de pescadores, desde que homologada pelo Instituto Nacional do Seguro Social – INSS **(revogado pela Lei 13.846/2019)**;

IV – Declaração de Aptidão ao Programa Nacional de Fortalecimento da Agricultura Familiar, de que trata o inciso II do caput do art. 2º da Lei nº 12.188, de 11 de janeiro de 2010, ou por documento que a substitua, emitidas apenas por instituições ou organizações públicas *(redação dada pela Lei 13.846/2019)*";

O objetivo normativo foi retirar a atribuição dos sindicatos rurais de declarar a condição de segurado especial, passando a tarefa a ser desempenhada pelas instituições do PRONATER, mediante declaração de aptidão ao Programa Nacional de Fortalecimento da Agricultura Familiar.

A Declaração de Aptidão ao Programa Nacional de Fortalecimento da Agricultura Familiar (DAP) é o documento que identifica os beneficiários do Programa Nacional de Fortalecimento da Agricultura Familiar (PRONAF).

A perda da qualidade de segurado especial ocorrerá **no primeiro dia do mês** em que o segurado especial deixar de exercer a atividade campesina ou pesqueira de subsistência, observado o período de graça (artigo 15, da Lei 8.213/91), conforme determina do artigo 12, § 11[56], I, da Lei 8.212/91.

Destarte, considerado a expressa determinação legal, durante 12 meses após deixar de exercer a atividade de subsistência na pesca ou no campo, o segurado especial conservará a sua qualidade, haja vista a regra do artigo 15, II, da Lei 8.212/91.

56. § 11. O segurado especial fica excluído dessa categoria:

I – a contar do primeiro dia do mês em que:

a) deixar de satisfazer as condições estabelecidas no inciso VII do caput deste artigo, sem prejuízo do disposto no art. 15 da Lei no 8.213, de 24 de julho de 1991, ou exceder qualquer dos limites estabelecidos no inciso I do § 9º deste artigo;

b) enquadrar-se em qualquer outra categoria de segurado obrigatório do Regime Geral de Previdência Social, ressalvado o disposto nos incisos III, V, VII e VIII do § 10 e no § 14 deste artigo, sem prejuízo do disposto no art. 15 da Lei no 8.213, de 24 de julho de 1991;

c) tornar-se segurado obrigatório de outro regime previdenciário; e

d) participar de sociedade empresária, de sociedade simples, como empresário individual ou como titular de empresa individual de responsabilidade limitada em desacordo com as limitações impostas pelo § 14 deste artigo;

Da mesma forma, caso o segurado especial outorgue, por meio de contrato escrito de parceria, meação ou comodato, mais de 50% de imóvel rural cuja área total não seja superior a 04 módulos fiscais, haverá a perda da qualidade de segurado especial no primeiro dia do mês em que o segurado especial deixar de exercer a atividade campesina ou pesqueira de subsistência, respeitado o período de graça de 12 meses.

Demais disso, salvo nos casos fictícios já estudados de conservação da sua condição, o segurado especial perderá a sua qualidade no primeiro dia do mês em que se enquadrar em outra categoria de segurado obrigatório do RGPS, ou então que se filiar em outro regime previdenciário (Regime Próprio de Previdência Social).

Por conseguinte, conclui-se que ninguém poderá ser segurado especial juntamente com outra categoria de segurado obrigatório ou facultativo do RGPS, ou então segurado de RPPS.

Por sua vez, artigo 12, § 11, II, da Lei 8.212/91, prevê hipóteses de perda da qualidade de segurado especial **no primeiro dia do mês seguinte** em que o grupo familiar respectivo utilizar mais de 120 pessoas/dia/ano civil; quando o segurado especial exercer atividade urbana por mais de 120 dias no ano após o defeso ou entressafra; explorar a atividade turística com hospedagem por mais de 120 dias no ano.

2.5. Segurado contribuinte individual

As hipóteses de enquadramento da pessoa física como segurado contribuinte individual do RGPS estão previstas no artigo 12, inciso V, da Lei 8.212/91 (no artigo 11, inciso V, da Lei 8.213/91), sendo uma classe de segurados composta por trabalhadores não enquadrados nas anteriores, **tendo nítido caráter residual em muitos casos.**

Ou seja, se estivermos analisando o enquadramento de um trabalhador filiado ao RGPS e que não se enquadre nas categorias anteriores, certamente ele será considerado contribuinte individual, ante a generalidade que marca as alíneas "g" e "h" a serem estudadas.

Este rol de segurados é fruto da Lei 9.876/99, que unificou as categorias de empresário, trabalhador autônomo e equiparado, transformando-os em contribuintes individuais, conforme se segue:

> "a) a pessoa física, proprietária ou não, que explora atividade agropecuária, a qualquer título, em caráter permanente ou temporário, em área superior a 4 (quatro) módulos fiscais; ou, quando em área igual ou inferior a 4 (quatro) módulos fiscais ou atividade pesqueira, com auxílio de empregados ou por intermédio de prepostos; ou ainda nas hipóteses dos §§ 10 e 11 deste artigo;"

Trata-se de **previsão residual ao segurado especial** quando a área de exploração da atividade agropecuária for superior a 04 módulos fiscais, ou, quando inferior, houver a contratação de empregados por mais de 120 pessoas/dia por ano, conforme nova redação dada pela Lei 11.718/2008.

No caso do pescador, ele será enquadrado como contribuinte individual quando a contração de empregados se der por mais de 120 pessoas/dia por ano, bem como quando a arqueação bruta do barco extrapolar os limites regulamentares já vistos (acima de 20 AB).

A pessoa natural ainda será considerada como contribuinte individual, e não como segurado especial, nas hipóteses do § 10 (ter outras fontes de rendimento, salvo as permitidas) e § 11 (se enquadrar em outra categoria ou se filiar a outro regime), do artigo 12, da Lei 8.212/91.

> "b) a pessoa física, proprietária ou não, que explora *atividade de extração mineral – garimpo*, em caráter permanente ou temporário, diretamente ou por intermédio de prepostos, com ou sem o auxílio de empregados, utilizados a qualquer título, ainda que de forma não contínua;"

O garimpeiro não é mais segurado especial desde o advento da Lei 8.398/92, sendo considerado contribuinte individual mesmo que não contrate empregados. Por outro lado, se houver relação de emprego, será considerado segurado empregado.

É preciso a permissão de lavra garimpeira para o desenvolvimento lícito da atividade, conforme disposição constitucional regulamentada pela Lei 7.805/89, sob pena de a atividade ser considerada clandestina.

Com efeito, de acordo com o artigo 70 do Código de Mineração, a *garimpagem* é o trabalho individual de quem utilize instrumentos rudimentares, aparelhos manuais ou máquinas simples e portáveis, na extração de pedras preciosas, semipreciosas e minerais metálicos ou não metálicos, valiosos, em depósitos de eluvião ou aluvião, nos álveos de cursos d'água ou nas margens reservadas, bem como nos depósitos secundários ou chapadas (grupiaras), vertentes e altos de morros; depósitos esses genericamente denominados garimpos.

> "c) o ministro de confissão religiosa e o membro de instituto de vida consagrada, de congregação ou de ordem religiosa;"

São os padres, pastores e assemelhados. Inclusive, os valores por eles recebidos são excluídos do conceito de remuneração, na forma do artigo 22, § 13, da Lei 8.212/91, desde que fornecidos em condições que independam da natureza e da quantidade do trabalho executado.

Eles são enquadrados como contribuintes individuais por força da Lei 9.876/99, sendo anteriormente considerados como equiparados a trabalhadores autônomos, a teor da Lei 6.696/79. Antes, na vigência da Lei 5.890/73, eram considerados segurados facultativos, já sendo assim considerados desde o Decreto-lei 66, de 21.11.1966.

As definições de ministro de confissão religiosa[57], de membro de instituto de vida consagrada[58], de congregação ou ordem religiosa[59] estão estampadas no rodapé da página.

Inclusive, o tempo prestado como aspirante à vida religiosa (noviço, juvenista etc.) é considerado pelo STJ para fins previdenciários, a exemplo da decisão no REsp 512.549, de 20.11.2006, sendo este o entendimento atual:

> "PROCESSUAL CIVIL. RECURSO ESPECIAL. OFENSA AO ARTIGO 535 DO CPC. NÃO OCORRÊNCIA. DEFICIÊNCIA NA FUNDAMENTAÇÃO. SÚMULA N. 284/STF.

57. Os **ministros de confissão religiosa** são aqueles que consagram sua vida a serviço de Deus e do próximo, com ou sem ordenação, dedicando-se ao anúncio de suas respectivas doutrinas e crenças, à celebração dos cultos próprios, à organização das comunidades e à promoção de observância das normas estabelecidas, desde que devidamente aprovados para o exercício de suas funções pela autoridade religiosa competente.
58. Os **membros do instituto de vida religiosa** são os que emitem voto determinado ou seu equivalente, devidamente aprovado pela autoridade religiosa competente.
59. Os **membros de ordem ou congregação religiosa** são aqueles que emitem ou nelas professam os votos adotados.

Afasta-se a alegada negativa de prestação jurisdicional quando o recorrente não descreve, especificadamente nas razões de inconformismo, quais os tópicos que foram omitidos na decisão vergastada e que não foram apreciados. Situação que esbarra no óbice da Súmula nº 284/STF.

PREVIDENCIÁRIO. COMPROVAÇÃO DE TEMPO DE SERVIÇO. ASPIRANTE À VIDA RELIGIOSA. ATIVIDADE LABORATIVA. CÔMPUTO. POSSIBILIDADE.

1. O Superior Tribunal de Justiça possui compreensão no sentido de que o período laborado na condição de aspirante à vida religiosa, para custeio de sua formação, deve ser computado como tempo de serviço.

2. Recurso especial provido" (REsp 1.103.120., de 04.08.2009).

"e) o brasileiro civil que trabalha no exterior para organismo oficial internacional do qual o Brasil é membro efetivo, ainda que lá domiciliado e contratado, salvo quando coberto por regime próprio de previdência social;"

Se for contratado pela União, será considerado como empregado (artigo 12, I, 'e', da Lei 8.212/91). Neste caso, é preciso que a contratação se dê por organismo internacional que o Brasil seja membro efetivo, salvo se coberto por regime próprio.

A justificativa deste dispositivo é que se a lei brasileira o colocasse como empregado, não teria força para exigir as contribuições do empregador estrangeiro, pois competirá ao próprio contribuinte individual a responsabilidade tributária de verter as suas contribuições previdenciárias ao sistema.

"f) o titular de firma individual urbana ou rural, o diretor *não empregado* e o membro de conselho de administração de sociedade anônima, o sócio solidário, o sócio de indústria, o sócio gerente e o sócio cotista que recebam remuneração decorrente de seu trabalho em empresa urbana ou rural, e o associado eleito para cargo de direção em cooperativa, associação ou entidade de qualquer natureza ou finalidade, bem como o *síndico ou administrador eleito para exercer atividade de direção condominial*, desde que recebam remuneração;"

Eram os **antigos segurados empresários**. Para este enquadramento, será preciso que o sócio exerça função de direção e receba remuneração por sua atividade, ressaltando que os **sócios não gestores que recebem participação no lucro não integram este rol**, pois não se trata de remuneração.

De acordo com a Receita Federal, através da Solução de Consulta COSIT 120/2016, o sócio da sociedade civil de prestação de serviços profissionais que presta serviços à sociedade da qual é sócio é segurado obrigatório na categoria de contribuinte individual, conforme a alínea "f", inciso V, art. 12 da Lei nº 8.212, de 1991, sendo obrigatória a discriminação entre a parcela da distribuição de lucro e aquela paga pelo trabalho.

O fato gerador da contribuição previdenciária ocorre no mês em que for paga ou creditada a remuneração do contribuinte individual. Pelo menos parte dos valores pagos pela sociedade ao sócio que presta serviço à sociedade terá necessariamente natureza jurídica de retribuição pelo trabalho, sujeita à incidência de contribuição previdenciária, prevista no art. 21 e no inciso III do art. 22, na forma do § 4º do art. 30, todos da Lei nº 8.212, de 1991, e art. 4º da Lei nº 10.666, de 8 de maio de 2003.

Conforme prevê o Decreto 10.410/2020, será contribuinte individual desde que receba remuneração decorrente de trabalho na empresa:

a. o empresário individual e o titular de empresa individual de responsabilidade limitada, urbana ou rural;

b. o diretor não empregado e o membro de conselho de administração de sociedade anônima;

c. o sócio de sociedade em nome coletivo; e

d. o sócio solidário, o sócio gerente, o sócio cotista e o administrador, quanto a este último, quando não for empregado em sociedade limitada, urbana ou rural.

O síndico ou gestor de condomínios edilícios estão incluídos, mesmo os que recebam remuneração indireta, ao não pagar as despesas condominiais, conforme sedimentado pelo STJ[60]:

> "TRIBUTÁRIO. CONTRIBUIÇÃO SOCIAL SOBRE O PRÓ-LABORE E SOBRE A ISENÇÃO DA QUOTA CONDOMINIAL DOS SÍNDICOS. ART. 1º DA LEI COMPLEMENTAR Nº 84/96. CONDOMÍNIO. CARACTERIZAÇÃO. PESSOA JURÍDICA. LEI Nº 9.876/99. INCIDÊNCIA.
>
> I – **É devida a contribuição social sobre o pagamento do pró-labore aos síndicos de condomínios imobiliários, assim como sobre a isenção da taxa condominial devida a eles**, na vigência da Lei Complementar nº 84/96, porquanto a Instrução Normativa do INSS nº 06/96 não ampliou os seus conceitos, caracterizando-se o condomínio como pessoa jurídica, à semelhança das cooperativas, mormente não objetivar o lucro e não realizar exploração de atividade econômica.
>
> **II – A partir da promulgação da Lei nº 9.876/99, a qual alterou a redação do art. 12, inciso V, alínea "f", da Lei nº 8.212/91, com as posteriores modificações advindas da MP nº 83/2002, transformada na Lei nº 10.666/2003, previu-se expressamente tal exação, confirmando a legalidade da cobrança da contribuição previdenciária".**

> "g) quem presta serviço de natureza urbana ou rural, em caráter eventual, a uma ou mais empresas, sem relação de emprego;"

Trata-se do trabalhador que presta serviços à pessoa jurídica sem relação de emprego, ou seja, sem pessoalidade, subordinação ou habitualidade, sendo muito comum que as empresas contratem as pessoas naturais como meros prestadores de serviços com a finalidade de sonegar tributos e direitos trabalhistas, havendo uma relação de emprego disfarçada.

Logo, para a previdência social, assim como na seara trabalhista, pouco importa o *nomen iuris* que intitula o contrato, devendo prevalecer a realidade fática.

Ademais, caso se trate de prestação de serviços portuários ou não portuários com a intermediação de órgão gestor de mão de obra ou sindicato, não haverá o enquadramento como contribuinte individual, e sim como trabalhador avulso, conforme visto anteriormente.

> "h) a pessoa física que exerce, por conta própria, atividade econômica de natureza urbana, com fins lucrativos ou não;"

60. REsp 411.832, de 18.10.2005.

São os antigos trabalhadores autônomos, listados exemplificativamente no artigo 9º, § 15, do RPS, que auferem remuneração ao trabalhar por conta própria, mesmo sem finalidade lucrativa, **sendo a hipótese de enquadramento mais aberta de todos os trabalhadores do RGPS**.

Além destas hipóteses genéricas de segurados contribuintes individuais, outras são contempladas especificamente no artigo 9º, inciso V e § 15, ambos do RPS, a exemplo:

- do aposentado de qualquer regime previdenciário nomeado magistrado classista temporário da Justiça do Trabalho[61], na forma dos incisos II do § 1º do art. 111 ou III do art. 115 ou do parágrafo único do art. 116 da Constituição Federal, ou nomeado magistrado da Justiça Eleitoral, na forma dos incisos II do art. 119 ou III do § 1º do art. 120 da Constituição Federal.
- do **cooperado de cooperativa de produção** que, nesta condição, presta serviço à sociedade cooperativa mediante remuneração ajustada ao trabalho executado;
- do **Microempreendedor Individual – MEI** de que tratam os arts. 18-A e 18-C da Lei Complementar nº 123, de 14 de dezembro de 2006, que opte pelo recolhimento dos impostos e contribuições abrangidos pelo Simples Nacional em valores fixos mensais;

CURIOSIDADE!

De acordo com o Decreto 9.792/2019, a inscrição como segurado contribuinte individual será feita diretamente pelo motorista de transporte remunerado privado individual de passageiros, preferencialmente pelos canais eletrônicos de atendimento do Instituto Nacional do Seguro Social – INSS, podendo o motorista optar pela inscrição como microempreendedor individual, desde que atenda aos requisitos de que trata o art. 18-A da Lei Complementar nº 123, de 14 de dezembro de 2006 **(motorista de UBER e outros aplicativos pode ser MEI).**

- do **notário ou tabelião** e o oficial de registros ou registrador, titular de cartório, que detêm a delegação do exercício da atividade notarial e de registro, não remunerados pelos cofres públicos, admitidos a partir de 21 de novembro de 1994;
- do **médico residente** de que trata a Lei nº 6.932, de 7 de julho de 1981;
- do **bolsista da Fundação Nacional do Exército** contratado na forma da Lei 6.855/80;
- do **árbitro e seus auxiliares** que atuam em conformidade com a Lei nº 9.615, de 24 de março de 1998;
- o **médico** em curso de formação no âmbito do **Programa Médicos pelo Brasil**, instituído pela Lei nº 13.958, de 18 de dezembro de 2019;
- do **membro de conselho tutelar** de que trata o art. 132 da Lei nº 8.069, de 13 de julho de 1990, quando remunerado[62].

Conquanto o Decreto 3.048/99 ainda preveja o membro de conselho tutelar remunerado como contribuinte individual, entende-se que o Regulamento deve passar por revisão. É que, por força da Lei 12.696/2012, o conselheiro tutelar deverá ser remunerado e terá direitos traba-

61. A Emenda Constitucional nº 24, de 9 de dezembro de 1999, extinguiu a categoria de magistrado classista temporário da Justiça do Trabalho, entretanto, assegurou o cumprimento dos mandatos dos atuais magistrados.
62. O membro de Conselho Tutelar remunerado só passou a ser segurado obrigatório contribuinte individual com o advento do Decreto 4.032/2001.

lhistas típicos dos empregados, tais como o gozo de férias anuais remuneradas, acrescidas de 1/3 (um terço) do valor da remuneração mensal e a gratificação natalina, conforme disposto em lei municipal ou do Distrito Federal.

Logo, sustenta-se nesta obra que a partir da regulamentação da Lei 12.696/2012 pelos municípios e pelo Distrito Federal, o membro de conselho tutelar deverá ser enquadrado como segurado empregado.

De efeito, os casos de filiação do contribuinte individual elencados nas letras G e H, do artigo 12, inciso V, da Lei 8.212/91 são extremamente abertos, cabendo ao Regulamento da Previdência Social especificar as hipóteses de enquadramento.

O **cooperado filiado à cooperativa de trabalho** também é contribuinte individual, pois presta serviços sem vínculo de emprego, bem como os **notários e tabeliães** não remunerados pelo Poder Público, pois estes não ocupam cargo público efetivo.

Nos termos do artigo 18-A, da Lei Complementar 123/2006, alterado pela LC 155/2016, será contribuinte individual o **Microempreendedor Individual – MEI**, assim considerado o empresário individual a que se refere o artigo 966 do Código Civil[63], ou o empreendedor que exerça as atividades de industrialização, comercialização e prestação de serviços no âmbito rural, que tenha auferido receita bruta, no ano-calendário anterior, de até R$ 81.000,00, que seja optante pelo Simples Nacional e que não esteja impedido de optar pelo Simples Nacional.

Vale ressaltar que os tabeliães ou notários não são titulares de cargo público, razão pela qual são segurados do RGPS, e não do Regime Próprio estadual, conforme pacificado pela Suprema Corte:

> "EMENTA: AÇÃO DIRETA DE INCONSTITUCIONALIDADE. PROVIMENTO N. 055/2001 DO CORREGEDOR-GERAL DE JUSTIÇA DO ESTADO DE MINAS GERAIS. NOTÁRIOS E REGISTRADORES. REGIME JURÍDICO DOS SERVIDORES PÚBLICOS. INAPLICABILIDADE. EMENDA CONSTITUCIONAL N. 20/98. EXERCÍCIO DE ATIVIDADE EM CARÁTER PRIVADO POR DELEGAÇÃO DO PODER PÚBLICO. INAPLICABILIDADE DA APOSENTADORIA COMPULSÓRIA AOS SETENTA ANOS. INCONSTITUCIONALIDADE. 1. O artigo 40, § 1º, inciso II, da Constituição do Brasil, na redação que lhe foi conferida pela EC 20/98, está restrito aos cargos efetivos da União, dos Estados-membros, do Distrito Federal e dos Municípios – incluídas as autarquias e fundações. **2. Os serviços de registros públicos, cartorários e notariais são exercidos em caráter privado por delegação do Poder Público – serviço público não-privativo. 3. Os notários e os registradores exercem atividade estatal, entretanto não são titulares de cargo público efetivo, tampouco ocupam cargo público.** Não são servidores públicos, não lhes alcançando a compulsoriedade imposta pelo mencionado artigo 40 da CB/88 – aposentadoria compulsória aos setenta anos de idade. 4. Ação direta de inconstitucionalidade julgada procedente" (ADI 2.602, de 24.11.2005).

O **médico-residente**[64] também deverá se filiar como contribuinte individual, pois presta serviços ao hospital sem vínculo de emprego, considerando a legislação previdenciária a bolsa com natureza remuneratória.

---

63. Art. 966. Considera-se empresário quem exerce profissionalmente atividade econômica organizada para a produção ou a circulação de bens ou de serviços.

64. A Residência Médica constitui modalidade de ensino de pós-graduação, destinada a médicos, sob a forma de cursos de especialização, caracterizada por treinamento em serviço, funcionando sob a responsabilidade de instituições de saúde, universitárias ou não, sob a orientação de profissionais médicos de elevada qualificação ética e profissional.

Nesse sentido, o artigo 4º, § 1º, da Lei 6.932/81, com redação dada pela Medida Provisória 536/2011, coloca expressamente o residente como contribuinte individual.

Da mesma forma, nos termos do artigo 20, da Lei 12.871/2013, que instituiu o "Programa Mais Médicos", em regra, o médico participante enquadra-se como segurado obrigatório do Regime Geral de Previdência Social, na condição de contribuinte individual.

No entanto, são ressalvados da obrigatoriedade de filiação como contribuinte individual os médicos intercambistas:

I – selecionados por meio de instrumentos de cooperação com organismos internacionais que prevejam cobertura securitária específica; ou

II – filiados a regime de seguridade social em seu país de origem, o qual mantenha acordo internacional de seguridade social com a República Federativa do Brasil.

Logo, nestes dois casos excepcionais, ter-se-á mais uma exceção ao Princípio da Territorialidade de Filiação, pois os citados médicos intercambistas não serão segurados obrigatórios da Previdência Social, nem como contribuintes individuais, nem em outra categoria.

Considera-se médico intercambista aquele formado em instituição de educação superior estrangeira com habilitação para exercício da Medicina no exterior.

Os **árbitros de futebol e os seus auxiliares** também serão contribuintes individuais, desde que exerçam o seu labor na forma da Lei 9.615/98, ou seja, sem vínculo de emprego, nos termos do artigo 88, parágrafo único, do citado diploma legal[65].

Logo, caso se constate a existência de vínculo de emprego, a filiação dos árbitros e dos seus auxiliares dar-se-á na condição de segurados empregados.

Frise-se que até o advento do Decreto 7.054/2009 o **segurado recolhido à prisão** sob regime fechado ou semiaberto, que, nesta condição, prestasse serviço, dentro ou fora da unidade penal, a uma ou mais empresas, com ou sem intermediação da organização carcerária ou entidade afim, ou que exercesse atividade artesanal por conta própria, era considerado contribuinte individual.

Entretanto, esse ato regulamentar alterou o RPS, que passou a enquadrá-lo como segurado facultativo, opção que aparentemente se afigura ilegal, pois este segurado não deve exercer atividade laborativa remunerada.

É que se o preso trabalha para uma empresa sem vínculo de emprego ou por conta própria, ele deveria ser segurado obrigatório na condição de contribuinte individual, e não facultativo.

De acordo com o artigo 29, da Lei 7.210/84 (Lei de Execuções Penais), o trabalho do preso será remunerado, mediante prévia tabela, não podendo ser inferior a 3/4 (três quartos) do salário mínimo.

Por fim, o artigo 9º, § 15, do Regulamento, ainda especifica outras pessoas que deverão se filiar ao RGPS na condição de contribuintes individuais:

- aquele que trabalha como **condutor autônomo de veículo rodoviário**, inclusive como taxista ou motorista de transporte remunerado privado individual de passageiros, ou

65. Parágrafo único. Independentemente da constituição de sociedade ou entidades, os árbitros e seus auxiliares não terão qualquer vínculo empregatício com as entidades desportivas diretivas onde atuarem, e sua remuneração como autônomos exonera tais entidades de quaisquer outras responsabilidades trabalhistas, securitárias e previdenciárias.

como operador de trator, máquina de terraplenagem, colheitadeira e assemelhados, sem vínculo empregatício;

- aquele que exerce atividade de auxiliar de condutor autônomo de veículo rodoviário, em automóvel cedido em regime de colaboração, nos termos da Lei nº 6.094, de 30 de agosto de 1974;
- **aquele que, pessoalmente, por conta própria e a seu risco, exerce pequena atividade comercial em via pública ou de porta em porta**, como comerciante ambulante, nos termos da Lei nº 6.586, de 6 de novembro de 1978;
- **o trabalhador associado a cooperativa que, nessa qualidade, presta serviços a terceiros**;
- o membro de conselho fiscal de sociedade por ações;
- aquele que presta serviço de natureza não contínua, por conta própria, a pessoa ou família, no âmbito residencial desta, sem fins lucrativos, até 2 dias por semana;
- aquele que, na condição de pequeno feirante, compra para revenda produtos hortifrutigranjeiros ou assemelhados;
- a pessoa física que edifica obra de construção civil;
- o pescador que trabalha em regime de parceria, meação ou arrendamento, em embarcação com mais de 20 AB;
- o incorporador de que trata o art. 29 da Lei nº 4.591, de 16 de dezembro de 1964;
- o interventor, o liquidante, o administrador especial e o diretor fiscal de instituição financeira;
- o transportador autônomo de cargas e o transportador autônomo de cargas auxiliar, nos termos do disposto na Lei nº 11.442, de 5 de janeiro de 2007;
- o repentista de que trata a Lei nº 12.198, de 14 de janeiro de 2010, desde que não se enquadre na condição de empregado;
- o artesão de que trata a Lei nº 13.180, de 22 de outubro de 2015, desde que não se enquadre em outras categorias de segurado obrigatório do RGPS em relação à referida atividade.

3. SEGURADOS FACULTATIVOS

Objetivando conferir a maior cobertura possível, especificamente em favor das **pessoas que não estão exercendo atividade laborativa remunerada**, o artigo 14, da Lei 8.212/91, faculta aos maiores de 14 anos de idade a filiação ao RGPS na condição de segurados facultativos.

Entretanto, de acordo com o artigo 11, do RPS, a idade mínima para a filiação do segurado facultativo é de 16 anos de idade, sendo este o posicionamento dominante na doutrina e administrativo do INSS[66].

66. Artigo 55 da Instrução Normativa INSS 77/2015.

Eis um rol exemplificativo[67] atualizado pelo Decreto 10.410/2020:

I – aquele que se dedique exclusivamente ao trabalho doméstico no âmbito de sua residência;

II – o síndico de condomínio, quando não remunerado;

III – o estudante;

IV – o brasileiro que acompanha cônjuge que presta serviço no exterior;

V – aquele que deixou de ser segurado obrigatório da previdência social;

VI – o membro de conselho tutelar de que trata o art. 132 da Lei nº 8.069, de 13 de julho de 1990, quando não esteja vinculado a qualquer regime de previdência social;

VII – o estagiário que preste serviços a empresa nos termos do disposto na Lei nº 11.788, de 2008;

VIII – o bolsista que se dedique em tempo integral a pesquisa, curso de especialização, pós-graduação, mestrado ou doutorado, no Brasil ou no exterior, desde que não esteja vinculado a qualquer regime de previdência social;

IX – o presidiário que não exerce atividade remunerada nem esteja vinculado a qualquer regime de previdência social;

X – o brasileiro residente ou domiciliado no exterior;

XI – o segurado recolhido à prisão sob regime fechado ou semiaberto, que, nesta condição, preste serviço, dentro ou fora da unidade penal, a uma ou mais empresas, com ou sem intermediação da organização carcerária ou entidade afim, ou que exerce atividade artesanal por conta própria (inserido pelo Decreto 7.054/2009);

XII – o atleta beneficiário da Bolsa-Atleta não filiado a regime próprio de previdência social ou não enquadrado em uma das hipóteses previstas no art. 9º.

A alteração do inciso X pelo Decreto 10.410/2020 permitiu que todos os brasileiros que residam no exterior possam recolher como segurados facultativos, mesmo os que morem em países que possuam acordo de previdência com o Brasil.

O Decreto 10.410/2020 ainda previu que o segurado poderá contribuir facultativamente durante os **períodos de afastamento ou de inatividade**, desde que não receba remuneração nesses períodos e não exerça outra atividade que o vincule ao RGPS ou a regime próprio de previdência social.

Dessa forma, por exemplo, um segurado em gozo de auxílio por incapacidade temporária poderá recolher contribuição facultativa ao RGPS se não estiver recebendo remuneração por atividade laborativa.

Com base no artigo 14[68], da Lei 8.212/91, o segurado facultativo é a pessoa natural que não trabalha e objetiva uma proteção previdenciária, filiando-se ao RGPS mediante a inscrição formalizada e o ulterior pagamento da contribuição previdenciária. Logo, as pessoas que desenvolvam atividade laboral remunerada que gere a filiação como segurados obrigatórios não poderão obviamente ser segurados facultativos.

Com base no artigo 11, do Decreto 3.048/99, a filiação na qualidade de segurado facultativo representa ato volitivo, **gerando efeito somente a partir da inscrição e do primeiro**

67. Artigo 11, § 1º, do RPS.

68. Art. 14. É segurado facultativo o maior de 14 (quatorze) anos de idade que se filiar ao Regime Geral de Previdência Social, mediante contribuição, na forma do art. 21, **desde que não incluído nas disposições do art. 12.**

recolhimento, não podendo retroagir e não permitindo o pagamento de contribuições relativas a competências anteriores à data da inscrição.

Ademais, após a inscrição, o segurado facultativo somente poderá recolher contribuições em atraso quando não tiver ocorrido perda da qualidade de segurado.

Vale destacar que qualquer pessoa domiciliada legalmente no Brasil e que não se enquadre como segurado obrigatório poderá se filiar como segurado facultativo, quer brasileiro, quer estrangeiro. Contudo, se a pessoa for domiciliada no exterior, apenas os brasileiros terão direito de se filiar como segurados facultativos do RGPS.

De acordo com o STJ, "o vínculo contratual estabelecido para fins de estágio, cujo interesse é o aprendizado do bolsista, não se confunde com a atividade empregatícia, cuja finalidade é a exploração da mão de obra. Não tendo restado demonstrado o recolhimento previdenciário do período, nem tendo restado configurado vínculo empregatício, não há falar, nos termos do art. 4º da Lei 6.494/77, em reconhecimento do tempo de serviço, para fins de aposentação, do período em que o agravante aduz ter atuado como estagiário da empresa COPEL – Companhia Paranaense de Energia Elétrica"[69].

> Destaque-se que o servidor público participante de RPPS não poderá se filiar como segurado facultativo do RGPS, ante a vedação contida no § 5º, do artigo 201, da CRFB[70], inserida pela Emenda 20/98.

A única possibilidade de o servidor efetivo amparado por RPPS recolher como segurado facultativo do RGPS é se ele estiver afastado sem a percepção de vencimentos, desde que a lei de regulação do RPPS não permitida, nesta condição, contribuição ao respectivo regime próprio, o que deve ser aferido caso a caso.

Vale ressaltar que essa regra vale também para os aposentados, pois estes permanecem vinculados ao RPPS na inatividade[71].

Interessante saber se a vedação abarca os pensionistas do RPPS, pois a rigor também são participantes desse regime previdenciário. Entretanto, entende-se que não, devendo se dar uma interpretação restritiva ao artigo 201, § 5º, da Constituição Federal, pois o objetivo da norma é vedar a dupla filiação do segurado a regimes previdenciários diversos, na hipótese de exercício de apenas uma atividade laboral remunerada no serviço público.

Após a vedação, caso a pessoa participante de RPPS recolha contribuições ao RGPS na condição de segurado facultativo, estas serão consideradas irregulares e não gerarão qualquer efeito no RGPS.

Neste caso, entende-se que será cabível pedido de restituição dessas contribuições, observada a prescrição quinquenal, pois se trata de recolhimento indevido.

69. AgRg no REsp 929894, de 01.03.2011.
70. De acordo com o artigo 5º, § 2º, da Instrução Normativa RFB 971/2009, é vedada a participação no RGPS, na qualidade de segurado facultativo, de pessoa vinculada a Regime Próprio de Previdência Social (RPPS), **salvo na hipótese de afastamento sem vencimento, desde que não permitida, naquela condição, contribuição ao respectivo RPPS.**
71. Artigo 55, § 4º, II, da Instrução Normativa INSS 77/2015.

Por fim, com o advento do discutível Decreto 7.054/2009, o segurado preso recolhido à prisão sob regime fechado ou semiaberto, que, nesta condição, preste serviço, dentro ou fora da unidade penal, a uma ou mais empresas, com ou sem intermediação da organização carcerária ou entidade afim, ou que exerce atividade artesanal por conta própria, passou a ser segurado facultativo em qualquer hipótese, independentemente de exercer ou não atividade laboral remunerada.

O objetivo do Decreto 7.054/2009 foi incentivar a contratação dos presos pelas empresas para exercício de trabalho nas unidades prisionais, pois o retirando do rol de segurados obrigatórios evitará que as empresas recolham contribuições previdenciárias.

No entanto, a sua ilegalidade é evidente, na medida em que todos que exercem atividade remunerada deveriam se enquadrar como segurados obrigatórios, nos termos do artigo 11 da Lei 8.213/91, não podendo um ato regulamentar violar texto de lei.

Já o presidiário em regime aberto será enquadrado na categoria de segurado que corresponda à forma de prestação de serviço. (Instrução Normativa RFB nº 1.453, de 24 de fevereiro de 2014), vez que o exercício da atividade laboral dar-se-á fora da unidade prisional.

4. FILIAÇÃO

A filiação é a **relação jurídica que liga uma pessoa natural à União/Previdência Social, bem como ao Instituto Nacional do Seguro Social, que tem o condão de incluí-la no Regime Geral de Previdência Social na condição de segurada, tendo a eficácia de gerar obrigações (a exemplo do pagamento das contribuições previdenciárias) e direitos (como a percepção dos benefícios e serviços).**

O artigo 20, do RPS, a define sinteticamente como o vínculo que se estabelece entre pessoas que contribuem para a previdência social e esta, do qual decorrem direitos e obrigações.

O reconhecimento de filiação é o direito do segurado de ter reconhecido, em qualquer época, o tempo de exercício de atividade anteriormente abrangida pela Previdência Social.

Normalmente, a nacionalidade do trabalhador não tem relevância para fins de filiação, salvo as expressas exceções legais.

Em regra, para os **segurados obrigatórios**, a filiação será automática e decorrerá do exercício de atividade laborativa remunerada[72] (sendo considerado o seu termo inicial), com a **idade mínima de 16 anos** (salvo atividades insalubres, perigosas ou noturnas) **ou excepcionalmente de 14 anos, na condição de aprendiz[73].**

Caso o empregador viole a idade mínima o segurado não poderá ser prejudicado, contando-se o tempo de contribuição, conforme entendimento do STJ[74]:

> "AGRAVO REGIMENTAL EM RECURSO ESPECIAL. PREVIDENCIÁRIO. AVERBAÇÃO DE TEMPO DE SERVIÇO PRESTADO POR MENOR DE 14 ANOS. POSSIBILIDADE. CONDIÇÃO DE SEGURADO ANTERIOR À LEI Nº 8.213/91. IRRELEVÂNCIA. CONTRIBUIÇÃO RELATIVAMENTE AO PERÍODO DE ATIVIDADE RURAL. DESNECESSIDADE.

---

72. Artigo 20, do RPS.
73. Na forma do art. 7º, XXXIII, da CRFB, com redação dada pela EC 20/1998.
74. AgRg no REsp 504.745 / SC, 6ª Turma, de 01.03.2005.

> **– Ainda que mereça todo o repúdio o trabalho exercido por crianças menores de 14 anos de idade, ignorar tal realidade, ou entender que esse período não deverá ser averbado por falta de previsão legal, esbarra no alcance pretendido pela lei. Ao estabelecer o limite mínimo de 14 anos, o legislador o fez em benefício do menor, visando a sua proteção, não em seu prejuízo, razão pela qual o período de trabalho prestado antes dos 14 anos deverá ser computado como tempo de serviço para fins previdenciários.**
>
> – "A ausência da qualidade de segurado não inviabiliza o exercício do direito à contagem do tempo de serviço, porque não se confundem o direito ao benefício previdenciário, ele mesmo, e o direito à contagem, conversão e averbação de tempo de serviço, que é de natureza subjetiva, enquanto relativo à realização de fato continuado, constitutivo de requisito à aquisição de direitos subjetivos outros, estatutário ou previdenciário, de que é instrumental" (EDcl no REsp nº 409.986/RS, Relator Ministro Hamilton Carvalhido, Sexta Turma, DJ 24.03.2003, p. 295)".

No mesmo sentido, o STJ entende que o trabalhador rural que laborou em regime de economia familiar (segurado especial) poderá ter considerado o seu tempo de serviço, mesmo que com idade inferior aos 14 anos de idade. Nesse sentido, colaciona-se passagem do Informativo 510 do STJ:

> **"DIREITO PREVIDENCIÁRIO. TEMPO DE SERVIÇO PRESTADO POR TRABALHADOR COM IDADE INFERIOR A 14 ANOS EM REGIME DE ECONOMIA FAMILIAR.**
>
> **O tempo de serviço em atividade rural realizada por trabalhador com idade inferior a 14 anos, ainda que não vinculado ao Regime de Previdência Social, pode ser averbado e utilizado para o fim de obtenção de benefício previdenciário.** Comprovada a atividade rural do trabalhador com idade inferior a 14 anos e realizada em regime de economia familiar, esse tempo deve ser computado para fins previdenciários. A proibição do trabalho às pessoas com menos de 14 anos de idade foi estabelecida em benefício dos menores e não deve ser arguida para prejudicá-los. Precedentes citados: AR 3.629-RS, DJe 9/9/2008, e EDcl no REsp 408.478-RS, DJ 5/2/2007. **AR 3.877-SP, Rel. Min. Marco Aurélio Bellizze, julgada em 28/11/2012**".

Frise-se que a mera pactuação contratual para a prestação de serviços já gerará a filiação, não sendo necessariamente exigível o efetivo começo do trabalho.

Contudo, no caso dos ***segurados especiais***, a filiação iniciar-se-á com o exercício de atividade campesina ou pesqueira artesanal individualmente ou em regime de economia familiar para fins de subsistência, pois normalmente não há atividade laborativa com percepção de remuneração.

Outrossim, para os ***contribuintes individuais que trabalhem por conta própria***, não bastará o simples exercício de atividade laborativa remunerada para que ocorra a filiação, que é condicionada ao efetivo recolhimento das contribuições previdenciárias, pois inexiste empresa ou empregador para ser o responsável pela arrecadação, competindo aos próprios contribuintes individuais fazê-lo.

Eis o posicionamento do STJ:

> "PROCESSO CIVIL. RECURSO ESPECIAL. PREVIDENCIÁRIO. VIOLAÇÃO DO ART. 535 DO CPC. INEXISTÊNCIA. **PENSÃO POR MORTE. SEGURADO OBRIGATÓRIO. CONTRIBUIÇÕES PREVIDENCIÁRIAS. RECOLHIMENTO POST MORTEM. IMPOSSIBILIDADE**. 1. Discute-se nos autos a possibilidade de a viúva, na qualidade dependente, efetuar o recolhimento das contribuições previdenciárias em atraso, após a morte do segurado. 2. Não há a alegada violação do art. 535 do CPC, pois a prestação jurisdicional foi dada na medida da

pretensão deduzida, conforme se depreende da análise do acórdão recorrido. **3. Em relação ao recolhimento post mortem das contribuições previdenciária, esta Corte vem firmando orientação no sentido de que "é imprescindível o recolhimento das contribuições respectivas pelo próprio segurado quando em vida para que seus dependentes possam receber o benefício de pensão por morte. Desta forma, não há base legal para uma inscrição post mortem ou para que sejam regularizadas as contribuições pretéritas, não recolhidas em vida pelo de cujus."** (REsp 1.328.298/PR, Rel. Ministro Castro Meira, DJe de 28.9.2012). 4. Decisões monocráticas no mesmo sentido: REsp 1.325.452/SC, Relator Ministro Mauro Campbell Marques, DJe 19.03.2013; REsp 1.251.[44]2/PR, Relatora Ministra Laurita Vaz, DJe 1°.2.2013; REsp 1.248.399/RS, Relatora Ministra Maria Thereza de Assis Moura, DJe 14.11.2012; REsp 1.349.211/PR, Relatora Ministra Eliana Calmon, DJe 8.11.2012; REsp 1.328.298/PR, Relator Ministro Castro Meira, DJe 28.9.2012. Recurso especial provido" (RECURSO ESPECIAL 1346852, de 21/05/2013).

Nesse sentido, o pacífico entendimento da Turma Nacional de Uniformização de Jurisprudência:

"EMENTA PREVIDENCIÁRIA. PENSÃO POR MORTE. PERDA DA QUALIDADE DE SEGURADO. CONTRIBUINTE INDIVIDUAL. INSCRIÇÃO POST MORTEM. REGULARIZAÇÃO DAS CONTRIBUIÇÕES PELOS HERDEIROS. IMPOSSIBILIDADE. BENEFÍCIO INDEVIDO. INCIDENTE DE UNIFORMIZAÇÃO CONHECIDO E IMPROVIDO.

1 – O vínculo previdenciário do trabalhador autônomo, para fins de concessão do benefício de pensão por morte a seus dependentes, depende do regular recolhimento das contribuições pelo próprio segurado, conforme previsto no artigo 30, inciso II, da Lei 8.212/91.

2 – **Não é possível a concessão do benefício de pensão por morte aos dependentes do segurado falecido, contribuinte individual, que não efetuou o recolhimento das contribuições respectivas à época, não havendo amparo legal para a dita inscrição post mortem ou para que sejam descontadas as contribuições pretéritas, não recolhidas pelo de cujus, do benefício da pensão por morte percebido pelos herdeiros.**(Processo nº 2005.72.95.013310-7, Relator Juiz Federal Marcos Roberto Araújo dos Santos, DJ de 21/05/2007).

3 – Incidente de uniformização conhecido e improvido. (PEDILEF 200670950069697, de 17.12.2007)".

"PREVIDENCIÁRIO. PENSÃO POR MORTE. PERDA DA QUALIDADE DE SEGURADO. CONTRIBUINTE INDIVIDUAL. INSCRIÇÃO POST MORTEM. REGULARIZAÇÃO DAS CONTRIBUIÇÕES PELO CÔNJUGE SOBREVIVENTE PARA RECEBIMENTO DE PENSÃO POR MORTE. IMPOSSIBILIDADE. BENEFÍCIO INDEVIDO. INCIDENTE DE UNIFORMIZAÇÃO CONHECIDO E IMPROVIDO.

1. Apesar do trabalhador autônomo ser segurado obrigatório da Regime Geral da Previdência Social, a concessão do benefício de pensão por morte a seus dependentes, depende do regular recolhimento das contribuições pelo próprio segurado, em vida, conforme previsto no artigo 30, inciso II, da Lei 8.212/91, caso contrário, os recolhimentos ocorreriam após o próprio sinistro , em subversão ao sistema securitário, comprometendo o próprio equilíbrio atuarial, tendo em vista, inclusive a questão da carência no evento morte dentro do sistema previdenciário.

2. Portanto, não se afigura possível a concessão do benefício de pensão por morte ao cônjuge do segurado falecido, como contribuinte individual que não efetuou o recolhimento das contribuições respectivas à época, não havendo suporte legal para a denominada inscrição post mortem ou para que sejam vertidas as contribuições pretéritas, também após o evento morte, mesmo com seus acréscimos, quando não tiverem sido recolhidas antes do sinistro, coberto pelo benefício buscado.

3. Incidente conhecido e não provido" (PEDIDO 200870950025150, de 13.09.2010).

No mesmo caminho, a jurisprudência majoritária dos Tribunais Regionais Federais, a exemplo de precedente da 2ª Região:

> "PREVIDENCIÁRIO. PENSÃO POR MORTE. NÃO PREENCHIMENTO DOS REQUISITOS LEGAIS DO BENEFÍCIO. PERDA DA QUALIDADE DE SEGURADO DO DE CUJUS. IMPOSSIBILIDADE DE CONCESSÃO.
>
> [...]
>
> IV – Por outro lado, **enquadrando-se o falecido na condição de contribuinte individual, necessário se faz a comprovação de sua filiação à Previdência com o efetivo recolhimento das respectivas contribuições, por iniciativa própria, para que se considere a sua qualidade de segurado**, o que não ocorreu, na espécie, concluindo-se que o de cujus não ostentava a qualidade de segurado da Previdência quando do óbito e, portanto, inexiste o direito ao recebimento de pensão por morte a seus dependentes. Ressalte-se que o direito à pensão só permaneceria se o falecido houvesse preenchido os requisitos para aposentadoria, o que também não ocorreu, na hipótese. (AC 200602010148599, de 11.12.2007)".

Para espancar qualquer dúvida, coube à Lei 13.846/2019 inserir o § 7º no 17 artigo da Lei 8.213/91: **"não será admitida a inscrição *post mortem* de segurado contribuinte individual e de segurado facultativo"**.

O dispositivo, no entanto, somente se aplica ao contribuinte individual autônomo, não possuindo aplicabilidade ao contribuinte individual que labora para pessoa jurídica a contar de abril de 2003 (Lei 10.666/03, art. 4º), pois este passou a ter presunção normativa de dependência econômica.

Veja-se o CRPS:

> **JR/CRPS – ENUNCIADO Nº 5 – Alterado: Publicado no DOU de 12.11.2019**
>
> O contribuinte individual comprovará a interrupção ou o encerramento da sua atividade, sob pena de ser considerado em débito no período sem contribuição. I – A concessão de prestações ao contribuinte individual inscrito em débito ou aos seus dependentes é condicionada ao recolhimento prévio pelo segurado das contribuições em atraso necessárias à reaquisição da qualidade de segurado ou da carência, conforme o caso, salvo em relação ao prestador de serviço (A UMA PESSOA JURÍDICA – FALHA DO ENUNCIADO), a partir da competência abril de 2003.

Por sua vez, para o **segurado facultativo, a filiação apenas ocorrerá com a inscrição formalizada** (mero cadastro de dados na Previdência Social) **e o efetivo pagamento da primeira contribuição previdenciária**, decorrendo necessariamente da sua manifestação de vontade, pois não é compulsória.

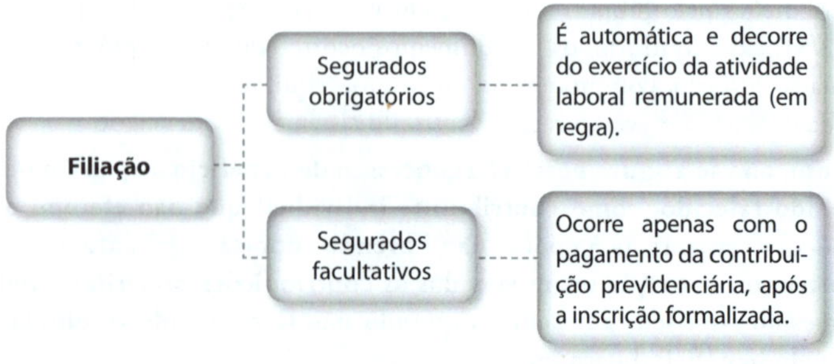

De acordo com o artigo 14, da Lei 8.212/91, **a idade mínima para a filiação como segurado facultativo será de 14 anos de idade.**

Contudo, **o artigo 11 do RPS prevê a idade mínima de 16 anos de idade para a filiação como segurado facultativo**, disposição regulamentar aparentemente desprovida de fundamento legal, vez que a Constituição Federal veda o trabalho do menor de 16 anos, em regra, dispositivo que não alcança o segurado facultativo, pois este não trabalha.

> Vale ressaltar que a doutrina majoritária e o próprio INSS entendem que a idade mínima para a filiação do segurado facultativo é de 16 anos de idade.

O **servidor público de qualquer RPPS não poderá se vincular como facultativo, consoante determinação do artigo 201, § 5º, da Constituição Federal**, salvo se afastado sem vencimentos e desde que não permitida, nessa condição, contribuição ao respectivo regime próprio[75].

Questão interessante é saber se o desenvolvimento de atividade clandestina enseja a filiação como segurado obrigatório do RGPS, a exemplo da pessoa que se sustenta do produto dos roubos que pratica habitualmente.

Para Fábio Zambitte Ibrahim, "a atividade exercida deve ser lícita, isto é, o trabalho em atividades ilegais, como o tráfico de drogas, evidentemente não gera qualquer vínculo com a previdência social"[76].

Entretanto, entende-se que mesmo na hipótese de trabalho clandestino, deverá a pessoa ser obrigada a pagar as respectivas contribuições previdenciárias, que têm natureza tributária, incidindo o Princípio da *Pecunia Non Olet* (o dinheiro não tem cheiro).

Sobre o tema, conforme a esquematizada doutrina de Ricardo Alexandre, "para o direito tributário não existe relevância se a situação que teve como consequência a ocorrência fato gerador configure ilícito, mesmo que criminal"[77].

A admissão de apenas atividades laborais lícitas como hipótese de filiação do segurado obrigatório no RGPS pode conduzir a conclusões irrazoáveis ou mesmo absurdas. Sabe-se que, especialmente em grandes centros urbanos, milhões de pessoas sobrevivem da venda de bens importados irregularmente, inclusive com a consumação do delito de descaminho, ante a não tributação desses produtos na entrada do país. Ademais, ainda existem os produtos falsificados que são vendidos irregularmente pelo Brasil.

Ora, uma pessoa que trabalha vendendo bens ilegalmente importados ou falsificados não está desenvolvendo uma atividade laboral lícita, e sim irregular, tanto que são comuns as apreensões desses produtos pela Polícia Federal.

Caso se sustente que apenas o trabalho lícito deverá gerar a filiação ao RGPS, esses trabalhadores autônomos não poderão se filiar à Previdência Social, o que seria indesejável e inaceitável.

75. Artigo 11, § 2º, do RPS.
76. Obra citada, pg. 185.
77. Direito Tributário Esquematizado. 2ª edição, Ed. Método, São Paulo, p. 264.

Por fim, de acordo com a atual legislação previdenciária, **inexiste idade máxima para a filiação ao RGPS**[78].

5. INSCRIÇÃO

Considera-se inscrição do segurado para os efeitos da previdência social o **ato pelo qual o segurado é cadastrado no Regime Geral de Previdência Social, mediante comprovação dos dados pessoais e de outros elementos necessários e úteis a sua caracterização**[79].

Atualmente a inscrição é feita no Cadastro Nacional de Informações Sociais – CNIS, um sistema responsável pelo controle das informações de todos os segurados e contribuintes da Previdência Social, criado em 1989.

Na hipótese de não constar do CNIS informações sobre contribuições ou remunerações, ou havendo dúvida sobre a regularidade do vínculo, motivada por divergências ou insuficiências de dados relativos ao empregador, ao segurado, à natureza do vínculo, ou à procedência da informação, esse vínculo ou o período respectivo somente será confirmado mediante a apresentação pelo segurado da documentação comprobatória solicitada pelo INSS.

> Em regra, a inscrição ocorrerá após a filiação, exceto para o segurado facultativo, cuja filiação pressupõe a inscrição e o pagamento da primeira contribuição previdenciária.

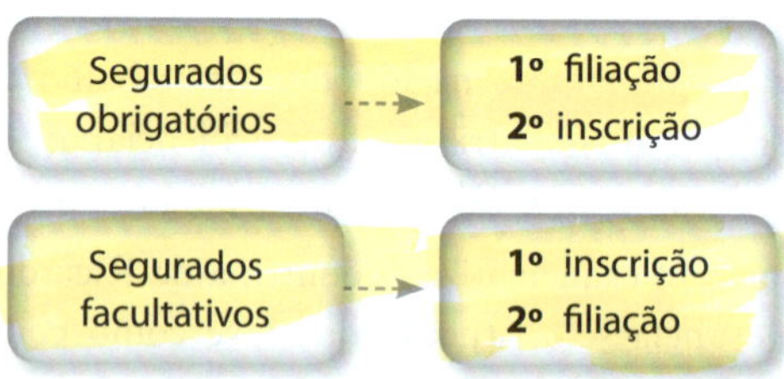

A inscrição dos segurados é regulada pelo artigo 18 do Decreto 3048/99, atualizado pelo Decreto 10.410/2020:

> "Art. 18. Considera-se inscrição de segurado para os efeitos da previdência social o ato pelo qual o segurado é cadastrado no RGPS, por meio da comprovação dos dados pessoais, da seguinte forma: (Redação dada pelo Decreto nº 10.410, de 2020).
>
> I – empregado – pelo empregador, por meio da formalização do contrato de trabalho e, a partir da obrigatoriedade do uso do Sistema de Escrituração Digital das Obrigações Fiscais, Previdenciárias e Trabalhistas – eSocial, instituído pelo Decreto nº 8.373, de 11 de dezembro de 2014, ou do sistema que venha a substituí-lo, por meio do registro contratual eletrônico realizado nesse Sistema; (Redação dada pelo Decreto nº 10.410, de 2020).

78. De acordo com o artigo 26, do revogado Decreto 83.080/79, quem ingressa na previdência social urbana após completar 60 (sessenta) anos de idade tem direito ao pecúlio de que trata o artigo 91, não fazendo jus a outros benefícios salvo o salário-família e a renda mensal vitalícia, sendo também devido o auxílio-funeral, observado o disposto no § 1º do artigo 117.

79. Artigo 18, do RPS.

II – trabalhador avulso – pelo cadastramento e pelo registro no órgão gestor de mão de obra, no caso de trabalhador portuário, ou no sindicato, no caso de trabalhador não portuário, e a partir da obrigatoriedade do uso do eSocial, ou do sistema que venha a substituí-lo, por meio do cadastramento e do registro eletrônico realizado nesse Sistema; (Redação dada pelo Decreto nº 10.410, de 2020).

III – empregado doméstico – pelo empregador, por meio do registro contratual eletrônico realizado no eSocial; (Redação dada pelo Decreto nº 10.410, de 2020).

IV – contribuinte individual: (Redação dada pelo Decreto nº 10.410, de 2020).

a) por ato próprio, por meio do cadastramento de informações para identificação e reconhecimento da atividade, hipótese em que o Instituto Nacional do Seguro Social – INSS poderá solicitar a apresentação de documento que comprove o exercício da atividade declarada; (Incluído pelo Decreto nº 10.410, de 2020)

b) pela cooperativa de trabalho ou pela pessoa jurídica a quem preste serviço, no caso de cooperados ou contratados, respectivamente, se ainda não inscritos no RGPS; e (Incluído pelo Decreto nº 10.410, de 2020)

c) pelo MEI, por meio do sítio eletrônico do Portal do Empreendedor; (Incluído pelo Decreto nº 10.410, de 2020)

V – segurado especial – preferencialmente, pelo titular do grupo familiar que se enquadre em uma das condições previstas no inciso VII do **caput** do art. 9º, hipótese em que o INSS poderá solicitar a apresentação de documento que comprove o exercício da atividade declarada, observado o disposto no art. 19-D; e (Redação dada pelo Decreto nº 10.410, de 2020).

VI – segurado facultativo – por ato próprio, por meio do cadastramento de informações pessoais que permitam a sua identificação, desde que não exerça atividade que o enquadre na categoria de segurado obrigatório. (Redação dada pelo Decreto nº 10.410, de 2020)".

No caso do empregado, trabalhador avulso e contribuinte individual que trabalha para a pessoa jurídica[80], caberá à empresa promover a inscrição do segurado a seu serviço. Já no caso do contribuinte social que trabalha por conta própria e o segurado facultativo, o próprio segurado deverá requerer a sua inscrição do INSS.

Por sua vez, caberá ao empregador doméstico promover a inscrição do empregado doméstico a seu serviço no e-social, nos termos do artigo 32 da Lei Complementar 150/2015[81].

Para o facultativo, a inscrição representa ato de vontade e é formalizada após o primeiro recolhimento no código específico, da seguinte forma:

I – quando não possui cadastro no CNIS, mediante apresentação de documentos pessoais e de outros elementos necessários e úteis a sua caracterização, bem como a inclusão da ocupação;

II – quando possui cadastro no CNIS, se não houver contribuição, poderá ser efetuada a inclusão da ocupação e havendo contribuições já recolhidas, deverá ser observado o primeiro pagamento em dia, não podendo retroagir e não permitindo o pagamento de contribuições relativas às competências anteriores ao início da opção de filiação de facultativo[82].

80. Nos termos do artigo 4º, § 2º, da Lei 10666/2003, "a cooperativa de trabalho e a pessoa jurídica são obrigadas a efetuar a inscrição no Instituto Nacional do Seguro Social – INSS dos seus cooperados e contratados, respectivamente, como contribuintes individuais, se ainda não inscritos".

81. Art. 32. A inscrição do empregador e a entrada única de dados cadastrais e de informações trabalhistas, previdenciárias e fiscais no âmbito do Simples Doméstico dar-se-ão mediante registro em sistema eletrônico a ser disponibilizado em portal na internet, conforme regulamento.

82. Artigo 56 da Instrução Normativa INSS 77/2015.

De efeito, não há previsão na legislação previdenciária para que a inscrição ocorra concomitantemente à filiação, nos moldes do artigo 18, do RPS, pois pressupõe a comprovação do exercício de trabalho remunerado.

Deveras, para a formalização da inscrição, é preciso que seja apresentado documento que comprove o exercício de trabalho remunerado, ocorrendo inicialmente a filiação e posteriormente a inscrição do segurado obrigatório.

Apenas no caso do segurado facultativo há inicialmente a inscrição, para, em seguida, ocorrer à filiação com o recolhimento da contribuição previdenciária.

No caso do **dependente**, apenas ocorrerá a sua **inscrição quando houver requerimento administrativo de benefício previdenciário**[83], mediante a apresentação dos documentos comprobatórios, a exemplo da certidão de casamento para demonstrar o matrimônio[84], não cabendo mais ao segurado inscrever o dependente desde o Decreto 4.079, de 10.01.2002, que regulamentou a Lei 10.403/2002.

CURIOSIDADE DA REFORMA DA PREVIDÊNCIA:

Mas existe uma **exceção** criada pela **Emenda 103/2019** (art. 23) que passou a admitir a inscrição prévia de dependente. Isso porque, "para o dependente inválido ou com deficiência intelectual, mental ou grave, **a condição de deficiente pode ser reconhecida previamente ao óbito do segurado**, por meio de avaliação biopsicossocial realizada por equipe multiprofissional e interdisciplinar, observada revisão periódica na forma da legislação".

Evidente que tal condição deverá ser reavaliada de modo periódico pela Previdência Social, de modo a mensurar a persistência da invalidez ou deficiência.

De acordo com o artigo 17, § 2º, da Lei 8.213/91, o cancelamento da inscrição do cônjuge se processa em face de separação judicial ou divórcio sem direito a alimentos, certidão de anulação de casamento, certidão de óbito ou sentença judicial, transitada em julgado.

No entanto, **este parágrafo foi expressamente revogado pela Lei 13.135/2015**, vez que desde a Lei 10.403/2002 **não mais existia a inscrição prévia do dependente feita pelo segurado**, estando o § 2º desatualizado, pois não mais havia inscrição prévia a cancelar, incumbindo ao dependente promover a sua inscrição quando do requerimento do benefício a que estiver habilitado.

Ademais, o art. 18, § 2º, do RPS, restringe indevidamente a inscrição dos menores de 16 anos, apesar de o aprendiz poder ter 14 anos de idade, conforme previsão constitucional[85], sendo considerado segurado empregado.

No caso do *segurado especial*, a sua inscrição será feita de forma a vinculá-lo ao seu respectivo grupo familiar e conterá, além das informações pessoais, a identificação da propriedade em que desenvolve a atividade e a que título, se nela reside ou o município onde reside e, quando for o caso, a identificação e inscrição da pessoa responsável pela unidade familiar.

Vale frisar que não serão consideradas a inscrição *post mortem* e as contribuições vertidas após a extemporânea inscrição para efeito de manutenção da qualidade de segurado.

83. Artigo 17, § 1º, da Lei 8.213/91 e artigo 22, do RPS.
84. Desde o advento da Lei 10.403/02 inexiste a inscrição prévia do dependente a ser promovida pelo segurado.
85. Artigo 6º, XXXIII, da CRFB.

Esta vedação se destina ao segurado contribuinte individual que trabalha por conta própria, pois a sua filiação é condicionada ao pagamento tempestivo da contribuição previdenciária.

Nesse sentido, a **Súmula 52 da TNU:**

> **Súmula 52 – "Para fins de concessão de pensão por morte, é incabível a regularização do recolhimento de contribuições de segurado contribuinte individual posteriormente a seu óbito, exceto quando as contribuições devam ser arrecadadas por empresa tomadora de serviços".**

Logo, se um contribuinte individual que trabalha por conta própria não recolhe as contribuições previdenciárias, não se filiará ao RGPS. Ao falecer, como não era segurado, os seus dependentes não terão direito à pensão por morte, pois não será possível o recolhimento das contribuições em atraso e a inscrição após a morte do segurado.

Eis a posição pacífica do STJ:

> Em relação ao recolhimento *post mortem* das contribuições previdenciária, esta Corte vem firmando orientação no sentido de que "é imprescindível o recolhimento das contribuições respectivas pelo próprio segurado quando em vida para que seus dependentes possam receber o benefício de pensão por morte. Desta forma, não há base legal para uma inscrição post mortem ou para que sejam regularizadas as contribuições pretéritas, não recolhidas em vida pelo de cujus." (REsp 1.328.298/PR, Rel. Ministro Castro Meira, DJe de 28.9.2012)". REsp 1551720, de 23/8/2017.

Para espancar qualquer dúvida, coube à Lei 13.846/2019 inserir o § 7º no 17 artigo da Lei 8.213/91: **"não será admitida a inscrição post mortem de segurado contribuinte individual e de segurado facultativo"**.

O dispositivo, no entanto, somente se aplica ao contribuinte individual autônomo, não possuindo aplicabilidade ao contribuinte individual que labora para pessoa jurídica a contar de abril de 2003 (Lei 10.666/03, art. 4º), pois este passou a ter presunção normativa de dependência econômica.

Para fins de **pensão por morte**, na hipótese de falecimento do segurado, os ajustes citados poderão ser solicitados por seus dependentes para fins de reconhecimento de direito para benefício a eles devidos até o dia quinze do mês de janeiro subsequente ao do ano civil correspondente.

Dessa forma, o Decreto 10.410/2020 permitiu a **complementação de contribuição após a morte**, desde que seja feita pelo dependente até o dia 15 de janeiro do ano seguinte.

Veja-se, nesse sentido, o § 7º do artigo 19-E do Regulamento:

> "§ 7º Na hipótese de **falecimento do segurado**, os ajustes previstos no § 1º poderão ser solicitados por seus dependentes para fins de reconhecimento de direito para benefício a eles devidos **até o dia quinze do mês de janeiro subsequente ao do ano civil correspondente**, observado o disposto no § 4º. (Incluído pelo Decreto nº 10.410, de 2020)"

Note-se que a permissão regulamentar é apenas para o complemento de contribuição abaixo do mínimo legal, e não para filiação após a morte.

> Entretanto, será permitida a inscrição *post mortem* do segurado especial, desde que presentes os pressupostos da filiação, na forma do quanto expresso no artigo 18, § 5º, do RPS.

É que normalmente os segurados especiais são desconhecidos pela Previdência Social, apesar de já estarem filiados ao RGPS com o exercício da atividade campesina ou pesqueira para a subsistência, mas não inscritos.

Suponha-se que João Lavrador seja um trabalhador rural que desenvolva atividade agrícola em imóvel rural com área de até 04 módulos fiscais em regime de economia familiar para a subsistência. Logo, ele é um segurado especial do RGPS, pois a sua filiação ocorreu no momento em que iniciou a sua atividade laboral.

Entretanto, João Lavrador não teve a iniciativa de promover a sua inscrição no RGPS, nunca tendo ido a uma das agências do INSS por desconhecer a legislação previdenciária. *Internet* ele não sabe nem o que é muito menos conhece os procedimentos de inscrição pelo CNIS. João tinha apenas 50 anos de idade quando morreu, não estando ainda aposentado por não atingir a idade mínima de 60 anos de idade.

Neste caso, o INSS deverá proceder à inscrição *post mortem* de João Lavrador, com base no artigo 18, § 5º, do Regulamento, pois restou comprovado que ele era um segurado especial do RGPS, conquanto não estivesse inscrito, deferindo aos seus dependentes o benefício da pensão por morte.

De resto, simultaneamente com a inscrição do segurado especial, será atribuído ao grupo familiar número de Cadastro Específico do INSS – CEI, para fins de recolhimento das contribuições previdenciárias.

Vale salientar também, por óbvio, apesar da omissão do Regulamento da Previdência Social, que é plenamente possível a inscrição após a morte do segurado empregado, trabalhador avulso, empregado doméstico e contribuinte individual que presta serviços à pessoa jurídica (não o que trabalha por conta própria).

É que a filiação desses segurados é automática e ocorre com o exercício do labor remunerado, pois é obrigação da empresa, equiparado a empresa ou empregador doméstico o recolhimento das contribuições previdenciárias, na forma do artigo 30, da Lei 8.212/91, conforme será detalhado no Capítulo V deste Título II.

Assim, lamentavelmente é comum que algumas empresas não declarem à União a existência de algum segurado que lhe preste serviço, razão pela qual acaba não sendo feita a sua inscrição, obrigação acessória da empresa.

Suponha-se que José das Virgens seja segurado empregado de uma empresa, mas esta nunca declarou à Previdência Social a sua existência, com o objetivo de sonegar o pagamento das contribuições previdenciárias.

Neste caso, o INSS não é sabedor que José das Virgens é segurado empregado, pois a empresa não procedeu a sua inscrição. Entretanto, por preencher os pressupostos de filiação, é plenamente possível a inscrição *post mortem* de José, desde que no momento do óbito ele fosse filiado ao RGPS, conquanto não inscrito, devendo ser paga a pensão por morte aos seus dependentes, o que pode ser conseguido inclusive na via administrativa, desde que comprovados os referidos fatos jurídicos.

> Demais disso, na forma do artigo 18, § 3º, do RPS, todo aquele que exercer, concomitantemente, mais de uma atividade remunerada sujeita ao Regime Geral de Previdência Social, será obrigatoriamente inscrito em relação a cada uma delas.

Logo, suponha-se que João exerça simultaneamente duas atividades laborais remuneradas. Ele é empregado de uma grande empresa e também trabalha por conta própria nos finais de semana, fazendo apresentações musicais em barzinhos.

Neste caso, ele terá duas inscrições na Previdência Social, uma como segurado empregado e outra como contribuinte individual.

Contudo, em determinadas hipóteses é defeso que o segurado possua mais de uma filiação e consequentemente mais de uma inscrição no RGPS, pois a legislação traz determinadas proibições expressas e implícitas, a exemplo do segurado facultativo, cuja condição pressupõe não exercer atividade laboral remunerada.

Logo, uma pessoa não poderá se filiar e se inscrever simultaneamente como segurado obrigatório e facultativo, a teor do artigo 13, da Lei 8.213/91, que prevê que uma pessoa poderá se filiar como facultativo apenas se não estiver inserto nas hipóteses de filiação como obrigatório, ou seja, se não trabalhar.

Por sua vez, o contribuinte individual enquadrado como microempreendedor individual não poderá ser contratado como empregado doméstico, conforme veda o artigo 24, parágrafo único, da Lei 8.212/91, inserto pela Lei 12.470/2011.

Demais disso, ante o seu regime jurídico peculiar, o segurado especial não poderá se filiar e via de consequência se inscrever simultaneamente em outra categoria de segurado obrigatório. É que ele desenvolve atividade campesina ou pesqueira de subsistência, sendo esta necessariamente a sua principal fonte de renda e meio de vida.

Assim sendo, o desenvolvimento de atividades laborativas paralelas fará com que o segurado especial perca a sua filiação e se enquadre em outra categoria de segurado obrigatório, salvo nos casos autorizados pela norma (artigo 11, § 9º, da Lei 8.213/91), em que determinadas fontes de renda alheias ao serviço na pesca e no campo são excepcionalmente autorizadas pelo legislador e não retiram a filiação do segurado especial.

6. QUADRO SINÓTICO

Empregado	– aquele que presta serviço de natureza urbana ou rural à empresa, em caráter não eventual, sob sua subordinação e mediante remuneração, inclusive como diretor empregado; – aquele que, contratado por empresa de trabalho temporário, definida em legislação específica, presta serviço para atender a necessidade transitória de substituição de pessoal regular e permanente ou a acréscimo extraordinário de serviços de outras empresas; – o brasileiro ou o estrangeiro domiciliado e contratado no Brasil para trabalhar como empregado em sucursal ou agência de empresa nacional no exterior; – aquele que presta serviço no Brasil a missão diplomática ou a repartição consular de carreira estrangeira e a órgãos a elas subordinados, ou a membros dessas missões e repartições, excluídos o não-brasileiro sem residência permanente no Brasil e o brasileiro amparado pela legislação previdenciária do país da respectiva missão diplomática ou repartição consular; – o brasileiro civil que trabalha para a União, no exterior, em organismos oficiais brasileiros ou internacionais dos quais o Brasil seja membro efetivo, ainda que lá domiciliado e contratado, salvo se segurado na forma da legislação vigente do país do domicílio;

Empregado	– o brasileiro ou estrangeiro domiciliado e contratado no Brasil para trabalhar como empregado em empresa domiciliada no exterior, cuja maioria do capital votante pertença a empresa brasileira de capital nacional; – o servidor público ocupante de cargo em comissão, sem vínculo efetivo com a União, Autarquias, inclusive em regime especial, e Fundações Públicas Federais; – o empregado de organismo oficial internacional ou estrangeiro em funcionamento no Brasil, salvo quando coberto por regime próprio de previdência social; – o exercente de mandato eletivo federal, estadual ou municipal, desde que não vinculado a regime próprio de previdência social.
Empregado doméstico	– aquele que presta serviço de natureza contínua a pessoa ou família, no âmbito residencial desta, em atividades sem fins lucrativos.
Trabalhador avulso	– aquele que presta serviços a diversas empresas, sem vínculo empregatício, de natureza urbana ou rural, sindicalizado ou não, por intermédio de órgão gestor de mão de obra ou do sindicato da categoria.
Segurado especial	– a pessoa física residente no imóvel rural ou em aglomerado urbano ou rural próximo a ele que, individualmente ou em regime de economia familiar, ainda que com o auxílio eventual de terceiros, na condição de produtor rural, que explore atividade agropecuária em área de até 4 módulos fiscais ou de seringueiro ou extrativista vegetal como principal meio de vida; – pescador artesanal ou a este assemelhado que faça da pesca profissão habitual ou principal meio de vida; – cônjuge ou companheiro, bem como filho maior de 16 anos de idade ou a este equiparado, que, comprovadamente, trabalhem com o grupo familiar respectivo.
Contribuinte individual	– a pessoa física, proprietária ou não, que explora atividade agropecuária, a qualquer título, em caráter permanente ou temporário, em área superior a 4 (quatro) módulos fiscais; ou, quando em área igual ou inferior a 4 (quatro) módulos fiscais ou atividade pesqueira, com auxílio de empregados ou por intermédio de prepostos;
Contribuinte individual	– a pessoa física, proprietária ou não, que explora atividade de extração mineral – garimpo, em caráter permanente ou temporário, diretamente ou por intermédio de prepostos, com ou sem o auxílio de empregados, utilizados a qualquer título, ainda que de forma não contínua; – o ministro de confissão religiosa e o membro de instituto de vida consagrada, de congregação ou de ordem religiosa; – o brasileiro civil que trabalha no exterior para organismo oficial internacional do qual o Brasil é membro efetivo, ainda que lá domiciliado e contratado, salvo quando coberto por regime próprio de previdência social; – o titular de firma individual urbana ou rural, o diretor não empregado e o membro de conselho de administração de sociedade anônima, o sócio solidário, o sócio de indústria, o sócio gerente e o sócio cotista que recebam remuneração decorrente de seu trabalho em empresa urbana ou rural, e o associado eleito para cargo de direção em cooperativa, associação ou entidade de qualquer natureza ou finalidade, bem como o síndico ou administrador eleito para exercer atividade de direção condominial, desde que recebam remuneração; – quem presta serviço de natureza urbana ou rural, em caráter eventual, a uma ou mais empresas, sem relação de emprego; – a pessoa física que exerce, por conta própria, atividade econômica de natureza urbana, com fins lucrativos ou não.

7. QUESTÕES DE PROVA

3.1 (Ano: 2019 Banca: CESPE / CEBRASPE Órgão: Prefeitura de Boa Vista – RR) João, casado com Ana desde 10/1/2018, é segurado do regime geral de previdência social desde 1.º/7/1989, na qualidade de contribuinte individual. Ele pretende solicitar ao INSS, em 1.º/7/2019, dia do seu aniversário de cinquenta anos, sua aposentadoria por tempo de contribuição.

Considerando essa situação hipotética e as disposições legais vigentes acerca de direito previdenciário, julgue os item que segue.

Por ser um contribuinte individual, João é segurado facultativo da previdência social.

Gabarito: Errado

Para acesso ao vídeo, utilize o QR Code ao lado.

3.2 (Ano: 2019 Banca: VUNESP Órgão: SERTPREV – SP Prova: VUNESP – 2019 – SERTPREV – SP – Procurador Jurídico) Quanto aos segurados da Previdência Social, nos termos da Lei nº 8.212/91, assinale a alternativa correta

A) É segurado obrigatório, como empregado, o exercente de mandato eletivo federal, estadual ou municipal, mesmo que vinculado a regime próprio de previdência social.

B) É segurado obrigatório, como empregado, o servidor público ocupante de cargo em comissão, sem vínculo efetivo com a União, Autarquias, inclusive em regime especial, e Fundações Públicas Federais.

C) Aquele que exercer, concomitantemente, mais de uma atividade remunerada sujeita ao Regime Geral de Previdência Social, deverá, obrigatoriamente, eleger uma delas para filiar-se.

D) O aposentado pelo Regime Geral de Previdência Social-RGPS que voltar a exercer atividade abrangida por este Regime, em relação a essa nova atividade, está desobrigado de contribuir para o custeio da Seguridade Social.

E) O dirigente sindical deixa de manter, durante o exercício do mandato eletivo, o enquadramento no Regime Geral de Previdência Social-RGPS de antes da investidura.

Gabarito: Letra B

Para acesso ao vídeo, utilize o QR Code ao lado.

3.3 **(Ano: 2019 Banca: VUNESP Órgão: SERTPREV – SP Prova: VUNESP – 2019 – SERTPREV – SP – Procurador Jurídico)** O art. 201 da CF/88 expressamente dispõe sobre o caráter contributivo da previdência social. Apesar da exigência de contribuição do beneficiário, pode-se dizer que

A) nem todo trabalhador com carteira assinada em empresa privada é contribuinte obrigatório da previdência social.

B) o acesso à previdência social é universal, no sentido de que todas as pessoas que quiserem podem filiar– -se ao sistema previdenciário.

C) o estrangeiro residente no Brasil não poderá ser beneficiário do RGPS.

D) para se filiar ao sistema previdenciário se exige que o sujeito esteja exercendo atividade remunerada.

E) qualquer pessoa física, com mais de quatorze anos, se quiser, pode aderir ao regime geral de previdência social, lembrando que o aprendiz poderá filiar-se a partir dos treze anos.

Gabarito: Letra B

Para acesso ao vídeo, utilize o QR Code ao lado.

CAPÍTULO 4

CUSTEIO DO REGIME GERAL DE PREVIDÊNCIA SOCIAL

1. NOÇÕES INICIAIS E DEFINIÇÃO

O salário de contribuição é um instituto exclusivo do Direito Previdenciário, regulado pelo artigo 28, da Lei 8.212/91, sendo utilizado para a fixação do salário de benefício e, por conseguinte, para o cálculo de todos os benefícios do RGPS, **exceto o salário-família e o salário-maternidade**, conforme será estudado no momento oportuno.

Outrossim, em algumas hipóteses previstas no artigo 73, da Lei 8.213/91, o salário-maternidade será calculado diretamente com base no salário de contribuição.

É um instituto imprescindível tanto para o Plano de Custeio quanto para o Plano de Benefícios do Regime Geral de Previdência Social, sendo estratégico para o bom estudo dominá-lo, sob pena de comprometimento dos demais Capítulos.

É uma parcela normalmente composta por verbas remuneratórias do trabalho, podendo também ser excepcionalmente formada por verbas teoricamente indenizatórias, nos casos expressos previstos pela norma previdenciária, em que o legislador entendeu se tratar de remuneração disfarçada.

Logo, se um trabalhador filiado ao RGPS recebe mensalmente um salário de R$ 2.000,00, este valor será considerado como o salário de contribuição do segurado e será a base de cálculo para a incidência da sua contribuição previdenciária, mediante a aplicação da alíquota legal.

Entretanto, como o segurado facultativo não exerce trabalho remunerado, o seu salário de contribuição será o valor que ele declarar, observados os limites legais.

Deveras, todos os segurados da previdência social contribuirão com fundamento no salário de contribuição, **exceto o segurado especial**, pois neste caso o cálculo do tributo incidirá sobre a receita bruta proveniente da comercialização dos seus produtos, em regra.

Por sua vez, **o salário-maternidade é (era) o único benefício previdenciário considerado como salário de contribuição**, pois sobre ele incidirá a contribuição previdenciária, o que não ocorrerá com os demais, previsão legal que não é tecnicamente justificável e decorre da herança trabalhista do benefício.

IMPORTANTE:

Em sede de Repercussão Geral, em 4 de agosto de 2020, no RE 576.967, **o STF declarou inconstitucional a incidência de contribuição previdenciária sobre o salário-maternidade**, não tendo havido modulação da eficácia da pronúncia de inconstitucionalidade, sendo possível a apresentação de embargos de declaração pela União.

Restou fixada a seguinte tese: **"É inconstitucional a incidência da contribuição previdenciária a cargo do empregador sobre o salário-maternidade":**

"69. Diante do exposto, considerando os argumentos formal e material, dou provimento ao recurso extraordinário, para declarar, incidentalmente, a **inconstitucionalidade da incidência de contribuição previdenciária sobre o salário maternidade, prevista no art. 28, § 2º, da Lei nº 8.212/91, e a parte final do seu § 9º, alínea a,** em que se lê " salvo o salário-maternidade" , e proponho a fixação da seguinte tese: " É inconstitucional a incidência da contribuição previdenciária a cargo do empregador sobre o salário maternidade".

A tese de aplica tanto à parte da empresa quanto à parte do segurado, conforme se depreende do voto vencedor acima transcrito, em que pese o fechamento tenha sido restritivo. A decisão é *inter partes*, pois não foi tomada em sede de ação abstrata, não tem efeitos *erga omnes*.

De fato, desde que passou a ser benefício previdenciário desde a Lei 6.136/74, não havia sentido em apenas o salário-maternidade sofrer a incidência da contribuição previdenciária em detrimento dos demais benefícios previdenciários.

Aduziu ainda o Ministro Relator, Roberto Barroso, que haveria discriminação contra as mulheres e que seria necessária uma lei complementar para criar esta contribuição, não prevista no artigo 195 da Constituição Federal, se constituindo em nova fonte de custeio para a seguridade social.

Com isso, observada a prescrição quinquenal, é pertinente o pedido de restituição da contribuição pelos segurados e empresas a partir de agora e a busca por tutela judicial que impeça os descontos perante a União.

Entrementes, por certo, o(a) segurado(a) que optar pelo pedido de restituição da contribuição previdenciária incidente sobre o salário-maternidade não terá o período considerado para fins previdenciários, por ausência voluntária de contributividade.

É necessário aguardar o posicionamento da União e, em seguida, do INSS, mas por certo a decisão do STF será internalizada pelo Poder Executivo da União.

Para o segurado seria uma via de mão dupla, pois não havendo incidência de contribuição previdenciária o salário-maternidade não deveria ser considerado para fins previdenciários, pois passa a não mais compor o salário de contribuição.

No entanto, o STF determinou a consideração do salário-maternidade para fins previdenciários mesmo sem a incidência de contribuição previdenciária:

> "66. Afirmo, ainda, que **o tempo de afastamento da mulher no período da licença maternidade não pode ser deduzido da contagem do seu tempo de serviço para fins de cômputo para a aposentadoria.** Essa observação, mais que pertinente, serve para, de fato, efetivar o princípio da isonomia sobre o qual fundamento o presente voto. Ressalta-se que se trata de benefício previdenciário e, assim, o período de afastamento em que se recebe o benefício deve ser computado como tempo de serviço, do mesmo modo como ocorre no auxílio doença acidentário (art. 29, § 5º, da Lei nº 8.213/91). Uma eventual dedução dos períodos de afastamento por licença maternidade, além de atingir frontalmente o núcleo do direito fundamental aqui debatido, de modo a, mais uma vez, colocar a mulher em situação de desvantagem por questões estritamente biológicas, consistiria em verdadeira intervenção inadequada do Estado na autonomia da vontade da mulher e na unidade familiar, sendo certo que serviria como desestímulo à opção pela gestação, posto que, a cada gravidez, a profissional teria que permanecer quatro meses a mais no mercado de trabalho para alcançar a aposentadoria".

Com o advento da **MP 905/2019**, o **seguro-desemprego chegou a ser colocado na composição do salário de contribuição. Essa regra foi revogada pela MP 955/2020, não chegando sequer a ser regulamentada.**

Outrossim, **a contribuição previdenciária devida pelo empregador doméstico também tomará por base o salário de contribuição do empregado**, sendo o tema aprofundado no Capítulo 05 – Das Contribuições Previdenciárias.

> Dito isto, é possível definir o *salário de contribuição* como a base de cálculo sobre a qual incidirá a contribuição previdenciária do segurado empregado, doméstico, avulso, contribuinte individual e facultativo, assim como da cota patronal do empregador doméstico e do microempreendedor individual[1], normalmente formado por parcelas remuneratórias do labor, ou, no caso do segurado facultativo, o valor por ele declarado, observados os limites mínimos e máximos legais.

Embora já fosse adotado pela Lei 8.212/91, a **Emenda 103/2019** passou a admitir expressamente a progressividade de alíquotas nas contribuições previdenciárias dos segurados do RGPS, ao modificar a redação do inciso II do artigo que passou a prever a contribuição "do trabalhador e dos demais segurados da previdência social, podendo ser adotadas **alíquotas progressivas** de acordo com o valor do salário de contribuição, não incidindo contribuição sobre aposentadoria e pensão concedidas pelo Regime Geral de Previdência Social".

2. LIMITES

O **limite mínimo** do salário de contribuição corresponde ao *piso salarial, legal ou normativo, da categoria* ***ou, inexistindo este, ao salário mínimo***, tomado no seu valor mensal, diário ou horário, conforme o ajustado e o tempo de trabalho efetivo durante o mês.

O **salário mínimo nacional** foi inicialmente fixado pela União em **R$ 1.039,00** para o exercício de **2020**. No entanto, considerado que o reajuste do salário mínimo se deu abaixo da inflação medida pelo INPC, o Governo anunciou novo salário mínimo a contar de fevereiro de 2020 no valor de **R$ 1.045,00.**

Deveras, se determinada categoria de trabalhadores teve a sua remuneração mensal mínima fixada mensalmente em R$ 1.200,00 por acordo coletivo, o menor salário de contribuição corresponderá a esse valor, e não ao salário mínimo vigente.

Outrossim, de acordo com o artigo 1º, da Lei Complementar 103/2000, os estados e o Distrito Federal ficam autorizados a instituir, mediante lei de iniciativa do Poder Executivo, o piso salarial de que trata o inciso V, do artigo 7º, da Constituição Federal, para os empregados que não tenham piso salarial definido em lei federal, convenção ou acordo coletivo de trabalho, podendo abarcar os empregados domésticos.

Quando a admissão, a dispensa, o afastamento ou a falta do empregado ocorrer no curso do mês, o salário-de-contribuição será proporcional ao número de dias de trabalho efetivo, pois proporcionalmente alcançará a um salário mínimo considerando a jornada integral no mês.

1. Artigo 18-C, § 1º, III, da Lei Complementar 123/2006, inserido pela Lei Complementar 139/2011.

Até o advento da EC 103/2019, note-se que o salário mínimo se referia à jornada integral, podendo a remuneração mensal neste período ser inferior a um salário mínimo para o segurado empregado e o avulso, a exemplo do pagamento referente a meio expediente ou parcela do mês.

Logo, nada impedia que um empregado ou empregado doméstico recebesse de salário mensal o valor nominal inferior a um salário mínimo, desde que proporcionalmente às 44 horas semanais de jornada de trabalho seja atingido o piso legal ou convencional da categoria, ou, se inexistentes, o salário mínimo nacional.

Veja-se o entendimento do próprio Tribunal Superior do Trabalho em notícia publicada em agosto de 2015:

> **Empregador é absolvido de pagar diferenças a empregada doméstica com jornada reduzida**
>
> A Segunda Turma do Tribunal Superior do Trabalho reconheceu a legalidade do pagamento de salário mínimo proporcional a uma empregada doméstica que trabalhava em jornada reduzida, de três vezes por semana. Segundo o empregador paulista, o ajuste previa uma jornada diferenciada, com o salário proporcional aos dias trabalhados no mês. No total, eram 12 dias de trabalho mensais – correspondente a 24 horas semanais ou 96 mensais.
>
> A empregada, que afirmou na petição inicial que trabalhava três vezes por semana das 8h às 17h, com uma hora de intervalo, foi admitida em dezembro de 2007 e dispensada em julho de 2009. Ela alegou que seu salário mensal inicial era de R$ 350, quando o salário mínimo era de R$ 380.
>
> Em sua defesa, o empregador sustentou que é lícito o pagamento do salário mínimo proporcional ao tempo trabalhado, e que o salário mínimo integral é para quem trabalha oito horas diárias – 44 semanais ou 220 mensais. Antes da decisão do TST, a primeira e a segunda instâncias julgaram que a trabalhadora deveria receber o salário mínimo integral e determinaram o pagamento das diferenças.
>
> O Tribunal Regional do Trabalho da 2ª Região (SP) entendeu que o inciso IV do artigo 7º da Constituição da República garante ao trabalhador, como menor contraprestação, o salário mínimo, pressupondo que seja o necessário para suprir as necessidades vitais básicas. Por isso, não admitiu o pagamento inferior ao mínimo nacional, ainda que a jornada de trabalho fosse em regime parcial.
>
> **Mas a relatora do recurso de revista, ministra Delaíde Miranda Arantes, avaliou que a decisão regional contrariava a Orientação Jurisprudencial 358 da Subseção 1 Especializada em Dissídios Individuais (SDI-1), que considera lícito o pagamento do salário mínimo proporcional ao tempo trabalhado quando a jornada é inferior à previsão constitucional de oito horas diárias ou 44 semanais. Ela ressaltou que a jurisprudência do TST se firma no sentido de que essa OJ se aplica aos trabalhadores domésticos, citando julgados das Sexta, Sétima e Oitava Turmas com esse mesmo entendimento.**
>
> Por unanimidade, a Segunda Turma proveu o recurso do empregador, absolvendo-o da condenação ao pagamento das diferenças salariais.
>
> (Lourdes Tavares/CF)
>
> Processo: RR-224300-21.2009.5.02.0010

No entanto, por força da reforma trabalhista (MP 808/2017), restou inserida regra previdenciária na CLT **que somente vigorou por alguns meses** direcionada ao segurado empregado que previu que, para fins previdenciários, o recolhimento sobre salário de contribuição com valor nominal inferior a um salário mínimo não era considerado para fins de manutenção da qualidade de segurado e para fins de cômputo de carência, acaso o empregado não promovesse o recolhimento da diferença para atingir a um salário mínimo.

Essa regra alcançou tanto os segurados empregados que laboram em regime de jornada parcial, assim como os contratos de trabalho intermitentes[2], nas situações de valor mensal nominal do salário de contribuição inferior a um salário mínimo nacional.

Cuida-se do novel artigo 911-A da CLT, que já teve vigência encerrada:

> "Art. 911-A. O empregador efetuará o recolhimento das contribuições previdenciárias próprias e do trabalhador e o depósito do FGTS com base nos valores pagos no período mensal e fornecerá ao empregado comprovante do cumprimento dessas obrigações. *(Incluído pela Medida Provisória nº 808, de 2017)*
>
> § 1º Os segurados enquadrados como **empregados** que, no somatório de remunerações auferidas de um ou mais empregadores no período de um mês, independentemente do tipo de contrato de trabalho, receberem remuneração inferior ao salário mínimo mensal, **poderão recolher** ao Regime Geral de Previdência Social **a diferença** entre a remuneração recebida e o valor do salário mínimo mensal, em que incidirá a mesma alíquota aplicada à contribuição do trabalhador retida pelo empregador. *(Incluído pela Medida Provisória nº 808, de 2017)*
>
> § 2º Na hipótese de não ser feito o recolhimento complementar previsto no § 1º, o mês em que a remuneração total recebida pelo segurado de um ou mais empregadores for menor que o salário mínimo mensal **não será considerado para fins de aquisição e manutenção de qualidade de segurado do Regime Geral de Previdência Social nem para cumprimento dos períodos de carência para concessão dos benefícios previdenciários**. *(Incluído pela Medida Provisória nº 808, de 2017)*".

O dispositivo já foi regulamentado na época pela Secretaria da Receita Federal do Brasil:

> **ATO DECLARATÓRIO INTERPRETATIVO RFB Nº 6, DE 24 DE NOVEMBRO DE 2017**
>
> (Publicado(a) no DOU de 27/11/2017, seção 1, página 103)
>
> Dispõe sobre a contribuição previdenciária complementar prevista no § 1º do art. 911-A da Consolidação das Leis do Trabalho (CLT), aprovada pelo Decreto-Lei nº 5.452, de 1º de maio de 1943.
>
> O SECRETÁRIO DA RECEITA FEDERAL DO BRASIL, no uso da atribuição que lhe confere o inciso XXV do art. 327 do Regimento Interno da Secretaria da Receita Federal do Brasil, aprovado pela Portaria MF nº 430, de 9 de outubro de 2017, e tendo em vista o disposto no art. 911-A da Consolidação das Leis do Trabalho (CLT), aprovada pelo Decreto-Lei nº 5.452, de 1º de maio de 1943, declara:
>
> Art. 1º A contribuição previdenciária complementar prevista no § 1º do art. 911-A da Consolidação das Leis do Trabalho (CLT), aprovada pelo Decreto-Lei nº 5.452, de 1º de maio de 1943, a ser recolhida pelo segurado empregado que receber no mês, de um ou mais empregadores, remuneração inferior ao salário mínimo mensal, será calculada mediante aplicação da alíquota de 8% (oito por cento) sobre a diferença entre a remuneração recebida e o valor do salário mínimo mensal.
>
> § 1º O recolhimento da contribuição previdenciária prevista no caput deverá ser efetuado pelo próprio segurado até o dia 20 (vinte) do mês seguinte ao da prestação do serviço.
>
> § 2º Não será computado como **tempo de contribuição para fins previdenciários**, inclusive para manutenção da condição de segurado do Regime Geral de Previdência Social (RGPS) e cumprimento de prazo de carência para concessão de benefícios previdenciários, o mês em que a remuneração

2. Considera-se como intermitente o contrato de trabalho no qual a prestação de serviços, com subordinação, não é contínua, ocorrendo com alternância de períodos de prestação de serviços e de inatividade, determinados em horas, dias ou meses, independentemente do tipo de atividade do empregado e do empregador, exceto para os aeronautas, regidos por legislação própria (art. 443, § 3º, da CLT).

recebida pelo segurado tenha sido inferior ao salário mínimo mensal e não tenha sido efetuado o recolhimento da contribuição previdenciária complementar prevista no caput.

JORGE ANTONIO DEHER RACHID

Dessa forma, se um segurado empregado recebeu salário mensal de R$ 600,00 em uma competência, este teve que recolher 8% sobre a diferença desse valor e do salário mínimo em vigor até o dia 20 do mês seguinte para considerá-la para fins de carência e manutenção da qualidade de segurado.

Vale registrar que essa regra somente se aplicou ao segurado empregado, não podendo ser estendida ao trabalhador avulso e ao empregado doméstico, por se tratar de regra restritiva de direitos.

Destarte, os empregados domésticos e os trabalhadores avulsos acabaram por ter um melhor tratamento previdenciário neste quesito, vez que não necessitaram promover o complemento da contribuição para atingir ao valor nominal de um salário mínimo para considerar a competência para fins previdenciários.

Outro ponto que merece registro é que o Ato Declaratório 6/2017 da RFB possui um ponto de inovação prejudicial ao empregado em relação ao artigo 911-A da CLT, o que coloca em dúvida a sua validade neste ponto.

É que o artigo 911-A da CLT não veda cômputo da competência com valor nominal abaixo de um salário mínimo para fins de tempo de contribuição, mas apenas para a manutenção da qualidade de segurado e tempo de carência quando o valor do salário de contribuição nominal for menor que um salário mínimo. Já o ato da Receita Federal traz a mencionada proibição de cômputo.

Uma questão importante não tratada pela CLT e pelo Ato Declaratório 6/2017 da RFB é a situação de perda do prazo pelo empregado para recolher o complemento (dia 20 do mês seguinte à competência).

Entende-se que, à semelhança do que já ocorre com o contribuinte individual e facultativo para complemento de alíquota, nos termos do artigo 21, § 3º, da Lei 8.212/91, que poderá ser feito a qualquer tempo, observados os encargos normativos.

Por outro lado, são inválidos recolhimentos perpetrados após a morte do segurado para a atribuição da qualidade de segurado para fins de instituição da pensão por morte, pois o complemento é ato que deve partir do segurado em vida.

Para o segurado contribuinte individual e o segurado facultativo o piso do salário de contribuição equivalerá ao salário mínimo.

A MP 808/2017 vigorou somente até o dia 23 de abril de 2018, tendo decaído por ausência de votação no Congresso Nacional. Daí que as informações suso postas se limitam até essa data, restaurando-se o regime jurídico anterior. Deixamos o texto na obra pois é muito provável que essa alteração seja tentada novamente pelo Governo. Ademais, por ausência de decreto legislativo, os efeitos jurídicos foram conservados no período em que vigorou.

IMPORTANTE:

Sucede que a Reforma Constitucional inseriu o § 14 no artigo 195 da Constituição, que passou a prever que "o segurado somente terá reconhecida como tempo de contribuição ao Regime Geral de Previdência

Social a **competência cuja contribuição seja igual ou superior à contribuição mínima mensal exigida para sua categoria**, assegurado o **agrupamento de contribuições**".

Evidente que esta nova regra demanda regulamentação para surtir efeitos, pois não há elementos para a sua aplicação antes da regulamentação por lei federal.

Por certo, a ideia é não gerar efeitos previdenciários para todos os segurados quando o salário de contribuição mensal for inferior a um salário mínimo (não se aplica ao segurado especial, que recolhe sem piso sobre produção rural), devendo ocorrer complementação para tanto.

Até lá será aplicada a **regra de transição** contida no **artigo 29** da **Emenda 103/2019**:

> Art. 29. Até que entre em vigor lei que disponha sobre o § 14 do art. 195 da Constituição Federal, o segurado que, no somatório de remunerações auferidas no período de um mês receber remuneração **inferior ao limite mínimo mensal do salário de contribuição**, PODERÁ:
>
> I – complementar a sua contribuição, de forma a alcançar o limite mínimo exigido;
>
> II – utilizar o valor da contribuição que exceder o limite mínimo de contribuição de uma competência em outra; ou
>
> III – agrupar contribuições inferiores ao limite mínimo de diferentes competências, para aproveitamento em contribuições mínimas mensais.
>
> Parágrafo único. Os ajustes de complementação ou agrupamento de contribuições previstos nos incisos I, II e III do caput somente poderão ser feitos ao **longo do mesmo ano civil**.

A regra de transição não restringe, de modo que vai se aplicar a todos os segurados que contribuem sobre o salário de contribuição (inclusive empregados, trabalhadores avulsos e empregados domésticos) a partir da vigência da reforma constitucional.

Interessante notar que, além da **complementação da contribuição** sobre o valor mínimo, passou a ser permitido o agrupamento de contribuições de competências distintas para se atingir o limite mínimo, desde que no mesmo ano civil dos recolhimentos.

Assim, agrupamento ou complementação de contribuições referentes ao ano de 2020 não poderão ser efetuadas a partir de 2021, mas apenas até 31/12/2020.

Um pecado da regra de transição é que não trata dos benefícios não programados (auxílio-doença, aposentadoria por incapacidade permanente, pensão por morte e auxílio-reclusão) e do salário-maternidade.

Dessa forma, o texto abre brecha para complementações após a incapacidade, óbito, prisão em regime fechado ou parto/adoção, desde que feitos dentro do mesmo ano civil, o que atenta contra a razão de ser do seguro social, podendo ser corrigido por norma infraconstitucional.

De acordo com o artigo 5º, da Lei 10.666/03, o contribuinte individual que prestar serviços à pessoa jurídica é obrigado a complementar, diretamente, a contribuição até o valor mínimo mensal do salário de contribuição, quando as remunerações recebidas no mês, por serviços prestados a pessoas jurídicas, forem inferiores a este, tendo em vista que o salário de contribuição desse segurado não poderá ser inferior a um salário mínimo.

Entende-se que artigo 5º da Lei 10.666/2003 é manifestamente inconstitucional, posto que afronta o Princípio da Capacidade Contributiva, ao determinar que haja a incidência da contribuição previdenciária sobre uma remuneração adicional que não existiu, tributando riqueza não auferida pelo segurado contribuinte individual.

A despeito da expressa previsão legal *suso* referida, entende-se que esse dispositivo carece de fundamento constitucional material, por violar o Princípio da Capacidade Contributiva e da Isonomia Tributária, ambos aplicáveis às contribuições destinadas ao custeio da seguridade social.

De efeito, apenas haverá a tributação sobre a riqueza que existe. Não é constitucional forçar o contribuinte individual a complementar a sua contribuição previdenciária sobre um salário de contribuição fictício, tributando uma renda mensal que não existe de fato.

Suponha-se que um contribuinte individual preste serviços a uma empresa sem vínculo empregatício e receba R$ 300,00 em um mês, tendo sido esta a única remuneração mensal que percebeu. Forçá-lo a pagar a contribuição previdenciária sobre um salário mínimo viola a Constituição Federal, pois deveria ser uma mera faculdade do contribuinte individual fazê-lo, sob pena de não consideração da contribuição previdenciária mensal.

Com base no art. 29 da Emenda 103/2019, a determinação contida no artigo 5º da Lei 10.666/2003 se torna uma faculdade, encerrando este ponto juridicamente controvertido.

De acordo com a TNU, "**a qualidade de segurado do contribuinte individual que presta serviço a empresa depende da complementação pelo segurado prestador do serviço da contribuição vertida pela empresa tomadora do serviço, nos termos do artigo 5º da Lei n. 10.666/2003**. Assim, as contribuições efetuadas abaixo do salário mínimo e não complementadas pelo segurado não podem ser consideradas a ponto de conferir qualidade de segurado ao contribuinte individual, isto porque essa caracterização exige o efetivo recolhimento das respectivas contribuições previdenciárias" (Informativo 27/2018 – PUIL n. 0002624-26.2011.4.02.5050/ES).

No que concerne ao contribuinte individual que trabalha por conta própria, o artigo 28, da Lei 8.212/91, é omisso a respeito, pois não prevê a situação daquelas pessoas que trabalham de maneira autônoma e sequer conseguem reunir um salário mínimo por mês.

Neste caso, entende-se da mesma forma, pois a lei não poderia obrigar o contribuinte individual a recolher a contribuição previdenciária mensal sobre um salário mínimo, se esta não é a renda mensal auferida pelo autônomo.

É preciso destacar que a lei parte de situações ideais que muitas vezes não se verificam na prática, sendo necessária muita sensibilidade do intérprete da norma jurídica para compatibilizá-la com a Lei Maior, pois o legislador ordinário nem tudo pode.

Sobre o **limite mínimo do salário de contribuição** o tema pode ser assim sintetizado[3]:

> I – para os segurados **empregado** e **trabalhador avulso**, ao piso salarial legal ou normativo da categoria ou ao piso estadual conforme definido na Lei Complementar nº 103, de 14 de julho de 2000, ou, inexistindo estes, ao salário mínimo, tomado no seu valor mensal, diário ou horário, conforme o ajustado, e o tempo de trabalho efetivo durante o mês, observado o limite mínimo de 1 salário mínimo após a Emenda 103/2019;
>
> II – para o **empregado doméstico**, ao piso estadual conforme definido na Lei Complementar nº 103, de 2000, ou, inexistindo este, ao salário mínimo, tomados nos seus valores mensal, diário ou horário, conforme o ajustado, e o tempo de trabalho efetivo durante o mês, observado o limite mínimo de 1 salário mínimo após a Emenda 103/2019;
>
> III – para os segurados **contribuinte individual** e **facultativo**, ao salário mínimo.

3. Artigo 54, § 1º, da Instrução Normativa RFB 971/2009 adaptado à EC 103/2019.

Originalmente, o artigo 28, § 5, da Lei 8.212/91, previu a quantia de Cr$ 170.000,00 (cento e setenta mil cruzeiros) como o limite máximo do salário de contribuição, reajustado na mesma época e com os mesmos índices que os do reajustamento dos benefícios de prestação continuada da Previdência Social.

O **limite máximo** fixado pela Emenda 20/1998 foi de R$ 1.200,00, posteriormente majorado pela Emenda 41/2003 para R$ 2.400,00. Após alguns reajustes, para o ano de 2010, foi fixado em R$ 3.467,40 pela Lei 12.254, de 15.06.2010, a partir de 1º de janeiro de 2010[4].

Para 2019, o limite máximo do salário de contribuição foi fixado em R$ 5.839,45 (valor atualizado para todo o ano de 2019 – Portaria ME nº 9, de 15/1/2019). **Em 2020, o teto do salário de contribuição foi reajustado para R$ 6.101,06.**

3. COMPLEMENTAÇÃO, AGRUPAMENTO E TRANSFERÊNCIA DO EXCEDENTE DOS SALÁRIOS DE CONTRIBUIÇÃO

Inicialmente, cumpre fazer uma distinção diante de enorme confusão que se verifica na prática profissional previdenciária. Existem duas espécies de complementações no que tange à contribuição previdenciária do segurado:

a) **Complementação da base de cálculo do salário de contribuição para atingir ao mínimo legal, que pode ser o piso legal ou convencional da categoria ou ao salário mínimo;**

b) **Complementação da alíquota, a exemplo do contribuinte individual que recolheu à razão de 5% do salário mínimo e pretende complementar a alíquota para 11 ou mesmo para 20%.**

Neste item trataremos da complementação da base de cálculo do salário de contribuição para atingir ao mínimo legal, que pode ser o piso legal ou convencional da categoria ou ao salário mínimo, consoante regulado pelo artigo 29 da EC 103/2019 e Decreto 10.410/2020.

Em decorrência do artigo 29[5] da EC 103/2019, a partir da competência 11/2019, o segurado empregado, trabalhador avulso e empregado doméstico que receber remuneração inferior ao limite mínimo mensal do salário de contribuição, somente manterá a qualidade de segurado se efetuar os ajustes de complementação, utilização e agrupamento de contribuições, nos termos do Decreto 10.410/2020, que regulamentou o artigo 29 da Emenda 103/2019, nos termos do § 1º do artigo 19-E e o § 27-A do artigo 216, ambos do Regulamento da Previdência Social.

---

4. Vide Portaria Interministerial MPS/MF 333, de 29.06.2010.

5. Art. 29. Até que entre em vigor lei que disponha sobre o § 14 do art. 195 da Constituição Federal, o segurado que, no somatório de remunerações auferidas no período de 1 (um) mês, receber remuneração inferior ao limite mínimo mensal do salário de contribuição poderá:

   I – complementar a sua contribuição, de forma a alcançar o limite mínimo exigido;

   II – utilizar o valor da contribuição que exceder o limite mínimo de contribuição de uma competência em outra; ou

   III – agrupar contribuições inferiores ao limite mínimo de diferentes competências, para aproveitamento em contribuições mínimas mensais.

   Parágrafo único. Os ajustes de complementação ou agrupamento de contribuições previstos nos incisos I, II e III do **caput** somente poderão ser feitos ao longo do mesmo ano civil.

Posteriormente, nos termos do artigo 19-E do RPS, introduzido pelo Decreto 10.410/2020, a partir de 13 de novembro de 2019, para fins de aquisição e manutenção da qualidade de segurado, de carência, de tempo de contribuição e de cálculo do salário de benefício exigidos para o reconhecimento do direito aos benefícios do RGPS e para fins de contagem recíproca, somente serão consideradas as competências cujo salário de contribuição seja igual ou superior ao limite mínimo mensal do salário de contribuição.

Nesse sentido, a contar da competência 11/2019, ao segurado que, no somatório de remunerações auferidas no período de um mês, receber remuneração inferior ao limite mínimo mensal do salário de contribuição será assegurado:

> I – complementar a contribuição das competências, de forma a alcançar o limite mínimo do salário de contribuição exigido **(COMPLEMENTAÇÃO);**
>
> II – utilizar o excedente do salário de contribuição superior ao limite mínimo de uma competência para completar o salário de contribuição de outra competência até atingir o limite mínimo **(EXCEDENTE TRANSFERÍVEL)**; ou
>
> III – agrupar os salários de contribuição inferiores ao limite mínimo de diferentes competências para aproveitamento em uma ou mais competências até que estas atinjam o limite mínimo **(AGRUPAMENTO)**.

Os ajustes de complementação, excedente transferível e agrupamento poderão ser efetivados, a qualquer tempo, por iniciativa do segurado, hipótese em que se tornarão **irreversíveis e irrenunciáveis após processados.**

A complementação citada poderá ser recolhida até o dia quinze do mês subsequente ao da prestação do serviço e, a partir dessa data, com os acréscimos de juros e multa previstos no artigo 35[6] da Lei nº 8.212, de 1991.

Os ajustes para o excedente transferível e o agrupamento de contribuições serão efetuados na forma indicada ou autorizada pelo segurado, **desde que utilizadas as competências do mesmo ano civil**, assim considerado o período de doze meses contados de 1º de janeiro a 31 de dezembro do respectivo ano.

A efetivação do agrupamento não impede o recolhimento da contribuição referente à competência que tenha o salário de contribuição transferido, em todo ou em parte, para agrupamento com outra competência a fim de atingir o limite mínimo mensal do salário de contribuição.

Para complementação ou recolhimento da competência que tenha o salário de contribuição transferido, em todo ou em parte será observado o prazo de até o dia quinze do mês subsequente ao da prestação do serviço e, a partir dessa data, com os acréscimos previstos no art. 35 da Lei nº 8.212, de 1991.

Para fins de **pensão por morte**, na hipótese de falecimento do segurado, os ajustes citados poderão ser solicitados por seus dependentes para fins de reconhecimento de direito para benefício a eles devidos até o dia quinze do mês de janeiro subsequente ao do ano civil correspondente.

---

6. Art. 35. Os débitos com a União decorrentes das contribuições sociais previstas nas alíneas *a*, *b* e *c* do parágrafo único do art. 11 desta Lei, das contribuições instituídas a título de substituição e das contribuições devidas a terceiros, assim entendidas outras entidades e fundos, não pagos nos prazos previstos em legislação, serão acrescidos de multa de mora e juros de mora, nos termos do art. 61 da Lei nº 9.430, de 27 de dezembro de 1996. (Redação dada pela Lei nº 11.941, de 2009).

Dessa forma, o Decreto 10.410/2020 permitiu a **complementação de contribuição após a morte**, desde que seja feita pelo dependente até o dia 15 de janeiro do ano seguinte.

Veja-se, nesse sentido, o § 7º do artigo 19-E do Regulamento:

> "§ 7º Na hipótese de **falecimento do segurado**, os ajustes previstos no § 1º poderão ser solicitados por seus dependentes para fins de reconhecimento de direito para benefício a eles devidos **até o dia quinze do mês de janeiro subsequente ao do ano civil correspondente**, observado o disposto no § 4º. (Incluído pelo Decreto nº 10.410, de 2020)"

Suponha-se que um segurado faleceu em setembro de 2020 e que possua salário de contribuição referente à competência abril de 2020 no valor de R$ 500,00, pois se tratou de contrato de emprego intermitente.

Suponha-se, ainda, que essa competência abril é necessária para a manutenção da qualidade de segurado na data do óbito. Nesta situação, o dependente poderá complementar a competência abril de 2020 até 15/01/2021 para fins de concessão da pensão por morte.

Curioso notar que para os demais benefícios não programados, a exemplo da aposentadoria por incapacidade permanente e do auxílio por incapacidade temporária, o Decreto 10.410/2020 parece permitir o pagamento do complemento após a ocorrência do risco social, pois prevê que o recolhimento da complementação deverá ser efetuado pelo próprio segurado até o dia quinze do mês seguinte ao da competência de referência e, após essa data, com incidência dos acréscimos legais de que tratam os art. 238 e art. 239 (juros e multa).

Por sua vez, eis o dispositivo do artigo 216 do RPS:

> "§ 27-A. O segurado que, no somatório de remunerações auferidas no período de um mês, receber remuneração inferior ao limite mínimo mensal do salário de contribuição poderá solicitar o ajuste das competências pertencentes ao mesmo ano civil, na forma por ele indicada, ou autorizar que os ajustes sejam feitos automaticamente, para que o limite mínimo mensal do salário de contribuição seja alcançado, por meio da opção por:
>
> **I – complementar a sua contribuição, observado que:**
>
> a) o recolhimento da complementação deverá ser efetuado pelo próprio segurado até o dia quinze do mês seguinte ao da competência de referência e, após essa data, com incidência dos acréscimos legais de que tratam os art. 238 e art. 239;
>
> b) para o empregado, o empregado doméstico e o trabalhador avulso, a complementação será efetuada por meio da aplicação da alíquota de sete inteiros e cinco décimos por cento, inclusive para o mês em que exista contribuição concomitante na condição de contribuinte individual; e
>
> c) para o contribuinte individual que preste serviço a empresa, de que trata o § 26, e que contribua exclusivamente nessa condição, a complementação será efetuada por meio da aplicação da alíquota de vinte por cento;
>
> **II – utilizar o valor da contribuição que exceder o limite mínimo de uma competência em outra, observado que:**
>
> a) para efeito de utilização da contribuição, serão considerados os salários de contribuição apurados por categoria, consolidados na competência de origem;
>
> b) o salário de contribuição poderá ser utilizado para complementar uma ou mais competências com valor inferior ao limite mínimo, mesmo que em categoria distinta;
>
> c) poderão ser utilizados valores excedentes ao limite mínimo do salário de contribuição de mais de uma competência para compor o salário de contribuição de apenas uma competência; e

d) utilizado o valor excedente, caso o salário de contribuição da competência favorecida ainda permaneça inferior ao limite mínimo, esse valor poderá ser complementado nos termos do disposto no inciso I; ou

III – agrupar contribuições inferiores ao limite mínimo de diferentes competências, para aproveitamento em contribuições mínimas mensais, observado que:

a) as competências que não atingirem o valor mínimo do salário de contribuição poderão ser agrupadas desde que o resultado do agrupamento não ultrapasse o valor mínimo do salário de contribuição;

b) na hipótese de o resultado do agrupamento ser inferior ao limite mínimo do salário de contribuição, o segurado poderá complementar na forma prevista no inciso I ou utilizar valores excedentes na forma prevista no inciso II; e

c) as competências em que tenha havido exercício de atividade e tenham sido zeradas em decorrência do agrupamento poderão ser objeto de recolhimento pelo segurado, respeitado o limite mínimo".

Registre-se que para o contribuinte individual e o segurado facultativo, mesmo antes da EC 103/2019, o valor nominal do salário de contribuição não poderia ser inferior a um salário mínimo e que já existia o instituto da complementação.

Nesse sentido, o artigo 5º da Lei 10.66/2003:

"Art. 5º O contribuinte individual a que se refere o art. 4º é **obrigado a complementar**, diretamente, a contribuição até o valor mínimo mensal do salário-de-contribuição, quando as remunerações recebidas no mês, por serviços prestados a pessoas jurídicas, forem inferiores a este".

Mas note-se que **de obrigatória a complementação passa a ser facultativa** com o advento do artigo 29 da EC 103/2019, pois ninguém pode ser compelido a recolher contribuição sobre salário de contribuição que não auferiu remuneração por labor, sob pena de confisco e violação ao Princípio da Capacidade Contributiva.

No entanto, se não o fizer, a competência não terá efeitos previdenciários para todos os segurados desde 13/11/2019, sendo que já não o tinha para contribuintes individuais e segurados facultativos antes da Reforma Constitucional de 2019.

COVID-19:

Em caso de adesão ao **Programa Emergencial de Manutenção do Emprego e da Renda** de que trata a Lei 14.020/2020 (COVID-19) poderá se dar a redução da jornada de trabalho com a consequente diminuição proporcional do salário do empregado ou do empregado doméstico.

Nesta situação, durante o período de redução proporcional de jornada de trabalho e de salário, a contribuição do segurado **poderá ser complementada**.

Isso porque, após 13/11/2019, por força do artigo 29 da Emenda 103, os salários de contribuição dos empregados e empregados domésticos abaixo do limite mínimo do salário de contribuição não surtirão efeitos previdenciários.

Nesse sentido, nos termos do artigo 20 da Lei 14.020/2020, as **alíquotas das contribuições facultativas** serão de:

I – 7,5% (sete inteiros e cinco décimos por cento), para valores de até 1 (um) salário-mínimo;

II – 9% (nove por cento), para valores acima de 1 (um) salário-mínimo até R$ 2.089,60 (dois mil e oitenta e nove reais e sessenta centavos);

III – 12% (doze por cento), para valores de R$ 2.089,61 (dois mil e oitenta e nove reais e sessenta e um centavos) até R$ 3.134,40 (três mil, cento e trinta e quatro reais e quarenta centavos); e

IV – 14% (quatorze por cento), para valores de R$ 3.134,41 (três mil, cento e trinta e quatro reais e quarenta e um centavos) até o limite de R$ 6.101,06 (seis mil, cento e um reais e seis centavos).

Esse regramento também se aplica na situação de **suspensão do contrato de trabalho** em que o empregado ou empregado doméstico não estará recebendo salário do empregador, situação na qual as alíquotas previstas serão aplicadas de forma progressiva sobre o valor declarado pelo segurado, observados os limites mínimo e máximo do salário de contribuição, incidindo cada alíquota sobre a faixa de valores compreendida nos respectivos limites.

Na hipótese de redução proporcional de jornada de trabalho e de salário e na hipótese do **empregado intermitente em gozo do auxílio emergencial** de R$ 600,00, as alíquotas citadas serão aplicadas de forma progressiva sobre a faixa de valores compreendida nos respectivos limites, incidindo sobre o somatório da remuneração declarada na GFIP, e do valor declarado pelo segurado, observados:

I – os limites mínimo (piso salarial, legal ou normativo, da categoria ou, inexistindo este, ao salário mínimo) e máximo (R$ 6.101,06) do salário de contribuição;

II – a incidência das citadas primeiramente sobre a remuneração e, em seguida, sobre o valor declarado;

III – o recolhimento apenas das alíquotas incidentes sobre o valor declarado pelo segurado, sem prejuízo da contribuição obrigatória sobre o valor do salário recebido.

Não recebida a informação da GFIP a tempo de ser calculada e paga a contribuição no prazo legal (até o dia 15 do mês seguinte ao da competência), será considerado provisoriamente como remuneração o valor da remuneração anterior à redução proporcional de jornada de trabalho menos o valor da redução remuneratória pactuada ou, no caso do empregado com contrato de trabalho intermitente, será considerado que não houve remuneração.

Por uma nítida falha do Decreto 10.410/2020, os ajustes citados tinham sido vetados aos contribuintes individuais autônomos com a inserção do § 37[7] no artigo 216 do Regulamento. Em setembro de 2020, coube ao Decreto 10.491 revogar o citado parágrafo realizando a correção necessária.

4. DELIMITAÇÃO

Conforme afirmado, em regra o salário de contribuição será composto por parcelas remuneratórias decorrentes do labor, *observados os limites mínimos e máximos acima expostos*, da seguinte forma:

A) **Para o segurado empregado e o trabalhador avulso** – a remuneração auferida em uma ou mais empresas, assim entendida **a totalidade dos rendimentos pagos, devidos ou creditados** a qualquer título, durante o mês, destinados a retribuir o trabalho, qualquer que seja a sua forma, **inclusive as gorjetas, os ganhos habituais sob a forma de utilidades e os adiantamentos decorrentes de reajuste salarial**, quer pelos serviços efetivamente prestados, quer pelo tempo à disposição do empregador ou tomador de serviços nos termos da lei ou do contrato ou, ainda, de convenção ou acordo coletivo de trabalho ou sentença normativa.

7. ~~§ 37. A complementação, o agrupamento e a utilização a que se refere o § 27-A não se aplicam ao contribuinte individual de que tratam os art. 199 e art. 199-A, cujo salário de contribuição não poderá ser inferior ao seu limite mínimo mensal. (Incluído pelo Decreto nº 10.410, de 2020)~~ (Revogado pelo Decreto nº 10.491, de 2020)

Para o empregado e o avulso, o salário de contribuição será formado pela remuneração mensal total, devida ou creditada, pela empresa que preste serviço, incluindo-se na definição de remuneração as **gorjetas**[8], tal qual o faz o artigo 457, da CLT, bem como as **utilidades habituais** pagas ao trabalhador.

Em regra, as utilidades habituais comporão o salário de contribuição, exceto se houver regra de isenção, como nas situações elencadas no § 9º do artigo 28 da Lei 8.212/91. Como a moradia não se situação na regra de isenção, esta comporá o salário de contribuição.

Eis a posição do STJ:

> "PROCESSUAL CIVIL E TRIBUTÁRIO. PROGRAMA DE RESIDÊNCIA DE GERENTES DE AGÊNCIAS. **AUXÍLIO-MORADIA. HABITUALIDADE. CONTRIBUIÇÃO PREVIDENCIÁRIA. INCIDÊNCIA. NATUREZA REMUNERATÓRIA**. SÚMULA 7/STJ. 1. O Tribunal regional, com base na análise acurada do "Programa de Residência de Gerentes de Agências" e das provas dos autos, consignou que a parcela paga a título de auxílio-moradia na espécie tem notadamente natureza remuneratória. Rever tal premissa esbarra no óbice da Súmula 7/STJ. 2. Incide contribuição previdenciária sobre o "total da remuneração" paga ou creditada aos trabalhadores, a qualquer título, exceto as verbas listadas no art. 28, § 9º, da Lei 8.212/1991. Precedentes: AgRg nos EDcl no REsp 1.098.218/SP, Rel. Min. Herman Benjamin, Segunda Turma, DJe 09/11/2009; REsp 486.697/PR, Rel. Min. Denise Arruda, DJ 17/12/2004. **3. A hipótese em apreço – pagamento de auxílio-moradia -, não está arrolada dentre as exceções legais.** 4. Agravo regimental não provido" **(STJ, AgRg no AREsp 42673, de 14/2/2012).**

Na forma do artigo 458, da CLT, além do pagamento em dinheiro, compreende-se no salário, para todos os efeitos legais, a alimentação, habitação, vestuário ou outras prestações "in natura" que a empresa, por força do contrato ou do costume, fornecer habitualmente ao empregado, não sendo permitido em caso algum o pagamento com bebidas alcoólicas ou drogas nocivas[9].

De efeito, mesmo que a pessoa jurídica não pague a remuneração no mês, a quantia devida será considerada como salário de contribuição e deverá ser paga a respectiva contribuição previdenciária.

Da mesma forma, o adiantamento de remuneração referente aos meses subsequentes também integrará o salário de contribuição, se creditado antecipadamente (popularmente conhecido como "vale").

---

8. Considera-se **gorjeta** não só a importância espontaneamente dada pelo cliente ao empregado, como também aquela que for cobrada pela empresa ao cliente, como adicional nas contas, a qualquer título, e destinada à distribuição aos empregados, na forma do artigo 457, § 3º, da CLT.

9. § 2º Para os efeitos previstos neste artigo, não serão consideradas como salário as seguintes utilidades concedidas pelo empregador:

   I – vestuários, equipamentos e outros acessórios fornecidos aos empregados e utilizados no local de trabalho, para a prestação do serviço;

   II – educação, em estabelecimento de ensino próprio ou de terceiros, compreendendo os valores relativos a matrícula, mensalidade, anuidade, livros e material didático;

   III – transporte destinado ao deslocamento para o trabalho e retorno, em percurso servido ou não por transporte público;

   IV – assistência médica, hospitalar e odontológica, prestada diretamente ou mediante seguro-saúde;

   V – seguros de vida e de acidentes pessoais;

   VI – previdência privada.

Por força da Medida Provisória 680, publicada em 7 de julho de 2015, posteriormente convertida na Lei 13.189/2015, **irá incidir contribuição previdenciária sobre o valor da compensação pecuniária a ser paga no âmbito do Programa de Proteção ao Emprego (PPE), INTEGRANDO O SALÁRIO DE CONTRIBUIÇÃO.** Este programa foi redesignado para Programa Seguro-Emprego pela Medida Provisória 761/2016.

Trata-se de compensação pecuniária equivalente a 50% do valor da redução salarial e limitada a 65% do valor máximo da parcela do seguro-desemprego, enquanto perdurar o período de redução temporária da jornada de trabalho, para as empresas que aderiram ao Programa de Proteção ao Emprego, que será custeada pelo Fundo de Amparo ao Trabalhador (FAP). Com base do Princípio da Noventena, esta disposição entrou em vigor a partir de 1º de novembro de 2015.

Vale registrar que o **adicional noturno**, o **adicional de insalubridade** e de **periculosidade** pagos pela empresa são verbas que possuem natureza remuneratória em decorrência do trabalho à noite, nocivo à saúde e periculoso, devendo, destarte, incidir contribuição previdenciária.

Nesse sentido, o STJ:

> "PROCESSUAL CIVIL E TRIBUTÁRIO. OMISSÃO. ALEGAÇÕES GENÉRICAS. CONTRIBUIÇÃO PREVIDENCIÁRIA. BASE DE CÁLCULO. TERÇO CONSTITUCIONAL DE FÉRIAS, HORAS-EXTRAS E ADICIONAIS PERMANENTES.
>
> 1. Não se conhece de recurso especial por suposta violação do art. 535 do CPC se a parte não especifica o vício que inquina o aresto recorrido, limitando-se a alegações genéricas de omissão no julgado, sob pena de tornar-se insuficiente a tutela jurisdicional.
>
> **2. Integram o conceito de remuneração, sujeitando-se, portanto, à contribuição previdenciária o adicional de horas-extras, adicional noturno, salário-maternidade, adicionais de insalubridade e de periculosidade.** Precedentes (AgRg no AREsp 69958, de 12/06/2012).

A verba conhecida como **Hora Repouso Alimentação (HRA)**, integrava a composição do salário de contribuição do segurado empregado pelo tempo que ficasse à disposição da empresa. O tema era divergente no STJ:

1ª Turma – INDENIZATÓRIO: "TRIBUTÁRIO. PROCESSUAL CIVIL. RECURSO ESPECIAL. CÓDIGO DE PROCESSO CIVIL DE 1973. APLICABILIDADE. OFENSA AO ART. 535 DO CPC/73. DEFICIÊNCIA DE FUNDAMENTAÇÃO. APLICAÇÃO, POR ANALOGIA, DO VERBETE SUMULAR N. 284/STF. **CONTRIBUIÇÃO PREVIDENCIÁRIA SOBRE A DENOMINADA HORA REPOUSO ALIMENTAÇÃO – HRA, PREVISTA NO ART. 3º, II, DA LEI N. 5.811/72. HIPÓTESE DE INCIDÊNCIA NÃO CARACTERIZADA. VERBA QUE OSTENTA CARÁTER INDENIZATÓRIO. DISSÍDIO JURISPRUDENCIAL NÃO CARACTERIZADO**. I – Consoante o decidido pelo Plenário desta Corte na sessão realizada em 09.03.2016, o regime recursal será determinado pela data da publicação do provimento jurisdicional impugnado. Aplica-se, in casu, o Código de Processo Civil de 1973. II – A jurisprudência desta Corte considera que, quando a arguição de ofensa ao dispositivo de lei federal é genérica, sem demonstração efetiva da contrariedade, aplica-se, por analogia, o óbice do verbete sumular n. 284/STF. III – A Lei n. 5.811/72 assegura ao empregado sujeito ao regime de revezamento de oito horas o direito ao pagamento em dobro da hora de repouso e alimentação suprimida em decorrência da necessidade de garantir-se a normalidade das operações ou de atender a imperativos de segurança industrial, referentes à prestação de serviços nas atividades que relaciona em seu art. 1º. IV – A seu turno, a CLT estabelece que, no trabalho contínuo, cuja duração exceda de seis horas, é obrigatória a concessão de intervalo para repouso ou alimentação de, no mínimo, uma hora (art. 71, caput), cabendo ao empregador remunerar o empregado, por eventual descumprimento dessa determinação, com acréscimo de 50% (cinquenta por cento) sobre o valor da hora normal de trabalho (art. 71, § 4º). V – A HRA reveste natureza jurídica autenticamente indenizatória, pois seu escopo é recompor direito legítimo do empregado suprimido em virtude das vicissitudes da atividade laboral, assumindo perfil de genuína compensação, de verdadeira contrapartida a que o empregador está obrigado, por lei, a disponibilizar ao obreiro, em virtude da não fruição do direito ao intervalo para refeição e repouso que lhe é garantido, imprescindível ao restabelecimento do seu vigor físico e mental. VI – As atividades listadas no art. 1º da Lei n. 5.811/72 denotam elevado grau de agressão à integridade física do empregado, de modo que a perpetuação da jornada laboral sem a pausa necessária constitui, ipso facto, prejuízo e/ou dano ao trabalhador, ordinariamente recomposto por prestação de insígnia indenizatória. VII – Não se pode negar que o propósito da lei, ao onerar o empregador pela supressão do intervalo para descanso e nutrição do seu empregado, seja justamente desencorajá-lo de tornar essa prática perene ou reincidente. Isso considerado, seria rematado contrassenso admitir que o Estado pudesse auferir vantagem, consistente no incremento da sua arrecadação, mediante alargamento da base de cálculo do tributo, oriunda, exatamente, de conduta que busca desestimular e coibir, em clara ofensa ao princípio da confiança nos atos estatais que predica, dentre outras questões, o impedimento de atos contraditórios.

VIII – O emprego do verbo "remunerar", na anterior redação do § 4º, do art. 71, da CLT, não credenciava a conclusão segundo a qual a HRA ostentaria índole salarial, guardando, com mais rigor técnico, correlação semântica à forma coloquial "pagar". IX – O Recurso Especial não pode ser conhecido com fundamento na alínea c, do permissivo constitucional. Isso porque a parte recorrente, além de ter deixado de proceder ao cotejo analítico entre os arestos confrontados, com o escopo de demonstrar que partiram de situações fático-jurídicas idênticas e adotaram conclusões discrepantes, limitando-se a transcrever ementa de julgado, não indicou os dispositivos legais que teriam sido interpretados de forma divergente pelos acórdãos contrapostos, atraindo a aplicação, neste último caso, do enunciado sumular n. 284/STF. X – Recurso Especial conhecido em parte e, nessa extensão, improvido" (RECURSO ESPECIAL – 1619117, de 19/6/2018).

2ª Turma – REMUNERATÓRIO: "TRIBUTÁRIO. DECISÃO DE ORIGEM EM CONSONÂNCIA COM O ENTENDIMENTO DESTA CORTE. HORA REPOUSO ALIMENTAÇÃO. INCIDÊNCIA DE CONTRIBUIÇÃO PREVIDENCIÁRIA. PRECEDENTES. I – O entendimento do Tribunal de origem está em consonância com a orientação do Superior Tribunal de Justiça. II – Na esteira do entendimento firmado na Segunda Turma do STJ, "a 'Hora Repouso Alimentação – HRA (...) é paga como única e direta retribuição pela hora em que o empregado fica à disposição do empregador", configurando, assim "retribuição pelo trabalho ou pelo tempo à disposição da empresa e se submete à contribuição previdenciária, nos termos do art. 28 da Lei 8.212/1991" (STJ, EDcl no REsp 1.157.849/RS, Rel. Ministro HERMAN BENJAMIN, SEGUNDA TURMA, DJe de 26/05/2011). III – No mesmo sentido: AgRg no REsp 1.536.286/BA, Rel. Ministro HUMBERTO MARTINS, SEGUNDA TURMA, DJe de 22/10/2015; REsp 1.144.750/RS, Rel. Ministro HUMBERTO MARTINS, SEGUNDA TURMA, DJe de 25/05/2011; AgRg no REsp 1449331/SP, Rel. Ministra ASSUSETE MAGALHÃES, SEGUNDA TURMA, julgado em 05/05/2016, DJe 13/05/2016; AgInt nos EDcl no REsp 1531301/PE, Rel. Ministro HERMAN BENJAMIN, SEGUNDA TURMA, julgado em 15/09/2016, DJe 11/10/2016) IV – Agravo interno improvido" (AINTARESP – AGRAVO INTERNO NO AGRAVO EM RECURSO ESPECIAL – 1122223, de 7/8/2018).

Ao que parece, a HRA é indenizatória por força da Lei 13.467/2017 (reforma trabalhista), que modificou o § 4º do artigo 71 da CLT: "A não concessão ou a concessão parcial do intervalo intrajornada mínimo, para repouso e alimentação, a empregados urbanos e rurais, **implica o pagamento, de natureza indenizatória**, apenas do período suprimido, com acréscimo de 50% (cinquenta por cento) sobre o valor da remuneração da hora normal de trabalho".

Por isso, em 27/11/2019, a 1º Seção do STJ fixou tese de que a HRA é remuneratória até o advento da Lei 13.467/2017 e, após essa norma, alterou a natureza jurídica para parcela indenizatória:

Processo

EREsp 1619117 / BA

EMBARGOS DE DIVERGÊNCIA EM RECURSO ESPECIAL

2016/0209321-1

Relator(a)

Ministro HERMAN BENJAMIN (1132)

Órgão Julgador

S1 – PRIMEIRA SEÇÃO

Data do Julgamento

27/11/2019

Data da Publicação/Fonte

DJe 08/05/2020

Ementa

PROCESSUAL CIVIL E TRIBUTÁRIO. EMBARGOS DE DIVERGÊNCIA. HORA REPOUSO ALIMENTAÇÃO (HRA). NATUREZA REMUNERATÓRIA. INCIDÊNCIA DA CONTRIBUIÇÃO PREVIDENCIÁRIA PATRONAL. SIMILITUDE FÁTICA ENTRE OS CASOS CONFRONTADOS.

1. Cinge-se a controvérsia à possibilidade de incidência da contribuição previdenciária patronal sobre os valores pagos a título de Hora Repouso Alimentação – HRA, prevista nos arts. 3º, II, da Lei 5.811/1972 e 71, § 4º, da CLT.

2. O acórdão embargado consignou que tal verba "[...] reveste natureza jurídica autenticamente indenizatória, pois seu escopo é recompor direito legítimo do empregado suprimido em virtude das vicissitudes da atividade laborai, assumindo perfil de genuína compensação, de verdadeira contrapartida a que o empregador está obrigado, por lei, a disponibilizar ao obreiro, em virtude da não fruição do direito ao intervalo para refeição e repouso que lhe é garantido, imprescindível ao restabelecimento do seu vigor físico e mental".

3. Partindo da premissa de que a Hora Repouso Alimentação – HRA possui natureza indenizatória, concluiu que sobre ela não deve incidir a contribuição previdenciária patronal (art. 22, I, da Lei 8.212/1991).

4. O julgado apontado como paradigma, por sua vez, assentou: "a 'Hora Repouso Alimentação – HRA' [...] é paga como única e direta retribuição pela hora em que o empregado fica à disposição do empregador", configurando, assim, "retribuição pelo trabalho ou pelo tempo à disposição da empresa e se submete à contribuição previdenciária, nos termos do art. 28 da Lei 8.212/1991".

5. É patente a similitude fática entre os acórdãos confrontados, bem como a divergência entre as soluções jurídicas adotadas em cada caso.

PRECEDENTES DA PRIMEIRA E DA SEGUNDA TURMA DO STJ

6. A Primeira Turma reconheceu que a HRA reveste natureza jurídica autenticamente indenizatória em mais um precedente: REsp 1.328.326/BA, Rel. Min. Gurgel de Faria, Rel. p./ acórdão Min. Regina Helena Costa, Primeira Turma, DJe 26.5.2017.

7. Na Segunda Turma, prevalece a compreensão de que a Hora Repouso Alimentação – HRA possui natureza remuneratória, devendo incidir sobre ela a contribuição previdenciária patronal. Precedentes: AgInt no REsp 1.727.114/BA, Rel. Min. Francisco Falcão, Segunda Turma, DJe 14.5.2019; AgInt no AREsp 1.122.223/SP, Rel. Min. Francisco Falcão, Segunda Turma, DJe 13.8.2019; AgRg no REsp 1.449.331/SP, Rel. Min. Assusete Magalhães, Segunda Turma, DJe 13.5.2016; REsp

1.144.750/RS, Rel. Min. Humberto Martins, Segunda Turma, DJe 25.5.2011; EDcl no REsp 1.157.849/RS, Rel. Min. Herman Benjamin, Segunda Turma, DJe 26.5.2011.

NATUREZA JURÍDICA DA HORA REPOUSO ALIMENTAÇÃO

8. A Hora Repouso Alimentação – HRA constitui verba paga ao trabalhador pela disponibilidade do empregado no local de trabalho, ou nas suas proximidades, durante o intervalo destinado a repouso e alimentação, conforme o art. 2º, § 2º, da Lei 5.811/1972.

9. O pagamento por essa "disponibilidade do empregado" é feito nos termos dos arts. 3º, II, da Lei 5.811/1972 e 71, § 4º, da CLT.

10. A Hora Repouso Alimentação – HRA é paga como única e direta retribuição pela hora em que o empregado fica à disposição do empregador. Ou seja, o trabalhador recebe salário normal pelas oito horas regulares e HRA pela 9ª (nona) hora, em que ficou à disposição da empresa.

11. Inexiste simplesmente supressão da hora de descanso, hipótese em que o empregado ficaria 8 horas contínuas à disposição da empresa e receberia por 9 horas (haveria "indenização" pela hora de descanso suprimida).

12. O empregado fica efetivamente 9 (nove) horas contínuas trabalhando ou à disposição da empresa e recebe exatamente por esse período, embora uma dessas horas seja paga em dobro, a título de HRA. Trata-se de situação análoga à hora extra: remuneração pelo tempo efetivamente trabalhado ou à disposição do empregador e sujeita à contribuição previdenciária.

13. Ao contrário do afirmado no acórdão embargado, a HRA possui nítida natureza remuneratória, submetendo-se à tributação pela contribuição previdenciária patronal, nos termos dos arts. 22, I, e 28 da Lei 8.212/1991.

14. Tratando da incidência da contribuição previdenciária sobre a HRA, a Segunda Turma do Supremo Tribunal Federal, no julgamento do Agravo Regimental no Recurso Extraordinário 1.039.689/RS (Rel. Min. Dias Toffoli, DJe 11.9.2017), afirmou: "Desse modo, não diverge o Tribunal a quo do entendimento da Corte no sentido da incidência de contribuição previdenciária patronal sobre verbas remuneratórias, conforme ficou deliberado no julgamento do RE nº 565.160/SC (Tema 20 da Gestão por Temas da Repercussão Geral do portal do STF na internet). Verifico que, nessa decisão, a Corte se debruçou sobre o alcance da expressão 'folha de salários', contida no art. 195, I, 'a', da Constituição Federal, que é base de cálculo da exação em tela".

15. Em obiter dictum, impende ressaltar que a redação do art. 71, § 4º, da CLT foi alterada pela Lei 13.467/2017: "A não concessão ou a concessão parcial do intervalo intrajornada mínimo, para repouso e alimentação, a empregados urbanos e rurais, implica o pagamento, de natureza indenizatória, apenas do período suprimido, com acréscimo de 50% (cinquenta por cento) sobre o valor da remuneração da hora normal de trabalho".

16. A compreensão esposada abrange apenas os pagamentos e recolhimentos realizados antes da entrada em vigor da Lei 13.467/2017, uma vez que a nova redação do art. 71, § 4º, da CLT não foi objeto de discussão no presente caso.

CONCLUSÃO

17. Embargos de Divergência providos, para reconhecer a incidência da contribuição previdenciária patronal sobre a Hora Repouso Alimentação – HRA, até a entrada em vigor da Lei 13.467/2017.

A verba denominada "**quebra de caixa**" possui natureza remuneratório, compondo o salário de contribuição. Cuida-se de quantia em análise servir para "compensar" eventuais diferenças de caixas, nos termos do artigo 462, *caput*, e § 1º, da CLT.

Nesse sentido, a posição firmada pelo STJ:

"Registre-se, por oportuno, que a verba "quebra de caixa" não consta do rol do § 9º do art. 28 da Lei n. 8.212/1991, ou de qualquer outra norma apta a lhe excluir do conceito de salário de contribuição. Por fim, registre-se que a Justiça Trabalhista, cuja competência jurisdicional compreende também a execução, de ofício, das contribuições previdenciárias patronais (CF, art. 114, VIII), firmou, nos termos da Súmula 247 do TST, a seguinte compreensão: "A parcela paga aos bancários sob a denominação 'quebra de caixa' possui natureza salarial, integrando o salário do prestador de serviços, para todos os efeitos legais". **1ª Seção do STJ, EREsp 1.467.095-PR, Rel. Min. Mauro Campbell Marques, Rel. para acórdão Min. Og Fernandes, por maioria, julgado em 10/5/2017, DJe 6/9/2017".**

No que concerne à verba trabalhista popularmente conhecida como "salário-paternidade", que não ostenta a natureza jurídica de benefício previdenciário, sendo na verdade o salário pago ao empregado pela empresa durante cinco dias após o nascimento de seu filho (artigo 10, § 1º, do ADCT da Constituição de 1988), esta integra o salário de contribuição, devendo incidir contribuição previdenciária nos termos da jurisprudência do STJ (passagem do julgamento do Recurso Especial 1.230.957, de 26/02/2014):

"**1.4 Salário paternidade.**

O salário paternidade refere-se ao valor recebido pelo empregado durante os cinco dias de afastamento em razão do nascimento de filho (art. 7º, XIX, da CF/88, c/c o art. 473, III, da CLT e o art. 10, § 1º, do ADCT).

Ao contrário do que ocorre com o salário maternidade, o salário paternidade constitui ônus da empresa, ou seja, não se trata de benefício previdenciário. Desse modo, em se tratando de verba de natureza salarial, é legítima a incidência de contribuição previdenciária sobre o salário paternidade. Ressalte-se que "o salário-paternidade deve ser tributado, por se tratar de licença remunerada prevista constitucionalmente, não se incluindo no rol dos benefícios previdenciários" (AgRg nos EDcl no REsp 1.098.218/SP, 2ª Turma, Rel. Min. Herman Benjamin, DJe de 9.11.2009).

Após rever o seu posicionamento firmado em 2013, no ano de 2014 o STJ voltou a entender que a parcela recebida a título de férias gozadas integra o salário de contribuição:

"PROCESSUAL CIVIL. AGRAVO REGIMENTAL NO RECURSO ESPECIAL. TRIBUTÁRIO. LC 118/2005. APLICAÇÃO DO PRAZO REDUZIDO EM RELAÇÃO ÀS AÇÕES AJUIZADAS A PARTIR DE 9 DE JUNHO DE 2005. ENTENDIMENTO DO STF FIRMADO EM SEDE DE REPERCUSSÃO GERAL. CONTRIBUIÇÃO PREVIDENCIÁRIA A CARGO DA EMPRESA. REGIME GERAL DA PREVIDÊNCIA SOCIAL. INCIDÊNCIA SOBRE A VERBA PAGA A TÍTULO DE SALÁRIO MATERNIDADE. ESPECIAL EFICÁCIA VINCULATIVA DO ACÓRDÃO PROFERIDO NO RESP 1.230.957/RS. FÉRIAS GOZADAS. INCIDÊNCIA. PRECEDENTES.

1. O Supremo Tribunal Federal ao apreciar o RE 566.621/RS, Tribunal Pleno, Rel. Min. Ellen Gracie, DJe de 11.10.2011), no regime dos arts. 543-A e 543-B do CPC (repercussão geral), pacificou entendimento no sentido de que, "reconhecida a inconstitucionalidade art. 4º, segunda parte, da LC 118/05, considerando-se válida a aplicação do novo prazo de 5 anos tão-somente às ações ajuizadas após o decurso da vacatio legis de 120 dias, ou seja, a partir de 9 de junho de 2005". Cumpre registrar que, no âmbito desta Corte, a questão em comento foi apreciada no REsp 1.269.570/MG (1ª Seção, Rel. Min. Mauro Campbell Marques, DJe de 4.6.2012), submetido ao regime do art. 543-C do CPC.

2. A Primeira Seção/STJ, ao apreciar o REsp 1.230.957/RS (Rel. Min. Mauro Campbell Marques, DJe de 18.3.2014), aplicando a sistemática prevista no art. 543-C do CPC, pacificou orientação no sentido de que incide contribuição previdenciária (RGPS) sobre o salário maternidade.

> **3. O pagamento de férias gozadas possui natureza remuneratória e salarial, nos termos do art. 148 da CLT, e integra o salário de contribuição" (STJ,** AgRg nos EDcl no REsp 1205592, de 12/08/2014).

Ainda de acordo com o STJ, a verba para pela empresa a título de licença-casamento e de licença para prestação de serviços eleitorais irão integrar o salário de contribuição por possuírem natureza remuneratória, sendo irrelevante o afastamento do empregado neste período:

> **Informativo 548 – "DIREITO PREVIDENCIÁRIO E TRIBUTÁRIO. CONTRIBUIÇÃO PREVIDENCIÁRIA SOBRE LICENÇA CASAMENTO E LICENÇA PARA PRESTAÇÃO DE SERVIÇO ELEITORAL.**
>
> **Incide contribuição previdenciária a cargo da empresa sobre os valores pagos a título de licença casamento (art. 473, II, da CLT) e de licença para prestação de serviço eleitoral (art. 98 da Lei 9.504/1997).** Consoante a jurisprudência do STJ, o parâmetro para incidência da contribuição previdenciária é o caráter salarial da verba, já a não incidência ocorre nas verbas de natureza indenizatória. Posto isso, cumpre esclarecer que a licença para prestação do serviço eleitoral e a licença casamento não ostentam caráter indenizatório. Sua natureza estrutural remete ao inafastável caráter remuneratório, integrando parcela salarial cujo ônus é do empregador, sendo irrelevante a inexistência da efetiva prestação laboral no período, porquanto mantido o vínculo de trabalho, o que atrai a incidência tributária sobre as indigitadas verbas. Ademais, não se sustenta, e não encontra albergue na jurisprudência do STJ o parâmetro de que qualquer afastamento ao serviço justificaria o não pagamento de contribuição previdenciária. Assim, há hipóteses em que ocorre o efetivo afastamento do empregado, ou seja, não há a efetiva prestação do serviço ou o efetivo tempo à disposição do empregador, mas ainda assim é devida a incidência tributária, tal como ocorre quanto ao salário-maternidade, situação na qual a mãe se ausenta para cuidar do filho e nem por isso a contribuição é indevida. No mesmo caminho estão as férias gozadas, situação em que o empregado se ausenta por, em regra, 30 dias – período muito maior do que as vinculadas à licença TRE eleição e à licença casamento –, e ainda assim a incidência da contribuição previdenciária se faz presente. REsp 1.455.089-RS, **Rel. Min. Humberto Martins, julgado em 16/9/2014".**

Para o empregado e o avulso, quando no mandato de **dirigente sindical**, o seu salário de contribuição será a remuneração paga pela entidade sindical ou empresa de origem.

O empregado ou o trabalhador avulso investido no mandato de dirigente sindical poderá ser remunerado pela empresa de origem ou mesmo pelo sindicato, a depender de cada situação concreta. Neste caso, a remuneração recebida pelo dirigente sindical da empresa ou sindicato será o seu salário de contribuição, observados os limites legais.

B) Para o empregado doméstico – a remuneração registrada na Carteira de Trabalho e Previdência Social.

Conquanto haja esta previsão legal expressa, entende-se que no caso da anotação feita pelo empregador doméstico constar um valor inferior ao realmente pago ao segurado, deverá prevalecer a importância real, apesar de normalmente ser exigida a literalidade do texto legal.

C) Para o contribuinte individual – a remuneração auferida em uma ou mais empresas ou pelo exercício de sua atividade por conta própria, durante o mês.

Antes da vigência da Lei 9.876/99, o contribuinte individual (na época eram chamados de empresários, autônomos e equiparados) recolhia a sua contribuição previdenciária sobre o antigo *salário-base*, ficção legal desvinculada da remuneração real, dividido em 10 classes, partindo de um salário mínimo, onde o segurado progredia com o transcorrer do tempo, se estivesse em dia com as suas contribuições, até chegar à última classe, no período estimado em 27 anos.

A Lei 9.876/99 ainda manteve o salário-base para os antigos segurados como regra de transição, tendo sido definitivamente extinto com o advento da Lei 10.666/2003, pois hoje os contribuintes individuais também recolherão sobre a sua remuneração real, sem a ficção legal do salário-base.

A partir de 1º de abril de 2003, independentemente da data de filiação, o salário de contribuição para o **ministro de confissão religiosa ou membro de instituto de vida consagrada, de congregação ou de ordem religiosa**, desde que o valor despendido pela entidade religiosa ou pela instituição de ensino vocacional, em face do seu mister religioso ou para a sua subsistência, independa da natureza e da quantidade do trabalho executado, **é o valor por ele declarado, observados os limites mínimo e máximo do salário de contribuição**[10].

Já o salário de contribuição do **condutor autônomo de veículo rodoviário** (inclusive o taxista), **do auxiliar de condutor autônomo e do operador de máquinas**, bem como do **cooperado filiado a cooperativa de transportadores autônomos**, conforme estabelecido no § 4º, do artigo 201, do RPS, corresponde a **20% (vinte por cento) do valor bruto auferido pelo frete, carreto, transporte**, não se admitindo a dedução de qualquer valor relativo aos dispêndios com combustível e manutenção do veículo, ainda que parcelas a este título figurem discriminadas no documento.

Outrossim, por força do § 11 do artigo 28 da Lei 8.212/91, inserido pela Lei 13.202, de 8/12/2015, considera-se **remuneração** do contribuinte individual que trabalha como condutor autônomo de veículo rodoviário, como auxiliar de **condutor autônomo de veículo rodoviário**, em automóvel cedido em regime de colaboração, nos termos da Lei no 6.094, de 30 de agosto de 1974, como operador de trator, máquina de terraplenagem, colheitadeira e assemelhados, o montante correspondente a 20% (vinte por cento) do valor bruto do frete, carreto, transporte de passageiros ou do serviço prestado, observado o limite máximo do salário de contribuição (esta disposição já era prevista na IN RFB 971/2009, artigo 55, § 2º).

D) **Para o segurado facultativo** – o valor por ele declarado, tendo também sido adotado o salário-base antes da Lei 9.876/99.

5. COMPOSIÇÃO

Em regra, o salário de contribuição será composto pelas parcelas remuneratórias decorrentes do labor, inclusive abarcando a gratificação natalina (13º salário), conforme referendado pela Súmula 688 do STF[11], que apenas não será considerada para o cálculo do benefício.

Inclusive, após a Lei 8.620/93, é válida a incidência da contribuição previdenciária em separado sobre a gratificação natalina, conforme entendimento pacificado pelo STJ[12]:

> "TRIBUTÁRIO. RECURSO ESPECIAL REPRESENTATIVO DE CONTROVÉRSIA. ART. 543-C, DO CPC. CONTRIBUIÇÃO PREVIDENCIÁRIA SOBRE O DÉCIMO-TERCEIRO

10. Artigo 55, § 11, da Instrução Normativa RFB 971/2009.
11. É legítima a incidência da contribuição previdenciária sobre o 13º salário.
12. REsp 1066682, de 09.12.2009.

SALÁRIO. DECRETO Nº 612/92. LEI FEDERAL Nº 8.212/91. CÁLCULO EM SEPARADO. LEGALIDADE APÓS EDIÇÃO DA LEI FEDERAL Nº 8.620/93.

1. A Lei n.º 8.620/93, em seu art. 7.º, § 2.º autorizou expressamente a incidência da contribuição previdenciária sobre o valor bruto do 13.º salário, cuja base de cálculo deve ser calculada em separado do salário-de-remuneração do respectivo mês de dezembro (Precedentes: REsp 868.242/RN, DJe 12/06/2008; EREsp 442.781/PR, DJ 10/12/2007; REsp n.º 853.409/PE, DJU de 29.08.2006; REsp n.º 788.479/SC, DJU de 06.02.2006; REsp n.º 813.215/SC, DJU de 17.08.2006).

2. Sob a égide da Lei n.º 8.212/91, o E. STJ firmou o entendimento de ser ilegal o cálculo, em separado, da contribuição previdenciária sobre a gratificação natalina em relação ao salário do mês de dezembro, tese que restou superada com a edição da Lei n.º 8.620/93, que estabeleceu expressamente essa forma de cálculo em separado".

Outrossim, conforme afirmado, por expressa determinação legal, o **salário-maternidade é (era) considerado como salário de contribuição**, conquanto se trate de benefício previdenciário.

IMPORTANTE:

Em sede de Repercussão Geral, em 4 de agosto de 2020, no RE 576.967, **o STF declarou inconstitucional a incidência de contribuição previdenciária sobre o salário-maternidade**, não tendo havido modulação da eficácia da pronúncia de inconstitucionalidade, sendo possível a apresentação de embargos de declaração pela União.

Restou fixada a seguinte tese: **"É inconstitucional a incidência da contribuição previdenciária a cargo do empregador sobre o salário-maternidade":**

"69. Diante do exposto, considerando os argumentos formal e material, dou provimento ao recurso extraordinário, para declarar, incidentalmente, a **inconstitucionalidade da incidência de contribuição previdenciária sobre o salário maternidade, prevista no art. 28, § 2º, da Lei nº 8.212/91, e a parte final do seu § 9º, alínea a**, em que se lê " salvo o salário-maternidade" , e proponho a fixação da seguinte tese: " É inconstitucional a incidência da contribuição previdenciária a cargo do empregador sobre o salário maternidade".

A tese de aplica tanto à parte da empresa quanto à parte do segurado, conforme se depreende do voto vencedor acima transcrito, em que pese o fechamento tenha sido restritivo.

De acordo com a Súmula 458, do STJ, "a contribuição previdenciária incide sobre a comissão paga ao corretor de seguros", por se tratar de verba remuneratória do labor, devendo compor o salário de contribuição.

Havia se formado uma controvérsia sobre a legalidade ou não da contribuição previdenciária incidente sobre a quantia paga a título de terço de férias gozadas, se posicionando o STF10 e o STJ11 pela impossibilidade da cobrança, haja vista não serem incorporadas na aposentadoria do trabalhador.

"O Supremo Tribunal Federal, em sucessivos julgamentos, firmou entendimento no sentido da não incidência de contribuição social sobre o adicional de um terço (1/3), a que se refere o art. 7º, XVII, da Constituição Federal" (RE 587.941 AgR, de 30.09.2008). [13-14]

"As Turmas que compõem a Primeira Seção do STJ consolidaram o entendimento no sentido de afastar a contribuição previdenciária do terço de férias também de empregados celetistas" (EDcl no AgRg no AREsp 85.096, de 26.06.2012).

13. STF, AI 712.880 AgR, de 26.05.2009.
14. STJ, Pet 7.296 / PE, de 28.10.2009.

Em 26 de fevereiro de 2014 este entendimento do STJ se consolidou na 1ª Seção no julgamento do Recurso Especial 1.230.957 com o rito dos recursos repetitivos:

> "**1.2 Terço constitucional de férias.**
>
> No que se refere ao adicional de férias relativo às férias indenizadas, a não incidência de contribuição previdenciária Decorre de expressa previsão legal (art. 28, § 9º, "d", da Lei 8.212/91 – redação dada pela Lei 9.528/97). Em relação ao adicional de férias concernente às férias gozadas, tal importância possui natureza indenizatória/compensatória, e não constitui ganho habitual do empregado, razão pela qual sobre ela não é possível a incidência de contribuição previdenciária (a cargo da empresa). A Primeira Seção/STJ, no julgamento do AgRg nos EREsp 957.719/SC (Rel. Min. Cesar Asfor Rocha, DJe de 16.11.2010), ratificando entendimento das Turmas de Direito Público deste Tribunal, adotou a seguinte orientação: "Jurisprudência das Turmas que compõem a Primeira Seção desta Corte consolidada no sentido de afastar a contribuição previdenciária do terço de férias também de empregados celetistas contratados por empresas privadas".

No entanto, o tema ganhou uma reviravolta no STF em agosto de 2020 no julgamento do RE 1.072.485 (Tema 985 em repercussão geral), posto que **a Suprema Corte pronunciou a constitucionalidade da incidência de contribuição previdenciária sobre o terço de férias gozadas no RGPS**:

> **"O Tribunal, por maioria, apreciando o tema 985 da repercussão geral, deu parcial provimento ao recurso extraordinário interposto pela União, assentando a incidência de contribuição previdenciária sobre valores pagos pelo empregador a título de terço constitucional de férias gozadas, nos termos do voto do Relator. Foi fixada a seguinte tese: "É legítima a incidência de contribuição social sobre o valor satisfeito a título de terço constitucional de férias", nos termos do voto do Relator, vencido o Ministro Edson Fachin, que conhecia do recurso da União apenas em relação ao capítulo do acórdão referente ao terço constitucional de férias, para negar provimento e fixava tese diversa. Falaram: pela recorrente, a Dra. Flávia Palmeira de Moura Coelho, Procuradora Geral da Fazenda Nacional; e, pela interessada, o Dr. Halley Henares Neto e Dr. Nelson Mannrich. Não participou deste julgamento, por motivo de licença médica, o Ministro Celso de Mello. Plenário, Sessão Virtual de 21.8.2020 a 28.8.2020".**

Prevaleceu o voto do Ministro Marco Aurélio destacando-se os seguintes fundamentos, vencido o Ministro Fachin:

> "Atentem para a natureza do terço constitucional de férias, cuja previsão está no artigo 7º, inciso XVII, da Constituição Federal. Trata-se de verba auferida, periodicamente, como complemento à remuneração.
>
> Adquire-se o direito, conforme o decurso do ciclo de trabalho, sendo um adiantamento em reforço ao que pago, ordinariamente, ao empregado, quando do descanso. Surge irrelevante a ausência de prestação de serviço no período de férias. Configura afastamento temporário. O vínculo permanece e o pagamento é indissociável do trabalho realizado durante o ano.
>
> (...)
>
> Ante a habitualidade e o caráter remuneratório da totalidade do que percebido no mês de gozo das férias, é devida a contribuição".

Curioso notar que **o STF adotou dois pesos e duas medidas**. Isso porque, ao julgar o Tema 163 em 2018, que envolve o terço de férias do servidor público no RPPS, a Corte Suprema aduziu que não deve incidir contribuição previdenciária justamente porque se trata de parcela que não será considerada na aposentadoria, o que igualmente ocorre no âmbito do RGPS para os trabalhadores do setor privado.

Aliás, esse argumento que lastreou a decisão no Tema 163 sequer foi mencionado no voto vencedor da lavra do Ministro Marco Aurélio, que ao menos manteve a congruência, pois lacrou voto vencido no Tema 163:

> "Decisão: O Tribunal, por maioria, apreciando o tema 163 da repercussão geral, deu parcial provimento ao recurso extraordinário para determinar a restituição das parcelas não prescritas, nos termos do voto do Relator, vencidos os Ministros Teori Zavascki, Dias Toffoli (Presidente), Marco Aurélio e Gilmar Mendes. Em seguida, por maioria, fixou-se a seguinte tese: **"Não incide contribuição previdenciária sobre verba não incorporável aos proventos de aposentadoria do servidor público, tais como 'terço de férias', 'serviços extraordinários', 'adicional noturno' e 'adicional de insalubridade'", vencido o Ministro Marco Aurélio**. Não votou o Ministro Alexandre de Moraes, sucessor do Ministro Teori Zavascki. Ausente, justificadamente, o Ministro Celso de Mello. Plenário, 11.10.2018".

As horas extras pagas aos empregados e domésticos que ultrapassam a jornada diária de trabalho possuem natureza remuneratória, razão pela qual integram o salário de contribuição. Nesse sentido, passagem do Informativo 514 do STJ:

> **"DIREITO PREVIDENCIÁRIO. INCIDÊNCIA DE CONTRIBUIÇÃO PREVIDENCIÁRIA SOBRE O ADICIONAL DE HORAS EXTRAS.**
>
> Incide contribuição previdenciária sobre os valores pagos a título de horas extras. **A incidência decorre do fato de que o adicional de horas extras integra o conceito de remuneração.** Precedentes citados: AgRg no REsp 1.311.474-PE, DJe 17/9/2012, e AgRg no AREsp 69.958-DF, DJe 20/6/2012. AgRg no REsp 1.222.246-SC, Rel. Min. Humberto Martins, julgado em 6/12/2012".

Questão que vem trazendo polêmica é saber se a verba **"quebra de caixa"** integra ou não o salário de contribuição, assim considerada o rendimento adicional pago mensalmente ao trabalhador encarregado do controle sobre ativos do empregador e que tem a responsabilidade de prestar contas de eventual diferença a menor detectada no caixa que opera, normalmente prevista em acordo coletivo.

A dificuldade é saber se a "quebra de caixa" possui natureza remuneratória ou indenizatória. O Superior Tribunal de Justiça, através da sua 1ª Turma, no julgamento do recurso especial 942.365, de 26.04.2011, entendeu que se cuida de parcela indenizatória, razão pela qual não integra o salário de contribuição.

Por outro lado, para a 2ª Turma do STJ, a "quebra de caixa" possui natureza remuneratória, compondo o salário de contribuição (EDcl no REsp 733.362, de 03.04.2008), sendo este o melhor entendimento.

> De acordo com a Súmula 241, do STF, editada ainda no regime previdenciário anterior, mas que ainda possui aplicabilidade, "a contribuição previdenciária incide sobre o abono incorporado ao salário", vez que se trata de parcela remuneratória do labor.

Por sua vez, ***não integram o salário de contribuição***:

A) **Os benefícios da previdência social;**

Assim, não haverá desconto de contribuição previdenciária sobre nenhum benefício pago no âmbito do RGPS, exceto o salário-maternidade, único benefício considerado como salário de contribuição em razão de herança do tempo em que era uma prestação trabalhista. Inclusive, o artigo 195, inciso II, da Constituição Federal, instituiu uma imunidade, ao prever que as contribuições previdenciárias não incidirão sobre as aposentadorias e pensões pagas no Regime Geral de Previdência Social.

Revendo posicionamento de 2013, em 26 de fevereiro de 2014 a 1ª Seção do STJ no julgamento em Recurso Especial 1.230.957 restaurou a sua tradicional jurisprudência no sentido de que **o salário-maternidade integra o salário de contribuição:**

> "**1.3 Salário maternidade.**
>
> O salário maternidade tem natureza salarial e a transferência do encargo à Previdência Social (pela Lei 6.136/74) não tem o condão de mudar sua natureza. Nos termos do art. 3º da Lei 8.212/91, "a Previdência Social tem por fim assegurar aos seus beneficiários meios indispensáveis de manutenção, por motivo de incapacidade, idade avançada, tempo de serviço, desemprego involuntário, encargos de família e reclusão ou morte daqueles de quem dependiam economicamente".
>
> O fato de não haver prestação de trabalho durante o período de afastamento da segurada empregada, associado à circunstância de a maternidade ser amparada por um benefício previdenciário, não autoriza conclusão no sentido de que o valor recebido tenha natureza indenizatória ou compensatória, ou seja, em razão de uma contingência (maternidade), paga-se à segurada empregada benefício previdenciário correspondente ao seu salário, possuindo a verba evidente natureza salarial. Não é por outra razão que, atualmente, o art. 28, § 2º, da Lei 8.212/91 dispõe expressamente que o salário maternidade é considerado salário de contribuição. Nesse contexto, a incidência de contribuição previdenciária sobre o salário maternidade, no Regime Geral da Previdência Social, decorre de expressa previsão legal.
>
> Sem embargo das posições em sentido contrário, não há indício de incompatibilidade entre a incidência da contribuição previdenciária sobre o salário maternidade e a Constituição Federal. A Constituição Federal, em seus termos, assegura a igualdade entre homens e mulheres em direitos e obrigações (art. 5º, I). O art. 7º, XX, da CF/88 assegura proteção do mercado de trabalho da mulher, mediante incentivos específicos, nos termos da lei. No que se refere ao salário maternidade, por opção do legislador infraconstitucional, a transferência do ônus referente ao pagamento dos salários, durante o período de afastamento, constitui incentivo suficiente para assegurar a proteção ao mercado de trabalho da mulher.
>
> Não é dado ao Poder Judiciário, a título de interpretação, atuar como legislador positivo, a fim estabelecer política protetiva mais ampla e, desse modo, desincumbir o empregador do ônus referente à contribuição previdenciária incidente sobre o salário maternidade, quando não foi esta a política legislativa.
>
> A incidência de contribuição previdenciária sobre salário maternidade encontra sólido amparo na jurisprudência deste Tribunal, sendo oportuna a citação dos seguintes precedentes: REsp 572.626/BA, 1ª Turma, Rel. Min. José Delgado, DJ de 20.9.2004; REsp 641.227/SC, 1ª Turma, Rel. Min. Luiz Fux, DJ de 29.11.2004; REsp 803.708/CE, 2ª Turma, Rel. Min. Eliana Calmon, DJ de 2.10.2007; REsp 886.954/RS, 1ª Turma, Rel. Min. Denise Arruda, DJ de 29.6.2007; AgRg no REsp 901.398/SC, 2ª Turma, Rel. Min. Herman Benjamin, DJe de 19.12.2008; REsp 891.602/PR, 1ª Turma, Rel. Min. Teori Albino Zavascki, DJe de 21.8.2008; AgRg no REsp 1.115.172/RS, 2ª Turma, Rel. Min. Humberto Martins, DJe de 25.9.2009; AgRg no Ag 1.424.039/DF, 2ª Turma,

Rel. Min. Castro Meira, DJe de 21.10.2011; AgRg nos EDcl no REsp 1.040.653/SC, 1ª Turma, Rel. Min. Arnaldo Esteves Lima, DJe de 15.9.2011; AgRg no REsp 1.107.898/PR, 1ª Turma, Rel. Min. Benedito Gonçalves, DJe de 17.3.2010".

IMPORTANTE:

Em sede de Repercussão Geral, em 4 de agosto de 2020, no RE 576.967, **o STF declarou inconstitucional a incidência de contribuição previdenciária sobre o salário-maternidade**, não tendo havido modulação da eficácia da pronúncia de inconstitucionalidade, sendo possível a apresentação de embargos de declaração pela União.

Restou fixada a seguinte tese: **"É inconstitucional a incidência da contribuição previdenciária a cargo do empregador sobre o salário-maternidade":**

"69. Diante do exposto, considerando os argumentos formal e material, dou provimento ao recurso extraordinário, para declarar, incidentalmente, a **inconstitucionalidade da incidência de contribuição previdenciária sobre o salário maternidade, prevista no art. 28, § 2º, da Lei nº 8.212/91, e a parte final do seu § 9º, alínea a**, em que se lê " salvo o salário-maternidade" , e proponho a fixação da seguinte tese: " É inconstitucional a incidência da contribuição previdenciária a cargo do empregador sobre o salário maternidade".

A tese de aplica tanto à parte da empresa quanto à parte do segurado, conforme se depreende do voto vencedor acima transcrito, em que pese o fechamento tenha sido restritivo.

Por sua vez, a Secretaria Especial de Previdência e Trabalho do Ministério da Economia fica obrigada a **reter as contribuições** dos beneficiários do Seguro-Desemprego (e seguro-defeso) e recolhê-las ao Fundo do Regime Geral de Previdência Social.

Insta salientar que **o auxílio-acidente não compõe o salário de contribuição para efeito de custeio da Previdência Social**, pois inexiste desconto de contribuição previdenciária sobre o seu valor.

A TNU fixou a seguinte tese: o período de fruição de auxílio-acidente sem salário de contribuição não integra o cálculo do salário de benefício ou da renda mensal inicial da aposentadoria. PUIL n. 0048144-70.2015.4.03.6301/SP/2019.

De acordo com o STJ (Informativo 568), "**não incide contribuição previdenciária sobre salário-família.** A doutrina aponta que a natureza jurídica do salário-família não é de salário, em que pese o nome, na medida em que não é pago como contraprestação de serviços prestados pelo empregado. Realizando-se uma interpretação sistemática da legislação de regência (art. 70 da Lei 8.213/1991 e art. 28, § 9º, "a", da Lei 8.212/1991), verifica-se que se trata de benefício de natureza previdenciária não incorporável ao cômputo dos rendimentos que integrarão a aposentadoria do trabalhador. REsp 1.275.695-ES, **Rel. Min. Mauro Campbell Marques, julgado em 20/8/2015, DJe 31/8/2015".**

Apenas para efeito do cálculo da aposentadoria é que o valor do auxílio-acidente é considerado como salário de contribuição, nos termos do artigo 31, da Lei 8.213/91[15], pois a partir da Lei 9.528/97 o auxílio-acidente não mais pôde ser acumulado com qualquer espécie de aposentadoria.

15. Art. 31. O valor mensal do auxílio-acidente integra o salário-de-contribuição, para fins de cálculo do salário--de-benefício de qualquer aposentadoria, observado, no que couber, o disposto no art. 29 e no art. 86, § 5º. (Restabelecido com nova redação pela Lei nº 9.528, de 1997).

B) As ajudas de custo e o adicional mensal recebidos pelo aeronauta nos termos da Lei nº 5.929, de 30 de outubro de 1973 (**hipóteses de transferência provisória ou permanente**);

No caso de transferência provisória, o empregador é obrigado a pagar ao aeronauta, além do salário, um adicional mensal, nunca inferior a vinte e cinco por cento do salário recebido na base.

Na transferência permanente, o aeronauta, além do salário, terá assegurado o pagamento de uma ajuda de custo, nunca inferior ao valor de quatro meses de salário, para indenização de despesas de mudança e instalação na nova base, bem como o seu transporte, por conta da empresa, nele compreendidas a passagem e a translação da respectiva bagagem.

C) **A parcela "in natura" recebida de acordo com os programas de alimentação aprovados pelo Ministério do Trabalho** (com a extinção do Ministério do Trabalho, desde 2019 o Ministério da Economia assumiu a área trabalhista, tendo sido criada uma Secretaria Especial de Previdência e Trabalho), nos termos da Lei nº 6.321, de 14 de abril de 1976;

O Programa de Alimentação ao Trabalhador (PAT) é aquele aprovado e gerido pela área trabalhista, nos termos da Lei nº 6.321/1976. Não integra a remuneração, a parcela *in natura*, sob forma de utilidade alimentação, fornecida pela empresa regularmente inscrita no PAT aos trabalhadores por ela diretamente contratados, de conformidade com os requisitos estabelecidos pelo órgão gestor competente[16].

Todavia, **se for paga em dinheiro, integrará o salário de contribuição, conforme o antigo entendimento do STJ (REsp 895.146, de 27.03.2007) e o atual da própria Receita Federal do Brasil[17].**

Sucede que no final de 2010 o Superior Tribunal de Justiça alterou integralmente o seu posicionamento, a exemplo do julgamento do recurso especial 1.185.685, de 17.12.2010, 1ª Turma, passando a decidir que **mesmo o vale alimentação pago em dinheiro não integra o salário de contribuição (antiga posição):**

> PROCESSUAL CIVIL. RECURSO ESPECIAL. ART. 105, III, A, DA CF/88. TRIBUTÁRIO E ADMINISTRATIVO. VALE-ALIMENTAÇÃO. PROGRAMA DE ALIMENTAÇÃO DO TRABALHADOR – PAT. CONTRIBUIÇÃO PREVIDENCIÁRIA. NÃO-INCIDÊNCIA.
>
> **1. O valor concedido pelo empregador a título de vale-alimentação não se sujeita à contribuição previdenciária, mesmo nas hipóteses em que o referido benefício é pago em dinheiro.**
>
> 2. A exegese hodierna, consoante a jurisprudência desta Corte e da Excelsa Corte, assenta que o contribuinte é sujeito de direito, e não mais objeto de tributação.
>
> 3. O Supremo Tribunal Federal, em situação análoga, concluiu pela inconstitucionalidade da incidência de contribuição previdenciária sobre o valor pago em espécie sobre o vale-transporte do trabalhador, mercê de o benefício ostentar nítido caráter indenizatório. (STF – RE 478.410/SP, Rel. Min. Eros Grau, Tribunal Pleno, julgado em 10.03.2010, DJe 14.05.2010)
>
> 4. Mutatis mutandis, a empresa oferece o ticket refeição antecipadamente para que o trabalhador se alimente antes e ir ao trabalho, e não como uma base integrativa do salário, porquanto este é decorrente do vínculo laboral do trabalhador com o seu empregador, e é pago como contraprestação pelo trabalho efetivado.

16. Artigos 498 e 499, da Instrução Normativa RFB 971/2009.
17. Artigo 499, § 2º, da Instrução Normativa RFB 971/2009.

> **5. É que: (a) "o pagamento in natura do auxílio-alimentação, vale dizer, quando a própria alimentação é fornecida pela empresa, não sofre a incidência da contribuição previdenciária, por não possuir natureza salarial, esteja o empregador inscrito, ou não, no Programa de Alimentação do Trabalhador – PAT, ou decorra o pagamento de acordo ou convenção coletiva de trabalho" (REsp 1.180.562/RJ, Rel. Ministro Castro Meira, Segunda Turma, julgado em 17/08/2010, DJe 26/08/2010)**; (b) o entendimento do Supremo Tribunal Federal é no sentido de que pago o benefício de que se cuida em moeda, não afeta o seu caráter não salarial; (c) 'o Supremo Tribunal Federal, na assentada de 10.03.2003, em caso análogo (...), concluiu que é inconstitucional a incidência da contribuição previdenciária sobre o vale-transporte pago em pecúnia, já que, qualquer que seja a forma de pagamento, detém o benefício natureza indenizatória'; (d) "a remuneração para o trabalho não se confunde com o conceito de salário, seja direto (em moeda), seja indireto (in natura). Suas causas não são remuneratórias, ou seja, não representam contraprestações, ainda que em bens ou serviços, do trabalho, por mútuo consenso das partes. As vantagens atribuídas aos beneficiários, longe de tipificarem compensações pelo trabalho realizado, são concedidas no interesse e de acordo com as conveniências do empregador. (...) Os benefícios do trabalhador, que não correspondem a contraprestações sinalagmáticas da relação existente entre ele e a empresa não representam remuneração do trabalho, circunstância que nos reconduz à proposição, acima formulada, de que não integram a base de cálculo in concreto das contribuições previdenciárias". (CARRAZZA, Roque Antônio. fls. 2583/2585, e-STJ).
>
> 6. Recurso especial provido".

Se for posta na mesa, mesmo sem inscrição no Programa de Alimentação do Trabalhador, não será considerada salário de contribuição (STJ, REsp 1.051.294, de 10.02.2009).

Entretanto, a TNU possui entendimento oposto ao do STJ. Em 29 de setembro de 2012 a Turma Nacional publicou a Súmula 67:

> **"Súmula 67– O auxílio-alimentação recebido em pecúnia por segurado filiado ao Regime Geral da Previdência Social integra o salário de contribuição e sujeita-se à incidência de contribuição previdenciária".**

Entende-se que o melhor posicionamento é o da TNU, pois permitir que a verba paga pela empresa com a rubrica "vale-alimentação" não integre o salário de contribuição será uma grande abertura para a sonegação das contribuições previdenciárias, haja vista ser uma brecha para encobrir verdadeiras parcelas remuneratórias disfarçadas pagas pelas empresas.

Ademais, a Lei 8.212/91 foi expressa ao prever que apenas a parcela "in natura" recebida de acordo com os programas de alimentação aprovados pelo extinto Ministério do Trabalho não irá compor o salário de contribuição.

Posteriormente, o STJ restaurou o seu posicionamento anterior, fixando a tese que a alimentação paga habitualmente em dinheiro integra o salário de contribuição em ambas as Turmas da 1ª Seção:

> "O auxílio-alimentação, quando pago habitualmente e em pecúnia, integra a base de cálculo da contribuição previdenciária. Precedentes: AgRg no REsp 1562484/PR, Rel. MINISTRO MAURO CAMPBELL MARQUES, SEGUNDA TURMA, DJe 18/12/2015; e AgRg no REsp 1493587/RS, Rel. Ministro BENEDITO GONÇALVES, PRIMEIRA TURMA, DJe 23/02/2015".

Vale registrar, inclusive, que a CLT veda que a empresa pague a verba de alimentação em dinheiro (art. 457, § 2º, modificado pela Lei 13.467/2017).

A atual posição da RFB consta atualmente da Consula COSIT 35/2019:

> ***"Solução de Consulta nº 35 – Cosit Data 23 de janeiro de 2019***
>
> *a) a parcela paga em pecúnia aos segurados empregados a título de auxílio-alimentação integra a base de cálculo para fins de incidência das contribuições sociais previdenciárias a cargo da empresa e dos segurados empregados;*
>
> *b) a parcela in natura do auxílio-alimentação, a que se refere o inciso III do art. 58 da Instrução Normativa RFB nº 971, de 2009, abrange tanto a cesta básica quanto as refeições fornecidas pelo empregador aos seus empregados, e não integra a base de cálculo das contribuições sociais previdenciárias a cargo da empresa e dos segurados empregados;*
>
> ***c) o auxílio-alimentação pago mediante tíquetes-alimentação ou cartão-alimentação não integra a base de cálculo das contribuições sociais previdenciárias a cargo da empresa e dos segurados empregados a partir de 11 de novembro de 2017".***

Outrossim, a Receita Federal alterou o artigo 58 da IN 971/2009 para se alinhar à Lei 13.467/2017:

> *Art. 58. Não integram a base de cálculo para fins de incidência de contribuições:*
>
> *III – o auxílio-alimentação, vedado seu pagamento em dinheiro, observado o disposto no § 2º; (Redação dada pelo(a) Instrução Normativa RFB nº 1867, de 25 de janeiro de 2019)*
>
> *§ 2º Até 10 de novembro de 2017 deverá ser observado, em relação às parcelas a que se referem os incisos III, VII, VIII e XVI, que a não incidência prevista no caput aplica-se apenas: (Incluído(a) pelo(a) Instrução Normativa RFB nº 1867, de 25 de janeiro de 2019)*
>
> *I – à parcela in natura do auxílio alimentação; (Incluído(a) pelo(a) Instrução Normativa RFB nº 1867, de 25 de janeiro de 2019)*

Por outro lado, somente a contar de 11/11/2017, entende a RFB que o auxílio-alimentação pago mediante tíquetes-alimentação ou cartão-alimentação não integra o salário de contribuição, compondo salário de contribuição até 10/11/2017.

O Superior Tribunal de Justiça, no âmbito da 1ª Turma, possui entendimento recente firmado pela incidência de contribuição previdenciária sobvre o auxílio-alimentação pago habitualmente em pecúnica, assim como na modalidade de **tíquetes e cartões-alimentação**:

> **Processo**
>
> AgInt nos EDcl no REsp 1724339 / GO
>
> AGRAVO INTERNO NOS EMBARGOS DE DECLARAÇÃO NO RECURSO ESPECIAL
>
> 2018/0033712-7
>
> **Relator(a)**
>
> Ministra REGINA HELENA COSTA (1157)
>
> **Órgão Julgador**
>
> T1 – PRIMEIRA TURMA
>
> **Data do Julgamento**
>
> 18/09/2018
>
> **Data da Publicação/Fonte**
>
> DJe 21/09/2018

Ementa

TRIBUTÁRIO. PROCESSUAL CIVIL. AGRAVO INTERNO NOS EMBARGOS DE DECLARAÇÃO NO RECURSO ESPECIAL. CÓDIGO DE PROCESSO CIVIL DE 2015. APLICABILIDADE. VIOLAÇÃO AOS ARTS. 458 E 535 DO CPC. INOCORRÊNCIA. CONTRIBUIÇÃO PREVIDENCIÁRIA. AUXÍLIO-ALIMENTAÇÃO. PAGAMENTO EM ESPÉCIE, COM HABITUALIDADE. VALE-ALIMENTAÇÃO OU TICKETS. INCIDÊNCIA. ARGUMENTOS INSUFICIENTES PARA DESCONSTITUIR A DECISÃO ATACADA. APLICAÇÃO DE MULTA. ART. 1.021, § 4º, DO CÓDIGO DE PROCESSO CIVIL DE 2015. DESCABIMENTO.

I – Consoante o decidido pelo Plenário desta Corte na sessão realizada em 09.03.2016, o regime recursal será determinado pela data da publicação do provimento jurisdicional impugnado. In casu, aplica-se o Código de Processo Civil de 2015 para o presente Agravo Interno, embora o Recurso Especial estivesse sujeito ao Código de Processo Civil de 1973.

II – A Corte de origem apreciou todas as questões relevantes apresentadas com fundamentos suficientes, mediante apreciação da disciplina normativa e cotejo ao posicionamento jurisprudencial aplicável à hipótese. Inexistência de omissão, contradição ou obscuridade.

III – O auxílio-alimentação, pago em espécie e com habitualidade, por meio de vale-alimentação ou na forma de tickets, tem natureza salarial, integrando a base de cálculo da contribuição previdenciária. Precedentes.

IV – O Agravante não apresentou argumentos suficientes para desconstituir a decisão recorrida.

V – Em regra, descabe a imposição da multa, prevista no art. 1.021, § 4º, do Código de Processo Civil de 2015, em razão do mero improvimento do Agravo Interno em votação unânime, sendo necessária a configuração da manifesta inadmissibilidade ou improcedência do recurso a autorizar sua aplicação, o que não ocorreu no caso.

VI – Agravo Interno improvido.

Processo

AgInt no REsp 1453569 / SC

AGRAVO INTERNO NO RECURSO ESPECIAL

2014/0110648-9

Relator(a)

Ministro NAPOLEÃO NUNES MAIA FILHO (1133)

Órgão Julgador

T1 – PRIMEIRA TURMA

Data do Julgamento

21/02/2017

Data da Publicação/Fonte

DJe 09/03/2017

Ementa

TRIBUTÁRIO. AGRAVO INTERNO NO RECURSO ESPECIAL. CONTRIBUIÇÃO PREVIDENCIÁRIA. INCIDÊNCIA SOBRE O AUXÍLIO-ALIMENTAÇÃO PAGO EM PECÚNIA. AGRAVO INTERNO DESPROVIDO.

1. O auxílio-alimentação, pago em espécie e com habitualidade, tem natureza salarial, integrando a base de cálculo da contribuição previdenciária. Precedentes: AgInt no REsp. 1.617.204/RS, Rel. Min. BENEDITO GONÇALVES, DJe 3.2.2017; AgInt no REsp. 1.621.787/RS, Rel. Min. MAURO CAMPBELL MARQUES, DJe 19.12.2016; AgInt no REsp. 1.617.204/RS, Rel. Min.

BENEDITO GONÇALVES, DJe 3.2.2017; AgInt no REsp. 1.420.078/SC, Rel. Min. GURGEL DE FARIA, DJe 12.12.2016; REsp. 1.072.245/SP, Rel. Min. OG FERNANDES, DJe 14.11.2016.

2. Agravo Interno do ESTADO DE SANTA CATARINA desprovido.

No entanto, ao analisar os acórdãos e seus votos, nota-se que há mera repetição da jurisprudência firmada anteriormente à vigência da Lei 13.467/2017.

Assim, ao menos da decisão de 18/9/2019, **o STJ não percebeu a alteração normativa na CLT, que determinou a não incidência de contribuição previdenciário sobre o auxílio--alimentação, exceto pago em dinheiro, prática que se tornou ilícita.**

Dessa forma, assim que a Corte Superior estudar a alteração normativa, por certo irá se alinhar ao posicionamento do órgão de arrecação da União, que sequer cobra contribuição previdenciária a contar de 11/11/2017 sobre o auxílio-alimentação pago mediante tíquetes--alimentação ou cartão-alimentação.

A nosso ver, o tema deve ser assim sintetizado:

1. O auxílio-alimentação pago mediante **tíquetes-alimentação ou cartão-alimentação** integra a base de cálculo das contribuições sociais previdenciárias a cargo da empresa e dos segurados empregados até 10 de novembro de 2017;

2. O auxílio-alimentação pago mediante **tíquetes-alimentação ou cartão-alimentação** não integra a base de cálculo das contribuições sociais previdenciárias a cargo da empresa e dos segurados empregados a partir de 11 de novembro de 2017;

3. A parcela paga em pecúnia aos segurados empregados a título de auxílio-alimentação integra a base de cálculo para fins de incidência das contribuições sociais previdenciárias a cargo da empresa e dos segurados empregados, quer antes ou depois da vigência da Lei 13.467/2017;

4. A alimentação paga em pecúnia é prática ilícita após o advento da Lei 13.467/2017;

5. A alimentação *in natura* não compõe o salário de contribuição, quer antes ou depois da vigência da Lei 13.467/2017.

D) As importâncias recebidas a guisa de **aviso prévio indenizado, férias e terço indenizados, licença-prêmio indenizada, incentivo à demissão e multa de 40% sobre o FGTS**, pois ostentam natureza indenizatória;

A Lei 8.212/91 é silente no que concerne ao **aviso prévio indenizado** integrar ou não o salário de contribuição. Até o advento do Decreto 6.727/2009, o Regulamento previa que o aviso prévio indenizado não compunha o salário de contribuição. No entanto, o citado dispositivo foi revogado (artigo 214, § 9º, inciso V, **letra F**), passando o Regulamento a também silenciar a respeito, em uma tentativa frustrada de o Poder Executivo da União de fazer incidir contribuição previdenciária sobre o aviso prévio indenizado.

Vale frisar que o aviso prévio indenizado possui natureza não remuneratória, razão pela qual não comporá o salário de contribuição, não podendo o Regulamento da Previdência Social, por ser ato legal secundário, dispor em sentido contrário.

> **"A revogação da alínea "f" do inciso V, § 9º, artigo 214, do Decreto nº 3.048/99, nos termos em que promovida pelo artigo 1º do Decreto 6.727/09, não tem o condão de autorizar a cobrança de contribuições previdenciárias calculadas sobre o valor do aviso prévio indenizado"** (AI 2009.30.00.203908, Des. Federal Cotrim Guimarães, TRF3, Segunda Turma, 11/03/2010).

Nesse caminho, o STJ[18]:

> **"CONTRIBUIÇÃO PREVIDENCIÁRIA. AVISO PRÉVIO INDENIZADO.**
>
> O valor pago a título de indenização em razão da ausência de aviso prévio tem o intuito de reparar o dano causado ao trabalhador que não fora comunicado sobre a futura rescisão de seu contrato de trabalho com a antecedência mínima estipulada na CLT, bem como não pôde usufruir da redução na jornada de trabalho a que teria direito (arts. 487 e seguintes da CLT). **Assim, por não se tratar de verba salarial, não incide contribuição previdenciária sobre os valores pagos a título de aviso prévio indenizado.** REsp 1.198.964-PR, Rel. Min. Mauro Campbell Marques, julgado em **2/9/2010**".
>
> **"AVISO PRÉVIO INDENIZADO. CONTRIBUIÇÃO PREVIDENCIÁRIA.**
>
> A Turma reafirmou que não há incidência de contribuição previdenciária sobre a verba paga ao trabalhador a título de aviso prévio indenizado, tendo em vista sua natureza indenizatória. Ressaltou-se que o salário de contribuição é o valor da remuneração, considerados os rendimentos destinados a retribuir o trabalho (art. 28 da Lei n. 8.212/1991), o que não se verifica na verba em questão, pois, durante o período que corresponde ao aviso prévio indenizado, o empregado não presta trabalho algum, nem fica à disposição do empregador. Logo, por não se tratar de parcela destinada a retribuir trabalho, mas revestida de nítido caráter indenizatório, é incabível a incidência de contribuição previdenciária sobre os valores pagos a título do referido aviso prévio. Precedentes citados: REsp 812.871-SC, DJe 25/10/2010, e REsp 1.198.964-PR, DJe 4/10/2010. REsp 1.221.665-PR, Rel. Min. Teori Albino Zavascki, julgado em 8/2/2011".
>
> "PROCESSUAL CIVIL E TRIBUTÁRIO. CONTRIBUIÇÃO PREVIDENCIÁRIA. SALÁRIO--MATERNIDADE. REMUNERAÇÃO DE FÉRIAS GOZADAS. NATUREZA SALARIAL. INCIDÊNCIA. AVISO PRÉVIO INDENIZADO. NATUREZA INDENIZATÓRIA. NÃO INCIDÊNCIA. PRECEDENTES.
>
> 1. É pacífico no STJ o entendimento de que o salário-maternidade não tem natureza indenizatória, mas sim remuneratória, razão pela qual integra a base de cálculo da contribuição previdenciária.
>
> 2. O pagamento de férias gozadas possui natureza remuneratória e salarial, nos termos do art. 148 da CLT, e integra o salário de contribuição. Saliente-se que não se discute, no apelo, a incidência da contribuição sobre o terço constitucional.
>
> 3. **O valor pago ao trabalhador a título de aviso prévio indenizado, por não se destinar a retribuir o trabalho e possuir cunho indenizatório, não está sujeito à incidência da contribuição previdenciária sobre a folha de salários.** Precedentes do STJ" (AgRg nos EDcl no AREsp 135682, 2ª Turma, de 29/05/2012).

Em 26 de fevereiro de 2014, a 1ª Seção do STJ no julgamento em Recurso Especial 1.230.957 confirmou o entendimento de que **o aviso prévio indenizado não integra o salário de contribuição**:

> **"2.2 Aviso prévio indenizado.**
>
> A despeito da atual moldura legislativa (Lei 9.528/97 e Decreto 6.727/2009), as importâncias pagas a título de indenização, que não correspondam a serviços prestados nem a tempo à disposição do empregador, não ensejam a incidência de contribuição previdenciária.
>
> A CLT estabelece que, em se tratando de contrato de trabalho por prazo indeterminado, a parte que, sem justo motivo, quiser a sua rescisão, deverá comunicar a outra a sua intenção com a devida antecedência. Não concedido o aviso prévio pelo empregador, nasce para o empregado o direito

18. Passagem do Informativo 445 e 462.

aos salários correspondentes ao prazo do aviso, garantida sempre a integração desse período no seu tempo de serviço (art. 487, § 1º, da CLT). Desse modo, o pagamento decorrente da falta de aviso prévio, isto é, o aviso prévio indenizado, visa a reparar o dano causado ao trabalhador que não fora alertado sobre a futura rescisão contratual com a antecedência mínima estipulada na Constituição Federal (atualmente regulamentada pela Lei 12.506/2011).

Dessarte, não há como se conferir à referida verba o caráter remuneratório pretendido pela Fazenda Nacional, por não retribuir o trabalho, mas sim reparar um dano. Ressalte-se que, "se o aviso prévio é indenizado, no período que lhe corresponderia o empregado não presta trabalho algum, nem fica à disposição do empregador. Assim, por ser ela estranha à hipótese de incidência, é irrelevante a circunstância de não haver previsão legal de isenção em relação a tal verba" (REsp 1.221.665/PR, 1ª Turma, Rel. Min. Teori Albino Zavascki, DJe de 23.2.2011).

A corroborar a tese sobre a natureza indenizatória do aviso prévio indenizado, destacam-se, na doutrina, as lições de Maurício Godinho Delgado e Amauri Mascaro Nascimento. Precedentes: REsp 1.198.964/PR, 2ª Turma, Rel. Min. Mauro Campbell Marques, DJe de 4.10.2010; REsp 1.213.133/SC, 2ª Turma, Rel. Min. Castro Meira, DJe de 1º.12.2010; AgRg no REsp 1.205.593/PR, 2ª Turma, Rel. Min. Herman Benjamin, DJe de 4.2.2011; AgRg no REsp 1.218.883/SC, 1ª Turma, Rel. Min. Benedito Gonçalves, DJe de 22.2.2011; AgRg no REsp 1.220.119/RS, 2ª Turma, Rel. Min. Cesar Asfor Rocha, DJe de 29.11.2011."

Finalmente, a Receita Federal passou a adotar a posição do STJ, no sentido da não incidência de contribuição previdenciária sobre o aviso prévio indenizado (Instrução Normativa RFB 1.730/2017[19] combinada com a Consulta COSIT 362/2017):

SOLUÇÃO DE CONSULTA COSIT Nº 362, DE 10 DE AGOSTO DE 2017

CONSULTA N.º 137 – COSIT, DE 2 DE JUNHO DE 2014.

CONTRIBUIÇÕES SOCIAIS PREVIDENCIÁRIAS. AVISO PRÉVIO INDENIZADO.

Nos termos da NOTA PGFN/CRJ/Nº 485/2016, de 30 de maio de 2016 (aprovada em 2 de junho de 2016), e com esteio no artigo 19, inciso V, parágrafos 4º, 5º e 7º da Lei n.º 10.522, de 2002, e no artigo 3º, parágrafo 3º da Portaria Conjunta PGFN/RFB n.º 1, de 2014, o aviso prévio indenizado, **exceto seu reflexo no 13º salário**, não integra a base de cálculo para fins de incidência das contribuições sociais previdenciárias incidentes sobre a folha de salários.

Curiosamente, apenas a RFB irá cobrar a contribuição sobre o aviso prévio indenizado no que concerne ao seu reflexo no décimo terceiro salário, o que passou a ser admitida pelo STJ:

"É pacífico no STJ o entendimento quanto à incidência da contribuição previdenciária sobre o décimo terceiro salário proporcional ao aviso prévio indenizado" (REsp 1810236 / CE, de 25/6/2019).

De efeito, "é firme no Superior Tribunal de Justiça o entendimento de que não incide Contribuição Previdenciária sobre abono-assiduidade e licença-prêmio não gozada convertida em pecúnia." (AgRg no AREsp 464.314/SC, Rel. Ministro HERMAN BENJAMIN, SEGUNDA TURMA, julgado em 6/5/2014, DJe 18/6/2014.)

19. A partir da competência junho de 2016, o valor do aviso prévio indenizado não deve ser computado para fins de preenchimento da GPS, podendo ser utilizada a GPS gerada pelo Sefip.

E) As importâncias referentes aos ganhos eventuais e os abonos expressamente desvinculados do salário; indenização por tempo de serviço, anterior a 05 de outubro de 1988, do empregado não optante pelo Fundo de Garantia do Tempo de Serviço – FGTS;

De acordo com a Secretaria da Receita Federal do Brasil, o abono único previsto em Convenção Coletiva de Trabalho, desde que desvinculado do salário e pago sem habitualidade não irá integrar o salário de contribuição (Instrução Normativa RFB nº 1.453, de 24 de fevereiro de 2014).

Nesse sentido, para o STJ (Informativo 568), "**não incide contribuição previdenciária sobre prêmios e gratificações de caráter eventual.** A fim de verificar a sua inclusão ou não no salário-de-contribuição, uma das principais características a ser aferida sobre as gratificações e os prêmios é a habitualidade ou não de seu pagamento. Havendo pagamento com habitualidade, manifesto o caráter salarial, implicando ajuste tácito entre as partes, razão pela qual incide contribuição previdenciária. A propósito, o STF possui entendimento firmado pela Súmula 207 ("As gratificações habituais, inclusive a de natal, consideram-se tacitamente convencionadas, integrando o salário"). Tratando-se de prêmio ou gratificação eventual, fica afastada a incidência da contribuição, conforme o art. 28, § 9º, "e", 7, da Lei 8.212/1991. REsp 1.275.695-ES, **Rel. Min. Mauro Campbell Marques, julgado em 20/8/2015, DJe 31/8/2015".**

Por força da Lei 13.467/2017, que alterou a CLT (art. 457, § 2º), a legislação passou a prever expressamente a não incidência de contribuições previdenciárias sobre os prêmios ainda que habituais.

Nos termos da Lei 13.467/2017, consideram-se **prêmios** as liberalidades concedidas pelo empregador em forma de bens, serviços ou valor em dinheiro a empregado ou a grupo de empregados, em razão de desempenho superior ao ordinariamente esperado no exercício de suas atividades.

F) A parcela recebida a título de vale-transporte, na forma da legislação própria (Lei 7.418/85). Contudo, de acordo com o antigo posicionamento tradicional do STJ (AgRg no REsp 1.079.978, de 20.10.2008), se fosse pago em dinheiro, integrava o salário de contribuição;

Entrementes, em 10.03.2010, ao julgar o RE 478.410 (Informativo 578), o STF tomou posição diversa da do STJ, afirmando que mesmo o vale-transporte pago em dinheiro não integrará o salário de contribuição, por não afetar o caráter não salarial da verba, sendo esta a posição a ser adotada atualmente:

"EMENTA: RECURSO EXTRAORDINÁRIO. CONTRIBUIÇÃO PREVIDENCIÁRIA. INCIDÊNCIA. VALE-TRANSPORTE. MOEDA. CURSO LEGAL E CURSO FORÇADO. CARÁTER NÃO SALARIAL DO BENEFÍCIO. ARTIGO 150, I, DA CONSTITUIÇÃO DO BRASIL. CONSTITUIÇÃO COMO TOTALIDADE NORMATIVA. **1. Pago o benefício de que se cuida neste recurso extraordinário em vale-transporte ou em moeda, isso não afeta o caráter não salarial do benefício.** 2. A admitirmos não possa esse benefício ser pago em dinheiro sem que seu caráter seja afetado, estaríamos a relativizar o curso legal da moeda nacional. 3. A funcionalidade do conceito de moeda revela-se em sua utilização no plano das relações jurídicas. O instrumento monetário válido é padrão de valor, enquanto instrumento de pagamento sendo dotado de poder liberatório: sua entrega ao credor libera o devedor. Poder liberatório é qualidade, da moeda enquanto instrumento de pagamento, que se manifesta exclusivamente no plano jurídico: somente ela permite essa liberação indiscriminada, a todo sujeito de direito, no que tange a débitos de caráter patrimonial. 4. A aptidão da moeda para o cumprimento dessas funções decorre da circunstância de ser ela tocada pelos atributos do curso legal e do curso forçado. 5. A exclusividade de circulação da moeda está relacionada ao curso legal, que respeita ao instrumento monetário enquanto em circulação; não decorre do curso forçado, dado que este atinge o instrumento monetário enquanto valor e a sua instituição [do curso forçado] importa apenas em que não possa ser exigida do poder emissor sua conversão em outro valor. **6. A cobrança de contribuição previdenciária sobre o valor pago, em dinheiro, a título de vales-transporte, pelo recorrente aos seus empregados afronta a Constituição, sim, em sua totalidade normativa. Recurso Extraordinário a que se dá provimento**".

Em 15 de dezembro de 2011, julgando Embargos de Declaração neste mesmo processo, o STF restringiu a sua decisão para apenas afastar a incidência da contribuição previdenciária sobre o vale-transporte pago em dinheiro, mantendo-se para os demais fins a legislação que regula o vale-transporte:

> "A compreensão da fundamentação dos votos da maioria vencedora revela a necessária restrição dos efeitos da declaração de inconstitucionalidade do art. 4º da Lei nº 7.418/85 e do art. 5º do Decreto nº 95.247/87 exclusivamente no que concerne ao domínio tributário, para afastar a incidência de contribuição previdenciária pelo só pagamento da verba em dinheiro, mantendo-se hígida, no mais, a sistemática do vale-transporte para os demais fins, notadamente à luz dos domínios remanescentes do direito positivo".

No julgamento dos aclaratórios, a Suprema Corte ainda reforçou a sua decisão, ao afirmar que "descabe arguir omissão quanto aos dispositivos constitucionais reputados violados se o acórdão embargado considera, de forma expressa e categórica, ofensiva ao princípio da legalidade tributária (CF, art. 150, I) a interpretação que chancela a incidência de contribuição previdenciária sobre os valores pagos em pecúnia a título de vale-transporte sem lei complementar que o permita, notadamente à luz dos art. 195, I, 'a' e § 4º, da CF".

Por conseguinte, o STJ passou a seguir o entendimento do STF:

> "TRIBUTÁRIO. CONTRIBUIÇÃO SOBRE A FOLHA DE SALÁRIOS. AUXÍLIO-CRECHE. MATÉRIA FÁTICO-PROBATÓRIA. INCIDÊNCIA DA SÚMULA 7/STJ. **AUXÍLIO-TRANSPORTE PAGO EM PECÚNIA. NÃO-INCIDÊNCI**A. ENTENDIMENTO DO STF. REALINHAMENTO DA JURISPRUDÊNCIA DO STJ.
>
> 1. A solução integral da controvérsia, com fundamento suficiente, não caracteriza ofensa ao art. 535 do CPC.
>
> 2. O acórdão de origem consignou que a parte não comprovou os gastos com o auxílio-creche nem a idade dos beneficiários. Rever tal entendimento demanda reexame da matéria fático-probatória, vedado em Recurso Especial (Súmula 7/STJ).
>
> **3. Em razão do pronunciamento do Plenário do STF, declarando a inconstitucionalidade da incidência da contribuição previdenciária sobre as verbas referentes a auxílio-transporte, mesmo que pagas em pecúnia, faz-se necessária a revisão da jurisprudência do STJ para alinhar-se à posição do Pretório Excelso.**
>
> 4. Recurso Especial parcialmente conhecido e, em parte, provido" (REsp 1.194.788, de 19.08.2010).

Por sua vez, a **Advocacia-Geral da União**, cujo entendimento vincula a Administração Pública federal no Poder Executivo, aderiu ao STF e fez publicar a **Súmula 60**:

SÚMULA Nº 60, DE 8 DE DEZEMBRO DE 2011

Publicada no DOU Seção I, de 09/12/2011

"Não há incidência de contribuição previdenciária sobre o vale transporte pago em pecúnia, considerando o caráter indenizatório da verba".

G) A ajuda de custo, **em parcela única**, recebida exclusivamente em decorrência de mudança de local de trabalho do empregado, na forma do art. 470[20] da CLT;

Logo, fazendo uma interpretação *a contrario sensu*, se a ajuda de custo for paga em mais de uma parcela, integrará o salário de contribuição.

> "TRIBUTÁRIO. AGRAVO REGIMENTAL NO RECURSO ESPECIAL. CONTRIBUIÇÃO PREVIDENCIÁRIA. ADICIONAL DE TRANSFERÊNCIA. INCIDÊNCIA. PRECEDENTES.
>
> **1. A jurisprudência desta Corte é firme no sentido de que incide a contribuição previdenciária sobre adicional de transferência em razão de sua natureza salarial.**
>
> 2. Precedentes: AgRg no AREsp 619.415/AL, Rel. Ministra Assusete Magalhães, Segunda Turma, DJe 02/06/2015 e AgRg no REsp 1422102/SC, Rel. Ministro Benedito Gonçalves, Primeira Turma, DJe 07/04/2015. 3. Agravo regimental a que se nega provimento" (1ª Turma, AgRg no REsp 1511255, de 6/8/2015).
>
> "A jurisprudência do STJ, firmou-se no sentido de que o adicional de transferência (ajuda de custo) possui natureza salarial, conforme firme jurisprudência do Tribunal Superior do Trabalho, pois, da leitura do § 3º do art. 463 da CLT, extrai-se que a transferência do empregado é um direito do empregador, sendo que do exercício regular desse direito decorre para o empregado transferido, em contrapartida, o direito de receber o correspondente adicional de transferência (2ª Turma, REsp 1494371, de 16/6/2015).

De acordo com a Lei 13.467/2017, que modificou o artigo 457, § 2º, da CLT, "as importâncias, ainda que habituais, pagas a título de ajuda de custo, auxílio-alimentação, vedado seu pagamento em dinheiro, diárias para viagem, prêmios e abonos não integram a remuneração do empregado, não se incorporam ao contrato de trabalho e não constituem base de incidência de qualquer encargo trabalhista e previdenciário".

Nesse sentido, nos termos da Instrução Normativa RFB nº 1.867, de 25 de janeiro de 2019, desde 11/11/2017, não mais incide contribuição previdenciária sobre a ajuda de custo citada, mesmo que paga em múltiplas parcelas.

H) **As diárias para viagens no seu valor total;**

Até o advento da Lei 13.467/2017, que alterou o artigo 457, § 2º, da CLT, as diárias acima de 50% da remuneração mensal do empregado incidiam contribuição previdenciária. Com a mudança normativa, independentemente do valor, as diárias para a viagem não sofrem a incidência da contribuição previdenciária.

I) A importância recebida a título de **bolsa** de complementação educacional de **estagiário,** quando paga nos termos da Lei nº 6.494, de 07 de dezembro de 1977 (a referida norma foi substituída pela Lei 11.788/2008);

Assim, a bolsa paga pelo estágio regular não possui natureza remuneratória, tanto que o estagiário não é segurado obrigatório do RGPS.

20. Art. 470 – As despesas resultantes da transferência correrão por conta do empregador.

J) A **participação nos lucros ou resultados da empresa**, quando paga ou creditada de acordo com lei específica;

Vale ressaltar que o artigo 2º, da Lei 10.101/2000, exige que a participação nos lucros ou resultados seja objeto de negociação entre a empresa e seus empregados, através de comissão ou acordo/convenção coletiva.

De acordo com o entendimento do STJ, a ausência da intervenção do sindicato ou mesmo do registro do acordo não tem o condão de alterar a natureza da participação dos lucros da empresa, que não deverá compor o salário de contribuição[21]:

> **"CONTRIBUIÇÃO PREVIDENCIÁRIA. PARTICIPAÇÃO. LUCROS.**
>
> A *quaestio juris* consiste em determinar a incidência da contribuição previdenciária sobre valores pagos pela empresa recorrida a seus funcionários a título de participação nos lucros, no mês de janeiro dos anos de 1995 a 2000. O INSS (recorrente) sustentou que a não incidência da mencionada contribuição depende da observância da legislação que determina o arquivamento, no sindicato dos trabalhadores, de acordo celebrado entre eles e a empresa. Aduziu que, no caso dos autos, a regulamentação da participação nos lucros foi feita de modo unilateral pela empregadora, inexistindo instrumento de acordo entre as partes. **Conforme destacou o Min. Relator, a intervenção do sindicato na negociação tem por finalidade tutelar os interesses dos empregados. Ressaltou que, uma vez atendidos os demais requisitos da legislação que tornem possível a caracterização dos pagamentos como participação nos resultados, a ausência de intervenção do sindicato nas negociações e a falta de registro do acordo apenas afastam a vinculação dos empregados a seus termos.** Assim, o registro do acordo no sindicato é modo de comprovar as formas de participação, possibilitando a exigência do cumprimento nos termos acordados. **Explicitou, ainda, que a ausência de homologação de acordo no sindicato, por si só, não descaracteriza a participação nos lucros da empresa, a ensejar a incidência da contribuição previdenciária, pois não afeta a natureza dos pagamentos, mas pode interferir na forma de participação e no montante a ser distribuído, fatos irrelevantes para a tributação sobre a folha de salários.** No caso dos autos, o tribunal *a quo* entendeu que a natureza dos pagamentos aos empregados foi caracterizada como participação nos resultados, que não integra a remuneração e, por isso, não incide contribuição previdenciária. No entanto, neste Superior Tribunal, o recurso não foi conhecido, pois, para examinar se os pagamentos aos empregados correspondem à participação nos lucros da empresa, seria necessário o reexame do conjunto fático-probatório constante dos autos, o que é inviável, tendo em vista o óbice da Súm. n. 7-STJ. Precedentes citados: AgRg no REsp 1.180.167-RS, DJe 7/6/2010; AgRg no REsp 675.114-RS, DJe 21/10/2008; AgRg no Ag 733.398-RS, DJ 25/4/2007, e REsp 675.433-RS, DJ 26/10/2006. **REsp 865.489-RS, Rel. Min. Luiz Fux, julgado em 26/10/2010".**

Outrossim, é vedado o pagamento de qualquer antecipação ou distribuição de valores a título de participação nos lucros ou resultados da empresa em mais de 2 (duas) vezes no mesmo ano civil e em periodicidade inferior a 1 (um) trimestre civil (Lei 12.832/2013).

Ou seja, se os ditames da Lei 10.101/2000 forem desrespeitados, a quantia paga a título de participação nos lucros da empresa comporá o salário de contribuição.

De acordo com o STF, até o advento da Medida Provisória 794/1994, convertida na Lei 10.101/2000, havia a incidência de contribuição previdenciária sobre a participação nos lucros, vez que a aludida medida provisória teria estabelecido hipótese de isenção e não de não incidência, razão pela qual não poderia abranger período pretérito[22].

---

21. Passagem do Informativo 453.
22. RE 569441/RS, rel. orig. Min. Dias Toffoli, red. p/ o acórdão Min. Teori Zavascki, 30.10.2014.

L) O **abono** do Programa de Integração Social-**PIS** e do Programa de Assistência ao Servidor Público-**PASEP**;

M) Os valores correspondentes a transporte, alimentação e habitação fornecidos pela empresa ao empregado contratado para trabalhar em localidade distante da de sua residência, em canteiro de obras ou local que, por força da atividade, exija deslocamento e estada, observadas as normas de proteção estabelecidas pelo extinto Ministério do Trabalho;

Isso porque as referidas parcelas não se destinam a remunerar o trabalho, sendo gastos extraordinários da empresa em razão do labor prestado em local distante.

DICA IMPORTANTE:

Em vários casos abaixo, o legislador valeu-se da seguinte premissa: se a parcela paga é extensível a todos os empregados e dirigentes da empresa, não irá compor o salário de contribuição. Caso limitada a alguns, a *contrario sensu*, irá integrar o salário de contribuição, pois será uma remuneração disfarçada.

N) A importância paga ao empregado a título de **complementação ao valor do auxílio-doença, desde que este direito seja extensivo à totalidade dos empregados da empresa**;

É que, de acordo com o artigo 63, parágrafo único, da Lei 8.213/91, a empresa que garantir ao segurado licença remunerada ficará obrigada a pagar-lhe durante o período de auxílio-doença a eventual diferença entre o valor deste e a importância garantida pela licença.

O) As parcelas destinadas à assistência ao trabalhador da agroindústria canavieira, de que trata o art. 36[23] da Lei nº 4.870, de 1º de dezembro de 1965;

No entanto, essa parcela foi extinta desde o advento da Lei 12.865/2013, que expressamente revogou o artigo 36 da Lei 4.870/65.

P) O valor das **contribuições efetivamente pago pela pessoa jurídica relativo a programa de previdência complementar**, aberto ou fechado, desde que **disponível à totalidade de seus empregados e dirigentes**, observados, no que couber, os arts. 9º e 468 da CLT;

Trata-se do patrocínio promovido voluntariamente pela empresa em favor dos seus empregados e dirigentes para entidade de previdência privada. De acordo com a Lei Complementar 109/2001[24], a normatização atual determina que esse direito seja oferecido pela empresa em favor de todos os seus empregados e dirigentes, sem restrições.

---

23. Art. 36. Ficam os produtores de cana, açúcar e álcool obrigados a aplicar, em benefício dos trabalhadores industriais e agrícolas das usinas, destilarias e fornecedores, em serviços de **assistências médica, hospitalar, farmacêutica e social**, importância correspondente no mínimo, às seguintes percentagens:

    a) de 1% (um por cento) sôbre preço oficial de saco de açúcar de 60 (sessenta) quilos, de qualquer tipo, revogado o disposto no art. 8º do Decreto-lei nº 9.827, de 10 de setembro de 1946;

    b) de 1% (um por cento) sôbre o valor oficial da tonelada de cana entregue, a qualquer título, às usinas, destilarias anexas ou autônomas, pelos fornecedores ou lavradores da referida matéria;

    c) de 2% (dois por cento) sôbre o valor oficial do litro de álcool de qualquer tipo produzido nas destilarias.

24. Art. 16. Os planos de benefícios devem ser, obrigatoriamente, oferecidos a todos os empregados dos patrocinadores ou associados dos instituidores.

Q) O valor relativo à assistência prestada por serviço médico ou odontológico, próprio da empresa ou por ela conveniado, inclusive o reembolso de despesas com medicamentos, óculos, aparelhos ortopédicos, próteses, órteses, despesas médico-hospitalares e outras similares;

Com o advento da Lei 13.467/2017, foram inseridos no texto as próteses e órteses, assim como foi retirada a necessidade de que a cobertura abranja a totalidade dos empregados e dirigentes da empresa para a exclusão do salário de contribuição.

De acordo com o STJ, "**não incide contribuição social sobre o valor dos medicamentos adquiridos pelo empregado e pagos pelo empregador ao estabelecimento comercial de forma direta, mesmo que o montante não conste na folha de pagamento.** De fato, o art. 28, § 9º, **q**, da Lei 8.212/1991 estabelece que não integra o salário de contribuição "o valor relativo à assistência prestada por serviço médico ou odontológico, próprio da empresa ou por ela conveniado, inclusive o reembolso de despesas com medicamentos, óculos, aparelhos ortopédicos, despesas médico-hospitalares e outras similares, desde que a cobertura abranja a totalidade dos empregados e dirigentes da empresa". Ademais, embora não conste na folha de pagamento, trata-se em verdade de forma de reembolso dos valores despendidos pelos empregados com medicamentos, sendo que esse sistema apenas evita etapas do moroso procedimento interno de reembolso via folha de pagamento que, com certeza, seria prejudicial ao empregado" (REsp 1.430.043-PR, **Rel. Min. Mauro Campbell Marques, julgado em 25/2/2014).**

R) O valor correspondente a vestuários, equipamentos e outros acessórios fornecidos ao empregado e utilizados no local do trabalho para prestação dos respectivos serviços;

S) O ressarcimento de despesas pelo uso de veículo do empregado **e o reembolso creche pago em conformidade com a legislação trabalhista, observado o limite máximo de seis anos de idade**, quando devidamente comprovadas as despesas realizadas;

Todavia, a Emenda Constitucional 53/2006 alterou o artigo 7º, XXV, da Constituição, reduzindo a idade da assistência gratuita para os filhos para até 05 anos de idade, havendo controvérsia sobre a recepção desta hipótese que ainda prevê a idade de até 06 anos.

> Vale ressaltar que, na forma da Súmula 310, do STJ, "o auxílio-creche não integra o salário de contribuição".

T) O valor relativo a **plano educacional, ou bolsa de estudo,** que vise à educação básica[25] de **empregados e seus dependentes** e, desde que vinculada às atividades desenvolvidas pela empresa, à educação profissional e tecnológica de empregados, nos termos da Lei 9.394, de 20 de dezembro de 1996, desde que não seja utilizado em substituição de parcela salarial.

---

§ 1º Para os efeitos desta Lei Complementar, são equiparáveis aos empregados e associados a que se refere o caput os gerentes, diretores, conselheiros ocupantes de cargo eletivo e outros dirigentes de patrocinadores e instituidores.

§ 2º É facultativa a adesão aos planos a que se refere o caput deste artigo.

25. A educação básica abarca o ensino infantil, fundamental e médio.

> Este dispositivo da Lei 8.212/91 (artigo 28, § 9º, letra T) teve a sua redação alterada pela Lei 12.513/2011, pois, para ser excluído da composição do salário de contribuição, o valor mensal do plano educacional ou bolsa de estudo, considerado individualmente, não poderá agora ultrapassar a 5% da remuneração do segurado a que se destina ou o valor correspondente a uma vez e meia o valor do limite mínimo mensal do salário de contribuição, valendo o que for maior.

Antes da Lei 12.513/2011, não existia um valor máximo das despesas com o plano educacional para a sua exclusão do cômputo do salário de contribuição, bastando que não fosse utilizado como substituição de parcela salarial e acessível a todos os empregados e dirigentes da empresa.

> Logo, atualmente não mais se exige que o plano educacional ou a bolsa de estudo seja acessível a todos os empregados e dirigentes da empresa para a exclusão dos seus valores do salário de contribuição.

Ademais, com o novo regramento, passou a ser previsto expressamente que as referidas despesas educacionais também podem aproveitar os dependentes dos segurados. Outrossim, também as despesas com as **bolsas de estudo** passaram a ser excluídas da composição do salário de contribuição, observadas as exigências acima referidas, vez que anteriormente eram previstos apenas os gastos com o plano educacional.

U) A importância recebida a título de **bolsa de aprendizagem** garantida ao adolescente até quatorze anos de idade, de acordo com o disposto no art. 64 da Lei nº 8.069, de 13 de julho de 1990;

Esta disposição que consta no artigo 28, § 9º, letra U, da Lei 8.212/91, está em desacordo com a Emenda 20/1998, pois a idade mínima do menor aprendiz passou dos 12 para os 14 anos de idade, de acordo com a atual redação do artigo 7º, XXXIII, da Constituição. É que, antigamente, era assegurada bolsa de aprendizagem ao adolescente até quatorze anos de idade.

V) Os valores recebidos em decorrência da cessão de **direitos autorais**;

Nem mesmo sobre a receita dos direitos autorais haverá a incidência de contribuição previdenciária, pois a sua natureza jurídica revela um direito real e da personalidade simultaneamente.

W) O valor da multa prevista no § 8º do art. 477 da CLT (inobservância do prazo legal para o pagamento das verbas rescisórias);

X) O valor correspondente ao vale-cultura[26];

Y) os prêmios e os abonos.

Por força da Lei 13.467/2017, os prêmios não sofrerão a incidência da contribuição previdenciária, o que não constitui nenhuma novidade.

Outrossim, não haverá a incidência de contribuição previdenciária sobre abonos. Os eventuais já não havia a incidência de contribuição previdenciária, sendo a novidade a não incidência de contribuição mesmo em abono habituais percebidos pelo empregado.

26. Nos termos da Lei 12.761/2012, fica criado o vale-cultura, de caráter pessoal e intransferível, válido em todo o território nacional, para acesso e fruição de produtos e serviços culturais, no âmbito do Programa de Cultura do Trabalhador, no valor mensal de R$ 50,00.

Isso porque, com a mudança do artigo 457 da CLT pela reforma trabalhista, os abonos mesmo que habituais não mais integram o salário do empregado, que a partir de agora é formado apenas pela importância fixa estipulada, as gratificações legais e de função e as comissões pagas pelo empregador.

Z) bolsa-atleta

Outrossim, também não incide contribuição sobre os valores recebidos a título de bolsa-atleta, em conformidade com a Lei no 10.891, de 9 de julho de 2004, por força da Lei 13.756/2018.

Trata-se de verba INDENIZATÓRIA destinada prioritariamente aos atletas praticantes do esporte de alto rendimento em modalidades olímpicas e paraolímpicas.

O rol acima referenciado é meramente **exemplificativo**, podendo ser composto por outras parcelas indenizatórias não previstas no artigo 28, § 9º, da Lei 8.212/91, pois a legislação não teria como prever todas as parcelas de cunho indenizatório percebidas pelos segurados.

De acordo com a Secretaria da Receita Federal do Brasil, não integram a base de cálculo da contribuição previdenciária da empresa os valores pagos aos serviços notariais e de registro (cartórios), judiciais e extrajudiciais, pelos atos por estes realizados, contudo, tais valores integram a base de cálculo da contribuição do respectivo titular quando enquadrado no RGPS como contribuinte individual. (Instrução Normativa RFB nº 1.453, de 24 de fevereiro de 2014).

Por fim, de acordo com o STJ, a parcela prevista no artigo 60, § 3º[27], da Lei 8.213/91, que determina que a empresa arque com os primeiros quinze dias de "salário" do empregado incapaz para o exercício do seu trabalho habitual possui natureza indenizatória, não devendo incidir contribuição previdenciária (passagem do julgamento do Recurso Especial 1.230.957, de 26/02/2014):

> "**2.3 Importância paga nos quinze dias que antecedem o auxílio-doença.**
>
> No que se refere ao segurado empregado, durante os primeiros quinze dias consecutivos ao do afastamento da atividade por motivo de doença, incumbe ao empregador efetuar o pagamento do seu salário integral (art. 60, § 3º, da Lei 8.213/91 com redação dada pela Lei 9.876/99). Não obstante nesse período haja o pagamento efetuado pelo empregador, a importância paga não é destinada a retribuir o trabalho, sobretudo porque no intervalo dos quinze dias consecutivos ocorre a interrupção do contrato de trabalho, ou seja, nenhum serviço é prestado pelo empregado. Nesse contexto, a orientação das Turmas que integram a Primeira Seção/STJ firmou-se no sentido de que sobre a importância paga pelo empregador ao empregado durante os primeiros quinze dias de afastamento por motivo de doença não incide a contribuição previdenciária, por não se enquadrar na hipótese de incidência da exação, que exige verba de natureza remuneratória. Nesse sentido: AgRg no REsp 1.100.424/PR, 2ª Turma, Rel. Min. Herman Benjamin, DJe 18.3.2010; AgRg no REsp 1074103/SP, 2ª Turma, Rel. Min. Castro Meira, DJe 16.4.2009; AgRg no REsp 957.719/SC, 1ª Turma, Rel. Min. Luiz Fux, DJe 2.12.2009; REsp 836.531/SC, 1ª Turma, Rel. Min. Teori Albino Zavascki, DJ de 17.8.2006".

Esta obrigação legal da empresa chegou a ser elevada para trinta dias por força da MP 664/2014, mas a Lei 13.135/2015 restabeleceu a obrigação de a empresa pagar o "salário" do empregado incapaz por apenas quinze dias.

27. § 3º Durante os primeiros trinta dias consecutivos ao do afastamento da atividade por motivo de doença ou de acidente de trabalho ou de qualquer natureza, caberá à empresa pagar ao segurado empregado o seu salário integral.

6. NATUREZA JURÍDICA DAS CONTRIBUIÇÕES PREVIDENCIÁRIAS

As contribuições previdenciárias constituem modalidade de contribuição para o custeio da seguridade social, afetadas ao pagamento dos benefícios do Regime Geral de Previdência Social, conforme determina o artigo 167, inciso XI[28], da CRFB.

De efeito, o pagamento das contribuições previdenciárias provém de duas fontes constitucionais:

1) **do trabalhador e demais segurados da previdência social**, não incidindo contribuição sobre as aposentadorias e pensões do RGPS (imunidade tributária), na forma do artigo 195, inciso II, da CRFB;

2) **do empregador, da empresa e da entidade equiparada na forma da lei**, incidente sobre a folha de salários, e demais rendimentos do trabalho pagos ou creditados, a qualquer título, à pessoa física que lhe preste serviço, mesmo sem vínculo empregatício, consoante previsão do artigo 195, inciso I, "a", da CRFB.

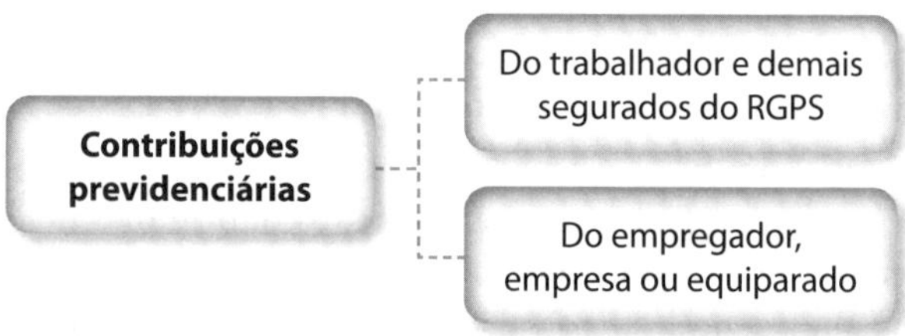

Esses recursos ingressarão no fundo previsto no artigo 250, da CRFB[29], instituído pelo artigo 68, da Lei Complementar 101/2000, sendo denominado de **Fundo do Regime Geral de Previdência Social**, vinculado ao Ministério da Economia e gerido pelo INSS, com a finalidade de prover recursos para o pagamento dos benefícios desse regime previdenciário.

Ressalte-se que a União é a responsável pelo complemento dos recursos financeiros para o pagamento dos benefícios previdenciários do RGPS, na hipótese de insuficiência de fundos[30].

É prevalente na doutrina a natureza tributária das contribuições para a seguridade social, entendimento ratificado pelo Supremo Tribunal Federal em inúmeros julgados, sendo esta a posição adotada neste trabalho.

Entrementes, **é cabível uma ressalva no que concerne à *contribuição previdenciária dos segurados facultativos*, pois se entende pela sua *natureza não fiscal*, tendo em conta o seu caráter facultativo.**

Com propriedade, a filiação ao RGPS é apenas compulsória aos trabalhadores em geral, sendo facultativa às pessoas naturais que não desenvolvem atividade laborativa remunerada,

28. Art. 167. São vedados: XI – a utilização dos recursos provenientes das contribuições sociais de que trata o art. 195, I, a, e II, para a realização de despesas distintas do pagamento de benefícios do regime geral de previdência social de que trata o art. 201.

29. Art. 250. Com o objetivo de assegurar recursos para o pagamento dos benefícios concedidos pelo regime geral de previdência social, em adição aos recursos de sua arrecadação, a União poderá constituir fundo integrado por bens, direitos e ativos de qualquer natureza, mediante lei que disporá sobre a natureza e administração desse fundo.

30. Artigo 16, parágrafo único, da Lei 8.212/91.

consoante permissivo do artigo 13, da Lei 8.213/91, a exemplo do estagiário que exerce as suas atividades conforme a legislação de regência[31].

Logo, a contribuição previdenciária do segurado facultativo não se amolda à definição de tributo contida no artigo 3º, do CTN[32], haja vista a sua natureza não compulsória, pois a filiação desse segurado é mera faculdade legal a fim de não excluir da proteção previdenciária as pessoas que não estão trabalhando por qualquer motivo e desejam gozar da sua tutela.

Trata-se de questão de grande importância prática, vez que, não sendo tributo, resta afastado todo o regime jurídico tributário para regular as contribuições previdenciárias em questão.

Sobre o tema, esse também é o sentir do colega procurador federal Hermes Arrais Alencar, para quem, "tendo em vista a ausência da 'compulsoriedade' da prestação pecuniária ofertada, não se reveste de caráter tributário a contribuição do segurado facultativo. Plenamente possível, assim, por exemplo, ter sua alíquota majorada e cobrada sem a necessidade de observância ao princípio da anterioridade tributária"[33].

Existem outras teorias que buscam explicar a natureza jurídica não tributária das contribuições previdenciárias, que podem ser assim sintetizadas:

A) **Teoria do Prêmio de Seguro** – Coloca a contribuição previdenciária como um prêmio pago pelo segurado à seguradora, em razão da ocorrência de um infortúnio, similarmente ao que ocorre na esfera do Direito Civil.

Rejeita-se esta Teoria no regime previdenciário brasileiro em razão das peculiaridades que marcam a previdência social, notadamente o RGPS, em que a filiação é obrigatória aos trabalhadores em geral, existindo um regime jurídico de direito público.

Ademais, o objetivo de um tradicional contrato de seguro é bastante restrito, sendo a relação previdenciária decorrente de lei, com o amplo objetivo de proteger os segurados e seus dependentes dos riscos sociais previstos em lei.

B) **Teoria do Salário Diferido** – Caracteriza a contribuição previdenciária como uma parte do salário do trabalhador guardado para o futuro, quando concretizado um risco social que gere a concessão de um benefício ou serviço.

Esta Teoria não se adéqua ao regime previdenciário brasileiro, pois existem inúmeros segurados que trabalham por conta própria e não recebem remuneração de empresa.

Ademais, acaba confundindo a relação de trabalho entre a empresa e o empregado com a previdenciária, que se opera entre o segurado e a entidade previdenciária, vínculos que são independentes, embora muitas vezes conexos.

C) **Teoria do Salário Social** – Insere a contribuição previdenciária como uma contraprestação devida pela sociedade ao trabalhador, um salário socializado, em decorrência do contrato de trabalho.

Para afastar esta Teoria valem as mesmas críticas à Teoria do Salário Diferido.

31. Lei 11.788/2008.
32. Art. 3º Tributo é toda prestação pecuniária compulsória, em moeda ou cujo valor nela se possa exprimir, que não constitua sanção de ato ilícito, instituída em lei e cobrada mediante atividade administrativa plenamente vinculada.
33. Benefícios Previdenciários, p. 215, 4ª edição, Ed. Leud.

D) **Teoria da Exação** *Sui Generis* – Enquadra a contribuição previdenciária como uma exação determinada por lei com regime jurídico diferenciado, não se inserindo em nenhuma outra categoria fiscal ou não tributária existente.

Conforme dito, entende-se pela natureza tributária das contribuições previdenciárias – exceto as pagas pelos segurados facultativos – dentro da categoria das contribuições sociais, pois se amoldam ao conceito de tributo fixado pelo artigo 3º, do CTN.

Vale colacionar julgado que resume o entendimento remansoso do STF a respeito:

> "EMENTA: PRESCRIÇÃO E DECADÊNCIA TRIBUTÁRIAS. MATÉRIAS RESERVADAS A LEI COMPLEMENTAR. DISCIPLINA NO CÓDIGO TRIBUTÁRIO NACIONAL. NATUREZA TRIBUTÁRIA DAS CONTRIBUIÇÕES PARA A SEGURIDADE SOCIAL. INCONSTITUCIONALIDADE DOS ARTS. 45 E 46 DA LEI 8.212/91 E DO PARÁGRAFO ÚNICO DO ART. 5º DO DECRETO-LEI 1.569/77. RECURSO EXTRAORDINÁRIO NÃO PROVIDO. MODULAÇÃO DOS EFEITOS DA DECLARAÇÃO DE INCONSTITUCIONALIDADE. I. PRESCRIÇÃO E DECADÊNCIA TRIBUTÁRIAS. RESERVA DE LEI COMPLEMENTAR. As normas relativas à prescrição e à decadência tributárias têm natureza de normas gerais de direito tributário, cuja disciplina é reservada a lei complementar, tanto sob a Constituição pretérita (art. 18, § 1º, da CF de 1967/69) quanto sob a Constituição atual (art. 146, b, III, da CF de 1988). Interpretação que preserva a força normativa da Constituição, que prevê disciplina homogênea, em âmbito nacional, da prescrição, decadência, obrigação e crédito tributários. Permitir regulação distinta sobre esses temas, pelos diversos entes da federação, implicaria prejuízo à vedação de tratamento desigual entre contribuintes em situação equivalente e à segurança jurídica. II. DISCIPLINA PREVISTA NO CÓDIGO TRIBUTÁRIO NACIONAL. O Código Tributário Nacional (Lei 5.172/1966), promulgado como lei ordinária e recebido como lei complementar pelas Constituições de 1967/69 e 1988, disciplina a prescrição e a decadência tributárias. **III. NATUREZA TRIBUTÁRIA DAS CONTRIBUIÇÕES. As contribuições, inclusive as previdenciárias, têm natureza tributária e se submetem ao regime jurídico-tributário previsto na Constituição. Interpretação do art. 149 da CF de 1988. Precedentes** ..." (RE 556.664, de 12.06.2008).

De arremate, vale frisar que existem autores que colocam as contribuições previdenciárias em uma nova categoria tributária em razão de suas especificidades.

7. ASPECTO MATERIAL E TEMPORAL DO FATO GERADOR

De acordo com artigo 43, § 2º, da Lei 8.212/91, inserido pela Lei 11.941/2009, artigo que trata das contribuições previdenciárias a serem arrecadadas na Justiça do Trabalho, **considera-se ocorrido o fato gerador das contribuições sociais na data da prestação do serviço.**

Assim sendo, se ainda havia qualquer dúvida acerca do momento da ocorrência do fato gerador em concreto das contribuições previdenciárias patronais e dos trabalhadores em geral, agora é indene de dúvida que **a hipótese de incidência tributária se realiza na data da prestação do serviço, e não do seu pagamento ou de outro marco qualquer**.

O que ocorre é que a legislação previdenciária concede um prazo para o pagamento da contribuição previdenciária, após o nascimento da obrigação tributária verificado na data da prestação do serviço, normalmente no mês subsequente ao da respectiva competência.

Nesse sentido, "a jurisprudência do STJ é firme no sentido de que as contribuições previdenciárias incidentes sobre remuneração dos empregados, em razão dos serviços prestados, devem ser recolhidas pelas empresas no mês seguinte ao efetivamente trabalhado, e não no mês subseqüente ao pagamento"[34].

Assim sendo, o *aspecto material* da hipótese de incidência das contribuições previdenciárias é a prestação do serviço remunerado pelos trabalhadores (exceto para os segurados facultativos), enquanto o *aspecto temporal* se realiza na data da prestação da atividade, apuradas mês a mês, concedendo-se um prazo para pagamento.

Na forma do entendimento do STF, "**aplica-se à tributação da pessoa jurídica, para as contribuições destinadas ao custeio da seguridade social, calculadas com base na remuneração, o regime de competência. Assim, o tributo incide no momento em que surge a obrigação legal de pagamento, independentemente se este irá ocorrer em oportunidade posterior.**" (RE 419.612-AgR, Rel. Min. Joaquim Barbosa, julgamento em 1º-3-2011, Segunda Turma, *DJE* de 6-4-2011).

8. CONTRIBUIÇÕES PREVIDENCIÁRIAS DOS TRABALHADORES E DEMAIS SEGURADOS DO RGPS

A contribuição previdenciária dos trabalhadores incidirá sobre o salário de contribuição, este considerado como a base de cálculo para o recolhimento do tributo, *exceto para o segurado especial*, pois neste caso a sua contribuição incidirá sobre a receita decorrente da comercialização dos seus produtos, sendo descabido se falar em salário de contribuição nesta hipótese.

Insta lembrar que o salário de contribuição terá como *limite mínimo* o piso salarial, legal ou normativo da categoria ou, inexistindo este, o salário mínimo, e como *teto* a quantia de **R$ 6.101,06** (teto 2020), pois atualizada ou majorada anualmente a quantia de R$ 2.400,00, fixada pela Emenda 41/2003.

Destaque-se que os segurados deverão estar matriculados mediante a sua inscrição, recebendo um NIT – Número de Identificação do Trabalhador perante a Previdência Social[35].

Vale frisar que, por força do Princípio da Solidariedade e da regra do artigo 12, § 4º, da Lei 8.212/91, o aposentado pelo Regime Geral de Previdência Social que estiver exercendo ou que voltar a exercer atividade abrangida por este Regime é segurado obrigatório em relação a essa atividade, ficando sujeito às contribuições previdenciárias para fins de custeio da Seguridade Social, mesmo sem poder gozar de nova aposentadoria neste regime previdenciário.

Essa regra é constitucional de acordo com o posicionamento do STF:

"**RE 447923 AgR-segundo/RS** – RIO GRANDE DO SUL SEGUNDO AG.REG. NO RECURSO EXTRAORDINÁRIO Relator(a): Min. CELSO DE MELLO Julgamento: 26/05/2017 Órgão Julgador: Segunda Turma. E M E N T A: RECURSO EXTRAORDINÁRIO – **EXIGIBILIDADE DA CONTRIBUIÇÃO PREVIDENCIÁRIA DO TRABALHADOR APOSENTADO**

34. REsp 712.185, de 01.09.2009.
35. Artigo 17, da Instrução Normativa RFB 971/2009.

QUE RETORNA À ATIVIDADE (LEI Nº 8.212/91, ART. 12, § 4º, NA REDAÇÃO DADA PELA LEI Nº 9.032/95) – CONSTITUCIONALIDADE – DECISÃO QUE SE AJUSTA À JURISPRUDÊNCIA PREVALECENTE NO SUPREMO TRIBUNAL FEDERAL – CONSEQUENTE INVIABILIDADE DO RECURSO QUE A IMPUGNA – SUBSISTÊNCIA DOS FUNDAMENTOS QUE DÃO SUPORTE À DECISÃO RECORRIDA – AGRAVO INTERNO IMPROVIDO".

STF – Tese em repercussão geral: É constitucional a contribuição previdenciária devida por aposentado pelo Regime Geral de Previdência Social (RGPS) que permaneça em atividade ou a essa retorne (ARE) 1224327/2019.

8.1. Empregado, trabalhador avulso e empregado doméstico

Na forma do quanto previsto no artigo 20, da Lei 8.212/91, a contribuição previdenciária desses segurados tinha *alíquotas progressivas*, que variavam em faixas de acordo com o salário de contribuição, *de forma não cumulativa*, conforme a seguinte tabela com valores atualizados para o ano de **2020**:

Salário-de-contribuição (R$)	Alíquota para fins de recolhimento ao INSS Até FEVEREIRO/2020
até 1.830,29	**8%**
de 1.830,30 até 3.050,52	**9%**
de 3.050,53 até 6.101,06	**11%**

Sucede que o artigo 28 da Emenda 103/2019 modificou a sistemática de contribuição previdenciária dos segurados empregados, trabalhadores avulsos e empregados domésticos, de modo que **o artigo 20 da Lei 8.212/91 não foi recebido pela Reforma Constitucional.**

Dessa forma, respeitado o Princípio da Anterioridade Nonagesimal nas situações em que houver elevação da carga tributária (para os maiores salários de contribuição), restaram abandonadas as alíquotas lineares de 8%, 9% e 11% do salário de contribuição, limitadas ao teto do RGPS.

O cálculo do valor das contribuições previdenciárias desses segurados deverá ser feito em faixas (valores 2020):

Salário-de-contribuição (R$)	Alíquota para fins de recolhimento ao INSS A PARTIR DE MARÇO/2020
até 1.045,00	7,5%
de 1.045,01 até 2.089,60	9%
de 2.089,61 até 3.134,40	12%
de 3.134,41 até 6.101,06	14%

Dessa forma, o segurado empregado, trabalhador avulso ou empregado doméstico que possui salário de contribuição de **1 salário mínimo** teve **redução de 0,5% na alíquota**, caindo de 8% para 7,5% desde maço de 2020.

Já o segurado que recolhe sobre teto do salário de contribuição teve aumento de contribuição previdenciária comparando o cenário anterior com o atual desde a competência março de 2020.

A vigência do artigo 28 da EC 103/2019 foi fixada em **1/3/2020** pelo artigo 36 da Emenda Constitucional 103/2019.

Os valores das faixas serão reajustados anualmente pelo INPC, nos termos do artigo 41-A da Lei 8.213/91, respeitada a faixa mínima de um salário mínimo.

A previsão normativa das alíquotas não cumulativas era injusta e desproporcional. Significava que se o segurado mudasse para a faixa de 8% para 9 ou 11% era aplicada a alíquota maior pelo total do salário de contribuição, e não apenas sobre o que exceder a faixa anterior. Deveria o artigo 20 da Lei 8.212/91 ter adotado o sistema de faixas. Agora não mais vigora após a EC 103/2019.

Nestes casos (segurado empregado, trabalhador avulso e empregado doméstico), **a responsabilidade tributária pelo recolhimento da contribuição previdenciária não será dos segurados e sim das empresas, empregadores e equiparados**, que deverão perpetrar os descontos e repassar à Secretaria da Receita Federal do Brasil as respectivas quantias, sendo uma hipótese de *substituição tributária originária*, na forma do artigo 30, incisos I e V, da Lei 8.212/91.

Excepcionalmente, durante o período de licença-maternidade da segurada empregada e da empregada doméstica, caberá ao empregador apenas recolher a parcela da contribuição a seu cargo, pois será a segurada a responsável pelo recolhimento de sua cota[36].

No entanto, no que concerne à segurada empregada, este dispositivo perdeu parcialmente a sua aplicabilidade desde o advento da Lei 10.710/2003, pois desde então a empresa passou a ser responsável pelo pagamento do salário-maternidade da sua empregada gestante, sendo a responsável tributária pelo desconto da contribuição previdenciária sobre o salário-maternidade e repassá-lo à Previdência Social, a exceção dos casos em que o INSS deverá pagar diretamente o benefício à empregada (empregada de microempreendedor individual, adoção de criança e salário-maternidade derivado).

IMPORTANTE:

Em sede de Repercussão Geral, em 4 de agosto de 2020, no RE 576.967, **o STF declarou inconstitucional a incidência de contribuição previdenciária sobre o salário-maternidade**, não tendo havido modulação da eficácia da pronúncia de inconstitucionalidade, sendo possível a apresentação de embargos de declaração pela União.

Restou fixada a seguinte tese: **"É inconstitucional a incidência da contribuição previdenciária a cargo do empregador sobre o salário-maternidade":**

"69. Diante do exposto, considerando os argumentos formal e material, dou provimento ao recurso extraordinário, para declarar, incidentalmente, a **inconstitucionalidade da incidência de contribuição previdenciária sobre o salário maternidade, prevista no art. 28, § 2º, da Lei nº 8.212/91, e a parte final do seu § 9º, alínea a**, em que se lê " salvo o salário-maternidade" , e proponho a fixação da seguinte tese: " É inconstitucional a incidência da contribuição previdenciária a cargo do empregador sobre o salário maternidade".

A tese de aplica tanto à parte da empresa quanto à parte do segurado, conforme se depreende do voto vencedor acima transcrito, em que pese o fechamento tenha sido restritivo.

36. Artigo 216, "c", VIII e XIII, do RPS.

Existia uma regra especial para o trabalhador rural, contratado para o exercício de atividades de natureza temporária para produtor rural pessoa física, enquadrado como empregado, pois existe um vínculo de emprego temporário. De acordo com o artigo 14-A, da Lei 5.889/73, alterada pela Lei 11.718/08, "a contribuição do segurado trabalhador rural contratado para prestar serviço na forma deste artigo é de 8% (oito por cento) sobre o respectivo salário-de-contribuição". No entanto, este dispositivo não foi recepcionado pelo artigo 28 da EC 103/2019.

Com relação ao **segurado empregado** e ao **trabalhador avulso**, haverá *presunção absoluta de desconto* das suas contribuições previdenciárias pelo empregador, empresa ou equiparado, que deverá responder exclusivamente pelo pagamento, caso não tenha retido os valores ou não os repassados à União, na forma do artigo 33, § 5º, da Lei 8.212/91:

> "§ 5º. **O desconto de contribuição e de consignação legalmente autorizadas sempre se presume feito oportuna e regularmente pela empresa a isso obrigada**, não lhe sendo lícito alegar omissão para se eximir do recolhimento, ficando diretamente responsável pela importância que deixou de receber ou arrecadou em desacordo com o disposto nesta Lei" (g.n.).

Destarte, os segurados empregados e os trabalhadores avulsos não sofrerão prejuízo na concessão dos benefícios previdenciários nem poderão ser posteriormente cobrados pela União, caso a empresa não repasse ao Fisco as contribuições previdenciárias dos referidos trabalhadores, mesmo que não tenham sido descontadas, **bastando aos segurados comprovar o vínculo laboral e o valor da remuneração percebida**.

Nesse caminho, prevê a Súmula 18, do Conselho de Recursos da Previdência Social, que "não se indefere benefício sob fundamento de falta de recolhimento de contribuição previdenciária quando esta obrigação for devida pelo empregador".

Nos termos do artigo 35, da Lei 8.213/91 (antiga redação, anterior ao advento da LC 150/2015), ao segurado empregado e ao trabalhador avulso que tenham cumprido todas as condições para a concessão do benefício pleiteado, mas não possam comprovar o valor dos seus salários de contribuição no período básico de cálculo, será concedido o benefício de valor mínimo, devendo esta renda ser recalculada, quando da apresentação de prova dos salários-de-contribuição.

O mesmo não ocorria com os empregados domésticos, que eram discriminados pela legislação previdenciária, pois não gozavam da mencionada presunção absoluta de recolhimento das suas contribuições previdenciárias, apesar de ser de responsabilidade dos empregadores domésticos.

Para compensar essa situação, por força do artigo 36, da Lei 8.213/91, se satisfeitas as condições para a concessão do benefício, caso não comprovado o recolhimento das contribuições previdenciárias pelo empregador doméstico, será concedido o benefício previdenciário no valor mínimo, o que poderá prejudicar os empregados domésticos que poderiam fazer jus a um benefício acima desse valor.

Neste ponto, o § 5º, do artigo 216, do RPS[37], entrava em choque com o artigo 36, da Lei 8.213/91, porquanto previu em favor do empregado doméstico a referida presunção de recolhimento, sendo razoável, apesar de desprovido de fundamento de validade.

37. § 5º **O desconto da contribuição e da consignação legalmente determinado sempre se presumirá feito, oportuna e regularmente**, pela empresa, **pelo empregador doméstico**, pelo adquirente, consignatário e cooperativa a isso obrigados, não lhes sendo lícito alegarem qualquer omissão para se eximirem do recolhimento, ficando os

No entanto, com o advento da Lei Complementar 150/2015, entende-se que os empregados domésticos passaram a gozar de presunção de recolhimento da sua contribuição previdenciária, mesmo nos casos de salário de contribuição acima de um salário mínimo.

Isso porque o artigo 35, da Lei 8.213/91, foi modificado, passando a prever que "o segurado empregado, **inclusive o doméstico**, e ao trabalhador avulso que tenham cumprido todas as condições para a concessão do benefício pleiteado, mas não possam comprovar o valor de seus salários de contribuição no período básico de cálculo, será concedido o benefício de valor mínimo, **devendo esta renda ser recalculada quando da apresentação de prova dos salários de contribuição**".

Ademais, a modificação promovida no artigo 34 da Lei 8.213/91 pela LC 150/2015 deixou ainda mais nítida a novidade, pontificando que no cálculo do valor da renda mensal do benefício, inclusive o decorrente de acidente do trabalho, serão computados para o segurado empregado, **inclusive o doméstico**, e o trabalhador avulso, os salários de contribuição referentes aos meses de contribuições devidas, **ainda que não recolhidas** pela empresa ou **pelo empregador doméstico**, sem prejuízo da respectiva cobrança e da aplicação das penalidades cabíveis.

Logo, se o empregado doméstico demonstrar que possuía salários de contribuição de R$ 1.500,00, mas o seu empregador nunca recolheu a contribuição, após a LC 150/2015 deverá o INSS considerar os salários de contribuição de R$ 1.500,00 no cálculo do salário de benefício, e não mais conceder o benefício mínimo, tendo havido **revogação tácita do artigo 36 da Lei 8.213/91**.

A Lei Complementar 150 entrou em vigor no dia 2 de junho de 2015, data da sua publicação. Entende-se ser constitucional sustentar que a presunção de recolhimento das contribuições previdenciárias em favor do empregado doméstico deve ser retroativa, alcançando as competências anteriores a junho de 2015.

Isso porque mesmo antes da LC 150/2015 a responsabilidade tributária de recolher a contribuição do empregado doméstico já era do patrão doméstico, tendo apenas sido corrigida uma inconstitucionalidade por omissão injustificável que discriminava negativamente o empregado doméstico.

No caso dos *empregados e avulsos*, as empresas deverão fazer o recolhimento até o *dia 20* ao do mês subsequente ao da competência ou, se não for dia útil bancário, no imediatamente anterior, conforme inovação da Lei 11.933/2009[38], ao passo que o *empregador doméstico* terá até o *dia 15* do mês seguinte ao da competência para recolher a contribuição descontada do empregado doméstico, ou o dia útil imediatamente posterior.

No entanto, o prazo para recolhimento da contribuição previdenciária do empregador doméstico foi antecipado para o dia 7 (sete) pela LC 150/2015, que será **antecipado** se no dia 7 não for um dia útil, nos termos da Portaria Interministerial 822, de 30 de setembro de 2015[39], que disciplina o regime unificado de pagamento de tributos, de contribuições e dos demais encargos do empregador doméstico (Simples Doméstico).

---

mesmos diretamente responsáveis pelas importâncias que deixarem de descontar ou tiverem descontado em desacordo com este Regulamento (g.n.).

38. Nova redação do artigo 30, inciso I, da Lei 8.212/91.

39. Art. 6º. Antecipam-se os prazos de recolhimentos de tributos e depósitos para o dia útil imediatamente anterior quando não houver expediente bancário nas datas de vencimentos.

Também nesse sentido a Lei 13.202/2015 alterou o artigo 30 da Lei 8.212/91, prevendo que quando no dia 7 não houver expediente bancário, a data do pagamento será antecipada para o primeiro dia útil anterior.

Isso porque pontifica o artigo 34 da LC 150/2015 que o Simples Doméstico assegurará o recolhimento mensal, mediante documento único de arrecadação, dos seguintes valores:

> **I – 8% (oito por cento) a 11% (onze por cento) de contribuição previdenciária, a cargo do segurado empregado doméstico, nos termos do art. 20 da Lei nº 8.212, de 24 de julho de 1991;**
>
> II – 8% (oito por cento) de contribuição patronal previdenciária para a seguridade social, a cargo do empregador doméstico, nos termos do art. 24 da Lei no 8.212, de 24 de julho de 1991;
>
> III – 0,8% (oito décimos por cento) de contribuição social para financiamento do seguro contra acidentes do trabalho;
>
> IV – 8% (oito por cento) de recolhimento para o FGTS;
>
> V – 3,2% (três inteiros e dois décimos por cento), na forma do art. 22 desta Lei; e
>
> VI – imposto sobre a renda retido na fonte de que trata o inciso I do art. 7º da Lei nº 7.713, de 22 de dezembro de 1988, se incidente.

A aplicabilidade do Simples Doméstico se deu a partir da competência Outubro de 2015, com recolhimento até 7 de novembro, que foi antecipado para 6 de novembro de 2015 em razão do dia 7 ser dia não útil[40].

A inscrição do empregador e a entrada única de dados cadastrais e de informações trabalhistas, previdenciárias e fiscais no âmbito do Simples Doméstico dar-se-á mediante registro no Sistema de Escrituração Digital das Obrigações Fiscais, Previdenciárias e Trabalhistas – eSocial, instituído pelo Decreto 8.373, de 11 de dezembro de 2014.

Note-se que não foi modificado o regime de contribuição previdenciária do empregado doméstico nas alíquotas, tendo sido mantido o artigo 20, da Lei 8.212/91. A mudança se deu em relação ao empregador doméstico, conforme visto em tópico subsequente.

Por força da Lei 13.202, de 4/12/2015, foi expressamente revogado o § 6º do artigo 30 da Lei 8.212/91, que autorizava o *empregador doméstico* a recolher a contribuição do segurado empregado a seu serviço e a parcela a seu cargo relativas à *competência novembro até o **dia 20 de dezembro***, juntamente com a contribuição referente à gratificação natalina – décimo terceiro salário – utilizando-se de um único documento de arrecadação. Esta exceção havia sido mantida pela Portaria Interministerial 822, de 30 de setembro de 2015 (art. 4º), mas diante da revogação da Lei 13.202/2015, **foi eliminada.**

8.2. Contribuinte individual e segurado facultativo

No caso destes segurados, **em regra, a alíquota da contribuição previdenciária foi fixada em 20% sobre o salário de contribuição, cabendo ao próprio segurado promover diretamente o recolhimento tempestivo do tributo, sob pena de não se filiar ao RGPS**[41], até o dia 15 ao do mês seguinte ao da competência, ou no dia útil imediatamente posterior.

---

40. Art. 7º O Simples Doméstico passa a vigorar a partir da competência outubro de 2015, com vencimento dia 06 de novembro de 2015.
41. Artigo 21, da Lei 8.212/91.

Excepcionalmente, caso o salário de contribuição seja de um salário mínimo, será possível o recolhimento trimestral das contribuições previdenciárias, com vencimento no dia 15 do mês seguinte ao de cada trimestre civil[42].

O artigo 30, § 4º, da Lei 8.212/91, incluído pela Lei 9.876/99, prevê que o contribuinte individual prestador de serviços à(s) empresa(s) poderá deduzir de sua contribuição mensal 45% da contribuição paga pela empresa, a fim de reduzir a contribuição do segurado para 11% do salário de contribuição, pois neste caso ainda existirá a contribuição previdenciária da pessoa jurídica.

Este dispositivo surgiu para reduzir de 20% para 11% (diminuição de 45%) a alíquota da contribuição previdenciária do contribuinte individual prestador de serviços à pessoa jurídica, vez que, neste caso, a empresa passou a pagar uma contribuição previdenciária de 20% sobre as remunerações dos contribuintes individuais prestadores de serviços, instituída pela mesma Lei 9.876/99, que inseriu o inciso III do artigo 22 da Lei 8.212/91.

Posteriormente, por força do artigo 4º, da Medida Provisória 83/2002, convertida na Lei 10.666/03, a partir da *competência de abril de 2003*, o contribuinte individual prestador de serviços à pessoa jurídica deixou de ser o responsável tributário pelo recolhimento da sua contribuição previdenciária, que passou a ser de responsabilidade da pessoa jurídica tomadora do serviço, à razão de 11% sobre o salário de contribuição, e não mais de 20%, conforme explicitado no artigo 216, § 26, do RPS, dispositivo também aplicável às cooperativas de trabalho.

Nesse caminho, dispõe o artigo 216, § 26, do Regulamento que a alíquota de contribuição a ser descontada pela empresa da remuneração paga, devida ou creditada ao contribuinte individual a seu serviço, observado o limite máximo do salário-de-contribuição, é de onze por cento no caso das empresas em geral e de vinte por cento quando se tratar de entidade beneficente de assistência social isenta das contribuições sociais patronais.

Apenas neste caso o contribuinte individual também gozará da presunção absoluta de recolhimento, tal qual o segurado empregado e o trabalhador avulso, devendo a pessoa jurídica responder exclusivamente pelo pagamento, caso não tenha retido os valores ou não os repassado à União, na forma do artigo 33, § 5º, da Lei 8.212/91.

Veja-se o CRPS:

> JR/CRPS – ENUNCIADO Nº 2 – Alterado: Publicado no DOU de 12.11.2019
>
> **Não se indefere benefício sob fundamento de falta de recolhimento de contribuição previdenciária quando a responsabilidade tributária não competir ao segurado.**
>
> I – Considera-se presumido o recolhimento das contribuições do segurado empregado, inclusive o doméstico, do trabalhador avulso e, a partir da competência abril de 2003, do contribuinte individual prestador de serviço (**A UMA PESSOA JURÍDICA – FALHA DO ENUNCIADO).**
>
> II – Não é absoluto o valor probatório da Carteira de Trabalho e Previdência Social (CTPS), mas é possível formar prova suficiente para fins previdenciários se esta não tiver defeito formal que lhe comprometa a fidedignidade, salvo existência de dúvida devidamente fundamentada.
>
> III – A concessão de benefícios no valor mínimo ao segurado empregado doméstico independe de prova do recolhimento das contribuições, inclusive a primeira sem atraso, desde que atendidos os demais requisitos legais exigidos, exceto para fins de contagem recíproca.

42. Artigo 216, § 15, do RPS.

> IV – O vínculo do segurado como empregado doméstico será computado para fins de carência, ainda que esteja filiado ao Regime Geral de Previdência Social (RGPS) em categoria diversa na Data de Entrada do Requerimento (DER).
>
> V – É permitida a contagem, como tempo de contribuição, do tempo exercido na condição de aluno-aprendiz, exceto para fins de contagem recíproca, referente ao período de aprendizado profissional realizado em escolas técnicas, desde que comprovada a remuneração, mesmo que indireta, à conta do orçamento público e o vínculo empregatício, admitindo-se, como confirmação deste, o trabalho prestado na execução de atividades com vistas a atender encomendas de terceiros.

Estas disposições do artigo 4º, da Lei 10.666/03, não se aplicam ao contribuinte individual, quando contratado por outro contribuinte individual equiparado a empresa, por produtor rural pessoa física, ou ainda por missão diplomática e repartição consular de carreira estrangeiras, e nem ao brasileiro civil que trabalha no exterior para organismo oficial internacional do qual o Brasil é membro efetivo.

Logo, nestes casos, deverá o contribuinte individual continuar a se valer da autorização do artigo 30, § 4º, da Lei 8.212/91, deduzindo de sua contribuição mensal 45% da contribuição paga pelo equiparado a empresa.

Nesse sentido, um médico integrante de uma cooperativa de trabalho terá a sua contribuição previdenciária recolhida pela cooperativa, que funcionará como responsável tributária.

De acordo com o STJ, "é indispensável que se distinga a situação das cooperativas médicas das empresas operacionalizadoras de planos de saúde. Em relação à primeira hipótese – COOPERATIVAS MÉDICAS, verifico que a jurisprudência desta Corte é uníssona no sentido de equipará-las às sociedades comerciais, incidindo a contribuição previdenciária sobre os honorários pagos pela cooperativa aos médicos cooperados. Na segunda hipótese – EMPRESAS OPERACIONALIZADORAS DE PLANOS DE SAÚDE, diferentemente, não é devida a contribuição previdenciária sobre os valores pagos por serviços médico-hospitalares utilizados pelos segurados das referidas empresas, considerando-se não ser possível aplicar-se a elas o art. 1º da LC 84/96, sem vulnerar o disposto nos arts. 110 e 108, § 1º, do CTN. Nesse caso, o pagamento da contribuição previdenciária é ônus do profissional ou da empresa que recebe pela prestação do serviço" (passagem do voto da Ministra Eliana Calmon no julgamento do Recurso Especial 633.134, de 26/08/2008).

Logo, um médico que recebe a sua remuneração diretamente de uma operadora de saúde deverá ele próprio recolher a sua contribuição previdenciária, não existindo responsabilidade tributária de desconto pela operadora.

Este posicionamento foi pacificado no STJ:

> "TRIBUTÁRIO. RECURSO ESPECIAL. CONTRIBUIÇÃO PREVIDENCIÁRIA. OPERADORA DE PLANO DE SAÚDE. VALORES REPASSADOS AOS MÉDICOS CREDENCIADOS. NÃO INCIDÊNCIA. PRECEDENTES DE AMBAS AS TURMAS DA PRIMEIRA SEÇÃO. COMPENSAÇÃO. LIMITE. RECURSO ESPECIAL CONHECIDO E PARCIALMENTE PROVIDO.
>
> **1. Segundo entendimento do Superior Tribunal de Justiça, não incide contribuição previdenciária sobre os valores repassados aos médicos pelas operadoras de plano de saúde"** (AgRg no AREsp 176.420/MG, Rel. Min. NAPOLEÃO NUNES MAIA FILHO, Primeira Turma, DJe 22/11/2012).

2. "Os limites à compensação tributária (introduzidos pelas Leis 9.032/95 e 9.129/92, que, sucessivamente, alteraram o disposto no artigo 89, § 3º, da Lei 8.212/91) são de observância obrigatória, mercê da inexistência de declaração de inconstitucionalidade (em sede de controle difuso ou concentrado) dos aludidos diplomas normativos" (EREsp 919.373/SP, Rel. Min. LUIZ FUX, Primeira Seção, DJ de 26/04/11).

3. Recurso especial conhecido e parcialmente provido para restabelecer a sentença" (STJ, REsp 987342, de 14/05/2013).

Com base no discutível artigo 5º, da Lei 10.666/03, caso o contribuinte individual contratado por pessoa jurídica obrigada a proceder à arrecadação e ao recolhimento da contribuição por ele devida, cuja remuneração recebida ou creditada no mês, por serviços prestados a ela, for inferior ao limite mínimo do salário de contribuição, é obrigado a complementar sua contribuição mensal, diretamente, à razão de 20% sobre o valor resultante da subtração do valor das remunerações recebidas das pessoas jurídicas do valor mínimo do salário de contribuição mensal[43].

Se o contribuinte individual prestar serviços a entidade beneficente de assistência social, a alíquota de retenção será de 20%, e não de 11%, ante a inexistência de cota patronal pela incidência da imunidade, na esteia do previsto no artigo 216, § 26, do RPS, incluído pelo Decreto 4.729/03, dispositivo de duvidosa validade, pois um mero ato regulamentar acabou transferindo o ônus da imunidade ao contribuinte individual.

Na hipótese de o contribuinte individual prestar serviços a mais de uma pessoa jurídica e, uma vez somadas, as remunerações extrapolarem o teto do salário de contribuição, poderá o segurado escolher uma empresa para que esta faça a retenção e se responsabilize pessoalmente pelo recolhimento da quantia faltante, na forma do artigo 216, § 29, do RPS, conquanto inexista previsão legal em sentido estrito.

Uma importante inovação foi promovida pela **Lei Complementar 123/2006**, em regulamentação aos §§ 12 e 13, do artigo 201, da Constituição Federal, insertos pela Emenda 47/2005, que tratam da *inclusão previdenciária dos trabalhadores de baixa renda.*

Com efeito, a contribuição previdenciária do contribuinte individual que trabalhe por conta própria sem relação de trabalho com empresa e equiparado, bem como do segurado facultativo, poderá ser de 11% sobre o salário mínimo, ao invés do tradicional desconto de 20%, mas esses segurados não terão direito à aposentadoria por tempo de contribuição, só podendo se aposentar por idade ou invalidez.

Nesta hipótese, caso queira se aposentar por tempo de contribuição posteriormente, ou levar o tempo de contribuição para algum Regime Próprio de Previdência Social (contagem recíproca), o contribuinte individual e o segurado facultativo deverão fazer o recolhimento retroativo dos 9% faltantes para integralizar os 20% sobre o salário de contribuição, com a incidência dos juros legais, sendo exigível o complemento a qualquer tempo (imprescritível), sob pena de indeferimento do benefício[44].

43. Artigo 216, § 27, do RPS.

44. Artigo 21, §§ 3º e 4º, da Lei 8.212/91.

No entanto, o artigo 21, da Lei 8.212/91, foi alterado pela Medida Provisória 529/2011, que veio facilitar a inclusão previdenciária do microempreendedor individual, pois a sua contribuição previdenciária simplificada passou a ser de apenas 5% sobre o salário mínimo, e não mais de 11%, sem direito à aposentadoria por tempo de contribuição.

Nos termos do artigo 18-A, da Lei Complementar 123/2006, alterado pela LC 155/2016, será contribuinte individual o **Microempreendedor Individual – MEI**, assim considerado o empresário individual a que se refere o artigo 966 do Código Civil[45], ou o empreendedor que exerça as atividades de industrialização, comercialização e prestação de serviços no âmbito rural, que tenha auferido receita bruta, no ano-calendário anterior, de até **R$ 81.000,00**, que seja optante pelo Simples Nacional e que não esteja impedido de optar pelo Simples Nacional.

No caso do **MEI**, o prazo para o recolhimento da sua contribuição previdenciária será o **dia 20** do mês seguinte à respectiva competência, ou o primeiro dia útil **posterior**, se no dia 20 não houver expediente bancário.

É que o artigo 18-C, § 3º, inciso II, da Lei Complementar 123/2006, prevê que o CGSN – Comitê Gestor do Simples Nacional poderá determinar, com relação ao MEI, a forma, a periodicidade e o prazo do recolhimento da sua contribuição previdenciária na condição de contribuinte individual.

Nesse sentido, de acordo com o artigo 18, da Resolução CGSN 51/2008, alterada pela Resolução CGSN 56/2009, o prazo para o recolhimento da contribuição previdenciária do MEI passou para o dia 20, sendo prorrogado para o primeiro dia útil seguinte se não for dia útil. **No mesmo sentido, o artigo 38[46], da Resolução CGSN 94/2011.**

Com a conversão da MP 529/2011 na Lei 12.470, de 31/08/2011, o segurado facultativo sem renda própria que se dedique exclusivamente ao trabalho doméstico no âmbito de sua residência, desde que pertencente a família de baixa renda, também passou a ser beneficiário do regime "simplificadíssimo" de arrecadação de apenas 5% sobre o salário de contribuição no valor de um salário mínimo.

O recolhimento da contribuição previdenciária simplificada de 5% sobre um salário mínimo pelo segurado facultativo de baixa renda exige a inscrição no CADÚNICO para ser válida.

No entanto, por desconhecimento e muitas vezes de boa-fé, os segurados facultativos promovem o recolhimento sem a inscrição no CadÚnico, pois o recolhimento tributário é feito pelo próprio segurado, não sendo exigido pelo sistema a prévia inscrição no CadÚnico.

45. Art. 966. Considera-se empresário quem exerce profissionalmente atividade econômica organizada para a produção ou a circulação de bens ou de serviços.

46. **Art. 38.** Os tributos devidos, apurados na forma desta Resolução, deverão ser pagos **até o dia 20 (vinte)** do mês subsequente àquele em que houver sido auferida a receita bruta. (Lei Complementar nº 123, de 2006, art. 21, inciso III)

§ 1º Na hipótese de a ME ou EPP possuir filiais, o recolhimento dos tributos do Simples Nacional dar-se-á por intermédio da matriz. (Lei Complementar nº 123, de 2006, art. 21, § 1º)

§ 2º O valor não pago até a data do vencimento sujeitar-se-á à incidência de encargos legais na forma prevista na legislação do imposto sobre a renda. (Lei Complementar nº 123, de 2006, art. 21, § 3º)

§ 3º Quando não houver expediente bancário no prazo estabelecido no **caput**, os tributos deverão ser pagos até o **dia útil imediatamente posterior.** (Lei Complementar nº 123, de 2006, art. 21, inciso III)

Outras vezes existe a inscrição no CadÚnico que não foi validada na via administrativa pelo INSS. Ainda não há validação automática, que deve ser implantada com urgência pela autarquia previdenciária por óbvia questão de praticidade.

As validações das contribuições ainda estão sendo feitas de forma pontual, através de mensagem eletrônica à caixa de e-mail destinada a essa finalidade (baixarenda@previdencia.gov.br), conforme prevê o Memorando-Circular Conjunto nº 04 CGAIS/CGRD/DIRBEN/INSS, de 19 de dezembro de 2011.

Anteriormente, o INSS somente procedia à validação quando do requerimento do benefício, posicionamento absurdo, pois desprovido de segurança jurídica, sendo direito do segurado ter um posicionamento prévio para poder continuar contribuindo.

Felizmente, com o advento do Memorando-Circular Conjunto nº 43 /DIRBEN/DIRAT/INSS, de 22/11/2017, a autarquia passou a admitir a validação a qualquer momento quando solicitada pelo segurado.

Já existem inúmeras demandas judiciais em que o INSS rejeitou a validação dos recolhimentos perpetrados por segurados facultativos à razão de 5% sobre um salário mínimo por inexistência de inscrição no CadÚnico ou então pela percepção de remuneração do segurado no período.

A TNU, tem tese representativa de controvérsia, não concedeu efeitos retroativos à inscrição no CadÚnico, mas apenas prospectivos:

> **EMENTA. DIREITO PREVIDENCIÁRIO. PEDIDO DE UNIFORMIZAÇÃO DE INTERPRETAÇÃO DE LEI FEDERAL. INCIDENTE DE UNIFORMIZAÇÃO JULGADO COMO REPRESENTATIVO DA CONTROVÉRSIA (TEMA 181). SEGURADO FACULTATIVO DE BAIXA RENDA. COMPROVAÇÃO DA CONDIÇÃO DE BAIXA RENDA. INSCRIÇÃO NO CADÚNICO. REDUÇÃO DA ALÍQUOTA DE CONTRIBUIÇÃO PREVIDENCIÁRIA. IMPOSSIBILIDADE DE VALIDAÇÃO DE CONTRIBUIÇÕES VERTIDAS ANTES DA INSCRIÇÃO. INCIDENTE CONHECIDO E NÃO PROVIDO.**
>
> 1. O OBJETO EM DISCUSSÃO CINGE-SE À ANÁLISE DO DIREITO À VALIDAÇÃO DAS CONTRIBUIÇÕES EFETUADAS PELA SEGURADA, NA MODALIDADE FACULTATIVO DE BAIXA RENDA, ANTES DA DATA DO REGISTRO NO CADASTRO ÚNICO DE PROGRAMAS SOCIAIS DO GOVERNO FEDERAL.
>
> 2. O CONTRIBUINTE FACULTATIVO BAIXA RENDA, DESTINATÁRIO DA ALÍQUOTA DE 5%, É AQUELE QUE SE DEDICA AO TRABALHO DOMÉSTICO EM SUA RESIDÊNCIA, PERTENCENTE À FAMÍLIA DE BAIXA RENDA E INSCRITO NO CADASTRO ÚNICO PARA PROGRAMAS SOCIAIS DO GOVERNO FEDERAL – CADÚNICO, CUJA RENDA MENSAL SEJA DE ATÉ 2 (DOIS) SALÁRIOS MÍNIMOS, ART. 21, § 2, II "B", E § 4º, DA LEI Nº 8.212/91.
>
> 3. AS CONDIÇÕES SOCIECONÔMICAS, QUE INTERFEREM NO CUMPRIMENTO DOS REQUISITOS E, DE CONSEQUÊNCIA, NO DIREITO À ALÍQUOTA DIFERENCIADA, PODEM SOFRER ALTERAÇÕES COM O PASSAR DO TEMPO, RAZÃO POR QUE O CADASTRO REPRESENTA UM CRITÉRIO SEGURO PARA SUA AFERIÇÃO, NO MOMENTO EM QUE É FEITO.
>
> 4. DAÍ PORQUE A OBRIGAÇÃO ACESSÓRIA DE INSCREVER-SE PREVIAMENTE NO CADASTRO ÚNICO NÃO PODE SER INTERPRETADA COMO UMA MERA EXIGÊNCIA DE ORDEM BUROCRÁTICA. E MAIS, NÃO PODE OPERAR EFEITOS RETROATIVOS.
>
> **5. FIXADA TESE JURÍDICA REPRESENTATIVA DA CONTROVÉRSIA (TEMA 181): "A PRÉVIA INSCRIÇÃO NO CADASTRO ÚNICO, PARA PROGRAMAS SOCIAIS DO GOVERNO FEDERAL – CADÚNICO, É REQUISITO ESSENCIAL PARA VALIDAÇÃO**

DAS CONTRIBUIÇÕES PREVIDENCIÁRIAS VERTIDAS NA ALÍQUOTA DE 5% (ART. 21, § 2º, INCISO II, ALÍNEA "B", E § 4º, DA LEI 8.212/91), E OS EFEITOS DESSA INSCRIÇÃO NÃO ALCANÇAM AS CONTRIBUIÇÕES FEITAS ANTERIORMENTE".

A Turma Nacional de Uniformização, por maioria, decidiu CONHECER E NEGAR PROVIMENTO ao incidente de uniformização, nos termos do voto do Juiz Federal Erivaldo dos Santos. Incidente de Uniformização julgado como representativo da controvérsia, conforme art. 17, VII, do RITNU (Tema 181).

Brasília, 21 de novembro de 2018.

O que a TNU não decidiu é se o INSS deve ou não facultar ao segurado (especialmente de boa-fé) a complementação da alíquota de 5% para 11% com efeitos retroativos, o que pode ser a diferença entre conceder ou negar um benefício por incapacidade ou mesmo uma pensão por morte quando o risco social (incapacidade ou morte) se operou durante o pagamento da contribuição de 5% do salário-mínimo sem que o segurado facultativo possuísse inscrição no CadÚnico.

É considerada como baixa renda, neste caso, a família inscrita no Cadastro Único para Programas Sociais do Governo Federal (CadÚnico), cuja renda mensal seja de até 02 salários mínimos.

8.3. Segurado especial

A contribuição do segurado especial é diferenciada por força do artigo 195, § 8º, da Constituição Federal, que determina que "o produtor, o parceiro, o meeiro e o arrendatário rurais e o pescador artesanal, bem como os respectivos cônjuges, que exerçam suas atividades em regime de economia familiar, sem empregados permanentes, **contribuirão para a seguridade social mediante a aplicação de uma alíquota sobre o resultado da comercialização da produção** e farão jus aos benefícios nos termos da lei".

De efeito, a matéria foi regulamentada pelo artigo 25, da Lei 8.212/91, que **determinava** que a contribuição previdenciária do segurado especial tinha a alíquota total de **2,1% sobre a receita proveniente da comercialização de sua produção**, sendo 2,0% de contribuição básica e 0,1% para o custeio dos benefícios decorrentes dos acidentes de trabalho.

No entanto, coube à Lei 13.606/2018 reduzir a alíquota da contribuição previdenciária do segurado especial, inserindo a seguinte redação ao artigo 25 da Lei 8.212/91:

> I – 1,2% (um inteiro e dois décimos por cento) da receita bruta proveniente da comercialização da sua produção (*redação dada pela Lei 13.606/2018*);
>
> II – 0,1% da receita bruta proveniente da comercialização da sua produção para financiamento das prestações por acidente do trabalho.

Assim, a alíquota total da contribuição previdenciária do segurado especial (básica + SAT) foi reduzida de 2,1% para 1,3% da produção rural comercializada.

Ou seja, em regra, **os segurados especiais não contribuem com base no salário de contribuição e sim sobre a receita proveniente da comercialização de sua produção**. Há ainda uma contribuição social geral de 0,2% para o SENAR – Serviço Nacional de Aprendizagem Rural (entidade do terceiro setor, integrante do Sistema "S"), mas não se trata de contribuição previdenciária.

Em regra, não caberá ao segurado especial a responsabilidade pelo recolhimento da sua contribuição previdenciária, e sim ao adquirente da produção, salvo se comercializada no exterior, diretamente no varejo a pessoa física, a produtor rural pessoa física ou a outro segurado especial, até o dia 20 do mês subsequente ao da competência ou no dia útil imediatamente anterior se não houver expediente bancário.

Outrossim, será o segurado especial responsável pelo recolhimento da contribuição previdenciária incidente sobre a receita bruta da comercialização dos artigos de artesanato elaborados com matéria-prima produzida pelo respectivo grupo familiar, de atividade artística, bem como de serviços prestados, de equipamentos utilizados e de produtos comercializados no imóvel rural, desde que em atividades turística e de entretenimento desenvolvidas no próprio imóvel, inclusive hospedagem, alimentação, recepção, recreação e atividades pedagógicas, bem como taxa de visitação e serviços especiais.

Quando, no ano, o grupo familiar do segurado especial não tiver obtido renda decorrente da comercialização dos seus produtos e serviços, deverá proceder à comunicação à Previdência Social.

Com efeito, além da contribuição acima referida, **o segurado especial terá a faculdade de contribuir como contribuinte individual sem perder o seu enquadramento**, na forma do artigo 25, § 1º, da Lei 8.212/91[47], caso queira usufruir de um benefício com valor acima de um salário mínimo ou ter direito à aposentadoria por tempo de contribuição.

Conforme facultado pela Lei 11.718/2008, se o segurado especial contratar trabalhadores até 120 dias pessoas/dia no ano civil, será obrigado a recolher as contribuições previdenciárias dessas pessoas até o dia 20 do mês subsequente ao da competência. Após a Lei 12.873/2013 (art. 32-C, § 3º, da Lei 8.212/91), o prazo passou para o dia 7.

No mais, **se o segurado especial laborar por até 120 dias por ano**, conforme facultado pela Lei 11.718/2008, ou exercer mandato de vereador, **esta atividade não provocará a alteração da sua qualidade de segurado especial, mas deverão ser vertidas as contribuições como se estivesse enquadrado em outra categoria**, na forma do § 13, do artigo 12, da Lei 8.212/91.

9. CONTRIBUIÇÕES PREVIDENCIÁRIAS DA EMPRESA E DO EQUIPARADO A EMPRESA

Inicialmente, deverão ser analisados os conceitos legais de empresa e de equiparado a empresa para fins previdenciários, contemplados no artigo 15, da Lei 8.212/91.

Considera-se **empresa** a firma individual ou sociedade que assume o risco de atividade econômica urbana ou rural, com fins lucrativos ou não, bem como os órgãos e entidades da administração pública direta, indireta e fundacional.

Com propriedade, se cuida de definição bastante abrangente, pois abarca as pessoas jurídicas com ou sem finalidades lucrativas, a firma individual ou mesmo os entes da Administração Pública Direta e Indireta, a exemplo dos municípios que não instituíram RPPS em favor dos seus servidores públicos efetivos e das empresas estatais.

47. § 1º O segurado especial de que trata este artigo, além da contribuição obrigatória referida no caput, poderá contribuir, facultativamente, na forma do art. 21 desta Lei.

Ademais, **equipara-se a empresa** o contribuinte individual em relação a segurado que lhe presta serviço, bem como a cooperativa, *a associação ou entidade de qualquer natureza ou finalidade*, a missão diplomática e a repartição consular de carreira estrangeiras.

Ou seja, mesmo os contribuintes individuais, se contratarem a prestação de serviços de outro segurado, serão tratados pela legislação previdenciária como equiparados à empresa, a exemplo do dentista que trabalha por conta própria e emprega uma atendente.

Outrossim, equipara-se a empresa para fins previdenciários a pessoa física na condição de proprietário ou dono de obra de construção civil, em relação a segurado que lhe presta serviço. Esta previsão já constava do Decreto 3.048/99 (art. 12, parágrafo único, IV) e foi inserida no artigo 15, parágrafo único, da Lei 8.212/91 pela Lei 13.202, de 8/12/2015.

Sequer escaparam as missões diplomáticas e as repartições consulares, que deverão arcar com o pagamento das contribuições previdenciárias que forem devidas, não gozando de qualquer imunidade ou isenção.

Também são equiparados a empresa, dentro da categoria de entidade de qualquer natureza ou finalidade, o operador portuário, o órgão gestor de mão de obra e o proprietário do imóvel, o incorporador ou o dono de obra de construção civil, quando pessoa física, em relação a segurado que lhe presta serviços[48].

Essa contribuição previdenciária é *incidente sobre a folha de salários, e demais rendimentos do trabalho* ***pagos ou creditados****, a qualquer título, à pessoa física que lhe preste serviço, mesmo sem vínculo empregatício*, na forma da previsão do artigo 195, I, "a", da CRFB.

O **aspecto material do fato gerador** é realizado pelo **crédito jurídico** decorrente do labor dos prestadores de serviço, com ou sem vínculo empregatício, *e não o crédito contábil*, pois independe do efetivo pagamento das verbas.

Incluem-se na base de cálculo da contribuição previdenciária da empresa e equiparada as parcelas remuneratórias do trabalho, excluindo-se as de cunho indenizatório, a exemplo das listadas no § 9º, do artigo 28, da Lei 8.212/91.

Por sua vez, **não se considera como remuneração direta ou indireta, os valores despendidos pelas entidades religiosas e instituições de ensino vocacional com ministro de confissão religiosa, membros de instituto de vida consagrada, de congregação ou de ordem religiosa em face do seu mister religioso ou para sua subsistência** *desde que fornecidos em condições que independam da natureza e da quantidade do trabalho executado*[49].

Assim, por exemplo, a quantia paga por uma entidade religiosa a um pastor não será considerada remuneração e, por conseguinte, não incidirá a contribuição previdenciária patronal sobre essa quantia.

Contudo, se a quantia puder sofrer variação de acordo com a natureza e quantidade de trabalho, é possível que seja considerada como remuneração, a exemplo da igreja que vincule essa quantia proporcionalmente ao montante total dos dízimos arrecadados no mês.

Essa disposição que veio beneficiar as entidades religiosas foi inserida pela Lei 10.170/2000 (§ 13). Existia uma disposição similar no § 12[50] para beneficiar os ministros de confissão religiosa,

48. Artigo 3º, § 4º, incisos V e VI, da Instrução Normativa RFB 971/2009.
49. Artigo 22, § 13, da Lei 8.212/91.
50. § 12 (VETADO) – Para os fins desta Lei, não se considera como prestação se serviço e nem constitui vínculo empregatício o trabalho religioso de ministro de confissão religiosa, membros de instituto de vida consagrada, de congregação ou de ordem religiosa e não se considera como remuneração os valores recebidos em razão dos serviços religiosos que prestar a fiel ou comunidade de fiéis da instituição que o congrega.

membros de instituto de vida consagrada, de congregação ou de ordem religiosa, mas que foi vetada pelo Presidente da República.

O fundamento do veto foi à imediata exclusão que ocorreria dos padres, pastores e equiparados do rol de segurados obrigatórios contribuintes individuais, ante a ausência de contribuição previdenciária, tendo o ato do Presidente o objetivo de manter a cobertura previdenciária dos mesmos.

Neste ponto o veto foi pertinente. Todavia, deveria ter sido total, abarcando também o § 13. Isso porque a parcela paga aos ministros de confissão religiosa, membros de instituto de vida consagrada, de congregação ou de ordem religiosa é única, não existindo fundamento jurídico para considerá-la como remuneração do ponto de vista dos religiosos e como parcela não remuneratória do lado das igrejas, máxime em um Estado teoricamente laico.

Nesse sentido, de maneira pertinente, a Secretaria da Receita Federal do Brasil considera que, "a partir de 1º de abril de 2003, independentemente da data de filiação, o salário-de-contribuição para o ministro de confissão religiosa ou membro de instituto de vida consagrada, de congregação ou de ordem religiosa, desde que o valor despendido pela entidade religiosa ou pela instituição de ensino vocacional, em face do seu mister religioso ou para a sua subsistência, independa da natureza e da quantidade do trabalho executado, é o valor por ele declarado, observados os limites mínimo e máximo do salário-de-contribuição"[51].

Por força da **Lei 13.137/2015**, os critérios informadores dos valores despendidos pelas entidades religiosas e instituições de ensino vocacional aos ministros de confissão religiosa, membros de vida consagrada, de congregação ou de ordem religiosa não são taxativos e sim exemplificativos. Por sua vez os valores despendidos, ainda que pagos de forma e montante diferenciados, em pecúnia ou a título de ajuda de custo de moradia, transporte, formação educacional, vinculados exclusivamente à atividade religiosa não configuram remuneração direta ou indireta.

Em seguida, ainda adveio um novo parágrafo introduzido pela Lei 14.057/2020 para beneficiar as igrejas retroagindo a aplicação do § 14:

> **"§ 16. Conforme previsto nos arts. 106 e 110 da Lei nº 5.172, de 25 de outubro de 1966 (Código Tributário Nacional), o disposto no § 14 deste artigo aplica-se aos fatos geradores anteriores à data de vigência da Lei nº 13.137, de 19 de junho de 2015, consideradas nulas as autuações emitidas em desrespeito ao previsto no respectivo diploma legal".**

9.1. Incidentes sobre as remunerações dos empregados e avulsos

Conforme previsto no artigo 22, I, da Lei 8.212/91, será de **20% sobre o total das remunerações *pagas* mensalmente**, inclusive as gorjetas (remuneração variável) e as utilidades na forma de ganhos habituais, assim como sobre as ***devidas*** (dívidas) **ou *creditadas*** (adiantamentos) **aos segurados empregados e trabalhadores avulsos** pelos serviços prestados durante o mês.

Note-se que a Lei 8.212/91 foi mais longe do que o artigo 195, I, "a", da CRFB, ao prever não apenas a incidência da contribuição previdenciária patronal sobre as remunerações pagas ou creditadas pelas empresas, **mas também as *devidas*.**

Ou seja, se a empresa não pagar as remunerações mensais ou adiantá-las, mesmo assim incidirá a contribuição previdenciária patronal, pois se realiza a sua hipótese de incidência não só com as parcelas pagas, mas também com as devidas ou creditadas.

51. Artigo 55, § 11, da IN RFB 971/2009.

Por força da Lei 13.189/2015, **irá incidir contribuição previdenciária sobre o valor da compensação pecuniária a ser paga no âmbito do Programa de Proteção ao Emprego (PPE).** Este programa foi redesignado para Programa Seguro-Emprego pela Medida Provisória 761/2016.

Trata-se de compensação pecuniária equivalente a 50% do valor da redução salarial e limitada a 65% do valor máximo da parcela do seguro-desemprego, enquanto perdurar o período de redução temporária da jornada de trabalho, para as empresas que aderiram ao Programa de Proteção ao Emprego, que será custeada pelo Fundo de Amparo ao Trabalhador (FAP). Por força do Princípio da Noventena, esta disposição entrou em vigor a partir de 1º de novembro de 2015.

De seu turno, ao contrário do que ocorre com o salário de contribuição, que limita o valor das contribuições previdenciárias dos segurados do RGPS, **inexiste teto para o pagamento das contribuições previdenciárias devidas pelas empresas e equiparadas.**

No caso de requisição de mão de obra de trabalhadores avulsos em conformidade com as Leis 8.630/93 e 9.719/98, caberá ao operador portuário ou o titular da instalação de uso privativo (responsáveis tributários)[52] repassar a quantia referente à contribuição previdenciária patronal ao órgão gestor de mão de obra até 24 horas após a realização dos serviços, cabendo a este perpetrar a arrecadação dos referidos tributos.

Caso a atividade não esteja abarcada pelas referidas normas, competirá à empresa tomadora ou requisitante dos serviços, a responsabilidade tributária pelo adimplemento dos referidos tributos[53].

Entretanto, a União compensará o Fundo do Regime Geral de Previdência Social no valor correspondente à estimativa de renúncia previdenciária decorrente da desoneração, de forma a não afetar a apuração do resultado financeiro do Regime Geral de Previdência Social.

As *instituições financeiras* deverão ainda pagar um *adicional de 2,5%*, perfazendo um total de 22,5%, em razão do maior lucro e automação do setor, na forma do artigo 22, § 1º, da Lei 8.212/91, discrímen validado pelo STF no julgamento da medida cautelar na ação cível 1.109, de 31.05.2007, com fulcro no artigo 195, § 9º, da CRFB, que admite a progressividade das alíquotas das contribuições para a seguridade social:

> "EMENTA: PROCESSO CIVIL. MEDIDA CAUTELAR. EFEITO SUSPENSIVO A RECURSO EXTRAORDINÁRIO. INSTITUIÇÃO FINANCEIRA. CONTRIBUIÇÃO PREVIDENCIÁRIA SOBRE A FOLHA DE SALÁRIOS. ADICIONAL. § 1º DO ART. 22 DA LEI Nº 8.212/91. **A sobrecarga imposta aos bancos comerciais e às entidades financeiras, no tocante à contribuição previdenciária sobre a folha de salários, não fere, à primeira vista, o princípio da isonomia tributária, ante a expressa previsão constitucional (Emenda de Revisão nº 1/94 e Emenda Constitucional nº 20/98, que inseriu o § 9º no art. 195 do Texto permanente).** Liminar a que se nega referendo. Processo extinto".

O mesmo posicionamento foi confirmado pelo STF em março de 2016:

> Informativo 819 – "**É constitucional a previsão legal de diferenciação de alíquotas em relação às contribuições previdenciárias incidentes sobre a folha de salários de instituições financeiras ou de entidades a elas legalmente equiparáveis, após a edição da EC 20/1998.** Essa a conclusão

52. Artigo 217, do RPS.
53. Artigo 218, do RPS.

do Plenário, que negou provimento a recurso extraordinário em que discutida a constitucionalidade do art. 22, § 1º, da Lei 8.212/1991. O preceito impugnado dispõe sobre a contribuição adicional de 2,5% sobre a folha de salários a ser paga por bancos comerciais, bancos de investimentos, bancos de desenvolvimento, caixas econômicas, sociedades de crédito, financiamento e investimento, sociedades de crédito imobiliário, sociedades corretoras, distribuidoras de títulos e valores mobiliários, empresas de arrendamento mercantil, cooperativas de crédito, empresas de seguros privados e de capitalização, agentes autônomos de seguros privados e de crédito e entidades de previdência privada abertas e fechadas, considerado o período posterior à aludida emenda constitucional. O Colegiado assinalou que a jurisprudência do STF é firme no sentido de que a lei complementar, para instituição de contribuição social, exigida para os tributos não descritos conforme o disposto no § 4º do art. 195 da CF, não se aplica ao caso, pois a contribuição incidente sobre a folha de salários está expressamente prevista na Constituição (art. 195, I). O art. 22, § 1º, da Lei 8.212/1991 não prevê nova contribuição ou fonte de custeio, mas mera diferenciação de alíquotas. É, portanto, formalmente constitucional. Quanto à constitucionalidade material, a redação do dispositivo em questão traduz o princípio da igualdade tributária, consubstanciado nos subprincípios da capacidade contributiva, aplicável a todos os tributos, e da equidade no custeio da seguridade social. Esses princípios destinam-se preponderantemente ao legislador, pois apenas a lei pode criar distinções entre os cidadãos, dentro dos limites constitucionais. Assim, a escolha legislativa em onerar as instituições financeiras e entidades equiparáveis com alíquota diferenciada, para fins de custeio da seguridade social, revela-se compatível com a Constituição, tendo em vista que as ECs 20/1998 e 47/2005 apenas explicitaram o conteúdo do art. 145, § 1º, da CF, ao indicar critérios pelos quais poderiam ser estabelecidas distinções entre contribuintes. Ademais, não compete ao Judiciário substituir-se ao legislador na escolha das atividades que terão alíquotas diferenciadas relativamente à contribuição indicada no art. 195, I, da CF. RE 598572/SP, rel. Min. Edson Fachin, 30.3.2016. (RE-598572)".

No mesmo sentido, o julgamento do RE 599309/SP, rel. Min. Ricardo Lewandowski, julgamento em 6.6.2018.

De acordo com a Súmula 584, do STJ, "as sociedades corretoras de seguros, que não se confundem com as sociedades de valores mobiliários ou com os agentes autônomos de seguro privado, estão fora do rol de entidades constantes do art. 22, § 1º, da Lei n. 8.212/1991, não se sujeitando à majoração da alíquota da Cofins prevista no art. 18 da Lei n. 10.684/2003".

Deverá a empresa promover o recolhimento até o dia 20 do mês subsequente ao da competência respectiva, conforme inovação da Lei 11.933/2009, ou no dia útil imediatamente anterior, se não houver expediente bancário, pois antes o prazo era até o dia 10 (Lei 11.488/2007) ou o dia 02 (Lei 9.063/95) no regime mais antigo.

Com base no inciso II, do artigo 22, da Lei 8.212/91, sobre o total das remunerações pagas, devidas ou creditadas aos segurados empregados e trabalhadores avulsos, ainda incidirá um **adicional de 1%, 2% ou 3% para o custeio da aposentadoria especial e dos benefícios decorrentes de acidente de trabalho**.

Deveras, esses percentuais variarão a depender do nível de risco de acidentes de trabalho cuja atividade da empresa se enquadrar, sendo classificado em leve (1%), médio (2%) ou grave (3%), o que atende ao Princípio na Equidade na Forma de Participação no Custeio, pois o percentual é proporcional à probabilidade de acidentes de trabalho.

Conquanto atualmente não se destine apenas ao custeio do seguro de acidentes de trabalho (SAT), esta exação previdenciária adicional é tradicionalmente conhecida na doutrina como **contribuição SAT.**

Ressalte-se que a Constituição assegura aos trabalhadores um seguro contra acidentes de trabalho, a cargo do empregador[54], atividade que foi aberta à iniciativa privada pela Emenda 20/1998, que inseriu o § 10, no artigo 201, da Constituição Federal, ainda pendente de regulamentação.

O enquadramento do risco será de acordo com a *atividade preponderante da empresa*, assim considerada a que ocupa na empresa o maior número de segurados empregados e trabalhadores avulsos[55], devendo-se verificar os graus de risco constantes do anexo V, do RPS, critério validado pelo STF, ao julgar o RE 343.446, de 20.03.2003, entendendo a Suprema Corte que "o fato de a lei deixar para o regulamento a complementação dos conceitos de 'atividade preponderante' e 'grau de risco leve, médio e grave', não implica ofensa ao princípio da legalidade genérica".

Contudo, o STJ vem decidindo que não deve se adotar o critério da atividade preponderante da empresa como um todo, devendo ser calculada a contribuição SAT em cada estabelecimento da pessoa jurídica (por cada CNPJ), caso possua mais de uma unidade[56]:

> "TRIBUTÁRIO. EMBARGOS DE DIVERGÊNCIA. SEGURO DE ACIDENTE DO TRABALHO – SAT. GRAU DE RISCO. APURAÇÃO EM CADA ESTABELECIMENTO DA EMPRESA IDENTIFICADO PELO SEU CNPJ.
>
> **1. A alíquota da contribuição para o Seguro de Acidente do Trabalho (SAT) deve corresponder ao grau de risco da atividade desenvolvida em cada estabelecimento da empresa, individualizado pelo seu CNPJ (antigo CGC)".**

> Ratificando este entendimento, em 11.06.2008, o STJ aprovou a Súmula 351, que determina que "a alíquota de contribuição para o Seguro de Acidente do Trabalho – SAT é aferida pelo grau de risco desenvolvido em cada empresa, individualizada pelo seu CNPJ, ou pelo grau de risco a atividade preponderante quando houver apenas um registro", utilizando a expressão "empresa" como sinônimo de estabelecimento.

Entretanto, frise-se que a Secretaria da Receita Federal do Brasil mantinha posicionamento contrário ao do Superior Tribunal de Justiça, pois pontificava que "a empresa com mais de 1 (um) estabelecimento e diversas atividades econômicas deverá somar o número de segurados alocados na mesma atividade em todos os estabelecimentos, prevalecendo como preponderante a atividade que ocupa o maior número de segurados empregados e trabalhadores avulsos, considerados todos os estabelecimentos"[57].

Mas, por força da Instrução Normativa RFB nº 1.453, de 24 de fevereiro de 2014, a Receita Federal aderiu ao posicionamento do STJ, aduzindo que "a empresa com mais de 1 (um) estabelecimento e com mais de 1 (uma) atividade econômica deverá apurar a atividade preponderante em cada estabelecimento".

Considera-se preponderante a atividade econômica que ocupa, no estabelecimento, o maior número de segurados empregados e trabalhadores avulsos, observado que na ocorrência de

54. Artigo 7º, inciso XXXVIII.
55. Artigo 202, § 3º, do RPS.
56. EREsp 476.885, de 14.09.2005.
57. Redação anterior do Artigo 72, § 1º, I, "c", da Instrução Normativa RFB 971/2009, com redação dada pela Instrução Normativa RFB 1.080/2010.

mesmo número de segurados empregados e trabalhadores avulsos em atividades econômicas distintas, será considerada como preponderante aquela que corresponder ao maior grau de risco.

> Posteriormente, por força do artigo 10, da Lei 10.666/2003, tornou-se possível que a alíquota de 1%, 2% ou 3% da contribuição SAT sofra redução de até 50% ou majoração de até 100%, em razão do desempenho da empresa em relação à respectiva atividade econômica, apurado em conformidade com os resultados obtidos a partir dos *índices de frequência*[58], *gravidade*[59] *e custo*[60], calculados segundo metodologia aprovada pelo Conselho Nacional de Previdência Social.

A matéria vem regulada pelo *artigo 202-A, do RPS*, com redação alterada pelo Decreto 6.957/2009 e pelo Decreto 10.410/2020, que criou o **FAP – Fator Acidentário de Prevenção,** consistente em multiplicador variável (entre 0,5000 e 2,0000) que procederá à discriminação do desempenho da empresa, dentro da respectiva atividade econômica, a partir da criação de um índice composto pelos índices de gravidade, de frequência e de custo dos valores dos benefícios acidentários.

Logo, o FAP é composto pelos seguintes índices ligados aos custos de concessão de benefícios previdenciários decorrentes de acidentes de trabalho (aposentadoria por incapacidade permanente (antiga invalidez até a EC 103/2019), pensão por morte, auxílio-acidente e auxílio-doença/auxílio por incapacidade temporária):

I. FREQUÊNCIA – os registros de acidentes ou benefícios de natureza acidentária;

II. GRAVIDADE – as hipóteses de auxílio por incapacidade temporária, auxílio-acidente, aposentadoria por incapacidade permanente, pensão por morte e morte de natureza acidentária, aos quais são atribuídos pesos diferentes em razão da gravidade da ocorrência, da seguinte forma: a) pensão por morte e morte de natureza acidentária – peso de cinquenta por cento; b) aposentadoria por incapacidade permanente – peso de trinta por cento; e c) auxílio por incapacidade temporária e auxílio-acidente – peso de dez por cento para cada.

III. CUSTO – os valores dos benefícios de natureza acidentária pagos ou devidos pela previdência social.

Na realidade, o que se busca é estimular as empresas a investirem em prevenção a acidentes de trabalho, através da extrafiscalidade, pois as que apresentarem um maior número de eventos

58. Os registros de acidentes e doenças do trabalho informados ao INSS por meio de Comunicação de Acidente do Trabalho – CAT e de benefícios acidentários estabelecidos por nexos técnicos pela perícia médica do INSS, ainda que sem CAT a eles vinculados.
59. Todos os casos de auxílio-doença, auxílio-acidente, aposentadoria por invalidez e pensão por morte, todos de natureza acidentária, aos quais são atribuídos pesos diferentes em razão da gravidade da ocorrência, como segue: a) pensão por morte: peso de cinquenta por cento; b) aposentadoria por invalidez: peso de trinta por cento; c) auxílio-doença e auxílio-acidente: peso de dez por cento para cada um.
60. Os valores dos benefícios de natureza acidentária pagos ou devidos pela Previdência Social, apurados da seguinte forma: a) nos casos de auxílio-doença, com base no tempo de afastamento do trabalhador, em meses e fração de mês; b) nos casos de morte ou de invalidez, parcial ou total, mediante projeção da expectativa de sobrevida do segurado, na data de início do benefício, a partir da tábua de mortalidade construída pela Fundação Instituto Brasileiro de Geografia e Estatística – IBGE para toda a população brasileira, considerando-se a média nacional única para ambos os sexos.

dessa natureza pagarão um acréscimo à contribuição SAT, sendo também considerada a gravidade do acidente e o custo do pagamento dos benefícios previdenciários.

O Ministério da Economia publicará, anualmente, no Diário Oficial da União, portaria para disponibilizar consulta ao FAP e aos róis dos percentis de frequência, gravidade e custo por subclasse da Classificação Nacional de Atividades Econômicas, produzindo efeitos tributários a partir do primeiro dia do quarto mês subsequente ao de sua divulgação.

Para o cálculo anual do FAP, serão utilizados os dados de janeiro a dezembro de cada ano, até completar o período de dois anos, a partir do qual os dados do ano inicial serão substituídos pelos novos dados anuais incorporados, sendo calculado a partir de 1º de janeiro do ano seguinte àquele ano em que o estabelecimento completar dois anos de sua constituição.

A metodologia aprovada pelo Conselho Nacional de Previdência indicará a sistemática de cálculo e a forma de aplicação de índices e critérios acessórios à composição do índice composto do FAP.

Vale registrar que atualmente compete ao CRPS processar e julgar as contestações e os recursos relativos à atribuição, pelo Ministério da Economia, do FAP aos estabelecimentos das empresas.

A teor do artigo 57, § 6º, da Lei 8.213/91, as alíquotas da contribuição SAT ainda poderão ser acrescidas de 6%, 9% ou 12% (adicional SAT), se o segurado empregado ou trabalhador avulso desenvolver atividade enquadrada como *especial*, que leva a uma aposentadoria diferenciada com apenas 25, 20 ou 15 anos de contribuição, respectivamente.

Logo, se o empregado ou avulso se encontra exposto a agentes físicos, químicos, biológicos ou outros prejudiciais à sua saúde ou integridade física, ele fará jus ao benefício denominado de aposentadoria especial, que exige um menor tempo de contribuição para a aposentação, a depender do enquadramento regulamentar.

A justificativa para o adicional SAT é que o segurado empregado e o trabalhador avulso se aposentarão mais cedo e naturalmente permanecerão recebendo aposentadoria por mais tempo que os demais segurados, o que gerará um maior ônus à previdência social.

Excepcionalmente, caso o empregador seja um microempreendedor individual, que é equiparado à empresa para fins previdenciários, a sua cota previdenciária patronal será de apenas 3% (três por cento) sobre o salário de contribuição do seu empregado, a teor do artigo 18-C, § 1º, III, da Lei Complementar 123/2006, inserido pela Lei Complementar 139/2011. Vale salientar que o MEI apenas poderá ter um único empregado que receba exclusivamente um salário mínimo ou o piso salarial da categoria profissional.

9.2. Incidentes sobre as remunerações dos contribuintes individuais

Esta contribuição previdenciária das empresas será de **20% sobre o total das remunerações pagas ou creditadas a qualquer título, no decorrer do mês, aos segurados contribuintes individuais que lhe prestem serviços**, na forma do artigo 22, inciso III, da Lei 8.212/91, inserido pela Lei 9.876/99, até o dia 20 do mês subsequente ao da competência, ou, se não for dia útil, no imediatamente anterior.

Atualmente, esta previsão legal é válida, pois a Emenda 20/1998 alterou a redação do artigo 195, I, "a", da CRFB, que agora prevê a incidência da contribuição previdenciária patronal sobre todas as remunerações pagas pelas empresas, não mais se limitando aos pagamentos dos trabalhadores com vínculo empregatício.

Por esse motivo, no passado, o STF chegou a pronunciar a inconstitucionalidade do artigo 3º, I, da Lei 7.787/89, que estendeu a contribuição previdenciária das empresas sobre as remunerações pagas aos antigos autônomos, cuja fonte de custeio não contava com previsão constitucional, o que demandaria lei complementar[61], vício que posteriormente foi solucionado com a promulgação da Lei Complementar 84/1996.

Também neste caso as **instituições financeiras** deverão ainda pagar um **adicional de 2,5%**, em razão do maior lucro e automação, com base no artigo 22, § 1º, da Lei 8.212/91.

No caso das **cooperativas de produção**[62], estas deverão recolher uma contribuição adicional de 6%, 9%, ou 12% (adicional SAT) para o custeio da aposentadoria especial de **25, 20 ou 15** anos, respectivamente, caso se trate de atividade enquadrada como especial desenvolvida pelo cooperado (contribuinte individual) e que gere a citada aposentadoria com menos anos de contribuição, como prevê o artigo 1º, § 2º, da Lei 10.666/2003.

Vale salientar que a bolsa de estudos paga ou creditada ao médico-residente participante do programa de residência médica[63] de que trata o artigo 4º, da Lei nº 6.932/81, é considerada remuneração, incidindo a contribuição previdenciária, haja vista o enquadramento do residente como contribuinte individual[64].

Por força do artigo 22, § 15, da Lei 8.212/91, inserido pela Lei 13.202, de 8/11/2015, na contratação de serviços de transporte rodoviário de carga ou de passageiro, de serviços prestados com a utilização de trator, máquina de terraplenagem, colheitadeira e assemelhados, **a base de cálculo da contribuição da empresa corresponde a 20% (vinte por cento) do valor da nota fiscal, fatura ou recibo**, quando esses serviços forem prestados por condutor autônomo de veículo rodoviário, auxiliar de condutor autônomo de veículo rodoviário, bem como por operador de máquinas (esta disposição já era prevista na IN RFB 971/2009, artigo 55, § 2º).

Integra a remuneração da empresa (condomínio), o valor da taxa de condomínio da qual é isento de pagamento o síndico ou o administrador eleito para exercer atividade de administração condominial[65].

Ademais, integra a remuneração da empresa (hospital), para fins do disposto no inciso II do caput, a bolsa de estudos paga ou creditada ao médico-residente ou ao residente em área profissional da saúde, participantes dos programas de que tratam, respectivamente, o art. 4º da

61. RE 177.296, de 15.09.1994.
62. Considera-se cooperativa de produção aquela em que seus associados contribuem com serviços laborativos ou profissionais para a produção em comum de bens, quando a cooperativa detenha por qualquer forma os meios de produção.
63. A Residência Médica constitui modalidade de ensino de pós-graduação, destinada a médicos, sob a forma de cursos de especialização, caracterizada por treinamento em serviço, funcionando sob a responsabilidade de instituições de saúde, universitárias ou não, sob a orientação de profissionais médicos de elevada qualificação ética e profissional.
64. Artigo 201, § 2º, do RPS.
65. Artigo 57, § 3º, da Instrução Normativa RFB 971/2009.

Lei nº 6.932, de 7 de julho de 1981, com a redação dada pela Lei nº 10.405, de 9 de janeiro de 2002, e o art. 13 da Lei nº 11.129, de 30 de junho de 2005[66].

Conforme já estudado, o médico-residente e o síndico de condomínio que perceba remuneração direta ou indireta são considerados segurados obrigatórios do RGPS na condição de contribuintes individuais.

9.3. Incidentes sobre o valor bruto da nota fiscal ou fatura da prestação de serviços das cooperativas de trabalho

Trata-se de contribuição atualmente extinta, que é mantida na obra para fins históricos, conforme será visto.

No caso das **empresas que contratassem trabalhadores cooperados por intermédio de cooperativa de trabalho, a contribuição previdenciária patronal era de 15% sobre o valor bruto da nota fiscal ou fatura de prestação de serviços**, na forma do artigo 22, IV, da Lei 8.212/91, disposição que afastava a regra geral dos 20% sobre o total das remunerações pagas ou creditadas[67].

No entanto, a posição se inverteu em 2014. **É que o Supremo Tribunal Federal, em 23 de abril, no julgamento do RE 595.838, pronunciou a inconstitucionalidade do inciso IV do artigo 22 da Lei 8.212/91**, com base em quatro fundamentos:

- Desconsideração inconstitucional da personalidade jurídica das cooperativas de trabalho, que deveriam ser as responsáveis tributárias pelo recolhimento da contribuição, e não o terceiro (tomador de serviços);
- Ausência de lei complementar, pois a base de cálculo desta contribuição não é prevista no artigo 195, da Constituição Federal;
- Afronta ao Princípio da Capacidade Contributiva, vez que os pagamentos efetuados por terceiros às cooperativas de trabalho, em face de serviços prestados por seus associados, não se confundiriam com os valores efetivamente pagos ou creditados aos cooperados;
- Ocorrência de *bis in idem* na tributação do faturamento da cooperativa de trabalho.

Por sua vez, a cooperativa de trabalho é obrigada a descontar 11% do valor da quota distribuída ao cooperado por serviços por ele prestados, por seu intermédio, a empresas, assim como 20% em relação aos serviços prestados a outras pessoas físicas[68].

No entanto, em razão da decisão tomada pelo STF no RE 595.838, que afastou a contribuição de 15% da cooperativa de trabalho sobre o valor bruto da nota fiscal ou fatura de prestação de serviços, a Secretaria da Receita Federal do Brasil editou o Ato Declaratório Interpretativo 5, de 25 de maio de 2015, elevando a contribuição do cooperado do trabalho para 20% do salário de contribuição, haja vista a inexistência de contribuição da cooperativa, pronunciada inconstitucional e acatada pela Receita Federal.

Posteriormente, o Senado suspendeu a execução do inciso IV do artigo 22, da Lei 8.212/91, dando eficácia *erga omnes* à decisão do STF:

66. Artigo 57, § 2º, da Instrução Normativa RFB 971/2009.
67. Artigo 201, § 19, do RPS.
68. Artigo 216, § 31, do RPS.

"RESOLUÇÃO Nº 10, DE 2016

Art. 1º. É suspensa, nos termos do art. 52, inciso X, da Constituição Federal, a execução do inciso IV do art. 22 da Lei nº 8.212, de 24 de julho de 1991, declarado inconstitucional por decisão definitiva proferida pelo Supremo Tribunal Federal nos autos do Recurso Extraordinário nº 595.838.

Senado Federal, em 30 de março de 2016".

Urge que o Congresso Nacional aprove nova lei que verse a respeito da contribuição previdenciária das cooperativas de trabalho, pois a inexistência de custeio dessas empresas prejudica ainda mais o combalido cofre previdenciário.

9.4. Regra especial – Empresas optantes do Simples Nacional

A microempresa (ME) e a empresa de pequeno porte (EPP) optantes pelo Regime Especial Unificado de Arrecadação de Tributos e Contribuições devidos pelas Microempresas e Empresas de Pequeno Porte (Simples Nacional) contribuem na forma estabelecida nos artigos 13 e 18 da Lei Complementar nº 123, de 14 de dezembro de 2006, em substituição às contribuições de que tratam os artigos 22 e 22-A da Lei nº 8.212, de 1991, o § 6º do art. 57 da Lei nº 8.213, de 1991, o art. 25 da Lei nº 8.870, de 15 de abril de 1994, e o § 1º do art. 1º da Lei nº 10.666, de 2003[69].

Isso porque a Contribuição Patronal Previdenciária para a Seguridade Social, a cargo da pessoa jurídica, de que trata o art. 22 da Lei nº 8.212, de 24 de julho de 1991, foi inserida no Simples Nacional, exceto no caso da microempresa e da empresa de pequeno porte que se dedique às seguintes atividades de prestação de serviços:

I – construção de imóveis e obras de engenharia em geral, inclusive sob a forma de subempreitada, execução de projetos e serviços de paisagismo, bem como decoração de interiores;

II – serviço de vigilância, limpeza ou conservação;

III – serviços advocatícios.

Logo, para as MEs e EPPs que desenvolvem atividade de construção de imóveis e obras de engenharia em geral, serviço de vigilância, limpeza ou conservação e serviços advocatícios continua sendo aplicável as contribuições previstas na Lei 8.212/91.

Em relação às contribuições dos segurados, foram mantidas as regras da Lei 8.212/91, sendo as ME e EPP optantes pelo Simples Nacional são obrigadas a arrecadar e recolher, mediante desconto ou retenção, as contribuições devidas:

I – pelo segurado empregado, podendo deduzir, no ato do recolhimento, os valores pagos a título de salário-família e salário-maternidade;

II – pelo contribuinte individual, a partir de abril de 2003;

III – pelo segurado, destinadas ao Sest e ao Senat, no caso de contratação de contribuinte individual transportador rodoviário autônomo;

IV – pelo produtor rural pessoa física ou pelo segurado especial, incidentes sobre o valor bruto da comercialização de produto rural, na condição de sub-rogadas;

69. Artigo 189, da Instrução Normativa RFB 971/2009.

V – pela associação desportiva, incidente sobre a receita bruta decorrente de contrato de patrocínio, de licenciamento de uso de marcas e símbolos, de publicidade, de propaganda e de transmissão de espetáculos desportivos, quando forem as patrocinadoras; e

VI – pela empresa contratada, incidentes sobre o valor bruto da nota fiscal, da fatura ou do recibo de prestação de serviço mediante cessão de mão de obra ou empreitada[70].

10. CONTRIBUIÇÃO PREVIDENCIÁRIA DO EMPREGADOR DOMÉSTICO

Será enquadrado como **empregador doméstico** *a pessoa ou família que admite a seu serviço, sem finalidade lucrativa, empregado doméstico*, na forma do artigo 15, inciso II, da Lei 8.212/91.

Esta contribuição era de **12% sobre o salário de contribuição do empregado doméstico**, que deveria ser recolhida até o dia 15 do mês subsequente ao da competência, ou, se não for dia útil, no primeiro imediatamente posterior, juntamente com a contribuição descontada do salário do empregado, valendo ressaltar que se cuida da **única contribuição patronal que incidirá sobre o salário de contribuição, tendo, destarte, um teto, assim como ocorre com a empresa enquadrada como MEI.**

Era possível o **recolhimento trimestral** das contribuições previdenciárias pelo empregador doméstico, caso o salário de contribuição seja de um salário mínimo (art. 216, § 16, do Decreto 3.048/99), disposição que parece ter sido revogada, antes a não reprodução na LC 150/2015. Vale frisar que a Portaria Interministerial 822, de 30 de setembro de 2015, que disciplina o Simples Doméstico, não prevê o recolhimento trimestral.

Por força da Lei 13.202, de 4/12/2015, foi expressamente revogado o § 6º do artigo 30 da Lei 8.212/91, que autorizava o *empregador doméstico* a recolher a contribuição do segurado empregado a seu serviço e a parcela a seu cargo relativas à *competência novembro até o* ***dia 20 de dezembro***, juntamente com a contribuição referente à gratificação natalina – décimo terceiro salário – utilizando-se de um único documento de arrecadação. Esta exceção havia sido mantida pela Portaria Interministerial 822, de 30 de setembro de 2015 (art. 4º), mas diante da revogação da Lei 13.202/2015, **foi eliminada**.

Logo, desde 9 de dezembro de 2015 caiu o recolhimento da competência novembro até o dia 20 de dezembro, passando para o dia 7 de dezembro (somente aplicável para o ano de 2016, pois a alteração se deu tardiamente).

De acordo com o artigo 216, § 1º, do RPS, o desconto da contribuição do segurado incidente sobre o valor bruto da gratificação natalina – décimo terceiro salário – é devido quando do pagamento **ou crédito da última parcela** e deverá ser calculado em separado.

Vale frisar que a **Emenda Constitucional 72/2013** previu o pagamento da contribuição SAT pelos **empregadores domésticos**, sendo exigível somente com a regulamentação legal, o que permite a percepção de benefícios por acidente de trabalho pelos empregados domésticos.

Nesse sentido, foi editada a LC 150, publicada em 2 de junho de 2015, com vigência imediata, que previu no seu o artigo 34 da LC 150/2015 que o **Simples Doméstico** assegurará o recolhimento mensal, mediante documento único de arrecadação, dos seguintes valores:

I – 8% (oito por cento) a 11% (onze por cento) de contribuição previdenciária, a cargo do segurado empregado doméstico, nos termos do art. 20 da Lei nº 8.212, de 24 de julho de 1991;

70. Artigo 190, da Instrução Normativa RFB 971/2009.

II – 8% (oito por cento) de contribuição patronal previdenciária para a seguridade social, a cargo do empregador doméstico, nos termos do art. 24 da Lei no 8.212, de 24 de julho de 1991;

III – 0,8% (oito décimos por cento) de contribuição social para financiamento do seguro contra acidentes do trabalho;

IV – 8% (oito por cento) de recolhimento para o FGTS;

V – 3,2% (três inteiros e dois décimos por cento), na forma do art. 22 desta Lei; e

VI – imposto sobre a renda retido na fonte de que trata o inciso I do art. 7º da Lei no 7.713, de 22 de dezembro de 1988, se incidente.

Esta passagem da LC 150/2015, embora em vigor, demandou regulamentação através Portaria Interministerial 822, de 30 de setembro de 2015 para a instituição do Simples Doméstico, tendo havido a redução da contribuição previdenciária de 12% do salário de contribuição, **para 8,8% no total, sendo 8% de contribuição básica e 0,8% de seguro acidente do trabalho, permitindo ao empregado doméstico receber benefícios previdenciários por acidente do trabalho.**

É certo que o artigo 24, da Lei 8.212/91 foi parcial e tacitamente revogado pela LC 150/2015, ante a redução da alíquota (de 12% para 8,8%), sendo um ponto obscuro se a base de cálculo ainda é o salário de contribuição, pois a LC 150/2015 previu que a contribuição do empregador doméstico incide sobre a remuneração paga ou devida no mês anterior, a cada empregado, incluída na remuneração a gratificação de Natal, não mencionando o salário de contribuição.

Para espancar qualquer dúvida, a Lei 13.202, de 8/12/2015 ainda alterou o artigo 24 da Lei 8.212/91 que passou a sem compatibilizar com a LC 150/2015, passando a prever que "A contribuição do empregador doméstico incidente sobre o **salário de contribuição** do empregado doméstico a seu serviço é de: I – **8%** (oito por cento); e II – **0,8%** (oito décimos por cento) para o financiamento do seguro contra acidentes de trabalho".

Por sua vez, o prazo para recolhimento da contribuição previdenciária do empregador doméstico foi antecipado para o **dia 7 (sete)** pela LC 150/2015, sendo antecipado se o dia 7 não for dia útil.

11. CONTRIBUIÇÕES PREVIDENCIÁRIAS SUBSTITUTIVAS DA PARTE PATRONAL

11.1. Associações desportivas que mantém equipe de futebol profissional

Em substituição à contribuição previdenciária de 20% incidente sobre o total das remunerações pagas, devidas ou creditadas aos **segurados empregados** e **avulsos** que lhe prestam serviços, bem como à contribuição SAT de 1, 2 ou 3%, a legislação instituiu em favor das associações desportivas que mantém times de futebol profissional uma contribuição substitutiva para beneficiá-las.

Com efeito, essa contribuição corresponderá a **5% da receita bruta decorrente dos espetáculos desportivos** de que participem em todo *território nacional* em qualquer modalidade desportiva, inclusive jogos internacionais, **e de qualquer forma de patrocínio, licenciamento de uso de marcas e símbolos, publicidade, propaganda e de transmissão de espetáculos desportivos**.

Contudo, **esta forma diferenciada de contribuição previdenciária apenas será aplicada às atividades diretamente relacionadas com a manutenção e administração de equipe**

profissional de futebol, não se estendendo às outras atividades econômicas exercidas pelas referidas pessoas jurídicas.

Frise-se que **esta contribuição não substituirá a incidente sobre as remunerações dos contribuintes individuais prestadores de serviços à associação desportiva**, mas apenas no que concerne aos empregados e avulsos.

Por sua vez, caberá a entidade promotora do espetáculo[71] a responsabilidade tributária de efetuar os descontos e repassar à União os recursos até 02 dias úteis após a realização do evento esportivo.

Por sua vez, a Confederação Brasileira de Futebol fica sujeita ao recolhimento da contribuição previdenciária incidente sobre a receita bruta decorrente da realização do evento desportivo que não possa ser realizado sem a sua participação, na condição de responsável subsidiária, quando a entidade local promotora do evento descumprir a obrigação tributária prevista neste artigo[72].

No caso de a associação desportiva receber recursos a título de patrocínio, licenciamento de uso de marcas e símbolos, publicidade, propaganda e transmissão de espetáculos, caberá à empresa pagadora a responsabilidade de reter e recolher o percentual de 5% da receita bruta decorrente do evento, inadmitida qualquer dedução, até o dia 20 do mês subsequente ao da competência.

De acordo com o atual regramento, **esta contribuição substitutiva beneficiará as associações desportivas que mantenham equipe de futebol profissional e atividade econômica organizada para a produção e circulação de bens e serviços e que se organize regularmente, segundo um dos tipos disciplinados nos artigos 1.039 a 1.092, do Código Civil.**

Antes, por força da Medida Provisória 358/2007, que alterou a redação do § 11, do artigo 22, da Lei 8.212/91, era preciso que se tratasse de sociedade empresarial para gozar desta contribuição substitutiva, mas este dispositivo foi excluído da Lei de conversão (11.505/2007).

11.2. Produtor rural pessoa física (PRPF)

Em favor dos produtores rurais pessoas físicas, que são equiparados a empresa para fins previdenciários, para substituir a contribuição previdenciária sobre as remunerações dos seus empregados e avulsos e a respectiva contribuição SAT, a legislação previdenciária instituiu uma forma substitutiva de custeio.

Considera-se **produtor rural pessoa física**[73]:

> **1.** o segurado especial que, na condição de proprietário, parceiro, meeiro, comodatário ou arrendatário, pescador artesanal ou a ele assemelhado, exerce a atividade individualmente ou em regime de economia familiar, ainda que com o auxílio eventual de terceiros, bem como seus respectivos cônjuges ou companheiros e filhos maiores de 16 (dezesseis) anos ou a eles equiparados, desde que trabalhem comprovadamente com o grupo familiar, conforme definido no art. 10;
>
> **2.** a pessoa física, proprietária ou não, que explora atividade agropecuária ou pesqueira, em caráter permanente ou temporário, diretamente ou por intermédio de prepostos e com auxílio de empregados, utilizados a qualquer título, ainda que de forma não contínua.

71. A federação, a confederação ou a liga responsável pela organização do evento, assim entendido o jogo ou a partida, isoladamente considerado.
72. Artigo 201, § 2º, da Instrução Normativa RFB 971/2009.
73. Artigo 165, I, "a", da Instrução Normativa RFB 971/2009.

Assim, se o segurado especial (contratação por até 120 pessoas/dia/ano civil) ou o contribuinte individual rural contratam empregados ou avulsos, a sua contribuição previdenciária patronal será substitutiva, não incidindo a regra geral de 20% sobre o total das remunerações.

A produção rural é considerada como os produtos de origem animal ou vegetal, em estado natural ou submetidos a processos de beneficiamento ou de industrialização rudimentar, bem como os subprodutos e os resíduos obtidos por esses processos.

Com propriedade, a alíquota da contribuição era de **2,0% sobre a receita bruta proveniente da comercialização da sua produção[74], sofrendo um acréscimo de 0,1% para financiamento das prestações por acidente do trabalho (contribuição SAT), o que perfazia um total de 2,1%.**

No entanto, coube à Lei 13.606/2018 reduzir a alíquota da contribuição previdenciária do empregador rural pessoa física, inserindo a seguinte redação ao artigo 25 da Lei 8.212/91:

> I – 1,2% (um inteiro e dois décimos por cento) da receita bruta proveniente da comercialização da sua produção (*redação dada pela Lei 13.606/2018*);
>
> II – 0,1% da receita bruta proveniente da comercialização da sua produção para financiamento das prestações por acidente do trabalho.

Assim, a alíquota total da contribuição previdenciária do empregador rural pessoa física (básica + SAT) foi reduzida de 2,1% para 1,3% da produção rural comercializada.

Vale registrar que, com o advento da Lei 13.606/2018, o empregador rural pessoa física poderá escolher a forma de contribuição previdenciária patronal, podendo optar entre o recolhimento sobre produção (art. 25, Lei 8.212/91) ou seguinte a contribuição sobre a folha de remuneração (art. 22, I e II, da Lei 8.212/91), considerando o novel § 13[75] inserido ao artigo 25 da Lei 8.212/91 (esta regra inicia a vigência em 1/1/2019).

A opção será manifestada mediante o pagamento da contribuição incidente sobre a folha de salários relativa a janeiro de cada ano, ou à primeira competência subsequente ao início da atividade rural, e será irretratável para todo o ano-calendário.

Por força da Lei 13.606/2018, não integra a base de cálculo da contribuição a produção rural destinada ao plantio ou reflorestamento, nem o produto animal destinado à reprodução ou criação pecuária ou granjeira e à utilização como cobaia para fins de pesquisas científicas, quando vendido pelo próprio produtor e por quem a utilize diretamente com essas finalidades e, no caso de produto vegetal, por pessoa ou entidade registrada no Ministério da Agricultura, Pecuária e Abastecimento que se dedique ao comércio de sementes e mudas no País.

Em regra, a responsabilidade tributária pelo recolhimento desta contribuição será do adquirente da produção, e não do produtor rural pessoa física, exceto nas hipóteses do artigo

74. Integram a produção os produtos de origem animal ou vegetal, em estado natural ou submetidos a processos de beneficiamento ou industrialização rudimentar, assim compreendidos, entre outros, os processos de lavagem, limpeza, descaroçamento, pilhagem, descascamento, lenhamento, pasteurização, resfriamento, secagem, fermentação, embalagem, cristalização, fundição, carvoejamento, cozimento, destilação, moagem, torrefação, bem como os subprodutos e os resíduos obtidos através desses processos.

75. § 13. O produtor rural pessoa física poderá optar por contribuir na forma prevista no caput deste artigo ou na forma dos incisos I e II do caput do art. 22 desta Lei, manifestando sua opção mediante o pagamento da contribuição incidente sobre a folha de salários relativa a janeiro de cada ano, ou à primeira competência subsequente ao início da atividade rural, e será irretratável para todo o ano-calendário.

30, incisos X[76] e XII[77], da Lei 8.212/91, até o dia 20 do mês subsequente ao da operação ou consignação, ou, se não for dia útil bancário, no imediatamente anterior.

No entanto, quando o segurado especial contratar trabalhadores temporários na condição de produtor rural pessoa física, por força do artigo 32-C, § 3º, da Lei 8.212/91, inserido pela Lei 12.873/2013, está obrigado a arrecadar as contribuições previstas nos incisos X, XII e XIII do caput do artigo 30 da Lei 8.212/91, os valores referentes ao FGTS e os encargos trabalhistas sob sua responsabilidade, **até o dia 7 (sete) do mês seguinte ao da competência**, ou no dia útil imediatamente anterior, se no dia 07 não houver expediente bancário, sendo uma regra especial que afasta o recolhimento até o dia 20 enquanto contribuição na condição de segurado.

Na forma do artigo 12, V, "a", da Lei 8.212/91, será a pessoa física, proprietária ou não, que explora atividade agropecuária, a qualquer título, em caráter permanente ou temporário, em área superior a 04 (quatro) módulos fiscais; ou, quando em área igual ou inferior a 04 (quatro) módulos fiscais ou atividade pesqueira, com auxílio de empregados ou por intermédio de prepostos.

Logo, enquadra-se o produtor rural pessoa física como **contribuinte individual**, devendo também contribuir normalmente nesta condição, haja vista que a referida contribuição substitutiva dá-se a título patronal, o que não dispensa a contribuição do produtor rural pessoa física na condição de segurado obrigatório do RGPS, no valor de 20% sobre o salário de contribuição ou, excepcionalmente, de 11% sobre o salário mínimo, mas neste caso sem direito à aposentadoria por tempo de contribuição.

Assim, suponha-se que Antônio Moreira seja um produtor rural pessoa física que contrate empregado de maneira permanente, auferindo uma receita bruta de R$ 3.000,00 por mês com a comercialização de sua produção.

Neste caso, ele deverá recolher a título de contribuição previdenciária patronal substitutiva a quantia mensal de R$ 63,00, equivalente a 1,3% da sua receita bruta mensal de R$ 3.000,00.

Ademais, como Antônio Moreira desenvolve atividade laborativa remunerada, sendo enquadrado obrigatoriamente como contribuinte individual, deverá ainda recolher a sua contribuição previdenciária no importe de 20% sobre o valor do seu salário de contribuição.

Outrossim, o **segurado especial** também se enquadra como produtor rural pessoa física, mas neste caso a contribuição será única (como segurado e como patrão), diferentemente do que

---

76. X – a pessoa física de que trata a alínea "a" do inciso V do art. 12 e o segurado especial são obrigados a recolher a contribuição de que trata o art. 25 desta Lei no prazo estabelecido no inciso III deste artigo, caso comercializem a sua produção:

    a) no exterior;

    b) diretamente, no varejo, ao consumidor pessoa física;

    c) à pessoa física de que trata a alínea "a" do inciso V do art. 12;

    d) ao segurado especial.

77. XII – sem prejuízo do disposto no inciso X do caput deste artigo, o produtor rural pessoa física e o segurado especial são obrigados a recolher, diretamente, a contribuição incidente sobre a receita bruta proveniente:

    a) da comercialização de artigos de artesanato elaborados com matéria-prima produzida pelo respectivo grupo familiar;

    b) de comercialização de artesanato ou do exercício de atividade artística, observado o disposto nos incisos VII e VIII do § 10 do art. 12 desta Lei; e

    c) de serviços prestados, de equipamentos utilizados e de produtos comercializados no imóvel rural, desde que em atividades turística e de entretenimento desenvolvidas no próprio imóvel, inclusive hospedagem, alimentação, recepção, recreação e atividades pedagógicas, bem como taxa de visitação e serviços especiais.

ocorre com o contribuinte individual também enquadrado como PRPF, sendo de 1,3% sobre a receita decorrente da comercialização da sua produção.

Esta contribuição substitutiva está prevista no artigo 25, da Lei 8.212/91, com redação dada pelo artigo 1º, da Lei 8.540/92. Ou seja, foi editada antes da reforma constitucional promovida pela Emenda 20/98, que apenas previa o faturamento como fonte de custeio, e não a receita bruta (expressão mais ampla), a teor do artigo 195, I, da CRFB, em sua redação originária.

Por esse motivo, em 03.02.2010, no julgamento do RE 363.852 (ANTIGO POSICIONAMENTO), o Plenário do STF, por unanimidade, pronunciou a sua inconstitucionalidade incidental, em razão de se caracterizar como nova fonte de custeio, o que demandaria a edição de lei complementar:

> "CONTRIBUIÇÃO SOCIAL – COMERCIALIZAÇÃO DE BOVINOS – PRODUTORES RURAIS PESSOAS NATURAIS – SUB-ROGAÇÃO – LEI Nº 8.212/91 – ARTIGO 195, INCISO I, DA CARTA FEDERAL – PERÍODO ANTERIOR À EMENDA CONSTITUCIONAL Nº 20/98 – UNICIDADE DE INCIDÊNCIA – EXCEÇÕES – COFINS E CONTRIBUIÇÃO SOCIAL – PRECEDENTE – INEXISTÊNCIA DE LEI COMPLEMENTAR. **Ante o texto constitucional, não subsiste a obrigação tributária sub-rogada do adquirente, presente a venda de bovinos por produtores rurais, pessoas naturais, prevista nos artigos 12, incisos V e VII, 25, incisos I e II, e 30, inciso IV, da Lei nº 8.212/91, com as redações decorrentes das Leis nº 8.540/92 e nº 9.528/97**. Aplicação de leis no tempo – considerações".

Ademais, de acordo com o STF, através do voto do Ministro Marco Aurélio, o produtor rural pessoa física que contratar empregados estará sujeito ao pagamento da COFINS, cuja base de cálculo é a sua receita bruta, bem como a contribuição previdenciária de 2,1% (atualmente 1,3%) sobre a receita decorrente de sua comercialização, entendendo o STF ter havido *bis in idem*.

Também se pronunciou o STF no sentido de ter havido violação ao Princípio da Isonomia, por ocorrência de discriminação negativa dos empregadores rurais pessoas físicas, vez que os urbanos contribuem sobre a folha de salários.

Outrossim, para a Suprema Corte, com base no artigo 195, § 8º, da Constituição Federal, apenas os produtores rurais e pescadores artesanais sem empregados permanentes (segurados especiais) tem suporte constitucional para pagar as suas contribuições previdenciárias mediante a aplicação de uma alíquota sobre o resultado da comercialização da sua produção.

De efeito, "o Tribunal, por unanimidade e nos termos do voto do Relator, conheceu e deu provimento ao recurso extraordinário para desobrigar os recorrentes da retenção e do recolhimento da contribuição social ou do seu recolhimento por subrrogação sobre a receita bruta proveniente da comercialização da produção rural de empregadores, pessoas naturais, fornecedores de bovinos para abate, **declarando a inconstitucionalidade do artigo 1º da Lei nº 8.540/92, que deu nova redação aos artigos 12, incisos V e VII, 25, incisos I e II, e 30, inciso IV, da Lei nº 8.212/91, com a redação atualizada até a Lei nº 9.528/97, até que legislação nova, arrimada na Emenda Constitucional nº 20/98**".

Após o julgamento, em que pese se tratar de decisão tomada em recurso extraordinário e não em ação direta de inconstitucionalidade, a União tentou modular a declaração de inconstitucionalidade, a fim de impedir a restituição do indébito tributário, tendo o pedido sido denegado.

Essa decisão do STF abre caminho para a restituição de bilhões de reais em ações individuais a serem propostas pelos contribuintes produtores rurais pessoas físicas, o que poderá gerar uma restituição de cerca de 11 bilhões de reais, que sairão do Fundo do RGPS, agravando o déficit da previdência rural.

No dia 1º de agosto de 2011 a Suprema Corte confirmou o entendimento acima detalhado, no julgamento do recurso extraordinário 596.177, conforme noticiado no Informativo 634:

> **"Contribuição previdenciária do empregador rural pessoa física e "bis in idem"**
>
> É inconstitucional o art. 1º da Lei 8.540/92, que, ao alterar a redação dos artigos 12, V e VII; 25, I e II; e 30, IV, da Lei 8.212/91, instituiu contribuição a ser recolhida pelo empregador rural, pessoa física, sobre receita bruta proveniente da venda de sua produção. Ao ratificar essa orientação, firmada no julgamento do RE 363852/MG (DJe de 6.6.2011), o Plenário proveu recurso extraordinário e determinou adoção da sistemática do art. 543-B do CPC. Na mesma linha do precedente acima citado, entendeu-se ter ocorrido bitributação e ofensa aos princípios da eqüidade, da isonomia e da legalidade tributária. Acrescentou-se que, ainda que se afastasse o argumento de inexistência de cumulação de contribuições para essa modalidade de produtor rural por falta de previsão legal para sua sujeição ao pagamento da COFINS, não se alteraria a conclusão já aplicada pelo Supremo. Isso porque não se poderia desconsiderar a ausência de previsão constitucional para a base de incidência daqueloutra contribuição social, cuja instituição deveria se efetivar por meio de lei complementar. Por fim, rejeitou-se o pedido de modulação dos efeitos da decisão, porquanto não configurada circunstância excepcional para justificá-lo."

O mesmo entendimento foi mantido pelo STF em 17/10/2013 (Informativo 714):

> **"ED e contribuição previdenciária do empregador rural pessoa física**
>
> O Plenário acolheu, parcialmente, embargos de declaração, apenas para retificar a ementa do acórdão embargado de modo a suprimir o seu item I ("Ofensa ao art. 150, II, da CF em virtude da exigência de dupla contribuição caso o produtor rural seja empregador"), sem, contudo, alterar o resultado do julgamento. No caso, o Tribunal declarara a inconstitucionalidade do art. 1º da Lei 8.540/92, que alterou a redação dos artigos 12, V e VII; 25, I e II; e 30, IV, da Lei 8.212/91 e instituiu contribuição a ser recolhida pelo empregador rural, pessoa física, sobre receita bruta proveniente da venda de sua produção. Reputou-se que a declaração de inconstitucionalidade formal a envolver a necessidade de lei complementar para a instituição de nova fonte de custeio para a seguridade social seria suficiente. Rejeitaram-se, porém, os embargos, quanto ao pedido de declaração de constitucionalidade da Lei 10.256/2001. Ressaltou-se que essa matéria não teria sido discutida e seria objeto do RE 718874/RS, com repercussão geral reconhecida (DJe de 11.9.2013). RE 596177 ED/RS, rel. Min. Ricardo Lewandowski, 17.10.2013. (RE-596177)."

No mesmo sentido o STJ:

> **Informativo 548 – "DIREITO TRIBUTÁRIO. CONTRIBUIÇÃO SOCIAL AO FUNRURAL.**
>
> **A despeito dos arts. 1º da Lei 8.540/1992, 1º da Lei 9.528/1997 e 1º da Lei 10.256/2001, desde a vigência da Lei 8.212/1991, não é possível exigir a contribuição social ao FUNRURAL, a cargo do empregador rural pessoa física, incidente sobre o valor comercial dos produtos rurais.** A contribuição social incidente sobre a produção rural foi extinta pela Lei 8.213/1991 para os produtores rurais empregadores pessoas físicas, que passaram a recolher contribuições sobre a folha de salários de seus empregados. Todavia, a referida contribuição foi mantida para os segurados especiais (produtores rurais em regime de economia familiar). Dessa forma, com a criação do Plano de Custeio da Previdência Social pela Lei 8.212/1991, os produtores rurais passaram a contribuir para a Previdência Social, ou sobre o resultado da comercialização (segurados especiais),

ou sobre a folha de salários (caso dos empregadores rurais pessoas físicas). Com o advento da Lei 8.540/1992, que deu nova redação ao art. 25 da Lei 8.212/1991, voltou-se a exigir dos produtores rurais empregadores pessoas físicas o recolhimento de contribuição social sobre a comercialização de produtos. Entretanto, o STF, sob o rito do art. 543-B do CPC (RE 596.177-RS, Tribunal Pleno, DJe 29/8/2011), declarou a inconstitucionalidade do art. 1º da Lei 8.540/1992, com base nos seguintes fundamentos: (I) referido dispositivo teria criado nova hipótese de incidência de contribuição social não prevista no art. 195, I, da CF; (II) os empregadores rurais pessoa física estariam sujeitos a dupla tributação ao recolher a Contribuição para Financiamento da Seguridade Social – COFINS, além daquela instituída pela Lei 8.540/1992, ferindo, portanto, o princípio da isonomia; e (III) a lei é formalmente inconstitucional, em razão de que nova fonte de custeio da Seguridade Social só poderia ser criada por meio de Lei Complementar. Saliente-se que as posteriores alterações legislativas impostas ao art. 25 da Lei 8.212/1991 por meio dos arts. 1º da Lei 9.528/1997 e 1º da Lei 10.256/2001 não alteram a conclusão em torno da mesma inconstitucionalidade, haja vista padecerem, por igual, de vício semelhante ao do art. 1º da Lei 8.540/1992, marcadamente no ponto em que havia determinado o restabelecimento da contribuição ao FUNRURAL". REsp 1.070.441-SC, **Rel. Min. Sérgio Kukina, julgado em 2/9/2014.**

Vale registrar que o Senado da República chegou a dar eficácia erga omnes à decisão do STF, suspendendo a execução do artigo 25 da Lei 8.212/91 através da Resolução 15, de 12/9/2017.

Mas o Senado cometeu um "erro material" grosseiro e constrangedor, pois suspendeu por equívoco a execução de outros dispositivos da Lei 8.212/91 que apenas foram citados pelo STF, e não declarados inconstitucionais pela Corte Suprema:

Resolução do Senado Federal nº 15 de 12/09/2017

Ementa. Suspende, nos termos do art. 52, inciso X, da Constituição Federal, a execução do **inciso VII do art. 12** da Lei nº 8.212, de 24 de julho de 1991, **e a execução do art. 1º da Lei nº 8.540, de 22 de dezembro de 1992, que deu nova redação ao art. 12, inciso V**, ao art. 25, incisos I e II, **e ao art. 30, inciso IV**, da Lei nº 8.212, de 24 de julho de 1991, todos com a redação atualizada até a Lei nº 9.528, de 10 de dezembro de 1997.

No entanto, com o falecimento do Ministro Teori Zavascki e a entrada do Ministro Alexandre de Moraes no STF, o suso posicionamento foi revertido, tendo o STF por 6 x 5 validado a regra do artigo 25 da Lei 8.212/91 (da inconstitucionalidade à constitucionalidade):

Informativo 859 – Contribuição social do empregador rural sobre a receita da comercialização da produção

É constitucional formal e materialmente a contribuição social do empregador rural pessoa física, instituída pela Lei 10.256/2001, incidente sobre a receita bruta obtida com a comercialização de sua produção.

Com base nesse entendimento, o Plenário, por maioria, deu provimento a recurso extraordinário em que se discutia a constitucionalidade do art. 25 da Lei 8.212/1991, com a redação dada pelo art. 1º da Lei 10.256/2001, que reintroduziu, após a Emenda Constitucional 20/1998, a contribuição a ser recolhida pelo empregador rural pessoa física sobre a receita bruta proveniente da comercialização de sua produção, mantendo a alíquota e a base de cálculo instituídas por leis ordinárias declaradas inconstitucionais em controle difuso pelo Supremo Tribunal Federal (STF).

O Colegiado observou que a Lei 9.528/1997 incluiu no "caput" do art. 25 da Lei 8.212/1991 a contribuição do empregador rural pessoa física, cuja base de cálculo é a receita bruta proveniente da comercialização da produção. Como a receita bruta não figurava no elenco do art. 195, I, da Constituição Federal (CF) como uma base de cálculo possível para a incidência de contribuições sociais, o STF, em dois precedentes, concluiu pela inconstitucionalidade do emprego dessa base de cálculo, a qual somente poderia ser instituída por lei complementar, nos termos do art. 195, § 4º, da CF.

Entretanto, com a Emenda Constitucional 20/1998, que incluiu a receita ao lado do faturamento como uma materialidade passível de ser tributada para fins de financiamento da seguridade social (CF, art. 195, I), passou a ser possível a instituição de contribuição patronal do empregador rural pessoa física com base na receita bruta proveniente da comercialização da produção. Assim, a Lei 10.256/2001 reincluiu a figura do empregador rural pessoa física na disciplina já existente e em vigor para o segurado especial — produtor rural que não tem empregados.

A Corte ressaltou que a norma impugnada, ao incluir um novo sujeito passivo no dispositivo de uma lei que já existia e já definia claramente os elementos do fato gerador, a base de cálculo e a alíquota, violou o princípio da legalidade.

Ademais, ao dar tratamento diferenciado para o produtor rural, o empregador rural pessoa física e o empregador urbano pessoa física, a lei em questão não ofendeu o princípio da isonomia, pois, se assim fosse, em nenhuma hipótese seria possível desonerar a folha de salários como política tributária.

Vencidos os ministros Edson Fachin (relator), Rosa Weber, Ricardo Lewandowski, Marco Aurélio e Celso de Mello, que negavam provimento ao recurso.

Pontuavam que o art. 1º da Lei 10.256/2001, ao recolocar o empregador rural pessoa física na condição de contribuinte do tributo, sem dispor expressamente sobre os demais elementos da regra-matriz de incidência tributária, de modo a aproveitar do binômio base de cálculo/fato gerador e da alíquota já prevista para a figura do segurado especial, teria vulnerado a CF.

Não seria possível conceber técnica legislativa que permitisse o aproveitamento das alíquotas e bases de cálculo de contribuição social com inconstitucionalidade reconhecida pelo STF.

Consignavam que a Emenda Constitucional 20/1998 em nada teria alterado essa conclusão, pois inviável reputar a validade de uma norma legal anteriormente considerada inconstitucional, em decorrência de uma alteração formal da CF.

Além disso, haveria inconstitucionalidade material da norma impugnada também por patente violação ao princípio da isonomia, em virtude de injustificado tratamento diferenciado conferido aos empregadores pessoa física, a depender da ambiência do labor, se urbano ou rural.

Frisavam que também procederia a afirmação de que o empregador rural pessoa física seria duplamente tributado, em razão da incidência simultânea de contribuições sociais, o que atrairia a vedação ao "bis in idem". **RE 718874/RS, rel. orig. Min. Edson Fachin, red. p/ o ac. Min. Alexandre de Moraes, julgamento em 29 e 30.3.2017. (RE-718874).**

"Informativo 903 – DIREITO TRIBUTÁRIO – LIMITAÇÃO AO PODER DE TRIBUTAR

ED e contribuição social do empregador rural pessoa física

O Plenário, por maioria, ao concluir julgamentos iniciados por meio eletrônico, rejeitou oito embargos de declaração opostos do acórdão no qual fixada a seguinte tese de repercussão geral (Tema 669): "É constitucional formal e materialmente a contribuição social do empregador rural pessoa física, instituída pela Lei 10.256/2001, incidente sobre a receita bruta obtida com a comercialização de sua produção" (Informativo 859).

Os embargantes alegavam não terem sido observados os precedentes firmados nos Recursos Extraordinários 363.852/MG e 596.177/RS e haver fato superveniente apto a alterar o que resolvido, consubstanciado na edição da Resolução 15/2017 (1) pelo Senado Federal, com base no art. 52, X (2), da Constituição Federal (CF).

Na hipótese do não acolhimento, requeriam a modulação temporal da eficácia da decisão embargada, sob o argumento de ter havido superação de jurisprudência desta Corte e existir impactos econômico e social, ressalvando-se da aplicação dos seus efeitos os fatos anteriores aos declaratórios ou, ao menos, anteriores a 30.3.2017, quando finalizada a apreciação do recurso extraordinário.

O Colegiado assentou inexistir obscuridade, dúvida, contradição ou omissão no pronunciamento embargado. Os recorrentes pretendiam, com os embargos, um novo julgamento do mérito do recurso extraordinário.

Lembrou que os precedentes referidos foram afastados e isso, amplamente discutido. Ambos tinham como premissa básica a necessidade de edição de lei complementar, porque fixados por interpretação e análise de casos anteriores à Emenda Constitucional (EC) 20/1998. Com o advento da EC, a obrigatoriedade foi alterada e, com fundamento nela, editada a Lei 10.256/2001.

Ocorreu a mudança da legislação, e não da jurisprudência. A possibilidade de cobrança com apoio no novo ordenamento jurídico construído a partir da EC 20/1998 e da Lei 10.256/2001 não havia sido analisada antes. O Supremo Tribunal Federal (STF) expressamente repeliu a alegação de inconstitucionalidade superveniente por serem quadros normativos diversos.

Ademais, a Corte negou pedido de aplicação de fato superveniente. A Resolução 15/2017 foi editada sem qualquer nexo de causalidade com o que resolvido neste recurso extraordinário. O Senado Federal embasou-se no RE 363.852/MG, em que declarada a inconstitucionalidade incidental da legislação anterior. Não se aplica o fato à situação dos autos, até porque o art. 52, X, somente permite a suspensão pelo Senado do que declarado incidentalmente inconstitucional pelo Supremo. No julgado atual, houve declaração de constitucionalidade.

O Plenário considerou incabível a modulação requerida. Isso porque não houve alteração jurisprudencial nem declaração de inconstitucionalidade a ensejá-la. O STF reconheceu a constitucionalidade de lei vigente e eficaz desde 2001. Sem a modulação, tem-se o respeito à igualdade dos contribuintes e à legislação. Prestigia-se a boa-fé e a segurança jurídica. Eventual modulação — sem a declaração de inconstitucionalidade e sem a alteração jurisprudencial — estaria a incentivar o contribuinte, a partir de qualquer modificação legislativa, a tentar obter liminar em vez de pagar seus tributos. Além disso, feriria a boa-fé e a segurança jurídica daqueles que há 17 anos contribuem e cumprem a lei. Os poucos que obtiveram liminares teriam anistia total de uma lei jamais declarada inconstitucional.

Os eventuais reflexos de decisão do STF a reafirmar a constitucionalidade podem ser discutidos no campo político-normativo. Quanto aos reflexos deste recurso extraordinário, o próprio Congresso Nacional editou a Lei 13.606/2018, que disciplinou detalhadamente o Programa de Regularização Tributária Rural (PRR), inclusive dando uma ampla e parcial anistia a todos os devedores. A modulação pretendida, além de não ser possível juridicamente, via reflexa, afastaria a incidência da Lei 13.606/2018.

Vencidos os ministros Edson Fachin, Rosa Weber e Marco Aurélio, que acolheram os embargos para modular os efeitos da decisão de constitucionalidade. Reputaram ser hipótese de mudança da orientação jurisprudencial do STF [CPC, art. 927, § 3º (3)]. A ministra Rosa Weber concluiu ter havido a alteração pelo menos na percepção da sociedade. **RE 718874 ED-primeiros a oitavos/RS, rel. Min. Alexandre de Moraes, julgamento em 23.5.2018. (RE-718874).**"

No mais, **equipara-se ao empregador rural pessoa física o consórcio simplificado de produtores rurais**, formado pela união de produtores rurais pessoas físicas, que outorgar a um deles poderes para contratar, gerir e demitir trabalhadores para prestação de serviços, exclusivamente, aos seus integrantes, mediante documento registrado em cartório de títulos e documentos.

11.3. Produtor rural pessoa jurídica (PRPJ)

De acordo com o artigo 25, da Lei 8.870/94, o empregador rural pessoa jurídica terá também uma contribuição previdenciária patronal substitutiva à incidente sobre as remunerações dos empregados e avulsos que contrate e a respectiva contribuição SAT.

Considera-se **produtor rural pessoa jurídica**[78]:

> **1.** o empregador rural que, constituído sob a forma de firma individual ou de empresário individual, assim considerado pelo art. 931 da Lei nº 10.406, de 2002 (Código Civil), ou sociedade empresária, tem como fim apenas a atividade de produção rural, observado o disposto no inciso III do § 2º do art. 175;
>
> **2.** a agroindústria que desenvolve as atividades de produção rural e de industrialização da produção rural própria ou da produção rural própria e da adquirida de terceiros, observado o disposto no inciso IV do § 2º do art. 175 e no § 3º deste artigo.

A alíquota da contribuição era de **2,5% sobre a receita bruta proveniente da comercialização da sua produção**[79]**, sofrendo um acréscimo de 0,1% para financiamento das prestações por acidente do trabalho (contribuição SAT), o que perfazia um total de 2,6%**, sendo do próprio produtor rural pessoa jurídica a responsabilidade pelo seu recolhimento.

No entanto, a Lei 13.606/2018 alterou o artigo 25, da Lei 8.870/94. Após veto presidencial à alteração, o Congresso Nacional derrubou o veto e reduziu a contribuição do empregador rural pessoa jurídica de 2,6% para 1,8% no total:

> Art. 25. A contribuição devida à seguridade social pelo empregador, pessoa jurídica, que se dedique à produção rural, em substituição à prevista nos incisos I e II do art. 22 da Lei nº 8.212, de 24 de julho de 1991, passa a ser a seguinte: (Redação dada pela Lei nº 10.256, de 9.7.2001)
>
> **I – 1,7% (um inteiro e sete décimos por cento) da receita bruta proveniente da comercialização da sua produção; (Redação dada pela Lei nº 13.606, de 2018)**
>
> II – um décimo por cento da receita bruta proveniente da comercialização de sua produção, para o financiamento da complementação das prestações por acidente de trabalho.

Ademais, não integra a base de cálculo da contribuição citada a produção rural destinada ao plantio ou reflorestamento, nem o produto animal destinado à reprodução ou criação pecuária ou granjeira e à utilização como cobaia para fins de pesquisas científicas, quando vendido pelo próprio produtor e por quem a utilize diretamente com essas finalidades e, no caso de produto vegetal, por pessoa ou entidade registrada no Ministério da Agricultura, Pecuária e Abastecimento que se dedique ao comércio de sementes e mudas no País.

Tal qual o produtor rural pessoa física, o empregador rural pessoa jurídica enquadra-se como **contribuinte individual**, devendo também verter as suas contribuições previdenciárias como segurado obrigatório do RGPS.

Por sua vez, por força do artigo 22-A, da Lei 8.212/91, essa contribuição de 2,6% também beneficiará a **agroindústria**, considerada como o produtor rural pessoa jurídica cuja atividade econômica seja a industrialização de produção própria ou de produção própria e adquirida de terceiros, **não se aplicando às operações relativas à prestação de serviços a terceiros,**

---

78. Artigo 165, I, "b", da Instrução Normativa RFB 971/2009.

79. De acordo com o artigo 171, § 1º, da Instrução Normativa 971/2009, considera-se receita bruta o valor recebido ou creditado ao produtor rural pela comercialização da sua produção rural com adquirente ou consumidor, pessoas físicas ou jurídicas, com cooperativa ou por meio de consignatário, podendo, ainda, ser resultante de permuta, compensação, dação em pagamento ou ressarcimento que represente valor, preço ou complemento de preço.

bem como às sociedades cooperativas e às agroindústrias de piscicultura, carcinicultura, suinocultura e avicultura[80].

Este dispositivo não foi atualizado pela Lei 13.606/2018, mas está tacitamente modificado para 1,8%.

Outrossim, este regime substitutivo **não se aplica** à pessoa jurídica que, relativamente à atividade rural, se dedique apenas ao **florestamento e reflorestamento** como fonte de matéria--prima para industrialização própria, mediante a utilização de processo industrial que modifique a natureza química da madeira ou a transforme em pasta celulósica[81].

Vale registrar que, com o advento da Lei 13.606/2018, o **empregador rural pessoa jurídica** poderá escolher a forma de contribuição previdenciária patronal, podendo optar entre o recolhimento sobre produção (art. 25, Lei 8.212/91) ou seguinte a contribuição sobre a folha de remuneração (art. 22, I e II, da Lei 8.212/91), considerando o novel § 7[82] inserido ao artigo 15 da Lei 8.870/94 (**esta regra inicia a vigência em 1/1/2019**).

A opção será manifestada mediante o pagamento da contribuição incidente sobre a folha de salários relativa a janeiro de cada ano, ou à primeira competência subsequente ao início da atividade rural, e será irretratável para todo o ano-calendário.

12. SUBSTITUIÇÃO DA CONTRIBUIÇÃO PREVIDENCIÁRIA SOBRE AS REMUNERAÇÕES PELA CONTRIBUIÇÃO SOBRE A RECEITA OU FATURAMENTO DAS EMPRESAS

Conforme estudado no Capítulo I, a teor do artigo 195, § 13, da Constituição, **era possível que haja a substituição gradativa da contribuição previdenciária patronal pela COFINS, total ou parcialmente, observada a não cumulatividade**, com o propósito de desonerar as folhas de salários das empresas.

Esta disposição constitucional, **atualmente revogada pela EC 103/2019**, fruto da Emenda 42/2003, já foi parcialmente regulamentada em alguns segmentos por normas especiais, muito embora não tenha alterado as regras da Lei 8.212/91.

Na atualidade os artigos 7º e 8º da Lei 12.546/2011, alterada pela Lei 13.161/2015 tratam do tema, tendo as alíquotas sido majoradas e a **substituição se tornado facultativa** cabendo à Instrução Normativa 1.436, da lavra da Secretaria da Receita Federal do Brasil, de 30 de dezembro de 2013, alterada em 05 de dezembro de 2014 e em 1º de dezembro de 2015, regulamentá-la. Posteriormente, nova alteração foi perpetrada pela IN RFB 1.812/2018.

---

80. Artigo 22-A, da Lei 8.212/91.
81. Entende-se que ocorre a modificação da natureza química da madeira quando, por processo químico, uma ou mais substâncias que a compõem se transformam em nova substância, tais como pasta celulósica, papel, álcool de madeira, ácidos, óleos que são utilizados como insumos energéticos em combustíveis industriais, produtos empregados na indústria farmacêutica, de cosméticos e alimentícia, e os produtos que resultam dos processos de carbonização, gaseificação ou hidrólise.
82. § 7º O empregador pessoa jurídica poderá optar por contribuir na forma prevista no caput deste artigo ou na forma dos incisos I e II do caput do art. 22 da Lei no 8.212, de 24 de julho de 1991, manifestando sua opção mediante o pagamento da contribuição incidente sobre a folha de salários relativa a janeiro de cada ano, ou à primeira competência subsequente ao início da atividade rural, e será irretratável para todo o ano– calendário.

Houve a redução a zero das contribuições de 20% previstas nos incisos I e III do artigo 22 da Lei 8.212/91, compensada pela majoração da contribuição sobre a receita ou faturamento em 1,0%, 2,5%, 3,0% e 4,5%, a depender do segmento.

Agora com a revogação da autorização constitucional não há mais base constitucional para a substituição da folha de remuneração das empresas em **legislação futura**.

Mas existe a **regra de transição** do **artigo 30 da Emenda 103/2019** que aduz que "a vedação de diferenciação ou substituição de base de cálculo decorrente do disposto no § 9º do art. 195 da Constituição Federal não se aplica a contribuições que substituam a contribuição de que trata a alínea "a" do inciso I do *caput* do art. 195 da Constituição Federal instituídas **antes da data de entrada em vigor desta Emenda Constitucional**".

Daí que este estudo se limita aos casos constituídos antes da Emenda 103/2019, por força da regra de transição do artigo 30 da Reforma Constitucional.

Houve a redução a zero das contribuições de 20% previstas nos incisos I e III do artigo 22 da Lei 8.212/91, compensada pela majoração da contribuição sobre a receita ou faturamento em 1,0%, 2,5%, 3,0% e 4,5%, a depender do segmento.

A opção pela mencionada tributação substitutiva será manifestada mediante o pagamento da contribuição incidente sobre a receita bruta relativa a janeiro de cada ano, ou à primeira competência subsequente para a qual haja receita bruta apurada, e será irretratável para todo o ano calendário.

13. ARRECADAÇÃO

Desde o advento da Lei 11.457/2007, a tributação, a fiscalização, a arrecadação, a cobrança e o recolhimento de todas as contribuições para a seguridade social passaram a ser da competência da Secretaria da Receita Federal do Brasil, órgão da União, integrante da estrutura do Ministério da Fazenda (atualmente Ministério da Economia), nova denominação dada à antiga Secretaria da Receita Federal, após a extinção da Secretaria de Receita Previdenciária, que integrava o extinto Ministério da Previdência Social, na forma do artigo 39, da Lei 8.212/91, na antiga redação dada pela Lei 11.098/2005.

Vale frisar que a Secretaria da Receita Federal do Brasil ainda tem competência para arrecadar, tributar, cobrar e fiscalizar contribuições sociais gerais em favor de terceiros, a exemplo de entidades privadas de serviço social e de formação profissional a que se refere o artigo 240 da Constituição Federal de 1988, criadas por lei federal e vinculadas ao sistema sindical; do Fundo Aeroviário; do Fundo de Desenvolvimento do Ensino Profissional Marítimo; do INCRA e do Fundo Nacional de Desenvolvimento da Educação.

As regras gerais de tributação e arrecadação das contribuições previdenciárias foram regulamentadas por intermédio da **Instrução Normativa 971, de 17.11.2009**, da lavra Secretaria da Receita Federal do Brasil.

Antes, as contribuições previdenciárias eram arrecadadas pela Secretaria de Receita Previdenciária em nome do INSS, integrando a Dívida Ativa da autarquia previdenciária. Com o advento do novo regramento, observada a regra de transição do artigo 16, da Lei 11.457/2007, **a Dívida Ativa passou a ser da União**, pois revogada a capacidade tributária ativa delegada ao INSS, encerrando a parafiscalidade, cabendo à Procuradoria-Geral da Fazenda Nacional a representação judicial da União na cobrança desses créditos.

Felizmente, em razão do veto presidencial[83] do texto que buscava inserir o § 4º, no artigo 6º, da Lei no 10.593/02, acrescentado pelo artigo 9º, do projeto de lei que ensejou a promulgação da Lei 11.457/2007, **a fiscalização tributária continua podendo desconsiderar pessoa, ato ou negócio jurídico que implique reconhecimento de relação de trabalho, com ou sem vínculo empregatício, independentemente de decisão judicial**.

Logo, se o Auditor Fiscal da Receita Federal do Brasil constatar que o segurado contratado como contribuinte individual, trabalhador avulso, ou sob qualquer outra denominação, de fato tem relação de emprego ou outra prevista no artigo 9º, inciso I, do RPS, deverá desconsiderar o vínculo pactuado e efetuar o enquadramento como segurado empregado.

De seu turno, é facultado à União, antes de ajuizar a cobrança dos débitos previdenciários inscritos em Dívida Ativa, promover o **protesto do título dado em garantia**, que será recebido *pro solvendo*[84].

Vale registrar que o posicionamento da 1º Seção do STJ em julgamento de recurso repetitivo é pela impossibilidade de inscrição em Dívida Ativa de débito de benefício previdenciário a ser restituído para a Previdência Social, ante a inexistência de previsão legal.

> **"INFORMATIVO 522 – DIREITO TRIBUTÁRIO E PREVIDENCIÁRIO. IMPOSSIBILIDADE DE INSCRIÇÃO EM DÍVIDA ATIVA DE VALOR INDEVIDAMENTE RECEBIDO A TÍTULO DE BENEFÍCIO PREVIDENCIÁRIO. RECURSO REPETITIVO (ART. 543-C DO CPC E RES. 8/2008-STJ).**
>
> Não é possível a inscrição em dívida ativa de valor correspondente a benefício previdenciário indevidamente recebido e não devolvido ao INSS. Isso porque a inscrição em dívida ativa de valor decorrente de ilícito extracontratual deve ser fundamentada em dispositivo legal específico que a autorize expressamente. Ocorre que, nas leis próprias do INSS (Lei 8.212/1991 e Lei 8.213/1991), não há dispositivo legal semelhante ao disposto no parágrafo único do art. 47 da Lei 8.112/1990 – o qual prevê a inscrição em dívida ativa de valores não pagos pelo servidor público federal que tiver sido demitido, exonerado ou tiver sua aposentadoria ou disponibilidade cassada. Se o legislador quisesse que o recebimento indevido de benefício previdenciário ensejasse a inscrição em dívida ativa, teria previsto expressamente na Lei 8.212/1991 ou na Lei 8.213/1991, o que não fez. Incabível, assim, por se tratar de restrição de direitos, qualquer analogia com o que dispõe o art. 47 da Lei 8.112/1990. **Isso significa que, recebido o valor a maior pelo beneficiário, a forma prevista em lei para o INSS reavê-lo se dá através de desconto do próprio benefício a ser pago em períodos posteriores e, nos casos de dolo, fraude ou má-fé, a lei prevê a restituição de uma só vez (descontando-se do benefício) ou mediante acordo de parcelamento (art. 115, II e § 1º, da Lei 8.213/1991 e art. 154, II e § 2º, do Dec. 3.048/1999).** Na impossibilidade da realização desses descontos, seja porque o beneficiário deixou de sê-lo (suspensão ou cessação), seja porque seu benefício é insuficiente para a realização da restituição de uma só vez ou, ainda, porque a pessoa que recebeu os valores o fez indevidamente jamais tendo sido a real beneficiária, a lei não prevê a inscrição em dívida ativa. Nessas situações, por falta de lei específica que determine a inscrição em dívida ativa, torna-se imperativo que seu ressarcimento seja precedido de processo judicial para o reconhecimento do direito do INSS à repetição. De ressaltar, ademais, que os benefícios previdenciários indevidamente recebidos, qualificados como enriquecimento ilícito, não se enquadram

83. Razões do veto: "As legislações tributária e previdenciária, para incidirem sobre o fato gerador cominado em lei, independem da existência de relação de trabalho entre o tomador do serviço e o prestador do serviço. Condicionar a ocorrência do fato gerador à existência de decisão judicial não atende ao princípio constitucional da separação dos Poderes."

84. Significa que o título foi recebido em caráter condicional, como representação da dívida, não se operando uma novação, devendo ser resgatado para haver o pagamento.

no conceito de crédito tributário ou não tributário previsto no art. 39, § 2º, da Lei 4.320/1964, a justificar sua inscrição em dívida ativa. Sendo assim, o art. 154, § 4º, II, do Dec. 3.048/99, que determina a inscrição em dívida ativa de benefício previdenciário pago indevidamente, não encontra amparo legal. Precedentes citados: AgRg no AREsp. 225.034-BA, Segunda Turma, DJe 19/2/2013; e AgRg no AREsp 188.047-AM, Primeira Turma, DJe 10/10/2012". **REsp 1.350.804-PR**, Rel. Min. Mauro Campbell Marques, julgado em 12/6/2013.

Ademais, com a promulgação da Emenda 20/98[85] e posteriormente da Emenda 45/2004, que incluiu o inciso VIII, no artigo 114, da CRFB, **a Justiça do Trabalho passou a ter competência para executar, de ofício, as contribuições previdenciárias patronais e dos trabalhadores**, inclusive os respectivos acréscimos legais, **decorrentes das sentenças que proferir**[86].

Evidentemente, a competência da Justiça do Trabalho também abarca a contribuição SAT (artigo 22, inciso II, da Lei 8.212/91) em razão da sua nítida natureza previdenciária. Nesse sentido, a **Súmula 454 do TST:**

Súmula 454/TST – 11/07/2017. Competência. Justiça do Trabalho. Execução de ofício. Contribuição social referente ao Seguro de Acidente de Trabalho – SAT. CF/88, arts. 114, VIII, e 195, I, «a». Lei 8.212/1991, arts. 11 e 22.

«Compete à Justiça do Trabalho a execução, de ofício, da contribuição referente ao Seguro de Acidente de Trabalho – SAT, que tem natureza de contribuição para a seguridade social (CF/88, arts. 114, VIII e 195, I, «a»), pois se destina ao financiamento de benefícios relativos à incapacidade do empregado decorrente de infortúnio no trabalho (Lei 8.212/1991, arts. 11 e 22).»

De acordo com o STF, a mencionada competência da Justiça do Trabalho restringe-se às decisões condenatórias de verbas trabalhistas, **não devendo haver arrecadação das contribuições previdenciárias caso a sentença seja meramente declaratória do vínculo de emprego**:

"EMENTA: AGRAVO REGIMENTAL NO AGRAVO DE INSTRUMENTO. DIREITO DO TRABALHO. ACORDO HOMOLOGADO APÓS TRÂNSITO EM JULGADO. CONTRIBUIÇÕES PREVIDENCIÁRIAS. ART. 114, VIII, DA CONSTITUIÇÃO DO BRASIL. **1. O Supremo Tribunal Federal fixou entendimento no sentido de que a competência da Justiça do Trabalho restringe-se à execução, de ofício, das contribuições previdenciárias decorrentes de sentenças condenatórias e não alcança, assim, aquela relativa ao vínculo empregatício reconhecido na sentença, mas sem condenação ou acordo sobre o pagamento das verbas trabalhistas que possam servir como base de cálculo.** [RE n. 569.056, Plenário, Relator o Ministro Menezes Direito, DJ de 12.12.08]. 2. As alegações de desrespeito aos postulados da legalidade, do devido processo legal, da motivação dos atos decisórios, do contraditório, dos limites da coisa julgada e da prestação jurisdicional, se dependentes de reexame prévio de normas inferiores, podem configurar, quando muito, situações de ofensa meramente reflexa ao texto da Constituição. Agravo regimental a que se nega provimento" (AI 760.826 AgR, de 15.12.2009).

Súmula Vinculante 53 – "A competência da Justiça do Trabalho prevista no art. 114, VIII, da Constituição Federal alcança a execução de ofício das contribuições previdenciárias relativas ao objeto da condenação constante das sentenças que proferir e acordos por ela homologados".

85. A Emenda 20/98 incluiu o § 3º, no artigo 114, da CRFB, posteriormente alterado pela Emenda 45/04.
86. Desde o advento da Lei 8.620/93, que alterou a redação dos artigos 43 e 44, da Lei 8.212/91, já existia a previsão legal da execução das contribuições previdenciárias pela Justiça do Trabalho, embora de duvidosa validade, pois não prevista constitucionalmente na época.

O tema vem regulamentado pelo artigo 43, da Lei 8.212/91, que determina a atuação do juiz trabalhista de ofício visando o recolhimento das contribuições previdenciárias, que deverão obrigatoriamente ter o seu valor fixado na sentença, sob pena de responsabilidade funcional do magistrado, **regramento também aplicável às Comissões de Conciliação Prévia**[87].

Caso a sentença trabalhista seja omissa e não discrimine as parcelas devidas a guisa de contribuição previdenciária, mesmo assim deverão ser perpetrados os descontos em favor da União. Nesse sentido, o **enunciado de súmula 401, do TST**:

> "SUM-401. AÇÃO RESCISÓRIA. DESCONTOS LEGAIS. FASE DE EXECUÇÃO. SENTENÇA EXEQUENDA OMISSA. INEXISTÊNCIA DE OFENSA À COISA JULGADA (conversão da Orientação Jurisprudencial nº 81 da SBDI-2) – Res. 137/2005 – DJ 22, 23 e 24.08.2005
>
> **Os descontos previdenciários e fiscais devem ser efetuados pelo juízo executório, ainda que a sentença exequenda tenha sido omissa sobre a questão, dado o caráter de ordem pública ostentado pela norma que os disciplina.** A ofensa à coisa julgada somente poderá ser caracterizada na hipótese de o título exeqüendo, expressamente, afastar a dedução dos valores a título de imposto de renda e de contribuição previdenciária. (ex-OJ nº 81 da SBDI-2 – inserida em 13.03.2002)".

No caso de condenação de empresa ao pagamento de verbas trabalhistas devidas ao prestador de serviços sem vínculo de emprego (contribuinte individual), a condenação deverá ser de 20% referente à cota da empresa e de 11% da parte do segurado.

Nesse sentido, a Orientação Jurisprudencial 398, da Seção de Dissídios Individuais 1 do TST:

> "OJ-SDI1-398. CONTRIBUIÇÃO PREVIDENCIÁRIA. ACORDO HOMOLOGADO EM JUÍZO SEM RECONHECIMENTO DE VÍNCULO DE EMPREGO. CONTRIBUINTE INDIVIDUAL. RECOLHIMENTO DA ALÍQUOTA DE 20% A CARGO DO TOMADOR E 11% A CARGO DO PRESTADOR DE SERVIÇOS. (DEJT divulgado em 02, 03 e 04.08.2010)
>
> Nos acordos homologados em juízo em que não haja o reconhecimento de vínculo empregatício, é devido o recolhimento da contribuição previdenciária, mediante a alíquota de 20% a cargo do tomador de serviços e de 11% por parte do prestador de serviços, na qualidade de contribuinte individual, sobre o valor total do acordo, respeitado o teto de contribuição. Inteligência do § 4º do art. 30 e do inciso III do art. 22, todos da Lei n.º 8.212, de 24.07.1991".

As parcelas a título de contribuição previdenciária do trabalhador e do empregador, empresa ou equiparado, deverão ser discriminadas na sentença ou no acordo a ser homologado, sob pena de incidência sobre o valor total apurado na liquidação ou da avença, devendo o recolhimento ser efetuado no mesmo prazo em que devam ser pagos os créditos encontrados em liquidação de sentença ou em acordo homologado, sendo que neste último caso o recolhimento será feito em tantas parcelas quantas as previstas no acordo, nas mesmas datas em que sejam exigíveis e proporcionalmente a cada uma delas.

87. Comissão de Conciliação Prévia é aquela instituída na forma da Lei nº 9.958, de 12 de janeiro de 2000, no âmbito da empresa ou do sindicato representativo da categoria, podendo ser constituída por grupos de empresas ou ter caráter intersindical, com o objetivo de promover a conciliação preventiva do ajuizamento de demandas de natureza trabalhista.

IMPORTANTE:

Por força da **Lei 13.876/2019**, que inseriu o § 3º-A no artigo 832 da CLT, a parcela referente às verbas de natureza remuneratória nas decisões trabalhistas não poderá ter como base de cálculo valor inferior: I – **ao salário-mínimo**, para as competências que integram o vínculo empregatício reconhecido na decisão cognitiva ou homologatória; ou II – à diferença entre a remuneração reconhecida como devida na decisão cognitiva ou homologatória e a efetivamente paga pelo empregador, cujo valor total referente a cada competência **não será inferior ao salário-mínimo**.

Dessa forma, desde 23 de setembro de 2019, o menor valor do salário de contribuição para fins de arrecadação de contribuição previdência no âmbito da Justiça do Trabalho é de 1 salário mínimo, inclusive no caso do segurado empregado.

O valor calculado deverá ainda ter a incidência de correção monetária e juros, sendo devidos desde o inadimplemento após a Lei 11.941/2009 (observada a noventena), que tornou clara a adoção do regime de competência, pois o fato gerador da contribuição previdenciária dar-se-á como o exercício do labor remunerado, e não com o pagamento da remuneração.

Este posicionamento foi firmado pelo TST no julgamento do E-RR nº 1125-36.2010.5.06.0171 em outubro de 2015.

Na hipótese de o acordo ter sido celebrado depois de proferida a decisão de mérito, a contribuição será calculada com base no valor do acordo, a teor do artigo 43, § 5º, da Lei 8.212/91, incluído pela Lei 11.941/2009.

De acordo com entendimento do TST, este § 5º abarca, inclusive, os **acordos homologados após o trânsito em julgado de sentença condenatória trabalhista**, pois a conciliação é objetivo a ser buscado pelo Poder Judiciário (CPC, art. 125, IV, e 448; CLT, art. 846), cabendo, no processo trabalhista, a qualquer momento (PROCESSO Nº TST-AIRR-9741-66.2007.5.03.0016, 3ª Turma, de 28/04/2010).

No entanto, **o acordo deverá respeitar a proporcionalidade entre as parcelas remuneratórias e as indenizatórias fixadas na decisão condenatória**, nos termos da **Orientação Jurisprudencial 376 do TST**, publicada em 19/04/2010:

> "OJ 376. CONTRIBUIÇÃO PREVIDENCIÁRIA. ACORDO HOMOLOGADO EM JUÍZO APÓS O TRÂNSITO EM JULGADO DA SENTENÇA CONDENATÓRIA. INCIDÊNCIA SOBRE O VALOR HOMOLOGADO. É devida a contribuição previdenciária sobre o valor do acordo celebrado e homologado após o trânsito em julgado de decisão judicial, respeitada a proporcionalidade de valores entre as parcelas de natureza salarial e indenizatória deferidas na decisão condenatória e as parcelas objeto do acordo".

Suponha-se que a sentença trabalhista condenou a empresa a pagar R$ 200.000,00 ao empregado, sendo R$ 100.000,00 de parcelas remuneratórias (sobre as quais incidem as contribuições previdenciárias) e R$ 100.000,00 de parcelas indenizatórias (que não integram o salário de contribuição). Neste caso, a proporcionalidade foi de 50% de verbas remuneratórias e de 50% de indenizatórias.

Nesse sentido, a Súmula 74 da AGU, de 21 de março de 2014:

> Súmula 74 – "Na Reclamação Trabalhista, quando o acordo for celebrado e homologado após o trânsito em julgado, a contribuição previdenciária incidirá sobre o valor do ajuste, respeitada a proporcionalidade das parcelas de natureza salarial e indenizatória deferidas na decisão condenatória."

Posteriormente, na execução, as partes entram em acordo para acelerar o processo e obtém homologação judicial da avença. O valor foi reduzido de R$ 200.000,00 para R$ 150.000,00. Neste caso, deverá ser mantida a proporção da sentença condenatória, incidindo a contribuição previdenciária sobre 50% do valor do acordo ulterior (R$ 75.000,00).

Contudo, neste caso, o termo que for lavrado não valerá como decisão irrecorrível para a Previdência Social quanto às contribuições que lhe forem devidas, na forma do artigo 831, parágrafo único, da CLT, pois os créditos tributários não poderão ser transacionados livremente por particulares à margem da primazia do interesse público.

A União será intimada pessoalmente (mediante a entrega dos autos com vista) das decisões homologatórias de acordos que contenham **parcela indenizatória**, facultada a interposição de recurso relativo aos tributos que lhe forem devidos[88], sendo representada pela Procuradoria--Geral Federal, órgão vinculado à Advocacia-Geral da União, que será intimado dos cálculos para concordância, impugnação ou recurso no prazo de 10 dias, sob pena de preclusão, a teor do artigo 879, § 3º, da CLT, **não sendo necessária a inscrição do crédito em Dívida Ativa, entendimento ratificado pelo STJ**[89].

Inclusive, não será necessária a Certidão de Dívida Ativa para a habilitação do crédito previdenciário reconhecido pela Justiça do Trabalho em juízo falimentar:

> **"INFORMATIVO 530– DIREITO PROCESSUAL CIVIL. HABILITAÇÃO DE CRÉDITO PREVIDENCIÁRIO EM PROCESSO DE FALÊNCIA.**
>
> **É desnecessária a apresentação de Certidão de Dívida Ativa (CDA) para habilitação, em processo de falência, de crédito previdenciário resultante de decisão judicial trabalhista.** Com efeito, a constituição do crédito tributário pela via administrativa do lançamento, da qual resulta a CDA, título executivo extrajudicial conforme o art. 585, VII, do CPC, não se confunde com o crédito materializado no título executivo judicial no qual foi reconhecida uma obrigação tributária, nascida com o fato gerador, cuja ocorrência se dá "na data da prestação do serviço" (art. 43, § 2º, da Lei n. 8.212/1991). Efetivamente, a sentença da justiça laboral que condena o empregador a uma obrigação de caráter trabalhista e, por consequência, reconhece a existência do fato gerador da obrigação tributária insere-se na categoria geral de sentença proferida no processo civil que reconhece a existência de obrigação de fazer, não fazer, entregar coisa ou pagar quantia (art. 475-N, CPC). Desse modo, a sentença consubstancia, ela própria, título executivo judicial no qual subjaz o crédito para a Fazenda Pública. REsp 1.170.750-SP, Rel. Min. Luis Felipe Salomão, julgado em 27/08/2013".

De acordo com a Secretaria da Receita Federal do Brasil, decorrem créditos previdenciários das decisões proferidas pelos Juízes e Tribunais do Trabalho que[90]:

> "I – condenem o empregador ou tomador de serviços ao pagamento de remunerações devidas ao trabalhador, por direito decorrente dos serviços prestados ou de disposição especial de lei;
>
> II – reconheçam a existência de vínculo empregatício entre as partes, declarando a prestação de serviços de natureza não eventual, pelo empregado ao empregador, sob a dependência deste e mediante remuneração devida, ainda que já paga à época, no todo ou em parte, e determinando o respectivo registro em CTPS;

88. Artigo 832, § 4º, da CLT.
89. STJ, CAT 119, de 12.12.2001.
90. Artigo 100, da Instrução Normativa RFB 971/2009.

III – homologuem acordo celebrado entre as partes antes do julgamento da reclamatória trabalhista, pelo qual fique convencionado o pagamento de parcelas com incidência de contribuições sociais para quitação dos pedidos que a originaram, ou o reconhecimento de vínculo empregatício em período determinado, com anotação do mesmo em CTPS;

IV – reconheçam a existência de remunerações pagas no curso da relação de trabalho, ainda que não determinem o registro em CTPS ou o lançamento em folha de pagamento".

De acordo com o TST, em decisão que se discorda inteiramente e que reflete a jurisprudência consolidada da Corte, as partes poderão definir a natureza indenizatória das parcelas discutidas em juízo, mesmo que postuladas na petição inicial parcelas remuneratórias:

"**RECURSO DE EMBARGOS INTERPOSTO DEPOIS DA EDIÇÃO DA LEI Nº 11.496/2007 – ACORDO HOMOLOGADO EM JUÍZO – DISCRIMINAÇÃO DAS PARCELAS INDENIZATÓRIAS – PARCELA CONTRIBUIÇÃO PREVIDENCIÁRIA INDEVIDA.** A jurisprudência desta Corte sedimentou o entendimento de que, havendo acordo entre as partes, com homologação em juízo, e sendo declarada a natureza indenizatória das parcelas, não se há de falar em incidência sobre estas de contribuição previdenciária. Não se pode vetar às partes a prerrogativa de transacionarem o pagamento de parcelas de natureza exclusivamente indenizatória, sobre as quais, reitere-se, não se há de falar em contribuição previdenciária, mesmo que, na petição inicial, se tenha postulado parcelas de caráter salarial, na forma do art. 584, inciso III, do CPC, com a redação emprestada pela Lei nº 10.358/2001, no qual consta a chancela da conciliação de, até mesmo, matéria não colocada em juízo. Assim, no acordo homologado não há a incidência das contribuições previdenciárias". E-RR– 246100-72.2004.5.02.0013, Relator Ministro Luiz Philippe Vieira de Mello Filho, DEJT de 21/05/2010 (Subseção I Especializada em Dissídios Individuais).

A Advocacia-Geral da União, por sua vez, editou em 03 de dezembro de 2012 súmula com o mesmo entendimento:

"**Súmula 67** – Na Reclamação Trabalhista, até o trânsito em julgado, as partes são livres para discriminar a natureza das verbas objeto do acordo judicial para efeito do cálculo da contribuição previdenciária, mesmo que tais valores não correspondam aos pedidos ou à proporção das verbas salariais constantes da petição inicial.[91]"

Ora, não poderiam as partes em processo trabalhista ter a prerrogativa de definir a natureza jurídica de uma parcela postulada. Se a verba é remuneratória não poderiam os litigantes tomá-la como indenizatória, a fim de elidir ilegalmente a incidência da contribuição previdenciária, transacionando com os tributos que não lhe pertencem.

91. Legislação Pertinente: Art. 43, § 1º da Lei nº 8.212, de 24 de julho de 1991, com a redação da Lei nº 11.941, de 27 de maio de 2009, e art. 475N, do Código de Processo Civil. Precedentes: Tribunal Superior do Trabalho: E-RR – 3021/2003-005-12-00, Relator Ministro Carlos Alberto Reis de Paulo, DEJT de 07/11/2008; E-RR– 246100-72.2004.5.02.0013, Relator Ministro Luiz Philippe Vieira de Mello Filho, DEJT de 21/05/2010 (Subseção I Especializada em Dissídios Individuais); RR – 946/2003-003-22-00, Relator Ministro Lélio Bentes Corrêa, DEJT de 29/05/2009 (1ª Turma); RR – 880/1997-244-01-00, Relator Ministro Vantuil Abdalla, DEJT de 07/08/2009 (2ª Turma); RR – 1043/2006-451-01-00, Relator Ministro Douglas Alencar Rodrigues, DEJT de 14/08/2009 (3ª Turma); RR – 3355/2002-241-01-00, Relator Ministro Barros Levenhagen, DEJT de 14/08/2009 (4ª Turma); AIRR – 687/2005-01-04-40, Relatora Ministra Kátia Magalhães Arruda, DEJT de 13/02/2009 (5ª Turma); RR – 766/2004-451-01-00, Relator Ministro Aloysio Corrêa da Veiga, DEJT de 22/05/2009 e RR 1460/1994-023-02-40, Relator Ministro Maurício Godinho Delgado, DEJT de 16/10/2009 (6ª Turma); RR – 819/2008-002-18-00, Relatora Ministra Maria Cristina Irigoyen Peduzzi, DEJT de 13/11/2009 e RR – 1496/2005-332-02-00, Relatora Ministra Dora Maria da Costa, DEJT de 13/11/2009 (8ª Turma).

Entendimentos dessa natureza viabilizam os acordos com o sacrifício ilegítimo das contribuições previdenciárias necessárias ao abastecimento do Fundo do Regime Geral de Previdência Social.

Entende-se que a própria Advocacia-Geral da União, se não o fez, deveria ter forçado a manifestação do STF a respeito, pois os precedentes que ensejaram a Súmula 67 são apenas da lavra do TST.

Conquanto a responsabilidade pelo pagamento das contribuições previdenciárias do trabalhador seja do empregador, ante a presunção de recolhimento que milita em favor dos empregados, avulsos e contribuintes individuais prestadores de serviços, a orientação jurisprudencial do **TST**, cristalizada na **Súmula 368**:

Súmula nº 368 do TST

DESCONTOS PREVIDENCIÁRIOS. IMPOSTO DE RENDA. COMPETÊNCIA. RESPONSABILIDADE PELO RECOLHIMENTO. FORMA DE CÁLCULO. FATO GERADOR (aglutinada a parte final da Orientação Jurisprudencial nº 363 da SBDI-I à redação do item II e incluídos os itens IV, V e VI em sessão do Tribunal Pleno realizada em 26.06.2017) – Res. 219/2017, republicada em razão de erro material – DEJT divulgado em 12, 13 e 14.07.2017

I – A Justiça do Trabalho é competente para determinar o recolhimento das contribuições fiscais. A competência da Justiça do Trabalho, quanto à execução das contribuições previdenciárias, limita-se às sentenças condenatórias em pecúnia que proferir e aos valores, objeto de acordo homologado, que integrem o salário de contribuição. (ex-OJ nº 141 da SBDI-1 – inserida em 27.11.1998).

II – É do empregador a responsabilidade pelo recolhimento das contribuições previdenciárias e fiscais, resultantes de crédito do empregado oriundo de condenação judicial. A culpa do empregador pelo inadimplemento das verbas remuneratórias, contudo, não exime a responsabilidade do empregado pelos pagamentos do imposto de renda devido e da contribuição previdenciária que recaia sobre sua quota-parte. (ex-OJ nº 363 da SBDI-1, parte final)

III – Os descontos previdenciários relativos à contribuição do empregado, no caso de ações trabalhistas, devem ser calculados mês a mês, de conformidade com o art. 276, § 4º, do Decreto n º 3.048/1999 que regulamentou a Lei nº 8.212/1991, aplicando-se as alíquotas previstas no art. 198, observado o limite máximo do salário de contribuição (ex-OJs nºs 32 e 228 da SBDI-1 – inseridas, respectivamente, em 14.03.1994 e 20.06.2001).

IV – Considera-se fato gerador das contribuições previdenciárias decorrentes de créditos trabalhistas reconhecidos ou homologados em juízo, para os serviços prestados até 4.3.2009, inclusive, o efetivo pagamento das verbas, configurando-se a mora a partir do dia dois do mês seguinte ao da liquidação (art. 276, "caput", do Decreto nº 3.048/1999). Eficácia não retroativa da alteração legislativa promovida pela Medida Provisória nº 449/2008, posteriormente convertida na Lei nº 11.941/2009, que deu nova redação ao art. 43 da Lei nº 8.212/91.

V – Para o labor realizado a partir de 5.3.2009, considera-se fato gerador das contribuições previdenciárias decorrentes de créditos trabalhistas reconhecidos ou homologados em juízo a data da efetiva prestação dos serviços. Sobre as contribuições previdenciárias não recolhidas a partir da prestação dos serviços incidem juros de mora e, uma vez apurados os créditos previdenciários, aplica-se multa a partir do exaurimento do prazo de citação para pagamento, se descumprida a obrigação, observado o limite legal de 20% (art. 61, § 2º, da Lei nº 9.430/96).

VI – O imposto de renda decorrente de crédito do empregado recebido acumuladamente deve ser calculado sobre o montante dos rendimentos pagos, mediante a utilização de tabela progressiva resultante da multiplicação da quantidade de meses a que se refiram os rendimentos pelos valores constantes da tabela progressiva mensal correspondente ao mês do recebimento ou crédito, nos termos do art. 12-A da Lei nº 7.713, de 22/12/1988, com a redação conferida pela Lei nº 13.149/2015, observado o procedimento previsto nas Instruções Normativas da Receita Federal do Brasil.

Caso a sentença trabalhista tenha discriminado o recolhimento de contribuições previdenciárias indevidas ou além do valor correto, **a Justiça Laboral não detém competência para julgar a ação de repetição do indébito tributário, e sim a Justiça Federal, conforme vários entendimentos do STJ**[92], incidindo a regra geral do artigo 109, inciso I, da Constituição Federal.

Este também é o entendimento do TST:

> "AGRAVO DE INSTRUMENTO – VIOLAÇÃO DO ART. 109, I, DA CF – PROVIMENTO. Diante da constatação de violação do art. 109, I, da CF, dá-se provimento ao agravo de instrumento para determinar o processamento do recurso de revista. Agravo de instrumento provido. II) RECURSO DE REVISTA – AÇÃO DE REPETIÇÃO DE INDÉBITO – ART. 109, I, DA CF – INCOMPETÊNCIA DA JUSTIÇA DO TRABALHO. 1. O art. 114 da Constituição Federal, alterado com a Emenda Constitucional 45/04, que promoveu a reforma do Poder Judiciário e ampliou a competência da Justiça do Trabalho, atribui à referida Justiça Especializada a competência para processar e julgar, entre outras questões, as -ações oriundas – e -outras controvérsias decorrentes da relação de trabalho-. **2. No entanto, consoante o disposto no art. 109, I, da Constituição Federal, verifica-se que esta Justiça Especializada não tem competência para atuar como instância julgadora sobre a contribuição previdenciária, não podendo processar, muito menos julgar, ação de repetição do indébito movida contra a autarquia previdenciária, cuja competência jurisdicional é da Justiça Federal**. 3. Nesse contexto, o recurso alcança conhecimento, por violação do art. 109, I, da CF, e consequente provimento, tendo em vista que a decisão regional entendeu que a Justiça do Trabalho era competente para apreciar a ação de repetição de indébito referente a contribuição previdenciária. Recurso de revista parcialmente conhecido e provido. (Processo: RR – 558-97.2010.5.18.0000 Data de Julgamento: 10/08/2010, Relatora Juíza Convocada: Maria Doralice Novaes, 7ª **Turma**, Data de Publicação: **DEJT 13/08/2010**".

Apesar da omissão legal, é possível que a sentença trabalhista fixe o pagamento de contribuições previdenciárias já objeto de cobrança pela Secretaria da Receita Federal no Brasil em sede administrativa, ou mesmo em executivo fiscal ajuizado pela União na Justiça Federal, devendo naturalmente se operar o respectivo abatimento das parcelas pagas na Justiça do Trabalho.

Frise-se que **a arrecadação trabalhista das contribuições previdenciárias, por si só, não vinculará o INSS a reconhecer o tempo de contribuição respectivo**, pois algumas vezes trata-se de acordo fruto de lide simulada homologado em Juízo, com o propósito de gerar a concessão de benefícios previdenciários irregulares.

Ademais, a coisa julgada é ineficaz perante o INSS, que não foi parte no processo, sendo necessário o início de prova material não suprível com meros testemunhos, razão pela qual a sentença trabalhista apenas valerá como começo de prova para o INSS quando fundamentada em documentos, conforme determina o artigo 55, § 3º, da Lei 8.213/91.

Nesse sentido, o STJ:

> "AGRAVO REGIMENTAL. PREVIDENCIÁRIO. RECONHECIMENTO DE TEMPO DE SERVIÇO. SENTENÇA TRABALHISTA DESACOMPANHADA DE DOCUMENTAÇÃO A EVIDENCIAR A ATIVIDADE LABORATIVA. INÍCIO DE PROVA MATERIAL NÃO CARACTERIZADA. MATÉRIA PACÍFICA.
>
> 1. A jurisprudência desta Corte é pacífica no sentido de que a sentença trabalhista pode ser considerada como início de prova material, mostrando-se hábil para a determinação do tempo de serviço previsto no artigo 55, § 3º, da Lei nº 8.213/1991, desde que fundada em elementos que evidenciem

92. CC 98.476, de 26.11.2008 – CC 56.946, de 08.08.2007.

o exercício da atividade laborativa na função e períodos alegados na ação previdenciária, ainda que o INSS não tenha integrado a respectiva lide.

2. ***In casu*, a decisão da Justiça do Trabalho não serve como prova apta a autorizar o reconhecimento do alegado tempo de serviço, pois inexistentes quaisquer documentos a evidenciar o exercício da atividade laborativa** (AgRg no **REsp 1.053.909, de 19.08.2008).**"

"PROCESSUAL CIVIL E PREVIDENCIÁRIO. AGRAVO REGIMENTAL NO RECURSO ESPECIAL. VIOLAÇÃO DO ART. 472 DO CPC. SÚMULA 282/STF. PENSÃO POR MORTE. REVISÃO DA RMI. CÁLCULO COM BASE NA REMUNERAÇÃO DO SEGURADO RECONHECIDA EM RECLAMAÇÃO TRABALHISTA. POSSIBILIDADE. PRECEDENTES DO STJ. AGRAVO REGIMENTAL A QUE SE NEGA PROVIMENTO.

1. Cinge-se a controvérsia em saber se as anotações na CTPS, obtidas mediante sentença da Justiça Trabalhista, constituem ou não início de prova material, apta a legitimar a revisão da RMI da pensão por morte recebida pelos recorridos.

2. No tocante à alegada violação do art. 472 do CPC, o tema não foi prequestionado, o Tribunal a quo sequer enfrentou o artigo, implicitamente. Recai ao ponto a Súmula 282/STF.

3. A jurisprudência do STJ é firme no sentido de que a sentença trabalhista pode ser considerada como início de prova material, sendo apta a comprovar o tempo de serviço prescrito no artigo 55, § 3º da Lei 8.213/91, desde que fundamentada em elementos que demonstrem o exercício da atividade laborativa nos períodos alegados, como no caso" (STJ, 2ª Turma, AgRg no REsp 1307703, de 03/05/2012).

> Logo, a Súmula 31 da TNU, ao dispor que "a anotação na CTPS decorrente de sentença trabalhista homologatória constitui início de prova material para fins previdenciários", deverá ser interpretada de acordo com a legislação previdenciária, pois deverá estar lastreada em início de prova material.

Mas se verificou, a partir do ano de 2016, que o STJ vem promovendo uma distinção nas decisões trabalhistas, passando a acatar como prova material para subsidiar as revisionais previdenciárias as sentenças fruto de instrução probatória.

"1. É firme a orientação desta Corte de que a sentença trabalhista será admitida como início de prova material, caso ela tenha sido fundada em outros elementos de prova que evidenciem o labor exercido na função e período alegado pelo segurado. Precedentes: AgRg no AREsp. 789.620/PE, Rel. Min. DIVA MALERBI, DJe 26.2.2016; AgRg no AREsp. 359.425/PE, Rel. Min. REGINA HELENA COSTA, DJe 5.8.2015; AgRg no REsp. 1.427.277/PR, Rel. Min. HERMAN BENJAMIN, DJe 15.4.2014; REsp. 1.427.988/PR, Rel. Min. SÉRGIO KUKINA, DJe 9.4.2014. **2. Como visto, no caso dos autos, o tempo de trabalho reconhecido na Justiça do Trabalho, foi confirmado pela prova testemunhal colhida em juízo, o direito ao benefício na maneira como requerido; neste caso, impende frisar que, na instância Trabalhista o tempo de trabalho averbado ao Trabalhador foi apoiado em prova judicial** (AgRg no AREsp 833569, 1ª Turma, de 22/9/2016).

Por outro lado, meras sentenças trabalhistas homologatórias de acordo em que inexiste prova material contemporânea no processo trabalhista não vêm sendo aceitas:

"1. 'A jurisprudência desta Corte é firme no sentido de que a sentença trabalhista homologatória de acordo só pode ser considerada como início de prova material se fundada em elementos que demonstrem o labor exercido na função e os períodos alegados pelo trabalhador, sendo, dessa forma, apta a comprovar o tempo de serviço enunciado no art. 55, § 3º, da Lei n. 8.213/91. **Na hipótese dos autos, contudo, segundo consta no acórdão recorrido, não houve instrução probatória,**

nem exame de mérito da demanda trabalhista que demonstre o efetivo exercício da atividade laboral". (STJ, AgRg no REsp 1.402.671/PE, Rel. Ministro Humberto Martins, Segunda Turma, DJe de 25.10.2013). 2. O Tribunal a quo decidiu de acordo com jurisprudência do STJ, de modo que se aplica à espécie o enunciado da Súmula 83/STJ. 3. Agravo Regimental não provido (AgRg no AREsp 817763, 2ª Turma, de 1/3/2016).

De acordo com a atual posição da TNU, "em suma a reclamatória trabalhista será válida como início de prova material em duas situações: (1) fundada em documentos que sinalizem o exercício da atividade laborativa na função e períodos alegados, ou (2) ajuizada imediatamente após o término do labor, antes da ocorrência da prescrição que impede ao reclamante obter direitos trabalhistas perante o empregador, consoante o art. 7º, inciso XXIX da CF/88" (processo 2012.50.50.002501-9, de 17/8/2016).

A apresentação pelo filiado da decisão judicial em inteiro teor, com informação do trânsito em julgado e a planilha de cálculos dos valores devidos homologada pelo Juízo que levaram a Justiça do Trabalho a reconhecer o tempo de contribuição ou homologar o acordo realizado não exime o INSS de confrontar tais informações com aquelas existentes nos sistemas corporativos disponíveis na Previdência Social para fins de validação do tempo de contribuição[93].

Todavia, na hipótese de ação trabalhista que busque apenas a complementação de remuneração do empregado, o INSS vem dispensando administrativamente que a sentença trabalhista seja fundamentada em início de prova material.

De efeito, tratando-se de ação trabalhista transitada em julgado envolvendo apenas a complementação de salários de contribuição de vínculo empregatício devidamente comprovado, não será exigido início de prova material, independente de existência de recolhimentos correspondentes[94].

Da mesma forma, tratando-se de reclamatória trabalhista que determine a reintegração do empregado, para a contagem do tempo de contribuição e o reconhecimento de direitos para os fins previstos no RGPS, não será exigido início de prova material, caso comprovada a existência do vínculo anteriormente[95].

Vale salientar que inexiste competência para a Justiça do Trabalho determinar que o INSS averbe tempo de serviço ou de contribuição, conforme decidido pelo TST:

> "RECURSO DE REVISTA. INCOMPETÊNCIA DA JUSTIÇA DO TRABALHO. AVERBAÇÃO DE TEMPO DE SERVIÇO DE PERÍODO DE TRABALHO RECONHECIDO EM JUÍZO PARA EFEITOS PREVIDENCIÁRIOS. **É da competência da Justiça Federal, nos termos do artigo 109, I e § 3º, da CF, a averbação do tempo de serviço relativo a vínculo empregatício reconhecido em juízo, para fins previdenciários, visto que tal competência não se encontra taxativamente prevista no artigo 114 da CF, tampouco existe legislação em vigor que fixe a competência desta Justiça Especializada para determinar tal averbação.** Recurso de revista conhecido e provido. (Processo: RR – 138700-43.2007.5.15.0009 Data de Julgamento: 24/11/2010, Relatora Ministra: Dora Maria da Costa, 8ª Turma, Data de Publicação: **DEJT 26/11/2010**)."

De efeito, quando se tratar de ofício da Justiça do Trabalho determinando a inclusão, exclusão, alteração ou ratificação de vínculos e remunerações e a averbação de tempo de contribuição ou outra determinação decorrente de reclamatória trabalhista, o documento deverá ser

93. Artigo 71, § 1º, da Instrução Normativa INSS 77/2015.
94. Artigo 71, inciso IV, da Instrução Normativa INSS 77/2015.
95. Artigo 72, inciso II, da Instrução Normativa INSS 77/2015.

encaminhado à Procuradoria do INSS local para conhecimento e adoção das medidas cabíveis[96], ante a manifesta incompetência da Justiça Laboral para fazê-lo.

14. PARCELAMENTO

As regras de parcelamento das contribuições previdenciárias (e das contribuições para a seguridade social como um todo) constavam do artigo 38, da Lei 8.212/91, que foi revogado pela Lei 11.941/2009.

Agora, incidirão as regras gerais para os tributos da União trazidas pelos artigos 10 a 16, da Lei 10.522/2002, sendo possível o parcelamento em até 60 parcelas mensais, condicionado ao pagamento da primeira parcela, com previsão de garantia real ou fidejussória, caso o débito esteja inscrito em Dívida Ativa, sendo admitida a fiança bancária.

O pedido de parcelamento deferido constitui confissão de dívida e instrumento hábil e suficiente para a exigência do crédito tributário, podendo a exatidão dos valores parcelados ser objeto de verificação, cabendo ao devedor, enquanto o pedido estiver pendente de deferimento, recolher, a cada mês, como antecipação, valor correspondente a uma parcela.

O valor de cada prestação mensal, por ocasião do pagamento, será acrescido de **juros equivalentes à taxa referencial do Sistema Especial de Liquidação e de Custódia – SELIC** para títulos federais, acumulada mensalmente, calculados a partir do mês subsequente ao da consolidação até o mês anterior ao do pagamento, **e de 1% relativamente ao mês em que o pagamento estiver sendo efetuado.**

É **proibido o parcelamento** das contribuições previdenciárias passíveis de retenção na fonte, de desconto de terceiros ou de sub-rogação, assim como os valores recebidos pelos agentes arrecadadores não recolhidos aos cofres públicos.

Outrossim, **a pessoa jurídica com falência ou com insolvência civil decretada não poderá parcelar o pagamento das contribuições previdenciárias devidas à União.**

Será possível o reparcelamento dos débitos, condicionado ao pagamento da primeira parcela, no valor equivalente a 10% do total dos débitos consolidados ou de 20% do total dos débitos consolidados, caso haja débito com histórico de reparcelamentos anteriores.

O que chama a atenção é que não mais subsiste a proibição de parcelamento para os condenados por crime contra a Previdência Social, como era previsto no revogado artigo 38, § 3º, da Lei 8.212/91.

Da mesma forma, as contribuições dos segurados e das empresas passíveis de retenção na fonte, se esta não for perpetrada, também não mais poderão ser parceladas, pois a legislação revogada apenas vedava o parcelamento das contribuições retidas de terceiros e não repassadas ao Fisco, o que inclusive poderá configurar o delito de apropriação indébita previdenciária.

Por força do Decreto 10.410/2020, serão realizados **exclusivamente** pela Secretaria Especial da Receita Federal do Brasil do Ministério da Economia os acertos de:

> **I – inclusão de recolhimento, alterações de valor autenticado ou data de pagamento da Guia da Previdência Social ou do documento que venha a substituí-la;**

96. Artigo 75, da Instrução Normativa INSS 77/2015.

II – transferência de contribuição com identificador de pessoa jurídica ou equiparada para o CNIS; e

III – inclusão da contribuição liquidada por meio de parcelamento."

Dessa forma, o parcelamento de contribuições previdenciárias deve ser requerido exclusivamente na RFB, não cabendo a atuação do INSS neste procedimento.

Por fim, permanece em vigor o artigo 7º, da Lei 10.666/03, que preceitua que **não poderão ser objeto de parcelamento** as contribuições descontadas dos empregados, inclusive dos domésticos, dos trabalhadores avulsos, dos contribuintes individuais, as decorrentes da sub-rogação e as demais importâncias descontadas na forma da legislação previdenciária.

15. ENCARGOS DECORRENTES DO ATRASO NO PAGAMENTO

O tema era tratado pelo artigo 34, da Lei 8.212/91, que foi revogado pela Lei 11.941/2009, sendo disciplinado atualmente pelo artigo 30, da Lei 10.522/02.

Com efeito, **sobre os débitos vencidos e não pagos incidirão juros de mora equivalentes à taxa referencial do Sistema Especial de Liquidação e de Custódia – SELIC para títulos federais, acumulada mensalmente, até o último dia do mês anterior ao do pagamento, e de 1% no mês de pagamento**. Na hipótese de restituição judicial mediante uma ação de repetição do indébito tributário, o termo inicial dos juros de mora será a coisa julgada.

Nesse sentido, o STF:

> "Contribuição previdenciária – Natureza tributária – Incidência de juros de mora a partir do trânsito em julgado de decisão que determina a devolução de valores indevidamente recolhidos (CTN, art. 167, parágrafo único)." (AI 650.107, Rel. Min. Celso de Mello, julgamento em 26-8-2008, Segunda Turma, *DJE* de 3-10-2008).

Anteriormente, havia a incidência de 1% de juros no mês do vencimento e de 1% no mês do pagamento do débito, ao passo que agora somente será cobrado no mês do pagamento.

Por sua vez, as multas decorrentes do inadimplemento eram fixadas pelo artigo 35, da Lei 8.212/91, também revogado pela Lei 11.941/2009, sendo aplicável agora o artigo 61, da Lei 9.430/96, que fixa a **multa de mora à razão de 0,33% por dia de atraso, limitada a 20% ao mês.**

Entretanto, nas hipóteses de lançamento de ofício, as multas serão mais pesadas, devendo ser observado o regramento do artigo 44, da Lei 9.430/96[97].

97. Art. 44. Nos casos de lançamento de ofício, serão aplicadas as seguintes multas:

I – de 75% (setenta e cinco por cento) sobre a totalidade ou diferença de imposto ou contribuição nos casos de falta de pagamento ou recolhimento, de falta de declaração e nos de declaração inexata;

II – de 50% (cinqüenta por cento), exigida isoladamente, sobre o valor do pagamento mensal:

a) na forma do art. 8º da Lei no 7.713, de 22 de dezembro de 1988, que deixar de ser efetuado, ainda que não tenha sido apurado imposto a pagar na declaração de ajuste, no caso de pessoa física;

b) na forma do art. 2º desta Lei, que deixar de ser efetuado, ainda que tenha sido apurado prejuízo fiscal ou base de cálculo negativa para a contribuição social sobre o lucro líquido, no ano-calendário correspondente, no caso de pessoa jurídica.

Vale advertir que o artigo 41, da Lei 8.212/91, previa a responsabilidade pessoal dos gestores públicos pelo pagamento de multa aplicada por infrações aos dispositivos da Lei de Custeio, inclusive prevendo a obrigatoriedade do desconto na folha de pagamento, tendo sido revogado pela Lei 11.941/2009.

16. A RETENÇÃO FEITA PELO CONTRATANTE DE SERVIÇOS DE CESSÃO DE MÃO DE OBRA

Com o intuito de otimizar a arrecadação das contribuições previdenciárias, inibindo a sonegação fiscal, o artigo 31, da Lei 8.212/91,[98] prevê que a **empresa que contrate outra para a prestação de serviços de cessão de mão de obra**, mesmo que em regime de trabalho temporário, **terá a responsabilidade tributária de reter a quantia equivalente a 11% do valor bruto da nota fiscal ou fatura de prestação de serviços em nome da pessoa jurídica cedente de mão de obra** ("RETENÇÃO PARA A PREVIDÊNCIA SOCIAL"), até o dia 20 do mês subsequente ao da emissão da nota ou fatura, ou no dia útil imediatamente anterior, se não houver expediente bancário, a partir da competência 02.1999.

Não se trata diretamente de pagamento das contribuições previdenciárias patronais, e sim da técnica legal da **antecipação compensável**, pois posteriormente a quantia retida será utilizada para o pagamento das contribuições previdenciárias devidas pela prestadora de serviços de mão de obra.

Assim, esse procedimento foi validado pelo STF:

> "EMENTA: CONSTITUCIONAL. TRIBUTÁRIO. PREVIDENCIÁRIO. CONTRIBUIÇÃO SOCIAL: SEGURIDADE. RETENÇÃO DE 11% SOBRE O VALOR BRUTO DA NOTA FISCAL OU DA FATURA DE PRESTAÇÃO DE SERVIÇO. Lei 8.212/91, art. 31, com a redação da Lei 9.711/98. I. – Empresa contratante de serviços executados mediante cessão de mão de obra: obrigação de reter onze por cento do valor bruto da nota fiscal ou fatura de prestação de serviços e recolher a importância retida até o dia 2 do mês subseqüente ao da emissão da respectiva nota fiscal ou fatura, em nome da empresa cedente da mão de obra: inocorrência de ofensa ao disposto no art. 150, § 7º, art. 150, IV, art. 195, § 4º, art. 154, I, e art. 148 da CF. II. – R.E. conhecido e improvido" (RE 393.946, de 03.11.2004).

No dia 1º de agosto de 2011, a Suprema Corte corroborou a validade do artigo 31, da Lei 8.212/91, no julgamento do recurso extraordinário 603.191, consoante noticiado no Informativo 634, se mantendo este entendimento até a atualidade:

> **"Contribuição previdenciária de prestadoras de serviço**
>
> **É constitucional a retenção de 11% sobre o valor bruto da nota fiscal ou fatura de prestação de serviços por parte das empresas tomadoras de serviço, a título de contribuição previdenciária. Ao reafirmar esse entendimento, o Plenário, por maioria, desproveu recurso extraordinário em que pretendida a declaração incidental de inconstitucionalidade do art. 31 da Lei 8.212/91.** Asseverou que o instituto da substituição tributária seria necessário nas sociedades complexas

§ 1º O percentual de multa de que trata o inciso I do caput deste artigo será duplicado nos casos previstos nos arts. 71, 72 e 73 da Lei no 4.502, de 30 de novembro de 1964, independentemente de outras penalidades administrativas ou criminais cabíveis.

98. Artigo reformulado pela Lei 9.711/98 e 11.933/2009.

atuais, as quais exigiriam a participação de terceiros para adimplemento de todas as obrigações e para maior facilidade tanto na arrecadação quanto na fiscalização, além de impedir o prejuízo aos trabalhadores nos contratos de terceirizados. Vencido o Min. Marco Aurélio, que provia o recurso ao fundamento de não se tratar de substituição tributária, mas de obrigação acessória, criada por medida provisória posteriormente transformada em lei, contribuição essa estranha ao rol do art. 195, I, da CF, porque passara a incidir não sobre a folha de salários, porém sobre a nota fiscal, presente a prestação de serviços".

"CONTRIBUIÇÃO SOCIAL – EMPRESA CONTRATANTE DE SERVIÇOS EXECUTADOS MEDIANTE CESSÃO DE MÃO DE OBRA – RETENÇÃO DE 11% DO VALOR BRUTO DA NOTA FISCAL OU FATURA – ARTIGO 31 DA LEI Nº 8.212/91, NA REDAÇÃO DA LEI Nº 9.711/98 – PRECEDENTE DE PLENÁRIO. O Pleno, no julgamento do Recurso Extraordinário 603.191/MT, reiterou a conclusão em torno da constitucionalidade do artigo 31 da Lei nº 8.212/91. AGRAVO – ARTIGO 557, § 2º, DO CÓDIGO DE PROCESSO CIVIL – MULTA. Se o agravo é manifestamente infundado, impõe-se a aplicação da multa prevista no § 2º do artigo 557 do Código de Processo Civil, arcando a parte com o ônus decorrente da litigância de má-fé" (RE 427872 AgR, de 30/10/2012).

Posteriormente, será feito um confronto entre o valor retido e o devido pela empresa prestadora de serviços de mão de obra a guisa de contribuição previdenciária patronal, operando-se uma **compensação**, que poderá gerar o direito à restituição do que eventualmente sobre ou o pagamento do remanescente pela pessoa jurídica.

O desconto se presume feito pela empresa tomadora dos serviços de cessão de mão de obra, de modo que, se esta for omissa e não promover o desconto destacado na nota fiscal, será responsabilizada exclusivamente pelo pagamento.

Nesse sentido, o STJ[99]:

"REPETITIVO. CONTRIBUIÇÃO PREVIDENCIÁRIA. RESPONSABILIDADE.
Em julgamento de recurso especial submetido ao regime do art. 543-C do CPC c/c a Res. n. 8/2008-STJ, a Seção assentou que, a partir da vigência da Lei n. 9.711/1998, que conferiu nova redação ao art. 31 da Lei n. 8.212/1991, a responsabilidade pelo recolhimento da contribuição previdenciária retida na fonte incidente sobre a mão de obra utilizada na prestação de serviços contratados **é exclusiva do tomador do serviço, nos termos do art. 33, § 5º, da Lei n. 8.212/1991, não havendo falar em responsabilidade supletiva da empresa cedente**. Precedentes citados: EREsp 446.955-SC, DJe 19/5/2008; REsp 1.068.362-PR, DJe 24/2/2010; AgRg nos EDcl no REsp 1.177.895-RS, DJe 17/8/2010; MC 15.410-RJ, DJe 8/10/2009, e AgRg no REsp 916.914-RS, DJe 6/8/2009. **REsp 1.131.047-MA, Rel. Min. Teori Albino Zavascki, julgado em 24/11/2010".**

As hipóteses de aplicação desta regra constam em um rol enunciado no artigo 219, § 2º, do RPS[100], sendo também prevista a retenção nas hipóteses dos incisos I ao V, quando a prestação se der sob o regime de empreitada.

---

99. Passagem do Informativo 457.

100. I – limpeza, conservação e zeladoria; II – vigilância e segurança; III – construção civil; IV – serviços rurais; V – digitação e preparação de dados para processamento; VI – acabamento, embalagem e acondicionamento de produtos; VII – cobrança; VIII – coleta e reciclagem de lixo e resíduos; IX – copa e hotelaria; X – corte e ligação de serviços públicos; XI – distribuição; XII – treinamento e ensino; XIII – entrega de contas e documentos; XIV – ligação e leitura de medidores; XV – manutenção de instalações, de máquinas e de equipamentos; XVI – montagem; XVII – operação de máquinas, equipamentos e veículos; XVIII – operação de pedágio e de terminais de transporte; XIX – operação de transporte de passageiros, inclusive nos casos de concessão ou sub-concessão;

Será considerada como **cessão de mão de obra** a colocação à disposição do contratante, **em suas dependências ou nas de terceiros**[101], de segurados que realizem serviços contínuos, relacionados ou não com a atividade-fim da empresa, quaisquer que sejam a natureza e a forma de contratação.

Entrementes, **no contrato de empreitada de mão de obra**[102], após a Lei 9.711/98, mesmo não havendo tecnicamente cessão de mão de obra, aplica-se a retenção do artigo 31, da Lei 8.212/91, por força de expressa previsão do inciso III, do § 4º, do referido artigo.

Nesse sentido, colaciona-se passagem de julgado do STJ[103]:

> [...] 20. A Lei 9.711, de 20 de novembro de 1998, por seu turno, reformulou inteiramente o artigo 31, prescrevendo forma diferenciada de recolhimento das contribuições sociais destinadas ao custeio da Seguridade Social, **e caracterizando, como serviço executado mediante cessão de mão de obra, a "empreitada de mão de obra"**. 21. **A doutrina do tema afirma que: "Relativamente aos contratos de empreitada de mão de obra, a Lei 9.711/98 submete expressamente ao regime de substituição tributária do art. 31, da Lei 8.212/91, de modo que, mesmo que não se trate, efetivamente, de um contrato típico de cessão de mão de obra, resta abrangido pelo novo regime**. Quanto aos demais contratos atinentes à construção civil, apenas haverá submissão à retenção se configurada efetiva cessão de mão de obra. Do contrário, aplicável será apenas a solidariedade prevista no art. 30, VI, da Lei 8.212/91" (Leandro Paulsen, in "Direito Tributário – Constituição e Código Tributário à Luz da Doutrina e da Jurisprudência", 8ª ed., Ed. Livraria do Advogado e Escola Superior da Magistratura Federal do Rio Grande do Sul, Porto Alegre, 2006, pág. 1.033) [...]"

Ou seja, em regra, para a caracterização da cessão de mão de obra, **a legislação previdenciária exige efetivo deslocamento dos trabalhadores que prestam serviços**, seja para as instalações do tomador, seja para a de terceiros, a exemplo dos serviços de telemarketing.

O STJ, revendo posicionamentos anteriores, passou a entender que esta retenção não é compatível com regime simplificado de pagamento de tributos das micro e pequenas empresas[104]:

> "TRIBUTÁRIO. CONTRIBUIÇÃO PREVIDENCIÁRIA. EMPRESAS PRESTADORAS DE SERVIÇO OPTANTES PELO SIMPLES. RETENÇÃO DE 11% SOBRE FATURAS. ILEGITIMIDADE DA EXIGÊNCIA. PRECEDENTE DA 1ª SEÇÃO (ERESP 511.001/MG).
>
> 1. A Lei 9.317/96 instituiu tratamento diferenciado às microempresas e empresas de pequeno porte, simplificando o cumprimento de suas obrigações administrativas, tributárias e previdenciárias mediante opção pelo SIMPLES – Sistema Integrado de Pagamento de Impostos e Contribuições. Por este regime de arrecadação, é efetuado um pagamento único relativo a vários tributos federais, cuja base de cálculo é o faturamento, sobre a qual incide uma alíquota única, ficando a empresa optante dispensada do pagamento das demais contribuições instituídas pela União (art. 3º, § 4º).
>
> **2. O sistema de arrecadação destinado aos optantes do SIMPLES não é compatível com o regime de substituição tributária imposto pelo art. 31 da Lei 8.212/91, que constitui "nova**

XX – portaria, recepção e ascensorista; XXI – recepção, triagem e movimentação de materiais; XXII – promoção de vendas e eventos; XXIII – secretaria e expediente; XXIV – saúde; e XXV – telefonia, inclusive **telemarketing**.

101. Dependências de terceiros são aquelas indicadas pela empresa contratante, que não sejam as suas próprias e que não pertençam à empresa prestadora dos serviços.

102. Empreitada é a execução, contratualmente estabelecida, de tarefa, de obra ou de serviço, por preço ajustado, com ou sem fornecimento de material ou uso de equipamentos, que podem ou não ser utilizados, realizada nas dependências da empresa contratante, nas de terceiros ou nas da empresa contratada, tendo como objeto um resultado pretendido.

103. ERESP 200500769896, de 09.04.2008.

104. REsp 1.112.467, de 12.08.2009.

sistemática de recolhimento" daquela mesma contribuição destinada à Seguridade Social. A retenção, pelo tomador de serviços, de contribuição sobre o mesmo título e com a mesma finalidade, na forma imposta pelo art. 31 da Lei 8.212/91 e no percentual de 11%, implica supressão do benefício de pagamento unificado destinado às pequenas e microempresas.

3. Aplica-se, na espécie, o princípio da especialidade, visto que há incompatibilidade técnica entre a sistemática de arrecadação da contribuição previdenciária instituída pela Lei 9.711/98, que elegeu as empresas tomadoras de serviço como responsáveis tributários pela retenção de 11% sobre o valor bruto da nota fiscal, e o regime de unificação de tributos do SIMPLES, adotado pelas pequenas e microempresas (Lei 9.317/96)."

Por conseguinte, em 10.03.2010, o STJ editou a **Súmula 425**:

"Súmula: 425 – A retenção da contribuição para a seguridade social pelo tomador do serviço não se aplica às empresas optantes pelo Simples."

Por força do artigo 224-A, do RPS, esta antecipação compensável não se aplica à contratação de serviços por intermédio de cooperativa de trabalho, justamente porque neste caso já existe uma contribuição previdenciária patronal diferenciada, consistente em 15% sobre o valor bruto da nota fiscal ou fatura de prestação de serviços.

Vale frisar que os valores de materiais ou de equipamentos, próprios ou de terceiros, exceto os equipamentos manuais, fornecidos pela contratada, discriminados no contrato e na nota fiscal, na fatura ou no recibo de prestação de serviços, não integram a base de cálculo da retenção, desde que comprovados[105].

Demais disso, poderão ser deduzidas da base de cálculo da retenção as parcelas que estiverem discriminadas na nota fiscal, na fatura ou no recibo de prestação de serviços, que correspondam ao custo da alimentação *in natura* fornecida pela contratada, de acordo com os programas de alimentação aprovados pelo extinto Ministério do Trabalho, conforme Lei nº 6.321, de 1976, bem como o custo do fornecimento de vale-transporte, de conformidade com a legislação própria[106].

O RPS ainda prevê que a **retenção de 11% será acrescida de quatro, três ou dois pontos percentuais**, relativamente aos serviços prestados pelos segurados empregado, cuja atividade permita a concessão de **aposentadoria especial**, após quinze, vinte ou vinte e cinco anos de contribuição, respectivamente, na forma do seu § 12, do artigo 219, em regulamentação ao artigo 6º, da Lei 10.666/2003.

17. HIPÓTESES DE RESPONSABILIZAÇÃO SOLIDÁRIA

Com o desiderato de aumentar as possibilidades de arrecadação das contribuições previdenciárias, alguns casos de responsabilidade solidária por seu adimplemento foram instituídos pela legislação.

De efeito, a solidariedade tributária não comporta benefício de ordem, respondendo cada devedor pela totalidade do débito perante a Secretaria da Receita Federal do Brasil.

105. Artigo 121, da Instrução Normativa RFB 971/2009.

106. Artigo 124, da Instrução Normativa RFB 971/2009.

17.1. Construção civil

Inicialmente, no ramo da **construção civil**, a legislação previdenciária[107] coloca o *proprietário*, o *incorporador*, o *dono da obra* ou *condômino da unidade imobiliária*, qualquer que seja a forma de contratação da construção, reforma ou acréscimo que *não envolva cessão de mão de obra*, como **responsáveis solidários com o construtor, e estes com a subempreiteira**, pelo cumprimento das obrigações para com a seguridade social.

Entende-se como **obra de construção civil** a construção, demolição, reforma ou ampliação de edificação ou outra benfeitoria agregada ao solo ou ao subsolo[108].

Já o **incorporador** é a pessoa física ou jurídica, comerciante ou não, que embora não efetuando a construção, compromisse ou efetive a venda de frações ideais de terreno objetivando a vinculação de tais frações a unidades autônomas, em edificações a serem construídas ou em construção sob regime condominial, ou que meramente aceite propostas para efetivação de tais transações, coordenando e levando a termo a incorporação e responsabilizando-se, conforme o caso, pela entrega, a certo prazo, preço e determinadas condições, das obras concluídas[109].

Posteriormente, restou ressalvado o seu **direito regressivo** contra o executor ou contratante da obra e **admitida a retenção** de importância a este devida para garantia do cumprimento dessas obrigações, não se aplicando, em qualquer hipótese, o benefício de ordem.

Esta hipótese de responsabilidade solidária apenas terá aplicabilidade quando não ocorrer cessão ou empreitada de mão de obra, conforme previsto no artigo 220, do RPS, **pois nestes casos incidirá a retenção de 11% sobre o valor bruto da nota fiscal ou fatura de prestação de serviços em nome da pessoa jurídica cedente de mão de obra**, na forma do artigo 31, da Lei 8.212/91.

Deveras, **não se considera cessão de mão de obra** a contratação de construção civil em que a empresa construtora assuma a responsabilidade direta e total pela obra ou repasse o contrato integralmente[110].

A pessoa física, dona da obra ou executora da obra de construção civil, é responsável pelo pagamento de contribuições em relação à remuneração paga, devida ou creditada aos segurados que lhe prestam serviços na obra, na mesma forma e prazos aplicados às empresas em geral[111].

Restou excluído da responsabilidade solidária perante a seguridade social o adquirente de prédio ou unidade imobiliária que realizar a operação com empresa de comercialização ou incorporador de imóveis, ficando estes solidariamente responsáveis com o construtor.

De acordo com o STJ (Informativo 554), "na hipótese de paralisação de edificação de condomínio residencial, em razão da falência da incorporadora imobiliária, e tendo a obra sido retomada posteriormente pelos adquirentes das unidades imobiliárias comercializadas – condôminos -, estes não podem ser responsabilizados pelo pagamento de contribuições previdenciárias referentes à etapa da edificação que se encontrava sob a responsabilidade exclusiva da incorporadora falida. Nos termos do art. 30, II, da Lei 8.212/1991, "exclui-se da responsabilidade solidária perante a Seguridade Social o adquirente de prédio ou unidade imobiliária que realizar

107. Artigo 30, inciso VI, da Lei 8.212/91.
108. Artigo 257, § 13, do RPS.
109. Artigo 29, da Lei 4.591/64.
110. Artigo 220, § 1º, do RPS.
111. Artigo 325, parágrafo único, da Instrução Normativa RFB 971/2009.

a operação com empresa de comercialização ou incorporador de imóveis, ficando estes solidariamente responsáveis com o construtor". Vale dizer, o construtor é responsável pelas dívidas previdenciárias, mas não o é o adquirente de unidade imobiliária que realizar a operação com empresa de comercialização ou incorporador de imóveis. Nota-se que a lei protege a boa-fé dos adquirentes que comercializam com empresas construtoras, não só como mecanismo de justiça, mas também como instrumento de garantia, de forma que as relações contratuais na área da construção civil se desenvolvam em um sistema de segurança. No caso, até o momento em que a obra estava sob a responsabilidade da pessoa jurídica, é inegável que os condôminos encontravam-se na condição de adquirentes das unidades comercializadas pela construtora, e não como construtores, não sendo possível, portanto, imputar aos condôminos a responsabilidade tributária, já que estariam acobertados pela exceção prevista no inciso VII do art. 30 da Lei 8.212/1991. Precedente citado: REsp 961.246-SC, Primeira Turma, DJe 10/12/2009. **REsp 1.485.379-SC**, Rel. Min. Og Fernandes, julgado em 16/12/2014, DJe 4/2/2015".

Por fim, frise-se que a legislação previdenciária instituiu uma hipótese de não incidência das contribuições para a seguridade social, no caso de **construção residencial unifamiliar**, desde que destinada ao uso próprio, do tipo econômico, se executada sem mão de obra assalariada[112], se a área total não superar 70 metros quadrados[113].

Se a área construída do imóvel ultrapassar o limite legal para a isenção, será devida contribuição à seguridade social incidente sobre toda a construção e não apenas sobre a parte acrescida, por ausência de previsão legal[114].

Por força do artigo 224-A, do RPS, **esta hipótese de solidariedade não se aplica à contratação de serviços por intermédio de cooperativa de trabalho**, certamente em razão da regra do artigo 22, IV, da Lei 8.212/91.

17.2. Empresas do mesmo grupo econômico

As empresas que integram o mesmo grupo econômico são solidariamente responsáveis pelo pagamento das contribuições para a seguridade social, a teor do artigo 30, inciso IX, da Lei 8.212/91.

Na forma do artigo 2º, § 2º, da CLT, "sempre que uma ou mais empresas, tendo, embora, cada uma delas, personalidade jurídica própria, estiverem sob a direção, controle ou administração de outra, constituindo grupo industrial, comercial ou de qualquer outra atividade econômica, serão, para os efeitos da relação de emprego, solidariamente responsáveis a empresa principal e cada uma das subordinadas", sendo essa definição compatível com o Direito Previdenciário.

Inclusive, este é o conceito adotado no artigo 494, na Instrução Normativa 971/2009, da lavra da Secretaria da Receita Federal do Brasil.

17.3. Gestores dos entes da Administração Pública Indireta

Os administradores das autarquias, fundações públicas, empresas públicas e sociedades de economia mista de todas as esferas poderão ser responsabilizados solidariamente pelo pagamento das contribuições para a seguridade social, caso se encontrem em mora por mais de 30 dias no

112. Artigo 30, VIII, da Lei 8.212/91.
113. Artigo 278, do RPS.
114. TRF 3ª Região, AC 802.334, de 12.01.2010.

seu recolhimento[115], limitado ao período em que já tinham poder de gestão, pois se cuida de responsabilidade pessoal[116].

Ante a ausência de previsão legal, esse dispositivo não poderá ser aplicado aos gestores públicos dos entes políticos, pois limitado à Administração Pública Indireta.

17.4. Administração Pública

De acordo com o artigo 71, § 2º, da Lei 8.666/93, com redação dada pela Lei 9.032/95, **a Administração Pública responde solidariamente com o contratado pelos encargos previdenciários resultantes da execução do contrato,** *nos termos do artigo 31 da Lei nº 8.212, de 24 de julho de 1991.*

Logo, a responsabilidade solidária do Poder Público será elidida se ele efetuou a retenção de 11% sobre o valor bruto da nota ou fatura de prestação de serviços, conforme determina o artigo 31, da Lei 8.212/91.

Nesse sentido, a jurisprudência:

> "[...] 3. Aliás, o Poder Público quando contrata obra responde solidariamente pelos encargos previdenciários das empresas contratadas para a sua realização também em face do disposto no artigo 71 da Lei 8.666/93, com a redação da Lei 9.032/95.
>
> 4. **No entanto, a responsabilidade solidária do município pode ser afastada quando este procede à retenção do valor devido a título das contribuições em questão, ou exige da empresa contratada os comprovantes dos recolhimentos devidos no momento do pagamento da fatura dos serviços prestados, nos termos do contrato firmado com a Administração Pública, pois assim agindo, o ente público terá como comprovar perante o fisco o cumprimento da obrigação tributária**. Ademais, o fato de o município exigir da empresa contratada o pagamento das contribuições previdenciárias, decorre da sua condição de gestor de recursos públicos, sendo isso dever do administrador, sob pena de incorrer em conduta de improbidade administrativa [...]" (TRF da 3ª Região, APELREE 2005.61.10.010.963-8, de 30.07.2009).

Vale destacar que o artigo 71, § 2º, da Lei 8.666/93, apenas atribui responsabilidade solidária ao Poder Público para o pagamento das contribuições previdenciárias juntamente com o contratado no caso de cessão de mão de obra, pois o dispositivo faz remissão ao artigo 31, da Lei 8.212/91.

Esse, inclusive, é o posicionamento do **STJ**, para quem "seja do ponto de vista da literalidade do disposto no art. 71, § 2º, na redação dada pela Lei 9.032/95, que faz expressa remissão ao art. 31, da Lei 8.212/91, seja do ponto de vista da interpretação histórica e teleológica deste dispositivo, combinado com o disposto no art. 30, inciso VI, da mesma lei, a única conclusão possível é aquela segundo a qual **a atribuição da responsabilidade por débitos previdenciários ao Poder Público restringiu-se aos contratos de prestação de serviços mediante cessão de mão de obra, de sorte que é incabível a responsabilização da Administração Pública nas hipóteses de contratos que tiverem por objeto a realização de obra pública, cuja previsão encontra-se no art. 30, inciso VI, da Lei 8.212/91**" (passagem do julgamento da medida cautelar 15.410, de 03/09/2009).

115. Artigo 42, da Lei 8.212/91.

116. TRF 5ª Região, AG 2000.05.00.035433-0, de 18.10.2002.

17.5. Operador portuário e órgão gestor de mão de obra

O artigo 2º, § 4º, da Lei 9.719/98, determina que **o operador portuário e o órgão gestor de mão de obra são responsáveis solidários pelo pagamento das contribuições para a seguridade social**, relativas à requisição de mão de obra dos trabalhadores avulsos, vedada a invocação do benefício de ordem.

Contudo, na hipótese de o órgão gestor de mão de obra não elaborar a escalação dos trabalhadores avulsos, o operador portuário restará excluído da responsabilização solidária, devendo o OGMO responder sozinho pelo cumprimento das obrigações previdenciárias, pois inviabilizou a fiscalização a ser exercida pelo operador portuário, conforme entendimento do STJ:

> "ADMINISTRATIVO. TRABALHADOR PORTUÁRIO. ÓRGÃO GESTOR DE Mão de obra E OPERADOR PORTUÁRIO. RESPONSABILIDADE SOLIDÁRIA. INTERPRETAÇÃO DOS ARTS. 5º E 6º DA LEI 9.719/1998. 1. Hipótese em que o Órgão Gestor de Mão de obra – OGMO não realizou a escalação dos trabalhadores portuários, e a União quer impor ao operador portuário responsabilidade solidária pela inexistência da escala, com fundamento nos arts. 5º e 6º da Lei 9.719/1998. 2. A interpretação conjunta dos arts. 5º e 6º da Lei 9.719/1998 determina que: a) o Órgão Gestor de Mão de obra é o responsável pela escalação dos trabalhadores portuários; b) nos casos em que essa escala é feita, há responsabilidade solidária do OGMO e do operador portuário pela fiscalização do seu cumprimento; **c) caso inexistente o rodízio, o OGMO é o único responsável pelo não-cumprimento da obrigação, rompendo-se a responsabilidade solidária pela fiscalização, uma vez que o operador portuário só pode fiscalizar o que foi previamente estabelecido**. 3. No caso dos autos, pelo fato de o referido Órgão não ter formulado a escalação dos trabalhadores portuários, é ilegítima a imposição de multa ao operador portuário sob o fundamento de que a ele também cabe a fiscalização. 4. Recurso Especial não provido" (g.n.)[117].

17.6. Produtores rurais integrantes de consórcios simplificados

O artigo 25-A, da Lei 8.212/91, prevê o consórcio simplificado de produtores rurais, que é equiparado ao produtor rural pessoa física, formado pela união de produtores rurais pessoas físicas, que outorgar a um deles poderes para contratar, gerir e demitir trabalhadores para prestação de serviços, exclusivamente, aos seus integrantes, mediante documento registrado em cartório de títulos e documentos.

De efeito, os produtores rurais integrantes do referido consórcio serão responsáveis solidários em relação às obrigações previdenciárias.

17.7. Oficial de Cartório e contratantes

Caso o Oficial de Cartório lavrar ou registrar instrumento para o qual se exige Certidão Negativa de Débito da Seguridade Social em descumprimento ao artigo 47, da Lei 8.212/91, o ato é nulo para todos os efeitos, acarretando a **responsabilidade solidária dos contratantes e do oficial**, nos termos do artigo 48, da Lei 8.212/91.

17.8. Trabalho temporário

Nos termos da Lei 6.019/74, trabalho temporário é aquele prestado por pessoa física contratada por uma empresa de trabalho temporário que a coloca à disposição de uma empresa tomadora

117. RESP 200200165643, de 18.08.2009.

de serviços, para atender à necessidade de substituição transitória de pessoal permanente ou à demanda complementar de serviços.

O contrato de trabalho temporário, com relação ao mesmo empregador, não poderá exceder ao prazo de cento e oitenta dias, consecutivos ou não, podendo ser prorrogado por até noventa dias, consecutivos ou não, quando comprovada a manutenção das condições que o ensejaram.

Por força do artigo 16, da Lei 6.019/74, no caso de **falência da empresa de trabalho temporário**, a empresa tomadora ou cliente é **solidariamente responsável** pelo recolhimento das contribuições previdenciárias, no tocante ao tempo em que o trabalhador esteve sob suas ordens.

18. RESTITUIÇÃO E COMPENSAÇÃO DAS CONTRIBUIÇÕES PREVIDENCIÁRIAS

De acordo com o artigo 89, da Lei 8.212/91, com redação dada pela Lei 11.941/2009, o pagamento indevido ou a maior das contribuições previdenciárias faz com que o sujeito passivo da obrigação tributária tenha o direito à restituição do indébito perante a União, através da Secretaria da Receita Federal do Brasil, sendo aplicáveis as disposições do Decreto 70.235/72.

Julgando processo em que se discutia a existência de direito a restituição de contribuições previdenciárias pagas por segurado facultativo por indicação do INSS, quando já preenchidos os requisitos para a aposentadoria, o STJ decidiu que há direito à restituição, aduzindo que "ainda que a adesão da parte contrária à previdência social como segurada facultativa caracterize nitidamente um ato espontâneo e revestido de manifesta liberdade de escolha, não é menos verdadeiro que sua ação decorreu justamente do equivocado indeferimento de seu pedido de aposentadoria pelo INSS e teve como escopo acautelar-se dos prejuízos que poderiam advir de sua eventual inércia após a prolação da questionada decisão administrativa, como a perda da condição de segurada e a sujeição a novo período de carência, entre outros"[118].

Mas não motivo para a obtenção de restituição o mero pagamento em atraso de contribuições que por este motivo não foram consideradas para fins de carência, pois não se trata de recolhimento indevido do contribuinte individual autônomo.

Nesse sentido, notícia sobre decisão da TNU publicada no sítio da Justiça Federal:

> **TNU fixa tese sobre repetição de recolhimento de segurados obrigatórios**
>
> **Decisão**
>
> Publicado: 16/12/2016 17h42
>
> Última modificação: 16/12/2016 17h42
>
> O Colegiado analisou o tema na última sessão ordinária do ano, realizada na quinta-feira (15)
>
> A Turma Nacional de Uniformização dos Juizados Especiais Federais (TNU) fixou a tese de que os recolhimentos de contribuição previdenciária de segurados obrigatórios não são repetíveis no caso de não cumprimento de carência previdenciária. O processo foi julgado na sessão desta quinta-feira (15), na sede do Conselho da Justiça Federal (CJF). A Turma, por unanimidade, conheceu do incidente e negou provimento nos termos do voto do relator, juiz federal Douglas Camarinha Gonzales.
>
> **A autora da ação pretendia ser restituída de valores recolhidos a título de contribuição previdenciária que pagou com atraso e que, por isso, não foram considerados para o requerimento de aposentadoria por idade (urbana).** Ela recorreu à TNU contra o acórdão da Seção Judiciária

118. Passagem do REsp 1.179.729, de 04.03.2010.

de Santa Catarina, que entendeu que "as contribuições vertidas ao sistema na qualidade de segurado obrigatório são irrepetíveis, pois tidas como tributos para todos os fins".

A requerente alegou à Turma Nacional que não angariou as necessárias contribuições para auferir o benefício previdenciário, já que necessitava de mais contribuições para a carência, não tendo sido computada as parcelas atrasadas para o fim desejado. Declarou ainda a necessária assertiva de contraprestação para a tributação, de sorte que considerava legítima a repetição. Ela apontou julgados do Superior Tribunal de Justiça como paradigmas STJ (AgRg no REsp 1251056/DF).

Em seu voto, Douglas Camarinha Gonzales afirmou que "a necessária contraprestação previdenciária exige requisitos próprios que não ofusca a legitimidade tributária da contribuição previdenciária do segurado obrigatório". O magistrado ressaltou que a ausência de contraprestação previdenciária das contribuições recolhidas pelo segurado não implica em qualquer inconstitucionalidade ou ilegalidade.

"A necessária contraprestação encontra-se presente ao caso em tela, contudo, requer o preenchimento de requisitos próprios, de sorte que o não preenchimento desse não induz a repetição, sob pena da ruína dos princípios da solidariedade da Previdência e do caráter contributivo da Previdência e seu respectivo caráter tributário", concluiu o relator.

Processo 5003320-37.2014.4.04.7209".

A quantia a ser restituída será acrescida de juros pela taxa SELIC acumulada mensalmente até o mês anterior à restituição, bem como de 1% no mês da sua efetivação.

Outrossim, caso o titular do direito de restituição possua débitos exigíveis perante a União, o valor a ser restituído será compensado total ou parcialmente, a fim de extingui-lo.

De seu turno, **o prazo prescricional para a postulação da restituição será de cinco anos**, a contar do pagamento, ou então da data em que se tornar definitiva a decisão administrativa ou passar em julgado a sentença judicial que tenha reformado, anulado ou revogado a decisão condenatória[119], que não correrá contra os absolutamente incapazes e ausentes elencados no Código Civil, na forma do artigo 103, parágrafo único, da Lei 8.213/91.

Vale ressaltar que no caso das restituições dos pagamentos perpetrados até 09.06.2005, data da vigência da Lei Complementar 118/2005, aplica-se a **tese dos "cinco mais cinco"** para a contagem do prazo, conforme sedimentado no STJ:

"REsp 916.558, de 03.04.2008 -**1. A Primeira Seção do Superior Tribunal de Justiça, no julgamento dos embargos de divergência no REsp 435.835/SC em 24.3.2004, adotou o entendimento segundo o qual, para as hipóteses de devolução de tributos sujeitos à homologação, declarados inconstitucionais pelo Supremo Tribunal Federal, a prescrição do direito de pleitear a restituição ocorre após expirado o prazo de cinco anos, contado do fato gerador, acrescido de mais cinco anos, a partir da homologação tácita (consolidação da tese dos 'cinco mais cinco').**

REsp 1.073.622, 18.08.2008. 2. A Corte Especial, na sessão de 6 de junho de 2007, ao julgar a Argüição de Inconstitucionalidade nos EREsp 644.736/PE, declarou, por unanimidade, a inconstitucionalidade da expressão "observado, quanto ao art. 3º, o disposto no art. 106, inciso I, da Lei nº 5.172, de 25 de outubro de 1966 – Código Tributário Nacional", constante do art. 4°, segunda parte, da Lei Complementar 118/2005. **Dessa forma, prevalece a tese dos "cinco mais cinco" para as ações de repetição e compensação de valores indevidamente recolhidos a título de**

119. Artigo 253, do RPS.

tributo sujeito a lançamento por homologação, desde que se refiram a situações ocorridas até 9 de junho de 2005.

AgRg no Ag 1005104, de 02.02.2010. 2. Quanto à discussão sobre prescrição, a Primeira Seção, em sede de recurso especial representativo de controvérsia (REsp n. 1.103.752-RS), **ratificou o entendimento no sentido de que o princípio da irretroatividade impõe a aplicação da LC 118/05 aos pagamentos indevidos realizados após a sua vigência e não às ações propostas posteriormente ao referido diploma legal**, porquanto norma referente à extinção da obrigação e não ao aspecto processual da ação correspondente".

Entretanto, este entendimento do STJ poderia ter sido revisto pelo STF, pois se aguardava o julgamento final pela Suprema Corte do RE 566.621, suspenso no dia 05.05.2010 (Informativo 585). Até aquele momento, os votos dos Ministros Ellen Gracie, Ricardo Lewandowski, Ayres Britto, Celso de Mello e Cezar Peluso seguiram o entendimento do STJ, no sentido da irretroatividade da Lei Complementar 118/2005. Entretanto, divergiram os Ministros Marco Aurélio, Dias Toffoli, Cármen Lúcia e Gilmar Mendes, para quem o artigo 3º, da Lei Complementar 118/2005 não inovou no mundo jurídico.

Finalmente, no dia 04/08/2011, o julgamento foi finalizado, seguindo-se o posicionamento do Superior Tribunal de Justiça, conforme noticiado no Informativo 634:

"É inconstitucional o art. 4º, segunda parte, da Lei Complementar 118/2005 ["Art. 3º Para efeito de interpretação do inciso I do art. 168 da Lei nº 5.172, de 25 de outubro de 1966 – Código Tributário Nacional, a extinção do crédito tributário ocorre, no caso de tributo sujeito a lançamento por homologação, no momento do pagamento antecipado de que trata o § 1º do art. 150 da referida Lei. Art. 4º Esta Lei entra em vigor 120 (cento e vinte) dias após sua publicação, observado, quanto ao art. 3º, o disposto no art. 106, inciso I, da Lei nº 5.172, de 25 de outubro de 1966 – Código Tributário Nacional"; CTN: "Art. 106. A lei aplica-se a ato ou fato pretérito: I – em qualquer caso, quando seja expressamente interpretativa, excluída a aplicação de penalidade à infração dos dispositivos interpretados"]. Esse o consenso do Plenário que, em conclusão de julgamento, desproveu, por maioria, recurso extraordinário interposto de decisão que reputara inconstitucional o citado preceito – v. Informativo 585. Prevaleceu o voto proferido pela Min. Ellen Gracie, relatora, que, em suma, assentara a ofensa ao princípio da segurança jurídica – nos seus conteúdos de proteção da confiança e de acesso à Justiça, com suporte implícito e expresso nos artigos 1º e 5º, XXXV, da CF – e considerara válida a aplicação do novo prazo de 5 anos tão-somente às ações ajuizadas após o decurso da vacatio legis de 120 dias, ou seja, a partir de 9.6.2005. Os Ministros Celso de Mello e Luiz Fux, por sua vez, dissentiram apenas no tocante ao art. 3º da LC 118/2005 e afirmaram que ele seria aplicável aos próprios fatos (pagamento indevido) ocorridos após o término do período de vacatio legis. Vencidos os Ministros Marco Aurélio, Dias Toffoli, Cármen Lúcia e Gilmar Mendes, que davam provimento ao recurso".

O artigo 248, do RPS, em consonância com o artigo 166, do CTN, pontifica que a restituição de contribuição ou de outra importância recolhida indevidamente, que comporte, por sua natureza, a transferência de encargo financeiro, somente será feita àquele que provar ter assumido esse encargo ou, no caso de tê-lo transferido a terceiro, estar por este expressamente autorizado a recebê-la.

Com o advento da Lei 11.941/2009, foi revogada a regra constante do § 3º, do artigo 89, da Lei 8.212/91, que limitava a compensação das contribuições previdenciárias a 30% do valor a ser recolhido em cada competência.

Outrossim, para a compensação de créditos decorrentes de pagamento a maior de contribuições previdenciárias, entende-se não ser mais obrigatório que se trate de contribuições da mesma espécie, ou seja, passou a ser possível compensar créditos de contribuições previdenciárias com débitos de outros tributos devidos à União. **Ressalte-se que é um de tema polêmico!**

Contudo, nesta hipótese, a União deverá repassar a quantia compensada ao Fundo do Regime Geral de Previdência Social, no máximo dois dias úteis após a data em que ela for promovida de ofício ou em que for deferido o respectivo requerimento, na forma do artigo 26, da Lei 11.457/2007.

Logo, **entende-se que não mais subsiste base legal para a referida vedação, implicitamente autorizada pelo artigo 26, da Lei 11.457/2007, pois se este dispositivo busca restringir a compensação apenas entre contribuições previdenciárias, não haveria qualquer compensação ao fundo do RGPS, que não sofreria prejuízo.**

Veja-se o dispositivo legal:

> "Art. 26. O valor correspondente à compensação de débitos relativos às contribuições de que trata o art. 2º desta Lei será repassado ao Fundo do Regime Geral de Previdência Social no máximo 2 (dois) dias úteis após a data em que ela for promovida de ofício ou em que for deferido o respectivo requerimento.
>
> Parágrafo único. O disposto no art. 74[120] da Lei no 9.430, de 27 de dezembro de 1996, não se aplica às contribuições sociais a que se refere o art. 2º desta Lei".

Pela possibilidade da compensação do pagamento das contribuições previdenciárias pagas a maior com tributos federais de outra natureza, já se pronunciou o *Tribunal Regional Federal da 3ª Região*, ao afirmar que, **"não obstante a unificação da administração tributária na Receita Federal do Brasil pela Lei nº 11.457/07, somente com a publicação da IN 900, de 30/12/2008, da SRB, que regulamentou a MP 449, de 03/12/2008 (artigo 66), convertida na Lei 11.941, de 27/05/2009, é que se tornou possível a compensação das contribuições previdenciárias com tributos de natureza distinta"**[121].

Ademais, não merece guarida a tese que nega a compensação das contribuições previdenciárias com outros débitos fiscais federais com base no parágrafo único, do artigo 26, da Lei 11.457/2007, ao determinar que "o disposto no art. 74 da Lei no 9.430, de 27 de dezembro de 1996, não se aplica às contribuições sociais a que se refere o art. 2º desta Lei".

No entanto, no entendimento da Secretaria da Receita Federal do Brasil esta compensação é indevida, tendo o STJ seguido este posicionamento ao interpretar o artigo 26 da Lei 11.457/2007:

> "TRIBUTÁRIO. RECURSO ESPECIAL. AUSÊNCIA DE VIOLAÇÃO DO ART. 535 DO CPC. DEFICIÊNCIA DE FUNDAMENTAÇÃO QUANTO AOS ARTS. 96, 97, E 99 DO CTN. INCIDÊNCIA DA SÚMULA 284/STF. COMPENSAÇÃO. TRIBUTOS ADMINISTRADOS PELA ANTIGA RECEITA FEDERAL COM CONTRIBUIÇÕES PREVIDENCIÁRIAS. IMPOSSIBILIDADE. EXEGESE ORIUNDA DA VEDAÇÃO DO PARÁGRAFO ÚNICO DO ART. 26 DA LEI Nº 11.457/07.

120. Art. 74. O sujeito passivo que apurar crédito, inclusive os judiciais com trânsito em julgado, relativo a tributo ou contribuição administrado pela Secretaria da Receita Federal, passível de restituição ou de ressarcimento, poderá utilizá-lo na compensação de débitos próprios relativos a quaisquer tributos e contribuições administrados por aquele Órgão.

121. AMS 313.807, de 26.08.2009.

1. Não se verifica ofensa ao art. 535 do CPC quando o Tribunal de origem dirime, fundamentadamente, as questões que lhe foram submetidas, apreciando integralmente a controvérsia posta nos presentes autos. Ressalte-se que não se pode confundir julgamento desfavorável ao interesse da parte com negativa ou ausência de prestação jurisdicional.

2. A mera indicação dos arts. 96, 97 e 99 do CTN como violados, sem que haja demonstração clara e objetiva de como o acórdão recorrido os teria malferido, não enseja a abertura da via especial, devendo a parte recorrente demonstrar os motivos de sua insurgência, o que não ocorreu no caso em exame. Desse modo, a deficiência na fundamentação recursal inviabiliza a abertura da instância especial e atrai a incidência, por simetria, do disposto na Súmula 284/STF.

3. "É ilegítima a compensação de créditos tributários administrados pela antiga Receita Federal (PIS e COFINS decorrentes de exportação) com débitos de natureza previdenciária antes administrados pelo INSS (art. 11 da Lei n. 8.212/91), ante a vedação legal estabelecida no art. 26 da Lei n. 11.457/07. Precedentes." (REsp 1.243.162/PR, Rel. Ministro Castro Meira, Segunda Turma, DJe 28/03/2012)

4. Recurso especial a que se nega provimento (**RECURSO ESPECIAL Nº 1.449.713 – SC (2014/0091542-2)**"

De efeito, o artigo 74, da Lei 9.430/96, trata do procedimento de restituição dos tributos federais em geral. Ao vedar a sua aplicação, o legislador não proibiu a compensação entre créditos previdenciários e débitos fiscais federais de outra natureza, e sim proibiu porque já existe um regramento específico da compensação no artigo 89, da Lei 8.212/91.

Apesar disso, o TRF da 5ª Região não vem admitindo a compensação de créditos de contribuições previdenciárias patronais com tributos federais de outra natureza, aduzindo que "os valores recolhidos indevidamente, a título de contribuição previdenciária patronal, apenas poderão ser compensados com débitos alusivos a tributos dessa mesma espécie, face à previsão constante no parágrafo único do art. 26 da Lei nº. 11.457/07, que veda a aplicação da autorização prevista no art. 74, da Lei nº. 9.430/96 às contribuições previstas no art. 11, parágrafo único, alíneas 'a', 'b' e 'c', da Lei nº. 8.212/91"[122].

O tema restou pacificado com o advento da revogação do parágrafo único do artigo 26 da Lei 11.457/2007 pela Lei 13.670/2018, **passando a ser possível a aludida compensação tributária**. Nesse sentido, **a Instrução Normativa 1.810/2018 da Receita Federal passou a permitir a compensação de créditos tributários federais com débitos de contribuição previdenciária.**

No mais, por força do artigo 170-A, do CTN, é vedada a compensação mediante o aproveitamento de tributo, objeto de contestação judicial pelo sujeito passivo, antes do trânsito em julgado da respectiva decisão judicial.

Por fim, frise-se que a empresa será **reembolsada** pelo pagamento do valor bruto do **salário-maternidade**, até o valor do subsídio dos Ministros do STF, incluída a gratificação natalina proporcional ao período da correspondente licença e das cotas do **salário-família** pagas aos segurados a seu serviço, mediante dedução do respectivo valor, no ato do recolhimento das contribuições devidas.

122. Passagem do julgamento da APELREEX 8.703, de 14.01.2010.

19. CERTIDÃO NEGATIVA DE DÉBITO

A Certidão Negativa de Débito – CND da seguridade social é um ato administrativo que comprova a inexistência de débitos perante a União, tendo sido unificada para todos os tributos federais arrecadados pela Secretaria da Receita Federal do Brasil e exigível da empresa e do proprietário nas hipóteses do artigo 47, da Lei 8.212/91:

> **I – da empresa:**
>
> a) na contratação com o Poder Público e no recebimento de benefícios ou incentivo fiscal ou creditício concedido por ele;
>
> b) na alienação ou oneração, a qualquer título, de bem imóvel ou direito a ele relativo;
>
> c) na alienação ou oneração, a qualquer título, de bem móvel de valor superior a R$ 62.981,70 (valor atualizado para ao ano de 2020) incorporado ao ativo permanente da empresa;
>
> d) no registro ou arquivamento, no órgão próprio, de ato relativo a baixa ou redução de capital de firma individual, redução de capital social, cisão total ou parcial, transformação ou extinção de entidade ou sociedade comercial ou civil e transferência de controle de cotas de sociedades de responsabilidade limitada;
>
> **II – do proprietário**, pessoa física ou jurídica, de obra de construção civil, quando de sua averbação no registro de imóveis, salvo no caso do inciso VIII do art. 30.

De acordo com o TCU (Acórdão 2743/2017 Plenário), salvo na aquisição de bens e serviços de pequeno valor, nos termos definidos em seus regulamentos, os serviços sociais autônomos deverão exigir comprovação de regularidade com a seguridade social tanto nas contratações decorrentes de licitação quanto nas contratações diretas, realizadas mediante dispensa ou inexigibilidade de licitação.

Contudo, por força do artigo 9º, § 1º, da Lei Complementar 123/2006, o arquivamento, nos órgãos de registro, dos atos constitutivos de empresários, de sociedades empresárias e de demais equiparados que se enquadrarem como microempresa ou empresa de pequeno porte, bem como o arquivamento de suas alterações, independe de prova de quitação, regularidade ou inexistência de débito referente a tributo ou contribuição de qualquer natureza, o que excepciona o artigo 47, I, "d", da Lei 8.212/91.

Também será exigida a CND nos seguintes casos[123]:

> A) **do incorporador**, na ocasião da inscrição de memorial de incorporação no Registro de Imóveis;
>
> B) **do produtor rural pessoa física (contribuinte individual) e do segurado especial**, quando da constituição de garantia para concessão de crédito rural e qualquer de suas modalidades, por instituição de créditos pública ou privada, desde que comercializem a sua produção com o adquirente domiciliado no exterior ou diretamente no varejo a consumidor pessoa física, a outro produtor rural pessoa física ou a outro segurado especial;
>
> C) **na contratação de operações de crédito com instituições financeiras**, assim entendidas as pessoas jurídicas públicas ou privadas que tenham como atividade principal ou acessória a intermediação ou aplicação de recursos financeiros próprios ou de terceiros, em moeda nacional ou estrangeira, autorizadas pelo Banco Central do Brasil ou por decreto do Poder Executivo a funcionar no Território Nacional, que envolvam:

123. Novas hipóteses previstas no artigo 257, do RPS, que têm fundamento de validade no artigo 47, da Lei 8.212/91 e em outros dispositivos legais ou mesmo na Constituição Federal.

I) *recursos públicos*, inclusive os provenientes de fundos constitucionais e de incentivo ao desenvolvimento regional (Fundo Constitucional de Financiamento do Norte, Fundo Constitucional de Financiamento do Nordeste, Fundo Constitucional de Financiamento do Centro Oeste, Fundo de Desenvolvimento da Amazônia e Fundo de Desenvolvimento do Nordeste);

II) *recursos do Fundo de Garantia do Tempo de Serviço*, do Fundo de Amparo ao Trabalhador e do Fundo Nacional de Desenvolvimento da Educação; ou

III) *recursos captados através de Caderneta de Poupança*; e

D) **na liberação de eventuais parcelas previstas nos contratos a que se refere o inciso anterior**.

> Vale lembrar que a própria Constituição Federal proíbe o Poder Público de contratar ou conceder benefícios e incentivos fiscais ou creditícios à pessoa jurídica em débito com o sistema da seguridade social, a teor do seu artigo 195, § 3º.

Deverá ser expedida *CND positiva com efeitos de negativa* quando o débito não esteja constituído em decisão definitiva; haja garantia do depósito integral ou parcelamento; tenha sido operada penhora suficiente para a satisfação do débito ou ocorrido outra forma de suspensão da exigibilidade do crédito securitário.

Caso o negócio jurídico celebrado exija a prévia apresentação da certidão negativa de débito e seja violado o artigo 47, da Lei 8.212/91, o ato praticado ou o seu registro acarretará a **responsabilidade solidária** dos contratantes e do oficial que lavrar ou registrar o instrumento, sendo o **ato nulo para todos os efeitos**.

Nesse sentido, o STJ:

> "TRIBUTÁRIO. RECURSO ESPECIAL. EXECUÇÃO FISCAL. EMPRESA CONCESSIONÁRIA DE SERVIÇO DE TRANSPORTE COLETIVO URBANO. CONTRATO. REDIRECIONAMENTO CONTRA AUTARQUIA MUNICIPAL. OMISSÃO DE DEVER LEGAL DE EXIGÊNCIA DE CERTIDÃO NEGATIVA DE DÉBITOS. ARTS. 47 E 48 DA LEI N.º 8.212/91.
>
> 1. **O contratante que não exige a CND do contratado torna-se solidariamente responsável para com o mesmo face o cumprimento das obrigações tributárias inerentes à seguridade social** (arts. 47 e 48 da Lei n.º 8.212/91). (Precedente: Resp 819.023/BA, Rel. Ministro Luiz Fux, DJ 01/10/2007).
>
> 2. Incide, de fato, o disposto no art. 48 da Lei n.º 8.212/91, a saber: A prática de ato com inobservância do disposto no artigo anterior, ou o seu registro, acarretará a responsabilidade solidária dos contratantes e do oficial ou registrar o instrumento, **sendo o ato nulo para todos os efeitos."** **(STJ,** REsp 800685, de 15/10/2009).

No entanto, a Receita Federal do Brasil poderá autorizar a prática do ato, desde que o débito seja pago no ato ou o seu pagamento fique assegurado mediante confissão de dívida fiscal com o oferecimento de garantias reais suficientes.

Da mesma forma, o servidor, o serventuário da Justiça, o titular de serventia extrajudicial e a autoridade ou órgão que infringirem o disposto no artigo anterior incorrerão em multa calculada com base no artigo 92, da Lei 8.212/91.

A CND era disciplinada pelo Decreto 3.048/99 (Regulamento da Previdência Social) até o advento do Decreto 8.302/2014, que revogou os dispositivos a respeito do tema. Desde então, coube à Portaria Conjunta RFB/PGFN nº 1.751, de 2 de outubro de 2014 disciplinar a Certidão Negativa de Débito.

De efeito, a prova de regularidade fiscal perante a Fazenda Nacional será efetuada mediante apresentação de certidão expedida conjuntamente pela Secretaria da Receita Federal do Brasil (RFB) e pela Procuradoria-Geral da Fazenda Nacional (PGFN), referente a todos os créditos tributários federais e à Dívida Ativa da União (DAU) por elas administrados, tendo prazo de validade de 180 dias, contado a partir da sua emissão.

A regularidade fiscal do Distrito Federal, dos estados e dos municípios é comprovada pela *CRP – Certificado de Regularidade Previdenciária*, regido pelo Decreto 3.788/2001, a ser emitido pelo Ministério da Economia, sendo exigível para a realização de transferências voluntárias de recursos da União e celebração de ajustes, empréstimos e financiamentos, conforme exigência do artigo 56, da Lei 8.212/91.

No entanto, por força do artigo 47, § 6º, da Lei 8.212/91, independe de prova de inexistência de débito o recebimento pelos Municípios de transferência de recursos destinados a ações de assistência social, educação, saúde e em caso de calamidade pública.

Por força da Lei 12.810/2013, os recursos do FPE e do FPM não transferidos em decorrência da não obtenção do CRP poderão ser utilizados para quitação, total ou parcial, dos débitos relativos às contribuições previdenciárias, a pedido do representante legal do Estado, Distrito Federal ou Município.

Por sua vez, ante a revogação parcial do artigo 52, da Lei 8.212/91, pela Lei 11.941/2009, aplica-se às contribuições para a seguridade social o disposto no artigo 32, da Lei 4.357/64, que determina que **as empresas em débito não garantido com a União por falta de recolhimento tempestivo de tributo, não poderão distribuir quaisquer bonificações a seus acionistas.**

Outrossim, não poderão dar ou atribuir participação de lucros a seus sócios ou quotistas, bem como a seus diretores e demais membros de órgãos dirigentes, fiscais ou consultivos, sob pena de multa.

Por fim, insta afirmar que **a não apresentação da GFIP – Guia de Recolhimento do FGTS e de Informações Previdenciárias pelas empresas impede a expedição da CND**, na forma do § 10, do artigo 32, da Lei 8.212/91, inserto pela Lei 11.941/2009.

Não é outra a posição do STJ, noticiada através do Informativo 434:

> "REPETITIVO. CND. GFIP.
>
> **A Seção, ao julgar recurso repetitivo (art. 543-C do CPC), entendeu que a recusa de fornecer certidão negativa de débito (CND) porque descumprida a obrigação acessória de entregar a guia de recolhimento do FGTS e informações à Previdência Social (GFIP) deriva do art. 32, IV e § 10, da Lei n. 8.212/1991 (na redação que lhe deu a Lei n. 9.528/1997).** Considerou, ainda, que afastar essa lei violaria a Súmula vinculante n. 10 do STF. Na hipótese, segundo a Seção, também impediu conceder a referida certidão a divergência constatada nas instâncias ordinárias entre os valores declarados em várias GFIPs e os efetivamente recolhidos, pois já estavam constituídos os créditos tributários, bastando inscrevê-los na dívida ativa. REsp 1.042.585-RJ, Rel. Min. Luiz Fux, julgado em 12/5/2010".

> Nesse sentido, pontifica a Súmula 446, do STJ, que "declarado e não pago o débito tributário pelo contribuinte, é legítima a recusa de expedição de certidão negativa ou positiva com efeito de negativa".

Aliás, mesmo que a empresa apresente a GFIP, mas não pague integralmente as contribuições previdenciárias declaradas, após o confronto com a GP – Guia de Pagamento, será legítima a recusa do Fisco em expedir a CND, conforme entende o Superior Tribunal de Justiça[124].

Por outro lado, nos termos do artigo 47, § 6º, da Lei 8.212/91, **independe de prova de inexistência de débito perante a seguridade social** a prática dos seguintes atos jurídicos:

a) a lavratura ou assinatura de instrumento, ato ou contrato que constitua retificação, ratificação ou efetivação de outro anterior para o qual já foi feita a prova;

b) a constituição de garantia para concessão de crédito rural, em qualquer de suas modalidades, por instituição de crédito pública ou privada, desde que o contribuinte referido no art. 25 (segurado especial), não seja responsável direto pelo recolhimento de contribuições sobre a sua produção para a Seguridade Social;

c) a averbação do proprietário, pessoa física ou jurídica, de obra de construção civil, quando de sua averbação no registro de imóveis, relativa a imóvel cuja construção tenha sido concluída antes de 22 de novembro de 1966;

d) **o recebimento pelos Municípios de transferência de recursos destinados a ações de assistência social, educação, saúde e em caso de calamidade pública**;

e) **a averbação da construção civil localizada em área objeto de regularização fundiária de interesse social**, na forma da Lei no 11.977, de 7 de julho de 2009.

Por fim, ainda existe a **Certidão Negativa de Débitos Trabalhistas (CNDT)**, expedida gratuita e eletronicamente, para comprovar a inexistência de débitos inadimplidos perante a Justiça do Trabalho, que também abarca os recolhimentos dos créditos previdenciários alvo de condenação na Justiça do Trabalho, nos termos do artigo 642-A da CLT.

20. OBRIGAÇÕES ACESSÓRIAS DA EMPRESA

Além da previsão do cumprimento da obrigação tributária principal consistente na arrecadação das contribuições previdenciárias e respectivos consectários, a legislação previdenciária cominou às empresas obrigações acessórias, cujo objeto são prestações positivas e negativas em prol da arrecadação e fiscalização dos referidos tributos.

De acordo com o artigo 32, da Lei 8.212/91, a empresa é também obrigada a **preparar folhas de pagamento das remunerações pagas ou creditadas a todos os segurados a seu serviço**, de acordo com os padrões e normas estabelecidos pelo órgão competente da seguridade social.

Esta obrigação acessória visa quantificar todas as remunerações pagas pela empresa a fim de calcular a contribuição previdenciária patronal que incidirá à razão de 20 % sobre o total pago aos empregados, avulsos e contribuintes individuais prestadores de serviços.

Da mesma forma, **caberá à empresa lançar mensalmente em títulos próprios de sua contabilidade, de forma discriminada, os fatos geradores de todas as contribuições, o montante das quantias descontadas, as contribuições da empresa e os totais recolhidos**, devendo prestar à Secretaria da Receita Federal do Brasil todas as informações cadastrais, financeiras e contábeis de seu interesse, na forma por ela estabelecida, bem como os esclarecimentos necessários à fiscalização.

124. REsp 1.143.094, de 09.12.2009.

Excepcionalmente, estão dispensados da apresentação de escrituração contábil o pequeno comerciante, a pessoa jurídica tributada com base no lucro presumido, bem como a pessoa jurídica optante do sistema simplificado de arrecadação de tributos, desde que mantenha a escrituração do Livro Caixa e do Livro de Registro de Inventário[125].

Por fim, a empresa é obrigada a declarar à Secretaria da Receita Federal do Brasil e ao Conselho Curador do Fundo de Garantia do Tempo de Serviço – FGTS, na forma, prazo e condições estabelecidos por esses órgãos, dados relacionados a fatos geradores, base de cálculo e valores devidos da contribuição previdenciária e outras informações de interesse do INSS ou do Conselho Curador do FGTS.

De efeito, essa declaração se realiza através da GFIP – **Guia de Recolhimento do Fundo de Garantia por Tempo de Serviço e Informações à Previdência Social,** introduzida no nosso ordenamento jurídico por intermédio da Lei 9.528/97, obrigatória para todas as pessoas físicas ou jurídicas sujeitas ao recolhimento do FGTS, bem como às contribuições e/ou informações à Previdência Social.

Mesmo que não tenha se concretizado a hipótese de incidência de contribuições previdenciárias em determinado mês, a empresa será obrigada a apresentar a GFIP, sendo denominada de "GFIP sem movimento".

A GFIP deverá ser entregue na rede bancária até o dia 7 do mês seguinte àquele em que a remuneração foi paga, creditada ou se tornou devida ao trabalhador e/ou tenha ocorrido outro fato gerador de contribuição previdenciária.

Por se tratar de uma confissão de débito, caso a empresa declare a ocorrência da obrigação tributária principal, **a GFIP equivale ao lançamento por homologação e constitui instrumento hábil e suficiente para a exigência do crédito tributário.**

Ademais, as suas informações comporão a base de dados para fins de cálculo e concessão dos benefícios previdenciários do RGPS.

Estão desobrigados da apresentação da GFIP: o contribuinte individual sem segurado que lhe preste serviço; o segurado especial; os órgãos públicos em relação aos servidores estatutários filiados a regime próprio de previdência social; o empregador doméstico e o segurado facultativo.

Vale salientar que a não apresentação da GFIP ou a declaração com incorreções sujeitará a empresa às penalidades pecuniárias previstas no artigo 32-A[126], da Lei 8.212/91.

Também se enquadra como acessória a obrigação de fornecimento, pelos municípios, à Secretaria da Receita Federal do Brasil, da relação de alvarás para construção civil e documentos de "habite-se" concedidos, visando auxiliar na fiscalização[127].

---

125. Artigo 225, § 16, do RPS.

126. Art. 32-A. O contribuinte que deixar de apresentar a declaração de que trata o inciso IV do caput do art. 32 desta Lei no prazo fixado ou que a apresentar com incorreções ou omissões será intimado a apresentá-la ou a prestar esclarecimentos e sujeitar-se-á às seguintes multas:

I – de R$ 20,00 (vinte reais) para cada grupo de 10 (dez) informações incorretas ou omitidas; e

II – de 2% (dois por cento) ao mês-calendário ou fração, incidentes sobre o montante das contribuições informadas, ainda que integralmente pagas, no caso de falta de entrega da declaração ou entrega após o prazo, limitada a 20% (vinte por cento), observado o disposto no § 3º deste artigo.

127. Artigo 50, da Lei 8.212/91.

Por força da **Lei 13.846/2019**, que modificou o artigo 68 da Lei 8.212/91, o **Titular do Cartório de Registro Civil de Pessoas Naturais** remeterá ao INSS, **em até 1 dia útil**, pelo Sistema Nacional de Informações de Registro Civil (Sirc) ou por outro meio que venha a substituí-lo, a relação dos nascimentos, dos natimortos, dos casamentos, dos óbitos, das averbações, das anotações e das retificações registradas na serventia (para os Municípios que não dispõem de provedor de conexão à internet ou de qualquer meio de acesso à internet, fica autorizada a remessa da relação em até 5 dias úteis), sob pena de incidência da sanção penalidade prevista no artigo 92 (multa) e à ação regressiva proposta pelo INSS, em razão dos danos sofridos.

De efeito, o Município ou o Distrito Federal, por intermédio de seu órgão competente, deverá fornecer à RFB, mensalmente, até o dia 10 (dez) do mês seguinte, a relação de todos os alvarás, dos habite-se ou dos Certificados de Conclusão de Obra (CCO) expedidos no mês, por disposição expressa do art. 50 da Lei nº 8.212, de 1991. A relação mensal de que trata o caput será apresentada em arquivo digital e atenderá aos critérios estabelecidos pela RFB. O arquivo digital será gerado com os dados do órgão responsável da prefeitura e deverá ser transmitido à RFB mesmo que nenhum documento de alvará ou carta de "habite-se" tenha sido emitido no mês[128].

Uma nova obrigação acessória para as empresas restou instituída pela **Lei 12.692/2012**, que inseriu o inciso VI, no artigo 32, da Lei 8.212/91. **Passou a ser dever das empresas comunicar, mensalmente, aos empregados, por intermédio de documento a ser definido em regulamento, os valores recolhidos sobre o total de sua remuneração ao INSS.**

O objetivo desta nova obrigação acessória é facilitar a fiscalização do recolhimento das contribuições previdenciárias, pois os empregados terão acesso mensal aos valores recolhidos sobre as suas remunerações, que se inexistir ou for inferior ao devido certamente ensejará uma atuação do próprio segurado perante a Receita Federal do Brasil, além de inibir a sonegação das contribuições previdenciárias pelas empresas.

Por sua vez, a Medida Provisória 589, de 13 de novembro de 2012, convertida na Lei 12.810/2013, inseriu o artigo 32-B na Lei 8.212/91, passando a exigir que os órgãos da administração direta, autarquias, fundações e empresas públicas da União, dos Estados, do Distrito Federal e dos Municípios, na forma estabelecida pela Secretaria da Receita Federal do Brasil do Ministério da Economia, apresentem a folha de pagamento até o dia 30 de abril do ano seguinte ao encerramento do exercício.

Este dispositivo objetiva controlar o recolhimento das contribuições para a seguridade social devidas pelo Poder Público, sendo mais um instrumento de fiscalização que a Receita Federal irá dispor. Na prática previdenciária, infelizmente, é comum que principalmente os municípios não recolham as contribuições previdenciárias do RGPS.

Já a Lei 12.873/2013 previu obrigações tributárias acessórias ao segurado especial que contrate temporariamente (até 120 pessoas/dia no ano civil) trabalhadores para auxiliá-lo na atividade campesina, equiparando-se a empresa para fins previdenciários nesta situação, inserindo o artigo 32-C na Lei 8.212/91, disposições com vigência a partir de 1º de maio de 2014.

De efeito, o segurado especial responsável pelo grupo familiar que contratar trabalhadores temporários apresentará as informações relacionadas ao registro de trabalhadores, aos fatos gera-

128. Artigo 391 da IN RFB 971/2009.

dores, à base de cálculo e aos valores das contribuições devidas à Previdência Social e ao Fundo de Garantia do Tempo de Serviço e outras informações de interesse da Secretaria da Receita Federal do Brasil, da Secretaria de Previdência e Trabalho, e do Conselho Curador do FGTS, por meio de **sistema eletrônico com entrada única de dados**, e efetuará os recolhimentos por meio de documento único de arrecadação.

Será uma espécie de **GFIP do segurado especial**. No entanto, será necessária uma portaria conjunta do MF, MPS e MTE para regulamentar este novel dispositivo legal. Como se cuida de uma declaração de dívida tributária pelo segurado especial, a GFIP do segurado especial equivalerá a um lançamento tributário por homologação, permitindo a inscrição em Dívida Ativa e execução fiscal em caso de inadimplemento.

Por força do artigo 125-A, da Lei 8.213/91, ao INSS caberá a fiscalização do cumprimento das obrigações previdenciárias não tributárias, possuindo os seus agentes o poder de multar pelo descumprimento. No exercício doa fiscalização, a empresa deverá apresentar a documentação exigida pelo fiscal do INSS.

O artigo 126, por sua vez, que prevê que caberá recurso para o Conselho de Recursos da Previdência Social das decisões do INSS aplicar-se-á a este artigo.

No entanto, frise-se que constituir, mediante lançamento, o crédito tributário e de contribuições previdenciária é ato privativo da União, através dos Auditores da Receita.

De acordo com a exposição de motivos da MP 449/2008, convertida na Lei 11.941/09, "o art. 25 acrescenta o art. 125-A à Lei nº 8.213, de 1991, para possibilitar ao INSS efetuar diligências a fim de verificar o atendimento das obrigações não-tributárias impostas pela legislação previdenciária e impor multa por seu eventual descumprimento. Essa medida visa dotar o INSS de instrumentos necessários ao regular reconhecimento, manutenção, revisão ou extinção de direitos previdenciários, a exemplo das diligências destinadas à comprovação de vínculo empregatício".

21. QUADRO SINÓTICO

Parcelas incluídas na composição do salário de contribuição
– Parcelas remuneratórias do labor, a exemplo dos salários, do décimo terceiro salário e da comissão paga ao corretor de seguros.
– Férias gozadas.
– Salário-paternidade.
– Horas extras.
– Adicional noturno.
– Adicional de insalubridade.
– Adicional de periculosidade.
– Aviso prévio gozado.

Parcelas excluídas da composição do salário de contribuição Presumidas por lei como indenizatórias
– Os benefícios da previdência social, nos termos e limites legais.
– As ajudas de custo e o adicional mensal recebidos pelo aeronauta nos termos da Lei nº 5.929, de 30 de outubro de 1973 (hipóteses de transferência provisória ou permanente).
– A parcela "in natura" recebida de acordo com os programas de alimentação aprovados pelo extinto Ministério do Trabalho (Programa de Alimentação do Trabalhador).
– As importâncias recebidas a guisa de aviso prévio indenizado, férias e terço indenizados, licença-prêmio indenizada, incentivo à demissão e multa de 40% sobre o FGTS.
– As importâncias referentes aos ganhos eventuais e os abonos expressamente desvinculados do salário; indenização por tempo de serviço, anterior a 05 de outubro de 1988, do empregado não optante pelo Fundo de Garantia do Tempo de Serviço.
– A parcela recebida a título de vale-transporte, na forma da legislação própria.
– A ajuda de custo, em parcela única, recebida exclusivamente em decorrência de mudança de local de trabalho do empregado, na forma do art. 470 da CLT.
– As diárias para viagens.
– A importância recebida a título de bolsa de complementação educacional de estagiário para de acordo com a Lei 11.788/2008.
– A participação nos lucros ou resultados da empresa, quando paga ou creditada de acordo com lei específica (Lei 10.101/2000).
– O abono do Programa de Integração Social-PIS e do Programa de Assistência ao Servidor Público-PASEP.
– Os valores correspondentes a transporte, alimentação e habitação fornecidos pela empresa ao empregado contratado para trabalhar em localidade distante da de sua residência, em canteiro de obras ou local que, por força da atividade, exija deslocamento e estada, observadas as normas de proteção estabelecidas pelo extinto Ministério do Trabalho.
– A importância paga ao empregado a título de complementação ao valor do auxílio-doença, desde que este direito seja extensivo à totalidade dos empregados da empresa.
– As parcelas destinadas à assistência ao trabalhador da agroindústria canavieira, de que trata o art. 36 da Lei nº 4.870, de 1º de dezembro de 1965.
– O valor das contribuições efetivamente pago pela pessoa jurídica relativo a programa de previdência complementar, aberto ou fechado, desde que disponível à totalidade de seus empregados e dirigentes.
– o valor relativo a plano educacional, ou bolsa de estudo, que vise à educação básica de empregados e seus dependentes e, desde que vinculada às atividades desenvolvidas pela empresa, à educação profissional e tecnológica de empregados, nos termos da Lei no 9.394, de 20 de dezembro de 1996, desde que não seja utilizado em substituição de parcela salarial e que o valor mensal do plano educacional ou bolsa de estudo, considerado individualmente, não ultrapasse 5% (cinco por cento) da remuneração do segurado a que se destina ou o valor correspondente a uma vez e meia o valor do limite mínimo mensal do salário-de-contribuição, o que for maior.
– O valor correspondente a vestuários, equipamentos e outros acessórios fornecidos ao empregado e utilizados no local do trabalho para prestação dos respectivos serviços.
– O ressarcimento de despesas pelo uso de veículo do empregado e o reembolso creche pago em conformidade com a legislação trabalhista, observado o limite máximo de seis anos de idade, quando devidamente comprovadas as despesas realizadas.

Parcelas excluídas da composição do salário de contribuição Presumidas por lei como indenizatórias
– O valor relativo à assistência prestada por serviço médico ou odontológico, próprio da empresa ou por ela conveniado, inclusive o reembolso de despesas com medicamentos, óculos, aparelhos ortopédicos, próteses, órteses, despesas médico-hospitalares e outras similares.
– A importância recebida a título de bolsa de aprendizagem garantida ao adolescente até quatorze anos de idade, de acordo com o disposto no art. 64 da Lei nº 8.069, de 13 de julho de 1990.
– Os valores recebidos em decorrência da cessão de direitos autorais.
– O valor da multa prevista no § 8º do art. 477 da CLT (inobservância do prazo legal para o pagamento das verbas rescisórias).
– O valor correspondente ao vale-cultura.
– Abonos e prêmios.
– Bolsa-atleta.

Parcelas excluídas da composição do salário de contribuição pela jurisprudência do Superior Tribunal de Justiça ou STF
– Aviso prévio indenizado;
– Transporte pago em dinheiro;
– "Salário" para pela empresa pelos primeiros 15 (quinze) dias de afastamento do empregado incapaz para o trabalho.

**TABELA SIMPLIFICADA DAS CONTRIBUIÇÕES PREVIDENCIÁRIAS
DO CONTRIBUINTE INDIVIDUAL E SEGURADO FACULTATIVO**

Segurado	Alíquota	Base de cálculo	Responsa-bilidade pelo recolhimento	Presunção de recolhimento	Prazo
Contribuinte individual e segurado facultativo (regra)	20%	Salário de contribuição	O próprio	Não	Até o dia 15 do mês seguinte
Contribuinte individual que presta serviços à pessoa jurídica não imune e nem isenta	11%	Salário de contribuição	Empresa	Sim	Até o dia 20 do mês seguinte
Contribuinte individual que presta serviços à pessoa jurídica imune ou isenta	20%	Salário de contribuição	Empresa	Sim	Até o dia 20 do mês seguinte
Contribuinte individual que trabalhe por conta própria e segurado facultativo	11%	Salário de contribuição no valor de um salário mínimo	O próprio	Não. Obs.: Não terá direito à aposentadoria por tempo de contribuição	Até o dia 15 do mês seguinte

TABELA SIMPLIFICADA DAS CONTRIBUIÇÕES PREVIDENCIÁRIAS DO CONTRIBUINTE INDIVIDUAL E SEGURADO FACULTATIVO					
Segurado	**Alíquota**	**Base de cálculo**	**Responsabilidade pelo recolhimento**	**Presunção de recolhimento**	**Prazo**
Contribuinte individual enquadrado como MEI ou segurado facultativo de baixa renda que se dedique ao trabalho doméstico em sua residência	5%	Salário de contribuição no valor de um salário mínimo	O próprio	Não. Obs.: Não terá direito à aposentadoria por tempo de contribuição	Até o dia 20 (MEI) ou dia 15 (facultativo) do mês seguinte

TABELA SIMPLIFICADA DAS CONTRIBUIÇÕES PREVIDENCIÁRIAS DOS SEGURADOS					
Segurado	**Alíquota**	**Base de cálculo**	**Responsabilidade pelo recolhimento**	**Presunção de recolhimento**	**Prazo**
Empregado e avulso	7,5%, 9%, 12% e 14% por faixas	Salário de contribuição	Empresa, empregador ou equiparado	Sim	Até o dia 20 do mês seguinte
Empregado doméstico	7,5%, 9%, 12% e 14% por faixas	Salário de contribuição	Empregador doméstico	Sim	Até o dia 7 do mês seguinte
Contribuinte individual (regra)	20%	Salário de contribuição	O próprio	Não	Até o dia 15 do mês seguinte
Contribuinte individual que presta serviços à pessoa jurídica não imune e nem isenta	11%	Salário de contribuição	Empresa	Sim	Até o dia 20 do mês seguinte
Contribuinte individual que presta serviços à pessoa jurídica imune ou isenta	20%	Salário de contribuição	Empresa	Sim	Até o dia 20 do mês seguinte
Contribuinte individual que trabalhe por conta própria e segurado facultativo	11%	Salário de contribuição no valor de um salário mínimo	O próprio	Não. Obs.: Não terá direito à aposentadoria por tempo de contribuição	Até o dia 15 do mês seguinte

TABELA SIMPLIFICADA DAS CONTRIBUIÇÕES PREVIDENCIÁRIAS DOS SEGURADOS					
Segurado	**Alíquota**	**Base de cálculo**	**Responsabilidade pelo recolhimento**	**Presunção de recolhimento**	**Prazo**
Contribuinte individual enquadrado como MEI ou segurado facultativo de baixa renda que se dedique ao trabalho doméstico em sua residência	5%	Salário de contribuição no valor de um salário mínimo	O próprio	Não. Obs.: Não terá direito à aposentadoria por tempo de contribuição	Até o dia 20 (MEI) ou dia 15 (facultativo) do mês seguinte
Segurado especial	1,3%	Receita do produto da comercialização da produção	Em regra, dos adquirentes	Sim	Até o dia 20 do mês seguinte ao da operação
Segurado facultativo (regra)	20%	Salário de contribuição	O próprio	Não	Até o dia 15 do mês seguinte

TABELA SIMPLIFICADA DAS CONTRIBUIÇÕES PREVIDENCIÁRIAS PATRONAIS			
Contribuintes	**Alíquota**	**Base de cálculo**	**Prazo**
Empresas ou equiparados	20% + 1, 2 ou 3% de contribuição SAT, que poderá ser acrescida de 6, 9 ou 12%, no caso de atividade especial	Sobre o total das remunerações pagas mensalmente, inclusive as gorjetas e as utilidades na forma de ganhos habituais, assim como sobre as devidas ou creditadas aos *segurados empregados* e *trabalhadores avulsos*	Até o dia 20 do mês subsequente ao da competência, ou, se não for dia útil, no imediatamente anterior
Empresas ou equiparados	20%, que poderá ser acrescida de 6, 9 ou 12%, apenas no caso da cooperativa de produção, para o custeio da aposentadoria especial	Sobre o total das remunerações pagas ou creditadas a qualquer título, no decorrer do mês, aos segurados *contribuintes individuais* que lhe prestem serviços	Até o dia 20 do mês subsequente ao da competência, ou, se não for dia útil, no imediatamente anterior
Empresas que contratem trabalhadores cooperados por intermédio de cooperativa	**Era** de 15%, que poderá ser acrescida de 5, 7 ou 9%, para o custeio da aposentadoria especial. Mas foi declarada inconstitucional e suspensa pelo Senado	Sobre o valor bruto da nota fiscal ou fatura de prestação de serviços	Até o dia 20 do mês subsequente ao da competência, ou, se não for dia útil, no imediatamente anterior
Empregador doméstico	8,8% (8% básica e 0,8% de SAT)	Salário de contribuição	Até o dia 7 do mês subsequente ao da competência ou dia anterior, se não houver expediente bancário

TABELA SIMPLIFICADA DAS CONTRIBUIÇÕES PREVIDENCIÁRIAS PATRONAIS			
Contribuintes	**Alíquota**	**Base de cálculo**	**Prazo**
MEI	3%	Salário de contribuição	Até o dia 20 do mês subsequente ao da competência, ou, se não for dia útil, no imediatamente posterior

TABELA SIMPLIFICADA DAS CONTRIBUIÇÕES SUBSTITUTIVAS DA PARTE PATRONAL INCIDENTES SOBRE AS REMUNERAÇÕES DOS EMPREGADOS E AVULSOS				
Beneficiários	**Alíquota**	**Base de cálculo**	**Responsabilidade pelo recolhimento**	**Prazo**
Associações desportivas que mantém times de futebol profissional	5%	Receita bruta decorrente dos espetáculos desportivos de que participem em todo território nacional; qualquer forma de patrocínio, licenciamento de uso de marcas e símbolos, publicidade, propaganda e de transmissão de espetáculos desportivos	Entidade promotora do espetáculo; empresa pagadora	Até 02 dias úteis após a realização do evento esportivo; até o dia 20 do mês subsequente ao da competência
Produtor rural pessoa física	1,3%	Receita bruta proveniente da comercialização da sua produção	Em regra, a responsabilidade tributária pelo recolhimento será do adquirente da produção	Até o dia 20 do mês subsequente ao da operação ou consignação
Produtor rural pessoa jurídica	1,8%	Receita bruta proveniente da comercialização da sua produção	Será do próprio produtor rural	Até o dia 20 do mês subsequente ao da operação ou consignação

22. QUESTÕES DE PROVA

4.1 **(Ano: 2019 Banca: VUNESP Órgão: SERTPREV – SP Prova: VUNESP – 2019 – SERTPREV – SP – Procurador Jurídico)** Joca é empregado da empresa Piracema S.A. e tem uma remuneração de 30 (trinta) salários mínimos. Nesse caso,

A) a contribuição de Joca, na qualidade de segurado, incidirá sobre o teto do INSS, ao passo que a contribuição da empresa Piracema S.A., sobre a remuneração de Joca, incidirá sobre o total da remuneração, independentemente de qualquer limite.

B) tanto a contribuição de Joca, na qualidade de segurado, quanto a contribuição da empresa Piracema S.A., sobre a remuneração de Joca, incidirão sobre o total da remuneração, independentemente de qualquer limite.

C) a contribuição de Joca, na qualidade de segurado, incidirá sobre o total da remuneração, independentemente de qualquer limite, ao passo que a contribuição da empresa Piracema S.A., sobre a remuneração de Joca, incidirá sobre o teto do INSS.

D) tanto a contribuição de Joca, na qualidade de segurado, quanto a contribuição da empresa Piracema S.A., sobre a remuneração de Joca, incidirão sobre o teto do INSS.

E) as contribuições de Joca, na qualidade de segurado, e da empresa Piracema S.A., em valor entre o teto do INSS até o total da remuneração, serão iguais e definidas de comum acordo entre empregador e empregado.

Gabarito: Letra A

Para acesso ao vídeo, utilize o QR Code ao lado.

4.2 (PROF. FREDERICO AMADO) De acordo com o STF, incide contribuição patronal e da segurada sobre o salário-maternidade.

Gabarito: Errado

Para acesso ao vídeo, utilize o QR Code ao lado.

4.3 (PROF. FREDERICO AMADO) De acordo com o STF, no RGPS o terço de férias gozadas compõe o salário de contribuição.

Gabarito: Certo

Para acesso ao vídeo, utilize o QR Code ao lado.

CAPÍTULO 5

ACIDENTE DE TRABALHO

1. INTRODUÇÃO

Não é de hoje que a sociedade se preocupa em editar normas jurídicas que assegurem a incolumidade física e mental das pessoas no exercício do labor, sendo direito dos trabalhadores desenvolver sua atividade com segurança, pois a empresa é responsável pela adoção e uso das medidas coletivas e individuais de proteção e segurança da saúde do trabalhador, ante o reconhecimento constitucional da existência do meio ambiente do trabalho[1].

Em termos mundiais, de acordo com o tradicional magistério de Sergio Pinto Martins[2]:

> "a primeira legislação a tratar do tema acidente do trabalho foi a alemã, em 6-7-1884, por intermédio de Bismarck. Estabeleceu-se ampla definição de acidente do trabalho, incluindo o ocorrido no curso do contrato de trabalho. Havia a assistência médica e farmacêutica. Determinava-se o pagamento de um valor pecuniário para compensar o fato de que o empregado iria ficar sem receber salário, assim como assegurava-se auxílio-funeral, caso ocorresse o acidente fatal. O empregado recebia uma prestação correspondente a 100% de seu salário enquanto durasse a incapacidade. Pagava-se pensão em caso de morte. Em um primeiro momento o seguro era feito mutuamente e depois garantido pelo Tesouro alemão. A lei era aplicada apenas às indústrias que tinham atividades perigosas, estabelecendo-se também um sistema de normas de segurança no trabalho".

Já em 1919 foi aprovada a Lei 3.724, a primeira norma geral sobre acidentes de trabalho no Brasil, que apenas considerava como acidente de trabalho "o produzido por uma causa subita, violenta, externa e involuntaria no exercicio do trabalho, determinado lesões corporaes ou perturbações funccionaes, que constituam a causa unica da morte ou perda total, ou parcial, permanente ou temporaria, da capacidade para o trabalho ou a molestia contrahida exclusivamente pelo exercício do trabalho, quando este fôr de natureza a só por si causal-a, e desde que determine a morte do operário, ou perda total, ou parcial, permanente ou temporaria, da capacidade para o trabalho"[3].

O enquadramento do acidente de trabalho era bem restrito, pois a legislação de época exigia que o evento ou a moléstia decorressem do exercício do trabalho, este como a única causa da incapacidade laboral ou da morte.

Naquele tempo, uma vez ocorrido um acidente de trabalho, o patrão obrigava-se a pagar uma indenização tarifada ao trabalhador ou à sua família, excetuados apenas os casos de força maior, dolo da própria vítima ou de estranhos, sendo um direito trabalhista à época, adotando-se a responsabilidade objetiva pelo risco profissional.

1. Artigo 200, inciso VIII, da CRFB.
2. Direito da Seguridade Social, 29ª edição, Atlas, p. 395.
3. Artigo 1º.

Com o advento da Lei 5.316/67, a proteção acidentária saiu da esfera trabalhista e adentrou à previdência social, operando-se a estatização do seguro de acidentes de trabalho, onde se mantém até hoje, na forma no artigo 201, inciso I, da CRFB, que prevê a cobertura nos casos de doença, invalidez e morte.

Destarte, passou a se adotar o seguro social para proteger o trabalhador contra acidentes de trabalho, passando o INPS (atual INSS) a pagar as prestações previdenciárias em decorrência de acidente de trabalho, cabendo às empresas o pagamento de contribuição denominada "seguro de acidente de trabalho" para fazer frente às despesas, saindo de cena as seguradoras privadas.

Vale frisar que, com o advento da Emenda 20/1998, passou a existir autorização constitucional no § 10, do artigo 201 (ainda não regulamentada), para a cobertura do risco de acidente de trabalho concorrentemente pelo Regime Geral de Previdência Social e pelo setor privado. Cuida-se de uma arriscada previsão constitucional fruto de ideais neoliberais que inspiraram a elaboração da Emenda 20, pois no passado não se mostrou adequada a proteção privada ao risco social acidente de trabalho.

O parágrafo 10 do artigo 201 da Constituição havia sido inserido pela **Emenda 20/98.** Buscava abrir ao setor de seguros privados o risco do acidente de trabalho, a exemplo de benefícios por incapacidade, mas nunca chegou a ser regulamentado.

IMPORTANTE!

Com a **Emenda 103/2019**, teve a redação ampliada, pois a Constituição passou a permitir a cobertura concorrente entre RGPS e setor privado de **todos os benefícios não programados**, o que abarca, além dos benefícios por incapacidade laboral, a pensão por morte e o auxílio-reclusão.

Outra novidade é que a regulamentação deve ser feita por **lei complementar**, e não mais por lei ordinária.

É direito social do trabalhador urbano ou rural a adoção de medidas redução dos riscos inerentes ao trabalho, por meio de normas de saúde, higiene e segurança, nos moldes do artigo 7º, inciso XXII, da Constituição Federal.

De acordo com o artigo 19, §§ 1º e 2º, da Lei 8.213/91, a empresa é responsável pela adoção e uso das medidas coletivas e individuais de proteção e segurança da saúde do trabalhador, constituindo **contravenção penal**, punível com **multa**, deixar a empresa de cumprir as normas de segurança e higiene do trabalho, devendo o Ministério do Trabalho (com a extinção do Ministério do Trabalho, desde 2019 o Ministério da Economia assumiu a área trabalhista, tendo sido criada uma Secretaria Especial de Previdência e Trabalho) exercer a fiscalização.

A empresa é obrigada a fornecer aos empregados, gratuitamente, equipamento de proteção individual adequado ao risco e em perfeito estado de conservação e funcionamento, sempre que as medidas de ordem geral não ofereçam completa proteção contra os riscos de acidentes e danos à saúde dos empregados.

Com propriedade, estatui o artigo 157, inciso II, da CLT, que as empresas devem instruir os empregados, através de ordens de serviço, quanto às precauções a tomar no sentido de evitar acidentes do trabalho ou doenças ocupacionais, cabendo ao empregado cumprir as normas de segurança, sob pena de cometer ato faltoso.

A proteção previdenciária ao acidente do trabalho foi estendida aos empregados domésticos através da Lei Complementar 150, publicada e vigente desde 2 de junho de 2015, que passaram a fazer jus a benefícios previdenciários por acidente do trabalho.

2. DEFINIÇÃO DE ACIDENTE DE TRABALHO

A matéria atualmente é regulada pelos artigos 19 a 23 da Lei 8.213/91, tendo sido alvo de reforma pela Lei Complementar 150/2015, que passou a prever os benefícios previdenciários por acidente do trabalho em favor do empregado doméstico, pois foi criada a contribuição SAT a ser paga pelo empregador doméstico, no importe de 0,8% do salário de contribuição do empregado doméstico a seu serviço.

Por conseguinte, a LC 150/2015 modificou a redação dos artigos 19, 21-A e 22, todos da Lei 8.213/91, a fim de inserir a proteção acidentária em favor do empregado doméstico.

Desde então, passou a ser considerado legalmente como **acidente de trabalho** *o que ocorre pelo exercício do trabalho a serviço da empresa* **ou de empregador doméstico** *ou pelo exercício do trabalho dos segurados especiais, provocando lesão corporal ou perturbação funcional que cause a morte ou a perda ou redução, permanente ou temporária, da capacidade para o trabalho* (artigo 19).

De efeito, do referido conceito legal, agora ampliado para abarcar o empregado doméstico, é possível extrair os elementos caracterizadores do típico acidente de trabalho:

- Evento decorrente de trabalho a serviço da empresa ou do empregador doméstico, de atividade campesina ou pesqueira artesanal individualmente ou em regime de economia familiar para a subsistência, desenvolvida pelo segurado especial;
- Causação de lesão corporal ou funcional (psíquica);
- Ocorrência de morte do segurado, redução ou perda temporária ou definitiva da capacidade laboral.

Destarte, para a caracterização de um acidente de trabalho, é imprescindível que haja um nexo entre o exercício do trabalho e o evento que cause lesão física ou psicológica ao trabalhador.

A prevenção aos acidentes de trabalho é dever legal das empresas, que são responsáveis pela adoção e uso das medidas coletivas e individuais de proteção e segurança da saúde do trabalhador, sendo obrigatória a constituição de Comissão Interna de Prevenção de Acidentes (CIPA), de conformidade com instruções expedidas pela área trabalhista, nos estabelecimentos ou locais de obra nelas especificadas[4].

3. DOENÇAS EQUIPARADAS (OCUPACIONAIS)

De seu turno, **as doenças ocupacionais também são consideradas pela legislação como acidente de trabalho**, assim consideradas as que guardam nexo com o exercício da atividade laborativa.

As doenças ocupacionais se dividem em:

4. Artigo 163, da CLT.

A) **Doença profissional ou tecnopatia ou ergopatia** – a produzida ou desencadeada pelo exercício do *trabalho peculiar* a determinada atividade e constante da respectiva relação elaborada pelo Ministério da Previdência Social (competência atualmente exercida pelo Ministério da Economia ante a extinção do Ministério da Previdência Social);

B) **Doença do trabalho ou mesopatia** – a adquirida ou desencadeada em função de *condições especiais* em que o trabalho é realizado e com ele se relacione diretamente, constante da relação acima mencionada.

As doenças profissionais (doenças ocupacionais típicas) são aquelas típicas do exercício de determinadas atividades laborativas (profissões), a exemplo da silicose, que normalmente assola os mineiros, que contraem esta espécie de pneumoconiose através da inalação da sílica nos túneis que trabalham, prejudicando o pulmão do trabalhador.

Por outro lado, as doenças do trabalho são compostas por enfermidades que também se fazem presentes em atividades que não guardam nexo com o trabalho, como a disacusia (surdez), que poderá decorrer ou não do exercício do trabalho (doenças ocupacionais atípicas).

De acordo com Hermes Arrais Alencar, "nessa ordem de considerações, as moléstias típicas (tecnopatias) prescindem da demonstração do nexo de causalidade, porque se presume oriunda da atividade profissional (conforme visto supra, é o nexo causal um dos requisitos indispensáveis à configuração do acidente do trabalho). No que se reporta às mesopatias (doenças atípicas), não ocorre a mesma presunção, carecendo seja comprovado que a entidade mórbida adquirida é decorrência lógica do trabalho realizado pelo obreiro"[5].

As **doenças ocupacionais** estão listadas no anexo II do RPS, que formam um **rol exemplificativo**, pois, excepcionalmente, se o INSS constatar que a enfermidade não listada resultou das condições especiais em que o trabalho é executado e com ele se relaciona diretamente, deverá considerá-la como acidente do trabalho.

Atualmente, o anexo II do Regulamento da Previdência Social tem redação dada pelo Decreto 6.957/2009, onde consta um rol de agentes patogênicos que poderão causar doenças ocupacionais, assim como as Listas A, B e C.

Logo na abertura do anexo II, do RPS, constam os agentes patogênicos causadores de doenças profissionais ou do trabalho (químicos, físicos e biológicos), enumerados em vinte e sete itens e correlacionados a determinadas atividades laborais, a exemplo do arsênio, que consta no item I.

Na **Lista A** aparecem os agentes ou fatores de risco de natureza ocupacional relacionados com a etiologia de doenças profissionais e de outras doenças relacionadas com o trabalho, divididos em vinte e sete itens.

Assim, por exemplo, o amianto ou asbesto é associado à neoplasia maligna (câncer) de estômago, laringe, brônquios e pulmões; mesotelioma de pleura, peritônio e pericárdio; asbestose.

Em seguida, o referido anexo II enumera na **Lista B** as doenças infecciosas e parasitárias relacionadas com o trabalho, tais como a tuberculose, a brucelose, a leptospirose e a febre amarela, bem como as neoplasias relacionadas como o labor.

Posteriormente, ainda na **Lista B**, é apresentado um rol de doenças relacionadas ao trabalho do sangue e dos órgãos hematopoéticos; doenças endócrinas, nutricionais e metabólicas; transtornos mentais e de comportamento; doenças do sistema nervoso; doenças do olho; doenças do

5. Obra citada, pg. 135.

ouvido; doenças do sistema circulatório; doenças do sistema respiratório; doenças do sistema digestivo; doenças da pele e do sistema subcutâneo; doenças do sistema osteomuscular e do tecido conjuntivo; doenças do sistema gênito-urinário e traumatismos, envenenamentos e algumas outras consequências de causas externas relacionadas com o trabalho.

Por fim, a **Lista C** indica intervalos de CID-10 em que se reconhece Nexo Técnico Epidemiológico, na forma do § 3º do artigo 337, do RPS, entre a entidade mórbida e as classes de CNAE indicadas, nelas incluídas todas as subclasses cujos quatro dígitos iniciais sejam comuns.

É considerado como **dia do acidente, no caso de doença profissional ou do trabalho**, a data do início da incapacidade laborativa para o exercício da atividade habitual, o dia da segregação compulsória, ou o dia em que for realizado o diagnóstico, **valendo para este efeito o que ocorrer primeiro.**

É tarefa árdua definir exatamente o dia do acidente de trabalho no caso de moléstia ocupacional. Isso porque normalmente essas doenças são progressivas, sendo complexo apontar por exato o dia em que a enfermidade gerou a incapacidade laboral do segurado, dia em que, em tese, é o dia do acidente.

Sabedor desta dificuldade probatória e com o objetivo de conferir maior proteção ao segurado, o legislador trouxe três critérios para a definição do dia do acidente nas moléstias ocupacionais: data em que se apontou a incapacidade; data da segregação compulsória; data do diagnóstico.

Isso porque a suposta data da incapacidade laboral pode ter sido apontada com atraso, ultrapassando o dia da segregação ou do diagnóstico. Logo, destas três possibilidades, considera-se como dia do acidente de trabalho a que primeiro se verificar.

De acordo com a legislação previdenciária[6], **não serão consideradas como doença do trabalho**: a) a doença degenerativa; b) a inerente a grupo etário; c) a que não produza incapacidade laborativa; d) a doença endêmica adquirida por segurado habitante de região em que ela se desenvolva, salvo comprovação de que é resultante de exposição ou contato direto determinado pela natureza do trabalho.

Contudo, se ficar constatado pela perícia médica do INSS que a doença degenerativa guarda nexo com o trabalho, a exemplo da LER – Lesão por Esforço Repetitivo, deverá ser considerada como acidente de trabalho, podendo ser considerada concretamente como doença do trabalho.

Com o advento da LC 150/2015, o empregado doméstico passou a ser vítima das doenças ocupacionais, pois anteriormente não sofria acidente do trabalho.

4. ACIDENTE DE TRABALHO POR EQUIPARAÇÃO

Por sua vez, conforme listagem do artigo 21, da Lei 8.213/91, **determinados eventos são equiparados a acidente de trabalho**, pois o exercício da atividade laboral é considerado uma concausa para a sua ocorrência (causalidade indireta), concorrendo com outras alheias ao trabalho:

> "Art. 21. **Equiparam-se também ao acidente do trabalho**, para efeitos desta Lei:
>
> I – **o acidente ligado ao trabalho que, embora não tenha sido a causa única, haja contribuído diretamente para a morte do segurado, para redução ou perda da sua capacidade para o trabalho, ou produzido lesão que exija atenção médica para a sua recuperação**;

6. Artigo 20, § 1º, da Lei 8.213/91.

II – **o acidente sofrido pelo segurado no local e no horário do trabalho**, em conseqüência de:

a) ato de agressão, sabotagem ou terrorismo praticado por terceiro ou companheiro de trabalho;

b) ofensa física intencional, inclusive de terceiro, por motivo de disputa relacionada ao trabalho;

c) ato de imprudência, de negligência ou de imperícia de terceiro ou de companheiro de trabalho;

d) ato de pessoa privada do uso da razão;

e) desabamento, inundação, incêndio e outros casos fortuitos ou decorrentes de força maior;

III – **a doença proveniente de contaminação acidental do empregado no exercício de sua atividade**;

IV – **o acidente sofrido pelo segurado ainda que fora do local e horário de trabalho**:

a) na **execução de ordem ou na realização de serviço** sob a autoridade da empresa;

b) na **prestação espontânea de qualquer serviço à empresa para lhe evitar prejuízo ou proporcionar proveito**;

c) **em viagem a serviço da empresa**, inclusive para estudo quando financiada por esta dentro de seus planos para melhor capacitação da mão de obra, independentemente do meio de locomoção utilizado, inclusive veículo de propriedade do segurado;

d) no percurso da residência para o local de trabalho ou deste para aquela, qualquer que seja o meio de locomoção, inclusive veículo de propriedade do segurado".

O artigo 21, inciso I, da Lei 8.213/91, constitui uma hipótese aberta, razão pela qual a listagem deste dispositivo é meramente exemplificativa, pois equiparou a acidente de trabalho o acidente ligado ao trabalho que, embora não tenha sido a causa única, haja contribuído diretamente para a morte do segurado, para redução ou perda da sua capacidade para o trabalho, ou produzido lesão que exija atenção médica para a sua recuperação.

Logo, se um empregado se acidenta no exercício do labor, potencializando a sua lesão pelo fato de ser hemofílico, enfermidade que somada ao acidente gera a incapacidade laboral, configurado está o acidente de trabalho por equiparação.

Os demais casos contemplados nos incisos II e III acabam sendo concretizações do inciso I. Suponha-se que João esteja trabalhando a serviço da empresa e que sofra uma agressão de um colega de trabalho ou mesmo de um terceiro que invadiu a empresa, causando-lhe lesão corporal que ensejou incapacidade laboral. Neste caso, trata-se de um acidente equiparado ao de trabalho.

Caso Josué, empregado e vizinho da empresa Fogo Quente, ajude o Corpo de Bombeiros a apagar incêndio na empresa durante a madrugada, sofra lesão que gere a sua incapacidade laboral, ter-se-á um acidente equiparado ao de trabalho, haja vista que a sua ação espontânea visou evitar prejuízos à empresa.

Se Cornélio embarca em avião em um domingo a serviço da empresa para participar de reunião, caso a aeronave caia e haja o óbito do segurado, o acidente será equiparado ao de trabalho.

FIQUE ATENTO!

Vale registrar que o inciso IV havia sido revogado pela MP 905, publicada em 12/11/2019. Deste este dia, não era mais equiparado a acidente de trabalho o acidente em trânsito do trabalho para a residência e vice-versa. No entanto, a MP 955/2020 revogou a MP 905/2020, voltando a ser considerado como acidente de trabalho por equiparação o acidente *in itinere*.

Considerando que a MP 905/2019 vigorou entre 12/11/2019 e 19/04/2020, os acidentes em trânsito nesse período não são considerados como acidentes de trabalho por equiparação. Isso porque a revogação de uma medida provisória equivale à sua caducidade para fins do artigo 62 da Constituição Federal, conforme precedentes do STF (ADI 5.709, ADI 5.716, ADI 5.717 e ADI 5.727, rel. min. Rosa Weber, j. 27-3-2019, P, *DJE* de 28-6-2019).

Dessa forma, considerando que o Congresso Nacional não editou o decreto legislativo a que se refere o § 3º do artigo 62 da Constituição até sessenta dias após a rejeição ou perda de eficácia de medida provisória (no caso, revogação), as relações jurídicas constituídas e decorrentes de atos praticados durante sua vigência conservar-se-ão por ela regidas.

Por outro lado, conforme dispõe expressamente o artigo 21, § 2º, da Lei 8.213/91, **não é considerada agravação ou complicação de acidente do trabalho a lesão que, resultante de acidente de outra origem, se associe ou se superponha às consequências do anterior.**

Destarte, suponha-se que um empregado sofre uma torção de tornozelo no exercício do trabalho e fica incapacitado, configurando um acidente de trabalho. Contudo, quando ele está em casa se recuperando, a televisão cai sobre o seu pé e quebra os ossos do seu tornozelo. Neste caso, a segunda lesão não se configura como agravação ou complicação do acidente de trabalho, pois se superpôs à torção, lesão bem mais leve.

Ressalva o artigo 337, § 2º, do RPS, que será considerado agravamento do acidente aquele sofrido pelo acidentado quando estiver sob a responsabilidade da reabilitação profissional, vez que o segurado está sob a proteção da Previdência Social.

Impende salientar que nos **períodos destinados a refeição ou descanso**, ou por ocasião da satisfação de outras necessidades fisiológicas, no local do trabalho ou durante este, **o empregado é considerado no exercício do trabalho**.

Também é considerado como acidente de trabalho o infortúnio sofrido pelo segurado no local e horário de trabalho, tais como agressão, ofensa intencional ligada ao trabalho e atos decorrentes de fortuito ou força maior que gerem a incapacidade laboral ou a morte do trabalhador.

Ademais, em algumas situações acidentes ocorridos fora do local e horário de trabalho são equiparados a acidente de trabalho, pois existe um nexo com a atividade laboral, tais como os acidentes *in itinere* (no trânsito da residência para o trabalho ou vice-versa), na prestação de serviço espontâneo que objetiva trazer benefício para a empresa ou em viagem de trabalho.

Conquanto a LC 150/2015 não tenha modificado a redação do artigo 21, da Lei 8.213/91, entende-se pela sua aplicabilidade integral ao empregado doméstico, pois inexiste motivo para deixar desprotegido o empregado doméstico dos acidentes equiparados ao de trabalho.

5. RECONHECIMENTO

No que concerne ao *segurado empregado*, empregado doméstico (LC 150/2015) e ao *trabalhador avulso*, caberá à empresa e ao empregador doméstico expedir a CAT – Comunicação de Acidente de Trabalho ao INSS até o primeiro dia útil seguinte ao da ocorrência e, em caso de morte, de imediato, sob pena de multa administrativa.

A multa será variável entre o limite mínimo e o limite máximo do salário de contribuição, sucessivamente aumentada nas reincidências, sendo atualmente de competência da Secretaria da Receita Federal do Brasil.

Em caso de omissão da empresa, ou do empregador doméstico, poderão promover a comunicação o próprio acidentado, seus dependentes, a entidade sindical competente, o médico que o assistiu ou qualquer autoridade pública, o que não exclui a multa a ser imposta à empresa negligente.

Na hipótese do *segurado especial*, o acidente deverá ser comunicado pelo próprio, seus dependentes, a entidade sindical competente, o médico que o assistiu ou qualquer autoridade pública.

A CAT deverá se referir às seguintes ocorrências[7]:

> I – **CAT inicial**: acidente do trabalho típico, trajeto, doença profissional, do trabalho ou óbito imediato;
>
> II – **CAT de reabertura**: afastamento por agravamento de lesão de acidente do trabalho ou de doença profissional ou do trabalho; ou
>
> III – **CAT de comunicação de óbito**: falecimento decorrente de acidente ou doença profissional ou do trabalho, após o registro da CAT inicial.

Deverá a CAT ser preenchida em 04 vias: primeira via ao INSS; segunda via ao segurado ou dependente; terceira via ao sindicato dos trabalhadores; quarta via à empresa.

Contudo, é comum que as empresas não expeçam a CAT visando encobrir a ocorrência do acidente de trabalho, razão pela qual foi editada a Medida Provisória 316/2006, convertida na Lei 11.430/2006, que inseriu o artigo 21-A na Lei 8.213/91, criando o **NTEP – Nexo Técnico Epidemiológico**.

Com propriedade, a perícia médica do INSS considerará caracterizada a natureza acidentária da incapacidade quando constatar ocorrência de nexo técnico epidemiológico entre o trabalho e o agravo, decorrente da relação entre a atividade da empresa e a entidade mórbida motivadora da incapacidade elencada na Classificação Internacional de Doenças – CID, conforme a lista C, do anexo II, do Decreto 3.048/99, alterado pelo Decreto 6.957/2009, sendo **dispensável a emissão da CAT**.

Nas classificações internacionais da OMS, os estados de saúde (doenças, perturbações, lesões, etc.) são classificados principalmente na CID-10 (abreviatura da Classificação Internacional de Doenças, Décima Revisão), que fornece uma estrutura de base etiológica.

A empresa ou o segurado poderão requerer a não aplicação do nexo técnico epidemiológico, de cuja decisão caberá recurso com efeito suspensivo ao Conselho de Recursos da Previdência Social.

Com o advento da LC 150/2015, o artigo 21-A da Lei 8.213/91 também foi modificado, passando a prever que a perícia médica do Instituto Nacional do Seguro Social (INSS) considerará caracterizada a natureza acidentária da incapacidade quando constatar ocorrência de nexo técnico epidemiológico entre o trabalho e o agravo, decorrente da relação entre a atividade da empresa **ou do empregador doméstico** e a entidade mórbida motivadora da incapacidade elencada na Classificação Internacional de Doenças (CID), em conformidade com o que dispuser o regulamento.

Para a identificação do nexo entre o trabalho e o agravo, que caracteriza o acidente do trabalho, a perícia médica do INSS, se necessário, poderá ouvir testemunhas, efetuar pesquisa ou realizar vistoria do local de trabalho ou solicitar o perfil profissiográfico previdenciário diretamente ao empregador para o esclarecimento dos fatos[8].

---

7. Artigo 327 da Instrução Normativa INSS 77/2015.
8. Artigo 322 da Instrução Normativa INSS 77/2015.

Considera-se **agravo** a lesão, doença, transtorno de saúde, distúrbio, disfunção ou síndrome de evolução aguda, subaguda ou crônica, de natureza clínica ou subclínica, inclusive morte, independentemente do tempo de latência, a teor do Decreto 6.042/2007.

Caso não concorde com o NTEP, a empresa poderá ofertar requerimento administrativo a ser apresentado no prazo de 15 dias da data para a entrega da Guia de Recolhimento do FGTS e Informações à Previdência Social – GFIP que registre a movimentação do trabalhador, sob pena de não conhecimento da alegação em instância administrativa.

No entanto, caracterizada a impossibilidade de atendimento do prazo acima referido, motivada pelo não conhecimento tempestivo do diagnóstico do agravo, o requerimento poderá ser apresentado no prazo de quinze dias da data em que a empresa tomar ciência da decisão da perícia médica do INSS.

Caberá à empresa formular as alegações que entender necessárias e apresentará as provas que possuir demonstrando a inexistência de nexo entre o trabalho e o agravo, podendo a documentação probatória trazer, entre outros meios de prova, evidências técnicas circunstanciadas e tempestivas à exposição do segurado, podendo ser produzidas no âmbito de programas de gestão de risco, a cargo da empresa, que possuam responsável técnico legalmente habilitado.

Por sua vez, o INSS informará ao segurado sobre a contestação da empresa para que este, querendo, possa impugná-la. Da decisão do requerimento cabe recurso, com efeito suspensivo, por parte da empresa ou, conforme o caso, do segurado ao Conselho de Recursos da Previdência Social, no prazo de 30 dias.

O NTEP estabelece um vínculo entre a Classificação Nacional de Atividades Econômicas (CNAE) da empresa e a CID do agravo, presumindo-se relativamente o acidente de trabalho.

De efeito, o nexo técnico previdenciário poderá ser de **natureza causal ou não**, havendo três espécies:

> I – **nexo técnico profissional ou do trabalho**, fundamentado nas associações entre patologias e exposições constantes das listas A e B do anexo II do Decreto nº 3.048/99;
>
> II – **nexo técnico por doença equiparada a acidente de trabalho ou nexo técnico individual**, decorrente de acidentes de trabalho típicos, bem como de condições especiais em que o trabalho é realizado e com ele relacionado diretamente, nos termos do § 2º do art. 20 da Lei nº 8.213/91;
>
> III – **nexo técnico epidemiológico previdenciário**, aplicável quando houver significância estatística da associação entre o código da Classificação Internacional de Doenças-CID, e o da Classificação Nacional de Atividade Econômica-CNAE, na parte inserida pelo Decreto nº 6.042/07, na lista B do anexo II do Decreto nº 3.048/99.

Após realizada a inspeção no local de trabalho, a perícia médica do INSS reconhecerá ou não o nexo entre o trabalho e o agravo, devendo a APS mantenedora do benefício, em ambos os casos, emitir junto à perícia médica uma Carta de Notificação, em três vias, sendo uma para ser juntada ao processo concessório e as outras duas para serem enviadas à empresa e ao segurado.

Ademais, quando na realização da inspeção no ambiente de trabalho ficar constatada alguma das irregularidades descritas nas normativas previdenciárias, o executor da inspeção deverá emitir Representação Administrativa e encaminhar suas respectivas cópias, conforme o caso, aos órgãos competentes.

6. SEGURADOS COBERTOS

O médico-residente, que se enquadra como contribuinte individual, também tinha direito aos benefícios acidentários por determinação expressa da Lei 8.138/90, que restou revogada pela Lei 10.405/2002.

Assim, antes do advento da LC 150/2015, **de acordo com a doutrina prevalente, apenas o segurado empregado, o trabalhador avulso e o segurado especial fazem jus aos benefícios por acidente de trabalho**, pois nestes casos a empresa paga a contribuição SAT de 1, 2 ou 3% sobre as remunerações dos empregados e avulsos e o segurado especial é contribuinte de 0,1% sobre a receita decorrente da comercialização de sua produção.

Nesse sentido, conforme restringia o artigo 18, § 1º, da Lei 8.213/91, apenas os segurados empregados, trabalhadores avulsos e segurados especiais fariam jus ao auxílio-acidente, o mais típico benefício por acidente de trabalho, em que pese ter sido estendido aos acidentes em geral.

Com o advento da Emenda Constitucional 72/2013 passou a existir previsão na Lei Maior para que os empregadores domésticos pagassem contribuição SAT, o que foi regulamentado pela LC 150/2015 (0,8% do salário de contribuição), **razão pela qual os empregados domésticos passaram a ter direito aos benefícios previdenciários por acidente do trabalho, inclusive ao auxílio-acidente.**

Contudo, mesmo sem o pagamento da contribuição SAT pelas empresas, entende-se ser razoável estender a proteção previdenciária acidentária aos contribuintes individuais que prestam serviços às pessoas jurídicas, pois o conceito legal de acidente de trabalho (artigo 19, da Lei 8.213/91) o define como "o que ocorre pelo exercício do trabalho a serviço da empresa", não havendo qualquer restrição legal com relação aos segurados beneficiários.

Os **benefícios pagos por acidente de trabalho** ao empregado, empregado doméstico, ao trabalhador avulso e ao segurado especial, bem como aos dependentes, são os seguintes: pensão por morte por acidente de trabalho; auxílio-acidente por acidente de trabalho; auxílio-doença por acidente de trabalho e aposentadoria por incapacidade permanente por acidente de trabalho.

São devidos os benefícios por acidente do trabalho – auxílio-doença, aposentadoria por incapacidade permanente, pensão por morte e auxílio-acidente (espécies 91, 92, 93 e 94) ao segurado empregado doméstico, desde que o acidente tenha ocorrido a partir do dia 02/06/2015, data da publicação da Lei Complementar nº 150, de 2015[9].

Vale frisar que o INSS somente concede benefícios com código de acidente do trabalho aos segurados que possuem o pagamento da contribuição SAT em seu favor: empregado, empregado doméstico (este após a LC 150/2015), trabalhador avulso e segurado especial.

Logo, o contribuinte individual, quer autônomo, quer prestando serviços à pessoa jurídica, não terá deferido pelo INSS benefício por acidente de trabalho, e sim benefício comum, o mesmo ocorrendo com o segurado facultativo, que sequer trabalha.

Revendo a sua jurisprudência de modo técnico, o STJ vem pronunciando a competência da Justiça Federal nas demandas envolvendo contribuinte individual autônomo:

> PROCESSUAL CIVIL E PREVIDENCIÁRIO. CONFLITO NEGATIVO DE COMPETÊNCIA. AÇÃO PREVIDENCIÁRIA. BENEFÍCIO POR INCAPACIDADE. SEGURADO CONTRIBUINTE INDIVIDUAL. LEGISLAÇÃO ACIDENTÁRIA EXCLUDENTE. NATU-

9. Memorando-Circular nº 38/DIRBEN/INSS, de 5/11/2015.

REZA PREVIDENCIÁRIA DO BENEFÍCIO. INTELIGÊNCIA DO ARTIGO 19 DA LEI 8.213/1991. COMPETÊNCIA DA JUSTIÇA FEDERAL. JUÍZO SUSCITADO.

1. No caso, tramita ação previdenciária em que ser requer a condenação do INSS ao pagamento de benefício previdenciário por incapacidade, em que o autor ostenta a qualidade de segurado contribuinte individual.

2. O segurado contribuinte individual integra o rol dos segurados obrigatórios do Regime Geral de Previdência Social. O artigo 12, V, da Lei 8.212/1991 e o artigo 9º, V, do Decreto 3.048/1999, com a redação dada pela Lei 9.876/1999, elencam quem são os segurados contribuintes individuais. São igualmente segurados contribuintes individuais, o médico-residente, por força da Lei 6.932/1981 com a redação dada pela Lei 12.514/2011; o cônjuge ou companheiro do produtor que participe da atividade rural por este explorada; o bolsista da Fundação Habitacional do Exército, contratado em conformidade com a Lei 6.855/1980 e o árbitro de competições desportivas e seus auxiliares que atuem em conformidade com a Lei 9.615/1998.

2. Consoante artigo 19 da Lei 8.213/1991, somente os segurados empregados, incluídos os temporários, os segurados trabalhadores avulsos e os segurados especiais fazem jus aos benefícios previdenciários por acidente do trabalho. O ordenamento jurídico fez incluir o segurado empregado doméstico no rol do artigo 19, em observância à Emenda Constitucional 72 e à Lei Complementar 150/2015.

3. O artigo 109, I, da Constituição Federal de 1988, ao excetuar da competência federal as causas de acidente do trabalho, abarcou tão somente as lides estritamente acidentárias, movidas pelo segurado contra o INSS.

4. O acidente sofrido por trabalhador classificado pela lei previdenciária como segurado contribuinte individual, por expressa determinação legal, não configura acidente do trabalho, não ensejando, portanto, a concessão de benefício acidentário, apenas previdenciário, sob a jurisdição da Justiça Federal.

5. Conflito negativo de competência conhecido para declarar a competência da Justiça Federal **(CC 140943, 1ª Seção, 8/2/2017)**.

7. PRESCRIÇÃO DOS BENEFÍCIOS ACIDENTÁRIOS

De acordo com o artigo 104, da Lei 8.213/91, as ações referentes à prestação por acidente do trabalho prescrevem em cinco anos, contados da data:

> I – do acidente, quando dele resultar a morte ou a incapacidade temporária, verificada esta em perícia médica a cargo da Previdência Social; ou
>
> II – em que for reconhecida pela Previdência Social, a incapacidade permanente ou o agravamento das seqüelas do acidente.

Note-se que, em se tratando de benefícios previdenciários, ocorre a prescrição progressiva e não a do fundo do direito[10], pois apenas as parcelas vencidas antes do quinquênio anterior ao ajuizamento da demanda ou do pedido administrativo restarão fulminadas pelo lustro prescricional, sendo aplicável a Súmula 85, do STJ[11].

10. STJ, REsp 266.637, de 26.09.2000.
11. Súmula 85 – Nas relações jurídicas de trato sucessivo em que a Fazenda Pública figure como devedora, quando não tiver sido negado o próprio direito reclamado, a prescrição atinge apenas as prestações vencidas antes do quinquênio anterior a propositura da ação.

8. PRINCIPAIS CONSEQUÊNCIAS JURÍDICAS DO RECONHECIMENTO DO ACIDENTE DE TRABALHO

O reconhecimento de um acidente de trabalho ou equiparado, e, por consequência, a concessão de benefício previdenciário acidentário, tem como principais consequências:

a) O evento entrará na estatística da empresa para majoração em até 100% da contribuição de 1, 2 ou 3% sobre as remunerações dos segurados empregados e avulsos (contribuição SAT), na forma do artigo 10, da Lei 10.666/03;

b) O empregado (este direito não foi estendido ao empregado doméstico pela LC 150/2015), após a cessação do auxílio-doença acidentário, tem garantida a estabilidade provisória no emprego por ao menos doze meses, na forma do artigo 118, da Lei 8.213/91[12], dispositivo legal validado pelo STF no julgamento da ADI 639, em 02/06/2005[13];

c) O empregador obriga-se a depositar a importância a título de FGTS, conforme previsto no artigo 15, § 5º, da Lei 8.036/90;

d) Dispensa-se a carência para a concessão da aposentadoria por incapacidade permanente e do auxílio-doença (auxílio por incapacidade temporária);

e) A ação judicial eventualmente proposta contra o INSS será da competência originária da Justiça Estadual, por força do artigo 109, I, parte final, da CRFB, e não da Justiça Federal, mesmo em se tratando de acidente por equiparação ou doença ocupacional[14], bem como as respectivas ações revisionais;

f) A renda da aposentadoria por incapacidade permanente e da pensão por morte não precedida de aposentadoria será de 100% do salário de benefício.

Ressalte-se que com o advento da Lei 9.032/95 o cálculo dos benefícios acidentários passou a ser o mesmo dos benefícios previdenciários comuns, inexistindo diferenciação para a definição da sua renda mensal inicial. No entanto isto foi modificado com a Emenda 103/2019 no caso da aposentadoria por incapacidade permanente (antiga invalidez), conforme será estudado na parte dos benefícios previdenciários.

9. RESPONSABILIDADE CIVIL DA EMPRESA PERANTE A JUSTIÇA DO TRABALHO

Nas hipóteses de dolo ou culpa, a teor do artigo 7º, XXVIII, da CRFB, o empregador responderá civilmente nas hipóteses de acidente de trabalho, em demanda a ser proposta pelo empregado na Justiça do Trabalho, conforme pacificado pelo STF, através da edição da **Súmula vinculante 22**:

---

12. Art. 118. O segurado que sofreu acidente do trabalho tem garantida, pelo prazo mínimo de doze meses, a manutenção do seu contrato de trabalho na empresa, após a cessação do auxílio-doença acidentário, independentemente de percepção de auxílio-acidente.

13. EMENTA: AÇÃO DIRETA DE INCONSTITUCIONALIDADE. ARTIGO 118 DA LEI 8.213/1991. Norma que assegura ao trabalhador a manutenção de contrato de trabalho por doze meses após a cessão do auxílio-doença, independentemente de percepção de auxílio-acidente. Alegação de ofensa à reserva de lei complementar, prevista no art. 7º, I, da Constituição federal, para a disciplina da proteção da relação de emprego contra despedida arbitrária ou sem justa causa. Norma que se refere às garantias constitucionais do trabalhador em face de acidentes de trabalho e não guarda pertinência com a proteção da relação de emprego nos termos do art. 7º, I, da Constituição. Ação julgada improcedente.

14. STJ, CC 107.468, de 14.10.2009.

"A Justiça do Trabalho é competente para processar e julgar as causas relativas a indenizações por danos morais e patrimoniais decorrentes de acidente de trabalho propostas por empregado contra empregador, alcançando-se, inclusive, as demandas que ainda não possuíam, quando da promulgação da EC nº 45/2004, sentença de mérito em primeiro grau".

Aliás, mesmo a ação proposta pela viúva contra o empregador por acidente de trabalho será de competência da Justiça do Trabalho, tendo o STJ revogado a Súmula 366, que dispunha em sentido contrário, no julgamento do conflito de competência 101.977, em 16.09.2009.

Tema polêmico é saber se a responsabilidade do empregador poderá ser objetiva, se este desempenhar atividade naturalmente arriscada, consoante previsão do artigo 927, parágrafo único, do Código Civil.

Entende-se que sim, pois inexiste motivo para restringir o âmbito de aplicação da legislação civil, máxime para aumentar a proteção ao trabalhador, haja vista a natureza reparatória da ação a ser proposta contra o empregador na Justiça Laboral.

Nesse sentido, colaciona-se decisão do TST de 17.12.2010:

"RECURSO DE REVISTA. RESPONSABILIDADE CIVIL. DANOS MATERIAIS. VALORAÇÃO DA PROVA. **Esta Corte tem entendido que o artigo 7º, XXVIII, da Constituição Federal, ao assegurar, como direito indisponível do trabalhador, o -seguro contra acidente do trabalho, a cargo do empregador, sem excluir a indenização a que este está obrigado, quando incorrer em dolo ou culpa –, não obsta a aplicação da teoria da responsabilidade objetiva às lides trabalhistas, mormente quando a atividade desenvolvida pelo empregador pressupõe a existência de risco potencial à integridade física e psíquica do trabalhador e o acidente tenha ocorrido após a entrada em vigência do novo Código Civil**. Contudo, não é o que se verifica dos autos, haja vista que a atividade desempenhada pela reclamante não era de risco potencial, razão pela qual a responsabilidade no caso é a subjetiva. Por outro lado, o acórdão regional deixa assentado que a prova produzida, mormente a pericial, constatou que a doença que acometeu a reclamante não tem relação direta ou indireta com o trabalho, não estando caracterizado, portanto o nexo de causalidade. A condenação não pode se dar por presunção, razão pela qual não há como se manter a decisão de origem. Recurso de revista conhecido e provido (Processo: RR – 152400-71.2006.5.04.0771 Data de Julgamento: 15/12/2010, Relatora Ministra: Dora Maria da Costa, 8ª Turma, Data de Publicação: DEJT 17/12/2010)".

No mesmo caminho o STJ, no julgamento do Recurso Especial 1.067.738, de 26.05.2009, inclusão adotando a tese da presunção relativa de culpa da empresa:

"DIREITO CIVIL. ACIDENTE DO TRABALHO. INDENIZAÇÃO. RESPONSABILIDADE CIVIL DO EMPREGADOR. NATUREZA. PRESERVAÇÃO DA INTEGRIDADE FÍSICA DO EMPREGADO. PRESUNÇÃO RELATIVA DE CULPA DO EMPREGADOR. INVERSÃO DO ÔNUS DA PROVA.

- O art. 7º da CF se limita a assegurar garantias mínimas ao trabalhador, o que não obsta a instituição de novos direitos – ou a melhoria daqueles já existentes – pelo legislador ordinário, com base em um juízo de oportunidade, objetivando a manutenção da eficácia social da norma através do tempo.
- A remissão feita pelo art. 7º, XXVIII, da CF, à culpa ou dolo do empregador como requisito para sua responsabilização por acidentes do trabalho, não pode ser encarada como uma regra intransponível, já que o próprio caput do artigo confere elementos para criação e alteração dos direitos inseridos naquela norma, objetivando a melhoria da condição social do trabalhador.

- **Admitida a possibilidade de ampliação dos direitos contidos no art. 7º da CF, é possível estender o alcance do art. 927, parágrafo único, do CC/02 – que prevê a responsabilidade objetiva quando a atividade normalmente desenvolvida pelo autor do dano implicar, por sua natureza, risco para terceiros – aos acidentes de trabalho.**
- A natureza da atividade é que irá determinar sua maior propensão à ocorrência de acidentes. O risco que dá margem à responsabilidade objetiva não é aquele habitual, inerente a qualquer atividade. Exige-se a exposição a um risco excepcional, próprio de atividades com elevado potencial ofensivo.
- O contrato de trabalho é bilateral sinalagmático, impondo direitos e deveres recíprocos. Entre as obrigações do empregador está, indubitavelmente, a preservação da incolumidade física e psicológica do empregado no seu ambiente de trabalho.
- Nos termos do art. 389 do CC/02 (que manteve a essência do art. 1.056 do CC/16), na responsabilidade contratual, para obter reparação por perdas e danos, o contratante não precisa demonstrar a culpa do inadimplente, bastando a prova de descumprimento do contrato. Dessa forma, nos acidentes de trabalho, cabe ao empregador provar que cumpriu seu dever contratual de preservação da integridade física do empregado, respeitando as normas de segurança e medicina do trabalho. Em outras palavras, **fica estabelecida a presunção relativa de culpa do empregador**".

Entrementes, vale registrar o posicionamento contrário de Sergio Pinto Martins[15]:

> "A responsabilidade civil do empregador contida no inciso XXVIII do art. 7º da Constituição é subjetiva e não objetiva. Depende da prova de dolo ou culpa. Não é sempre presumida como na hipótese do § 6º do art. 37 da Constituição.
>
> O parágrafo único do art. 927 do Código Civil de 2002 não se aplica para acidente do trabalho, pois o inciso XXVIII do art. 7º da Constituição dispõe que a indenização só é devida em caso de dolo ou culpa. A responsabilidade é subjetiva".

O tema foi julgado pelo STF em 2019 admitindo a responsabilidade objetiva do empregador no caso de atividade de risco:

> O Plenário do Supremo Tribunal Federal (STF) decidiu, nesta quinta-feira (5), que o trabalhador que atua em atividade de risco tem direito à indenização em razão de danos decorrentes de acidente de trabalho, **independentemente da comprovação de culpa ou dolo do empregador**. Por maioria de votos, os ministros entenderam que **é constitucional a imputação da responsabilidade civil objetiva do empregador por danos decorrentes de acidentes de trabalho em atividades de risco**. RE 828040, de 5/9/2019.

10. AÇÃO REGRESSIVA PROPOSTA PELO INSS CONTRA A EMPRESA NEGLIGENTE

De acordo com o artigo 120, da Lei 8.213/91 no seu texto originário antes da Lei 13.846/19, nos casos de **negligência** quanto às normas padrão de segurança e higiene do trabalho indicados para a proteção individual e coletiva, **a Previdência Social proporá ação regressiva contra os responsáveis**, pois o pagamento das prestações previdenciárias por acidente do trabalho não exclui a responsabilidade civil da empresa ou de outrem[16].

15. Direito da Seguridade Social, 29ª edição, Atlas, p. 435.
16. Artigo 121, da Lei 8.213/91.

Eis o dispositivo:

"Art. 120. Nos casos de negligência quanto às normas padrão de segurança e higiene do trabalho indicados para a proteção individual e coletiva, a Previdência Social proporá ação regressiva contra os responsáveis".

Ou seja, os acidentes de trabalho e eventos equiparados ocorridos por **culpa do empregador** em não seguir as normas vigentes sobre proteção do trabalhador gerarão a responsabilidade deste em ressarcir a Previdência Social o valor que for gasto no pagamento dos benefícios acidentários, até que ocorra a sua cessação, devendo ser aferida casuisticamente a ocorrência da culpa, especialmente com a perícia a ser realizada pelo Ministério do Trabalho (com a extinção do Ministério do Trabalho, desde 2019 o Ministério da Economia assumiu a área trabalhista, tendo sido criada uma Secretaria Especial de Previdência e Trabalho).

Logo, haverá a condenação da empresa no pagamento das parcelas passadas e futuras, pois "a efetiva execução da sentença condenatória proferida na ação regressiva (processo de conhecimento) se fará mediante comprovação dos pagamentos efetuados pelo INSS, vencidos e vincendos"[17].

Nesse sentido, o posicionamento do STJ:

"RECURSO ESPECIAL. PREVIDENCIÁRIO. ACIDENTE DE TRABALHO. CULPA DO EMPREGADOR. AÇÃO REGRESSIVA. POSSIBILIDADE. "Em caso de acidente decorrente de negligência quanto à adoção das normas de segurança do trabalho indicadas para a proteção individual coletiva, os responsáveis respondem em ação regressiva perante a Previdência Social.". **"O fato de a responsabilidade da Previdência por acidente de trabalho ser objetiva apenas significa que independe de prova da culpa do empregador a obtenção da indenização por parte do trabalhador acidentado, contudo não significa que a Previdência esteja impedida de reaver as despesas suportadas quando se provar culpa do empregador pelo acidente." "O risco que deve ser repartido entre a sociedade, no caso de acidente de trabalho, não se inclui o ato ilícito praticado por terceiro, empregadores, ou não.**" Recurso não conhecido" (REsp 506.881, de 14.10.2003).

Inclusive, **é possível presumir relativamente à culpa da empresa**, pois, "em se tratando de responsabilidade civil em acidente do trabalho, há uma presunção de culpa da empresa quanto à segurança do trabalhador, sendo da empregadora o ônus de provar que agiu com a diligência e precaução necessárias a diminuir os riscos de lesões. Não tendo restado demonstrada a entrega de nenhum EPI (Equipamento de Proteção Individual), nem prévio treinamento dos obreiros para operar máquinas tal como aquela manuseada pela vitimada, torna-se escorreita a culpa da empresa-ré"[18].

De acordo com o artigo 341, parágrafo único, do RPS, inserido pelo Decreto 7.331, de 19.10.2010, o Ministério do Trabalho (atualmente Economia), com base em informações fornecidas trimestralmente, a partir de 1º de março de 2011, pelo Ministério da Fazenda (atualmente Economia) relativas aos dados de acidentes e doenças do trabalho constantes das comunicações de acidente de trabalho registradas no período, encaminhará à Previdência Social os respectivos relatórios de análise de acidentes do trabalho com indícios de negligência quanto às normas

17. TRF 4ª Região, AC 2000.72.02.000687-7, de 13.11.2002.
18. TRF 4ª Região, APELREEX 1999.71.00.006986-3, de 19.08.2009.

de segurança e saúde do trabalho que possam contribuir para a proposição de ações judiciais regressivas.

Vale salientar que o pagamento da contribuição previdenciária para custeio dos acidentes de trabalho (contribuição SAT) não tem o condão de excluir a responsabilidade civil da empresa perante a Previdência Social, conforme entendimento jurisprudencial majoritário[19].

Outrossim, a ação regressiva será proposta na Justiça Federal, tendo em conta que o INSS tem a natureza jurídica de autarquia federal, com fulcro no artigo 109, inciso I, da Constituição Federal de 1988[20], vez que não envolve os seus segurados.

Logo, não se trata de competência da Justiça Estadual, pois não é uma ação que busca o pagamento de benefício acidentário, nem da Justiça do Trabalho, por não existir relação laboral entre a Previdência Social e a empresa[21]. Insta afirmar que anteriormente à vigência da Lei 8.213/91 inexistia fundamento legal para a propositura de ação regressiva pela Previdência Social, mesmo o empregador incorrendo em dolo ou culpa, conforme já reconhecido pela jurisprudência[22].

Portanto, de acordo com os Tribunais Regionais Federais, as ações regressivas previdenciárias devem ser julgadas pela Justiça Federal, e não pela Justiça do Trabalho.

De acordo com a Recomendação Conjunta GP.CGJT 02/2011, o Presidente do TST recomendou aos Desembargadores dos Tribunais Regionais do Trabalho e aos Juízes do Trabalho que encaminhem à respectiva unidade da Procuradoria Geral Federal – PGF (relação anexa), por intermédio de endereço de e-mail institucional, cópia das sentenças e/ou acórdãos que reconheçam conduta culposa do empregador em acidente de trabalho, a fim de subsidiar eventual ajuizamento de Ação Regressiva, nos termos do art. 120 da Lei nº 8.213/91.

Também é razoável reduzir em 50% o valor da indenização quando o trabalhador acidentado também incorreu em culpa concorrente com a empresa, posicionamento já adotado pelo TRF da 4ª Região[23].

A jurisprudência dos Tribunais Regionais Federais vem reconhecendo a **responsabilidade solidária** entre a empresa empregadora e a empresa tomadora do serviço pelo acidente de trabalho culposo na **terceirização:**

> **"ACIDENTE DE TRABALHO. AÇÃO REGRESSIVA DO INSS CONTRA O EMPREGADOR. ARTIGO 120 DA LEI Nº 8.213/91. CONSTITUCIONALIDADE. RESPONSABILIDADE DO TOMADOR E DO PRESTADOR DO SERVIÇO.** A Lei nº 8.213/91, em seu artigo 120, prevê o ressarcimento ao INSS dos valores despendidos com o pagamento de benefícios previdenciários decorrentes de acidentes de trabalho, exigindo, para a responsabilização do empregador, prova de nexo causal entre a conduta omissiva – consistente em 'negligência quanto às normas padrão de segurança e higiene do trabalho indicados para a proteção individual e coletiva' – e o infortúnio que deu causa ao pagamento da prestação previdenciária. A constitucionalidade do referido dispositivo foi reconhecida por esta Corte no julgamento da Arguição de Inconstitucionalidade na AC nº 1998.04.01.023654-5, restando afastada eventual alegação de incompatibilidade com a obrigação de custeio garantida pelo artigo 7º, XXVIII, da CF, que prevê o pagamento, a cargo do empregador, de seguro contra acidentes de trabalho. **Em caso de**

19. TRF 1ª Região, AC 2000.01.00.069642-0, de 16.10.2006.
20. TRF 4ª Região, AC 2004.72.07.006705-3, de 24.11.2009.
21. TRF 3ª Região, AI 2008.03.00.001081-6, de 25.08.2009.
22. TRF 4ª Região, AC 2001.70.00.026346-7, de 01.04.2009.
23. AC 2006.72.04.000386-0, de 03.03.2009.

terceirização de serviços, o tomador e o prestador respondem solidariamente pelos danos causados à saúde dos trabalhadores, inclusive em ação regressiva do INSS" (TRF **4ª Região**, 5001998-02.2011.404.7204, de 28/10/2014).

De acordo com o TRF da 2ª Região, "a ação regressiva proposta pelo INSS encontra previsão legal nos artigos 120 e 121 da Lei nº 8.213/91 e é instrumento que possui dupla finalidade, pois, ao mesmo tempo em que possui caráter ressarcitório – buscando devolver aos cofres públicos o valor gasto com o pagamento de benefícios previdenciários, concedidos em razão da negligência das empresas empregadoras ou tomadoras de serviço em relação às normas de segurança do trabalho – possui caráter pedagógico/preventivo – visando adequar a empresa infratora aos padrões de segurança, para que sejam evitados novos acidentes. 8. No caso dos autos, restou comprovado que todas as empresas envolvidas no processo de montagem de silos contribuíram para a ocorrência do acidente que ora se analisa, em razão das inúmeras falhas encontradas, tanto na estruturação do projeto, como em sua implantação/ montagem. 9. **Verifica-se, portanto, que restaram comprovados nos autos os elementos necessários para que se imponha ao empregador e ao tomador de serviços a obrigação de ressarcir ao INSS os valores pagos às dependentes dos trabalhadores falecidos a título de pensão por morte**[24]".

Os Tribunais Regionais Federais também vêm aplicando a **responsabilização solidária** entre **empresas consorciadas:**

> "**ACIDENTE DE TRABALHO. AÇÃO REGRESSIVA PROPOSTA PELO INSTITUTO NACIONAL DO SEGURO SOCIAL**. SENTENÇA CONDENATÓRIA ALTERNATIVA. NULIDADE. CAUSA MADURA. **CONSÓRCIO DE EMPRESAS. AUSÊNCIA DE PERSONALIDADE JURÍDICA. RESPONSABILIDADE SOLIDÁRIA DAS EMPRESAS CONSORCIADAS**. CONSTITUCIONALIDADE DO ART. 120 DA LEI Nº. 8.213/91. SAT. RESPONSABILIDADE CIVIL CONFIGURADA. POSSIBILIDADE DE INCLUSÃO DAS PRESTAÇÕES FUTURAS NA CONDENAÇÃO. CONSTITUIÇÃO DE CAPITAL. AUSÊNCIA DE PREVISÃO LEGAL. SENTENÇA ANULADA. PROCEDÊNCIA DA AÇÃO. PREJUDICADOS OS APELOS. 1– A condenação em prestação alternativa só tem cabimento nas hipóteses em que o pedido do autor decorra de descumprimento de obrigação alternativa, cuja escolha caiba ao devedor, nos moldes do art. 252 do Código Civil. Fora desses casos, é defeso ao juiz proferir sentença alternativa. 2– Aplicação da Teoria da Causa Madura e julgamento da ação diretamente pelo Tribunal, nos termos do art. 515 e parágrafos do CPC. 3– O consórcio não possui personalidade jurídica, razão pela qual as requeridas são legítimas para compor o polo passivo da presente demanda regressiva (art. 278, § 1º, da Lei nº. 6.404/76). 4 – O Instituto Autárquico pretende o ressarcimento de montante despendido e a despender em virtude do pagamento de auxílio-doença, decorrente de acidente de trabalho de segurado, com fulcro no disposto no art. 120, da Lei nº 8.213/91. 5– Inexiste a apontada inconstitucionalidade do art. 120, da Lei nº 8.213/91, eis que a Emenda Constitucional nº 41/2003 acrescentou o parágrafo 10º ao art. 201: "§ 10º. Lei disciplinará a cobertura do risco de acidente do trabalho, a ser atendida concorrentemente pelo regime geral de previdência social e pelo setor privado." 6– O pagamento do Seguro de Acidente do Trabalho – SAT também não exclui a responsabilidade do empregador pelo ressarcimento de valores pagos pelo INSS, resultantes de acidente de trabalho, quando comprovado o dolo ou culpa; ao contrário, a cobertura do SAT somente ocorre nos casos de culpa exclusiva da vítima, de caso fortuito ou de força maior. 7– O art. 120, da Lei nº. 8.213/91, dispõe que, "nos casos de negligência quanto às normas padrão de segurança e higiene do trabalho indicados para a proteção individual e coletiva, a Previdência Social proporá ação regressiva contra os responsáveis." 8 – Na hipótese em tela, o conjunto proba-

24. AC 609093, de 17/12/2013.

tório coligido aos autos demonstra a negligência das empresas requeridas. 9 – Embora futuras, as prestações vincendas são certas, de maneira que devem integrar a condenação. 10– Descabe a pretensão de constituição de capital na hipótese em que o Instituto Autárquico já instituiu benefício em favor do segurado e reclama das empresas rés o reembolso dos gastos realizados, uma vez que a obrigação das requeridas não detém caráter alimentar. 11 – Anulada, de ofício, a sentença e, por conseguinte, prejudicados os recursos. **12– Procedente a demanda, em julgamento proferido nos termos do art. 515, § 3º, do CPC, para condenar as empresas demandadas ao ressarcimento dos valores pagos pelo INSS em decorrência do acidente descrito na inicial, vencidas até a liquidação, bem como das prestações futuras, mediante repasse à Previdência Social até o dia 10 (dez) de cada mês o valor do benefício pago no mês imediatamente anterior, com os consectários especificados**". (TRF 2ª Região, AC 1902796, de 10/06/2014).

Outrossim, no caso de acidente de trabalho culposo que acometer trabalhador avulso, também haverá a **solidariedade** na ação regressiva previdenciária entre o **órgão gestor de mão de obra e o operador portuário**. Isso porque "o artigo 19, V, da Lei de Modernização dos Portos, estabelece que compete ao OGMO zelar pelar normas de saúde, higiene e segurança no trabalho portuário avulso. Descumprindo tal obrigação, o OGMO responde solidariamente com o operador portuário pelos acidentes de trabalho decorrentes de falhas na segurança dos trabalhadores, de acordo com os arts. 1.º, 2.º, parágrafos 4.º, e 9.º, todos da Lei n.º 9.719/98 e com a Norma Regulamentar n.º 29"[25].

Entre a empresa incorporadora e a construtora também é possível imputar condenação solidária na ação regressiva previdenciária, estendendo-se a aplicação do artigo 30, inciso VI, da Lei 8.212/91. Nesse sentido o TRF da 4ª Região:

"AÇÃO REGRESSIVA. PREJUÍZOS DECORRENTES DE ACIDENTE DE TRABALHO FATAL. **SOLIDARIEDADE ENTRE INCORPORADORA E CONSTRUTORA**. Negligência DA CONSTRUTORA CONSTATADA. DEVER DE RESSARCIR. – **Prevê o art. 30 da citada lei a responsabilidade solidária entre incorporador e construtor pela "arrecadação e recolhimento das contribuições ou de outras importâncias devidas à Seguridade Social: (grifo meu), podendo perfeitamente ser incluído, entre essas importâncias, o valor relativo ao ressarcimento pelos danos sofridos pelo INSS.** – Mostra-se irrelevante a questão sobre o fornecimento ou não do cinto de segurança, já que restou sobejamente comprovado nos autos que a ausência do cinto foi apenas um dos elementos que teria contribuído para o acidente, havendo inúmeras outras causas, ainda mais relevantes, para o evento fatal, tais como falta de painéis fixos/ removíveis de contenção elevador de materiais e falta de cancela um metro antes da torre no oitavo pavimento, além de tantos outros fatores expressos no laudo pericial de fls. 337/347. – Não vislumbro a alegada culpa exclusiva da vítima. Ao contrário, entendo que a conduta negligente deve ser inteiramente atribuída à construtora, que deixou de obedecer as portarias e legislações que dispõem sobre a segurança do trabalho, deixando de adotar medidas essenciais que a garantissem" (AC 200204010516095, de 15/05/2006).

Por fim, vale destacar que a pretensão de reparação de danos ao Erário é imprescritível, conforme previsão expressa do § 5º[26], do artigo 37, da Constituição de 1988, bem como a eleição pela Advocacia-Geral da União do dia 28 de abril como Dia Nacional das Ações Regressivas por Acidente de Trabalho.

25. TRF 5ª Região, Apelação Cível 540847, de 11/19/2012.
26. A lei estabelecerá os prazos de prescrição para ilícitos praticados por qualquer agente, servidor ou não, que causem prejuízos ao erário, ressalvadas as respectivas ações de ressarcimento.

Contudo, a tese da imprescritibilidade não vem sendo acolhida pela jurisprudência. O TRF da 4ª Região vem entendendo que o INSS possui **três anos** para cobrar as parcelas dos benefícios acidentários pagos por negligência da empresa, com arrimo no artigo 206, § 3º, inciso V, do Código Civil, sob pena de **prescrição progressiva das parcelas**, e não do fundo do direito:

> "DIREITO CIVIL. AÇÃO REGRESSIVA PROPOSTA PELO INSS. RESSARCIMENTO DE DANO. ACIDENTE DE TRABALHO. ARTIGO 120 DA LEI Nº 8.213/91. PRESCRIÇÃO. PRAZO TRIENAL. ARTIGO 206, § 3º, V, DO CÓDIGO CIVIL. TERMO A QUO.
>
> 1. Consoante prescreve o artigo 120 da Lei nº 8.213/91, "nos casos de negligência quanto às normas padrão de segurança e higiene do trabalho indicados para a proteção individual e coletiva, a Previdência Social proporá ação regressiva contra os responsáveis".
>
> 2. A ação regressiva proposta pelo INSS para ressarcimento de danos decorrentes de pagamento de benefícios acidentários tem natureza civil, e não administrativa ou previdenciária.
>
> **3. Inexistência de imprescritibilidade. Não se trata situação delineada no âmbito do § 5° do artigo 37, da CRFB/88, pois o feito não versa sobre ato ilícito praticado por agente público. Aplicação da prescrição trienal prevista no Código Civil, art. 206, § 3°, V.**
>
> **4. Não há que se falar em prescrição de fundo de direito, pois as consequências do acidente perduram ao longo do tempo. Tratando-se de prestações de trato sucessivo, ocorreu apenas a prescrição trienal das parcelas anteriores ao ajuizamento da ação.**
>
> 5. Apelação provida para cassar a sentença e determinar o prosseguimento do feito com o exame do mérito" (APELAÇÃO/REEXAME NECESSÁRIO Nº 5003414-11.2011.404.7202/SC, de 11/04/2012).

Esta também vem sendo a jurisprudência do TRF da 2ª Região (AC – APELAÇÃO CÍVEL – 497.363, de 21.03.2011) e do TRF da 3ª Região (AC – APELAÇÃO CÍVEL – 1.676.274, de 07.02.2012).

No entanto, no julgamento do EREsp 387.412, em 10 de setembro de 2013, julgado monocraticamente pelo Ministro Humberto Martins, **o STJ adotou a tese da prescrição quinquenal**, ao argumento de que a aplicação principiológica da isonomia, por si só, impõe a incidência recíproca do prazo do Decreto 20.910/32 nas pretensões deduzidas em face da Fazenda e desta em face do administrado.

Ainda de acordo com a Corte Superior, nas demandas ajuizadas pelo INSS contra o empregador do segurado falecido em acidente laboral, visando ao ressarcimento dos valores decorrentes do pagamento da pensão por morte, o termo *a quo* da prescrição quinquenal é a data da concessão do referido benefício previdenciário, e não a data da ocorrência do acidente.

Isso porque é da concessão do benefício que exsurge a pretensão da autarquia previdenciária, que até então não havia despendido recursos públicos para a concessão do benefício decorrente de acidente do trabalho por culpa da empresa. Trata-se de prescrição de trato sucessivo, não fulminando o fundo do direito, não se aplicando os artigos 103 e 104 desta Lei 8.213/91, pois não se trata de relação jurídica entre a Previdência Social e os seus beneficiários (segurados e dependentes), e sim de ação ressarcitória de parcelas vencidas e vincendas:

> **STJ, INFORMATIVO 550 – "DIREITO ADMINISTRATIVO. PRESCRIÇÃO DA PRETENSÃO DE REAVER VALORES DESPENDIDOS PELO INSS COM PENSÃO POR MORTE.**
>
> **Nas demandas ajuizadas pelo INSS contra o empregador do segurado falecido em acidente laboral, visando ao ressarcimento dos valores decorrentes do pagamento da pensão por**

morte, o termo a quo da prescrição quinquenal é a data da concessão do referido benefício previdenciário. De fato, a Primeira Seção do STJ, no julgamento do REsp 1.251.993-RS (julgado sob o rito dos recursos repetitivos) firmou posicionamento no sentido de que se aplica o prazo prescricional quinquenal, previsto no Decreto 20.910/1932, nas ações indenizatórias ajuizadas contra a Fazenda Pública. Dessa forma, em respeito ao princípio da isonomia, quando a demanda indenizatória for ajuizada pelo ente estatal contra particular, o prazo prescricional será também o de 5 anos, ou seja, o mesmo aplicado às ações indenizatórias ajuizadas contra a fazenda pública. Ressalte-se que a referida demanda ajuizada pelo INSS, por ser de natureza ressarcitória, não possui qualquer pertinência com as normas previdenciárias. Não se aplicam, assim, os arts. 103 e 104 da Lei 8.213/1991, uma vez que a referida lei regula apenas as relações entre os segurados, seus dependentes e a Previdência Social, não atingindo terceiros que não integram esse específico regime jurídico. Diante disso, o termo a quo da prescrição da pretensão deve ser a data da concessão do referido benefício previdenciário, revelando-se absolutamente incompatível a aplicação da tese de que o lapso prescricional não atinge o fundo de direito. REsp 1.457.646-PR**, Rel. Min. Sérgio Kukina, julgado em 14/10/2014".**

No entanto, o Superior Tribunal de Justiça tem pronunciado se tratar de **prescrição do fundo do direito**, e não de prescrição de trato sucessivo:

"PROCESSUAL CIVIL E PREVIDENCIÁRIO. ACIDENTE DE TRABALHO. AÇÃO REGRESSIVA DO INSS CONTRA O EMPREGADOR. PRINCÍPIO DA ISONOMIA. PRESCRIÇÃO.

1. A Primeira Seção do STJ, por ocasião do julgamento do Resp 1.251.993/PR, submetido à sistemática do art. 543-C do CPC, assentou a orientação de que o prazo prescricional nas ações indenizatórias contra a Fazenda Pública é quinquenal, conforme previsto no art. 1º do Decreto-Lei 20.910/1932, e não trienal, nos termos do art. 206, § 3º, V, do CC/2002.

2. A jurisprudência é firme no sentido de que, pelo princípio da isonomia, o mesmo prazo deve ser aplicado nos casos em que a Fazenda Pública é autora, como nas ações de regresso acidentária. Precedentes: AgRg no REsp 1.423.088/PR, Rel. Ministro Humberto Martins, Segunda Turma, DJe 19.5.2014; AgRg no AREsp 523.412/RS, Rel. Ministro Og Fernandes, Segunda Turma, DJe 26.9.2014; e AgRg no REsp 1.365.905/SC, Rel. Ministro Sérgio Kukina, Primeira Turma, Dje 25.11.2014.

3. "A natureza ressarcitória de tal demanda afasta a aplicação do regime jurídico-legal previdenciário, não se podendo, por isso, cogitar de imprescritibilidade de seu ajuizamento em face do empregador" (AgRg no REsp 1.493.106/PB, Rel. Ministro Sérgio Kukina, Primeira Turma, DJe 15.12.2014).

4. O Tribunal a quo consignou que o acidente de trabalho ocorreu em 14.12.2001 e o INSS concedeu benefício de pensão por morte à dependente do segurado acidentado, o que vem sendo pago desde 1º.1.2002. A propositura da Ação de Regresso ocorreu em 2.6.2010 (fl. 524, e-STJ). Assim, está caracterizada a prescrição.

5. O agravante reitera, em seus memoriais, as razões do Agravo Regimental, não apresentando nenhum argumento novo" (AgRg no AREsp 639952, de 19/3/2015).

"PROCESSUAL CIVIL E PREVIDENCIÁRIO. VIOLAÇÃO DO ART. 535 DO CPC/1973. NÃO OCORRÊNCIA. ACIDENTE DE TRABALHO. AÇÃO REGRESSIVA DO INSS CONTRA O EMPREGADOR. PRINCÍPIO DA ISONOMIA. PRESCRIÇÃO QUINQUENAL. 1. Não ocorre contrariedade ao art. 535 do CPC/1973 quando o Tribunal de origem decide fundamentadamente as questões postas ao seu exame, como ocorreu na espécie. 2. A Primeira Seção do STJ, por ocasião do julgamento do REsp 1.251.993/PR, submetido à sistemática do art. 543-C do CPC, assentou a orientação de que o prazo prescricional nas ações indenizatórias contra a Fazenda Pública é quinquenal, conforme previsto no art. 1º do Decreto n. 20.910/1932. 3. Pelo princípio da isonomia, o prazo para o ingresso da ação regressiva pelo ente previdenciário deve observar aquele relativo à prescrição nas ações indenizatórias ajuizadas contra a Fazenda Pública. Precedentes. 4. O Tribunal a quo consignou que **o INSS concedeu o benefício acidentário ao segurado desde 13/2/2001 e que a propositura da ação de regresso ocorreu em 14/7/2009. Assim, está caracterizada a prescrição"** (REsp 1668967 / ES, de 8/8/2017).

De acordo com o STJ, caso o réu da ação regressiva tenha denunciado à lide a empresa tomadora do serviço, que aceitou a denunciação e contestou o pedido, esta passa a ser diretamente e solidariamente condenado perante o autor da demanda principal[27].

Por sua vez, apesar de inexistir previsão expressa na Lei 8.213/91, as ações regressivas passaram a serem propostas também contra os causadores de acidentes de trânsito imprudentes, a fim de ressarcir os gastos com os benefícios previdenciários pagos pelo INSS, conforme notícia publicada no sítio G1 no final do ano de 2011:

> "**INSS gasta R$ 8 bilhões por ano com acidentes de trânsito, diz Previdência**
>
> Ministro ajuizou 1ª ação regressiva de trânsito para ressarcir Previdência. Segundo ele, Previdência não dará 'trégua' a motoristas infratores.
>
> O Instituto Nacional do Seguro Social (INSS) diz que gasta atualmente R$ 8 bilhões por ano com as despesas decorrentes de acidentes de trânsito no país, segundo informações divulgadas nesta quinta-feira (3) pelo Ministério da Previdência Social.
>
> O valor foi revelado junto ao anúncio de que a Previdência passou abrir ações regressivas de acidentes de trânsito, cobrando de motoristas infratores que causam acidentes o valor gasto com benefício a vítimas da atuação dele. Motoristas que provoquem acidentes ao dirigirem embriagados, em alta velocidade, na contramão em vias de alto fluxo, participando de "racha" ou cometendo outras infrações consideradas graves.
>
> A medida, que teve nesta quinta-feira (3) sua primeira ação ajuizada, pretende reduzir o impacto financeiro dos acidentes nos cofres públicos. Atualmente, o dinheiro é usado para pagar benefícios das vítimas desses acidentes, como pensões por morte, aposentadorias por invalidez e auxílios-acidente.
>
> A partir do próximo ano, o INSS diz que pretende levar para todo o país a iniciativa que teve nesta quinta-feira (3) seu primeiro registro. Segundo a Previdência, o INSS vai firmar convênios com os Ministérios Públicos estaduais, as Polícias Civis dos estados e com os consórcios de seguro obrigatório (DPVAT) a fim de realizar um levantamento de casos pontuais causados por graves infrações a legislação de trânsito.
>
> A Previdência Social diz que já tem sucesso em mais de 90% das ações regressivas decorrentes de acidentes de trabalho. Este tipo de ação é movido há duas décadas contra empresas. O foco delas são os acidentes ocupacionais ocorridos por descumprimento às normas de saúde e segurança do trabalho. Neste ano, foram ajuizadas 385 ações deste tipo, com expectativa de recuperar mais de R$ 78,5 milhões.
>
> Além da justificativa financeira, a Previdência alega que a medida tem caráter educativo, buscando promover a redução do número de acidentes em todo o país.
>
> **'Caça' a infratores**
>
> Nesta quinta-feira (3), o ministro da Previdência Social, Garibaldi Alves, ajuizou, na Justiça Federal de Brasília, a primeira ação regressiva de trânsito para ressarcir o Instituto Nacional do Seguro

27. REsp 1.180.261, de 19.08.2010.

Social (INSS) e declarou que o órgão não vai dar "trégua" a motoristas com infrações gravíssimas, como dirigir embriagado, que resultem em prejuízo para o órgão.

"O importante é fixar que a Previdência não vai dar trégua a estes responsáveis por acidentes causados por embriaguez. A Previdência estava sendo onerada sem que houvesse um ressarcimento. A medida é educativa, exemplar. Nós acreditamos que vai representar redução de acidentes de trânsito causado por motorista irresponsável que guia embriagado. Agora, vai pensar também que a Previdência está a sua caça e que vai puni-lo exemplarmente", declarou o ministro, antes de ajuizar a ação.

A ação ajuizada nesta quinta diz respeito a um acidente ocorrido em abril de 2008, na rodovia que liga Taguatinga a Brazlândia, no Distrito Federal, ocasião em que, segundo os autos do processo, o réu conduzia seu veículo após ter ingerido bebida alcoólica e em alta velocidade, na contramão, e fazendo ziguezagues.

O réu colidiu frontalmente com outro veículo, resultando na morte de cinco pessoas e em lesões corporais em outras três. Por conta da pensão por morte gerada pelo acidente, o INSS já gastou R$ 90,8 mil em pensão por morte – valor que está sendo cobrado do réu.

"Não estamos propondo qualquer tipo de ação contra infrações a que qualquer um está exposto no dia a dia. Não vai haver pessoas em semáforos procurando acidentes simples do dia a dia", explicou o presidente do INSS, Mauro Luciano Hauschild.

Acidentes mais antigos

De acordo com Hauschild, o governo pode buscar até mesmo acidentes mais antigos, como em 1995, por exemplo. Entretanto os valores buscados não poderiam exceder os últimos cinco anos. "Os efeitos financeiros são dos últimos cinco anos", explicou ele.

O presidente do INSS informou que ainda não foi feito um levantamento dos acidentes passados para ver quando é possível ingressar com as ações judiciais. "A gente ainda não fez o estudo para trás. A tese está juridicamente sustentada. Agora vamos começar a levantar as informações", declarou. A expectativa do governo é de que poucas ações, desta natureza, sejam protocoladas ainda neste ano – número que deve subir mais somente em 2012.

Segundo avaliação de Hauschild, as ações judiciais regressivas contra acidentes de trânsito graves são "medida urgente e necessária". "A ação tem condão de prevenção. Toda vez que a gente sai de casa de carro, ou resolver ir para uma festa, ou atividade de confraternização, e que a gente possa ingerir bebida alcoólica, que a gente pare para fazer reflexão quando botar a chave no carro. Que a pessoa pode, além de perder a carteira de habilitação, machucar outra pessoa, responder penalmente, e civilmente perante a vítima, agora também tem a questão da responsabilidade perante a Previdência social. São mais de 40 mil mortes por ano no país, uma verdadeira epidemia", declarou".

A Previdência Social conseguiu uma importante vitória no Tribunal Regional Federal da 4ª Região. Um homem foi condenado ao ressarcimento de benefício de pensão por morte instituída por sua esposa, pois foi o autor de homicídio contra ela:

"PROCESSUAL CIVIL, CIVIL E PREVIDENCIÁRIO. ASSASSINATO DE SEGURADA PELO EX-MARIDO. VIOLÊNCIA CONTRA A MULHER. RESPONSABILIDADE CIVIL DO AGENTE, QUE DEVERÁ RESSARCIR O INSS PELOS VALORES PAGOS A TÍTULO DE PENSÃO POR MORTE. CORREÇÃO MONETÁRIA. INCIDÊNCIA.

1. Cabe ao agente que praticou o ato ilícito que ocasionou a morte do segurado efetuar o ressarcimento das despesas com o pagamento do benefício previdenciário, ainda que não se trate de acidente de trabalho. Hipótese em que se responsabiliza o autor do homicídio pelo pagamento da pensão por morte devida aos filhos, nos termos dos arts. 120 e 121 da Lei nº 8.213/91 c/c arts. 186 e 927 do Código Civil.

2. O ressarcimento deve ser integral por não estar comprovada a co-responsabilidade do Estado em adotar medidas protetivas à mulher sujeita à violência doméstica.

3. Incidência de correção monetária desde o pagamento de cada parcela da pensão.

4. Apelação do INSS e remessa oficial providas e apelação do réu desprovida" (Processo 5006374-73.2012.404.7114, de 08/05/2013).

Este julgado revela uma tendência de extensão da ação regressiva previdenciária, que está sendo proposta não apenas contra a empresa negligente que causa culposamente acidente de trabalho com base no artigo 120, da Lei 8.213/91, mas também contra pessoas naturais que por dolo ou culpa causam dano à Previdência Social, com arrimo nos artigos 186 e 927, do Código Civil.

Este posicionamento foi acatado pelo STJ, no julgamento do REsp 1.431.150/RS, que manteve a condenação de marido que assassinou a esposa em indenizar a Previdência Social, conforme notícia publicada no sítio da AGU em agosto de 2016:

Marido que assassinou esposa terá que ressarcir benefício pago a dependentes

Publicado: 26/08/2016 – Atualizado às: 12:47:31

Em uma decisão histórica, a Advocacia-Geral da União (AGU) obteve pela primeira vez, no Superior Tribunal de Justiça (STJ), o reconhecimento de que o Instituto Nacional do Seguro Social (INSS) pode cobrar dos agressores de mulheres o ressarcimento pelos gastos com benefícios pagos aos dependentes da vítima.

A atuação ocorreu no caso de um ex-marido que, inconformado com o fim do casamento, assassinou a ex-mulher com 11 facadas. Após a morte, os filhos da vítima passaram a receber pensão do INSS e a AGU ajuizou a primeira ação regressiva por violência doméstica do país, com base na Lei Maria da Penha (Lei nº 11.340/06).

O Tribunal Regional Federal da 4ª Região (TRF4) acolheu o pedido da Advocacia-Geral e condenou o agressor ao ressarcimento integral dos gastos da autarquia previdenciária, o que levou ele a recorrer ao STJ.

Na corte, o Departamento de Contencioso da Procuradoria-Geral Federal e a Procuradoria Federal Especializada junto ao INSS (PFE/INSS) argumentaram que não era justo a sociedade como um todo assumir, por meio do órgão público, custo que só foi gerado por causa do crime cometido pelo autor do recurso.

Efeito pedagógico

As unidades da AGU explicaram que a obrigatoriedade do ressarcimento decorre dos artigos 186 e 927 do Código Civil, que preveem a reparação de dano causado por ato ilícito. E que, além de evitar um prejuízo indevido para os cofres públicos, a ação regressiva tem efeito pedagógico que contribui para a prevenção da violência contra a mulher.

"A ação regressiva serve a uma função muito mais abrangente do que a reparação dos danos previdenciários, ao ajudar a incutir na mente dos agressores a certeza de que todo ato tem suas consequências", esclareceram em memorial encaminhado aos ministros do STJ. O documento lembrou ainda que, de acordo com estatísticas oficiais, uma mulher é vítima de agressão no Brasil a cada quatro minutos.

"A despeito da despesa efetivamente suportada pelo erário, o maior impacto é indiscutivelmente o de natureza social, de mensuração indefinida, que se revela na perda de vidas e na incapacidade provocada em milhares de mulheres, gerando efeitos deletérios para o desenvolvimento social brasileiro", acrescentou a AGU no documento.

A maioria da 2ª Turma do STJ acolheu os argumentos e indeferiu o recurso interposto pelo agressor, mantendo a decisão que o condenou a ressarcir o INSS.

A PGF é órgão vinculado à AGU.

Ref.: Recurso Especial nº 1.431.150/RS – STJ

Esta decisão do STJ levou à alteração do artigo 120 da Lei 8.213/91 pela Lei 13.846/2019, que passou a prever expressamente a propositura da ação regressiva previdenciária na hipótese de violência doméstica e familiar contra a mulher, nos termos da Lei nº 11.340, de 7 de agosto de 2006.

Eis a atual redação do artigo 120 da Lei 8.213/91:

> Art. 120. A Previdência Social ajuizará ação regressiva contra os responsáveis nos casos de: (Redação dada pela Lei nº 13.846, de 2019)
>
> I – negligência quanto às normas padrão de segurança e higiene do trabalho indicadas para a proteção individual e coletiva; (Incluído pela Lei nº 13.846, de 2019)
>
> II – violência doméstica e familiar contra a mulher, nos termos da Lei nº 11.340, de 7 de agosto de 2006. (Incluído pela Lei nº 13.846, de 2019).

Em tese, existe possibilidade de a ação regressiva ser movida contra o empregador doméstico após o advento da LC 150/2015, acaso a Previdência Social demonstre a culpa do empregador.

Por sua vez, a ação regressiva não se limita ao acidente do trabalho, diante da abertura do texto legal, podendo alcançar os acidentes sofridos por contribuintes individuais a serviço da empresa, no caso de culpa do tomador do serviço.

Note-se que é **pressuposto para o acolhimento de pedido veiculado em ação regressiva apenas a ocorrência de acidentes decorrentes de "negligência quanto às normas padrão de segurança e higiene do trabalho indicados para a proteção individual e coletiva".**

No que concerne à ação regressiva no caso da violência doméstica contra a mulher, é necessário que haja dolo do agressor, não sendo admitida a demanda no caso de culpa, pois é evidente que decorre de conduta intencional.

A violência doméstica e familiar contra a mulher constitui uma das formas de **violação dos direitos humanos.**

De efeito, **configura violência doméstica e familiar contra a mulher** qualquer **ação ou omissão** baseada no gênero que lhe cause morte, lesão, sofrimento físico, sexual ou psicológico e dano moral ou patrimonial:

> I – no âmbito da unidade doméstica, compreendida como o espaço de convívio permanente de pessoas, com ou sem vínculo familiar, inclusive as esporadicamente agregadas;
>
> II – no âmbito da família, compreendida como a comunidade formada por indivíduos que são ou se consideram aparentados, unidos por laços naturais, por afinidade ou por vontade expressa;
>
> III – em qualquer relação íntima de afeto, na qual o agressor conviva ou tenha convivido com a ofendida, independentemente de coabitação.
>
> Com base na lei 11.340/2006, **são formas de violência doméstica e familiar contra a mulher**, entre outras:
>
> I – a violência física, entendida como qualquer conduta que ofenda sua integridade ou saúde corporal;

II – a violência psicológica, entendida como qualquer conduta que lhe cause dano emocional e diminuição da autoestima ou que lhe prejudique e perturbe o pleno desenvolvimento ou que vise degradar ou controlar suas ações, comportamentos, crenças e decisões, mediante ameaça, constrangimento, humilhação, manipulação, isolamento, vigilância constante, perseguição contumaz, insulto, chantagem, violação de sua intimidade, ridicularização, exploração e limitação do direito de ir e vir ou qualquer outro meio que lhe cause prejuízo à saúde psicológica e à autodeterminação;

III – a violência sexual, entendida como qualquer conduta que a constranja a presenciar, a manter ou a participar de relação sexual não desejada, mediante intimidação, ameaça, coação ou uso da força; que a induza a comercializar ou a utilizar, de qualquer modo, a sua sexualidade, que a impeça de usar qualquer método contraceptivo ou que a force ao matrimônio, à gravidez, ao aborto ou à prostituição, mediante coação, chantagem, suborno ou manipulação; ou que limite ou anule o exercício de seus direitos sexuais e reprodutivos;

IV – a violência patrimonial, entendida como qualquer conduta que configure retenção, subtração, destruição parcial ou total de seus objetos, instrumentos de trabalho, documentos pessoais, bens, valores e direitos ou recursos econômicos, incluindo os destinados a satisfazer suas necessidades;

V – a violência moral, entendida como qualquer conduta que configure calúnia, difamação ou injúria.

Evidente que a propositura de ação regressiva previdenciária pela PGF, em representação ao INSS, pressupõe a concessão de aposentadoria por incapacidade permanente, auxílio-doença, auxílio-acidente ou de pensão por morte decorrente de violência doméstica contra a mulher.

11. QUADRO SINÓTICO

Acidente de trabalho típico Artigo 19, da Lei 8.213/91	É o que ocorre pelo exercício do trabalho a serviço da empresa ou do empregador doméstico ou pelo exercício do trabalho dos segurados especiais, provocando lesão corporal ou perturbação funcional que cause a morte ou a perda ou redução, permanente ou temporária, da capacidade para o trabalho.
Moléstias ocupacionais Artigo 20, da lei 8.213/91	I – doença profissional, assim entendida a produzida ou desencadeada pelo exercício do trabalho peculiar a determinada atividade e constante da respectiva relação elaborada pelo Ministério da Previdência Social (competência atualmente exercida pelo Ministério da Economia ante a extinção do Ministério da Previdência Social); II – doença do trabalho, assim entendida a adquirida ou desencadeada em função de condições especiais em que o trabalho é realizado e com ele se relacione diretamente, constante da relação elaborada pelo Ministério da Previdência Social (competência atualmente exercida pelo Ministério da Economia ante a extinção do Ministério da Previdência Social).
Acidente de trabalho por equiparação (atípico) Artigo 21, da lei 8.213/91	O acidente ligado ao trabalho que, embora não tenha sido a causa única, haja contribuído diretamente para a morte do segurado, para redução ou perda da sua capacidade para o trabalho, ou produzido lesão que exija atenção médica para a sua recuperação. São exemplos os casos listados nos incisos II, III e IV.

12. QUESTÕES DE PROVA

5.1 **(Ano: 2020 Banca: VUNESP Órgão: AVAREPREV-SP Prova: VUNESP – 2020 – AVAREPREV-SP – Procurador Jurídico)** Tício estava em seu local e horário de trabalho quando foi agredido fisicamente por Mévio, seu companheiro de trabalho. Diante desse fato, assinale a alternativa correta.

A) Tal situação não poderá ser equiparada a acidente de trabalho.

B) O empregador responde pelos atos de seus empregados somente se houver culpa. Logo somente com culpa do empregador haverá a equiparação com acidente de trabalho.

C) A responsabilidade do empregador é subjetiva, razão pela qual o fato não configurou acidente de trabalho.

D) O empregador não responde pelos atos de seus empregados, não havendo que se falar em acidente de trabalho neste caso.

E) Tal situação será equiparada a acidente de trabalho.

Gabarito: Letra E

Para acesso ao vídeo, utilize o QR Code ao lado.

5.2 (PROF. FREDERICO AMADO) O acidente *in itinere* da residência ao local de trabalho e vice-versa deixou de ser legalmente equiparado ao acidente de trabalho.

Gabarito: Errado

Para acesso ao vídeo, utilize o QR Code ao lado.

CAPÍTULO 6

REGRAS GERAIS DO PLANO DE BENEFÍCIOS E SERVIÇOS DO REGIME GERAL DE PREVIDÊNCIA SOCIAL

1. ESPÉCIES DE PRESTAÇÕES PREVIDENCIÁRIAS

As prestações previdenciárias abarcam os benefícios e os serviços devidos aos beneficiários do Regime Geral (segurados e seus dependentes), uma vez realizadas as hipóteses legais para a sua concessão.

Enquanto os benefícios previdenciários constituem obrigações de pagar quantia certa, os serviços são obrigações de fazer devidas pela Previdência Social.

O plano de prestações do RGPS aprovado pela Lei 8.213/91 prevê **oito benefícios previdenciários em prol dos segurados**: *aposentadoria por incapacidade permanente, aposentadoria por idade, aposentadoria por tempo de contribuição, aposentadoria especial, auxílio-doença (auxílio por incapacidade temporária), salário-família, salário-maternidade e auxílio-acidente.*

Mas tivemos a reforma previdenciária implementada pela **Emenda 103/2019**, que extinguiu a aposentadoria por tempo de contribuição sem idade mínima, assim como redesignou a aposentadoria por invalidez para aposentadoria por incapacidade permanente.

Isso porque o artigo 201, inciso I, da Constituição não mais se refere à invalidez e doença, e sim à incapacidade temporária ou permanente para o trabalho.

IMPORTANTE:

Dessa forma, o artigo 18 da Lei 8.213/91 deve ser interpretado conforme a **Emenda 103/2019** apresentando os seguintes benefícios dos segurados: *aposentadoria por incapacidade permanente, aposentadoria por idade e tempo de contribuição, aposentadoria especial, auxílio-doença (auxílio-incapacidade), salário-família, salário-maternidade e auxílio-acidente.*

De sua vez, **os dependentes farão jus a dois benefícios**: *pensão por morte e auxílio-reclusão.*

Demais disso, **existem dois serviços devidos tanto aos segurados quanto aos seus dependentes**: *serviço social e reabilitação profissional.*

O artigo 25 do Decreto 3.048/99 foi atualizado pelo Decreto 10.410/2020:

Art. 25. O Regime Geral de Previdência Social compreende as seguintes prestações, expressas em benefícios e serviços:

I – quanto ao segurado:

a) aposentadoria por incapacidade permanente; (Redação dada pelo Decreto nº 10.410, de 2020).

b) aposentadoria programada; (Redação dada pelo Decreto nº 10.410, de 2020).

c) aposentadoria por idade do trabalhador rural; (Redação dada pelo Decreto nº 10.410, de 2020).

d) aposentadoria especial;

e) auxílio por incapacidade temporária; (Redação dada pelo Decreto nº 10.410, de 2020).

f) salário-família;

g) salário-maternidade; e

h) auxílio-acidente;

II – quanto ao dependente:

a) pensão por morte; e

b) auxílio-reclusão; e

III – quanto ao segurado e dependente: reabilitação profissional.

Por um lapso, faltou a inserção do serviço social, que voltou a ser um serviço previdenciário após a revogação da MP 905/2019.

A aposentadoria por tempo de contribuição sem idade mínima foi extinta pela EC 103/2019, respeitado o direito adquirido formado até 13/11/2019. Por sua vez, para quem era segurado do RGPS em 13/11/2019, a EC 103/2019 constituiu quatro regras de transição, nos termos da Portaria INSS 450/2020:

> "Subseção II Aposentadoria por tempo de contribuição
>
> Art. 10. A aposentadoria por tempo de contribuição, ressalvado o direito adquirido, poderá ser concedida aos segurados filiados ao RGPS até 13 de novembro de 2019, mediante os requisitos fixados em quatro regras distintas de transição:
>
> I – aposentadoria por tempo de contribuição com pontuação, conforme art. 15 da EC nº 103, de 2019;
>
> II – aposentadoria por tempo de contribuição com idade mínima, conforme art. 16 da EC nº 103, de 2019;
>
> III – aposentadoria por tempo de contribuição com período adicional de 50% (cinquenta por cento), conforme art. 17 da EC nº 103, de 2019; e
>
> IV – aposentadoria por tempo de contribuição com idade mínima e período adicional de 100% (cem por cento), conforme art. 20 da EC nº 103, de 2019".

A aposentadoria por idade, que apenas exigia idade mínima e período de carência, foi substituída pela **aposentadoria programada**, que exige idade mínima (65 anos para os homens e 62 anos para as mulheres em regra permanente, ressalvado o regramento de transição), tempo de contribuição e período de carência, que se subdivide em comum e do professor do ensino básico.

Nesse sentido, a Portaria INSS 450/2020:

> "Seção I Da aposentadoria programada (art. 201 da Constituição Federal)
>
> Art. 6º A aposentadoria programada é devida aos segurados filiados ao RGPS a partir de 13 de novembro de 2019, ou, se mais vantajosa, aos demais.
>
> Art. 7º São requisitos para concessão da aposentadoria programada, cumulativamente:
>
> I – 62 (sessenta e dois) anos de idade, se mulher, e 65 (sessenta e cinco) anos, se homem;

II – 15 (quinze) anos de tempo de contribuição, se mulher, e 20 (vinte) anos, se homem; e

III – 180 (cento e oitenta) contribuições mensais de carência. (Redação do inciso dada pela Portaria INSS Nº 528 DE 22/04/2020).

Seção II Das Regras de Transição da Aposentadoria por Idade e da aposentadoria por tempo de contribuição

Subseção I Aposentadoria por idade (art. 18 da EC nº 103, de 2019)

Art. 8º Para a concessão da aposentadoria por idade, conforme regra de transição fixada pela EC nº 103, de 2019, exige-se, cumulativamente:

I – 60 (sessenta) anos de idade da mulher e 65 (sessenta e cinco) do homem;

II – 15 (quinze) anos de tempo de contribuição; e

III – 180 (cento e oitenta) meses de carência".

Uma crítica é que a aposentadoria do trabalhador rural e a aposentadoria especial também são aposentadorias programadas, pois não decorrem de infortúnio.

No entanto, a **aposentadoria por idade dos trabalhadores rurais**, garimpeiros e pescadores artesanais foi preservada, pois o Congresso Nacional rejeitou a sua reforma constitucional, mantendo os requisitos de idade mínima (60 anos para os homens e 55 para as mulheres).

Uma outra crítica é a utilização da expressão "auxílio por incapacidade temporária" em substituição ao "auxílio-doença", pois a incapacidade permanente também é fato gerador do benefício, nos termos do artigo 62[1] da Lei 8.213/91, quando cabível a reabilitação profissional.

Por certo, teria sido mais adequada a expressão "auxílio temporário por incapacidade", pois demonstraria o caráter temporário do benefício e abarcaria tanto a incapacidade temporária quanto a permanente.

Ao longo da obra, o benefício continuará sendo chamado de auxílio-doença em muitas situações, tanto por uma questão histórica em respeito ao *Tempus Regit Actum* quanto pelos atos normativos e decisões judiciais ainda citarem essa expressão.

Dito isto, conclui-se que atualmente o plano de prestações do RGPS é formado por dez benefícios e dois serviços previdenciários.

2. CLASSIFICAÇÃO DAS PRESTAÇÕES PREVIDENCIÁRIAS

É possível classificar as prestações previdenciárias de acordo com vários critérios. Inicialmente, conforme visto, *consoante a natureza da utilidade*, as prestações são classificadas em:

a) **Benefícios** – obrigações de pagar quantia certa;
b) **Serviços** – obrigações de fazer.

Com relação aos beneficiários, classificam-se as prestações em:

a) **Dos segurados**;
b) **Dos dependentes**;

1. Art. 62. O segurado em gozo de auxílio-doença, insuscetível de recuperação para sua atividade habitual, deverá submeter-se a processo de reabilitação profissional para o exercício de outra atividade. (Redação dada pela Lei nº 13.457, de 2017)

c) **Mistas** – dos segurados e dependentes.

No que *concerne à programação*, são divididas em:

a) **Programáveis** – quando as prestações são objeto de uma prévia programação previdenciária, pois o evento futuro é previsível e não será adiantado por um infortúnio, a exemplo da aposentadoria por tempo de contribuição, que pressupõe período mínimo de recolhimento;

b) **Não-programáveis** – são prestações previdenciárias devidas quando ocorre um infortúnio que enseja a sua concessão que, apesar de possível, não integra uma programação específica do regime, a exemplo da aposentadoria por invalidez.

Outrossim, *conforme a temporariedade*, as prestações podem ser divididas:

a) **Vitalícias** – não possuem prazo ou limite máximo de tempo para a sua manutenção, a exemplo da aposentadoria por idade;

b) **Temporárias** – há uma prévia limitação de tempo pela legislação previdenciária, como o salário-maternidade, que, em regra, será pago durante 120 dias às seguradas.

Por sua vez, *no que concerne à exigência de carência* (número mínimo de contribuições mensais prévias), classificam-se as prestações em:

a) **Sem carência** – auxílio-acidente, salário-família, pensão por morte, e reabilitação profissional;

b) **Com carência** – auxílio-reclusão (Lei 13.846/2019), aposentadoria por idade e tempo de contribuição e aposentadoria especial;

c) **Mistas** – poderão ou não ter carência, a depender dos eventos ensejadores ou do enquadramento dos beneficiários, como o salário-maternidade, o auxílio-doença e a aposentadoria por incapacidade permanente.

Ainda é possível classificar os benefícios de acordo com a sua *função substitutiva ou não da remuneração do segurado*, pois no primeiro caso não poderá ser inferior a um salário mínimo:

a) **Substitutivos da remuneração ou do salário de contribuição** – aposentadorias, auxílio-doença, salário-maternidade, pensão por morte e auxílio-reclusão;

b) **Não substitutivos** – salário-família e auxílio-acidente, pois estes benefícios não irão substituir a renda do segurado, e sim agregar-se a ela.

Com relação à *submissão ao teto do Regime Geral de Previdência Social*, os benefícios classificam-se em:

a) **Limitados ao teto** – sendo a regra geral para os benefícios, que não poderão ter renda mensal superior ao valor máximo do salário de contribuição;

b) **Não limitados ao teto** – são as exceções, ocorrendo no salário-maternidade das empregadas e trabalhadoras avulsas, assim como no acréscimo de 25% sobre a aposentadoria por incapacidade permanente se o segurado necessitar da assistência permanente de outra pessoa, conforme será estudado no momento oportuno.

De seu turno, no que concerne à *necessidade ou não do afastamento do trabalho para a sua concessão*, classificam-se os benefícios em:

a) **Permissivos do trabalho concomitante** – são os benefícios que podem ser acumulados com a remuneração do segurado, como a aposentadoria por idade e tempo de contribuição, o auxílio-acidente e o salário-família;

b) **Não permissivos do trabalho concomitante** – nestes casos, é condição para a manutenção do benefício o afastamento do trabalho, a exemplo da aposentadoria por incapacidade permanente e o salário-maternidade.

Também é possível classificar os benefícios de acordo com *a possibilidade de reiteradas concessões ou de apenas uma única vez*:

a) **Reeditáveis** – poderão ser concedidos inúmeras vezes, desde que realizada a sua hipótese de concessão, como o salário-maternidade, o auxílio-reclusão e o auxílio-doença;

b) **Não reeditáveis** – apenas serão concedidos uma única vez, a exemplo do auxílio--acidente, da aposentadoria por idade e tempo de contribuição e especial.

Com relação à *periodicidade de pagamento*, os benefícios previdenciários classificam-se em:

a) **De prestação continuada** – são os atuais benefícios previstos na Lei 8.213/91, em que o pagamento é continuado e mensal;

b) **De prestação instantânea** – são os benefícios pagos em apenas uma parcela, a exemplo do extinto pecúlio, que era previsto no artigo 81, da Lei 8.213/91.

No caso dos planos de benefícios previdenciários, estes poderão ser classificados em[2]:

a) **Benefício definido** – aquele cujos benefícios programados têm seu valor ou nível previamente estabelecidos, sendo o custeio determinado atuarialmente, de forma a assegurar sua concessão e manutenção;

b) **Contribuição definida** – aquele cujos benefícios programados têm seu valor permanentemente ajustado ao saldo de conta mantido em favor do participante, inclusive na fase de percepção de benefícios, considerando o resultado líquido de sua aplicação, os valores aportados e os benefícios pagos;

c) **Contribuição variável** – aquele cujos benefícios programados apresentem a conjugação das características das modalidades de contribuição definida e benefício definido.

3. DEPENDENTES DOS SEGURADOS

Os beneficiários das prestações previdenciárias são os segurados e os seus dependentes. Como estudado anteriormente, são segurados obrigatórios do RGPS o empregado, o trabalhador avulso, o segurado especial, o empregado doméstico e o contribuinte individual, conforme o artigo 12, da Lei 8.212/91 (e o artigo 11, da Lei 8.213/91).

Ademais, existe ainda a classe dos segurados facultativos (artigo 13, da Lei 8.213/91), formada por aquelas pessoas que não exercem atividade laborativa remunerada, mas optaram em se filiar mediante a sua inscrição formalizada e o pagamento das contribuições previdenciárias.

2. De acordo com a Resolução 16, de 22.11.2005, do Conselho de Gestão da Previdência Complementar.

Neste momento, serão vistos os dependentes dos segurados do Regime Geral, previstos no **artigo 16, da Lei 8.213/91**, que farão jus à pensão por morte, ao auxílio-reclusão, ao serviço social e à reabilitação profissional.

A *inscrição do dependente* ocorrerá no momento do requerimento da prestação previdenciária, mediante a apresentação dos documentos listados no artigo 22, do RPS.

De acordo com o Regulamento da Previdência Social, modificado pelo Decreto 10.410/2020, para comprovação do vínculo e da dependência econômica (quando couber), conforme o caso, deverão ser apresentados, no **mínimo, dois documentos**, e poderão ser aceitos, dentre outros:

> I – certidão de nascimento de filho havido em comum;
>
> II – certidão de casamento religioso;
>
> III – declaração do imposto de renda do segurado, em que conste o interessado como seu dependente;
>
> IV – disposições testamentárias;
>
> V – (Revogado pelo Decreto nº 5.699, de 2006)
>
> VI – declaração especial feita perante tabelião;
>
> VII – prova de mesmo domicílio;
>
> VIII – prova de encargos domésticos evidentes e existência de sociedade ou comunhão nos atos da vida civil;
>
> IX – procuração ou fiança reciprocamente outorgada;
>
> X – conta bancária conjunta;
>
> XI – registro em associação de qualquer natureza, onde conste o interessado como dependente do segurado;
>
> XII – anotação constante de ficha ou livro de registro de empregados;
>
> XIII – apólice de seguro da qual conste o segurado como instituidor do seguro e a pessoa interessada como sua beneficiária;
>
> XIV – ficha de tratamento em instituição de assistência médica, da qual conste o segurado como responsável;
>
> XV – escritura de compra e venda de imóvel pelo segurado em nome de dependente;
>
> XVI – declaração de não emancipação do dependente menor de vinte e um anos; ou
>
> XVII – quaisquer outros que possam levar à convicção do fato a comprovar.

Caso o dependente só possua um dos documentos produzido em período não superior a vinte e quatro meses anteriores à data do óbito ou do recolhimento à prisão, a comprovação de vínculo ou de dependência econômica para esse período poderá ser suprida por justificação administrativa.

Por óbvio, para que uma pessoa natural seja dependente no RGPS, é preciso que o falecido ou o preso seja segurado da Previdência Social para instituir a pensão por morte ou o auxílio-reclusão, respectivamente, salvo na situação excepcional prevista na Súmula 416, do STJ (pensão por morte), que será estudada oportunamente.

Isso porque a relação do dependente do segurado com a Previdência Social é derivada da relação jurídica entre o segurado e o Regime Geral de Previdência Social, não possuindo autonomia em um primeiro momento.

Desde 3 de janeiro de 2016, com a mudanças ofertadas pela Lei 13.146/2016, a redação do artigo 16 da Lei 8.213/91 passou a listar os seguintes dependentes:

"I – o cônjuge, a companheira, o companheiro e o filho não emancipado, de qualquer condição, menor de 21 (vinte e um) anos ou inválido ou que tenha deficiência intelectual ou mental ou deficiência grave;

II – os pais;

III – o irmão não emancipado, de qualquer condição, menor de 21 (vinte e um) anos ou inválido ou que tenha deficiência intelectual ou mental ou deficiência grave;"

Existia uma quarta classe composta pelo menor de 21 anos de idade designado ou maior de 60 anos ou inválido, que foi revogada pela Lei 9.032/95. Sobre o tema, vale colacionar a **Súmula 04, da TNU:**

"Súmula 04 – Não há direito adquirido à condição de dependente de pessoa designada, quando o falecimento do segurado deu-se após o advento da Lei 9.032/95".

De acordo com o parágrafo sétimo do artigo 16 da Lei 8.213/91, introduzido pela Lei 13.846/2019, "será excluído definitivamente da condição de dependente quem tiver sido condenado criminalmente por sentença com **trânsito em julgado**, como autor, coautor ou partícipe de **homicídio doloso, ou de tentativa desse crime**, cometido contra a pessoa do segurado, ressalvados os absolutamente incapazes e os inimputáveis".

Dessa forma, o cônjuge poderá até perdoar o crime, caso sobreviva à tentativa de homicídio doloso. Mas a previdência social jamais perdoará (discutível essa opção do legislador), havendo definitiva exclusão da qualidade de pendente do segurado sobrevivente.

Evidente que o dispositivo não se aplica aos menores de 18 anos e pessoa sem discernimento mental, pois inimputáveis pela lei penal e por essa razão não cometem crimes.

3.1. Classe I

Os dependentes da classe I gozam de *presunção absoluta de dependência econômica*[3], ou seja, mesmo que o segurado instituidor da pensão por morte ou do auxílio-reclusão não provesse o seu sustento, mesmo assim farão jus a esses benefícios.

Ademais, os dependentes da classe I são *preferenciais*, afastando em caso de concurso os da classe II e III, não havendo posterior transferência de direito para as classes inferiores.

Além do cônjuge ou companheiro (a) do segurado, o *ex-cônjuge e o ex-companheiro (a)* também serão considerados como dependentes, desde que haja a *percepção de alimentos* por ocasião da separação judicial (atualmente extinta pela Emenda 66/2010) ou do divórcio.

De acordo com a *Súmula 336, do STJ*, "a mulher que renunciou aos alimentos na separação judicial tem direito à pensão previdenciária por morte do ex-marido, comprovada a necessidade econômica superveniente".

3. O artigo 16, § 4º, da Lei 8.213/91, fala apenas em presunção, sem especificar a sua natureza. É remansoso o entendimento de que se cuida de presunção absoluta, inclusive no âmbito do INSS.

Com todo o respeito que merece a Corte Superior pelos relevantes serviços prestados ao país com a melhor interpretação e uniformização da legislação federal, não há como deixar de criticar a redação da Súmula 336.

Inicialmente, por isonomia, ao invés de se referir a "mulher", o enunciado deveria ter dito "pessoa", pois o mesmo entendimento é aplicável aos homens com o advento da Constituição de 1988 e da Lei 8.213/91. Ademais, esse entendimento não se limita à separação, sendo aplicável ao divórcio, como já decidiu o próprio STJ[4].

Demais disso, também na dissolução da união estável é possível a adoção dessa linha de pensamento, pois também é uma relação apta a instituir uma entidade familiar, sendo cada vez mais comum no Brasil, por sua praticidade e economicidade, conquanto ainda se tenha certa dificuldade probatória, que inexiste no casamento.

O mesmo entendimento também é extensível à parceria homoafetiva, pois, como será visto, a Corte Superior acertadamente coloca o parceiro como dependente preferencial do RGPS.

Vale destacar que a renúncia é um ato de disposição expresso dos alimentos, caso a mulher fizesse jus na separação judicial, bem como a necessidade econômica deverá ser comprovada no momento do óbito, pois é esta a ocasião em que se definem os dependentes, e não posteriormente.

Ainda se entende que os alimentos são prestações indisponíveis, não sendo tecnicamente adequado se falar em renúncia, com base no artigo 1.707, do Código Civil:

"Art. 1.707. Pode o credor não exercer, porém lhe é vedado renunciar o direito a alimentos, sendo o respectivo crédito insuscetível de cessão, compensação ou penhora".

Insta argumentar que essa necessidade econômica superveniente deverá ser comprovada com a demonstração de que o segurado falecido prestava algum auxílio substancial ao ex-cônjuge, companheiro(a) ou parceiro homoafetivo supérstite, mesmo sem o pagamento formal de pensão alimentícia.

Por tudo isso, crê-se que o enunciado deverá ser interpretado da seguinte forma: **"A pessoa que não exerceu o direito à prestação alimentícia na separação judicial, no divórcio, na dissolução de união estável ou de relação homoafetiva, terá direito à pensão por morte em decorrência do falecimento do respectivo segurado, desde que demonstrada a necessidade econômica superveniente, até a data do óbito, através da prestação de alimentos *in natura* ou de qualquer outro auxílio substancial que conduzisse à dependência econômica".**

Na hipótese de *separação de fato*, resta afastada a presunção de dependência econômica, devendo o cônjuge ou companheiro (a) que postular benefício comprová-la, na forma do artigo 76, § 1º, da Lei 8.213/91.

Nesse sentido, o STJ:

> "PREVIDENCIÁRIO. PENSÃO POR MORTE. CÔNJUGE SUPÉRSTITE. SEPARAÇÃO DE FATO. NECESSIDADE DE COMPROVAÇÃO DA DEPENDÊNCIA ECONÔMICA. REEXAME DE PROVA. IMPOSSIBILIDADE. INCIDÊNCIA DA SÚMULA 7/STJ. RECURSO ESPECIAL IMPROVIDO.
>
> **1. O cônjuge supérstite goza de dependência presumida, contudo, estando separado de fato e não percebendo pensão alimentícia, essa dependência deverá ser comprovada** (REsp 411.194 de 17.04.2007)".

4. REsp 472.742, DJ de 31.03.2003.

O conceito de união estável adotado no § 3º, do artigo 16, da Lei 8.213/91, é mais restritivo do que a definição do Código Civil, pois "considera-se companheira ou companheiro a pessoa que, sem ser casada, mantém união estável com o segurado ou com a segurada, de acordo com o § 3º do art. 226 da Constituição Federal"[5].

Deveras, para a legislação previdenciária, apenas estaria configurada a união estável na hipótese das pessoas de sexos diversos não serem casadas, ao passo que o artigo 1.723 do Código Civil permite a união estável entre pessoas casadas, desde que separadas de fato.

Na prática, vem se adotando a definição do Código Civil, pois é irrazoável a restrição imposta pela legislação previdenciária, razão pela qual o artigo 16, § 6º, do RPS, manda observar a definição civilista.

De acordo com a interpretação do Código Civil pelo INSS, não é possível o reconhecimento da união estável, bem como dos efeitos previdenciários correspondentes, quando um ou ambos os pretensos companheiros forem menores de dezesseis anos, sendo que, em se tratando de companheiro (a) maior de dezesseis e menor de dezoito anos, dada a incapacidade relativa, o reconhecimento da união estável está condicionado à apresentação de declaração expressa dos pais ou representantes legais, atestando que conheciam e autorizavam a convivência marital do menor[6].

A jurisprudência do STJ e TNU admitiam a prova da união estável apenas por prova testemunhal.

QUAL O ENTENDIMENTO DA TNU SOBRE O ASSUNTO?

Súmula 63 – A comprovação de união estável para efeito de concessão de pensão por morte prescinde de início de prova material.

Isto foi modificado com o advento da **Lei 13.846/2019**, tornando a posição Regulamentar (Decreto 3.048/99) válida e **afastando a jurisprudência citada**. Isso porque restou inserido no artigo 16 da Lei 8.213/91 um quinto parágrafo com tarifação de prova com marca de temporariedade de 24 meses antes do fato gerador da pensão por morte ou do auxílio-reclusão.

IMPORTANTE:

De efeito, dispõe o novel § 5º do artigo 16 da Lei 8.213/91 que "as provas de **união estável** e de **dependência econômica** exigem **início de prova material contemporânea dos fatos, produzido em período não superior a 24 (vinte e quatro) meses anterior à data do óbito ou do recolhimento à prisão do segurado**, não admitida a prova exclusivamente testemunhal, exceto na ocorrência de motivo de força maior ou caso fortuito, conforme disposto no regulamento".

Dessa forma, se o segurado morreu em 8 de setembro de 2019, a sua companheira não poderá provar a união estável apenas com testemunhos, devendo apresentar ao menos um documento que indique a união estável produzido entre 8 de setembro de 2017 e 8 de setembro de 2019, exceto fortuito e força maior ainda não regulamentados.

5. A companheira foi prevista como dependente pela primeira vez com o advento da Lei 5.890/73, desde que a relação contasse com 05 anos de duração.
6. Instrução Normativa 85/2016.

Assim, resta afastando o Princípio do Livre Convencimento Motivado e adotada a tarifação de prova para dar mais segurança jurídica, considerando a existência de casos habituais de falsos testemunhos e para preservar o Erário contra algumas situações de fraude.

No entanto, acredito que a exigência temporal do documento foi excessiva nos últimos 24 meses antes do fato gerador do benefício, a exemplo da certidão de nascimento de dois filhos em comum de 3 e 4 anos de idade no dia da morte do segurado, pois a certidões foram emitidas há mais de 24 meses do dia do óbito.

Vale registrar que se cuida de regra processual inerente à prova da condição de dependente, de modo que possui aplicação imediata a todos os processos pendentes de decisão para óbitos anteriores à vigência da alteração normativa, pois somente regras de direito material não possuem retroação.

Deve ser **aplicada a lei processual em vigor no dia da data da prolação da decisão**. É assim que se aplica o *Tempus Regit Actum* em temas processuais, como a prova. Veja-se o STJ:

> Processo
>
> AgRg no REsp **1584433** / SP AGRAVO REGIMENTAL NO RECURSO ESPECIAL 2016/0025455-2
>
> Relator(a)
>
> Ministro GURGEL DE FARIA (1160)
>
> Órgão Julgador
>
> T1 – PRIMEIRA TURMA
>
> Data do Julgamento
>
> 15/09/2016
>
> Data da Publicação/Fonte
>
> DJe 21/10/2016
>
> Ementa
>
> PROCESSUAL CIVIL. AGRAVO INTERNO. DECISÃO AGRAVADA PUBLICADA SOB A ÉGIDE DO CPC/1973. CONTAGEM DO PRAZO. REGRAS DE DIREITO INTERTEMPORAL. INAPLICABILIDADE DO CÓDIGO DE PROCESSO CIVIL DE 2015. INTEMPESTIVIDADE.
>
> **1. A nova lei processual se aplica imediatamente aos processos em curso (*ex vi* do art. 1.046 do CPC/2015), respeitados o direito adquirido, o ato jurídico perfeito, a coisa julgada, enfim, os efeitos já produzidos ou a se produzir sob a égide da nova lei.**
>
> 2. Considerando que o processo é constituído por inúmeros atos, o Direito Processual Civil orienta-se pela Teoria dos Atos Processuais Isolados, segundo a qual, cada ato deve ser considerado separadamente dos demais para o fim de determinar qual a lei que o regerá (princípio do *tempus regit actum*). Esse sistema está inclusive expressamente previsto no art. 14 do CPC/2015.
>
> 3. Com base nesse princípio e em homenagem à segurança jurídica, o Pleno do Superior Tribunal de Justiça interpretou o art. 1.045 do Código de Processo Civil de 2015 e concluiu que o novo CPC entrou em vigor no dia 18/03/2016, além de elaborar uma série de enunciados administrativos sobre regras de direito intertemporal (vide Enunciados Administrativos n. 2 e 3 do STJ).
>
> 4. Esta Corte de Justiça estabeleceu que a lei que rege o recurso é aquela vigente ao tempo da publicação do decisum. Assim, se a decisão recorrida for publicada sob a égide do CPC/1973, este Código continuará a definir o recurso cabível para sua impugnação, bem como a regular os requisitos de sua admissibilidade. *A contrario sensu*, se a intimação se deu na vigência da lei nova, será ela que vai regular integralmente a prática do novo ato do processo, o que inclui o cabimento, a forma e o modo de contagem do prazo.

5. No caso, a decisão ora agravada foi publicada em 16/03/2016, portanto sob a égide do CPC/1973. Assim, é inviável a incidência das regras previstas nos arts. 219 e 1.021, § 2º, do CPC/2015, razão pela qual se mostra intempestivo o agravo regimental interposto após o prazo legal de cinco dias previsto nos arts. 545 do Código de Processo Civil de 1973 e 258 do Regimento Interno do STJ.

6. Agravo regimental não conhecido.

No que concerne ao concubinato, assim considerada a relação que se desenvolve paralelamente ao casamento sem a separação dos cônjuges, quer de fato, quer judicialmente, tanto o STF quanto o STJ vem afastando sumariamente a condição de dependente do(a) concubino(a):

"COMPANHEIRA E CONCUBINA – DISTINÇÃO. Sendo o Direito uma verdadeira ciência, impossível é confundir institutos, expressões e vocábulos, sob pena de prevalecer a babel. UNIÃO ESTÁVEL – PROTEÇÃO DO ESTADO. A proteção do Estado à união estável alcança apenas as situações legítimas e nestas não está incluído o concubinato. PENSÃO – SERVIDOR PÚBLICO – MULHER – CONCUBINA – DIREITO. A titularidade da pensão decorrente do falecimento de servidor público pressupõe vínculo agasalhado pelo ordenamento jurídico, mostrando-se impróprio o implemento de divisão a beneficiar, em detrimento da família, a concubina". (STF, RE 590.779, de 10.02.2009)

"Direito Previdenciário. **PENSÃO POR MORTE.** UNIÃO estável. **Concubina. CONCOMITÂNCIA. Impedimento. RECONHECIMENTO. Impossibilidade.**

1. A jurisprudência do STJ prestigia o entendimento de que uma Existência de impedimento para o matrimônio, por Parte de um dos Companheiros pretensos, embaraça uma constituição da união estável, inclusive para fins previdenciários.

2. Afigura-se inviável, desse modo, reconhecer à recorrida o Direito à percepção da **Pensão por morte** em concurso com uma viúva, haja vista que o de cujus, à época do óbito, casado com uma permanecia recorrente.

3. Recurso especial provido" (STJ, REsp 1.114.490, 5ª Turma, de 19.11.2009).

"PREVIDENCIÁRIO. **PENSÃO POR MORTE.** COMPARTILHAMENTO DA **PENSÃO** ENTRE A VIÚVA E **CONCUBINA.** IMPOSSIBILIDADE. CONCOMITÂNCIA ENTRE CASAMENTO E CONCUBINATO ADULTERINO IMPEDE A CONSTITUIÇÃO DE UNIÃO ESTÁVEL, PARA FINS PREVIDENCIÁRIOS. RECURSO ESPECIAL PROVIDO.

1. Para fins previdenciários, há união estável na hipótese em que a relação seja constituída entre pessoas solteiras, ou separadas de fato ou judicialmente, ou viúvas, e que convivam como entidade familiar, ainda que não sob o mesmo teto.

2. As situações de concomitância, isto é, em que há simultânea relação matrimonial e de concubinato, por não se amoldarem ao modelo estabelecido pela legislação previdenciária, não são capazes de ensejar união estável, razão pela qual apenas a viúva tem direito à pensão por morte" (STJ, REsp 1.104.316, 6ª Turma, de 28.04.2009).

De acordo com a TNU, no julgamento do processo 0520664-28.2012.4.05.8300, de 20 de julho de 2016, no caso de relações concomitantes, não há concurso entre esposa e concubina pela pensão previdenciária (Informativo 7).

É oportuno afirmar que também é possível a instituição de concubinato paralelamente à união estável, sendo aplicável o mesmo regramento. Sucede que, neste caso, como normalmente não há um documento que comprove a união estável, ao contrário do que ocorre no casamento, será bastante difícil saber quem é convivente e quem é concubino (a).

Sobre o tema, o STJ decidiu não ser possível a configuração simultânea de duas uniões estáveis, devendo um dos relacionamentos ser tratado como sociedade de fato, pois também existe o dever de lealdade entre os companheiros[7]:

"Direito civil. Família. Paralelismo de uniões afetivas. Recurso especial. Ações de reconhecimento de uniões estáveis concomitantes. Casamento válido dissolvido. Peculiaridades. – Sob a tônica dos arts. 1.723 e 1.724 do CC/02, para a configuração da união estável como entidade familiar, devem estar presentes, na relação afetiva, os seguintes requisitos: (i) dualidade de sexos; (ii) publicidade; (iii) continuidade; (iv) durabilidade; (v) objetivo de constituição de família; (vi) ausência de impedimentos para o casamento, ressalvadas as hipóteses de separação de fato ou judicial; (vii) observância dos deveres de lealdade, respeito e assistência, bem como de guarda, sustento e educação dos filhos. – A análise dos requisitos ínsitos à união estável deve centrar-se na conjunção de fatores presente em cada hipótese, como a affectio societatis familiar, a participação de esforços, a posse do estado de casado, a continuidade da união, a fidelidade, entre outros. – A despeito do reconhecimento – na dicção do acórdão recorrido – da "união estável" entre o falecido e sua ex-mulher, em concomitância com união estável preexistente, por ele mantida com a recorrente, certo é que já havia se operado – entre os ex-cônjuges – a dissolução do casamento válido pelo divórcio, nos termos do art. 1.571, § 1º, do CC/02, rompendo-se, em definitivo, os laços matrimoniais outrora existentes entre ambos. A continuidade da relação, sob a roupagem de união estável, não se enquadra nos moldes da norma civil vigente – art. 1.724 do CC/02 –, porquanto esse relacionamento encontra obstáculo intransponível no dever de lealdade a ser observado entre os companheiros. – O dever de lealdade "implica franqueza, consideração, sinceridade, informação e, sem dúvida, fidelidade. Numa relação afetiva entre homem e mulher, necessariamente monogâmica, constitutiva de família, além de um dever jurídico, a fidelidade é requisito natural" (Veloso, Zeno apud Ponzoni, Laura de Toledo. Famílias simultâneas: união estável e concubinato. Disponível em http://www.ibdfam.org.br/?artigos&artigo=461. Acesso em abril de 2010). – Uma sociedade que apresenta como elemento estrutural a monogamia não pode atenuar o dever de fidelidade – que integra o conceito de lealdade – para o fim de inserir no âmbito do Direito de Família relações afetivas paralelas e, por consequência, desleais, sem descurar que o núcleo familiar contemporâneo tem como escopo a busca da realização de seus integrantes, vale dizer, a busca da felicidade. – As uniões afetivas plúrimas, múltiplas, simultâneas e paralelas têm ornado o cenário fático dos processos de família, com os mais inusitados arranjos, entre eles, aqueles em que um sujeito direciona seu afeto para um, dois, ou mais outros sujeitos, formando núcleos distintos e concomitantes, muitas vezes colidentes em seus interesses. – Ao analisar as lides que apresentam paralelismo afetivo, deve o juiz, atento às peculiaridades multifacetadas apresentadas em cada caso, decidir com base na dignidade da pessoa humana, na solidariedade, na afetividade, na busca da felicidade, na liberdade, na igualdade, bem assim, com redobrada atenção ao primado da monogamia, com os pés fincados no princípio da eticidade. – **Emprestar aos novos arranjos familiares, de uma forma linear, os efeitos jurídicos inerentes à união estável, implicaria julgar contra o que dispõe a lei; isso porque o art. 1.727 do CC/02 regulou, em sua esfera de abrangência, as relações afetivas não eventuais em que se fazem presentes impedimentos para casar, de forma que só podem constituir concubinato os relacionamentos paralelos a casamento ou união estável pré e coexistente.** Recurso especial provido".

Conquanto o tema esteja pacificado até o momento nos Tribunais Superiores, crê-se que é curial se fazer a distinção entre o cônjuge enganado e o consciente da relação paralela. Com propriedade, a prática do foro na Seção Judiciária na Bahia mostra que na maioria das hipóteses de relação concubinária o cônjuge traído tem ciência do outro relacionamento e normalmente o aceita tacitamente, quer por questões financeiras, quer por dependência emocional ou mesmo por práticas machistas tradicionais da nossa sociedade.

7. REsp 1.157.273, de 18.05.2010.

Logo, com a devida vênia ao STF, ao STJ e aos órgãos e entidades componentes da Previdência Social, entende-se que nessas hipóteses o (a) concubino (a) deverá ser considerado como dependente.

Entretanto, a Suprema Corte irá reapreciar o tema no caso de concubinato de longa duração, pois admitiu em março de 2012 repercussão geral no RE 669.465, em que se discute a possível proteção previdenciária de uma concubina que manteve relação paralela ao casamento com segurado por mais de 20 anos, inclusive com a geração de prole.

Mas é possível que o STF altere a sua posição, admitindo a repartição da pensão por morte em relações concomitantes, observada a boa-fé objetiva.

Veja-se notícia publicada no site oficial:

> Quarta-feira, 25 de setembro de 2019
>
> **STF começa a julgar recurso sobre reconhecimento de duas uniões estáveis para rateio de pensão**
>
> O Plenário do Supremo Tribunal Federal começou a julgar o Recurso Extraordinário (RE) 1045273, com repercussão geral reconhecida, em que se discute a possibilidade de reconhecimento de união estável e de relação homoafetiva concomitantes para fins de rateio de pensão por morte. O julgamento, iniciado na sessão extraordinária realizada na manhã desta quarta-feira (25), **foi suspenso por pedido de vista do ministro Dias Toffoli, presidente do STF.**
>
> **Segredo de justiça**
>
> O recurso tramita em segredo de justiça, para preservação das partes. O caso envolve, de um lado, o companheiro de um homem falecido, com o qual manteve relação por 12 anos reconhecida judicialmente em primeira instância. Do outro lado, está a mulher que tinha com o falecido uma união estável reconhecida pela Justiça em definitivo, na qual tiveram um filho. Conforme observado no julgamento, os autos não permitem assegurar qual das relações é mais antiga, mas apenas que a mulher foi a primeira a acionar a Justiça para obter o reconhecimento da união estável e o consequente recebimento da pensão por morte.
>
> O recurso foi interposto contra decisão do Tribunal de Justiça de Sergipe (TJ-SE), que não reconheceu a existência de uniões estáveis concomitantes para efeito de pagamento de pensão previdenciária por morte, sem qualquer alusão à orientação sexual do segurado falecido.
>
> **Bigamia**
>
> Ao proferir seu voto pelo desprovimento do recurso e pela impossibilidade da divisão da pensão, o ministro Alexandre de Moraes afirmou que o reconhecimento, pelo STF, da união homoafetiva como entidade familiar não era relevante para a solução do caso. "Na verdade, o que se pede é o reconhecimento retroativo da bigamia para fins de rateio da pensão por morte", assinalou, acrescentando que essa possibilidade não está prevista no ordenamento jurídico brasileiro. Para o relator, a existência de declaração judicial definitiva de uma união estável, por si só, impede o reconhecimento de outra união concomitante e paralela, "seja essa união heteroafetiva ou homoafetiva".
>
> Acompanham o relator, até o momento, os ministros Ricardo Lewandowski e Gilmar Mendes.
>
> **Questão previdenciária**
>
> Na divergência aberta pelo ministro Edson Fachin, cujo voto dá provimento ao recurso para permitir o rateio da pensão por morte, prevalece o entendimento de que não se trata de uma discussão de Direito de Família ou Cível, mas meramente de Direito Previdenciário pós-morte. Fachin lembrou que a Lei 8.213/1991 (Regime Geral da Previdência Social) reconhece não só o cônjuge, mas também o companheiro e a companheira como dependente para efeitos jurídicos previdenciários. O ministro observou que, embora haja jurisprudência rejeitando efeitos previdenciários a uniões estáveis concomitantes, **entende ser possível a divisão da pensão por morte, desde que haja boa-fé objetiva, ou seja, a circunstância de que a pessoa não sabia que seu companheiro tinha**

outra união simultânea. Seguiram a divergência os ministros Luís Roberto Barroso, Rosa Weber, Cármen Lúcia e Marco Aurélio.

Manifestações

O advogado do autor do processo, Marcos Vecchi, defendeu que as relações concomitantes, independentemente de sua composição hetero ou homoafetiva, devem ser consideradas igualmente para efeito de pensão por morte, pois foi formada uma nova unidade familiar que não pode ser ignorada pelo Poder Judiciário.

Representando o Instituto Brasileiro de Direito Previdenciário (IBDP), o advogado Anderson Tomasi Ribeiro defendeu que não haverá prejuízos ao Instituto Nacional de Previdência Social (INSS), pois a pensão será dividida, e não paga em dobro. Pela Associação de Direito de Família e das Sucessões (ADFAS), a advogada Regina Beatriz Tavares da Silva posicionou-se contra o recurso e contra a divisão, pois a monogamia é requisito indispensável e estruturante da união estável.

Da mesma forma, a subprocuradora-geral da República Cláudia Sampaio apresentou manifestação contrária ao provimento do recurso. Segundo ela, a Constituição conferiu proteção jurídica ao casamento e à união estável, e a legislação civil só ressalva duas hipóteses para o reconhecimento jurídico do concubinato: quando há separação de fato ou quando a pessoa se envolve de boa-fé, sem saber que o outro era casado.

AR/VP//CF

Processos relacionados E 1045273

Existem cinco votos pela divisão da pensão por morte (falta apenas um para formar maioria) e três votos contrários, tendo o processo sido suspenso para voto do Ministro Toffoli.

Mas observem que a divisão da pensão por morte tem maioria de votos, mas com a condição de que **haja boa-fé objetiva**, ou seja, a circunstância de que a pessoa não sabia que seu companheiro tinha outra união simultânea.

> Por questões de isonomia, o parceiro homoafetivo também é considerado como dependente de segurado, inclusive com presunção de dependência econômica, tendo em conta que essa relação afetiva entre pessoas do mesmo sexo também é apta a instituir uma entidade familiar.

Inclusive, esse **entendimento foi ratificado pelo STJ**, ao afirmar que, "diante do § 3º do art. 16 da Lei n. 8.213/91, verifica-se que o que o legislador pretendeu foi, em verdade, ali gizar o conceito de entidade familiar, a partir do modelo da união estável, com vista ao direito previdenciário, sem exclusão, porém, da relação homoafetiva" (passagem do REsp 395.904, de 13.12.2005).

Aliás, o próprio STF editou o Ato Deliberativo 27/2009, que permitiu aos seus servidores que mantém relações homoafetivas estáveis incluírem seus parceiros como dependentes do plano de saúde da Corte.

Finalmente, em 01.06.2010, o Advogado-Geral da União homologou o Parecer 38/2009, da lavra do Departamento de Análise de Atos Normativos, órgão da Consultoria-Geral da União, que reconheceu o parceiro homoafetivo como dependente previdenciário, em razão da instituição de entidade familiar por essa união, conforme ementa abaixo transcrita:

"União Estável entre pessoas do mesmo sexo. Interpretação do § 3º do art. 226 da Constituição Federal como regra de inclusão e não de exclusão. Manifestações anteriores do Presidente da República e da AGU. Aplicação do postulado da coerência na Administração Pública. Incidência dos princípios da dignidade da pessoa humana, Igualdade, da liberdade, da não discriminação, da segurança jurídica e do pluralismo. Possibilidade de interpretação conforme dos diversos dispositivos legais que se referem a união estável. Lacuna aberta. Necessidade de complemento. Fundamentação teórica lastreada na hermenêutica constitucional e na hermenêutica jurídica clássica. O papel dos fatos para compreensão nas normas jurídicas. Precedentes judiciais. Posicionamento da doutrina majoritária. Interpretação no âmbito da Administração Pública Federal dos seguintes dispositivos legais: inciso I , do art. 16 e o seu § 3º; § 1º do art. 76 da Lei nº 8.213/91 (Dispõe sobre os Planos de Benefícios da Previdência Social) , alínea "c" do inciso I do art. 217; e o § único do art. 241 "a" da Lei nº 8.112, de 11 de dezembro de 1990 (Regime Jurídico dos Servidores Civis); art. 67, § 1º, "e" "e"; art. 69-A; § 3º do art. 69-A; § 1º do art. 70; inciso III do art. 82; § 4º do art. 137 da Lei 6.880, de nove de dezembro de 1980 (Dispõe sobre o Estatuto dos Militares) no que tange a possibilidade de se entender como união estável a união de pessoas do mesmo sexo".

Vale ressaltar que o entendimento do Advogado-Geral da União vincula a interpretação de toda a Administração Pública federal, de modo que no âmbito do Regime Geral de Previdência Social, do Regime Próprio de Previdência Social dos servidores da União e do regime previdenciário dos militares federais deverá ser reconhecida a parceria homoafetiva, interpretando-se extensivamente os dispositivos que se referem à união estável para abarcá-la.

Nesse sentido, em 09.12.2010, foi editada a Portaria 513, da lavra do extinto Ministério da Previdência Social:

> **"PORTARIA Nº 513, DE 9 DE DEZEMBRO DE 2010**
>
> O MINISTRO DE ESTADO DA PREVIDÊNCIA SOCIAL, no uso das atribuições constantes do art. 87, parágrafo único, inciso II, da Constituição, tendo em vista o PARECER nº 038/2009/DENOR/CGU/AGU, de 26 de abril de 2009, aprovado pelo Despacho do Consultor-Geral da União nº 843/2010, de 12 de maio de 2010, e pelo DESPACHO do Advogado-Geral da União, de 1º de junho de 2010, nos autos do processo nº 00407.006409/2009-11, resolve
>
> Art. 1º Estabelecer que, no âmbito do Regime Geral de Previdência Social – RGPS, os dispositivos da Lei nº 8.213, de 24 de julho de 1991, que tratam de dependentes para fins previdenciários devem ser interpretados de forma a abranger a união estável entre pessoas do mesmo sexo.
>
> Art. 2º O Instituto Nacional do Seguro Social – INSS adotará as providências necessárias ao cumprimento do disposto nesta portaria".

São também dependentes os menores de 21 anos de idade, exceto se emancipados pelas causas previstas no artigo 5º, do Código Civil, que contemplam hipóteses de emancipação voluntária e *ex lege*, quando a dependência cessará anteriormente aos 21 anos de idade (entre 16 e 18 anos de idade):

> "I – pela concessão dos pais, ou de um deles na falta do outro, mediante instrumento público, independentemente de homologação judicial, ou por sentença do juiz, ouvido o tutor, se o menor tiver dezesseis anos completos;
>
> II – pelo casamento;
>
> III – pelo exercício de emprego público efetivo;
>
> IV – pela colação de grau em curso de ensino superior;
>
> V – pelo estabelecimento civil ou comercial, ou pela existência de relação de emprego, desde que, em função deles, o menor com dezesseis anos completos tenha economia própria".

Por falta de previsão legal, ao contrário do que ocorre com o casamento, frise-se que a união estável não é causa de emancipação, sendo este, inclusive, o entendimento administrativo do INSS[8].

Antes da edição do Decreto 6.939/2009, o artigo 17, III, do RPS, mantinha a qualidade de dependente em uma hipótese de emancipação legal, consistente na colação de grau de curso superior antes dos 21 anos, ressalva que não mais é prevista genericamente no referido ato regulamentar.

Todavia, apenas para a percepção da pensão por morte, o dependente menor de 21 anos mantinha a sua qualidade na improvável hipótese de colar grau em curso superior anteriormente, na forma do artigo 114, II, do RPS, antes do Decreto 10.410/2020.[9]

> De acordo com uma interpretação apenas literal do texto regulamentar, apenas o dependente inválido que colar grau em curso superior antes de completar 21 anos de idade conservará a qualidade de dependente.

Com o advento do Decreto 10.410/2020, não existe mais a ressalva da colação de grau em curso superior antes dos 21 anos de idade no artigo 114 do Decreto 3.048/99.

No entanto, o artigo 17 não arrolou essa hipótese de emancipação para antecipar a maioridade previdenciária:

> "Art. 17. A perda da qualidade de dependente ocorre:
>
> III – ao completar vinte e um anos de idade, para o filho, o irmão, o enteado ou o menor tutelado, ou nas seguintes hipóteses, se ocorridas anteriormente a essa idade: (Redação dada pelo Decreto nº 10.410, de 2020).
>
> a) casamento; (Redação dada pelo Decreto nº 10.410, de 2020).
>
> b) início do exercício de emprego público efetivo; (Redação dada pelo Decreto nº 10.410, de 2020).
>
> c) constituição de estabelecimento civil ou comercial ou pela existência de relação de emprego, desde que, em função deles, o menor com dezesseis anos completos tenha economia própria; ou (Redação dada pelo Decreto nº 10.410, de 2020).
>
> d) concessão de emancipação, pelos pais, ou por um deles na falta do outro, por meio de instrumento público, independentemente de homologação judicial, ou por sentença judicial, ouvido o tutor, se o menor tiver dezesseis anos completos; e (Redação dada pelo Decreto nº 10.410, de 2020)".

Frise-se a óbvia prevalência do artigo 77, § 2º, da Lei 8.213/91, haja vista que para o filho e o irmão inválido somente a cessação da invalidez é causa de cancelamento da pensão por morte, pois é possível que o dependente tenha pleno discernimento para praticar atos civis, mas seja inválido para o trabalho, a exemplo de uma pessoa tetraplégica em pleno gozo das suas condições mentais.

Vamos a um exemplo prático. Mário é paraplégico e recebe pensão por morte do seu pai. Ele conhece Joana. Ambos se apaixonam loucamente e se casam. Neste caso, de acordo com o artigo 114, II, do Decreto 3.048/99, como o casamento é causa de emancipação, se eles

8. Nota Técnica CGMBEN/DIVCONS 26/2008.
9. Art. 114. O pagamento da cota individual da pensão por morte cessa: II – para o pensionista menor de idade, ao completar vinte e um anos, salvo se for inválido, ou pela emancipação, ainda que inválido, exceto, neste caso, se a emancipação for decorrente de colação de grau científico em curso de ensino superior.

celebrarem núpcias o benefício será cessado, disposição que claramente viola do artigo 16, I, da Lei 8.213/91, vez que Mário persistirá inválido para o trabalho, devendo prosseguir como pensionista no entendimento do autor desta obra.

Aliás, o artigo 77, § 2º, inciso III e IV, da Lei 8.213/91, com redação dada pela Lei 12.470/11, é claro ao afirmar que a parte individual da pensão extingue-se para o pensionista inválido pela cessação da invalidez e para o pensionista com deficiência intelectual ou mental ou deficiência grave, pelo afastamento da deficiência, nos termos do regulamento.

Logo, de acordo com a atual redação do artigo 17, do RPS, dada pelo Decreto 6.939/09, para se enquadrar como dependente do segurado, é indispensável que a invalidez tenha ocorrido antes dos 21 anos de idade ou, se houver, antes das causas de emancipação.

Essa sistemática foi mantida pelo Decreto 10.410/2020 no artigo 17 do Regulamento:

> "§ 1º O filho, o irmão, o enteado e o menor tutelado, desde que comprovada a dependência econômica dos três últimos, se inválidos ou se tiverem deficiência intelectual, mental ou grave, não perderão a qualidade de dependentes **desde que a invalidez ou a deficiência intelectual, mental ou grave tenha ocorrido antes de uma das hipóteses previstas no inciso III do caput.** (Incluído pelo Decreto nº 10.410, de 2020)".

Entretanto, em 11 de outubro de 2010, em reunião em Recife, ao julgar incidente de uniformização no processo 2005.71.95.001467-0, a TNU decidiu que o maior de 21 anos inválido continua como dependente do segurado, mesmo sendo a invalidez posterior à maioridade previdenciária, mas com presunção relativa de dependência econômica, cabendo ao INSS desconstituí-la, como foi feito no processo em questão.

O mesmo entendimento foi adotado pela TNU no dia 02.12.2010 no julgamento do processo 2007.71.95.020545-9:

> "Esta TNU já enfrentou questão semelhante, reconhecendo a condição legal de dependente de segurado de filho maior que se torna inválido antes da morte de seus pais, ainda que tenha firmado a necessidade de prova da dependência econômica, cuja natureza da presunção seria alterada no particular, conforme pedido de uniformização nº 2008.40.00.707069-2, julgado na sessão de 11 de outubro de 2010".

Em seguida foi aprovado o **tema 114**:

<table>
<tr><td>Tema</td><td>114</td><td>Situação do tema</td><td colspan="2">Julgado</td><td>Ramo do direito</td><td>DIREITO PREVIDENCIÁRIO</td></tr>
<tr><td colspan="2">Questão submetida a julgamento</td><td colspan="5">Saber a natureza da dependência econômica do filho maior inválido – se é absoluta ou relativa.</td></tr>
<tr><td colspan="2">Tese firmada</td><td colspan="5">Para fins previdenciários, a presunção de dependência econômica do filho inválido é relativa, motivo pelo qual fica afastada quando este auferir renda própria, devendo ela ser comprovada.</td></tr>
<tr><td colspan="2">Processo</td><td>Decisão de afetação</td><td>Relator (a)</td><td>Julgado em</td><td>Acórdão publicado em</td><td>Trânsito em julgado</td></tr>
<tr><td colspan="2">PEDILEF 0500518-97.2011.4. 05.8300/ PE</td><td>21/08/2013</td><td>Juiz Federal Gláucio Ferreira Maciel Gonçalves</td><td>13/11/2013</td><td>06/12/2013</td><td>13/01/2014</td></tr>
</table>

O Superior Tribunal de Justiça já tomou decisão no mesmo sentido da TNU, ao admitir que a invalidez após a maioridade previdenciária permite a concessão da pensão por morte:

> "AGRAVO REGIMENTAL. PREVIDENCIÁRIO. PENSÃO POR MORTE. FILHO MAIOR INVÁLIDO. TITULAR DE APOSENTADORIA POR INVALIDEZ. DEPENDÊNCIA ECONÔMICA. COMPROVAÇÃO. REEXAME DE PROVAS. SÚMULA Nº 7/STJ. 1. **Nas hipóteses em que o filho inválido é titular de benefício de aposentadoria por invalidez, sendo o marco inicial anterior ao óbito da instituidora da pensão, a dependência econômica deve ser comprovada, porque a presunção desta, acaba sendo afastada diante da percepção de renda própria**. 2. A irresignação que busca desconstituir os pressupostos fáticos adotados pelo acórdão recorrido encontra óbice no enunciado nº 7 da Súmula desta Corte. 3. Agravo regimental a que se nega provimento. (AGRESP 201100458904, HAROLDO RODRIGUES (DESEMBARGADOR CONVOCADO DO TJ/CE), STJ – SEXTA TURMA, DJE DATA:06/06/2011".

Contudo, veja que neste julgado o STJ desfez a presunção de dependência econômica, pois o filho inválido já percebia uma aposentadoria por incapacidade permanente, cabendo a ele demonstrar a efetiva dependência econômica do seu pai.

No mesmo sentido o julgamento do Recurso Especial 1618157, 2ª Turma, de 18/8/2016:

> "É irrelevante o fato de a invalidez ter sido após a maioridade do postulante, uma vez que, nos termos do artigo 16, III c/c parágrafo 4º, da Lei 8.213/91, é devida a pensão por morte, comprovada a dependência econômica, ao irmão inválido ou que tenha deficiência intelectual ou mental que o torne absoluta ou relativamente incapaz, assim declarado judicialmente. Alinhado a esse entendimento, há precedentes do STJ no sentido de que, em se tratando de dependente maior inválido, basta a comprovação de que a invalidez é anterior ao óbito do segurado. Nesse sentido: AgRg no AREsp 551.951/SP, Rel. Ministra Assusete Magalhães, Segunda Turma, DJe 24/4/2015, e AgRg no Ag 1.427.186/PE, Rel. Ministro Napoleão Nunes Maia Filho, Primeira Turma, DJe 14/9/2012".

No entanto, é necessário que a invalidez tenha se perpetrado antes do óbito do segurado, sob pena de indeferimento da pensão por morte, pois neste dia é que será aferida a condição de dependente. Nesse sentido, a TNU:

> "**TNU reafirma entendimento sobre concessão de pensão por morte a filho maior que fica inválido**
>
> Data da notícia:
>
> 17/02/2014 12:30
>
> Corpo do texto:
>
> A Turma Nacional de Uniformização dos Juizados Especiais Federais (TNU), na sessão realizada em Fortaleza, nesta sexta-feira (14/02), reafirmou entendimento de que filho maior inválido só tem direito a pensão se a invalidez for anterior à morte do instituidor do benefício.
>
> No caso em julgamento, a autora do pedido de uniformização perdeu o pai em 13.3.1995, sendo a esposa constituída como beneficiária da pensão pela morte dele. E foi assim até 19.12.2009, quando a mãe também faleceu. O problema é que, nesse intervalo, em 21.10.1999, a filha havia sofrido um acidente que a tornou inválida, o que a motivou, após a morte da mãe, a reivindicar o direito à pensão.
>
> A Seção Judiciária do Rio Grande do Norte negou o pedido. A autora recorreu e a Turma Recursal potiguar deu provimento ao recurso, concedendo o benefício de pensão por morte à autora. Desta vez, quem recorreu foi a União, alegando que o acórdão da Turma Recursal contraria entendimento da própria TNU, uma vez que, quando o pai morreu, a filha já havia alcançado a maioridade e ainda não se encontrava inválida, pois o acidente que a deixou paraplégica se deu quatro anos após o falecimento do instituidor da pensão.

De acordo com o relator do processo, o juiz federal Paulo Ernane Moreira Barros, "a jurisprudência pátria já se consolidou no sentido de que a invalidez deve anteceder à morte do instituidor para que o filho inválido tenha direito à pensão por morte". O magistrado ressaltou ainda, que "o entendimento jurisprudencial do Superior Tribunal de Justiça (STJ) é de que, em se tratando de filho inválido, a concessão da pensão por morte depende apenas da comprovação de que a invalidez é anterior ao óbito do instituidor do benefício".

O juiz também salienta em seu voto, que "adotar os argumentos da parte autora, pelos quais os requisitos para a concessão da pensão por morte somente seriam aferidos por ocasião do falecimento do último beneficiário, equivaleria, em última análise, a perpetuar o benefício da pensão por morte, o que não se admite, sob pena de afronta à razoabilidade". Diante disso, o magistrado deu provimento ao incidente de uniformização para restabelecer a sentença de primeira instância, no que foi acompanhado pelos demais membros da TNU.

Processo 0501099-40.2010.4.05.8400".

Por força de inovação inaugurada pela Lei 12.470/2011, o filho do segurado que tenha deficiência intelectual ou mental que o torne absoluta ou relativamente incapaz, assim declarado judicialmente, também manterá a sua qualidade mesmo após completar os 21 anos de idade.

Com propriedade, nos moldes dos artigos 3º e 4º, do Código Civil, modificados pela Lei 13.146/2015, são **absolutamente incapazes** para prática dos atos da vida civil os menores de 16 (dezesseis) anos de idade.

De sua vez, após a alteração perpetrada pela Lei 13.146/2045, são incapazes, **relativamente** a certos atos, ou à maneira de os exercer:

I – os maiores de dezesseis e menores de dezoito anos;

II – os ébrios habituais, os viciados em tóxicos, e os que, por deficiência mental, tenham o discernimento reduzido;

III – os excepcionais, sem desenvolvimento mental completo;

IV – os pródigos.

Entende-se que essa declaração judicial exigida pela Lei 12.471/2011 era de competência do Juízo de Família da Justiça Estadual, através do ajuizamento de ação de interdição, devendo o INSS ser parte no processo para que a pronúncia de incapacidade possa vincular a autarquia previdenciária, podendo ser despertada a competência da Justiça Federal, caso o INSS se oponha ao pleito de interdição.

Assim, com a Lei 12.470/2011, perpetrou-se uma elevação da proteção previdenciária aos filhos dos segurados, pois os que possuam mais de 21 anos de idade e que não sejam inválidos para o trabalho, irão manter a condição de dependentes em razão de ostentar incapacidade civil relativa ou absoluta em decorrência de deficiência intelectual ou mental.

No entanto, com o advento da **Lei 13.146/2015**, com vigência para os óbitos ocorridos a partir do dia 3 de janeiro de 2016, **foi retirada a exigência de que o filho que possua deficiência intelectual ou mental seja civilmente incapaz**, assim como, por conseguinte, afastou-se a necessidade de decisão judicial pronunciando a interdição.

> Foram perpetradas três alterações: 1– não se exige mais que a deficiência intelectual ou mental do filho gere incapacidade para a prática de atos da vida civil; 2– não se exige mais a sentença de interdição e 3– foi inserido o deficiente grave como dependente.

Caberá ao Regulamento definir quais as situações de deficiência intelectual ou mental que gerarão a proteção previdenciária do filho maior de 21 do segurado, assim como qual o critério para enquadramento do deficiente grave, pois o texto tornou-se genérico e impreciso.

Já para as mortes ocorridas a contar do dia 3 de janeiro de 2016 será considerado como dependente o filho que tenha deficiência intelectual ou mental ou deficiência grave.

O que a modificação não detalhou é qual a extensão da deficiência mental ou intelectual ensejará a proteção previdenciária, pois antes deveria gerar a interdição civil, cabendo ao Regulamento fazê-lo.

Isso porque existem leves deficiências mentais ou intelectuais que não implicam em incapacidade laboral, não devendo nestes casos haver proteção previdenciária, pois será plenamente viável e possível o labor.

De acordo com o antigo § 4º, do artigo 77, da Lei 8.213/91, "a parte individual da pensão do dependente com deficiência intelectual ou mental que o torne absoluta ou relativamente incapaz, assim declarado judicialmente, que exerça atividade remunerada, será reduzida em 30% (trinta por cento), devendo ser integralmente restabelecida em face da extinção da relação de trabalho ou da atividade empreendedora". **No entanto, este parágrafo foi revogado pela Lei 13.135/2015, deixando de existir juridicamente.**

Posteriormente coube à Lei 13.183/2015 dispor que o exercício de atividade remunerada, inclusive na condição de microempreendedor individual, não impede a concessão ou manutenção da parte individual da pensão do dependente com deficiência intelectual ou mental ou com deficiência grave (§ 6º do art. 77 da Lei 8.213/91).

Ainda são equiparados a filhos pelo § 2º, do artigo 16, da Lei 8.213/91, o *enteado* e o *menor tutelado*, mas não milita em seu favor a presunção de dependência econômica, que deverá ser comprovada. Neste caso, é preciso a comprovação da inexistência de bens suficientes para o próprio sustento e educação, na forma do artigo 16, § 3º, do RPS.

A **tutela** é forma de colocação de criança e adolescente em família substituta. Pressupõe, ao contrário da guarda, a prévia destituição ou suspensão do poder familiar dos pais (família natural). Visa essencialmente a suprir carência de representação legal, assumindo o tutor tal *munus* na ausência dos genitores.

Por outro lado, a **guarda** destina-se a regularizar a convivência de fato, atribuindo ao guardião vínculo e representação jurídica em relação a criança ou adolescente, obrigando-lhe a promover-lhes a assistência moral, material e educação, permitindo-lhe, todavia, opor-se a terceiros, inclusive os pais. Destina-se a regularizar a posse de fato, podendo ser deferida liminar ou incidentalmente, nos procedimentos de tutela e adoção, exceto no caso de adoção por estrangeiros. Diferencia-se da tutela e da adoção, em especial, por não pressupor destituição ou suspensão do poder familiar dos pais (família natural)[10].

10. http://www.tjgo.jus.br/index.php/comarcas/jij/comarca-juizado-infancia-juventude-aparecida-de-goiania/guarda-tutela-e-adocao.

Até o advento da Medida Provisória 1.523, de 11.10.1996, convertida na Lei 9.528/97, o *menor sob guarda* também era considerado dependente, tendo sido excluído desse rol em razão do elevado número de avós que colocavam os seus netos sob guarda apenas para instituir eventual pensão por morte previdenciária.

Muito ainda se discute sobre a prevalência do Estatuto da Criança e do Adolescente sobre a legislação previdenciária, pois o seu artigo 33, § 3º, prevê que a guarda confere à criança ou adolescente a condição de dependente, para todos os fins e efeitos de direito, inclusive previdenciários.

Após divergência interna, o STJ (3ª Seção) referendou a exclusão do menor sob guarda da lista dos dependentes do RGPS:

> **"Pensão por morte. Regime Geral de Previdência Social. Menor sob guarda. Incidência da lei previdenciária vigente ao tempo do óbito do instituidor do benefício. Inaplicabilidade do Estatuto da Criança e do Adolescente. Precedentes da Terceira Seção. Embargos de divergência conhecidos e recebidos"** (3ª Seção, EREsp 801.214, de 28.05.2008).

Mas coube à Corte Especial do STJ, em 9 de dezembro de 2016, reverter o seu posicionamento de 4 de março de 2015, conferindo prevalência ao ECA ao manter o menor sob guarda como dependente previdenciário do RGPS na condição de equiparado a filho:

> **EMBARGOS DE DIVERGÊNCIA EM RESP Nº 1.141.788 – RS (2009/0098910-5), de 9/12/2016.** RELATOR: MINISTRO JOÃO OTÁVIO DE NORONHA EMBARGANTE: MINISTÉRIO PÚBLICO FEDERAL EMBARGADO: INSTITUTO NACIONAL DO SEGURO SOCIAL INTERES.: DANIEL RIBEIRO SOTELO ADVOGADO: IMELDA MARTINI E OUTRO(S) – RS037382 EMENTA PREVIDENCIÁRIO. PENSÃO POR MORTE. MENOR SOB GUARDA. ALTERAÇÕES LEGISLATIVAS. ART. 16 DA LEI N. 8.213/90. MODIFICAÇÃO PELA MP N. 1.523/96, CONVERTIDA NA LEI N. 9.528/97. CONFRONTO COM O ART. 33, § 3º, DO ECA. ART. 227 DA CONSTITUIÇÃO. INTERPRETAÇÃO CONFORME. PRINCÍPIO DA PROTEÇÃO INTEGRAL E PREFERENCIAL DA CRIANÇA E DO ADOLESCENTE. **1. Ao menor sob guarda deve ser assegurado o direito ao benefício da pensão por morte mesmo se o falecimento se deu após a modificação legislativa promovida pela Lei n. 9.528/97 na Lei n. 8.213/90. 2. O art. 33, § 3º da Lei n. 8.069/90 deve prevalecer sobre a modificação legislativa promovida na lei geral da previdência social porquanto, nos termos do art. 227 da Constituição, é norma fundamental o princípio da proteção integral e preferência da criança e do adolescente**. 3. Embargos de divergência acolhidos. ACÓRDÃO A Corte Especial, por unanimidade, acolheu os embargos de divergência nos termos do voto do Sr. Ministro Relator. Os Srs. Ministros Humberto Martins, Maria Thereza de Assis Moura, Herman Benjamin, Napoleão Nunes Maia Filho, Jorge Mussi, Og Fernandes, Luis Felipe Salomão, Mauro Campbell Marques, Benedito Gonçalves, Raul Araújo, Felix Fischer e Nancy Andrighi votaram com o Sr. Ministro Relator. Ausente, justificadamente, o Sr. Ministro Francisco Falcão. Brasília, 07 de dezembro de 2016(Data do Julgamento).

Entende-se, no entanto, que o julgamento foi incompleto, pois não abordou a necessidade de prova dependência econômica e a natureza da guarda. De efeito, o artigo 16, § 2º, da Lei 8.213/91, antes do advento da Lei 9.528/97, previa como equiparado a filho o menor que, por determinação judicial que não possua condições suficientes para o próprio sustento e educação.

Como este dispositivo foi revogado e o artigo 33, § 3º, do ECA não detalha este tema, entende-se que o STJ deve aditar o seu posicionamento para definir que se cuida de menor sob guarda judicial e mediante prova de dependência econômica.

Esse posicionamento foi confirmado pela 1ª Seção do STJ em 22/11/2017:

Processo

PUIL 67 / RS

PEDIDO DE UNIFORMIZAÇÃO DE INTERPRETAÇÃO DE LEI

2016/0121758-9

Relator(a)

Ministro SÉRGIO KUKINA (1155)

Órgão Julgador

S1 – PRIMEIRA SEÇÃO

Data do Julgamento

22/11/2017

Data da Publicação/Fonte

DJe 01/12/2017

Ementa

PEDIDO DE UNIFORMIZAÇÃO DE INTERPRETAÇÃO DE LEI. TURMA NACIONAL DE UNIFORMIZAÇÃO DOS JUIZADOS ESPECIAIS FEDERAIS (TNU). PREVIDENCIÁRIO. PENSÃO POR MORTE DO GUARDIÃO. PERCEPÇÃO DO BENEFÍCIO PELO MENOR SOB GUARDA. CONFLITO APENAS APARENTE DE NORMAS. ARTS. 16 DA LEI N. 8.213/90 (ALTERADO PELA LEI N. 9.528/97) E 33, § 3º, DO ECA. ART. 227 DA CF. PRINCÍPIOS DA PRIORIDADE ABSOLUTA E DA PROTEÇÃO INTEGRAL DA CRIANÇA E DO ADOLESCENTE. PREVALÊNCIA DA REGRA ESPECÍFICA DO ECA FRENTE À NORMA GERAL PREVIDENCIÁRIA.

1. O art. 227 da Constituição Federal determina, com absoluta prioridade, o dever de asseguramento à criança e ao adolescente do direito à vida, à saúde, à alimentação, à educação, ao lazer, à profissionalização, à cultura, à dignidade, ao respeito, à liberdade e à convivência familiar e comunitária.

2. A nova redação dada pela Lei n. 9.528/97 ao art. 16, § 2º, da Lei n. 8.213/91 suprimiu o menor sob guarda do rol dos dependentes, para fins de percepção de benefícios previdenciários.

3. A Corte Especial do STJ, na assentada do dia 12/12/2016, firmou, no entanto, entendimento no sentido de que "O art. 33, § 3º da Lei n. 8.069/90 deve prevalecer sobre a modificação legislativa promovida na lei geral da previdência social porquanto, nos termos do art. 227 da Constituição, é norma fundamental o princípio da proteção integral e preferência da criança e do adolescente". (EREsp 1.141.788/RS, Rel. Ministro JOÃO OTÁVIO DE NORONHA, CORTE ESPECIAL, julgado em 07/12/2016, DJe 16/12/2016).

4. Da mesma forma, a Primeira Seção do STJ, no julgamento do REsp 1.411.258/RS – em 11/10/2017, Rel. Ministro NAPOLEÃO NUNES MAIA FILHO, (art. 543-C do CPC/73 – acórdão pendente de publicação), chancelou o referido entendimento da Corte Especial e, no caso, aquele antes exarado pela TNU, no sentido de assegurar ao menor sob guarda a pensão previdenciária decorrente do óbito de seu guardião.

5. Pedido de uniformização do INSS julgado improcedente.

Posteriormente, em tese repetitiva, a 1ª Seção confirmou a necessidade da prova de dependência econômica do menor sob guarda para se enquadrar como dependente do guardião, tese ainda não acatada administrativamente pelo INSS:

PROCESSO	REsp 1.411.258-RS, Rel. Min. Napoleão Nunes Maia Filho, Primeira Seção, por unanimidade, julgado em 11/10/2017, DJe 21/02/2018. (Tema 732).
RAMO DO DIREITO	DIREITO PREVIDENCIÁRIO, DIREITO DA CRIANÇA E DO ADOLESCENTE
TEMA	Menor sob guarda judicial. Dependente econômico. Óbito do instituidor da pensão em data posterior à vigência da MP 1.523/1996, reeditada e convertida na Lei n. 9.528/1997. Manutenção do benefício previdenciário. Proibição de retrocesso. Diretrizes constitucionais de isonomia, prioridade absoluta e proteção integral à criança e ao adolescente.

DESTAQUE
O menor sob guarda tem direito à concessão do benefício de pensão por morte do seu mantenedor, **comprovada sua dependência econômica**, nos termos do art. 33, § 3º do Estatuto da Criança e do Adolescente, ainda que o óbito do instituidor da pensão seja posterior à vigência da Medida Provisória 1.523/96, reeditada e convertida na Lei n. 9.528/97. Funda-se essa conclusão na qualidade de lei especial do Estatuto da Criança e do Adolescente (8.069/90), frente à legislação previdenciária.

INFORMAÇÕES DO INTEIRO TEOR
A questão jurídica objeto de afetação ao rito dos recursos repetitivos consiste em definir sobre a possibilidade (ou não) do pagamento de pensão por morte ao menor sob guarda, quando o óbito do segurado tenha ocorrido após a vigência da MP 1.523/1996, que alterou o art. 16, § 2º da Lei de Benefícios da Previdência Social (Lei n. 8.213/1991). A redação original do mencionado dispositivo previa que o menor sob guarda judicial se equiparava a filho do segurado e, portanto, detinha a condição de dependente natural ou automático dele (do segurado), como beneficiário do RGPS. Ocorre que a MP 1.523/1996, convertida na Lei n. 9.528/1997, alterou o citado dispositivo e retirou do menor sob guarda a condição de dependente previdenciário. Entretanto, a jurisprudência mais recente desta Corte Superior reconhece ao menor sob guarda a condição de dependente para fins previdenciários, condição que resulta de situação essencialmente fática, cabendo-lhe o direito à pensão previdenciária sempre que o mantenedor (segurado do INSS) faleça, a fim de não se deixar o hipossuficiente ao desabrigo de qualquer proteção, máxime quando se achava sob guarda, forma de tutela que merece estímulos, incentivos e subsídios do Poder Público, conforme compromisso constitucional assegurado pelo art. 227, § 3º, VI da Carta Magna, além de atentar contra a proteção da confiança com aquele já devidamente cadastrado como dependente do segurado, mediante a prática de ato jurídico administrativo perfeito, pelos agentes do INSS. Assim, a alteração do art. 16, § 2º, da Lei n. 8.213/1991, pela Lei n. 9.528/1997, não elimina o substrato fático da dependência econômica do menor e representa, do ponto de vista ideológico, um retrocesso normativo nas diretrizes constitucionais de isonomia e proteção à criança e ao adolescente. Da leitura do art. 227 da CF, constata-se que foi imposto não só à família, mas também à sociedade e ao Estado o dever de, solidariamente, assegurar à criança e ao adolescente os direitos fundamentais com absoluta prioridade. Além disso, foi imposto ao legislador ordinário a obrigação de garantir ao menor os direitos previdenciários e trabalhistas, bem como o estímulo do Poder Público ao acolhimento, sob a forma de guarda, de criança ou adolescente órfão ou abandonado. Outra reflexão instigante diz respeito ao fato de alteração normativa veicular entendimento adverso, claramente maculador do princípio que deve permear as leis reconhecedoras de direitos sociais, como os previdenciários, ou seja, o da proibição de retrocesso; assim, se já definida uma orientação legal mais favorável à proteção dos hipossuficientes, não se afigura aceitável, do ponto de vista jurídico e sistêmico que, a partir da adoção de lei restritiva ocasional, dê-se a inversão da orientação até então vigorante. Finalmente, registre-se que a Lei n. 8.069/1990 (Estatuto da Criança e do Adolescente) que, convém ressaltar, é norma específica e em perfeita harmonia com o mandamento constitucional, dispõe em seu art. 33, § 3º que "a guarda confere à criança ou adolescente a condição de dependente, para todos os fins e efeitos de direito, inclusive previdenciário". Nessa linha de raciocínio, impõe-se concluir que, se fosse a intenção do legislador infraconstitucional excluir o menor sob guarda da pensão por morte, teria alterado também a Lei n. 8.069/1990 o que, como visto, não ocorreu.

O tema também será apreciado pelo Supremo Tribunal Federal. É que no dia 19 de novembro de 2012 a Procuradoria Geral da República propôs ação direta de inconstitucionalidade (ADI 4.878) contra a exclusão do menor sob guarda do rol de dependentes do RGPS.

IMPORTANTE:

De acordo com o artigo 23, § 6º, da Emenda 103/2019, equiparam-se a filho, para fins de recebimento da pensão por morte, exclusivamente o enteado e o menor tutelado, desde que comprovada a dependência econômica.

O objetivo da reforma constitucional foi afastar a jurisprudência que amplia o rol legal dos equiparados a filho. Em tese, a Emenda 103 derruba toda a jurisprudência do STJ para óbitos após a sua vigência (*Tempus Regit Actum*).

É comum que filhos dependentes de segurado que completem 21 anos e ainda cursem universidade ingressem com ação judicial contra o INSS para manter normalmente a pensão por morte até completarem os 24 anos de idade.

A legislação previdenciária é taxativa a respeito, apenas sendo manutenida a condição de dependente de filho de segurado após os 21 anos de idade na hipótese de invalidez preexistente ou de incapacidade civil por deficiência mental ou intelectual, sendo o tema pacífico na jurisprudência.

Nesse sentido, pontifica a *Súmula 37 da TNU* que "a pensão por morte, devida ao filho até os 21 anos de idade, não se prorroga pela pendência do curso universitário".

Esse também é o posicionamento pacificado do STJ:

> "RECURSO ESPECIAL. PREVIDENCIÁRIO. PENSÃO POR MORTE. LEI Nº 8.213/91. IDADE LIMITE. 21 ANOS. ESTUDANTE. CURSO UNIVERSITÁRIO.
>
> **A pensão pela morte do pai será devida até o limite de vinte e um anos de idade, salvo se inválido, não se podendo estender até os 24 anos para os estudantes universitários, pois não há amparo legal para tanto.** Recurso provido" (REsp 639.487, de 11.10.2005).

Por fim, por força da Lei 13.146, publicada em 7 de julho de 2015, que aprovou o Estatuto da Pessoa com Deficiência e que **entrou em vigor em 180 dias após a sua publicação (3 de janeiro de 2016)**, houve a alteração do artigo 16, inciso I, da Lei 8.213/91, pois a classe I passou a ter a conseguinte redação: o cônjuge, a companheira, o companheiro e o filho não emancipado, de qualquer condição, menor de 21 (vinte e um) anos ou inválido ou que tenha deficiência intelectual ou mental **ou deficiência grave.**

Logo, para os óbitos ocorridos desde 3 de janeiro de 2016, o filho do segurado com deficiência grave passou a integrar a classe preferencial, cabendo ao Regulamento da Previdência Social definir futuramente o que é deficiência grave.

Um bom parâmetro são os critérios utilizados para o enquadramento do deficiente grave para fins da aposentadoria do segurado deficiente, nos termos da Lei Complementar 142/2013.

3.2. Classe II

Na segunda classe se encontram os pais do segurado, **que apenas farão jus aos benefícios previdenciários caso inexista algum dependente preferencial.** Vale salientar que um benefício percebido por um dependente preferencial, uma vez cessado, não será transferido aos dependentes das classes inferiores (II e III).

Além disso, **é preciso que os pais demonstrem que dependiam economicamente do filho falecido ou preso**, sendo seu o ônus da prova.

A dependência econômica não é definida pela legislação previdenciária, mas certamente é mais do que um simples auxílio financeiro, pois é comum que os filhos que convivam com os genitores os auxiliem no pagamento das despesas domésticas.

É preciso mais do que mera colaboração financeira para a configuração da dependência econômica. Eis a posição do CRPS:

> JR/CRPS – ENUNCIADO Nº 4 – Alterado: Publicado no DOU de 12.11.2019
>
> A **comprovação de união estável e de dependência econômica**, mediante ação judicial transitada em julgado, somente produzirá efeitos para fins previdenciários quando baseada em início de prova material contemporânea aos fatos, constantes nos autos do processo judicial ou administrativo.
>
> I – A **dependência econômica pode ser parcial, devendo, no entanto, representar um auxílio substancial, permanente e necessário, cuja falta acarretaria desequilíbrio dos meios de subsistência do dependente.**
>
> II – O recebimento de ajuda econômica ou financeira, sob qualquer forma, ainda que superveniente, poderá caracterizar a dependência econômica parcial, observados os demais elementos de prova no caso concreto.
>
> III – A habilitação tardia de beneficiários menores, incapazes ou ausentes, em benefícios previdenciários já com dependentes anteriormente habilitados, somente produzirá efeitos financeiros a contar da Data de Entrada do Requerimento (DER), sendo incabível a retroação da Data do Início do Pagamento (DIP) para permitir a entrega de valores a partir do fato gerador do benefício.
>
> IV – É devida a pensão por morte aos dependentes do segurado que, apesar de ter perdido essa qualidade, preencheu os requisitos legais para a obtenção de benefício previdenciário até a data do seu óbito.
>
> V – A concessão da pensão por morte ao cônjuge ou companheiro do sexo masculino, no período compreendido entre a promulgação da Constituição Federal de 1988 e o advento da Lei nº 8.213 de 1991, rege-se pelas normas do Decreto nº. 83.080, de 24 de janeiro de 1979, seguido pela Consolidação das Leis da Previdência Social (CLPS) expedida pelo Decreto nº. 89.312, de 23 de janeiro de 1984, que continuaram a viger até o advento da Lei nº. 8.213/91, aplicando-se tanto ao trabalhador do regime previdenciário rural quanto ao segurado do regime urbano.

Na apelação cível no processo 2001.38.00.042. 826-7, o TRF da 1ª Região a definiu como a "necessidade de auxílio, proteção, amparo, etc., por parte do segurado da previdência. Razão que justifica a necessidade da preservação desta proteção após a morte do mantenedor e deve ser comprovada através de elementos próprios a cada situação contextual".

Logo, é possível apontar duas características cumulativas da dependência econômica: o **caráter substancial**, pois precisa ser necessária ao sustento do pai ou da mãe do segurado; a **habitualidade**, posto que é curial que o segurado permanentemente preste apoio financeiro aos seus genitores, não podendo ser meramente eventual.

Sobre o tema, vale colacionar passagem de bom julgado do TRF da 1ª Região:

> "PREVIDENCIÁRIO. PENSÃO POR MORTE DE FILHO. DEPENDÊNCIA ECONÔMICA COMPROVADA. CORREÇÃO MONETÁRIA. JUROS. HONORÁRIOS. REEXAME NECESSÁRIO E APELO PARCIALMENTE PROVIDOS. 1. Para os dependentes que não integram a primeira classe (art. 16, I, da Lei n. 8.213/91), como é o caso dos pais, faz-se imprescindível, além da comprovação do parentesco, a demonstração da dependência econômica. **2. Especialmente em relação aos pais, a regra é os filhos serem por eles assistidos, de sorte que a situação inversa há de ser densamente caracterizada. Para tanto, deve-se tomar como parâmetros, dentre outros os seguintes aspectos: a) ausência de renda por parte dos genitores ou, no mínimo um desnível acentuado a justificar a dependência; b) o caráter permanente e/ou duradouro da renda auferida pelo instituidor; c) superveniência de dificuldades econômico-financeiras após o óbito (decesso econômico-social) etc.".** (AC 200401990038750, de 29.09.2011).

Nesse sentido, de acordo com a TNU, em julgamento de incidente representativo de controvérsia, a dependência econômica dos genitores em relação aos filhos não necessita ser exclusiva, porém a contribuição financeira destes deve ser substancial o bastante para a subsistência do núcleo familiar, e devidamente comprovada, não sendo mero auxílio financeiro o suficiente para caracterizar tal dependência (processo 5044944-05.2014.4.04.7100, de 17/8/2016).

De acordo com o artigo 143, do RPS, a justificação administrativa ou judicial, no caso de dependência econômica, identidade e de relação de parentesco, somente produzirá efeito quando baseada em início de prova material, não sendo admitida prova exclusivamente testemunhal, salvo as hipóteses de caso fortuito ou força maior.

Contudo, ao que parecia, essa exigência regulamentar se afigurava ilegal, pois o artigo 55, § 3º, da Lei 8.213/91, apenas exige início de prova material para a comprovação de tempo de serviço, e não de dependência econômica ou parentesco.

Inclusive, esta é a posição do STJ:

> "PREVIDENCIÁRIO. AGRAVO REGIMENTAL NO RECURSO ESPECIAL. PENSÃO POR MORTE. DEPENDÊNCIA ECONÔMICA. COMPROVAÇÃO. AGRAVO IMPROVIDO. 1. **A Terceira Seção deste Superior Tribunal, no âmbito da Quinta e da Sexta Turma, já consolidou entendimento no sentido de que não se exige início de prova material para comprovação da dependência econômica de mãe para com o filho, para fins de obtenção do benefício de pensão por morte**. 2. Agravo improvido" (AGREsp 886,069, de 25.09.2008).
>
> **"INFORMATIVO 527– DIREITO PREVIDENCIÁRIO. COMPROVAÇÃO DA UNIÃO ESTÁVEL PARA EFEITO DE CONCESSÃO DE PENSÃO POR MORTE.**
>
> Para a concessão de pensão por morte, é possível a comprovação da união estável por meio de prova exclusivamente testemunhal. Ressalte-se, inicialmente, que a prova testemunhal é sempre admissível caso a legislação não disponha em sentido contrário. Ademais, a Lei 8.213/1991 somente exige prova documental quando se tratar de comprovação do tempo de serviço. Precedentes citados: REsp 778.384-GO, Quinta Turma, DJ 18/9/2006; e REsp 783.697-GO, Sexta Turma, DJ 9/10/2006. AR 3.905-PE, Rel. Min. Campos Marques (Desembargador convocado do TJ-PR), julgado em 26/6/2013".

Este também é o posicionamento da TNU, que no dia 23 de agosto de 2012 publicou a Súmula 63:

> **"Súmula 63 – A comprovação de união estável para efeito de concessão de pensão por morte prescinde de início de prova material".**

Isto foi modificado com o advento da **Lei 13.846/2019**, tornando a posição Regulamentar válida e **afastando a jurisprudência citada**. Isso porque restou inserido no artigo 16 da Lei 8.213/91 um quinto parágrafo com tarifação de prova com marca de temporariedade de 24 meses antes do fato gerador da pensão por morte ou do auxílio-reclusão.

De efeito, dispõe o novel § 5º do artigo 16 da Lei 8.213/91 que "as provas de **união estável** e de **dependência econômica** exigem **início de prova material contemporânea dos fatos, produzido em período não superior a 24 (vinte e quatro) meses anterior à data do óbito ou do recolhimento à prisão do segurado**, não admitida a prova exclusivamente testemunhal, exceto na ocorrência de motivo de força maior ou caso fortuito, conforme disposto no regulamento".

Assim, resta afastado o Princípio do Livre Convencimento Motivado e adotada a tarifação de prova com marca de temporariedade para dar mais segurança jurídica, considerando a existência de casos habituais de falsos testemunhos e para preservar o Erário contra algumas situações de fraude.

Vale registrar que se cuida de regra processual inerente à prova da condição de dependente, de modo que possui aplicação imediata a todos os processos pendentes de decisão para óbitos anteriores à vigência da alteração normativa, pois somente regras de direito material não possuem retroação.

A percepção pelos pais do segurado falecido de remuneração ou de benefício previdenciário anterior já constituem indícios contrários à comprovação de dependência econômica, máxime quando os valores são superiores a um salário mínimo.

Os avós não são previstos no artigo 16 da Lei 8.213/91 como dependentes. No entanto, existe precedente do STJ bastante excepcional que concedeu pensão por morte aos avós que possuíam a posição de pais do segurado que ficou órfão desde cedo.

> "PREVIDENCIÁRIO. RECURSO ESPECIAL. ENUNCIADO ADMINISTRATIVO 2/STJ. PENSÃO POR MORTE. REGIME GERAL DE PREVIDÊNCIA SOCIAL. ÓBITO DO NETO. AVÓS NA CONDIÇÃO DE PAIS. ROL DO ARTIGO 16 DA LEI 8.213/1991 TAXATIVO. ADEQUAÇÃO LEGAL DA RELAÇÃO JURÍDICA FAMILIAR. ARTIGO 74 DA LEI 8.213/1991. DIREITO À PENSÃO RECONHECIDO. RECURSO ESPECIAL CONHECIDO E PROVIDO.
>
> 1. A questão recursal gira em torno do reconhecimento do direito dos avós do segurado falecido receberem pensão por morte, nos termos dos artigos 16 e 74 da Lei 8.213/1991, em razão de terem sido os responsáveis pela criação do neto, falecido em 11/11/2012, ocupando verdadeiro papel de genitores.
>
> 2. O benefício pensão por morte está disciplinado nos artigos 74 a 79 da Lei de Benefícios, regulamentados pelos artigos 105 a 115 do Decreto 3.048/1999. É devido exclusivamente aos dependentes do segurado falecido, com o intuito de amenizar as necessidades sociais e econômicas decorrentes do evento morte, no núcleo familiar.
>
> 3. O benefício pensão por morte é direcionado aos dependentes do segurado, divididos em classes, elencados no artigo 16 da Lei 8.213/1991, rol considerado taxativo. A qualidade de dependente é determinada pela previsão legal e também pela dependência econômica, ora real, ora presumida. A segunda classe de dependentes inclui apenas os pais.
>
> 4. No caso concreto, são incontroversos os fatos relativos ao óbito, a qualidade de segurado, a condição dos avós do falecido similar ao papel de genitores, pois o criaram desde seus dois anos de vida, em decorrência do óbito dos pais naturais, e, a dependência econômica dos avós em relação ao segurado falecido.

5. O fundamento adotado pelo Tribunal a quo de que a falta de previsão legal de pensão aos avós não legitima o reconhecimento do direito ao benefício previdenciário não deve prevalecer. Embora os avós não estejam elencados no rol de dependentes, a criação do segurado falecido foi dada por seus avós, ora recorrentes. Não se trata de elastecer o rol legal, mas identificar quem verdadeiramente ocupou a condição de pais do segurado.

6. Direito à pensão por morte reconhecido" **(REsp 1574859, 2ª Turma, 8/11/2016).**

3.3. Classe III

Nesta terceira e última classe se encontra o irmão, de qualquer condição, menor de 21 (vinte e um) anos ou **inválido ou que tenha deficiência intelectual ou mental que o torne absoluta ou relativamente incapaz, assim declarado judicialmente.** Para receber o benefício, é curial que **inexistam dependentes nas classes superiores, assim como se demonstre a concreta dependência econômica.**

Mas, conforme visto, as **provas de dependência econômica** exigem **início de prova material contemporânea dos fatos, produzido em período não superior a 24 (vinte e quatro) meses anterior à data do óbito ou do recolhimento à prisão do segurado**, não admitida a prova exclusivamente testemunhal, exceto na ocorrência de motivo de força maior ou caso fortuito, conforme disposto no regulamento.

Este inciso III do artigo 16, da Lei 8.213/91, sofreu mais de uma modificação com o advento da Lei 13.135/2015, mas nem todas entraram em vigor no dia da sua publicação operada em 18/6/2015 (art. 6º, da Lei 13.135), que passará a ter a seguinte redação no futuro:

> **III – o irmão de qualquer condição menor de 21 (vinte e um) anos ou inválido ou que tenha deficiência intelectual ou mental ou deficiência grave, nos termos do regulamento.**

Nota-se que foi retirada a emancipação como causa de antecipação da maioridade previdenciária **(vigência em 18/6/2015)**; foi retirada a exigência de incapacidade civil do irmão com deficiência mensal ou intelectual, e excluída a necessidade de interdição judicial **(vigência em 18/6/2017)**; foi inserido como dependente o irmão com deficiência grave, nos termos do regulamento **(vigência em 180 dias, a contar de 18/6/2015)**.

Posteriormente, nova modificação legal foi feita. Por força da Lei 13.146, publicada em 7 de julho de 2015, que aprovou o Estatuto da Pessoa com Deficiência e entrará em vigor em 180 dias após a sua publicação (início de janeiro de 2016), houve a alteração do artigo 16, inciso III, da Lei 8.213/91, pois a classe III passará a ter a conseguinte redação: "o irmão **não emancipado,** de qualquer condição, menor de 21 (vinte e um) anos ou inválido ou que tenha deficiência intelectual ou mental ou deficiência grave". Logo, **em 3 de janeiro de 2016, a emancipação voltou a ser causa de antecipação da maioridade previdenciária do irmão do segurado.**

No que concerne à emancipação, a questão da deficiência mental ou intelectual e a invalidez, bem como a deficiência grave, valem as mesmas afirmações postas nos comentários aos dependentes da classe I, no que couber.

4. TEMPO DE SERVIÇO E DE CONTRIBUIÇÃO E SUA CONTAGEM RECÍPROCA

Até o advento da Emenda 20/98, a legislação previdenciária se referia a tempo de serviço, assim considerado o período de exercício de atividade laborativa remunerada considerado para a concessão dos benefícios previdenciários, em especial das aposentadorias.

Entrementes, após a primeira reforma da previdência social, **foi extinto o tempo de serviço e criado o tempo de contribuição**, pois não mais basta o mero exercício do trabalho, e sim a existência de contribuições previdenciárias efetivamente pagas, ou, ao menos, com presunção de pagamento nas hipóteses de responsabilização tributária das empresas.

Frise-se que, por força do *artigo 4º, da Emenda 20*, exceto no que concerne às contagens fictícias (a exemplo do cômputo em dobro), o tempo de serviço considerado pela legislação vigente para efeito de aposentadoria, cumprido até que a lei discipline a matéria, será contado como tempo de contribuição, não tendo sido editada até hoje a referida norma jurídica.

Para reforçar este entendimento, a **Emenda 103/2019** inseriu o § 14 no artigo 201 da Constituição prevendo que "é vedada a contagem de tempo de contribuição fictício para efeito de concessão dos benefícios previdenciários e de contagem recíproca".

Entende-se como **tempo fictício** aquele considerado em lei como tempo de contribuição para fins de concessão de aposentadoria sem que tenha havido, por parte do servidor, a prestação de serviço ou a correspondente contribuição[11].

De acordo com o artigo 25 da Emenda 103/2019, "será assegurada a contagem de tempo de contribuição fictício no Regime Geral de Previdência Social decorrente de hipóteses descritas na legislação vigente até a data de entrada em vigor desta Emenda Constitucional, para fins de concessão de aposentadoria, observado, a partir da sua entrada em vigor, o disposto no § 14 do art. 201 da Constituição Federal".

Certamente quem escreveu esse dispositivo não tinha conhecimento de que a Emenda 20/1998 já havia vedado o cômputo do tempo de contribuição fictício. Trata-se de um dos maiores erros técnicos da Reforma Constitucional.

Esse artigo constitucional simplesmente permite em sua literalidade que cerca de 21 anos de tempo de contribuição fictícios prestados entre 16/12/1998 e a data da publicação da Emenda 103/2019 sejam considerados no RGPS, inclusive vindos do RPPS via contagem recíproca com a emissão de CTC (Certidão de Tempo de Contribuição).

De acordo com o revogado artigo 59, do RPS, considerava **tempo de contribuição** o tempo, contado de data a data, desde o início até a data do requerimento ou do desligamento de atividade abrangida pela previdência social, descontados os períodos legalmente estabelecidos como de suspensão de contrato de trabalho, de interrupção de exercício e de desligamento da atividade.

Essa definição persiste para o tempo de contribuição prestado até 13/11/2019. Após essa data, poderá ser em dias ou por competência mensal, a depender do valor da remuneração mensal percebida atingir ou não o piso legal do salário de contribuição.

IMPORTANTE:

Uma mudança evidente foi o modo de cômputo do tempo de contribuição após a EC 103/2019, que não mais será computado de data a data, e sim por competência mensal, tal qual o período de carência, desde que o valor mensal da remuneração percebida atinja o piso legal ou convencional da categoria ou, se inexistente, ao salário mínimo nacional.

11. Artigo 11, § 1º, da Portaria MPS 154/2008.

Dessa forma, eis a nova fórmula de cômputo do tempo de contribuição:

Até 13/11/2019	Sempre em dias
A partir de 14/11/2019	Por competência, se o valor mensal do salário de contribuição atingiu ao mínimo mensal

Suponha-se que um segurado empregado com salário mensal de R$ 4.500,00 tenha laborado apenas 10 dias no mês de junho de 2020, tendo faltas injustificadas nos demais dias.

Nessa situação, embora possua apenas 10 dias laborados, todos os 30 dias do mês de junho/2020 serão considerados como tempo de contribuição, pois a sua remuneração mensal *pro rata* foi de R$ 1.500,00 equivalentes a 10 dias de laborar, atingindo ao piso do salário de contribuição.

Logo, o segurado terá um extra de 20 dias de tempo de contribuição, sendo um **caso clássico de tempo de contribuição ficto** criado pelo Decreto 10.410/2020, em clara **inconstitucionalidade chapada.**

IMPORTANTE:

Em decorrência do artigo 29[12] da EC 103/2019, a partir da competência 11/2019, o segurado empregado, trabalhador avulso e empregado doméstico que receber remuneração inferior ao limite mínimo mensal do salário de contribuição, somente considerará o período para fins previdenciários se efetuar os ajustes de complementação, utilização e agrupamento de contribuições, nos termos do Decreto 10.410/2020, que regulamentou o artigo 29 da Emenda 103/2019, nos termos do § 1º do artigo 19-E e o § 27-A do artigo 216, ambos do Regulamento da Previdência Social.

Em termos de contagem recíproca, eis o § 4º do artigo 125 do RPS, introduzido pelo Decreto 10.410/2020:

> "§ 4º-A Para efeito de contagem recíproca, **a partir de 14 de novembro de 2019**, somente serão consideradas as competências cujos salários de contribuição tenham valor igual ou superior ao limite mínimo mensal do salário de contribuição para o RGPS, observado o disposto no art. 19-E. (Incluído pelo Decreto nº 10.410, de 2020)".

Por óbvio, essa regra se volta aos empregados, trabalhadores avulsos e empregados domésticos, cujo salário de contribuição tem validade previdenciária antes da EC 103/2019 para todos os

12. Art. 29. Até que entre em vigor lei que disponha sobre o § 14 do art. 195 da Constituição Federal, o segurado que, no somatório de remunerações auferidas no período de 1 (um) mês, receber remuneração inferior ao limite mínimo mensal do salário de contribuição poderá:

I – complementar a sua contribuição, de forma a alcançar o limite mínimo exigido;

II – utilizar o valor da contribuição que exceder o limite mínimo de contribuição de uma competência em outra; ou

III – agrupar contribuições inferiores ao limite mínimo de diferentes competências, para aproveitamento em contribuições mínimas mensais.

Parágrafo único. Os ajustes de complementação ou agrupamento de contribuições previstos nos incisos I, II e III do caput somente poderão ser feitos ao longo do mesmo ano civil.

fins, mesmo que inferior ao piso legal, convencional ou salário mínimo, se se referir a período até 13/11/2019.

Isso porque, para os demais segurados (contribuinte individual, segurado facultativo e segurado especial), o valor nominal do salário de contribuição antes da Emenda 103/2019 já não poderia ser inferior a um salário mínimo, não se prestando para fins de contagem recíproca mesmo antes da Reforma Constitucional, salvo se feito o devido complemento.

A contagem do tempo de contribuição no Regime Geral de Previdência Social observará o mês de trinta dias e o ano de 365 (trezentos e sessenta e cinco) dias, nos termos da Instrução Normativa INSS 85/2016.

Por sua vez, o direito à contagem recíproca do tempo de serviço já era previsto na Lei 6.226/75, sendo estampado expressamente na Constituição Federal de 1988 no seu artigo 201, § 9º, ao dispor que, "**para efeito de aposentadoria, é assegurada a contagem recíproca do tempo de contribuição na administração pública e na atividade privada, rural e urbana, hipótese em que os diversos regimes de previdência social se compensarão financeiramente, segundo critérios estabelecidos em lei**".

Posteriormente, com o advento da Emenda 103/2019, o § 9º foi levemente modificado e restou inserido o § 9º-A no artigo 201 da Constituição:

> **§ 9º** Para fins de aposentadoria, será assegurada a contagem recíproca do tempo de contribuição entre o Regime Geral de Previdência Social e os regimes próprios de previdência social, e destes entre si, observada a compensação financeira, de acordo com os critérios estabelecidos em lei.
>
> **§ 9º-A** O tempo de serviço militar exercido nas atividades de que tratam os arts. 42, 142 e 143 e o tempo de contribuição ao Regime Geral de Previdência Social ou a regime próprio de previdência social terão contagem recíproca para fins de inativação militar ou aposentadoria e a compensação financeira será devida entre as receitas de contribuição referentes aos militares e as receitas de contribuição aos demais regimes.

O parágrafo nono foi ajustado para citar o *nomem iuris* do RGPS e do RPPS na contagem recíproca do tempo de contribuição, observada a compensação financeira, para fins de aposentadoria.

Não destaco nenhuma inovação jurídica. Na verdade, perdeu a chance de ampliar o texto para a contagem recíproca para outros benefícios, como já prevê o artigo 94, *caput*[13], da Lei 8.213/91, o que ocorre na pensão por morte do RGPS (Lei 8.213/91, art. 77, § 5º[14]) e RPPS federal (art. 222, § 4º[15], da Lei 8.112/90).

Por sua vez, restou inserido o parágrafo 9º-A para deixar claro que o tempo de serviço militar também se presta para a aposentadoria em RPPS e RGPS via contagem recíproca.

13. Art. 94. Para **efeito dos benefícios** previstos no Regime Geral de Previdência Social ou no serviço público é assegurada a contagem recíproca do tempo de contribuição na atividade privada, rural e urbana, e do tempo de contribuição ou de serviço na administração pública, hipótese em que os diferentes sistemas de previdência social se compensarão financeiramente. (Redação dada pela Lei nº 9.711, de 20.11.98)
14. § 5º. O tempo de contribuição a Regime Próprio de Previdência Social (RPPS) será considerado na contagem das 18 (dezoito) contribuições mensais de que tratam as alíneas "b" e "c" do inciso V do § 2º. (Incluído pela Lei nº 13.135, de 2015)
15. § 4º. O tempo de contribuição a Regime Próprio de Previdência Social (RPPS) ou ao Regime Geral de Previdência Social (RGPS) será considerado na contagem das 18 (dezoito) contribuições mensais referidas nas alíneas "a" e "b" do inciso VII do **caput**. (Incluído pela Lei nº 13.135, de 2015)

Por conseguinte, a contagem recíproca é o direito de os segurados computarem esse tempo de contribuição do RGPS, se houver migração para o RPPS, caso o trabalhador seja investido em cargo público efetivo de ente político que tenha criado um regime previdenciário para os seus servidores públicos permanentes, e vice-versa, inclusive o regime militar.

Poderá ainda haver contagem recíproca entre Regimes Próprios de Previdência Social de entes políticos diversos, ou mesmo com regimes previdenciários estrangeiros, se houver tratado internacional autorizando.

De acordo com o STJ, considerando que o militar não se aposenta e sim passa a integrar a reserva remunerada, tal disposição deve ser lida também para fins de reserva remunerada do militar, na medida em que não há razão lógica, sistemática ou teleológica para uma distinção que leve a uma interpretação restritiva do dispositivo constitucional[16].

A regulamentação é promovida pelo artigo 94, da Lei 8.213/91, que autoriza a contagem recíproca do tempo de serviço (antes da Emenda 20/98) ou de contribuição, assim considerada como o direito do segurado de computar o período de filiação ao RGPS se houver migração para RPPS da União, estados, Distrito Federal ou municípios, e vice-versa, **para fins de obtenção de benefício previdenciário**, vedada a contagem de qualquer período fictício.

Portanto, a partir de 16/12/1998, data da vigência da Emenda 20, tanto no RGPS quanto no RPPS, não mais é possível o cômputo fictício do tempo de contribuição, a exemplo da contagem do período de licença prêmio não gozada.

Nesse sentido, a jurisprudência do STJ admite o direito adquirido às contagens de tempo de serviço fictícias até o advento da Emenda 20/1998, a exemplo da decisão tomada no ROMS 20.855, de 14/06/2007:

> "CONSTITUCIONAL. ADMINISTRATIVO. RECURSO ORDINÁRIO EM MANDADO DE SEGURANÇA. SERVIDOR DO ESTADO DO RIO GRANDE DO SUL. LICENÇA-PRÊMIO NÃO GOZADA. **CONTAGEM EM DOBRO PARA FINS DE APOSENTADORIA. PREENCHIMENTO DOS REQUISITOS ANTES DA PUBLICAÇÃO DA EMENDA CONSTITUCIONAL 20/98. DIREITO RECONHECIDO**. PRECEDENTE. RECURSO ORDINÁRIO PROVIDO. 1. O servidor celetista estabilizado do Estado do Rio Grande do Sul que, por força do disposto no art. 276 da Lei Complementar 10.098/94, passou a ser submetido ao regime estatutário e preencheu os requisitos exigidos na legislação pertinente antes do advento da Emenda Constitucional 20/98 tem direito à contagem em dobro do período de licença-prêmio não gozada, para fins de aposentadoria. Precedente. 2. A decisão da Suprema Corte nos autos da ADI 1.150/RS (Rel. Min. MOREIRA ALVES, Tribunal Pleno) não albergou o disposto no art. 276, caput, da Lei Complementar Estadual 10.098/94, razão por que permanece válida a regra que determina a submissão ao regime estatutário dos estabilizados que foram contratados pelo Estado do Rio Grande do Sul sob o Regime da Consolidação das Leis do Trabalho – CLT. **3. O disposto no art. 40, § 10, da Constituição Federal, que veda a contagem de tempo de contribuição fictício, não se aplica à recorrente. A conversão postulada refere-se a períodos de licença-prêmio adquiridos antes da promulgação da Emenda Constitucional 20/98, que acrescentou esse dispositivo, mas assegurou, em seus arts. 3º e 4º, a concessão de aposentadoria conforme a legislação pretérita para aqueles que, na sua vigência, cumpriram os requisitos exigidos**. 4. A decisão da Suprema Corte nos autos da ADI 872/RS (Rel. Min. ELLEN GRACIE, Tribunal Pleno) também não atinge o direito postulado no mandado de segurança. O pedido de contagem de tempo de serviço em dobro de período de licença-prêmio não gozada não é formulado com fundamento na

16. ROMS 1.9612, de 19.10.2009.

inconstitucional Lei Estadual 9.868/93, mas na própria Lei Complementar Estadual 10.098/94, que trata do regime estatutário. 5. Recurso ordinário provido".

Vale salientar que a legislação previdenciária foi além da Constituição Federal, pois garante a contagem recíproca não apenas para a aposentadoria, mas para todos os benefícios previdenciários, observadas as suas exigências.

Logo, na hipótese de uma pessoa que tenha contribuído por 10 anos ao RGPS na condição de segurado obrigatório, caso logre êxito em concurso público e seja empossado em cargo público efetivo de ente político que tenha instituído RPPS, esse período será aproveitado no serviço público, sendo a recíproca também verdadeira.

Nas hipóteses de contagem recíproca, caberá aos diferentes regimes previdenciários se *compensarem financeiramente*, sendo feita ao sistema a que o interessado estiver vinculado ao requerer o benefício, consoante critérios aprovados pela Lei 9.796/99 e pelo Decreto 10.188/2019, **não sendo essa compensação condição para a contagem recíproca**.

A compensação financeira funciona como um acerto de contas, sendo paga pelo regime de origem[17] ao regime instituidor[18] e calculada proporcionalmente ao período de serviço/contribuição objeto da contagem recíproca.

O Regime Geral de Previdência Social, como regime instituidor, tem direito de receber de cada regime de origem (RPPS) a compensação financeira proporcional ao percentual do tempo de serviço total do segurado correspondente ao tempo de contribuição no âmbito daquele regime de origem, de acordo com a renda mensal inicial e a data de início do benefício.

Outrossim, os Regimes Próprios de Previdência Social terão direito à compensação financeira a ser paga pelo Regime Geral de Previdência Social, caso considerem tempo de serviço/contribuição do RGPS para a concessão de aposentadorias e pensões.

De acordo com o artigo 12 da Lei 10.666/2003, com redação dada pela Lei 13.135/2015, para fins de compensação financeira entre o regime geral de previdência social e os regimes próprios de previdência social da União, dos Estados, do Distrito Federal e dos Municípios, os regimes instituidores apresentarão aos regimes de origem os dados relativos aos benefícios em manutenção em 5 de maio de 1999 concedidos a partir de 5 de outubro de 1988.

Para fins de contagem recíproca, deverá ser fornecida ao segurado uma *certidão de tempo de contribuição – CTC*, a ser emitida pelo INSS (RGPS) ou pelo órgão gestor do respectivo RPPS.

A emissão da CTC pelos órgãos gestores dos Regimes Próprios deverá observar os ditames da Portaria MPS 154/2008[19], só podendo ser expedida para ex-servidor. Concedido o benefício, caberá

17. O regime previdenciário ao qual o segurado ou servidor público esteve vinculado sem que dele receba aposentadoria ou tenha gerado pensão para seus dependentes.

18. O regime previdenciário responsável pela concessão e pagamento de benefício de aposentadoria ou pensão dela decorrente a segurado ou servidor público ou a seus dependentes com cômputo de tempo de contribuição no âmbito do regime de origem.

19. A CTC deverá ser expedida sem rasuras, devendo conter, no mínimo: I – órgão expedidor; II – nome do servidor, matrícula, RG, CPF, sexo, data de nascimento, filiação, PIS ou PASEP, cargo efetivo, lotação, data de admissão e data de exoneração ou demissão; III – período de contribuição ao RPPS, de data a data, compreendido na certidão; IV – fonte de informação; V – discriminação da freqüência durante o período abrangido pela certidão, indicadas as alterações existentes, tais como faltas, licenças, suspensões e outras ocorrências; VI – soma do tempo líquido, que corresponde ao tempo bruto de dias de vínculo ao RPPS de data a data, inclusive o dia adicional dos anos bissextos, descontados os períodos de faltas, suspensões, disponibilidade, licenças e outros afastamentos sem remuneração; VII – declaração expressa do servidor responsável pela emissão da certidão, indicando o

ao órgão concessor comunicar o fato, por ofício, ao regime previdenciário emitente da CTC, para os registros e providências cabíveis, podendo haver revisão da CTC pelo ente federativo emissor, inclusive para fracionamento de períodos, desde que previamente devolvida a certidão original.

Será permitida a emissão de CTC, pelo INSS, para os períodos em que os servidores públicos da União, dos estados, do Distrito Federal e dos municípios estiveram vinculados ao RGPS, somente se, por ocasião de transformação para RPPS, esse tempo não tiver sido averbado automaticamente pelo respectivo órgão, admitindo-se a utilização, no âmbito de um sistema de previdência social, do tempo de contribuição que ainda não tenha sido efetivamente aproveitado para obtenção de aposentadoria em outro, na conformidade do inciso III, do artigo 96, da Lei nº 8.213, de 1991[20].

Por sua vez, tratando-se de RPPS instituído por ente federativo estadual ou municipal, será necessário oficiar o órgão gestor do regime de previdência para que informe a lei instituidora do regime, a vigência, bem como, se há previsão expressa de averbação automática do período de vínculo sujeito ao RGPS, a exemplo da previsão contida no art. 243 da Lei nº 8.112, de 11 de dezembro de 1990.

A Portaria MF nº 567, de 18 de dezembro de 2017, alterou as normas para a emissão da Certidão de Tempo de Contribuição (CTC) pelos Regimes Próprios de Previdência Social (RPPS), previstas na Portaria MPS nº 154, de 2008.

De acordo com o entendimento administrativo do INSS, que decorre de regra do Decreto 3.048/99 (art. 129), se o segurado estiver em gozo de abono de permanência em serviço, auxílio--acidente e auxílio-suplementar e requerer CTC referente ao período de filiação ao RGPS para efeito de aposentadoria junto ao RPPS, poderá ser atendido em sua pretensão, porém o benefício será encerrado na data da emissão da respectiva certidão[21].

De maneira confusa, pois não apreciou a regra do artigo 129 do Decreto 3.048/99, o STJ autorizou a cessação de auxílio-acidente a segurado que obteve aposentadoria no RPPS:

> **Processo**
>
> AgInt no REsp 1714310 / SP AGRAVO INTERNO NO RECURSO ESPECIAL 2017/0319259-6
>
> **Relator(a)**
>
> Ministro GURGEL DE FARIA (1160)
>
> **Órgão Julgador**
>
> T1 – PRIMEIRA TURMA
>
> **Data do Julgamento**
>
> 31/08/2020
>
> **Data da Publicação/Fonte**

tempo líquido de efetiva contribuição em dias e o equivalente em anos, meses e dias, considerando-se o mês de 30 (trinta) e o ano de 365 (trezentos e sessenta e cinco) dias; VIII – assinatura do responsável pela emissão da certidão e do dirigente do órgão expedidor; IX – indicação da lei que assegure ao servidor aposentadorias voluntárias por idade e por tempo de contribuição e idade, aposentadorias por invalidez e compulsória e pensão por morte, com aproveitamento de tempo de contribuição prestado em atividade vinculada ao RGPS ou a outro RPPS; X – relação das remunerações de contribuição por competência, a serem utilizadas no cálculo dos proventos da aposentadoria, apuradas em todo o período certificado desde a competência julho de 1994 ou desde a do início da contribuição, se posterior àquela competência, sob a forma de anexo; e XI – homologação da unidade gestora do RPPS, no caso da certidão ser emitida por outro órgão da administração do ente federativo.

20. Artigo 441, da Instrução Normativa INSS 77/2015.
21. Artigo 450, da Instrução Normativa INSS 77/2015.

DJe 17/09/2020

Ementa

PREVIDENCIÁRIO. **AUXÍLIO-ACIDENTE. MANUTENÇÃO EM CONCOMITÂNCIA COM APOSENTADORIA EM REGIME PRÓPRIO. DESCABIMENTO**. 1. A Primeira Seção do STJ, por ocasião do julgamento do REsp 1.296.673/MG, sob o rito do art. 543-C do Código de Processo Civil/1973, concluiu que a cumulação dos benefícios de auxílio-acidente e de aposentadoria será possível se tiverem sido concedidos antes do advento da Lei n. 9.528/1997, que excluiu a vitaliciedade do benefício acidentário e o incluiu na base de cálculo dos proventos de inatividade, vedando, assim, a sua percepção conjunta. 2. A partir da Lei n. 9.528/1997, que retirou a vitaliciedade do auxílio-acidente, o § 2º do art. 86 da Lei n. 8.213/1991 passou a vedar "sua acumulação com qualquer aposentadoria". 4. A natureza da relação previdenciária impede a percepção conjunta de auxílio-acidente pago pelo RGPS e de aposentadoria estatutária, visto que os arts. 11 e 16 da Lei n. 8.213/1991 estabelecem quem são os sujeitos ativos da relação com a Previdência Social (segurados e seus dependentes), entre os quais não está o servidor estatutário, sendo certo que o art. 12 da Lei de Benefícios dispõe, claramente, que o servidor civil, integrante de regime próprio, é excluído do RGPS. 5. Agravo interno desprovido.

Outrossim, na forma do artigo 123, parágrafo único, combinado com o artigo 127, V, ambos do RPS, para fins de *contagem recíproca*, ou seja, de consideração em RPPS, **o tempo de serviço prestado pelo trabalhador rural anteriormente à competência novembro de 1991 será reconhecido apenas se houver indenização ao INSS.**

Por sua vez, o STJ vem validando essa exigência:

"AGRAVO REGIMENTAL EM RECURSO ESPECIAL. CONTAGEM RECÍPROCA DO TEMPO DE ATIVIDADE RURAL. INDENIZAÇÃO. NECESSIDADE. **1. A jurisprudência da Terceira Seção do Superior Tribunal de Justiça é firme no sentido de que ser imperiosa a indenização ao Regime Geral de Previdência Social do período exercido na atividade rural, anterior à filiação obrigatória, para cômputo em regime próprio de servidor público**. 2. Agravo regimental improvido" (AGREsp 958.190, de 04.08.2008).

Informativo 624 – RECURSOS REPETITIVOS	
PROCESSO	REsp 1.682.678-SP, Rel. Min. Og Fernandes, Primeira Seção, por unanimidade, julgado em 25/04/2018, DJe 30/04/2018 (Tema 609)
RAMO DO DIREITO	DIREITO PREVIDENCIÁRIO
TEMA	**Tempo de serviço. Servidor público. Contagem recíproca. Trabalho rurícola prestado em período anterior à vigência da Lei n. 8.213/1991. Direito à expedição de certidão. Cômputo do tempo. Exigência de recolhimento das contribuições previdenciárias. Indenização na forma prevista pelo art. 96, IV, da Lei n. 8.213/1991. Tema 609.**
DESTAQUE	
O segurado que tenha provado o desempenho de serviço rurícola em período anterior à vigência da Lei n. 8.213/1991, embora faça jus à expedição de certidão nesse sentido para mera averbação nos seus assentamentos, somente tem direito ao cômputo do aludido tempo rural, no respectivo órgão público empregador, para contagem recíproca no regime estatutário se, com a certidão de tempo de serviço rural, acostar o comprovante de pagamento das respectivas contribuições previdenciárias, na forma da indenização calculada conforme o dispositivo do art. 96, IV, da Lei n. 8.213/1991.	

INFORMAÇÕES DO INTEIRO TEOR
De início, tem-se que, reconhecido o tempo de serviço rural, não pode o Instituto Nacional do Seguro Social – INSS se recusar a cumprir seu dever de expedir a certidão de tempo de serviço. O direito à certidão simplesmente atesta a ocorrência de um fato, seja decorrente de um processo judicial (justificação judicial), seja por força de justificação de tempo de serviço efetivada na via administrativa, sendo questão diversa o efeito que essa certidão terá para a esfera jurídica do segurado. No entanto, ainda que seja direito do segurado a expedição de certidão comprobatória do tempo de serviço rurícola prestado anteriormente à vigência da Lei n. 8.213/1991, o cômputo do tempo laborado, para efeito de contagem recíproca, não se revela de forma automática. Destarte, apesar de o art. 94 da Lei n. 8.213/1991 assegurar a contagem recíproca, a legislação, a seguir, em seu art. 96, exigiu fossem recolhidas as contribuições previdenciárias, na forma de indenização, até mesmo para fazer cumprir o mandamento da compensação de regimes. Registre-se que o tratamento entre regimes diferenciados (RPPS e RGPS) não pode ser igual, porque possuem fontes de custeio e formas de cálculo dos benefícios diversos. Ainda que assim não fosse, o caso é de contagem recíproca, o que difere em tudo da mera contagem de tempo dentro de um mesmo regime de Previdência. Assim, na forma da jurisprudência consolidada do STJ, "nas hipóteses em que o servidor público busca a contagem de tempo de serviço prestado como trabalhador rural para fins de contagem recíproca, é preciso recolher as contribuições previdenciárias pertinentes que se buscam averbar, em razão do disposto nos arts. 94 e 96, IV, da Lei 8.213/1991".

Este também é posicionamento do STF, noticiado por intermédio do Informativo 587:

> "**Contagem Recíproca do Tempo de Serviço Rural e Recolhimento de Contribuições**
>
> Conforme disposto no § 9º do art. 201 da CF ("Para efeito de aposentadoria, é assegurada a contagem recíproca do tempo de contribuição na administração pública e na atividade privada, rural e urbana, hipótese em que os diversos regimes de previdência social se compensarão financeiramente, segundo critérios estabelecidos em lei."), **a contagem recíproca do tempo de serviço rural pressupõe ter havido o recolhimento das contribuições previdenciárias**. Com base nesse entendimento, o Tribunal, por maioria, indeferiu mandado de segurança impetrado contra ato do Tribunal de Contas da União – TCU, que julgara ilegal a aposentadoria do impetrante, pelo fato de ter sido computado o tempo de serviço rural sem a comprovação do recolhimento das contribuições ao INSS. Vencidos os Ministros Dias Toffoli, Eros Grau e Ayres Britto que concediam a ordem. Tendo em conta que o impetrante comprovara que fora trabalhador rural e que, naquele período, a legislação impunha a contribuição sobre a produção da venda da propriedade rural, do produtor rural, reputavam que, no caso concreto, o TCU exigira uma prova impossível de o impetrante fazer, porque isso não era obrigação dele, mas do produtor rural. Precedente citado: MS 26919/DF (DJE de 23.5.2008). MS 26872/DF, rel. Min. Marco Aurélio, 19.5.2010. (MS-26872)"

No mesmo caminho o entendimento sumulado do Tribunal de Contas da União:

> "**Súmula 268** – O tempo de atividade rural somente poderá ser averbado para fins de aposentadoria no serviço público se recolhidas as respectivas contribuições previdenciárias na época própria ou, posteriormente, de forma indenizada".

A TNU também possui o mesmo entendimento:

> "**Súmula 10** – O tempo de serviço rural anterior à vigência da Lei nº. 8.213/91 pode ser utilizado para fins de contagem recíproca, assim entendida aquela que soma tempo de atividade privada, rural ou urbana, ao de serviço público estatutário, desde que sejam recolhidas as respectivas contribuições previdenciárias".

Já no âmbito do RGPS, o tempo de serviço do segurado trabalhador rural prestado antes da vigência da Lei 8.213/91 será computado independentemente do recolhimento das contribuições a ele correspondentes, exceto para efeito de carência[22].

22. Artigo 55, § 2º, da Lei 8.213/91.

Por conseguinte, respeitando o regramento de época, em concretização do Princípio do *Tempus Regit Actum*, os trabalhadores rurais poderão considerar no RGPS o tempo de serviço prestado no âmbito da extinta Previdência Rural, sem a necessidade de indenizar o INSS, mas esse período não valerá como carência, pois esta pressupõe o pagamento mensal e tempestivo das contribuições previdenciárias.

Aliás, de acordo com a Súmula 05, da TNU, a prestação de serviço rural por menor de 12 a 14 anos, até o advento da Lei 8.213, de 24 de julho de 1991, devidamente comprovada, pode ser reconhecida para fins previdenciários, pois respeitado o regramento vigente à época.

Ademais, em termos de contagem recíproca[23]:

a) **é vedada a contagem de tempo de contribuição no serviço público com o de contribuição na atividade privada, quando concomitantes** (salvo nas hipóteses constitucionais que admitem a acumulação de cargos, empregos ou funções públicas, a teor do artigo 130, § 12, do Decreto 3.048/99);

b) **não será contado por um regime o tempo de contribuição utilizado para concessão de aposentadoria por outro regime**;

c) **não será admitida a contagem em dobro ou em outras condições especiais** (as atividades que conduzem à aposentadoria especial em 15, 20 ou 25 anos).

Eis o STJ:

"1. Conforme orientação consolidada no julgamento do EREsp 524.267/PB, não se admite, por expressa proibição legal (artigo 96, I, da Lei 8.213/1991), a conversão de tempo especial em comum, para fins contagem recíproca". AgRg no REsp 1555436, de 18/2/2016.

O tema será apreciado pelo STF em Repercussão Geral (Tema 942):

RE 1014286 RG / SP – SÃO PAULO

REPERCUSSÃO GERAL NO RECURSO EXTRAORDINÁRIO

Relator(a): Min. LUIZ FUX

Julgamento: 20/04/2017

Publicação: 18/05/2017

Órgão julgador: Tribunal Pleno

Repercussão Geral – Admissibilidade

Publicação

PROCESSO ELETRÔNICO DJe-103 DIVULG 17-05-2017 PUBLIC 18-05-2017

Partes

RECTE.(S): ESTADO DE SÃO PAULO PROC.(A/S)(ES): PROCURADOR-GERAL DO ESTADO DE SÃO PAULO RECDO.(A/S): JOSE CARLOS RIBEIRO MEIRELLES E

23. Artigo 96, da Lei 8.213/91 e 127, do RPS.

OUTRO(A/S) ADV.(A/S): PAULO ROBERTO TREVISAN ADV.(A/S): VIVIAN PATRICIA SATO YOSHINO

Ementa

EMENTA: RECURSO EXTRAORDINÁRIO. APOSENTADORIA ESPECIAL DE SERVIDOR PÚBLICO. ARTIGO 40, § 4º, III, DA CONSTITUIÇÃO FEDERAL. PEDIDO DE AVERBAÇÃO DE TEMPO DE SERVIÇO PRESTADO EM ATIVIDADES EXERCIDAS SOB CONDIÇÕES ESPECIAIS QUE PREJUDIQUEM A SAÚDE OU A INTEGRIDADE FÍSICA DO SERVIDOR, COM CONVERSÃO DO TEMPO ESPECIAL EM COMUM, MEDIANTE CONTAGEM DIFERENCIADA, PARA OBTENÇÃO DE OUTROS BENEFÍCIOS PREVIDENCIÁRIOS. QUESTÃO NÃO ABRANGIDA PELO ENUNCIADO DA SÚMULA VINCULANTE 33. REITERAÇÃO DA CONTROVÉRSIA EM MÚLTIPLOS PROCESSOS. IMPACTO DA DECISÃO NO EQUILÍBRIO FINANCEIRO E ATUARIAL DA PREVIDÊNCIA PÚBLICA. RECONHECIDA A EXISTÊNCIA DE REPERCUSSÃO GERAL.

A contagem recíproca do tempo de contribuição pressupõe o cômputo de um período contributivo de um regime previdenciário básico em outro regime previdenciário básico (RGPS em RPPS ou vice-versa) **prestado em épocas diversas**.

Em regra, se uma pessoa é segurada do RGPS e do RPPS na mesma época, exercendo atividade laboral no serviço público efetivo e na iniciativa privada simultaneamente, é evidente que descabe a contagem recíproca do tempo de contribuição.

Esta regra apenas é excepcionada nos casos de acumulação de cargos ou empregos públicos admitidos pela Constituição, a teor do artigo 130, § 12[24], do Decreto 3.048/99. Isso porque, neste caso, a contagem recíproca objetivará apenas a consideração das remunerações prestadas em um regime previdenciário em outro para elevar a renda da aposentadoria.

Demais disso, se um segurado do RGPS utilizou o tempo de contribuição para se aposentar no RGPS, esse mesmo período contributivo não poderá ser levado ao RPPS, porquanto já considerado.

Também não se admite para fins contagem recíproca a contagem em dobro ou em outras condições especiais, razão pela qual mesmo que o segurado exerça atividades nocivas à saúde este período contributivo não será computado de maneira diferenciada em outro regime previdenciário básico.

Registre-se que estas proibições já existiam na legislação previdenciária brasileira mesmo antes da criação do Regime Geral de Previdência Social, pois consignadas no artigo 4º da Lei 6.226/1975[25], sendo, portanto, aplicáveis retroativamente à Lei 8.213/91.

---

24. § 12. É vedada a contagem de tempo de contribuição de atividade privada com a do serviço público ou de mais de uma atividade no serviço público, quando concomitantes, ressalvados os casos de acumulação de cargos ou empregos públicos admitidos pela Constituição. (Redação dada pelo Decreto nº 6.722, de 2008).

25. Art. 4º Para efeitos desta Lei, o tempo de serviço ou de atividades, conforme o caso, será computado de acordo com a legislação pertinente, observadas as seguintes normas:

    I – Não será admitida a contagem de tempo de serviço em dobro ou em outras condições especiais;

    II – É vedada a acumulação de tempo de serviço público com o de atividades privadas, quando concomitante;

    III – Não será contado por um sistema, o tempo de serviço que já tenha servido de base para a concessão de aposentadoria pelo outro sistema;

    IV – o tempo de serviço, anterior ou posterior à filiação obrigatória à Previdência Social, dos segurados – empregadores, empregados domésticos, trabalhadores autônomos, e o de atividade dos religiosos, de que trata a Lei nº 6.696, de 8 de outubro de 1979, somente será contado se for recolhida a contribuição correspondente ao

Por força da Lei 13.135/2015, conforme será visto no próximo Capítulo, em regra, **a pensão por morte vitalícia ou temporária para ser deferida ao cônjuge, companheiro ou companheira pressupõe o recolhimento de 18 contribuições mensais. Acaso inexistam 18 contribuições mensais vertidas pelo falecido segurado, a pensão por morte será paga por apenas 4 meses.**

Nesse sentido, de acordo com o novel artigo 77, § 5º, da Lei 8.213/91, inserido pela Lei 13.135/2015, o tempo de contribuição a Regime Próprio de Previdência Social (RPPS) será considerado na contagem das 18 (dezoito) contribuições mensais, o que pode ser denominado de contagem recíproca *post mortem*, acaso promovida após o falecimento do segurado.

Vale frisar que apenas a legislação geral sobre RPPS (de competência da União) poderá criar restrições ou vedações com razoabilidade à contagem recíproca do tempo de contribuição, como ocorre nos artigos 94 e 96 da Lei 8.213/91.

Isso porque se trata de normatização geral sobre o Regime Próprio de Previdência Social de todos os entes federativos, sendo incongruente a existência de novas regras proibitivas ou restritivas apenas no cunho estadual ou municipal.

Nesse giro, acertadamente, o STF pronunciou a inconstitucionalidade de lei da lavra do Estado da Bahia, que indevidamente limitava em 10 anos o tempo de contribuição do RGPS para fins de contagem recíproca no citado RPPS estadual:

> **Informativo 756 – "Aposentadoria: contagem recíproca e restrições indevidas**
>
> **O Plenário julgou procedente pedido formulado em ação direta para declarar a inconstitucionalidade do art. 119, VI, da Lei 6.677/1994, do Estado da Bahia ["Art. 119. Contar-se-á para efeito de aposentadoria e disponibilidade: ... VI – até 10 (dez) anos do tempo de serviço em atividade privada vinculada à previdência social, desde que um decênio, pelo menos, no serviço público estadual, ressalvada a legislação federal regulamentadora da matéria"].** O Tribunal confirmou a liminar deferida e consignou que, na sua redação original, o § 2° do art. 202 da CF seria autoaplicável ("Art. 202. É assegurada aposentadoria, nos termos da lei, calculando-se o benefício sobre a média dos trinta e seis últimos salários de contribuição, corrigidos monetariamente mês a mês, e comprovada a regularidade dos reajustes dos salários de contribuição de modo a preservar seus valores reais e obedecidas as seguintes condições: ... § 2º – Para efeito de aposentadoria, é assegurada a contagem recíproca do tempo de contribuição na administração pública e na atividade privada, rural e urbana, hipótese em que os diversos sistemas de previdência social se compensarão financeiramente, segundo critérios estabelecidos em lei"). ADI 1798/BA, rel. Min. Gilmar Mendes, 27.8.2014. (ADI-1798)".

O mesmo tratamento foi dado ao STF para lei municipal, que foi pronunciada inválida porque exigia dez anos de efetivo exercício para obtenção de direito à contagem recíproca do tempo de serviço público municipal e de atividade privada:

> **STF, Informativo 761-Contagem recíproca de tempo de serviço – 3**
>
> **A imposição de restrições, por legislação local, à contagem recíproca do tempo de contribuição na Administração Pública e na atividade privada para fins de concessão de aposentadoria afronta o art. 202, § 2º, da CF, com redação anterior à EC 20/1998.** Ao reafirmar a jurisprudência do STF, o Plenário reconheceu a existência de repercussão geral do tema e deu parcial

período de atividade, com os acréscimos legais na forma a ser fixada em regulamento. (Redação dada pela Lei nº 6.864, de 1980).

provimento a recurso extraordinário para determinar à municipalidade que examine o pedido de aposentadoria do recorrente, considerando a contagem recíproca do tempo de contribuição na Administração Pública e na atividade privada com o fim de sua concessão. Discutia-se pleito de aposentadoria proporcional do funcionalismo público formulado por então ocupante, sem vínculo efetivo, de cargo em comissão, anteriormente à EC 20/1998, que modificou o sistema de previdência social, estabeleceu normas de transição e deu outras providências. Na espécie, o serviço de previdência social de Franco da Rocha/SP indeferira o benefício pretendido sob o fundamento de que a Lei 1.109/1981, daquela localidade, exigiria dez anos de efetivo exercício para obtenção de direito à contagem recíproca do tempo de serviço público municipal e de atividade privada, com a finalidade de conceder aposentação – v. Informativo 652. O Tribunal consignou que, ao se cotejar a Constituição em face da norma local, a expressão "segundo critérios estabelecidos em lei", contida na Constituição, diria respeito às compensações, com a reciprocidade de distribuição financeira do ônus, e não com a contagem do tempo de serviço. Destacou que a lei municipal veicularia restrição a direito consagrado pela Constituição sem qualquer condicionante. Além do mais, referida norma local não teria sido recepcionada pela CF/1988. O Ministro Roberto Barroso destacou que o presente julgado ratificaria tese materializada no Enunciado 359 da Súmula do STF ("Ressalvada a revisão prevista em lei, os proventos da inatividade regulam-se pela lei vigente ao tempo em que o militar, ou o servidor civil, reuniu os requisitos necessários"). Asseverou, ainda, que a legislação local, mais restritiva, não poderia afetar os direitos à aposentadoria na forma como dispostos na Constituição. **RE 650851 QO/SP, rel. Min. Gilmar Mendes, 1º.10.2014. (RE-650851).**

Todavia, *antes da instituição do regime jurídico único*, que ocorreu na esfera federal com o advento da Lei 8.112/90, entende o STF que o tempo celetista prestado em condições especiais pelo servidor público (federal, estadual, distrital ou municipal) será contado com a respectiva conversão prevista na legislação previdenciária:

"EMENTA: RECURSO EXTRAORDINÁRIO. SERVIDOR PÚBLICO ESTADUAL. APOSENTADORIA. TEMPO DE SERVIÇO PRESTADO EM CONDIÇÕES INSALUBRES EM PERÍODO ANTERIOR À SUPERVENIÊNCIA DO ESTATUTO DOS FUNCIONÁRIOS PÚBLICOS DO ESTADO. CONTAGEM RECÍPROCA. POSSIBILIDADE. 1. A contagem recíproca é um direito assegurado pela Constituição do Brasil. O acerto de contas que deve haver entre os diversos sistemas de previdência social não interfere na existência desse direito, sobretudo para fins de aposentadoria. **2. Tendo exercido suas atividades em condições insalubres à época em que submetido aos regimes celetista e previdenciário, o servidor público possui direito adquirido à contagem desse tempo de serviço de forma diferenciada e para fins de aposentadoria**. 3. Não seria razoável negar esse direito à recorrida pelo simples fato de ela ser servidora pública estadual e não federal. E isso mesmo porque condição de trabalho, insalubridade e periculosidade, é matéria afeta à competência da União (CB, artigo 22, I [direito do trabalho]). Recurso a que se nega provimento" (RE 255.827, de 25.10.2005).

Este também é o posicionamento do STJ:

"RECURSO ESPECIAL. ADMINISTRATIVO. SERVIDOR PÚBLICO FEDERAL. CELETISTA. ATIVIDADE INSALUBRE. CONVERSÃO DE REGIME. TEMPO DE SERVIÇO. CONTAGEM RECÍPROCA. POSSIBILIDADE. **1. Os servidores públicos federais que trabalhavam em condições consideradas insalubres antes da edição da Lei 8.112/90 têm direito à contagem especial de tempo de serviço prestado nessa situação, nos termos da legislação vigente à época**. Precedentes. 2. Agravo regimental improvido" (AGREsp 963.475, de 06.05.2008).

Com o advento da Lei 13.846/2019, o artigo 96 da Lei 8.213/91 foi ampliado com as seguintes regras:

a) é vedada a emissão de Certidão de Tempo de Contribuição (CTC) com o registro exclusivo de tempo de serviço, sem a comprovação de contribuição efetiva, exceto para o segurado empregado, empregado doméstico, trabalhador avulso e, a partir de 1º de abril de 2003, para o contribuinte individual que presta serviço a empresa obrigada a arrecadar a contribuição a seu cargo, observado o disposto no § 5º do art. 4º da Lei nº 10.666, de 8 de maio de 2003;

b) a CTC somente poderá ser emitida por regime próprio de previdência social para ex-servidor;

c) é vedada a contagem recíproca de tempo de contribuição do RGPS por regime próprio de previdência social sem a emissão da CTC correspondente, ainda que o tempo de contribuição RGPS tenha sido prestado pelo servidor público ao próprio ente instituidor;

d) é vedada a desaverbação de tempo em regime próprio de previdência social quando o tempo averbado tenha gerado a concessão de vantagens remuneratórias ao servidor público em atividade;

e) para fins de elegibilidade às aposentadorias especiais referidas no § 4º do art. 40 e no § 1º do art. 201 da Constituição Federal, os períodos reconhecidos pelo regime previdenciário de origem como de tempo especial, sem conversão em tempo comum, deverão estar incluídos nos períodos de contribuição compreendidos na CTC e discriminados de data a data.

A hipóteses inseridas no artigo 96 da Lei 8.213/91 já constavam da Portaria MPS 154/2008 (art. 2º, 11, 12 e 15), tendo sido inseridas na Lei 8.213/91 para respeitar o Princípio da Legalidade, afastando o argumento de inovação regulamentar indevida.

A vedação da letra A atinge apenas aos segurados que precisam efetivamente recolher sobre salário de contribuição para ter direito à contagem recíproca (contribuinte individual autônomo, segurado facultativo e segurado especial), não atingindo aos demais segurados que possuem presunção de recolhimento da contribuição previdenciária, pois o responsável tributário é o tomador do serviço.

Não se emite CTC em RPPS para o servidor ativo, pois este precisa estar ocupando o cargo para ter aposentadoria deferida em RPPS, sendo curial a vacância do cargo para a sua emissão.

O cancelamento da averbação (desaverbação) de tempo de contribuição do RGPS no RPPS é possível antes da concessão da aposentadoria pela autoridade administrativa, exceto se o servidor obtiver alguma vantagem remuneratória decorrente da aludida averbação.

Somente é possível a contagem recíproca com a emissão da CTC, pois é necessário um largo controle para prevenir fraudes (uso em duplicidade) e para calcular a compensação financeira de um regime ao outro.

A vedação da letra E apenas reforça o inciso I do artigo 96 da Lei 8.213/91, no sentido de que, para fins de contagem recíproca, inexiste conversão de tempo especial em comum.

É plenamente possível que um segurado obtenha mais de uma aposentadoria por *regimes diversos*, desde que preencha os requisitos de cada uma e sem a utilização simultânea de tempo de serviço ou de contribuição da mesma atividade, observado o teto do subsídio dos Ministros do STF, por força do artigo 40, § 11, da Constituição.

Nessa linha, o STJ:

> "PREVIDENCIÁRIO. AGRAVO REGIMENTAL NO RECURSO ESPECIAL. SEGURADO APOSENTADO EM REGIME PRÓPRIO DE SERVIDOR PÚBLICO COM **CONTAGEM RECÍPROCA.** PERMANÊNCIA DE VÍNCULO COM O REGIME GERAL DA PREVIDÊNCIA SOCIAL. CONCESSÃO DE NOVA APOSENTADORIA. POSSIBILIDADE QUANDO OS REQUISITOS SÃO CUMPRIDOS. DECISÃO MANTIDA. **1. De acordo com o entendimento de ambas as Turmas que compõem a Terceira Seção do Superior Tribunal de Justiça, a concessão de aposentadoria pelo Regime Geral da Previdência Social a segurado aposentado em regime próprio não ofende o disposto nos arts. 96 e 98 da Lei nº 8.213/1991, se o autor permaneceu vinculado ao RGPS e cumpriu os requisitos para nova aposentadoria, excluído o tempo de serviço utilizado para a primeira jubilação.** 2. Ademais, o Decreto nº 3.048/1999 permite a expedição de certidão de **tempo** de contribuição para período fracionado (art. 130, § 10). As vedações nele previstas dizem respeito ao duplo cômputo do tempo de serviço exercido simultaneamente na atividade privada e pública e daquele outrora utilizado para a concessão de aposentadoria (art. 130, §§ 12 e 13), circunstâncias não verificadas no caso concreto. 3. Agravo regimental improvido" (AGREsp 924.423, de 15.04.2008).

Nesse sentido, o segurado que possuía vínculos concomitantes no RGPS antes da instituição do regime jurídico único, na condição de empregado público e de contribuinte individual, poderá promover a contagem recíproca do primeiro para o RPPS e utilizar no RGPS o segundo vínculo, inexistindo obstáculo normativo para isso.

Nesse sentido, o STJ:

> **Informativo 544– DIREITO PREVIDENCIÁRIO. ATIVIDADES CONCOMITANTES PRESTADAS SOB O RGPS E PRINCÍPIO DA UNICIDADE DE FILIAÇÃO.**
>
> **O segurado que manteve dois vínculos concomitantes com o RGPS – um na condição de contribuinte individual e outro como empregado público – pode utilizar as contribuições efetivadas como contribuinte individual na concessão de aposentadoria junto ao RGPS, sem prejuízo do cômputo do tempo como empregado público para a concessão de aposentadoria sujeita ao Regime Próprio, diante da transformação do emprego público em cargo público.** De fato, o contribuinte possuía dois vínculos com o Regime Geral, um na condição de contribuinte individual e outro como empregado público, regido pela CLT. Entretanto, o tempo de serviço e as contribuições recolhidas na condição de contribuinte individual não se confundem com o vínculo empregatício mantido como servidor público. Assim, não há óbice para utilizar o tempo prestado ao estado no regime celetista para fins de aposentadoria estatutária e as contribuições como contribuinte individual na concessão da aposentadoria previdenciária por tempo de contribuição, não havendo falar em violação ao princípio da unicidade de filiação. Ademais, o art. 96 da Lei 8.213/1991 veda apenas que o mesmo lapso temporal, durante o qual o segurado exerceu simultaneamente uma atividade privada e outra sujeita a regime próprio de previdência, seja computado em duplicidade, o que não é o caso, pois não há contagem em duplicidade, uma é decorrente da contratação celetista, e outra da condição de contribuinte individual. **AgRg no REsp 1.444.003-RS, Rel. Min. Humberto Martins, julgado em 8/5/2014.**

Na hipótese de filiado do RPPS migrar para o RGPS será possível a contagem recíproca do tempo de contribuição sem a necessidade de integralização de carência dentro do RGPS, pois o artigo 95, da Lei 8.213/91, foi revogado pela Medida Provisória 2.187-13/2001.

Logo, as contribuições pagas ainda no RPPS valem para efeito de carência do RGPS, pois inexiste proibição legal nesse sentido, que precisa ser urgentemente editada.

Inclusive, o artigo 26 do Decreto 3.048/99, expressamente, admite que o tempo de contribuição para o RPPS seja considerado para fins de período de carência no RGPS:

> *§ 5º "Observado o disposto no § 4º do art. 13,* ***as contribuições vertidas para regime próprio de previdência social serão consideradas para todos os efeitos, inclusive para os de carência*** *(Incluído pelo Decreto nº 3.265, de 1999)".*

Vale registrar que a concessão de aposentadoria no RGPS com a utilização de tempo de contribuição do RPPS amparado por CTC dispensará a refiliação ao Regime Geral, desde que se trate de ex-segurado do RGPS com filiação anterior, nos termos do artigo 3º da Lei 10.666/2003, que dispensa a manutenção da qualidade de segurado para a concessão das aposentadorias programadas.

Ao revés, se o ex-servidor público nunca foi filiado ao RGPS e somente possui tempo de contribuição no RPPS, será necessária a prévia filiado ao Regime Geral, pois não se trata de ex-segurado.

Nesse sentido, o correto posicionamento da TNU:

> **PUIL n. 0501480-38.2016.4.05.8109/CE** – "A TNU uniformizou o entendimento de que o trabalhador que contribuiu exclusivamente para o Regime Próprio de Previdência (RPPS) deve estar formalmente filiado ao Regime Geral de Previdência Social (RGPS) para obter a concessão de benefícios previdenciários" (Boletim em 22.08.2019).

É permitida a aplicação da contagem recíproca de tempo de contribuição no âmbito dos acordos internacionais de Previdência Social, somente quando neles prevista.

Vale ressaltar que os períodos de trabalho prestados no exterior e que geraram a filiação aos regimes previdenciários estrangeiros apenas serão considerados pelo RGPS na hipótese de celebração de tratado internacional com previsão de reciprocidade.

Preceitua a Súmula 07, do Conselho de Recursos da Previdência Social, que "o tempo de serviço prestado no exterior a empresa não vinculada à Previdência Social brasileira não pode ser computado, salvo tratado de reciprocidade entre Brasil e Estado Estrangeiro onde o trabalho, prestado num, seja contado no outro, para os efeitos dos benefícios ali previstos".

Nesse sentido, de acordo com o artigo 125, I, do RPS, para efeito de contagem recíproca, hipótese em que os diferentes sistemas de previdência social compensar-se-ão financeiramente, é assegurado o cômputo do tempo de contribuição na administração pública, para fins de concessão de benefícios previstos no Regime Geral de Previdência Social, inclusive de aposentadoria em decorrência de tratado, convenção ou acordo internacional.

De sua vez, pontifica o artigo 98, da Lei 8.213/91, que quando a soma dos tempos de contribuição ultrapassar a 30 trinta anos, se do sexo feminino, e a 35 anos, se do sexo masculino, o excesso não será considerado para qualquer efeito.

A despeito desta previsão legal expressa, a interpretação do comando legal vem sendo promovida de maneira restritiva pelo STJ, que vem admitindo que o tempo de contribuição extra seja utilizado para fins de contagem recíproca:

> "PREVIDENCIÁRIO. RECURSO ESPECIAL. SEGURADO JÁ APOSENTADO NO SERVIÇO PÚBLICO COM UTILIZAÇÃO DA CONTAGEM RECÍPROCA. CONCESSÃO DE APOSENTADORIA JUNTO AO RGPS. TEMPO NÃO UTILIZADO NO INSTITUTO DA CONTAGEM RECÍPROCA. FRACIONAMENTO DE PERÍODO. POSSIBILIDADE.

ART. 98 DA LEI N.º 8.213/91. INTERPRETAÇÃO RESTRITIVA. 1. A norma previdenciária não cria óbice a percepção de duas aposentadorias em regimes distintos, quando os tempos de serviços realizados em atividades concomitantes sejam computados em cada sistema de previdência, havendo a respectiva contribuição para cada um deles. **2. O art. 98 da Lei n.º 8.213/91 deve ser interpretado restritivamente, dentro da sua objetividade jurídica. A vedação contida em referido dispositivo surge com vistas à reafirmar a revogação da norma inserida na Lei n.º 5.890/73, que permitia o acréscimo de percentual a quem ultrapassasse o tempo de serviço máximo, bem como para impedir a utilização do tempo excedente para qualquer efeito no âmbito da aposentadoria concedida. 3. É permitido ao INSS emitir certidão de tempo de serviço para período fracionado, possibilitando ao segurado da Previdência Social levar para o regime de previdência próprio dos servidores públicos apenas o montante de tempo de serviço que lhe seja necessário para obtenção do benefício almejado naquele regime. Tal período, uma vez considerado no outro regime, não será mais contado para qualquer efeito no RGPS. O tempo não utilizado, entretanto, valerá para efeitos previdenciários junto à Previdência Social.** 4. Recurso especial a que se nega provimento" (REsp 200401363047, de 26.04.2005).

Para a Procuradoria Federal Especializada do INSS, "este artigo encontra-se derrogado pelo § 7º do Art. 29, acrescentado pela Lei 9.876, de 26/11/99, que, ao dispor sobre o fator previdenciário, determina que seja considerado todo o período de contribuição do segurado, inclusive o que ultrapassar 30 e 35 anos de contribuição, respectivamente, para mulheres e homens"[26].

Entende-se que o artigo 98, da Lei 8.213/91, carece de fundamento constitucional de validade, pois afronta de maneira irrazoável o artigo 201, § 9º, da Lei Maior, limitando indevidamente a contagem recíproca do tempo de contribuição, pois não permite que o período contributivo excedente seja computado em outro regime previdenciário.

Inclusive, o próprio Regulamento da Previdência Social o despreza, ao dispor que "é permitida a emissão de certidão de tempo de contribuição para períodos de contribuição posteriores à data da aposentadoria no Regime Geral de Previdência Social" (artigo 125, § 3º).

Vale frisar que mesmo que o contrato de trabalho seja nulo com pronúncia decretada pela Justiça do Trabalho, ainda assim deverá ser considerado o tempo de contribuição do período até a decretação de nulidade, pois vertidas as contribuições previdenciárias e pela autonomia da relação previdenciária, de natureza pública.

Este, inclusive, é o entendimento do INSS, ao estatuir que o contrato de trabalho considerado nulo produz efeitos previdenciários até a data de sua nulidade, desde que tenha havido a prestação efetiva de trabalho remunerado, observando que a filiação à Previdência Social está ligada ao efetivo exercício da atividade, e não à validade do contrato de trabalho[27].

Eis a posição da TNU em caso análogo:

REPRESENTATIVO DE CONTROVÉRSIA – DEFINIÇÃO DE TESE TEMA N. 209 – PUIL n. 0502656-69.2018.4.05.8404/RN Apreciando o pedido sob o regime dos representativos de controvérsia, a TNU fixou a seguinte tese: O labor prestado à Administração Pública, sob contratação reputada nula pela falta de realização de prévio concurso público, produz efeitos previdenciários, desde que ausente simulação ou fraude na investidura ou contratação, tendo em vista que a relação jurídica previdenciária inerente ao RGPS, na modalidade de segurado empregado, é relativamente independente da relação jurídica de trabalho a ela subjacente.

26. Lei 8.213/91, anotada pela PFE INSS, pg. 205.
27. Artigo 10, § 7º, da IN INSS 77/2015.

5. INDENIZAÇÃO PARA A CONTAGEM DE TEMPO DE SERVIÇO OU DE CONTRIBUIÇÃO

É comum que os segurados do RGPS, para cômputo do tempo de serviço (antes da Emenda 20/98) ou de contribuição, queiram considerar períodos no qual exerceram atividade laborativa remunerada, mas encontram obstáculo em razão da inexistência do pagamento das contribuições previdenciárias, **nas hipóteses em que a responsabilidade tributária pelo recolhimento lhes é atribuída**.

Esse fato poderá ocorrer por diversas hipóteses, a exemplo do contribuinte individual que desenvolvia atividade laborativa remunerada e não honrou com o pagamento das respectivas contribuições previdenciárias em razão da sua falta de cautela com o futuro ou por carência de recursos disponíveis.

Outrossim, é possível que determinada categoria, conquanto desenvolvesse trabalho remunerado no período a ser reconhecido, não era enquadrada como segurada obrigatória da Previdência Social, sendo a adesão apenas facultativa na época, a exemplo dos empregados domésticos antes da edição do Decreto 71.785/73.

Entende-se como **reconhecimento de filiação** o direito de o segurado ter reconhecido, em qualquer época, o tempo de exercício de atividade anteriormente abrangida pela previdência social[28].

O tema vem disciplinado genericamente pelo artigo 96, inciso IV, da Lei 8.213/91, ao dispor que **o tempo de serviço anterior ou posterior à obrigatoriedade de filiação à Previdência Social *só será contado mediante indenização da contribuição correspondente ao período respectivo*, com acréscimo de juros moratórios de 0,5% ao mês, capitalizados anualmente, e multa de 10%.**

Vale destacar que a indenização ao INSS é uma espécie de ressarcimento pelo não pagamento da contribuição previdenciária, tendo necessariamente **caráter subsidiário**, ou seja, se ainda for juridicamente possível o adimplemento da contribuição previdenciária, não se admitirá a indenização previdenciária.

A filiação ao RGPS de contribuinte individual que trabalhe por conta própria é condicionada ao recolhimento tempestivo das contribuições previdenciárias, que se forem sonegadas pelo trabalhador forçarão a Secretaria da Receita Federal do Brasil a lançá-las de ofício, aplicando as penalidades respectivas e os juros de mora.

Caso o segurado contribuinte individual manifeste interesse em recolher contribuições relativas a período anterior à sua inscrição, a retroação da data do início das contribuições será autorizada, desde que comprovado o exercício de atividade remunerada no respectivo período.

Todavia, é comum que não haja essa atuação do órgão de arrecadação, em razão das dificuldades de fiscalização desses segurados, operando-se a decadência quinquenal para o lançamento das contribuições previdenciárias.

Logo, **uma vez consumada a decadência**, o contribuinte individual apenas contará esse tempo de serviço ou de contribuição para a percepção de benefício previdenciário se indenizar o INSS (retroação da data de início das contribuições), **exceto para fins de carência**, pois esta pressupõe o recolhimento tempestivo do tributo, conforme previsto no artigo 45-A, da Lei 8.212/91, inserido pela Lei Complementar 128/2008:

28. Artigo 121, do RPS.

"Art. 45-A. O contribuinte individual que pretenda contar como tempo de contribuição, para fins de obtenção de benefício no Regime Geral de Previdência Social ou de contagem recíproca do tempo de contribuição, período de atividade remunerada alcançada pela decadência deverá indenizar o INSS".

O período indenizado será computado como tempo de contribuição, mas não será considerado para fins de período de carência, nos termos do artigo 154, inciso III, da Instrução Normativa INSS 77/2015.

Isso porque a autorização legal do artigo 45-A da Lei 8.212/91 somente considera a autorização de consideração como tempo de contribuição, sendo a indenização imprestável para fins de período de carência, que pressupõe o pagamento tempestivo de contribuições previdenciárias, à luz do artigo 27, inciso II, da Lei 8.213/91.

Deveras, se não houve o recolhimento a bom tempo da contribuição previdenciária, é evidente que a incompatibilidade do período de carência com o instituto da indenização previdenciária.

Veja-se, a respeito, a jurisprudência remansosa:

> "O presente caso, entendo acertado o posicionamento do INSS ao indeferir a expedição da CTC para o período pretendido. Explico. **Nos termos do art. 45-A da Lei nº 8.212/1991, a indenização do tempo de serviço é condição imprescindível para o cômputo de período de atividade laborativa remunerada, exceto para fins de carência, visando à concessão de benefício no RGPS ou consideração em outro regime previdenciário, quer pelo não pagamento de contribuições previdenciárias já decaídas, quer pela atividade na época não se enquadrar como de filiação obrigatória**" (Processo 0005597-67.2015.4.01.4200 – PRIMEIRA TURMA RECURSAL – AM/RR – 20/02/2017)[29].

> "Foi homologada transação judicial celebrada entre a Autarquia Federal e o autor, para promover a averbação de tempo de serviço rural relativo ao período de 05/08/1982 a 31/05/1988, ficando estabelecido que o autor deverá indenizar o RGPS para obter a certidão para contagem recíproca do tempo de contribuição, **com a ressalva de que esse tempo não poderá ser utilizado para fins de carência**, no caso de requerimento de benefício previdenciário" **(TRF 3ª REGIÃO – AGRAVO DE INSTRUMENTO – 499324 (AI) – 12/8/2013).**

> "APELAÇÃO CÍVEL – DIREITO PREVIDENCIÁRIO – APOSENTADORIA POR IDADE URBANA – CARÊNCIA NÃO COMPLETADA – LIMITAÇÃO LEGAL DO RECOLHIMENTO DE CONTRIBUIÇÕES EM ATRASO – INDEFERIMENTO DO BENEFÍCIO – HONORÁRIOS ADVOCATÍCIOS – SISTEMÁTICA DO NOVO CPC. I – Analisando os recolhimentos constantes do Cadastro Nacional de Informações Sociais – CNIS e do resumo elaborado pelo INSS, constata-se que, com a exclusão das contribuições consideradas irregulares pela Autarquia Previdenciária, a autora não perfaz as 180 necessárias ao deferimento do benefício almejado. Registre-se, ainda, que ela não logrou desconstituir as alegações do INSS, quanto aos recolhimentos inferiores ao mínimo, as quais gozam de presunção de legitimidade. II – A indenização pleiteada, nos termos do art. 45-A da Lei nº 8.212/91, refere-se a período de atividade remunerada alcançada pela decadência, que não é o caso dos autos. **Acrescente-se que há limitação legal quanto ao recolhimento em atraso de contribuições previdenciárias, para fins de carência (art. 27, II, da Lei nº 8.213/91).** III – Fixação da verba honorária em 10% do valor atualizado da causa, nos termos do art. 85, § 2º, do Código de Processo Civil de 2015, considerando que não houve condenação pecuniária, observada a condição suspensiva do art. 98, § 3º, do mesmo diploma, já que foi deferida a gratuidade de justiça. IV – Apelação desprovida" **(TRF 2ª Região, Processo 01517205420144025101, de 06/10/2016).**

29. Este julgado, lavrado em 2017, é muito similar ao nosso conceito de indenização previdenciária que será apresentado ao final deste item e que consta desde a primeira edição desta obra no ano de 2010, quando se chamava Direito Previdenciário Sistematizado.

Ora, se não se operou a decadência quinquenal, cabe o recolhimento da contribuição pelo contribuinte individual, sendo descabida a indenização. Em relação ao segurado facultativo, como inexiste obrigatoriedade de recolhimento da sua contribuição, pois a sua filiação previdenciária é sempre discricionária, não se há de falar em indenização.

No caso de mero complemento de contribuição a ser feita por contribuinte individual, cabe o efetivo recolhimento do *plus* a qualquer tempo, não havendo indenização a ser paga. Apenas no caso do empregado doméstico discorda-se da posição do INSS, pois como existe obrigatoriedade de recolhimento desde o Decreto 71.885/73, deveria caber indenização para as contribuições já alvo de decadência tributária quinquenal, desconhecendo-se o motivo da dispensa pela autarquia previdenciária.

Essa indenização, que poderá ter pagamento facilitado em até 60 parcelas, observado o disposto no artigo 244, do RPS, também será necessária para a contagem recíproca do tempo de contribuição, ou seja, quando o segurado quiser aproveitar o período de filiação do RGPS no RPPS, e vice-versa.

Outrossim, há hipóteses de pessoas que hoje estão enquadradas como contribuintes individuais ou outras categorias, mas, no passado, não eram consideradas como seguradas obrigatórias do RGPS, a exemplo dos ministros de confissão religiosa (antes da Lei 6.696/79), devendo indenizar o INSS para o cômputo desse período, na forma do artigo 96, inciso IV, da Lei 8.213/91.

O valor dessa indenização corresponderá a **20%** (por mês a ser reconhecido):

> I – da média aritmética simples dos maiores salários-de-contribuição, reajustados, correspondentes a 80% (oitenta por cento) de todo o período contributivo decorrido desde a competência julho de 1994; ou
>
> II – da remuneração sobre a qual incidem as contribuições para o regime próprio de previdência social a que estiver filiado o interessado, no caso de indenização para fins da contagem recíproca de que tratam os arts. 94 a 99 da Lei nº 8.213, de 24 de julho de 1991, observados o limite máximo previsto no art. 28 e o disposto em regulamento.

Destarte, quando cabível, a indenização ao INSS é condição inafastável ao reconhecimento do tempo de serviço ou de contribuição, conforme pacífica jurisprudência:

> "MANDADO DE SEGURANÇA. CONTRIBUINTE INDIVIDUAL. CONTRIBUIÇÕES PREVIDENCIÁRIAS NÃO RECOLHIDAS. INDENIZAÇÃO NECESSÁRIA PARA CONTAGEM DE TEMPO DE SERVIÇO. – **A ocorrência de decadência do prazo para o INSS apurar e constituir o crédito tributário, ou de prescrição, não liberam o segurado do ônus de recolher contribuições caso queira ver reconhecida a contagem recíproca do tempo de serviço. – O INSS não é obrigado a reconhecer tempo de serviço àqueles que não contribuíram. – Indenização necessária de modo a repor o patrimônio da autarquia, na exata dimensão do que deixou de receber na época própria**. – Aplicação do artigo 45 da Lei nº 8.212/91 e parágrafos apenas na hipótese de inexistência de elementos suficientes à comprovação dos valores percebidos pela prestação laboral. – Manutenção da sentença que determinou o recolhimento das contribuições atrasadas conforme a lei vigente à época do exercício da atividade, com o acréscimo de multa, juros e correção monetária de acordo com a legislação atual, mais o desconto de eventual quantia já recolhida. – Apelação e remessa oficial não providas" (TRF 3ª Região, AMS 283.954, de 18.02.2008).

Sobre a indenização ainda incidirão **juros moratórios de 0,5% ao mês, capitalizados anualmente, limitados ao percentual máximo de 50%, e multa de 10%**, não sendo exigíveis esses encargos nos períodos anteriores a 11.10.1996, ante a inexistência de previsão legal, conforme entende o STJ[30].

Deveras, de acordo com a Corte Superior, "para se apurar os valores da indenização, devem ser considerados os critérios legais existentes ao momento sobre o qual se refere a contribuição" (AgRg no REsp. 760.592 – RS, DJU de 02.05.2006), em decorrência do Princípio do *Tempus Regit Actum*.

Com o advento do Decreto 10.410/2020, finalmente a jurisprudência do STJ pela vedação da aplicação de encargos antes da MP 1.523/1996 (que os criou) restou inserida no Regulamento da Previdência Social no artigo 239:

> "§ 8º Sobre as contribuições devidas e apuradas com fundamento no inciso IV[31] do **caput** do art. 127 e no § 1º do art. 348 incidirão juros moratórios de cinco décimos por cento ao mês, capitalizados anualmente, limitados ao percentual máximo de cinquenta por cento, e multa de dez por cento. (Redação dada pelo Decreto nº 10.410, de 2020)
>
> **§ 8º-A A incidência de juros moratórios e multa de que trata o § 8º será estabelecida para fatos geradores ocorridos a partir de 14 de outubro de 1996.** (Incluído pelo Decreto nº 10.410, de 2020)"

Para fins de concessão dos benefícios do RGPS, **o tempo de serviço prestado pelo trabalhador rural anteriormente à competência novembro de 1991 será reconhecido, desde que devidamente comprovado[32], independentemente de indenização**, pois é respeitado o regramento da época, **salvo para fins de carência**, a teor do § 2º, do artigo 55, da Lei 8.213/91:

> "2º O tempo de serviço do segurado trabalhador rural, anterior à data de início de vigência desta Lei, será computado independentemente do recolhimento das contribuições a ele correspondentes, **exceto para efeito de carência**, conforme dispuser o Regulamento".

Esse é o entendimento uniforme do STJ[33] e da **Súmula 24 da TNU**:

> "**Súmula 24** – O tempo de serviço do segurado trabalhador rural anterior ao advento da Lei nº 8.213/91, sem o recolhimento de contribuições previdenciárias, pode ser considerado para a concessão de benefício previdenciário do Regime Geral de Previdência Social (RGPS), exceto para efeito de carência, conforme a regra do art. 55, § 2º, da Lei nº 8.213/91".

Isto porque se trata do tempo de serviço prestado à Previdência Social Rural, regulada pela revogada Lei Complementar 11/1971, em que não era necessário o efetivo recolhimento da contribuição ao FUNRURAL, optando o legislador em considerar esse período como tempo de serviço para fins de concessão da aposentadoria por tempo de contribuição, ressalvada a sua não contagem no período de carência.

No entanto, para o STJ, que flexibiliza a vedação legal, **no caso do empregado rural a situação jurídica é diversa**. Isso porque, mesmo no regime previdenciário anterior, a teor do

30. REsp 774.126, de 11.10.2005.
31. IV – o tempo de contribuição anterior ou posterior à obrigatoriedade de filiação à previdência social só será contado por meio de indenização da contribuição correspondente ao período respectivo, com acréscimo de juros moratórios de cinco décimos por cento ao mês, capitalizados anualmente, e multa de dez por cento, observado o disposto nos § 8º e § 8º-A do art. 239; (Redação dada pelo Decreto nº 10.410, de 2020)
32. Artigo 123, do RPS.
33. AR 3.629, de 23.06.2008.

artigo 15[34], da LC 11/1971, cabia ao empregador rural o recolhimento da contribuição previdenciária ou ao adquirente da produção fazê-lo, de modo que o tempo rural anterior à competência de novembro de 1991 do empregado rural será computado para fins de carência, haja vista a restrição do mencionado § 2º se voltar apenas ao produtor rural, e não ao empregado rural.

Logo, entende-se ser razoável excluir ao menos o segurado empregado rural da dura restrição contida no § 2º do artigo 55, da Lei 8.213/91, que veda o uso do antigo tempo de serviço rural para fins de carência, conquanto exista vedação legal direta.

Nesse sentido, o STJ:

> "INFORMATIVO 532– DIREITO PREVIDENCIÁRIO. TEMPO DE SERVIÇO/CONTRIBUIÇÃO ANTERIOR À LEI 8.213/1991. RECURSO REPETITIVO (ART. 543-C DO CPC E RES. 8/2008-STJ).
>
> É possível a concessão de aposentadoria por tempo de serviço/contribuição mediante o cômputo de atividade rural com registro em carteira profissional em período anterior ao advento da Lei 8.213/1991 para efeito da carência exigida pela Lei de Benefícios. De fato, estabelece o § 2º do art. 55 da Lei 8.213/1991 que "o tempo de serviço do segurado trabalhador rural, anterior à data de início de vigência desta Lei, será computado independentemente do recolhimento das contribuições a ele correspondentes, exceto para efeito de carência, conforme dispuser o Regulamento". **Entretanto, não ofende o citado dispositivo o reconhecimento do tempo de serviço exercido por trabalhador rural registrado em carteira profissional para efeito de carência, tendo em vista que o empregador rural, juntamente com as demais fontes previstas na legislação de regência, eram os responsáveis pelo custeio do fundo de assistência e previdência rural (FUNRURAL). Assim, o trabalhador rural não pode ser responsabilizado pela comprovação do recolhimento das contribuições vertidas ao fundo.** Ademais, na atual legislação, o parágrafo único do art. 138 da Lei 8.213/1991 expressamente considera o tempo de contribuição devido aos regimes anteriores a sua vigência. Por fim, o art. 63 da Lei 4.214/1963 (Estatuto do Trabalhador Rural) determinava que os contratos de trabalhos, se constantes de anotações em carteira profissional, não poderiam ser contestados. Precedente citado: REsp 554.068-SP, Quinta Turma, DJ 17/11/2003. REsp 1.352.791-SP, Rel. Min. Arnaldo Esteves Lima, julgado em 27/11/2013".

Vale frisar que a nova jurisprudência do STJ e da TNU vem subvertendo as tradicionais regras sobre a necessidade de indenização do empregado doméstico para reconhecimento do tempo de serviço prestado anteriormente à Lei 5.859/72, que inseriu o empregado doméstico na Previdência Urbana.

Entendia-se que o cômputo do tempo de serviço do empregado doméstico anterior à Lei 5.859/72 dependia do recolhimento da indenização previdenciária, vez que na época não existia a obrigação do recolhimento da contribuição previdenciária.

Sucede que o STJ e a TNU dispensaram a prova do recolhimento da contribuição previdenciária por parte do empregado doméstico ou da indenização para fins de consideração para fins de período de carência, o que, em tese, nem mesmo o pagamento da indenização supriria:

---

34. Art. 15. Os recursos para o custeio do Programa de Assistência ao Trabalho Rural provirão das seguintes fontes:

    I – Da contribuição de 2% (dois por cento) devida pelo produtor, sôbre o valor comercial dos produtos rurais, e recolhida:

    a) pelo adquirente, consignatário ou cooperativa que ficam sub-rogados, para êsse fim, em todas as obrigações do produtor;

    b) pelo produtor, quando êle próprio industrializar seus produtos ou vendê-los, no varejo, diretamente ao consumidor.

"PREVIDENCIÁRIO. APOSENTADORIA POR IDADE. TRABALHADORA DOMÉSTICA. ART. 55, § 1º, DA LEI 8.213/91. RECOLHIMENTO DAS CONTRIBUIÇÕES PREVIDENCIÁRIAS PARA O PERÍODO ANTERIOR À VIGÊNCIA DA LEI 5.859/72. DESNECESSIDADE. **1. A jurisprudência do Superior Tribunal de Justiça tem se firmado no sentido da desobrigação do trabalhador doméstico de efetuar o recolhimento das contribuições previdenciárias para fins de aposentadoria no período que antecedeu a vigência da Lei 5.859/72, porquanto, à época da prestação do serviço, não havia previsão legal de seu registro, tampouco obrigatoriedade de filiação à Previdência.** Precedentes. 2. Acórdão da Corte de origem em consonância com o entendimento deste Tribunal. Incidência da Súmula 83/STJ que se aplica também à alínea "a", do permissivo constitucional. Recurso especial improvido" (**STJ, 2ª Turma, REsp 1479250, de 18/09/2014**).

"PEDIDO DE UNIFORMIZAÇÃO SUSCITADO PELA PARTE AUTORA. PREVIDENCIÁRIO. **APOSENTADORIA POR IDADE. EMPREGADA DOMÉSTICA. TRABALHO ANTERIOR À VIGÊNCIA DA LEI Nº 5.859/72. FLEXIBILIZAÇÃO DO INÍCIO DE PROVA MATERIAL. DISPENSA DE REGISTRO NA CTPS E DE FILIAÇÃO AO RGPS. DESNECESSIDADE DE CONTRIBUIÇÕES À PREVIDÊNCIA PARA FINS DE CARÊNCIA.** INCIDENTE CONHECIDO E PARCIALMENTE PROVIDO. 1. Pedido de Uniformização interposto pela parte autora contra acórdão proferido pela Segunda Turma Recursal da Seção Judiciária de São Paulo, que manteve sentença de improcedência do pedido de concessão de aposentadoria por idade, mediante contagem de tempo de serviço na condição de empregada doméstica. 2. Alega, em síntese, que o r. acórdão incorreu em inconstitucionalidade e ilegalidade ao exigir que a prova documental seja plena ou exaustiva. Suscita divergência com precedentes do STJ e do Tribunal Regional Federal da 3ªRegião, no sentido de não ser necessária a exigência de prova documental para atividades de empregada doméstica anteriores à regulamentação trazida pela Lei nº 5.859/1972, uma vez que não havia previsão legal para registro do trabalhador doméstico, nem obrigatoriedade de filiação ao RGPS. 3. Incidente inadmitido na origem por não ter o recorrente se desincumbido da demonstração analítica da divergência. 4. O incidente de uniformização, contudo, merece ser conhecido. 5. Os acórdãos de Tribunal Regional Federal não servem de paradigma para o incidente conforme precedentes deste Colegiado: "1. Acórdãos paradigmas oriundos de Tribunais Regionais Federais não se prestam a autorizar caracterização de divergência apta a autorizar o conhecimento do incidente de uniformização. [...]." (TNU, PEDILEF 200772510014642, Rel. Juíza Federal Simone dos Santos Lemes Fernandes, DOU 01/06/2012), razão pela qual apenas admito como paradigma o julgado do STJ. 6. Como se verifica, a sentença impugnada considerou incabível a concessão de aposentadoria por idade à recorrente, tendo em vista o não cumprimento da carência, ante a ausência de documentos que comprovassem o exercício da atividade de empregada doméstica, sem registro em CTPS, no período de fevereiro de 1962 a julho de 1988, tempo que resultaria no atendimento da carência exigida. Ressaltou o magistrado que a recorrente somente efetuou o recolhimento de 70 (setenta) contribuições. Não obstante, a sentença proferida em sede de embargos, ao analisar a prova testemunhal produzida nos autos, acabou por reconhecer como comprovado o trabalho doméstico da parte autora no período declinado na inicial, ou seja, de 02/1962 a 07/1988 (evento 025). Tal tempo de serviço foi corroborado pela declaração da empregadora, anexa à petição inicial, de que a recorrente trabalhara em sua residência no período de 1962 a 1988. 7. O acórdão recorrido, a seu tempo, alertou para a impossibilidade de computar o prazo de carência de 60 meses (conforme legislação vigente quando de sua filiação), uma vez que o implemento do requisito etário ocorreu já na vigência da Lei 8.213/91, não sendo conferido à parte direito adquirido a regime jurídico. Acrescentou que a carência exigida deve ser aquela do ano em que ela implementou o requisito etário, mas que no caso não teria sido cumprida, não sendo possível, por isso, a concessão do benefício requerido. 8. Por sua vez, o acórdão paradigma do STJ se refere à flexibilização da exigência de razoável início de prova documental para fins de comprovação da relação de emprego dos trabalhadores domésticos no período anterior à vigência da Lei nº 5.859/72, bem como à desnecessidade de verter contribuições concernentes ao referido período, em virtude da ausência de previsão legal para registro em CTPS e filiação ao RGPS. Considerando que a controvérsia dos autos cinge-se ao cumprimento do período de carência e levando-se em conta a existência de tempo laborado antes da entrada em vigor da citada lei, instaurada está a divergência. 9. O STJ, com efeito, já possui entendimento consolidado no sentido de que "Não tem qualquer amparo exigir-se o pagamento de contribuições previdenciárias referentes a trabalho como empregada doméstica sem registro porque até a Lei 5.859/72 as mesmas não eram exigíveis e ainda porque a partir dessa norma os recolhimentos eram atribuídos ao empregador (art. 5º)". (AREsp 545814, Ministro Herman Benjamin, publicado em 08/09/2014). 10. Pois bem, considerando que já consta do CNIS (evento 015) contribuições individuais de 05/1990 a 05/1995, 12/1996, 02/1997 e de 09/2004 a 03/2005, num total de 70 contribuições e considerando, também, que até a entrada em vigor da Lei 5.859/72 os empregados domésticos não estavam obrigados a comprovar que efetuaram contribuições à previdência para fins de carência, verifico que o acórdão recorrido merece reforma. **11. Incidente de uniformização de jurisprudência conhecido e provido em parte para: a) estabelecer a premissa jurídica de que não é exigível que o trabalhador doméstico recolha contribuições à Previdência social para os períodos laborados antes da entrada em vigor da lei 5.859/72; b) estando devidamente comprovado e reconhecido que a recorrente exerceu atividade doméstica desde fevereiro de 1962, a partir daquela data até o início da vigência da aludida Lei, o tempo de labor deverá ser contado como período de carência, independentemente de comprovação dos recolhimentos;** c) determinar o retorno dos autos à Turma de origem para adequação do julgado à premissa acima fixada. 12. Julgamento realizado de acordo com o art. 7º, VII, a), do RITNU, servindo como representativo de controvérsia" (**TNU, PEDILEF 00082231420094036302, de 08/10/2014**).

Muito embora se tratem de julgados que beneficiaram a parte hipossuficiente da relação previdenciária, é certo que são desprovidos de base jurídica, pois a indenização é sempre facultativa e nesta situação busca suprir recolhimentos previdenciários não realizados pelo fato de o empregado doméstico não ser segurado obrigatório anteriormente à Lei 5.859/72, não se destinando a suprir carência, e sim tempo de serviço. Desta forma, esses julgados fizeram tábula rasa do § 1º do artigo 55 da Lei 8.213/91, que sequer foi debatido nas decisões:

> "§ 1º A averbação de tempo de serviço durante o qual o exercício da atividade não determinava filiação obrigatória ao anterior Regime de Previdência Social Urbana só será admitida mediante o recolhimento das contribuições correspondentes, conforme dispuser o Regulamento, observado o disposto no § 2º."

É importante ressaltar que a indenização era tratada nos §§ 3º, 4º e 5º, do artigo 45, da Lei 8.212/91, que foi declarado inconstitucional pelo STF juntamente com o artigo 46, por preverem a decadência e a prescrição em 10 anos, tema afeto apenas à lei complementar[35].

Ao que parece, ele foi reputado inconstitucional por indevido arrastamento, pois não se exige que a indenização seja tema tratado por lei complementar, vez que a Suprema Corte não apreciou expressamente a sua incompatibilidade vertical, mas apenas dos prazos decenais de prescrição para cobrança e de decadência para o lançamento das contribuições para a seguridade social.

Por isso, plenamente válido é o novel artigo 45-A, da Lei 8.212/91, trazido, por cautela, pela Lei Complementar 128/2008, que grosso modo manteve as mesmas regras de antes.

De arremate, **impende aduzir que a indenização não será devida pelo contribuinte individual que preste serviço à pessoa jurídica a partir da competência 04/2003, pois desde então a responsabilidade pelo recolhimento da sua contribuição previdenciária passou a ser exclusivamente da empresa tomadora**, por força do artigo 4º, da Lei 10.666/2003.

35. Súmula vinculante nº 08.

Nesse caminho, o Enunciado 27 do Conselho de Recursos da Previdência Social:

> "Cabe ao contribuinte individual comprovar a interrupção ou o encerramento da atividade pela qual vinha contribuindo, sob pena de ser considerado em débito no período sem contribuição. A concessão de benefícios previdenciários, requeridos pelo contribuinte individual em débito, é condicionada ao recolhimento prévio das contribuições em atraso, ressalvada a alteração introduzida pelo Decreto nº 4.729/2003, no artigo 26, § 4º e no artigo 216, I, a, do Decreto 3.048/99, que, a partir da competência Abril/2003, torna presumido o recolhimento das contribuições descontadas dos contribuintes individuais pela empresa contratante de seus serviços".

Da mesma forma, não se há de falar em indenização a ser paga pelo empregado ou trabalhador avulso, visto que existe um regime de presunção de recolhimento por parte da empresa, na forma do artigo 33, § 5º, da Lei 8.212/91.

Com o advento da Secretaria da Receita Federal do Brasil com a Lei 11.457/2007, que transferiu a competência para a arrecadação, fiscalização e cobrança das contribuições previdenciárias para o referido órgão da União, a Dívida Ativa deixou de ser do INSS e passou para o ente político central.

Nesse sentido, considerando que a indenização busca suprir a contribuição previdenciária que não foi paga, o STJ corretamente reconheceu a legitimidade passiva de a União/Fazenda Nacional para responder ação judicial em que se questiona a incidência de juros de mora e multa sobre a indenização previdenciária:

> "RECURSO ESPECIAL. PROCESSUAL CIVIL. **LEGITIMIDADE DA FAZENDA NACIONAL PARA FIGURAR NO PÓLO PASSIVO DA DEMANDA. LEI 11.457/2007.** TRANSFERÊNCIA DA RESPONSABILIDADE PELAS CONTRIBUIÇÕES PREVIDENCIÁRIAS DO INSS PARA A SECRETARIA DA RECEITA FEDERAL DO BRASIL. APOSENTADORIA. RECOLHIMENTO EXTEMPORÂNEO DAS CONTRIBUIÇÕES. INCIDÊNCIA DE JUROS MORATÓRIOS E MULTA SOMENTE A PARTIR DA EDIÇÃO DA MP 1.523/96. RECURSO ESPECIAL DESPROVIDO.
>
> 1. **Trata-se, na origem, de ação ordinária que objetiva o reconhecimento da inexigibilidade de multa e juros de mora no cálculo de indenização necessária à expedição de certidão de tempo de serviço para contagem recíproca.** Tal indenização relaciona-se com o recolhimento de contribuições previdenciárias devidas pelo recorrido, ora agravado.
>
> 2. O recolhimento dessas contribuições previdenciárias foi transferido à Secretaria da Receita Federal do Brasil pelo art. 2º da Lei 11.457/07, que previu, por outro lado, em seus arts. 16 e 23, a transferência da responsabilidade pela sua cobrança judicial para a Fazenda Nacional, de modo que à Procuradoria-Geral Federal compete apenas a representação judicial e extrajudicial do INSS.
>
> 3. Em outras palavras, da mesma forma que se atribui à Fazenda Nacional a legitimidade ativa para a cobrança judicial da dívida ativa da União Federal, atribui-se-lhe também a legitimidade, no caso, passiva, para a sua defesa em processos como o presente, em que se pleiteia a inexigibilidade de multa e juros de mora incidentes sobre o montante relativo ao recolhimento, em atraso, das contribuições previdenciárias mencionadas no art. 2º. da Lei 11.457/07.
>
> **4. Esta Corte firmou entendimento de que a obrigatoriedade imposta pelo § 4º. do art. 45 da Lei 8.212/91 quanto à incidência de juros moratórios e multa no cálculo da indenização das contribuições previdenciárias somente opera a partir da edição da MP 1.523/96 que, conferindo nova redação à Lei de Organização da Seguridade Social acrescentou tal parágrafo ao referido art. 45**" (RECURSO ESPECIAL Nº 1.325.977 – SC, DJ de 24.09.2012).

Pelo exposto, fica fácil definir a *indenização de tempo de serviço ou contribuição* como a quantia devida ao INSS como **condição inafastável** para o cômputo de período de exercício de atividade laborativa remunerada, **exceto para fins de carência**, visando à concessão de benefício do RGPS ou consideração em outro regime previdenciário (contagem recíproca), quer pelo não pagamento de contribuições previdenciárias já **decaídas**, quer pela atividade na época não se enquadrar como de filiação obrigatória.

Em síntese, eis um rol exemplificativo de situações em que é cabível o pagamento de indenização previdenciária para a consideração do período como tempo de contribuição:

- **Contribuinte individual autônomo com dívida de contribuições antigas (mais de 5 anos);**
- **Contribuinte individual que trabalha para pessoa jurídica até a competência março de 2003[36];**
- **Titular de mandato eletivo antes da Lei 9.506/97[37];**
- **Trabalhador rural antes de novembro de 1991 para emissão de CTC[38];**
- **Empregado doméstico antes da sua inclusão previdenciária (STJ em sentido contrário, conforme visto);**
- **Segurado especial para emissão de CTC[39], salvo se contribuiu facultativamente sobre 20% do salário de contribuição, a teor do artigo 25, § 1º, da Lei 8.212/91.**

6. MANUTENÇÃO DA QUALIDADE DE SEGURADO NO PERÍODO DE GRAÇA

É certo que a previdência social brasileira é contributiva, exigindo o pagamento das contribuições previdenciárias para a ocorrência e manutenção da filiação. Contudo, em observância ao Princípio da Solidariedade, pedra fundamental do nosso regime previdenciário, não seria justo que após a cessação das contribuições a pessoa perdesse imediatamente a condição de segurada, deixando de estar coberta pelo seguro social, justamente no momento em que enfrenta grandes dificuldades, em especial por não mais desenvolver atividade laborativa remunerada.

Por isso, o artigo 15, da Lei 8.213/91, prevê lapsos temporais em que a pessoa mantém a qualidade de segurada, mesmo sem verter contribuições ao fundo previdenciário, sendo esse período intitulado doutrinariamente de período de graça.

Art. 15. Mantém a qualidade de segurado, independentemente de contribuições:

I – sem limite de prazo, quem está em gozo de benefício, exceto do auxílio-acidente; (Redação dada pela Lei nº 13.846, de 2019)

II – até 12 (doze) meses após a cessação das contribuições, o segurado que deixar de exercer atividade remunerada abrangida pela Previdência Social ou estiver suspenso ou licenciado sem

36. Somente a partir da competência abril de 2003, a responsabilidade tributária passou para a empresa tomadora do serviço, a teor do artigo 4º da Lei 10.666/2003).
37. Somente foi colocado como segurado obrigatório do RGPS com a Lei 9.506/97.
38. Artigo 123, parágrafo único e 127 do Decreto 3.048/99.
39. A contribuição previdenciária sobre a produção rural não é considerada como tempo de contribuição – Vide Súmula 272 do STJ.

remuneração;

III – até 12 (doze) meses após cessar a segregação, o segurado acometido de doença de segregação compulsória;

IV – até 12 (doze) meses após o livramento, o segurado retido ou recluso;

V – até 3 (três) meses após o licenciamento, o segurado incorporado às Forças Armadas para prestar serviço militar;

VI – até 6 (seis) meses após a cessação das contribuições, o segurado facultativo.

§ 1º O prazo do inciso II será prorrogado para até 24 (vinte e quatro) meses se o segurado já tiver pago mais de 120 (cento e vinte) contribuições mensais sem interrupção que acarrete a perda da qualidade de segurado.

§ 2º Os prazos do inciso II ou do § 1º serão acrescidos de 12 (doze) meses para o segurado desempregado, desde que comprovada essa situação pelo registro no órgão próprio do Ministério do Trabalho e da Previdência Social.

§ 3º Durante os prazos deste artigo, o segurado conserva todos os seus direitos perante a Previdência Social.

§ 4º A perda da qualidade de segurado ocorrerá no dia seguinte ao do término do prazo fixado no Plano de Custeio da Seguridade Social para recolhimento da contribuição referente ao mês imediatamente posterior ao do final dos prazos fixados neste artigo e seus parágrafos.

O título do instituto é sugestivo e deveras adequado: período de graça. Isso porque haverá proteção previdenciária temporária sem o recolhimento efetivo ou presumido das contribuições previdenciárias. Uma proteção previdenciária gratuita.

Vale frisar que durante os lapsos de tempo do período de graça não haverá cômputo de tempo de contribuição ou de período de carência (tema pacífico), por inexistir contribuição vertida, servindo apenas para conservar a qualidade de segurado, assegurando proteção previdenciária aos segurados e seus dependentes por derivação.

O segurado em gozo de benefício previdenciário (exceto o auxílio-acidente desde 18/6/2019) previsto na Lei 8.213/91 irá conservar a qualidade de segurado sem limite de prazo, mesmo que inexista o recolhimento da contribuição previdenciária, ressaltando que no RGPS apenas incide contribuição sobre o salário-maternidade, único benefício considerado como salário de contribuição.

IMPORTANTE:

Em sede de Repercussão Geral, em 4 de agosto de 2020, no RE 576.967, o **STF declarou inconstitucional a incidência de contribuição previdenciária sobre o salário-maternidade**. Restou fixada a seguinte tese: **"É inconstitucional a incidência da contribuição previdenciária a cargo do empregador sobre o salário-maternidade":**

"69. Diante do exposto, considerando os argumentos formal e material, dou provimento ao recurso extraordinário, para declarar, incidentalmente, a **inconstitucionalidade da incidência de contribuição previdenciária sobre o salário maternidade, prevista no art. 28, § 2º, da Lei nº 8.212/91, e a parte final do seu § 9º, alínea a,** em que se lê " salvo o salário-maternidade" , e proponho a fixação da seguinte tese: " É inconstitucional a incidência da contribuição previdenciária a cargo do empregador sobre o salário maternidade".

A tese de aplica tanto à parte da empresa quanto à parte do segurado, conforme se depreende do voto vencedor acima transcrito, em que pese o fechamento tenha sido restritivo.

Somente após a cessação do benefício previdenciário, é que começará a correr o período de graça do segurado, acaso não recolhida nova contribuição previdenciária.

De acordo com a TNU, **mesmo que o benefício seja concedido provisoriamente por decisão judicial posteriormente revogada, terá o condão de conservar a qualidade de segurado**: "A TNU firmou a tese de que o período de percepção de benefício previdenciário, concedido por força de tutela provisória, pode ser utilizado para efeitos de manutenção da qualidade de segurado" (Informativo 23/2018 – Processo n. 5002907-35.2016.4.04.7215).

No **Tema 245** a TNU firmou tese no sentido de que a concessão administrativa por erro de benefício previdenciário terá o condão de conservar a qualidade de segurado pelo período em que o benefício estiver ativo:

Tema	**245**	**Situação do tema**	Em Julgamento – eproc	**Ramo do direito**	DIREITO PREVIDENCIÁRIO
Questão submetida a julgamento		Saber se benefício previdenciário, concedido irregularmente àquele que havia perdido qualidade de segurado, gera, em nome da manutenção da justa expectativa, direito à manutenção da qualidade de segurado durante o período em que ele foi mantido ativo.			
Tese firmada		**A invalidação do ato de concessão de benefício previdenciário não impede a aplicação do art. 15, I da Lei 8.213/91 ao segurado de boa-fé.**			
Processo	**Decisão de afetação**	**Relator (a)**	**Julgado em**	**Acórdão publicado em**	**Trânsito em julgado**
PEDILEF 0008405-41.2016.4.01.3802/MG	12/12/2019	Juiz Federal Bianor Arruda Bezerra Neto – Para acórdão: Juiz Federal Fábio de Souza Silva	19/06/2020	25/06/2020	ED opostos

Ainda de acordo com a Turma Nacional, (PUIL n. 5076345-22.2014.4.04.7100/RS – Informativo 27/2018), "**o período de aviso prévio que foi indenizado deve ser projetado como de manutenção da qualidade de segurado empregado**, de modo que o período de graça inicie apenas após o término dessa projeção".

O tema será julgado pela TNU em incidente representativo de controvérsia (Tema 250):

Tema	**250**	**Situação do tema**	Em Julgamento – eproc	**Ramo do direito**	DIREITO PREVIDENCIÁRIO
Questão submetida a julgamento		Saber se o período de aviso prévio indenizado é válido para todos os fins previdenciários, inclusive como tempo de contribuição para obtenção de aposentadoria.			
Tese firmada					
Processo	**Decisão de afetação**	**Relator (a)**	**Julgado em**	**Acórdão publicado em**	**Trânsito em julgado**
EDILEF 0515850-48.2018.4.05.8013/AL	12/03/2020	Juiz Erivaldo Ribeiro dos Santos			

Questão tormentosa ANTES DA MP 905/2019 é saber **se o seguro-desemprego se enquadra no artigo 15, inciso I, da Lei 8.213/91**, ante a sua duvidosa natureza jurídica (previdenciária ou assistência), vez que não é regulado pela Lei 8.213/91 e pago com recursos do FAT.

Existe precedente da TNU favorável ao INSS neste tema:

> "PREVIDENCIÁRIO. QUALIDADE DE SEGURADO. PERÍODO DE GRAÇA. DESEMPREGO. PRETENSÃO DE QUE O TERMO INICIAL DE CÔMPUTO DO PERÍODO DE GRAÇA SE DÊ APÓS A CESSAÇÃO DA PERCEPÇÃO DE SEGURO-DESEMPREGO. INCIDENTE DE UNIFORMIZAÇÃO CONHECIDO E IMPROVIDO. 1. Comprovada a divergência jurisprudencial, na forma do art. 14, § 2°, Lei n° 10.259/2001. 2. Em relação à natureza jurídica do seguro desemprego, em que pese haja alguma discussão doutrinária a respeito, prevalece o entendimento de que se trata de benefício de natureza previdenciária. **3. O reconhecimento da natureza previdenciária do seguro-desemprego não implica, todavia, na possibilidade de gozo cumulativo e sucessivo das regras inscritas nos incisos I e II do art. 15, da LB, seguidas da prorrogação de que trata o § 2°.** 4. Em tese, poderia o recorrente valer-se ou da norma inscrita no inciso I ou daquela prevista no inciso II cumulada, apenas para essa segunda hipótese, conforme expressa dicção legal, com a prorrogação do período de graça por mais doze meses, em função do desemprego. Todavia, por ser mais benéfico ao segurado, comumente utiliza-se a segunda das opções acima ventiladas. 5. Excepcionalmente a jurisprudência admite a aplicação cumulativa dos prazos previstos nos incisos I e II do art. 15, mas apenas em hipóteses em que há a presunção de impossibilidade de exercício de atividade remunerada – como nos casos de incapacidade laborativa ou de maternidade, por exemplo. Não é o caso do segurado em gozo de seguro-desemprego. 6. A interpretação proposta pelo recorrente representaria benesse não prevista em lei e sem supedâneo na jurisprudência dominante. As regras extensivas da qualidade de segurado, previstas nos parágrafos 1° e 2° do art. 15 da Lei de Benefícios constituem exceção à regra geral estabelecida no caput e incisos do mesmo art. 15. Normas excepcionais interpretam-se restritivamente. 7. Incidente conhecido e improvido, para o fim de se fixar a tese de que não é possível a aplicação cumulativa e sucessiva dos prazos previstos nos incisos I e II do art. 15 da Lei n° 8.213/91 na hipótese de percepção de seguro-desemprego" (PEDILEF 00011987420114019360, de 31/5/2013).

Embora admita a natureza previdenciária do seguro-desemprego, a TNU não admitiu a aplicação da regra do inciso I do artigo 15 da Lei 8.213/91, pois já existe previsão de prorrogação em 12 meses do período de graça pela demonstração do desemprego.

Todavia, conforme aduzido, trata-se de tema controvertido. Colaciona-se precedente da lavra do TRF da 5ª Região que somente iniciou o cômputo do período de graça após o pagamento da última parcela do seguro-desemprego:

> "PREVIDENCIÁRIO. PENSÃO POR MORTE. UNIÃO ESTÁVEL COMPROVADA. SENTENÇA PROCEDENTE EM AÇÃO DECLARATÓRIA DE UNIÃO ESTÁVEL. QUALIDADE DE SEGURADO DO DE CUJUS DEMONSTRADA. RECEBIMENTO DE SEGURO-DESEMPREGO. CONDIÇÃO DE DESEMPREGADO QUE ESTENDE O PERÍODO DE GRAÇA PARA A CONCESSÃO DO BENEFÍCIO. 1. A pensão por morte é o benefício pago aos dependentes do segurado que falecer, conforme previsão do art. 201, V, da Constituição Federal. 2. Nos termos do art. 16 da Lei nº. 8.213/91, é beneficiário da pensão por morte, na condição de dependente do segurado, a companheira, considerando-se esta como a pessoa que, sem ser casada, mantém união estável com o segurado, restando presumida sua dependência econômica em relação ao de cujus. 3. No caso em apreço, restou caracterizada a existência de união estável da autora com o de cujus, porquanto foi colacionada aos autos sentença procedente transitada em julgado, em Ação de Reconhecimento de União Estável, proferida pela 1º Vara Cível e Criminal de Propriá, em 09/08/2011. 4. Com efeito, o art. 15 da lei nº 8.213/91 prevê o que a doutrina

denomina "período de graça", o interregno no qual, mesmo após a cessação do exercício de atividade laborativa determinante do vínculo obrigatório e/ou contribuição previdenciária, mantém-se a qualidade de segurado. Conforme disposto no supracitado dispositivo legal o segurado pode manter a qualidade de segurado por até 36 meses se restar comprovado o pagamento de mais de 120 (cento e vinte) contribuições mensais sem interrupção que acarrete a perda da qualidade de segurado e o desemprego. 5. Da consulta ao site do Ministério do Trabalho, vê-se que o falecido recebeu parcelas do seguro desemprego no período de 10/04/2008 a 08/08/2008, pelo que se tem prorrogado em mais doze meses o período de graça instituído no artigo 15, II da Lei nº 8.213/91, nos termos do parágrafo 2º do mesmo artigo. **6. Cumpre destacar que, em relação à natureza jurídica do seguro desemprego, em que pese alguma discussão doutrinária a respeito, prevalece o entendimento de que se trata de benefício de natureza previdenciária, que tem por finalidade prover a assistência financeira temporária ao trabalhador desempregado involuntariamente. Assim, a contagem da perda da qualidade de segurado só deverá começar a partir da última parcela, tendo em vista, na espécie, o falecido ter recebido o benefício em questão.** 7. Desta feita, aplica-se ao caso a incidência da regra de prorrogação do prazo de manutenção da qualidade de segurado de 12 para 24 meses, **com contagem do período de graça a partir de agosto de 2008, quando findo o seguro desemprego**. Por conseguinte, é mister reconhecer que no dia do seu falecimento, em 16/05/2010, o instituidor mantinha qualidade de segurado. 8. Dessarte, comprovada a condição de segurado do falecido, bem como demonstrada a condição de dependente da autora, há de ser deferida a pensão por morte pleiteada. 9. Apelação do INSS improvida" (Apelação Civel – 563969, de 13/6/2014).

Por força de alteração provisória no artigo 15, II, da Lei 8.213/91, através da **MP 905/2019**, o período de graça do segurado que recebeu **seguro-desemprego** somente começou a correr após a cessação deste benefício.

Considerando que a MP 905/2019 vigorou entre 12/11/2019 e 19/04/2020 (véspera da publicação da MP 955/2020, que a revogou expressamente), os seus efeitos jurídicos foram conservados neste período.

Isso porque a revogação de uma medida provisória equivale à sua caducidade para fins do artigo 62 da Constituição Federal, conforme precedentes do STF (ADI 5.709, ADI 5.716, ADI 5.717 e ADI 5.727, rel. min. Rosa Weber, j. 27-3-2019, P, **DJE** de 28-6-2019).

Dessa forma, considerando que o Congresso Nacional não editou o decreto legislativo a que se refere o § 3º do artigo 62 da Constituição até sessenta dias após a rejeição ou perda de eficácia de medida provisória (no caso, revogação), as relações jurídicas constituídas e decorrentes de atos praticados durante sua vigência conservar-se-ão por ela regidas.

Dessa forma, neste complexo tema intertemporal, **crê-se que para os seguros-desempregos deferidos com direito formado entre 12/11/2019 a 19/04/2020, o período de graça somente se iniciou após a cessação deste benefício.**

Para o segurado obrigatório do RGPS, o período de graça básico será de até 12 meses após a cessação das contribuições previdenciárias. Neste caso, será possível uma **prorrogação de 12 meses**, caso o segurado tenha pagado **mais de 120 contribuições mensais sem** interrupção que acarrete a **perda da qualidade de segurado.**

Ao segurado que se desvincular de RPPS, desde que se vincule ao RGPS, aplica-se o mencionado período de graça, nos termos do artigo 137, § 3º, da Instrução Normativa INSS 77/2015, inclusive a prorrogação de 120 meses referida, razão pela qual o INSS admite as contribuições vertidas em RPPS para fins de prorrogação de período de graça.

De acordo com a TNU, "**firmada a tese de que se incorpora definitivamente ao patrimônio jurídico do segurado(a) a extensão do período de graça previsto no § 1º do art. 15 da Lei nº 8.213/91 quando houver contribuído por mais de 120 meses sem interrupções que importem a perda da qualidade de segurado(a)**" (Informativo 28/2018 – PUIL n. 0001377-02.2014.4.03.6303/SP).

Deste modo, na visão da Turma Nacional, uma vez pagas mais de 120 contribuições sem a perda da qualidade de segurado, esta prorrogação em 12 meses do período de graça é direito adquirido do segurado, mesmo que posteriormente haja perda da qualidade de segurado com posterior refiliação.

O tema foi julgado em tema repetitivo pela Turma Nacional (Tema 255):

Tema	255	**Situação do tema**	Julgado	**Ramo do direito**	DIREITO PREVIDENCIÁRIO
Questão submetida a julgamento	Saber se a prorrogação do período de graça, decorrente da presença de mais de 120 (cento e vinte) contribuições sem a perda da qualidade de segurado, incorpora-se ao patrimônio jurídico do segurado.				
Tese firmada	**O pagamento de mais de 120 (cento e vinte) contribuições mensais, sem interrupção que acarrete a perda da qualidade de segurado, garante o direito à prorrogação do período de graça, previsto no parágrafo 1º, do art. 15 da Lei 8.213/91, mesmo nas filiações posteriores àquela na qual a exigência foi preenchida, independentemente do número de vezes em que foi exercido.**				
Processo	**Decisão de afetação**	**Relator (a)**	**Julgado em**	**Acórdão publicado em**	**Trânsito em julgado**
PEDILEF 0509717-14.2018.4.05.8102/CE	12/03/2020	Juiz Federal Jairo da Silva Pinto	16/10/2020		

No entanto, o posicionamento da 2ª Turma do STJ é em sentido contrário no sentido de que o direito à prorrogação dar-se-á por apenas uma vez e , se houver perda da qualidade de segurado, deverá o segurado novamente integralizar mais de 120 contribuições sem perda da qualidade de segurado:

> REsp 1517010 / SP
> RECURSO ESPECIAL
> 2014/0262440-0
> Relator(a)
> Ministro MAURO CAMPBELL MARQUES (1141)
> Relator(a) p/ Acórdão
> Ministra ASSUSETE MAGALHÃES (1151)
> Órgão Julgador
> T2 – SEGUNDA TURMA
> Data do Julgamento
> 16/10/2018
> Data da Publicação/Fonte
> DJe 19/12/2018

PREVIDENCIÁRIO E PROCESSUAL CIVIL. RECURSO ESPECIAL. POSSIBILIDADE DE PRORROGAÇÃO DO PERÍODO DE GRAÇA. ART. 15, § 1º, DA LEI 8.213/91. INTERPRETAÇÃO RESTRITIVA DO DIREITO, POR CONSTITUIR EXCEÇÃO À REGRA DO SISTEMA PREVIDENCIÁRIO CONTRIBUTIVO. VIABILIDADE DE USUFRUIR DO FAVOR LEGAL A QUALQUER TEMPO, POR UMA SÓ VEZ, E DESDE QUE NÃO PERDIDA A QUALIDADE DE SEGURADO. RECURSO ESPECIAL PARCIALMENTE PROVIDO.

I. Recurso Especial interposto contra acórdão publicado na vigência do CPC/73. Incidência do Enunciado Administrativo 2 do STJ, aprovado na sessão plenária de 09/03/2016 ("Aos recursos interpostos com fundamento no CPC/1973 (relativos a decisões publicadas até 17 de março de 2016) devem ser exigidos os requisitos de admissibilidade na forma nele prevista, com as interpretações dadas, até então, pela jurisprudência do Superior Tribunal de Justiça").

II. Acórdão recorrido que entendeu que a extensão do período de graça, prevista no § 1º do art. 15 da Lei 8.213/91, incorporou-se ao patrimônio jurídico do segurado, de modo que poderia ele valer-se de tal prerrogativa por mais de uma vez, no futuro, mesmo que viesse a perder, anteriormente, a qualidade de segurado.

III. O sistema previdenciário, como regra, é contributivo. Nessa medida, o período de graça, previsto no art. 15 da Lei 8.213/91, constitui exceção, porquanto viabiliza a manutenção da qualidade de segurado, e, consequentemente, de todos os direitos daí decorrentes, independentemente do pagamento de contribuição.

IV. A possibilidade de prorrogação do período de graça, na forma do art. 15, § 1º, da Lei 8.213/91, por constituir exceção ao regime contributivo da Previdência Social, deve ser interpretada restritivamente, na medida em que "as disposições excepcionais são estabelecidas por motivos ou considerações particulares, contra outras normas jurídicas, ou contra o Direito comum; por isso não se estendem além dos casos e tempos que designam expressamente" (MAXIMILIANO, Carlos. Hermenêutica e aplicação do direito. 19. ed. Rio de Janeiro: Forense, 2001. p. 183-194).

V. Assim, cumprida a exigência legal, consistente no pagamento de mais de 120 (cento e vinte) contribuições mensais, sem interrupção que acarrete a perda da qualidade de segurado, deve ser reconhecido o direito à prorrogação do período de graça, na forma do art. 15, § 1º, da Lei 8.213/91, cujo exercício não está limitado ao período sem contribuição imediatamente subsequente à aquisição do direito, **podendo ser utilizado a qualquer tempo e por uma só vez, desde que não perdida a qualidade de segurado.**

VI. Porém, **perdida a condição de segurado, haverá caducidade dos direitos dela decorrentes**, na forma do art. 102 da Lei 8.213/91, excetuado o direito adquirido à aposentadoria, ou à respectiva pensão por morte, quando implementados os requisitos para o benefício de aposentadoria, segundo a legislação então vigente.

VII. A norma do art. 15 da Lei 8.213/91 é cogente, no sentido de que somente será perdida a condição de segurado depois de exauridas todas as possibilidades de manutenção da qualidade de segurado, nela previstas. Consequentemente, se o segurado já havia adquirido o direito à prorrogação do período de graça – por ter contribuído, sem perda da qualidade de segurado, por mais de 120 (cento e vinte) meses, na forma do § 1º do art. 15 da Lei 8.213/91 -, e se, posteriormente, após utilizadas e exauridas as três modalidades de prorrogação do período de graça, previstas no referido art. 15 da aludida Lei 8.213/91, **veio ele, ainda assim, a perder a qualidade de segurado, deduz-se que o aludido benefício de prorrogação do período de graça, previsto no § 1º do art. 15 da Lei 8.213/91, já foi automaticamente usufruído, não fazendo sentido concluir pela possibilidade de utilizá-lo novamente, no futuro, exceto se o direito for readquirido, mediante o pagamento de mais de 120 (cento e vinte) novas contribuições, sem perda da qualidade de segurado**. Concluir de outra forma implicaria alterar o sentido da norma, de maneira que o direito de prorrogação do período de graça, previsto no § 1º do art. 15 da Lei 8.213/91, seria inesgotável, em exegese atentatória ao sistema previdenciário contributivo, previsto nos arts. 201, caput, da CF/88 e 1º da Lei 8.213/91.

VIII. Recurso Especial parcialmente provido, para, reconhecido o direito à prorrogação do período de graça do art. 15, § 1º, da Lei 8.213/91 – por uma só vez e desde que não perdida a condição de segurado -, determinar o retorno dos autos à origem, prosseguindo-se na análise do direito à pensão por morte, na forma da lei, à luz dos fatos e provas dos autos.

Outrossim, poderá ocorrer mais uma prorrogação de 12 meses para o segurado desempregado, desde que comprovada essa situação por registro no órgão próprio do Ministério do Trabalho (com a extinção do Ministério do Trabalho, desde 2019 o Ministério da Economia assumiu a área trabalhista, tendo sido criada uma Secretaria Especial de Previdência e Trabalho), a exemplo da percepção do seguro-desemprego, que o pressupõe, independentemente da prorrogação referida anteriormente.

Logicamente, esta prorrogação apenas poderá beneficiar o segurado empregado e o empregado doméstico, pois apenas nestes casos haverá um verdadeiro desemprego. Mesmo assim, apenas os segurados empregados que possuam vínculo empregatício farão jus ao elastecimento em 12 meses, pois há casos de inexistência de vínculo empregatício, a exemplo do servidor titular de cargo em comissão (relação estatutária, e não celetista) e do titular de mandato eletivo.

Vale frisar que o artigo 15, § 2º, da Lei 8.213/91, se refere apenas a "segurado desempregado", não exigindo que o desemprego seja involuntário para fins de prorrogação em 12 meses do período de graça.

Dessarte, também os segurados empregados e domésticos que pedirem demissão terão direito à citada prorrogação do período de graça, pois não é possível uma interpretação extensiva da norma para restringir um direito dos segurados.

No entanto, existe precedente da TNU que estendeu a mencionada prorrogação ao contribuinte individual, embora este, a rigor, não seja um desempregado:

"Contribuintes individuais do RGPS podem ter extensão do período de graça nos casos de privação de trabalho comprovados

Publicação: 22/10/2015 12:13

Turma Nacional de Uniformização dos Juizados Especiais Federais (TNU), em sessão realizada nesta quarta-feira (21), em Brasília, firmou a tese, nos termos do voto-vista do juiz federal Daniel Machado da Rocha, de que o período de graça previsto no art. 15, § 2º, da Lei n. 8.213/91, também é aplicável para os contribuintes individuais. Assim, a qualidade de segurado fica mantida por 24 meses, nos casos de contribuintes individuais comprovarem que se encontram em uma situação equiparável ao desemprego. O período de graça é aquele em que o contribuinte mantém sua condição de segurado junto à Previdência Social, mesmo sem contribuições.

Na ocasião, o Colegiado, por maioria, também entendeu que, nesses casos, a ausência de trabalho pode ser comprovada por diferentes meios e não apenas pelo registro na Carteira de Trabalho e Previdência Social (CTPS).

No caso concreto, a TNU analisou um agravo regimental contra decisão da Turma Recursal do Rio Grande do Norte, que não admitiu incidente de uniformização nacional pedido por uma dona de casa. A autora da ação solicitava a reforma da sentença de primeiro grau, que negou seu pedido de aposentadoria por idade urbana. Ao confirmar a sentença recorrida, a Turma potiguar afirmou, ainda, que a requerente teria perdido sua qualidade de segurada, por ter ficado sem contribuir por mais de um ano.

> Segundo os autos, a dona de casa, ao completar 60 anos, em 2012, requereu administrativamente sua aposentadoria e, nesse caso, como a sua filiação se deu antes de 1991, bastava comprovar 180 contribuições pagas à Previdência. O Instituto Nacional de Seguridade Social (INSS) reconheceu administrativamente que ela integralizou o período de 16 anos, 5 meses e 6 dias, não tendo, entretanto, atingido o número de 180 contribuições necessárias à concessão da aposentadoria por idade.
>
> O INSS alegou que as competências relativas aos períodos compreendidos entre julho de 2008 e dezembro de 2010 foram recolhidas fora do prazo, no ano de 2011, período em que a autora já teria perdido sua condição de segurada do Regime Geral da Previdência Social. A requerente, por sua vez, sustentou à TNU, que pagou todas as contribuições em atraso por estar desempregada e que, ao contrário do que alegava o INSS, o pagamento foi regular e que, diante disso, não houve perda de qualidade, pois é possível a prorrogação do período de graça, nos termos do art. 15, § 2º, da Lei n.º 8.213/91. Ela sustentou ainda que a decisão contraria entendimentos da Turma Regional de Uniformização da 4 ª Região.
>
> O juiz federal Daniel Machado da Rocha, divergindo do entendimento do relator do processo, juiz federal Frederico Koehler, afirmou que a interpretação da Turma Regional de Uniformização da 4ª Região é valida para a caracterização da divergência. Para Rocha, "é cediço que as atividades laborais não se restringem à relação empregatícia. Aliás, com as transformações ocorrentes no mundo do trabalho– tecnológicas, científicas e dentro de um contexto de crise econômica e de globalização, cada vez mais o trabalhador se vê fragilizado nos seus direitos trabalhistas e previdenciários", afirmou.
>
> Segundo o magistrado, não se pode ignorar que a Lei de Benefícios é uma versão "remasterizada" da antiga Lei Orgânica da Previdência Social de 1960 – com a inclusão dos trabalhadores rurais e permeada por regras de transição – quando se acreditava que seria possível concentrar as relações de trabalho no formato padronizado do vínculo empregatício.
>
> Como não houve a realização de instrução probatória, entendeu que o incidente nacional de uniformização de jurisprudência formulado pela parte autora deve ser provido, aplicando-se a Questão de Ordem 20 da TNU, para que a Turma Recursal de origem se ajuste ao entendimento ora firmado. Diante disso, o colegiado da TNU solicitou o retorno do processo à primeira instância, a fim de que a parte autora comprove que se encontrava em uma situação de privação do trabalho.
>
> Processo nº 0500946-65.2014.4.05.8400".

Conforme o Boletim 41 da TNU, "a Turma Nacional de Uniformização decidiu afetar o tema como representativo da controvérsia, com a seguinte questão controvertida: Saber se a prorrogação da qualidade de segurado por desemprego involuntário se estende ao segurado contribuinte individual" (REPRESENTATIVO DE CONTROVÉRSIA – AFETAÇÃO TEMA 239 – PUIL n. 0504272-91.2018.4.05.8400/RN).

No julgamento do processo 0008710-71.2011.4.03.6315, de 20/10/2016, decidiu a TNU que "a prorrogação do período de graça prevista no § 2º do art. 15 da Lei 8.213/91 somente se aplica às hipóteses de desemprego involuntário, o qual não se comprova pela simples ausência de anotação na CTPS, registros no CNIS ou exibição do Termo de Rescisão de Contrato de Trabalho, devendo ser oportunizada a dilação probatória para afastar o exercício de atividade remunerada na informalidade" (Informativo 10).

No mesmo sentido o STJ:

> Processo
>
> REsp **1367113** / SC RECURSO ESPECIAL 2013/0031542-0
>
> Relator(a)
>
> Ministro SÉRGIO KUKINA (1155)

Órgão Julgador

T1 – PRIMEIRA TURMA

Data do Julgamento

21/06/2018

Data da Publicação/Fonte

DJe 08/08/2018

Ementa

PREVIDENCIÁRIO E PROCESSUAL CIVIL. NEGATIVA DE PRESTAÇÃO JURISDICIONAL. INEXISTÊNCIA. PENSÃO POR MORTE. QUALIDADE DE SEGURADO. DESEMPREGO VOLUNTÁRIO. EXTENSÃO DO PERÍODO DE GRAÇA. ART. 15, § 2º, DA LEI N. 8.213/91. NÃO APLICABILIDADE. 1. Verifica-se não ter ocorrido ofensa ao art. 535 do Código de Processo Civil/73, na medida que o Tribunal de origem dirimiu, fundamentadamente, as questões que lhe foram submetidas, apreciando integralmente a controvérsia posta nos autos. 2. A Previdência Social tem por finalidade o amparo ao beneficiário que, mediante fatos da vida, por vezes alheios à sua vontade, venha a experimentar situações que respaldem o direito à obtenção dos chamados benefícios previdenciários. 3. Ao traçar os objetivos da Previdência Social, o art. 1º da Lei n. 8.213/91 enumera as circunstâncias capazes de ensejar a cobertura previdenciária e, dentre elas, está expressamente descrita a situação de desemprego involuntário.

4. Nada obstante o § 2º do art. 15 da Lei n. 8.213/91 não seja categórico quanto à sua incidência apenas na hipótese de desemprego involuntário, em uma interpretação sistemática das normas previdenciárias é de se concluir que, tendo o rompimento do vínculo laboral ocorrido por ato voluntário do trabalhador, sua qualidade de segurado será mantida apenas nos doze primeiros meses após o desemprego, a teor do art. 15, II, da Lei n. 8.213/91, sem a prorrogação de que trata o § 2º do mesmo artigo 5. Recurso especial improvido.

Nos termos do **Enunciado 189, do FONAJEF**, a percepção do seguro desemprego gera a presunção de desemprego involuntário para fins de extensão do período de graça nos termos do art. 15, § 2°, da Lei 8.213/91.

Essa comprovação é admitida pelo INSS através da apresentação dos seguintes documentos, devendo se operar ainda dentro do período de graça[40]:

I – comprovação do recebimento do seguro-desemprego; ou

II – inscrição cadastral no Sistema Nacional de Emprego – SINE, órgão responsável pela política de emprego nos Estados da federação

Questão tormentosa é saber se o desemprego poderá ser comprovado por outros meios de prova que não o registro no órgão trabalhista. O INSS não vem aceitando outra comprovação na esfera administrativa.

Contudo, a TNU editou o enunciado de Súmula 27, aduzindo que "a ausência de registro em órgão do Ministério do Trabalho não impede a comprovação do desemprego por outros meios admitidos em Direito".

40. Artigo 137, § 4º, da Instrução Normativa INSS 77/2015.

No âmbito do STJ o tema não havia sido pacificado, existindo divergência entre as Turmas especializadas:

PREVIDENCIÁRIO. APOSENTADORIA POR TEMPO DE SERVIÇO. REQUISITOS. QUALIDADE DE SEGURADO MANTIDA. REGISTRO NO ÓRGÃO DO MINISTÉRIO DO TRABALHO. DESNECESSIDADE. RECURSO IMPROVIDO.

1. Nos termos do § 4º do art. 15 da Lei 8.213/91, ocorre a perda da qualidade de segurado "no dia seguinte ao do término do prazo fixado no Plano de Custeio da Seguridade Social para recolhimento da contribuição referente ao mês imediatamente posterior ao do final dos prazos fixados neste artigo e seus parágrafos".

2. **"A ausência de registro em órgão do Ministério do Trabalho não impede a comprovação do desemprego por outros meios admitidos em Direito"** (Súmula 27/TNU) **(5ª Turma, REsp 922.283, de 11.12.2008).**

"AGRAVO REGIMENTAL NO RECURSO ESPECIAL. PENSÃO POR MORTE. MANUTENÇÃO DA QUALIDADE DE SEGURADO. COMPROVANTE DE SEGURO-DESEMPREGO. DIREITO À EXTENSÃO DO PERÍODO DE GRAÇA. PREENCHIMENTO DOS REQUISITOS LEGAIS. AGRAVO IMPROVIDO.

1. A qualidade de segurado indica a existência de vínculo entre o trabalhador e a Previdência Social, cabendo ao art. 15 da Lei nº 8.213/91 estabelecer condições para que ele mantenha tal qualidade no chamado período de graça, no qual há a extensão da cobertura previdenciária, independentemente de contribuições.

2. Para se beneficiar do acréscimo elencado no § 2º do citado dispositivo, que acrescenta 12 (doze) meses ao mencionado período, é indispensável que o segurado comprove sua situação de desemprego perante órgão próprio do Ministério do Trabalho e da Previdência Social.

3. Tendo o ex-segurado recebido o benefício de seguro-desemprego, que, por sua vez, tem a finalidade de promover a assistência financeira temporária do trabalhador desempregado, sendo proposto e processado perante os Postos do Ministério do Trabalho e Emprego, atende ao comando legal de registro da situação de desemprego no órgão competente" **(6ª Turma, AgRgRD no REsp 439.021, de 18.09.2008).**

Em 10.03.2010, a divergência foi uniformizada pela 3ª Seção do STJ, no julgamento da Pet 7.115:

"PREVIDENCIÁRIO. INCIDENTE DE UNIFORMIZAÇÃO DE INTERPRETAÇÃO DE LEI FEDERAL. MANUTENÇÃO DA QUALIDADE DE SEGURADO. ART. 15 DA LEI 8.213/91. CONDIÇÃO DE DESEMPREGADO. DISPENSA DO REGISTRO PERANTE O MINISTÉRIO DO TRABALHO E DA PREVIDÊNCIA SOCIAL QUANDO FOR COMPROVADA A SITUAÇÃO DE DESEMPREGO POR OUTRAS PROVAS CONSTANTES DOS AUTOS. PRINCÍPIO DO LIVRE CONVENCIMENTO MOTIVADO DO JUIZ. O REGISTRO NA CTPS DA DATA DA SAÍDA DO REQUERIDO NO EMPREGO E A AUSÊNCIA DE REGISTROS POSTERIORES NÃO SÃO SUFICIENTES PARA COMPROVAR A CONDIÇÃO DE DESEMPREGADO. INCIDENTE DE UNIFORMIZAÇÃO DO INSS PROVIDO. 1. O art. 15 da Lei 8.213/91 elenca as hipóteses em que há a prorrogação da qualidade de segurado, independentemente do recolhimento de contribuições previdenciárias. **2. No que diz respeito à hipótese sob análise, em que o requerido alega ter deixado de exercer atividade remunerada abrangida pela Previdência Social, incide a disposição do inciso II e dos §§ 1º. e 2º. do citado art. 15 de que é mantida a qualidade de segurado nos 12 (doze) meses após a cessação das contribuições, podendo ser prorrogado por mais 12 (doze) meses se comprovada a situação por meio de registro no órgão próprio**

> **do Ministério do Trabalho e da Previdência Social. 3. Entretanto, diante do compromisso constitucional com a dignidade da pessoa humana, esse dispositivo deve ser interpretado de forma a proteger não o registro da situação de desemprego, mas o segurado desempregado que, por esse motivo, encontra-se impossibilitado de contribuir para a Previdência Social. 4. Dessa forma, esse registro não deve ser tido como o único meio de prova da condição de desempregado do segurado, especialmente considerando que, em âmbito judicial, prevalece o livre convencimento motivado do Juiz e não o sistema de tarifação legal de provas. Assim, o registro perante o Ministério do Trabalho e da Previdência Social poderá ser suprido quando for comprovada tal situação por outras provas constantes dos autos, inclusive a testemunhal.** 5. No presente caso, o Tribunal a quo considerou mantida a condição de segurado do requerido em face da situação de desemprego apenas com base no registro na CTPS da data de sua saída no emprego, bem como na ausência de registros posteriores. **6. A ausência de anotação laboral na CTPS do requerido não é suficiente para comprovar a sua situação de desemprego, já que não afasta a possibilidade do exercício de atividade remunerada na informalidade.** 7. Dessa forma, não tendo o requerido produzido nos autos prova da sua condição de desempregado, merece reforma o acórdão recorrido que afastou a perda da qualidade de segurado e julgou procedente o pedido; sem prejuízo, contudo, da promoção de outra ação em que se enseje a produção de prova adequada. 8. Incidente de Uniformização do INSS provido para fazer prevalecer a orientação ora firmada".

Ou seja, **a 3ª Seção do STJ aderiu ao entendimento da TNU ao admitir que a comprovação do desemprego seja feita por outros meios de prova além do registro em órgão do órgão trabalhista**, para fins de prorrogação do período de graça do segurado obrigatório em 12 meses.

Por outro lado, **a 3ª Seção entendeu que a ausência de anotação laboral na CTPS do segurado não é suficiente para comprovar a sua situação de desemprego**, já que não afasta a possibilidade do exercício de atividade remunerada na informalidade.

Posteriormente ao posicionamento tomado pelo STJ, a TNU resolveu interpretar a Súmula 27 de acordo com o entendimento uniformizado pela Corte Superior:

> "PEDIDO DE UNIFORMIZAÇÃO NACIONAL. PREVIDENCIÁRIO. QUALIDADE DE SEGURADO. DESEMPREGO. COMPROVAÇÃO. PET 7.115. SÚMULA/TNU 27. NOVA INTELIGÊNCIA. ACÓRDÃO EM CONSONÂNCIA COM ATUAL ORIENTAÇÃO. NÃO CONHECIMENTO. **1. A controvérsia quanto à comprovação do desemprego foi solucionada pelo STJ na PET 7.115. O Colendo Tribunal Superior orientou que "o registro perante o Ministério do Trabalho e da Previdência Social poderá ser suprido quando for comprovada tal situação por outras provas constantes dos autos, inclusive a testemunhal", e que "a ausência de anotação laboral na CTPS do requerido não é suficiente para comprovar a sua situação de desemprego, já que não afasta a possibilidade do exercício de atividade remunerada na informalidade"** (STJ, PET 7.115, 3ª Seção, Rel. Min. Napoleão Nunes Maia Filho, j. 10.03.2010, DJ 06.04.2010). **2. A partir da orientação do STJ, este Colegiado deu nova interpretação à Súmula nº 27, no sentido de que a falta de registro de vínculo empregatício em CTPS ou no CNIS não é suficiente à comprovação do desemprego, que pode ser demonstrado por outros meios de prova admitidos em Direito** (precedente: TNU, PU 2004.61.84.391942-0, Rel. Juíza Federal Jacqueline Michels Bilhalva, j. 12.08.2010, DJ 22.11.2010). Dessa forma, ao analisar incidentes de uniformização interpostos pelo INSS contra acórdãos que concluíram pelo desemprego com base apenas na falta de anotação em CTPS, determina-se a devolução dos autos à origem para possibilitar que

a parte autora produza outras provas (v.g.: TNU, AgRegPU 2008.70.53.000533-6, Rel. Juíza Federal Simone Lemos Fernandes, j. 11.10.2010, DJ 24.05.2010). 3. Esta TNU aceita como prova do desemprego, por exemplo, documentação médica indicativa da impossibilidade de retorno ao trabalho (v.g.: TNU, PU 2003.61.84.051426-0, Rel. Juíza Federal Jacqueline Michels Bilhalva, j. 12.08.2010, DJ 22.11.2010) e demonstração do recebimento de seguro desemprego (TNU, PU 2005.63.01.313893-8, Rel. Juíza Federal Rosana Noya Alves Weibel Kaufmann, j. 05.05.2011).4. Ao considerar comprovado o desemprego do falecido pela inexistência de novos registros em CTPS e pela prova testemunhal, a Turma Recorrida decidiu conforme a atual orientação do STJ e desta TNU. 5. Pedido de Uniformização Regional não conhecido" (PEDILEF 2007.71.95.016880-3, de 14.06.2011).

Assim, com as duas prorrogações de 12 meses, é possível que o período de graça do segurado obrigatório chegue a 36 meses.

Por outro lado, **para o segurado facultativo, o período de graça será de até 06 meses, sem direito a qualquer prorrogação**.

Ainda são previstos prazos e termos iniciais específicos para o cômputo do período de graça em hipóteses especiais:

A) **até 12 (doze) meses após cessar a segregação, o segurado acometido por doença de segregação compulsória;**

B) **até 12 (doze) meses após o livramento, o segurado retido ou recluso;**

C) **até 3 (três) meses após o licenciamento, o segurado incorporado às Forças Armadas para prestar serviço militar.**

Entende-se que estes três casos constituem um regramento especial, afastando, **quando mais benéficos**, as disposições gerais do período de graça para o segurado obrigatório e o facultativo. Portanto, se um segurado facultativo é preso, o seu período de graça será de até 12 meses após o livramento, e não de 06 meses após a cessação das contribuições, pois a regra especial afasta a geral.

Suponha-se que Lombroso seja segurado obrigatório do RGPS, sendo preso e condenado a 20 anos de reclusão. Durante todo o cárcere, Lombroso manteve a qualidade de segurado, sendo que apenas com o livramento será iniciado o período de graça de 12 meses.

Insta salientar que **não correrá o período de graça para os segurados em gozo de benefício previdenciário (exceto o auxílio-acidente)** ou, caso tenha se iniciado a sua contagem, haverá a suspensão do prazo, que voltará a correr após a cessação do benefício.

Por isso, na forma da **Súmula 26, da Advocacia-Geral da União**, "para a concessão de benefício por incapacidade, não será considerada a perda da qualidade de segurado decorrente da própria moléstia incapacitante".

No entanto, bondosamente, o INSS possui uma posição administrativa muito favorável ao segurado em gozo de benefício por incapacidade laboral ou salário-maternidade, havendo a **interrupção do período de graça**, e não a sua suspensão, caso já transcorrido algum período.

O tema foi julgado pela TNU (Tema 251):

Tema	251	Situação do tema	Julgado		Ramo do direito	DIREITO PREVIDENCIÁRIO
Questão submetida a julgamento		Saber quando tem início a contagem do período de graça para o segurado que se encontra em gozo de auxílio-doença, para fins de aplicação do disposto no artigo 15, II, § 2° da Lei n. 8.213/91.				
Tese firmada		**O início da contagem do período de graça para o segurado que se encontra em gozo de auxílio-doença, para fins de aplicação do disposto no artigo 15, inciso II e parágrafos 1º e 2° da lei nº 8.213/91, é o primeiro dia do mês seguinte à data de cessação do benefício previdenciário por incapacidade.**				
Processo		**Decisão de afetação**	**Relator (a)**	**Julgado em**	**Acórdão publicado em**	**Trânsito em julgado**
PEDILEF 0501223-27.2018.4.05.8405/ RN		12/03/2020	Juíza Federal Isadora Segalla Afanasieff	16/10/2020		

A nosso ver, o termo inicial do cômputo do período de graça de 12 meses para o segurado em gozo de benefício por incapacidade laboral é o dia primeiro do mês seguinte à data de cessação do benefício, nos termos do artigo 13, inciso II e §§ 1º e 2º do Decreto 3.048/99 e do artigo 137, inciso II, combinado com o § 1º da Instrução Normativa INSS 77/2015. Apenas no caso de segurado obrigatório será possível a prorrogação do período de graça para 24 ou 36 meses, com lastro nos §§ 1º e 2º do artigo 15 da Lei 8.213/91. Dessa forma, correta a posição da TNU (participamos do julgamento como parecerista da PFE INSS com posição acolhida pela Turma Nacional).

IMPORTANTE!

Excepcionalmente, por força da Lei 13.846/2019, que modificou a redação do artigo 15, inciso I, da Lei 8.213/91, desde 18/6/2019, a percepção do **auxílio-acidente** por si só **não mais conservará a qualidade de segurado da Previdência Social**, tendo em vista se tratar de benefício de natureza indenizatória que não impede o exercício de labor remunerado com o respectivo recolhimento de contribuição como segurado obrigatório ou facultativo do RGPS.

Da mesma maneira estatui a **Súmula 08, do Conselho de Recursos da Previdência Social**, ao prever que "fixada a data do início da incapacidade antes da perda da qualidade de segurado, a falta de contribuição posterior não prejudica o seu direito às prestações previdenciárias."

Logo, o importante é fixar a data de início da incapacidade (DII), para ver se nessa data a pessoa ainda era ou não segurada da Previdência Social.

Sobre o tema, tivemos uma alteração de texto no Decreto 3.048/99 pelo Decreto 10.410/2020:

> "Art. 13. Mantém a qualidade de segurado, independentemente de contribuições:
>
> (...)
>
> II – até doze meses após a cessação de benefício por incapacidade ou após a cessação das contribuições, o segurado que deixar de exercer atividade remunerada abrangida pela previdência social ou estiver suspenso ou licenciado sem remuneração;

> II – até doze meses após a cessação das contribuições, observado o disposto nos § 7º e § 8º e no art. 19-E (Redação dada pelo Decreto nº 10.410, de 2020)".

Embora o artigo 13, II, do RPS tivesse sido alterado em 30/06/2020 e não previsse mais por expresso a devolução integral do período de graça após a cessação dos benefícios por incapacidade laboral, já dizíamos que ainda deveria ser aplicado o artigo 137, II, da IN INSS 77/2015, pois não há base jurídica no artigo 15 ,I da Lei 8.213/91 para a cessação automática da qualidade de segurado logo após a cessação do benefício por incapacidade laborativa.

Posteriormente, em 23/9/2020, coube ao Decreto 10.491/2020 restabelecer o texto anterior do RPS:

> "Art. 13. Mantém a qualidade de segurado, independentemente de contribuições:
>
> (...)
>
> II – até doze meses após a cessação de benefício por incapacidade ou das contribuições, observado o disposto nos § 7º e § 8º e no art. 19-E; (Redação dada pelo Decreto nº 10.491, de 2020)".

No caso de fuga do recolhido à prisão, será descontado do prazo de manutenção da qualidade de segurado a partir da data da fuga, o período de graça já usufruído anteriormente ao recolhimento[41].

Insta salientar que se houver exercício de atividade dentro do período de fuga, o mesmo será considerado para a verificação da perda ou não da qualidade de segurado, nos termos do artigo 117, § 3º, do Regulamento da Previdência Social.

O início do prazo para definir o momento da perda da qualidade ocorrerá no dia seguinte ao término do prazo do recolhimento da competência do mês anterior. O RPS, no seu artigo 14, fixou uma data única para todos os segurados, que é o dia seguinte à data final de recolhimento do contribuinte individual, que se operará até o dia 15 do mês seguinte ao da competência, ou, se não houver expediente bancário, no dia útil posterior, na forma do artigo 30, inciso II, da Lei 8.212/91.

> Logo, o termo inicial do período de graça não será a data de cessação do exercício de atividade laborativa remunerada, e sim o dia seguinte à data máxima de recolhimento de contribuição previdenciária não promovida.

Como exemplo, suponha-se o caso de um segurado contribuinte individual que tenha deixado de trabalhar em 31.03.2007. Nesta hipótese, partindo da premissa que a competência de março foi recolhida até o dia 15 de abril, conforme determina a legislação previdenciária, o *dies a quo* do período de graça será 16 de maio, pois a competência de abril não foi recolhida até o dia 15 de maio.

Entrementes, o RPS merece ser alterado, vez que o dia 15 do mês subsequente ao da competência não é mais o mais dilatado marco de recolhimento das contribuições previdenciárias, e sim o dia 20, conforme as alterações perpetradas pela Lei 11.933/2009, no artigo 30, I, 'b', da Lei 8.212/91, para as contribuições pagas pelas empresas.

41. Artigo 139 da Instrução Normativa INSS 77/2015.

Abaixo se colaciona parte da tabela de cálculo do período de graça, que reflete o posicionamento administrativo do INSS, mas favorável ao segurado:

Situação	A partir de 6/3/1997 Decreto nº 2.172, de 5 de março de 1997
Até 120 contribuições	Dia 16 do 14º mês.
Mais de 120 contribuições	Dia 16 do 26º mês.
Em gozo de benefício	Dia 16 do 14º ou 26º mês.
Recluso	Dia 16 do 14º mês.
Facultativo (a partir da Lei nº 8.213/91)	Dia 16 do 8º mês
Situação	**A partir de 6/3/1997 Decreto nº 2.172, de 5 de março de 1997**
Segurado Especial	Dia 16 do 14º mês
Serviço Militar	Dia 16 do 5º mês

Destarte, se um segurado empregado foi despedido em 5 de março de 2015, o seu período de graça será iniciado em 16 de maio de 2015, pois a competência março foi recolhida em abril. Como não houve trabalho em abril, o termo inicial é o dia 16 de maio.

A tabela acima simplifica o cálculo, pois a perda da qualidade de segurado do segurado obrigatório dar-se-á no décimo sexto dia do décimo quarto mês após a cessação do labor (período de graça de 12 meses), ou no décimo sexto dia do vigésimo sexto mês após a cessação do trabalho (período de graça de 24 meses).

Veja, por sua vez, que o INSS adota um posicionamento mais favorável para o recluso, pois o período de graça de 12 meses não será iniciado com o livramento, dando-se a perda da qualidade de segurado somente no décimo sexto dia do décimo quarto mês após a soltura.

Igualmente, no caso do segurado em serviço militar, a perda da qualidade de segurado somente ocorrerá no décimo sexto dia do quinto mês após o licenciamento.

O segurado em gozo de benefício adotou-se o mesmo posicionamento, dando-se a perda da qualidade de segurado no décimo sexto dia do décimo quarto mês após a cessação do benefício (período de graça de 12 meses), ou no décimo sexto dia do vigésimo sexto mês após a cessação do benefício (período de graça de 24 meses).

IMPORTANTE:

A partir da competência 11/2019, o segurado empregado, trabalhador avulso e empregado doméstico que receber remuneração inferior ao limite mínimo mensal do salário de contribuição, **somente manterá a qualidade de segurado** se efetuar os ajustes de complementação, utilização e agrupamento de contribuições, nos termos do Decreto 10.410/2020, que regulamentou o artigo 29 da Emenda 103/2019, nos termos do § 1º do artigo 19-E e o § 27-A do artigo 216, ambos do Regulamento da Previdência Social.

Registre-se que para o contribuinte individual e o segurado facultativo, mesmo antes da EC 103/2019, o valor nominal do salário de contribuição não poderia ser inferior a um salário mínimo.

Durante o período de graça o segurado conservará todos os direitos perante a Previdência Social, na forma do artigo 15, § 3º, da Lei 8.213/91 e, por consequência, também os seus dependentes.

Assim sendo, **qualquer previsão do Regulamento que restrinja ou retire a concessão de benefícios previdenciários no período de graça será ilegal**, como aconteceu no passado com o auxílio-acidente e o salário-maternidade, corrigidos, respectivamente, com a publicação dos Decretos 6.722/2008 e 6.122/2007.

Porém, o artigo 88, inciso IV, do RPS, ainda prevê que o salário-família cessará pelo desemprego do segurado, carecendo, portanto, de fundamento de validade, enquanto o segurado desempregado estiver dentro do período de graça.[42]

> De arremate, excepcionalmente, vale lembrar que a concessão da aposentadoria por idade, especial ou por tempo de contribuição (atual aposentadoria programada) não mais exige a manutenção da qualidade de segurado, desde que o segurado preencha todos os requisitos legais, mesmo que não simultaneamente, a teor do artigo 3º44, da Lei 10.666/2003.

7. PERÍODO DE CARÊNCIA

Com o intuito de resguardar o equilíbrio financeiro e atuarial do sistema, bem como prevenir a ocorrência de fraudes, a concessão de alguns benefícios previdenciários depende do prévio pagamento de um número mínimo contribuições previdenciárias em dia, o que se intitula de carência.

A definição legal de carência, conforme capitulado no artigo 24, da Lei 8.213/91, é *o número mínimo de contribuições mensais indispensáveis para que o beneficiário faça jus ao benefício, consideradas a partir do transcurso do primeiro dia dos meses de suas competências.*

Nesse sentido, para fins de carência, um dia de trabalho, no mês, vale como contribuição para aquele mês, para qualquer categoria de segurado.

Todavia, esse conceito legal é incompleto, pois ainda será preciso que as contribuições previdenciárias sejam pagas tempestivamente para fins de carência, sendo imprestáveis as recolhidas com atraso nos termos abaixo vistos. **Ou seja, a carência se realizará não apenas como o pagamento das contribuições previdenciárias, mas também com o seu recolhimento em dia.**

Nos termos do artigo 26 do RPS, atualizado pelo Decreto 10.410/2020, o período de carência é o tempo correspondente ao número mínimo de contribuições mensais indispensáveis

42. Art. 3º A perda da qualidade de segurado não será considerada para a concessão das aposentadorias por tempo de contribuição e especial.

§ 1º Na hipótese de aposentadoria por idade, a perda da qualidade de segurado não será considerada para a concessão desse benefício, desde que o segurado conte com, no mínimo, o tempo de contribuição correspondente ao exigido para efeito de carência na data do requerimento do benefício.

§ 2º A concessão do benefício de aposentadoria por idade, nos termos do § 1º, observará, para os fins de cálculo do valor do benefício, o disposto no art. 3º, caput e § 2º, da Lei no 9.876, de 26 de novembro de 1999, ou, não havendo salários de contribuição recolhidos no período a partir da competência julho de 1994, o disposto no art. 35 da Lei no 8.213, de 24 de julho de 1991.

para que o beneficiário faça jus ao benefício, **consideradas as competências cujo salário de contribuição seja igual ou superior ao seu limite mínimo mensal.**

Isso porque, a partir da competência 11/2019, o segurado empregado, trabalhador avulso e empregado doméstico que receber remuneração inferior ao limite mínimo mensal do salário de contribuição, somente considerará o período para fins de carência se efetuar os ajustes de complementação, utilização e agrupamento de contribuições, nos termos do Decreto 10.410/2020, que regulamentou o artigo 29 da Emenda 103/2019, na forma do § 1º do artigo 19-E e o § 27-A do artigo 216, ambos do Regulamento da Previdência Social.

Por outro lado, para fins de carência, as contribuições anteriores à data de publicação da Emenda à Constituição nº 103, de 12 de novembro de 2019, serão consideradas em conformidade com a legislação vigente à época.

Outrossim, registre-se que para o contribuinte individual e o segurado facultativo, mesmo antes da EC 103/2019, o valor nominal do salário de contribuição não poderia ser inferior a um salário mínimo.

Para os segurados que possuem presunção de recolhimento da contribuição previdenciária não se há de falar de recolhimento em atraso, devendo a carência ser computada a contar do mês da filiação, independentemente do recolhimento, a saber: empregado, empregado doméstico, trabalhador avulso e contribuinte individual que presta serviços à empresa.

A inserção do empregado doméstico neste rol se deu apenas por força da Lei Complementar 150/2015, que modificou o artigo 27, da Lei 8.213/91.

Já o contribuinte individual que trabalha por conta própria e o segurado facultativo, por serem os responsáveis tributários pelo recolhimento da sua contribuição não possuem presunção de recolhimento, de modo que o período de carência será contado apenas da data de efetivo pagamento da primeira contribuição sem atraso, não sendo consideradas para este fim as contribuições recolhidas com atraso referentes a competências anteriores.

Nesse sentido, de acordo com o artigo 18-A, § 15, da Lei Complementar 123/2006, inserido pela Lei Complementar 139/2011, no caso do contribuinte individual filiado como microempreendedor individual, a inadimplência do recolhimento do valor da sua contribuição previdenciária tem como consequência a não contagem da competência em atraso para fins de carência para obtenção dos benefícios previdenciários respectivos.

Por isso, a tese aqui sustentada goza de previsão legal expressa da Lei Complementar 139/2011, que veio para espancar os eventuais posicionamentos contrários a respeito deste tema.

Inclusive, essa é a posição a ser seguida, pois foi nessa linha que decidiu o STJ no último julgado que abordou diretamente o tema[43]:

> "PREVIDENCIÁRIO. RECURSO ESPECIAL. DISSÍDIO JURISPRUDENCIAL NÃO CARACTERIZADO. ART. 255 DO RISTJ. APOSENTADORIA POR INVALIDEZ. RECOLHIMENTO DE PRESTAÇÕES EM ATRASO. TEMPO DE SERVIÇO. CÔMPUTO PARA EFEITO DE CARÊNCIA. ART. 27 DA LEI Nº 8.213/91. IMPOSSIBILIDADE. I – Em casos nos quais só a comparação das situações fáticas evidencia o dissídio pretoriano, indispensável que se faça o cotejo analítico entre a decisão recorrida e os paradigmas invocados. A simples transcrição de ementas, sem que se evidencie a similitude das situações, não se presta como demonstração da divergência jurisprudencial. **II – As contribuições previdenciárias recolhidas em atraso não**

43. REsp 870.920, 5ª Turma, de 03.04.2007.

podem ser consideradas para o cômputo do período de carência, nos termos do art. 27 da Lei nº 8.213/91. Recurso especial desprovido" (g.n.)

No entanto, é certo que o artigo 27, II, da Lei 8.213/91, possui uma redação dúbia, ao estatuir que "para cômputo do período de carência, **serão consideradas as contribuições realizadas a contar da data do efetivo pagamento da primeira contribuição sem atraso, não sendo consideradas para este fim as contribuições recolhidas com atraso referentes a competências anteriores**, no caso dos segurados contribuinte individual, especial e facultativo".

Em uma interpretação alternativa do artigo 27, da Lei 8.213/91, a TNU vem entendendo que a partir da 1ª contribuição paga sem atraso, às demais poderão ser pagas com atraso para fins de carência:

> "EMENTA PREVIDENCIÁRIO. CARÊNCIA. CONTRIBUINTE INDIVIDUAL. RECOLHIMENTO COM ATRASO DAS CONTRIBUIÇÕES POSTERIORES À PRIMEIRA. AUSÊNCIA DE PERDA DA QUALIDADE DE SEGURADO. POSSIBILIDADE DE CÔMPUTO DAS CONTRIBUIÇÕES ATRASADAS. **1. Devem ser consideradas, para efeito de carência quanto à obtenção do benefício de auxílio-doença, as contribuições previdenciárias recolhidas com atraso, desde que posteriores à primeira paga sem atraso**. 2. A possibilidade do cômputo, para efeito de carência, dessas contribuições recolhidas em atraso decorre diretamente da interpretação do disposto no art. 27, II, da Lei nº 8.213/91. Importa, para que esse pagamento seja considerado, que não haja perda da qualidade de segurado. Precedente do STJ (REsp 642243/PR, Rel. Ministro Nilson Naves, Sexta Turma, julgado em 21/03/2006, DJ 05/06/2006 p. 324). 3. Tratando-se de restabelecimento de benefício de auxílio-doença, e considerando que a questão da capacidade da autora para o trabalho não foi devidamente apreciada nas instâncias anteriores, devem os autos retornar ao juízo de origem para que se proceda ao completo e devido julgamento. 4. Pedido de Uniformização parcialmente provido para anular o acórdão e a sentença monocrática"[44] (g.n.).

No entanto, a própria TNU entende que as contribuições atrasadas após a primeira paga em dia somente se prestam para fins de carência se ainda recolhidas dentro do período de graça, vez que se na data do recolhimento já tiver se dado a perda da qualidade de segurado serão imprestáveis para fins de carência:

> "PREVIDENCIÁRIO E PROCESSUAL CIVIL. PEDIDO DE UNIFORMIZAÇÃO. APOSENTADORIA POR IDADE. CONTRIBUINTE INDIVIDUAL. SENTENÇA DE PROCEDÊNCIA MANTIDA PELA 2.ª TURMA RECURSAL DO PARANÁ. ALEGAÇÃO DE DISSÍDIO COM A JURISPRUDÊNCIA DOMINANTE DA TURMA NACIONAL DE UNIFORMIZAÇÃO. RECOLHIMENTO DE CONTRIBUIÇÃO EM ATRASO. CARÊNCIA. NECESSIDADE DA MANUTENÇÃO DA QUALIDADE DE SEGURADO. SIMILITUDE FÁTICO-JURÍDICA ENTRE OS ACÓRDÃOS RECORRIDO E PARADIGMA. DIVERGÊNCIA DEMONSTRADA. CONHECIMENTO E PROVIMENTO DO INCIDENTE. Comprovada a similitude fático-jurídica e a divergência entre o acórdão recorrido e a jurisprudência dominante da Turma Nacional de Uniformização (PEDILEF n.º 200772500000920, Rel. Juiz Federal Derivaldo de Figueiredo Bezerra Filho, DJ 9 fev. 2009), tem cabimento o incidente.– **As contribuições previdenciárias recolhidas com atraso devem ser consideradas para efeito de carência desde que posteriores à primeira paga sem atraso e que o atraso não importe nova perda da condição de segurado (PEDILEF n.º 200670950114708 PR, Rel. Juiz Fed. Élio Wanderley de Siqueira Filho, DJ 14 abr. 2008).**– Hipótese na qual o recorrente alega que o acórdão da Turma Recursal

44. Incidente 200772500000920, de 21.11.2008.

de origem, mantendo a sentença de procedência do pedido de aposentadoria por idade, divergiria da jurisprudência dominante da TNU, segundo a qual é possível o recolhimento de contribuições em atraso, desde que haja a manutenção da qualidade de segurado.– **A TNU já firmou o entendimento quanto à possibilidade de cômputo das contribuições previdenciárias recolhidas a posteriori pelo contribuinte individual para efeitos de carência, se não houver perda da qualidade de segurado.** No caso, o acórdão recorrido afirmou expressamente não haver mais obrigatoriedade do requisito qualidade de segurado, de forma que, pagas as contribuições, mesmo a destempo, seria possível o seu cômputo para fins de carência e, consequentemente, para obtenção da aposentadoria por idade, o que diverge da jurisprudência desta TNU. **Como a recorrida não mais detinha a qualidade de segurada quando do pagamento das contribuições em atraso, referentes às competências de janeiro de 2002 até setembro de 2009, uma vez que passou mais de quatro anos sem contribuir, e tendo pago todo o período a partir do dia que completou a idade exigida para a concessão da aposentadoria por idade, tais contribuições recolhidas em atraso, após perda da qualidade de segurado, não podem ser computadas como carência, mas apenas como tempo de contribuição.**– Incidente de Uniformização conhecido e provido para reformar a sentença e o acórdão impugnados, julgando improcedente o pedido da autora" (PEDILEF 50389377420124047000, de 08/03/2013).

Sem entrar neste mérito sobre as contribuições recolhidas em atraso após a primeira tempestivamente paga, recentemente decidiu a 2ª Turma do STJ que as contribuições atrasadas pagas antes da primeira paga na data não se prestam para efeitos do período de carência:

"PREVIDENCIÁRIO. RECURSO ESPECIAL. APOSENTADORIA URBANA POR IDADE. CONTRIBUINTE INDIVIDUAL. RECOLHIMENTO DA CONTRIBUIÇÃO PREVIDENCIÁRIA EM ATRASO. CÔMPUTO PARA EFEITO DE CARÊNCIA. IMPOSSIBILIDADE. ART. 27, II, DA LEI Nº 8.213/1991. PRECEDENTES. RECURSO ESPECIAL PROVIDO. 1. É da data do efetivo pagamento da primeira contribuição sem atraso que se inicia a contagem do período de carência quando se tratar de contribuinte individual. **2. As contribuições previdenciárias recolhidas em atraso, em período anterior ao primeiro pagamento sem atraso, não podem ser consideradas para o cômputo do período de carência, nos termos do art. 27, II, da Lei n. 8.213/1991.** Precedentes. 3. Recurso especial" (STJ, 2ª Turma, REsp 1376961, de 28/05/2013).

Ademais, para o *segurado especial*, a carência será realizada pelo exercício da atividade campesina ou pesqueira artesanal para subsistência, no período equivalente ao número de contribuições mensais exigidas, não sendo necessário o efetivo recolhimento da contribuição sobre a produção rural ou pesqueira, ante da ficção normativa de filiação automática do segurado especial.

Para o **segurado especial**, considera-se período de carência, para fins de concessão dos benefícios a que faz jus pela contribuição sobre produção rural, o **tempo mínimo de efetivo exercício de atividade rural, ainda que de forma descontínua**, igual à quantidade de meses necessária à concessão do benefício requerido, nos termos do artigo 26, § 1º, do RPS, atualizado pelo Decreto 10.410/2020.

Deveras, note-se que **o termo inicial da carência será o primeiro dia da competência recolhida**. Logo, se um contribuinte individual recolhe a competência de fevereiro até o dia 15 de março, será considerado o dia 1º de fevereiro como o *dies a quo* do cálculo da carência, mesmo que o exercício do trabalho tenha se operado no fim do mês.

Vale salientar que o segurado empregado, o trabalhador avulso e o contribuinte individual que prestar serviços à pessoa jurídica (este último a partir da competência 04/2003) têm em seu favor a presunção absoluta de recolhimento das suas contribuições previdenciárias, a teor do artigo 33, § 5º, da Lei 8.212/91, pois a responsabilidade tributária é da empresa, sendo apenas necessário comprovar a relação de trabalho e o valor da remuneração.

Já para o empregado doméstico inexistia esta presunção, devendo ser demonstrado antigamente o pagamento das suas contribuições previdenciárias, apesar de a responsabilidade ser do empregador doméstico. Caso inexistissem os pagamentos, se for comprovado o exercício da atividade laboral pelo período exigido, o segurado doméstico recebia o benefício no valor mínimo, na forma do artigo 36, da Lei 8.213/91[45].

No entanto, com o advento da Lei Complementar 150/2015, o empregado doméstico passou a ter a mesma presunção de recolhimento que já beneficiava o empregado, tendo sido modificado o artigo 27 e tacitamente revogado o artigo 36, da Lei 8.213/91.

No que concerne ao contribuinte individual que não presta serviços a pessoa jurídica, bem como o segurado facultativo, como os mesmos são os responsáveis tributários pela arrecadação, deverão ser vertidas em dia as contribuições previdenciárias para consecução da carência.

De efeito, as contribuições vertidas para Regime Próprio de Previdência Social serão consideradas para todos os efeitos, inclusive para os de carência[46], na hipótese de migração do trabalhador para o RGPS.

Por outro lado, **não é computado para efeito de carência o tempo de atividade do trabalhador rural anterior à competência novembro de 1991, por expressa exclusão legal**[47].

O período de carência será computado:

I – **para o segurado empregado, empregado doméstico (LC 150/2015), o trabalhador avulso e o contribuinte individual que presta serviços a pessoa jurídica (este a partir da competência 04/2003)**, da data de filiação ao Regime Geral de Previdência Social, ou seja, a partir do exercício de atividade laborativa remunerada;

II – **para o segurado contribuinte individual que não presta serviços à pessoa jurídica, o facultativo e o segurado especial que contribui facultativamente (20% salário de contribuição)**, da data do efetivo recolhimento da primeira contribuição sem atraso, não sendo consideradas para esse fim as contribuições recolhidas com atraso referentes a competências anteriores;

III – **para o segurado especial,** a partir do efetivo exercício da atividade rural ou pesqueira artesanal para fins de subsistência sem o auxílio de empregados permanentes.

Ou seja, para o segurado empregado, empregado doméstico, o trabalhador avulso e o contribuinte individual prestador de serviços à pessoa jurídica (este a partir da competência de 04.2003), basta o exercício da atividade remunerada para se iniciar o cômputo da carência, vez que a responsabilidade tributária pelo pagamento das contribuições previdenciárias é exclusiva da empresa, a teor do artigo 33, § 5º, da Lei 8.212/91, presumindo-se de maneira absoluta o pagamento.

---

45. Art. 36. Para o segurado empregado doméstico que, tendo satisfeito as condições exigidas para a concessão do benefício requerido, não comprovar o efetivo recolhimento das contribuições devidas, será concedido o benefício de valor mínimo, devendo sua renda ser recalculada quando da apresentação da prova do recolhimento das contribuições.
46. Artigo 26, § 5º, do RPS.
47. Artigo 26, § 3º, do RPS – Artigo 55, § 2º, da Lei 8213/91.

Entende-se que a presunção de recolhimento da contribuição previdenciária em favor do empregado doméstico deverá retroagir à vigência da LC 150/2015, pois se trata de correção de discriminação negativa por omissão, na medida em que a responsabilidade tributária de recolher já era do empregador doméstico.

Por outro lado, o contribuinte individual que trabalha por conta própria e o segurado facultativo deverão comprovar o recolhimento tempestivo das contribuições previdenciárias para integralização da carência.

No caso do segurado facultativo e do contribuinte individual que trabalha por conta própria a justificativa dessa regra é que é deles a responsabilidade tributária pelo pagamento, pois inexiste empresa a ser responsabilizada.

Já para o segurado especial, para a realização da carência, bastará a demonstração do efetivo exercício da atividade rural ou pesqueira artesanal para fins de subsistência sem o auxílio de empregados permanentes.

Depende de carência a concessão dos seguintes benefícios previdenciários:

I – **10 contribuições mensais** – salário-maternidade, para as seguradas contribuinte individual, especial e facultativa;

II – **12 contribuições mensais** – auxílio-doença (auxílio por incapacidade temporária) e aposentadoria por incapacidade permanente (em regra);

III – **24 contribuições mensais** – auxílio-reclusão;

IV – **180 contribuições mensais** – aposentadoria por idade, tempo de contribuição e especial.

Assim, em regra, a concessão dos benefícios por incapacidade laborativa (auxílio-doença e aposentadoria por incapacidade permanente) dependerá da integralização de 12 contribuições mensais a título de período de carência, salvo nas três exceções que serão vistas.

> REFORMA CONSTITUCIONAL DE 2019
>
> Com o advento da Emenda 103/2019, a aposentadoria por tempo de contribuição sem idade mínima foi extinta (salvo direito adquirido formado até 13/11/2019), nascendo a aposentadoria por idade e tempo de contribuição com requisitos cumulativos, devendo o artigo 25 da Lei 8.213/91 ser interpretado conforme a Constituição para sujeitar este benefício ao período de carência de 180 contribuições mensais.

Essa aposentadoria por idade e tempo de contribuição, que também exige período de carência de 180 contribuições mensais, passou a ser chamar de aposentadoria programada, nos termos do artigo 26 do RPS, atualizado pelo Decreto 10.410/2020:

> "Art. 29. A concessão das prestações pecuniárias do Regime Geral de Previdência Social, ressalvado o disposto no art. 30, depende dos seguintes períodos de carência:
>
> I – doze contribuições mensais, nos casos de auxílio por incapacidade temporária e aposentadoria por incapacidade permanente; e (Redação dada pelo Decreto nº 10.410, de 2020).
>
> **II – cento e oitenta contribuições mensais, nos casos de aposentadoria programada, por idade do trabalhador rural e especial;** (Redação dada pelo Decreto nº 10.410, de 2020).

> III – dez contribuições mensais, no caso de salário-maternidade, para as seguradas contribuinte individual, especial e facultativa, respeitado o disposto no § 2º do art. 93 e no inciso II do art. 101. (Redação dada pelo Decreto nº 3.452, de 2000)
>
> IV – vinte e quatro contribuições mensais, no caso de auxílio-reclusão. (Incluído pelo Decreto nº 10.410, de 2020)".

Em caso de parto antecipado, o período de carência para o salário-maternidade será reduzido em número de contribuições equivalente ao número de meses em que o parto foi antecipado.

Portanto, se uma segurada especial, contribuinte individual ou facultativa tiver bebê com apenas 07 meses de gestação, a carência será de 08 contribuições mensais, e não de 10 recolhimentos.

A Medida Provisória 664/2014 chegou a inserir, como regra geral, carência de 24 recolhimentos mensais para a pensão por morte e o auxílio-reclusão, mas a lei de conversão (13.135/2015) restaurou a redação anterior, dispensando a carência para os benefícios dos dependentes.

De acordo com o artigo 5º da Lei 13.135/2015, "os atos praticados com base em dispositivos da Medida Provisória no 664, de 30 de dezembro de 2014, serão revistos e adaptados ao disposto nesta Lei".

Desta forma, **os efeitos da MP 664/2014 foram desconstituídos pela Lei de Conversão, cabendo ao INSS rever de ofício as negativas de auxílios-reclusão e pensões por morte em razão da não integralização de carência de 24 recolhimentos durante a sua vigência (de 1/3/2015 a 17/6/2015 neste ponto).**

Posteriormente, a **MP 871/2019** passou a exigir período de carência de 24 contribuições mensais para a concessão do benefício do auxílio-reclusão ao dependente do segurado preso em regime fechado de baixa renda.

A inserção de período de carência de 24 contribuições mensais para o auxílio-reclusão é fruto da MP 871/2019, convertida na Lei 13.846/19 (essa tentativa já foi feita pela MP 664/2014 e foi derrubada no Congresso Nacional no ano de 2015 na lei de conversão 13.135), **operando-se somente para prisões a contar de 18/1/2019 (lei do tempo rege o ato jurídico).**

Contudo, **nas hipóteses das aposentadorias por idade, tempo de contribuição e especial, para os filiados ao RGPS até 24.07.1991, existe uma regra de transição para a integralização da carência**, pois no regime anterior exigia-se apenas 60 contribuições mensais.

Assim, levando-se em conta o ano em que o segurado implementar todas as condições necessárias à obtenção do benefício, será obedecida a seguinte tabela, inserta no artigo 142, da Lei 8.213/91:

Ano de implementação das condições	Meses de contribuição exigidos
1991	60 meses
1992	60 meses
1993	66 meses
1994	72 meses
1995	78 meses

Ano de implementação das condições	Meses de contribuição exigidos
1996	90 meses
1997	96 meses
1998	102 meses
1999	108 meses
2000	114 meses
2001	120 meses
2002	126 meses
2003	132 meses
2004	138 meses
2005	144 meses
2006	150 meses
2007	156 meses
2008	162 meses
2009	168 meses
2010	174 meses
2011	180 meses

Note-se que a regra de transição incidiu até o ano de 2010, pois os segurados antigos que preencheram os requisitos em 2011 em diante terão que realizar a carência de 180 contribuições mensais.

Para a concessão da aposentadoria por idade, vale ressaltar que o entendimento da Previdência Social para a incidência da transcrita tabela tem sido mais favorável aos segurados, pois está sendo considerado o ano em que o segurado completou a idade mínima para o deferimento do benefício, mesmo que a carência tenha sido integralizada posteriormente **("congelamento" da carência)**, conforme explicitado na questão 21, do Parecer CONJUR/MPS 616/2010.

Logo, como a aposentadoria por idade para os homens será concedida aos 65 anos de idade (idade mantida pela Emenda 103/2019), em regra, se um segurado completou essa idade em 1993 terá que realizar a carência de 66 contribuições mensais, mesmo que apenas em 1995 integralize a carência, não sendo necessário atingir 78 contribuições mensais.

Esse também é o posicionamento da TNU, que no dia 24 de novembro de 2011 aprovou a Súmula 44:

> **"Súmula 44 – Para efeito de aposentadoria por idade urbana, a tabela progressiva de carência prevista no art. 142 da Lei nº 8.213/91 deve ser aplicada em função do ano em que o segurado completa a idade mínima para concessão do benefício, ainda que o período de carência só seja preenchido posteriormente" (precedente: PEDILEF 0022551-92208.4.01.3600".**

No mesmo sentido o STJ:

"PREVIDENCIÁRIO. APOSENTADORIA POR IDADE. TRABALHADORA URBANA. SEGURADA INSCRITA NO RGPS ANTES DA EDIÇÃO DA LEI 8.213/91. APLICAÇÃO DA REGRA DE TRANSIÇÃO PREVISTA NO ART. 142 DA LEI DE BENEFÍCIOS. CARÊNCIA MÍNIMA CUMPRIDA. AGRAVO REGIMENTAL A QUE SE NEGA PROVIMENTO.

1. Para a concessão da aposentadoria por idade, de acordo com o artigo 48 da Lei 8.213/91, o segurado urbano deve preencher dois requisitos: a) idade mínima de 65 (sessenta e cinco) anos, se homem e 60 (sessenta) anos, se mulher; b) cumprimento da carência mínima exigida por lei.

2. Aplica-se aos segurados urbanos inscritos no RGPS antes de 24 de julho de 1991, data da publicação da Lei 8.213, a regra de transição prevista no artigo 142 da citada Lei.

3. De acordo com a regra de transição do artigo 142 da Lei 8.213/91, o segurado que, no ano de 2001, implementar todas as condições necessárias à obtenção do benefício precisará comprovar 120 (cento e vinte) meses de contribuição.

4. A agravada se filiou ao RGPS em 1986 e em 2001, quando completou 60 (sessenta) anos de idade, apresentava carência de 121 (cento e vinte e um) meses de contribuição.

5. Tendo a agravada contribuído por período superior ao exigido pela Lei 8.213/91, possui direito à concessão do benefício de aposentadoria por idade.

6. Agravo Regimental a que se nega provimento (STJ, AgRg no REsp 699452, de 05/02/2013).

A regra do artigo 142 da Lei 8.213/91 foi recebida pela Emenda 103/2019, tendo em conta que a aposentadoria programada também reclama período de carência de 180 recolhimentos mensais.

Nesse sentido a Portaria INSS 450/2020:

"Art. 5º Fica mantida a carência disciplinada pela Lei nº 8.213, de 24 de julho de 1991, mantendo-se, assim, a exigência de 180 (cento e oitenta) contribuições mensais para as aposentadorias programáveis e de 12 (doze) contribuições para a aposentadoria por incapacidade permanente previdenciária, antiga aposentadoria por invalidez previdenciária, classificada como não-programável.

Parágrafo único. Para definição da carência, deve ser verificado o direito à aplicação da tabela progressiva prevista no art. 142 da Lei nº 8.213, de 1991".

Mas tivemos a reforma previdenciária implementada pela **Emenda 103/2019**, que extinguiu a aposentadoria por tempo de contribuição sem idade mínima, assim como **redesignou a aposentadoria por invalidez para aposentadoria por incapacidade permanente**.

Dessa forma, o regramento do artigo 25 da Lei 8.213/91 deve ser interpretado à luz da Reforma Previdenciária Constitucional de 2019. Logo, **depende de carência** a concessão dos seguintes benefícios previdenciários:

I. 10 contribuições mensais – salário-maternidade, para as seguradas contribuinte individual, especial e facultativa;

II. 12 contribuições mensais – auxílio-doença (auxílio-incapacidade temporária) e aposentadoria por incapacidade permanente (em regra);

III. 24 contribuições mensais – auxílio-reclusão (Lei 13.846/20199);

IV. 180 contribuições mensais – aposentadoria por idade e tempo de contribuição (programada, comum e professor); aposentadoria por idade do trabalhador rural; aposentadoria especial.

Independe de carência a concessão das seguintes prestações:

I – **pensão por morte**, salário-família e auxílio-acidente;

II – salário-maternidade, para as seguradas empregada, empregada doméstica e trabalhadora avulsa;

III – auxílio-doença e aposentadoria por incapacidade permanente nos casos de acidente de qualquer natureza ou causa, doença profissional ou do trabalho, bem como nas hipóteses de doenças ou afecções graves especificadas em lista elaborada pelos Ministérios da Saúde e da Previdência Social (atualmente Economia), atualizada a cada 3 (três) anos, de acordo com os critérios de estigma, deformação, mutilação, deficiência ou outro fator que lhe confira especificidade e gravidade que mereçam tratamento particularizado;

IV – serviço social e reabilitação profissional.

Com a Lei 13.135/2015, a pensão por morte e o auxílio-reclusão voltaram a ter o período de carência sempre dispensado, tendo sido restaurado o inciso I do artigo 26 da Lei 8.213/91. Inclusive, este é o entendimento do próprio INSS veiculado no Memorando Circular Conjunto nº 39/DIRBEN/DIRAT/INSS:

> **"Memorando – Circular Conjunto nº 39/DIRBEN/DIRAT/INSS**
>
> Em 30 de julho de 2015.
>
> Aos Superintendentes-Regionais, Gerentes-Executivos, Gerentes de Agências da Previdência Social.
>
> Especialistas em Normas e Gestão de Benefícios, Chefes de Divisão/Serviço de
>
> Benefícios, Chefes de Divisão/Serviço/Seção de Atendimento e Chefes de Serviço/Seção de Reconhecimento Inicial.
>
> Assunto: **Adequação provisória do Sistema PRISMA. Lei nº 13.135/15.**
>
> 1. Com o objetivo de reduzir o represamento de benefícios de pensão por morte e auxílio-reclusão cuja decisão aguarda adequação dos sistemas às alterações decorrentes da Lei nº 13.135/15, informamos que será disponibilizada, nesta data, à noite, uma versão inicial, que visa liberar exigências atualmente existentes no Prisma, adequando parcialmente às regras previstas na Lei nº 13.135/15.
>
> 2. Dentre as adequações provisórias que serão disponibilizadas no PRISMA, ressaltamos:
>
> **a) para benefício com data de óbito/reclusão a partir de 1º/03/2015, não mais se exigirá a carência de vinte e quatro contribuições sem perda da qualidade de segurado".**

No entanto, a inserção de período de carência de 24 contribuições mensais para o auxílio-reclusão é fruto da MP 871/2019, convertida na Lei 13.846/2019 (essa tentativa já foi feita pela MP 664/2014 e foi derrubada no Congresso Nacional no ano de 2015 na lei de conversão 13.135), **operando-se somente para prisões a contar de 18/1/2019 (lei do tempo rege o ato jurídico)**.

A aposentadoria por incapacidade permanente e o auxílio-doença terão, em regra, carência de 12 contribuições mensais, salvo as exceções legais.

Dessarte, excepcionalmente, o deferimento da aposentadoria por incapacidade permanente e do auxílio-doença dispensarão a carência quando decorrente de acidente de trabalho (típico, por equiparação e nos casos das doenças profissionais e do trabalho) ou oriundo de doença grave listada em Portaria do Ministério da Previdência Social (competência atualmente exercida pelo Ministério da Economia) e da Saúde.

Atualmente, a Portaria Ministerial MPAS/MS nº 2.998, de 23-08-2001, lista as doenças graves que dispensam a carência para a concessão da aposentadoria por incapacidade permanente e do auxílio-doença:

> "Art. 1º As doenças ou afecções abaixo indicadas excluem a exigência de carência para a concessão de auxílio-doença ou de aposentadoria por invalidez aos segurados do Regime Geral de Previdência Social – RGPS:
>
> I – tuberculose ativa;
>
> II – hanseníase;
>
> III – alienação mental;
>
> IV – neoplasia maligna;
>
> V – cegueira
>
> VI – paralisia irreversível e incapacitante;
>
> VII – cardiopatia grave;
>
> VIII – doença de Parkinson;
>
> IX – espondiloartrose anquilosante;
>
> X – nefropatia grave;
>
> XI – estado avançado da doença de Paget (osteíte deformante);
>
> XII – síndrome da deficiência imunológica adquirida – Aids;
>
> XIII – contaminação por radiação, com base em conclusão da medicina especializada; e
>
> XIV – hepatopatia grave.
>
> Art. 2º O disposto no artigo 1º só é aplicável ao segurado que for acometido da doença ou afecção após a sua filiação ao RGPS".

No entanto, com a Lei 13.135/2015, o artigo 151 da Lei 8.213/91 foi restaurado, passando a inserir uma nova doença grave para dispensar a carência dos benefícios por incapacidade, qual seja, a **esclerose múltipla**:

> Art. 151. Até que seja elaborada a lista de doenças mencionada no inciso II do art. 26, independe de carência a concessão de auxílio-doença e de aposentadoria por invalidez ao segurado que, após filiar-se ao RGPS, for acometido das seguintes doenças: tuberculose ativa, hanseníase, alienação mental, **esclerose múltipla**, hepatopatia grave, neoplasia maligna, cegueira, paralisia irreversível e incapacitante, cardiopatia grave, doença de Parkinson, espondiloartrose anquilosante, nefropatia grave, estado avançado da doença de Paget (osteíte deformante), síndrome da deficiência imunológica adquirida (aids) ou contaminação por radiação, com base em conclusão da medicina especializada.

Como se trata de uma exceção, não é possível a interpretação extensiva para inserir outras doenças supostamente graves para dispensar a carência, conforme acertado posicionamento do TRF da 4ª Região, ao afirmar que "a doença lúpus eritematoso sistêmico não se inclui no rol daquelas que dispensam a carência, ressaltando-se que tal lista é exaustiva, não admitindo interpretação extensiva. Da mesma forma, os critérios utilizados pelo Juízo a quo de gravidade e especificidade da moléstia não podem ser utilizados enquadrar enfermidade que não esteja expressamente prevista na lei"[48].

48. Passagem do julgamento do AG 200704000121790, de 24.08.2007.

No mesmo sentido o TRF da 3ª Região:

"PREVIDENCIÁRIO. APOSENTADORIA POR INVALIDEZ. AUXÍLIO-DOENÇA. CARÊNCIA NÃO COMPROVADA. PORTARIA INTERMINISTERIAL Nº 2.998/01. INTERPRETAÇÃO RESTRITIVA.– A concessão do benefício de aposentadoria por invalidez ou auxílio-doença exige qualidade de segurado, incapacidade para o trabalho e cumprimento de carência, quando exigida.– Não cumprimento do período de carência de doze meses exigido pelo artigo 25, inciso I, da Lei nº 8.213/91.– **Patologia diagnosticada não está arrolada dentre as hipóteses constantes da Portaria Interministerial nº 2.998, de 23.08.2001, a qual, em atendimento ao disposto no artigo 26, inciso II, da Lei nº 8.213/91, prevê as doenças em relação às quais se afasta a exigência de carência.– Referido rol, contendo exceções à regra, deve ser interpretado restritivamente.–** Aplicável a autorização legal de julgamento monocrático, prevista no artigo 557, caput, do Código de Processo Civil.– Agravo ao qual se nega provimento" (AC 1742520, de 23/09/2013).

No entanto, frise-se que o tema é altamente polêmico no âmbito dos Tribunais Regionais Federais. Nesse sentido, colaciona-se decisão do TRF da 2ª Região pela **natureza exemplificativa** do aludido rol:

TRF 2

Processo

AC 201102010081518

Orgão Julgador

PRIMEIRA TURMA ESPECIALIZADA

Publicação

16/01/2012

Julgamento

13 de Dezembro de 2011

Relator

Desembargador Federal ABEL GOMES

Ementa: PREVIDENCIÁRIO. CONCESSÃO DE APOSENTADORIA POR INVALIDEZ. NÃO OCORRÊNCIA DE JULGAMENTO EXTRA PETITA. A**CIDENTE VASCULAR CEREBRAL HEMORRÁGICO**. DOENÇA EQUIPARADA. **ROL EXEMPLIFICATIVO DO ART. 151 DA LEI Nº 8.213/91. DISPENSA DA CARÊNCIA ANTE A GRAVIDADE DA DOENÇA**. INCAPACIDADE LABORATIVA DEFINITIVA CONSTATADA. LAUDO PERICIAL. JUROS REFORMADOS. RECURSO PARCIALMENTE PROVIDO.

A TNU o enfrentará no **tema 220** ainda pendente de julgamento:

<table>
<tr><td>Tema</td><td>220</td><td>Situação do tema</td><td>Em Julgamento – eproc</td><td>Ramo do direito</td><td>DIREITO PREVIDENCIÁRIO</td></tr>
<tr><td colspan="2">Questão submetida a julgamento</td><td colspan="4">Saber se o rol do inciso II do art. 26 c/c art. 151 da Lei nº 8.213/91 é taxativo ou se pode contemplar outras hipóteses de isenção de carência, como a gravidez de alto risco.</td></tr>
<tr><td colspan="2">Tese firmada</td><td colspan="4"></td></tr>
<tr><td colspan="2">Processo</td><td>Decisão de afetação</td><td>Relator (a)</td><td>Julgado em</td><td>Acórdão publicado em</td><td>Trânsito em julgado</td></tr>
<tr><td colspan="2">PEDILEF 5004376-97.2017.4.04.7113/RS</td><td>22/08/2019</td><td>Juíza Federal Isadora Segalla Afanasieff</td><td></td><td></td><td></td></tr>
</table>

De acordo com a TNU, "a dispensa de carência, nos termos do art. 26, II, da Lei n. 8.213/91, nos casos de acidente vascular cerebral, somente é possível nas hipóteses de paralisia irreversível e incapacitante (art. 151 da Lei n. 8.213/91)" (PUIL n. 5058365-57.2017.4.04.7100/RS).

Já o salário-maternidade poderá ou não ter carência de 10 contribuições mensais, a depender do enquadramento da segurada. Para a empregada, a trabalhadora avulsa e para a empregada doméstica a carência foi legalmente dispensada.

Vale ressaltar que até o advento da Lei 9.876/99, a carência do salário-maternidade da segurada especial era de 12 meses, não se aplicando mais a previsão do artigo 39, parágrafo único, da Lei 8.213/91, por força da nova redação do artigo 25, III, da Lei 8.213/91.

Conquanto inexista previsão legal ou regulamentar expressa, **de acordo com a jurisprudência dominante, o período em que o segurado percebeu benefício por incapacidade será considerado para fins de carência**, em que pese inexistir o pagamento de contribuição previdenciária, pois o filiado esteve impedido de desenvolver atividade laboral, conforme entendimento do TRF da 2ª Região[49], 3ª Região[50] e da 4ª Região[51], assim como da TNU[52].

Na atualidade a jurisprudência do STJ se firmou no sentido de que é possível a consideração dos períodos em que o segurado esteve em gozo de auxílio-doença ou de aposentadoria por incapacidade permanente como carência para a concessão de aposentadoria por idade, se intercalados com períodos contributivos:

> "PREVIDENCIÁRIO. RECURSO ESPECIAL. CONVERSÃO DA APOSENTADORIA POR INVALIDEZ EM APOSENTADORIA POR IDADE. REQUISITO ETÁRIO PREENCHIDO NA VIGÊNCIA DA LEI 8.213/1991. DESCABIMENTO. CÔMPUTO DO TEMPO PARA FINS DE CARÊNCIA. INEXISTÊNCIA DE CONTRIBUIÇÃO EM PERÍODO INTERCALADO. IMPOSSIBILIDADE. PRECEDENTES. RECURSO ESPECIAL NÃO PROVIDO.
>
> 1. A Lei 8.213/1991 não contemplou a conversão de aposentadoria por invalidez em aposentadoria por idade.
>
> 2. É possível a consideração dos períodos em que o segurado esteve em gozo de auxílio-doença ou de aposentadoria por invalidez como carência para a concessão de aposentadoria por idade, se intercalados com períodos contributivos.
>
> 3. Na hipótese dos autos, como não houve retorno do segurado ao exercício de atividade remunerada, não é possível a utilização do tempo respectivo" (2ª Turma, REsp 1422081, de 24/04/2014).
>
> "PREVIDENCIÁRIO. AGRAVO REGIMENTAL NO RECURSO ESPECIAL. AÇÃO CIVIL PÚBLICA. CÔMPUTO DO TEMPO DE BENEFÍCIO POR INCAPACIDADE COMO PERÍODO DE CARÊNCIA. POSSIBILIDADE, DESDE QUE INTERCALADO COM PERÍODO DE EFETIVO TRABALHO. PRECEDENTES.
>
> 1. Ação civil pública que tem como objetivo obrigar o INSS a computar, como período de carência, o tempo em que os segurados estão no gozo de benefício por incapacidade (auxílio-doença ou aposentadoria por invalidez).
>
> 2. É possível considerar o período em que o segurado esteve no gozo de benefício por incapacidade (auxílio-doença ou aposentadoria por invalidez) para fins de carência, desde que intercalados com períodos contributivos.

49. AMS 37037, de 21.09.2004.
50. AMS 272378, de 12.08.2008.
51. AC 200104010754986, de 29.07.2008.
52. PEDILEF 200763060010162, de 23.06.2008.

3. Se o período em que o segurado esteve no gozo de benefício por incapacidade é excepcionalmente considerado como tempo ficto de contribuição, não se justifica interpretar a norma de maneira distinta para fins de carência, desde que intercalado com atividade laborativa" (6ª Turma, AgRg no REsp 1271928, de 16/10/2014).

O STF possui o mesmo posicionamento:

"Nesse sentido: ARE 802.877, Rel. Min. Teori Zavascki, DJe 1º.4.2014 e ARE 746.835-AgR, Rel. Min. Dias Toffoli, 1ª Turma, DJe 07.10.2014, com a seguinte ementa: "Agravo regimental no recurso extraordinário com agravo. Previdenciário. Aposentadoria por invalidez. Cômputo do tempo de gozo de auxílio-doença para fins de carência. Possibilidade. Precedentes. 1. **O Supremo Tribunal Federal decidiu nos autos do RE nº 583.834/PR-RG, com repercussão geral reconhecida, que devem ser computados, para fins de concessão de aposentadoria por invalidez, os períodos em que o segurado tenha usufruído do benefício de auxílio-doença, desde que intercalados com atividade laborativa. 2. A Suprema Corte vem-se pronunciando no sentido de que o referido entendimento se aplica, inclusive, para fins de cômputo da carência, e não apenas para cálculo do tempo de contribuição.** Precedentes: ARE 802.877/RS, Min. Teori Zavascki, DJe de 1/4/14; ARE 771.133/RS, Min. Luiz Fux, DJe de 21/2/2014; ARE 824.328/SC, Min. Gilmar Mendes, DJe de 8/8/14; e ARE 822.483/RS, Min. Cármem Lúcia, DJe de 8/8/14. 3. Agravo regimental não provido."

De acordo com a **Súmula 73, da TNU, "o tempo de gozo de auxílio-doença ou de aposentadoria por invalidez não decorrentes de acidente de trabalho só pode ser computado como tempo de contribuição ou para fins de carência quando intercalado entre períodos nos quais houve recolhimento de contribuições para a previdência social".**

Vale registrar que a TNU vem diferenciando os benefícios por incapacidade por acidente de trabalho dos não acidentários. Nessa linha de raciocínio, para a aposentadoria por incapacidade permanente e o auxílio-doença por acidente de trabalho serem computados para fins de carência, é desnecessário que sejam intercalados por períodos contributivos.

Isso porque a TNU vinha estendendo o extinto artigo 60, inciso IX, do Decreto 3.048/99, para fins de carência. Esse dispositivo previa que seria contado como tempo de contribuição o período em que o segurado esteve recebendo benefício por incapacidade por acidente do trabalho, intercalado ou não.

No entanto, **o artigo 60 do Decreto 3.048/99 foi revogado pelo Decreto 10.410/2020**, sendo o tema regulado pelo novel artigo 19-C:

"§ 1º Será computado o tempo intercalado de recebimento de benefício por incapacidade, na forma do disposto no inciso II do **caput** do art. 55 da Lei nº 8.213, de 24 de julho de 1991, **exceto para efeito de carência.** (Incluído pelo Decreto nº 10.410, de 2020)"

Note-se que o ato presidencial manteve a posição anterior em não considerar o gozo de benefício por incapacidade para fins de período de carência, mas apenas como tempo de contribuição.

Outrossim, a ilegalidade regulamentar que afrontava o artigo 55, inciso II, da Lei 8.213/91 foi corrigida, **sendo exigido desde 1/7/2020 que mesmo o benefício por incapacidade por acidente de trabalho seja intercalado por contribuições para ser considerado como tempo de contribuição.**

Evidente que **a nova regulamentação não poderá ter efeitos retroativos**, devendo ser aplicada à percepção de benefícios por incapacidade a contar de 1º de julho de 2020, de modo que **os benefícios acidentários cessados até 30/06/2020 não precisarão ser intercalados para serem computados como tempo de contribuição.**

Aliás, mesmo com a EC 103/2019 reforçando a vedação ao tempo de contribuição ficto, o novo Regulamento optou por conservar o cômputo dos benefícios por incapacidade como tempo de contribuição, embora não haja o recolhimento real ou presumido de contribuição previdenciária, haja vista não comporem o salário de contribuição, o que indica que a regra constitucional continuará sendo retórica.

Por tudo isto, especialmente em razão da falta de uma disciplina legal direta e clara a respeito, este tema é extremamente controverso e vem gerando enorme insegurança jurídica, devendo ser regulado o quanto antes pelo legislador.

De arremate, na forma do **revogado** parágrafo único, do artigo 24, da Lei 8.213/91, quando havia perda da qualidade de segurado, as contribuições anteriores a essa perda somente seriam computadas para efeito de carência depois que o segurado contar, a partir da nova filiação ao Regime Geral de Previdência Social, com, no mínimo, um terço do número de contribuições exigidas para o cumprimento da carência definida para o benefício a ser requerido.

No entanto, este dispositivo foi expressamente revogado pela Lei 13.457/2017, fruto da conversão da MP 767, de 6 de janeiro de 2017, gerando a extinção da regra de 1/3, após uma tentativa frustrada de revogação pela MP 739/2016, que havia caducado sem votação no Congresso Nacional.

Foi criada a regra de ½ da carência pela Lei 13.457/2017. Em seguida, a MP 871/2019 extinguiu essa regra. Toda essa novela será narrada em detalhes nos parágrafos abaixo.

NO ENTANTO, ISSO DUROU POUCO, POIS A LEI 13.846/2019 RESTAUROU A REGRA DE ½ DE CARÊNCIA: "ART. 27-A. Na hipótese de perda da qualidade de segurado, para fins da concessão dos benefícios de auxílio-doença, de aposentadoria por invalidez, de salário-maternidade e de auxílio-reclusão, o segurado deverá contar, a partir da data da nova filiação à Previdência Social, com metade dos períodos previstos nos incisos I, III e IV do caput do art. 25 desta Lei".

Logo, NA ATUALIDADE, a regra de ½ se aplica aos seguintes benefícios:

A) Aposentadoria por incapacidade permanente (1/2 de 12 = 6);

B) Auxílio-doença (1/2 de 12 = 6);

C) Salário-maternidade da segurada especial, contribuinte individual e segurada facultativa (1/2 de 10 = 5);

D) Auxílio-reclusão (1/2 de 24 = 12).

É muito comum no meio previdenciário que se confundam os institutos do período de carência e do tempo de contribuição que, embora possuam similitudes, podem ser claramente diferenciados a partir de uma análise técnica.

O principal traço comum é que o recolhimento da contribuição previdenciária tempestivamente realiza tanto o tempo de contribuição quanto o período de carência.

No entanto, é possível apontar as seguintes diferenças:

a) No caso dos segurados que são responsáveis pelo recolhimento da sua contribuição previdenciária (segurado facultativo e contribuinte individual que trabalha por conta própria), o recolhimento em atraso é computado como tempo de contribuição, mas não será considerado para efeitos de carência, referentes às competências anteriores à primeira paga em dia e as posteriores se houver perda da qualidade de segurado (art. 27, inciso II, da Lei 8.213/91);

b) O período de carência sempre será contado a partir do dia 1º da respetiva competência. Já o tempo de contribuição inicia o seu cômputo somente a contar do dia da filiação, não retroagindo ao dia primeiro (até 13/11/2019)[53];

c) Existem benefícios previdenciários que exigem a carência, mas não o tempo de contribuição, a exemplo do auxílio-reclusão. Já outros exigem simultaneamente a carência e um tempo mínimo de contribuição, como a aposentadoria programada . Há também os benefícios que dispensam a carência, como o auxílio-acidente e o salário-família;

d) A conversão de tempo especial em comum somente é prevista normativamente para o tempo de contribuição (até o advento da Emenda 103/2019), e não para o período de carência, conforme será visto (art. 57, § 5º, da Lei 8.213/91);

e) O período rural anterior à Lei 8.213/91 é computado para fins de tempo de contribuição, mas não é considerado para fins de período de carência (art. 55, § 2º, da Lei 8.213/91);

f) A regra de ½ se aplica à carência, mas não tem previsão legal para aplicação ao tempo de contribuição;

g) A indenização previdenciária é considerada como tempo de contribuição, mas não será computada para fins de período de carência.

Suponha-se que Odorico seja um contribuinte individual que trabalhe por conta própria e que tenha recolhido 35 anos de contribuições previdenciárias. No entanto, por ser uma pessoa relapsa, todos os recolhimentos foram intempestivos, pois efetuados fora do prazo legal (até o dia 15 do mês seguinte de cada competência ou dia útil posterior se no dia 15 não houver expediente bancário) com perda da qualidade de segurado.

Nesta situação hipotética, na visão do INSS, Odorico não fará jus à aposentadoria por tempo de contribuição (regramento anterior à EC 103/2019), pois conquanto possua o equivalente a 35 anos de contribuição, não terá realizado a carência, haja vista que nenhuma contribuição foi arrecadada no prazo.

Outro caso para ilustrar. Larissa é contribuinte individual que trabalha por conta própria e há anos não recolhe nenhuma contribuição previdenciária. Se ela recolher de vez as 12 contribuições em atraso, estas serão consideradas como um ano de contribuição, mas não servirão para a integralização do período de carência.

8. FATOR PREVIDENCIÁRIO

Ao contrário do que ocorreu nos Regimes Próprios de Previdência Social com o advento da promulgação da Emenda 20/98, no RGPS continuou sendo possível à concessão de aposentadoria sem a exigência de idade mínima do segurado, a exemplo da aposentadoria por tempo de

53. De acordo com o Decreto 10.410/2020, uma mudança evidente foi o modo de cômputo do tempo de contribuição após a EC 103/2019, que não mais será computado de data a data, e sim por competência mensal, tal qual o período de carência, desde que o valor mensal da remuneração percebida atinja o piso legal ou convencional da categoria ou, se inexistente, ao salário mínimo nacional.

contribuição, vez que não restou aprovada a reforma constitucional integral pretendida no final dos anos 90. Isto só foi modificado com a Emenda 103/2019, que extinguiu a aposentadoria apenas por tempo de contribuição sem idade mínima.

Até a EC 103/2019, a aposentadoria por tempo de contribuição que, em regra, era deferida ao homem com 35 anos de contribuição e à mulher com 30 anos de contribuição, observada a carência de 180 contribuições mensais, era um benefício que ameaça o equilíbrio financeiro e atuarial do sistema previdenciário, haja vista a possibilidade de os segurados se aposentarem muito cedo, inclusive abaixo dos cinquenta anos de idade.

Inclusive, nessas aposentações precoces, pregava-se que inexistia risco social a ser coberto, pois antes dos sessenta anos de idade o segurado ainda não é sequer considerado idoso, havendo casos em que se percebia a aposentadoria por mais anos do que se verteu contribuições previdenciárias.

Esse fato é agravado com a maior expectativa de vida que progressivamente vem sendo alcançada diante das melhores condições sociais, que chegou à média de 73 anos de idade em 2008, girando em torno de 69 anos de idade para os homens e de 77 para as mulheres, sendo atualmente bem maior.

Diante desse preocupante quadro previdenciário, a Lei 9.876/99, publicada em 29.11.1999, instituiu o fator previdenciário, agora previsto no artigo 29, da Lei 8.213/91, que objetivava inibir aposentadorias precoces, sendo **obrigatório no cálculo da aposentadoria por tempo de contribuição** e **facultativo** para a definição da renda mensal inicial da **aposentadoria por idade no regime anterior à EC 103/2019.**

> Ou seja, fora a aposentadoria por tempo de contribuição (obrigatório) e por idade (facultativo), o fator previdenciário não era utilizado diretamente no cálculo da renda de nenhum outro benefício previdenciário. Contudo, indiretamente, a pensão por morte poderia ter a sua renda mensal calculada com base no fator previdenciário, se na apuração da renda da aposentadoria do instituidor da pensão o fator tivesse sido aplicado.

Pelas **regras anteriores à EC 103/2019**, existia apenas um caso em que o fator previdenciário era facultativo no cálculo do salário de benefício da aposentadoria por tempo de contribuição. Tratava-se da "regra 85/95" (86/96 desde 31/12/2018) para mulheres e homens, respectivamente, atualmente disciplinada pela Lei 13.183, de 4/11/2015.

No entanto, coube à **Medida Provisória 676**, publicada em 18 de junho de 2015, instituir a regra alternativa 85 (mulher)/95 (homem) para tornar facultativo o fator previdenciário nesta aposentadoria. **Posteriormente esta regra foi modificada pela Lei 13.183, de 4/11/2015**.

O segurado que preencher o requisito para a aposentadoria por tempo de contribuição poderá optar pela não incidência do fator previdenciário no cálculo de sua aposentadoria, quando o total resultante da soma de sua idade e de seu tempo de contribuição, incluídas as frações, na data de requerimento da aposentadoria, for: I – igual ou superior a noventa e cinco pontos, se homem, observando o tempo mínimo de contribuição de trinta e cinco anos; ou II – igual ou superior a oitenta e cinco pontos, se mulher, observado o tempo mínimo de contribuição de trinta anos.

De acordo com a literalidade do texto normativo, "as somas de idade e de tempo de contribuição previstas no caput serão majoradas em um ponto em:

I – 31 de dezembro de 2018;

II – 31 de dezembro de 2020;

III – 31 de dezembro de 2022;

IV – 31 de dezembro de 2024; e

V – 31 de dezembro de 2026".

Assim, para quem reuniu todos os requisitos até 30/12/2018 será aplicada a regra 85/95, mesmo que o requerimento administrativo se dê após essa data. Já para os que não preencheram a pontuação até 30 de Dezembro de 2018, serão aplicada a regra 86/96.

De acordo com a literalidade do texto normativo, as somas de idade e de tempo de contribuição previstas no caput serão majoradas em um ponto em:

I – 31 de dezembro de 2018 (86/96);

II – 31 de dezembro de 2020 (87/97);

III – 31 de dezembro de 2022 (88/98);

IV – 31 de dezembro de 2024 (89/99); e

V – 31 de dezembro de 2026 (90/100).

Logo, sem revogar a regra ordinária da aposentadoria por tempo de contribuição sem idade mínima e com aplicação compulsória do fator previdenciário, foi criada regra progressiva para a concessão de aposentadoria por tempo de contribuição com aplicação facultativa do fator previdenciário, observado o tempo mínimo de contribuição (30 anos mulher e 35 anos homem), desde que a soma com a idade do segurado atinja à pontuação acima enumerada.

À luz do direito adquirido, ao segurado que alcançar o requisito necessário ao exercício da opção com base na tabela acima e deixar de requerer aposentadoria será assegurado o direito à opção com a aplicação da pontuação exigida na data do cumprimento dos requisitos.

Como exemplo, suponha-se que um segurado homem que em 2015, 2016, 2017 ou 2018 (até 30/12) conte com 37 anos de tempo de contribuição e idade de 58 anos (37 + 58=95). Neste caso ele preencherá esta regra e poderá se aposentar sem o fator previdenciário (não se aplicará o fator quando for para reduzir a renda, mas apenas para majorar).

Suponha-se que uma mulher em 2023 ou 2024 tenha 30 anos de tempo de contribuição e 58 anos de idade (30 + 58=88). Ela preencherá a regra aludida.

Para o segurado que adquiriu o direito a partir de 31/12/2018, a pontuação restou modificada para 86 (mulheres) e 96 (homens), incluindo frações. Eis alguns exemplos da regra 86/96 (aquisição do direito entre 31/12/2018 e 30/12/2020):

MULHERES		
IDADE	**TEMPO DE CONTRIBUIÇÃO**	**PONTUAÇÃO TOTAL**
56 anos	30 anos	86
55,5 anos	30,5 anos	86
55 anos	31 anos	86
54,5 anos	31,5 anos	86
54 anos	32 anos	86

HOMENS		
IDADE	TEMPO DE CONTRIBUIÇÃO	PONTUAÇÃO TOTAL
61 anos	35 anos	96
60,5 anos	35,5 anos	96
60 anos	36 anos	96
59,5 anos	36,5 anos	96
59 anos	37 anos	96

No entanto, há uma regra especial para o **professor exclusivo do ensino básico.** O tempo mínimo de contribuição do professor e da professora que comprovarem exclusivamente tempo de efetivo exercício de magistério na educação infantil e no ensino fundamental e médio será de, respectivamente, **trinta e vinte e cinco anos**, e serão **acrescidos cinco pontos à soma da idade com o tempo de contribuição.**

Suponha-se que em 2015, 2016, 2017 ou 2018 um professor do sexo masculino do ensino básico possua 30 anos de tempo de contribuição exclusivamente como professor e 60 anos de idade. Neste caso, ele terá direito à regra 95 (30+60+5) com a aplicação facultativa do fator previdenciário.

Nota-se que a tabela foi esticada pela Lei 13.183/2015 em comparação ao texto originário da MP 676/2015, assim como houve a redução do tempo de contribuição em 5 anos em favor do professor exclusivo do ensino básico, o que não acontecia no texto da MP 676/2015.

Esse regramento do artigo 29-C da Lei 8.213/91 não foi recebido pela EC 103/2019. Isso porque a sistemática de cálculo das aposentadorias voluntárias passou a ter outras fórmulas de cálculo disciplinas no texto constitucional.

Assim, quem não atingiu a pontuação 86/96 até 13 de novembro de 2019 não mais terá como fazer jus ao regramento do artigo 29-C da Lei 8.213/91.

No entanto, o seu estudo é deveras importante em razão da formação do direito adquirido. Isso porque o segurado que atingiu a citada pontuação até a data da publicação da EC 103/2019, faz jus ao benefício de aposentadoria por tempo de contribuição com fator facultativo mesmo que o requeria após a reforma constitucional, nos termos do artigo 3º da Emenda citada.

Em 4 de junho de 2020, ao julgar o tema 1.091 (RE 1221630), o Plenário do STF reafirmou a constitucionalidade do fator previdenciário, inclusive no salário de benefício da aposentadoria do professor de ensino básico:

Tema:

1091 – Constitucionalidade do fator previdenciário, previsto no art. 29, caput, incisos e parágrafos, da Lei nº 8.213/91, com a redação dada pelo art. 2º da Lei nº 9.876/99.

Relator: MINISTRO PRESIDENTE

Leading Case: RE 1221630

Há Repercussão?

Sim

Ver descrição [+]

Recurso extraordinário em que se discute, à luz dos arts. 5º, caput; 6º; 102, § 2º; 195, § 5º; e 201, §§ 1º, 7º e 8º, da Constituição Federal, a constitucionalidade do fator previdenciário, previsto no art. 29, caput, incisos e parágrafos, da Lei nº 8.213/91, com a redação dada pelo art. 2º da Lei nº 9.876/99, bem como se é devida sua incidência no cálculo dos proventos de aposentadoria de professor. [-]

Ver tese [+]

É constitucional o fator previdenciário previsto no art. 29, caput, incisos e parágrafos, da Lei nº 8.213/91, com a redação dada pelo art. 2º da Lei nº 9.876/99.[-]

RE 1221630 RG / SC – SANTA CATARINA

REPERCUSSÃO GERAL NO RECURSO EXTRAORDINÁRIO

Relator(a): MINISTRO PRESIDENTE

Julgamento: 04/06/2020

Publicação: 19/06/2020

Órgão julgador: Tribunal Pleno

view_listpicture_as_pdflibrary_booksfile_copyprint

Repercussão Geral – Mérito

Publicação

PROCESSO ELETRÔNICO REPERCUSSÃO GERAL – MÉRITO DJe-154 DIVULG 18-06-2020 PUBLIC 19-06-2020

Partes

RECTE.(S): INSTITUTO NACIONAL DO SEGURO SOCIAL – INSS ADV.(A/S): PROCURADOR-GERAL FEDERAL RECDO.(A/S): RAQUEL TELEMBERG CORDEIRO ADV.(A/S): VINICIOS SORGATTO COLLACO ADV.(A/S): FABIANO FRETTA DA ROSA

Ementa

EMENTA Recurso extraordinário. Direito Previdenciário. Benefício previdenciário. Fator Previdenciário. Constitucionalidade. Existência de repercussão geral. Reafirmação da jurisprudência do Supremo Tribunal Federal sobre o tema. Recurso extraordinário provido para cassar o acórdão recorrido e determinar de que a Corte de origem profira novo julgamento observando a orientação jurisprudencial emanada do Plenário do STF. Tese de repercussão geral: É constitucional o fator previdenciário previsto no art. 29, caput, incisos e parágrafos, da Lei nº 8.213/91, com a redação dada pelo art. 2º da Lei nº 9.876/99.

Vale registrar que, por força da LC 142/2013, que aprovou as regras para a aposentadoria especial do segurado deficiente, para este benefício será possível a incidência do fator previdenciário, desde que seja favorável ao segurado. Esta sistemática foi conservada pela EC 103/2019 em favor da pessoa com deficiência.

Desta forma, vamos continuar apresentando o FATOR PREVIDENCIÁRIO nesta obra pelos seguintes motivos:

A) Será aplicado aos segurados que tiverem direito adquirido à aposentadoria por tempo de contribuição com incidência obrigatória pelo direito adquirido formado até a publicação da EC 103/2019;

B) Tem incidência facultativa na aposentadoria por tempo de contribuição da pessoa com deficiência mesmo com o advento da EC 103/2019;

C) Terá aplicação compulsória em uma regra de transição da EC 103/2019 para segurados que faltavam menos de dois anos para se aposentar por tempo de contribuição até a data da publicação da reforma, conforme será estudado no próximo capítulo.

Vale registrar que **a Emenda 103/2019 não extinguiu o fator previdenciário**. Ao revés, o **constitucionalizou** na regra de transição do artigo 17, parágrafo único[54].

O que ocorre é que a aposentadoria por idade e tempo de contribuição (estudada no próximo capítulo), bem como a aposentadoria por incapacidade permanente terão outra fórmula de cálculo (art. 26 da Emenda) que não utilizará o artigo 29 da Lei 8.213/91, que somente será aplicado com o fator previdenciário na regra de transição do artigo 17, parágrafo único da Emenda 103/2019 e na aposentadoria por tempo de contribuição da pessoa com deficiência, neste caso se benéfico ao segurado.

Isso porque o artigo 22 da Emenda 103/2019 previu que, "até que lei discipline o § 4º-A do art. 40 e o inciso I do § 1° do art. 201 da Constituição Federal, a aposentadoria da **pessoa com deficiência segurada do Regime Geral de Previdência Social** ou do servidor público federal com deficiência vinculado a regime próprio de previdência social, desde que cumpridos, no caso do servidor, o tempo mínimo de dez anos de efetivo exercício no serviço público e de cinco anos no cargo efetivo em que for concedida a aposentadoria, será concedida na forma da **Lei Complementar n° 142, de 8 de maio de 2013, inclusive quanto aos critérios de cálculo dos benefícios".**

Dessa forma, as regras de fator previdenciário continuam em vigor após a EC 103/2019, mas agora com aplicação restrita às duas situações acima apontadas (regras de transição dos artigos 17 e 22 da Emenda 103/2019).

O fator previdenciário é um coeficiente que considera a idade da pessoa, o seu tempo de serviço/contribuição e a sua expectativa de vida, de acordo com a tábua completa de mortalidade do IBGE, considerando-se a média nacional para ambos os sexos.

Ou seja, mesmo as mulheres tendo uma maior expectativa de vida, não haverá nenhum prejuízo para elas, porquanto será considerada a média entre homens e mulheres.

Compete ao IBGE publicar, anualmente, até o dia primeiro de dezembro, no Diário Oficial da União, a tábua completa de mortalidade para o total da população brasileira referente ao ano anterior[55]. Uma vez publicada a tábua de mortalidade, os benefícios previdenciários requeridos a partir dessa data considerarão a nova expectativa de sobrevida.

Deveras, com a incidência do fator previdenciário, é comum que os segurados que se aposentem por tempo de contribuição muito jovens possam perder por volta de metade do benefício previdenciário, pois certamente ele será bem inferior a 1,0.

Apenas as pessoas com idade mais avançada e com grande tempo de contribuição se favorecerão do fator previdenciário, pois neste caso ele tende a ser superior a 1,0.

54. Parágrafo único. O benefício concedido nos termos deste artigo terá seu valor apurado de acordo com a média aritmética simples dos salários de contribuição e das remunerações calculada na forma da lei, **multiplicada pelo fator previdenciário**, calculado na forma do disposto nos **§§ 7º a 9º do art. 29 da Lei nº 8.213, de 24 de julho de 1991**.
55. Artigo 2º, do Decreto 3.266/99.

Eis a fórmula para o cálculo do fator previdenciário:

$$f = \frac{Tc \times a}{Es} \times \left(1 + \frac{(Id + Tc \times a)}{100}\right)$$

Onde:

f = fator previdenciário;

Es = expectativa de sobrevida no momento da aposentadoria;

Tc = tempo de contribuição até o momento da aposentadoria;

Id = idade no momento da aposentadoria; e

a = alíquota de contribuição correspondente a 0,31.

Para efeito da aplicação do fator previdenciário ao tempo de contribuição do segurado serão adicionados:

> I – cinco anos, quando se tratar de mulher; ou
>
> II – cinco ou dez anos, quando se tratar, respectivamente, de professor ou professora, que comprovem exclusivamente tempo de efetivo exercício das funções de magistério na educação infantil e no ensino fundamental e médio.

Quanto maior o fator previdenciário melhor para o segurado. O fator superior a 1,0 irá aumentar o salário de benefício, ao passo que o fator inferior a 1,0 irá reduzi-lo. Ademais, quanto maior a idade e o tempo de contribuição maior será o fator previdenciário.

Tomando por base a tabela de 2011 do fator previdenciário, um homem que conte com 35 anos de contribuição e 53 anos de idade terá um fator previdenciário de 0,668, ou seja, o seu salário de benefício sofrerá uma redução de 33,2%.

Já outro segurado com 65 anos de idade e 35 anos de contribuição terá um fator previdenciário de 1,072, tendo um acréscimo de 7,2% no cálculo do seu salário de benefício.

Por força do artigo 5º, da Lei 9.876/99, observando o Princípio da Segurança Jurídica, a aplicação do fator previdenciário foi progressiva ao longo de cinco anos, incidindo sobre um sessenta avos por mês que se seguir à sua publicação, expirando-se para os benefícios com data de início a partir de 01.12.2004.

Foi assegurado o direito adquirido de todos os segurados que preencheram os requisitos para a aposentadoria por tempo de contribuição até 28.11.1999, dia anterior ao da publicação da Lei 9.876/99, ao cálculo da sua aposentadoria por tempo de contribuição sem a incidência do fator previdenciário.

Cuida-se de instituto que é concretização do Princípio do Equilíbrio Financeiro e Atuarial da Previdência Social, na medida em que inibe aposentadorias precoces, pois inexistente risco social a ser coberto.

Entende-se que o melhor caminho é a instituição de idade mínima para a aposentadoria por tempo de contribuição (60 anos e 55 anos de idade para homens e mulheres, respectivamente), com a consequente extinção do fator previdenciário. **E isso foi feito pela EC 103/2019, conforme será estudado.**

9. SALÁRIO DE BENEFÍCIO NA LEI 8.213/91 E CADASTRO NACIONAL DE INFORMAÇÕES SOCIAIS (CNIS)

O salário de benefício é um instituto exclusivo do Direito Previdenciário, regulado pelos artigos 28 a 32 da Lei 8.213/91, sendo utilizado para o cálculo da maioria dos benefícios do RGPS. Mesmo após a EC 103/2019, a nosso ver ele continua em vigor, pois existem benefícios previstos na Lei 8.213/91 que não foram modificados pela Emenda 103/2019, a exemplo do auxílio-doença e do auxílio-acidente.

No entanto, veremos no item seguinte que essa não é a posição do Governo federal, que estendeu a regra do artigo 26 da Emenda 103/2019 para todo o Plano de Benefícios.

IMPORTANTE:

De efeito, na forma do artigo 28, da Lei 8.213/91, o valor do benefício de prestação continuada, *inclusive o regido por norma especial e o decorrente de acidente do trabalho*, **exceto o salário-família e o salário--maternidade**, será calculado com base no salário de benefício.

No entanto, essa regra não mais se aplica aos benefícios de aposentadorias e pensão por morte calculados pelo artigo 26 da Emenda 103/2019, conforme será estudado no próximo capítulo.

Conforme dito, esses dois benefícios serão calculados sem o manejo do salário de benefício, haja vista o **salário-família** possuir dois valores fixos (artigo 66, da Lei 8.213/91), bem como o **salário-maternidade** tomar como base de cálculo o salário de contribuição, a remuneração ou a receita proveniente da comercialização da produção, a depender do enquadramento da segurada (artigo 72 e 73, da Lei 8.213/91).

Ademais, as aposentadorias e pensão por morte calculadas pelo artigo 26 da Emenda 103/2019 terão outra sistemática de renda mensal.

Equivocadamente, aduz o artigo 31, do RPS, que a pensão por morte não é calculada com o manejo do salário de benefício. Conforme será visto mais adiante, a renda mensal inicial da pensão por morte será cem por cento do valor da aposentadoria que o segurado recebia ou daquela a que teria direito se estivesse aposentado por invalidez na data de seu falecimento.

Assim, **indiretamente, a renda da pensão por morte também era calculada com a utilização do salário de benefício**, pois este instituto será utilizado para o cálculo da aposentadoria, até o advento da EC 103/2019.

Outrossim, o artigo 31 do RPS pontifica que os benefícios regidos por norma especial não serão calculados com base no salário de benefício, afrontando o artigo 28, da Lei 8.213/91, em que pese a lei especial poder dispor de maneira diversa sem qualquer invalidade.

De acordo com o artigo 29, da Lei 8.213/91, com redação dada pela Lei 9.876/99, em regra**, o salário de benefício corresponderá à média aritmética simples dos maiores salários de contribuição correspondentes a 80% de todo o período contributivo.**

No caso da **extinta (EC 103/2019) aposentadoria por tempo de contribuição**, para o cálculo do salário de benefício, essa média aritmética dos 80% maiores salários de contribuição do PBC (período básico de cálculo) ainda era **obrigatoriamente multiplicada pelo fator previdenciário (salvo no caso da regra 85/95)** ou 86/96 a contar de 31/12/2018**, que era facultativo** para o cálculo do salário de benefício da **aposentadoria por idade**, pois neste caso só incidiria se benéfico ao segurado a se aposentar por idade, na forma do artigo 7º, da Lei 9.876/99. O mesmo ocorre com a **aposentadoria do deficiente**, por força da Lei Complementar 142/2013, sendo facultativa a incidência do fator previdenciário, sendo esta regra recepcionada pelo artigo 22 da EC 103/2019.

Logo, no cálculo da extinta aposentadoria por tempo de contribuição necessariamente era manejado o fator previdenciário salvo no caso da regra 85/95 (vide próximo Capítulo), que tinha aplicação facultativa na aposentadoria por idade e do deficiente, pois só incidiria se fosse mais vantajoso para o segurado.

Ademais, indiretamente, até a EC 103/2019, o fator previdenciário também tinha influência na renda da pensão por morte, se o segurado instituidor estivesse aposentado por tempo de contribuição ou por idade, pois o valor da pensão era de cem por cento do valor da aposentadoria que o segurado recebia ou daquela a que teria direito se estivesse aposentado por invalidez na data de seu falecimento.

Toda essa nova sistemática de cálculo dos benefícios previdenciários de aposentadorias e pensão por morte inaugura pela Emenda 103/2019 será estudada em detalhes no capítulo seguinte.

Conforme regra de transição contida artigo 3º, da Lei 9.876/99, **para os segurados com filiação anterior a 29.11.1999, apenas serão utilizados os salários de contribuição a partir da competência de julho de 1994, ou seja, após a criação da atual moeda:**

"Art. 3º **Para o segurado filiado à Previdência Social até o dia anterior à data de publicação desta Lei**, que vier a cumprir as condições exigidas para a concessão dos benefícios do Regime Geral de Previdência Social, **no cálculo do salário-de-benefício será considerada a média aritmética simples dos maiores salários-de-contribuição, correspondentes a, no mínimo, oitenta por cento de todo o período contributivo decorrido desde a competência julho de 1994**, observado o disposto nos incisos I e II do *caput* do art. 29 da Lei nº 8.213, de 1991, com a redação dada por esta Lei".

Esse dispositivo transitório considerou a dificuldade de conversão das moedas anteriores, mas em determinados casos concretos poderá gerar enormes prejuízos no cálculo das aposentadorias, na hipótese de o segurado possuir as maiores contribuições previdenciárias justamente antes de julho de 1994.

Se inexistirem contribuições previdenciárias a partir da competência de julho de 1994, deverá ser concedido o benefício no valor mínimo, conforme determina o artigo 188-E, do RPS.

Há ainda outra regra de transição no § 2º 70, do artigo 3º, da Lei 9.876/99, que interferirá no cálculo do salário de benefício das aposentadorias por tempo de contribuição, especial e por idade.

Para os segurados já filiados anteriormente à vigência dessa Lei, o divisor considerado no cálculo da média aritmética dos 80% maiores salários de contribuição (no mínimo) não poderá ser inferior a 60% do período decorrido da competência julho de 1994 até a data de início do benefício, limitado a 100% de todo o período contributivo.

Como exemplo, suponha-se que um segurado tenha requerido uma aposentadoria por idade em julho de 2004. Neste caso, entre julho de 1994 e julho de 2004, o período básico de cálculo contaria com 10 anos (120 contribuições mensais). Logo, o divisor equivaleria a, pelo menos, 60% de 120 contribuições, chegando-se 72 contribuições mensais.

Destarte, mesmo que o segurado não conte com 72 contribuições mensais, o divisor da média aritmética simples dos, no mínimo, 80% maiores salários de contribuição, será o número 72.

Ainda neste caso, se o segurado apenas contar com 60 contribuições ao longo dos referidos 10 anos, essas 60 contribuições serão somadas e divididas por 72, e não por 60.

Essa regra de transição já foi acatada pelo STJ, que aduziu que "não há qualquer referência a que o divisor mínimo para apuração da média seja limitado ao número de contribuições"71.

Vale registrar que nesta regra de transição do § 2º, a Lei 9.876/99 não fixa o salário de benefício nos 80% maiores salários de contribuição, e sim arbitra os 80% maiores salários de contribuição desde a competência de julho/1994 como um mínimo.

O aludido divisor é legalmente incorporado à antiga fórmula dos 80% maiores salários de contribuição, não possuindo vida jurídica autônoma. Isso porque é previsto no § 2º do artigo 3º da Lei 9.876/99:

Art. 3º Para o segurado filiado à Previdência Social até o dia anterior à data de publicação desta Lei, que vier a cumprir as condições exigidas para a concessão dos benefícios do Regime Geral de Previdência Social, no cálculo do salário-de-benefício será considerada a média aritmética simples dos maiores salários-de-contribuição, correspondentes a, no mínimo, oitenta por cento de todo o período contributivo decorrido desde a competência julho de 1994, observado o disposto nos HYPERLINK "http://www.planalto.gov.br/ccivil_03/ leis/L8213cons.htm" \l "art29i" incisos I e II do caput do art. 29 da Lei no 8.213, de 1991, com a redação dada por esta Lei.

§ 2º No caso das aposentadorias de que tratam as alíneas b, c e d do inciso I do art. 18, o divisor considerado no cálculo da média a que se refere o caput e o § 1º não poderá ser inferior a sessenta por cento do período decorrido da competência julho de 1994 até a data de início do benefício, limitado a cem por cento de todo o período contributivo.

Considerando que o acessório segue o principal, evidente que com a alteração da fórmula de 80% para 100% da média pelo artigo 26 da Emenda de Reforma da Previdência o divisor não foi recebido pela EC 103/2019. Ideal seria a previsão constitucional de um divisor mínimo.

No caso de inexistência de divisor mínimo para o salário de benefício, bastará que o segurado que possua os requisitos à luz da Emenda 103/2019 que possuir largo período contributivo antes de 7/1994 ter uma contribuição após o Plano Real no teto para que o valor base da aposentadoria estar no teto para, em seguida, aplicar o coeficiente de 60 a 100%. Antes, com o divisor de 60%, haveria redução para salário mínimo.

Entre o Plano Real e 2019 são cerca de 25 anos. 60% disso são 15 anos de divisor. Daí ele ficou largo demais. Já cumpriu a sua missão e está tendo judicialização por isso. Daí já se exauriu, devendo ser substituído pelo novel divisor. Ficou desproporcional.

O divisor mínimo de 60% do PBC foi preservado no **Tema 203 TNU**:

Tema	203	**Situação do tema**	Julgado	**Ramo do direito**	DIREITO PREVIDENCIÁRIO
Questão submetida a julgamento		**Saber, para fins de interpretação da regra constante do art. 3.º, § 2.º, da Lei n.º 9.876/98, aplicável aos segurados filiados à Previdência Social até o dia anterior à data de sua publicação, qual o divisor mínimo a ser utilizado para o cálculo do salário-de-benefício.**			
Tese firmada		Para fins de interpretação da regra constante do art. 3.º, § 2.º, da Lei n.º 9.876/98, aplicável aos segurados filiados à previdência social até o dia anterior à data de sua publicação, o divisor a ser utilizado para o cálculo do salário-de-benefício não precisa corresponder a um percentual, no mínimo, equivalente ao número de contribuições vertidas.			
Processo		**Decisão de afetação**	**Relator (a)**	**Julgado em**	**Acórdão publicado em**	**Trânsito em julgado**
PEDILEF 0004024-81.2011.4.01.3311/BA		21/02/2019	Juiz Federal Gustavo Melo Barbosa	16/10/2020		

Dessa forma, restou preservado pela TNU o texto legal, podendo o divisor mínimo de 60% ser superior ao número de salários de contribuição registrados após o Plano Real.

REVISÃO DA VIDA TODA – POSIÇÃO DO STJ – TEMA PENDENTE DE JULGAMENTO NO STF

Ao julgar o tema 999, o STJ acolheu a tese em repetitivo e reverteu a sua própria jurisprudência no sentido de afastar a regra do artigo 3º da Lei 9.876/99 e permitir, se mais favorável ao segurado, a utilização de salários de contribuição anteriores à 7/1994:

Processo

REsp 1.596.203 – PR

RECURSO ESPECIAL

2015/0089796-6

Relator(a)

Ministro NAPOLEÃO NUNES MAIA FILHO (1133)

Órgão Julgador

S1 – PRIMEIRA SEÇÃO

Data do Julgamento

11/12/2019

Data da Publicação/Fonte

DJe 17/12/2019

Ementa

PREVIDENCIÁRIO. RECURSO ESPECIAL AFETADO AO RITO DOS REPETITIVOS. ENUNCIADO ADMINISTRATIVO 3/STJ. REVISÃO DE BENEFÍCIO. SOBREPOSIÇÃO DE NORMAS. APLICAÇÃO DA REGRA DEFINITIVA PREVISTA NO ART. 29, I E II DA LEI 8.213/1991, NA APURAÇÃO DO SALÁRIO DE BENEFÍCIO, QUANDO MAIS FAVORÁVEL DO QUE A REGRA DE TRANSIÇÃO CONTIDA NO ART. 3º. DA LEI 9.876/1999, AOS SEGURADOS QUE INGRESSARAM NO SISTEMA ANTES DE 26.11.1999 (DATA DE EDIÇÃO DA DA LEI 9.876/1999). CONCRETIZAÇÃO DO DIREITO AO MELHOR BENEFÍCIO. PARECER DO MPF PELO DESPROVIMENTO DO FEITO. RECURSO ESPECIAL DO SEGURADO PROVIDO.

1. A Lei 9.876/1999 implementou nova regra de cálculo, ampliando gradualmente a base de cálculo dos benefícios que passou a corresponder aos maiores salários de contribuição correspondentes a 80% de todo o período contributivo do Segurado.

2. A nova legislação trouxe, também, uma regra de transição, em seu art. 3º., estabelecendo que no cálculo do salário de benefício dos Segurados filiados à Previdência Social até o dia anterior à data de publicação desta lei, o período básico de cálculo só abarcaria as contribuições vertidas a partir de julho de 1994.

3. A norma transitória deve ser vista em seu caráter protetivo. O propósito do artigo 3º. da Lei 9.876/1999 e seus parágrafos foi estabelecer regras de transição que garantissem que os Segurados não fossem atingidos de forma abrupta por normas mais rígidas de cálculo dos benefícios.

4. Nesse passo, não se pode admitir que tendo o Segurado vertido melhores contribuições antes de julho de 1994, tais pagamentos sejam simplesmente descartados no momento da concessão de seu benefício, sem analisar as consequências da medida na apuração do valor do benefício, sob pena de infringência ao **princípio da contrapartida**.

5. É certo que o sistema de Previdência Social é regido pelo **princípio contributivo**, decorrendo de tal princípio a necessidade de haver, necessariamente, uma relação entre custeio e benefício, não se afigurando razoável que o Segurado verta contribuições e não possa se utilizar delas no cálculo de seu benefício.

6. A concessão do benefício previdenciário deve ser regida pela regra da prevalência da condição mais vantajosa ou benéfica ao Segurado, nos termos da orientação do STF e do STJ. Assim, é direito do Segurado o recebimento de prestação previdenciária mais vantajosa dentre aquelas cujos requisitos cumpre, assegurando, consequentemente, a prevalência do critério de cálculo que lhe proporcione a maior renda mensal possível, a partir do histórico de suas contribuições.

7. Desse modo, impõe-se reconhecer a possibilidade de aplicação da regra definitiva prevista no art. 29, I e II da Lei 8.213/1991, na apuração do salário de benefício, quando se revelar mais favorável do que a regra de transição contida no art. 3º. da Lei 9.876/1999, respeitados os prazos prescricionais e decadenciais. Afinal, por uma questão de racionalidade do sistema normativo, a regra de transição não pode ser mais gravosa do que a regra definitiva.

8. Com base nessas considerações, sugere-se a fixação da seguinte tese: Aplica-se a regra definitiva prevista no art. 29, I e II da Lei 8.213/1991, na apuração do salário de benefício, quando mais favorável do que a regra de transição contida no art. 3º. da Lei 9.876/1999, aos Segurado que ingressaram no Regime Geral da Previdência Social até o dia anterior à publicação da Lei 9.876/1999.

9. Recurso Especial do Segurado provido.

O INSS interpôs Recurso Extraordinário, que foi admitido pelo STJ em 28 de maio de 2020 e determinou a suspensão nacional dos processos judiciais:

"Presentes os pressupostos de admissibilidade, nos termos do artigo 1.036, § 1º, do Código de Processo Civil, admito o recurso extraordinário como representativo de controvérsia, determinando a suspensão de todos os processos pendentes, individuais ou coletivos, que versem sobre a mesma controvérsia em trâmite em todo o território nacional. Encaminhe-se o feito ao Supremo Tribunal Federal".

Na hipótese de segurado em gozo do auxílio-acidente, desde o advento da Lei 9.528/97, o valor do referido benefício integrará o salário de contribuição para o cálculo do salário de benefício da aposentadoria. No regime anterior, era possível a percepção conjunta da aposentadoria com o auxílio-acidente, restando apenas resguardados os direitos adquiridos.

Esta é a inteligência da Súmula 44, da Advocacia-Geral da União:

> "**Súmula 44** – Para a acumulação do auxílio-acidente com proventos de aposentadoria, a lesão incapacitante e a concessão da aposentadoria devem ser anteriores as alterações inseridas no art. 86 § 2º, da Lei 8.213/91, pela Medida Provisória nº 1.596-14, convertida na Lei nº 9.528/97."

Os **salários de contribuição** considerados no cálculo do valor do benefício serão **corrigidos** mês a mês de acordo com a variação integral do Índice Nacional de Preços ao Consumidor – INPC, calculado pela Fundação Instituto Brasileiro de Geografia e Estatística – IBGE, **até o mês anterior ao do início do benefício**[56].

Trata-se de conquista do atual ordenamento constitucional, na forma do previsto no artigo 201, § 3º, pois anteriormente nem todos os salários de contribuição eram atualizados, o que gerava uma defasagem na renda mensal inicial em tempos de altíssima inflação.

Desta forma, antes e depois da Lei 9.876/99, o PBC (período básico de cálculo) se inicia no Plano Real (7/1994) ou no mês da filiação, se após esse marco legal. E se estende até o mês anterior da data de início do benefício ou da concretização do fato gerador do benefício não programado.

É um conceito histórico e consolidado no Direito Previdenciário brasileiro que se mantém inclusive após a Emenda Constitucional 103/2019. Nesse sentido, o artigo 29 da Lei 8.213/91, antes da sua alteração pela Lei 9.876/99:

> *"Art. 29. O salário-de-benefício consiste na média aritmética simples de todos os últimos salários-de-contribuição* ***dos meses imediatamente anteriores ao do afastamento da atividade ou da data da entrada do requerimento****, até o máximo de 36 (trinta e seis), apurados em período não superior a 48 (quarenta e oito) meses".*

56. Artigo 33, do RPS.

No mesmo sentido o Decreto 3.048/99:

"Art. 33. Todos os salários-de-contribuição utilizados no cálculo do salário-de-benefício serão corrigidos, mês a mês, de acordo com a variação integral do Índice Nacional de Preço ao Consumidor – INPC, referente ao período decorrido a partir da primeira competência do salário-de-contribuição que compõe o período básico de cálculo **até o mês anterior ao do início do benefício**, *de modo a preservar o seu valor real".* (Redação dada pelo Decreto nº 5.545, de 2005)

Com fulcro no artigo 29-A, da Lei 8.213/91, o INSS utilizará as informações constantes no Cadastro Nacional de Informações Sociais – CNIS sobre os vínculos e as remunerações dos segurados, para fins de cálculo do salário de benefício, comprovação de filiação ao Regime Geral de Previdência Social, tempo de contribuição e relação de emprego.

O CNIS é um banco de dados previdenciários mantidos pela DATAPREV[57], sendo abastecido pela GFIP – Guia de Recolhimento do FGTS e de Informações Previdenciárias e pelo RAIS – Relátório Anual de Informações Sociais, dentre outras fontes. É uma ferramenta indispensável para boa presentação judicial do INSS promovida pelos Procuradores Federais, pois traz subsídios para a defesa.

Havendo dúvida sobre a regularidade do vínculo incluído no CNIS e inexistência de informações sobre remunerações e contribuições, o INSS exigirá a apresentação dos documentos que serviram de base à anotação, sob pena de exclusão do período.

A Lei 13.846/2019 previu que o Ministério da Economia manterá sistema de cadastro dos segurados especiais no Cadastro Nacional de Informações Sociais – CNIS e poderá firmar acordo de cooperação com o Ministério da Agricultura, Pecuária e Abastecimento e com outros órgãos da administração pública federal, estadual, distrital e municipal para a manutenção e a gestão do sistema de cadastro (inserção do art. 38-A e 38-B na Lei 8.213/91).

IMPORTANTE:

A novidade é que o sistema preverá a manutenção e a atualização **anual** do cadastro do **segurado especial** e conterá as informações necessárias à caracterização da condição de segurado especial, devendo ser feita **até 30 de junho do ano subsequente, vedada a atualização após 5 anos, exceto se** o segurado especial demonstrar em época própria a comercialização da produção e o recolhimento da contribuição efetivo da contribuição prevista no art. 25 da Lei 8.212/91.

No entanto, essa sistemática de atualização anual cadastral do segurado especial no CNIS só será aplicada a partir de 1/1/2023.

IMPORTANTE

Mas existe uma novidade inaugurada pela Emenda 103/2019. É que, para **fins de comprovação de atividade rural** exercida até a data de entrada em vigor da Emenda Constitucional, o prazo de que tratam os §§ 1º e 2º do art. 38-B da Lei n° 8.213, de 24 de julho de 1991, será **prorrogado** até a data em que o Cadastro Nacional de Informações Sociais – **CNIS atingir a cobertura mínima de 50% dos trabalhadores** de que trata o § 8º do art. 195 da Constituição Federal, apurada conforme quantitativo da **Pesquisa Nacional por Amostra de Domicílios Contínua – PNAD**.

57. A Empresa de Tecnologia e Informações da Previdência Social é uma empresa pública federal instituída pela Lei 6.125/74.

Para o período anterior a 1º de janeiro de 2023, o segurado especial comprovará o tempo de exercício da atividade rural por meio de **autodeclaração** ratificada por entidades públicas credenciadas, nos termos do art. 13 da Lei nº 12.188, de 11 de janeiro de 2010, e por outros órgãos públicos, na forma prevista no regulamento.

São entidades públicas credenciadas para ratificar a autodeclaração do segurado especial as **Entidades Executoras do Pronater ou órgãos públicos, inclusive o INSS**. Na hipótese de haver divergência de informações, para fins de reconhecimento de direito com vistas à concessão de benefício, o INSS poderá exigir a apresentação dos documentos que atestem o exercício da atividade rural ou pesqueira.

De efeito, **são requisitos para obter o credenciamento como Entidade Executora do Pronater**:

I – contemplar em seu objeto social a execução de serviços de assistência técnica e extensão rural;

II – estar legalmente constituída há mais de 5 (cinco) anos, exceto entidades públicas;

III – possuir base geográfica de atuação no Estado em que solicitar o credenciamento;

IV – contar com corpo técnico multidisciplinar, abrangendo as áreas de especialidade exigidas para a atividade;

V – dispor de profissionais registrados em suas respectivas entidades profissionais competentes, quando for o caso;

VI – atender a outras exigências estipuladas em regulamento.

Com propriedade, de acordo com o artigo 106, da Lei 8.213/91, a comprovação do exercício de atividade rural será feita, alternativamente, por meio de diversos documentos, tendo sido alterado o inciso IV e revogado o inciso III:

> "~~III – declaração fundamentada de sindicato que represente o trabalhador rural ou, quando for o caso, de sindicato ou colônia de pescadores, desde que homologada pelo Instituto Nacional do Seguro Social – INSS~~ ~~**(revogado pela Lei 13.846/19)**~~;
>
> IV – Declaração de Aptidão ao Programa Nacional de Fortalecimento da Agricultura Familiar, de que trata o inciso II do caput do art. 2º da Lei nº 12.188, de 11 de janeiro de 2010, ou por documento que a substitua, emitidas apenas por instituições ou organizações públicas *(redação dada pela Lei 13.846/19)*";

O objetivo normativo foi retirar a atribuição dos sindicatos rurais de declarar a condição de segurado especial, passando a tarefa a ser desempenhada pelas instituições do PRONATER, mediante declaração de aptidão ao Programa Nacional de Fortalecimento da Agricultura Familiar.

A Declaração de Aptidão ao Programa Nacional de Fortalecimento da Agricultura Familiar (DAP) é o documento que identifica os beneficiários do Programa Nacional de Fortalecimento da Agricultura Familiar (PRONAF).

> O salário de benefício possui limites mínimos e máximos, não podendo ser inferior a um salário mínimo nem superior ao teto do salário de contribuição da data de início do benefício, atualizado para R$ 6.101,06 (valor atualizado para todo o ano de 2020), desde 01.01.2020.

No entanto, caso o salário de benefício seja limitado em um caso concreto ao teto legal, na hipótese de a média aritmética dos salários de contribuição superar o limite máximo, deverá ser promovida a sua readequação no primeiro reajuste pelo INSS, observado o novo valor máximo, como ocorreu com os novos tetos inaugurados pelas Emendas 20/1998 (R$ 1.200,00) e 41/2003 (R$ 2.400,00).

De acordo com a Suprema Corte, no julgamento do recurso extraordinário 564.354, de 08.09.2010, "não ofende o ato jurídico perfeito a aplicação imediata do art. 14 da Emenda Constitucional n. 20/1998 e do art. 5º da Emenda Constitucional n. 41/2003 aos benefícios previdenciários limitados a teto do regime geral de previdência estabelecido antes da vigência dessas normas, de modo a que passem a observar o novo teto constitucional".

No caso do **segurado especial**, desde a vigência da Lei 11.718/2008, **o salário de benefício é fixado em um salário mínimo**, exceto se ele adotou o regime de recolhimento do contribuinte individual, consoante facultado pelo artigo 25, § 1º, da Lei 8.212/91, ou ainda se recolheu durante o prazo de até 120 dias por ano que pôde trabalhar durante a entressafra ou o defeso, ou sobre a remuneração que auferiu com o artesanato ou atividade artística, rendimentos permitidos pelo artigo 11, § 9º, da Lei 8.213/91.

Ademais, lembrando-se das parcelas integrantes do salário de contribuição, serão considerados para cálculo do salário de benefício os ganhos habituais do segurado empregado, a qualquer título, sob forma de moeda corrente ou de utilidades, sobre os quais tenha incidido contribuições previdenciárias, **exceto o décimo terceiro salário (gratificação natalina).**

Ou seja, atualmente, apesar de incidir contribuição previdenciária em separado sobre a parcela paga a título de décimo terceiro salário para o empregado e o doméstico, a legislação previdenciária excluiu essa verba do cálculo do salário de benefício.

Essa clara posição legal do artigo 29, § 3º, da Lei 8.213/91, com redação dada pela Lei 8.870/94, é chancelada pela jurisprudência amplamente dominante nos Tribunais Regionais Federais, que apenas ressalva os benefícios concedidos até o advento da Lei 8.870/94, em aplicação ao Princípio do *Tempus Regit Actum*.

Isso porque, até o advento da Lei 8.620/93, a tributação previdenciária sobre o salário de dezembro era feita juntamente com o décimo terceiro salário, passando desde então a ser feita em separado. Em seguida, veio a Lei 8.870/94 prevendo expressamente que a contribuição sobre a gratificação de natal não seria mais utilizada no cálculo do salário de benefício.

Nesse sentido, a jurisprudência:

> "PREVIDENCIÁRIO – PROCESSUAL CIVIL – AGRAVO LEGAL – REVISÃO DA RENDA MENSAL INICIAL DE BENEFÍCIO – SOMA DO DÉCIMO TERCEIRO SALÁRIO AOS SALÁRIOS-DE-CONTRIBUIÇÃO DO PERÍODO BÁSICO DE CÁLCULO. Inaplicável à espécie o prazo decadencial instituído pelas alterações procedidas no artigo 103 da Lei 8213/91 pela nona reedição da Medida Provisória n.º 1.523, de 27 de junho de 1997, posteriormente convertida na Lei n.º 9.598/97, pela Lei n.º 9.711/1998 e pelo artigo 1.º da Medida Provisória n.º 138/2.003, uma vez que se trata de benefício concedido anteriormente a elas. **Os benefícios cujas datas de início inserem-se no período entre 24.07.1991 e 15.04.1994 fazem jus à revisão para que sejam computados os valores relativos ao décimo terceiro salário nos meses de dezembro que estiverem no período básico de cálculo, respeitado o teto dos salários-de-contribuição vigente no período, nos termos do § 5º do artigo 29 da Lei 8213/91. Os benefícios concedidos na vigência da Lei 8870/94 devem observar a restrição imposta em seu artigo 28, § 7º, ainda que haja**

salários-de-contribuição dos meses de dezembro de 1991, 1992 e 1993 integrantes do período básico de cálculo. Nesse caso, aplica-se a legislação de regência, à época da data de início do benefício, em observância ao princípio "tempus regit actum". Ao manejar o agravo de que trata o artigo 557, § 1º, do CPC, deve a parte demonstrar que a decisão recorrida não se encontra em consonância com precedentes dos Tribunais Superiores ou do próprio Tribunal, o que não se evidenciou "in casu". A fundamentação apresentada não trouxe argumentos que demonstrassem a necessidade de reforma da decisão agravada. Agravo não provido" (TRF 3ª Região, APELAÇÃO/ REEXAME NECESSÁRIO – 1.497.466, de 02.04.2012).

"PREVIDENCIÁRIO. REVISÃO DE RMI. CÔMPUTO DO 13º SALÁRIO NO SALÁRIO DE CONTRIBUIÇÃO. **1. No período em que a contribuição previdenciária do mês de dezembro incidia sobre o somatório da remuneração de dezembro e a gratificação natalina, limitada ao teto do salário de contribuição, o 13º salário deveria ser considerado no cálculo do salário de benefício, não como um 13º salário de contribuição, mas integrando o salário de contribuição do mês de dezembro, como, aliás, previa o art. 29, § 3º da Lei 8.213/91 (redação original)** e os §§ 4º e 6º do Decreto 611/92. 2. Com a alteração no cálculo da contribuição previdenciária incidente sobre a gratificação natalina, feita através da Lei 8.620/93, houve a necessidade de compatibilizar a legislação atinente à concessão de benefícios com a referente ao custeio da seguridade social. **Surge, assim, a proibição da utilização da gratificação natalina para fins de cálculo de benefício com o advento da Lei nº 8.870, de 15 de abril de 1994, que alterou a redação do § 7º do artigo 28 da Lei 8.212/91 (Lei de Custeio) e do § 3º do artigo 29 da Lei 8.213/91 (Lei de Benefícios), dispondo expressamente que a parcela relativa ao décimo terceiro salário integra o salário de contribuição, exceto para efeito de cálculo dos proventos**" (TRF 4ª Região, APELREEX 2009.72.99.001285-0, de 15.12.2010).

Este posicionamento passou a ser adotado pelo STJ:

"AGRAVO REGIMENTAL NO RECURSO ESPECIAL. PREVIDENCIÁRIO. REVISÃO DE RMI. CÔMPUTO DO 13° SALÁRIO. REDAÇÃO DO ART. 28, § 7°, DA LEI 8.212/1991. DIB ANTERIOR À ALTERAÇÃO DADA PELA LEI 8.870/1994.

1. O art. 28, § 7º, da Lei nº 8.212/1991 (Lei de Custeio) dispunha que a gratificação natalina integrava o salário de contribuição para fins de apuração do salário de benefício, de sorte que a utilização da referida verba para fins de cálculo de benefício foi vedada apenas a partir da vigência da Lei nº 8.870/1994, que alterou a redação da citada norma e do § 3º do art. 29 da Lei nº 8.213/1991 (Lei de Benefícios), dispondo expressamente que a parcela relativa ao décimo terceiro salário integra o salário de contribuição, exceto para efeito de cálculo dos proventos.

2. Do acurado exame da legislação pertinente, esta Corte firmou o entendimento segundo o qual, o cômputo dos décimos terceiros salários para fins de cálculo da renda mensal inicial de benefício previdenciário foi autorizado pela legislação previdenciária, até a edição da Lei nº 8.870, de 15 de abril de 1994, que alterou a redação dos arts. 28, § 7° da Lei de nº 8.212/1991 (Lei de Custeio) e 29, § 3º, da Lei nº 8.213/1991 (Lei de Benefícios). 3. Agravo regimental a que se nega provimento" (STJ, AgRg no REsp 1179432, de 28/08/2012).

O STJ confirmou este posicionamento em tese repetitiva (informativo 603):

PROCESSO	**REsp 1.546.680-RS, Rel. Min. Og Fernandes, Primeira Seção, por unanimidade, julgado em 10/5/2017, DJe 17/5/2017. (Tema 904)**
RAMO DO DIREITO	DIREITO PREVIDENCIÁRIO
TEMA	Revisão do cálculo da Renda Mensal Inicial (RMI). Cômputo do 13º salário. Redação do art. 28, § 7º, da Lei n. 8.212/1991 e do art. 29, § 3º, da Lei n. 8.213/1991. Alteração legislativa. Data de Início do Benefício (DIB) posterior à modificação processada pela Lei n. 8.870/1994.

DESTAQUE
O décimo terceiro salário (gratificação natalina) somente integra o cálculo do salário de benefício, nos termos da redação original do § 7º do art. 28 da Lei n. 8.212/1991 e § 3º do art. 29 da Lei n. 8.213/1991, quando os requisitos para a concessão do benefício forem preenchidos em data anterior à publicação da Lei n. 8.870/1994, que expressamente excluiu o décimo terceiro salário do cálculo da Renda Mensal Inicial (RMI), independentemente de o Período Básico de Cálculo (PBC) do benefício estar, parcialmente, dentro do período de vigência da legislação revogada.

Contudo, a TNU não admitia a revisão do benefício previdenciário para inserir a contribuição previdenciária sobre o 13º salário nem mesmo para os benefícios concedidos anteriormente à Lei 8.870/94, a exemplo do julgamento do PEDILEF 2009.72.51.008649-2, de 29.03.2012:

> "EMENTA VOTO PREVIDENCIÁRIO. REVISÃO DE BENEFÍCIO. PRETENSÃO DE CÔMPUTO DO 13º SALÁRIO NO PERÍODO BÁSICO DE CÁLCULO. IMPOSSIBILIDADE. INCIDENTE IMPROVIDO. 1. Incidente conhecido, já que presentes as condições de admissibilidade. 2. Pretende-se a normatização da matéria com base em acórdão que acolhe a pretensão de consideração do 13º salário no período básico de cálculo de benefício previdenciário. A pretensão não merece guarida, eis que esta Turma Nacional de Uniformização possui entendimento pacificado sobre o tema, rechaçando essa possibilidade, tanto no período anterior quanto no posterior à promulgação da Lei n.º 8.870/94 (Cf. Pedilef n.º2008.72.53.000258-3/SC, Relator Élio Wanderley Filho, DJ 28/07/2009). **3. Afigura-se absolutamente irrelevante a data de concessão de aposentadoria dos segurados para o enfrentamento do tema, já que nunca houve, no ordenamento jurídico, norma que autorizasse o pretendido cômputo da gratificação natalina no cálculo da renda mensal inicial do benefício. Nem a redação original da Lei n.º 8.213/91, nem a redação que lhe foi conferida pela Lei n.º 8.870/94 permitem essa ilação.** A legislação de regência é clara ao estatuir que o décimo terceiro salário, embora se considere salário-de-contribuição para fins de incidência de contribuição previdenciária, não deve ser computado quando por ocasião do cálculo da renda mensal inicial dos benefícios previdenciários. 4. A modificação trazida pela Lei n.º 8.870/94 na redação da Lei n.º 8.213/91, vedando expressamente a inclusão da gratificação natalina no cálculo do salário-de-benefício, tem função explicativa, interpretativa, não tendo provocado alteração alguma na forma de cálculo do benefício. A previsão de tributação do décimo terceiro salário justifica-se pela necessidade de custeio do abono anual pago aos segurados e seus dependentes. Indevida, pois, a inclusão da gratificação natalina nos salários-de-contribuição observados para cálculo de benefício previdenciário, mesmo que concedido antes de 1994. 5. Incidente improvido. Sugiro ao em. Presidente desta Turma que imprima, ao resultado deste julgamento, a sistemática prevista no art. 7º letra "a" do Regimento desta Turma, devolvendo às Turmas de origem todos os outros incidentes que versem sobre o mesmo objeto, a fim de que mantenham ou promovam a adequação da decisão recorrida às premissas jurídicas firmadas, já que reflete entendimento consolidado nesta Corte".

Nesse sentido, em 03 de julho de 2012, a TNU publicou a Súmula 60:

> "Súmula 60 – O décimo terceiro salário não integra o salário de contribuição para fins de cálculo do salário de benefício, independentemente da data da concessão do benefício previdenciário".

Mas a TNU reviu o seu posicionamento, alinhando-se ao STJ, ao cancelar a Súmula 60 e publicar a Súmula 83, em 21 de março de 2016:

> Súmula 83 – A partir da entrada em vigor da Lei n. 8.870/94, o décimo terceiro salário não integra o salário de contribuição para fins de cálculo do salário de benefício.

De acordo com o **texto originário** do artigo 32, da Lei 8.213/91, **antes da Lei 13.846/2019**, na hipótese do segurado que contribui em razão de **atividades concomitantes**, o salário de benefício será calculado com base na soma dos salários de contribuição das atividades exercidas até a data do requerimento ou do óbito ou no período básico de cálculo.

De efeito, quando o segurado satisfizer, em relação a cada atividade, as condições para obtenção do benefício requerido, o salário de benefício será calculado com base na soma dos respectivos salários de contribuição.

Logo, suponha-se que *Alfredão* tenha tido dois vínculos empregatícios durante a sua vida de trabalho. Em ambos os vínculos, ele possui mais de 35 anos de contribuição, já tendo satisfeito simultaneamente os requisitos para a concessão da aposentadoria por tempo de contribuição, razão pela qual os salários de contribuição de ambas as atividades deverão ser somados para o cálculo do salário de benefício[58], tendo em conta que no RGPS só é possível ter uma aposentadoria.

Ao revés, quando não se verificava a hipótese anterior, o salário de benefício correspondia à soma das seguintes parcelas:

a) o salário de benefício calculado com base nos salários de contribuição das atividades em relação às quais são atendidas as condições do benefício requerido; e

b) um percentual da média do salário de contribuição de cada uma das demais atividades, equivalente à relação entre o número de meses completos de contribuição e os do período da carência do benefício requerido; e, quando se tratar de benefício por tempo de contribuição, este percentual será o resultante da relação entre os anos completos de atividade e o número de anos de contribuição considerado para a concessão do benefício.

Neste caso anterior à vigência da Lei 13.846/2019, o segurado possui atividades concomitantes, mas apenas em uma delas preencheu os requisitos legais para o gozo de benefício previdenciário. Aqui o cálculo do salário de benefício não será alcançado com a soma dos salários de contribuição de ambas as atividades, porque em apenas uma delas o segurado preencheu os pressupostos para o gozo do benefício.

Hipoteticamente, suponha-se que *César* tenha dois empregos simultâneos há muitos anos. No primeiro deles, ele alcançou 35 anos de contribuição, mas, no segundo, ele conta apenas com 17,5 anos.

Neste caso, na hipótese da aposentadoria por tempo de contribuição, o salário de benefício será formado com a soma integral dos salários de contribuição da primeira atividade, com metade do valor dos salários de contribuição da segunda, pois nesta *César* apenas alcançou metade do tempo de contribuição exigido pela legislação previdenciária.

Demais disso, não serão perpetradas as somas acima referidas quando o segurado, em obediência ao limite máximo do salário de contribuição, contribuiu apenas para uma das atividades concomitantes.

De acordo com o STJ, "o segurado que tenha preenchido os requisitos para aposentadoria pelo RGPS e que tiver desenvolvido concomitante atividade secundária por regime Próprio da Previdência Social (RPPS), sem, no entanto, preencher os requisitos para concessão do benefício neste regime, tem direito que seu salário de benefício seja calculado com base na soma

58. Parte-se da premissa que foi realizada a carência de 180 contribuições mensais.

dos salários de contribuição da atividade principal, acrescido de percentual da média do salário de contribuição da atividade concomitante, nos termos do art. 32, II, "a" e "b", e III, da Lei 8.213/1991. Nos termos do art. 32 da Lei 8.213/1991, o desempenho de atividades concomitantes por parte do segurado pode lhe garantir que o salário de benefício seja (a) o resultado da soma dos salários de contribuição efetivados em cada atividade cujas condições foram totalmente satisfeitas (inciso I), ou (b) será a soma do salário de contribuição da atividade cuja condição foi totalmente satisfeita (atividade principal) acrescido de um percentual decorrente dos valores recolhidos das demais atividades (incisos II, "a" e "b", e III). **Nesse contexto, o fato de o segurado ao RGPS ter prestado atividade concomitante secundária vinculada a regime próprio não afasta o direito à soma do percentual estipulado para efetivação do cálculo do salário de benefício de aposentadoria vinculada àquele regime, visto que a norma contida no art. 32 da Lei de Benefícios Previdenciários não se restringe às atividades concomitantes exercidas exclusivamente no RGPS.** Ressalte-se, ainda, que o art. 94 da referida lei garante a compensação financeira entre os sistemas existentes. REsp 1.428.981-PR, Rel. Min. Humberto Martins, julgado em 2/6/2015, DJe 6/8/2015".

Em todas as hipóteses, **deverá ser observado o teto do salário de contribuição, pois a soma não poderá ultrapassar esta quantia.**

Vale frisar que o artigo 32 da Lei 8.213/91 não definia qual a atividade que deverá ser considerada como a principal, devendo ser considerada àquela em que o segurado reuniu as condições para a concessão do benefício, sendo esta a posição do STJ.

No entanto, no caso de aposentadoria proporcional por tempo de contribuição, entende a Corte Superior que a atividade principal será àquela que gerar a maior renda mensal para o benefício:

> "PREVIDENCIÁRIO. RECURSO ESPECIAL. REGIME GERAL DA PREVIDÊNCIA SOCIAL. APOSENTADORIA POR TEMPO DE SERVIÇO. PROVENTOS PROPORCIONAIS. EMBARGOS À EXECUÇÃO. CRITÉRIO DE CÁLCULO DA RENDA MENSAL INICIAL. ATIVIDADES CONCOMITANTES. ATIVIDADE PRINCIPAL. MELHOR PROVEITO ECONÔMICO. VALOR DA TRABALHO E DA LIVRE INICIATIVA. ART. 32 DA LEI 8.213/1991. INAPLICABILIDADE AO CASO. ART. 29 DA LEI 8.213/1991 EM SUA REDAÇÃO ORIGINAL. OBSERVÂNCIA NO CASO. DISSÍDIO JURISPRUDENCIAL. FALTA DE SIMILITUDE FÁTICA. RECURSO ESPECIAL CONHECIDO EM PARTE E NESSA PARTE NÃO PROVIDO.
>
> **1. Na hipótese de desempenho pelo segurado de atividades laborais concomitantes, a jurisprudência do STJ é assente no sentido de que, nos termos do art. 32 da Lei 8.213/1991, será considerada atividade principal, para fins de cálculo do valor do salário de benefício, aquela na qual o segurado reuniu condições para concessão do benefício.**
>
> **2. A peculiaridade do caso concreto consiste no fato de que o segurado não completou tempo de serviço suficiente para se aposentar em nenhuma das atividades concomitantes, tendo o título exequendo reconhecido o direito à aposentadoria por tempo de serviço com proventos proporcionais, apurando-se o período básico de cálculo nos termos do art. 29 da Lei 8.213/1991, em sua redação original.**
>
> **3. Considerando que o segurado não completou tempo de serviço suficiente para se aposentar em nenhuma das atividades concomitantes, deve ser considerada como atividade principal, para fins de apuração do salário de benefício, aquela que gerar maior proveito econômico no cálculo da renda mensal inicial.**

> 4. Não se mostra configurada afronta ao art. 32 da Lei 8.213/1991, na espécie, porque o segurado, no desempenho de atividades concomitantes, não preencheu em nenhuma delas todos os requisitos para obtenção da aposentadoria por tempo de serviço.
>
> 5. A lacuna deixada pelo legislador no art. 32 da Lei 8.213/1991 deve ser integrada pelos princípios que envolvem a ordem econômica e social previstas na Constituição, ambas fundadas na valorização e no primado do trabalho humano e na livre iniciativa, a fim de assegurar a todos existência digna, conforme os ditames da justiça social. 6. Relativamente ao dissídio jurisprudencial, o recurso especial não pode ser conhecido pela alínea "c" em decorrência da ausência de similitude fática entre os acórdãos confrontados". (RECURSO ESPECIAL – 1311963, DJE DATA:06/03/2014).

Saliente-se que o artigo 32, da Lei 8.213/91, possuía redação originária, não tendo sido atualizado pela Lei 9.876/99, que criou o fator previdenciário e que alargou o período básico de cálculo para 80% do lapso temporal contributivo do segurado, razão pela qual o seu texto não considera a existência do citado coeficiente obrigatório no salário de benefício das aposentadorias por tempo de contribuição.

Ademais, **a redação do artigo antes da Lei 13.846/19 perdeu a sua razão de ser, pois em 1991 o salário de benefício correspondia à média dos 36 últimos salários de contribuição em período não superior a 48 meses.**

Já com o advento da Lei 9.876/99, com o alargamento do período básico de cálculo, passou a ser a média aritmética simples dos 80% maiores salários de contribuição do segurado.

Como o objetivo do artigo 32 da Lei 8.213/91 era evitar que o segurado recolhesse pelos últimos 36 meses na atividade concomitante secundária e aumentasse o valor do salário de benefício, este artigo estabeleceu uma regra de proporção, que, após a Lei 9.876/99, não mais se justifica.

Em razão desta defasagem legislativa, na sua interpretação administrativa o INSS faz incidir separadamente o fator previdenciário sobre as atividades principais e secundárias antes da confecção da média ponderada.

Entende-se que esta sistemática é inadequada por não estar amparada na Lei 8.213/91, pois acabam sendo apurados dois salários de benefício em separado (com dois fatores previdenciários), para, ao final, se chegar à média final, havendo uma duplicidade sem amparo normativo, gerando uma redução excessiva do salário de benefício quando o fator previdenciário da atividade principal e da secundária for inferior a 1,0.

Era necessário que o artigo 32 da Lei 8.213/91 fosse reformado para que sejam inseridas as regras do cálculo do salário de benefício e do fator previdenciário no que concerne às atividades concomitantes à luz da Lei 9.876/99.

A Lei 13.135/2015 iria alterar com acerto a redação do artigo 32 da Lei 8.213/91, mas lamentavelmente a modificação sofreu um equivocado veto presidencial:

> "Art. 32. O salário-de-benefício do segurado que contribuir em razão de atividades concomitantes será calculado com base na soma dos salários-de-contribuição das atividades exercidas no período básico de cálculo, observado o disposto no art. 29" (VETADO).
>
> **Razões do veto**
>
> "A alteração realizada pelo dispositivo poderia trazer impacto ao equilíbrio financeiro e atuarial da previdência social, tratado pelo art. 201 da Constituição. Além disso, da forma prevista, a medida poderia gerar desincentivos para os segurados que contribuem sobre atividades concomitantes."

Vale frisar que a Lei 9.876/99 não revogou expressamente o artigo 32 da Lei 8.213/91, conquanto este artigo precise ser atualizado para definir com precisão as regras de incidência do fator previdenciário.

Isso porque o alargamento do período básico das 36 últimas contribuições (em período não superior a 48 meses) para os 80% maiores salários de contribuição a partir da competência de julho de 1994 não é incompatível com o artigo 32 da Lei 8.213/91.

De modo razoável, **a TNU entende que após o advento da Lei 10.666/2003 houve a alteração implícita do artigo 32 da Lei 8.213/91**, determinando a extinção da escala base para o salário de contribuição.

Daí que, **a partir de 4/2003**, o órgão de cúpula do JEF determinou a **soma dos salários de contribuição em atividades concomitantes**, posicionamento adequado:

> **PROCESSO Nº 0000159-29.2011.4.03.6307 REQUERENTE: MARIA ELISABETE BENTIVENHA REQUERIDO(A): INSS**
>
> VOTO-EMENTA
>
> " PEDIDO DE UNIFORMIZAÇÃO. PREVIDENCIÁRIO. REVISÃO. ARTIGO 32 DA LEI 8.213/91. ATIVIDADES CONCOMITANTES. DERROGAÇÃO DO ARTIGO 32 DA LEI 8.213/91 A PARTIR DE 01/04/2003. IMPLEMENTAÇÃO DOS REQUISITOS NECESSÁRIOS À CONCESSÃO DO BENEFÍCIO APÓS 01/04/2003: SOMA DOS SALÁRIOS-DE-CONTRIBUIÇÃO CONCOMITANTES (ANTERIORES E POSTERIORES A 01/04/2003) E LIMITAÇÃO AO TETO. PRECEDENTE DESTA TNU. INCIDENTE CONHECIDO E PROVIDO. Trata-se de Incidente de Uniformização de Jurisprudência interposto pela parte Autora em face de acórdão de Turma Recursal que manteve sentença que julgou improcedente o seu pedido de revisão de aposentadoria para que, no período do exercício de atividades concomitantes, para aplicação da regra do Art.32, incisos I e II da Lei 8213/91, seja considerada como atividade principal aquele que aludir maior proveito econômico em seu favor. A parte recorrente alega divergência jurisprudencial apontando paradigmas que bem caracterizam a divergência e a similitude fático-jurídica em relação ao acórdão recorrido. Acerca da matéria em controvérsia, esta TNU possui precedentes no sentido de que: a) no caso de segurado que contribuiu em razão de atividades concomitantes, implementados os requisitos ao benefício em data posterior a 01/04/2003, os salários-de-contribuição concomitantes (anteriores e posteriores a 04/2003) serão somados e limitados ao teto; b) no caso de segurado que tenha preenchido os requisitos e requerido o benefício até 01/04/2003, aplica-se o art. 32 da Lei n. 8.213/1991, observando-se que se o requerente não satisfizer, em relação a cada atividade, as condições do benefício requerido, a atividade principal será aquela com salários-de-contribuição economicamente mais vantajosos. Note-se o seguinte PEDILEF: PEDIDO DE UNIFORMIZAÇÃO. PREVIDENCIÁRIO. REVISÃO. ARTIGO 32 DA LEI 8.213/91. ATIVIDADES CONCOMITANTES. DERROGAÇÃO DO ARTIGO 32 DA LEI 8.213/91 A PARTIR DE 01/04/2003. LEI 9.876/99. MP 83/02 (LEI 10.666/03). 1. Trata-se de pedido de uniformização interposto contra acórdão proferido pela 3ª Turma Recursal dos Juizados Especiais Federais do Rio Grande do Sul que aplicou o entendimento de que para o cálculo da RMI do benefício, no caso de atividades concomitantes, deve ser considerada como preponderante a que for mais vantajosa economicamente ao segurado. (...) 5. Com efeito, a jurisprudência do STJ consolidou-se no sentido de que o art. 32 da Lei 8.213/91 dispõe que será considerada atividade principal, para fins de cálculo do valor do salário-de-benefício, aquela na qual o segurado reuniu todas as condições para concessão da prestação. Isso significa que apenas o cumprimento de um dos requisitos não torna a atividade principal, sendo indispensável que o segurado preencha, além da carência, o tempo de contribuição necessário à concessão do benefício em apenas uma das atividades para que, então, seja esta atribuída como principal. 6. Quando o segurado que contribui em razão de atividades concomitantes não satisfizer, em relação a cada atividade, as condições do benefício requerido, a

atividade principal será aquela com salários-de-contribuição economicamente mais vantajosos. Essa é a orientação atual desta Turma Nacional, aprovada à unanimidade quando do julgamento do Pedilef 5001611-95.2013.4.04.7113, de minha relatoria (DOU 21/03/2014). Na mesma época, o STJ julgou a matéria nos seguintes termos: PROCESSUAL CIVIL E PREVIDENCIÁRIO. AGRAVO REGIMENTAL NO RECURSO ESPECIAL. REGIME GERAL DA PREVIDÊNCIA SOCIAL. APOSENTADORIA POR TEMPO DE SERVIÇO. PROVENTOS PROPORCIONAIS. EMBARGOS À EXECUÇÃO. CRITÉRIO DE CÁLCULO DA RENDA MENSAL INICIAL. ATIVIDADES CONCOMITANTES. ATIVIDADE PRINCIPAL. MELHOR PROVEITO ECONÔMICO. VALOR DA TRABALHO E DA LIVRE INICIATIVA. ART. 32 DA LEI 8.213/1991. INAPLICABILIDADE AO CASO. ART. 29 DA LEI 8.213/1991 EM SUA REDAÇÃO ORIGINAL. OBSERVÂNCIA NO CASO. DISSÍDIO JURISPRUDENCIAL. FALTA DE SIMILITUDE FÁTICA. RECURSO ESPECIAL CONHECIDO EM PARTE E NESSA PARTE NÃO PROVIDO. 1. Na hipótese de desempenho pelo segurado de atividades laborais concomitantes, a jurisprudência do STJ é assente no sentido de que, nos termos do art. 32 da Lei 8.213/1991, será considerada atividade principal, para fins de cálculo do valor do salário de benefício, aquela na qual o segurado reuniu condições para concessão do benefício. 2. A peculiaridade do caso concreto consiste no fato de que o segurado não completou tempo de serviço suficiente para se aposentar em nenhuma das atividades concomitantes. Por isso que deve ser considerada como atividade principal, para fins de apuração do salário de benefício, aquela que gerar maior proveito econômico no cálculo da renda mensal inicial. Observância do julgamento em caso análogo ao presente, proferido no Recurso Especial 1.311.963/SC. 3. Agravo regimental não provido. (AgRg no REsp 1412064/RS, Rel. Ministro MAURO CAMPBELL MARQUES, SEGUNDA TURMA, julgado em 20/03/2014, DJe 26/03/2014) (grifei) 6.1 Portanto, a jurisprudência atual desta Turma Nacional está alinhada à do Superior Tribunal de Justiça. Entendo, contudo, que a matéria uniformizada não pode ser aplicada ao caso dos autos. Explico. 7. A análise detida do processo permite concluir que os salários-de-contribuição concomitantes referem-se ao período de janeiro de 2005 a setembro de 2008, época em que já vigorava a Lei 10.666, de 08/05/2003, decorrente da conversão da Medida Provisória 83, de 12/12/2002, que determinou a extinção, a partir de abril de 2003, da escala de salário-base (artigos 9º e 14). Com essa extinção, deixou de existir restrição quanto ao valor dos recolhimentos efetuados pelos segurados contribuinte individual e segurado facultativo. Isso significa dizer que tais segurados puderam, a partir de então, contribuir para a Previdência Social com base em qualquer valor e foram autorizados a modificar os salários-de-contribuição sem observar qualquer interstício, respeitando apenas os limites mínimo e máximo. 8. À vista desse quadro, entendo que com relação a atividades exercidas concomitantemente em período posterior a março de 2003 não mais se justifica a aplicação do artigo 32 da Lei 8.213/91, que deve ser interpretado como regra de proteção, que objetiva justamente evitar que o segurado, nos últimos anos de contribuição, passe a recolher valores elevados com o intuito de obter um benefício mais alto. Registro que no regime anterior à Lei 9.876/99, o salário-de-benefício era calculado com base na média aritmética simples de todos os últimos salários-de-contribuição dos meses imediatamente anteriores ao do afastamento da atividade ou da data da entrada do requerimento, até o máximo de 36 (trinta e seis), apurados em período não superior a 48 (quarenta e oito) meses. A partir da Lei 9.876/99, que trouxe modificações quanto ao cálculo para apuração do salário-de-benefício, conferindo nova redação ao artigo 29 da Lei 8.213/91, o recolhimento de contribuições em valores superiores apenas nos últimos anos de contribuição passou a ter pouca importância para a fixação da renda mensal inicial do benefício. Foi exatamente essa mudança da sistemática de cálculo do salário-de-benefício que justificou a extinção da escala de salário-base. 9. Como bem ponderado pelo Desembargador Ricardo Teixeira do Vale Pereira (TRF4, APELREEX 0004632-08.2014.404.9999, Quinta Turma, Relator Ricardo Teixeira do Valle Pereira, D.E. 03/06/2015), que compõe o Tribunal Regional Federal da 4ª Região, "extinta a escala de salário--base, o segurado empregado que tem seu vínculo cessado pode passar a contribuir como contribuinte individual, ou mesmo como facultativo, pelo teto. Por outro lado, o contribuinte individual, ou mesmo o facultativo, pode majorar sua contribuição até o teto no momento que desejar. Não pode, diante da situação posta, ser adotada interpretação que acarrete tratamento detrimentoso para o segurado empregado que também é contribuinte individual, ou mesmo que tem dois vínculos como empregado, sob pena de ofensa à isonomia. Não há sentido em se considerar válido possa o contribuinte individual recolher pelo teto sem qualquer restrição e, por vias transversas, vedar isso ao segurado empregado que desempenha concomitantemente atividade como contribuinte individual, ou mesmo que tem dois vínculos empregatícios. E é isso, na prática, que ocorreria se se reputasse vigente o disposto no artigo 32 da Lei 8.213/91. A conclusão, portanto, é de que, na linha do que estatui a Lei de Introdução às Normas do Direito Brasileiro (antiga LICC), ocorreu, a partir de 1º de abril de 2003, a derrogação do artigo 32 das Lei 8.213/91. **Deste modo, assim como o contribuinte individual e o segurado facultativo podem simplesmente passar a recolher pelo teto a partir da competência abril/2003, a todo segurado que tenha mais de um vínculo deve ser admitida, a partir da competência abril/2003, a soma dos salários-de-contribuição, respeitado o teto.". 10. Dessa forma, o art. 32 da Lei n. 8.213/91 deixou de ter vigência a partir de 01/04/2003, pois, com a extinção da escala de salário-base (arts. 9º e 14 da MP 83/2002, convertida na Lei n. 10.666/2003), a regra deixou de produzir o efeito pretendido, tendo ocorrido sua derrogação, motivo pelo qual proponho a uniformização do entendimento de que: a) tendo o segurado que contribuiu em razão de atividades concomitantes implementados os requisitos ao benefício em data posterior a 01/04/2003, os salários-de-contribuição concomitantes (anteriores e posteriores a 04/2003) serão somados e limitados ao teto; e b) no caso de segurado que tenha preenchido os requisitos e requerido o benefício até 01/04/2003, aplica-se o art. 32 da Lei n. 8.213/1991, observando-se que se o requerente não satisfizer, em relação a cada atividade, as condições do benefício requerido, a atividade principal será aquela com salários-de-contribuição economicamente mais vantajosos, na linha do entendimento uniformizado no âmbito desta TNU (Pedilef 500161195.2013.4.04.7113)**. 11. Seria o caso de reformar o acórdão para restabelecer a sentença, a qual, embora por motivos diversos, determinou a soma dos salários-de-contribuição, observado o teto. Todavia, como não houve pedido de uniformização da parte autora com relação ao ponto, nego provimento ao incidente do INSS, pois, determinar a adequação do acórdão para aplicação do entendimento acima expendido implicaria reformatio in pejus. (grifos não originais)

(PEDILEF 50077235420114047112. Relator: João Batista Lazzari. DOU: 09/10/2015).

Diante do exposto, em estando o acórdão recorrido dissonante do entendimento desta Corte Uniformizadora, deve ser DADO PROVIMENTO ao incidente de uniformização, determina-se o retorno do processo à Turma de origem para que promova a adequação do julgado à premissa jurídica fixada, porém dentro dos contornos do pedido efetuado no incidente de uniformização. Incidente de Uniformização de Jurisprudência CONHECIDO E PROVIDO. É como voto.

Acordam os membros da Turma Nacional de Uniformização por DAR PROVIMENTO ao incidente de uniformização de jurisprudência, nos termos do voto-ementa da Juíza Federal Relatora.

Brasília, 25 de maio de 2017.

MARIA LÚCIA GOMES DE SOUZA

Juíza Federal Relatora".

Posteriormente, este entendimento se tornou **tese representativa de controvérsia na TNU**: "Entendendo pela **derrogação do art. 32 da Lei 8.213/91**, diante de legislação superveniente (notadamente, as Leis n. 9.876/99 e n. 10.666/03), a TNU ratificou a tese, agora em representativo da controvérsia, no sentido de que, tendo o segurado que contribuiu em razão de atividades concomitantes implementado os requisitos ao benefício em data posterior a 01/04/2003, os salários-de-contribuição concomitantes (anteriores e posteriores a 04/2003) serão somados e limitados ao teto" **(Informativo 23/2018 – Processo n. 5003449-95.2016.4.04.7201)**.

IMPORTANTE!

Por tudo isso, o artigo 32 da Lei 8.213 foi modificado pela Lei 13.846/2019, que agora prevê sempre a soma dos salários de contribuição de atividades concomitantes, mesmo quando o segurado só tenha preenchido os requisitos do benefício em apenas uma atividade.

De efeito, o salário de benefício do segurado que contribuir em razão de atividades concomitantes será calculado com base na soma dos salários de contribuição das atividades exercidas na data do requerimento ou do óbito, ou no período básico de cálculo, observado o disposto no artigo 29 da Lei 8.213/91, **exceto se o segurado contribuiu apenas por uma das atividades concomitantes em razão do teto do salário de contribuição.**

Desta forma, ressalvadas as disputas judiciais para concessões anteriores, os requerimentos perpetrados a partir de 18/6/2019 já contam com as somas dos salários de contribuição concomitantes, resolvendo o problema para todos os deferimentos a partir desta data.

De acordo com o artigo 29, § 5º, da Lei 8.213/91, se, no período básico de cálculo, o segurado tiver recebido benefício por incapacidade, sua duração será contada, considerando-se como salário de contribuição, no período, o salário de benefício que serviu de base para o cálculo da renda mensal, reajustado nas mesmas épocas e bases dos benefícios em geral, não podendo ser inferior ao valor de um salário mínimo.

Se esse dispositivo for aplicado na sua literalidade, dissociado dos demais dispositivos previdenciários, fará com que o período de gozo de um benefício por incapacidade, como o auxílio-doença, tenha o seu salário de benefício considerado como salário de contribuição futuramente, a exemplo da concessão de aposentadoria por incapacidade permanente.

O STJ determina que sejam considerados apenas os salários de contribuição sobre os quais incidiram contribuição previdenciária, e não o período de gozo do benefício por incapacidade:

> AGRAVO INTERNO. RECURSO ESPECIAL. PREVIDENCIÁRIO. REVISÃO DO VALOR DO BENEFÍCIO DE APOSENTADORIA. RENDA MENSAL INICIAL. SEGURADO BENEFICIÁRIO DE APOSENTADORIA POR INVALIDEZ, ORIGINADA DE AUXÍLIO-DOENÇA E A ELE IMEDIATAMENTE SUBSEQÜENTE. **1. Aposentadoria por invalidez precedida de auxílio-doença deve ser calculada com base no salário-de-benefício do auxílio-doença, que, por sua vez, é calculado utilizando-se os salários-de-contribuição anteriores ao seu recebimento. 2. Hipótese em que incide o art. 36, § 7º, do Decreto 3.048/1999, que determina que o salário-de-benefício da aposentadoria por invalidez será de 100% do valor do salário-de-benefício do auxílio-doença anteriormente recebido, reajustado pelos índices de correção dos benefícios previdenciários.** 3. Agravo interno a que se nega provimento (AGRESP 200802366191, de 03.02.2009).
>
> **"INFORMATIVO 527 – DIREITO PREVIDENCIÁRIO. CÁLCULO DA RENDA MENSAL INICIAL NO CASO DE CONVERSÃO DO AUXÍLIO-DOENÇA EM APOSENTADORIA POR INVALIDEZ.**
>
> No caso de benefício de aposentadoria por invalidez precedido de auxílio-doença, a renda mensal inicial será calculada de acordo com o disposto no art. 36, § 7º, do Dec. 3.048/1999, exceto quando o período de afastamento tenha sido intercalado com períodos de atividade laborativa, hipótese

em que incidirá o art. 29, § 5º, da Lei 8.213/1991. Precedentes citados: AgRg no REsp 1.153.905-SC, Sexta Turma, DJe 7/2/2013; AgRg no REsp 1.024.748-MG, Quinta Turma, DJe 21/8/2012; AgRg no Ag 1270670-PR, Sexta Turma, DJe 23/5/2012. AgRg nos EREsp 909.274-MG, Rel. Min. Alderita Ramos de Oliveira (Desembargadora convocada do TJ-PE), julgado em 12/6/2013".

O STF também seguiu a posição do INSS e do STJ:

"CONSTITUCIONAL. PREVIDENCIÁRIO. REGIME GERAL DA PREVIDÊNCIA SOCIAL. CARÁTER CONTRIBUTIVO. APOSENTADORIA POR INVALIDEZ. AUXÍLIO-DOENÇA. COMPETÊNCIA REGULAMENTAR. LIMITES. 1. O caráter contributivo do regime geral da previdência social (caput do art. 201 da CF) a princípio impede a contagem de tempo ficto de contribuição. **2. O § 5º do art. 29 da Lei nº 8.213/1991 (Lei de Benefícios da Previdência Social – LBPS) é exceção razoável à regra proibitiva de tempo de contribuição ficto com apoio no inciso II do art. 55 da mesma Lei. E é aplicável somente às situações em que a aposentadoria por invalidez seja precedida do recebimento de auxílio-doença durante período de afastamento intercalado com atividade laborativa, em que há recolhimento da contribuição previdenciária. Entendimento, esse, que não foi modificado pela Lei nº 9.876/99.** 3. O § 7º do art. 36 do Decreto nº 3.048/1999 não ultrapassou os limites da competência regulamentar porque apenas explicitou a adequada interpretação do inciso II e do § 5º do art. 29 em combinação com o inciso II do art. 55 e com os arts. 44 e 61, todos da Lei nº 8.213/1991. 4. A extensão de efeitos financeiros de lei nova a benefício previdenciário anterior à respectiva vigência ofende tanto o inciso XXXVI do art. 5º quanto o § 5º do art. 195 da Constituição Federal. Precedentes: REs 416.827 e 415.454, ambos da relatoria do Ministro Gilmar Mendes. 5. Recurso extraordinário com repercussão geral a que se dá provimento" (RE 583834 / SC, de 21.09.2011).

Logo, se um segurado gozou de auxílio-doença posteriormente convertido em aposentadoria por incapacidade permanente, será considerado o salário de benefício do auxílio-doença, automaticamente majorado de 91% para 100%, não sendo feito um novo cálculo computando-se o período do auxílio-doença, em que não houve contribuição (sistemática anterior ao advento da EC 103/2019, que alterou a sistemática de cálculo da aposentadoria por incapacidade permanente).

Posteriormente, o STJ aprovou a Súmula 557:

Súmula 557 – A renda mensal inicial (RMI) alusiva ao benefício de aposentadoria por invalidez precedido de auxílio-doença será apurada na forma do art. 36, § 7º, do Decreto n. 3.048/1999, observando-se, porém, os critérios previstos no art. 29, § 5º, da Lei n. 8.213/1991, quando intercalados períodos de afastamento e de atividade laboral.

Vale frisar que apenas com o advento da Constituição Federal de 1988 passou a existir previsão normativa para que **todos** os salários de contribuição utilizados no cálculo do salário de benefício sofressem atualização monetária.

Deveras, na vigência da Lei 6.210/75, dos 36 salários de contribuição utilizados no cálculo do salário de benefício, apenas os 24 primeiros sofreram correção monetária, ficando os 12 últimos desatualizados, o que gerava perda do poder aquisitivo no cálculo da renda mensal inicial em razão da inflação.

Frise-se que a correção monetária dos salários de contribuição utilizados no período básico de cálculo surgiu pela primeira vez na Lei 5.890/73, mas apenas para os benefícios cuja renda era calculada com base nos 48 últimos salários de contribuição.

10. SALÁRIO DE BENEFÍCIO NA EMENDA 103/2019

O artigo 26 da Emenda 103/2019 trouxe regra transitória para regular o cálculo da renda mensal dos benefícios que regulou, até a ulterior edição de lei federal para reger o tema:

> "Art. 26. **Até que lei discipline o cálculo dos benefícios do** regime próprio de previdência social da União e do **Regime Geral de Previdência Social**, será utilizada a média aritmética simples dos salários de contribuição e das remunerações adotados como base para contribuições a regime próprio de previdência social e ao Regime Geral de Previdência Social, ou como base para contribuições decorrentes das atividades militares de que tratam os arts. 42 e 142 da Constituição Federal, atualizados monetariamente, **correspondentes a 100% (cem por cento) do período contributivo desde a competência julho de 1994 ou desde o início da contribuição, se posterior àquela competência**.
>
> § 1º A média a que se refere o caput será limitada ao valor máximo do salário de contribuição do Regime Geral de Previdência Social para os segurados desse regime e para o servidor que ingressou no serviço público em cargo efetivo após a implantação do regime de previdência complementar ou que tenha exercido a opção correspondente, nos termos do disposto nos §§ 14 a 16 do art. 40 da Constituição Federal.
>
> § 2º O valor do benefício de aposentadoria corresponderá a 60% **(sessenta por cento)** da média aritmética definida na forma prevista no **caput** e no § 1º, com **acréscimo de 2 (dois) pontos percentuais para cada ano de contribuição que exceder o tempo de 20 (vinte) anos de contribuição nos casos:**
>
> I – do inciso II do § 6º do art. 4º, do § 4º do art. 15, do § 3º do art. 16 e do § 2º do art. 18;
>
> II – do § 4º do art. 10, ressalvado o disposto no inciso II do § 3º e no § 4º deste artigo;
>
> III – de aposentadoria por incapacidade permanente aos segurados do Regime Geral de Previdência Social, ressalvado o disposto no inciso II do § 3º deste artigo; e
>
> IV – do § 2º do art. 19 e do § 2º do art. 21, ressalvado o disposto no § 5º deste artigo.
>
> § 3º O valor do benefício de aposentadoria corresponderá a **100% (cem por cento) da média aritmética** definida na forma prevista no **caput** e no § 1º:
>
> I – no caso do inciso II do § 2º do art. 20;
>
> II – no caso de aposentadoria por incapacidade permanente, quando decorrer de acidente de trabalho, de doença profissional e de doença do trabalho.
>
> § 4º O valor do benefício da aposentadoria de que trata o inciso III do § 1º do art. 10 corresponderá ao resultado do tempo de contribuição dividido por 20 (vinte) anos, limitado a um inteiro, multiplicado pelo valor apurado na forma do **caput** do § 2º deste artigo, ressalvado o caso de cumprimento de critérios de acesso para aposentadoria voluntária que resulte em situação mais favorável.
>
> § 5º O acréscimo a que se refere o **caput** do § 2º será aplicado para cada ano que **exceder 15 (quinze) anos de tempo de contribuição** para os segurados de que tratam a alínea "a" do inciso I do § 1º do art. 19 e o inciso I do art. 21 e para as **mulheres** filiadas ao Regime Geral de Previdência Social.
>
> § 6º **Poderão ser excluídas da média as contribuições que resultem em redução do valor do benefício, desde que mantido o tempo mínimo de contribuição exigido**, vedada a utilização do tempo excluído para qualquer finalidade, inclusive para o acréscimo a que se referem os §§ 2º e 5º, para a averbação em outro regime previdenciário ou para a obtenção dos proventos de inatividade das atividades de que tratam os arts. 42 e 142 da Constituição Federal.
>
> § 7º Os benefícios calculados nos termos do disposto neste artigo serão reajustados nos termos estabelecidos para o Regime Geral de Previdência Social".

A nosso ver, esse dispositivo apenas deveria regular a renda mensal dos benefícios trazidos pela EC 103/2019, não podendo ser ampliado para todos os benefícios previdenciários com renda calculada com arrimo no salário de benefício.

Contudo, o INSS, através da Portaria 450/2020, com o nosso "voto vencido" registrado, aplicou a fórmula do artigo 26 da Emenda 103 para todos os salários de benefício, mesmo situações não reguladas pela Reforma Constitucional, como auxílio por incapacidade temporária, benefícios rurais e auxílio-acidente:

> "Seção I Do Período Básico de Cálculo e do Salário-de-benefício
>
> Art. 35. Nos termos do art. 26 da EC nº 103, de 2019, o PBC é composto por 100% (cem por cento) dos salários de contribuição a partir de julho de 1994 ou desde o início das contribuições, se posterior a esta competência, observado o disposto no art. 27".

No mesmo sentido o Decreto 3.048/99, atualizado pelo Decreto 10.410/2020:

> "Art. 32. O salário de benefício a ser utilizado para o cálculo dos benefícios de que trata este Regulamento, inclusive aqueles previstos em acordo internacional, consiste no resultado da média aritmética simples dos salários de contribuição e das remunerações adotadas como base para contribuições a regime próprio de previdência social ou como base para contribuições decorrentes das atividades militares de que tratam os art. 42 e art. 142 da Constituição, considerados para a concessão do benefício, atualizados monetariamente, correspondentes a cem por cento do período contributivo desde a competência julho de 1994 ou desde o início da contribuição, se posterior a essa competência". (Redação dada pelo Decreto nº 10.410, de 2020).

Dessa forma, na visão do Poder Executivo da União, para direitos formados a partir de 14/11/2019, o salário de benefício de todos (100% deles a contar de 7/1994) os benefícios do RGPS deverá ser apurado pelo média de todos os salários de contribuição a contar do Plano Real, com a incidência de correção monetária pelo INPC.

Ademais, apontamos as seguintes inovações:

a) **Não incidência do fator previdenciária no cálculo de artigo com o artigo 26 da EC 103/2019;**
b) **Inexistência de divisor mínimo no período básico de cálculo;**
c) **Possibilidade de descarte de salários de contribuição para benefícios programados, acaso seja favorável ao segurado e haja tempo de contribuição excedente ao mínimo legal.**

Por outro lado, para direito adquirido formado até 13/11/2019, garante-se a aplicação da antiga fórmula do salário de benefício, desde que seja mais favorável ao segurado.

Por uma falha inescusável do artigo 26 da Emenda 103/2019, não restou inserido um divisor mínimo no período básico de cálculo, não sendo compatível a aplicação do divisor de 60% de que trata o artigo 3º, § 2º, da Lei 9.876/99, pois é vinculado à fórmula de 80%.

Nesse sentido, o próprio sistema da previdência elaborado pelo DATAPREV não faz incidir divisor mínimo na fórmula do artigo 26 da EC 103/2019, pois necessita de lei para a sua criação.

Aliás, o próprio RPS, atualizado pelo Decreto 10.410/2020, somente prevê o divisor mínimo de 60% para a antiga fórmula do salário de benefício pela média dos 80% maiores salários de contribuição:

"Art. 188-E. O salário de benefício a ser utilizado para apuração do valor da renda mensal dos benefícios concedidos com base em **direito adquirido até 13 de novembro de 2019** consistirá: (Redação dada pelo Decreto nº 10.410, de 2020)

I – para as aposentadorias por idade e por tempo de contribuição, na média aritmética simples dos maiores salários de contribuição correspondentes a oitenta por cento de todo o período contributivo, multiplicada pelo fator previdenciário; e (Incluído pelo Decreto nº 10.410, de 2020)

II – para as aposentadorias por invalidez e especial, auxílio-doença e auxílio-acidente, na média aritmética simples dos maiores salários de contribuição correspondentes a oitenta por cento de todo o período contributivo. (Incluído pelo Decreto nº 10.410, de 2020)

§ 1º No caso das aposentadorias por idade, por tempo de contribuição e especial, o divisor considerado no cálculo da média a que se referem os incisos I e II do caput não poderá ser inferior a sessenta por cento do período decorrido da competência julho de 1994 até a data de início do benefício, limitado a cem por cento de todo o período contributivo. (Incluído pelo Decreto nº 10.410, de 2020)"

Indubitavelmente isso não foi projetado, sendo uma grave falha do texto da EC 103/2019 que exige lei para a correção, demonstrando uma falta de técnica na elaboração do texto constitucional nessa passagem sem a devida apreciação jurídica e contábil por verdadeiros especialistas.

Já existem casos reais que apreciei em que o salário de benefício do segurado dobrou ou mesmo triplicou diante da inexistência de divisor mínimo no cálculo do salário de benefício, fazendo com que a EC 103/2019 tenha sido generosa para esses segurados.

Uma outra novidade que vem sendo benéfica para muitos segurados é a REGRA DE DESCARTE. De efeito, prevê o artigo 26 da EC 103/2019 que ***poderão ser excluídas da média as contribuições que resultem em redução do valor do benefício, desde que mantido o tempo mínimo de contribuição exigido****, vedada a utilização do tempo excluído para qualquer finalidade, para a averbação em outro regime previdenciário ou para a obtenção dos proventos de inatividade das atividades militares.*

Suponha-se que determinado benefício previdenciário exija 25 anos de tempo de contribuição e que o segurado possua 30 anos de tempo de contribuição. Nesse caso, se for benéfico no caso concreto, devendo ser feitas as simulações, o sistema da previdência que roda com inteligência artificial irá descartar até 5 anos se tempo de contribuição, se a renda mensal for melhor para o segurado.

Isso porque o descarte poderá aumentar o salário de benefício, mas irá reduzir o coeficiente do benefício (cada ano descartado reduz 2%), devendo ser simulado no caso concreto a melhor renda mensal em prol do segurado, o que é feito com perfeição pelo sistema do INSS que utiliza a inteligência artificial.

A regra de descarte somada à inexistência de divisor mínimo no salário de benefício é algo que por certo não entrou nas contas da reforma da previdência. Identifiquei um caso de concessão no início de 2020 em que a renda mensal inicial do segurado subiu 143%, em comparação com o regramento anterior à EC 103/2019.

Vale frisar que a regra de descarte somente é compatível com os benefícios programados, pois se refere ao tempo de contribuição, inexistindo descarte de período de carência, de modo que somente é pertinente fazê-lo em aposentadorias programadas.

Nesse sentido a Portaria INSS 450/2020, alterada pelo 528/2020, que acolheu nota técnica jurídica da lavra da PFE INSS de nossa autoria:

"Art. 37. Na apuração do SB das aposentadorias programáveis poderão ser excluídas quaisquer contribuições que resultem em redução do valor do benefício, desde que mantida a quantidade de contribuições equivalentes ao período de carência e observado o tempo mínimo de contribuição exigidos.

§ 1º É vedada a utilização das contribuições excluídas na forma do caput para qualquer finalidade, inclusive para acréscimo do percentual da renda mensal, para o somatório de pontos das aposentadorias por tempo de contribuição e especial ou para atingir o período adicional exigido para as aposentadorias por tempo de contribuição, bem como para averbação em outro regime previdenciário, ou para a obtenção dos proventos de inatividade das atividades de que tratam os arts. 42 e 142 da Constituição Federal, por força do § 6º do art. 26 da EC nº 103, de 2019. (Redação do parágrafo dada pela Portaria INSS Nº 528 DE 22/04/2020).

§ 2º Não se aplica a previsão do caput deste artigo aos benefícios previdenciários não programáveis. (Parágrafo acrescentado pela Portaria INSS Nº 528 DE 22/04/2020)".

No mesmo sentido o artigo 32 do RPS, atualizado pelo Decreto 10.410/2020:

§ 24. Para fins do cálculo das **aposentadorias programadas** para as quais seja exigido tempo mínimo de contribuição, poderão ser excluídas do cálculo da média dos salários de contribuição e das remunerações adotadas como base para contribuições a regime próprio de previdência social ou como base para contribuições decorrentes das atividades militares de que tratam os art. 42 e art. 142 da Constituição, utilizado para definição do salário de benefício, as contribuições que resultem em redução do valor do benefício, observado o disposto nos § 25 e § 26. (Redação dada pelo Decreto nº 10.410, de 2020).

§ 25. Para fins da exclusão a que se refere o § 24, **consideram-se programadas** as aposentadorias programada, especial e por idade do trabalhador rural e as aposentadorias transitórias por idade e por tempo de contribuição, para as quais se exige tempo mínimo de contribuição. (Incluído pelo Decreto nº 10.410, de 2020)

§ 26. A exclusão das contribuições de que trata o § 24 não altera o direito à aposentadoria previamente reconhecido, desde que mantida a quantidade de contribuições equivalentes ao período de carência e observado o tempo mínimo de contribuição necessário à elegibilidade da aposentadoria requerida. (Incluído pelo Decreto nº 10.410, de 2020)

§ 27. É vedada a utilização das contribuições excluídas na forma prevista no § 24 para qualquer finalidade, inclusive para: (Incluído pelo Decreto nº 10.410, de 2020)

I – o acréscimo do percentual da renda mensal; (Incluído pelo Decreto nº 10.410, de 2020)

II – o somatório de pontos das aposentadorias por tempo de contribuição e especial; (Incluído pelo Decreto nº 10.410, de 2020)

III – o cumprimento de período adicional exigido para as aposentadorias por tempo de contribuição; (Incluído pelo Decreto nº 10.410, de 2020)

IV – a averbação em outro regime previdenciário; ou (Incluído pelo Decreto nº 10.410, de 2020)

V – a obtenção dos proventos de inatividade de que tratam os art. 42 e art. 142 da Constituição. (Incluído pelo Decreto nº 10.410, de 2020)"

11. RENDA MENSAL INICIAL DOS BENEFÍCIOS PREVIDENCIÁRIOS – REGRAS VIGENTES

Exceto o salário-família e o salário-maternidade, que têm outras fórmulas de cálculo, **todos os benefícios do RGPS eram calculados através da aplicação de um percentual sobre o salário de benefício.**

Apenas para ilustrar, pois os benefícios previdenciários em espécie serão estudados no próximo Capítulo, eis o valor das rendas mensais iniciais que ainda conservam o salário de benefício no seu cálculo:

A) **Auxílio-acidente**: 50% do salário de benefício;

B) **Aposentadoria por tempo de contribuição da pessoa com deficiência**: 100% do salário de benefício;

C) **Auxílio-doença (auxílio por incapacidade temporária)**: 91% do salário de benefício, limitada à média dos 12 últimos salários de contribuição.

Com efeito, **a renda mensal do benefício de prestação continuada que substituir o salário de contribuição ou o rendimento do trabalho do segurado não terá valor inferior ao do salário mínimo**, consoante determinação do artigo 201, § 2º, da Constituição de 1988, que contempla um enorme avanço de proteção social no Brasil.

A pensão por morte no RGPS não poderá ser inferior a um salário mínimo, não tenho sido aprovada a regra da EC 103/2019 que permitia renda inferior se o dependente recebesse renda formal.

Assim sendo, **apenas o auxílio-acidente e o salário-família**, que não se destinam a substituir o rendimento do trabalho, **poderão ter valor inferior a um salário mínimo.**

Excepcionalmente, o auxílio-doença (auxílio por incapacidade temporária) poderá ser inferior a um salário mínimo, mas apenas na hipótese de segurado com atividades concomitantes. Nesse sentido, dispõe o artigo 73, § 4º, do Decreto 3.048/99, que no caso de incapacidade para apenas uma atividade, o valor do auxílio-doença poderá ser inferior ao salário mínimo desde que somado às demais remunerações recebidas resultar valor superior a este.

Da mesma forma, **a renda mensal dos benefícios por totalização**, concedidos com base em acordos internacionais celebrados pelo Brasil no âmbito do RGPS, **poderá ter valor inferior ao do salário mínimo**[59].

Por outro lado, em regra, os benefícios do Regime Geral de Previdência Social não poderão ter valor superior ao teto do salário de contribuição, fixado originariamente em Cr$ 170.000,00 (cento e setenta mil cruzeiros) pela Lei 8.213/91. Esse valor vem sendo reajustado ao menos anualmente, a depender do exercício. A Emenda 20/1998 o fixou em R$ 1.200,00, ao passo que a Emenda 41/2003 em R$ 2.400,00. Desde 01.01.2012, foi atualizado para R$ 3.916,20 pela Portaria MPS/MF 02/2012. Para o ano de 2015, o valor foi atualizado para R$ 4.663,75 pela Portaria MPS/MF 13/2015. Por sua vez, para o exercício de 2016 foi fixado em R$ 5.189,82. Para 2017, foi fixado em R$ 5.531,31. *Em 2018, foi reajustado para R$ 5.645,80.* Para o exercício de 2019, o teto foi reajustado para R$ 5.839,45 (valor atualizado para todo o ano de 2019 – Portaria ME nº 9, de 15/1/2019). **Em 2020 o teto do salário de contribuição foi reajustado para R$ 6.101,06.**

> Contudo, ***esta regra comporta exceções***. A primeira se refere à **aposentadoria por incapacidade permanente (antiga invalidez)**, vez que, se o aposentado necessitar de assistência permanente de outra pessoa, ele terá direito a um **acréscimo fixo de 25%** sobre a renda mensal inicial do benefício, podendo esse ***plus*** superar o teto, a teor do artigo 45, da Lei 8.213/91.

59. Artigo 35, § 1º, do RPS.

Em regra, o pagamento dos benefícios de prestação continuada não poderá ser antecipado, devendo ser pagos no período compreendido entre o quinto dia útil que anteceder o final do mês de sua competência e o quinto dia útil do mês subsequente (até um salário mínimo) ou do primeiro ao quinto dia útil do mês subsequente ao de sua competência, caso a renda mensal seja superior a um salário mínimo.

Entretanto, em razão das fortes chuvas ocorridas no Nordeste em meados de 2010, foi editado o Decreto 7.223, de 29.06.2010, que alterou a redação do artigo 169, do RPS, ao prever que, excepcionalmente, nos casos de estado de calamidade pública decorrente de desastres naturais, reconhecidos por ato do Governo Federal, o INSS poderá, nos termos de ato do Ministro de Estado da Previdência Social, antecipar aos beneficiários domiciliados nos respectivos municípios.[60]

Vale registrar que empresas, sindicatos e entidades fechadas de previdência complementar poderão realizar o pagamento integral dos benefícios previdenciários devidos a seus beneficiários, mediante celebração de contrato com o INSS, dispensada a licitação, nos termos do artigo 117-A da Lei 8.213/91, introduzido pela Lei 14.020/2020.

> Também poderá superar o teto do salário de contribuição o **salário-maternidade pago às seguradas empregadas e trabalhadoras avulsas**, desde que não ultrapasse o teto do funcionalismo público, a teor do artigo 24875, da CRFB, que é o subsídio dos Ministros do STF.

Neste caso, a exceção decorre de julgamento do STF, na ADI/MC 1.946, de 29.04.99, confirmado em 03.04.2003, em aplicação ao Princípio da Isonomia, haja vista que a limitação ao teto do RGPS geraria a discriminação negativa das mulheres no mercado de trabalho, porquanto os empregadores não iriam admitir trabalhadoras que ganhassem acima do teto do salário de contribuição, pois ficariam responsáveis pelo pagamento da diferença entre o limite máximo e a sua remuneração.

Também poderão ultrapassar o teto do RGPS **benefícios previstos em legislação especial**, como os pagos aos anistiados e ex-combatentes da 2ª Guerra Mundial.

Considerando que o salário de benefício se sujeita ao teto do salário de contribuição, caso supere esse valor no mês de início do benefício, a diferença percentual entre esta média e o referido limite será incorporada ao valor do benefício juntamente com o primeiro reajuste do mesmo após a concessão, observado que nenhum benefício assim reajustado poderá superar o limite máximo do salário de contribuição vigente na competência em que ocorrer o reajuste[61].

Vale salientar que o segurado empregado, o trabalhador avulso e o contribuinte individual que preste serviço à pessoa jurídica (este a partir da competência 04.2003) têm a seu favor a presunção absoluta de recolhimento das suas contribuições previdenciárias pela empresa, que é a responsável tributária originária. O mesmo se aplica ao empregado doméstico após a LC 150/2015.

Neste caso, em não havendo recolhimento, basta que esses segurados comprovem o vínculo e o valor da sua remuneração para serem considerados no cálculo da renda mensal inicial dos benefícios.

---

60. Art. 248. Os benefícios pagos, a qualquer título, pelo órgão responsável pelo regime geral de previdência social, ainda que à conta do Tesouro Nacional, e os não sujeitos ao limite máximo de valor fixado para os benefícios concedidos por esse regime observarão os limites fixados no art. 37, XI (Incluído pela Emenda Constitucional nº 20, de 1998).
61. Artigo 35, § 3º, do RPS.

Todavia, se não puderem comprovar o valor dos seus salários de contribuição no período básico de cálculo, será concedido o benefício de valor mínimo, devendo esta renda ser recalculada, quando da apresentação de prova dos salários de contribuição[62].

Eis os artigos da Lei 8.213/91 que disciplinam o tema, modificados pela LC 150/2015:

> "Art. 34. No cálculo do valor da renda mensal do benefício, inclusive o decorrente de acidente do trabalho, serão computados:
>
> I – para o segurado empregado, inclusive o doméstico, e o trabalhador avulso, os salários de contribuição referentes aos meses de contribuições devidas, ainda que não recolhidas pela empresa ou pelo empregador doméstico, sem prejuízo da respectiva cobrança e da aplicação das penalidades cabíveis, observado o disposto no § 5º do art. 29-A;
>
> II – para o segurado empregado, inclusive o doméstico, o trabalhador avulso e o segurado especial, o valor mensal do auxílio-acidente, considerado como salário de contribuição para fins de concessão de qualquer aposentadoria, nos termos do art. 31;
>
> III – para os demais segurados, os salários-de-contribuição referentes aos meses de contribuições efetivamente recolhidas.
>
> Art. 35. Ao segurado empregado, inclusive o doméstico, e ao trabalhador avulso que tenham cumprido todas as condições para a concessão do benefício pleiteado, mas não possam comprovar o valor de seus salários de contribuição no período básico de cálculo, será concedido o benefício de valor mínimo, devendo esta renda ser recalculada quando da apresentação de prova dos salários de contribuição".

No entanto, na interpretação administrativa da Previdência Social, a presunção de recolhimento em favor do empregado doméstico não irá retroagir, operando-se somente a partir da vigência da LC 150, em 2 de junho de 2015, devendo ser considerado o salário de contribuição de um salário mínimo para as competências anteriores a junho de 2015, acaso não comprovado o efetivo recolhimento da contribuição previdenciária[63].

Reputa-se equivocado tal entendimento. Conquanto a Lei Complementar 150 tenha entrado em vigor no dia 2 de junho de 2015, data da sua publicação, entende-se ser constitucional sustentar que a presunção de recolhimento das contribuições previdenciárias em favor do empregado doméstico deve ser retroativa, alcançando as competências anteriores a junho de 2015.

Isso porque mesmo antes da LC 150/2015 a responsabilidade tributária de recolher a contribuição do empregado doméstico já era do patrão doméstico, tendo apenas sido corrigida uma inconstitucionalidade por omissão injustificável que discriminava negativamente o empregado doméstico.

Com base no Princípio do *Tempus Regit Actum* e da Precedência da Fonte de Custeio, novos critérios de cálculo dos benefícios não se aplicam aos concedidos anteriormente, mesmo que sejam mais benéficos. Nesse sentido, o STF:

> "EMENTA: RECURSO EXTRAORDINÁRIO. PREVIDENCIÁRIO. BENEFÍCIO DA PENSÃO POR MORTE. CONCESSÃO ANTERIOR À LEI N. 9.032/95. IMPOSSIBILIDADE DE RETROAÇÃO. SÚMULA 359 DO SUPREMO TRIBUNAL FEDERAL. RECURSO PROVIDO. 1. Em matéria previdenciária, a jurisprudência do Supremo Tribunal Federal firmou-se no sentido de que a lei de regência é a vigente no tempo de concessão do benefício (*tempus regit*

62. Artigo 35, da Lei 8.213/91.
63. Memorando-Circular nº 38/DIRBEN/INSS, de 5/11/2015.

actum). 2. Lei nova (Lei n. 9.032/95 para os beneficiados antes do seu advento e Lei n. 8.213 para aqueles que obtiveram a concessão em data anterior a 1991), que não tenha fixado a retroatividade de seus efeitos para os casos anteriormente aperfeiçoados, submete-se à exigência normativa estabelecida no art. 195, § 5º, da Constituição: "Nenhum benefício ou serviço da seguridade social poderá ser criado, majorado ou estendido sem a correspondente fonte de custeio total." (RE 320.179, de 09.02.2007).

12. QUADRO SINÓTICO

DEPENDENTES DOS SEGURADOS – ARTIGO 16, DA LEI 8.213/91	
Classe I – Preferencial e com presunção de dependência econômica	I – o cônjuge, a companheira, o companheiro e o filho não emancipado, de qualquer condição, menor de 21 (vinte e um) anos ou inválido ou que tenha deficiência intelectual ou mental ou deficiência grave
Classe II – Sem presunção de dependência econômica	Os pais do segurado
Classe III – Sem presunção de dependência econômica	III – o irmão não emancipado, de qualquer condição, menor de 21 (vinte e um) anos ou inválido ou que tenha deficiência intelectual ou mental ou deficiência grave

<table>
<tr><th colspan="3">Período de graça</th></tr>
<tr><td rowspan="2">Regra geral</td><td rowspan="2">12 meses: segurados obrigatórios</td><td>+ 12 meses: segurado desempregado com registro no MTE. (Ver Súmula 27 da TNU.)</td></tr>
<tr><td>+ 12 meses: segurado com mais de 120 contribuições mensais. (É preciso que não tenha havido perda da qualidade de segurado.)</td></tr>
<tr><td rowspan="4">Casos específicos</td><td colspan="2">6 meses: Segurados facultativos</td></tr>
<tr><td colspan="2">12 meses: Após cessar a segregação compulsória por doença</td></tr>
<tr><td colspan="2">12 meses: Após o livramento do preso</td></tr>
<tr><td colspan="2">3 meses: Após o licenciamento do incorporado às forças armadas</td></tr>
</table>

Carência	Prestação
180 contribuições	Aposentadoria por idade e tempo de contribuição (programada, comum e professor), aposentadoria por idade rural e aposentadoria especial.
24 contribuições	Auxílio-reclusão
12 contribuições	Aposentadoria por incapacidade permanente e auxílio-doença (auxílio por incapacidade temporária), em regra.
10 contribuições	Salário-maternidade da contribuinte individual, segurada especial e facultativa.
Sem carência	Salário-família; auxílio-acidente; pensão por morte; serviço social; reabilitação profissional; salário-maternidade da empregada, trabalhadora avulsa e empregada doméstica; aposentadoria por incapacidade permanente e auxílio-doença decorrentes de acidentes de qualquer natureza, moléstia ocupacional ou doença grave listada pela Previdência Social e Ministério da Saúde.

13. QUESTÕES DE PROVA

6.1 (Ano: 2020 Banca: FCC Órgão: AL-AP Prova: FCC – 2020 – AL-AP – Advogado Legislativo – Procurador)

No que tange aos beneficiários, enquanto **dependentes do segurado** do Regime Geral de Previdência Social, considere:

I. São beneficiários dependentes, entre outros, o cônjuge, a companheira, o companheiro e o filho não emancipado, de qualquer condição, menor de 21 anos ou inválido ou que tenha deficiência intelectual ou mental ou deficiência grave.

II. A existência de dependente de qualquer das classes previstas em lei não exclui do direito às prestações os das classes seguintes.

III. O enteado e o menor tutelado equiparam-se a filho mediante declaração do segurado, independentemente de comprovação de dependência econômica. IV. As provas de união estável e de dependência econômica exigem início de prova material contemporânea dos fatos, produzido em período não superior a 24 meses anterior à data do óbito ou do recolhimento à prisão do segurado, não admitida a prova exclusivamente testemunhal, exceto na ocorrência de motivo de força maior ou caso fortuito, conforme disposto no regulamento.

Está correto o que se afirma APENAS em

A) III e IV.

B) I, II e IV.

C) I e IV.

D) II e III.

E) I, II e III.

Gabarito: Letra C

Para acesso ao vídeo, utilize o QR Code ao lado.

6.2 (Ano: 2019 Banca: FCC Órgão: RIOPRETOPREV Prova: FCC – 2019 – RIOPRETOPREV – Analista Previdenciário – Assistente Social)

Péricles, Zeus e Poseidon são empregados da Empresa Céu Azul Embalagens Ltda. Péricles afastou-se da empresa, pois foi incorporado às Forças Armadas para prestar serviço militar a partir de 01 de janeiro de 2019. Por sua vez Zeus, envolvido com más companhias, acabou por ser preso, afastando-se da empresa de 10 de setembro de 2018 a 01 de janeiro de 2019, quando foi libertado definitivamente do cárcere. Poseidon, acometido de doença grave, encontra-se afastado em gozo de benefício previdenciário desde 01 de janeiro de 2019. Considerando a legislação vigente,

A) Péricles e Zeus deixaram de ser segurados da Previdência Social em 01 de abril de 2019.

B) Péricles e Zeus manterão sua condição de segurados da Previdência Social até 01 de janeiro de 2020 mesmo sem contribuírem.

C) Apenas Poseidon terá mantida a condição de segurado independente de contribuição.

D) Poseidon e Péricles ficam mantidos como segurados da Previdência Social até 01 de janeiro de 2020 mesmo sem contribuírem.

E) Zeus manterá sua condição de segurado independente de contribuição pelo prazo de 12 meses do seu livramento.

Gabarito: Letra E

Para acesso ao vídeo, utilize o QR Code ao lado.

6.3. (Ano: 2020 Banca: VUNESP Órgão: AVAREPREV-SP Prova: VUNESP – 2020 – AVAREPREV-SP – Procurador Jurídico) A respeito da contagem recíproca de tempo de serviço e da emissão de Certidão de Tempo de Contribuição (CTC), com base na Lei nº 8.213/91, assinale a alternativa correta.

A) É vedada, em qualquer situação, a emissão de CTC com o registro exclusivo de tempo de serviço, sem a comprovação de contribuição efetiva.

B) É admitida, a qualquer tempo, a desaverbação de tempo em regime próprio de previdência social da contagem do tempo necessário para a concessão de benefício no regime geral de previdência.

C) É admitida a contagem de tempo de serviço público com o de atividade privada, quando concomitantes.

D) É permitida a contagem recíproca de tempo de contribuição do RGPS por regime próprio de previdência social mediante a apresentação da carteira de trabalho com a respectiva anotação.

E) A CTC somente poderá ser emitida por regime próprio de previdência social para ex-servidor.

Gabarito: Letra E

Para acesso ao vídeo, utilize o QR Code ao lado.

6.4 (Ano: 2019 Banca: VUNESP Órgão: SERTPREV – SP Prova: VUNESP – 2019 – SERTPREV – SP – Procurador Jurídico) A Lei nº 8213/91, sobre os Planos de Benefícios da Previdência Social do Regime Geral de Previdência Social, estabelece independer de carência a concessão das seguintes prestações pecuniárias:

A) pensão por morte, salário-família e auxílio-acidente.

B) auxílio-doença e aposentadoria por invalidez, decorrente de qualquer doença a que for acometido o segurado.

C) salário-maternidade, para a segurada contribuinte individual.

D) auxílio-reclusão.

E) aposentadoria por idade, aposentadoria por tempo de serviço e aposentadoria especial.

Gabarito: Letra A

Para acesso ao vídeo, utilize o QR Code ao lado.

6.5 **(PROF. FREDERICO AMADO)** Fredinho Amado é segurado empregado urbano e possui tempo de contribuição de 30 anos nessa condição. Sucede que, após esses 30 anos contribuídos, ele passou a receber um auxílio-doença (atual auxílio por incapacidade temporária) não decorrente do acidente de trabalho por 5 anos. Nessa condição, o período de gozo do benefício por incapacidade será computado como tempo de contribuição sem nenhuma exigência normativa (nenhuma contribuição após a cessação do benefício).

Gabarito: errada

Para acesso ao vídeo, utilize o QR Code ao lado.

CAPÍTULO 7

BENEFÍCIOS E SERVIÇOS PREVIDENCIÁRIOS E ASSISTENCIAIS EM ESPÉCIE

Neste Capítulo serão estudadas as prestações previdenciárias, formadas pelos benefícios (obrigações de pagar quantia certa) e pelos serviços (obrigações de fazer) do RGPS devidos aos segurados e aos seus dependentes.

Outrossim, serão estudados os benefícios assistências geridos pelo INSS (seguro defeso do pescador artesanal e BPC/LOAS), o seguro desemprego e o auxílio emergencial da COVID-19.

Em relação aos benefícios previdenciários em relação aos **segurados**, são previstos *oito benefícios previdenciários*:

Benefícios dos segurados
Aposentadoria por idade e tempo de contribuição (programada – EC 103/2019)
Aposentadoria por idade dos trabalhadores rurais
Aposentadoria especial
Auxílio-doença (auxílio por incapacidade temporária)
Salário-família
Salário-maternidade
Auxílio-acidente

Já para os **dependentes** dos segurados são previstos *apenas dois benefícios*:

Benefícios dos dependentes
Pensão por morte
Auxílio-reclusão

De seu turno, vários benefícios previstos na Lei 8.213/91 foram posteriormente **extintos**, como o auxílio-natalidade, o auxílio-funeral, o pecúlio, do abono de permanência em serviço e as aposentadorias especiais do jornalista profissional, do jogador de futebol profissional, do telefonista, do juiz classista e do aeronauta.

Outrossim, **a Emenda 103/2019 extinguiu a aposentadoria por tempo de contribuição sem idade mínima**.

Demais disso, **existem dois serviços devidos tanto aos segurados quanto aos seus dependentes**: *serviço social e reabilitação profissional.*

O artigo 25 do Decreto 3.048/99 foi atualizado pelo Decreto 10.410/2020:

Art. 25. O Regime Geral de Previdência Social compreende as seguintes prestações, expressas em benefícios e serviços:

I – quanto ao segurado:

a) aposentadoria por incapacidade permanente; (Redação dada pelo Decreto nº 10.410, de 2020).

b) aposentadoria programada; (Redação dada pelo Decreto nº 10.410, de 2020).

c) aposentadoria por idade do trabalhador rural; (Redação dada pelo Decreto nº 10.410, de 2020).

d) aposentadoria especial;

e) auxílio por incapacidade temporária; (Redação dada pelo Decreto nº 10.410, de 2020).

f) salário-família;

g) salário-maternidade; e

h) auxílio-acidente;

II – quanto ao dependente:

a) pensão por morte; e

b) auxílio-reclusão; e

III – quanto ao segurado e dependente: reabilitação profissional.

Por um lapso, faltou a inserção do serviço social, que voltou a ser um serviço previdenciário após a revogação da MP 905/2019.

A aposentadoria por tempo de contribuição sem idade mínima foi extinta pela EC 103/2019, respeitado o direito adquirido formado até 13/11/2019. Por sua vez, para quem era segurado do RGPS em 13/11/2019, a EC 103/2019 constituiu quatro regras de transição, nos termos da Portaria INSS 450/2020:

> "Subseção II Aposentadoria por tempo de contribuição
>
> Art. 10. A aposentadoria por tempo de contribuição, ressalvado o direito adquirido, poderá ser concedida aos segurados filiados ao RGPS até 13 de novembro de 2019, mediante os requisitos fixados em quatro regras distintas de transição:
>
> I – aposentadoria por tempo de contribuição com pontuação, conforme art. 15 da EC nº 103, de 2019;
>
> II – aposentadoria por tempo de contribuição com idade mínima, conforme art. 16 da EC nº 103, de 2019;
>
> III – aposentadoria por tempo de contribuição com período adicional de 50% (cinquenta por cento), conforme art. 17 da EC nº 103, de 2019; e
>
> IV – aposentadoria por tempo de contribuição com idade mínima e período adicional de 100% (cem por cento), conforme art. 20 da EC nº 103, de 2019".

A aposentadoria por idade, que apenas exigia idade mínima e período de carência, foi substituída pela **aposentadoria programada**, que exige idade mínima (65 anos para os homens e 62 anos para as mulheres em regra permanente, ressalvado o regramento de transição), tempo de contribuição e período de carência, que se subdivide em comum e do professor do ensino básico.

Nesse sentido, a Portaria INSS 450/2020:

> "Seção I Da aposentadoria programada (art. 201 da Constituição Federal)
>
> Art. 6º A aposentadoria programada é devida aos segurados filiados ao RGPS a partir de 13 de novembro de 2019, ou, se mais vantajosa, aos demais.
>
> Art. 7º São requisitos para concessão da aposentadoria programada, cumulativamente:
>
> I – 62 (sessenta e dois) anos de idade, se mulher, e 65 (sessenta e cinco) anos, se homem;
>
> II – 15 (quinze) anos de tempo de contribuição, se mulher, e 20 (vinte) anos, se homem; e
>
> III – 180 (cento e oitenta) contribuições mensais de carência. (Redação do inciso dada pela Portaria INSS Nº 528 DE 22/04/2020).
>
> Seção II Das Regras de Transição da Aposentadoria por Idade e da aposentadoria por tempo de contribuição
>
> Subseção I Aposentadoria por idade (art. 18 da EC nº 103, de 2019)
>
> Art. 8º Para a concessão da aposentadoria por idade, conforme regra de transição fixada pela EC nº 103, de 2019, exige-se, cumulativamente:
>
> I – 60 (sessenta) anos de idade da mulher e 65 (sessenta e cinco) do homem;
>
> II – 15 (quinze) anos de tempo de contribuição; e
>
> III – 180 (cento e oitenta) meses de carência".

Uma crítica é que a aposentadoria do trabalhador rural e a aposentadoria especial também são aposentadorias programadas, pois não decorrem de infortúnio.

No entanto, a **aposentadoria por idade dos trabalhadores rurais**, garimpeiros e pescadores artesanais foi preservada, pois o Congresso Nacional rejeitou a sua reforma constitucional, mantendo os requisitos de idade mínima (60 anos para os homens e 55 para as mulheres).

Não foi citada a aposentadoria da pessoa com deficiência regulada na LC 142/2013, que é uma aposentadoria por tempo de contribuição sem idade mínima que foi preservada pela EC 103/2019.

Uma outra crítica é a utilização da expressão "auxílio por incapacidade temporária" em substituição ao "auxílio-doença", pois a incapacidade permanente também é fato gerador do benefício, nos termos do artigo 62[1] da Lei 8.213/91, quando cabível a reabilitação profissional.

Por certo, teria sido mais adequada a expressão "auxílio temporário por incapacidade", pois demonstraria o caráter temporário do benefício e abarcaria tanto a incapacidade temporária quanto a permanente.

Ao longo da obra, o benefício continuará sendo chamado de auxílio-doença em muitas situações, tanto por uma questão histórica em respeito ao *Tempus Regit Actum* quanto pelos atos normativos e decisões judiciais ainda citarem essa expressão.

Ficou uma confusão danada. A nosso ver, excluídas as regras de transição, **as regras permanentes contemplam os seguintes benefícios previdenciários**:

1. Art. 62. O segurado em gozo de auxílio-doença, insuscetível de recuperação para sua atividade habitual, deverá submeter-se a processo de reabilitação profissional para o exercício de outra atividade. (Redação dada pela Lei nº 13.457, de 2017)

BENEFÍCIOS EM VIGOR – REGRAS PERMANENTES –RGPS

Aposentadoria programada (idade, tempo de contribuição e período de carência): comum e professor do ensino básico

Aposentadoria especial (idade, tempo especial e período de carência): agentes nocivos à saúde

Aposentadoria da LC 142/2013 (tempo de deficiente e período de carência): pessoas com deficiência leve, média ou grave

Aposentadoria por incapacidade permanente (antiga invalidez)

Aposentadoria do trabalhador rural, garimpeiro e pescador artesanal (idade mínima e período de carência)

Auxílio por incapacidade temporária (antigo auxílio-doença)

Auxílio-acidente

Salário-família

Salário-maternidade

Pensão por morte

Auxílio-reclusão

Ao final, ainda serão vistos brevemente os benefícios especiais do Regime Geral, instituídos para situações pontuais por normas extravagantes, bem como serão citados os benefícios extintos do plano.

De logo, vale registrar que **a concessão de aposentadoria espontânea nas estatais não tinha o condão de extinguir o contrato de trabalho**, não mais prevalecendo a redação do artigo 453, da CLT, conforme entendimento pacificado pela Suprema Corte, desde o julgamento da ADI/MC 1.721, em 19.12.1997, que se mantém até a atualidade:

> "Previdência social: **aposentadoria espontânea não implica, por si só, extinção do contrato de trabalho. 1. Despedida arbitrária ou sem justa causa (CF, art. 7º, I): viola a garantia constitucional o acórdão que, partindo de premissa derivada de interpretação conferida ao art. 453, caput, da CLT (redação alterada pela L. 6.204/75), decide que a aposentadoria espontânea extingue o contrato de trabalho, mesmo quando o empregado continua a trabalhar na empresa após a concessão do benefício previdenciário**. 2. A aposentadoria espontânea pode ou não ser acompanhada do afastamento do empregado de seu trabalho: só há readmissão quando o trabalhador aposentado tiver encerrado a relação de trabalho e posteriormente iniciado outra; caso haja continuidade do trabalho, mesmo após a aposentadoria espontânea, não se pode falar em extinção do contrato de trabalho e, portanto, em readmissão. 3. Precedentes ADIn 1.721-MC, Ilmar Galvão, RTJ 186/3; ADIn 1.770, Moreira Alves, RTJ 168/128" (**RE 449.420, de 16.08.2005).**

Em razão desse posicionamento do STF, entende-se que a aposentadoria compulsória por idade a ser requerida pela empresa, nos termos do artigo 51, da Lei 8.213/91[2], é inconstitucional, pois gera o rompimento do vínculo de emprego, embora desconheça posicionamento jurisprudencial específico para este caso, de rara aplicabilidade na atualidade.

2. Art. 51. A aposentadoria por idade pode ser requerida pela empresa, desde que o segurado empregado tenha cumprido o período de carência e completado 70 (setenta) anos de idade, se do sexo masculino, ou 65 (sessenta e cinco) anos, se do sexo feminino, sendo compulsória, caso em que será garantida ao empregado a indenização prevista na legislação trabalhista, considerada como data da rescisão do contrato de trabalho a imediatamente anterior à do início da aposentadoria.

Uma situação excepcional e razoável ocorre na aposentadoria especial para a proteção do segurado empregado que trabalha exposto a agentes nocivos à sua saúde. É que a legislação previdenciária aduz que o aposentado especial que continuar ou voltar a desenvolver a atividade nociva à sua saúde (atividade especial), nos termos do artigo 57, § 8º, da Lei 8.213/91[3], terá o cancelamento (*rectius* suspensão) do benefício. Esta hipótese é justificável, pois o legislador busca a proteção da saúde do trabalhador, conforme será explicado.

No entanto, **há uma exceção inaugurada pela EC 103/2019**. É que restou inserido no artigo 201 da Constituição o novel § 14, ao dispor que "a aposentadoria concedida com a utilização de tempo de contribuição decorrente de cargo, emprego ou função pública, inclusive do **Regime Geral** de Previdência Social, acarretará o **rompimento do vínculo** que gerou o referido tempo de contribuição".

A concessão de aposentadoria no RPPS já gerava o rompimento da relação jurídica estatutária antes da reforma constitucional com a vacância do cargo efetivo.

A novidade agora é que a concessão de aposentadoria no RGPS passa a gerar a **extinção da relação de trabalho com a Administração Pública**, quer celetista ou mesmo estatutária, o que atinge servidores efetivos de municípios que não criaram RPPS.

Dessa forma, mesmo os **empregados públicos das estatais** que se aposentarem pelo RGPS terão a **extinção do contrato de trabalho com a Administração Pública**.

Pela abertura do texto, embora seja até absurdo, tal regra chega a atingir os servidores que apenas ocupem cargo em comissão e que se aposentem pelo RGPS, embora neste caso nada impede nova nomeação após a exoneração decorrente da concessão da aposentadoria.

Para a aplicabilidade do dispositivo, será necessário criar um canal de comunicação entre o INSS e as entidades da Administração Pública para estas tomarem conhecimento da concessão de aposentadoria pelo RGPS.

O dispositivo também se aplica ao notário, ou tabelião, e oficial de registro, ou registrador, pois exercem função pública, reforçando a regra do artigo 39[4], incisos II e III da Lei 8.935/94, que prevê a aposentadoria do RGPS como causa de extinção da delegação:

Entende-se que os agentes públicos que adquiriram direito a se aposentar no RGPS antes da alteração constitucional possuem direito adquirido a permanecer com o vínculo ativo com a Administração Pública, embora a Emenda Constitucional 103/2019 silencie a respeito e a regra de transição trate de modo diverso.

Há, no entanto, fórmula de transição esdrúxula do artigo 6º da Emenda:

> Art. 6º O disposto no § 14 do art. 37 da Constituição Federal não se aplica a **aposentadorias concedidas** pelo Regime Geral de Previdência Social até a data de entrada em vigor desta Emenda Constitucional.

Trata-se de regra infeliz, que utilizou como recorte intertemporal a data da concessão da aposentadoria pelo RGPS, e não a data do implemento dos requisitos da aposentadoria.

---

3. § 8º Aplica-se o disposto no art. 46 ao segurado aposentado nos termos deste artigo que continuar no exercício de atividade ou operação que o sujeite aos agentes nocivos constantes da relação referida no art. 58 desta Lei.
4. Art. 39. Extinguir-se-á a delegação a notário ou a oficial de registro por:

   I – morte;

   II – aposentadoria facultativa;

   III – invalidez.

Daí que, se aplicável na literalidade, os segurados que requereram o benefício antes da promulgação da reforma constitucional serão prejudicados, acaso o INSS demore na concessão administrativa e só o faça após vigente o novo regime jurídico.

Entende-se que o dispositivo deve ser interpretado conforme a Constituição, que deve ser uma unidade normativa, de modo que o direito adquirido se forma pela implementação dos requisitos a uma aposentadoria, e não no momento da concessão administrativa.

Ao menos deve ser considerada a data do requerimento administrativo como divisor do regime jurídico, e não a data da concessão da aposentadoria.

O posicionamento esposado nessa obra foi seguido pelo Decreto 10.410/2020, que inseriu o artigo 153-A no Decreto 3.048/99:

> "Art. 153-A. A concessão de aposentadoria **requerida a partir de 14 de novembro de 2019** com utilização de tempo de contribuição decorrente de cargo, emprego ou função pública acarretará o rompimento do vínculo que gerou o referido tempo de contribuição. (Incluído pelo Decreto nº 10.410, de 2020)
>
> Parágrafo único. Para fins do disposto no **caput**, após a consolidação da aposentadoria, nos termos do disposto no art. 181-B, o INSS **notificará a empresa responsável sobre a aposentadoria do segurado e constarão da notificação as datas de concessão e de início do benefício**. (Incluído pelo Decreto nº 10.410, de 2020)".

Logo, somente os empregados de estatais que requereram ao INSS aposentadoria voluntária a partir de 14/11/2019 terão o rompimento do vínculo de emprego, devendo a autarquia notificar o ente empresarial quando conceder o benefício previdenciário.

O tema será definido pelo **STF** no **Tema 606** em Repercussão Geral (RE 655.283) atualmente suspenso:

> "Decisão: Após o voto-vista do Ministro Alexandre de Moraes e do voto da Ministra Cármen Lúcia, que acompanhavam a divergência do Ministro Edson Fachin para dar parcial provimento aos recursos extraordinários; e do voto do Ministro Dias Toffoli, que negava provimento aos recursos por fundamento autônomo distinto, qual seja, a inaplicabilidade do artigo 37, § 14, da CF/88 por força do art. 6º da EC nº 103/2019, e fixava a seguinte tese (tema 606 da repercussão geral): «A natureza do ato de demissão de empregado público é constitucional-administrativa e não trabalhista, o que atrai a competência da Justiça comum para julgar a questão. A concessão de aposentadoria aos empregados públicos inviabiliza a permanência no emprego, nos termos do art. 37, § 14, da CRFB, salvo para as aposentadorias concedidas pelo Regime Geral de Previdência Social até a data de entrada em vigor da Emenda Constitucional nº 103/09, nos termos do que dispõe seu art. 6º», no que foi acompanhado pelo Ministro Gilmar Mendes".

Uma dica importante de estudo é a similitude de direitos entre o segurado empregado e o trabalhador avulso, que normalmente são os mesmos. Na verdade, a Lei 8.213/91 nada mais fez do que concretizar a Constituição Federal, que prevê no artigo 7º, inciso XXXIV, a igualdade de direitos entre o trabalhador com vínculo empregatício permanente e o trabalhador avulso.

Uma questão não tratada expressamente na normatização dada pela Lei 8.213/91 é saber se o segurado que se mutilou intencionalmente com o objetivo de obter a cobertura do seguro social terá direito a um benefício previdenciário, especialmente o auxílio-doença, o auxílio-acidente ou a pensão por morte.

A princípio, entende-se que não, pois ninguém poderá se locupletar da própria torpeza, socializando os custos de um benefício previdenciário. Contudo, se o segurado estiver privado do uso da razão, não tendo consciência da natureza dos seus atos, deverá ser concedida a prestação previdenciária.

Vale frisar que o Código Penal tipifica a conduta como estelionato por equiparação daquele que destrói, total ou parcialmente, ou oculta coisa própria, ou lesa o próprio corpo ou a saúde, ou agrava as consequências da lesão ou doença, com o intuito de haver indenização ou valor de seguro (artigo 171, § 2º, inciso V).

1. APOSENTADORIA POR INCAPACIDADE PERMANENTE (ANTIGA INVALIDEZ)

Regulamentação básica: artigos 42/47, da Lei 8.213/91; artigos 43/50, do RPS (Decreto 3.048/99).

Códigos de concessão: 92 – Aposentadoria por incapacidade permanente por acidente do trabalho e 32 – Aposentadoria por incapacidade permanente invalidez previdenciária (não decorrente de acidente de trabalho).

Este benefício passou a se chamar **aposentadoria por incapacidade permanente**, nos termos da Emenda 103/2019, a exemplo da citação feita no seu artigo 26 "aposentadoria por incapacidade permanente aos segurados do Regime Geral de Previdência Social".

Outrossim, a modificação no **inciso I** no artigo 201 da Constituição perpetrada pela EC 103/2019 é para se alinhar ao *nomem iuris* da **aposentadoria por incapacidade permanente,** antiga aposentadoria por invalidez.

Dessa forma, a Lei 8.213/91 deve ser reinterpretada à luz da novel terminologia constitucional para este benefício.

Outro ponto alterado foi a sua **renda mensal**, tendo em vista que **o artigo 44 da Lei 8.213/91 não restou recebido pela Emenda 103/2019**.

REGRA GERAL – Para os **homens**, a teor do artigo 26 da Emenda 103/2019, o valor do benefício de aposentadoria por incapacidade permanente corresponderá a **sessenta por cento da média aritmética das 100% das remunerações/salários de contribuição, com acréscimo de 2% para cada ano que ultrapassar os 20 anos de contribuição:**

HOMENS TEMPO DE CONTRIBUIÇÃO	COEFICIENTE
Até 20 anos	60%
21 anos	62%
22 anos	64%
23 anos	66%
24 anos	68%
25 anos	70%
26 anos	72%
27 anos	74%

HOMENS TEMPO DE CONTRIBUIÇÃO	COEFICIENTE
28 anos	76%
29 anos	78%
30 anos	80%
31 anos	82%
32 anos	84%
33 anos	86%
34 anos	88%
35 anos	90%
36 anos	92%
37 anos	94%
38 anos	96%
39 anos	98%
40 anos	100%

Assim, se um segurado (homem) do RGPS ficar incapacitado de modo permanente com até 20 anos de tempo de contribuição, o valor da aposentadoria por incapacidade permanente será de 60% da média de todas as remunerações desde julho de 1994, observada a renda mínima de um salário mínimo.

Curioso notar que, **intencionalmente**, o artigo 26 da Emenda 103/2019 não limita a média de todos os salários de contribuição do segurado a 100%, de modo que o segurado incapacitado de modo permanente que possuir mais de 40 anos de tempo de contribuição poderá fazer jus a uma aposentadoria por incapacidade que ultrapasse a 100% da média de salários de contribuição desde o Plano Real (competência 7/1994), a exemplo:

HOMENS TEMPO DE CONTRIBUIÇÃO	COEFICIENTE
41 Anos	102%
42 Anos	104%
43 Anos	106%
44 Anos	108%
45 Anos	110%
E assim sucessivamente	**E assim sucessivamente**

Para **a aposentadoria por incapacidade da mulher** existe uma regra especial de cálculo da renda mensal no artigo 26, § 5º, da Emenda 103/2019, que prevê a **progressão a contar de 15 anos**, e não de 20 anos de contribuição:

MULHERES TEMPO DE CONTRIBUIÇÃO	COEFICIENTE
15 anos	60%
16 anos	62%
17 anos	64%
18 anos	66%
19 anos	68%
20 anos	70%
21 anos	72%
22 anos	74%
23 anos	76%
24 anos	78%
25 anos	80%
26 anos	82%
27 anos	84%
28 anos	86%
29 anos	88%
30 anos	90%
31 anos	92%
32 anos	94%
33 anos	96%
34 anos	98%
35 anos	100%
E assim sucessivamente	**E assim sucessivamente**

Suponha-se que uma mulher segurada no RGPS ficou incapacitada com 21 anos de tempo de contribuição. Neste caso, a renda do benefício será de 72% da média de todos os salários de contribuição desde o Plano Real, somente chegando a 100% se a segurada tiver 35 anos de tempo de contribuição.

Dessa forma, o coeficiente mínimo será de 60% e o máximo não está limitado pela legislação constitucional transitória.

Como se trata de benefício não programado e que exige carência (salvo casos de dispensa), não se aplica a regra de destarte de que trata o artigo 26 da EC 103/2019, que se limita às aposentadorias programadas.

Veja-se, a respeito, a Portaria INSS 450/2020:

> "Art. 37. Na apuração do SB das **aposentadorias programáveis** poderão ser excluídas quaisquer contribuições que resultem em redução do valor do benefício, desde que mantida a quantidade de contribuições equivalentes ao período de carência e observado o tempo mínimo de contribuição exigidos".

Assim, NÃO poderão ser **excluídas da média as contribuições que resultem em redução do valor do benefício**, desde que mantido o tempo mínimo de contribuição exigido, vedada a utilização do tempo excluído para qualquer finalidade, para a averbação em outro regime previdenciário ou para a obtenção dos proventos de inatividade dos militares.

No mesmo sentido o artigo 32, § 24, do Regulamento:

> "§ 24. Para fins do cálculo das **aposentadorias programadas** para as quais seja exigido tempo mínimo de contribuição, poderão ser excluídas do cálculo da média dos salários de contribuição e das remunerações adotadas como base para contribuições a regime próprio de previdência social ou como base para contribuições decorrentes das atividades militares de que tratam os art. 42 e art. 142 da Constituição, utilizado para definição do salário de benefício, as contribuições que resultem em redução do valor do benefício, observado o disposto nos § 25 e § 26. (Redação dada pelo Decreto nº 10.410, de 2020)".

Vale registrar que este novo regramento somente será aplicável para a DII (data de início da incapacidade) a partir da publicação da Emenda 103/2019 (*tempus regit actum*), devendo ser aplicado o artigo 44 da Lei 8.213/91 nos casos antigos.

Forçoso concluir que o artigo 44 da Lei 8.213/91 não foi recebido pela Emenda para as novas incapacidades:

> ~~Art. 44. A aposentadoria por invalidez, inclusive a decorrente de acidente do trabalho, consistirá numa renda mensal correspondente a 100% (cem por cento) do salário-de-benefício, observado o disposto na Seção III, especialmente no art. 33 desta Lei. (Redação dada pela Lei nº 9.032, de 1995)~~

Achei ruim esta alteração, pois se trata de um benefício não programado, podendo ter uma perda de até 40% de coeficiente (era sempre de 100% e pode cair para até 60%) em uma situação de infortúnio. Ninguém em sã consciência pretende ficar inválido (agora chamada de incapacidade permanente).

Ademais, há também perda de valor na base de cálculo, pois não mais teremos a exclusão dos 20% menores salários de contribuição quando for feita a média aritmética simples desde o Plano Real.

Uma situação esdrúxula é que **a Emenda 103/2019 não alterou a renda do auxílio-doença**, que continua sendo de 91% do salário de benefício, limitado à média dos 12 últimos salários de contribuição, nos termos dos artigos 61 e 29, § 10, da Lei 8.213/91.

Isso porque o artigo 26, *caput*, da Emenda 103/2019 somente se aplica aos benefícios com regulação constitucional de requisitos enquanto não há lei de regulamentação ("até que lei discipline o cálculo dos benefícios do Regime Geral de Previdência Social"), o que não ocorre com o auxílio-doença, não regulado pela reforma constitucional.

Ademais, o parágrafo segundo do artigo 26 da Emenda 103/2019 somente se refere às aposentadorias ("o valor do benefício de aposentadoria corresponderá a sessenta por cento da média aritmética"), não abarcando o auxílio-doença.

Dessa forma, será comum ver a renda do auxílio-doença superior à renda da aposentadoria por incapacidade permanente dos segurados que não possuírem largo tempo de contribuição, o que é um contrassenso, até que haja uma possível alteração na Lei 8.213/91.

REGRA ESPECIAL – Ao menos no caso de aposentadoria por incapacidade permanente quando decorrer de **acidente de trabalho**, de doença profissional e de doença do trabalho (artigos 19, 20 e 21 da Lei 8.213/91), os proventos da aposentadoria por incapacidade permanente serão integrais, correspondendo a **100% da média de todos os salários de contribuição do segurado desde o Plano Real**, independentemente do tempo de contribuição vertido ao RGPS.

Desta forma, de modo lastimável se volta a uma sistemática anterior à Lei 9.032/95, em que os benefícios por incapacidade laboral por acidente do trabalho possuíam uma sistemática de cálculo mais favorável.

Nesse sentido o artigo 44 do Regulamento da Previdência Social:

> "Art. 44. A aposentadoria por incapacidade permanente será devida a partir do dia imediato ao da cessação do auxílio por incapacidade temporária, ressalvado o disposto no § 1º, e consistirá em renda mensal decorrente da aplicação dos seguintes percentuais incidentes sobre o salário de benefício, definido na forma do disposto no art. 32: (Redação dada pelo Decreto nº 10.410, de 2020).
>
> I – sessenta por cento, com acréscimo de dois pontos percentuais para cada ano de contribuição que exceder o tempo de vinte anos de contribuição, para os homens, ou quinze anos de contribuição, para as mulheres; ou (Incluído pelo Decreto nº 10.410, de 2020)
>
> II – cem por cento, quando a aposentadoria decorrer de: (Incluído pelo Decreto nº 10.410, de 2020)
>
> a) acidente de trabalho; (Incluído pelo Decreto nº 10.410, de 2020)
>
> b) doença profissional; ou (Incluído pelo Decreto nº 10.410, de 2020)
>
> c) doença do trabalho. (Incluído pelo Decreto nº 10.410, de 2020)"

Para **fatos geradores até 13/11/2019**, a renda da aposentadoria por incapacidade permanente deverá ser de 100% do salário de benefício, correspondendo este à média aritmética simples dos 80% maiores salários de contribuição a contar de Julho de 1994.

De outro giro, quando a incapacidade permanente *omni* profissional for fixada a contar de 14/11/2019, a renda da aposentadoria por incapacidade permanente deve ser calculada com lastro no artigo 26 da EC 103/2019.

O fato gerador da aposentadoria por incapacidade permanente (incapacidade total e permanente para o labor sem possibilidade de reabilitação) é distinto da hipótese de concessão do auxílio-doença/auxílio por incapacidade temporária (incapacidade temporária para o labor habitual por mais de 15 dias consecutivos OU incapacidade permanente com possibilidade de reabilitação profissional).

Dessa forma, mesmo com a mesma DII, na hipótese de conversão de auxílio-doença em aposentadoria por incapacidade permanente em decorrência do agravamento da doença ou lesão, **é necessário estimar a data em que a incapacidade se tornou total e permanente sem a possibilidade de uma reabilitação profissional para a fixação da data do direito à aposentadoria incapacidade permanente a fim de identificar a lei aplicável ao benefício**, que não será necessariamente a mesma legislação do auxílio-doença.

Nesta hipótese, se o fato gerador do auxílio-doença for até 13/11/2019, mas o fato gerador da aposentadoria por incapacidade permanente fruto de conversão for a contar de 14/11/2019, a renda mensal da aposentadoria por incapacidade permanente deverá observar o novo regramento do artigo 26 da EC 103/2019, tanto em relação ao cálculo do salário de benefício (média de

100% a partir de 7/1994) quanto ao coeficiente, em que pese o direito ao auxílio-doença ter se formado na vigência da legislação anterior.

Há previsão de concessão da aposentadoria por incapacidade permanente a **todas as classes de segurados** do RGPS, uma vez realizados os requisitos legais.

> A aposentadoria por incapacidade permanente será devida **ao segurado incapaz e insusceptível de reabilitação para o exercício de atividade que lhe garanta a subsistência**, e ser-lhe-á paga enquanto permanecer nesta condição.

Deveras, o pagamento da aposentadoria incapacidade permanente é condicionada ao afastamento de todas as atividades laborativas do segurado.

Em regra, para a concessão deste benefício, será imprescindível que o segurado esteja **incapacitado de maneira total e permanente para o exercício do trabalho, bem como não haja possibilidade plausível de ser reabilitado para outra atividade laborativa, compatível com as suas restrições físicas ou psíquicas decorrentes do acidente ou enfermidade**.

Essa análise normalmente é bastante difícil e casuística. Além das condições clínicas do segurado, será preciso analisar a sua idade e condições sociais, pois em alguns casos a baixa escolaridade e a idade avançada tornam inviável a reabilitação profissional, sendo necessário se conceder a aposentadoria por incapacidade permanente ao segurado.

Conforme passagem de precedente do TRF da 1ª Região, a "limitação laborativa parcial, porém irreversível, somadas às condições pessoais da segurada para o exercício da sua profissão de trabalhadora rural, acrescentando-se o seu baixo grau de escolaridade, meio social em que vive, idade avançada, nível econômico e atividade desenvolvida, sendo inviabilizada, em função da idade, adaptação em atividade profissional diversa daquela a que dedicou sua vida, impõe-se a concessão da aposentadoria por invalidez"[5].

De acordo com a **Súmula 47**, aprovada pela **TNU** em 2012, **"uma vez reconhecida a incapacidade parcial para o trabalho, o juiz deve analisar as condições pessoais e sociais do segurado para a concessão de aposentadoria por invalidez".**

De acordo com o STJ, "segundo a jurisprudência deste Colegiado, é possível a verificação do contexto socioeconômico do segurado com a finalidade de concessão da aposentadoria por invalidez sem ofensa à norma do art. 42 da Lei de Benefícios" (passagem do julgamento do AgRg no Ag 1270388, de 24/04/2010).

Assim sendo, a apreciação das condições pessoais e sociais do segurado somente será cabível quando houver o prévio reconhecimento de incapacidade laborativa para avaliar qual o benefício por incapacidade cabível (aposentadoria por incapacidade permanente ou auxílio-doença) na situação concreta.

Destarte, caso a perícia médica aponte a capacidade laboral para o trabalho habitual será impertinente que o julgador avalie as condições pessoais e sociais do segurado, pois, de todo modo, o benefício por incapacidade será negado. Nesse sentido, a TNU:

5. AC 2001.38.0.2001443-7, de 10.11.2008.

"PEDIDO 00065530620074036303 – DOU 23/04/2013

AUXÍLIO-DOENÇA. AUSÊNCIA DE INCAPACIDADE PARA O TRABALHO. ANÁLISE DAS CONDIÇÕES PESSOAIS. DESNECESSIDADE.

1. O acórdão recorrido considerou não comprovada a existência de incapacidade laboral. Não houve exame de condições pessoais. A autora interpôs recurso inominado alegando que o acórdão recorrido divergiu do entendimento da Turma Recursal do Mato Grosso, segundo a qual as condições pessoais e sociais do requerente devem ser consideradas na análise da incapacidade para o trabalho.

2. A TNU já decidiu que **"quando o juiz conclui que não há incapacidade para o trabalho, não fica obrigado a examinar as condições pessoais e sociais** (Processo nº 0507072-34.2009.4.05.8101, Rel. Juiz Rogério Moreira Alves, DOU 1º/02/2013). **"Quando negada a incapacidade para o trabalho habitual, forçoso inadmitir o exame das condições pessoais, já que o mesmo não pode, por si só, afastar a conclusão sobre a aptidão laboral calcada na valoração de prova pericial"** (Processo nº 0020741-39.2009.4.03.6301, Rel. Juiz André Carvalho Monteiro, julgado em 8/3/2013).

A análise das condições pessoais e sociais do segurado só é indispensável para efeito de concessão de aposentadoria por invalidez e quando reconhecida a incapacidade parcial para o trabalho (Processo 0506386-42.2009.4.05.8101, Rel. Juíza Simone Lemos Fernandes, DJ 25/4/2012; Processo 5010366-27.2011.4.04.7001, Rel. Juiz Gláucio Maciel, julgado em 17/4/2013).

3. A Turma Recursal encampou a conclusão pela ausência de incapacidade para o trabalho. Como não reconheceu incapacidade laboral, o acórdão recorrido não estava obrigado a analisar as condições pessoais e sociais do segurado".

Com base neste precedente e em outros na mesma linha de raciocínio, em 06 de setembro de 2013 a TNU publicou a Súmula 77:

Súmula 77 –"O julgador não é obrigado a analisar as condições pessoais e sociais quando não reconhecer a incapacidade do requerente para a sua atividade habitual".

No entanto, a TNU vem afastando a aplicação da Súmula 77 na hipótese de o segurado ser portador de doença com estigma social. É que, neste caso, é possível que a doença não gere incapacidade laboral do ponto de vista clínico, mas o mercado de trabalho se feche em discriminação aos segurados.

Este entendimento vem sendo aplicado em doenças como a AIDS, a hanseníase, a obesidade mórbida e as doenças de pele graves, sendo necessário nestes casos excepcionais verificar as condições pessoais, sociais, econômicas e culturais, de forma a analisar a incapacidade em sentido amplo, em face da elevada estigmatização social das referidas doenças.

Nesse sentido, no que concerne aos portadores do vírus HIV, a TNU aprovou a Súmula 78 na sessão de 12 de setembro de 2014:

"**Súmula 78**– Comprovado que o requerente de benefício é portador do vírus HIV, cabe ao julgador verificar as condições pessoais, sociais, econômicas e culturais, de forma a analisar a incapacidade em sentido amplo, em face da elevada estigmatização social da doença".

Logo, conforme noticiado no sítio da Justiça Federal, no entendimento já pacificado na Turma Nacional, no caso dos portadores do HIV, mesmo os assintomáticos, a incapacidade transcende a mera limitação física, e repercute na esfera social do requerente, segregando-o do mercado de trabalho. "Nessas situações – em que a doença por si só gera um estigma social –, para a caracterização da incapacidade/deficiência, faz-se necessária a avaliação dos aspectos pessoais, econômicos, sociais e culturais. Por outro lado, importante deixar claro que a doença por si só não acarreta a incapacidade ou deficiência que a Legislação exige para o gozo do benefício", pontuou Kyu Soon Lee.

Outro ponto destacado pela juíza foi o caráter de complementaridade dessa súmula com relação a de nº 77 (O julgador não é obrigado a analisar as condições pessoais e sociais quando não reconhecer a incapacidade do requerente para a sua atividade habitual). "Pode parecer uma contradição, mas, na verdade, a súmula 78 vem complementar a anterior, posto que, na praxe, a Jurisprudência já considerava que a ausência de incapacidade clínica ou física nos casos de doenças de elevada estigma social não era suficiente para a negativa do benefício previdenciário ou assistencial", explicou a magistrada[6].

De acordo com o Boletim 43/2020, "a TNU consolidou o entendimento no sentido de que a Lei n. 7.670/88, ao prever a concessão de benefícios por incapacidade aos portadores de AIDS/SIDA, não dispensa a análise da incapacidade laboral, pelo que não se autoriza a concessão automática do benefício pelo simples fato de o segurado apresentar referida moléstia. Também nessa situação, mantém-se em vigor a Lei n. 8.213/91, a qual fixa como requisito para a concessão dos benefícios a existência de incapacidade laboral, ainda que, para tanto, sejam levadas em consideração as condições pessoais, sociais, econômicas e culturais, nos termos da Súmula n. 78 do Colegiado Nacional" (PUIL n. 5010522-04.2014.4.04.7003/PR).

Talvez seja até necessário designar uma perícia social para aferir no ambiente vivido pelo segurado se está havendo discriminação no mercado de trabalho em razão da enfermidade que porta, sendo indicativo desta situação os sucessivos vínculos curtos de emprego.

A respeito do tema, colaciona-se Enunciado aprovado no XI FONAJEF:

> **Grupo 5 – Benefícios por Incapacidade**
>
> **Enunciado 1 (ATUAL ENUNCIADO FONAFEJ 141)**
>
> A súmula 78 da TNU, que determina a análise das condições pessoais do segurado em caso de ser portador de HIV, é extensível a outras doenças igualmente estigmatizantes. **(Aprovado por contraste)**

A incapacidade permanente pode ser definida como a incapacidade laborativa total, indefinida e multiprofissional, insuscetível de recuperação ou reabilitação profissional, que corresponde à incapacidade geral de ganho, em consequência de doença ou acidente.

> Em regra, a concessão da aposentadoria por incapacidade permanente pressupõe a realização de carência de 12 contribuições mensais, que será *excepcionalmente dispensada* nas hipóteses de incapacidade permanente decorrente de acidente de qualquer natureza, doença profissional, do trabalho ou das moléstias graves listadas em ato regulamentar.

De acordo com o artigo 151, da Lei 8.213/91, com redação dada pela Lei 13.135/2015, "até que seja elaborada a lista de doenças mencionada no inciso II do art. 26, independe de carência a concessão de auxílio-doença e de aposentadoria por incapacidade permanente ao segurado que, após filiar-se ao RGPS, for acometido das seguintes doenças: tuberculose

6. http://www.cjf.jus.br/cjf/noticias-do-cjf/2014/setembro/tnu-aprova-sumula-78.

ativa, hanseníase, alienação mental, **esclerose múltipla**, hepatopatia grave, neoplasia maligna, cegueira, paralisia irreversível e incapacitante, cardiopatia grave, doença de Parkinson, espondiloartrose anquilosante, nefropatia grave, estado avançado da doença de Paget (osteíte deformante), síndrome da deficiência imunológica adquirida (aids) ou contaminação por radiação, com base em conclusão da medicina especializada", **tendo a novidade sido a inserção de esclerose múltipla.**[7]

Insta lembrar que para o **segurado especial** a carência será integralizada com a comprovação do exercício da atividade campesina ou pesqueira artesanal para fins de subsistência, sem a utilização de empregados permanentes, no período imediatamente anterior ao infortúnio que o tornou inválido.

Nesse sentido, de acordo com a TNU, em julgamento de incidente representativo de controvérsia, para a obtenção de aposentadoria por idade rural é indispensável o exercício da atividade rural correspondente à carência no período imediatamente anterior ao atingimento da idade mínima ou ao requerimento administrativo (processo 0000643-35.2011.4.03.6310, de 17/8/2016).

A condição de inválido dependerá de apreciação da perícia médica do INSS, sendo **obrigado o segurado a se submeter a exames médicos periódicos (a cada dois anos), reabilitação profissional (se eventualmente indicada) e tratamento dispensado gratuitamente**, na forma do artigo 101, da Lei 8.213/91.

Neste ponto a Lei 8.213/91 é aparentemente contraditória. O artigo 42 coloca a impossibilidade de reabilitação profissional como condição para a concessão da aposentadoria por incapacidade permanente, ao passo que o artigo 101 determina que o aposentado por incapacidade permanente se submeta a processo de reabilitação profissional, sob pena de suspensão do benefício.

A atual redação do artigo 101 foi dada pela Lei 9.032/95, ao passo que o artigo 42 possui redação originária. Logo, em tese, na hipótese de antinomia direta e inconciliável entre os dispositivos, deve prevalecer a lei posterior que revoga a anterior (artigo 101).

No entanto, entende-se que esta não é uma solução adequada (revogação tácita). Após alguns anos de reflexão, crê-se ser possível compatibilizar os dispositivos. Na concessão da aposentadoria por incapacidade permanente, além da prova da incapacidade permanente para o trabalho, é necessário que não haja possibilidade naquele momento de reabilitação profissional, pois, se cabível, o benefício correto seria o auxílio-doença.

Daí que a aplicação do artigo 101, que abre a possibilidade de o INSS encaminhar o aposentado por incapacidade permanente à reabilitação profissional, é restrita aos casos em que o segurado evoluiu no seu estado clínico. Aplica-se às situações em que na concessão da aposentação não era cabível reabilitação, mas que por ocasião da perícia bienal o serviço previdenciário tornou-se viável, ante a melhoria nas condições do segurado.

Logo, apenas neste caso o INSS poderá encaminhar o aposentado por incapacidade permanente à reabilitação profissional, sob pena de suspensão do pagamento do benefício.

---

7. De acordo com a Portaria MPAS 2.998/2001, dispensam a carência às seguintes enfermidades: a) tuberculose ativa; b) hanseníase; c) alienação mental; d) neoplasia maligna; e) cegueira; f) paralisia irreversível e incapacitante; g) cardiopatia grave; h) doença de Parkinson; i) espondiloartrose anquilosante; j) nefropatia grave; l) estado avançado da doença de Paget (osteíte deformante); m) Síndrome da Imunodeficiência Adquirida – AIDS; n) contaminação por radiação com base em conclusão da medicina especializada; ou o) hepatopatia grave.

Com o advento da Lei 13.063, de 30 de dezembro de 2014, que modificou o artigo 101 da Lei 8.213/91, **o aposentado por incapacidade permanente estará isento do exame pericial a cargo do INSS após completar 60 anos de idade**, salvo nas seguintes hipóteses:

> I – verificar a necessidade de assistência permanente de outra pessoa para a concessão do acréscimo de 25% (vinte e cinco por cento) sobre o valor do benefício, conforme dispõe o art. 45 da Lei 8.213/91;
>
> II – verificar a recuperação da capacidade de trabalho, mediante solicitação do aposentado que se julgar apto;
>
> III – subsidiar autoridade judiciária na concessão de curatela.

Logo, unificou-se a idade de 60 anos para a isenção perícia do aposentado por incapacidade permanente que não retornou ao labor ou 55 anos de idade com 15 anos de percepção do benefício, exceto nas hipóteses acima referidas.

IMPORTANTE!

Ademais, coube à Lei 13.847/2019 isentar de perícia médica de revisão o **aposentado por incapacidade permanente com HIV/aids**, desde que obviamente não haja o retorno ao labor remunerado, independentemente da sua idade.

Logo, com a acertada alteração normativa, pois era irrazoável o cancelamento de uma aposentadoria por incapacidade permanente de um idoso, **o benefício deixou de ser precário após o segurado completar 60 anos de idade**, somente podendo ser cancelado se o aposentado por incapacidade permanente requerer expressamente por se julgar apto ao trabalho.

No entanto, a isenção de perícia do aposentado por incapacidade permanente após este ter completado 60 anos de idade presume o não retorno ao trabalho, pois a percepção deste benefício com remuneração é incompatível.

Embora seja óbvio, coube à **Lei 13.457/2017** expressar isto ao modificar o § 1º do artigo 101 da Lei 8.213/91, passando a gozar de previsão normativa expressa que a mencionada isenção de perícia do sexagenário aposentado por incapacidade permanente é condicionada ao não retorno ao trabalho.

Outrossim, a Lei 13.457/2017 criou outra situação de isenção de perícia para os aposentados por incapacidade permanente, após estes completarem **cinquenta e cinco anos ou mais de idade** e quando decorridos **quinze anos** da data da concessão da **aposentadoria por invalidez ou do auxílio-doença** que a precedeu.

A isenção de perícia do aposentado por incapacidade permanente portador do Vírus HIV dar-se-á apenas na situação de não retorno à atividade laboral remunerada, pois é defeso acumular o benefício com remuneração por labor.

A partir da vigência da Lei 13.847/2019, salvo no caso de retorno ao labor remunerado ou mesmo por solicitação do aposentado, é defeso ao INSS realizar perícia de revisão do benefício a contar de 21/6/2019, sendo válidas as perícias realizadas até 20/6/2019, véspera da vigência do novo texto legal.

Portanto, as cessações de aposentadorias dos portadores da AIDS perpetradas por perícias médicas de revisão promovidas até 20/6/2019 são válidas, pois de acordo com a lei de época, sendo que a nova legislação não tem efeitos retroativos por falta de previsão legal e à luz do

Tempus Regit Actum, como ocorreu na alteração do artigo 101 da Lei 8.213/91, que também não possuiu efeitos retroativos.

A TNU apreciará a questão em repetitivo no Tema 266:

Tema	266	Situação do tema	Em julgamento – eproc	Ramo do direito	DIREITO PREVIDENCIÁRIO
Questão submetida a julgamento		**Saber se a dispensa de avaliação a que se refere o art. 43, § 5º da Lei n. 8.213/91, com a redação dada pela Lei n. 13.847/19, aplica-se também aos benefícios que foram revisados antes de sua edição.**			
Tese firmada					
Processo	**Decisão de afetação**	**Relator (a)**	**Julgado em**	**Acórdão publicado em**	**Trânsito em julgado**
PEDILEF 5017999-45.2018.4.04.7001/PR	19/06/2020	Juiz Federal Erivaldo Ribeiro dos Santos			

A perícia referida terá acesso aos prontuários médicos do periciado no Sistema Único de Saúde (SUS), desde que haja a prévia anuência do periciado e seja garantido o sigilo sobre os dados dele.

Ademais, é assegurado o atendimento domiciliar e hospitalar pela perícia médica e social do INSS ao segurado com dificuldades de locomoção, quando seu deslocamento, em razão de sua limitação funcional e de condições de acessibilidade, imponha-lhe ônus desproporcional e indevido, nos termos do regulamento.

No caso de revisão administrativa de aposentadoria por incapacidade permanente, no entanto, prevalece no STJ que o INSS não poderá cancelar unilateralmente o benefício através de perícia administrativa, sendo necessária a propositura de nova ação judicial:

> "AGRAVO REGIMENTAL. RECURSO ESPECIAL. PREVIDENCIÁRIO. AUXÍLIO--DOENÇA. CONCESSÃO ATRAVÉS DE DECISÃO JUDICIAL. CANCELAMENTO ADMINISTRATIVO. INADMISSIBILIDADE. NECESSIDADE DE AÇÃO JUDICIAL. RECURSO NÃO PROVIDO. 1. É pacífico o entendimento desta Corte no sentido de somente ser possível a revisão da aposentadoria por invalidez concedida judicialmente através de outra ação judicial" (5ª Turma, AgRg no REsp 1218879, de 18/9/2014).

A Medida Provisória 739/2016 chegou a alterar o artigo 43 da Lei 8.213/91, ao dispor que o segurado aposentado por invalidez poderá ser convocado a qualquer momento para avaliação das condições que ensejaram o afastamento ou a aposentadoria, concedida **judicial** ou administrativamente, observado o disposto no artigo 101 da Lei de Benefícios.

Mas a MP 739/2016 caducou por ausência de votação no Congresso Nacional do dia 4/11/2016, sendo conservados os seus efeitos jurídicos até esta data, salvo a edição de decreto legislativo dispondo em sendo contrário.

Posteriormente, esta regra ressurgiu na Medida Provisória 767/2017, que inseriu o § 5º no artigo 43 da Lei 8.213/91 passando a prever que "o segurado aposentado por invalidez poderá ser convocado a qualquer momento para avaliação das condições que ensejaram o afastamento ou a aposentadoria, concedida **judicial** ou administrativamente, observado o disposto no art. 101", regramento mantido na Lei 13.457/2017 (agora no § 4º do artigo 43 da Lei 8.213/91).

Assim sendo, passou a existir previsão normativa expressa para que o INSS promova a revisão administrativa de aposentadoria por incapacidade permanente concedida judicialmente, salvo nas situações elencadas no artigo 101 da Lei 8.213/91.

Desta forma, o cancelamento administrativo de aposentadoria por incapacidade permanente concedida judicialmente passou a ser previsto na Lei 8.213/1991, após a submissão ao procedimento de perícia médica, ressalvadas as situações de isenção de perícia aos maiores de 60 anos de idade, com 55 anos (com percepção do benefício por 15 anos ao menos) e ao portador do HIV, nos termos do artigo 101 e 43, § 5º, da Lei 8.213/91, acima estudado.

Por outro lado, a perícia poderá ser feita no aposentado maior de 60 anos, para fins de prova no processo judicial de curatela ou para avaliação do auxílio-acompanhante de 25% sobre a renda da aposentadoria, se o segurado necessitar da assistência permanente de terceira pessoa, podendo este acréscimo ser cancelado se cessado o pressuposto legal mesmo após o segurado ter atingido 60 anos de idade.

Vale frisar que a revisão administrativa decorrente de concessão judicial da aposentadoria por incapacidade permanente é regida pela Portaria INSS/AGU 04, de 10 de setembro de 2014, que revogou expressamente a famosa Orientação Interna INSS/PFE/DIRBEN 76/2003, que disciplinou o tema por mais de uma década.

Posteriormente, a Portaria Conjunta INSS/PGF 1, de 12/01/2017 modificou a Portaria INSS/AGU 04, de 10 de setembro de 2014 para adequá-la aos ditames da MP 767, que foi convertida na Lei 13.457/2017.

É certo que o INSS não poderá descumprir a coisa julgada, mas é igualmente certo que a coisa julgada submete-se à cláusula *rebus sic stantibus*, pois a alteração fática permite a revisão administrativa pelo INSS nos casos de recuperação da capacidade laborativa do aposentado, respeitado o Princípio do Contraditório.

Não será convocado para realização de perícia o aposentado por incapacidade permanente que tenha completado 60 (sessenta) anos de idade, exceto nas hipóteses do § 2º do art. 101 da Lei nº 8.213/1991.

Outrossim, a Lei 13.457/2017 criou outra situação de isenção de perícia para os aposentados por incapacidade permanente, após estes completarem **cinquenta e cinco anos ou mais de idade** e quando decorridos **quinze anos** da data da concessão da **aposentadoria por invalidez ou do auxílio-doença** que a precedeu.

Nos termos da Lei 12.896/2013, **é assegurado ao idoso enfermo o atendimento domiciliar pela perícia médica do Instituto Nacional do Seguro Social – INSS**, pelo serviço público de saúde ou pelo serviço privado de saúde, contratado ou conveniado, que integre o Sistema Único de Saúde – SUS, para expedição do laudo de saúde necessário ao exercício de seus direitos sociais e de isenção tributária.

Constatada a capacidade para o trabalho, o segurado ou seu representante legal deverá ser notificado por escrito para, se não concordar com a decisão, requerer novo exame médico-pericial no prazo de trinta dias, que será realizado por profissional diferente daquele que efetuou o último exame[8].

Todavia, **a realização de cirurgia e de transfusão de sangue é facultativa**, sendo defeso que o INSS condicione o pagamento do benefício à sujeição a esses procedimentos.

8. Artigo 222, § 1º, da Instrução Normativa INSS 77/2015.

Vale ressaltar que **a aposentadoria por incapacidade permanente não é definitiva (salvo para os maiores de 60 anos de idade e demais isentos de perícia , desde que não voltem a exercer atividade remunerada)**, devendo cessar a qualquer tempo caso o segurado recupere a sua capacidade laborativa, a exemplo de cura após tratamento cirúrgico que se submeteu espontaneamente.

Caberá a cessação do benefício pela mera recuperação da capacidade laboral do segurado, constada por perícia médica do INSS, não sendo nem necessário que ele volte a trabalhar.

Ademais, dispõe o artigo 46 da Lei 8.213/91 que o aposentado por incapacidade permanente que retornar voluntariamente à atividade terá sua aposentadoria automaticamente cancelada, a partir da data do retorno.

Isso porque a concessão deste benefício pressupõe a incapacidade laborativa total e permanente para o exercício do trabalho. Se há exercício de atividade laboral pelo segurado, significa que a manutenção da aposentadoria por incapacidade permanente é indevida, inclusive para o segurado maior de 60 anos de idade.

Crê-se que o exercício de mandato eletivo deve gerar o cancelamento da aposentadoria por incapacidade permanente, pois se trata de exercício de atividade laboral remunerada. Isso porque as atividades políticas exigem uma capacidade de trabalho bastante similar a uma série de profissões.

Ao menos, em situações extremas, durante o exercício do mandato eletivo deveria ser suspenso o pagamento do benefício, sob pena de se consumar uma anomalia jurídica, pois haveria o recolhimento de contribuições previdenciárias como segurado obrigatório empregado e, ao mesmo tempo, o pagamento da aposentadoria por incapacidade permanente.

No âmbito do STJ, o tema é polêmico:

> "PREVIDENCIÁRIO. VEREADOR. APOSENTADORIA POR INVALIDEZ. CUMULAÇÃO. POSSIBILIDADE.
>
> 1. É possível a percepção conjunta dos subsídios da atividade de vereança com os proventos de aposentadoria por invalidez, por se tratar de vínculos de natureza diversa, uma vez que, a incapacidade para o trabalho não significa, necessariamente, invalidez para os atos da vida política" (6ª Turma, AgRg no Ag 1027802, de 15/09/2009).
>
> "PREVIDENCIÁRIO. RECURSO ESPECIAL. APOSENTADORIA POR INVALIDEZ. CUMULAÇÃO COM SUBSÍDIO DECORRENTE DO EXERCÍCIO DE MANDATO ELETIVO. POSSIBILIDADE.
>
> 1. É possível a percepção conjunta do subsídio decorrente do exercício de mandato eletivo (vereador), por tempo determinado, como provento de aposentadoria por invalidez, por se tratarem de vínculos de natureza diversa, uma vez que a incapacidade para o trabalho não significa, necessariamente, invalidez para os atos da vida política" (1ª Turma, REsp 1377728, de 18/06/2013).
>
> "PREVIDENCIÁRIO. RECURSO ESPECIAL. APOSENTADORIA POR INVALIDEZ. CANCELAMENTO. RETORNO DO SEGURADO AO TRABALHO. EXERCÍCIO DE MANDATO ELETIVO (PREFEITO).
>
> 1. De acordo com o art. 46 da Lei 8.213/91, o retorno do segurado ao trabalho é causa de cessação da aposentadoria por invalidez, devendo ser respeitado, entretanto, o devido processo legal, com a garantia da ampla defesa e do contraditório.
>
> 2. Na hipótese de o segurado voltar ao trabalho para desempenhar atividade diversa da que exercia, a aposentadoria será gradualmente mantida, até o cancelamento definitivo, nos termos descritos no inciso II do art. 47 da Lei 8.213/91.

3. A aposentadoria por invalidez é uma garantia de amparo ao Trabalhador Segurado da Previdência Social que, em virtude de incapacidade laborativa total e definitiva, não possa prover suas necessidades vitais básicas. No caso, não mais subsistem as causas que ampararam a concessão do benefício, já que o recorrente possui condições de manter sua subsistência por meio de atividade remunerada, exercendo, inclusive, o cargo de Prefeito Municipal.

4. Recurso Especial do particular improvido" (5ª Turma, REsp 966736, de 23/08/2007).

Já a TNU possui precedente que determina o cancelamento da aposentadoria por incapacidade permanente:

Informativo 19/2017

Processo n. 5000890-59.2012.4.04.7120

O art. 46 da Lei n. 8.213/91, o qual impõe o cancelamento automático do benefício de aposentadoria por invalidez ao segurado que retornar voluntariamente à atividade, também se aplica quando o segurado aposentado por invalidez passa a exercer mandato eletivo como vereador, o qual se revela incompatível com a percepção simultânea do benefício por incapacidade.

De acordo com o Boletim 45/2020, "a Turma Nacional de Uniformização decidiu afetar o tema como representativo da controvérsia, com a seguinte questão controvertida: Estabelecer se é possível a cumulação de benefício de auxílio-doença com o exercício de mandato eletivo de vereador (REPRESENTATIVO DE CONTROVÉRSIA – AFETAÇÃO TEMA N. 259 – PUIL n. 5000657-46.2018.4.04.7219/SC).

Outrossim, **a anterior percepção de auxílio-doença não é condição para a concessão da aposentadoria por incapacidade permanente**, pois poderá este benefício ser concedido diretamente, quando o INSS constatar que a enfermidade ou o acidente é tão grave que já tornou o segurado inválido, sem possibilidade de reabilitação profissional.

Na hipótese de o segurado ter se filiado ao RGPS já inválido não haverá cobertura securitária, inexistindo direito à percepção da aposentadoria por incapacidade permanente, pois a lesão ou enfermidade preexistiam à cobertura securitária.

Nesse sentido, a Súmula 53, da TNU:

"Súmula 53– Não há direito a auxílio-doença ou a aposentadoria por invalidez quando a incapacidade para o trabalho é preexistente ao reingresso do segurado no Regime Geral de Previdência Social".

Todavia, caso a lesão ou enfermidade preexistiam à filiação, mas não ao ponto de tornar o segurado incapaz para o trabalho, tendo a incapacidade permanente se realizado após a filiação e em decorrência da progressão da doença ou lesão, fará jus o segurado à percepção da aposentadoria por incapacidade permanente, uma vez realizada a carência de 12 contribuições mensais, exceto nas hipóteses em que esta é dispensada.

Em regra, a data de início do benefício (DIB) será a data da incapacidade, marco inicial do pagamento a ser promovido pelo INSS. Contudo, se entre a data da incapacidade e a data de entrada do requerimento (DER) se passar mais de 30 dias, a data de início do benefício será a data de entrada do requerimento na Previdência Social.

Apenas no caso do segurado empregado a regra será diferente, tendo em vista a obrigação legal da empresa de pagar ao segurado o seu salário durante os 15 primeiros dias do afastamento.

A MP 664/2014 chegou a alterar a obrigação da empresa de pagamento do salário para 30 dias, mas a Lei 13.135/2015 restaurou os 15 dias.

Logo, para o segurado empregado, a data de início do benefício não será a data da incapacidade, e sim o 16º dia seguinte. Excepcionalmente, se entre a data da incapacidade e a data de entrada do requerimento se passar mais de 30 dias, a data de início do benefício também será a data de entrada do requerimento na Previdência Social.

De acordo com o artigo 5º da Lei 13.135/2015, "os atos praticados com base em dispositivos da Medida Provisória no 664, de 30 de dezembro de 2014, serão revistos e adaptados ao disposto nesta Lei".

Desta forma, os efeitos da MP 664/2014 foram desconstituídos pela Lei de Conversão, cabendo à Previdência Social reembolsar as empresas pelos quinze dias a mais que desembolsaram o salário dos empregados afastados durante a vigência desta passagem da MP 664/2014 (de 1/3/2015 e 17/6/2015).

No caso de concessão judicial, em decorrência do INSS ter negado o benefício na esfera administrativa, se por questões clínicas a perícia judicial não conseguir definir a data de início da incapacidade, a data de início do benefício será a data de juntada do laudo pericial aos autos.

Nesse sentido, já se pronunciou diversas vezes a Corte Superior que "a jurisprudência deste Superior Tribunal de Justiça é pacífica no sentido de que o termo inicial da aposentadoria por invalidez, quando não houver reconhecimento da incapacidade nos domínios administrativos, há de coincidir com a data da juntada aos autos do laudo pericial que venha a afiançar a tese do segurado"[9].

Outrossim, a data de início do pagamento na hipótese de ausência de requerimento administrativo será a data da juntada do laudo pericial judicial que comprovar a invalidez do segurado, na forma do entendimento do STJ[10].

No entanto, observou-se uma mudança de posicionamento na jurisprudência da Corte Superior[11], dominando, na atualidade, o entendimento de que a data de início da aposentadoria por incapacidade permanente será a data da citação, e não a data da juntada do laudo pericial judicial, quando não possível retroagir ao requerimento administrativo:

> "PREVIDENCIÁRIO. RECURSO ESPECIAL. APOSENTADORIA POR INVALIDEZ. TERMO INICIAL DO BENEFÍCIO. AUSÊNCIA DE REQUERIMENTO ADMINISTRATIVO. CITAÇÃO VÁLIDA. MATÉRIA JÁ DECIDIDA SOB O RITO DO ART. 543-C DO CPC. 1. O tema relativo ao termo inicial de benefício proveniente de incapacidade laborativa já foi exaustivamente debatido nesta Corte, a qual, **após oscilações, passou a rechaçar a fixação da Data de Início do Benefício – DIB a partir do laudo pericial, porquanto a prova técnica prestar-se-ia unicamente para nortear o convencimento do juízo quanto à pertinência do novo benefício, mas não para atestar o efetivo momento em que a moléstia incapacitante se instalou.**
>
> 2. Atualmente a questão já foi decidida nesta Corte sob o rito dos recursos repetitivos (art. 543-C do CPC), restando pacificada a jurisprudência no sentido que "*A citação válida informa o litígio, constitui em mora a autarquia previdenciária federal e deve ser considerada como termo inicial para a implantação da aposentadoria por invalidez concedida na via judicial quando ausente a prévia postulação*". (REsp 1.369.165/SP, Rel. Ministro BENEDITO GONÇALVES, Primeira Seção, DJe 7/3/2014)".

9. EAREsp 898113, de 26.08.2008.
10. AGA 1045599, de 17.02.2009.
11. RECURSO ESPECIAL Nº 1.311.665 – SC, 1ª Turma, de 02/09/2014.

De acordo com o atual posicionamento do STJ, "na ausência de prévio requerimento administrativo, o termo inicial para a implantação da aposentadoria por idade rural deve ser a data da citação válida do INSS – e não a data do ajuizamento da ação. No julgamento do REsp 1.369.165-SP, submetido ao rito do artigo 543-C do CPC, a Primeira Seção do STJ firmou compreensão segundo a qual, na ausência de prévio requerimento administrativo, o termo inicial para a implantação da aposentadoria por invalidez deve ser a data da citação da autarquia previdenciária federal, ao invés da data da juntada do laudo médico-pericial que atestou a invalidez do segurado". REsp 1.450.119-SP, Rel. originário Min. Mauro Campbell Marques, Rel. para acórdão Min. Benedito Gonçalves, julgado em 08/10/2014, DJe 1º/7/2015 (Informativo 565).

Nesse sentido, o STJ publicou em 22 de julho de 2016 a Súmula 576 em decorrência do julgamento do Recurso Especial representativo de controvérsia 1.369.165, de 26/2/2014:

> Súmula 576 – "Ausente requerimento administrativo no INSS, o termo inicial para a implantação da aposentadoria por invalidez concedida judicialmente será a data da citação válida".

Entende-se que o STJ cometeu um grave equívoco ao aprovar esta súmula com a redação que foi posta, pois anteriormente o STF já havia firmado no julgamento do Recurso Extraordinário 631.240, de 27 de abril de 2014, que é necessário o prévio requerimento administrativo como condição de propositura de ação judicial contra o INSS, sob pena de extinção do processo sem o julgamento do mérito.

Ao analisar o conteúdo do REsp 1.369.165 verificou-se que o prévio requerimento sequer foi debatido pelos Ministros, que simplesmente ignoraram o entendimento do STF, que, aliás, é seguido pelo STJ em outros precedentes.

Desta forma, **a Súmula 576 terá apenas uma aplicação residual**, ou seja, quando for desnecessária a decisão administrativa de indeferimento da aposentadoria por incapacidade permanente, a exemplo da omissão do INSS em dar uma resposta dentro do prazo normativo ou a recusa de protocolo do requerimento administrativo.

> O valor da aposentadoria por incapacidade permanente do segurado que necessitar da assistência permanente de outra pessoa será acrescido de 25% (auxílio-acompanhante), se assim comprovado em perícia médica do INSS.

Vale lembrar que esse acréscimo poderá extrapolar o teto de pagamento dos benefícios do RGPS, sendo um valor fixo recalculado juntamente com o reajuste da aposentadoria por incapacidade permanente, tendo índole personalíssima, vez que o seu valor não será incorporado na pensão por morte eventualmente instituída pelo aposentado.

A justificativa da criação legal desde acréscimo é que o aposentado por incapacidade permanente terá maiores custos, pois precisará contratar alguém para assisti-lo, ou algum familiar deixará de trabalhar para fazê-lo.

Esse acréscimo deverá ser pago desde a data de início do benefício, caso o aposentado por incapacidade permanente já necessitasse do auxílio permanente de outra pessoa naquele momento **ou, sendo superveniente, a partir da data de entrada do requerimento administrativo**, não gerando efeitos financeiros antes da provocação administrativa.

Aliás, esse foi o entendimento adotado pelo STJ, conforme noticiado no Informativo 483:

"APOSENTADORIA. INVALIDEZ. ACRÉSCIMO. 25%. TERMO INICIAL.

O recorrente pleiteia, à luz do art. 45 da Lei n. 8.213/1991, a retroação dos efeitos da decisão que lhe conferiu o direito ao acréscimo de 25% sobre o benefício de aposentadoria por invalidez, em virtude de sua necessidade de assistência permanente, à data do agravamento de sua incapacitação, decorrente de um derrame cerebral. É que tanto o juízo de primeiro grau quanto o tribunal *a quo* entenderam que ocorreu o devido preenchimento dos requisitos necessários à concessão do benefício ao segurado, destoando os julgados apenas no que se refere ao *dies a quo* do pagamento. O primeiro admitiu a retroação **e o segundo posicionou-se de modo diverso, no sentido de que a concessão do acréscimo legal depende da provocação ao INSS mediante requerimento administrativo**. Diante disso, a Turma assentiu com o último entendimento. É que, de acordo com o art. 42, § 1º, da lei já mencionada, a concessão da aposentadoria por invalidez depende da verificação da condição de incapacidade do segurado mediante exame médico-pericial a cargo da Previdência Social. **A jurisprudência do STJ é pacífica no sentido de que, quanto ao *dies a quo* da aposentadoria por invalidez, os efeitos financeiros do reconhecimento da moléstia devem retroagir à data do requerimento administrativo. Do mesmo modo, a percepção do acréscimo previsto no art. 45 da lei supradita pressupõe a demonstração da necessidade de assistência permanente, aferível somente com a postulação administrativa do próprio interessado e o consequente exame médico-pericial do INSS.** Com essas, entre outras considerações, a Turma negou provimento ao recurso. Precedentes citados: AgRg no Ag 1.107.008-MG, DJe 15/3/2010; REsp 475.388-ES, DJ 7/4/2003, e REsp 1.104.004-RS, DJe 1º/2/2010. REsp 897.824-RS, Rel. Min. Sebastião Reis Júnior, julgado em 20/9/2011".

Sobre o tema, apresenta-se o enunciado 201 FONAJEF aprovado em 2018:

Enunciado nº 201

Na hipótese de aposentadoria por invalidez, é possível a concessão de ofício do adicional de 25%, no caso de necessidade de assistência permanente de terceiro.

O anexo I, do RPS, traz um rol das situações que ensejam o acréscimo:

"1 – Cegueira total.

2 – Perda de nove dedos das mãos ou superior a esta.

3 – Paralisia dos dois membros superiores ou inferiores.

4 – Perda dos membros inferiores, acima dos pés, quando a prótese for impossível.

5 – Perda de uma das mãos e de dois pés, ainda que a prótese seja possível.

6 – Perda de um membro superior e outro inferior, quando a prótese for impossível.

7 – Alteração das faculdades mentais com grave perturbação da vida orgânica e social.

8 – Doença que exija permanência contínua no leito.

9 – Incapacidade permanente para as atividades da vida diária".

Considerando que o artigo 45, da Lei 8.213/91, não lista as hipóteses em que o aposentado por incapacidade permanente fará jus ao acréscimo, entende-se que o referido rol é exemplificativo, pois não poderá o Regulamento prever todas as hipóteses que ensejem a necessidade de assistência permanente de outra pessoa.

Impende ressaltar que o auxílio-acompanhante poderá ser cancelado mesmo após o aposentado por incapacidade permanente atingir os 60 anos de idade ou 55 anos com 15 anos de percepção do benefício, sendo possível a realização de perícia médica para esse fim por força do artigo 103, § 2º, inciso I, da Lei 8.213/91, alterada pela Lei 13.063/2014.

Inexiste previsão legal de concessão do acréscimo de 25% nas outras aposentadorias (por idade, especial e por tempo de contribuição, atual aposentadoria programada), mesmo que o aposentado em algum momento passe a necessitar da assistência permanente de outra pessoa.

Entende-se que não cabe a extensão do auxílio-acompanhante para as demais aposentadorias sem expressa previsão legal, pois, à luz do Princípio da Precedência da Fonte de Custeio, a extensão de benefício da seguridade social reclama prévia fonte de custeio total.

Por outro lado, por 6 votos a 5, a TNU estendeu o auxílio-acompanhante à aposentadoria por idade. Este entendimento da TNU foi confirmado na sessão de 18 de fevereiro de 2016, no julgamento do processo 5000107-25.2015.4.04.7100.

Inicialmente, o STJ rejeitava a extensão do auxílio-acompanhante à aposentadoria por idade e tempo de contribuição (REsp 1.533.402-SC, Rel. Min. Sérgio Kukina, julgado em 1º/9/2015, DJe 14/9/2015 e REsp 1475512, de 15/12/2015) em ambas as Turmas da 1ª Seção.

No entanto, o tema obteve uma enorme reviravolta na 1ª Seção do STJ que acolheu a tese em sede de recurso repetitivo (tema 982):

Informativo 634 – RECURSOS REPETITIVOS	
PROCESSO	REsp 1.648.305-RS, Rel. Min. Assusete Magalhães, Rel. Acd. Min. Regina Helena Costa, Primeira Seção, por maioria, julgado em 22/08/2018, DJe 26/09/2018 (Tema 982)
RAMO DO DIREITO	DIREITO CONSTITUCIONAL, DIREITO PREVIDENCIÁRIO
TEMA	**Aposentadoria por invalidez. "Auxílio-acompanhante". Adicional de 25%. Art. 45 da Lei n. 8.213/1991. Assistência permanente de terceiro. Comprovação. Necessidade. Extensão a outras espécies de aposentadoria. Possibilidade. Tema 982.**
DESTAQUE	
Comprovadas a invalidez e a necessidade de assistência permanente de terceiro, é devido o acréscimo de 25% (vinte e cinco por cento), previsto no art. 45 da Lei n. 8.213/1991, a todos os aposentados pelo RGPS, independentemente da modalidade de aposentadoria.	

A tese não é acolhida na via administrativa pelo INSS, que objetiva a sua reforma no âmbito do STF com base na regra de contrapartida, considerando que se trata de extensão judicial e não legislativa.

STF

A Primeira Turma do Supremo Tribunal Federal (STF) suspendeu o trâmite, em todo o território nacional, de ações judiciais individuais ou coletivas e em qualquer fase processual, que tratam sobre a extensão do pagamento do adicional de 25% não relacionada às aposentadorias por invalidez. O benefício que foi mantido, previsto no artigo 45, da Lei 8.213/1991, é direcionado aos segurados que necessitam de assistência permanente de outra pessoa e contempla apenas as aposentadorias por invalidez. Por unanimidade dos votos, os ministros deram provimento a um recurso (agravo regimental) interposto pelo Instituto Nacional do Seguro Social (INSS) contra decisão do relator, ministro Luiz Fux, que havia negado pedido na Petição (Pet) 8002 para que fosse suspenso o pagamento do adicional a uma aposentada por idade. O Instituto solicitava a atribuição de efeito suspensivo cautelar a recurso extraordinário a ser remetido ao Supremo. Na ocasião, o ministro entendeu que a controvérsia implicaria a análise de legislação infraconstitucional, inviabilizando a discussão por meio de RE. **Pet 8.002, de 12/3/2019.**

A recuperação da capacidade laborativa pelo aposentado por incapacidade permanente poderá gerar o pagamento de um "prêmio" por seu esforço, pois o segurado ainda receberá algumas parcelas do benefício por alguns meses, sendo intitulado pela doutrina de **mensalidades de recuperação**.

De efeito, **quando a recuperação ocorrer dentro de 05 anos**, contado da data do início da aposentadoria por incapacidade permanente ou do auxílio-doença que a antecedeu sem interrupção, o benefício cessará após tantos meses quantos forem os anos de duração do auxílio-doença ou da aposentadoria por incapacidade permanente, para segurado empregado doméstico, trabalhador avulso, segurado especial, contribuinte individual e segurado facultativo.

No caso do segurado empregado, a cessação do pagamento será imediata, caso ele tenha direito a retornar à função que desempenhava na empresa quando se aposentou, na forma da legislação trabalhista.

Por outro lado, **quando a recuperação ocorrer após os referidos 05 anos, ou, mesmo antes, se for parcial ou se o segurado for declarado apto para o exercício de trabalho diverso do qual habitualmente exercia**, a aposentadoria será mantida, sem prejuízo da volta à atividade, da seguinte forma:

a) no seu valor integral, durante 06 meses contados da data em que for verificada a recuperação da capacidade;

b) com redução de 50%, no período seguinte de 06 meses;

c) com redução de 75%, também por igual período de 06 meses, ao término do qual cessará definitivamente.

Vale registrar que o ato administrativo do INSS que pronuncia a recuperação do aposentado por incapacidade permanente e fixa as parcelas das mensalidades de recuperação pode ser questionado judicialmente, de logo, acaso o segurado entenda que inexiste recuperação.

Regra interessante a respeito das mensalidades de recuperação consta do artigo 50, parágrafo único[12], do Decreto 3.048/99. Esse dispositivo determinava que a aposentadoria por incapacidade permanente se mantivesse ativa pelo período em que as mensalidades de recuperação correspondam a 100% da renda do benefício, na hipótese de um segurado requerer neste período um outro benefício, a exemplo de uma aposentadoria por idade ou por tempo de contribuição.

Conquanto se trate de regra não prevista no artigo 47 da Lei 8.213/91, dificilmente irá trazer prejuízos ao segurado da previdência social, pois a aposentadoria por incapacidade permanente em cota integral possui renda mensal de 100% do salário de benefício sem a incidência de fator previdenciário.

Saliente-se que o empregado que for aposentado por invalidez terá suspenso o seu contrato de trabalho durante o prazo fixado pelas leis de previdência social para a efetivação do benefício, assegurado o direito à função que ocupava ao tempo da aposentadoria, facultado, porém, ao empregador, o direito de indenizá-lo por rescisão do contrato de trabalho[13].

---

12. Art. 50. O segurado que retornar à atividade poderá requerer, a qualquer tempo, novo benefício, tendo este processamento normal.

    Parágrafo único. Se o segurado requerer qualquer benefício durante o período citado no artigo anterior, a aposentadoria por invalidez somente será cessada, para a concessão do novo benefício, após o cumprimento do período de que tratam as alíneas "b" do inciso I e "a" do inciso II do art. 49.

13. Artigo 475, da CLT.

Vale registrar que a jurisprudência vem sendo bastante flexível no que concerne ao pedido de concessão de benefícios previdenciários, podendo o Poder Judiciário deferir benefício diverso do requerido.

Nesse sentido, se o segurado requereu apenas a aposentadoria por incapacidade permanente, mas por ocasião da instrução processual a perícia médica judicial atestou apenas a incapacidade temporária para trabalho, poderá o magistrado conceder o auxílio-doença, conforme pacificado na jurisprudência do STJ:

> "PREVIDENCIÁRIO. AGRAVO REGIMENTAL NO RECURSO ESPECIAL. DEFERIDO AUXÍLIO-DOENÇA EM VEZ DE APOSENTADORIA POR INVALIDEZ. DECISÃO EXTRA PETITA. NÃO-OCORRÊNCIA. AGRAVO IMPROVIDO. 1. A sentença, restabelecida pela decisão em sede de recurso especial, bem decidiu a espécie, quando, reconhecendo o preenchimento dos requisitos necessários à concessão do benefício de auxílio-doença, deferiu-o ao segurado, não obstante ter ele requerido aposentadoria por invalidez. 2. Agravo regimental improvido" (AGREsp 868.911, de 16.10.2008).

Outrossim, se o autor apenas pediu o auxílio-acidente, poderá o julgador conceder a aposentadoria por incapacidade permanente, se preenchidos os pressupostos, na forma do entendimento do STJ:

> "PREVIDENCIÁRIO. AUXÍLIO-ACIDENTE. INCAPACIDADE PARA O TRABALHO. JULGAMENTO EXTRA PETITA. INOCORRÊNCIA. – Em tema de benefício previdenciário decorrente de acidente de trabalho, é lícito ao juiz, de ofício, enquadrar a hipótese fática no dispositivo legal pertinente à concessão do benefício cabível, em face da relevância da questão social que envolve o assunto. – **Não ocorre julgamento extra petita na hipótese em que o órgão colegiado a quo, em sede de apelação, mantém sentença concessiva do benefício da aposentadoria por invalidez, ainda que a pretensão deduzida em juízo vincule-se à concessão de auxílio-acidente, ao reconhecer a incapacidade definitiva da segurada para o desempenho de suas funções**. – Recurso especial não conhecido" (REsp 412.676, de 03.02.2002).

Impende salientar que apenas o médico possui habilitação legal para atestar judicialmente, na condição de perito, a incapacidade laboral, não tendo validade os laudos lavrados por outros profissionais da saúde, como os fisioterapeutas.

2. APOSENTADORIAS VOLUNTÁRIAS

Até o advento da **Emenda 103/2019**, o artigo 201, § 7º da Constituição previa duas aposentadorias distintas:

a) Por tempo de contribuição (inciso I);

b) Por idade (inciso II).

Na época da votação da Emenda 20/1998, por apenas um voto, não restou aprovada a extinção de aposentadoria comum sem idade mínima do RGPS, conquanto tenha sido aprovada no RPPS.

Trata-se de **modificação necessária**, pois não existe risco social a ser tutelado com o tempo de contribuição sem a inserção de uma idade mínima, devendo ser compensado o largo tempo de contribuição com a majoração da renda mensal, e não com a dispensa da idade mínima.

Ademais, a expectativa média de sobrevida no Brasil cresce a cada ano, fazendo com que as aposentadorias fiquem ativas por mais tempo, o que eleva os gastos previdenciários.

Esta é a regra permanente que deverá ser aplicada aos novos segurados do RGPS, filiados após a publicação da Emenda 103/2019. **Extinguiu-se a aposentadoria sem idade mínima**, vinculando-se idade e tempo de contribuição mínimos:

> *§ 7º (...)*
>
> *I – 65 (sessenta e cinco) anos de idade, se homem, e 62 (sessenta e dois) anos de idade, se mulher, observado tempo mínimo de contribuição;*
>
> *II – 60 (sessenta) anos de idade, se homem, e 55 (cinquenta e cinco) anos de idade, se mulher, para os trabalhadores rurais e para os que exerçam suas atividades em regime de economia familiar, nestes incluídos o produtor rural, o garimpeiro e o pescador artesanal.*
>
> *§ 8º O requisito de idade a que se refere o inciso I do § 7º será* ***reduzido em 5 (cinco) anos****, para o* ***professor*** *que comprove tempo de efetivo exercício das funções de magistério na educação infantil e no ensino fundamental e médio fixado em* ***lei complementar****.*

Há previsão de concessão da **aposentadoria por idade e tempo de contribuição** a todas as classes de segurados do RGPS, uma vez realizados os requisitos legais.

O Congresso Nacional não aceitou as alterações propostas pelo Governo para a **aposentadoria voluntária** dos **trabalhadores rurais, pescadores artesanais e garimpeiros.**

Daí acabou gerando **duas aposentadorias programadas**:

a) Aposentadoria programada por idade, tempo de contribuição e período de carência para trabalhadores urbanos, se subdividindo em comum e professor do ensino básico;

b) Aposentadoria por idade com período de carência para trabalhadores rurais, pescadores artesanais e garimpeiros, sem a exigência de tempo de contribuição.

Buscou-se a elevação da idade mínima para a aposentadoria e a inserção de um modelo contributivo efetivo com redução de alíquota, que o Congresso Nacional se negou em aprovar forçando a retirada destes pontos em negociação com o Governo.

Desta forma, o único ponto em que a Emenda 103/2019 abordou a aposentadoria voluntária dos trabalhadores rurais e similares foi para a manutenção da idade mínima de 60 anos para os homens e 55 anos para as mulheres (art. 201, § 7º, inciso II, da Constituição).

O dispositivo não cita período de carência, que pode ser inserido pela legislação infraconstitucional com a aplicação do artigo 25 da Lei 8.213/91, se referindo apenas a "tempo mínimo de contribuição".

Vale registrar que para período de carência não são consideradas contribuições em atraso antes da primeira paga em dia ou após perda da qualidade de segurado, nos termos do artigo 27, inciso II[14], da Lei 8.213/91, para os segurados sem presunção de recolhimento de contribuição previdenciária, vedação que inexiste atualmente para cômputo do tempo de contribuição.

Acredita-se que as regras de carência de 180 contribuições mensais do artigo 25 da lei 8.213/91 foram recebidas pela Emenda 103/2019.

14. Art. 27. Para cômputo do período de carência, serão consideradas as contribuições: (Redação dada pela Lei Complementar nº 150, de 2015) II – realizadas a contar da data de efetivo pagamento da primeira contribuição sem atraso, **não sendo consideradas para este fim as contribuições recolhidas com atraso referentes a competências anteriores**, no caso dos segurados contribuinte individual, especial e facultativo, referidos, respectivamente, nos incisos V e VII do art. 11 e no art. 13. (Redação dada pela Lei Complementar nº 150, de 2015)

Conforme determinação constitucional mantida na EC 103/2019, haverá **redução de idade em 05 anos** para os **trabalhadores rurais** de ambos os sexos e para os que exerçam suas atividades em regime de economia familiar, nestes incluídos **o produtor rural, o garimpeiro e o pescador artesanal.**

A regulamentação é dada pelo artigo 48, § 1º, da Lei 8.213/91, com redação dada pela Lei 9.876/99:

> "§ 1º Os limites fixados no *caput* são reduzidos para sessenta e cinqüenta e cinco anos no caso de trabalhadores rurais, respectivamente homens e mulheres, referidos na alínea *a* do inciso I, na alínea *g* do inciso V e nos incisos VI e VII do art. 11".

Assim, pelo texto legal, são agraciados pela redução os seguintes segurados:

A) **(art. 11, I, letra A – empregado rural):** a) aquele que presta serviço de natureza urbana ou rural à empresa, em caráter não eventual, sob sua subordinação e mediante remuneração, inclusive como diretor empregado;

B) **(art. 11, V, letra G – contribuinte individual rural):** g) quem presta serviço de natureza urbana ou rural, em caráter eventual, a uma ou mais empresas, sem relação de emprego;

C) **(art. 11, VI – trabalhador avulso rural):** VI – como trabalhador avulso: quem presta, a diversas empresas, sem vínculo empregatício, serviço de natureza urbana ou rural definidos no Regulamento (intermediação do sindicato rural);

D) **(art. 11, VII – segurado especial):** VII – como segurado especial: a pessoa física residente no imóvel rural ou em aglomerado urbano ou rural próximo a ele que, individualmente ou em regime de economia familiar, ainda que com o auxílio eventual de terceiros, na condição de: a) produtor, seja proprietário, usufrutuário, possuidor, assentado, parceiro ou meeiro outorgados, comodatário ou arrendatário rurais, que explore atividade: 1. agropecuária em área de até 4 (quatro) módulos fiscais; 2. de seringueiro ou extrativista vegetal que exerça suas atividades nos termos do inciso XII do caput do art. 2º da Lei nº 9.985, de 18 de julho de 2000, e faça dessas atividades o principal meio de vida; b) pescador artesanal ou a este assemelhado que faça da pesca profissão habitual ou principal meio de vida; e c) cônjuge ou companheiro, bem como filho maior de 16 (dezesseis) anos de idade ou a este equiparado, do segurado de que tratam as alíneas a e *b* deste inciso, que, comprovadamente, trabalhem com o grupo familiar respectivo.

Curioso notar que a regulamentação dada pelo artigo 48 da Lei 8.213/91 não contemplou o produtor rural contribuinte individual para a redução em cinco anos na redução da idade para o benefício da aposentadoria por idade, pois não há referência ao artigo 11, V, letra A, da Lei 8.213/91:

> a) a pessoa física, proprietária ou não, que explora atividade agropecuária, a qualquer título, em caráter permanente ou temporário, em área superior a 4 (quatro) módulos fiscais; ou, quando em área igual ou inferior a 4 (quatro) módulos fiscais ou atividade pesqueira, com auxílio de empregados ou por intermédio de prepostos; ou ainda nas hipóteses dos §§ 9º e 10 deste artigo;

Acredita-se que pela generalidade do texto constitucional na primeira parte do artigo 201, § 7º, II, que aduz "**reduzido em cinco anos o limite para os trabalhadores rurais de ambos os**

sexos e para os que exerçam suas atividades em regime de economia familiar, nestes incluídos o produtor rural, o garimpeiro e o pescador artesanal", deveria a Lei 8.213/91 ter abarcado todos os trabalhadores rurais com a redução na idade, e não deixado de fora o produtor rural contribuinte individual.

Isso porque o objetivo da redução da idade constitucional foi compensar o trabalhador rural, o garimpeiro e o pescador artesanal com uma regra de aposentadoria precoce, decorrente do nítido desgaste físico gerado por essas atividades. Mas é certo que o texto constitucional é deveras confuso e deveria ter uma melhor redação.

IMPORTANTE:

Vale registrar que na **aposentadoria por idade dos trabalhadores rurais**, garimpeiros e pescadores artesanais, somente será exigida a idade mínima e o período de carência, **não havendo exigência de tempo de contribuição**, sendo uma espécie de aposentadoria programada *lato sensu*.

Nesse sentido o RPS:

> **"Subseção II**
>
> **Da aposentadoria programada**
>
> (Redação dada pelo Decreto nº 10.410, de 2020).
>
> Art. 51. A aposentadoria programada, **uma vez cumprido o período de carência exigido**, será devida ao segurado que cumprir, cumulativamente, os seguintes requisitos: (Redação dada pelo Decreto nº 10.410, de 2020).
>
> I – sessenta e dois anos de idade, se mulher, e sessenta e cinco anos de idade, se homem; e (Incluído pelo Decreto nº 10.410, de 2020)
>
> II – quinze anos de **tempo de contribuição**, se mulher, e vinte anos de **tempo de contribuição**, se homem. (Incluído pelo Decreto nº 10.410, de 2020)
>
> **Subseção III**
>
> **Da aposentadoria por idade do trabalhador rural**
>
> (Redação dada pelo Decreto nº 10.410, de 2020).
>
> Art. 56. A aposentadoria por idade do trabalhador rural, **uma vez cumprido o período de carência exigido**, será devida aos segurados a que se referem a alínea "a" do inciso I, a alínea "j" do inciso V e os incisos VI e VII do caput do art. 9º e aos segurados garimpeiros que trabalhem, comprovadamente, em regime de economia familiar, conforme definido no § 5º do art. 9º, quando completarem cinquenta e cinco anos de idade, se mulher, e sessenta anos de idade, se homem. (Redação dada pelo Decreto nº 10.410, de 2020)."

IMPORTANTE:

Trabalhadores rurais, garimpeiros e pescadores artesanais: idade mínima e período de carência;

Segurados urbanos (em regra): idade mínima, tempo de contribuição e período de carência.

Embora não seja um tema pacificado, a 1ª Turma do STJ admite o cômputo como período de carência da aposentadoria por idade período em que o segurado percebeu auxílio-acidente:

STJ

"1. O auxílio-acidente – e não apenas o auxílio-doença e a aposentadoria por invalidez – pode ser considerado como espécie de "benefício por incapacidade", apto a compor a carência necessária à concessão da aposentadoria por idade. 2. *In casu*, é de ser observada a vetusta regra de hermenêutica, segundo a qual "onde a lei não restringe, não cabe ao intérprete restringir" e, portanto, não havendo, nas normas que regem a matéria, a restrição imposta pelo Tribunal a quo, não subsiste o óbice imposto ao direito à pensão por morte" (REsp 1.243.760, de 02/04/2013).

A decisão tem um **erro técnico**, pois o auxílio-acidente não é benefício por incapacidade laboral, não cabendo a aplicação da regra do artigo 55, II, Lei 8.213/91, pois se trata de benefício indenizatório percebido juntamente com remuneração, não se exigindo afastamento do labor para o seu adimplemento.

Justamente por isso a TNU e a 2ª Turma do STJ vêm rejeitando a tese:

> *"PEDILEF. PREVIDENCIÁRIO.* ***REGIME GERAL. CÔMPUTO, PARA EFEITO DE CARÊNCIA, DO PERÍODO DE RECEBIMENTO DO BENEFÍCIO DE AUXÍLIOACIDENTE****. JURISPRUDÊNCIA FIRMADA NA TURMA NACIONAL DE UNIFORMIZAÇÃO COM BASE EM JULGADO DO SUPREMO TRIBUNAL FEDERAL EM REPERCUSSÃO GERAL. APLICAÇÃO DA QUESTÃO DE ORDEM Nº 20.* ***IMPOSSIBILIDADE DE COMPUTAR PARA EFEITO DE CARÊNCIA O RECEBIMENTO DO REFERIDO BENEFÍCIO****, SEM O RECOLHIMENTO DE CONTRIBUIÇÕES. INCIDENTE DE UNIFORMIZAÇÃO CONHECIDO E PROVIDO". (Pedido de Uniformização de Interpretação de Lei (Turma) 0504317– 35.2017.4.05.8302, Rel. Juiz Federal GUILHERME BOLLORINI PEREIRA – TURMA NACIONAL DE UNIFORMIZAÇÃO, julgado em 27/6/2019)*
>
> *"PREVIDENCIÁRIO. AUXÍLIO-ACIDENTE. NATUREZA INDENIZATÓRIA. CONTAGEM COMO TEMPO DE CONTRIBUIÇÃO E PARA FINS DE CARÊNCIA. IMPOSSIBILIDADE.*
>
> *I – A apresentação genérica de ofensa ao art. 1.022 do CPC/2015 atrai o comando do Enunciado Sumular n. 284/STF, inviabilizando o conhecimento dessa parcela recursal.*
>
> ***II – O auxílio-acidente possui natureza indenizatória, por este motivo, o tempo em que o segurado esteve em gozo, exclusivamente, de auxílio-acidente, não vertendo contribuições ao sistema previdenciário, não deve ser considerado como tempo de contribuição ou para fins de carência, na forma do art. 55, inciso II, da Lei n. 8.213/91.***
>
> *III – A indicação de dispositivo legal em torno do qual teria ocorrido interpretação divergente é requisito de admissibilidade do recurso especial previsto pelo art. 105, III, c, da CF, sob pena de incidência do óbice da Súmula n. 284/STF.*
>
> *IV – Recurso especial parcialmente conhecido e, nesta extensão, improvido". (REsp 1752121/SC, Rel. Ministro FRANCISCO FALCÃO, SEGUNDA TURMA, julgado em 11/06/2019, DJe 14/06/2019).*

2.1. Aposentadoria programada urbana: comum e professor do ensino básico

Em regra, restou fixada pela **Emenda 103/2019** a seguinte idade mínima para a aposentadoria por idade e tempo de contribuição:

a) **Homens: 65 anos;**

b) **Mulheres: 62 anos.**

Embora as mulheres vivam cerca de 7 anos a mais que os homens, a discriminação positiva se justifica pela discriminação negativa no mercado de trabalho, especialmente por receberem menos que os homens para exercer a mesma função e terem em média maior escolaridade.

Outro motivo que justifica a redução para as meninas é a dupla jornada e a maternidade. Mas note-se que essa redução caiu de 5 para apenas 3 anos.

Vale registrar que os contribuintes individuais e segurados facultativos que recolheram contribuições simplificadas com alíquota de 11% ou de 5% sobre salário mínimo, na forma do artigo 21, § 2º, da Lei 8.212/91, fazem jus à aposentadoria programada por idade, tempo de contribuição e carência.

Isso porque o impedimento normativo infraconstitucional se refere à aposentadoria por tempo de contribuição sem idade mínima que existiu no regime anterior à EC 103/2019, não havendo restrição no texto constitucional ou mesmo no Decreto 10.410/2020 para a novel aposentadoria programada.

Aliás, jamais poderia se pensar em vedar o acesso a este benefício, por se tratar da única aposentadoria programada que eles têm acesso após a Emenda 103/2019.

De seu turno, para o **professor do ensino básico**, garantiu-se apenas a redução em 5 anos na idade:

a) **Homens: 60 anos;**

b) **Mulheres: 57 anos.**

Não há garantia constitucional na regra permanente de redução do tempo de contribuição, sendo os requisitos afetados a uma **lei complementar** que deve ser futuramente editada.

O **tempo de serviço ou de contribuição não poderá ser livremente comprovado através do meio de prova testemunhal**, por força do artigo 55, § 3º, da Lei 8.213/91, salvo configuração concreta de força maior, sendo uma exceção ao Princípio do Livre Convencimento Motivado, se constituindo em resquício do sistema da tarifação da prova, diante do elevado número de testemunhos falsos que lamentavelmente ocorrem na prática administrativa e judicial previdenciária.

Tendo em vista que o regime jurídico anterior previa a carência de apenas 60 contribuições mensais, há uma regra de transição esculpida no artigo 142, da Lei 8.213/91, para o segurado "**inscrito**" na Previdência Social Urbana até 24 de julho de 1991, bem como para o trabalhador e o empregador rural cobertos pela Previdência Social Rural, pontificando que a carência da aposentadoria por idade obedecerá à seguinte tabela, **levando-se em conta o ano em que o segurado implementou todas as condições necessárias à obtenção do benefício:**

Ano de implementação das condições	Meses de contribuição exigidos
1991	60 meses
1992	60 meses
1993	66 meses
1994	72 meses
1995	78 meses
1996	90 meses
1997	96 meses

Ano de implementação das condições	Meses de contribuição exigidos
1998	102 meses
1999	108 meses
2000	114 meses
2001	120 meses
2002	126 meses
2003	132 meses
2004	138 meses
2005	144 meses
2006	150 meses
2007	156 meses
2008	162 meses
2009	168 meses
2010	174 meses
2011	180 meses

O artigo 19 da **Emenda 103/2019** trouxe uma regra de transição ao regramento permanente a que se refere o inciso I do § 7º do art. 201 da Constituição Federal, enquanto não editada lei de regulação do tempo de contribuição mínimo para a aposentadoria no RGPS, sendo aplicável a todos os novos segurados:

> Art. 19. Até que lei disponha sobre o tempo de contribuição a que se refere o inciso I do § 7º do art. 201 da Constituição Federal, o segurado filiado ao Regime Geral de Previdência Social **após a data de entrada em vigor desta Emenda Constitucional** será aposentado aos 62 (sessenta e dois) anos de idade, se **mulher**, 65 (sessenta e cinco) anos de idade, se **homem**, 15 (quinze) anos de tempo de contribuição, se **mulher**, e 20 (vinte) anos de tempo de contribuição, se **homem**.
>
> § 1º Até que lei complementar disponha sobre a redução de idade mínima ou tempo de contribuição prevista nos §§ 1º e 8º do art. 201 da Constituição Federal, será concedida aposentadoria:
>
> (...)
>
> II – ao **professor** que comprove 25 (vinte e cinco) anos de contribuição exclusivamente em efetivo exercício das funções de magistério na educação infantil e no ensino fundamental e médio e possua 57 (cinquenta e sete) anos de idade, se **mulher**, e 60 (sessenta) anos de idade, se **homem**.
>
> § 2º O valor das aposentadorias de que trata este artigo corresponderá ao valor apurado na forma da lei.

Para os **segurados filiados ao RGPS após a reforma constitucional em comento**, devem ser observados os seguintes requisitos:

a) **HOMENS: 65 anos de idade e tempo mínimo de contribuição de 20 anos;**

b) **MULHERES: 62 anos de idade e tempo mínimo de contribuição de 15 anos.**

O dispositivo não cita período de carência, se referindo apenas a "tempo de contribuição".

Vale registrar que para período de carência não são consideradas contribuições em atraso antes da primeira paga em dia ou após perda da qualidade de segurado, nos termos do artigo 27, inciso II[15], da Lei 8.213/91, para os segurados sem presunção de recolhimento de contribuição previdenciária, vedação que inexiste atualmente para cômputo do tempo de contribuição.

Considera-se tempo de contribuição o tempo, contado de data a data, desde o início até a data do requerimento ou do desligamento de atividade abrangida pela previdência social, descontados os períodos legalmente estabelecidos como de suspensão de contrato de trabalho, de interrupção de exercício e de desligamento da atividade.

Ademais, não será computado como tempo de contribuição o já considerado para concessão de qualquer aposentadoria prevista no RGPS ou por outro regime de previdência social.

Com o advento da EC 103/2019, agregou-se ao tempo de contribuição a exigência de idade mínima para a concessão. Desde a Emenda 20/1998, veda-se o cômputo de tempo de contribuição fictício. Por outro lado, em respeito ao direito adquirido, o tempo de serviço considerado pela legislação vigente para efeito de aposentadoria, cumprido até que a lei discipline a matéria, será contado como tempo de contribuição, **exceto as contagens de tempo fictícias**, a exemplo daquelas em dobro perpetradas no passado[16].

Apesar da ressalva feita pelo artigo 4º, da Emenda 20, a jurisprudência do STJ e o próprio INSS admitem o direito adquirido às contagens de tempo de serviço fictícias até o seu advento, a exemplo da decisão tomada no ROMS 20.855, de 14/06/2007:

> "CONSTITUCIONAL. ADMINISTRATIVO. RECURSO ORDINÁRIO EM MANDADO DE SEGURANÇA. SERVIDOR DO ESTADO DO RIO GRANDE DO SUL. LICENÇA-PRÊMIO NÃO GOZADA. **CONTAGEM EM DOBRO PARA FINS DE APOSENTADORIA. PREENCHIMENTO DOS REQUISITOS ANTES DA PUBLICAÇÃO DA EMENDA CONSTITUCIONAL 20/98. DIREITO RECONHECIDO**. PRECEDENTE. RECURSO ORDINÁRIO PROVIDO. 1. O servidor celetista estabilizado do Estado do Rio Grande do Sul que, por força do disposto no art. 276 da Lei Complementar 10.098/94, passou a ser submetido ao regime estatutário e preencheu os requisitos exigidos na legislação pertinente antes do advento da Emenda Constitucional 20/98 tem direito à contagem em dobro do período de licença-prêmio não gozada, para fins de aposentadoria. Precedente. 2. A decisão da Suprema Corte nos autos da ADI 1.150/RS (Rel. Min. MOREIRA ALVES, Tribunal Pleno) não albergou o disposto no art. 276, caput, da Lei Complementar Estadual 10.098/94, razão por que permanece válida a regra que determina a submissão ao regime estatutário dos estabilizados que foram contratados pelo Estado do Rio Grande do Sul sob o Regime da Consolidação das Leis do Trabalho – CLT. **3. O disposto no art. 40, § 10, da Constituição Federal, que veda a contagem de tempo de contribuição fictício, não se aplica à recorrente. A conversão postulada refere-se a períodos de licença-prêmio adquiridos antes da promulgação da Emenda Constitucional 20/98, que acrescentou esse dispositivo, mas assegurou, em seus arts. 3º e 4º, a concessão de aposentadoria conforme a legislação pretérita para aqueles que, na sua vigência, cumpriram os requisitos exigidos**. 4. A decisão da Suprema Corte nos autos da ADI 872/RS (Rel. Min. ELLEN GRACIE, Tribunal Pleno) também

15. Art. 27. Para cômputo do período de carência, serão consideradas as contribuições: (Redação dada pela Lei Complementar nº 150, de 2015) II – realizadas a contar da data de efetivo pagamento da primeira contribuição sem atraso, **não sendo consideradas para este fim as contribuições recolhidas com atraso referentes a competências anteriores**, no caso dos segurados contribuinte individual, especial e facultativo, referidos, respectivamente, nos incisos V e VII do art. 11 e no art. 13. (Redação dada pela Lei Complementar nº 150, de 2015)
16. Artigo 4º, da Emenda 20/1998.

não atinge o direito postulado no mandado de segurança. O pedido de contagem de tempo de serviço em dobro de período de licença-prêmio não gozada não é formulado com fundamento na inconstitucional Lei Estadual 9.868/93, mas na própria Lei Complementar Estadual 10.098/94, que trata do regime estatutário. 5. Recurso ordinário provido".

De sua vez, a EC 103/2019 novamente vedou o tempo de contribuição fictício ao inserir dispositivo no artigo 201 da Constituição:

> § 14. É vedada a contagem de tempo de contribuição fictício para efeito de concessão dos benefícios previdenciários e de contagem recíproca.

Não se trata de novidade constitucional. A vedação ao tempo de contribuição fictício foi introduzida no RGPS e RPPS pela Emenda 20/1998 (16/12/1998):

"Art. 4º da EC 20/98 – Observado o disposto no art. 40, § 10, da Constituição Federal, o tempo de serviço considerado pela legislação vigente para efeito de aposentadoria, cumprido até que a lei discipline a matéria, será contado como tempo de contribuição".

"Art. 40, CF: § 10 – A lei não poderá estabelecer qualquer forma de contagem de tempo de contribuição fictício. (Incluído pela Emenda Constitucional nº 20, de 15/12/98)"

A inovação foi a inserção da proibição dentro do texto permanente do artigo 201 da Constituição, seguindo o que já havia no artigo 40 da Constituição.

Aliás, a própria Portaria MPS 154/2008 (artigo 11, inciso III) admite a expedição de certidão de tempo de contribuição com tempo de serviço fictício prestado até o advento da Emenda 20/1998.

Entende-se como **tempo fictício** aquele considerado em lei como tempo de contribuição para fins de concessão de aposentadoria sem que tenha havido, por parte do servidor, a prestação de serviço ou a correspondente contribuição[17].

O **primeiro problema jurídico** é que esta é uma zona cinzenta no Direito Previdenciário, pois nenhuma lei até hoje foi editada para enunciar o que se caracteriza como tempo de contribuição fictício, especialmente no RGPS.

Por certo, o artigo 55, II, da Lei 8.213/91 consagra uma ficção de cômputo de tempo de contribuição, pois permite contar como tempo de contribuição o período de gozo de auxílio-doença e aposentadoria por invalidez, mesmo não havendo recolhimento efetivo ou presumido da contribuição previdenciária, se intercalados por recolhimentos.

É no RPPS que se concentram os exemplos de ficção, como a vedação do cômputo e dobro de licença prêmio não gozada adquirida após 16/12/1998.

Outrossim, é forçoso reconhecer que o artigo 103, § 2º, da Lei 8.112/90, ao dispor que "será contado em dobro o tempo de serviço prestado às Forças Armadas em operações de guerra" não foi recepcionado pela EC 20/1998, não podendo ser aplicado para a contagem de tempo de contribuição em dobro em razão da participação do militar da União em potenciais, futuras e indesejáveis guerras.

17. Artigo 11, § 1º, da Portaria MPS 154/2008.

Ademais, de acordo com o TCU (Acórdão 6105/2017 Primeira Câmara), não é possível computar o tempo de inatividade para fins de nova aposentadoria após o advento da EC 20/1998, a qual derrogou o § 1º[18] do art. 103 da Lei 8.112/1990, mesmo aquele decorrido sob a égide da EC 41/2003, uma vez que a contribuição do servidor inativo é inferior à do ativo e não há contribuição por parte da União, suas autarquias e fundações quando o servidor está na inatividade.

O **segundo problema** (e bem maior) é o texto do artigo 25 da Emenda 103/2019:

> Art. 25. Será assegurada a contagem de tempo de contribuição fictício no Regime Geral de Previdência Social decorrente de hipóteses descritas na legislação vigente até a data de entrada em vigor desta Emenda Constitucional, para fins de concessão de aposentadoria, observado, a partir da sua entrada em vigor, o disposto no § 14 do art. 201 da Constituição Federal.

Certamente quem escreveu esse dispositivo não tinha conhecimento de que a Emenda 20/1998 já havia vedado o cômputo do tempo de contribuição fictício.

Esse artigo constitucional simplesmente permite em sua literalidade que cerca de 21 anos de tempo de contribuição fictícios prestados entre 16/12/1998 e a data da publicação da Emenda 103/2019 sejam considerados no RGPS, inclusive vindos do RPPS via contagem recíproca com a emissão de CTC (Certidão de Tempo de Contribuição).

Dentre outros períodos previstos no artigo 55, da Lei 8.213/91, assim como no artigo 60, do RPS (este artigo vigorou até 30/06/2020, tendo sido revogado pelo Decreto 10.410/2020). Contudo, o artigo 60 do Decreto 3.048/99 foi expressamente revogado pelo Decreto 10.410/2020 que passou a reger o tema no artigo 19-C e 188-G:

> **"Art. 19-C. Considera-se tempo de contribuição o tempo correspondente aos períodos para os quais tenha havido contribuição obrigatória ou facultativa ao RGPS, dentre outros, o período:**
>
> I – de contribuição efetuada por segurado que tenha deixado de exercer atividade remunerada que o enquadrasse como segurado obrigatório da previdência social;
>
> II – em que a segurada tenha recebido salário-maternidade;
>
> III – de licença remunerada, desde que tenha havido desconto de contribuições;
>
> IV – em que o segurado tenha sido colocado em disponibilidade remunerada pela empresa, desde que tenha havido desconto de contribuições;
>
> V – de atividade patronal ou autônoma, exercida anteriormente à vigência da Lei nº 3.807, de 26 de agosto de 1960, desde que tenha sido indenizado conforme o disposto no art. 122;
>
> VI – de atividade na condição de empregador rural, desde que tenha havido contribuição na forma prevista na Lei nº 6.260, de 6 de novembro de 1975, e indenização do período anterior, conforme o disposto no art. 122;
>
> VII – de exercício de mandato eletivo federal, estadual, distrital ou municipal, desde que tenha havido contribuição na época apropriada e este não tenha sido contado para fins de aposentadoria por outro regime de previdência social;
>
> VIII – de licença, afastamento ou inatividade sem remuneração do segurado empregado, inclusive o doméstico e o intermitente, desde que tenha havido contribuição na forma prevista no § 5º do art. 11; e

18. § 1º O tempo em que o servidor esteve aposentado será contado apenas para nova aposentadoria.

IX – em que o segurado contribuinte individual e o segurado facultativo tenham contribuído na forma prevista no art. 199-A, observado o disposto em seu § 2º.

§ 1º Será computado o tempo intercalado de recebimento de benefício por incapacidade, na forma do disposto no inciso II do caput do art. 55 da Lei nº 8.213, de 24 de julho de 1991, exceto para efeito de carência.

§ 2º As competências em que o salário de contribuição mensal tenha sido igual ou superior ao limite mínimo serão computadas integralmente como tempo de contribuição, independentemente da quantidade de dias trabalhados.

§ 3º Na hipótese de o débito ser objeto de parcelamento, o período correspondente ao parcelamento somente será computado para fins de concessão de benefício no RGPS e de emissão de certidão de tempo de contribuição para fins de contagem recíproca após a comprovação da quitação dos valores devidos.

Art. 188-G. O tempo de contribuição até 13 de novembro de 2019 será contado de data a data, desde o início da atividade até a data do desligamento, considerados, além daqueles referidos no art. 19-C, os seguintes períodos:

I – o **tempo de serviço militar**, exceto se já contado para inatividade remunerada nas Forças Armadas ou auxiliares ou para aposentadoria no serviço público federal, estadual, distrital ou municipal, ainda que anterior à filiação ao RGPS, obrigatório, voluntário ou alternativo, assim considerado o tempo atribuído pelas Forças Armadas àqueles que, após o alistamento, alegaram imperativo de consciência, entendido como tal aquele decorrente de crença religiosa ou de convicção filosófica ou política, para se eximirem de atividades de caráter militar;

II – o tempo em que o **anistiado político** esteve compelido ao afastamento de suas atividades profissionais, em decorrência de punição ou de fundada ameaça de punição, por motivo exclusivamente político, situação que será comprovada nos termos do disposto na Lei nº 10.559, de 13 de novembro de 2002;

III – o **tempo de serviço público federal, estadual, distrital ou municipal**, inclusive aquele prestado a autarquia, sociedade de economia mista ou fundação instituída pelo Poder Público, regularmente certificado na forma prevista na Lei nº 3.841, de 15 de dezembro de 1960, desde que a certidão tenha sido requerida na entidade para a qual o serviço tenha sido prestado até 30 de setembro de 1975, data imediatamente anterior ao início da vigência da Lei nº 6.226, de 14 de junho de 1975;

IV – o tempo de serviço do segurado trabalhador rural anterior à competência novembro de 1991;

V – o tempo de exercício de mandato classista junto a órgão de deliberação coletiva em que, nessa qualidade, tenha havido contribuição para a previdência social;

VI – o tempo de serviço prestado à Justiça dos Estados, às serventias extrajudiciais e às escrivanias judiciais, desde que não tenha havido remuneração pelo erário e que a atividade não estivesse, à época, vinculada a regime próprio de previdência social;

VII – o tempo de atividade dos auxiliares locais de nacionalidade brasileira no exterior amparados pela Lei nº 8.745, de 9 de dezembro de 1993, anteriormente a 1º de janeiro de 1994, desde que a sua situação previdenciária esteja regularizada no INSS;

VIII – o tempo de contribuição efetuado pelo servidor público de que tratam as alíneas "i", "j" e "l" do inciso I do **caput** do art. 9º e o § 2º do art. 26, com fundamento do disposto nos art. 8º e art. 9º da Lei nº 8.162, de 8 de janeiro de 1991, e no art. 2º da Lei nº 8.688, de 21 de julho de 1993; e

IX – o tempo exercido na condição de aluno-aprendiz referente ao período de aprendizado profissional realizado em escola técnica, desde que comprovados a remuneração pelo erário, mesmo que indireta, e o vínculo empregatício.

Parágrafo único. O tempo de contribuição de que trata este artigo será considerado para fins de cálculo do valor da renda mensal de qualquer benefício."

Trata-se na verdade de uma reorganização do tema, pois somente a lei pode regular o tema de modo a criar direitos e obrigações.

IMPORTANTE:

Em sede de Repercussão Geral, em 4 de agosto de 2020, no RE 576.967, **o STF declarou inconstitucional a incidência de contribuição previdenciária sobre o salário-maternidade**, não tendo havido modulação da eficácia da pronúncia de inconstitucionalidade, sendo possível a apresentação de embargos de declaração pela União.

Restou fixada a seguinte tese: **"É inconstitucional a incidência da contribuição previdenciária a cargo do empregador sobre o salário-maternidade":**

"69. Diante do exposto, considerando os argumentos formal e material, dou provimento ao recurso extraordinário, para declarar, incidentalmente, a **inconstitucionalidade da incidência de contribuição previdenciária sobre o salário maternidade, prevista no art. 28, § 2º, da Lei nº 8.212/91, e a parte final do seu § 9º, alínea a**, em que se lê " salvo o salário-maternidade" , e proponho a fixação da seguinte tese: " É inconstitucional a incidência da contribuição previdenciária a cargo do empregador sobre o salário maternidade".

A tese de aplica tanto à parte da empresa quanto à parte do segurado, conforme se depreende do voto vencedor acima transcrito, em que pese o fechamento tenha sido restritivo.

De fato, desde que passou a ser benefício previdenciário desde a Lei 6.136/74, não havia sentido em apenas o salário-maternidade sofrer a incidência da contribuição previdenciária em detrimento dos demais benefícios previdenciários.

Aduziu ainda o Ministro Relator, Roberto Barroso, que haveria discriminação contra as mulheres e que seria necessária uma lei complementar para criar esta contribuição, não prevista no artigo 195 da Constituição Federal, se constituindo em nova fonte de custeio para a seguridade social.

Com isso, observada a prescrição quinquenal, é pertinente o pedido de restituição da contribuição pelos segurados e empresas a partir de agora e a busca por tutela judicial que impeça os descontos perante a União.

Entrementes, por certo, o(a) segurado(a) que optar pelo pedido de restituição da contribuição previdenciária incidente sobre o salário-maternidade não terá o período considerado para fins previdenciários, por ausência voluntária de contributividade.

É necessário aguardar o posicionamento da União e, em seguida, do INSS, mas por certo a decisão do STF será internalizada pelo Poder Executivo da União.

Para o segurado seria uma via de mão dupla, pois não havendo incidência de contribuição previdenciária o salário-maternidade não deveria ser considerado para fins previdenciários, pois passa a não mais compor o salário de contribuição.

No entanto, o STF determinou a consideração do salário-maternidade para fins previdenciários mesmo sem a incidência de contribuição previdenciária:

"66. Afirmo, ainda, que o tempo de afastamento da mulher no período da licença maternidade não pode ser deduzido da co**ntagem do seu tempo de serviço para fins de cômputo para a aposentadoria**.

Essa observação, mais que pertinente, serve para, de fato, efetivar o princípio da isonomia sobre o qual fundamento o presente voto. Ressalta-se que se trata de benefício previdenciário e, assim, o período de afastamento em que se recebe o benefício deve ser computado como tempo de serviço, do mesmo modo como ocorre no auxílio doença acidentário (art. 29, § 5º, da Lei nº 8.213/91). Uma eventual dedução dos períodos de afastamento por licença maternidade, além de atingir frontalmente o núcleo do direito fundamental aqui debatido, de modo a, mais uma vez, colocar a mulher em situação de desvantagem por questões estritamente biológicas, consistiria em verdadeira intervenção inadequada do Estado na autonomia da vontade da mulher e na unidade familiar, sendo certo que serviria como desestímulo à opção pela gestação, posto que, a cada gravidez, a profissional teria que permanecer quatro meses a mais no mercado de trabalho para alcançar a aposentadoria".

IMPORTANTE:

Não obstante isto, note-se que o ato presidencial manteve a posição anterior em não considerar o gozo de benefício por incapacidade para fins de período de carência, mas apenas como tempo de contribuição.

Outrossim, a ilegalidade regulamentar que afrontava o artigo 55, inciso II, da Lei 8.213/91 foi corrigida, **sendo exigido desde 1/7/2020 que mesmo o benefício por incapacidade por acidente de trabalho seja intercalado por contribuições para ser considerado como tempo de contribuição**.

Evidente que a nova regulamentação não poderá ter efeitos retroativos, devendo ser aplicada à percepção de benefícios por incapacidade a contar de 1º de julho de 2020, de modo que **os benefícios acidentários cessados até 30/06/2020 não precisarão ser intercalados para serem computados como tempo de contribuição.**

Aliás, mesmo com a EC 103/2019 reforçando a vedação ao tempo de contribuição ficto, o novo Regulamento optou por conservar o cômputo dos benefícios por incapacidade como tempo de contribuição, embora não haja o recolhimento real ou presumido de contribuição previdenciária, haja vista não comporem o salário de contribuição, o que indica que a regra constitucional continuará sendo retórica.

Vale registrar que **a regra do artigo 55, II, da Lei 8213/91 não atinge ao auxílio-acidente**, que é benefício indenizatório e que **não deverá ser considerado como tempo de contribuição.** Nesse sentido, o STJ:

Processo

REsp 1247971 / PR

RECURSO ESPECIAL

2011/0079656-3

Relator(a)

Ministro NEWTON TRISOTTO (DESEMBARGADOR CONVOCADO DO TJ/SC) (8350)

Órgão Julgador

T5 – QUINTA TURMA

Data do Julgamento

28/04/2015

Data da Publicação/Fonte

DJe 15/05/2015

Ementa

PREVIDENCIÁRIO. AUXÍLIO-SUPLEMENTAR. CÔMPUTO DO TEMPO CORRESPONDENTE PARA EFEITO DE APOSENTADORIA. IMPOSSIBILIDADE. BENEFÍCIO QUE INTEGRA, MAS NÃO SUBSTITUI, O SALÁRIO-DE-CONTRIBUIÇÃO. SEGURADO QUE NÃO CONTRIBUIU PARA A PREVIDÊNCIA SOCIAL NO PERÍODO QUE PRETENDE COMPUTAR. RECURSO ESPECIAL DESPROVIDO.

1. Por força do disposto no art. 55 da Lei n. 8.213/1991, no cálculo da aposentadoria por tempo de serviço, "é possível considerar o período em que o segurado esteve no gozo de benefício por incapacidade (auxílio-doença ou aposentadoria por invalidez) para fins de carência, desde que intercalados com períodos contributivos" (AgRg no REsp 1.271.928/RS, Rel. Ministro Rogerio Schietti Cruz, Sexta Turma, julgado em 16/10/2014; REsp 1.334.467/RS, Rel. Ministro Castro Meira, Segunda Turma, julgado em 28/05/2013; AgRg no Ag 1.103.831/MG, Rel. Ministro Marco Aurélio Bellizze, Quinta Turma, julgado em 03/12/2013). **Nos termos do art. 31 da Lei n. 8.213/1991, o valor mensal do auxílio-acidente – e, por extensão, o valor do auxílio-suplementar, que foi absorvido por aquele (AgRg no REsp 1.347.167/RS, Rel. Ministro Ari Pargendler, Primeira Turma, julgado em 18/12/2012; AgRg no REsp 1.098.099/SP, Rel. Ministro Marco Aurélio Bellizze, Quinta Turma, julgado em 27/11/2012; AgRg no AREsp 116.980/SP, Rel. Ministro Mauro Campbell Marques, Segunda Turma, julgado em 03/05/2012) – "integra o salário-de-contribuição" tão somente "para fins de cálculo do salário-de-benefício de qualquer aposentadoria".**

E "serão considerados para cálculo do salário-de-benefício os ganhos habituais do segurado empregado, a qualquer título, sob forma de moeda corrente ou de utilidades, sobre os quais tenha incidido contribuições previdenciárias, exceto o décimo-terceiro salário (gratificação natalina)" (art. 29, § 3º). De acordo com o art. 214 do Decreto n. 3.048/1999, não integram o salário-de-contribuição (§ 9º) os "benefícios da previdência social, nos termos e limites legais, ressalvado o disposto no § 2º" (inc. I), ressalva relacionada com o salário-maternidade. **À luz desses preceptivos legais, é forçoso concluir que não pode ser computado como tempo de serviço para fins de qualquer aposentadoria o período em que o segurado percebeu apenas o auxílio-suplementar – salvo se no período contribuiu para a previdência social.**

2. Recurso especial desprovido.

IMPORTANTE:

Uma mudança evidente foi o modo de cômputo do tempo de contribuição após a EC 103/2019, que não mais será computado de data a data, e sim por competência mensal, tal qual o período de carência, desde que o valor mensal da remuneração percebida atinja o piso legal ou convencional da categoria ou, se inexistente, ao salário mínimo nacional.

Dessa forma, eis a nova fórmula de computo do tempo de contribuição:

Até 13/11/2019	Sempre em dias
A partir de 14/11/2019	Por competência, se o valor mensal do salário de contribuição atingiu ao mínimo mensal

Suponha-se que um segurado empregado com salário mensal de R$ 4.500,00 tenha laborado apenas 10 dias no mês de junho de 2020, tendo faltas injustificadas nos demais dias.

Nessa situação, embora possua apenas 10 dias laborados, todos os 30 dias do mês de junho/2020 serão considerados como tempo de contribuição, pois a sua remuneração mensal *pro rata* foi de R$ 1.500,00 equivalentes a 10 dias de laborar, atingindo ao piso do salário de contribuição.

Logo, o segurado terá um extra de 20 dias de tempo de contribuição, sendo um **caso clássico de tempo de contribuição ficto** criado pelo Decreto 10.410/2020, em clara **inconstitucionalidade chapada.**

IMPORTANTE:

Em decorrência do artigo 29[19] **da EC 103/2019, a partir da competência 11/2019, o segurado empregado, trabalhador avulso e empregado doméstico** que receber remuneração inferior ao limite mínimo mensal do salário de contribuição, somente terá o período considerado para fins previdenciários se efetuar os ajustes de complementação, utilização e agrupamento de contribuições, nos termos do Decreto 10.410/2020, que regulamentou o artigo 29 da Emenda 103/2019, nos termos do § 1º do artigo 19-E e o § 27-A do artigo 216, ambos do Regulamento da Previdência Social.

De efeito, nos termos do artigo 19-E do RPS, introduzido pelo Decreto 10.410/2020, a partir de 13 de novembro de 2019, para fins de aquisição e manutenção da qualidade de segurado, de carência, de tempo de contribuição e de cálculo do salário de benefício exigidos para o reconhecimento do direito aos benefícios do RGPS e para fins de contagem recíproca, somente serão consideradas as competências cujo salário de contribuição seja igual ou superior ao limite mínimo mensal do salário de contribuição.

Nesse sentido, a contar da competência 11/2019, ao segurado que, no somatório de remunerações auferidas no período de um mês, receber remuneração inferior ao limite mínimo mensal do salário de contribuição será assegurado:

> I – complementar a contribuição das competências, de forma a alcançar o limite mínimo do salário de contribuição exigido **(COMPLEMENTAÇÃO);**
>
> II – utilizar o excedente do salário de contribuição superior ao limite mínimo de uma competência para completar o salário de contribuição de outra competência até atingir o limite mínimo **(EXCEDENTE TRANSFERÍVEL**); ou
>
> III – agrupar os salários de contribuição inferiores ao limite mínimo de diferentes competências para aproveitamento em uma ou mais competências até que estas atinjam o limite mínimo **(AGRUPAMENTO)**.

Os ajustes de complementação, excedente transferível e agrupamento poderão ser efetivados, a qualquer tempo, por iniciativa do segurado, hipótese em que se tornarão **irreversíveis e irrenunciáveis após processados.**

19. Art. 29. Até que entre em vigor lei que disponha sobre o § 14 do art. 195 da Constituição Federal, o segurado que, no somatório de remunerações auferidas no período de 1 (um) mês, receber remuneração inferior ao limite mínimo mensal do salário de contribuição poderá:

    I – complementar a sua contribuição, de forma a alcançar o limite mínimo exigido;

    II – utilizar o valor da contribuição que exceder o limite mínimo de contribuição de uma competência em outra; ou

    III – agrupar contribuições inferiores ao limite mínimo de diferentes competências, para aproveitamento em contribuições mínimas mensais.

    Parágrafo único. Os ajustes de complementação ou agrupamento de contribuições previstos nos incisos I, II e III do caput somente poderão ser feitos ao longo do mesmo ano civil.

A complementação citada poderá ser recolhida até o dia quinze do mês subsequente ao da prestação do serviço e, a partir dessa data, com os acréscimos de juros e multa previstos no artigo 35[20] da Lei nº 8.212, de 1991.

Os ajustes para o excedente transferível e o agrupamento de contribuições serão efetuados na forma indicada ou autorizada pelo segurado, **desde que utilizadas as competências do mesmo ano** civil, assim considerado o período de doze meses contados de 1º de janeiro a 31 de dezembro do respectivo ano.

A efetivação do agrupamento não impede o recolhimento da contribuição referente à competência que tenha o salário de contribuição transferido, em todo ou em parte, para agrupamento com outra competência a fim de atingir o limite mínimo mensal do salário de contribuição.

Para complementação ou recolhimento da competência que tenha o salário de contribuição transferido, em todo ou em parte será observado o prazo de até o dia quinze do mês subsequente ao da prestação do serviço e, a partir dessa data, com os acréscimos previstos no art. 35 da Lei nº 8.212, de 1991.

Para fins de pensão por morte, na hipótese de falecimento do segurado, os ajustes citados poderão ser solicitados por seus dependentes para fins de reconhecimento de direito para benefício a eles devidos até o dia quinze do mês de janeiro subsequente ao do ano civil correspondente.

Dessa forma, o Decreto 10.410/2020 permitiu a **complementação de contribuição após a morte**, desde que seja feita pelo dependente até o dia 15 de janeiro do ano seguinte.

Veja-se, nesse sentido, o § 7º do artigo 19-E do Regulamento:

> "§ 7º Na hipótese de **falecimento do segurado**, os ajustes previstos no § 1º poderão ser solicitados por seus dependentes para fins de reconhecimento de direito para benefício a eles devidos **até o dia quinze do mês de janeiro subsequente ao do ano civil correspondente**, observado o disposto no § 4º. (Incluído pelo Decreto nº 10.410, de 2020)"

Suponha-se que um segurado faleceu em setembro de 2020 e que possua salário de contribuição referente à competência abril de 2020 no valor de R$ 500,00, pois se tratou de contrato de emprego intermitente.

Suponha-se, ainda, que essa competência abril é necessária para a manutenção da qualidade de segurado na data do óbito. Nesta situação, o dependente poderá complementar a competência abril de 2020 até 15/01/2021 para fins de concessão da pensão por morte.

Curioso notar que para os demais benefícios não programados, a exemplo da aposentadoria por incapacidade permanente e do auxílio por incapacidade temporária, o Decreto 10.410/2020 parece permitir o pagamento do complemento após a ocorrência do risco social, pois prevê que o recolhimento da complementação deverá ser efetuado pelo próprio segurado até o dia quinze do mês seguinte ao da competência de referência e, após essa data, com incidência dos acréscimos legais de que tratam os art. 238 e art. 239 (juros e multa).

Por sua vez, eis o dispositivo do artigo 216 do RPS:

---

20. Art. 35. Os débitos com a União decorrentes das contribuições sociais previstas nas alíneas a, b e c do parágrafo único do art. 11 desta Lei, das contribuições instituídas a título de substituição e das contribuições devidas a terceiros, assim entendidas outras entidades e fundos, não pagos nos prazos previstos em legislação, serão acrescidos de multa de mora e juros de mora, nos termos do art. 61 da Lei nº 9.430, de 27 de dezembro de 1996. (Redação dada pela Lei nº 11.941, de 2009).

"§ 27-A. O segurado que, no somatório de remunerações auferidas no período de um mês, receber remuneração inferior ao limite mínimo mensal do salário de contribuição poderá solicitar o ajuste das competências pertencentes ao mesmo ano civil, na forma por ele indicada, ou autorizar que os ajustes sejam feitos automaticamente, para que o limite mínimo mensal do salário de contribuição seja alcançado, por meio da opção por:

I – complementar a sua contribuição, observado que:

a) o recolhimento da complementação deverá ser efetuado pelo próprio segurado até o dia quinze do mês seguinte ao da competência de referência e, após essa data, com incidência dos acréscimos legais de que tratam os art. 238 e art. 239;

b) para o empregado, o empregado doméstico e o trabalhador avulso, a complementação será efetuada por meio da aplicação da alíquota de sete inteiros e cinco décimos por cento, inclusive para o mês em que exista contribuição concomitante na condição de contribuinte individual; e

c) para o contribuinte individual que preste serviço a empresa, de que trata o § 26, e que contribua exclusivamente nessa condição, a complementação será efetuada por meio da aplicação da alíquota de vinte por cento;

II – utilizar o valor da contribuição que exceder o limite mínimo de uma competência em outra, observado que:

a) para efeito de utilização da contribuição, serão considerados os salários de contribuição apurados por categoria, consolidados na competência de origem;

b) o salário de contribuição poderá ser utilizado para complementar uma ou mais competências com valor inferior ao limite mínimo, mesmo que em categoria distinta;

c) poderão ser utilizados valores excedentes ao limite mínimo do salário de contribuição de mais de uma competência para compor o salário de contribuição de apenas uma competência; e

d) utilizado o valor excedente, caso o salário de contribuição da competência favorecida ainda permaneça inferior ao limite mínimo, esse valor poderá ser complementado nos termos do disposto no inciso I; ou

III – agrupar contribuições inferiores ao limite mínimo de diferentes competências, para aproveitamento em contribuições mínimas mensais, observado que:

a) as competências que não atingirem o valor mínimo do salário de contribuição poderão ser agrupadas desde que o resultado do agrupamento não ultrapasse o valor mínimo do salário de contribuição;

b) na hipótese de o resultado do agrupamento ser inferior ao limite mínimo do salário de contribuição, o segurado poderá complementar na forma prevista no inciso I ou utilizar valores excedentes na forma prevista no inciso II; e

c) as competências em que tenha havido exercício de atividade e tenham sido zeradas em decorrência do agrupamento poderão ser objeto de recolhimento pelo segurado, respeitado o limite mínimo".

Registre-se que para o contribuinte individual e o segurado facultativo, mesmo antes da EC 103/2019, o valor nominal do salário de contribuição não poderia ser inferior a um salário mínimo e que já existia o instituto da complementação.

Nesse sentido, o artigo 5º da Lei 10.66/2003:

"Art. 5º O contribuinte individual a que se refere o art. 4º **é obrigado a complementar**, diretamente, a contribuição até o valor mínimo mensal do salário-de-contribuição, quando as remunerações recebidas no mês, por serviços prestados a pessoas jurídicas, forem inferiores a este".

Mas note-se que **de obrigatória a complementação passa a ser facultativa** com o advento do artigo 29 da EC 103/2019, pois ninguém pode ser compelido a recolher contribuição sobre salário de contribuição que não auferiu remuneração por labor, sob pena de confisco e violação ao Princípio da Capacidade Contributiva.

No entanto, se não o fizer, a competência não terá efeitos previdenciários para todos os segurados desde 13/11/2019, sendo que já não o tinha para contribuintes individuais e segurados facultativos antes da Reforma Constitucional de 2019.

De acordo com o artigo 55, II, da Lei 8.213/91, será considerado como tempo de serviço o tempo intercalado em que o segurado esteve em gozo de auxílio-doença ou de aposentadoria por incapacidade permanente, razão pela qual o período de percepção de benefício previdenciário por incapacidade apenas será considerado como tempo de contribuição se intercalado como períodos contributivos.

Nesse sentido, a Súmula 73, da TNU:

> **Súmula 73– "O tempo de gozo de auxílio-doença ou de aposentadoria por invalidez não decorrentes de acidente de trabalho só pode ser computado como tempo de contribuição ou para fins de carência quando intercalado entre períodos nos quais houve recolhimento de contribuições para a previdência social".**

De efeito, de acordo com o artigo 166 da Instrução Normativa INSS 77/2015 **não serão computados como tempo de contribuição, para fins de benefícios no RGPS**, os períodos:

> I – correspondentes ao emprego ou a atividade não vinculada ao RGPS;
>
> II – em que o segurado era amparado por RPPS, exceto se certificado regularmente por CTC nos termos da contagem recíproca;
>
> **III – de parcelamento de contribuições em atraso ou de retroação de DIC do Contribuinte individual até que haja liquidação declarada pela RFB;**
>
> IV – que tenham sido considerados para a concessão de outra aposentadoria pelo RGPS ou qualquer outro regime de previdência social, independente de emissão de CTC;
>
> V – exercidos com idade inferior a prevista na Constituição Federal, salvo as exceções previstos em lei e observado o § 1º do art. 7º;
>
> VI – de contagem em dobro das licenças prêmio não gozadas do servidor público optante pelo regime da CLT e os de servidor de instituição federal de ensino, na forma prevista no Decreto nº 94.664, de 23 de julho de 1987;
>
> VII – do bolsista e do estagiário que prestam serviços à empresa, de acordo com a Lei nº 11.788, de 25 de setembro de 2008, exceto se houver recolhimento à época na condição de facultativo;
>
> VIII – exercidos a título de colaboração por monitores ou alfabetizadores recrutados pelas comissões municipais da Fundação Movimento Brasileiro de Alfabetização – MOBRAL, para desempenho de atividade de caráter não econômico e eventual, por não acarretar qualquer ônus de natureza trabalhista ou previdenciária, conforme estabelecido no Decreto nº 74.562, de 16 de setembro de 1974, ainda que objeto de CTC;
>
> IX – os períodos de aprendizado profissional realizados a partir de 16 de dezembro de 1998, data da publicação da Emenda Constitucional nº 20, de 1998, na condição de aluno aprendiz nas escolas técnicas, previstos no art. 76; e
>
> X – para efeito de concessão de aposentadoria por tempo de contribuição e CTC:

a) o período em que o segurado contribuinte individual e facultativo tiver contribuído com base na alíquota reduzida de 5% (cinco por cento) ou 11% (onze por cento) na forma do § 2º do art. 21 da Lei nº 8.212, de 24 de julho de 1991, salvo se efetuar a complementação das contribuições para o percentual de 20% (vinte por cento), conforme § 3º do respectivo artigo; e

b) de recebimento do salário-maternidade da contribuinte individual, facultativa e as em prazo de manutenção da qualidade de segurado dessas categorias, concedido em decorrência das contribuições efetuadas com base na alíquota reduzida de 5% (cinco por cento) ou 11% (onze por cento) na forma do § 2º do art. 21 da Lei nº 8.212, de 24 de julho de 1991, salvo se efetuar a complementação das contribuições para o percentual de 20% (vinte por cento), conforme § 3º do respectivo artigo.

XI – de aviso prévio indenizado.

O INSS não considera como tempo de contribuição o período de gozo do aviso prévio indenizado[21], embora a RFB determine indevidamente a incidência de contribuição previdenciária sobre o mesmo[22], conquanto se trate de verba de cunho indenizatório, sendo uma gigantesca incongruência interna da Administração Pública Federal.

Se há efetivação contribuição previdenciária vertida sobre o aviso prévio indenizado, é evidente que deverá ser considerado como tempo de contribuição, devendo o entendimento da autarquia previdenciária se restringir aos casos em que inexista recolhimento da contribuição, a exemplo de liberação por ordem judicial.

Por sua vez, é necessário honrar o parcelamento para que o período seja considerado para fins previdenciários. Acertadamente, o posicionamento do INSS é seguido pelo STJ:

> **STJ:** "PREVIDENCIÁRIO. AGRAVO REGIMENTAL NO RECURSO ESPECIAL. APOSENTADORIA POR TEMPO DE SERVIÇO. CONDIÇÕES. IMPLEMENTAÇÃO. CONTRIBUINTE INDIVIDUAL. CONTRIBUIÇÕES. RECOLHIMENTO. NECESSIDADE. 1. O reconhecimento do labor desenvolvido como contribuinte individual depende do recolhimento das contribuições correspondentes. 2. Quanto ao lapso temporal, este será computado para fins de concessão de benefício previdenciário desde que efetuado o pagamento da respectiva indenização. 3. **O parcelamento do débito não tem o condão de suprir a necessidade de implementação dos requisitos necessários ao deferimento do benefício de aposentadoria, o que ocorrerá com a devida quitação da dívida.** 4. Agravo regimental a que se nega provimento" (AgRg no REsp 1233270/PR, Rel. Ministro OG FERNANDES, SEXTA TURMA, julgado em 18/04/2013, DJe 29/04/2013).

STJ

1. Ação civil pública que tem como objetivo obrigar o INSS a computar, como período de carência, o tempo em que os segurados estão no gozo de benefício por incapacidade (auxílio-doença ou aposentadoria por invalidez). 2. É possível considerar o período em que o segurado esteve no gozo de benefício por incapacidade (auxílio-doença ou aposentadoria por invalidez) para fins de carência, desde que intercalados com períodos contributivos. 3. Se o período em que o segurado esteve no gozo de benefício por incapacidade é excepcionalmente considerado como tempo ficto de contribuição, não se justifica interpretar a norma de maneira distinta para fins de carência, desde que intercalado com atividade laborativa (AgRg no REsp 1271928, de 16/10/2014).

21. Artigo 166, XI, da IN INSS 77/2015, alterada pela IN 85/2016.
22. Solução de Consulta nº 126 – Cosit, de 28 de maio de 2014.

De acordo com o artigo 55, II, da Lei 8.213/91, será considerado como tempo de serviço o tempo intercalado em que o segurado esteve em gozo de auxílio-doença ou de aposentadoria por incapacidade permanente, razão pela qual o período de percepção de benefício previdenciário por incapacidade apenas será considerado se intercalado por períodos contributivos.

Vale registrar, como de costume, que a lei do tempo deve reger o ato jurídico. Desse modo, as regras insertas no artigo 55 da Lei 8.213/91 devem lastrear o enquadramento do tempo de contribuição prestado sob a sua vigência, não possuindo efeitos retroativos.

IMPORTANTE!

A comprovação do tempo de serviço ou de contribuição, inclusive mediante justificação administrativa ou judicial, só produzirá efeito quando baseada em início de prova material, não sendo admitida prova exclusivamente testemunhal, salvo na ocorrência de motivo de força maior ou caso fortuito, conforme previsão do artigo 55, § 3º, da Lei 8.213/91.

Embora já se entendesse que a prova material precisava ser contemporânea ao período probando, a **Lei 13.846/19** inseriu a expressão em negrito: "§ 3º A comprovação do tempo de serviço para fins do disposto nesta Lei, inclusive mediante justificativa administrativa ou judicial, observado o disposto no art. 108, só produzirá efeito quando for baseada em início de prova material **contemporânea dos fatos**, não admitida a prova exclusivamente testemunhal, exceto na ocorrência de motivo de força maior ou caso fortuito, na forma prevista no Regulamento".

STF

"A teor do disposto no § 3º do artigo 55 da Lei nº 8.213/91, o tempo de serviço há de ser revelado mediante início de prova documental, não sendo admitida, exceto ante motivo de força maior ou caso fortuito, a exclusivamente testemunhal. Decisão em tal sentido não vulnera os preceitos dos artigos 5º, incisos LV e LVI, 6º e 7º, inciso XXIV, da Constituição Federal" (RE 226.588, de 15.08.2000).

Caracteriza *motivo de força maior ou caso fortuito* a verificação de ocorrência notória, tais como incêndio, inundação ou desmoronamento, que tenha atingido a empresa na qual o segurado alegue ter trabalhado, devendo ser comprovada mediante registro da ocorrência policial feito em época própria ou apresentação de documentos contemporâneos dos fatos, e verificada a correlação entre a atividade da empresa e a profissão do segurado, na forma do artigo 143, § 2º, do RPS.

Vale ressaltar que a jurisprudência tradicional do STF valida essa tarifação de prova, a exemplo do julgamento do RE 226.588, de 15.08.2000:

> "APOSENTADORIA – TEMPO DE SERVIÇO – PROVA EXCLUSIVAMENTE TESTEMUNHAL – INADMISSIBILIDADE COMO REGRA. **A teor do disposto no § 3º do artigo 55 da Lei nº 8.213/91, o tempo de serviço há de ser revelado mediante início de prova documental, não sendo admitida, exceto ante motivo de força maior ou caso fortuito, a exclusivamente testemunhal. Decisão em tal sentido não vulnera os preceitos dos artigos 5º, incisos LV e LVI, 6º e 7º, inciso XXIV, da Constituição Federal".**

Nos termos do Boletim 41, a TNU "decidiu afetar o tema como representativo da controvérsia, com a seguinte questão controvertida: Saber se a anotação de vínculo empregatício realizada extemporaneamente em CTPS tem a serventia de início de prova material para fins previdenciários (art. 55, § 3º, da Lei 8.213/91) ou se depende de outros elementos materiais de prova a corroborá-la" (REPRESENTATIVO DE CONTROVÉRSIA – AFETAÇÃO TEMA N. 240 – PUIL n. 0500540-27.2017.4.05.8307/PE).

STJ

Frise-se que, de acordo com a **Súmula 242,** "cabe ação declaratória para reconhecimento de tempo de serviço para fins previdenciários".

É possível a comprovação do tempo de serviço ou de contribuição do segurado empregado com a apresentação da Carteira de Trabalho assinada na época do vínculo e sem rasuras, pois a prova documental precisa ser contemporânea.

Entretanto, o registro na CTPS não gera presunção absoluta de veracidade do registro, mas sim relativa, podendo ser desconstituída pela Previdência Social na hipótese de erro de preenchimento, fraude ou anotação extemporânea.

TST

Sobre o tema, pontifica a **Súmula 12, do TST**, que "as anotações apostas pelo empregador na Carteira Profissional do empregado não geram presunção ***jure et de jure***, mas apenas ***juris tantum".***

STF

Outrossim, diz a *Súmula 225, do STF*, que "não é absoluto o valor probatório das anotações da carteira profissional".

TNU

Súmula 75 – "A Carteira de Trabalho e Previdência Social (CTPS) em relação à qual não se aponta defeito formal que lhe comprometa a fidedignidade goza de presunção relativa de veracidade, formando prova suficiente de tempo de serviço para fins previdenciários, ainda que a anotação de vínculo de emprego não conste no Cadastro Nacional de Informações Sociais (CNIS)".

No entanto, no caso de vínculos anotados na CTPS e não registrados no CNIS, é necessário se promover uma investigação, podendo ter se verificado uma das seguintes hipóteses:

A) Trata-se de vínculo antigo anterior à criação do CNIS, razão pela qual não está registrado;

B) A empresa não inscreveu o segurado como seu trabalhador, normalmente com o objetivo de sonegar o recolhimento das contribuições previdenciárias;

C) O registro na CTPS é fraudulento e deve ser rejeitado.

O tema será apreciado pela TNU (tema 240):

Tema	**240**	**Situação do tema**	Em Julgamento – eproc	**Ramo do direito**	DIREITO PREVIDENCIÁRIO
Questão submetida a julgamento		Saber se a anotação de vínculo empregatício realizada extemporaneamente em CTPS tem a serventia de início de prova material para fins previdenciários (art. 55, § 3º, da Lei 8.213/91) ou se depende de outros elementos materiais de prova a corroborá-la.			
Tese firmada		-			
Processo	**Decisão de afetação**	**Relator (a)**	**Julgado em**	**Acórdão publicado em**	**Trânsito em julgado**
PEDILEF 0500540-27.2017.4.05.8307/PE	06/11/2019	Juiz Federal Gabriel Brum Teixeira			

Por sua vez, com acerto, a TNU (tema 199) **não admite a declaração extemporânea do ex-empregador** como prova material contemporânea na prova do vínculo de emprego:

Tema	199	Situação do tema	Julgado	Ramo do direito	DIREITO PREVIDENCIÁRIO
Questão submetida a julgamento		Saber se a declaração extemporânea do ex-empregador pode ser tida como início de prova material para fins de contagem de tempo de serviço.			
Tese firmada		**A declaração extemporânea de ex-empregador não é documento hábil à formação do início de prova material necessário à comprovação de atividade laboral em determinado período.**			
Processo	Decisão de afetação	Relator (a)	Julgado em	Acórdão publicado em	Trânsito em julgado
PEDILEF 0503955-40.2011.4.05.8400/RN	-	Juiz Federal João Batista Lazzari	07/05/2014	23/05/2014	16/07/2014

Nos termos do artigo 19 da **Emenda 103/2019**, para os **professores do ensino básico** que possuam tempo de contribuição exclusivo nesta condição, deve ser observado o seguinte regramento:

a) **HOMENS: 60 anos de idade e tempo mínimo de contribuição de 25 anos como professor do ensino básico;**

b) **MULHERES: 57 anos de idade e tempo mínimo de contribuição de 25 anos como professora do ensino básico.**

Também serão beneficiados os professores do ensino infantil, fundamental e médio que estejam exercendo atividades de **direção de unidade escolar, coordenação e assessoramento pedagógico**, a teor do artigo 1º, da Lei 11.301/2006.

Contra a Lei 11.301/2006 foi proposta a **ADI 3.772** pelo Procurador-Geral da República, sob o argumento de violação ao artigo 201, § 8º, da Constituição Federal. Por sua vez, em 29.10.2008, o STF declarou a validade da referida norma, mas determinou a sua interpretação conforme a Constituição:

> "I – A função de magistério não se circunscreve apenas ao trabalho em sala de aula, abrangendo também a preparação de aulas, a correção de provas, o atendimento aos pais e alunos, a coordenação e o assessoramento pedagógico e, ainda, a direção de unidade escolar. **II – As funções de direção, coordenação e assessoramento pedagógico integram a carreira do magistério, desde que exercidos, em estabelecimentos de ensino básico, por professores de carreira, excluídos os especialistas em educação**, fazendo jus aqueles que as desempenham ao regime especial de aposentadoria estabelecido nos arts. 40, § 5º, e 201, § 8º, da Constituição Federal. III – Ação direta julgada parcialmente procedente, com interpretação conforme, nos termos supra" (g.n.)

Logo, para as atividades de direção de unidade escolar, coordenação e assessoramento pedagógico desenvolvidas por professor de carreira não têm mais aplicabilidade a **Súmula 726, do STF:**

> "Súmula 726 – Para efeito de aposentadoria especial de professores, não se computa o tempo de serviço prestado fora da sala de aula".

Registre-se que **o STF excluiu os especialistas em educação do direito à redução**, pois não se tratam de professores, pois não habilitados a ministrar aulas, sendo uma espécie de carreira de apoio ao magistério ou mesmo gestores da atuação dos professore caracterizando-se como profissionais de educação para administração, planejamento, inspeção, supervisão e orientação para a educação básica.

Posteriormente, o STF fixou a tese no tema 965 em 27/9/2017:

> **"REPERCUSSÃO GERAL NO RECURSO EXTRAORDINÁRIO 1.039.644** SANTA CATARINA RELATOR: MIN. ALEXANDRE DE MORAES RECTE.(S):MAGALI RUTE DOS SANTOS ADV.(A/S):FELIPE ROEDER DA SILVA ADV.(A/S):JOSE SERGIO DA SILVA CRISTOVAM RECDO.(A/S):ESTADO DE SANTA CATARINA PROC.(A/S)(ES):PROCURADOR-GERAL DO ESTADO DE SANTA CATARINA RECDO.(A/S):INSTITUTO DE PREVIDÊNCIA DO ESTADO DE SANTA CATARINA – IPREV ADV.(A/S):MELISSA AGUIAR BATTISTI PORTO EMENTA: CONSTITUCIONAL E ADMINISTRATIVO. RECURSO EXTRAORDINÁRIO. APOSENTADORIA ESPECIAL DOS PROFESSORES (CONSTITUIÇÃO, ART. 40, § 5 º). CONTAGEM DE TEMPO EXERCIDO DENTRO DA ESCOLA, MAS FORA DA SALA DE AULA.
>
> 1. Revela especial relevância, na forma do art. 102, § 3º, da Constituição, a questão acerca do cômputo do tempo de serviço prestado por professor na escola em funções diversas da docência para fins de concessão da aposentadoria especial prevista no art. 40, § 5º, da Constituição.
>
> **2. Reafirma-se a jurisprudência dominante desta Corte nos termos da seguinte tese de repercussão geral: Para a concessão da aposentadoria especial de que trata o art. 40, § 5º, da Constituição, conta-se o tempo de efetivo exercício, pelo professor, da docência e das atividades de direção de unidade escolar e de coordenação e assessoramento pedagógico, desde que em estabelecimentos de educação infantil ou de ensino fundamental e médio.**
>
> 3. Repercussão geral da matéria reconhecida, nos termos do art. 1.035 do CPC. Jurisprudência do SUPREMO TRIBUNAL FEDERAL reafirmada, nos termos do art. 323-A do Regimento Interno".

O caso concreto julgado pelo STF **afastou do cômputo diferenciado** para a aposentadoria de professor período em que o autor do processo exerceu a sua atividade na **secretaria da escola**:

> *"Portanto, inteiramente acertado o acórdão recorrido* ***ao não considerar****, para fins da aposentadoria especial de que trata o art. 40, § 5º, da CF/88,* ***o tempo de exercício da parte autora na função de "responsável por Secretaria de Escola"****. Com efeito, as atividades arroladas nos Anexos II e III da Determinação de Providência 001/2012, da Procuradoria-Geral do Estado de Santa Catarina,* ***não se abrigam no conceito de magistério****. Apenas o tempo de exercício nos cargos e funções do Anexo I propicia a concessão da aposentadoria especial"* (passagem do voto do Ministro Alexandre de Moraes).

Note-se que sempre deve ser avaliado o caso concreto com as atribuições das funções do cargo, sendo uma decisão que se aplica tanto ao RGPS quanto ao RPPS na aposentadoria do professor.

Conquanto tenham direito a uma aposentadoria por tempo de contribuição com redutor de 05 anos, não se trata mais de atividade enquadrada como especial desde o advento da Emenda 18/1981.

Nesse sentido o CRPS:

> JR/CRPS – ENUNCIADO Nº 9 – Alterado: Publicado no DOU de 12.11.2019

O segurado que exerça funções de magistério, nos termos da Lei de Diretrizes Básicas da Educação, poderá ser considerado professor para fins de redução do tempo de contribuição necessário à aposentadoria (B-57), observados os demais elementos de prova no caso concreto.

I – Consideram-se funções de magistério as efetivamente exercidas nas instituições de educação básica, incluídas, além do exercício da docência, as de direção de unidade escolar e as de coordenação e assessoramento pedagógico, inclusive nos casos de reintegração trabalhista transitada em julgado.

II – As funções de direção, coordenação e assessoramento pedagógico integram a carreira do magistério, desde que exercidas, em estabelecimentos de ensino básico, por professores de carreira, excluídos os especialistas em educação.

III – Os estabelecimentos de educação básica não se confundem com as secretarias ou outros órgãos municipais, estaduais ou distritais de educação.

IV – É vedada a conversão de tempo de serviço especial em comum na função de magistério após 09/07/1981, data da publicação da Emenda Constitucional nº 18/1981.

O Supremo Tribunal Federal possui o mesmo entendimento do INSS pela vedação da referida conversão por não mais se tratar de atividade especial:

"AGRAVO REGIMENTAL NO RECURSO EXTRAORDINÁRIO. ADMINISTRATIVO. CONTAGEM PROPORCIONAL DE TEMPO DE SERVIÇO EXERCIDO NO MAGISTÉRIO PARA FINS DE APOSENTADORIA COMUM. IMPOSSIBILIDADE. AGRAVO REGIMENTAL IMPROVIDO.

I – **Consoante a jurisprudência do STF, é vedada a contagem proporcional de tempo de serviço no magistério para fins de aposentadoria comum**. II – Agravo regimental improvido" (RE nº 486.155/MG-AgR, Primeira Turma, Relator o Ministro Ricardo Lewandowski, DJe de 1º/2/2011).

"AGRAVO REGIMENTAL. APOSENTADORIA COMUM. REGIME PRÓPRIO. **APROVEITAMENTO DE TEMPO DE SERVIÇO PRESTADO NO MAGISTÉRIO, MEDIANTE FATOR DE CONVERSÃO. IMPOSSIBILIDADE**. PRECEDENTES. É pacífica a jurisprudência desta Corte no sentido de que não é possível "fundir normas que regem a contagem do tempo de serviço para as aposentadorias normal e especial, contando proporcionalmente o tempo de serviço exercido em funções diversas", pois "a aposentadoria especial é a exceção, e, como tal, sua interpretação só pode ser restritiva" (ADI 178, rel. min. Maurício Corrêa, Tribunal Pleno, DJ 26.04.1996). Agravo regimental a que se nega provimento" (RE 288640 AgR, 1ª Turma, de 06.12.2011).

"Agravo regimental no recurso extraordinário. Previdenciário. **Magistério. Reconhecimento da aposentadoria de professor como especial após a EC nº 18/81. Impossibilidade.** Fator previdenciário. Constitucionalidade. Incidência do fator previdenciário no cálculo da renda mensal inicial de aposentadoria por tempo de contribuição de professor. Legislação infraconstitucional. Ofensa reflexa. Ausência de repercussão geral. Precedentes. 1. A jurisprudência da Corte é assente em que, a partir da Emenda Constitucional nº 18/81, a aposentadoria de professor passou a ser espécie de benefício por tempo de contribuição, com o requisito etário reduzido, e não mais uma aposentadoria especial. 2. O Supremo Tribunal Federal, no julgamento da ADI nº 2.111/DF-MC, Relator o Ministro Sydney Sanches, concluiu pela constitucionalidade do fator previdenciário. 3. A Corte assentou a ausência de repercussão geral do tema relativo à incidência do fator previdenciário no cálculo da renda mensal inicial de aposentadoria por tempo de contribuição de professor quando reunidos os requisitos após a edição da Lei nº 9.876/1999, dado o caráter infraconstitucional da matéria. (RE nº 1.029.608/RS, Relator o Ministro Edson Fachin, DJe de 31/8/17 – Tema 960). 4. Agravo regimental não provido. 5. Majoração da verba honorária em valor equivalente a 10% (dez por cento) do total daquela já fixada (art. 85, §§ 2º, 3º e 11, do CPC), observada a eventual concessão do benefício da gratuidade da justiça" **(RE 1038116 AgR/RS – RIO GRANDE DO SUL, de 29/9/2017)**.

No mesmo sentido o Enunciado 37 do CRPS:

> Enunciado 37 – "O tempo de serviço laborado como professor pode ser enquadrado como especial, nos termos do código 2.1.4 do Quadro anexo ao Decreto 53.831/64, até 08/07/1981, data anterior à vigência da Emenda Constitucional nº 18/1981".

Veja-se a atual posição da TNU **(tema 158)**:

Tema	158	**Situação do tema**	Julgado	**Ramo do direito**	DIREITO PREVIDENCIÁRIO
Questão submetida a julgamento		Saber qual o termo final do reconhecimento da especialidade da atividade de magistério.			
Tese firmada		**Não é possível a conversão de período laborado na atividade de professor em tempo comum após a Emenda Constitucional 18/81. Revisão do Tema 22.**			
Processo	**Decisão de afetação**	**Relator (a)**	**Julgado em**	**Acórdão publicado em**	**Trânsito em julgado**
Processo n. 50109441320134047003		JUIZ(A) FEDERAL KYU SOON LEE	11/09/2014	26/09/2014	06/10/2014

No mesmo sentido o STJ:

> "3. O Supremo Tribunal Federal, em julgado que se realizou sob o regime da repercussão geral, assentou a inexistência do direito à conversão do tempo de serviço especial em comum, prestado por professor, após a Emenda 18/1981: "Recurso extraordinário com agravo. Repercussão geral da questão constitucional reconhecida. Reafirmação de jurisprudência. 2. Direito Previdenciário. Magistério. Conversão do tempo de serviço especial em comum. 3. Impossibilidade da conversão após a EC 18/81. Recurso extraordinário provido." (ARE 703.550 RG, Relator: Min. Gilmar Mendes, julgado em 2/10/2014, Repercussão Geral – Mérito, p. 21-10-2014") – **(STJ, AR 4712 / RN, 1ª Seção, de 12/9/2018).**

De acordo com o entendimento do INSS, a aposentadoria do professor é uma espécie de aposentadoria por tempo de contribuição com redução em 05 anos no tempo de contribuição, não sendo uma espécie de aposentadoria especial, pois não se trata de exposição a agentes nocivos à saúde e nem de segurado deficiente (artigo 201, § 1º, da Constituição Federal).

Logo, por força do artigo 29, inciso I, da Lei 8.213/91, com redação dada pela Lei 9.876/99, a Previdência Social faz incidir obrigatoriamente o fator previdenciário no cálculo do salário de benefício da aposentadoria do professor **(sistemática antes da EC 103/2019).**

Posteriormente, as Turmas da 1ª Seção do STJ pacificaram o entendimento pela aplicação do fator previdenciário na aposentadoria do professor:

> "A jurisprudência desta Corte firmou-se no sentido da incidência do fator previdenciário no cálculo do salário de benefício da aposentadoria por tempo de contribuição de professor nas situações em que o docente não completar o tempo suficiente para a concessão do benefício anteriormente à edição da Lei n. 9.876/1999 (1ª Turma, AgInt no REsp 1743040 / PR, de 4/10/2018).
>
> "1. O STJ firmou entendimento pela aplicação do fator previdenciário no cálculo do salário de benefício da aposentadoria por tempo de serviço/contribuição de professor, quando o segurado não tiver

tempo suficiente para a concessão do benefício anteriormente à edição da Lei 9.876, de 1999, como no presente caso (**2ª Turma, RE 1038116 AgR/RS – RIO GRANDE DO SUL, de 29/9/2017**).

O tema será decidido pela 1ª Seção em repetitivo:

PROCESSO	ProAfR no REsp 1.799.305-PE, Rel. Min. Mauro Campbell Marques, Primeira Seção, por unanimidade, julgado em 14/05/2019, DJe 28/05/2019
RAMO DO DIREITO	DIREITO PREVIDENCIÁRIO
TEMA	A Primeira Seção acolheu a proposta de afetação do recurso especial ao rito dos recursos repetitivos, conjuntamente com o REsp 1.808.156/SP, a fim de uniformizar o entendimento a respeito da seguinte controvérsia: incidência ou não do fator previdenciário no cálculo da renda mensal inicial da aposentadoria por tempo de contribuição de professor, quando a implementação dos requisitos necessários à obtenção do benefício se der após a edição da Lei 9.876/1999.

A TNU afastava a aplicação do fator previdenciário da aposentadoria do professor. No entanto, em 20 de outubro de 2016, em incidente de uniformização representativo de controvérsia, a Turma Nacional reverteu a sua posição, firmando tese pela incidência do fator previdenciário na aposentadoria do professor:

> PROCESSO: 0501512-65.2015.4.05.8307. ORIGEM: 1ª Turma Recursal Seção Judiciária de Pernambuco REQUERENTE: INSS PROC./ADV.: PROCURADORIA-GERAL FEDERAL REQUERIDO(A): EDILSON PAULO FERREIRA PROC./ADV.: CARLOS DIONÍZIO J. DE OLIVEIRA OAB: PE-34480 RELATOR(A): JUIZ(A) FEDERAL FREDERICO AUGUSTO LEOPOLDINO KOEHLER
>
> EMENTA: PEDIDO DE UNIFORMIZAÇÃO REPRESENTATIVO DE CONTROVÉRSIA. PREVIDENCIÁRIO. APOSENTADORIA POR TEMPO DE CONTRIBUIÇÃO DO PROFESSOR. FATOR PREVIDENCIÁRIO. INCIDÊNCIA, SALVO QUANDO O SEGURADO CUMPRIU OS REQUISITOS PARA APOSENTAÇÃO ANTERIORMENTE À EDIÇÃO DA LEI N. 9.876/99. PRECEDENTES DO STJ. INCIDENTE CONHECIDO E PARCIALMENTE PROVIDO.

É certo que o STF já possui precedentes no sentido de que a aposentadoria do professor deixou de ser especial com o advento da Emenda 18/1981, tanto que apenas admite a conversão de especial em comum até a citada Emenda (vide, por exemplo, **ARE 789638 / RS – RIO GRANDE DO SUL RECURSO EXTRAORDINÁRIO COM AGRAVO Relator(a): Min. ROSA WEBER Julgamento: 07/03/2014).**

Mas, por questões de equívoco terminológico, o STF ainda utilizada a expressão "aposentadoria especial do professor", muito embora não se enquadre no artigo 201, § 1º, da Constituição Federal, sendo apenas uma aposentadoria por tempo de contribuição com redução em 05 anos no tempo de contribuição.

Em 4 de junho de 2020, ao julgar o tema 1.091 (RE 1221630), o Plenário do STF reafirmou a constitucionalidade do fator previdenciário, inclusive no salário de benefício da aposentadoria do professor de ensino básico:

Tema:

1091 – Constitucionalidade do fator previdenciário, previsto no art. 29, caput, incisos e parágrafos, da Lei nº 8.213/91, com a redação dada pelo art. 2º da Lei nº 9.876/99.

Relator: **MINISTRO PRESIDENTE**

Leading Case: **RE 1221630**

Há Repercussão?

Sim

Ver descrição [+]

Recurso extraordinário em que se discute, à luz dos arts. 5º, caput; 6º; 102, § 2º; 195, § 5º; e 201, §§ 1º, 7º e 8º, da Constituição Federal, a constitucionalidade do fator previdenciário, previsto no art. 29, caput, incisos e parágrafos, da Lei nº 8.213/91, com a redação dada pelo art. 2º da Lei nº 9.876/99, bem como se é devida sua incidência no cálculo dos proventos de aposentadoria de professor. [-]

Ver tese [+]

É constitucional o fator previdenciário previsto no art. 29, caput, incisos e parágrafos, da Lei nº 8.213/91, com a redação dada pelo art. 2º da Lei nº 9.876/99.[-]

O STF vem considerando como tempo de contribuição de professor, para fins de redução em 05 anos, o período de ensino como "professor leigo", ou seja, sem habilitação específica, pois não descaracterizado o magistério no ensino básico[23].

Nos moldes do artigo 240, parágrafo único, da Instrução Normativa INSS 77/2015, a comprovação do exercício da atividade de magistério é suficiente para o reconhecimento do período trabalhado para fins de concessão de aposentadoria de professor, presumindo-se a existência de habilitação.

De acordo com o entendimento do extinto Ministério da Previdência Social, não há previsão na legislação previdenciária de necessidade de habilitação do professor para a redução de cinco anos no seu tempo de contribuição, razão pela qual o INSS não poderá exigi-la[24].

Considera-se, também, como tempo de serviço para aposentadoria por tempo de contribuição de professor os períodos[25]:

> I – de Serviço Público Federal, Estadual, do Distrito Federal ou Municipal;
>
> II – de afastamento em decorrência de percepção de **benefício por incapacidade**, entre períodos de atividade de magistério, desde que à data do afastamento o segurado estivesse exercendo atividade de docente;
>
> III – de afastamento em decorrência de percepção de **benefício por incapacidade decorrente de acidente de trabalho, intercalado ou não,** desde que, à data do afastamento, o segurado estivesse exercendo atividade de docente (a partir de 1/7/2020, exige-se o intercalado – Decreto 10.410/2020);
>
> IV – os períodos de descanso determinados pela legislação trabalhista, inclusive férias e salário-maternidade;
>
> V – de licença prêmio no vínculo de professor;
>
> VI – de professor auxiliar que exerce atividade docente, nas mesmas condições do titular.

23. Vide AI 251058 / SP, Rel. Min. Marco Aurélio, de 18.10.1999.
24. Nesse sentido, o Parecer/CONJUR/MPS 616/2010, aprovado pelo Ministro da Previdência Social em 23.12.2010.
25. Art. 242, Instrução Normativa INSS 77/2015.

Entende-se que a aposentadoria por tempo de contribuição do professor deveria contar com um custeio adicional das empresas, pois é antecipada em cinco anos de contribuição, em aplicação ao Princípio da Precedência da Fonte de Custeio e da Equidade do Custeio da Seguridade Social, assim como ocorre com a aposentadoria especial, posto que, em média, a Previdência Social irá permanecer pagando o benefício por mais anos do que aos demais segurados.

No que concerne à renda mensal, enquanto não editada a lei de regulamentação, deve ser aplicado o regramento do artigo 26 da Emenda 103/2019.

Para os **HOMENS**, o valor do benefício de aposentadoria corresponderá a **sessenta por cento da média aritmética das 100% das remunerações/salários de contribuição, com acréscimo de 2% para cada ano que ultrapassar os 20 anos de contribuição:**

HOMENS TEMPO DE CONTRIBUIÇÃO	COEFICIENTE
20 anos	60%
21 anos	62%
22 anos	64%
23 anos	66%
24 anos	68%
25 anos	70%
26 anos	72%
27 anos	74%
28 anos	76%
29 anos	78%
30 anos	80%
31 anos	82%
32 anos	84%
33 anos	86%
34 anos	88%
35 anos	90%
36 anos	92%
37 anos	94%
38 anos	96%
39 anos	98%
40 anos	100%

Assim, se um segurado (homem) do RGPS tiver apenas 25 anos de tempo de contribuição, a renda do benefício será de 70% da média de todos os salários de contribuição desde o Plano Real (7/1994), respeitada a idade mínima referida e a renda não inferior a um salário mínimo.

Curioso notar que, **intencionalmente**, o artigo 26 da Emenda 103/2019 não limita a média de todos os salários de contribuição do segurado a 100%, de modo que o segurado que possuir mais de 40 anos de tempo de contribuição poderá fazer jus a uma aposentadoria por idade e tempo de contribuição que ultrapasse a 100% da média de salários de contribuição desde o Plano Real (competência 7/1994), a exemplo:

HOMENS TEMPO DE CONTRIBUIÇÃO	COEFICIENTE
41 anos	102%
42 anos	104%
43 anos	106%
44 anos	108%
45 anos	110%
E assim sucessivamente	E assim sucessivamente

Para **a aposentadoria da MULHER** existe uma regra diferenciada de cálculo da renda mensal no artigo 26, § 5º[26], da Emenda 103/2019, que prevê a **progressão a contar de 15 anos**, e não de 20 anos de contribuição em todos os casos:

MULHERES TEMPO DE CONTRIBUIÇÃO	COEFICIENTE
15 anos	60%
16 anos	62%
17 anos	64%
18 anos	66%
19 anos	68%
20 anos	70%
21 anos	72%
22 anos	74%
23 anos	76%
24 anos	78%
25 anos	80%
26 anos	82%

26. § 5º O acréscimo a que se refere o caput do § 2º será aplicado para cada ano que **exceder quinze anos** de tempo de contribuição para os segurados de que tratam a alínea "a" do inciso I do art. 19 e do inciso I do art. 21 e **para as mulheres filiadas ao Regime Geral de Previdência Social**.

MULHERES TEMPO DE CONTRIBUIÇÃO	COEFICIENTE
27 anos	84%
28 anos	86%
29 anos	88%
30 anos	90%
31 anos	92%
32 anos	94%
33 anos	96%
34 anos	98%
35 anos	100%
E assim sucessivamente	E assim sucessivamente

Dessa forma, o coeficiente mínimo será de 60% e o máximo não está limitado pela legislação constitucional transitória.

Poderão ser **excluídas da média as contribuições que resultem em redução do valor do benefício**, desde que mantido o tempo mínimo de contribuição exigido, vedada a utilização do tempo excluído para qualquer finalidade, para a averbação em outro regime previdenciário ou para a obtenção dos proventos de inatividade dos militares.

Até o advento da Lei 13.183/2015, o fator previdenciário era sempre compulsório no cálculo do salário de benefício da aposentadoria por tempo de contribuição.

Após essa regra, foi criada uma exceção consistente no sistema de pontuação 85/95 (mulheres/homens), que progrediu na pontuação 86/96 em 31.12.2018.

No entanto, com a extinção da aposentadoria por tempo de contribuição sem idade mínima pela ***Emenda 103/2019***, **regra de pontuação 86/96, que consta(va) do artigo 29-C da Lei 8.213/91**, tornando flexível o fator previdenciário no cálculo da aposentadoria por tempo de contribuição, **não foi recebida pela reforma constitucional**, que extinguiu a regra permanente da aposentadoria por tempo de contribuição sem idade mínima que consta(va) da Lei 8.213/91, **ressalvada a formação do *direito adquirido* à mencionada pontuação até o dia da publicação da Emenda**.

Daí que para os antigos segurados que no dia da publicação da Emenda 103/2019 não tinham ainda adquirido o direito à pontuação do artigo 29-C da Lei 8.213/91, resta o enquadramento nas regras de transição constitucionais.

IMPORTANTE:

No que concerne ao segurado especial, o valor da aposentadoria por idade é fixado em um salário mínimo pela Lei 8.213/91, exceto se ele fez os recolhimentos facultativos como se fosse contribuinte individual, conforme faculdade do artigo 25, § 1º, da Lei 8.212/91, quando haverá o cálculo de acordo com o artigo 29 da Lei 8.213/91, pois acreditamos que o artigo 26 da Emenda 103/2019 não se aplica aos trabalhadores rurais.

Uma questão controversa é saber se a averbação de tempo de serviço rural sem o recolhimento das contribuições previdenciárias prestado anteriormente à Lei 8.213/91 com base no artigo 55, § 2º[27], da citada norma, será considerado para fins de elevação da renda da aposentadoria por idade, à razão de 1% por ano de serviço rural prestado.

A despeito da controvérsia, entende-se que não, pois esse período é considerado apenas para fins de cômputo de tempo de serviço, inexistindo autorização legal para considerá-lo no cálculo da renda mensal da aposentadoria por idade, máxime porquanto não contributivo.

Isso no caso de incidência do artigo 48, § 3º, da Lei 8.213/91, que permite o cômputo de carência rural na concessão de aposentadoria por idade urbana, mas sem o redutor de cinco anos na idade do segurado.

Após divergência interna, este foi o posicionamento sumulado pela TNU:

> **Súmula 76**– "A averbação de tempo de serviço rural não contributivo não permite majorar o coeficiente de cálculo da renda mensal inicial de aposentadoria por idade previsto no art. 50 da Lei nº 8.213/91".

Colaciona-se um dos precedentes da Súmula 76:

> "PREVIDENCIÁRIO. **IMPOSSIBILIDADE DE APROVEITAMENTO DE ATIVIDADE RURAL NÃO-CONTRIBUTIVA ANTERIOR À LEI 8.213/91 PARA CÁLCULO DO COEFICIENTE DA APOSENTADORIA URBANA POR IDADE. RESTRIÇÃO DO ARTIGO 50 DA LEI 8.213/91**. JURISPRUDÊNCIA DO STJ E DA TNU NO MESMO SENTIDO. RECURSO CONHECIDO E PROVIDO. O autor da demanda buscava aproveitar 9 anos de atividades rurais não-contributivas anteriores à Lei 8.213/91 na revisão do coeficiente do salário-de-benefício de sua aposentadoria urbana por idade, que foi contemplada com 93%, quando, tendo um total de 32 anos de atividades em geral, esperava vê-lo majorado a 100%. Obteve êxito pela sentença do JEF, depois revertida na TR-SJPR, havendo pedido de uniformização à TRU da 4ª Região, onde foi novamente revista a decisão, retornando ao ditado na sentença, já que acompanhava a posição da TNU em precedente já superado, que acatava a possibilidade do tanto quanto pleiteado pelo autor da demanda, ora requerido. O requerente invoca o precedente do REsp 1.063.112, da 5ª Turma do STJ, relator o Ministro Jorge Mussi, também citado na decisão do Pedilef 5007085-45.2011.4.04.7201, da TNU, da relatoria da Juíza Federal Ana Beatriz Vieira da Luz Palumbo, do qual tive oportunidade de pedir vista, ao final concordando com suas conclusões, sendo concluído o julgamento em 17/04/2013, por unanimidade, inclusive com o voto do Juiz Federal Rogério Moreira Alves, que relatara aquele outro julgado citado pela TRU da 4ª Região, em sentido diverso. Tratou-se realmente de mudança de orientação da TNU para voltar a acompanhar a posição do STJ, e em momento posterior ao julgamento pela TRU da 4ª Região, o que os motivou à revisão de seu posicionamento, que, agora, espera-se volte ao anterior. Disse em minhas conclusões do voto-vista: "VOTO VISTA ACOMPANHANDO A RELATORA Pedi vista do presente processo, na última sessão desse nobre colegiado, porquanto a Excelentíssima Relatora apontava para uma linha de decisões do STJ e depois da TNU, que defendia fosse mantida, enquanto o Pedilef apontava para decisão não tão antiga, pois do ano de 2011 em sentido diverso, o que me levou à dúvida. Após estudar os autos e a matéria mais detidamente, não tenho dúvidas de que os argumentos da Relatora são mais fortes, especialmente por guardarem o respeito à norma escrita, à interpretação sistemática e porque em consonância

27. § 2º O tempo de serviço do segurado trabalhador rural, anterior à data de início de vigência desta Lei, será computado independentemente do recolhimento das contribuições a ele correspondentes, exceto para efeito de carência, conforme dispuser o Regulamento.

com a Jurisprudência do STJ. **De fato, o § 3º do artigo 48 da Lei 8.213/91, em sua atual redação, permite que se aproveite o tempo em qualquer regime distinto do rural para completar a carência desse benefício, retirando-lhe o benefício da redução de 5 anos na idade do beneficiário. Porém, aqui se trata de aproveitar tempo com contribuição para regime não necessariamente contributivo e não o inverso, e mesmo assim com a penalidade do acréscimo de idade mínima para gozo do benefício. O § 4º se refere ao § 3º do artigo 48 da Lei 8.213/91, em sua atual redação, e, portanto, não se admite seja utilizado em situação distinta daquela, pois sua gênese guarda necessária relação de dependência com aquele outro dispositivo, que trata da aposentadoria por idade rural, em que o tempo considerado na carência terá o salário-de-contribuição fictício no equivalente ao salário-mínimo. Assim, não vejo como aplicar a analogia para inverter o benefício utilizando-se o período rural no urbano e com distorção do sistema e do método adotado pelo Legislador, que, se presume, se desejasse que fosse uma relação de mão dupla no aproveitamento de um tempo no outro para fim de carência e de cálculo da renda mensal inicial, assim teria dito. Portanto, quando o artigo 50 da Lei 8.213/91 fala do cálculo da renda mensal inicial, vinculando o acréscimo de cada 1% sobre a quota básica de 70% aos grupos de 12 contribuições existentes, não me parece se possa utilizar do conceito das contribuições fictas do artigo 48, § 4º, da mesma Lei, para esse fim.** Ante o exposto, voto com a Relatora integralmente, para conhecer e negar provimento ao Pedilef. Rio de Janeiro, 17 de abril de 2013. Luiz Claudio Flores da Cunha Juiz Federal Relator "Voto por conhecer do Pedido de Uniformização da Interpretação de Lei Federal e dar-lhe provimento, para reafirmar a tese do não aproveitamento de tempo de atividade rural não-contributiva anterior à Lei 8.213/91 para fim de contagem de tempo de contribuição no cálculo do coeficiente da aposentadoria urbana por idade, julgando improcedente a demanda" (PEDIDO 50045485420124047003, de 12.06.2013).

Também nesse sentido, o STJ:

"PREVIDENCIÁRIO. APOSENTADORIA URBANA POR IDADE. REVISÃO QUE OBJETIVA A MAJORAÇÃO DA RENDA MENSAL MEDIANTE O CÔMPUTO DE TEMPO DE SERVIÇO RURAL. ARTIGO 50 DA LEI N. 8.213/1991. EXIGÊNCIA DE EFETIVA CONTRIBUIÇÃO.

1. A aposentadoria por tempo de serviço difere da aposentadoria por idade. Aquela consistirá, para a mulher, numa renda mensal de setenta por cento do salário-de-benefício aos vinte e cinco anos de serviço, acrescidos de seis por cento deste para cada novo ano completo de atividade, até o máximo de cem por cento do salário-de-benefício aos trinta anos de serviço.

2. De acordo com a Lei n. 8.213/91, essa modalidade de aposentadoria aceita o cômputo do trabalho rural desempenhado antes de 1991 sem o recolhimento de contribuições, desde que não seja para efeito de carência (art. 55, § 2º).

3. A aposentadoria por idade urbana exige a efetiva contribuição para o aumento do coeficiente da renda mensal. Nos termos do art. 50 da Lei de Benefícios, a cada "grupos de 12 contribuições" vertidas à Previdência, o beneficiário da aposentadoria por idade urbana faz jus a um por cento do salário-de-benefício, além do percentual básico (70%).

4. A par da inexistência de contribuições correspondentes aos mencionados períodos de atividade rural, a pleiteada averbação desse tempo de serviço não trará reflexos financeiros capaz de propiciar a revisão almejada pois refere-se a interregnos que não compõem o Período Básico de Cálculo – PBC do benefício em manutenção, iniciado em maio de 1992" (REsp 1063112, de 16/06/2009).

IMPORTANTE:

Por força do artigo 3º, § 1º, da Lei 10.666/2003, **a perda da qualidade de segurado não será considerada para a concessão da aposentadoria por idade**, desde que o segurado conte com, no mínimo, o tempo de contribuição correspondente ao exigido para efeito de carência na data do requerimento do benefício. Essa regra é plenamente compatível com a EC 103/2019.

Logo, não é preciso que uma pessoa mantenha a qualidade de segurada para se aposentar por idade e tempo de contribuição, desde que preencha os demais requisitos legais.

Uma vez realizada a idade mínima, tempo de contribuição e a carência, o benefício será devido desde a data de entrada do requerimento no INSS. **No caso do segurado empregado, a data de início do benefício será a do desligamento do emprego, se requerida até 90 dias.**

Caso não haja desligamento do emprego ou se requerida depois de transcorridos 90 dias da extinção do vínculo empregatício, o benefício será devido desde o requerimento administrativo.

A **Emenda 103/2019** passou a prever a **aposentadoria compulsória por idade** dos **empregados públicos.**

É que o artigo 201 da Constituição Federal passou a contar com o § 16, que previu que "os empregados dos consórcios públicos, das empresas públicas, das sociedades de economia mista e das suas subsidiárias serão **aposentados compulsoriamente**, observado o cumprimento do tempo mínimo de contribuição, ao atingir a idade máxima de que trata o inciso II do § 1º do art. 40, na forma estabelecida em lei".

Após prever que a aposentadoria no RGPS é causa de extinção do contrato de trabalho para o ocupante de emprego ou função pública, nos termos do artigo 37, § 14[28], da Constituição, a Emenda 103/2019 ainda instituiu a **aposentadoria compulsória dos empregados públicos** dos entes da Administração Pública, na forma estabelecida em **lei.**

É feita remissão ao inciso II do § 1º do art. 40, que prevê aposentadoria por idade compulsória no RPPS "aos 70 (setenta) anos de idade, ou aos 75 (setenta e cinco) anos de idade, na forma de lei complementar".

Entende-se que esta regra não possui aplicação imediata, pois não possui todos os elementos de aplicação para a vigência imediata, não sendo bastante em si mesma (eficácia limitada).

Tanto que o dispositivo aduz ***"na forma estabelecida em lei"***, que deve fixar a idade em 70 ou 75 anos, bem como o tempo mínimo de contribuição que deverá ser cumprido para o deferimento da aposentadoria compulsória por idade, além dos demais requisitos para a concessão do benefício pelo INSS no RGPS.

A tese desta obra foi adotada pelo Decreto 10.410/2020, que atualizou o Regulamento da Previdência Social (Decreto 3.048/99), que não regulamentou a aposentadoria por idade compulsória das estatais, visto que é necessário que seja editada lei de regulamentação.

O Regulamento da Previdência Social foi atualizado pelo Decreto 10.410/2020, apresentando uma síntese de todos os requisitos acimas expostos a respeitos das aposentadorias programadas:

28. § 14. A aposentadoria concedida com a utilização de tempo de contribuição decorrente de cargo, emprego ou função pública, inclusive do Regime Geral de Previdência Social, acarretará o rompimento do vínculo que gerou o referido tempo de contribuição.

Subseção II

Da aposentadoria programada (COMUM)

(Redação dada pelo Decreto nº 10.410, de 2020).

Art. 51. A aposentadoria programada, uma vez cumprido o período de carência exigido, será devida ao segurado que cumprir, cumulativamente, os seguintes requisitos: (Redação dada pelo Decreto nº 10.410, de 2020).

I – sessenta e dois anos de idade, se mulher, e sessenta e cinco anos de idade, se homem; e (Incluído pelo Decreto nº 10.410, de 2020)

II – quinze anos de tempo de contribuição, se mulher, e vinte anos de tempo de contribuição, se homem. (Incluído pelo Decreto nº 10.410, de 2020)

§ 1º Para fins de apuração do tempo de contribuição a que se refere o inciso II do **caput**, é vedada a inclusão de tempo fictício. (Redação dada pelo Decreto nº 10.410, de 2020).

§ 2º O período pelo qual os segurados contribuinte individual e facultativo tiverem contribuído na forma prevista no art. 199-A será considerado como tempo de contribuição, observada a restrição estabelecida em seu § 2º. (Redação dada pelo Decreto nº 10.410, de 2020).

Subseção II-A

Da aposentadoria programada do professor

(Redação dada pelo Decreto nº 10.410, de 2020).

Art. 54. Para o professor que comprove, exclusivamente, tempo de efetivo exercício em função de magistério na educação infantil, no ensino fundamental ou no ensino médio, desde que cumprido o período de carência exigido, será concedida a aposentadoria de que trata esta Subseção quando cumprir, cumulativamente, os seguintes requisitos: (Redação dada pelo Decreto nº 10.410, de 2020).

I – cinquenta e sete anos de idade, se mulher, e sessenta anos de idade, se homem; e (Incluído pelo Decreto nº 10.410, de 2020)

II – vinte e cinco anos de contribuição, para ambos os sexos, em efetivo exercício na função a que se refere o **caput**. (Incluído pelo Decreto nº 10.410, de 2020)

Subseção III

Da aposentadoria por idade do trabalhador rural

(Redação dada pelo Decreto nº 10.410, de 2020).

Art. 56. A aposentadoria por idade do trabalhador rural, uma vez cumprido o período de carência exigido, será devida aos segurados a que se referem a alínea "a" do inciso I, a alínea "j" do inciso V e os incisos VI e VII do **caput** do art. 9º e aos segurados garimpeiros que trabalhem, comprovadamente, em regime de economia familiar, conforme definido no § 5º do art. 9º, quando completarem cinquenta e cinco anos de idade, se mulher, e sessenta anos de idade, se homem. (Redação dada pelo Decreto nº 10.410, de 2020).

§ 1º Para fins do disposto no **caput**, o segurado a que se refere o inciso VII do **caput** do art. 9º comprovará o efetivo exercício de atividade rural, ainda que de forma descontínua, no período imediatamente anterior ao requerimento do benefício ou, conforme o caso, ao mês em que tiver cumprido o requisito etário, por tempo igual ao número de meses de contribuição correspondente à carência do benefício pretendido, computados os períodos pelos quais o segurado especial tenha recebido os rendimentos a que se referem os incisos III ao VIII do § 8º do art. 9º. (Redação dada pelo Decreto nº 10.410, de 2020).

§ 2º O valor da renda mensal da aposentadoria de que trata este artigo para os trabalhadores rurais a que se referem a alínea "a" do inciso I, a alínea "j" do inciso V e o inciso VI do caput do art. 9º, para o garimpeiro e para o segurado especial que contribua facultativamente corresponderá a setenta por cento do salário de benefício definido na forma prevista no art. 32, com acréscimo de um ponto percentual para cada ano de contribuição. (Redação dada pelo Decreto nº 10.410, de 2020).

§ 3º O valor da renda mensal do benefício de que trata este artigo para os trabalhadores rurais a que se refere o inciso VII do caput do art. 9º será de um salário-mínimo. (Redação dada pelo Decreto nº 10.410, de 2020).

§ 4º O segurado especial que contribui na forma prevista no § 2º do art. 200 somente fará jus à aposentadoria com valor apurado na forma prevista no § 2º deste artigo após o cumprimento do período de carência exigido, hipótese em que não será considerado como período de carência o tempo de atividade rural não contributivo (Redação dada pelo Decreto nº 10.410, de 2020).

§ 5º A aposentadoria de que trata este artigo será devida na forma prevista no art. 52. (Redação dada pelo Decreto nº 10.410, de 2020).

2.2. Aposentadoria por idade dos trabalhadores rurais

Para os **trabalhadores rurais** de ambos os sexos, **garimpeiros** e **pescadores artesanais** restou mantida a mesma idade anterior à reforma sem a exigência de tempo de contribuição:

a) Homens: 60 anos;

b) Mulheres: 55 anos.

Note-se que a diferença de idade mínima entre mulheres ficou ampla em 7 anos, comparando a regra geral com a regra especial (mulher urbana 62 anos e mulher rural 55 anos de idade).

Esta aposentadoria a regra do artigo 50 da Lei 8.213/91 foi recebida pela Emenda 103/2019, pois a reforma constitucional não tratou com inovação a aposentadoria rural:

> "Art. 50. A aposentadoria por idade, observado o disposto na Seção III deste Capítulo, especialmente no art. 33, consistirá numa renda mensal de **70% (setenta por cento) do salário-de-benefício, mais 1% (um por cento) deste, por grupo de 12 (doze) contribuições, não podendo ultrapassar 100% (cem por cento) do salário-de-benefício".**

Nesse sentido o artigo 56, § 2º, do RPS:

"§ 2º O valor da renda mensal da aposentadoria de que trata este artigo para os **trabalhadores rurais** a que se referem a alínea "a" do inciso I, a alínea "j" do inciso V e o inciso VI do caput do art. 9º, para o garimpeiro e para o segurado especial que contribua facultativamente corresponderá a **setenta por cento do salário de benefício definido na forma prevista no art. 32, com acréscimo de um ponto percentual para cada ano de contribuição.** (Redação dada pelo Decreto nº 10.410, de 2020)".

Logo, o valor base é de 70% do salário de benefício, limitado a 100% na hipótese de 30 anos ou mais de recolhimentos.

Para o segurado especial será automaticamente de 1 salário mínimo, na situação de contribuição sobre produção rural, pois o artigo 29 da Lei 8.213/91 fixa em 1 salário mínimo o salário de benefício.

A carência para os trabalhadores rurais de 180 contribuições mensais, mormente para os enquadrados como segurados especiais, será demonstrada pelo exercício da atividade campesina em regime de economia familiar para a subsistência, observada a tabela de transição.

De efeito, essa atividade deverá ser comprovada através do **início de prova material (documentos) produzido contemporaneamente ao período probando, mesmo que de maneira descontínua**, no período de 180 meses imediatamente anterior ao requerimento do benefício ou à data do implemento da idade mínima.

TNU

De acordo com a **Súmula 34**, "para fins de comprovação do tempo de labor rural, o início de prova material deve ser contemporâneo à época dos fatos a provar". **Súmula 54 –** "Para a concessão de aposentadoria por idade de trabalhador rural, o tempo de exercício de atividade equivalente à carência deve ser aferido no período imediatamente anterior ao requerimento administrativo ou à data do implemento da idade mínima."

De acordo com a TNU, "não se admite como início de prova material acerca da qualidade de segurado especial documento produzido em momento posterior ao período de trabalho rural a ser provado, em atenção ao enunciado n. 34 da súmula de jurisprudência da TNU" (Processo n. 2008.38.00.732548-4/MG – Boletim em 24.11.2016).

Por outro lado, não se exige que o trabalhador rural tenha documentos correspondentes a todo o período de carência.

TNU

Na forma da **Súmula 14**, "para a concessão de aposentadoria rural por idade, não se exige que o início de prova material, corresponda a todo o período equivalente à carência do benefício".

Outrossim, prevê a **Súmula 06** que "a certidão de casamento ou outro documento idôneo que evidencie a condição de trabalhador rural do cônjuge constitui início razoável de prova material da atividade rurícola".

Vale registrar que a jurisprudência dominante vem admitindo o reconhecimento de tempo rural anterior ao início de prova material mais remoto, desde que complementado por testemunhas idôneas.

STJ

No julgamento do REsp 1.348.633/SP, sob o rito do art. 543-C do CPC (recursos repetitivos), a 1ª Seção do STJ em 28/08/2013 reconheceu o tempo de serviço rural mediante apresentação de um início de prova material sem delimitar o documento mais remoto como termo inicial do período a ser computado, contanto que corroborado por testemunhos idôneos. No caso julgado, Arnaldo Esteves Lima, Ministro Relator, concluiu que as provas testemunhais juntadas para complementar o início de prova material, tanto do período anterior ao mais antigo, quanto posterior ao mais recente, eram válidas. Para ele, mesmo que não haja nenhum documento que comprove a atividade rural anterior à certidão de casamento do segurado, ocorrido em 1974, os testemunhos colhidos em juízo sustentam a alegação de que ele trabalha no campo desde 1967.

Posteriormente, o STJ editou em 22 de junho de 2016 a Súmula 577:

Súmula 577 – "É possível reconhecer o tempo de serviço rural anterior ao documento mais antigo apresentando, desde que amparado em convincente prova testemunhal colhida sob o contraditório".

No caso do segurado especial trabalhador rural, o exercício de curtos períodos de trabalho urbano intercalados com o serviço campesino não irá descaracterizar a sua condição, especialmente porque desde a Lei 11.718/2008 a *lex* previdenciária passou a permitir literalmente que durante a entressafra o segurado especial pode trabalhar em outra atividade por até 120 dia no ano, sem perder a sua filiação.

TNU

Súmula 46 – O exercício de atividade urbana intercalada não impede a concessão de benefício previdenciário de trabalhador rural, condição que deve ser analisada no caso concreto.

É que **o tempo de serviço ou de contribuição não poderá ser livremente comprovado através do meio de prova testemunhal**, por força do artigo 55, § 3º, da Lei 8.213/91, salvo configuração concreta de força maior, sendo uma exceção ao Princípio do Livre Convencimento Motivado, se constituindo em resquício do sistema da tarifação da prova, diante do elevado número de testemunhos falsos que lamentavelmente ocorrem na prática administrativa e judicial previdenciária.

STJ

De acordo com a **Súmula 149**, "a prova exclusivamente testemunhal não basta à comprovação da atividade rurícola, para efeito da obtenção de benefício previdenciário". Por sua vez, em termos de aposentadoria por idade do trabalhador rural, "é prescindível que o início de prova material se refira a todo período de carência legalmente exigido, se prova testemunhal for capaz de ampliar sua eficácia probatória"**(AGREsp 1.117.709, de 25.05.2010).** Ademais, a jurisprudência do STJ vem admitindo documentos em nome de terceiros para a comprovação da carência para a concessão da aposentadoria por idade do segurado especial: "É sedimentado o entendimento das Turmas que integram a Egrégia Terceira Seção no sentido de que as atividades desenvolvidas em regime de economia familiar, podem ser comprovadas através de documentos em nome do pai de família, que conta com a colaboração efetiva da esposa e filhos no trabalho rural." (REsp 386.538/RS, Quinta Turma, DJ de 07/04/2003).

Veja-se o tema 18 da TNU:

Tema	**18**	**Situação do tema**	Julgado (Súmulas 5 e 14 da TNU)	**Ramo do direito**	DIREITO PREVIDENCIÁRIO
Questão submetida a julgamento	Saber se documentos em nome de terceiros integrantes do grupo familiar, relativos à propriedade da terra trabalhada, servem como início de prova material da atividade rural.				
Tese firmada	**A certidão do INCRA ou outro documento que comprove propriedade de imóvel em nome de integrantes do grupo familiar do segurado é razoável início de prova material da condição de segurado especial para fins de aposentadoria rural por idade, inclusive dos períodos trabalhados a partir dos 12 anos de idade, antes da publicação da Lei n. 8.213/91. Desnecessidade de comprovação de todo o período de carência.**				
Processo		Relator (a)	Julgado em	Acórdão publicado em	Trânsito em julgado
PEDILEF 2009.71.95.000509-1/ RS		Juíza Federal Simone dos Santos Lemos Fernandes	11/10/2011	28/10/2011	18/11/2011

De acordo com a TNU, "o recebimento do BPC por pessoa com deficiência durante o período que antecede o requerimento administrativo impede a concessão da aposentadoria por idade rural, salvo se o órgão julgador se convencer de que há prova da efetiva atividade rural por período equivalente à carência. Eventual irregularidade na concessão ou na manutenção do benefício assistencial pode gerar responsabilização do beneficiário, mas não obstar o acesso ao benefício previdenciário (Boletim 43/2020 – PUIL n. 0002753-65.2011.4.01.3819/MG).

Isso porque não é comum e normalmente não há compatibilidade de uma pessoa com deficiência de longo prazo ter capacidade laboral para o labor rural.

Com propriedade, de acordo com o artigo 106, da Lei 8.213/91, a comprovação do exercício de atividade rural será feita, alternativamente, por meio de:

> I – contrato individual de trabalho ou Carteira de Trabalho e Previdência Social;
>
> II – contrato de arrendamento, parceria ou comodato rural;
>
> III – declaração fundamentada de sindicato que represente o trabalhador rural ou, quando for o caso, de sindicato ou colônia de pescadores, desde que homologada pelo Instituto Nacional do Seguro Social – INSS **(revogado pela Lei 13.846/2019)**;
>
> IV – Declaração de Aptidão ao Programa Nacional de Fortalecimento da Agricultura Familiar, de que trata o inciso II do caput do art. 2º da Lei nº 12.188, de 11 de janeiro de 2010, ou por documento que a substitua, emitidas apenas por instituições ou organizações públicas (redação dada pela Lei 13.846/2019);
>
> V – bloco de notas do produtor rural;
>
> VI – notas fiscais de entrada de mercadorias, de que trata o § 7º do art. 30 da Lei no 8.212, de 24 de julho de 1991, emitidas pela empresa adquirente da produção, com indicação do nome do segurado como vendedor;
>
> VII – documentos fiscais relativos a entrega de produção rural à cooperativa agrícola, entreposto de pescado ou outros, com indicação do segurado como vendedor ou consignante;
>
> VIII – comprovantes de recolhimento de contribuição à Previdência Social decorrentes da comercialização da produção;
>
> IX – cópia da declaração de imposto de renda, com indicação de renda proveniente da comercialização de produção rural; ou
>
> X – licença de ocupação ou permissão outorgada pelo Incra.

Considera-se início de prova material, para fins de comprovação da atividade rural, documentos que contêm a profissão ou qualquer outro dado que evidencie o exercício da atividade rurícola **e seja contemporâneo ao fato nele declarado.**

Na prática previdenciária, o mais comum é a certidão de casamento em que conste a profissão de lavrador; atestado de frequência escolar em que conste a profissão e o endereço rural; declaração do Tribunal Regional Eleitoral; declaração de ITR; contrato de comodato etc.

Sobre o tema, vale colacionar o entendimento da **Advocacia-Geral da União**, cristalizado na **Súmula 32**, de 09.06.2008:

> "**Súmula 32** – Para fins de concessão dos benefícios dispostos nos artigos 39, inciso I e seu parágrafo único, e 143 da Lei 8.213, de 24 de julho de 1991, serão considerados como início razoável de prova material documentos públicos e particulares dotados de fé pública, desde que não contenham rasuras ou retificações recentes, nos quais conste expressamente a qualificação do segurado, de seu cônjuge, enquanto casado, ou companheiro, enquanto durar a união estável, ou de seu ascendente, enquanto dependente deste, como rurícola, lavrador ou agricultor, salvo a existência de prova em contrário".

Não é necessária a plena prova documental da condição de rurícola, mas apenas o início de prova material em boa parte do período de carência, que poderá ser complementada pelo meio de prova testemunhal.

A certidão de óbito é um documento extemporâneo emitido já após a concretização do risco social (morte do suposto segurado especial) para fins de início de prova material da condição de segurado especial, podendo a declaração ser viciada com o fim de produzir documento com declaração falsa para efeitos de prova perante o INSS.

Não obstante isto, no tema 32 a TNU a vem admitindo de modo equivocado *permissa venia*:

Tema	**32**	**Situação do tema**	Julgado	**Ramo do direito**	DIREITO PREVIDENCIÁRIO
Questão submetida a julgamento		Saber se certidão de óbito pode servir como início de prova material de benefício de pensão por morte de segurado especial.			
Tese firmada		Certidão de óbito configura início de prova material para caracterização da atividade rural, para fins de pensão por morte.			
Processo		**Relator (a)**	**Julgado em**	**Acórdão publicado em**	**Trânsito em julgado**
PEDILEF 2007.83.04.501228-9/PE		Juíza Federal Vanessa Vieira de Mello	24/11/2011	19/12/2011	24/01/2012

De acordo com a TNU, "fixada a tese no sentido de que a mera obtenção de CTPS pelo segurado não constitui presunção do abandono da atividade rural e migração para atividade urbana" (PUIL n. 0038966-63.2016.4.03.6301/SP – Boletim em 21.11.2018).

Nos termos do **Enunciado 188, do FONAJEF**, o benefício concedido ao segurado especial, administrativamente ou judicialmente, configura início de prova material válida para posterior concessão aos demais integrantes do núcleo familiar, assim como ao próprio beneficiário.

Conforme transcrito no artigo 106, inciso III (atualmente revogado pela Lei 13.846/2019), da Lei 8.213/91, a **declaração sindical de atividade rural homologada pelo INSS** era utilizada para a comprovação da condição de rurícola. Todavia, essa declaração, por si só, não dispensava o início de prova material por documentos contemporâneos à carência, máxime quando a declaração sindical havia sido produzida ao final da carência do benefício.

O objetivo normativo foi retirar a atribuição dos sindicatos rurais de declarar a condição de segurado especial, passando a tarefa a ser desempenhada pelas instituições do PRONATER, mediante declaração de aptidão ao Programa Nacional de Fortalecimento da Agricultura Familiar.

A Declaração de Aptidão ao Programa Nacional de Fortalecimento da Agricultura Familiar (DAP) é o documento que identifica os beneficiários do Programa Nacional de Fortalecimento da Agricultura Familiar (PRONAF).

O INSS também fazia uma entrevista para verificar a condição de rurícola, sendo elemento indispensável à comprovação do exercício da atividade rural e da forma como ela foi exercida, inclusive para confirmação dos dados contidos em declarações sindicais e de autoridades, com vistas ao reconhecimento ou não do direito ao benefício pleiteado, sendo obrigatória a sua realização, independente dos documentos apresentados.

Chama a atenção a revogação do inciso III do artigo 106 da Lei 8.213/91 pela Lei 13.846/2019, dando a entender que o INSS não aceitará mais a declaração sindical para a prova de atividade rural (e não aceita mesmo), e sim a declaração de aptidão ao PRONAF.

Na prática previdenciária, o mais comum é a certidão de casamento em que conste a profissão de lavrador; atestado de frequência escolar em que conste a profissão e o endereço rural; declaração do Tribunal Regional Eleitoral; declaração de ITR; contrato de comodato etc.

STJ

"Para fins previdenciários, embora seja admissível a comprovação de atividade rural mediante a qualificação de lavrador do marido na certidão de casamento, é inaceitável a utilização desse documento como início de prova material quando se constata, como no caso em apreço, que o cônjuge, apontado como rurícola, vem a exercer posteriormente atividade urbana aposentando-se, inclusive, nessa condição" (AgRg no REsp 947.379/SP, STJ, Min. LAURITA VAZ, Quinta Turma, DJ 26.11.2007).

TNU

"A certidão de cadastro de imóvel rural perante o INCRA expedida em nome do pai do requerente serve como início de prova material da atividade rural em regime de economia familiar" (PEDILEF 200771640000720, de 29.02.2012).

TNU

De acordo com a **Súmula 05, da TNU**, em aplicação ao Princípio do ***Tempus Regit Actum***, "a prestação de serviço rural por menor de 12 a 14 anos, até o advento da Lei 8.213, de 24 de julho de 1991, devidamente comprovada, pode ser reconhecida para fins previdenciários".

A novidade é que o sistema preverá a manutenção e a atualização **anual** do cadastro do **segurado especial** e conterá as informações necessárias à caracterização da condição de segurado especial, devendo ser feita **até 30 de junho do ano subsequente, vedada a atualização após 5 anos, exceto se** o segurado especial demonstrar em época própria a comercialização da produção e o recolhimento da contribuição efetivo da contribuição prevista no art. 25 da Lei 8.212/91.

No entanto, essa sistemática de atualização anual cadastral do segurado especial no CNIS só será aplicada a partir de 1/1/2033.

IMPORTANTE

Mas existe uma novidade inaugurada pela **Emenda 103/2019**. É que, para **fins de comprovação de atividade rural** exercida até a data de entrada em vigor da Emenda Constitucional, o prazo de que tratam os §§ 1º e 2º do art. 38-B da Lei n° 8.213, de 24 de julho de 1991, será **prorrogado** até a data em que o Cadastro Nacional de Informações Sociais – **CNIS atingir a cobertura mínima de 50% dos trabalhadores** de que trata o § 8º do art. 195 da Constituição Federal, apurada conforme quantitativo da **Pesquisa Nacional por Amostra de Domicílios Contínua – PNAD**.

Para o período anterior a 1º de janeiro de 2023, o segurado especial comprovará o tempo de exercício da atividade rural por meio de **autodeclaração** ratificada por entidades públicas credenciadas, nos termos do art. 13 da Lei nº 12.188, de 11 de janeiro de 2010, e por outros órgãos públicos, na forma prevista no regulamento.

São entidades públicas credenciadas para ratificar a autodeclaração do segurado especial as **Entidades Executoras do Pronater ou órgãos públicos, inclusive o INSS**. Na hipótese de haver divergência de informações, para fins de reconhecimento de direito com vistas à concessão de benefício, o INSS poderá exigir a apresentação dos documentos que atestem o exercício da atividade rural ou pesqueira.

Contudo, para a integralização da carência, caso o trabalhador rural tenha que computar período no qual se enquadrava em outra categoria, não será aplicada a redução de idade em 05 anos, na forma do artigo 48, § 3º, da Lei 8.213/91. Trata-se da popular aposentadoria por idade **híbrida**, em que se permite a soma da carência rural com urbana.

Esta regra tem plena compatibilidade com a Emenda 103/2019, que não as regras de aposentadorias dos trabalhadores rurais, observada a elevação da idade mínima da mulher de 60 para 62 anos, ressalvada regra de transição a ser estudada.

Após o advento da LC 142/2013, acaso se aposente por idade, o **deficiente** também fará jus à redução em 5 anos na idade neste benefício.

Contudo, para a integralização da carência, caso o trabalhador rural tenha que computar período no qual se enquadrava em outra categoria, não será aplicada a redução de idade em 05 anos, na forma do artigo 48, § 3º[29], da Lei 8.213/91.

Trata-se da chamada aposentadoria por idade híbrida, que passou a ser prevista com o advento da Lei 11.718/2008, com a soma de carência urbana e rural, mas sem o redutor de 05 anos na idade.

Neste caso, para calcular a renda mensal inicial do benefício, o período de carência como segurado especial irá considerar o salário de contribuição no valor de um salário mínimo.

De acordo com o entendimento do extinto Ministério da Previdência Social, através do Parecer 19/2013/CONJUR-MPS/CGU/AGU, aprovado pela Portaria nº 264/2013/MPS, a aposentadoria prevista no artigo 48, § 3º, da Lei nº 8.213/1991, tem natureza de benefício rural, de modo que o preenchimento de seus requisitos deve se dar enquanto o segurado detém a qualidade de trabalhador rural, devendo comprovar o efetivo exercício de atividade rural, por tempo equivalente ao da carência, no período imediatamente anterior ao requerimento do benefício.

Ademais, o disposto no § 4º do artigo 51 do RPS autorizava a formulação do requerimento da aposentadoria do art. 48, § 3º, da Lei nº 8.213, o segurado que, tendo preenchido seus requisitos ainda enquanto trabalhador rural, não mais ostentasse a qualidade de trabalhador rural, mas necessariamente detivesse qualidade de segurado, considerando a inaplicabilidade do art. 3º, § 1º, da Lei nº 10.666/03, à aposentadoria rural.

Mesmo com o Decreto 10.410/2020, esse dispositivo foi mantido, mas realocado para o artigo 57 do Decreto 3.048/99:

> "Art. 57. Os trabalhadores rurais que não atendam ao disposto no art. 56 mas que satisfaçam essa condição, se considerados períodos de contribuição sob outras categorias de segurado, farão jus ao benefício ao atenderem os requisitos definidos nos incisos I e II do caput do art. 51. (Redação dada pelo Decreto nº 10.410, de 2020).

29. § 3º Os trabalhadores rurais de que trata o § 1º deste artigo que não atendam ao disposto no § 2º deste artigo, mas que satisfaçam essa condição, se forem considerados períodos de contribuição sob outras categorias do segurado, farão jus ao benefício ao completarem 65 (sessenta e cinco) anos de idade, se homem, e 60 (sessenta) anos, se mulher.

§ 1º Para fins do disposto no caput, o valor da renda mensal da aposentadoria será apurado na forma do disposto no art. 53, considerando-se como salário de contribuição mensal do período como segurado especial o salário-mínimo. (Incluído pelo Decreto nº 10.410, de 2020)

§ 2º O disposto neste artigo aplica-se ainda que, na oportunidade do requerimento da aposentadoria, o segurado não se enquadre como trabalhador rural. (Incluído pelo Decreto nº 10.410, de 2020)".

No entanto, para a 2ª Turma do STJ, a aposentadoria por idade híbrida poderá ser concedida também a trabalhador urbano que, na época do requerimento administrativo, ostente essa qualidade e pretenda computar período pretérito de carência na qualidade de trabalhador rural:

"PREVIDENCIÁRIO. APOSENTADORIA POR IDADE HÍBRIDA. ART. 48, §§ 3º e 4º, DA LEI 8.213/1991. TRABALHO URBANO E RURAL NO PERÍODO DE CARÊNCIA. **REQUISITO. LABOR CAMPESINO NO MOMENTO DO IMPLEMENTO DO REQUISITO ETÁRIO OU DO REQUERIMENTO ADMINISTRATIVO. EXIGÊNCIA AFASTADA.** CONTRIBUIÇÕES. TRABALHO RURAL. CONTRIBUIÇÕES. DESNECESSIDADE. **1. O INSS interpôs Recurso Especial aduzindo que a parte ora recorrida não se enquadra na aposentadoria por idade prevista no art. 48, § 3º, da Lei 8.213/1991, pois no momento do implemento do requisito etário ou do requerimento administrativo era trabalhadora urbana, sendo a citada norma dirigida a trabalhadores rurais**. Aduz ainda que o tempo de serviço rural anterior à Lei 8.213/1991 não pode ser computado como carência. 2. O § 3º do art. 48 da Lei 8.213/1991 (com a redação dada pela Lei 11.718/2008) dispõe: "§ 3º Os trabalhadores rurais de que trata o § 1º deste artigo que não atendam ao disposto no § 2º deste artigo, mas que satisfaçam essa condição, se forem considerados períodos de contribuição sob outras categorias do segurado, farão jus ao benefício ao completarem 65 (sessenta e cinco) anos de idade, se homem, e 60 (sessenta) anos, se mulher." 3. Do contexto da Lei de Benefícios da Previdência Social se constata que a inovação legislativa trazida pela Lei 11.718/2008 criou forma de aposentação por idade híbrida de regimes de trabalho, contemplando aqueles trabalhadores rurais que migraram temporária ou definitivamente para o meio urbano e que não têm período de carência suficiente para a aposentadoria prevista para os trabalhadores urbanos (caput do art. 48 da Lei 8.213/1991) e para os rurais (§§ 1º e 2º do art. 48 da Lei 8.213/1991). 4. Como expressamente previsto em lei, a aposentadoria por idade urbana exige a idade mínima de 65 anos para homens e 60 anos para mulher, além de contribuição pelo período de carência exigido. Já para os trabalhadores exclusivamente rurais, as idades são reduzidas em cinco anos e o requisito da carência restringe-se ao efetivo trabalho rural (art. 39, I, e 143 da Lei 8.213/1991). 5. A Lei 11.718/2008, ao incluir a previsão dos §§ 3º e 4º no art. 48 da Lei 8.213/1991, abrigou, como já referido, aqueles trabalhadores rurais que passaram a exercer temporária ou permanentemente períodos em atividade urbana, já que antes da inovação legislativa o mesmo segurado se encontrava num paradoxo jurídico de desamparo previdenciário: ao atingir idade avançada, não podia receber a aposentadoria rural porque exerceu trabalho urbano e não tinha como desfrutar da aposentadoria urbana em razão de o curto período laboral não preencher o período de carência. 6. Sob o ponto de vista do princípio da dignidade da pessoa humana, a inovação trazida pela Lei 11.718/2008 consubstancia a correção de distorção da cobertura previdenciária: a situação daqueles segurados rurais que, com a crescente absorção da força de trabalho campesina pela cidade, passam a exercer atividade laborais diferentes das lides do campo, especialmente quanto ao tratamento previdenciário. 7. Assim, a denominada aposentadoria por idade híbrida ou mista (art. 48, §§ 3º e 4º, da Lei 8.213/1991) aponta para um horizonte de equilíbrio entre as evoluções das relações sociais e o Direito, o que ampara aqueles que efetivamente trabalharam e repercute, por conseguinte, na redução dos conflitos submetidos ao Poder Judiciário. 8. Essa nova possibilidade de aposentadoria por idade não representa desequilíbrio atuarial, pois, além de exigir idade mínima equivalente à aposentadoria por idade urbana (superior em cinco anos à aposentadoria rural), conta com lapsos de contribuição direta do segurado que a aposentadoria por idade rural não exige. 9. Para o sistema previdenciário, o retorno contributivo é maior na aposentadoria por idade híbrida do que se o mesmo segurado permanecesse exercendo atividade exclusivamente rural, em vez de migrar para o meio urbano, o que representará, por certo, expressão jurídica de amparo das situações de êxodo rural, já que, até então, esse fenômeno culminava em severa restrição de direitos previdenciários aos trabalhadores rurais. 10. Tal constatação é fortalecida pela conclusão de que o disposto no art. 48, §§ 3º e 4º, da Lei 8.213/1991 materializa a previsão constitucional da uniformidade e equivalência entre os benefícios destinados às populações rurais e urbanas (art. 194, II, da CF), o que torna irrelevante a preponderância de atividade urbana ou rural para definir a aplicabilidade da inovação legal aqui analisada. **11. Assim, seja qual for a predominância do labor misto no período de carência ou o tipo de trabalho exercido no momento do implemento do requisito etário ou do requerimento administrativo, o trabalhador tem direito a se aposentar com as idades citadas no § 3º do art. 48 da Lei 8.213/1991, desde que cumprida a carência com a utilização de labor urbano ou rural.** Por outro lado, se a carência foi cumprida exclusivamente como trabalhador urbano, sob esse regime o segurado será aposentado (caput do art. 48), o que vale também para o labor exclusivamente rurícola (§§ 1º e 2º da Lei 8.213/1991). 12. Na mesma linha do que aqui preceituado: REsp 1.376.479/RS, Rel. Ministro Mauro Campbell Marques, Segunda Turma, Julgado em 4.9.2014, pendente de publicação. 14. Observando-se a conjugação de regimes jurídicos de aposentadoria por idade no art. 48, § 3º, da Lei 8.213/1991, denota-se que cada qual deve ser observado de acordo com as respectivas regras. 15. Se os arts. 26, III, e 39, I, da Lei 8.213/1991 dispensam o recolhimento de contribuições para fins de aposentadoria por idade rural, exigindo apenas a comprovação do labor campesino, tal situação deve ser considerada para fins do cômputo da carência prevista no art. 48, § 3º, da Lei 8.213/1991, não sendo, portanto, exigível o recolhimento das contribuições. 16. Correta a decisão recorrida que concluiu (fl. 162/e-STJ): "somados os 126 meses de reconhecimento de exercício de atividades rurais aos 54 meses de atividades urbanas, chega-se ao total de 180 meses de carência por ocasião do requerimento administrativo, suficientes à concessão do benefício, na forma prevista pelo art. 48, § 3º, da Lei nº 8.213/1991". 17. Recurso Especial não provido" (REsp 1407613, de 14/10/2014).

O mesmo entendimento foi adotado pela 1ª Turma do STJ (REsp 1.476.383-PR, Rel. Min. Sérgio Kukina, julgado em 1º/10/2015). De acordo com a 1ª Turma do STJ, é possível considerar o tempo de serviço rural anterior ao advento da Lei 8.213/1991 para fins de carência de aposentadoria híbrida por idade, sem que seja necessário o recolhimento de contribuições previdenciárias para esse fim (REsp 1.476.383-PR, Rel. Min. Sérgio Kukina, julgado em 1º/10/2015).

Trata-se de uma interpretação extensiva razoável do STJ do artigo 48, § 3º, da Lei 8.213/91, inserido pela Lei 11.718/2008, em aplicação ao Princípio da Isonomia e ao Princípio da Uniformidade e Equivalência dos Benefícios e Serviços às Populações Urbanas e Rurais, a fim de beneficiar o segurado urbano que queira contar período de carência como trabalhador rural.

De efeito, permitir a aposentadoria por idade híbrida somente ao segurado que ostente a qualidade de trabalhador rural no momento do implemento da idade ou do requerimento administrativo se afigura uma discriminação negativa contra o trabalhador urbano, desprovida de fator de discrímen dotado de razoabilidade, sendo por demais acertado o posicionamento da Corte Superior.

Imagine-se um segurado que conte com 10 anos de período de carência como trabalhador urbano e que, nos últimos 5 anos, tornou-se trabalhador rural na condição de segurado especial, quando requereu a sua aposentadoria por idade híbrida, possuindo 15 anos de carência com 65 anos de idade (10 anos urbanos e 05 anos rurais).

A TNU fixou a tese em julgamento de incidente representativo de controvérsia, aduzindo que "para a concessão da aposentadoria por idade híbrida ou mista, na forma do art. 48, § 3º, da Lei n. 8.213/91, cujo requisito etário é o mesmo exigido para a aposentadoria por idade urbana, é irrelevante o caráter rural ou urbano da atividade exercida pelo requerente. Ademais, não há vedação para que o tempo rural anterior à Lei 8.213/91 seja considerado para efeito de carência, ainda que não verificado o recolhimento das respectivas contribuições" (Informativo 10 – processo 5009416-32.2013.4.04.7200, de 20/10/2016 – tema 131).

Nesta situação, caso se promova uma interpretação estrita do artigo 48, § 3º, da Lei 8.213/91, a aposentadoria por idade deve ser negada, pois o segurado se enquadrava como trabalhador urbano na data do requerimento administrativo. No entanto, na correta concepção ampliativa e isonômica do STJ e TNU, o benefício deve ser deferido.

Vale registrar que não existe impedimento normativo para considerar o período rural anterior à vigência da Lei 8.213/91 (Pró-rural) para a carência da aposentadoria por idade, inclusive a híbrida, vez que o impedimento existente se direciona apenas à aposentadoria por tempo de contribuição.

Isso porque a regra de vedação do artigo 55, § 2º[30], da Lei 8.213/91 trata apenas do benefício de aposentadoria por tempo de contribuição, que não era assegurado aos trabalhadores rurais na Previdência Rural, não se direcionando à carência da aposentadoria por idade.

Eis a correta posição da TNU:

> "PEDIDO DE UNIFORMIZAÇÃO INTERPOSTO PELA PARTE AUTORA. PREVIDENCIÁRIO. APOSENTADORIA POR IDADE HÍBRIDA. PREENCHIMENTO DOS REQUISITOS LEGAIS. IDADE E PERÍODO DE CARÊNCIA. TEMA 131 DA TNU. ANULAÇÃO DO JULGADO. QUESTÃO DE ORDEM N. 20. INCIDENTE PROVIDO. 1. Prolatado acórdão pela Turma Recursal de Santa Catarina, o qual manteve a sentença que julgou improcedente o pedido em função da parte autora não ter demonstrado que o último vínculo de trabalho era rural. 2. Interposto incidente de uniformização pela Ré, com fundamento no art. 14, § 2º, da Lei nº 10.259/2001. Alega, em síntese, a divergência do julgado com o posicionamento predominante que afasta a exigência do exercício da atividade rural imediatamente anterior ao cumprimento do requisito etário, podendo ser aceito o exercício da atividade urbana. 3. Incidente admitido na origem, sendo os autos encaminhados à TNU e distribuídos a este Relator, por ocasião do mutirão. 4. Nos termos do art. 14, § 2º, da Lei nº 10.259/01, o pedido de uniformização nacional de jurisprudência é cabível quando houver divergência entre decisões sobre questões de direito material proferidas por turmas recursais de diferentes regiões ou em contrariedade à súmula ou jurisprudência dominante da Turma Nacional de Uniformização ou do Superior Tribunal de Justiça. 5. No caso dos autos, tanto a sentença como o acórdão recorrido entenderam que o exercício da atividade urbana no período imediatamente anterior ao requerimento do benefício impede a sua concessão. De outro lado, o acórdão paradigma aponta a para a desnecessidade de que a atividade laborativa que precede o requerimento administrativo ou o preenchimento do requisito etário seja exclusivamente a atividade rural, podendo ser aceita para a concessão da aposentadoria por idade híbrida a atividade urbana. Nesse cenário, resta claro a dissonância jurisprudencial entre o acórdão recorrido e o paradigma. 6. Conheço, pois, do incidente e passo ao exame do mérito. 7. A TNU afetou a matéria aos temas Representativos de Controvérsia, tema 131, cuja tese firmada é a seguinte: **"Para a concessão da aposentadoria**

30. § 2º O tempo de serviço do segurado trabalhador rural, anterior à data de início de vigência desta Lei, será computado independentemente do recolhimento das contribuições a ele correspondentes, **exceto para efeito de carência**, conforme dispuser o Regulamento.

por idade híbrida ou mista, na forma do art. 48, § 3º, da Lei n. 8.213/91, cujo requisito etário é o mesmo exigido para a aposentadoria por idade urbana, é irrelevante a natureza rural ou urbana da atividade exercida pelo segurado no período imediatamente anterior à implementação do requisito etário ou ao requerimento do benefício. Ainda, não há vedação para que o tempo rural anterior à Lei 8.213/91 seja considerado para efeito de carência, mesmo que não verificado o recolhimento das respectivas contribuições." 8. Incidente conhecido e provido para reafirmar a tese no sentido de que, para fins de concessão de aposentadoria por idade híbrida é indiferente que a atividade desempenhada pelo trabalhador quando do preenchimento do requisito etário ou do requerimento administrativo seja o trabalho rural ou urbano. Por consequência, o feito deve retornar ao juízo a quo para a consequente análise das provas, conforme a Questão de Ordem nº 20/TNU, fiel a tese apresentada" **(PEDILEF 50014771320144047217, DOU de 23/3/2017).**

Entrementes, ao julgar o **tema 168** em incidente de uniformização representativo de controvérsia, **a TNU rejeitou o cômputo do tempo rural remoto não contributivo na formação da carência da aposentadoria por idade híbrida** (Processo nº 0001508-05.2009.4.03.6318/SP):

> TEMA 168 – "**Para a concessão do benefício de aposentadoria por idade híbrida, não é possível somar ao período de carência, urbano ou rural, o tempo de serviço prestado remotamente na qualidade de trabalhador rural sem contribuição. Para fins dessa tese, entende-se por tempo remoto aquele que não se enquadra na descontinuidade admitida pela legislação, para fins de aposentadoria rural por idade, a ser avaliada no caso concreto**" (tese firmada na sessão de 26/10/2018).

A tese é bem confusa e acabou por restringir bastante o cômputo do período rural na carência da aposentadoria por idade híbrida do segurado que possui **período rural remoto não contributivo** e deseja integralizar os 15 anos de carência com a soma de ambos.

A tese aduz que se entende por **tempo remoto** aquele que não se enquadra na descontinuidade admitida pela legislação, para fins de aposentadoria rural por idade, a ser avaliada no caso concreto, sendo que a vedação de consideração de carência se refere apenas ao não contributivo, onde parece se enquadrar o segurado especial (período pós Lei 8.213/91) e o trabalhador rural filiado à Previdência Social Rural (período pré Lei 8.213/91).

Na decisão, a Turma Nacional aduziu que, na carência da aposentadoria por idade híbrida, só é possível somar ao tempo de contribuição o tempo de serviço rural sem contribuições que esteja no período imediatamente anterior ao implemento da idade do segurado, ou à data do requerimento administrativo, ainda que de forma descontínua.

É certo que a legislação admite a carência rural em períodos contínuos ou descontínuos, sendo omissa a decisão sobre os limites da descontinuidade admitida para cômputo de carência, presumindo-se que devem ser utilizados os períodos de graça do segurado especial.

Por outro lado, **o impedimento citado não abarca o período rural remoto contributivo**, a exemplo dos períodos laborados no RGPS na condição de empregado ou trabalhador avulso rural.

IMPORTANTE!

De seu turno, o Superior Tribunal de Justiça não possuía decisão específica sobre o tema. **Até que a tese da TNU foi rejeitada pelo STJ no julgamento do tema 1007, que admitiu tempo rural remoto na aposentadoria por idade híbrida.**

STJ

Em 14/8/2019 (**tema 1.007**), o STJ firmou tese repetitiva admitindo o direito à aposentadoria por idade híbrida também em favor do segurado urbano na data do requerimento, inclusive com cômputo de período rural remoto e descontínuo anterior à vigência da Lei 8.213/91: **Tese firmada** – O tempo de serviço rural, ainda que remoto e descontínuo, anterior ao advento da Lei 8.213/1991, pode ser computado para fins da carência necessária à obtenção da aposentadoria híbrida por idade, ainda que não tenha sido efetivado o recolhimento das contribuições, nos termos do art. 48, § 3º. da Lei 8.213/1991, seja qual for a predominância do labor misto exercido no período de carência ou o tipo de trabalho exercido no momento do implemento do requisito etário ou do requerimento administrativo.

Registre-se que o INSS interpôs recurso extraordinário no tema 1.007, admitido pelo STJ com determinação de **suspensão de todos os processos em grau de recurso**. Eis a determinação da Ministra Maria Thereza Moura, Vice-presidente do STJ:

"Assim, presentes os pressupostos de admissibilidade, nos termos do artigo 1.036, § 1º, do Código de Processo Civil, admito o recurso extraordinário como representativo de controvérsia, **determinando a manutenção da suspensão de todos os processos que versem sobre a mesma controvérsia somente em grau recursal**, em trâmite no âmbito dos Tribunais e das Turmas Recursais dos Juizados Especiais Federais".

No entanto, por maioria, o Recurso Extraordinário do INSS não foi admitido pelo STF por ausência de tema constitucional, confirmando o Tema 1.007 STJ.

Outra questão que deve ser enfrentada é a extensão da aposentadoria por idade híbrida aos garimpeiros e pescadores artesanais, haja vista que a Lei 11.718/2008 apenas se referiu aos trabalhadores rurais, sendo que aqueles também possuem direito à redução em cinco anos na idade, acaso integralizem carência de 180 recolhimentos mensais nessa condição.

Acredita-se que o artigo 48, § 3º, da Lei 8.213/91 deva ser interpretado de acordo com a finalidade da norma, que foi a de permitir a carência urbana ser somada à rural sem a redução na idade, razão pela a aposentadoria por idade híbrida deverá abarcá-los por isonomia.

Por sua vez, de acordo com o acertado entendimento da 1ª Turma do STJ, "**é possível considerar o tempo de serviço rural anterior ao advento da Lei 8.213/1991 para fins de carência de aposentadoria híbrida por idade, sem que seja necessário o recolhimento de contribuições previdenciárias para esse fim**. A Lei 11.718/2008, ao alterar o art. 48 da Lei dos Planos de Benefícios da Previdência Social, não vedou a possibilidade de se computar o tempo de serviço rural anterior à vigência da Lei 8.213/1991 na carência da aposentadoria híbrida por idade nem exigiu qualquer recolhimento de contribuições para esse fim. Precedente citado: AgRg no **REsp 1.497.086-PR, Segunda Turma, DJe 6/4/2015. REsp 1.476.383-PR, Rel. Min. Sérgio Kukina, julgado em 1º/10/2015, DJe 8/10/2015**" (Informativo 570).

Tendo em vista que o regime jurídico anterior previa a carência de apenas 60 contribuições mensais, há uma regra de transição esculpida no artigo 142, da Lei 8.213/91, para o segurado "**inscrito**" na Previdência Social Urbana até 24 de julho de 1991, bem como para o trabalhador e o empregador rural cobertos pela Previdência Social Rural, pontificando que a carência da aposentadoria por idade obedecerá à seguinte tabela, **levando-se em conta o ano em que o segurado implementou todas as condições necessárias à obtenção do benefício:**

Ano de implementação das condições	Meses de contribuição exigidos
1991	60 meses
1992	60 meses
1993	66 meses
1994	72 meses
1995	78 meses
1996	90 meses
1997	96 meses
1998	102 meses
1999	108 meses
2000	114 meses
2001	120 meses
2002	126 meses
2003	132 meses
2004	138 meses
2005	144 meses
2006	150 meses
2007	156 meses
2008	162 meses
2009	168 meses
2010	174 meses
2011	180 meses

A regra de transição do artigo 142, da Lei 8.213/91, é imperfeita. Ao se referir à inscrição, quis o legislador tratar da filiação, pois é com este instituto que a condição de segurado ocorrerá, vez que a inscrição é o mero ato de cadastro do segurado ou dependente no INSS.

Logo, para a incidência da tabela de transição, valerá a data da filiação, pois esse dispositivo deverá ser interpretado sistematicamente, consoante todo o ordenamento previdenciário.

Todavia, para a concessão da aposentadoria por idade, vale ressaltar que o entendimento da Previdência Social para a incidência da transcrita tabela tem sido mais favorável aos segurados, pois está sendo considerado o ano em que o segurado completou a idade mínima para o deferimento do benefício, mesmo que a carência tenha sido integralizada posteriormente (**"congelamento" da carência**), conforme explicitado na questão 21, do Parecer CONJUR/MPS 616/2010.

Logo, como a aposentadoria por idade para os homens será concedida aos 65 anos de idade, em regra, se um segurado completou essa idade em 1993 terá que realizar a carência de 66 contribuições mensais, mesmo que apenas em 1995 integralize a carência, não sendo necessário atingir 78 contribuições mensais.

Convém advertir que mesmo para os segurados filiados até o dia 24.07.1991, caso tenham perdido posteriormente a sua condição e se refiliado posteriormente, incidirá o novo regramento, que exige a carência de 180 contribuições mensais, vez que houve a extinção da relação jurídico-previdenciária, conforme já decidiu o próprio STJ[31].

A carência para os trabalhadores rurais de 180 contribuições mensais, mormente para os enquadrados como segurados especiais, será demonstrada pelo exercício da atividade campesina em regime de economia familiar para a subsistência, observada a tabela de transição.

Com propriedade, de acordo com o artigo 106, da Lei 8.213/91, a comprovação do exercício de atividade rural será feita, alternativamente, por meio de diversos documentos, tendo sido alterado o inciso IV e revogado o inciso III:

> ~~"III – declaração fundamentada de sindicato que represente o trabalhador rural ou, quando for o caso, de sindicato ou colônia de pescadores, desde que homologada pelo Instituto Nacional do Seguro Social – INSS **(revogado pela Lei 13.846/19)**;~~
>
> IV – Declaração de Aptidão ao Programa Nacional de Fortalecimento da Agricultura Familiar, de que trata o inciso II do caput do art. 2º da Lei nº 12.188, de 11 de janeiro de 2010, ou por documento que a substitua, emitidas apenas por instituições ou organizações públicas *(redação dada pela Lei 13.846/19)*";

O objetivo normativo foi retirar a atribuição dos sindicatos rurais de declarar a condição de segurado especial, passando a tarefa a ser desempenhada pelas instituições do PRONATER, mediante declaração de aptidão ao Programa Nacional de Fortalecimento da Agricultura Familiar.

Enquanto não editada a lei de regulamentação, deve ser aplicado o regramento para os novos segurados do RGPS do **artigo 19 da Emenda 103/2019**.

Vale registrar que ainda permanece válida a regra de redução da aposentadoria por idade da pessoa com deficiência (LC 142/2013, art. 3º), por força da manutenção deste regramento pelo artigo 22[32] da Emenda 103/2019 até a edição de nova lei complementar para regular o tema:

> Art. 3º É assegurada a concessão de aposentadoria pelo RGPS ao segurado com deficiência, observadas as seguintes condições:
>
> (...)
>
> IV – aos 60 (sessenta) anos de idade, se homem, e 55 (cinquenta e cinco) anos de idade, se mulher, independentemente do grau de deficiência, desde que cumprido tempo mínimo de contribuição de 15 (quinze) anos e comprovada a existência de deficiência durante igual período.

31. AGREsp 794.128, de 21.03.2006.
32. **Art. 22.** Até que lei discipline o § 4º-A do art. 40 e o inciso I do § 1° do art. 201 da Constituição Federal, a aposentadoria da **pessoa com deficiência segurada do Regime Geral de Previdência Social** ou do servidor público federal com deficiência vinculado a regime próprio de previdência social, desde que cumpridos, no caso do servidor, o tempo mínimo de dez anos de efetivo exercício no serviço público e de cinco anos no cargo efetivo em que for concedida a aposentadoria, será concedida na forma da **Lei Complementar n° 142, de 8 de maio de 2013**, inclusive quanto aos critérios de cálculo dos benefícios.

IMPORTANTE:

Por força do artigo 3º, § 1º, da Lei 10.666/2003, **a perda da qualidade de segurado não será considerada para a concessão da aposentadoria por idade**, desde que o segurado conte com, no mínimo, o tempo de contribuição correspondente ao exigido para efeito de carência na data do requerimento do benefício. Essa regra é plenamente compatível com a EC 103/2019.

Logo, não é preciso que uma pessoa mantenha a qualidade de segurada para se aposentar por idade e tempo de contribuição, desde preencha os demais requisitos legais.

No caso do segurado especial é diferente, pois a regra do artigo 3º, § 1º, da Lei 10.666/2003 é incompatível com o seu regime jurídico, sendo necessária a manutenção da qualidade de segurado especial quando do implemento do requisito etário (60 e 55 anos de idade, homem e mulher, respectivamente) juntamente com a carência de 15 anos para a formação do direito à aposentadoria por idade.

Sendo mais segurada há mais de uma década.

Há técnico precedente da TNU de 08.02.2010, que decidiu pela inaplicabilidade da exceção do artigo 3º, § 1º, da Lei 10.666/2003, às aposentadorias por idade dos segurados especiais, pois neste caso normalmente não existe tempo de contribuição, vez que a carência se realiza com o exercício de atividade campesina ou pesqueira para a subsistência:

> "I – PREVIDENCIÁRIO. **APOSENTADORIA RURAL POR IDADE**. II – CIDADÃO QUE, CONFORME "A TABELA DO ART. 142 DA LEI Nº 8.213/91, **TRABALHOU NO CAMPO PELO TEMPO EQUIVALENTE AO DA CARÊNCIA DA APOSENTADORIA NO ANO EM QUE COMPLETOU A IDADE MÍNIMA, MAS QUE JÁ ESTAVA AFASTADO DAS EFETIVAS LIDAS RURAIS E COM OFÍCIOS URBANOS HÁ TEMPOS ANTES DE ATINGIR A IDADE E DAR ENTRADA NO SEU REQUERIMENTO ADMINISTRATIVO**. III – DESNECESSIDADE DO CUMPRIMENTO SIMULTÂNEO DOS REQUISITOS CARÊNCIA E IDADE PARA O DIREITO A BENEFÍCIO PREVIDENCIÁRIO, CONFORME PREVÊ O ART. 3º, § 1º, DA LEI Nº 10.666, DE 2003 E RECONHECE A JURISPRUDÊNCIA. IV – **A APOSENTADORIA RURAL, PORÉM, TEM REQUISITO ADICIONAL ESPECÍFICO DE QUE DEVE SER COMPROVADO O EFETIVO EXERCÍCIO DA ATIVIDADE RURAL EM PERÍODO LOGO ANTECEDENTE AO REQUERIMENTO ADMINISTRATIVO**. EXIGÊNCIA ESTA REITERADA NOS ARTS. 39, INCISO I; 48, § 2º; E 143, TODOS DA LEI Nº 8.213, DE 1991. V – CONSOANTE JÁ ASSENTADO PELA TNU, "COMO SE EXTRAI DOS ARTIGOS 39, INCISO I; 48, § 2º; E 143, TODOS DA LEI Nº 8.213, DE 1991, PREOCUPOU-SE O LEGISLADOR (PROVA DISTO É A REITERAÇÃO DA EXIGÊNCIA EM TRÊS ARTIGOS DISTINTOS) EM CONDICIONAR A OUTORGA DE APOSENTADORIA ÀQUELES QUE COMPROVEM EXERCÍCIO DE ATIVIDADE RURÍCOLA NO PERÍODO IMEDIATAMENTE ANTERIOR AO REQUERIMENTO. TEVE POR ESCOPO, DESTARTE, AMPARAR AQUELES TRABALHADORES QUE ESTEJAM DE FATO À MARGEM DO MERCADO FORMAL DE TRABALHO E, MAIS ESPECIFICAMENTE, DO MERCADO URBANO. DESTINAM-SE AS NORMAS, PORTANTO, ÀQUELES QUE LABUTAM SEM PERSPECTIVA DE LOGRAR UMA APOSENTADORIA DO REGIME CONTRIBUTIVO. (...) **O ARTIGO 3º, § 1º, DA LEI Nº 10.666, DE 2003 ("NA HIPÓTESE DE APOSENTADORIA POR IDADE, A PERDA DA QUALIDADE DE SEGURADO NÃO SERÁ CONSIDERADA PARA A CONCESSÃO DESSE BENEFÍCIO, DESDE QUE O SEGURADO CONTE COM, NO MÍNIMO, O TEMPO DE CONTRIBUIÇÃO CORRESPONDENTE AO EXIGIDO PARA EFEITO DE CARÊNCIA NA DATA DO REQUERIMENTO DO BENEFÍCIO"), COMO SE INFERE DE SEU PRÓPRIO TEOR – HÁ EXPRESSA**

REFERÊNCIA AO "TEMPO DE CONTRIBUIÇÃO" – ESTÁ A TRATAR DAS APOSENTADORIAS POR IDADE URBANAS, EIS QUE, NAS RURAIS, INEXISTEM CONTRIBUIÇÕES POR PARTE DO SEGURADO ESPECIAL" (PEDILEF Nº 2007.72.95.004435-1 – REL. JUÍZA FEDERAL JOANA CAROLINA LINS PEREIRA – J. EM 03/08/2009 – UNÂNIME). VI – PEDIDO DE UNIFORMIZAÇÃO PARCIALMENTE CONHECIDO E DESPROVIDO" **(PEDIDO 200670510009431, JUIZ FEDERAL MANOEL ROLIM CAMPBELL PENNA).**

Esse entendimento foi referendado pela 3ª Seção do STJ no dia 13.12.2010, no julgamento da PET 7.476:

> "PREVIDENCIÁRIO. APOSENTADORIA RURAL POR IDADE. REQUISITOS: IDADE E COMPROVAÇÃO DA ATIVIDADE AGRÍCOLA NO PERÍODO IMEDIATAMENTE ANTERIOR AO REQUERIMENTO. ARTS. 26, I, 39, I, E 143, TODOS DA LEI N. 8.213/1991. DISSOCIAÇÃO PREVISTA NO § 1º DO ART. 3º DA LEI N. 10.666/2003 DIRIGIDA AOS TRABALHADORES URBANOS. PRECEDENTE DA TERCEIRA SEÇÃO.
>
> 1. A Lei n. 8.213/1991, ao regulamentar o disposto no inc. I do art. 202 da redação original de nossa Carta Política, assegurou ao trabalhador rural denominado segurado especial o direito à aposentadoria quando atingida a idade de 60 anos, se homem, e 55 anos, se mulher (art. 48, § 1º).
>
> 2. Os rurícolas em atividade por ocasião da Lei de Benefícios, em 24 de julho de 1991, foram dispensados do recolhimento das contribuições relativas ao exercício do trabalho no campo, substituindo a carência pela comprovação do efetivo desempenho do labor agrícola (arts. 26, I e 39, I).
>
> **3. Se ao alcançar a faixa etária exigida no art. 48, § 1º, da Lei n. 8.213/91, o segurado especial deixar de exercer atividade como rurícola sem ter atendido a regra de carência, não fará jus à aposentação rural pelo descumprimento de um dos dois únicos critérios legalmente previstos para a aquisição do direito.**
>
> 4. Caso os trabalhadores rurais não atendam à carência na forma especificada pelo art. 143, mas satisfaçam essa condição mediante o cômputo de períodos de contribuição em outras categorias, farão jus ao benefício ao completarem 65 anos de idade, se homem, e 60 anos, se mulher, conforme preceitua o § 3º do art. 48 da Lei de Benefícios, incluído pela Lei nº 11.718, de 2008.
>
> 5. Não se mostra possível conjugar de modo favorável ao trabalhador rural a norma do § 1º do art. 3º da Lei n. 10.666/2003, que permitiu a dissociação da comprovação dos requisitos para os benefícios que especificou: aposentadoria por contribuição, especial e por idade urbana, os quais pressupõem contribuição.
>
> 6. Incidente de uniformização desprovido".

Posteriormente, a 1ª Seção do STJ seguiu a mesma linha no julgamento do REsp 1.302.997/SP, publicado em 15.03.2012, cuja principal passagem se transcreve:

> "A jurisprudência do STJ não é favorável ao pleito, na medida que firmou entendimento no sentido de que para caracterizar o devido atendimento à condição de implementação da carência, deve o autor demonstrar o retorno às atividades campesinas, bem como a permanência no meio rural pelo prazo exigido, imediatamente anterior ao requerimento do benefício, nos termos do art. 48, § 2º, da Lei n. 8.213/199".

Esta jurisprudência foi confirmada em outubro de 2015 pelo STJ, em sede de Recurso Especial Repetitivo (REsp 1354908), julgado pela 1ª Seção do STJ. Salvo direito adquirido (preenchimento anterior e simultâneo da idade e da carência), é necessária a manutenção da qualidade de segurado especial quando do implemento da idade de 60 anos para os homens e

55 anos para as mulheres, sob pena de indeferimento da aposentadoria por idade do segurado especial:

> **Segurado especial tem de estar trabalhando no campo ao completar idade para aposentadoria rural**
>
> O segurado especial tem de estar trabalhando no campo quando completar a idade mínima para obter a aposentadoria rural por idade, momento em que poderá requerer seu benefício. A tese foi definida pela Primeira Seção do Superior Tribunal de Justiça (STJ) em julgamento de recurso repetitivo e deverá orientar as demais instâncias da Justiça Federal em processos sobre o mesmo assunto (tema 642).
>
> Conforme destacou o relator, ministro Mauro Campbell Marques, se, ao alcançar a faixa etária exigida no artigo 48, parágrafo 1º, da Lei 8.213/91 (60 anos para homens e 55 para mulheres), o segurado especial deixar de exercer atividade rural sem ter atendido à regra da carência, não fará jus à aposentadoria por idade rural em razão do descumprimento de um dos dois únicos critérios legalmente previstos para a aquisição do benefício.
>
> O relator ressalvou a hipótese do direito adquirido, em que o segurado especial, embora não tenha requerido sua aposentadoria por idade rural, já preencheu de forma concomitante, no passado, ambos os requisitos – carência e idade.
>
> **Objetivo da lei**
>
> No caso julgado, a trabalhadora ingressou com ação previdenciária para a concessão de aposentadoria rural por idade prevista no artigo 143 da Lei 8.213. O juízo de primeiro grau e o Tribunal Regional Federal da 3ª Região reconheceram o direito.
>
> Ocorre que a concessão da aposentadoria ao segurado especial filiado à previdência social antes da Lei 8.213 depende da idade (55 anos para mulher) e da comprovação do tempo de atividade rural em número de meses idêntico à carência do referido benefício, no período imediatamente anterior ao requerimento.
>
> Segundo Campbell, a expressão "período imediatamente anterior" corresponde ao objetivo da lei, que é evitar que pessoas há muito afastadas do trabalho no campo possam obter a aposentadoria rural por idade.
>
> **Descaracterização**
>
> Ao analisar o recurso do INSS, o ministro constatou que a trabalhadora completou 55 anos de idade em maio de 2007, momento em que deveria comprovar 156 meses de contribuição na atividade rural para obtenção do benefício (conforme dispõem os artigos 142 e 143 da Lei 8.213).
>
> Porém, a trabalhadora do caso julgado não mais exercia atividades no campo no período em que completou a idade mínima. Assim, a condição de segurada especial foi descaracterizada, no entender do ministro. "Afastando-se da atividade campesina antes do implemento da idade mínima para a aposentadoria, o segurado especial deixa de fazer jus ao benefício previsto no artigo 48 da Lei 8.213", concluiu.
>
> A seção atendeu ao recurso do INSS. Votaram com o relator os ministros Og Fernandes, Benedito Gonçalves, Assusete Magalhães, Sérgio Kukina e Regina Helena Costa, além do desembargador convocado Olindo Menezes. Votou de forma divergente o ministro Napoleão Nunes Maia Filho.

Eis a tese repetitiva firmada pelo STJ através da 1ª Seção: "tese delimitada em sede de representativo da controvérsia, sob a exegese do artigo 55, § 3º combinado com o artigo 143 da Lei 8.213/1991, no sentido de que **o segurado especial tem que estar laborando no campo, quando completar a idade mínima para se aposentar por idade rural, momento em que poderá requerer seu benefício**. Se, ao alcançar a faixa etária exigida no artigo 48, § 1º, da

Lei 8.213/1991, o segurado especial deixar de exercer atividade rural, sem ter atendido a regra transitória da carência, não fará jus à aposentadoria por idade rural pelo descumprimento de um dos dois únicos critérios legalmente previstos para a aquisição do direito. **Ressalvada a hipótese do direito adquirido em que o segurado especial preencheu ambos os requisitos de forma concomitante, mas não requereu o benefício**".

De acordo com o entendimento do extinto Ministério da Previdência Social, através do Parecer 674/2012/CONJUR-MPS/CGU/AGU, aprovado pela Portaria nº 264/2013/MPS, **não se aplica o artigo 3º, § 1º, da Lei nº 10.666/2003 ao segurado especial.**

Por sua vez, para fins de concessão dos benefícios do RGPS, **o tempo de serviço prestado pelo trabalhador rural anteriormente à competência novembro de 1991 será reconhecido, desde que devidamente comprovado**[33]**, independentemente de indenização**, pois é respeitado o regramento da época, **salvo para fins de carência**, a teor do § 2º, do artigo 55, da Lei 8.213/91:

> "2º O tempo de serviço do segurado trabalhador rural, anterior à data de início de vigência desta Lei, será computado independentemente do recolhimento das contribuições a ele correspondentes, **exceto para efeito de carência**, conforme dispuser o Regulamento".

Esse é o entendimento uniforme do STJ[34] e da **Súmula 24 da TNU**:

> "**Súmula 24** – O tempo de serviço do segurado trabalhador rural anterior ao advento da Lei nº 8.213/91, sem o recolhimento de contribuições previdenciárias, pode ser considerado para a concessão de benefício previdenciário do Regime Geral de Previdência Social (RGPS), exceto para efeito de carência, conforme a regra do art. 55, § 2º, da Lei nº 8.213/91".

De acordo com a regra de transição do artigo 143, da Lei 8.213/91, o **trabalhador rural enquadrado como segurado especial, empregado rural ou contribuinte individual rural** (antigo autônomo) terá direito à aposentadoria por idade, no valor de um salário mínimo, durante quinze anos, contados a partir da data de vigência desta Lei, desde que comprove o exercício de atividade rural, ainda que descontínua, no período imediatamente anterior ao requerimento do benefício, em número de meses idêntico à carência do referido benefício.

Trata-se de regra de transição que veio beneficiar os trabalhadores rurais em geral enquadrados nas referidas classes, vez que a aposentadoria por velhice rural independia de contribuição efetiva, na forma da Lei Complementar 11/1971, que instituiu no Programa de Assistência ao Trabalhador Rural (PRO-RURAL), sendo similar ao atual regime de custeio do segurado especial.

Esse prazo foi prorrogado por mais 02 anos pela Medida Provisória 312/2006, convertida na Lei 11.368/2006 e, posteriormente, até o dia 31.12.2010, pelo artigo 2º, da Lei 11.718/2008.

Demais disso, não será considerada a perda da qualidade de segurado os intervalos entre as atividades rurícolas, **devendo, entretanto, estar o segurado exercendo a atividade rural ou em período de graça na data de entrada do requerimento ou na data em que implementou todas as condições exigidas para o benefício**[35].

A partir de 2011, o empregado rural e o contribuinte individual rural deverão observar a seguinte regra de transição, contida no artigo 3º, da Lei 11.718/2008:

---

33. Artigo 123, do RPS.
34. AR 3.629, de 23.06.2008.
35. Artigo 231, da Instrução Normativa INSS 77/2015.

"II – de janeiro de 2011 a dezembro de 2015, cada mês comprovado de emprego, multiplicado por 3 (três), limitado a 12 (doze) meses, dentro do respectivo ano civil; e

III – de janeiro de 2016 a dezembro de 2020, cada mês comprovado de emprego, multiplicado por 2 (dois), limitado a 12 (doze) meses dentro do respectivo ano civil".

Ou seja, **a partir de 2011**, serão adotadas as seguintes regras para a aposentadoria por idade do empregado rural e contribuinte individual rural: **de 2011 até 2015**, terão que recolher 04 contribuições por ano; **de 2016 até 2020**, terão que comprovar o recolhimento de 06 contribuições por ano; **a contar de 2021**, segue-se a regra geral de 12 contribuições por ano.

3. REGRAS BÁSICAS DA EXTINTA APOSENTADORIA APENAS POR TEMPO DE CONTRIBUIÇÃO SEM IDADE MÍNIMA

Muitos segurados adquiriram o direito à aposentadoria por tempo de contribuição sem idade mínima antes do advento da Emenda 103/2019, sendo assegurado o direito adquirido pelo artigo 3º da Reforma Constitucional.

Mas não serão todos os segurados que tinham direito à EXTINTA aposentadoria por tempo de contribuição (sistemática anterior à EC 103/2019). Inicialmente, por falta de previsão legal em seu favor, o **segurado especial** não se aposentava por tempo de contribuição, exceto se optou pelo recolhimento das contribuições previdenciárias de acordo com o regime do contribuinte individual.

Eis o entendimento do **STJ**, consolidado na **Súmula 272**:

"**Súmula: 272** – O trabalhador rural, na condição de segurado especial, sujeito à contribuição obrigatória sobre a produção rural comercializada, somente faz jus à aposentadoria por tempo de serviço, se recolher contribuições facultativas".

Outrossim, o contribuinte individual que trabalhe por conta própria sem vinculação a pessoa jurídica e o segurado facultativo que optaram pelo regime simplificado de recolhimento, ou seja, arrecadaram 11% sobre o salário mínimo, ou 5% sobre um salário mínimo no caso do microempreendedor individual e do segurado facultativo de baixa renda com atividades domésticas em sua residência (inscrito no CadÚnico), ao invés de 20%, também não tinham direito a se aposentar por tempo de contribuição, na forma do artigo 21, § 2º, da Lei 8.212/91.

Todavia, caso esses segurados se arrependessem, poderiam complementar o recolhimento dos 9% ou dos 15% com os respectivos juros legais para que possam se aposentar por tempo de contribuição, sendo essa contribuição exigida a qualquer tempo, sob pena de indeferimento do benefício.

A respeito do tema, colaciona-se Enunciado aprovado no XII FONAJEF:

Grupo 4

Enunciado nº 1 (ATUAL ENUNCIADO 161 FONAJEF)

Nos casos de pedido de concessão de benefício por segurado facultativo de baixa renda, a comprovação da inscrição da família no CadÚnico é documento indispensável para propositura da ação, sob pena de extinção sem exame do mérito (Aprovado no XII FONAJEF).

No mesmo sentido, a TNU em tese repetitiva:

> **EMENTA. DIREITO PREVIDENCIÁRIO. PEDIDO DE UNIFORMIZAÇÃO DE INTERPRETAÇÃO DE LEI FEDERAL. INCIDENTE DE UNIFORMIZAÇÃO JULGADO COMO REPRESENTATIVO DA CONTROVÉRSIA (TEMA 181). SEGURADO FACULTATIVO DE BAIXA RENDA. COMPROVAÇÃO DA CONDIÇÃO DE BAIXA RENDA. INSCRIÇÃO NO CADÚNICO. REDUÇÃO DA ALÍQUOTA DE CONTRIBUIÇÃO PREVIDENCIÁRIA. IMPOSSIBILIDADE DE VALIDAÇÃO DE CONTRIBUIÇÕES VERTIDAS ANTES DA INSCRIÇÃO. INCIDENTE CONHECIDO E NÃO PROVIDO.**
>
> 1. O OBJETO EM DISCUSSÃO CINGE-SE À ANÁLISE DO DIREITO À VALIDAÇÃO DAS CONTRIBUIÇÕES EFETUADAS PELA SEGURADA, NA MODALIDADE FACULTATIVO DE BAIXA RENDA, ANTES DA DATA DO REGISTRO NO CADASTRO ÚNICO DE PROGRAMAS SOCIAIS DO GOVERNO FEDERAL.
>
> 2. O CONTRIBUINTE FACULTATIVO BAIXA RENDA, DESTINATÁRIO DA ALÍQUOTA DE 5%, É AQUELE QUE SE DEDICA AO TRABALHO DOMÉSTICO EM SUA RESIDÊNCIA, PERTENCENTE À FAMÍLIA DE BAIXA RENDA E INSCRITO NO CADASTRO ÚNICO PARA PROGRAMAS SOCIAIS DO GOVERNO FEDERAL – CADÚNICO, CUJA RENDA MENSAL SEJA DE ATÉ 2 (DOIS) SALÁRIOS MÍNIMOS, ART. 21, § 2, II "B", E § 4º, DA LEI Nº 8.212/91.
>
> 3. AS CONDIÇÕES SOCIECONÔMICAS, QUE INTERFEREM NO CUMPRIMENTO DOS REQUISITOS E, DE CONSEQUÊNCIA, NO DIREITO À ALÍQUOTA DIFERENCIADA, PODEM SOFRER ALTERAÇÕES COM O PASSAR DO TEMPO, RAZÃO POR QUE O CADASTRO REPRESENTA UM CRITÉRIO SEGURO PARA SUA AFERIÇÃO, NO MOMENTO EM QUE É FEITO.
>
> 4. DAÍ PORQUE A OBRIGAÇÃO ACESSÓRIA DE INSCREVER-SE PREVIAMENTE NO CADASTRO ÚNICO NÃO PODE SER INTERPRETADA COMO UMA MERA EXIGÊNCIA DE ORDEM BUROCRÁTICA. E MAIS, NÃO PODE OPERAR EFEITOS RETROATIVOS.
>
> 5. FIXADA TESE JURÍDICA REPRESENTATIVA DA CONTROVÉRSIA (TEMA 181): "A PRÉVIA INSCRIÇÃO NO CADASTRO ÚNICO, PARA PROGRAMAS SOCIAIS DO GOVERNO FEDERAL – CADÚNICO, É REQUISITO ESSENCIAL PARA VALIDAÇÃO DAS CONTRIBUIÇÕES PREVIDENCIÁRIAS VERTIDAS NA ALÍQUOTA DE 5% (ART. 21, § 2º, INCISO II, ALÍNEA "B", E § 4º, DA LEI 8.212/91), E OS EFEITOS DESSA INSCRIÇÃO NÃO ALCANÇAM AS CONTRIBUIÇÕES FEITAS ANTERIORMENTE".
>
> A Turma Nacional de Uniformização, por maioria, decidiu CONHECER E NEGAR PROVIMENTO ao incidente de uniformização, nos termos do voto do Juiz Federal Erivaldo dos Santos. Incidente de Uniformização julgado como representativo da controvérsia, conforme art. 17, VII, do RITNU (Tema 181).
>
> Brasília, 21 de novembro de 2018.

A aposentadoria por tempo de contribuição tinha renda de **100% do salário de benefício,** lembrando que no cálculo do salário de benefício é **obrigatório o manejo do fator previdenciário**, o que acaba reduzindo bastante a renda mensal inicial dos benefícios das pessoas que se aposentam ainda muito jovens.

No entanto, coube à **Medida Provisória 676, publicada em 18 de junho de 2015**, instituir a regra alternativa 85(mulher)/95 (homem) para tornar facultativo o fator previdenciário nesta aposentadoria. Posteriormente esta regra foi modificada pela Lei 13.183, de 4/11/2015.

O segurado que preencher o requisito para a aposentadoria por tempo de contribuição poderá optar pela não incidência do fator previdenciário no cálculo de sua aposentadoria, quando o total resultante da soma de sua idade e de seu tempo de contribuição, incluídas as frações, na data de requerimento da aposentadoria, for: I – igual ou superior a noventa e cinco pontos, se homem, observando o tempo mínimo de contribuição de trinta e cinco anos; ou II – igual ou superior a oitenta e cinco pontos, se mulher, observado o tempo mínimo de contribuição de trinta anos.

De acordo com a literalidade do texto normativo, as somas de idade e de tempo de contribuição previstas no caput serão (seriam) majoradas em um ponto em:

I – 31 de dezembro de 2018 (86/96);

~~II – 31 de dezembro de 2020 (87/97);~~

~~III – 31 de dezembro de 2022 (88/98);~~

~~IV – 31 de dezembro de 2024 (89/99); e~~

~~V – 31 de dezembro de 2026 (90/100)~~.

A **última faixa foi 86/96**, tendo em vista a não recepção do artigo 29-C da Lei 8.213/91 pela EC 103/2009.

Logo, **sem revogar a regra ordinária da aposentadoria por tempo de contribuição sem idade mínima e com aplicação compulsória do fator previdenciário**, foi criada regra progressiva para a concessão de aposentadoria por tempo de contribuição com aplicação facultativa do fator previdenciário, observado o tempo mínimo de contribuição (30 anos mulher e 35 anos homem), desde que a soma com a idade do segurado atinja à pontuação acima enumerada.

À luz do **direito adquirido**, ao segurado que alcançar o requisito necessário ao exercício da opção com base na tabela acima e deixar de requerer aposentadoria será assegurado o direito à opção com a aplicação da pontuação exigida na data do cumprimento dos requisitos.

Como exemplo, suponha-se que um segurado homem que em 2015, 2016, 2017 ou 2018 (até 30/12) conte com 37 anos de tempo de contribuição e idade de 58 anos (37 + 58=95). Neste caso ele preencherá esta regra e poderá se aposentar sem o fator previdenciário (não se aplicará o fator quando for para reduzir a renda, mas apenas para majorar).

Suponha-se que uma mulher em 2023 ou 2024 tenha 30 anos de tempo de contribuição e 58 anos de idade (30 + 58=88). Ela preencherá a regra aludida.

Para o segurado que adquiriu o direito a partir de 31/12/2018, a pontuação restou modificada para 86 (mulheres) e 96 (homens), incluindo frações. Eis alguns exemplos da regra 86/96 (aquisição do direito entre 31/12/2018 e 30/12/2020):

MULHERES		
IDADE	TEMPO DE CONTRIBUIÇÃO	PONTUAÇÃO TOTAL
56 anos	30 anos	86
55,5 anos	30,5 anos	86
55 anos	31 anos	86
54,5 anos	31,5 anos	86
54 anos	32 anos	86

HOMENS		
IDADE	TEMPO DE CONTRIBUIÇÃO	PONTUAÇÃO TOTAL
61 anos	35 anos	96
60,5 anos	35,5 anos	96
60 anos	36 anos	96
59,5 anos	36,5 anos	96
59 anos	37 anos	96

No entanto, há uma regra especial para o **professor exclusivo do ensino básico.** O tempo mínimo de contribuição do professor e da professora que comprovarem exclusivamente tempo de efetivo exercício de magistério na educação infantil e no ensino fundamental e médio será de, respectivamente, **trinta e vinte e cinco anos**, e serão **acrescidos cinco pontos à soma da idade com o tempo de contribuição.**

Suponha-se que em 2015, 2016, 2017 ou 2018 um professor do sexo masculino do ensino básico possua 30 anos de tempo de contribuição exclusivamente como professor e 60 anos de idade. Neste caso, ele terá direito à regra 95 (30+60+5) com a aplicação facultativa do fator previdenciário.

Nota-se que a tabela foi esticada pela Lei 13.183/2015 em comparação ao texto originário da MP 676/2015, assim como houve a redução do tempo de contribuição em 5 anos em favor do professor exclusivo do ensino básico, o que não acontecia no texto da MP 676/2015.

O benefício de aposentadoria por tempo de contribuição será devido aos segurados amparados pelos Acordos de Previdência Social bilateral que o Brasil mantém com Portugal, Espanha, Grécia, Argentina, Uruguai e Cabo Verde, desde que preencham todos os requisitos para concessão desse benefício, utilizando períodos cumpridos naquele outro Estado, sendo que, nos casos da Argentina e Uruguai, considerando que no Acordo Multilateral de Seguridade Social do Mercosul não há previsão expressa desse tipo de benefício, somente serão reconhecidos, por força do direito adquirido, aqueles que comprovarem a implementação dos requisitos necessários no período em que estiveram em vigência os acordos bilaterais dos dois países.

Logo, considerando que o Acordo Multilateral de Seguridade Social do Mercosul não prevê a contagem recíproca internacional para o benefício da aposentadoria por tempo de contribuição, que não possui paralelo na Argentina e Uruguai, esta não será cabível nesta hipótese, salvo direito adquirido consolidado no regime anterior, quando vigoravam os acordos bilaterais entre os referidos países.

A Emenda 20/1998 assegurou (artigo 3º) a concessão de aposentadoria e pensão, a qualquer tempo, aos servidores públicos e aos segurados do regime geral de previdência social, bem como aos seus dependentes, que, até a data da sua publicação (16/12/1998), tenham cumprido os requisitos para a obtenção destes benefícios, com base nos critérios da legislação então vigente.

Assim, o segurado que contasse com 30 anos de tempo de serviço até 16/12/98 e a segurada que contabilizasse 25 anos de serviço possuem direito adquirido à aposentadoria proporcional, mesmo que apenas tenham requerido a aposentação em data posterior.

Todavia, para tanto, evidentemente não podem ser considerados períodos contributivos prestados após a Emenda 20, consoante a jurisprudência pacificada do STF:

> "AGRAVO REGIMENTAL NO RECURSO EXTRAORDINÁRIO. CONSTITUCIONAL. PREVIDENCIÁRIO. APOSENTADORIA POR TEMPO DE SERVIÇO. DIREITO ADQUIRIDO. ARTIGO 3º DA EC N. 20/98. CONTAGEM DE TEMPO DE SERVIÇO POSTERIOR A 16.12.1998. BENEFÍCIO CALCULADO NOS TERMOS DAS NORMAS VIGENTES ANTES DO ADVENTO DA REFERIDA EMENDA. IMPOSSIBILIDADE. ACÓRDÃO RECORRIDO EM CONSONÂNCIA COM O ENTENDIMENTO DESTA CORTE. 1. O segurando que queira incorporar tempo de serviço posterior ao advento da EC n. 20/98 para se aposentar, não pode se valer da legislação anterior para calcular o benefício previdenciário, devendo, sim, submeter-se ao novo ordenamento, com observância das regras de transição. Porquanto, de forma diversa, se criaria um regime misto de aposentadoria incompatível com a lógica do sistema. Nesse sentido, RE n. 575.089, Relator o Ministro Ricardo Lewandowski, Plenário, DJe 24.10.08, assim ementado: "EMENTA: INSS. APOSENTADORIA. CONTAGEM DE TEMPO. DIREITO ADQUIRIDO. ART. 3º DA EC 20/98. CONTAGEM DE TEMPO DE SERVIÇO POSTERIOR A 16.12.1998. POSSIBILIDADE. BENEFÍCIO CALCULADO EM CONFORMIDADE COM NORMAS VIGENTES ANTES DO ADVENTO DA REFERIDA EMENDA. INADMISSIBILIDADE. RE IMPROVIDO. **I – Embora tenha o recorrente direito adquirido à aposentadoria, nos termos do art. 3º da EC 20/98, não pode computar tempo de serviço posterior a ela, valendo-se das regras vigentes antes de sua edição. II -Inexiste direito adquirido a determinado regime jurídico, razão pela qual não é lícito ao segurado conjugar as vantagens do novo sistema com aquelas aplicáveis ao anterior. III – A superposição de vantagens caracteriza sistema híbrido, incompatível com a sistemática de cálculo dos benefícios previdenciários.** IV – Recurso extraordinário improvido." 2. In casu, o acórdão originariamente recorrido assentou: "APOSENTADORIA POR TEMPO DE SERVIÇO. EC Nº 20, DE 1998. TEMPO DE SERVIÇO POSTERIOR A 16-12-1998. Inviável a utilização de tempo de serviço posterior a 16-12-1998 e a aplicação do regramento anterior à EC nº 20/98, sem as alterações por ela estabelecidas." 3. Agravo regimental a que se nega provimento" **(RE 671.628, de 24.04.2012)**.

Vale registrar também que o segurado não possui direito de postular a conversão de aposentadoria com proventos integrais em aposentadoria proporcional, consoante pacificado pelo STJ, a exemplo do julgamento do AgRg no REsp 1.309.258, de 05.06.2012:

> "A jurisprudência desta Corte firmou entendimento de que não é possível a conversão de aposentadoria integral em proventos proporcionais, uma vez que tratam de benefícios distintos. Súmula 83/STJ. Precedentes desta Corte e do STF. AgRg no AREsp 74.966/GO, Rel. Min. Teori Albino Zavascki, Primeira Turma; AgRg no REsp 1242327/PR, Rel. Adilson Vieira Macabu (Desembargador convocado do TJ/RJ), Quinta Turma; AgRg no REsp 1233152/RS, Rel. Min. Jorge Mussi, Quinta Turma; AI 810744 AgR, Rel.(a): Min. Ricardo Lewandowski, Primeira Turma; RE 286508 AgR, Relator(a): Min. Celso de Mello, Segunda Turma; RE 286921 AgR, Relator(a): Min. Ellen Gracie, Segunda Turma; RE 352391 AgR, Rel.(a): Min. Carlos Velloso, Segunda Turma".

Regras de transição
EXTINTA aposentadoria por tempo de contribuição proporcional

Para as pessoas que eram seguradas do RGPS em 16.12.1998, data de vigência da Emenda 20, a aposentadoria por tempo de contribuição proporcional foi mantida em regra de transição, à razão de 70% do salário de benefício, somado a 5% por ano de contribuição que supere a soma de 30 anos (homem) ou 25 anos de contribuição (mulher) com o "pedágio", até o limite de 100% do salário de benefício.

Mas o artigo 9º, da Emenda 20/1998, exige dois pressupostos para a concessão da aposentadoria por tempo de contribuição proporcional para os antigos segurados:

A) contar no mínimo com 53 anos de idade, se homem, e 48 anos de idade, se mulher;

B) um período adicional de contribuição equivalente a 40% do tempo que, na data da publicação da Emenda, faltaria para atingir o limite de tempo constante da alínea anterior ("pedágio").

Assim, suponha-se que uma mulher contava com 20 anos de serviço em 16.12.1998. Para se beneficiar da regra de transição, além de atingir a idade mínima de 48 anos de idade na data de requerimento do benefício, ela teria que pagar um "pedágio" de 02 anos de contribuição, que equivale a 40% do que faltava para atingir 25 anos de serviço, totalizando 27 anos de contribuição, com renda mensal inicial de 70% do salário de benefício.

Vale frisar que esta regra de transição apenas vem beneficiando os segurados que, em 16.12.1998, faltavam menos de 12 anos de contribuição para se aposentar proporcionalmente, pois 40% de 12 anos equivalem a 05 anos de contribuição, já se aplicando a regra atual mais benéfica (35 ou 30 anos de contribuição, se homem ou mulher), sendo inócua a regra de transição.

De acordo com o entendimento administrativo do INSS, mais favorável aos segurados, esta regra de transição também será aplicável ao segurado filiado ao RGPS até 16 de dezembro de 1998, que perder a qualidade de segurado e vier a reingressar no respectivo regime a partir de 17 de dezembro de 1998, inclusive na hipótese de haver filiação para outro regime de Previdência Social[36], conquanto teoricamente a perda da qualidade de segurado exclua o direito de gozar da regra de transição, pois rompida a relação previdenciária.

Para os **professores em geral**, a regra de transição para a aposentadoria por tempo de contribuição proporcional foi diferenciada. Com propriedade, eles terão o tempo de serviço exercido até a publicação da Emenda 20/98 contado com o acréscimo de 17%, se homem, e de 20%, se mulher, desde que se aposentem, exclusivamente, com tempo de efetivo exercício de atividade de magistério.

Ressalte-se que as regras de transição para a aposentadoria integral são inócuas, pois mais rígidas que as vigentes, em razão de não ter sido aprovada a idade mínima para a aposentadoria por tempo de contribuição na votação da Emenda 20/98.

4. APOSENTADORIAS ESPECIAIS

De acordo com o § 1º, do artigo 201, da Constituição, com redação dada pela Emenda 20/98 e posteriormente alterada pela Emenda 47/05, "é vedada a adoção de requisitos e critérios diferenciados para a concessão de aposentadoria aos beneficiários do regime geral de previdência social, **ressalvados os casos de atividades exercidas sob condições especiais que prejudiquem a saúde ou a integridade física e quando se tratar de segurados portadores de deficiência**, nos termos definidos em **lei complementar**".

Assim, em regra, o legislador constituinte reformador proibiu a adoção de requisitos diferenciados para a aposentadoria, salvo as atividades especiais prejudiciais à saúde ou integridade física do segurado, bem como no caso do trabalho prestado pelos portadores de deficiência

36. Artigo 237, da Instrução Normativa INSS 77/2015.

física, em aplicação ao Princípio da Isonomia, pois se cuidam de situações diferenciadas que merecem um tratamento privilegiado.

Mas esse dispositivo foi reformado pela **EC 103/2019**, que passou a contar com a seguinte redação:

> § 1º É **vedada** a adoção de requisitos ou critérios diferenciados para concessão de benefícios, ressalvado, nos termos de **lei complementar**, a **possibilidade de previsão** de idade e tempo de contribuição distintos da regra geral para concessão de aposentadoria exclusivamente em favor dos segurados:
>
> I – com **deficiência**, previamente submetidos à avaliação biopsicossocial realizada por equipe multiprofissional e interdisciplinar;
>
> II – cujas atividades sejam exercidas com efetiva exposição a **agentes nocivos** químicos, físicos e biológicos prejudiciais à saúde, ou associação destes agentes, **vedada a caracterização por categoria profissional ou ocupação.**

Este parágrafo foi modificado para restringir as situações de concessão da aposentadoria especial por agentes nocivos à saúde, mantida a regulamentação por lei complementar.

Agora há **vedação constitucional** expressa à caracterização por **categoria profissional** ou ocupação.

Havia vedação para enquadramento por **periculosidade**, a exemplo de *vigilantes* e *eletricitários*, buscando barrar a jurisprudência do STJ no RGPS, mas após negociação no Senado a proibição foi retirada do texto.

Após um acordo no Senado na votação em segundo turno, a vedação de enquadramento de tempo especial por periculosidade foi retirada do texto da Emenda 103/2019, o que, em tese, conserva a jurisprudência do STJ pelo enquadramento.

Ficou acordado que haverá uma lei complementar para regulamentar o tema, a fim de beneficiar os vigilantes que laboram com o uso de arma de fogo. Não se sabe, por hora, se outras categorias que laboram com atividades de risco serão inseridas no texto final da citada lei complementar, a exemplo dos eletricitários com labor em altas tensões.

O enquadramento por categoria profissional já não era mais possível desde 28/4/1995, por força da Lei 9.032/95, que alterou o artigo 57[37] da Lei 8.213/91, passando a exigir exposição permanente a agentes nocivos para a concessão da aposentadoria especial, sendo novidade a constitucionalização da vedação.

Já a concessão de aposentadoria especial por periculosidade não é admitida pelo INSS pela legislação atual, pois, a rigor, inexiste exposição a agente nocivo de natureza física, química ou biológica, sendo deferida judicialmente pelo STJ.

O acordo foi a ulterior edição de uma lei complementar para regular a aposentadoria especial por periculosidade, ainda não editada.

Um ponto a destacar é a restrição do novo texto constitucional:

---

37. § 3º A concessão da aposentadoria especial dependerá de comprovação pelo segurado, perante o Instituto Nacional do Seguro Social–INSS, do tempo de trabalho **permanente, não ocasional nem intermitente**, em condições especiais que prejudiquem a saúde ou a integridade física, durante o período mínimo fixado. Redação dada pela Lei nº 9.032, de 1995)

A) **Texto anterior:** "atividades exercidas sob condições especiais que prejudiquem a saúde ou a integridade física".

B) **Texto atual:** "cujas atividades sejam exercidas com efetiva exposição a agentes nocivos químicos, físicos e biológicos prejudiciais à saúde, ou associação destes agentes".

O texto da Emenda 103/2019 é mais restritivo, pois fecha a aposentadoria especial somente para a efetiva exposição a agentes nocivos químicos, físicos e biológicos.

Já o texto anterior tinha grande amplitude, não se restringindo a agentes nocivos, pois citada atividades especiais que prejudicassem a saúde ou integridade física, o que ultrapassa as situações de nocividade por exposição a agentes físicos, químicos ou biológicos, abarcando qualquer atividade laboral com possibilidade de prejudicar a saúde ou a integridade física.

Restou mantida a previsão de aposentadoria especial para a **pessoa com deficiência**, previamente submetidos à avaliação biopsicossocial realizada por equipe multiprofissional e interdisciplinar, modelo pericial que já era previsto na LC 142/2013, mas que agora foi constitucionalizado.

O texto da Emenda traz uma sutileza: "a **possibilidade de previsão** de idade e tempo de contribuição distintos da regra geral para concessão de aposentadoria exclusivamente em favor dos segurados..."

Logo, tal qual foi feito no RPPS, **a regra permanente da aposentadoria especial não gera direito a regras diferenciadas**, deixando de modo discricionário ao legislador a aprovação de uma lei complementar de regulamentação para redução de idade e tempo de contribuição em favor.

Logo, de um direito subjetivo dos segurados que laboram expostos a agentes nocivos e pessoas com deficiência, passou a natureza jurídica de ato discricionário do legislador, o que é lastimável.

4.1. Aposentadoria especial por exposição a agentes nocivos à saúde

Regulamentação básica: artigos 57/58, da Lei 8.213/91; artigos 64/70, do RPS (Decreto 3.048/99).

Código de concessão: 46 – Aposentadoria especial.

Art. 19 (...)

§ 1º Até que lei complementar disponha sobre a redução de idade mínima ou tempo de contribuição prevista nos §§ 1º e 8º do art. 201 da Constituição Federal, será concedida aposentadoria:

I – aos segurados que comprovem o exercício de atividades com efetiva exposição a agentes nocivos químicos, físicos e biológicos prejudiciais à saúde, ou associação desses agentes, **vedada a caracterização por categoria profissional ou ocupação**, durante **quinze, vinte ou vinte e cinco anos**, nos termos do disposto nos arts. 57 e 58 da Lei nº 8.213, de 24 de julho de 1991, quando cumpridos:

a) 55 (cinquenta e cinco) anos de idade, quando se tratar de atividade especial de 15 (quinze) anos de contribuição;

b) 58 (cinquenta e oito) anos de idade, quando se tratar de atividade especial de 20 (vinte) anos de contribuição; ou

c) 60 (sessenta) anos de idade, quando se tratar de atividade especial de 25 (vinte e cinco) anos de contribuição;

(...)

§ 2º O valor das aposentadorias de que trata este artigo corresponderá ao valor apurado na forma da lei.

Esta é uma **regra de transição ao regramento permanente**, enquanto não editada a lei complementar de que trata do artigo 201, § 1º, da Constituição, sendo aplicável aos antigos e aos novos segurados.

Restou provisoriamente inserida uma idade mínima, conforme a espécie de aposentadoria especial:

ESPÉCIE DE APOSENTADORIA ESPECIAL	IDADE MÍNIMA
15 anos	55 anos
20 anos	58 anos
25 anos	60 anos

Assim como na regra permanente, vedou-se o enquadramento por categoria profissional.

Após um acordo no Senado na votação em segundo turno, a vedação de enquadramento de tempo especial por periculosidade foi retirada do texto da Emenda 103/2019, o que, em tese, conserva a jurisprudência do STJ pelo enquadramento.

Ficou acordado que haverá uma lei complementar para regulamentar o tema, a fim de beneficiar os vigilantes que laboram com o uso de arma de fogo. Não se sabe, por hora, se outras categorias que laboram com atividades de risco serão inseridas no texto final da citada lei complementar, a exemplo dos eletricitários com labor em altas tensões.

A preocupação é para os casos em que há efetivamente um dano à saúde, a exemplo do mineiro, em que o segurado deverá deixar o emprego antes de se aposentar em razão das idades elevadas postas, ou então entrar em gozo de benefício por incapacidade para complementar o tempo especial.

Dessa forma, exceto direito adquirido formado até o dia da publicação da Emenda 103/2019, forçoso concluir que o artigo 57, *caput*, da Lei 8.213/91 perdeu a vigência ao menos neste ponto, diante da necessidade de cumprimento de idade mínima:

A renda da aposentadoria especial deverá ser calculada com base no artigo 26 da Emenda 103/2019 até a edição de lei de regulamentação.

Para os **homens com aposentadoria especial de 20 ou 25 anos**, o valor do benefício de aposentadoria corresponderá a **sessenta por cento da média aritmética das 100% das remunerações/salários de contribuição, com acréscimo de 2% para cada ano que ultrapassar os 20 anos de contribuição:**

HOMENS TEMPO DE CONTRIBUIÇÃO APOSENTADORIA ESPECIAL DE 20 OU 25 ANOS	COEFICIENTE
Até 20 anos	60%
21 anos	62%
22 anos	64%
23 anos	66%
24 anos	68%

HOMENS TEMPO DE CONTRIBUIÇÃO APOSENTADORIA ESPECIAL DE 20 OU 25 ANOS	COEFICIENTE
25 anos	70%
26 anos	72%
27 anos	74%
28 anos	76%
29 anos	78%
30 anos	80%
31 anos	82%
32 anos	84%
33 anos	86%
34 anos	88%
35 anos	90%
36 anos	92%
37 anos	94%
38 anos	96%
39 anos	98%
40 anos	100%

Assim, se um segurado (homem) do RGPS tiver apenas 25 anos de tempo especial, a renda do benefício será de 70% da média de todos os salários de contribuição desde o Plano Real (7/1994), respeitada a idade mínima referida e a renda não inferior a um salário mínimo.

Curioso notar que, **intencionalmente**, o artigo 26 da Emenda 103/2019 não limita a média de todos os salários de contribuição do segurado a 100%, de modo que o segurado incapacitado de modo permanente que possuir mais de 40 anos de tempo de contribuição poderá fazer jus a uma aposentadoria por incapacidade que ultrapasse a 100% da média de salários de contribuição desde o Plano Real (competência 7/1994), a exemplo:

HOMENS TEMPO DE CONTRIBUIÇÃO APOSENTADORIA ESPECIAL DE 20 OU 25 ANOS	COEFICIENTE
41 anos	102%
42 anos	104%
43 anos	106%
44 anos	108%
45 anos	110%
E assim sucessivamente	**E assim sucessivamente**

No entanto, para **a aposentadoria especial que exige apenas 15 anos de nocividade**, existem uma regra especial de cálculo da renda mensal no artigo 26, § 5º[38], da Emenda 103/2019, que prevê a **progressão a contar de 15 anos**, e não de 20 anos de contribuição:

TEMPO DE CONTRIBUIÇÃO APOSENTADORIA ESPECIAL DE 15 ANOS	COEFICIENTE
15 anos	60%
16 anos	62%
17 anos	64%
18 anos	66%
19 anos	68%
20 anos	70%
21 anos	72%
22 anos	74%
23 anos	76%
24 anos	78%
25 anos	80%
26 anos	82%
27 anos	84%
28 anos	86%
29 anos	88%
30 anos	90%
31 anos	92%
32 anos	94%
33 anos	96%
34 anos	98%
35 anos	100%

Destarte, caso um segurado com aposentadoria especial de 15 anos (mineração dentro da mina) tenha apenas 15 anos de tempo especial, observada a idade mínima de 55 anos, a renda mensal será de 60% da média dos salários de contribuição.

Para **a aposentadoria especial da MULHER** existe uma regra diferenciada de cálculo da renda mensal no artigo 26, § 5º, da Emenda 103/2019, que prevê a **progressão a contar de 15 anos**, e não de 20 anos de contribuição em todos os casos:

38. § 5º O acréscimo a que se refere o caput do § 2º será aplicado para cada ano que **exceder quinze anos** de tempo de contribuição para os segurados de que tratam a **alínea "a" do inciso I do art. 19** e do inciso I do art. 21 e para as mulheres filiadas ao Regime Geral de Previdência Social.

MULHERES TEMPO DE CONTRIBUIÇÃO APOSENTADORIA ESPECIAL DE 15, 20 OU 25 ANOS	COEFICIENTE
15 anos	60%
16 anos	62%
17 anos	64%
18 anos	66%
19 anos	68%
20 anos	70%
21 anos	72%
22 anos	74%
23 anos	76%
24 anos	78%
25 anos	80%
26 anos	82%
27 anos	84%
28 anos	86%
29 anos	88%
30 anos	90%
31 anos	92%
32 anos	94%
33 anos	96%
34 anos	98%
35 anos	100%
E assim sucessivamente	**E assim sucessivamente**

Dessa forma, o coeficiente mínimo será de 60% e o máximo não está limitado pela legislação constitucional transitória.

Poderão ser **excluídas da média as contribuições que resultem em redução do valor do benefício**, desde que mantido o tempo mínimo de contribuição exigido, vedada a utilização do tempo excluído para qualquer finalidade, para a averbação em outro regime previdenciário ou para a obtenção dos proventos de inatividade dos militares.

Vale registrar que este novo regramento somente será aplicável para direitos formados após a data da publicação da Emenda 103/2019 (*tempus regit actum* e direito adquirido), devendo ser aplicado o artigo 57, § 1º, da Lei 8.213/91 aos casos antigos.

Forçoso concluir que o artigo 57, § 1º, da Lei 8.213/91 não foi recebido pela Emenda para o direito à aposentadoria especial formado após a data da publicação da Emenda 103/2019, **respeitado o direito adquirido até a data de publicação da EC 103/2019**:

> ~~§ 1º. A aposentadoria especial, observado o disposto no art. 33 desta Lei, consistirá numa renda mensal equivalente a 100% (cem por cento) do salário-de-benefício. (Redação dada pela Lei nº 9.032, de 1995)~~

O enquadramento das atividades especiais é feito pelo **anexo IV, do RPS**, que enumera os casos de aposentadoria especial com 15, 20 ou 25 anos de contribuição, conforme os agentes nocivos[39] a que estão expostos os segurados.

Nesse sentido, de acordo com o Decreto 8.123/2013, consideram-se **condições especiais** que prejudiquem a saúde e a integridade física aquelas nas quais a exposição ao agente nocivo ou associação de agentes presentes no ambiente de trabalho esteja acima dos limites de tolerância estabelecidos segundo critérios **quantitativos** ou esteja caracterizada segundo os critérios da avaliação **qualitativa**.

O agente nocivo poderá ser *apenas qualitativo*, sendo a nocividade presumida e independente de mensuração, constatada pela simples presença do agente no ambiente de trabalho, conforme constante nos Anexos 6, 13, 13-A e 14 da Norma Regulamentadora nº 15 – NR-15 do MTE, e no Anexo IV do RPS, para os agentes iodo e níquel.

Na forma do Decreto 8.123/2013, alterado pelo Decreto 10.410/2020, a avaliação qualitativa de riscos e agentes nocivos será comprovada mediante descrição:

> I –das circunstâncias de exposição ocupacional a determinado agente ou associação de agentes prejudiciais à saúde presentes no ambiente de trabalho durante toda a jornada de trabalho;
>
> II – de todas as fontes e possibilidades de liberação dos agentes nocivos ou sua associação;
>
> III – dos meios de contato ou exposição dos trabalhadores, as vias de absorção, a intensidade da exposição, a frequência e a duração do contato.

Por sua vez, o Decreto 8.123/2013 passou a prever que a presença no ambiente de trabalho, com possibilidade de exposição a ser apurada, de **agentes nocivos reconhecidamente cancerígenos em humanos**, listados pelo Ministério do Trabalho (com a extinção do Ministério do Trabalho, desde 2019 o Ministério da Economia assumiu a área trabalhista, tendo sido criada uma Secretaria Especial de Previdência e Trabalho), **será suficiente para a comprovação de efetiva exposição do trabalhador**.

Logo, os agentes cancerígenos constantes do Grupo 1 da lista da LINACH que possuam o ***Chemical Abstracts Service – CAS*** e que constem no Anexo IV do Decreto nº 3048/99 são reconhecidos como agentes qualitativos, mas o posicionamento do INSS é somente para o tempo de contribuição prestado a partir de 8 de outubro de 2014, data da publicação da Portaria Interministerial nº 09/14, que publicou a Lista Nacional de Agentes Cancerígenos para Humanos (LINACH), como referência para formulação de políticas públicas.

39. **Nocividade:** situação combinada ou não de substâncias, energias e demais fatores de riscos reconhecidos, presentes no ambiente de trabalho, capazes de trazer ou ocasionar danos à saúde ou à integridade física do trabalhador.

Mas o tema sofreu uma reviravolta bem controvertida com o advento do Decreto 10.410/2020, que modificou a redação do artigo 60, § 4º, do Regulamento da Previdência Social:

> "§ 4º A presença no ambiente de trabalho, com possibilidade de exposição a ser apurada na forma dos §§ 2º e 3º, de agentes nocivos reconhecidamente cancerígenos em humanos, listados pelo Ministério do Trabalho e Emprego, será suficiente para a comprovação de efetiva exposição do trabalhador. (Redação dada pelo Decreto nº 8.123, de 2013)
>
> § 4º Os agentes reconhecidamente **cancerígenos** para humanos, listados pela Secretaria Especial de Previdência e Trabalho do Ministério da Economia, serão avaliados em conformidade com o disposto nos § 2º e § 3º deste artigo e no **caput** do art. 64 e, **caso sejam adotadas as medidas de controle previstas na legislação trabalhista que eliminem a nocividade, será descaracterizada a efetiva exposição.** (Redação dada pelo Decreto nº 10.410, de 2020)".

Deste modo, **o Regulamento da Previdência Social desde 1/7/2020 passou a admitir, em tese, a possibilidade de eficácia de EPI em agente cancerígeno, cabendo agora uma reapreciação da normatização ministerial e da autarquia, sempre como lastro a não retroação de nova posição administrativa desfavorável ao segurado, que ainda não ocorreu.**

Prevê a Portaria Interministerial 9/2014 que, para efeito do art. 68, § 4º[40], do Decreto 3048, de 6 de maio de 1999, serão considerados agentes reconhecidamente cancerígenos aqueles do Grupo I desta lista que têm registro no Chemical Abstracts Service – CAS.

Conforme enunciado no Memorando-Circular Conjunto nº 2/DIRSAT/DIRBEN/INSS, de 23 de julho de 2015, não basta que os agentes cancerígenos constem do Grupo 1 da lista da LINACH que possuam o ***Chemical Abstracts Service – CAS*** para o reconhecimento do tempo especial, sendo necessário ainda que constem no Anexo IV do Decreto nº 3048/99.

Já existe jurisprudência da TNU aplicando o Memorando-Circular Conjunto nº 2/DIRSAT/DIRBEN/INSS, de 23 de julho de 2015 para períodos anteriores à 10/4/2003.

A posição da TNU restou firmada em **tese representativa de controvérsia**: "apreciando o recurso sob o rito dos pedidos representativos de controvérsia, a TNU fixou a seguinte tese: a redação do art. 68, § 4º, do Decreto 3.048/99 dada pelo Decreto 8.123/2013 pode ser aplicada na avaliação de tempo especial de períodos a ele anteriores, incluindo-se, para qualquer período: (1) desnecessidade de avaliação quantitativa; e (2) ausência de descaracterização pela existência de EPI" (Informativo 28/2018 – REPRESENTATIVO DE CONTROVÉRSIA – TEMA N. 170 – PUIL n. 5006019-50.2013.4.04.7204/SC).

De efeito, **a natureza de um agente nocivo não pode ser modificada por um ato normativo.** É algo da natureza que apenas deve ser **declarada por normas jurídicas.**

Poderá também o agente nocivo ser *quantitativo*, sendo a nocividade considerada pela ultrapassagem dos limites de tolerância ou doses, dispostos nos Anexos 1, 2, 3, 5, 8, 11 e 12 da NR-15 do MTE, por meio da mensuração da intensidade ou da concentração, consideradas no tempo efetivo da exposição no ambiente de trabalho.

A esmagadora maioria das atividades especiais prevê a aposentadoria com 25 anos de contribuição. Apenas tem previsão de 20 anos o tempo especial de mineração subterrânea cujas ativi-

40. § 4º A presença no ambiente de trabalho, com possibilidade de exposição a ser apurada na forma dos §§ 2º e 3º, de agentes nocivos reconhecidamente cancerígenos em humanos, listados pelo Ministério do Trabalho e Emprego, será suficiente para a comprovação de efetiva exposição do trabalhador. (Redação dada pelo Decreto nº 8.123, de 2013).

dades sejam exercidas afastadas das frentes de produção (item 4.0.1), assim como a exposição aos asbestos ou amianto (item 1.0.2), enquanto os trabalhos em atividades permanentes no subsolo de minerações subterrâneas em frentes de produção farão com que os segurados se aposentem com apenas 15 anos de contribuição, em razão da enorme lesividade à saúde (item 4.0.2).

Na hipótese de atividades concomitantes sob condições especiais, no mesmo ou em outro vínculo empregatício, será considerada aquela que exigir menor tempo para a aposentadoria especial.

O direito à aposentadoria especial não fica prejudicado na hipótese de exercício de atividade em mais de um vínculo, com tempo de trabalho concomitante (comum e especial), desde que constatada a nocividade do agente e a permanência em, pelo menos, um dos vínculos.

Na forma do quanto previsto no próprio anexo IV, do Decreto 3.048/99, o que determina o direito ao benefício é a exposição do trabalhador ao agente nocivo presente no ambiente de trabalho e no processo produtivo, **em nível de concentração superior aos limites de tolerância estabelecidos.**

Ademais, **o rol de agentes nocivos é exaustivo**, enquanto que as atividades listadas, nas quais poderá haver a exposição, são exemplificativas, sendo este o entendimento da Previdência Social.

Portanto, de acordo com o atual regramento, apenas a exposição permanente a um agente nocivo à saúde previsto no RPS dá direito à aposentadoria especial, cujo rol forma um *numerus clausus* (fechado).

De acordo com o Decreto 10.410/2020, a Secretaria Especial de Previdência e Trabalho do Ministério da Economia promoverá a elaboração de estudos com base em critérios técnicos e científicos para atualização periódica do disposto no Anexo IV do Decreto 3.048/99.

No entanto, o atual posicionamento do STJ é contrário ao da Previdência Social, **pois a Corte Superior considera como exemplificativo o rol de agentes nocivos listados pelo Anexo IV do Regulamento da Previdência Social**.

Veja-se:

> "AGRAVO REGIMENTAL NO RECURSO ESPECIAL. APOSENTADORIA. AGENTE NOCIVO ELETRICIDADE. TEMPO DE SERVIÇO ESPECIAL. CONVERSÃO EM COMUM APÓS 1998. POSSIBILIDADE.
>
> 1. É firme a jurisprudência do Superior Tribunal de Justiça no sentido de ser possível a conversão do tempo de serviço especial em comum, para fins de aposentadoria, mesmo aquele laborado após maio de 1998. Precedentes.
>
> 2. **É possível o reconhecimento do tempo de serviço como especial desde que a atividade exercida com exposição aos fatores de risco, ainda que não constantes do rol inserido no decreto regulamentar (AgRg no REsp 1.267.323, de 02.08.2012, 6ª Turma)**".
>
> "AGRAVO REGIMENTAL. PREVIDENCIÁRIO. APOSENTADORIA POR TEMPO DE SERVIÇO. EXPOSIÇÃO AO AGENTE ELETRICIDADE. ENQUADRAMENTO NO

DECRETO Nº 2.172/1997. AUSÊNCIA. IRRELEVÂNCIA. ROL EXEMPLIFICATIVO. COMPROVAÇÃO. SÚMULA Nº 7/STJ.

1. Consoante os precedentes desta Corte, em que pese a presunção absoluta de especialidade para o agente nocivo eletricidade se encerrasse com a edição do Decreto nº 2.172/1997, estando devidamente demonstrado por outros meios probantes o exercício do labor em condições especiais, **é possível reconhecer a especialidade, ainda que seja em período laborado após o advento do referido decreto, porquanto o rol de atividades consideradas prejudiciais à saúde é meramente exemplificativo.**

2. Tendo a Corte de origem afirmado expressamente, que no desempenho de sua atividade, o autor estava submetido ao agente nocivo eletricidade, de modo habitual e permanente, verificar tal condição por este Superior Tribunal de Justiça importaria reexame de fatos e provas, o que é vedado em sede de recurso especial, nos termos do enunciado sumular nº 7/STJ.

3. Agravo regimental a que se nega provimento" (**AgRg no REsp 1.168.455, de 12.06.2012, 5ª Turma**).

Outrossim, a 1ª e 2ª Turma do STJ em julgamentos monocráticos vêm declarando que o rol de agentes nocivos é exemplificativo (REsp 1.329.778, de 21.09.2012 – EDcl no REsp 1.327.309, de 05.09.2012).

Posteriormente, o tema foi julgado como repetitivo pelo STJ (tema 534):

ATIVIDADE ESPECIAL

Possibilidade de configuração do trabalho exposto ao agente perigoso eletricidade, exercido após a vigência do Decreto 2.172/1997, como atividade especial, para fins do artigo 57 da Lei 8.213/1991.

(Tema: 534)

EMENTA

[...]

1. Trata-se de Recurso Especial interposto pela autarquia previdenciária com o escopo de prevalecer a tese de que a supressão do agente eletricidade do rol de agentes nocivos pelo Decreto 2.172/1997 (Anexo IV) culmina na impossibilidade de configuração como tempo especial (arts. 57 e 58 da Lei 8.213/1991) de tal hipótese a partir da vigência do citado ato normativo.

2. À luz da interpretação sistemática, as normas regulamentadoras que estabelecem os casos de agentes e atividades nocivos à saúde do trabalhador são exemplificativas, podendo ser tido como distinto o labor que a técnica médica e a legislação correlata considerarem como prejudiciais ao obreiro, desde que o trabalho seja permanente, não ocasional, nem intermitente, em condições especiais (art. 57, § 3º, da Lei 8.213/1991). Precedentes do STJ.

[...]

4. Recurso Especial não provido. Acórdão submetido ao regime do art. 543-C do CPC e da Resolução 8/2008 do STJ. **(REsp 1306113 SC, Rel. Ministro HERMAN BENJAMIN, PRIMEIRA SEÇÃO, julgado em 14/11/2012, DJe 07/03/2013)**

Outras Informações

VOTO VISTA – MIN. ARNALDO ESTEVES LIMA

É possível o reconhecimento do trabalho em exposição à eletricidade, ainda que exercido após a vigência do Decreto 2.172/1997, como atividade especial, para fins de aposentadoria, nos termos do artigo 57 da Lei 8.213/1991, quando devidamente comprovada a exposição a esse agente nocivo, pois o Decreto 3.048/1999, que revogou o decreto anteriormente mencionado, prevê a concessão de aposentadoria especial aos segurados que comprovarem a efetiva exposição a agentes nocivos, nos quais se pode incluir a energia elétrica, conforme definição de nocividade conferida pela Instrução Normativa INSS/PRES 45/2010.

De acordo com o tema **210 da TNU**, julgado em 12/12/2019, "para aplicação do artigo 57, § 3.º, da Lei n.º 8.213/91 à tensão elétrica superior a 250 V, **exige-se a probabilidade da exposição ocupacional, avaliando-se, de acordo com a profissiografia, o seu caráter indissociável da produção do bem ou da prestação do serviço**, independente de tempo mínimo de exposição durante a jornada".

Dessa forma, para a caracterização da especialidade à exposição ao agente físico eletricidade, além da necessidade de exposição à tensão acima de 250 volts, é curial que o risco seja inerente à profissão, a exemplo dos eletricitários.

A permanência não exige que o risco se dê por toda a jornada de trabalho, mas é imprescindível que seja um risco indissociável da produção do bem ou da prestação do serviço na qual ela está sendo desenvolvida, devendo sempre ser apreciada a profissiografia do caso concreto.

Por sua vez, a TNU também elasteceu o rol de agentes nocivos regulamentar ao admitir o tempo especial em favor do **vigilante armado** após o Decreto 2.172/97, desde que laudo técnico ateste a nocividade do labor, conforme noticiado no sítio da Justiça Federal em 16 de setembro de 2015:

> "**É possível reconhecer o tempo especial trabalhado como vigilante armado desde que comprovada a especialidade por laudo técnico**
>
> A Turma Nacional de Uniformização dos Juizados Especiais Federais (TNU), reunida no dia 11 de setembro, no Rio de Janeiro, decidiu, por maioria dos votos, rever o entendimento sobre o reconhecimento de atividade perigosa no período posterior a 5 de março de 1997, desde que o laudo técnico comprove a permanente exposição à atividade nociva.
>
> De acordo com os autos, o Instituto de Seguridade Social (INSS) ingressou com o pedido nacional de uniformização para tentar alterar a decisão da Turma Recursal do Rio Grande do Sul, que negou provimento ao recurso da autarquia e afirmou que é possível o reconhecimento de tempo especial na condição de vigilante fundado no exercício de atividade perigosa em período posterior ao citado.
>
> Em síntese, o INSS argumentava no incidente que desde 29 de abril de 1995, a caracterização do tempo de trabalho exercido sob condições especiais, para fins previdenciários, exige a comprovação da exposição, habitual e permanente, não ocasional nem intermitente, a agente prejudicial à saúde (ou à integridade física), o que não ocorre com as atividades de risco, abrangidas no conceito de periculosidade, por exposição a perigo potencial dado pela legislação trabalhista.
>
> No processo à TNU, a autarquia afirmou ainda que o trabalho, embora ofereça riscos, não provoca danos à saúde do trabalhador, não gerando, portanto, o direito à aposentadoria especial. Por fim, como a revogação explícita das disposições constantes do Decreto n.º 83.080/79 só veio a ocorrer com o advento do Decreto n.º 2.172/97, este deve ser considerado o marco legal máximo para o reconhecimento de tempo especial presumido, prestado em condições perigosas.
>
> De acordo com o relator do processo na Turma Nacional, juiz federal Daniel Machado da Rocha, a questão é polêmica e foi demonstrada a divergência em torno da tese jurídica. Para o magistrado, ficou decidido que desde o período anterior à Constituição Federal, a jurisprudência já havia reconhecido a possibilidade de considerar uma atividade especial quando a perícia comprovar a situação, ainda que a atividade não estivesse expressamente incluída na regulamentação baixada pela administração.
>
> "Embora, o precedente efetivamente versasse sobre eletricidade, a decisão do Superior Tribunal de Justiça no REsp n.º 1.306.113 não fez a restrição imaginada no PEDILEF 50136301820124047001, no qual a TNU consagrou interpretação favorável à tese defendida pelo INSS. Contudo, a Lei n.º 12.740/12 modificou o art. 193 da CLT que amplia o rol de atividades perigosas, considerando como

tais aquelas que submetem o trabalhador a riscos acentuados em virtude da exposição a inflamáveis, a explosivos ou à energia elétrica, roubos ou outras espécies de violência física" explicou o juiz federal.

Segundo ele, ao contrário da conclusão do precedente citado, a Lei n.º 12.740 é mais abrangente do que a revogada Lei n.º 7.369/85. Dessa forma, o *distinguish*, distinção entre o caso concreto em julgamento e o paradigma, foi feito pela TNU, e não pelo STJ, pois há previsão expressa na CLT sobre a existência de outras atividades perigosas.

O magistrado relembrou ainda que em setembro do ano passado, a TNU já havia reconhecido que, mais relevante do que qualificar doutrinariamente um agente como sendo catalizador de insalubridade, periculosidade ou penosidade, para fins de aplicação das novas disposições da Lei no. 9.528/97, é saber se um agente nocivo é capaz de prejudicar a saúde e a integridade física do trabalhador de forma substancialmente diversa das atividades normais (*PEDILEF 50012383420124047102, Rel. Juiz Federal BRUNO LEONARDO CÂMARA CARRÁ, DOU 26/09/2014*).

O relator explicou também que no caso de atividades perigosas, as provas produzidas podem convencer o Poder Judiciário de que as características particulares nas quais a atividade foi desenvolvida recomendam um enquadramento do período como especial. No julgamento do REsp n.º 1.306.113, apreciado na sistemática dos recursos repetitivos, o STJ reafirmou o entendimento sedimentado na Súmula 198 do extinto TFR, sobre o caráter exemplificativo das regulamentações editadas pela Administração.

"Em um País cuja segurança pública é cada vez menos efetiva, não há como negar que as atividades de segurança privada, vêm ocupando espaço que não é exercido adequadamente pela segurança pública. E os trabalhadores que exercem este nobre mister tem a sua saúde afetada não apenas pelo elevado nível de estresse a ela inerente, como pelo risco concreto de perder a vida neste ofício. Assim, quando ficar comprovado, o desempenho desta atividade perigosa, notadamente em razão do manuseio de arma de fogo, atestado por laudo pericial o caráter habitual e permanente, é de ser reconhecida a especialidade das atividades exercidas", defendeu o juiz federal Daniel Machado da Rocha.

Processo: 5007749-73.2011.4.04.7105"

Tema	128	**Situação do tema**	Em Revisão – Tema 1031/STJ	**Ramo do direito**	DIREITO PREVIDENCIÁRIO
Questão submetida a julgamento	Saber se é possível o reconhecimento das condições especiais do labor do vigilante armado após o advento do Decreto n. 2.172/97.				
Tese firmada	É possível o reconhecimento de tempo especial prestado com exposição ao agente nocivo periculosidade, na atividade de vigilante, em data posterior à vigência do Decreto n. 2.172/92, de 05/03/1997, desde que laudo técnico (ou elemento material equivalente) comprove a permanente exposição à atividade nociva, com o uso de arma de fogo.				
Processo	**Decisão de afetação**	**Relator (a)**	**Julgado em**	**Acórdão publicado em**	**Trânsito em julgado**
PEDILEF 0502013-34.2015.4.05.8302/ PE		Juiz Federal Frederico Augusto Leopoldino Koehler	20/07/2016	29/07/2016	26/10/2016

Posteriormente, em dezembro de 2017, no julgamento do Recurso Especial 1.410.057 – RN (2013/0342505-2), a 1ª Turma do STJ reconheceu a especialidade de tempo de contribuição vigilante com ou sem o uso de arma de fogo.

Veja-se passagem do voto do Ministro Napoleão Maia Filho:

"É certo que a partir da edição do Decreto 2.172/97 não cabe mais o reconhecimento de condição especial de trabalho por presunção de periculosidade decorrente do enquadramento na categoria profissional de vigilante, contudo, tal reconhecimento é possível desde que apresentadas provas da permanente exposição do trabalhador à atividade nociva, independentemente do uso de arma de fogo ou não".

Veja-se uma decisão da 1ª Seção do STJ nesse sentido, embora o caso julgado não envolvesse vigilante sem o uso de arma de fogo, tendo a decisão de modo estranho inserido o vigilante sem o uso de arma de fogo:

PRIMEIRA SEÇÃO	
PROCESSO	Pet 10.679-RN, Rel. Min. Napoleão Nunes Maia Filho, Primeira Seção, por unanimidade, julgado em 22/05/2019, DJe 24/05/2019
RAMO DO DIREITO	DIREITO PREVIDENCIÁRIO
TEMA	Pedido de uniformização de interpretação de lei federal. Aposentadoria especial. Vigilante. Caracterização de atividade especial. **Com ou sem uso de arma de fogo**. Requisitos. Art. 57, § 3º, da Lei n. 8.213/1991. Período posterior ao Decreto n. 2.172/1997. Possibilidade. Exposição permanente, não ocasional nem intermitente. Necessidade de comprovação.

O tema será julgado em breve pela Seção, que determinou o sobrestamento das ações em novembro de 2019 (REsp 1830508REsp 1831371REsp 1831377).

Dessa forma, o panorama atual é o seguinte a respeito do tempo especial por agentes nocivos:

A) O INSS considera o rol de agentes nocivos do Anexo IV do Decreto 3.048/99 como taxativo;

B) O STJ e a TNU, de modo pacificado, consideram o rol exemplificativo e, sem base técnica, inserem novos agentes nocivos;

C) O STF não deseja analisar o tema, afirmando não se tratar de matéria constitucional com necessidade de reapreciação de provas, embora o pudesse à luz do artigo 201, § 1º, da Constituição Federal;

D) Em quase todos os casos, não é arrecadada a contribuição adicional, quer por decadência quinquenal, quer por ausência de medidas de cobrança;

E) A Emenda 103/2019 não trata do rol de agentes nocivos, de modo que a citada jurisprudência prosperará após 13/11/2019.

Desta forma, **a notória desatualização e falta de revisão do rol de agentes nocivos constantes do Anexo IV do Regulamento talvez seja o fator que mais contribuiu para a construção de uma jurisprudência pela natureza exemplificativa do rol de agentes nocivos que dão ensejo à aposentadoria especial.**

Ademais, **é também notória a desatualização da NR 15, que ainda adota os limites de tolerância da ACGIH do ano de 1976.**

Conforme noticiado no volume 21 da Revista da ABHO (página 14), há casos de agentes nocivos (comparação 1976 e 2010 ACGIH) mais de 100 vezes acima do que seria recomendado em 2010.

Isto posto, uma mudança de paradigma no tema aposentadoria especial diante do Poder Judiciário passa de modo necessário por uma atualização e revisão periódica das normas técnicas (NR 15 especialmente) e o Anexo IV do Decreto 3.048/99, devendo todos os agentes públicos e privados assumir as suas responsabilidades.

Até 28/04/1995 existia a concessão da aposentadoria especial por categoria profissional sem apreciar a efetiva nocividade nos antigos Regulamentos.

Portanto, por exemplo, no que concerne ao tempo de contribuição prestado até o advento da Lei 9.032/95, bastava ser motorista de ônibus ou caminhão em transporte urbano e rodoviário para ter direito à aposentadoria especial aos 25 anos de contribuição, conforme item 2.4.2, sendo direito dos segurados esse cômputo, em aplicação ao Princípio do *Tempus Regit Actum.*

De acordo com a **Súmula 70, da TNU**, "a atividade de tratorista pode ser equiparada à de motorista de caminhão para fins de reconhecimento de atividade especial mediante enquadramento por categoria profissional".

De acordo com o **tema 56 da TNU**, "o tempo de serviço laborado pelo segurado na condição de **engenheiro mecânico** até a edição da Lei n. 9.032/95 deve ser enquadrado como especial, conforme descrito no **código 2.1.1** do Anexo II do Decreto n. 83.080/79".

A TNU decidiu que, até a edição da Lei n. 9.032/95, admite-se como especial a função de **ferramenteiro**, por enquadramento ao código **2.5.2**, bem como ao código 2.5.3 do decreto n. 83.080/79, conforme inclusive menciona a circular n. 15/94 do INSS (PUIL n. 5007231-58.2017.4.04.7110/RS).

Outrossim, a TNU reconheceu o direito à contagem do tempo de serviço como especial, em se cuidando de **engenheiro civil**, mediante enquadramento profissional no anexo do Decreto nº. 53.831/64, até o início da vigência da Medida Provisória nº. 1.523/96, exclusive (PUIL n. 5033479-76.2012.4.04.7000/PR).

A jurisprudência costuma elastecer as categorias profissionais que possuíam direito à aposentadoria especial até a Lei 9.032/95. Tome-se como exemplo o código 1.3.2 do Decreto 53.831/64:

1.3.2	GERMES INFECCIOSOS OU PARASITÁRIOS HUMANOS – ANIMAIS Serviços de Assistência Médica, Odontológica e Hospitalar em que haja contato obrigatório com organismos doentes ou com materiais infecto-contagiantes.	**Trabalhos permanentes expostos ao contato com doentes ou materiais infecto-contagiantes – assistência médico, odontológica, hospitalar e outras atividades afins**	Insalubre	25 anos	Jornada normal ou especial fixada em Lei. Lei nº 3.999, de 15-12-61. Art. 187 CLT. Portaria Ministerial 262, de 6-8-62.

Neste caso, além de beneficiar profissionais da área de saúde, existe forte jurisprudência para alcançar profissionais correlatos, que trabalhavam nos serviços gerais de hospitais. Veja-se a Súmula 82 da TNU:

"**Súmula 82**– O código 1.3.2 do quadro anexo ao Decreto n.º 53.831/64, além dos profissionais da área da saúde, contempla os trabalhadores que exercem atividades de serviços gerais em limpeza e higienização de ambientes hospitalares".

Nos termos do Boletim 41 TNU, "a Turma Nacional de Uniformização decidiu afetar o tema como representativo da controvérsia, com a seguinte questão controvertida: Decidir se, para o reconhecimento de tempo de serviço especial dos trabalhadores que exercem atividades de serviços gerais em limpeza e higienização de ambientes hospitalares por exposição aos agentes biológicos elencados sob o código 1.3.2 do quadro do anexo ao Decreto n. 53.831/64, exigisse a efetiva demonstração da exposição habitual àqueles agentes nocivos ou se, ao contrário, o enquadramento decorre de simples presunção de insalubridade por categoria profissional" (REPRESENTATIVO DE CONTROVÉRSIA – AFETAÇÃO TEMA N. 238 – PUIL n. 0000861-27.2015.4.01.3805/MG).

Caso o segurado não trabalhasse em uma profissão em que o Regulamento de 1979 **presumia absolutamente** o direito à aposentadoria especial, poderia ainda ter direito ao benefício caso laborasse exposto a algum agente nocivo elencado no anexo I do Decreto 53.831/64 ou no anexo II do Decreto 83.808/79.

De acordo com o STJ, "o empregado rural, trabalhador da lavoura da cana-de-açúcar, não pode ser enquadrado na categoria profissional de trabalhador da agropecuária constante no item 2.2.1 do Decreto n. 53.831/1964 vigente à época da prestação dos serviços" (PUIL 452-PE, Rel. Min. Herman Benjamin, Primeira Seção, por maioria, julgado em 08/05/2019, DJe 14/06/2019):

Não sou dado a ampliações analógicas para a concessão de benefícios previdenciários. Mas neste caso creio que as atividades da cana são ainda mais penosas do que as agropecuárias tradicionais, de modo que a decisão do STJ não me convenceu.

Em razão da tese aprovada pelo STJ no tema 694 (PUIL 452), a TNU pôs em revisão o seu tema 156:

<table>
<tr><td>Tema</td><td>156</td><td>Situação do tema</td><td>Em Revisão – PUIL 452/STJ</td><td>Ramo do direito</td><td>DIREITO PREVIDENCIÁRIO</td></tr>
<tr><td>Questão submetida a julgamento</td><td colspan="5">Saber se é devido o enquadramento por categoria profissional, nos termos do Decreto n. 53.831/64, para fins de cômputo de tempo especial, das atividades exercidas como empregados em empresas agroindustriais e agrocomerciais.</td></tr>
<tr><td>Tese firmada</td><td colspan="5">A expressão "trabalhadores na agropecuária", contida no item 2.1.1 do anexo do Decreto n. 53.831/64, se refere aos trabalhadores rurais que exercem atividades agrícolas como empregados em empresas agroindustriais e agrocomerciais, fazendo jus os empregados de tais empresas ao cômputo de suas atividades como tempo de serviço especial.</td></tr>
<tr><td>Repetitivo STJ/ Repercussão geral</td><td colspan="5">PUIL 452/STJ Tese firmada: não deve ser equiparada a categoria profissional de agropecuária à atividade exercida pelo empregado rural na lavoura da cana-de-açúcar.</td></tr>
<tr><td>Processo</td><td>Decisão de afetação</td><td>Relator (a)</td><td>Julgado em</td><td>Acórdão publicado em</td><td>Trânsito em julgado</td></tr>
<tr><td>PEDILEF 0500180-14.2011.4.05.8013</td><td>02/12/2013</td><td>Juiz Federal João Batista Lazzari</td><td>11/09/2014</td><td>26/09/2014</td><td>13/10/2014</td></tr>
</table>

No tema 268, a TNU vai definir se o técnico agrícola possui direito ao tempo especial por profissão até 28/04/95:

Tema	268	Situação do tema	Em julgamento – eproc		Ramo do direito	DIREITO PREVIDENCIÁRIO
Questão submetida a julgamento		É admitida a conversão do tempo de serviço trabalhado pelo segurado como Técnico Agrícola, por enquadramento de categoria profissional e independentemente de prova efetiva de exposição a agentes nocivos, no período anterior a 28/04/1995?				
Tese firmada						
Processo		Decisão de afetação	Relator (a)	Julgado em	Acórdão publicado em	Trânsito em julgado
PEDILEF 0535102-37.2018.4.05.8013/AL		26/06/2020	Juíza Federal Polyana Falcão Brito			

Por força do artigo 3º, da Lei 10.666/2003, a perda da qualidade de segurado não será considerada para a concessão da aposentadoria especial, bastando que a pessoa tenha o necessário tempo de contribuição enquadrado como especial e a carência de 180 contribuições pagas tempestivamente.

O aposentado especial que retornar a atividade especial terá o benefício suspenso[41]**,** nos termos do artigo 57, § 8º, da Lei 8.213/91, mas a lei não veda o retorno à atividade comum com perda da aposentadoria. Entretanto, a cessação do benefício deverá ser precedida de procedimento que garanta o contraditório e a ampla defesa do segurado[42].

Trata-se de norma protetiva da saúde do trabalhador, possuindo fundamento constitucional, pois o legislador partiu da premissa que a atividade especial prejudicou a saúde do segurado, que apenas poderia trabalhar em atividade não nociva.

Nos termos do Decreto 8.123/2013, o segurado que retornar ao exercício de atividade ou operação que o sujeite aos riscos e agentes nocivos constantes do Anexo IV, ou nele permanecer, na mesma ou em outra empresa, qualquer que seja a forma de prestação do serviço ou categoria de segurado, será imediatamente notificado da cessação do pagamento de sua aposentadoria especial, no prazo de sessenta dias contado da data de emissão da notificação, salvo comprovação, nesse prazo, de que o exercício dessa atividade ou operação foi encerrado.

Contudo, para o equivocado entendimento do TRF da 4ª Região, o § 8º, do artigo 57, da Lei 8.213/91, é inconstitucional, consoante decisão tomada no dia 24 de maio de 2012, no julgamento da Arguição de Inconstitucionalidade 5001401-77.2012.404.0000:

> "PREVIDENCIÁRIO. CONSTITUCIONAL. ARGUIÇÃO DE INCONSTUCIONALIDADE. § 8º DO ARTIGO 57 DA LEI Nº 8.213/91. APOSENTADORIA ESPECIAL. VEDAÇÃO DE PERCEPÇÃO POR TRABALHADOR QUE CONTINUA NA ATIVA, DESEMPENHANDO ATIVIDADE EM CONDIÇÕES ESPECIAIS.

41. Para as aposentadorias especiais concedidas a partir de 29 de abril de 1995, data da publicação da Lei nº 9.032, de 1995.
42. Artigo 254, § 2º, da Instrução Normativa INSS 77/2015.

1. Comprovado o exercício de atividade especial por mais de 25 anos, o segurado faz jus à concessão da aposentadoria especial, nos termos do artigo 57 e § 1º da Lei 8.213, de 24-07-1991, observado, ainda, o disposto no art. 18, I, 'd' c/c 29, II, da LB, a contar da data do requerimento administrativo.

2. O § 8º do artigo 57 da Lei nº 8.213/91 veda a percepção de aposentadoria especial por parte do trabalhador que continuar exercendo atividade especial.

3. A restrição à continuidade do desempenho da atividade por parte do trabalhador que obtém aposentadoria especial cerceia, sem que haja autorização constitucional para tanto (pois a constituição somente permite restrição relacionada à qualificação profissional), o desempenho de atividade profissional, e veda o acesso à previdência social ao segurado que implementou os requisitos estabelecidos na legislação de regência.

4. A regra em questão não possui caráter protetivo, pois não veda o trabalho especial, ou mesmo sua continuidade, impedindo apenas o pagamento da aposentadoria. Nada obsta que o segurado permaneça trabalhando em atividades que impliquem exposição a agentes nocivos sem requerer aposentadoria especial; ou que aguarde para se aposentar por tempo de contribuição, a fim de poder cumular o benefício com a remuneração da atividade, caso mantenha o vínculo; como nada impede que se aposentando sem a consideração do tempo especial, peça, quando do afastamento definitivo do trabalho, a conversão da aposentadoria por tempo de contribuição em aposentadoria especial. **A regra, portanto, não tem por escopo a proteção do trabalhador, ostentando mero caráter fiscal e cerceando de forma indevida o desempenho de atividade profissional.**

5. A interpretação conforme a constituição não tem cabimento quando conduz a entendimento que contrarie sentido expresso da lei.

6. Reconhecimento da inconstitucionalidade do § 8º do artigo 57 da Lei nº 8.213/91".

Evidentemente, razão não assiste ao Colegiado da 4ª Região, pois ao vedar a percepção da aposentadoria especial juntamente com remuneração de atividade especial o legislador objetivou proteger a integridade do trabalhador, desestimulando o prosseguimento da atividade lesiva à sua saúde, tanto que o segurado poderá receber o benefício e trabalhar em atividade não nociva.

Vale frisar que este tema estava pendente de julgado no STF, já tendo sido reconhecida a repercussão geral no RE 788.092 em 07 de abril de 2014.

Já o TST aplica citada regra, conforme notícia publicada em seu sítio em outubro de 2017:

Aposentadoria especial impede permanência no mesmo emprego

Uma vez beneficiada pela aposentadoria especial, a pessoa não pode permanecer no mesmo emprego, pois o objetivo da lei que reserva regras diferenciadas de previdência a algumas profissões é preservar o trabalhador do ambiente nocivo.

Assim entendeu, por unanimidade, a Subseção I Especializada em Dissídios Individuais do Tribunal Superior do Trabalho ao rejeitar embargos de um eletricitário da Copel (companhia de energia do PR), que pretendia anular a rescisão contratual decorrida da concessão de aposentadoria especial.

A decisão foi fundamentada na jurisprudência da subseção no sentido de que a aposentadoria especial — concedida em função do trabalho em condições prejudiciais à saúde — acarreta a extinção do contrato por iniciativa do empregado.

O eletricitário atuou na empresa por 30 anos, e ao obter a aposentadoria especial pelo INSS seu contrato foi rescindido. Na reclamação trabalhista, pediu a nulidade da rescisão contratual. O Tribunal Regional do Trabalho da 9ª Região deferiu o pedido, por entender que a aposentadoria, mesmo especial, não implica a extinção do contrato de trabalho.

Em recurso ao TST, a Copel argumentou que o empregado que se aposenta na área de risco não pode continuar exercendo a mesma função pela qual se aposentou. Sustentou ainda que não seria obrigada a mudar o empregado de função, e que a sua realocação em outro cargo seria medida de constitucionalidade duvidosa, devido à exigência de concurso público.

O recurso foi examinado inicialmente pela 3ª Turma, que deu razão à empresa. O relator, ministro Alberto Bresciani, lembrou que a aposentadoria especial visa proteger o trabalhador de condições deterioradas do seu ambiente de trabalho. Assim, a contagem diferenciada do tempo de serviço somente se justifica em razão da não continuidade do trabalho.

"Se o objetivo da lei é preservar o trabalhador do ambiente nocivo, não podemos admitir que a mesma lei seja interpretada para mantê-lo no ambiente nocivo", assinalou.

No julgamento dos embargos do trabalhador à SDI-1, o relator, ministro Hugo Carlos Scheuermann, destacou que a subseção já firmou entendimento no sentido de que a concessão da aposentadoria especial acarreta a extinção do contrato de trabalho.

Esse precedente explica que a lei, "por razões óbvias" relacionadas à preservação da integridade do empregado, veda categoricamente a sua permanência no emprego após a concessão, ao menos na função que justificou a condição de risco à saúde, sob pena de automático cancelamento do benefício. Assim, o relator concluiu que a decisão da Turma está em harmonia com a jurisprudência da SDI-1, e negou provimento aos embargos do empregado. **E-ARR 607-93.2010.5.09.0678**

No início de junho de 2020, o STF acolheu a tese do INSS no **tema 709**:

"i) É constitucional a vedação de continuidade da percepção de aposentadoria especial se o beneficiário permanece laborando em atividade especial ou a ela retorna, seja essa atividade especial aquela que ensejou a aposentação precoce ou não.

ii) Nas hipóteses em que o segurado solicitar a aposentadoria e continuar a exercer o labor especial, a data de início do benefício será a data de entrada do requerimento, remontando a esse marco, inclusive, os efeitos financeiros. Efetivada, contudo, seja na via administrativa, seja na judicial a implantação do benefício, uma vez verificado o retorno ao labor nocivo ou sua continuidade, cessará o benefício previdenciário em questão".

Vale registrar que a permanência ou o retorno ao labor nocivo é **causa de suspensão do benefício de aposentadoria especial**, respeitado o direito ao contraditório, devendo ser observada que a percepção conjunta é possível entre a data de requerimento administrativo e a data da decisão administrativa ou judicial que noticiar a implantação do benefício, posto que o segurado não teria segurança jurídica para deixar o emprego com a mera apresentação de requerimento do benefício.

Um grave problema são as **implantações judiciais provisórias** da aposentadoria especial especialmente no TRF da 4ª Região, em que restou determinado judicialmente a percepção conjunta do benefício com o salário do segurado que prosseguiu desenvolvendo a atividade laboral nociva remunerada.

Aplicando o item II da tese firmada no tema repetitivo STF 709, por certo a autarquia de previdência promoverá a cobrança administrativa ou mesmo judicial do período em que houve a percepção conjunta do benefício (a partir da data de implantação) e da remuneração, considerando que a tese não distinguiu a espécie de implantação judicial, se provisória ou definitiva, o que em tese abarca as tutelas provisórias.

Demais disso, a remissão feita pelo artigo 57, § 8º, da Lei 8.213/91 ao artigo 46 da Lei 8.213/91 deve ser **adaptada e reinterpretada** como uma causa de **suspensão do pagamento do benefício de aposentadoria especial**, considerando que os pressupostos do benefício continuam presentes mesmo com o desenvolvimento de labor nocivo pelo segurado após a implantação da aposentadoria especial.

Situação diversa ocorre no artigo 46 da Lei 8.213/91, pois o segurado aposentado por incapacidade permanente que retorna ao labor remunerado demonstra que cessou o direito ao benefício por inexistência de incapacidade permanente para o labor.

Além disso a aposentadoria por incapacidade permanente é benefício precário, pois poderá ser cancelada a qualquer tempo com o retorno ao labor remunerado, diferentemente da aposentadoria especial, que é benefício programado e que apenas terá pagamento suspenso enquanto o segurado prosseguir ou retornar ao labor nocivo, **não podendo ocorrer jamais o seu cancelamento uma vez presentes os pressupostos de concessão.**

Dessa forma, uma vez suspenso o pagamento do benefício de aposentadoria especial, este deverá ser **reativado mediante requerimento do segurado**, desde que demonstrado que este deixou de exercer atividade laboral enquadrada como tempo de contribuição especial.

Por conseguinte, **restará incólume ao ato de concessão da aposentadoria**, com o mesmo período de básico e renda mensal, que deverá apenas ser reajustada pelo índice legal de correção monetária.

Também nesse sentido se transcreve passagem do voto vencedor no tema 709 da lavra do Ministro Dias Toffoli:

> *"Caso houvesse expressa e absoluta incompatibilidade entre as regras insculpidas nos arts. 49; 57, § 2º; 57, § 8º, da Lei nº 8.213/91, poder-se-ia falar, talvez, em acolhimento do pedido para que se defina como data de início da aposentadoria especial o dia do afastamento da atividade. Não sendo esse, todavia, o caso, o espírito que deve orientar o intérprete é sempre o da preservação das normas.* ***Os arts. 49 e 57, § 2º, cuidam do início do benefício; o art. 57, § 8º, versa sobre suspensão da aposentadoria.*** *Inexiste colisão imediata apta a tornar impossível o convívio das citadas regras.*
>
> *Considere-se, por exemplo, cenário em que o segurado, à data fixada como de início do benefício, continua no labor especial ou a ele retorna. O fato de ele permanecer ou retornar à atividade não significa que a data de início será alterada – isso porque as datas de início, por cristalina previsão legislativa, orientam-se pelo art. 49, não pelo art. 57, § 8º.* ***Esse retorno ou continuidade significa apenas que o percebimento dos proventos da aposentadoria ficará suspenso enquanto perdurar o labor nocivo*** *– esse é o conteúdo do art. 57, § 8º, o qual, em momento algum, visou a dispor sobre a data de início do benefício, mas sim, vale ressaltar, sobre hipóteses de suspensão de aposentadorias especiais já concedidas".*

> Prevê o artigo 64, do RPS, que **apenas o segurado empregado, o trabalhador avulso e o contribuinte individual cooperado filiado à cooperativa de trabalho ou de produção fazem jus à aposentadoria especial**56, pois apenas nestes casos há prévia fonte de custeio específica, consistente nas contribuições previdenciárias pagas pelas empresas, na forma do artigo 57, § 6º, da Lei 8.213/91 e do artigo 1º, da Lei 10.666/2003.

Em que pese inexistir na atualidade contribuição adicional para o custeio da aposentadoria especial do contribuinte individual cooperado do trabalho em decorrência da decretação de inconstitucionalidade do STF, o artigo 64 do Decreto 3.048/99 continua contemplando-o como beneficiário da aposentadoria especial.

Porém, inexiste esta restrição na Lei 8.213/91, razão pela qual é discutível a validade da referida restrição regulamentar, já tendo sido pronunciada a sua ilegalidade pelo TRF da 2ª Região, ao afirmar que, "no que concerne ao fato de ser o proprietário do estabelecimento comercial, ressalte-se que o Plano de Benefícios não distinguiu espécies de segurado, para efeito da concessão de aposentadoria especial, pelo que se infere ser esta devida tanto ao trabalhador que ostenta a condição de empregado quanto àquele que se insere na categoria de contribuinte individual"[43].

Favoravelmente ao artigo 64, do RPS, pode-se invocar o **Princípio da Precedência da Fonte de Custeio**, tendo em conta que apenas a aposentadoria especial do empregado, do avulso e do contribuinte individual filiado à cooperativa de trabalho ou de produção possui o prévio pagamento de contribuições previdenciárias específicas.

De acordo com a TNU, no julgamento do PEDILEF 2008.71.95.002186-9, de 29.03.2012, o contribuinte individual terá, em tese, direito à aposentadoria especial, vez que a Lei 8.213/91 não restringiu o rol de segurados que terão direito ao benefício:

> "PREVIDENCIÁRIO. RECONHECIMENTO DE ATIVIDADE ESPECIAL. SEGURADO CONTRIBUINTE INDIVIDUAL. 1. O acórdão paradigma da Turma Recursal de Goiás entendeu que "não há possibilidade de comprovar que o segurado autônomo presta serviço em atividade sujeita agentes nocivos". O acórdão recorrido divergiu desse entendimento ao reconhecer tempo de serviço especial de mecânico autônomo. **2. A Lei nº 8.213/91, ao arrolar a aposentadoria especial na alínea d do inciso I do art. 18 como um dos benefícios devidos aos segurados do RGPS, não faz nenhuma distinção entre as categorias de segurados previstas no art. 11 do mesmo diploma.** 3. A dificuldade para o segurado contribuinte individual comprovar exposição habitual e permanente a agente nocivo não justifica afastar de forma absoluta a possibilidade de reconhecimento de atividade especial. 4. O art. 234 da Instrução Normativa INSS nº 45/2010, ao considerar que a aposentadoria especial só pode ser devida ao segurado contribuinte Individual quando filiado a uma cooperativa de trabalho ou de produção, cria restrição que extrapola os limites da lei. O regulamento deve se limitar a explicitar o conteúdo da lei, sem criar restrições nela não previstas. A regulação excessiva imposta por ato infralegal é nula por transgressão ao princípio da legalidade. **5. A falta de previsão legal de contribuição adicional para aposentadoria especial (alíquota suplementar de riscos ambientais do trabalho) sobre salário-de-contribuição de segurado contribuinte individual não impede o reconhecimento de tempo de serviço especial. Do contrário, não seria possível reconhecer condição especial de trabalho para nenhuma categoria de segurado antes da Lei nº 9.732/98, que criou a contribuição adicional.** 6. Firmado o entendimento de que o segurado contribuinte individual pode, em tese, obter reconhecimento de atividade especial, desde que consiga comprovar exposição a agentes nocivos à saúde ou à integridade física. 7. Incidente improvido".

Posteriormente, em 27 de abril de 2012, a TNU publicou a Súmula 62:

> "Súmula 62 – O segurado contribuinte individual pode obter reconhecimento de atividade especial para fins previdenciários, desde que consiga comprovar exposição a agentes nocivos à saúde ou à integridade física".

Posteriormente, em 17 de setembro de 2015, a 2ª Turma do STJ pronunciou a ilegalidade do artigo 64 do Decreto 3.048/99, no julgamento do Recurso Especial 1.436.794:

> "PREVIDENCIÁRIO. RECURSO ESPECIAL. APOSENTADORIA ESPECIAL. VIOLAÇÃO DO ARTIGO 535 DO CPC. NÃO CARACTERIZAÇÃO. EXERCÍCIO DE ATIVIDADE ESPECIAL. SEGURADO CONTRIBUINTE INDIVIDUAL NÃO COOPERADO. POSSI-

43. AC 309.759, de 04.02.2004.

BILIDADE. COMPROVAÇÃO DA ATIVIDADE ESPECIAL. REVISÃO DO ACÓRDÃO RECORRIDO. SÚMULA 7/STJ. RECURSO ESPECIAL PARCIALMENTE CONHECIDO E NESSA PARTE NÃO PROVIDO.

1. Não há violação do artigo 535 do Código de Processo Civil, pois in casu o Tribunal Regional Federal da 4ª Região analisou integralmente todas as questões levadas à sua apreciação, notadamente, a possibilidade de se reconhecer ao segurado contribuinte individual tempo especial de serviço, bem como conceder o benefício aposentadoria especial.

2. O caput do artigo 57 da Lei 8.213/1991 não traça qualquer diferenciação entre as diversas categorias de segurados, elegendo como requisitos para a concessão do benefício aposentadoria especial tão somente a condição de segurado, o cumprimento da carência legal e a comprovação do exercício de atividade especial pelo período de 15 (quinze), 20 (vinte) ou 25 (vinte e cinco) anos.

3. O artigo 64 do Decreto 3.048/1999, ao limitar a concessão do benefício aposentadoria especial ao segurado empregado, trabalhador avulso e contribuinte individual cooperado, extrapola os limites da Lei de Benefícios que se propôs regulamentar, razão pela qual deve ser reconhecida sua ilegalidade.

4. Tese assentada de que é possível a concessão de aposentadoria especial ao contribuinte individual não cooperado que cumpra a carência e comprove, nos termos da lei vigente no momento da prestação do serviço, o exercício de atividade sob condições especiais que prejudiquem a sua saúde ou sua integridade física pelo período de 15 (quinze), 20 (vinte) ou 25 (vinte cinco) anos".

Caso não haja desligamento do emprego ou se requerida depois de transcorridos 90 dias da extinção do vínculo empregatício, o benefício será devido desde o requerimento administrativo, nos termos do artigo 69 do Regulamento[44].

Para fazer jus ao benefício, a atividade deverá se enquadrar como especial, assim considerado o tempo de trabalho **permanente60, não ocasional nem intermitente**, em condições especiais que prejudiquem a saúde ou a integridade física do segurado, a ser comprovado perante o INSS.

De acordo com o Decreto 8.123/2013, considera-se **tempo de trabalho permanente** aquele que é exercido de forma não ocasional nem intermitente, no qual a exposição do empregado, do trabalhador avulso ou do cooperado ao agente nocivo seja indissociável da produção do bem ou da prestação do serviço.[45-46]

44. Art. 69. A data de início da aposentadoria especial será fixada: (Redação dada pelo Decreto nº 8.123, de 2013)

I – para o segurado empregado: (Incluído pelo Decreto nº 8.123, de 2013)

a) a partir da data do desligamento do emprego, quando requerida a aposentadoria especial, até noventa dias após essa data; ou (Incluída pelo Decreto nº 8.123, de 2013)

b) a partir da data do requerimento, quando não houver desligamento do emprego ou quando a aposentadoria for requerida após o prazo estabelecido na alínea "a"; e (Incluída pelo Decreto nº 8.123, de 2013)

II – para os demais segurados, a partir da data da entrada do requerimento. (Incluído pelo Decreto nº 8.123, de 2013)

45. **Permanência**: trabalho não ocasional nem intermitente, durante quinze, vinte ou vinte cinco anos, no qual a exposição do empregado, do trabalhador avulso ou do cooperado ao agente nocivo seja indissociável da produção do bem ou da prestação do serviço, em decorrência da subordinação jurídica a qual se submete.

46. O período em que o empregado esteve licenciado da atividade para exercer cargo de administração ou de representação sindical, exercido até 28 de abril de 1995, véspera da publicação da Lei nº 9.032, de 1995, será computado como tempo de serviço especial, desde que, à data do afastamento, o segurado estivesse exercendo atividade considerada especial.

Ademais, **até 30/06/2020,** os períodos de descanso determinados pela legislação trabalhista, inclusive férias, os de afastamento decorrentes de gozo de benefícios de auxílio-doença ou aposentadoria por invalidez **acidentários**, bem como aos de percepção de **salário-maternidade**, desde que, à data do afastamento, o segurado estivesse exposto aos fatores de risco foram considerados como tempo de contribuição especial, nos termos do artigo 291 da Instrução Normativa INSS 77/2015.

Embora benéfica ao segurado, essa regra é ilegal na medida em que durante a percepção de benefício por incapacidade por acidente de trabalho ou de salário-maternidade inexiste exposição permanente a agentes nocivos, pois obviamente o segurado está afastado do labor.

Outra ilegalidade é apenas considerar para fins de tempo especial o benefício por incapacidade decorrente de acidente de trabalho, desprezando a especialidade do comum (não decorrente de acidente do trabalho.

Aliás, este tema foi julgado pelo STJ de modo favorável aos segurados:

Informativo 635 – RECURSOS REPETITIVOS – AFETAÇÃO

PROCESSO	ProAfR no REsp 1.759.098-RS, Rel. Min. Napoleão Nunes Maia Filho, Primeira Seção, por unanimidade, julgado em 09/10/2018, DJe 17/10/2018 (Tema 998)
RAMO DO DIREITO	DIREITO PREVIDENCIÁRIO
TEMA	A Primeira Seção acolheu a proposta de afetação do recurso especial ao rito dos recursos repetitivos de sorte a definir acerca da possibilidade de cômputo de tempo de serviço especial, para fins de inativação, do período em que o segurado esteve em gozo de auxílio-doença de natureza não acidentária.

STJ

Tema 998 (26/6/2019) – O Segurado que exerce atividades em condições especiais, quando em gozo de auxílio-doença, seja acidentário ou previdenciário, faz jus ao cômputo desse mesmo período como tempo de serviço especial.

No mesmo sentido a TNU:

> **REPRESENTATIVO DE CONTROVÉRSIA – DEFINIÇÃO DE TESE TEMA N. 165 – PUIL n. 5012755-25.2015.4.04.7201/SC–** Apreciando o pedido sob o regime dos representativos de controvérsia, a TNU fixou a seguinte tese: O período de auxílio-doença de natureza previdenciária, independente de comprovação da relação da moléstia com a atividade profissional do segurado, deve ser considerado como tempo especial quando trabalhador exercia atividade especial antes do afastamento.

Posteriormente, o Decreto 10.410/2020 modificou o artigo 65, parágrafo único, do Decreto 3.048/99:

> "Art. 65. Considera-se tempo de trabalho permanente aquele que é exercido de forma não ocasional nem intermitente, no qual a exposição do empregado, do trabalhador avulso ou do cooperado ao agente nocivo seja indissociável da produção do bem ou da prestação do serviço. (Redação dada pelo Decreto nº 8.123, de 2013)
>
> **Parágrafo único. Aplica-se o disposto no caput aos períodos de descanso determinados pela legislação trabalhista, inclusive ao período de férias, e aos de percepção de salário-maternidade, desde que, à data do afastamento, o segurado estivesse exposto aos fatores de risco de que trata o art. 68. (Redação dada pelo Decreto nº 10.410, de 2020)".**

Dessa forma, desde 1/7/2020, os benefícios previdenciários por acidente de trabalho não mais serão considerados como tempo especial por ausência de nocividade durante o afastamento do labor, restando apenas o cômputo do salário-maternidade como tempo especial, que se configura tecnicamente uma ilegalidade regulamentar não corrigida.

Por outro até, até 30/6/2020 devem os benefícios por incapacidade laboral acidentários serem considerados como tempo especial, pois é vedada a aplicação retroativa de novel interpretação governamental à luz do Princípio da Segurança Jurídica.

Vale registrar que a exposição permanente ao agente nocivo previsto no Regulamento surgiu com a Lei 9.032/95, não sendo aplicado ao tempo especial anterior. Nesse sentido, a Súmula 49, da TNU:

> **"Súmula 49 – Para reconhecimento de condição especial de trabalho antes de 29/4/1995, a exposição a agentes nocivos à saúde ou à integridade física não precisa ocorrer de forma permanente".**

A Turma Nacional (TNU) vem **diferenciando a habitualidade da permanência** desde o julgamento do PEDILEF 200451510619827, de 28/5/2009:

> "3. **Habitual** é a exposição a agentes nocivos durante todos os dias de trabalho normal, ou seja, durante todos os dias da jornada normal de trabalho.
>
> 4. **Permanente** é a exposição experimentada pelo segurado durante o exercício de todas as suas funções, não quebrando a permanência o exercício de função de supervisão, controle ou comando em geral ou outra atividade equivalente, *desde que seja exclusivamente em ambientes de trabalho cuja nocividade tenha sido constatada.*
>
> 5. **Intermitente** é a exposição experimentada pelo segurado de forma programada para certos momentos inerentes à produção, repetidamente a certos intervalos.
>
> 6. **Ocasional** é a exposição experimentada pelo segurado de forma não programada, sem mensuração de tempo, acontecimento fortuito, previsível ou não".

O assunto segue sendo um dos focos de judicialização. Veja-se o tema 211 fixado recentemente pela TNU:[47]

> **Exposição a agentes biológicos definem tempo especial, independentemente de período mínimo de contato**
>
> Decisão TNU
>
> Publicado: 19/12/2019 14h08 Última modificação: 19/12/2019 19h56

47. https://www.cjf.jus.br/cjf/noticias/2019/12-dezembro/exposicao-a-agente-biologicos-caracteriza-tempo-especial-independentemente-de-periodo-minimo-de-contato.

Aplicação da aposentadoria especial independe de tempo mínimo de exposição durante a jornada

Em sessão ordinária realizada no dia 12 de dezembro, a Turma Nacional de Uniformização dos Juizados Especiais Federais (TNU) decidiu dar provimento ao incidente de uniformização interposto pelo Instituto Nacional do Seguro Social (INSS), concluindo a seguinte tese: ***"Para aplicação do artigo 57, § 3.º, da Lei n.º 8.213/91 a agentes biológicos, exige-se a probabilidade da exposição ocupacional, avaliando-se, de acordo com a profissiografia, o seu caráter indissociável da produção do bem ou da prestação do serviço, independente de tempo mínimo de exposição durante a jornada".*** **(Tema 211).**

O Pedido de Interpretação de Uniformização de Lei foi interposto contra acórdão da Turma Recursal de Sergipe, que reformando a sentença, acolheu pretensão de qualificação como especial do período de 01/11/1997 a 14/04/2009, no qual o segurado afirma haver trabalhado na função de técnico em manutenção, exposto a agentes biológicos: bactérias, bacilos, vírus, fungos e protozoários.

Segundo o INSS, o acórdão recorrido está em confronto com a jurisprudência da 11ª Turma Recursal de São Paulo. Não obstante a informação acerca da exposição a agentes biológicos, a Turma reputou que, pelas atividades descritas no Perfil Profissiográfico Previdenciário (PPP), não estava a parte autora, de fato, exposta a tais agentes.

Critérios

Em suas razões de decidir, o relator do processo na TNU, Juiz Federal Bianor Arruda Bezerra Neto, iniciou sua exposição de motivos pontuando a separação legal entre as atividades em comum e especial de acordo com o critério de exposição do trabalhados a agentes nocivos insalubres ou perigosos. Amparado por decretos com interpretações diversas acerca do tema, o magistrado afirmou que a norma geral e abstrata não foi capaz de universalizar regra a respeito do tempo mínimo necessário de exposição ao agente nocivo, tendo imposto apenas alguns parâmetros para a classificação do trabalho como especial.

"Dessa maneira, quanto ao tempo mínimo de exposição, é no caso concreto que a discussão terá que ser travada, muitas vezes somente mediante o auxílio de laudos técnicos e da opinião de especialistas em medicina do trabalho, de químicos, de engenheiros etc", concluiu o magistrado.

O relator ainda destacou o entendimento da TNU levando-se em conta especificamente a exposição a agentes biológicos. A turma compreendeu que a especialidade se justifica não pelo efetivo dano à saúde, mas sim ao risco de contaminação. Assim, no caso de agentes biológicos, o conceito de habitualidade e permanência seria diverso daquele utilizado para outros agentes nocivos, pois o que se protege não é o tempo de exposição (causador do eventual dano), mas o risco de exposição a agentes biológicos. Deste modo, não seria sequer necessário que a exposição a agentes biológicos ocorra durante toda a jornada de trabalho, pois, consideradas as particularidades do labor desempenhado, o efetivo e constante risco de contaminação e de prejuízo à saúde do trabalhador satisfaz os conceitos de exposição habitual e permanente [...]. (PEDILEF n.º 5012760-25.2016.4.04.7003, relator o Juiz Federal Sérgio de Abreu Brito, julgado em 21/06/2018). (grifei)

O relator ainda destacou as três condições requisitadas devido a jurisprudência para qualificação como tempo especial. A primeira é a ocorrência do exercício, de maneira habitual e permanente, de atividade profissional em condições especiais que prejudiquem a saúde ou a integridade física do segurado. Outra exigência é quando ocorre em razão do exercício da atividade profissional, probabilidade da exposição ocupacional a agentes biológicos para lhe causar dano, não necessariamente durante toda a jornada, nos termos do Anexo IV do Decreto n.º 3.048/99. E por último, quando se dá em função da exposição ao risco inerente à profissão, de forma não circunstancial ou particularizada e indissociável da produção do bem ou da prestação do serviço na qual ela está sendo desenvolvida.

Processo Nº 0501219-30.2017.4.05.8500

Note-se que o **tema 211 da TNU** definiu tese pelo enquadramento como especial da mera probabilidade da exposição ocupacional para os agentes biológicos, devendo ser avaliado o seu caráter indissociável da produção do bem ou da prestação do serviço, independente de tempo mínimo de exposição durante a jornada.

A atividade especial pressupõe a exposição aos agentes nocivos químicos, físicos, biológicos ou associação de agentes prejudiciais à saúde ou à integridade física, pelo período equivalente ao exigido para a concessão do benefício.

Consideram-se **agentes químicos** as substâncias, compostos ou produtos que possam penetrar no organismo pela via respiratória, nas formas de poeiras, fumos, névoas, neblinas, gases ou vapores, ou que, pela natureza da atividade de exposição, possam ter contato ou ser absorvidos pelo organismo através da pele ou por ingestão (Norma Regulamentadora 9, da Portaria 3214/78, do MTE).

Já os **agentes biológicos** são as bactérias, fungos, bacilos, parasitas, protozoários, vírus, entre outros (Norma Regulamentadora 9, da Portaria 3214/78, do MTE).

A **associação de agentes** consiste na exposição aos agentes combinados, exclusivamente nas atividades especificadas no Anexo IV do Decreto nº 3.048, de 1999, como sejam mineração subterrânea cujas atividades sejam exercidas afastadas das frentes de produção e trabalhos em atividades permanentes no subsolo de minerações subterrâneas em frente de produção. No entanto, a alteração dada pelo Decreto nº 4.882, de 2003, no item 4.0.0 do Anexo IV do Decreto nº 3.048, de 1999, acrescenta que "nas associações de agentes que estejam acima do nível de tolerância, será considerado o enquadramento relativo ao que exigir menor tempo de exposição." Mantém, contudo, nos seus itens 4.0.1 e 4.0.2 os enquadramentos qualitativos em "mineração subterrânea cujas atividades sejam exercidas afastadas das frentes de produção e trabalhos em atividades permanentes no subsolo de minerações subterrâneas em frente de produção (Manual de Aposentadoria Especial do INSS/Conceitos).

De acordo com o **tema 205 da TNU, de 12/03/2020**, "a) para reconhecimento da natureza especial de tempo laborado em exposição a agentes biológicos não é necessário o desenvolvimento de uma das atividades arroladas nos Decretos de regência, sendo referido rol meramente exemplificativo; **b) entretanto, é necessária a comprovação em concreto do risco de exposição a microorganismos ou parasitas infectocontagiosos, ou ainda suas toxinas, em medida denotativa de que o risco de contaminação em seu ambiente de trabalho era superior ao risco em geral, devendo, ainda, ser avaliado, de acordo com a profissiografia, se tal exposição tem um caráter indissociável da produção do bem ou da prestação do serviço, independentemente de tempo mínimo de exposição durante a jornada** (Tema 211/TNU)".

Isso porque é tese firmada no **tema 211 da TNU, de 17/12/2019**, que "para aplicação do artigo 57, § 3.º, da Lei n.º 8.213/91 a agentes biológicos, exige-se a **probabilidade da exposição ocupacional**, avaliando-se, de acordo com a **profissiografia**, o seu **caráter indissociável da produção do bem ou da prestação do serviço**, independente de tempo mínimo de exposição durante a jornada".

De certo modo, a TNU adotou a tese de que a atividade especial por exposição aos agentes biológicos se configura com a mera exposição ao risco anormal de contaminação no ambiente de trabalho, devendo ser analisada a profissiografia do caso concreto no PPP ou mesmo no LTCAT, tomando também como lastro a necessidade de que o risco de contaminação seja inerente à atividade prestada.

Os **agentes físicos** são as diversas formas de energia a que possam estar expostos os trabalhadores, tais como: ruído, vibrações, pressões anormais, temperaturas extremas, radiações ionizantes, radiações não ionizantes, bem como o infrassom e o ultrassom (Norma Regulamentadora 9, da Portaria 3214/78, do MTE).

A comprovação da efetiva exposição do segurado aos agentes nocivos será feita mediante **formulário** emitido pela empresa ou seu preposto, com base em **laudo técnico de condições ambientais do trabalho (LTCAT),** expedido por médico do trabalho ou engenheiro de segurança do trabalho, nos termos da legislação trabalhista.

Exceto para o agente nocivo ruído que já o exigia, **o laudo técnico de condições ambientais passou a ser pressuposto obrigatório para o preenchimento do formulário com o advento do Decreto 2.172/97 (para o tempo especial a partir de 06.03.97)**, que regulamentou a nova redação artigo 58, da Lei 8.213/91, dada pela Lei 9.528/97, conforme o entendimento do STJ[48].

No que concerne ao agente ruído, deve-se observar se consta informação sobre EPC a partir de 14.10.1996 e sobre EPI a partir de 3.12.1998, não devendo ser considerada a informação sobre EPI para os períodos laborados anteriores a 3.12.1998 (data da publicação da MP nº 1.729/1998 convertida da Lei nº 9.732/1998).

TNU

Súmula 87 – A eficácia do EPI não obsta o reconhecimento de atividade especial exercida antes de 03/12/1998, data de início da vigência da MP 1.729/98, convertida na Lei n. 9.732/98.

Em muitas situações concretas a empresa não produziu o LTCAT e já encerrou as suas atividades. Caso inexista uma das citadas avaliações ambientais acima referidas, a jurisprudência vem admitindo o uso da **prova pericial de tempo especial por similaridade**, que não é acatada pelo entendimento administrativo do INSS[49], que não aceita a produção de laudo em empresa similar diversa.

Eis o STJ:

> "PROCESSUAL CIVIL E PREVIDENCIÁRIO. RECURSO ESPECIAL. APOSENTADORIA POR TEMPO DE SERVIÇO/CONTRIBUIÇÃO. VIOLAÇÃO DO ART. 535 DO CPC. SÚMULA 284/STF. CÔMPUTO DE TEMPO ESPECIAL. PROVA TÉCNICA. PERÍCIA POR SIMILARIDADE. CABIMENTO. RECURSO ESPECIAL CONHECIDO EM PARTE E NESSA PARTE PROVIDO. 1. Em preliminar, cumpre rejeitar a alegada violação do art. 535 do CPC, porque desprovida de fundamentação. O recorrente apenas alega que o Tribunal a quo não cuidou de atender o prequestionamento, sem, contudo, apontar o vício em que incorreu. Recai, ao ponto, portanto, a Súmula 284/STF. **2. A tese central do recurso especial gira em torno do cabimento da produção de prova técnica por similaridade, nos termos do art. 429 do CPC e do art. 55, § 3º, da Lei 8.213/1991. 3. A prova pericial é o meio adequado e necessário para atestar a sujeição do trabalhador a agentes nocivos à saúde para seu enquadramento legal em atividade especial. Diante do caráter social da previdência, o trabalhador segurado não pode sofrer prejuízos decorrentes da impossibilidade de produção da prova técnica. 4. Quanto ao tema, a Segunda Turma já teve a oportunidade de se manifestar, reconhecendo nos autos do Recurso Especial 1.397.415/RS, de Relatoria do Ministro Humberto Martins, a possibilidade**

48. REsp 354.737, de 18.11.2008.

49. Artigo 261, § 1º, inciso V, da Instrução Normativa INSS 77/2015.

de o trabalhador se utilizar de perícia produzida de modo indireto, em empresa similar àquela em que trabalhou, quando não houver meio de reconstituir as condições físicas do local onde efetivamente prestou seus serviços. 5. É exatamente na busca da verdade real/material que deve ser admitida a prova técnica por similaridade. A aferição indireta das circunstâncias de labor, quando impossível a realização de perícia no próprio ambiente de trabalho do segurado é medida que se impõe. 6. A perícia indireta ou por similaridade é um critério jurídico de aferição que se vale do argumento da primazia da realidade, em que o julgador faz uma opção entre os aspectos formais e fáticos da relação jurídica sub judice, para os fins da jurisdição. 7. O processo no Estado contemporâneo tem de ser estruturado não apenas consoante as necessidades do direito material, mas também dando ao juiz e à parte a oportunidade de se ajustarem às particularidades do caso concreto" (RESP 1.370.229, de 25/02/2014).

É razoável a solução do STJ como *ultima ratio*, pois o segurado não pode se prejudicar pela ausência de cumprimento da obrigação da empresa em elaborar o LTCAT e respectivo formulário, tendo o Poder Público a sua parcela de responsabilidade pela negligência na fiscalização da empresa.

Desde 01.01.2004, o formulário utilizado pela legislação previdenciária é o **PPP – Perfil Profissiográfico Previdenciário**, por força da IN INSS DC 95/2003[50], assim considerado o documento histórico-laboral do trabalhador, segundo modelo instituído pelo Instituto Nacional do Seguro Social, que, entre outras informações, deve conter registros ambientais, resultados de monitoração biológica e dados administrativos, que deverá sofrer atualização sempre que houver informações que impliquem na mudança do seu conteúdo, a ser feita pelo menos uma vez ao ano.

O PPP deverá ser emitido pela empresa empregadora, no caso de empregado; pela cooperativa de trabalho ou de produção, no caso de cooperado filiado; pelo órgão gestor de mão de obra, no caso de trabalhador avulso portuário e pelo sindicato da categoria, no caso de trabalhador avulso não portuário[51].

Vale destacar que a empresa deverá elaborar e manter atualizado perfil profissiográfico previdenciário, abrangendo as atividades desenvolvidas pelo trabalhador e fornecer a este, quando da rescisão do contrato de trabalho ou do desligamento do cooperado, cópia autêntica deste documento, sob pena de multa.

Com propriedade, as **avaliações ambientais** deverão considerar a classificação dos agentes nocivos e os limites de tolerância estabelecidos pela legislação trabalhista, bem como a **metodologia** e os procedimentos de avaliação estabelecidos pela Fundação Jorge Duprat Figueiredo de Segurança e Medicina do Trabalho – **FUNDACENTRO** e os limites de tolerância estabelecidos pela NR-15, do MTE.

Contudo, consoante dispõe o Decreto 8.123/2013, na hipótese de não terem sido estabelecidos pela FUNDACENTRO a metodologia e procedimentos de avaliação, cabe ao Ministério do Trabalho (com a extinção do Ministério do Trabalho, desde 2019 o Ministério da Economia assumiu a área trabalhista, tendo sido criada uma Secretaria Especial de Previdência e Trabalho) definir outras instituições que os estabeleçam.

Frise-se que o PPP e o laudo técnico emitidos em data anterior ou posterior ao exercício da atividade do segurado poderão ser aceitos para garantir direito relativo ao enquadramento de

50. Antes, foram utilizados os antigos formulários SB-40, DISES-BE 5235, DSS-8030 e DIRBEN 8030.
51. Artigo 260, § 2º, da Instrução Normativa INSS 77/2015.

tempo especial, após avaliação por parte do INSS desde que a empresa informe expressamente que não houve alteração no ambiente de trabalho ou em sua organização ao longo do tempo[52].

Nesse sentido, a Súmula 68, da TNU:

> **Súmula 68 – O laudo pericial não contemporâneo ao período trabalhado é apto à comprovação da atividade especial do segurado.**

Vale frisar que, a princípio, basta a apresentação do PPP, não sendo exigível o LTCAT, salvo se houver incorreção, contradição ou obscuridade no PPP, hipótese na qual deve ser o segurado instado a apresentar o laudo.

O STJ fixou tese repetitiva nesse mesmo sentido no julgamento da PETIÇÃO Nº 10.262 – RS (2013/0404814-0), de 8/2/2017:

> PEDIDO DE UNIFORMIZAÇÃO DE JURISPRUDÊNCIA. PREVIDENCIÁRIO. COMPROVAÇÃO DE TEMPO DE SERVIÇO ESPECIAL. RUÍDO. PERFIL PROFISSIOGRÁFICO PREVIDENCIÁRIO (PPP). APRESENTAÇÃO SIMULTÂNEA DO RESPECTIVO LAUDO TÉCNICO DE CONDIÇÕES AMBIENTAIS DE TRABALHO (LTCAT). DESNECESSIDADE QUANDO AUSENTE IDÔNEA IMPUGNAÇÃO AO CONTEÚDO DO PPP.
>
> 1. Em regra, trazido aos autos o Perfil Profissiográfico Previdenciário (PPP), dispensável se faz, para o reconhecimento e contagem do tempo de serviço especial do segurado, a juntada do respectivo Laudo Técnico de Condições Ambientais de Trabalho (LTCAT), na medida que o PPP já é elaborado com base nos dados existentes no LTCAT, ressalvando-se, entretanto, a necessidade da também apresentação desse laudo quando idoneamente impugnado o conteúdo do PPP.
>
> 2. No caso concreto, conforme destacado no escorreito acórdão da TNU, assim como no bem lançado pronunciamento do Parquet, não foi suscitada pelo órgão previdenciário nenhuma objeção específica às informações técnicas constantes do PPP anexado aos autos, não se podendo, por isso, recusar-lhe validade como meio de prova apto à comprovação da exposição do trabalhador ao agente nocivo "ruído". 3. Pedido de uniformização de jurisprudência improcedente.

Caso a empresa não forneça o PPP ou o apresente com incorreções, o segurado poderá ajuizar ação contra a empresa na Justiça do Trabalho cominatória de obrigação de fazer, a fim de disponibilizar o formulário que é imprescindível à concessão da aposentadoria especial.

Nesse sentido, o TST:

> **"RECURSO DE REVISTA DO RECLAMANTE. ENTREGA DO PERFIL PROFISSIOGRÁFICO PREVIDENCIÁRIO PELO EMPREGADOR**. O Perfil Profissiográfico é um documento que deve ser mantido pelo empregador e no qual são registradas as condições de trabalho, atividades e funções desenvolvidas pelo empregado. Tal documento deve ser devidamente atualizado durante o contrato de trabalho, na medida em que as circunstâncias operacionais relativas às atividades laborais sofrerem modificação. O documento, devidamente preenchido e atualizado, somente é disponibilizado ao trabalhador na data da sua rescisão contratual. Portanto, no termos do § 4.º do artigo 58 da Lei n.º 8.213/91, deve o Reclamado fornecer o Perfil Profissiográfico Previdenciário ao Reclamante. Recurso de Revista parcialmente conhecido e provido". (RR – 189700-06.2008.5.02.0043, Relatora Ministra: Maria de Assis Calsing, Data de Julgamento: 20/03/2013, 4ª Turma, Data de Publicação: 26/03/2013).

52. Artigo 261, § 3º, da Instrução Normativa INSS 77/2015.

Destaque-se que o **simples recebimento do adicional de insalubridade, verba trabalhista, não gera necessariamente a contagem do tempo especial**, conforme entendimento do STJ[53], tendo em vista serem diversas as sistemáticas do direito trabalhista e previdenciário.

Veja-se:

> "PREVIDENCIÁRIO. RECURSO **ESPECIAL. APOSENTADORIA** POR TEMPO DE CONTRIBUIÇÃO. CÔMPUTO DE TEMPO **ESPECIAL** EM RAZÃO DE RECEBIMENTO DO **ADICIONAL** DE **INSALUBRIDADE**. INSUFICIÊNCIA. NECESSIDADE DE COMPROVAÇÃO DA EXPOSIÇÃO HABITUAL E PERMANENTE POR INTERMÉDIO DE FORMULÁRIOS E LAUDOS. RECURSO **ESPECIAL** CONHECIDO E PROVIDO.
>
> 1. Após o advento da Lei 9.032/1995 vedou-se o reconhecimento da especialidade do trabalho por mero enquadramento profissional ou enquadramento do agente nocivo, passando a exigir a efetiva exposição do trabalhador ao agente nocivo.
>
> 2. A percepção de **adicional** de **insalubridade** pelo segurado, por si só, não lhe confere o direito de ter o respectivo período reconhecido como **especial,** porquanto os requisitos para a percepção do direito trabalhista são distintos dos requisitos para o reconhecimento da especialidade do trabalho no âmbito da Previdência Social.
>
> 3. In casu, o acórdão proferido Tribunal a quo reconheceu o período trabalhado como **especial,** tão somente em razão da percepção pelo trabalhador segurado do **adicional** de **insalubridade,** razão pela qual deve ser reformado" (REsp 1476932, de 10/3/2015).

Nos termos do Decreto 8.123/2013, no laudo técnico de condições ambientais deverão constar informações sobre a existência de tecnologia de proteção coletiva ou individual, e de sua eficácia, e deverá ser elaborado com observância das normas editadas pelo extinto Ministério do Trabalho e dos procedimentos estabelecidos pelo INSS.

Vale ressaltar que, existindo dúvidas com relação à atividade exercida ou com relação à efetiva exposição a agentes nocivos, de modo habitual e permanente, não ocasional nem intermitente, a partir das informações contidas no PPP e no LTCAT, quando estes forem exigidos, e se for o caso, nos antigos formulários mencionados, quando esses forem apresentados pelo segurado, poderá ser solicitado pelo servidor do INSS esclarecimentos à empresa, relativos à atividade exercida pelo segurado, bem como solicitar a apresentação de outros registros existentes na empresa que venham a convalidar as informações prestadas.

Questão polêmica é saber se o fornecimento de equipamento de proteção individual ou mesmo coletivo pela empresa ao segurado exclui ou não o enquadramento da atividade especial.

No entanto, esta aferição se refere apenas para os períodos laborados posteriores à 3.12.1998 (data da publicação da MP nº 1.729/1998 convertida da Lei nº 9.732/1998), quando a legislação passou a exigir essa mensuração.

A jurisprudência da TNU segue a posição do INSS:

> **Informativo 24/2018** – Afirmada a tese de que as atividades exercidas até 02/12/1998 sejam tidas como especiais, independentemente de constar no PPP a informação acerca do uso de EPI eficaz (PUIL n. 0501309-27.2015.4.05.8300/PE).

53. EARESP 200702630250, de 17.02.2009.

Entende a TNU que a partir de 03/12/1998 o contribuinte individual não poderá se locupletar da própria torpeza, ou seja, não pode se beneficiar por não ter utilizado o EPI, exceto o ruído, pois o STF decidiu inexistir proteção individual eficaz ou cancerígenos do Grupo 1 LINACH, assim como demonstração em concreto de inexistência de EPI eficaz:

> **REPRESENTATIVO DE CONTROVÉRSIA – DEFINIÇÃO DE TESE TEMA N. 18**8 – PUIL n. 5000075-62.2017.4.04.7128/RS REPRESENTATIVO DE CONTROVÉRSIA – DEFINIÇÃO DE TESE TEMA N. 198 – PUIL n. 0502252-37.2017.4.05.8312/PE: Apreciando o pedido sob o regime dos representativos de controvérsia, a TNU fixou a seguinte tese: Após 03/12/1998, para o segurado contribuinte individual, não é possível o reconhecimento de atividade especial em virtude da falta de utilização de equipamento de proteção individual (EPI) eficaz, salvo nas hipóteses de: (a) exposição ao agente físico ruído acima dos limites legais; (b) exposição a agentes nocivos reconhecidamente cancerígenos, constantes do Grupo 1 da lista da LINACH; ou (c) demonstração com fundamento técnico de inexistência, no caso concreto, de EPI apto a elidir a nocividade da exposição ao agente agressivo a que se submeteu o segurado.

O STJ já se pronunciou no sentido de que "o fato de a empresa fornecer ao empregado o Equipamento de Proteção Individual – EPI, ainda que tal equipamento seja devidamente utilizado, não afasta, de per se, o direito ao benefício da aposentadoria com a contagem de tempo especial, devendo cada caso ser apreciado em suas particularidades"[54].

De acordo com o **Enunciado nº 21, do Conselho de Recursos da Previdência Social,** "o simples fornecimento de equipamento de proteção individual de trabalho pelo empregador não exclui a hipótese de exposição do trabalhador aos agentes nocivos à saúde, devendo ser considerado todo o ambiente de trabalho".

> No mesmo caminho pontifica a **Súmula 09, da TNU**, prevendo que "o uso de Equipamento de Proteção Individual (EPI), ainda que elimine a insalubridade, no caso de exposição a ruído, não descaracteriza o tempo de serviço especial prestado".

Logo, nota-se que é preciso a análise de cada situação concreta a fim de verificar se a utilização do EPI reduziu ou não a exposição do segurado aos agentes nocivos para níveis abaixo dos padrões de tolerância, pois uma atividade apenas se enquadrará como especial se houver lesividade à saúde ou integridade física do trabalhador, a fim de justificar a concessão antecipada da proteção previdenciária.

A questão foi julgada pelo STF no Recurso Extraordinário com Agravo (ARE 664.335) interposto pelo INSS, que teve repercussão geral admitida pelo Ministro Luiz Fux em junho de 2012. O julgamento foi iniciado em 03 de setembro de 2014 e concluído em 04 de dezembro de 2014.

Decidiu a Suprema Corte que o direito à aposentadoria especial pressupõe a efetiva exposição do trabalhador a agente nocivo a sua saúde, de modo que se o Equipamento de Proteção Individual (EPI) for realmente capaz de neutralizar a nocividade, não haverá respaldo à concessão constitucional de aposentadoria especial". Esta foi a **primeira tese aprovada**.

54. REsp 720.082, de 15.12.2005.

No entanto, **no caso do agente nocivo ruído**, na hipótese de exposição do trabalhador a ruído acima dos limites legais de tolerância, a declaração do empregador no âmbito do Perfil Profissiográfico Previdenciário (PPP), no sentido da eficácia do Equipamento de Proteção Individual (EPI), **não descaracteriza o tempo de serviço especial para a aposentadoria**. Esta foi a **segunda tese aprovada**.

Assim sendo, o STF admitiu em abstrato a tese de que o EPI realmente eficaz afastará a concessão da aposentadoria especial. No entanto, no caso do ruído, por não admitir a eficácia real do EPI (tema cientificamente controverso), o seu uso não irá descaracterizar o tempo especial prestado, adotando-se o mesmo entendimento da Súmula 09 da TNU. Trata-se, portanto, de decisão intermediária entre as teses do INSS e dos segurados que desenvolvem atividades nocivas à saúde.

Nesse sentido, colaciona-se passagem dos Informativos 757 e 770 **(Tema 555 STF)**:

> **"Aposentadoria especial e uso de equipamento de proteção – 1**
>
> O Plenário iniciou julgamento de recurso extraordinário com agravo em que se discute eventual descaracterização do tempo de serviço especial, para fins de aposentadoria, em decorrência do uso de equipamento de proteção individual (EPI) – informado no perfil profissiográfico previdenciário (PPP) ou documento equivalente – capaz de eliminar a insalubridade. Questiona-se, ainda, a fonte de custeio para essa aposentadoria especial. Preliminarmente, o Tribunal converteu o agravo em recurso extraordinário. Mencionou que o agravo preencheria todos os requisitos, de modo a permitir o imediato julgamento do extraordinário, porquanto presentes no debate o direito fundamental à previdência social, com reflexos mediatos nos cânones constitucionais do direito à vida e à saúde. **No mérito, o Ministro Luiz Fux (relator) deu provimento ao recurso do INSS.** Esclareceu que o denominado PPP poderia ser conceituado como documento histórico-laboral do trabalhador, que reuniria, dentre outras informações, dados administrativos, registros ambientais e resultados de monitoração biológica durante todo o período em que este exercera suas atividades, referências sobre as condições e medidas de controle da saúde ocupacional de todos os trabalhadores, além da comprovação da efetiva exposição dos empregados a agentes nocivos, e eventual neutralização pela utilização de EPI. Citou a necessidade de se indicar a atividade exercida pelo trabalhador, o agente nocivo ao qual estaria ele exposto, a intensidade e a concentração do agente, além de exames médicos clínicos. Frisou que aos trabalhadores seria assegurado o exercício de suas funções em ambiente saudável e seguro (CF, artigos 193 e 225). Destacou que o anexo IV do Decreto 3.048/1999 (Regulamento da Previdência Social) traria a classificação dos agentes nocivos e, por sua vez, a Lei 9.528/1997, ao modificar a Lei de Benefícios da Previdência Social, teria fixado a obrigatoriedade de as empresas manterem laudo técnico atualizado, sob pena de multa, bem como de elaborarem e manterem PPP, a abranger as atividades desenvolvidas pelo trabalhador. Sublinhou que a Lei 9.528/1997 seria norma de aplicabilidade contida, ante a exigência de regulamentação administrativa, que ocorrera por meio da Instrução Normativa 95/2003, cujo marco temporal de eficácia fora fixado para 1º.1.2004. Aduziu, também, que a Instrução Normativa 971/2009, da Receita Federal, ao dispor sobre normas gerais de tributação previdenciária e de arrecadação das contribuições sociais destinadas à previdência social e às outras entidades ou fundos, teria assentado que referida contribuição não seria devida se houvesse a efetiva utilização, comprovada pela empresa, de equipamentos de proteção individual que neutralizassem ou reduzissem o grau de exposição a níveis legais de tolerância.
>
> **Aposentadoria especial e uso de equipamento de proteção – 2**
>
> O Ministro Luiz Fux reconheceu que os tribunais estariam a adotar a teoria da proteção extrema, no sentido de que, ainda que o EPI fosse efetivamente utilizado e hábil a eliminar a

insalubridade, não estaria descaracterizado o tempo de serviço especial prestado (Enunciado 9 da Súmula da Turma Nacional de Uniformização dos Juizados Especiais Federais). Salientou que a controvérsia interpretativa a respeito da concessão de aposentadoria especial encerraria situações diversas: a) para o INSS, se o EPI fosse comprovadamente utilizado e eficaz na neutralização da insalubridade, a aposentadoria especial não deveria ser concedida; b) para a justiça de 1ª instância, o benefício seria devido; c) para a receita federal, a contribuição não seria devida e a concessão do benefício, sem fonte de custeio, afrontaria a Constituição (art. 195, § 5º). Realçou que a melhor interpretação constitucional a ser dada ao instituto seria aquela que privilegiasse, de um lado, o trabalhador e, de outro, o preceito do art. 201 da CF. Ponderou que, apesar de constar expressamente na Constituição (art. 201, § 1º) a necessidade de lei complementar para regulamentar a aposentadoria especial, a EC 20/1998 teria fixado, expressamente, em seu art. 15, como norma de transição, que "até que a lei complementar a que se refere o art. 201, § 1º, da Constituição Federal, seja publicada, permanece em vigor o disposto nos artigos 57 e 58 da Lei nº 8.213, de 24 de julho de 1991, na redação vigente à data da publicação desta Emenda". Registrou que a concessão de aposentadoria especial dependeria, em todos os casos, de comprovação, pelo segurado, perante o INSS, do tempo de trabalho permanente, não ocasional nem intermitente, exercido em condições especiais que prejudicassem a saúde ou a integridade física, durante o período mínimo de 15, 20 ou 25 anos, a depender do agente nocivo. **Asseverou que não se poderia exigir dos trabalhadores expostos a agentes prejudiciais à saúde e com maior desgaste, o cumprimento do mesmo tempo de contribuição daqueles empregados que não estivessem expostos a qualquer agente nocivo. Ressaltou, outrossim, não ser possível considerar que todos os agentes químicos, físicos e biológicos seriam capazes de prejudicar os trabalhadores de igual forma e grau, do que resultaria a necessidade de se determinar diferentes tempos de serviço mínimo para aposentadoria, de acordo com cada espécie de agente nocivo. Assentou que a verificação da nocividade laboral para caracterizar o direito à aposentadoria especial conferiria maior eficácia ao instituto à luz da Constituição. Discordou do entendimento segundo o qual o benefício previdenciário seria devido em qualquer hipótese, desde que o ambiente fosse insalubre (risco potencial do dano). No caso concreto, assinalou que, a tratar especificamente do agente nocivo ruído, o aresto recorrido se baseara na tese jurídica de que a utilização de equipamento de proteção individual que neutralizasse, eliminasse ou reduzisse a nocividade dos agentes não excluiria a aposentadoria especial. Não indicara, contudo, se o equipamento seria eficiente para gerar aposentadoria especial. Nesse aspecto, consignou que a tese escorreita a ser firmada seria no sentido de que a utilização de equipamento de proteção individual, comprovada mediante formulário (PPP ou documento equivalente) na forma estabelecida pela legislação previdenciária, não caracterizaria tempo de serviço especial e, via de consequência, não permitiria que o trabalhador tivesse direito à aposentadoria especial.** Enfatizou que a autoridade competente poderia, no exercício da fiscalização, aferir as informações prestadas pela empresa e constantes no laudo técnico de condições ambientais do trabalho, sem prejuízo do controle judicial. Consignou que as atividades laborais nocivas e sua respectiva eliminação deveriam ser meta da sociedade, do Estado, do empresariado e dos trabalhadores como princípios basilares da Constituição. **Em seguida, pediu vista dos autos o Ministro Roberto Barroso.**

Aposentadoria especial e uso de equipamento de proteção – 3

O direito à aposentadoria especial pressupõe a efetiva exposição do trabalhador a agente nocivo à sua saúde, de modo que, se o Equipamento de Proteção Individual (EPI) for realmente capaz de neutralizar a nocividade, não haverá respaldo constitucional à concessão de aposentadoria especial. Ademais – no que se refere a EPI destinado a proteção contra ruído –, na hipótese de exposição do trabalhador a ruído acima dos limites legais de tole-

rância, a declaração do empregador, no âmbito do Perfil Profissiográfico Previdenciário (PPP), no sentido da eficácia do EPI, não descaracteriza o tempo de serviço especial para a aposentadoria. Esse o entendimento do Plenário que, em conclusão de julgamento, desproveu recurso extraordinário com agravo em que discutida eventual descaracterização do tempo de serviço especial, para fins de aposentadoria, em decorrência do uso de EPI – informado no PPP ou documento equivalente – capaz de eliminar a insalubridade. Questionava-se, ainda, a fonte de custeio para essa aposentadoria especial – v. Informativo 757. O Colegiado afirmou que o denominado PPP poderia ser conceituado como documento histórico-laboral do trabalhador, que reuniria, dentre outras informações, dados administrativos, registros ambientais e resultados de monitoração biológica durante todo o período em que ele exercera suas atividades, referências sobre as condições e medidas de controle da saúde ocupacional de todos os trabalhadores, além da comprovação da efetiva exposição dos empregados a agentes nocivos, e eventual neutralização pela utilização de EPI. Seria necessário indicar a atividade exercida pelo trabalhador, o agente nocivo ao qual estaria ele exposto, a intensidade e a concentração do agente, além de exames médicos clínicos. Não obstante, aos trabalhadores seria assegurado o exercício de suas funções em ambiente saudável e seguro (CF, artigos 193 e 225). A respeito, o anexo IV do Decreto 3.048/1999 (Regulamento da Previdência Social) traz a classificação dos agentes nocivos e, por sua vez, a Lei 9.528/1997, ao modificar a Lei de Benefícios da Previdência Social, fixa a obrigatoriedade de as empresas manterem laudo técnico atualizado, sob pena de multa, bem como de elaborarem e manterem PPP, a abranger as atividades desenvolvidas pelo trabalhador. A referida Lei 9.528/1997 seria norma de aplicabilidade contida, ante a exigência de regulamentação administrativa, que ocorrera por meio da Instrução Normativa 95/2003, cujo marco temporal de eficácia fora fixado para 1º.1.2004. Ademais, a Instrução Normativa 971/2009, da Receita Federal, ao dispor sobre normas gerais de tributação previdenciária e de arrecadação das contribuições sociais destinadas à previdência social e às outras entidades ou fundos, assenta que referida contribuição não é devida se houver a efetiva utilização, comprovada pela empresa, de equipamentos de proteção individual que neutralizem ou reduzam o grau de exposição a níveis legais de tolerância.

Aposentadoria especial e uso de equipamento de proteção – 4

O Colegiado reconheceu que os tribunais estariam a adotar a teoria da proteção extrema, no sentido de que, ainda que o EPI fosse efetivamente utilizado e hábil a eliminar a insalubridade, não estaria descaracterizado o tempo de serviço especial prestado (Enunciado 9 da Súmula da Turma Nacional de Uniformização dos Juizados Especiais Federais). **Destacou, entretanto, que o uso de EPI com o intuito de evitar danos sonoros – como no caso – não seria capaz de inibir os efeitos do ruído.** Salientou que a controvérsia interpretativa a respeito da concessão de aposentadoria especial encerraria situações diversas: a) para o INSS, se o EPI fosse comprovadamente utilizado e eficaz na neutralização da insalubridade, a aposentadoria especial não deveria ser concedida; b) para a justiça de 1ª instância, o benefício seria devido; e c) para a Receita Federal, a contribuição não seria devida e a concessão do benefício, sem fonte de custeio, afrontaria a Constituição (art. 195, § 5º). Realçou que a melhor interpretação constitucional a ser dada ao instituto seria aquela que privilegiasse, de um lado, o trabalhador e, de outro, o preceito do art. 201 da CF. Ponderou que, apesar de constar expressamente na Constituição (art. 201, § 1º) a necessidade de lei complementar para regulamentar a aposentadoria especial, a EC 20/1998 fixa, expressamente, em seu art. 15, como norma de transição, que "até que a lei complementar a que se refere o art. 201, § 1º, da Constituição Federal, seja publicada, permanece em vigor o disposto nos artigos 57 e 58 da Lei nº 8.213, de 24 de julho de 1991, na redação vigente à data da publicação desta Emenda". A concessão de aposentadoria especial dependeria, em todos os casos, de comprovação, pelo segurado, perante o INSS, do tempo de trabalho permanente, não ocasional nem intermitente, exercido em condições especiais que prejudicassem a saúde ou a integridade física, durante o período mínimo de 15, 20 ou 25 anos, a depender do agente nocivo. Não se poderia exigir dos trabalhadores expostos a agentes prejudiciais à saúde e com maior desgaste, o cumprimento do mesmo tempo de contribuição daqueles empregados que não estivessem expostos a qualquer agente nocivo. Outrossim, não seria possível considerar que todos os agentes químicos, físicos e biológicos seriam capazes de prejudicar os trabalhadores de igual forma e grau, do que resultaria a necessidade de se determinar diferentes tempos de serviço mínimo para aposentadoria, de acordo com cada espécie de agente nocivo. A verificação da nocividade laboral para caracterizar o direito à aposentadoria especial conferiria maior eficácia ao instituto à luz da Constituição. **O Plenário discordou do entendimento segundo o qual o benefício previdenciário seria devido em qualquer hipótese, desde que o ambiente fosse insalubre (risco potencial do dano).** A autoridade competente poderia, no exercício da fiscalização, aferir as informações prestadas pela empresa e constantes no laudo técnico de condições ambientais do trabalho, sem prejuízo do controle judicial. As atividades laborais nocivas e sua respectiva eliminação deveriam ser meta da sociedade, do Estado, do empresariado e dos trabalhadores como princípios basilares da Constituição. O Ministro Marco Aurélio, ao acompanhar o dispositivo da decisão colegiada, limitou-se a desprover o recurso, sem acompanhar as teses fixadas. O Ministro Teori Zavascki, por sua vez, endossou apenas a primeira tese, tendo em vista reputar que a segunda – alusiva a ruído acima dos limites de tolerância – não teria conteúdo constitucional. O Ministro Luiz Fux (relator) reajustou seu voto relativamente ao EPI destinado à proteção contra ruído. **ARE 664335/SC, rel. Min. Luiz Fux, 4.12.2014. (ARE-664335)".**

Por tudo isto, podemos fixar os **principais pontos do julgado**:

a) Se o EPI for realmente capaz de neutralizar a nocividade, não haverá respaldo constitucional à aposentadoria especial;

b) No caso do agente nocivo ruído, o STF acolheu a tese da inexistência de EPI totalmente eficaz, reconhecendo o direito à aposentadoria especial mesmo com a sua utilização;

c) Para os demais agentes nocivos quantitativos, a questão está em aberto, devendo ser mensurado se existe EPI que neutralize a nocividade caso a caso;

d) Em caso de divergência ou dúvida sobre a real eficácia do Equipamento de Proteção Individual, a premissa a nortear a Administração e o Judiciário é pelo reconhecimento do direito ao benefício da aposentadoria especial (*in dubio pro misero*).

O Novo Regulamento da Previdência Social (Decreto 10.410, de 30/06/2020) aduziu que a efetiva exposição a agente prejudicial à saúde configura-se quando, mesmo após a adoção das medidas de controle previstas na legislação trabalhista, a nocividade não seja eliminada ou neutralizada, considerando-se:

> **I – eliminação** – a adoção de medidas de controle que efetivamente impossibilitem a exposição ao agente prejudicial à saúde no ambiente de trabalho; e
>
> **II – neutralização** – a adoção de medidas de controle que reduzam a intensidade, a concentração ou a dose do agente prejudicial à saúde ao limite de tolerância previsto neste Regulamento ou, na sua ausência, na legislação trabalhista.

Sobre os critérios de aferição da eficácia do EPI, a **TNU firmou tese no tema 213**:

Tema	213	**Situação do tema**	Em Julgamento – eproc	**Ramo do direito**	DIREITO PREVIDENCIÁRIO
Questão submetida a julgamento	**Saber quais são os critérios de aferição da eficácia do Equipamento de Proteção Individual na análise do direito à aposentadoria especial ou à conversão de tempo especial em comum.**				
Tese firmada	**I – A informação no Perfil Profissiográfico Previdenciário (PPP) sobre a existência de equipamento de proteção individual (EPI) eficaz pode ser fundamentadamente desafiada pelo segurado perante a Justiça Federal, desde que exista impugnação específica do formulário na causa de pedir, onde tenham sido motivadamente alegados: (i.) a ausência de adequação ao risco da atividade; (ii.) a inexistência ou irregularidade do certificado de conformidade; (iii.) o descumprimento das normas de manutenção, substituição e higienização; (iv.) a ausência ou insuficiência de orientação e treinamento sobre o uso o uso adequado, guarda e conservação; ou (v.) qualquer outro motivo capaz de conduzir à conclusão da ineficácia do EPI. II – Considerando que o Equipamento de Proteção Individual (EPI) apenas obsta a concessão do reconhecimento do trabalho em condições especiais quando for realmente capaz de neutralizar o agente nocivo, havendo divergência real ou dúvida razoável sobre a sua real eficácia, provocadas por impugnação fundamentada e consistente do segurado, o período trabalhado deverá ser reconhecido como especial.**				

Processo	**Decisão de afetação**	**Relator (a)**	**Julgado em**	**Acórdão publicado em**	**Trânsito em julgado**
PEDILEF 0004439-44.2010.4.03.6318/SP	27/06/2019	Juiz Federal Fabio de Souza Silva	19/06/2020	25/06/2020	ED opostos

De início, cumpre registrar que há um ponto da tese muito favorável ao INSS no Tema 213, consistente na possibilidade de impugnação específica do segurado no processo administrativo previdenciário do PPP que registre a eficácia do EPI como condição da ação judicial.

Inclusive, no voto do Relator do tema 213 esse ponto é tratado por expresso, mas deveria estar expressamente consignado na tese aprovada por publicidade e segurança jurídica:

> "102. No capítulo IV do voto, concluiu-se que é possível discutir no processo previdenciário, como questão prejudicial, a eficácia do Equipamento de Proteção Individual fornecido pelo empregador. Isso não significa, todavia, que esse debate possa ser iniciado sem qualquer critério.
>
> 103. A ineficácia de um EPI apontado como eficaz no PPP é matéria fática relevante, que deve ser informada à Administração Pública no processo administrativo. Se a matéria não tiver sido suscitada administrativamente, não pode ser invocada como questão prejudicial no processo judicial, pois não haverá indicativo de que a autarquia indeferiria o benefício diante do quadro fático.
>
> 104. Essa é a mesma lógica adotada pelo Supremo Tribunal Federal, na ressalva indicada no item III da tese firmada no tema 350 dos recursos com repercussão geral: [...] III – Na hipótese de pretensão de revisão, restabelecimento ou manutenção de benefício anteriormente concedido, considerando que o INSS tem o dever legal de conceder a prestação mais vantajosa possível, o pedido poderá ser formulado diretamente em juízo – salvo se depender da análise de matéria de fato ainda não levada ao conhecimento da Administração –, uma vez que, nesses casos, a conduta do INSS já configura o não acolhimento ao menos tácito da pretensão;"

Deste modo, ao que parece a TNU vai determinar a extinção da ação judicial sem a análise de mérito, na situação de ausência de impugnação específica do PPP que aponte a eficácia do EPI no âmbito do processo administrativo previdenciário, com dedução da tese inovadora apenas no âmbito judicial.

O ponto desfavorável para a autarquia e por certo contraditório é que a tese registrou que a informação sobre eficácia do EPI no PPP não tem presunção de veracidade.

Ora, se não tem presunção de veracidade possui supostamente uma presunção de falsidade, pois a informação do PPP que indique a eficácia do EPI não poderá simplesmente ser ignorada no mundo jurídico como se não existisse, embora a tese ou o voto não se refiram expressamente sobre a presunção de falsidade.

Vejo, portanto, a tese neste ponto contraditória. É que a informação em um documento pode se presumir como falsa ou verdadeira, e esta presunção pode ser relativa ou absoluta.

É princípio geral do Direito que a boa-fé se presume mesmo em documentos firmados por pessoas jurídicas de Direito privado, como no caso, não se confundindo presunção de veracidade de uma declaração emitida em documento particular com a fé pública presente em documentos públicos.

De efeito, se não houvesse presunção de veracidade na informação registrada no PPP sobre a eficácia do EPI, haveria na verdade uma presunção de falsidade e não seria facultada uma impugnação específica do segurado no processo administrativo previdenciário para questionar a eficácia do EPI com os seguintes pontos:

(i.) a ausência de adequação ao risco da atividade;

(ii.) a inexistência ou irregularidade do certificado de conformidade;

(iii.) o descumprimento das normas de manutenção, substituição e higienização;

(iv.) a ausência ou insuficiência de orientação e treinamento sobre o uso o uso adequado, guarda e conservação; ou

(v.) qualquer outro motivo capaz de conduzir à conclusão da ineficácia do EPI.

No mais, a meu ver o item 2 do tema 213 TNU se compatibiliza com o tema 555 do STF, ao firmar que "**considerando que o Equipamento de Proteção Individual (EPI) apenas obsta a concessão do reconhecimento do trabalho em condições especiais quando for realmente capaz de neutralizar o agente nocivo, havendo divergência real ou dúvida razoável sobre a sua real eficácia, provocadas por impugnação fundamentada e consistente do segurado, o período trabalhado deverá ser reconhecido como especial**".

Para o segurado que houver exercido sucessivamente duas ou mais atividades sujeitas a condições especiais prejudiciais à saúde ou à integridade física, sem completar em qualquer delas o prazo mínimo exigido para a aposentadoria especial, os respectivos períodos serão somados após conversão, conforme tabela abaixo, considerada a atividade preponderante[55]:

55. Artigo 66, do RPS.

Tempo a converter	Multiplicadores		
	Para 15	Para 20	Para 25
De 15 anos	-	1,33	1,67
De 20 anos	0,75	-	1,25
De 25 anos	0,60	0,80	-

Suponha-se que *Allan* tenha trabalho por 10 anos em uma atividade especial sujeita à aposentadoria especial com 20 anos de contribuição. Posteriormente, ele se desligou desse emprego e passou a trabalhar em atividade especial que conduz à aposentadoria com 25 anos de contribuição.

Neste caso, conforme a tabela acima, os 10 anos trabalhados serão multiplicados pelo fator 1,25, sendo transformados em 12,5 anos. Logo, Allan precisará trabalhar mais 12,5 anos na atividade especial sujeita à aposentadoria com 25 anos de contribuição, e não mais 15 anos.

Outrossim, **será possível a conversão de tempo de atividade sob condições especiais em tempo de atividade comum**, conforme a seguinte tabela[56], **até o advento da EC 103/2019**:

Tempo a converter	Multiplicadores	
	Mulher (para 30)	Homem (para 35)
De 15 anos	2,00	2,33
De 20 anos	1,50	1,75
De 25 anos	1,20	1,40

Suponha-se que *Pedro* tenha trabalhado por 10 anos em atividade sujeita à aposentadoria especial de 25 anos de contribuição, tendo deixado o seu emprego. Em seguida, passou a trabalhar em atividade comum, em que a aposentadoria por tempo de contribuição ocorrerá em 35 anos.

Neste caso, observada a tabela acima colacionada, os 10 anos de contribuição deverão ser multiplicados pelo fator 1,4, transformando-se em 14 anos de contribuição. Consequentemente, Pedro deverá trabalhar em atividade comum por mais 21 anos, e não por mais 25 anos.

Vale registrar que esses fatores são extraídos por uma regra de três simples. Por exemplo, como 35 anos é 40% maior que 25 anos de contribuição, o fator de conversão será de 1,4.

Com o advento do Decreto 4.827/2003, que inseriu o § 2º, no artigo 70, do RPS, **o INSS passou a admitir a conversão de tempo especial em comum a qualquer tempo, inclusive após 25.05.1998**, pois continua em vigor o artigo 57, § 5º, da Lei 8.213/91 **(até o advento da Emenda 103/2019)**.

É que a Lei 9.711/98 decorre de uma série de Medidas Provisórias reeditadas. Em 25.05.1998, foi publicada a MP 1.663-10, que expressamente revogou o § 5º, do artigo 57, da Lei 8.213/91, que previa a conversão do tempo especial em comum.

Sucede que após algumas reedições, a MP 1.663-13 não mais previu a revogação do § 5º, do artigo 57, da Lei 8.213/91, texto mantido pela Lei 9.711/98, permanecendo em vigor até hoje a autorização de conversão do tempo especial em comum.

56. Artigo 70, do RPS.

Em razão disso, o INSS reviu o seu entendimento, admitindo a qualquer tempo a referida conversão (até a EC 103/2019), o que acabou constrangendo vários órgãos integrantes do Poder Judiciário, que restringiam a conversão até 25 de maio de 1998.

Logo, revendo o seu entendimento, em 27 de março de 2009, a TNU revogou a Súmula 16, que impedia a conversão do tempo de serviço especial em comum, para o trabalhador que tivesse exercido atividade especial em período posterior a 28 de maio de 1998, bem como o STJ[57]:

> "PREVIDENCIÁRIO. CONVERSÃO DE TEMPO DE SERVIÇO ESPECIAL EM COMUM. OBSERVÂNCIA DA LEI EM VIGOR POR OCASIÃO DO EXERCÍCIO DA ATIVIDADE. DECRETO N. 3.048/1991, ARTIGO 70, §§ 1º E 2º. FATOR DE CONVERSÃO. EXTENSÃO DAS REGRAS AO TRABALHO DESEMPENHADO EM QUALQUER ÉPOCA. DECRETO N. 4.827/2003. APLICABILIDADE.
>
> 1. O entendimento assente nos Tribunais pátrios tem sido o de que o tempo de serviço é regido pela legislação em vigor na ocasião em que efetivamente exercido. Essa compreensão jurisprudencial foi incluída no texto do próprio Regulamento da Previdência, em razão da modificação trazida pelo Decreto n. 4.827/2003 ao artigo 70. § 1º, Decreto n. 3.048/1999.
>
> 2. Pelo mesmo Decreto n. 4.827/2003 incluiu-se, também, o parágrafo 2º, o qual estendeu ao trabalho desempenhado em qualquer período as regras de conversão do artigo 70 do Decreto n. 3.048/1999 .
>
> 3. Importa notar que a legislação em vigor na ocasião da prestação do serviço regula a caracterização e a comprovação do tempo de atividade sob condições especiais. No entanto, diversa é a aplicação do fator de conversão, o qual nada mais é do que um critério matemático para a concessão do benefício.
>
> 4. A partir de 3/9/2003, com a alteração dada pelo Decreto n. 4.827 ao Decreto n. 3.048, a Previdência Social, na via administrativa, passou a converter os períodos de tempo especial desenvolvidos em qualquer época pelas novas regras da tabela definida no artigo 70, que, para o tempo de serviço especial correspondente a 25 anos, utiliza como fator de conversão, para homens, o multiplicador 1, 40 (art. 173 da Instrução Normativa n. 20/2007).
>
> 5. A Autarquia, embora possua orientação administrativa no sentido adotado pelo acórdão recorrido, na via judicial busca impugná-la, em desacordo com o determinado em seu Regulamento aprovado pelo Decreto n. 3.048/1999, ao qual está vinculada.
>
> 6. **A Terceira Seção desta Corte já decidiu no sentido de que, judicialmente, há de se dar a mesma solução administrativa, sob pena de tratar com desigualdade segurados que se encontram em situações idênticas (EREsp n. 412.351/RS)**" (g.n.).

Inclusive, em 2012, a **TNU** editou a **Súmula 50**:

> **"Súmula 50– É possível a conversão do tempo de serviço especial em comum do trabalho prestado em qualquer período".**

A conversão do tempo especial em comum era garantida pelo artigo 57, § 6º, da Lei 8.213/91:

> ~~"§ 5º O tempo de trabalho exercido sob condições especiais que sejam ou venham a ser consideradas prejudiciais à saúde ou à integridade física será somado,~~ **~~após a respectiva conversão ao tempo de trabalho exercido em atividade comum~~**~~, segundo critérios estabelecidos pelo Ministério da Previdência e Assistência Social, para efeito de concessão de qualquer benefício. (Parágrafo acrescentado pela Lei nº 9.032, de 28.4.95)".~~

57. REsp 1096450, de 18.08.2009.

IMPORTANTE!

Com a vedação do artigo 26, § 2º, da Emenda 103/2019, apenas dar-se-á a **conversão do tempo especial em comum prestado até o dia da sua publicação**, não tendo o § 5º do artigo 57 da Lei 8.213/91 sido recebido pela novel reforma constitucional.

Logo, é VEDADA A CONVERSÃO DO TEMPO ESPECIAL EM COMUM prestado após a data da publicação da reforma previdenciária, sendo um duro golpe nos segurados que REALMENTE exercem atividades nocivas, que não mais poderão ter cômputo diferenciado para uma aposentadoria comum acaso não preencham os requisitos para a aposentadoria especial.

Vale salientar que não **há mais previsão legal para a conversão do tempo comum em especial**, que inclusive era proibida pelo artigo 267, da Instrução Normativa INSS PRES 45/2010, tendo sido mantida a proibição no artigo 249[58], da Instrução Normativa INSS 77/2015.

Até o advento da Lei 9.032/95, era possível a conversão de tempo comum em especial, devendo ser respeitado este regramento para o tempo de serviço prestado até a sua vigência, em respeito ao Princípio do *Tempus Regit Actum*.

Anteriormente, a redação originária do § 3º, do artigo 57, da Lei 8.213/91, permitia tanto a conversão do tempo especial em comum quanto à conversão do tempo comum em especial. Nesse sentido, já decidiu o TRF da 1ª Região que, "registre-se, ainda, a possibilidade de conversão de tempo comum em especial até o advento da Lei 9.032/95, vez que a legislação à época admitia a conversão para obtenção de aposentadoria especial, nos termos do art. 57, § 3º da Lei 8.213/91"[59].

Este, inclusive, era o antigo posicionamento da TNU, sendo possível a conversão do tempo comum em especial até o advento da Lei 9.032/95, mesmo que os requisitos da aposentadoria fossem preenchidos posteriormente em aplicação ao Princípio do *Tempus Regit Actum*. Veja-se notícia publicada no site da Justiça Federal:

> **"TNU altera entendimento sobre conversão de tempo de serviço para concessão de aposentadoria especial**
>
> 10/10/2014 14:20
>
> A Turma Nacional de Uniformização dos Juizados Especiais Federais (TNU), na sessão realizada nesta quarta-feira (8/10), decidiu alterar o entendimento jurisprudencial sobre a conversão de tempo de serviço para fins de concessão de aposentadoria especial. **A partir de agora, se a prestação do serviço ocorreu antes da Lei 9.032/95, é possível converter o tempo comum em especial mesmo que o segurado só reúna as condições para obtenção do benefício após esse período.**
>
> O posicionamento foi firmado pelo Colegiado durante o julgamento do recurso de um aposentado gaúcho que teve o pedido de revisão do benefício negado pela **Vara Federal de Caxias do Sul (RS)** e depois pela 3ª Turma Recursal dos Juizados Especiais Federais do Rio Grande do Sul. O autor da ação alegou à TNU que a conversão da atividade comum em especial deve ser disciplinada pela lei em vigor à época da prestação laboral.
>
> Conforme informações dos autos, o aposentado trabalhou a maior parte do tempo como técnico operacional em empresas da região. O INSS somente reconheceu como especial o tempo de 7 anos, 2 meses e 21 dias. A revisão de benefício solicitada implicaria na análise da averbação dos seguintes

58. Art. 249. Para fins de concessão de aposentadoria especial somente serão considerados os períodos de atividade especial, sendo vedada a conversão de tempo comum em especial.
59. Passagem do julgamento da AC 2001.33.00.001331-7, de 19/07/2010.

intervalos: de 17/03/1978 a 12/07/1984, quando trabalhou na Ceval Agroindustrial S/A; e de 06/03/1997 a 31/08/2008, período em que prestou serviço para a Soprano Eletrometalúrgica Ltda.

A controvérsia diz respeito à possibilidade de aplicação de legislação anterior a de 1995 para conversão do tempo de serviço de quem se aposentou depois desse período. Segundo a relatora do processo, juíza federal Kyu Soon Lee, o recurso do aposentado deveria ser negado com base no atual entendimento da própria TNU e em julgados do Superior Tribunal de Justiça (STJ). A magistrada sustentou que não se poderia converter período anterior à Lei 9.032/95, se o beneficiário preencheu os requisitos para à concessão depois dessa lei.

No entanto, para o redator do voto vencedor na TNU, juiz federal João Batista Lazzari, a jurisprudência mais recente do STJ fixou a tese de que a configuração do tempo de serviço especial é regida pela legislação em vigor no momento da prestação do serviço. De acordo com ele, trata-se de um direito adquirido, que se constitui em patrimônio do trabalhador.

"Saliento, ainda, que, a prevalecer a tese de que a lei que incide para definir a possibilidade de conversão entre tempo de serviço especial e comum é a vigente quando do preenchimento dos requisitos para a aposentadoria, não se poderia mais converter os períodos de atividade por categoria profissional, considerando que a legislação atual não permite mais essa forma de conversão", ponderou o magistrado.

Em seu voto divergente, o juiz João Batista Lazzari explica que não se pode tratar de forma distinta a configuração do tempo de serviço, "pois, se à época do exercício da atividade se possibilitava a conversão, o segurado adquire esse direito, ainda que os requisitos necessários à aposentação venham a ser preenchidos em momento posterior, na vigência de legislação que não mais contemple tal possibilidade", concluiu.

Pedilef 5011435-67.2011.4.04.7107"

No entanto, o STJ vem considerando a **data do requerimento administrativo** como marco divisor de regimes jurídicos, admitindo, apenas, a conversão de tempo comum em especial se requerido antes da Lei 9.032/95:

"PREVIDENCIÁRIO. **APOSENTADORIA ESPECIAL. CONVERSÃO DE TEMPO COMUM EM ESPECIAL. REQUERIMENTO POSTERIOR À VIGÊNCIA DA LEI N. 9.032/95. INVIABILIDADE.** ENTENDIMENTO FIRMADO NO RESP 1.310.034/PR. CUNHO DECLARATÓRIO DA DEMANDA INCÓLUME. TEMPO DE SERVIÇO ESPECIAL.

SOBRESTAMENTO DO FEITO. DESCABIMENTO.

1. Nos termos do decidido por ocasião do julgamento do Resp 1.310.034/PR, submetido ao regime dos recursos repetitivos, de relatoria do Ministro Herman Benjamin, quanto aos requerimentos efetivados após 28/4/1995 e cujos requisitos para o jubilamento somente tenham se implementado a partir de tal marco, fica inviabilizada a conversão de tempo comum em especial para fazer jus à aposentadoria especial, possibilitando, contudo, a conversão de especial para comum.

2. O pedido de sobrestamento não tem cabimento, pois, conforme jurisprudência do STJ, a possibilidade de modificação de entendimento pela Primeira Seção não implica direito ao sobrestamento de recursos no âmbito desta Corte" (AgRg nos EDcl no REsp 1509189, de 7/5/2015).

Este posicionamento é lastimável, atentando contra o Princípio do *Tempus Regit Actum*, vez que deveria ser considerada a lei em vigor no momento da prestação do tempo de contribuição, e não a data do requerimento administrativo.

Assim, na linha do STJ, à luz do direito adquirido, somente se cogita em conversão de tempo comum em especial na atualidade em uma situação: **se o segurado adquiriu o direito à aposentadoria antes da vigência da Lei 9.032/95**:

> **Processo**
>
> AgInt no REsp 1623353 / RS
>
> AGRAVO INTERNO NO RECURSO **ESPECIAL**
>
> 2016/0229242-0
>
> **Relator(a)**
>
> Ministro OG FERNANDES (1139)
>
> **Órgão Julgador**
>
> T2 – SEGUNDA TURMA
>
> **Data do Julgamento**
>
> 16/08/2018
>
> **Data da Publicação/Fonte**
>
> DJe 22/08/2018
>
> **Ementa**
>
> PREVIDENCIÁRIO. PROCESSO CIVIL. AGRAVO INTERNO NO RECURSO ESPECIAL. CONVERSÃO DE TEMPO COMUM EM ESPECIAL. REQUISITOS DEVEM SER PREENCHIDOS ANTES DA LEI N. 9.032/1995. LIMITE DE TOLERÂNCIA DE RUÍDOS NA VIGÊNCIA DO DECRETO 2.172/1997. TESES FIRMADAS SOB O RITO DOS REPETITIVOS. REITERAÇÃO DAS ALEGAÇÕES DO RECURSO ESPECIAL. PRINCÍPIO DA DIALETICIDADE. INOBSERVÂNCIA. MULTA APLICADA.
>
> **1. Faz jus à conversão de tempo de serviço comum em especial, aquele que tenha reunido os requisitos para o benefício pretendido antes da Lei n. 9.032/1995, de 28/4/1995**. (EDcl nos EDcl no REsp 1.310.034/PR, Rel. Ministro Herman Benjamin, Primeira Seção, julgado em 10/6/2015, DJe 16/11/2015).

Eis, nesse sentido, a Súmula 85 (publicada em 29/08/2018) que reflete a atual posição da TNU que se alinhou à tese repetitiva do STJ:

> **TNU, Súmula 85** – É possível a conversão de tempo comum em especial de período(s) anterior(es) ao advento da Lei nº 9.032/95 (que alterou a redação do § 3º do art. 57 da Lei nº 8.213/91), desde que todas as condições legais para a concessão do benefício pleiteado tenham sido atendidas antes da publicação da referida lei, independentemente da data de entrada do requerimento (DER).

Vale frisar que somente existe previsão normativa de conversão para fins de tempo de contribuição, e não para fins de período de carência, que exige número mínimo de contribuições mensais.

Veja-se a correta posição da TNU:

> Informativo 16/2017
>
> Processo n. 0512612-09.2013.4.05.8300
>
> Não é possível a conversão de tempo especial em comum para fins de carência do benefício previdenciário de aposentadoria por idade, uma vez que, para o preenchimento do referido requisito, exige-se efetiva contribuição pelo segurado.

Por sua vez, a partir da Emenda Constitucional nº 18, de 30 de junho de 1981, não é permitida a conversão do tempo de exercício de magistério para qualquer espécie de benefício, exceto se o segurado implementou todas as condições até 29 de junho de 1981.

De acordo com o Tribunal Regional Federal da 3ª Região, "é possível o enquadramento da atividade de professor como especial, para posterior conversão, apenas até a promulgação da Emenda 18/81, que estabeleceu normas específicas para a aposentação dessa categoria profissional"[60].

Outrossim, conforme decidido pelo Tribunal Regional Federal da 1ª Região, "a partir da EC 18/81, que disciplinou a aposentadoria dos professores e revogou neste pormenor o Decreto nº 53.831/64 (item 2.1.4), deixou de existir a possibilidade da conversão do tempo especial de serviço de magistério para tempo comum"[61].

Ou seja, **desde 30.06.1981, o tempo de serviço ou de contribuição do professor não se caracteriza como especial**, conquanto haja uma redução em 05 anos no tempo de contribuição para a sua aposentadoria (atuação exclusiva no ensino básico), razão pela qual não há direito a conversão.

Vale ressaltar que não é possível a utilização da conversão de tempo comum em especial para a aposentadoria do professor, que exige 30 anos de contribuição (homens) ou 25 anos de contribuição (mulheres) exclusivamente no ensino básico, inclusive direção escolar, coordenação e assessoramento pedagógico, conforme posicionamento da TNU:

> "EMENTA CONSTITUCIONAL E PREVIDENCIÁRIO. PROFESSOR. CONVERSÃO DO TEMPO DE SERVIÇO PRESTADO SOB A ÉGIDE DA CLT. OPÇÃO POR APOSENTADORIA COMUM DO SERVIÇO PÚBLICO. **1. O Supremo Tribunal Federal, em diversos precedentes, tem entendido de maneira favorável à conversão do tempo de serviço especial prestado por professor, sob a égide da CLT, em tempo de serviço comum. 2. Entretanto, veda-se ao interessado usar este tempo para se aposentar como professor, aos 30 anos de tempo de serviço, haja vista que tal implicaria a fruição de duas benesses, de regimes diversos. Ele poderá apenas se aposentar como servidor estatutário comum, aos 35 anos.** 3. Pedido de Uniformização conhecido e provido, de modo a determinar ao Instituto réu a expedição de certidão de tempo de contribuição em que o tempo de serviço prestado como professor sob a égide da CLT seja convertido em comum, mediante multiplicação pelo fator de 1,4 (PEDIDO 200570530018690, de 16.02.2009)".

Questão interessante é saber qual o fator de conversão de atividade especial em comum deverá ser utilizado para os homens para o tempo de contribuição prestado no regime previdenciário anterior.

É que a Lei 5.890/73 previa a aposentadoria por tempo de serviço para os homens em apenas 30 anos de serviço, enquanto atualmente exige-se 35 anos. Assim, naquela época, o segurado que desenvolvia atividade especial com benefício garantido aos 25 anos deveria converter esse tempo pelo fator 1,2, pois apenas pelo regramento atual o fator é 1,4, tendo em vista que o tempo de contribuição da aposentadoria foi elevado para 35 anos.

No ano de 2010, as Turmas do STJ divergiram a respeito, entendendo a 6ª Turma que deveria ser utilizado o fator 1,2 até a edição do Decreto 611/1992:

60. Passagem do julgamento da APELAÇÃO/REEXAME NECESSÁRIO 1.025.428, de 20.10.2008.
61. Passagem do julgamento da AC 200138000372364, de 21.11.2007.

"AGRAVO INTERNO. PREVIDENCIÁRIO. CONVERSÃO DO TEMPO DE SERVIÇO ESPECIAL EM COMUM. FATOR APLICÁVEL. "TEMPUS REGIT ACTUM".1,2 ATÉ A EDIÇÃO DO DECRETO 611/92 E, A PARTIR DE ENTÃO, 1,4.

1. É firme nesta Corte o entendimento no sentido da aplicação, na conversão de tempo de serviço especial em comum, da lei vigente quando do labor desenvolvido, pelo que aplicável o fator de conversão 1,2 até a edição do Decreto 611/92 e, a partir de então, 1,4.

2. Agravo ao qual se nega provimento" (AgRg no REsp 1148271, de 20.05.2010).

O entendimento da 6ª Turma é tecnicamente correto, pois decorre do Princípio do *Tempus Regit Actum*. Contudo, o próprio INSS tem um posicionamento administrativo mais favorável aos segurados, pois adota o fator 1,4 (e não 1,2) para os homens mesmo para o tempo especial anterior a 1992, em decorrência de artigo 70, § 2º, do RPS, que prevê que "as regras de conversão de tempo de atividade sob condições especiais em tempo de atividade comum constantes deste artigo aplicam-se ao trabalho prestado em qualquer período", entendimento seguido pela 5ª Turma do STJ (AGRAVO REGIMENTAL NO RECURSO ESPECIAL – 1.105.770, de 23.02.2010).

Finalmente, no dia 23 de março de 2011, a 3ª uniformizou o tema ao determinar aplicação do fator de conversão 1,4 por todo o período, no julgamento do REsp 1.151.363:

"PROCESSUAL CIVIL. RECURSO ESPECIAL REPRESENTATIVO DA CONTROVÉRSIA. RITO DO ART. 543-C, § 1º, DO CPC E RESOLUÇÃO N. 8/2008 – STJ. DIVERGÊNCIA JURISPRUDENCIAL NÃO COMPROVADA. AUSÊNCIA DE IDENTIDADE FÁTICA. DESCABIMENTO. COMPROVAÇÃO DE EXPOSIÇÃO PERMANENTE AOS AGENTES AGRESSIVOS. PRETENSÃO DE REEXAME DE MATÉRIA FÁTICA. ÓBICE DA SÚMULA N. 7/STJ.

1. Para a comprovação da divergência jurisprudencial é essencial a demonstração de identidade das situações fáticas postas nos julgados recorrido e paradigma.

2. Segundo asseverado pelo acórdão objurgado, o segurado esteve "exposto de modo habitual e permanente, não ocasional nem intermitente", ao frio e a níveis médios de ruído superiores ao limite regulamentar (e-STJ fl. 254). A modificação dessa conclusão importaria em revolvimento de matéria fática, não condizente com a natureza do recurso especial. Incidência, na espécie, do óbice da Súmula n. 7/STJ.

PREVIDENCIÁRIO. RECONHECIMENTO DE ATIVIDADE ESPECIAL APÓS 1998. MP N. 1.663-14, CONVERTIDA NA LEI N. 9.711/1998 SEM REVOGAÇÃO DA REGRA DE CONVERSÃO.

1. Permanece a possibilidade de conversão do tempo de serviço exercido em atividades especiais para comum após 1998, pois a partir da última reedição da MP n. 1.663, parcialmente convertida na Lei 9.711/1998, a norma tornou-se definitiva sem a parte do texto que revogava o referido § 5º do art. 57 da Lei n. 8.213/1991.

2. Precedentes do STF e do STJ.

CONVERSÃO DE TEMPO DE SERVIÇO ESPECIAL EM COMUM. OBSERVÂNCIA DA LEI EM VIGOR POR OCASIÃO DO EXERCÍCIO DA ATIVIDADE. DECRETO N. 3.048/1999, ARTIGO 70, §§ 1º E 2º. FATOR DE CONVERSÃO. EXTENSÃO DA REGRA AO TRABALHO DESEMPENHADO EM QUALQUER ÉPOCA.

1. A teor do § 1º do art. 70 do Decreto n. 3.048/99, a legislação em vigor na ocasião da prestação do serviço regula a caracterização e a comprovação do tempo de atividade sob condições especiais. Ou seja, observa-se o regramento da época do trabalho para a prova da exposição aos agentes agressivos à saúde: se pelo mero enquadramento da atividade nos anexos dos Regulamentos da

Previdência, se mediante as anotações de formulários do INSS ou, ainda, pela existência de laudo assinado por médico do trabalho.

2. O Decreto n. 4.827/2003, ao incluir o § 2º no art. 70 do Decreto n. 3.048/99, estendeu ao trabalho desempenhado em qualquer período a mesma regra de conversão. Assim, no tocante aos efeitos da prestação laboral vinculada ao Sistema Previdenciário, a obtenção de benefício fica submetida às regras da legislação em vigor na data do requerimento.

3. A adoção deste ou daquele fator de conversão depende, tão somente, do tempo de contribuição total exigido em lei para a aposentadoria integral, ou seja, deve corresponder ao valor tomado como parâmetro, numa relação de proporcionalidade, o que corresponde a um mero cálculo matemático e não de regra previdenciária.

4. Com a alteração dada pelo Decreto n. 4.827/2003 ao Decreto n. 3.048/1999, a Previdência Social, na via administrativa, passou a converter os períodos de tempo especial desenvolvidos em qualquer época pela regra da tabela definida no artigo 70 (art. 173 da Instrução Normativa n. 20/2007).

5. Descabe à autarquia utilizar da via judicial para impugnar orientação determinada em seu próprio regulamento, ao qual está vinculada. Nesse compasso, a Terceira Seção desta Corte já decidiu no sentido de dar tratamento isonômico às situações análogas, como na espécie (EREsp n. 412.351/RS).

6. Recurso especial parcialmente conhecido e, nessa extensão, desprovido".

Nessa mesma linha de raciocínio da 3ª Seção do STJ, a TNU editou a Súmula 55:

"Súmula 55– A conversão do tempo de atividade especial em comum deve ocorrer com aplicação do fator multiplicativo em vigor na data da concessão da aposentadoria".

Para a AGU, que possui o mesmo entendimento da TNU, "para concessão de aposentadoria no Regime Geral de Previdência Social – RGPS, a conversão de tempo de serviço/contribuição especial em comum deve observar o fator de conversão vigente à época em que requerido o benefício, devendo ser desconsiderado, para esta finalidade, o fator de conversão vigente à época da prestação da atividade laboral" (**Enunciado AGU Nº 80, de 17 de novembro de 2015**).

Eis o tema 41 da TNU:

Tema	41	**Situação do tema**	Julgado	**Ramo do direito**	DIREITO PREVIDENCIÁRIO
Questão submetida a julgamento		Saber se o fator 1,4 (um vírgula quatro) pode ser aplicado aos homens no período anterior ao advento da Lei n. 8.213/91.			
Tese firmada		**Na aposentadoria por tempo de contribuição, o fator de conversão 1,4 (um vírgula quatro), para os homens, é aplicável em qualquer período.**			
Processo		**Relator (a)**	**Julgado em**	**Acórdão publicado em**	**Trânsito em julgado**
PEDILEF 2007.72.95.003208-7/ SC		Juíza Federal Vanessa Vieira de Mello	29/03/2012	27/04/2012	15/05/2012

Frise-se que para o reconhecimento do tempo de contribuição especial incidirá o Princípio do *Tempus Regit Actum*, de modo que será aplicada a legislação previdenciária vigente no momento da sua prestação.

Nesse sentido, colaciona-se passagem do Informativo 457, do STJ:

> **"APOSENTADORIA ESPECIAL.** *TEMPUS REGIT ACTUM.*
>
> A Turma deu provimento ao recurso especial para afastar o cômputo como atividade exercida em condições especiais de períodos anteriores à vigência da Lei n. 3.807/1960, regulamentada pelo Dec. n. 53.831/1964 (revogado pelo Dec. n. 63.230/1968), a qual instituiu a aposentadoria especial. *In casu*, sustentou o Min. Relator que o art. 162 do referido diploma legal não assegurou a retroatividade do benefício, mas apenas resguardou os direitos outorgados pela respectiva legislação. **Nesse contexto, concluiu não ser possível que a norma retroaja sem expressa previsão nesse sentido, tendo em vista que o tempo de serviço é regido pela lei vigente à época em que efetivamente exercido.** Precedentes citados: AgRg no REsp 1.103.602-RS, DJe 3/8/2009; REsp 1.105.630-SC, DJe 3/8/2009, e AgRg no REsp 924.827-SP, DJ 6/8/2007. **REsp 1.205.482-SC, Rel. Min. Gilson Dipp, julgado em 23/11/2010".**

Período trabalhado	Enquadramento
Até 28/4/1995	Quadro Anexo ao Decreto nº 53.831, de 1964. Anexos I e II do RBPS, aprovado pelo Decreto nº 83.080, de 1979. Formulário; CP/CTPS; LTCAT, obrigatoriamente para o agente físico ruído.
De 29/4/1995 a 13/10/1996	Código 1.0.0 do Quadro Anexo ao Decreto nº 53.831, de 1964. Anexo I do RBPS, aprovado pelo Decreto nº 83.080, de 1979. Formulário; LTCAT ou demais Demonstrações Ambientais, obrigatoriamente para o agente físico ruído.
De 14/10/1996 a 5/3/1997	Código 1.0.0 do Quadro Anexo ao Decreto nº 53.831, de 1964. Anexo I do RBPS, aprovado pelo Decreto nº 83.080, de 1979. Formulário; LTCAT ou demais Demonstrações Ambientais, para todos os agentes nocivos.
De 6/3/1997 a 31/12/1998	Anexo IV do RBPS, aprovado pelo Decreto nº 2.172, de 1997. Formulário; LTCAT ou demais Demonstrações Ambientais, para todos os agentes nocivos.
De 1º/1/1999 a 6/5/1999	Anexo IV do RBPS, aprovado pelo Decreto nº 2.172, de 1997. Formulário; LTCAT ou demais Demonstrações Ambientais, para todos os agentes nocivos, que deverão ser confrontados com as informações relativas ao CNIS para homologação da contagem do tempo de serviço especial, nos termos do art. 19 e § 2º do art. 68 do RPS, com redação dada pelo Decreto nº 4.079, de 2002.
De 7/5/1999 a 31/12/2003	Anexo IV do RPS, aprovado pelo Decreto nº 3.048, de 1999. Formulário; LTCAT ou demais Demonstrações Ambientais, para todos os agentes nocivos, que deverão ser confrontados com as informações relativas ao CNIS para homologação da contagem do tempo de serviço especial, nos termos do art. 19 e § 2º do art. 68 do RPS, com redação dada pelo Decreto nº 4.079, de 2002.
A partir de 1º/1/2004	Anexo IV do RPS, aprovado pelo Decreto nº 3.048, de 1999. Formulário, que deverá ser confrontado com as informações relativas ao CNIS para homologação da contagem do tempo de serviço especial, nos termos do art. 19 e § 2º do art. 68 do RPS, com redação dada pelo Decreto nº 4.079, de 2002.

*** LTCAT** – Laudo Técnico das Condições Ambientais de Trabalho

No caso de exposição ao ruído, inclusive conforme a antiga redação da **Súmula 32, da TNU**, deverão ser observadas as seguintes regras para enquadramento da atividade como especial, conforme a regulamentação em vigor na época da sua prestação:

a) Antes de 05/03/1997, é considerada nociva a atividade sujeita a ruídos superiores a 80 dB, conforme previsão do Decreto 53.831/64;

b) A partir de 06/03/1997 até 18/11/2003, por força do Decreto 2.172/97, deve ser considerado o nível de ruído acima de 90 dB;

c) A partir de 19/11/2003, somente se considera nocivo o ruído superior a 85 dB, conforme alteração perpetrada no Decreto 3.048/99, trazida pelo Decreto 4.882/2003.

Nesse sentido, a Súmula 32 da TNU em sua redação originária:

> "**Súmula 32**– O tempo de trabalho laborado com exposição a ruído é considerado especial, para fins de conversão em comum, nos seguintes níveis: superior a 80 decibéis, na vigência do Decreto n. 53.831/64 (1.1.6); superior a 90 decibéis, a partir de 5 de março de 1997, na vigência do Decreto n. 2.172/97; superior a 85 decibéis, a partir da edição do Decreto n. 4.882, de 18 de novembro de 2003".

No mesmo caminho a **Súmula 29, da AGU**:

> "Súmula 29 – Atendidas as demais condições legais, considera-se especial, no âmbito do RGPS, a atividade exercida com exposição a ruído superior a 80 decibéis até 05/03/97, superior a 90 decibéis desta data até 18/11/2003, e superior a 85 decibéis a partir de então."

Esse também é o posicionamento consolidado do Superior Tribunal de Justiça:

> "EMBARGOS DE DECLARAÇÃO RECEBIDOS COMO AGRAVO REGIMENTAL. POSSIBILIDADE. PRINCÍPIOS DA FUNGIBILIDADE E DA INSTRUMENTALIDADE DAS FORMAS. PREVIDENCIÁRIO. TEMPO DE SERVIÇO EXERCIDO EM CONDIÇÕES ESPECIAIS. EXPOSIÇÃO A RUÍDO. SÚMULA Nº 7/STJ.
>
> 1. Tendo em vista que o pedido deduzido denota nítido pleito de reforma, em atenção aos princípios da fungibilidade e da instrumentalidade das formas, merece o recurso ser recebido como agravo regimental.
>
> **2. É firme o entendimento da Terceira Seção desta Corte de Justiça no sentido de que é considerada especial a atividade exercida com exposição a ruídos superiores a 80 decibéis até a edição do Decreto nº 2.171/97, sendo considerado prejudicial, após essa data, o nível de ruído superior a 90 decibéis. A partir da entrada em vigor do Decreto nº 4.882, em 18.11.2003, o limite de tolerância ao agente físico ruído reduziu para 85 decibéis.**
>
> 3. No caso, o período controvertido, qual seja, de 5.3.1997 a 28.5.1998, deve ser considerado como atividade comum, a teor do Decreto nº 2.171/97, uma vez que a Corte Regional acentuou que, nesse interregno, o segurado esteve exposto a níveis de ruído superiores a 85dB.
>
> 4. Concluir que o Tribunal de origem, ao afirmar que o segurado esteve exposto a ruído superior a 85 dB não quis dizer que o ruído era inferior a 90 dB, uma vez que as provas indicam um nível médio de ruído de 94,5 dB, demandaria o reexame do conjunto fático-probatório dos autos, providência incompatível na via do especial, a teor do enunciado nº 7/Superior Tribunal de Justiça.
>
> 5. Agravo regimental a que se nega provimento" (EDcl nos EDcl no REsp 1100191 / SC, de 27.09.2011).

Em tese repetitiva (Informativo 31/2018), **a TNU INICIALMENTE havia acolhido a normatização do INSS sobre a obrigatoriedade da observância da NHO 1 na aferição do ruído a partir de 1/1/2004**, pois esta norma observa o Nível de Exposição Normalizado – NEN, atendendo à exigência da exposição permanente ao agente nocivo ruído:

> "**REPRESENTATIVO DE CONTROVÉRSIA – DEFINIÇÃO DE TESE – TEMA N. 174 – PUIL n. 0505614-83.2017.4.05.8300/PE**

Apreciando o pedido sob o regime dos representativos de controvérsia, a TNU fixou as seguintes teses:

(a) a partir de 01 de janeiro de 2004, é obrigatória utilização da NHO-01 da FUNDACENTRO como metodologia de aferição do agente nocivo ruído no ambiente de trabalho, devendo tal técnica ser informada no PPP, com a respectiva indicação do Nível de Exposição Normalizado (NEN);

(b) em caso de omissão, no período supracitado, na indicação da metodologia empregada para aferição do agente nocivo ruído, no Perfil Profissiográfico Profissional, esse documento não deve ser admitido como prova da especialidade do trabalho para o agente nocivo em apreço, devendo ser apresentado o respectivo laudo técnico (LTCAT), para fins de demonstrar a técnica utilizada na respectiva medição".

No entanto, em sede de embargos de declaração, **a Turma Nacional reviu o seu posicionamento para admitir a sistemática de medição da NR 15 em paralelo com a NHO 1 mesmo após 1/1/2004:**

<table>
<tr><td>Tema</td><td>174</td><td>Situação do tema</td><td>Julgado – alteração no julgamento dos Eds</td><td>Ramo do direito</td><td>Direito Previdenciário</td></tr>
<tr><td colspan="2">Questão submetida a julgamento</td><td colspan="4">Saber se, para fins de reconhecimento de período laborado em condições especiais, é necessário a comprovação de que foram observados os limites/metodologias/procedimentos definidos pelo INSS para aferição dos níveis de exposição ocupacional ao ruído (art. 58, § 1º, da Lei n. 8.213/91
e art. 280 – IN/INSS/PRES – n. 77/2015)</td></tr>
<tr><td colspan="2">Tese firmada</td><td colspan="4">A partir de 19 de novembro de 2003, para a aferição de
ruído contínuo ou intermitente, é obrigatória a utilização das metodologias contidas na NHO-01 da FUNDACENTRO ou na NR-15, que reflitam a medição de exposição durante toda a jornada de trabalho, vedada a medição pontual, devendo constar do Perfil Profissiográfico Previdenciário (PPP) a técnica utilizada e a respectiva norma";
"Em caso de omissão ou dúvida quanto à indicação da metodologia empregada para aferição da exposição nociva ao agente ruído, o PPP não deve ser admitido como prova da especialidade, devendo ser apresentado o respectivo laudo técnico (LTCAT), para fins de demonstrar a técnica utilizada na medição, bem como a respectiva norma".</td></tr>
<tr><td colspan="2">Entendimento anterior</td><td colspan="4">A partir de 01 de janeiro de 2004, é obrigatória utilização da NHO-01 da FUNDACENTRO como metodologia de aferição do agente nocivo ruído no ambiente de trabalho, devendo tal técnica ser informada no PPP, com a respectiva indicação do Nível de Exposição Normalizado (NEN)"; (b) "em caso de omissão, no período supracitado, na indicação da metodologia empregada para aferição do agente nocivo ruído, no Perfil Profissiográfico Profissional, esse documento não deve ser admitido como prova da especialidade do trabalho para o agente nocivo em apreço, devendo ser apresentado o respectivo laudo técnico (LTCAT), para fins de demonstrar a técnica utilizada na respectiva medição.</td></tr>
<tr><td>Processo</td><td>Decisão de afetação</td><td>Relator (a)</td><td>Julgado em</td><td>Acórdão publicado em</td><td>Trânsito em julgado</td></tr>
<tr><td>PEDILEF 0505614-83.2017.4.05.8300/PE</td><td>29/05/2018</td><td>Juiz Federal Fábio Cesar dos Santos Oliveira – Para acórdão: Juiz Federal Sérgio de Abreu Brito</td><td>21/11/2018</td><td>21/03/2019</td><td>08/05/2019</td></tr>
</table>

Dessa forma, restou fixada **tese repetitiva** no seguinte sentido "a partir de 19 de novembro de 2003, para a aferição de ruído contínuo ou intermitente, é obrigatória a utilização das metodologias contidas na NHO-01 da FUNDACENTRO **ou na NR-15**, que reflitam a medição de exposição durante toda a jornada de trabalho, vedada a medição pontual, devendo constar do Perfil Profissiográfico Previdenciário (PPP) a técnica utilizada e a respectiva norma".

Saliente-se, ainda, que não restou identificado posicionamento do STJ a respeito da validade ou não da metodologia de medição do ruído exigida pelo INSS.

No mesmo sentido o CRPS:

JR/CRPS – ENUNCIADO Nº 13 – Alterado: Publicado no DOU de 12.11.2019

Atendidas as demais condições legais, considera-se especial, no âmbito do RGPS, a atividade exercida com exposição a ruído superior a 80 decibéis até 05/03/97, superior a 90 decibéis desta data até 18/11/2003, e superior a 85 decibéis a partir de então.

I – Os níveis de ruído devem ser medidos, observado o disposto na Norma Regulamentadora nº 15 (NR-15), anexos 1 e 2, com aparelho medidor de nível de pressão sonora, operando nos circuitos de compensação – dB (A) para ruído contínuo ou intermitente ou dB (C) para ruído de impacto.

II – Até 31 de dezembro de 2003, para a aferição de ruído contínuo ou intermitente, é obrigatória a utilização das metodologias contidas na NR-15, devendo ser aceitos ou o nível de pressão sonora pontual ou a média de ruído, podendo ser informado decibelímetro, dosímetro ou medição pontual no campo "Técnica Utilizada" do Perfil Profissiográfico Previdenciário (PPP).

III – A partir de 1º de janeiro de 2004, para a aferição de ruído contínuo ou intermitente, é obrigatória a utilização das metodologias contidas na Norma de Higiene Ocupacional 01 (NHO-01) da FUNDACENTRO ou na NR-15, que reflitam a medição de exposição durante toda a jornada de trabalho, vedada a medição pontual, devendo constar do PPP a técnica utilizada e a respectiva norma.

IV – Em caso de omissão ou dúvida quanto à indicação da metodologia ou técnica utilizadas para aferição da exposição nociva ao agente ruído, o PPP não deve ser admitido como prova da especialidade, devendo ser apresentado o respectivo Laudo Técnico de Condições Ambientais do Trabalho (LTCAT) ou solicitada inspeção no ambiente de trabalho, para fins de verificar a técnica utilizada na medição, bem como a respectiva norma.

JR/CRPS – ENUNCIADO Nº 11 – Alterado: Publicado no DOU de 12.11.2019

O Perfil Profissiográfico Previdenciário (PPP) é documento hábil à comprovação da efetiva exposição do segurado a todos os agentes nocivos, sendo dispensável o Laudo Técnico de Condições Ambientais de Trabalho (LTCAT) para requerimentos feitos a partir de 1º/1/2004, inclusive abrangendo períodos anteriores a esta data.

I – Poderá ser solicitado o LTCAT em caso de dúvidas ou divergências em relação às informações contidas no PPP ou no processo administrativo.

II – O LTCAT ou as demonstrações ambientais substitutas extemporâneos que informem quaisquer alterações no meio ambiente do trabalho ao longo do tempo são aptos a comprovar o exercício de atividade especial, desde que a empresa informe expressamente que, ainda assim, havia efetiva exposição ao agente nocivo.

III – Não se exigirá o LTCAT para períodos de atividades anteriores 14/10/96, data da publicação da Medida Provisória nº 1.523/96, facultando-se ao segurado a comprovação da efetiva exposição a agentes nocivos por qualquer meio de prova em direito admitido, exceto em relação a ruído.

No que concerne à exposição ao **cimento**, prevalece o entendimento de que inexiste direito à aposentadoria especial, nos termos da Súmula 71, da TNU:

Súmula 71– "O mero contato do pedreiro com o cimento não caracteriza condição especial de trabalho para fins previdenciários".

4.2. Aposentadoria especial dos deficientes

Regulamentação básica: Lei Complementar 142/2013 e Decreto 8.145/2013.

A aposentadoria com regras especiais em favor dos segurados deficientes passou a ter previsão na Constituição de 1988 somente com o advento da Emenda 47/2005. Coube à **Lei Complementar 142, de 08 de maio de 2013**, regulamentar a concessão de aposentadoria com critérios especiais aos referidos segurados, mas que apenas entrou em vigor após transcorridos seis meses da sua publicação, perpetrada no dia 09/05/2013.

IMPORTANTE!

De acordo com o **artigo 22 da Emenda 103/2019**, até que lei discipline o inciso I do § 1° do art. 201 da Constituição Federal, a aposentadoria da **pessoa com deficiência segurada do Regime Geral de Previdência Social** será concedida na forma da **Lei Complementar n° 142, de 8 de maio de 2013**, inclusive quanto aos critérios de cálculo dos benefícios. Desta forma, conservamos as informações deste item da obra, pois as regras foram recebidas pela Emenda 103/2019.

Por sua vez, o Decreto 8.145, de 03 de dezembro de 2013, publicado nesse mesmo dia, promoveu a sua regulamentação, através da inserção no Regulamento da Previdência Social dos artigos 70-A *usque* 70-I.

Inicialmente, há de se advertir que o INSS não instituiu um código de aposentadoria especial para este benefício, que é tratado como uma espécie de aposentadoria por tempo de contribuição com redutor do segurado com deficiência pelo Decreto 8.145/2013.

Reputa-se tal interpretação regulamentar como equivocada. Isso porque o artigo 201, § 1º, da Constituição, ressalvou duas hipóteses de regras especiais de aposentadoria no RGPS: segurados expostos a agentes nocivos à saúde e deficientes. Destarte, partindo de uma interpretação constitucional, entende-se que se cuida de uma segunda modalidade de aposentadoria especial.

A aposentadoria especial do deficiente (chamada pelo Decreto 3048/99 de aposentadoria por tempo de contribuição do deficiente) dependerá do **grau de deficiência** (grave, moderada ou leve), cabendo ao Regulamento da Previdência Social defini-las e ao INSS atestar o grau de deficiência por sua perícia médica, observada a seguinte tabela:

	Deficiência grave	Deficiência moderada	Deficiência leve
Homens	25 anos de contribuição	29 anos de contribuição	33 anos de contribuição
Mulheres	20 anos de contribuição	24 anos de contribuição	28 anos de contribuição

É possível que o grau de deficiência seja alterado ao longo do tempo. Uma deficiência leve pode progredir e se tornar moderada ou grave, ou vice-versa.

Neste caso, se o segurado, após a filiação ao RGPS, tornar-se pessoa com deficiência, ou tiver seu grau de deficiência alterado, os parâmetros serão proporcionalmente ajustados, considerando-se o número de anos em que o segurado exerceu atividade laboral sem deficiência e com deficiência, observado o grau de deficiência correspondente.

Certamente por um lapso do legislador, a LC 142/2013 não previu expressamente o período de carência da aposentadoria especial do deficiente, que deve ser considerada em 180 recolhimentos mensais por analogia às demais aposentadorias, conforme aduzido pelo Decreto 8.145/2013.

A existência de deficiência anterior à data da vigência da LC 142/2013 deverá ser certificada, inclusive quanto ao seu grau, por ocasião da **primeira avaliação no INSS**, sendo obrigatória a fixação da data provável do início da deficiência.

No entanto, a norma não fixa até quando terá efeitos retroativos. Uma primeira possibilidade seria reconhecer o tempo contributivo especial do segurado deficiente desde a Emenda 47/2005.

Mas certamente essa retroação não será limitada, fazendo jus o segurado deficiente ao reconhecimento do seu tempo de contribuição especial independentemente da época da prestação.

De seu turno, a comprovação de tempo de contribuição na condição de segurado com deficiência em período anterior à entrada em vigor da LC 142/2013 **não será admitida por meio de prova exclusivamente testemunhal**, sendo excepcionado o Princípio do Livre Convencimento Motivado.

Para efeito de concessão da aposentadoria da pessoa com deficiência, compete à perícia própria do INSS, nos termos de ato conjunto do Ministro de Estado Chefe da Secretaria de Direitos Humanos da Presidência da República, dos Ministros de Estado da Previdência Social, da Fazenda, do Planejamento, Orçamento e Gestão e do Advogado-Geral da União:

> I – avaliar o segurado e fixar a data provável do início da deficiência e o seu grau; e
>
> II – identificar a ocorrência de variação no grau de deficiência e indicar os respectivos períodos em cada grau.

Nesse sentido, foi editada a Portaria Interministerial SDH/MPS/MF/MOG/AGU Nº 1, DE 27 DE JANEIRO DE 2014, que aprovou o instrumento destinado à avaliação do segurado da Previdência Social e à identificação dos graus de deficiência, bem como definiu impedimento de longo prazo.

Essa Portaria continua em vigor, pois apenas a sua republicação (em 9/2/2015 – um erro administrativo de dupla publicação do mesmo ato) foi tornada sem efeito pela Portaria 30, de 9/2/2015, da lavra da então Ministra de Direitos Humanos.

No entanto, em breve será substituída, nos termos do Decreto 10.410/2020:

> "Art. 4º Para fins de acesso a benefícios da pessoa com deficiência, até que seja aprovado o instrumento específico para a avaliação biopsicossocial da pessoa com deficiência, realizada por equipe multiprofissional e interdisciplinar, será utilizado o instrumento aprovado pela Portaria Interministerial AGU/MPS/MF/SRDH/MP nº 1, de 27 de janeiro de 2014".

De efeito, compete à perícia própria do INSS (perícia médica e serviço social), por meio de avaliação médica e funcional, para efeito de concessão da aposentadoria da pessoa com deficiência, avaliar o segurado e fixar a data provável do início da deficiência e o respectivo grau, assim como identificar a ocorrência de variação no grau de deficiência e indicar os respectivos períodos em cada grau.

Por sua vez, a avaliação funcional indicada no caput será realizada com base no conceito de funcionalidade disposto na **Classificação Internacional de Funcionalidade, Incapacidade e Saúde – CIF**, da Organização Mundial de Saúde, e mediante a aplicação do **Índice de Funcionalidade Brasileiro Aplicado para Fins de Aposentadoria – IFBrA**, conforme o instrumento anexo da referida Portaria Interministerial.

Seguindo-se a sistemática da Lei Orgânica de Assistência Social, considerou-se **impedimento de longo** prazo, para os efeitos do Decreto nº 3.048, de 1999, aquele que produza efeitos de natureza física, mental, intelectual ou sensorial, pelo **prazo mínimo de 02 (dois) anos**, contados de forma ininterrupta.

Esta aposentadoria especial terá a renda de 100% do salário de benefício, apenas havendo a incidência do fator previdenciário se for benéfico ao segurado.

Para direito formado a partir de 14/11/2020, o INSS está aplicando a regra do artigo 26 da Emenda 103/2019 para o cálculo do salário de benefício, sem a incidência do divisor mínimo e com a regra de descarte, nos termos da Portaria 450/2020:

> "Do Período Básico de Cálculo e do Salário-de-benefício
>
> Art. 35. Nos termos do art. 26 da EC nº 103, de 2019, o PBC é composto por 100% (cem por cento) dos salários de contribuição a partir de julho de 1994 ou desde o início das contribuições, se posterior a esta competência, observado o disposto no art. 27.
>
> Art. 36. O SB é a média aritmética dos valores de contribuições do PBC e será limitado ao valor máximo do salário de contribuição do RGPS, conforme § 1º do art. 26 da EC nº 103, de 2019".

Logo, ao contrário do que ocorre na aposentadoria especial por agentes nocivos, em que não há a aplicação do fator previdenciário em nenhuma hipótese, na aposentadoria especial dos deficientes será possível a sua incidência, desde que superior a 1,0, pois somente assim haverá elevação no valor do salário de benefício.

A aposentadoria especial do deficiente é devida ao **empregado, trabalhador avulso, empregado doméstico, contribuinte individual e segurado facultativo**. Por sua vez, o **segurado especial** apenas terá direito se fizer recolhimentos sobre o salário de contribuição, na forma do Decreto 8.145/2013, pois a contribuição de 1,3% sobre a receita da produção não dá direito a este benefício.

Considera-se como **pessoa com deficiência** aquela que tem impedimentos de longo prazo de natureza física, mental, intelectual ou sensorial, os quais, em interação com **diversas barreiras**, podem obstruir sua participação plena e efetiva na sociedade em igualdade de condições com as demais pessoas, sendo adotada a mesma definição da Lei 8.742/93, alterada pela Lei 12.470/2011.

Com o advento do Estatuto da Pessoa com Deficiência (Lei 13.146/2015), a definição de pessoa com deficiência restou ampliada, bastando que o impedimento de logo prazo ocorra em **uma ou mais barreiras, consagrando ainda o modelo pericial biopsicossocial**:

> *"Art. 2º Considera-se pessoa com deficiência aquela que tem impedimento de longo prazo de natureza física, mental, intelectual ou sensorial, o qual, em interação com uma ou mais barreiras, pode obstruir sua participação plena e efetiva na sociedade em igualdade de condições com as demais pessoas.*
>
> *§ 1º A avaliação da deficiência, quando necessária, será biopsicossocial, realizada por equipe multiprofissional e interdisciplinar e considerará: (Vigência)*
>
> *I – os impedimentos nas funções e nas estruturas do corpo;*
>
> *II – os fatores socioambientais, psicológicos e pessoais;*
>
> *III – a limitação no desempenho de atividades; e*
>
> *IV – a restrição de participação.*
>
> *§ 2º O Poder Executivo criará instrumentos para avaliação da deficiência".*

Por sua vez, a Lei Complementar 142/2013 abriu outro regramento diferenciado para os segurados deficientes, consistente na **redução em cinco anos na idade para o deferimento do benefício de aposentadoria por idade.**

Logo, independentemente do grau de deficiência, observada a carência de 180 recolhimentos mensais, o homem deficiente se aposentará por idade aos 60 anos e a mulher aos 55 anos de idade, com renda de 70% do salário de benefício, mais 1% por grupo de 12 contribuições mensais, até o máximo de 30%, sendo facultativa a incidência do fator previdenciário, que apenas será aplicado se benéfico ao segurado.

Vale registrar que a LC 142/2013 não previu nenhuma contribuição previdenciária adicional para custear a aposentadoria especial dos deficientes, sendo forçoso concluir que foi violado o Princípio da Precedência da Fonte de Custeio.

Contudo, como se trata de norma negociada entre os Poderes Legislativo e Executivo da União, é certo que inexiste vontade política na sua pronúncia de inconstitucionalidade, pois teve uma excelente recepção social e veio a regulamentar uma determinação constitucional.

A Lei 8.213/91 terá aplicação à aposentadoria especial do segurado deficiente no que for compatível, sendo-lhe garantida a percepção de qualquer outra espécie de aposentadoria estabelecida na Lei nº 8.213, de 24 de julho de 1991, que lhe seja mais vantajosa do que as opções apresentadas na LC 142/2013.

Não é possível ao segurado deficiente se valer, cumulativamente, das regras do artigo 57, da Lei 8.213/91 e da LC 142/2013.

É que determina o seu artigo 10 que "a redução do tempo de contribuição prevista nesta Lei Complementar não poderá ser acumulada, no tocante ao mesmo período contributivo, com a redução assegurada aos casos de atividades exercidas sob condições especiais que prejudiquem a saúde ou a integridade física".

Logo, caso o segurado deficiente possua período contributivo especial por exposição aos agentes nocivos à saúde previstos no Regulamento, deverá optar pela sistemática que lhe for mais favorável, não podendo acumular as regras especiais de ambos os diplomas referidos.

Para o segurado que, após a filiação ao RGPS, tornar-se pessoa com deficiência, ou tiver seu grau alterado, os parâmetros serão proporcionalmente ajustados e os respectivos períodos serão somados após conversão, conforme as tabelas abaixo, considerando o grau de deficiência preponderante:

MULHER				
Tempo a converter	**Multiplicadores**			
	Para 20	**Para 24**	**Para 28**	**Para 30**
De 20 anos	1,00	1,20	1,40	1,50
De 24 anos	0,83	1,00	1,17	1,25
De 28 anos	0,71	0,86	1,00	1,07
De 30 anos	0,67	0,80	0,93	1,00

HOMEM				
Tempo a converter	Multiplicadores			
	Para 25	Para 29	Para 33	Para 35
De 25 anos	1,00	1,16	1,32	1,40
De 29 anos	0,86	1,00	1,14	1,21
De 33 anos	0,76	0,88	1,00	1,06
De 35 anos	0,71	0,83	0,94	1,00

Assim, suponha-se que um segurado **homem sem deficiência** conte com 10 anos de contribuição, considerando que a aposentadoria por tempo de contribuição do homem se dá aos 35 anos de contribuição.

Posteriormente, esse segurado teve um acidente e passa para a condição de deficiente grave, com aposentadoria especial com 25 anos. Neste caso, os 10 anos serão convertidos pelo fator 0,71, equivalendo a 7,1 anos de contribuição para uma aposentadoria especial de 25 anos.

É garantida a conversão do tempo de contribuição cumprido em condições especiais que prejudiquem a saúde ou a integridade física do segurado, inclusive da pessoa com deficiência, para fins da aposentadoria especial do deficiente, se resultar mais favorável ao segurado, conforme tabela abaixo:

MULHER					
Tempo a converter	Multiplicadores				
	Para 15	Para 20	Para 24	Para 25	Para 28
De 15 anos	1,00	1,33	1,60	1,67	1,87
De 20 anos	0,75	1,00	1,20	1,25	1,40
De 24 anos	0,63	0,83	1,00	1,04	1,17
De 25 anos	0,60	0,80	0,96	1,00	1,12
De 28 anos	0,54	0,71	0,86	0,89	1,00
HOMEM					
Tempo a converter	Multiplicadores				
	Para 15	Para 20	Para 25	Para 29	Para 33
De 15 anos	1,00	1,33	1,67	1,93	2,20
De 20 anos	0,75	1,00	1,25	1,45	1,65
De 25 anos	0,60	0,80	1,00	1,16	1,32
De 29 anos	0,52	0,69	0,86	1,00	1,14
De 33 anos	0,45	0,61	0,76	0,88	1,00

Essa regra foi manutenida pelo Decreto 10.410/2020 (art. 70-F, § 1º, do RPS), mesmo após o advento da Emenda 103/2019, pois as regras das aposentadorias das pessoas com deficiência foram conservadas pela Reforma Constitucional Previdenciária.

No entanto, é vedada a conversão do tempo de contribuição da pessoa com deficiência para fins de concessão da aposentadoria especial por exposição aos agentes nocivos à saúde.

Assim sendo, tempo de contribuição especial por exposição a agentes nocivos à saúde converte-se em tempo de contribuição do deficiente. Todavia, a recíproca não é verdadeira.

Até 13/11/2019, é possível fins da aposentadoria por idade da pessoa com deficiência a conversão do período de exercício de atividade sujeita a condições especiais que prejudiquem a saúde ou a integridade física, cumprido na condição de pessoa com deficiência, **exclusivamente para efeito de cálculo do valor da renda mensal**, vedado o cômputo do tempo convertido para fins de carência.

O Decreto 8.145/2013 instituiu uma espécie de regra de transição sem previsão na LC 142/2013. Isso porque o seu artigo 2º previu que a pessoa com deficiência poderá, a partir de 03 de dezembro de 2013 (data da publicação do citado decreto), solicitar o agendamento de avaliação médica e funcional, a ser realizada por perícia própria do INSS, para o reconhecimento do direito às aposentadorias por tempo de contribuição ou por idade.

Até dois anos após a entrada em vigor do Decreto 8.145/2013 será realizada a avaliação pericial para o segurado que requerer o benefício de aposentadoria e contar com os seguintes requisitos: **no mínimo vinte anos de contribuição, se mulher, e vinte e cinco anos de contribuição, se homem.**

Assim, para quem requerer o benefício até 03 de dezembro de 2015, independentemente do grau de deficiência, que não é exigido do artigo 2º, é assegurada a concessão da aposentadoria especial ao deficiente com o cumprimento de 20 anos de contribuição (mulheres) e 25 anos de contribuição (homens).

Registre-se que se cuida de suposta regra de transição regulamentar benéfica aos segurados deficientes, mas que não encontra fundamento de validade na Lei Complementar 142/2013.

5. REGRAS DE TRANSIÇÃO DAS APOSENTADORIAS – EMENDA 103/2019

Neste item da obra vamos apresentar as regras de transição para os segurados filiados ao RGPS até da data da publicação da Emenda 103/2019 **(13/11/2019)**.

Nos termos do artigo 10 da Portaria INSS 450/2020, a aposentadoria por tempo de contribuição, ressalvado o direito adquirido, poderá ser concedida aos segurados filiados ao RGPS até 13 de novembro de 2019, mediante os requisitos fixados em quatro regras distintas de transição:

> I – aposentadoria por tempo de contribuição com pontuação, conforme art. 15 da EC nº 103, de 2019;
>
> II – aposentadoria por tempo de contribuição com idade mínima, conforme art. 16 da EC nº 103, de 2019;
>
> III – aposentadoria por tempo de contribuição com período adicional de 50% (cinquenta por cento), conforme art. 17 da EC nº 103, de 2019; e
>
> IV – aposentadoria por tempo de contribuição com idade mínima e período adicional de 100% (cem por cento), conforme art. 20 da EC nº 103, de 2019.

Dessa forma, os **artigos 15, 16, 17 e 20** da Emenda Constitucional 103/2019 veiculam **regras de transição da aposentadoria por tempo de contribuição**, não alcançando, portanto, os segurados que promoveram os recolhimentos simplificados de que trata o artigo 21, § 2º, da Lei 8.212/91.

Por outro lado, o **artigo 18** da EC 103/2019 traz **regra de transição da aposentadoria por idade**, beneficiando o contribuinte individual autônomo e segurado facultativo que promoveram recolhimentos simplificados à razão de 5% ou de 11% sobre um salário mínimo.

5.1. Artigo 15 – Aposentadorias – Regras de transição para os segurados que ingressaram até a data da publicação da Reforma Constitucional

> Art. 15. Ao segurado filiado ao Regime Geral de Previdência Social até a data de entrada em vigor desta Emenda Constitucional, fica assegurado o direito à aposentadoria, quando preencher, cumulativamente, os seguintes requisitos:
>
> I – 30 (trinta anos) de contribuição, se mulher, e 35 (trinta e cinco) anos de contribuição, se homem; e
>
> II – somatório da idade e do tempo de contribuição, incluídas as frações, equivalente a 86 (oitenta e seis) pontos, se mulher, e 96 (noventa e seis) pontos, se homem, observado o disposto no § 1º.
>
> § 1º A partir de 1º de janeiro de 2020, a pontuação a que se refere o inciso II do caput será acrescida de um ponto a cada ano para o homem e para a mulher, até atingir o limite de 100 (cem) pontos, se mulher, e de 105 (cento e cinco) pontos, se homem.
>
> § 2º A idade e o tempo de contribuição serão apurados em dias para o cálculo do somatório de pontos a que se referem o inciso II do caput e o § 1º.
>
> § 3º Para o professor que comprovar exclusivamente 25 (vinte e cinco) anos de contribuição, se mulher, e 30 (trinta) anos de contribuição, se homem, em efetivo exercício das funções de magistério na educação infantil e no ensino fundamental e médio, o somatório da idade e do tempo de contribuição, incluídas as frações, será equivalente a 81 (oitenta e um) pontos, se mulher, e 91 (noventa e um) pontos, se homem, aos quais serão acrescentados, a partir de 1º de janeiro de 2020, um ponto a cada ano para o homem e para a mulher, até atingir o limite de 92 (noventa e dois) pontos, se mulher, e 100 (cem) pontos, se homem.
>
> § 4º O valor da aposentadoria concedida nos termos do disposto neste artigo será apurado na forma da lei.

Trata-se de regra de transição que somente beneficia aos segurados do RGPS filiados até o dia da publicação da Emenda 103/2019, considerando a extinção da aposentadoria por tempo de contribuição sem idade mínima.

Exigiu-se os seguintes requisitos para quem adquirir o direito até 31/12/2019:

a) HOMENS, 35 anos de tempo de contribuição e 96 pontos, considerando a soma da idade com o tempo de contribuição, inclusive com consideração de frações;

b) MULHERES, 30 anos de tempo de contribuição e 86 pontos, considerando a soma da idade com o tempo de contribuição, inclusive com consideração de frações.

A partir de 1/1/2020, haverá a seguinte progressão de pontuação até o homem atingir a 105 pontos e a mulher alcançar a 100 pontos:

ANO	HOMENS	MULHERES
Até 31/12/2019	96	86
1/1/2020	97	87
1/1/2021	98	88
1/1/2022	99	89
1/1/2023	100	90
1/1/2024	101	91
1/1/2025	102	92
1/1/2026	103	93
1/1/2027	104	94
1/1/2028	105	95
1/1/2029	105	96
1/1/2030	105	97
1/1/2031	105	98
1/1/2032	105	99
1/1/2033	105	100

Dessa forma, o ápice da pontuação das mulheres dar-se-á em 1/1/2033 ao passo que para os homens em 1/1/2028.

No que concerne ao professor do ensino básico com tempo exclusivo nesta condição, há uma regra especial para quem adquirir o direito até 31/12/2019:

a) HOMENS PROFESSORES, 30 anos de tempo de contribuição e 91 pontos, considerando a soma da idade com o tempo de contribuição, inclusive com consideração de frações.

b) MULHERES PROFESSORAS, 25 anos de tempo de contribuição e 81 pontos, considerando a soma da idade com o tempo de contribuição, inclusive com consideração de frações.

A partir de 1/1/2020, haverá a seguinte progressão de pontuação até o homem atingir a 100 pontos e a mulher alcançar 92 pontos:

ANO	HOMENS	MULHERES
Até 31/12/2019	91	81
1/1/2020	92	82
1/1/2021	93	83
1/1/2022	94	84
1/1/2023	95	85

ANO	HOMENS	MULHERES
1/1/2024	96	86
1/1/2025	97	87
1/1/2026	98	88
1/1/2027	99	89
1/1/2028	100	90
1/1/2029	100	91
1/1/2030	100	92

Dessa forma, o ápice da pontuação das mulheres dar-se-á em 1/1/2030 ao passo que para os homens em 1/1/2028.

Ao que parecia, havia um **erro material** na regra dos professores do ensino básico, o mesmo erro dos professores servidores federais outrora estudados.

Isso porque comparando com as idades da regra comum **o professor acaba não tendo nenhum benefício de redução de idade**, o que certamente não foi a intenção do legislador.

Veja-se que o escore do segurado homem não professor é de 96 pontos (35 anos de tempo de contribuição e 61 de idade, por exemplo).

Já para o segurado homem professor do ensino básico é de 91 pontos (30 anos de tempo de contribuição e os mesmos 61 anos de idade), sendo a mesma idade.

Mas a intenção foi realmente ter uma regra mais dura para os professores, tanto que foi preservado esse texto no Congresso Nacional.

Também serão beneficiados os professores do ensino infantil, fundamental e médio que estejam exercendo atividades de **direção de unidade escolar, coordenação e assessoramento pedagógico**, a teor do artigo 1º, da Lei 11.301/2006.

Contra a Lei 11.301/2006 foi proposta a **ADI 3.772** pelo Procurador-Geral da República, sob o argumento de violação ao artigo 201, § 8º, da Constituição Federal. Por sua vez, em 29.10.2008, o STF declarou a validade da referida norma, mas determinou a sua interpretação conforme a Constituição:

> "I – A função de magistério não se circunscreve apenas ao trabalho em sala de aula, abrangendo também a preparação de aulas, a correção de provas, o atendimento aos pais e alunos, a coordenação e o assessoramento pedagógico e, ainda, a direção de unidade escolar. **II – As funções de direção, coordenação e assessoramento pedagógico integram a carreira do magistério, desde que exercidos, em estabelecimentos de ensino básico, por professores de carreira, excluídos os especialistas em educação**, fazendo jus aqueles que as desempenham ao regime especial de aposentadoria estabelecido nos arts. 40, § 5º, e 201, § 8º, da Constituição Federal. III – Ação direta julgada parcialmente procedente, com interpretação conforme, nos termos supra" (g.n.)

Logo, para as atividades de direção de unidade escolar, coordenação e assessoramento pedagógico desenvolvidas por professor de carreira não têm mais aplicabilidade a **Súmula 726, do STF:**

"Súmula 726 – Para efeito de aposentadoria especial de professores, não se computa o tempo de serviço prestado fora da sala de aula".

Registre-se que **o STF excluiu os especialistas em educação do direito à redução**, pois não se tratam de professores, pois não habilitados a ministrar aulas, sendo uma espécie de carreira de apoio ao magistério ou mesmo gestores da atuação dos professore caracterizando-se como profissionais de educação para administração, planejamento, inspeção, supervisão e orientação para a educação básica.

No que concerne à renda mensal, enquanto não editada a lei de regulamentação, deve ser aplicado o regramento do **artigo 26 da Emenda 103/2019.**

Para os **HOMENS**, o valor do benefício de aposentadoria corresponderá a **sessenta por cento da média aritmética das 100% das remunerações/salários de contribuição, com acréscimo de 2% para cada ano que ultrapassar os 20 anos de contribuição:**

HOMENS TEMPO DE CONTRIBUIÇÃO	COEFICIENTE
20 anos	60%
21 anos	62%
22 anos	64%
23 anos	66%
24 anos	68%
25 anos	70%
26 anos	72%
27 anos	74%
28 anos	76%
29 anos	78%
30 anos	80%
31 anos	82%
32 anos	84%
33 anos	86%
34 anos	88%
35 anos	90%
36 anos	92%
37 anos	94%
38 anos	96%
39 anos	98%
40 anos	100%

Assim, se um segurado (homem) do RGPS tiver apenas 25 anos de tempo de contribuição, a renda do benefício será de 70% da média de todos os salários de contribuição desde o Plano Real (7/1994), respeitada a idade mínima referida e a renda não inferior a um salário mínimo.

Curioso notar que, **intencionalmente**, o artigo 26 da Emenda 103/2019 não limita a média de todos os salários de contribuição do segurado a 100%, de modo que o segurado que possuir mais de 40 anos de tempo de contribuição poderá fazer jus a uma aposentadoria por idade e tempo de contribuição que ultrapasse a 100% da média de salários de contribuição desde o Plano Real (competência 7/1994), a exemplo:

HOMENS TEMPO DE CONTRIBUIÇÃO	COEFICIENTE
41 Anos	102%
42 Anos	104%
43 Anos	106%
44 Anos	108%
45 Anos	110%
E assim sucessivamente	**E assim sucessivamente**

Para **a aposentadoria da MULHER** existe uma regra diferenciada de cálculo da renda mensal no artigo 26, § 5º[62], da Emenda 103/2019, que prevê a **progressão a contar de 15 anos**, e não de 20 anos de contribuição em todos os casos:

MULHERES TEMPO DE CONTRIBUIÇÃO	COEFICIENTE
15 anos	60%
16 anos	62%
17 anos	64%
18 anos	66%
19 anos	68%
20 anos	70%
21 anos	72%
22 anos	74%
23 anos	76%
24 anos	78%
25 anos	80%

62. § 5º O acréscimo a que se refere o caput do § 2º será aplicado para cada ano que **exceder quinze anos** de tempo de contribuição para os segurados de que tratam a alínea "a" do inciso I do art. 19 e do inciso I do art. 21 e **para as mulheres filiadas ao Regime Geral de Previdência Social**.

MULHERES TEMPO DE CONTRIBUIÇÃO	COEFICIENTE
26 anos	82%
27 anos	84%
28 anos	86%
29 anos	88%
30 anos	90%
31 anos	92%
32 anos	94%
33 anos	96%
34 anos	98%
35 anos	100%
E assim sucessivamente	E assim sucessivamente

Dessa forma, o coeficiente mínimo será de 60% e o máximo não está limitado pela legislação constitucional transitória.

Poderão ser **excluídas da média as contribuições que resultem em redução do valor do benefício**, desde que mantido o tempo mínimo de contribuição exigido, vedada a utilização do tempo excluído para qualquer finalidade, para a averbação em outro regime previdenciário ou para a obtenção dos proventos de inatividade dos militares.

5.2. Artigo 16 – Aposentadorias – Regras de transição para os segurados que ingressaram até a data da publicação da Reforma Constitucional

Art. 16. Ao segurado filiado ao Regime Geral de Previdência Social até a data de entrada em vigor desta Emenda Constitucional fica assegurado o direito à aposentadoria quando preencher, cumulativamente, os seguintes requisitos:

I – 30 (trinta) anos de contribuição, se mulher, e 35 (trinta e cinco) anos de contribuição, se homem; e

II – idade de 56 (cinquenta e seis) anos, se mulher, e 61 (sessenta e um) anos, se homem.

§ 1º A partir de 1º de janeiro de 2020, a idade a que se refere o inciso II do caput será acrescida de seis meses a cada ano, até atingir 62 (sessenta e dois) anos de idade, se mulher, e 65 (sessenta e cinco) anos de idade, se homem.

§ 2º Para o **professor** que comprovar exclusivamente tempo de efetivo exercício das funções de magistério na educação infantil e no ensino fundamental e médio, o tempo de contribuição e a idade de que tratam os incisos I e II do *caput* deste artigo serão **reduzidos em cinco anos**, aos quais serão acrescentados, a partir de 1º de janeiro de 2020, 6 (seis) meses a cada ano nas idades de que trata o inciso II, até atingir 57 (cinquenta e sete) anos, se mulher, e 60 (sessenta) anos, se homem.

§ 3º O valor da aposentadoria concedida nos termos do disposto neste artigo corresponderá ao valor apurado na forma da lei.

Trata-se de regra de transição que somente beneficia aos segurados do RGPS filiados até o dia da publicação da Emenda 103/2019, considerando a extinção da aposentadoria por tempo de contribuição sem idade mínima.

Exigiu-se os seguintes requisitos para quem adquirir o direito até 31/12/2019:

a) HOMENS, 35 anos de tempo de contribuição e 61 anos de idade;

b) MULHERES, 30 anos de tempo de contribuição e 56 anos de idade.

A partir de 1/1/2020, as idades citadas serão acrescidas de 6 meses a cada ano, até atingir 62 anos de idade, se mulher, e 65 anos de idade, se homem:

	HOMENS	**MULHERES**
ATÉ 31/12/2019	**61**	**56**
1/1/2020	61,5	56,5
1/1/2021	62	57
1/1/2022	62,5	57,5
1/1/2023	63	58
1/1/2024	63,5	58,5
1/1/2025	64	59
1/1/2026	64,5	59,5
1/1/2027	**65**	60
1/1/2028	65	60,5
1/1/2029	65	61
1/1/2030	65	61,5
1/1/2031	65	62

Note-se que o ápice da idade para os homens dar-se-á em 1/1/2027 (65 anos) e para as mulheres em 1/1/2031 (62 anos).

No que concerne ao **professor do ensino básico** com tempo exclusivo nesta condição, há uma regra especial para quem adquirir o direito até 31/12/2019.

a) HOMENS PROFESSORES, 30 anos de tempo de contribuição e 56 anos de idade;

b) MULHERES PROFESSORAS, 25 anos de tempo de contribuição e 51 anos de idade.

A partir de 1/1/2020, as idades citadas serão acrescidas de 6 meses a cada ano, até atingir 57 anos de idade, se mulher, e 60 anos de idade, se homem:

	HOMENS	**MULHERES**
ATÉ 31/12/2019	**56**	**51**
1/1/2020	56,5	51,5
1/1/2021	57	52
1/1/2022	57,5	52,5
1/1/2023	58	53
1/1/2024	58,5	53,5
1/1/2025	59	54
1/1/2026	59,5	54,5
1/1/2027	**60**	55
1/1/2028	60	55,5
1/1/2029	60	56
1/1/2030	60	56,5
1/1/2031	60	57

Note-se que o ápice da idade para os homens dar-se-á em 1/1/2027 (60 anos) e para as mulheres em 1/1/2031 (57 anos).

Também serão beneficiados os professores do ensino infantil, fundamental e médio que estejam exercendo atividades de **direção de unidade escolar, coordenação e assessoramento pedagógico**, a teor do artigo 1º, da Lei 11.301/2006.

Contra a Lei 11.301/2006 foi proposta a **ADI 3.772** pelo Procurador-Geral da República, sob o argumento de violação ao artigo 201, § 8º, da Constituição Federal. Por sua vez, em 29.10.2008, o STF declarou a validade da referida norma, mas determinou a sua interpretação conforme a Constituição:

> "I – A função de magistério não se circunscreve apenas ao trabalho em sala de aula, abrangendo também a preparação de aulas, a correção de provas, o atendimento aos pais e alunos, a coordenação e o assessoramento pedagógico e, ainda, a direção de unidade escolar. **II – As funções de direção, coordenação e assessoramento pedagógico integram a carreira do magistério, desde que exercidos, em estabelecimentos de ensino básico, por professores de carreira, excluídos os especialistas em educação**, fazendo jus aqueles que as desempenham ao regime especial de aposentadoria estabelecido nos arts. 40, § 5º, e 201, § 8º, da Constituição Federal. III – Ação direta julgada parcialmente procedente, com interpretação conforme, nos termos supra" (g.n.)

Logo, para as atividades de direção de unidade escolar, coordenação e assessoramento pedagógico desenvolvidas por professor de carreira não têm mais aplicabilidade a **Súmula 726, do STF:**

"Súmula 726 – Para efeito de aposentadoria especial de professores, não se computa o tempo de serviço prestado fora da sala de aula".

Registre-se que **o STF excluiu os especialistas em educação do direito à redução**, pois não se tratam de professores, pois não habilitados a ministrar aulas, sendo uma espécie de carreira de apoio ao magistério ou mesmo gestores da atuação dos professore caracterizando-se como profissionais de educação para administração, planejamento, inspeção, supervisão e orientação para a educação básica.

No que concerne à renda mensal, enquanto não editada a lei de regulamentação, deve ser aplicado o regramento do **artigo 26 da Emenda 103/2019.**

Para os **HOMENS**, o valor do benefício de aposentadoria corresponderá a **sessenta por cento da média aritmética das 100% das remunerações/salários de contribuição, com acréscimo de 2% para cada ano que ultrapassar os 20 anos de contribuição:**

HOMENS TEMPO DE CONTRIBUIÇÃO	COEFICIENTE
20 anos	60%
21 anos	62%
22 anos	64%
23 anos	66%
24 anos	68%
25 anos	70%
26 anos	72%
27 anos	74%
28 anos	76%
29 anos	78%
30 anos	80%
31 anos	82%
32 anos	84%
33 anos	86%
34 anos	88%
35 anos	90%
36 anos	92%
37 anos	94%
38 anos	96%
39 anos	98%
40 anos	100%

Assim, se um segurado (homem) do RGPS tiver apenas 25 anos de tempo de contribuição, a renda do benefício será de 70% da média de todos os salários de contribuição desde o Plano Real (7/1994), respeitada a idade mínima referida e a renda não inferior a um salário mínimo.

Curioso notar que, **intencionalmente**, o artigo 26 da Emenda 103/2019 não limita a média de todos os salários de contribuição do segurado a 100%, de modo que o segurado que possuir mais de 40 anos de tempo de contribuição poderá fazer jus a uma aposentadoria por idade e tempo de contribuição que ultrapasse a 100% da média de salários de contribuição desde o Plano Real (competência 7/1994), a exemplo:

HOMENS TEMPO DE CONTRIBUIÇÃO	COEFICIENTE
41 anos	102%
42 anos	104%
43 anos	106%
44 anos	108%
45 anos	110%
E assim sucessivamente	E assim sucessivamente

Para **a aposentadoria da MULHER** existe uma regra diferenciada de cálculo da renda mensal no artigo 26, § 5º[63], da Emenda, que prevê a **progressão a contar de 15 anos**, e não de 20 anos de contribuição em todos os casos:

MULHERES TEMPO DE CONTRIBUIÇÃO	COEFICIENTE
15 anos	60%
16 anos	62%
17 anos	64%
18 anos	66%
19 anos	68%
20 anos	70%
21 anos	72%
22 anos	74%
23 anos	76%
24 anos	78%
25 anos	80%

63. § 5º O acréscimo a que se refere o caput do § 2º será aplicado para cada ano que **exceder quinze anos** de tempo de contribuição para os segurados de que tratam a alínea "a" do inciso I do art. 19 e do inciso I do art. 21 e **para as mulheres filiadas ao Regime Geral de Previdência Social**.

MULHERES **TEMPO DE CONTRIBUIÇÃO**	**COEFICIENTE**
26 anos	82%
27 anos	84%
28 anos	86%
29 anos	88%
30 anos	90%
31 anos	92%
32 anos	94%
33 anos	96%
34 anos	98%
35 anos	100%
E assim sucessivamente	E assim sucessivamente

Dessa forma, o coeficiente mínimo será de 60% e o máximo não está limitado pela legislação constitucional transitória.

Poderão ser **excluídas da média as contribuições que resultem em redução do valor do benefício**, desde que mantido o tempo mínimo de contribuição exigido, vedada a utilização do tempo excluído para qualquer finalidade, para a averbação em outro regime previdenciário ou para a obtenção dos proventos de inatividade dos militares.

5.3. Artigo 17 – Aposentadorias – Regras de transição para os segurados que ingressaram até a data da publicação da Reforma Constitucional

Art. 17. Ao segurado filiado ao Regime Geral de Previdência Social até a data de entrada em vigor desta Emenda Constitucional e que na referida data **contar com mais de 28 (vinte e oito anos) de contribuição, se mulher, e 33 (trinta e três) anos de contribuição, se homem**, fica assegurado o direito à aposentadoria quando preencher, cumulativamente, os seguintes requisitos:

I – 30 (trinta) anos de contribuição, se mulher, e 35 trinta e cinco anos de contribuição, se homem; e

II – cumprimento de **período adicional** correspondente a **50% (cinquenta por cento)** do tempo que, na data de entrada em vigor desta Emenda Constitucional, faltaria para atingir 30 (trinta) anos de contribuição, se mulher, e 35 (trinta e cinco) anos de contribuição, se homem.

Parágrafo único. O benefício concedido nos termos deste artigo terá seu valor apurado de acordo com a média aritmética simples dos salários de contribuição e das remunerações calculada na forma da lei, **multiplicada pelo fator previdenciário**, calculado na forma do disposto nos **§§ 7º a 9º do art. 29 da Lei nº 8.213, de 24 de julho de 1991**.

Trata-se de regra de transição que somente beneficia aos segurados do RGPS filiados até o dia da publicação da Emenda 103/2019 e que faltavam pouco tempo para se aposentar por tempo de contribuição **(menos de dois anos)**, considerando a extinção da aposentadoria por tempo de contribuição sem idade mínima.

Esta regra **dispensa idade mínima** e somente beneficia o **homem** que possuía **mais de 33 anos** de tempo de contribuição no dia da publicação da Emenda, assim como a **mulher** que possuía **mais de 28 anos** de tempo de contribuição.

Eis os requisitos:

a) HOMENS: 35 anos de tempo de contribuição e "pedágio" de 50% do tempo em faltava para atingir a 35 anos de tempo de contribuição no dia da publicação da Emenda;

b) MULHERES: 30 anos de tempo de contribuição e "pedágio" de 50% do tempo em faltava para atingir a 30 anos de tempo de contribuição no dia da publicação da Emenda.

Vamos supor que no dia da publicação da Emenda 103/2019 um segurado do sexo masculino possuía exatos 34 anos de tempo de contribuição. Neste caso, ele terá que cumprir mais 1 anos de tempo de contribuição para chegar aos 35 anos, bem como um "pedágio" de 50% sobre 1 ano, o que perfaz 6 meses, devendo integralizar no total 35,5 anos de tempo de contribuição.

O prejuízo dessa regra para os segurados mais jovens é que o cálculo da renda mensal dar-se-á pelo artigo 28 da Lei 8.213/91, com **incidência obrigatória do fator previdenciário** no cálculo do salário de benefício, instituto que foi inclusive constitucionalizado.

Como é feita expressão remissão ao artigo 29 da Lei 8.213/91 e ao fator previdenciário, assim como pelo fato de o artigo 26 da Emenda 103/2019 não tratar da renda do benefício previsto neste artigo 17, deverá ser calculado o salário de benefício do segurado pela média aritmética simples dos 80% maiores salários de contribuição a partir de 7/1994, com multiplicação obrigatória pelo fator previdenciário, para, em seguida, fazer incidir o coeficiente de 100% sobre o salário de benefício.

5.4. Artigo 18 – Aposentadorias – Regras de transição para os segurados que ingressaram até a data da publicação da Reforma Constitucional

Art. 18. O segurado de que trata o inciso I do § 7° do art. 201 da Constituição Federal filiado ao Regime Geral de Previdência Social até a data de entrada em vigor desta Emenda Constitucional poderá aposentar-se quando preencher, cumulativamente, os seguintes requisitos:

I – 60 (sessenta) anos de idade, se mulher, e 65 (sessenta e cinco) anos de idade, se homem; e

II – 15 (quinze) anos de contribuição, para ambos os sexos.

§ 1º A partir de 1º de janeiro de 2020, **a idade de sessenta anos da mulher**, prevista no inciso I do *caput*, será acrescida em seis meses a cada ano, até atingir **62 (sessenta e dois) anos de idade**.

§ 2º O valor da aposentadoria de que trata este artigo corresponderá ao valor apurado na forma da lei.

Trata-se de regra de transição para o benefício de aposentadoria por idade que somente beneficia aos segurados do RGPS filiados até o dia da publicação da Emenda 103/2019.

Vale registrar que a **regra permanente para a aposentadoria por idade** introduzida pela Emenda 103/2019 no artigo 201 da Constituição contempla a idade de 65 anos para os homens e 62 para as mulheres, observado tempo mínimo de contribuição, que não restou fixada pela regra permanente constitucional, devendo ser aplicada provisoriamente para os novos segurados a regra de transição ao regramento permanente estatuída pelo artigo 17[64] da Emenda, outrora estudada.

Em relação às regras permanentes da aposentadoria por idade que vigoravam antes da Emenda, a inovação é o aumento progressivo da idade da mulher até chegar a 62 anos.

Eis a regra de transição do artigo 18 da Emenda:

a) HOMENS, 65 anos de idade e quinze anos de contribuição.

b) MULHERES, 60 anos de idade e quinze anos de contribuição.

Para as mulheres que não integralizarem ambos os requisitos até 31/12/2019, a idade de 60 anos será acrescida em 6 meses a cada 1 ano, até atingir 62 anos de idade:

MULHERES	PONTUAÇÃO
ATÉ 31/12/2019	60
1/1/2020	60,5
1/1/2021	61
1/1/2022	61,5
1/1/2023	62

Desse modo, a partir de 1/1/2023 a idade mínima para a mulher chegará aos 62 anos de idade.

INTERESSANTE:

Note-se que nesta regra de transição exige-se ao menos um período contributivo de 15 anos para o homem. **Mas para o homem que se filiar ao RGPS após a publicação da Emenda 103/2019, o período mínimo contributivo do homem passa para 20 anos**, nos termos do seu artigo 19[65].

---

64. Art. 19. Até que lei disponha sobre o tempo de contribuição a que se refere o inciso I do § 7º do art. 201 da Constituição Federal, o segurado filiado ao Regime Geral de Previdência Social **após a data de entrada em vigor desta Emenda Constitucional** será aposentado aos sessenta e dois anos de idade, se **mulher**, sessenta e cinco anos de idade, se **homem**, quinze anos de tempo de contribuição, se **mulher**, e vinte anos de tempo de contribuição, se **homem**.

65. **Art. 19.** Até que lei disponha sobre o tempo de contribuição a que se refere o inciso I do § 7º do art. 201 da Constituição Federal, o segurado filiado ao Regime Geral de Previdência Social após a data de entrada em vigor desta Emenda Constitucional será aposentado aos 62 (sessenta e dois) anos de idade, se mulher, 65 (sessenta e cinco) anos de idade, se homem, com 15 (quinze) anos de tempo de contribuição, se mulher, **e 20 (vinte) anos de tempo de contribuição, se homem.**

O dispositivo não cita período de carência, se referindo apenas a "anos de contribuição". Mas a lógica impõe a regra de carência de 180 contribuições, presente em todos os benefícios de aposentadorias programadas, sendo este o posicionamento da Portaria INSS 450/2020:

> "Seção II
>
> Das Regras de Transição da aposentadoria por Idade e da aposentadoria por tempo de contribuição
>
> Subseção I
>
> Aposentadoria por idade (art. 18 da EC nº 103, de 2019)
>
> Art. 8º Para a concessão da aposentadoria por idade, conforme regra de transição fixada pela EC nº 103, de 2019, exige-se, cumulativamente:
>
> I – 60 (sessenta) anos de idade da mulher e 65 (sessenta e cinco) do homem;
>
> II – 15 (quinze) anos de tempo de contribuição; e
>
> **III – 180 (cento e oitenta) contribuições mensais de carência.**
>
> Parágrafo único. Para definição da carência, deve ser verificado o direito à aplicação da tabela progressiva prevista no art. 142 da Lei nº 8.213, de 1991".

Vale registrar que para período de carência não são consideradas contribuições em atraso antes da primeira paga em dia ou após perda da qualidade de segurado, nos termos do artigo 27, inciso II[66], da Lei 8.213/91, para os segurados sem presunção de recolhimento de contribuição previdenciária, vedação que inexiste atualmente para cômputo do tempo de contribuição.

No que concerne à renda mensal, enquanto não editada a lei de regulamentação, deve ser aplicado o regramento do **artigo 26 da Emenda 103/2019.**

Para os **HOMENS**, o valor do benefício de aposentadoria corresponderá a **sessenta por cento da média aritmética das 100% das remunerações/salários de contribuição, com acréscimo de 2% para cada ano que ultrapassar os 20 anos de contribuição:**

HOMENS TEMPO DE CONTRIBUIÇÃO	COEFICIENTE
De 15 até 20 anos	60%
21 anos	62%
22 anos	64%
23 anos	66%
24 anos	68%
25 anos	70%
26 anos	72%
27 anos	74%

66. Art. 27. Para cômputo do período de carência, serão consideradas as contribuições: (Redação dada pela Lei Complementar nº 150, de 2015) II – realizadas a contar da data de efetivo pagamento da primeira contribuição sem atraso, **não sendo consideradas para este fim as contribuições recolhidas com atraso referentes a competências anteriores**, no caso dos segurados contribuinte individual, especial e facultativo, referidos, respectivamente, nos incisos V e VII do art. 11 e no art. 13. (Redação dada pela Lei Complementar nº 150, de 2015)

HOMENS TEMPO DE CONTRIBUIÇÃO	COEFICIENTE
28 anos	76%
29 anos	78%
30 anos	80%
31 anos	82%
32 anos	84%
33 anos	86%
34 anos	88%
35 anos	90%
36 anos	92%
37 anos	94%
38 anos	96%
39 anos	98%
40 anos	100%

Assim, se um segurado (homem) do RGPS tiver apenas 25 anos de tempo de contribuição, a renda do benefício será de 70% da média de todos os salários de contribuição desde o Plano Real (7/1994), respeitada a idade mínima referida e a renda não inferior a um salário mínimo.

A regra de renda mensal do artigo 26 da Emenda 103/2019 ficou esdrúxula para esta regra de transição para **o segurado que possua entre 15 e 20 anos de contribuição**, pois nesta situação o **coeficiente será de 60% da média dos salários de contribuição**, não sendo isonômico tratar da mesma forma um segurado que possua contribuição por 15 anos e outro que tenha 20 anos de contribuição ao RGPS.

Curioso notar que, **intencionalmente**, o artigo 26 da Emenda não limita a média de todos os salários de contribuição do segurado a 100%, de modo que o segurado que possuir mais de 40 anos de tempo de contribuição poderá fazer jus a uma aposentadoria por idade e tempo de contribuição que ultrapasse a 100% da média de salários de contribuição desde o Plano Real (competência 7/1994), a exemplo:

HOMENS TEMPO DE CONTRIBUIÇÃO	COEFICIENTE
41 anos	102%
42 anos	104%
43 anos	106%
44 anos	108%
45 anos	110%
E assim sucessivamente	E assim sucessivamente

Para **a aposentadoria da MULHER** existe uma regra diferenciada de cálculo da renda mensal no artigo 26, § 5º[67], da Emenda 103/2019, que prevê a **progressão a contar de 15 anos**, e não de 20 anos de contribuição em todos os casos:

MULHERES TEMPO DE CONTRIBUIÇÃO	COEFICIENTE
15 anos	60%
16 anos	62%
17 anos	64%
18 anos	66%
MULHERES TEMPO DE CONTRIBUIÇÃO	**COEFICIENTE**
19 anos	68%
20 anos	70%
21 anos	72%
22 anos	74%
23 anos	76%
24 anos	78%
25 anos	80%
26 anos	82%
27 anos	84%
28 anos	86%
29 anos	88%
30 anos	90%
31 anos	92%
32 anos	94%
33 anos	96%
34 anos	98%
35 anos	100%
E assim sucessivamente	E assim sucessivamente

Dessa forma, o coeficiente mínimo será de 60% e o máximo não está limitado pela legislação constitucional transitória.

67. § 5º O acréscimo a que se refere o caput do § 2º será aplicado para cada ano que **exceder quinze anos** de tempo de contribuição para os segurados de que tratam a alínea "a" do inciso I do art. 19 e do inciso I do art. 21 e **para as mulheres filiadas ao Regime Geral de Previdência Social**.

Poderão ser **excluídas da média as contribuições que resultem em redução do valor do benefício**, desde que mantido o tempo mínimo de contribuição exigido, vedada a utilização do tempo excluído para qualquer finalidade, para a averbação em outro regime previdenciário ou para a obtenção dos proventos de inatividade dos militares.

5.5. Artigo 20 – Aposentadorias – Regras de transição para os segurados que ingressaram até a data da publicação da Reforma Constitucional

Art. 20. O segurado do Regime Geral de Previdência Social e o servidor público federal que tenham se filiado ao Regime Geral de Previdência Social ou ingressado no serviço público em cargo efetivo até a data de entrada em vigor desta Emenda à Constituição poderão aposentar-se voluntariamente quando preencherem, cumulativamente, os seguintes requisitos:

I – 57 (cinquenta e sete) anos de idade, se mulher, e 60 (sessenta) anos de idade, se homem;

II – 30 (trinta) anos de contribuição, se mulher, e 35 (trinta e cinco) anos de contribuição, se homem;

III – para os servidores públicos, 20 (vinte) anos de efetivo exercício no serviço público e 5 (cinco) anos no cargo efetivo em que se der a aposentadoria;

IV – período adicional de contribuição correspondente ao tempo que, na data de entrada em vigor desta Emenda Constitucional, faltaria para atingir o tempo mínimo de contribuição referido no inciso II.

§ 1º Para o professor que comprovar exclusivamente tempo de efetivo exercício das funções de magistério na educação infantil e no ensino fundamental e médio serão reduzidos, para ambos os sexos, os requisitos de idade e de tempo de contribuição em cinco anos, não se aplicando o disposto no § 5º do art. 40 e no § 8º do art. 201 da Constituição Federal.

§ 2º Os proventos das aposentadorias concedidas nos termos do disposto neste artigo corresponderão:

I – em relação ao servidor público que tenha ingressado no serviço público em cargo efetivo até 31 de dezembro de 2003 e que não tenha feito a opção de trata o § 16 do art. 40 da Constituição Federal, à totalidade da remuneração no cargo efetivo em que se der a aposentadoria, observado o disposto no § 8º do art. 4º; e (NÃO SE APLICA AO RGPS);

II – em relação aos demais servidores públicos e aos segurados do Regime Geral de Previdência Social, ao valor apurado na forma da lei.

§ 3º Os proventos das aposentadorias concedidas nos termos do disposto neste artigo não serão inferiores ao valor a que se refere o § 2º do art. 201 da Constituição Federal e serão reajustados:

I – de acordo com o disposto no art. 7º da Emenda Constitucional nº 41, de 19 de dezembro de 2003, se concedidas nos termos do disposto no inciso I do § 2º; (NÃO SE APLICA AO RGPS);

II – nos termos estabelecidos para o Regime Geral de Previdência Social, se concedidas na forma prevista no inciso II do § 2º.

§ 4º Aplicam-se às aposentadorias dos servidores dos Estados, do Distrito Federal e dos Municípios as normas constitucionais e infraconstitucionais anteriores à data de entrada em vigor desta Emenda Constitucional, enquanto não promovidas alterações na legislação interna relacionada ao respectivo regime próprio de previdência social.

Para o segurado que tenha **ingressado no RGPS até a data da publicação da Emenda 103/2019,** é assegurada a concessão de aposentadoria voluntária mediante o preenchimento dos seguintes requisitos cumulativos:

a) 60 anos de idade, se homem e 57 anos de idade, se mulher;

b) 35 anos de tempo de contribuição, se homem e 30 anos de contribuição, se mulher;

c) "Pedágio" (tempo de contribuição adicional) equivalente ao tempo em que faltava para atingir 35 anos de contribuição, se homem, e 30 anos se mulher, considerando o dia da promulgação da Emenda.

Assim, além da idade mínima, se no dia da promulgação da Emenda um homem possuía 34 anos de tempo de contribuição, terá que cumprir o 1 ano faltante mais um "pedágio" de 1 ano, totalizando 36 anos de tempo de contribuição.

No caso **professor do ensino básico**, devem ser observados os seguintes requisitos:

a) 55 anos de idade, se homem e 52 anos de idade, se mulher;

b) 30 anos de tempo de contribuição, se homem e 25 anos de contribuição, se mulher;

c) "Pedágio" (tempo de contribuição adicional) equivalente ao tempo em que faltava para atingir 30 anos de contribuição, se homem, e 25 anos se mulher, considerando o dia da promulgação da Emenda.

De efeito, os proventos de aposentadoria corresponderão **cem por cento da média** aritmética simples dos salários de contribuição e das remunerações adotados como base para contribuições a regime próprio de previdência social e ao Regime Geral de Previdência Social, ou como base para contribuições decorrentes das atividades militares de que tratam os arts. 42 e 142 da Constituição Federal, atualizados monetariamente, correspondentes a cem por cento do período contributivo **desde a competência julho de 1994** ou desde o início da contribuição, se posterior àquela competência, nos termos do artigo 26, § 3º, inciso I da Emenda, com reajuste anual pelo INPC que é o índice do RGPS, nos termos do artigo 41-A da Lei 8.213/91.

Destarte, **será aplicado o coeficiente de 100% sobre a referida média de todas as remunerações/salários de contribuição** desde a competência Julho de 1994 (proventos integrais), conforme determina o artigo 26, § 3º, inciso I[68] da Emenda 103/2019.

5.6. Artigo 21 – Aposentadorias especiais por agentes nocivos – Regras de transição para os segurados que ingressaram até a data da publicação da Reforma Constitucional

> Art. 21. O **segurado** ou o servidor público federal que tenha se filiado ao **Regime Geral de Previdência Social** ou ingressado no serviço público em cargo efetivo **até a data de entrada em vigor desta Emenda**
> **à Constituição**, cujas atividades tenham sido exercidas com efetiva exposição a **agentes nocivos** químicos, físicos e biológicos prejudiciais à saúde, ou associação desses agentes, **vedada a caracterização por categoria profissional ou ocupação**, desde que cumpridos, no caso do servidor, o tempo mínimo de **vinte anos de efetivo exercício no serviço público e de cinco anos no cargo efetivo** em que for concedida a aposentadoria, na forma dos arts. 57 e 58 da Lei nº 8.213, de 24 de julho de 1991, poderá aposentar-se quando **o total da soma** resultante da sua **idade** e do **tempo de contribuição** e o **tempo de efetiva exposição** forem, respectivamente, de:

68. § 3º O valor do benefício de aposentadoria corresponderá a **cem por cento da média** aritmética definida na forma prevista no *caput* e no § 1º: I – no caso do inciso II do § 2º do art. 20.

I – 66 (sessenta e seis) pontos e 15 (quinze) anos de efetiva exposição;

II – 76 (setenta e seis) pontos e 20 (vinte) anos de efetiva exposição; e

III – 86 (oitenta e seis) pontos e 25 (vinte e cinco) anos de efetiva exposição.

§ 1º A idade e o tempo de contribuição serão apurados em dias para o cálculo do somatório de pontos a que se refere o *caput*.

§ 2º O valor da aposentadoria de que trata este artigo será apurado na forma da lei.

§ 3º Aplicam-se às aposentadorias dos servidores dos Estados, do Distrito Federal e dos Municípios cujas atividades sejam exercidas com efetiva exposição a agentes químicos, físicos e biológicos prejudiciais à saúde, ou associação desses agentes, vedados a caracterização por categoria profissional ou ocupação, na forma do § 4º-C do art. 40 da Constituição Federal, as normas constitucionais e infraconstitucionais anteriores à data de entrada em vigor desta Emenda

Constitucional, enquanto não promovidas alterações na legislação interna relacionada ao respectivo regime próprio de previdência social.

Trata-se de regra de transição em favor do segurado filiado ao RGPS até a publicação da Emenda 103/2019 que labore exposto de modo permanente a agentes nocivos à saúde, físicos, químicos ou biológicos.

Esta regra de transição regula o tema, substituindo as regras da Lei 8.213/91, exceto na hipótese de enquadramento dos agentes nocivos, pois há fixação de idade mínima e pontuação.

A regra de transição possui dois pressupostos: 20 anos de efetivo exercício no serviço público e 5 anos no cargo efetivo em que for concedida a aposentadoria.

Ademais, é necessária uma pontuação mínima na soma da idade, tempo de contribuição e tempo de exposição:

a) **15 anos de efetiva exposição: 66 pontos;**

b) **20 anos de efetiva exposição: 76 pontos;**

c) **25 anos de efetiva exposição: 86 pontos.**

O texto constitucional contém uma má redação, pois afirma prevê "**o total da soma** resultante da sua **idade** e do **tempo de contribuição** e o **tempo de efetiva exposição".**

O tempo de exposição também é tempo de contribuição, o que permitiria uma contagem em duplicidade, o que certamente não é a intenção da reforma, pois a pontuação seria extremamente elevada.

A ideia do legislador, na verdade, pois permitir a soma de tempo especial com tempo comum para fins de atingir a pontuação citada.

Imagine que Frederico é servidor federal e possui 25 anos de exposição permanente a agente nocivo à saúde previsto na legislação do RGPS. Neste caso, para atingir a pontuação 86, ele deve contar com 61 anos de idade, sendo uma idade elevada para quem labora com agentes nocivos à saúde, de modo que a pontuação constituída pela regra de transição foi bem dura.

A partir de **1/1/2020**, **as pontuações citadas seriam acrescidas de um ponto** a cada **ano** para o homem e para a mulher, até atingir, respectivamente, **81, 91 e 96 pontos**, respectivamente, para ambos os sexos. No entanto, o Senado barrou esta alteração que **não foi promulgada**.

Ademais, **há vedação expressa à caracterização por categoria profissional ou ocupação.**

Após uma negociação no Senado, a vedação ao enquadramento por periculosidade foi retirada e o tema será em breve regulado por lei complementar, que irá descrever as situações de concessão por risco.

Os proventos de aposentadoria especial serão calculados com base no artigo 26, § 4º, inciso IV da Emenda.

Desta forma, para os **segurados do RGPS** que ingressaram até a data de publicação da Emenda 103/2019, será feita média aritmética simples de **100% do período contributivo** desde a competência julho de 1994 ou desde o início da contribuição, se posterior àquela competência, não se aplicando mais a média aritmética simples dos 80% maiores.

Para a aposentadoria especial que exige nocividade pelo período mínimo de **20 ou 25 anos**, o valor do benefício de aposentadoria corresponderá a **sessenta por cento da média aritmética das 100% das remunerações/salários de contribuição desde julho de 1994, com acréscimo de 2% para cada ano que ultrapassar os 20 anos de contribuição:**

TEMPO DE CONTRIBUIÇÃO 20 OU 25 ANOS DE NOCIVIDADE	COEFICIENTE
20 anos	60%
21 anos	62%
22 anos	64%
23 anos	66%
24 anos	68%
25 anos	70%
26 anos	72%
27 anos	74%
28 anos	76%
29 anos	78%
30 anos	80%
31 anos	82%
32 anos	84%
33 anos	86%
34 anos	88%
35 anos	90%
36 anos	92%
37 anos	94%
38 anos	96%
39 anos	98%
40 anos	100%

Desta forma, conforme tabela supra, para esta regra de transição, a aposentadoria do servidor federal variará 60% a 100% da média de todas as remunerações desde 7/1994, somente atingindo a 100% da média quando o servidor federal possuir 40 anos de tempo de contribuição.

No entanto, para **a aposentadoria especial que exige apenas 15 anos de nocividade**, existem uma regra especial de cálculo da renda mensal no artigo 26, § 5º[69], da Emenda 103/2019, que prevê a **progressão a contar de 15 anos**, e não de 20 anos de contribuição:

TEMPO DE CONTRIBUIÇÃO 15 ANOS DE NOCIVIDADE	COEFICIENTE
15 anos	60%
16 anos	62%
17 anos	64%
18 anos	66%
19 anos	68%
20 anos	70%
21 anos	72%
22 anos	74%
23 anos	76%
24 anos	78%
25 anos	80%
26 anos	82%
27 anos	84%
28 anos	86%
29 anos	88%
30 anos	90%
31 anos	92%
32 anos	94%
33 anos	96%
34 anos	98%
35 anos	100%

Curioso notar que, **intencionalmente**, o artigo 26 da Emenda 103/2019 não limita a média de todas as remunerações do segurado a 100%, de modo que o segurado do RGPS que possuir

69. § 5º O acréscimo a que se refere o caput do § 2º será aplicado para cada ano que **exceder quinze anos** de tempo de contribuição para os segurados de que tratam a alínea "a" do inciso I do art. 19 **e do inciso I do art. 21** e para as mulheres filiadas ao Regime Geral de Previdência Social.

mais de 40 anos de tempo de contribuição (nocividade de 20 ou 25 anos) ou de 35 anos (nocividade de 15 anos) poderá ter proventos que ultrapassem a 100% (**proventos *ultra* integrais).**

Ademais, **poderão ser excluídas da média as contribuições que resultem em redução do valor do benefício**, desde que mantido o tempo mínimo de contribuição exigido, vedada a utilização do tempo excluído para qualquer finalidade, para a averbação em outro regime previdenciário ou para a obtenção dos proventos de inatividade dos militares.

O enquadramento dos agentes nocivos como especiais por exposição permanente deve obedecer ao complexo regramento dos artigos 57 e 58 da Lei 8.213/91.

6. AUXÍLIO-DOENÇA (AUXÍLIO POR INCAPACIDADE TEMPORÁRIA)

Regulamentação básica: artigos 59/63, da Lei 8.213/91; artigos 71/80, do RPS (Decreto 3.048/99).

Códigos de concessão: 91 – Auxílio-doença por acidente do trabalho e 31 – Auxílio-doença previdenciário (sem decorrer de acidente de trabalho).

Considerando que a **Emenda 103/2019** promoveu a exclusão da expressão "doença" do inciso I do artigo 201 da Constituição e inseriu a necessidade de incapacidade temporária ou permanente, posto que não basta estar doente para receber um benefício previdenciário por incapacidade laboral, por certo em breve este benefício passará a se chamar **"auxílio-incapacidade"**.

Uma crítica ao Decreto 10.410/2020 é a utilização da expressão "auxílio por incapacidade temporária" em substituição ao "auxílio-doença", pois a incapacidade permanente também é fato gerador do benefício, nos termos do artigo 62[70] da Lei 8.213/91, quando cabível a reabilitação profissional.

Por certo, teria sido mais adequada a expressão "auxílio temporário por incapacidade", pois demonstraria o caráter temporário do benefício e abarcaria tanto a incapacidade temporária quanto a permanente.

Ao longo do texto manteremos a expressão auxílio-doença por questões históricas e em razão de a normatização e a jurisprudência citar essa nomenclatura, que progressivamente ao longo dos anos será substituída por auxílio por incapacidade temporária.

> Trata-se de benefício não programado devido ao segurado que ficar incapacitado para o seu trabalho ou para a sua atividade habitual por mais de 15 dias consecutivos, nos termos do artigo 59 da Lei 8.213/91.

O segurado em gozo de auxílio-doença, **insusceptível de recuperação para sua atividade habitual, se possível, deverá submeter-se a processo de reabilitação profissional para o exercício de outra atividade**, exceto o tratamento cirúrgico e a transfusão de sangue, que são facultativos.

A reabilitação profissional é um serviço previdenciário de cunho obrigatório para o segurado, quando cabível, prestado pela Previdência Social em que o segurado participará de cursos de

70. Art. 62. O segurado em gozo de auxílio-doença, insuscetível de recuperação para sua atividade habitual, deverá submeter-se a processo de reabilitação profissional para o exercício de outra atividade. (Redação dada pela Lei nº 13.457, de 2017)

capacitação aprender um novo ofício compatível com a sua condição física e intelectual, nos termos do artigo 89, da Lei 8.213/91[71].

Não cessará o benefício até que seja dado como habilitado para o desempenho de nova atividade que lhe garanta a subsistência ou, quando considerado não recuperável, for aposentado por invalidez.

A TNU entendeu que não cabe ao Poder Judiciário determinar que o INSS promova a reabilitação, mas sim que proceda a avaliação de elegibilidade do serviço (boletim 33):

> **"REPRESENTATIVO DE CONTROVÉRSIA – DEFINIÇÃO DE TESE – TEMA N. 177 – PUIL n. 0506698-72.2015.4.05.8500/SE**
>
> Apreciando o pedido sob o regime dos representativos de controvérsia, a TNU fixou as seguintes teses:
>
> 1. Constatada a existência de incapacidade parcial e permanente, não sendo o caso de aplicação da Súmula 47 da TNU, a decisão judicial poderá determinar o encaminhamento do segurado para análise administrativa de elegibilidade à reabilitação profissional, sendo inviável a condenação prévia à concessão de aposentadoria por invalidez condicionada ao insucesso da reabilitação;
>
> 2. A análise administrativa da elegibilidade à reabilitação profissional deverá adotar como premissa a conclusão da decisão judicial sobre a existência de incapacidade parcial e permanente, ressalvada a possibilidade de constatação de modificação das circunstâncias fáticas após a sentença."

Insta afirmar que mesmo a **incapacidade laborativa parcial** para o trabalho habitual enseja a concessão do auxílio-doença, *ex vi* da Súmula 25 da Advocacia-Geral da União:

> "**Súmula 25** – Será concedido auxílio-doença ao segurado considerado **temporariamente** incapaz para o trabalho ou sua atividade habitual, de forma total **ou parcial**, atendidos os demais requisitos legais, **entendendo-se por incapacidade parcial aquela que permita sua reabilitação para outras atividades laborais**".

Nesse sentido o STJ:

> "RECURSO ESPECIAL. PREVIDENCIÁRIO. LEI 8.213/91. CONCESSÃO. AUXÍLIO--DOENÇA. INCAPACIDADE. TOTAL. PARCIAL. **A Lei 8.213/91 não faz distinção quanto à incapacidade, se deve ser total ou parcial; assim, não é possível restringir o benefício ao segurado, deferindo-o, tão-somente, quando a desventurada incapacidade for parcial.** Recurso desprovido" (REsp 699920/SP, de 17/02/2005).

---

71. Art. 89. A habilitação e a reabilitação profissional e social deverão proporcionar ao beneficiário incapacitado parcial ou totalmente para o trabalho, e às pessoas portadoras de deficiência, os meios para a (re)educação e de (re)adaptação profissional e social indicados para participar do mercado de trabalho e do contexto em que vive.

    Parágrafo único. A reabilitação profissional compreende:

    a) o fornecimento de aparelho de prótese, órtese e instrumentos de auxílio para locomoção quando a perda ou redução da capacidade funcional puder ser atenuada por seu uso e dos equipamentos necessários à habilitação e reabilitação social e profissional;

    b) a reparação ou a substituição dos aparelhos mencionados no inciso anterior, desgastados pelo uso normal ou por ocorrência estranha à vontade do beneficiário;

    c) o transporte do acidentado do trabalho, quando necessário.

Informativo 623 – PRIMEIRA TURMA

PROCESSO	REsp 1.474.476-SP, Rel. Min. Napoleão Nunes Maia Filho, por unanimidade, julgado em 05/04/2018, DJe 18/04/2018.
RAMO DO DIREITO	DIREITO PREVIDENCIÁRIO
TEMA	Auxílio-Doença. Requisitos delimitados no art. 59 da Lei n. 8.213/1991. Incapacidade total para o exercício de qualquer trabalho. Ausência de previsão legal.
DESTAQUE	
Não encontra previsão legal a exigência de comprovação de que o segurado esteja completamente incapaz para o exercício de qualquer trabalho para concessão do benefício de auxílio-doença.	

De acordo com o Manual de Perícia Médica da Previdência Social, "a **incapacidade laborativa** é a impossibilidade de desempenho das funções específicas de uma atividade ou ocupação, em consequência de alterações morfopsicofisiológicas provocadas por doença ou acidente".

De efeito, entende-se que **incapacidade parcial** é aquela que prejudica o desenvolvimento de algumas atividades laborativas habituais do segurado, mas não de todas, sem risco de vida do segurado ou agravamento maior.

Entretanto, a Súmula 25 da AGU a define como aquela que permita reabilitação para outras atividades laborais. Entende-se que a definição da referida Súmula é equivocada, pois é possível que haja incapacidade parcial e não seja necessária a reabilitação, caso possa o segurado se recuperar para o trabalho habitual.

Por tudo isto, crê-se que é possível a concessão do auxílio-doença em duas hipóteses:

a) *Incapacidade temporária parcial ou total para o trabalho habitual por mais de 15 dias consecutivos*, sendo plenamente possível a recuperação do segurado para desenvolver a mesma atividade;

b) *Incapacidade permanente parcial ou total do segurado para o trabalho habitual por mais de 15 dias consecutivos*, não sendo possível a recuperação do segurado para continuar desenvolvendo o trabalho habitual, mas plenamente viável a reabilitação profissional para outra atividade que lhe garanta a subsistência.

Na primeira hipótese, considere-se que um segurado do RGPS tenha contraído a gripe H1N1, ficando impossibilitado de exercer o seu trabalho habitual por 30 dias. Neste caso, é plenamente possível a sua recuperação clínica, não sendo cabível a reabilitação profissional.

No segundo caso, enquadra-se a situação de um estivador que apresenta problema em sua coluna, não sendo possível a sua recuperação para o trabalho habitual, que exige o levantamento de muito peso.

Logo, trata-se de incapacidade permanente para o trabalho habitual, devendo o segurado receber o auxílio-doença e ser encaminhado ao serviço de reabilitação profissional, caso seja possível desenvolver outra atividade laborativa que lhe garanta a subsistência, respeitadas as suas limitações clínicas.

Deveras, é possível promover as seguintes classificações da incapacidade laborativa:

a) **Quanto ao grau**, poderá ser *total* ou *parcial*;

b) **Quanto à duração**, será *temporária* (prazo previsível para a recuperação) ou de *duração indefinida* (prazo imprevisível).

Ainda é possível realizar uma classificação da incapacidade laboral de acordo com a **profissão desenvolvida**:

a) *uniprofissional* – aquela em que o impedimento alcança apenas uma atividade específica;

b) *multiprofissional* – aquela em que o impedimento abrange diversas atividades profissionais;

c) *omniprofissional* – aquela que implica a impossibilidade do desempenho de toda e qualquer atividade laborativa, sendo conceito essencialmente teórico, salvo quando em caráter transitório.

De efeito, **a incapacidade laborativa por até 15 dias não ensejará o pagamento do auxílio-doença**, pois se cuida de risco social não coberto pelo Plano de Benefícios do RGPS, em observância ao Princípio da Seletividade (art. 59, da Lei 8.213/91), restaurado pela Lei 13.135/2015, que desfez a revogação dada pela finada Medida Provisória 664/2014.

Também não será devido o auxílio-doença ao segurado que se filiar ao Regime Geral de Previdência Social já portador da doença ou da lesão invocada como causa para o benefício, **salvo quando a incapacidade sobrevier por motivo de progressão ou agravamento dessa doença ou lesão**.

Nesse sentido, a Súmula 53, da TNU:

> **"Súmula 53 – Não há direito a auxílio-doença ou a aposentadoria por invalidez quando a incapacidade para o trabalho é preexistente ao reingresso do segurado no Regime Geral de Previdência Social".**

Suponha-se que Cornélio trabalhe por conta própria sem nunca ter recolhido contribuição previdenciária. Após se acidentar e se tornar incapaz para o trabalho temporariamente, Cornélio se filiou ao RGPS como contribuinte individual mediante o recolhimento de contribuição previdenciária.

Neste caso, deverá o INSS indeferir o benefício de auxílio-doença, vez que a incapacidade laboral é preexistente à filiação de Cornélio.

Por outro lado, suponha-se que Maria seja portadora de câncer no momento da sua filiação ao RGPS. Conquanto portadora da referida patologia, no momento em que se filiou ao regime previdenciário, Maria ainda gozava de plenas condições laborais.

Contudo, um ano após a filiação, o mal se agravou e Maria passou a ser incapaz para o trabalho de maneira parcial. Neste caso, o INSS deverá deferir o auxílio-doença, pois a incapacidade laboral decorreu de progressão da enfermidade verificada após a filiação.

Vale ressaltar que o período de graça não correrá ou, se já iniciado, será suspenso durante o período de incapacidade laboral do segurado, com base no artigo 15, I, da Lei 8.213/91.

Nesse sentido, em 09.06.2008, foi editada a Súmula 26 da AGU, que pontifica:

"Súmula 26 – Para a concessão de benefício por incapacidade, não será considerada a perda da qualidade de segurado decorrente da própria moléstia incapacitante".

No mesmo caminho o STJ:

"AGRAVO REGIMENTAL NO RECURSO ESPECIAL. APOSENTADORIA POR INVALIDEZ. PERDA DA QUALIDADE DE SEGURADO ANTES DA OCORRÊNCIA DA MOLÉSTIA INCAPACITANTE. BENEFICIO INDEVIDO. REEXAME FÁTICO-PROBATÓRIO. AGRAVO DESPROVIDO.

I– A aposentadoria por invalidez é devida ao segurado que, após cumprida a carência e conservando a qualidade de segurado, for considerado incapaz para o trabalho e insuscetível de reabilitação em atividade que lhe garanta subsistência.

II– A jurisprudência desta Corte Superior de Justiça é firme no sentido de que o segurado que deixa de contribuir para a Previdência Social, por estar incapacitado para o labor, não perde a qualidade de segurado.

III– Ocorre que, no caso sub examine, tendo restado consignado ser a incapacidade do autor muito posterior ao fim de seu vínculo previdenciário, o reconhecimento da perda da qualidade de segurado e, consequentemente, o indeferimento do pedido de acidentário é medida que se impõe" (AgRg no REsp 1245217 / SP, de 12/06/2012).

Veja-se o CRPS:

JR/CRPS – ENUNCIADO Nº 7 – Alterado: Publicado no DOU de 12.11.2019

Não há direito a benefício por incapacidade quando o seu fato gerador é preexistente ao reingresso do segurado no Regime Geral da Previdência Social (RGPS), salvo agravamento ou progressão da doença.

I – Fixada a Data de Início da Incapacidade (DII) antes da perda da qualidade de segurado, a falta de contribuição posterior não prejudica o seu direito às prestações previdenciárias.

II – Não será considerada a perda da qualidade de segurado decorrente da própria moléstia incapacitante para a concessão de prestações previdenciárias.

III – A revisão dos parâmetros médicos efetuada em sede de benefício por incapacidade não enseja a devolução dos valores recebidos, se presente a boa-fé objetiva.

IV – É devido o auxílio-doença ao segurado temporariamente incapaz, de forma total ou parcial, atendidos os demais requisitos legais, entendendo-se por incapacidade parcial aquela que permita sua reabilitação para outras atividades laborais.

V – Para a acumulação do auxílio-acidente com proventos de aposentadoria, a consolidação das lesões decorrentes de acidentes de qualquer natureza que resulte sequelas definitivas e a concessão da aposentadoria devem ser anteriores a 11/11/1997, data da publicação da Medida Provisória nº 1.596-14, convertida na Lei nº 9.528/97.

VI – Não se aplica o disposto no artigo 76 do Regulamento da Previdência Social, aprovado pelo Decreto 3048/99, para justificar a retroação do termo inicial do benefício auxílio doença requerido após o trigésimo dia do afastamento da atividade, nos casos em que a perícia médica fixar o início da atividade anterior à data de entrada do requerimento, tendo em vista que esta hipótese não implica em ciência pretérita da Previdência Social.

Logo, é necessário avaliar se na data do início da incapacidade laborativa ainda havia a manutenção da qualidade de segurado. Se havia, o auxílio-doença será deferido. Caso contrário, será negado.

Isso porque nos casos em que o segurado deixa de recolher a contribuição por estar incapacitado, não haverá a perda da sua qualidade, pois a partir do momento em que houver a incapacidade para o trabalho habitual, já nascerá o direito ao auxílio-doença, mesmo que este só será requerido muito posteriormente, salvo no caso de empregado, cuja incapacidade deverá superar a quinze dias consecutivos.

Vamos supor que Rosângela é contribuinte individual que trabalha por conta própria. Ela possui 20 contribuições previdenciárias vertidas mensalmente em dia. A partir de janeiro de 2012, torna-se incapaz para o seu trabalho habitual por largo período, deixando de recolher as contribuições.

Por desconhecimento da legislação previdenciária, Rosângela apenas requereu o benefício em abril de 2013, quando ainda estava impossibilitada de exercer o seu trabalho habitual, época em que já não contribuía há mais de 12 meses.

Conquanto na data do requerimento administrativa ela aparentemente já tenha perdido a qualidade de segurada (se passou o período de graça de 12 meses sem novos recolhimentos), se a perícia médica do INSS apontar o início da incapacidade em janeiro de 2012, o benefício deverá ser concedido, pois naquele mês havia a manutenção da condição de segurada.

É que, de acordo com o STJ, o INSS e a AGU, o segurado que deixar de contribuir para a Previdência Social, por estar incapacitado para o labor, não perde a sua qualidade.

Por sua vez, de acordo com o Enunciado 111 do FONAJEF, "tratando-se de benefício por incapacidade, o recolhimento de contribuição previdenciária não é capaz, por si só, de ensejar presunção absoluta da capacidade laboral, admitindo-se prova em contrário".

A respeito do tema, colaciona-se Enunciado aprovado no XI FONAJEF:

> **Grupo 5 – Benefícios por Incapacidade**
>
> **Enunciado 2**
>
> Supressão do enunciado 111 do Fonajef e rejeição da proposta trazida a debate no grupo. **(Aprovado por maioria)**

Logo, deste o XI FONAJEF, houve a revogação do Enunciado 111, que passou a se posicionar por meio do Enunciado 142 abaixo visto.

Muitas vezes o segurado se encontra incapaz para o trabalho, mas, com receio de perder a qualidade de segurado (na dúvida, opta-se pelo recolhimento), promove recolhimentos previdenciários, devendo, nesta situação, ser investigado o caso.

Se ficar comprovado que a incapacidade laborativa já existia e que o indeferimento administrativo do INSS foi indevido, mesmo existindo contribuições no CNIS em determinado período, deve a autarquia previdenciária ser condenada a pagar o auxílio-doença neste interregno, sendo, em tese, cabível pedido de restituição das contribuições previdenciárias na Secretaria da Receita Federal do Brasil.

A respeito do tema, colaciona-se Enunciado aprovado no XI FONAJEF:

> **Grupo 5 – Benefícios por Incapacidade**
>
> **Enunciado 3 (RENUMERADO PARA ENUNCIADO 142 FONAJEF)**
>
> A natureza substituta do benefício previdenciário por incapacidade não autoriza o desconto das prestações devidas no período em que houve exercício de atividade remunerada. **(Aprovado por maioria)**

É curial que seja feito um elo entre a enfermidade ou lesão que acomete o segurado e o seu trabalho ou atividade habitual, pois o mesmo infortúnio poderá gerar o pagamento do benefício para um segurado, mas não para outro, desde que atue em atividade laborativa diversa.

Suponha-se que dois segurados da mesma idade possuam uma idêntica lesão lombar. O primeiro é trabalhador avulso, atuando na função de estivador, ao passo que o segundo é segurado empregado, exercendo a função de porteiro de edifício.

É plenamente possível que o primeiro perceba o auxílio-doença e o segundo não, caso este possa compatibilizar a sua enfermidade com o exercício do seu trabalho, desde que não haja vedação clínica de que o tratamento seja processado sem a interrupção do labor.

ANTECIPAÇÃO DO AUXÍLIO POR INCAPACIDADE TEMPORÁRIA – COVID 19

Em 2 de abril de 2020 restou publicada a **Lei 13.982**, que previu em seu **artigo 4º:**

"Art. 4º Fica o INSS autorizado a antecipar 1 (um) salário-mínimo mensal para os requerentes do benefício de auxílio-doença de que trata o art. 59 da Lei nº 8.213, de 24 de julho de 1991, durante o período de 3 (três) meses, a contar da publicação desta Lei, ou até a realização de perícia pela Perícia Médica Federal, o que ocorrer primeiro

II – à apresentação de atestado médico, cujos requisitos e forma de análise serão estabelecidos em ato conjunto da Secretaria Especial de Previdência e Trabalho do Ministério da Economia e do INSS".

A antecipação de até 3 parcelas do auxílio por incapacidade temporária, no valor de 1 salário mínimo, se justificou em razão do fechamento das Agências do INSS em razão da pandemia do Corona Vírus, o que impediu a realização das perícias médicas presenciais.

A regulamentação se deu através da edição da Portaria Conjunta SEPRT/INSS Nº 9.381, de 6/4/2020. O atestado médico deve ser anexado ao requerimento por meio do site ou aplicativo "Meu INSS", mediante declaração de responsabilidade pelo documento apresentado, e deve observar, cumulativamente, os seguintes requisitos:

I – estar legível e sem rasuras;

II – conter a assinatura do profissional emitente e carimbo de identificação, com registro do Conselho de Classe;

III – conter as informações sobre a doença ou CID; e

IV – conter o prazo estimado de repouso necessário.

Os atestados foram submetidos a análise preliminar, na forma definida em atos da Subsecretaria de Perícia Médica Federal da Secretaria de Previdência e do Instituto Nacional do Seguro Social. Observados os demais requisitos necessários para a concessão do auxílio-doença, inclusive a carência, quando exigida, a antecipação de um salário mínimo mensal ao requerente, de que trata o art. 4º da Lei nº 13.982, de 2 de abril de 2020, foi devida a partir da data de início do benefício, determinada nos termos do art. 60 da Lei nº 8.213, de 24 de julho de 1991, com duração máxima de três meses e, uma vez reconhecido em definitivo o direito do segurado ao auxílio-doença, teve o seu valor será devido a partir da data de início do benefício, deduzindo--se as antecipações pagas na forma do caput.

"Art. 6º O período de 3 (três) meses de que trata o caput dos arts. 2º, 3º, 4º e 5º poderá ser prorrogado por ato do Poder Executivo durante o período de enfrentamento da emergência de saúde pública de importância internacional da Covid-19, definida pela Lei nº 13.979, de 6 de fevereiro de 2020."

O beneficiário pôde requerer a prorrogação da antecipação do auxílio-doença, com base no prazo de afastamento da atividade informado no atestado médico anterior ou mediante apresentação de novo atestado médico.

Já o artigo 6º da Lei 13.982/2020 previu a possibilidade de prorrogação por até 3 meses:

De sua vez, em 2 de julho de 2020 foi publicado o Decreto 10.403/2020:

*"Art. 1º Fica o Instituto Nacional do Seguro Social – INSS autorizado a conceder as antecipações de que tratam os **art. 3º** e **art. 4º da Lei nº 13.982, de 2 de abril de 2020**, até 31 de outubro de 2020.*

Parágrafo único. Os efeitos orçamentários e financeiros das antecipações concedidas nos termos do disposto no caput deverão ficar limitados ao exercício de 2020.

Art. 2º A operacionalização das antecipações de que trata o art. 1º será disciplinada em ato conjunto:

*I – do Ministério da Cidadania e do INSS, em relação à antecipação de que trata o **art. 3º da Lei nº 13.982, de 2020**; e*

II – da Secretaria Especial de Previdência e Trabalho do Ministério da Economia e do INSS, em relação à antecipação de que trata o art. 4º da Lei nº 13.982, de 2020".

Por sua vez, a Portaria **552/PRES/INSS, de 27/4/2020,** alterou, até o término da suspensão do atendimento presencial nas Agências da Previdência Social, para 6 (seis) o limite máximo de pedidos de prorrogação que, ao serem efetivados, geraram prorrogação automática do benefício – PMAN, definido no § 1º do art. 1º da Instrução Normativa – IN nº 90/PRES/INSS, de 17 de novembro de 2017.

Outrossim, restou editado o Ofício Circular SEI 1.217/2020, alterado pelo Ofício Circular SEI 2.062/2020, aduzindo que cabe ao Perito Médico Federal ao requerimento do benefício de auxílio período de enfrentamento da emergência de saúde pública de importância internacional decorrente da pandemia do Coronavírus:

"1.3. O Perito Médico Federal deverá verificar se cumulativamente

1.3.1 Estar legível, sem rasuras e sem erros grosseiros.

1.3.2 Informações referentes à doença ou CID.

1.3.3 Período de repouso proposto.

1.3.4 Assinatura, número do profissional emitente no respectivo Conselho de Classe (CRM ou CRO) ou Registro do Ministério da Saúde no caso de médicos intercambistas, nos termos do carimbo de identificação".

IMPORTANTE:

Com razoabilidade, a Medida Provisória 871/2019 (regra mantida na Lei 13.846/2019) previu que não será devido o auxílio-doença para o segurado recluso em regime FECHADO (esta regra não engloba regime aberto ou semiaberto), tendo em vista que o preso estará sob a proteção do Estado, que deverá atender às suas necessidades básicas e tem custos que a sociedade já arca.

Ademais, acaso o segurado esteja em gozo de auxílio-doença no momento da segregação prisional, o benefício deverá ser suspenso por até sessenta dias. Vencidos os sessenta dias, se o segurado ainda estiver preso, o auxílio-doença será cancelado.

Em caso de prisão declarada ilegal, o segurado terá direito à percepção do benefício por todo o período devido. O segurado recluso em cumprimento de pena em regime aberto ou semiaberto terá direito ao auxílio-doença.

Por outro lado, acaso seja posto em liberdade dentro de sessenta dias, o benefício será reativado com efeitos financeiros somente a partir da data de soltura. Por força do Princípio do *Tempus Regit Actum*, esta regra somente se aplica às incapacidades laborais (DII – Data de Início da Incapacidade) que desencadeadas a partir de **18 de janeiro de 2019**, data de vigência da novel regra.

Vale registrar que deve o Poder Judiciário avaliar todos os requisitos legais para a concessão de um benefício previdenciário, mesmo que algum pressuposto já tenha sido reconhecido pelo

INSS na via administrativa, vez que eventual erro da Administração Pública não deve ser perpetuado judicialmente em razão do Princípio da Legalidade e do dever-poder de autotutela, observado o prazo do artigo 103-A, da Lei 8.213/91.

Destarte, caso o INSS reconheça a qualidade de segurado por equívoco, mas negue o auxílio-doença por ausência de incapacidade laboral, deverá o Poder Judiciário avaliar todos os requisitos, inclusive existência da qualidade de segurado, devendo, se for o caso, negar o benefício mesmo que reconhecida a incapacidade laboral, haja vista que um erro não deve justificar outro no âmbito do Direito Público jungido ao Princípio da Legalidade.

Este, inclusive, é o posicionamento da TNU.

> "INCIDENTE DE UNIFORMIZAÇÃO SUSCITADO PELA PARTE RÉ. PREVIDENCIÁRIO. AUXÍLIO-DOENÇA. APOSENTADORIA POR INVALIDEZ. BENEFÍCIO ANTERIOR CONCEDIDO ADMINISTRATIVAMENTE. INCAPACIDADE PRÉ-EXISTENTE. ATO NULO. IMPOSSIBILIDADE DE GERAR EFEITOS PROSPECTIVOS, RESSALVADA A HIPÓTESE DE DECADÊNCIA ADMINISTRATIVA. FACULDADE DA ADMINISTRAÇÃO DE REVER OS SEUS PRÓPRIOS ATOS QUANDO EIVADOS DE NULIDADE. SÚMULAS 346 E 473 DO STF. ART. 53 DA LEI N. 9.784/99. INCIDENTE CONHECIDO E PROVIDO EM PARTE. 1. Sentença concessiva do benefício de auxílio-doença, com a posterior conversão em aposentadoria por invalidez, mantida pela 2ª Turma Recursal da Bahia pelos seus próprios fundamentos. Interpostos embargos de declaração pela autarquia, a fim de que fosse apreciada a alegação de pré-existência da incapacidade ao reingresso ao RGPS na condição de segurado facultativo. Embargos acolhidos apenas para acrescer à fundamentação do acórdão a argumentação de que a qualidade de segurado teria sido objeto de análise pela autarquia quando da concessão do benefício anterior, e que a presunção de veracidade do referido ato não poderia ser infirmada por alegações aduzidas somente depois de passados anos do deferimento. 2. Interposição de incidente de uniformização pela parte ré, sob a alegação de que esse entendimento contraria posição firmada pelas Turmas Recursais do Paraná e de Santa Catarina, no sentido de que compete ao juiz, quando da análise da concessão de benefício previdenciário, apreciar os requisitos exigidos para tanto, mesmo que não tenham sido controvertidos no processo administrativo ou judicial. 3. Incidente não admitido na origem, sob o argumento de que as questões fáticas não são passíveis de uniformização, não tendo sido demonstrada a divergência nos estritos termos do art. 14, da Lei nº 10.259/01. 4. O incidente de uniformização, todavia, com a devida vênia, merece ser conhecido. Com efeito, diferentemente do entendimento firmado pelo D. Coordenador das Turmas Recursais da Bahia, não foi suscitada nenhuma controvérsia a respeito dos fatos discutidos no processo, mas sim sobre o direito aplicável a tais fatos. Ademais o dissídio jurisprudencial está bem caracterizado pelos acórdãos cotejados. Cabível, portanto, o incidente de uniformização para definição da legislação federal aplicável ao caso concreto. 5. Discute-se nos autos se o benefício previdenciário concedido pela administração mediante erro, por não estar presente um de seus requisitos legais quando da data do requerimento, poderá ou não ser revogado ou anulado posteriormente e, em caso positivo, quais seriam as consequências do desfazimento do ato. É consabido que a concessão do benefício previdenciário traz consigo efeitos reflexos, tais como a manutenção da qualidade de segurado, independentemente do recolhimento de contribuições, enquanto perdurar o gozo do benefício, nos termos do art. 15, inc. I da Lei n. 8.213/91, assim como nos prazos previstos nos demais incisos do referido artigo, se presentes as condições ali especificadas. 6. O ato de concessão do benefício previdenciário traduz-se em ato administrativo vinculado, o que significa que terá que se pautar pelos estritos ditames da lei, não podendo o agente da administração impor requisitos não previstos na legislação previdenciária, tampouco deixar de observar aqueles que são expressamente previstos. Partindo dessa premissa, a resposta à primeira indagação parece óbvia no sentido de que, conforme já pacificado pelo Supremo Tribunal Federal por meio das Súmulas 346 e 473, e posteriormente

sacramentado em lei, o benefício previdenciário poderá ser cancelado, mediante o reconhecimento da nulidade do ato de concessão, pela ausência de um dos requisitos previstos em lei. Passo, portanto, a análise da segunda indagação. 7. A anulação do ato administrativo consiste na declaração de invalidade de um ato administrativo ilegítimo ou ilegal, feita pela própria Administração ou pelo Poder Judiciário. Opera com efeitos ex tunc, desfazendo todos os vínculos entre as partes e obrigando-as à reposição das coisas ao status quo ante, como se o ato nunca tivesse ocorrido. Desfaz todas as relações constituídas, apagando definitivamente a existência dos efeitos jurídicos passados. **Na esteira desse raciocínio, se após concedido o benefício vier a ser constatada, seja pela Administração, seja pelo Poder Judiciário, a ausência de um dos seus requisitos legais, impõe-se a declaração da nulidade do ato, com efeitos ex tunc, ou seja, como se ele nunca tivesse existido. Por consequência, não há de se cogitar v.g. da manutenção da qualidade de segurado ou da contagem do respectivo tempo para efeito de aposentadoria.** 8. Esse poder-dever da Administração e do Poder Judiciário, de rever o ato de concessão do benefício previdenciário não é, todavia, ilimitado no tempo, estando sujeito à decadência administrativa nos termos do art. 54 da Lei 9.784, de 29/01/1999, aplicável à espécie enquanto não havia disposição específica sobre o tema na legislação previdenciária, e nos termos do art. 103-A da Lei n° 8.213/91, incluído pela Medida Provisória nº138, de 19/11/2003, posteriormente convertido na Lei nº 10.839/2004. Destaco que, nos termos do PEDILEF nº 2009.71.57006520-0/RS, (DOU 1º/03/2013) de que foi Relator o eminente Juiz Federal Rogério Moreira Alves, eleito como representativo de controvérsia, o direito da Previdência Social de anular os atos administrativos de que decorram efeitos favoráveis para os seus beneficiários decai em dez anos, mesmo quando o ato de concessão do benefício tenha antecedido o início da vigência da norma jurídica que aumentou o prazo de cinco para dez anos. 9. No caso dos autos, nota-se que o acórdão recorrido contrariou toda essa orientação, partindo da premissa, data vênia equivocada, de que, ao conceder o benefício a Autarquia já teria examinado a qualidade de segurado e, por ser tal ato dotado de presunção de legitimidade, não poderia ser infirmada por alegações ulteriores. O acórdão deixou de apreciar, no entanto, a questão da decadência, ou seja, se já teria a Administração decaído ou não do direito de revisar o referido ato. **10. Ante todo o exposto, voto no sentido de que seja o Incidente de uniformização de jurisprudência conhecido e parcialmente provido para: a) estabelecer a premissa de que compete ao Poder Judiciário o dever de examinar a legalidade do ato de concessão do benefício previdenciário, aferindo se todos os seus requisitos legais se encontram presentes, ainda que a Administração já o tenha feito;** b) determinar o retorno dos autos à Turma de origem para adequação do acórdão proferido em embargos de declaração à orientação acima expendida. 11. Julgamento realizado de acordo com o art. 7º, VII, a), do RITNU, servindo como representativo de controvérsia" (TNU, PEDILEF 200933007013030, de 12/03/2014).

Apenas no caso do **segurado empregado**, durante os **primeiros 15 dias** consecutivos ao do afastamento da atividade por motivo de doença, **incumbirá à empresa pagar o seu salário integral.**

> A reforma trabalhista (MP 808/2017) criou uma exceção que não mais vigora no caso de contrato de trabalho intermitente. Neste caso, a empresa pagava 15 primeiros dias de afastamento do empregado, sendo o auxílio-doença devido desde o afastamento, se requerido em até 30 dias (CLT, artigo 452-A, § 13).

A MP 808/2017 vigorou somente até o dia 23 de abril de 2018, tendo decaído por ausência de votação no Congresso Nacional. Daí que as informações *suso* postas se limitam até essa data, restaurando-se o regime jurídico anterior.

Considera-se como intermitente o contrato de trabalho no qual a prestação de serviços, com subordinação, não é contínua, ocorrendo com alternância de períodos de prestação de serviços e de inatividade, determinados em horas, dias ou meses, independentemente do tipo de atividade do empregado e do empregador, exceto para os aeronautas, regidos por legislação própria.

Se concedido novo benefício decorrente da mesma doença dentro de 60 dias contados da cessação do benefício anterior, a empresa fica desobrigada do pagamento relativo aos quinze primeiros dias de afastamento, prorrogando-se o benefício anterior e descontando-se os dias trabalhados, se for o caso.

A MP 664/2014 chegou a alterar a obrigação da empresa de pagamento do salário para 30 dias, mas a Lei 13.135/2015 restaurou os 15 dias.

Se o segurado empregado, por motivo de doença, afastar-se do trabalho durante 15 dias, retornando à atividade no décimo sexto dia, e se dela voltar a se afastar dentro de 60 dias desse retorno, em decorrência da mesma doença, fará jus ao auxílio-doença a partir da data do novo afastamento.

Tendo em conta que nesses 15 (quinze) dias o empregado não trabalhou, o STJ vem entendendo que a quantia paga pela empresa tem natureza indenizatória, e não remuneratória, não se realizando a hipótese de incidência das contribuições previdenciárias respectivas:

"TRIBUTÁRIO. AGRAVO REGIMENTAL NO RECURSO ESPECIAL. CONTRIBUIÇÃO PREVIDENCIÁRIA. REPETIÇÃO DE INDÉBITO. TRIBUTO SUJEITO A LANÇAMENTO POR HOMOLOGAÇÃO. PRESCRIÇÃO. ARTIGO 4º DA LC 118/2005. DETERMINAÇÃO DE APLICAÇÃO RETROATIVA. DECLARAÇÃO DE INCONSTITUCIONALIDADE. CONTROLE DIFUSO. CORTE ESPECIAL. RESERVA DE PLENÁRIO. DIREITO INTERTEMPORAL. FATOS GERADORES ANTERIORES À LC 118/2005. APLICAÇÃO DA TESE DOS "CINCO MAIS CINCO". RECURSO ESPECIAL REPETITIVO RESP N. 1.002.932-SP. APLICAÇÃO DO ARTIGO 543-C DO CPC. AUXÍLIO-DOENÇA. VERBAS RECEBIDAS NOS 15 (QUINZE) PRIMEIROS DIAS DE AFASTAMENTO. NÃO INCIDÊNCIA. SALÁRIO-MATERNIDADE. NATUREZA JURÍDICA. INCIDÊNCIA. 1. O recurso especial n. 1.002.932-SP, por ser representativo da matéria em discussão, cujo entendimento encontra-se pacificado nesta Corte, foi considerado recurso repetitivo e submetido ao regime de julgamento previsto pelo artigo 543-C do Código de Processo Civil, regulamentado pela Resolução n. 8 do dia 7 de agosto de 2008, do STJ. 2. O mencionado recurso, da relatoria do eminente Ministro Luiz Fux, foi submetido a julgamento pela Primeira Seção na data de 25/11/2009, no qual o STJ ratificou orientação no sentido de que o princípio da irretroatividade impõe a aplicação da LC n. 118/05 aos pagamentos indevidos realizados após a sua vigência e não às ações propostas posteriormente ao referido diploma legal, porquanto é norma referente à extinção da obrigação e não ao aspecto processual da ação correspectiva. 3. **"O auxílio-doença pago até o 15º dia pelo empregador é inalcançável pela contribuição previdenciária, uma vez que referida verba não possui natureza remuneratória, inexistindo prestação de serviço pelo empregado, no período**. Precedentes: EDcl no REsp 800.024/SC, Rel. Ministro Luiz Fux, DJ 10.9.2007; REsp 951.623/PR, Rel. Ministro José Delgado, DJ 27.9.2007; REsp 916.388/SC, Rel. Ministro Castro Meira, DJ 26.4.2007" (AgRg no REsp 1039260/SC, Rel. Ministro Luiz Fux, Primeira Turma, DJe 15/12/2008). 4. Esta Corte já firmou o entendimento no sentido de que é devida a contribuição previdenciária sobre os valores pagos pela empresa a seus empregados a título de salário-maternidade, em face do caráter remuneratório de tal verba. 5. Decisão que se mantém na íntegra. 6. Agravos regimentais não providos" (AGREsp 1.107.898, de 09.03.2010).

"**2.3 Importância paga nos quinze dias que antecedem o auxílio-doença.**

No que se refere ao segurado empregado, durante os primeiros quinze dias consecutivos ao do afastamento da atividade por motivo de doença, incumbe ao empregador efetuar o pagamento do seu salário integral (art. 60, § 3º, da Lei 8.213/91 com redação dada pela Lei 9.876/99). Não obstante nesse período haja o pagamento efetuado pelo empregador, a importância paga não é destinada a retribuir o trabalho, sobretudo porque no intervalo dos quinze dias consecutivos ocorre a interrupção do contrato de trabalho, ou seja, nenhum serviço é prestado pelo empregado. Nesse contexto, a orientação das Turmas que integram a Primeira Seção/STJ firmou-se no sentido de que sobre a importância paga pelo empregador ao empregado durante os primeiros quinze dias de afastamento por motivo de doença não incide a contribuição previdenciária, por não se enquadrar na hipótese de incidência da exação, que exige verba de natureza remuneratória. Nesse sentido: AgRg no REsp 1.100.424/PR, 2ª Turma, Rel. Min. Herman Benjamin, DJe 18.3.2010; AgRg no REsp 1074103/SP, 2ª Turma, Rel. Min. Castro Meira, DJe 16.4.2009; AgRg no REsp 957.719/SC, 1ª Turma, Rel. Min. Luiz Fux, DJe 2.12.2009; REsp 836.531/SC, 1ª Turma, Rel. Min. Teori Albino Zavascki, DJ de 17.8.2006" (passagem do julgamento do **Recurso Especial 1.230.957, de 26/02/2014).**

O auxílio-doença é um benefício previsto para todos os segurados, tendo a renda mensal inicial de **91% do salário de benefício**, não podendo ser inferior a um salário mínimo, pois visa substituir a remuneração do beneficiário[72].

Excepcionalmente, o auxílio-doença poderá ser inferior a um salário mínimo, mas apenas na hipótese de segurado com atividades concomitantes. Nesse sentido, dispõe o artigo 73, § 4º, do Decreto 3.048/99, que no caso de incapacidade para apenas uma atividade, o valor do auxílio-doença poderá ser inferior ao salário mínimo desde que somado às demais remunerações recebidas resultar valor superior a este.

No entanto, a Lei 13.135/2015 instituiu um novo teto para o valor do auxílio-doença, ao inserir o § 10 no artigo 29 da Lei 8.213/91, que determina que **"o auxílio-doença não poderá exceder a média aritmética simples dos últimos doze salários-de-contribuição, inclusive no caso de remuneração variável, ou, se não alcançado o número de doze, a média aritmética simples dos salários-de-contribuição existentes"**.

Isto posto, o auxílio-doença não poderá superar a média aritmética simples dos 12 últimos salários de contribuição do segurado ou, se inexistentes 12 salários de contribuição no período básico de cálculo (a partir de julho de 1994), deverá ser feita a média aritmética simples de todos os salários de contribuição existentes, sempre com a óbvia incidência da correção monetária (limitador externo de renda mensal).

Certamente o motivo desta nova regra é aproximar o valor do auxílio-doença da remuneração percebida pelo segurado nos 12 últimos meses, a fim de evitar que o benefício fique com renda superior se o segurado possuir altos salários de contribuição no passado, o que poderá gerar a acomodação do segurado, se o auxílio-doença superar a sua remuneração mensal habitual.

72. Antes da Lei 9.032/95, o auxílio-doença por acidente de trabalho era de 92% do salário de benefício, ou então no valor do salário de contribuição do dia do acidente, se mais benéfico. Já o auxílio-doença comum era de 80% do salário de benefício, acrescido de 1% por cada grupo de 12 contribuições mensais, até o máximo de 100%.

Uma situação esdrúxula é que **a Emenda 103/2019 não alterou a renda do auxílio-doença**, que continua sendo de 91% do salário de benefício, limitado à média dos 12 últimos salários de contribuição, nos termos dos artigos 61[73] e 29, § 10[74], da Lei 8.213/91.

Isso porque o artigo 26, *caput*, da Emenda 103/2019 somente se aplica aos benefícios com regulação constitucional de requisitos enquanto não há lei de regulamentação ("até que lei discipline o cálculo dos benefícios do Regime Geral de Previdência Social"), o que não ocorre com o auxílio-doença, não regulado pela reforma constitucional.

Ademais, o parágrafo segundo do artigo 26 da Emenda 103/2019 somente se refere às aposentadorias ("o valor do benefício de aposentadoria corresponderá a sessenta por cento da média aritmética"), não abarcando o auxílio-doença.

Dessa forma, será comum ver a renda do auxílio-doença superior à renda da aposentadoria por incapacidade permanente dos segurados que não possuírem largo tempo de contribuição, o que é um contrassenso, até que haja uma possível alteração na Lei 8.213/91.

> Em regra, o auxílio-doença pressupõe a realização de **carência de 12 contribuições mensais**, que será excepcionalmente dispensada nas hipóteses de invalidez decorrente de acidente de qualquer natureza, doença profissional, do trabalho ou das moléstias graves listadas em ato regulamentar.

De acordo com o artigo 151, da Lei 8.213/91, com redação dada pela Lei 13.135/2015, "até que seja elaborada a lista de doenças mencionada no inciso II do art. 26, independe de carência a concessão de auxílio-doença e de aposentadoria por invalidez ao segurado que, após filiar-se ao RGPS, for acometido das seguintes doenças: tuberculose ativa, hanseníase, alienação mental, **esclerose múltipla**, hepatopatia grave, neoplasia maligna, cegueira, paralisia irreversível e incapacitante, cardiopatia grave, doença de Parkinson, espondiloartrose anquilosante, nefropatia grave, estado avançado da doença de Paget (osteíte deformante), síndrome da deficiência imunológica adquirida (aids) ou contaminação por radiação, com base em conclusão da medicina especializada", **tendo a novidade sido a inserção de esclerose múltipla.**

A legislação previdenciária atual não fixa um prazo máximo para a manutenção do auxílio-doença, ao contrário do que se verificava na revogada Lei Orgânica da Previdência Social (Lei 3.807/1960)[75], mas é certo que não deverá permanecer ativo por muito tempo, visto que é precário por natureza.

De efeito, o auxílio-doença cessará com o retorno do segurado ao trabalho ou, caso necessite, com a sua reabilitação profissional. Caso contrário, a depender do caso concreto, deverá ser convertido em auxílio-acidente ou aposentadoria por incapacidade permanente, podendo, ainda, ser transformado em outra aposentadoria, caso o segurado já tenha preenchido os requisitos para tanto.

73. Art. 61. O auxílio-doença, inclusive o decorrente de acidente do trabalho, consistirá numa renda mensal correspondente a 91% (noventa e um por cento) do salário-de-benefício, observado o disposto na Seção III, especialmente no art. 33 desta Lei. (Redação dada pela Lei nº 9.032, de 1995)

74. § 10. O auxílio-doença não poderá exceder a média aritmética simples dos últimos 12 (doze) salários-de-contribuição, inclusive em caso de remuneração variável, ou, se não alcançado o número de 12 (doze), a média aritmética simples dos salários-de-contribuição existentes. (Incluído pela Lei nº 13.135, de 2015)

75. Nessa época o auxílio-doença poderia durar, no máximo, 24 meses.

A alteração das atribuições e responsabilidades do segurado compatíveis com a limitação que tenha sofrido em sua capacidade física ou mental **não configura desvio de cargo ou função** do segurado reabilitado ou que estiver em processo de reabilitação profissional a cargo do INSS, nos termos da Lei 13.846/19.

Vale salientar que ao segurado que exercer mais de uma atividade abrangida pela Previdência Social, e estando incapacitado para uma ou mais atividades, inclusive em decorrência de acidente do trabalho, **será concedido um único benefício**[76].

> Em regra, a data de início do benefício (DIB) será a data da incapacidade, marco inicial do pagamento a ser promovido pelo INSS. Contudo, se entre a data da incapacidade e a data de entrada do requerimento (DER) se passar mais de 30 dias, a data de início do benefício será a data de entrada do requerimento na Previdência Social.

Apenas no caso do segurado empregado a regra será diferente, tendo em vista a obrigação legal da empresa de pagar ao segurado o seu salário durante os 15 primeiros dias do afastamento. Logo, para o segurado empregado, a data de início do benefício não será a data da incapacidade, e sim o 16º dia seguinte. Excepcionalmente, se entre a data da incapacidade e a data de entrada do requerimento se passar mais de 30 dias, a data de início do benefício será a data de entrada do requerimento na Previdência Social.

Logo, para o segurado empregado, a data de início do benefício não será a data da incapacidade, e sim o 16º (décimo sexto) dia seguinte. Excepcionalmente, se entre a data da incapacidade e a data de entrada do requerimento se passar mais de 30 (trinta) dias, a data de início do benefício será a data de entrada do requerimento na Previdência Social.

A empresa que dispuser de serviço médico, próprio ou em convênio, terá a seu cargo o exame médico e o abono das faltas correspondentes ao período de quinze dias de afastamento do seu empregado e somente deverá encaminhar o segurado à perícia médica da Previdência Social quando a incapacidade ultrapassar a quinze dias.

No caso de concessão judicial, em decorrência do INSS ter negado o benefício na esfera administrativa, se por questões clínicas a perícia judicial não conseguir definir a data de início da incapacidade, a data de início do benefício será a data de juntada do laudo pericial.

Ademais, a data de início do pagamento na hipótese de ausência de requerimento administrativo será a data da juntada do laudo pericial judicial que comprovar a incapacidade temporária do segurado[77].

No entanto, observou-se uma mudança de posicionamento na jurisprudência da Corte Superior[78], dominando, na atualidade, o entendimento de que a data de início do auxílio-doença será a data da citação, e não a data da juntada do laudo pericial judicial, quando não possível retroagir ao requerimento administrativo.

A respeito do tema, colaciona-se Enunciado e Recomendação aprovados no XII FONAJEF:

76. Artigo 312, da Instrução Normativa INSS 77/2015.
77. STJ, AGA 1.045.599, de 17.02.2009.
78. RECURSO ESPECIAL Nº 1.311.665 – SC, 1ª Turma, de 02/09/2014.

Grupo 5

Enunciado nº 1 (ATUAL ENUNCIADO 162 FONAJEF)

Em caso de incapacidade intermitente, o pagamento de parcelas anteriores à perícia depende da efetiva comprovação dos períodos em que o autor esteve incapacitado (Aprovado no XII FONAJEF).

Recomendação 1

Em casos de benefício por incapacidade, é recomendável a intimação do INSS para a juntada do histórico médico SABI (Sistema de Administração de Benefícios Por Incapacidade).

Vale registrar que a concessão judicial do auxílio-doença não impede a revisão administrativa do benefício pelo INSS, independentemente de ordem judicial. Logo, caso o Poder Judiciário conceda um benefício por incapacidade, deve a autarquia previdenciária promover a reavaliação administrativa para verificar se a incapacidade laborativa persiste.

Caso entenda o INSS que o segurado recuperou a sua capacidade laboral, não é necessária autorização judicial para o cancelamento do auxílio-doença. Nesse sentido, a TNU:

> "PREVIDENCIÁRIO. BENEFÍCIO POR INCAPACIDADE. POSSIBILIDADE DE REVISÃO ADMINISTRATIVA. CURSO DA DEMANDA. ART. 71 DA LEI 8.212/91. ART. 101 DA LEI 8.213/91. PEDIDO DE UNIFORMIZAÇÃO PROVIDO. REPRESENTATIVO DE CONTROVÉRSIA. ART. 7º DO RITNU. 1. O INSS, ora recorrente, pretende a modificação do acórdão que, confirmando a sentença por seus próprios fundamentos, determinou que o prazo para a reavaliação periódica do benefício de auxílio-doença fosse iniciado a partir do trânsito em julgado da decisão final. Argumenta que o prazo estipulado pelo art. 71 da Lei 8.212/91 deve ser contado a partir da perícia e não do trânsito em julgado. Cita como paradigma o recurso n. 2007.36.00.703003-5, oriundo da Turma Recursal de Mato Grosso. 2. Inicialmente, o incidente foi inadmitido pelo Presidente desta Turma, que entendeu incidir na espécie a Questão de Ordem 3 deste colegiado, em razão de suposta ausência de indicação da fonte da qual extraído o aresto paradigma. Entretanto, em virtude de embargos declaratórios interpostos pelo INSS, a questão foi revista e o pedido, aceito, por restar configurada a divergência nacional. 3. Razão assiste ao recorrente. **Dispõe o art. 71 da Lei 8.212/91 que o INSS deve rever os benefícios previdenciários, ainda que concedidos judicialmente, para verificar se persistem as condições clínicas que levaram ao seu deferimento. Já o art. 101 da Lei 8.213/91 impõe a obrigatoriedade de o segurado em gozo de auxílio-doença e aposentadoria por invalidez submeter-se a exame médico disponibilizado pela Previdência Social, sob pena de suspensão do benefício. 4. Dessa forma, ainda que se trate de benefício deferido judicialmente, o titular deve ser convocado pelo INSS, na forma prevista em norma regulamentadora, para comparecer na repartição e passar por nova perícia, na qual será aferido se persistem os motivos que autorizaram a concessão. Poder-se-ia argumentar que o deferimento judicial justificaria um tratamento diferenciado, por ter o segurado sido avaliado por um perito imparcial, auxiliar do juízo, que concluiu pela incapacidade. Todavia, não há razão para a distinção. A uma, porque a lei não o fez; ao contrário, deixou claro que o benefício concedido judicialmente deveria ser reavaliado. A duas, porque a avaliação médica não se distingue, mesmo se o médico for servidor do INSS, tendo em vista a sua vinculação com a ciência médica e os protocolos de saúde, que são únicos para todo profissional da medicina. 5. É de se registrar que o INSS não convoca os beneficiários para a revisão considerando a doença de que são acometidos, mas pelo tipo de benefício: se se trata de auxílio-doença, a cada seis meses; se aposentadoria por invalidez, a cada dois anos. Isso diminui a carga da pessoalidade que pode causar ruído na aferição da incapacidade, como já ocorreu no passado, quando certas doenças eram mal vistas pela Administração previdenciária, que impunha revisão em prazos curtíssimos.** 6. No caso em exame, é de se constatar que o acórdão recorrido contrariou o conteúdo da norma prevista

no art. 71 da Lei 8.212/91, já que proibiu o INSS de rever administrativamente o benefício de auxílio-doença até o trânsito em julgado da decisão. 7. Julgamento de acordo com o art. 46 da Lei 9.099/95. 8. Incidente conhecido e provido para (i) firmar a tese de que a concessão judicial de benefício previdenciário não impede a revisão administrativa pelo INSS, na forma prevista em norma regulamentadora, mesmo durante o curso da demanda; (ii) decotar a parte do acórdão que manteve a sentença e autorizou a revisão do benefício somente após o trânsito em julgado da decisão final. 9. Julgamento realizado de acordo com o art. 7º, VII, a), do RITNU, servindo como representativo de controvérsia" (PEDIDO 50005252320124047114, de 17/05/2013).

É certo que o INSS não poderá descumprir a coisa julgada, mas é igualmente certo que a coisa julgada submete-se à cláusula *rebus sic stantibus*, pois a alteração fática permite a revisão administrativa pelo INSS nos casos de recuperação da capacidade laborativa do segurado em gozo do auxílio-doença, respeitado o Princípio do Contraditório.

A Previdência Social deverá **processar de ofício o benefício**, quando tiver ciência da incapacidade do segurado sem que este tenha requerido auxílio-doença, na forma do artigo 76, do RPS.

No entanto, de acordo com a Súmula 28 do Conselho de Recursos da Previdência Social, "não se aplica o disposto no artigo 76 do Regulamento da Previdência Social, aprovado pelo Decreto 3.048/99, para justificar a retroação do termo inicial do benefício auxílio doença requerido após o trigésimo dia do afastamento da atividade, nos casos em que a perícia médica do INSS fixar a data de início da incapacidade anterior à data de entrada do requerimento, tendo em vista que esta hipótese não implica em ciência pretérita da Previdência Social".

O segurado empregado em gozo de auxílio-doença será considerado pela empresa como licenciado, nos termos do artigo 476, da CLT[79]. O mesmo entendimento foi estendido ao empregado doméstico por força da LC 150/2015.

Ademais, a empresa que garantir ao segurado licença remunerada ficará obrigada a pagar-lhe durante o período de auxílio-doença a eventual diferença entre o valor deste e a importância garantida pela licença (**complemento de auxílio-doença**).

O auxílio-doença poderá ser comum (código B 31) ou acidentário (B 91), se decorrer de acidente de trabalho, doença profissional, do trabalho ou evento equiparado, uma vez emitida a Comunicação de Acidente de Trabalho ou reconhecido o nexo técnico epidemiológico entre a enfermidade e o exercício do labor.

Neste caso, após a cessação do benefício acidentário, o segurado terá garantido, pelo prazo mínimo de doze meses, a manutenção do seu contrato de trabalho na empresa, independentemente de percepção de auxílio-acidente, na forma do artigo 118, da Lei 8.213/91.

Nesse sentido, o entendimento sumulado do TST:

"Súmula nº 378 do TST

ESTABILIDADE PROVISÓRIA. ACIDENTE DO TRABALHO. ART. 118 DA LEI Nº 8.213/1991. (inserido item III) – Res. 185/2012, DEJT divulgado em 25, 26 e 27.09.2012

I – É constitucional o artigo 118 da Lei nº 8.213/1991 que assegura o direito à estabilidade provisória por período de 12 meses após a cessação do auxílio-doença ao empregado acidentado. (ex-OJ nº 105 da SBDI-1 – inserida em 01.10.1997)

79. Art. 476 – Em caso de seguro-doença ou auxílio-enfermidade, o empregado é considerado em licença não remunerada, durante o prazo desse benefício.

II – São pressupostos para a concessão da estabilidade o afastamento superior a 15 dias e a conseqüente percepção do auxílio-doença acidentário, salvo se constatada, após a despedida, doença profissional que guarde relação de causalidade com a execução do contrato de emprego. (primeira parte – ex-OJ nº 230 da SBDI-1 – inserida em 20.06.2001)

III – O empregado submetido a contrato de trabalho por tempo determinado goza da garantia provisória de emprego decorrente de acidente de trabalho prevista no art. 118 da Lei nº 8.213/91".

Vale frisar que após a Lei Complementar 150/2015 o segurado empregado doméstico passou a fazer jus ao auxílio-doença por acidente do trabalho. No entanto, a estabilidade provisória de 12 meses no emprego prevista no artigo 118, da Lei 8.213/91 não lhe foi estendida.

Isso porque se fosse a intenção do legislador estender a estabilidade provisória ao empregado doméstico teria também alterado a redação do artigo 118 da Lei 8.213/91, ainda se refere apenas a empregado e empresa, a e não a empregador doméstico e a empregado doméstico[80].

É facultado à empresa protocolar requerimento de auxílio por incapacidade temporária ou documento dele originário de seu empregado ou de contribuinte individual a ela vinculado ou a seu serviço, na forma estabelecida pelo INSS.

Ademais, nos termos do Decreto 10.410/2020, a empresa terá acesso às decisões administrativas de benefícios requeridos por seus empregados, resguardadas as informações consideradas sigilosas, na forma estabelecida em ato do INSS.

O auxílio-doença do segurado que exercer mais de uma atividade abrangida pela previdência social será devido mesmo no caso de incapacidade apenas para o exercício de uma delas, devendo a perícia médica ser conhecedora de todas as atividades que o mesmo estiver exercendo, podendo ser inferior a um salário mínimo, desde que somado às demais remunerações recebidas resultar valor superior a este.

Quando o segurado que **exercer mais de uma atividade** se incapacitar definitivamente para uma delas, **deverá o auxílio-doença ser mantido indefinidamente**, não cabendo sua transformação em aposentadoria por invalidez, enquanto essa incapacidade não se estender às demais atividades.

O artigo 78, do RPS, com redação dada pelo Decreto 5.844/06, prevê o polêmico instituto da **alta programada ou COPES – Cobertura Previdenciária Estimada**, em que o INSS poderá estabelecer, mediante avaliação médico-pericial, o prazo que entender suficiente para a recuperação da capacidade para o trabalho do segurado, **dispensada nessa hipótese a realização de nova perícia.**

Caso o prazo concedido para a recuperação se revele insuficiente, o segurado poderá solicitar a realização de nova perícia médica, perpetrando **pedido de prorrogação (PP)** do benefício, nos 15 dias anteriores a alta programada.

Posteriormente, coube à Medida Provisória 767, de 6 de janeiro de 2017, positivar novamente a COPES no texto do artigo 60, da Lei 8.213/91, prevendo que, "sempre que possível, o ato de concessão ou de reativação de auxílio-doença, judicial ou administrativo, deverá fixar o prazo estimado para a duração do benefício".

80. Art. 118. O segurado que sofreu acidente do trabalho tem garantida, pelo prazo mínimo de doze meses, a manutenção do seu contrato de trabalho na empresa, após a cessação do auxílio-doença acidentário, independentemente de percepção de auxílio-acidente.

Ademais, ainda com base na MP 767/2017, na ausência de fixação do prazo acima referido, o benefício cessará após o prazo de cento e vinte dias, contado da data de concessão ou de reativação, exceto se o segurado requerer a sua prorrogação junto ao INSS, na forma do regulamento, observado o disposto no artigo 62 que trata da reabilitação profissional.

Este ponto da MP 767/2017 foi convertido na Lei 13.457/2017, sendo estabilizado no texto da Lei 8.213/91 a Cobertura Previdenciária Estimada (COPES) dentro do artigo 60 da Lei 8.213/91:

> "§ 8º Sempre que possível, o ato de concessão ou de reativação de auxílio-doença, **judicial ou administrativo**, deverá fixar o prazo estimado para a duração do benefício. *(Incluído pela Lei nº 13.457, de 2017)*
>
> § 9º Na ausência de fixação do prazo de que trata o § 8º deste artigo, o benefício cessará após o prazo de **cento e vinte dias**, contado da data de concessão ou de reativação do auxílio-doença, exceto se o segurado requerer a sua prorrogação perante o INSS, na forma do regulamento, observado o disposto no art. 62 desta Lei. *(Incluído pela Lei nº 13.457, de 2017)*
>
> § 10. O segurado em gozo de auxílio-doença, **concedido judicial ou administrativamente**, poderá ser **convocado a qualquer momento** para avaliação das condições que ensejaram sua concessão ou manutenção, observado o disposto no art. 101 desta Lei. *(Incluído pela Lei nº 13.457, de 2017)*
>
> § 11. O segurado que não concordar com o resultado da avaliação da qual dispõe o § 10 deste artigo poderá apresentar, no prazo máximo de **trinta dias, recurso** da decisão da administração perante o Conselho de Recursos da Previdência Social, cuja análise médica pericial, se necessária, será feita pelo assistente técnico médico da junta de recursos do seguro social, perito diverso daquele que indeferiu o benefício. *(Incluído pela Lei nº 13.457, de 2017)*".

A norma não é clara a respeito do termo inicial para a fixação da COPES judicial, cabendo ao juiz no caso concreto fixá-la para evitar qualquer dúvida.

A nosso ver, deve ser analisado o laudo pericial que deve apontar o termo inicial da sua estimativa. De toda a sorte, o tema foi afetado e será julgado pela TNU no **tema 246**:

Tema	**246**	**Situação do tema**	Em Julgamento – eproc	**Ramo do direito**	DIREITO PREVIDENCIÁRIO
Questão submetida a julgamento		**A partir da regra constante do art. 60, § 9.º, da Lei n.º 8.213/91, saber se, para fins de fixação da DCB do auxílio-doença concedido judicialmente, o prazo de recuperação estimado pelo perito judicial deve ser computado a partir da data de sua efetiva implantação ou da data da perícia judicial.**			
Tese firmada		-			
Processo	**Decisão de afetação**	**Relator (a)**	**Julgado em**	**Acórdão publicado em**	**Trânsito em julgado**
PEDILEF 0500881-37.2018.4.05.8204/PB	12/12/2019	Juiz Federal Bianor Arruda Bezerra Neto	-	-	-

Ainda foi previsto que o segurado em gozo de auxílio-doença, **concedido judicial** ou administrativamente, poderá ser convocado a qualquer momento para avaliação das condições que ensejaram a concessão ou a manutenção, sendo possível a revisão administrativa do benefício implantado por ordem judicial.

Dito isto, podemos firmar as seguintes conclusões:

A) A COPES administrativa passou a ser prevista expressamente na Lei 8.213/91;

B) Restou instituída a COPES judicial;

C) Nas situações de constatação de incapacidade laborativa temporária, cabe ao julgador, sempre que possível, indicar na decisão interlocutória ou sentença a data de cessação do auxílio-doença, assegurado ao segurado à oferta no INSS do pedido de prorrogação;

D) Caso a decisão não fixe a data de cessação do auxílio-doença, este será finalizado em 120 dias contados da data de concessão ou de reativação do auxílio-doença, assegurado o pedido de prorrogação administrativo;

E) A COPES judicial não se aplica na situação de incapacidade permanente, pois neste caso a cessação do benefício é condicionada à reabilitação profissional concluída com sucesso.

Sobre o caráter intertemporal das modificações citadas, a TNU fixou a seguinte tese repetitiva (Informativo 25/2018):

> **REPRESENTATIVO DE CONTROVÉRSIA – TEMA N. 164 – PUIL n. 0500774-49.2016.4.05.8305/PE**
>
> Apreciando o recurso como representativo de controvérsia, a TNU fixou as seguintes teses:
>
> **a)** os benefícios de auxílio-doença concedidos judicial ou administrativamente, sem Data de Cessação de Benefício (DCB), ainda que anteriormente à edição da MP nº 739/2016, podem ser objeto de revisão administrativa, na forma e prazos previstos em lei e demais normas que regulamentam a matéria, por meio de prévia convocação dos segurados pelo INSS, para avaliar se persistem os motivos de concessão do benefício;
>
> **b)** os benefícios concedidos, reativados ou prorrogados posteriormente à publicação da MP nº 767/2017, convertida na Lei n.º 13.457/17, devem, nos termos da lei, ter a sua DCB fixada, sendo desnecessária, nesses casos, a realização de nova perícia para a cessação do benefício;
>
> **c)** em qualquer caso, o segurado poderá pedir a prorrogação do benefício, com garantia de pagamento até a realização da perícia médica.

A decisão da Turma Nacional foi acertada. A revisão administrativa do benefício por incapacidade sempre existiu, tendo apenas sido reforçada na Lei 8.213/91 a partir da MP 739/2016. Outrossim, a COPES judicial deve ser observada para os benefícios com concessão após a sua instituição, sendo regra de natureza procedimental, e não material.

Embora sejam julgados que se lastrearam em casos anteriores à Lei 13.457/2017, a jurisprudência do STJ tem invalidado o procedimento da COPES:

> **1ª Turma do STJ:** "É pacífico o entendimento no Superior Tribunal de Justiça no sentido da impossibilidade da **alta** médica **programada** para cancelamento automático do benefício previdenciário de auxílio-doença, sem que haja prévia perícia médica que ateste a capacidade do segurado para o desempenho de atividade laborativa que lhe garanta a subsistência, sob pena de ofensa aos princípios da ampla defesa e do contraditório" **(AgInt no REsp 1547268 / MT, de 24/10/2017).**

1ª Turma do STJ: "1. O art. 62 da Lei 8.213/91 é taxativo em afirmar que o benefício de auxílio-doença só cessará quando o Segurado seja dado como habilitado para o desempenho de nova atividade que lhe garanta a subsistência, pelo que não se há de presumir esse estado de higidez e, menos ainda, que ele possa se instalar por simples determinação ou deliberação do Esculápio. 2. Não há que se falar, portanto, em fixação de termo final para a cessação do pagamento do benefício previdenciário de auxílio-doença através de uma perícia prévia inicial, que ganharia um caráter de prova insofismável, atribuindo à perícia características típicas do positivismo filosófico (exatidão, certeza, generalidade e previsibilidade), insusceptível de erro ou inadequação à verdade. 3. Mostra-se inadmissível a prevalência da celeridade e da redução de gastos públicos em detrimento da Justiça e dos direitos fundamentais do Trabalhador, na condução das demandas previdenciárias em que se busca um benefício por incapacidade. 4. Logo, não há que se falar em **alta** presumida para a cessação do pagamento do benefício previdenciário de auxílio-doença, uma vez que a perícia médica é condição indispensável à cessação do benefício, nos termos do art. 62 da Lei 8.213/91, pois somente ela poderá atestar se o Segurado possui condição de retornar às suas atividades ou não; além dessa previsão legal, há, ainda, a lógica linear comum e o bom sendo que orientam a realidade das relações da vida humana e social. 5. Registre-se que a edição da MP 736/2016, que acrescentou os §§ 8º. e 9º. ao art. 60 da Lei 8.213/91, consignando que sempre que possível o ato de concessão do auxílio-doença deverá fixar o prazo estimado da duração do benefício, sob pena de cessação automática em 120 dias, salvo requerimento de prorrogação formulado pelo Segurado, não modifica o entendimento aqui fixado e sim reforça a tese aqui apresentada de que tal conduta carecia de previsão legal. 6. As questões previdenciárias regem-se pelo princípio tempus regit actum, razão pela qual as alterações legislativas, especialmente aquelas restritivas de direitos, só serão aplicadas aos benefícios concedidos após a sua publicação, o que não é a hipótese dos autos" **(AgInt no REsp 1601741 / MT, de 10/10/2017).**

2ª Turma do STJ: "O Superior Tribunal de Justiça possui o entendimento de que não é possível o cancelamento automático do benefício auxílio-doença por intermédio do mecanismo da **alta programada,** sem que haja o prévio e devido procedimento administrativo perante o **INSS (AgInt no REsp 1601741 / MT, de 10/10/2017).**

2ª Turma do STJ: 5. O sistema de **alta programada** estabelecido pelo **INSS** apresenta como justificativa principal a desburocratização do procedimento de concessão de benefícios por incapacidade. Todavia, não é possível que um sistema previdenciário, cujo pressuposto é a proteção social, se abstenha de acompanhar a recuperação da capacidade laborativa dos segurados incapazes, atribuindo-lhes o ônus de um auto exame clínico, a pretexto da diminuição das filas de atendimento na autarquia. 6. Cabe ao **INSS** proporcionar um acompanhamento do segurado incapaz até a sua total capacidade, reabilitação profissional, auxílio-acidente ou aposentadoria por invalidez, não podendo a autarquia focar apenas no aspecto da contraprestação pecuniária. 7. Na forma do art. 62 da Lei 8.213/1991, "o segurado em gozo de auxílio-doença, insusceptível de recuperação para sua atividade habitual, deverá submeter-se a processo de reabilitação profissional para o exercício de outra atividade", e "não cessará o benefício até que seja dado como habilitado para o desempenho de nova atividade que lhe garanta a subsistência ou, quando considerado não-recuperável, for aposentado por invalidez". Transferir essa avaliação ao próprio segurado fere gravemente o princípio da dignidade da pessoa humana. 8. Além disso, a jurisprudência que vem se firmando no âmbito do STJ é no sentido de que não se pode proceder ao cancelamento automático do benefício previdenciário, ainda que diante de desídia do segurado em proceder à nova perícia perante o **INSS,** sem que haja prévio procedimento administrativo, sob pena de ofensa aos princípios da ampla defesa e do contraditório" **(AgInt no AREsp 1049440 / MT, de 27/6/2017).**

No entanto, no julgamento AgInt no REsp 1604876, de 14/8/2018, 2ª Turma, parece que o STJ validou a COPES para incapacidades após a vigência da MP 767/2017 (ao menos de modo indireto):

> **1. Em período anterior à vigência da Medida Provisória n. 767/2017, convertida na Lei n. 13.457/2017, este Superior Tribunal firmou entendimento de que é indevido o cancelamento do benefício de auxílio-doença com base no programa de cobertura previdenciária estimada, tendo em vista a falta de amparo legal e a necessidade de observar a ampla defesa e o contraditório.**

Isso porque, ao afirmar que a COPES é ilegal em período anterior à vigência da MP 767/2017, a *contrario sensu*, a Corte Superior a validou para situação posteriores à citada alteração normativa, confirmada na Lei 13.457/2017.

O Sistema da COPES possui um grande ganho: reduz o número de perícias e otimiza o atendimento, acelerando as marcações e reduzindo o tempo para agendamentos. Mas possui uma perda: transfere ao segurado o ônus de uma autoavaliação de capacidade, máximo quando o atendimento médico do SUS não é bom em grande parte do país.

Atualmente a TNU vem admitindo a legitimidade da COPES:

> **"BENEFÍCIO POR INCAPACIDADE. CESSAÇÃO. FIXAÇÃO PELO JUÍZO, ASSEGURANDO-SE O PEDIDO DE PRORROGAÇÃO. CONDICIONAMENTO A NOVA PERÍCIA ADMINISTRATIVA: ILEGALIDADE E VIOLAÇÃO DO ENTENDIMENTO DA TNU. RECURSO PROVIDO.**
>
> [...] Breve o relato, procede a insatisfação da Autarquia. Isso porque a matéria já foi por demais debatida nesta Corte, e no STJ, **entendendo-se por desnecessário que a Administração promova nova perícia para a cessação do benefício, tal como condicionado na instância ordinária. Não sendo possível ao juízo fixar a DCB do benefício, a lei dispõe que ela ocorrerá no prazo de 120 dias, sendo desnecessário realizar nova perícia, desde que assegurado ao segurado o pedido de prorrogação e, somente neste caso, a submissão a nova perícia administrativa.**
>
> **Portanto, procede o pleito da Autarquia no sentido de "fixação de 'Data de Cessação do Benefício conforme o tempo estimado de recuperação judicial estimado pelo perito judicial, sem necessidade de convocação de perícia pelo INSS, assegurada à parte-autora a solicitação de prorrogação do benefício, nos quinze dia anteriores à data fixada, caso ainda se sinta inapta para o trabalho.**" [...] A TurmaNacional de Uniformização decidiu, por unanimidade, DAR PROVIMENTO ao incidente para reformar o acórdão impugnado no ponto em que condicionou a cessação do benefício a nova perícia administrativa, cumprindo-se ao INSS apenas assegurar o pedido de prorrogação e as prescrições legais sobre a questão, dado o tempo decorrido na discussão da causa". **(PEDILEF n. 5011526-38.2017.4.04.7208, Relator Juiz Federal Atanair Nasser Ribeiro Lopes, Data de julgamento 12/12/2019).**

Vale registrar que modelos de verificação e manutenção de incapacidade laboral pelo seguro social de outros países são similares com a COPES brasileira, que justamente teve essa inspiração.

Nesse sentido, colaciono louvável pesquisa empreendida pelo Procurador Federal Lucas Lousada nos memoriais apresentados pelo INSS nos autos da AC 2005.33.00.020219-8/BA:

> "No âmbito internacional, apenas mais recentemente esse método foi estendido à sistematização de prazos de recuperação da capacidade laboral a partir dos consensos sobre prognóstico, encon-

trando sua universalização após a edição de Diretrizes pela Suécia (2007) ter sido fomentada pela OCDE[81]. Contudo, o perfilhamento tardio pela Previdência Social se deve principalmente ao fato de não ser comum a primeira avaliação ser feitas por perito servidor público, como na tradição pátria (Lei 3.807/60, art. 24, § 2º).

Se observarmos o funcionamento da ***assurance-maladie*** na França, da ***prestación económica por incapacidad temporal*** na Espanha[82], da ***indennità malattia*** na Itália[83], do ***payed sick leave*** nos Estados Unidos – aplicável aos servidores públicos federais[84] – , do ***incapacity benefit*** no Reino Unido[85] – atualmente absorvido pelo ***contribution-based employment and support allowance*** – e do ***Krankengeld*** alemão[86] – e isso apenas para nos mantermos nos países com tradição previdenciária extensa – , resta claro que não existe nada sequer próximo do quanto os autores demandam.

Sem dúvida, é inteiramente residual a realização de perícia por entes estatais, pois geralmente a fixação do período de afastamento a ser observado é feito pelo próprio médico particular, só havendo qualquer espécie de verificação por perito servidor público a partir de determinado período de prorrogação (Inglaterra: 28 semanas; Espanha: 1 ano) ou nos casos em que o segurado não se dá por satisfeito com a data estimada de cessação da incapacidade – com destaque para o benefício por incapacidade temporária alemão (Entgeltfortzahlung), onde tanto pode haver o retorno antes da data estimada como pode a mesma ser questionada tanto pelo empregado como pelo empregador[87]".

Excepcionalmente, nestes casos de erro administrativo da autarquia previdenciária, quando o segurado obtém a condenação judicial do benefício por incapacidade, é possível que durante um interstício haja a cumulação de percepção de remuneração com benefício por incapacidade. Nesse sentido, a Súmula 72, da TNU:

Súmula 72 – "É possível o recebimento de benefício por incapacidade durante período em que houve exercício de atividade remunerada quando comprovado que o segurado estava incapaz para as atividades habituais na época em que trabalhou".

Veja-se um dos precedentes que ensejaram a aprovação da citada súmula:

"PREVIDENCIÁRIO. CONCESSÃO DE APOSENTADORIA POR INVALIDEZ. TRABALHO EXERCIDO NO PERÍODO EM QUE RECONHECIDO INCAPACIDADE LABORAL PELA PERÍCIA MÉDICA. DIREITO AO BENEFÍCIO DESDE O INCORRETO CANCELAMENTO PELO INSS. **1. Embora não se possa receber, concomitantemente, salário e benefício, o trabalho exercido pelo segurado no período em que estava incapaz decorre da necessidade de sobrevivência, com inegável sacrifício da saúde do obreiro e possibilidade de agravamento do estado mórbido. 2. O benefício por incapacidade deve ser concedido desde o indevido cancelamento, sob pena de o Judiciário recompensar a falta de eficiência do INSS na hipótese dos autos, pois, inegavelmente, o benefício foi negado erroneamente pela perícia médica da Autarquia.** 3. Incidente conhecido e provido" (PEDIDO 200872520041361, de 17/03/2011).

81. **Sickness, Disability and Work: Breaking the Barriers**. 2010, p. 140.
82. L 42/94, art. 128, 1, "a".
83. DL 663/79, art. 2.
84. 5 CFR 630.405, (b).
85. SSCBA, 171A, (3).
86. SGB V, § 275, (1a) e (1b).
87. EntgFG, § 5, (1).

O **STJ** firmou tese na mesma linha da TNU no **tema 1.013**:

Tema/ Repetitivo	1013	**Situação do Tema**	Acórdão Publicado	**Órgão Julgador**	PRIMEIRA SEÇÃO	**Assuntos**
Questão submetida a julgamento	Possibilidade de recebimento de benefício por incapacidade do Regime Geral de Previdência Social de caráter substitutivo da renda (auxílio-doença ou aposentadoria por invalidez) concedido judicialmente em período de abrangência concomitante ao que o segurado estava trabalhando e aguardando o deferimento do benefício.					
Tese Firmada	**No período entre o indeferimento administrativo e a efetiva implantação de auxílio-doença ou de aposentadoria por invalidez, mediante decisão judicial, o segurado do RPGS tem direito ao recebimento conjunto das rendas do trabalho exercido, ainda que incompatível com sua incapacidade laboral, e do respectivo benefício previdenciário pago retroativamente.**					
Anotações Nugep	Afetação na sessão eletrônica iniciada em 15/5/2019 e finalizada em 21/5/2019 (Primeira Seção). **Vide Controvérsia n. 63/STJ**. Vide Súmula 72 TNU "é possível o recebimento de benefício por incapacidade durante período em que houve exercício de atividade remunerada quando comprovado que o segurado estava incapaz para as atividades habituais na época em que trabalhou".					
Informações Complementares	Há determinação de suspensão do processamento de todos os processos pendentes, individuais ou coletivos, que versem acerca da questão delimitada e tramitem no território nacional (acórdão publicado no DJe de 3/6/2019).					
Ramo do Direito	DIREITO PREVIDENCIÁRIO					

Processo	**Tribunal de Origem**	RRC	**Relator**	**Data de Afetação**	**Julgado em**	**Acórdão Publicado em**	**Embargos de Declaração**	Trânsito em Julgado
REsp 1786590/SP	TRF3	Não	HERMAN BENJAMIN	03/06/2019	24/06/2020	01/07/2020	-	-
REsp 1788700/SP	TRF3	Não	HERMAN BENJAMIN	03/06/2019	24/06/2020	01/07/2020	-	-

Desta forma, na situação de erro administrativo da autarquia consistente no indeferimento indevido de benefício por incapacidade laboral quando o segurado estiver inapto ao labor, no interstício "**entre o indeferimento administrativo e a efetiva implantação de auxílio-doença ou de aposentadoria por invalidez, mediante decisão judicial, o segurado do RPGS tem direito ao recebimento conjunto das rendas do trabalho exercido, ainda que incompatível com sua incapacidade laboral, e do respectivo benefício previdenciário pago retroativamente**".

A tese se afigura razoável, pois houve erro administrativo e o segurado laborou em estado de necessidade, podendo inclusive ter comprometido a sua recuperação.

Por outro lado, após a implantação do auxílio por incapacidade temporária, passa a ser indevida a acumulação, sendo dever do INSS suspender o benefício se após a implantação o segurado seguir desenvolvendo atividade laboral remunerada, haja vista já estar amparado pelo benefício por incapacidade laboral.

Ao analisar o voto do Ministro Herman de Benjamin, é possível delimitar com precisão a situação fática tratada pela tese:

"Os fatos constatados no presente Recurso Especial consistem cronologicamente em:

a) o segurado teve indeferido benefício por incapacidade (auxílio-doença ou aposentadoria por invalidez) na via administrativa;

b) para prover seu sustento, trabalhou após o indeferimento e entrou com ação judicial para a concessão de benefício por incapacidade;

c) a ação foi julgada procedente para conceder-lhe o benefício desde o requerimento administrativo, o que acabou por abranger o período de tempo em que continuou trabalhando; e

d) o debate, travado ainda na fase ordinária, consiste no entendimento do INSS de que o benefício por incapacidade concedido judicialmente não pode ser pago no período em que o segurado estava trabalhando, ante seu caráter substitutivo da renda e à luz dos arts. 42, 46 e 59 da Lei 8.213/1991.

A presente controvérsia e, consequentemente, a tese repetitiva que for fixada não abrangem as seguintes hipóteses:

a) o segurado está recebendo benefício por incapacidade regularmente e passa a exercer atividade remunerada incompatível com sua incapacidade; e

b) o INSS alega somente o fato impeditivo do direito (o exercício de trabalho pelo segurado) na fase de cumprimento da sentença".

Destarte, a tese não se aplica quando a atividade laboral remunerada é exercida com o benefício por incapacidade já ativo, situação na qual a autarquia está autorizada a suspendê-lo, por acumulação indevida.

Ademais, não se aplica quando o debate não foi tratado na fase de conhecimento do processo judicial, mas apenas levantado em sede de execução.

Dessa forma, **a regra é a inacumulabilidade da percepção conjunta do auxílio por incapacidade temporária com remuneração decorrente da mesma atividade laboral, salvo na situação excepcional admitida no tema 1.013 do STJ.**

Pela acuidade, vale a pena transcrever outra passagem do voto do Ministro Benjamin:

> "Apresentado esse panorama legal sobre o tema, é importante estabelecer o ponto diferencial entre a hipótese fática dos autos e aquela tratada na lei: aqui o segurado requereu o benefício, que lhe foi indeferido, e acabou trabalhando enquanto não obteve seu direito na via judicial; já a lei trata da situação em que o benefício é concedido, e o segurado volta a trabalhar.
>
> A presente controvérsia trata de caso, portanto, em que falhou a função substitutiva da renda, base da cobertura previdenciária dos benefícios auxílio-doença e aposentadoria por invalidez.
>
> O provimento do sustento do segurado não se materializou, no exato momento da incapacidade, por falha administrativa do INSS, que indeferiu incorretamente o benefício, sendo inexigível do segurado que aguarde a efetivação da tutela jurisdicional sem que busque, pelo trabalho, o suprimento da sua subsistência.
>
> Por culpa do INSS, resultado do equivocado indeferimento do benefício, o segurado teve de trabalhar, incapacitado, para prover suas necessidades básicas, o que doutrinária e jurisprudencialmente se convencionou chamar de sobre-esforço. A remuneração por esse trabalho é resultado inafastável da justa contraprestação pecuniária.
>
> Na hipótese, o princípio da vedação do enriquecimento sem causa atua contra a autarquia previdenciária, pois, por culpa sua – indeferimento equivocado do benefício por incapacidade –, o segurado foi privado da efetivação da função substitutiva da renda laboral, objeto da cobertura previdenciária, inerente aos mencionados benefícios.

Como tempero do elemento volitivo do segurado, constata-se objetivamente que, ao trabalhar enquanto espera a concessão de benefício por incapacidade, está ele atuando de boa-fé, cláusula geral hodiernamente fortalecida na regência das relações de direito.

Dessarte, enquanto a função substitutiva da renda do trabalho não for materializada pelo efetivo pagamento do auxílio-doença ou da aposentadoria por invalidez, é legítimo que o segurado exerça atividade remunerada para sua subsistência, independentemente do exame da compatibilidade dessa atividade com a incapacidade laboral".

Muito se discute a respeito do **"auxílio-doença parental"**, ainda não previsto na Lei 8.213/91. Cuida-se da concessão do benefício para que o segurado se dedique a cuidar de algum parente enfermo e que, por este motivo, deva se afastar do seu trabalho.

Entende-se que enquanto não houver expressa autorização normativa, não deverá ser concedido pelo INSS, pois cabe ao legislador selecionar os riscos sociais que ensejarão a concessão de benefício previdenciário sempre observando a regra de contrapartida, conquanto se saiba da sua importância.

Nesse sentido, o TRF da 4ª Região rejeitou a tese:

APELAÇÃO CÍVEL Nº 0010484-76.2015.4.04.9999/SC

RELATORA: Juíza Federal GABRIELA PIETSCH SERAFIN

APELANTE: RAFAELA DONDOSSOLA

ADVOGADO: Thiago Manfredini Zanette

APELADO: INSTITUTO NACIONAL DO SEGURO SOCIAL – INSS

ADVOGADO: Procuradoria Regional da PFE-INSS

EMENTA

PREVIDENCIÁRIO. AUXÍLIO-DOENÇA PARENTAL. IMPOSSIBILIDADE. AUSÊNCIA DE PREVISÃO LEGAL. **1. O benefício de auxílio-doença parental não encontra amparo na legislação previdenciária em vigor, não cabendo ao Poder Judiciário a criação ou majoração de prestações previdenciárias sem a devida fonte de custeio, tampouco a atuação como legislador positivo. 2. Apelação improvida**.

Florianópolis, 14 de dezembro de 2017.

Juíza Federal GABRIELA PIETSCH SERAFIN.

Relatora.

A tese foi repelida na TNU:

PUIL n. 0003417-96.2015.4.03.6310/SP

A TNU firmou a compreensão de que, no âmbito do Regime Geral de Previdência Social (RGPS), a concessão de auxílio-doença ou de aposentadoria por invalidez pressupõe a verificação da incapacidade laborativa do próprio segurado, não havendo amparo legal para a sua concessão com base exclusivamente na incapacidade de um de seus dependentes.

Por sua vez, o STJ criou uma nova hipótese de auxílio-doença não prevista na Lei 8.213/91 prevendo que o INSS deve arcar com a subsistência da mulher que tiver de se afastar do trabalho para se proteger de violência doméstica[88]:

DECISÃO

18/09/2019 07:00

Para Sexta Turma, INSS deve arcar com afastamento de mulher ameaçada de violência doméstica

A Sexta Turma do Superior Tribunal de Justiça (STJ) decidiu que o Instituto Nacional do Seguro Social (INSS) deverá arcar com a subsistência da mulher que tiver de se afastar do trabalho para se proteger de violência doméstica. Para o colegiado – que acompanhou o voto do relator, ministro Rogerio Schietti Cruz –, tais situações ofendem a integridade física ou psicológica da vítima e são equiparáveis à enfermidade da segurada, o que justifica o direito ao auxílio-doença, até mesmo porque a Constituição prevê que a assistência social será prestada a quem dela precisar, independentemente de contribuição.

No mesmo julgamento, a turma definiu que o juiz da vara especializada em violência doméstica e familiar – e, na falta deste, o juízo criminal – é competente para julgar o pedido de manutenção do vínculo trabalhista, por até seis meses, em razão de afastamento do trabalho da vítima, conforme previsto no **artigo 9º**, parágrafo 2º, inciso II, da Lei Maria da Penha (Lei 11.340/2006).

A manutenção do vínculo de emprego é uma das medidas protetivas que o juiz pode tomar em favor da mulher vítima de violência, mas, como destacou o ministro Rogerio Schietti, a lei não determinou a quem cabe o ônus do afastamento – se seria responsabilidade do empregador ou do INSS – nem esclareceu se é um caso de suspensão ou de interrupção do contrato de trabalho.

Natureza jurídica

Schietti explicou que, nos casos de suspensão do contrato – como faltas injustificadas e suspensão disciplinar, por exemplo –, o empregado não recebe salários, e o período de afastamento não é computado como tempo de serviço. Já nos casos de interrupção – férias, licença-maternidade, os primeiros 15 dias do afastamento por doença e outras hipóteses –, o empregado não é obrigado a prestar serviços, porém o período é contado como tempo de serviço e o salário é pago normalmente.

"A natureza jurídica de interrupção do contrato de trabalho é a mais adequada para os casos de afastamento por até seis meses em razão de violência doméstica e familiar, ante a interpretação teleológica da Lei Maria da Penha, que veio concretizar o dever assumido pelo Estado brasileiro de proteção à mulher contra toda forma de violência (artigo 226, parágrafo 8º, da Constituição Federal)", declarou o relator.

Lacuna normativa

Quanto ao ônus da medida protetiva, o magistrado ressaltou que o legislador não incluiu o período de afastamento previsto na Lei Maria da Penha entre as hipóteses de benefícios previdenciários listadas no **artigo 18** da Lei 8.213/1991, o que deixou no desamparo as vítimas de violência. **"A vítima de violência doméstica não pode arcar com danos resultantes da imposição de medida protetiva em seu favor. Ante**

a omissão legislativa, devemos nos socorrer da aplicação analógica, que é um processo de integração do direito em face da existência de lacuna normativa" – afirmou, justificando a adoção do auxílio-doença. Conforme o entendimento da turma, os primeiros 15 dias de afastamento devem ser pagos diretamente pelo empregador, e os demais, pelo INSS.

Documentação

O colegiado definiu também que, para comprovar a impossibilidade de comparecer ao local de

88. http://www.stj.jus.br/sites/portalp/Paginas/Comunicacao/Noticias/Para-Sexta-Turma--INSS-deve-arcar-com--afastamento-de-mulher-ameacada-de-violencia-domestica.aspx.

trabalho, em vez do atestado de saúde, a vítima deverá apresentar o documento de homologação ou a determinação judicial de afastamento em decorrência de violência doméstica. Os ministros estabeleceram ainda que a empregada terá direito ao período aquisitivo de férias, desde o afastamento – que, segundo a própria lei, não será superior a seis meses.

"Em verdade, ainda precisa o Judiciário evoluir na otimização dos princípios e das regras desse novo subsistema jurídico introduzido em nosso ordenamento com a Lei 11.340/2006, vencendo a timidez hermenêutica", disse Schietti.

Competência

O recurso julgado na Sexta Turma foi interposto por uma mulher contra decisão do Tribunal de Justiça de São Paulo (TJSTJ) que não acolheu seu pedido de afastamento do emprego em razão de violência doméstica. O pedido já havia sido negado na primeira instância, que entendeu ser o caso de competência da Justiça do Trabalho.

A vítima alegou que sofria ameaças de morte de seu ex-companheiro e que já havia conseguido o deferimento de algumas medidas protetivas, mas ainda se sentia insegura. Como não havia casa de abrigo em sua cidade, mudou-se e deixou de comparecer ao emprego.

Ao STJ, ela pediu o reconhecimento da competência da Justiça comum para julgar o caso, além da manutenção do vínculo empregatício durante o período em que ficou afastada, com a consequente retificação das faltas anotadas em seu cartão de ponto.

Situação emergencial

Em seu voto, o ministro Schietti ressaltou que o motivo do afastamento em tais situações não decorre de relação de trabalho, mas de situação emergencial prevista na Lei Maria da Penha com o objetivo de garantir a integridade física, psicológica e patrimonial da mulher; por isso, o julgamento cabe à Justiça comum, não à trabalhista.

"No que concerne à competência para apreciação do pedido de imposição da medida de afastamento do local de trabalho, não há dúvidas de que cabe ao juiz que anteriormente reconheceu a necessidade de imposição de medidas protetivas apreciar o pleito", concluiu.

Com o provimento do recurso, o juízo da vara criminal que fixou as medidas protetivas a favor da vítima deverá apreciar seu pedido retroativo de afastamento. Caso reconheça que a mulher tem direito ao afastamento previsto na Lei Maria da Penha, deverá determinar a retificação do ponto e expedir ofício à empresa e ao INSS para que providenciem o pagamento dos dias.

É evidente que a mulher precisa ser protegida nesta hipótese. Isto não está em discussão. Mas passar essa conta para a Previdência Social, criando uma hipótese judicial de concessão do auxílio-doença sem incapacidade laboral é algo bem discutível.

Viola a regra de contrapartida e o Princípio da Legalidade, decorrendo de ativismo judicial do STJ. Ademais, o INSS sequer tem direito ao contraditório, não tendo sequer o direito de se manifestar no processo citado.

Acredito que a responsabilidade principal deveria ser do agressor. Este deveria ser condenado a pagar uma indenização para custear a proteção da mulher, e não passar essa conta para a sociedade através da Previdência Social.

7. SALÁRIO-FAMÍLIA

Regulamentação básica: artigos 65/70, da Lei 8.213/91; artigos 81/92, do RPS (Decreto 3.048/99).

Cuida-se de benefício previdenciário que não visa substituir a remuneração dos segurados, mas apenas complementar as despesas domésticas com os **filhos menores de 14 anos de idade ou inválidos de qualquer idade.**

Ou seja, é benefício de segurado pago em razão da existência dos referidos dependentes, **na respectiva proporção**.

Também será devido o benefício se o segurado possuir como dependente um **enteado ou tutelado** menor de 14 anos ou inválido, pois equiparados a filho, sendo necessária a comprovação de dependência econômica que não é presumida, na forma do artigo 16, § 2º, da Lei 8.213/91.

Não serão todos os segurados que farão jus ao salário-família, mas apenas o empregado, o trabalhador avulso, o aposentado por invalidez ou por idade e os demais aposentados com 65 anos ou mais de idade, se do sexo masculino, ou com 60 anos ou mais, se do feminino. **Por força da Lei Complementar 150/2015, o empregado doméstico passou a ter direito ao salário-família, regulamentando a Emenda Constitucional 72/2013.**

O segurado empregado doméstico passou a ter direito ao pagamento do benefício de salário-família a partir da vigência da Lei Complementar nº 150, ou seja, em 2 de junho de 2015[89].

Impende esclarecer que a legislação previdenciária não deixa claro se apenas os aposentados que se filiaram como empregados, domésticos e trabalhadores avulsos terão direito ao salário-família, ou se todas as categorias terão direito.

Contudo, a despeito da obscuridade do artigo 65, da Lei 8.213/91, é forçoso concluir que **apenas os aposentados na condição de empregados, domésticos e trabalhadores avulsos recebem o salário– família**, conforme se depreende da análise dos artigos 359 e 360, da Instrução Normativa INSS 77/2015, que, inclusive, **é pago durante a percepção do auxílio-doença e do salário-maternidade**.

Mas não basta ser segurado empregado, empregado doméstico, avulso ou aposentado (observada à espécie de aposentadoria ou idade mínima) e ter filhos ou equiparados menores de 14 anos ou inválidos de qualquer idade para a percepção do salário-família.

Por força da Emenda 20/1998, apenas os segurados enquadrados como baixa renda perceberão o salário-família, a teor da nova redação do inciso IV, do artigo 201, da Constituição Federal.

De maneira transitória, o artigo 13, da Emenda 20/98, fixou a caracterização de baixa renda com a percepção de até R$ 360,00 por mês de remuneração bruta[90], quantia que vem sendo atualizada anualmente, fixada em **R$ 1.425,56** a partir de 01.01.2020.

89. Memorando-Circular nº 38/DIRBEN/INSS, de 5/11/2015.

90. Art. 13 – Até que a lei discipline o acesso ao salário-família e auxílio-reclusão para os servidores, segurados e seus dependentes, esses benefícios serão concedidos apenas àqueles que tenham renda bruta mensal igual ou inferior a R$ 360,00 (trezentos e sessenta reais), que, até a publicação da lei, serão corrigidos pelos mesmos índices aplicados aos benefícios do regime geral de previdência social.

Vale registrar que a exigência de baixa renda para o deferimento do salário-família data de 16/12/1998, dada da publicação da Emenda 20, devendo ser preservado o direito adquirido formado anteriormente por segurados que não são de baixa renda (*Tempus Regit Actum*).

Desse modo, os segurados que faziam jus ao salário-família até 15/12/1998 possuem direito adquirido à manutenção do benefício enquanto perdurar os pressupostos legais de concessão, mesmo que não se enquadrem no critério constitucional de baixa renda a contar da publicação da Emenda 20 em 16/12/1998.

Deveras, já com a atualização para este ano, **o benefício tinha dois valores fixos, pago por filho ou equiparado menor de 14 anos de idade ou inválido de qualquer idade**, de acordo com as referidas faixas de renda (valores 2019 – último ano das duas faixas):

Faixa de renda	Valor do benefício
Até R$ 907,77	R$ 46,54
~~De R$ 907,78 até 1.364,43~~	~~R$ 32,80~~

Com o advento do artigo 27 da **Emenda 103/2019**, a **cota menor** de **R$ 32,80** foi **extinta** ao menos até a edição de lei de regulação, **sendo unificada em R$ 46,54** por filho ou equiparado menor de 14 anos ou inválido de qualquer idade, sendo uma elevação de proteção previdenciária, mesmo que pequena para o ano de 2019.

O valor da cota do salário-família por filho ou equiparado de qualquer condição, até 14 (quatorze) anos de idade, ou inválido de qualquer idade, a partir de **1º de janeiro de 2020**, é de **R$ 48,62** (quarenta e oito reais e sessenta e dois centavos) para o segurado com remuneração mensal não superior a **R$ 1.425,56** (um mil, quatrocentos e vinte e cinco reais e cinquenta e seis centavos).

Logo, o cálculo da renda mensal inicial do salário-família não é feito com base no salário de benefício do segurado, ao tempo em que **inexiste carência.**

Vale salientar que é **possível a percepção de dois salários-família em razão do mesmo filho,** desde que ambos os pais sejam responsáveis pelo infante e se caracterizem separadamente como baixa renda.

Da mesma forma, o terceiro responsável pelo menor poderá receber o salário-família, uma vez realizados os pressupostos legais, a exemplo do tutor.

O salário-família poderá ser pago diretamente pela empresa, na hipótese de beneficiar o segurado empregado, proporcionalmente ao número de dias trabalhados no mês, efetivando-se o reembolso mediante a compensação no recolhimento das contribuições previdenciárias patronais.

Quando o pagamento do salário não for mensal, o salário-família será pago juntamente com o último pagamento relativo ao mês.

Por força da LC 150/2015, as cotas do salário-família serão pagas pelo empregador doméstico, mensalmente, junto com o salário, efetivando-se a compensação quando do recolhimento das contribuições, conforme dispuser o Regulamento.

No caso do trabalhador avulso, mediante convênio, poderá ser recebido pelo sindicato de classe respectivo, que se incumbirá de elaborar as folhas correspondentes e de distribuí-lo, independentemente do número de dias trabalhados no mês, devendo o seu pagamento corresponder ao valor integral da cota.

Deverá o segurado firmar termo de responsabilidade, no qual se comprometa a comunicar à empresa ou ao INSS qualquer fato ou circunstância que determine a perda do direito ao benefício, ficando sujeito, em caso do não cumprimento, às sanções penais e trabalhistas.

A data de início do benefício será a data da apresentação da certidão de nascimento à Previdência Social, empresa, empregado doméstico ou sindicato.

O pagamento do benefício será condicionado à apresentação **anual de atestado de vacinação obrigatória**, no caso de crianças de até 06 anos de idade, e de **comprovação semestral de frequência à escola do filho ou equiparado**, a partir dos 04 (quatro) anos de idade, sob pena de suspensão, até que a documentação seja apresentada.

A idade do atestado semestral de frequência escolar foi reduzida de sete para quatro anos de idade por força do Decreto 10.410/2020.

A caderneta anual de vacinação deverá ser apresentada no mês de novembro, ao passo que o atestado de comprovação semestral de frequência escolar nos meses de maio e novembro[91].

No caso do filho inválido, a despeito da omissão legal, a contar dos 07 anos de idade, entende-se que não poderá ser exigido o atestado semestral de frequência escolar, salvo se viável a matrícula em escola que atenda o dependente.

Não será devido o pagamento do salário-família no período entre a suspensão do benefício motivada pela falta de comprovação da frequência escolar e o seu reativamento, salvo se provada a frequência escolar regular no período.

Se após a suspensão do pagamento do salário-família, o segurado comprovar a vacinação do filho, ainda que fora de prazo, caberá o pagamento das cotas relativas ao período suspenso.

No entanto, **no caso do empregado doméstico a LC 150/2015 apenas exige a apresentação da certidão de nascimento ao seu empregador**, não devendo ser exigidos os aludidos atestados de vacinação e/ou de frequência escolar, o que configura um lamentável retrocesso, posto que tais condições buscam incentivar o comparecimento à escola e a vacinação dos infantes.

De seu turno, tendo havido divórcio, separação judicial ou de fato dos pais, ou em caso de abandono legalmente caracterizado ou perda do poder familiar, o salário-família passará a ser pago diretamente àquele a cujo cargo ficar o sustento do menor, ou a outra pessoa, se houver determinação judicial nesse sentido, na forma do artigo 87, do RPS.

Deveria o RPS ter previsto expressamente que, no caso de separação ou divórcio com fixação de alimentos em favor do menor, o pai ou mãe devedor dos alimentos continuasse a perceber o salário-família, pois persistiria colaborando para o seu sustento.

A despeito da omissão legal, entende-se que na hipótese de rompimento da relação conjugal e sendo fixada a guarda compartilhada do infante, o salário-família deverá ser pago a ambos os pais, se preenchidos os pressupostos legais.

Deverá cessar automaticamente o benefício nas seguintes hipóteses[92]:

I – por morte do filho ou equiparado, a contar do mês seguinte ao do óbito;

91. Artigo 361, § 2º, da Instrução Normativa INSS 77/2015.
92. Artigo 88, incisos I, II e III, do RPS.

II – quando o filho ou equiparado completar quatorze anos de idade, salvo se inválido, a contar do mês seguinte ao da data do aniversário;

III – pela recuperação da capacidade do filho ou equiparado inválido, a contar do mês seguinte ao da cessação da incapacidade.

De acordo com o artigo 88, IV, do RPS, o desemprego involuntário é causa de cessação do salário-família. Contudo, considerando que durante o período de graça o segurado mantém todos os direitos perante a Previdência Social, à luz do artigo 15, § 3º, da Lei 8.213/91, entende-se que essa previsão regulamentar carece de fundamento legal enquanto o empregado mantiver a sua condição de segurado.

Por fim, ressalte-se que as cotas do salário-família não serão incorporadas, para qualquer efeito, ao salário ou ao benefício. Este dispositivo reflete o caráter provisório do pagamento do salário-família. Como se trata de benefício previdenciário, não se confunde com a remuneração do segurado.

Ademais, o segurado não possuirá direito à percepção permanente do salário-família, devendo ser cancelado o benefício quando os pressupostos legais cessarem, a exemplo do segurado que não mais possuir filhos ou equiparados menores de 14 anos ou inválidos, ou então deixar de ser de baixa renda.

8. SALÁRIO-MATERNIDADE

Regulamentação básica: artigos 71/73, da Lei 8.213/91; artigos 93/103, do RPS (Decreto 3.048/99).

Código de concessão: 80 – Salário-maternidade.

O salário-maternidade é um benefício previdenciário **devido a todas as seguradas do RGPS, sem exceção**, que visa substituir a sua remuneração em razão do **nascimento do seu filho ou da adoção (ou guarda para fins de adoção) de uma criança**, pois nesse período é preciso que a mulher ou o homem na adoção volte toda a sua atenção ao infante, sendo presumida legalmente a sua incapacidade temporária de trabalhar.

Por ausência de previsão legal, o INSS não pagava o salário-maternidade aos homens, mesmo no caso de falecimento das suas esposas por ocasião do parto. Nesses casos extremos, entendia-se que a legislação previdenciária deveria ser alterada, a fim de conceder o benefício ao segurado do sexo masculino, pois a criança precisa ser amparada em tempo integral por seu genitor, o que somente se verificou com o advento da Lei 12.873/2013, conforme será visto.

De acordo com o artigo 103, do RPS, **a segurada aposentada que retornar à atividade fará jus ao pagamento do salário-maternidade**, o que é bem factível na hipótese de adoção. Ou seja, será possível a acumulação da aposentadoria com o salário-maternidade. Essa regra se estende aos homens após o advento da Lei 12.873/2013.

Evidentemente, o Regulamento se refere apenas à aposentadoria por idade, especial e por tempo de contribuição (atuais aposentadorias programadas), visto que a aposentadoria por invalidez (atual aposentadoria por incapacidade permanente) não permite a sua manutenção concomitante com o desenvolvimento de atividade laboral remunerada, salvo nas situações temporárias das mensalidades de recuperação.

Trata-se de disposição regulamentar que transborda a Lei 8.213/91, pois o artigo 18, § 2º pontifica que "o aposentado pelo Regime Geral de Previdência Social–RGPS que permanecer em atividade sujeita a este Regime, ou a ele retornar, não fará jus a prestação alguma da Previdência Social em decorrência do exercício dessa atividade, exceto ao salário-família e à reabilitação profissional, quando empregado".

Curiosamente o Decreto 10.410/2020 conservou o artigo 103 do RPS. Contudo, restringiu o salário-maternidade ao aposentado que seguir na ativa na condição de empregado e trabalhador avulso apenas:

> "Art. 173. O segurado em gozo de aposentadoria, que voltar a exercer atividade abrangida pelo RGPS, somente terá direito ao salário-família, ao salário-maternidade e à reabilitação profissional, **quando empregado ou trabalhador avulso**, observados o disposto no art. 168 e, nos casos de aposentadoria especial, no parágrafo único do art. 69. (Redação dada pelo Decreto nº 10.410, de 2020)".

Posteriormente, coube ao Decreto 10.491/2020 ajustar o texto:

> "Art. 173. O segurado em gozo de aposentadoria que voltar a exercer atividade abrangida pelo RGPS, observados o disposto no art. 168 e, nos casos de aposentadoria especial, o disposto no parágrafo único do art. 69, fará jus: (Redação dada pelo Decreto nº 10.491, de 2020)
>
> I – ao salário-família e à reabilitação profissional, quando empregado, inclusive o doméstico, ou trabalhador avulso; e (Incluído pelo Decreto nº 10.491, de 2020)
>
> **II – ao salário-maternidade. (Incluído pelo Decreto nº 10.491, de 2020)".**

No caso de empregos concomitantes, a segurada fará jus ao salário-maternidade relativo a cada emprego.

Entende-se que nestes dois casos o INSS deverá pagar dois salários-maternidade, se mantida a qualidade de segurado(a), pois durante o período de graça a segurada conservará todos os direitos perante a Previdência Social, conforme determina o artigo 15, § 3º, da Lei 8.213/91.

Deveras, **em regra, o salário-maternidade será pago pelo período de 120 dias**, com data de início no 28º dia que anteceda o parto, até 91 dias após o referido evento.

Contudo, entende o INSS que o parto (e não o 28º dia anterior ao parto) é o fato gerador do salário maternidade, sendo a data de início do benefício[93].

Apesar disso, é preciso que a segurada demonstre a sua condição no 28º dia antes do parto, e não na data do parto, sendo irrelevante a perda posterior da qualidade de segurada, conforme reconhecido pelo extinto Ministério da Previdência Social[94].

Há uma regra especial no artigo 18, §§ 3º e 4º, da Lei 13.301/2016[95] para o salário-maternidade na gestação de crianças vítimas de microcefalia em decorrência de sequelas neurológicas

93. Artigo 343, § 1º, da Instrução Normativa INSS 77/2015.
94. Nesse sentido, o Parecer/CONJUR/MPS 616/2010, aprovado pelo Ministro da Previdência Social em 23.12.2010.
95. § 3º A licença-maternidade prevista no art. 392 da Consolidação das Leis do Trabalho – CLT, aprovada pelo Decreto-Lei nº 5.452, de 1º de maio de 1943, será de cento e oitenta dias no caso das mães de crianças acometidas por sequelas neurológicas decorrentes de doenças transmitidas pelo *Aedes aegypti*, assegurado, nesse período, o recebimento de salário-maternidade previsto no art. 71 da Lei no 8.213, de 24 de julho de 1991.

§ 4º O disposto no § 3º aplica-se, no que couber, à segurada especial, contribuinte individual, facultativa e trabalhadora avulsa.

decorrentes de doenças transmitidas pelo **Aedes aegypti**. Neste caso, **a duração do salário-maternidade será de 180 dias.**

Essa regra foi sucedida pelo artigo 5º da Lei 13.985/2020:

> "Art. 5º No caso de mães de crianças nascidas até 31 de dezembro de 2019 acometidas por sequelas neurológicas decorrentes da Síndrome Congênita do Zika Vírus, será observado o seguinte:
>
> I – a licença-maternidade de que trata o art. 392 da Consolidação das Leis do Trabalho (CLT), aprovada pelo Decreto-Lei nº 5.452, de 1º de maio de 1943, será de 180 (cento e oitenta) dias;
>
> **II – o salário-maternidade de que trata o art. 71 da Lei nº 8.213, de 24 de julho de 1991, será devido por 180 (cento e oitenta) dias."**

O salário-maternidade podia ser requerido no prazo de cinco anos, a contar da data do fator gerador (parto, adoção ou guarda judicial para fins de adoção), nos termos do artigo 354, da Instrução Normativa INSS 77/2015, haja vista que ultrapassado o lapso de 05 anos se operava a prescrição quinquenal.

Isso porque, no caso de adoção ou parto, a Lei 8.213/91 originalmente não previu um prazo específico para que o benefício seja requerido (embora devesse), devendo ser aplicada a prescrição quinquenal.

Entretanto, por força da **MP 871/2019**, para partos e adoções a partir de **18/1/2019** (*Tempus Regit Actum*), restou inserido na Lei 8.213/91 o artigo 71-D, que dispõe: **"Art. 71-D. O direito ao salário-maternidade decairá se não for requerido em até cento e oitenta dias da ocorrência do parto ou da adoção, exceto na ocorrência de motivo de força maior e ou caso fortuito, conforme disposto no Regulamento". NO ENTANTO, ESTE DISPOSITIVO FOI EXCLUÍDO DA LEI 13.846/19.**

Dessa forma, o salário-maternidade voltou a poder ser requerido no prazo de cinco anos, a contar da data do parto ou adoção, haja vista **a ausência de fixação de prazo máximo para o seu requerimento**, pois após esse período começará a se operar a prescrição quinquenal progressiva das parcelas. O mesmo se aplica à adoção ou guarda para fins de adoção.

Vale frisar que o requerimento administrativo do salário-maternidade terá o condão de suspender o curso do prazo de prescrição, que voltará a correr pelo prazo residual após a notificação do indeferimento administrativo definitivo do benefício.

Nesse sentido, a TNU:

> "INCIDENTE DE UNIFORMIZAÇÃO. PREVIDENCIÁRIO. PRESCRIÇÃO QÜINQÜENAL. REQUERIMENTO ADMINISTRATIVO. SUSPENSÃO DO PRAZO. ART. 4º DO DECRETO N. 20.910/32. PRECEDENTE DO STJ. INCIDENTE CONHECIDO E NÃO PROVIDO. 1. Pedido de concessão de salário-maternidade. 2. Sentença de improcedência do pedido, sob fundamento de ocorrência da prescrição qüinqüenal entre a data do fato gerador do benefício (parto) e a data de ajuizamento da ação. 3. Manutenção da sentença pela Turma Recursal do Ceará, acrescentando, ainda, que o pedido administrativo do benefício apenas suspende o prazo prescricional enquanto perdurar a análise da autarquia até a comunicação do indeferimento. 4. Incidente de uniformização de jurisprudência, interposto pela parte autora, com fundamento no art. 14, § 2º, da Lei nº 10.259/2001. 5. Alegação de que o acórdão recorrido é divergente da posição adotada pela Turma Recursal da Bahia no julgamento do recurso nº 2005.33.00.765537-0, onde entendeu que a prescrição é interrompida pelo protocolo do requerimento administrativo, passando então a contar novo lustro prescricional. 6. Incidente não admitido pela Presidência da Turma Recursal do Ceará ao argumento de que seu seguimento importaria em reexame da matéria

de fato. 7. Deve ser conhecido o presente incidente, vez que o cerne da controvérsia estabelecida, contagem de prazo prescricional, não guarda qualquer relação com matéria de fato. 8. Por outro lado, a questão não requer maiores digressões. O Decreto nº 20.910, de 06 de janeiro de 1932, que estabelece a prescrição qüinqüenal das dívidas, direitos ou ações contra a Fazenda federal, estadual ou municipal, previu em seu art. 4º que "não corre a prescrição durante a demora que, no estudo, no reconhecimento ou no pagamento da dívida, considerada líquida, tiver as repartições ou funcionários encarregados de estudar e apurá-la". Em que pese o caput não especifique se esse "não corre a prescrição" se refere à suspensão ou à interrupção, o parágrafo único sana eventuais dúvidas aos prescrever que "a suspensão da prescrição, neste caso verificar-se-á pela entrada do requerimento do titular do direito ou do credor nos livros ou protocolos das repartições públicas, com designação do dia, mês e ano" (grifei). Outrossim, o Superior Tribunal de Justiça, no julgamento do REsp 294032/PR, entendeu que o requerimento administrativo de benefício previdenciário suspende o prazo prescricional, e não o interrompe como pretende a parte autora. Transcrevo o aresto: "PREVIDENCIÁRIO. PENSÃO POR MORTE. PRESCRIÇÃO. REQUERIMENTO ADMINISTRATIVO. SUSPENSÃO DO PRAZO. Tendo havido, por parte da beneficiária, apresentação de requerimento administrativo pleiteando o pagamento de pensão por morte, permanece suspenso o prazo prescricional, até que a autarquia previdenciária comunique sua decisão à interessada. Recurso conhecido e provido. (REsp 294.032/PR, Rel. Ministro FELIX FISCHER, QUINTA TURMA, julgado em 20/02/2001, DJ 26/03/2001, p. 466)" (grifei). **9. Incidente de uniformização de jurisprudência conhecido e improvido, para manter o acórdão proferido pela Turma Recursal do Ceará que reconheceu a prescrição qüinqüenal, bem como que tal prazo é apenas suspenso pelo protocolo do requerimento administrativo do benefício, assim permanecendo enquanto perdurar a análise do pedido pela Administração, retomando-se a contagem com a comunicação do indeferimento, nos termos acima**. 10. Sugestão ao e. Presidente desta Turma Nacional de Uniformização para que imprima ao julgamento desde feito a sistemática do art. 7º, VII, 'a', do RITNU (PEDILEF 05022347920084058102, de 17/4/2013).

Suponha-se que uma criança tenha nascido em 2/1/2010. Em 2/1/2014, a sua mãe, segurada especial, requereu na via administrativa o salário-maternidade, momento no qual restou suspenso o transcurso do prazo de prescrição, que já havia corrido por 4 anos.

O benefício foi indeferido pelo INSS e a segurada interpôs recurso administrativo ao Conselho da Previdência do Seguro Social que teve provimento negado, sendo a segurada notificada em 15/2/2016 do indeferimento administrativo consolidado.

Neste dia 15/2/2016 voltou a correr o curso do prazo prescricional (falta 1 ano para atingir a prescrição de 5 anos, pois já haviam corrido 4 anos – de 2/1/2010 a 2/1/2014), ocorrendo a prescrição em 15/2/2017, prazo máximo a ser observado para o ajuizamento de ação judicial.

Em casos excepcionais, é possível que o salário-maternidade seja pago por mais de 120 dias. Mediante atestado medido específico, os períodos de repouso anterior e posterior ao parto podem ser aumentados de mais duas semanas.

Insta salientar que a prorrogação dos períodos de repouso anterior e posterior ao parto consiste em excepcionalidade, compreendendo as situações em que exista algum risco para a vida do feto ou criança ou da mãe, devendo o atestado médico ser apreciado pela Perícia Médica do INSS, exceto nos casos de segurada empregada, que é pago diretamente pela empresa.

Logo, é possível que o período de pagamento do salário-maternidade alcance 148 dias, caso haja as suas prorrogações previstas no RPS.

ADI/MC 6.327, DE 12/03/2020 (ADI RECEBIDA COMO ADPF)

No dia 12 de março de 2020, no julgamento monocrático preliminar da ADI 6.327, o Ministro Fachin concedeu medida *"liminar a fim de conferir interpretação conforme à Constituição ao artigo 392, § 1º, da CLT, assim como ao artigo 71 da Lei n.º 8.213/91 e, por arrastamento, ao artigo 93 do seu Regulamento (Decreto n.º 3.048/99),* ***e assim assentar (com fundamento no bloco constitucional e convencional de normas protetivas constante das razões sistemáticas antes explicitadas) a necessidade de prorrogar o benefício, bem como considerar como termo inicial da licença-maternidade e do respectivo salário-maternidade a alta hospitalar do recém-nascido e/ou de sua mãe, o que ocorrer por último,*** *quando o período de internação exceder as duas semanas previstas no art. 392, § 2º, da CLT, e no art. 93, § 3º, do Decreto n.º 3.048/99".*

Essa decisão será aplicada aos requerimentos administrativos ocorridos a partir do dia da intimação da União, ou seja, 13 de março de 2020, dependendo obviamente de requerimento administrativo.

A liminar deferida se volta a tutelar situações de internações hospitalares mais longas da gestante, em especial no caso de bebês prematuros em que o período em que mãe e filho passam no hospital é acima de 2 semanas, extrapolando o período regulamentar de 2 semanas prevista no Decreto 3.048/99.

A preocupação do Ministro Fachin é assegurar o período de licença e salário-maternidade por 120 dias fora do hospital, de modo que a meu ver se trata de **ampliação do prazo do benefício previdenciário**, pois no período da internação é necessário que a gestante possua um amparo jurídico para estar afastada legitimamente do labor, inclusive com a percepção de renda sob o palio do **salário-maternidade antecipado**.

Dessa forma, **assegura-se a concessão do benefício previdenciário do salário-maternidade no interregno entre o parto e a alta hospital, assim como mais 120 dias de salário-maternidade após a segurada deixar o hospital como o bebê. Se forem datas diferentes, o termo inicial será a última alta hospitalar.**

Assim, nota-se que é necessário um esforço hermenêutico para decifrar a decisão, tendo um dispositivo que destoa da fundamentação, pois realmente é um elastecimento do prazo do salário-maternidade pelo período de internação hospital, ao passo que de modo equivocado o fechamento da liminar fala apenas em alteração de termo inicial.

Em que pese a regra de contrapartida, que sou árduo defensor, violada a meu ver pela cautelar em comento, pois se trata de elevação de despesa previdenciária sem aumento de receita, neste caso realmente existem regras constitucionais de igual relevo em favor da mãe e do bebê que permitem a prorrogação do benefício, sabendo-se também que se cuidam de situações extraordinárias e de custo que não comprometerá a Previdência Social.

Imagine que Suelen teve um bebê prematuro com apenas seis meses de gestação que ficou internado na UTI por noventa dias com alta hospitalar em seguida. Nesta situação hipotética, o salário-maternidade será pago pelo total de 210 dias (90 na internação + 120 após a alta hospitalar).

Posteriormente, a liminar foi referendada pela maioria do Plenário do STF:

> **"Decisão:** O Tribunal, por maioria, preliminarmente, conheceu da presente Ação Direta de Inconstitucionalidade como Arguição de Descumprimento de Preceito Fundamental e, no mérito, presentes o *fumus boni iuris e o periculum in mora*, referendou a liminar deferida a fim de conferir interpretação conforme à Constituição ao artigo 392, § 1º, da CLT, assim como ao artigo 71 da Lei n.º 8.213/91 e, por arrastamento, ao artigo 93 do seu Regulamento (Decreto n.º 3.048/99), e assim assentar a necessidade de prorrogar o benefício, bem como considerar como termo inicial da licença-maternidade e do respectivo salário-maternidade a alta hospitalar do recém-nascido e/ou de sua mãe, o que ocorrer por último, quando o período de internação exceder as duas semanas previstas no art. 392, § 2º, da CLT, e no art. 93, § 3º, do Decreto n.º 3.048/99, nos termos do voto do Relator, vencido o Ministro Marco Aurélio, que indeferia a liminar. O Ministro Gilmar Mendes acompanhou o Relator com ressalvas. Não participou deste julgamento, por motivo de licença médica, o Ministro Celso de Mello. Plenário, Sessão Virtual de 27.3.2020 a 02.04.2020".

Poderá o salário-maternidade ser requerido no prazo de cinco anos, a contar da data do parto, haja vista a ausência de fixação de prazo máximo para o seu requerimento, pois após esse período começará a se operar a prescrição quinquenal progressiva das parcelas.

Outrossim, o salário-maternidade também será pago nas hipóteses de **adoção ou de guarda judicial para fins de adoção.** Por força da Medida Provisória 619/2013, a redação do artigo 71-A foi alterada, sendo garantido o salário-maternidade na adoção ou na guarda judicial para fins de adoção **por 120 dias**, independentemente da idade da **criança**. Em seguida, com a conversão da referida MP na Lei 12.873/2013, foi estendida a concessão do salário-maternidade aos homens segurados da Previdência Social.

Desta forma, nota-se que o INSS vem aplicando rigidamente o Princípio do *Tempus Regit Actum*, não aplicando retroativamente a decisão na comentada ação coletiva e nem as alterações da MP 619 e Lei 12.873/2013, restando-nos aguardar a posição dos Tribunais no futuro, que poderão flexibilizá-lo à luz da proteção constitucional da criança sem distinção de idade.

Logo, desde a Lei 12.873/2013, ao **segurado** ou segurada da Previdência Social que adotar ou obtiver guarda judicial para fins de adoção de criança é devido salário-maternidade pelo período de 120 (cento e vinte) dias, benefício a ser pago diretamente pelo INSS, mesmo em se tratando de segurado(a) empregado(a).

Embora a Lei 13.509/2017 (art. 392-A[96], CLT) tenha estendido a licença-maternidade para a adoção ou guarda para fins de adolescente em favor da empregada, o benefício previdenciário salário-maternidade ainda não foi estendido, ônus que certamente ficará a cargo da empresa.

No entanto, ressalvado o pagamento do salário-maternidade à mãe biológica, não poderá ser concedido o benefício a mais de um segurado, decorrente do mesmo processo de adoção ou guarda, ainda que os cônjuges ou companheiros estejam submetidos a Regime Próprio de Previdência Social.

Portanto, será concedido apenas um salário-maternidade por adoção, cabendo ao casal a escolha de quem irá perceber o benefício, caso ambos os adotantes sejam segurados do RGPS. Na hipótese de um adotante ser um segurado do RGPS e o outro do RPPS, somente poderá ser concedido um benefício de salário-maternidade.

Na hipótese de revogação ou cassação da guarda para fins de adoção, o pagamento do benefício de salário-maternidade deve ser cessado na data da decisão judicial[97].

Vale registrar que de acordo com o Estatuto da Criança e do Adolescente se considera criança, a pessoa até doze anos de idade incompletos. Logo, a alteração perpetrada não garantiu o pagamento do salário-maternidade para as seguradas ou segurados que adotarem adolescentes, assim considerada aquela pessoa entre doze e dezoito anos de idade.

Por tudo isto, entende-se que a alteração legislativa não assegura a concessão do salário-maternidade na adoção de adolescentes, persistindo a controvérsia neste ponto, tendo o tema sido pacificado apenas no que concerne à adoção de crianças.

O artigo 71-B da Lei 8.213/91 garante que, no caso de falecimento da segurada ou segurado que fizer jus ao recebimento do salário-maternidade, o benefício será pago, por todo o período ou pelo tempo restante a que teria direito, ao cônjuge ou companheiro sobrevivente que tenha a qualidade de segurado, exceto no caso do falecimento do filho ou de seu abandono, observadas as normas aplicáveis ao salário-maternidade.

96. Art. 392-A. À empregada que adotar ou obtiver guarda judicial para fins de adoção de criança ou adolescente será concedida licença-maternidade nos termos do art. 392 desta Lei.

97. Instrução Normativa INSS 85/2016.

Este disposto também se aplica ao segurado que adotar ou obtiver guarda judicial para fins de adoção. Todavia, o pagamento do benefício deverá ser requerido até o último dia do prazo previsto para o término do salário-maternidade originário.

Assim sendo, podemos apontar os seguintes requisitos cumulativos para a concessão do **salário-maternidade derivado**:

a) Falecimento de um segurado ou uma segurada do RGPS que tenha direito ao salário--maternidade, estando ou não em gozo do mesmo;

b) Existência de cônjuge, companheiro ou companheira que tenha a qualidade de segurado no dia da morte;

c) Manutenção da vida do filho, que não foi abandonado pelo cônjuge, companheiro ou companheira sobrevivente;

d) Apresentação de requerimento ao INSS do salário-maternidade derivado até o último dia do prazo previsto para o término do salário-maternidade originário.

Vale registrar que o salário-maternidade derivado não será do mesmo valor do originário. Isso porque a Lei 12.873/2013 previu um novo cálculo, sendo pago diretamente pela Previdência Social durante o período entre a data do óbito e o último dia do término do salário-maternidade originário, que será da seguinte forma:

> I – a remuneração integral, para o empregado e trabalhador avulso;
>
> II – o último salário-de-contribuição, para o empregado doméstico;
>
> III – 1/12 (um doze avos) da soma dos 12 (doze) últimos salários de contribuição, apurados em um período não superior a 15 (quinze) meses, para o contribuinte individual, facultativo e desempregado; e
>
> IV – o valor do salário mínimo, para o segurado especial.

De acordo com o Princípio do *Tempus Regit Actum*, somente fatos geradores a contar da vigência da Lei 12.873 (25/10/2013) gerarão o salário-maternidade por derivação.

O tema será julgado em breve pela TNU (Tema 236):

Tema	**236**	**Situação do tema**	Em Julgamento – eproc	**Ramo do direito**	DIREITO PREVIDENCIÁRIO
Questão submetida a julgamento		**Se é cabível o pagamento de salário-maternidade em favor do genitor, no caso de falecimento de segurada que a ele faria jus, no caso de o óbito da mãe ser anterior à edição da Lei nº 12.873/2013, que incluiu o art. 71-B na Lei nº 8.213/91.**			
Tese firmada		-			
Processo		**Decisão de afetação**	**Relator (a)**	**Julgado em**	**Acórdão publicado em**	**Trânsito em julgado**
PEDILEF 0072880-17.2013.4.01.3800/MG		06/11/2019	Juíza Federal Polyana Falcão Brito	-	-	-

Ademais, o novel artigo 71-C da Lei 8.213/91 determina que a percepção do salário--maternidade (teria sido melhor chamá-lo de salário-paternidade), inclusive o derivado, **está condicionada ao afastamento do segurado do trabalho ou da atividade desempenhada**, sob pena de suspensão do benefício.

De sua vez, o salário-maternidade não é devido quando o termo de guarda não contiver a observação de que é para fins de adoção ou só contiver o nome do cônjuge ou companheiro.

Vale ressaltar que a licença-maternidade é um instituto trabalhista e não se confunde com o salário-maternidade, benefício previdenciário, razão pela qual as suas eventuais alterações não afetarão o prazo de pagamento do salário-maternidade.

Ademais, conforme o *Princípio da Precedência da Fonte de Custeio*, a majoração, criação ou extensão de benefício da seguridade social demanda prévia dotação orçamentária a ser indicada pela norma jurídica.

Por essa razão, a possibilidade de prorrogação da licença-maternidade promovida pela Lei 11.770/2008 (criou o Programa Empresa Cidadã) para as empregadas, a critério da empresa, não ensejará à prorrogação do salário-maternidade para 180 dias.

Quando houver adoção ou guarda judicial para adoção de mais de uma criança, é devido um único salário-maternidade relativo à criança de menor idade.

Uma questão extremamente peculiar e não tratada expressamente pela legislação previdenciária é a situação de uma gestante que está em gozo do salário-maternidade e que, durante os 120 dias de cobertura do benefício, obtém adoção ou guarda judicial para fins de adoção de criança.

Entende-se que, como são dois os fatos geradores do salário-maternidade, ocorridos em períodos distintos, a segurada terá direito ao prazo integral de ambos os benefícios previdenciários.

O salário-maternidade poderá ou não exigir carência, a depender do enquadramento da segurada. **Para a empregada, empregada doméstica e trabalhadora avulsa não haverá carência.** Ao revés, **a contribuinte individual, a segurada especial e a facultativa deverão comprovar a carência de 10 contribuições mensais anteriormente ao parto**, que se for antecipado será reduzido em número de contribuições equivalente ao número de meses do nascimento prematuro.

Logo, uma contribuinte individual que teve criança aos sete meses de gestação deverá cumprir a carência de 08 contribuições previdenciárias mensais, e não de 10 contribuições, em razão da antecipação em 02 meses.

A carência para a segurada especial demanda a prova da atividade rural ou pesqueira antes do fato gerador do benefício (10 meses ou menos, no caso de parto antecipado), observado o novo modelo de autodeclaração com lastro em início de prova material que deve ser produzida antes do parto, de preferência dentro da carência.

Veja-se a TNU (tema 11):

<table>
<tr><td>Tema</td><td>11</td><td>Situação do tema</td><td>Julgado</td><td>Ramo do direito</td><td>DIREITO PREVIDENCIÁRIO</td></tr>
<tr><td colspan="2">Questão submetida a julgamento</td><td colspan="4">Saber se é necessário início de prova material no período de carência em salário-maternidade de segurada especial.</td></tr>
<tr><td colspan="2">Tese firmada</td><td colspan="4">A exigência de início de prova material contemporânea para concessão do salário-maternidade à segurada especial pode ser flexibilizada. Vide Tema 17.</td></tr>
<tr><td colspan="2">Processo</td><td>Relator (a)</td><td>Julgado em</td><td>Acórdão publicado em</td><td>Trânsito em julgado</td></tr>
<tr><td colspan="2">PEDILEF 2009.32.00.704394-5/ AM</td><td>Juiz Federal Paulo Ricardo Arena Filho</td><td>11/10/2011</td><td>28/10/2011</td><td>18/11/2011</td></tr>
</table>

Na hipótese de inexistir documento para atestar a atividade rurícola produzido dentro da carência, poder-se-á manejar documento mais remoto, sendo extemporâneo qualquer documento elaborado após a ocorrência do fato gerador do salário-maternidade.

Com base na reforma trabalhista (Lei 13.467/2017), que alterou a CLT (art. 394-A), foi previsto que, sem prejuízo de sua remuneração, nesta incluído o valor do adicional de insalubridade, **a empregada deverá ser afastada de**:

I – atividades consideradas insalubres em grau máximo, enquanto durar a gestação;

II – atividades consideradas insalubres em grau médio ou mínimo, quando apresentar atestado de saúde, emitido por médico de confiança da mulher, que recomende o afastamento durante a gestação;

III – atividades consideradas insalubres em qualquer grau, quando apresentar atestado de saúde, emitido por médico de confiança da mulher, que recomende o afastamento durante a lactação.

De acordo com o § 3º do citado artigo da CLT, "quando não for possível que a gestante ou a lactante afastada nos termos do caput deste artigo exerça suas atividades em local salubre na empresa, **a hipótese será considerada como gravidez de risco e ensejará a percepção de salário-maternidade**, nos termos da Lei no 8.213, de 24 de julho de 1991, **durante todo o período de afastamento**".

Essa disposição havia sido afastada pela MP 808/2017, que teve a sua vigência encarrada sem a conversão em lei, sendo posteriormente restaurada.

Trata-se de uma situação ainda não regulamentada pela Previdência Social que antecipa e estende o prazo (sem fixação do número de dias) do salário-maternidade quando a empregada gestante não puder ser afastada de ambiente insalubre, a exemplo de uma empresa em que todos os locais são insalubres e não há onde realocá-la durante a gestação ou lactação.

Houve uma oneração previdenciária em uma situação que seria mais prudente que o ônus recaísse nos ombros da empresa quando o prazo do salário-maternidade, nessa situação, ultrapassar a 120 dias.

Não do ponto de vista previdenciário, mas o dispositivo foi aferido pelo STF que adotou um posicionamento ainda mais protetivo à gestante, ampliando por derivação ainda mais a hipótese de concessão do salário-maternidade nesta hipótese:

> Informativo STF 942– "**CLT, art. 394-A: atividade insalubre e afastamento de gestante e de lactante -**
>
> **O Plenário, por maioria, confirmou medida cautelar deferida pelo ministro Alexandre de Moraes (relator) em decisão monocrática e julgou parcialmente procedente pedido formulado em ação direta para declarar a inconstitucionalidade da expressão "quando apresentar atestado de saúde, emitido por médico de confiança da mulher, que recomende o afastamento", contida nos incisos II e III do art. 394-A da Consolidação das Leis do Trabalho (CLT) (1), inseridos pelo art. 1º da Lei 13.467/2017.**
>
> O colegiado registrou que, na redação anterior, o preceito estabelecia que a empregada gestante ou lactante seria afastada, enquanto durasse a gestação e a lactação, de quaisquer atividades, operações ou locais insalubres e deveria exercer suas atividades em local salubre.
>
> **Com a alteração implementada pela Lei 13.467/2017, que promoveu a "Reforma Trabalhista" de 2017, o art. 394-A passou a permitir que a mulher gestante continuasse a realizar suas**

atividades mesmo em condições insalubres em grau mínimo ou médio. Ainda mais grave, no caso da lactação, que ela permanecesse a desempenhá-las inclusive em grau máximo de insalubridade. Ademais, criou o ônus à gestante ou à lactante da apresentação de atestado de saúde, emitido por médico de sua confiança, que certificasse a necessidade do afastamento. Essa mudança trouxe a exposição dessas trabalhadoras a atividades insalubres.

A Corte assinalou que a Constituição Federal (CF) proclama, no caput do art. 6º, a proteção à maternidade como direito social, ligado à dignidade da pessoa humana. Essa proteção é a *ratio* para inúmeros outros direitos sociais instrumentais, como a licença-gestante, o direito à segurança no emprego, que compreende a tutela da relação de emprego contra dispensa arbitrária sem justa causa da gestante, e, nos termos do art. 7º, a proteção do mercado de trabalho da mulher, mediante incentivos específicos (inciso XX), e a redução dos riscos inerentes ao trabalho, por meio de normas de saúde, higiene e segurança (inciso XXII).

Sob essa ótica, a proteção da mulher grávida ou lactante contra o trabalho insalubre caracteriza-se como importante direito social instrumental protetivo tanto da mulher quanto da criança. Trata-se de normas de salvaguarda dos direitos sociais da mulher e de efetivação de integral proteção ao recém-nascido, possibilitando sua convivência com a mãe, nos primeiros meses de vida, de maneira harmônica e segura, sem os perigos de um ambiente insalubre. A imprescindibilidade da máxima eficácia desse direito social também decorre da absoluta prioridade que o art. 227 do texto constitucional (2) estabelece à integral proteção à criança, inclusive ao nascituro e ao recém-nascido lactente.

Há, na hipótese, direito de dupla titularidade. A proteção à maternidade e a integral proteção à criança são direitos irrenunciáveis e não podem ser afastados pelo desconhecimento, pela impossibilidade decorrente da distância de centros médicos ou pela própria negligência da gestante ou lactante em apresentar atestado médico, sob pena de prejudicá-la e de prejudicar o recém-nascido. Outras razões poderiam levar a mulher a não apresentar o documento, como, por exemplo, o medo de vir a ser demitida posteriormente ou a pressão para não entregar o atestado.

Dessa forma, as expressões impugnadas não estão em consonância com os dispositivos constitucionais. A previsão do afastamento automático da mulher gestante ou lactante do ambiente insalubre está de acordo com a jurisprudência do Supremo Tribunal Federal (STF) em relação à integral proteção à maternidade e à saúde da criança.

Na espécie, a mudança trazida pela lei pretendeu a inversão do ônus da demonstração probatória e documental da circunstância insalubre, a inversão da proteção à maternidade e ao nascituro ou recém-nascido. Partiu-se erroneamente da lógica de que, em regra, a insalubridade mínima e a média, durante a gestação, e mesmo a máxima, durante a lactação, não causam riscos. Isso desfavorece a plena proteção do interesse constitucionalmente protegido, na medida em que sujeita a empregada a maior embaraço para o exercício de seus direitos. O caso guarda relação com julgado recente em que apreciado o Tema 497 da repercussão geral (RE 629.053) sobre a estabilidade de empregada gestante.

Naquele julgamento, o STF consignou que o conjunto dos direitos sociais foi consagrado constitucionalmente como uma das espécies de direitos fundamentais, caracterizando-se como verdadeiras liberdades positivas, de observância obrigatória em um Estado Social de Direito, visando à melhoria das condições de vida dos hipossuficientes e à concretização da igualdade social.

O ministro Edson Fachin frisou que não se trata de reconhecer às mulheres qualquer benesse do ponto de vista constitucional. Por sua vez, o ministro Roberto Barroso acrescentou que a exigência viola o princípio da precaução, que vale também para o ambiente do trabalho, pelo qual, sempre que houver risco ou incerteza, deve ser favorecida a posição mais conservadora e protetiva.

A ministra Rosa Weber expôs o histórico do direito e os principais instrumentos internacionais a respeito. Aduziu que a alteração implica inegável retrocesso social, uma vez que revoga anterior norma proibitória desse trabalho da gestante e lactante, além do menoscabo ao direito fundamental à saúde da mãe trabalhadora, pois transfere ao próprio sujeito tutelado a responsabilidade pela conveniência de atestado indicando a necessidade de afastamento do trabalho. Por seu turno, o ministro Luiz Fux também apontou a inconstitucionalidade por violação à igualdade de gênero, acompanhando o que destacado pelo ministro Alexandre de Moraes (relator) e pela ministra Rosa Weber.

Já o ministro Celso de Mello reforçou os fundamentos trazidos e registrou que a cláusula que proíbe o retrocesso em matéria social traduz, no processo de sua concretização, verdadeira dimensão negativa pertinente aos direitos sociais, a impedir que os níveis de concretização dessas prerrogativas, uma vez atingidos, venham a ser reduzidos, degradados ou suprimidos.

Vencido o ministro Marco Aurélio, que reputou improcedente o pleito formulado na ação. A seu ver, os preceitos encerram tão somente liberdade da mulher prestadora dos serviços, no que prevista a possibilidade de afastamento do ambiente insalubre, e visam atender às exigências do mercado de trabalho para não se criarem óbices à contratação da mão de obra feminina. O ministro afirmou não ser desarrazoada a imposição do atestado médico. **ADI 5938/DF, rel. Min. Alexandre de Moraes, julgamento em 29.5.2019. (ADI-5938)**".

Desde o advento da Lei 11.718/2008, a idade mínima para a filiação do segurado especial passou a ser de 16 anos de idade. No entanto, o Tribunal Regional Federal da 1ª Região assegurou o direito das índias Maxakali à concessão do salário-maternidade como seguradas especiais já aos 14 anos de idade, pois culturalmente elas tendem a engravidar já aos 13 anos de idade.

Entende-se que foi acertada a transcrita decisão, pois a idade mínima para o trabalho se destina à proteção de crianças e adolescentes. Se, já aos 14 anos de idade, as índias Maxakali já exercerem a atividade rural de subsistência, deverão receber o salário-maternidade, respeitada a carência de 10 meses antes do parto.

No mesmo sentido o STJ:

> "**O não preenchimento do requisito etário exigido para a filiação ao RGPS como segurado especial não constitui óbice à concessão de salário-maternidade a jovem menor de dezesseis anos impelida a exercer trabalho rural em regime de economia familiar (art. 11, VII, "c" e § 6º da Lei 8.213/1991)**. Realmente, a Lei 8.213/1991 fixou a idade mínima de dezesseis anos para que se ostente a condição de segurado especial a que se refere o art. 11, VII, "c" e § 6º, desse mesmo diploma legal. Além disso, a idade mínima de dezesseis anos constitui o limite constitucional para o trabalho (art. 7º, XXXIII, da CF) e o marco etário para filiação ao RGPS. Apesar disso, não se pode admitir, na hipótese, que o não preenchimento do requisito etário para filiação ao RGPS prejudique o acesso ao benefício previdenciário do salário-maternidade. REsp 1.440.024-RS, Rel. Min. Napoleão Nunes Maia Filho, julgado em 18/8/2015, DJe 28/8/2015" (Informativo 567).

Destaque-se mais uma vez que a carência da segurada especial se realiza com o desenvolvimento da atividade campesina ou pesqueira artesanal em regime de subsistência pelo prazo de 10 meses antes do parto, **ainda que de maneira descontínua.**

Considerando que o salário-maternidade é um benefício substitutivo da remuneração, não poderá ter valor inferior a um salário mínimo. É importante ressaltar que a renda mensal inicial do salário-maternidade, da mesma forma que o salário-família, não é calculada com espeque no salário de benefício.

Com propriedade, o cálculo variará de acordo com o enquadramento da segurada:

SEGURADA	FÓRMULA DE CÁLCULO
Empregada e avulsa	O valor da sua remuneração mensal
Empregada intermitente	Média aritmética simples das remunerações apuradas no período referente aos doze meses que antecederem o parto, a adoção ou a obtenção da guarda para fins de adoção.
Empregada doméstica	O valor correspondente ao do seu último salário de contribuição
Segurada especial	Um doze avos do valor sobre o qual incidiu sua última contribuição anual119, garantido, ao menos, um salário mínimo mensal
Contribuinte individual, desempregada e segurada facultativa	Um doze avos da soma dos doze últimos salários de contribuição, apurados em um período não superior a quinze meses

A previsão da renda de um doze avos da soma dos doze últimos salários de contribuição, apurados em um período não superior a quinze meses para o salário-maternidade do desempregado decorreu da Lei 13.846/2019.

No caso da segurada empregada e da trabalhadora avulsa, o valor do salário-maternidade poderá superar o teto do RGPS para o pagamento dos demais benefícios previdenciários, por força de entendimento do STF, que aplicou o Princípio da Isonomia na época, a fim de excluir a referida prestação do teto de R$ 1.200,00, instituído pela Emenda 20/98, conforme trecho abaixo colacionado:

> [...] "E, na verdade, se se entender que a Previdência Social, doravante, responderá apenas por R$1.200,00 (hum mil e duzentos reais) por mês, durante a licença da gestante, e que o empregador responderá, sozinho, pelo restante, ficará sobremaneira, facilitada e estimulada a opção deste pelo trabalhador masculino, ao invés da mulher trabalhadora. Estará, então, propiciada a discriminação que a Constituição buscou combater, quando proibiu diferença de salários, de exercício de funções e de critérios de admissão, por motivo de sexo (art. 7º, inc. XXX, da C.F./88), proibição, que, em substância, é um desdobramento do princípio da igualdade de direitos, entre homens e mulheres, previsto no inciso I do art. 5º da Constituição Federal. Estará, ainda, conclamado o empregador a oferecer à mulher trabalhadora, quaisquer que sejam suas aptidões, salário nunca superior a R$ 1.200,00, para não ter de responder pela diferença. Não é crível que o constituinte derivado, de 1998, tenha chegado a esse ponto na chamada Reforma da Previdência Social, desatento a tais conseqüências. Ao menos não é de se presumir que o tenha feito, sem o dizer expressamente, assumindo a grave responsabilidade" (Passagem do julgamento da ADI/MC 1.946, de 29.04.1999)[98].

Por outro lado, o salário-maternidade da segurada empregada e da trabalhadora avulsa não poderá superar o teto do funcionalismo público, que é o subsídio dos Ministros do STF, na forma do artigo 248, da CRFB[99], cabendo à empresa arcar com a eventual diferença.

98. Em 03.04.2003, a Suprema Corte confirmou a liminar, julgando parcialmente procedente o pedido (ADI 1.946).
99. Art. 248. Os benefícios pagos, a qualquer título, pelo órgão responsável pelo regime geral de previdência social, ainda que à conta do Tesouro Nacional, e os não sujeitos ao limite máximo de valor fixado para os benefícios concedidos por esse regime observarão os limites fixados no art. 37, XI.

Deverá ser adotada para a segurada empregada uma renda mensal igual à sua remuneração no mês do seu afastamento, ou se for o caso de **salário total ou parcialmente variável**, na igualdade da **média aritmética simples dos seus seis últimos salários**, apurada de acordo com a lei salarial ou o dissídio coletivo da categoria, excetuando-se o décimo terceiro-salário, adiantamento de férias e as rubricas constantes do § 9º do art. 214 do RPS[100].

Vale registrar que a fórmula adotada pelo INSS no caso de salário variável, através da média aritmética simples dos seus seis últimos salários, não encontra respaldo no texto do artigo 72, da Lei 8.213/91.

Excepcionalmente, por força do Decreto 10.410/2020, no caso da **empregada com contrato de trabalho intermitente** o salário-maternidade consistirá na média aritmética simples das remunerações apuradas no período referente aos doze meses que antecederem o parto, a adoção ou a obtenção da guarda para fins de adoção, observada a renda mínima de um salário mínimo nacional.

Para a trabalhadora avulsa o salário-maternidade corresponderá ao valor de sua última remuneração integral equivalente a um mês de trabalho[101], embora seja razoável.

Considerava-se **parto** na tradicional normatização do INSS o evento ocorrido a partir da 23ª semana de gestação, **inclusive natimorto, salvo interrupção criminosa.** Em caso de **aborto não criminoso** (antes da 23ª semana), comprovado mediante atestado médico, a segurada terá direito ao salário-maternidade correspondente a **duas semanas.**

No entanto, com o advento da Instrução Normativa INSS 77/2015 (artigo 343, § 3º), por questões de praticidade, para fins de concessão do salário-maternidade, **considera-se parto o evento que gerou a certidão de nascimento ou certidão de óbito da criança.**

Assim, a Previdência Social não mais irá aferir o número de semanas de gestação, e sim requerer da segurada a apresentação pela segurada da certidão de nascimento ou de óbito da criança para pagamento do benefício por 120 dias. Caso contrário (não houve registro público de nascimento ou óbito), será um aborto, pagando-se o benefício por duas semanas.

De acordo com a **Resolução CFM nº 1.779/2005**, que regulamenta a responsabilidade médica no fornecimento da Declaração de Óbito "em caso de morte fetal, os médicos que prestaram assistência à mãe ficam obrigados a fornecer a Declaração de Óbito quando a gestação tiver duração igual ou superior a 20 semanas ou o feto tiver peso corporal igual ou superior a 500 (quinhentos) gramas e/ou estatura igual ou superior a 25 cm".

Logo, nestas situações alternativas, haverá registro de óbito e concessão do salário-maternidade por 120 dias.

O salário-maternidade é devido à segurada independentemente de a mãe biológica ter recebido o mesmo benefício quando do nascimento da criança.

Vale lembrar que **o salário-maternidade é o único benefício previdenciário considerado como salário de contribuição**, incidindo sobre ele a contribuição previdenciária da segurada e da empresa.

100. Artigo 206, inciso I, da Instrução Normativa INSS 77/2015.

101. Artigo 206, inciso II, da Instrução Normativa INSS 77/2015.

IMPORTANTE:

Em sede de Repercussão Geral, em 4 de agosto de 2020, no RE 576.967, **o STF declarou inconstitucional a incidência de contribuição previdenciária sobre o salário-maternidade**. Restou fixada a seguinte tese: **"É inconstitucional a incidência da contribuição previdenciária a cargo do empregador sobre o salário-maternidade":**

"69. Diante do exposto, considerando os argumentos formal e material, dou provimento ao recurso extraordinário, para declarar, incidentalmente, a **inconstitucionalidade da incidência de contribuição previdenciária sobre o salário maternidade, prevista no art. 28, § 2º, da Lei nº 8.212/91, e a parte final do seu § 9º, alínea a**, em que se lê " salvo o salário-maternidade" , e proponho a fixação da seguinte tese: " É inconstitucional a incidência da contribuição previdenciária a cargo do empregador sobre o salário maternidade".

A tese de aplica tanto à parte da empresa quanto à parte do segurado, conforme se depreende do voto vencedor acima transcrito, em que pese o fechamento tenha sido restritivo.

Caberá à empresa pagar diretamente o salário-maternidade da segurada empregada gestante, que posteriormente será reembolsada através da compensação da quantia no pagamento de suas contribuições previdenciárias à União.

De acordo com o entendimento do extinto Ministério da Previdência Social, através do Parecer 675/2012/CONJUR-MPS/CGU/AGU, aprovado pela Portaria nº 264/2013/MPS**, é possível o fracionamento do pagamento do salário maternidade da segurada empregada temporária, após a extinção do contrato de trabalho, quando o empregador já houver iniciado o pagamento**, sendo este o novo posicionamento do INSS sobre o tema.

No entanto, para o STJ, o dever de pagamento do salário-maternidade é do INSS, quando a empregada gestante for despedida sem justa causa, vez que se trata de benefício previdenciário e, ao final das contas, sempre será custeado pela Previdência Social:

> **"INFORMATIVO 524– DIREITO PREVIDENCIÁRIO. RESPONSABILIDADE PELO PAGAMENTO DO SALÁRIO-MATERNIDADE.**
>
> É do INSS – e não do empregador – a responsabilidade pelo pagamento do salário-maternidade à segurada demitida sem justa causa durante a gestação. Isso porque, ainda que o pagamento de salário-maternidade, no caso de segurada empregada, constitua atribuição do empregador, essa circunstância não afasta a natureza de benefício previdenciário da referida prestação. Com efeito, embora seja do empregador a responsabilidade, de forma direta, pelo pagamento dos valores correspondentes ao benefício, deve-se considerar que, nessa hipótese, o empregador tem direito a efetuar a compensação dos referidos valores com aqueles correspondentes às contribuições incidentes sobre a folha de salários e demais rendimentos. **REsp 1.309.251-RS**, Rel. Min. Mauro Campbell Marques, julgado em 21/5/2013".

Correto o entendimento do STJ. Ora, caso a empresa cometa um ato ilegal e despeça a sua empregada gestante durante a estabilidade provisória, caberá ao INSS pagar, de logo, o salário-maternidade, sendo no mínimo desumano compelir que a segurada demande judicialmente contra a empresa quando necessita urgentemente de proteção previdenciária.

Isso porque as empresas pagam o salário-maternidade das suas empregadas apenas como uma forma de acelerar a proteção previdenciária, vez que são reembolsadas mediante compensação tributária.

No mesmo sentido, a TNU (tema 113):

Tema	**113**	Situação do tema	**Julgado**	Ramo do direito	**DIREITO PREVIDENCIÁRIO**
Questão submetida a julgamento		Saber se a segurada desempregada faz jus à percepção de salário-maternidade.			
Tese firmada		**O salário-maternidade é devido mesmo nos casos de desemprego da gestante, hipótese em que deverá ser pago diretamente pela Previdência Social.**			
Processo	**Decisão de afetação**	**Relator (a)**	**Julgado em**	**Acórdão publicado em**	**Trânsito em julgado**
PEDILEF 2010.71.58.004921-6/ RS	13/11/2013	Juiz Federal Paulo Ernane Moreira Barros	13/11/2013	18/11/2013	03/12/2013

Mas é possível que a empregada despedida ilegalmente durante a estabilidade gestacional busque a reparação na Justiça do Trabalho em ação contra a empresa, a fim de requerer indenização pela remuneração não recebida até o quinto mês após o parto e demais consectários de cunho trabalhista, com fulcro no artigo 10, II, letra B[102], do ADCT da Constituição.

Nesse sentido o TST:

> "AGRAVO DE INSTRUMENTO. RECURSO DE REVISTA INTERPOSTO NA VIGÊNCIA DA LEI Nº 13.015/2014. ESTABILIDADE PROVISÓRIA. GESTANTE. ART. 10, II, "b", DO ADCT. CONTRATO POR TEMPO DETERMINADO. DESCONHECIMENTO DO ESTADO GRAVÍDICO. SÚMULA Nº 244 DO TST 1. A jurisprudência do Tribunal Superior do Trabalho evoluiu no sentido de reconhecer o direito à estabilidade provisória prevista no art. 10, II, "b", do ADCT à empregada gestante submetida a contrato de trabalho por tempo determinado, gênero de que é espécie o contrato de experiência. Diretriz sufragada na nova redação do item III da Súmula nº 244 do TST. 2. Consoante a diretriz perfilhada na Súmula nº 244, I, do Tribunal Superior do Trabalho, o desconhecimento do estado gravídico tanto pela empregada como pelo empregador não afasta o direito ao pagamento da indenização decorrente da estabilidade (art. 10, II, "b", do ADCT). 3. Acórdão regional que consigna que o direito à estabilidade provisória da empregada gestante independe do conhecimento da gravidez pelo empregador mostra-se em consonância com a jurisprudência do Tribunal Superior do Trabalho, consubstanciada na Súmula nº 244, I, do TST. 4. Agravo de instrumento da Reclamada de que se conhece e a que se nega provimento". (AIRR-1759-61.2013.5.09.0068, Rel. Min João Oreste Dalazen, 4ª Turma, Data de Publicação: DEJT 12/2/2016).

Desta forma, acaso a ex-empregada tenha ajuizado reclamação trabalhista contra a empresa e tenha sido indenizada pela Justiça do Trabalho pelo período abarcado pelo salário-maternidade

102. Art. 10. Até que seja promulgada a lei complementar a que se refere o art. 7º, I, da Constituição:

(...)

II – fica vedada a dispensa arbitrária ou sem justa causa:

a) do empregado eleito para cargo de direção de comissões internas de prevenção de acidentes, desde o registro de sua candidatura até um ano após o final de seu mandato;

b) da empregada gestante, desde a confirmação da gravidez até cinco meses após o parto.

(que precede o quinto mês após o parto), não caberá a condenação do INSS para pagar o salário-maternidade, sob pena de duplo pagamento e enriquecimento sem causa.

Nesse sentido, o correto posicionamento da TNU[103]:

TNU fixa tese sobre salário-maternidade em caso de demissão sem justa causa

Decisão TNU

Publicado: 18/09/2017 10h52Última modificação: 18/09/2017 10h55

Pagamento de indenização no valor de salários do período de estabilidade dispensa benefício

A Turma Nacional de Uniformização dos Juizados Federais (TNU) firmou a tese de que o pagamento de indenização trabalhista à empregada demitida sem justa causa, em valor comprovadamente correspondente a todos os salários relativos ao período em que a gestante gozaria de estabilidade, exclui a necessidade de concessão do benefício de salário-maternidade. O entendimento foi estabelecido, por unanimidade, na sessão do último dia 14 de setembro, realizada na Seção Judiciária de Maceió, em Alagoas.

O pedido de uniformização foi apresentado por uma segurada contra acórdão da Primeira Turma Recursal de Santa Catarina, que manteve sentença de primeira instância negando o pedido de concessão de salário-maternidade. Segundo a segurada, a decisão contraria entendimento das Segunda e Décima Turmas Recursais de São Paulo, de que é possível a concessão do benefício, independentemente do recebimento de indenização no valor referente ao período de estabilidade.

Em seu voto, o juiz federal Fábio Cesar dos Santos Oliveira, relator do caso na TNU, observou que, conforme a legislação em vigor, o salário-maternidade é benefício devido à segurada da Previdência Social durante 120 dias, com início no período entre 28 dias antes do parto e a data de ocorrência dele, que deve ser pago à empregada pela empresa. Também por força legislativa, apesar de realizar os pagamentos, o empregador deve receber posteriormente as compensações do Instituto Nacional de Seguro Social (INSS), entidade responsável pelo benefício, segundo já decidiu o Superior Tribunal de Justiça (STJ).

No pedido de uniformização apresentado à TNU, a autora impugnou decisão que entendeu como suficiente a indenização paga pela empresa, em valor correspondente à totalidade dos salários-maternidade do período de 120 dias determinado em lei. "O pagamento de indenização trabalhista à empregada demitida sem justa causa, correspondente ao período em que a gestante gozaria de estabilidade, exclui o fundamento racional do pagamento do benefício de salário-maternidade, caso reste demonstrado que a quantia paga pelo ex-empregador abrange os salários que deveriam ser recebidos pela segurada no período da estabilidade", argumentou Santos Oliveira, ao negar o pedido.

O entendimento do relator foi seguido pelos demais integrantes da Turma Nacional de Uniformização, que fixou a tese sobre a matéria. A TNU determinou ainda o retorno dos autos à Turma Recursal de Santa Catarina para adequação do julgado, para aferir se o valor da indenização trabalhista paga correspondia aos salários devidos no período de estabilidade.

Processo nº 5010236-43.2016.4.04.7201/SC.

No mesmo sentido o CRPS:

JR/CRPS – ENUNCIADO Nº 6 – Alterado: Publicado no DOU de 12.11.2019

Cabe ao INSS conceder o salário-maternidade à gestante demitida sem justa causa no curso da gravidez, preenchidos os demais requisitos legais, pagando-o diretamente.

103. http://www.cjf.jus.br/cjf/noticias/2017/setembro/tnu-fixa-tese-sobre-salario-maternidade-em-caso-de-demissao-sem-justa-causa.

I – É vedado, em qualquer caso, o pagamento do salário-maternidade em duplicidade, caso a segurada tenha sido indenizada pelo empregador.

II – Poderá ser solicitada diligência a fim de comprovar se houve pagamento do valor correspondente ao salário-maternidade pelo ex-empregador, enquanto não transcorrer o prazo prescricional para pretensão de créditos trabalhistas.

O tema foi finalmente pacificado com o advento do Decreto 10.410/2020, que alterou o parágrafo único do artigo 97 do Decreto 3.048/99:

> "Art. 97. O salário-maternidade da segurada empregada será devido pela previdência social enquanto existir relação de emprego, observadas as regras quanto ao pagamento desse benefício pela empresa. (Redação dada pelo Decreto nº 6.122, de 2007)
>
> **Parágrafo único. Durante o período de graça a que se refere o art. 13, a segurada desempregada fará jus ao recebimento do salário-maternidade, situação em que o benefício será pago diretamente pela previdência social".** *(Redação dada pelo Decreto nº 10.410, de 2020)*

O texto do dispositivo foi alargado, passando a abarcar a obrigação de o INSS pagar o salário-maternidade da empregada gestante mesmo nas situações de despedida ilegal dentro do período da estabilidade gestacional.

Em teoria, como se cuida de responsabilidade pelo pagamento de benefício previdenciário, deveria ter sido veiculado por lei e não por decreto presidencial.

Entretanto, por força da Lei 12.470/2011, com o objetivo de aliviar o MEI (equiparado à empresa), o salário-maternidade da segurada empregada do microempreendedor individual passou a ser pago diretamente pelo INSS.

Com o advento da reforma trabalhista (Lei 13.467/2017, modificada pela MP 808/2017), no caso de empregada gestante com **contrato de trabalho intermitente**, não coube à empresa pagar o salário-maternidade à segurada, e sim o INSS diretamente (CLT, art. 452-A, § 14 – regra com vigência encerrada).

A MP 808/2017 vigorou somente até o dia 23 de abril de 2018, tendo decaído por ausência de votação no Congresso Nacional. Daí que as informações *suso* postas se limitam até essa data, restaurando-se o regime jurídico anterior.

Embora se trate de matéria pertinente ao domínio legal, coube ao Decreto 10.410/2020 atribuir ao INSS o pagamento direto do salário-maternidade da empregada gestante com contrato de trabalho intermitente.

Eis o novo texto do RPS:

> "Art. 100-B. **O salário-maternidade devido à empregada intermitente será pago diretamente pela previdência social**, observado o disposto no art. 19-E, e o valor da contribuição previdenciária será deduzido da renda mensal do benefício, nos termos do disposto no art. 198, e não será aplicado o disposto no art. 94. (Incluído pelo Decreto nº 10.410, de 2020)
>
> § 1º O salário-maternidade de que trata este artigo consiste na **média aritmética simples das remunerações apuradas no período referente aos doze meses que antecederem o parto, a adoção ou a obtenção da guarda para fins de adoção**. (Incluído pelo Decreto nº 10.410, de 2020)

§ 2º Na hipótese de **empregos intermitentes concomitantes**, a média aritmética a que se refere o § 1º será calculada em relação a todos os empregos e será pago somente um salário-maternidade. (Incluído pelo Decreto nº 10.410, de 2020)

§ 3º A contribuição previdenciária a cargo da empresa terá como base de cálculo a soma das remunerações pagas no período de doze meses anteriores à data de início do salário-maternidade, dividida pelo número de meses em que houve remuneração. (Incluído pelo Decreto nº 10.410, de 2020)".

Em teoria, como se cuida de responsabilidade pelo pagamento de benefício previdenciário e regendo inclusive nova fórmula de renda mensal pela média das 12 últimas remunerações antes do fato gerador do benefício, observada a renda mínima de um salário mínimo, deveria ter sido veiculado por lei e não por decreto presidencial.

Outrossim, **a empregada gestante com contrato de trabalho com jornada parcial cujo valor do salário de contribuição seja inferior ao limite mínimo mensal** também passou a receber o salário-maternidade diretamente pago pelo INSS após o advento do Decreto 10.410/2020:

"Art. 100-C. O salário-maternidade devido à **empregada com jornada parcial cujo salário de contribuição seja inferior ao seu limite mínimo mensal**, observado o disposto no art. 19-E, será pago diretamente pela previdência social, e o valor da contribuição previdenciária deverá ser deduzido da renda mensal do benefício, nos termos do disposto no art. 198. (Incluído pelo Decreto nº 10.410, de 2020)

§ 1º Na hipótese de empregos parciais concomitantes, se o somatório dos rendimentos auferidos em todos os empregos for igual ou superior ao limite mínimo mensal do salário de contribuição, o salário-maternidade será pago pelas empresas, observado o disposto no inciso II do **caput** do art. 98. (Incluído pelo Decreto nº 10.410, de 2020)

§ 2º Para fins do disposto no § 1º, a empresa que pagar remuneração inferior ao limite mínimo mensal do salário de contribuição deverá exigir da empregada cópia dos comprovantes de pagamento efetuado pelas demais empresas. (Incluído pelo Decreto nº 10.410, de 2020)

§ 3º Cabe à empresa recolher a contribuição previdenciária a seu cargo durante a percepção do salário-maternidade pela segurada a seu serviço, mesmo na hipótese de o benefício ser pago pela previdência social. (Incluído pelo Decreto nº 10.410, de 2020)

§ 4º A contribuição a que se refere o § 3º terá como base de cálculo a remuneração integral que a empresa pagava à empregada antes da percepção do salário-maternidade. (Incluído pelo Decreto nº 10.410, de 2020).

§ 5º Na hipótese prevista no **caput**, o valor do salário-maternidade será de um salário-mínimo. (Incluído pelo Decreto nº 10.410, de 2020)

§ 6º A empresa deverá conservar, durante o prazo decadencial de que trata o art. 348, os comprovantes de pagamento a que se refere o § 2º, para exame pela fiscalização". (Incluído pelo Decreto nº 10.410, de 2020)

Neste caso a renda será de um salário mínimo, pois se cuida de benefício previdenciário com a função de substituição de renda mensal, nos termos da garantia estabelecida pelo artigo 201, § 2º, da Constituição.

De outro vértice, na hipótese de empregada gestante com contrato de trabalho com jornada parcial cujo valor do salário de contribuição atinja ao limite mínimo mensal, persiste a obrigação de a empresa tomadora do serviço pagar o benefício para ulterior reembolso via compensação tributária.

Tal qual o artigo 100-B, esse novel artigo 100-C do Decreto 3.048/99 deveria ter sido veiculado por lei e não por decreto presidencial, por se cuidar de manifesta inovação jurídica que excepciona o texto da Lei 8.213/91.

Em ambas as situações, as novas disposições regulamentares aplicar-se-ão aos partos e adoções ocorridos a contar de 1/7/2020, data da publicação do Decreto 10.410/2020.

No caso de adoção por segurada empregada, competirá ao INSS pagar diretamente o benefício, e não a empresa.

COVID-19:

A empregada gestante, inclusive a doméstica, poderá participar do **Programa Emergencial de Manutenção do Emprego e da Renda de que trata a Lei 14.020/2020**[104] **(COVID-19),** devendo o salário-maternidade será pago à empregada nos termos do **artigo 72 da Lei nº 8.213, de 24 de julho de 1991**, e à empregada doméstica nos termos do inciso I do caput do artigo 73 da referida Lei, considerando-se como remuneração integral ou último salário de contribuição os **valores a que teriam direito sem a aplicação das medidas de redução proporcional de jornada de trabalho e de salário ou de suspensão temporária do contrato de trabalho**[105]**.**

Desse modo, no caso da empregada gestante a empresa pagará o salário maternidade e no caso da empregada doméstica o INSS o pagará sem nenhuma redução de renda na situação de adesão da segurada ao Programa Emergencial de Manutenção do Emprego e da Renda.

O salário-maternidade não poderá ser acumulado com benefício por incapacidade, devendo este último ser suspenso, ou então ter a sua data de início protelada, devendo ser restabelecido no dia seguinte ao da cessação do salário-maternidade.

Em razão do artigo 15, § 3º, da Lei 8.213/91, assegurar aos segurados todos os direitos previdenciários durante o período de graça, o artigo 97, do RPS, foi alterado pelo Decreto 6.122/2007, assegurando à segurada empregada o pagamento do salário-maternidade diretamente pelo INSS nas hipóteses de demissão antes da gravidez, ou, durante a gestação, nas hipóteses de dispensa por justa causa ou a pedido.

De efeito, o salário-maternidade será devido ao segurado em período de manutenção da qualidade de segurado, observando que o nascimento da criança, inclusive em caso de natimorto, ou a guarda judicial para fins de adoção ou a adoção ou o aborto não criminoso, deverá ocorrer dentro do prazo de manutenção da qualidade de segurado, nos termos do artigo 345 da IN INSS 77/2015.

Na forma da **Súmula 45, da TNU**, aprovada em 24.11.2011, "o salário-maternidade deve receber correção monetária desde a época do parto, independentemente da data do requerimento administrativo", pois deverá o benefício manter o seu poder aquisitivo.

104. Art. 1º Esta Lei institui o Programa Emergencial de Manutenção do Emprego e da Renda e dispõe sobre medidas complementares para enfrentamento do estado de calamidade pública reconhecido pelo Decreto Legislativo nº 6, de 20 de março de 2020, e da emergência de saúde pública de importância internacional decorrente do coronavírus, de que trata a Lei nº 13.979, de 6 de fevereiro de 2020.

105. Art. 3º São medidas do Programa Emergencial de Manutenção do Emprego e da Renda: I – o pagamento do Benefício Emergencial de Preservação do Emprego e da Renda; II – a redução proporcional de jornada de trabalho e de salário; e III – a suspensão temporária do contrato de trabalho.

Considerando que o salário-maternidade integra o salário de contribuição, durante a sua percepção será devida a contribuição previdenciária, sendo descontadas durante o recebimento do salário-maternidade as contribuições sobre o valor do benefício do segurado contribuinte individual, facultativo e os em prazo de manutenção da qualidade de segurado, de acordo com alíquota da última contribuição, nos seguintes termos:

> I – contribuinte individual e facultativo: 20% (vinte por cento) ou, se optantes na forma do § 2º do art. 21 da Lei nº 8.212, de 1991, 11% (onze por cento) ou 5% (cinco por cento); e
>
> II – para o segurado em prazo de manutenção da qualidade de segurado a contribuição devida será aquela correspondente à sua última categoria, conforme o valor do salário-maternidade:
>
> a) se contribuinte individual: 20% (vinte por cento), 11% (onze por cento) ou 5% (cinco por cento), conforme a última contribuição;
>
> b) sendo empregado doméstico: percentual referente ao empregado;
>
> c) se facultativo: 20% (vinte por cento), 11% (onze por cento) ou 5% (cinco por cento), conforme a última contribuição; ou
>
> d) como empregado: parte referente ao empregado[106].

IMPORTANTE:

Em sede de Repercussão Geral, em 4 de agosto de 2020, no RE 576.967, **o STF declarou inconstitucional a incidência de contribuição previdenciária sobre o salário-maternidade**. Restou fixada a seguinte tese: **"É inconstitucional a incidência da contribuição previdenciária a cargo do empregador sobre o salário-maternidade":**

"69. Diante do exposto, considerando os argumentos formal e material, dou provimento ao recurso extraordinário, para declarar, incidentalmente, a **inconstitucionalidade da incidência de contribuição previdenciária sobre o salário maternidade, prevista no art. 28, § 2º, da Lei nº 8.212/91, e a parte final do seu § 9º, alínea a**, em que se lê " salvo o salário-maternidade" , e proponho a fixação da seguinte tese: " É inconstitucional a incidência da contribuição previdenciária a cargo do empregador sobre o salário maternidade".

A tese de aplica tanto à parte da empresa quanto à parte do segurado, conforme se depreende do voto vencedor acima transcrito, em que pese o fechamento tenha sido restritivo.

Ademais, a empresa deverá continuar recolhendo a contribuição de 20% (vinte por cento) sobre o valor do salário-maternidade pago diretamente pelo INSS ao segurado empregado, além da contribuição SAT de 1, 2 ou 3% e das contribuições devidas a outras entidades durante o período de recebimento desse benefício[107].

9. AUXÍLIO-ACIDENTE

Regulamentação básica: artigo 86, da Lei 8.213/91; artigo 104, do RPS (Decreto 3.048/99).

Códigos de concessão: 94 – Auxílio-acidente por acidente do trabalho e 36 Auxílio-acidente previdenciário.

Por força do artigo 18, § 1º, da Lei 8.213/91, apenas terão direito à percepção do auxílio-acidente o segurado **empregado, o trabalhador avulso e o segurado especial. Por força da LC 150/2015, o empregado doméstico passou a ter direito ao auxílio-acidente.**

106. Artigo 355, da Instrução Normativa INSS 77/2015.

107. Artigo 356, da Instrução Normativa INSS 77/2015.

Essa restrição legal justificava-se em 1991 na medida em que apenas para esses três segurados é prevista a contribuição para o custeio dos benefícios por incapacidade (chamada por parte da doutrina de contribuição SAT), a teor do artigo 22, II e 25, II, ambos da Lei 8.212/91. Para o doméstico, a LC 150 criou o SAT de 0,8%.

Veja-se o STJ:

> "PREVIDENCIÁRIO. AGRAVO REGIMENTAL NO RECURSO ESPECIAL. AUXÍLIO--ACIDENTE. BENEFÍCIO INDEVIDO AO TRABALHADOR AUTÔNOMO. PROVIMENTO NEGADO. **1. Nos termos do art. 18, I, § 1º, da Lei n. 8.213/91, com a redação dada pela LC n. 150/2015, "somente poderão beneficiar-se do auxílio-acidente os segurados incluídos nos incisos I, II, VI e VII do art. 11 desta lei", ou seja, o segurado empregado, o empregado doméstico, o trabalhador avulso e o segurado especial, não figurando nesse rol o trabalhador autônomo, atualmente classificado como contribuinte individual pela Lei n. 9.876/1999.** 2. Os trabalhadores autônomos assumem os riscos de sua atividade e, como não recolhem contribuições para custear o acidente de trabalho, não fazem jus ao auxílio-acidente. Precedente da Terceira Seção. 3. Agravo regimental não provido" (AgRg no REsp 1171779, de 10/11/2015).

No mesmo sentido a TNU:

> **REPRESENTATIVO DE CONTROVÉRSIA – DEFINIÇÃO DE TESE TEMA N. 201 – PUIL n. 000224525.2016.4.03.6330/SP** – Apreciando o pedido sob o regime dos representativos de controvérsia, a TNU fixou a seguinte tese: O contribuinte individual não faz jus ao auxílio-acidente, diante de expressa exclusão legal.

A partir do momento que o auxílio-acidente passou a ser devido por acidente de qualquer natureza ou causa, desde o advento da Lei 9.032/95, e não apenas em razão de acidente de trabalho, passou a ser ilógico restringi-lo aos referidos segurados, posto que passou a existir o auxílio-acidente previdenciário.

O benefício de auxílio-acidente (B/36/94) passou a ser devido aos segurados empregados domésticos para acidente ocorrido a partir do dia 02/06/2015, data da publicação da Lei Complementar nº 150, de 2015, independentemente da concessão prévia de auxílio-doença previdenciário ou acidentário. Tratando-se de requerente em período de manutenção da qualidade de segurado, cujo último vínculo tenha sido como empregado doméstico e acidente ocorrido a partir de 02/06/2015, será devido o auxílio-acidente , espécie 36, ainda que não tenha sido concedido auxílio-doença previdenciário[108].

No que concerne ao empregado doméstico, a partir do momento que a EC 72/2013 for regulamentada e os empregadores domésticos passarem a pagar a contribuição SAT, certamente este segurado fará jus ao auxílio-acidente.

> O auxílio-acidente é o único benefício previdenciário com **natureza exclusivamente indenizatória**, não se destinando a substituir a remuneração do segurado, e sim servir de acréscimo aos seus rendimentos, em decorrência de um infortúnio que reduziu a sua capacidade laborativa.
>
> Com efeito, será concedido ao segurado quando, após **consolidação das lesões** decorrentes de **acidente de qualquer natureza**, resultarem **sequelas** que impliquem **redução da capacidade para o trabalho que habitualmente exercia ou mesmo impossibilidade de desempenho dessa atividade**, uma vez possível a reabilitação profissional para outra que garanta a subsistência do segurado.

108. Memorando-Circular nº 38/DIRBEN/INSS, de 5/11/2015.

Assim, para o pagamento do auxílio-acidente, será preciso que:

a) Ocorra um acidente de qualquer natureza, independentemente de ser decorrente do trabalho[109];

b) Haja sequela;

c) Ocorra perda funcional para o trabalho que o segurado habitualmente desenvolvia **ou** impossibilidade de desempenho da atividade que exercia a época do acidente, porém permita o desempenho de outra, após processo de reabilitação profissional, nos casos indicados pela perícia médica do INSS.

Nesse sentido, o artigo 104 do Decreto 3.048/99 (inciso III) corretamente ampliou a hipótese de concessão do auxílio-acidente prevista no artigo 86, da Lei 8.213/91:

> "Art. 104. O auxílio-acidente será concedido, como indenização, ao segurado empregado, ~~exceto o doméstico~~, ao trabalhador avulso e ao segurado especial quando, após a consolidação das lesões decorrentes de acidente de qualquer natureza, resultar seqüela definitiva, conforme as situações discriminadas no anexo III, que implique:
>
> I – redução da capacidade para o trabalho que habitualmente exerciam;
>
> II – redução da capacidade para o trabalho que habitualmente exerciam e exija maior esforço para o desempenho da mesma atividade que exerciam à época do acidente; ou
>
> III – impossibilidade de desempenho da atividade que exerciam à época do acidente, porém permita o desempenho de outra, após processo de reabilitação profissional, nos casos indicados pela perícia médica do Instituto Nacional do Seguro Social".

Ocorre que com o advento do Decreto 10.410/2020 os incisos do artigo 104 do RPS foram revogados:

> "Art. 104. O auxílio-acidente será concedido, como indenização, ao segurado empregado, inclusive o doméstico, ao trabalhador avulso e ao segurado especial quando, após a consolidação das lesões decorrentes de acidente de qualquer natureza, resultar sequela definitiva que, a exemplo das situações discriminadas no Anexo III, implique redução da capacidade para o trabalho que habitualmente exercia. (Redação dada pelo Decreto nº 10.410, de 2020)
>
> I – (Revogado pelo Decreto nº 10.410, de 2020)
>
> II – (Revogado pelo Decreto nº 10.410, de 2020)
>
> III – (Revogado pelo Decreto nº 10.410, de 2020)"

Creio que a revogação regulamentar não teve o objetivo de eliminar esta segunda hipótese concessora de auxílio-acidente, pois muito mais gravosa (impedimento do labor habitual) que a situação descrita no artigo 86 da Lei 8.213/91 (redução da capacidade para o labor habitual), sendo razoável a proporcional a sua manutenção com lastro em ampliação interpretativa do artigo 86 da Lei 8.213/91.

Uma questão tormentosa é a **delimitação do conceito de acidente de qualquer natureza**, cuja caracterização é um pressuposto para a concessão do auxílio-acidente. Teremos que construir uma definição à luz do bom senso e do artigo 30 do Decreto 3.048/99:

---

109. Até o advento da Lei 9.032/95, o auxílio-acidente exigia que se tratasse de acidente de trabalho.

"Parágrafo único. Entende-se como **acidente de qualquer natureza ou causa** aquele de origem traumática e por exposição a agentes exógenos (físicos, químicos e biológicos), que acarrete lesão corporal ou perturbação funcional que cause a morte, a perda, ou a redução permanente ou temporária da capacidade laborativa".

Logo, a definição considera dois elementos cumulativos à configuração do acidente de qualquer natureza:

a) acidente com origem traumática;
b) Acidente decorrente de fatores externos (exógenos).

Evidente que o acidente é um acontecimento inesperado ou fortuito, que é danoso ao segurado da previdência social, pois poderá causar lesões com incapacitação ou mesmo a morte em casos mais graves.

Daí que um segurado que recebeu um tiro de arma de fogo durante um assalto ou mesmo uma "bala perdida" e vem a óbito nos parece caracterizado um acidente de qualquer natureza. Isso porque a morte decorreu de um trauma exógeno, imprevisível e prejudicial ao segurado.

Logo, é acertada a seguinte decisão da TNU (Informativo 27/2018):

PUIL n. 0508762-27.2016.4.05.8013/AL – "Fixada a tese no sentido de que a morte do segurado instituidor da pensão, vítima do crime de homicídio, caracteriza acidente de qualquer natureza para os fins do 77, § 2º-A, da LBPS, na redação que lhe foi conferida pela Lei n. 13.135/15".

Para fins de auxílio-acidente, a TNU apreciará a questão no **Tema 269**:

Tema	269	**Situação do tema**	Em julgamento – eproc	**Ramo do direito**	DIREITO PREVIDENCIÁRIO
Questão submetida a julgamento	Qual o conceito do "acidente de qualquer natureza" para o fim de obtenção do auxílio-acidente?				
Tese firmada	–				
Processo	**Decisão de afetação**	**Relator (a)**	**Julgado em**	**Acórdão publicado em**	**Trânsito em julgado**
PEDILEF 0031628-86.2017.4.02.5054/ES	26/06/2020	Juíza Federal Polyana Falcão Brito	–	–	–

Isso porque o caput do artigo 86 da Lei 8.213/91 apenas prevê que "o auxílio-acidente será concedido, como indenização, ao segurado quando, após consolidação das lesões decorrentes de acidente de qualquer natureza, resultarem seqüelas que impliquem redução da capacidade para o trabalho que habitualmente exercia".

Logo, não apenas a sequela que reduza a capacidade funcional para o trabalho habitual é hipótese legal de concessão do auxílio-acidente, mas também a sequela que impossibilite o segurado de desempenhar a sua atividade exercida a época do acidente, porém permita o desempenho de outra, após processo de reabilitação profissional, nos casos indicados pela perícia médica do INSS.

De acordo com STJ, "o auxílio-acidente visa indenizar e compensar o segurado que não possui plena capacidade de trabalho em razão do acidente sofrido, não bastando, portanto, apenas a comprovação de um dano à saúde do segurado, quando o comprometimento da sua capacidade laborativa não se mostre configurado. Não preenchidos os requisitos para a concessão do benefício, inviável o acolhimento da pretensão autoral" (EDARESP 201300090037, de 05/08/2014).

Mesmo que a lesão seja mínima, é devido o benefício mesmo que haja redução da capacidade funcional para o labor habitual. A decisão do STJ é repetitiva (tema 416):

> **RECURSO REPETITIVO**
>
> **Pesquisa de Temas Repetitivos: Tema 416**
>
> **Pesquisa de Repetitivos por Assunto**
>
> **Processo**
>
> **REsp 1109591 / SC**
>
> RECURSO ESPECIAL
>
> 2008/0282429-9
>
> **Relator(a)**
>
> Ministro CELSO LIMONGI (DESEMBARGADOR CONVOCADO DO TJ/SP) (8175)
>
> **Órgão Julgador**
>
> S3 – TERCEIRA SEÇÃO
>
> **Data do Julgamento**
>
> 25/08/2010
>
> **Data da Publicação/Fonte**
>
> DJe 08/09/2010
>
> **Ementa**
>
> PREVIDENCIÁRIO. RECURSO ESPECIAL REPRESENTATIVO DA CONTROVÉRSIA. AUXÍLIO-ACIDENTE. LESÃO MÍNIMA. DIREITO AO BENEFÍCIO.
>
> 1. Conforme o disposto no art. 86, caput, da Lei 8.213/91, exige-se, para concessão do auxílio-acidente, a existência de lesão, decorrente de acidente do trabalho, que implique redução da capacidade para o labor habitualmente exercido.
>
> 2. O nível do dano e, em consequência, o grau do maior esforço, não interferem na concessão do benefício, o qual será devido ainda que mínima a lesão.

Conforme já se posicionou o STJ[110], também será devido o auxílio-acidente se a sequela que acometer o segurado empregado, avulso ou especial decorrer de **moléstia ocupacional** (doença do trabalho ou profissional), pois equiparada legalmente ao acidente de trabalho, haja vista a existência de nexo causal entre a enfermidade e o labor.

No mesmo sentido, a Turma Nacional: "A TNU fixou a tese de que a concessão do benefício de auxílio-acidente demanda a comprovação de que a redução da capacidade laborativa decorreu de acidente de qualquer natureza, ou de doença profissional/do trabalho nos termos do art. 20 da Lei n. 8.213/91" (Informativo 22/2017 – processo n. 5007580-04.2016.4.04.7205).

110. AGA 585.768, de 16.09.2004.

De acordo com o Dicionário Aurélio da Língua Portuguesa, **sequela** é qualquer lesão anatômica ou funcional que permaneça depois de encerrada a evolução clínica de uma doença, inclusive de um traumatismo.

Logo, a sequela pressupõe lesão permanente, a exemplo da perda de um dedo. Entretanto, **o STJ tem se posicionado pelo pagamento do auxílio-acidente mesmo que seja reversível a lesão acidentária:**

> "PREVIDENCIÁRIO. AGRAVO REGIMENTAL NO AGRAVO DE INSTRUMENTO. BENEFÍCIO ACIDENTÁRIO. NEXO CAUSAL E INCAPACIDADE LABORATIVA DEMONSTRADOS. IRREVERSIBILIDADE DA MOLÉSTIA. IRRELEVÂNCIA. VALORAÇÃO PROBATÓRIA. INAPLICABILIDADE DA SÚMULA N.º 07/STJ À HIPÓTESE. CONSECTÁRIOS LEGAIS. DISCUSSÃO EM SEDE DE REGIMENTAL. IMPOSSIBILIDADE. PRECEDENTES. **1. A irreversibilidade da moléstia não constitui requisito legal para a concessão de auxílio-acidente. Assim, comprovada a existência do nexo causal e da redução da capacidade laborativa, como ocorre no caso em tela, há de ser concedido o aludido benefício.** 2. Em se tratando de hipótese onde há mera valoração do conjunto probatório dos autos, não prevalece a alegação de reexame de provas. 3. Fixados os consectários legais na sentença que julgou procedente a demanda, restabelecida pela decisão ora atacada, não há que se falar em sua reapreciação, invocada apenas em sede de agravo regimental. 4. Agravo regimental desprovido"[111] (g.n.).

Este posicionamento do STJ foi consolidado em julgamento de Recurso Especial repetitivo (**tese 156 – REsp 1112886, de 25/11/2009**), firmando a tese que "será devido o auxílio-acidente quando demonstrado o nexo de causalidade entre a redução de natureza permanente da capacidade laborativa e a atividade profissional desenvolvida, sendo irrelevante a possibilidade de reversibilidade da doença".

É preciso que, em decorrência do acidente, haja perda funcional para o trabalho habitual ou mesmo impossibilidade total de desempenhar a mesma função, desde que possível a reabilitação profissional para outra atividade.

Destarte, o segurado empregado que desempenhe a função de digitador de textos, se for acidentado e perder um dos dedos da mão, certamente receberá o auxílio-acidente, vez que perdeu parte de sua capacidade funcional para o trabalho habitual.

Ao revés, se esse mesmo segurado acidentou-se e perdeu um dedo do pé, é provável que o benefício seja negado pelo INSS, pois não se afigura redução de capacidade funcional para o trabalho de digitador.

Mesmo a sequela em grau mínimo, se repercutir na capacidade laboral para o trabalho habitual, deve gerar a concessão do auxílio-acidente. De acordo com a TNU, "configurados os pressupostos para concessão do benefício previsto no art. 86, da Lei n. 8.213/91 (consolidação das lesões decorrentes de acidente de qualquer natureza e existência sequelas que causem redução da capacidade para o trabalho habitual), deve ser concedido o benefício, sendo irrelevante o fato de a redução ser em grau mínimo"[112].

Ordinariamente, o INSS não revisa periodicamente a manutenção do auxílio-acidente, pois a sequela presume uma lesão definitiva. No entanto, excepcionalmente, caso constatado pelo

111. AGA 1.108.738, de 16.04.2009.

112. PEDILEF 50014277320124047114, de 10/09/2014.

INSS que a sequela foi totalmente revertida, entende-se que se impõe o cancelamento do benefício pela autarquia previdenciária, vez que o pressuposto legal de concessão deixou de existir.

Suponha-se que um segurado perceba o auxílio-acidente em razão de sequela acidentária que reduziu a flexão do seu braço direito, implicando em redução da capacidade funcional ao trabalho habitual.

No entanto, espontaneamente, alguns anos após ele se submeteu a uma cirurgia que restabeleceu por completo a flexão do seu membro superior, eliminando *in integrum* a sequela. Neste caso, é dever de o INSS cancelar o benefício, desde que respeitado o Princípio do Contraditório em regular processo administrativo com essa finalidade.

De acordo com o artigo 104, § 4º, inciso II, do RPS, o auxílio-acidente não será devido na hipótese de mudança de função, mediante readaptação profissional promovida pela empresa, como medida preventiva, em decorrência de inadequação do local de trabalho.

Entende-se que essa previsão regulamentar é desprovida de base legal, pois em nenhum momento o artigo 86, da Lei 8.213/91, autorizou a exclusão do pagamento do auxílio-acidente nesta hipótese.

> Em caráter excepcional, na hipótese de **perda de audição**, a legislação previdenciária foi bem mais rígida para o pagamento do auxílio-acidente. Neste caso, em qualquer grau de deficiência auditiva, só será devido o benefício quando a redução ou perda da capacidade para o trabalho que o segurado habitualmente exercia tenha **nexo causal entre o trabalho e a doença**.

Logo, **não será qualquer acidente que ensejará o pagamento do auxílio-acidente em razão da perda de audição, mas apenas os decorrentes de acidente de trabalho e equipados**, como as doenças ocupacionais (profissionais e do trabalho).

Nesse sentido, o STJ[113]:

> "REPETITIVO. AUXÍLIO-ACIDENTE. PERDA. AUDIÇÃO.
>
> A Seção, ao julgar o recurso sob o regime do art. 543-C do CPC c/c a Res. n. 8/2008-STJ, **entendeu que, para a concessão de auxílio-acidente fundamentado na perda de audição, é necessário que a sequela seja ocasionada por acidente de trabalho e que haja uma diminuição efetiva e permanente da capacidade para a atividade que o segurado habitualmente exercia, conforme dispõe o art. 86, *caput* e § 4º, da Lei n. 8.213/1991**. O segurado que não comprova o efetivo decréscimo na capacidade para o trabalho que exercia terá seu pedido de concessão do mencionado benefício indeferido. Assim, a Seção, ao prosseguir o julgamento, por maioria, deu provimento ao recurso especial ao julgar improcedente o pedido de concessão de auxílio-acidente. Precedentes citados: REsp 1.095.523-SP, DJe 5/11/2009, e EDcl no AgRg no Ag 431.683-SP, DJ 20/2/2006. REsp 1.108.298-SC, Rel. Min. Napoleão Nunes Maia Filho, julgado em 12/5/2010".

> De acordo com a **Súmula 44, do STJ**, editada em 1992, "a definição, em ato regulamentar, de grau mínimo de disacusia, não exclui, por si só, a concessão do benefício previdenciário".

113. Informativo 434.

Vale frisar que este entendimento continua sendo aplicado pela Corte Superior na atualidade, conforme se depreende da análise do seguinte julgado:

> "PREVIDENCIÁRIO. RECURSO ESPECIAL REPETITIVO. AUXÍLIO-ACIDENTE. REEXAME DE PROVAS. NÃO-OCORRÊNCIA. DISACUSIA. PRESENÇA DOS REQUISITOS LEGALMENTE EXIGIDOS. SÚMULA N.º 44/STJ. APLICABILIDADE. RECURSO ESPECIAL CONHECIDO E PROVIDO. DEVER DE OBSERVÂNCIA AO ART. 543-C, § 7.º, INCISOS I E II, DO CPC E DA RESOLUÇÃO STJ N.º 08, DE 07/08/2008. 1. Inaplicabilidade, à espécie, da Súmula n.º 7/STJ, por não se tratar de reexame de provas, mas sim, de valoração do conjunto probatório dos autos. **2. Conforme a jurisprudência deste Tribunal Superior, ora reafirmada, estando presentes os requisitos legais exigidos para a concessão do auxílio-acidente com base no art. 86, § 4º, da Lei n.º 8.213/91 – deficiência auditiva, nexo causal e a redução da capacidade laborativa –, não se pode recusar a concessão do benefício acidentário ao Obreiro, ao argumento de que o grau de disacusia verificado está abaixo do mínimo previsto na Tabela de Fowler.** 3. O tema, já exaustivamente debatido no âmbito desta Corte Superior, resultou na edição da Súmula n.º 44/STJ, segundo a qual "A definição, em ato regulamentar, de grau mínimo de disacusia, não exclui, por si só, a concessão do benefício previdenciário." 4. A expressão "por si só" contida na citada Súmula significa que o benefício acidentário não pode ser negado exclusivamente em razão do grau mínimo de disacusia apresentado pelo Segurado. 5. No caso em apreço, restando evidenciados os pressupostos elencados na norma previdenciária para a concessão do benefício acidentário postulado, tem aplicabilidade a Súmula n.º 44/STJ. 6. Nas hipóteses em que há concessão de auxílio-doença na seara administrativa, o termo inicial para pagamento do auxílio-acidente é fixado no dia seguinte ao da cessação daquele benefício, ou, havendo requerimento administrativo de concessão do auxílio-acidente, o termo inicial corresponderá à data dessa postulação. Contudo, tal entendimento não se aplica ao caso em análise, em que o Recorrente formulou pedido de concessão do auxílio-acidente a partir da data citação, que deve corresponder ao dies a quo do benefício ora concedido, sob pena de julgamento extra petita. 7. Recurso especial provido. Jurisprudência do STJ reafirmada. Acórdão sujeito ao regime do art. 543-C do CPC e da Resolução STJ n.º 08, de 07/08/2008 (3ª Seção, REsp 1095523, de 26.08.2009).

Trata-se de benefício que **independe de carência**, tendo renda mensal inicial fixada em **50% do salário de benefício** pela Lei 9.032/95 e antes da MP 905/2019, **podendo ter valor inferior a um salário mínimo**, pois não objetiva substituir a remuneração do empregado, empregado doméstico, trabalhador avulso ou segurado especial.

A renda mensal do auxílio-acidente restou temporariamente modificada pela **MP 905/2019**, que alterou o artigo 86 da Lei 8.213/91, não sendo mais de 50% do salário de benefício durante a sua vigência.

A fim de se alinhar ao artigo 26 da Emenda 103/2019, o auxílio-acidente correspondeu a **50% da renda do benefício de aposentadoria por invalidez (incapacidade permanente)** a que o segurado teria direito enquanto vigorou a MP 905/2020.

Esse novo regramento foi válido para fatos geradores do auxílio-acidente (data da consolidação da sequela) ocorridos a partir de 12 de novembro de 2019 e antes da sua revogação pela MP 955/2020:

FATO GERADOR	RENDA DO AUXÍLIO-ACIDENTE
Fato gerador até 11/11/2019	50% do salário de benefício
Fato gerador a partir de 12/11/2019	50% da renda da aposentadoria por incapacidade

A justificativa foi fazer um alinhamento ao artigo 26 da Emenda 103/2019, que previu que a aposentadoria por incapacidade permanente partirá de 60% da média de todos os salários de contribuição do segurado desde julho de 1994, conforme estudado no item anterior.

Considerando que a MP 905/2019 vigorou entre 12/11/2019 e 19/04/2020 (véspera da publicação da MP 955/2020, que a revogou expressamente), os seus efeitos jurídicos foram conservados neste período.

Isso porque a revogação de uma medida provisória equivale à sua caducidade para fins do artigo 62 da Constituição Federal, conforme precedentes do STF (ADI 5.709, ADI 5.716, ADI 5.717 e ADI 5.727, rel. min. Rosa Weber, j. 27-3-2019, P, **DJE** de 28-6-2019).

Dessa forma, considerando que o Congresso Nacional não editou o decreto legislativo a que se refere o § 3º do artigo 62 da Constituição até sessenta dias após a rejeição ou perda de eficácia de medida provisória (no caso, revogação), as relações jurídicas constituídas e decorrentes de atos praticados durante sua vigência conservar-se-ão por ela regidas.

A legislação previdenciária pressupõe o pagamento do auxílio-doença antes do auxílio--acidente, sendo este devido no dia seguinte ao da cessação do auxílio-doença, uma vez consolidada a lesão que acarretou perda funcional para o trabalho habitual, sendo benefícios que não poderão ser acumulados pela mesma causa.

Contudo, caso o segurado não tenha requerido o auxílio-doença, e ingressado com ação judicial para postular o auxílio-acidente, este será devido somente a partir da citação do INSS, conforme entendimento pacificado pelo STJ:

> "PREVIDENCIÁRIO. BENEFÍCIO ACIDENTÁRIO. TERMO INICIAL. DATA DA CITAÇÃO. DECISÃO MONOCRÁTICA DO RELATOR. POSSIBILIDADE. ARTIGO 557, § 1º-A, DO CPC.
>
> 1. A teor do disposto no art. 557, § 1º-A, do Código de Processo Civil, está o relator autorizado a decidir o recurso especial monocraticamente quando o acórdão atacado se encontre em confronto com súmula ou jurisprudência dominante de Tribunal Superior.
>
> **2. A Terceira Seção desta Corte, no julgamento do EREsp nº 735.329/RJ, Relator o Ministro Jorge Mussi, DJ de 6/5/2011, pacificou o entendimento de que, não havendo concessão de auxílio-doença, bem como ausente o prévio requerimento administrativo para a percepção do auxílio-acidente, como no caso, o termo a quo para o recebimento desse benefício é a data da citação"** (AgRg no AgRg no Ag 1.239.697, de 09.08.2011).No cálculo do auxílio-acidente, será utilizado o mesmo salário de benefício manejado para a renda mensal inicial do auxílio-doença, apenas reduzindo-se o percentual de 91% para 50%.

Embora incomum, é possível também que a incapacidade laboral que preceda o auxílio--acidente não ultrapasse a 30 (trinta) dias seguidos no caso do empregado, não fazendo nascer o direito ao auxílio-doença. Daí será possível a concessão do auxílio-acidente (se realizados os pressupostos legais) sem a prévia concessão do auxílio-doença.

O STJ irá julgar a seguinte tese repetitiva (tema 862):

PROCESSO	ProAfR no REsp 1.729.555-SP, Rel. Min. Assusete Magalhães, Primeira Seção, por unanimidade, julgado em 04/06/2019, DJe 02/08/2019
RAMO DO DIREITO	DIREITO PREVIDENCIÁRIO
TEMA	A Primeira Seção acolheu a proposta de afetação do recurso especial ao rito dos recursos repetitivos, conjuntamente com o REsp 1.112.576-SP, a fim de uniformizar o entendimento a respeito da seguinte controvérsia: fixação do termo inicial do auxílio-acidente, decorrente da cessação do auxílio-doença, na forma dos arts. 23 e 86, § 2º, da Lei n. 8.213/1991.

Sobre tema 862 no STJ, penso o seguinte:

1. É devido o auxílio-acidente desde o dia seguinte à data de cessação do auxílio-doença, DESDE QUE haja comprovação perante a perícia médica da implementação dos requisitos legais do auxílio-acidente nessa data, o que deve ser verificado em perícia de revisão solicitada pelo segurado no pedido de prorrogação ou requerimento específico de auxílio-acidente;
2. É devido o auxílio-acidente desde o dia seguinte à data de cessação do auxílio-doença na situação descrita no artigo 104, III, do Decreto 3.048/99 (reabilitação profissional de segurado com sequela que impeça o exercício do labor habitual);
3. Nas demais situações, o termo inicial do auxílio-acidente será a data do requerimento administrativo deste benefício, desde que haja comprovação perante a perícia médica da implementação dos requisitos legais na DER;
4. Caso não seja devido o auxílio-acidente desde o dia seguinte à data de cessação do auxílio-doença e não haja prévio requerimento administrativo específico para o auxílio--acidente perante o INSS, a ação judicial deve ser extinta sem o julgamento do mérito, em respeito à tese firmada pelo STF no RE 631.240.

No cálculo do auxílio-acidente, será utilizado o mesmo salário de benefício manejado para a renda mensal inicial do auxílio-doença, apenas reduzindo-se o percentual de 91% para 50%.

No caso de reabertura de auxílio-doença por acidente de qualquer natureza que tenha dado origem a auxílio-acidente, este será suspenso até a cessação do auxílio-doença reaberto, quando será reativado.

O artigo 124, inciso V, da Lei 8.213/91, veda o recebimento conjunto de mais de um auxílio-acidente. Assim, quando o segurado em gozo de auxílio-acidente fizer jus a um novo auxílio-acidente, em decorrência de outro acidente ou de doença, serão comparadas as rendas mensais dos dois benefícios e mantido o benefício mais vantajoso[114].

Originariamente, o artigo 86 da Lei 8.213/91 previa o valor do auxílio-acidente em 30%, 40% ou 60% do salário de contribuição do dia do acidente de trabalho, a ser fixado proporcionalmente ao grau da sequela[115].

No regime previdenciário anterior, a renda mensal do auxílio-acidente era regulada pelo artigo 7º, da Lei 5.316/67[116] e posteriormente pelo artigo 6º, da Lei 6.367/76[117].

114. Artigo 336, da Instrução Normativa INSS 77/2015.

115. De acordo com o texto originário do artigo 86, da Lei 8.213/91, entende o STJ que "deve ser considerado, para fins de auxílio-acidente, o percentual estabelecido pela lei vigente no momento em que se dá o agravamento das lesões incapacitantes do beneficiário, e não o do momento em que o benefício foi concedido inicialmente. O agravamento da lesão incapacitante tem como consequência a alteração do auxílio-acidente, sendo considerado um novo fato gerador para a concessão do benefício. Dessa forma, o agravamento da lesão gera a concessão de um novo benefício, devendo-se aplicar a lei em vigor na data do fato agravador, por incidência do princípio tempus regitactum. AgRg no REsp 1.304.317-SP, Rel. Min. Ari Pargendler, julgado em 4/12/2012 (Informativo 512).

116. Art. 7º A redução permanente da capacidade para o trabalho em percentagem superior a 25% (vinte e cinco por cento) garantirá ao acidentado, quando não houver, direito a benefício por incapacidade ou após sua cessação, e independentemente de qualquer remuneração ou outro entendimento, um "auxílio-acidente, reajustável na forma da legislação previdenciária, calculado sobre o valor estabelecido no item II do artigo 6º e correspondente à redução verificada.

117. Art. 6º O acidentado do trabalho que, após a consolidação das lesões resultantes do acidente, permanecer incapacitado para o exercício da atividade que exercia habitualmente, na época do acidente, mas não para o

Sucede que, com o advento da Lei 9.032/95, a sua renda mensal inicial restou fixada em 50% do salário de benefício, razão pela qual os segurados que o percebiam em 30% ou 40% (do salário de contribuição do dia do acidente de trabalho, conforme regramento anterior) começaram a postular judicialmente a sua revisão para 50% do salário de benefício, pois o INSS passou a indeferir o pleito na via administrativa.

Vale salientar que a alteração perpetrada pela Lei 9.032/95 não foi apenas no percentual do auxílio-acidente, mas também na base de cálculo, que passou a ser o salário de benefício, e não o salário de contribuição do dia do acidente.

Entende-se que não é devida a referida revisão à luz do Princípio do *Tempus Regit Actum* e do Princípio da Precedência de Fonte de Custeio.

Inclusive, esse é o entendimento manifestado pelo STF, acolhendo a tese da Advocacia-Geral da União, em representação ao INSS, quando reconheceu repercussão geral no **RE 597.389,** em 22.04.2009 e praticamente já definiu o seu julgamento:

> "EMENTA: Questão de ordem. Recurso extraordinário. 2. **Previdência Social. Revisão de benefício previdenciário.** Pensão por morte. 3. **Lei nº 9.032, de 1995. Benefícios concedidos antes de sua vigência. Inaplicabilidade. 4. Aplicação retroativa. Ausência de autorização legal. 5. Cláusula indicativa de fonte de custeio correspondente à majoração do benefício previdenciário. Ausência.** 6. Jurisprudência pacificada na Corte. Regime da repercussão geral. Aplicabilidade. 7. Questão de ordem acolhida para reafirmar a jurisprudência do Tribunal e determinar a devolução aos tribunais de origem dos recursos extraordinários e agravos de instrumento que versem sobre o mesmo tema, para adoção do procedimento legal. 8. Recurso extraordinário a que se dá provimento.
>
> Decisão: O Tribunal, por unanimidade, resolveu a questão de ordem proposta pelo Relator, Ministro Gilmar Mendes (Presidente), no sentido de: a) que se reconheça a repercussão geral da questão constitucional aqui analisada, pela inegável relevância jurídica e econômica do tema, com reflexos sobre uma multiplicidade de processos que ainda tramitam nas instâncias ordinárias e especial; **b) que seja reafirmada a jurisprudência da Corte no sentido de que a revisão de pensão por morte e demais benefícios, constituídos antes da entrada em vigor da Lei nº 9.032, de 1995, não pode ser realizada com base em novo coeficiente de cálculo estabelecido no referido diploma legal;** c) que seja provido o presente recurso extraordinário; [...]" (g.n.).

Entretanto, apesar da manifestação expressa do STF, a 3ª Seção do STJ (formada pela 5ª e 6ª Turma) reiterou a sua jurisprudência contrária, no sentido de ser cabível a revisão do auxílio--acidente de 30% ou 40% do salário de contribuição do dia do acidente para o percentual de 50% do salário de benefício, no julgamento do REsp 1.096.244, em 10.02.2010:

> "QUESTÃO DE ORDEM SUSCITADA EM RECURSO ESPECIAL REPRESENTATIVO DA CONTROVÉRSIA. MAJORAÇÃO DO BENEFÍCIO DE AUXÍLIO-ACIDENTE. SUPREMO TRIBUNAL FEDERAL. REPERCUSSÃO GERAL. INTERPRETAÇÃO DIVERGENTE DA ADOTADA POR ESTA EGRÉGIA CORTE DE JUSTIÇA. AUTOS DEVOLVIDOS PARA OS EFEITOS DO ART. 543 – B, § 3º, DO CÓDIGO DE PROCESSO CIVIL. MANUTENÇÃO DO ENTENDIMENTO DA SEÇÃO ACERCA DO TEMA. 1. Esta Seção assentou o entendimento de que a majoração do auxílio-acidente, estabelecida pela Lei n.º 9.032/95 (lei nova mais

---

exercício de outra, fará jus, a partir da cessação do auxílio-doença, a auxílio-acidente. § 1º O auxílio-acidente, mensal, vitalício e independente de qualquer remuneração ou outro benefício não relacionado ao mesmo acidente, será concedido, mantido e reajustado na forma do regime de Previdência Social do INPS e corresponderá a 40% (quarenta por cento) do valor de que trata o inciso II do artigo 5º desta Lei, observado o disposto no § 4º do mesmo artigo.

benéfica), que alterou o § 1º, do art. 86, da Lei n.º 8.213/91, deve ser aplicada imediatamente, atingindo todos os segurados que estiverem na mesma situação, seja referente aos casos pendentes de concessão ou aos benefícios já concedidos. **2. O Supremo Tribunal Federal, em repercussão geral, ao apreciar questão de ordem no Recurso Extraordinário nº 597.389/SP, de relatoria do Min. Gilmar Mendes, decidiu que a revisão da pensão por morte e demais benefícios previdenciários, constituídos antes da entrada em vigor da Lei nº 9.032/95, não poderá ser realizada com base em novo coeficiente de cálculo estabelecido no referido diploma legal, divergindo, pois, da orientação deste Sodalício.** 3. O tema central objeto do Recurso Extraordinário foi a análise da majoração do benefício de pensão por morte, tendo sido proposta pelo Relator, para efeitos de repercussão geral, a aplicabilidade desse posicionamento aos demais benefícios previdenciários que tiveram modificação no coeficiente de cálculo, por efeito de entrada em vigor da Lei nº 9.032/95. **4. Ocorre, porém, que a análise da majoração do auxílio-acidente tem certas particularidades que demandam uma análise mais específica da questão. Enquanto na pensão por morte o segurado deixa de contribuir para a previdência a partir do seu recebimento, no auxílio--acidente o segurado permanece contribuindo, razão pela qual o princípio da preexistência de custeio não fica violado.** 5. A Lei nº 9.032/95 exerceu o papel de majorar o benefício, sendo certo que o fez para aqueles já em vigor na data da sua promulgação, e não para os que porventura venham a ser concedidos. Resta, pois, atendido o princípio da reserva legal. **6. De acordo com a interpretação do § 3º do art. 543-B do CPC, nada impede que esta Corte adote orientação interpretativa que entender mais correta à norma infraconstitucional, uma vez que as decisões proferidas em sede de repercussão geral não têm efeito vinculante.** 7. Manutenção do entendimento adotado por esta Corte por ocasião do julgado do mérito do presente Recurso Especial representativo da controvérsia". (g.n.)

Contudo, no dia 20 de outubro de 2011, a 5ª Turma do STJ passou a aderir ao posicionamento do STF, o que indica uma futura mudança de posicionamento da 3ª Seção, conforme narrado no Informativo 485:

"485 – AUXÍLIO-ACIDENTE E APLICAÇÃO DA LEI NO TEMPO.

A Turma, em questão de ordem, proferiu **juízo de retratação** para adotar entendimento firmado pelo Plenário do Supremo Tribunal Federal, em repercussão geral, no sentido de que os benefícios previdenciários devem ser regulados pela lei vigente ao tempo em que preenchidos os requisitos necessários à sua concessão. No aludido julgamento, conclui-se pela impossibilidade de aplicação da lei posterior para o cálculo ou majoração dos benefícios já concedidos pelo INSS, exceto quando expressamente previsto no novo diploma legal. Asseverou-se que, em razão do princípio *tempus regit actum*, a aplicação da lei mais benéfica só teria incidência quando o acidente ocorrer na sua vigência, pouco importando a data em que requerido. Revisto anterior posicionamento contrário do Superior Tribunal de Justiça sobre a matéria, com fundamento no art. 543-B, § 3º, do CPC, a Turma negou provimento a diversos recursos especiais. REsp 868.025-SP, Rel. Min. Laurita Vaz, julgado em 20/10/2011".

Vale ressaltar que a TNU, ao julgar o incidente no processo 2008.70.51.00.0495-8, no dia 02/12/2010, aderiu ao posicionamento do STF:

"PEDIDO DE UNIFORMIZAÇÃO NACIONAL. PREVIDENCIÁRIO. CONTRARIEDADE À JURISPRUDÊNCIA DOMINANTE DO STJ. DEMONSTRAÇÃO. AUXÍLIO SUPLEMENTAR POR ACIDENTE DO TRABALHO. CONCESSÃO SOB A ÉGIDE DA LEI 6.367/1976. MAJORAÇÃO NOS TERMOS DA LEI 8.213/91 E ALTERAÇÕES POSTERIORES. IMPOSSIBILIDADE. PRINCÍPIO TEMPUS REGIT ACTUM. APLICAÇÃO. ENTENDIMENTO PACIFICADO NO STF. IMPROVIMENTO. 1. Cabe Pedido de Uniformização quando demonstrado que o acórdão recorrido contraria jurisprudência dominante do Superior Tribunal de Justiça. 2. O STJ orienta que "o art. 86, § 1º, da Lei 8.213/91, alterado pela Lei 9.032/95, tem aplicação imediatamente, atingindo todos os segurados que estiverem na mesma situação seja referente aos benefícios pendentes de concessão ou aos já concedidos" (STJ, REsp 1.096.244, 3ª Seção, Rel. Min. Maria Thereza de Assis Moura, DJ 08.05.2009). **3. Deve prevalecer o entendimento exposto pelo acórdão recorrido, segundo o qual a concessão ou a majoração de benefícios previdenciários deve obedecer ao princípio tempus regit actum, orientando-se pela lei vigente ao tempo em que cumpridos os requisitos legais para a concessão do benefício. 4. Decisão amparada pela firme orientação do STF no sentido de que "os benefícios previdenciários devem regular-se pela lei vigente ao tempo em que preenchidos os requisitos necessários à sua concessão."** (v.g.: STF, RE 597.389, Pleno, unanimidade, Rel. Min. Gilmar Mendes, DJ 21.08.2009). 5. Pedido de Uniformização conhecido e improvido".

Desde o advento da Medida Provisória 1.596-14, convertida na Lei 9.528/97, **o auxílio-acidente não mais será acumulado com a aposentadoria do segurado**, passando a **integrar o salário de contribuição para fins do cálculo do salário de benefício da aposentadoria**, na forma do artigo 31[118], da Lei 8.213/91.

De acordo com a TNU, "fixada a tese no sentido de que o valor mensal do auxílio-acidente integra o salário de contribuição para fins de cálculo do salário de benefício de qualquer aposentadoria, quando não for possível a cumulação, nos termos da Súmula 507 do Superior Tribunal de Justiça" (Informativo 26/2018 – PEDILEF n. 0053181-78.2015.4.03.6301).

Vale registrar que **a regra do artigo 55, II, da Lei 8213/91 não atinge ao auxílio-acidente**, que é benefício indenizatório e que **não deverá ser considerado como tempo de contribuição.** Nesse sentido, o STJ:

Processo

REsp 1247971 / PR

RECURSO ESPECIAL

2011/0079656-3

Relator(a)

Ministro NEWTON TRISOTTO (DESEMBARGADOR CONVOCADO DO TJ/SC) (8350)

Órgão Julgador

T5 – QUINTA TURMA

Data do Julgamento

28/04/2015

Data da Publicação/Fonte

DJe 15/05/2015

Ementa

PREVIDENCIÁRIO. AUXÍLIO-SUPLEMENTAR. CÔMPUTO DO TEMPO CORRESPONDENTE PARA EFEITO DE APOSENTADORIA. IMPOSSIBILIDADE. BENEFÍCIO

118. Art. 31. O valor mensal do auxílio-acidente integra o salário-de-contribuição, para fins de cálculo do salário-de-benefício de qualquer aposentadoria, observado, no que couber, o disposto no art. 29 e no art. 86, § 5º. (Restabelecido com nova redação pela Lei nº 9.528, de 1997)

QUE INTEGRA, MAS NÃO SUBSTITUI, O SALÁRIO-DE-CONTRIBUIÇÃO. SEGURADO QUE NÃO CONTRIBUIU PARA A PREVIDÊNCIA SOCIAL NO PERÍODO QUE PRETENDE COMPUTAR. RECURSO ESPECIAL DESPROVIDO.

1. Por força do disposto no art. 55 da Lei n. 8.213/1991, no cálculo da aposentadoria por tempo de serviço, "é possível considerar o período em que o segurado esteve no gozo de benefício por incapacidade (auxílio-doença ou aposentadoria por invalidez) para fins de carência, desde que intercalados com períodos contributivos" (AgRg no REsp 1.271.928/RS, Rel. Ministro Rogerio Schietti Cruz, Sexta Turma, julgado em 16/10/2014; REsp 1.334.467/RS, Rel. Ministro Castro Meira, Segunda Turma, julgado em 28/05/2013; AgRg no Ag 1.103.831/MG, Rel. Ministro Marco Aurélio Bellizze, Quinta Turma, julgado em 03/12/2013). **Nos termos do art. 31 da Lei n. 8.213/1991, o valor mensal do auxílio-acidente – e, por extensão, o valor do auxílio-suplementar, que foi absorvido por aquele (AgRg no REsp 1.347.167/RS, Rel. Ministro Ari Pargendler, Primeira Turma, julgado em 18/12/2012; AgRg no REsp 1.098.099/SP, Rel. Ministro Marco Aurélio Bellizze, Quinta Turma, julgado em 27/11/2012; AgRg no AREsp 116.980/SP, Rel. Ministro Mauro Campbell Marques, Segunda Turma, julgado em 03/05/2012) – "integra o salário-de-contribuição" tão somente "para fins de cálculo do salário-de-benefício de qualquer aposentadoria".**

E "serão considerados para cálculo do salário-de-benefício os ganhos habituais do segurado empregado, a qualquer título, sob forma de moeda corrente ou de utilidades, sobre os quais tenha incidido contribuições previdenciárias, exceto o décimo-terceiro salário (gratificação natalina)" (art. 29, § 3º). De acordo com o art. 214 do Decreto n. 3.048/1999, não integram o salário-de-contribuição (§ 9º) os "benefícios da previdência social, nos termos e limites legais, ressalvado o disposto no § 2º" (inc. I), ressalva relacionada com o salário-maternidade. **À luz desses preceptivos legais, é forçoso concluir que não pode ser computado como tempo de serviço para fins de qualquer aposentadoria o período em que o segurado percebeu apenas o auxílio-suplementar – salvo se no período contribuiu para a previdência social.**

2. Recurso especial desprovido.

Essa inovação prejudica os segurados que tenham o salário de benefício atingido o teto, após a soma do valor do auxílio-acidente com os salários de contribuição do segurado, pois antes eles podiam receber a aposentadoria até o teto e o auxílio-acidente separadamente.

Contudo, conforme o entendimento administrativo da Previdência Social, as pessoas que preencheram todos os requisitos para a concessão do auxílio-acidente antes da vigência do novo regramento, terão direito à acumulação do auxílio-acidente com a aposentadoria.

Inclusive, essa é a inteligência da redação originária da **Súmula 44**, da Advocacia-Geral da União, de 14.09.2009:

"Súmula 44 – É permitida a cumulação do benefício de auxílio-acidente com benefício de aposentadoria quando a consolidação das lesões decorrentes de acidentes de qualquer natureza, que resulte em sequelas definitivas, nos termos do art. 86 da Lei nº 8.213/91, tiver ocorrido até 10 de novembro de 1997, inclusive, dia imediatamente anterior à entrada em vigor da Medida Provisória nº 1.596-14, convertida na Lei nº 9.528/97, que passou a vedar tal acumulação."

Entende-se que esse posicionamento da AGU não se coaduna perfeitamente com o Princípio do *Tempus Regit Actum*. É que o direito adquirido de acumular a aposentadoria com o auxílio-acidente se concretiza no momento em que o segurado preenche todos os pressupostos legais de ambos os benefícios até a vigência da MP 1.526-14, de 10.11.1997.

Assim, em termos de acumulação de benefícios previdenciários, vale a lei em vigor no momento do preenchimento dos requisitos legais do segundo benefício (aposentadoria), e não do primeiro (auxílio-acidente), pois neste momento inexiste acumulação a ser aferida.

De qualquer sorte, o tema não vinha gerando polêmicas na prática previdenciária, vez que o entendimento do INSS acabava sendo mais favorável aos segurados, conquanto criticável do ponto de vista do momento da formação do direito adquirido.

Por outro lado, o STJ está seguindo a mesma linha de pensamento aqui sustentada, conquanto seja um entendimento divergente da antiga postura da AGU e do INSS e não favorável aos segurados do RGPS, a exemplo do julgamento do Recurso Especial 1.244.257, de 13.03.2012, pela 2ª Turma:

> "PREVIDENCIÁRIO. AUXÍLIO ACIDENTE. APOSENTADORIA. CUMULAÇÃO. INVIABILIDADE. CONCESSÃO DA APOSENTADORIA POSTERIOR À VIGÊNCIA DA LEI N. 9.528/97. SÚMULA 83/STJ.
>
> 1. A redação original do art. 86 da Lei n. 8.213/91 previa que o auxílio-acidente era um benefício vitalício, sendo permitida a cumulação do referido auxílio pelo segurado com qualquer remuneração ou benefício não relacionados com o mesmo acidente.
>
> 2. O referido normativo sofreu alteração significativa com o advento da MP 1.596-14/97, convertida na Lei n. 9.528/97, que afastou a vitaliciedade do auxílio-acidente e passou expressamente a proibir a acumulação do benefício acidentário com qualquer espécie de aposentadoria do regime geral, passando a integrar o salário de contribuição para fins de cálculo da aposentadoria previdenciária.
>
> **3. A jurisprudência do STJ firmou-se no sentido de que a possibilidade de acumulação do auxílio-acidente com proventos de aposentadoria requer que a lesão incapacitante e a concessão da aposentadoria sejam anteriores às alterações promovidas pela Lei n. 9.528/97. Súmula 83/STJ.**
>
> Recurso especial não conhecido".

Aliás, o mesmo raciocínio já era perfilhado no âmbito da 3ª Seção do STJ:

> "AGRAVO REGIMENTAL. PREVIDENCIÁRIO. CUMULAÇÃO. APOSENTADORIA E AUXÍLIO-SUPLEMENTAR. JUBILAÇÃO POSTERIOR À LEI N. 9.528/1997. IMPOSSIBILIDADE.
>
> 1. É firme a jurisprudência desta Terceira Seção no sentido da possibilidade de cumulação de proventos de aposentadoria com benefício de auxílio acidente, desde que a moléstia tenha eclodido antes da alteração normativa decorrente da Lei n. 9.528/1997.
>
> **2. Para correta adequação do caso concreto ao entendimento pacificado nesta Corte, é imprescindível que a aposentadoria tenha sido concedida antes da alteração normativa**. Precedentes.
>
> 3. Agravo regimental improvido" (6ª Turma, AgRg no AgRg no Ag 1375680/MS, de 27/09/2011).

Portanto, ante a jurisprudência da Corte Superior, havia subsídios para a AGU reformular a redação da sua Súmula 44, a fim de apenas admitir a acumulação do auxílio-acidente com a aposentadoria por invalidez quando o segurado tornou-se inválido para o trabalho até o dia 10 de novembro de 1997, data da vigência da Medida Provisória nº 1.596-14, convertida na Lei nº 9.528/97, pois é no momento do preenchimento dos requisitos do segundo benefício (aposentadoria por invalidez) é que deverá ser aferida a possibilidade legal de cumulação.

E finalmente a Advocacia-Geral da União alterou a redação da Súmula 44, através da Súmula 65, de 05 de julho de 2012:

"Súmula 44 da AGU: Para a acumulação do auxílio-acidente com proventos de aposentadoria, a lesão incapacitante e a concessão da aposentadoria devem ser anteriores as alterações inseridas no art. 86 § 2º, da Lei 8.213/91, pela Medida Provisória nº 1.596-14, convertida na Lei nº 9.528/97".

Posteriormente, esta súmula teve a redação aperfeiçoada pela Súmula AGU 75, de 02 de abril de 2014:

Súmula 44 – "**Para a acumulação do auxílio-acidente com proventos de aposentadoria, a consolidação das lesões decorrentes de acidentes de qualquer natureza, que resulte sequelas definitivas, nos termos do art. 86 da Lei nº 8.213/91, e a concessão da aposentadoria devem ser anteriores às alterações inseridas no art. 86, § 2º da Lei nº 8.213/91, pela Medida Provisória nº 1.596-14, convertida na Lei nº 9.528/97**" *(redação dada pela Súmula AGU 75/2014).*

A redação foi ajustada porque não é a lesão incapacitante que dá direito ao auxílio-acidente, e sim a consolidação de lesão por acidente de qualquer natureza ou causa que gere sequela que repercuta na capacidade laboral para o trabalho habitual, sendo pertinente a alteração promovida pela Advocacia-Geral da União.

Evidentemente, o novo entendimento da AGU não deverá ter eficácia retroativa, em respeito ao Princípio da Segurança Jurídica e da regra do artigo 2º, inciso XIII, da Lei 9.784/99 (Lei do Processo Administrativo Federal), que aponta como critério de atuação da Administração Pública federal a "interpretação da norma administrativa da forma que melhor garanta o atendimento do fim público a que se dirige, **vedada aplicação retroativa de nova interpretação**", conservando-se as acumulações já deferidas.

Em apenas um ponto não se concorda nesta obra com a posição do STJ e da AGU. Isso porque, mesmo que a aposentadoria seja concedida após a Lei 9.528/97, caso o direito adquirido se aperfeiçoe antes da referida norma é de se permitir a acumulação.

Isto porque é no dia em que o segurado preenche os requisitos para o auxílio-acidente e qualquer aposentadoria que se há de definir o regime jurídico aplicável, e não o dia da concessão.

Valeu frisar que a jurisprudência do STJ foi cristalizada na Súmula 507, aprovada pela 1ª Seção em 26 de março de 2014:

"Súmula 507 – A acumulação de auxílio-acidente com aposentadoria pressupõe que a lesão incapacitante e a aposentadoria sejam anteriores a 11/11/1997, observado o critério do artigo 23 da Lei 8.213/91 para definição do momento da lesão nos casos de doença profissional ou do trabalho".

Para o segurado especial que não contribui facultativamente, haverá a soma do valor da aposentadoria com a renda mensal do auxílio-acidente vigente na data de início da referida aposentadoria, na forma do artigo 36, § 6º, do RPS.

Logo, considerando que o salário de benefício do segurado especial é de um salário mínimo, ele receberá o equivalente a ½ salário mínimo de auxílio-acidente (50% do salário de benefício), devendo esse valor ser somado à sua aposentadoria por idade de um salário mínimo, totalizando o equivalente a 1,5 salário mínimo.

O anexo III, do RPS, traz um rol de hipóteses aptas a ensejar o pagamento do auxílio--acidente, entendendo-se ser uma listagem exemplificativa.

Deverá ser pago o auxílio-acidente durante o período de graça, haja vista que o segurado mantém todos os direitos previdenciários. Para se adaptar a essa determinação legal, o § 7º, do artigo 104, do RPS, foi corretamente modificado por intermédio do Decreto 6.722/2008.

É comum que os profissionais confundam o auxílio-acidente com o auxílio-doença. No entanto, existem diversas diferenças entre os citados benefícios, sendo as principais apontadas no quadro abaixo:

AUXÍLIO-ACIDENTE	AUXÍLIO-DOENÇA
– É indenizatório	– Substitui o salário de contribuição ou a remuneração do segurado
– É recebido junto com a remuneração pelo labor do segurado (não exige afastamento do trabalho)	– Exige incapacidade laboral para o trabalho habitual por mais de 15 dias seguidos (afastamento do trabalho)
– É de 50% do salário de benefício	– É de 91% do salário de benefício, limitado à média dos 12 últimos salários de contribuição
– Pode ser inferior a um salário mínimo	– Não pode ser inferior a um salário mínimo, salvo no caso de atividades concomitantes
– Dispensa sempre a carência	– Exige, em regra, carência de 12 contribuições mensais
– Apenas é devido ao empregado, empregado doméstico, trabalhador avulso e segurado especial (benefício restrito)	– É devido a todos os segurados (benefício irrestrito)

De acordo com a TNU, "o período sem contribuição em que o segurado esteve em gozo de auxílio-acidente não pode ser computado como período de carência" (PUIL n. 0504317-35.2017.4.05.8302/PE/2019).

A decisão é correta, pois o auxílio-acidente não é benefício por incapacidade laboral, não sendo possível aplicar por extensão a regra do artigo 55, II, Lei 8.213, pois somente o auxílio-doença e a aposentadoria por incapacidade permanente são benefícios por incapacidade laboral.

Mas há precedente do STJ em sentido contrário:

> Processo
>
> REsp 1243760 / PR RECURSO ESPECIAL 2011/0059698-8
>
> Relator(a)
>
> Ministra LAURITA VAZ (1120)
>
> Órgão Julgador
>
> T5 – QUINTA TURMA
>
> Data do Julgamento
>
> 02/04/2013
>
> Data da Publicação/Fonte
>
> DJe 09/04/2013
>
> Ementa
>
> PREVIDENCIÁRIO. BENEFÍCIO POR INCAPACIDADE. CÔMPUTO DO PERÍODO DE RECEBIMENTO APENAS DE AUXÍLIO-ACIDENTE PARA A CARÊNCIA NECESSÁRIA À CONCESSÃO DA APOSENTADORIA POR IDADE. POSSIBILIDADE. RECURSO ESPECIAL CONHECIDO E PROVIDO.

1. O auxílio-acidente – e não apenas o auxílio-doença e a aposentadoria por invalidez – pode ser considerado como espécie de "benefício por incapacidade", apto a compor a carência necessária à concessão da aposentadoria por idade.

2. *In casu*, é de ser observada a vetusta regra de hermenêutica, segundo a qual "onde a lei não restringe, não cabe ao intérprete restringir" e, portanto, não havendo, nas normas que regem a matéria, a restrição imposta pelo Tribunal a quo, não subsiste o óbice imposto ao direito à pensão por morte.

3. Recurso especial conhecido e provido.

10. PENSÃO POR MORTE

Regulamentação básica: artigos 74/79, da Lei 8.213/91; artigos 105/115, do RPS (Decreto 3.048/99).

Códigos de concessão: 93 – Pensão por morte por acidente do trabalho e 21 – Pensão por morte previdenciária.

A pensão por morte é um benefício previdenciário dos dependentes dos segurados, assim consideradas as pessoas listadas no artigo 16, da Lei 8.213/91, devendo a condição de dependente ser aferida no momento do óbito do instituidor, e não em outro marco, pois é com o falecimento que nasce o direito.

Todos os segurados poderão instituir pensão por morte se deixarem dependentes, sendo que o benefício **independe sempre de carência**. Frise-se que a MP 664/2014 chegou a inserir carência de 24 recolhimentos mensais (em regra), mas a Lei 13.135/2015 restabeleceu a dispensa de carência para a pensão por morte (art. 26, I, da Lei 8.213/91).

De acordo com o artigo 5º da Lei 13.135/2015, "os atos praticados com base em dispositivos da Medida Provisória no 664, de 30 de dezembro de 2014, serão revistos e adaptados ao disposto nesta Lei".

Em obediência ao Princípio do *Tempus Regit Actum*, "a lei aplicável à concessão de pensão previdenciária por morte é aquela vigente na data do óbito do segurado", na forma da Súmula 340, do STJ.

Desta forma, a lei em vigor no dia do óbito do segurado (e não a lei que vigora no dia do requerimento administrativo) formará o estatuto jurídico do benefício, a indicar as regras de concessão e manutenção, como a renda mensal e os dependentes.

A lei posterior ao óbito, para o bem ou para o mal, não será aplicada, salvo retroação benéfica expressamente autorizada e que respeite a regra de contrapartida.

ATENÇÃO

Uma importante novidade surgiu com o advento da MP 871/2019 (art. 76, § 3º, da Lei 13.846/2019). É que, na hipótese de o segurado falecido estar, na data de seu falecimento, obrigado por determinação judicial a pagar alimentos temporários a ex-cônjuge, ex-companheiro ou ex-companheira, a pensão por morte será devida pelo prazo remanescente na data do óbito, caso não incida outra hipótese de cancelamento anterior do benefício" (para óbitos a partir de 18/1/2019).

Dessa forma, na hipótese de sentença do juiz estadual que fixou alimentos de família com caráter temporário para cônjuges e companheiros, o período de pagamento da pensão por morte não ultrapassará o lapso final fixado na aludida decisão judicial, podendo ser cessada antes por outra causa de cancelamento do benefício.

Por outro lado, para os óbitos ocorridos até 17/1/2018, essa regra não será aplicável, pois o regime jurídico do benefício é formado pela lei em vigor no dia da morte do segurado.

De acordo com o Regulamento da Previdência Social e o entendimento do INSS, a pensão por morte somente será devida ao filho e ao irmão cuja invalidez tenha ocorrido antes da emancipação ou de completar a idade de vinte e um anos, desde que reconhecida ou comprovada, pela perícia médica do INSS, a continuidade da invalidez até a data do óbito do segurado. Essa posição se conservou mesmo com o Decreto 10.410/2020.

Entretanto, em 11 de outubro de 2010, em reunião em Recife, ao julgar incidente de uniformização no processo 2005.71.95.001467-0, a TNU decidiu que o maior de 21 anos inválido continua como dependente do segurado, mesmo sendo a invalidez posterior à maioridade previdenciária, mas com presunção relativa de dependência econômica, cabendo ao INSS desconstituí-la, como foi feito no processo em questão.

O mesmo entendimento foi adotado pela TNU no dia 02.12.2010 no julgamento do processo 2007.71.95.020545-9:

> "Esta TNU já enfrentou questão semelhante, reconhecendo a condição legal de dependente de segurado de filho maior que se torna inválido antes da morte de seus pais, ainda que tenha firmado a necessidade de prova da dependência econômica, cuja natureza da presunção seria alterada no particular, conforme pedido de uniformização nº 2008.40.00.707069-2, julgado na sessão de 11 de outubro de 2010".

O Superior Tribunal de Justiça já tomou decisão no mesmo sentido da TNU, ao admitir que a invalidez após a maioridade previdenciária permite a concessão da pensão por morte:

> "AGRAVO REGIMENTAL. PREVIDENCIÁRIO. PENSÃO POR MORTE. FILHO MAIOR INVÁLIDO. TITULAR DE APOSENTADORIA POR INVALIDEZ. DEPENDÊNCIA ECONÔMICA. COMPROVAÇÃO. REEXAME DE PROVAS. SÚMULA Nº 7/STJ. 1. **Nas hipóteses em que o filho inválido é titular de benefício de aposentadoria por invalidez, sendo o marco inicial anterior ao óbito da instituidora da pensão, a dependência econômica deve ser comprovada, porque a presunção desta, acaba sendo afastada diante da percepção de renda própria.** 2. A irresignação que busca desconstituir os pressupostos fáticos adotados pelo acórdão recorrido encontra óbice no enunciado nº 7 da Súmula desta Corte. 3. Agravo regimental a que se nega provimento. (AGRESP 201100458904, HAROLDO RODRIGUES (DESEMBARGADOR CONVOCADO DO TJ/CE), STJ – SEXTA TURMA, DJE DATA: 06/06/2011".

Contudo, veja que neste julgado o STJ desfez a presunção de dependência econômica, pois o filho inválido já percebia uma aposentadoria por incapacidade permanente, cabendo a ele demonstrar a efetiva dependência econômica do seu pai.

Há decisões mais recentes do STJ pronunciado por expresso a presunção relativa de dependência econômica:

> Processo
>
> REsp 1567171 / SC RECURSO ESPECIAL 2015/0290009-8

Relator(a)

Ministro NAPOLEÃO NUNES MAIA FILHO (1133)

Relator(a) p/ Acórdão

Ministro BENEDITO GONÇALVES (1142)

Órgão Julgador

T1 – PRIMEIRA TURMA

Data do Julgamento

07/05/2019

Data da Publicação/Fonte

DJe 22/05/2019

Ementa

PREVIDENCIÁRIO. RECURSO ESPECIAL. ENUNCIADO ADMINISTRATIVO 3/STJ. **PENSÃO POR MORTE. FILHO** MAIOR **INVÁLIDO**. RELAÇÃO DE DEPENDÊNCIA ECONÔMICA ENTRE SEGURADO DA PREVIDÊNCIA SOCIAL E BENEFICIÁRIO. **PRESUNÇÃO RELATIVA**. NECESSIDADE DE COMPROVAÇÃO DA DEPENDÊNCIA. PERCEPÇÃO DE BENEFÍCIO PREVIDENCIÁRIO QUE AFASTA A PRESUNÇÃO DE DEPENDÊNCIA. SÚMULA 7/STJ. ORIENTAÇÃO CONSOLIDADA NA MACIÇA JURISPRUDÊNCIA DO STJ. PRECEDENTES. RECURSO ESPECIAL NÃO CONHECIDO. PROCESSUAL CIVIL. AGRAVO EM RECURSO ESPECIAL. RESSARCIMENTO DE VALORES RECEBIDOS **POR** ERRO DA ADMINISTRAÇÃO PREVIDENCIÁRIA (ART. 115, II, DA LEI N. 8.213/1991). AFETAÇÃO PARA JULGAMENTO SOB O RITO DOS RECURSOS REPETITIVOS. RESP N. 1.381.734/RN. TEMA 979. SUSPENSÃO DO FEITO. DEVOLUÇÃO DOS AUTOS À ORIGEM.

Processo

REsp 1772926 / SP RECURSO ESPECIAL 2018/0266636-0

Relator(a)

Ministro HERMAN BENJAMIN (1132)

Órgão Julgador

T2 – SEGUNDA TURMA

Data do Julgamento

11/12/2018

Data da Publicação/Fonte

DJe 19/12/2018

Ementa

PROCESSUAL CIVIL E PREVIDENCIÁRIO. **PENSÃO POR MORTE.** REQUISITOS NÃO PREENCHIDOS. DEPENDÊNCIA ECONÔMICA NÃO COMPROVADA. 1. **O Superior Tribunal de Justiça tem acatado a tese de que a presunção de dependência econômica do filho maior inválido é relativa, devendo ser comprovada**. Vale observar que, não se presta à comprovação da dependência econômica do autor, o fato de ser **inválido,** devendo ser realmente demonstrada sua incapacidade de prover os próprios meios de subsistência.

2. Consoante firmado pelo Tribunal a quo, não procede o pedido de pensão por morte formulado por filho maior inválido, pois constatada ausência de dependência econômica, diante do fato de ser segurado do INSS e receber aposentadoria por invalidez.

No entanto, é necessário que a invalidez tenha se perpetrado antes do óbito do segurado, sob pena de indeferimento da pensão por morte, pois neste dia é que será aferida a condição de dependente. Nesse sentido, a TNU:

> "**TNU reafirma entendimento sobre concessão de pensão por morte a filho maior que fica inválido**
>
> Data da notícia: 17/02/2014 12:30
>
> Corpo do texto:
>
> A Turma Nacional de Uniformização dos Juizados Especiais Federais (TNU), na sessão realizada em Fortaleza, nesta sexta-feira (14/02), reafirmou entendimento de que filho maior inválido só tem direito a pensão se a invalidez for anterior à morte do instituidor do benefício.
>
> No caso em julgamento, a autora do pedido de uniformização perdeu o pai em 13.3.1995, sendo a esposa constituída como beneficiária da pensão pela morte dele. E foi assim até 19.12.2009, quando a mãe também faleceu. O problema é que, nesse intervalo, em 21.10.1999, a filha havia sofrido um acidente que a tornou inválida, o que a motivou, após a morte da mãe, a reivindicar o direito à pensão.
>
> A Seção Judiciária do Rio Grande do Norte negou o pedido. A autora recorreu e a Turma Recursal potiguar deu provimento ao recurso, concedendo o benefício de pensão por morte à autora. Desta vez, quem recorreu foi a União, alegando que o acórdão da Turma Recursal contraria entendimento da própria TNU, uma vez que, quando o pai morreu, a filha já havia alcançado a maioridade e ainda não se encontrava inválida, pois o acidente que a deixou paraplégica se deu quatro anos após o falecimento do instituidor da pensão.
>
> De acordo com o relator do processo, o juiz federal Paulo Ernane Moreira Barros, "a jurisprudência pátria já se consolidou no sentido de que a invalidez deve anteceder à morte do instituidor para que o filho inválido tenha direito à pensão por morte". O magistrado ressaltou ainda, que "o entendimento jurisprudencial do Superior Tribunal de Justiça (STJ) é de que, em se tratando de filho inválido, a concessão da pensão por morte depende apenas da comprovação de que a invalidez é anterior ao óbito do instituidor do benefício".
>
> O juiz também salienta em seu voto, que "adotar os argumentos da parte autora, pelos quais os requisitos para a concessão da pensão por morte somente seriam aferidos por ocasião do falecimento do último beneficiário, equivaleria, em última análise, a perpetuar o benefício da pensão por morte, o que não se admite, sob pena de afronta à razoabilidade". Diante disso, o magistrado deu provimento ao incidente de uniformização para restabelecer a sentença de primeira instância, no que foi acompanhado pelos demais membros da TNU.
>
> Processo 0501099-40.2010.4.05.8400".

É obrigatório que o pensionista inválido se submeta a exame médico a cargo da previdência social, processo de reabilitação profissional por ela prescrito e custeado e tratamento dispensado gratuitamente, exceto o cirúrgico e a transfusão de sangue, que são facultativos, independentemente de sua idade, sob pena de suspensão do benefício.

No entanto, desde o advento da Lei 13.063, de 30 de dezembro de 2014, que alterou o artigo 101 da Lei 8.213/91, o pensionista inválido estará isento do exame pericial após completar 60 (sessenta) anos de idade, salvo se o próprio pensionista solicitar a realização do exame para verificar a recuperação da sua capacidade de trabalho, caso se julgue apto.

A isenção de perícia do pensionista inválido após este ter completado 60 anos de idade presume o não retorno ao trabalho, pois a percepção deste benefício com remuneração é incompatível.

Embora seja óbvio, coube à **Lei 13.457/2017** expressar isto ao modificar o § 1º do artigo 101 da Lei 8.213/91, passando a gozar de previsão normativa expressa que a mencionada isenção de perícia do sexagenário pensionista inválido é condicionada ao não retorno ao trabalho.

Destaque-se que o posicionamento do STF e do STJ é pela ausência da condição de dependente de segurado do (a) concubino (a), pois se cuida de relação paralela ao matrimônio.

Na **classe I**, que é *preferencial e goza de dependência econômica presumida*, estão o cônjuge, a companheira, o companheiro e o filho não emancipado, de qualquer condição, menor de 21 (vinte e um) anos ou inválido ou que tenha deficiência intelectual ou mental ou deficiência grave.

Já na **classe II** figuram os pais, ao passo que na **classe III** está o irmão não emancipado, de qualquer condição, menor de 21 (vinte e um) anos ou inválido ou que tenha deficiência intelectual ou mental ou deficiência grave.

Caso haja mais de um dependente dentro da mesma classe, haverá o rateio em partes iguais da pensão por morte e, na medida em que cesse a dependência de algum, os remanescentes irão acrescendo proporcionalmente as suas cotas para óbitos até 13/11/2019.

Para óbitos a contar de 14/11/2019, por força do artigo 23 da Emenda 103/2019, a cota individual de 10% será extinta após a cessação de qualidade de dependente, revertendo-se apenas a cota familiar fixa de 50%.

Outrossim, não haverá transferência de benefício entre as classes, de modo que um filho menor de 21 anos que alcance a maioridade previdenciária não fará com que os dependentes da classe II ou III sejam beneficiários da prestação.

De acordo com o STJ, acaso a mãe do segurado esteja recebendo o benefício de pensão por morte, e, posteriormente à sua habilitação, seja reconhecida judicialmente a paternidade de criança com a consequente habilitação do menor, a mãe do segurado não deve ser obrigada a restituir as parcelas já percebidas em razão do Princípio da Boa-fé, conquanto perca o direito ao benefício por ser preterida por um dependente de classe especial:

> **Informativo 545 – "DIREITO CIVIL E PREVIDENCIÁRIO. PRINCÍPIO DA IRREPETIBILIDADE DAS VERBAS PREVIDENCIÁRIAS.**
>
> **A viúva que vinha recebendo a totalidade da pensão por morte de seu marido não deve pagar ao filho posteriormente reconhecido em ação de investigação de paternidade a quota das parcelas auferidas antes da habilitação deste na autarquia previdenciária, ainda que a viúva, antes de iniciar o recebimento do benefício, já tivesse conhecimento da existência da ação de investigação de paternidade.** De fato, a sentença declaratória de paternidade possui efeitos *ex tunc*, retroagindo à data de nascimento do investigante. Entretanto, tais efeitos não possuem caráter absoluto, encontrando um limite intransponível: o respeito às situações jurídicas definitivamente constituídas. A controvérsia envolve o princípio da irrepetibilidade das verbas previdenciárias pagas a maior, amplamente consagrado pela jurisprudência do STJ. Considerando que os valores recebidos a título de benefício previdenciário não se prestam, por natureza, a enriquecimento –e, menos ainda, ilícito –, mas sim à subsistência do segurado e de sua família, sendo manifesta a sua natureza alimentar, a jurisprudência somente excepciona sua irrepetibilidade quando o recebimento decorrer de má-fé. Ao tomar conhecimento da ação de investigação de paternidade, a viúva apenas obtém a notícia da possibilidade de haver outro beneficiário do direito previdenciário. Trata-se de mera possibilidade e nada mais do que isso, porquanto incerto o resultado da demanda, que poderia ser pela improcedência. Assim, não é razoável exigir da beneficiária, já devidamente habilitada nos termos da lei, que abrisse mão de sua pensão apenas por existir uma ação em curso que pudesse vir a reconhecer a existência de outro beneficiário. A configuração da má-fé requer a intenção maliciosa de causar lesão ou prejuízo a terceiro, o que não ocorre no caso. Note-se que o interessado

poderia pleitear medida judicial no bojo da ação de investigação de paternidade para que lhe fosse assegurada a reserva de parte da pensão. Se assim não o fez, não se pode exigir de terceira pessoa (a viúva), que não era parte naquela ação investigativa, a adoção de providência voltada a assegurar efeito semelhante. Assim, a possibilidade de pagamento retroativo ao filho reconhecido judicialmente posteriormente ao óbito do instituidor do benefício não autoriza, por si só, que se exija de outros beneficiários anteriormente habilitados a devolução das verbas previdenciárias recebidas de boa-fé. REsp 990.549-RS, **Rel. Min. Ricardo Villas Bôas Cueva, Rel. para acórdão Min. João Otávio de Noronha, julgado em 5/6/2014"**

De acordo com o antigo § 4º, do artigo 77, da Lei 8.213/91, "a parte individual da pensão do dependente com deficiência intelectual ou mental que o torne absoluta ou relativamente incapaz, assim declarado judicialmente, que exerça atividade remunerada, será reduzida em 30% (trinta por cento), devendo ser integralmente restabelecida em face da extinção da relação de trabalho ou da atividade empreendedora". **No entanto, este parágrafo foi revogado pela Lei 13.135/2015, deixando de existir juridicamente.**

Posteriormente coube à Lei 13.183/2015 dispor que o exercício de atividade remunerada, inclusive na condição de microempreendedor individual, não impede a concessão ou manutenção da parte individual da pensão do dependente com deficiência intelectual ou mental ou com deficiência grave (§ 6º do art. 77 da Lei 8.213/91).

Até o advento da Emenda 103/2019, a pensão por morte era paga no **mesmo valor da aposentadoria que o segurado recebia ou daquela a que teria direito se estivesse aposentado por invalidez na data de seu falecimento** (100% do salário de benefício), **inexistindo carência.** A MP 664/2014[119] chegou a reduzi-la, mas a Lei 13.135/2015 restabeleceu a redação do artigo 75, da Lei 8.213/91, voltando a pensão por morte a ser integral.

Destarte, indiretamente, a pensão por morte também era calculada com o manejo do salário de benefício. Essa regra é válida para óbitos ocorridos até 13/11/2019.

De acordo com o artigo 5º da Lei 13.135/2015, "os atos praticados com base em dispositivos da Medida Provisória no 664, de 30 de dezembro de 2014, serão revistos e adaptados ao disposto nesta Lei".

Desta forma, o INSS reviu de ofício as pensões por morte concedidas em valor não integral no período de vigência desta regra da MP 664/2014 (óbitos de 1/3/2015 a 17/6/2015), pagando as parcelas vencidas respectivas.

De acordo com o ***artigo 23 da Emenda 103/2019***, a **pensão por morte concedida a dependente de segurado do Regime Geral de Previdência Social** será equivalente a uma cota familiar de **cinquenta por cento** do valor da aposentadoria recebida pelo segurado ou servidor ou daquela a que teriam direito se fossem aposentados por incapacidade permanente na data do óbito, acrescida de **cotas de dez pontos** percentuais por dependente, **até o máximo de cem por cento.**

Trata-se de regra que veio reger a pensão por morte dos segurados do RGPS para **óbitos a partir do dia seguinte à data de publicação da Emenda 103/2019**. Isso porque as mortes até

119. Art. 75. O valor mensal da pensão por morte corresponde a cinquenta por cento do valor da aposentadoria que o segurado recebia ou daquela a que teria direito se estivesse aposentado por invalidez na data de seu falecimento, acrescido de tantas cotas individuais de dez por cento do valor da mesma aposentadoria, quantos forem os dependentes do segurado, até o máximo de cinco, observado o disposto no art. 33.

o dia da publicação da Emenda serão regidas pela legislação anterior prevista na Lei 8.213/91, nos termos do artigo 3º da Emenda.[120]

Por sua vez, a renda mensal da pensão por morte do segurado do RGPS cujo óbito foi posterior ao advento da Emenda 103/2019 (a partir de 14/11/2019) será calculada com arrimo no artigo 23, observada a renda se ao menos um salário mínimo.

Em regra, haverá um valor básico de 50% da aposentadoria recebida pelo inativo ou 50% da aposentadoria por incapacidade que teria direito na data do óbito, acrescido de 10% por dependente até o limite de 100%:

COEFICIENTE	DEPENDENTES
60%	1 dependente
70%	2 dependentes
80%	3 dependentes
90%	4 dependentes
100%	5 ou mais dependentes

Dessa forma, para o segurado ativo que vem a óbito, será necessário calcular os proventos da aposentadoria por incapacidade permanente para em seguida calcular o valor da pensão por morte.

Nos termos do Decreto 10.410/2020, o valor da pensão por morte, no caso de morte de segurado recluso que tenha contribuído para a previdência social durante o período de reclusão, será calculado de modo a considerar o tempo de contribuição adicional e os correspondentes salários de contribuição.

Considerando que a pensão por morte é um benefício não programado e que não exige tempo de contribuição mínimo para a sua concessão, não será aplicada a regra de descarte de contribuições de que trata o artigo 26, § 6º[121], da EC 103/2019.

No mesmo sentido o artigo 32 do RPS:

> "§ 24. Para fins do cálculo das aposentadorias programadas para as quais seja exigido tempo mínimo de contribuição, poderão ser excluídas do cálculo da média dos salários de contribuição e das remunerações adotadas como base para contribuições a regime próprio de previdência social ou como base para contribuições decorrentes das atividades militares de que tratam os art. 42 e art. 142 da Constituição, utilizado para definição do salário de benefício, as contribuições que resultem em redução do valor do benefício, observado o disposto nos § 25 e § 26. (Redação dada pelo Decreto nº 10.410, de 2020)".

120. Art. 3º A concessão de aposentadoria ao servidor público federal vinculado a regime próprio de previdência social e ao segurado do Regime Geral de Previdência Social e de pensão por morte aos respectivos dependentes será assegurada, a qualquer tempo, desde que tenham sido cumpridos os requisitos para obtenção destes benefícios até a data de entrada em vigor desta Emenda Constitucional, observados os critérios da legislação vigente na data em que foram atendidos os requisitos para a concessão da aposentadoria ou da pensão por morte.§ 1º Os proventos de aposentadoria a serem concedidos ao servidor público a que se refere o *caput* e as pensões por morte devidas aos seus dependentes serão calculados e reajustados de acordo com a legislação em vigor à época em que foram atendidos os requisitos nela estabelecidos para a concessão destes benefícios.

121. § 6º Poderão ser excluídas da média as contribuições que resultem em redução do valor do benefício, desde que mantido o tempo mínimo de contribuição exigido, vedada a utilização do tempo excluído para qualquer finalidade, inclusive para o acréscimo a que se referem os §§ 2º e 5º, para a averbação em outro regime previdenciário ou para a obtenção dos proventos de inatividade das atividades de que tratam os arts. 42 e 142 da Constituição Federal.

Para os **homens**, a teor do artigo 26[122] da Emenda 103/2019, o valor do benefício de aposentadoria por incapacidade permanente corresponderá a **sessenta por cento da média aritmética das 100% das remunerações/salários de contribuição, com acréscimo de 2% para cada ano que ultrapassar os 20 anos de contribuição:**

HOMENS TEMPO DE CONTRIBUIÇÃO	COEFICIENTE
Até 20 anos	60%
21 anos	62%
22 anos	64%
23 anos	66%
24 anos	68%
25 anos	70%
26 anos	72%
27 anos	74%
28 anos	76%
29 anos	78%
30 anos	80%
31 anos	82%
32 anos	84%
33 anos	86%
34 anos	88%
35 anos	90%
36 anos	92%
37 anos	94%
38 anos	96%
39 anos	98%
40 anos	100%

122. Art. 26. Até que lei discipline o cálculo dos benefícios do regime próprio de previdência social da União e do Regime Geral de Previdência Social, será utilizada a média aritmética simples dos salários de contribuição e das remunerações adotados como base para contribuições a regime próprio de previdência social e ao Regime Geral de Previdência Social, ou como base para contribuições decorrentes das atividades militares de que tratam os arts. 42 e 142 da Constituição Federal, atualizados monetariamente, correspondentes a cem por cento do período contributivo desde a competência julho de 1994 ou desde o início da contribuição, se posterior àquela competência.§ 1° A média a que se refere o *caput* será limitada ao valor máximo do salário de contribuição do Regime Geral de Previdência Social para os segurados deste regime e para o servidor que ingressou no serviço público em cargo efetivo após a implantação do regime de previdência complementar ou que tenha exercido a opção correspondente, nos termos do disposto nos §§ 14 a 16 do art. 40 da Constituição Federal.

Assim, se um segurado (homem) do RGPS morrer com 30 anos de tempo de contribuição, o valor da aposentadoria por incapacidade permanente será de 80% da média de todos os salários de contribuição desde julho de 1994, sendo este o valor base para o cálculo da pensão por morte que será incidirá à razão de 60, 70, 80, 90 ou 100% sobre 80% de toda a média contributiva do segurado.

Suponha-se que um segurado do RGPS tenha morrido com 30 anos de tempo de contribuição, de modo que os proventos de aposentadoria por incapacidade que ele teria direito seriam de 80% da média dos salários de contribuição.

Se ele possuir dois dependentes habilitados, o valor da pensão por morte será de 70% multiplicado por 80% da média dos salários de contribuição a partir de 7/1994 (7 x 8 = 56) chegando a apenas 56% da média de todos os salários de contribuição desde o Plano Real (julho/1994).

A renda mensal da pensão por morte não poderá ser inferior a um salário mínimo.

Curioso notar que, **intencionalmente**, o artigo 26 da Emenda 103/2019 não limita a média de todos os salários de contribuição do segurado a 100%, de modo que o segurado falecido que possuir mais de 40 anos de tempo de contribuição poderá gerar pensão por morte com base de cálculo que ultrapasse a 100% da média de salários de contribuição desde o Plano Real (competência 7/1994), a exemplo:

41 anos	102%
42 anos	104%
43 anos	106%
44 anos	108%
45 anos	110%
E assim sucessivamente	**E assim sucessivamente**

No entanto, para **a aposentadoria por incapacidade da mulher** existe uma regra especial de cálculo da renda mensal no artigo 26, § 5º[123], da Emenda 103/2019, que prevê a **progressão a contar de 15 anos**, e não de 20 anos de contribuição:

MULHERES TEMPO DE CONTRIBUIÇÃO	COEFICIENTE
15 anos	60%
16 anos	62%
17 anos	64%
18 anos	66%
19 anos	68%
20 anos	70%

123. § 5º O acréscimo a que se refere o caput do § 2º será aplicado para cada ano que **exceder quinze anos** de tempo de contribuição para os segurados de que tratam a alínea "a" do inciso I do art. 19 e do inciso I do art. 21 **e para as mulheres filiadas ao Regime Geral de Previdência Social.**

MULHERES TEMPO DE CONTRIBUIÇÃO	COEFICIENTE
21 anos	72%
22 anos	74%
23 anos	76%
24 anos	78%
25 anos	80%
26 anos	82%
27 anos	84%
28 anos	86%
29 anos	88%
30 anos	90%
31 anos	92%
32 anos	94%
33 anos	96%
34 anos	98%
35 anos	100%
E assim sucessivamente	**E assim sucessivamente**

Suponha-se que uma mulher segurada no RGPS faleceu sem estar aposentada após a vigência da Emenda 103/2019. Ela possuía 22 anos de tempo de contribuição no dia do óbito.

Neste caso, a base de cálculo da sua pensão por morte será de 74% da média de todos os salários de contribuição desde o Plano Real, multiplicado pelo coeficiente do número de dependentes habilitados:

COEFICIENTE	DEPENDENTES
60%	1 dependente
70%	2 dependentes
80%	3 dependentes
90%	4 dependentes
100%	5 ou mais dependentes

Se ela possuir apenas um dependente (74 x 60 = 44,4%), a renda da pensão por morte que vier a instituir será de 44,4% da média de todos os salários de contribuição desde o Plano Real, não podendo ser inferior a um salário mínimo.

IMPORTANTE!

Excepcionalmente, no caso de morte por acidente de trabalho do empregado, trabalhador avulso, empregado doméstico e segurado especial, se o segurado falecido não estava aposentado, o salário de benefício deve ser 100% da média, pois esse seria o salário de benefício da aposentadoria por incapacidade permanente decorrente de acidente de trabalho.

Essa regra não se aplica aos contribuintes individuais e segurados facultativos, pois não fazem jus a benefício decorrente do acidente de trabalho.

IMPORTANTE!

Por outro lado, existe uma regra especial muito justa em favor do **dependente inválido ou com deficiência intelectual, mental ou grave (filhos, cônjuges/companheiros, pais e irmãos)**, pois neste caso a renda da pensão por morte será equivalente a:

I – **100%** da aposentadoria recebida pelo segurado ou daquela a que teriam direito se fossem aposentados por incapacidade permanente na data do óbito, **até o limite máximo de benefícios do Regime Geral de Previdência Social**.

Quando não houver mais dependente inválido ou com deficiência intelectual, mental ou grave, o valor da pensão será recalculado na forma da regra geral. Para o dependente inválido ou com deficiência intelectual, mental ou grave, a condição de deficiente pode ser reconhecida previamente ao óbito do segurado, por meio de avaliação biopsicossocial realizada por equipe multiprofissional e interdisciplinar, observada revisão periódica na forma da legislação.

De sua vez, **o artigo 75 da Lei 8.213/91** (que cuida da renda da pensão por morte) **não foi recebido pela Emenda 103/2019** para novos óbitos **(a contar de 14/11/2019)**:

> ~~"Art. 75. O valor mensal da pensão por morte será de cem por cento do valor da aposentadoria que o segurado recebia ou daquela a que teria direito se estivesse aposentado por invalidez na data de seu falecimento, observado o disposto no art. 33 desta lei. (Redação dada pela Lei nº 9.528, de 1997)"~~

A sua aplicação será limitada no tempo, incidindo apenas para as mortes ocorridas até o dia da publicação da Emenda.

Ademais, **é vedada a reversão de cotas de pensão entre dependentes**. Dessa forma, o § 1º do artigo 77 da Lei 8.213/91 não foi recebido pela Emenda 103/2019 para os novos óbitos:

> ~~"§ 1º Reverterá em favor dos demais a parte daquele cujo direito à pensão cessar. (Redação dada pela Lei nº 9.032, de 1995)"~~

Regra de grande impacto na Emenda 103/2019 é a que prevê que se equiparam a filho, para fins de recebimento da pensão por morte, exclusivamente o enteado e o menor tutelado, desde que comprovada a dependência econômica.

O objetivo desta regra foi reverter a posição repetitiva do STJ (tema 732) que equipara ao filho o menor sob guarda, nos termos do artigo 33, § 3º, do ECA. É aguardar para ver a reação da jurisprudência ao novel dispositivo, que corre o risco de ser afastado por inconstitucionalidade.

Em regra, a pensão por morte será paga a partir do óbito do segurado. Contudo, se postulada administrativamente após 90 (noventa) dias do falecimento, apenas serão pagas as parcelas a partir da data de entrada do requerimento administrativo[124].

Este prazo era de 30 dias até o advento da Lei 13.183, em vigor desde 5 de novembro de 2015 (aplicável às mortes a contar desta data), quando foi triplicado com razoabilidade para 90 dias, pois muitas vezes em um mês não há disposição emocional para se requerer o benefício previdenciário, em especial em falecimentos inesperados.

Vale ressaltar que, mesmo nos casos em que o requerimento do benefício é protocolizado após noventa dias do óbito, a data de início do benefício será o dia do falecimento, mas apenas serão devidas as parcelas a contar da data do requerimento.

No caso dos absolutamente incapazes, pois contra eles não correrá a prescrição, a jurisprudência e o próprio INSS[125] vinham entendendo que o benefício era devido desde a data do falecimento, mesmo que o requerimento seja protocolizado após noventa dias do óbito (menor de 16 anos de idade), conforme o artigo 3º, do Código Civil.

No mesmo sentido a TNU:

> "PREVIDÊNCIA SOCIAL. AUXÍLIO-RECLUSÃO. BENEFICIÁRIO MENOR IMPÚBERE À DATA DA ENTRADA DO REQUERIMENTO ADMINISTRATIVO. EFEITOS FINANCEIROS A CONTAR DA DATA DE ENCARCERAMENTO E NÃO DA DATA DE ENTRADA DO REQUERIMENTO. **INAPLICABILIDADE DO DISPOSTO NO INCISO II DO ARTIGO 74 DA LEI 8.213/1991 AOS MENORES ABSOLUTAMENTE INCAPAZES.** REPRESENTATIVO DA TNU NO PEDILEF 0508581-62.2007.4.05.8200/PB. RECURSO CONHECIDO E PROVIDO. O requerente pediu, em 15/09/2008, a concessão de auxílio-reclusão pelo encarceramento de seu pai, em 28/05/2005, sendo-lhe deferido da data do requerimento e não da data do fato gerador, aplicando-se ao caso o disposto no artigo 74, II, da Lei 8.213/1991, dada a sistemática aplicável do quanto disposto em questão de pensão por morte ao caso desta espécie de benefício. Acórdão da Turma Recursal paraense por maioria de votos. **A TNU consolidou seu entendimento no julgamento do representativo pedido de uniformização 0508581-62.2007.4.05.8200/PB, da lavra do Juiz Federal Antônio Fernando Schenkel do Amaral e Silva, em Sessão de 16/08/2012, determinando que não se aplica o dispositivo aos absolutamente incapazes, dada a sua natureza prescricional.** São devidas as prestações desde o encarceramento, em 28/05/2005. Ante o exposto, voto por conhecer do Pedido de Uniformização da Interpretação de Lei Federal e dar-lhe provimento para reafirmar a tese exposta no Pedilef 0508581-62.2007.4.05.8200/PB, aplicado aos casos de auxílio-reclusão, para julgar procedente a pretensão do jovem autor da demanda, devendo ser pagas as diferenças de 28/05/2005 a 15/09/2008, conforme apurado em liquidação" (PEDILEF 00241832920084013900, de 27/06/2014).

Após oscilação anterior, nesse sentido a atual posição do STJ:

> "PREVIDENCIÁRIO. PENSÃO POR MORTE. **ABSOLUTAMENTE INCAPAZ. TERMO INICIAL. ÓBITO.** DUPLICIDADE DE PAGAMENTO. INOVAÇÃO RECURSAL. DESCABIMENTO.

---

124. Para óbitos ocorridos até o dia 10 de novembro de 1997, véspera da publicação da Lei nº 9.528, de 1997, a pensão por morte será devida a contar da data do óbito, conforme o Parecer MPAS/CJ nº 2.630, publicado em 17 de dezembro de 2001, **tratando-se de dependente capaz ou incapaz**, observada a prescrição quinquenal de parcelas vencidas ou devidas, ressalvado o pagamento integral dessas parcelas aos dependentes menores de dezesseis anos e aos inválidos incapazes.

125. Nota Técnica CGMBEN/DIVCONS 112/2008 e artigo 364, § 4º, da Instrução Normativa INSS 77/2015.

1. A habilitação posterior de dependente somente produzirá efeitos a contar de seu respectivo requerimento, nos termos do art. 76 da Lei n. 8.213/1991, salvo direito de incapaz.

2. Não se conhece de alegação sobre eventual duplicidade no pagamento, ante a preclusão consumativa" (AgInt no REsp 1603894 / PR, de 15/8/2017).

Por outro lado, não havia retroação se algum dependente já houvesse se habilitado, pois o INSS não poderá pagar em duplicidade se não sabia da existência do menor que não se habilitou a bom tempo. Nesse sentido, o STJ:

> **"Informativo 566– DIREITO PREVIDENCIÁRIO. HABILITAÇÃO TARDIA DE PENSIONISTA MENOR. Ainda que o beneficiário seja "pensionista menor", a pensão por morte terá como termo inicial a data do requerimento administrativo – e não a do óbito – na hipótese em que, postulado após trinta dias do óbito do segurado, o benefício já vinha sendo pago integralmente a outro dependente previamente habilitado.** A jurisprudência prevalente do STJ é no sentido de que, comprovada a absoluta incapacidade do requerente, faz ele jus ao pagamento das parcelas de pensão por morte desde a data do óbito do segurado, ainda que não haja postulação administrativa no prazo de trinta dias (REsp 1.405.909-AL, Primeira Turma, DJe 9/9/2014; REsp 1.354.689-PB, Segunda Turma, DJe 11/3/2014). Isso porque, nos termos do art. 79 da Lei 8.213/1991, está claro que tanto o prazo de decadência quanto o prazo de prescrição previstos no art. 103 da referida Lei são inaplicáveis ao pensionista menor, situação esta que só desaparece com a maioridade, nos termos do art. 5º do Código Civil. Contudo, o dependente menor que não pleiteia a pensão por morte no prazo de trinta dias a contar da data do óbito do segurado (art. 74 da Lei 8.213/1991) não tem direito ao recebimento do referido benefício a partir da data do falecimento do instituidor, na hipótese em que a pensão houver sido integralmente paga a outros dependentes que já estavam previamente habilitados perante o INSS. Com efeito, a habilitação posterior do dependente menor somente deverá produzir efeitos a contar desse episódio, de modo que não há que falar em efeitos financeiros para momento anterior à sua inclusão (art. 76 da Lei 8.213/1991). Ressalta-se, inclusive, que admitir o contrário implicaria em inevitável prejuízo à autarquia previdenciária, que seria condenada a pagar duplamente o valor da pensão. Precedente citado: REsp 1.377.720-SC, Segunda Turma, DJe 5/8/2013. **REsp 1.513.977-CE, Rel. Min. Herman Benjamin, julgado em 23/6/2015, DJe 5/8/2015".**

No mesmo sentido a TNU:

> Informativo 16/2017
>
> Processo n. 0504863-60.2012.4.05.8401
>
> No caso de habilitação tardia, o menor impúbere tem direito às prestações vencidas desde o óbito do instituidor, se o benefício de pensão por morte não fora concedido a outro dependente integrante do mesmo núcleo familiar.

ATENÇÃO!

Mas o tema foi alvo de alteração normativa promovida no artigo 74, inciso I, da Lei 8.213/91 promovida pela MP 871/2019 convertida na Lei 13.846/2019: A pensão por morte será devida ao conjunto dos dependentes do segurado que falecer, aposentado ou não, a contar da data: I – do óbito, **quando requerida em até cento e oitenta dias após o óbito, para os filhos menores de dezesseis anos**, ou em até noventa dias após o óbito, para os demais dependentes.

Dessa forma, **para os óbitos ocorridos a partir da vigência da MP 871 (18/1/2019)**, no caso de beneficiário absolutamente incapaz (menor de 16 anos de idade), acaso o seu representante legal não ofereça requerimento administrativo em até 180 dias do óbito, o INSS não pagará os atrasados, gerando efeitos financeiros somente a partir da data de entrada do requerimento administrativo.

Por outro lado, para as mortes ocorridas até 17/1/2019 (Princípio do *Tempus Regit Actum*) segue com validade o regramento de que os efeitos da pensão por morte em favor do absolutamente incapaz devem retroagir ao dia do óbito, desde que não haja outro dependente habilitado.

Na hipótese de morte presumida, a pensão por morte será devida desde a prolação da respectiva decisão judicial, valendo ressaltar que "o reconhecimento da morte presumida, com o fito de concessão de pensão previdenciária, não se confunde com a declaração de ausência regida pelos diplomas cível e processual. *In casu*, obedece-se ao disposto no artigo 78, da Lei 8.213/91"[126].

De acordo com o STJ, "o art. 78 da Lei 8.213/91 dispõe que a concessão da pensão provisória pela morte presumida do segurado decorre tão somente da declaração emanada da autoridade judicial, depois do transcurso de 6 meses da ausência. **Dispensa-se pedido administrativo para recebimento do benefício**". (AgRg no REsp 1309733, de 2/8/2012).

Entretanto, a previsão legal de que o INSS irá pagar as parcelas da pensão por morte presumida somente a contar da prolação da sentença judicial pode se afigurar injusta e irrazoável em processos judiciais que demorem muitos anos, deixando os dependentes desamparados.

Por outro lado, se comprovado o desaparecimento do segurado em consequência de acidente, desastre ou catástrofe, seus dependentes farão jus à pensão provisória independentemente da declaração de ausência, pois se presume a morte do segurado, sendo devido o benefício desde a data da ocorrência do evento, se requerida em até noventa dias.

Vale ressaltar que a ação judicial para reconhecer a morte presumida para fins de percepção da pensão será de competência da Justiça Federal (salvo pensão por morte por acidente de trabalho), conforme entende o STJ[127], possuindo o INSS legitimidade passiva, já que é o ente previdenciário que irá arcar com a pensão.

A morte presumida será declarada pela autoridade judicial competente, depois de 06 meses de ausência, sendo concedida pensão provisória e pago o benefício a contar da data de prolação da sentença declaratória.

Contudo, se o desaparecimento do segurado decorrer de acidente, desastre ou catástrofe, seus dependentes farão jus à pensão provisória independentemente da declaração, a partir da data do desaparecimento.

Caso o segurado reapareça, o pagamento da pensão cessará imediatamente, desobrigados os dependentes da reposição dos valores recebidos, salvo comprovada má-fé.

Considerando que é princípio geral do Direito que a boa-fé se presume, caberá ao INSS provar a má-fé dos dependentes para cobrar as parcelas percebidas a título de pensão por morte, demonstrando que estes sabiam da inexistência do falecimento.

Ademais, **a concessão da pensão por morte não será protelada pela falta de habilitação de outro possível dependente, e qualquer inscrição ou habilitação posterior que importe**

126. STJ, REsp 232.893, de 23.05.2000.
127. CC 20.120, de 14.10.1998.

em exclusão ou inclusão de dependente só produzirá efeito a contar da data da inscrição ou habilitação.

Isso quer dizer que o INSS não poderá aguardar a habilitação de todos os dependentes para conceder o benefício, devendo, de logo, deferir ao primeiro que se habilitar, promovendo a inserção posterior de outros eventuais dependentes que requerem o benefício.

No entanto, por cautela, é interessante aguardar os 90 dias após a morte, pois neste caso o INSS deverá pagar os atrasados desde o óbito, podendo ter que pagar duas vezes a cota se algum dependente se habilitou anteriormente com pagamento efetivado.

De acordo com a TNU (processo 5011918-72.2012.4.04.7201, Informativo 16/2017), "quando o rateio de pensão por morte em razão de a superveniente inclusão de novo beneficiário operar-se com efeitos retroativos, a redução no valor da cota do pensionista mais antigo não lhe acarreta a obrigação de devolver o valor recebido a maior no período anterior ao desdobramento do benefício. Assim, acaso já tenham sido descontados valores a esse título sobre a cota recebida, eles devem ser devolvidos".

ATENÇÃO:

Outra novidade da **Lei 13.846/19** (inseriu os §§ 3º e 4º no artigo 74 da Lei 8.213/91,) é que, acaso ajuizada a ação judicial para reconhecimento da condição de dependente, este poderá requerer a sua habilitação provisória ao benefício de pensão por morte, exclusivamente para fins de rateio dos valores com outros dependentes, **vedado o pagamento da respectiva cota até o trânsito em julgado da decisão judicial que reconhecer a qualidade de dependente do autor da ação, r**essalvada a existência de decisão judicial em contrário.

Se julgada improcedente a ação citada, o valor retido será corrigido pelos índices legais de reajustamento e será pago de forma proporcional aos demais dependentes, de acordo com as suas cotas e o tempo de duração de seus benefícios.

Eis os dispositivos literais para uma melhor análise:

> "**§ 3º** Ajuizada a ação judicial para reconhecimento da condição de dependente, este poderá requerer a sua habilitação provisória ao benefício de pensão por morte, exclusivamente para fins de rateio dos valores com outros dependentes, vedado o pagamento da respectiva cota até o trânsito em julgado da respectiva ação, ressalvada a existência de decisão judicial em contrário.
>
> **§ 4º** Nas ações em que o INSS for parte, este poderá proceder de ofício à habilitação excepcional da referida pensão, apenas para efeitos de rateio, descontando-se os valores referentes a esta habilitação das demais cotas, vedado o pagamento da respectiva cota até o trânsito em julgado da respectiva ação, ressalvada a existência de decisão judicial em contrário.
>
> **§ 5º** Julgada improcedente a ação prevista no § 3º ou § 4º deste artigo, o valor retido será corrigido pelos índices legais de reajustamento e será pago de forma proporcional aos demais dependentes, de acordo com as suas cotas e o tempo de duração de seus benefícios.
>
> **§ 6º** Em qualquer caso, fica assegurada ao INSS a cobrança dos valores indevidamente pagos em função de nova habilitação."

Esse dispositivo parece ser protetivo da Previdência Social e do suposto dependente que busca o seu reconhecimento judicial em ação perante o Juízo de Família para, em seguida, instaurar processo administrativo visando à concessão de pensão por morte.

Suponha-se que um segurado tenha falecido na pendência de ação estadual de investigação de paternidade no Juízo de Família ajuizada por um suposto filho menor. Neste caso, o infante poderá requerer a habilitação provisória no benefício de pensão, sendo reservada a sua cota-parte pelo INSS, evitando prejuízos ao Erário de pagamento em duplicidade acaso haja o reconhecimento da qualidade de dependente.

Anteriormente ao advento desta regra, considerando que a prova de filiação depende do registro público, certamente o pedido administrativo sequer seria recebido na agência por falta de documento essencial, ou, se protocolizado, seria prontamente indeferido por ausência de prova da filiação (certidão de nascimento).

Acaso a dependência seja negada na ação judicial, a exemplo de exame negativo de DNA que afastou a paternidade do segurado falecido, serão liberados os valores reservados aos demais dependentes, com a incidência da correção monetária.

Vale registrar que, pela abertura do texto dos §§ 3º e 4º do artigo 74 da Lei 8.213/91, inseridos pela MP 871/2019 (convertida na Lei 13.846/2019), as novas disposições normativas poderiam ser aplicadas na hipótese de ajuizamento de ação judicial para o reconhecimento de união estável perante o INSS como incidente processual, na hipótese em que o pedido principal da ação seja a concessão da pensão por morte.

ainda à luz da Lei 13.846/2019, nas ações em que o INSS for parte, este poderá **proceder de ofício à habilitação excepcional da referida pensão**, apenas para efeitos de rateio, descontando-se os valores referentes a esta habilitação das demais cotas, vedado o pagamento da respectiva cota até o trânsito em julgado da respectiva ação, ressalvada a existência de decisão judicial em contrário, assegurando-se, em qualquer caso, a **cobrança pelo INSS dos valores indevidamente pagos em função de nova habilitação**.

Isso pode ocorrer quando o Procurador Federal verificar erro administrativo para evitar que a condenação nos atrasados seja majorada, havendo a ressalva de o INSS cobrar do dependente a quantia a maior que foi paga.

Com o advento do Decreto 10.410/2020, não existe mais a ressalva da colação de grau em curso superior antes dos 21 anos de idade no artigo 114 do Decreto 3.048/99.

No entanto, o artigo 17 não arrolou essa hipótese de emancipação para antecipar a maioridade previdenciária:

> "Art. 17. A perda da qualidade de dependente ocorre:
>
> III – ao completar vinte e um anos de idade, para o filho, o irmão, o enteado ou o menor tutelado, ou nas seguintes hipóteses, se ocorridas anteriormente a essa idade: (Redação dada pelo Decreto nº 10.410, de 2020).
>
> a) casamento; (Redação dada pelo Decreto nº 10.410, de 2020).
>
> b) início do exercício de emprego público efetivo; (Redação dada pelo Decreto nº 10.410, de 2020).
>
> c) constituição de estabelecimento civil ou comercial ou pela existência de relação de emprego, desde que, em função deles, o menor com dezesseis anos completos tenha economia própria; ou (Redação dada pelo Decreto nº 10.410, de 2020).
>
> d) concessão de emancipação, pelos pais, ou por um deles na falta do outro, por meio de instrumento público, independentemente de homologação judicial, ou por sentença judicial, ouvido o tutor, se o menor tiver dezesseis anos completos; e (Redação dada pelo Decreto nº 10.410, de 2020)".

De acordo com o artigo 77, § 2º, da Lei 8.213/91, modificado pela Lei 13.135/2015 e pela Lei 13.146/2015, que rege as hipóteses de cancelamento da cota do benefício, a pensão por morte cessará:

> I – pela morte do pensionista;
>
> II – para o filho, a pessoa a ele equiparada ou o irmão, de ambos os sexos, pela emancipação ou ao completar 21 (vinte e um) anos de idade, salvo se for inválido ou tiver deficiência intelectual ou mental ou deficiência grave; *(redação dada pela Lei 13.146/2015 – vigência em 3 de janeiro de 2016)*
>
> III – para filho ou irmão inválido, pela cessação da invalidez;
>
> IV – para filho ou irmão que tenha deficiência intelectual ou mental ou deficiência grave, pelo afastamento da deficiência, nos termos do regulamento (este inciso vigorará em 18/6/2017).

Note-se que pelas modificações perpetradas pela Lei 13.146/2015, a emancipação (a contar dos 16 anos de idade) voltou a ser causa de antecipação da maioridade previdenciária do irmão do segurado, mas com a ressalva de que não haverá cancelamento da pensão por morte se houver invalidez ou tiver deficiência intelectual ou mental ou deficiência grave.

Todavia, a Lei 13.183/2015 modificou a redação do artigo 77, § 2º, inciso II, da Lei 8.213/91, aduzindo que a pensão por morte cessará "para o filho, a pessoa a ele equiparada ou o irmão, de ambos os sexos, ao completar vinte e um anos de idade, salvo se for inválido ou tiver deficiência intelectual ou mental ou deficiência grave", não sendo prevista mais a emancipação.

Veja-se que ao prevalecer a mudança da Lei 13.183/2015, que é norma posterior à Lei 13.146/2015, embora esta tenha apenas entrado em vigor no dia 3 de janeiro de 2016, a emancipação deixa de ser causa de antecipação da maioridade previdenciária no cancelamento da pensão, embora o seja na sua concessão, pois prevista nos incisos I e III do artigo 16 da Lei 8.213/91.

Desta feita, a emancipação seria considerada na concessão da pensão por morte como causa de antecipação da maioridade previdenciária, mas não o seria na hipótese de cancelamento do benefício, o que se afigura disforme e esdrúxulo, decorrendo do veto às modificações no artigo 16 da Lei 8213/91 no texto da Lei 13.183/2015.

O artigo 114, inciso V, do RPS, coloca como causa de cancelamento da pensão por morte a **adoção**, para o filho adotado que receba pensão por morte dos pais biológicos.

Não nos parece válida essa regra, pois é certo que as causas de cancelamento da pensão por morte são taxativas no artigo 77 da Lei 8.213/91, não podendo ser ampliadas por decreto que obviamente não tem o condão de inovar no mundo jurídico.

Ademais, mesmo a adoção sendo causa de alteração de paternidade/maternidade, trata-se de situação superveniente à lei em vigor no dia do óbito.

No entanto, existe jurisprudência que validou essa regra regulamentar:

> **Tipo**
>
> Acórdão
>
> **Número**
>
> 0011534-43.2010.4.03.9999 ..PROCESSO_ANTIGO: 201003990115346 ..PROCESSO_ANTIGO_FORMATADO: 2010.03.99.011534-6
>
> 00115344320104039999
>
> **Classe**
>
> APELAÇÃO CÍVEL – 1499478 ..SIGLA_CLASSE: ApCiv

Relator(a)

DESEMBARGADOR FEDERAL NEWTON DE LUCCA

Relator para Acórdão

..RELATORC:

Origem

TRF – TERCEIRA REGIÃO

Órgão julgador

OITAVA TURMA

Data

21/05/2018

Data da publicação

06/06/2018

Fonte da publicação

e-DJF3 Judicial 1 DATA:06/06/2018 ..FONTE_PUBLICACAO1: ..FONTE_PUBLICACAO2: ..FONTE_PUBLICACAO3:

Ementa

PENSÃO POR MORTE. ÓBITO DE GENITORA. PREENCHIMENTO DOS REQUISITOS LEGAIS. I– Os requisitos previstos na Lei nº 8.213/91, com a redação dada pela Lei nº 9.528/97, para a concessão de pensão por morte decorrente do falecimento de genitor compreendem a dependência dos beneficiários e a qualidade de segurado do instituidor da pensão. II– No caso presente, o extrato de consulta realizada no "Sistema Único de Benefícios – DATAPREV", juntado a fls. 129, comprovando que o genitor da requerente percebe pensão por morte previdenciária desde 30/4/94, em decorrência do óbito da genitora da requerente, demonstrando, portanto, a qualidade de segurada da mesma à época do óbito. No que tange à dependência econômica, encontra-se acostada aos autos a cópia da certidão de nascimento da parte autora (fls. 19), ocorrido em 29/4/94, demonstrando a filiação da parte autora com relação à falecida. Alega a parte autora que "com o seu nascimento, a sua genitora/mãe biológica (MARIA APARECIDA PORFÍRIO GOULARTE) teve complicações no parto (segundo certidão de óbito que deu como causa da morte atonia uterina, distúrbio de coagulação distúrbio aeido-básico) e com isso veio a falecer no dia 30 de abril de 1994)" e que "a sua atual mãe adotiva (SOLANGE LÁZARA DA SILVA), uma vez que somente veio a regularizar esta condição recentemente segundo os autos do Processo Controle de Ordem nº 786/2007 – SIJ, da Terceira Vara Cível desta Comarca de Mirassol/SP, através de sua adoção amparado pelo ECA e com isso a requerente mudou o seu nome para Geise Ariane da Silva" (fls. 3). De fato, encontram-se juntadas aos autos as cópias dos autos do processo de adoção nº 486/07 do 3º Juízo de Direito da Comarca de Mirassol/SP (fls. 36/71), cuja sentença julgou procedente o pedido, passando a autora a ser filha adotiva de Solange Lázara da Silva, com alteração do nome da demandante para Geise Ariane da Silva, cujo decisum transitou em julgado em 22/1/09. A parte autora juntou, ainda, o novo assento de nascimento, datado de 11/3/09 (fls. 20), constando a mãe adotiva como sua genitora. III– Nos termos do art. **114** do Decreto nº 3.048/99 dispõe sobre a matéria: "Art. **114**. O pagamento da cota individual da **pensão por morte** cessa: (...) IV– pela **adoção**, para o filho adotado que receba **pensão por morte** dos pais biológicos." Outrossim, dispõe o artigo 41 da Lei nº 8.069/90, que "a **adoção** atribui a condição de filho ao adotado, com os mesmos direitos e deveres, inclusive acessórios, desligando-o de qualquer vínculo com pais e parentes, salvos os impedimentos matrimoniais". Dessa forma, é possível concluir que a partir do momento em que a **adoção** produziu efeitos, a requerente perdeu o direito de pleitear a **pensão por morte** da sua genitora biológica. No entanto, a autora tem direito às parcelas vencidas compreendidas entre o óbito da genitora biológica e a véspera da **adoção** (29/4/94 a 22/1/09), nos termos do art. **114** do Decreto 3.048/99. O benefício deve ser concedido na proporção de 50%, tendo em vista que o genitor da requerente já percebe administrativamente o benefício. IV– In casu, o deferimento da pensão por morte deve ser fixado a partir da data do óbito, por entender que a parte autora – menor absolutamente incapaz à época do ajuizamento da ação – não pode ser prejudicada pela inércia de seu representante legal. Outrossim, nos termos do art. 79 da Lei de Benefícios, não se aplica o disposto no art. 103, da referida Lei, ao "pensionista menor, incapaz ou ausente" V– A correção monetária deve incidir desde a data do vencimento de cada prestação e os juros moratórios a partir da citação, momento da constituição do réu em mora. Com relação aos índices de atualização monetária e taxa de juros, deve ser observado o julgamento proferido pelo C. Supremo Tribunal Federal na Repercussão Geral no Recurso Extraordinário nº 870.947. VI – A verba honorária fixada, no presente caso, à razão de 10% sobre o valor da condenação remunera condignamente o serviço profissional prestado. VII– Apelação parcialmente provida.

Após a publicação da Medida Provisória 664/2014, convertida na Lei 13.135/2015, a pensão por morte no Regime Geral de Previdência Social para **cônjuges, companheiros e companheiras** passou a ser **temporária ou vitalícia**, a depender da idade do pensionista no dia do óbito do segurado.

Anteriormente, para os citados dependentes, a pensão por morte era vitalícia, vedada a acumulação de mais de uma pensão deixada por cônjuge ou companheiro, ressalvada a opção pela mais vantajosa.

De acordo com as regras aprovadas na Lei 13.135, publicada em 18 de junho de 2015, fruto de conversão da MP 664/2014, com diversas alterações, exclusões e inserções, apresenta-se o regramento em vigor a partir deste ponto com as complexas e controversas regras de direito intertemporal.

Em regra, se o óbito ocorrer sem que o segurado tenha vertido 18 (dezoito) contribuições mensais ou se o casamento ou a união estável tiverem sido iniciados em menos de 2 (dois) anos antes do óbito do segurado, a pensão por morte será paga por apenas 4 (quatro) meses ao cônjuge, companheiro ou companheira, salvo se o óbito do segurado decorrer de acidente de qualquer natureza ou de doença profissional ou do trabalho.

Esta exigência de um mínimo 18 contribuições pagas pelo segurado para que a pensão por morte não se limite a quatro meses de pagamento é restrita ao cônjuge, companheiro e companheira, não sendo exigível para os demais dependentes (filhos e equiparados, pais e irmãos).

De acordo com o razoável entendimento do INSS[128], a quantidade de contribuições para efeito de manutenção do benefício corresponde ao total de meses dos períodos passíveis de cômputo no cálculo de tempo de contribuição, independentemente da quantidade de dias dentro do mês, desprezadas as concomitâncias.

Serão considerados para fins de apuração dos "18 meses", os seguintes períodos:

a) como empregado doméstico, com ou sem contribuições, observadas as regras relativas ao reconhecimento do tempo de filiação;

128. Memorando-Circular Conjunto nº 54 DIRBEN/DIRAT/DIRSAT/PFE/INSS, de 6 de novembro de 2015, que complementou as orientações contidas no Memorando-Circular Conjunto nº 45/DIRBEN/DIRAT/DIRSAT/PFE/INSS, de 4 de setembro de 2015.

b) de atividade rural, independente da condição do instituidor (segurado urbano ou rural) na data do fato gerador;

c) de vinculação ao Regime Próprio de Previdência Social-RPPS, desde que apresentada a Certidão de Tempo de Contribuição-CTC e desde que tal período não tenha sido considerado para fins de benefício no RPPS;

d) em gozo de auxílio-doença ou aposentadoria por invalidez, **mesmo que não se trate de período intercalado entre atividades/períodos de contribuição**;

e) como contribuinte individual ou empregado doméstico, independente da primeira contribuição paga em dia, observadas as regras relativas ao reconhecimento do tempo de filiação.

Ainda de acordo com a Previdência Social, não será observada a perda de qualidade de segurado entre os períodos; será dispensada a apuração das dezoito contribuições caso, no momento do óbito, o instituidor esteja em gozo de aposentadoria, exceto por invalidez, considerando que para esses benefícios a carência mínima exigida supera dezoito contribuições/meses; não serão considerados, para fins da pensão por morte, os recolhimentos efetuados pelos dependentes após o óbito do instituidor; em se tratando de requerimento de auxílio-reclusão, o recolhimento de período de débito relativo a competências anteriores ao fato gerador será considerado, observadas as regras relativas ao reconhecimento do tempo de filiação.

Até este ponto reputa-se correta a interpretação da autarquia previdenciária, que inclusive inovou em favor dos dependentes, vez que permitiu para fins de cômputo das 18 contribuições o período de gozo em gozo de auxílio-doença ou aposentadoria por incapacidade permanente, mesmo que não se trate de período intercalado entre atividades/períodos de contribuição, o que, em tese, viola do artigo 55, inciso II, da Lei 8.213/91.

Ademais, a exigência das 18 contribuições não possui a natureza jurídica de período de carência, pois o benefício será concedido por quatro meses, e não negado, posto que período de carência é o número mínimo de contribuições mensais indispensáveis para que o beneficiário faça jus ao benefício. Logo, como há a concessão do benefício mesmo que por céleres quatro parcelas mensais, quando o segurado não verteu ao menos 18 contribuições mensais, conclui-se que não se trata de período de carência, e sim de tempo de contribuição específico para que a pensão por morte ultrapasse a faixa de 4 meses.

Qual o entendimento da TNU sobre o assunto?

Súmula 63 – A comprovação de união estável para efeito de concessão de pensão por morte prescinde de início de prova material.

Isto foi modificado com o advento da **Lei 13.846/2019**, tornando a posição Regulamentar (Decreto 3.048/99) válida e **afastando a jurisprudência citada**. Isso porque restou inserido no artigo 16 da Lei 8.213/91 um quinto parágrafo **com tarifação de prova com marca de temporariedade de 24 meses** antes do fato gerador da pensão por morte ou do auxílio-reclusão.

De efeito, dispõe o novel § 5º do artigo 16 da Lei 8.213/91 que "as provas de **união estável** e de **dependência econômica** exigem **início de prova material contemporânea dos fatos, produzido em período não superior a 24 (vinte e quatro) meses anterior à data do óbito ou do recolhimento à prisão do segurado**, não admitida a prova exclusivamente testemunhal, exceto na ocorrência de motivo de força maior ou caso fortuito, conforme disposto no regulamento".

Dessa forma, se o segurado morreu em 8 de setembro de 2019, a sua companheira não poderá provar a união estável apenas com testemunhos, devendo apresentar ao menos um documento que indique a união estável produzido entre 8 de setembro de 2017 e 8 de setembro de 2019, exceto fortuito e força maior ainda não regulamentados.

Assim, resta afastando o Princípio do Livre Convencimento Motivado e adotada a tarifação de prova para dar mais segurança jurídica, considerando a existência de casos habituais de falsos testemunhos e para preservar o Erário contra algumas situações de fraude.

No entanto, acredito que a exigência temporal do documento foi excessiva nos últimos 24 meses antes do fato gerador do benefício, a exemplo da certidão de nascimento de dois filhos em comum de 3 e 4 anos de idade no dia da morte do segurado, pois a certidões foram emitidas há mais de 24 meses do dia do óbito.

A Lei 13.135/2015 admitiu expressamente que o tempo de contribuição a Regime Próprio de Previdência Social (RPPS) será considerado na contagem das 18 (dezoito) contribuições mensais, acaso o segurado não possua 18 recolhimentos no Regime Geral de Previdência Social.

Por sua vez, transcorridos os seguintes períodos, estabelecidos de acordo com a idade do beneficiário na data de óbito do segurado, **se o óbito ocorrer depois de vertidas 18 (dezoito) contribuições mensais e pelo menos 2 (dois) anos após o início do casamento ou da união estável, ou se então o óbito do segurado decorrer de acidente de qualquer natureza ou de doença profissional ou do trabalho,** a pensão terá a seguinte duração, sendo vitalícia apenas se o pensionista tiver 44 anos de idade no dia da morte:

1) **3 (três) anos**, com menos de 21 (vinte e um) anos de idade;
2) **6 (seis) anos**, entre 21 (vinte e um) e 26 (vinte e seis) anos de idade;
3) **10 (dez) anos**, entre 27 (vinte e sete) e 29 (vinte e nove) anos de idade;
4) **15 (quinze) anos**, entre 30 (trinta) e 40 (quarenta) anos de idade;
5) **20 (vinte) anos**, entre 41 (quarenta e um) e 43 (quarenta e três) anos de idade;
6) **vitalícia**, com 44 (quarenta e quatro) ou mais anos de idade.

No entanto, há uma **regra especial para o pensionista inválido ou com deficiência cônjuge ou companheiro(a),** pois neste caso a pensão por morte apenas será cancelada pela cessação da invalidez ou pelo afastamento da deficiência. Se não houver recuperação do pensionista, portanto, será vitalícia, mesmo que **o segurado não tenha vertido 18 (dezoito) contribuições mensais ou se o casamento ou a união estável tiverem menos de 2 (dois) anos antes do óbito do segurado.** Caso o pensionista inválido ou deficiente se recupere, serão respeitados, ao menos, os prazos anteriores apresentados.

De acordo com o INSS, considera-se inválido o cônjuge, o companheiro ou a companheira que for considerada incapaz e insuscetível de reabilitação para o exercício de atividade remunerada que lhe garanta subsistência, comprovado mediante exame médico-pericial a cargo do INSS, **desde que a Data do Início da Invalidez tenha ocorrido até a data prevista para a cessação da cota (quatro meses ou conforme a idade).**

A autarquia previdenciária adotou uma interpretação mais favorável ao dependente, pois mesmo a invalidez ou deficiência do pensionista cônjuge ou companheiro após a morte do segurado e antes da cessação da pensão por morte temporária gerará a manutenção do benefício, enquanto persistir a invalidez ou deficiência, sendo o artigo 77, § 2º, inciso V, letra A da Lei 8.213/91 omisso a respeito.

Não há qualificação da natureza da deficiência para fins de proteção previdenciária nesta hipótese, cabendo ao Regulamento promover o seu estabelecimento, podendo ser adotado, por analogia, os critérios da Lei Orgânica de Assistência Social.

Acaso a invalidez ou deficiência seja superada algum dia, será aplicada a tabela de duração da pensão por morte pela idade do cônjuge ou companheiro no dia do óbito do segurado, podendo, portanto, haver cessação automática da pensão na perícia do INSS.

Suponha-se que uma esposa tenha 28 anos de idade no dia do óbito do segurado, que possuía ao menos 2 anos de casamento e haviam sido pagas ao menos 18 contribuições previdenciárias.

Neste caso, a pensão por morte terá duração de 10 anos, a contar do óbito do segurado. Se a viúva for inválida (a invalidez poderá se dar em até 10 anos a partir do dia da morte do segurado), será mantido benefício enquanto inválida for.

Acaso a invalidez seja revertida em 15 anos após a morte do segurado, a pensão será cessada de maneira imediata, pois já superado o prazo de 10 anos pela sua idade de 28 anos no dia da morte.

Se a invalidez for revertida em 5 anos após a morte do segurado, a pensão por morte ficará ativa por mais 5 anos, a fim de preservar a duração da cota por 10 anos.

Vale frisar que a partir de junho de 2018 existe a possibilidade de mudanças nas faixas da pensão temporária e vitalícia, por ato do Ministro da Economia, desde que haja o incremento mínimo de um ano inteiro na média nacional única, para ambos os sexos, correspondente à expectativa de sobrevida da população brasileira ao nascer, limitado o acréscimo na comparação com as idades anteriores ao referido incremento.

Notem que o assunto ficou bem mais complexo do que antes e que o texto do artigo 77, da Lei 8.213/91 não ajuda muito, pois é bastante confuso. Por tudo isto, vamos sintetizar as novas regras na tabela abaixo a respeito da pensão por morte para cônjuges, companheiros e companheiras:

Regra 1	Se o óbito ocorrer sem que o segurado tenha vertido 18 (dezoito) contribuições mensais ou se o casamento ou a união estável tiverem sido iniciados em menos de 2 (dois) anos antes do óbito do segurado, a pensão por morte será paga por apenas 4 (quatro) meses **(regra geral).**
Regra 2	Se o óbito ocorrer depois de vertidas 18 (dezoito) contribuições mensais e pelo menos 2 (dois) anos após o início do casamento ou da união estável, a pensão terá a seguinte duração, sendo vitalícia apenas se o pensionista tiver 44 anos de idade no dia da morte: 1) 3 (três) anos, com menos de 21 (vinte e um) anos de idade; 2) 6 (seis) anos, entre 21 (vinte e um) e 26 (vinte e seis) anos de idade; 3) 10 (dez) anos, entre 27 (vinte e sete) e 29 (vinte e nove) anos de idade; 4) 15 (quinze) anos, entre 30 (trinta) e 40 (quarenta) anos de idade; 5) 20 (vinte) anos, entre 41 (quarenta e um) e 43 (quarenta e três) anos de idade; 6) vitalícia, com 44 (quarenta e quatro) ou mais anos de idade **(regra geral).**
Regra 3	Se o óbito decorrer de acidente de qualquer natureza ou de doença profissional ou do trabalho, mesmo que não haja 2 anos de casamento ou união estável ou não tenham sido recolhidas 18 (dezoito) contribuições mensais pelo segurado até o dia da morte, a pensão terá a seguinte duração, sendo vitalícia apenas se o pensionista tiver 44 anos de idade no dia da morte: 1) 3 (três) anos, com menos de 21 (vinte e um) anos de idade; 2) 6 (seis) anos, entre 21 (vinte e um) e 26 (vinte e seis) anos de idade; 3) 10 (dez) anos, entre 27 (vinte e sete) e 29 (vinte e nove) anos de idade; 4) 15 (quinze) anos, entre 30 (trinta) e 40 (quarenta) anos de idade; 5) 20 (vinte) anos, entre 41 (quarenta e um) e 43 (quarenta e três) anos de idade; 6) vitalícia, com 44 (quarenta e quatro) ou mais anos de idade. Logo, neste caso especial, a pensão não durará apenas 4 meses **(regra especial).**

Regra 4	Para o pensionista inválido ou com deficiência, a pensão por morte apenas será cancelada pela cessação da invalidez ou pelo afastamento da deficiência. Se não houver recuperação do pensionista, portanto, será vitalícia, mesmo que o segurado não tenha vertido 18 (dezoito) contribuições mensais ou se o casamento ou a união estável tiverem menos de 2 (dois) anos antes do óbito do segurado. Caso o pensionista inválido ou deficiente se recupere, serão respeitados, ao menos, os prazos anteriores apresentados **(regra especial).**

Conforme visto, uma importante novidade surgiu com o advento da Lei 13.846/2019 (art. 76, § 3º, da Lei 8.213/91). **É que, na hipótese de o segurado falecido estar, na data de seu falecimento, obrigado por determinação judicial a pagar alimentos temporários a ex-cônjuge, ex-companheiro ou ex-companheira, a pensão por morte será devida pelo prazo remanescente na data do óbito, caso não incida outra hipótese de cancelamento anterior do benefício"** (para óbitos a partir de 18/1/2019).

Dessa forma, na hipótese de sentença do juiz estadual que fixou alimentos de família com caráter temporário para cônjuges e companheiros, o período de pagamento da pensão por morte não ultrapassará o lapso final fixado na aludida decisão judicial, podendo ser cessada antes por outra causa de cancelamento do benefício.

Por outro lado, para os óbitos ocorridos até 17/1/2018, essa regra não será aplicável, pois o regime jurídico do benefício é formado pela lei em vigor no dia da morte do segurado.

Eis as confusas regras do artigo 77, §§ 2º e 2º-A, da Lei 8.213/91, com redação dada pela Lei 13.135/2015, que foram decifradas na tabela acima:

> § 2º O direito à percepção de cada cota individual cessará: (Redação dada pela Lei nº 13.135, de 2015)
>
> I – pela morte do pensionista;
>
> II – para o filho, a pessoa a ele equiparada ou o irmão, de ambos os sexos, ao completar vinte e um anos de idade, salvo se for inválido ou tiver deficiência intelectual ou mental ou deficiência grave; (*redação dada pela Lei 13.183/2015*)
>
> III – para filho ou irmão inválido, pela cessação da invalidez; (Redação dada pela Lei nº 13.135, de 2015)
>
> IV – pelo decurso do prazo de recebimento de pensão pelo cônjuge, companheiro ou companheira, nos termos do § 5º. (Incluído pela Medida Provisória nº 664, de 2014) (Vigência) (Vide Lei nº 13.135, de 2015)
>
> V – para cônjuge ou companheiro: (Incluído pela Lei nº 13.135, de 2015)
>
> a) se inválido ou com deficiência, pela cessação da invalidez ou pelo afastamento da deficiência, respeitados os períodos mínimos decorrentes da aplicação das alíneas "b" e "c"; (Incluído pela Lei nº 13.135, de 2015)
>
> b) em 4 (quatro) meses, se o óbito ocorrer sem que o segurado tenha vertido 18 (dezoito) contribuições mensais ou se o casamento ou a união estável tiverem sido iniciados em menos de 2 (dois) anos antes do óbito do segurado; (Incluído pela Lei nº 13.135, de 2015)
>
> c) transcorridos os seguintes períodos, estabelecidos de acordo com a idade do beneficiário na data de óbito do segurado, se o óbito ocorrer depois de vertidas 18 (dezoito) contribuições mensais e pelo menos 2 (dois) anos após o início do casamento ou da união estável: (Incluído pela Lei nº 13.135, de 2015)
>
> 1) 3 (três) anos, com menos de 21 (vinte e um) anos de idade; (Incluído pela Lei nº 13.135, de 2015)
>
> 2) 6 (seis) anos, entre 21 (vinte e um) e 26 (vinte e seis) anos de idade; (Incluído pela Lei nº 13.135, de 2015)

3) 10 (dez) anos, entre 27 (vinte e sete) e 29 (vinte e nove) anos de idade; (Incluído pela Lei nº 13.135, de 2015)

4) 15 (quinze) anos, entre 30 (trinta) e 40 (quarenta) anos de idade; (Incluído pela Lei nº 13.135, de 2015)

5) 20 (vinte) anos, entre 41 (quarenta e um) e 43 (quarenta e três) anos de idade; (Incluído pela Lei nº 13.135, de 2015)

6) vitalícia, com 44 (quarenta e quatro) ou mais anos de idade. (Incluído pela Lei nº 13.135, de 2015)

§ 2º-A. Serão aplicados, conforme o caso, a regra contida na alínea "a" ou os prazos previstos na alínea "c", ambas do inciso V do § 2º, se o óbito do segurado decorrer de acidente de qualquer natureza ou de doença profissional ou do trabalho, independentemente do recolhimento de 18 (dezoito) contribuições mensais ou da comprovação de 2 (dois) anos de casamento ou de união estável".

Uma questão tormentosa é a **delimitação do conceito de acidente de qualquer natureza,** pois neste caso restará afastada a faixa de 4 meses de pagamento da pensão por morte temporária para cônjuges e companheiros, mesmo que o matrimônio/união não tenha durado dois anos até a morte ou não tenham sido vertidas 18 contribuições previdenciárias até o dia que o segurado "abotoou o paletó".

Teremos que construir uma definição à luz do bom senso e do artigo 30 do Decreto 3.048/99:

"Parágrafo único. Entende-se como **acidente de qualquer natureza ou causa** aquele de origem traumática e por exposição a agentes exógenos (físicos, químicos e biológicos), que acarrete lesão corporal ou perturbação funcional que cause a morte, a perda, ou a redução permanente ou temporária da capacidade laborativa".

Logo, a definição considera dois elementos cumulativos à configuração do acidente de qualquer natureza:

a) acidente com origem traumática;

b) Acidente decorrente de fatores externos (exógenos).

Evidente que o acidente é um acontecimento inesperado ou fortuito, que é danoso ao segurado da previdência social, pois poderá causar lesões com incapacitação ou mesmo a morte em casos mais graves.

Daí que um segurado que recebeu um tiro de arma de fogo durante um assalto ou mesmo uma "bala perdida" e vem a óbito nos parece caracterizado um acidente de qualquer natureza. Isso porque a morte decorreu de um trauma exógeno, imprevisível e prejudicial ao segurado.

Logo, é acertada a seguinte decisão da TNU (Informativo 27/2018):

PUIL n. 0508762-27.2016.4.05.8013/AL – "Fixada a tese no sentido de que a morte do segurado instituidor da pensão, vítima do crime de homicídio, caracteriza acidente de qualquer natureza para os fins do 77, § 2º-A, da LBPS, na redação que lhe foi conferida pela Lei n. 13.135/15".

É sabido que no Brasil existem simulações e fraudes envolvendo casamentos e uniões estáveis apenas com o objetivo de instituir a pensão por morte. Por força da Lei 13.135/2015, **perde o direito à pensão por morte o cônjuge, o companheiro ou a companheira se comprovada, a qualquer tempo, simulação ou fraude no casamento ou na união estável, ou a formalização**

desses com o fim exclusivo de constituir benefício previdenciário, apuradas em processo judicial no qual será assegurado o direito ao contraditório e à ampla defesa.

É de se notar que esta hipótese de cancelamento da pensão por morte está sob o crivo exclusivo do Poder Judiciário, não podendo ser exercitada na via administrativa pelo INSS no juízo de autotutela, sendo imprescindível a propositura de ação judicial, e possível, inclusive, a antecipação de tutela na sentença em favor do INSS, pois a lei não exige a coisa julgada.

Trata-se de importante novidade para desconstituir concessões ilícitas de pensão por morte com casamentos sob encomenda para fins exclusivamente previdenciários ou mesmo se situações de fraude ou simulação, a exemplo do reconhecimento indevido de união estável com cuidador de idosos.

De acordo com a atual legislação do RGPS, **o novo casamento do pensionista não fará cessar a pensão por morte**, como ocorria no regramento pretérito, em que o casamento do pensionista do sexo feminino extinguia a pensão[129]. Aliás, antigamente apenas o marido inválido tinha direito à pensão por morte, o que foi alterado com a nova legislação.

De acordo com a TNU, "na vigência da **legislação previdenciária anterior à Lei nº 8.213/91**, a pensionista do Regime Geral da Previdência Social (RGPS) que se casa novamente pode continuar a receber o benefício, desde que comprove ser ele indispensável por não ter havido melhoria na sua situação econômico financeira" (Boletim em 21.02.2019).

No entanto, alguns Regimes Próprios de Previdência Social colocam o casamento e a união estável como causas de cancelamento da pensão por morte, a exemplo do RPPS do Estado da Bahia e do Município de Salvador.

> Pontifica a Súmula 37, da TNU, que "a pensão por morte, devida ao filho até os 21 anos de idade, não se prorroga pela pendência do curso universitário", visto que não é causa de alongamento da condição de dependente no RGPS.

Este também o posicionamento pacífico do STJ:

> **"INFORMATIVO 525– DIREITO PREVIDENCIÁRIO. PENSÃO POR MORTE NA HIPÓTESE DE FILHO MAIOR DE 21 ANOS. RECURSO REPETITIVO (ART. 543-C DO CPC E RES. 8/2008-STJ).**
>
> O filho maior de 21 anos, ainda que esteja cursando o ensino superior, não tem direito à pensão por morte, ressalvadas as hipóteses de invalidez ou deficiência mental ou intelectual previstas no art. 16, I, da Lei 8.213/1991. O art. 16, I, da Lei 8.213/1991 é taxativo, não cabendo ao Poder Judiciário legislar positivamente, usurpando função do Poder Legislativo. Precedentes citados: MS 12.982-DF, Corte Especial, DJe 31/3/08; REsp 771.993-RS, Quinta Turma, DJ 23/10/06; e AgRg no Ag 1.076.512-BA, Sexta Turma, DJe 3/8/11. REsp 1.369.832-SP, Rel. Min. Arnaldo Esteves Lima, julgado em 12/6/2013".

> Consoante densamente comentado no Capítulo anterior, entende o STJ que "a mulher que renunciou aos alimentos na separação judicial tem direito à pensão previdenciária por morte do ex-marido, comprovada a necessidade econômica superveniente" (Súmula 336).

129. Artigo 39, "b", da Lei 3.807/60 e artigo 125, II, do Decreto 83.080/79.

No mesmo sentido, a TNU (tema 45):

Tema	45	Situação do tema	Julgado	Ramo do direito	DIREITO PREVIDENCIÁRIO
Questão submetida a julgamento		Saber se o ex-cônjuge que não percebe alimentos tem direito à pensão por morte.			
Tese firmada		**É devida pensão por morte ao ex-cônjuge que não percebe alimentos, desde que comprovada dependência econômica superveniente à separação, demonstrada em momento anterior ao óbito.**			
Processo		Relator (a)	Julgado em	Acórdão publicado em	Trânsito em julgado
PEDILEF 2006.84.00.509436-0/ RN		Juíza Federal Simone Lemos Fernandes	25/04/2012	25/05/2012	02/08/2013

Ademais, considerando que a concessão da aposentadoria por idade, tempo de contribuição e especial independe da manutenção da condição de segurado, a teor do artigo 3º, da Lei 10.666/2003, desde que o segurado já preenchesse os requisitos para se aposentar, o STJ editou a Súmula 416:

> "**Súmula 416** – É devida a pensão por morte aos dependentes do segurado que, apesar de ter perdido essa qualidade, preencheu os requisitos legais para a obtenção de aposentadoria até a data do seu óbito".

Nesse sentido, de acordo com a TNU em julgamento de incidente representativo de controvérsia (tema 148 – 14/9/2016), a perda da qualidade de segurado constitui óbice à concessão da pensão por morte quando o *de cujus* não chegou a preencher, antes de sua morte, os requisitos para obtenção de qualquer aposentadoria concedida pela Previdência Social, tal como ocorre nas hipóteses em que, embora houvesse preenchido a carência, não contava com tempo de serviço ou com idade bastante para se aposentar.

No caso do segurado especial, é necessário que haja a qualidade de segurado mantida no dia do óbito para o deferimento de pensão por morte ou, ao menos, o direito adquirido à aposentadoria por idade rural com preenchimento simultâneo de carência e idade mínima.

Veja-se o **tema 39 da TNU**:

Tema	39	Situação do tema	Julgado	Ramo do direito	DIREITO PREVIDENCIÁRIO
Questão submetida a julgamento		Saber se o trabalhador que preencheu requisito de carência do benefício de aposentadoria por idade, e que na data do óbito, não mais detinha qualidade de segurado e tampouco havia implementado idade mínima, pode ser instituidor de benefício de pensão por morte.			
Tese firmada		**Para a concessão de pensão por morte de rurícola é necessário que o instituidor tenha, na data do óbito, a qualidade de segurado ou tenha implementado, antes de falecer, todos os requisitos para a concessão de aposentadoria por idade rural, tanto a carência quanto a idade mínima.**			
Processo		Relator (a)	Julgado em	Acórdão publicado em	Trânsito em julgado
PEDILEF 0506910-51.2005.4.05.8013/ AL		Juiz Federal Vladimir Santos Vitovsky	29/03/2012	20/04/2012	08/05/2012

De efeito, a manutenção da qualidade de segurado far-se-á mediante, pelo menos, uma contribuição vertida em vida até a data do óbito, desde que entre uma contribuição e outra ou entre a última contribuição recolhida pelo segurado em vida e o óbito deste, não tenha transcorrido o período de graça.

Logo, se o contribuinte individual que trabalha por conta própria perdeu a qualidade de segurado pelo não recolhimento das contribuições previdenciárias, tendo em vista que a sua filiação é condicionada ao recolhimento da contribuição, o INSS deverá negar a pensão por morte aos dependentes, pois não se admite o recolhimento dos atrasados após o falecimento.

Entretanto, registre-se que o mesmo entendimento não se aplica ao contribuinte individual que trabalha para uma pessoa jurídica a partir da competência de abril de 2003, pois neste caso existe presunção de recolhimento da contribuição por força do artigo 33, § 4º, da Lei 8.212/91, tendo em vista que a responsabilidade tributária pelo desconto e arrecadação da contribuição é da empresa, a teor do artigo 4º, da Lei 10.666/03.

Nessa linha, colaciona-se a Súmula 52, da TNU, publicada no dia 18 de abril de 2012:

> **"Súmula 52– Para fins de concessão de pensão por morte, é incabível a regularização do recolhimento de contribuições de segurado contribuinte individual posteriormente a seu óbito, exceto quando as contribuições devam ser arrecadadas por empresa tomadora de serviços".**

No mesmo sentido o STJ, inclusive em tese repetitiva:

> "Em relação ao recolhimento *post mortem* das contribuições previdenciária, esta Corte vem firmando orientação no sentido de que é imprescindível o recolhimento das contribuições respectivas pelo próprio segurado quando em vida para que seus dependentes possam receber o benefício de pensão por morte. Desta forma, não há base legal para uma inscrição *post mortem* ou para que sejam regularizadas as contribuições pretéritas, não recolhidas em vida pelo de cujus." (REsp1.346.852, de 21/05/2013).
>
> **REsp Repetitivo nº 1.110.565/SE**, no sentido de que: **"é devida a pensão por morte aos dependentes do segurado que, apesar de ter perdido essa qualidade, preencheu os requisitos legais para a obtenção de aposentadoria antes de seu falecimento, mas não se admite, para o preenchimento dos respectivos requisitos legais, o recolhimento *post mortem* de contribuições previdenciárias"**.

A PGF editou o **Parecer Referencial n. 00006/2018/DEPCONT/PGF/AGU:**

> "EMENTA: PARECER REFERENCIAL. PORTARIA AGU Nº 488/2016. JURISPRUDÊNCIA ITERATIVA DO STJ. RESP REPETITIVO Nº 1.110.565/SE. PENSÃO POR MORTE. PERDA DA CONDIÇÃO DE SEGURADO PELO MORTO. PREENCHIMENTO EM VIDA DOS REQUISITOS NECESSÁRIOS À APOSENTAÇÃO. POSSIBILIDADE DE CONCESSÃO DO BENEFÍCIO.
>
> I. A Procuradoria-Geral Federal, com fundamento no artigo 3º, inciso I e parágrafo único, da Portaria AGU nº 488, de 27 de julho de 2016, autoriza os Procuradores Federais a, ressalvadas as hipóteses previstas no artigo 12 da mencionada Portaria e outras questões de ordem fática e jurídica não abrangidas pelo acórdão proferido no REsp Repetitivo nº 1.110.565/SE, reconhecer a procedência do pedido, abster-se de contestar e de recorrer, e desistir dos recursos já interpostos, quando a pretensão deduzida contra o INSS ou a decisão judicial estiver em conformidade com a jurisprudência do STJ fixada no aludido recurso representativo de controvérsia, no sentido de que: é devida a pensão por morte aos dependentes do segurado que, apesar de ter perdido essa qualidade, preencheu os requisitos legais para a obtenção de aposentadoria antes de seu falecimento.

II. Não se admite, porém, para fins de preenchimento dos mencionados requisitos legais, o recolhimento post mortem de contribuições previdenciárias, bem como não se aplica a previsão do artigo 3º da Lei nº 10.666/2003 às hipóteses em que o de cujus (eventual instituidor da pensão por morte) não tenha adimplido os requisitos exigidos para obtenção de aposentadoria antes da data do seu óbito".

Para espancar qualquer dúvida, coube à Lei 13.846/2019 inserir o § 7º no 17 artigo da Lei 8.213/91: "**não será admitida a inscrição post mortem de segurado contribuinte individual e de segurado facultativo**".

O dispositivo, no entanto, somente se aplica ao contribuinte individual autônomo, não possuindo aplicabilidade ao contribuinte individual que labora para pessoa jurídica a contar de abril de 2003 (Lei 10.666/03, art. 4º), pois este passou a ter presunção normativa de dependência econômica.

Vale registrar que para o segurado contribuinte individual e o segurado facultativo, a legislação previdenciária impôs durante determinado período que o valor nominal mínimo do salário de contribuição será de um salário mínimo, regra que foi estendida ao segurado empregado com a MP 808/2017 (alterou a CLT[130]), a partir da competência novembro de 2017 (*Tempus Regit Actum*).

A MP 808/2017 vigorou somente até o dia 23 de abril de 2018, tendo decaído por ausência de votação no Congresso Nacional. Daí que as informações *suso* postas se limitam até essa data, restaurando-se o regime jurídico anterior.

Forçoso concluir que, **antes do advento do Decreto 10.410/2020 e da EC 103/2019,** no caso de contribuinte individual autônomo ou mesmo de segurado facultativo, os recolhimentos com salário de contribuição abaixo de um salário mínimo não podem ser considerados para a manutenção da qualidade do segurado falecido, sendo inválidos recolhimentos de complementação perpetrados após o óbito.

De acordo com a TNU, "**a qualidade de segurado do contribuinte individual que presta serviço a empresa depende da complementação pelo segurado prestador do serviço da contribuição vertida pela empresa tomadora do serviço, nos termos do artigo 5º da Lei n. 10.666/2003.** Assim, as contribuições efetuadas abaixo do salário mínimo e não complementadas pelo segurado não podem ser consideradas a ponto de conferir qualidade de segurado ao contribuinte individual, isto porque essa caracterização exige o efetivo recolhimento das respectivas contribuições previdenciárias" (Informativo 27/2018 – PUIL n. 0002624-26.2011.4.02.5050/ES).

---

130. Art. 911-A. O empregador efetuará o recolhimento das contribuições previdenciárias próprias e do trabalhador e o depósito do FGTS com base nos valores pagos no período mensal e fornecerá ao empregado comprovante do cumprimento dessas obrigações.

§ 1º Os segurados enquadrados como empregados que, no somatório de remunerações auferidas de um ou mais empregadores no período de um mês, independentemente do tipo de contrato de trabalho, receberem remuneração inferior ao salário mínimo mensal, poderão recolher ao Regime Geral de Previdência Social a diferença entre a remuneração recebida e o valor do salário mínimo mensal, em que incidirá a mesma alíquota aplicada à contribuição do trabalhador retida pelo empregador.

§ 2º Na hipótese de não ser feito o recolhimento complementar previsto no § 1º, o mês em que a remuneração total recebida pelo segurado de um ou mais empregadores for menor que o salário mínimo mensal não será considerado para fins de aquisição e manutenção de qualidade de segurado do Regime Geral de Previdência Social nem para cumprimento dos períodos de carência para concessão dos benefícios previdenciários."

IMPORTANTE:

Sucede que a Reforma Constitucional inseriu o § 14 no artigo 195 da Constituição, que passou a prever que "o segurado somente terá reconhecida como tempo de contribuição ao Regime Geral de Previdência Social a **competência cuja contribuição seja igual ou superior à contribuição mínima mensal exigida para sua categoria**, assegurado o **agrupamento de contribuições"**.

Evidente que esta nova regra demanda regulamentação para surtir efeitos, pois não há elementos para a sua aplicação antes da regulamentação por lei federal.

Por certo, a ideia é não gerar efeitos previdenciários para todos os segurados quando o salário de contribuição mensal for inferior a um salário mínimo (não se aplica ao segurado especial, que recolhe sem piso sobre produção rural), devendo ocorrer complementação para tanto.

Até lá será aplicada a **regra de transição** contida no **artigo 29** da **Emenda 103/2019**:

> Art. 29. Até que entre em vigor lei que disponha sobre o § 14 do art. 195 da Constituição Federal, o segurado que, no somatório de remunerações auferidas no período de um mês receber remuneração **inferior ao limite mínimo mensal do salário de contribuição**, PODERÁ:
>
> I – complementar a sua contribuição, de forma a alcançar o limite mínimo exigido;
>
> II – utilizar o valor da contribuição que exceder o limite mínimo de contribuição de uma competência em outra; ou
>
> III – agrupar contribuições inferiores ao limite mínimo de diferentes competências, para aproveitamento em contribuições mínimas mensais.
>
> Parágrafo único. Os ajustes de complementação ou agrupamento de contribuições previstos nos incisos I, II e III do caput somente poderão ser feitos ao **longo do mesmo ano civil**.

A regra de transição não restringe, de modo que vai se aplicar a todos os segurados que contribuem sobre o salário de contribuição (inclusive empregados, trabalhadores avulsos e empregados domésticos) a partir da vigência da reforma constitucional.

Interessante notar que, além da **complementação da contribuição** sobre o valor mínimo, passou a ser permitido o agrupamento de contribuições de competências distintas para se atingir o limite mínimo, desde que no mesmo ano civil dos recolhimentos.

Assim, agrupamento ou complementação de contribuições referentes ao ano de 2020 não poderão ser efetuadas a partir de 2021, mas apenas até 31/12/2020.

Um pecado da regra de transição é que não trata dos benefícios não programados (auxílio-doença, aposentadoria por incapacidade permanente, pensão por morte e auxílio-reclusão) e do salário-maternidade.

Dessa forma, o texto abre brecha para complementações após a incapacidade, óbito, prisão em regime fechado ou parto/adoção, desde que feitos dentro do mesmo ano civil, o que atenta contra a razão de ser do seguro social, podendo ser corrigido por norma infraconstitucional.

Nesse sentido, **o próprio Regulamento da Previdência Social alterado pelo Decreto 10.410/2020 no artigo 19-E, § 7º, permitiu a complementação post mortem até o dia 15 de janeiro do ano subsequente ao óbito:**

> "Art. 19-E. A partir de 13 de novembro de 2019, para fins de aquisição e manutenção da qualidade de segurado, de carência, de tempo de contribuição e de cálculo do salário de benefício exigidos para o reconhecimento do direito aos benefícios do RGPS e para fins de contagem recíproca, somente

serão consideradas as competências cujo salário de contribuição seja igual ou superior ao limite mínimo mensal do salário de contribuição. (Incluído pelo Decreto nº 10.410, de 2020)

§ 1º Para fins do disposto no caput, ao segurado que, no somatório de remunerações auferidas no período de um mês, receber remuneração inferior ao limite mínimo mensal do salário de contribuição será assegurado: (Incluído pelo Decreto nº 10.410, de 2020)

I – complementar a contribuição das competências, de forma a alcançar o limite mínimo do salário de contribuição exigido; (Incluído pelo Decreto nº 10.410, de 2020)

II – utilizar o excedente do salário de contribuição superior ao limite mínimo de uma competência para completar o salário de contribuição de outra competência até atingir o limite mínimo; ou (Incluído pelo Decreto nº 10.410, de 2020)

III – agrupar os salários de contribuição inferiores ao limite mínimo de diferentes competências para aproveitamento em uma ou mais competências até que estas atinjam o limite mínimo. (Incluído pelo Decreto nº 10.410, de 2020)

§ 2º Os ajustes de complementação, utilização e agrupamento previstos no § 1º poderão ser efetivados, a qualquer tempo, por iniciativa do segurado, hipótese em que se tornarão irreversíveis e irrenunciáveis após processados. (Incluído pelo Decreto nº 10.410, de 2020)

§ 3º A complementação de que trata o inciso I do § 1º poderá ser recolhida até o dia quinze do mês subsequente ao da prestação do serviço e, a partir dessa data, com os acréscimos previstos no art. 35 da Lei nº 8.212, de 1991. (Incluído pelo Decreto nº 10.410, de 2020)

§ 4º Os ajustes de que tratam os incisos II e III do § 1º serão efetuados na forma indicada ou autorizada pelo segurado, desde que utilizadas as competências do mesmo ano civil definido no art. 181-E, em conformidade com o disposto nos § 27-A ao § 27-D do art. 216. (Incluído pelo Decreto nº 10.410, de 2020)

§ 5º A efetivação do ajuste previsto no inciso III do § 1º não impede o recolhimento da contribuição referente à competência que tenha o salário de contribuição transferido, em todo ou em parte, para agrupamento com outra competência a fim de atingir o limite mínimo mensal do salário de contribuição. (Incluído pelo Decreto nº 10.410, de 2020)

§ 6º Para complementação ou recolhimento da competência que tenha o salário de contribuição transferido, em todo ou em parte, na forma prevista no § 5º, será observado o disposto no § 3º. (Incluído pelo Decreto nº 10.410, de 2020)

§ 7º Na hipótese de falecimento do segurado, os ajustes previstos no § 1º poderão ser solicitados por seus dependentes para fins de reconhecimento de direito para benefício a eles devidos até o dia quinze do mês de janeiro subsequente ao do ano civil correspondente, observado o disposto no § 4º. (Incluído pelo Decreto nº 10.410, de 2020)"

É muito comum que **o falecido recebesse BPC/LOAS na data do óbito** e seu dependente busque a concessão de **pensão por morte**, que, **em regra**, deve ser **indeferida** por se tratar de benefício assistencial, inexistindo previsão legal de instituição de pensão por morte.

Excepcionalmente, na hipótese de demonstração do **direito adquirido a um benefício previdenciário até o dia da morte**, é juridicamente **correta a concessão da pensão por morte** na hipótese, cabendo o ônus da prova ao dependente.

Suponha-se que José recebia BPC/LOAS desde os 65 anos de idade e que não exercia nenhuma atividade laboral e nem recolhia como segurado facultativo, tendo falecido aos 75 anos de idade sem a qualidade de segurado do RGPS.

Considere ainda que José exerceu atividade rural em regime de subsistência por mais de 180 meses até os 62 anos idade, tendo adquirido o direito à aposentadoria por idade de segurado especial aos 60 anos de idade, pois neste aniversário já possuía a carência de 15 anos.

No entanto, por desconhecimento, José requereu ao INSS somente o BPC/LOAS e não juntou documentos que atestassem a qualidade de segurado especial, impedindo o INSS de avaliar o benefício por idade na condição de segurado especial (melhor benefício).

Nesse caso, **mesmo inexistindo erro administrativo da autarquia**, considerando o direito adquirido à aposentadoria por idade do segurado especial (idade de 60 anos e carência de 180 meses implementados em conjunto), se o dependente fizer a prova adequada (autodeclaração e demais exigências legais), **é de direito a concessão da pensão por morte.**

Isto porque o fato de o segurado não inscrito no INSS como segurado especial e de não ter requerido o benefício de segurado especial e nem mesmo apresentado a documentação pertinente **não irá desconstituir o direito adquirido à aposentadoria por idade, que fará com que seja conservada a qualidade de segurado até o óbito do idoso, dando azo ao deferimento da pensão por morte.**

O caso será julgado pela TNU em representativo de controvérsia (tema 225):

Tema	225	**Situação do tema**	Em julgamento – eproc	**Ramo do direito**	DIREITO PREVIDENCIÁRIO
Questão submetida a julgamento		É possível a concessão de pensão por morte quando instituidor, apesar de titular de benefício assistencial, tinha direito adquirido a benefício previdenciário?			
Tese firmada		-			
Processo		**Decisão de afetação**	**Relator (a)**	**Julgado em**	**Acórdão publicado em**	**Trânsito em julgado**
PEDILEF 0029902-86.2012.4.01.3500/GO		18/09/2019	Juiz Federal Atanair Nasser Ribeiro Lopes	-	-	-

IMPORTANTE!

Excepcionalmente, por força da Lei 13.846/2019, que modificou a redação do artigo 15, inciso I, da Lei 8.213/91, desde 18/6/2019, a percepção do **auxílio-acidente** por si só **não mais conservará a qualidade de segurado da Previdência Social**, tendo em vista se tratar de benefício de natureza indenizatória que não impede o exercício de labor remunerado com o respectivo recolhimento de contribuição como segurado obrigatório ou facultativo do RGPS.

Há uma regra especial de sucessão na legislação previdenciária que afasta os dispositivos do Código Civil por sua especialidade. Deveras, de acordo com o artigo 112, da Lei 8.213/91, o valor não recebido em vida pelo segurado só será pago aos seus dependentes habilitados à pensão por morte ou, na falta deles, aos seus sucessores na forma da lei civil, independentemente de inventário ou arrolamento.

Conquanto existam divergências internas, a posição dominante do STJ é que esse regramento especial não se aplica apenas na esfera administrativa, mas também na judicial:

"EMBARGOS DE DIVERGÊNCIA EM RECURSO ESPECIAL. PREVIDENCIÁRIO. ART. 112 DA LEI 8213/91. LEGITIMIDADE DE HERDEIRO PARA AJUIZAR AÇÃO PARA PERCEPÇÃO DE VALORES NÃO RECEBIDOS EM VIDA PELO SEGURADO FALECIDO. INVENTÁRIO OU ARROLAMENTO. DESNECESSIDADE. Prescreve o mencionado art. 112 da Lei nº 8.213/91, ad litteram: "O valor não recebido em vida pelo segurado só será pago aos seus dependentes habilitados à pensão por morte ou, na falta deles, aos seus sucessores na forma da lei civil, independentemente de inventário ou arrolamento." Como se observa, poderão os valores devidos e não pagos ao segurado falecido ser percebidos pelos seus dependentes ou sucessores, desde que, evidentemente, provada essa condição, independentemente de inventário ou arrolamento. A letra da lei é clara e, a bem da verdade, apenas ratifica regra que já estava consagrada no regime previdenciário anterior (reproduzida no art. 212 do Decreto 83.080/79). **Em suma, o artigo consagra verdadeira exclusão do ingresso dos valores no espólio e introduz regra procedimental e processual específica que afasta a competência do Juízo de Sucessões, conferindo legitimação ativa ao herdeiro ou dependente para, em nome próprio e em ação própria, postular o pagamento das parcelas. De lado outro, a tese de que o mencionado artigo somente teria aplicação em sede administrativa não parece, salvo melhor juízo, procedente**. Embargos rejeitados" (EREsp 498.864, 3ª Seção, de 14.02.2005).

Essa posição foi confirmada no STJ (Informativo 600):

SEGUNDA TURMA

PROCESSO	**REsp 1.596.774-RS, Rel. Min. Mauro Campbell Marques, por unanimidade, julgado em 21/3/2017, DJe 27/3/2017.**
RAMO DO DIREITO	DIREITO PREVIDENCIÁRIO
TEMA	Habilitação dos herdeiros para o recebimento dos valores previdenciários não pagos em vida ao segurado. Artigo 112 da Lei n. 8.213/1991.

DESTAQUE
Os valores previdenciários não recebidos pelo segurado em vida, mesmo que reconhecidos apenas judicialmente, devem ser pagos, prioritariamente, aos dependentes habilitados à pensão por morte, para só então, na falta destes, serem pagos aos demais sucessores na forma da lei civil.

Talvez o caso mais comum seja o da popular **"viúva negra"**. Vale registrar que expressamente a Lei 8.213/91 não vedava o pagamento de pensão por morte nesta hipótese, pois era omissa a respeito.

Contudo, entendia-se que em se tratando de homicídio doloso há fundamento no ordenamento jurídico para impedir a concessão do benefício, pois ninguém poderá se locupletar da própria torpeza, expressão consagrada como princípio geral do Direito.

De efeito, era possível tomar de empréstimo o artigo 220, da Lei 8.112/90, que prevê que "não faz jus à pensão o beneficiário condenado pela prática de crime doloso de que tenha resultado a morte do servidor".

Da mesma forma, poder-se-ia invocar por analogia as disposições do Código Civil, que no seu artigo 1.814, inciso I, excluiu da sucessão os herdeiros ou legatários que houverem sido autores, coautores ou partícipes de homicídio doloso, ou tentativa deste, contra a pessoa de cuja sucessão se tratar, seu cônjuge, companheiro, ascendente ou descendente.

Posteriormente, aduziu a Lei 13.135/2015 (inseriu o § 1º[131] no artigo 74 da Lei 8.213/91) que perde o direito à pensão por morte, **após o trânsito em julgado**, o condenado pela prática de crime de que tenha **dolosamente** resultado a morte do segurado.

Depois a Lei 13.846/2019 alterou o dispositivo para prever que "perde o direito à pensão por morte o condenado criminalmente por sentença com trânsito em julgado, como autor, coautor ou partícipe de homicídio doloso, ou de tentativa desse crime, cometido contra a pessoa do segurado, ressalvados os absolutamente incapazes e os inimputáveis".

Trata-se de efeito secundário da sentença penal transitada em julgado por crime doloso contra o segurado com título condenatório passado em julgado que permitirá à autarquia federal promover o cancelamento imediato do benefício da pensão por morte.

Ressalte-se que é preciso que haja condenação penal transita em julgado para obstar a percepção da pensão, sob pena de violação ao Princípio da Presunção de Inocência.

Vale registrar que o dependente que perde o direito à pensão por morte nesta hipótese não poderá representar outro dependente para fins de recebimento e percepção do benefício (art. 110, Lei 8.213/91, com redação dada pela Lei 13.846/19).

A **Lei 13.846/2019** ainda inseriu uma regra no **artigo 77 da Lei 8.213 (§ 7º),** prevendo que se houver fundados indícios de autoria, coautoria ou participação de dependente, ressalvados os absolutamente incapazes e os inimputáveis, em **homicídio**, ou em **tentativa** desse crime, cometido contra a pessoa do segurado, **será possível a suspensão provisória de sua parte no benefício de pensão por morte**, mediante processo administrativo próprio, respeitados a ampla defesa e o contraditório, e serão devidas, em caso de absolvição, todas as parcelas corrigidas desde a data da suspensão, bem como a reativação imediata do benefício.

Trata-se de caso excepcional com manifestos indícios de autoria e materialidade delitiva, a exemplo da confissão espontânea do agente do crime que possui imputabilidade criminal (maior de 18 anos com vontade livre e consciente), pois é uma cautelar administrativa que desde já permite a suspensão do pagamento da pensão por morte antes da condenação criminal transitada em julgado em homicídio ou tentativa deste contra o segurado.

Entende-se que é curial se tratar de homicídio doloso ou tentativa deste contra o segurado, não se aplicando ao homicídio culposo, em que não há a intenção de matar, devendo a Lei 8.213/91 ser interpretada como um todo normativo, já que existem outras regras similares de cancelamento da pensão por morte que mencionam por expresso o homicídio doloso (intencional).

Por fim, entende-se que mesmo que o segurado cometa suicídio deverá ser deferido o benefício de pensão aos seus dependentes, que não poderão se prejudicar no seu direito pelo ato extremo do segurado. Ademais, a Lei 8.213/91 não traz nenhuma disposição em sentido contrário, silenciando a respeito do tema.

131. § 1º Perde o direito à pensão por morte, após o trânsito em julgado, o condenado pela prática de crime de que tenha dolosamente resultado a morte do segurado.

Os avós não são previstos no artigo 16 da Lei 8.213/91 como dependentes. No entanto, existe precedente do STJ bastante excepcional que concedeu pensão por morte aos avós que possuíam a posição de pais do segurado que ficou órfão desde cedo.

> "PREVIDENCIÁRIO. RECURSO ESPECIAL. ENUNCIADO ADMINISTRATIVO 2/STJ. PENSÃO POR MORTE. REGIME GERAL DE PREVIDÊNCIA SOCIAL. ÓBITO DO NETO. AVÓS NA CONDIÇÃO DE PAIS. ROL DO ARTIGO 16 DA LEI 8.213/1991 TAXATIVO. ADEQUAÇÃO LEGAL DA RELAÇÃO JURÍDICA FAMILIAR. ARTIGO 74 DA LEI 8.213/1991. DIREITO À PENSÃO RECONHECIDO. RECURSO ESPECIAL CONHECIDO E PROVIDO.
>
> 1. A questão recursal gira em torno do reconhecimento do direito dos avós do segurado falecido receberem pensão por morte, nos termos dos artigos 16 e 74 da Lei 8.213/1991, em razão de terem sido os responsáveis pela criação do neto, falecido em 11/11/2012, ocupando verdadeiro papel de genitores.
>
> 2. O benefício pensão por morte está disciplinado nos artigos 74 a 79 da Lei de Benefícios, regulamentados pelos artigos 105 a 115 do Decreto 3.048/1999. É devido exclusivamente aos dependentes do segurado falecido, com o intuito de amenizar as necessidades sociais e econômicas decorrentes do evento morte, no núcleo familiar.
>
> 3. O benefício pensão por morte é direcionado aos dependentes do segurado, divididos em classes, elencados no artigo 16 da Lei 8.213/1991, rol considerado taxativo. A qualidade de dependente é determinada pela previsão legal e também pela dependência econômica, ora real, ora presumida. A segunda classe de dependentes inclui apenas os pais.
>
> 4. No caso concreto, são incontroversos os fatos relativos ao óbito, a qualidade de segurado, a condição dos avós do falecido similar ao papel de genitores, pois o criaram desde seus dois anos de vida, em decorrência do óbito dos pais naturais, e, a dependência econômica dos avós em relação ao segurado falecido.
>
> 5. O fundamento adotado pelo Tribunal a quo de que a falta de previsão legal de pensão aos avós não legitima o reconhecimento do direito ao benefício previdenciário não deve prevalecer. Embora os avós não estejam elencados no rol de dependentes, a criação do segurado falecido foi dada por seus avós, ora recorrentes. Não se trata de elastecer o rol legal, mas identificar quem verdadeiramente ocupou a condição de pais do segurado.
>
> 6. Direito à pensão por morte reconhecido" **(REsp 1574859, 2ª Turma, 8/11/2016).**

11. AUXÍLIO-RECLUSÃO

Regulamentação básica: artigo 80, da Lei 8.213/91; artigos 116/119, do RPS (Decreto 3.048/99).

Código de concessão: 25 – Auxílio-reclusão.

> Trata-se de benefício previdenciário devido aos dependentes de segurado recolhido à prisão em regime fechado, desde que o segregado não esteja recebendo remuneração da empresa, aposentadoria de qualquer espécie, pensão por morte, salário-maternidade, abono de permanência em serviço (benefício extinto) ou auxílio-doença, nos termos do artigo 80 da Lei 8.213/91 modificado pela Lei 13.846/2019.

As novidades inseridas pela **MP 871/2019 convertida na Lei 13.846/19**, válidas para as prisões a partir de 18/1/2019 (a lei do tempo rege o ato jurídico), é que se o segurado preso estiver em gozo de **salário-maternidade** ou de **pensão por morte** o auxílio-reclusão não poderá ser instituído em favor dos seus dependentes.

Por sua vez, a Lei 13.846/19 deveria ter retirado a expressão "auxílio-doença" do *caput* do artigo 80 da Lei 8.213/91, pois a citada alteração normativa previu a suspensão desse benefício com prisão em regime fechado do segurado de baixa renda, de modo que o auxílio-doença terá o pagamento sobrestado.

Assim, se o segurado preso ainda estiver recebendo a remuneração da empresa ou os citados benefícios previdenciários, o auxílio-reclusão não será concedido aos seus dependentes. Ao revés, frise-se que se o segurado estiver percebendo auxílio-acidente, nada impede o deferimento do auxílio-reclusão, ante a inexistência de vedação legal.

Com razoabilidade, a **Medida Provisória 871/2019** (regra mantida na Lei 13.846/2019) previu que **não será devido o auxílio-doença para o segurado recluso em regime FECHADO** (esta regra não engloba regime aberto ou semiaberto), tendo em vista que o preso estará sob a proteção do Estado, que deverá atender às suas necessidades básicas e tem custos que a sociedade já arca.

Ademais, acaso o segurado esteja em gozo de auxílio-doença no momento da segregação prisional, o benefício deverá ser **suspenso por até sessenta dias**. Vencidos os sessenta dias, se o segurado ainda estiver preso, o auxílio-doença será cancelado.

Em caso de prisão declarada ilegal, o segurado terá direito à percepção do benefício por todo o período devido. O segurado recluso em cumprimento de pena em regime aberto ou semiaberto terá direito ao auxílio-doença.

Por força do Princípio do *Tempus Regit Actum*, esta regra somente se aplica às incapacidades laborais (DII – Data de Início da Incapacidade) que desencadeadas a partir de **18 de Janeiro de 2019**, data de vigência da novel regra.

Embora não esteja expresso no artigo 80 da Lei 8.213/91, para prisões em regime fechado a partir de 18/1/2019, acaso o segurado de baixa renda esteja recebendo auxílio-reclusão da condição de dependente de segurado no momento da segregação prisional, ele não deverá instituir auxílio-reclusão.

Isso porque o auxílio-reclusão possui o mesmo regramento da pensão por morte, salvo expressa exceção em sentido contrário ou por incompatibilidade de adaptação, sendo que a remissão do artigo 80 da Lei 8.213/91 à pensão por morte se estende ao auxílio-reclusão.

Com o advento da Emenda 20/98, houve uma restrição da proteção social do auxílio--reclusão, passando a ser exigido que **o segurado preso seja enquadrado como baixa renda**, conforme nova redação do artigo 201, inciso IV, da CRFB.

Vale ressaltar que o STF ratificou que para a instituição deste benefício, **o baixa renda deverá ser o segurado, e não os seus dependentes**, pois existiam decisões da TNU[132] e dos TRFs da 3ª[133] e 4ª[134] Regiões em sentido contrário.

Eis o entendimento da Suprema Corte:

> "EMENTA: PREVIDENCIÁRIO. CONSTITUCIONAL. RECURSO EXTRAORDINÁRIO. AUXÍLIO-RECLUSÃO. ART. 201, IV, DA CONSTITUIÇÃO DA REPÚBLICA. LIMITAÇÃO DO UNIVERSO DOS CONTEMPLADOS PELO AUXÍLIO-RECLUSÃO. BENEFÍCIO

132. Processo 2005.82.01.502497-7, de 06.07.2007.
133. Processo 2008.03.99.020762-3, de 15.12.2008.
134. Processo 2006.71.99002845-3, de 12.08.2008.

RESTRITO AOS SEGURADOS PRESOS DE BAIXA RENDA. RESTRIÇÃO INTRODUZIDA PELA EC 20/1998. SELETIVIDADE FUNDADA NA RENDA DO SEGURADO PRESO. RECURSO EXTRAORDINÁRIO PROVIDO. **I – Segundo decorre do art. 201, IV, da Constituição, a renda do segurado preso é que a deve ser utilizada como parâmetro para a concessão do benefício e não a de seus dependentes.** II – Tal compreensão se extrai da redação dada ao referido dispositivo pela EC 20/1998, que restringiu o universo daqueles alcançados pelo auxílio-reclusão, a qual adotou o critério da seletividade para apurar a efetiva necessidade dos beneficiários. III – Diante disso, o art. 116 do Decreto 3.048/1999 não padece do vício da inconstitucionalidade. IV – Recurso extraordinário conhecido e provido"[135] (g.n.).

Conforme atualização feita para o ano de **2020**, será instituidor do auxílio-reclusão o segurado que receber remuneração mensal de até **R$ 1.425,56** , na forma do artigo 27, da EC 103/2019, sendo considerado antes do advento da MP 871/2019 convertida na Lei 13.846/2019 o seu último salário de contribuição antes do encarceramento.

Com lastro no Princípio do *Tempus Regit Actum*, o leitor deve promover a análise de acordo com o limite de baixa renda do ano da efetivação da prisão.

No entanto, **o STJ já flexibilizou o limite constitucional de baixa renda** no julgamento do Recurso Especial 1479564 pela 1ª Turma, julgado em 06/11/2014. No caso concreto, a segurada reclusa teve como último salário de contribuição uma remuneração de **R$ 10,82** acima do limite da baixa renda. Argumentou o STJ que a semelhança do caso com a jurisprudência firmada pelo STJ em relação ao Benefício de Prestação Continuada permite ao julgador flexibilizar também o critério econômico para deferimento do auxílio-reclusão, ainda que o salário de contribuição do segurado supere o valor legalmente fixado para configurar baixa renda:

> "RECURSO ESPECIAL. DIREITO PREVIDENCIÁRIO. AUXÍLIO-RECLUSÃO. POSSIBILIDADE DE FLEXIBILIZAÇÃO DO CRITÉRIO ECONÔMICO ABSOLUTO PREVISTO NA LEGISLAÇÃO PREVIDENCIÁRIA. PREVALÊNCIA DA FINALIDADE DE PROTEÇÃO SOCIAL DA PREVIDÊNCIA SOCIAL. RECURSO ESPECIAL DO INSS A QUE SE NEGA PROVIMENTO.
>
> 1. O benefício de auxílio-reclusão destina-se diretamente aos dependentes de segurado que contribuía para a Previdência Social no momento de sua reclusão, equiparável à pensão por morte; visa a prover o sustento dos dependentes, protegendo-os nesse estado de necessidade.
>
> **2. À semelhança do entendimento firmado por esta Corte, no julgamento do Recurso Especial 1.112.557/MG, Representativo da Controvérsia, onde se reconheceu a possibilidade de flexibilização do critério econômico definido legalmente para a concessão do Benefício Assistencial de Prestação Continuada, previsto na LOAS, é possível a concessão do auxílio-reclusão quando o caso concreto revela a necessidade de proteção social, permitindo ao Julgador a flexiblização do critério econômico para deferimento do benefício, ainda que o salário de contribuição do segurado supere o valor legalmente fixado como critério de baixa renda.**
>
> **3. No caso dos autos, o limite de renda fixado pela Portaria Interministerial, vigente no momento de reclusão da segurada, para definir o Segurado de baixa-renda era de R$ 710,08, ao passo que, de acordo com os registros do CNIS, a renda mensal da segurada era de R$ 720,90, superior aquele limite 4. Nestas condições, é possível a flexibilização da análise do requisito de renda do instituidor do benefício, devendo ser mantida a procedência do pedido, reconhecida nas instâncias ordinárias**" (REsp 1.479.564-SP, **Rel. Min. Napoleão Nunes Maia Filho, julgado em 6/11/2014).**

135. RE 587.365, de 25.03.2009.

A Turma Nacional seguiu o mesmo posicionamento do STJ: **"A TNU fixou a tese, em sede de recurso representativos de controvérsia, no sentido de que é possível a flexibilização do conceito de 'baixa-renda' para o fim de concessão do benefício previdenciário de auxílio-reclusão desde que se esteja diante de situações extremas e com valor do último salário-de-contribuição do segurado preso pouco acima do mínimo legal – 'valor irrisório'"** (Informativo 23/2018 – processo 0000713-30.2013.4.03.6327).

Conforme voto do Relator, "retomando o caso concreto, da leitura do voto condutor, que confirmou a sentença de improcedência, fundada no entendimento de legalidade estrita de que o último salário-de-contribuição do segurado, antes de ser recolhido ao sistema prisional, **ultrapassou em menos de R$ 70,00 (setenta reais)** o valor limite para ser considerado segurado de baixa renda".

O que a jurisprudência precisa definir é um limite de rompimento do limite de baixa renda, pois já existem decisões no JEF de primeiro grau flexibilizando valores em torno de R$ 300,00.

Na hipótese de inexistir salário de contribuição na data do recolhimento à prisão, será considerado o último salário de contribuição do segurado, conforme o entendimento do INSS[136] que adota o texto do Regulamento da Previdência Social:

> "Art. 116. O auxílio-reclusão será devido, nas mesmas condições da pensão por morte, aos dependentes do segurado recolhido à prisão que não receber remuneração da empresa nem estiver em gozo de auxílio-doença, aposentadoria ou abono de permanência em serviço, **desde que o seu último salário-de-contribuição seja inferior ou igual a R$ 360,00"** (valor originário quando do advento da Emenda 20/1998).

Ressalvado o posicionamento contrário da autarquia previdenciária, entende-se que se no momento da segregação prisional o segurado se encontrava no período de graça por ter deixado de exercer labor remunerado, deverá ser deferido o auxílio-reclusão, mesmo que o último salário de contribuição seja superior ao valor máximo de baixa renda.

Suponha-se que Manoel é segurado empregado que percebia salário mensal de R$ 3.000,00. Em janeiro de 2011, ele perdeu o emprego e consequentemente deixou de ter renda, mantendo a condição de segurado durante o período de graça. Se em junho de 2011 ele for preso, deverá ser instituído o auxílio-reclusão aos seus dependentes, pois Manoel não mais percebia renda alguma no momento do fato gerador do benefício.

Este também é o entendimento de parcela da jurisprudência:

> "PREVIDENCIÁRIO. CONSTITUCIONAL. REMESSA TIDA POR INTERPOSTA. AUXÍLIO-RECLUSÃO. ART. 201, IV, DA CONSTITUIÇÃO DA REPÚBLICA. REMUNERAÇÃO DE ATÉ R$ 360,00. EC 20/98, ART. 13. SEGURADO DESEMPREGADO QUANDO DA PRISÃO. REMESSA TIDA POR INTERPOSTA E APELAÇÃO DESPROVIDAS. 1. Tenho como interposta a remessa oficial. Nos termos do que dispunha o art. 12 § único, da Lei 1.533, de 31/12/51, preceito reproduzido pelo art. 14, § 1º, da Lei 12.016, de 07/08/2009, é assegurado duplo grau obrigatório de jurisdição às sentenças concessivas de mandado de segurança. 2. Os seguintes requisitos são necessários para a concessão do benefício de auxílio-reclusão: a) que o preso seja segurado da Previdência Social, independentemente de carência; b) que o segurado seja recolhido à prisão e não perceba qualquer remuneração e nem esteja em gozo de auxílio-doença, de aposentadoria ou de abono de permanência em serviço; c) que os dependentes sejam aqueles assim considerados

136. Artigo 385, § 2º, da Instrução Normativa INSS 77/2015.

pelo art. 16 da Lei 8213/91, sendo que, para os indicados no inciso I do referido artigo legal a dependência econômica é presumida, devendo ser comprovada, em relação aos demais; d) por fim, o requisito relativo à baixa-renda. **3. Torna-se necessário contextualizar o ato coator em face de outras premissas igualmente relevantes, tais como a data em que adquirido o direito ao benefício, a legislação a ele aplicável e sua interpretação. 4. A prisão do segurado, conforme noticiam os autos, ocorreu em 21/08/2002 (fl. 23), data em que efetivou o fator determinante para o auxílio-reclusão. Nesta data, apesar de ainda ostentar a condição de segurado por força de disposição legal ao consagrar o período de graça (fl. 17), é fato incontroverso que o pai da Impetrante não percebia remuneração alguma desde 19/01/2001 (fl. 25), por estar desempregado. 5. Estando o pai da impetrante, no momento em que foi recolhido à prisão, na condição de segurado, bem como desempregado, é notório o direito da impetrante ao benefício de auxílio reclusão, à luz dos dispositivos legais supracitados, em especial o parágrafo primeiro do artigo 116 do Decreto n.º 3.048/99.** 6. Apelação e remessa oficial, tida por interposta, desprovidas" (TRF da 1ª Região, AMS 2004.38.01.004047-1, de 06.07.2011).

Da mesma forma, ressalvado o entendimento contrário do INSS, entende-se que o segurado facultativo sempre irá instituir auxílio-reclusão aos seus dependentes, pois não exerce atividade laborativa remunerada e consequentemente não possui renda, mesmo que o seu último salário de contribuição supere o limite de baixa renda.

Eis o STJ:

"PREVIDENCIÁRIO. **AUXÍLIO-RECLUSÃO. SEGURADO DESEMPREGADO OU SEM RENDA. CRITÉRIO ECONÔMICO. MOMENTO DA RECLUSÃO. ÚLTIMO SALÁRIO DE CONTRIBUIÇÃO. IMPOSSIBILIDADE**.

1. A questão jurídica controvertida consiste em definir o critério de rendimentos ao segurado recluso em situação de desemprego ou sem renda no momento do recolhimento à prisão. O acórdão recorrido e o INSS defendem que deve ser considerado o último salário de contribuição, enquanto os recorrentes apontam que a ausência de renda indica o atendimento ao critério econômico.

2. À luz dos arts. 201, IV, da Constituição Federal e 80 da Lei 8.213/1991 o benefício auxílio-reclusão consiste na prestação pecuniária previdenciária de amparo aos dependentes do segurado de baixa renda que se encontra em regime de reclusão prisional.

3. O Estado, através do Regime Geral de Previdência Social, no caso, entendeu por bem amparar os que dependem do segurado preso e definiu como critério para a concessão do benefício a "baixa renda".

4. Indubitavelmente que o critério econômico da renda deve ser constatado no momento da reclusão, pois nele é que os dependentes sofrem o baque da perda do seu provedor.

5. O art. 80 da Lei 8.213/1991 expressa que o auxílio-reclusão será devido quando o segurado recolhido à prisão "não receber remuneração da empresa".

6. Da mesma forma o § 1º do art. 116 do Decreto 3.048/1999 estipula que "é devido auxílio-reclusão aos dependentes do segurado quando não houver salário-de-contribuição na data do seu efetivo recolhimento à prisão, desde que mantida a qualidade de segurado", o que regula a situação fática ora deduzida, de forma que a ausência de renda deve ser considerada para o segurado que está em período de graça pela falta do exercício de atividade remunerada abrangida pela Previdência Social." (art. 15, II, da Lei 8.213/1991).

7. Aliada a esses argumentos por si sós suficientes ao provimento dos Recursos Especiais, a jurisprudência do STJ assentou posição de que os requisitos para a concessão do benefício devem ser verificados no momento do recolhimento à prisão, em observância ao princípio *tempus regit actum*. Nesse sentido: AgRg no Resp 831.251/RS, Rel. Ministro Celso Limongi

(Desembargador convocado do TJ/SP), Sexta Turma, DJe 23.5.2011; REsp 760.767/SC, Rel. Ministro Gilson Dipp, Quinta Turma, DJ 24.10.2005, p. 377; e Resp 395.816/SP,

Rel. Ministro Fernando Gonçalves, Sexta Turma, DJ 2.9.2002, p. 260. 8. Recursos Especiais providos". **(REsp 1.480.461-SP, Rel. Min. Herman Benjamin, julgado em 23/9/2014).**

Posteriormente, a TNU passou a aderir ao posicionamento do STJ na sessão de 18/2/2016:

"PROCESSO: 0045092-42.2010.4.03.6301

Para fins de pedido de concessão de auxílio-reclusão, deve ser considerada a legislação vigente à época do evento prisão, sendo devido o benefício aos dependentes do segurado que na data do efetivo recolhimento não possuir salário de contribuição, desde que mantida a qualidade de segurado".

Em seguida o STJ firmou **tese repetitiva** a respeito:

Informativo 623 – PRIMEIRA TURMA

PROCESSO	REsp 1.485.417-MS, Rel. Min. Herman Benjamin, Primeira Seção, por unanimidade, julgado em 22/11/2017, DJe 02/02/2018
RAMO DO DIREITO	DIREITO PREVIDENCIÁRIO
TEMA	Auxílio-reclusão. Segurado desempregado ou sem renda. Critério econômico. Momento de reclusão. Ausência de renda. Último salário de contribuição afastado.
DESTAQUE	
Para a concessão de auxílio-reclusão (art. 80 da Lei n. 8.213/1991), o critério de aferição de renda do segurado que não exerce atividade laboral remunerada no momento do recolhimento à prisão é a ausência de renda, e não o último salário de contribuição.	

O STF não apreciará o tema, pois negou a existência de repercussão geral:

ARE 1163485 RG / SP – SÃO PAULO

REPERCUSSÃO GERAL NO RECURSO EXTRAORDINÁRIO COM AGRAVO

Relator(a): Min. MINISTRO PRESIDENTE

Julgamento: 15/11/2018 Órgão Julgador: Tribunal Pleno – meio eletrônico

"EMENTA: **Recurso extraordinário com agravo. Previdenciário. Benefício de auxílio--reclusão. Requisitos legais para a concessão. Aferição de renda. Matéria infraconstitucional. Ausência de repercussão geral. É infraconstitucional, a ela se aplicando os efeitos da ausência de repercussão geral, a controvérsia sobre os critérios legais de aferição da renda do segurado, para fins de percepção do benefício do auxílio-reclusão".**

ATENÇÃO:

Mas tudo isso foi modificado pela MP 871/2019 convertida na Lei 13.846/2019, regramento que deve ser aplicado às prisões a contar de 18/1/2019. A regulamentação da caracterização da baixa renda do segurado preso passou a constar do artigo 80 da Lei 8.213/91, modificando a sistemática do Decreto 3.048/99, restando abandonado o critério do último salário de contribuição antes da prisão e adotando a média dos 12 últimos salários de contribuição antes do recolhimento prisional nos últimos 12 meses antes da segregação prisional.

Eis os dispositivos inseridos no artigo 80 da Lei 8.213/91:

> "§ 3º Para fins do disposto nesta Lei, **considera-se segurado de baixa renda** aquele que, na competência de recolhimento à prisão tenha renda, apurada nos termos do disposto no § 4º, de valor igual ou inferior àquela prevista no art. 13 da Emenda Constitucional nº 20, de 15 de dezembro de 1998, corrigido pelos índices aplicados aos benefícios do RGPS.
>
> § 4º A aferição da renda mensal bruta para enquadramento do segurado como de baixa renda ocorrerá pela **média dos salários de contribuição apurados no período de doze meses anteriores ao mês do recolhimento à prisão**".

Assim, se nos últimos 12 meses antes da prisão do segurado este possuir 12 ou menos salários de contribuição, deve ser promovida a média aritmética simples de todos os existentes no período. Suponha-se que um segurado foi preso em fevereiro de 2019 e possua, nos últimos 12 meses, apenas 3 salários de contribuição nos seguintes valores:

a) R$ 1.200,00;

b) R$ 1.300,00;

c) R$ 1.450,00.

Neste caso, a média dos três salários de contribuição existentes nos 12 últimos meses que precederam a prisão em regime fechado foi de R$ 1.316,67, sendo abaixo do limite normativo estabelecido para o ano de 2019 para baixa renda (R$ 1.364,43).

Embora o critério de aferição de baixa renda seja mais justo, pois reflete a média dos salários de contribuição dos últimos 12 meses antes da prisão, ainda existem brechas que permitem manter a citada jurisprudência do STJ, pois não restou regulada a situação do segurado que não possui 12 salários de contribuição antes da prisão.

Isso porque é possível que o segurado esteja no período de graça de 24 ou 36 meses no momento da prisão ou mesmo esteja em gozo de auxílio-doença por mais de 12 meses (com a segregação prisional, o auxílio-doença será suspenso) ou mesmo se auxílio-acidente e não tenha salário de contribuição registrado no último ano antes da prisão.

Daí que, acaso o STJ mantenha a linha jurisprudencial, em inexistindo salário de contribuição nos últimos 12 meses antes da segregação prisional, certamente vai considerar o segurado sem renda e determinará a concessão do benefício do auxílio-reclusão aos seus dependentes. Não vai gerar judicialização porque o INSS está concedendo neste caso.

Se o segurado tiver recebido benefícios por incapacidade no período citado de 12 meses (auxílio-doença ou aposentadoria por invalidez), sua duração será contada considerando-se como salário de contribuição no período o salário de benefício que serviu de base para o cálculo da renda mensal, reajustado na mesma época e com a mesma base dos benefícios em geral, não podendo ser inferior ao valor de um salário mínimo.

Aliás, diante do atual texto normativo inaugurado pela Lei 13.846/2019, o próprio INSS entende que, caso não haja salário de contribuição nos últimos 12 meses antes da prisão do segurado, deve ser caracterizada a baixa renda e concedido o auxílio-reclusão do segurado preso em regime fechado.

Ressalte-se que o décimo terceiro salário e o terço de férias não deverão ser considerados no cômputo do último salário de contribuição do segurado preso, bem como a remuneração recebida em decorrência do pagamento de horas extraordinárias integrará o último salário de contribuição.

Vale ressaltar que o auxílio-reclusão apenas será pago nas condenações impostas sob regime fechado, **não sendo devido o benefício na hipótese de regime aberto**, na forma do artigo 116, § 5º, do RPS, haja vista a determinação do detento trabalhar fora do estabelecimento prisional, consoante o artigo 36, do Código Penal, apenas sendo recolhido no período noturno e durante os dias de folga.

ATENÇÃO:

Por força da MP 871/2019 convertida na Lei 13.846/19, regramento que deve ser aplicado às prisões a contar de 18/1/2019, **o regime prisional semiaberto não mais enseja a concessão do auxílio-reclusão** (regime aberto NUNCA gerou auxílio-reclusão).

Prisão até 17/1/2019	Regime semiaberto dá direito ao auxílio-reclusão
Prisão a partir de 18/1/2019	Regime semiaberto não dá direito ao auxílio-reclusão

Vale registar que o estatuto jurídico do auxílio-reclusão é a lei em vigor no dia da prisão do segurado de baixa renda (*Tempus Regit Actum* e direito adquirido). Dessa forma, a progressão ou regressão de regime prisional (fechado, semiaberto e aberto) não constitui novo fato gerador ou extintivo do benefício, devendo ser aplicada a *lex* em vigor no dia da prisão, e não no dia da alteração do regime prisional.

Logo, com lastro na técnica jurídica, se a prisão se deu até 17/01/2019, a progressão do regime fechado para o semiaberto a partir de 18/01/2019 não constitui hipótese de cancelamento do auxílio-reclusão.

Por sua vez, o cumprimento de pena em prisão domiciliar não impede o recebimento do benefício de auxílio-reclusão pelo(s) dependente (s), se o regime previsto for o fechado, assim como a monitoração eletrônica do instituidor do benefício de auxílio-reclusão não interfere no direito do dependente ao recebimento do benefício, uma vez que tem a função de fiscalizar o preso, desde que mantida a prisão domiciliar[137] (com adaptações à MP 871/2019 convertida na Lei 13.846/2019).

No mesmo sentido o STJ (Informativo 614) com as nossas adaptações:

PRIMEIRA TURMA

PROCESSO	REsp 1.672.295-RS, Rel. Min. Gurgel de Faria, por unanimidade, julgado em 17/10/2017, DJe 26/10/2017
RAMO DO DIREITO	DIREITO PREVIDENCIÁRIO
TEMA	Auxílio-reclusão. Prisão domiciliar. Reconhecimento administrativo. Instrução normativa n. 85/2016.
DESTAQUE	
Os dependentes de segurado preso em regime fechado ou semiaberto fazem jus ao auxílio-reclusão ainda que o condenado passe a cumprir a pena em prisão domiciliar.	

137. Instrução Normativa INSS 86/2016.

Apesar da omissão regulamentar, **será cabível o benefício nos casos de prisão cautelar** (temporária, em flagrante e preventiva), pois o segurado baixa renda não poderá exercer atividade laborativa para sustentar os seus dependentes, conforme se pronuncia a jurisprudência[138], tendo essas prisões equivalência ao regime fechado.

Também deverá ser pago o benefício na hipótese de medida socioeducativa de internação do adolescente enquadrado como segurado de baixa renda, conforme entendimento administrativo do INSS[139], previsto no artigo 112, inciso VI, da Lei 8.069/90, pois se equipara à situação de recolhimento à prisão em regime fechado.

Isso porque se equipara à condição de recolhido à prisão, a situação do maior de dezesseis e menor de dezoito anos de idade que se encontre internado em estabelecimento educacional ou congênere, sob custódia do Juizado da Infância e da Juventude.

No entanto, a internação a partir de 18/1/2019 do adolescente de baixa renda não dará ensejo à concessão ou manutenção do auxílio-reclusão dos seus dependentes quando permitida a realização de atividades externas, a critério da equipe técnica da entidade (Lei 8.069/90, art. 121, § 1º), pois equivale ao regime prisional semiaberto ao permitir atividades externas que podem ser remuneradas.

Outrossim, a conversão da internação em regime de semiliberdade[140] gerará o cancelamento do auxílio-reclusão para internações a contar de 18/1/2019, a exemplo do vencimento do prazo máximo de 3 anos da internação.

Por outro lado, na hipótese de prisão civil por dívida decorrente de prestação alimentícia, não será pago o auxílio-reclusão, pois esta segregação é um meio de coerção para o pagamento dos alimentos, não sendo punitiva, embora a normatização do INSS seja omissa a respeito e exista certa controvérsia doutrinária.

No caso de **medida de segurança**, assim considerada a medida criminal imposta contra os inimputáveis penais que foram condenados, inexiste normatização do INSS a respeito do tema.

De acordo com o artigo 96 do Código Penal, as medidas de segurança são:

I – Internação em hospital de custódia e tratamento psiquiátrico ou, à falta, em outro estabelecimento adequado;

II – sujeição a tratamento ambulatorial.

Adota-se, ainda, na execução penal a prática da **desinternação progressiva** do agente condenado a uma medida de segurança, como forma de reinserção social.

Para a medida de segurança de **internação** do segurado do RGPS, é certo que é devido o auxílio-reclusão aos seus dependentes, pois equivale a um regime fechado de segregação de liberdade, observados os demais requisitos do benefício.

---

138. TRF 3ª Região, APELREE 1.262.920, de 09.06.2008.

139. Artigo 381, § 2º, da Instrução Normativa INSS 77/2015.

140. Art. 120. O regime de semi-liberdade pode ser determinado desde o início, ou como forma de transição para o meio aberto, possibilitada a realização de atividades externas, independentemente de autorização judicial.

§ 1º São obrigatórias a escolarização e a profissionalização, devendo, sempre que possível, ser utilizados os recursos existentes na comunidade.

§ 2º A medida não comporta prazo determinado aplicando-se, no que couber, as disposições relativas à internação.

De acordo com o artigo 5º da Lei 10.216/2001, o paciente há longo tempo hospitalizado ou para o qual se caracterize situação de grave dependência institucional, decorrente de seu quadro clínico ou de ausência de suporte social, será objeto de política específica de alta planejada e reabilitação psicossocial assistida, sob responsabilidade da autoridade sanitária competente e supervisão de instância a ser definida pelo Poder Executivo, assegurada a continuidade do tratamento, quando necessário.

Destarte, a **alta ou desinternação progressiva** é um benefício para o inimputável que cumpre medida de segurança em manicômio judiciário objetivando a sua reinserção social, a exemplo da conversão da internação em tratamento ambulatorial.

Já o regime de desinternação progressiva equivale ao regime semiaberto, só gerando o direito ao auxílio-reclusão para internações anteriores à MP 871/2019 (até 17/01/2019).

Em regra, a DIB (data de início do benefício) será a data do encarceramento. Contudo, se o requerimento administrativo protocolizado pelos dependentes for posterior a 90 (noventa) dias da dada da prisão, o termo inicial dos efeitos financeiros será a data de entrada do pedido na Previdência Social.

Esta regra se aplica às prisões ocorridas a contar do dia 5 de novembro de 2015, quando iniciou a vigência da Lei 13.183/2015, que alterou a regra do artigo 74, I, da Lei 8.213/91, que modificou o termo inicial dos efeitos financeiros da pensão por morte e se comunicou ao auxílio-reclusão.

Para as segregações prisionais perpetradas até o dia 4 de novembro de 2015, por força da aplicação do Princípio do *Tempus Regit Actum*, continua sendo aplicável o prazo anterior de trinta dias.

ATENÇÃO:

Mas o tema foi alvo de alteração normativa promovida no artigo 74, inciso I, da Lei 8.213/91 por intermédio da MP 871/2019 convertida na Lei 13.846/2019: A pensão por morte será devida ao conjunto dos dependentes do segurado que falecer, aposentado ou não, a contar da data: I – do óbito, **quando requerida em até cento e oitenta dias após o óbito, para os filhos menores de dezesseis anos**, ou em até noventa dias após o óbito, para os demais dependentes. **Essa regra se aplica ao auxílio-reclusão, que é pago nas mesmas condições da pensão por morte.**

PUIL n. 0513801-64.2018.4.05.8100/CE – A TNU entendeu que a norma do art. 77, § 2º, da Lei n. 8.213/91 também se aplica ao benefício de auxílio-reclusão, de modo que este pode ter prazo de duração inferior à prisão, observadas as hipóteses ali estabelecidas.

Dessa forma, para as prisões ocorridas a partir da vigência da MP 871 (18/1/2019), no caso de beneficiário **absolutamente incapaz** (menor de 16 anos de idade), acaso o seu representante legal não ofereça requerimento administrativo do auxílio-reclusão em até **180 dias do óbito**, o INSS não pagará os atrasados, gerando efeitos financeiros somente a partir da data de entrada do requerimento administrativo.

Nesse sentido, o artigo 116, § 4º, do RPS, atualizado pelo Decreto 10.410/2020:

> "§ 4º A data de início do benefício será: (Redação dada pelo Decreto nº 10.410, de 2020)
>
> I – a do efetivo recolhimento do segurado à prisão, se o benefício for requerido no prazo de cento e oitenta dias, para os filhos menores de dezesseis anos, ou de noventa dias, para os demais dependentes; ou (Incluído pelo Decreto nº 10.410, de 2020)

II – a do requerimento, se o benefício for requerido após os prazos a que se refere o inciso I. (Incluído pelo Decreto nº 10.410, de 2020)".

Outra novidade da **Lei 13.846/19** (inseriu os §§ 3º e 4º no artigo 74 da Lei 8.213/91, com vigência somente após 120 dias de sua publicação) é que, acaso ajuizada a ação judicial para reconhecimento da condição de dependente, este poderá requerer a sua habilitação provisória ao benefício de auxílio-reclusão, exclusivamente para fins de rateio dos valores com outros dependentes, **vedado o pagamento da respectiva cota até o trânsito em julgado da decisão judicial que reconhecer a qualidade de dependente do autor da ação,** ressalvada a existência de decisão judicial em contrário.

Ademais, ainda à luz da Lei 13.846/2019, nas ações em que o INSS for parte, este poderá **proceder de ofício à habilitação excepcional do referido auxílio-reclusão**, apenas para efeitos de rateio, descontando-se os valores referentes a esta habilitação das demais cotas, vedado o pagamento da respectiva cota até o trânsito em julgado da respectiva ação, ressalvada a existência de decisão judicial em contrário, assegurando-se, em qualquer caso, a **cobrança pelo INSS dos valores indevidamente pagos em função de nova habilitação**.

Se julgada improcedente a ação citada, o valor retido será corrigido pelos índices legais de reajustamento e será pago de forma proporcional aos demais dependentes, de acordo com as suas cotas e o tempo de duração de seus benefícios.

Suponha-se que um segurado tenha sido preso na pendência de ação estadual de investigação de paternidade no Juízo de Família ajuizada por um suposto filho menor. Neste caso, o infante poderá requerer a habilitação provisória no benefício de auxílio-reclusão, sendo reservada a sua cota-parte pelo INSS, evitando prejuízos ao Erário de pagamento em duplicidade acaso haja o reconhecimento da qualidade de dependente.

Acaso a dependência seja negada, serão liberados os valores reservados aos demais dependentes, com a incidência da correção monetária.

O mesmo se aplica na hipótese de ajuizamento de ação judicial para o reconhecimento de união estável perante o INSS como incidente processual, na hipótese em que o pedido principal da ação seja a concessão do auxílio-reclusão.

Ademais, ainda à luz da Lei 13.846/2019, nas ações em que o INSS for parte, este poderá **proceder de ofício à habilitação excepcional do auxílio-reclusão**, apenas para efeitos de rateio, descontando-se os valores referentes a esta habilitação das demais cotas, vedado o pagamento da respectiva cota até o trânsito em julgado da respectiva ação, ressalvada a existência de decisão judicial em contrário, assegurando-se, em qualquer caso, a **cobrança pelo INSS dos valores indevidamente pagos em função de nova habilitação**.

Considerando que o regramento da pensão por morte se aplica ao auxílio-reclusão no que couber, entende-se que se o dependente for absolutamente incapaz o pagamento deverá retroagir à data da prisão, mesmo que requerido após noventa dias desta, aplicando-se por analogia a regra de que a prescrição não corre contra os absolutamente incapazes **(para as prisões até 17/1/2019 – MP 871/2019 – Lei 13.846/2019)**.

Uma importante novidade surgiu com o advento da MP 871/2019 convertida na Lei 13.846/2019 (art. 76, § 3º, da Lei 8.213/91), aplicável ao auxílio-reclusão, que é pago nas mesmas condições da pensão por morte. <u>**É que, na hipótese de o segurado preso estar, na data de seu falecimento, obrigado por determinação judicial a pagar alimentos temporários a ex-cônjuge, ex-companheiro ou ex-companheira, o auxílio-reclusão será devido pelo prazo**</u>

remanescente na data do óbito, caso não incida outra hipótese de cancelamento anterior do benefício" (para prisões a partir de 18/1/2019).

Preceitua o artigo 119, do RPS, ser vedada a concessão do auxílio-reclusão após a soltura do segurado. Contudo, esse dispositivo regulamentar aparentemente carece de base legal quando o benefício é requerido ainda durante a reclusão, pois o que importa é a data de entrada do requerimento administrativo ou judicial do benefício.

A renda mensal inicial do auxílio-reclusão era a mesma da pensão por morte. Isso porque as regras da pensão por morte aplicam-se ao auxílio-reclusão, no que couber, vez que o artigo 80 da Lei 8.213/91 dispõe que o auxílio-reclusão será pago nas mesmas condições da pensão por morte. **Logo, o auxílio-reclusão será sempre de 100% do salário de benefício, mesmo valor da aposentadoria por invalidez** (incapacidade permanente)**, tendo em vista que a redução instituída pela MP 664/2014 foi rejeitada pela Lei 13.135/2015.**

De acordo com o artigo 5º da Lei 13.135/2015, "os atos praticados com base em dispositivos da Medida Provisória no 664, de 30 de dezembro de 2014, serão revistos e adaptados ao disposto nesta Lei".

Desta forma, o INSS deve rever de ofício os auxílios-reclusão concedidos em valor não integral no período de vigência desta regra da MP 664/2014 (prisões de 1/3/2015 a 17/6/2015), pagando as parcelas vencidas respectivas.

IMPORTANTE:

Mas isso mudou com a Emenda 103/2019 (prisões após a sua vigência). No entanto, o artigo 27, § 1º, da Emenda 103/2019 acabou **limitando a um salário mínimo** (não pode ser menor que este valor) o valor do auxílio-reclusão: "Até que lei discipline o valor do auxílio-reclusão de que trata o inciso IV do art. 201 da Constituição Federal, seu cálculo se dará na forma da pensão por morte, **não podendo exceder o valor de um salário mínimo"**.

O auxílio-reclusão dispensava sempre a carência (antes da MP 871/2019 convertida na Lei 13.846/2019), a teor do artigo 26, I, da Lei 8.213/91, tendo sido frustrada a tentativa da MP 664/2014 de inserir carência, pois não aprovada na Lei 13.135/2015.

De acordo com o artigo 5º da Lei 13.135/2015, "os atos praticados com base em dispositivos da Medida Provisória no 664, de 30 de dezembro de 2014, serão revistos e adaptados ao disposto nesta Lei".

Desta forma, o INSS deve reviu de ofício o indeferimento dos auxílios-reclusão motivados pela não integralização de carência de 24 recolhimentos mensais, no período de vigência desta regra da MP 664/2014 (prisões de 1/3/2015 a 17/6/2015), pagando as parcelas vencidas respectivas.

ATENÇÃO:

A inserção de período de carência de 24 contribuições mensais para o auxílio-reclusão é fruto da MP 871/2019 convertida na Lei 13.846/2019 (essa tentativa já foi feita pela MP 664/2014 e foi derrubada no Congresso Nacional no ano de 2015 na lei de conversão 13.135), **operando-se somente para prisões a contar de 18/1/2019 (lei do tempo rege o ato jurídico).**

Eis a tabela intertemporal:

Prisão até 17/1/2019	Sem carência
Prisão a partir de 18/1/2019	Carência de 24 recolhimentos mensais

Considerando que o auxílio-reclusão é pago nas mesmas condições da pensão por morte, conclui-se que, **no que couber**, as mudanças promovidas pela Lei 13.135/2015 na pensão por morte se estenderam ao auxílio-reclusão.

A Lei 13.135/2015 em muito modificou a MP 664/2014, tendo as novas regras entrado em vigor em 18 de junho de 2015. As alterações sobre o prazo para percepção da pensão por morte alcançaram os cônjuges, companheiros e companheiras, e não os demais dependentes, nada mudando para o filho, os pais e os irmãos. **Estas mudanças são aplicáveis ao auxílio--reclusão, devendo ser devidamente adaptadas.**

Em regra, se a prisão ocorrer sem que o segurado tenha vertido 18 (dezoito) contribuições mensais ou se o casamento ou a união estável tiverem sido iniciados em menos de 2 (dois) anos antes do óbito do segurado, o auxílio-reclusão será pago por apenas 4 (quatro) meses ao cônjuge, companheiro ou companheira.

Logo, se o segurado foi preso com apenas 5 contribuições vertidas ou com menos de 2 anos de casamento ou união estável, o auxílio-reclusão durará, no máximo, por apenas 4 meses, podendo ser cessado antes pela soltura do preso.

A Lei 13.135/2015 admitiu expressamente que o tempo de contribuição a Regime Próprio de Previdência Social (RPPS) será considerado na contagem das 18 (dezoito) contribuições mensais, acaso o segurado não possua 18 recolhimentos no Regime Geral de Previdência Social no dia da prisão.

Por sua vez, transcorridos os seguintes períodos, estabelecidos de acordo com a idade do dependente na data da prisão do segurado, **se a segregação prisional ocorrer depois de vertidas 18 (dezoito) contribuições mensais e pelo menos 2 (dois) anos após o início do casamento ou da união estável,** o auxílio-reclusão terá a seguinte duração máxima (pode ser menor se o segurado for solto antes, obviamente), sendo de prazo indefinido apenas se o dependente tiver 44 anos de idade ou mais no dia da prisão do segurado:

1) até **3 (três) anos**, com menos de 21 (vinte e um) anos de idade;
2) até **6 (seis) anos**, entre 21 (vinte e um) e 26 (vinte e seis) anos de idade;
3) até **10 (dez) anos**, entre 27 (vinte e sete) e 29 (vinte e nove) anos de idade;
4) até **15 (quinze) anos**, entre 30 (trinta) e 40 (quarenta) anos de idade;
5) até **20 (vinte) anos**, entre 41 (quarenta e um) e 43 (quarenta e três) anos de idade;
6) **prazo indefinido**, com 44 (quarenta e quatro) ou mais anos de idade.

No entanto, há uma regra especial para o dependente cônjuge ou companheiro(a) inválido ou com deficiência, pois neste caso o auxílio-reclusão apenas será cancelado pela cessação da invalidez ou pelo afastamento da deficiência, salvo se houver soltura anterior. Se não houver recuperação do dependente, portanto, será de prazo indefinido o auxílio-reclusão enquanto perdurar a prisão, mesmo que **o segurado não tenha vertido 18 (dezoito) contribuições mensais ou se o casamento ou a união estável tiverem menos de 2 (dois) anos antes da**

prisão do segurado. Caso o dependente inválido ou deficiente se recupere, serão respeitados, ao menos, os prazos anteriores apresentados, salvo se a soltura ocorrer primeiro.

Considerando que para as prisões em regime fechado concretizadas a partir 18/1/2019 a Lei 13.846/2019 passou a exigir período de carência de 24 contribuições mensais, evidente que o segurado que foi preso e ainda não contava com 18 contribuições mensais não terá integralizado o período de carência de 24 contribuições mensais e imediatamente o benefício será indeferido, ao invés de ser limitado a 4 parcelas mensais para o seu cônjuge ou companheiro.

O requerimento do auxílio-reclusão deverá ser instruído com a **certidão do efetivo recolhimento à prisão**, sendo obrigatória, para a manutenção do pagamento do benefício, a apresentação de declaração de permanência na condição de presidiário (**atestado trimestral**), sob pena de suspensão.

A certidão judicial e a prova de permanência na condição de presidiário poderão ser substituídas pelo acesso à base de dados, **por meio eletrônico,** a ser disponibilizada pelo Conselho Nacional de Justiça, com dados cadastrais que assegurem a identificação plena do segurado e da sua condição de presidiário **(novidade da Lei 13.846/2019)**.

Para que os dependentes do segurado façam jus ao benefício, será naturalmente preciso que o preso seja segurado, ou seja, esteja contribuindo ao fundo do RGPS ou, ao menos, se encontre durante o período de graça.

Vale salientar que o exercício de atividade remunerada do segurado recluso em cumprimento de pena em regime fechado, não acarreta a perda do direito ao recebimento do auxílio-reclusão para seus dependentes.

Entretanto, neste caso, o segurado recluso não terá direito ao benefício de aposentadoria durante a percepção, pelos dependentes, do auxílio-reclusão, ainda que, nessa condição, contribua como facultativo, permitida a opção, desde que manifestada, também, pelos dependentes, ao benefício mais vantajoso.

ATENÇÃO:

Com razoabilidade, a **Medida Provisória** 871/2019 convertida na Lei 13.846/19 previu que não será devido o auxílio-doença para o segurado recluso em regime FECHADO (esta regra não engloba regime aberto ou semiaberto), tendo em vista que o preso estará sob a proteção do Estado, que deverá atender às suas necessidades básicas e tem custos que a sociedade já arca.

Essa regra se aplica para as incapacidades (DII) a contar de 18/1/2019 em respeito ao Princípio do ***Tempus Regit Actum***.

Se o detento tiver recolhido contribuições previdenciárias na condição de segurado facultativo ou contribuinte individual (note-se que o Regulamento desde o ano de 2009 apenas coloca o preso como segurado facultativo), na hipótese de sua morte, o valor da pensão devida a seus dependentes será obtido mediante a realização de cálculo, com base nos novos tempos de contribuição e salários de contribuição correspondentes, nele incluídas as contribuições recolhidas enquanto recluso, facultada a opção pelo valor do auxílio-reclusão.

Em caso de morte de segurado recluso que tenha contribuído para a previdência social durante o período de reclusão, o valor da pensão por morte será calculado levando-se em consideração o tempo de contribuição adicional e os correspondentes salários de contribuição, facultada a opção pelo valor do auxílio-reclusão.

Na hipótese de fuga, o benefício será suspenso e, se houver a recaptura do segurado, será restabelecido a contar da data em que esta ocorrer, desde que esteja ainda mantida a qualidade de segurado.

Ou seja, com a fuga será iniciado o período de graça e se a recaptura se efetivar após a perda da condição de segurado, não mais será devido o auxílio-reclusão aos dependentes, lembrando que o período de graça será de 12 meses após o livramento, a teor do artigo 15, IV, da Lei 8.213/91.

Mas a TNU nega o período de graça de 12 meses no caso de preso foragido:

> PUIL n. 0067318-03.2008.4.01.3800/MG – A TNU firmou o entendimento de que, tratando-se de preso foragido, não se aplica a regra de manutenção da qualidade de segurado por 12 meses a partir do livramento, nos termos do art. 15, IV, da Lei n. 8.213/91.

Vale frisar que o filho nascido durante o recolhimento do segurado à prisão terá direito ao benefício de auxílio-reclusão a partir da data do seu nascimento.

No mesmo sentido, a TNU:

> Informativo 20/2017
>
> Processo n. 0500965-76.2016.4.05.8311
>
> Afirmada a tese de que, em princípio, o fato de o beneficiário ter sido concebido após a prisão ou ter nascido 300 dias após o recolhimento do segurado não impede, por si só, o direito ao auxílio--reclusão.

Conquanto o menor sob guarda não seja mais dependente previdenciário desde o advento da MP 1.523/1996, fica mantido o direito à percepção do auxílio-reclusão ao menor sob guarda, desde que a prisão tenha ocorrido até 13 de outubro de 1996, véspera da vigência da MP nº 1.523, de 1996, e reedições, convertida na Lei nº 9.528, de 1997, desde que atendidos todos os requisitos da legislação em vigor à época[141].

Mas coube à Corte Especial do STJ, em 9 de dezembro de 2016, reverter o seu posicionamento de 4 de março de 2015, conferindo prevalência ao ECA ao manter o menor sob guarda como dependente previdenciário do RGPS na condição de equiparado a filho:

> **EMBARGOS DE DIVERGÊNCIA EM RESP Nº 1.141.788 – RS (2009/0098910-5), de 9/12/2016.** RELATOR: MINISTRO JOÃO OTÁVIO DE NORONHA EMBARGANTE: MINISTÉRIO PÚBLICO FEDERAL EMBARGADO: INSTITUTO NACIONAL DO SEGURO SOCIAL INTERES.: DANIEL RIBEIRO SOTELO ADVOGADO: IMELDA MARTINI E OUTRO(S) – RS037382 EMENTA PREVIDENCIÁRIO. PENSÃO POR MORTE. MENOR SOB GUARDA. ALTERAÇÕES LEGISLATIVAS. ART. 16 DA LEI N. 8.213/90. MODIFICAÇÃO PELA MP N. 1.523/96, CONVERTIDA NA LEI N. 9.528/97. CONFRONTO COM O ART. 33, § 3º, DO ECA. ART. 227 DA CONSTITUIÇÃO. INTERPRETAÇÃO CONFORME. PRINCÍPIO DA PROTEÇÃO INTEGRAL E PREFERENCIAL DA CRIANÇA E DO ADOLESCENTE. **1. Ao menor sob guarda deve ser assegurado o direito ao benefício da pensão por morte mesmo se o falecimento se deu após a modificação legislativa promovida pela Lei n. 9.528/97 na Lei n. 8.213/90. 2. O art. 33, § 3º da Lei n. 8.069/90 deve prevalecer sobre a modificação legislativa promovida na lei geral da previdência social porquanto, nos termos do art. 227 da Constituição, é norma fundamental o princípio da proteção integral e preferência da criança e do adolescente.** 3. Embargos de divergência acolhidos. ACÓRDÃO A

141. Artigo 390, da Instrução Normativa INSS 77/2015.

Corte Especial, por unanimidade, acolheu os embargos de divergência nos termos do voto do Sr. Ministro Relator. Os Srs. Ministros Humberto Martins, Maria Thereza de Assis Moura, Herman Benjamin, Napoleão Nunes Maia Filho, Jorge Mussi, Og Fernandes, Luis Felipe Salomão, Mauro Campbell Marques, Benedito Gonçalves, Raul Araújo, Felix Fischer e Nancy Andrighi votaram com o Sr. Ministro Relator. Ausente, justificadamente, o Sr. Ministro Francisco Falcão. Brasília, 07 de dezembro de 2016(Data do Julgamento).

Destaque-se que na hipótese de falecimento do preso, **deverá o INSS converter automaticamente o auxílio-reclusão em pensão por morte**, assim que for apresentada a respectiva certidão de óbito.

12. ABONO ANUAL

Regulamentação básica: artigo 40, da Lei 8.213/91; artigo 120, do RPS (Decreto 3.048/99).

Conquanto a Lei de Benefícios não o faça expressamente, o Regulamento da Previdência Social colocou o abono anual no rol dos benefícios previdenciários (Seção VI – Dos Benefícios – Subseção XI).

Trata-se do direito anual dos beneficiários da Previdência Social de perceber uma quantia correspondente ao respectivo benefício previdenciário, tomando por base o valor pago no mês de dezembro, sendo calculado, no que couber, da mesma forma que a gratificação natalina dos trabalhadores.

Todos os segurados e dependentes farão jus ao abono anual, **exceto no que concerne ao salário-família, que não gera o seu pagamento**, sendo o pagamento proporcional ao número de meses de percepção da aposentadoria, auxílio-acidente, auxílio-doença, auxílio-reclusão ou pensão por morte.

No caso do salário-maternidade, o abono anual será pago, em cada exercício, juntamente com a última parcela do benefício nele devida.

Assim, embora o artigo 40, da Lei 8.213/91, equivocadamente não tenha previsto o pagamento do abono anual para o salário-maternidade, o lapso foi corrigido pelo artigo 120, do RPS.

O abono anual será calculado, no que couber, da mesma forma que a gratificação natalina dos trabalhadores, tendo por base o valor da renda mensal do benefício do mês de dezembro de cada ano.

O valor do abono anual correspondente ao período de duração do salário-maternidade será pago, em cada exercício, juntamente com a última parcela do benefício nele devida.

Caso a aposentadoria por incapacidade permanente sofra o acréscimo de 25%, se o segurado necessitar da assistência permanente de outra pessoa, o abono anual será calculado considerando o valor do auxílio-acompanhante[142].

13. SERVIÇO SOCIAL

Regulamentação básica: artigo 88, da Lei 8.213/91; artigo 161, do RPS (Decreto 3.048/99).

É um serviço previdenciário devido aos segurados e seus dependentes, **não se exigindo carência para o seu gozo**, constituindo-se como atividade auxiliar do seguro social.

142. Artigo 396, § 4º, da Instrução Normativa INSS 77/2015.

Chegou a ser extinto pela MP 905/2020, mas foi restaurado pela MP 955/2020, que revogou o ato anterior.

Tem por objetivo esclarecer junto aos beneficiários seus direitos sociais e os meios de exercê-los e estabelecer conjuntamente com eles o processo de solução dos problemas que emergirem da sua relação com a Previdência Social, tanto no âmbito interno da instituição como na dinâmica da sociedade.

Terá prioridade neste serviço os segurados em benefício por incapacidade temporária e atenção especial os aposentados e pensionistas, tendo como diretriz a participação do beneficiário na implementação e fortalecimento da política previdenciária, em articulação com associações e entidades de classes.

São colocados como instrumentos de operacionalização do serviço social a intervenção técnica, a assistência de natureza jurídica, a ajuda material, os recursos sociais, o intercâmbio com empresas e a pesquisa social, inclusive mediante a celebração de convênios, acordos ou contratos.

Os recursos técnicos utilizados pelo Assistente Social são, entre outros, o parecer social[143], a pesquisa social[144], o cadastro das organizações da sociedade e a avaliação social da pessoa com deficiência aos requerentes do Benefício de Prestação Continuada – BPC/LOAS[145], estabelecida pelo Decreto 6.214, de 26 de dezembro de 2007.

O Serviço Social terá como diretriz a participação do beneficiário na implementação e fortalecimento da política previdenciária, em articulação com associações e entidades de classes.

14. HABILITAÇÃO E REABILITAÇÃO PROFISSIONAL

Regulamentação básica: artigo 89/93, da Lei 8.213/91; artigos 136/141, do RPS (Decreto 3.048/99).

É um serviço previdenciário devido aos **segurados e seus dependentes** de maneira **obrigatória, independentemente de carência**, desde que incapacitados parcial ou totalmente para o trabalho.

Logo, ante a compulsoriedade deste serviço previdenciário, um segurado em gozo do auxílio-doença que se recuse a se submeter aos processos de habilitação ou reabilitação profissional, terá o pagamento do benefício suspenso.

Ademais, não sendo possível a recuperação do segurado em gozo do auxílio-doença para desenvolver a sua atividade laborativa habitual, não cessará o benefício enquanto não reabilitado o segurado.

---

143. O Parecer Social consiste no pronunciamento profissional do Assistente Social, com base no estudo de determinada situação, podendo ser emitido na fase de concessão, manutenção, recurso de benefícios ou para embasar decisão médico-pericial, por solicitação do setor respectivo ou por iniciativa do próprio Assistente Social.

144. A pesquisa social constitui-se recurso técnico fundamental para a realimentação do saber e do fazer profissional, voltado para a busca do conhecimento crítico e interpretativo da realidade, favorecendo a identificação e a melhor caracterização das demandas dirigidas ao INSS e do perfil socioeconômico cultural dos beneficiários como recursos para a qualificação dos serviços prestados.

145. A avaliação social, em conjunto com a avaliação médica da pessoa com deficiência, consiste num instrumento destinado à caracterização da deficiência e do grau de incapacidade, e considerará os fatores ambientais, sociais, pessoais, a limitação do desempenho de atividades e a restrição da participação social dos requerentes do Benefício de Prestação Continuada da pessoa portadora de deficiência.

Serão encaminhados para o Programa de Reabilitação Profissional, por ordem de prioridade[146]:

I – o segurado em gozo de auxílio-doença, acidentário ou previdenciário;

II – o segurado sem carência para a concessão de auxílio-doença previdenciário, incapaz para o trabalho;

III – o segurado em gozo de aposentadoria por invalidez;

IV – o segurado em gozo de aposentadoria especial, por tempo de contribuição ou idade que, em atividade laborativa, tenha reduzida sua capacidade funcional em decorrência de doença ou acidente de qualquer natureza ou causa;

V – o dependente do segurado; e

VI – as Pessoas com Deficiência – PcD.

Será obrigatório o atendimento pela Reabilitação Profissional aos beneficiários descritos nos incisos I, II, III e IV, ficando condicionado às possibilidades administrativas, técnicas, financeiras e às características locais, o atendimento aos beneficiários relacionados aos incisos V, VI e VII acima arrolados[147].

Consiste o serviço em assistência (re)educativa e de (re)adaptação profissional aos beneficiários do RGPS incapazes, objetivando fornecer os meios indicados para proporcionar o reingresso no mercado de trabalho e no contexto em que vivem, a exemplo da participação de cursos e treinamentos.

Compete ao INSS promover a sua prestação aos segurados, inclusive aposentados, e, de acordo com as possibilidades administrativas, técnicas, financeiras e as condições locais do órgão, aos seus dependentes, preferencialmente mediante a contratação de serviços especializados.

Quando indispensáveis ao desenvolvimento do processo de reabilitação profissional, o INSS fornecerá aos segurados, inclusive aposentados, em caráter obrigatório, **prótese e órtese**, seu reparo ou substituição, instrumentos de auxílio para locomoção, bem como equipamentos necessários à habilitação e à reabilitação profissional, transporte urbano e alimentação e, na medida das possibilidades da autarquia, aos seus dependentes.

De acordo com o STJ (Informativo 566), "**o INSS é parte legítima para figurar no polo passivo de demanda cujo escopo seja o fornecimento de órteses e próteses a segurado incapacitado parcial ou totalmente para o trabalho, não apenas quando esses aparelhos médicos sejam necessários à sua habilitação ou reabilitação profissional, mas, também, quando sejam essenciais à habilitação social**. Isso porque, em conformidade com o Princípio Fundamental da Dignidade da Pessoa Humana e com os valores sociais buscados pela República Federativa do Brasil, a norma jurídica que exsurge do texto legal (art. 89, parágrafo único, "a", da Lei 8.213/1991) exige que a habilitação e a reabilitação não se resumam ao mercado de trabalho, mas que também abarquem a vida em sociedade com dignidade. REsp 1.528.410-PR, Rel. Min. Herman Benjamin, julgado em 2/6/2015, DJe 12/8/2015".

Após a conclusão do processo de habilitação ou reabilitação social e profissional, o INSS emitirá **certificado individual**, indicando as atividades que poderão ser exercidas pelo beneficiário, nada impedindo que este exerça outra atividade para a qual se capacitar.

146. Artigo 399, da Instrução Normativa INSS 77/2015.

147. Artigo 399, da Instrução Normativa INSS 77/2015.

Nos casos de solicitação de novo benefício por segurado que já tenha se submetido ao Programa de Reabilitação Profissional, o perito médico deverá rever o processo anteriormente desenvolvido, antes de indicar novo encaminhamento à Reabilitação Profissional[148].

> Vale salientar que não constitui obrigação do INSS a manutenção do segurado no mesmo emprego ou a sua colocação em outro para o qual foi reabilitado, cessando o processo de reabilitação profissional com a emissão do certificado.

Frise-se que este serviço, além de ter natureza previdenciária, possui forte carga assistencialista, pois também é devido aos portadores de deficiência física, mesmo que não sejam beneficiários do RGPS.

Será concedido, no caso de habilitação e reabilitação profissional, auxílio para tratamento ou exame fora do domicílio do beneficiário.

De acordo com o artigo 171, do Regulamento, quando o segurado ou dependente deslocar-se por determinação do Instituto Nacional do Seguro Social para submeter-se a exame médico-pericial ou a processo de reabilitação profissional em localidade diversa da de sua residência, deverá a instituição custear o seu transporte e pagar-lhe diária no valor de R$ 97,58 (valor atualizado para 2019), ou promover sua hospedagem mediante contratação de serviços de hotéis, pensões ou similares.

O processo de habilitação e de reabilitação profissional do beneficiário será desenvolvido por meio das funções básicas de:

I – avaliação do potencial laborativo;

II – orientação e acompanhamento da programação profissional;

III – articulação com a comunidade, inclusive mediante a celebração de convênio para reabilitação física restrita a segurados que cumpriram os pressupostos de elegibilidade ao programa de reabilitação profissional, com vistas ao reingresso no mercado de trabalho; e

IV – acompanhamento e pesquisa da fixação no mercado de trabalho;

V – certificar ou homologar o processo de Habilitação e Reabilitação Profissional.

Por fim, **a empresa com 100 ou mais empregados está obrigada a preencher de 2% a 5% dos seus cargos com beneficiários reabilitados ou pessoas portadoras de deficiência, habilitadas**, na seguinte proporção:

I – até 200 empregados 2%;

II – de 201 a 500 3%;

III – de 501 a 1.000 4%;

IV – de 1.001 em diante 5%.

Por força da Lei 13.146, publicada em 7 de julho de 2015, que aprovou o Estatuto da Pessoa com Deficiência e entrou em vigor no dia 3 de janeiro de 2016, o artigo 93 da Lei 8.213/91 teve a sua redação modificada, passando a prever que a dispensa de **pessoa com deficiência ou de**

148. Artigo 403, da Instrução Normativa INSS 77/2015.

beneficiário reabilitado da Previdência Social ao final de contrato por prazo determinado de mais de 90 (noventa) dias e a dispensa imotivada em contrato por prazo indeterminado somente poderão ocorrer após a contratação de outro **trabalhador com deficiência ou beneficiário reabilitado da Previdência Social, assim como incumbirá ao** Ministério do Trabalho (com a extinção do Ministério do Trabalho, desde 2019 o Ministério da Economia assumiu a área trabalhista, tendo sido criada uma Secretaria Especial de Previdência e Trabalho) estabelecer a sistemática de fiscalização, bem como gerar dados e estatísticas sobre o total de empregados e as vagas preenchidas por pessoas com deficiência e por beneficiários reabilitados da Previdência Social, fornecendo-os, quando solicitados, aos sindicatos, às entidades representativas dos empregados ou aos cidadãos interessados, sedo que, para a reserva de cargos será considerada somente a contratação direta de pessoa com deficiência, excluído o aprendiz com deficiência de que trata a Consolidação das Leis do Trabalho (CLT), aprovada pelo Decreto-Lei no 5.452, de 1º de maio de 1943.

Em termos históricos, o marco legal da criação dos Serviços de Reabilitação Profissional no Brasil foi o Decreto nº 7.036, de 10 de novembro de 1944, ainda no governo de Getúlio Vargas. O dispositivo legal regulamentava a execução dos Serviços, disciplinando que as ações seriam desenvolvidas mediante a prática da fisioterapia, da cirurgia ortopédica e reparadora, e também do ensino profissional em escolas profissionais especiais. Torna-se oportuno referir que na época de sua criação, a RP era executada através das Instituições Previdenciárias, os Institutos de Aposentadoria e Pensão – IAPs; isto porque a Previdência Social no Brasil foi instituída não só com a competência de dar assistência pecuniária ao trabalhador quando na impossibilidade do trabalho, mas também com a atribuição de prestar atendimento em saúde[149].

15. BENEFÍCIO ASSISTENCIAL DO AMPARO ASSISTENCIAL DO IDOSO OU DEFICIENTE CARENTE (BPC/LOAS)

Códigos de concessão: 87 – Amparo assistencial ao portador de deficiência (Lei nº 8.742/93) e 88 – Amparo assistencial ao idoso (Lei nº 8.742/93). É conhecido como o benefício de prestação continuada da Lei Orgânica de Assistência Social (BPC/LOAS).

O artigo 203, inciso V, da Constituição, garante ao idoso ou portador de deficiência um benefício assistencial no valor de um salário mínimo[150], desde que comprovem não possuir meios de prover a própria manutenção ou de tê-la provida por sua família, conforme dispuser a lei.

O Benefício de Prestação Continuada integra a proteção social básica no âmbito do Sistema Único de Assistência Social, instituído pelo Ministério da Cidadania, em consonância com o estabelecido pela Política Nacional de Assistência Social.

Competirá ao Ministério da Cidadania a implementação, a coordenação-geral, a regulação, o financiamento, o monitoramento e a avaliação da prestação deste benefício, sem prejuízo das iniciativas compartilhadas com Estados, Distrito Federal e Municípios, em consonância com as diretrizes do SUAS e da descentralização político-administrativa, cabendo ao INSS a processamento e concessão administrativa.

149. Manual Técnico de Procedimentos da Área de Reabilitação Profissional do INSS, Volume I (2016), página 23.

150. Esse benefício é popularmente conhecido no foro federal como "LOAS".

A regulamentação foi promovida pelos artigos 20, 21 e 21-A, da Lei 8.742/93, bem como pelo artigo 34, da Lei 10.741/2003 (Estatuto do Idoso), tendo este dispositivo reduzido a idade mínima para a concessão para 65 anos[151], sendo objeto de regulamentação presidencial por intermédio do Decreto 6.214/2007.

Por sua vez, havia um maior detalhamento deste benefício assistencial pela Portaria Conjunta SNAS/SPPS/INSS nº 2, de 19 de setembro de 2014. No entanto, este ato foi revogado e substituído pela **Portaria Conjunta MDSA/INSS nº 1 de 03/01/2017**. Posteriormente, a citada portaria restou substituída pela **Portaria Conjunta MDS nº 3 DE 21/09/2018, que atualmente rege o benefício.**

A redução da idade mínima para a concessão deste benefício assistencial (de 70 para 67 anos e agora para 65 anos) decorre de concretização do Princípio da Universalidade da Cobertura e do Atendimento, pois apesar do crescimento da expectativa de vida dos brasileiros, houve uma extensão da proteção social em favor dos necessitados, na medida em que surgiram mais recursos públicos disponíveis.

Por força do Decreto 8.805/2016, são requisitos para a concessão, a manutenção e a revisão do benefício as inscrições no Cadastro de Pessoas Físicas – CPF e no **Cadastro Único para Programas Sociais do Governo Federal – CadÚnico**, sendo que o beneficiário que não realizar a inscrição ou a atualização no CadÚnico, no prazo estabelecido em convocação a ser realizada pelo Ministério da Cidadania, terá o seu benefício suspenso.

A exigência de inscrição do idoso e do deficiente no CadÚnico se justifica para aumentar a fiscalização a fim de permitir o cruzamento de dados, a prevenção e repressão de fraudes, sendo que benefício só será concedido ou mantido para inscrições no CadÚnico que tenham sido realizadas ou atualizadas nos últimos dois anos.

O Governo Federal havia fixado como data máxima de inscrição ou regularização do CadÚnico de idosos e deficientes beneficiários do BPC/LOAS o dia 31 de dezembro de 2018, sob pena de suspensão do benefício.

Posteriormente, para respeitar o Princípio da Legalidade, coube à Lei 13.846/2019 inserir essa regra no artigo 20 da Lei 8.742/93: "§ 12. São requisitos para a concessão, a manutenção e a revisão do benefício as inscrições no Cadastro de Pessoas Físicas – CPF e no Cadastro Único para Programas Sociais do Governo Federal – Cadastro Único, conforme previsto em regulamento".

Na análise do requerimento do benefício, o INSS confrontará as informações do CadÚnico, referentes à renda, com outros cadastros ou bases de dados de órgãos da administração pública disponíveis, prevalecendo as informações que indiquem maior renda se comparadas àquelas declaradas no CadÚnico.

Na hipótese de as informações do CadÚnico serem insuficientes para a análise conclusiva do benefício, o INSS:

I – comunicará o interessado, o qual deverá atualizar seu cadastro junto ao órgão local responsável pelo CadÚnico no prazo de trinta dias;

II – concluirá a análise após decorrido o prazo de que trata o inciso I; e

151. A idade mínima era inicialmente de 70 anos, tendo sido reduzida para 67 anos de 1998 para, finalmente, chegar aos 65 anos com o advento do Estatuto do Idoso.

III – no caso de o cadastro não ser atualizado no prazo de que trata o inciso I, indeferirá a solicitação para receber o benefício.

Para fazer jus ao amparo, o idoso ou deficiente deverão comprovar o seu estado de miserabilidade. Pelo **critério legal originário**, considera-se incapaz de prover a sua própria manutenção a pessoa portadora de deficiência ou idosa, em que a renda mensal per capita familiar seja inferior a 1/4 (um quarto) de salário mínimo.

Logo, a norma instituiu um critério objetivo para a aferição do estado de carência do idoso ou do deficiente: renda per capita familiar inferior a ¼ de salário mínimo, ressaltando-se que se entendia como família o conjunto de pessoas elencadas no artigo 16, da Lei nº 8.213/91[152], desde que vivessem sob o mesmo teto.

Aliás, de acordo com a TNU, "o benefício assistencial de prestação continuada pode ser indeferido se ficar demonstrado que os devedores legais podem prestar alimentos civis sem prejuízo de sua manutenção, em obediência ao princípio da subsidiariedade"[153].

Por sua vez, formou-se forte corrente jurisprudencial que vinha flexibilizando o rol do artigo 16, da Lei 8.213/91, a fim de incluir outras pessoas na composição da família para fins de aferição da renda. Nesse sentido, colaciona-se decisão da lavra da Turma Nacional de Uniformização de Jurisprudência dos Juizados Federais[154]:

> "EMENTA PROCESSO CIVIL – ASSISTÊNCIA SOCIAL. BENEFÍCIO DA PRESTAÇÃO CONTINUADA. REQUISITOS LEGAIS. CONCEITO DE FAMÍLIA. **1. Ao apurar o grupo familiar do requerente, o juiz não está adstrito ao rol do art. 16 da Lei n. 8.213/91, que, neste caso, é meramente exemplificativo, podendo, diante do caso concreto, ser alargado ou diminuído, de acordo com a sua eqüitativa apreciação, e tendo em visto o art. 5º da Lei n. 11.340/2006**. 2. Caso de retorno dos autos ao juízo de origem para, diante do caso concreto, fazer a adequação do julgado. 3. Recurso conhecido e provido em parte".

No entanto, o atual posicionamento da TNU é de que o rol de família fixado em lei é **taxativo**:

- **Processo 0141368-93.2015.4.02.5168 – 03/04/2018** – "Somente após a data da publicação da Lei nº. 12.435/2011 (7.7.2011), o conceito de família a que se refere o caput do art. 20 da Lei nº. 8.742/93 passou a compreender o requerente, o cônjuge ou companheiro, os pais e, na ausência de um deles, a madrasta ou o padrasto, os irmãos solteiros, os filhos e enteados solteiros e os menores tutelados, desde que vivam sob o mesmo teto. O mesmo se diga com relação a nova redação conferida ao artigo 16 da Lei 8.213/91 conferida pela Lei 13.146/2015. 6 – Diante do exposto, conheço do incidente e dou parcial provimento para **reiterar a tese consolidada de que o grupo familiar deve ser definido a partir da interpretação restrita do disposto no art. 16 da Lei nº. 8.213/91 e no art. 20 da Lei nº. 8.742/93**, devolvendo os autos à Turma Recursal de origem, a fim de que profira decisão adequada ao entendimento uniformizado. (PEDILEF 00536973820094013400, Relator Juiz Federal Fernando Moreira Gonçalves, TNU, DOU 24.02.2017)".

152. I – o cônjuge, a companheira, o companheiro e o filho não emancipado, de qualquer condição, menor de 21 (vinte e um) anos ou inválido; II – os pais; III – o irmão não emancipado, de qualquer condição, menor de 21 (vinte e um) anos ou inválido.
153. Processo n. 0517397-48.2012.4.05.8300 – Informativo 13, de 23/2/2017.
154. PEDILEF 2007.70.95.006.492-8, de 26.09.2008.

Todavia, com o advento da Lei 12.435/2011, foi alterado o artigo 20, § 1º, da Lei 8.742/93, considerando-se que a família é composta pelo requerente, o cônjuge ou companheiro, os pais e, na ausência de um deles, a madrasta ou o padrasto, os irmãos solteiros, os filhos e enteados solteiros e os menores tutelados, desde que vivam sob o mesmo teto.

Logo, como inovação, foram coerentemente inseridos a madrasta ou o padrasto (na falta dos pais) na composição da família. Da mesma forma, os irmãos solteiros e os filhos de qualquer idade passaram a entrar na formação do grupo familiar, não existindo mais a idade limite de 21 anos, desde que vivam sob o mesmo teto.

Entende-se que a Lei 12.435/2011 poderia ter ido mais longe, a fim de inserir todos os parentes do requerente, desde que vivam sob o mesmo teto, pois nem mesmo o Código Civil teve a ousadia de definir a família, não podendo o legislador desconsiderar a realidade brasileira dos mais pobres.

Um caso peculiar é do morador em situação de rua para a composição do seu núcleo familiar e consequente aferição de sua miserabilidade. Considera-se população em situação de rua um grupo populacional heterogêneo que possui em comum a pobreza extrema, os vínculos familiares interrompidos ou fragilizados e a inexistência de moradia convencional regular, e que utiliza os logradouros públicos e as áreas degradadas como espaço de moradia e de sustento, de forma temporária ou permanente, bem como as unidades de acolhimento para pernoite temporário ou como moradia provisória, conforme definido no Decreto nº 7.053, de 23 de dezembro de 2009[155].

Neste caso, será considerada família do requerente do benefício em situação de rua as pessoas acima elencadas, desde que convivam com o requerente na mesma situação, devendo, neste caso, ser relacionadas na Declaração da Composição e Renda Familiar.

A grande polêmica que persistiu durante anos foi saber se o critério da renda individual dos membros da família poderia ser flexibilizado em situações concretas, com o manejo de outros critérios a serem considerados mais adequados pelo julgador, a exemplo do abatimento da renda familiar das despesas com medicamentos não disponibilizados pelo SUS.

A questão foi parcialmente levada ao STF através da ADI 1.232, julgada em 27.08.1998, tendo o STF inicialmente validado o critério de ¼ de salário mínimo:

> "EMENTA: CONSTITUCIONAL. IMPUGNA DISPOSITIVO DE LEI FEDERAL QUE ESTABELECE O CRITÉRIO PARA RECEBER O BENEFÍCIO DO INCISO V DO ART. 203, DA CF. **INEXISTE A RESTRIÇÃO ALEGADA EM FACE AO PRÓPRIO DISPOSITIVO CONSTITUCIONAL QUE REPORTA À LEI PARA FIXAR OS CRITÉRIOS DE GARANTIA DO BENEFÍCIO DE SALÁRIO MÍNIMO À PESSOA PORTADORA DE DEFICIÊNCIA FÍSICA E AO IDOSO. ESTA LEI TRAZ HIPÓTESE OBJETIVA DE PRESTAÇÃO ASSISTENCIAL DO ESTADO. AÇÃO JULGADA IMPROCEDENTE"** (g.n.).

Conquanto a Suprema Corte tenha na época pronunciado a constitucionalidade do referido critério objetivo, não houve manifestação expressa sobre a possibilidade da utilização de outros critérios, conforme narrado em esclarecedora decisão monocrática da lavra do Ministro Gilmar Mendes, na Reclamação 4.374, de 01.02.2007:

> "(...) Os inúmeros casos concretos que são objeto do conhecimento dos juízes e tribunais por todo o país, e chegam a este Tribunal pela via da reclamação ou do recurso extraordinário, têm demonstrado

155. Art. 2º, inciso VII, da Portaria Conjunta SNAS/SPPS/INSS nº 2/2014.

que os critérios objetivos estabelecidos pela Lei nº 8.742/93 são insuficientes para atestar que o idoso ou o deficiente não possuem meios de prover à própria manutenção ou de tê-la provida por sua família. Constatada tal insuficiência, os juízes e tribunais nada mais têm feito do que comprovar a condição de miserabilidade do indivíduo que pleiteia o benefício por outros meios de prova. Não se declara a inconstitucionalidade do art. 20, § 3º, da Lei nº 8.742/93, mas apenas se reconhece a possibilidade de que esse parâmetro objetivo seja conjugado, no caso concreto, com outros fatores indicativos do estado de penúria do cidadão. Em alguns casos, procede-se à interpretação sistemática da legislação superveniente que estabelece critérios mais elásticos para a concessão de outros benefícios assistenciais. Tudo indica que – como parecem ter anunciado as recentes decisões proferidas neste Tribunal (acima citadas) – tais julgados poderiam perfeitamente se compatibilizar com o conteúdo decisório da ADI nº 1.232. Em verdade, como ressaltou a Ministra Cármen Lúcia, "a constitucionalidade da norma legal, assim, não significa a inconstitucionalidade dos comportamentos judiciais que, para atender, nos casos concretos, à Constituição, garantidora do princípio da dignidade humana e do direito à saúde, e à obrigação estatal de prestar a assistência social 'a quem dela necessitar, independentemente da contribuição à seguridade social', tenham de definir aquele pagamento diante da constatação da necessidade da pessoa portadora de deficiência ou do idoso que não possa prover a própria manutenção ou de tê-la provida por sua família." (**Rcl** nº 3.805/SP, DJ 18.10.2006). Portanto, mantendo-se firme o posicionamento do Tribunal em relação à constitucionalidade do § 3º do art. 20 da Lei nº 8.742/93, tal como esposado no julgamento da ADI 1.232, o mesmo não se poderia afirmar em relação ao que decidido na **Rcl** – AgR 2.303/RS, Rel. Min. Ellen Gracie (DJ 1.4.2005). **O Tribunal parece caminhar no sentido de se admitir que o critério de 1/4 do salário mínimo pode ser conjugado com outros fatores indicativos do estado de miserabilidade do indivíduo e de sua família para concessão do benefício assistencial de que trata o art. 203, inciso V, da Constituição.** Entendimento contrário, ou seja, no sentido da manutenção da decisão proferida na **Rcl** 2.303/RS, ressaltaria ao menos a inconstitucionalidade por omissão do § 3º do art. 20 da Lei nº 8.742/93, diante da insuficiência de critérios para se aferir se o deficiente ou o idoso não possuem meios de prover a própria manutenção ou de tê-la provida por sua família, como exige o art. 203, inciso V, da Constituição. A meu ver, toda essa reinterpretação do art. 203 da Constituição, que vem sendo realizada tanto pelo legislador como por esta Corte, pode ser reveladora de um processo de inconstitucionalização do § 3º do art. 20 da Lei nº 8.742/93. Diante de todas essas perplexidades sobre o tema, é certo que o Plenário do Tribunal terá que enfrentá-lo novamente. Ademais, o próprio caráter alimentar do benefício em referência torna injustificada a alegada urgência da pretensão cautelar em casos como este. Ante o exposto, indefiro o pedido de medida liminar" (g.n.).

Contudo, no âmbito do STF, haviam precedentes contrários, a exemplo da decisão tomada na reclamação 4.427, de 06.06.2007:

"EMENTA: PREVIDÊNCIA SOCIAL. Benefício assistencial. Lei nº 8.742/93. Necessitado. Deficiente físico. Renda familiar mensal per capita. Valor superior a ¼ (um quarto) do salário mínimo. Concessão da verba. Inadmissibilidade. Ofensa à autoridade da decisão proferida na ADI nº 1.232. Liminar deferida em reclamação. Agravo improvido. **Ofende a autoridade do acórdão do Supremo na ADI nº 1.232, a decisão que concede benefício assistencial a necessitado, cuja renda mensal familiar per capita supere o limite estabelecido pelo § 3º do art. 20 da Lei federal nº 8.742/93**" (g.n.).

A questão foi finalmente decidida pela Suprema Corte no julgamento dos Recursos Extraordinários 567.985 e 580.963, julgados conjuntamente em 17 e 18 de abril de 2013. Por maioria de votos, o STF pronunciou a inconstitucionalidade material incidental do § 3º, do artigo 20, da Lei 8.742/93, que prevê o critério legal da renda per capita familiar inferior a ¼ do salário mínimo para a caracterização da miserabilidade.

De acordo com o STF, verificou-se um processo de inconstitucionalização do critério legal da renda per capita menor que um ¼ do salário mínimo, que havia sido fixado há 20 anos (1993), especialmente pela adoção superveniente de outros critérios mais favoráveis aos necessitados em leis assistenciais posteriores, como no Programa Bolsa-Família.

Assim, caberia ao Poder Legislativo da União deliberar acerca de um novo critério legal aferidor da miserabilidade do idoso ou deficiente considerando a realidade atual, tendo em conta as mutações sociais dos últimos vinte anos, mormente as melhorias econômicas do país.

Eis a decisão:

> "Benefício assistencial de prestação continuada ao idoso e ao deficiente. Art. 203, V, da Constituição. A Lei de Organização da Assistência Social (LOAS), ao regulamentar o art. 203, V, da Constituição da República, estabeleceu os critérios para que o benefício mensal de um salário mínimo seja concedido aos portadores de deficiência e aos idosos que comprovem não possuir meios de prover a própria manutenção ou de tê-la provida por sua família. 2. Art. 20, § 3º, da Lei 8.742/1993 e a declaração de constitucionalidade da norma pelo Supremo Tribunal Federal na ADI 1.232. Dispõe o art. 20, § 3º, da Lei 8.742/93 que "considera-se incapaz de prover a manutenção da pessoa portadora de deficiência ou idosa a família cuja renda mensal per capita seja inferior a 1/4 (um quarto) do salário mínimo". O requisito financeiro estabelecido pela lei teve sua constitucionalidade contestada, ao fundamento de que permitiria que situações de patente miserabilidade social fossem consideradas fora do alcance do benefício assistencial previsto constitucionalmente. Ao apreciar a Ação Direta de Inconstitucionalidade 1.232-1/DF, o Supremo Tribunal Federal declarou a constitucionalidade do art. 20, § 3º, da LOAS. **3. Decisões judiciais contrárias aos critérios objetivos preestabelecidos e Processo de inconstitucionalização dos critérios definidos pela Lei 8.742/1993**. A decisão do Supremo Tribunal Federal, entretanto, não pôs termo à controvérsia quanto à aplicação em concreto do critério da renda familiar per capita estabelecido pela LOAS. **Como a lei permaneceu inalterada, elaboraram-se maneiras de se contornar o critério objetivo e único estipulado pela LOAS e de se avaliar o real estado de miserabilidade social das famílias com entes idosos ou deficientes. Paralelamente, foram editadas leis que estabeleceram critérios mais elásticos para a concessão de outros benefícios assistenciais, tais como: a Lei 10.836/2004, que criou o Bolsa Família; a Lei 10.689/2003, que instituiu o Programa Nacional de Acesso à Alimentação; a Lei 10.219/01, que criou o Bolsa Escola; a Lei 9.533/97, que autoriza o Poder Executivo a conceder apoio financeiro a Municípios que instituírem programas de garantia de renda mínima associados a ações socioeducativas.** O Supremo Tribunal Federal, em decisões monocráticas, passou a rever anteriores posicionamentos acerca da intransponibilidade dos critérios objetivos. Verificou-se a ocorrência do processo de inconstitucionalização decorrente de notórias mudanças fáticas (políticas, econômicas e sociais) e jurídicas (sucessivas modificações legislativas dos patamares econômicos utilizados como critérios de concessão de outros benefícios assistenciais por parte do Estado brasileiro). **4. Declaração de inconstitucionalidade parcial, sem pronúncia de nulidade, do art. 20, § 3º, da Lei 8.742/1993.** 5. Recurso extraordinário a que se nega provimento"(**STF**, RE 567985, de 18/04/2013).

Conquanto a pronúncia de nulidade do § 3º do artigo 20, da Lei 8.742/93 tenha se dado incidentalmente, e não abstratamente, buscou-se no STF a modulação da sua eficácia para 31/12/2015, a fim de conferir prazo ao Congresso Nacional para aprovar nova regra sem o afastamento imediato da anterior. No entanto, não restou alcançado o quórum de 2/3 (oito votos) para aprovar a referida modulação, conforme passagem do Informativo 702:

> "Benefício de prestação continuada: tutela constitucional de hipossuficientes e dignidade humana – 15.

Por fim, não se alcançou o quórum de 2/3 para modulação dos efeitos da decisão no sentido de que os preceitos impugnados tivessem validade até 31.12.2015, consoante requerido pela Advocacia-Geral da União. Votaram pela modulação os Ministros Gilmar Mendes, Rosa Weber, Luiz Fux, Cármen Lúcia e Celso de Mello. O Min. Gilmar Mendes rememorou a inconstitucionalidade por omissão relativamente ao art. 203, V, da CF e afirmou a razoabilidade do prazo proposto. Obtemperou que devolver-se-ia ao Legislativo a possibilidade de conformar todo esse sistema, para redefinir a política pública do benefício assistencial de prestação continuada, a suprimir as inconstitucionalidades apontadas. A Min. Rosa Weber adicionou ser salutar que o Supremo, ainda que sem sanção, indicasse um norte temporal. O Min. Luiz Fux ressaltou que o STF, em outras oportunidades, já exortara o legislador para que ele cumprisse a Constituição. O Min. Celso de Mello esclareceu que o objetivo seria preservar uma dada situação, visto que, se declarada, pura e simplesmente, a inconstitucionalidade, ter-se-ia supressão do ordenamento positivo da própria regra. Criar-se-ia, dessa maneira, vazio legislativo que poderia ser lesivo aos interesses desses grupos vulneráveis referidos no inciso V do art. 203 da CF. Em divergência, votaram contra a modulação os Ministros Teori Zavascki, Ricardo Lewandowski, Joaquim Barbosa (Presidente) e Dias Toffoli. Este último apenas no que se refere ao RE 580963/PR. O Min. Teori Zavascki mencionou que, se o Supremo fixasse prazo, deveria também estabelecer consequência pelo seu descumprimento. O Min. Ricardo Lewandowski observou que o postulado da dignidade humana não poderia ficar suspenso por esse período e o que o STF deveria prestigiar a autonomia do Congresso Nacional para fixar a própria pauta. O Presidente sublinhou que estipular prazo ao legislador abalaria a credibilidade desta Corte, porque, se não respeitado, a problemática retornaria a este Tribunal. O Min. Marco Aurélio abstivera-se de votar sobre esse tópico, pois não concluíra pela inconstitucionalidade dos dispositivos. O Min. Dias Toffoli não se manifestou no RE 567985/MT, porquanto impedido. RE 567985/MT, rel. orig. Min. Marco Aurélio, red. p/ o acórdão Min. Gilmar Mendes, 17 e 18.4.2013. (RE-567985). RE 580963/PR, rel. Min. Gilmar Mendes, 17 e 18.4.2013. (RE-580963)".

Vale registrar que a decisão do STF não é vinculante, vez que não tomada em controle abstrato de constitucionalidade, razão pela qual o INSS continua a adotar na via administrativa o critério da renda per capita familiar inferior a ¼ do salário mínimo.

Aliás, se o INSS afastasse o critério legal invalidado pelo STF, não haveria outro a adotar, haja vista a sua não aprovação pelo Congresso Nacional, sendo válida a postura da autarquia previdenciária até que haja novidade legislativa sobre o tema.

Por sua vez, o STJ vem decidindo pela possibilidade da utilização de outros critérios para a aferição do estado de miserabilidade do idoso ou deficiente:

> "AGRAVO INTERNO. PREVIDENCIÁRIO. BENEFÍCIO DE PRESTAÇÃO CONTINUADA. ALEGAÇÃO DE OFENSA A DISPOSITIVO CONSTITUCIONAL. INCOMPETÊNCIA DESTA CORTE. INTERPRETAÇÃO DO ART. 20, § 3º, DA LEI Nº 8.742/93. POSSIBILIDADE DE AFERIÇÃO DA MISERABILIDADE POR OUTROS MEIOS. PRECEDENTES.
>
> [...]
>
> 2. **O preceito contido no art. 20, § 3º, da Lei nº 8.742/93 não é o único critério válido para comprovar a condição de miserabilidade. A renda familiar per capita inferior a 1/4 do salário-mínimo deve ser considerada como um limite mínimo, um quantum objetivamente considerado insuficiente à subsistência do portador de deficiência e do idoso, o que não impede que o julgador faça uso de outros fatores que tenham o condão de comprovar a condição de miserabilidade do autor**. Precedentes" (AgRg no REsp 946253, de 16.10.2008).
>
> "PROCESSUAL CIVIL. PREVIDENCIÁRIO. AGRAVO REGIMENTAL EM AGRAVO DE INSTRUMENTO. BENEFÍCIO ASSISTENCIAL. AFERIÇÃO DO ESTADO DE MISERABILIDADE POR OUTROS MEIOS QUE NÃO A RENDA FAMILIAR 'PER CAPITA' INFE-

RIOR A 1/4 DO SALÁRIO MÍNIMO. MATÉRIA DECIDIDA PELO RITO DOS RECURSOS REPETITIVOS. RECURSO INADMISSÍVEL, A ENSEJAR A APLICAÇÃO DA MULTA PREVISTA NO ARTIGO 557, § 2º, DO CPC. **1. A Terceira Seção do Superior Tribunal de Justiça, no regime do Art. 543-C CPC, uniformizou o entendimento de que possível a aferição da condição de hipossuficiência econômica do idoso ou do portador de deficiência, por outros meios que não apenas a comprovação da renda familiar mensal "per capita" inferior a 1/4 do salário mínimo"** (AGA 1.164.852, de 26.10.2010)".

"Consoante Recurso Especial Repetitivo 1.112.557/MG, a limitação do valor da renda per capita familiar não deve ser considerada a única forma de se comprovar que a pessoa não possui outros meios para prover a própria manutenção ou de tê-la provida por sua família, pois é apenas um elemento objetivo para se aferir a necessidade, ou seja, presume-se absolutamente a miserabilidade quando comprovada a renda per capita inferior a 1/4 do salário-mínimo" (AgRg no AREsp 379927, de 15/10/2013).

De acordo com a TNU, em incidente de uniformização representativo de controvérsia julgado em 14 de abril de 2016, "a renda mensal familiar per capta inferior a ¼ do salário mínimo não exclui a utilização de outros elementos de prova para aferição da condição socioeconômica, em face da inexistência de presunção absoluta de miserabilidade para fins de concessão de benefício assistencial" (processo 5000493-92.2014.4.04.7002), razão pela qual é possível o indeferimento judicial do benefício mesmo que a renda per capita seja abaixo de ¼ do salário mínimo, mas outros elementos de prova produzidos no processo atestem a inexistência de miserabilidade no caso concreto, conquanto o INSS sempre defira na seara administrativa por ainda utilizar como absoluto o critério da renda per capita familiar abaixo de um salário mínimo.

Veja-se outro precedente da Turma Nacional:

Processo n. 5000404-66.2014.4.04.7003 "A renda mensal per capita inferior a 1/4 do salário mínimo (art. 20, § 3º, da Lei n. 8.742/1993) não é o único critério para aferir a miserabilidade de quem pleiteia benefício assistencial, gerando apenas uma **presunção relativa de miserabilidade**, que pode ser afastada por outros meios de prova constantes dos autos". (Boletim em 27.04.2017)

Por força da Lei 13.146, publicada em 7 de julho de 2015, que aprovou o Estatuto da Pessoa com Deficiência e entrou em vigor em 180 dias após a sua publicação (3 de janeiro de 2016), a Lei 8.742/93 passou a prever expressamente que para concessão deste benefício poderão ser utilizados **outros elementos probatórios da condição de miserabilidade** do grupo familiar e da situação de vulnerabilidade, sendo uma flexibilização feita pelo próprio legislador do critério da renda mensal familiar inferior a ¼ do salário mínimo.

Este dispositivo ainda não sofreu regulamentação no âmbito do INSS e do Ministério da Cidadania.

Destarte, nota-se que foi positivada a jurisprudência do STJ, e não a do STF, pois o legislador flexibilizou o critério da renda per capita inferior a ¼ do salário mínimo, sem afastá-lo, em discordância com o entendimento da Suprema Corte.

Já há precedentes jurisprudenciais que afastaram o critério de ¼ e adotaram o de ½ do salário mínimo, aduzindo suposta revogação tácita por leis que criaram outros programas assistenciais do Governo federal:

"Origem: JEF – TRF1, Classe: PEDIDO de Uniformização de Jurisprudência, Processo: 200638007434615 UF: MG Órgão Julgador: **Turma Regional de Uniformização de Jurisprudência da 1ª Região**, Data da decisão: 31/08/2007, PEDIDO de Uniformização Regional de

Jurisprudência. DISSÍDIO CARACTERIZADO. JUNTADA da ÍNTEGRA DO ACÓRDÃO. PREVIDENCIÁRIO. BENEFÍCIO ASSISTENCIAL. PROVA da MISERABILIDADE. REVOGAÇÃO PARCIAL DO ART. 20 DA LEI Nº. 8.742/93. RECURSO PROVIDO.

1) Restou demonstrado o dissídio jurisprudencial, porquanto o acórdão apontado como paradigma abordou expressamente a questão da revogação do art. 20 da Lei nº. 8.741/93, tendo sido juntada a sua íntegra nos autos.

2) O art. 20 da Lei nº. 8.742/93 restou tácita e parcialmente revogado pelo advento das Leis nºs. 9.533/97, 10.219/01, 10.689/03 e 10.836/04, as quais trataram respectivamente da adoção de programas de renda mínima por municípios, da criação do "Bolsa Escola", da criação do Programa Nacional de Acesso à Alimentação – PNAA e da criação do "Bolsa Família", todas estipulando como renda mínima para fins de auxílio social o valor de meio salário mínimo per capita.

3) O próprio STF vem mitigando a exigência de preenchimento do requisito objetivo da miserabilidade, conforme decisões monocráticas proferidas por diversos Ministros.

4) Recurso provido, para o fim de restabelecer a sentença de primeiro grau de jurisdição".

Entende-se que essas decisões judiciais não merecem prosperar. Algumas leis elegeram o critério da renda familiar per capita inferior a ½ salário mínimo para a concessão de benefícios assistenciais de menor valor, a exemplo do Programa Bolsa Família, sendo descabido se falar em revogação tácita do critério de ¼. Ademais, há exigência constitucional da prévia fonte de custeio para a extensão de benefícios da seguridade social, o que evidentemente não foi atendido.

IMPORTANTE!

O tema voltou a ser alvo de alterações normativas no ano de 2020 dentro do artigo 20 da Lei 8.742/93:

~~§ 3º Considera-se incapaz de prover a manutenção da pessoa com deficiência ou idosa a família cuja renda mensal per capita seja inferior a 1/2 (meio) salário-mínimo. (Redação dada pela Lei nº 13.981, de 2020)~~ (Vide ADPF 662)

§ 3º Considera-se incapaz de prover a manutenção da pessoa com deficiência ou idosa a família cuja renda mensal **per capita** seja: (Redação dada pela Lei nº 13.982, de 2020)

I – **igual** ou inferior a 1/4 (um quarto) do salário-mínimo, até 31 de dezembro de 2020; (Incluído pela Lei nº 13.982, de 2020)

Inicialmente, a Lei 13.981/2020 alterou o critério de miserabilidade para a renda per capita familiar inferior a ½ do salário mínimo.

No entanto, esse novo critério foi preliminarmente suspenso pelo STF na ADPF 662 através de liminar deferida pelo Ministro Gilmar Mendes:

"Concedo, em parte, a medida cautelar postulada, ad referendum do Plenário, apenas para suspender a eficácia do art. 20, § 3º, da Lei 8.742, na redação dada pela Lei 13.981, de 24 de março de 2020, enquanto não sobrevier a implementação de todas as condições previstas no art. 195, § 5º, da CF, art. 113 do ADCT, bem como nos arts. 17 e 24 da LRF e ainda do art. 114 da LDO".

Em seguida, coube à Lei 13.982/2020 alterar novamente o dispositivo para estabelecer até 31/12/2020 o critério da renda per capita familiar igual ou inferior a ¼ do salário mínimo.

O inciso II foi vetado:

> **"MENSAGEM Nº 141, DE 2 DE ABRIL DE 2020**
>
> **Inciso II do art. 20, da Lei nº 8.742, de 7 de dezembro de 1993, alterado pelo art. 1º do projeto de lei**
>
> "II – igual ou inferior a 1/2 (meio) salário-mínimo, a partir de 1º de janeiro de 2021."
>
> **Razões do veto**
>
> A propositura legislativa, ao manter de forma objetiva o valor do critério para a percepção do Benefício de Prestação Continuada (BPC) no valor de 1/2 salário mínimo, a partir de 1º de janeiro de 2021, viola as regras do art. 113 do ADCT, bem como do arts. 16 e 17 da Lei de Responsabilidade Fiscal e ainda do art. 116 da Lei de Diretrizes Orçamentárias para 2020 (Lei nº 13.898, de 2019). Ademais, o dispositivo contraria o interesse público ao não se permitir a determinação de critérios para a adequada focalização do benefício."

Dessa forma, o atual critério legal passa a ser a renda per capita familiar de **até ¼ do salário mínimo**, e não mais inferior a ¼ do salário mínimo.

De acordo com a Súmula 79, da TNU, "nas ações em que se postula benefício assistencial, é necessária a comprovação das condições socioeconômicas do autor por laudo de assistente social, por auto de constatação lavrado por oficial de justiça ou, sendo inviabilizados os referidos meios, por prova testemunhal".

Nota-se que este enunciado da Turma Nacional prioriza a demonstração da miserabilidade através da produção de perícia social judicial, colocando em segundo e terceiro planos, respectivamente, o auto de constatação a ser lavrado por oficial de justiça e a prova testemunhal.

O **Enunciado 168, do FONAJEF**, aduz que "a produção de auto de constatação por oficial de justiça, determinada pelo Juízo, não requer prévia intimação das partes, sob pena de frustrar a eficácia do ato, caso em que haverá o contraditório diferido" (aprovado no XIII FONAJEF), pois justamente se busca a surpresa para evitar fraudes na apresentação do núcleo familiar.

Nos termos do **Enunciado 167, do FONAJEF**, "nas ações de benefício assistencial, não há nulidade na dispensa de perícia socioeconômica quando não identificado indício de deficiência, a partir de seu conceito multidisciplinar" (aprovado no XIII FONAJEF).

Por força do artigo 34, parágrafo único, do Estatuto do Idoso, "o benefício já concedido a qualquer membro da família nos termos do caput não será computado para os fins do cálculo da renda familiar per capita a que se refere a LOAS".

Logo, se um casal de idosos carentes reside sozinho, o benefício assistencial percebido por um deles será desconsiderado como renda familiar, o que permite a concessão de dois amparos, ante a expressa determinação legal. Caso contrário, a renda per capita seria de ½ salário mínimo, o que impediria a concessão da segunda prestação.

Por Isonomia, existem precedentes jurisprudenciais estendendo analogicamente a excepcional disposição do Estatuto do Idoso a qualquer benefício previdenciário no valor de um salário mínimo percebido por pessoa do grupo familiar[156], conquanto não haja qualquer prévia fonte de custeio.

Contudo, identificou-se precedente do STJ contrário a essa aplicação analógica:

---

156. TRF da 1ª Região, AC 2006.01.99.018316-9, 2ª Turma, de 30.08.2006: "...3. Os tribunais pátrios têm admitido a aplicação analógica do parágrafo único do art. 34 da Lei 10.741/2003 (Estatuto do Idoso), de modo que o benefício mensal de valor mínimo recebido por qualquer membro da família, como única fonte de recursos, não afasta, por si só, a condição de miserabilidade do núcleo familiar".

"PROCESSUAL CIVIL E PREVIDENCIÁRIO. AGRAVO REGIMENTAL. ASSISTÊNCIA SOCIAL. BENEFÍCIO DE PRESTAÇÃO CONTINUADA. REQUISITOS LEGAIS. ART. 20, § 3º, DA LEI Nº 8.742/93. REEXAME DO CONJUNTO PROBATÓRIO. SÚMULA Nº 7 DO STJ. ART. 34, PARÁGRAFO ÚNICO, DO ESTATUTO DO IDOSO. NÃO INCIDÊNCIA. ANÁLISE DE DISPOSITIVO CONSTITUCIONAL. IMPOSSIBILIDADE EM SEDE DE RECURSO ESPECIAL. I – Se o v. acórdão hostilizado, com base no material cognitivo constante dos autos, consignou que a autora não faz jus ao benefício assistencial pleiteado, rever tal decisão implicaria reexame de prova, o que não é possível na instância incomum (Súmula 7-STJ). **II – O cônjuge da autora não recebe benefício da assistência social, não se aplicando o parágrafo único do art. 34 do Estatuto do Idoso.** III – Não cabe o exame de matéria constitucional em sede de recurso especial, conquanto se admite apenas a apreciação de questões referentes à interpretação de normas infraconstitucionais. Agravo regimental desprovido"[157].

No dia 09.02.2010, no julgamento do AgRg no Ag 1.140.015, decidiu a 5ª Turma do STJ que "tratando-se de pessoa deficiente e havendo regra legal específica, é dizer a Lei 8.742/93, inexistindo, portanto, vácuo normativo, não se justifica o pleito de aplicação, por analogia, do art. 34 do Estatuto do Idoso ao caso concreto".

Entretanto, no dia 10 de agosto de 2011, no julgamento da petição 7.203, a 3ª Seção do STJ firmou entendimento diverso, admitindo que também o benefício previdenciário no valor de um salário mínimo recebido por maior de 65 anos deve ser afastado para fins de apuração da renda mensal per capita objetivando a concessão de benefício de prestação continuada:

"INCIDENTE DE UNIFORMIZAÇÃO DE JURISPRUDÊNCIA. BENEFÍCIO ASSISTENCIAL. RENDA MENSAL PER CAPITA FAMILIAR. EXCLUSÃO DE BENEFÍCIO DE VALOR MÍNIMO PERCEBIDO POR MAIOR DE 65 ANOS. ART. 34, PARÁGRAFO ÚNICO, LEI Nº 10.741/2003. APLICAÇÃO ANALÓGICA.

1. A finalidade da Lei nº 10.741/2003 (Estatuto do Idoso), ao excluir da renda do núcleo familiar o valor do benefício assistencial percebido pelo idoso, foi protegê-lo, destinando essa verba exclusivamente à sua subsistência.

2. Nessa linha de raciocínio, também o benefício previdenciário no valor de um salário mínimo recebido por maior de 65 anos deve ser afastado para fins de apuração da renda mensal *per capita* objetivando a concessão de benefício de prestação continuada.

3. O entendimento de que somente o benefício assistencial não é considerado no cômputo da renda mensal *per capita* desprestigia o segurado que contribuiu

para a Previdência Social e, por isso, faz jus a uma aposentadoria de valor mínimo, na medida em que este tem de compartilhar esse valor com seu grupo familiar.

4. Em respeito aos princípios da igualdade e da razoabilidade, deve ser excluído do cálculo da renda familiar *per capita* qualquer benefício de valor mínimo recebido por maior de 65 anos, independentemente se assistencial ou previdenciário, aplicando-se, analogicamente, o disposto no parágrafo único do art. 34 do Estatuto do Idoso.

5. Incidente de uniformização a que se nega provimento".

TRF 3ª Região, AC 13461004, 9ª Turma, de 22.06.2009: "... 4 – Aplicável o disposto no parágrafo único do artigo 34 da Lei 10.741/03 (Estatuto do Idoso). 5 – Por simétrica coerência, incide a disposição contida no referido parágrafo único, em relação a todos os idosos que recebam benefício previdenciário ou assistencial para efeito de aferição da renda familiar, excluindo-se o benefício no valor de um salário-mínimo do respectivo cálculo.

157. AGRESP 200601553710, de 28.11.2006.

Outrossim, em 25 de fevereiro de 2015, no julgamento do REsp 1.355.052, decidiu em repetitivo a 1ª Seção do STJ que aplica-se o parágrafo único do art. 34 do Estatuto do Idoso (Lei nº 10.741/2003), por analogia, a pedido de benefício assistencial feito por pessoa com deficiência a fim de que benefício previdenciário recebido por idoso, no valor de um salário mínimo, não seja computado no cálculo da renda per capita prevista no art. 20, § 3º, da Lei nº 8.742/1993.

No entanto, no julgamento do Recurso Extraordinário 580.963, de 17 de 18/04/2013, o parágrafo único do artigo 34 do Estatuto do Idoso foi declarado incidentalmente inconstitucional pelo STF por violação ao Princípio da Isonomia:

> "4. **A inconstitucionalidade por omissão parcial do art. 34, parágrafo único, da Lei 10.741/2003**. O Estatuto do Idoso dispõe, no art. 34, parágrafo único, que o benefício assistencial já concedido a qualquer membro da família não será computado para fins do cálculo da renda familiar per capita a que se refere a LOAS. Não exclusão dos benefícios assistenciais recebidos por deficientes e de previdenciários, no valor de até um salário mínimo, percebido por idosos. Inexistência de justificativa plausível para discriminação dos portadores de deficiência em relação aos idosos, bem como dos idosos beneficiários da assistência social em relação aos idosos titulares de benefícios previdenciários no valor de até um salário mínimo. Omissão parcial inconstitucional. 5. Declaração de inconstitucionalidade parcial, sem pronúncia de nulidade, do art. 34, parágrafo único, da Lei 10.741/2003".

Após refletir sobre o julgado, em aplicação do Princípio da Isonomia, conclui-se que a intenção do STF neste ponto da decisão foi estender o parágrafo único do artigo 34 do Estatuto do Idoso aos deficientes que recebem o amparo assistencial e aos segurados que recebem benefício previdenciário com renda de um salário mínimo ao pronunciar a sua inconstitucionalidade parcial, sem pronúncia de nulidade.

Posteriormente, o artigo 20 da Lei 8.742/93 foi alterado pela Lei 13.982/2020:

§ 3º Considera-se incapaz de prover a manutenção da pessoa com deficiência ou idosa a família cuja renda mensal per capita seja: (Redação dada pela Lei nº 13.982, de 2020)

I – igual ou inferior a 1/4 (um quarto) do salário-mínimo, até 31 de dezembro de 2020; (Incluído pela Lei nº 13.982, de 2020)

§ 14. O benefício de prestação continuada ou o benefício previdenciário no valor de até 1 (um) salário-mínimo concedido a idoso acima de 65 (sessenta e cinco) anos de idade ou pessoa com deficiência não será computado, para fins de concessão do benefício de prestação continuada a outro idoso ou pessoa com deficiência da mesma família, no cálculo da renda a que se refere o § 3º deste artigo. (Incluído pela Lei nº 13.982, de 2020)

§ 15. O benefício de prestação continuada será devido a mais de um membro da mesma família enquanto atendidos os requisitos exigidos nesta Lei. (Incluído pela Lei nº 13.982, de 2020)"

Dessa forma, **restou legalmente excluída da renda per capita familiar qualquer benefício previdenciário recebido por idoso maior de 65 anos ou pessoa com deficiência desde que com renda de 1 salário mínimo.**

Ademais, o critério legal de miserabilidade foi fixado na renda familiar *per capita* de até ¼ do salário mínimo até 31/12/2020, deixando uma lacuna legal para os anos subsequentes.

Inicialmente, a Lei 13.982/2020 optou por adotar critério de miserabilidade quando a *"renda mensal per capita seja:* ***igual*** *ou inferior a 1/4 (um quarto) do salário-mínimo, até 31 de dezembro de 2020".*

Houve, portanto, **a substituição do critério de ½ introduzido pela Lei 13.981/2020, que já havia sido suspenso pelo STF na ADPF 662 até a adoção das exigências para cumprimento da regra de contrapartida.**

A inovação é que o critério originário previa a renda per capita familiar **inferior** a ¼ do salário mínimo e agora o novel critério é para a renda familiar *per capita* **igual ou inferior** a ¼ do salário mínimo.

Desta forma, o requerente idoso ou deficiente de longo prazo com renda *per capita* familiar com valor equivalente a ¼ do salário mínimo passou a fazer jus ao BPC/LOAS.

Após cerca de sete anos, esse novel dispositivo veio a atender a pronúncia de inconstitucionalidade sem redução de texto do parágrafo único do artigo 34 do Estatuto do Idoso, proferida pelo STF em controle difuso no julgamento do **RE 580.963**, de 18/04/2013, com **publicação em 14/11/2013**.

Isso porque já existia previsão similar em favor do idoso titular do BPC no Estatuto do Idoso (Lei 10.741/2003).

Logo, a Lei 13.982/2020 apenas veio suprir uma omissão parcial do legislador declarada incompatível com a Constituição de 1988 pelo STF, estendendo a regra já existente no Estatuto do Idoso em favor de deficientes titulares de BPC e idosos acima de 65 anos com benefício previdenciário com renda de até um salário mínimo.

Pelo texto da Lei 13.982/2020, note-se que o BPC/LOAS percebido por idoso **ou qualquer benefício previdenciário percebido por segurado idoso a partir de 65 anos de idade no valor de até um salário mínimo** não será computado na renda *per capita* da família para fins de concessão de um BPC para idoso ou pessoa com deficiência.

Ademais, **qualquer benefício previdenciário concedido a pessoa com deficiência de longo prazo com renda de até um salário mínimo deve ser desconsiderado da renda *per capita* familiar**, pois o dispositivo claramente não traz limitação de benefícios pagos à pessoa com deficiência.

A regra é clara e indiscutível, devendo abarcar qualquer benefício previdenciário percebido por idoso acima de 65 anos de idade ou pessoa com deficiência, quer do RGPS, RPPS, previdência militar ou mesmo oriundo da previdência complementar.

Coube também à Lei 13.982/2020 introduzir o seguinte artigo na Lei 8.742/93:

> *"Art. 20-A. Em razão do estado de calamidade pública reconhecido pelo Decreto Legislativo nº 6, de 20 de março de 2020, e da emergência de saúde pública de importância internacional decorrente do coronavírus (Covid-19), o critério de aferição da renda familiar mensal per capita previsto no inciso I do § 3º do art. 20* ***poderá ser ampliado para até 1/2 (meio) salário-mínimo****.*
>
> § 1º A *ampliação de que trata o caput ocorrerá na forma de escalas graduais,* ***definidas em regulamento****, de acordo com os seguintes fatores, combinados entre si ou isoladamente:*
>
> *I – o grau da deficiência;*
>
> *II – a dependência de terceiros para o desempenho de atividades básicas da vida diária;*
>
> *III – as circunstâncias pessoais e ambientais e os fatores socioeconômicos e familiares que podem reduzir a funcionalidade e a plena participação social da pessoa com deficiência candidata ou do idoso;*

IV – o comprometimento do orçamento do núcleo familiar de que trata o § 3º do art. 20 exclusivamente com gastos com tratamentos de saúde, médicos, fraldas, alimentos especiais e medicamentos do idoso ou da pessoa com deficiência não disponibilizados gratuitamente pelo Sistema Único de Saúde (SUS), ou com serviços não prestados pelo Serviço Único de Assistência Social (Suas), desde que comprovadamente necessários à preservação da saúde e da vida.

§ 2º O grau da deficiência e o nível de perda de autonomia, representado pela dependência de terceiros para o desempenho de atividades básicas da vida diária, de que tratam, respectivamente, os incisos I e II do § 1º deste artigo, serão aferidos, para a pessoa com deficiência, por meio de índices e instrumentos de avaliação funcional a serem desenvolvidos e adaptados para a realidade brasileira, observados os termos dos *§§ 1º e 2º do art. 2º da Lei nº 13.146, de 6 de julho de 2015.*

§ 3º As circunstâncias pessoais e ambientais e os fatores socioeconômicos de que trata o inciso III do § 1º deste artigo levarão em consideração, observado o disposto nos *§§ 1º e 2º do art. 2º da Lei nº 13.146, de 2015, entre outros aspectos:*

I – o grau de instrução e o nível educacional e cultural do candidato ao benefício;

II – a acessibilidade e a adequação do local de residência à limitação funcional, as condições de moradia e habitabilidade, o saneamento básico e o entorno familiar e domiciliar;

III – a existência e a disponibilidade de transporte público e de serviços públicos de saúde e de assistência social no local de residência do candidato ao benefício;

IV – a dependência do candidato ao benefício em relação ao uso de tecnologias assistivas; e

V – o número de pessoas que convivem com o candidato ao benefício e a coabitação com outro idoso ou pessoa com deficiência dependente de terceiros para o desempenho de atividades básicas da vida diária.

§ 4º O valor referente ao comprometimento do orçamento do núcleo familiar com gastos com tratamentos de saúde, médicos, fraldas, alimentos especiais e medicamentos do idoso ou da pessoa com deficiência, de que trata o inciso IV do § 1º deste artigo, será definido pelo Instituto Nacional do Seguro Social, a partir de valores médios dos gastos realizados pelas famílias exclusivamente com essas finalidades, conforme critérios definidos em regulamento, facultada ao interessado a possibilidade de comprovação, nos termos do referido regulamento, de que os gastos efetivos ultrapassam os valores médios."

Trata-se de regra temporária para a pandemia da COVID-19 e que depende de regulamentação presidencial, a meu ver, ainda não editada.

Ademais, não se cuida de determinação normativa, sendo uma faculdade legal que deve passar pelo crivo presidencial de conveniência e oportunidade.

ANTECIPAÇÃO DO BPC/LOAS – COVID 19

Em 2 de abril de 2020 restou publicada a **Lei 13.982**, que previu em seu artigo 3º:

*"**Art. 3º** Fica o INSS autorizado a antecipar o valor mencionado no art. 2º desta Lei para os requerentes do benefício de prestação continuada para as pessoas de que trata o art. 20 da Lei nº 8.742, de 7 de dezembro de 1993, durante o período de 3 (três) meses, a contar da publicação desta Lei, ou até a aplicação pelo INSS do instrumento de avaliação da pessoa com deficiência, o que ocorrer primeiro.*

*Parágrafo único. Reconhecido o direito da pessoa com deficiência ou idoso ao benefício de prestação continuada, seu valor será devido a partir da data do requerimento, deduzindo-se os pagamentos efetuados na forma do **caput**".*

Esse novel dispositivo, que se justificou em razão das filas no atendimento do INSS no que concerne aos pedidos do BPC/LOAS idoso e deficiente mesmo antes da pandemia da COVID-19, assim como pelo fechamento temporário do atendimento presencial nas unidades de atendimento do INSS, previu uma antecipação mensal de R$ 600,00 para os requerentes do BPC/LOAS.

A citada antecipação durará (durou) por até 3 meses inicialmente, podendo se encerrar em prazo menor se antes dessa data estiver ativo o instrumento de avaliação da deficiência.

Em seguida, feita a análise administrativa e uma vez concedido o benefício, será concedido o BPC desde a DER, devendo ser abatidos os valores antecipados em cada parcela mensal.

Em regulamentação foi editada a **Portaria Conjunta INSS/MC 3, de 05/05/2020:**

Art. 1º Esta Portaria Conjunta disciplina a antecipação, pelo Instituto Nacional do Seguro Social – INSS, do valor mencionado no art. 2º da Lei nº 13.982, de 2 de abril de 2020, para os requerentes do Benefício de Prestação Continuada – BPC de que trata o art. 20 da Lei nº 8.742, de 7 de dezembro de 1993.

Art. 2º O INSS poderá antecipar o valor de R$ 600,00 (seiscentos reais), a contar de 2 de abril de 2020, aos requerentes do BPC pelo período de até três meses.

§ 1º A antecipação de que trata o caput considerará:

I – a inscrição no Cadastro Único para Programas Sociais do Governo Federal – CadÚnico e no Cadastro de Pessoas Físicas – CPF;

II – o cumprimento do critério de renda de que trata o art. 20 da Lei nº 8.742, de 1993, observado o grupo familiar informado no CadÚnico, com cruzamento dos dados existentes no Cadastro Nacional de Informações Sociais – CNIS; e

III – a informação no CadÚnico de que se trata de pessoa com deficiência, quando for o caso.

§ 2º A antecipação se encerrará com a avaliação definitiva do requerimento de BPC, observado o prazo limite previsto no caput.

§ 3º Reconhecido o direito da pessoa com deficiência ou idoso ao BPC, seu valor será devido a partir da data do requerimento, deduzindo-se os valores pagos a título da antecipação prevista no caput.

§ 4º Não sendo reconhecido o direito do requerente ao BPC, fica dispensada a devolução ao erário dos valores recebidos na forma do caput, salvo comprovada má-fé.

Art. 3º A antecipação do BPC observará o calendário de pagamentos dos benefícios operacionalizados pelo INSS, admitido o pagamento antecipado da primeira parcela.

Parágrafo único. O período de validade da parcela da antecipação será de 90 (noventa) dias, contado conforme calendário de pagamentos.

Art. 4º O auxílio emergencial e a antecipação de que tratam os arts. 2º e 3º da Lei nº 13.982, de 2020, não serão computados para a composição da renda mensal bruta familiar na forma do inciso I do § 2º do art. 4º do Anexo do Decreto nº 6.214, de 26 de setembro de 2007.

Já o artigo 6º da Lei 13.982/2020 previu a possibilidade de prorrogação por até 3 meses:

"Art. 6º O período de 3 (três) meses de que trata o ***caput*** dos *arts. 2º, 3º, 4º e 5º poderá ser prorrogado por ato do Poder Executivo durante o período de enfrentamento da emergência de saúde pública de importância internacional da Covid-19, definida pela Lei nº 13.979, de 6 de fevereiro de 2020."*

De sua vez, em 2 de julho de 2020 foi publicado o Decreto 10.403/2020:

"Art. 1º Fica o Instituto Nacional do Seguro Social – INSS autorizado a conceder as antecipações de que tratam os art. 3º e art. 4º da Lei nº 13.982, de 2 de abril de 2020, até 31 de outubro de 2020.

Parágrafo único. Os efeitos orçamentários e financeiros das antecipações concedidas nos termos do disposto no ***caput*** deverão ficar limitados ao exercício de 2020.

> *Art. 2º A operacionalização das antecipações de que trata o art. 1º será disciplinada em ato conjunto:*
>
> *I – do Ministério da Cidadania e do INSS, em relação à antecipação de que trata o art. 3º da Lei nº 13.982, de 2020; e*
>
> *II – da Secretaria Especial de Previdência e Trabalho do Ministério da Economia e do INSS, em relação à antecipação de que trata o art. 4º da Lei nº 13.982, de 2020".*

Vale frisar que no cálculo da renda familiar o INSS não considerará o valor recebido pela família em decorrência do Programa Bolsa Família, nos termos da Portaria MPAS/SEAS nº 1.524/2002, de 05/12/2002.

Por sua vez, com o advento da Lei 12.470, de 31.08.2011, foi inserido o § 9º, no artigo 20, da Lei 8.742/93, que prevê que a remuneração da pessoa com deficiência na condição de aprendiz não será considerada para fins do cálculo da renda per capita familiar.

Por força da Lei 13.146, publicada em 7 de julho de 2015, que aprovou o Estatuto da Pessoa com Deficiência e entrou em vigor em 180 dias após a sua publicação (3 de janeiro de 2016), os rendimentos decorrentes de estágio supervisionado também serão desconsiderados.

Outrossim, a contratação de pessoa com deficiência como aprendiz não acarretará a suspensão do benefício de prestação continuada, limitado a 2 (dois) anos o recebimento concomitante da remuneração e do benefício.

Logo, após o biênio, será possível que o deficiente aprendiz tenha a suspensão do amparo assistencial, pois a remuneração percebida como aprendiz será considerada no cálculo da renda *per capita* familiar.

Contudo, o Benefício de Prestação Continuada será suspenso em caráter especial quando a pessoa com deficiência exercer atividade remunerada, inclusive na condição de microempreendedor individual, mediante comprovação da relação trabalhista ou da atividade empreendedora, sendo restabelecido após a cessação do vínculo de trabalho, a teor artigo 47-A, do Decreto 6.214/2007, inserido pelo Decreto 7.617, de 17.11.2011.

Nos termos do artigo 4º, inciso VI, do Decreto 6.214/2007, com redação dada pelo Decreto 7.617, de 17.11.2011, considera-se como renda mensal bruta familiar a soma dos rendimentos brutos auferidos mensalmente pelos membros da família composta por salários, proventos, pensões, pensões alimentícias, benefícios de previdência pública ou privada, seguro-desemprego, comissões, pró-labore, outros rendimentos do trabalho não assalariado, rendimentos do mercado informal ou autônomo, rendimentos auferidos do patrimônio, renda mensal vitalícia e benefício de prestação continuada (salvo se percebido por outro idoso).

Consoante previsto pelo Decreto 7.617/2011, no cálculo da renda familiar não serão considerados os seguintes rendimentos:

a) benefícios e auxílios assistenciais de natureza eventual e temporária;
b) valores oriundos de programas sociais de transferência de renda;
c) bolsas de estágio curricular;
d) pensão especial de natureza indenizatória e benefícios de assistência médica;
e) rendas de natureza eventual ou sazonal, a serem regulamentadas em ato conjunto do Ministério da Cidadania e do INSS;
f) remuneração da pessoa com deficiência na condição de aprendiz.

No que concerne ao deficiente, era assim considerada a pessoa incapacitada para a vida independente e para o trabalho[158]. Por sua vez, a jurisprudência vinha interpretando de maneira flexível esse dispositivo: "Para os efeitos do art. 20, § 2º, da Lei n. 8.742, de 1993, incapacidade para a vida independente não é só aquela que impede as atividades mais elementares da pessoa, mas também a impossibilita de prover ao próprio sustento"[159].

No mesmo caminho pontificava a Súmula 30, da Advocacia-Geral da União, de 30.06.2008: "A incapacidade para prover a própria subsistência por meio do trabalho é suficiente para a caracterização da incapacidade para a vida independente, conforme estabelecido no art. 203, V, da Constituição Federal, e art. 20, II, da Lei nº 8.742, de 7 de dezembro de 1993."

Entretanto, com o advento da Convenção sobre os Direitos das Pessoas com Deficiência, ratificada pelo Brasil pelo Decreto-legislativo 186/2008, tendo sido promulgada pelo Decreto presidencial 6.949/2009, o INSS vem trabalhando administrativamente com a definição de deficiência desse tratado, que considerada que as "pessoas com deficiência são aquelas que têm impedimentos de natureza física, intelectual ou sensorial, os quais, em interação com diversas barreiras, podem obstruir sua participação plena e efetiva na sociedade com as demais pessoas".

Frise-se que a citada Convenção foi inspirada na nova classificação internacional da Organização Mundial da Saúde: CIF – Classificação Internacional de Incapacidade, Funcionalidade e Saúde. Ademais, esse tratado tem força de norma constitucional, pois ratificado nos termos do artigo 5º, § 3º, da Constituição Federal, pois seguiu o rito de aprovação das emendas constitucionais.

Finalmente, no dia 07/07/2011, foi publicada a Lei 12.435, que alterou a redação do artigo 20, da Lei 8.742/93, que sofreu leves modificações pela Lei 12.470, de 31/08/2011, passando a considerar a pessoa com deficiência como aquela que tem impedimentos de longo prazo de natureza física, mental, intelectual ou sensorial, os quais, em interação com diversas barreiras, podem obstruir sua participação plena e efetiva na sociedade em igualdade de condições com as demais pessoas, assim como impedimentos de longo prazo como aqueles que produzam os efeitos referidos pelo prazo mínimo de 02 anos.

Por força da Lei 13.146, publicada em 7 de julho de 2015, que aprovou o Estatuto da Pessoa com Deficiência e entrou em vigor em 180 dias após a sua publicação (3 de janeiro de 2016), a definição de deficiente foi sutilmente alterada, considerando-se a partir de janeiro de 2016 "pessoa com deficiência aquela que tem impedimento de longo prazo de natureza física, mental, intelectual ou sensorial, o qual, em interação com uma ou mais barreiras, pode obstruir sua participação plena e efetiva na sociedade em igualdade de condições com as demais pessoas", bastando a partir da sua vigência uma barreira para obstruir a participação social, e não apenas diversas barreiras.

Logo, não será mais necessária a interação do impedimento de longo prazo com diversas barreiras, bastando apenas uma barreira para o enquadramento do deficiente, desde que obstrua sua participação na sociedade em igualdade de condições.

---

158. Artigo 20, § 2º, da Lei 8.742/93, em sua redação original.

159. Súmula 29, da Turma Nacional de Uniformização de Jurisprudência dos Juizados Especiais Federais.

Vale registrar que **o leitor não pode confundir os conceitos de deficiência e incapacidade**. De acordo com a obra de Cláudio Trezub e Keti Patsis[160], **deficiência** é a perda da função fisiológica ou de estrutura anatômica, ao passo que **incapacidade** é a aptidão reduzida de atingir exigências ocupacionais como resultado de debilidade e outros fatores associados.

Desta forma, a deficiência poderá ou não conduzir a uma incapacidade laborativa, a exemplo de pequena perda auditiva ou de visão que não impacte de modo significativo a capacidade do segurado para o trabalho habitual, não gerando a concessão de benefício por incapacidade laborativa.

Outras vezes, mesmo que configurada a incapacidade para o trabalho habitual por mais de quinze dias, não é cerca a concessão de auxílio-doença, pois poderá ser fixada (DII) anteriormente à filiação previdenciária ou antes do cumprimento do período de carência, se exigido (doença não ocupacional e não grave).

Registre-se que tanto a concessão do benefício de salário mínimo assistencial do deficiente carente (BPC/LOAS) quanto à aposentadoria por tempo de contribuição do segurado deficiente exigem a configuração de **deficiência de longo prazo**, com duração mínima de **dois anos** para a concessão dos citados benefícios, tomando como lastro a CIF.

De acordo com o artigo 2º, § 1º, da Lei 13.146/2015, a **avaliação da deficiência**, quando necessária, será **biopsicossocial**, realizada por **equipe multiprofissional e interdisciplinar** e considerará:

> I – os impedimentos nas funções e nas estruturas do corpo;
> II – os fatores socioambientais, psicológicos e pessoais;
> III – a limitação no desempenho de atividades; e
> IV – a restrição de participação.

Ademais, ainda com fulcro na CIF, acaso existência a deficiência de longo prazo, na aposentadoria do deficiente ainda deverá ser graduado o grau de deficiência para identificar o tempo de contribuição pertinente para concessão do benefício: deficiência leve, média (ou moderada) e grave.

É por isso que se adota o modelo pericial de avaliação **biopsicossocial** e **multidimensional**, não podendo ser mensurado apenas o impacto da doença sobre o segurado, sendo imprescindível ainda avaliar os aspectos externos gerados pela enfermidade.

Há casos ainda em que a perícia médica previdenciária, manejando apenas a avaliação médica, conclui pela inexistência de incapacidade laborativa, a exemplo do portador do vírus HIV que está com a doença totalmente sob controle e com plena capacidade laboral.

No entanto, se demonstrado no caso concreto significativo estigma social, como inúmeras despedidas e vínculos curtos motivados pela descoberta da doença, será possível a concessão de benefício por incapacidade utilizando o critério social.

Essa mesma linha foi seguida pela **TNU** para fins do BPC/LOAS **(tema 70):**

160. Perícia Médica Previdenciária, p. 32, Ed. Juspodivm, 2017.

Tema	70	Situação do tema	Julgado (Súmula 78 da TNU)	Ramo do direito	DIREITO PREVIDENCIÁRIO
Questão submetida a julgamento		Saber se é necessário analisar condições socioculturais do portador de HIV assintomático, para fins de condição de benefício assistencial.			
Tese firmada		**Na concessão do benefício de prestação continuada ao portador do vírus HIV assintomático, devem ser observadas, além da incapacidade de prover a própria subsistência, as condições socioculturais estigmatizantes da doença. Vide Súmula 78 da TNU.**			
Processo		Relator (a)	Julgado em	Acórdão publicado em	Trânsito em julgado
PEDILEF 0503863-51.2009.4.05.8103/CE		Juiz Federal Alcides Saldanha Lima	16/08/2012	31/08/2012	19/09/2012

De acordo com o Estatuto da Pessoa com Deficiência, as **barreiras** são definidas como qualquer entrave, obstáculo, atitude ou comportamento que limite ou impeça a participação social da pessoa, bem como o gozo, a fruição e o exercício de seus direitos à acessibilidade, à liberdade de movimento e de expressão, à comunicação, ao acesso à informação, à compreensão, à circulação com segurança, entre outros, classificadas em:

a) ***barreiras urbanísticas***: as existentes nas vias e nos espaços públicos e privados abertos ao público ou de uso coletivo;

b) ***barreiras arquitetônicas***: as existentes nos edifícios públicos e privados;

c) ***barreiras nos transportes***: as existentes nos sistemas e meios de transportes;

d) ***barreiras nas comunicações e na informação***: qualquer entrave, obstáculo, atitude ou comportamento que dificulte ou impossibilite a expressão ou o recebimento de mensagens e de informações por intermédio de sistemas de comunicação e de tecnologia da informação;

e) ***barreiras atitudinais***: atitudes ou comportamentos que impeçam ou prejudiquem a participação social da pessoa com deficiência em igualdade de condições e oportunidades com as demais pessoas;

f) ***barreiras tecnológicas***: as que dificultam ou impedem o acesso da pessoa com deficiência às tecnologias.

Vale ressaltar que o desenvolvimento das capacidades cognitivas, motoras ou educacionais e a realização de atividades não remuneradas de habilitação e reabilitação, entre outras, não constituem motivo de suspensão ou cessação do benefício da pessoa com deficiência.

Ademais, a condição de acolhimento em instituições de longa permanência não prejudica o direito do idoso ou da pessoa com deficiência ao benefício de prestação continuada.

De efeito, a avaliação da pessoa com deficiência é constituída pelos seguintes componentes, baseados na Classificação Internacional de Funcionalidade, Incapacidade e Saúde – CIF:

I – Fatores Ambientais;

II – Funções e Estruturas do Corpo; e

III – Atividades e Participação.

A coabitação do requerente com algum membro de sua família em uma mesma instituição hospitalar, de abrigamento ou congênere, não se configura, por si só, em constituição de um grupo familiar a ser considerado para fins do cálculo da renda mensal familiar *per capita*.

As informações prestadas no requerimento deverão ser confrontadas com as bases cadastrais disponíveis da Administração Pública, devendo o INSS verificar a existência de registro de benefício previdenciário, de emprego e renda do requerente ou beneficiário e dos integrantes de sua família, e, havendo divergência quanto às rendas declaradas, será considerada a informação da renda mais alta.

No momento do requerimento, caso o requerente não ratifique as informações constantes do Cadastro Único, conforme estabelecido no § 2º do art. 13 do Decreto nº 6.214, de 2007, o servidor do INSS deverá cadastrar exigência de atualização das informações cadastrais, o que deverá ser realizado pelo Responsável pela Unidade Familiar (RF), respeitadas as normas e regulamentos do Cadastro Único, no prazo de trinta dias, prorrogáveis por igual período.

Os interessados poderão interpor recurso contra a decisão de indeferimento do benefício nos canais de atendimento disponibilizados, no prazo de 30 (trinta) dias contados da data da ciência da decisão.

Mas quando se tratar de interposição de recurso por motivo de indeferimento decorrente unicamente da conclusão da avaliação social e médica, o processo deverá ser encaminhado para pronunciamento do Serviço Social e da Perícia Médica do INSS, sendo dispensada nova avaliação da renda.

O valor do BPC não está sujeito a descontos de empréstimo consignado e débitos originários de benefícios previdenciários recebidos indevidamente.

O BPC será suspenso nas seguintes hipóteses:

I – se identificada irregularidade na sua concessão ou manutenção;

II – se verificada, por ocasião da revisão, a não continuidade das condições que deram origem ao benefício;

III – se o beneficiário não realizar a inscrição no Cadastro Único, conforme art. 2º da Portaria Interministerial nº 2, de 7 novembro de 2016 (ressalvada ordem judicial em sentido contrário);

IV – quando as informações do Cadastro Único não estiverem atualizadas (ressalvada ordem judicial em sentido contrário);

V – se decorrido o período de 2 (dois) anos de recebimento de remuneração da pessoa com deficiência contratada na condição de aprendiz concomitantemente com o benefício.

Ademais, o beneficiário poderá apresentar requerimento de suspensão do BPC em caráter especial em decorrência do ingresso no mercado de trabalho por meio do preenchimento do *Formulário Único de Alteração da Situação do Benefício*.

Vale registrar que **nada impede que o beneficiário do BPC/LOAS recolha ao RGPS na condição de segurado facultativo**. Isso permitirá a sua inclusão previdenciária e dos seus dependentes, ressaltando que o BPC não pode ser acumulado com qualquer benefício da seguridade social, exceto pensões com natureza indenizatórias.

Assim, será possível ao titular do BPC obter aposentadoria por idade, se realizada a carência de 15 anos, observada a renúncia ao BPC, ou mesmo instituir pensão por morte a algum dependente.

Nesse sentido, de acordo 29 da Portaria Conjunta MDS nº 3 DE 21/09/2018, "**a contribuição do beneficiário como segurado facultativo da Previdência Social não acarretará a suspensão do pagamento do BPC**", razão pela qual há expressa permissão administrativa da tese aqui proposta.

Ademais, o artigo 8º do citado ato regulamentar ainda prevê que "o salário de contribuição não integra a renda mensal bruta familiar quando o requerente do BPC, o beneficiário ou os demais membros do grupo familiar contribuírem como segurados facultativos do Regime Geral da Previdência Social – RGPS".

Ouso ainda ir além sem medo. **Nada impede que o idoso titular do BPC seja segurado obrigatório do RGPS ao exercer atividade laboral remunerada, desde que a renda familiar se situe dentro dos limites da miserabilidade**, observada toda a polêmica existente sobre o seu critério de caracterização.

Isso porque, para o idoso, não é condição de concessão do BPC o não exercício de atividade laboral remunerada, mas apenas a miserabilidade familiar e a idade mínima de 65 anos de idade.

No caso do deficiente é diferente, pois o artigo 21-A da Lei 8.742/93 prevê que o benefício de prestação continuada será suspenso pelo INSS quando a pessoa com deficiência exercer atividade remunerada, inclusive na condição de microempreendedor individual, exceto na condição de aprendiz pelo limite de dois anos.

Uma novidade surgiu no BPC/LOAS para beneficiar as crianças como **microcefalia** decorrente de doenças transmitidas pelo **Aedes aegypti**. De acordo com o artigo 18 da Lei 13.301/2016, "fará jus ao benefício de prestação continuada temporário, a que se refere o art. 20 da Lei no 8.742, de 7 de dezembro de 1993, **pelo prazo máximo de três anos**, na condição de pessoa com deficiência, a criança vítima de microcefalia em decorrência de sequelas neurológicas decorrentes de doenças transmitidas pelo Aedes aegypti", sendo que "o benefício será concedido após a cessação do gozo do salário-maternidade originado pelo nascimento da criança vítima de microcefalia".

A norma poderia ter melhor detalhado. Entende-se que a Lei 13.301/2016 objetivou ampliar a proteção ao deficiente microcéfalo fruto de doenças transmitidas pelo *Aedes aegypti*.

Desta forma, nos primeiros três anos, se deve presumir de modo absoluto que a microcefalia gera a deficiência de longo prazo, não sendo necessária a perícia médico-social, desde que caracterizada a situação de miserabilidade, pois se trata de exigência constitucional e a dispensa desta prova foi objeto de veto presidencial.

Após o triênio, na situação de persistência da vulnerabilidade social, a criança com microcefalia deverá se submeter normalmente à perícia médico-social para verificação de deficiência de longo prazo, pois cada situação não é idêntica a outra, na medida em que existem situações muito mais severas de prejuízo da capacidade cognitiva da criança.

IMPORTANTE!

A MP 894, de 4/9/2019, criou a **pensão especial** destinada a **crianças com microcefalia decorrente do Zika Vírus**, nascidas entre 1º de janeiro de 2015 e 31 de dezembro de 2018, beneficiárias do Benefício de Prestação Continuada, de natureza vitalícia, intransferível e no valor de um salário mínimo, não gerando abono anual ou pensão por morte por ser benefício assistencial e não previdenciário.

Por sua vez, a MP 894/2019 foi convertida na **Lei 13.985/2020** com alterações. A pensão especial agora se destina à **Síndrome Congênita do Zika Vírus**, expressão mais ampla que a microcefalia, pois existem outras síndromes oriundas do Zika Vírus que geram o direito ao benefício.

Este benefício veio substituir o BPC/LOAS que havia sido concedido de modo temporário pelo artigo 18 da Lei 13.301/2016, sendo instituída em favor das crianças com Síndrome Congênita do Zika Vírus, nascidas entre 1º de janeiro de 2015 e 31 de dezembro de 2019, beneficiárias do Benefício de Prestação Continuada (BPC) de que trata o art. 20 da Lei nº 8.742, de 7 de dezembro de 1993.

Dessa forma, a lei de regência exige a prévia percepção do BPC/LOAS como pressuposto de sua concessão. A pensão especial será **mensal, vitalícia e intransferível** e terá o valor de **um salário mínimo**, não podendo ser acumulada com indenizações pagas pela União em razão de decisão judicial sobre os mesmos fatos ou com o BPC de que trata o art. 20 da Lei nº 8.742, de 7 de dezembro de 1993.

De acordo com a **Súmula 80, da TNU**, "nos pedidos de benefício de prestação continuada (LOAS), tendo em vista o advento da Lei 12.470/11, para adequada valoração dos fatores ambientais, sociais, econômicos e pessoais que impactam na participação da pessoa com deficiência na sociedade, é necessária a realização de avaliação social por assistente social ou outras providências aptas a revelar a efetiva condição vivida no meio social pelo requerente".

Este enunciado pronuncia a necessidade da realização de perícia médico-social para aferir a condição de deficiente, deixando em aberto outros meios de prova em especial quando a perícia não puder ser produzida, à luz do Princípio do Livre Convencimento Motivado.

Questão tormentosa e que vem gerando celeuma nos tribunais é saber se a mera incapacidade laborativa parcial faz nascer ou não o direito ao amparo assistencial. Pela negativa da concessão do benefício nesta hipótese, os precedentes mais recentes do Tribunal Regional Federal da 3ª Região[161]:

> "DIREITO ASSISTENCIAL. BENEFÍCIO DE ASSISTÊNCIA SOCIAL. ART. 203, V, DA CF/88. INCAPACIDADE FÍSICA TOTAL E PERMANENTE PARA O TRABALHO NÃO DEMONSTRADA. AUSÊNCIA DE UM DOS REQUISITOS ENSEJADORES DA CONCESSÃO DO AMPARO. – Sentença submetida a reexame necessário. Descabimento em virtude de o montante devido, entre a data do requerimento administrativo e a sentença, ser inferior a 60 (sessenta) salários mínimos. Art. 475, § 2º do CPC. – Remessa oficial não conhecida. – **Ausência de requisito para a implementação do benefício de amparo assistencial; não demonstrada a incapacidade total e permanente para a vida diária e para o trabalho. – Laudo médico-pericial concluindo pela incapacidade parcial e temporária do autor**. – Beneficiário da assistência judiciária gratuita, descabe a condenação do autor ao pagamento da verba honorária e custas processuais. Precedentes da Terceira Seção desta Corte. – Apelação provida para reformar a sentença e julgar improcedente o pedido".

Por outro lado, o TRF da 5ª Região vem deferindo o benefício, mesmo na hipótese de incapacidade laborativa parcial, ou seja, apenas para alguns tipos de trabalho incompatíveis com a moléstia:

> "PREVIDENCIÁRIO. AMPARO SOCIAL. **INCAPACIDADE PARCIAL PARA O TRABALHO. IMPOSSIBILIDADE DE REINSERÇÃO NO MERCADO DE TRABALHO. REQUISITOS PARA A CONCESSÃO DO BENEFÍCIO PREENCHIDOS**. ART. 20, PARÁGRAFOS 2º E 3º DA LEI 8.742/93 E ART. 6º DO DECRETO Nº 1.744/95. PARCELAS EM ATRASO RETROATIVAS À ÉPOCA DA SUSPENSÃO DO BENEFÍCIO. JUROS MORATÓRIOS. SÚMULA Nº 204 DO STJ. HONORÁRIOS ADVOCATÍCIOS. SÚMULA Nº 111 DO STJ. REMESSA OFICIAL PARCIALMENTE PROVIDA E APELAÇÃO IMPROVIDA.

161. APELREE 2006.61.08010257-0, de 09.06.2009.

> 1. A Administração pode, a qualquer tempo, rever o seu ato para cancelar ou suspender benefício de natureza previdenciária ou assistencial, desde que se observe a presença do contraditório e da ampla defesa, mediante prévio e regular processo administrativo. 2. Uma vez concedido o benefício, significa dizer que o beneficiário preencheu os requisitos até então exigidos, logo, a sua suspensão, por meio de processo administrativo, deve obedecer ao disposto na lei quanto ao regime procedimental. **3. A apreciação conjunta do resultado da perícia realizada por Vistor do Juízo e das demais provas carreadas para os autos deixam claro que a Apelada não tem capacidade para as atividades da vida independente nem para o exercício de atividades laborativas que demandam esforço físico, privando-o, de acordo com a sua realidade sócio-econômica e cultural, de reintegração ao mercado de trabalho.** 4. Atendimento ao estatuído no parágrafo 3º do Art. 20 da Lei 8.742/93, eis que a renda per capita da família não supera o percentual de 1/4 de salário mínimo. 5. As parcelas em atraso devem ser pagas, retroativamente, desde a época da suspensão do benefício, corrigidas monetariamente de acordo com a lei. 6. Juros de mora no percentual de 1% incidirão sobre as parcelas vencidas, contadas a partir da data da citação válida, nos termos da Súmula nº 204 do eg. STJ. 7. Honorários advocatícios ao percentual de 10% sobre o valor da condenação, excluídas do cálculo as parcelas vencidas e vincendas, assim entendidas como posteriores à prolação da sentença, em observância à Súmula nº 111 do eg. STJ. 8. Remessa Oficial parcialmente provida e Apelação improvida"[162].

Entende-se que a mera incapacidade laboral parcial não poderá conduzir à concessão do amparo assistencial, sendo possível o labor em atividades compatíveis com as restrições da pessoa, observadas as suas limitações. Aliás, é preciso que a situação seja analisada à luz da nova definição de deficiente.

Demais disso, para a TNU, a mera incapacidade temporária poderá dar ensejo ao benefício assistencial, a exemplo do julgamento do PEDILEF 0013826-53.2008.4.01.32.00, de 29.02.2012:

> EMENTA-VOTO PREVIDENCIÁRIO. LOAS. INCAPACIDADE PARCIAL E TEMPORÁRIA. AVALIAÇÃO DAS CONDIÇÕES PESSOAIS. PRECEDENTES DA TNU. 1. "**O art. 20 da Lei nº 8.742/93 não impõe que somente a incapacidade permanente, mas não a temporária, permitiria a concessão do benefício assistencial, não cabendo ao intérprete restringir onde a lei não o faz, mormente quando em prejuízo do necessitado do benefício e na contramão da sua *ratio essendi*, que visa a assegurar o mínimo existencial e de dignidade da pessoa.**" (PEDILEF 200770530028472, Rel. JUIZ FEDERAL MANOEL ROLIM CAMPBELL PENNA, Data da Decisão 13/09/2010, DOU 08/02/2011, SEÇÃO 1). 2. Esta Eg. TNU também já assentou que "a transitoriedade da incapacidade não é óbice à concessão do benefício assistencial, visto que o critério de definitividade da incapacidade não está previsto no aludido diploma legal. Ao revés, o artigo 21 da referida lei corrobora o caráter temporário do benefício em questão, ao estatuir que o benefício 'deve ser revisto a cada 2 (dois) anos para avaliação da continuidade das condições que lhe deram origem'". (PEDILEF nº 200770500108659 – rel. Juiz Federal OTÁVIO HENRIQUE MARTINS PORT – DJ de 11/03/2010). 3. "Resta assente que este conceito de capacidade para a vida independente não está adstrito apenas às atividades do dia-a-dia, vez que não se exige que o(a) interessado(a) esteja em estado vegetativo para obter o Benefício Assistencial. Dele resulta uma exigência de se fazer uma análise mais ampla das suas condições pessoais, familiares, profissionais e culturais do meio em que vive para melhor avaliar a existência ou não dessa capacidade". (PEDILEF 200932007033423, Rel. JUIZ FEDERAL PAULO RICARDO ARENA FILHO, Data da Decisão 05/05/2011, Fonte/Data da Publicação DOU 30/08/2011). 4. Pedido conhecido e improvido.

162. AC 200705990031685, de 03.06.2008.

Nesse sentido, em 29 de março de 2012, a TNU aprovou a Súmula 48:

> **"Súmula 48– A incapacidade não precisa ser permanente para fins de concessão do benefício assistencial de prestação continuada".**

Lamentavelmente, entende-se que essa súmula analisou o tema com base na legislação revogada, ou seja, antes das inovações da Lei 12.453 e 12.470/2011, que alteraram a definição de deficiente, agora não mais considerado o incapaz para o trabalho e a vida independente, e sim como aquele que tem impedimentos de longo prazo de natureza física, mental, intelectual ou sensorial, os quais, em interação com diversas barreiras, podem obstruir sua participação plena e efetiva na sociedade em igualdade de condições com as demais pessoas, assim como impedimentos de longo prazo como aqueles que produzam os efeitos referidos pelo prazo mínimo de 02 anos.

Felizmente, em novembro de 2018, o enunciado foi devidamente atualizado pela Turma Nacional:

> **Súmula 48** – Para fins de concessão do benefício assistencial de prestação continuada, o conceito de pessoa com deficiência, que não se confunde necessariamente com situação de incapacidade laborativa, **é imprescindível a configuração de impedimento de longo prazo com duração mínima de 2 (dois) anos**, a ser aferido no caso concreto, desde a data do início sua caracterização (ALTERADA NA SESSÃO DE 21.11.2018).
>
> Posteriormente, houve novo ajuste redacional, nos termos do Boletim TNU 35/2019:
>
> ALTERAÇÃO DA REDAÇÃO DE SÚMULA – QUESTÃO DE ORDEM – SÚMULA N. 48 – PUIL n. 0073261-97.2014.4.03.6301/SP Presidente da Turma: Ministro PAULO DE TARSO SANSEVERINO.
>
> A TNU alterou a redação do enunciado de n. 48 de sua Súmula de jurisprudência, nos seguintes termos: Sú-mula n. 48. "Para fins de concessão do benefício assistencial de prestação continuada, o conceito de pessoa com deficiência, que não se confunde necessariamente com situação de incapacidade laborativa, exige a confi-guração de impedimento de longo prazo com duração mínima de 2 (dois) anos, a ser aferido no caso con-creto, desde o início do impedimento até a data prevista para a sua cessação".
>
> A TNU acabou validando a previsão da LOAS de que o impedimento de longo prazo deve durar ao menos dois anos para a caracterização da deficiência, o que aparentemente não infringe a Convenção de Nova Iorque sobre os Direitos das Pessoas com Deficiência, promulgada pelo Decreto presidencial 6.949/2009:
>
> "Artigo 1
>
> Propósito
>
> O propósito da presente Convenção é promover, proteger e assegurar o exercício pleno e eqüitativo de todos os direitos humanos e liberdades fundamentais por todas as pessoas com deficiência e promover o respeito pela sua dignidade inerente.
>
> Pessoas com deficiência são aquelas que têm impedimentos de longo prazo de natureza física, mental, intelectual ou sensorial, os quais, em interação com diversas barreiras, podem obstruir sua participação plena e efetiva na sociedade em igualdades de condições com as demais pessoas".

De acordo com o STJ (Informativo 608), "a partir da edição das Leis n. 12.435/2011 e 12.470/2011, que trouxeram alterações à Lei n. 8.742/93, passou-se a exigir que a deficiência tivesse caráter mais duradouro, mas o diploma legal em comento não fixou o grau de incapacidade. Assim, com o objetivo de que esse dispositivo legal guarde perfeita sintonia com o espírito da norma magna, sem encurtar o seu alcance, deve ser ele interpretado, no que diz respeito à incapacidade, no sentido de considerar a deficiência física, para fins de reconhecimento do direito à Assistência Social, conjuntamente com outros aspectos relevantes, tais como, a condição profissional e cultural do beneficiário. Na hipótese, observa-se que o benefício foi negado ao fundamento de que o beneficiário deveria apresentar **incapacidade absoluta**, de sorte que não se permita ao requerente do benefício o desempenho de qualquer atividade da vida diária e para o exercício de atividade laborativa. Ocorre que **tal exigência não está prevista em lei**, pois esta não elenca o grau de incapacidade, não cabendo ao intérprete a imposição de requisitos mais rígidos do que aqueles previstos na legislação para a concessão do benefício". **REsp 1.404.019-SP, Rel. Min. Napoleão Nunes Maia Filho, por unanimidade, julgado em 27/6/2017, DJe 3/8/2017.**

Vale registrar que a TNU decidiu que os novos requerimentos administrativos (a partir de 7/11/2016) de BPC deficiente negados por ausência de deficiência não será necessária a prova de miserabilidade judicial por perícia social, exceto se o INSS fizer impugnação específica ou o indeferimento for antigo (mais de 2 anos):

> **"REPRESENTATIVO DE CONTROVÉRSIA – DEFINIÇÃO DE TESE – TEMA N. 187 – PUIL n. 0503639-05.2017.4.05.8404/RN**
>
> **Apreciando o pedido sob o regime dos representativos de controvérsia, a TNU fixou as seguintes teses:**
>
> **(i) Para os requerimentos administrativos formulados a partir de 07 de novembro de 2016** (Decreto n. 8.805/16), em que o indeferimento do Benefício da Prestação Continuada pelo INSS ocorrer em virtude do não reconhecimento da deficiência, é desnecessária a produção em juízo da prova da miserabilidade, salvo nos casos de impugnação específica e fundamentada da autarquia previdenciária ou decurso de prazo superior a 2 (dois) anos do indeferimento administrativo; e
>
> (ii) Para os requerimentos administrativos anteriores a 07 de novembro de 2016 (Decreto n. 8.805/16), em que o inde-ferimento pelo INSS do Benefício da Prestação Continuada ocorrer em virtude de não constatação da deficiência, é dis-pensável a realização em juízo da prova da miserabilidade quando tiver ocorrido o seu reconhecimento na via adminis-trativa, desde que inexista impugnação específica e fundamentada da autarquia previdenciária e não tenha decorrido prazo superior a 2 (dois) anos do indeferimento administrativo".

Para a concessão do amparo aos menores de 16 anos, deverá ser avaliada a existência da deficiência e o seu impacto na limitação do desempenho de atividade e restrição da participação social, compatível com a idade, sendo dispensável proceder à avaliação da incapacidade para o trabalho[163], haja vista a vedação constitucional que proíbe o trabalho aos menores de 16 anos, salvo na condição de aprendiz, a partir dos 14 anos[164].

De acordo com acertado entendimento da TNU, no julgamento do PEDILEF no processo 2005.80.13.506128-6, de 11.10.2010, "a partir do julgamento proferido no Processo nº 2007.83.03.50.1412-5, julgamento este proferido após o voto anterior deste Relator neste feito, ora retificado acolhendo as razões do voto-vista do juiz federal José Antônio Savaris, firmou a tese de que, em se tratando de benefício decorrente da Lei Orgânica da Assistência Social (LOAS), a incapacitação, para efeito de concessão do benefício a menor de 16 (dezesseis) anos, deve observar, além da deficiência, que implique limitação ao desempenho de atividades ou restrição na participação social, compatíveis com a idade do menor, bem como o impacto na

163. Artigo 4º, § 2º, do Decreto 6.214/07, com redação dada pelo Decreto 6.564/08.

164. Artigo 7º, XXXIII, da CRFB.

economia do grupo familiar do menor, seja por exigir a dedicação de um dos membros do grupo para seus cuidados, prejudicando a capacidade daquele grupo familiar de gerar renda".

Portanto, para que o menor de 16 anos receba o amparo assistencial, tendo em vista que o infante não poderá trabalhar em razão de sua tenra idade (salvo a partir de 14 anos na condição de aprendiz), é imprescindível que algum membro do grupo familiar deixe de laborar para cuidar dele, ou então que seja curial a contratação de terceiro para isso.

Aliás, quando o pedido for proposto por menor de idade, será obrigatória a intervenção do Ministério Público na condição de fiscal da lei, ante a presença de interesse de incapaz, conforme jurisprudência remansosa.

Outrossim, o amparo assistencial não poderá ser acumulado pelo beneficiário com qualquer outro no âmbito da seguridade social ou de outro regime, salvo o da assistência médica ou pensão especial de natureza indenizatória[165].

Uma questão que se verifica no foro previdenciário é a concessão de pensão por morte fracionada ao titular do amparo assistencial, com cota inferior a um salário mínimo, pois percebida por mais de uma dependente.

Neste caso, muito embora haja omissão legal a respeito, entende-se que é possível renunciar à cota de pensão por morte para manter o benefício assistencial, pois haveria redução de renda do beneficiário.

De acordo com o artigo 7º, da Portaria Conjunta 1/2017, o requerente do BPC poderá solicitar a cessação de benefício previdenciário para a concessão de benefício mais vantajoso, devendo ser informado de que a opção pelo recebimento de aposentadoria por idade, por tempo de contribuição e por aposentadoria especial torna-se irreversível após o recebimento do primeiro pagamento ou do saque do respectivo Fundo de Garantia do Tempo de Serviço – FGTS, Programa de Integração Social – PIS ou Programa de Formação do Patrimônio do Servidor Público – PASEP.

Ademais, a concessão do benefício de prestação continuada independerá da interdição judicial do idoso ou da pessoa com deficiência[166], ao passo que a interdição, por si só, não vinculará o INSS, haja vista as suas causas não serem exatamente idênticas aos pressupostos do benefício[167], não tendo o condão de vincular a autarquia federal previdenciária, que não foi parte no processo gracioso de interdição.

Nos termos da Súmula 22, da TNU, "se a prova pericial realizada em juízo dá conta de que a incapacidade já existia na data do requerimento administrativo, esta é o termo inicial do benefício assistencial".

Logo, caso o INSS indefira o benefício assistencial, alegando a inexistência de deficiência de longo prazo do requerente, mas a perícia judicial aponta a existência da deficiência deste a data de entrada do requerimento administrativo, a condenação judicial deverá ser retroativa à postulação administrativa.

Esse benefício não gerará gratificação natalina nem instituirá pensão por morte, tendo índole personalíssima, devendo ser revisto, pelo menos, a cada 02 anos, para ser verificada se

165. Artigo 5º, do Decreto 6.214/07, com redação dada pelo Decreto 6.564/08.
166. Artigo 18, do Decreto 6.214/07.
167. Como exemplo, o pródigo poderá ser interditado, mas tem plenas condições de trabalhar.

as condições de concessão persistem, podendo ser cassado a qualquer momento, desde que não mais satisfeitas às condições legais (caráter precário).

É muito comum que **o falecido recebesse BPC/LOAS na data do óbito** e seu dependente busque a concessão de **pensão por morte**, que, **em regra**, deve ser **indeferida** por se tratar de benefício assistencial, inexistindo previsão legal de instituição de pensão por morte.

Excepcionalmente, na hipótese de demonstração do **direito adquirido a um benefício previdenciário até o dia da morte**, é juridicamente **correta a concessão da pensão por morte** na hipótese, cabendo o ônus da prova ao dependente.

Suponha-se que José recebia BPC/LOAS desde os 65 anos de idade e que não exercia nenhuma atividade laboral e nem recolhia como segurado facultativo, tendo falecido aos 75 anos de idade sem a qualidade de segurado do RGPS.

Considere ainda que José exerceu atividade rural em regime de subsistência por mais de 180 meses até os 62 anos idade, tendo adquirido o direito à aposentadoria por idade de segurado especial aos 60 anos de idade, pois neste aniversário já possuía a carência de 15 anos.

No entanto, por desconhecimento, José requereu ao INSS somente o BPC/LOAS e não juntou documentos que atestassem a qualidade de segurado especial, impedindo o INSS de avaliar o benefício por idade na condição de segurado especial (melhor benefício).

Nesse caso, **mesmo inexistindo erro administrativo da autarquia**, considerando o direito adquirido à aposentadoria por idade do segurado especial (idade de 60 anos e carência de 180 meses implementados em conjunto), se o dependente fizer a prova adequada (autodeclaração e demais exigências legais), **é de direito a concessão da pensão por morte**.

Isto porque o fato de o segurado não inscrito no INSS como segurado especial e de não ter requerido o benefício de segurado especial e nem mesmo apresentado a documentação pertinente **não irá desconstituir o direito adquirido à aposentadoria por idade, que fará com que seja conservada a qualidade de segurado até o óbito do idoso, dando azo ao deferimento da pensão por morte.**

O caso será julgado pela TNU em representativo de controvérsia (tema 225):

Tema	**225**	**Situação do tema**	Em julgamento – eproc	**Ramo do direito**	DIREITO PREVIDENCIÁRIO
Questão submetida a julgamento		É possível a concessão de pensão por morte quando instituidor, apesar de titular de benefício assistencial, tinha direito adquirido a benefício previdenciário?			
Tese firmada		-			
Processo		**Decisão de afetação**	**Relator (a)**	**Julgado em**	**Acórdão publicado em**	**Trânsito em julgado**
PEDILEF 0029902-86.2012.4.01.3500/GO		18/09/2019	Juiz Federal Atanair Nasser Ribeiro Lopes	-	-	-

Por outro lado, não se exige na visão da TNU (Tema 10) que haja a renovação bienal do requerimento administrativo do BPC como condição para propor ação judicial:

Tema	10	Situação do tema	Julgado – TEMA 350/STF	Ramo do direito	DIREITO PREVIDENCIÁRIO
Questão submetida a julgamento		Saber se há necessidade de renovação do requerimento administrativo para concessão de benefício assistencial.			
Tese firmada		**O ajuizamento de ações visando o recebimento do benefício previsto no art. 203, V, da Constituição Federal não exige a renovação bienal do requerimento administrativo, afastada a indevida analogia ao art. 21, da Lei n. 8.742/93**. RE 914797 – DECISÃO STF: determino a devolução dos autos ao Juízo de origem para que seja observada a decisão do Supremo no precedente RE 631.240 – TEMA 350.			
Processo	**Decisão de afetação**	**Relator (a)**	**Julgado em**	**Acórdão publicado em**	**Trânsito em julgado**
PEDILEF 0504108–62.2009.4.05.8200/ PB	–	Juiz Federal Paulo Ricardo Arena Filho	02/08/2011	21/10/2011	12/09/2018

Excepcionalmente, o falecimento de idoso ou deficiente beneficiário do BPC/LOAS poderá gerar a instituição de pensão por morte no RGPS nas seguintes situações peculiares:

A) Se o INSS não concedeu o melhor benefício, tendo havido erro administrativo ao não conceder o benefício previdenciário cabível na época do requerimento administrativo, a exemplo do cabimento de aposentadoria por idade ao segurado especial idoso ou de aposentadoria incapacidade permanente do segurado deficiente;

B) Se o beneficiário do BPC/LOAS também era segurado do RGPS na data do óbito, a exemplo dos recolhimentos na condição de segurado facultativo perpetrados pelo idoso ou deficiente.

Não raro, se demonstrado com segurança o erro administrativo, plenamente cabível a conversão do BPC/LOAS em aposentadoria com o consequente deferimento da pensão por morte.

Veja-se a correta jurisprudência:

> "PREVIDENCIÁRIO. PENSÃO POR MORTE. INACUMULABILIDADE COM BENEFÍCIO DE AMPARO ASSISTENCIAL. POSSIBILIDADE DE CONVERSÃO DESTE EM APOSENTADORIA RURAL POR IDADE. JULGADO ANULADO. NECESSIDADE DE REABERTURA DA INSTRUÇÃO PROBATÓRIA. INCIDENTE PROVIDO EM PARTE. **1. O benefício de renda mensal vitalícia, instituído pela Lei nº 6.179/74 e posteriormente substituído pela Lei nº 8.742/93, é inacumulável com qualquer benefício previdenciário, ressalvado o direito à opção. 2. Havendo elementos que permitam o entendimento de pretensão de conversão de amparo assistencial em aposentadoria rural por idade, esta sim, cumulável com pensão por morte de rurícola, impõe-se a reabertura da instrução probatória, para melhor aplicação do direito à espécie.** 3. Pedido de Uniformização de Jurisprudência provido em parte" (TRU 1ª Região, processo 0031222-68.2007.4.01.3300, de 10/4/2012).

> "PREVIDENCIÁRIO. **ALEGAÇÃO DE EXISTÊNCIA DE ERRO ADMINISTRATIVO AO CONCEDER BENEFÍCIO ASSISTENCIAL DE PRESTAÇÃO CONTINUADA AO IDOSO AO PASSO QUE LHE DEVERIA TER SIDO DEFERIDO BENEFÍCIO POR INCAPACIDADE. CONCLUSÃO DE QUE A AUTORA OSTENTAVA QUALIDADE DE SEGURADO ESPECIAL (RURAL) QUANDO DA CONCESSÃO DO BENEFÍCIO ASSISTENCIAL** CONJUNTO PROBATÓRIO FAVORÁVEL À CONCESSÃO DE APOSENTADORIA POR

INVALIDEZ COM A INCIDÊNCIA DO ADICIONAL DE 25%. AUTORA DOENTE RENAL CRÔNICA. SENTENÇA DE IMPROCEDÊNCIA REFORMADA. RECURSO DA PARTE AUTORA PROVIDO PARA DETERMINAR A CONCESSÃO DA APOSENTADORIA POR INVALIDEZ COM O ADICIONAL DESDE A DATA DE CONCESSÃO EQUIVOCADA DO LOAS. PRESCRIÇÃO QUINQUENAL" (Turma Recursal de Sergipe, processo 0500375-14.2016.4.05.8501, de 27/7/2016).

De acordo com a TNU, "nada obstante se trate de benefício de natureza personalíssima, o óbito daquele que postula benefício assistencial de prestação continuada não gera a automática extinção do feito sem a resolução de seu mérito, devendo ser analisado o direito dos herdeiros ou sucessores ao recebimento dos valores residuais, compreendidos no período que vai da data do requerimento do benefício até o óbito do postulante" (informativo 9 – processo 0003238-80.2011.4.03.6318, de 14/9/2016).

No mesmo sentido o STJ:

PREVIDENCIÁRIO. RECURSO ESPECIAL. ENUNCIADO ADMINISTRATIVO 2/STJ. BENEFÍCIO ASSISTENCIAL. FALECIMENTO DO TITULAR DO BENEFÍCIO NO CURSO DO PROCESSO. HABILITAÇÃO DOS HERDEIROS PARA O RECEBIMENTOS DOS VALORES NÃO PAGOS EM VIDA. POSSIBILIDADE. ARTIGOS 20 E 21 DA LEI 8.742/1993. ARTIGO 23 DO DECRETO 6.214/2007. RECURSO ESPECIAL PROVIDO. 1. No caso de benefício assistencial de prestação continuada, previsto na Lei 8.742/1993, não obstante o seu caráter personalíssimo, eventuais créditos existentes em nome do beneficiário no momento de seu falecimento, devem ser pagos aos seus herdeiros, porquanto, já integravam o patrimônio jurídico do de cujus. Precedentes. 2. O caráter personalíssimo do benefício impede a realização de pagamentos posteriores ao óbito, mas não retira do patrimônio jurídico do seu titular as parcelas que lhe eram devidas antes de seu falecimento, e que, por questões de ordem administrativa e processual, não lhe foram pagas em momento oportuno. 3. No âmbito regulamentar, o artigo 23 do Decreto nº 6.214/2007, garante expressamente aos herdeiros ou sucessores o valor residual não recebido em vida pelo beneficiário, 4. Portanto, no caso de falecimento do beneficiário no curso do processo em que ficou reconhecido o direito ao benefício assistencial, é possível a habilitação de herdeiros do beneficiário da assistencial social, para o recebimento dos valores não recebidos em vida pelo titular (REsp 1568117, 2ª Turma, de 21/3/2017).

É certo que o INSS não poderá descumprir a coisa julgada, mas é igualmente certo que a coisa julgada submete-se à cláusula *rebus sic stantibus*, pois a alteração fática permite a revisão administrativa pelo INSS nos casos de elevação da renda familiar e da cessação da deficiência.

Nesse sentido, a atual posição do STJ:

Informativo 536– "DIREITO PREVIDENCIÁRIO. PRINCÍPIO DO PARALELISMO DAS FORMAS NA REVISÃO DE BENEFÍCIO ASSISTENCIAL.

O INSS pode suspender ou cancelar benefício de prestação continuada concedido judicialmente, desde que conceda administrativamente o contraditório e a ampla defesa ao beneficiário, não se aplicando o princípio do paralelismo das formas. O STJ, por meio da Sexta Turma, aplicou o entendimento de que era necessário respeitar o princípio do paralelismo das formas, ou seja, concedido o benefício por meio de decisão judicial, somente por outra decisão judicial seria possível a autarquia fazer a revisão para suspender ou cancelar o benefício, nos termos do art. 471, I, do CPC (REsp 1.201.503-RS, DJe 26/11/2012). No entanto, esse princípio não é de observância obrigatória, devendo-se impedir, entretanto, o cancelamento ou suspensão unilateral do benefício por parte da autarquia, sem dar oportunidade ao beneficiário de apresentar provas que entender necessárias. Efetivamente, não se exige o paralelismo de formas por três motivos: 1) a legislação previdenciária, que é muito prolixa, não faz essa exigência, não podendo o Poder Judiciário exigir ou criar obstáculos à autarquia não previstos em lei; 2) foge da razoabilidade e proporcionalidade, uma vez que, por meio do processo administrativo, respeitando-se o devido processo legal, o contraditório e a ampla defesa, é possível extrair elementos suficientes para apurar a veracidade ou não dos argumentos para a suspensão ou cancelamento do benefício, o que não impede posterior revisão judicial; 3) a grande maioria dos benefícios sociais concedidos pela Lei Orgânica da Assistência Social (Lei 8.742/1993) são deferidos por meio de decisão judicial, o que acarretaria excessiva demanda judicial, afetando em demasia o Poder Judiciário, bem como o departamento jurídico da autarquia, além da necessidade de defesa técnica, contratada pelo cidadão, sempre que houver motivos para a revisão do benefício. Precedente citado do STJ: AgRg no Ag 1.105.324-BA, Quinta Turma, DJe 17/8/2009. Precedente citado do STF: RE 469.657 AgR, Segunda Turma, DJe 13/8/2012". **REsp 1.429.976-CE, Rel. Min. Humberto Martins, julgado em 18/2/2014.**

Entretanto, a cessação do benefício de prestação continuada concedido à pessoa com deficiência não impede nova concessão do benefício, desde que atendidos os requisitos definidos em regulamento.

De seu turno, conforme previsto no artigo 21-A, da Lei 8.742/93, inserido pela Lei 12.470/2011, o benefício de prestação continuada será suspenso pelo órgão concedente quando a pessoa com deficiência exercer atividade remunerada, inclusive na condição de microempreendedor individual.

Contudo, uma vez extinta a relação trabalhista ou a atividade empreendedora referida e, quando for o caso, encerrado o prazo de pagamento do seguro-desemprego e não tendo o beneficiário adquirido direito a qualquer benefício previdenciário, poderá ser requerida a continuidade do pagamento do benefício suspenso, sem necessidade de realização de perícia médica ou reavaliação da deficiência e do grau de incapacidade para esse fim, desde que respeitado o prazo da revisão bienal.

De acordo com o Regulamento, o cumprimento de pena em regime semiaberto ou aberto, na forma da legislação específica, não prejudicam o direito da pessoa com deficiência ou do idoso ao BPC, bem como fazem jus ao benefício os adolescentes com deficiência em cumprimento de medida socioeducativa, desde que estejam em regime de semiliberdade, liberdade assistida, ou outra medida em meio aberto, e atendam aos requisitos do BPC[168].

No entanto, **o Regulamento prevê que o recluso em regime fechado, tendo sido proferida sentença ou não, não faz jus ao BPC**, enquanto estiver nesta condição.[169]

Muito embora a Lei 8.742/1993 não preveja expressamente o cumprimento de pena em regime fechado, mesmo que ainda sem condenação final, como causa de cancelamento do benefício assistencial, entende-se pela sua razoabilidade e previsão legal implícita, vez que o Estado assume a obrigação de prover a necessidades básicas do detento.

Nesse sentido, o TRF da 3ª Região acolheu tacitamente o entendimento regulamentar, pois limitou o pagamento do benefício assistencial à data da segregação prisional:

"ASSISTENCIAL E CONSTITUCIONAL. AGRAVO LEGAL. ART. 557, § 1º, DO CPC. BENEFÍCIO DE ASSISTÊNCIA SOCIAL. ART. 203, V, DA CF. RENDA FAMILIAR PER

168. Art. 12, da Portaria Conjunta MDS nº 3 de 21/09/2018.
169. Art. 12, § 1º, da Portaria Conjunta 1/2017.

CAPITA. ART. 20, § 3º, DA LEI N.º 8.742/93. REQUISITOS LEGAIS PREENCHIDOS ATÉ A DATA EM QUE O AUTOR FOI RECOLHIDO À PRISÃO. 1. Para a concessão do benefício de assistência social (LOAS) faz-se necessário o preenchimento dos seguintes requisitos: 1) ser pessoa portadora de deficiência ou idoso com 65 (sessenta e cinco) anos ou mais (art. 34 do Estatuto do Idoso – Lei n.º 10.741 de 01.10.2003); 2) não possuir meios de subsistência próprios ou de tê-la provida por sua família, cuja renda mensal per capita seja inferior a ¼ do salário mínimo (art. 203, V, da CF; art. 20, § 3º, e art. 38 da Lei n.º 8.742 de 07.12.1993). **2. Reconhecido o direito ao benefício assistencial postulado desde a data da citação (03.05.2004 – fl. 26 vº) até a data em que o Autor foi recolhido à prisão (25.11.2005),** consoante informação fornecida pela Secretaria de Administração Penitenciária– fls. 169/170. 3. Agravo Legal a que se nega provimento" (AC 1205842, de 13/02/2012).

Apenas é previsto no Decreto 6.214/07 que é devido o Benefício de Prestação Continuada ao brasileiro, naturalizado ou nato, que comprove domicílio e residência no Brasil e atenda a todos os demais critérios estabelecidos neste Regulamento.

Outrossim, a partir de 1º de maio de 2013, em razão do Acordo Adicional que alterou o Acordo de Seguridade Social ou Segurança Social entre a República Federativa do Brasil e a República Portuguesa, é devida a concessão do BPC a pessoa com deficiência ou pessoa idosa de **nacionalidade portuguesa**, que comprovem domicílio e residência no território brasileiro[170].

De acordo com o Decreto 8.805/2016, "o Benefício de Prestação Continuada é devido ao brasileiro, nato ou naturalizado, e às pessoas de nacionalidade portuguesa, em consonância com o disposto no Decreto nº 7.999, de 8 de maio de 2013, desde que comprovem, em qualquer dos casos, residência no Brasil e atendam a todos os demais critérios estabelecidos neste Regulamento".

A Lei 8.742/93 não trata da concessão do BPC/LOAS aos estrangeiros, que têm o benefício negado pelo INSS, salvo o português equiparado em razão de tratado. Mas a posição do INSS foi rejeitada no STF, que estendeu o benefício aos estrangeiros residentes.

Informativo 861 – Os estrangeiros residentes no País são beneficiários da assistência social prevista no art. 203, V, da Constituição Federal (CF), uma vez atendidos os requisitos constitucionais e legais.

Com base nessa orientação, o Plenário negou provimento a recurso extraordinário em que discutida a concessão de benefício assistencial a estrangeiros residentes no Brasil.

Inicialmente, o Plenário registrou que o caso envolve os preceitos relativos à dignidade humana, à solidariedade social, à erradicação da pobreza e à assistência aos desamparados, os quais fornecem base para interpretação adequada do benefício assistencial estampado na Constituição Federal (CF).

Observou, com base em doutrina, que o substrato do conceito de dignidade humana pode ser decomposto em três elementos: a) valor intrínseco, b) autonomia e c) valor comunitário.

Como "valor intrínseco", a dignidade requer o reconhecimento de que cada indivíduo é um fim em si mesmo. Impede-se, de um lado, a funcionalização do indivíduo e, de outro, afirma-se o valor de cada ser humano, independentemente das escolhas, situação pessoal ou origem. Deixar desamparado um ser humano desprovido dos meios materiais para garantir o próprio sustento, haja vista a situação de idade avançada ou deficiência, representaria expressa desconsideração do mencionado valor.

Como "autonomia", a dignidade protege o conjunto de decisões e atitudes relacionado especificamente à vida de certo indivíduo. Para que determinada pessoa possa mobilizar a própria razão em busca da construção de um ideal de vida boa, é fundamental que lhe sejam fornecidas condições

170. Art. 3º, § 2º, da Portaria Conjunta SNAS/SPPS/INSS nº 2/2014.

materiais mínimas. Nesse aspecto, a previsão do art. 203, V, da CF também opera em suporte dessa concepção de vida digna, cabendo ao Estado brasileiro dar essa sustentação até mesmo ao não nacional. Realçou que a ideia maior de solidariedade social constitui princípio da CF.

No mais, ponderou que o estrangeiro residente no País, inserido na comunidade, participa do esforço mútuo, na construção de um propósito comum. Esse laço de irmandade, fruto, para alguns, do fortuito e, para outros, do destino, faz-nos, de algum modo, responsáveis pelo bem de todos, até mesmo daqueles que adotaram o Brasil como novo lar e fundaram seus alicerces pessoais e sociais nesta terra. Ao lado dos povos indígenas, o País foi formado por imigrantes, em sua maioria europeus, os quais fomentaram o desenvolvimento da nação e contribuíram sobremaneira para a criação e a consolidação da cultura brasileira. Desde a criação da nação brasileira, a presença do estrangeiro no País foi incentivada e tolerada. Não seria coerente com a história estabelecer diferenciação tão somente pela nacionalidade, especialmente quando a dignidade está em xeque em momento de fragilidade do ser humano — idade avançada ou algum tipo de deficiência.

Consignou que o constituinte instituiu a obrigação do Estado de prover assistência aos desamparados, sem distinção. Com base no art. 6º da CF, os Poderes Públicos devem efetivar políticas para remediar, ainda que minimamente, a situação precária daqueles que acabaram relegados a essa condição, sem ressalva em relação ao não nacional. Nesse ponto, ressaltou que, pelo contrário, o art. 5º, "caput", da CF estampa o princípio da igualdade e a necessidade de tratamento isonômico entre brasileiros e estrangeiros residentes no País.

Asseverou que a óptica veiculada na regra infralegal (Lei 8.742/1993), ao silenciar quanto aos estrangeiros residentes no País, não se sobrepõe à revelada na CF, que estabeleceu, sem restringir os beneficiários somente aos brasileiros natos ou naturalizados, que "a assistência social será prestada a quem dela necessitar".

A Corte afirmou que, ao delegar ao legislador ordinário a regulamentação do benefício, a CF o fez apenas quanto à forma de comprovação da renda e das condições específicas de idoso ou portador de necessidades especiais hipossuficiente. Dessa forma, não houve delegação relativamente à definição dos beneficiários, já estabelecida. No confronto de visões, deve, portanto, prevalecer aquela que melhor concretiza o princípio constitucional da dignidade humana, cuja observância surge prioritária no ordenamento jurídico.

Ressaltou que o orçamento, embora seja peça essencial nas sociedades contemporâneas, não tem valor absoluto. A natureza multifária do orçamento abre espaço à atividade assistencial, que se mostra de importância superlativa no texto da CF. No ponto, registrou não terem sido apresentadas provas técnicas da indisponibilidade financeira e do suposto impacto para os cofres públicos nem de prejuízo para os brasileiros natos e naturalizados.

Por fim, concluiu ser descabido o argumento de pertinência do princípio da reciprocidade, ou seja, arguir que o benefício somente poderia ser concedido a estrangeiro originário de país com o qual o Brasil tenha firmado acordo internacional e que preveja a cobertura da assistência social a brasileiro que esteja em seu território. Apesar de a reciprocidade permear a CF, não é regra absoluta quanto ao tratamento dos não nacionais. O Sistema Único de Saúde (SUS) é regido pelo princípio da universalidade a tutelar a saúde, direito fundamental do ser humano. Assim, ao ingressar no território brasileiro, o estrangeiro tem direito a atendimento médico pelo SUS, caso precise de assistência de urgência, sem necessidade de reciprocidade para garantir tal suporte.

Em suma, **somente o estrangeiro com residência fixa no País pode ser auxiliado com o benefício assistencial**, pois, inserido na sociedade, contribui para a construção de melhor situação social e econômica da coletividade. **Somente o estrangeiro em situação regular no País, residente, idoso ou portador de necessidades especiais, hipossuficiente em si mesmo e presente a família pode se dizer beneficiário da assistência em exame.** Nessa linha de ideias, os estrangeiros em situação diversa não alcançam a assistência, haja vista o não atendimento às leis brasileiras, fato que, por si só, demonstra a ausência de noção de coletividade e de solidariedade a justificar a tutela do Estado. **RE 587970/SP, rel. Min. Marco Aurélio, julgamento em 19 e 20.4.2017. (RE-587970)**

Veja-se que para a concessão do BPC/LOAS ao estrangeiro exige-se a **residência fixa no país e a regularização da sua situação (concessão de visto).**

Apesar de ser um benefício assistencial, é gerido pelo Instituto Nacional do Seguro Social – INSS, por questões de otimização administrativa, competindo à União arcar com o seu pagamento, conforme previsto no artigo 29, parágrafo único, da Lei 8.742/93.

No caso das lides judiciais, o STJ vem reconhecendo a legitimidade passiva exclusiva do INSS, não devendo a União ser ré no processo:

> "AGRAVO REGIMENTAL EM RECURSO ESPECIAL. PREVIDENCIÁRIO. ASSISTÊNCIA SOCIAL. BENEFÍCIO DE PRESTAÇÃO CONTINUADA. **UNIÃO. ILEGITIMIDADE.**
>
> 1. **"O benefício de prestação continuada previsto no artigo 203 da Constituição da República, regulamentado pela Lei nº 8.742/93, muito embora não dependa de recolhimento de contribuições mensais, deverá ser executado e mantido pela Previdência Social, que tem legitimidade para tal mister.**" (REsp 308.711/SP, da minha Relatoria, in DJ 10/3/2003)" (AgRg no REsp 735.447, de 29.08.2005).

Por fim, da decisão de indeferimento do requerimento pelo INSS podem os interessados interpor recurso ordinário às Juntas de Recursos do Conselho de Recursos da Previdência Social – JR/CRPS no prazo de 30 (trinta) dias contados da data da ciência da decisão.

16. BENEFÍCIO ASSISTENCIAL DE SALÁRIO MÍNIMO DO TRABALHADOR AVULSO PORTUÁRIO

O artigo 73, da Lei 12.815/2013, assegurou, na forma do regulamento, um benefício assistencial mensal, de **até 1 (um) salário mínimo**, aos trabalhadores portuários avulsos, com mais de **60 (sessenta) anos**, que não cumprirem os requisitos para a aquisição das modalidades de aposentadoria previstas nos arts. 42 (invalidez), 48 (idade), 52 (tempo de contribuição) e 57 (especial) da Lei 8.213, de 24 de julho de 1991, e que não possuam meios para prover a sua subsistência, não podendo ser acumulado pelo beneficiário com qualquer outro no âmbito da seguridade social ou de outro regime, salvo os da assistência médica e da pensão especial de natureza indenizatória.

O benefício assistencial do trabalhador avulso teve a sua renda fixada em um salário mínimo, **cabendo ao INSS o processamento e pagamento deste benefício assistencial**, desde que o trabalhador avulso não tenha adquirido o direito a alguma modalidade de aposentadoria no Regime Geral de Previdência Social e possua a idade mínima de 60 anos de idade.

De seu turno, considera-se **trabalhador portuário avulso**, para fins do *caput*, aquele que possui domicílio no Brasil e cadastro ativo ou registro ativo junto ao OGMO – Órgão Gestor de Mão de Obra do Trabalho Portuário Avulso.

Demais disso, a **ausência de meios para prover a subsistência** é caracterizada pela renda média auferida pelo trabalhador portuário avulso nos últimos doze meses anteriores ao requerimento, no valor inferior a um salário mínimo mensal.

Desta forma, é necessário levantar a renda mensal do último ano de trabalho do avulso para aferir a sua miserabilidade, sendo devido o benefício em tela se for inferior a um salário mínimo, inclusive o décimo terceiro salário, se houver.

É ainda necessário possuir domicílio no Brasil e cumprir os seguintes requisitos normativos:

> **I – quinze anos, no mínimo, de cadastro ou registro ativo como trabalhador portuário avulso;**
>
> **II – comparecimento, no mínimo, a oitenta por cento das chamadas realizadas pelo respectivo órgão de gestão de mão de obra; e**
>
> **III – comparecimento, no mínimo, a oitenta por cento dos turnos de trabalho para os quais tenha sido escalado no período.**

A comprovação dos três requisitos acima referidos será realizada por meio de certidão emitida pelo Órgão Gestor de Mão de Obra e deverá ser fornecida em duas vias, em papel timbrado da entidade, com numeração sequencial controlada e ininterrupta, e conter as seguintes informações:

> I – identificação e qualificação pessoal do requerente: nome, data de nascimento, filiação, Carteira de Identidade ou Carteira Profissional, CPF, título de eleitor e endereço;
>
> II – número e data do Registro ou Cadastro no OGMO;
>
> III – percentual de comparecimento às chamadas e aos turnos de trabalho;
>
> IV – identificação da entidade: CNPJ e endereço; e
>
> V – identificação e qualificação pessoal do emissor: nome, carteira de identidade, CPF, assinatura e cargo/função.

Considerando que para os homens a aposentadoria por idade é deferida aos 65 anos de idade e com 15 anos de carência, é bastante plausível que o trabalhador avulso portuário do sexo masculino possa receber este benefício assistencial entre os 60 e até adquirir o direito à aposentadoria por idade aos 65 anos. O pagamento do benefício assistencial será suspenso quando identificada irregularidade na sua concessão ou manutenção, observados os procedimentos previstos para os benefícios do Regime Geral de Previdência Social, sem prejuízo do direito do interessado de apresentar, no prazo legal, defesa escrita, provas e documentos que dispuser, bem como ter vista do processo administrativo.

O benefício assistencial do trabalhador avulso deverá ser revisto a cada ano para avaliação do critério referente à subsistência do beneficiário, apurando-se a média da renda do beneficiário nos 12 últimos meses anteriores à competência da revisão, com base nas informações constantes nos sistemas coorporativos da previdência social, sendo cessado na data da revisão quando verificado o não atendimento ao critério referente à subsistência.

Por sua vez, os rendimentos advindos do trabalho do beneficiário entre a data do início do benefício e a data da revisão anual, somente caracterizarão superação das condições se a renda média mensal individual for igual ou superior ao valor do salário mínimo.

No entanto, o valor do benefício não será computado no cálculo da renda mensal para fins de apuração do critério de renda elegível ao benefício.

Este benefício não gera gratificação de Natal e por não se tratar de benefício previdenciário não gera pensão por morte.

Da decisão de indeferimento ou de cessação do benefício cabe recurso ao Conselho de Recursos da Previdência Social, no prazo de trinta dias, a contar do recebimento da comunicação.

Com o advento da Lei 13.341/2016, o Conselho de Recursos da Previdência Social passou a se chamar Conselho de Recursos do Seguro Social.

17. SEGURO-DESEMPREGO

De acordo com o artigo 7º, inciso II, da Constituição Federal de 1988, é direito social do trabalhador o seguro-desemprego, em caso de desemprego involuntário, sendo ainda previsto no artigo 201, inciso III, da Constituição Federal, a proteção ao trabalhador em situação de desemprego involuntário como risco social a ser coberto pelo Regime Geral de Previdência Social.

Entrementes, o legislador ordinário trilhou outro caminho ao excluir expressamente a cobertura do desemprego involuntário do RGPS, a teor do artigo 9º, § 1º, da Lei 8.213/91[171].

Deveras, o seguro-desemprego deveria ser, mas não é benefício previdenciário, pois não previsto no Plano de Benefícios da Previdência Social[172], sendo pago pelo extinto Ministério do Trabalho (com a extinção do Ministério do Trabalho, desde 2019 o Ministério da Economia assumiu a área trabalhista, tendo sido criada uma Secretaria Especial de Previdência e Trabalho), com recursos do Fundo de Amparo ao Trabalhador – FAT.

Conquanto se trate de tema polêmico, entende-se que o seguro-desemprego deve ser enquadrado como benefício assistencial, tendo em conta inexistir contribuição direta dos seus beneficiários.

Ademais, não poderá ser enquadrado como benefício previdenciário por não ter previsão na Lei 8.213/91, bem como não ser custeado pelas contribuições previdenciárias, tendo em conta o caráter contributivo que marca a previdência social no Brasil.

Por outro lado, conquanto divergente do posicionamento sustentado nesta obra, deve ser registrada a posição da Consultoria Jurídica do extinto Ministério do Trabalho, através do Parecer CONJUR/MTE 256/2010, que reconheceu a natureza previdenciária do seguro-desemprego.

Abaixo se colaciona uma passagem do referido ato consultivo do mencionado órgão da AGU:

> "II. C) Natureza Jurídica do Seguro-Desemprego
>
> 15. Há quem entenda que o Seguro-Desemprego tenha caráter assistencial, especialmente quando se analisa a hipótese do Seguro-Desemprego do pescador artesanal.
>
> 16. Tais posicionamentos, contudo, não são suficientes para descaracterizar o entendimento majoritário de que o Seguro-Desemprego tem natureza jurídica de benefício previdenciário, como será a seguir enfrentado.
>
> 17. Por primeiro, deve-se considerar que o benefício do Seguro-Desemprego foi criado com o objetivo de conceder assistência financeira temporária ao trabalhador demitido sem justa-causa, de forma a possibilitar o sustento do trabalhador e de sua família. É, assim, um benefício que visa a proteger a situação de desemprego involuntário, um infortúnio na vida de um cidadão que pode causar graves desequilíbrios sociais.

171. § 1º O Regime Geral de Previdência Social – RGPS garante a cobertura de todas as situações expressas no art. 1º desta Lei, exceto as de desemprego involuntário, objeto de lei específica, e de aposentadoria por tempo de contribuição para o trabalhador de que trata o § 2º do art. 21 da Lei nº 8.212, de 24 de julho de 1991.

172. (TRF 5ª Região/Juiz Federal/2006) Marcelo trabalha para a pessoa jurídica Alfa, exercendo o cargo de auxiliar administrativo. Em 10/2/2006, Marcelo teve seu contrato individual de trabalho com a empresa Alfa rescindido. Nessa situação, por sua condição de segurado obrigatório da previdência social, Marcelo terá direito ao benefício previdenciário denominado seguro desemprego. Gabarito: Errada.

18. Assim, por essas características, não se pode negar a natureza previdenciária do benefício. Não por outra razão o próprio poder constituinte em homenagem ao princípio da eletividade (art.194, parágrafo único, inc. III,, CF) elegeu o desemprego involuntário como hipótese de proteção previdenciária (art. 201, III, CF). Portanto, somente pela análise de sua tipologia constitucional, poder-se-ia afirmar que se trata de um benefício previdenciário.

19. Observa-se que também no campo infra-constitucional, o Seguro-Desemprego é tratado como benefício previdenciário.

20. Assim, a Lei nº 8.213, de 24 de julho de 1991, que dispõe sobre os Planos de Benefícios da Previdência Social e dá outras providências, em seu art. 1º, expressamente prevê a instituição de benefício que ampare o beneficiário da situação de desemprego involuntário.

21. Não se quer aqui afirmar que o Seguro-Desemprego integra o Regime Geral da previdência Social, até porque o art. 9º, § 1º da Lei nº 8.213/917 expressamente o excluí desse regime. Contudo, esse aspecto, por si só, não afasta a natureza previdenciária do benefício.

22. Como já dito, o Seguro-Desemprego é tratado em legislação própria, que apenas confirma a natureza previdenciária do benefício. Assim, a Lei nº 7.998/90, em seus arts.10 e 22, expressamente prevê a criação do Fundo de Amparo ao Trabalhador – FAT que custeará o benefício do Seguro--Desemprego, estabelecendo que seus recursos integrarão o orçamento da seguridade social.

23. Portanto, embora custeado por recursos do FAT, vinculado ao Ministério do Trabalho e Emprego, o Seguro-Desemprego não perde sua natureza previdenciária.

24. Por certo, a questão administrativo-financeira do benefício apenas confirma que ele não pertence ao Regime Geral de Previdência Social, mas não é determinante para a fixação de sua natureza".

No entanto, por força da **MP 905/2019**, o seguro-desemprego foi citado expressamente como **benefício previdenciário** na nova redação do artigo 28, § 9º, letra A, da Lei 8.212/91. Isso deu a entender que a legislação se inclinou por considerá-lo benefício previdenciário. **Mas a MP 905/2019 foi expressamente revogada pela MP 955/2020.**

Por sua vez, a Secretaria Especial de Previdência e Trabalho do Ministério da Economia fica obrigada a reter as contribuições dos beneficiários do Seguro-Desemprego (e seguro-defeso) e recolhê-las ao Fundo do Regime Geral de Previdência Social.

Com propriedade, a Lei 7.998/90 aprovou o Programa do Seguro-Desemprego, alterada pela Medida Provisória 2.164-41/01 e pela Lei 10.608/02, que objetiva prover assistência financeira temporária ao trabalhador desempregado em virtude de dispensa sem justa causa, inclusive a indireta, e ao trabalhador comprovadamente resgatado de regime de trabalho forçado ou da condição análoga à de escravo, assim como auxiliar os trabalhadores na busca ou preservação do emprego, promovendo, para tanto, ações integradas de orientação, recolocação e qualificação profissional.

De seu turno, a Lei 8.900/94 aumentou o número de parcelas a serem pagas, enquanto a Lei 10.208/2001 estendeu o benefício aos empregados domésticos e a Lei 10.779/03 aos pescadores artesanais.

No entanto, outra norma alterou de maneira substancial o seguro-desemprego. Trata-se da Lei 13.134/2015, fruto de conversão da Medida Provisória 665, de 30 de dezembro de 2014, que produziu modificações na Lei 7.998/90 e 10.779/03.

De acordo com a TNU, "os requerimentos para concessão de seguro-desemprego formulados durante a vigência da Medida Provisória n. 665/2014 devem ser analisados de acordo com os critérios definidos no referido diploma legal, sendo descabida a aplicação retroativa dos critérios mais brandos da Lei de conversão n. 13.134/2015, em respeito à preservação dos princípios da segurança jurídica e do Estado de Direito através da estabilização das alterações legislativas" (Informativo 23/2018 – Processo n. 5002621-03.2015.4.04.7212).

Posteriormente, restou consignada a tese em representativo de controvérsia:

> REPRESENTATIVO DE CONTROVÉRSIA – DEFINIÇÃO DE TESE – TEMA N. 186 – PUIL n. 5004956-73.2016.4.04.7110/RS – "Apreciando o pedido sob o regime dos representativos de controvérsia, a TNU fixou a seguinte tese: Os requerimentos para concessão de seguro-desemprego, cuja dispensa sem justa causa tenha ocorrido entre 30/12/2014 e 16/06/2015 período de vigência da Medida Provisória n. 665/2014 – devem ser analisados de acordo com os requisitos definidos pela referida medida provisória".

Assim, são beneficiários do seguro-desemprego:

- **Trabalhador despedido sem justa causa ou indiretamente** (é a que ocorre quando o empregado solicita judicialmente a dispensa do trabalho, alegando que o empregador não está cumprindo as disposições do contrato);
- **Trabalhador que estiver com o contrato de trabalho suspenso em virtude de participação em curso ou programa de qualificação profissional oferecido pelo empregador, em conformidade com o disposto em convenção ou acordo coletivo celebrado para este fim** *(seguro-desemprego como bolsa de qualificação);*
- **Pescador profissional que exerça sua atividade de forma artesanal**, individualmente ou em regime de economia familiar, ainda que com o auxílio eventual de parceiros, que teve suas atividades paralisadas no período de defeso *(seguro-defeso);*
- O **empregado doméstico dispensado sem justa causa**, a partir de maior de 2001, **inscrito no Fundo de Garantia do Tempo de Serviço – FGTS**;
- **Trabalhador comprovadamente resgatado de regime de trabalho forçado ou da condição análoga à de escravo**, a partir de 20 de dezembro de 2002.

Por força da Lei 12.513/2011, a União poderá condicionar o recebimento da assistência financeira do Programa de Seguro-Desemprego à comprovação da matrícula e da frequência do trabalhador segurado em curso de formação inicial e continuada ou qualificação profissional, com carga horária mínima de 160 horas.

A partir de 1º de julho de 1994, entrou em vigor a Lei n.º 8.900, de 30 de junho de 1994, que estabeleceu novos critérios diferenciados para a concessão de parcelas do benefício, que foram alterados pela Lei 13.134/2015 para restringi-lo, quais sejam:

> **I** – ter recebido salários de pessoa jurídica ou de pessoa física a ela equiparada, relativos a:
>
> a) pelo menos 12 (doze) meses nos últimos 18 (dezoito) meses imediatamente anteriores à data de dispensa, quando da **primeira solicitação**;
>
> b) pelo menos 9 (nove) meses nos últimos 12 (doze) meses imediatamente anteriores à data de dispensa, quando da **segunda solicitação**; e
>
> c) cada um dos 6 (seis) meses imediatamente anteriores à data de dispensa, quando das **demais solicitações**.
>
> **II** – não estar em gozo de qualquer benefício previdenciário de prestação continuada, previsto no Regulamento dos Benefícios da Previdência Social, excetuado o auxílio-acidente e o auxílio suplementar previstos na Lei nº 6.367, de 19 de outubro de 1976, bem como o abono de permanência em serviço previsto na Lei nº 5.890, de 8 de junho de 1973;

III – não estar em gozo do auxílio-desemprego; e

IV – não possuir renda própria de qualquer natureza suficiente à sua manutenção e de sua família.

V – matrícula e frequência, quando aplicável, nos termos do regulamento, em curso de formação inicial e continuada ou de qualificação profissional habilitado pelo Ministério da Educação, nos termos do art. 18 da Lei no 12.513, de 26 de outubro de 2011, ofertado por meio da Bolsa-Formação Trabalhador concedida no âmbito do Programa Nacional de Acesso ao Ensino Técnico e Emprego (Pronatec), instituído pela Lei no 12.513, de 26 de outubro de 2011, ou de vagas gratuitas na rede de educação profissional e tecnológica.

Por força da Lei Complementar 155/2016, o registro como Microempreendedor Individual não comprovará renda própria suficiente à manutenção da família, exceto se demonstrado na declaração anual simplificada da microempresa individual.

Por força do artigo 124, parágrafo único, da Lei 8213/91, é permitido o recebimento conjunto do seguro-desemprego com o auxílio-acidente e a pensão por morte. Considerando que as regras da pensão por morte se comunicam ao auxílio-reclusão, o artigo 167, § 2º, do Decreto 3.048/99, permite a acumulação do seguro-desemprego com o auxílio-reclusão.

O benefício do seguro-desemprego será concedido ao trabalhador desempregado, por período máximo variável de 3 (três) a 5 (cinco) meses, de forma contínua ou alternada, a cada período aquisitivo, contados da data de dispensa que deu origem à última habilitação, cuja duração será definida pelo Conselho Deliberativo do Fundo de Amparo ao Trabalhador (Codefat).

Eis o número de parcelas, que irá variar de acordo com a ordem de solicitação e o período de vínculo de emprego[173]:

I – para a primeira solicitação:

a) 4 (quatro) parcelas, se o trabalhador comprovar vínculo empregatício com pessoa jurídica ou pessoa física a ela equiparada de, no mínimo, 12 (doze) meses e, no máximo, 23 (vinte e três) meses, no período de referência; ou

b) 5 (cinco) parcelas, se o trabalhador comprovar vínculo empregatício com pessoa jurídica ou pessoa física a ela equiparada de, no mínimo, 24 (vinte e quatro) meses, no período de referência;

II – para a segunda solicitação:

a) 3 (três) parcelas, se o trabalhador comprovar vínculo empregatício com pessoa jurídica ou pessoa física a ela equiparada de, no mínimo, 9 (nove) meses e, no máximo, 11 (onze) meses, no período de referência;

b) 4 (quatro) parcelas, se o trabalhador comprovar vínculo empregatício com pessoa jurídica ou pessoa física a ela equiparada de, no mínimo, 12 (doze) meses e, no máximo, 23 (vinte e três) meses, no período de referência; ou

c) 5 (cinco) parcelas, se o trabalhador comprovar vínculo empregatício com pessoa jurídica ou pessoa física a ela equiparada de, no mínimo, 24 (vinte e quatro) meses, no período de referência;

III – a partir da terceira solicitação:

a) 3 (três) parcelas, se o trabalhador comprovar vínculo empregatício com pessoa jurídica ou pessoa física a ela equiparada de, no mínimo, 6 (seis) meses e, no máximo, 11 (onze) meses, no período de referência; (Incluído pela Lei nº 13.134, de 2015)

173. A fração igual ou superior a 15 (quinze) dias de trabalho será havida como mês integral.

b) 4 (quatro) parcelas, se o trabalhador comprovar vínculo empregatício com pessoa jurídica ou pessoa física a ela equiparada de, no mínimo, 12 (doze) meses e, no máximo, 23 (vinte e três) meses, no período de referência; ou (Incluído pela Lei nº 13.134, de 2015)

c) 5 (cinco) parcelas, se o trabalhador comprovar vínculo empregatício com pessoa jurídica ou pessoa física a ela equiparada de, no mínimo, 24 (vinte e quatro) meses, no período de referência.

Entretanto, há um regramento específico para os seguintes beneficiários:

- Empregado doméstico: serão, no máximo, 03 parcelas;
- Pescador artesanal: a quantidade de parcelas dependerá do período anual do defeso, que é variável, sendo fixado pelos órgãos ambientais;
- Trabalhador comprovadamente resgatado de regime de trabalho forçado ou da condição análoga à de escravo: serão até 03 parcelas mensais.

De acordo com o artigo 26, da Lei Complementar 150/2015, o empregado doméstico que for dispensado sem justa causa fará jus ao benefício do seguro-desemprego, no valor de um salário-mínimo, por período máximo de três meses, de forma contínua ou alternada, sendo concedido ao empregado nos termos do regulamento do Conselho Deliberativo do Fundo de Amparo ao Trabalhador (Codefat).

São causas de cancelamento do seguro-desemprego para o empregado doméstico:

I – pela recusa, por parte do trabalhador desempregado, de outro emprego condizente com sua qualificação registrada ou declarada e com sua remuneração anterior;

II – por comprovação de falsidade na prestação das informações necessárias à habilitação;

III – por comprovação de fraude visando à percepção indevida do benefício do seguro-desemprego; ou

IV – por morte do segurado.

Para se habilitar ao benefício do seguro-desemprego, o trabalhador doméstico deverá apresentar ao órgão competente do Ministério da Economia (com a extinção do Ministério do Trabalho, desde 2019 o Ministério da Economia assumiu a área trabalhista, tendo sido criada uma Secretaria Especial de Previdência e Trabalho):

I – Carteira de Trabalho e Previdência Social, na qual deverão constar a anotação do contrato de trabalho doméstico e a data de dispensa, de modo a comprovar o vínculo empregatício, como empregado doméstico, durante pelo menos 15 (quinze) meses nos últimos 24 (vinte e quatro) meses;

II – termo de rescisão do contrato de trabalho;

III – declaração de que não está em gozo de benefício de prestação continuada da Previdência Social, exceto auxílio-acidente e pensão por morte; e

IV – declaração de que não possui renda própria de qualquer natureza suficiente à sua manutenção e de sua família.

Por sua vez, o seguro-desemprego deverá ser requerido de 7 (sete) a 90 (noventa) dias contados pelo empregado doméstico da data de dispensa.

O **trabalhador resgatado** deverá comprovar:

I – Ter sido comprovadamente resgatado de regime de trabalho forçado ou da condição análoga à de escravo;

II – Não estar recebendo nenhum benefício da Previdência Social, exceto auxílio-acidente e pensão por morte;

III – Não possui renda própria para seu sustento e de sua família.

Para o empregado doméstico, o pescador artesanal e o resgatado o valor de cada parcela será de um salário mínimo. Já para o segurado empregado deverá ser calculado o salário médio dos últimos três meses e aplicada a tabela abaixo[174]:

Faixas de Salário Médio	Valor da Parcela
Até R$ 1.599,61	Multiplica-se salário médio por 0.8 (80%)
De R$ 1.599,62 até R$ 2.666,29	O que exceder a R$ 1.599,61 multiplica-se por 0.5 (50%) e soma-se a R$ 1.279,69
Acima de R$ 2.666,29	O valor da parcela será de R$ 1.813,03 invariavelmente

O benefício será **suspenso** nas seguintes hipóteses: admissão do trabalhador em novo emprego; início de percepção de benefício de prestação continuada da Previdência Social, exceto o auxílio-acidente e pensão por morte; início de percepção de auxílio-desemprego.

Será **cancelado** o seguro-desemprego caso haja recusa, por parte do trabalhador desempregado, de outro emprego condizente com sua qualificação e remuneração anterior[175]; por comprovação de falsidade na prestação das informações necessárias à habilitação; por comprovação de fraude visando à percepção indevida do benefício do seguro-desemprego; por morte do segurado.

18. SEGURO-DEFESO DO PESCADOR ARTESANAL

O pescador profissional que exerça sua atividade exclusiva e ininterruptamente, de forma artesanal, individualmente ou em regime de economia familiar, fará jus ao benefício de seguro-desemprego, no valor de um salário-mínimo mensal, durante o período de defeso de atividade pesqueira para a preservação da espécie, **não podendo exceder a 05 meses** em cada defeso.

Em razão da grave contaminação das praias e mares em 2019 pelo derramamento de petróleo, restou editado o Decreto 10.080, de 24 de outubro de 2019, consignando que, excepcionalmente, nas hipóteses de grave contaminação por agentes químicos, físicos e biológicos, o Ministério da Agricultura, Pecuária e Abastecimento poderá prolongar o período de defeso para as áreas e os grupos específicos atingidos, nos termos previstos na legislação.

Considera-se ininterrupta a atividade exercida durante o período compreendido entre o defeso anterior e o em curso, ou nos doze meses imediatamente anteriores ao do defeso em curso, o que for menor.

174. Tabela de 2020.

175. Neste caso será suspenso por um período de 2 (dois) anos, ressalvado o prazo de carência, o direito do trabalhador à percepção do seguro-desemprego, dobrando-se este período em caso de reincidência.

O pescador profissional artesanal não fará jus a mais de um benefício de seguro-desemprego no mesmo ano decorrente de defesos relativos a espécies distintas, sendo o benefício do seguro-desemprego pessoal e intransferível.

O período de defeso de atividade pesqueira é o fixado pelo Instituto Brasileiro do Meio Ambiente e dos Recursos Naturais Renováveis – IBAMA, em relação à espécie marinha, fluvial ou lacustre a cuja captura o pescador se dedique.

Nos termos do Decreto 8.967/2017, para fins de concessão do benefício, consideram-se como **períodos de defeso** aqueles estabelecidos pelos **órgãos federais competentes**, determinando a paralisação temporária da pesca para preservação das espécies, nos termos e prazos fixados nos respectivos atos, o que afasta a fixação por estados e municípios.

A competência administrativa para processar e deferir o seguro-defeso passou a ser do INSS com o advento da MP 665/2014, tendo sido mantida na Lei 13.134/2015, devendo o pescador deverá apresentar à autarquia previdenciária os seguintes documentos:

> I – **registro como pescador profissional**, categoria artesanal, devidamente atualizado no **Registro Geral da Atividade Pesqueira (RGP)**, emitido pelo Ministério da Pesca e Aquicultura **com antecedência mínima de 1 (um) ano, contado da data de requerimento do benefício**;
>
> II – **cópia do documento fiscal de venda do pescado** a empresa adquirente, consumidora ou consignatária da produção, em que conste, além do registro da operação realizada, o valor da respectiva contribuição previdenciária de que trata o § 7º do art. 30 da Lei no 8.212, de 24 de julho de 1991, **ou comprovante de recolhimento da contribuição previdenciária**, caso tenha comercializado sua produção a pessoa física; e
>
> III – outros estabelecidos em ato do Ministério da Previdência Social (competência atual do Ministério da Economia) que comprovem:
>
> a) o exercício da profissão;
>
> b) que se dedicou à pesca, em caráter ininterrupto, assim considerada a atividade exercida durante o período compreendido entre o defeso anterior e o em curso, ou nos doze meses imediatamente anteriores ao do defeso em curso, o que for menor;
>
> c) que não dispõe de outra fonte de renda diversa da decorrente da atividade pesqueira.

Veja-se a tese firmada pela TNU no tema 59:

Tema	**59**	**Situação do tema**	Julgado	**Ramo do direito**	DIREITO ADMINISTRATIVO
Questão submetida a julgamento	Saber se o segurado especial é obrigado a recolher contribuições previdenciárias para fins de percepção de seguro-desemprego.				
Tese firmada	**É indispensável o comprovante de pagamento da contribuição previdenciária, no caso de pescador artesanal, para concessão do seguro-desemprego nos períodos de defeso, nos termos da Lei n. 10.779/03.**				
Processo	**Decisão de afetação**	**Relator (a)**	**Julgado em**	**Acórdão publicado em**	**Trânsito em julgado**
PEDILEF 0001737-16.2010.4.02.5167/RJ	-	Juiz Federal Rogério Moreira Alves	27/06/2012	13/07/2012	12/02/2014

O Registro Geral de Atividade Pesqueira (RGP) é o instrumento prévio que habilita a pessoa física ou jurídica e a embarcação de pesca ao exercício da atividade pesqueira no Brasil, podendo ser exercida no país apenas por pessoa física, jurídica e embarcação de pesca inscrita no RGP e que detenha autorização, permissão ou licença para o seu exercício.

Excepcionalmente, ficaram dispensados da inscrição no RGP:

I – pescadoras e pescadores de subsistência que praticam a atividade de pesca com fins de consumo doméstico ou escambo sem fins de lucro e que utilizem petrechos previstos em legislação específica;

II – pescadoras e pescadores amadores que utilizem linha de mão ou caniço simples; e

III – índias e índios que pratiquem a atividade pesqueira para subsistência.

Nos termos do artigo 2º do Decreto 8.425/2015, são **categorias de inscrição no RGP:**

I – pescador e pescadora profissional artesanal – pessoa física, brasileira ou estrangeira, residente no País, que exerce a pesca com fins comerciais de forma autônoma ou em regime de economia familiar, com meios de produção próprios ou mediante contrato de parceria, podendo atuar de forma desembarcada ou utilizar embarcação de pesca com arqueação bruta menor ou igual a vinte;

II – pescador e pescadora profissional industrial – pessoa física, brasileira ou estrangeira, residente no País, que exerce a pesca com fins comerciais, na condição de empregado ou empregada ou em regime de parceria por cotas-partes em embarcação de pesca com qualquer arqueação bruta;

III – armador e armadora de pesca – pessoa física ou jurídica que apresta embarcação própria ou de terceiros para ser utilizada na atividade pesqueira, pondo-a ou não a operar por sua conta;

IV – embarcação de pesca – aquela pertencente a pessoa física ou jurídica, brasileira ou estrangeira, que opera, com exclusividade, em uma ou mais das seguintes atividades:

a) pesca;

b) aquicultura;

c) conservação do pescado;

d) processamento do pescado;

e) transporte do pescado; e

f) pesquisa de recursos pesqueiros;

V – pescador amador ou esportivo e pescadora amadora ou esportiva – pessoa física, brasileira ou estrangeira, que pratica a pesca com finalidade de lazer ou desporto, com equipamentos ou petrechos previstos em legislação específica, sem fins comerciais;

VI – aquicultor e aquicultora – pessoa física ou jurídica que exerce a aquicultura com fins comerciais;

VII – empresa pesqueira – pessoa jurídica, constituída de acordo com a legislação, que se dedica, com fins comerciais, ao exercício da atividade pesqueira;

VIII – (Revogado pelo Decreto nº 8.967, de 2017);

IX – aprendiz de pesca – pessoa física com mais de quatorze e menos de dezoito anos que atua de forma desembarcada ou embarcada como tripulante em embarcação de pesca, observadas as legislações trabalhista, previdenciária, de proteção à criança e ao adolescente e as normas da autoridade marítima.

O pedido de inscrição no RGP será dirigido à Superintendência Federal de Agricultura, Pecuária e Abastecimento da unidade da federação mais próxima do seu local de domicílio, devendo identificar se o pescador profissional artesanal dispõe de outra fonte de renda diversa da decorrente da atividade pesqueira, qualquer que seja a sua origem e o seu valor.

A Lei 13.134/2015 determina que o INSS, no ato da habilitação ao benefício, deverá verificar a condição de segurado pescador artesanal e o pagamento da contribuição previdenciária, nos termos da Lei nº 8.212, de 1991, nos últimos doze meses imediatamente anteriores ao requerimento do benefício ou desde o último período de defeso até o requerimento do benefício, o que for menor.

Ao menos, deverá o pescador apresentar cópia do documento fiscal de venda do pescado a empresa adquirente, consumidora ou consignatária da produção, em que conste, além do registro da operação realizada, o valor da respectiva contribuição previdenciária.

O benefício de seguro-desemprego será concedido ao pescador profissional artesanal cuja família seja beneficiária de programa de transferência de renda com condicionalidades, e caberá ao órgão ou à entidade da administração pública federal responsável pela manutenção do programa a suspensão do pagamento pelo mesmo período da percepção do benefício de seguro-desemprego, nos termos do artigo 2º, § 8º, da Lei 10.779/2003, com redação dada pela Lei 13.134/2015.

Destarte, o seguro-defeso é inacumulável com o BPC/LOAS após o advento da Lei 13.134/2015, devendo haver a suspensão do benefício assistencial do idoso/deficiente durante a sua concessão.

De acordo com o artigo 4º, do Decreto 8.424/2015, que regulamenta a concessão do benefício de seguro-desemprego, durante o período de defeso, ao pescador profissional artesanal que exerce sua atividade exclusiva e ininterruptamente, o prazo para requerer o benefício do seguro-desemprego do pescador profissional artesanal se iniciará trinta dias antes da data de início do período de defeso e terminará no último dia do referido período, sendo o pagamento do benefício devido desde o início do período de defeso, independentemente da data do requerimento.

São causas de cancelamento do seguro-defeso:

I – início de atividade remunerada;

II – início de percepção de outra renda;

III – morte do beneficiário;

IV – desrespeito ao período de defeso; ou

V – comprovação de falsidade nas informações prestadas para a obtenção do benefício.

Além do tradicional seguro-defeso pago pela União através do INSS, há municípios que pagam benefícios assistenciais aos pescadores artesanais, sendo o seu deferimento um válido meio de prova da qualidade de segurado especial na condição de pescador artesanal.

Um exemplo é o Município de Camaçari, no Estado da Bahia, em que a Secretaria do Desenvolvimento da Agricultura e Pesca, com base em lei municipal, paga um benefício aos pescadores artesanais à época da adversidade climática nos meses de junho, julho e agosto, período que acontece a reprodução dos peixes e que há uma maior incidência de chuva e ventos fortes, que impossibilitam a atividade pesqueira.

Este benefício ampara pescadores e marisqueiras de Jauá, Arembepe, Barra do Pojuca, Itacimirim e Barra do Jacuípe, sendo que a apresentação de documentos que atestem a sua percepção indica a qualidade de pescador artesanal em pedidos previdenciários no INSS.

Assim, este benefício municipal não é acumulável com o seguro-defeso do pescador artesanal pago pelo INSS ante da vedação da Lei 13.134/2015.

O Decreto 8.967/2017 ainda previu que "os pescadores e as pescadoras de que trata o § 1º[176] do art. 3º do Decreto nº 8.425, de 2015, não farão jus ao benefício de seguro-desemprego durante o período de defeso".

Ao que parece, se trata de previsão ilegal do Decreto 8.967/2017, pois, em que pese estes pescadores sejam dispensados da inscrição no RGP, a Lei 10.779/2003 não impede que os mesmos peçam a inscrição para gozarem do seguro-defeso.

Isso porque em nenhum momento a Lei 10.779/2003 traz vedação de concessão do seguro--defeso aos pescadores com fins de consumo doméstico, amadores com uso de linha de mão e indígenas.

No âmbito administrativo, coube inicialmente à Instrução Normativa INSS 79, de 1 de abril de 2015, estabelecer procedimentos relativos ao Seguro-Desemprego devido aos pescadores profissionais artesanais, durante os períodos de defeso. Posteriormente, a IN 79/2015 foi revogada e substituída pela **Instrução Normativa INSS 83/2015 (18/12/2015)**.

Considera-se ininterrupta a atividade exercida durante o período compreendido entre o término do defeso anterior e o início do defeso em curso, ou nos doze meses imediatamente anteriores ao início do defeso em curso, o que for menor, sendo que a percepção de auxílio--doença, auxílio-doença (atual auxílio por incapacidade temporária) por acidente de trabalho ou salário-maternidade (**exclusivamente sob categoria de filiação de segurado especial**), durante o período mencionado não impede o recebimento do SDPA (Seguro-Desemprego do Pescador Profissional Artesanal).

De efeito, destaca-se nesta norma que o benefício será devido ao pescador profissional artesanal inscrito no Registro Geral da Atividade Pesqueira – RGP e com licença de pesca concedida que exerça a pesca em caráter exclusivo, nos termos da legislação ambiental, sendo que a concessão do benefício não será extensível aos trabalhadores de apoio à pesca artesanal de acordo com a posição do INSS que aplica a vedação constituída pela Lei 13.134/2015.

Contudo, o Decreto 8.499, de 12 de agosto de 2015, que modificou o Regulamento da Previdência Social, considerou que é assemelhado ao pescador artesanal aquele que realiza atividade de apoio à pesca artesanal, exercendo trabalhos de confecção e de reparos de artes e petrechos de pesca e de reparos em embarcações de pequeno porte ou atuando no processamento do produto da pesca artesanal, enquadrando-o como segurado especial.

---

176. § 1º Ficam dispensados da inscrição (RGP) de que trata o caput: (Incluído pelo Decreto nº 8.967, de 2017): I – pescadoras e pescadores de subsistência que praticam a atividade de pesca com fins de consumo doméstico ou escambo sem fins de lucro e que utilizem petrechos previstos em legislação específica; (Incluído pelo Decreto nº 8.967, de 2017) II – pescadoras e pescadores amadores que utilizem linha de mão ou caniço simples; e (Incluído pelo Decreto nº 8.967, de 2017) III – índias e índios que pratiquem a atividade pesqueira para subsistência. (Incluído pelo Decreto nº 8.967, de 2017)

Assim, ao que parece, a regulamentação do INSS transbordou o regramento do Decreto 8.499/2015, embora o seguro-defeso não seja benefício regido pela Lei 8.213/91, mas é incongruente negá-lo ao segurado especial pescador artesanal que labora no apoio à pesca.

Inclusive porque a Lei 13.134/2015 previu expressamente que "o pescador artesanal de que tratam a alínea "b" do inciso VII do art. 12 da Lei no 8.212, de 24 de julho de 1991, e a alínea "b" do inciso VII do art. 11 da Lei no 8.213, de 24 de julho de 1991, desde que exerça sua atividade profissional ininterruptamente, de forma artesanal e individualmente ou em regime de economia familiar, fará jus ao benefício do seguro-desemprego, no valor de 1 (um) salário-mínimo mensal, durante o período de defeso de atividade pesqueira para a preservação da espécie", **vinculando o deferimento do SDPA ao segurado especial pescador artesanal regulado na Lei 8.213 e regulamentado no Decreto 3.048/99.**

Destarte, embora a Lei 13.134/2015 (de 16/6/2015) tenha dito que "a concessão do benefício não será extensível às atividades de apoio à pesca nem aos familiares do pescador profissional que não satisfaçam os requisitos e as condições estabelecidos nesta Lei", o Decreto 8499/2015 (de 12/8/2015) é posterior e ampliou o enquadramento do segurado especial pescador artesanal para as pessoas que desenvolvem atividades de apoio à pesca artesanal.

Para piorar a situação, com o advento do Decreto 8.967/2017, que alterou o Decreto 8.425/2015, que dispõe sobre os critérios para inscrição no Registro Geral da Atividade Pesqueira – RGP e para a concessão de autorização, permissão ou licença para o exercício da atividade pesqueira, não é mais possível que o trabalhador de apoio à pesca artesanal se inscreva no RGP (revogação do inciso VIII do artigo 2º).

Desta forma, pelo posicionamento administrativo, o segurado especial que labora no apoio à pesca irá receber os benefícios da Lei 8.213/91, mas terá o seguro-defeso negado pelo INSS.

Ainda de acordo com o INSS, o Seguro-Desemprego do Pescador Profissional Artesanal (SDPA) é direito pessoal e intransferível, fazendo jus ao benefício o pescador que, individualmente, cumprir os requisitos e as condições descritas neste ato, não sendo a documentação de um membro do grupo familiar extensível aos demais.

O requerimento do SDPA será preferencialmente protocolizado por meio dos canais de atendimento remoto. No ato do protocolo serão informadas ao requerente pendências preliminares (acaso existam), impeditivas à conclusão da análise do requerimento, bem como a forma de sua resolução.

Por sua vez, as possíveis pendências preliminares serão notificadas pelo Sistema, e divididas em três categorias:

I – Notificação de Acerto de Divergência de Informação, que indica a necessidade do atendente verificar a titularidade do número do Programa de Integração Social – PIS informado;

II – Notificação de Acerto de Dados Cadastrais, que indica pendências possivelmente sanáveis mediante acerto de cadastro nas Agências da Previdência Social – APS ou em outros órgãos, devendo atendente orientar o procedimento adequado; ou

III – Notificação de Recurso, que indica situações que podem ensejar o indeferimento do pedido, cabendo verificação da condição apontada pelo Sistema.

Independentemente de existência de pendências preliminares, será agendado atendimento em Agência da Previdência Social (APS) para comprovação dos requisitos e condições descritas neste Ato. Ademais, o requerente poderá comparecer a uma APS em qualquer Unidade da Federação, independentemente de seu domicílio.

Com base no artigo 5º, do Decreto 8.424/2015, para requerer o benefício de seguro--desemprego, o pescador deverá apresentar ao INSS:

I – documento de identificação oficial;

II – comprovante de inscrição no Cadastro de Pessoa Física – CPF;

III – inscrição no RGP, com licença de pesca, emitida pelo Ministério da Agricultura, Pecuária e Abastecimento, na condição de pescador profissional artesanal que tenha a atividade pesqueira como única fonte de renda, observada a antecedência mínima prevista no art. 2º da Lei nº 10.779, de 2003;

IV – cópia do documento fiscal de venda do pescado a empresa adquirente, consumidora ou consignatária da produção, em que conste, além do registro da operação realizada, o valor da respectiva contribuição previdenciária de que trata o § 7º do art. 30 da Lei nº 8.212, de 1991, ou cópia do comprovante de recolhimento da contribuição previdenciária, caso tenha comercializado sua produção a pessoa física; e

V – comprovante de residência em Município abrangido pelo ato que instituiu o período de defeso relativo ao benefício requerido, ou seus limítrofes.

A apresentação dos documentos poderá ser dispensada pelo INSS caso as informações constem em bases governamentais a ele disponibilizadas por outros órgãos, nos termos do art. 2º do Decreto nº 6.932, de 11 de agosto de 2009, do art. 329-B do Anexo ao Decreto nº 3.048, de 6 de maio de 1999 – Regulamento da Previdência Social, e do art. 1º do Decreto nº 8.789, de 29 de junho de 2016.

Ademais, nos casos em que o pescador já tenha recebido o seguro-desemprego do pescador artesanal, o INSS poderá **dispensar a reapresentação de requerimento** para os próximos períodos do defeso que deu origem ao benefício, desde que possua informações que demonstrem a manutenção dos requisitos e das características da atividade pesqueira exercida.

Além de apresentar os documentos referidos, o pescador profissional artesanal assinará declaração de que:

I – não dispõe de outra fonte de renda;

II – se dedicou à pesca das espécies e nas localidades atingidas pelo defeso ininterruptamente durante o período compreendido entre o término do defeso anterior e o início do defeso em curso ou nos doze meses imediatamente anteriores ao início do defeso em curso, o que for menor; e

III – assume responsabilidade civil e criminal por todas as informações prestadas para fins da concessão do benefício.

O INSS poderá comunicar o indeferimento ou a existência de qualquer impedimento para a concessão do benefício por meio da internet ou da central de teleatendimento, bem como poderá, qualquer tempo, convocar o pescador para apresentação de documentos comprobatórios referentes aos requisitos normativos.

Nos termos do Decreto 8.967/2017, **não será devido o benefício do seguro-desemprego quando houver disponibilidade de alternativas de pesca nos Municípios alcançados pelos**

períodos de defeso, previsão regulamentar que parece transbordar o texto normativo, pois esta hipótese de não concessão do SDPA não consta da Lei 10.779/2003.

Coube à Portaria Interministerial MDIC/MMA nº 54/2018 trazer a relação de municípios nos quais não existe alternativa de pesca, existindo direito ao SDPA para aqueles que exerceram suas atividades pesqueiras nos municípios listados no referido ato.

Por fim, o INSS poderá condicionar o recebimento do seguro-desemprego, durante o período de defeso, ao pescador profissional artesanal que exerça sua atividade exclusiva, à comprovação da matrícula e da frequência do trabalhador segurado em curso de formação inicial e continuada ou de qualificação profissional, com carga horária mínima de cento e sessenta horas, nos termos do § 1º do art. 3º da Lei nº 7.998, de 11 de janeiro de 1990.

Para as parcelas de seguro-defeso devidas a partir de abril de 2015, a legitimidade passiva para responder as ações para concessão do seguro-defeso é do INSS, pois a partir dessa competência a atribuição passou a ser da autarquia previdenciária por força da Lei 13.134/2015.

O ponto controverso que existe é saber se a legitimidade passiva ad causam é exclusiva do INSS ou conjunta entre o INSS e a União. Entende-se nesta obra que depende do caso concreto.

Isso porque, embora o INSS tenha passado a processar, conceder, revisar e negar o SDPA, a inscrição no RGP é pressuposto para a sua concessão e é responsabilidade de órgão da União (Secretaria de Pesca).

Assim, na situação em que o indeferimento do INSS decorre de informação constante do RGP (registro cancelado, divergência de espécie pescada etc.), entende-se que é necessário que se forme um litisconsórcio passivo necessário, pois o comando judicial precisa corrigir a informação do RGP, acaso a Administração Pública tenha negado o benefício indevidamente.

Neste caso, o INSS não é o gestor do RGP, devendo a coisa julgada alcançar órgão da União (Secretaria de Pesca), sob pena de potenciais indeferimentos anuais por inconsistência em informação do RGP, razão pela qual a União também deve ser ré nesta situação.

Já nos casos em que o indeferimento do SDPA decorra apenas da interpretação do servidor do INSS, inexistindo informação do RGP que tenha levado ao indeferimento (a exemplo do indeferimento pela existência de dados no CNIS que apontam renda de outra natureza), a legitimidade passiva deve ser exclusiva da autarquia.

19. QUADRO SINÓTICO

QUADRO SINTÉTICO – APOSENTADORIA POR INCAPACIDADE PERMANENTE	
Cabimento	Segurado incapaz e insusceptível de reabilitação para o exercício de atividade que lhe garanta a subsistência.
Beneficiários	Todos os segurados.
Carência	12 contribuições mensais (segurado especial 12 meses de atividade rurícola ou pesqueira em regime de economia familiar para a subsistência), salvo acidente de qualquer natureza, doença profissional ou do trabalho e doenças graves listadas em ato regulamentar.
Valor	A partir de 60% da média de todos os salários de contribuição a contar de 7/1994 (art. 26, Emenda 103/2019). Por acidente de trabalho, fixa em 100% do salário de benefício.

QUADRO SINTÉTICO – APOSENTADORIA POR INCAPACIDADE PERMANENTE	
Outras informações	**a)** não é definitiva, salvo para os maiores de 60 anos de idade, maiores de 55 anos com 15 anos do benefício ou portadores do HIV, se não voltarem a exercer atividade laboral; **b)** é possível um acréscimo de 25%, inclusive extrapolando o teto, se o segurado necessitar de assistência permanente de outra pessoa; **c)** o segurado é obrigado a se submeter a exames médicos periódicos (a cada 02 anos), salvo regra de isenção de perícia e reabilitação profissional, mas não a cirurgia e transfusão de sangue; **d)** será devida desde a incapacidade (salvo empregado), se requerida até 30 dias. Se após, a data de início será a data do requerimento; no caso do segurado empregado, o empregador deve arcar com os salários por quinze dias antes da concessão da aposentadoria.

QUADRO SINTÉTICO – APOSENTADORIAS VOLUNTÁRIAS	
Cabimento	**Regra geral:** Homem 65 anos de idade e 20 anos de tempo de contribuição; mulheres 62 anos de idade e 15 anos de tempo de contribuição. **Regra especial 1 (professores)**: 60 anos de idade para os homens e 57 anos de idade para as mulheres, com 25 anos de tempo de contribuição exclusivo no magistério do ensino básico para ambos. **Regra especial 2 (rurais/afins)**: 60 anos de idade para os homens e 55 para as mulheres se forem trabalhadores rurais, garimpeiros, pescadores artesanais e pessoas com deficiência pelo período mínimo de carência.
Beneficiários	Todos os segurados.
Carência	180 contribuições mensais.
Valor	A partir de 60% da média de todos os salários de contribuição a partir de 7/1994 (Plano Real). 1 salário mínimo para o segurado especial pela contribuição sobre produção rural.

QUADRO SINTÉTICO – EXTINTA APOSENTADORIA APENAS POR TEMPO DE CONTRIBUIÇÃO	
Cabimento	Homem com 35 anos de contribuição ou mulher com 30 anos de contribuição, com redução de cinco anos de contribuição para o professor que comprove exclusivo exercício em sala de aula na educação infantil, ensino fundamental e médio, incluídas as atividades de coordenação e assessoramento pedagógico (Lei 11.301/06).
Beneficiários	Todos os segurados, exceto o segurado especial (se não recolher sobre o salário de contribuição facultativamente) e o contribuinte individual que trabalha por conta própria ou o segurado facultativo que recolham de maneira simplificada (11% sobre o salário mínimo ou 5% sobre o salário mínimo no caso do MEI e do facultativo de baixa renda inscrito no CADÚNICO).
Carência	180 contribuições mensais, observada a tabela de transição do artigo 142, da Lei 8.213/91.
Valor	100% do salário de benefício, sendo obrigatório o manejo do fator previdenciário (salvo no caso da regra 86/86 – Lei 13.183/2015).
Outras informações	**A)** Apenas existe a aposentadoria por tempo de contribuição proporcional em regra de transição da EC 20/1998; **B)** A comprovação do tempo de contribuição (antigo tempo de serviço) demanda início de prova material contemporânea aos fatos, nos termos do artigo 55, § 3º, da Lei 8.213/91.

QUADRO SINTÉTICO – APOSENTADORIA ESPECIAL POR AGENTES NOCIVOS	
Cabimento	a) 55 (cinquenta e cinco) anos de idade, quando se tratar de atividade especial de 15 (quinze) anos de contribuição; b) 58 (cinquenta e oito) anos de idade, quando se tratar de atividade especial de 20 (vinte) anos de contribuição; ou c) 60 (sessenta) anos de idade, quando se tratar de atividade especial de 25 (vinte e cinco) anos de contribuição.
Beneficiários	A Lei 8.213/91 não restringe os segurados beneficiários. Contudo, o artigo 64 do Regulamento da Previdência Social aduz que apenas o empregado, o avulso e o contribuinte individual cooperado (cooperativa de produção ou trabalho) farão jus ao benefício, pois nestes casos há contribuição previdenciária para o seu custeio (adicional SAT).
Carência	180 contribuições mensais, observada a tabela de transição do artigo 142, da Lei 8.213/91.
Valor	A partir de 60% da média de todos os salários de contribuição a contar da competência 7/1994.
Outras informações	**A)** a comprovação da efetiva exposição do segurado aos agentes nocivos será feita mediante formulário (perfil profissiográfico previdenciário), na forma estabelecida pelo Instituto Nacional do Seguro Social – INSS, emitido pela empresa ou seu preposto, com base em laudo técnico de condições ambientais do trabalho expedido por médico do trabalho ou engenheiro de segurança do trabalho, nos termos da legislação trabalhista; **B)** O aposentado especial que retornar a atividade especial terá o benefício suspenso, mas a lei não veda o retorno à atividade comum com perda da aposentadoria; **C)** De acordo com a Súmula 09, da TNU-JEF, "O uso de Equipamento de Proteção Individual (EPI), ainda que elimine a insalubridade, no caso de exposição a ruído, não descaracteriza o tempo de serviço especial prestado"; **D)** Antes da Lei 9.032/95 (24.09.95), o tempo especial era contado de acordo com a categoria profissional, independentemente de exposição aos agentes nocivos, havendo presunção absoluta (Decretos 53.831/64 e 83.080/79) das atividades listadas, ou então deveria haver efetiva comprovação, caso a atividade não fosse listada. No caso de ruído, era necessária perícia técnica para comprovar exposição acima de 80 DB; **E)** Caso o segurado tenha laborado em condições especiais e passe a trabalhar em atividade comum, é plenamente possível a conversão do tempo especial em comum, proporcionalmente, conforme tabela constante no Regulamento; **F) A emenda 103/2019 vedou o enquadramento por categoria profissional a conversão do tempo especial em comum prestado após o seu advento.**

Quadro sintético – aposentadoria especial dos deficientes	
Cabimento	Segurado deficiente do sexo masculino aos 25 (deficiência grave), 29 (moderada) ou 33 (leve) anos de contribuição. Seria devida à segurada do sexo feminino aos 20 (deficiência grave), 24 (moderada) ou 28 (leve) anos de contribuição.
Beneficiários	Segurados com deficiência leve, moderada ou grave.
Carência	180 recolhimentos mensais.
Valor	Valor: 100% do salário de benefício, apenas com a incidência do fator previdenciário se benéfico ao segurado.
Outras informações	**a)** se for benéfico ao deficiente, este poderá requerer a aposentadoria por idade com redução em cinco anos na sua idade, independentemente do grau de deficiência; **b)** cabe à perícia médica do INSS ficar o grau de deficiência; **c)** é possível converter tempo especial de exposição a agentes nocivos à saúde em tempo de contribuição do deficiente, mas a recíproca não é verdadeira; **d)** O segurado especial apenas receberá este benefício se promover recolhimentos sobre o salário de contribuição.

QUADRO SINTÉTICO – AUXÍLIO-DOENÇA (auxílio-incapacidade temporária)	
Cabimento	Segurado que ficar incapacitado para o seu trabalho ou para a sua atividade habitual por mais de 15 dias consecutivos.
Beneficiários	Todos os segurados.
Carência	12 contribuições mensais (segurado especial 12 meses de atividade rurícola ou pesqueira em regime de economia familiar para a subsistência), salvo acidente de qualquer natureza, doença profissional ou do trabalho e doenças graves constantes de ato regulamentar.
Valor	91% do salário de benefício.
Outras informações	**a)** O auxílio-doença será considerado como acidentário, independentemente da expedição da CAT – Comunicação de Acidente de Trabalho, quando ocorrer o nexo epidemiológico entre o trabalho e o evento, gerando uma presunção relativa, podendo ser impugnada pela empresa ou pelo empregador doméstico (artigo 21-A, da Lei 8.213/91). Isso influenciará na fixação do FAP – Fator Acidentário de Prevenção para majorar a contribuição SAT – Seguro de Acidente do Trabalho (art. 202-A, do RPS). **b)** Não será devido auxílio-doença ao segurado que se filiar ao Regime Geral de Previdência Social já portador da doença ou da lesão invocada como causa para o benefício, salvo quando a incapacidade sobrevier por motivo de progressão ou agravamento dessa doença ou lesão. **c)** Para o empregado, a empresa deverá arcar com os primeiros quinze dias de incapacidade (o STJ entende que não incidirá contribuição previdenciária patronal nesse período – AGRESP 1039260, de 04.12.2008); para os demais, em regra, o benefício será devido desde a incapacidade, se requerido em até 30 dias.

QUADRO SINTÉTICO – SALÁRIO-FAMÍLIA	
Cabimento	Determinados segurados que tenham filhos/equiparados menores de 14 anos ou inválidos, condicionado à apresentação do atestado anual de vacinação (até 06 anos de idade) ou semestral de frequência escolar (maiores de 07 anos).
Beneficiários	Será devido apenas aos segurados **baixa renda**, especificamente ao segurado empregado, empregado doméstico, ao avulso, ao aposentado por invalidez, ao aposentado por idade e aos demais aposentados com idade mínima de 65 anos (homem) ou 60 anos (mulher).
Carência	Não há.
Valor	R$ 48,62 por filho ou equiparado menor de 14 anos ou inválido.
Outras informações	**a)** É possível a percepção de dois salários-família por um filho, desde que ambos os pais sejam responsáveis pelo infante. **b)** No caso de separação, divórcio ou abandono, o segurado não receberá o benefício se não ficar com a guarda. **c)** A DIB – Data de Início do Benefício será a data da apresentação da certidão de nascimento (art. 84, RPS).

QUADRO SINTÉTICO – SALÁRIO-MATERNIDADE	
Cabimento	Será devido à segurada da Previdência Social, durante 120 dias, com início de vigência no 28º dia antes do parto, assim como ao segurado ou segurada no caso de adoção de criança.
Beneficiárias	Todos os segurados.
Carência	Para a segurada empregada, doméstica e trabalhadora avulsa não há carência; para as demais (contribuinte individual, facultativa e especial), será de 10 contribuições mensais ou 10 meses de atividade rurícola/pesqueira em regime de economia familiar para a subsistência (segurada especial).
Valor	Para a **empregada e a avulsa**, o valor equivalerá a uma remuneração mensal, não se sujeitando ao teto do RGPS (STF, ADI-MC 1.946), mas deve observar o teto federal (artigo 248, da CRFB), cabendo a empresa arcar com a eventual diferença; para a **empregada doméstica,** será o último salário de contribuição; no caso da **segurada especial**, equivalerá em um doze avos do valor sobre o qual incidiu sua última contribuição anual, ou 01 salário mínimo, ao menos; para a **contribuinte individual, desempregada e a facultativa**, consistirá na média aritmética dos 12 últimos salários de contribuição, apurados em período não superior a 15 meses.
Outras informações	**a)** Para o segurado ou a segurada da Previdência Social que **adotar ou obtiver guarda judicial para fins de adoção de criança** é devido salário-maternidade pelo período de 120 (cento e vinte) dias. **b)** É considerado parto o evento que gerou a certidão de nascimento ou de óbito da criança. **c)** Em caso de aborto não criminoso , comprovado mediante atestado médico, a segurada terá direito ao salário-maternidade correspondente a duas semanas (RPS, 93, § 5º). **d)** Em casos excepcionais, os períodos de repouso anterior e posterior ao parto podem ser aumentados de mais duas semanas, mediante atestado médico específico (RPS, 93, § 3º). **e)** O salário-maternidade não pode ser acumulado com benefício por incapacidade (art. 102, RPS). **f)** A segurada aposentada que retornar à atividade fará jus ao pagamento do salário-maternidade (art. 103, RPS).

QUADRO SINTÉTICO – AUXÍLIO-ACIDENTE	
Cabimento	Será devido, como indenização, ao segurado quando, após consolidação das lesões decorrentes de acidente de qualquer natureza, resultarem sequelas que impliquem redução da capacidade para o trabalho que habitualmente exercia **ou** impossibilidade de desempenho da atividade que exercia a época do acidente, porém permita o desempenho de outra, após processo de reabilitação profissional.
Beneficiários	Apenas o segurado empregado, o empregado doméstico, o trabalhador avulso e o segurado especial (art. 18, § 1º, da Lei 8.213/91).
Carência	Não há.
Valor	50% do salário de benefício.
Outras informações	**a)** É o único benefício previdenciário exclusivamente indenizatório. **b)** O auxílio-acidente será devido a partir do dia seguinte ao da cessação do auxílio-doença, independentemente de qualquer remuneração ou rendimento auferido pelo acidentado, vedada sua acumulação com qualquer aposentadoria. **c)** A perda da audição, em qualquer grau, somente proporcionará a concessão do auxílio-acidente, quando, além do reconhecimento de causalidade entre o trabalho e a doença, resultar, comprovadamente, na redução ou perda da capacidade para o trabalho que habitualmente exercia. **d)** O STJ entende que não é imprescindível que a moléstia seja irreversível para a concessão deste benefício (REsp 1.112.866, de 25.11.09).

<table>
<tr><th colspan="2">QUADRO SINTÉTICO – PENSÃO POR MORTE</th></tr>
<tr><td>Cabimento</td><td>Óbito do segurado da Previdência Social que deixar dependentes.</td></tr>
<tr><td>Beneficiários</td><td>Os dependentes, observada a ordem preferencial das classes do artigo 16, da Lei 8.213/91, ressaltando que a classe I tem presunção de dependência econômica.</td></tr>
<tr><td>Carência</td><td>Dispensada.</td></tr>
<tr><td>Valor</td><td>Em regra, 60%, 70%, 80%, 90% ou 100% da aposentadoria recebida pelo falecido ou da aposentadoria por incapacidade que o falecido teria direito, se morreu sem estar aposentado.
No caso de dependente inválido, com deficiência mental, intelectual ou grave, 100% da aposentadoria recebida pelo segurado ou daquela a que teria direito se fossem aposentados por incapacidade permanente na data do óbito, até o limite máximo de benefícios do Regime Geral de Previdência Social.</td></tr>
<tr><td>Outras informações:</td><td>a) A condição de dependente será aferida no momento do óbito, e não posteriormente.
b) Será devida do óbito, quando requerida em até cento e oitenta dias após o óbito, para os filhos menores de dezesseis anos, ou em até noventa dias após o óbito, para os demais dependente.
c) Havendo mais de um dependente da mesma classe, será dividida em partes iguais, excluídos os da classe inferior.
d) Com a morte, a cessação da invalidez, a emancipação ou a maioridade, a cota da pensão será revertida para o outro dependente, não se transmitindo para os dependentes de classe inferior.
e) Súmula 340, STJ: A lei aplicável à concessão de pensão previdenciária por morte é aquela vigente na data do óbito do segurado.
f) Súmula 336, STJ: A mulher que renunciou aos alimentos na separação judicial tem direito à pensão previdenciária por morte do ex-marido, comprovada a necessidade econômica superveniente.
g) Súmula 416, STJ– É devida a pensão por morte aos dependentes do segurado que, apesar de ter perdido essa qualidade, preencheu os requisitos legais para a obtenção de aposentadoria até a data do seu óbito.</td></tr>
</table>

<table>
<tr><th colspan="2">QUADRO SINTÉTICO – AUXÍLIO-RECLUSÃO</th></tr>
<tr><td>Cabimento</td><td>Será devido aos dependentes do segurado baixa renda recolhido à prisão em regime fechado, que não receber remuneração da empresa nem estiver em gozo de auxílio-doença, pensão por morte, salário-maternidade, abono de permanência em serviço ou aposentadoria.</td></tr>
<tr><td>Beneficiários</td><td>Os dependentes do segurado baixa renda.</td></tr>
<tr><td>Carência</td><td>24 contribuições mensais.</td></tr>
<tr><td>Valor</td><td>Um salário mínimo (Emenda 103/2019).</td></tr>
<tr><td>Outras informações</td><td>a) A DIB será a data do recolhimento, salvo se requerido após 90 (noventa) dias. Para o absolutamente incapaz, a DIB será a data do recolhimento, salvo se requerido após 180 dias.
b) O requerimento do auxílio-reclusão deverá ser instruído com certidão do efetivo recolhimento à prisão, sendo obrigatória, para a manutenção do benefício, a apresentação de declaração de permanência na condição de presidiário (atestado trimestral).
c) Só será cabível para o regime fechado, medida socioeducativa de internação e nas prisões cautelares (exclui o regime aberto, semiaberto e a prisão civil).
d) Art. 117, § 2º do RPS – no caso de fuga, o benefício será suspenso e, se houver recaptura do segurado, será restabelecido a contar da data em que esta ocorrer, desde que esteja ainda mantida a qualidade de segurado.
e) Art. 117, § 3º do RPS – se houver exercício de atividade dentro do período de fuga, o mesmo será considerado para a verificação da perda ou não da qualidade de segurado.</td></tr>
</table>

QUADRO SINTÉTICO – AUXÍLIO-RECLUSÃO	
Outras informações	**f)** Art. 118, do RPS – falecendo o segurado detido ou recluso, o auxílio-reclusão que estiver sendo pago será automaticamente convertido em pensão por morte. **g)** O baixa renda deverá ser o segurado, e não o dependente, conforme ratificado pelo STF, no RE 587.365, de 25.03.2009 (Informativo 540).

TABELA DOS BENEFÍCIOS – BENEFICIÁRIOS, RENDA MENSAL E CARÊNCIA

BENEFÍCIOS	BENEFICIÁRIOS	RENDA MENSAL	CARÊNCIA
Aposentadoria por incapacidade permanente	Todos os segurados	de 60% a 100% da média dos salários de contribuição, podendo ser superior a 100% 100% da média na situação de acidente de trabalho	12 contribuições mensais (regra)
Aposentadoria por idade e tempo de contribuição (programada)	Todos os segurados	de 60% a 100% da média dos salários de contribuição, podendo ser superior a 100%	180 contribuições mensais
Aposentadoria por idade rural	Empregados rurais Trabalhadores Avulsos Rurais Contribuintes individuais rurais e garimpeiros Segurados especiais	1 salário mínimo para o segurado especial, salvo pagamento sobre salário de contribuição. Demais segurados, 70% do salário de benefício, com acréscimo de 1% por ano de contribuição, limitado a 100%.	180 contribuições mensais
Aposentadoria especial por agentes nocivos	Empregado, trabalhador avulso e contribuinte individual filiado à cooperativa de trabalho ou de produção	de 60% a 100% da média dos salários de contribuição, podendo ser superior a 100%	180 contribuições mensais
Aposentadoria especial do deficiente	Todos os segurados, exceto o segurado especial (em regra) e o contribuinte individual/ facultativo que optaram pelo recolhimento simplificado	100% do SB com fator previdenciário facultativo	180 contribuições mensais
Auxílio-doença (auxílio por incapacidade temporária)	Todos os segurados	91% do SB, limitada à média das 12 últimas contribuições	12 contribuições mensais (regra)
Salário-família	Apenas os seguintes segurados de baixa renda: empregado, empregado doméstico, avulso, aposentado por invalidez, idade e demais aposentados com idade mínima de 65 anos (homens) ou 60 anos de idade (mulheres)	**R$ 48,62** por filho ou equiparado menor de 14 anos ou inválido de qualquer idade	Não há

BENEFÍCIOS	BENEFICIÁRIOS	RENDA MENSAL	CARÊNCIA
Salário-maternidade	Todos os segurados	Empregada e avulsa: última remuneração mensal. Empregado doméstico: último salário de contribuição. Segurado especial: um salário mínimo. Demais: um doze avos da soma dos doze últimos salários de contribuição.	Não há para o empregado, empregado doméstico e trabalhador avulso Para os demais, 10 contribuições mensais
Auxílio-acidente	Empregado, empregado doméstico, trabalhador avulso e segurado especial	50% do salário de benefício	Não há
Pensão por morte	Dependentes	Em regra, 60%, 70%, 80%, 90% ou 100% da aposentadoria recebida pelo falecido ou da aposentadoria por incapacidade que o falecido teria direito, se morreu sem estar aposentado. No caso de dependente inválido, com deficiência mental, intelectual ou grave, 100% da aposentadoria recebida pelo segurado ou daquela a que teria direito se fossem aposentados por incapacidade permanente na data do óbito, até o limite máximo de benefícios do Regime Geral de Previdência Social.	Não há
Auxílio-reclusão	Dependentes dos segurados de baixa renda	1 salário mínimo	24 recolhimentos mensais

QUADRO SINTÉTICO – SERVIÇO SOCIAL	
Objetivo	Esclarecer junto aos beneficiários seus direitos sociais e os meios de exercê-los e estabelecer conjuntamente com eles o processo de solução dos problemas que emergirem da sua relação com a Previdência Social, tanto no âmbito interno da instituição como na dinâmica da sociedade.
Beneficiários	Todos os segurados e dependentes.
Carência	Inexiste.
Outras informações	**a)** Será dada prioridade aos segurados em benefício por incapacidade temporária e atenção especial aos aposentados e pensionistas.

QUADRO SINTÉTICO – HABILITAÇÃO E REABILITAÇÃO PROFISSIONAL	
Objetivo	Proporcionar ao beneficiário incapacitado parcial ou totalmente para o trabalho, e às pessoas portadoras de deficiência, os meios para a (re)educação e de (re)adaptação profissional e social indicados para participar do mercado de trabalho e do contexto em que vivem.

QUADRO SINTÉTICO – HABILITAÇÃO E REABILITAÇÃO PROFISSIONAL	
Beneficiários	Todos os segurados e dependentes, assim como as pessoas portadoras de deficiência.
Carência	Inexiste.
Outras informações	**a)** A reabilitação profissional compreende: I) o fornecimento de aparelho de prótese, órtese e instrumentos de auxílio para locomoção quando a perda ou redução da capacidade funcional puder ser atenuada por seu uso e dos equipamentos necessários à habilitação e reabilitação social e profissional; II) a reparação ou a substituição dos aparelhos mencionados no inciso anterior, desgastados pelo uso normal ou por ocorrência estranha à vontade do beneficiário; III) o transporte do acidentado do trabalho, quando necessário. **b)** A prestação de que trata o artigo anterior é devida em **caráter obrigatório aos segurados**, inclusive aposentados e, na medida das possibilidades do órgão da Previdência Social, aos seus dependentes. **c)** Concluído o processo de habilitação ou reabilitação social e profissional, a Previdência Social emitirá **certificado individual**, indicando as atividades que poderão ser exercidas pelo beneficiário, nada impedindo que este exerça outra atividade para a qual se capacitar. **d)** Na forma do artigo 140, § 1º, do RPS, não constitui obrigação da previdência social a manutenção do segurado no mesmo emprego ou a sua colocação em outro para o qual foi reabilitado, cessando o processo de reabilitação profissional com a emissão do certificado.

20. QUESTÕES DE PROVA

7.1 **(Ano: 2019 Banca: FCC Órgão: RIOPRETOPREV Prova: FCC – 2019 – RIOPRETOPREV – Analista Previdenciário – Assistente Social)** Exames periciais, realizados por médico capacitado e conveniado para esta finalidade pelo INSS, atestaram que o segurado Sócrates é portador de deficiência leve e que a segurada Íris possui deficiência considerada grave. Para fazerem jus a benefício de aposentadoria pelo RGPS para portadores de deficiência, Sócrates e Íris devem contar, conforme legislação que rege a matéria, com tempo de contribuição, em anos, respectivamente de:

A) 33 e 20

B) 25 e 20

C) 28 e 24

D) 33 e 24

E) 30 e 25

Gabarito: Letra A

Para acesso ao vídeo, utilize o QR Code ao lado.

7.2 **(Ano: 2019 Banca: CESPE / CEBRASPE Órgão: Prefeitura de Boa Vista – RR)** João, casado com Ana desde 10/1/2018, é segurado do regime geral de previdência social desde 1.º/7/1989, na qualidade de contribuinte individual. Ele pretende solicitar ao INSS, em 1.º/7/2019, dia do seu aniversário de cinquenta anos, sua aposentadoria por tempo de contribuição.

Considerando essa situação hipotética e as disposições legais vigentes acerca de direito previdenciário, julgue os item que segue.

Considerando-se o tempo de casados de João e Ana, caso ele venha a falecer por qualquer motivo em junho de 2019, ela não terá direito à pensão por morte.

Gabarito: Errado

Para acesso ao vídeo, utilize o QR Code ao lado.

7.3 **(Ano: 2019 Banca: CESPE / CEBRASPE Órgão: Prefeitura de Boa Vista – RR)** João, casado com Ana desde 10/1/2018, é segurado do regime geral de previdência social desde 1.º/7/1989, na qualidade de contribuinte individual. Ele pretende solicitar ao INSS, em 1.º/7/2019, dia do seu aniversário de cinquenta anos, sua aposentadoria por tempo de contribuição.

Considerando essa situação hipotética e as disposições legais vigentes acerca de direito previdenciário, julgue os item que segue.

Na data de seu referido aniversário, João ainda não terá cumprido os requisitos para começar a receber aposentadoria por tempo de contribuição.

Gabarito: Certo

Para acesso ao vídeo, utilize o QR Code ao lado.

7.4 **(Ano: 2019 Banca: CESPE / CEBRASPE Órgão: Prefeitura de Boa Vista – RR)** Maria solicitou à previdência social auxílio-acidente, não decorrente de acidente de trabalho, mas seu pedido foi indeferido sob o fundamento de que ela não teria cumprido o tempo de carência legalmente estabelecido. Seis anos depois do pedido, ela ingressou com uma ação previdenciária para o recebimento do referido benefício.

Considerando essa situação hipotética, à luz das normas vigentes acerca de direito previdenciário, julgue o próximo item.

Como a concessão de auxílio-acidente independe de tempo de carência, a decisão administrativa de indeferimento foi incorreta.

Gabarito: Certo

Para acesso ao vídeo, utilize o QR Code ao lado.

7.5 **(Ano: 2019 Banca: CESPE / CEBRASPE Órgão: Prefeitura de Boa Vista – RR)** Maria solicitou à previdência social auxílio-acidente, não decorrente de acidente de trabalho, mas seu pedido foi indeferido sob o fundamento de que ela não teria cumprido o tempo de carência legalmente estabelecido. Seis anos depois do pedido, ela ingressou com uma ação previdenciária para o recebimento do referido benefício.

Considerando essa situação hipotética, à luz das normas vigentes acerca de direito previdenciário, julgue o próximo item.

O direito de ação perseguido por Maria ao ajuizar a ação previdenciária está prescrito, visto que se passaram mais de cinco anos desde a negativa administrativa do pedido de concessão do benefício.

Gabarito: Certo

Para acesso ao vídeo, utilize o QR Code ao lado.

7.6 **(PROF. FREDERICO AMADO)** Matheus Carvalhal é segurado aposentado do RGPS e faleceu em 31/08/2020, deixando uma esposa e um filho de 5 anos de idade, ambos sem problemas de deficiência ou invalidez. Percebia a título de aposentadoria o valor de R$ 3.000,00. Dessa forma, a renda da pensão por morte será de 70% do valor da aposentadoria recebida pelo segurado no valor de R$ 2.100,00.

Gabarito: Certo

Para acesso ao vídeo, utilize o QR Code ao lado.

7.7 **(PROF. FREDERICO AMADO)** A respeito da regra permanente da aposentadoria programada no RGPS, a Emenda 103/2019 fixou a idade mínima de 65 anos de idade para os homens e de 62 anos de idade para as mulheres. Já para os trabalhadores rurais, será de 60 anos para os homens e de 55 anos para as mulheres, como já era antes da reforma constitucional.

Gabarito: Certo

Para acesso ao vídeo, utilize o QR Code ao lado.

CAPÍTULO 8

TEMAS FINAIS SOBRE BENEFÍCIOS

1. HIPÓTESES DE SUSPENSÃO E CANCELAMENTO DOS BENEFÍCIOS E PROGRAMAS DE REVISÃO

A legislação previdenciária prevê hipóteses específicas que autorizam o INSS a suspender ou mesmo cancelar benefícios previdenciários, uma vez observado o devido processo legal administrativo, em especial o Princípio do Contraditório.

De efeito, o segurado em gozo de auxílio-doença, aposentadoria por incapacidade permanente e o pensionista inválido estão obrigados, sob pena de suspensão do benefício, a submeter-se a exame médico a cargo da Previdência Social, processo de reabilitação profissional por ela prescrito e custeado e tratamento dispensado gratuitamente, exceto o cirúrgico e a transfusão de sangue, que são facultativos[1].

O segurado poderá solicitar a remarcação do exame médico pericial por uma vez, caso não possa comparecer, podendo se realizar no hospital ou na residência, caso haja impossibilidade de locomoção.

No entanto, o aposentado por invalidez maior de 60 anos de idade ficará isento da perícia bienal ou 55 anos de idade com 15 anos de percepção do benefício, exceto se voltar a exercer atividade laboral remunerada.

IMPORTANTE!

Ademais, coube à Lei 13.847/2019 isentar de perícia médica de revisão o **aposentado por incapacidade permanente com HIV/Aids**, desde que obviamente não haja o retorno ao labor remunerado, independentemente da sua idade.

Outrossim, o aposentado especial que retornar à atividade especial deverá ter o seu benefício suspenso, assim como o aposentado por invalidez que volte a desempenhar trabalho remunerado[2], sendo neste caso cancelado.

Demais disso, deverá o auxílio-reclusão ter o seu pagamento suspenso na hipótese de não apresentação do atestado trimestral de encarceramento, ou no caso de fuga do detento, voltando a ser pago na hipótese de recaptura, se ainda houver a manutenção da condição de segurado[3].

1. Artigo 101, da Lei 8.213/91.
2. Artigos 57, § 8º e 46 da Lei 8.213/91.
3. Artigo 117, do RPS.

Entretanto, o exercício de atividade remunerada do segurado recluso em cumprimento de pena em regime fechado não acarreta a perda do direito ao recebimento do auxílio-reclusão para seus dependentes.

Também será suspenso o pagamento do salário-família se o segurado (empregado e avulso) não apresentar o atesto de vacinação (anual) ou de frequência escolar (semestral) do filho ou menor equiparado de 14 anos ou inválido de qualquer idade.

Da mesma forma, deverá ser cessado o pagamento da pensão por morte na hipótese de reaparecimento do segurado presumidamente morto, na forma do artigo 78, § 2º, da Lei 8.213/91. Ainda há a situação da pensão por morte temporária para cônjuges e companheiros, nos casos estudados, assim como do filho e irmão maior de 21 anos não emancipado, salvo invalidez ou deficiência mental ou intelectual.

Por sua vez, o exercício de atividade laboral remunerada durante o recebimento do salário-maternidade implica na suspensão do benefício, tanto na gestação, na adoção de criança ou o salário-maternidade derivado, nos termos do artigo 71-C, da Lei 8.213/1991[4].

Isso porque o benefício substituiu a remuneração do(a) segurado(a), em razão de ficção legal de incapacidade laboral temporária para cuidar da criança recém-nascida ou adotada durante o prazo do benefício por 120 dias.

Salvo direito adquirido formado antes do advento da Lei 9.528/97, o auxílio-acidente deverá ser cancelado quando da concessão de aposentadoria ao segurado, independentemente de sua espécie, nos moldes do artigo 86, § 2º, da Lei 8.213/91[5].

Em decorrência do dever-poder de autotutela, há previsão no artigo 11, da Lei 10.666/03, para que a Previdência Social e o INSS mantenham programa permanente de revisão da concessão e da manutenção dos benefícios da previdência social, a fim de apurar irregularidades e falhas existentes.

Se houver indício de irregularidade na concessão ou na manutenção de benefício, a Previdência Social notificará o beneficiário para apresentar defesa, provas ou documentos de que dispuser, no prazo de 10 dias (prazo atualmente revogado). Caso o beneficiário não compareça nem apresente defesa, será suspenso o benefício, com notificação ao beneficiário.

Posteriormente, decorrido o prazo concedido pela notificação postal, sem que tenha havido resposta, ou caso seja considerada pela Previdência Social como insuficiente ou improcedente a defesa apresentada, o benefício será cancelado, dando-se conhecimento da decisão ao beneficiário.

Vale frisar que, de acordo com o artigo 1º, da Lei 11.720/2008, o recadastramento de segurados da Previdência Social, por qualquer motivo, não poderá ser precedido de prévio bloqueio de pagamento de benefícios.

Coube à Lei 13.846/2019 instituir um **programa permanente** de revisão da concessão e da manutenção dos benefícios geridos pelo INSS, a fim de apurar **irregularidades ou erros materiais**, em decorrência do dever-poder de autotutela, modificando o artigo 69 da Lei 8.212/91.

---

4. Art. 71-C. A percepção do salário-maternidade, inclusive o previsto no art. 71-B, está condicionada ao afastamento do segurado do trabalho ou da atividade desempenhada, sob pena de suspensão do benefício.

5. § 2º O auxílio-acidente será devido a partir do dia seguinte ao da cessação do auxílio-doença, independentemente de qualquer remuneração ou rendimento auferido pelo acidentado, vedada sua acumulação com qualquer aposentadoria.

O objetivo é identificar erros e fraudes passíveis de revisão administrativa em respeito ao Princípio da Legalidade, respeitado o prazo decadencial de 10 anos (art. 103-A da Lei 8.213/91), salvo comprovada má-fé do beneficiário.

Eis os procedimentos a serem observados pelos agentes do INSS:

a) Na hipótese de haver indícios de irregularidade ou erros materiais na concessão, na manutenção ou na revisão do benefício, o INSS notificará o beneficiário, o seu representante legal ou o seu procurador para, no prazo de **30 dias se for trabalhador urbano ou 60 de dias se for trabalhador rural**, apresentar defesa, provas ou documentos dos quais dispuser, preferencialmente por rede bancária ou notificação por meio eletrônico ou por via postal, por carta simples, considerado o endereço constante do cadastro do benefício, hipótese em que o aviso de recebimento será considerado prova suficiente da notificação;

b) A defesa poderá ser apresentada por canais de atendimento eletrônico definidos pelo INSS, podendo o benefício ser suspenso na hipótese de não apresentação da defesa nos prazos acima citados;

c) O benefício será suspenso na hipótese de a defesa ser considerada insuficiente ou improcedente pelo INSS, que deverá notificar o beneficiário quanto à suspensão do benefício e lhe conceder prazo de trinta dias para interposição de recurso ordinário perante a Junta do CRPS, que não terá efeito suspensivo;

d) Decorrido o prazo de trinta dias após a suspensão do benefício sem que o beneficiário, o seu representante legal ou o seu procurador apresente recurso administrativo junto aos canais de atendimento do INSS ou a outros canais autorizados, o benefício será cessado.

Aqueles que receberem benefícios realizarão anualmente a comprovação de vida nas instituições financeiras, por meio de atendimento eletrônico com uso de biometria ou por qualquer meio definido pelo INSS que assegure a identificação do beneficiário, observadas as seguintes disposições:

I – a prova de vida e a renovação de senha serão efetuadas por aquele que receber o benefício, mediante identificação por funcionário da instituição, quando realizada nas instituições financeiras;

II – a prova de vida poderá ser realizada pelo representante legal ou pelo procurador do beneficiário legalmente cadastrado no INSS ou na instituição financeira responsável pelo pagamento;

III – a prova de vida de segurados com idade igual ou superior a sessenta anos será objeto de prévio agendamento, que será disciplinado em ato do Presidente do INSS;

IV – o INSS disporá de meios, incluída a realização de pesquisa externa, que garantam a identificação e o processo de fé de vida para pessoas com dificuldades de locomoção e idosos acima de oitenta anos que recebam benefícios; e

V – o INSS poderá bloquear o pagamento do benefício encaminhado às instituições financeiras até que o beneficiário atenda à convocação, permitida a liberação do pagamento automaticamente pela instituição financeira.

Ainda foi previsto pela Lei 13.846/2019 um **Programa Especial para Análise de Benefícios com Indícios de Irregularidade**, com o objetivo de analisar processos que apresentem indícios de irregularidade e potencial risco de realização de gastos indevidos na concessão de benefícios administrados pelo INSS, com duração até 31 de dezembro de 2020 e podendo ser prorrogado até 31 de dezembro de 2022 por ato fundamentado do Presidente do INSS.

O objeto é revisar os benefícios por incapacidade mantidos sem perícia pelo INSS, por período superior a seis meses, e que não possuam data de cessação estipulada ou indicação de reabilitação profissional, assim como outros benefícios de natureza previdenciária e assistencial.

São considerados **processos com indícios de irregularidade integrantes do Programa Especial** aqueles com potencial risco de gastos indevidos e que se enquadrem nas seguintes hipóteses, sem prejuízo das disposições previstas no ato de que trata o art. 9º:

> I – potencial acúmulo indevido de benefícios indicado pelo Tribunal de Contas da União ou pela Controladoria-Geral da União;
>
> II – potencial pagamento indevido de benefícios previdenciários indicados pelo Tribunal de Contas da União e pela Controladoria-Geral da União;
>
> III – processos identificados na Força-Tarefa Previdenciária, composta pelo Ministério Público Federal, pela Polícia Federal e pela Secretaria Especial de Previdência e Trabalho do Ministério da Economia;
>
> IV – suspeita de óbito do beneficiário;
>
> V – benefício de prestação continuada previsto na Lei nº 8.742, de 7 de dezembro de 1993, com indícios de irregularidade identificados em auditorias do Tribunal de Contas da União, da Controladoria-Geral da União e em outras avaliações realizadas pela administração pública federal; e
>
> VI – processos identificados como irregulares pelo INSS.

Eis a posição do CRPS:

> **JR/CRPS – ENUNCIADO Nº 16 – Alterado: Publicado no DOU de 12.11.2019**
>
> A suspeita de fraude na concessão de benefício previdenciário ou assistencial não enseja, de plano, a sua suspensão ou cancelamento, mas dependerá de apuração em procedimento administrativo, observados os princípios do contraditório e da ampla defesa e as disposições do art. 69 da Lei nº 8.212/91.

2. AUTOTUTELA DA ADMINISTRAÇÃO PÚBLICA PREVIDENCIÁRIA

É certo que a Administração Pública tem o dever de anular os seus próprios atos quando eivados de vícios legais não passíveis de convalidação, em atenção ao interesse público primário, independentemente de provocação, aplicando de ofício o Princípio da Legalidade, na forma da Súmula 473, do STF[6].

Entrementes, caso a retirada do ato administrativo do mundo jurídico interfira na esfera patrimonial de terceiros, é curial o exercício prévio do contraditório antes da autotutela pelo Poder Público, conforme já se pronunciou a Suprema Corte[7].

Em termos gerais na Administração Pública federal, salvo comprovada má-fé, nas hipóteses em que o ato administrativo ilegal gere efeitos patrimoniais aos administrados, há prazo deca-

6. A administração pode anular seus próprios atos, quando eivados de vícios que os tornam ilegais, porque deles não se originam direitos; ou revogá-los, por motivo de conveniência ou oportunidade, respeitados os direitos adquiridos, e ressalvada, em todos os casos, a apreciação judicial.
7. MS 26.628, de 17.12.2007.

dencial para que seja procedida a sua anulação de ofício, que é de 05 anos, a contar da percepção do primeiro pagamento, na forma do artigo 54, da Lei 9.784/99.

De acordo com o entendimento administrativo do INSS, para os benefícios concedidos antes do advento da Lei nº 9.784, de 29 de janeiro de 1999, ou seja, com data do despacho do benefício – DDB até 31 de janeiro de 1999, o início do prazo decadencial começa a correr a partir de 1º de fevereiro de 1999[8].

Entretanto, por mais de uma década vigorou o artigo 7º, da Lei 6.309/1975, que dispunha que "os processos de interesse de beneficiários e demais contribuintes não poderão ser revistos após 5 (cinco) anos, contados de sua decisão final, ficando dispensada a conservação da documentação respectiva além desse prazo".

Sucede que a Lei 6.309/75 foi expressamente revogada pela Medida Provisória 302, de 13.04.1992, convertida na Lei 8.422/92, mas surtiu efeitos nesse interstício.

Nesse sentido, a melhor jurisprudência:

> "PREVIDENCIÁRIO. ADMINISTRATIVO. APOSENTADORIA ESPECIAL DE AERONAUTA. REDUÇÃO DO VALOR DA RMI. DECURSO DE MAIS DE TRINTA ANOS ENTRE A DATA DA CONCESSÃO DO BENEFÍCIO E O INÍCIO DO PROCESSO ADMINISTRATIVO QUE CULMINOU COM A DIMINUIÇÃO DOS PROVENTOS. INVIABILIDADE DE REAPRECIAÇÃO DA QUESTÃO. AUSÊNCIA DE FRAUDE. **A revisão de ato de concessão de benefício pelo INSS, no regime anterior ao advento do art. 103-A da Lei 8.213/91, somente pode ocorrer, em regra, dentro do prazo decadencial de 5 (cinco) anos, haja vista o disposto no artigo 7º da Lei 6.309/75 (revogado pela Lei 8.422, de 23-05-1992) e no artigo 54 da Lei 9.784/99, e também em homenagem ao princípio da segurança jurídica.** Somente no caso de prova de fraude (má fé), a revisão pode ser operada a qualquer tempo, observado o devido processo legal. Em se tratando de benefício deferido sob a égide do art. 7º da Lei 6.309/75 (revogado pela Lei 8.422, de 23.05.92), deve, de qualquer sorte, ser aplicada referida norma restritiva ao poder de desfazimento, até porque ostenta conteúdo material. Apelação e remessa oficial improvidas" (TRF da 4ª Região, AMS 200772050018049, de 02.04.2008).

Atualmente há regra especial de prazo para o exercício da autotutela pela Previdência Social, esculpida no artigo 103-A, da Lei 8.213/91, inserido pela Lei 10.839/2004, fruto da conversão da Medida Provisória 138/2003:

> "Art. 103-A. O direito da Previdência Social de anular os atos administrativos de que decorram efeitos favoráveis para os seus beneficiários decai em 10 (dez) anos, contados da data em que foram praticados, salvo comprovada má-fé.
>
> § 1º No caso de efeitos patrimoniais contínuos, o prazo decadencial **contar-se-á da percepção do primeiro pagamento.**
>
> § 2º Considera-se exercício do direito de anular qualquer medida de autoridade administrativa que importe impugnação à validade do ato".

Destarte, o INSS terá o prazo decadencial de 10 anos, a partir do primeiro pagamento, para anular atos administrativos ilegais (a exemplo da concessão de benefícios previdenciários indevidos ou com renda a maior) com efeitos continuados com eficácia favorável aos administrados, salvo comprovada má-fé dos beneficiários, hipótese em que a ilegalidade poderá ser pronunciada a qualquer tempo.

8. Artigo 569, § 1º, da Instrução Normativa INSS 77/2015.

A revisão iniciada com a comunicação do início de procedimento revisional instaurado por meio de despacho decisório dentro do prazo decadencial impedirá a consumação da decadência, ainda que a decisão definitiva do procedimento revisional ocorra após a extinção de tal lapso[9].

A instituição de um prazo legal decorre do Princípio da Segurança Jurídica, haja vista que o administrado não poderá ficar sujeito indefinidamente à anulação do ato ilegítimo, desde que não concorra maliciosamente para a sua prática.

Nos termos do artigo 573, da IN INSS 77/2015, modificado pela IN 88/2017, na revisão administrativa o termo inicial do período prescricional será fixado para a Previdência Social, a partir da data da expedição de comunicação ao interessado acerca do despacho decisório de procedimento revisional e/ou apuratório, sendo a prescrição é interrompida pela expedição de comunicação ao interessado acerca do despacho decisório de procedimento revisional e/ou apuratório.

De acordo com a Súmula 19, do Conselho de Recursos da Previdência Social, "transcorrido mais de dez anos da data da concessão do benefício, não poderá haver sua suspensão ou cancelamento na hipótese de o interessado não mais possuir a documentação que instruiu o pedido, exceto em caso de fraude ou má-fé."

A TNU aduz não incidir prazo decadencial para a cessação de auxílio-acidente, quando o segurado passou a receber aposentadoria, cuja acumulação é vedada após a vigência da Lei 9.528/97, ressalvado o direito adquirido.

Informativo 29/2018 – PUIL n. 5051825-36.2016.4.04.7000/PR – Reafirmada a tese de que não incide o prazo decadencial do art. 103-A da Lei n. 8.213/91 para a cessação do auxílio-acidente na hipótese de acumulação indevida deste benefício com qualquer aposentadoria no âmbito do RGPS.

Eis passagem da fundamentação da decisão:

> "16. Na espécie, o ato de concessão do auxílio-acidente não constituiu ato inválido. Não fora apontado qualquer vício no ato administrativo de concessão do aludido benefício. Assim, de anulação não se trata. Portanto, não há que se falar em decadência do direito de anular o ato administrativo em comento. 17. Em verdade, o que ocorre, na espécie, é que o ato de concessão do benefício de aposentadoria por idade em favor da parte autora teve o condão de retirar os efeitos do ato concessivo do auxílio-acidente, em virtude da incidência da regra do § 2º do art. 86 da Lei n. 8.213/91, que veda o recebimento acumulado dos dois benefícios. Tem-se, na hipótese, a denominada contraposição, que se traduz na retirada dos efeitos de um ato administrativo em virtude da edição de outro ato com efeitos contrapostos. Enfim, com a concessão da aposentadoria por idade veda-se a produção de efeitos do ato concessivo do auxílio-acidente. Em outras palavras, o ato de concessão de aposentadoria cessa os efeitos do ato administrativo de concessão do auxílio-acidente. 18. Destarte, não incide na espécie a regra de decadência contida no art. 103-A uma vez que não se trata de anulação de ato administrativo de concessão de benefício previdenciário".

Registre-se que na situação citada a aposentadoria deverá ser revista em sua renda mensal, considerando a regra do artigo 31 da Lei 8.213/91, pois o valor do auxílio-acidente será considerado como salário de contribuição para fins de cálculo do salário de benefício.

9. Artigo 571, da Instrução Normativa INSS 77/2015 alterado pela IN 88/2017.

Por outro lado, a **regra de decadência decenal para a autotutela não é compatível com os benefícios por incapacidade laboral no que concerne à avaliação médica**, pois se sujeitam à cláusula *rebus sic stantibus*. A mesma sistemática se aplica ao BPC/LOAS do deficiente.

Isso porque, modificado o estado clínico, estará alterada a situação fática ensejadora do benefício, havendo uma fungibilidade de mão dupla entre recuperação plena/auxílio-doença/auxílio-acidente/aposentadoria por incapacidade permanente.

Tanto que na aposentadoria por incapacidade permanente há a previsão legal da perícia bienal e a estabilização do benefício somente se dá quanto o segurado completar 60 anos de idade, salvo retorno ao labor remunerado e avaliação de auxílio acompanhante.

Dessa forma, plenamente cabível a revisão administrativa de aposentadoria por incapacidade permanente após completados dez anos de concessão, desde que o segurado conte com menos de 60 anos de idade.

De efeito, o artigo 103-A da Lei 8.213/91 prevê que "o direito da Previdência Social de anular os atos administrativos de que decorram efeitos favoráveis para os seus beneficiários decai em 10 (dez) anos, contados da data em que foram praticados, salvo comprovada má-fé".

Sucede que a revisão administrativa de aposentadoria por invalidez não visa a anular ato ilegal da nossa Previdência Social, e sim reavaliar modificações no estado clínico no segurado que podem gerar as seguintes decisões, em tese:

a) manutenção da aposentadoria por incapacidade permanente;
b) manutenção temporária da aposentadoria por incapacidade permanente na forma de mensalidades de recuperação;
c) conversão de aposentadoria por incapacidade permanente em auxílio-acidente;
d) conversão de aposentadoria por incapacidade permanente em auxílio-doença;
e) cessação do benefício.

De acordo com o atual posicionamento do STJ este prazo decadencial será aplicado aos benefícios concedidos antes da vigência da Lei 9.784/99 (Lei do Processo Administrativo Federal), que no seu artigo 54 instituiu um prazo de 05 anos para o exercício do poder-dever de autotutela.

No entanto, o prazo de decadência de 10 anos de que dispõe a Administração Pública Previdenciária somente começará a correr no dia 01/02/1999, data em que começou a vigorar o prazo decadencial na Lei do Processo Administrativo Federal.

> "PREVIDENCIÁRIO. BENEFÍCIO. REVISÃO. DECADÊNCIA. ART. 103-A DA LEI 8.213/91.
>
> 1. O Superior Tribunal de Justiça, sob o regime do art. 543-C do CPC (recursos repetitivos), reiterou o entendimento segundo o qual o prazo para a Administração Pública rever os atos que gerem vantagem aos segurados será decenal e disciplinado pelo art. 103-A da Lei 8.213/1991, descontado o prazo já transcorrido antes do advento da MP 138/2003.
>
> **2. Relativamente aos atos concessivos de benefício anteriores à Lei 9.784/1999, o prazo decadencial decenal estabelecido no art. 103-A da Lei 8.213/1991 tem como termo inicial 1º.2.1999, data da entrada em vigor da Lei 9.784/1999.**
>
> 3. Embargos de Declaração providos para, reconhecendo o prazo decadencial decenal, determinar o retorno dos autos à origem para que verifique a configuração ou não da decadência, no caso" (EDcl no REsp 1262743, de 05/03/2013).

No mesmo sentido a TNU:

"PREVIDENCIÁRIO. DECADÊNCIA. ANULAÇÃO DE ATOS ADMINISTRATIVOS DE QUE DECORRAM EFEITOS FAVORÁVEIS PARA OS BENEFICIÁRIOS. DIREITO INTERTEMPORAL. CONFLITO DE LEIS NO TEMPO. LEI NOVA QUE AUMENTOU PRAZO. 1.O prazo de decadência do direito de revisar o ato de concessão dos benefícios concedidos antes da Lei nº 9.784/99 passou a correr a partir de 1º/2/1999. A decadência deveria, pois, se consumar em 1º/2/2004. Antes disso, porém, sobreveio a Medida Provisória nº 138, de 19/11/2003, que, inserindo na Lei nº 8.213/91 o art. 103-A, ampliou para dez anos o prazo de decadência para anulação dos atos administrativos no âmbito da previdência social. A ampliação do prazo de decadência aplica-se às situações jurídicas em curso. 2.A Terceira Seção do STJ entendeu que, em se tratando de benefício previdenciário concedido em data anterior à Lei n. 9.784/99, o INSS tem até dez anos para rever a renda mensal inicial do benefício, a contar da data da publicação da lei. E para os benefícios concedidos após a vigência da referida lei, a contagem do prazo decenal será a partir da data da concessão do benefício (REsp 1.114.938). Em qualquer caso, prevalece o entendimento de que a elevação do prazo de caducidade prevista na Medida Provisória nº 138 aplica-se aos benefícios concedidos anteriormente a ela. 3. Uniformizado o entendimento de que o direito da Previdência Social de anular os atos administrativos de que decorram efeitos favoráveis para os seus beneficiários decai em dez anos, mesmo quando o ato de concessão do benefício tenha antecedido o início da vigência da norma jurídica que aumentou o prazo de cinco para dez anos. 4. Incidente provido. 5. O Presidente da TNU poderá determinar que todos os processos que versarem sobre esta mesma questão de direito material sejam automaticamente devolvidos para as respectivas Turmas Recursais de origem, antes mesmo da distribuição do incidente de uniformização, para que confirmem ou adequem o acórdão recorrido. Aplicação do art. 7º, VII, "a", do regimento interno da TNU, com a alteração aprovada pelo Conselho da Justiça Federal em 24/10/2011" (PEDIDO 200971570065200, de 20/02/2013).

Veja-se o artigo 569 da IN INSS 77/2015 também nesse sentido:

"Art. 569. O direito da Previdência Social de rever os atos administrativos decai em dez anos, contados da data em que foram praticados, salvo comprovada má-fé.

§ 1º Para os benefícios concedidos antes do advento da Lei nº 9.784, de 1999, ou seja, com DDB até 31 de janeiro de 1999, o início do prazo decadencial começa a correr a partir de 1º de fevereiro de 1999.

§ 2º Para os benefícios com efeitos patrimoniais contínuos, concedidos a partir de 1º de fevereiro de 1999, o prazo decadencial contar-se-á da data do primeiro pagamento".

A Agência do INSS, ao detectar indícios de irregularidades em benefícios, serviços previdenciários, Certidão de Tempo de Contribuição – CTC, e alteração de dados do CNIS, deverá proceder à comunicação do início de procedimento revisional instaurado por meio de despacho decisório, formalizando o processo de apuração e efetuando a análise dos procedimentos adotados[10].

Em se tratando de erro, o levantamento dos valores recebidos indevidamente será efetuado retroagindo cinco anos, a contar da data da expedição da comunicação do início de procedimento revisional instaurado por meio de despacho decisório, incluindo-se os valores recebidos a partir dessa data até a cessação ou revisão do benefício, atualizados os valores correspondentes a esse período até a data da constituição do crédito[11].

10. Artigo 602, da IN INSS 77/2015.
11. Artigo 612, da IN INSS 77/2015.

3. PRESCRIÇÃO QUINQUENAL

É bastante conhecido o vetusto brocardo latino que diz que "o direito não socorre a quem dorme" (*dormientibus non succurrit jus*). É que não basta ser titular de um direito, sendo necessário exercê-lo no prazo máximo previsto na legislação, pois muitas vezes ele não poderá ser efetivado a qualquer tempo, a depender da sua natureza.

A prescrição e a decadência são institutos jurídicos que se concretizam com a inércia de um titular de direito que não o exercita no prazo máximo fixado em lei, existindo secular divergência doutrinária na sua diferenciação.

A prescrição alcança a pretensão que nasce do direito subjetivo não realizado, após transcorrido *in albis* o lapso temporal legal. Em termos de Regime Geral de Previdência Social, o INSS tem o dever de deferir os benefícios previdenciários requeridos por seus segurados e dependentes, desde que tenha se realizado a hipótese legal de concessão.

Tradicionalmente, no Brasil, a prescrição das parcelas devidas pelo Poder Público ocorre em cinco anos. O lustro prescricional já era previsto desde o vetusto e vigente Decreto 20.910/1932, sendo esse prazo mantido para a Previdência Social, nos termos do artigo 103, parágrafo único, da Lei 8.213/91:

> "Parágrafo único. Prescreve em cinco anos, a contar da data em que deveriam ter sido pagas, toda e qualquer ação para haver prestações vencidas ou quaisquer restituições ou diferenças devidas pela Previdência Social, salvo o direito dos menores, incapazes e ausentes, na forma do Código Civil".

Veja-se que esse dispositivo precisa ser interpretado à luz do novo Código Civil, pois superada a tese de que a prescrição fulmina a ação, pois alcança a pretensão que nasce do direito subjetivo violado.

Entretanto, para uma melhor explicação do tema, convém diferenciar a prescrição do fundo do direito da prescrição progressiva.

A prescrição do fundo do direito ocorre depois de transcorridos cinco anos contados do direito subjetivo violado, pois há uma única prestação devida pelo sujeito passivo da obrigação.

Suponha-se que um segurado julgue-se vilipendiado em sua honra por uma suposta agressão de um servidor do INSS ocorrida no dia 01.02.2004. Neste caso, se devida, a indenização por danos morais a ser paga pela autarquia previdenciária é obrigação instantânea, não se prorrogando no tempo.

Logo, se a reparação não for requerida administrativa ou judicialmente até o dia 01.02.2009, terá se operado a prescrição do fundo do direito da pretensão reparatória.

Já a prescrição progressiva, também conhecida como de trato sucessivo, é prevista no artigo 3º, do Decreto 20.910/32, ao dispor que "quando o pagamento se dividir por dias, meses ou anos, a prescrição atingirá progressivamente as prestações à medida que completarem os prazos estabelecidos pelo presente decreto".

A prescrição de trato sucessivo normalmente é aplicável aos benefícios previdenciários, e não a de fundo de direito, pois a relação jurídica previdenciária geralmente é continuada, renovando-se mês a mês a obrigação da Previdência Social de pagar a parcela do benefício.

Nesse sentido, vale colacionar precedente do Tribunal Regional Federal da 5ª Região:

"PREVIDENCIÁRIO E PROCESSUAL CIVIL. EMBARGOS DE DECLARAÇÃO. APOSENTADORIA RURAL POR IDADE. REGIME ECONOMIA FAMILIAR. CONCESSÃO. PRESCRIÇÃO DO FUNDO DE DIREITO. OMISSÃO. EXISTÊNCIA. PRESCRIÇÃO QUINQUENAL. OMISSÃO. INEXISTÊNCIA. PREQUESTIONAMENTO. **1. O benefício previdenciário, por representar direito de trato sucessivo (de regra), e repercutir diretamente na esfera da dignidade da pessoa humana, não admite a prescrição do fundo do direito. É que as prestações previdenciárias têm finalidades que lhes emprestam características de direito indisponíveis, atendendo a uma necessidade de índole eminentemente alimentar. Daí que o direito ao benefício previdenciário em si não prescreve, mas tão-somente as prestações não reclamadas dentro de certo tempo, que vão prescrevendo, uma a uma, em virtude da inércia do beneficiário. 2. A jurisprudência desta Turma consolidou entendimento no sentido de que os direitos previdenciários obedecem à prescrição progressiva, posto que, nas prestações de natureza alimentar, o direito se adquire e se extingue progressivamente, sendo, portanto, imprescritível quanto ao fundo do direito, alcançando, portanto, apenas as parcelas abrangidas pelo prazo de 05 (cinco) anos.** Omissão suprida apenas neste ponto. 3. Ao contrário do que sustenta o INSS, **o acórdão vergastado reconheceu a ocorrência da prescrição das parcelas anteriores ao quinquênio que antecedeu o ajuizamento da presente demanda. Inexistência de omissão sobre a presente matéria.** 4. Acerca do prequestionamento, a matéria suscitada pelo embargante se encontra analisada nas próprias razões do presente recurso e do acórdão embargado, o que atende a seu objetivo para fins de interposição de recurso para as instâncias superiores. 5. Precedentes desta egrégia Corte. 6. Embargos de declaração providos em parte, sem, contudo, imprimir-lhes efeitos infringentes" (EDAC – Embargos de Declaração na Apelação Civel – 513991/01, de 22.03.2011).

No mesmo sentido, para o TRF da 3ª Região, "o fundo de direito, em matéria de direito previdenciário não prescreve, prescrevendo-se apenas, as parcelas qüinqüenais anteriores à propositura da ação, quando inexistir qualquer causa interruptiva ou suspensiva do curso da prescrição"[12].

Logo, em termos de benefícios previdenciários, incidirá o entendimento da Súmula 85, do STJ, que dispõe que "nas relações jurídicas de trato sucessivo em que a Fazenda Pública figure como devedora, quando não tiver sido negado o próprio direito reclamado, a prescrição atinge apenas as prestações vencidas antes do qüinqüênio anterior à propositura da ação".

Tradicionalmente, o STJ reconhece que as demandas previdenciárias no RGPS se submetem ao regime da prescrição quinquenal de trato sucessivo, não prescrevendo o fundo do direito, não havendo de se falar em prescrição do direito ao benefício:

"Processo

REsp 1483177 / CE

RECURSO ESPECIAL

2014/0242998-7

Relator(a)

Ministro HERMAN BENJAMIN (1132)

Órgão Julgador

T2 – SEGUNDA TURMA

Data do Julgamento

17/03/2015

12. Passagem da APELAÇÃO CIVEL 827323, de 24.11.2003.

Data da Publicação/Fonte

DJe 06/04/2015

Ementa

PROCESSUAL CIVIL E PREVIDENCIÁRIO. PRESCRIÇÃO. ART. 103, PARÁGRAFO ÚNICO, DA LEI 8.213/1991. INDEFERIMENTO DE BENEFÍCIO. NEGATIVA EXPRESSA DO INSS. INTERPRETAÇÃO DO ART. 103 DA LEI 8.213/1991.

1. A interpretação contextual do caput e do parágrafo único do art. 103 da Lei 8.213/1991 conduz à conclusão de que o prazo que fulmina o direito de revisão do ato de concessão ou indeferimento de benefício previdenciário é o decadencial de dez anos (caput), e não o lapso prescricional quinquenal (parágrafo único) que incide apenas sobre as parcelas sucessivas anteriores ao ajuizamento da ação.

2. Não fosse assim, a aplicação do entendimento de que a prescrição quinquenal prevista no parágrafo único do art. 103 da Lei 8.213/1991 pode atingir o fundo de direito tornaria inócuo o instituto da decadência previsto no caput do mesmo artigo, que prevê prazo de dez anos para o exercício do direito de revisão de ato de indeferimento ou de concessão de benefício previdenciário".

No entanto, no caso de **benefícios por incapacidade laboral**, existe uma corrente forte no STJ aplicando a **prescrição quinquenal de "fundo de direito"**:

> **REsp 1764665 / SC, de 21/2/2019**: PREVIDENCIÁRIO. **AUXÍLIO-DOENÇA**. DIREITO NEGADO PELA ADMINISTRAÇÃO. **INTERPOSIÇÃO DE AÇÃO APÓS CINCO ANOS. PRESCRIÇÃO DO FUNDO DE DIREITO**. SÚMULA N. 85/STJ. I – Na origem, cuida-se de ação ajuizada em desfavor do Instituto Nacional do Seguro Social – INSS objetivando a concessão de auxílio-doença e aposentadoria por invalidez. II – A parte recorrente objetiva, no recurso especial, que o benefício retroaja aos requerimentos administrativos anteriores cessados pela autarquia previdenciária em 38.2.2002, 11.7.2005, 15.11.2006 e em 30.4.2007, o que não é possível. **III – Isso porque, conforme entendimento jurisprudencial desta Corte, entende-se que a revisão do ato administrativo que indeferiu o auxílio-doença está sujeita à prescrição quinquenal prevista no art. 1º do Decreto n. 20.910/32**. No caso dos autos, a presente ação foi ajuizada, em 14.5.2013, após o decurso do prazo prescricional de cinco anos a contar do quarto requerimento administrativo, formulado em 30.4.2007, o que torna inviável a retroação do benefício a essa data e aos requerimentos anteriores. Precedentes: REsp n. 1.756.827/PB, Rel. Ministro Francisco Falcão, Segunda Turma, julgado em 11/12/2018, DJe 17/12/2018; e AgInt no REsp n. 1.744.640/PB, Rel. Ministro Herman Benjamin, Segunda Turma, julgado em 6/12/2018, DJe 19/12/2018.

Eis o artigo 1º do Decreto 20.910/32:

> "Art. 1º As dívidas passivas da União, dos Estados e dos Municípios, bem assim todo e qualquer direito ou ação contra a Fazenda federal, estadual ou municipal, seja qual for a sua natureza, prescrevem em cinco anos contados da data do ato ou fato do qual se originarem".

Os precedentes pela "prescrição de fundo de direito" no caso de benefício por incapacidade laboral são da lavra da 2ª Turma do STJ, sendo incabível o questionamento judicial do indeferimento após cinco anos, devendo ser feito um novo requerimento administrativo, o que irá prejudicar a data de início do benefício.

Não se trata de uma prescrição de fundo de direito propriamente dita. Cuida-se na verdade de pronunciar a prescrição de 5 anos quando a ação judicial é aforada após o lustro prescricional, a contar da notificação do interessado:

Processo

REsp 1829798 / PB

RECURSO ESPECIAL

2019/0227317-0

Relator(a)

Ministro HERMAN BENJAMIN (1132)

Órgão Julgador

T2 – **SEGUNDA TURMA**

Data do Julgamento

03/09/2019

Data da Publicação/Fonte

DJe 11/10/2019

Ementa

PROCESSUAL CIVIL E ADMINISTRATIVO. CONCESSÃO DE BENEFÍCIO DE AMPARO SOCIAL. PRESCRIÇÃO DO FUNDO DE DIREITO. NÃO INCIDÊNCIA DA SÚMULA 85/ STJ. O TERMO INICIAL DO PRAZO PRESCRICIONAL É A DATA DA NEGATIVA DO REQUERIMENTO ADMINISTRATIVO.

1. Os benefícios previdenciários envolvem relações de trato sucessivo e atendem necessidades de caráter alimentar, razão pela qual a pretensão à obtenção de um benefício é imprescritível.

2. As prestações previdenciárias têm características de direitos indisponíveis, daí por que o benefício previdenciário, em si, não prescreve. Somente as prestações não reclamadas no lapso de cinco anos é que prescreverão, uma a uma, em razão da inércia do beneficiário, nos exatos termos do art. 3º do Decreto 20.910/1932.

3. É firme a orientação do STJ de que não ocorre a prescrição do fundo de direito enquanto não existir manifestação expressa da Administração negando o direito reclamado, estando prescritas apenas as prestações vencidas no quinquênio que precedeu à propositura da ação, nos termos da Súmula 85/STJ.

4. Uma vez negado formalmente pela Administração o direito pleiteado, flui o prazo prescricional cujo termo inicial é a data do conhecimento pelo administrado do indeferimento do pedido. Precedente: AgRg no AREsp. 749.479/RJ, Rel. Min. HUMBERTO MARTINS, DJe 30.9.2015.

5. No caso dos autos, há falar em prescrição, pois a data do requerimento administrativo foi 6.11.2003 (fl. 21); e a presente ação, ajuizada apenas em 3.7.2018, ou seja, quase 15 anos depois. Portanto, decorridos mais de cinco anos da data da negativa e do ajuizamento da ação, deve ser mantida a solução dada pela Corte de origem.

6. Recurso Especial não provido".

No âmbito da 1ª Turma, embora haja referência a prescrição de trato sucessivo e a conservação do direito que pode ser exercitado em novo requerimento administrativo, este Colegiado também não admite pedido de restabelecimento de benefício após 5 anos da sua cessação:

Processo

AgInt nos EDcl no AREsp 1431428 / RN

AGRAVO INTERNO NOS EMBARGOS DE DECLARAÇÃO NO AGRAVO EM RECURSO ESPECIAL 2016/0171355-2

Relator(a)

Ministro GURGEL DE FARIA (1160)

Órgão Julgador

T1 – PRIMEIRA TURMA

Data do Julgamento

09/03/2020

Data da Publicação/Fonte

DJe 12/03/2020

Ementa

PROCESSUAL CIVIL E PREVIDENCIÁRIO. APOSENTADORIA POR INVALIDEZ. CASSAÇÃO. ATO DE EFEITO CONCRETO. PLEITO DE RESTABELECIMENTO. TRANSCURSO DE MAIS DE CINCO ANOS. PRESCRIÇÃO. AÇÃO JUDICIAL. NOVA POSTULAÇÃO. NON REFORMATIO IN PEJUS. OBSERVÂNCIA.

1. O direito ao benefício, seja de natureza assistencial ou previdenciária, não se submete à prescrição de fundo por estar inserido nos direitos fundamentais, havendo, assim, uma relação de trato sucessivo, de modo que prescrevem apenas as parcelas anteriores ao quinquênio que antecede o ajuizamento da demanda.

2. Caso em que a recorrente não mais tinha uma relação de trato sucessivo com a autarquia desde a cassação de sua aposentadoria por invalidez, em 31/04/2009, pois a interrupção no pagamento dos proventos consistiu em ato de efeito concreto, momento em que nasceu o interesse de agir da parte autora que, no entanto, quedou-se inerte por mais de cinco anos.

3. Merece ser mantido o acórdão proferido na origem, ao consignar que o pleito seja conhecido como um novo pedido de concessão de aposentadoria, cujo termo a quo deve ser a contar do ajuizamento da ação e não da citação, visto que não houve recurso da autarquia neste ponto, em observância ao primado de non reformatio in pejus.

4. Agravo interno desprovido.

Desse modo, identificou-se uma mudança de interpretação do STJ, que anteriormente admitia o questionamento judicial de indeferimentos após cinco anos, o que agora não mais vem se aceitando.

A TNU entende que se trata de prescrição progressiva quinquenal da pretensão ao benefício por incapacidade laboral **(tema 57)**:

Tema	57	**Situação do tema**	Julgado	**Ramo do direito**	DIREITO PREVIDENCIÁRIO
Questão submetida a julgamento		Saber se há incidência da prescrição do fundo de direito para os casos em que transcorrido o prazo de 5 anos no período compreendido entre o cancelamento administrativo do auxílio-doença e o ajuizamento da ação.			
Tese firmada		Não ocorre prescrição do fundo de direito quando, entre o cancelamento administrativo do auxílio-doença e o ajuizamento da ação, decorrem mais de 5 anos.			
Processo		**Relator (a)**	**Julgado em**	**Acórdão publicado em**	**Trânsito em julgado**
PEDILEF 0508032-49.2007.4.05.8201/ PB		Juiz Federal Adel Américo Dias de Oliveira	25/04/2012	06/07/2012	24/07/2012

Vale registrar mais uma vez que o **pedido inaugural administrativo** de um benefício previdenciário **poderá ser feito a qualquer tempo** nas situações de pagamento por prazo indeterminado, a exemplo de uma aposentadoria programada ou de uma pensão por morte:

Processo

AgInt no REsp 1433721 / MGAGRAVO INTERNO NO RECURSO ESPECIAL2014/0029489-4

Relator(a)

Ministro BENEDITO GONÇALVES (1142)

Órgão Julgador

T1 – PRIMEIRA TURMA

Data do Julgamento

23/03/2020

Data da Publicação/Fonte

DJe 25/03/2020

Ementa

ADMINISTRATIVO. AGRAVO INTERNO NO RECURSO ESPECIAL. SERVIDOR PÚBLICO ESTADUAL. PENSÃO POR MORTE. BENEFÍCIO PREVIDENCIÁRIO. EXERCÍCIO. IMPRESCRITIBILIDADE. DIREITO FUNDAMENTAL. PRESCRIÇÃO. TERMO INICIAL. INDEFERIMENTO ADMINISTRATIVO. RELAÇÃO DE TRATO SUCESSIVO. SÚMULA 85/STJ. NOVO ENTENDIMENTO DA PRIMEIRA SEÇÃO. ERESP 1.269.726/MG.

1. A Primeira Seção deste Tribunal Superior, nos autos do EREsp 1.269.726/MG, julgado em 13/3/2019, alinhando-se ao entendimento do Supremo Tribunal Federal no RE 626.489/SE, decidiu que não ocorre a prescrição do fundo de direito na hipótese de pretensão de concessão inicial de benefício previdenciário, por se tratar de direito fundamental do requerente, que pode ser exercido a qualquer tempo, razão pela qual o termo inicial do prazo prescricional deve ser a data do indeferimento administrativo da pensão por morte, e não a data do óbito do instituidor do benefício, restando prescritas apenas as parcelas anteriores ao quinquênio que precedeu à propositura da ação, nos termos da Súmula 85/STJ.

2. Agravo interno não provido.

Dessa forma, preserva-se o direito ao benefício, se houver, cabendo nova postulação administrativa (nova DER, sem atrasados) mesmo que o Poder Judiciário aplique a prescrição de cinco anos, se prazo maior decorreu entre a notificação do indeferimento administrativo e a data do ajuizamento da ação judicial.

De acordo com o saudoso Câmara Leal, são elementos da prescrição: "1º – existência de uma ação exercitável (*actio nata*); 2º – inércia do titular da ação pelo seu não-exercício; 3º – continuidade dessa inércia durante um certo lapso de tempo; 4º – ausência de algum fato ou ato a que a lei atribua eficácia impeditiva, suspensiva ou interruptiva do curso prescricional."[13]

De efeito, caso o beneficiário da Previdência Social não permaneça inerte na realização da pretensão do suposto direito subjetivo violado, é possível que ocorra algum fato suspenda ou interrompa o curso do lapso prescricional.

13. Da Prescrição e da Decadência, 3ª ed., RJ, Forense, 1978, p. 11.

Entende-se que o requerimento administrativo de benefício previdenciário tem o condão de suspender o curso prescricional, caso já iniciado, pois sinaliza a perseguição do direito prestacional violado, afastando a suposta contumácia do segurado ou do seu dependente.

Nesse sentido, dispõe o artigo 4º, do Decreto 20.910/32, que "não corre a prescrição durante a demora que, no estudo, ao reconhecimento ou no pagamento da dívida, considerada líquida, tiverem as repartições ou funcionários encarregados de estudar e apurá-la".

De seu turno, os artigos 8º e 9º, do referido Decreto, ainda dispõem que a prescrição **somente poderá ser interrompida uma vez** e, após a interrupção, **recomeçará a correr pela metade** do prazo da data do ato que a interrompeu ou do último ato ou termo do respectivo processo.

Assim sendo, o requerimento administrativo para a concessão de benefício previdenciário irá suspender o curso da prescrição, **que voltará a correr pelo período remanescente após a comunicação final do indeferimento do benefício.**

Este é o posicionamento que passou a ser adotado pela TNU, através da Súmula 74:

> Súmula 74– O prazo de prescrição fica suspenso pela formulação de requerimento administrativo e volta a correr pelo saldo remanescente após a ciência da decisão administrativa final.

Outrossim, dispõe o artigo 202, inciso I, do Código Civil, que a interrupção da prescrição, que somente poderá ocorrer uma vez, dar-se-á por despacho do juiz, mesmo incompetente, que ordenar a citação, se o interessado a promover no prazo e na forma da lei processual.

Contudo, é curial que ambos os prazos prescricionais (antes e depois da interrupção), somados, atinjam ao menos cinco anos, pois não é admissível um prazo inferior. Este, inclusive, é o entendimento do STF, cristalizado na Súmula 383, que preceitua que "a prescrição em favor da Fazenda Pública recomeça a correr, por dois anos e meio, a partir do ato interruptivo, mas não fica reduzida aquém de cinco anos, embora o titular do direito a interrompa durante a primeira metade do prazo".

Assim, o despacho de citação prolatado pelo juiz, mesmo que incompetente, terá a eficácia jurídica de interromper a marcha do lapso prescricional, retroagindo à data da propositura da ação, nos moldes do artigo 240, § 1º, do CPC/2015.

Sobre o tema, eis a TNU:

> **PUIL n. 0501509-54.2017.4.05.8109/CE** – apreciando situação na qual se discutia a prescrição da pretensão ao recebimento de parcelas vencidas de benefício previdenciário, a TNU fixou as seguintes teses: (a) ato da Administração que reconhece o direito do interessado interrompe o prazo prescricional quinquenal; (b) o reconhecimento administrativo do direito, suspende o prazo prescricional, na forma do artigo 4.º do Decreto n.º 20.910/32; (c) a prática de algum ato da Administração em que reste inequívoco o seu desinteresse no pagamento da dívida deflagra a contagem do novo prazo prescricional.

De acordo com o STJ, "a citação válida no processo coletivo interrompe o prazo prescricional para propositura da Ação individual. Ademais, a presente Ação Individual é autônoma e independente da Ação Coletiva, sobretudo porque, in casu, não se tem notícia de que houve o pedido de suspensão no prazo de trinta dias, a contar da ciência nos autos do ajuizamento da Ação Coletiva, conforme dispõe o artigo 104 do CDC. Assim, a prescrição atinge as prestações vencidas antes do quinquênio anterior à propositura da presente Ação Individual, nos termos da

Súmula 85/STJ. Nesse sentido: AgRg no REsp 1.559.883/RJ, Rel. Ministro Herman Benjamin, Segunda Turma, DJe 23/5/2016. 12. Recurso Especial parcialmente provido." **(REsp 1656512/ RJ, Rel. Ministro HERMAN BENJAMIN, SEGUNDA TURMA, julgado em 18/04/2017, DJe 02/05/2017)**.

> "No que se refere à interrupção da prescrição por força de Ação Civil Pública, o STJ tem entendido que a propositura de ação coletiva interrompe a prescrição apenas para a propositura da ação individual. Em relação ao pagamento de parcelas vencidas, a prescrição quinquenal tem como marco inicial o ajuizamento da ação individual. A propósito: REsp 1.740.410/RS, Rel. Ministra Assusete Magalhães, Segunda Turma, julgado em 5/6/2018; EDcl no REsp 1.669.542/ES, Rel. Ministro Herman Benjamin, Segunda Turma, julgado em 3/10/2017; AgInt no REsp 1.645.952/RJ, Rel. Ministro Sérgio Kukina, Primeira Turma, julgado em 8/5/2018".

Dessa forma, para que a citação na ação coletiva interrompa o curso do lapso prescricional na ação individual, é necessário que haja pedido de suspensão da ação individual, no prazo de trinta dias, a contar da ciência nos autos do ajuizamento da Ação Coletiva.

A TNU segue a mesma linha do STJ (Informativo 30/2018):

> REPRESENTATIVO DE CONTROVÉRSIA – DEFINIÇÃO DE TESE – TEMA N. 166 – PUIL n. 5010000-21.2012.4.04.7205/SC – Apreciando o pedido sob o regime dos representativos de controvérsia, a TNU fixou a seguinte tese: "**A propositura da ação coletiva não interrompe a prescrição da pretensão condenatória na ação individual, salvo se parte autora tiver requerido a suspensão do processo, nos termos do art. 104, da Lei n. 8.078/90, ou esteja se valendo do título judicial formado na ação coletiva para execução individual**".
>
> REPRESENTATIVO DE CONTROVÉRSIA – DEFINIÇÃO DE TESE – TEMA N. 184 – PUIL n. 5003633-94.2016.4.04.7122/RS – Apreciando o pedido sob o regime dos representativos de controvérsia, a TNU fixou a seguinte tese: "**A propositura de Ação Coletiva interrompe a prescrição apenas para o ajuizamento da ação individual, não interrompendo os efeitos da prescrição das parcelas pretéritas cujo marco inicial deve ser o da propositura da ação individual respectiva, ressalvando-se as hipóteses do art. 104 do CDC**".

Vale registrar que a Lei 8.213/91 não disciplina a interrupção da prescrição para efeitos previdenciário, devendo, dessarte, ser aplicado o regramento geral do Decreto 20.910/32:

> *"Art. 8º A prescrição somente poderá ser interrompida uma vez.*
>
> *Art. 9º A* ***prescrição interrompida*** *recomeça a correr,* ***pela metade do prazo****, da data do ato que a interrompeu ou do último ato ou termo do respectivo processo".*

Desta forma, uma vez interrompida a prescrição quinquenal, esta voltará a correr por dois anos e seis meses, observado o prazo total mínimo de cinco anos.

No mesmo sentido o posicionamento do STJ:

> "PREVIDENCIÁRIO E PROCESSUAL CIVIL. REVISÃO DO BENEFÍCIO PREVIDENCIÁRIO. MEMORANDO-CIRCULAR 21/DIRBEN/PFE-INSS DE 15/4/2010. INTERRUPÇÃO DA PRESCRIÇÃO. ART. 9º DO DECRETO 20.910/1932.
>
> 1. No que concerne à prescrição, a Lei de Benefícios da Previdência Social, no parágrafo único do art. 103, definiu que estariam prescritas "em cinco anos, a contar da data em que deveriam ter sido pagas, toda e qualquer ação para haver prestações vencidas ou quaisquer restituições ou diferenças

devidas pela Previdência Social, salvo o direito dos menores, incapazes e ausentes, na forma do Código Civil" (Incluído pela Lei n. 9.528, de 1997).

2. No entanto, a referida norma legal não disciplinou a questão da interrupção do prazo prescricional. Segundo entendimento do STJ, nas dívidas devidas pela Fazenda Pública, uma vez interrompida a prescrição, esta retoma o seu curso pela metade, conforme dispõe o art. 9º do Decreto 20.910/1932, respeitado o prazo mínimo de cinco anos, nos termos da Súmula 383 do STF.

3. Dentro desse contexto, como a presente ação foi proposta em 15.4.2015, ou seja, após 16.10.2012 (dois anos e meio contados do ato que reconheceu o direito do segurado), tem-se que, efetivamente, a prescrição atingiu as parcelas vencidas no período que antecedeu o quinquênio anterior ao ajuizamento da ação, isto é, estão prescritas as parcelas anteriores a 15.4.2010.

4. Recurso Especial provido. (REsp 1796299/PR, Rel. Ministro HERMAN BENJAMIN, SEGUNDA TURMA, julgado em 28/03/2019, DJe 28/05/2019)

"AGRAVO REGIMENTAL NO RECURSO ESPECIAL. PREVIDENCIÁRIO. PRAZO PRESCRICIONAL. INTERRUPÇÃO. REINÍCIO. PRAZO PELA METADE. ART. 103, PARÁGRAFO ÚNICO, DA LEI N. 8.213/91. ART. 9º DO DECRETO N. 20.910/32. ANTINOMIA. AUSÊNCIA.

1. A lei geral convive com a lei especial na parte em que não há antinomia, consoante regra basilar de hermenêutica. Precedentes.

2. No caso, o art. 103, parágrafo único, da Lei n. 8.213/91, ao tratar da prescrição quinquenal, não aborda a questão da interrupção do prazo, devendo-se aplicar, então, o art. 9º do Decreto n. 20.910/32, que regula a matéria de forma geral.

3. Agravo regimental a que se nega provimento". (AgRg no REsp 1221425/RS, Rel. Ministro OG FERNANDES, SEXTA TURMA, julgado em 07/05/2013, DJe 20/05/2013)

De acordo com o Código Civil brasileiro, eis as causas de interrupção do curso prescricional:

"Art. 202. A **interrupção da prescrição**, que somente poderá ocorrer uma vez, dar-se-á:

I – por despacho do juiz, mesmo incompetente, que ordenar a citação, se o interessado a promover no prazo e na forma da lei processual;

II – por protesto, nas condições do inciso antecedente;

III – por protesto cambial;

IV – pela apresentação do título de crédito em juízo de inventário ou em concurso de credores;

V – por qualquer ato judicial que constitua em mora o devedor;

VI – por qualquer ato inequívoco, ainda que extrajudicial, que importe reconhecimento do direito pelo devedor".

Para o RGPS chama a atenção o inciso VI do artigo 202 do Código Civil, na medida em que um ato da autarquia de previdência (a exemplo de um memorando-circular) que reconhecer um direito do segurado, mas não efetue o adimplemento das parcelas devidas, terá o condão de interromper o curso prescricional, que voltará a correr pela metade, observado o lapso mínimo de cinco anos na soma dos períodos anterior e posterior à edição do ato interruptivo.

Entende-se que **o requerimento administrativo suspende o prazo prescricional**, e não o interrompe, na esteira do previsto no artigo 4º, do Decreto 20.910/32.

Nos termos do artigo 487, II, do CPC/2015, haverá resolução de mérito quando o juiz decidir, de ofício ou a requerimento, sobre a ocorrência de decadência ou prescrição.

Em termos de prescrição quinquenal durante o trâmite de processo judicial, há ainda a prescrição intercorrente da pretensão executória, que se opera pela inércia do credor do título judicial em promover a sua execução, cujo termo inicial é a coisa julgada.

Ou seja, após a *res judicata*, o credor terá cinco anos para promover a execução da sentença, sob pena de concretização da prescrição executória intercorrente.

Caso haja o pagamento apenas parcial por precatório ou requisição de pequeno valor, dar-se-á a interrupção do curso prescricional, restando ao beneficiário da Previdência Social o prazo remanescente de dois anos e meio para vindicar a quantia residual, conforme já se pronunciou o Tribunal Regional Federal da 5ª Região:

> "EMBARGOS À EXECUÇÃO COMPLEMENTAR. PRESCRIÇÃO INTERCORRENTE. – Apelação de sentença que julgou procedentes os embargos à execução manejados pelo INSS – INSTITUTO NACIONAL DO SEGURO SOCIAL, contra a execução complementar que lhe moveram segurados da Previdência que tiveram os seus benefícios revisados. O MM. Juiz Federal sentenciante acolheu a alegação de que a obrigação decorrente da sentença condenatória que determinou a revisão do benefício já fora satisfeita, e que a pretensão executória complementar se encontra atingida pela prescrição intercorrente, na forma prevista pela Súmula nº 383 do STF. – **O trânsito em julgado da sentença exeqüenda ocorreu em 17/02/1994, e o depósito dos valores estabelecidos na condenação se deu em 19/04/1996, 02 (dois anos), 02 (dois) meses e 02 (dois) dias depois, devendo ser contado a partir de então o prazo prescricional remanescente pela metade, desde que o mesmo no total não fique inferior a 5 (cinco) anos. Assim, a parte apelante poderia ter manejado a execução complementar até 21/06/1999, quando decorridos 03 (três) anos, 02 (dois) meses e 02 (dois) dias da realização do pagamento. Assim, havendo a execução sido manejada em 2001, encontra-se prescrita a pretensão executória**. – Precedente da Turma: AC nº 325833/RN, Rel. Des. Federal ÉLIO WANDERLEY DE SIQUEIRA, julg. 07/04/2005, publ. DJ 05/05/2005, pág. 470. – Apelação improvida" (Apelação Cível 305.315, de 28.09.2006).

No entanto, existe precedente do STJ que adotou a prescrição quinquenal da pretensão executória:

> "PREVIDENCIÁRIO E PROCESSUAL CIVIL. REVISÃO DA RENDA MENSAL INICIAL. IRSM DE FEVEREIRO/1994. PRESCRIÇÃO DA PRETENSÃO EXECUTIVA. OCORRÊNCIA. ART. 103, PARÁGRAFO ÚNICO, DA LEI 8.213/1991. INTELIGÊNCIA DA SÚMULA 150/STF.
>
> 1. A questão principal posta nos autos diz respeito à prescrição da pretensão executiva da sentença que condenou a Previdência Social a proceder a revisões no benefício do ora recorrido.
>
> 2. O magistrado de piso consignou que "o trânsito em julgado da sentença exequenda deu-se na data de 08/03/2006, (...) Sendo esta data o termo a quo para a fluência do prazo prescricional da ação de execução de 05 (cinco) anos, este se consumou em 07/03/2011, (...), não sendo causa de sua interrupção o mero pedido de desarquivamento dos autos. Assim, quando ajuizada a execução em data de 28/09/2011, já havia escoado o prazo prescricional de cinco anos para executar o título judicial" (fl. 115, e-STJ).
>
> 3. O teor da Súmula 150 do Supremo Tribunal Federal, assim afirma: "prescreve a execução no mesmo prazo de prescrição da ação".
>
> 4. A interpretação contextual do caput e do parágrafo único do art. 103 da Lei 8.213/1991 conduz à conclusão de que o prazo que fulmina o direito de revisão do ato de concessão ou indeferimento de benefício previdenciário é o decadencial de dez anos (caput), e não o lapso prescricional quinquenal (parágrafo único), que incide apenas sobre as parcelas sucessivas anteriores ao ajuizamento da ação.

> 5. Sendo assim, da leitura do parágrafo único do art. 103 da Lei 8.213/91, considerando a inteligência da Súmula 150 do STF, **entendo que o prazo prescricional da pretensão executiva, oriunda de ação em que se discutiu a revisão do benefício previdenciário, é de cinco anos.** 6. Recurso Especial provido". (REsp 1522523/ES, Rel. Ministro HERMAN BENJAMIN, SEGUNDA TURMA, julgado em 18/06/2015, DJe 05/08/2015).

Ademais, vale frisar que a prescrição não correrá contra os absolutamente incapazes, conforme previsto no artigo 103, parágrafo único, da Lei 8.213/91, combinado com o artigo 198, do Código Civil, bem como contra os ausentes do País em serviço público da União, dos Estados ou dos Municípios e os que se acharem servindo nas Forças Armadas, em tempo de guerra.

De efeito, enquadravam-se como absolutamente incapazes os menores de dezesseis anos; os que, por enfermidade ou deficiência mental, não tiverem o necessário discernimento para a prática desses atos e os que, mesmo por causa transitória, não puderem exprimir sua vontade, a teor do artigo 3º, do Código Civil.

No entanto, com a Lei 13.146/2015, que alterou o artigo 3º do Código Civil, somente os menores de 16 anos de idade se enquadram como absolutamente incapazes:

> "Art. 3º São absolutamente incapazes de exercer pessoalmente os atos da vida civil os menores de 16 (dezesseis) anos". (Redação dada pela Lei nº 13.146, de 2015)
>
> Por outro lado, aqueles que, por causa transitória ou permanente, não puderem exprimir sua vontade, passaram a ser enquadrados no artigo 4º do Código Civil como relativamente incapazes, mesmo que não possuam exprimir a sua vontade em nenhum grau de modo definitivo.

Não houve regra de transição na Lei 13.146/2015 na mudança das pessoas que não podem exprimir a sua vontade de absoluta para relativamente incapazes, tendo agora como efeitos jurídicos previdenciários (assim como no Direito Civil) o início do curso do prazo prescricional.

A questão intertemporal de transição inexiste legalmente, mas precisa ser construída pela doutrina e jurisprudência para decidir os inúmeros casos reais do dia a dia.

Propõe-se nesta obra que o termo inicial da prescrição se dê apenas em 3/1/2016, data da vigência da Lei 13.146/2016, não sendo constitucional que o prazo prescricional corra em período em que a pessoa sem capacidade de exprimir a sua vontade era absolutamente incapaz.

Uma questão que vem gerando polêmica há alguns anos, desde o advento do Código Civil de 2002, é qual o prazo prescricional a ser adotado contra o Poder Público nas ações de indenização.

É que o artigo 206, § 3º, inciso V, do novo Código Civil, prevê que a pretensão de reparação civil prescreve em três anos, lapso temporal anteriormente fixado em vinte anos pelo Código Civil de 1916.

Entende-se que esse menor prazo deverá ser aplicado também para o Poder Público, em razão do disposto no artigo 10, do Decreto 20.910/32:

> "Art. 10. O disposto nos artigos anteriores não altera as prescrições de menor prazo, constantes das leis e regulamentos, as quais ficam subordinadas às mesmas regras".

Assim, não poderia o Poder Público ter um prazo prescricional superior aos administrados, justamente em razão da ressalva do referido artigo, que aduziu que a prescrição quinquenal não altera os lapsos prescricionais inferiores.

Essa tese passou a ser acolhida pela 1ª Seção (formada pela 1ª e 2ª Turma) do Superior Tribunal de Justiça:

> "PROCESSUAL CIVIL E ADMINISTRATIVO. RECURSO ESPECIAL. RESPONSABILIDADE CIVIL DO ESTADO. ANÁLISE DO CONJUNTO FÁTICO-PROBATÓRIO DOS AUTOS. IMPOSSIBILIDADE. SÚMULA N. 7/STJ. PRETENSÃO INDENIZATÓRIA. PRESCRIÇÃO. INCIDÊNCIA, NA ESPÉCIE, DO ART. 206, § 3º, INC. V, DO NOVO CÓDIGO CIVIL. PRAZO TRIENAL. PRECEDENTES DO STJ. 1. Na hipótese dos autos, o recorrente defende que a Comarca de Ibiá é o juízo competente para análise dessa ação com base no documento de fls. 90/92, que demonstra que o objeto dos autos está relacionado ao contrato administrativo firmado entre as partes. 2. Ocorre que não é possível, em sede de recurso especial, aferir qual é o juízo competente para essa ação com base no exame de provas, face ao óbice preconizado na Súmula 7/STJ. **3. O entendimento jurisprudencial da 1ª Seção do STJ é no sentido de que se aplica o art. 206, § 3º, inc. V, do CC/02, nos casos em que se requer a condenação de entes públicos ao pagamento de indenização por danos materiais/morais.** Nesse sentido: EREsp 1.066.063/RS, 1ª Seção, Rel. Min. Herman Benjamin, DJe 22.10.2009; REsp 1.137.354/RJ, 2ª Turma, Rel. Min. Castro Meira, DJe 18.9.2009. 4. Considerando que o evento danoso ocorreu em 5.8.2002 e a demanda foi ajuizada em 29.9.2006, é possível verificar que já transcorreram mais de três anos, ocorrendo a prescrição no que se refere ao pedido de indenização por danos morais promovido pelo ora recorrido. 5. Recurso especial parcialmente conhecido e, nessa parte, provido (REsp 1.215.385, de 15.12.2010).

Destarte, por esta linha, o segurado ou o seu dependente terão três anos para exercer qualquer pretensão de indenização por danos materiais ou morais contra o INSS, a contar do fato, e não cinco anos.

Entretanto, o tema ainda não havia sido pacificado no âmbito da Corte Superior, existindo decisões pela aplicação do lustro prescricional contra o Poder Público nas ações de reparação civil mesmo após o novo Código Civil:

> "ADMINISTRATIVO E PROCESSUAL CIVIL. ART. 535, INCISO II, DO CÓDIGO DE PROCESSO CIVIL. AUSÊNCIA DE CONTRARIEDADE. SERVIDOR PÚBLICO ESTADUAL. ADICIONAL NOTURNO. **PRESCRIÇÃO TRIENAL. INAPLICABILIDADE. DÍVIDAS DA FAZENDA PÚBLICA. INCIDÊNCIA DO DECRETO 20.910/32.** PRECEDENTES. APRECIAÇÃO DE MATÉRIA CONSTITUCIONAL. IMPOSSIBILIDADE. 1. A alegada ofensa ao art. 535, inciso II, do Código de Processo Civil não subsiste, tendo em vista que o acórdão hostilizado solucionou a quaestio juris de maneira clara e coerente, apresentando todas as razões que firmaram o seu convencimento. **2. É pacífica jurisprudência desta Corte no sentido de que deve ser aplicada a prescrição qüinqüenal, prevista no Decreto 20.910/32, a todo qualquer direito ou ação contra a Fazenda federal, estadual ou municipal, seja qual for a natureza.** 3. A via do apelo nobre, destinada à uniformização da interpretação do direito federal, não se presta à análise de matéria constitucional, ainda que para fins de prequestionamento. 4. Agravo regimental desprovido" (AGREsp 1.027.259, de 15.04.2008).

Posteriormente, a 1ª Seção do STJ reverteu o seu posicionamento, passando a adotar a tese da prescrição quinquenal:

> "RESPONSABILIDADE CIVIL DO ESTADO. PRAZO DE PRESCRIÇÃO. **As ações propostas contra a Fazenda Pública estão sujeitas ao prazo prescricional de cinco anos. Agravo regimental não provido**" (AgRg nos EREsp 1241640, de 10/04/2013).

4. DECADÊNCIA DECENAL

A legislação previdenciária instituiu um prazo supostamente decadencial para a revisão de ato de concessão de benefício previdenciário, a teor do artigo 103, primeira parte, da Lei 8.213/91 (texto anterior à vigência da MP 871/2019, convertida na Lei 13.846/2019):

> "Art. 103. **É de dez anos o prazo de decadência de todo e qualquer direito ou ação do segurado ou beneficiário para a revisão do ato de concessão de benefício, a contar do dia primeiro do mês seguinte ao do recebimento da primeira prestação** ou, quando for o caso, do dia em que tomar conhecimento da decisão indeferitória definitiva no âmbito administrativo".

Logo, foi instituída a **decadência decenal para a revisão de benefício concedido**, *a contar do dia primeiro do mês seguinte ao do recebimento da primeira parcela*, aplicável tanto na esfera administrativa quanto na judicial.

De acordo com o Decreto 10.410/2020, nas hipóteses de requerimento de revisão de benefício em manutenção ou de recurso de decisão do INSS com apresentação de novos elementos extemporaneamente ao ato concessório, os efeitos financeiros serão fixados na data do pedido de revisão ou do recurso.

Esta hipótese foi inserida no artigo 103, da Lei 8.213/91, através da Medida Provisória 1.523-9, de 27.06.1997, convertida na Lei 9.528/97. Posteriormente, a Lei 9.711/98 reduziu o prazo para 05 anos, que novamente foi fixado em 10 anos, através da Lei 10.839/2004.

Entretanto, conquanto a lei tenha designado esse prazo de decadencial, nota-se que o direito de revisão do segurado não é potestativo, e sim subjetivo, pois exige uma obrigação de fazer (rever a renda mensal) e de pagar as parcelas vencidas a ser cumprida pela Previdência Social.

Logo, entende-se que teria sido mais adequado ter se chamado de prescrição do fundo do direito, e não de decadência, à luz do critério científico proposto pelo professor Agnelo Amorim, positivado no Código Civil de 2002.

Uma questão de difícil enfrentamento é definir o que é "revisão do ato de concessão do benefício", pois apenas os pedidos administrativos e judiciais de revisão de benefício previdenciário estarão sujeitos a este prazo decadencial.

A despeito da omissão legal e do raro tratamento doutrinário deste tema, entende-se que uma **ação revisional de benefício previdenciário** é aquela que objetiva o recálculo da renda do benefício, normalmente a renda mensal inicial.

Destarte, são ações revisionais as que buscam majorar o salário de benefício, através da inserção ou alteração dos índices de atualização monetária dos salários de contribuição, da inclusão de novos salários de contribuição no período básico de cálculo ou da majoração dos já existentes.

Outrossim, uma ação que vindica a elevação do percentual do salário de benefício também se enquadra como revisional, quer majorando a renda mensal inicial, quer elevando a renda mensal posteriormente.

Por essa razão, uma ação judicial que tem o propósito de apenas obter o pagamento de parcelas de correção monetária de benefício previdenciário pago em atraso não possui a natureza revisional, haja vista não se pedir o recálculo da renda mensal inicial ou atual do benefício.

Da mesma forma, uma ação que busque o reajustamento da renda de um benefício por um índice de correção monetária também não se trata de ação revisional, pois não haverá recálculo do salário de benefício e consequentemente da renda mensal, mas apenas elevação posterior da renda pelo índice inflacionário vindicado.

Inicialmente, o STJ (2ª Turma) estava interpretando de maneira ampliativa o artigo 103, da Lei 8.213/91, aplicando-o não apenas às ações revisionais propriamente ditas, como também à renúncia da aposentadoria (desaposentação).

No entanto, este entendimento não foi sufragado pela 1ª Seção do STJ em sede de recurso repetitivo em 28 de novembro de 2013, conforme notícia publicada no sítio da Corte Superior:

> RECURSO REPETITIVO
>
> **Primeira Seção define em repetitivo que desaposentação não tem prazo de decadência**
>
> O prazo decadencial previsto no artigo 103 da Lei de Benefícios da Previdência Social (**Lei 8.213/91**) não se aplica aos casos de desaposentação. A decisão é da Primeira Seção do Superior Tribunal de Justiça (STJ), em julgamento de recurso repetitivo interposto pelo Instituto Nacional do Seguro Social (INSS) contra acórdão do Tribunal Regional Federal da 4ª Região (TRF4).
>
> O referido artigo dispõe que "é de dez anos o prazo de decadência de todo e qualquer direito ou ação do segurado ou beneficiário para a revisão do ato de concessão de benefício, a contar do dia primeiro do mês seguinte ao do recebimento da primeira prestação ou, quando for o caso, do dia em que tomar conhecimento da decisão indeferitória definitiva no âmbito administrativo".
>
> No caso julgado, o segurado postulou a declaração do direito de renúncia e o consequente desfazimento de sua aposentadoria por tempo de contribuição, com a averbação do tempo de serviço prestado após a inativação, para aferir aposentadoria mais vantajosa no mesmo regime de previdência.
>
> **Doze anos**
>
> O INSS suscitou preliminar de decadência do direito de agir, argumentando que a ação fora ajuizada 12 anos depois da concessão da aposentadoria, ocorrida em 13 de agosto de 1997, e após o advento da Medida Provisória 1.523-9, de 28 de junho de 1997, que fixou o prazo decadencial de dez anos para revisão de ato de aposentação.
>
> O TRF4 rejeitou o argumento do INSS, afirmando que o prazo decadencial é apenas para revisão de ato de concessão ou de indeferimento do benefício, o que não inclui a pretensão do autor da ação, que desejava a desaposentação.
>
> O relator do recurso do INSS no STJ, ministro Arnaldo Esteves Lima, confirmou o entendimento do TRF4. "Com efeito, o artigo 103, caput, da Lei de Benefícios, tido por ofendido pela autarquia e cerne da controvérsia repetitiva, dispõe ser de dez anos o prazo para a revisão de ato de concessão ou indeferimento de benefício", reconheceu o ministro.
>
> No entanto, ressaltou, o pedido formulado pelo segurado em juízo não consiste em rever a aposentadoria, pura e simplesmente, para rediscutir os critérios adotados no ato que a constituiu, já que não há nenhuma menção a erro na apuração da renda mensal inicial do benefício ou pedido de incorporação de reajuste não observado pelo INSS.
>
> **Mais vantajoso**
>
> Segundo o ministro, a pretensão do autor é o desfazimento de sua aposentadoria, a fim de acrescentar o novo período de contribuição ao tempo de serviço computado antes, o que possibilitará um benefício mais vantajoso, "no que a doutrina e a jurisprudência têm denominado de desaposentação".
>
> Para Arnaldo Esteves Lima, a desaposentação indica o exercício do direito de renúncia ao benefício a fim de desconstituir o ato original e, por conseguinte, obter uma nova aposentadoria, incrementada com as recentes contribuições vertidas pelo segurado.
>
> "A partir dessa premissa, a meu ver, a norma extraída do caput do artigo 103 da Lei 8.213 não se aplica às causas que buscam o reconhecimento do direito de renúncia à aposentadoria, mas estabelece

prazo decadencial para o segurado postular a revisão do ato de concessão do benefício, o qual, se modificado, importará em pagamento retroativo, diferentemente do que se dá na desaposentação", enfatizou o ministro em seu voto.

Interpretação restritiva

Para o relator, a interpretação a ser dada ao instituto da decadência previsto no artigo 103 da Lei 8.213 deve ser restritiva, pois as hipóteses de decadência decorrem de lei ou de ato convencional – o que não é o caso do processo julgado.

"Ademais, a possibilidade de cabimento da desaposentação foi albergada pela jurisprudência desta Corte com base no entendimento de que os benefícios previdenciários são direitos patrimoniais disponíveis e, por isso, suscetíveis de desistência por seus titulares", disse o relator.

Assim, concluiu o ministro, sendo certo que o segurado pode dispor de seu benefício e, ao fazê-lo, encerra a aposentadoria que percebia, não há na decisão do TRF4 nenhuma afronta aos artigos 18, parágrafo 2º, e 103, caput, da Lei 8.213. Seu voto foi acompanhado por maioria, vencido o ministro Herman Benjamin.

O entendimento na 1ª Seção do STJ foi correto, pois a renúncia da aposentadoria não é pedido de revisão de benefício previdenciário, porquanto não questionado o ato de sua concessão, não devendo se dar interpretação ampliativa contrária aos segurados e seus dependentes do artigo 103, da Lei 8.213/91.

Vale frisar também que o artigo 103, da Lei 8.213/91, não trata da suspensão ou interrupção do prazo decadencial para o exercício do direito de postular a revisão dos benefícios previdenciários.

Neste ponto, conquanto entenda-se não se tratar morfologicamente de decadência, pois o direito é subjetivo, e não potestativo, vale chamar o artigo 207, do Código Civil, que reza que "salvo disposição legal em contrário, não se aplicam à decadência as normas que impedem, suspendem ou interrompem a prescrição".

Mais adiante, o artigo 208, do Estatuto Civil, manda aplicar à decadência o disposto no artigo 198, inciso I, que pontifica que a prescrição não corre contra os absolutamente incapazes.

Dessarte, conquanto o artigo 103, da Lei 8.213/91, seja omisso, entende-se que a decadência decenal revisional não correrá contra os absolutamente incapazes. A despeito da omissão legal, entende-se também que o requerimento administrativo de revisão de benefício previdenciário irá suspender o curso do prazo decadencial, que voltará a correr com a notificação de indeferimento recebida pelo beneficiário.

O entendimento adotado nesta obra já foi seguido corretamente pelo STJ:

"PREVIDENCIÁRIO. PENSÃO POR MORTE DE PAI. FILHO MAIOR **ABSOLUTAMENTE INCAPAZ. REVISÃO DA RENDA MENSAL INICIAL. AUSÊNCIA DE DECADÊNCIA OU PRESCRIÇÃO**. 1. Na hipótese em exame, extrai-se da decisão objurgada que a questão envolve pedido de revisão de benefício previdenciário para assegurar o direito de pessoa **absolutamente incapaz, não havendo falar, por conseguinte, em aplicação do prazo decadencial**. 2. Agravo Regimental não provido" (STJ, AGRESP 1437248, de 15/05/2014).

Outrossim, a propositura de ação judicial que objetive revisar o benefício previdenciário deverá, por óbvio, interromper o transcurso da decadência, tal qual ocorre com a prescrição, retroagindo os seus efeitos à data da propositura da ação.

Por se tratar de decadência legal, e não convencional, uma vez consumada, deverá o juiz pronunciá-la de ofício, na esteira do quanto estipulado no artigo 210, do Código Civil, aplicável ao caso.

Vale registrar que o STJ não acata que o INSS renuncie à decadência decenal expressa ou tacitamente por se tratar de decadência legal:

> **"DA INTERRUPÇÃO DO PRAZO DA DECADÊNCIA LEGAL**
>
> 18. Ainda que os referidos atos fossem interpretados como reconhecimento de direito, não haveria aí renovação do prazo decadencial, que não se suspende nem se interrompe nas hipóteses previstas para o prescricional, conforme os arts. 207 e 209 do Código Civil: Art. 207. "Salvo disposição legal em contrário, não se aplicam à decadência as normas que impedem, suspendem ou interrompem a prescrição." Art. 209. "É nula a renúncia à decadência fixada em lei."
>
> **19. Ao contrário da decadência convencional, a decadência legal é considerada matéria de ordem pública, pois o interesse público demanda a extinção do direito não utilizado em determinado lapso temporal. Mesmo que assim quisesse a União ou o INSS, seria nula eventual tentativa de renúncia à decadência legal.**
>
> 20 Embora fosse possível a renovação do prazo decadencial por ato normativo da mesma hierarquia do Código Civil, não teria sido esse o intuito da MP 201/2004 nem da Lei 10.999/2004, que não abordaram a decadência e, muito menos, a renúncia à decadência. Persiste, assim, a orientação firmada no Código Civil" (passagem do REsp 1670907/RS, de 13/08/2019, 2ª Turma).

Existe precedente da lavra do STJ considerando como termo inicial da decadência decenal a coisa julgada trabalhista, quando a ação revisional se fundar em decisão da Justiça do Trabalho:

> "DECADÊNCIA PARA O SEGURADO REVISAR BENEFÍCIO PREVIDENCIÁRIO. VIOLAÇÃO DO ART. 535 DO CPC. FALTA DE INTERESSE EM RECORRER. PARCELAS REMUNERATÓRIAS RECONHECIDAS PERANTE A JUSTIÇA DO TRABALHO. TERMO INICIAL PARA CONTAGEM DO PRAZO DECADENCIAL PREVISTO NO ART. 103 CAPUT DA LEI 8.213/1991. TRÂNSITO EM JULGADO DA SENTENÇA TRABALHISTA. ENTENDIMENTO QUE VEM SE FIRMANDO NO SUPERIOR TRIBUNAL DE JUSTIÇA. RECURSO ESPECIAL DO INSS CONHECIDO EM PARTE E NESSA PARTE NÃO PROVIDO. 1. Acerca da aplicação do prazo decadencial para o segurado revisar seu benefício, a tese foi analisada pela Primeira Seção do Superior Tribunal Justiça, no julgamento dos Recursos Especiais 1.309.529/PR, DJe de 4/6/2013 e 1.326.114/SC, DJe de 13/5/2013, ambos submetidos ao rito do recurso especial repetitivo, de Relatoria do Ministro Herman Benjamin. 2. No julgamento dos representativos da controvérsia, o STJ assentou que incide o prazo decadencial do art. 103 caput da Lei 8.213/1991, instituído pela Medida Provisória 1.523-9/1997, convertida na Lei 9.528/1997, também aos benefícios concedidos anteriormente a esse preceito normativo. 3. Há dois termos iniciais para contagem do prazo decadencial previsto no caput do art. 103 da Lei 8.213/1991: o primeiro a contar do dia primeiro do mês seguinte ao do recebimento da primeira prestação, o segundo, quando for o caso de requerimento administrativo, do dia em que tomar conhecimento da decisão indeferitória definitiva no âmbito administrativo. **4. Na hipótese de existir reclamação trabalhista em que se reconhece parcelas remuneratórias, como a do presente caso, o STJ vem sedimentando entendimento no sentido de que o prazo de decadência do direito à revisão do ato de concessão do benefício flui a partir do trânsito da sentença trabalhista**. 5. Recurso especial do INSS conhecido em parte e nessa parte não provido". (STJ, REsp 1440868, de 24/04/2014).

Permissa venia, a decisão do STJ é juridicamente equivocada. Isso porque a Justiça do Trabalho não possui competência para determinar a revisão de benefício previdenciário, razão pela qual a formação da coisa julgada trabalhista não pode ser considerada como o marco inaugural da decadência.

De efeito, independentemente da propositura de ação trabalhista, cabe ao segurado postular a revisão do benefício na Agência do INSS, demonstrando, por exemplo, que as parcelas salariais registradas no CNIS pelo empregador são inferiores às realmente devidas.

A mesma apreciação feita pela Justiça do Trabalho, para fins trabalhistas e de arrecadação das contribuições previdenciárias, é feita pelo INSS para fins de revisão do benefício previdenciário.

Considerando que somente a partir de 27.06.97 foi instituído o prazo decadencial de 10 anos para que os segurados e seus dependentes postulem a revisão dos benefícios já deferidos, a contar o primeiro dia do mês subsequente ao do primeiro pagamento, a controvérsia atual é saber se o prazo também será aplicado aos benefícios concedidos anteriormente.

A posição prevalente era a do STJ, que entendia que apenas os benefícios concedidos a partir de 27.06.97 terão o prazo de 10 anos para a postulação de sua revisão, pois a norma não deverá retroagir, conforme entendimento da 5ª Turma (EDREsp 527.331, de 24.04.2008) e da 6ª Turma (AGA 847.451, de 23.10.2007).

Contudo, no dia 14 de março de 2012, o tema tomou uma reviravolta no STJ no julgamento do Recurso Especial 1.303.988. Tendo em vista que no ano de 2012 a competência para julgar processos previdenciários passou da 3ª para a 1ª Seção, esta acolheu a tese do INSS por unanimidade no sentido de que a decadência decenal revisional se aplica aos benefícios concedidos antes do dia 27.06.97, a contar desta data:

"PREVIDÊNCIA SOCIAL. REVISÃO DO ATO DE CONCESSÃO DE BENEFÍCIO PREVIDENCIÁRIO. DECADÊNCIA. PRAZO. ART. 103 DA LEI 8.213/91. BENEFÍCIOS ANTERIORES. DIREITO INTERTEMPORAL.

1. Até o advento da MP 1.523-9/1997 (convertida na Lei 9.528/97), não havia previsão normativa de prazo de decadência do direito ou da ação de revisão do ato concessivo de benefício previdenciário. Todavia, com a nova redação, dada pela referida Medida Provisória, ao art. 103 da Lei 8.213/91 (Lei de Benefícios da Previdência Social), ficou estabelecido que "É de dez anos o prazo de decadência de todo e qualquer direito ou ação do segurado ou beneficiário para a revisão do ato de concessão de benefício, a contar do dia primeiro do mês seguinte ao do recebimento da primeira prestação ou, quando for o caso, do dia em que tomar conhecimento da decisão indeferitória definitiva no âmbito administrativo".

2. **Essa disposição normativa não pode ter eficácia retroativa para incidir sobre o tempo transcorrido antes de sua vigência. Assim, relativamente aos benefícios anteriormente concedidos, o termo inicial do prazo de decadência do direito ou da ação visando à sua revisão tem como termo inicial a data em que entrou em vigor a norma fixando o referido prazo decenal** (28/06/1997). Precedentes da Corte Especial em situação análoga (v.g.: MS 9.112/DF Min. Eliana Calmon, DJ 14/11/2005; MS 9.115, Min. César Rocha (DJ de 07/08/06, MS 11123, Min. Gilson Dipp, DJ de 05/02/07, MS 9092, Min. Paulo Gallotti, DJ de 06/09/06, MS (AgRg) 9034, Min. Félix Ficher, DL 28/08/06).

3. Recurso especial provido".

No final do ano de 2012, a 1ª Seção do STJ confirmou o referido entendimento da 2ª Turma, consolidando a mudança da jurisprudência da Corte Superior:

> "29/11/2012– 15h16
>
> RECURSO REPETITIVO
>
> **Seção aplica decadência de dez anos para revisão de benefícios concedidos antes de 1997**
>
> Por maioria de cinco votos a três, a Primeira Seção do Superior Tribunal de Justiça (STJ) decidiu que o prazo de dez anos para decadência do direito à revisão de benefícios previdenciários, criado pela Medida Provisória 1.523-9/97, que entrou em vigor em 28 de junho de 1997, também se aplica aos benefícios concedidos antes dessa data.
>
> Seguindo o voto do relator, ministro Herman Benjamin, a Seção definiu ainda que, nesses casos, o prazo decadencial deve ser contado a partir da edição da MP, e não a partir da concessão do benefício.
>
> Para a maioria dos ministros da Primeira Seção, a aplicação do prazo previsto na MP (que alterou o artigo 103 da Lei 8.213/91) sobre os atos de concessão de benefício praticados antes de 28 de junho 1997 não viola o direito adquirido e o ato jurídico perfeito.
>
> A decisão é favorável à tese do INSS, que ingressou no STJ com o Recurso Especial 1.309.529 para aplicar o prazo decadencial ao direito de um segurado do Paraná que pedia a revisão de benefícios concedidos em agosto de 1996 (antes, portanto, da MP), mas só ajuizou a ação revisional em agosto de 2009, mais de dez anos depois da alteração legislativa.
>
> O INSS, cujo recurso foi provido, alegava a decadência do direito à revisão, em razão do transcurso de mais de dez anos entre a entrada em vigor da MP e o ajuizamento da ação. O segurado, por sua vez, sustentava que os benefícios concedidos antes da MP não se submeteriam ao prazo decadencial, sendo possível a revisão a qualquer tempo"[14].

Este posicionamento da 1ª Seção do STJ foi adotado pelo STF no julgamento do RE 626.489, julgado em 16 de outubro de 2013, consoante notícia publicada no site da Suprema Corte:

> "Quarta-feira, 16 de outubro de 2013
>
> **STF reconhece prazo de dez anos para revisão de benefícios do INSS anteriores a MP de 1997**
>
> O Supremo Tribunal Federal (STF) decidiu nesta quarta-feira (16) que o prazo de dez anos para a revisão de benefícios previdenciários é aplicável aos benefícios concedidos antes da Medida Provisória (MP) 1.523-9/1997, que o instituiu. Por unanimidade, o Plenário deu provimento ao Recurso Extraordinário (RE) 626489, interposto pelo Instituto Nacional do Seguro Social (INSS), para reformar acórdão de Turma Recursal dos Juizados Especiais Federais da Seção Judiciária do Estado de Sergipe que entendeu inaplicável o prazo decadencial para benefícios anteriores à vigência da MP. A decisão estabeleceu também que, no caso, o prazo de dez anos para pedidos de revisão passa a contar a partir da vigência da MP, e não da data da concessão do benefício.
>
> A matéria discutida no RE 626489 teve repercussão geral reconhecida, e a decisão tomada pelo STF servirá como parâmetro para os processos semelhantes em todo o país, que estavam com a tramitação suspensa (sobrestados) à espera da conclusão do julgamento.
>
> O acórdão recorrido assentou como fundamento o entendimento "de que o prazo decadencial previsto artigo 103 (*caput*) da Lei de Benefícios, introduzido pela Medida Provisória 1.523-9/1997,

14. http://www.stj.gov.br/portal_stj/publicacao/engine.wsp?tmp.area=398&tmp.texto=107890

convertida na Lei 9.528/1997, por se tratar de instituto de direito material, surte efeitos apenas sobre as relações jurídicas constituídas a partir de sua entrada em vigor". Como, naquele caso, o benefício previdenciário foi concedido à segurada antes da vigência da Medida Provisória 1.523-9/1997, a conclusão foi a de que estaria "imune à incidência do prazo decadencial".

O INSS argumentava que, ao vedar a incidência do prazo instituído pela lei nova aos benefícios concedidos antes de sua publicação, o acórdão violava frontalmente a garantia do artigo 5º, inciso XXXVI, da Constituição Federal, que trata do direito adquirido. Dessa forma, pedia que fosse restabelecida a sentença de primeiro grau que reconhecia a decadência. A segurada, por sua vez, alegava que, como o benefício foi concedido antes da vigência da lei, havia direito adquirido de ingressar com o pedido de revisão de seu benefício a qualquer tempo.

O relator do processo, ministro Luiz Roberto Barroso, destacou que o direito a benefício previdenciário deve ser considerado como uma das garantias fundamentais previstas na Constituição Federal, pois "se assenta nos princípios da dignidade da pessoa humana e da solidariedade e nos valores sociais do trabalho". Segundo ele, a competência para estabelecer as regras infraconstitucionais que regem este direito fundamental é do Congresso, e apenas se a legislação desrespeitar o núcleo essencial desse direito é que haverá invalidade da norma. "O fato de que, ao tempo da concessão, não havia limite temporal para futuro pedido de revisão não quer dizer que o segurado tenha direito adquirido a que tal prazo nunca venha a ser estabelecido."

O ministro explicou que, em relação ao requerimento inicial de benefício previdenciário, que constitui o direito fundamental do cidadão, a legislação não introduziu nenhum prazo. E frisou que a concessão do benefício não prescreve ou decai, podendo ser postulada a qualquer tempo.

Segundo o voto do relator, o prazo decadencial introduzido pela Lei 9.528/1997 atinge somente a pretensão de rever o benefício, ou seja, de discutir a graduação econômica do benefício já concedido. "A instituição de um limite temporal máximo destina-se a resguardar a segurança jurídica, facilitando a previsão do custo global das prestações sociais", afirmou. Em rigor, esta é uma exigência relacionada à manutenção do equilíbrio atuarial do sistema previdenciário, propósito que tem motivado sucessivas emendas constitucionais e medidas legislativas. Em última análise, é desse equilíbrio que depende a própria continuidade da previdência, para esta geração e outras que virão", sustentou.

De acordo com o ministro, não há inconstitucionalidade na criação de prazo decadencial razoável para a revisão dos benefícios já reconhecidos. Ele lembrou que a lei passou a prever o mesmo prazo para eventuais pretensões revisionais da administração pública que, depois de dez anos, também fica impedida de anular atos administrativos que gerem efeitos favoráveis para seus beneficiários. "Considero que o prazo de dez anos é inequivocamente razoável. É tempo mais do que suficiente para a resolução de eventuais controvérsias interpretativas e para que o segurado busque as informações relevantes" afirmou em seu voto".

Assim, com o posicionamento do STF, o tema foi pacificado no ordenamento jurídico brasileiro, sendo válido artigo 103, da Lei 8.213/91, que atende ao Princípio da Segurança Jurídica ao fixar prazo razoável de 10 anos para a propositura das ações revisionais, a fim de se prevenir a eternização dos litígios, sendo aplicável aos benefícios anteriores ao advento da MP 1.523/97, cujo decêndio apenas começou a correr com a publicação do citado ato normativo.

Demais disso, o referido prazo é necessário para facilitar a previsão do custo global das prestações devidas pela Previdência Social, bem como não existir prazo decadencial para a postulação de um benefício previdenciário pela primeira vez.

Conforme passagem do Informativo STF 724, acresceu-se que o regime geral de previdência social seria sistema de seguro na modalidade de repartição simples, a significar que todas as despesas seriam diluídas entre os segurados. Não se cuidaria de um conjunto de contas puramente individuais, mas de sistema baseado na solidariedade, a aumentar a interdependência entre os envolvidos. Diante disso, haveria maior razão para se estipular prazo para a revisão de atos de concessão, a conciliar os interesses individuais com o imperativo de manutenção do equilíbrio financeiro e atuarial do sistema. Nesse sentido, asseverou-se que o lapso de dez anos seria razoável, inclusive porque também adotado quanto a eventuais previsões revisionais por parte da Administração (Lei 8.213/91, art. 103-A)".

Mencionou-se que a Corte teria precedentes no sentido de que a lei aplicável para a concessão e benefício, bem como para fixar os critérios de seu cálculo, seria aquela em vigor no momento em que os pressupostos da prestação previdenciária teriam se aperfeiçoado, de acordo com a regra *tempus regit actum*. Assim, não haveria direito subjetivo à prevalência de norma posterior mais favorável, tampouco poderia ser utilizada para esse fim eventual lei superveniente mais gravosa. No caso, sublinhou-se não se incorporar ao patrimônio jurídico de beneficiário suposto direito à aplicação de regra sobre decadência para eventuais pedidos revisionais. Frisou-se que a decadência não integraria o espectro de pressupostos e condições para a concessão do benefício, de maneira a não se poder exigir a manutenção de seu regime jurídico. Portanto, a ausência de prazo decadencial para a revisão no momento em que deferido o benefício não garantiria ao beneficiário a manutenção do regime jurídico pretérito, no qual existente a prerrogativa de pleitear a revisão da decisão administrativa a qualquer tempo. Pontuou-se que a lei poderia criar novos prazos de decadência e prescrição, ou alterar os já existentes, de modo que, ressalvada a hipótese de prazos antigos já aperfeiçoados, não haveria direito adquirido a regime jurídico prévio.

Para o INSS, a decadência decenal também será aplicada aos benefícios concedidos antes de 27.06.97, mas o prazo começará a correr na referida data, a teor do artigo 568, da Instrução Normativa INSS 77/2015.

Mas há um detalhe. O STF firmou correta tese que a decadência restou iniciada em 1º de agosto de 1997 (primeiro dia do mês seguinte ao primeiro pagamento), e não em 27/6/1997:

> "EMENTA: RECURSO EXTRAORDINÁRIO. DIREITO PREVIDENCIÁRIO. REGIME GERAL DE PREVIDÊNCIA SOCIAL (RGPS). REVISÃO DO ATO DE CONCESSÃO DE BENEFÍCIO. DECADÊNCIA. 1. O direito à previdência social constitui direito fundamental e, uma vez implementados os pressupostos de sua aquisição, não deve ser afetado pelo decurso do tempo. Como consequência, inexiste prazo decadencial para a concessão inicial do benefício previdenciário. 2. É legítima, todavia, a instituição de prazo decadencial de dez anos para a revisão de benefício já concedido, com fundamento no princípio da segurança jurídica, no interesse em evitar a eternização dos litígios e na busca de equilíbrio financeiro e atuarial para o sistema previdenciário. 3. **O prazo decadencial de dez anos, instituído pela Medida Provisória 1.523, de 28.06.1997, tem como termo inicial o dia 1º de agosto de 1997**, por força de disposição nela expressamente prevista. Tal regra incide, inclusive, sobre benefícios concedidos anteriormente, sem que isso importe em retroatividade vedada pela Constituição. 4. Inexiste direito adquirido a regime jurídico não sujeito a decadência. 5. Recurso extraordinário conhecido e provido" **(RE 626489, Relator(a): Min. ROBERTO BARROSO, Tribunal Pleno, julgado em 16/10/2013, ACÓRDÃO ELETRÔNICO REPERCUSSÃO GERAL – MÉRITO DJe-184 DIVULG 22-09-2014 PUBLIC 23-09-2014).**

No caso de revisão de pensão por morte oriunda de aposentadoria, o STJ pacificou o tema decidindo em repetitivo que a decadência será contada desde a aposentadoria, não sendo reaberto o prazo com a concessão da pensão por morte.

Em 27/2/2019, no julgamento do EREsp 1605554, a 1ª Seção do STJ pacificou o tema, definindo que a decadência deverá ser computada a partir da aposentadoria, e não da pensão por morte precedida de aposentadoria:

Processo

EREsp 1605554 / PR

EMBARGOS DE DIVERGÊNCIA EM RECURSO ESPECIAL

2016/0146617-4

Relator(a)

Ministro MAURO CAMPBELL MARQUES (1141)

Relator(a) p/ Acórdão

Ministra ASSUSETE MAGALHÃES (1151)

Órgão Julgador

S1 – PRIMEIRA SEÇÃO

Data do Julgamento

27/02/2019

Data da Publicação/Fonte

DJe 02/08/2019

RSTJ vol. 255 p. 229

Ementa

PREVIDENCIÁRIO, CIVIL E PROCESSUAL CIVIL. EMBARGOS DE DIVERGÊNCIA EM RECURSO ESPECIAL. PENSÃO POR MORTE DERIVADA DE APOSENTADORIA POR TEMPO DE CONTRIBUIÇÃO. PEDIDO DE REVISÃO DA PENSÃO POR MORTE, MEDIANTE REVISÃO DA RENDA MENSAL INICIAL DA APOSENTADORIA ORIGINÁRIA. IMPOSSIBILIDADE, EM RAZÃO DA DECADÊNCIA DE REVISÃO DO BENEFÍCIO ORIGINÁRIO. EXEGESE DO ART. 103, CAPUT, DA LEI 8.213/91, NA REDAÇÃO DADA PELA MEDIDA PROVISÓRIA 1.523-9, DE 27/06/97. INCIDÊNCIA DA TESE FIRMADA NO JULGAMENTO DOS RECURSOS ESPECIAIS REPETITIVOS 1.326.114/SC E 1.309.529/PR (TEMA 544), RATIFICADA PELOS RECURSOS ESPECIAIS REPETITIVOS 1.612.818/PR E 1.631.021/PR (TEMA 966), EM CONFORMIDADE COM O ENTENDIMENTO DO STF, NOS RECURSOS EXTRAORDINÁRIOS 630.501/RS (TEMA 334) E 626.489/SE (TEMA 313). PRINCÍPIO DA ACTIO NATA. INAPLICABILIDADE. EMBARGOS DE DIVERGÊNCIA DESPROVIDOS.

I. Trata-se, na origem, de ação ajuizada pela parte embargante, beneficiária de pensão por morte do pai, em face do INSS, objetivando a revisão de seu benefício de pensão, mediante prévia revisão da renda mensal inicial do benefício originário, sustentando que seu genitor, aposentado em 02/07/91, tinha direito adquirido a melhor benefício, por ter ele implementado as condições para a aposentadoria na vigência da Lei 6.950/81 – que previa o limite máximo do salário-de-contribuição em valor correspondente a 20 (vinte) vezes o maior salário-mínimo vigente no país -, de modo que a renda mensal inicial do aludido benefício deveria ser maior, por concedido ele antes da Lei 7.787/89.

II. O acórdão ora embargado concluiu pela impossibilidade de revisão da pensão por morte, mediante revisão da renda mensal inicial da pretérita aposentadoria que a originou, por já haver decaído, para o titular do benefício originário, o direito à revisão.

III. O acórdão paradigma, em caso análogo, afastou a decadência, sob o fundamento de que, por força do princípio da actio nata, o termo inicial do prazo decadencial para a revisão da renda mensal inicial da aposentadoria do instituidor da pensão por morte é a data de concessão da pensão.

IV. A Primeira Seção do STJ, em 28/11/2012, no julgamento dos Recurso Especiais repetitivos 1.326.114/SC e 1.309.529/PR (Tema 544), sob o rito do art. 543-C do CPC/73, firmou entendimento no sentido de que "incide o prazo de decadência do art. 103 da Lei 8. 213/1991, instituído pela Medida Provisória 1.523-9/1997, convertida na Lei 9.528/1997, no direito de revisão dos benefícios concedidos ou indeferidos anteriormente a esse preceito normativo, com termo a quo a contar da sua vigência (28.6.1997)" (STJ, REsp 1.326.114/SC e REsp 1.309.529/PR, Rel. Ministro HERMAN BENJAMIN, PRIMEIRA SEÇÃO, DJe de 13/05/2013).

V. Referido entendimento foi ratificado, pela Primeira Seção do STJ, no julgamento, em 13/02/2019, igualmente sob o rito do art. 543-C do CPC/73, dos Recursos Especiais 1.631.021/PR e 1.612.818/PR (Tema 966), firmando-se a tese de que "incide o prazo decadencial previsto no caput do artigo 103 da Lei 8.213/1991 para reconhecimento do direito adquirido ao benefício previdenciário mais vantajoso", entendimento em consonância com o do STF, firmado nos Recursos Extraordinários 626.489/SE (Tema 313) e 630.501/RS (Tema 334), julgados sob o regime da repercussão geral.

VI. O STF, em 21/02/2013, ao examinar o caso específico do direito adquirido ao melhor benefício, no RE 630.501/RS, julgado sob o regime da repercussão geral (Tema 334 – "Direito a cálculo de benefício de aposentadoria de acordo com legislação vigente à época do preenchimento dos requisitos exigidos para sua concessão"), firmou o entendimento no sentido de que, também nessa hipótese, devem ser respeitadas a decadência do direito à revisão e a prescrição das parcelas já vencidas, tendo consignado que, "para o cálculo da renda mensal inicial, cumpre observar o quadro mais favorável ao beneficiário, pouco importando o decesso remuneratório ocorrido em data posterior ao implemento das condições legais para a aposentadoria, respeitadas a decadência do direito à revisão e a prescrição quanto às prestações vencidas" (STF, RE 630.501/RS, Rel. Ministra ELLEN GRACIE, PLENO, DJe de 26/08/2013).

VII. Posteriormente, em 16/10/2013, no julgamento do RE 626.489/SE, também sob o regime da repercussão geral (Tema 313 – "Aplicação do prazo decadencial previsto na Medida Provisória nº 1.523/97 a benefícios concedidos antes da sua edição"), o STF entendeu pela inexistência de prazo decadencial, mas apenas para a concessão inicial do benefício previdenciário, que é direito fundamental, e, assim, não sujeito aos efeitos do prazo decadencial, concluindo ser "legítima, todavia, a instituição de prazo decadencial de dez anos para a revisão de benefício já concedido, com fundamento no princípio da segurança jurídica, no interesse em evitar a eternização dos litígios e na busca de equilíbrio financeiro e atuarial para o sistema previdenciário" (STF, RE 626.489/SE, Rel. Ministro ROBERTO BARROSO, PLENO, DJe de 23/09/2014).

VIII. Distinção, pois, deve ser feita entre o direito de ação – vinculado ao prazo prescricional para exercê-lo – e o direito material em si, que pode, se não exercido em certo prazo, ser atingido pela decadência, que, na forma do art. 207 do Código Civil, salvo expressa disposição legal em contrário – que, para o caso dos autos, inexiste -, não está sujeita às normas que impedem, suspendem ou interrompem a prescrição.

IX. O acórdão ora embargado deve prevalecer, pois o direito ao melhor benefício está sujeito à decadência, ao passo que o princípio da actio nata não incide, no caso dos autos, porquanto diz respeito ao direito de ação, e, nessa medida, está interligado ao prazo prescricional. O prazo decadencial, por sua vez, refere-se ao direito material, que, como dispõe a lei, não se suspende, nem se interrompe.

X. Na espécie, a ação foi ajuizada em 12/09/2011, objetivando rever a pensão por morte, deferida em 01/11/2008, mediante revisão da renda mensal inicial da aposentadoria que a originou, concedida ao de cujus, pelo INSS, em 02/07/91. Concedido o benefício da aposentadoria ao instituidor da pensão em 02/07/91, anteriormente à vigência da Medida Provisória 1.523-9, de 27/06/97, adota-se, como termo a quo do prazo decadencial, o dia 28/06/97. Ajuizada a presente ação em 12/09/2011, incide, por força do art. 103, caput, da Lei 8.213/91, a decadência decenal do direito à revisão da renda mensal inicial da pretérita aposentadoria, ainda que haja repercussão financeira na pensão por morte dela derivada.

XI. Embargos de Divergência em Recurso Especial desprovidos.

A TNU entende que não incide a decadência decenal no que concerne aos temas não apreciados pelo INSS no ato de concessão:

Súmula 81 – "Não incide o prazo decadencial previsto no art. 103, caput, da Lei nº 8.213/91, nos casos de indeferimento e cessação de benefícios, bem como em relação às questões não apreciadas pela Administração no ato da concessão".

Entende-se que posicionamento da TNU é equivocado, pois não existe ressalva no artigo 103, *caput*, da Lei 8.213/91.

Mas vale frisar que a 1ª Turma do STF possui precedente favorável ao INSS, em que foi rechaçada a tese encampada pela TNU e STJ, mantendo a incidência da decadência decenal mesmo quando a ação revisional veicula tema não apreciado administrativamente pela Previdência Social:

> 09/12/2014 – PRIMEIRA TURMA
>
> AG. REG. NO RECURSO EXTRAORDINÁRIO COM AGRAVO 845.209 PARANÁ
>
> RELATOR: MIN. MARCO AURÉLIO
>
> AGTE.(S): MARIA DO ROCIO GUSSO FERNANDES ADV.(A / S): WILLYAN ROWER SOARES AGDO.(A/S): INSTITUTO NACIONAL DO SEGURO SOCIAL – INSS PROC. (A/S)(ES): PROCURADOR-GERAL FEDERAL
>
> "DECADÊNCIA – PRAZO – BENEFÍCIO PREVIDENCIÁRIO – REVISÃO. É constitucional a fixação de prazo decadencial por meio de medida provisória. Precedente: Recurso Extraordinário nº 626.489/SE, Pleno, relator ministro Luís Roberto Barroso".

Na fundamentação, aduziu o Ministro Marco Aurélio que "o agravante, na minuta do regimental, sustenta a inaplicabilidade da decadência ao caso. **Afirma que o prazo decadencial não impede o reconhecimento do novo tempo de serviço ou de contribuição ainda não analisado na via administrativa. Evoca precedente do Superior Tribunal de Justiça**".

No entanto, a tese foi rechaçada pelo STF:

> **"Não prosperam as alegações do embargante. Passados mais de dez anos entre a vigência de Lei nº 9.528/97, decorrente da conversão da Medida Provisória nº 1.523/97, e o pedido de revisão, impõe-se a aplicação da decadência... Nesse sentido, uma vez assentado pelo Colegiado local tratar-se de revisão de aposentadoria, descabe a diferenciação pleiteada pelo embargante, visto que o precedente evocado não excepcionou qualquer situação de revisão da regra da decadência".**

Eis mais um precedente do STF no mesmo sentido:

> *"RECURSO EXTRAORDINÁRIO COM AGRAVO. PREVIDENCIÁRIO. REVISÃO DA RENDA MENSAL INICIAL.* ***PRETENSÃO NÃO ANALISADA PELA ADMINISTRAÇÃO POR OCASIÃO DA CONCESSÃO DO BENEFÍCIO. DECADÊNCIA. RE 626.489.*** *TEMA 313 DA REPERCUSSÃO GERAL. AGRAVO PROVIDO PARA, DESDE LOGO, PROVER O RECURSO EXTRAORDINÁRIO.*
>
> *É o relatório. DECIDO.*
>
> *O recurso merece prosperar.*
>
> *O prazo decadencial de dez anos, instituído pela Medida Provisória 1.523/1997, incide, inclusive, sobre os benefícios concedidos anteriormente à sua vigência, nos termos da jurisprudência fixada pelo Plenário desta Corte no julgamento do RE 626.489, Rel. Min. Roberto Barroso, Sessão Plenária realizada em 16/10/2013. A decisão restou assim ementada:*
>
> *(...)*

> *Assevere-se que, naquela oportunidade, firmou-se entendimento no sentido de que a decadência atinge a pretensão de rever benefícios previdenciários, ou seja, alcança a discussão da graduação econômica quando este já foi concedido.* ***Dito de outra forma, uma vez concedido o benefício, a partir do dia primeiro do mês seguinte ao do recebimento da primeira prestação, dá-se início ao prazo decadencial, que alcança toda e qualquer pretensão, tenha sido discutida ou não no processo administrativo.***
>
> ***A pretensão de revisão com fundamento em questões não aventadas quando do deferimento do benefício também está sujeita ao prazo previsto no artigo 103 da Lei 8.213/1991, pois a análise de questões não apreciadas na via administrativa, por ocasião da concessão do benefício, não se caracterizará como benefício novo, mas importará, em última análise, em revisão da renda mensal inicial.***
>
> *Nesse sentido, destaco o ARE 845.209-AgR, de relatoria do Min. Marco Aurélio, no qual a Primeira Turma desta Corte, interpretando o julgado do Pleno no RE 626.489, negou provimento a recurso em que a parte autora afirmava que "o prazo decadencial não impede o reconhecimento do novo tempo de serviço ou de contribuição ainda não analisado na via administrativa", tendo assentado o acórdão, in verbis:*
>
> *'Nesse sentido, uma vez assentado pelo Colegiado local tratar-se de revisão de aposentadoria, descabe a diferenciação pleiteada pelo embargante, visto que o precedente evocado não excepcionou qualquer situação de revisão da regra da decadência.'*
>
> *Ex positis, PROVEJO o agravo e, com fundamento no disposto no artigo 932, V, do CPC/2015, DOU PROVIMENTO ao recurso extraordinário para reconhecer a decadência do direito de revisar o ato de concessão do benefício previdenciário"* ***Brasília, 26 de junho de 2017. Ministro Luiz Fux Relator Documento assinado digitalmente (ARE 1045210, Relator(a): Min. LUIZ FUX, julgado em 26/06/2017, publicado em PROCESSO ELETRÔNICO DJe-142 DIVULG 28/06/2017 PUBLIC 29/06/2017).***

A questão foi afetada como repetitivo do STJ (Tema 975) com decisão favorável ao INSS. Eis passagem do voto vencedor do Ministro Herman Benjamin:

> "Esclareço que, apesar de ter ponderado sobre as importantes reflexões trazidas pelos eminentes Ministro Napoleão Nunes Maia Filho e Ministra Regina Helena Costa, convenci-me de que minha proposta original, sufragada inicialmente pela Ministra Assusete Magalhães, é a melhor resposta jurisdicional para a resolução do tema repetitivo.
>
> É primordial, para uma ampla discussão sobre a aplicabilidade do art. 103 da Lei 8.213/1991, partir da básica diferenciação entre prescrição e decadência. Embora a questão seja por vezes tormentosa na doutrina e na jurisprudência, há características inerentes aos institutos, das quais não se pode afastar, entre elas a base de incidência de cada um deles, fundamental para o estudo da decadência do direito de revisão dos benefícios previdenciários.
>
> A prescrição tem como alvo um direito violado, ou seja, para que ela incida deve haver controvérsia sobre o objeto de direito consubstanciada na resistência manifestada pelo sujeito passivo, sendo essa a essência do princípio da actio nata (o direito de ação nasce com a violação ao direito).
>
> Essa disciplina é consubstanciada pelo art. 189 do CC: "art. 189. Violado o direito, nasce para o titular a pretensão, a qual se extingue, pela prescrição, nos prazos a que aludem os arts. 205 e 206." Por subtender a violação do direito, o regime prescricional admite causas que impedem, suspendem ou interrompem o prazo prescricional, e, assim como já frisado, a ação só nasce ao titular do direito violado.
>
> Já a decadência incide sobre os direitos exercidos independentemente da manifestação de vontade do sujeito passivo do direito, os quais são conhecidos na doutrina como potestativos. Assim, para o exercício do direito potestativo e a consequente incidência da decadência, desnecessário haver

afronta a esse direito ou expressa manifestação do sujeito passivo para configurar resistência, pois o titular pode exercer o direito independentemente da manifestação de vontade de terceiros.

Não há falar, portanto, em impedimento, suspensão ou interrupção de prazos decadenciais, salvo por expressa determinação legal (art. 207 do CC). O direito de revisar o benefício previdenciário foi qualificado pelo legislador, conforme art. 103 da Lei 8.213/1991, como potestativo, o que significa que o exercício do direito revisional na seara administrativa ou judicial pelo segurado prescinde da manifestação de vontade do INSS, bastando que haja concessão ou indeferimento de um benefício previdenciário.

Por tal motivo, merece revisão a corrente que busca aplicar as bases jurídicas da prescrição (como o princípio da actio nata) sobre a decadência, quando se afirma, por exemplo, que é necessário que tenha ocorrido a afronta ao direito (expressa negativa da autarquia previdenciária) para ter início o prazo decadencial.

Como direito potestativo que é, o direito de pedir a revisão de benefício previdenciário independe de violação específica do fundo de direito (manifestação expressa da autarquia sobre determinado ponto), tanto assim que a revisão ampla do ato de concessão pode ser realizada independentemente de haver expressa análise do INSS.

Caso contrário, dever-se-ia impor a extinção do processo sem resolução do mérito por falta de prévio requerimento administrativo do ponto não apreciado pelo INSS. I

sso é reforçado pelo art. 103 da Lei 8.213/1991, que estabelece de forma específica o termo inicial para o exercício do direito potestativo de revisão quando o benefício é concedido ("a contar do dia primeiro do mês seguinte ao do recebimento da primeira prestação") ou indeferido ("do dia em que tomar conhecimento da decisão indeferitória definitiva no âmbito administrativo").

Fosse a intenção do legislador exigir expressa negativa do direito vindicado, teria adotado o regime prescricional para fulminar o direito violado. Nesse caso, o prazo iniciar-se-ia com a violação expressa do direito e aplicar-se-ia o princípio da actio nata.

Sob a perspectiva aqui proposta, o regime decadencial impingido ao direito de revisão é muito mais benéfico ao segurado do que é o regime prescricional, pois, além de ter prazo de 10 anos — elástico se comparado aos demais prazos do ordenamento jurídico —, pode ser exercido independentemente de a autarquia ter-se oposto expressamente ao ponto objeto de inconformidade.

Isso está alinhado com o entendimento doutrinário e jurisprudencial de que é obrigação do INSS conceder o melhor benefício previdenciário possível ao segurado, nisso incluída a adoção do melhor regime jurídico adquirido aplicável.

Vale também a reflexão acerca de que, se não houver reposicionamento jurisprudencial, conforme acima explanado, teremos que rever as regras para a decadência da autotutela administrativa (art. 54 da Lei 9.784/1999) e para o próprio direito do INSS de revisar os benefícios previdenciários (art. 103-A da Lei 8.213/1991).

Transpondo o entendimento jurisprudencial aplicado até então aos segurados, o direito à autotutela administrativa iniciar-se-ia somente se o objeto da revisão fosse expressamente analisado no ato administrativo que resultou em efeitos favoráveis aos administrados. Se fosse fato novo, não analisado no ato administrativo que se busca anular, não se aplicaria a decadência pela incidência do princípio da actio nata.

Não é essa a compreensão que deve prevalecer, todavia, já que, como frisado, o direito sujeito a prazo decadencial, tanto o de revisão pelo segurado quanto o de autotutela administrativa, para ter início, independe de ter sido violado ou de manifestação prévia sobre o ponto controvertido.

O Supremo Tribunal Federal tem sinalizado no mesmo sentido, de forma a aplicar o prazo decadencial do art. 103 da Lei 8.213/1991 independentemente de o objeto da revisão judicial ter sido apreciado administrativamente. A propósito: ARE 845.209 AgR, Relator: Min. MARCO AURÉLIO,

Primeira Turma, julgado em 9/12/2014, PROCESSO ELETRÔNICO DJe-021 DIVULG 30-01-2015 PUBLIC 02-02-2015); ARE 1.045.210, Relator: Min. LUIZ FUX, julgado em 26/06/2017, publicado em PROCESSO ELETRÔNICO DJe-142 DIVULG 28/06/2017 PUBLIC 29/06/2017; ARE 921.149/SC, Rel. Min. Cármen Lúcia (decisão monocrática), Segunda Turma, DJe 27.11.2015; RE 983.372/SC, Rel. Min. Rosa Weber (decisão monocrática), Primeira Turma, DJe 18.8.2016; e ARE 999.206 ED, Relator: Min. MARCO AURÉLIO, julgado em 18/11/2016, publicado em PROCESSO ELETRÔNICO DJe-251 DIVULG 24/11/2016 PUBLIC 25/11/2016".

Ao final restou fixada a seguinte tese repetitiva:

> **"Haja vista a reflexão acima exposta, proponho, para fins dos arts. 1.036 e seguintes do CPC/2015, que a controvérsia fique assim resolvida (Tema 975/STJ):** *"Aplica-se o prazo decadencial de dez anos estabelecido no art. 103, caput, da Lei 8.213/1991 às hipóteses em que a questão controvertida não foi apreciada no ato administrativo de análise de concessão de benefício previdenciário."*

Vale registrar que o artigo 209 do Código Civil aduz que "é nula a renúncia à decadência fixada em lei", razão pela qual o INSS não poderá renunciar ao prazo decadência de que trata o artigo 103, da Lei 8.213/91, sob pena de ofensa ao Princípio da Legalidade Administrativa.

No entanto, a TNU firmou entendimento em sentido contrário no julgamento do processo 5004459-91.2013.4.04.7101, em 12 de maio de 2016, fixando tese no sentido de que o reconhecimento administrativo de direito importa em renúncia à decadência decenal.

Ainda de acordo com a TNU (Informativo 14/2017, Processo n. 0007217-77.2011.4.03.6309), "o prazo previsto no caput do art. 103 da Lei n. 8.213/91 é decadencial, **não se suspendendo ou interrompendo** no caso de ajuizamento de **ação coletiva**, pois inexistente disposição legal expressa neste sentido".

Além do prazo decadencial de 10 anos para postular a revisão de benefício previdenciário, o artigo 103, parte final, da Lei 8.213/91, ainda previu a **decadência decenal para impugnar ato administrativo que indeferiu requerimento de benefício**, *a contar do dia da cientificação.*

Esta hipótese também foi inserida no artigo 103, da Lei 8.213/91, através da Medida Provisória 1.523-9, de 27.06.1997, convertida na Lei 9.528/97. Posteriormente, a Lei 9.711/98 reduziu o prazo para 05 anos, que novamente foi fixado em 10 anos, através da Lei 10.839/2004.

Logo, se o INSS indeferiu um benefício previdenciário, terá o requerente o prazo de dez anos para solicitar a revisão judicial desse ato, a contar do dia da notificação do indeferimento, **caso permaneça a mesma situação fática original.**

Isso porque se o segurado ou o seu dependente postularem o mesmo benefício, mas com novos fundamentos, não se realizará a decadência decenal, pois serão demandas diversas.

Suponha-se que um trabalhador rural requereu a aposentadoria por idade na condição de segurado especial em 2000, indeferida administrativamente pelo INSS. Caso ele tenha continuado exercendo a atividade campesina após o ano de 2000, haverá uma nova situação fática em 2011, razão pela qual nada impede o requerimento de novo benefício, pois houve alteração da situação fática.

A TNU entendia que a decadência de 10 anos também se aplicava ao caso de ato de indeferimento de benefício previdenciário, a teor do revogada Súmula 64[15]. No entanto, em 2015, foi alterado o entendimento, tendo se afastado a decadência para ato de indeferimento de benefício:

15. Súmula 64 – O direito à revisão do ato de indeferimento de benefício previdenciário ou assistencial sujeita-se ao prazo decadencial de dez anos.

Súmula 81 – "Não incide o prazo decadencial previsto no art. 103, caput, da Lei nº 8.213/91, nos casos de indeferimento e cessação de benefícios, bem como em relação às questões não apreciadas pela Administração no ato da concessão".

Esta Súmula 81 da TNU também afastou a decadência na revisão de benefícios nos casos em que as questões de fato ou de direito objeto de revisão não foram enfrentadas pelo INSS na concessão do benefício na via administrativa, existindo posicionamento do STJ no mesmo sentido.

Entende-se que o novo posicionamento da TNU é equivocado, pois é nítida a existência de decadência para a impugnação de indeferimento de benefício previdenciário na parte final do artigo 103, *caput*, da Lei 8.213/91.

Inclusive, a 2ª Turma do STJ adota este posicionamento:

"Processo

AgRg no REsp 1371313 / PR

AGRAVO REGIMENTAL NO RECURSO ESPECIAL

2013/0057740-0

Relator(a)

Ministro HERMAN BENJAMIN (1132)

Órgão Julgador

T2 – SEGUNDA TURMA

Data do Julgamento

16/06/2015

Data da Publicação/Fonte

DJe 05/08/2015

Ementa

PROCESSUAL CIVIL E PREVIDENCIÁRIO. **ART.** 103, **PARÁGRAFO ÚNICO, DA LEI 8.213/1991.** INDEFERIMENTO **DE** BENEFÍCIO. **NEGATIVA EXPRESSA DO INSS.** DECADÊNCIA.

1. Hipótese em que o autor apresentou o primeiro requerimento administrativo em 15.5.1996. A 16ª Junta de Recursos da Previdência Social, por meio da Resolução 7472/96, de 8.8.1996, negou provimento ao recurso contra decisão do INSS que **indeferiu o pedido de aposentadoria especial** protocolizado pelo recorrido. Assim, **transformou-se em definitiva a decisão indeferitória do** benefício **previdenciário em âmbito administrativo**, uma vez que não se conheceu do recurso interposto para a Turma do Conselho de Recursos da Previdência Social protocolizado em 15.4.1997, por ter sido intempestivo (fls. 41-43, e-STJ).

2. Cinge-se a controvérsia à decadência do direito de revisão do ato de concessão pelo segurado. Segundo dispõe o art. 103, caput, da Lei 8.213/1991: "É de dez anos o prazo de decadência de todo e qualquer direito ou ação do segurado ou beneficiário para a revisão do ato de concessão de benefício, a contar do dia primeiro do mês seguinte ao do recebimento da primeira prestação ou, quando for o caso, do dia em que tomar conhecimento da decisão indeferitória definitiva no âmbito administrativo".

3. Aplica-se o prazo de decadência instituído pela Medida Provisória 1.523-9/1997, convertida na Lei 9.528/1997, ao direito de revisão dos benefícios a contar do dia em que a parte tomar conhecimento da decisão indeferitória definitiva no âmbito administrativo, com termo a quo a contar

da sua vigência (28.6.1997). Precedente: REsp 1.309.529/PR, Rel. Ministro Herman Benjamin, Primeira Seção, DJe 4.6.2013, submetido ao rito dos recursos repetitivos.

4. **O** benefício **previdenciário objeto de revisão foi indeferido em definitivo administrativamente antes de 28.6.1997, o que torna esta a data inicial da contagem do prazo. Já a presente ação, visando à sua revisão, somente veio a ser ajuizada em 5.11.2007, quando, portanto, já configurada a** decadência".

O tema será reapreciado em incidente representativo de controvérsia na TNU (Tema 265):

Tema	265	**Situação do tema**	Em julgamento – eproc	**Ramo do direito**	DIREITO PREVIDENCIÁRIO
Questão submetida a julgamento		O prazo decadencial do art. 103 da Lei 8.213/91 se aplica aos casos de indeferimento do benefício?			
Tese firmada		-			
Processo		**Decisão de afetação**	**Relator (a)**	**Julgado em**	**Acórdão publicado em**	**Trânsito em julgado**
0510396-02.2018.4.05.8300/PE		19/06/2020	Juiz Federal Fábio de Souza Silva	-	-	-

Desde 18 de Janeiro de 2019, o texto do artigo 103 da Lei 8.213/91 foi alterado pela MP 871/2019 (neste ponto convertido na Lei 13.846/2019) para ampliar as situações de decadência decenal:

> "Art. 103. O prazo de decadência do direito ou da ação do segurado ou beneficiário para a revisão do ato de concessão, indeferimento, cancelamento ou cessação de benefício, do ato de deferimento, indeferimento ou não concessão de revisão de benefício é de dez anos, contado:
>
> I – do dia primeiro do mês subsequente ao do recebimento da primeira prestação ou da data em que a prestação deveria ter sido paga com o valor revisto; ou
>
> II – do dia em que o segurado tomar conhecimento da decisão de indeferimento, cancelamento ou cessação do seu pedido de benefício ou da decisão de deferimento ou indeferimento de revisão de benefício, no âmbito administrativo".

O texto possui um excesso de núcleos no novo *caput* e péssima técnica legislativa, com sete situações reguladas para a incidência da decadência decenal:

a) revisão do ato de concessão;

b) (revisão do ato de) indeferimento;

c) (revisão do ato de) cancelamento;

d) (revisão do ato de) cessação de benefício;

e) ato de deferimento;

f) (ato de) indeferimento;

g) (ato de) não concessão de revisão de benefício.

A **primeira dúvida** na interpretação da nova redação é saber se a expressão "revisão" se aplica apenas ao ato de concessão ou se estende aos demais núcleos do dispositivo (e quais seriam), que também parece ser repetitivo. Acaso a expressão "revisão" somente se conecte ao ato de concessão, a extensão do artigo é plena e acaba com qualquer pretensão contra o INSS após consumado o prazo decenal de decadência.

A **segunda dúvida** é identificar os pontos de inovação do dispositivo em comparação ao regramento anterior para fins intertemporais, pois as novidades farão com que o prazo de dez anos de decadência somente se inicie em 18/1/2019, data de vigência da MP 871, embora se apliquem aos benefícios anteriores, na linha do quando definido pelo STF anteriormente (RE 626.489, julgado em 16 de outubro de 2013).

Já os pontos que não constituam inovação não estarão sujeitos ao regramento intertemporal, seguindo normalmente o seu curso com termo inicial anterior à vigência da MP 871/2019, convertida na Lei 13.846/2019.

É certo que a situação da incidência da decadência sobre o ato de concessão de benefício previdenciário objetivando a revisão da renda mensal já estava disciplinada na redação anterior. Contudo, conforme item anterior, é controverso se incidia decadência decenal nos casos de indeferimento de benefício pelo INSS, sendo este ponto de necessário enfrentamento para a identificação do critério intertemporal.

Isso porque, se for uma inovação (posição da TNU, Súmula 81, que restringia), o termo inicial do prazo decadencial para questionar o ato do INSS que indeferiu benefício para as concessões anteriores ao advento da MP 871/2019 será a sua vigência, operada em 18/1/2019. E isso se estende aos benefícios cancelados ou cessados.

A decadência decenal para questionar ato de deferimento de benefício nitidamente é uma novidade **nas situações de teses não revisionais**, a exemplo da tese da readequação do salário de benefício pelos novos tetos inaugurados pelas Emendas 20/1998 e 41/2003.

Isso porque, pelo texto anterior, somente incidia decadência para questionar ato de concessão visando a aplicação de tese para a revisão de renda mensal, não englobando pedidos que não importassem em reforma do ato de concessão, a exemplo da tese (atualmente rejeitada pelo STF) da desaposentação, que é um ato de renúncia da aposentadoria, e não uma revisional de renda mensal.

Um ponto de **inovação legal**, sem dúvida, é a fixação do termo inicial da decadência de dez anos na **"data em que a prestação deveria ter sido paga com o valor revisto"**, que busca alcançar situações de revisões de renda e afins decorrentes de fato superveniente à época da concessão, a exemplo de elevação de renda de benefício decorrente de lei posterior que preveja efeitos retroativos.

Um **ponto que permanece controvertido**, pois não tratado nem antes e nem depois da MP 871/2019 convertida na Lei 13.846/2019, é a extensão ou não da decadência de dez anos aos benefícios da assistência social. Tanto a redação anterior quanto a atual se referem a "segurado ou beneficiário" e a "benefício".

A expressão benefício é ampla, podendo ser previdenciários ou assistenciais. Já segurado é termo previdenciário pela contributividade. Já a palavra "beneficiário", por sua amplitude, também pode abarcar a assistência social.

Diante do silencio normativo que persiste e considerando que a Lei 8.213/91 dispõe sobre "os Planos de Benefícios da Previdência Social", e não da Assistência Social, entende-se que a extensão da decadência decenal aos benefícios assistenciais precisaria de expressão previsão legal, pois é regra restritiva de direitos, o que ainda não existe.

Aliás, a própria Lei 13.846/2019, quando quis estender regra previdenciária ao benefício assistencial, o fez de modo expresso, através da modificação no texto do artigo 115, inciso II, da Lei 8.213/91, que passou a permitir descontos nos benefícios para "pagamento administrativo ou judicial de **benefício previdenciário ou assistencial** indevido, ou além do devido, inclusive na hipótese de cessação do benefício pela revogação de decisão judicial, nos termos do disposto no Regulamento".

Enfim, peço desculpas aos leitores por ter levantado neste tópico mais dúvidas do que certezas, mas estou certo de que muitas vezes a grande função da doutrina construtiva é apresentar um senso crítico para induzir o profissional previdenciarista a uma reflexão plena.

IMPORTANTE:

No entanto, o STF rejeitou as alterações feitas no artigo 103 da Lei 8.213/91 pelo artigo 24 da Lei 13.846/2019 em sede de controle abstrato de constitucionalidade, ao argumento de que não há base constitucional para a incidência de decadência sobre o ato de indeferimento, cancelamento e cessação do benefício previdenciário.

Cuida-se de **ADI 6.096** com votação concluída em 05/10/2020 em que prevaleceu por 6 x 5 o voto do Ministro Fachin com a seguinte conclusão:

"Do exposto, voto no sentido de conhecer parcialmente a ação direta e, na parte remanescente, pela procedência em parte do pedido, ***declarando a inconstitucionalidade do art. 24 da Lei 13.846/2019 no que deu nova redação ao art. 103 da Lei 8.213/1991".***

Eis os principais fundamentos do voto vencedor:

> *"Entendo que este Supremo Tribunal Federal admitiu a instituição de prazo decadencial para a revisão do ato concessório porque atingida tão somente a pretensão de rediscutir a graduação pecuniária do benefício, isto é, a forma de cálculo ou o valor final da prestação, já que, concedida a pretensão que visa ao recebimento do benefício, encontra-se preservado o próprio fundo do direito.*
>
> *No caso dos autos, ao contrário, admitir a incidência do instituto para o caso de indeferimento, cancelamento ou cessação importa ofensa à Constituição da República e ao que assentou esta Corte em momento anterior, porquanto, não preservado o fundo de direito na hipótese em que negado o benefício, caso inviabilizada pelo decurso do tempo a rediscussão da negativa, é comprometido o exercício do direito material à sua obtenção.*
>
> *Em outras palavras: na medida em que modificadas as condições fáticas que constituem requisito legal quando da entrada de um novo requerimento administrativo para a concessão do benefício negado ou de novo benefício que possa depender da reconsideração fática da negativa, a revisão do ato administrativo que indeferiu, cancelou ou cessou o benefício é mecanismo de acesso ao direito à sua obtenção, motivo pelo qual o prazo decadencial, ao fulminar a pretensão de revisar a negativa, compromete o núcleo essencial do próprio fundo do direito".*

Desta forma, resta repristinada a anterior redação do artigo 103 da Lei 8.213/91, prevendo a decadência decenal somente para a revisão do ato de concessão de benefício previdenciário, aderindo o STF ao posicionamento da TNU de que inexiste decadência contra o ato de indeferimento de benefício (Súmula 81).

5. REAJUSTAMENTO DA RENDA MENSAL INICIAL

De acordo com o regramento atual, contido no artigo 41-A, da Lei 8.213/91, **o valor dos benefícios em manutenção será reajustado, anualmente, na mesma data do reajuste do salário mínimo, *pro rata*, de acordo com suas respectivas datas de início ou do último reajustamento, com base no Índice Nacional de Preços ao Consumidor – INPC**, apurado pela Fundação Instituto Brasileiro de Geografia e Estatística – IBGE, que toma por base o rendimento de famílias com renda de um a oito salários mínimos, nas regiões metropolitanas do país, sendo o índice legal utilizado desde 2003.

Assim, se uma pessoa se aposentou no meio do ano, apenas terá direito ao primeiro reajuste subsequente proporcionalmente ao INPC acumulado a partir da sua aposentação, e não integralmente.

Vale ressaltar que antes do atual ordenamento constitucional, prevalecia o entendimento da **Súmula 260, do TFR**, prevendo que no primeiro reajuste do benefício previdenciário deve-se aplicar o **índice integral do aumento verificado**, independentemente do mês da concessão, considerado, nos reajustes subsequentes, o salário mínimo então atualizado.

Logo, na atualidade, este é o reajuste mínimo garantido por lei aos aposentados, pensionistas e demais segurados do RGPS, consistente na variação do INPC. Todavia, considerando que nenhum benefício que objetive substituir a remuneração do trabalhador ou o salário de contribuição poderá ser inferior a um salário mínimo, muitos segurados vêm se beneficiando de reajustes acima do INPC.

É que o salário mínimo ao longo destas duas últimas décadas vem tendo majoração real, bem acima da inflação. Por conseguinte, os beneficiários de aposentadorias, pensões, auxílios-doença, salários-maternidade e auxílios-reclusão no valor de um salário mínimo vêm recebendo reajustes anuais idênticos ao do salário mínimo, gerando uma situação diferenciada dentro do RGPS.

> Insta salientar que desde a promulgação da Lei 8.213/91 a renda mensal inicial dos benefícios previdenciários foi desvinculada do salário mínimo, à exceção dos benefícios substitutivos da remuneração do segurado no valor mínimo.

Logo, os segurados apenas farão jus ao índice legal de reajuste, que atualmente é o INPC, mas já foi, por exemplo, o IRSM, o IPC-r e o IGPDI.

Após a promulgação da Constituição Federal de 1988, os benefícios concedidos até o seu advento foram revistos pelo INSS por determinação do **artigo 58, do ADCT**, que previu que os **benefícios de prestação continuada, mantidos pela previdência social na data da promulgação da Constituição, terão seus valores revistos, a fim de que seja restabelecido o poder aquisitivo, expresso em número de salários mínimos, que tinham na data de sua concessão, obedecendo-se a esse critério de atualização até a implantação do plano de custeio e benefícios referidos no artigo seguinte, sendo as prestações devidas a partir do sétimo mês após a promulgação da Lei Maior.**

Posteriormente, os benefícios concedidos entre 05.10.88 e 05.04.91 foram revistos por determinação do artigo 144, da Lei 8.213/91, sendo conhecida no foro como "período do buraco negro".

É que a determinação constitucional de que todos os salários de contribuição fossem corrigidos monetariamente não era norma dotada de autoaplicabilidade, apenas sendo executada com o advento da Lei 8.213/91, razão pela qual esses benefícios foram todos revistos, mas as parcelas vencidas não foram pagas aos beneficiários (entre 10/1988 e 05/1991) por falta de previsão legal.

Em síntese, a partir de janeiro de 1992, após a vigência do Decreto 357/91, que aprovou o então regulamento da Previdência Social, em decorrência da publicação da Lei 8.213/91, os benefícios previdenciários passaram a ser desvinculados do número de salários mínimos da data da concessão, sendo reajustados pelo índice legal, que atualmente é o INPC.

Nesse sentido, o STJ[16]:

> "PREVIDENCIÁRIO. AGRAVO REGIMENTAL NO AGRAVO DE INSTRUMENTO. REAJUSTE DE BENEFÍCIO. EQUIVALÊNCIA COM A VARIAÇÃO DO SALÁRIO-DE-CONTRIBUIÇÃO. AUSÊNCIA DE PREVISÃO LEGAL. APLICAÇÃO DOS CRITÉRIOS DE CORREÇÃO PREVISTOS NO ART. 41, II, DA LEI 8.213/91. REVISÃO DE BENEFÍCIO. ART. 202 DA CONSTITUIÇÃO FEDERAL. INCIDÊNCIA DO ART. 144, PARÁGRAFO ÚNICO, DA LEI 8.213/91. PRECEDENTES. AGRAVO IMPROVIDO. **1. A Terceira Seção do Superior Tribunal de Justiça tem entendimento dominante no sentido de que, a partir de janeiro de 1992, os reajustamentos dos benefícios previdenciários devem ser feitos de acordo com os critérios estabelecidos no art. 41, II, da Lei 8.213/91, e suas alterações posteriores, não sendo mais aplicável o reajuste pelo salário mínimo**. 2. Inexiste previsão legal para a pretendida equivalência entre a variação do salário-de-contribuição e o valor dos benefícios previdenciários. 3. O cálculo das rendas mensais iniciais dos benefícios previdenciários concedidos entre 5/10/88 e 5/4/91 deve ser feito nos termos do art. 144 da mencionada lei, aplicando-se o índice INPC, sendo indevidas quaisquer diferenças anteriores ao mês de junho de 1992. Precedentes. 4. Agravo regimental improvido" (g.n.).

Saliente-se que esse regramento atende à previsão constitucional que determina que o reajustamento dos benefícios observe critérios legais que mantenham o seu valor real, conforme referendado pelo STF:

> "A norma inscrita no art. 20, inciso I, da Lei nº 8.880/94 – que determinou a conversão, em URV, dos benefícios mantidos pela Previdência Social, com base na média do valor nominal vigente nos meses de novembro e dezembro de 1993 e de janeiro e fevereiro de 1994 – não transgride os postulados constitucionais da irredutibilidade do valor dos benefícios previdenciários (CF, art. 194, parágrafo único, n. IV) e da intangibilidade do direito adquirido (CF, art. 5º, XXXVI). Precedente: RE 313.382/SC (Pleno). **A INTERVENÇÃO DO LEGISLADOR NA DEFINIÇÃO DO VALOR REAL DOS BENEFÍCIOS PREVIDENCIÁRIOS. – A manutenção, em bases permanentes, do valor real dos benefícios previdenciários tem, no próprio legislador – e neste, apenas –, o sujeito concretizante das cláusulas fundadas no art. 194, parágrafo único, n. IV, e no art. 201, § 4º (na redação dada pela EC 20/98), ambos da Constituição da República, pois o reajustamento de tais benefícios, para adequar-se à exigência constitucional de preservação de seu quantum, deverá conformar-se aos critérios exclusivamente definidos em lei**. – O sistema instituído pela Lei nº 8.880/94, ao dispor sobre o reajuste quadrimestral dos benefícios mantidos pela Previdência Social, não vulnerou a exigência de preservação do valor real de tais benefícios, eis que a noção de valor real – por derivar da estrita observância dos "critérios definidos em lei" (CF, art. 201, § 4º, in fine) – traduz conceito eminentemente normativo, considerada a prevalência, na matéria, do princípio da reserva de lei" (passagem do RE-AgR 322348, de 12.11.2002).

16. AGA 665.167, de 28.11.2006.

"A presunção de constitucionalidade da legislação infraconstitucional realizadora do reajuste previsto no art. 201, § 4º, CF, somente pode ser elidida mediante demonstração da impropriedade do percentual adotado para o reajuste. Os percentuais adotados excederam os índices do INPC ou destes ficaram abaixo, num dos exercícios, em percentual desprezível e explicável, certo que o INPC é o índice mais adequado para o reajuste dos benefícios, já que o IGP-DI melhor serve para preços no atacado, porque retrata, basicamente, a variação de preços do setor empresarial brasileiro." (RE 376.846, Rel. Min. Carlos Velloso, julgamento em 24-9-2003, Plenário, *DJ* de 2-4-2004).

6. ACUMULAÇÃO DE BENEFÍCIOS

A Emenda 103/2019 inseriu o § 15 no artigo 201 da Constituição, rezando que "**lei complementar** estabelecerá vedações, regras e condições para a acumulação de benefícios previdenciários".

A meu ver, os dispositivos da Lei 8.213/91 que tratam sobre acumulação de benefícios foram recebidos pela **Emenda 103/2019** com o ***status* de lei complementar**.

O tema é tratado de maneira não exauriente pelo artigo 124, da Lei 8.213/91. **Em regra, é possível a acumulação de benefícios previdenciários pelo mesmo segurado ou dependente, salvo nas hipóteses proibidas pela legislação previdenciária de maneira expressa ou implícita.**

Todavia, **deverá ser respeitado o direito adquirido à acumulação**, na hipótese de o segurado ou dependente ter acumulado benefícios que, posteriormente, passaram a não mais poder ser acumulados.

Logo, a possibilidade ou não de acumulação de benefícios deverá ser aferida à luz da lei em vigor no momento da sua ocorrência, em respeito ao Princípio do *Tempus Regit Actum.*

Conforme expressa proibição do referido dispositivo, não poderão ser acumulados no âmbito do RGPS19:

a) **aposentadoria e auxílio-doença**;.[17]
b) **mais de uma aposentadoria** (exceto com data de início anterior a janeiro de 1967, de acordo com o Decreto-Lei nº 72, de 21 de novembro de 1966, pois respeitado o direito adquirido);
c) **salário-maternidade e auxílio-doença**;
d) **mais de um auxílio-acidente**;
e) **mais de uma pensão deixada por cônjuge ou companheiro**, ressalvado o direito de opção pela mais vantajosa (exceto se o óbito tenha ocorrido até 28 de abril de 1995, véspera da publicação da Lei nº 9.032, de 1995, período em que era permitida a acumulação), proibição reforçada pelo *caput* do artigo 24 da Emenda 103/2019;
f) **o recebimento conjunto do seguro-desemprego com qualquer benefício de prestação continuada da Previdência Social**, exceto pensão por morte ou auxílio-acidente;
g) **Aposentadoria com abono de permanência em serviço.**

17. **Há casos de benefícios extintos que ainda são pagos em razão do direito adquirido.**

Vale ressaltar a inovação do artigo 167, § 2º, do RPS, que permite a acumulação do seguro-desemprego com o auxílio-reclusão.

Veja-se o TCU:

> **Acórdão 1058/2017 Plenário** (Acompanhamento, Relator Ministro Vital do Rêgo)
>
> Pessoal. Auxílio-reclusão. Acumulação. Seguro-desemprego.
>
> Não constitui irregularidade a percepção simultânea do auxílio-reclusão (art. 80 da Lei 8.213/1991) e do seguro-desemprego (Lei 7.998/1990), em face da interpretação sistemática das disposições constantes dos arts. 80 e 124, parágrafo único, da Lei 8.213/1991 e do art. 2º da Lei 7.998/1990.

De acordo com o **Tema 232 da TNU**, "o auxílio-doença é inacumulável com o seguro-desemprego, mesmo na hipótese de reconhecimento retroativo da incapacidade em momento posterior ao gozo do benefício da lei 7.998/90, hipótese na qual as parcelas do seguro-desemprego devem ser abatidas do valor devido a título de auxílio-doença".

Apenas é proibida a acumulação de mais de uma pensão deixada por cônjuge ou companheiro. Logo, nada impede a acumulação de mais de uma pensão em outros casos, a exemplo da instituída por cônjuge e por filho do segurado.

Caso a segurada esteja em gozo de auxílio-doença, este deverá ser suspenso durante a percepção do salário-maternidade, pois os benefícios são inacumuláveis, devendo ser reativado ulteriormente, caso a segurada ainda se encontre incapaz para o trabalho por causas alheias à gravidez.[18-19]

Outrossim, ainda não poderão ser acumulados:

a) **Auxílio-acidente com aposentadoria** (após a Lei 9.528/97);

b) **Amparo assistencial do idoso ou deficiente com benefício previdenciário** (artigo 20, § 4º, da Lei 8.742/93), exceto com as pensões especiais indenizatórias (artigo 5º, do Decreto 6.214/2007);

c) **Auxílio-doença com auxílio-acidente, se a causa for a mesma**, vez que a percepção do auxílio-acidente pressupõe a cessação do auxílio-doença (artigo 86, § 2º, da Lei 8.213/91);

18. Tratando-se de segurada gestante em gozo de auxílio-doença, inclusive o decorrente de acidente de trabalho, deverá ser observado: I – concedido o auxílio-doença por causas associadas à gravidez, a perícia médica poderá, se for o caso, fixar a DCB de vinte e oito dias a um dia antes da data provável do parto, sendo que em caso de parto antecipado, será necessária a realização de revisão médica para a fixação da cessação do auxílio-doença na véspera da data do parto mediante apresentação da certidão de nascimento da criança; e II – no caso de a gravidez não ser a geradora da incapacidade laborativa da segurada: a) o benefício por incapacidade deverá ser suspenso administrativamente enquanto perdurar o salário-maternidade, devendo ser restabelecido a contar do primeiro dia seguinte ao término do período de cento e vinte dias, caso a DCB por incapacidade tenha sido fixada em data posterior a este período, sem necessidade de nova habilitação; b) se fixada a DCB por incapacidade durante a vigência do salário-maternidade e ficar constatado, mediante avaliação da perícia médica do INSS, a pedido da segurada, que esta permanece incapacitada para o trabalho pela mesma doença que originou o auxílio-doença cessado, este será restabelecido, fixando-se novo limite; ou c) se na avaliação da perícia médica do INSS, conforme alínea anterior, ficar constatada a incapacidade da segurada para o trabalho em razão de moléstia diversa do benefício de auxílio-doença cessado, deverá ser concedido novo benefício.

19. **Há casos de benefícios extintos que ainda são pagos em razão do direito adquirido.**

d) **Aposentadoria, pensão por morte, salário-maternidade, abono de permanência, ou auxílio-doença do segurado baixa renda recluso com o auxílio-reclusão dos seus dependentes**[20] (artigo 80, da Lei 8.213/91);

e) **Mais de um auxílio-doença**, mesmo que o segurado mantenha vínculos concomitantes (art. 528, da Instrução Normativa INSS 77/2015), devendo haver a soma dos salários de contribuição para o cálculo da renda mensal inicial;

f) **Renda mensal vitalícia com qualquer outra espécie de benefício da Previdência Social** (art. 528, da Instrução Normativa INSS 77/2015);

g) **Mais de um auxílio-reclusão de instituidor cônjuge ou companheiro**, para evento ocorrido a partir de 29 de abril de 1995, data da publicação da Lei nº 9.032, de 1995, facultado o direito de opção pelo mais vantajoso (art. 528, da Instrução Normativa INSS 77/2015), tendo em vista que as regras da pensão por morte se comunicam ao auxílio-reclusão;

h) **Benefício assistencial (BPC/LOAS) com benefício da Previdência Social ou de qualquer outro regime previdenciário, exceto**: a) espécie 54 – Pensão Indenizatória a Cargo da União; b) espécie 56 – Pensão Especial aos Deficientes Físicos Portadores da Síndrome da Talidomida – Lei nº 7.070, de 1982; c) espécie 60 – Benefício Indenizatório a Cargo da União; d) espécie 89 – Pensão Especial aos Dependentes das Vítimas da Hemodiálise – Caruaru – PE – Lei nº 9.422, de 1996; e e) espécie 96 – Pensão Especial (Hanseníase) – Lei nº 11.520, de 2007 (art. 528, da Instrução Normativa INSS 77/2015);

i) **Auxílio-suplementar com aposentadoria ou auxílio-doença** (art. 528, da Instrução Normativa INSS 77/2015);

j) **Seguro-desemprego com qualquer Benefício de Prestação Continuada da Previdência Social**, exceto pensão por morte, auxílio-reclusão, auxílio-acidente, auxílio-suplementar e abono de permanência em serviço (art. 528, da Instrução Normativa INSS 77/2015).

Conforme visto anteriormente, apesar de o INSS não admitir a acumulação da pensão mensal do seringueiro, prevista no artigo 54 do ADCT da Constituição Federal de 1988, com qualquer benefício previdenciário, o tema é polêmico na jurisprudência.

O INSS também não admite a acumulação de auxílio-reclusão pago aos dependentes com salário maternidade do segurado recluso, regra que afronta o artigo 80, da Lei 8.213/91, que não traz essa vedação, também não presente no artigo 124, da Lei 8.213/91.

Preceitua o artigo 529, da IN INSS 77/2015, que é admitida a acumulação de auxílio-doença, de auxílio-acidente ou de auxílio suplementar, desde que originário de outro acidente ou de outra doença, com pensão por morte e/ou com abono de permanência em serviço.

Pelo entendimento exarado no Parecer nº 175/CONJUR-2003, de 18 de setembro de 2003, do Ministério da Defesa, ratificado pela Nota CJ/MPS nº 483, de 18 de abril de 2007, os

20. A partir de 13 de dezembro de 2002, data da publicação da MP nº 83, de 2002, convalidada pela Lei nº 10.666, de 2003, o segurado recluso, que contribuir na forma do § 6º do art. 116 do RPS, não faz jus aos benefícios de auxílio-doença e de aposentadoria durante a percepção, pelos dependentes, do auxílio-reclusão, sendo permitida a opção, desde que manifestada, também, pelos dependentes, pelo benefício mais vantajoso.

benefícios de ex-combatente podem ser acumulados com a pensão especial instituída pela Lei nº 8.059, de 04 de julho de 1990 (devida aos ex-combatentes da Segunda Guerra Mundial).

Na hipótese de acumulação proibida, o titular de benefício de prestação continuada e de renda mensal vitalícia que vier a requerer benefício previdenciário, deverá optar expressamente por um dos dois benefícios, cabendo ao servidor do INSS esclarecer qual o benefício mais favorável para o beneficiário.

Vale ressaltar que **não há mais proibição de acumulação de aposentadoria rural e pensão por morte de trabalhador rural**, como ocorria quando vigorava o artigo 6º, § 2º, da Lei Complementar 16/1973, que proibia a acumulação de benefícios do FUNRURAL, devendo se aplicar o Princípio do *Tempus Regit Actum*, conforme correta compreensão do TRF da 1ª Região:

> **"3 – Tendo o óbito ocorrido em 10/06/1986, são aplicáveis as disposições do Decreto 83.080/79 e das Leis Complementares 11/71 e 16/73, atos normativos que regulamentavam os benefícios devidos ao trabalhador rural. 4 – De acordo com o princípio "tempus regit actum", a acumulação de pensão por morte com aposentadoria era vedada quando ambas fossem concedidas sob o regime do PRORURAL (Leis Complementares 11/71 e 16/73), haja vista a proibição expressa prevista no Decreto 83.080/79, em seu art. 333."** (passagem da AR 5.525, de 11.02.2010).

Nesse sentido, a Súmula 36, da TNU:

> **Súmula 36 – "Não há vedação legal à cumulação da pensão por morte de trabalhador rural com o benefício da aposentadoria por invalidez, por apresentarem pressupostos fáticos e fatos geradores distintos".**

> Aliás, no âmbito do RGPS, não há nenhum impedimento legal de acumulação de qualquer espécie de aposentadoria com a pensão por morte.

O auxílio emergencial temporário é um benefício assistencial criado pela União, no valor de R$ 600,00 por mês, em razão da pandemia da COVID-19, sendo pago por até 3 meses, nos termos do artigo 2º, da Lei 13.982/2020.

A sua gestão não foi atribuída ao INSS, sendo operacionalizado pela Caixa Econômica Federal, tendo os seguintes requisitos cumulativos para a sua legítima concessão ao trabalhador:

> I – seja maior de 18 (dezoito) anos de idade, salvo no caso de mães adolescentes;
>
> II – não tenha emprego formal ativo;
>
> **III – não seja titular de benefício previdenciário ou assistencial ou beneficiário do seguro-desemprego ou de programa de transferência de renda federal, ressalvado o Bolsa Família** (nas situações em que for mais vantajoso, o auxílio emergencial substituirá, temporariamente e de ofício, o benefício do Programa Bolsa Família, ainda que haja um único beneficiário no grupo familiar);
>
> IV – cuja renda familiar mensal *per capita* seja de até 1/2 (meio) salário-mínimo ou a renda familiar mensal total seja de até 3 (três) salários mínimos;
>
> V – que, no ano de 2018, não tenha recebido rendimentos tributáveis acima de R$ 28.559,70 (vinte e oito mil, quinhentos e cinquenta e nove reais e setenta centavos); e
>
> VI – que exerça atividade na condição de:

a) microempreendedor individual (MEI);

b) contribuinte individual do Regime Geral de Previdência Social que contribua na forma do caput ou do inciso I do § 2º do art. 21 da Lei nº 8.212, de 24 de julho de 1991; ou

c) trabalhador informal, seja empregado, autônomo ou desempregado, de qualquer natureza, inclusive o intermitente inativo, inscrito no Cadastro Único para Programas Sociais do Governo Federal (CadÚnico) até 20 de março de 2020, ou que, nos termos de autodeclaração, cumpra o requisito do inciso IV.

Ademais, o recebimento do auxílio emergencial está limitado a 2 (dois) membros da mesma família, **cabendo aos órgãos federais disponibilizar as informações necessárias à verificação dos requisitos para concessão do auxílio emergencial, constantes das bases de dados de que sejam detentores**, nos termos do § 11 do artigo 2º da Lei 13.982/2020.

Dessa forma, é requisito para a concessão legal do auxílio emergencial que o requerente **não seja titular de benefício previdenciário ou assistencial ou beneficiário do seguro-desemprego ou de programa de transferência de renda federal.**

Por seu turno, nos termos da Lei 14.020/2020, que aprovou o Programa Emergencial de Manutenção do Emprego e da Renda durante a pandemia da COVID-19, o **Benefício Emergencial de Preservação do Emprego e da Renda** é inacumulável com benefício de prestação continuada do Regime Geral de Previdência Social ou dos regimes próprios de previdência social, exceto pensão por morte e auxílio-acidente, sendo também vedada a sua percepção conjunta com o seguro-desemprego em qualquer de suas modalidades.

Vale frisar que mesmo na vigência da LC 11/1971, violando o *Tempus Regit Actum*, a TNU passou a admitir a acumulação de aposentadoria com pensão por morte rural:

> Informativo 13/2017
>
> Processo 0007627-59.2011.4.03.6302
>
> É possível a cumulação de aposentadoria rurícola com pensão por morte – ainda que concedidos sob a égide da revogada LC 16/73 -, pois eles possuem fatos geradores e pressupostos fáticos distintos.

O titular de Benefício de Prestação Continuada e de renda mensal vitalícia que requerer benefício previdenciário deverá optar expressamente por um dos dois benefícios, cabendo ao servidor do INSS prestar as informações necessárias para subsidiar a decisão do beneficiário sobre qual o benefício mais vantajoso[21].

O recebimento da pensão especial hanseníase não impede o recebimento de qualquer benefício previdenciário, podendo ser acumulada inclusive com a complementação paga nas aposentadorias concedidas e mantidas aos ferroviários admitidos até 31 de outubro de 1969, na Rede Ferroviária Federal S/A, bem como com os seguintes benefícios:

> I – Amparo previdenciário por invalidez – trabalhador rural (espécie 11), amparo previdenciário por idade – trabalhador rural (espécie 12), renda mensal vitalícia por incapacidade (espécie 30) e renda mensal vitalícia por idade (espécie 40), instituídas pela Lei nº 6.179, de 1974, dada a natureza mista, assistencial e previdenciária desses benefícios;
>
> II – Pensão especial devida aos portadores da síndrome de talidomida (espécie 56); e

21. Artigo 532, da Instrução Normativa INSS 77/2015.

III – Amparo social a pessoa portadora de deficiência (espécie 87) e amparo social ao idoso (espécie 88) – benefícios assistenciais previstos na Lei Orgânica da Assistência Social[22].

Também é plenamente possível a acumulação de salários-maternidade, no caso de empregos concomitantes, fazendo jus a segurada ao salário-maternidade relativo a cada emprego, a teor do artigo 98, do RPS.

É permitida a acumulação dos benefícios previstos no RGPS com o benefício de que trata a Lei nº 7.070, de 20 de dezembro de 1982, concedido aos portadores da deficiência física conhecida como «Síndrome da Talidomida», não sendo possível a acumulação com o amparo assistencial do idoso ou deficiente físico e com a renda mensal vitalícia, pois pagos com recursos da União[23].

Por fim, vale frisar que a jurisprudência do STJ admite a acumulação de benefício previdenciário com a pensão civil *ex delicto*. Isso porque possuem naturezas distintas, sendo o benefício previdenciário contributivo e substitutivo da remuneração do segurado, ao passo que a aludida pensão civil é reparatória:

> **Informativo 542 – DIREITO CIVIL E PREVIDENCIÁRIO. ACUMULAÇÃO DE PENSÃO DECORRENTE DE ATO ILÍCITO COM O BENEFÍCIO PREVIDENCIÁRIO DE PENSÃO POR MORTE.**
>
> **É possível a cumulação do benefício previdenciário de pensão por morte com pensão civil *ex delicto*.** A jurisprudência do STJ é pacífica no sentido de que "o benefício previdenciário é diverso e independente da indenização por danos materiais ou morais, porquanto, ambos têm origens distintas. Este, pelo direito comum; aquele, assegurado pela Previdência. A indenização por ato ilícito é autônoma em relação a qualquer benefício previdenciário que a vítima receba" (AgRg no AgRg no REsp 1.292.983-AL, Segunda Turma, DJe 7/3/2012). Precedentes citados: AgRg no REsp 1.295.001-SC, Terceira Turma, DJe 1º/7/2013; e AgRg no AREsp 104.823-SP, Quarta Turma, DJe 17/9/2012. **REsp 776.338-SC, Rel. Min. Raul Araújo, julgado em 6/5/2014.**

Ademais, o **artigo 24 da Emenda 103/2019** traz regras de vedação ou com restrição de acumulação entre pensões e aposentadoria com pensão, se aplicando de imediato a todos os regimes público de previdência, inclusive dos **estados, Distrito Federal e municípios, determinado a redução em faixas do menor benefício.**

Restou **vedada a acumulação de mais de uma pensão por morte deixada por cônjuge ou companheiro**, no âmbito do mesmo regime de previdência social, **ressalvadas** as pensões do mesmo instituidor decorrentes do exercício de **cargos acumuláveis** na forma do art. 37 da Constituição Federal, o que já existia no RGPS e RPPS federal, mas não existia em alguns estados e municípios por falta de previsão da lei local.

Admitiu-se a acumulação com a redução em faixas do menor benefício nos seguintes casos:

a) **pensão por morte** deixada por cônjuge ou companheiro de um regime de previdência social com **pensão por morte** concedida por outro regime de previdência social ou com pensões decorrentes das atividades militares;

22. Artigo 530, da Instrução Normativa INSS 77/2015.
23. Artigo 528, § 7º, da Instrução Normativa INSS 77/2015.

b) **pensão por morte** deixada por cônjuge ou companheiro de um regime de previdência social com **aposentadoria** concedida no âmbito do Regime Geral de Previdência Social ou de regime próprio de previdência social ou com proventos de inatividade decorrentes das atividades militares;

c) de **aposentadoria** concedida no âmbito do Regime Geral de Previdência Social ou de regime próprio de previdência social com **pensões decorrentes das atividades militares.**

Neste caso, é assegurada a percepção do valor integral do benefício mais vantajoso e de uma parte de cada um dos demais benefícios, apurada cumulativamente de acordo com as **seguintes faixas**:

PERCENTUAL PAGO	FAIXA DO BENEFÍCIO	REDUTOR
100%	Até 1 salário mínimo	-
60%	Acima de 1 até 2 salários mínimos	40%
40%	Acima de 2 até 3 salários mínimos	60%
20%	Acima de 3 até 4 salários mínimos	80%
10%	Acima de 4 salários mínimos	90%

Cabe pedido de revisão a qualquer tempo, caso o melhor benefício se torne o pior benefício, a exemplo do fracionamento ulterior de pensão por morte.

Vamos simular uma situação considerando o salário mínimo de **R$ 998,00** em 2019 e uma pensão por morte no valor de **R$ 5.000,00** que será reduzida por ser o menor benefício.

PERCENTUAL PAGO	FAIXA DO BENEFÍCIO	VALOR DEVIDO
100%	Até R$ 998,00	R$ 998,00
60%	Acima de R$ 998,00 até R$ 1.996,00	R$ 598,80
40%	R$ 1.996,00 até R$ 2.994,00	R$ 399,20
20%	Acima de R$ 2.994,00 até R$ 3.992,00	R$ 199,60
10%	Acima de R$ 3.992,00 até R$ 5.000,00	R$ 100,80
-	-	**Total de R$ 2.296,40**

Destarte, no caso simulado, a pensão por morte será reduzida de **R$ 5.000,00** para **R$ 2.296,40**.

Eis a tabela para o ano de 2020:

PERCENTUAL PAGO	FAIXA DO BENEFÍCIO	REDUTOR
100%	Até 1 salário mínimo (R$ 1.045,00)	-
60%	Acima de 1 até 2 salários mínimos (R$ 2.090,00)	40%
40%	Acima de 2 até 3 salários mínimos (R$ 3.135,00)	60%
20%	Acima de 3 até 4 salários mínimos (R$ 4.180,00)	80%
10%	Acima de 4 salários mínimos (acima de R$ 4.180,00)	90%

Um ponto que não é tratado é se essas faixas deverão ou não ser modificadas anualmente, pois o salário mínimo sofre atualização monetária todo ano e, se a correção monetária do salário mínimo forma acima da variação do INPC (índice dos benefícios previdenciários), o recálculo irá majorar a renda do benefício.

Não há restrição para a acumulação de aposentadorias em mais de um regime público de previdência, de modo que é possível **acumular sem redução**, por exemplo, duas aposentadorias do RPPS (cargos legitimamente permitidos na Constituição) e uma aposentadoria no RGPS.

Vale registrar que o novo regramento preserva o **direito adquirido**, quando o fato gerador da aposentadoria ou pensão por morte ocorreu **até a data da publicação da Emenda 103/2019** (morte e requisitos para aposentar), mesmo que o requerimento seja ofertado ulteriormente.

Como o artigo 24 da EC 103/2019 é regra restritiva de direito, o seu **rol é taxativo**. Dessa forma, é necessário destacar alguns pontos.

O primeiro é que a restrição na acumulação de pensão por morte é apenas para pensionista cônjuge, companheiro ou companheira do segurado falecido, não se aplicando a pensão por morte instituída em favor de filhos e irmãos.

Nesse sentido o posicionamento do INSS firmado pela Portaria 450/2020:

> "Art. 59. A acumulação da pensão por morte com outro benefício do mesmo titular ensejará a redução do valor do benefício menos vantajoso nas seguintes hipóteses:
>
> I – pensão por morte mantida no RGPS, instituída por cônjuge ou companheiro, acumulada com pensão por morte mantida por outro regime de previdência social, também instituída por cônjuge ou companheiro, inclusive as decorrentes das atividades militares; e
>
> II – pensão por morte instituída por cônjuge ou companheiro, de qualquer regime de previdência social, inclusive as decorrentes das atividades militares, acumuladas com aposentadorias concedidas por qualquer regime de previdência social ou com proventos de inatividade decorrentes das atividades militares.
>
> **Parágrafo único. As regras de acumulação previstas neste artigo é aplicável apenas:**
>
> I – às pensões instituídas por cônjuge ou companheiro, ex-cônjuge e ex-companheiro; e
>
> II – às hipóteses em que o fato gerador ou preenchimento dos requisitos de qualquer dos benefícios seja posterior a 14 de novembro de 2019, independentemente do início dos demais".

O segundo ponto a frisar é que pelo texto do artigo 24, § 2º, da EC 103/2019, na hipótese de acumulação de mais de dois benefícios citados no § 1º, a exemplo de aposentadoria e duas pensões por morte (uma de RPPS e outra de RGPS, pode exemplo), somente o benefício maior terá renda preservada, devendo ser reduzidos os outros dois menores de possuírem renda acima de um salário mínimo.

Isso porque consta do texto constitucional que "nas hipóteses das acumulações previstas no § 1º, é assegurada a percepção do valor integral do benefício mais **vantajoso e de uma parte de cada um dos demais benefícios".**

Acaso haja pagamento em duplicidade de dois ou mais benefícios inacumuláveis, deve ser feito o encontro de contas para a reposição ao Erário no processo administrativo ou judicial previdenciário.

No âmbito do processo judicial, a TNU firmou o **Tema 195** em 18/09/2020:

Tema	195	Situação do tema	Em julgamento – eproc	Ramo do direito	DIREITO PREVIDENCIÁRIO
Questão submetida a julgamento	Saber qual o critério para fixação do regime de compensação entre valores de benefícios inacumuláveis, ambos regularmente concedidos.				
Tese firmada	**No cálculo das parcelas atrasadas do benefício concedido judicialmente, devem ser compensados todos os valores recebidos em período concomitante em razão de benefício inacumulável, sendo que a compensação deve se dar pelo total dos valores recebidos, não se podendo gerar saldo negativo para o segurado.**				
Processo	**Decisão de afetação**	**Relator (a)**	**Julgado em**	**Acórdão publicado em**	**Trânsito em julgado**
PEDILEF 5042553-09.2016.4.04.7100/RS (Questão de ordem: preliminar de coisa julgada. Incidente não conhecido) PEDILEF 5068010-43.2016.4.04.7100/RS (Segundo processo vinculado ao tema – em julgamento)	26/10/2018 – afetado pelo Pleno 12/03/2020 – PEDILEF 5068010-43.2016.4.04.7100/RS vinculado ao tema	PEDILEF 5042553-09.2016.4.04.7100/RS – Juiz Federal Bianor Arruda Bezerra Neto/ PEDILEF 5068010-43.2016.4.04.7100/RS – Juíza Federal Isadora Segalla Afanasieff	18/09/2020	–	–

Muitas vezes a acumulação indevida não era conhecida no processo de conhecimento e nem foi alvo de debate, razão pela qual o tema não faz coisa julgada, sendo possível o abatimento em razão de inacumulabilidade legal mesmo na fase de execução, respeitado o contraditório.

7. DESCONTOS LEGALMENTE AUTORIZADOS

Apenas poderão ser abatidos dos benefícios previdenciários os débitos do segurado ou dependentes autorizados pela legislação previdenciária.

De acordo com o artigo 115, da Lei 8.213/91, poderão ser descontados:

I – **contribuições devidas pelo segurado à Previdência Social**;

II – pagamento administrativo ou judicial de benefício previdenciário ou assistencial indevido, ou além do devido, inclusive na hipótese de cessação do benefício pela revogação de decisão judicial, em valor que não exceda 30% da sua importância, nos termos do regulamento; *(redação dada pela **Lei 13.846/2019**)*;

III – **Imposto de Renda** retido na fonte;

IV – **pensão de alimentos** decretada em sentença judicial;

V – **mensalidades de associações** e demais entidades de aposentados legalmente reconhecidas, desde que autorizadas por seus filiados (a autorização do desconto deverá ser revalidada a cada 3 (três) anos, a partir de 31 de dezembro de 2021);

VI – **pagamento de empréstimos, financiamentos, cartões de crédito e operações de arrendamento mercantil** concedidos por instituições financeiras e sociedades de arrendamento mercantil, públicas e privadas, quando expressamente autorizado pelo beneficiário, até o limite de 35% (trinta e cinco por cento) do valor do benefício, sendo 5% (cinco por cento) destinados exclusivamente para: a) a amortização de despesas contraídas por meio de cartão de crédito; ou b) a utilização com a finalidade de saque por meio do cartão de crédito (Lei 13.172/2015).

Por força da MP 1.006/2020, até 31 de dezembro de 2020, o percentual máximo de consignação nas hipóteses previstas no inciso VI do *caput* do art. 115 da Lei nº 8.213, de 24 de julho de 1991, e no § 5º do art. 6º da Lei nº 10.820, de 17 de dezembro de 2003, será de **quarenta por cento**, dos quais cinco por cento serão destinados exclusivamente para:

I – amortização de despesas contraídas por meio de cartão de crédito; ou

II – utilização com finalidade de saque por meio do cartão de crédito.

Vale ressaltar que o STJ vinha divergindo sobre a possibilidade de devolução das parcelas pagas a título de benefícios previdenciários em consequência de decisões judiciais precárias posteriormente revertidas.

A 3ª Seção do STJ entendia que as parcelas recebidas em processo judicial, a título de benefício previdenciário, em decorrência de antecipação de tutela posteriormente revogada, eram irrepetíveis, em nome do Princípio da Segurança Jurídica e da Boa-fé:

PREVIDENCIÁRIO. PROCESSUAL CIVIL. EMBARGOS DE DECLARAÇÃO NO RECURSO ESPECIAL. POSTULAÇÃO DE EFEITOS INFRINGENTES. PENSÃO POR MORTE. VALORES RECEBIDOS POR FORÇA DE TUTELA ANTECIPADA POSTERIORMENTE REVOGADA. DEVOLUÇÃO. IMPOSSIBILIDADE. ENTENDIMENTO DA TERCEIRA SEÇÃO. DISPOSITIVOS DA LEI DE BENEFÍCIOS QUE REGEM HIPÓTESES DIVERSAS. PRECEDENTES DA QUINTA E SEXTA TURMAS. ALEGADA OFENSA À CLÁUSULA DE RESERVA DE PLENÁRIO (CF, ART. 97). NÃO-OCORRÊNCIA. PRECEDENTES DO STF E STJ. EMBARGOS ACOLHIDOS. **1. A Terceira Seção do Superior Tribunal de Justiça, à unanimidade, sedimentou o entendimento sobre o tema para assentar que, em se tratando de verba alimentar percebida por força de tutela antecipada, posteriormente revogada, aplicável a jurisprudência consagrada por este Tribunal, pautado pelo princípio da irrepetibilidade dos alimentos**. 2. O "art. 115 da Lei nº 8.213/91 regulamenta a hipótese de desconto administrativo, sem necessária autorização judicial, nos casos em que a concessão a maior se deu por ato administrativo do Instituto agravante, não agraciando os casos majorados por força de decisão judicial" (AgRg no REsp 1.054.163/RS, Sexta Turma, Rel. Min. MARIA THEREZA DE ASSIS MOURA, DJe 30/6/08). 3. Não caracteriza ofensa à reserva de plenário a interpretação dispensada por órgão fracionário de Tribunal a dispositivo de lei que, mediante legítimo processo hermenêutico, tem sua incidência limitada a determinadas hipóteses. 4. Embargos de declaração acolhidos, com excepcionais efeitos infringentes, para negar provimento ao recurso especial (EDREsp 996.850, de 04.11.2008)".

Nesse sentido, a antiga posição da TNU, quando vigorava a Súmula 51:

> **"Súmula 51– Os valores recebidos por força de antecipação dos efeitos de tutela, posteriormente revogada em demanda previdenciária, são irrepetíveis em razão da natureza alimentar e da boa-fé no seu recebimento". (SÚMULA CANCELADA EM 2017)**

Em julgados monocráticos, o Ministro Teori Albino Zavascki já vinha se manifestando pela necessidade da restituição das parcelas pagas pelo INSS, como na decisão tomada no AREsp 176.900, de 01/06/2012.

Este entendimento foi confirmado pela 1ª Seção do STJ em 12 de junho de 2013, tendo sido determinada a devolução de parcelas ao INSS de benefício previdenciário cuja antecipação de tutela foi posteriormente revogada.

Isso porque a antecipação de tutela é precária, correndo à custa e risco do autor, assim como com arrimo no Princípio da Boa-fé Objetiva:

> **"INFORMATIVO 524 – DIREITO PROCESSUAL CIVIL E PREVIDENCIÁRIO. DEVOLUÇÃO DE BENEFÍCIO PREVIDENCIÁRIO RECEBIDO EM RAZÃO DE ANTECIPAÇÃO DOS EFEITOS DA TUTELA POSTERIORMENTE REVOGADA.**
>
> **O segurado da Previdência Social tem o dever de devolver o valor de benefício previdenciário recebido em antecipação dos efeitos da tutela (art. 273 do CPC) a qual tenha sido posteriormente revogada.** Historicamente, a jurisprudência do STJ, com fundamento no princípio da irrepetibilidade dos alimentos, tem isentado os segurados do RGPS da obrigação de restituir valores obtidos por antecipação de tutela que posteriormente tenha sido revogada. Já os julgados que cuidam da devolução de valores percebidos indevidamente por servidores públicos evoluíram para considerar não apenas o caráter alimentar da verba, mas também a boa-fé objetiva envolvida na situação. Nestes casos, o elemento que evidencia a boa-fé objetiva consiste na legítima confiança ou justificada expectativa de que os valores recebidos sejam legais e de que passem a integrar definitivamente o seu patrimônio. **Nas hipóteses de benefícios previdenciários oriundos de antecipação de tutela, não há dúvida de que existe boa-fé subjetiva, pois, enquanto o segurado recebe os benefícios, há legitimidade jurídica, apesar de precária. Do ponto de vista objetivo, todavia, não há expectativa de definitividade do pagamento recebido via tutela antecipatória, não podendo o titular do direito precário pressupor a incorporação irreversível da verba ao seu patrimônio. Efetivamente, não há legitimidade jurídica para o segurado presumir que não terá de devolver os valores recebidos, até porque, invariavelmente, está o jurisdicionado assistido por advogado e, conforme o disposto no art. 3º da LINDB – segundo o qual ninguém se escusa de cumprir a lei, alegando que não a conhece –, deve estar ciente da precariedade do provimento judicial que lhe é favorável e da contraposição da autarquia previdenciária quanto ao mérito. Ademais, em uma escala axiológica, evidencia-se a desproporcionalidade da hipótese analisada em relação aos casos em que o próprio segurado pode tomar empréstimos de instituição financeira e consignar descontos em folha, isto é, o erário "empresta" – via antecipação de tutela posteriormente cassada – ao segurado e não pode cobrar sequer o principal. Já as instituições financeiras emprestam e recebem, mediante desconto em folha, não somente o principal como também os juros remuneratórios.** REsp 1.384.418-SC, Rel. Min. Herman Benjamin, julgado em 12/6/2013".

No que concerne ao *modus operandi* da devolução, a 1ª Seção do STJ estabeleceu como regras a declaração judicial da dívida e o desconto do débito mensalmente sobre o benefício previdenciário em até 10% do seu valor:

> **"INFORMATIVO 524 – DIREITO PROCESSUAL CIVIL E PREVIDENCIÁRIO. FORMA DE DEVOLUÇÃO DE BENEFÍCIO PREVIDENCIÁRIO RECEBIDO EM ANTECIPAÇÃO DOS EFEITOS DE TUTELA POSTERIORMENTE REVOGADA.**
>
> Na devolução de benefício previdenciário recebido em antecipação dos efeitos da tutela (art. 273 do CPC) a qual tenha sido posteriormente revogada, devem ser observados os seguintes parâmetros: a) a execução de sentença declaratória do direito deverá ser promovida; e b) liquidado e incontroverso o crédito executado, o INSS poderá fazer o desconto em folha de até 10% da remuneração dos benefícios previdenciários em manutenção até a satisfação do crédito. Isso porque o caráter alimentar dos benefícios previdenciários está ligado ao princípio constitucional da dignidade da pessoa humana, de forma que as imposições obrigacionais sobre os respectivos proventos não podem comprometer o sustento do segurado". REsp 1.384.418-SC, Rel. Min. Herman Benjamin, julgado em 12/6/2013.
>
> Contudo, nota-se que na grande maioria dos casos em que a antecipação de tutela é cassada, inexiste benefício previdenciário ativo para a efetivação dos descontos, o que vai tornar necessária a execução judicial da dívida.

Por tudo isto, nota-se que existia uma **divergência interna não superada no STJ**, vez que a 1ª Seção entende pela devolução, ao passo que a 3ª Seção pela não devolução das parcelas percebidas de benefício previdenciário com antecipação de tutela revogada.

O tema foi apreciado pela Corte Especial do STJ em 20 de novembro de 2013, tendo se adotado uma posição intermediária entre os entendimentos da 1ª e da 3ª Seção do Superior Tribunal de Justiça.

Nesse diapasão, se a reversão da antecipação de tutela se der nas instâncias ordinárias (em sede sentença ou acórdão proferido em sede de julgamento de recurso de apelação ou recurso inominado do JEF pelo Tribunal ou Turma Recursal), dever-se-á devolver à Previdência Social as parcelas já percebidas.

Por outro lado, se a revogação da tutela antecipada se operar nas instâncias extraordinárias (STF e STJ, em sede de recurso extraordinário ou especial) não haverá a restituição ao INSS, ao argumento de que já havia se criado a legítima expectativa de vitória ao segurado ou dependente, em razão de se tratar de recurso julgado em via não ordinária.

Veja-se o decisivo julgado:

> PROCESSO CIVIL. EMBARGOS DE DIVERGÊNCIA EM RECURSO ESPECIAL. SENTENÇA QUE DETERMINA O RESTABELECIMENTO DE PENSÃO POR MORTE. CONFIRMAÇÃO PELO TRIBUNAL DE ORIGEM. DECISÃO REFORMADA NO JULGAMENTO DO RECURSO ESPECIAL. DEVOLUÇÃO DOS VALORES RECEBIDOS DE BOA-FÉ. IMPOSSIBILIDADE. PRECEDENTES DO STJ.
>
> 1. A dupla conformidade entre a sentença e o acórdão gera a estabilização da decisão de primeira instância, de sorte que, de um lado, limita a possibilidade de recurso do vencido, tornando estável a relação jurídica submetida a julgamento; e, de outro, cria no vencedor a legítima expectativa de que é titular do direito reconhecido na sentença e confirmado pelo Tribunal de segunda instância.
>
> 2. Essa expectativa legítima de titularidade do direito, advinda de ordem judicial com força definitiva, é suficiente para caracterizar a boa-fé exigida de quem recebe a verba de natureza alimentar

posteriormente cassada, porque, no mínimo, confia – e, de fato, deve confiar – no acerto do duplo julgamento.

3. Por meio da edição da súm. 34/AGU, a própria União reconhece a irrepetibilidade da verba recebida de boa-fé, por servidor público, em virtude de interpretação errônea ou inadequada da Lei pela Administração. Desse modo, e com maior razão, assim também deve ser entendido na hipótese em que o restabelecimento do benefício previdenciário dá-se por ordem judicial posteriormente reformada.

4. Na hipótese, impor ao embargado a obrigação de devolver a verba que por anos recebeu de boa-fé, em virtude de ordem judicial com força definitiva, não se mostra razoável, na medida em que, justamente pela natureza alimentar do benefício então restabelecido, pressupõe-se que os valores correspondentes foram por ele utilizados para a manutenção da própria subsistência e de sua família. Assim, a ordem de restituição de tudo o que foi recebido, seguida à perda do respectivo benefício, fere a dignidade da pessoa humana e abala a confiança que se espera haver dos jurisdicionados nas decisões judiciais.

5. Embargos de divergência no recurso especial conhecidos e desprovidos" (EREsp 1086154, Corte Especial, de 20/11/2013).

A 1ª Seção do STJ reafirmou o seu posicionamento em sede de Recurso Especial Repetitivo:

"INFORMATIVO 570– DIREITO PREVIDENCIÁRIO E PROCESSUAL CIVIL. REPETIÇÃO DE BENEFÍCIOS PREVIDENCIÁRIOS INDEVIDAMENTE RECEBIDOS POR FORÇA DE TUTELA ANTECIPADA. RECURSO REPETITIVO (ART. 543-C DO CPC E RES. 8/2008-STJ). TEMA 692.

A reforma da decisão que antecipa a tutela obriga o autor da ação a devolver os benefícios previdenciários indevidamente recebidos. O grande número de ações, e a demora que disso resultou para a prestação jurisdicional, levou o legislador a prever a antecipação da tutela judicial naqueles casos em que, desde logo, houvesse, a partir dos fatos conhecidos, uma grande verossimilhança no direito alegado pelo autor. Nesse contexto, o pressuposto básico do instituto é a reversibilidade da decisão judicial. Havendo perigo de irreversibilidade, não há tutela antecipada (art. 273, § 2º, do CPC). Por isso, quando o juiz antecipa a tutela, está anunciando que seu decisum não é irreversível. Sendo assim, se acabou por ser mal sucedida a demanda na qual houvera antecipação da tutela judicial, o autor da ação responde pelo que recebeu indevidamente. Além do mais, não prospera o argumento de que o autor não seria obrigado a devolver benefícios advindos da antecipação por ter confiado no juiz, porquanto esta fundamentação ignora o fato de que a parte, no processo, está representada por advogado, o qual sabe que a antecipação de tutela tem natureza precária. Há, ainda, o reforço do direito material. Um dos princípios gerais do direito é o de que não pode haver enriquecimento sem causa. Sendo um princípio geral, ele se aplica ao direito público, e com maior razão neste caso porque o lesado é o patrimônio público. Ademais, o art. 115, II, da Lei 8.213/1991 é expresso no sentido de que os benefícios previdenciários pagos indevidamente estão sujeitos à repetição. Uma decisão do STJ que viesse a desconsiderá-lo estaria, por via transversa, deixando de aplicar norma legal que, a contrario sensu, o STF declarou constitucional, uma vez que o art. 115, II, da Lei 8.213/1991 exige o que dispensava o art. 130, parágrafo único na redação originária, declarado inconstitucional na ADI 675 (Tribunal Pleno, DJ 20/6/1997).**REsp 1.401.560-MT, Rel. Min. Sérgio Kukina, Rel. para acórdão Min. Ari Pargendler, Primeira Seção, julgado em 12/2/2014, DJe 13/10/2015".**

Nesse sentido, a edição 67 da Jurisprudência em Teses publicada pelo próprio STJ em 5 de outubro de 2016 traz a mesma conclusão proposta nesta obra:

"15) Os valores de benefícios previdenciários recebidos por força de tutela antecipada posteriormente revogada devem ser devolvidos, haja vista a reversibilidade da medida antecipatória, a ausência de boa-fé objetiva do beneficiário e a vedação do enriquecimento sem causa.

Acórdãos

AgInt nos EDcl no AREsp 444197/PR, Rel. Ministro GURGEL DE FARIA, PRIMEIRA TURMA,Julgado em 14/06/2016,DJE 09/08/2016

AgInt no REsp 1566724/PR, Rel. Ministro SÉRGIO KUKINA, PRIMEIRA TURMA,Julgado em 23/06/2016,DJE 30/06/2016

AgRg no REsp 1574367/MG, Rel. Ministro HERMAN BENJAMIN, SEGUNDA TURMA,Julgado em 19/04/2016,DJE 27/05/2016

EDcl no REsp 1401560/MT, Rel. Ministro MAURO CAMPBELL MARQUES, PRIMEIRA SEÇÃO,Julgado em 27/04/2016,DJE 02/05/2016

EDcl no AgRg no AgRg no REsp 1199904/RJ, Rel. Ministro NAPOLEÃO NUNES MAIA FILHO, PRIMEIRA TURMA,Julgado em 24/11/2015,DJE 09/12/2015

REsp 1057817/RS,Rel. Ministro NEFI CORDEIRO, Julgado em 03/11/2015,DJE 10/12/2015

REsp 1401560/MT, Rel. Ministro SÉRGIO KUKINA, Rel. p/ Acórdão Ministro ARI PARGENDLER,PRIMEIRA SEÇÃO,Julgado em 12/02/2014,DJE 13/10/2015

16) Não é necessária a devolução de valores concedidos ao segurado por sentença confirmada em 2ª instância (dupla conformidade), que, posteriormente, é reformada em sede de Recurso Especial.

Acórdãos

AgRg no REsp 1584052/RS, Rel. Ministro MARCO AURÉLIO BELLIZZE, TERCEIRA TURMA, Julgado em 10/05/2016, DJE 19/05/2016

EREsp 1086154/RS, Rel. Ministra NANCY ANDRIGHI, CORTE ESPECIAL, Julgado em 20/11/2013, DJE 19/03/2014

Decisões Monocráticas

REsp 1592456/RS, Rel. Ministra REGINA HELENA COSTA, PRIMEIRA TURMA, Julgado em 03/06/2016,Publicado em 08/06/2016

AREsp 549596/RS, Rel. Ministro NAPOLEÃO NUNES MAIA FILHO, PRIMEIRA TURMA, Julgado em 07/08/2015,Publicado em 27/08/2015".

Vale registrar que o posicionamento aqui consolidado já foi utilizado em julgado da TNU com a seguinte transcrição desta obra:

"9. Especificamente no âmbito do Superior Tribunal de Justiça e desta Turma Nacional de Uniformização a matéria apresenta o perfil e evolução jurisprudencial pesquisada por Frederico Amado, a seguir retratada: O PODER JUDICIÁRIO CONCEDEU UM BENEFÍCIO PREVIDENCIÁRIO ATRAVÉS DE ANTECIPAÇÃO DE TUTELA. DEPOIS, OPEROU-SE A SUA REVOGAÇÃO. É NECESSÁRIO DEVOLVER AO INSS O QUE FOI RECEBIDO – CONHEÇA A POSIÇÃO DA CORTE ESPECIAL DO STJ: Vale ressaltar que o STJ vinha divergindo sobre a possibilidade de devolução das parcelas pagas a título de benefícios previdenciários em consequência de decisões judiciais precárias posteriormente revertidas. A 3ª Seção do STJ Atualmente, o STJ (3ª Seção) entende que as parcelas recebidas em processo judicial, a título de benefício previdenciário, em decorrência de antecipação de tutela posteriormente revogada, são irrepetíveis, em nome do Princípio da Segurança Jurídica e da Boa-fé... Este entendimento foi confirmado pela 1ª Seção do STJ em 12 de junho de 2013, tendo sido determinada a devolução de parcelas ao INSS de benefício previdenciário cuja antecipação de tutela foi posteriormente revogada.

Isso porque a antecipação de tutela é precária, correndo à custa e risco do autor, assim como com arrimo no Princípio da Boa-fé Objetiva... O tema foi apreciado pela Corte Especial do STJ em 20 de novembro de 2013, tendo se adotado uma posição intermediária entre os entendimentos da 1ª e da 3ª Seção do Superior Tribunal de Justiça. Nesse diapasão, se a reversão da antecipação de tutela se der nas instâncias ordinárias (em se de sentença ou acórdão proferido em sede de julgamento de recurso de apelação ou recurso inominado do JEF pelo Tribunal ou Turma Recursal), dever-se-á devolver à Previdência Social as parcelas já percebidas. Por outro lado, se a revogação da tutela antecipada se operar nas instâncias extraordinárias (STF e STJ, em sede de recurso extraordinário ou especial) não haverá a restituição ao INSS, ao argumento de que já havia se criado a legítima expectativa de vitória ao segurado ou dependente, em razão de se tratar de recurso julgado em via não ordinária. Veja-se o decisivo julgado: "PROCESSO CIVIL. EMBARGOS DE DIVERGÊNCIA EM RECURSO ESPECIAL. SENTENÇA QUE DETERMINA O RESTABELECIMENTO DE PENSÃO POR MORTE. CONFIRMAÇÃO PELO TRIBUNAL DE ORIGEM. DECISÃO REFORMADA NO JULGAMENTO DO RECURSO ESPECIAL. DEVOLUÇÃO DOS VALORES RECEBIDOS DE BOA-FÉ. IMPOSSIBILIDADE. PRECEDENTES DO STJ.1. A dupla conformidade entre a sentença e o acórdão gera a estabilização da decisão de primeira instância, de sorte que, de um lado, limita a possibilidade de recurso do vencido, tornando estável a relação jurídica submetida a julgamento; e, de outro, cria no vencedor a legítima expectativa de que é titular do direito reconhecido na sentença e confirmado pelo Tribunal de segunda instância.2. Essa expectativa legítima de titularidade do direito, advinda de ordem judicial com força definitiva, é suficiente para caracterizar a boa-fé exigida de quem recebe a verba de natureza alimentar posteriormente cassada, porque, no mínimo, confia – e, de fato, deve confiar – no acerto do duplo julgamento.3. Por meio da edição da súm. 34/AGU, a própria União reconhece a irrepetibilidade da verba recebida de boa-fé, por servidor público, em virtude de interpretação errônea ou inadequada da Lei pela Administração. Desse modo, e com maior razão, assim também deve ser entendido na hipótese em que o restabelecimento do benefício previdenciário dá-se por ordem judicial posteriormente reformada.4. Na hipótese, impor ao embargado a obrigação de devolver a verba que por anos recebeu de boa-fé, em virtude de ordem judicial com força definitiva, não se mostra razoável, na medida em que, justamente pela natureza alimentar do benefício então restabelecido pressupõe-se que os valores correspondentes foram por ele utilizados para a manutenção da própria subsistência e de sua família. Assim, a ordem de restituição de tudo o que foi recebido, seguida à perda do respectivo benefício, fere a dignidade da pessoa humana e abala a confiança que se espera haver dos jurisdicionados nas decisões judiciais.5. Embargos de divergência no recurso especial conhecidos e desprovidos" (EREsp 1086154, Corte Especial, de 20/11/2013). [grifei]". (PEDILEF 50190790520134047200, de 11/12/2014).

Logo, **a tese repetitiva firmada pelo STJ é pela devolução dos valores à Previdência Social quando da revogação da tutela provisória, salvo no caso de dupla conformidade** (sentença e acórdão favoráveis ao segurado ou dependente), quando o INSS somente reverteu à tese nas instâncias extraordinárias.

Nesse sentido, o julgamento do AgInt no REsp 1540492, em 20 de junho de 2017:

"PROCESSUAL CIVIL E ADMINISTRATIVO. AGRAVO INTERNO NO RECURSO ESPECIAL. EXIGIBILIDADE DA DEVOLUÇÃO DE VALORES RECEBIDOS POR FORÇA DE DECISÃO JUDICIAL POSTERIORMENTE MODIFICADA. ENTENDIMENTO FIRMADO PELA PRIMEIRA SEÇÃO NO JULGAMENTO DO RECURSO ESPECIAL REPRESENTATIVO DA CONTROVÉRSIA 1.401.560/MT. INAPLICABILIDADE AO CASO CONCRETO, TENDO EM VISTA A DUPLA CONFORMIDADE ENTRE SENTENÇA E ACÓRDÃO, ESTE MODIFICADO SOMENTE EM SEDE DE RECURSO ESPECIAL. BOA-FÉ DE QUEM RECEBE A VERBA DE NATUREZA ALIMENTAR, PORQUE CONFIA

NO ACERTO DO DUPLO JULGAMENTO. AGRAVO INTERNO DA UNIÃO A QUE SE NEGA PROVIMENTO.

1. Cinge-se a questão em examinar a possibilidade de restituição de valores recebidos em decorrência de acórdão do Tribunal que reconheceu o direito a determinado benefício a Servidor Público, com posterior modificação e exclusão desse direito em sede de Recurso Especial.

2. A Primeira Seção desta Corte no julgamento do Recurso Especial Representativo da Controvérsia 1.401.560/MT, julgado em 12.2.2014, consolidou o entendimento de que é necessária a devolução dos valores recebidos a título de tutela antecipada posteriormente revogada, apesar da natureza alimentar dos benefícios previdenciários e da boa-fé dos segurados.

3. Entretanto, referido precedente se distingue daquela situação em que o demandante obtém um pronunciamento jurisdicional que lhe reconhece o direito em sentença e acórdão, gerando uma estabilização da questão discutida nos autos, tendo em vista a dupla conformidade do julgamento.

4. Em virtude dessa dupla conformidade, o demandante tem a legítima expectativa de titularidade do direito e, por isso, pode executar a sentença após a confirmação do acórdão, passando a receber de boa-fé os valores declarados em pronunciamento judicial com força definitiva. Precedentes: AgRg no AgRg no REsp. 1.473.789/PE, Rel. Min. ASSUSETE MAGALHÃES, DJe 24.6.2016; AgInt no REsp. 1.592.456/RS, Rel. Min. REGINA HELENA COSTA, DJe 18.10.2016.

5. A hipótese dos autos se amolda perfeitamente ao citado precedente do Órgão Especial desta Corte Superior, uma vez que o ora recorrido teve seu pedido liminar concedido em março de 2001, tendo a demanda sido julgada procedente e confirmada pelo Tribunal Regional Federal da 5ª. Região. Posteriormente, no ano de 2010, em sede de Recurso Especial, houve provimento à insurgência para excluir a condenação do erário, sendo certo que, até então, havia dupla conformidade da sentença e acórdão que reconhecia direitos ao Servidor Público.

6. Desse modo, tendo o Tribunal de origem assentado ser descabida a restituição ao erário de valores indevidamente pagos ao servidor, se ele os percebeu de boa-fé, entendida esta como a ausência de conduta dolosa que tenha contribuído para a ocorrência do fato antijurídico, presunção esta não desqualificada por provas em contrário (fls. 531), a conclusão se mostra convergente ao entendimento desta Corte Superior, não merecendo, portanto, reparos".

Vale registrar que no julgamento do PEDILEF 0004955-39.2011.4.03.6315, em 30/08/2017, a TNU promoveu o cancelamento da Súmula 51 a fim de se adequar ao posicionamento do STJ:

"A Turma Nacional de Uniformização dos Juizados Especiais Federais (TNU), por maioria, nos termos do voto do juiz federal Frederico Augusto Leopoldino Koehler, cancelou o enunciado da Súmula nº 51, que dispõe que "Os valores recebidos por força de antecipação dos efeitos de tutela, posteriormente revogada em demanda previdenciária, são irrepetíveis em razão da natureza alimentar e da boa-fé no seu recebimento". A decisão foi tomada na sessão do dia 30 de agosto, realizada na sede do Tribunal Regional Federal da 4ª Região (TRF4), em Porto Alegre.

De acordo com os autos, ao realizar a superação de seu entendimento anterior, a TNU entendeu que o tema objeto do incidente foi uniformizado no âmbito do Superior Tribunal de Justiça (STJ) – Tema 692 – por ocasião do julgamento do REsp nº 1.401.560 (Relator p/ Acórdão Ministro ARI PARGENDLER, PRIMEIRA SEÇÃO, julgado em 12/02/2014, DJe 13/10/2015).

Nesse contexto, o Colegiado considerou que o Supremo Tribunal Federal (STF), no julgamento do ARE-RG 722421, de relatoria do ministro Ricardo Lewandowski, já se pronunciou no sentido de que não existe repercussão geral quando a matéria versar sobre a possibilidade de devolução de valores recebidos em virtude de tutela antecipada posteriormente revogada (Tema n. 799), considerando-se que a solução da controvérsia envolve o exame de legislação infraconstitucional, a configurar apenas ofensa indireta ou reflexa ao texto constitucional.

Koehler destacou que, "cumpre registrar que, no âmbito do STJ, em recente decisão (Pet nº 10.996, DJe 26/06/2017), da lavra do eminente ministro Mauro Campbell Marques, presidente desta Turma Nacional de Uniformização, acolheu-se incidente de uniformização da jurisprudência interposto pelo INSS, concluindo que o entendimento deste Colegiado Nacional, assentado no enunciado de sua Súmula 51 contraria frontalmente o entendimento firmado por aquela Corte Superior no julgamento do TEMA 692 dos recursos repetitivos".

Processo nº 0004955-39.2011.4.03.6315. *Fonte: Imprensa CJF"*

A TNU se alinhou ao STJ. Postergou o que pôde, mas cedeu. O que a Turma Nacional não decidiu expressamente foi sobre a aplicação da dupla conformidade ao rito do JEF, haja vista que o STJ firmou tese no sentido de que a revogação de tutela provisória em instância superior em recursos tarifados não enseja a devolução.

Eis julgados recentes do STJ:

AgInt no REsp 1540492, 1ª Turma, de 20/6/2017

"PROCESSUAL CIVIL E ADMINISTRATIVO. AGRAVO INTERNO NO RECURSO ESPECIAL. EXIGIBILIDADE DA DEVOLUÇÃO DE VALORES RECEBIDOS POR FORÇA DE DECISÃO JUDICIAL POSTERIORMENTE MODIFICADA. ENTENDIMENTO FIRMADO PELA PRIMEIRA SEÇÃO NO JULGAMENTO DO RECURSO ESPECIAL REPRESENTATIVO DA CONTROVÉRSIA 1.401.560/MT. INAPLICABILIDADE AO CASO CONCRETO, TENDO EM VISTA A DUPLA CONFORMIDADE ENTRE SENTENÇA E ACÓRDÃO, ESTE MODIFICADO SOMENTE EM SEDE DE RECURSO ESPECIAL. BOA-FÉ DE QUEM RECEBE A VERBA DE NATUREZA ALIMENTAR, PORQUE CONFIA NO ACERTO DO DUPLO JULGAMENTO. AGRAVO INTERNO DA UNIÃO A QUE SE NEGA PROVIMENTO.

1. Cinge-se a questão em examinar a possibilidade de restituição de valores recebidos em decorrência de acórdão do Tribunal que reconheceu o direito a determinado benefício a Servidor Público, com posterior modificação e exclusão desse direito em sede de Recurso Especial.

2. A Primeira Seção desta Corte no julgamento do Recurso Especial Representativo da Controvérsia 1.401.560/MT, julgado em 12.2.2014, consolidou o entendimento de que é necessária a devolução dos valores recebidos a título de tutela antecipada posteriormente revogada, apesar da natureza alimentar dos benefícios previdenciários e da boa-fé dos segurados.

3. Entretanto, referido precedente se distingue daquela situação em que o demandante obtém um pronunciamento jurisdicional que lhe reconhece o direito em sentença e acórdão, gerando uma estabilização da questão discutida nos autos, tendo em vista a dupla conformidade do julgamento.

4. Em virtude dessa dupla conformidade, o demandante tem a legítima expectativa de titularidade do direito e, por isso, pode executar a sentença após a confirmação do acórdão, passando a receber de boa-fé os valores declarados em pronunciamento judicial com força definitiva. Precedentes: AgRg no AgRg no REsp. 1.473.789/PE, Rel. Min. ASSUSETE MAGALHÃES, DJe 24.6.2016; AgInt no REsp. 1.592.456/RS, Rel. Min. REGINA HELENA COSTA, DJe 18.10.2016.

5. A hipótese dos autos se amolda perfeitamente ao citado precedente do Órgão Especial desta Corte Superior, uma vez que o ora recorrido teve seu pedido liminar concedido em março de 2001, tendo a demanda sido julgada procedente e confirmada pelo Tribunal Regional Federal da 5a. Região. Posteriormente, no ano de 2010, em sede de Recurso Especial, houve provimento à insurgência para excluir a condenação do erário, sendo certo que, até então, havia dupla conformidade da sentença e acórdão que reconhecia direitos ao Servidor Público.

6. Desse modo, tendo o Tribunal de origem assentado ser descabida a restituição ao erário de valores indevidamente pagos ao servidor, se ele os percebeu de boa-fé, entendida esta como a ausência de

conduta dolosa que tenha contribuído para a ocorrência do fato antijurídico, presunção esta não desqualificada por provas em contrário (fls. 531), a conclusão se mostra convergente ao entendimento desta Corte Superior, não merecendo, portanto, reparo".

REsp 1669438, 2ª Turma, de 20/6/2017

"PROCESSUAL CIVIL. PREVIDENCIÁRIO. VALORES DE ÍNDOLE ALIMENTAR RECEBIDOS EM RAZÃO DE SENTENÇA JUDICIAL DE MÉRITO, CONFIRMADA PELO TRIBUNAL DE ORIGEM. VALORES RECEBIDOS DE BOA-FÉ. DESCONTOS. IMPOSSIBILIDADE.

1. Na hipótese dos autos, extrai-se do acórdão vergastado que o entendimento do Sodalício a quo está em consonância com a orientação do Superior Tribunal de Justiça.

2. A Corte Especial do STJ, em hipótese análoga à dos autos, entendeu descabida a restituição de valores de índole alimentar, recebidos de boa-fé, por força de sentença de mérito, confirmada em 2º Grau ainda que posteriormente alterada em Recurso Especial. Isso porque "a dupla conformidade entre a sentença e o acórdão gera a estabilização da decisão de primeira instância, de sorte que, de um lado, limita a possibilidade de recurso do vencido, tornando estável a relação jurídica submetida a julgamento; e, de outro, cria no vencedor a legítima expectativa de que é titular do direito reconhecido na sentença e confirmado pelo Tribunal de segunda instância. Essa expectativa legítima de titularidade do direito, advinda de ordem judicial com força definitiva, é suficiente para caracterizar a boa-fé exigida de quem recebe a verba de natureza alimentar posteriormente cassada, porque, no mínimo, confia – e, de fato, deve confiar – no acerto do duplo julgamento. E essa confiança, porque não se confunde com o mero estado psicológico de ignorância sobre os fatos ou sobre o direito, é o que caracteriza a boa-fé objetiva" (STJ, EREsp 1.086.154/RS, Rel. Ministra Nancy Andrighi, Corte Especial, DJe de 19/03/2014). No mesmo sentido: STJ, AgRg no AREsp 405.924/CE, Rel. Ministra Regina Helena Costa, Primeira Turma, DJe de 14/12/2015. Com igual compreensão, em decisão monocrática: STJ, REsp 1.421.530/CE, Rel. Ministro Mauro Campbell Marques, DJe de 28/4/2014".

Entende-se que, ao adaptar a posição do STJ ao rito do JEF, que a revogação da tutela provisória em incidentes de uniformização de jurisprudência (TRU, TNU e STJ) não enseja a devolução dos valores, pois são recursos tarifados excepcionais (são tarifados apenas para uniformizar questões de direito material em divergência de Turmas do JEF ou contra decisão dominante do STJ e não devolvem o reexame direto da matéria de fato).

Também não cabe devolução das parcelas percebidas a título de benefício previdenciário quando o INSS consegue êxito em ação rescisória, pois neste caso já havia se formado a coisa julgada com a expectativa consolidada do beneficiário da Previdência Social.

Nesse sentido, a edição 67 da Jurisprudência em Teses publicada pelo próprio STJ em 5 de outubro de 2016:

17) Os valores relativos a benefícios previdenciários pagos a maior ao segurado por força de decisão judicial transitada em julgado, que venha a ser rescindida, não são passíveis de devolução.

Acórdãos

AgRg no AREsp 820594/SP, Rel. Ministro MAURO CAMPBELL MARQUES, SEGUNDA TURMA, Julgado em 23/02/2016,DJE 01/03/2016

AR 004160/SP, Rel. Ministro REYNALDO SOARES DA FONSECA, TERCEIRA SEÇÃO, Julgado em 23/09/2015,DJE 29/09/2015

AR 004186/SP, Rel. Ministro GURGEL DE FARIA, TERCEIRA SEÇÃO, Julgado em 24/06/2015, DJE 04/08/2015

AR 004194/MG, Rel. Ministro NEFI CORDEIRO, TERCEIRA SEÇÃO, Julgado em 25/02/2015, DJE 05/03/2015

AR 003926/RS, Rel. Ministro MARCO AURÉLIO BELLIZZE, TERCEIRA SEÇÃO, Julgado em 11/09/2013, DJE 18/09/2013

AR 003816/MG, Rel. Ministro OG FERNANDES, TERCEIRA SEÇÃO, Julgado em 11/09/2013, DJE 26/09/2013

Vale registrar que o STF entendeu o tema não possui repercussão geral (tema 799):

ARE 722421 RG

Repercussão Geral – Admissibilidade

Órgão julgador:

Tribunal Pleno

Relator(a):

MINISTRO PRESIDENTE

Julgamento:

19/03/2015

Publicação:

30/03/2015

Ementa

Ementa: RECURSO EXTRAORDINÁRIO COM AGRAVO. PREVIDENCIÁRIO E PROCESSUAL CIVIL. **VALORES RECEBIDOS EM VIRTUDE DE CONCESSÃO DE ANTECIPAÇÃO DE TUTELA POSTERIORMENTE REVOGADA. DEVOLUÇÃO. MATÉRIA DE ÍNDOLE INFRACONSTITUCIONAL. OFENSA INDIRETA À CONSTITUIÇÃO. REPERCUSSÃO GERAL. INEXISTÊNCIA.** I – O exame da questão constitucional não prescinde da prévia análise de normas infraconstitucionais, o que afasta a possibilidade de reconhecimento do requisito constitucional da repercussão geral. II – Repercussão geral inexistente.

Por outro lado, ao julgar os Embargos de Declaração da decisão que rejeitou a desaposentação, o STF afastou a restituição das parcelas já percebidas pelo segurado em sede de tutela provisória (Informativo 965):

REPERCUSSÃO GERAL

DIREITO PREVIDENCIÁRIO – BENEFÍCIOS PREVIDENCIÁRIOS

Art. 18, § 2º, da Lei 8.213/1991: "desaposentação" e "reaposentação" –

O Plenário, em conclusão e por maioria, deu parcial provimento a embargos declaratórios em recursos extraordinários para assentar a irrepetibilidade dos valores alimentares recebidos de boa-fé, até a proclamação do resultado deste julgamento. Garantiu, também, o direito daqueles que usufruem de "desaposentação" ou de "reaposentação" em decorrência de decisão transitada em julgado, até a proclamação do resultado deste julgamento. **Ademais, alterou a tese de repercussão geral (Tema 503), que ficou assim redigida: "No âmbito do Regime Geral de Previdência Social – RGPS, somente lei pode criar benefícios e vantagens previdenciárias, não havendo, por ora, previsão legal do direito à 'desaposentação' ou à 'reaposentação', sendo constitucional a regra do art. 18, § 2º, da Lei 8.213/1991".**

O tema de fundo diz respeito à possibilidade de reconhecimento da "desaposentação", consistente na renúncia a benefício de aposentadoria, com a utilização do tempo de serviço ou contribuição que fundamentou a prestação previdenciária originária, para a obtenção de benefício mais vantajoso em nova aposentadoria. Na ocasião, o Plenário decidiu pela inexistência do direito à "desaposentação" (Informativo 845).

Os embargantes alegaram omissão quanto ao fenômeno da "reaposentação". Além disso, o acórdão embargado também não contemplaria a modulação dos efeitos da decisão proferida.

Prevaleceu o voto do ministro Alexandre de Moraes. De início, salientou que, por ocasião do julgamento de mérito, o Plenário fez a distinção entre os institutos da "desaposentação" e da "reaposentação", tema amplamente debatido. **Ademais, salientou a desnecessidade de repetição dos valores recebidos de boa-fé. Ressalvou, entretanto, que houve casos de segurados que tiveram o direito à "desaposentação" e à "reaposentação" reconhecidos por decisões judiciais transitadas em julgado. Nessas hipóteses, a decisão proferida em recurso extraordinário com repercussão geral reconhecida deve preservar o que foi firmado em caráter definitivo pelo Poder Judiciário, em respeito aos princípios da segurança jurídica e da boa-fé.**" RE 381367 ED/RS, rel. orig. Min. Dias Toffoli, red. p/ o ac. Min. Alexandre de Moraes, julgamento em 6.2.2020. (RE-381367) RE 827833 ED/SC, rel. orig. Min. Dias Toffoli, red. p/ o ac. Min. Alexandre de Moraes, julgamento em 6.2.2020. (RE-827833).

Vale frisar que o texto original do artigo 130, parágrafo único, da Lei 8.213/91, anterior à Lei 9.528/97, previa que os recursos interpostos pela Previdência Social em processos que envolvam prestações desta lei, serão recebidos exclusivamente no efeito devolutivo, cumprindo-se, desde logo, a decisão ou sentença, através de processo suplementar ou carta de sentença, sendo que ocorrendo a reforma da decisão, será suspenso o benefício e exonerado o beneficiário de restituir os valores recebidos por força da liquidação condicionada.

Veja-se que existia regra expressa que desonerava a restituição de parcelas recebidas de benefício previdenciário por força de decisão posteriormente reformada. Mas este artigo foi suspenso pelo STF na ADI/MC 675, julgada em 6/10/1994:

"Previdência Social: L. 8.213/91 (Plano de Benefícios): suspensão cautelar, em ação direta, por despacho do Presidente do STF, no curso das férias forenses, da parte final do caput do art. 130 (que determina o cumprimento imediato de decisões relativas a prestações previdenciárias, ainda que na pendência de recursos) e do seu parágrafo único que, na hipótese da reforma da decisão, exonera o beneficiário de "restituir os valores recebidos por força da liquidação condicional": referendum, por voto de desempate, do despacho presidencial".

Na visão da maioria dos ministros do STF, o *caput* violou o regime de precatório, pois permitia a execução provisória de obrigação de pagar com recurso pendente de julgamento, vez que o regime de precatórios do artigo 100 da CF exige a coisa julgada.

Demais disso, o parágrafo único ofendia o duplo grau de jurisdição, pois tornava inócuo o recurso ao dispensar a restituição das parcelas percebidas de benefício previdenciário.

Note-se que com este estudo histórico da Lei 8.213/91 e da jurisprudência do STF pode se concluir que a atual jurisprudência do STJ apenas se coadunou com a posição do STF tomada no ano de 1994.

Vale registrar que as decisões mais recentes da **1ª Turma do STJ** não têm permitido que a reversão de tutela provisória revogada em instância ordinária se dê através de desconto administrativo pelo INSS, embora haja precedente anterior da 1ª Seção que expressamente autorizou o desconto em folha limitado a 10% do valor do benefício:

"PREVIDENCIÁRIO. RECURSO ESPECIAL. OFENSA AO ART. 115, II, DA LEI N. 8.213/1991. ATO DO GERENTE EXECUTIVO DE BENEFÍCIOS DO INSS QUE DETERMINOU O DEVOLUÇÃO DE VALORES RECEBIDOS POR PENSIONISTA, A TÍTULO DE TUTELA ANTECIPADA, POSTERIORMENTE REVOGADA. IMPOSSIBILIDADE. NORMATIVO QUE NÃO AUTORIZA, NA VIA ADMINISTRATIVO-PREVIDENCIÁRIA, A COBRANÇA DE VALORES ANTECIPADOS EM PROCESSO JUDICIAL. 1. Os recursos interpostos com fulcro no CPC/1973 sujeitam-se aos requisitos de admissibilidade nele previstos, conforme diretriz contida no Enunciado Administrativo n. 2 do Plenário do STJ. 2. Na origem, cuida-se de mandado de segurança impetrado por beneficiária de pensão por morte contra ato de Gerente Executivo de Benefícios do INSS que determinou o desconto, no benefício, de valores recebidos a título de tutela antecipada posteriormente cassada. **3. O normativo contido no inciso II do artigo 115 da Lei n. 8.213/1991 não autoriza o INSS a descontar, na via administrativa, valores concedidos a título de tutela antecipada, posteriormente cassada com a improcedência do pedido. Nas demandas judicializadas, tem o INSS os meios inerentes ao controle dos atos judiciais que por ele devem ser manejados a tempo e modo. 4. Recurso especial não provido"** (REsp 1338912, 1ª Turma, de 23/5/2017).

Logo, essa linha entende que deve a execução ser invertida no próprio processo judicial, pois o retorno do *status quo ante* é competência funcional do juiz natural do processo em que a tutela provisória foi concedida e revogada, descabendo o ajuizamento de ação autônoma.

Por outro lado, a 2ª Turma do STJ permite o desconto administrativo limitado a 10% do valor do benefício, se existir prestação ativa:

"PREVIDENCIÁRIO E PROCESSUAL CIVIL. ANTECIPAÇÃO DA TUTELA. REVOGAÇÃO. RESTITUIÇÃO DOS VALORES. VERBA DE NATUREZA ALIMENTAR RECEBIDA DE BOA-FÉ PELA PARTE SEGURADA. REPETIBILIDADE. APOSENTADORIA POR IDADE. TRABALHADOR RURAL. AUSÊNCIA DE INÍCIO DE PROVA MATERIAL. IMPOSSIBILIDADE DE DEFERIMENTO DO BENEFÍCIO. PREVIDENCIÁRIO. RECURSO ESPECIAL DO INSS 1. A controvérsia gira em torno da possibilidade de ressarcimento do valor pago indevidamente à segurada em razão de tutela antecipada. Todavia, a Primeira Seção, no julgamento do REsp 1.384.418/SC, realinhou o entendimento jurisprudencial, assentando que é dever do titular de benefício previdenciário, isto é, de direito patrimonial, devolver valores recebidos por força de tutela antecipada posteriormente revogada. **Neste caso, o INSS poderá fazer o desconto em folha de até dez por cento do salário de benefício percebido pelo segurado, até a satisfação do crédito.** Cumpre asseverar, que a Primeira Seção, ao julgar o REsp 1.401.560/MT, reafirmou o cabimento da restituição de parcelas previdenciárias recebidas em razão de tutela antecipada posteriormente revogada. AGRAVO EM RECURSO ESPECIAL DE JOÃO MIRANDA DA SILVA 2. Hipótese em que o Tribunal local consignou: "os documentos que em regra são admitidos como início de prova material do labor rural alegado, passam a ter afastada essa serventia, quando confrontados com outros documentos que lidem a condição campesina outrora demandada. (...) Impossível o deferimento do benefício almejado com base em prova exclusivamente testemunhal. (fl. 126, e-STJ)". 3. Dessa feita, à margem do alegado pelo agravante, rever o entendimento da Corte regional somente seria possível por meio do reexame do acervo fático-probatório existente nos autos, o que não se permite em Recurso Especial, ante o óbice da Súmula 7/STJ. 4. Com relação ao dissídio jurisprudencial, a divergência deve ser comprovada, cabendo a quem recorre demonstrar as circunstâncias que identificam ou assemelham os casos confrontados, com indicação da similitude fática e jurídica entre eles. CONCLUSÃO 5. Recurso Especial do INSS provido e Agravo em Recurso Especial de João Miranda da Silva não provido" (REsp 1612805, de 13/12/2016).

De acordo com a 2ª Turma, "o STJ entende que o direito da Administração Pública de efetuar o desconto dos servidores e dos titulares de benefícios previdenciários de valores indevidamente pagos por força de decisão judicial precária, posteriormente revogada, deve ser exercido no prazo de 5 (cinco) anos, nos termos do art. 54 da Lei 9.784/99, contados da data do trânsito em julgado da decisão que julgou improcedente o pedido"[24].

Mas tudo indica que a 1ª Seção do STJ irá rever esta tese, pois admitiu questão de ordem para a sua revisão e determinou a suspensão de todos os processos sem coisa julgada que versem sobre o tema 692:

Tema/ Repetitivo	692	**Situação do Tema**	**Afetado – Possível Revisão de Tese**	**Órgão Julgador**	**PRIMEIRA SEÇÃO**	**Assuntos**
Questão submetida a julgamento	Proposta de Revisão de Entendimento firmado em tese repetitiva firmada pela Primeira Seção relativa ao Tema 692/STJ, quanto à devolução dos valores recebidos pelo litigante beneficiário do Regime Geral da Previdência Social – RGPS em virtude de decisão judicial precária, que venha a ser posteriormente revogada.					
Tese Firmada	Tese firmada pela Primeira Seção no julgamento do REsp 1.401.560/MT, acórdão publicado no DJe de 13/10/2015, que se propõe a revisar: A reforma da decisão que antecipa a tutela obriga o autor da ação a devolver os benefícios previdenciários indevidamente recebidos.					
Anotações Nugep	**Importante** No voto condutor do acórdão de afetação da matéria ao rito dos repetitivos, o Ministro relator ressalta a necessidade de ampliação do debate das variações a respeito da questão. No ponto, lista as seguintes situações que, dentre outras, poderão ser analisadas pelo Superior Tribunal de Justiça na presente afetação: **a)** tutela de urgência concedida de ofício e não recorrida; **b)** tutela de urgência concedida a pedido e não recorrida; **c)** tutela de urgência concedida na sentença e não recorrida, seja por agravo de instrumento, na sistemática processual anterior do CPC/1973, seja por pedido de suspensão, conforme o CPC/2015; **d)** tutela de urgência concedida initio litis e não recorrida; **e)** tutela de urgência concedida initio litis, cujo recurso não foi provido pela segunda instância; **f)** tutela de urgência concedida em agravo de instrumento pela segunda instância; **g)** tutela de urgência concedida em primeiro e segundo graus, cuja revogação se dá em razão de mudança superveniente da jurisprudência então existente; **h)** tutela de urgência concedida e cassada, a seguir, seja em juízo de reconsideração pelo próprio juízo de primeiro grau, ou pela segunda instância em agravo de instrumento ou mediante pedido de suspensão; **i)** tutela de urgência cassada, mesmo nas situações retratadas anteriormente, mas com fundamento expresso na decisão de que houve má-fé da parte ou afronta clara a texto de lei, como no caso das vedações expressas de concessão de medida liminar ou tutela antecipada. Vide **Controvérsia 51/STJ** – Aplicação, revisão ou distinção do Tema n. 692/STJ.					
Tema/ Repetitivo	692	**Situação do Tema**	**Afetado – Possível Revisão de Tese**	**Órgão Julgador**	**PRIMEIRA SEÇÃO**	**Assuntos**
Informações Complementares	Há determinação de suspensão do processamento de todos os processos ainda sem trânsito em julgado, individuais ou coletivos, que versem acerca da questão submetida à revisão pertinente ao Tema n. 692/STJ e tramitem no território nacional, com a ressalva de incidentes, questões e tutelas, que sejam interpostas a título geral de provimentos de urgência nos processos objeto do sobrestamento (acórdão publicado no DJe de 3/12/2018, questão de ordem nos REsps n. 1.734.627/SP, 1.734.641/SP, 1.734.647/SP, 1.734.656/SP, 1.734.685/SP e 1.734.698/SP).					
Repercussão Geral	Tema 799/STF – Possibilidade da devolução de valores recebidos em virtude de tutela antecipada posteriormente revogada.					
Ramo do Direito	DIREITO PREVIDENCIÁRIO					

24. REsp 1658946, de 18/5/2017.

Processo	Tribunal de Origem	RRC	Relator	Data de Afetação	Julgado em	Acórdão Publicado em	Embargos de Declaração	Trânsito em Julgado
Pet 12482/DF	STJ	Não	OG FERNANDES	03/12/2018	–	–	–	–
REsp 1401560/ MT	TRF1	Não	SÉRGIO KUKINA	03/09/2013	12/02/2014	13/10/2015	02/05/2016	03/03/2017

ATENÇÃO

A novidade sobre o tema foi a alteração normativa promovida pela Lei 13.846/2019, pois agora a Lei 8.213/91 prevê expressamente que é devido o desconto administrativo no benefício previdenciário ou assistencial decorrente de recebimento de parcela indevida, inclusive na hipótese de cessação do benefício pela revogação de decisão judicial.

Agora existe um elemento novo para a jurisprudência avaliar este tema: existe previsão legal expressa para descontar do benefício na via administrativa parcelas decorrentes de tutela provisória revogada.

A inserção de benefícios assistenciais no texto também constitui uma novidade, pois anteriormente os descontos administrativos existiam apenas para os previdenciários.

Na esfera administrativa, caso o pagamento do benefício além do devido tenha decorrido de erro da Previdência Social, será feito o parcelamento em favor do beneficiário, não podendo cada parcela ultrapassar 30% do valor do benefício, no número de meses necessário ao pagamento do débito.

Outrossim, antes de efetuar o referido desconto, deverá o INSS instaurar processo administrativo em que seja assegurada ampla defesa do titular do benefício, sob pena de ilegalidade dos descontos.

Na hipótese de desconto de contribuições previdenciárias devidas pelo titular do benefício à União, será preciso que tenham sido regularmente constituídas através do lançamento, bem como ainda não prescritas.

Todavia, há jurisprudência firme no sentido de que o INSS não poderá descontar do benefício as parcelas pagas a maior ao segurado ou dependente por erro administrativo, se recebidas de boa-fé:

"PREVIDENCIÁRIO – **REVISÃO ADMINISTRATIVA DE PENSÃO POR MORTE QUE RESULTOU NO DESDOBRAMENTO DO BENEFÍCIO – OCORRÊNCIA DE ERRO ADMINISTRATIVO – BOA-FÉ DAS SEGURADAS – IMPOSSIBILIDADE DE DESCONTO DOS VALORES PAGOS A MAIOR. CARÁTER ALIMENTAR DAS PRESTAÇÕES PREVIDENCIÁRIAS** – HONORÁRIOS. – De acordo com a Lei 8.213/91, o benefício previdenciário de pensão por morte é devido ao conjunto dos dependentes do segurado que falecer, no valor total da aposentadoria que o mesmo recebia ou daquele a que teria direito se estivesse aposentado por invalidez na data do seu falecimento, sendo certo que, em havendo mais de um pensionista, o valor da pensão deverá ser rateada entre todos eles em partes iguais. – In casu, o segurado falecido deixou duas dependentes, quais sejam: cônjuge e filha inválida (art. 16, I, da Lei 8.213/91). No entanto, durante o processo administrativo de concessão do benefício de pensão por morte às Autoras, o INSS apesar de ter informado a hipótese de desdobramento da pensão entre as duas dependentes, deixou de cadastrar tal informação no INFBEN – Informações do Benefício. Assim, ambas as autoras passaram a receber o benefício de forma integral e não rateada, gerando os valores que o INSS pretende repetir. – Indevido o desconto dos valores pagos a maior. **Embora o art. 115, inciso II, da Lei 8.213/91, preveja a possibilidade de desconto de pagamento de benefício além do devido, tal interpretação deve ser restritiva, em virtude da natureza alimentar do benefício previdenciário. – Ademais, não restou comprovado nos presentes autos qualquer comportamento doloso, fraudulento ou de má-fé por parte das seguradas. A percepção indevida, no caso, resultou única e exclusivamente de equívoco administrativo na apuração do benefício, para o qual as beneficiárias não concorreram.** – Mantida a fixação dos honorários advocatícios no percentual de 10% (dez por cento) sobre o valor da causa. – Apelação a que se nega provimento" **(TRF da 2ª Região, AC 412.799, de 25.05.2010).**

"PREVIDENCIÁRIO. MANDADO DE SEGURANÇA. PENSÃO POR MORTE. BOA-FÉ DA IMPETRANTE. DECADÊNCIA DO DIREITO DO INSS DE REVISAR O BENEFÍCIO. NÃO OCORRÊNCIA. **PAGAMENTOS FEITOS INDEVIDAMENTE. DESCONTO DO BENEFÍCIO EM MANUTENÇÃO. IMPOSSIBILIDADE. RECEBIMENTO DE BOA-FÉ.** 1. A Administração, em atenção ao princípio da legalidade, tem o poder-dever de anular seus próprios atos quando eivados de vícios que os tornem ilegais (Súmulas 346 e 473 do STF). 2. Embora concedida a pensão por morte à impetrante em 1988, o erro administrativo que culminou com a majoração do benefício não ocorreu naquela data, mas em julho de 2004, quando já se encontrava em vigor a Lei n. 10.839, de 05-02-2004, que estabelecia o prazo decadencial de dez anos para a revisão dos atos administrativos. 3. Considerando que a revisão administrativa que constatou o erro ocorreu em 2007, não se há de falar em decadência. 4. Correta a redução do percentual da pensão por morte da demandante procedida pelo INSS, tendo em vista que não havia amparo legal para a majoração realizada, a qual decorreu de erro administrativo. **5. Dada a manifesta natureza alimentar do benefício previdenciário, a norma do inciso II do art. 115 da Lei nº 8.213/91 deve se restringir às hipóteses em que, para o pagamento a maior feito pela Administração, tenha concorrido o beneficiário.** Precedentes do STJ pela aplicação do princípio da irrepetibilidade ou não devolução dos alimentos" **(TRF da 4ª Região, APELREEX 2008.71.09.000557-3, de 16.12.2009).**

"PROCESSUAL CIVIL E PREVIDENCIÁRIO. BENEFÍCIO PREVIDENCIÁRIO. PAGAMENTO INDEVIDO. BOA-FÉ. DEVOLUÇÃO. IMPOSSIBILIDADE. PRECEDENTES. SÚMULA 83/STJ. 1. Cumpre asseverar que não há nos autos informação da existência de tutela antecipada para recebimento do benefício previdenciário, conforme alegado pelo agravante. **2. A jurisprudência desta Corte é no sentido da impossibilidade dos descontos, em razão do caráter alimentar dos proventos percebidos a título de benefício previdenciário, aplicando ao caso o princípio da irrepetibilidade dos alimentos.** Precedentes. Súmula 83/STJ. 3. A decisão agravada, ao julgar a questão que decidiu de acordo com a interpretação sistemática da legislação, especialmente nos termos do art. 115 da Lei n. 8.112/91, apenas interpretou as normas, ou seja, de forma sistemática, não se subsumindo o caso à hipótese de declaração de inconstitucionalidade sem que a questão tenha sido decidida pelo Plenário. Agravo regimental improvido" (STJ, AgRg no AREsp 432511, de 17/12/2013).

No mesmo sentido, entende a TNU que são irrepetíveis os valores recebidos a maior pelo segurado decorrente de erro da própria Administração, em face do caráter alimentar da prestação e da boa-fé no recebimento (processo 0001590-32.2010.4.03.6308, de 14/4/2016).

O tema será apreciado em tese repetitiva pelo STJ sob o número 979, tendo havido determinação de suspensão dos processos em curso:

RECURSO REPETITIVO

21/08/2017 10:12

Primeira Seção decidirá se valores recebidos por causa de erro da Previdência devem ser devolvidos

A Primeira Seção do Superior Tribunal de Justiça (STJ) determinou que seja suspensa em todo o território nacional a tramitação de processos individuais ou coletivos que discutem a devolução de valores recebidos por beneficiários do INSS – mesmo que tenham sido recebidos de boa-fé – por força de erro da Previdência Social.

A decisão foi tomada pelo colegiado ao determinar a afetação do Recurso Especial 1.381.734 para julgamento pelo rito dos recursos repetitivos (artigo 1.036 e seguintes do Código de Processo Civil). O relator do processo é o ministro Benedito Gonçalves.

O tema está cadastrado sob o número 979 no sistema de recursos repetitivos, com a seguinte redação: "Devolução ou não de valores recebidos de boa-fé, a título de benefício previdenciário, por força de interpretação errônea, má aplicação da lei ou erro da administração da Previdência Social."

A suspensão do trâmite dos processos não impede a propositura de novas ações ou a celebração de acordos.

Recursos repetitivos

O novo Código de Processo Civil regula nos artigos 1.036 a 1.041 o julgamento por amostragem, mediante a seleção de recursos especiais que tenham controvérsias idênticas. Conforme previsto nos artigos 121-A do RISTJ e 927 do CPC, a definição da tese pelo STJ vai servir de orientação às instâncias ordinárias da Justiça, inclusive aos juizados especiais, para a solução de casos fundados na mesma controvérsia.

A tese estabelecida em repetitivo também terá importante reflexo na admissibilidade de recursos para o STJ e em outras situações processuais, como a tutela da evidência (artigo 311, II, do CPC) e a improcedência liminar do pedido (artigo 332 do CPC).

Na página de repetitivos do STJ, é possível acessar todos os temas afetados, bem como saber a abrangência das decisões de sobrestamento e as teses jurídicas firmadas nos julgamentos, entre outras informações.

Por força da Lei 13.494/2017, que inseriu o parágrafo terceiro no artigo 115, da Lei 8.213/91, a legislação previdenciária passou a prever expressamente que serão inscritos em dívida ativa pela Procuradoria-Geral Federal os créditos constituídos pelo INSS em razão de benefício previdenciário ou assistencial pago indevidamente ou além do devido, hipótese em que se aplica o disposto na Lei nº 6.830, de 22 de setembro de 1980, para a execução judicial.

Logo, o fundamento da transcrita decisão do STJ encontra-se superado, pois agora há base legal para a aludida inscrição em Dívida Ativa.

Em seguida, a Lei 13.846/2019 estendeu esse regramento à hipótese de revogação de tutela judicial: "§ 3º Serão inscritos em dívida ativa pela Procuradoria-Geral Federal os créditos constituídos pelo INSS em decorrência de benefício previdenciário ou assistencial pago indevidamente ou além do devido, **inclusive na hipótese de cessação do benefício pela revogação de decisão judicial**, nos termos do disposto na Lei nº 6.830, de 22 de setembro de 1980, para a execução judicial".

Outrossim, será objeto de inscrição em dívida ativa, em conjunto ou separadamente, o terceiro beneficiado que sabia ou deveria saber da origem do benefício pago indevidamente em razão de fraude, dolo ou coação, desde que devidamente identificado em procedimento administrativo de responsabilização.

Também é possível descontar do benefício previdenciário a **pensão de alimentos**, que será implantada[25]:

a) em cumprimento de **decisão judicial** em ação de alimentos;
b) nos termos constantes da **escritura**, mediante **ofício** ou apresentação da escritura pública;
c) nos termos dos acordos extrajudiciais referendados pelas Defensorias Públicas e Ministério Público, através de ofício do órgão, acompanhado do instrumento de acordo.

A pensão alimentícia, que não se caracteriza como benefício previdenciário, cessará nas seguintes situações[26]:

I – por óbito do titular da pensão alimentícia;

II – pela cessação do benefício de origem; ou

III – por determinação judicial ou escritura pública.

8. DIREITO ADQUIRIDO

O direito adquirido é um dos temas mais relevantes em termos de legislação previdenciária, tendo em conta as inúmeras alterações feitas nas normas ao longo das últimas décadas.

Considera-se como direito adquirido o que se incorpora de maneira lícita ao patrimônio do seu titular, uma vez preenchidos todos os pressupostos legais para a sua concessão, sendo no Brasil uma garantia constitucional, pois adotamos neste ponto a Teoria Subjetiva defendida por Carlo Francesco Gabba, que considerava os efeitos jurídicos de uma lei em favor das pessoas.

Com efeito, **em termos de benefícios previdenciários, caso preenchidos todos os requisitos para a sua concessão, restará assegurado ao beneficiário a aplicação do regime jurídico do dia do nascimento do direito, mesmo que o segurado ou dependente não tenha requerido a prestação, não sendo aplicável o novo regramento**, salvo por expressa possibilidade legal e por opção do beneficiário.

Destarte, cuida-se de instituto que tem nexo direto com o Princípio do *Tempus Regit Actum*. É dessa forma que tem sido traçado o contorno do direito adquirido no Brasil em termos de Regime Geral de Previdência Social, em especial à luz da Emenda 20/1998, que o previu no seu artigo 3º:

> "Art. 3º – É assegurada a concessão de aposentadoria e pensão, a qualquer tempo, aos servidores públicos e aos segurados do regime geral de previdência social, bem como aos seus dependentes, que, até a data da publicação desta Emenda, tenham cumprido os requisitos para a obtenção destes benefícios, com base nos critérios da legislação então vigente".

25. Memorando-Circular Conjunto nº 53-2018/DIRBEN/PFE/INSS – Esclarecemos que a Data do Início do Pagamento – DIP será a determinada pelo juízo ou a constante da escritura pública ou acordo extrajudicial e o seu cumprimento será imediato por parte deste Instituto, a partir da data do recebimento do ofício ou da apresentação da escritura pública ou acordo extrajudicial. Na ausência de fixação expressa da DIP, a mesma será fixada na data do recebimento da demanda.

26. Artigo 525, da IN INSS 77/2015.

Logo, em que pese as importantes alterações perpetradas pela primeira reforma da previdência social, todos os segurados e dependentes do RGPS que tenham preenchido todos os requisitos legais para a concessão dos benefícios até 16.12.1998, terão direito adquirido à sua concessão, inclusive a fórmula de cálculo, ficando imunes à aplicação das novas regras.

Como exemplo, se em 16.12.1998 um segurado homem contasse com 30 anos de serviço, terá direito adquirido à concessão da aposentadoria por tempo de contribuição com proventos proporcionais, na forma do artigo 53, inciso II, da Lei 8.213/91, não estando sujeito às regras de transição.

Vale ressaltar que enquanto não completados os requisitos legais não há de se falar em direito adquirido, mas apenas em mera expectativa de direito. Apesar disso, as reformas costumam aprovar regras de transição para atenuar o novo regramento, em decorrência do Princípio da Segurança Jurídica, para aqueles já filiados ao RGPS na data da vigência das alterações.

Outra hipótese importante no direito brasileiro em que foi garantido expressamente o direito adquirido ocorreu com o advento da Lei 9.876/99, que criou o fator previdenciário e alterou a fórmula de cálculo do salário de benefício, que não mais passou a ser calculado com base nos 36 últimos salários de contribuição, e sim nos 80% maiores de todo o período contributivo, após a competência de julho de 1994.

Nesse sentido, prevê o artigo 6º, da Lei 9.876/99:

> "Art. 6º É garantido ao segurado que até o dia anterior à data de publicação desta Lei tenha cumprido os requisitos para a concessão de benefício o cálculo segundo as regras até então vigentes".

Em termos de benefícios previdenciários, é comum que os segurados queiram adotar as regras que lhe são mais benéficas em mais de um regime jurídico, o que não é devido, pois importaria em cisão de normas. Não é outra a posição da Suprema Corte[27]:

> EMENTA: INSS. APOSENTADORIA. CONTAGEM DE TEMPO. DIREITO ADQUIRIDO. ART. 3º DA EC 20/98. CONTAGEM DE TEMPO DE SERVIÇO POSTERIOR A 16.12.1998. POSSIBILIDADE. BENEFÍCIO CALCULADO EM CONFORMIDADE COM NORMAS VIGENTES ANTES DO ADVENTO DA REFERIDA EMENDA. INADMISSIBILIDADE. RE IMPROVIDO. I – Embora tenha o recorrente direito adquirido à aposentadoria, nos termos do art. 3º da EC 20/98, não pode computar tempo de serviço posterior a ela, valendo-se das regras vigentes antes de sua edição. **II – Inexiste direito adquirido a determinado regime jurídico, razão pela qual não é lícito ao segurado conjugar as vantagens do novo sistema com aquelas aplicáveis ao anterior. III – A superposição de vantagens caracteriza sistema híbrido, incompatível com a sistemática de cálculo dos benefícios previdenciários.** IV – Recurso extraordinário improvido.

Deveras, na concessão de benefício previdenciário, deverão ser aplicadas as normas jurídicas em vigor na data do implemento de todos os requisitos exigidos em lei para a sua concessão, conforme referendado pelo STJ[28]:

> "AGRAVO REGIMENTAL. PREVIDENCIÁRIO. BENEFÍCIO DEVIDO NOS MOLDES DA LEGISLAÇÃO EM VIGOR NA DATA DO PREENCHIMENTO DOS REQUISITOS. **1. Prevalece nesta Corte o entendimento de que inexiste "direito adquirido à preservação de regime jurídico previdenciário já revogado, devendo ser aplicada a lei vigente à época em que foram implementados os requisitos para a obtenção do benefício"** (AgRg no Agravo de Instrumento n. 1.137.665/RJ). 2. Agravo regimental a que se nega provimento".

27. RE 575.089, de 10.09.2008.
28. AGREsp 1.107.647, de 20.10.2009.

Na mesma linha seguiu a **Emenda 103/2019**, que assegurou no artigo 3º a concessão de aposentadoria ao segurado do Regime Geral de Previdência Social e de **pensão por morte** aos respectivos dependentes, **a qualquer tempo, desde que tenham sido cumpridos os requisitos para obtenção destes benefícios até a data de entrada em vigor da Emenda Constitucional**, observados os critérios da legislação vigente na data em que foram atendidos os requisitos para a concessão da aposentadoria ou da pensão por morte.

Ademais, o valor da aposentadoria e da pensão concedida desta forma para o segurado do Regime Geral de Previdência Social ou para seus dependentes será apurado de acordo com a legislação em vigor à época em que foram atendidos os requisitos nela estabelecidos para a concessão do benefício.

Desta forma, mesmo quem não requereu benefício antes do advento da reforma implementada pela EC 103/2019 tem assegurado o direito adquirido, se cumpridos integralmente os requisitos para aposentar ou o óbito do segurado tenha ocorrido até o dia da sua publicação (13/11/2019).

Desde as Emendas 20/98[29] e 41/2003[30], assegurou-se o regime jurídico anterior com a formação do direito adquirido, ou seja, o implemento de todos os requisitos para a concessão do benefício em RGPS antes da reforma constitucional.

Daí que os segurados que implementarem todos os requisitos para se aposentar **até o dia da entrada em vigor da Emenda 103/2019** terão direito adquirido ao regime anterior, mesmo que prossigam em atividade.

O mesmo ocorre com os óbitos de segurados ocorridos até o dia da promulgação da Emenda, cujo regime jurídico será o anterior, independentemente da data de entrada do requerimento administrativo, pois é pacífico que a norma em vigor no dia da morte forma o estatuto do benefício, em respeito ao Princípio do *Tempus Regit Actum*.

Nesse sentido, o STJ:

> Súmula 340. *"A lei aplicável à concessão de pensão previdenciária por morte é aquela vigente na data do óbito do segurado"*.

Nesse sentido, o **direito adquirido do segurado e de seu dependente do RGPS** restou assegurado no artigo 3º da Emenda.

A ninguém é dado ter o melhor de dois mundos jurídicos, criando um terceiro regime jurídico com a escolha do melhor dos dois mundos. Daí que o segurado que prosseguir em atividade e optar pela concessão com base no direito adquirido, não poderá computar novas contribuições previdenciárias vertidas após a vigência da reforma constitucional.

Veja-se a posição da 1ª Seção do STJ (Informativo 676) no que tange ao direito adquirido a benefício formado antes da Emenda 20/1998:

---

29. Art. 3º – É assegurada a concessão de aposentadoria e pensão, a qualquer tempo, aos servidores públicos e aos segurados do regime geral de previdência social, bem como aos seus dependentes, que, até a data da **publicação desta Emenda**, tenham cumprido os requisitos para a obtenção destes benefícios, com base nos critérios da legislação então vigente.

30. Art. 3º É assegurada a concessão, a qualquer tempo, de aposentadoria aos servidores públicos, bem como pensão aos seus dependentes, que, até a data de **publicação desta Emenda**, tenham cumprido todos os requisitos para obtenção desses benefícios, com base nos critérios da legislação então vigente.

PROCESSO

PUIL 810-SP, Rel. Min. Herman Benjamin, Primeira Seção, por unanimidade, julgado em 10/06/2020, DJe 05/08/2020

RAMO DO DIREITO

DIREITO ADMINISTRATIVO, DIREITO PREVIDENCIÁRIO

TEMA

Regime Geral de Previdência Social. Critério de cálculo de aposentadoria. Direito adquirido ao regime anterior à EC n. 20/1998. Aplicação do art. 187 do Decreto n. 3.048/1999. Salários de contribuição. Correção até a data da reunião dos requisitos, sob pena de hibridismo de regime

DESTAQUE

É aplicável o art. 187 do Decreto n. 3.048/1999, quando a aposentadoria foi deferida com base no direito adquirido anterior à vigência da Emenda Constitucional n. 20/1998, devendo a atualização dos salários de contribuição integrantes do período básico de cálculo observar como marco final a data ficta de dezembro de 1998 e, a partir de então, a renda mensal inicial deverá ser reajustada até a data da entrada do requerimento administrativo pelos índices de reajustamento dos benefícios.

Muitos segurados do RGPS vêm buscando o pagamento de **indenização previdenciária** à luz do artigo 45-A[31] da Lei 8.212/91 de períodos de labor autônomo sem o devido recolhimento de contribuição previdenciária na época da prestação.

Isso é plenamente possível para o cômputo de tempo de contribuição em que o tributo já decaiu em razão do decurso de prazo superior a 5 anos do fato gerador, desde que demonstrada a atividade remunerada autônoma na época por início de prova material contemporâneo aos fatos ou inscrição ativa no INSS no período.

---

31. Art. 45-A. O contribuinte individual que pretenda contar como tempo de contribuição, para fins de obtenção de benefício no Regime Geral de Previdência Social ou de contagem recíproca do tempo de contribuição, período de atividade remunerada alcançada pela decadência deverá indenizar o INSS. (Incluído pela Lei Complementar nº 128, de 2008)

§ 1º O valor da indenização a que se refere o caput deste artigo e o § 1º do art. 55 da Lei nº 8.213, de 24 de julho de 1991, corresponderá a 20% (vinte por cento): (Incluído pela Lei Complementar nº 128, de 2008)

I – da média aritmética simples dos maiores salários-de-contribuição, reajustados, correspondentes a 80% (oitenta por cento) de todo o período contributivo decorrido desde a competência julho de 1994; ou (Incluído pela Lei Complementar nº 128, de 2008)

II – da remuneração sobre a qual incidem as contribuições para o regime próprio de previdência social a que estiver filiado o interessado, no caso de indenização para fins da contagem recíproca de que tratam os arts. 94 a 99 da Lei no 8.213, de 24 de julho de 1991, observados o limite máximo previsto no art. 28 e o disposto em regulamento. (Incluído pela Lei Complementar nº 128, de 2008)

§ 2º Sobre os valores apurados na forma do § 1º deste artigo incidirão juros moratórios de 0,5% (cinco décimos por cento) ao mês, capitalizados anualmente, limitados ao percentual máximo de 50% (cinqüenta por cento), e multa de 10% (dez por cento). (Incluído pela Lei Complementar nº 128, de 2008)

§ 3º O disposto no § 1º deste artigo não se aplica aos casos de contribuições em atraso não alcançadas pela decadência do direito de a Previdência constituir o respectivo crédito, obedecendo-se, em relação a elas, as disposições aplicadas às empresas em geral. (Incluído pela Lei Complementar nº 128, de 2008)

No entanto, para a formação do direito adquirido, conquanto o artigo 3º da Emenda 103/2019não trate do tema de modo expresso, entende-se que **o pagamento da indenização previdenciária deve ocorrer até o dia da publicação da Emenda 103 (13.11.2019)**, sob pena de não consideração para fins de aquisição de direito pré-reforma, pois o direito ao tempo de contribuição respectivo só é adquirido com o efetivo pagamento, conquanto se refira a período remoto.

Isso porque o direito adquirido é assegurado somente para os casos do direito formado no dia da publicação da Emenda103/2019*("desde que tenham sido cumpridos os requisitos para obtenção destes benefícios até a data de entrada em vigor desta Emenda Constitucional")*, o que não ocorre se o pagamento da indenização se der a *posteriori*, pois nesta hipótese não havia o direito de aposentadoria na data de mudança de regime jurídico.

Por exceção, acaso o segurado tenha requerido ao INSS o pagamento de indenização em prazo razoável para a duração do processo administrativo previdenciário, com requerimento em data anterior ao advento da alteração constitucional em comento, entende-se que o pagamento deve ser admitido para a formação do direito adquirido, mesmo que efetuado posteriormente à reforma constitucional, pois o segurado não poderá se prejudicar pela mora da Autarquia Federal.

Desde as Emendas 20/98[32] e 41/2003[33], assegurou-se o regime jurídico anterior com a formação do direito adquirido, ou seja, o implemento de todos os requisitos para a concessão do benefício em RGPS antes da reforma constitucional.

Daí que os segurados do RGPS que implementarem todos os requisitos para se aposentar até o dia da entrada em vigor da Emenda 103/2019 (data da publicação – 13/11/2019) terão direito adquirido ao regime anterior, mesmo que prossigam em atividade, desde que lhes seja mais favorável, pois o instituto do direito adquirido se refere ao melhor benefício.

Veja-se o artigo 3º da Emenda 103/2019:

> "Art. 3º A concessão de aposentadoria ao servidor público federal vinculado a regime próprio de previdência social e ao segurado do Regime Geral de Previdência Social e de pensão por morte aos respectivos dependentes será **assegurada, a qualquer tempo, desde que tenham sido cumpridos os requisitos para obtenção desses benefícios até a data de entrada em vigor desta Emenda Constitucional**, observados os critérios da legislação vigente na data em que foram atendidos os requisitos para a concessão da aposentadoria ou da pensão por morte.
>
> § 1º Os proventos de aposentadoria devidos ao servidor público a que se refere o **caput** e as pensões por morte devidas aos seus dependentes serão calculados e reajustados de acordo com a legislação em vigor à época em que foram atendidos os requisitos nela estabelecidos para a concessão desses benefícios.
>
> § 2º Os proventos de aposentadoria devidos ao segurado a que se refere o **caput** e as pensões por morte devidas aos seus dependentes serão apurados de acordo com a legislação em vigor à época em que foram atendidos os requisitos nela estabelecidos para a concessão desses benefícios".

---

32. Art. 3º – É assegurada a concessão de aposentadoria e pensão, a qualquer tempo, aos servidores públicos e aos segurados do regime geral de previdência social, bem como aos seus dependentes, que, até a data da **publicação desta Emenda**, tenham cumprido os requisitos para a obtenção destes benefícios, com base nos critérios da legislação então vigente.
33. Art. 3º É assegurada a concessão, a qualquer tempo, de aposentadoria aos servidores públicos, bem como pensão aos seus dependentes, que, até a data de **publicação desta Emenda**, tenham cumprido todos os requisitos para obtenção desses benefícios, com base nos critérios da legislação então vigente.

Nesse sentido, o STF ao acolher a tese da antecipação da DIB/direito ao melhor benefício, consectário do direito constitucional ao direito adquirido:

RE 630501 / RS – RIO GRANDE DO SUL

RECURSO EXTRAORDINÁRIO

Relator(a): Min. ELLEN GRACIE

Redator(a) do acórdão: Min. MARCO AURÉLIO

Julgamento: 21/02/2013

Publicação: 26/08/2013

Órgão julgador: Tribunal Pleno

view_listpicture_as_pdflibrary_booksfile_copyprint

Repercussão Geral – Mérito

Publicação

REPERCUSSÃO GERAL – MÉRITO DJe-166 DIVULG 23-08-2013 PUBLIC 26-08-2013 EMENT VOL-02700-01 PP-00057

Partes

RECTE.(S): ALOYSIO KALIL ADV.(A/S): DAISSON SILVA PORTANOVA E OUTRO(A/S) RECDO.(A/S): INSTITUTO NACIONAL DE SEGURO SOCIAL – INSS PROC.(A/S)(ES): PROCURADOR-GERAL FEDERAL

Ementa

APOSENTADORIA – PROVENTOS – CÁLCULO. **Cumpre observar o quadro mais favorável ao beneficiário, pouco importando o decesso remuneratório ocorrido em data posterior ao implemento das condições legais. Considerações sobre o instituto do direito adquirido, na voz abalizada da relatora – ministra Ellen Gracie –, subscritas pela maioria.**

Na mesma linha o novo Regulamento da Previdência Social publicado em 01/07/2020:

"Art. 176-E. Caberá ao INSS conceder o benefício mais vantajoso ao requerente **ou benefício diverso do requerido, desde que os elementos constantes do processo administrativo assegurem o reconhecimento desse direito**.

Parágrafo único. Na hipótese de direito à concessão de benefício diverso do requerido, **caberá ao INSS notificar o segurado para que este manifeste expressamente a sua opção pelo benefício**, observado o disposto no art. 176-D".

Por outro lado, a ninguém é dado ter o melhor de dois mundos jurídicos, criando um terceiro regime jurídico com a escolha do melhor dos dois mundos. Daí que o segurado que prosseguir em atividade e optar pela concessão com base no direito adquirido, não poderá computar novas contribuições previdenciárias vertidas após a vigência da reforma constitucional.

Nesse sentido, o STF:

RE 575089 / RS – RIO GRANDE DO SUL

RECURSO EXTRAORDINÁRIO

Relator(a): Min. RICARDO LEWANDOWSKI

Julgamento: 10/09/2008

Publicação: 24/10/2008

Órgão julgador: Tribunal Pleno

view_listpicture_as_pdflibrary_booksfile_copyprint

Repercussão Geral – Mérito

Publicação

REPERCUSSÃO GERAL - MÉRITO DJe-202 DIVULG 23-10-2008 PUBLIC 24-10-2008 EMENT VOL-02338-09 PP-01773 RB v. 20, n. 541, 2008, p. 23-26 RT v. 98, n. 880, 2009, p. 122-129

Partes

RECTE.(S): RENI NUNES MACHADO ADV.(A/S): AYRTON JORGE MACHADO DE SOUZA E OUTRO(A/S) RECDO.(A/S): INSTITUTO NACIONAL DO SEGURO SOCIAL - INSS ADV.(A/S): MILTON DRUMOND CARVALHO

Ementa

EMENTA: INSS. APOSENTADORIA. CONTAGEM DE TEMPO. *DIREITO ADQUIRIDO*. ART. 3º DA EC 20/98. CONTAGEM DE TEMPO DE SERVIÇO POSTERIOR A 16.12.1998. POSSIBILIDADE. *BENEFÍCIO* CALCULADO EM CONFORMIDADE COM NORMAS VIGENTES ANTES DO ADVENTO DA REFERIDA EMENDA. INADMISSIBILIDADE. RE IMPROVIDO. **I – Embora tenha o recorrente *direito adquirido* à aposentadoria, nos termos do art. 3º da EC 20/98, não pode computar tempo de serviço posterior a ela, valendo-se das regras vigentes antes de sua edição. II – Inexiste *direito adquirido* a determinado regime jurídico, razão pela qual não é lícito ao segurado conjugar as vantagens do novo sistema com aquelas aplicáveis ao anterior. III – A superposição de vantagens caracteriza sistema híbrido, incompatível com a sistemática de cálculo dos *benefícios previdenciários*.** IV – Recurso extraordinário improvido.

O direito adquirido não é um fardo ao segurado, pois o seu gozo é facultativo. É evidente que nas situações em que o regramento da Emenda 103/2019, quer regramento de transição ou permanente, se tornar no caso concreto mais favorável ao segurado, deverá o INSS conceder o melhor benefício, inclusive no que concerne à renda mensal.

Ressalve-se apenas que na situação de ato jurídico perfeito consistente na concessão do benefício até 12/11/2019, é descabida a incidência do novel regramento inaugurado pela Emenda 103/2019, diante da situação consolidada, exceto no caso de desistência do segurado nas situações autorizadas no artigo 181-B do Decreto 3.048/99.

Ao revés, na situação de requerimento administrativo oferecido antes da Emenda 103/2019 em que a renda mensal fruto da aplicação da regra de direito adquirido formado em 13/11/2019 for inferior à renda do artigo 26 da Emenda 103/2019 em aplicação de regra permanente ou transitória da EC 103/2019, deve o INSS conceder o melhor benefício.

Nessa situação deve a autarquia notificar o interessado para a escolha do melhor benefício, pois por certo poderá haver a reafirmação da DER com perda de atrasados, embora haja elevação da mensal inicial, sendo a escolha do segurado.

Essa situação tem se tornado muito comum, pois a despeito da redução de coeficiente das aposentadorias programadas em diversas situações, a renda mensal pelas regras da EC 103/2019 pode se apresentar maior especialmente em razão da inexistência de divisor mínimo no salário de benefício, regra de descarte do tempo de contribuição excedente e inexistência de fator previdenciário.

Decerto, **o direito adquirido se refere ao melhor benefício, inexistindo direito adquirido ao pior benefício (menor renda mensal)**, quando a novel legislação é mais benéfica ao segurado e inexistia ato jurídico perfeito na data de mudança do regime jurídico (13/11/2019).

Nesta situação é curial que o segurado seja instado a se manifestar sobre o interesse na reafirmação administrativa da DER para 13/11/2019.

Isso porque não é possível a concessão de atrasados para a DER anterior à 13/11/2019 com a aplicação das regras da Emenda 103/2019, sob pena de criação de um terceiro regime jurídico, o que não se admite de acordo com a jurisprudência firmada pelo STF.

Sobre a tese do melhor benefício e a reafirmação da DER como seu instrumento de concretização no processo administrativo previdenciário, eis a Instrução Normativa INSS 77/2015:

> "Seção III Da fase decisória
>
> Art. 687. **O INSS deve conceder o melhor benefício a que o segurado fizer jus, cabendo ao servidor orientar nesse sentido.**
>
> Art. 688. Quando, **por ocasião da decisão, for identificado que estão satisfeitos os requisitos para mais de um tipo de benefício, cabe ao INSS oferecer ao segurado o direito de opção, mediante a apresentação dos demonstrativos financeiros de cada um deles.**
>
> § 1º A opção deverá ser expressa e constar nos autos.
>
> § 2º Nos casos previstos no *caput*, deverá ser observada a seguinte disposição:
>
> I – se os benefícios forem do mesmo grupo, conforme disposto no art. 669 , a DER será mantida; e
>
> II – se os benefícios forem de grupos distintos, e o segurado optar por aquele que não requereu inicialmente, a DER será fixada na data da habilitação do benefício, conforme art. 669.
>
> (...)
>
> Art. 690. Se durante a análise do requerimento for verificado que na DER o segurado não satisfazia os requisitos para o reconhecimento do direito, mas que os implementou em momento posterior, deverá o servidor informar ao interessado sobre a possibilidade de reafirmação da DER, exigindo-se para sua efetivação a expressa concordância por escrito.
>
> Parágrafo único. O disposto no *caput* aplica-se a todas as situações que resultem em benefício mais vantajoso ao interessado".

Veja-se também o Novo Regulamento da Previdência Social publicado em 01/07/2020:

> "Art. 176-D. Se, na data de entrada do requerimento do benefício, o segurado não satisfizer os requisitos para o reconhecimento do direito, mas implementá-los em momento posterior, antes da decisão do INSS, **o requerimento poderá ser reafirmado para a data em que satisfizer os requisitos**, que será fixada como início do benefício, exigindo-se, para tanto, a concordância formal do interessado, admitida a sua manifestação de vontade por meio eletrônico.

Nota-se que o Novo Regulamento se alinhou ao STJ, que por expresso previu que a reafirmação judicial da DER dar-se-á para a data do implemento dos requisitos no curso do processo (tema 995):

Tema/Repetitivo	995	Situação do Tema	Acórdão Publicado	Órgão Julgador	PRIMEIRA SEÇÃO	Assuntos
Questão submetida a julgamento	Possibilidade de se considerar o tempo de contribuição posterior ao ajuizamento da ação, reafirmando-se a data de entrada do requerimento-DER– para o momento de implementação dos requisitos necessários à concessão de benefício previdenciário: (i) aplicação do artigo 493 do CPC/2015 (artigo 462 do CPC/1973); (ii) delimitação do momento processual oportuno para se requerer a reafirmação da DER, bem assim para apresentar provas ou requerer a sua produção.					
Tese Firmada	**É possível a reafirmação da DER (Data de Entrada do Requerimento) para o momento em que implementados os requisitos para a concessão do benefício, mesmo que isso se dê no interstício entre o ajuizamento da ação e a entrega da prestação jurisdicional nas instâncias ordinárias, nos termos dos arts. 493 e 933 do CPC/2015, observada a causa de pedir.**					

Neste diapasão, suponha-se que um segurado requereu uma aposentadoria por idade em 06/06/2019 e com direito adquirido formado a esse benefício já na DER, com renda mensal de R$ 1.500,00.

Neste interregno, adveio a Emenda 103, publicada em 13/11/2019 e o processo ainda não havia sido decidido nessa data.

Sucede que, em razão da regra de descarte e da inexistência de divisor mínimo para o salário de benefício, regra de transição da Emenda 103 com aplicação do seu artigo 26 gerou uma renda mensal R$ 2.200,00, R$ 700,00 a mais do direito a renda fruto do direito adquirido.

Nessa situação, ao decidir o processo supostamente em julho de 2020, deve o servidor da autarquia abrir exigência para o segurado dando as seguintes opções:

1. Concessão do benefício na DER originária de 06/06/2019 e com renda mensal de R$ 1.500,00 ou;
2. Concessão do benefício na DER de 13/11/2019 mediante reafirmação da DER para a data da vigência da Emenda 103/2019, com renda mensal de R$ 2.200,00, mas sem pagamento de atrasados do período anterior à vigência da EC 103/2019.

Já na hipótese de requerimento oferecido a partir de 13/11/2019, não será necessária a reafirmação da DER, acaso a regra da Emenda 103 gere um benefício com maior renda mensal, pois a Reforma Constitucional já vigorava na DER.

9. RENÚNCIA DA APOSENTADORIA (DESAPOSENTAÇÃO) E DE OUTROS BENEFÍCIOS

A desaposentação é a renúncia da aposentadoria por requerimento do segurado, com o intuito de obter alguma vantagem previdenciária.

Com efeito, de acordo com o artigo 11, § 3º, da Lei 8.213/91, o aposentado que desenvolver atividade remunerada será filiado obrigatório no que concerne a essa atividade, devendo pagar as respectivas contribuições previdenciárias.

Essa disposição foi incluída pela Lei 9.032/95, em decorrência do Princípio da Solidariedade, em que pese ser proibida a acumulação de duas aposentadorias dentro do Regime Geral de Previdência Social.

Há uma série de hipóteses em que a desaposentação será útil ao segurado. É possível que o pagamento de novas contribuições previdenciárias após a aposentadoria eleve a renda mensal inicial do benefício, a depender do seu valor, com a incidência mais tênue do fator previdenciário, havendo interesse em renunciar a aposentadoria e requerer uma nova.

Outrossim, poderá o segurado pedir a renúncia de uma aposentadoria por tempo de contribuição proporcional para, posteriormente, requerer uma integral, utilizando novos salários de contribuição após a primeira aposentadoria.

É também possível que um aposentado do RGPS queira aproveitar esse tempo de contribuição para ter direito a uma aposentadoria no RPPS, caso tenha sido aprovado em concurso público de provimento de cargo efetivo, pois sem esse período não preencheria os requisitos para se aposentar no regime dos servidores públicos.

Embora não seja comum, o servidor público de RPPS poderá renunciar ao seu benefício de aposentadoria para computar o tempo de contribuição no RGPS, através da contagem recíproca.

No Regime Próprio dos servidores efetivos do Poder Executivo da União há um instituto similar chamado de **reversão**, que permite que o aposentado retorne à ativa, no caso de cessação de invalidez ou se houver interesse da Administração Pública, preenchidos os requisitos previstos no artigo 25, da Lei 8.112/90.

Todavia, é preciso salientar que a desaposentação carece de previsão legal expressa, sendo indeferida administrativamente pelo INSS, vez que a Administração Pública apenas poderá agir quando exista autorização legal, à luz do Princípio da Legalidade Administrativa.

Apesar disso, ao menos antes da decisão do STF lavrada em 26 de outubro de 2016, conforme será visto, o STJ vinha admitindo a desaposentação com eficácia prospectiva, ou seja, sem determinar que o segurado devolva as parcelas já percebidas a título de aposentadoria:

> "AGRAVO REGIMENTAL NO RECURSO ESPECIAL. PREVIDENCIÁRIO. ANÁLISE DE DISPOSITIVOS CONSTITUCIONAIS. INVIABILIDADE. COMPETÊNCIA DO EXCELSO PRETÓRIO. APOSENTADORIA. DIREITO PATRIMONIAL DISPONÍVEL. RENÚNCIA. POSSIBILIDADE. PRECEDENTES. 1. A via especial, destinada à uniformização do Direito federal, não se presta à análise de dispositivos da Constituição da República, ainda que para fins de prequestionamento, sob pena, inclusive, de usurpação de competência da Suprema Corte. **2. A jurisprudência do Superior Tribunal de Justiça tem reiteradamente se firmado no sentido de que é plenamente possível a renúncia à aposentadoria, por constituir direito patrimonial disponível.** 3. Agravo regimental a que se nega provimento" (AGREsp 1.055.431, 6ª Turma, de 15.10.2009).

> "PROCESSUAL CIVIL E PREVIDENCIÁRIO. AGRAVO REGIMENTAL NO RECURSO ESPECIAL. DECISÃO MONOCRÁTICA DO RELATOR COM ARRIMO NO ART. 557 DO CPC. MATÉRIA NOVA. DISCUSSÃO. NÃO-CABIMENTO. PRECLUSÃO. RENÚNCIA À APOSENTADORIA. DEVOLUÇÃO DOS VALORES RECEBIDOS. NÃO-OBRIGATORIEDADE. 1. É permitido ao relator do recurso especial valer-se do art. 557 do Código de Processo Civil, quando o entendimento adotado na decisão monocrática encontra-se em consonância com a jurisprudência dominante desta Corte Superior de Justiça. 2. Fica superada eventual ofensa ao art. 557 do Código de Processo Civil pelo julgamento colegiado do agravo regimental interposto contra a decisão singular do Relator. Precedentes. 3. Em sede de regimental, não é possível inovar na argu-

mentação, no sentido de trazer à tona questões que sequer foram objeto das razões do recurso especial, em face da ocorrência da preclusão. **4. A renúncia à aposentadoria, para fins de concessão de novo benefício, seja no mesmo regime ou em regime diverso, não implica em devolução dos valores percebidos, pois, enquanto esteve aposentado, o segurado fez jus aos seus proventos.** Precedentes. 5. Agravo regimental desprovido" (AGREsp 1.107.638, 5ª Turma, de 29.04.2009).

O mesmo entendimento da 3ª Seção do STJ foi confirmado pela 1ª Seção no julgamento do REsp1334488, em 08/05/2013, sob o rito dos recursos repetitivos:

"RECURSO ESPECIAL. MATÉRIA REPETITIVA. ART. 543-C DO CPC E RESOLUÇÃO STJ 8/2008. RECURSO REPRESENTATIVO DE CONTROVÉRSIA. DESAPOSENTAÇÃO E REAPOSENTAÇÃO. RENÚNCIA A APOSENTADORIA. CONCESSÃO DE NOVO E POSTERIOR JUBILAMENTO. DEVOLUÇÃO DE VALORES. DESNECESSIDADE.

1. Trata-se de Recursos Especiais com intuito, por parte do INSS, de declarar impossibilidade de renúncia a aposentadoria e, por parte do segurado, de dispensa de devolução de valores recebidos de aposentadoria a que pretende abdicar.

2. A pretensão do segurado consiste em renunciar à aposentadoria concedida para computar período contributivo utilizado, conjuntamente com os salários de contribuição da atividade em que permaneceu trabalhando, para a concessão de posterior e nova aposentação.

3. Os benefícios previdenciários são direitos patrimoniais disponíveis e, portanto, suscetíveis de desistência pelos seus titulares, prescindindo-se da devolução dos valores recebidos da aposentadoria a que o segurado deseja preterir para a concessão de novo e posterior jubilamento. Precedentes do STJ.

4. Ressalva do entendimento pessoal do Relator quanto à necessidade de devolução dos valores para a reaposentação, conforme votos vencidos proferidos no REsp 1.298.391/RS; nos Agravos Regimentais nos REsps 1.321.667/PR, 1.305.351/RS, 1.321.667/PR, 1.323.464/RS,1.324.193/PR, 1.324.603/RS, 1.325.300/SC, 1.305.738/RS; e no AgRg no AREsp 103.509/PE.

5. No caso concreto, o Tribunal de origem reconheceu o direito à desaposentação, mas condicionou posterior aposentadoria ao ressarcimento dos valores recebidos do benefício anterior, razão por que deve ser afastada a imposição de devolução.

6. Recurso Especial do INSS não provido, e Recurso Especial do segurado provido. Acórdão submetido ao regime do art. 543-C do CPC e da Resolução 8/2008 do STJ".

Na lei de conversão à Medida Provisória 676/2015, a Lei 13.183/2015, o Congresso Nacional chegou a inserir a possibilidade de desaposentação, observados certos condicionantes. No entanto, esta passagem na Lei 13.183/2015 foi vetada[34] pela Presidente da República, tendo o veto sido mantido pelo Congresso Nacional na sessão de 15 de dezembro de 2015.

---

34. O aposentado pelo Regime Geral de Previdência Social que permanecer em atividade sujeita a esse Regime, ou a ele retornar, não fará jus a outra aposentadoria desse Regime em consequência do exercício dessa atividade, sendo-lhe assegurado, no entanto, o recálculo de sua aposentadoria tomando-se por base todo o período contributivo e o valor dos seus salários de contribuição, respeitando-se o teto máximo pago aos beneficiários do RGPS, de forma a assegurar-lhe a opção pelo valor da renda mensal que for mais vantajosa. Para requerer o recálculo da renda mensal da aposentadoria, o beneficiário deverá comprovar um período de carência correspondente a, no mínimo, sessenta novas contribuições mensais. Não será admitido recálculo do valor da renda mensal do benefício para segurado aposentado por invalidez. Para o segurado que tenha obtido aposentadoria especial, não será admitido o recálculo com base em tempo e salário de contribuição decorrente do exercício de atividade prejudicial à saúde ou à integridade física. O recálculo do valor da renda mensal do benefício limitar-se-á ao cômputo de tempo de contribuição e salários adicionais, não sendo admitida mudança na categoria do benefício previamente solicitado.

Eis as razões do veto preservado pelo Congresso Nacional:

> "As alterações introduziriam no ordenamento jurídico a chamada 'desaposentação', que contraria os pilares do sistema previdenciário brasileiro, cujo financiamento é intergeracional e adota o regime de repartição simples. A alteração resultaria, ainda, na possibilidade de cumulação de aposentadoria com outros benefícios de forma injustificada, além de conflitar com o disposto no § 1º, do art. 86 da própria Lei no 8.213, de 24 de julho de 1991."

Crê-se que, ao indeferir os pedidos de desaposentação, não há ilicitude na postura do INSS, ante a carência de autorização legal, por se cuidar a aposentadoria de um ato jurídico perfeito.

Simplesmente não poderá a autarquia previdenciária deferir pleitos sem expressa previsão na legislação previdenciária, pois apenas os particulares poderão pautar a sua conduta quando não há proibição legal, não ocorrendo o mesmo com a Administração Pública, que deverá aplicar a lei de ofício.

De efeito, **a única hipótese em que o INSS defere a desaposentação é na situação do artigo 181-B do Decreto 3.048/99**, que pontifica que o segurado poderá desistir do seu pedido de aposentadoria desde que manifeste esta intenção e requeira o arquivamento definitivo do pedido antes da ocorrência do primeiro de um dos seguintes atos:

> I – recebimento do primeiro pagamento do benefício; ou
>
> II – saque do respectivo Fundo de Garantia do Tempo de Serviço ou do Programa de Integração Social.

O dispositivo regulamentar foi atualizado pelo Decreto 10.410/2020:

> "Art. 181-B. As aposentadorias concedidas pela previdência social são irreversíveis e irrenunciáveis. (Redação dada pelo Decreto nº 10.410, de 2020)
>
> § 1º O disposto neste artigo não se aplica à concessão de aposentadoria por incapacidade permanente. (Redação dada pelo Decreto nº 10.410, de 2020)
>
> § 2º O segurado poderá desistir do seu pedido de aposentadoria desde que manifeste essa intenção e requeira o arquivamento definitivo do pedido antes da ocorrência de um dos seguintes atos: (Incluído pelo Decreto nº 10.410, de 2020)
>
> I – recebimento do primeiro pagamento do benefício; ou (Incluído pelo Decreto nº 10.410, de 2020)
>
> II – efetivação do saque do FGTS ou do PIS. (Incluído pelo Decreto nº 10.410, de 2020)
>
> **§ 3º O disposto no caput não impede a cessação dos benefícios não acumuláveis por força de disposição legal ou constitucional. (Incluído pelo Decreto nº 10.410, de 2020)".**

A novidade foi a regra do parágrafo terceiro, que permite a renúncia de qualquer benefício do RGPS, mesmo de aposentadorias programadas, nas situações de inacumulabilidade com benefícios de outros regimes previdenciários, a exemplo da previdência militar.

Isto vinha dando enorme problema dentro do INSS em cruzamentos que constataram acumulações indevidas em que a autarquia não vinha aceitando a renúncia das aposentadorias programadas, situação que ensejou a alteração regulamentar.

No entanto, **o pagamento do PIS/PASEP por crédito automático pelo banco, sem requerimento do interessado**[35]**, não impede a desistência das aposentadorias por idade,**

35. Medida Provisória nº 813/2017, convertida na Lei nº 13.677/2018, que alterou a Lei Complementar nº 26/1975.

tempo de contribuição e especial, na forma do artigo 181 – B do Regulamento da Previdência Social, aprovado pelo Decreto nº 3.048/1999 e art. 800 da Instrução Normativa nº 77/PRES/INSS, de 21/01/2015, visto que a finalidade da Medida Provisória foi beneficiar os participantes do PIS/PASEP e não restringir direitos previdenciários, conforme o **Memorando-Circular nº 32 /DIRBEN/INSS de 29/8/2018**.

Ainda de acordo com o INSS, nos casos de requerimento de desistência de aposentadorias quando já houve recebimento do PIS/PASEP por crédito automático pelo banco, não existe necessidade de exigir a devolução de valores recebidos, visto que tal exigência seria de competência do Conselho Diretor do PIS/PASEP, cabendo apenas emitir ofício à Caixa Econômica Federal ou Banco do Brasil informando o cancelamento da aposentadoria, caso o segurado conte com menos de sessenta anos de idade.

É curial que seja previamente estudado o impacto no Fundo do RGPS das desaposentações, a fim de se atender ao Princípio do Equilíbrio Financeiro e Atuarial, sob pena de se colocar em risco todo o sistema.

De acordo com os memoriais apresentados pelo INSS ao Ministro Dias Toffoli em 20.10.2010, "estudo realizado visando mensurar os impactos da desaposentação no RGPS (Nota Técnica anexada ao memorial analítico), apenas no benefício de Aposentadoria por Tempo de Contribuição, considerando um subconjunto de 481.120 benefícios (com real potencialidade de pedir a desaposentação), aponta para um aumento no volume de recursos para custeio do regime previdenciário em longo prazo da ordem de R$ 49.172.318.900,00 (quarenta e nove bilhões, cento e setenta e dois milhões, trezentos e dezoito mil e novecentos reais)".

Por tudo isso, se o legislador resolver admitir futuramente a desaposentação, deverá cercar o instituto de uma série de condicionantes para impedir o seu uso abusivo pelos segurados do RGPS.

E foi nesta linha de raciocínio que decidiu o STF. No dia 26 de outubro de 2016, ao julgar os Recursos Extraordinários 381.367, 661.256 e 827.833, o Supremo Tribunal Federal rejeitou a tese da desaposentação. Para a maioria dos ministros (7 votos), a desaposentação não possui previsão legal, cabendo ao Poder Legislativo a tarefa de instituí-la, se for o caso.

Ademais, a concessão judicial da desaposentação sem previsão normativa viola a regra constitucional da contrapartida, pois aumenta as despesas previdenciárias sem a correspondente fonte de custeio. A tese foi firmada em repercussão geral no dia 27/10/2016.

Veja-se a informação publicada no sítio do STF:

> Quarta-feira, 26 de outubro de 2016
>
> **STF considera inviável recálculo de aposentadoria por desaposentação sem previsão em lei**
>
> O Plenário do Supremo Tribunal Federal (STF), em sessão nesta quarta-feira (26), considerou inviável o recálculo do valor da aposentadoria por meio da chamada desaposentação. Por maioria de votos, os ministros entenderam que apenas por meio de lei é possível fixar critérios para que os benefícios sejam recalculados com base em novas contribuições decorrentes da permanência ou volta do trabalhador ao mercado de trabalho após concessão da aposentadoria. A tese a ser fixada para efeito da repercussão geral deverá ser votada no início da sessão plenária desta quinta-feira (27).
>
> Foram julgados sobre o tema os Recursos Extraordinários (RE) 381367, de relatoria do ministro Marco Aurélio, 661256, com repercussão geral, e 827833, ambos de relatoria do ministro Luís Roberto Barroso.

Prevaleceu o entendimento do ministro Dias Toffoli, apresentado na sessão de 29 de outubro de 2014. Ele afirmou que, embora não exista vedação constitucional expressa à desaposentação, também não há previsão desse direito. O ministro Toffoli salientou que a Constituição Federal dispõe de forma clara e específica que compete à legislação ordinária estabelecer as hipóteses em que as contribuições previdenciárias repercutem diretamente no valor dos benefícios, como é o caso da desaposentação, que possibilitaria a obtenção de benefício de maior valor a partir de contribuições recolhidas após a concessão da aposentadoria. Na ocasião, foi acompanhado pelo ministro Teori Zavascki.

Ministra Rosa Weber

O julgamento foi retomado na sessão desta quarta-feira com o voto-vista da ministra Rosa Weber, que seguiu o entendimento do relator do Recurso Extraordinário (RE) 661256, ministro Luís Roberto Barroso, de que a legislação é omissa no que diz respeito à desaposentação. Na visão da ministra, não existe proibição legal expressa a que um aposentado do Regime Geral de Previdência Social (RGPS) que tenha continuado a trabalhar obtenha novo benefício, com base nas novas contribuições.

A ministra observou que a filiação à previdência social é um vínculo jurídico que gera direitos e obrigações recíprocas e as novas contribuições vertidas pelo aposentado, por sua continuidade ou retorno ao mercado de trabalho, devem ser consideradas para cálculo de novo benefício. "Não identifico no artigo 18, parágrafo 2º, da Lei 8.213/1991, vedação expressa à desaposentação, considerada a finalidade de, a partir do cômputo de novo período aquisitivo, obter mensalidade de aposentadoria de valor maior" afirmou.

Ministro Edson Fachin

O ministro Edson Fachin acompanhou a divergência aberta pelo ministro Dias Toffoli, dando provimento ao RE 661256 por entender que o STF não pode suplantar a atuação legislativa na proteção aos riscos previdenciários. Em seu entendimento, cabe ao legislador, ponderando sobre o equilíbrio financeiro e atuarial do RGPS, dispor sobre a possibilidade de revisão de cálculo de benefício de aposentadoria já concedido em razão de contribuições posteriores.

O ministro Fachin destacou que a Constituição Federal consagra o princípio da solidariedade e estabelece que a Seguridade Social será financiada por toda sociedade, de forma direta e indireta. Ressaltou que o legislador constitucional, ao tratar da previdência social, dispôs que especificamente sobre os riscos que devem estar cobertos pelo RGPS, mas atribuiu ao legislador infraconstitucional a responsabilidade de fixar regras e critérios a serem observados para a concessão dos benefícios previdenciários.

Ministro Luís Roberto Barroso

Relator do RE 661256, o ministro Luís Roberto Barroso reafirmou o voto proferido por ele em outubro de 2014 quando deu provimento parcial ao recurso no sentido de considerar válido o instituto da desaposentação. Na sessão de hoje, ele aplicou a mesma conclusão ao RE 381367, de relatoria do ministro Marco Aurélio. Quanto ao Recurso Extraordinário 827833, o ministro Barroso reajustou o voto para negar provimento, ao entender que não há possibilidade de acumulação de duas aposentadorias pelo RGPS.

Ministro Luiz Fux

Para o ministro Luiz Fux, o instituto da desaposentação desvirtua a aposentadoria proporcional. "No meu modo de ver, trata-se de expediente absolutamente incompatível com o desiderato do constituinte reformador que, com a edição da Emenda Constitucional 20/1998, deixou claro seu intento de incentivar a postergação das aposentadorias", disse o ministro ao ressaltar que a contribuição de uma pessoa serve para ajudar toda a sociedade. Segundo ele, a obrigatoriedade visa preservar o atual sistema da seguridade e busca reforçar a ideia de solidariedade e moralidade pública, entre outras concepções. Dessa forma, o ministro Luiz Fux deu provimento aos Recursos Extraordinários (REs) 661256 e 827833 e negou provimento ao RE 381367.

Ministro Ricardo Lewandowski

O ministro Ricardo Lewandowski acompanhou a corrente vencida que reconheceu o direito do segurado à desaposentação. Segundo ele, diante da crise econômica pela qual passa o país, não é raro que o segurado da previdência se veja obrigado a retornar ao mercado de trabalho para complementar sua renda para sustentar a família. Para o ministro é legalmente possível ao segurado que retorna ao mercado de trabalho renunciar à sua primeira aposentadoria para obter uma nova aposentadoria mais vantajosa. "A aposentadoria, a meu ver, constitui um direito patrimonial, de caráter disponível, pelo que se mostra legítimo, segundo penso, o ato de renúncia unilateral ao benefício, que não depende de anuência do estado, no caso o INSS", concluiu.

Ministro Gilmar Mendes

O ministro Gilmar Mendes votou no sentido de negar o direito à desaposentação por entender que, se o segurado se aposenta precocemente e retorna ao mercado de trabalho por ato voluntário, não pode pretender a revisão do benefício, impondo um ônus ao sistema previdenciário, custeado pela coletividade. Para o ministro o artigo 18, parágrafo 2º, da Lei 8.213/1991, não deixa dúvida quanto à vedação da desaposentação no âmbito do ordenamento previdenciário brasileiro. "O dispositivo é explícito ao restringir as prestações da Previdência Social, na hipótese dos autos, ao salário-família e à reabilitação profissional", afirmou. Da mesma forma, segundo ele, o Decreto 3.048 é "cristalino" quanto à irreversibilidade e à irrenunciabilidade da aposentadoria por tempo de contribuição.

"Não se verifica, portanto, uma omissão normativa em relação ao tema em apreço. As normas existem e são expressas na vedação à renúncia da aposentadoria de modo a viabilizar a concessão de outro benefício com o cálculo majorado", disse o ministro, acrescentando que o conteúdo das normas está em consonância com preceitos adotados no sistema constitucional de Previdência Social, especificamente os princípios da solidariedade e do equilíbrio financeiro e atuarial da seguridade social. O ministro citou dados da Advocacia Geral da União de que um eventual reconhecimento do direito à desaposentação pelo STF teria impacto de R$ 1 bilhão por mês aos cofres da Previdência Social. Para ele, se a matéria deve ser revista, isso cabe ao Congresso Nacional, com base nos parâmetros que a Constituição Federal determina, e não ao Poder Judiciário.

Ministro Marco Aurélio

Em seu voto, o ministro Marco Aurélio manteve sua posição já proferida como relator do RE 381367, favorável à possibilidade de desaposentação, assegurado ainda ao contribuinte o direito ao recálculo dos proventos da aposentadoria após o período de retorno à atividade, adotando a mesma posição nos demais recursos.

Ministro Celso de Mello

O ministro Celso de Mello relembrou no início de seu voto a histórica afirmação pelo STF, em seus julgados sobre o Regime Geral da Previdência Social, dos postulados da solidariedade, universalidade, equidade e do equilíbrio financeiro e orçamentário. O parágrafo 5º do artigo 195 da Constituição estabelece a necessidade de existência de fonte de custeio para a criação ou ampliação de benefício, explicitando o princípio do equilíbrio atuarial.

A alteração introduzida em 1997 na Lei 8.213/1991 previu explicitamente que o aposentado que permanecer em atividade não faz jus a prestação da previdência, exceto salário família e reabilitação profissional. Isso revelou a intenção do legislador, que deixou de autorizar um direito que poderia ser entendido pelo beneficiário como estabelecido. A lacuna antes existente na legislação quanto ao tema não implicaria, nesse caso, a existência do direito. "Esse tema se submete ao âmbito da própria reserva de parlamento, que deve estar subordinada ao domínio normativo da lei", afirmou.

Ministra Cármen Lúcia

Em seu voto, a presidente do STF, ministra Cármen Lúcia adotou a posição segundo a qual não há fundamento na legislação que justifique o direito à desaposentação. "Me parece que não há ausência de lei, embora essa seja matéria que possa ser alterada e tratada devidamente pelo legislador". A Lei 8.213/1991 trata da matéria, e o tema já foi projeto de lei, portanto, para a ministra, não houve ausência de tratamento da lei, apenas o tratamento não ocorreu na forma pretendida pelos beneficiários. Os preceitos legais adotados, por sua vez, são condizentes com os princípios da solidariedade e com a regra do equilíbrio atuarial.

Resultados

Ao final, o Plenário, por maioria, negou provimento ao RE 381367, vencidos o ministro Marco Aurélio (relator), que o provia, e, em menor extensão, os ministros Rosa Weber, Luís Roberto Barroso e Ricardo Lewandowski, que o proviam parcialmente.

No RE 661256, com repercussão geral, o Plenário deu provimento ao recurso, por maioria, vencidos, em parte, os ministros Luís Roberto Barroso (relator), Rosa Weber, Ricardo Lewandowski e Marco Aurélio.

Por fim, o RE 827833 foi provido, por maioria, vencidos a ministra Rosa Weber, o ministro Luís Roberto Barroso, que reajustou o voto, e os ministros Ricardo Lewandowski e Marco Aurélio, que negavam provimento ao recurso.

Posteriormente, em setembro de 2017, o Acórdão e os votos dos Ministros do STF com 348 páginas do julgamento da desaposentação foram publicados:

27/10/2016 PLENÁRIO

RECURSO EXTRAORDINÁRIO 661.256 SANTA CATARINA

EMENTA: Constitucional. Previdenciário. Parágrafo 2º do art. 18 da Lei 8.213/91. Desaposentação. Renúncia a anterior benefício de aposentadoria. Utilização do tempo de serviço/contribuição que fundamentou a prestação previdenciária originária. Obtenção de benefício mais vantajoso. Julgamento em conjunto dos RE nºs 661.256/sc (em que reconhecida a repercussão geral) e 827.833/sc. Recursos extraordinários providos.

1. Nos RE nºs 661.256 e 827.833, de relatoria do Ministro Luís Roberto Barroso, interpostos pelo INSS e pela União, pugna-se pela reforma dos julgados dos Tribunais de origem, que reconheceram o direito de segurados à renúncia à aposentadoria, para, aproveitando-se das contribuições vertidas após a concessão desse benefício pelo RGPS, obter junto ao INSS regime de benefício posterior, mais vantajoso.

2. A Constituição de 1988 desenhou um sistema previdenciário de teor solidário e distributivo. Inexistindo inconstitucionalidade na aludida norma do art. 18, § 2º, da Lei nº 8.213/91, a qual veda aos aposentados que permaneçam em atividade, ou a essa retornem, o recebimento de qualquer prestação adicional em razão disso, exceto salário-família e reabilitação profissional. 3. Fixada a seguinte tese de repercussão geral no RE nº 661.256/SC: "[n]o âmbito do Regime Geral de Previdência Social (RGPS), somente lei pode criar benefícios e vantagens previdenciárias, não havendo, por ora, previsão legal do direito à 'desaposentação', sendo constitucional a regra do art. 18, § 2º, da Lei nº 8213/91". 4. Providos ambos os recursos extraordinários (RE nºs 661.256/SC e 827.833/SC). ACÓRDÃO

Vistos, relatados e discutidos estes autos, acordam os Ministros do Supremo Tribunal Federal, em sessão plenária, sob a presidência da Senhora Ministra Cármen Lúcia, na conformidade da ata do julgamento e das notas taquigráficas, apreciando o **tema 503** da repercussão geral, por maioria de votos, em dar provimento ao recurso extraordinário. O Tribunal fixou **tese** nos seguintes termos: **"[n]o âmbito do Regime Geral de Previdência Social (RGPS), somente lei pode criar benefícios**

e vantagens previdenciárias, não havendo, por ora, previsão legal do direito à 'desaposentação', sendo constitucional a regra do art. 18, § 2º, da Lei nº 8.213/91".

Brasília, 27 de outubro de 2016.

MINISTRO DIAS TOFFOLI Relator p/o acórdão.

Acredita-se que o Acórdão poderia ter sido mais descritivo. Deveriam ter sido detalhadas as hipóteses que foram rejeitadas pelo STF por questões de segurança jurídica, inclusive situações não tratadas nos casos concretos.

O **RE 661.256** tinha o seguinte objeto: "o autor pretende a cessação de aposentadoria especial, obtida em 08.10.1992, para que lhe seja reconhecido o direito à aposentadoria por tempo de contribuição. Afirma que, após a obtenção da aposentadoria especial, permaneceu em atividade remunerada, promovendo as respectivas contribuições previdenciárias, já havendo completado "mais de 35 anos de tempo de contribuição". Diante disso, requer o autor "a condenação do INSS em cessar o atual benefício (...) e, imediatamente, conceder-lhe o benefício da aposentadoria por tempo de contribuição com DIB (data de início do benefício) em 21.09.2006" **(passagem do voto do Ministro Barroso).**

Tratava-se de renúncia de aposentadoria especial para a concessão de aposentadoria por tempo de contribuição, aproveitando-se as contribuições vertidas após a concessão da aposentadoria especial juntamente com as anteriores.

Já o **RE 827.833** "diz, na verdade, do meu ponto de vista, com hipótese distinta, chamada de reaposentação, embora exista na doutrina e na jurisprudência muita divergência com relação a esses conceitos. Nele há, de qualquer sorte, uma situação peculiar, que procuro esclarecer no meu voto para efeito de definir a quem acompanharei, nos três processos, considerada a posição dos Relatores, Ministro Marco Aurélio e Ministro Luís Roberto, e a divergência aberta pelo Ministro Teori Zavascki, na mesma linha da divergência já aberta pelo Ministro Dias Toffoli no processo sob a relatoria do Ministro Marco Aurélio". **(passagem do voto da Ministra Rosa Weber).**

"No **RE 828.833**, por exemplo, a segurada aposentou-se por tempo de serviço/contribuição (mais de 30 anos). Posteriormente, há o retorno ao trabalho e o preenchimento nesta atividade seguinte, em que recolhida contribuição previdenciária, dos requisitos de um novo benefício, mais vantajoso. No exemplo anterior, aposentadoria por idade, porque a segurada contava com mais do que os necessários 15 anos de contribuição – a rigor 17 anos e pouco -, e 70 anos de idade. Considerando que, pela aposentadoria por tempo de serviço/contribuição, ela recebia uma prestação mensal de R$ 1.200,00 aproximadamente, no momento do ingresso da ação, e que, se aposentada fosse por idade, ela receberia uma mensalidade de R$ 3.200,00 entrou em juízo buscando o cancelamento da aposentadoria por tempo de serviço/contribuição e o deferimento desta nova aposentadoria por idade. Configura-se, consoante a doutrina citada, hipótese de reaposentação, porque não se pretende o cômputo conjunto do tempo de serviço/contribuição anterior e posterior ao primeiro benefício" **(passagem do voto da Ministra Rosa Weber).**

Tratava-se de renúncia de aposentadoria por tempo de contribuição para a concessão de aposentadoria por idade, mas a parte autora, após a concessão da primeira aposentadoria, já possuía cerca de 17 anos de carência, não necessitando utilizar da carência do primeiro benefício para atingir a carência da novel aposentadoria por idade.

Ambas as teses foram apreciadas e rejeitadas por maioria pelo Plenário do STF, embora a hipótese versada no RE 828.833 ainda continue a ensejar ações contra o INSS mesmo após o julgamento do tema pelo STF ao argumento equivocado que a tese não foi apreciada pelo STF.

Já o **RE 381.367**, "de relatoria do Ministro Marco Aurélio, interposto pelo segurado da previdência social, pugna-se pela declaração de inconstitucionalidade do § 2º do artigo 18 da Lei 8.213/91, o qual limita ao salário-família e à reabilitação profissional os benefícios a serem usufruídos pelos aposentados que continuam a exercer atividade profissional depois da jubilação" **(passagem do voto do Ministro Marco Aurélio).**

Considerando que a decisão do Plenário do STF foi firmada em repercussão geral, deverão os demais órgãos do Poder Judiciário adotá-la em seus julgamentos, cabendo ao INSS buscar a reversão das antecipações de tutela e o desfazimento de eventuais decisões transitadas em julgado, especialmente com o manejo da ação rescisória.

Mas um ponto ainda não havia sido tratado pelo STF nos dias 26 e 27 de outubro de 2016. Tratava-se da eficácia da revogação das antecipações de tutela, se retroativas (o segurado precisará devolver as parcelas percebidas) ou prospectivas (sem restituição), o que poderá ser deduzido pelas partes em sede de embargos de declaração.

Os Embargos de declaração foram julgados pelo STF em 6 de fevereiro de 2020:

> **REPERCUSSÃO GERAL**
>
> DIREITO PREVIDENCIÁRIO – BENEFÍCIOS PREVIDENCIÁRIOS
>
> **Art. 18, § 2º, da Lei 8.213/1991: "desaposentação" e "reaposentação" –**
>
> O Plenário, em conclusão e por maioria, deu parcial provimento a embargos declaratórios em recursos extraordinários para assentar a irrepetibilidade dos valores alimentares recebidos de boa-fé, até a proclamação do resultado deste julgamento. Garantiu, também, o direito daqueles que usufruem de "desaposentação" ou de "reaposentação" em decorrência de decisão transitada em julgado, até a proclamação do resultado deste julgamento. **Ademais, alterou a tese de repercussão geral (Tema 503), que ficou assim redigida: "No âmbito do Regime Geral de Previdência Social – RGPS, somente lei pode criar benefícios e vantagens previdenciárias, não havendo, por ora, previsão legal do direito à 'desaposentação' ou à 'reaposentação', sendo constitucional a regra do art. 18, § 2º, da Lei 8.213/1991".**
>
> O tema de fundo diz respeito à possibilidade de reconhecimento da "desaposentação", consistente na renúncia a benefício de aposentadoria, com a utilização do tempo de serviço ou contribuição que fundamentou a prestação previdenciária originária, para a obtenção de benefício mais vantajoso em nova aposentadoria. Na ocasião, o Plenário decidiu pela inexistência do direito à "desaposentação" (Informativo 845).
>
> Os embargantes alegaram omissão quanto ao fenômeno da "reaposentação". Além disso, o acórdão embargado também não contemplaria a modulação dos efeitos da decisão proferida.
>
> Prevaleceu o voto do ministro Alexandre de Moraes. De início, salientou que, por ocasião do julgamento de mérito, o Plenário fez a distinção entre os institutos da "desaposentação" e da "reaposentação", tema amplamente debatido. **Ademais, salientou a desnecessidade de repetição dos valores recebidos de boa-fé. Ressalvou, entretanto, que houve casos de segurados que tiveram o direito à "desaposentação" e à "reaposentação" reconhecidos por decisões judiciais transitadas em julgado. Nessas hipóteses, a decisão proferida em recurso extraordinário com repercussão geral reconhecida deve preservar o que foi firmado em caráter definitivo pelo Poder Judiciário, em respeito aos princípios da segurança jurídica e da boa-fé.**
>
> Vencidos os ministros Edson Fachin, que acolheu os embargos em maior extensão, para reconhecer omissão quanto ao fenômeno da "reaposentação" e admitir a possibilidade, desde que cumpridos seus requisitos; e Marco Aurélio, que acolheu os embargos para prestar esclarecimentos sem eficácia modificativa, no sentido da devolução dos valores anteriormente percebidos, mesmo que de boa-fé.

No tocante à necessidade de preservação das decisões transitadas em julgado, ficaram vencidos os ministros Dias Toffoli (relator), Gilmar Mendes e Luiz Fux, para os quais cabe a impugnação posterior da coisa julgada inconstitucional. Nesse sentido, se a sentença se firmou com base em entendimento reputado inconstitucional pelo STF, ela não poderá ser efetivada. Vencido, também, o ministro Marco Aurélio, que acolheu os embargos apenas para prestar esclarecimentos.

Quanto à fixação do marco temporal do trânsito em julgado, ficaram vencidos os ministros Alexandre de Moraes, Roberto Barroso e Cármen Lúcia, que consideraram como paradigma a data de julgamento de mérito dos recursos extraordinários. Vencido, também, o ministro Marco Aurélio, que acolheu os embargos apenas para prestar esclarecimentos.

Esse mesmo entendimento foi aplicado no julgamento do RE 661256 ED-segundos (Informativo 765)

(1) Lei 8.231/1991: "Art. 18. O Regime Geral de Previdência Social compreende as seguintes prestações, devidas inclusive em razão de eventos decorrentes de acidente do trabalho, expressas em benefícios e serviços: (...) § 2º O aposentado pelo Regime Geral de Previdência Social–RGPS que permanecer em atividade sujeita a este Regime, ou a ele retornar, não fará jus a prestação alguma da Previdência Social em decorrência do exercício dessa atividade, exceto ao salário-família e à reabilitação profissional, quando empregado." **RE 381367 ED/RS, rel. orig. Min. Dias Toffoli, red. p/ o ac. Min. Alexandre de Moraes, julgamento em 6.2.2020. (RE-381367) RE 827833 ED/SC, rel. orig. Min. Dias Toffoli, red. p/ o ac. Min. Alexandre de Moraes, julgamento em 6.2.2020. (RE-827833).**

Eis os esclarecimentos do STF:

A) Conforme já constava do julgamento original, não há direito à reaposentação, tendo ajustado a tese em repercussão geral no tema 503: "**No âmbito do Regime Geral de Previdência Social – RGPS, somente lei pode criar benefícios e vantagens previdenciárias, não havendo, por ora, previsão legal do direito à 'desaposentação' ou à 'reaposentação', sendo constitucional a regra do art. 18, § 2º, da Lei 8.213/1991".**

B) Desonerou os segurados da restituição das parcelas já percebidas em sede de tutela provisória em razão da boa-fé na percepção;

C) As desaposentações deferidas transitadas em julgado devem ser preservadas.

Em março de 2019, o STJ reviu o tema 563 para se alinhar ao STF:

RECURSOS REPETITIVOS	
PROCESSO	REsp 1.334.488-SC, Rel. Min. Herman Benjamin, Primeira Seção, por unanimidade, julgado em 27/03/2019, DJe 29/05/2019 (Tema 563)
RAMO DO DIREITO	DIREITO PREVIDENCIÁRIO
TEMA	Revisão do Tema 563/STJ. Regime Geral de Previdência Social. Desaposentação. Impossibilidade. Ausência de previsão legal. Art. 18, § 2º, da Lei n. 8.213/1991. Constitucionalidade.

DESTAQUE
No âmbito do Regime Geral de Previdência Social – RGPS, somente lei pode criar benefícios e vantagens previdenciárias, não havendo, por ora, previsão legal do direito à desaposentação, sendo constitucional a regra do art. 18, § 2º, da Lei n. 8.213/1991.

INFORMAÇÕES DO INTEIRO TEOR

A Primeira Seção do STJ havia consolidado o entendimento de que os benefícios previdenciários são direitos patrimoniais disponíveis, razão pela qual admitem desistência por seus titulares, destacando-se a desnecessidade de devolução dos valores recebidos para a concessão de nova aposentadoria. Ocorre que o Supremo Tribunal Federal, no julgamento do RE 661.256/SC, fixou a tese de repercussão geral de que, "no âmbito do Regime Geral de Previdência Social – RGPS, somente lei pode criar benefícios e vantagens previdenciárias, não havendo, por ora, previsão legal do direito à desaposentação, sendo constitucional a regra do art. 18, § 2º, da Lei n. 8.213/1991". **Assim, a tese firmada pelo STJ no Tema 563/STJ deve ser alterada para os exatos termos do que estipulado pela Corte Suprema sob o regime vinculativo da Repercussão Geral.**

Vale registrar que o INSS admite administrativamente a **renúncia aos benefícios de pensão por morte, auxílio-doença, aposentadoria por incapacidade permanente, auxílio-acidente e auxílio-suplementar**, nos termos do Memorando-Circular Conjunto nº 42 DIRBEN/DIRSAT/PFE/INSS, de 26/7/2016.

O pedido de renúncia deve ser formalizado pelo interessado e protocolado no Sistema Informatizado de Protocolo da Previdência Social-SIPPS. Quando se tratar de espécie de benefício renunciável, a cessação deverá ocorrer pelo motivo "20-Desistência escrita do titular".

Para o Superior Tribunal de Justiça (1ª Turma), caso haja a concessão de benefício previdenciário decorrente de ação judicial pendente de julgamento de recurso, mas, neste interregno, se o INSS conceder administrativamente benefício com melhor renda, será possível optar pelo melhor benefício (administrativo), assegurado o recebimento judicial das parcelas atrasados de menor benefício (judicial):

> **"PROCESSUAL CIVIL E PREVIDENCIÁRIO. RECURSO ESPECIAL. EXECUÇÃO DE VALORES DECORRENTES DE BENEFÍCIO RECONHECIDO EM JUÍZO, NA EXISTÊNCIA DE DEFERIMENTO DE BENEFÍCIO MAIS VANTAJOSO RECONHECIDO PELO INSS. POSSIBILIDADE. INTERPRETAÇÃO DOS ARTIGOS 794 E 795 DO CPC. JURISPRUDÊNCIA FIRME DO SUPERIOR TRIBUNAL DE JUSTIÇA. RECURSO CONHECIDO E NÃO PROVIDO.** 1. Ao segurado é dado optar pelo benefício previdenciário mais vantajoso. 2. O direito previdenciário é direito patrimonial disponível. 3. O segurado pode renunciar ao benefício previdenciário, para obter um mais vantajoso. 4. Não há necessidade de o segurado devolver valores do benefício renunciado. **5. Reconhecido o direito de opção pelo benefício mais vantajoso concedido administrativamente, no curso da ação judicial em que se reconheceu benefício menos vantajoso, sendo desnecessária a devolução de valores decorrentes do benefício renunciado, afigura-se legítimo o direito de execução dos valores compreendidos entre o termo inicial fixado em juízo para concessão do benefício e a data de entrada do requerimento administrativo. Precedentes.** 6. Recurso conhecido e não provido" (STJ, RECURSO ESPECIAL Nº 1.397.815 – RS, de 18/09/2014).

Mas a 2ª Turma está rejeitando a tese:

> **(REsp 1782863, de 7/3/2019):** "O pagamento dos atrasados decorre justamente da concessão retroativa do benefício previdenciário, e o pagamento desses atrasados ocorre porque o autor passou a ser juridicamente titular do benefício já na data inicial da concessão do benefício (DIB) fixado no título judicial com marco inicial do pagamento das parcelas devidas. **Sendo assim, uma vez tornado titular de um benefício previdenciário retroativamente à DIB fixada em juízo tido por irreversível e irrenunciável pela legislação previdenciária, a pretensão de manutenção de outro benefício concedido na via administrativa com DIB posterior representaria renúncia ao benefício judicial posteriormente à sua concessão: ou seja, desaposentação, ainda que intentada por via oblíqua ou indireta no caso concreto.**

O tema será julgado em breve pela 1ª Seção do STJ em repetitivo:

PROCESSO	ProAfR no REsp 1.767.789-PR, Rel. Min. Herman Benjamin, Primeira Seção, por unanimidade, julgado em 04/06/2019, DJe 21/06/2019
RAMO DO DIREITO	DIREITO PREVIDENCIÁRIO
TEMA	A Primeira Seção acolheu a proposta de afetação do recurso especial ao rito dos recursos repetitivos, conjuntamente com o REsp 1803154/RS, a fim de uniformizar o entendimento acerca da seguinte controvérsia: possibilidade de, em fase de cumprimento de sentença, o segurado do Regime Geral de Previdência Social receber parcelas pretéritas de aposentadoria concedida judicialmente até a data inicial de aposentadoria concedida administrativamente pelo INSS enquanto pendente a mesma ação judicial, com implantação administrativa definitiva dessa última por ser mais vantajosa, sob o enfoque do artigo 18, § 2º, da Lei 8.213/1991.

Implicitamente, dentre outros aspectos, trata-se de tese que acolhe a renúncia da aposentadoria **(desaposentação indireta)**, pois se acaba abrindo mão de menor benefício conservando o direito às parcelas vencidas.

No mesmo sentido, a TNU (Informativo 25/2018):

> PUIL n. 5049371-20.2015.4.04.7000/PR – "A TNU, na esteira de precedentes do c. Superior Tribunal de Justiça, reconheceu o direito de o segurado optar pela manutenção de benefício mais vantajoso, concedido administrativamente no curso da demanda, afigurando-se legítima a execução dos valores compreendidos entre a data de entrada do pedido de aposentadoria, cujo direito foi reconhecido judicialmente, e a data de início daquele segundo benefício, concedido na via administrativa".

No entanto, mais recentemente, a TNU admitiu incidente representativo de controvérsia para reavaliar a tese à luz da decisão de desaposentação do STF (Informativo 31/2018):

> REPRESENTATIVO DE CONTROVÉRSIA – AFETAÇÃO – TEMA N. 197 – PUIL n. 0001327-11.2012.4.03.6314/SP A Turma Nacional de Uniformização decidiu afetar o tema como representativo da controvérsia, com a seguinte questão controvertida: Tendo em vista o julgamento do tema 503 pelo STF (desaposentação), definir se é possível receber valores atrasados, alusivos a benefício concedido judicialmente, nos casos em que, durante o trâmite do processo, a parte obtém, administrativamente, benefício mais vantajoso.

Por sua vez, **o TRF da 3ª Região rejeitou a tese da desaposentação indireta** por violação ao posicionamento do STF:

> "**Sendo vedada expressamente a desaposentação por julgamento do Plenário do C. STF, tem-se que ou o autor opta pela manutenção da aposentadoria por idade, sem direito a qualquer valor anterior à data de sua concessão, em 13.10.2008, ou opta pela aposentadoria por tempo de serviço deferida judicialmente, com DIB em 25.02.2002, quando então fará jus ao recebimento dos valores atrasados, descontando-se, contudo, o quanto já recebido a título de aposentadoria por idade desde 13.10.2008, sob pena de "bis in idem" em desfavor da União e enriquecimento sem causa do segurado**" (EMBARGOS INFRINGENTES Nº 0063870-24.2005.4.03.0000/SP, de 8/3/2018).

10. QUADRO SINÓTICO

DECADÊNCIA 10 ANOS	O prazo de decadência do direito ou da ação do segurado ou beneficiário para a revisão do ato de concessão, indeferimento, cancelamento ou cessação de benefício, do ato de deferimento, indeferimento ou não concessão de revisão de benefício é de dez anos
PRESCRIÇÃO 5 ANOS	Prescreve em cinco anos, a contar da data em que deveriam ter sido pagas, toda e qualquer ação para haver prestações vencidas ou quaisquer restituições ou diferenças devidas pela Previdência Social, salvo o direito dos menores, incapazes e ausentes, na forma do Código Civil
REAJUSTAMENTO DOS BENEFÍCIOS	O valor dos benefícios em manutenção será reajustado, anualmente, na mesma data do reajuste do salário mínimo, pro rata, de acordo com suas respectivas datas de início ou do último reajustamento, com base no Índice Nacional de Preços ao Consumidor – INPC, apurado pela Fundação Instituto Brasileiro de Geografia e Estatística – IBGE
ACUMULAÇÃO DE BENEFÍCIOS	Salvo no caso de direito adquirido, não é permitido o recebimento conjunto dos seguintes benefícios da Previdência Social: I – aposentadoria e auxílio-doença; II – mais de uma aposentadoria; III – aposentadoria e abono de permanência em serviço; IV – salário-maternidade e auxílio-doença; V – mais de um auxílio-acidente; VI – mais de uma pensão deixada por cônjuge ou companheiro, ressalvado o direito de opção pela mais vantajosa. É vedado o recebimento conjunto do seguro-desemprego com qualquer benefício de prestação continuada da Previdência Social, exceto pensão por morte ou auxílio-acidente.
DESCONTO NOS BENEFÍCIOS	Podem ser descontados dos benefícios: I – contribuições devidas pelo segurado à Previdência Social; II – pagamento administrativo ou judicial de benefício previdenciário ou assistencial indevido, ou além do devido, inclusive na hipótese de cessação do benefício pela revogação de decisão judicial, em valor que não exceda 30% (trinta por cento) da sua importância, nos termos do regulamento; III – Imposto de Renda retido na fonte; IV – pensão de alimentos decretada em sentença judicial; V – mensalidades de associações e demais entidades de aposentados legalmente reconhecidas, desde que autorizadas por seus filiados. VI – pagamento de empréstimos, financiamentos, cartões de crédito e operações de arrendamento mercantil concedidos por instituições financeiras e sociedades de arrendamento mercantil, ou por entidades fechadas ou abertas de previdência complementar, públicas e privadas, quando expressamente autorizado pelo beneficiário, até o limite de 35% (trinta e cinco por cento) do valor do benefício, sendo 5% (cinco por cento) destinados exclusivamente para: a) amortização de despesas contraídas por meio de cartão de crédito; ou b) utilização com a finalidade de saque por meio do cartão de crédito.

11. QUESTÕES DE PROVA

8.1 **(PROF. FREDERICO AMADO)** O STF rejeitou a tese da desaposentação por falta de previsão legal, mas admitiu a tese da reaposentação desde que somente sejam utilizadas as contribuições previdenciárias vertidas após a concessão do primeiro benefício.

Gabarito: errado

Para acesso ao vídeo, utilize o QR Code ao lado.

8.2 **(PROF. FREDERICO AMADO)** Admite-se a cumulação de duas pensões por morte no RGPS instituídas do filho e marido da beneficiária.

Gabarito: certo

Para acesso ao vídeo, utilize o QR Code ao lado.

8.3 **(PROF. FREDERICO AMADO) No âmbito do RGPS, o** direito do INSS de anular os atos administrativos de que decorram efeitos favoráveis para os destinatários decai em cinco anos, contados da data em que foram praticados, salvo comprovada má-fé.

Gabarito: errado

Para acesso ao vídeo, utilize o QR Code ao lado.

8.4 **(PROF. FREDERICO AMADO) É texto expresso da legislação previdenciária a possibilidade de desconto de** pagamento administrativo ou judicial de benefício previdenciário ou assistencial indevido, ou além do devido, inclusive na hipótese de cessação do benefício pela revogação de decisão judicial, em valor que não exceda 30% (trinta por cento) da sua importância.

Gabarito: certo

Para acesso ao vídeo, utilize o QR Code ao lado.

8.5 **(PROF. FREDERICO AMADO)** O valor dos benefícios do RGPS em manutenção será reajustado, anualmente, na mesma data e com os mesmo índice do reajuste do salário mínimo, pro rata, de acordo com suas respectivas datas de início ou do último reajustamento.

Gabarito: errado

Para acesso ao vídeo, utilize o QR Code ao lado.

CAPÍTULO 9

PROCESSO ADMINISTRATIVO PREVIDENCIÁRIO

1. DEFINIÇÃO E FASES

De acordo com o INSS, considera-se **processo administrativo previdenciário** o conjunto de atos administrativos praticados através dos Canais de Atendimento da Previdência Social, iniciado em razão de requerimento formulado pelo interessado, de ofício pela Administração ou por terceiro legitimado, e concluído com a decisão definitiva no âmbito administrativo[1].

Ainda com base na normatização da autarquia previdenciária, o processo administrativo previdenciário será dividido nas seguintes fases:

a) **Fase inicial;**
b) **Fase instrutória;**
c) **Fase decisória;**
d) **Fase recursal;**
e) **Fase de cumprimento das decisões administrativas.**

Deverão ser observados os seguintes preceitos[2]:

I – presunção de boa-fé dos atos praticados pelos interessados;

II – atuação conforme a lei e o Direito;

III – atendimento a fins de interesse geral, vedada a renúncia total ou parcial de poderes e competências, salvo autorização em lei;

IV – objetividade no atendimento do interesse público, vedada a promoção pessoal de agentes ou autoridades;

V – atuação segundo padrões éticos de probidade, decoro e boa-fé;

VI – condução do processo administrativo com a finalidade de resguardar os direitos subjetivos dos segurados, dependentes e demais interessados da Previdência Social, esclarecendo-se os requisitos necessários ao benefício ou serviço mais vantajoso;

VII – o dever de prestar ao interessado, em todas as fases do processo, os esclarecimentos necessários para o exercício dos seus direitos, tais como documentação indispensável ao requerimento administrativo, prazos para a prática de atos, abrangência e limite dos recursos, não sendo necessária, para tanto, a intermediação de terceiros;

1. Artigo 658, da Instrução Normativa INSS 77/2015.
2. Artigo 659, da Instrução Normativa INSS 77/2015.

VIII – publicidade dos atos praticados no curso do processo administrativo restrita aos interessados e seus representantes legais, resguardando-se o sigilo médico e dos dados pessoais, exceto se destinado a instruir processo judicial ou administrativo;

IX – adequação entre meios e fins, vedada a imposição de obrigações, restrições e sanções em medida superior àquelas estritamente necessárias ao atendimento do interesse público;

X – fundamentação das decisões administrativas, indicando os documentos e os elementos que levaram à concessão ou ao indeferimento do benefício ou serviço;

XI – identificação do servidor responsável pela prática de cada ato e a respectiva data;

XII – adoção de formas e vocabulário simples, suficientes para propiciar adequado grau de certeza, segurança e respeito aos direitos dos usuários da Previdência Social, evitando-se o uso de siglas ou palavras de uso interno da Administração que dificultem o entendimento pelo interessado;

XIII – compartilhamento de informações com órgãos públicos, na forma da lei.

XIV – garantia dos direitos à comunicação, à apresentação de alegações finais, à produção de provas e à interposição de recursos, nos processos de que possam resultar sanções e nas situações de litígio;

XV – proibição de cobrança de despesas processuais, ressalvadas as previstas em lei;

XVI – impulsão, de ofício, do processo administrativo, sem prejuízo da atuação dos interessados; e

XVII – interpretação da norma administrativa da forma que melhor garanta o atendimento do fim público a que se dirige, **vedada aplicação retroativa de nova interpretação.**

Destaca-se a vedação à retroação de nova interpretação desfavorável ao segurado ou seu dependente, de modo a não prejudicar a continuidade dos benefícios já concedidos, à luz do Princípio da Segurança Jurídica.

Por força da Lei 13.846/2019 , que inseriu quatro artigos na Lei 8.213/91 (124, de A até D), o INSS implementará processo administrativo eletrônico para requerimento de benefícios e serviços e disponibilizará canais eletrônicos de atendimento (INSS "digital"), facilitando o atendimento, o requerimento, a concessão, a manutenção e a revisão de benefícios por meio eletrônico e implementará procedimentos automatizados, de atendimento e prestação de serviços por meio de atendimento telefônico ou de canais remotos, podendo ainda ser celebrados acordos de cooperação, na modalidade de adesão, com órgãos e entidades da União, dos Estados, do Distrito Federal e dos Municípios para a recepção de documentos e apoio administrativo às atividades do INSS que demandem serviços presenciais.

Ademais, para o exercício de suas competências, o INSS terá acesso a todos os dados de interesse para a recepção, a análise, a concessão, a revisão e a manutenção de benefícios por ele administrados, em especial: I vetado; II – os dados dos registros e dos prontuários eletrônicos do Sistema Único de Saúde – SUS, administrados pelo Ministério da Saúde; III – os dados dos documentos médicos mantidos por entidades públicas e privadas, sendo necessário, no caso destas últimas, a celebração de convênio para garantir o acesso; e IV – os dados de movimentação das contas do Fundo de Garantia por Tempo de Serviço – FGTS, instituído pela Lei nº 5.107, de 13 de setembro de 1966, mantidas pela Caixa Econômica Federal.

A administração pública federal desenvolverá ações de segurança da informação e comunicações, incluídas as de segurança cibernética, de segurança das infraestruturas, da qualidade dos dados e da segurança de interoperabilidade de bases governamentais, e efetuará a sua integração, inclusive com as bases de dados e informações dos Estados, dos Municípios e do Distrito Federal, com o objetivo de atenuar riscos e inconformidades em pagamentos de benefícios sociais.

A Lei 13.846/2019 trouxe uma proteção ao servidor de boa-fé do INSS. É que o servidor responsável pela análise dos pedidos dos benefícios Lei motivará suas decisões ou opiniões técnicas **e responderá pessoalmente apenas na hipótese de dolo ou erro grosseiro.**

A seguir serão estudadas separadamente as fases do processo administrativo previdenciário, com base especialmente nas disposições constantes na Lei 8.213/91, na Lei 9.784/99, no Decreto 3.048/99, no Regimento Interno do Conselho de Recursos da Previdência Social e na Instrução Normativa INSS PRES 77/2015.

2. FASE INICIAL

Em regra, caberá ao segurado ou ao seu dependente requerer ao INSS a concessão da prestação previdenciária que entenda fazer jus, juntando a respectiva documentação pertinente, bem como prestando todos os esclarecimentos solicitados pela Previdência Social.

Também poderão deflagrar o processo o procurador legalmente constituído do segurado ou do seu dependente, assim como o representante legal, tutor, curador ou administrador provisório do interessado.

No caso de dependentes não preferenciais (classe 2 ou 3), os pais ou irmãos do segurado deverão preencher o formulário seguinte colacionado declarando que inexistem dependentes preferenciais (classe 1).

Na forma do artigo 156, do RPS, o benefício será pago diretamente ao beneficiário, salvo em caso de ausência, moléstia contagiosa ou impossibilidade de locomoção, quando será pago a procurador, **cujo mandato não terá prazo superior a doze meses**, podendo ser **renovado ou revalidado** pelos setores de benefícios do Instituto Nacional do Seguro Social.

Em regra, o INSS não poderá rejeitar uma procuração, salvo quando se manifestar indício de inidoneidade do documento ou do mandatário, que deverão ser fundamentados e apurados pela autarquia previdenciária.

Inclusive, com espeque no artigo 159, do RPS, somente será aceita a constituição de procurador com mais de uma procuração, ou **procurações coletivas**, nos casos de representantes credenciados de leprosários, sanatórios, asilos e outros estabelecimentos congêneres, nos casos de parentes de primeiro grau, ou, em outros casos, a critério do Instituto Nacional do Seguro Social.

Não poderão ser procuradores:

> I – os servidores públicos civis ativos e os militares ativos, salvo se parentes até o segundo grau; e
>
> II – os incapazes para os atos da vida civil, ressalvado o disposto no art. 666 do Código Civil.

A empresa, o sindicato ou a entidade de aposentados devidamente legalizada também terão legitimidade ativa, nas hipóteses do artigo 117, da Lei 8.213/91[3].

Vale frisar que havia polêmica na jurisprudência sobre a validade do posicionamento administrativo do INSS, no sentido de que o advogado não poderia ter atendimento prioritário para

3. "Art. 117. Empresas, sindicatos e entidades fechadas de previdência complementar poderão, mediante celebração de acordo de cooperação técnica com o INSS, encarregar-se, relativamente a seus empregados, associados ou beneficiários, de requerer benefícios previdenciários por meio eletrônico, preparando-os e instruindo-os nos termos do acordo.

protocolizar o requerimento dos benefícios em nomes dos seus clientes, devendo se submeter às filas, bem como condicionar o recebimento de um requerimento por agendamento.

O tema foi parcialmente julgado pelo STF em 08 de abril de 2014, tendo sido garantido ao advogado o atendimento nas agências do INSS, independentemente da distribuição de fichas:

> **"Informativo 742– PRIMEIRA TURMA – Advogado e atendimento em posto do INSS**
>
> **É direito do advogado, no exercício de seu múnus profissional, ser recebido no posto do Instituto Nacional do Seguro Social – INSS, independentemente de distribuição de fichas, em lugar próprio ao atendimento.** Com base nessa orientação, a 1ª Turma, por maioria, negou provimento a recurso extraordinário em que se alegava ofensa ao princípio da isonomia, em decorrência de tratamento diferenciado dispensado ao advogado, em detrimento dos demais segurados. No caso, a Ordem dos Advogados do Brasil – OAB tivera mandado de segurança concedido na origem para eximir os advogados da necessidade de se submeterem à distribuição de fichas nos postos do INSS. A Turma ressaltou que, segundo o art. 133 da CF, o advogado seria "indispensável à administração da justiça, sendo inviolável por seus atos e manifestações no exercício da profissão, nos limites da lei". Afirmou que essa norma constitucional revelaria o papel central e fundamental do advogado na manutenção do Estado Democrático de Direito, na aplicação e na defesa da ordem jurídica e na proteção dos direitos do cidadão. Considerou que o advogado atuaria como guardião da liberdade, considerada a atividade desempenhada e os bens jurídicos tutelados. Tendo isso em conta, afastou a assertiva de violação ao princípio da igualdade. Ponderou que essa prerrogativa não configuraria privilégio injustificado, mas demonstraria a relevância constitucional da advocacia na atuação de defesa do cidadão em instituição administrativa. Além disso, a Turma sublinhou que a alínea c do inciso VI do art. 7º da Lei 8.906/1994 (Estatuto da OAB) seria categórica ao revelar como direito dos citados profissionais ingressar livremente "em qualquer edifício ou recinto em que funcione repartição judicial ou outro serviço público onde o advogado deva praticar ato ou colher prova ou informação útil ao exercício da atividade profissional, dentro do expediente ou fora dele, e ser atendido desde que se ache presente qualquer servidor ou empregado". Salientou que essa norma daria concreção ao preceito constitucional a versar a indispensabilidade do profissional da advocacia. **Reputou, ademais, incumbir ao INSS aparelhar-se para atender, a tempo e a modo, não só os profissionais da advocacia que se dirigissem aos postos de atendimento para cuidar de interesses de constituintes, mas também todos os segurados, pois se esperaria que o tratamento célere fosse proporcionado tanto aos advogados quanto ao público em geral.** Vencido o Ministro Dias Toffoli, que dava provimento ao recurso extraordinário. Pontuava que as pessoas que não pudessem pagar advogado ficariam atrás, na fila, porque teriam de esperar o advogado constituído ser atendido primeiro, o que prejudicaria o hipossuficiente. RE 277065/RS, rel. Min. Marco Aurélio, 8.4.2014. (RE-277065)."

Vale registrar que essa decisão do STF não teve eficácia *erga omnes*. No entanto, há tutela provisória em sede nacional garantindo atendimento diferenciado nas agências do INSS em favor dos advogados.

Outrossim, entende-se que a empresa tem interesse jurídico em postular no INSS a concessão de benefício por incapacidade laborativa em favor dos seus empregados (auxílio-doença e aposentadoria por incapacidade permanente), a fim de ter segurança para deixar de pagar os salários, após os 15 (quinze) dias da data da incapacidade, pois neste período há a obrigação legal de fazê-lo.

Nos termos do artigo 18, § 4º, da Lei 8.213/91, introduzido pela Lei 13.846/19, os benefícios previdenciários poderão ser solicitados, pelos interessados, aos **Oficiais de Registro Civil das Pessoas Naturais**, que encaminharão, eletronicamente, requerimento e respectiva documentação comprobatória de seu direito para deliberação e análise do INSS, nos termos do regulamento.

Em caráter excepcional, **o artigo 76 do RPS determina que o INSS processe de ofício o auxílio-doença**, na hipótese de a autarquia federal tomar conhecimento da incapacidade laboral de segurado sem que este tenha requerido.

Outrossim, **o artigo 118, do RPS, obriga o INSS a converter automaticamente o auxílio-reclusão em pensão por morte**, na hipótese de falecimento do segurado segregado.

Com efeito, **não poderá o INSS se recusar a receber requerimento de benefício previdenciário, caso a documentação oferecida se revele incompleta**, na forma do artigo 105, da Lei 8.213/91, o que, aliás, constitui ilícito funcional do servidor público e deve ser objeto de denúncia à Corregedoria da autarquia federal, que vem buscando gradativamente qualificar o seu atendimento.

Neste caso, o requerimento deverá ser aceito com ulterior notificação do requerente para juntar a documentação pertinente, sendo ilícita a recusa de protocolização, pois mesmo que o administrado não faça jus à prestação previdenciária, terá direito a um indeferimento motivado tomado pela autoridade administrativa (gestor da Agência da Previdência Social).

A comunicação deverá ser realizada na primeira oportunidade, preferencialmente por ciência nos autos; na sua impossibilidade, far-se-á via postal com aviso de recebimento, telegrama ou outro meio que assegure a ciência do interessado, devendo a informação ficar registrada no processo administrativo, presumindo-se válidas as comunicações dirigidas ao endereço para correspondência declinado nos autos pelo interessado, cumprindo a este atualizar o respectivo endereço sempre que houver modificação temporária ou definitiva, iniciando a contagem do prazo da data da ciência.

Os atos processuais poderão ser comunicados por meio eletrônico, sendo considerados tempestivos se transmitidos até o término do último dia útil do prazo legalmente previsto para sua prática. Em se tratando de intimação por esta via, será contado o prazo a partir da data da confirmação de envio da correspondência eletrônica, juntada cópia do enviado ao processo administrativo.

A notificação por edital será efetuada através de única publicação em jornal oficial e restringe-se aos casos em que o endereço do interessado seja indeterminado, desconhecido ou domicílio indefinido, entendido este último como endereço vago ou incompleto, não perceptível nos autos nem identificado em algum sistema corporativo a que este Instituto tenha acesso.

Frise-se que o não atendimento da comunicação não importa o reconhecimento da verdade dos fatos de modo desfavorável à pretensão formulada pelo interessado.

Vale ressaltar que são aplicáveis ao processo administrativo previdenciário os princípios e regras insculpidos na Lei 9.784/99, que regula de maneira genérica o processo administrativo federal.

Destaca-se a observância aos Princípios da Legalidade, Finalidade, Motivação, Razoabilidade, Proporcionalidade, Moralidade, Ampla Defesa, Contraditório, Segurança Jurídica, Interesse Público e Eficiência.

Em decorrência do Princípio da Segurança Jurídica, na interpretação da norma previdenciária, é vedada a aplicação retroativa de nova interpretação pela Previdência Social para prejudicar os segurados e os seus dependentes, que deverá ter aplicação prospectiva, conforme já reconhecido administrativamente pelo INSS[4].

4. Nota técnica CGMBEN/DIVCONS nº 116/2005.

3. FASE INSTRUTÓRIA

De acordo com o próprio entendimento da autarquia previdenciária, as atividades de instrução destinadas a averiguar e comprovar os requisitos legais para o reconhecimento de direito aos benefícios e serviços da Previdência Social serão realizadas pelo INSS, seja o processo constituído por meio físico ou eletrônico, sendo que o não cumprimento de um dos requisitos legais para o reconhecimento de direitos ao benefício ou serviço não afasta o dever do INSS de instruir o processo quanto aos demais[5].

Esse dispositivo regulamentar atende ao Princípio da Verdade Material, pois não cabe apenas ao beneficiário comprovar que possui direito à prestação previdenciária, devendo o servidor que presidir o processo administrativo atuar de ofício no sentido de buscar averiguar se a pretensão do administrado merece acolhida.

É certo que o benefício previdenciário é uma parcela alimentar que busca realizar a dignidade humana, razão pela qual a instrução em um processo de concessão ou revisão da prestação deverá se cercar de todas as cautelas a fim de não cometer injustiças, especialmente na hipótese de indeferimento do pedido.

Lamentavelmente, na prática judicial previdenciária em defesa do INSS, quando é requisitada a juntada do processo administrativo para compor os autos judiciais, é forçoso reconhecer que ainda existem indeferimentos perpetrados pela autarquia previdenciária com mínima ou nenhuma fundamentação específica, com precária instrução probatória.

Caso se trate de benefício por incapacidade (auxílio-doença /auxílio por incapacidade temporária ou aposentadoria por incapacidade permanente), deverá o postulante se sujeitar ao exame pericial a ser promovido por médico habilitado, que deverá ser servidor público integrante dos quadros da Previdência Social, na forma do artigo 2º, da Lei 10.876/04.

Antes de proferir a conclusão médico-pericial é facultado à perícia médica do INSS a **requisição de exames (RE)** complementares e especializados que julgar indispensáveis, de acordo com as normas técnicas.

Este ponto é deveras sensível. Sabe-se que muitos segurados ou dependentes são hipossuficientes e dependem do SUS que, em multas localidades, é lento ou mesmo não fornece determinados exames, o que acaba prejudicando a prova da incapacidade.

Este problema precisa ser pensado pelo Poder Público, pois muitos indeferimentos decorrem da não apresentação dos exames adequados, o que gera uma ação injusta contra o beneficiário da Previdência Social, pois o Estado exige o exame e o próprio Estado em algumas situações é negligente em não fornecê-lo em tempo adequado.

A avaliação médico-pericial é parte integrante da fase instrutória do processo concessório do benefício por incapacidade, devendo ser registrada no laudo médico constante do SABI. Entretanto, a formalização do processo administrativo não é condição prévia necessária para a realização da perícia médica nos casos de auxílio-doença, nos termos da IN INSS 85/2016.

O segurado poderá solicitar remarcação do exame médico pericial por uma vez, caso não possa comparecer. Ademais, o INSS realizará a perícia médica do segurado no hospital ou na residência, mediante a apresentação de documentação médica comprovando a internação ou a impossibilidade de locomoção.

5. Artigo 680, da Instrução Normativa INSS 77/2015.

Os assistentes sociais do INSS também possuem importante participação na instrução do processo administrativo previdenciário. Nos termos do artigo 409, da Instrução Normativa INSS 77/2015, os recursos técnicos utilizados pelo Assistente Social são, entre outros, o parecer social, a pesquisa social, o estudo exploratório dos recursos sociais, a avaliação social da pessoa com deficiência aos requerentes do Benefício de Prestação Continuada – BPC/LOAS, estabelecida pelo Decreto nº 6.214, de 26 de setembro de 2007, **e a avaliação social da pessoa com deficiência em cumprimento ao disciplinado na LC nº 142, de 2013.**

O **Parecer Social** consiste no pronunciamento profissional do Assistente Social, com base no estudo de determinada situação, podendo ser emitido na fase de concessão, manutenção, recurso de benefícios ou para embasar decisão médico-pericial, por solicitação do setor respectivo ou por iniciativa do próprio Assistente Social.

Já a **pesquisa social** constitui-se recurso técnico fundamental para a realimentação do saber e do fazer profissional, voltado para a busca do conhecimento crítico e interpretativo da realidade, favorecendo a identificação e a melhor caracterização das demandas do INSS e do perfil socioeconômico-cultural dos beneficiários como recursos para a qualificação dos serviços prestados.

> *I – o conhecimento da realidade social na qual se inserem os usuários da política de seguridade social, considerando o seu contexto político, cultural e socioeconômico, em sua relação com a Previdência Social;*
>
> *II – a elaboração de planos, programas e projetos vinculados com a proposta teórico-metodológica que embasa as ações do Serviço Social;*
>
> *III – a produção e divulgação de novos conhecimentos que possam contribuir para a ampliação da proteção social e melhoria dos serviços prestados.*

O **Estudo Exploratório dos Recursos Sociais** *constitui instrumento que facilita a necessária articulação da política previdenciária com a rede socioassistencial para o desenvolvimento do trabalho do Serviço Social e atendimento aos usuários da Previdência Social.*

A **avaliação social,** em conjunto com a avaliação médica da pessoa com deficiência, consiste num instrumento destinado à caracterização da deficiência, e considerará os fatores ambientais, sociais, pessoais, a limitação do desempenho de atividades e a restrição da participação social dos requerentes do Benefício de Prestação Continuada da Assistência Social.

Deveras, todos os meios de prova lícitos são admitidos no processo administrativo previdenciário, exceto nas hipóteses em que a legislação previdenciária exigir forma especial, a exemplo da comprovação do tempo de serviço e de contribuição, que demanda início de prova material, com espeque no artigo 55, § 3º, da Lei 8.213/91, salvo caso fortuito ou de força maior.

Vale registrar que quando o requerente declarar que fatos e dados estão registrados em documentos existentes na própria Administração responsável pelo processo ou em outro órgão administrativo, o servidor responsável pela instrução procederá, de ofício, a obtenção dos documentos ou das respectivas cópias, não podendo o INSS exigir do requerente a apresentação de certidões ou outros documentos expedidos por outro órgão ou entidade do Poder Executivo Federal[6].

Poderá também o INSS se valer da *pesquisa externa*, quando enviará agentes para avaliar a veracidade de informações apresentadas pelo requerente ou coletar outras, a exemplo de visita perpetrada em imóvel rural do segurado, a fim de verificar se há ou não exploração agropecuária para fins de subsistência.

---

6. Artigo 684, da Instrução Normativa INSS 77/2015.

Entende-se por **pesquisa externa** as atividades realizadas junto a beneficiários, empresas, órgãos públicos, entidades representativas de classe, cartórios, e demais entidades e profissionais credenciados, necessárias para a atualização do CNIS, o reconhecimento, manutenção e revisão de direitos, bem como para o desempenho das atividades de serviço social, perícias médicas, habilitação e reabilitação profissional, bem como para o acompanhamento da execução dos contratos com as instituições financeiras pagadoras de benefícios, sendo realizada por servidor do INSS previamente designado por meio de Portaria[7].

De efeito, na pesquisa externa poderão ser colhidos depoimentos e examinados documentos aos quais a lei não assegure sigilo e que visem sanar as dúvidas do solicitante, conforme disposições em ato específico. No entanto, a pesquisa externa somente será autorizada depois de verificada a impossibilidade de o interessado apresentar os documentos solicitados pelo INSS ou restarem dúvidas nos documentos apresentados.

No caso de concessão do amparo assistencial de um salário mínimo ao idoso ou deficiente carente, será elaborado parecer social pelo assistente social do INSS para a verificação das condições socioeconômicas do requerente.

Para o cálculo do salário de benefício, da comprovação de filiação ao Regime Geral de Previdência Social, do tempo de contribuição e da relação de emprego, o INSS utilizará as informações constantes no **Cadastro Nacional de Informações Sociais – CNIS** sobre os vínculos e as remunerações dos segurados[8].

Cuida-se de um banco de dados que contém as informações previdenciárias dos segurados, sendo abastecido principalmente pelas declarações prestadas através da Guia de Recolhimento do FGTS e de Informações Previdenciárias – GFIP, bem como do RAIS – Relatório Anual de Informações Sociais.

Mesmo na hipótese de informação registrada no CNIS, se houver dúvida fundada sobre a sua veracidade, o INSS exigirá a apresentação dos documentos que serviram de base à anotação, sob pena de exclusão do período.

Caso não apresentada toda a documentação indispensável ao processamento do benefício ou do serviço, o servidor deverá emitir uma **carta de exigências**, com prazo mínimo de trinta dias para cumprimento, com o registro da exigência no sistema corporativo de benefícios, devendo ser proferida a decisão pela autoridade administrativa com ou sem o atendimento.

Certamente o não atendimento da carta de exigências pelo segurado ou seu dependente levará ao indeferimento do pedido, salvo se houver possibilidade jurídica de concessão com as informações já apresentadas, mesmo que com renda mensal inicial menor que a desejada.

Nos termos do artigo 678 da Instrução Normativa INSS 77/2015, a apresentação de documentação incompleta não constitui motivo para recusa do requerimento de benefício, ainda que, de plano, se possa constatar que o segurado não faz jus ao benefício ou serviço que pretende requerer, sendo obrigatória a protocolização de todos os pedidos administrativos.

Neste caso, caberá ao servidor do INSS emitir uma carta de exigências para que o beneficiário junte a documentação necessária para a análise do mérito administrativo e, comprovado o direito, conceder o benefício solicitado.

7. Artigo 103, da Instrução Normativa INSS 77/2015.
8. Artigo 29-A, da Lei 8.213/91.

Assim, nos termos dos §§ 1º e 2º do citado artigo regulamentar, acaso não apresentada toda a documentação indispensável ao processamento do benefício ou do serviço, o servidor deverá emitir carta de exigências elencando providências e documentos necessários, com prazo mínimo de trinta dias para cumprimento, ser prorrogado por igual período, mediante pedido justificado do interessado.

Uma vez emitida a carta de exigências no momento do atendimento ou através do processo digital (MEU INSS), deverá ser colhida a assinatura de ciência na via a ser anexada no processo administrativo ou feita a notificação digital, podendo ser agendado novo atendimento, sendo imediatamente comunicado ao requerente a nova data e horário agendados.

Conforme alterações perpetradas no citado artigo 678 pela **Instrução Normativa INSS 102/2019**, uma vez esgotado o prazo para cumprimento da exigência sem que os documentos solicitados pelo INSS tenham sido apresentados pelo segurado requerente, e em havendo elementos suficientes ao reconhecimento do direito, o processo será decidido neste sentido.

Por outro lado, em não havendo elementos que permitam o reconhecimento do direito ao segurado, o requerimento será encerrado sem análise do mérito, por desistência do pedido (na verdade é um abandono processual), após decorridos 75 (setenta e cinco) dias da ciência da referida exigência.

Note-se que a Previdência Social concede um elástico prazo de 75 dias para que o requerente possa juntar a documentação solicitada pela autarquia e, somente transcorrido *in albis* este lapso sem o devido atendimento, acaso os elementos dos autos não demonstrem a existência do direito, é que o requerimento será encerrado sem a análise do mérito.

Ademais, poderá o requerente apresentar ulteriormente um novo requerimento administrativo, que terá efeitos a partir da data da nova solicitação.

A Instrução Normativa INSS 102/2019 ainda abre a possibilidade de o mérito ser julgado na via administrativa, acaso o requerente declare formalmente não possuir os documentos solicitados na carta de exigência emitida pelo servidor, podendo o processo ser decidido de imediato pelo servidor da autarquia.

Posteriormente, o tema foi inserido no artigo 176 do Regulamento pelo Decreto 10.410/2020:

> "Art. 176. A apresentação de documentação incompleta não constitui, por si só, motivo para recusa do requerimento de benefício ou serviço, ainda que seja possível identificar previamente que o segurado não faça jus ao benefício ou serviço pretendido. (Redação dada pelo Decreto nº 10.410, de 2020)
>
> § 1º Na hipótese de que trata o caput, o INSS deverá proferir decisão administrativa, **com ou sem análise de mérito**, em todos os pedidos administrativos formulados, e, quando for o caso, emitirá **carta de exigência prévia** ao requerente. (Incluído pelo Decreto nº 10.410, de 2020)
>
> § 2º Encerrado o prazo para cumprimento da exigência sem que os documentos solicitados tenham sido apresentados pelo requerente, o INSS: (Incluído pelo Decreto nº 10.410, de 2020)
>
> I – decidirá pelo reconhecimento do direito, caso haja elementos suficientes para subsidiar a sua decisão; ou (Incluído pelo Decreto nº 10.410, de 2020)
>
> II – decidirá pelo **arquivamento do processo sem análise de mérito do requerimento**, caso não haja elementos suficientes ao reconhecimento do direito nos termos do disposto no art. 40 da Lei nº 9.784, de 29 de janeiro de 1999. (Incluído pelo Decreto nº 10.410, de 2020)
>
> § 3º **Não caberá recurso ao CRPS da decisão que determine o arquivamento do requerimento sem análise de mérito decorrente da não apresentação de documentação indispensável ao exame do requerimento.** (Incluído pelo Decreto nº 10.410, de 2020)

§ 4º Caso haja manifestação formal do segurado no sentido de não dispor de outras informações ou documentos úteis, diversos daqueles apresentados ou disponíveis ao INSS, será proferida a decisão administrativa com análise de mérito do requerimento. (Incluído pelo Decreto nº 10.410, de 2020)

§ 5º O arquivamento do processo não inviabilizará a apresentação de novo requerimento pelo interessado, que **terá efeitos a partir da data de apresentação da nova solicitação**. (Incluído pelo Decreto nº 10.410, de 2020)

§ 6º O reconhecimento do direito ao benefício com base em documento apresentado após a decisão administrativa proferida pelo INSS considerará como **data de entrada do requerimento a data de apresentação do referido documento**. (Incluído pelo Decreto nº 10.410, de 2020)

§ 7º O disposto neste artigo aplica-se aos **pedidos de revisão e recursos fundamentados em documentos não apresentados no momento do requerimento administrativo** e, quanto aos seus efeitos financeiros, aplica-se o disposto no § 4º do art. 347. (Incluído pelo Decreto nº 10.410, de 2020)".

Vale registrar a existência de previsão regulamentar aduzindo que a apresentação do documento que ateste o direito após proferida a decisão do INSS não gerará o pagamento de atrasados, devendo ser reafirmada a DER (data de entrada do requerimento) para a data da apresentação do documento, mesmo que em grau recursal no CRPS.

Nesse sentido, nas hipóteses de requerimento de revisão de benefício em manutenção ou de recurso de decisão do INSS com apresentação de **novos elementos extemporaneamente** ao ato concessório, **os efeitos financeiros serão fixados na data do pedido de revisão ou do recurso**.

De acordo com o artigo 176-C do RPS, inserido pelo Decreto 10.410/2020, o requerente poderá, enquanto não proferida a decisão do INSS e por meio de manifestação escrita, desistir do requerimento formulado, nos termos do disposto no artigo 51 da Lei nº 9.784, de 1999.

Por outro lado, a desistência do requerimento não impede o INSS de analisar a matéria objeto do requerimento para fins de uniformização de entendimento, de forma geral e abstrata, ou para efeito de apuração de irregularidade.

De acordo com o artigo 5º, inciso XXXV, da Constituição Federal de 1988, "a lei não excluirá da apreciação do Poder Judiciário lesão ou ameaça a direito". Cuida-se de previsão constitucional das mais importantes, que consagra uma garantia fundamental em que os órgãos do Poder Judiciário funcionarão como guardiões do Estado Democrático e Social de Direito brasileiro.

Com propriedade, no ordenamento jurídico brasileiro, apenas o Poder Judiciário detém a legitimidade para exercer a jurisdição, dizendo o direito e compondo os litígios, mas que deve ser provocada pelo exercício do direito de ação (Princípio da Inércia da Jurisdição).

Entretanto, em regra, quando um beneficiário da previdência social intenta uma ação judicial contra o INSS, sem provocar previamente de modo devido a autarquia previdenciária, inexiste lesão ou ameaça de lesão ao suposto direito subjetivo do proponente.

Vale frisar que incumbe ao autor da ação demonstrar concretamente a existência do direito violado ou, ao menos, uma ameaça concreta de violação mediante conduta comissiva ou omissiva do réu, sob pena de inexistir uma demanda a ser apreciada pelo Poder Judiciário.

É que quando o INSS não tem a oportunidade de se manifestar administrativamente sobre o mérito da concessão de um benefício previdenciário ou assistencial, a exemplo do não atendimento de uma carta de exigências para ajuntada de documentos e inexistindo provas no processo administrativo do direito ao benefício, a rigor não há uma pretensão resistida a ser submetida ao crivo do Estado-juiz, pois o Estado-administrador não exerceu a função administrativa que ordinariamente lhe incumbe por única responsabilidade do requerente.

Nesse sentido, restou pacificado pelo STF em Repercussão Geral que é necessário ter interesse-necessidade de agir para propor ação judicial contra o INSS, sob pena de extinção terminativa da demanda:

> **"RE N. 631.240-MG**
>
> **RELATOR: MIN. ROBERTO BARROSO**
>
> ***Ementa***: RECURSO EXTRAORDINÁRIO. REPERCUSSÃO GERAL. PRÉVIO REQUERIMENTO ADMINISTRATIVO E INTERESSE EM AGIR.
>
> 1. A instituição de condições para o regular exercício do direito de ação é compatível com o art. 5º, XXXV, da Constituição. Para se caracterizar a presença de interesse em agir, é preciso haver necessidade de ir a juízo.
>
> **2. A concessão de benefícios previdenciários depende de requerimento do interessado, não se caracterizando ameaça ou lesão a direito antes de sua apreciação e indeferimento pelo INSS, ou se excedido o prazo legal para sua análise. É bem de ver, no entanto, que a exigência de prévio requerimento não se confunde com o exaurimento das vias administrativas.**
>
> **3. A exigência de prévio requerimento administrativo não deve prevalecer quando o entendimento da Administração for notória e reiteradamente contrário à postulação do segurado.**
>
> **4. Na hipótese de pretensão de revisão, restabelecimento ou manutenção de benefício anteriormente concedido, considerando que o INSS tem o dever legal de conceder a prestação mais vantajosa possível, o pedido poderá ser formulado diretamente em juízo – salvo se depender da análise de matéria de fato ainda não levada ao conhecimento da Administração –, uma vez que, nesses casos, a conduta do INSS já configura o não acolhimento ao menos tácito da pretensão.**
>
> 5. Tendo em vista a prolongada oscilação jurisprudencial na matéria, inclusive no Supremo Tribunal Federal, deve-se estabelecer uma fórmula de transição para lidar com as ações em curso, nos termos a seguir expostos.
>
> 6. Quanto às ações ajuizadas até a conclusão do presente julgamento (03.09.2014), sem que tenha havido prévio requerimento administrativo nas hipóteses em que exigível, será observado o seguinte: (i) caso a ação tenha sido ajuizada no âmbito de Juizado Itinerante, a ausência de anterior pedido administrativo não deverá implicar a extinção do feito; (ii) caso o INSS já tenha apresentado contestação de mérito, está caracterizado o interesse em agir pela resistência à pretensão; (iii) as demais ações que não se enquadrem nos itens (i) e (ii) ficarão sobrestadas, observando-se a sistemática a seguir.
>
> 7. Nas ações sobrestadas, o autor será intimado a dar entrada no pedido administrativo em 30 dias, sob pena de extinção do processo. Comprovada a postulação administrativa, o INSS será intimado a se manifestar acerca do pedido em até 90 dias, prazo dentro do qual a Autarquia deverá colher todas as provas eventualmente necessárias e proferir decisão. Se o pedido for acolhido administrativamente ou não puder ter o seu mérito analisado devido a razões imputáveis ao próprio requerente, extingue-se a ação. Do contrário, estará caracterizado o interesse em agir e o feito deverá prosseguir.
>
> 8. Em todos os casos acima – itens (i), (ii) e (iii) –, tanto a análise administrativa quanto a judicial deverão levar em conta a data do início da ação como data de entrada do requerimento, para todos os efeitos legais.
>
> 9. Recurso extraordinário a que se dá parcial provimento, reformando-se o acórdão recorrido para determinar a baixa dos autos ao juiz de primeiro grau, o qual deverá intimar a autora – que alega ser trabalhadora rural informal – a dar entrada no pedido administrativo em 30 dias, sob pena de extinção. Comprovada a postulação administrativa, o INSS será intimado para que, em 90 dias, colha as provas necessárias e profira decisão administrativa, considerando como data de entrada do requerimento a data do início da ação, para todos os efeitos legais. O resultado será comunicado ao juiz, que apreciará a subsistência ou não do interesse em agir".

Inclusive, no voto do Ministro Barroso no RE nº 631.240/MG restou consignado que a apresentação que a apresentação de novos documentos para lastrear pedido de benefício previdenciário exige novo requerimento administrativo:

> **"Sobre a eventual diversidade de documentos juntados em processo administrativo e judicial, a regra geral é a que consta do voto condutor do acórdão embargado: será necessário prévio requerimento administrativo se o documento ausente no processo administrativo referir-se a matéria de fato que não tenha sido levada ao conhecimento da Administração.** Eventuais exceções devem ser concretamente motivadas. Deve-se observar ainda o art. 317 do CPC/2015, segundo o qual "Antes de proferir decisão sem resolução de mérito, o juiz deverá conceder à parte oportunidade para, se possível, corrigir o vício."

Nesse sentido, a extinção de um processo administrativo previdenciário sem análise de mérito por responsabilidade exclusiva do requerente equivale à falta de requerimento administrativo, devendo a ação judicial ser extinta de modo terminativo.

É justamente a hipótese de não atendimento de carta de exigências emitida pelo INSS em que inexistem no processo administrativo previdenciário elementos que atestem a existência do direito, gerando a extinção do requerimento administrativo sem análise do mérito.

Isso porque, nesta situação, a jurisdição somente deve ser provocada quando há um ato administrativo de mérito a ser avaliado, o que não ocorre quando a extinção do pedido administrativo decorreu única e exclusivamente da negligência do requerente.

Deveras, há várias situações em que os documentos não são apresentados pelo requerente no processo administrativo, embora o INSS tenha emitido a carta de exigência, que não restou atendida no prazo regulamentar.

Posteriormente, há a propositura de ação judicial buscando adentrar ao mérito da causa, sendo que os documentos omitidos no processo administrativo apresentados somente a *posteriori* aparecem no âmbito do processo judicial.

Esse procedimento é conhecido no foro previdenciário como **"indeferimento forçado"**, devendo o juiz extinguir a demanda judicial sem a análise do mérito por carência de interesse-necessidade de agir.

Nesse sentido, o posicionamento dos Tribunais Regionais Federais da 1ª e 3ª Regiões:

> "PREVIDENCIÁRIO. INTERESSE DE AGIR. AUSÊNCIA DO PREVIO REQUERIMENTO ADMINISTRATIVO. ADEQUAÇÃO AO RE 631240. INDEFERIMENTO FORÇADO. EQUIPARAÇÃO A AUSÊNCIA. EXTINÇÃO DO FEITO SEM RESOLUÇÃO DO MÉRITO. 1. O INSS não adentrou ao mérito no curso da demanda, por entender ausente o interesse de agir ante o necessário prévio requerimento administrativo. 2. O STF decidiu no julgamento do RE631240 com repercussão geral reconhecida determinando: a) a exigência do prévio requerimento administrativo para caracterizar o direito de ação do interessado contra o INSS quando se tratar de matéria de fato e/ou processo não oriundo de juizado itinerante; b) para os processos ajuizados até a decisão: b.1) afastando a necessidade do prévio requerimento se o INSS houver contestado o mérito do lide; b.2) nas ações não contestadas no mérito, deve-se sobrestar o processo e proceder à intimação da parte autora para postular administrativamente em 30 dias, com prazo de 90 dias para a análise do INSS, prosseguindo no feito somente diante da inércia do INSS por prazo superior a esse ou se indeferir o pedido administrativo, ressalvadas as parcelas vencidas e não prescritas. **3. No caso dos autos, a autarquia enviou à parte autora uma carta de exigência para que ela apresentasse alguns documentos necessários à apreciação do seu pedido, bem como solicitou seu comparecimento para realização de entrevista, contudo, a autora não atendeu às**

solicitações, fato que ensejou o indeferimento forçado do seu benefício, conforme se vê às fls. 126 verso/128, caracterizando o indeferimento forçado. 4. Apelação provida para extinguir o do feito, sem resolução do mérito, por ausência das condições da ação, ante a ausência do prévio requerimento administrativo para caracterizar o direito de ação do interessado contra o INSS, nos termos previstos nos artigos 319, 320 e 321 c/c art. 485, VI, do NCPC. Prejudicada à apelação da parte autora **(TRF da 1ª Região, AC 00598692520104019199, de 23/11/2018).**

"PROCESSUAL CIVIL. PREVIDENCIÁRIO. APOSENTADORIA RURAL POR IDADE REQUERIMENTO ADMINISTRATIVO FORMULADO SEM DOCUMENTOS IMPRESCINDÍVEIS À ANÁLISE DO PEDIDO. IMPOSSIBILIDADE DE ANÁLISE DO MÉRITO DO PEDIDO ADMINISTRATIVO POR RAZÕES IMPUTÁVEIS À PRÓPRIA AUTORA. INDEFERIMENTO ADMINISTRATIVO. RE 631.240/MG. EXTINÇÃO DO PROCESSO SEM RESOLUÇÃO DO MÉRITO. FALTA DE INTERESSE DE AGIR. 1. A dissensão posta em análise recursal está assentada unicamente na alegação de tentativa de burla processual, ao argumento de que, junto ao INSS, a parte autora "agendou seu pedido, contudo, não juntou nenhum documento que fizesse menção à sua suposta atividade rurícola no processo administrativo. "Ocorre, no entanto, que administrativamente o pedido do benefício fora indeferido por não cumprimento de exigências da parte autora. **A requerente levou ao INSS tão somente documentos pessoais (RG, CPF, título de eleitor e certidão de nascimento). Absolutamente nada que relacionasse a autora com o labor rural. Porém, a mesma instada a levar demais documentos para comprovar o próprio direito, quedou-se inerte (fl. 71 v)". (destaque do original)**. 2. Na tentativa de provar seu interesse de agir na presente ação, a requerente colacionou a comunicação de decisão expedida pelo INSS, noticiando o indeferimento de seu pleito na via administrativa (fl. 28 v), ao que o INSS, em contestação apresentada às fls. 31/36, impugnou o mencionado documento, alegando, em suma, que a parte autora forçou o indeferimento administrativo do benefício. "Note-se que foi solicitada à parte autora, conforme a carta de exigência acima, assinada pela própria requerente, a apresentação de documentos que possibilitasse a análise do pleito. Porém a autora não o fez. **O indeferimento foi motivado por ter sido a parte autora desidiosa no cumprimento de sua obrigação em se submeter à entrevista rural e apresentar os documentos requeridos pelo INSS. Não o fazendo, a autarquia se vê prejudicada para analisar o direito ao benefício, impondo-se a negativa, como ocorrido. Vale mencionar que não há escusa, pois a requerente possuía documentos para a avaliação do seu pedido, afinal, na via judicial, ela apresentou documentação que foi omitida ao INSS (fls. 32/33)." (destaque do original)**. 3. Evidencia-se que, para o processo administrativo junto ao INSS, a parte autora não carreou documentos hábeis a comprovar o seu direito ao benefício da aposentadoria rural por idade, mesmo sendo intimada para tal mister, por meio da "carta de exigências" (fl. 42), e tendo condição de fazê-lo, tendo em conta tê-los apresentado nos autos do processo judicial. Assim sendo, não se submeteu à entrevista rural (fl. 47), procedimento indispensável, segundo o art. 134 da instrução normativa 45/2010 do INSS/PRES, o que ensejou o indeferimento forçado do requerimento administrativo. 4. Não restou caracterizado o interesse de agir, uma vez que, ao promover a postulação administrativa, a parte autora deixou de colacionar os documentos necessários à análise de seu pleito, restando ao INSS uma única alternativa: indeferir o pleito administrativo. 5. Com esteio na decisão da Suprema Corte, no julgamento do Recurso Extraordinário n. 631.240-MG, com repercussão geral reconhecida, se o pedido administrativo "não puder ter o seu mérito analisado devido a razões imputáveis ao próprio requerente, extingue-se a ação". 6. O caso em apreço se amolda perfeitamente ao previsto pelo STF, impondo-se, portanto, a extinção do processo por falta de interesse de agir e a condenação da parte autora em honorários advocatícios arbitrados em R$ 1.000,00 (mil reais), ficando suspensa a execução deste comando por força da assistência judiciária gratuita, nos termos do art. 98, § 3º do CPC. 7. Apelação provida para anular a sentença e julgar extinto o processo sem resolução de mérito, com fundamento no art. 485, VI do CPC" **(TRF da 1ª Região, 00221895920174019199, de 18/4/2018).**

"PREVIDENCIÁRIO. PROCESSO CIVIL. AUSÊNCIA DE INTERESSE DE AGIR DA PARTE AUTORA. ABANDONO DA VIA ADMINISTRATIVA SEM QUALQUER JUSTIFICAÇÃO E SEM A APRESENTAÇÃO DA DOCUMENTAÇÃO SOLICITADA PELO ENTE AUTÁRQUICO. CONTESTAÇÃO NA QUAL ALEGADA APENAS A CARÊNCIA DE AÇÃO AUTORAL. AUSÊNCIA DE PRETENSÃO RESISTIDA.– **Carece a parte autora de interesse de agir, tal qual assentado pelo Ilustre Magistrado sentenciante, quando ingressa em juízo tendo antes apresentado requerimento administrativo no qual o ente previdenciário solicitou documentação para a análise da questão vindicada e o interessado simplesmente deixou escoar o prazo assinado sem qualquer manifestação** (sequer de solicitação de prorrogação de prazo para cumprimento da diligência).– Contestação apresentada nesta demanda na qual apenas se alega a falta de interesse de agir da parte autora, donde se conclui a ausência de pretensão resistida, de modo que impossível a relevação da extinção anômala da relação processual.– Negado provimento ao recurso de apelação da parte autora". **(TRF 3ª Região, SÉTIMA TURMA, APELREEX – APELAÇÃO/REMESSA NECESSÁRIA – 2124550 – 0002703-92.2013.4.03.6121, Rel. DESEMBARGADOR FEDERAL FAUSTO DE SANCTIS, julgado em 21/08/2017, e-DJF3 Judicial 1 DATA: 01/09/2017).**

De seu turno, quando for necessária a prestação de informações ou a apresentação de documentos por terceiros, poderá ser expedida comunicação para esse fim, mencionando-se data, prazo, forma e condições de atendimento, que, se frustrada, poderá ser substituída pela pesquisa externa.

Essa medida poderá ser necessária, por exemplo, no pedido de concessão de pensão por morte, caso o segurado falecido supostamente mantivesse mais de um relacionamento amoroso, a fim de definir o real direito à percepção da prestação.

Caso o segurado requeira novo benefício, poderá ser utilizada a documentação de processo anterior que tenha sido indeferido, cancelado ou cessado, ressalvados os benefícios processados em meio virtual, desde que complemente, se for o caso, a documentação necessária para o despacho conclusivo[9].

Por força do Decreto federal 9.094/2017, exceto se existir dúvida fundada quanto à autenticidade ou previsão legal, fica dispensado o reconhecimento de firma e a autenticação de cópia dos documentos expedidos no País e destinados a fazer prova junto a órgãos e entidades do Poder Executivo federal.

No caso do reconhecimento de tempo de contribuição especial, deverá o segurado apresentar os formulários devidamente preenchidos pela empresa, sendo utilizado desde o ano de 2004 o perfil profissiográfico previdenciário – PPP.

No caso do segurado especial, este deverá comprovar a atividade campesina ou pesqueira para subsistência no período equivalente à carência do benefício postulado, através do início de prova material.

Nos termos do artigo 106, da Lei 8.213/91, a comprovação do exercício de atividade rural será feita, alternativamente, por meio de:

I – contrato individual de trabalho ou Carteira de Trabalho e Previdência Social;

II – contrato de arrendamento, parceria ou comodato rural;

"III – declaração fundamentada de sindicato que represente o trabalhador rural ou, quando for o caso, de sindicato ou colônia de pescadores, desde que homologada pelo Instituto Nacional do Seguro Social – INSS (revogado pela Lei 13.846/2019);

9. Artigo 685, da Instrução Normativa INSS 77/2015.

IV – Declaração de Aptidão ao Programa Nacional de Fortalecimento da Agricultura Familiar, de que trata o inciso II do caput do art. 2º da Lei nº 12.188, de 11 de janeiro de 2010, ou por documento que a substitua, emitidas apenas por instituições ou organizações públicas *(redação dada pela Lei 13.846/2019)*";

V – bloco de notas do produtor rural;

VI – notas fiscais de entrada de mercadorias, de que trata o § 7º do art. 30 da Lei no 8.212, de 24 de julho de 1991, emitidas pela empresa adquirente da produção, com indicação do nome do segurado como vendedor;

VII – documentos fiscais relativos a entrega de produção rural à cooperativa agrícola, entreposto de pescado ou outros, com indicação do segurado como vendedor ou consignante;

VIII – comprovantes de recolhimento de contribuição à Previdência Social decorrentes da comercialização da produção;

IX – cópia da declaração de imposto de renda, com indicação de renda proveniente da comercialização de produção rural; ou

X – licença de ocupação ou permissão outorgada pelo Incra.

O objetivo normativo foi retirar a atribuição dos sindicatos rurais de declarar a condição de segurado especial, passando a tarefa a ser desempenhada pelas instituições do PRONATER, mediante declaração de aptidão ao Programa Nacional de Fortalecimento da Agricultura Familiar.

Para ser aceita, a declaração sindical deveria ser homologada pelo INSS no mérito e na forma, caso houvesse início de prova material contemporânea complementada com testemunhos, sendo utilizado um modelo disponibilizado pela Previdência Social.

IMPORTANTE:

A Lei 13.846/2019 previu que o Ministério da Economia manterá sistema de cadastro dos segurados especiais no Cadastro Nacional de Informações Sociais – CNIS e poderá firmar acordo de cooperação com o Ministério da Agricultura, Pecuária e Abastecimento e com outros órgãos da administração pública federal, estadual, distrital e municipal para a manutenção e a gestão do sistema de cadastro (inserção do art. 38-A e 38-B na Lei 8.213/91).

A novidade é que o sistema preverá a manutenção e a atualização **anual** do cadastro do **segurado especial** e conterá as informações necessárias à caracterização da condição de segurado especial, devendo ser feita **até 30 de junho do ano subsequente, vedada a atualização após 5 anos, exceto se** o segurado especial demonstrar em época própria a comercialização da produção e o recolhimento da contribuição efetivo da contribuição prevista no art. 25 da Lei 8.212/91.

No entanto, essa sistemática de atualização anual cadastral do segurado especial no CNIS só será aplicada a partir de 1/1/2033.

IMPORTANTE

Mas existe uma novidade inaugurada pela Emenda 103/2019. É que, para **fins de comprovação de atividade rural** exercida até a data de entrada em vigor da Emenda Constitucional, o prazo de que tratam os §§ 1º e 2º do art. 38-B da Lei n° 8.213, de 24 de julho de 1991, será **prorrogado** até a data em que o Cadastro Nacional de Informações Sociais – **CNIS atingir a cobertura mínima de 50% dos trabalhadores** de que trata o § 8º do art. 195 da Constituição Federal, apurada conforme quantitativo da **Pesquisa Nacional por Amostra de Domicílios Contínua – PNAD**.

Para o período anterior a 1º de janeiro de 2023, o segurado especial comprovará o tempo de exercício da atividade rural por meio de **autodeclaração** ratificada por entidades públicas credenciadas, nos termos do art. 13 da Lei nº 12.188, de 11 de janeiro de 2010, e por outros órgãos públicos, na forma prevista no regulamento.

São entidades públicas credenciadas para ratificar a autodeclaração do segurado especial as **Entidades Executoras do Pronater ou órgãos públicos, inclusive o INSS**. Na hipótese de haver divergência de informações, para fins de reconhecimento de direito com vistas à concessão de benefício, o INSS poderá exigir a apresentação dos documentos que atestem o exercício da atividade rural ou pesqueira.

De efeito, **são requisitos para obter o credenciamento como Entidade Executora do Pronater**:

> I – contemplar em seu objeto social a execução de serviços de assistência técnica e extensão rural;
>
> II – estar legalmente constituída há mais de 5 (cinco) anos, exceto entidades públicas;
>
> III – possuir base geográfica de atuação no Estado em que solicitar o credenciamento;
>
> IV – contar com corpo técnico multidisciplinar, abrangendo as áreas de especialidade exigidas para a atividade;
>
> V – dispor de profissionais registrados em suas respectivas entidades profissionais competentes, quando for o caso;
>
> VI – atender a outras exigências estipuladas em regulamento.

Com propriedade, de acordo com o artigo 106, da Lei 8.213/91, a comprovação do exercício de atividade rural será feita, alternativamente, por meio de diversos documentos, tendo sido alterado o inciso IV e revogado o inciso III:

> "~~III – declaração fundamentada de sindicato que represente o trabalhador rural ou, quando for o caso, de sindicato ou colônia de pescadores, desde que homologada pelo Instituto Nacional do Seguro Social – INSS~~ (**revogado pela Lei 13.846/19**);
>
> IV – Declaração de Aptidão ao Programa Nacional de Fortalecimento da Agricultura Familiar, de que trata o inciso II do caput do art. 2º da Lei nº 12.188, de 11 de janeiro de 2010, ou por documento que a substitua, emitidas apenas por instituições ou organizações públicas *(redação dada pela Lei 13.846/19)*";

O objetivo normativo foi retirar a atribuição dos sindicatos rurais de declarar a condição de segurado especial, passando a tarefa a ser desempenhada pelas instituições do PRONATER, mediante declaração de aptidão ao Programa Nacional de Fortalecimento da Agricultura Familiar.

A Declaração de Aptidão ao Programa Nacional de Fortalecimento da Agricultura Familiar (DAP) é o documento que identifica os beneficiários do Programa Nacional de Fortalecimento da Agricultura Familiar (PRONAF).

4. FASE DECISÓRIA

De acordo com a antiga Súmula 05, do Conselho de Recursos da Previdência Social, "a Previdência Social deve conceder o melhor benefício a que o segurado fizer jus, cabendo ao servidor orientá-lo nesse sentido", entendimento repetido no artigo 687, da Instrução Normativa INSS 77/2015.

Veja-se o novo enunciado do CRPS agora mais detalhado:

> **JR/CRPS – ENUNCIADO Nº 1 – Alterado: Publicado no DOU de 12.11.2019**
>
> **A Previdência Social deve conceder o melhor benefício a que o beneficiário fizer jus, cabendo ao servidor orientá-lo nesse sentido.**
>
> I – Satisfeitos os requisitos para a concessão de mais de um tipo de benefício, o INSS oferecerá ao interessado o direito de opção, mediante a apresentação dos demonstrativos financeiros de cada um deles.
>
> II – Preenchidos os requisitos para mais de uma espécie de benefício na Data de Entrada do Requerimento (DER) e em não tendo sido oferecido ao interessado o direito de opção pelo melhor benefício, este poderá solicitar revisão e alteração para espécie que lhe é mais vantajosa, cujos efeitos financeiros remontarão à DER do benefício concedido originariamente, observada a decadência e a prescrição quinquenal.
>
> III – Implementados os requisitos para o reconhecimento do direito em momento posterior ao requerimento administrativo, poderá ser reafirmada a DER até a data do cumprimento da decisão do CRPS.
>
> IV – Retornando os autos ao INSS, cabe ao interessado a opção pela reafirmação da DER mediante expressa concordância, aplicando-se a todas as situações que resultem em benefício mais vantajoso ao interessado.

No mesmo sentido o Regulamento da Previdência Social, alterado pelo Decreto 10.410/2020:

> "Art. 176-E. Caberá ao INSS conceder o benefício mais vantajoso ao requerente ou benefício diverso do requerido, desde que os elementos constantes do processo administrativo assegurem o reconhecimento desse direito. (Incluído pelo Decreto nº 10.410, de 2020)
>
> Parágrafo único. Na hipótese de direito à concessão de benefício diverso do requerido, caberá ao INSS notificar o segurado para que este manifeste expressamente a sua opção pelo benefício, observado o disposto no art. 176-D. (Incluído pelo Decreto nº 10.410, de 2020)".

Logo, se um segurado requereu a aposentadoria por idade, mas também tinha direito à aposentadoria por tempo de contribuição com melhor renda mensal, o INSS deverá deferir este último benefício.

Por conseguinte, quando o servidor responsável pela análise do processo verificar que o segurado ou dependente possui direito ao recebimento de benefício diverso ou mais vantajoso do que o requerido, deve comunicar o requerente para exercer a opção.

A decisão administrativa deverá ser fundamentada, sob pena de nulidade, com indicação dos documentos e dos elementos que levaram à concessão ou ao indeferimento do benefício ou serviço.

Deverá ser adotado vocabulário simples, suficiente para propiciar adequado grau de certeza, segurança e respeito aos direitos dos usuários da Previdência Social, evitando-se o uso de siglas ou palavras de uso interno da Administração que dificultem o entendimento pelo interessado.

Com propriedade, a decisão administrativa, em qualquer hipótese, deverá conter despacho sucinto do objeto do requerimento administrativo, fundamentação com análise das provas constantes nos autos, bem como conclusão deferindo ou indeferindo o pedido formulado, sendo insuficiente a mera justificativa do indeferimento constante no sistema corporativo da Previdência Social[10].

---

10. Artigo 691, § 1º, da Instrução Normativa INSS 77/2015.

Insta advertir que, se por ocasião do despacho, for verificado que na data de entrada do requerimento o segurado não satisfazia as condições mínimas exigidas para a concessão do benefício pleiteado, mas que os completou em momento posterior ao pedido inicial, será dispensada nova habilitação, admitindo-se, apenas, a reafirmação da data de entrada do requerimento[11].

Esse instituto, criado pelo artigo 690 da Instrução Normativa INSS 77/2015 no processo administrativo previdenciário, se chama **reafirmação da DER** (data de entrada do requerimento).

Não se tratava de mera discricionaridade administrativa, pois o artigo 690 da IN INSS 77/2015 aduz que "deverá o servidor informar ao interessado sobre a possibilidade de reafirmação da DER", sendo portando um direito do segurado:

> "Art. 690. Se durante a análise do requerimento for verificado que na DER o segurado não satisfazia os requisitos para o reconhecimento do direito, mas que os implementou em momento posterior, **deverá** o servidor informar ao interessado sobre a possibilidade de reafirmação da DER, exigindo-se para sua efetivação a expressa concordância por escrito".

Por outro lado, a Normativa da Autarquia exige expressamente a aquiescência do segurado para a implementação da reafirmação da DER.

O caso típico de reafirmação da DER é o segurado que não implementou todos os requisitos para a concessão de um benefício na DER originária, mas o fez durante o curso do processo administrativo previdenciário.

Dessa forma, ao invés de negar o benefício na DER originária e forçar a criação de mais um processo administrativo, é melhor para o segurado e para a Administração Pública aproveitar o processo anterior e alterar a data do requerimento para uma data mais recente em que já havia nascido o direito por uma questão de economicidade processual.

Destarte, é possível definir a REAFIRMAÇÃO ADMINISTRAVA DA D.E.R. como um direito do segurado constituído pelo artigo 690 da Instrução Normativa INSS 77/2015, consistente na postergação da data de entrada do requerimento administrativo para outra data em que foi constituído o direito a um benefício previdenciário, considerando que na D.E.R. originária ainda não havia se formado o direito ao benefício.

Mas o artigo 690 da IN INSS 77/2015 é incompleto. Isso porque ele deveria fixar o momento da reafirmação da DER, já que apenas afirma o seguinte: "***mas que os implementou em momento posterior*"**. Que momento seria este afinal?

Vejo apenas duas possibilidades juridicamente viáveis para a nova DER administrativa: data do implemento das condições (dia do direito adquirido, que precisa ser posterior à DER originária) ou a data do despacho administrativo do servidor durante a instrução processual.

Diante da lacuna normativa, creio que seja razoável a adoção da posição mais favorável ao segurado, qual seja, reafirmar a DER data do implemento das condições, que necessariamente e por óbvio será uma data posterior à DER originária.

Acertadamente, nesse sentido o Decreto 10.410/2020, que alterou o Regulamento da Previdência Social:

> "Art. 176-D. Se, na data de entrada do requerimento do benefício, o segurado não satisfizer os requisitos para o reconhecimento do direito, mas implementá-los em momento posterior, antes

11. Artigo 690, da Instrução Normativa INSS 77/2015.

da decisão do INSS, **o requerimento poderá ser reafirmado para a data em que satisfizer os requisitos**, que será fixada como início do benefício, exigindo-se, para tanto, a concordância formal do interessado, admitida a sua manifestação de vontade por meio eletrônico. (Incluído pelo Decreto nº 10.410, de 2020)".

Curioso notar, por outro lado, que a reafirmação administrativa da DER, de direito do beneficiário constituído pelo artigo 690 da IN INSS 77/2015, passou a ser uma discricionariedade da autarquia de previdência desde o Decreto 10.410/2020, pois a expressão "deverá" foi convertida em faculdade ("poderá") pelo ato presidencial, de superior hierarquia à normativa do INSS.

Caberá ao Chefe da Agência da Previdência Social encaminhar uma **Carta de Deferimento ou de Indeferimento do benefício,** conforme o caso, ao endereço do segurado ou do seu dependente, em que constará a espécie de prestação previdenciária postulada, o NB (número do benefício), a DER (data de entrada do requerimento) e as razões da decisão.

Uma vez negado pelo INSS o pedido do beneficiário da previdência ou assistencial social, acaso o requerente não tenha se resignado com a negativa, três caminhos se abrem para a impugnação:

a) Pedido de revisão;

b) Recurso administrativo para o CRPS;

c) Ação judicial.

Neste momento trataremos apenas do **pedido de revisão do indeferimento administrativo**, regulado pelo artigo 559 e seguintes da Instrução Normativa INSS 77/2015, que pode ser protocolizado a qualquer tempo, desde que observada a prescrição quinquenal e a decadência decenal de que trata o artigo 103 da Lei 8.213/91.

Trata-se de procedimento administrativo utilizado para reavaliação dos atos praticados pelo INSS, podendo ser instaurado por requerimento do beneficiário, por iniciativa do INSS, por solicitação de órgãos de controle interno ou externo, por decisão recursal ou ainda por determinação judicial.

No caso de pedido de revisão de ato de indeferimento, deverão ser observados os seguintes procedimentos:

> I – sem apresentação de novos elementos, o INSS reanalisará o ato, observado o prazo decadencial; ou
>
> II – com a apresentação de novos elementos, esgotada a possibilidade de revisão do ato com os elementos originários do processo, o pedido será indeferido, e o servidor orientará sobre a possibilidade de novo requerimento de benefício.

Dessa forma, o pedido de revisão do indeferimento administrativo somente será acolhido na situação de constatação de erro administrativo, sem a apresentação de elementos novos pelo requerente, devendo ser pagos os atrasados, observada a prescrição quinquenal.

Para a autarquia, **não se consideram novos elementos:**

> I – os documentos apresentados para provar fato do qual o INSS já tinha ciência, inclusive através do CNIS, e não oportunizou ao segurado o prazo para a comprovação no ato da concessão, tais como:
>
> a) dados extemporâneos ou vínculos sem data de rescisão;
>
> b) vínculos sem salários de contribuição;
>
> c) período de atividade rural pendente de comprovação no CNIS; e

d) período de atividade especial informados pela empresa através de GFIP;

II – a decisão judicial de matéria previdenciária, na qual o INSS é parte, e baseada em documentação apresentada no processo administrativo.

Por outro lado, **serão considerados como elementos novos:**

I – as marcas de pendência em vínculos e remunerações inexistentes na análise inicial da concessão do benefício;

II – as alterações de entendimento sobre aplicação da legislação; e

III – outros elementos não presentes na análise inicial que possam interferir no reconhecimento do direito ou de suas características.

5. FASE RECURSAL (CONSELHO DE RECURSOS DA PREVIDÊNCIA SOCIAL)

O Conselho de Recursos da Previdência Social – CRPS, através dos seus inúmeros órgãos internos, exerce a função de órgão julgador das decisões do INSS no que concerne aos benefícios previdenciários, seguro-defeso e ao BPC/LOAS.

O CRPS, órgão da União integrante do Ministério da Economia, é formado por 4 (quatro) Câmaras de Julgamento – CaJ, localizadas em Brasília – DF, que julgam em segunda e última instância matéria de Benefício, e por 29 (vinte e nove) Juntas de Recursos – JR nos diversos estados que julgam matéria de benefício em primeira instância.

O CRPS é o órgão revisor das decisões administrativas do INSS, dispondo o artigo 126, da Lei 8.213/91, a quem compte julgar recursos das decisões do INSS nos processos de interesse dos beneficiários. Eis as competências do CRPS, **ampliadas no ano de 2019:**

> Art. 126. Compete ao Conselho de Recursos da Previdência Social julgar, entre outras demandas, na forma do regulamento: (Redação dada pela Lei nº 13.876, de 2019)
>
> I – recursos das decisões do INSS nos processos de interesse dos beneficiários; (Incluído pela Lei nº 13.846, de 2019)
>
> II – contestações e recursos relativos à atribuição, pelo Ministério da Economia, do Fator Acidentário de Prevenção aos estabelecimentos das empresas; (Incluído pela Lei nº 13.846, de 2019)
>
> III – recursos das decisões do INSS relacionados à comprovação de atividade rural de segurado especial de que tratam os arts. 38-A e 38-B, ou demais informações relacionadas ao CNIS de que trata o art. 29-A desta Lei. (Incluído pela Lei nº 13.846, de 2019)
>
> IV – recursos de processos relacionados à compensação financeira de que trata a Lei nº 9.796, de 5 de maio de 1999, e à supervisão e à fiscalização dos regimes próprios de previdência social de que trata a Lei nº 9.717, de 27 de novembro de 1998. (Incluído pela Lei nº 13.876, de 2019)

Vale ressaltar que é vedado ao INSS escusar-se de cumprir as diligências solicitadas pelo CRPS, bem como deixar de dar cumprimento às decisões definitivas daquele colegiado, reduzir ou ampliar o seu alcance ou executá-las de modo que contrarie ou prejudique seu evidente sentido.

O CRPS é formado pelos seguintes órgãos:

I – **vinte e nove Juntas de Recursos**, com a competência para julgar, em primeira instância, os recursos interpostos contra as decisões prolatadas pelos órgãos regionais do INSS, em matéria de interesse de seus beneficiários;

II – **quatro Câmaras de Julgamento**, com sede em Brasília, com a competência para julgar, em segunda instância, os recursos interpostos contra as decisões proferidas pelas Juntas de Recursos que infringirem lei, regulamento, enunciado ou ato normativo ministerial;

III – **Conselho Pleno**, com a competência para uniformizar a jurisprudência previdenciária mediante enunciados, podendo ter outras competências definidas no Regimento Interno do Conselho de Recursos da Previdência Social.

O CRPS é presidido por Representante do Governo, com notório conhecimento da legislação previdenciária, nomeado pelo Ministro de Estado da Economia.

De acordo com o Decreto 10.410/2020, as Juntas de Recursos e as Câmaras de Julgamento, presididas por representante do Governo federal, são integradas por quatro conselheiros em cada turma, nomeados pelo Ministro de Estado da Economia, com a seguinte composição:

I – para os órgãos com competência para processar e julgar as contestações ou os recursos de que tratam os incisos I, II e III do **caput** do art. 305 **(decisões do INSS e FAP):**

a) dois representantes do Governo federal;

b) um representante das empresas; e

c) um representante dos trabalhadores; e

II – para os órgãos com competência para processar e julgar os recursos de que tratam os incisos IV e V do **caput** do art. 305 **(compensação financeira e irregularidades em RPPS):**

a) dois representantes do Governo federal;

b) um representante dos entes federativos; e

c) um representante dos servidores públicos.

Na atualidade, o Regimento Interno do CRPS foi aprovado pela Portaria MDSA 116, de 20 de março de 2017, que precisa ser atualizado para se alinhar à Lei 13.846/2019 e ao Decreto 10.410/2020.

Atualmente, é entendimento sumulado do CRPS a **admissão da reafirmação da DER em grau recursal** até a data do cumprimento da decisão do Conselho de Recursos pelo INSS:

"JR/CRPS – ENUNCIADO Nº 1 – Alterado: Publicado no DOU de 12.11.2019

A Previdência Social deve conceder o melhor benefício a que o beneficiário fizer jus, cabendo ao servidor orientá-lo nesse sentido.

I – Satisfeitos os requisitos para a concessão de mais de um tipo de benefício, o INSS oferecerá ao interessado o direito de opção, mediante a apresentação dos demonstrativos financeiros de cada um deles.

II – Preenchidos os requisitos para mais de uma espécie de benefício na Data de Entrada do Requerimento (DER) e em não tendo sido oferecido ao interessado o direito de opção pelo melhor benefício, este poderá solicitar revisão e alteração para espécie que lhe é mais vantajosa, cujos efeitos financeiros remontarão à DER do benefício concedido originariamente, observada a decadência e a prescrição quinquenal.

III – Implementados os requisitos para o reconhecimento do direito em momento posterior ao requerimento administrativo, poderá ser reafirmada a DER até a data do cumprimento da decisão do CRPS.

IV – Retornando os autos ao INSS, cabe ao interessado a opção pela reafirmação da DER mediante expressa concordância, aplicando-se a todas as situações que resultem em benefício mais vantajoso ao interessado".

Vale registrar a existência de previsão regulamentar aduzindo que a apresentação do documento que ateste o direito após proferida a decisão do INSS não gerará o pagamento de atrasados, devendo ser reafirmada a DER (data de entrada do requerimento) para a data da apresentação do documento, mesmo que em grau recursal no CRPS.

Nesse sentido, nos termos do artigo 176 do Decreto 3.048/99, modificado pelo Decreto 10.410/2020, nas hipóteses de requerimento de revisão de benefício em manutenção ou de recurso de decisão do INSS com apresentação de **novos elementos extemporaneamente** ao ato concessório, **os efeitos financeiros serão fixados na data do pedido de revisão ou do recurso.**

De acordo com o Provimento CRPS 3/2020, ao dar provimento a um recurso de BPC/LOAS-Deficiente (B87) indeferido exclusivamente pelo critério de renda, a Junta de Recursos restituirá o processo ao INSS para prosseguir com a análise da deficiência do requerente e proferir nova decisão.

Ademais, na hipótese em que o recurso não esteja instruído com elementos documentais que permitam o julgamento do critério de renda do BPC/LOAS-Deficiente (B87) e nem se possa obtê-los por meio do SAT – Sistema de Atendimento – Módulo Central ou outro sistema disponível, o processo será baixado em diligência, especificando os documentos que o INSS deve juntar.

Ainda de acordo com o CRPS, tratando-se de recurso de BPC/LOAS-Deficiente (B87) indeferido com base em não reconhecimento da deficiência do requerente, o Conselheiro Julgador, se for o caso, demandará a realização de Parecer Técnico Fundamentado de Benefício Assistencial em fase recursal pela Perícia Médica Federal, hipótese em que deverão ser observados os procedimentos estabelecidos na Orientação Interna SPREV/SEPRT nº 04/2019.

Na hipótese de a Perícia Médica Federal definir pela necessidade de realização de perícia médica na modalidade presencial, o Conselheiro Julgador encaminhará o expediente ao INSS para fins de agendamento do ato pericial no sistema PMF-Agendas, com a consequente convocação do requerente.

Da decisão tomada pelo INSS nos processos de interesse dos beneficiários, caberá **recurso ordinário** no prazo de 30 dias ao Conselho de Recursos da Previdência Social – CRPS, órgão colegiado originalmente integrante da estrutura do Ministério da Previdência Social, na forma do artigo 126, da Lei 8.213/91, que o julgará através de uma das suas **29 Juntas de Recursos**, com eficácia suspensiva e devolutiva, se tempestivo.

Com o advento da Lei 13.341/2016, o Conselho de Recursos da Previdência Social passou a se chamar **Conselho de Recursos da Previdência Social**, sendo vinculado ao Ministério do Desenvolvimento Social e Agrário.

No entanto, em 2019, com a reforma ministerial, voltou a se chamar Conselho de Recursos da Previdência Social – CRPS, agora integrante da estrutura do Ministério da Economia.

Também competirá às Juntas de Recursos do CRPS apreciar recurso contra decisão do INSS acerca da configuração do Nexo Técnico Epidemiológico Previdenciário – NTEP. Após a interposição do recurso pelo segurado ou seu dependente, o INSS apresentará **razões de contrariedade**, também no prazo de 30 dias.

Na hipótese de Recurso Ordinário, serão considerados como contrarrazões do INSS os motivos do indeferimento, não havendo mais a apresentação de peça específica pela autarquia previdenciária.

De acordo com o artigo 29 do Regimento Interno do CRPS, denomina-se Recurso Ordinário aquele interposto pelo interessado, segurado ou beneficiário da Seguridade Social, em face de decisão proferida pelo INSS, dirigido às Juntas de Recursos do CRPS, observada a competência regimental.

Eis a atual redação do artigo 126 da Lei 8.213/91:

> "Art. 126. Compete ao Conselho de Recursos da Previdência Social julgar, entre outras demandas, na forma do regulamento: (Redação dada pela Lei nº 13.876, de 2019)
>
> I – recursos das decisões do INSS nos processos de interesse dos beneficiários; (Incluído pela Lei nº 13.846, de 2019)
>
> II – contestações e recursos relativos à atribuição, pelo Ministério da Economia, do Fator Acidentário de Prevenção aos estabelecimentos das empresas; (Incluído pela Lei nº 13.846, de 2019)
>
> III – recursos das decisões do INSS relacionados à comprovação de atividade rural de segurado especial de que tratam os arts. 38-A e 38-B, ou demais informações relacionadas ao CNIS de que trata o art. 29-A desta Lei. (Incluído pela Lei nº 13.846, de 2019)
>
> IV – recursos de processos relacionados à compensação financeira de que trata a Lei nº 9.796, de 5 de maio de 1999, e à supervisão e à fiscalização dos regimes próprios de previdência social de que trata a Lei nº 9.717, de 27 de novembro de 1998. (Incluído pela Lei nº 13.876, de 2019)".

Compete às Juntas de Recursos julgar os Recursos Ordinários interpostos contra as decisões do INSS nos processos de interesse dos beneficiários do Regime Geral de Previdência Social, nos processos referentes aos benefícios assistenciais de prestação continuada previstos no art. 20 da Lei nº 8.742, de 07 de dezembro de 1993 e, nos casos previstos na legislação, nos processos de interesse dos contribuintes do Regime Geral de Previdência Social.

Por força do artigo 176, § 3º, do Regulamento, alterado pelo Decreto 10.410/2020, não caberá recurso ao CRPS da decisão que determine o arquivamento do requerimento sem análise de mérito decorrente da não apresentação de documentação indispensável ao exame do requerimento.

Ao que parece, essa disposição regulamentar restringe indevidamente o inciso I do artigo 126 da Lei 8.213/91, que prevê recurso contra decisão do INSS nos processos de interesses dos beneficiários, não excluindo as decisões administrativas sem a análise de mérito.

Nos termos do § 4º do artigo 347 do RPS, inserido pelo Decreto 10.410/2020, nas hipóteses de requerimento de revisão de benefício em manutenção ou de **recurso de decisão do INSS** com apresentação de novos elementos extemporaneamente ao ato concessório, os efeitos financeiros serão fixados na data do pedido de revisão ou do recurso.

Contudo, a partir da Lei 11.457/07, note-se que atualmente os processos ligados à arrecadação das contribuições previdenciárias passaram a tramitar na Secretaria da Receita Federal do Brasil, com competência recursal do Conselho Administrativo de Recursos Fiscais, órgão da estrutura do Ministério da Fazenda (atualmente Ministério da Economia).

Eis uma competência atribuída ao CRPS pela Lei 13.846/2019: **julgar as contestações e recursos relativos à atribuição, pelo Ministério da Economia, do Fator Acidentário de Prevenção aos estabelecimentos das empresas.**

Outrossim, por força da Lei 13.876/2019, também competirá ao **CRPS** julgar os **recursos** de processos relacionados à **compensação financeira** de que trata a Lei nº 9.796, de 5 de maio de 1999, e à supervisão e à fiscalização dos regimes próprios de previdência social de que trata a Lei nº 9.717, de 27 de novembro de 1998.

Ademais, em determinadas hipóteses, as decisões tomadas pelas Juntas de Recursos poderão ser impugnadas através de **recurso especial** dirigido a umas das **04 Câmaras de Julgamento do CRPS**, que funcionará como **órgão de 3ª instância**.

As Juntas e as Câmaras, presididas por representante do Governo, são compostas por quatro membros, denominados conselheiros, nomeados pelo Ministro da Fazenda, sendo dois representantes do Governo, um das empresas e um dos trabalhadores, com mandato de 02 anos, permitida a recondução.

Nos termos do artigo 30 do Regimento Interno 2017 do CRPS, das decisões proferidas no julgamento do Recurso Ordinário caberá **Recurso Especial** dirigido às **Câmaras de Julgamento**, observado o prazo de 30 dias (corridos, e não úteis).

O INSS recorrerá das decisões das Juntas de Recurso nas seguintes hipóteses:

> I – violarem disposição de lei, de decreto ou de portaria ministerial;
>
> II – divergirem de Súmula ou de Parecer do Advogado Geral da União, editado na forma da Lei Complementar nº 73, de 10 de fevereiro de 1993.
>
> III – divergirem de pareceres da Consultoria Jurídica do MDSA, dos extintos MTPS e MPS ou da Procuradoria Federal Especializada – INSS, aprovado pelo Procurador-Chefe.
>
> IV – divergirem de enunciados editados pelo Conselho Pleno do CRPS e do antigo CRPS;
>
> V – tiverem sido fundamentadas em laudos ou pareceres médicos divergentes emitidos pela Assessoria Técnico-Médica no âmbito do CRPS e pelos Médicos peritos do INSS, ressalvados os benefícios de auxílio-doença e assistenciais nos termos do inciso I do § 2º deste artigo; e
>
> VI – contiverem vício insanável.

Desta forma, **para o INSS o recurso especial possui causa de pedir tarifada**, embora se reconheça que as hipóteses são deveras abertas.

Por sua vez, constituem **alçada exclusiva das Juntas de Recursos**, não comportando recurso às Câmaras de Julgamento, as seguintes decisões:

> I – fundamentada exclusivamente em matéria médica, e relativa aos benefícios de auxílio-doença;
>
> II – proferida sobre reajustamento de benefício em manutenção, em consonância com os índices estabelecidos em lei, exceto quando a diferença na Renda Mensal Atual – RMA decorrer de alteração da Renda Mensal Inicial – RMI.

Logo, **não caberá recurso especial do INSS ou dos beneficiários da Previdência Social ou da assistência social para devolver às Câmaras estes temas, sendo novidade do Regimento Interno 2017 do CRPS o impedimento do recurso especial envolvendo o auxílio-doença**.

A interposição tempestiva do Recurso Especial suspende os efeitos da decisão de primeira instância e devolve à instância superior o conhecimento integral da causa.

O prazo para o INSS interpor recurso especial em 30 dias terá início a partir da data do recebimento do processo na unidade que tiver atribuição para a prática do ato.

Os recursos serão interpostos pelo interessado, preferencialmente, junto ao órgão do INSS que proferiu a decisão sobre o seu benefício, que deverá proceder a sua regular instrução com a posterior remessa do recurso à Junta ou Câmara, conforme o caso.

É de **trinta dias** o prazo para a interposição de **recurso** e para o oferecimento de **contrarrazões**, contado da data da ciência da decisão e da data da intimação da interposição do recurso, respectivamente.

As Juntas de Recursos e as Câmaras de Julgamento **priorizarão** a análise e solução dos recursos que tenham como parte beneficiários com idade igual ou superior a sessenta anos e relativos às prestações de auxílio-doença, de aposentadoria por incapacidade permanente e do benefício assistencial de que trata o art. 20 da Lei nº 8.742, de 7 de dezembro de 1993.

Na hipótese de Recurso Ordinário, serão considerados como contrarrazões do INSS os motivos do indeferimento. Em se tratando de Recurso Especial, expirado o prazo para contrarrazões, os autos serão imediatamente encaminhados para julgamento.

Os **prazos recursais** são contínuos e começam a correr a partir da data da ciência da parte, excluindo-se da contagem o dia do início e incluindo-se o do vencimento, só iniciando ou vencendo em dia de expediente normal no órgão em que tramita o recurso ou em que deva ser praticado o ato, considerando-se prorrogado o prazo até o primeiro dia útil seguinte se o vencimento ocorrer em dia em que não houver expediente ou em que este for encerrado antes do horário normal.

De sua vez, quando o ato for praticado por meio eletrônico para atender a prazo processual, serão considerados tempestivos os transmitidos integralmente até as vinte e quatro horas de seu último dia útil.

Considera-se **intimação** é o ato pelo qual se dá ciência a alguém dos atos, termos e decisões do processo, para que faça ou deixe de fazer alguma coisa. Será efetuada por ciência no processo, por via postal com aviso de recebimento, por telegrama, por meio eletrônico, ou por outro meio que assegure a regularidade da ciência do interessado ou do seu representante, sem sujeição a ordem de preferência, presumindo-se válidas as intimações dirigidas ao endereço residencial ou profissional declinado nos autos pela parte, beneficiário ou representante, cumprindo aos interessados atualizar o respectivo endereço sempre que houver modificação temporária ou definitiva.

Considera-se feita a intimação:

> I – se pessoal, na data da ciência do interessado ou de seu representante legal ou, caso haja recusa ou impossibilidade de prestar a nota de ciente, a partir da data em que for dada a ciência, declarada nos autos pelo servidor que realizar a intimação;
>
> II – se por via postal ou similar, na data do recebimento aposta no comprovante, ou da nota de ciente do responsável;
>
> III – se por edital, quinze dias após sua publicação ou afixação.
>
> IV – por meio eletrônico, com a confirmação de envio da correspondência eletrônica ao destinatário, fazendo-se a juntada da cópia do comprovante de envio.

A cientificação será efetuada por meio de **edital** somente nos casos de interessados indeterminados ou desconhecidos, ou cujo domicílio seja indefinido, entendido este como endereço vago ou incompleto.

Será nula a intimação quando realizada sem observância das prescrições legais, mas o comparecimento do interessado supre sua falta ou irregularidade, pois não há nulidade processual se não houver prejuízo.

Saliente-se que a admissão ou não do recurso é prerrogativa do CRPS, sendo vedado a qualquer órgão do INSS recusar o seu recebimento ou sustar-lhe o andamento, exceto se houver previsão regimental em sentido contrário.

Todavia, após a análise das razões recursais, caso o INSS se convença de que assiste razão ao recorrente, deverá exercer o **juízo de retratação**, revendo o seu ato administrativo e deixando de encaminhar o recurso a uma das Juntas do CRPS.

Nesse sentido, nos termos do artigo 34 do Regimento Interno do CRPS, o INSS pode, enquanto não tiver ocorrido a decadência, reconhecer expressamente o direito do interessado e reformar sua decisão, observado o seguinte procedimento:

> I – quando o reconhecimento ocorrer na fase de instrução do Recurso Ordinário o INSS deixará de encaminhar o recurso ao órgão julgador competente;
>
> II – quando o reconhecimento ocorrer após a chegada do recurso no CRPS, mas antes de qualquer decisão colegiada, o INSS deverá encaminhar os autos ao respectivo órgão julgador, devidamente instruído com a comprovação da reforma de sua decisão e do reconhecimento do direito do interessado, para julgamento do mérito.
>
> III – quando o reconhecimento ocorrer após o julgamento da Junta de Recurso ou da Câmara de Julgamento, o INSS deverá encaminhar os autos ao órgão julgador que proferiu a última decisão, devidamente instruído com a comprovação da reforma de sua decisão e do reconhecimento do direito do interessado, para que, se for o caso, seja proferida nova decisão.

Frise-se que o não conhecimento do recurso pela intempestividade não impede a revisão de ofício pelo INSS, quando verificada a incorreção da decisão administrativa.

Apregoado o processo, o Presidente do órgão julgador dará a palavra ao Conselheiro relator, que apresentará o seu relatório, após o que será facultada ao recorrente e ao recorrido, sucessivamente, a oportunidade de sustentar suas razões, pelo tempo de até quinze minutos para cada um, nessa ordem, prosseguindo-se o voto.

Quando solicitado pelas partes, o órgão julgador deverá informar o local, data e horário de julgamento, para fins de sustentação oral das razões do recurso.

O pedido de inscrição para realização de sustentação oral por videoconferência, quando disponível, deverá ser dirigido à Secretaria do órgão julgador até 72h antes da sessão de julgamento, podendo ser feito por mensagem eletrônica.

Os órgãos colegiados do CRPS obedecerão à seguinte ordem de trabalho:

> I – abertura da sessão;
>
> II – verificação de quórum;
>
> III – leitura, discussão e aprovação da ata da sessão anterior;
>
> IV – julgamento dos recursos; e
>
> V – comunicações diversas.

Nos moldes do artigo 16 do Regimento Interno do CRPS 2017, ao Conselheiro relator das Câmaras e Juntas incumbirá:

> I – presidir e acompanhar a instrução do processo no âmbito do Colegiado, inclusive requisitando diligência preliminar, até sua inclusão em pauta;

II – propor à composição julgadora relevar a intempestividade de recursos, no corpo do próprio voto, quando fundamentadamente entender que, no mérito, restou demonstrada de forma inequívoca a liquidez e a certeza do direito da parte;

III – verificar se as partes foram regularmente cientificadas de todos os atos processuais praticados no curso do processo, a fim de que aos litigantes sejam assegurados o pleno exercício do contraditório e ampla defesa;

IV – solicitar, a qualquer tempo, o pronunciamento técnico da assessoria médica ou jurídica, visando obter subsídios para formar o seu convencimento;

V – retirar de pauta os autos de processo para reexame da matéria controvertida, podendo solicitar instrução complementar;

VI – devolver à Secretaria do respectivo órgão julgador os processos relatados, com observância dos prazos fixados pelo Presidente do CRPS;

VII – apontar a ocorrência de conexão ou de continência, determinando a reunião de processos, mediante referendo do Órgão Colegiado por ocasião da apreciação da matéria;

VIII – declarar-se impedido de participar do julgamento, na forma regimental;

XIX – executar outras atribuições fixadas no Regimento, ou solicitadas pelo Presidente do CRPS, ou ainda pelo Presidente da Câmara ou Junta a que estejam vinculados.

Após o voto do relator, os demais Conselheiros poderão usar a palavra e debater sobre questões pertinentes ao processo, proferindo seus votos na seguinte ordem de votação: I – representante do governo; II – representante dos trabalhadores; III – representante das empresas; e IV – presidente da composição de julgamento. **Frise-se que, em caso de empate, o Presidente proferirá voto de desempate**, após o voto dos outros três membros do colegiado.

As decisões das Juntas de Recursos e das Câmaras de Julgamento poderão ter o seguinte conteúdo:

I – conversão em diligência[12];

II – não conhecimento[13];

III – conhecimento e não provimento;

IV – conhecimento e provimento parcial;

V – conhecimento e provimento;

VI – anulação; e

A intempestividade é uma das hipóteses de não conhecimento do recurso ordinário e do recurso especial. No entanto, por força do artigo 16, II, do Regimento do CRPS, ao Relator incumbe propor à composição julgadora **relevar a intempestividade de recursos**, no corpo do próprio voto, quando fundamentadamente entender que, **no mérito, restou demonstrada de forma inequívoca a liquidez e a certeza do direito da parte.**

12. A conversão em diligência não dependerá de lavratura de acórdão e se dará para complementação da instrução probatória, saneamento de falha processual, cumprimento de normas administrativas ou legislação pertinente à espécie e adotará preferencialmente a diligência prévia, sem que haja prejulgamento.

13. Constituem razões de não conhecimento do recurso: I – a intempestividade; II – a ilegitimidade ativa ou passiva de parte; III – a renúncia à utilização da via administrativa para discussão da pretensão, decorrente da propositura de ação judicial; IV – a desistência voluntária manifestada por escrito pelo interessado ou seu representante; V – qualquer outro motivo que leve à perda do objeto do recurso; e VI – a preclusão processual.

> Da sessão será lavrada ata sucinta contendo:
>
> I – número e natureza da sessão;
>
> II – data, hora e local de abertura;
>
> III – verificação de quórum e o nome dos ausentes, se houver;
>
> IV – resultado de matéria administrativa;
>
> V – remissão à pauta, indicando-se quantos processos foram julgados e os retirados de pauta, desde que haja motivo;
>
> VI – os fatos ocorridos na sessão de julgamento, inclusive a presença das partes ou de seus representantes para fins de sustentar suas razões; e
>
> VII – assinatura dos Conselheiros presentes.

A **sessão de julgamento será pública**, ressalvado à Câmara ou Junta o exame reservado de matéria protegida por sigilo, a exemplo de processos que envolvam situações pessoais que devam ser preservadas, admitida a presença das partes e de seus procuradores, exigindo o **quórum mínimo de três membros**. Até a proclamação do resultado final, os Conselheiros, inclusive o Relator, poderão modificar seu voto.

As decisões das composições julgadoras serão lavradas pelo relator do processo, redigidas na forma de acórdão, deverão ser expressas em linguagem discursiva, simples, precisa e objetiva, evitando-se o uso de expressões vagas, de códigos, de siglas e de referências a instruções internas que dificultem a compreensão do julgamento, devendo constar do acórdão:

> I – dados identificadores do processo, incluindo nome do interessado ou beneficiário, número do processo ou do recurso, número e espécie do benefício;
>
> II – relatório, que conterá a síntese do pedido, dos principais documentos, dos motivos do indeferimento, das razões do recurso e das principais ocorrências havidas no curso do processo;
>
> III – ementa, na qual se exporá de forma resumida o assunto sob exame e o resultado do julgamento, com indicação da base legal que justifica a decisão;
>
> IV – fundamentação, na qual serão avaliadas e resolvidas as questões de fato e de direito pertinentes à demanda, expondo-se as razões que formaram o convencimento do julgador, sendo vedada a exposição na forma de "considerandos";
>
> V – conclusão, que conterá a decisão decorrente da convicção formada na fundamentação;
>
> VI – julgamento, no qual constará a decisão final da composição julgadora, com o resultado da votação de seus membros; e
>
> VII – os nomes dos Conselheiros participantes e a data de julgamento.

Frise-se que o CRPS ainda é composto pelo **Conselho Pleno**, que tem competência para uniformizar em tese (abstratamente) a "jurisprudência" previdenciária mediante **enunciados de súmula**, tendo efeito vinculante em relação aos demais órgãos julgadores do CRPS, sendo vedado a estes decidir casos concretos em sentido diverso.

Vale destacar que a emissão de enunciados dependerá da aprovação da maioria absoluta dos membros do Conselho Pleno e vincula, quanto à interpretação do direito, todos os Conselheiros do CRPS. Entretanto, a interpretação dada pelo enunciado não se aplica aos casos definitivamente julgados no âmbito administrativo, não servindo como fundamento para a revisão destes.

A uniformização, em tese, da "jurisprudência" administrativa previdenciária poderá ser suscitada para encerrar divergência jurisprudencial administrativa ou para consolidar jurisprudência reiterada no âmbito do CRPS, mediante a edição de enunciados, podendo ser provocada pelo Presidente do CRPS, pela Coordenação de Gestão Técnica, pela Divisão de Assuntos Jurídicos, pelos Presidentes das Câmaras de Julgamento ou, exclusivamente em matéria de alçada, por solicitação de Presidente de Juntas de Recursos, ou pela Diretoria de Benefícios do INSS, mediante a prévia apresentação de estudo fundamentado sobre a matéria a ser uniformizada, no qual deverá ser demonstrada a existência de relevante divergência jurisprudencial ou de jurisprudência convergente reiterada.

O enunciado poderá ser revogado ou ter sua redação alterada, por maioria simples, mediante provocação das citadas autoridades, sempre precedido de estudo fundamentado, nos casos em que esteja desatualizado em relação à legislação previdenciária; houver equívoca interpretação da norma; ou quando sobrevier parecer normativo ministerial, aprovado pelo Ministro de Estado, nos termos da Lei Complementar nº 73, de 1993, que lhe prejudique ou retire a validade ou eficácia.

A divergência ou convergência de entendimentos deverá ser demonstrada mediante a elaboração de estudo fundamentado com a indicação de decisórios divergentes ou convergentes, conforme o caso, proferidos nos últimos cinco anos, por outro órgão julgador, composição de julgamento, ou, ainda, por resolução do Conselho Pleno.

O **Pedido de Uniformização de Jurisprudência** poderá ser requerido em casos concretos, pelas partes do processo, dirigido ao Presidente do respectivo órgão julgador, nas seguintes hipóteses:

> I – quando houver divergência na interpretação em matéria de direito entre acórdãos de Câmaras de Julgamento do CRPS, em sede de Recurso Especial, ou entre estes e resoluções do Conselho Pleno; ou
>
> II – quando houver divergência na interpretação em matéria de direito entre acórdãos de Juntas de Recursos do CRPS, nas hipóteses de alçada exclusiva previstas no art. 30, § 2º, deste Regimento, ou entre estes e Resoluções do Conselho Pleno.

A divergência deverá ser demonstrada mediante a indicação do acórdão divergente, proferido nos últimos cinco anos, por outro órgão julgador, composição de julgamento, ou, ainda, por resolução do Conselho Pleno.

Será de **trinta dias** o prazo para o requerimento do Pedido de Uniformização de Jurisprudência e para o oferecimento de contrarrazões, contados da data da ciência da decisão e da data da intimação do pedido, respectivamente, hipótese em que suspende o prazo para o seu cumprimento.

Portanto, a uniformização da "jurisprudência" administrativa previdenciária em última instância é da competência do Conselho Pleno do CRPS, que poderá expedir os seguintes atos administrativos:

> **I – edição de Enunciado**, com força normativa vinculante, quando houver aprovação da *maioria absoluta* de seus membros;
>
> **II – edição de Resolução para o caso concreto**, quando houver aprovação da *maioria simples* de seus membros.

Nesse sentido, nos termos do artigo 3º do Regimento Interno 2017 do CRPS, ao Conselho Pleno competirá:

I – uniformizar, em tese, a jurisprudência administrativa previdenciária e assistencial, mediante emissão de Enunciados;

II – uniformizar, no caso concreto, as divergências jurisprudenciais entre as Juntas de Recursos nas matérias de sua alçada ou entre as Câmaras de julgamento em sede de Recurso Especial, mediante a emissão de Resolução; e

Em caso de não cumprimento de decisão definitiva dos órgãos julgadores do CRPS, é facultado à parte prejudicada formular reclamação, mediante requerimento instruído com cópia da decisão descumprida e outros elementos necessários à compreensão do processo, dirigida ao **Presidente do CRPS**, a ser processada pela Coordenação de Gestão Técnica.

Recebida e autuada a reclamação na Coordenação de Gestão Técnica, esta expedirá, de imediato, ofício ou mensagem por meio eficaz de telecomunicação ou via eletrônica, com as devidas cautelas à autenticação da mensagem e do seu recebimento, ao órgão encarregado do cumprimento da decisão, para que informe sobre a situação processual, apresentando, se for o caso, os motivos do não cumprimento do julgado, no prazo improrrogável de cinco dias.

Encerrado o prazo e não havendo resposta ou sendo as justificativas consideradas improcedentes, será expedido ofício firmado pelo Presidente do CRPS à Diretoria de Benefícios do INSS para adoção das medidas cabíveis ao efetivo cumprimento da decisão e, se for o caso, instauração de procedimento administrativo para apuração de falta funcional do servidor responsável pelo retardamento.

Ademais, a **reclamação ao Conselho Pleno** poderá ocorrer, no caso concreto, por requerimento das partes do processo, dirigido ao Presidente do CRPS, somente quando os acórdãos das Juntas de Recursos do CRPS, em matéria de alçada, ou os acórdãos de Câmaras de Julgamento do CRPS, em sede de Recurso Especial, infringirem:

I – Pareceres da Consultoria Jurídica do MDSA, aprovados pelo Ministro de Estado do Desenvolvimento Social e Agrário, bem como, Súmulas e Pareceres do Advogado-Geral da União, na forma da Lei Complementar nº 73, de 10 de fevereiro de 1993;

II – Pareceres da Consultoria Jurídica dos extintos MPS e MTPS, vigentes e aprovados pelos então Ministros de Estado da Previdência Social e do Trabalho e da Previdência Social;

III – enunciados editados pelo Conselho Pleno.

Isso porque, de acordo com o artigo 68, do Regimento Interno do CRPS, os pareceres da Consultoria Jurídica do MDSA, quando aprovados pelo Ministro de Estado, nos termos da Lei Complementar nº 73, de 10 de fevereiro de 1993, vinculam os órgãos julgadores do CRPS, à tese jurídica que fixarem, sob pena de responsabilidade administrativa quando da sua não observância.

A vinculação normativa citada aplica-se também aos pareceres da Consultoria Jurídica dos extintos MPS e MTPS, vigentes e aprovados pelos então Ministros de Estado da Previdência Social e do Trabalho e da Previdência Social, enquanto não revistos pela atual Consultoria Jurídica do MDSA.

O prazo para o requerimento da Reclamação ao Conselho Pleno é de **trinta dias** contados da data da ciência da decisão infringente e suspende o prazo para o seu cumprimento, cabendo ao Presidente do CRPS fazer o juízo de admissibilidade da Reclamação ao Conselho Pleno verificando se estão presentes os pressupostos previstos no *caput*, podendo:

I – indeferir por decisão monocrática irrecorrível, quando verificar que não foram demonstrados os pressupostos de admissibilidade;

II – distribuir o processo ao Conselheiro relator da matéria no Conselho Pleno quando verificar presentes os pressupostos de admissibilidade.

Ainda são previstos no artigo 58, do Regimento Interno do CRPS 2017, os **embargos declaratórios**, cabíveis quando existir no acórdão obscuridade, ambiguidade ou contradição entre a decisão e os seus fundamentos ou quando for omitido ponto sobre o qual deveria pronunciar-se o órgão julgador.

Ainda caberão os aclaratórios para corrigir erro material, entendendo-se como tal, os decorrentes de erros de grafia, numéricos, de cálculos ou, ainda, de outros equívocos semelhantes, que não afetem o mérito do pedido, o fundamento ou a conclusão do voto, bem como não digam respeito às interpretações jurídicas dos fatos relacionados nos autos, o acolhimento de opiniões técnicas de profissionais especializados ou o exercício de valoração de provas.

Poderão ser interpostos no prazo de 30 dias, interrompendo o prazo para cumprimento do acórdão, sendo restituído todo o prazo de trinta dias após a sua solução. A interrupção cessa a partir da intimação das partes acerca da decisão dos declaratórios, quando passa a fluir o lapso temporal de 30 (trinta) dias.

Os embargos de declaração opostos tempestivamente interrompem o prazo para a interposição de recurso especial, para a apresentação de Reclamação ao Conselho Pleno e para o Pedido de Uniformização de Jurisprudência.

No entanto, **para corrigir erro material**, os embargos de declaração serão cabíveis a qualquer tempo, entendendo-se como tal os decorrentes de erros de grafia, numéricos, de cálculos ou, ainda, de outros equívocos semelhantes, que não afetem o mérito do pedido, o fundamento ou a conclusão do voto, bem como não digam respeito às interpretações jurídicas dos fatos relacionados nos autos, o acolhimento de opiniões técnicas de profissionais especializados ou o exercício de valoração de provas.

Nos Embargos de Declaração, via de regra, não há necessidade de se oportunizar a manifestação da parte contrária, salvo nos casos em que a pretensão do embargante, na integração do julgado, implicar na modificação da decisão final, hipótese em que, excepcionalmente, deverá ser oportunizado o oferecimento de contrarrazões ao embargado.

Os embargos de declaração opostos tempestivamente interrompem o prazo para a interposição de recurso especial.

Quando solicitado pelas partes, o órgão julgador deverá informar o local, data e horário de julgamento, para fins de sustentação oral das razões do recurso.

Autuado o pedido, o processo será encaminhado ao relator ou ao seu sucessor, ao qual competirá fazer o juízo de admissibilidade dos embargos de declaração, podendo:

I – não conhecer dos embargos de declaração, por decisão monocrática irrecorrível, quando verificar que não foram demonstrados os pressupostos de admissão;

II – conhecer dos embargos de declaração, quando verificar presentes os pressupostos de admissão;

III – conhecer dos embargos de declaração, quando verificar os pressupostos de admissão, submetendo ao Presidente do Órgão Julgador, mediante despacho, as razões para saneamento e reedição do acórdão.

Vale frisar que o INSS poderá, em qualquer fase do processo, reconhecer expressamente o direito do interessado e reformar sua decisão, deixando de encaminhar o recurso à instância competente, ou, caso o recurso esteja em andamento perante o órgão julgador, será necessário comunicar-lhe sua nova decisão, para fins de extinção do processo com apreciação do mérito, por reconhecimento do pedido.

Ademais, em qualquer fase do processo o recorrente poderá, voluntariamente, desistir do recurso interposto.

> Na forma do artigo 126, § 3º, da Lei 8.213/91, a propositura, pelo beneficiário ou contribuinte, de ação que tenha por objeto idêntico pedido sobre o qual versa o processo administrativo, importa em renúncia ao direito de recorrer na esfera administrativa e desistência do recurso interposto.

Considera-se idêntica a ação judicial que tenha as mesmas partes, a mesma causa de pedir e o mesmo pedido do processo administrativo, devendo o INSS dar ciência ao interessado ou seu representante legal para que se manifeste no prazo de trinta dias.

Nos termos do artigo 36, do Regimento Interno do CRPS, certificada a ocorrência da propositura da ação judicial, os prazos processuais em curso ficam suspensos e o INSS dará ciência ao interessado ou a seu representante legal para que se manifeste no prazo de trinta dias. Expirado o prazo, os autos serão encaminhados para julgamento.

Ademais, caso o conhecimento da propositura da ação judicial seja posterior ao encaminhamento do recurso ao CRPS e este ainda não tenha sido julgado administrativamente, o INSS comunicará o fato à Junta ou Câmara incumbida de proferir decisão, acompanhado dos elementos necessários para caracterização da renúncia tácita.

Na hipótese em que o conhecimento da propositura da ação judicial seja posterior ao julgamento do recurso administrativo, se a decisão administrativa definitiva for favorável ao interessado e não existir decisão judicial transitada em julgado, o INSS comunicará o fato à Procuradoria Federal Especializada para:

> I – orientar como proceder em relação ao cumprimento da decisão administrativa; e
>
> II – se for o caso, estabelecer entendimento com o autor da ação judicial objetivando a extinção do litígio.

Se o conhecimento da propositura da ação judicial for posterior ao julgamento do recurso administrativo e houver decisão judicial transitada em julgado com o mesmo objeto do processo administrativo, conforme orientação da Procuradoria Federal Especializada, **a coisa julgada prevalecerá sobre a decisão administrativa.**

Em se tratando de matéria médica, deverá ser ouvida a Assessoria Técnico – Médica Especializada, prestada por servidor lotado na instância julgadora que, na qualidade de perito do colegiado, se pronunciará, de forma fundamentada e conclusiva, no âmbito de sua competência, hipótese em que será utilizado mero encaminhamento interno por meio de despacho[14].

Nos casos em que a controvérsia girar em torno do enquadramento de atividades exercidas sob condições especiais que prejudiquem a saúde ou a integridade física, o Conselheiro Relator, mediante despacho fundamentado, submeterá os autos ao Presidente da Instância Julgadora, cabendo a este decidir sobre a necessidade de oitiva da Assessoria Técnico – Médica, hipótese em que restringirá as consultas às situações de dúvidas concretas[15].

14. Artigo 53, § 7º, do Regimento Interno do CRSS.
15. Artigo 53, § 8º, do Regimento Interno do CRSS.

Em decorrência do poder de autotutela, conforme previsto no artigo 59, do Regimento Interno do CRPS 2017, **as Câmaras de Julgamento e Juntas de Recursos deverão rever suas próprias decisões, de ofício**, enquanto não ocorrer a decadência de que trata o artigo 103-A, da Lei nº 8.213/91, quando:

> I – violarem literal disposição de lei ou decreto;
>
> II – divergirem dos pareceres da Consultoria Jurídica do MDSA, aprovados pelo Ministro de Estado do Desenvolvimento Social e Agrário, bem como do Advogado-Geral da União, na forma da Lei Complementar nº 73, de 10 de fevereiro de 1993;
>
> III – divergirem dos Pareceres da Consultoria Jurídica dos extintos MPS e MTPS, vigentes e aprovados pelos então Ministros de Estado da Previdência Social e do Trabalho e da Previdência Social;
>
> IV – divergirem de enunciado editado pelo Conselho Pleno;
>
> V – for constatado vício insanável.

Considera-se vício insanável, entre outros:

> I – A decisão que tiver voto de Conselheiro impedido ou incompetente, bem como, se condenado por crimes relacionados à matéria objeto de julgamento do colegiado;
>
> II – a fundamentação baseada em prova obtida por meios ilícitos, ou cuja falsidade tenha sido apurada em processo administrativo ou judicial;
>
> III – a decisão decorrer de julgamento de matéria diversa da contida nos autos.
>
> IV – a fundamentação de voto decisivo ou de acórdão incompatível com sua conclusão.
>
> V – a decisão fundada em "erro de fato", compreendendo-se como tal, aquela que considerou fato inexistente, ou, considerou inexistente fato efetivamente ocorrido, sendo indispensável, em ambos os casos, que o fato não represente ponto controvertido sobre o qual o órgão julgador deveria ter se pronunciado.

É certo que a Administração Pública tem o dever de anular os seus próprios atos quando eivados de vícios legais não passíveis de convalidação, em atenção ao interesse público primário, independentemente de provocação, aplicando de ofício o Princípio da Legalidade, na forma da Súmula 473, do STF[16].

Entrementes, caso a retirada do ato administrativo do mundo jurídico interfira na esfera patrimonial de terceiros, é curial o exercício prévio do contraditório antes da autotutela pelo Poder Público, conforme já se pronunciou a Suprema Corte[17].

Em termos gerais na Administração Pública federal, salvo comprovada má-fé, nas hipóteses em que o ato administrativo ilegal gere efeitos patrimoniais aos administrados, há prazo decadencial para que seja procedida a sua anulação de ofício, que é de 05 anos, a contar da percepção do primeiro pagamento, na forma do artigo 54, da Lei 9.784/99.

Atualmente há regra especial de prazo para o exercício da autotutela pela Previdência Social, esculpida no artigo 103-A, da Lei 8.213/91, inserido pela Lei 10.839/2004, fruto da conversão da Medida Provisória 138/2003:

---

16. A administração pode anular seus próprios atos, quando eivados de vícios que os tornam ilegais, porque deles não se originam direitos; ou revogá-los, por motivo de conveniência ou oportunidade, respeitados os direitos adquiridos, e ressalvada, em todos os casos, a apreciação judicial.
17. MS 26.628, de 17.12.2007.

"Art. 103-A. O direito da Previdência Social de anular os atos administrativos de que decorram efeitos favoráveis para os seus beneficiários decai em 10 (dez) anos, contados da data em que foram praticados, salvo comprovada má-fé.

§ 1º No caso de efeitos patrimoniais contínuos, o prazo decadencial **contar-se-á da percepção do primeiro pagamento**.

§ 2º Considera-se exercício do direito de anular qualquer medida de autoridade administrativa que importe impugnação à validade do ato".

Destarte, o INSS terá o prazo decadencial de 10 anos, a partir do primeiro pagamento, para anular atos administrativos ilegais (a exemplo da concessão de benefícios previdenciários indevidos ou com renda a maior) com efeitos continuados com eficácia favorável aos administrados, salvo comprovada má-fé dos beneficiários, hipótese em que a ilegalidade poderá ser pronunciada a qualquer tempo.

De acordo com a Súmula 19, do Conselho de Recursos da Previdência Social, "transcorrido mais de dez anos da data da concessão do benefício, não poderá haver sua suspensão ou cancelamento na hipótese de o interessado não mais possuir a documentação que instruiu o pedido, exceto em caso de fraude ou má-fé."

Na hipótese de **conflito de competência** entre órgãos do CRPS, assim considerado quando dois ou mais órgãos julgadores se declaram competentes para julgar o mesmo processo (conflito positivo), ou quando nenhum deles assuma a competência (conflito negativo), caberá aos Presidentes das Câmaras de Julgamento dirimi-los entre as Juntas de Recursos e, nos demais casos, a competência será do Presidente do CRPS, a exemplo do conflito entre as Câmaras de Recursos.

É expressamente vedada a retirada dos autos da repartição pelas partes, sendo facultado ao recorrente ou seu representante, ou ainda ao terceiro que comprovar legítimo interesse no processo, a vista dos autos ou o fornecimento de cópias de peças processuais, salvo se o processo estiver com o relator, exigindo-se, para tanto, a apresentação de pedido por escrito assinado pelo requerente, o qual deverá ser anexado aos autos.

Por sua vez, é possível que determinados processos precisem ser reunidos para julgamento em conjunto, especialmente com o objetivo de evitar decisões conflitantes de órgãos diversos do CRPS ou para definir a existência de interesse de agir no outro recurso, nas hipóteses de **conexão** e de **continência**.

Operar-se-á a *conexão* quando dois ou mais processos de recurso tiverem em comum o objeto ou a causa de pedir. Já a *continência* será verificada quando existir identidade de partes e da causa de pedir, mas o objeto de um dos processos de recurso, por ser mais amplo, abrange o do outro.

No entanto, as partes somente poderão alegar a conexão ou a continência até a interposição do recurso ou o oferecimento de contrarrazões.

Suponha-se que um segurado tenha postulado uma aposentadoria por tempo de contribuição proporcional, com base nas regras de transição da Emenda 20/1998, indeferida pelo INSS e vergastada via recurso ordinário. Tempos depois esse mesmo segurado requer uma aposentadoria integral, também indeferida pelo INSS e objeto de outro recurso ordinário.

Neste caso, os processos estão ligados pela continência, pois o segundo objeto recursal (aposentadoria integral) é mais amplo que o primeiro (aposentadoria proporcional), devendo ser julgados em conjunto pela Junta do CRPS, para evitar decisões conflitantes. Ademais, certamente a concessão da aposentadoria integral fará com que inexista interesse na proporcional, salvo no que concerne à data de início do benefício, cabendo a escolha ao segurado.

É possível que os recorrentes arguam a **exceção de impedimento de Conselheiro** para afastá-lo do julgamento, a ser apresentada até a apresentação dos memoriais ou a sustentação oral, nos casos elencados no artigo 40, do Regimento Interno do CRPS.

O Conselheiro estará impedido de participar do julgamento quando:

> I – participou do julgamento em 1ª instância;
>
> II – interveio como procurador da parte, como perito ou serviu como testemunha;
>
> III – no processo estiver postulando, como procurador ou advogado da parte, o seu cônjuge ou companheiro ou companheira, ou qualquer parente seu, consanguíneo ou afim, em linha reta ou na linha colateral, até o terceiro grau, inclusive;
>
> IV – seja cônjuge, companheiro ou companheira, parente, consanguíneo ou afim da parte interessada, em linha reta ou, na colateral, até o terceiro grau;
>
> V – for amigo íntimo ou notório inimigo da parte interessada;
>
> VI – tiver auferido vantagem ou proveito de qualquer natureza antes ou depois de iniciado o processo administrativo, em razão de aconselhamento acerca do objeto da causa; e
>
> VII – tiver interesse, direta ou indiretamente, no julgamento do recurso em favor de uma das partes.
>
> VIII – houver proferido a decisão indeferitória no âmbito do INSS.

Impende salientar que, em regra, na forma do artigo 69, do Regimento Interno do CRPS, é vedado aos órgãos julgadores do CRPS afastar a aplicação, por inconstitucionalidade ou ilegalidade, de tratado, acordo internacional, lei, decreto ou ato normativo ministerial em vigor, ressalvados os casos em que:

> I – já tenha sido declarada a inconstitucionalidade da norma pelo Supremo Tribunal Federal, em ação direta, após a publicação da decisão, ou pela via incidental, após a publicação da resolução do Senado Federal que suspender a sua execução; e
>
> II – haja decisão judicial, proferida em caso concreto, afastando a aplicação da norma, por ilegalidade ou inconstitucionalidade, cuja extensão dos efeitos jurídicos tenha sido autorizada pelo Presidente da República.

Por fim, no processo e julgamento dos recursos no âmbito do CRPS, nas hipóteses de omissão do Regimento Interno, aplicam-se sucessivamente, se houver compatibilidade das regras, as disposições pertinentes da Lei nº 13.105, de 16 de março de 2015 (CPC/2015) e da Lei nº 9.784, de 29 de janeiro de 1999, que regula o processo administrativo no âmbito da Administração Pública Federal.

6. FASE DE CUMPRIMENTO DAS DECISÕES ADMINISTRATIVAS

Em regra, o benefício será pago diretamente ao beneficiário, salvo em caso de ausência, moléstia contagiosa ou impossibilidade de locomoção, quando será pago a procurador, cujo mandato não terá prazo superior a 12 meses, podendo ser renovado.

Por sua vez, o benefício devido ao segurado ou dependente civilmente incapaz será feito ao cônjuge, pai, mãe, tutor ou curador, admitindo-se, na sua falta e por período não superior a seis meses, o pagamento a herdeiro necessário, mediante termo de compromisso firmado no ato do recebimento.

O segurado ou dependente maior de 16 anos de idade poderá firmar recibo independentemente de assistência, a teor do artigo 163, do RPS.

O INSS deverá fornecer ao beneficiário demonstrativo minucioso das importâncias pagas, discriminando o valor da mensalidade, as diferenças eventualmente pagas com o período a que se referem e os descontos efetuados.

Caso haja convênio, é possível que a empresa, sindicato ou entidade de aposentados processe os requerimentos dos seus empregados ou associados ou mesmo paguem diretamente os benefícios previdenciários.

Caberá ao INSS efetuar o primeiro pagamento do benefício até 45 dias após a data da apresentação, pelo segurado, da documentação necessária à sua concessão, podendo ser creditado diretamente na conta corrente do beneficiário.

Por cautela, na hipótese de conta criada apenas para a percepção de benefício previdenciário, a falta de movimentação por mais de 60 dias fará com que os valores consignados sejam estornados, cabendo ao segurado ou dependente requerer novamente o crédito, se ainda vivo.

Quando o segurado ou dependente necessitar de deslocamento em localidade diversa da sua residência para realizar exame médico pericial ou reabilitação profissional, deverá o INSS pagar uma diária, a qual será dobrada caso seja necessária a presença de acompanhante.

Na forma do artigo 175, do RPS, com redação dada pelo Decreto 6.722/2008, que pôs fim a milhares de litígios (especialmente no caso do salário-maternidade), **o pagamento de parcelas relativas a benefícios efetuados com atraso, independentemente de ocorrência de mora e de quem lhe deu causa, deve ser corrigido monetariamente desde o momento em que restou devido**, pelo mesmo índice utilizado para os reajustamentos dos benefícios do RGPS, apurado no período compreendido entre o mês que deveria ter sido pago e o mês do efetivo pagamento.

Ademais, **as decisões do CRPS vinculam o INSS, sendo vedado à autarquia federal escusar-se de cumprir as diligências solicitadas pelo CRPS**, bem como deixar de dar cumprimento às decisões definitivas daquele colegiado, reduzir ou ampliar o seu alcance ou executá-las de modo que contrarie ou prejudique seu evidente sentido, na forma do artigo 308, § 2º, do RPS, **sob pena de reclamação**, a ser dirigida ao Presidente do CRPS.

A decisão do CRPS deverá ser cumprida pelo INSS em até 30 dias, contados do recebimento do processo, sob pena de responsabilização funcional do servidor que der causa ao retardamento.

Contudo, a decisão da instância recursal excepcionalmente poderá deixar de ser cumprida no prazo estipulado, se após o julgamento pela Junta ou Câmara, for demonstrado pelo INSS que ao beneficiário foi deferido outro benefício mais vantajoso, desde que haja opção expressa do interessado, dando-se ciência ao órgão julgador.

O INSS poderá suscitar junto ao Conselho Pleno do CRPS a uniformização em tese da jurisprudência administrativa previdenciária, mediante a prévia apresentação de estudo fundamentado sobre a matéria a ser uniformizada, no qual deverá ser demonstrada a existência de relevante divergência jurisprudencial ou de jurisprudência convergente reiterada, nos termos do Regimento Interno do CRPS[18].

Em decorrência do Princípio da Segurança Jurídica, **não será efetuada a cobrança administrativa referente ao período em que o beneficiário recebeu valores correspondentes a benefício que foi concedido ou reativado em grau de recurso, mas que, por força de revisão de acórdão foi cessado**, exceto se a decisão de revogação do acórdão de primeira instância se der em decorrência de fraude, dolo ou má-fé por parte do segurado, com conivência ou não do

18. Artigo 552, da Instrução Normativa INSS 77/2015.

servidor, ou se, depois de notificado sobre a revogação da decisão de última e definitiva instância, o beneficiário continuar recebendo valores referentes ao benefício[19].

Por fim, **conclui-se o processo administrativo com a decisão administrativa não mais passível de recurso, ressalvado o direito de o requerente pedir a revisão da decisão no prazo decadencial previsto na lei de benefícios.**

7. PROCESSO DE JUSTIFICAÇÃO ADMINISTRATIVA

Mediante justificação processada perante a Previdência Social, poderá ser **suprida a falta de documento ou provado ato do interesse de beneficiário ou empresa**, salvo no que se refere a registro público.

A justificação administrativa será processada por servidor especialmente designado pelo gerente da Agência ou chefe de benefícios desta, devendo a escolha recair em funcionários que possuam habilidade para a tomada de depoimentos e declarações e que tenham conhecimento da matéria objeto do processo, devendo ser lavrado o Termo de Assentada, que será único, consignando-se a presença ou ausência do justificante ou de seu procurador, para, posteriormente, o processante passar à inquirição das testemunhas, registrando a termo os depoimentos.

De acordo com o artigo 142, do RPS, o processo de justificação administrativa é parte de processo antecedente, **vedada sua tramitação na condição de processo autônomo.** Contudo, deve-se admitir o processamento da justificação administrativa, sem ônus para o interessado, de forma autônoma para efeito de inclusão ou retificação de vínculos no CNIS.

Justamente por isso o Decreto 10.410/2020 alterou o artigo 142, § 2º, do RPS, passando a prever que a justificação administrativa é parte do processo de atualização de dados do CNIS ou de reconhecimento de direitos, vedada a sua tramitação na condição de processo autônomo.

Quando a concessão do benefício depender de documento ou de prova de ato ao qual o segurado não tenha acesso, exceto quanto a registro público ou início de prova material, a justificação administrativa será oportunizada.

Com propriedade, deverá o interessado protocolar requerimento expondo clara e minuciosamente os pontos que pretende justificar, indicando testemunhas[20] idôneas, em número não inferior a duas nem superior a seis, cujos depoimentos possam levar à convicção da veracidade do que se pretende comprovar.

O rol mínimo de testemunhas era composto por três, tendo sido reduzido para duas testemunhas por intermédio do Decreto 10.410/2020.

Não poderão testemunhar:

> I – os menores de dezesseis anos; e
>
> II – o cônjuge, o companheiro ou a companheira, os ascendentes, os descendentes e os colaterais, até o terceiro grau, por consanguinidade ou afinidade.

---

19. Artigo 550, § 3º, da Instrução Normativa INSS 77/2015.
20. Na hipótese de a testemunha residir em localidade distante ou em localidade de abrangência de outra APS, o processo será encaminhado para essa Agência, a fim de convocar a testemunha e realizar a oitiva, devendo ser observada a competência para efetuar o relatório.

Ademais, a pessoa com deficiência poderá testemunhar em igualdade de condições com as demais pessoas e lhe serão assegurados todos os recursos de tecnologia assistiva.

Entrementes, **em regra, não será cabível a justificação para a comprovação de tempo de serviço ou de contribuição**, pois o artigo 55, § 3º, da Lei 8.213/91, exige início de prova material (documentos), apenas dispensável em hipóteses comprovadas de caso fortuito ou de força maior.

Da mesma forma, **não será admitida a justificação nas demais hipóteses em que houver qualquer exigência de forma especial probatória pela legislação previdenciária**, a exemplo do casamento, nascimento e óbito, comprováveis através das respectivas certidões de registro público.

Caracteriza **motivo de força maior ou caso fortuito** a verificação de ocorrência notória, tais como incêndio, inundação ou desmoronamento, que tenha atingido a empresa na qual o segurado alegue ter trabalhado, devendo ser comprovada mediante registro da ocorrência policial feito em época própria ou apresentação de documentos contemporâneos dos fatos, verificada a correlação entre a atividade da empresa e a profissão do segurado[21].

Somente será admitido o processamento de justificação administrativa na hipótese de ficar evidenciada a inexistência de outro meio capaz de configurar a verdade do fato alegado, e o início de prova material apresentado levar à convicção do que se pretende comprovar.

Nesse sentido, nos termos do artigo 151 do RPS, alterado pelo Decreto 10.410/2020, somente será admitido o processamento de justificação administrativa quando necessário para corroborar o início de prova material apto a demonstrar a plausibilidade do que se pretende comprovar.

Ressalte-se que o artigo 143 , do RPS, determina que a justificação administrativa ou judicial, no caso de dependência econômica, identidade e de relação de parentesco, somente produzirá efeito quando baseada em início de prova material contemporânea, não sendo admitida prova exclusivamente testemunhal.

Sucede que esta previsão regulamentar era desprovida de base legal, pois apenas se exigia início de prova material para a comprovação de tempo de serviço ou de contribuição, razão pela qual a dependência, a identidade ou relação de parentesco poderiam ser comprovadas por todos os meios de prova não proibidos em Direito, em aplicação ao Princípio do Livre Convencimento Motivado.

Inclusive, essa é a posição do STJ:

> "PREVIDENCIÁRIO. AGRAVO REGIMENTAL NO RECURSO ESPECIAL. PENSÃO POR MORTE. DEPENDÊNCIA ECONÔMICA. COMPROVAÇÃO. AGRAVO IMPROVIDO. 1. **A Terceira Seção deste Superior Tribunal, no âmbito da Quinta e da Sexta Turma, já consolidou entendimento no sentido de que não se exige início de prova material para comprovação da dependência econômica de mãe para com o filho, para fins de obtenção do benefício de pensão por morte**. 2. Agravo improvido" (AGREsp 886.069, de 25.09.2008).

Isto foi modificado com o advento da **Lei 13.846/2019**, tornando a posição Regulamentar (Decreto 3.048/99) válida e **afastando a jurisprudência citada**. Isso porque restou inserido no

21. Para esse efeito, no registro da ocorrência policial ou da certidão do Corpo de Bombeiro ou da Defesa Civil, ou de outro órgão público competente para emitir certidão sobre o evento, deverão constar, além da identificação da empresa atingida pelo sinistro, o endereço, os setores atingidos, a documentação destruída, os danos causados, assim como outras informações julgadas úteis.

artigo 16 da Lei 8.213/91 um quinto parágrafo com tarifação de prova com marca de temporariedade de 24 meses antes do fato gerador da pensão por morte ou do auxílio-reclusão.

De efeito, dispõe o novel § 5º do artigo 16 da Lei 8.213/91 que "as provas de **união estável** e de **dependência econômica** exigem **início de prova material contemporânea dos fatos, produzido em período não superior a 24 (vinte e quatro) meses anterior à data do óbito ou do recolhimento à prisão do segurado**, não admitida a prova exclusivamente testemunhal, exceto na ocorrência de motivo de força maior ou caso fortuito, conforme disposto no regulamento".

Dessa forma, se o segurado morreu em 8 de setembro de 2019, a sua companheira não poderá provar a união estável apenas com testemunhos, devendo apresentar ao menos um documento que indique a união estável produzido entre 8 de setembro de 2017 e 8 de setembro de 2019, exceto fortuito e força maior ainda não regulamentados.

Assim, resta afastando o Princípio do Livre Convencimento Motivado e adotada a tarifação de prova para dar mais segurança jurídica, considerando a existência de casos habituais de falsos testemunhos e para preservar o Erário contra algumas situações de fraude.

No entanto, acredito que a exigência temporal do documento foi excessiva nos últimos 24 meses antes do fato gerador do benefício, a exemplo da certidão de nascimento de dois filhos em comum de 3 e 4 anos de idade no dia da morte do segurado, pois a certidões foram emitidas há mais de 24 meses do dia do óbito.

Vale registrar que se cuida de regra processual inerente à prova da condição de dependente, de modo que possui aplicação imediata a todos os processos pendentes de decisão para óbitos anteriores à vigência da alteração normativa, pois somente regras de direito material não possuem retroação.

Deve ser **aplicada a lei processual em vigor no dia da data da prolação da decisão**. É assim que se aplica o *Tempus Regit Actum* em temas processuais, como a prova. Veja-se o STJ:

> **Processo**
>
> AgRg no REsp **1584433** / SP AGRAVO REGIMENTAL NO RECURSO ESPECIAL 2016/0025455-2
>
> **Relator(a)**
>
> Ministro GURGEL DE FARIA (1160)
>
> **Órgão Julgador**
>
> T1 – PRIMEIRA TURMA
>
> **Data do Julgamento**
>
> 15/09/2016
>
> **Data da Publicação/Fonte**
>
> DJe 21/10/2016
>
> **Ementa**
>
> PROCESSUAL CIVIL. AGRAVO INTERNO. DECISÃO AGRAVADA PUBLICADA SOB A ÉGIDE DO CPC/1973. CONTAGEM DO PRAZO. REGRAS DE DIREITO INTERTEMPORAL. INAPLICABILIDADE DO CÓDIGO DE PROCESSO CIVIL DE 2015. INTEMPESTIVIDADE.
>
> **1. A nova lei processual se aplica imediatamente aos processos em curso (ex vi do art. 1.046 do CPC/2015), respeitados o direito adquirido, o ato jurídico perfeito, a coisa julgada, enfim, os efeitos já produzidos ou a se produzir sob a égide da nova lei.**

2. Considerando que o processo é constituído por inúmeros atos, o Direito Processual Civil orienta-se pela Teoria dos Atos Processuais Isolados, segundo a qual, cada ato deve ser considerado separadamente dos demais para o fim de determinar qual a lei que o regerá (princípio do tempus regit actum). Esse sistema está inclusive expressamente previsto no art. 14 do CPC/2015.

3. Com base nesse princípio e em homenagem à segurança jurídica, o Pleno do Superior Tribunal de Justiça interpretou o art. 1.045 do Código de Processo Civil de 2015 e concluiu que o novo CPC entrou em vigor no dia 18/03/2016, além de elaborar uma série de enunciados administrativos sobre regras de direito intertemporal (vide Enunciados Administrativos n. 2 e 3 do STJ).

4. Esta Corte de Justiça estabeleceu que a lei que rege o recurso é aquela vigente ao tempo da publicação do decisum. Assim, se a decisão recorrida for publicada sob a égide do CPC/1973, este Código continuará a definir o recurso cabível para sua impugnação, bem como a regular os requisitos de sua admissibilidade. A contrario sensu, se a intimação se deu na vigência da lei nova, será ela que vai regular integralmente a prática do novo ato do processo, o que inclui o cabimento, a forma e o modo de contagem do prazo.

5. No caso, a decisão ora agravada foi publicada em 16/03/2016, portanto sob a égide do CPC/1973. Assim, é inviável a incidência das regras previstas nos arts. 219 e 1.021, § 2º, do CPC/2015, razão pela qual se mostra intempestivo o agravo regimental interposto após o prazo legal de cinco dias previsto nos arts. 545 do Código de Processo Civil de 1973 e 258 do Regimento Interno do STJ.

6. Agravo regimental não conhecido.

Por força do Decreto 10.410/2020, "a prova material somente terá validade para a pessoa referida no documento, vedada a sua utilização por outras pessoas".

Essa disposição regulamentar é um foco de judicialização por afrontar a jurisprudência remansosa do STJ, que admite a comunicação de documentos dos membros do grupo familiar, especialmente em benefícios do segurado especial.

De acordo com o Regulamento da Previdência Social, modificado pelo Decreto 10.410/2020, para comprovação do vínculo e da dependência econômica (quando couber), conforme o caso, deverão ser apresentados, **no mínimo, dois documentos**, e poderão ser aceitos, **dentre outros:**

I – certidão de nascimento de filho havido em comum;

II – certidão de casamento religioso;

III – declaração do imposto de renda do segurado, em que conste o interessado como seu dependente;

IV – disposições testamentárias;

V – (Revogado pelo Decreto nº 5.699, de 2006)

VI – declaração especial feita perante tabelião;

VII – prova de mesmo domicílio;

VIII – prova de encargos domésticos evidentes e existência de sociedade ou comunhão nos atos da vida civil;

IX – procuração ou fiança reciprocamente outorgada;

X – conta bancária conjunta;

XI – registro em associação de qualquer natureza, onde conste o interessado como dependente do segurado;

XII – anotação constante de ficha ou livro de registro de empregados;

XIII – apólice de seguro da qual conste o segurado como instituidor do seguro e a pessoa interessada como sua beneficiária;

XIV – ficha de tratamento em instituição de assistência médica, da qual conste o segurado como responsável;

XV – escritura de compra e venda de imóvel pelo segurado em nome de dependente;

XVI – declaração de não emancipação do dependente menor de vinte e um anos; ou

XVII – quaisquer outros que possam levar à convicção do fato a comprovar.

Caso o dependente só possua um dos documentos produzido em período não superior a vinte e quatro meses anteriores à data do óbito ou do recolhimento à prisão, a comprovação de vínculo ou de dependência econômica para esse período poderá ser suprida por justificação administrativa.

Saliente-se que a homologação da justificação judicial processada com base em prova exclusivamente testemunhal dispensa a justificação administrativa, se complementada com início razoável de prova material.

Ademais, a inclusão, a exclusão, a ratificação e a retificação de vínculos, remunerações e contribuições, ainda que reconhecidos em ação trabalhista transitada em julgado, dependerão da existência de início de prova material contemporânea dos fatos.

O servidor designado para conduzir a justificação administrativa terá competência para a sua homologação com relação à forma, devendo este fazer relatório sucinto dos fatos colhidos, mencionando sua impressão a respeito da idoneidade das testemunhas e opinando conclusivamente sobre a prova produzida, de forma a confirmar ou não os fatos alegados, não sendo de sua competência analisar o início de prova material apresentado.

Isso porque a atribuição para homologar o mérito da justificação administrativa será de competência da autoridade que autorizou o seu processamento, normalmente o Chefe da Agência.

É possível que a justificação seja posteriormente alvo de **termo aditivo**, se, após a sua conclusão, o segurado apresentar outros documentos contemporâneos aos fatos alegados que, somados aos já apresentados e ao exposto nos depoimentos, levem à convicção de que os fatos ocorreram em período mais extenso do que o já homologado.

Entrementes, o INSS não admite novo pedido de justificação administrativa para prova de fato já alegado e não provado e a reinquirição das testemunhas.

> Vale ressaltar que não caberá recurso da decisão da autoridade competente do INSS que considerar eficaz ou ineficaz a justificação administrativa.

Ademais, a apresentação intencional de afirmações falsas na justificação administrativa constitui o delito de falso testemunho, capitulado no artigo 342, do Código Penal[22], muito embora o Regulamento se refira equivocadamente ao crime do artigo 299 (falsidade ideológica).

Por fim, é possível que o processo de justificação contra o INSS corra na Justiça Estadual, investida de jurisdição federal, se na localidade não funcionar Vara Federal, conforme autoriza o artigo 15, II, da Lei 5.010/66.

22. Art. 342. Fazer afirmação falsa, ou negar ou calar a verdade como testemunha, perito, contador, tradutor ou intérprete em processo judicial, **ou administrativo**, inquérito policial, ou em juízo arbitral:
Pena – reclusão, de um a três anos, e multa.

8. SÚMULAS ADMINISTRATIVAS DO INSS

Por força da Lei 13.655/2018, as autoridades públicas devem atuar para aumentar a segurança jurídica na aplicação das normas, inclusive por meio de regulamentos, **súmulas administrativas** e respostas a consultas, que terão caráter vinculante em relação ao órgão ou entidade a que se destinam, até ulterior revisão.

Nesse sentido, o Decreto 10.410/2020 modificou o artigo 352 do Regulamento da Previdência Social, prevendo que para fins de reconhecimento inicial de benefícios previdenciários, desde que este não acarrete revisão de ato administrativo anterior, o Presidente do INSS poderá editar súmulas administrativas, que terão caráter vinculante perante o INSS nas seguintes hipóteses:

> I – sobre tema a respeito do qual exista súmula ou parecer emitido pelo Advogado-Geral da União; e
>
> II – sobre tema decidido pelo Supremo Tribunal Federal, em matéria constitucional, ou pelo Superior Tribunal de Justiça, no âmbito de suas competências, quando definido em sede de repercussão geral ou recurso repetitivo e não houver viabilidade de reversão da tese firmada em sentido desfavorável ao INSS, conforme disciplinado pelo Advogado-Geral da União, nos termos do disposto no § 2º do art. 19-D da Lei nº 10.522, de 19 de julho de 2002.

As súmulas administrativas serão numeradas em ordem cronológica e terão validade até que lei, decreto ou outra súmula discipline a matéria de forma diversa, e competirá ao INSS mantê-las atualizadas em seus sítios eletrônicos.

Ademais, as súmulas administrativas do INSS deverão ser precedidas de avaliação de impacto orçamentário e financeiro pela Secretaria Especial de Previdência e Trabalho do Ministério da Economia.

Caberá à Procuradoria Federal Especializada junto ao INSS emitir parecer conclusivo para propor a edição, a alteração ou o cancelamento de súmula administrativa, da qual deverá constar o fundamento para a sua edição.

Trata-se de importante instrumento de redução de litígios que será utilizado pelo Presidente da autarquia em temas repetitivos firmados pelo STF ou STJ, em que a autarquia possuía uma posição jurídica distinta.

9. QUADRO SINÓTICO

1ª instância	INSS
2ª instância	Juntas de Recursos do CRPS – Recurso Ordinário
3ª instância	Câmaras de Julgamento do CRPS – Recurso Especial

Tabela simplificada – fases da justificação administrativa	
1	Requerimento da JA pelo segurado ou dependente;
2	Autorização do servidor competente (Gerente da Agência ou Chefe de Benefícios);
3	Agendamento;
4	Processamento;
5	Relatório e homologação quanto à forma (servidor processante);
6	Homologação quanto ao mérito (Gerente da Agência ou Chefe de Benefícios).

10. QUESTÕES DE PROVA

9.1 **(PROF. FREDERICO AMADO)** Da decisão tomada pelo INSS nos processos de interesse dos beneficiários, caberá recurso ordinário no prazo de 30 dias ao Conselho de Recursos da Previdência Social – CRPS, a ser julgado por Junta de Recursos.

Gabarito: *Certa*

Para acesso ao vídeo, utilize o QR Code ao lado.

9.2 **(PROF. FREDERICO AMADO)** Constituem alçada exclusiva das Juntas de Recursos, não comportando recurso às Câmaras de Julgamento, as decisões fundamentadas exclusivamente em matéria médica, relativa aos benefícios de auxílio-doença.

Gabarito: *Certa*

Para acesso ao vídeo, utilize o QR Code ao lado.

CAPÍTULO 10

PROCESSO JUDICIAL PREVIDENCIÁRIO

1. COMPETÊNCIA JURISDICIONAL

1.1. Regra geral: competência da Justiça Federal

O INSS tem a natureza jurídica de autarquia federal, com a função principal de gerenciar o Plano de Benefícios do RGPS. Dessa forma, em regra, as ações propostas contra o INSS serão de competência da Justiça Federal, por força do artigo 109, inciso I, da Constituição Federal[1].

Vale ressaltar que a ação poderá ser proposta contra a autarquia na Vara Federal do domicílio do beneficiário (Subseção Judiciária) ou na Vara da Capital do Estado (Seção Judiciária), cabendo ao segurado ou ao seu dependente a escolha.

> Nesse sentido, de acordo com a Súmula 689, STF, "o segurado pode ajuizar ação contra a instituição previdenciária perante o juízo federal do seu domicílio ou nas varas federais da Capital do Estado-Membro".

Entretanto, por se cuidar de jurisdição graciosa ou voluntária (não há lide), o STJ vem entendendo que a ação de alvará proposta contra o INSS tramitará na Justiça Estadual, mesmo se tratando de entidade federal, pois inexiste pretensão resistida.

Apenas haverá a competência da Justiça Federal se houver resistência da autarquia previdenciária no levantamento dos valores, pois configurada a demanda[2].

O STJ também decidiu ser competente a Justiça Estadual para o processamento e julgamento de feito relativo ao reconhecimento da existência de união estável, ainda que para obtenção de benefício previdenciário[3].

Logo, para o STJ, em uma ação em que se postula a mera declaração da união estável a competência será da Justiça Estadual, mesmo que o objetivo seja a posterior concessão de pensão por morte pelo INSS.

---

1. Art. 109. Aos juízes federais compete processar e julgar:
   I – as causas em que a União, entidade autárquica ou empresa pública federal forem interessadas na condição de autoras, rés, assistentes ou oponentes, exceto as de falência, as de acidentes de trabalho e as sujeitas à Justiça Eleitoral e à Justiça do Trabalho.
2. STJ, CC 61.612, de 23.08.2006.
3. EDcl no AgRg no REsp 803.264-PE, Rel. Min. Og Fernandes, julgados em 30/6/2010.

Entretanto, o posicionamento do STF é justamente o contrário, conforme se depreende da análise do seguinte acórdão:

> **"CONSTITUCIONAL. PREVIDENCIÁRIO. AGRAVO REGIMENTAL NO RECURSO EXTRAORDINÁRIO. RECONHECIMENTO DE UNIÃO ESTÁVEL. INSS COMO PARTE OU POSSUIDOR DE INTERESSE NA CAUSA. COMPETÊNCIA DA JUSTIÇA FEDERAL. 1. O Supremo Tribunal Federal firmou sua jurisprudência no sentido de que, quando o INSS figurar como parte ou tiver interesse na matéria, a competência é da Justiça Federal. Precedente. 2. Agravo regimental improvido"** (RE 545.199 Agr, de 24.11.2009).

Crê-se que o STF está com a razão. Se o objetivo do reconhecimento da união estável é a concessão de benefício por parte do INSS, autarquia federal, obviamente que há flagrante interesse de agir do ente autárquico, apto a despertar a competência da Justiça Federal.

Há precedente mais recente do STJ pronunciando a incompetência da Justiça Estadual e a ineficácia da decisão contra o INSS que não foi parte na lide:

> ***Processo***
>
> RMS 35018 / MG
>
> RECURSO ORDINÁRIO EM MANDADO DE SEGURANÇA
>
> 2011/0154822-6
>
> *Relator(a)*
>
> **Ministro GURGEL DE FARIA (1160)**
>
> ***Órgão Julgador***
>
> 5 – QUINTA TURMA
>
> ***Data do Julgamento***
>
> 04/08/2015
>
> ***Data da Publicação/Fonte***
>
> DJe 20/08/2015
>
> ***Ementa***
>
> PROCESSUAL CIVIL E PREVIDENCIÁRIO. MANDADO DE SEGURANÇA. IMPETRAÇÃO **POR** PESSOA JURÍDICA DE DIREITO PÚBLICO. POSSIBILIDADE. AÇÃO DE RECONHECIMENTO DE **UNIÃO ESTÁVEL.** DECISÃO DO JUIZ ESTADUAL QUE DETERMINA AO INSS O PAGAMENTO DA **PENSÃO POR MORTE** À AUTORA. PROVIMENTO DE **COMPETÊNCIA** DA JUSTIÇA FEDERAL. AUTARQUIA QUE NÃO FOI PARTE NA LIDE. APLICAÇÃO DO ART. 472 DO CPC. MANIFESTA ILEGALIDADE.
>
> 1. O art. 1º da Lei n. 12.016/2009 preconiza que "conceder-se-á mandado de segurança para proteger direito líquido e certo, não amparado **por** habeas corpus ou habeas data, sempre que, ilegalmente ou com abuso de poder, qualquer pessoa física ou jurídica sofrer violação ou houver justo receio de sofrê-la **por** parte de autoridade, seja de que categoria for e sejam quais forem as funções que exerça".
>
> 2. Considerando que o texto legal expressamente assegura a impetração do remédio heroico **por** qualquer pessoa jurídica, não é possível ao Poder Judiciário vedar a sua utilização **por** entidade de direito público.
>
> 3. Compete à Justiça estadual o processamento e julgamento de demanda proposta com o escopo de obter provimento judicial declaratório de existência de vínculo familiar, para o fim de viabilizar futuro pedido de concessão de benefício previdenciário. Seara exclusiva do Direito de Família, relativa ao estado das pessoas.

4. Se a ação tem por objetivo provimento judicial constitutivo relativo à imediata concessão de benefício previdenciário, ostentando como causa de pedir o reconhecimento da união estável, deverá ser proposta perante a Justiça Federal, ante a obrigatoriedade da participação do INSS no polo passivo da lide, seja de maneira isolada, se for o caso, seja como litisconsorte passivo necessário.

5. A presença do INSS é condição que se impõe porque a instituição de benefício previdenciário constitui obrigação que atinge diretamente os cofres da Previdência Social, revelando, assim, a existência de interesse jurídico e econômico da autarquia federal responsável pela sua gestão, razão pela qual ela deve ser citada para responder à demanda judicial, sob pena de violação dos postulados da ampla defesa e do contraditório, imprescindíveis para a garantia do devido processo legal.

6. A instituição de novo beneficiário, ainda que seja para ratear pensão já concedida, também agrava a situação jurídica e econômica da Previdência, porquanto representa causa que pode repercutir em maior tempo de permanência da obrigação de pagamento do benefício.

7. Hipótese em que a sentença proferida em sede de ação judicial circunscrita ao reconhecimento de **união estável** ajuizada exclusivamente em face do alegado companheiro, representado nos autos **por** sua herdeira, a teor do art. 472 do Código de Processo Civil, **não vincula a autarquia previdenciária que não fez parte da lide**, o que denota a manifesta ilegalidade da decisão.

8. Recurso ordinário provido.

Já no caso de pedido de concessão de pensão por morte em que a pronúncia da união estável é mero incidente processual, é indene de dúvidas que a ação a ser proposta contra o INSS tramitará na Justiça Federal, desde que não seja um benefício por acidente de trabalho.

Nesse sentido, de acordo com o STJ, "a pretensão deduzida na inicial não diz respeito ao reconhecimento da união estável, mas somente à concessão de benefício previdenciário, o que atrai a competência da Justiça Federal para o seu processamento e julgamento. Ainda que o referido Juízo tenha de enfrentar a questão referente à caracterização ou não de união estável numa ação em que pleiteia exclusivamente beneficio previdenciário, como é o caso dos autos, não restará usurpada a competência da Justiça Estadual, na medida em que inexiste pedido reconhecimento de união estável, questão que deverá ser enfrentada como uma prejudicial, de forma lateral"[4].

1.2. Ações acidentárias: competência originária da Justiça Estadual

As ações acidentárias propostas contra o INSS, ou seja, com causa de pedir consistente em acidente de trabalho, moléstia ocupacional ou evento equiparado, serão de competência originária da Justiça Estadual (*ex ratione materiae*).

Isso porque a parte final do inciso I, do artigo 109, da Lei Maior, excluiu expressamente as ações decorrentes de acidente de trabalho da competência da Justiça Federal, inclusive as ações revisionais de benefícios acidentários, conforme já se pronunciou o STJ[5].

Logo, se a postulação da aposentadoria por incapacidade permanente, do auxílio-doença ou do auxílio-acidente decorrer de acidente de trabalho ou eventos equiparados, a competência material para processar e julgar a causa será da Justiça Estadual.

4. CC126489, de 10/04/2013.
5. CC 102.459, de 12.08.2009.

Nesse sentido, a posição pacificada do STF:

> **Súmula 501– "Compete à justiça ordinária estadual o processo e o julgamento, em ambas as instâncias, das causas de acidente do trabalho, ainda que promovidas contra a União, suas autarquias, empresas públicas ou sociedades de economia mista".**
>
> "EMENTA: AGRAVO REGIMENTAL NO RECURSO EXTRAORDINÁRIO. CONSTITUCIONAL E PREVIDENCIÁRIO. ACIDENTE DE TRABALHO. COMPETÊNCIA DA JUSTIÇA COMUM ESTADUAL PARA PROCESSAR E JULGAR A CAUSA. PRECEDENTES. INCIDÊNCIA DA SÚMULA 501 DO SUPREMO TRIBUNAL FEDERAL. AGRAVO REGIMENTAL AO QUAL SE NEGA PROVIMENTO" (RE 540970 AgR / SP, de 20/10/2009).

As demandas envolvendo o INSS na competência especial por acidente de trabalho devem tramitar no rito comum, sendo incompetentes os Juizados Estaduais da Fazenda Pública mesmo que a demanda tenha valor da causa de baixo montante, pois a Lei 12.153/2009 não prevê uma autarquia federal como ré.

Eis o STJ:

> PROCESSUAL CIVIL E PREVIDENCIÁRIO. EXEGESE DO ART. 129, II, DA LEI N. 8.213/91. PETIÇÃO INICIAL. PEDIDO E CAUSA DE PEDIR. INTERPRETAÇÃO DO ART. 329 do CPC/15. PLEITO DE BENEFÍCIO ACIDENTÁRIO. COMPETÊNCIA DA JUSTIÇA ESTADUAL. Súmulas 15/STJ e 501/STF.
>
> 1. Consoante o disposto no art. 129, II, da Lei n. 8.213/91, os litígios e medidas cautelares relativos a acidentes do trabalho serão apreciados, "na via judicial, pela Justiça dos Estados e do Distrito Federal", cujo regramento se acha em compasso com a previsão constante do art. 109, I, da CF, segundo a qual compete à Justiça federal o julgamento das "causas em que a União, entidade autárquica ou empresa pública federal forem interessadas na condição de autoras, rés, assistentes ou oponentes, exceto as de falência, as de acidentes de trabalho e as sujeitas à Justiça Eleitoral e à Justiça do Trabalho".
>
> 2. "Compete à Justiça estadual processar e julgar os litígios decorrentes de acidente do trabalho" (Súmula 15/STJ); "**Compete à Justiça Ordinária Estadual** o processo e o julgamento, em ambas as instâncias, das causas de acidente do trabalho, ainda que promovidas contra a União, suas autarquias, empresas públicas ou sociedades de economia mista" (Súmula 501/STF).
>
> 3. Nos termos da jurisprudência do STJ, a competência para julgar as demandas em que se pleiteia a concessão de benefício previdenciário deve ser determinada em razão do pedido e da causa de pedir, cujos elementos identificadores da ação não poderão ser modificados após o saneamento, nos precisos termos do art. 329, II, do CPC/15.
>
> 4. No caso concreto, conforme se extrai da petição inicial, nela se postula a concessão de benefício de origem acidentária (auxílio-doença ou aposentadoria por invalidez), em virtude de alegado acidente de trabalho.
>
> 5. Como já assentado por esta Corte, "a questão relativa à ausência de nexo causal entre a lesão incapacitante e a atividade laboral do segurado, embora possa interferir no julgamento do mérito da demanda, não é capaz de afastar a competência da Justiça Estadual para processar as demandas em que o pedido formulado diz respeito a benefício previdenciário decorrente de acidente de trabalho, como é o caso dos autos" (REsp 1.655.442/MG, Rel. Ministro HERMAN BENJAMIN, SEGUNDA TURMA, DJe 18/04/2017).

O tema foi afetado ao rito dos recursos repetitivos em razão de anomalia no Estado do Mato Grosso:

ProAfR no RECURSO ESPECIAL Nº 1.865.606 – MT (2020/0056682-3) EMENTA PROCESSUAL CIVIL. PROPOSTA DE AFETAÇÃO DE RECURSO ESPECIAL. RITO DO ART. 1.036, § 5º, DO CPC/2015. AÇÕES PREVIDENCIÁRIAS DECORRENTES DE ACIDENTE DE TRABALHO. ATUAÇÃO DO INSS COMO PARTE. JUIZADOS ESPECIAIS DA FAZENDA PÚBLICA. COMPETÊNCIA.

1. Delimitação da controvérsia, para fins de afetação da matéria ao rito dos recursos repetitivos, nos termos do art. 1.036 do CPC/2015: "Saber se os Juizados Especiais da Fazenda Pública têm competência para o julgamento de ações previdenciárias decorrentes de acidente de trabalho em que o Instituto Nacional do Seguro Social figure como parte."

2. Recurso Especial afetado ao rito dos arts. 1.036 e seguintes do CPC/2015.

Vale frisar que o INSS somente concede benefícios com código de acidente do trabalho aos segurados que possuem o pagamento da contribuição SAT em seu favor: empregado, empregado doméstico (este após a LC 150/2015), trabalhador avulso e segurado especial.

Logo, o contribuinte individual, quer autônomo, quer prestando serviços à pessoa jurídica, não terá deferido pelo INSS benefício por acidente de trabalho, e sim benefício comum, o mesmo ocorrendo com o segurado facultativo, que sequer trabalha.

No entanto, de modo atécnico, o STJ vinha pronunciando através da 3ª Seção, o direito do contribuinte individual autônomo em perceber benefício por acidente de trabalho, firmando, inclusive, a competência da Justiça Estadual para processar tais demandas previdenciárias. Felizmente, o posicionamento foi revisto em 2017 pela 1ª Seção do STJ:

PROCESSUAL CIVIL E PREVIDENCIÁRIO. CONFLITO NEGATIVO DE COMPETÊNCIA.

AÇÃO PREVIDENCIÁRIA. BENEFÍCIO POR INCAPACIDADE. SEGURADO CONTRIBUINTE INDIVIDUAL. LEGISLAÇÃO ACIDENTÁRIA EXCLUDENTE. NATUREZA PREVIDENCIÁRIA DO BENEFÍCIO. INTELIGÊNCIA DO ARTIGO 19 DA LEI 8.213/1991. COMPETÊNCIA DA JUSTIÇA FEDERAL. JUÍZO SUSCITADO.

1. No caso, tramita ação previdenciária em que ser requer a condenação do INSS ao pagamento de benefício previdenciário por incapacidade, em que o autor ostenta a qualidade de segurado contribuinte individual.

2. O segurado contribuinte individual integra o rol dos segurados obrigatórios do Regime Geral de Previdência Social. O artigo 12, V, da Lei 8.212/1991 e o artigo 9º, V, do Decreto 3.048/1999, com a redação dada pela Lei 9.876/1999, elencam quem são os segurados contribuintes individuais. São igualmente segurados contribuintes individuais, o médico-residente, por força da Lei 6.932/1981 com a redação dada pela Lei 12.514/2011; o cônjuge ou companheiro do produtor que participe da atividade rural por este explorada; o bolsista da Fundação Habitacional do Exército, contratado em conformidade com a Lei 6.855/1980 e o árbitro de competições desportivas e seus auxiliares que atuem em conformidade com a Lei 9.615/1998.

2. Consoante artigo 19 da Lei 8.213/1991, somente os segurados empregados, incluídos os temporários, os segurados trabalhadores avulsos e os segurados especiais fazem jus aos benefícios previdenciários por acidente do trabalho. O ordenamento jurídico fez incluir o segurado empregado doméstico no rol do artigo 19, em observância à Emenda Constitucional 72 e à Lei Complementar 150/2015.

3. O artigo 109, I, da Constituição Federal de 1988, ao excetuar da competência federal as causas de acidente do trabalho, abarcou tão somente as lides estritamente acidentárias, movidas pelo segurado contra o INSS.

> **4. O acidente sofrido por trabalhador classificado pela lei previdenciária como segurado contribuinte individual, por expressa determinação legal, não configura acidente do trabalho, não ensejando, portanto, a concessão de benefício acidentário, apenas previdenciário, sob a jurisdição da Justiça Federal.**
>
> 5. Conflito negativo de competência conhecido para declarar a competência da Justiça Federal **(CC 140943, 1ª Seção, 8/2/2017).**

No que concerne à pensão por morte decorrente de acidente de trabalho, o STJ, através da sua 3ª Seção, já se pronunciou sobre a competência da Justiça Federal, por supostamente não se tratar de um benefício acidentário. No entanto, não há como concordar com o entendimento da Corte Superior, pois será da competência da Justiça Estadual o julgamento de causas contra o INSS decorrentes de acidente de trabalho, não havendo qualquer ressalva constitucional.

A pensão por morte poderá ser comum ou decorrente de acidente de trabalho, conforme enquadramento da Autarquia Previdenciária: 93 – Pensão por morte por acidente do trabalho (Lei nº 8.213/91); 21 – Pensão por morte previdenciária (Lei nº 8.213/91).

Por isso, entende-se que a competência para julgar ou revisar pensão por morte decorrente de acidente de trabalho será originalmente da Justiça Estadual, **conforme posicionamento do STF:**

> "EMENTA: AGRAVO REGIMENTAL NO AGRAVO DE INSTRUMENTO. CONSTITUCIONAL E PREVIDENCIÁRIO. **PENSÃO POR MORTE DECORRENTE DE ACIDENTE DE TRABALHO. COMPETÊNCIA DA JUSTIÇA COMUM ESTADUAL PARA PROCESSAR E JULGAR A CAUSA**. PRECEDENTES. INCIDÊNCIA DA SÚMULA 501 DO SUPREMO TRIBUNAL FEDERAL. AGRAVO REGIMENTAL AO QUAL SE NEGA PROVIMENTO" **(1ª Turma, AI 722.821 Agr, de 20.10.2009).**

A partir do ano de 2012, após a alteração do seu Regimento Interno, as causas previdenciárias passaram a ser julgadas pela 1ª Seção, e não mais pela 3ª Seção do STJ, tendo ficado assentado pela 1ª Seção que a competência para julgar ação visando à concessão de pensão por morte por acidente de trabalho é da Justiça Estadual, no julgamento do CC 121.352, de 11.04.2012:

> "CONFLITO DE COMPETÊNCIA. JUSTIÇA FEDERAL E JUSTIÇA ESTADUAL. AÇÃO VISANDO A OBTER PENSÃO POR MORTE DECORRENTE DE ACIDENTE DE TRABALHO. ALCANCE DA EXPRESSÃO "CAUSAS DECORRENTES DE ACIDENTE DO TRABALHO".
>
> 1. Nos termos do art. 109, I, da CF/88, estão excluídas da competência da Justiça Federal as causas decorrentes de acidente do trabalho. **Segundo a jurisprudência firmada pelo Supremo Tribunal Federal e adotada pela Corte Especial do STJ, são causas dessa natureza não apenas aquelas em que figuram como partes o empregado acidentado e o órgão da Previdência Social, mas também as que são promovidas pelo cônjuge, ou por herdeiros ou dependentes do acidentado, para haver indenização por dano moral (da competência da Justiça do Trabalho – CF, art. 114, VI), ou para haver benefício previdenciário pensão por morte, ou sua revisão (da competência da Justiça Estadual).**
>
> 2. É com essa interpretação ampla que se deve compreender as causas de acidente do trabalho, referidas no art. 109, I, bem como nas Súmulas 15/STJ ("Compete à justiça estadual processar e julgar os litígios decorrentes de acidente do trabalho") e 501/STF (Compete à justiça ordinária estadual o processo e o julgamento, em ambas as instâncias, das causas de acidente do trabalho, ainda que promovidas contra a união, suas autarquias, empresas públicas ou sociedades de economia mista).
>
> 3. Conflito conhecido para declarar a competência da Justiça Estadual".

Vale frisar que a competência da Justiça Estadual também abarca os benefícios decorrentes do acidente de trabalho por equiparação (artigo 21, da Lei 8.213/91), conforme correto entendimento do STJ:

> **Informativo 542 – "DIREITO PROCESSUAL CIVIL E PREVIDENCIÁRIO. COMPETÊNCIA PARA JULGAR PEDIDO DE PENSÃO POR MORTE DECORRENTE DE ÓBITO DE EMPREGADO ASSALTADO NO EXERCÍCIO DO TRABALHO.**
>
> **Compete à Justiça Estadual – e não à Justiça Federal – processar e julgar ação que tenha por objeto a concessão de pensão por morte decorrente de óbito de empregado ocorrido em razão de assalto sofrido durante o exercício do trabalho.** Doutrina e jurisprudência firmaram compreensão de que, em regra, o deslinde dos conflitos de competência de juízos em razão da matéria deve ser dirimido com a observância da relação jurídica controvertida, notadamente no que se refere à causa de pedir e ao pedido indicados pelo autor da demanda. Na hipótese, a circunstância afirmada não denota acidente do trabalho típico ou próprio, disciplinado no *caput* do art. 19 da Lei 8.213/1991 (Lei de Benefícios da Previdência Social), mas acidente do trabalho atípico ou impróprio, que, por presunção legal, recebe proteção na alínea "a" do inciso II do art. 21 da Lei de Benefícios. Nessa hipótese, o nexo causal é presumido pela lei diante do evento, o que é compatível com o ideal de proteção ao risco social que deve permear a relação entre o segurado e a Previdência Social. Desse modo, o assalto sofrido no local e horário de trabalho equipara-se ao acidente do trabalho, e o direito à pensão por morte decorrente do evento inesperado e violento deve ser apreciado pelo juízo da Justiça Estadual, nos termos do art. 109, I, parte final, da CF combinado com o art. 21, II, "a", da Lei 8.213/1991. CC 132.034-SP, **Rel. Min. Benedito Gonçalves, julgado em 28/5/2014".**

Por sua vez, entendia a 3ª Seção do STJ que as demandas envolvendo benefícios previdenciários por acidente de trabalho dos segurados especiais deverão tramitar na Justiça Federal.

O argumento manejado pela 3ª Seção do STJ é impertinente. Isso porque o reconhecimento da qualidade de segurado especial é questão prejudicial à concessão do benefício por acidente de trabalho, tendo a Justiça Estadual plena competência para tanto.

De efeito, a competência constitucional da Justiça Estadual para julgar as ações contra o INSS para a postulação e revisão de benefícios por acidente de trabalho é irrestrita, de modo que é de todo inaceitável essa fundamentação da 3ª Seção do STJ.

O FONAJEF, em 2017, aderiu a esse posicionamento:

> **Enunciado nº 187**
>
> São da competência da Justiça Federal os pedidos de benefícios ajuizados por segurados especiais e seus dependentes em virtude de acidentes ocorridos nessa condição.

No entanto, **tal posicionamento foi revisto pela 1ª Seção do STJ**, firmando tese de que os benefícios por acidente de trabalho postulados por segurados especiais e seus dependentes devem ser postulados na Justiça Estadual:

> **AgInt no CC 152187 / MT**
>
> **S1 – PRIMEIRA SEÇÃO**
>
> **13/12/2017**
>
> **1. A Terceira Seção, à época em que detinha competência para matéria previdenciária, firmou entendimento de que, no caso de segurado especial, a concessão de benefícios acidentários seria de competência da Justiça Federal.**

> **3. Considerando que a qualidade de segurado é condição sine qua non para a concessão de qualquer benefício, seja acidentário ou previdenciário, tem-se, consequentemente, que ela não serviria de critério para definir a competência, restando analisar, apenas, a causa de pedir e o pedido.**
>
> **4. Diante das razões acima expostas e do teor das Súmulas 15/STJ e 501/STF, chega-se à conclusão de que deve ser alterado o entendimento anteriormente firmado pela Terceira Seção, a fim de se reconhecer a competência da Justiça estadual para a concessão de benefícios derivados de acidente de trabalho aos segurados especiais.**

Vale frisar que se cuida de competência absoluta, cabendo ao juiz pronunciá-la de ofício a qualquer tempo, sob pena de nulidade dos atos decisórios, em observância ao Princípio do Juiz Natural, não se perpetuando a competência pela inércia do réu.

No entanto, a jurisprudência do STJ admite a manutenção de tutela de urgência proferida por juiz absolutamente incompetente:

> INFORMATIVO 524 – **DIREITO PROCESSUAL CIVIL. MEDIDA DE URGÊNCIA DECRETADA POR JUÍZO ABSOLUTAMENTE INCOMPETENTE.**
>
> **Ainda que proferida por juízo absolutamente incompetente, é válida a decisão que, em ação civil pública proposta para a apuração de ato de improbidade administrativa, tenha determinado, até que haja pronunciamento do juízo competente, a indisponibilidade dos bens do réu a fim de assegurar o ressarcimento de suposto dano ao patrimônio público.** De fato, conforme o art. 113, § 2º, do CPC, o reconhecimento da incompetência absoluta de determinado juízo implica, em regra, nulidade dos atos decisórios por ele praticados. Todavia, referida regra não impede que o juiz, em face do poder de cautela previsto nos arts. 798 e 799 do CPC, determine, em caráter precário, medida de urgência para prevenir perecimento de direito ou lesão grave ou de difícil reparação. REsp 1.038.199-ES, Rel. Min. Castro Meira, julgado em 7/5/2013.

Este entendimento foi reforçado pelo CPC de 2015, pois o seu artigo 64, § 4º aduz que, "**salvo decisão judicial em sentido contrário, conservar-se-ão os efeitos de decisão proferida pelo juízo incompetente até que outra seja proferida, se for o caso, pelo juízo competente**".

Todavia, na hipótese de mandado de segurança contra autoridade do INSS, mesmo que a causa de pedir seja decorrente de acidente de trabalho, a competência para o seu julgamento permanecerá na Justiça Federal, pois prevalece a competência funcional para o julgamento do *writ*.

Este, inclusive, é o posicionamento tradicional do STJ:

> "CONSTITUCIONAL. MANDADO DE SEGURANÇA. COMPETENCIA. CRITERIOS DE FIXAÇÃO. ATO DE AUTORIDADE FEDERAL. SENTENÇA PROFERIDA POR JUIZ ESTADUAL INCOMPETENTE. ANULAÇÃO. – **EM SEDE DE MANDADO DE SEGURANÇA, A COMPETENCIA PARA O PROCESSO E JULGAMENTO E DEFINIDA SEGUNDO A HIERARQUIA FUNCIONAL DA AUTORIDADE COATORA, NÃO ADQUIRINDO RELEVANCIA A MATERIA DEDUZIDA NA PEÇA DE IMPETRAÇÃO. – COMPETE A JUSTIÇA FEDERAL CONHECER DE MANDADO DE SEGURANÇA CONTRA O ATO DE AUTORIDADE AUTARQUIA FEDERAL, AINDA QUE SE DISCUTA MATERIA RELACIONADA A LEGISLAÇÃO ACIDENTARIA DE NATUREZA PREVIDENCIARIA.** – SOMENTE NAS HIPOTESES EM QUE O JUIZ ESTADUAL SE ENCONTRA INVESTIDO POR JURISDIÇÃO DE COMPETENCIA FEDERAL, CABE AO TRIBUNAL FEDERAL REEXAMINAR, EM GRAU DE APELAÇÃO, A SENTENÇA POR ELE PROLATADA, A TEOR DO INSCRITO NO ART. 108, II, AD CF/1988. – NO CASO, NÃO TENDO O

TRIBUNAL DE JUSTIÇA ANULADO A SENTENÇA EMANADA DE JUIZ ESTADUAL INCOMPETENTE, E CERTO QUE ESTA CORTE, POR FORÇA DE SUA JURISDIÇÃO, DEVE DECLARAR A NULIDADE DOS ATOS DECISORIOS PRATICADOS POR JUIZ INCOMPETENTE, E FIXAR, DESDE LOGO, O JUIZO COMPETENTE. – CONFLITO NÃO CONHECIDO. REMESSA DOS AUTOS AO TRIBUNAL DE JUSTIÇA DO RIO GRANDE DO SUL[6]" (g.n.).

No mesmo sentido a posição atual do STJ no julgamento do Conflito de Competência 123.518, julgado pela 1ª Seção e publicado em 19.09.2012:

"CONFLITO NEGATIVO DE COMPETÊNCIA. PREVIDENCIÁRIO.MANDADO DE SEGURANÇA. RESTABELECIMENTO DE BENEFÍCIO ACIDENTÁRIO. **OBSERVÂNCIA DA QUALIFICAÇÃO DA AUTORIDADE IMPETRADA.** ATOS DE MÉDICO PERITO E DO SUPERINTENDENTE DO INSS.**COMPETÊNCIA DO JUÍZO DA JUSTIÇA FEDERAL**"

Porém, **há decisões recentes do STJ no sentido que deve se aplicar o art. 109, § 3º, da Constituição aos mandados de segurança, a fim de permitir o ajuizamento da demanda no domicílio do autor, tendo em vista o objetivo de facilitar o acesso à Justiça.**

Nesse sentido: (AgInt no CC 153.138/DF, Rel. Ministro Gurgel de Faria, Primeira Seção, julgado em 13/12/2017, DJe 22/2/2018; AgInt no CC153.724/DF, Rel. Ministra Regina Helena Costa, Primeira Seção, julgado em 13/12/2017, DJe 16/2/2018; AgInt no CC 150.269/AL, Rel. Ministro Francisco Falcão, Primeira Seção, julgado em 14/6/2017, DJe 22/6/2017; AgInt no CC 154470 / DF, Rel. Min. OG Fernandes, Primeira Seção, julgado em 11/04/2018, DJe 18/04/2018).

Ademais, as ações acidentárias seguiram no passado o rito sumário, por força de determinação contida no artigo 129, inciso II, da Lei 8.213/91, tendo ainda prioridade de conclusão dos processos administrativos.

No entanto, vale frisar que com o advento do CPC de 2015 (art. 318[7]), não mais existe distinção entre o rito comum ordinário e sumário, passando a existir um único rito comum, observada a regra de transição do artigo do artigo 1.046[8].

De arremate, insta noticiar que tramita no Congresso Nacional com grande vontade política a PEC 278/2008, que objetiva retirar a competência da Justiça Estadual para julgar as ações acidentárias propostas contra o INSS, o que será bem recebido pelos segurados e seus dependentes.

A origem histórica desta competência era facilitar o acesso à Justiça quando os segurados mais necessitavam, ou seja, quando sofriam acidentes de trabalho, vez que a Justiça Federal não era dotada de uma boa interiorização.

---

6. CC 18.239, 3ª Seção, de 13.11.1996.
7. Art. 318. Aplica-se a todas as causas o procedimento comum, salvo disposição em contrário deste Código ou de lei.

   Parágrafo único. O procedimento comum aplica-se subsidiariamente aos demais procedimentos especiais e ao processo de execução.
8. Art. 1.046. Ao entrar em vigor este Código, suas disposições se aplicarão desde logo aos processos pendentes, ficando revogada a Lei no 5.869, de 11 de janeiro de 1973.

   § 1º As disposições da Lei nº 5.869, de 11 de janeiro de 1973, relativas ao procedimento sumário e aos procedimentos especiais que forem revogadas aplicar-se-ão às ações propostas e não sentenciadas até o início da vigência deste Código.

Logo, considerando o processo de expansão da Justiça Federal no interior do país, bem como o fato de normalmente ser mais célere que a Justiça Estadual, o que é comprovado claramente no Estado da Bahia, por exemplo, não mais se justifica essa regra constitucional.

1.3. Competência estadual por delegação

A Justiça Estadual também poderá julgar causas previdenciárias não acidentárias por delegação de competência, sendo investida de jurisdição federal, quando for conveniente ao segurado ou ao seu dependente.

> De acordo com o artigo 109, § 3º, em sua redação original da Constituição Federal, serão processadas e julgadas na Justiça Estadual, no foro do domicílio dos segurados ou beneficiários, as causas em que forem parte instituição de previdência social e segurado, sempre que a comarca não seja sede de vara do juízo federal, e, se verificada essa condição, a lei poderá permitir que outras causas sejam também processadas e julgadas pela Justiça Estadual.

Esta hipótese de delegação de competência obviamente abarcava não só as ações propostas pelos segurados contra o INSS, mas também as intentadas por seus dependentes, que se enquadram como beneficiários, se na sede da comarca inexistir vara federal[9].

Como não se trata de competência originária, mas de mera delegação, os recursos não serão direcionados ao Tribunal de Justiça, e sim ao Tribunal Regional Federal da respectiva Região.

IMPORTANTE:

No entanto, o dispositivo foi modificado pela Emenda 103/2019, passando a dispor da seguinte forma: "§ 3° **Lei poderá autorizar** que as causas de competência da Justiça Federal, em que forem parte instituição de previdência social e segurado, possam ser processadas e julgadas na justiça estadual, quando a comarca do domicílio do segurado não for sede de vara federal".

Antes da reforma, a competência delegada era automática. Agora depende de lei federal de regulamentação, que já existia (Lei 5.010/66):

> *"Art. 15. Nas Comarcas do interior onde não funcionar Vara da Justiça Federal (artigo 12), os Juízes Estaduais são competentes para processar e julgar:*
>
> *III – os feitos ajuizados contra instituições previdenciárias por segurados ou beneficiários residentes na Comarca, que se referirem a benefícios de natureza pecuniária".*

Entende-se que essa regra da Lei 5.010/66 foi recebida tanto pela CF/1988 quanto pela atual reforma, de modo que nada será modificado em um primeiro momento.

9. Nesse sentido, se pronunciou o TRF da 3ª Região, ao julgar a AC 426.661, em 19.04.2004, que "a delegação de competência à justiça estadual para processar e julgar feitos de natureza previdenciária – art. 109, § 3º, CF – abrange, igualmente, ação versando sobre o pedido de obtenção de auxílio-reclusão por pessoa não vinculada à Previdência Social, eis que o seu espírito é a facilitação do acesso à Justiça, tendo sempre em vista amparar eficazmente, e dentro dos limites legais e constitucionais, cidadãos reconhecidamente carentes, em sua grande maioria".

No entanto, já tramitava no Congresso Nacional em fase avançada o PL 2.999/2019, que promoveu alteração na Lei 5.010/66 através da Lei 13.876, de 20 de setembro de 2019:

> "Art. 15. Quando a Comarca não for sede de Vara Federal, poderão ser processadas e julgadas na Justiça Estadual:
>
> (...)
>
> **III – as causas em que forem parte instituição de previdência social e segurado e que se referirem a benefícios de natureza pecuniária, quando a Comarca de domicílio do segurado estiver localizada a mais de 70 km (setenta quilômetros) de Município sede de Vara Federal;**
>
> (...)
>
> § 1º Sem prejuízo do disposto no art. 42 desta Lei e no parágrafo único do art. 237 da Lei nº 13.105, de 16 de março de 2015 (Código de Processo Civil), poderão os Juízes e os auxiliares da Justiça Federal praticar atos e diligências processuais no território de qualquer Município abrangido pela seção, subseção ou circunscrição da respectiva Vara Federal.
>
> § 2º Caberá ao respectivo Tribunal Regional Federal indicar as Comarcas que se enquadram no critério de distância previsto no inciso III do **caput** deste artigo."

Dessa forma, pela Lei 13.876/2019, **a competência federal delegada será extinta quando a Comarca de domicílio do beneficiário da previdência social distar até 70 km de alguma Vara da Justiça Federal**, cabendo ao TRF editar uma lista de comarcas.

A intenção é reduzir custos administrativos do Poder Executivo e do Judiciário, mantendo a delegação de competência apenas para distâncias maiores (acima de 70 km) em que não é razoável exigir viagens do beneficiário da previdência social.

Essa norma não entrou em vigor na data da sua publicação em 23/9/2019. Sua vigência é prevista apenas para 1/1/2020. Entende-se que a nova Lei 13.876/2019 foi precoce. Isso porque deveria ter sido editada após a publicação da reforma constitucional.

Avaliando o texto constitucional originário (23/9/2019) no dia da publicação da Lei 13.876/2019 e antes da reforma constitucional, nota-se que houve uma indevida restrição à competência jurisdicional delegada, não existindo no Brasil o fenômeno da constitucionalidade superveniente.

Um problema ainda mais grave na Lei 13.876/2019 é que esta silenciou sobre os processos que tramitam na Justiça Estadual sob o pálio da delegação federal de competência nas Comarcas em que em 1/1/2020 haverá a extinção da delegação, pois distam até 70 Km de uma Vara da Justiça Federal.

Por certo, a fim de se livrar de um enorme acervo acumulado, os juízes estaduais irão remeter os processos ainda não sentenciados para os juízes federais. Estes, por certo, não aceitarão, e irão suscitar ao STJ milhares e milhares conflitos negativos de competência jurisdicional, entupindo ainda mais a Corte Superior.

Tudo isso seria evitado se a Lei 13.876/2019 tivesse regulado o tema. Entendo que a redistribuição de processos ajuizados na Justiça Estadual até 31/12/2019 não deve ocorrer.

De acordo com o artigo 43 do CPC, "determina-se a competência no momento do registro ou da distribuição da petição inicial, **sendo irrelevantes as modificações do estado de fato ou de direito ocorridas posteriormente, salvo quando suprimirem órgão judiciário ou alterarem a competência absoluta".**

Como não há supressão de órgão jurisdicional, assim como a competência era concorrente entre a Justiça Federal (Seção ou Subseção Judiciária) e a Justiça Estadual investida de jurisdição federal quando o segurado residia em localidade que não era sede da Justiça Federal, entende-se que a determinação de competência na data da propositura da ação não deve ser modificada.

Ademais, é razoável aplicar por analogia o artigo 25 da Lei 10.259/2001, que diz que "não serão remetidas aos Juizados Especiais as demandas ajuizadas até a data de sua instalação".

Não é razoável que as Varas Federais recebam um enorme passivo da Justiça Estadual, comprometendo o seu funcionamento regular.

Felizmente, o Conselho da Justiça Federal preveniu o problema ao editar a **Resolução 602, de 11/11/2019**, prevendo que "as ações, em fase de conhecimento ou de execução, ajuizadas anteriormente a 1º de janeiro de 2020, **continuarão a ser processadas e julgadas no juízo estadual**, nos termos em que previsto pelo § 3º do art. 109 da Constituição Federal, pelo inciso III do art. 15 da Lei n. 5.010, de 30 de maio de 1965, em sua redação original, e pelo art. 43 do Código de Processo Civil", **vedando a redistribuição.**

A mesma posição foi tomada pelo STJ até o julgamento do **IAC 6**:

<table>
<tr><td>Tema/ IAC</td><td>6</td><td>Situação</td><td>Admitido</td><td>Órgão Julgador</td><td colspan="2">PRIMEIRA SEÇÃO</td><td>Assuntos</td></tr>
<tr><td>Questão submetida a julgamento</td><td colspan="7">Efeitos da Lei nº 13.876/2019 na modificação de competência para o processamento e julgamento dos processos que tramitam na Justiça Estadual no exercício da competência federal delegada.</td></tr>
<tr><td>Anotações Nugep</td><td colspan="7">Incidente admitido por decisão monocrática do relator, ad referendum da Primeira Seção, em decisão publicada em 18/12/2019.
Em Questão de Ordem apresentada pelo Ministro relator Mauro Campbell Marques, a Primeira Seção admitiu o Incidente de Assunção de Competência, nos termos do Acórdão publicado no DJe de 25/9/2020.</td></tr>
<tr><td>Informações Complementares</td><td colspan="7">A Primeira Seção, em Acórdão publicado em 25/9/2020, em caráter liminar, determinou "a manutenção da imediata suspensão, em todo o território nacional, de qualquer ato destinado a redistribuição de processos pela Justiça Estadual (no exercício da jurisdição federal delegada) para a Justiça Federal, até o julgamento definitivo do presente Incidente de Assunção de Competência no Conflito e Competência", referente aos processos iniciados anteriormente a 1º/1/2020, os quais deverão ter regular tramitação e julgamento, independentemente do julgamento do presente Incidente de Assunção de Competência no Conflito de Competência.</td></tr>
<tr><td>Ramo do Direito</td><td colspan="7">DIREITO PROCESSUAL CIVIL E DO TRABALHO</td></tr>
<tr><td>Processo</td><td>Tribunal de Origem</td><td>Relator</td><td>Admissão</td><td>Julgado em</td><td>Acórdão Publicado em</td><td>Embargos de Declaração</td><td>Trânsito em Julgado</td></tr>
<tr><td>CC 170051/RS</td><td>JFRS</td><td>MAURO CAMPBELL MARQUES</td><td>18/12/2019
25/09/2020</td><td>-</td><td>-</td><td>-</td><td>-</td></tr>
</table>

Ademais, para definição das comarcas dotadas de competência delegada federal deverá ser considerada a distância entre o centro urbano do Município sede da comarca estadual e o centro urbano do Município sede da vara federal mais próxima, em nada interferindo o domicílio do autor, considerando a tabela de distâncias indicada pelo Instituto Brasileiro de Geografia e Estatística – IBGE ou em outra ferramenta de medição de distâncias disponível.

Observadas as regras estabelecidas pela Lei n. 13.876, de 20 de setembro de 2019, os Tribunais Regionais Federais farão publicar, até o dia 15 de dezembro de 2019, lista das comarcas com competência federal delegada.

Entrementes, não vem se aplicando esta hipótese de competência delegada à Justiça Estadual na hipótese de o INSS figurar como autor da demanda, pois o objetivo da norma foi facilitar o acesso do segurado ao Poder Judiciário, conforme correta jurisprudência:

> "PROCESSUAL CIVIL. PREVIDENCIÁRIO. COMPETÊNCIA. AÇÃO PROPOSTA PELO INSS VERSANDO O CANCELAMENTO DE BENEFÍCIO PREVIDENCIÁRIO OBTIDO MEDIANTE FRAUDE.COMPETÊNCIA ABSOLUTA DA JUSTIÇA FEDERAL. **I – Em ação movida pelo INSS para obter o cancelamento de benefício previdenciário obtido mediante fraude, é incompetente a Justiça Estadual para o seu julgamento, por afigurar-se inviável a invocação da competência federal delegada prevista no § 3º do artigo 109 da Magna Carta, dado o seu caráter social, tese de há muito referendada pelo Colendo Superior Tribunal de Justiça, segundo o qual se trata de garantia instituída em favor do segurado e que visa garantir o acesso dos segurados à justiça, sob pena de subverter, por vias transversas, a regra geral de distribuição de competência funcional prevista no artigo 109, I, da C.F. já aventado.** II – A Súmula nº 150 do Colendo Superior Tribunal de Justiça estabelece competir à Justiça Federal decidir sobre a existência ou não de interesse jurídico da União, de tal forma que inexorável o reconhecimento da competência absoluta da Justiça Federal para o processamento da ação. III – A ação tem por objeto a desconstituição da coisa julgada, o que só se opera pela via da ação rescisória, à exceção do disposto no artigo 486 do Código de Processo Civil. A competência para o processamento da rescisória, no caso, é do Tribunal Regional Federal da 3ª Região. IV – O prazo decadencial para o ajuizamento da ação rescisória já decorreu, razão pela qual o INSS valeu-se da ação anulatória. Ainda que se admita, no caso, a ação anulatória para a desconstituição do julgado, não compete à Justiça Estadual a revisão, mesmo que pela via da ação anulatória, da coisa julgada federal, uma vez que a situação não se enquadra no disposto no § 3º do artigo 109 da Constituição Federal. V – Sentença anulada de ofício. Apelação prejudicada" **(TRF da 3ª Região, AC 1.035.246, de 31.03.2008).**

Importante destacar que **a Justiça Estadual não poderá adotar o rito dos Juizados Especiais Federais, nem poderá delegar os processos aos Juizados Estaduais**, conforme decidido pelo STJ:

> "RECURSO ESPECIAL. PREVIDENCIÁRIO. APLICAÇÃO DO RITO ESPECIAL DOS JUIZADOS ESPECIAIS FEDERAIS ÀS CAUSAS JULGADAS PELO JUIZ DE DIREITO INVESTIDO DE JURISDIÇÃO FEDERAL. IMPOSSIBILIDADE. VEDAÇÃO EXPRESSA CONTIDA NO ARTIGO 20 DA LEI Nº 10.259/2001. **1. Em razão do próprio regramento constitucional e infraconstitucional, não há competência federal delegada no âmbito dos Juizados Especiais Estaduais, nem o Juízo Estadual, investido de competência federal delegada (artigo 109, parágrafo 3º, da Constituição Federal), pode aplicar, em matéria previdenciária, o rito de competência do Juizado Especial Federal, diante da vedação expressa contida no artigo 20 da Lei nº 10.259/2001**. 2. Recurso especial provido"[10] (g.n.).

Outrossim, **a criação de Juizado Especial Federal em localidade que não era dotada de Vara Federal não gera a remessa dos processos em curso, que continuarão a tramitar na Justiça Estadual, por força de determinação contida no artigo 25, da Lei 10.259/2001**, referendada pelo STJ:

> "PREVIDENCIÁRIO. CONFLITO NEGATIVO DE COMPETÊNCIA. AÇÃO PREVIDENCIÁRIA. CONCESSÃO DE PENSÃO. AÇÃO AJUIZADA NO JUÍZO ESTADUAL EM DATA

10. REsp 661.482, de 05.02.2009.

ANTERIOR À INSTALAÇÃO DO JUIZADO ESPECIAL FEDERAL. INCIDÊNCIA DO ART. 25 DA LEI 10.259/2001. PRECEDENTE. COMPETÊNCIA DO JUÍZO ESTADUAL. **1. A Terceira Seção desta Corte entendeu ser da Justiça Estadual a competência para o julgamento das ações ajuizadas em data anterior à instalação do Juizado Especial Federal, a teor do disposto no art. 25 da Lei nº 10.259/2001, o qual estabelece, expressamente, que tais demandas não serão remetidas aos referidos Juizados Especiais.** 2. Conflito conhecido para declarar competente o Juízo de Direito da Vara Única de Monte Santo de Minas"[11] (g.n.).

Nos termos do Enunciado 139, do FONAJEF, não serão redistribuídas a Juizado Especial Federal (JEF) recém-criado as demandas ajuizadas até a data de sua instalação, **salvo se as varas de JEFs estiverem na mesma sede jurisdicional.**

Na hipótese de pedido de indenização por danos morais contra o INSS, se esta postulação decorrer do pedido principal de concessão de benefício previdenciário, a 3ª Seção do STJ, ao julgar o CC 111.447, em 23.06.2010, pronunciou a competência delegada da Justiça Estadual:

"PROCESSUAL CIVIL E PREVIDENCIÁRIO. CONFLITO NEGATIVO DE COMPETÊNCIA. JUSTIÇA ESTADUAL E JUSTIÇA FEDERAL. CONCESSÃO DE APOSENTADORIA POR IDADE CUMULADA COM INDENIZAÇÃO POR DANOS MORAIS. ART. 109, § 3º, DA CR/88. FORO. OPÇÃO PELO SEGURADO. COMPETÊNCIA DA JUSTIÇA ESTADUAL. SUSCITADO. **1. Extrai-se dos autos que o pedido do autor consiste na concessão de aposentadoria por idade, bem como na condenação do INSS ao pagamento de indenização por danos morais. 2. O autor optou pela Justiça Estadual localizada no foro de seu domicílio, que por sua vez não possui Vara Federal instalada, nos termos do art. 109, § 3º, da CR/88. 3. Entende esta Relatoria que o pedido de indenização por danos morais é decorrente do pedido principal, e a ele está diretamente relacionado. 4. Consoante regra do art. 109, § 3º, da CR/88, o Juízo Comum Estadual tem sua competência estabelecida por expressa delegação constitucional**. 5. Conflito de competência conhecido para declarar a competência do Juízo de Direito da 1ª Vara de Registro-SP".

Vale registrar a mudança de orientação da 3ª Seção do STJ, pois no mês anterior decidiu pela competência da Justiça Federal ao julgar o CC 111.481.

Por fim, é possível que o processo de justificação contra o INSS corra na Justiça Estadual, investida de jurisdição federal, se na localidade não funcionar Vara Federal, conforme autoriza o artigo 15, II, da Lei 5.010/66.

2. AS PRERROGATIVAS DO INSS EM JUÍZO

O objetivo desta passagem da obra é estudar as prerrogativas processuais do INSS em juízo no procedimento comum, considerando que se trata de uma pessoa jurídica de direito público (autarquia da União) e que, portanto, se enquadra na expressão "Fazenda Pública em Juízo".

Conforme visto anteriormente, salvo no que concerne às ações de concessão, revisão ou restabelecimento de benefício previdenciário por acidente do trabalho, as ações judiciais contra o INSS serão de competência da Justiça Federal.

11. CC 62.373, de 11.10.2006.

Nos termos do artigo 45, do CPC, tramitando o processo perante outro juízo, os autos serão remetidos ao juízo federal competente se nele intervier a União, suas empresas públicas, **entidades autárquicas** e fundações, ou conselho de fiscalização de atividade profissional, na qualidade de parte ou de terceiro interveniente, exceto as ações:

> I – de recuperação judicial, falência, insolvência civil e acidente de trabalho;
>
> II – sujeitas à justiça eleitoral e à justiça do trabalho.

Na hipótese de competência da Justiça Estadual, o juiz, ao não admitir a cumulação de pedidos em razão da incompetência para apreciar qualquer deles, não examinará o mérito daquele em que exista interesse da União, de suas entidades autárquicas ou de suas empresas públicas.

Por sua vez, o juízo estadual tem competência para produção antecipada de prova requerida em face da União, de **entidade autárquica** ou de empresa pública federal se, na localidade, não houver vara federal, na forma do artigo 381, § 4º, do CPC.

As **despesas dos atos processuais** praticados a requerimento da Fazenda Pública, do Ministério Público ou da Defensoria Pública serão pagas ao final pelo vencido. As perícias requeridas pela Fazenda Pública poderão ser realizadas por entidade pública ou, havendo previsão orçamentária, ter os valores adiantados por aquele que requerer a prova, a teor do artigo 91 do CPC.

Não havendo previsão orçamentária no exercício financeiro para adiantamento dos honorários periciais, eles serão pagos no exercício seguinte ou ao final, pelo vencido, caso o processo se encerre antes do adiantamento a ser feito pelo ente público.

Quando o pagamento da perícia for de responsabilidade de beneficiário de gratuidade da justiça, ela poderá ser paga com recursos alocados no orçamento da União, do Estado ou do Distrito Federal, no caso de ser realizada por particular, hipótese em que o valor será fixado conforme tabela do tribunal respectivo ou, em caso de sua omissão, do Conselho Nacional de Justiça[12].

Com base no artigo 85, do CPC, nas causas em que a Fazenda Pública for parte, a **fixação dos honorários** observará os critérios do grau de zelo do profissional, do lugar de prestação do serviço, da natureza e a importância da causa e do trabalho realizado pelo advogado e o tempo exigido para o seu serviço, assim como os seguintes percentuais:

> I – mínimo de dez e máximo de vinte por cento sobre o valor da condenação ou do proveito econômico obtido até 200 (duzentos) salários-mínimos;
>
> II – mínimo de oito e máximo de dez por cento sobre o valor da condenação ou do proveito econômico obtido acima de 200 (duzentos) salários-mínimos até 2.000 (dois mil) salários-mínimos;
>
> III – mínimo de cinco e máximo de oito por cento sobre o valor da condenação ou do proveito econômico obtido acima de 2.000 (dois mil) salários-mínimos até 20.000 (vinte mil) salários-mínimos;
>
> IV – mínimo de três e máximo de cinco por cento sobre o valor da condenação ou do proveito econômico obtido acima de 20.000 (vinte mil) salários-mínimos até 100.000 (cem mil) salários-mínimos;
>
> V – mínimo de um e máximo de três por cento sobre o valor da condenação ou do proveito econômico obtido acima de 100.000 (cem mil) salários-mínimos.

12. Artigo 95, § 3º, do CPC.

Quando, conforme o caso, a condenação contra a Fazenda Pública ou o benefício econômico obtido pelo vencedor ou o valor da causa for superior ao valor previsto no inciso I, a fixação do percentual de honorários deve observar a faixa inicial e, naquilo que a exceder, a faixa subsequente, e assim sucessivamente (sistema de faixas de fixação), devendo ser considerado o salário mínimo vigente quando prolatada sentença líquida ou o que estiver em vigor na data da decisão de liquidação.

Os limites e critérios previstos acima referidos aplicam-se independentemente de qual seja o conteúdo da decisão, inclusive aos casos de improcedência ou de sentença sem resolução de mérito[13], não sendo devidos honorários no cumprimento de sentença contra a Fazenda Pública que enseje expedição de precatório, desde que não tenha sido impugnada.

Nas causas em que for inestimável ou irrisório o proveito econômico ou, ainda, quando o valor da causa for muito baixo, o juiz fixará o valor dos honorários por apreciação equitativa. As verbas de sucumbência arbitradas em embargos à execução rejeitados ou julgados improcedentes e em fase de cumprimento de sentença serão acrescidas no valor do débito principal, para todos os efeitos legais.

Os honorários constituem direito do advogado e têm natureza alimentar, com os mesmos privilégios dos créditos oriundos da legislação do trabalho, sendo **vedada a compensação** em caso de sucumbência parcial.

O advogado poderá requerer que o pagamento dos honorários que lhe caibam seja efetuado em favor da sociedade de advogados que integra na qualidade de sócio. Os advogados públicos perceberão honorários de sucumbência, tema regulamentado no âmbito federal pela Lei 13.327/2016.

A União, os Estados, o Distrito Federal, os Municípios e suas respectivas **autarquias** e fundações de direito público gozarão de **prazo em dobro** para todas as suas manifestações processuais, cuja contagem terá início a partir da intimação pessoal por carga, remessa ou meio eletrônico[14].

A citação da União, dos Estados, do Distrito Federal, dos Municípios e de suas respectivas autarquias e fundações de direito público será realizada perante o órgão de Advocacia Pública responsável por sua representação judicial[15], sendo, no caso do INSS, através dos órgãos da Procuradoria-Geral Federal (Procuradorias Regionais Federais, Procuradorias Federais ou Procuradorias Seccionais Federais), órgão vinculado à Advocacia-Geral da União.

Os **efeitos da revelia**, acaso o INSS não conteste o feito, consistentes na presunção de veracidade das alegações de fato formuladas pelo autor, não se aplicam ao INSS, pois o interesse público é indisponível, a teor do artigo 345, inciso II, do CPC, devendo o juiz pronunciar em sentença a revelia, mas afastando os seus efeitos.

O reexame necessário das sentenças proferidas contra o INSS é tema regulado pelo artigo 496, do CPC. Deveras, está sujeita ao duplo grau de jurisdição, não produzindo efeito senão depois de confirmada pelo tribunal, a sentença:

> I – proferida contra a União, os Estados, o Distrito Federal, os Municípios e suas **respectivas autarquias** e fundações de direito público;
>
> II – que julgar procedentes, no todo ou em parte, os embargos à execução fiscal.

13. Nos casos de perda do objeto, os honorários serão devidos por quem deu causa ao processo.
14. Artigo 183, do CPC.
15. Artigo 242, § 3º, do CPC.

Neste caso, não interposta a apelação no prazo legal, o juiz ordenará a remessa dos autos ao tribunal, e, se não o fizer, o presidente do respectivo tribunal avocá-los-á.

Não se aplica a remessa necessária quando a condenação ou o proveito econômico obtido na causa for de valor certo e líquido inferior a:

> I – **1.000 (mil) salários-mínimos** para a União e as respectivas **autarquias** e fundações de direito público;
>
> II – 500 (quinhentos) salários-mínimos para os Estados, o Distrito Federal, as respectivas autarquias e fundações de direito público e os Municípios que constituam capitais dos Estados;
>
> III – 100 (cem) salários-mínimos para todos os demais Municípios e respectivas autarquias e fundações de direito público.

Veja-se o posicionamento do STJ (Informativo 658):

PROCESSO	REsp 1.735.097-RS, Rel. Min. Gurgel de Faria, Primeira Turma, por unanimidade, julgado em 08/10/2019, DJe 11/10/2019
RAMO DO DIREITO	DIREITO PREVIDENCIÁRIO, DIREITO PROCESSUAL CIVIL
TEMA	Sentença ilíquida contra o INSS. Art. 496, § 3º, I, CPC/2015. Novos parâmetros. Condenação ou proveito econômico inferior a mil salários mínimos. Remessa necessária. Dispensa. Súmula 490/STJ. Inaplicabilidade.

DESTAQUE

Após a entrada em vigor do Código de Processo Civil de 2015, é dispensável a remessa necessária nas sentenças ilíquidas proferidas em desfavor do INSS, cujo valor mensurável da condenação ou do proveito econômico seja inferior a mil salários mínimos.

INFORMAÇÕES DO INTEIRO TEOR

A orientação da Súmula n. 490 do STJ não se aplica às sentenças ilíquidas nos feitos de natureza previdenciária a partir dos novos parâmetros definidos no art. 496, § 3º, I, do CPC/2015, que dispensa do duplo grau obrigatório as sentenças contra a União e suas autarquias cujo valor da condenação ou do proveito econômico seja inferior a mil salários mínimos. Registre-se que, neste ponto, o CPC/2015 não inovou, porquanto o Código de Processo Civil de 1973 também disciplinava da mesma forma, quando dispensava a remessa necessária "sempre que a condenação, ou o direito controvertido, for de valor certo não excedente a 60 (sessenta) salários mínimos" (art. 475, § 2º, CPC/1973). O ponto distinguidor está no valor da condenação, ou do proveito econômico, que sofreu uma alteração substancial. Antes eram dispensadas da remessa necessária as sentenças condenatórias até sessenta salários mínimos. Atualmente, porém, a lei traça um escalonamento entre os entes públicos, dispensando do duplo grau obrigatório aquelas sentenças contra a União, e suas autarquias, cujo limite seja inferior a mil salários mínimos. A elevação do limite para conhecimento da remessa necessária significa uma opção pela preponderância dos princípios da eficiência e da celeridade na busca pela duração razoável do processo, pois, além dos critérios previstos no § 4º do art. 496 do CPC/2015, o legislador elegeu também o do impacto econômico para impor a referida condição de eficácia de sentença proferida em desfavor da Fazenda Pública (§ 3º). A novel orientação legal atua positivamente tanto como meio de otimização da prestação jurisdicional – ao tempo em que desafoga as pautas dos tribunais – quanto como de transferência aos entes públicos e suas respectivas autarquias e fundações da prerrogativa exclusiva sobre a rediscussão da causa, que se dará por meio da interposição de recurso voluntário. Não obstante a aparente iliquidez das condenações em causas de natureza previdenciária, a sentença que defere benefício previdenciário é espécie absolutamente mensurável, visto que pode ser aferível por simples cálculos aritméticos, os quais são expressamente previstos na lei de regência, e são realizados pelo próprio INSS. Na vigência do Código Processual anterior, a possibilidade de as causas de natureza previdenciária ultrapassarem o teto de sessenta salários mínimos era bem mais factível, considerado o valor da condenação atualizado monetariamente. **Após o CPC/2015, ainda que o benefício previdenciário seja concedido com base no teto máximo, observada a prescrição quinquenal, com os acréscimos de juros, correção monetária e demais despesas de sucumbência, não se vislumbra, em regra, como uma condenação na esfera previdenciária venha a alcançar os mil salários mínimos.**

Outrossim, **não se aplicará o reexame necessário** quando a sentença estiver fundada em:

> I – súmula de tribunal superior;
>
> II – acórdão proferido pelo Supremo Tribunal Federal ou pelo Superior Tribunal de Justiça em julgamento de recursos repetitivos;
>
> III – entendimento firmado em incidente de resolução de demandas repetitivas ou de assunção de competência;
>
> IV – entendimento coincidente com orientação vinculante firmada no âmbito administrativo do próprio ente público, consolidada em manifestação, parecer ou súmula administrativa.

São **dispensados de preparo de recurso**, inclusive porte de remessa e de retorno, os recursos interpostos pelo Ministério Público, pela União, pelo Distrito Federal, pelos Estados, pelos Municípios, e respectivas **autarquias**, e pelos que gozam de isenção legal, com fulcro no artigo 1.007, § 1º, do CPC.

De acordo com o STJ, "a teor dos arts. 27 e 511, § 1º, do revogado CPC/1973 (arts. 91 e 1.007, § 1º, do CPC/2015), o Instituto Nacional do Seguro Social – INSS, nos recursos de competência dos Tribunais de Justiça, está dispensado do prévio pagamento do porte de remessa e de retorno, enquanto parcela integrante do preparo, devendo recolher o respectivo valor somente ao final da demanda, acaso vencido" (REsp 1.761.119-SP, Rel. Min. Sérgio Kukina, Corte Especial, por unanimidade, julgado em 07/08/2019, DJe 14/08/2019 (Tema 1.001).

Nos moldes do artigo 534, do CPC, no **cumprimento de sentença** que impuser à Fazenda Pública o dever de pagar quantia certa, o exequente apresentará demonstrativo discriminado e atualizado do crédito contendo:

> I – o nome completo e o número de inscrição no Cadastro de Pessoas Físicas ou no Cadastro Nacional da Pessoa Jurídica do exequente;
>
> II – o índice de correção monetária adotado;
>
> III – os juros aplicados e as respectivas taxas;
>
> IV – o termo inicial e o termo final dos juros e da correção monetária utilizados;
>
> V – a periodicidade da capitalização dos juros, se for o caso;
>
> VI – a especificação dos eventuais descontos obrigatórios realizados.

O artigo 523, § 1º, do Digesto Processual, prevê que não ocorrendo pagamento voluntário no prazo, o débito será acrescido de multa de dez por cento e, também, de honorários de advogado de dez por cento, regra inaplicável ao INSS por expressa exclusão normativa.

A Fazenda Pública será intimada na pessoa de seu representante judicial, por carga, remessa ou meio eletrônico, para, querendo, no **prazo de 30 (trinta) dias** e nos próprios autos, **impugnar a execução**, podendo arguir:

> I – falta ou nulidade da citação se, na fase de conhecimento, o processo correu à revelia;
>
> II – ilegitimidade de parte;
>
> III – inexequibilidade do título ou inexigibilidade da obrigação;
>
> IV – excesso de execução ou cumulação indevida de execuções;
>
> V – incompetência absoluta ou relativa do juízo da execução;
>
> VI – qualquer causa modificativa ou extintiva da obrigação, como pagamento, novação, compensação, transação ou prescrição, desde que supervenientes ao trânsito em julgado da sentença.

Considera-se **inexigível** a obrigação reconhecida em título executivo judicial fundado em lei ou ato normativo considerado inconstitucional pelo **Supremo Tribunal Federal**, ou fundado em aplicação ou interpretação da lei ou do ato normativo tido pelo Supremo Tribunal Federal como incompatível com a Constituição Federal, em controle de constitucionalidade concentrado ou difuso.

Vale registrar que os bens do INSS são impenhoráveis por se tratar de pessoa jurídica de direito público, devendo a execução contra a autarquia federal obedecer aos ditames constitucionais do **precatório** e da **requisição de pequeno valor (RPV)** quando, neste último caso, a quantia exequenda não exceda a 60 salários mínimos, nos termos do artigo 17[16] da Lei 10.259/2001.

Tratando-se de obrigação de pagar quantia certa de até 60 salários mínimos, após o trânsito em julgado da decisão, o pagamento será efetuado via RPV no prazo de sessenta dias, contados da entrega da requisição, por ordem do Juiz, à autoridade citada para a causa, na agência mais próxima da Caixa Econômica Federal ou do Banco do Brasil, independentemente de precatório.

Veja-se o artigo 100 da Constituição Federal:

> "Art. 100. Os pagamentos devidos pelas Fazendas Públicas Federal, Estaduais, Distrital e Municipais, em virtude de sentença judiciária, far-se-ão exclusivamente na **ordem cronológica de apresentação dos precatórios e à conta dos créditos respectivos**, proibida a designação de casos ou de pessoas nas dotações orçamentárias e nos créditos adicionais abertos para este fim. (Redação dada pela Emenda Constitucional nº 62, de 2009). (Vide Emenda Constitucional nº 62, de 2009)
>
> § 1º Os débitos de **natureza alimentícia** compreendem aqueles decorrentes de salários, vencimentos, proventos, pensões e suas complementações, **benefícios previdenciários** e indenizações por morte ou por invalidez, fundadas em responsabilidade civil, em virtude de sentença judicial transitada em julgado, e **serão pagos com preferência sobre todos os demais débitos**, exceto sobre aqueles referidos no § 2º deste artigo. (Redação dada pela Emenda Constitucional nº 62, de 2009).
>
> § 2º Os **débitos de natureza alimentícia** cujos titulares, originários ou por sucessão hereditária, tenham **60 (sessenta) anos de idade, ou sejam portadores de doença grave, ou pessoas com deficiência**, assim definidos na forma da lei, **serão pagos com preferência sobre todos os demais débitos**, até o **valor equivalente ao triplo fixado em lei** para os fins do disposto no § 3º deste artigo, admitido o fracionamento para essa finalidade, sendo que o restante será pago na ordem cronológica de apresentação do precatório. (Redação dada pela Emenda Constitucional nº 94, de 2016)
>
> § 3º O disposto no caput deste artigo relativamente à expedição de precatórios não se aplica aos pagamentos de **obrigações definidas em leis como de pequeno valor** que as Fazendas referidas devam fazer em virtude de sentença judicial transitada em julgado. (Redação dada pela Emenda Constitucional nº 62, de 2009).
>
> § 4º Para os fins do disposto no § 3º, poderão ser fixados, por leis próprias, valores distintos às entidades de direito público, segundo as diferentes capacidades econômicas, sendo o mínimo igual ao valor do maior benefício do regime geral de previdência social. (Redação dada pela Emenda Constitucional nº 62, de 2009).
>
> § 5º É **obrigatória a inclusão**, no orçamento das entidades de direito público, de verba necessária ao pagamento de seus débitos, oriundos de sentenças transitadas em julgado, constantes de precatórios judiciários **apresentados até 1º de julho**, fazendo-se o pagamento **até o final do exercício**

16. § 1º Para os efeitos do § 3º do art. 100 da Constituição Federal, as obrigações ali definidas como de pequeno valor, a serem pagas independentemente de precatório, terão como limite o mesmo valor estabelecido nesta Lei para a competência do Juizado Especial Federal Cível (art. 3º, caput).

seguinte, quando terão seus valores atualizados monetariamente. (Redação dada pela Emenda Constitucional nº 62, de 2009).

§ 6º As dotações orçamentárias e os créditos abertos serão **consignados diretamente ao Poder Judiciário**, cabendo ao Presidente do Tribunal que proferir a decisão exequenda determinar o pagamento integral e autorizar, a requerimento do credor e exclusivamente para os casos de preterimento de seu direito de precedência ou de não alocação orçamentária do valor necessário à satisfação do seu débito, o sequestro da quantia respectiva. (Redação dada pela Emenda Constitucional nº 62, de 2009).

§ 7º O Presidente do Tribunal competente que, por ato comissivo ou omissivo, retardar ou tentar frustrar a liquidação regular de precatórios incorrerá em crime de responsabilidade e responderá, também, perante o Conselho Nacional de Justiça. (Incluído pela Emenda Constitucional nº 62, de 2009).

§ 8º É vedada a expedição de precatórios complementares ou suplementares de valor pago, bem como o fracionamento, repartição ou quebra do valor da execução para fins de enquadramento de parcela do total ao que dispõe o § 3º deste artigo. (Incluído pela Emenda Constitucional nº 62, de 2009).

§ 9º No momento da expedição dos precatórios, independentemente de regulamentação, deles deverá ser abatido, a título de **compensação**, valor correspondente aos débitos líquidos e certos, inscritos ou não em dívida ativa e constituídos contra o credor original pela Fazenda Pública devedora, incluídas parcelas vincendas de parcelamentos, ressalvados aqueles cuja execução esteja suspensa em virtude de contestação administrativa ou judicial. (Incluído pela Emenda Constitucional nº 62, de 2009).

§ 10. Antes da expedição dos precatórios, o Tribunal solicitará à Fazenda Pública devedora, para resposta em até 30 (trinta) dias, sob pena de perda do direito de abatimento, informação sobre os débitos que preencham as condições estabelecidas no § 9º, para os fins nele previstos. (Incluído pela Emenda Constitucional nº 62, de 2009).

§ 11. É facultada ao credor, conforme estabelecido em lei da entidade federativa devedora, a entrega de créditos em precatórios para compra de imóveis públicos do respectivo ente federado. (Incluído pela Emenda Constitucional nº 62, de 2009).

§ 12. A partir da promulgação desta Emenda Constitucional, a atualização de valores de requisitórios, após sua expedição, até o efetivo pagamento, independentemente de sua natureza, será feita pelo índice oficial de remuneração básica da caderneta de poupança, e, para fins de compensação da mora, incidirão juros simples no mesmo percentual de juros incidentes sobre a caderneta de poupança, ficando excluída a incidência de juros compensatórios. (Incluído pela Emenda Constitucional nº 62, de 2009).

§ 13. O credor poderá ceder, total ou parcialmente, seus créditos em precatórios a terceiros, independentemente da concordância do devedor, não se aplicando ao cessionário o disposto nos §§ 2º e 3º. (Incluído pela Emenda Constitucional nº 62, de 2009).

§ 14. A cessão de precatórios somente produzirá efeitos após comunicação, por meio de petição protocolizada, ao tribunal de origem e à entidade devedora. (Incluído pela Emenda Constitucional nº 62, de 2009).

§ 15. Sem prejuízo do disposto neste artigo, lei complementar a esta Constituição Federal poderá estabelecer regime especial para pagamento de crédito de precatórios de Estados, Distrito Federal e Municípios, dispondo sobre vinculações à receita corrente líquida e forma e prazo de liquidação. (Incluído pela Emenda Constitucional nº 62, de 2009).

§ 16. A seu critério exclusivo e na forma de lei, a União poderá assumir débitos, oriundos de precatórios, de Estados, Distrito Federal e Municípios, refinanciando-os diretamente. (Incluído pela Emenda Constitucional nº 62, de 2009)

§ 17. A União, os Estados, o Distrito Federal e os Municípios aferirão mensalmente, em base anual, o comprometimento de suas respectivas receitas correntes líquidas com o pagamento de precatórios e obrigações de pequeno valor. (Incluído pela Emenda Constitucional nº 94, de 2016)

§ 18. Entende-se como receita corrente líquida, para os fins de que trata o § 17, o somatório das receitas tributárias, patrimoniais, industriais, agropecuárias, de contribuições e de serviços, de transferências correntes e outras receitas correntes, incluindo as oriundas do § 1º do art. 20 da Constituição Federal, verificado no período compreendido pelo segundo mês imediatamente anterior ao de referência e os 11 (onze) meses precedentes, excluídas as duplicidades, e deduzidas: (Incluído pela Emenda Constitucional nº 94, de 2016)

I – na União, as parcelas entregues aos Estados, ao Distrito Federal e aos Municípios por determinação constitucional; (Incluído pela Emenda Constitucional nº 94, de 2016)

II – nos Estados, as parcelas entregues aos Municípios por determinação constitucional; (Incluído pela Emenda Constitucional nº 94, de 2016)

III – na União, nos Estados, no Distrito Federal e nos Municípios, a contribuição dos servidores para custeio de seu sistema de previdência e assistência social e as receitas provenientes da compensação financeira referida no § 9º do art. 201 da Constituição Federal. (Incluído pela Emenda Constitucional nº 94, de 2016)

§ 19. Caso o montante total de débitos decorrentes de condenações judiciais em precatórios e obrigações de pequeno valor, em período de 12 (doze) meses, ultrapasse a média do comprometimento percentual da receita corrente líquida nos 5 (cinco) anos imediatamente anteriores, a parcela que exceder esse percentual poderá ser financiada, excetuada dos limites de endividamento de que tratam os incisos VI e VII do art. 52 da Constituição Federal e de quaisquer outros limites de endividamento previstos, não se aplicando a esse financiamento a vedação de vinculação de receita prevista no inciso IV do art. 167 da Constituição Federal. (Incluído pela Emenda Constitucional nº 94, de 2016)

§ 20. Caso haja precatório com valor superior a 15% (quinze por cento) do montante dos precatórios apresentados nos termos do § 5º deste artigo, 15% (quinze por cento) do valor deste precatório serão pagos até o final do exercício seguinte e o restante em parcelas iguais nos cinco exercícios subsequentes, acrescidas de juros de mora e correção monetária, ou mediante acordos diretos, perante Juízos Auxiliares de Conciliação de Precatórios, com redução máxima de 40% (quarenta por cento) do valor do crédito atualizado, desde que em relação ao crédito não penda recurso ou defesa judicial e que sejam observados os requisitos definidos na regulamentação editada pelo ente federado. (Incluído pela Emenda Constitucional nº 94, de 2016)",

Vale registrar que os créditos de benefícios previdenciários são verbas alimentares, regramento que obviamente deve ser estendido aos benefícios assistenciais, tendo preferência em relação aos demais débitos do Poder Público.

Dentro desta ordem preferencial dos débitos alimentares do INSS, os maiores de sessenta anos de idade, portadores de doença grave e pessoas com deficiência devem possuem prioridade no recebimento dos seus créditos no valor de até 180 salários mínimos.

Os precatórios inscritos até 1º de Julho será necessariamente pagos até 31 de dezembro do ano seguinte.

De acordo com o STF, não incide juros de mora no período compreendido entre a expedição do precatório e a da do seu efetivo pagamento, desde que observado o prazo constitucional, havendo apenas a incidência da correção monetária:

Informativo STF 984– Precatório: juros de mora e período compreendido entre a data da expedição e o efetivo pagamento – Durante o período previsto no § 1º do art. 100 da Constituição, não incidem juros de mora sobre os precatórios que nele sejam pagos.

> Com base nesse entendimento, o Plenário, por maioria, deu provimento a embargos de divergência para, reformando o acórdão embargado, dar provimento ao recurso extraordinário.
>
> **O colegiado afirmou que não incidem juros de mora no período compreendido entre a data da expedição do precatório e seu efetivo pagamento, desde que realizado no prazo estipulado constitucionalmente**. Esclareceu, ademais, que a tese foi enunciada no Verbete 17 da Súmula Vinculante do Supremo Tribunal Federal (STF).
>
> Vencidos os ministros Marco Aurélio, Edson Fachin e Rosa Weber que negaram provimento aos embargos de divergência. O ministro Marco Aurélio pontuou que a Constituição é explícita ao revelar que, muito embora se tenha o prazo dilatado de 18 meses para a liquidação do débito, esse débito deve ser satisfeito tal como se contém, ou seja, atualizado, para não ser diminuído pelos efeitos da inflação, e também acrescido dos juros da mora. **RE 594892 AgR-ED-EDv/RS, rel. Min. Luiz Fux, julgamento em 1.7.2020. (RE-594892)**

Quando se alegar que o exequente, em excesso de execução, pleiteia quantia superior à resultante do título, cumprirá ao INSS declarar de imediato o valor que entende correto, sob pena de não conhecimento da arguição. Não impugnada a execução pela autarquia previdenciária ou rejeitadas as arguições da executada:

> I – expedir-se-á, por intermédio do presidente do tribunal competente, precatório em favor do exequente, observando-se o disposto na Constituição Federal;
>
> II – por ordem do juiz, dirigida à autoridade na pessoa de quem o ente público foi citado para o processo, o pagamento de obrigação de pequeno valor será realizado no prazo de 2 (dois) meses contado da entrega da requisição, mediante depósito na agência de banco oficial mais próxima da residência do exequente.

Tratando-se de impugnação parcial, a parte não questionada pela executada será, desde logo, objeto de cumprimento. No entanto, não poderá haver fracionamento para a fuga do regime de precatório, caso a divisão da execução recaia no rito da requisição de pequeno valor (RPV), que no caso do INSS é o valor de até sessenta salários mínimos.

Vale frisar que, por força da Lei 13.463/2017, foram cancelados os precatórios e as RPV federais expedidos e cujos valores não tenham sido levantados pelo credor e estejam depositados há mais de dois anos em instituição financeira oficial.

Uma vez cancelado o precatório ou a RPV, poderá ser expedido novo ofício requisitório, a requerimento do credor, mas o novo precatório ou a nova RPV conservará a ordem cronológica do requisitório anterior e a remuneração correspondente a todo o período.

Os efeitos da decisão do Supremo Tribunal Federal poderão ser modulados no tempo, de modo a favorecer a segurança jurídica, devendo a decisão do STF ter sido proferida antes do trânsito em julgado da decisão exequenda.

Acaso a decisão do STF mencionada tenha sido proferida após o trânsito em julgado da decisão exequenda, caberá ação rescisória para desconstituir o julgado, e não alegação de inexigibilidade do título exequendo, cujo prazo será contado do trânsito em julgado da decisão proferida pelo Supremo Tribunal Federal.

Nos termos do artigo 910, do CPC, na execução fundada **em título extrajudicial**, a Fazenda Pública será citada para opor **embargos em 30 (trinta) dias**, podendo o INSS alegar qualquer matéria que lhe seria lícito deduzir como defesa no processo de conhecimento.

Não opostos embargos ou transitada em julgado a decisão que os rejeitar, expedir-se-á precatório ou requisição de pequeno valor em favor do exequente, observando-se o disposto no art. 100 da Constituição Federal.

São raras as execuções movidas contra a autarquia previdenciária decorrentes de títulos extrajudiciais, sendo comum a execução de decisões judiciais.

Na **ação rescisória**, o artigo 968, § 1º, do CPC dispensou o INSS de depositar a importância de cinco por cento sobre o valor da causa, que se converterá em multa caso a ação seja, por unanimidade de votos, declarada inadmissível ou improcedente.

3. O PRÉVIO REQUERIMENTO ADMINISTRATIVO E A REAFIRMAÇÃO JUDICIAL DA DATA DE ENTRADA DO REQUERIMENTO

Será preciso que o segurado ou seu dependente promova o requerimento administrativo de benefício previdenciário perante o INSS antes de ingressar com ação judicial em postulação à prestação previdenciária, sob pena de falta de interesse-necessidade de agir?

Cuida-se de uma indagação que poderá inibir a instauração de milhões de processos judiciais contra a Previdência Social. Se é certo que não se afastará lesão ou ameaça a direito do crivo do Poder Judiciário, também existe a premissa de que é curial que a Previdência Social se manifeste previamente sobre o deferimento ou não de um benefício previdenciário, a fim de configurar uma lide.

É um tema que desafia até o Princípio da Separação dos Poderes, núcleo intangível da Constituição Federal de 1988, apesar de se saber que a separação de funções é relativa, havendo um sistema de freios e contrapesos, vez que o poder só é limitado pelo próprio poder.

Com efeito, compete ao Poder Judiciário controlar a legalidade dos atos comissivos e omissivos da Administração Pública, excluída a margem discricionária, nos atos não vinculados, em que existe conveniência e oportunidade na valoração do melhor caminho e momento da prática do ato administrativo.

Logo, a partir do momento que os beneficiários da previdência social passam a requerer diretamente os benefícios ao Poder Judiciário, de mero controlador de legitimidade dos atos administrativos, os juízes passam a exercer diretamente a função administrativa, o que não se coaduna com o Princípio da Separação dos Poderes.

De efeito, o caráter substitutivo da jurisdição apenas deverá se operar quando houver litígio, ou seja, pretensão dos beneficiários do RGPS resistida pelo INSS, a fim de que os atos da Administração Pública sejam validados ou revistos pelo Poder Judiciário.

De acordo com o artigo 5º, inciso XXXV, da Constituição Federal de 1988, "a lei não excluirá da apreciação do Poder Judiciário lesão ou ameaça a direito". Cuida-se de previsão constitucional das mais importantes, que consagra uma garantia fundamental em que os órgãos do Poder Judiciário funcionarão como guardiões do Estado Democrático e Social de Direito brasileiro.

Com propriedade, no ordenamento jurídico brasileiro, apenas o Poder Judiciário detém a legitimidade para exercer a jurisdição, dizendo o direito e compondo os litígios, mas que deve ser provocada pelo exercício do direito de ação (Princípio da Inércia da Jurisdição).

Entretanto, em regra, quando um beneficiário da previdência social intenta uma ação judicial contra o INSS, sem provocar previamente a autarquia previdenciária, inexiste lesão ou ameaça de lesão ao suposto direito subjetivo do proponente.

Vale frisar que incumbe ao autor da ação demonstrar concretamente a existência do direito violado ou, ao menos, uma ameaça concreta de violação mediante conduta comissiva ou omissiva do réu, sob pena de inexistir uma demanda a ser apreciada pelo Poder Judiciário.

É que quando o INSS não tem a oportunidade de se manifestar administrativamente sobre a concessão de um benefício, tomando conhecimento do desejo de proteção social do beneficiário apenas na seara judicial, a rigor, não há uma pretensão resistida a ser submetida ao crivo do Estado-juiz, pois o Estado-administrador não exerceu a função administrativa que ordinariamente lhe incumbe.

Assim sendo, a exigência do prévio requerimento administrativo de benefício não viola o Princípio do Monopólio da Jurisdição, vez que não se está defendendo o afastamento do Poder Judiciário do exercício da sua atividade política, tendo em vista a não configuração de um litígio.

Outrossim, **aqui não se sustenta a necessidade de o segurado ou do seu dependente de esgotar a instância administrativa, mas apenas instaurá-la e aguardar o posicionamento administrativo em 1º grau**, desde que haja um prazo razoável de duração do processo administrativo previdenciário.

Apenas nos casos em que inexista dilação probatória, no qual o segurado ou dependente é previamente sabedor do indeferimento do pedido pelo INSS, é que o requerimento administrativo deverá ser dispensado para a propositura da ação judicial, a exemplo da desaposentação.

Em termos de políticas públicas, os números falam por si. De acordo com o SUIB – Sistema Único de Informações de Benefícios, a esmagadora maioria dos benefícios previdenciários ativos é paga administrativamente pelo INSS, independentemente de ordem judicial.

Dos benefícios ativos, pouco mais de 90% foram implantados administrativamente, ao passo que menos de 10% foram instituídos por determinação judicial, o que demonstra que uma pequena parcela dos segurados e dependentes precisam recorrer ao Poder Judiciário.

Outrossim, em razão do enorme volume de causas previdenciárias, a não exigência do prévio requerimento administrativo coloca em risco o regular exercício da função jurisdicional, pois é certo que os órgãos judiciais não possuem estrutura para suportar a demanda que o INSS está preparado para receber, especialmente a Justiça Estadual, que normalmente é bem mais lenta que os órgãos da Justiça Federal, como ocorre visivelmente no Estado da Bahia, onde a Justiça local vem sendo apontada reiteradamente pelo Conselho Nacional de Justiça como a mais lenta do país.

Impende salientar que milhões de ações contra o INSS são propostas na Justiça Estadual, nas hipóteses em que na sede do município em que o beneficiário é domiciliado não existe órgão da Justiça Federal, ficando o juiz estadual investido de jurisdição federal, a teor do artigo 109, § 3º, da Constituição Federal.

Já as ações propostas contra o INSS que objetivam a concessão ou revisão de benefícios previdenciários decorrentes de acidente de trabalho necessariamente serão propostas na Justiça Estadual, competente absolutamente em razão da matéria, com arrimo no artigo 109, inciso I, parte final, da Constituição.

Por conseguinte, haverá um elevado acúmulo de processos desnecessários, elevando em demasia o tempo de julgamento, o que acabará atentando contra o direito fundamental à duração razoável do processo, notadamente nos Juizados Federais, que devem ser norteados pelo Princípio da Celeridade.

Por seu turno, na medida em que cresce o número de processos judiciais previdenciários, haverá uma elevação dos custos com o funcionamento da máquina judiciária, esvaziando os postos de atendimento do INSS já dimensionados para prestar o primeiro atendimento aos beneficiários do RGPS.

Vale frisar ainda que nos processos judiciais em que não houver o prévio requerimento administrativo dificilmente haverá uma proposta de conciliação por parte do INSS, pois o Procurador Federal deverá suscitar a carência de interesse de agir por ausência de requerimento administrativo.

Ademais, pelo fato de ter inexistido uma análise administrativa, o advogado público federal não terá como analisar a existência de erro de fato ou de direito para propor o acordo, a fim de corrigir o ato ilegal da autarquia previdenciária, consoante exige o artigo 3º, da Portaria 109/2007, da Advocacia-Geral da União.

Nesse sentido, dispõe o artigo 3º, § 5º, do citado ato regulamentar, que "na ausência de prévio requerimento administrativo objetivando a concessão de benefícios previdenciários ou outros direitos, o advogado ou procurador poderá solicitar ao juízo a suspensão da ação pelo prazo necessário para a administração analisar o pedido, o qual, se deferido, deve ser comunicado ao Poder Judiciário".

Realmente, o Procurador Federal que atua judicialmente em nome do INSS não poderá se tornar um servidor *ad hoc* do INSS, substituindo os servidores especializados das agências da Previdência Social, mesmo porque não integra os quadros da autarquia previdenciária, e sim da União, na condição de membros da Advocacia-Geral da União.

Da mesma forma, dificilmente o Procurador Federal terá segurança para apresentar uma proposta de conciliação sem a prévia manifestação administrativa do INSS, pois é certo que existem mazelas judiciais menos comuns no processo administrativo, a exemplo da instrução de testemunhas para faltar com a verdade de juízo.

De sua vez, no âmbito administrativo o segurado terá a chance de receber *in totum* os valores do seu benefício, sendo comum e muitas vezes necessária a contratação de advogados para a propositura e o acompanhamento das ações judiciais, com contratos de honorários que normalmente prevêem o pagamento de 30% das parcelas devidas ao segurado, como é bastante comum na Seção Judiciária da Bahia.

Outra vantagem de o segurado tentar a sorte na esfera administrativa inicialmente, para, depois, se for o caso, ajuizar uma ação judicial, é que serão duas as chances de obter o benefício. Já aquele que simplesmente ignora o INSS terá apenas uma oportunidade de obtê-lo.

É que uma vez transitada em julgado a decisão judicial que indefere um benefício previdenciário, salvo alteração dos pressupostos de concessão (cláusula *rebus sic stantibus*), o INSS não irá deferi-lo na esfera administrativa, com receio de descumprir a autoridade da coisa julgada.

Nesse sentido, de acordo com artigo 36, § 6º, do Regimento Interno do Conselho de Recursos da Previdência Social, se houver decisão judicial transitada em julgado com o mesmo objeto do processo administrativo, conforme orientação da Procuradoria Federal Especializada, a coisa julgada prevalecerá sobre a decisão administrativa.

Não raras vezes o entendimento dos julgadores em ações previdenciárias é mais severo do que o entendimento do INSS, podendo ser prejudicial e arriscado aos beneficiários ajuizar uma ação antes de vindicar a prestação previdenciária na via administrativa.

Cada vez mais a União investe em melhor atendimento da população nas agências da Previdência Social, sendo fato cada vez raro a formação de grandes filas, problema considerado solucionado com o advento do Programa de Combate às Filas.

Como exemplo de significativas melhorias recentes, é possível citar a ampliação e adequação da rede de atendimento, nomeação de novos técnicos, analistas previdenciários e peritos médicos, o atendimento em 30 minutos, o extrato previdenciário, dentre inúmeras outras medidas eficazes adotadas no âmbito da autarquia previdenciária.

Neste tema andou muito bem o FONAJEF. De acordo com o seu enunciado 77, o ajuizamento da ação de concessão de benefício da seguridade social reclama prévio requerimento administrativo.

Corretamente, o FONAJEF concluiu que apenas o ajuizamento da ação revisional de benefício da seguridade social que não envolva matéria de fato dispensa o prévio requerimento administrativo, nos termos do enunciado 78, exigência que também foi flexibilizada para os juizados itinerantes (enunciado 80).

Assim sendo, caberá ao INSS apenas arguir em contestação a ausência de interesse-necessidade de agir, devendo o juiz extinguir o processo sem o julgamento do mérito. Ademais, em caráter excepcional, não deverá o presentante judicial de a autarquia previdenciária aplicar o Princípio da Eventualidade, não devendo entrar no mérito da causa, vez que resistir à pretensão do autor derrubará a tese da carência de ação.

Para o exercício regular do direito de ação, a fim de obter um provimento de mérito, deverão os jurisdicionados atender as condições da ação, que no Brasil são a legitimidade, o interesse de agir e a possibilidade jurídica do pedido.

Com propriedade, para ter interesse processual, é curial que o autor comprove a utilidade e a necessidade do processo judicial, sob pena de extinção terminativa da demanda (sem julgamento do mérito).

Por óbvio, o beneficiário da previdência social possui incontestável interesse-utilidade de agir, pois vindica a concessão de um benefício previdenciário, que irá dar-lhe o sustento que precisa.

Entrementes, se o autor não perpetrou o prévio requerimento administrativo, por certo será carecedor de ação, haja vista inexistir interesse-necessidade, pois havia real possibilidade de seu pedido ter sido atendido na via administrativa.

Pode-se aqui tomar de empréstimo o mesmo entendimento sobre a ação constitucional de *habeas data*, em que a ausência de recusa do fornecimento de informações pela autoridade impetrada importa em ausência de interesse de agir, conquanto neste caso haja previsão expressa no artigo 8º, da Lei 9.507/97, dispositivo que vem sendo largamente aplicado pelo Supremo Tribunal Federal[17].

Contudo, caso o INSS não se manifeste sobre o pedido administrativo do beneficiário em prazo razoável, o administrado passará a ter interesse-necessidade de agir para propor a demanda judicial.

A Lei 8.213/91 não fixa expressamente um prazo para a tomada da decisão administrativa, mas apenas o lapso temporal de 45 dias para o primeiro pagamento do benefício, a contar da apresentação de toda a documentação necessária à sua concessão (artigo 41-A, § 5º).

Destarte, entende-se ser razoável o prazo de 60 dias para a deliberação da autarquia previdenciária, devendo ser suspenso o prazo toda vez que o curso processual estiver aguardando a tomada de alguma providência pelo segurado ou dependente, a exemplo da juntada de documentos pertinentes.

17. A exemplo do julgamento do **HD 87 AgR / DF, de 25.11.2009.**

Ultrapassado esse período sem uma manifestação conclusiva do INSS, a omissão da Administração Pública faz nascer o interesse-necessidade de agir, porquanto o Poder Público deve ter uma atuação célere por se tratar de verba alimentar.

Outrossim, não será necessário o prévio requerimento administrativo nas hipóteses em que sabidamente haverá um indeferimento do INSS, como ocorre com os pedidos de desaposentação.

Deverá o INSS apenas arguir na contestação ausência de interesse-necessidade de agir por carência de requerimento administrativo, pois se entrar no mérito do pedido, resistindo à pretensão posta em juízo, cairá por terra a tese da autarquia previdenciária.

Deve-se, neste caso excepcional, ser ignorado o Princípio da Eventualidade, pois é incompatível abrir uma preliminar de falta de interesse de agir, orientando que o autor dirija-se a um posto de atendimento da Previdência Social, para, em seguida, alegar que o benefício deve ser negado pelo julgador, caso ultrapassada a arguição prévia.

Insta salientar que a participação na instrução processual, a exemplo da inquirição de testemunhas, não prejudica a tese proposta, pois não implica na resistência à pretensão posta em juízo, sendo dever funcional do advogado público federal, que, inclusive, poderá alterar a sua estratégia de defesa, caso necessário.

Por outro lado, caso o Procurador Federal tenha convicção que direito não assiste à parte autora, ficando evidente no caso concreto, é interessante que não alegue a falta de requerimento administrativo e adentre ao mérito da causa, pois o beneficiário não terá nenhum sucesso nas agências da previdência social, a exemplo da concessão de um amparo assistencial a uma pessoa idosa que tenha renda *per capita* familiar superior a ¼ de salário mínimo, pois esse critério não é flexibilizado pelo INSS.

De acordo com o Manual de Conciliação da Procuradoria Federal Especializada do INSS (item 6.4), "a conveniência da realização de acordo quando inexiste prévio requerimento administrativo deve ser analisada pelo Procurador, observando as peculiaridades da região em que atua quanto à acolhida da tese, de modo a não inviabilizar por completo a realização de acordos benéficos ao INSS nessas hipóteses".

Entende-se que também é imprescindível o prévio requerimento administrativo nas hipóteses de pedido de revisão judicial de benefícios já concedidos pelo INSS, mas apenas nos casos em que a Previdência Social já reconheceu o direito na via administrativa, que ainda não foi satisfeito por ausência de provocação do administrado.

No passado, o STJ chegou a exigir o prévio requerimento administrativo como condição de admissão de ação judicial:

> "PROCESSUAL CIVIL. CARÊNCIA DE AÇÃO POR FALTA DE INTERESSE DE AGIR. PREVIDENCIÁRIO. PENSÃO POR MORTE. FALTA DE PEDIDO ADMINISTRATIVO. DISSIDIO COM A SUM. 89/STJ NÃO OCORRENTE. 1 – SE A INTERESSADA, SEM NENHUM PEDIDO ADMINISTRATIVO, PLEITEIA DIRETAMENTE EM JUIZO BENEFICIO NÃO ACIDENTÁRIO (PENSÃO POR MORTE), INEXISTE DISSIDIO COM A SUM. 89/STJ ANTE A DESSEMELHANÇA ENTRE AS SITUAÇÕES EM COTEJO, SENDO, POIS, **CORRETO O JULGADO RECORRIDO AO FIXAR A AUSÊNCIA DE UMA DAS CONDIÇÕES DA AÇÃO – INTERESSE DE AGIR – PORQUANTO, A MINGUA DE QUALQUER OBSTÁCULO IMPOSTO PELA AUTARQUIA FEDERAL (INSS), NÃO SE APERFEIÇOA A LIDE, DOUTRINARIAMENTE CONCEITUADA COMO UM CONFLITO DE INTERESSES CARACTERIZADOS POR UMA PRETENSÃO RESISTIDA**. 2 – RECURSO ESPECIAL NÃO CONHECIDO" (REsp 147.408, de 11.12.97).

Todavia, o STJ mudou radicalmente de posicionamento através da sua 3ª Seção, pois passou a dispensar o prévio requerimento administrativo como condição da ação, sendo esta a posição prevalente na jurisprudência brasileira na atualidade:

> AGRAVO REGIMENTAL NO RECURSO ESPECIAL. PREVIDENCIÁRIO. DESNECESSIDADE DE PRÉVIO REQUERIMENTO ADMINISTRATIVO COMO REQUISITO PARA O AJUIZAMENTO DE AÇÃO EM QUE SE PLEITEIA BENEFÍCIO PREVIDENCIÁRIO. **1. A teor da jurisprudência desta Corte de Justiça, a ausência de prévio requerimento administrativo não constitui óbice para que o segurado pleiteie judicialmente o benefício pretendido.** 2. Agravo regimental a que se nega provimento (REsp 1.129.201, de 02.02.2010).

Neste caso, o benefício terá como data de início o dia da citação, pois é o ato que induz em mora o devedor, na forma da jurisprudência do STJ[18], ou então na data de juntada do laudo pericial, caso se trate de benefício por incapacidade.

Contudo, o tema passou a ser controverso no âmbito do STJ. É que a 2ª Turma, em 15.05.2012, no julgamento do REsp 1.310.042 passou a decidir que é necessário, em regra, o prévio requerimento administrativo como condição para a propositura da ação judicial contra o INSS:

> **"PREVIDENCIÁRIO. AÇÃO CONCESSÓRIA DE BENEFÍCIO. PROCESSO CIVIL. CONDIÇÕES DA AÇÃO. INTERESSE DE AGIR (ARTS. 3º E 267, VI, DO CPC). PRÉVIO REQUERIMENTO ADMINISTRATIVO. NECESSIDADE, EM REGRA.**
>
> 1. Trata-se, na origem, de ação, cujo objetivo é a concessão de benefício previdenciário, na qual o segurado postulou sua pretensão diretamente no Poder Judiciário, sem requerer administrativamente o objeto da ação.
>
> 2. A presente controvérsia soluciona-se na via infraconstitucional, pois não se trata de análise do princípio da inafastabilidade da jurisdição (art. 5º, XXXV, da CF). Precedentes do STF.
>
> 3. O interesse de agir ou processual configura-se com a existência do binômio necessidade-utilidade da pretensão submetida ao Juiz. A necessidade da prestação jurisdicional exige a demonstração de resistência por parte do devedor da obrigação, já que o Poder Judiciário é via destinada à resolução de conflitos.
>
> 4. Em regra, não se materializa a resistência do INSS à pretensão de concessão de benefício previdenciário não requerido previamente na esfera administrativa.
>
> 5. O interesse processual do segurado e a utilidade da prestação jurisdicional concretizam-se nas hipóteses de a) recusa de recebimento do requerimento ou b) negativa de concessão do benefício previdenciário, seja pelo concreto indeferimento do pedido, seja pela notória resistência da autarquia à tese jurídica esposada.
>
> 6. A aplicação dos critérios acima deve observar a prescindibilidade do exaurimento da via administrativa para ingresso com ação previdenciária, conforme Súmulas 89/STJ e 213/ex-TFR.
>
> 7. Recurso Especial não provido".

No entanto, a 1ª Turma do STJ dispensa o prévio requerimento como condição para a propositura da ação judicial contra o INSS:

> "PREVIDENCIÁRIO. PROCESSUAL CIVIL. AGRAVO REGIMENTAL NO AGRAVO EM RECURSO ESPECIAL. REPERCUSSÃO GERAL RECONHECIDA NO RE 631.240/MG. SOBRESTAMENTO INCABÍVEL EM SEDE DE RECURSO ESPECIAL. TRABALHADOR

18. AGREsp 1.049.242, de 16.10.2008.

RURAL. DESNECESSIDADE DE PRÉVIO REQUERIMENTO ADMINISTRATIVO. NOTÓRIA RESISTÊNCIA DA AUTARQUIA. AGRAVO NÃO PROVIDO.

1. É cediço que "o reconhecimento de repercussão geral pelo Excelso Pretório, com fulcro no art. 543-B do CPC, não tem o condão de sobrestar o julgamento dos recursos especiais em tramitação nesta Corte" (EDcl no AgRg no REsp 1.137.447/RS, Rel. Min. OG FERNANDES, Sexta Turma, DJe 7/2/13).

2. O entendimento predominante no Superior Tribunal de Justiça é no sentido da dispensa de prévio requerimento administrativo para o ingresso na via judicial que objetive a percepção de benefício previdenciário, afastando-se a alegação de ausência de interesse de agir.

3. Não se olvida que a Segunda Turma possui compreensão de que "o interesse processual do segurado e a utilidade da prestação jurisdicional concretizam-se nas seguintes hipóteses: recusa de recebimento do requerimento; negativa de concessão do benefício previdenciário, seja pelo concreto indeferimento do pedido, seja pela notória resistência da autarquia à tese jurídica esposada" (AgRg no AREsp 283.743/AL, Rel. Min. CASTRO MEIRA, Segunda Turma, DJe 26/4/13).

4. A compreensão adotada pela Segunda Turma em nada altera a conclusão acolhida nestes autos, porquanto é sabido que o INSS indefere benefício a trabalhador rural sem início de prova material, cujo reconhecimento ora se postula" (AgRg no AREsp 304348, de 28/05/2013).

Assim sendo, embora houvesse controvérsia interna, era prevalente no STJ (1ª, 5ª e 6ª Turma) a desnecessidade do prévio requerimento administrativo, vencida a 2ª Turma do STJ, até o julgamento do tema pelo Supremo Tribunal Federal.

No que concerne ao pedido de prorrogação do auxílio-doença, a TNU (tema 4) tem entendido ser desnecessário o prévio requerimento de renovação do benefício como condição para a propositura da ação judicial, em razão de dificuldades operacionais, a exemplo da decisão tomada no processo 2009.72.64.002377-9, de 14.06.2011:

"AÇÃO DE RESTABELECIMENTO DE AUXÍLIO-DOENÇA. INTERESSE DE AGIR. PEDIDO DE PRORROGAÇÃO NA ESFERA ADMINISTRATIVA. DESNECESSIDADE. As dificuldades operacionais do pedido de prorrogação do benefício de auxílio-doença, com seguidas cessações de prestação previdenciária por incapacidade nada obstante formulados os pedidos de manutenção do benefício, tornam incensurável o entendimento uniformizado pela TNU, no sentido da desnecessidade de prévio requerimento administrativo de prorrogação de auxílio-doença para ação de restabelecimento do benefício. Rel. Juiz José Antonio Savaris".

<table>
<tr><td>Tema</td><td>4</td><td>Situação do tema</td><td>Julgado</td><td>Ramo do direito</td><td>DIREITO PREVIDENCIÁRIO</td></tr>
<tr><td colspan="2">Questão submetida a julgamento</td><td colspan="4">Saber se é necessário prévio pedido de prorrogação de benefício de auxílio-doença nas hipóteses conhecidas por "alta programada".</td></tr>
<tr><td colspan="2">Tese firmada</td><td colspan="4">É devido o restabelecimento do auxílio-doença nas hipóteses conhecidas por "alta programada", independentemente de prévio pedido administrativo de prorrogação. VIDE TEMA 164/TNU</td></tr>
<tr><td colspan="2">Processo</td><td>Decisão de afetação</td><td>Relator (a)</td><td>Julgado em</td><td>Acórdão publicado em</td><td>Trânsito em julgado</td></tr>
<tr><td colspan="2">PEDILEF 2007.70.50.016551-5/ PR</td><td>08/03/2010</td><td>Juíza Federal Simone dos Santos Lemos Fernandes</td><td>06/09/2011</td><td>04/10/2011</td><td>17/08/2012</td></tr>
</table>

No entanto, a respeito do tema, colaciona-se Enunciado divergente aprovado no XII FONAJEF:

> **Grupo 6**
>
> **Enunciado nº 4 (ATUAL ENUNCIADO 165 FONAJEF)**
>
> Ausência de pedido de prorrogação de auxílio-doença configura a falta de interesse processual equivalente à inexistência de requerimento administrativo (Aprovado no XII FONAJEF).

No âmbito da Procuradoria Regional Federal da 1ª Região/Divisão de Benefício, a estratégia de defesa do INSS foi muito bem traçada na Orientação Recursal 05/2010, da lavra dos Procuradores Federais Lucas Louzada e Fabiana Souza, com as seguintes orientações:

> "3. Orientações
>
> Tendo em vista a estratégia acima descrita passamos às orientações específicas:
>
> 1. Caso o procurador oficiante não identifique questões de mérito a serem validamente suscitadas, orienta-se seja suscitada apenas a preliminar; se, por outro lado, for tomada a decisão de tratamento do mérito, que não se alegue a preliminar;
>
> 2. Proceda-se a uma análise da viabilidade da preliminar em vista da plausibilidade do indeferimento administrativo e dos argumentos de defesa tradicionalmente utilizados, nos termos acima expostos;
>
> 3. Proceda-se a uma análise acerca da efetiva existência de manifestação do INSS quanto ao mérito do direito pleiteado, ainda que de forma reflexa, nos termos acima expostos;
>
> 4. Não se abstenha de participar da instrução nas causas em que a defesa se restringir à preliminar de falta de interesse de agir, nem mesmo em sendo decretada a revelia;
>
> 5. Não se proponha acordo em causas versando benefícios que não foram objeto de prévio requerimento administrativo, afora as hipóteses acima colocadas, e tendo em vista as ponderações ali tratadas;
>
> 6. Não se interponha agravo de instrumento contra decisões que afastarem a preliminar de mérito no curso do processo, mas apenas em casos de liminares;
>
> 7. Não se insista na preliminar caso a questão concernente à falta de interesse de agir já tenha transitado em julgado, nos termos acima expostos;
>
> 6. Proceda-se a uma injunção perante os magistrados no sentido de não determinar a comprovação do indeferimento ou de suspender o processo, extinguindo os feitos por sentença, de preferência após sua instrução.
>
> No mais, indicamos alguns subsídios que fizemos a respeito das questões pontuadas.
>
> Conforme posto acima, caso o procurador oficiante não identifique questões de mérito a serem validamente suscitadas, basta suscitar a preliminar (AUSÊNCIA DE PRÉVIO REQUERIMENTO ADMINISTRATIVO).
>
> Caso se trate de benefício diverso de outro que foi indeferido, cujos motivos não tenham repercussão sobre o que então se pleiteia, aplica-se AUSÊNCIA DE PRÉVIO REQUERIMENTO ADMINISTRATIVO II. No caso específico de pedido de auxílio-doença, quando já indeferido LOAS/DEFICIENTE, particularmente em se tratando de benefício rural, aplica-se AUSÊNCIA DE PRÉVIO REQUERIMENTO ADMINISTRATIVO I.
>
> Se não foram atendidas exigências legítimas para a concessão do benefício, aplica-se AUSÊNCIA DE PRÉVIO REQUERIMENTO ADMINISTRATIVO III. Se a exigência disser respeito a documento que só veio a ser apresentado em juízo, combina-se com RETROAÇÃO.
>
> Caso se alegue a existência de indeferimento informal, aplica-se AUSÊNCIA DE PRÉVIO REQUERIMENTO ADMINISTRATIVO IV.

Em se tratando de benefício por incapacidade, quando a doença daquele que se pleiteia for diversa nem estiver relacionada àquela que foi objeto de indeferimento anterior, por parecer contrário da Perícia Médica, aplica-se AUSÊNCIA DE PRÉVIO REQUERIMENTO V.

Na hipótese de se tentar suprir a falta de interesse de agir por meio de formalização de agendamento, quando este for inferior a quarenta e cinco dias, aplica-se AUSÊNCIA DE PRÉVIO REQUERIMENTO ADMINISTRATIVO VI. Caso se trate de auxílio-doença cessado pelo COPES, em não tendo o segurado ingressado com Pedido de Prorrogação, aplica-se AUSÊNCIA DE PRÉVIO REQUERIMENTO ADMINISTRATIVO IX.

Em sendo decretada a revelia, aplica-se REVELIA. Se, por outro lado, se valer o magistrado ou a ***ex adversa*** do argumento segundo o qual a capacidade de transacionar implica a livre-disponibilidade, para fins de aplicação dos efeitos, aplica-se REVELIA III.

Contra a concessão de antecipação de tutela em casos de ausência de prévio requerimento administrativo, cabível INTERESSE DE AGIR III".

Vê-se, pois, que a Procuradoria-Geral Federal vem se preocupando em definir a sua estratégia de defesa para melhor atender aos interesses da Previdência Social, mediante a exigência do prévio requerimento administrativo de benefício.

Por fim, vale salientar que a questão foi sacramentada pelo STF, pois o INSS vinha provocando a análise da questão em inúmeros recursos extraordinários.

Finalmente a questão foi decidida pelo Supremo Tribunal Federal no dia 27 de abril de 2014, quando o Plenário julgou o Recurso Extraordinário 631.240. Adotou-se a mesma linha de raciocínio sustentada nesta obra a fim de exigir, em regra, o prévio requerimento administrativo como condição de procedibilidade da ação judicial, sob pena de carência de interesse de agir e extinção do processo sem o julgamento do mérito.

Veja-se notícia publicada no site do STF:

"Quarta-feira, 27 de agosto de 2014

Ação judicial sobre concessão de benefício deve ser precedida de requerimento ao INSS

O Supremo Tribunal Federal (STF), em sessão plenária nesta quarta-feira (27), deu parcial provimento ao Recurso Extraordinário (RE) 631240, com repercussão geral reconhecida, em que o Instituto Nacional do Seguro Social (INSS) defendia a exigência de prévio requerimento administrativo antes de o segurado recorrer à Justiça para a concessão de benefício previdenciário. Por maioria de votos, o Plenário acompanhou o relator, ministro Luís Roberto Barroso, no entendimento de que a exigência não fere a garantia de livre acesso ao Judiciário, previsto no artigo 5º, inciso XXXV, da Constituição Federal, pois sem pedido administrativo anterior, não fica caracterizada lesão ou ameaça de direito.

Em seu voto, o ministro Barroso considerou não haver interesse de agir do segurado que não tenha inicialmente protocolado seu requerimento junto ao INSS, pois a obtenção de um benefício depende de uma postulação ativa. Segundo ele, nos casos em que o pedido for negado, total ou parcialmente, ou em que não houver resposta no prazo legal de 45 dias, fica caracterizada ameaça a direito.

'Não há como caracterizar lesão ou ameaça de direito sem que tenha havido um prévio requerimento do segurado. O INSS não tem o dever de conceder o benefício de ofício. Para que a parte possa alegar que seu direito foi desrespeitado é preciso que o segurado vá ao INSS e apresente seu pedido', afirmou o ministro.

O relator observou que prévio requerimento administrativo não significa o exaurimento de todas as instâncias administrativas. Negado o benefício, não há impedimento ao segurado para que ingresse no Judiciário antes que eventual recurso seja examinado pela autarquia. Contudo, ressaltou não haver necessidade de formulação de pedido administrativo prévio para que o segurado ingresse judicialmente com pedidos de revisão de benefícios, a não ser nos casos em que seja necessária a apreciação de matéria de fato. Acrescentou ainda que a exigência de requerimento prévio também não se aplica nos casos em que a posição do INSS seja notoriamente contrária ao direito postulado.

No caso concreto, uma trabalhadora ingressou na Justiça pedindo a concessão de aposentadoria rural por invalidez alegando preencher os requisitos legais exigidos para se obter a concessão do benefício. O processo foi extinto, sem exame do mérito, porque o juiz entendeu que havia necessidade de requerimento inicial junto ao INSS. O Tribunal Regional Federal da 1ª Região (TRF-1) reformou a decisão, o que motivou a interposição do recurso extraordinário pelo INSS.

Ficaram vencidos o ministro Marco Aurélio, que abriu a divergência, e a ministra Cármem Lúcia, que entenderam que a exigência de prévio requerimento junto ao INSS para o ajuizamento de ação representa restrição à garantia de acesso universal à Justiça.

Na tribuna, representante da Procuradoria-Geral Federal apresentou sustentação em nome do INSS e argumentou haver ofensa aos artigos 2º e 5º, inciso XXXV, da Constituição Federal, porque no caso teria sido garantido o acesso ao Judiciário, independentemente de ter sido demonstrado o indeferimento da pretensão no âmbito administrativo. Representantes da Defensoria Pública Geral da União e do Instituto Brasileiro de Direito Previdenciário (IBDP), admitidos no processo como *amici curiae*, bem como o advogado da recorrida manifestaram-se pelo desprovimento do recurso e enfatizaram, entre outros pontos, que as dificuldades de acesso ao INSS para uma parcela dos trabalhadores, especialmente os rurais, tornam desnecessário o prévio requerimento administrativo do benefício para o ajuizamento de ação previdenciária.

Propostas

Na sessão desta quinta-feira (28), o Plenário deverá discutir uma proposta de transição para os processos que estão sobrestadas, pelo menos 8.600 segundo as informações enviadas pelas instâncias inferiores, em decorrência do reconhecimento da repercussão geral. O ministro Barroso considera importante formular uma proposta que resguarde o momento de ingresso em juízo como o marco de início do benefício, nos casos em que houver o direito, e desobrigue o segurado de propor nova ação se seu direito não for reconhecido pelo INSS.

Segundo a proposta apresentada pelo relator para discussão em Plenário, a parte autora da ação deverá ser intimada para dar entrada em pedido administrativo junto ao INSS em 30 dias e a autarquia, por sua vez, deverá ter 90 dias para se pronunciar.

PR/AD

De efeito, excluiu-se da exigência do prévio requerimento administrativo pedidos em que seja notório o indeferimento pelo INSS (tese jurídica), pois nestes casos é certo que a autarquia previdenciária vai indeferir o pedido.

Outrossim, as ações de revisão de benefício previdenciário também dispensam o prévio requerimento, pois cabe ao INSS promover a revisão de ofício no exercício do dever-poder de autotutela, salvo quando haja a necessidade de alguma apreciação fática que seja ônus do segurado ou do seu dependente, a exemplo de revisão com base em decisão da Justiça do Trabalho.

Por sua vez, na sessão do dia 03 de setembro de 2014, definiu-se uma regra de transição para as ações judiciais já ajuizadas sem o prévio requerimento administrativo até o dia deste julgamento, fruto de acordo entre a Defensoria Pública da União e a Procuradoria Geral Federal:

> "Quarta-feira, 03 de setembro de 2014
>
> **Plenário define regras de transição no julgamento de recurso sobre benefícios do INSS**
>
> Foram definidas pelo Supremo Tribunal Federal (STF) as regras de transição a serem aplicadas aos processos judiciais sobrestados que envolvem pedidos de concessão de benefício ao Instituto Nacional do Seguro Social (INSS) nos quais não houve requerimento administrativo prévio. A definição foi tomada na conclusão do julgamento do Recurso Extraordinário (RE) 631240, com repercussão geral reconhecida, ao qual foi dado parcial provimento ao pedido do INSS na semana passada.
>
> Na sessão desta quarta-feira (3), foi acolhida a proposta apresentada pelo relator do recurso, ministro Luís Roberto Barroso, relativa ao destino das ações judiciais atualmente em trâmite, sem a precedência de processo administrativo junto à autarquia federal. O ministro ressaltou que os critérios são resultado de proposta de consenso apresentada em conjunto pela Defensoria Pública da União e pela Procuradoria Geral Federal.
>
> **Regras de transição**
>
> A proposta aprovada divide-se em três partes. Em primeiro lugar, ficou definido que, para aquelas ações ajuizadas em juizados itinerantes, a ausência do pedido administrativo não implicará a extinção do feito. Isso se dá porque os juizados se direcionam, basicamente, para onde não há agência do INSS.
>
> Em segundo lugar, nos casos em que o INSS já apresentou contestação de mérito no curso do processo judicial fica mantido seu trâmite. Isso porque a contestação caracteriza o interesse em agir do INSS, uma vez que há resistência ao pedido.
>
> Em terceiro lugar, ficou definido que as demais ações judiciais deverão ficar sobrestadas. Nesses casos, o requerente do benefício deve ser intimado pelo juízo para dar entrada no pedido junto ao INSS, no prazo de 30 dias, sob pena de extinção do processo. Uma vez comprovada a postulação administrativa, a autarquia também será intimada a se manifestar, no prazo de 90 dias.
>
> Uma vez acolhido administrativamente o pedido, ou nos casos em que ele não puder ser analisado por motivo atribuível ao próprio requerente, a ação é extinta. Do contrário, fica caracterizado o interesse em agir, devendo ter seguimento o pedido judicial da parte. A data do início da aquisição do benefício, salientou o ministro Roberto Barroso, é computada do início do processo judicial".

Deveras, dispensou-se o prévio requerimento nas ações intentadas em Juizados Itinerantes, justamente porque buscam segurados e dependentes em localidades mais distantes e que não possuem agência do INSS.

Ademais, nas hipóteses em que o INSS apresentou contestação resistindo à pretensão posta em juízo, negando o direito do autor, dispensou-se o prévio requerimento administrativo, devendo as ações judiciais tramitar normalmente.

Nos demais casos, à exceção de teses notoriamente negadas pelo INSS e ações revisionais, o processo judicial será suspenso, sendo intimado o segurado (ou dependente) para requerer na via administrativa no prazo de 30 dias, sob pena de extinção do processo judicial sem julgamento do mérito.

Uma vez formulado o pedido administrativo em 30 dias, o INSS terá 90 dias para julgá-lo, devendo este prazo ser suspenso se o segurado for notificado para juntar documentação (carta de exigências). Se negado o pleito pela autarquia previdenciária, a ação judicial voltará a correr. Caso concedido o benefício, a ação judicial será extinta sem a análise do mérito.

Na hipótese de o INSS, administrativamente, conceder parcialmente a prestação previdenciária, a ação judicial voltará a correr apenas no que concerne ao pedido controverso, devendo ser extinta sem o julgamento do mérito da parte incontroversa.

Vale frisar que será considerada como data de início do benefício à data do processo judicial, existindo controvérsia não apreciada pelo STF se será a data do ajuizamento da ação ou a data da citação.

Eis o Acórdão do STF publicado:

"RE N. 631.240-MG

RELATOR: MIN. ROBERTO BARROSO

Ementa: RECURSO EXTRAORDINÁRIO. REPERCUSSÃO GERAL. PRÉVIO REQUERIMENTO ADMINISTRATIVO E INTERESSE EM AGIR.

1. A instituição de condições para o regular exercício do direito de ação é compatível com o art. 5º, XXXV, da Constituição. Para se caracterizar a presença de interesse em agir, é preciso haver necessidade de ir a juízo.

2. A concessão de benefícios previdenciários depende de requerimento do interessado, não se caracterizando ameaça ou lesão a direito antes de sua apreciação e indeferimento pelo INSS, ou se excedido o prazo legal para sua análise. É bem de ver, no entanto, que a exigência de prévio requerimento não se confunde com o exaurimento das vias administrativas.

3. A exigência de prévio requerimento administrativo não deve prevalecer quando o entendimento da Administração for notória e reiteradamente contrário à postulação do segurado.

4. Na hipótese de pretensão de revisão, restabelecimento ou manutenção de benefício anteriormente concedido, considerando que o INSS tem o dever legal de conceder a prestação mais vantajosa possível, o pedido poderá ser formulado diretamente em juízo – salvo se depender da análise de matéria de fato ainda não levada ao conhecimento da Administração –, uma vez que, nesses casos, a conduta do INSS já configura o não acolhimento ao menos tácito da pretensão.

5. Tendo em vista a prolongada oscilação jurisprudencial na matéria, inclusive no Supremo Tribunal Federal, deve-se estabelecer uma fórmula de transição para lidar com as ações em curso, nos termos a seguir expostos.

6. Quanto às ações ajuizadas até a conclusão do presente julgamento (03.09.2014), sem que tenha havido prévio requerimento administrativo nas hipóteses em que exigível, será observado o seguinte: (i) caso a ação tenha sido ajuizada no âmbito de Juizado Itinerante, a ausência de anterior pedido administrativo não deverá implicar a extinção do feito; (ii) caso o INSS já tenha apresentado contestação de mérito, está caracterizado o interesse em agir pela resistência à pretensão; (iii) as demais ações que não se enquadrem nos itens (i) e (ii) ficarão sobrestadas, observando-se a sistemática a seguir.

7. Nas ações sobrestadas, o autor será intimado a dar entrada no pedido administrativo em 30 dias, sob pena de extinção do processo. Comprovada a postulação administrativa, o INSS será intimado a se manifestar acerca do pedido em até 90 dias, prazo dentro do qual a Autarquia deverá colher todas as provas eventualmente necessárias e proferir decisão. Se o pedido for acolhido administrativamente ou não puder ter o seu mérito analisado devido a razões imputáveis ao próprio requerente, extingue-se a ação. Do contrário, estará caracterizado o interesse em agir e o feito deverá prosseguir.

8. Em todos os casos acima – itens (i), (ii) e (iii) –, tanto a análise administrativa quanto a judicial deverão levar em conta a data do início da ação como data de entrada do requerimento, para todos os efeitos legais.

9. Recurso extraordinário a que se dá parcial provimento, reformando-se o acórdão recorrido para determinar a baixa dos autos ao juiz de primeiro grau, o qual deverá intimar a autora – que alega ser trabalhadora rural informal – a dar entrada no pedido administrativo em 30 dias, sob pena de extinção. Comprovada a postulação administrativa, o INSS será intimado para que, em 90 dias, colha as provas necessárias e profira decisão administrativa, considerando como data de entrada do

requerimento a data do início da ação, para todos os efeitos legais. O resultado será comunicado ao juiz, que apreciará a subsistência ou não do interesse em agir".

Inclusive, no voto do Ministro Barroso no RE nº 631.240/MG restou consignado que a apresentação que a apresentação de novos documentos para lastrear pedido de benefício previdenciário exige novo requerimento administrativo:

> "**Sobre a eventual diversidade de documentos juntados em processo administrativo e judicial, a regra geral é a que consta do voto condutor do acórdão embargado: será necessário prévio requerimento administrativo se o documento ausente no processo administrativo referir-se a matéria de fato que não tenha sido levada ao conhecimento da Administração.** Eventuais exceções devem ser concretamente motivadas. Deve-se observar ainda o art. 317 do CPC/2015, segundo o qual "Antes de proferir decisão sem resolução de mérito, o juiz deverá conceder à parte oportunidade para, se possível, corrigir o vício."

Nesse sentido, a extinção de um processo administrativo previdenciário sem análise de mérito por responsabilidade exclusiva do requerente equivale à falta de requerimento administrativo, devendo a ação judicial ser extinta de modo terminativo.

É justamente a hipótese de não atendimento de carta de exigências emitida pelo INSS em que inexistem no processo administrativo previdenciário elementos que atestem a existência do direito, gerando a extinção do requerimento administrativo sem análise do mérito.

Isso porque, nesta situação, a jurisdição somente deve ser provocada quando há um ato administrativo de mérito a ser avaliado, o que não ocorre quando a extinção do pedido administrativo decorreu única e exclusivamente da negligência do requerente.

Deveras, há várias situações em que os documentos não são apresentados pelo requerente no processo administrativo, embora o INSS tenha emitido a carta de exigência, que não restou atendida no prazo regulamentar.

Posteriormente, há a propositura de ação judicial buscando adentrar ao mérito da causa, sendo que os documentos omitidos no processo administrativo apresentados somente *a posteriori* aparecem no âmbito do processo judicial.

Esse procedimento é conhecido no foro previdenciário como **"indeferimento forçado"**, devendo o juiz extinguir a demanda judicial sem a análise do mérito por carência de interesse-necessidade de agir.

Nesse sentido, o posicionamento dos Tribunais Regionais Federais da 1ª e 3ª Regiões:

> "PREVIDENCIÁRIO. INTERESSE DE AGIR. AUSÊNCIA DO PREVIO REQUERIMENTO ADMINISTRATIVO. ADEQUAÇÃO AO RE 631240. INDEFERIMENTO FORÇADO. EQUIPARAÇÃO A AUSÊNCIA. EXTINÇÃO DO FEITO SEM RESOLUÇÃO DO MÉRITO. 1. O INSS não adentrou ao mérito no curso da demanda, por entender ausente o interesse de agir ante o necessário prévio requerimento administrativo. 2. O STF decidiu no julgamento do RE631240 com repercussão geral reconhecida determinando: a) a exigência do prévio requerimento administrativo para caracterizar o direito de ação do interessado contra o INSS quando se tratar de matéria de fato e/ou processo não oriundo de juizado itinerante; b) para os processos ajuizados até a decisão: b.1) afastando a necessidade do prévio requerimento se o INSS houver contestado o mérito do lide; b.2) nas ações não contestadas no mérito, deve-se sobrestar o processo e proceder à intimação da parte autora para postular administrativamente em 30 dias, com prazo de 90 dias para a análise do INSS, prosseguindo no feito somente diante da inércia do INSS por prazo superior a esse ou se indeferir o pedido administrativo, ressalvadas as parcelas vencidas e não pres-

critas. **3. No caso dos autos, a autarquia enviou à parte autora uma carta de exigência para que ela apresentasse alguns documentos necessários à apreciação do seu pedido, bem como solicitou seu comparecimento para realização de entrevista, contudo, a autora não atendeu às solicitações, fato que ensejou o indeferimento forçado do seu benefício, conforme se vê às fls. 126 verso/128, caracterizando o indeferimento forçado. 4. Apelação provida para extinguir o do feito, sem resolução do mérito, por ausência das condições da ação, ante a ausência do prévio requerimento administrativo para caracterizar o direito de ação do interessado contra o INSS**, nos termos previstos nos artigos 319, 320 e 321 c/c art. 485, VI, do NCPC. Prejudicada à apelação da parte autora **(TRF da 1ª Região, AC 00598692520104019199, de 23/11/2018)**.

"PROCESSUAL CIVIL. PREVIDENCIÁRIO. APOSENTADORIA RURAL POR IDADE REQUERIMENTO ADMINISTRATIVO FORMULADO SEM DOCUMENTOS IMPRESCINDÍVEIS À ANÁLISE DO PEDIDO. IMPOSSIBILIDADE DE ANÁLISE DO MÉRITO DO PEDIDO ADMINISTRATIVO POR RAZÕES IMPUTÁVEIS À PRÓPRIA AUTORA. INDEFERIMENTO ADMINISTRATIVO. RE 631.240/MG. EXTINÇÃO DO PROCESSO SEM RESOLUÇÃO DO MÉRITO. FALTA DE INTERESSE DE AGIR. 1. A dissensão posta em análise recursal está assentada unicamente na alegação de tentativa de burla processual, ao argumento de que, junto ao INSS, a parte autora "agendou seu pedido, contudo, não juntou nenhum documento que fizesse menção à sua suposta atividade rurícola no processo administrativo. "Ocorre, no entanto, que administrativamente o pedido do benefício fora indeferido por não cumprimento de exigências da parte autora. **A requerente levou ao INSS tão somente documentos pessoais (RG, CPF, título de eleitor e certidão de nascimento). Absolutamente nada que relacionasse a autora com o labor rural. Porém, a mesma instada a levar demais documentos para comprovar o próprio direito, quedou-se inerte (fl. 71 v)". (destaque do original)**. 2. Na tentativa de provar seu interesse de agir na presente ação, a requerente colacionou a comunicação de decisão expedida pelo INSS, noticiando o indeferimento de seu pleito na via administrativa (fl. 28 v), ao que o INSS, em contestação apresentada às fls. 31/36, impugnou o mencionado documento, alegando, em suma, que a parte autora forçou o indeferimento administrativo do benefício. "Note-se que foi solicitada à parte autora, conforme a carta de exigência acima, assinada pela própria requerente, a apresentação de documentos que possibilitasse a análise do pleito. Porém a autora não o fez. **O indeferimento foi motivado por ter sido a parte autora desidiosa no cumprimento de sua obrigação em se submeter à entrevista rural e apresentar os documentos requeridos pelo INSS. Não o fazendo, a autarquia se vê prejudicada para analisar o direito ao benefício, impondo-se a negativa, como ocorrido. Vale mencionar que não há escusa, pois a requerente possuía documentos para a avaliação do seu pedido, afinal, na via judicial, ela apresentou documentação que foi omitida ao INSS (fls. 32/33)." (destaque do original)**. 3. Evidencia-se que, para o processo administrativo junto ao INSS, a parte autora não carreou documentos hábeis a comprovar o seu direito ao benefício da aposentadoria rural por idade, mesmo sendo intimada para tal mister, por meio da "carta de exigências" (fl. 42), e tendo condição de fazê-lo, tendo em conta tê-los apresentado nos autos do processo judicial. Assim sendo, não se submeteu à entrevista rural (fl. 47), procedimento indispensável, segundo o art. 134 da instrução normativa 45/2010 do INSS/PRES, o que ensejou o indeferimento forçado do requerimento administrativo. 4. Não restou caracterizado o interesse de agir, uma vez que, ao promover a postulação administrativa, a parte autora deixou de colacionar os documentos necessários à análise de seu pleito, restando ao INSS uma única alternativa: indeferir o pleito administrativo. 5. Com esteio na decisão da Suprema Corte, no julgamento do Recurso Extraordinário n. 631.240-MG, com repercussão geral reconhecida, se o pedido administrativo "não puder ter o seu mérito analisado devido a razões imputáveis ao próprio requerente, extingue-se a ação". 6. O caso em apreço se amolda perfeitamente ao previsto pelo STF, impondo-se, portanto, a extinção do processo por falta de interesse de agir e a condenação da parte autora em honorários advocatícios arbitrados em R$ 1.000,00 (mil reais), ficando suspensa a execução deste comando por força da assistência judiciária gratuita, nos termos do art. 98, § 3º do CPC. 7. Apelação provida para anular a sentença e julgar extinto o processo sem resolução de mérito, com fundamento no art. 485, VI do CPC" **(TRF da 1ª Região, 00221895920174019199, de 18/4/2018).**

"PREVIDENCIÁRIO. PROCESSO CIVIL. AUSÊNCIA DE INTERESSE DE AGIR DA PARTE AUTORA. ABANDONO DA VIA ADMINISTRATIVA SEM QUALQUER JUSTIFICAÇÃO E SEM A APRESENTAÇÃO DA DOCUMENTAÇÃO SOLICITADA PELO ENTE AUTÁRQUICO. CONTESTAÇÃO NA QUAL ALEGADA APENAS A CARÊNCIA DE AÇÃO AUTORAL. AUSÊNCIA DE PRETENSÃO RESISTIDA.– **Carece a parte autora de interesse de agir, tal qual assentado pelo Ilustre Magistrado sentenciante, quando ingressa em juízo tendo antes apresentado requerimento administrativo no qual o ente previdenciário solicitou documentação para a análise da questão vindicada e o interessado simplesmente deixou escoar o prazo assinado sem qualquer manifestação** (sequer de solicitação de prorrogação de prazo para cumprimento da diligência).– Contestação apresentada nesta demanda na qual apenas se alega a falta de interesse de agir da parte autora, donde se conclui a ausência de pretensão resistida, de modo que impossível a relevação da extinção anômala da relação processual.– Negado provimento ao recurso de apelação da parte autora". **(TRF 3ª Região, SÉTIMA TURMA, APELREEX – APELAÇÃO/REMESSA NECESSÁRIA – 2124550 – 0002703-92.2013.4.03.6121, Rel. DESEMBARGADOR FEDERAL FAUSTO DE SANCTIS, julgado em 21/08/2017, e-DJF3 Judicial 1 DATA:01/09/2017).**

Com a pacificação do tema pelo STF, o STJ unificou o seu entendimento para se alinhar à Suprema Corte:

"PREVIDENCIÁRIO. AGRAVO REGIMENTAL EM AGRAVO EM RECURSO ESPECIAL. DESNECESSIDADE DE PRÉVIO REQUERIMENTO ADMINISTRATIVO COMO REQUISITO PARA O AJUIZAMENTO DE AÇÃO EM QUE SE PLEITEIA REVISÃO, MANUTENÇÃO E/OU RESTABELECIMENTO DE BENEFÍCIO PREVIDENCIÁRIO. ORIENTAÇÃO EM CONSONÂNCIA COM O ENTENDIMENTO DO STF (RE 631.240/MG). AGRAVO REGIMENTAL DO INSS DESPROVIDO.

1. A análise de matéria de cunho constitucional é, por força do art. 102, III da Carta Maior, exclusiva da Suprema Corte, sendo, portanto, vedado a este Superior Tribunal de Justiça conhecer da suposta infringência, ainda que para fins de prequestionamento.

2. Esta Corte Superior já manifestou em diversos julgados o entendimento de que a ausência de prévio requerimento administrativo não constitui óbice para que o segurado pleiteie judicialmente a manutenção, revisão ou restabelecimento de seu benefício previdenciário.

4. Orientação confirmada pelo Supremo Tribunal Federal, ao analisar o RE 631.240/MG, da relatoria do douto Ministro ROBERTO BARROSO (DJe de 10.11.2014), reconheceu a repercussão geral da questão constitucional nele suscitada e, no mérito, fixou o entendimento de que o acesso à justiça depende de prévio requerimento administrativo, tão somente, nas ações de concessão de benefício previdenciário, ressalvadas as hipóteses de pretensão de revisão, restabelecimento ou manutenção de benefício anteriormente concedido, considerando que o INSS tem o dever legal de conceder a prestação mais vantajosa possível, o pedido poderá ser formulado diretamente em juízo.

5. Destaque-se que nas hipóteses de pretensão de revisão, restabelecimento ou manutenção de benefício anteriormente concedido, o pedido poderá ser formulado diretamente em juízo, salvo se depender da análise de matéria de fato ainda não levada ao conhecimento da Administração.

6. No caso dos autos, como depreende-se da leitura da peça inaugural, o segurado propôs ação ordinária requerendo o restabelecimento de benefício assistencial, o que torna desnecessária a prévia postulação administrativa, uma vez que, nesses casos, a conduta do INSS já configura o não acolhimento ao menos tácito da pretensão, uma vez que determinou a suspensão do pagamento de benefício já concedido.

7. Agravo Regimental do INSS desprovido" **(1ª Turma, AgRg no AREsp 299351, de 18/11/2014).**

"PREVIDENCIÁRIO. AÇÃO DE CONCESSÃO DE BENEFÍCIO. PROCESSUAL CIVIL. CONDIÇÕES DA AÇÃO. INTERESSE DE AGIR (ARTS. 3º E 267, VI, DO CPC). PRÉVIO REQUERIMENTO ADMINISTRATIVO. APLICAÇÃO DO ENTENDIMENTO EXARADO PELO PLENO DO STF NO RE 631.240/MG.

1. Hipótese em que, na origem, o segurado postulou ação com escopo de obter benefício previdenciário sem ter requerido administrativamente o objeto de sua pretensão.

2. O Plenário do Supremo Tribunal Federal julgou, em 3.9.2014, o Recurso Extraordinário 631.240/MG – relativo à mesma controvérsia verificada no presente caso -, sob o regime da Repercussão Geral (Relator Ministro Roberto Barroso).

3. A ementa do citado acórdão, publicado em 10.11.2014, assim dispõe quanto ao prévio requerimento administrativo como condição da ação de concessão de benefício previdenciário: "1. A instituição de condições para o regular exercício do direito de ação é compatível com o art. 5º, XXXV, da Constituição. Para se caracterizar a presença de interesse em agir, é preciso haver necessidade de ir a juízo. 2. A concessão de benefícios previdenciários depende de requerimento do interessado, não se caracterizando ameaça ou lesão a direito antes de sua apreciação e indeferimento pelo INSS, ou se excedido o prazo legal para sua análise. É bem de ver, no entanto, que a exigência de prévio requerimento não se confunde com o exaurimento das vias administrativas. 3. A exigência de prévio requerimento administrativo não deve prevalecer quando o entendimento da Administração for notória e reiteradamente contrário à postulação do segurado. 4. Na hipótese de pretensão de revisão, restabelecimento ou manutenção de benefício anteriormente concedido, considerando que o INSS tem o dever legal de conceder a prestação mais vantajosa possível, o pedido poderá ser formulado diretamente em juízo – salvo se depender da análise de matéria de fato ainda não levada ao conhecimento da Administração -, uma vez que, nesses casos, a conduta do INSS já configura o não acolhimento ao menos tácito da pretensão." (documento disponível em http://www.stf.jus.br/portal/antenticacao/ sob o número 6696286)

4. Em seguida, a Corte Suprema entendeu por modular os efeitos da decisão com relação aos processos ajuizados até a data do julgamento (3.9.2014). Cito trecho da ementa relacionado ao tema: "5. Tendo em vista a prolongada oscilação jurisprudencial na matéria, inclusive no Supremo Tribunal Federal, deve-se estabelecer uma fórmula de transição para lidar com as ações em curso, nos termos a seguir expostos. 6. Quanto às ações ajuizadas até a conclusão do presente julgamento (03.09.2014), sem que tenha havido prévio requerimento administrativo nas hipóteses em que exigível, será observado o seguinte: (i) caso a ação tenha sido ajuizada no âmbito de Juizado Itinerante, a ausência de anterior pedido administrativo não deverá implicar a extinção do feito; (ii) caso o INSS já tenha apresentado contestação de mérito, está caracterizado o interesse em agir pela resistência à pretensão; (iii) as demais ações que não se enquadrem nos itens (i) e (ii) ficarão sobrestadas, observando-se a sistemática a seguir. 7. Nas ações sobrestadas, o autor será intimado a dar entrada no pedido administrativo em 30 dias, sob pena de extinção do processo. Comprovada a postulação administrativa, o INSS será intimado a se manifestar acerca do pedido em até 90 dias, prazo dentro do qual a Autarquia deverá colher todas as provas eventualmente necessárias e proferir decisão. Se o pedido for acolhido administrativamente ou não puder ter o seu mérito analisado devido a razões imputáveis ao próprio requerente, extingue-se a ação. Do contrário, estará caracterizado o interesse em agir e o feito deverá prosseguir. 8. Em todos os casos acima – itens (i), (ii) e (iii) -, tanto a análise administrativa quanto a judicial deverão levar em conta a data do início da ação como data de entrada do requerimento, para todos os efeitos legais. 9. Recurso extraordinário a que se dá parcial provimento, reformando-se o acórdão recorrido para determinar a baixa dos autos ao juiz de primeiro grau, o qual deverá intimar a autora – que alega ser trabalhadora rural informal – a dar entrada no pedido administrativo em 30 dias, sob pena de extinção. Comprovada a postulação administrativa, o INSS será intimado para que, em 90 dias, colha as provas necessárias e profira decisão administrativa, considerando como data de entrada do requerimento a data do início da ação, para todos os efeitos legais. O resultado será comunicado ao juiz, que apreciará a subsistência ou não do interesse em agir." (documento disponível em http://www.stf.jus.br/portal/antenticacao/ sob o número 6696286)

5. O interesse de agir ou processual configura-se com a existência do binômio necessidade-utilidade da pretensão submetida ao Juiz. A prestação jurisdicional exige demonstração de resistência por parte do devedor da obrigação, já que o Poder Judiciário é via destinada à resolução de conflitos.

6. A adoção da tese irrestrita de prescindibilidade do prévio requerimento administrativo impõe grave ônus ao Poder Judiciário, que passa a figurar como órgão administrativo previdenciário, ao INSS, que arcará com os custos inerentes da sucumbência processual, e aos próprios segurados, que terão parte de seus ganhos reduzidos pela remuneração contratual de advogado.

7. Imprescindível solução jurídica que prestigie a técnica e, ao mesmo tempo, resguarde o direito de ação dos segurados da Previdência Social em hipóteses em que a lesão se configura independentemente de requerimento administrativo.

8. Em regra, portanto, não se materializa a resistência do INSS à pretensão de concessão de benefício previdenciário não requerido previamente na esfera administrativa.

9. O interesse processual do segurado e a utilidade da prestação jurisdicional concretizam-se, por sua vez, nas hipóteses de a) recusa de recebimento do requerimento ou b) negativa de concessão do benefício previdenciário pelo concreto indeferimento do pedido, pela notória resistência da autarquia à tese jurídica esposada ou pela extravasão da razoável duração do processo administrativo, em consonância com a retrorreferida decisão da Corte Suprema.

10. A aplicação dos critérios acima deve observar a prescindibilidade do exaurimento da via administrativa para ingresso com ação previdenciária, conforme as Súmulas 89/STJ e 213/ex-TFR.

11. No caso dos autos, a ora recorrida deixou de requerer administrativamente a concessão do benefício previdenciário e não há demonstração de resistência, conforme os parâmetros acima.

12. O entendimento aqui exarado está em consonância com a decisão proferida pelo STF em Repercussão Geral, devendo ser observadas, no caso, as regras de modulação de efeitos instituídos naquela decisão, pois a presente ação foi ajuizada antes da data do julgamento na Corte Suprema (3.9.2014).

13. Recurso Especial do INSS parcialmente provido para determinar o retorno dos autos ao juiz de primeiro grau para que aplique as regras de modulação estipuladas pelo Supremo Tribunal Federal no julgamento do RE 631.240/MG" **(2ª Turma, REsp 1488940, de 18/11/2014).**

Por todo o exposto, pacificou-se o tema no sentido de exigir, em regra, o prévio requerimento administrativo como condição para a propositura da ação judicial contra o INSS, sob pena de extinção do processo sem o julgamento do mérito por carência de interesse-necessidade de agir.

De outro giro, **dispensou-se o prévio requerimento administrativo nas seguintes hipóteses:**

A) Tese jurídica notoriamente rejeitada pelo INSS;

B) Negativa comprovada de protocolo do pedido administrativo;

C) Nas ações de revisão de benefício previdenciário, salvo se depender de dilação probatória a cargo do segurado ou de seu dependente;

D) Apresentação de contestação de mérito pelo INSS resistindo à pretensão deduzida em Juízo (na regra de transição);

E) Extrapolação do prazo para tomada da decisão administrativa na Agência do INSS (45 dias para a Lei 8213/91 e 90 dias na decisão do STF);

F) Ações judiciais propostas nos Juizados Itinerantes (na regra de transição).

A respeito do tema, colaciona-se Enunciado aprovado no XII FONAJEF:

> **Grupo 6**
>
> **Enunciado nº 3 (ATUAL ENUNCIADO 166 FONAJEF)**
>
> A conclusão do processo administrativo por não comparecimento injustificado à perícia ou à entrevista rural equivale à falta de requerimento administrativo (Aprovado no XII FONAJEF).
>
> Isso porque o segurado que requer na via administrativa e não comparece à entrevista (benefício do trabalhador rural) ou à perícia médica (benefício por incapacidade) sem se justificar desistiu tacitamente do pedido.

No entanto, a TNU manteve o seu entendimento de que é desnecessário o pedido de prorrogação como condição para a propositura de ação contra o INSS, mesmo após a decisão tomada pelo STF no julgamento do Recurso Extraordinário 631.240, posição que aumenta a litigiosidade judicial previdenciária:

> **Sexta-feira, dia 11 de Setembro de 2015**
>
> **Prévio requerimento administrativo de prorrogação de benefício é desnecessário para ajuizamento de ação judicial quando se tratar de alta programada**
>
> O Colegiado da Turma Nacional de Uniformização dos Juizados Especiais Federais, reunido no dia 19 de agosto, em Brasília, confirmou o entendimento de que, para o ajuizamento de ação de restabelecimento de auxílio-doença, cessado em razão de alta programada, não é necessário que o segurado formule pedido de prorrogação na esfera administrativa.
>
> De acordo com os autos, a requerente da ação, portadora de câncer de mama, após passar por perícia do Instituto Nacional de Seguridade Social (INSS), teve o seu pedido de auxílio-doença concedido até 20 de outubro de 212. Porém, após essa data, a autarquia cancelou o benefício com o fundamento de que ela não havia pedido a prorrogação do auxílio junto à autarquia.
>
> Diante da negativa do INSS, a autora entrou na Justiça para tentar reaver o benefício cancelado. Contudo, ela também teve o pedido negado em primeiro e segundo graus pela Turma Recursal do Paraná. Inconformada com as decisões, a autora entrou com pedido de uniformização de jurisprudência junto à TNU contra o acórdão da Turma paranaense que, ao manter a sentença de primeiro grau, julgou extinto o processo sem resolução de mérito por falta de interesse processual da requerente.
>
> À TNU, a interessada sustentou que a decisão diverge da jurisprudência do Superior Tribunal de Justiça (STJ) e da própria Turma Nacional, segundo a qual é inexigível a prévia prorrogação do requerimento administrativo para postulação judicial de benefício previdenciário.
>
> Segundo o relator do processo, juiz federal Douglas Gonzales, é cabível o pedido de uniformização nacional, pois foi comprovada divergência. Quanto ao mérito, o magistrado explicou que o Supremo Tribunal Federal (STF) julgou em sede de repercussão geral o RE nº 631.240/MG, no qual se discutia a constitucionalidade da exigência de prévio requerimento administrativo como condição para propor ações judiciais previdenciárias.
>
> "No caso dos autos, na esteira do entendimento consolidado do STF, tratando-se de pedido de restabelecimento de benefício de auxílio-doença cessado em razão de alta programada, é desnecessário o prévio ingresso do pedido na esfera administrativa, haja vista que a alta programada já é,

por si só, uma resposta da Administração no sentido de que em determinada data o fato gerador do benefício, qual seja, a incapacidade, não mais existirá", afirmou o juiz federal Douglas Gonzales.

Dessa forma, o colegiado da TNU determinou o retorno dos autos à Turma Recursal de origem para adequação do julgado.

Processo nº 5006414-91.2012.4.04.7005

Fonte: CJF

Veja-se uma situação de tese revisional em que a TNU dispensa o prévio requerimento administrativo (tema 13):

<table>
<tr><th>Tema</th><th>13</th><th>Situação do tema</th><th>Julgado</th><th>Ramo do direito</th><th>DIREITO PREVIDENCIÁRIO</th></tr>
<tr><td colspan="2">Questão submetida a julgamento</td><td colspan="4">Saber se o pedido de revisão de benefício de aposentadoria por tempo de contribuição para fins de reconhecimento de tempo especial por categoria profissional depende de prévio requerimento administrativo quando o INSS, apesar de ciente dos elementos necessários, não se pronunciou sobre a especialidade de período anterior à Lei n. 9.032/95.</td></tr>
<tr><td colspan="2">Tese firmada</td><td colspan="4">É dispensável prévio requerimento administrativo de revisão de aposentadoria por tempo de contribuição quando houver omissão da autarquia na análise do tempo especial anterior à Lei n. 9.032/95.</td></tr>
<tr><td colspan="2">Processo</td><td>Relator (a)</td><td>Julgado em</td><td>Acórdão publicado em</td><td>Trânsito em julgado</td></tr>
<tr><td colspan="2">PEDILEF 2009.72.51.000312-4/ SC</td><td>Juíza Federal Simone dos Santos Lemos Fernandes</td><td>11/10/2011</td><td>28/10/2011</td><td>18/11/2011</td></tr>
</table>

A TNU vem estendo a reafirmação da DER às ações judiciais, aduzindo que "deve ser reconhecido o direito do segurado mesmo que os pressupostos para a concessão do benefício sejam cumpridos após o indeferimento do processo administrativo e ainda que em momento posterior o ajuizamento da ação" (reafirmação da DER)" (processo 0001590-32.2010.4.03.6308, de 16/3/2016).

O STJ também tem admitido a tese da reafirmação judicial da DER:

> **"PREVIDENCIÁRIO. APOSENTADORIA ESPECIAL. FATO SUPERVENIENTE. ART. 462 DO CPC/1973. REAFIRMAÇÃO DA DER. POSSIBILIDADE.** 1. Hipótese em que o Tribunal de origem consignou que "para a reafirmação da DER, somente é possível o cômputo de tempo de contribuição, especial ou comum, até a data do ajuizamento da ação." 2. O STJ firmou orientação de que "o fato superveniente contido no artigo 462 do CPC deve ser considerado no momento do julgamento a fim de evitar decisões contraditórias e prestigiar os princípios da economia processual e da segurança jurídica" (EDcl no AgRg nos EDcl no REsp 621.179/SP, Terceira Turma, Relator Ministro Ricardo Villas Bôas Cueva, DJe 5/2/2015). 3. Especificamente no que se refere ao cômputo de tempo de contribuição no curso da demanda, a Primeira Turma do STJ, ao apreciar situação semelhante à hipótese dos autos, concluiu ser possível a consideração de contribuições posteriores ao requerimento administrativo e ao ajuizamento da ação, reafirmando a DER para a data de implemento das contribuições necessárias à concessão do benefício. No mesmo sentido: REsp 1.640.903/PR, de relatoria do Ministro Mauro Campbell Marques, DJe 15.2.2017. 4. Recurso Especial provido para determinar o retorno dos autos à origem para que sejam contabilizadas as contribuições realizadas até o momento da entrega da prestação jurisdicional". **(REsp 1640310/**

RS, Rel. Ministro HERMAN BENJAMIN, SEGUNDA TURMA, julgado em 07/03/2017, DJe 27/04/2017).

Interpreta-se esse entendimento como equivocado na situação de ausência de erro administrativo, pois viola a exigência do prévio requerimento administrativo como condição para a propositura da ação judicial (tese firmada pelo STF), considerando que se os pressupostos para a concessão do benefício se realizaram após o indeferimento administrativo, isso significa que a negativa do INSS foi correta e que o segurado deve entrar como novo requerimento administrativo após implementar os requisitos.

Ademais, o INSS será condenado judicialmente (com ônus de sucumbência) a conceder um benefício, embora tenha sido acertado o indeferimento na DER administrativa, o que acaba sendo deveras esdrúxulo.

Outrossim, a tese amplia o número de demandas judiciais, pois muitos destes casos culminariam com o reconhecimento administrativo do pedido, acaso ofertado novo requerimento administrativo após o preenchimento dos requisitos.

Por outro lado, **a reafirmação judicial da DER deve ser admitida** quando o juiz reforma a decisão do INSS parcialmente, sendo razoável neste caso computar tempo de contribuição ou período de carência após a DER **quando há erro da autarquia**.

Suponha-se que um segurado requereu em 1/2/2014 uma aposentadoria por tempo de contribuição no INSS e a autarquia apurou somente 31 anos de tempo de contribuição, indeferindo o benefício.

Após ingressar judicialmente em 2017, o magistrado reconheceu 33 anos de tempo de contribuição até 1/2/2014 (DER), 2 anos a mais que o INSS, mas ainda insuficiente para a concessão do benefício desde o requerimento administrativo.

Assim, considerando que o segurado continuou vertendo contribuições previdenciárias após o pedido administrativo, na data da citação da ação judicial já possuía mais de 35 anos de contribuição, embora na DER administrativa possuísse apenas 33 anos no cômputo judicial (31 anos na contagem do INSS).

Nesta situação, pode o juiz reafirmar judicialmente a DER, somando aos 33 anos de tempo de contribuição apurados na DER administrativa o período contributivo situado após essa data até a data da citação judicial.

Ao revés, considere que neste caso posto tanto o juiz quanto o INSS tenham apurado 31 anos de tempo de contribuição da DER administrativa, inexistindo erro da autarquia. Nesta hipótese, o juiz não deve reafirmar judicialmente a DER, cabendo ao segurado ofertar novo requerimento administrativo após implementar os 35 anos de contribuição.

Desta forma, o posicionamento firmado nesta obra deve ser **bipartido em duas correntes de pensamento**:

a) Inadmissão da tese da reafirmação judicial da DER, com extinção do processo judicial sem julgamento do mérito por falta de novo requerimento administrativo, quando o tempo de contribuição ou período de carência apurado judicialmente até a data do requerimento administrativo for o mesmo contado pelo INSS, pois inexiste erro da autarquia apto a gerar condenação nesta hipótese;

b) Admissão da tese da reafirmação judicial da DER, quando o cômputo judicial do tempo de contribuição ou período de carência apurado pelo INSS até o pedido administrativo for inferior ao cálculo judicial, posto que neste caso existe um erro administrativo passível de correção pelo Poder Judiciário.

Na hipótese da letra b, ainda é necessário enfrentar outro ponto controvertido: deve ser utilizado tempo de contribuição após o pedido administrativo até qual termo final?

OPÇÕES:

1. Data do ajuizamento ação;
2. Data da citação;
3. Data do implemento das condições (dia da formação do direito);
4. Data da sentença.

Sabe-se que a tese 995 foi acolhida pelo STJ em 23/10/2019 com condicionantes. Veja-se a tese firmada no repetitivo:

Tema/Repetitivo	995	Situação do Tema	Acórdão Publicado	Órgão Julgador	PRIMEIRA SEÇÃO	Assuntos
Questão submetida a julgamento	Possibilidade de se considerar o tempo de contribuição posterior ao ajuizamento da ação, reafirmando-se a data de entrada do requerimento-DER– para o momento de implementação dos requisitos necessários à concessão de benefício previdenciário: (i) aplicação do artigo 493 do CPC/2015 (artigo 462 do CPC/1973); (ii) delimitação do momento processual oportuno para se requerer a reafirmação da DER, bem assim para apresentar provas ou requerer a sua produção.					
Tese Firmada	**É possível a reafirmação da DER (Data de Entrada do Requerimento) para o momento em que implementados os requisitos para a concessão do benefício, mesmo que isso se dê no interstício entre o ajuizamento da ação e a entrega da prestação jurisdicional nas instâncias ordinárias, nos termos dos arts. 493 e 933 do CPC/2015, observada a causa de pedir.**					
Anotações Nugep	Afetação na sessão eletrônica iniciada em 08/08/2018 e finalizada em 14/08/2018 (Primeira Seção). Vide Controvérsia n. 45/STJ					
Informações Complementares	Há determinação de suspensão do processamento de todos os processos pendentes, individuais ou coletivos, que versem sobre a questão e tramitem no território nacional, nos termos do art. 1.037, II, do CPC/2015 (acórdão publicado no DJe de 22/08/2018).					
Ramo do Direito	DIREITO PREVIDENCIÁRIO					

Eis um dos Acórdãos que geraram a tese no **tema 995 do STJ**:

> "RECURSO ESPECIAL Nº 1.727.063 – SP (2018/0046508-9) RELATOR: MINISTRO MAURO CAMPBELL MARQUES RECORRENTE: ANTONIO CARLOS BRESSAM ADVOGADOS: FERNANDO GONÇALVES DIAS – MG095595 DANIELA CRISTINA FARIA – SP244122 GUSTAVO SILVA DE COUTO – DF046222 RECORRIDO: INSTITUTO NACIONAL DO SEGURO SOCIAL INTERES.: INSTITUTO BRASILEIRO DE DIREITO PREVIDENCIÁRIO (IBDP) – "AMICUS CURIAE" ADVOGADOS: ALEXANDRE SCHUMACHER TRICHES – RS065635 GISELE LEMOS KRAVCHYCHYN – SC018200
>
> EMENTA PROCESSUAL CIVIL E PREVIDENCIÁRIO. RECURSO ESPECIAL REPETITIVO. ENUNCIADO ADMINISTRATIVO 3/STJ. REAFIRMAÇÃO DA DER (DATA DE ENTRADA DO REQUERIMENTO). CABIMENTO. RECURSO ESPECIAL PROVIDO.

1. O comando do artigo 493 do CPC/2015 autoriza a compreensão de que a autoridade judicial deve resolver a lide conforme o estado em que ela se encontra. Consiste em um dever do julgador considerar o fato superveniente que interfira na relação jurídica e que contenha um liame com a causa de pedir.

2. O fato superveniente a ser considerado pelo julgador deve guardar pertinência com a causa de pedir e pedido constantes na petição inicial, não servindo de fundamento para alterar os limites da demanda fixados após a estabilização da relação jurídico-processual.

3. A reafirmação da DER (data de entrada do requerimento administrativo), objeto do presente recurso, é um fenômeno típico do direito previdenciário e também do direito processual civil previdenciário. Ocorre quando se reconhece o benefício por fato superveniente ao requerimento, fixando-se a data de início do benefício para o momento do adimplemento dos requisitos legais do benefício previdenciário.

4. Tese representativa da controvérsia fixada nos seguintes termos: É possível a reafirmação da DER (Data de Entrada do Requerimento) para o momento em que implementados os requisitos para a concessão do benefício, mesmo que isso se dê no interstício entre o ajuizamento da ação e a entrega da prestação jurisdicional nas instâncias ordinárias, nos termos dos arts. 493 e 933 do CPC/2015, observada a causa de pedir.

5. No tocante aos honorários de advogado sucumbenciais, descabe sua fixação, quando o INSS reconhecer a procedência do pedido à luz do fato novo. 6. Recurso especial conhecido e provido, para anular o acórdão proferido em embargos de declaração, determinando ao Tribunal a quo um novo julgamento do recurso, admitindo-se a reafirmação da DER. Julgamento submetido ao rito dos recursos especiais repetitivos".

É possível extrair as seguintes certezas da tese firmada no tema 995 do STJ:

A) A Corte Superior admitiu a tese da reafirmação judicial da DER, em detrimento da tese da tese da necessidade de novo requerimento administrativo, desde que o fato novo não altere os limites objetivos da demanda;

B) A reafirmação judicial da DER dar-se-á para o momento da implementação dos requisitos do benefício;

C) A reafirmação judicial da DER dar-se-á apenas nas instâncias ordinárias (juiz de primeiro grau, Tribunal de Justiça, Tribunal Regional Federal e Turma Recursal);

D) A reafirmação judicial da DER não se dará nas instâncias extraordinárias (TRU, TNU, STJ e STF);

E) Dispensou-se o INSS do ônus da sucumbência, apenas se a autarquia reconhecer a procedência do pedido.

Posteriormente, o STJ proferiu nova decisão em sede de julgamento de Embargos de Declaração interpostos pelo INSS:

Processo

EDcl no REsp 1727069 / SP

EMBARGOS DE DECLARAÇÃO NO RECURSO ESPECIAL 2018/0046520-6

Relator(a)

Ministro MAURO CAMPBELL MARQUES (1141)

Órgão Julgador

S1 – PRIMEIRA SEÇÃO

Data do Julgamento

19/05/2020

Data da Publicação/Fonte

DJe 21/05/2020

Ementa

PROCESSUAL CIVIL E PREVIDENCIÁRIO. EMBARGOS DE DECLARAÇÃO NO RECURSO ESPECIAL REPETITIVO. ENUNCIADO ADMINISTRATIVO 3/STJ. REAFIRMAÇÃO DA DER (DATA DE ENTRADA DO REQUERIMENTO). CABIMENTO. RECURSO ESPECIAL PROVIDO. EMBARGOS DE DECLARAÇÃO ACOLHIDOS, SEM EFEITO MODIFICATIVO.

1. Embargos de declaração opostos pelo INSS, em que aponta obscuridade e contradição quanto ao termo inicial do benefício reconhecido após reafirmada a data de entrada do requerimento.

2. É possível a reafirmação da DER (Data de Entrada do Requerimento) para o momento em que implementados os requisitos para a concessão do benefício, mesmo que isso se dê no interstício entre o ajuizamento da ação e a entrega da prestação jurisdicional nas instâncias ordinárias, nos termos dos arts. 493 e 933 do CPC/2015, observada a causa de pedir.

3. Conforme delimitado no acórdão embargado, quanto aos valores retroativos, não se pode considerar razoável o pagamento de parcelas pretéritas, pois o direito é reconhecido no curso do processo, após o ajuizamento da ação, **devendo ser fixado o termo inicial do benefício pela decisão que reconhecer o direito, na data em que preenchidos os requisitos para concessão do benefício, em diante, sem pagamento de valores pretéritos**.

4. O prévio requerimento administrativo já foi tema decidido pelo Supremo Tribunal Federal, julgamento do RE 641.240/MG. Assim, mister o prévio requerimento administrativo, para posterior ajuizamento da ação nas hipóteses ali delimitadas, o que não corresponde à tese sustentada de que a reafirmação da DER implica na burla do novel requerimento.

5. Quanto à mora, é sabido que a execução contra o INSS possui dois tipos de obrigações: a primeira consiste na implantação do benefício, a segunda, no pagamento de parcelas vencidas a serem liquidadas e quitadas pela via do precatório ou do RPV. **No caso de o INSS não efetivar a implantação do benefício, primeira obrigação oriunda de sua condenação, no prazo razoável de até quarenta e cinco dias, surgirão, a partir daí, parcelas vencidas oriundas de sua mora**. Nessa hipótese deve haver a fixação dos juros, embutidos no requisitório de pequeno valor.

6. Quanto à obscuridade apontada, referente ao momento processual oportuno para se reafirmar a DER, afirma-se que o julgamento do recurso de apelação pode ser convertido em diligência para o fim de produção da prova.

7. Embargos de declaração acolhidos, sem efeito modificativo.

Acórdão

Vistos e relatados estes autos em que são partes as acima indicadas, acordam os Ministros da Primeira Seção do Superior Tribunal de Justiça, por unanimidade, acolher os embargos de declaração, sem efeitos modificativos, nos termos do voto do Sr. Ministro Relator.

Os Srs. Ministros Francisco Falcão, Herman Benjamin, Napoleão Nunes Maia Filho, Og Fernandes, Assusete Magalhães, Sérgio Kukina, Regina Helena Costa e Gurgel de Faria votaram com o Sr. Ministro Relator.

Presidiu o julgamento o Sr. Ministro Benedito Gonçalves.

Informações Complementares à Ementa

"A reafirmação da DER poderá ocorrer no curso do processo, ainda que não haja prévio pedido expresso na petição inicial. [...], existindo pertinência temática com a causa de pedir,

o juiz poderá reconhecer de ofício outro benefício previdenciário daquele requerido, bem como poderá determinar seja reafirmada a DER".

No voto do Ministro Campbell acolhido pela Seção restou consignado o seguinte:

"No caso da reafirmação da DER, conforme delimitado no acórdão embargado, o direito** é **reconhecido no curso do processo, não havendo que se falar em parcelas vencidas anteriormente ao ajuizamento da ação".

Ademais, o STJ admitiu a tese da reafirmação da DER de ofício, mesmo nas situações em que o segurado não a tenha solicitado.

Dessa forma, é possível extrair as seguintes certezas adicionais da tabela acima colacionada da tese firmada no tema 995 do STJ:

F) A tese da reafirmação da DER não gerará parcelas atrasadas para data anterior ao dia do ajuizamento da ação;

G) Caberá de ofício a reafirmação judicial da DER;

H) O INSS somente pagará juros de mora se não implantar a ordem judicial em até 45 dias da data da intimação.

Posteriormente, a Corte Superior julgou em 4/9/2020 novos Embargos de Declaração, dessa vez opostos pelo segurado da previdência social autor da ação:

"PROCESSUAL CIVIL E PREVIDENCIÁRIO. EMBARGOS DE DECLARAÇÃO NOS EMBARGOS DE DECLARAÇÃO NO RECURSO ESPECIAL REPETITIVO. ENUNCIADO ADMINISTRATIVO 3/STJ. REAFIRMAÇÃO DA DER (DATA DE ENTRADA DO REQUERIMENTO). CABIMENTO. RECURSO ESPECIAL PROVIDO. PRIMEIROS EMBARGOS DE DECLARAÇÃO ACOLHIDOS, SEM EFEITO MODIFICATIVO. SEGUNDOS EMBARGOS DE DECLARAÇÃO REJEITADOS.

1. 1. É possível a reafirmação da DER (Data de Entrada do Requerimento) para o momento em que implementados os requisitos para a concessão do benefício, mesmo que isso se dê no interstício entre o ajuizamento da ação e a entrega da prestação jurisdicional nas instâncias ordinárias, nos termos dos arts. 493 e 933 do CPC/2015, observada a causa de pedir. Tese firmada em recurso especial repetitivo.

2. A assertiva de que não são devidas parcelas anteriores ao ajuizamento da ação reforça o entendimento firmado de que o termo inicial para pagamento do benefício corresponde ao momento processual em que reconhecidos os requisitos do benefício. **Se preenchidos os requisitos antes do ajuizamento da ação, não ocorrerá a reafirmação da DER, fenômeno que instrumentaliza o processo previdenciário de modo a garantir sua duração razoável, tratando-se de prestação jurisdicional de natureza fundamental.**

3. Tema referente ao surgimento da mora devidamente esclarecido no acórdão embargado.

4. Embargos de declaração de Antonio Carlos Bressam rejeitados.

Embora os embargos tenham sido rejeitados, eles foram conhecidos e a Seção rejeitou a tese da reafirmação judicial da DER quando os requisitos forem preenchidos antes da data de ajuizamento da ação.

Note-se que cabe a reafirmação administrativa da DER, com lastro no artigo 690 da IN INSS 77/2015 e da nova Súmula 1 do CRPS, durante todo o curso do processo administrativo previdenciário inclusive em fase recursal, sob pena de ulterior controle judicial para fazer valer a posição em caso de erro de caso concreto pela Administração Pública.

Daí o ponto controvertido é o direito formado no interregno entre o término do processo administrativo e a data de ajuizamento da ação judicial.

Considerando que a tese da reafirmação judicial da DER possui lastro do artigo 493 do CPC, que prevê que –*"se, depois da propositura da ação, algum fato constitutivo, modificativo ou extintivo do direito influir no julgamento do mérito, caberá ao juiz tomá-lo em consideração, de ofício ou a requerimento da parte, no momento de proferir a decisão"* – percebe-se que o Tema 995 não abarca a formação de direito anterior à data do ajuizamento da demanda judicial.

Embora o tema 995 em sua afetação não tenha abarcado o tempo de contribuição anterior à data do ajuizamento da ação, o STJ optou em alargar a discussão para a pacificação jurídica da tese, inclusive por provocação do próprio segurado em sede de embargos de declaração.

Daí é nítido que a questão foi expressamente apreciada pelo STJ em uma análise estritamente técnica das três decisões (acórdão base e os dois acórdãos dos embargos de declaração).

Dessa forma, é possível apontar mais uma diretriz firmada pelo STJ no julgamento do tema 995:

I) Não se aplica a tese da reafirmação judicial da DER quando o direito ao benefício se formou em data anterior ao dia do ajuizamento da ação judicial diante da redação do artigo 493 do CPC, que exige que o fato novo se dê no curso do processo judicial.

Em síntese, após a leitura integral do processo o qual atuei como parecerista pela PFE/INSS, a meu sentir o STJ decidiu pela adoção das seguintes premissas:

A) A Corte Superior admitiu a tese da reafirmação judicial da DER, em detrimento da tese da tese da necessidade de novo requerimento administrativo, desde que o fato novo não altere os limites objetivos da demanda;

B) A reafirmação judicial da DER dar-se-á para o momento da implementação dos requisitos do benefício;

C) A reafirmação judicial da DER dar-se-á apenas nas instâncias ordinárias (juiz de primeiro grau, Tribunal de Justiça, Tribunal Regional Federal e Turma Recursal);

D) A reafirmação judicial da DER não se dará nas instâncias extraordinárias (TRU, TNU, STJ e STF);

E) Dispensou-se o INSS do ônus da sucumbência, apenas se a autarquia reconhecer a procedência do pedido;

F) A tese da reafirmação da DER não gerará parcelas atrasadas para data anterior ao dia do ajuizamento da ação;

G) Caberá de ofício a reafirmação judicial da DER;

H) O INSS somente pagará juros de mora se não implantar a ordem judicial em até 45 dias da data da intimação;

I) Não se aplica a tese da reafirmação judicial da DER quando o direito ao benefício se formou em data anterior ao dia do ajuizamento da ação judicial diante da redação do artigo 493 do CPC, que exige que o fato novo se dê no curso do processo judicial.

Por sua vez, a tese principal do INSS foi pela impossibilidade da adoção da tese da reafirmação judicial da DER, invocando o Tema 350 do STF, que exige o prévio requerimento administrativo como condição da ação judicial, sendo a autarquia vencida neste ponto.

Alguns magistrados entendem que se o beneficiário da Previdência Social ofertar mais de um requerimento administrativo, **o requerimento seguinte importa em desistência tácita do pedido anterior.**

Essa tese faz com que os atrasados entre o primeiro e o segundo requerimento administrativo não seja alvo de condenação judicial.

Nesse sentido, vejam-se decisões da Turma Recursal do Maranhão e de São Paulo:

> "PREVIDENCIÁRIO. APOSENTADORIA POR IDADE. TRABALHADOR RURAL. AUSÊNCIA DE INTERESSE PROCESSUAL. CONCESSÃO DO BENEFÍCIO EM SEDE ADMINISTRATIVA. NOVO REQUERIMENTO ADMINISTRATIVO DO BENEFÍCIO. CONCORDÂNCIA OU DESISTÊNCIA TÁCITA COM O INDEFERIMENTO DO PRIMEIRO REQUERIMENTO. PARCELAS RETROATIVAS INDEVIDAS. I – Concessão do benefício em sede administrativa. Ausência de interesse processual quanto ao pedido de aposentadoria por idade, o que impõe a extinção do processo sem exame do mérito. II – Indevidas as parcelas do benefício previdenciário retroativas ao primeiro requerimento administrativo, pois, a concessão da aposentadoria por idade decorreu de um novo requerimento administrativo. **III – Demonstração de concordância com a decisão de indeferimento do benefício, ou mesmo, desistência tácita do primeiro requerimento, quando se formula novo requerimento**, desde que, exaurida a via administrativa, a obtenção do benefício tão-somente mostra-se possível em sede judicial. IV – Inexistência de provas de que a aposentadoria foi indeferida indevidamente. Aplicação do CPC 333 I. V – Honorários advocatícios indevidos, eis que se trata de Recorrente vencedor (Lei 9.099/95, art. 55, caput). VI – Recurso a que se dá provimento". **(Processo 102207420054013, JOSÉ CARLOS DO VALE MADEIRA, TRMA – 1ª Turma Recursal – MA).**
>
> "1 00074624320104036303 – **1ª TURMA RECURSAL DE SÃO PAULO. PUBLICAÇÃO: 04/06/2012** – e-DJF3 Judicial DATA: 01/06/2012 – SEM ACÓRDÃO. INTEIRO TEOR: PODER JUDICIÁRIO JUIZADO ESPECIAL FEDERAL DA 3ª REGIÃO 1ª Subseção Judiciária do Estado de São Paulo Av. Paulista, 1345 – Bela Vista – CEP 01311-200 São Paulo/SP Fone: (11) 2927-0150 TERMO Nr: 6301174298/2012 PROCESSO Nr: 0007462-43.2010.4.03.6303 AUTUADO EM 18/10/2010 ASSUNTO: 040102 – APOSENTADORIA POR IDADE (ART. 48/51) – BENEF. EM ESPÉCIE/CONCESSÃO/CONVERSÃO/RESTABELECIMENTO/ COMPLEMENTAÇÃO CLASSE: 1 – PROCEDIMENTO DO JUIZADO ESPECIAL CÍVEL AUTOR (Segurado): LUIS CARLOS ELEODORO MERINO ROMAN ADVOGADO(A)/ DEFENSOR(A) PÚBLICO(A): SP273492 – CLEA SANDRA MALFATTI RAMALHO RÉU: INSTITUTO NACIONAL DO SEGURO SOCIAL – I.N.S.S. (PREVID) ADVOGADO(A): SP999999 – SEM ADVOGADO |JEF_PROCESSO_JUDICIAL_CADASTRO#DAT_DISTRI| JUIZ(A) FEDERAL: ADRIANA PILEGGI DE SOVERAL I – Relatório A parte autora requereu a concessão do benefício da Aposentadoria por Idade, sustentando possuir todos os requisitos legais, com contribuições pelo período exigido pelo artigo 142 da Lei n. 8.213/91, possuindo, ainda, idade superior a 60 anos, indispensável à concessão do benefício. O feito foi julgado extinto, sem resolução do mérito, em relação ao pedido de concessão do benefício de aposentadoria por invalidez, já que concedido administrativamente, e julgado improcedente o pedido de retroação da data de início do benefício (DIB) a data do primeiro requerimento administrativo. Inconformada, a parte autora interpôs recurso, no qual requer a reforma da sentença com a concessão da DIB na data de entrada do primeiro requerimento administrativo. É o relatório. II – Voto Defiro os benefícios da Assistência Judiciária Gratuita, se ainda não o foi, nos moldes do artigo 2º, parágrafo único, da Lei n. 1.060/50, diante da comprovação documental da condição de hipossuficiente da parte autora.

No caso dos autos, a parte autora alega que a data do início do benefício (DIB) deve ser fixada na data em que implementou todos os requisitos necessários à sua concessão, muito embora a data de entrada do requerimento administrativo (DER) tenha sido posterior. Não assiste razão à parte autora. De acordo com o artigo 49 da Lei 8.213/1991, a DIB será fixada na data do requerimento administrativo, exceto para os empregados, cito: Art. 49. A aposentadoria por idade será devida: I – ao segurado empregado, inclusive o doméstico, a partir: a) da data do desligamento do emprego, quando requerida até essa data ou até 90 (noventa) dias depois dela; ou b) da data do requerimento, quando não houver desligamento do emprego ou quando for requerida após o prazo previsto na alínea "a"; II – para os demais segurados, da data da entrada do requerimento. (grifei). **No entanto, no presente caso, a autora apresentou dois requerimentos administrativos, sendo o segundo considerado como desistência do primeiro, conforme consta na i. sentença prolatada. Não vejo motivos para alterar tal entendimento: de fato, o autor desistiu do primeiro recurso, não o impugnando na esfera administrativa ou judicial, o que implica em ter concordado com o resultado. Desta forma, correta a fixação da DIB na data de entrada do segundo requerimento administrativo.** Ante o exposto, nego provimento ao recurso da parte autora, confirmando a sentença por seus próprios e jurídicos fundamentos, nos termos do artigo 46 da Lei n. 9.099/1995 combinado com a Lei n. 10.259/2001. Condeno a parte autora ao pagamento de honorários advocatícios, que fixo em R$ 500,00 (quinhentos reais), nos termos do artigo 20, § 4º, do Código de Processo Civil e do artigo 55 da Lei 9.099/95, considerando a baixa complexidade do tema e o pequeno valor da causa. O pagamento ocorrerá desde que possa efetuá-lo sem prejuízo do sustento próprio ou da família, nos termos dos artigos 11 e 12 da Lei n. 1.060/1950. Dispensada a ementa na forma da lei. É o voto. III – Acórdão Visto, relatado e discutido este processo, em que são partes as acima indicadas, decide a Primeira Turma Recursal do Juizado Especial Federal Cível da Terceira Região – Seção Judiciária de São Paulo, por unanimidade, negar provimento ao recurso da parte autora, nos termos do voto da Juíza Relatora. Participaram do julgamento a Senhora Juíza Federal Adriana Pileggi de Soveral, a Senhora Juíza Federal Elídia Aparecida de Andrade Correa e o Senhor Juiz Federal Fábio Rubem David Müzel. São Paulo, 21 de maio de 2012 (data do julgamento)".

Permissa venia, entende-se que essa tese é equivocada, pois não é possível presumir que a renovação do requerimento administrativo importa em desistência do anterior, posto que qualquer ato de disposição patrimonial exige manifestação expressa e induvidosa de vontade.

Na verdade, a renovação do requerimento administrativo decorre da necessidade urgente da concessão do benefício previdenciário ao beneficiário, que em algumas oportunidades tem direito ao benefício, e em outras não tem.

Logo, comprovado que desde a DER administrativa originária o segurado ou seu dependente já preenchia os requisitos para o deferimento do benefício, a DIB deve ser a primeira DER administrativa, respeitada apenas a prescrição quinquenal.

Nesse sentido, de acordo com o TRF da 1ª Região, "comprovados os requisitos para a obtenção do benefício postulado desde o primeiro requerimento formulado na órbita administrativa, o benefício deve ser concedido desde então, sendo desarrazoada a tese de que o ingresso de novo requerimento administrativo implica em desistência tácita do requerimento anterior"[19].

Por fim, o **indeferimento administrativo forçado** pelo beneficiário da Previdência Social também poderá ensejar a **falta de interesse-necessidade de agir** para propor demanda judicial. Isso ocorre quando o segurado ou o dependente não apresenta a documentação necessária para o deferimento do benefício pelo INSS, embora notificado por carta de exigências, culminando com o indeferimento administrativo.

19. AC 0008528-13.2010.4.01.3814/MG, de 14/10/2015.

Um exemplo é o segurado que busca o reconhecimento de tempo especial em período em que é necessária a apresentação do formulário (PPP ou outros mais antigos) e não o faz, mesmo após receber carta de exigências do INSS.

Após a negativa administrativa, ingressa com ação judicial desta feita com a petição inicial instruída com o devido formulário PPP, que não havia sido juntado no processo administrativo previdenciário.

Eis a jurisprudência:

> "PREVIDENCIÁRIO. PROCESSO CIVIL. AUSÊNCIA DE INTERESSE DE AGIR DA PARTE AUTORA. ABANDONO DA VIA ADMINISTRATIVA SEM QUALQUER JUSTIFICAÇÃO E SEM A APRESENTAÇÃO DA DOCUMENTAÇÃO SOLICITADA PELO ENTE AUTÁRQUICO. CONTESTAÇÃO NA QUAL ALEGADA APENAS A CARÊNCIA DE AÇÃO AUTORAL. AUSÊNCIA DE PRETENSÃO RESISTIDA.– **Carece a parte autora de interesse de agir, tal qual assentado pelo Ilustre Magistrado sentenciante, quando ingressa em juízo tendo antes apresentado requerimento administrativo no qual o ente previdenciário solicitou documentação para a análise da questão vindicada e o interessado simplesmente deixou escoar o prazo assinado sem qualquer manifestação (sequer de solicitação de prorrogação de prazo para cumprimento da diligência).**– Contestação apresentada nesta demanda na qual apenas se alega a falta de interesse de agir da parte autora, donde se conclui a ausência de pretensão resistida, de modo que impossível a relevação da extinção anômala da relação processual.– Negado provimento ao recurso de apelação da parte autora". **(TRF 3ª Região, SÉTIMA TURMA, APELREEX – APELAÇÃO/REMESSA NECESSÁRIA – 2124550 – 0002703-92.2013.4.03.6121, Rel. DESEMBARGADOR FEDERAL FAUSTO DE SANCTIS, julgado em 21/08/2017, e-DJF3 Judicial 1 DATA:01/09/2017).**

4. IMPENHORABILIDADE, INALIENABILIDADE E INDISPONIBILIDADE DOS BENEFÍCIOS PREVIDENCIÁRIOS

De acordo com o artigo 114, da Lei 8.213/91, salvo quanto a valor devido à Previdência Social e a desconto autorizado por esta Lei, ou derivado da obrigação de prestar alimentos reconhecida em sentença judicial, **o benefício não pode ser objeto de penhora, arresto ou sequestro, sendo nula de pleno direito a sua venda ou cessão, ou a constituição de qualquer ônus sobre ele, bem como a outorga de poderes irrevogáveis ou em causa própria para o seu recebimento.**

Essa proteção legal do benefício previdenciário decorre do seu caráter alimentar, não se admitindo penhora para débitos previdenciários, conforme a jurisprudência:

> "PROCESSUAL CIVIL E TRIBUTÁRIO – AGRAVO REGIMENTAL – EXECUÇÃO FISCAL -BENEFÍCIO DA APOSENTADORIA – PENHORA – IMPOSSIBILIDADE. NATUREZA ALIMENTAR – ARTIGO 649, VI, DO CPC. ART. 114 E 115, II, DA LEI 8.213/91 – AGRAVO IMPROVIDO. **1. Os valores recebidos a título de aposentadoria são impenhoráveis, posto que necessários à manutenção do beneficiário e sua família, até mesmo para garantir a restituição ao erário de valores indevidamente recebidos, se esses débitos, embora de natureza previdenciária, referem-se a outro benefício suspenso por irregularidades na sua concessão. A penhora prevista no art. 114 da Lei 8.213/91 apenas se aplica para garantia de débitos do mesmo benefício.** 2. Conforme se depreende do documento de fl. 63, o débito em questão é de natureza não previdenciária, de forma que o caso em tela não se subsume ao disposto no art. 115, da Lei 8.213/91. 3. A penhora pretendida na base de (30%) por cento, advém do benefício de

aposentadoria da executada, destinada ao seu sustento e de seus familiares, motivo pelo qual, nos exatos termos do art. 649, do CPC, é insuscetível de penhora. 4. Agravo Regimental improvido[20]".

Essa proteção é reforçada pelo Código de Processo Civil, que em seu artigo 833, inciso IV, declara como **absolutamente impenhoráveis** os proventos de aposentadoria, pensões, pecúlios e montepios, salvo no que concerne ao pagamento de prestação alimentícia.

O CPC de 2015 no artigo 833 aduz que são impenhoráveis os vencimentos, os subsídios, os soldos, os salários, as remunerações, **os proventos de aposentadoria, as pensões**, os pecúlios e os montepios, bem como as quantias recebidas por liberalidade de terceiro e destinadas ao sustento do devedor e de sua família, os ganhos de trabalhador autônomo e os honorários de profissional liberal, salvo no caso de penhora para pagamento de prestação alimentícia.

Por outro lado, o artigo 833, § 2º, do CPC aduz que a citada impenhorabilidade não se aplica à hipótese de penhora para pagamento de prestação alimentícia, independentemente de sua origem, bem como às importâncias excedentes a 50 (cinquenta) salários-mínimos mensais.

Nesse sentido, o STJ admitiu penhora de 10% do rendimento líquido de aposentado para quitar honorários advocatícios:

> **DECISÃO**
>
> 14/02/2019 06:55
>
> Quarta Turma autoriza penhora de 10% do rendimento líquido de aposentado para quitar honorários advocatícios
>
> Os honorários advocatícios possuem natureza alimentar e se enquadram na regra de exceção prevista no parágrafo 2º do artigo 833 do Código de Processo Civil (CPC) de 2015, o que possibilita a penhora de valores de aposentadoria para sua quitação.
>
> Com esse entendimento, a Quarta Turma do Superior Tribunal de Justiça (STJ) deu parcial provimento ao recurso especial de uma advogada para autorizar a penhora sobre a aposentadoria do devedor, limitada a 10% dos rendimentos líquidos.
>
> O recorrido, servidor público aposentado, contratou a advogada para auxiliar na sua ação de separação. O acordo previa o pagamento dos honorários em dez parcelas. Após a quinta parcela, houve atraso no pagamento, e a advogada então exigiu o pagamento integral do restante.
>
> O tribunal de origem não permitiu a penhora na aposentadoria por entender que tais créditos não configuram prestação alimentícia.
>
> No STJ, o relator do caso, ministro Raul Araújo, votou para negar provimento ao recurso, com o entendimento de que a expressão "prestação alimentícia" é restrita e nem todo crédito ou dívida de natureza alimentar corresponde a uma prestação alimentícia passível de possibilitar a penhora.
>
> **Natureza alimentar**
>
> O ministro Luis Felipe Salomão apresentou voto-vista defendendo a aplicação da norma de exceção do parágrafo 2º do artigo 833 do CPC/2015 e citou decisões do tribunal segundo as quais os honorários advocatícios têm natureza de prestação alimentar.
>
> "A jurisprudência do STJ considera que o termo 'prestação alimentícia' não se restringe aos alimentos decorrentes de vínculo familiar ou de ato ilícito, abrangendo todas as verbas de natureza alimentar (ou seja, todas as classes de alimentos), como os honorários advocatícios contratados pelo devedor ou devidos em razão de sua sucumbência processual."

20. TRF da 1ª Região, AGA 2008.01.00.012900-4, de 22.02.2010.

Ele destacou que o próprio CPC reconhece o caráter alimentar dos honorários, ao dispor que "constituem direito do advogado e têm natureza alimentar, com os mesmos privilégios dos créditos oriundos da legislação do trabalho".

Dessa forma, segundo Salomão, resta definir se é possível afastar a incidência da penhora em verbas de natureza remuneratória – no caso, a aposentadoria do devedor.

"Entendo que os honorários advocatícios se amoldam perfeitamente ao conceito de prestação alimentícia, conforme ampla jurisprudência da casa, ainda mais diante da atual redação do CPC, que, de forma peremptória, adicionou a 'pagamento de prestação alimentícia' a expressão 'independentemente de sua origem'", justificou Salomão.

Para o ministro, não há dúvida de que o termo "independentemente de sua origem" revela uma intenção do legislador de ampliar a compreensão do que deve ser entendido por prestação alimentícia.

Penhora limitada

Salomão destacou que a penhora de valores nesses casos deve ser feita com parcimônia, sopesando o direito de cada parte envolvida.

"Sob essa ótica, afigura-se mais adequada a interpretação teleológica das impenhorabilidades, a fim de se evitar o sacrifício de um direito fundamental em relação a outro", fundamentou o ministro.

Ele citou que o artigo 529, parágrafo 3º, do CPC autoriza a penhora de até 50% dos rendimentos líquidos, mas, em vista das particularidades da situação do devedor no caso em julgamento, que já tem vários descontos na folha, propôs que a penhora sobre a aposentadoria fosse limitada a 10% da renda líquida.

Após a apresentação do voto-vista, o relator realinhou sua posição para acompanhar integralmente o voto do ministro Salomão, e a decisão foi unânime.

Esta notícia refere-se ao(s) processo(s):

REsp 1732927

No entanto, em descumprimento aos preceitos legais acima estabelecidos, é comum que a Justiça do Trabalho oficie ao INSS determinando a penhora de benefício previdenciário na ânsia da satisfação dos seus créditos.

Nesta situação, cabe ao segurado adotar as medidas cabíveis, pois o TST não reconhece legitimidade ativa à autarquia previdenciária para se opor à ilegítima penhora:

"TST – INSS não tem legitimidade para ajuizar ação contra penhora de aposentadoria de terceiros

Apesar de a penhora de proventos de aposentadoria não ser permitida pelo art. 649 do Código de Processo Civil (CPC), um aposentado terá 20% da sua aposentadoria retida mensalmente para pagamento de uma dívida trabalhista, até o limite de R$ 16.436,55. A decisão foi tomada pela Subseção II Especializada em Dissídios Individuais do Tribunal Superior do Trabalho, por unanimidade, por que o impetrante do recurso contra a penhora foi o INSS e não o aposentado.

"No ordenamento pátrio, o exercício do direito de ação se encontra subordinado à possibilidade jurídica do pedido, à legitimidade das partes e ao interesse de agir, devendo o julgador, ao detectar, de ofício, a ausência destes elementos, declarar extinto o processo sem adentrar o mérito da controvérsia. Assim, não figurando o Instituto Nacional do Seguro Social como titular do direito vilipendiado ou prejudicado pela ordem judicial, faz-se clara a ausência de condições da ação", sentenciou o relator do processo no TST, ministro Alberto Luiz Brescinani de Fontan Pereira.

A mesma decisão já havia sido tomada pela a 1ª Seção de Dissídios Individuais do TRT da 4ª Região (RS). De acordo com acórdão regional, "entendo necessário tornar claro que considero ilegal

– e desta forma tenho me posicionado nesta Seção em julgamentos que envolvem a questão – a penhora que recai sobre benefício previdenciário ou sobre salário. Desta forma, fosse impetrante o devedor (que enfrenta, passivamente, ao que se sabe, os efeitos do ato apontado como coator), não tenho dúvida de que me posicionaria favoravelmente à pretensão. Aqui, contudo, o impetrante é o INSS, que não tem nenhuma relação com a ação subjacente, salvo o dever que lhe foi atribuído pelo Juízo dito coator de proceder no desconto mensal de 20% dos proventos de aposentadoria do lá executado, até a integral satisfação da dívida".

Em sua defesa, o INSS alegou que possui interesse e legitimidade para defender suas funções, finalidades institucionais, bem como o princípio da legalidade, a que está adstrito. Além disso, argumentou que somente são autorizados os descontos de benefícios para pagamento de tributos, restrições de valores pagos a maior, pensão, empréstimos e mensalidades de associações e entidades de aposentados, e destacou a dificuldade operacional no cumprimento da medida judicial. "Na condição de mero executor da ordem judicial, o INSS não está autorizado a agir em nome do executado (na ação subjacente), suscitando proteções legais que somente a ele incumbe suscitar. Além disso, concluo ser possível ao sistema informatizado da Previdência incluir o desconto sem maior dificuldade e lembro que, por complexa que seja tal operação, trata-se do cumprimento de ordem judicial. Não parece demasia lembrar a quantidade de descontos em folha que o INSS processa, por exemplo, em favor de financeiras", sentenciou ainda o órgão colegiado regional.

Na opinião do ministro Brescinani, no caso é flagrante a ilegitimidade do INSS para impetrar o recurso e que, sendo assim, fica indeferida da petição e mantida a penhora da aposentadoria.

Processo: RO-7197-53.2012.5.04.0000"

Fonte: www.tst.jus.br – 20/02/2014

5. HONORÁRIOS ADVOCATÍCIOS NAS AÇÕES PREVIDENCIÁRIAS

De acordo com a Súmula 111, do STJ, "os honorários advocatícios, nas ações previdenciárias, não incidem sobre prestações vincendas após a sentença".

Assim, a base de cálculo sobre a qual incidirá o percentual fixado pelo julgador a título de honorários advocatícios, deverá se limitar às parcelas devidas até a data de prolação da decisão, com exclusão das posteriores.

Impende salientar que a Súmula 111, do STJ, não tem fundamento expresso na legislação processual previdenciária, pois inexiste norma que determine a exclusão da base de cálculo dos honorários de sucumbência das parcelas de benefício previdenciário devidas após a prolação da sentença, especialmente nos casos em que a sentença é alvo de recurso pelo INSS.

Mesmo após o CPC/2015, o STJ continua aplicando a sua Súmula 111:

Processo

REsp 1831207 / SP

RECURSO ESPECIAL 2019/0235266-7

Relator(a)

Ministro HERMAN BENJAMIN (1132)

Órgão Julgador

T2 – SEGUNDA TURMA

Data do Julgamento

12/11/2019

Data da Publicação/Fonte

DJe 19/12/2019

Ementa

PROCESSUAL CIVIL. HONORÁRIOS ADVOCATÍCIOS. TERMO FINAL PARA APURAÇÃO DA BASE DE CÁLCULO. OBSERVÂNCIA DA SÚMULA 111/STJ.

1. Conforme teor da Súmula 111 do Superior Tribunal de Justiça, o marco final da verba honorária deve ser a decisão em que o direito do segurado foi reconhecido: "Os honorários advocatícios, nas ações previdenciárias, não incidem sobre as prestações vencidas após a sentença".

2. Na hipótese, o acórdão recorrido, que concedeu o direito à aposentadoria especial, deve ser considerado como termo final. Nesse sentido: AgRg no AREsp 271.963/AL, Rel. p/a. Acórdão, Min. Sérgio Kukina, Primeira Turma, DJe de 19/5/2014; EDcl no AgRg no REsp 1.271.734/RS, Rel. Min. Alderita Ramos de Oliveira (Desembargadora Convocada do TJ/PE), DJe de 18/4/2013; AgRg nos EDcl no AREsp 155.028/SP, Rel. Ministro Mauro Campbell Marques, Segunda Turma, DJe 24/10/2012.

3. Recurso Especial provido.

É bom lembrar que as condenações perpetradas em 1º grau nos Juizados Federais não abarcarão os honorários advocatícios, mas apenas as de 2º grau, por força do artigo 55, da Lei 9.099/05.

De acordo com o Enunciado 99 do FONAJEF, "o provimento, ainda que parcial, de recurso inominado afasta a possibilidade de condenação do recorrente ao pagamento de honorários de sucumbência".

Ademais, de acordo com a **Súmula 421**, do STJ, **"os honorários advocatícios não são devidos à Defensoria Pública quando ela atua contra a pessoa jurídica de direito público à qual pertença".**

Logo, a Defensoria Pública da União não terá direito aos honorários advocatícios de sucumbência em processo ajuizado contra o INSS, por se tratar de autarquia federal.

Mas o **tema 1.002** está pendente de julgamento pelo STF: "Recurso extraordinário em que se discute, à luz do art. 134, §§ 2º e 3º, da Constituição da República, se a proibição de recebimento de honorários advocatícios pela Defensoria Pública, quando represente litigante vencedor em demanda ajuizada contra o ente ao qual é vinculada, viola a sua autonomia funcional, administrativa e institucional".

Ainda de acordo com o STJ, "os valores pagos administrativamente devem ser compensados na fase de liquidação do julgado, entretanto, tal compensação não deve interferir na base de cálculo dos honorários sucumbenciais, que deverá ser composta pela totalidade dos valores devidos"[21].

Logo, no caso de compensação de pagamento administrativo de benefício feito pelo INSS com a condenação judicial da autarquia, não haverá abatimento da base de cálculo dos honorários advocatícios.

Nesse sentido, a **Súmula AGU 66**, de 03.12.2012:

21. AgRg no REsp 1250945, de 28.06.2011.

> "Súmula 66– Nas ações judiciais movidas por servidor público federal contra a União, as autarquias e as fundações públicas federais, o cálculo dos honorários de sucumbência deve levar em consideração o valor total da condenação, conforme fixado no título executado, sem exclusão dos valores pagos na via administrativa."

É comum que os segurados e os seus dependentes celebrem contratos de honorários com os advogados fixando-os em um percentual dos atrasados, acaso vencida a demanda. Neste caso, julgando avença que envolvia ação previdenciária contra o INSS, o STJ pronunciou a invalidade de ajuste que os fixou em 50% das parcelas vencidas, admitindo como válidos, no máximo, o patamar de 30% a título de honorários advocatícios:

> "DIREITO CIVIL. CONTRATO DE HONORÁRIOS QUOTA LITIS. REMUNERAÇÃO AD EXITUM FIXADA EM 50% SOBRE O BENEFÍCIO ECONÔMICO. LESÃO. 1. A abertura da instância especial alegada não enseja ofensa a Circulares, Resoluções, Portarias, Súmulas ou dispositivos inseridos em Regimentos Internos, por não se enquadrarem no conceito de lei federal previsto no art. 105, III, "a", da Constituição Federal. Assim, não se pode apreciar recurso especial fundamentado na violação do Código de Ética e Disciplina da OAB. 2. O CDC não se aplica à regulação de contratos de serviços advocatícios. Precedentes. 3. Consubstancia lesão a desproporção existente entre as prestações de um contrato no momento da realização do negócio, havendo para uma das partes um aproveitamento indevido decorrente da situação de inferioridade da outra parte. 4. O instituto da lesão é passível de reconhecimento também em contratos aleatórios, na hipótese em que, ao se valorarem os riscos, estes forem inexpressivos para uma das partes, em contraposição àqueles suportados pela outra, havendo exploração da situação de inferioridade de um contratante. **5. Ocorre lesão na hipótese em que um advogado, valendo-se de situação de desespero da parte, firma contrato quota litis no qual fixa sua remuneração ad exitum em 50% do benefício econômico gerado pela causa. 6. Recurso especial conhecido e provido, revisando-se a cláusula contratual que fixou os honorários advocatícios para o fim de reduzi-los ao patamar de 30% da condenação obtida**" (3ª Turma, RECURSO ESPECIAL 1.155.200, de 22/02/2011).

De acordo com o artigo 85 do novo CPC, os honorários serão fixados entre o mínimo de dez e o máximo de vinte por cento sobre o valor da condenação, do proveito econômico obtido ou, não sendo possível mensurá-lo, sobre o valor atualizado da causa, atendidos o grau de zelo do profissional; o lugar de prestação do serviço; a natureza e a importância da causa e o trabalho realizado pelo advogado e o tempo exigido para o seu serviço.

No entanto, nas causas em que a Fazenda Pública for parte, a fixação dos honorários observará os aludidos critérios e os seguintes percentuais:

> I – mínimo de dez e máximo de vinte por cento sobre o valor da condenação ou do proveito econômico obtido até 200 (duzentos) salários-mínimos;
>
> II – mínimo de oito e máximo de dez por cento sobre o valor da condenação ou do proveito econômico obtido acima de 200 (duzentos) salários-mínimos até 2.000 (dois mil) salários-mínimos;
>
> III – mínimo de cinco e máximo de oito por cento sobre o valor da condenação ou do proveito econômico obtido acima de 2.000 (dois mil) salários-mínimos até 20.000 (vinte mil) salários-mínimos;
>
> IV – mínimo de três e máximo de cinco por cento sobre o valor da condenação ou do proveito econômico obtido acima de 20.000 (vinte mil) salários-mínimos até 100.000 (cem mil) salários-mínimos;
>
> V – mínimo de um e máximo de três por cento sobre o valor da condenação ou do proveito econômico obtido acima de 100.000 (cem mil) salários-mínimos.

No mais, vem sendo admitida a apresentação judicial do contrato de honorários para destaque quando da expedição da requisição de pequeno valor ou do precatório, desde que fixado em percentual não abusivo.

Isso porque se trata de direito do advogado previsto no artigo 22 do Estatuto da OAB:

> "§ 4º Se o advogado fizer juntar aos autos o seu contrato de honorários antes de expedir-se o mandado de levantamento ou precatório, **o juiz deve determinar que lhe sejam pagos diretamente**, por dedução da quantia a ser recebida pelo constituinte, salvo se este provar que já os pagou".

Caso seja em percentual acima de 30%, deve o juiz limitar o destaque. Nesse sentido, o enunciado 125 do FONAJEF:

> **Enunciado FONAJEF 125 – "É possível realizar a limitação do destaque dos honorários em RPV ou precatório".**

6. INTERVENÇÃO DO MINISTÉRIO PÚBLICO

Em regra, o Ministério Público não terá competência para intervir em processo judicial previdenciário, pois se trata de direito patrimonial disponível.

Nesse sentido, o STJ:

> "PREVIDENCIÁRIO. AGRAVO REGIMENTAL CONTRA DECISÃO QUE NEGOU SEGUIMENTO AO RECURSO ESPECIAL. AUTORA DEVIDAMENTE REPRESENTADA POR ADVOGADO CONSTITUÍDO NOS AUTOS. AÇÃO QUE VERSA SOBRE BENEFÍCIO PREVIDENCIÁRIO. DIREITO INDIVIDUAL DISPONÍVEL. ILEGITIMIDADE DA INTERVENÇÃO DO MINISTÉRIO PÚBLICO. INCIDÊNCIA DA SÚMULA 7/STJ. AGRAVO REGIMENTAL DO MINISTÉRIO PÚBLICO FEDERAL DESPROVIDO.
>
> 1. A legitimidade a que se refere a Súmula 99/STJ não autoriza o Ministério Público a recorrer no presente caso, uma vez que a autora encontra-se devidamente representada por advogado constituído nos autos.
>
> **2. As Turmas que compõem a Terceira Seção desta Corte firmaram entendimento de que o Ministério Público não possui legitimidade para atuar em ações que versem sobre benefício previdenciário, por se tratar de direito individual disponível, suscetível, portanto, de renúncia pelo respectivo titular.**
>
> 3. Além disso, as instâncias ordinárias, com base no conjunto fático probatório dos autos, especialmente no estudo social que concluiu que a família possui renda mensal per capita superior a cinco salários mínimos, julgaram improcedente o pedido com fundamento na ausência de situação de miserabilidade.
>
> 4. A alteração dessa conclusão, na forma pretendida, demandaria necessariamente a incursão no acervo fático-probatório dos autos, o que, entretanto, encontra óbice na Súmula 7 do STJ, segundo a qual a pretensão de simples reexame de prova não enseja Recurso Especial.
>
> 5. Agravo Regimental desprovido" (AgRg no Ag 1.132.889, de 15.04.2010).

Entretanto, deverá o órgão ministerial intervir nos processos judiciais previdenciários quando for parte um absoluta ou relativamente incapaz, na condição de *custos legis*, nos termos do art. 178, II, do Código de Processo Civil.

De acordo com o artigo 178, do CPC de 2015, o Ministério Público será intimado para, no prazo de 30 (trinta) dias, intervir como fiscal da ordem jurídica nas hipóteses previstas em lei ou na Constituição Federal e nos processos que envolvam interesse de incapaz.

Por sua vez, na forma da **Súmula 226, do STJ**, "o Ministério Público tem legitimidade para recorrer na ação de acidente do trabalho, ainda que o segurado esteja assistido por advogado", ou seja, nas ações em que são postulados benefícios previdenciários decorrentes de acidente de trabalho o *parquet* poderá interpor recurso.

Ainda de acordo com a Corte Superior, "o só fato de ser pessoa idosa não denota parâmetro suficiente para caracterizar a relevância social a exigir a intervenção do Ministério Público. Deve haver comprovação da situação de risco, conforme os termos do artigo 43 da Lei nº 10.741/2003, sob pena de obrigatória intervenção do Ministério Público, de forma indiscriminada, como *custos legis* em toda em qualquer demanda judicial que envolva idoso".[22]

7. CUSTAS PROCESSUAIS

Nos processos em trâmite da Justiça Federal, por se tratar de autarquia da União, o INSS goza de isenção no pagamento das custas processuais (taxas), nos termos do artigo 46, Lei 5.010/1966.

Por se tratar de uma autarquia federal, o INSS se enquadra como entidade integrante do Poder Público, razão pela qual o STJ editou a Súmula 483:

> **Súmula 483 – O INSS não está obrigado a efetuar depósito prévio do preparo por gozar das prerrogativas e privilégios da Fazenda Pública.**

Contudo, tendo em vista a proibição constitucional de uma pessoa política conceder isenção a tributos de outras entidades políticas (vedação à isenção heterônoma), o INSS deverá pagar as custas processuais nos processos que tramitam na Justiça Estadual, mas apenas deverá pagá-las ao final do processo, se vencido[23], **salvo isenção concedida pelo legislador estadual**.

> Nesse sentido, dispõe a Súmula 178, do STJ, que "o INSS não goza de isenção no pagamento de custas e emolumentos, nas ações acidentárias e de benefícios, propostas na Justiça Estadual".

Entretanto, no Distrito Federal, o INSS terá direito à isenção, pois o Poder Judiciário é organizado pela União, conforme reconhecimento pelo STJ, no julgamento do recurso especial 1039752, de 26.06.2008:

> "PREVIDENCIÁRIO E PROCESSUAL CIVIL. APELAÇÃO DO INSS INTERPOSTA PERANTE O TRIBUNAL DE JUSTIÇA DO DISTRITO FEDERAL E TERRITÓRIOS. PREPARO. INCIDÊNCIA DAS DISPOSIÇÕES DA LEI FEDERAL 8.620/93, QUE GARANTE A ISENÇÃO DO PAGAMENTO DE CUSTAS PARA O INSS. SÚMULA 178/STJ. INAPLICABILIDADE.
>
> 1. Esta Corte Superior, partindo da premissa de que a lei federal somente tem o condão de isentar o INSS das custas federais, sumulou o entendimento de que, não havendo lei local em sentido

22. Passagem do julgamento do REsp 1.235.375, de 12.04.2011.
23. STJ, REsp 988.468, de 13.11.2007.

contrário, o INSS não goza de isenção do pagamento de custas e emolumentos, nas ações acidentárias e de benefícios, propostas na Justiça Estadual (Súmula 178/STJ).

2. Entretanto, tal entendimento não tem incidência no âmbito do Poder Judiciário do Distrito Federal, custeado por recursos orçamentários do Tesouro Nacional e regulamentado por normas federais.

3. Dessa forma, deve ser aplicada a Lei federal 8.620/93, que garante a isenção do pagamento de custas para o INSS, às ações em trâmite perante à Justiça do Distrito Federal, como no caso.

4. Recurso Especial do INSS conhecido e provido".

8. COISA JULGADA NAS LIDES PREVIDENCIÁRIAS

A coisa julgada é a intangibilidade que alcança o dispositivo de uma decisão judicial final, operando-se quando não mais existe recurso para a impugnação do julgado, quer pelo exaurimento, quer pelo não uso.

É um instituto que decorre do Princípio da Segurança Jurídica, a fim de não eternizar os litígios, não se permitindo a propositura de ação idêntica, assim considerada a que possui as mesmas partes, pedido e causa de pedir.

De acordo com o artigo 502, do CPC de 2015, denomina-se coisa julgada material a autoridade que torna imutável e indiscutível a decisão de mérito não mais sujeita a recurso, não fazendo coisa julgada os motivos, ainda que importantes para determinar o alcance da parte dispositiva da sentença, assim como a verdade dos fatos, estabelecida como fundamento da sentença.

Nos termos do artigo 503, do CPC, a decisão que julgar total ou parcialmente o mérito tem força de lei nos limites da questão principal expressamente decidida, aplicando-se esta regra à resolução de questão prejudicial, decidida expressa e incidentemente no processo, se:

I – dessa resolução depender o julgamento do mérito;

II – a seu respeito tiver havido contraditório prévio e efetivo, não se aplicando no caso de revelia;

III – o juízo tiver competência em razão da matéria e da pessoa para resolvê-la como questão principal.

No caso da concessão de pensão por morte de companheiro na Justiça Federal (pensão não decorrente de acidente de trabalho), é questão prejudicial à demonstração da união estável, mas não haverá coisa julgada material sobre o reconhecimento do companheirismo, pois a competência para tanto é do juiz estadual de família, e não do juiz federal (inciso III, *suso* transcrito).

Por outro lado, a questão prejudicial não fará coisa julgada se no processo houver restrições probatórias ou limitações à cognição que impeçam o aprofundamento da análise da questão prejudicial.

No entanto, nos termos do artigo 505, do CPC de 2015, em se tratando de relação jurídica de trato continuado, como ocorre nas relações previdenciárias, se sobreveio modificação no estado de fato ou de direito, a parte poderá pedir a revisão do que foi estatuído na sentença, ante a cláusula *rebus sic stantibus*.

No sistema ainda individualista do Código de Processo Civil, adota-se o regime da coisa julgada *pro et contra*, limitada às partes do processo, ou seja, haverá coisa julgada material independentemente da fundamentação da decisão, não importando o sucesso ou a derrota das partes por inexistência de direito ou por insuficiência de provas.

No entanto, em 16 de dezembro de 2015, ao julgar Recurso Especial representativo de controvérsia, a 1ª Seção do STJ flexibilizou o regime jurídico da coisa julgada, admitindo a extinção do processo sem o julgamento do mérito quando o segurado não possuir documentos para a prova da atividade rural, o que permitirá a repropositura da ação com novos documentos, pois não restará formada coisa julgada material:

"DIREITO PREVIDENCIÁRIO. RECURSO ESPECIAL REPRESENTATIVO DA CONTROVÉRSIA. ART. 543-C DO CPC. RESOLUÇÃO Nº 8/STJ. APOSENTADORIA POR IDADE RURAL. AUSÊNCIA DE PROVA MATERIAL APTA A COMPROVAR O EXERCÍCIO DA ATIVIDADE RURAL. CARÊNCIA DE PRESSUPOSTO DE CONSTITUIÇÃO E DESENVOLVIMENTO VÁLIDO DO PROCESSO. EXTINÇÃO DO FEITO SEM JULGAMENTO DO MÉRITO, DE MODO QUE A AÇÃO PODE SER REPROPOSTA, DISPONDO A PARTE DOS ELEMENTOS NECESSÁRIOS PARA COMPROVAR O SEU DIREITO. RECURSO ESPECIAL DO INSS DESPROVIDO. 1. Tradicionalmente, o Direito Previdenciário se vale da processualística civil para regular os seus procedimentos, entretanto, não se deve perder de vista as **peculiaridades das demandas previdenciárias, que justificam a flexibilização da rígida metodologia civilista**, levando-se em conta os cânones constitucionais atinentes à Seguridade Social, que tem como base o contexto social adverso em que se inserem os que buscam judicialmente os benefícios previdenciários. 2. As normas previdenciárias devem ser interpretadas de modo a favorecer os valores morais da Constituição Federal/1988, que prima pela proteção do Trabalhador Segurado da Previdência Social, motivo pelo qual os pleitos previdenciários devem ser julgados no sentido de amparar a parte hipossuficiente e que, por esse motivo, possui proteção legal que lhe garante a flexibilização dos rígidos institutos processuais. Assim, deve-se procurar encontrar na **hermenêutica previdenciária** a solução que mais se aproxime do caráter social da Carta Magna, a fim de que as normas processuais não venham a obstar a concretude do direito fundamental à prestação previdenciária a que faz jus o segurado. 3. Assim como ocorre no Direito Sancionador, em que se afastam as regras da processualística civil em razão do especial garantismo conferido por suas normas ao indivíduo, deve-se dar prioridade ao princípio da busca da verdade real, diante do interesse social que envolve essas demandas. 4. A concessão de benefício devido ao trabalhador rural configura direito subjetivo individual garantido constitucionalmente, tendo a CF/88 dado primazia à função social do RGPS ao erigir como direito fundamental de segunda geração o acesso à Previdência do Regime Geral; sendo certo que o trabalhador rural, durante o período de transição, encontra-se constitucionalmente dispensado do recolhimento das contribuições, visando à universalidade da cobertura previdenciária e a inclusão de contingentes desassistidos por meio de distribuição de renda pela via da assistência social. **5. A ausência de conteúdo probatório eficaz a instruir a inicial, conforme determina o art. 283 do CPC, implica a carência de pressuposto de constituição e desenvolvimento válido do processo, impondo a sua extinção sem o julgamento do mérito (art. 267, IV do CPC) e a consequente possibilidade de o autor intentar novamente a ação (art. 268 do CPC), caso reúna os elementos necessários à tal iniciativa.** 6. Recurso Especial do INSS desprovido". (REsp 1.352.721/SP, Rel. Ministro Napoleão Nunes Maia Filho, Corte Especial, julgado em 16/12/2015, DJe 28/04/2016)."

Da lavra da Procuradoria-Geral Federal, órgão de representação judicial do INSS, o **Parecer Referencial nº 00022/2017/GEOR/PREV/DEPCONT/PGF/AGU** versa sobre a abstenção de apresentação de recurso e a desistência dos recursos já interpostos, quando a decisão judicial estiver em conformidade com a jurisprudência do STJ fixada no **REsp Repetitivo n. 1.352.721/SP**, no sentido de que: "as peculiaridades das demandas previdenciárias justificam a flexibilização dos rígidos institutos do processo civil, sobretudo para garantir a concretude do direito fundamental à prestação previdenciária a que faz jus o segurado, motivo pelo qual, nas ações previdenciárias, a ausência de conteúdo probatório eficaz à instrução da petição inicial, relativo à prova documental (conforme determina o art. 320 do CPC), resulta na falta de pressuposto de constituição e desenvolvimento válido e regular do processo, cuja consequência é a sua extinção sem resolução do mérito (art. 485, IV, do CPC) e, portanto, a possibilidade de o autor intentar novamente a ação (art. 486 do CPC), caso reúna os elementos necessários à tal iniciativa".

Ainda pelo Código de Processo Civil, a desconstituição da coisa julgada é medida excepcional, admitida nas hipóteses taxativas de enquadramento da ação rescisória, dentro do biênio decadencial após a coisa julgada, bem como quando o título judicial for prolatado contra lei ou ato normativo reputados inconstitucionais pelo STF ou fundado em lei ou ato normativo tidos pelo STF como incompatíveis com a CRFB.

Vale lembrar que, conforme determina o artigo 5º, inciso XXXVI, da Constituição, "a lei não prejudicará o direito adquirido, o ato jurídico perfeito e a coisa julgada", razão pela qual a coisa julgada é uma garantia fundamental do Estado brasileiro imune ao novo regramento, desde que não haja alteração na situação fática considerada pelo comando do Poder Judiciário.

Nas lides individuais previdenciárias, especialmente nas hipóteses em que se postula um benefício por incapacidade laborativa, não é tarefa nada fácil identificar a ocorrência da *res judicata*, em razão da possibilidade de alteração da causa de pedir, pois a configuração da coisa julgada parte da premissa de que as coisas não mudaram (*rebus sic stantibus*).

Veja-se o posicionamento da TNU:

- **PUIL n. 5000532-53.2014.4.04.7014/PR – A TNU decidiu que, mesmo em se tratando de demandas previdenciárias, a coisa julgada material deve ser prestigiada, obstando a rediscussão de questão já decidida por decisão transitada em julgado" (Boletim em 18.09.2019).**

Veja-se agora uma situação muito comum no foro previdenciário. Suponha-se que Aneilton tenha ingressado com uma ação judicial visando à concessão do auxílio-doença por se julgar incapaz para o trabalho habitual por mais de 15 dias consecutivos.

Aneilton alega estar com lesões na coluna que o impedem de desenvolver o seu trabalho. Designada a perícia judicial, o *expert* atesta uma leve lesão, mas afirma que inexiste incapacidade para o trabalho, podendo ser feito o tratamento de saúde sem o afastamento da atividade laboral.

O magistrado, por sua vez, acolheu os argumentos do laudo pericial judicial e julgou improcedente o pedido, decisão que transitou em julgado no dia 1º de junho de 2011, pois o segurado não interpôs recurso inominado.

Sucede que, no dia 30 de junho de 2011, Aneilton ajuizou outra ação postulando novamente o auxílio-doença. Diante do caso dado, pergunta-se: A ação ajuizada no dia 30.06.2011 deverá ser extinta sem o julgamento do mérito em razão da coisa julgada? Depende.

Para que a segunda ação proposta seja extinta sem a análise meritória, é preciso que ela traga as mesmas partes, pedido e causa de pedir. As partes são as mesmas (Aneilton x INSS), o pedido é o mesmo (concessão de auxílio-doença), mas a causa de pedir poderá não ser a mesma.

Certamente será necessária uma nova perícia judicial para verificar se há tentativa de ofensa à *res judicata*. Se o novo perito atestar que a situação clínica de Aneilton não sofreu alteração (mesma lesão leve que não gera incapacidade laboral), o segundo processo realmente terá extinção terminativa (sem o julgamento do mérito).

Contudo, se restar comprovado que a lesão de Aneilton evoluiu, ou ele desenvolveu outro tipo de moléstia, a causa de pedir do auxílio-doença será outra, devendo o juiz entrar no mérito da causa e proferir sentença de procedência ou improcedência do pedido no segundo processo.

Essa situação cotidiana nos mostra a complexidade da análise da existência ou não de coisa julgada nos casos em que se postula benefício por incapacidade laboral, posto que comumente as petições iniciais narram uma evolução de enfermidade ou o aparecimento de novo problema clínico para justificar que se cuida de uma nova ação.

A respeito do tema, colaciona-se Enunciado aprovado no XII FONAJEF:

> **Grupo 6**
>
> **Enunciado nº 2 (ATUAL ENUNCIADO 164 FONAJEF)**
>
> Julgado improcedente pedido de benefício por incapacidade, no ajuizamento de nova ação, com base na mesma doença, deve o segurado apresentar novo requerimento administrativo, demonstrando, na petição inicial, o agravamento da doença, juntando documentos médicos novos (Aprovado no XII FONAJEF).

Vale frisar que, caso haja a concessão judicial transitada em julgado de benefício por incapacidade, deverá o INSS cessar o benefício quando o segurado recuperar a sua capacidade laboral, independentemente de nova ordem judicial, uma vez atestada pela perícia médica da autarquia previdenciária.

Esse, inclusive, é o entendimento da jurisprudência:

> "PROCESSUAL CIVIL -RESTABELECIMENTO DO BENEFÍCIO PREVIDENCIÁRIO – POSSIBILIDADE DO INSS INTERROMPER O AUXÍLIO-DOENÇA. **I – Julgamento concessivo de auxílio-doença, acobertado pela coisa julgada, tem caráter rebus sic stantibus. II – O INSS pode cassar o benefício do auxílio-doença, caso a perícia administrativa constate a capacidade laborativa, ainda que a implantação decorra de ordem judicial.** III Agravo de Instrumento a que se dá provimento" (TRF da 3ª Região, AG 199903000564168, DJ 30.01.2004).

No entanto, não poderá a autarquia previdenciária cancelar o benefício se não houver melhora na situação clínica do segurado, devendo analisar o caso com base nas premissas postas pela perícia judicial, sob pena de violação da ordem do Poder Judiciário.

No caso de revisão administrativa de aposentadoria por incapacidade permanente, no entanto, prevalece no STJ que o INSS não poderá cancelar unilateralmente o benefício através de perícia administrativa, sendo necessária a propositura de nova ação judicial:

> "AGRAVO REGIMENTAL. RECURSO ESPECIAL. PREVIDENCIÁRIO. AUXÍLIO--DOENÇA. CONCESSÃO ATRAVÉS DE DECISÃO JUDICIAL. CANCELAMENTO ADMINISTRATIVO. INADMISSIBILIDADE. NECESSIDADE DE AÇÃO JUDICIAL. RECURSO NÃO PROVIDO.
>
> 1. É pacífico o entendimento desta Corte no sentido de somente ser possível a revisão da aposentadoria por invalidez concedida judicialmente através de outra ação judicial" (5ª Turma, AgRg no REsp 1218879, de 18/9/2014).

A Lei 13.457/2017 alterou o artigo 43 da Lei 8.213/91, ao dispor que o segurado aposentado por invalidez poderá ser convocado a qualquer momento para avaliação das condições que ensejaram o afastamento ou a aposentadoria, concedida **judicial** ou administrativamente, observado o disposto no artigo 101 da Lei de Benefícios.

Outra dificuldade para delimitar a ocorrência da coisa julgada nas causas judiciais previdenciárias é a continuidade da relação jurídico-obrigacional, pois o INSS deverá pagar o benefício previdenciário por meses, anos ou mesmo décadas, podendo existir situações posteriores que afetem a decisão judicial transitada em julgado e que evidentemente não foram consideradas na decisão porque não existiam na época da forma da *res judicata*.

Sobre o tema, vale transcrever passagem de bom julgado do TRF da 2ª Região sobre a relação previdenciária: "Em se tratando de relação jurídica continuativa, mutável no prolongamento do tempo, a sentença que dela cuide, denominada em doutrina como "sentença determinativa", traz em si, implicitamente, a cláusula rebus sic standibus, vez que, ao promover o acertamento definitivo da lide, leva em consideração a situação de fato e de direito existente, prevalecendo enquanto este contexto perdurar. – Se, por um lado, a sentença transitada em julgado que cuide de relação jurídica continuativa ostenta, sim, "eficácia" de coisa julgada, por outro lado, não tem o condão de impedir as variações dos elementos constitutivos daquela relação continuativa, vale dizer, não obsta que lei nova regule diferentemente os fatos ocorridos a partir de sua vigência"[24].

Um ótimo caso a ser analisado são os juros de mora nas condenações contra o INSS. Até o advento da Lei 11.960/2009, que alterou a redação do artigo 1º-F, da Lei 9.494/97, as condenações contra a autarquia previdenciária fixavam os juros de mora em 1% ao mês a partir da citação.

Sucede que desde a Lei 11.960/09, nas condenações impostas à Fazenda Pública, independentemente de sua natureza e para fins de atualização monetária, remuneração do capital e compensação da mora, haverá a incidência uma única vez, até o efetivo pagamento, dos índices oficiais de remuneração básica e juros aplicados à caderneta de poupança, e não mais de 1% ao mês.

Assim, entende-se que a lei nova deverá incidir para os processos em curso e os transitados em julgado mesmo antes de 30.06.2009, mas apenas a contar dessa data, pois se trata de uma relação continuada e a sentença transitada em julgado não analisou o caso, pois inexistia a Lei 11.960/09 na data da sua prolação.

Nesse sentido decidiu a Corte Especial do STJ:

> "EREsp 1207197 / RS EMBARGOS DE DIVERGÊNCIA EM RECURSO ESPECIAL 2011/0028141-3 Relator(a) Ministro CASTRO MEIRA (1125) Órgão Julgador CE – CORTE ESPECIAL Data do Julgamento 18/05/2011 Data da Publicação/Fonte DJe 02/08/2011 Ementa PROCESSUAL CIVIL. EMBARGOS DE DIVERGÊNCIA. JUROS MORATÓRIOS. DIREITO INTERTEMPORAL. PRINCÍPIO DO TEMPUS REGIT ACTUM. ARTIGO 1º-F, DA LEI Nº 9.494/97. MP 2.180-35/2001. LEI nº 11.960/09. APLICAÇÃO AOS PROCESSOS EM CURSO.
>
> 1. A maioria da Corte conheceu dos embargos, ao fundamento de que divergência situa-se na aplicação da lei nova que modifica a taxa de juros de mora, aos processos em curso. Vencido o Relator.
>
> **2. As normas que dispõem sobre os juros moratórios possuem natureza eminentemente processual, aplicando-se aos processos em andamento, à luz do princípio tempus regit actum. Precedentes.**
>
> **3. O art. 1º-F, da Lei 9.494/97, modificada pela Medida Provisória 2.180-35/2001 e, posteriormente pelo artigo 5º da Lei nº 11.960/09, tem natureza instrumental, devendo ser aplicado aos processos em tramitação. Precedentes.**
>
> 4. Embargos de divergência providos".

Vale salientar que a Corte Superior, seguindo o STF, considerou que a nova lei sobre os juros de mora é processual, e não material, aplicando-se aos processos em curso quando da sua entrada em vigor.

24. AC – APELAÇÃO CIVEL – 323.067, de 07.05.2003.

Outro tema pouco tratado e certamente polêmico é a possibilidade de o INSS "descumprir" a coisa julgada em favor do segurado ou dependente, caso o Poder Judiciário negue o direito e a autarquia previdenciária posteriormente o reconheça.

Entende-se que é plenamente possível, caso o INSS admita o erro administrativo posteriormente chancelado por ordem judicial transitada em julgado, pois o Poder Público deve anular os seus atos ilegais de ofício, com arrimo no interesse público primário.

Essa situação não é rara, sendo bastante plausível em determinadas ações revisionais em que o INSS indefere o pedido, posteriormente também denegado no Judiciário, mas que por um reconhecimento posterior da Previdência Social (normalmente após decisão do STF) é estendido a todos os segurados, mesmo aqueles que perderam judicialmente com decisão transitada em julgado, como ocorreu agora em agosto de 2011 na readequação dos tetos das Emendas 20/1998 e 41/2003.

Deveras, a eficácia da coisa julgada determina que o direito reconhecido judicialmente seja satisfeito pelo devedor, mas não impede que o direito não declarado pelo Judiciário seja ulteriormente efetivado, caso o réu (INSS) altere o seu posicionamento de acordo com o interesse público.

9. JUROS DE MORA E CORREÇÃO MONETÁRIA NOS PROCESSOS PREVIDENCIÁRIOS

A condenação do INSS para pagar as parcelas vencidas do benefício previdenciário alvo do processo judicial deve ser acompanhada da correção monetária e dos juros de mora, estes a contar da citação da autarquia previdenciária.

Vale frisar que os juros de mora nas ações relativas a benefícios previdenciários incidem a partir da citação válida, nos termos da **Súmula 204 do STJ**.

Trata-se de súmula aprovada pela Corte Especial do STJ na sessão de 11/3/1998. Isso porque é a citação válida o ato que demonstra a mora do INSS.

Mesmo após o CPC/2015, a súmula continua válida, pois prevê o seu artigo 240 que a citação válida, ainda quando ordenada por juízo incompetente, induz litispendência, torna litigiosa a coisa e constitui em mora o devedor.

Até o advento da Lei 11.960/2009, o INSS era condenado nos juros de mora à razão de 1% ao mês. Sucede que a referida norma jurídica alterou o artigo 1º-F, da Lei 9.494/97, que passou a contar com a seguinte redação:

> "Art. 1º-F. Nas condenações impostas à Fazenda Pública, independentemente de sua natureza e para fins de atualização monetária, remuneração do capital e compensação da mora, haverá a incidência uma única vez, até o efetivo pagamento, dos índices oficiais de remuneração básica e juros aplicados à caderneta de poupança."

Logo, a contar de 30.06.2009, data da publicação da Lei 11.960, passaram a ser utilizados os índices oficiais de remuneração básica e juros aplicados à caderneta de poupança a título de juros e correção monetária nas condenações contra a autarquia previdenciária.

De sua vez, surgiu uma controvérsia acerca do caráter intertemporal de aplicação da Lei 11.960/2009 aos processos que já tramitavam antes da sua vigência e especialmente nos casos em que já havia se operado a coisa julgada antes no dia 30.06.2009.

Após superar divergência interna, a Corte Especial do STJ decidiu pela aplicação imediata da Lei 11.960/2009, a exemplo do julgamento do recurso especial 1.205.946, de 19.10.2011, mesmo para os processos em curso no início da sua vigência, recepcionado o entendimento da aplicabilidade imediata do novo regramento, por se tratar de regra processual:

> "PROCESSUAL CIVIL E ADMINISTRATIVO. RECURSO ESPECIAL. SERVIDOR PÚBLICO. VERBAS REMUNERATÓRIAS. CORREÇÃO MONETÁRIA E JUROS DE MORA DEVIDOS PELA FAZENDA PÚBLICA. LEI 11.960/09, QUE ALTEROU O ARTIGO 1º-F DA LEI 9.494/97. NATUREZA PROCESSUAL. APLICAÇÃO IMEDIATA AOS PROCESSOS EM CURSO QUANDO DA SUA VIGÊNCIA. EFEITO RETROATIVO. IMPOSSIBILIDADE.
>
> 1. Cinge-se a controvérsia acerca da possibilidade de aplicação imediata às ações em curso da Lei 11.960/09, que veio alterar a redação do artigo 1º-F da Lei 9.494/97, para disciplinar os critérios de correção monetária e de juros de mora a serem observados nas "condenações impostas à Fazenda Pública, independentemente de sua natureza", quais sejam, "os índices oficiais de remuneração básica e juros aplicados à caderneta de poupança".
>
> 2. A Corte Especial, em sessão de 18.06.2011, por ocasião do julgamento dos EREsp n. 1.207.197/RS, entendeu por bem alterar entendimento até então adotado, firmando posição no sentido de que a Lei 11.960/2009, a qual traz novo regramento concernente à atualização monetária e aos juros de mora devidos pela Fazenda Pública, deve ser aplicada, de imediato, aos processos em andamento, sem, contudo, retroagir a período anterior à sua vigência.
>
> 3. Nesse mesmo sentido já se manifestou o Supremo Tribunal Federal, ao decidir que a Lei 9.494/97, alterada pela Medida Provisória n. 2.180-35/2001, que também tratava de consectário da condenação (juros de mora), devia ser aplicada imediatamente aos feitos em curso.
>
> 4. Assim, os valores resultantes de condenações proferidas contra a Fazenda Pública após a entrada em vigor da Lei 11.960/09 devem observar os critérios de atualização (correção monetária e juros) nela disciplinados, enquanto vigorarem. Por outro lado, no período anterior, tais acessórios deverão seguir os parâmetros definidos pela legislação então vigente.
>
> 5. No caso concreto, merece prosperar a insurgência da recorrente no que se refere à incidência do art. 5º da Lei n. 11.960/09 no período subsequente a 29/06/2009, data da edição da referida lei, ante o princípio do tempus regit actum.
>
> 6. Recurso afetado à Seção, por ser representativo de controvérsia, submetido ao regime do artigo 543-C do CPC e da Resolução 8/STJ.
>
> 7 Cessam os efeitos previstos no artigo 543-C do CPC em relação ao Recurso Especial Repetitivo n. 1.086.944/SP, que se referia tão somente às modificações legislativas impostas pela MP 2.180-35/01, que acrescentou o art. 1º-F à Lei 9.494/97, alterada pela Lei 11.960/09, aqui tratada.
>
> 8. Recurso especial parcialmente provido para determinar, ao presente feito, a imediata aplicação do art. 5º da Lei 11.960/09, a partir de sua vigência, sem efeitos retroativos".

Com o mesmo entendimento, a TNU publicou a Súmula 61:

> **"Súmula 61** – As alterações promovidas pela Lei n. 11.960/2009 têm aplicação imediata na regulação dos juros de mora em condenações contra a Fazenda Pública, inclusive em matéria previdenciária, independentemente da data do ajuizamento da ação ou do trânsito em julgado".

No entanto, a Súmula 61 foi cancelada na sessão de 09 de outubro de 2013, no julgamento do processo 0003060-22.2006.4.03.6314, voltando a incidir 1% de juros de mora por mês acrescida de correção monetária pelo INPC.

Isso porque, no julgamento do julgamento da ADI 4.425, de 14/03/2013, o STF supostamente pronunciou a invalidade do artigo 1º-F, da Lei 9.494/97, com redação dada pela Lei 11.960/2009.

De acordo com o STF, "a atualização monetária dos débitos fazendários inscritos em precatórios segundo o índice oficial de remuneração da caderneta de poupança viola o direito fundamental de propriedade (CF, art. 5º, XXII) na medida em que é manifestamente incapaz de preservar o valor real do crédito de que é titular o cidadão. A inflação, fenômeno tipicamente econômico-monetário, mostra-se insuscetível de captação apriorística (ex ante), de modo que o meio escolhido pelo legislador constituinte (remuneração da caderneta de poupança) é inidôneo a promover o fim a que se destina (traduzir a inflação do período)".

Assim, considerando que a Lei 11.960/2009 também previu a remuneração de juros e correção pelos índices da caderneta de poupança, o artigo 1º-F supostamente também foi invalidado. Isso porque "o art. 1º-F da Lei nº 9.494/97, com redação dada pela Lei nº 11.960/09, ao reproduzir as regras da EC nº 62/09 quanto à atualização monetária e à fixação de juros moratórios de créditos inscritos em precatórios incorre nos mesmos vícios de juridicidade que inquinam o art. 100, § 12, da CF, razão pela qual se revela inconstitucional por arrastamento, na mesma extensão dos itens 5 e 6 supra".

Vale registrar que pendia de julgamento no STF pedido de modulação da pronúncia de inconstitucionalidade dos índices de poupança, razão pela qual o STF vinha determinando a aplicação da sistemática invalidada (Rcl 16.705/MC, Min. Luiz Fux, de 12/12/2013).

Finalmente o tema foi apreciado em caráter conclusivo pelo STF. **E a Suprema Corte pronunciou a inconstitucionalidade da TR como índice de correção monetária por não refletir a inflação (Informativo 878):**

> **REPERCUSSÃO GERAL**
>
> **Condenação contra a Fazenda Pública e índices de correção monetária – 4**
>
> O art. 1º-F da Lei 9.494/1997 (1), com a redação dada pela Lei 11.960/2009, na parte em que disciplina os juros moratórios aplicáveis a condenações da Fazenda Pública, é inconstitucional ao incidir sobre débitos oriundos de relação jurídico-tributária, aos quais devem ser aplicados os mesmos juros de mora pelos quais a Fazenda Pública remunera seu crédito tributário, em respeito ao princípio constitucional da isonomia [CF, art. 5º, "caput" (2)]; quanto às condenações oriundas de relação jurídica não-tributária, a fixação dos juros moratórios segundo o índice de remuneração da caderneta de poupança é constitucional, permanecendo hígido, nesta extensão, o disposto no art. 1º-F da Lei nº 9.494/1997 com a redação dada pela Lei nº 11.960/2009.
>
> **O art. 1º-F da Lei nº 9.494/1997, com a redação dada pela Lei nº 11.960/2009, na parte em que disciplina a atualização monetária das condenações impostas à Fazenda Pública segundo a remuneração oficial da caderneta de poupança, revela-se inconstitucional ao impor restrição desproporcional ao direito de propriedade [CF, art. 5º, XXII (3)], uma vez que não se qualifica como medida adequada a capturar a variação de preços da economia, sendo inidônea a promover os fins a que se destina.**
>
> Com base nessas orientações, o Plenário, em conclusão de julgamento e por maioria, deu parcial provimento a recurso extraordinário em que discutida a validade da utilização dos índices oficiais de remuneração básica da caderneta de poupança para a correção monetária e a fixação de juros moratórios incidentes sobre condenações impostas à Fazenda Pública, conforme determina o art. 1º-F da Lei 9.494/1997, com a redação dada pela Lei 11.960/2009.

Na espécie, o ora recorrido ajuizou ação ordinária em face do INSS com pedido de concessão do benefício assistencial previsto no art. 203, V, da CF (4). O juízo de primeiro grau, então, julgou procedente o pedido e determinou que o INSS instituísse, em favor do autor, benefício de prestação continuada, na forma do art. 20 da Lei 8.742/1993 – LOAS (5). O pagamento das prestações vencidas deveria ser acrescido de correção monetária pelo IPCA, a partir de cada parcela, e juros de mora de acordo com o índice oficial de remuneração básica da caderneta de poupança. Interposta apelação pela autarquia previdenciária, a sentença foi mantida. (Informativos 811 e 833).

O Colegiado assentou a natureza assistencial da relação jurídica em exame (caráter não-tributário); manteve a concessão de benefício de prestação continuada (LOAS, art. 20) ao ora recorrido, atualizado monetariamente segundo o IPCA-E desde a data fixada na sentença; e fixou os juros moratórios segundo a remuneração da caderneta de poupança, na forma do art. 1º-F da Lei 9.494/1997 com a redação dada pela Lei 11.960/2009.

O Tribunal destacou, inicialmente, que as decisões proferidas pelo STF na ADI 4.357/DF (DJe de 26.9.2014) e na ADI 4.425/DF (DJe de 19.12.2013) não fulminaram por completo o art. 1º-F da Lei 9.494/1997, na redação dada pela Lei 11.960/2009. Nesses julgados foi declarada a inconstitucionalidade da correção monetária pela TR apenas quanto ao intervalo de tempo compreendido entre a inscrição do crédito em precatório e o efetivo pagamento. Isso porque a norma constitucional impugnada nas ADIs [CF, art. 100, § 12, incluído pela EC 62/2009 (6)] referia-se apenas à atualização do precatório e não à atualização da condenação após a conclusão da fase de conhecimento.

A redação do art. 1º-F da Lei 9.494/1997, como fixada pela Lei 11.960/2009, é, porém, mais ampla, englobando tanto a atualização de precatórios quanto a atualização da própria condenação. Não há, contudo, qualquer motivo para aplicar critérios distintos de correção monetária de precatórios e de condenações judiciais da Fazenda Pública.

A finalidade básica da correção monetária é preservar o poder aquisitivo da moeda diante da sua desvalorização nominal provocada pela inflação. Esse estreito nexo entre correção monetária e inflação exige, por imperativo de adequação lógica, que os instrumentos destinados a realizar a primeira sejam capazes de capturar a segunda. Índices de correção monetária devem ser, ao menos em tese, aptos a refletir a variação de preços que caracteriza o fenômeno inflacionário, o que somente é possível se consubstanciarem autênticos índices de preços. Os índices criados especialmente para captar o fenômeno inflacionário são sempre obtidos em momentos posteriores ao período de referência e guardam, por definição, estreito vínculo com a variação de preços na economia.

Assim, no caso, está em discussão o direito fundamental de propriedade do cidadão (CF, art. 5º, XXII) e a restrição que lhe foi imposta pelo legislador ordinário ao fixar critério específico para a correção judicial das condenações da Fazenda Pública (Lei 9.494/1997, art. 1º-F). Essa restrição é real na medida em que a remuneração da caderneta de poupança não guarda pertinência com a variação de preços na economia, sendo manifesta e abstratamente incapaz de mensurar a variação do poder aquisitivo da moeda. Nenhum dos componentes da remuneração da caderneta de poupança guarda relação com a variação de preços de determinado período de tempo, como disciplinado pelo art. 12 da Lei 8.177/1991

Desse modo, a remuneração da caderneta de poupança prevista no art. 1º-F da Lei 9.494/1997, na redação dada pela Lei 11.960/2009, não consubstancia índice constitucionalmente válido de correção monetária das condenações impostas à Fazenda Pública.

Vencidos, em parte, os ministros Teori Zavascki, Dias Toffoli, Cármen Lúcia (Presidente) e Gilmar Mendes, que deram provimento total ao recurso. Vencido, também, o ministro Marco Aurélio, que negou provimento ao recurso. **RE 870947/SE, rel. Min. Luiz Fux, julgamento em 20.9.2017. (RE-870947).**

Dessa forma, atualmente, nas demandas previdenciárias e assistenciais o cálculo dos atrasados deve considerar:

A) Correção monetária pelo IPCA-E;

B) Juros de mora pelos índices da Caderneta de Poupança.

Os juros de mora nos índices da Caderneta de Poupança são os seguintes:

a) 0,5% ao mês, enquanto a meta da taxa Selic ao ano for superior a 8,5%; ou

b) 70% da meta da taxa Selic ao ano, mensalizada, vigente na data de início do período de rendimento, enquanto a meta da taxa Selic ao ano for igual ou inferior a 8,5%.

Assim, a invalidade da Lei 11.960/2009 se limita à correção monetária, tendo sido mantido incólume o regramento dos juros de mora de acordo com os índices da Caderneta de Poupança. Também nesse sentido, de acordo com o tese repetitiva do STJ (tema 905), "o art. 1º-F da Lei n. 9.494/1997 (com redação dada pela Lei 11.960/2009), na parte em que estabelece a incidência de **juros de mora** nos débitos da Fazenda Pública com base no índice oficial de remuneração da caderneta de poupança, **aplica-se às condenações impostas à Fazenda Pública**, excepcionadas as condenações oriundas de relação jurídico-tributária" (REsp 1.495.146-MG, Rel. Min. Mauro Campbell Marques, Primeira Seção, por unanimidade, julgado em 22/02/2018, DJe 02/03/2018).

Vale registrar que nos autos do RE 870.947 ainda pendiam de julgamento embargos de declaração da Fazenda Pública buscando a modulação da pronúncia de inconstitucionalidade do STF. Existe já voto do Ministro Fux para aceitar a aplicação da TR **até 24/3/2015**, véspera dos efeitos da pronúncia de invalidade perpetrada no julgamento das ADI's 4.425 e 4.357:

> **Informativo 926 – Condenações judiciais da Fazenda Pública: correção monetária e modulação de efeitos -**
>
> O Plenário iniciou julgamento conjunto de quatro embargos de declaração opostos de acórdão que deu parcial provimento a recurso extraordinário, com repercussão geral reconhecida (Tema 810), e declarou a inconstitucionalidade do índice previsto no art. 1º-F, da Lei 9.494/1997, com redação dada pela Lei 11.960/2009 (1).
>
> No julgamento do recurso extraordinário, o Colegiado fixou as seguintes teses: (i) o art. 1º-F da Lei 9.494/1997, com a redação dada pela Lei 11.960/2009, na parte em que disciplina os juros moratórios aplicáveis a condenações da Fazenda Pública, é inconstitucional ao incidir sobre débitos oriundos de relação jurídico-tributária, aos quais devem ser aplicados os mesmos juros de mora pelos quais a Fazenda Pública remunera seu crédito tributário, em respeito ao princípio constitucional da isonomia (CF, art. 5º, caput); quanto às condenações oriundas de relação jurídica não tributária, a fixação dos juros moratórios segundo o índice de remuneração da caderneta de poupança é constitucional, permanecendo hígido, nesta extensão, o disposto no art. 1º-F da Lei 9.494/1997 com a redação dada pela Lei 11.960/2009; (ii) o art. 1º-F da Lei 9.494/1997, com a redação dada pela Lei 11.960/2009, na parte em que disciplina a atualização monetária das condenações impostas à Fazenda Pública segundo a remuneração oficial da caderneta de poupança, revela-se inconstitucional ao impor restrição desproporcional ao direito de propriedade (CF, art. 5º, XXII), uma vez que não se qualifica como medida adequada a capturar a variação de preços da economia, sendo inidônea a promover os fins a que se destina.
>
> Os embargantes alegam omissão e contradição do citado acórdão por ausência de modulação de seus efeitos. Sustentam que a imediata aplicação dessa decisão criaria um cenário de insegurança jurídica, com risco de dano grave ao erário, diante da possibilidade do pagamento de valores a maior pela Fazenda Pública.
>
> **O ministro Luiz Fux (relator) acolheu parcialmente os embargos de declaração interpostos por Estados-membros e pelo Instituto Nacional do Seguro Social (INSS), para conferir eficácia prospectiva à declaração de inconstitucionalidade do índice previsto no art. 1º-F da Lei 9.494/1997, com a redação dada pela Lei 11.960/2009, proferida no leading case.**

> **Em relação aos provimentos judiciais que não transitaram em julgado, o relator estabeleceu, como marco temporal inicial dos efeitos do acórdão embargado, o dia 25 de março de 2015, consoante o que decidido na questão de ordem formulada na ADI 4.425 e na ADI 4.357.**
>
> O ministro Luiz Fux afastou a modulação de efeitos quanto aos débitos fazendários que, mesmo antes de 2015, já foram atualizados pelo Índice de Preços ao Consumidor Amplo Especial (IPCA-E). Asseverou que o acórdão embargado não alcança os provimentos judiciais condenatórios transitados em julgado, cujos critérios de pagamentos serão mantidos.
>
> Para o relator, trata-se de uma questão não só de segurança jurídica, mas também de repercussão econômica e social.
>
> **Em seguida, o ministro Alexandre de Moraes pediu vista dos autos. RE 870947 ED/SE, RE 870947 Segundos-ED/SE, RE 870947 Terceiros-ED/SE, RE 870947 Quartos-ED/SE, rel. Min. Luiz Fux, julgamento em 6.12.2018. (RE-870947).**

Nessa decisão, o Ministro Fux concedeu **efeito suspensivo aos embargos de declaração**, conforme noticiado no próprio sítio do STF:

> Quarta-feira, 26 de setembro de 2018
>
> **Ministro suspende efeitos de acórdão sobre índices de correção de dívidas da Fazenda Pública**
>
> O ministro Luiz Fux, do Supremo Tribunal Federal (STF), **suspendeu a aplicação da decisão da Corte tomada no Recurso Extraordinário (RE) 870947**, acerca da correção monetária de débitos da fazenda pública, **aos processos sobrestados nas demais instâncias, até que Plenário aprecie pedido de modulação de efeitos do acordão daquele julgado**. O ministro, relator do RE, acolheu requerimento de diversos estados que alegaram danos financeiros decorrentes da decisão que alterou o índice de correção monetária aplicada aos débitos fazendários no período anterior à expedição dos precatórios. O Plenário adotou o Índice de Preços ao Consumidor Amplo Especial (IPCA-E) em substituição à Taxa de Referência (TR).
>
> Na decisão, o relator atribuiu efeito suspensivo a embargos de declaração apresentados por vários estados e levou em conta haver fundamentação relevante e demonstração de risco de dano financeiro ao Poder Público. Segundo explicou Fux, a modulação se volta exatamente à acomodação entre a nulidade das leis inconstitucionais e outros valores relevantes, como a segurança jurídica e a proteção da confiança legítima.
>
> O ministro entendeu que ficou demonstrada, no caso, a efetiva existência de risco de dano grave ao erário em caso de não concessão do efeito suspensivo. Isso porque, segundo o relator, a jurisprudência do STF entende que, para a aplicação da sistemática da repercussão geral, não é necessário aguardar o trânsito em julgado do acórdão paradigma. Logo, o impacto da decisão proferida em plenário, em julgamento encerrado em 2017, pode ser imediato.
>
> Ainda segundo o relator, a aplicação imediata da decisão pelas demais instâncias do Judiciário, antes da apreciação, pelo STF, do pedido de modulação dos efeitos da orientação estabelecida "pode realmente dar ensejo à realização de pagamentos de consideráveis valores, em tese, a maior pela Fazenda Pública, ocasionando grave prejuízo às já combalidas finanças públicas".

Por outro lado, considerando que o caso julgado pelo STF envolveu benefício assistencial e não previdenciário, o STJ em tese repetitiva afastou a correção monetária pelo IPCA-E, adotando o INPC:

PROCESSO	REsp 1.495.146-MG, Rel. Min. Mauro Campbell Marques, Primeira Seção, por unanimidade, julgado em 22/02/2018, DJe 02/03/2018 (Tema 905)
RAMO DO DIREITO	DIREITO PROCESSUAL CIVIL
TEMA	Aplicação do art. 1º-F da Lei n. 9.494/1997 (com redação dada pela Lei n. 11.960/2009). Condenações impostas à Fazenda Pública. Índices aplicáveis a depender da natureza da condenação. Condenações judiciais de natureza previdenciária.
DESTAQUE	
As condenações impostas à Fazenda Pública de natureza previdenciária sujeitam-se à incidência do INPC, para fins de correção monetária, no que se refere ao período posterior à vigência da Lei n. 11.430/2006, que incluiu o art. 41-A na Lei n. 8.213/1991. Quanto aos juros de mora, no período posterior à vigência da Lei n. 11.960/2009, incidem segundo a remuneração oficial da caderneta de poupança.	
INFORMAÇÕES DO INTEIRO TEOR	
No tocante às condenações judiciais de natureza previdenciária, para fins de correção monetária, no período anterior à vigência da Lei 11.430/2006, devem ser aplicados os índices previstos no Manual de Cálculos da Justiça Federal. Nesse sentido: REsp 1.103.122-PR, Rel. Min. Jorge Mussi, DJe 03/08/2009. Ressalte-se que no período posterior à vigência da Lei n. 11.430/2006, que incluiu o art. 41-A na Lei n. 8.213/91, a correção monetária de condenações judiciais impostas à Fazenda Pública de natureza previdenciária deve ser calculada segundo a variação do INPC, apurado pela Fundação Instituto Brasileiro de Geografia e Estatística – IBGE. Cumpre registrar que a adoção do INPC não configura afronta ao que foi decidido pelo Supremo Tribunal Federal, em sede de repercussão geral (RE 870.947-SE). Isso porque, naquela ocasião, determinou-se a aplicação do IPCA-E para fins de correção monetária de benefício de prestação continuada (BPC), o qual se trata de benefício de natureza assistencial, previsto na Lei n. 8.742/1993. Assim, é imperioso concluir que o INPC, previsto no art. 41-A da Lei n. 8.213/1991, abrange apenas a correção monetária dos benefícios de natureza previdenciária. Por outro lado, é legítima a fixação dos juros de mora segundo o índice de remuneração da caderneta de poupança, na forma prevista no art. 1º-F, da Lei n. 9.494/1997, com a redação dada pela Lei n. 11.960/2009. Em relação ao tema, destacam-se: REsp 1.272.239-PR, Rel. Min. Ari Pargendler, DJe 01/10/2013 e AgRg no REsp 1.455.195-TO, Rel. Min. Mauro Campbell Marques, DJe 19/08/2014. Já no período anterior à vigência da Lei n. 11.960/2009, os juros de mora equivalem a 1% (um por cento) ao mês, sujeitos à capitalização simples (art. 3º do Decreto-Lei n. 2.322/87). Nesse sentido: AgRg no AgRg no REsp 929.339-SP, Rel. Min. Maria Thereza de Assis Moura, DJe 22/11/2010 e EREsp 230.222/CE, Rel. Min. Felix Fischer, DJ 16/10/2000.	

A TNU segue a linha do STJ e vem utilizando o INPC como índice de correção monetária (Informativo 25/2018): PUIL n. 0002462-54.2009.4.03.6317/SP – "A TNU firmou o entendimento de que, a partir da data de vigência da Lei n. 11.960/2009, o INPC é o índice de atualização das parcelas vencidas de benefícios previdenciários".

Mas o STF rejeitou o pedido de modulação da União, confirmado a inconstitucionalidade da TR:

> Quinta-feira, 03 de outubro de 2019
>
> **Concluído julgamento de recursos sobre correção monetária nas condenações contra a Fazenda Pública**
>
> O Plenário do Supremo Tribunal Federal (STF), em sessão nesta quinta-feira (3), concluiu que o Índice de Preços ao Consumidor Amplo Especial (IPCA-E) para a atualização de débitos judiciais das Fazendas Públicas (precatórios) aplica-se de junho de 2009 em diante. A decisão foi tomada no julgamento de embargos de declaração no Recurso Extraordinário (RE) 870947, com repercussão geral reconhecida.
>
> Nos embargos, o Instituto Nacional do Seguro Social (INSS) e diversos estados defendiam a possibilidade de a decisão valer a partir de data diversa do julgamento de mérito do RE, ocorrido em 2017, para que a decisão, que considerou inconstitucional a utilização da Taxa Referencial (TR) na correção dessas dívidas, tivesse eficácia apenas a partir da conclusão do julgamento.
>
> Prevaleceu, por maioria, o entendimento de que não cabe a modulação, ressaltando-se que, caso a eficácia da decisão fosse adiada, haveria prejuízo para um grande número de pessoas. Segundo

dados do Conselho Nacional de Justiça (CNJ), há pelo menos 174 mil processos no país sobre o tema aguardando a aplicação da repercussão geral.

Voto-vista

O julgamento dos embargos começou em dezembro de 2018. Na ocasião, o relator do RE, ministro Luiz Fux, acolheu os embargos e votou no sentido de que a decisão no RE passasse a ter eficácia apenas a partir de março de 2015, quando o Plenário julgou questões de ordem nas Ações Diretas de Inconstitucionalidade (ADIs) 4425 e 4357, conhecidas como ADIs dos precatórios.

Após pedido de vista do ministro Alexandre de Moraes, o julgamento foi retomado na sessão de 20 de março. Em seu voto, o ministro Alexandre se manifestou contra a modulação. Segundo ele, seria configurada uma afronta ao direito de propriedade dos jurisdicionados, pois teriam seus débitos corrigidos por uma regra que o próprio Supremo considerou inconstitucional. À época, o ministro destacou que a modulação dos efeitos de uma decisão do STF, para que continue a produzir efeitos mesmo após ser declarada inconstitucional, é medida técnica excepcional, já que a regra é que a inconstitucionalidade não se prolongue no tempo. Esse entendimento foi seguido pelos ministros Edson Fachin, Rosa Weber, Ricardo Lewandowski, Marco Aurélio e Celso de Mello, formando a maioria.

Hoje, a análise foi retomada com o voto-vista do ministro Gilmar Mendes, que acompanhou o relator pela modulação dos efeitos da decisão. Segundo ele, sem que se adote essa técnica, haveria quebra de isonomia entre credores da mesma demanda, pois poderiam ser aplicados índices diferenciados, dependendo da demora na fase de cumprimento de sentença. O ministro Dias Toffoli, presidente do STF, também votou pela modulação da decisão.

PR/CR

Enfim a novela parece ter acabado, tendo sido fixada a inconstitucionalidade da TR com índice de correção monetária sem modulação de efeitos.

Os casos que transitaram em julgado com a aplicação da TR são as situações polêmicas na atualidade, considerando o conflito entre a prevalência da intangibilidade da coisa julgada e a declaração de inconstitucionalidade da regra.

Na visão do STJ, deve prevalecer na fase de execução a coisa julgada material de determinou a aplicação da TR (Informativo 676):

SEGUNDA TURMA

PROCESSO

REsp 1.861.550-DF, Rel. Min. Og Fernandes, Segunda Turma, por unanimidade, julgado em 16/06/2020, DJe 04/08/2020

RAMO DO DIREITO

DIREITO PROCESSUAL CIVIL

TEMA

Índices de correção monetária e juros de mora. Declaração de inconstitucionalidade no RE 870.947. Adequação em cumprimento de sentença. Não cabimento. Coisa julgada. Prevalência.

DESTAQUE

Na fase de cumprimento de sentença não se pode alterar os critérios de atualização dos cálculos estabelecidos na decisão transitada em julgado, ainda que para adequá-los ao entendimento do STF firmado em repercussão geral.

De seu turno, haverá a incidência de Imposto de Renda sobre os juros de mora decorrentes de parcelas atrasadas de benefícios previdenciários, haja vista a previsão expressa da Lei 4.506/64. Nesse sentido, transcreve-se passagem do Informativo 514 do STJ:

> **"DIREITO TRIBUTÁRIO. INCIDÊNCIA DE IMPOSTO DE RENDA DA PESSOA FÍSICA SOBRE JUROS DE MORA DECORRENTES DE BENEFÍCIOS PREVIDENCIÁRIOS PAGOS EM ATRASO.**
>
> **Incide imposto de renda da pessoa física sobre os juros moratórios decorrentes de benefícios previdenciários pagos em atraso.** Conforme o art. 16, parágrafo único, da Lei n. 4.506/1964, "serão também classificados como rendimentos de trabalho assalariado os juros de mora e quaisquer outras indenizações pelo atraso no pagamento das remunerações previstas neste artigo". Assim, os juros moratórios, apesar de terem a natureza jurídica de lucros cessantes, amoldam-se à hipótese de incidência do imposto de renda prevista no inciso II do art. 43 do CTN (proventos de qualquer natureza). Nesse contexto, há duas exceções à regra da incidência do imposto de renda sobre os juros de mora. Nos termos do art. 6º, V, da Lei n. 7.713/1988, na situação excepcional em que o trabalhador perde o emprego, os juros de mora incidentes sobre as verbas remuneratórias ou indenizatórias que lhe são pagas são isentos de imposto de renda. Além disso, não incide o referido tributo sobre os juros de mora decorrentes de verba principal isenta ou fora do seu campo de incidência (tese do acessório que segue o principal). Por outro lado, não há regra isentiva para os juros de mora incidentes sobre verbas previdenciárias remuneratórias pagas a destempo, o que acarreta a aplicação da regra geral do art. 16, parágrafo único, da Lei n. 4.506/1964. Precedentes citados: REsp 1.089.720-RS, DJe 28/11/2012, e REsp 1.227.133-RS, DJe 19/10/2011.AgRg no **AREsp 248.264-RS**, Rel. Min. Mauro Campbell Marques, julgado em 27/11/2012".

No entanto, **"no caso de benefício previdenciário pago em atraso e acumuladamente, não é legítima a cobrança de imposto de renda com parâmetro no montante global pago extemporaneamente.** Isso porque a incidência do imposto de renda deve observar as tabelas e alíquotas vigentes na época em que os valores deveriam ter sido adimplidos, devendo ser observada a renda auferida mês a mês pelo segurado" (AgRg no AREsp 300.240-RS, Rel. Min. Humberto Martins, julgado em 9/4/2013. – Informativo 519 do STJ).

Vale registrar que a Lei 12.919, de 24 de dezembro de 2013, que dispõe sobre as diretrizes para a elaboração e execução da Lei Orçamentária de 2014, já previu no seu artigo 27 que a atualização monetária dos precatórios, determinada no § 12 do art. 100 da Constituição Federal, inclusive em relação às causas trabalhistas, previdenciárias e de acidente do trabalho, observará, no exercício de 2014, a variação do Índice Nacional de Preços ao Consumidor Amplo – Especial – IPCA-E do IBGE.

De acordo com o STF, é devida a **incidência de juros da mora no período compreendido entre a data da realização dos cálculos e a da requisição ou do precatório:**

RE 579431 / RS – RIO GRANDE DO SUL

RECURSO EXTRAORDINÁRIO

Relator(a): Min. MARCO AURÉLIO

Julgamento: 19/04/2017 Órgão Julgador: Tribunal Pleno

JUROS DA MORA – FAZENDA PÚBLICA – DÍVIDA – REQUISIÇÃO OU PRECATÓRIO. Incidem juros da mora entre a data da realização dos cálculos e a da requisição ou do precatório.

Com base no **PARECER n. 00087/2018/NOEJ/DEPCONT/PGF/AGU, os órgãos da AGU estão acatando a decisão do STF, pois o** Departamento de Contencioso, com fundamento no art. 2º, inciso IV, da Portaria 488/2016 da Advocacia-Geral da União, orientou as unidades de contencioso da PGF a reconhecer a procedência do pedido, a abster-se de contestar e de recorrer e a desistir dos recursos já interpostos, nos casos em que se discuta a **incidência de juros da mora no período compreendido entre a data da realização dos cálculos e a da requisição ou do precatório**, consoante o que restou decidido pelo Supremo Tribunal Federal no RE/RG nº 579.431/RS – TEMA 96, ressalvadas as hipóteses elencadas no art. 12 da referida Portaria 488/2016.

Por sua vez, a Corte Especial adequou o entendimento do STJ ao posicionamento do STF:

<table>
<tr><th colspan="2">Informativo 617– CORTE ESPECIAL</th></tr>
<tr><td>PROCESSO</td><td>EREsp 1.150.549-RS, Rel. Min. Og Fernandes, por unanimidade, julgado em 29/11/2017, DJe 12/12/2017</td></tr>
<tr><td>RAMO DO DIREITO</td><td>DIREITO PROCESSUAL CIVIL</td></tr>
<tr><td>TEMA</td><td>Execução contra a Fazenda Pública. RPV. Juros de mora. Período compreendido entre a data da elaboração da conta de liquidação e a expedição do requisitório. Incidência. Julgamento proferido pelo STF no RE n. 579.431/RS, em regime de repercussão geral. Art. 1.030, II, do CPC/2015. Juízo de retratação.</td></tr>
<tr><th colspan="2">DESTAQUE</th></tr>
<tr><td colspan="2">Em adequação ao entendimento do Supremo Tribunal Federal, a Corte Especial do STJ adota orientação jurisprudencial no sentido de que incidem juros da mora no período compreendido entre a data da realização dos cálculos e a da requisição ou do precatório.</td></tr>
<tr><th colspan="2">INFORMAÇÕES DO INTEIRO TEOR</th></tr>
<tr><td colspan="2">A Corte Especial do Superior Tribunal de Justiça vislumbrou a necessidade de readequar a jurisprudência por ela firmada no julgamento do recurso especial repetitivo n. 1.143.677-RS, tendo em vista entendimento oposto consolidado pelo Supremo Tribunal Federal, no momento em que apreciado o RE 579.431-RS, por meio do qual fixou-se a incidência de juros de mora para o período compreendido entre a data da realização dos cálculos e a da requisição ou do precatório. Dessa forma – e com fundamento no art. 1.030, II, do CPC/2015 – conclui-se pela inteira aplicação da norma legal ao caso em exame.</td></tr>
</table>

10. PEDIDO NAS AÇÕES PREVIDENCIÁRIAS

Cabe ao autor da demanda previdenciária formular adequadamente o(s) pedido(s) na petição inicial a fim de permitir que o INSS e o julgador identifiquem a utilidade que se postula com a ação judicial.

Sabe-se que é regra comezinha do Direito Processual brasileiro, nas demandas individuais, que o juiz não poderá conceder, de ofício, pedido diverso do formulado pelo autor ou além do que vindicado pelo requerente.

No entanto, considerando o caráter alimentar do benefício previdenciário, esse regramento é extremamente mitigado nas causas previdenciárias, sendo comum no foro que os juízes concedam benefícios diversos dos requeridos na petição inicial.

Pedido de aposentadoria por incapacidade permanente e concessão de auxílio-doença. Requerimento de auxílio-doença e deferimento de aposentadoria por incapacidade permanente. Pedido de auxílio-doença e concessão de auxílio-acidente. Requerimento de aposentadoria especial e deferimento de aposentadoria por tempo de contribuição. Pedido de aposentadoria integral e concessão de aposentadoria proporcional. Estes são apenas alguns exemplos comuns no cotidiano judicial.

Essa flexibilização também decorre de um espelhamento do processo administrativo previdenciário. De acordo com a Súmula 05, do Conselho de Recursos da Previdência Social, "a Previdência Social deve conceder o melhor benefício a que o segurado fizer jus, cabendo ao servidor orientá-lo nesse sentido", entendimento repetido no artigo 687, da Instrução Normativa INSS 77/2015.

Nesse sentido, colaciona-se passagem do Informativo 522 do STJ:

> **"INFORMATIVO 522– DIREITO PREVIDENCIÁRIO E PROCESSUAL CIVIL. CONCESSÃO DE BENEFÍCIO PREVIDENCIÁRIO DIVERSO DO REQUERIDO NA INICIAL.**
>
> **O juiz pode conceder ao autor benefício previdenciário diverso do requerido na inicial, desde que preenchidos os requisitos legais atinentes ao benefício concedido.** Isso porque, tratando-se de matéria previdenciária, deve-se proceder, de forma menos rígida, à análise do pedido. **Assim, nesse contexto, a decisão proferida não pode ser considerada como extra petita ou ultra petita.** AgRg no REsp 1.367.825-RS, Rel. Min. Humberto Martins, julgado em 18/4/2013".

Sobre o assunto, transcreve-se Enunciado aprovado no XI FONAJEF:

> **Grupo 5 – Benefícios por Incapacidade**
>
> **Enunciado 4 (ATUAL ENUNCIADO 143 FONAJEF)**
>
> Não importa em julgamento extra petita a concessão de benefício previdenciário por incapacidade diverso daquele requerido na inicial. **(Aprovado por maioria)**

Veja-se a TNU:

> Processo n. 0509267-44.2013.4.05.8103 – "Na apreciação de demandas envolvendo a concessão de benefícios por incapacidade é aplicável o princípio da fungibilidade, sendo possível a concessão de prestação diversa da inicialmente requerida desde que estejam configuradas a suficiência do conjunto probatório e a observância do princípio do contraditório. Assim, inviável acolher o pedido de concessão de benefício diverso quando formulado após o encerramento da instrução probatória, sem que existam nos autos elementos suficientes para sua apreciação". (Boletim em 23.02.2017)

Contudo, em determinadas situações o julgador deverá ter a cautela de ouvir previamente o segurado ou o seu dependente acerca do interesse na concessão de benefício em condição diversa do pedido na petição inicial.

Isso porque, em tese, é possível que um segurado que tenha postulado a aposentadoria por incapacidade permanente não se contente ou não tenha interesse na concessão de um auxílio-doença ou auxílio-acidente, o mesmo ocorrendo com o deferimento de aposentadoria proporcional, quando apenas a integral foi vindicada judicialmente.

A respeito do tema, colaciona-se Enunciado aprovado no XII FONAJEF:

Grupo 6

Enunciado nº 1 (ATUAL ENUNCIADO 163 FONAJEF)

Não havendo pedido expresso na petição inicial de aposentadoria proporcional, o juiz deve se limitar a determinar a averbar os períodos reconhecidos em sentença, na hipótese de o segurado não possuir tempo de contribuição para concessão de aposentadoria integral (Aprovado no XII FONAJEF).

No entanto, de acordo com a TNU (Informativo 13/2017– processo n. 0509267-44.2013.4.05.8103), "na apreciação de demandas envolvendo a concessão de benefícios por incapacidade é aplicável o princípio da fungibilidade, sendo possível a concessão de prestação diversa da inicialmente requerida desde que estejam configuradas a suficiência do conjunto probatório e a observância do princípio do contraditório. **Assim, inviável acolher o pedido de concessão de benefício diverso quando formulado após o encerramento da instrução probatória, sem que existam nos autos elementos suficientes para sua apreciação".**

Ao julgar o **Tema 217**, a TNU admitiu a fungibilidade entre os requerimentos de BPC/LOAS da pessoa com deficiência e benefício por incapacidade laboral (auxílio por incapaciodade temporária e aposentadoria por incapacidade permanente):

<table>
<tr><td>Tema</td><td>217</td><td>Situação do tema</td><td>Em Julgamento – eproc</td><td>Ramo do direito</td><td>DIREITO PREVIDENCIÁRIO</td></tr>
<tr><td colspan="2">Questão submetida a julgamento</td><td colspan="4">Saber, em relação aos benefícios administrados pelo INSS, se é possível conhecer em juízo de pedido de benefício diverso do efetivamente requerido na via administrativa.</td></tr>
<tr><td colspan="2">Tese firmada</td><td colspan="4">Em relação ao benefício assistencial e aos benefícios por incapacidade, é possível conhecer de um deles em juízo, ainda que não seja o especificamente requerido na via administrativa, desde que preenchidos os requisitos legais, observando-se o contraditório e o disposto no artigo 9º e 10 do CPC.</td></tr>
<tr><td colspan="2">Processo</td><td>Decisão de afetação</td><td>Relator (a)</td><td>Julgado em</td><td>Acórdão publicado em</td><td>Trânsito em julgado</td></tr>
<tr><td colspan="2">PEDILEF 0002358-97.2015.4.01.3507/GO</td><td>22/08/2019</td><td>Juiz Federal Erivaldo Ribeiro dos Santos</td><td>21/08/2020</td><td>27/08/2020</td><td>ED opostos</td></tr>
</table>

Entretanto, em sede de reexame necessário, caso não tenha havido recurso do segurado ou dependente, o tribunal não poderá reformar a decisão do juiz de 1º grau para agravar a situação do INSS, pois é vedada a *reformatio in pejus*.

Nesse sentido, o STJ:

"INFORMATIVO 528– DIREITO PREVIDENCIÁRIO E PROCESSUAL CIVIL. REFORMATIO IN PEJUS EM REEXAME NECESSÁRIO.

O Tribunal, em remessa necessária, inexistindo recurso do segurado, não pode determinar a concessão de benefício previdenciário que entenda mais vantajoso ao segurado. É certo que o juiz pode conceder ao autor benefício previdenciário diverso do requerido na inicial, desde que preenchidos os requisitos legais atinentes ao benefício concedido, sem que isso configure julgamento extra petita ou ultra petita. Esse entendimento, ressalte-se, leva em consideração os fins sociais das normas previdenciárias, bem como a hipossuficiência do segurado. Contudo, a referida possibilidade não se estende à hipótese de julgamento da remessa necessária (art. 475 do CPC), tendo em vista sua específica devolutividade, restrita à confirmação da sentença e à consequente promoção da maior segurança possível para a Fazenda Pública, evitando-se que esta seja indevidamente condenada. Nesse contexto, a concessão de benefício mais vantajoso ao beneficiário no julgamento de remessa necessária importaria verdadeira reformatio in pejus, situação que não pode ser admitida (Súmula 45 do STJ). Precedentes citados: EDcl no REsp 1.144.400-SC, Sexta Turma, DJe 27/8/2012; e REsp 1.083.643-MG, Quinta Turma, DJe 3/8/2009. REsp 1.379.494-MG, Rel. Min. Sérgio Kukina, julgado em 13/8/2013".

11. AÇÃO RESCISÓRIA PREVIDENCIÁRIA

A ação rescisória busca desconstituir a coisa julgada material nas hipóteses admitidas pelo artigo 485 do antigo Código de Processo Civil:

> "Art. 485. A sentença de mérito, transitada em julgado, pode ser rescindida quando:
>
> I – se verificar que foi dada por prevaricação, concussão ou corrupção do juiz;
>
> II – proferida por juiz impedido ou absolutamente incompetente;
>
> III – resultar de dolo da parte vencedora em detrimento da parte vencida, ou de colusão entre as partes, a fim de fraudar a lei;
>
> IV – ofender a coisa julgada;
>
> V – violar literal disposição de lei;
>
> VI – se fundar em prova, cuja falsidade tenha sido apurada em processo criminal ou seja provada na própria ação rescisória;
>
> VII – depois da sentença, o autor obtiver documento novo, cuja existência ignorava, ou de que não pôde fazer uso, capaz, por si só, de lhe assegurar pronunciamento favorável;
>
> VIII – houver fundamento para invalidar confissão, desistência ou transação, em que se baseou a sentença;
>
> IX – fundada em erro de fato, resultante de atos ou de documentos da causa";

No entanto, o direito de propor ação rescisória se extingue em 02 anos, contados do trânsito em julgado da decisão, sendo um prazo decadencial.

Trata-se de **ação de competência originária de Tribunal**. Em não havendo a interposição de recursos extraordinários, o Tribunal de Justiça ou o Tribunal Regional Federal terá a competência para o julgamento.

De acordo com o STJ, "a competência para a ação rescisória não é do Supremo Tribunal Federal, quando a questão federal, apreciada no recurso extraordinário ou no agravo de instrumento, seja diversa da que foi suscitada no pedido rescisório". Súmula n. 515/STF. Compete ao Tribunal a quo o julgamento da ação rescisória na hipótese em que o acórdão proferido pelo Superior Tribunal de Justiça julgue questão federal diversa da suscitada no pedido rescisório (EREsp 1297878, Corte Especial, de 07/08/2013).

A propositura da ação rescisória exige do autor o depósito da importância de 5% sobre o valor da causa, a título de multa, caso a ação seja, por unanimidade de votos, declarada inadmissível, ou improcedente.

Mas no caso do INSS, por se tratar de autarquia federal, não se exige o referido depósito por força da Súmula 175, do STJ ("Descabe o depósito prévio nas ações rescisórias propostas pelo INSS").

A petição inicial deverá cumular ao pedido de rescisão, se for o caso, o de novo julgamento da causa, quando cabível. Na ação rescisória por violação de coisa julgada, por exemplo, o pedido se limitará à rescisão da sentença.

Nos demais casos o Tribunal competente deverá proferir novo julgamento. Isso porque "a ação rescisória é ação desconstitutiva ou, como diz parte da doutrina, constitutiva negativa, na medida em que seu objeto precípuo é o desfazimento de anterior coisa julgada. Ao julgar a ação rescisória, o tribunal deverá, caso procedente o pedido de rescisão por uma das hipóteses taxativamente elencadas no art. 485 do Código de Processo Civil, proferir novo julgamento em substituição ao anulado, se houver pedido nesse sentido" (AR 3536, de 23/06/2010).

Vale registrar que "a existência de interpretação controvertida de texto legal nos Tribunais não viabiliza a ação rescisória interposta pelo INSS em face de acórdão do TRF da 5ª Região, com fundamento no art. 485, V, do CPC" (STJ, AgRg no REsp 847130, de 12/03/2013).

É relativamente comum o ajuizamento de ações rescisórias pelo INSS por violação à coisa julgada, pois, não raro, correm paralelamente processos idênticos na Justiça Federal e na Justiça Estadual investida de jurisdição federal não identificados pela Previdência Social.

Na esfera previdenciária, as hipóteses mais usadas para o manejo da ação rescisória tanto em favor do segurado quanto do INSS são a obtenção de documento novo e o erro de fato.

A norma processual exige que o documento novo tenha sido obtido pelo autor depois da sentença, cuja existência era de sua ignorância ou que não pôde fazer uso.

Todavia, a jurisprudência do STJ vem flexibilizando esta regra no caso de ação rescisória proposta por trabalhador rural, em aplicação ao Princípio do *In Dubio Pro Misero*, admitindo até a rescisão com base em documentos já existentes antes da propositura da ação originária:

> "PROCESSUAL CIVIL E PREVIDENCIÁRIO. AÇÃO RESCISÓRIA. DEPÓSITO PRÉVIO. BENEFICIÁRIO DA JUSTIÇA GRATUITA. DISPENSA. DOCUMENTO NOVO. ADMISSIBILIDADE. ERRO DE FATO. OCORRÊNCIA. ATIVIDADE RURAL. INÍCIO DE PROVA MATERIAL. CERTIDÃO DE NASCIMENTO DOS FILHOS. QUALIFICAÇÃO DO MARIDO COMO LAVRADOR. EXTENSÃO À ESPOSA.
>
> 1. Os beneficiários da justiça gratuita estão dispensados do depósito prévio de que trata o art. 488, II, do Código de Processo Civil.
>
> **2. Ainda que o documento apresentado seja anterior à ação originária, esta Corte, nos casos de trabalhadores rurais, tem adotado solução pro misero para admitir sua análise, como novo, na rescisória.**
>
> **3. O erro de fato a autorizar a procedência da ação, com fundamento no artigo 485, inciso IX, do Código de Processo Civil e orientando-se pela solução pro misero, consiste no reconhecimento da desconsideração de prova constante dos autos (AR n. 2.544/MS, Relatora Ministra Maria Thereza de Assis Moura, Revisor Ministro Napoleão Nunes Maia Filho, Terceira Seção, DJe 20/11/2009).**
>
> 4. Os documentos apresentados constituem início de prova material apto para, juntamente com os testemunhos colhidos no processo originário, comprovar o exercício da atividade rural pelo período da carência.
>
> 5. A qualificação do marido, na certidão de nascimento dos filhos, como lavrador estende-se à esposa, conforme precedentes desta Corte a respeito da matéria.
>
> 6. Ação rescisória procedente" (AR 3.921, de 24/04/2013).

De acordo com o STJ, em ação rescisória proposta pelo INSS que versava sobre aposentadoria por idade rural, "não se conhece do pedido de rescisão com fulcro no inciso V do artigo 485 do Código de Processo Civil, dado que a violação de lei, na rescisória fundada no citado dispositivo, deve ser aferida primo oculi e evidente, de modo a dispensar o reexame das provas da ação originária" (AR 3029, de 11/05/2011).

Ademais, **o STJ vem admitindo a propositura de ações rescisórias para desconstituir decisões contrárias ao entendimento pacificado ulteriormente pelo STF**, como nos casos de revisão de pensão por morte para 100% do salário de benefício e de auxílio-acidente de 50% do salário de benefício, em que a Suprema Corte negou a tese revisional:

> "PREVIDENCIÁRIO. PROCESSUAL CIVIL E CONSTITUCIONAL. AÇÃO RESCISÓRIA. PENSÃO POR MORTE. ELEVAÇÃO PARA 100% (CEM POR CENTO) DO SALÁRIO DE BENEFÍCIO. IMPOSSIBILIDADE. INCIDÊNCIA DA NORMA VIGENTE NO MOMENTO DO ÓBITO DO INSTITUIDOR. INAPLICABILIDADE DA SUPERVENIENTE LEI Nº 9.032/1995. VIOLAÇÃO DO ATO JURÍDICO PERFEITO. MATÉRIA PACIFICADA NO STF E NESTA CORTE. NÃO INCIDÊNCIA DA SÚMULA 343/STF.
>
> 1. O Supremo Tribunal Federal, ao reconhecer a repercussão geral da matéria, afirmou que os benefícios previdenciários devem ser regulados pela norma vigente na data em que forem concedidos, sendo indevida, em decorrência, a aplicação da Lei 9.032/1995 aos benefícios que foram concedidos antes de sua edição, não cabendo aplicar ao caso o critério da lei que seja mais benéfica.
>
> 2. Este Tribunal, revendo o entendimento sobre o tema, em sintonia com a orientação do Supremo Tribunal Federal, passou a decidir a questão com o emprego de semelhante exegese, segundo a qual é incabível a aplicação retroativa do art. 75 da Lei nº 8.213/1991, com a redação que lhe conferiu a Lei nº 9.032/1995, que elevou a pensão por morte a 100% do salário de benefício.
>
> 3. A jurisprudência iterativa desta Corte enuncia que os valores que foram pagos pelo INSS aos segurados por força de decisão judicial transitada em julgado, a qual, posteriormente, vem a ser rescindida, não são passíveis de devolução, ante o caráter alimentar dessa verba.
>
> 4. A vedação inscrita na Súmula 343/STF, no sentido de que "não cabe ação rescisória por ofensa a literal dispositivo de lei, quando a decisão rescindenda se tiver baseado em texto legal de interpretação controvertida nos tribunais", não se aplica ao caso em apreciação, porque a questão controversa está vinculada à interpretação de matéria de natureza constitucional.
>
> 5. Ação rescisória julgada procedente, indeferido o pedido de devolução de valores" (AR 3926, de 11/09/2013).
>
> "PREVIDENCIÁRIO. PROCESSUAL CIVIL E CONSTITUCIONAL. AÇÃO RESCISÓRIA. AUXÍLIO-ACIDENTE. ELEVAÇÃO PARA 50% (CINQUENTA POR CENTO) DO SALÁRIO DE BENEFÍCIO. IMPOSSIBILIDADE. APLICAÇÃO DA NORMA VIGENTE NO MOMENTO DOS FATOS QUE AMPARAM A CONCESSÃO DO BENEFÍCIO. INAPLICABILIDADE NA ESPÉCIE DA LEI Nº 9.032/95. VIOLAÇÃO DO ATO JURÍDICO PERFEITO. MATÉRIA PACIFICADA NO STF E NESTA CORTE. SÚMULA 343/STF. NÃO INCIDÊNCIA.
>
> 1. O Instituto Nacional do Seguro Social – INSS ajuizou ação rescisória com a finalidade de rescindir acórdão que, proferido em agravo regimental em recurso especial, desconstituiu julgado pelo qual o Tribunal Regional da 4ª Região reconheceu ilegal a aplicação retroativa do art. 86, § 1º, da Lei nº 8.213/91, com a redação conferida pela Lei nº 9.032/95, que elevou o auxílio-acidente para 50% do salário de benefício.
>
> 2. O Supremo Tribunal Federal, reconhecendo a repercussão geral da matéria, afirmou que os benefícios previdenciários devem ser regulados pela norma vigente na data dos fatos que ampararam a

concessão do benefício, sendo indevida, em decorrência, a aplicação da Lei 9.032/95 aos benefícios previdenciários que foram concedidos antes de sua edição.

3. O Superior Tribunal de Justiça, revendo o entendimento sobre o tema, em sintonia com a orientação do Supremo Tribunal Federal, passou a decidir a questão com o emprego de semelhante exegese, segundo a qual é incabível a aplicação retroativa do art. 86, § 1º, da Lei nº 8.213/91, com a redação que lhe conferiu a Lei nº9.032/95, a qual fixou o valor do auxílio-acidente em percentual único de 50% do salário de benefício.

4. Na espécie, o acórdão recorrido, proferido pelo Tribunal Regional da 4ª Região e reformado pelo acórdão rescindendo, ao julgar o reexame necessário e o recurso de apelação do INSS, declarou expressamente que as alterações promovidas pela Lei nº 9.032/85 na Lei nº 8.213/91, não poderiam ser aplicadas retroativamente na majoração de percentual de auxílio-acidente, entendimento que está em sintonia com a consolidada jurisprudência do Supremo e desta Corte.

5. A vedação inscrita na Súmula 343/STF, no sentido de que "não cabe ação rescisória por ofensa a literal dispositivo de lei, quando a decisão rescindenda se tiver baseado em texto legal de interpretação controvertida nos tribunais", não se aplica ao caso em apreciação, porque a questão controversa está vinculada à interpretação de matéria de natureza constitucional.

6. A jurisprudência iterativa desta Corte enuncia que os valores que foram pagos pelo INSS aos segurados por força de decisão judicial transitada em julgado, a qual, posteriormente, vem a ser rescindida, não são passíveis de devolução, ante o caráter alimentar dessa verba.

7. Ação rescisória julgada procedente, indeferido o pedido de devolução de valores" (AR 4193, de 11/09/2013).

Já no âmbito dos Juizados Especiais Federais, vem prevalecendo o entendimento do não cabimento da ação rescisória em razão da vedação do artigo 59, da Lei 9.099/95. Nesse sentido, o Enunciado 44 do FONAJEF:

Enunciado 44 – Não cabe ação rescisória no JEF. O artigo 59 da Lei nº 9.099/95 está em consonância com os princípios do sistema processual dos Juizados Especiais, aplicando-se também aos Juizados Especiais Federais.

Nesse sentido, o entendimento de diversas Turmas Recursais:

"PROCESSO DOS JUIZADOS ESPECIAIS FEDERAIS. PREVIDENCIÁRIO. BENEFÍCIO. AGRAVO LEGAL. ARTIGO 557, § 1º, DO CÓDIGO DE PROCESSO CIVIL. CABIMENTO. IMPUGNAÇÃO QUANTO À MANUTENÇÃO INTEGRAL DA DECISÃO MONOCRÁTICA QUE NEGOU SEGUIMENTO À AÇÃO RESCISÓRIA. NÃO CABIMENTO. ARTIGO 59, LEI N.º 9.099/1995 E ENUNCIADO Nº 44/FONAJEF. DECISÃO CLARA E BEM FUNDAMENTADA. 1. Ação rescisória em pedido de revisão de benefício previdenciário. 2. Decisão que negou seguimento à ação. 3. Interposição do agravo legal. 4. O recurso de agravo, previsto no artigo 557, § 1º, do Código de Processo Civil, é compatível com o rito dos Juizados Especiais Federais. 5. Conhecimento do recurso ante o preenchimento dos requisitos de admissibilidade. 6. Decisão recorrida que encontra respaldo no artigo 59, da Lei n.º 9.099/1995 c/c artigo 1º, da Lei n.º 10.259/2001 e no Enunciado n.º 44/FONAJEF. 7. Agravo legal a que se nega provimento, com a manutenção da decisão monocrática que, com fundamento no artigo 557, do Código de Processo Civil, negou seguimento à ação rescisória proposta pela parte ré, uma vez que todos os pontos aventados pelo recorrente já foram abordados na decisão recorrida, que se encontra suficientemente clara e bem fundamentada" (5ª Turma Recursal de São Paulo, Processo 00295650320124039301, de 15/05/2013).

> "PROCESSO CIVIL. JUIZADOS ESPECIAIS FEDERAIS. AÇÃO RESCISÓRIA. IMPOSSIBILIDADE. ART. 59 da LEI Nº 9.099/95. AÇÃO INADMITIDA. I – Nos termos do art. 59 da Lei 9.099/95, não se admite ação rescisória das demandas afetas à competência dos juizados especiais, pois se mostra incompatível processamento dessa natureza com a sistemática processual adotada neste juízo, além da vedação expressa em lei. II – Ação rescisória não conhecida em razão da impossibilidade jurídica do pedido. Sentença mantida. III – Honorários advocatícios fixados em 10% sobre o valor atualizado da causa, nos moldes do art. 55, caput, da Lei nº 9.099/95" (1ª Turma Recursal do DF, Processo 389248520094013, de 10/09/2009).
>
> "EMENTA-VOTO PROCESSUAL CIVIL. AÇÃO RESCISÓRIA NO ÂMBITO DO JUIZADO ESPECIAL FEDERAL. IMPOSSIBILIDADE. PREVISÃO EXPRESSA DO ART. 59 da LEI Nº. 9.099/95, APLICAÇÃO SUBSIDIÁRIA EM DECORRÊNCIA DO TEOR DO ART. 1º. da LEI Nº. 10.259/01. INEXISTÊNCIA de INCONSTITUCIONALIDADE. LIMITAÇÃO DOS MEIOS DE IMPUGNAÇÃO EM FACE DO PEQUENO VALOR ECONÔMICO DAS CAUSAS. COMPATIBILIDADE COM OS PRINCÍPIOS CONSTITUCIONAIS DO DEVIDO PROCESSO LEGAL E da AMPLA DEFESA. PETIÇÃO INICIAL QUE SE INDEFERE. PROCESSO EXTINTO SEM APRECIAÇÃO DE SEU MÉRITO. 1) Nos termos do art. 59 da Lei nº. 9.099/95, combinado com o art. 1º. da Lei nº. 10.259/01, não cabe ação rescisória no âmbito do Juizado Especial Federal. 2) Tal disposição legal é conforme a Constituição, especialmente as cláusulas do devido processo legal e da ampla defesa, já que é perfeitamente possível a restrição dos meios de impugnação das decisões judiciais à conta do pequeno valor econômico em disputa. 3) Eventual injustiça da sentença meramente extintiva pode ser reparada mediante nova propositura da ação. 4) Petição inicial indeferida. Processo extinto sem resolução de seu mérito, nos termos dos arts. 267, inciso I, e 295, inciso I, e parágrafo único, inciso III, do Código de Processo Civil. 5) Sem custas e sem honorários, já que não se trata de recurso. 6) Julgamento na forma do art. 46 da Lei nº. 9.099/95" (2ª Turma Recursal de Minas Gerais, Processo 849302220064013, de 01/06/2007).

Assim, entende-se que deve ser manejada ação anulatória para desconstituir a coisa julgada material formada no JEF, nas hipóteses do artigo 485, do CPC, conquanto este instrumento também não seja admitido pela jurisprudência dominante.

Caso se entenda pelo cabimento da ação rescisória no JEF, não caberá ao Tribunal Regional Federal julgá-la, e sim à respectiva Turma Recursal, a quem caberá avaliar a viabilidade da ação no rito dos Juizados Federais:

> "Constitucional. Previdenciário. Ação Rescisória. Sentença proferida em sede de Juizado Especial Federal. Para reexame do decisum, a inicial deveria ser ajuizada perante Turma Recursal, que possui competência legalmente instituída para julgar o feito. Lei nº 10.259/2001. Incompetência deste Tribunal Regional. Autor beneficiário da gratuidade de justiça. Extinção da rescisória sem resolução de mérito" (TRF 5ª Região, AR 7091, de 24/07/2013).
>
> "PROCESSUAL CIVIL ADMINISTRATIVO. AÇÃO RESCISÓRIA. DESCONSTITUIÇÃO DE SENTENÇA PROFERIDA EM SEDE DE JUIZADO ESPECIAL FEDERAL. INCOMPETÊNCIA DO TRIBUNAL REGIONAL FEDERAL. COMPETÊNCIA DECLINADA PARA UMA DAS TURMAS RECURSAIS DO JUIZADO ESPECIAL FEDERAL. – Os Juizados Especiais e suas respectivas Turmas Recursais exibem um regimento funcional próprio e específico, com sede no art. 98, inciso I, da Constituição Federal, representando, por assim dizer, um seguimento judiciário autônomo e especial, forjado para imprimir celeridade e dinamismo aos tradicionais modelos que até então vigoravam no seio do Poder Judiciário, sendo certo que, à luz da estrutura formal prevista nas Leis nos. 10.259/2001 e 9.099/95, as sentenças proferidas pelos Juízes dos Juizados Especiais somente podem ser revistas no âmbito de suas respectivas Turmas

Recursais. – O Tribunal Regional Federal, embora situado no ápice judiciário da pirâmide organizacional regional, não possui vinculação jurisdicional com os Juizados Especiais ou suas Turmas Recursais, não dispondo, por decorrência lógica, de qualquer competência originária ou recursal ligada aos referidos Órgãos. – Embora não se desconheça a disposição contida no art. 59 da Lei n.º9.099/95, que veda a proposição de ação rescisória nos Juizados Especiais, in casu, em se tratando de desconstituição de sentença proferida em sede de Juizado Especial, quem possui competência para afirmar o cabimento, ou não, da presente ação rescisória é a respectiva Turma Recursal. – Trata-se de hipótese de competência absoluta (art. 3º, § 3º, da Lei n.º 10.259/01), que consabidamente pode ser declarada mesmo de ofício, devendo os autos ser remetidos ao juízo competente, consoante reza o art. 113, § 2º, do CPC. -Declarou-se a incompetência absoluta desta Corte para processar e julgar a presente demanda e, por conseguinte, declinou-se da competência em favor de uma das Turmas Recursais da Seção Judiciária do Estado do Rio de Janeiro" (TRF 2ª Região, AR 3843, de 17/07/2013).

"PROCESSUAL CIVIL. AÇÃO RESCISÓRIA PARA DESCONSTITUIR SENTENÇA PROFERIDA POR ÓRGÃO SINGULAR DE JUIZADO ESPECIAL FEDERAL. INCOMPETÊNCIA DO TRF. 1. De acordo com reiterada jurisprudência desta Corte, compete à Turma Recursal do Juizado Especial o exame da ação rescisória que visa à desconstituição de sentença ou acórdão proferidos no âmbito do Juizado Especial Federal, uma vez que não há vinculação entre os Juizados Especiais Federais e a Justiça Federal comum. 2. Competência que se declina para uma das Turmas Recursais do Juizado Especial Federal da Seção Judiciária de Roraima" (TRF 1ª Região, AR 200901000772751, de 19/03/2013).

O CPC de 2015 trata do tema no artigo 966:

"Art. 966. A decisão de mérito, transitada em julgado, pode ser rescindida quando:

I – se verificar que foi proferida por força de prevaricação, concussão ou corrupção do juiz;

II – for proferida por juiz impedido ou por juízo absolutamente incompetente;

III – resultar de dolo ou coação da parte vencedora em detrimento da parte vencida ou, ainda, de simulação ou colusão entre as partes, a fim de fraudar a lei;

IV – ofender a coisa julgada;

V – violar manifestamente norma jurídica;

VI – for fundada em prova cuja falsidade tenha sido apurada em processo criminal ou venha a ser demonstrada na própria ação rescisória;

VII – obtiver o autor, posteriormente ao trânsito em julgado, prova nova cuja existência ignorava ou de que não pôde fazer uso, capaz, por si só, de lhe assegurar pronunciamento favorável;

VIII – for fundada em erro de fato verificável do exame dos autos".

Foi mantida a extinção do direito à rescisão em 2 (dois) anos contados do trânsito em julgado da última decisão proferida no processo.

De efeito, agora não é mais necessário que o documento seja novo para fundamentar a rescisão da sentença, podendo ser prova velha cuja existência se ignorava ou de que não pôde fazer uso, capaz, por si só, de inverter o comando judicial, a exemplo de um documento rural antigo que possa servir de prova material contemporânea, mas somente restou descoberto após a formação da coisa julgada, cuja sentença indeferiu o benefício rural justamente pela ausência de prova documental contemporânea.

12. FASE DE EXECUÇÃO NAS AÇÕES PREVIDENCIÁRIAS

A fase de execução nas demandas previdenciárias movidas contra o INSS poderá ser provisória, na hipótese de deferimento judicial de tutela de urgência, ou definitiva, quando já formada a coisa julgada.

Deverão ser adotadas as regras processuais do CPC nas ações que correm sob o rito ordinário (Justiça Federal) ou sumário (Justiça Estadual, nas ações por acidente de trabalho). Caso se trate de execução nos Juizados Especiais Federais, caberá a aplicação da Lei 10.259/2001, com incidência supletiva da Lei 9.099/95 e do CPC, nesta ordem, no que for compatível.

No entanto, vale frisar que com o advento do CPC de 2015 (art. 318[25]), não mais existe distinção entre o rito comum ordinário e sumário, passando a existir um único rito comum.

De acordo com o artigo 16, da Lei 10.259/2001, o cumprimento do acordo ou da sentença, com trânsito em julgado, que imponham obrigação de fazer, não fazer ou entrega de coisa certa, será efetuado mediante ofício do Juiz à autoridade citada para a causa, com cópia da sentença ou do acordo.

Por sua vez, dispõe o artigo 17 da Lei do JEF que, tratando-se de **obrigação de pagar quantia certa**, após o **trânsito em julgado da decisão**, o pagamento será efetuado no prazo de sessenta dias, contados da entrega da requisição, por ordem do Juiz, à autoridade citada para a causa, na agência mais próxima da Caixa Econômica Federal ou do Banco do Brasil, independentemente de precatório.

Caso o valor da execução das parcelas vencidas nos Juizados Especiais Federais ultrapasse a 60 salários mínimos, faculta-se à parte exequente a renúncia ao crédito do valor excedente, para que possa optar pelo pagamento do saldo sem o precatório.

Trata-se de novo ato de renúncia, não se confundindo com a renúncia que poderá ser necessária no processo de conhecimento para manter a competência do JEF para julgar a causa com valor de até 60 salários mínimos (parcelas vencidas acrescidas das 12 vincendas). Sobre o tema, colaciona-se o Enunciado 71 do FONAJEF:

> Enunciado 71– "A parte autora deverá ser instada, na fase da execução, a renunciar ao excedente à alçada do Juizado Especial Federal, para fins de pagamento por Requisições de Pequeno Valor, não se aproveitando, para tanto, a renúncia inicial, de definição de competência".

É bastante comum no foro previdenciário a concessão de antecipação dos efeitos da tutela jurisdicional em sede de decisão interlocutória ou de sentença, devendo ser executada provisoriamente mesmo que haja recurso pendente de julgamento interposto pela autarquia previdenciária.

A tutela antecipada, no entanto, deve se limitar a situações urgentes e dotadas de alegações verossímeis, a exemplo da concessão de benefícios por incapacidade laborativa, amparo assistencial dos idosos e deficientes, pensões por morte e aposentadorias em geral, pois nestes casos o beneficiário da Previdência Social necessita urgentemente da verba alimentar que precisa ser implantada imediatamente, pois haverá danos irreversível o aguardo da coisa julgada.

25. Art. 318. Aplica-se a todas as causas o procedimento comum, salvo disposição em contrário deste Código ou de lei.

Parágrafo único. O procedimento comum aplica-se subsidiariamente aos demais procedimentos especiais e ao processo de execução.

Por outro lado, entende-se que em ações de revisão de benefícios previdenciários, máxime nas situações controversas e que pendem de julgamento nos Tribunais Superiores, em regra, é descabida a concessão da antecipação de tutela, pois nestes casos o beneficiário já goza de benefício previdenciário, buscando apenas a revisão para majorar a renda, inexistindo *periculum in mora* suficiente para o seu deferimento.

A antecipação de tutela, quando cabível provisoriamente, deve se limitar à obrigação de fazer (implantação do benefício previdenciário ou sua revisão) ou de não fazer (abstenção de cessar um benefício ou sustar descontos administrativos). Isso porque a execução das parcelas vencidas devidas pelo INSS requer a formação da coisa julgada, pois se cuida de pessoa jurídica de direito público, cuja execução dos atrasados encontra-se sob o regime dos precatórios ou requisições de pequeno valor (parcelas vencidas de até 60 salários mínimos).

Nesse sentido, o Enunciado 35 do FONAJEF:

> Enunciado 35 – "A execução provisória para pagar quantia certa é inviável em sede de juizado, considerando outros meios jurídicos para assegurar o direito da parte".

Nesse sentido, o STF:

> "RECURSO EXTRAORDINÁRIO COM REPERCUSSÃO GERAL. DIREITO CONSTITUCIONAL FINANCEIRO. SISTEMÁTICA DOS PRECATÓRIOS (ART. 100, CF/88). EXECUÇÃO PROVISÓRIA DE DÉBITOS DA FAZENDA PÚBLICA. OBRIGAÇÃO DE FAZER. SENTENÇA COM TRÂNSITO EM JULGADO. EMENDA CONSTITUCIONAL 30/2000. **1. Fixação da seguinte tese ao Tema 45 da sistemática da repercussão geral: "A execução provisória de obrigação de fazer em face da Fazenda Pública não atrai o regime constitucional dos precatórios". 2. A jurisprudência do STF firmou-se no sentido da inaplicabilidade ao Poder Público do regime jurídico da execução provisória de prestação de pagar quantia certa, após o advento da Emenda Constitucional 30/2000. Precedentes.** 3. A sistemática constitucional dos precatórios não se aplica às obrigações de fato positivo ou negativo, dado a excepcionalidade do regime de pagamento de débitos pela Fazenda Pública, cuja interpretação deve ser restrita. Por consequência, a situação rege-se pela regra geral de que toda decisão não autossuficiente pode ser cumprida de maneira imediata, na pendência de recursos não recebidos com efeito suspensivo. 4. Não se encontra parâmetro constitucional ou legal que obste a pretensão de execução provisória de sentença condenatória de obrigação de fazer relativa à implantação de pensão de militar, antes do trânsito em julgado dos embargos do devedor opostos pela Fazenda Pública. 5. Há compatibilidade material entre o regime de cumprimento integral de decisão provisória e a sistemática dos precatórios, haja vista que este apenas se refere às obrigações de pagar quantia certa. 6. Recurso extraordinário a que se nega provimento". **(RE 573872, Relator(a): Min. EDSON FACHIN, Tribunal Pleno, julgado em 24/05/2017, PROCESSO ELETRÔNICO DJe-204 DIVULG 08-09-2017 PUBLIC 11-09-2017).**

Todavia, no caso de recurso parcial, é possível a expedição de RPV ou precatório do valor incontroverso, pois essa parte do capítulo de sentença será imutável.

Nesse sentido, a Súmula 31 da AGU:

> **SÚMULA Nº 31, DE 09 DE JUNHO DE 2008 (*)**
>
> Publicada no DOU, Seção I, de 10/06, 11/06 e 12/06/2008
>
> "É cabível a expedição de precatório referente a parcela incontroversa, em sede de execução ajuizada em face da Fazenda Pública."

REFERÊNCIAS:

Legislação: Constituição Federal (Art. 100, §§ 1º e 2º). Código de Processo Civil (Art. 739, § 2º).

Jurisprudência: Supremo Tribunal Federal: RE 458.110/MG, Rel. Min. Marco Aurélio; RE-AgR 504.128/PR, Rel. Min. Cármen Lúcia; RE-AgR 511.126/PR, Rel. Min. Ricardo Lewandowski; RE-AgR 484.770/RS, Rel. Min. Sepúlveda Pertence (Primeira Turma); REAgR 502.009/PR, RE-AgR 607.204/PR, RE-AgR 498.872/RS, Rel. Min. Eros Grau (Segunda Turma);. Superior Tribunal de Justiça: EREsp 721.791/RS, Rel. Min. Ari Pargendler (Corte Especial).

(*) Súmula Consolidada publicada no DOU I de 27, 28 E 29.1.2014

Outrossim, assim decidiu o STF ao julgar o tema 28 em repercussão geral em junho de 2020 (**RE 1205530**):

Decisão: O Tribunal, por unanimidade, apreciando o tema 28 da repercussão geral, conheceu do recurso e deu-lhe parcial provimento para, reformando o acórdão recorrido, assentar a possibilidade de execução do título judicial, considerada a parte autônoma já preclusa, nos termos do voto do Relator. Foi fixada a seguinte tese: **"Surge constitucional expedição de precatório ou requisição de pequeno valor para pagamento da parte incontroversa e autônoma do pronunciamento judicial, transitado em julgado, observada a importância total executada para efeitos de dimensionamento como obrigação de pequeno valor"**. Falou, pelo recorrente, o Dr. Pedro Luiz Tiziotti, Procurador do Estado de São Paulo. Não participou deste julgamento, por motivo de licença médica, o Ministro Dias Toffoli (Presidente). Plenário, Sessão Virtual de 29.5.2020 a 5.6.2020.

Vale transcrever passagem do voto do Ministro Alexandre de Moraes:

"Entendo, portanto, que assiste razão ao recorrente apenas em parte, a fim de se resguardar o disposto no § 8º do artigo 100 da Constituição Federal para impedir o parcelamento de precatório com a finalidade de se enquadrar no valor reservado ao pagamento de obrigações de pequeno valor, prevista no § 3º do referido artigo constitucional.

Deste modo, deverá ser observado o valor total da execução (inclusive quanto a parte controvertida) para fins de determinação de qual o regime de pagamento a ser adotado, se por precatório ou por requisição de pequeno valor".

Tal entendimento foi recentemente regulamentado pelo Conselho Nacional de Justiça na Resolução 303, de 18 de dezembro de 2019, que dispõe sobre a gestão de precatórios e respectivos procedimentos operacionais no âmbito *do Poder Judiciário, no artigo 4º, § 3º, I, in verbis:*

"Art. 4º O pagamento de débito judicial superior àquele *definido em lei como de pequeno valor será realizado mediante expedição de precatório. (...) § 3º Será requisitada mediante precatório a parcela do valor da execução quando o total devido ao beneficiário superar o montante definido como obrigação de pequeno valor, sobretudo em caso de: I – pagamento de parcela incontroversa do crédito;"*

Dessa forma, se o valor incontroverso for de quarenta salários mínimos e o valor controverso alvo de recurso for de trinta salários mínimos, deverá ser expedido precatório de quarenta salários mínimos, pois o total discutido envolve setenta salário mínimos, salvo se houver renúncia do credor ao excedente de sessenta salários mínimos na hipótese de derrota recursal do INSS na parte controvertida, acaso o credor, por expresso, promova renúncia.

O Conselho Nacional de Justiça, através da sua Corregedoria, editou a Recomendação 04/2012, que dispõe sobre os elementos mínimos a serem inseridos nas sentenças previdenciárias para facilitar o seu cumprimento na fase de execução pelo INSS na concessão ou revisão de benefícios previdenciários ou assistenciais. Colaciona-se o seu Anexo:

Anexo da Recomendação nº 04, de 17 de maio de 2012:

1. Para implantação sem pedido prévio na via administrativa

1. número do CPF;
2. nome da mãe;
3. número do PIS/PASEP;
4. endereço do segurado;
5. nome do segurado;
6. benefício concedido;
7. renda mensal inicial – RMI, fixada judicialmente ou "a calcular pelo INSS", quando for o caso;
8. renda mensal atual, fixada judicialmente ou "a calcular pelo INSS", quando for o caso;
9. data de início do benefício – DIB;
10. data do início do pagamento administrativo.

2. Para implantação com pedido prévio na via administrativa, restabelecimento e revisão do benefício

1. nome do segurado;
2. benefício concedido;
3. número do benefício;
4. renda mensal inicial – RMI, fixada judicialmente ou "a calcular pelo INSS", quando for o caso;
5. renda mensal atual, fixada judicialmente ou "a calcular pelo INSS", quando for o caso;
6. data de início do benefício – DIB;
7. data do início do pagamento administrativo.

3. Informações Condicionais

1. nos casos de conversão de tempo especial em comum ou averbação de tempo rural ou urbano – o(s) período(s) acolhido(s) judicialmente;
2. se efetuado cálculo do tempo de serviço pelo Poder Judiciário – encaminhar o cálculo ou tabela de tempo de serviço;
3. nas hipóteses de benefícios concedidos à pessoa incapaz – o nome do representante legal autorizado a receber o benefício do INSS;
4. nas hipóteses de pensão por morte – identificação do instituidor e dados da certidão de óbito ou cópia da certidão.
5. nas hipóteses de salário maternidade – dados da certidão de nascimento ou cópia da certidão de nascimento.

O cumprimento da obrigação de fazer (v.g., implantação ou revisão do benefício) ou de não fazer (v.g., vedação de cessação ou de descontos no benefício) pelo INSS, quer em sede de antecipação de tutela ou em decisão definitiva, será promovida pela Agência da Previdência Social de Atendimento de Demandas Judiciais ou pelo Setor de Atendimento de Demandas Judiciais, não necessitando mais passar pela Procuradoria Federal do INSS, cabendo a intimação direta do órgão administrativo.

Caberá ao magistrado inserir no final da decisão os comandos básicos de implantação, como a data de início do benefício (DIB), a renda mensal (salvo se delegado ao INSS o seu cálculo) e a data de início do pagamento (DIP).

A data do início do pagamento é o termo inaugural do pagamento das parcelas na via administrativa com depósito em conta do beneficiário, normalmente sendo o dia seguinte ao último dia do horizonte do cálculo das parcelas vencidas, sendo o marco divisor entre a obrigação de fazer e de pagar as parcelas vencidas.

É importante que não haja falha neste ponto, sob pena de pagamento em duplicidade de determinado período (prejuízo para o INSS) ou de não pagamento em algum período (prejuízo para o beneficiário).

Suponha-se que uma sentença tenha condenado o INSS em implantar uma aposentadoria por tempo de contribuição, com DIB (data de início do benefício) em 02/01/2012 (data do requerimento administrativo) e data do início do pagamento (DIP) em 01/01/2015.

Neste caso, o INSS irá implantar o benefício com efeitos financeiros a partir de 01/01/2015, pagos mensalmente na conta do segurado (obrigação de fazer). Já as parcelas vencidas (de 02/01/2012 até 31/12/2014) serão pagos em sede de execução no próprio processo judicial, através de precatório ou de requisição de pequeno valor, a depender do montante do crédito.

Nesta linha, o Enunciado 72 do FONAJEF:

> Enunciado 72 – "As parcelas vencidas após a data do cálculo judicial podem ser pagas administrativamente, por meio de complemento positivo".

Vale frisar que o pagamento das parcelas vencidas deve ser feito, necessariamente, conforme o caso, por requisição de pequeno valor ou precatório, sob pena de violação do artigo 100, da Constituição. A respeito veja-se o STF:

> **"RE 902802 / SP – SÃO PAULO**
>
> **RECURSO EXTRAORDINÁRIO**
>
> Relator(a): Min. TEORI ZAVASCKI
>
> Julgamento: 05/10/2015
>
> Publicação
>
> PROCESSO ELETRÔNICO
>
> DJe-202 DIVULG 07/10/2015 PUBLIC 08/10/2015
>
> Partes
>
> **RECTE.(S): INSTITUTO NACIONAL DO SEGURO SOCIAL – INSS**
>
> PROC.(A/S)(ES): PROCURADOR-GERAL FEDERAL
>
> RECDO.(A/S): LUIS FERNANDO DE OLIVEIRA
>
> ADV.(A/S): MARLEI MAZOTI
>
> Decisão
>
> Decisão: 1. Trata-se de recurso extraordinário interposto contra acórdão da Turma Recursal de Juizado Especial Federal que, em recurso inominado, manteve sentença que determinara o pagamento das parcelas vencidas por "complemento positivo".
>
> No recurso extraordinário, a autarquia recorrente sustenta, preliminarmente, a existência de repercussão geral da matéria, conforme estabelece o art. 543-A, § 2º, do CPC.
>
> Aponta ofensa ao art. 100, caput, e §§ 1º, 2º, 3º e 4º, da Carta Magna.
>
> Sem contrarrazões.

2. Quanto à apontada violação ao art. 100, caput, §§ 1º, 2º, 3º e 4º, da Constituição, razão assiste à recorrente, nos termos dos precedentes a seguir:

CONSTITUCIONAL. FRACIONAMENTO DE EXECUÇÃO. REQUISIÇÃO DE PEQUENO VALOR. COMPLEMENTO POSITIVO. IMPOSSIBILIDADE.

1. Esta Corte possui o entendimento de não ser possível o fracionamento da execução.

2. Agravo regimental improvido. (RE 501.840-AgR, Rel. Min. ELLEN GRACIE, Segunda Turma, DJe 9/10/09) TRIBUTÁRIO. AGRAVO REGIMENTAL EM AGRAVO DE INSTRUMENTO. PAGAMENTO DEVIDO PELA FAZENDA PÚBLICA. SISTEMA DE PRECATÓRIO. MANDADO DE SEGURANÇA. OBSERVÂNCIA. AGRAVO IMPROVIDO.

I – A jurisprudência da Corte é no sentido de que todo pagamento devido pela Fazenda Pública está adstrito ao sistema de precatórios estabelecido na Constituição, o que não exclui, portanto, a situação de ser derivado de sentença concessiva de mandado de segurança. Precedentes.

II – Agravo improvido. (AI 712.216-AgR, Rel. Min. RICARDO LEWANDOWSKI, Primeira Turma, DJe 18/9/09) **Esse entendimento foi recentemente reafirmado na apreciação do ARE 723.307-RG (Rel. Min. GILMAR MENDES, julgado em 9/8/2014, Tema 755), submetido ao regime do art. 543-B do CPC, ocasião em que se assentou "a vedação do fracionamento da execução pecuniária contra a Fazenda Pública, com o efeito de afastar o pagamento mediante Complemento Positivo".**

Em contrariedade a esse entendimento, portanto, a sentença proferida neste processo, que, mantida inteiramente pelo acórdão recorrido, estabeleceu o seguinte: "Observo que o pagamento das parcelas vencidas deverá ser efetuado por meio de complemento positivo, depois do trânsito em julgado da sentença, no prazo de 60 (sessenta) dias" (Peça 21, fl. 3).

3. Registre-se que o requisito da repercussão geral está atendido em face do que prescreve o art. 543-A, § 3º, do CPC: "Haverá repercussão geral sempre que o recurso impugnar decisão contrária a súmula ou jurisprudência dominante do Tribunal".

4. Ante o exposto, com base no art. 557, § 1º-A, do CPC, dou provimento ao recurso extraordinário.

Publique-se. Intime-se.

Brasília, 5 de outubro de 2015.

Ministro Teori Zavascki

Relator

Documento assinado digitalmente"

No procedimento dos Juizados Especiais Federais, regido pelos Princípios da Simplicidade e Celeridade, não é cabível a propositura da ação de embargos de execução, devendo as impugnações serem conhecidas por simples petição nos autos, que, no entanto, deverão respeitar os capítulos de sentença transitados em julgado. Veja-se o enunciado 13 do FONAJEF:

Enunciado 13– "Não são admissíveis embargos de execução nos JEF's, devendo as impugnações do devedor ser examinadas independentemente de qualquer incidente".

No caso do rito comum, nos termos do artigo 535 do CPC de 2015, o INSS poderá intimado na pessoa de seu representante judicial, por carga, remessa ou meio eletrônico, para, querendo, no prazo de 30 (trinta) dias e nos próprios autos, impugnar a execução, podendo arguir:

I – falta ou nulidade da citação se, na fase de conhecimento, o processo correu à revelia;

II – ilegitimidade de parte;

III – inexequibilidade do título ou inexigibilidade da obrigação;

IV – excesso de execução ou cumulação indevida de execuções;

V – incompetência absoluta ou relativa do juízo da execução;

VI – qualquer causa modificativa ou extintiva da obrigação, como pagamento, novação, compensação, transação ou prescrição, desde que supervenientes ao trânsito em julgado da sentença.

Ademais, considera-se também inexigível a obrigação reconhecida em título executivo judicial fundado em lei ou ato normativo considerado inconstitucional pelo Supremo Tribunal Federal, ou fundado em aplicação ou interpretação da lei ou do ato normativo tido pelo Supremo Tribunal Federal como incompatível com a Constituição Federal, em controle de constitucionalidade concentrado ou difuso.

Para o Superior Tribunal de Justiça, caso haja a concessão de benefício previdenciário decorrente de ação judicial pendente de julgamento de recurso, mas, neste interregno, se o INSS conceder administrativamente benefício com melhor renda, será possível optar pelo melhor benefício (administrativo), assegurado o recebimento judicial das parcelas atrasados de menor benefício (judicial):

> **"PROCESSUAL CIVIL E PREVIDENCIÁRIO. RECURSO ESPECIAL. EXECUÇÃO DE VALORES DECORRENTES DE BENEFÍCIO RECONHECIDO EM JUÍZO, NA EXISTÊNCIA DE DEFERIMENTO DE BENEFÍCIO MAIS VANTAJOSO RECONHECIDO PELO INSS. POSSIBILIDADE. INTERPRETAÇÃO DOS ARTIGOS 794 E 795 DO CPC. JURISPRUDÊNCIA FIRME DO SUPERIOR TRIBUNAL DE JUSTIÇA. RECURSO CONHECIDO E NÃO PROVIDO.** 1. Ao segurado é dado optar pelo benefício previdenciário mais vantajoso. 2. O direito previdenciário é direito patrimonial disponível. 3. O segurado pode renunciar ao benefício previdenciário, para obter um mais vantajoso. 4. Não há necessidade de o segurado devolver valores do benefício renunciado. **5. Reconhecido o direito de opção pelo benefício mais vantajoso concedido administrativamente, no curso da ação judicial em que se reconheceu benefício menos vantajoso, sendo desnecessária a devolução de valores decorrentes do benefício renunciado, afigura-se legítimo o direito de execução dos valores compreendidos entre o termo inicial fixado em juízo para concessão do benefício e a data de entrada do requerimento administrativo. Precedentes.** 6. Recurso conhecido e não provido" (STJ, RECURSO ESPECIAL Nº 1.397.815 – RS, de 18/09/2014).

Implicitamente, dentre outros aspectos, trata-se de tese que acolhe a renúncia da aposentadoria (desaposentação indireta), pois se acaba abrindo mão de menor benefício conservando o direito às parcelas vencidas.

No mesmo sentido, a TNU (Informativo 25/2018):

> PUIL n. 5049371-20.2015.4.04.7000/PR – "A TNU, na esteira de precedentes do c. Superior Tribunal de Justiça, reconheceu o direito de o segurado optar pela manutenção de benefício mais vantajoso, concedido administrativamente no curso da demanda, afigurando-se legítima a execução dos valores compreendidos entre a data de entrada do pedido de aposentadoria, cujo direito foi reconhecido judicialmente, e a data de início daquele segundo benefício, concedido na via administrativa".

No entanto, mais recentemente, a TNU admitiu incidente representativo de controvérsia para reavaliar a tese à luz da decisão de desaposentação do STF (Informativo 31/2018):

> REPRESENTATIVO DE CONTROVÉRSIA – AFETAÇÃO – TEMA N. 197 – PUIL n. 0001327-11.2012.4.03.6314/SP A Turma Nacional de Uniformização decidiu afetar o tema como

representativo da controvérsia, com a seguinte questão controvertida: Tendo em vista o julgamento do tema 503 pelo STF (desaposentação), definir se é possível receber valores atrasados, alusivos a benefício concedido judicialmente, nos casos em que, durante o trâmite do processo, a parte obtém, administrativamente, benefício mais vantajoso.

Por sua vez, o TRF da 3ª Região rejeitou a tese da desaposentação indireta por violação ao posicionamento do STF:

> "**Sendo vedada expressamente a desaposentação por julgamento do Plenário do C. STF, tem-se que ou o autor opta pela manutenção da aposentadoria por idade, sem direito a qualquer valor anterior à data de sua concessão, em 13.10.2008, ou opta pela aposentadoria por tempo de serviço deferida judicialmente, com DIB em 25.02.2002, quando então fará jus ao recebimento dos valores atrasados, descontando-se, contudo, o quanto já recebido a título de aposentadoria por idade desde 13.10.2008, sob pena de "bis in idem" em desfavor da União e enriquecimento sem causa do segurado**" (EMBARGOS INFRINGENTES Nº 0063870-24.2005.4.03.0000/SP, de 8/3/2018).

13. MANDADO DE SEGURANÇA EM MATÉRIA PREVIDENCIÁRIA

O mandado de segurança é uma ação constitucional que busca repelir ou prevenir a prática de ato ilegal de autoridade pública contra direito líquido e certo.

É previsto no artigo 5º da Constituição Federal, podendo ser impetrado de maneira individual ou coletivamente através de substituição processual:

> *"LXIX – conceder-se-á mandado de segurança para proteger **direito líquido e certo, não amparado por "habeas-corpus" ou "habeas-data"**, quando o responsável pela ilegalidade ou abuso de poder **for autoridade pública ou agente de pessoa jurídica no exercício de atribuições do Poder Público;***
>
> *LXX – o mandado de segurança **coletivo** pode ser impetrado por:*
>
> *a) partido político com representação no Congresso Nacional;*
>
> *b) organização sindical, entidade de classe ou associação legalmente constituída e em funcionamento há pelo menos um ano, em defesa dos interesses de seus membros ou associados;"*

A sua regulamentação atualmente se dá pela **Lei 12.016/2009** objetivando a proteção de direito líquido e certo não amparado por *habeas corpus* ou *habeas data*:

> "Art. 1º Conceder-se-á mandado de segurança para proteger direito líquido e certo, não amparado por habeas corpus ou habeas data, sempre que, ilegalmente ou com abuso de poder, qualquer pessoa física ou jurídica sofrer violação ou houver justo receio de sofrê-la por parte de autoridade, seja de que categoria for e sejam quais forem as funções que exerça".

De efeito, o mandado de segurança coletivo pode ser impetrado por partido político com representação no Congresso Nacional, na defesa de seus interesses legítimos relativos a seus integrantes ou à finalidade partidária, ou por organização sindical, entidade de classe ou associação legalmente constituída e em funcionamento há, pelo menos, 1 (um) ano, em defesa de direitos líquidos e certos da totalidade, ou de parte, dos seus membros ou associados, na forma dos seus estatutos e desde que pertinentes às suas finalidades, dispensada, para tanto, autorização especial.

Os direitos protegidos pelo mandado de segurança coletivo podem ser:

I – coletivos, assim entendidos os transindividuais, de natureza indivisível, de que seja titular grupo ou categoria de pessoas ligadas entre si ou com a parte contrária por uma relação jurídica básica;

II – individuais homogêneos, assim entendidos os decorrentes de origem comum e da atividade ou situação específica da totalidade ou de parte dos associados ou membros do impetrante.

É comum o ajuizamento de mandado de segurança coletivo na seara previdência por associações ou sindicatos para proteger direito líquido e certo dos associados ou sindicalizados.

Veja-se um exemplo:

Tipo

DECISAO MONOCRATICA

Número

1001435-26.2020.4.01.00001001435262020401000O

Classe

AGRAVO DE INSTRUMENTO (AI)

Relator(a)

DESEMBARGADOR FEDERAL SOUZA PRUDENTE

Relator convocado

JUIZ FEDERAL ILAN PRESSER

Origem

TRF – PRIMEIRA REGIÃO

Data

09/03/2020

Data da publicação

09/03/2020

Fonte da publicação

PJE 09/03/2020 PAG

PJE 09/03/2020 PAG

Decisão

Trata-se de agravo de instrumento interposto contra decisão proferida pelo Juízo da 21ª Vara Federal da Seção Judiciária do Distrito Federal, nos autos do mandado de segurança impetrado pela Associação Paulista dos Economiários Aposentados e Outras contra ato do Sr. Presidente do Instituto Nacional do Seguro Social INSS, em que se busca a concessão de provimento judicial, no sentido de que seja assegurado aos associados das impetrantes (aposentados e pensionistas da Caixa Econômica Federal CEF) o direito à manutenção da sistemática de pagamento dos benefícios previdenciários de que são titulares. Na decisão agravada, o juízo monocrático ordenou a adequação do valor atribuído à causa ao conteúdo econômico da demanda, com o consequente recolhimento das custas processuais complementares, bem assim, a apresentação da lista de associados, a autorização assemblear e/ou autorizações expressas dos representados, sob pena de extinção do processo. Em suas razões recursais, sustenta a agravante, em resumo, a desnecessidade da autorização em referência, conforme entendimento jurisprudencial já sumulado no âmbito do colendo Supremo Tribunal Federal sobre a matéria, destacando, ainda, que se trata de mandado de segurança coletivo. No que pertine ao valor da causa, asseveram que a demanda instaurada nos autos de origem não possui qualquer conteúdo econômico, destacando que, em casos assim, o referido valor é meramente estimativo, para efeitos fiscais. Requer, assim, a concessão de antecipação da tutela recursal, a fim de que os agravados sejam compelidos ao cumprimento integral do mencionado ACT Acordo de Cooperação Técnica firmado, bem como gerido e mantido direito liquido e certo dos aqui representados. Regularmente intimado, o recorrido pugnou pelo indeferimento do pedido de antecipação da tutela recursal. Não obstante os fundamentos deduzidos pelas recorrentes, não vejo presentes, na espécie, os pressupostos do art. 1.019, I, do CPC, a autorizar a concessão da almejada antecipação da tutela recursal, na extensão por elas postulada. Com efeito, embora as razões recursais se afinem, em princípio, com a orientação jurisprudencial de nossos tribunais sobre a matéria, notadamente o enunciado da Súmula nº 629/STF, na inteligência de que a impetração de mandado de segurança coletivo por entidade de classe em favor dos associados independe da autorização destes e de que, nas demandas desprovidas de conteúdo econômico, o valor atribuído à causa é meramente estimativo, o pedido liminarmente formulado pelas recorrentes, em sede de agravo de instrumento, não foi no sentido de se suspender os efeitos da decisão agravada, mas sim, para se conceder, de logo, a tutela mandamental de urgência veiculada no feito de origem, a fim de que os agravados sejam compelidos ao cumprimento integral do mencionado ACT Acordo de Cooperação Técnica firmado, bem como gerido e mantido direito liquido e certo dos aqui representados, matéria essa que sequer foi ainda examinada pelo juízo monocrático, a inviabilizar a sua concessão diretamente pela Corte revisora, sob pena de supressão de instância. Com estas considerações, indefiro o pedido de antecipação da tutela recursal formulado na inicial. Intime-se a autarquia recorrida, para apresentar suas contrarrazões recursais, querendo, no prazo legal. Brasília/DF., em 9 de março de 2020. Publique-se. Intime-se. Brasília-DF., em 9 de março de 2020 Juiz Federal ILAN PRESSER Relator Convocado

No mandado de segurança coletivo, a sentença fará coisa julgada limitadamente aos membros do grupo ou categoria substituídos pelo impetrante, não induzindo litispendência para as ações individuais, mas os efeitos da coisa julgada não beneficiarão o impetrante a título individual se não requerer a desistência de seu mandado de segurança no prazo de 30 (trinta) dias a contar da ciência comprovada da impetração da segurança coletiva.

Dessa forma, tanto as pessoas naturais quanto as jurídicas poderão se beneficiar do remédio heroico, observado o preenchimento dos requisitos constitucionais e legais de admissibilidade.

Será considerado como direito líquido e certo aquele comprovado por meio de prova documental ou documentalizada, haja vista que no procedimento do mandado de segurança **não se admite dilação probatória**.

Dessa forma, o *mandamus* possui uma restrita utilização na área previdenciária, pois **não comporta a oitiva de testemunhas ou a realização de prova pericial**.

Veja-se a jurisprudência:

Tipo

Acórdão

Número

5003014-83.2018.4.03.6133 ..PROCESSO_ANTIGO: ..PROCESSO_ANTIGO_FORMATADO:

50030148320184036133

Classe

APELAÇÃO CÍVEL ..SIGLA_CLASSE: ApCiv

Relator(a)

Desembargador Federal SERGIO DO NASCIMENTO

Relator para Acórdão

..RELATORC:

Origem

TRF – TERCEIRA REGIÃO

Órgão julgador

10ª Turma

Data

26/03/2020

Data da publicação

27/03/2020

Fonte da publicação

Intimação via sistema DATA: 27/03/2020 ..FONTE_PUBLICACAO1: ..FONTE_PUBLICACAO2: ..FONTE_PUBLICACAO3:

Ementa

EMENTA PREVIDENCIÁRIO. PROCESSUAL CIVIL. MANDADO DE SEGURANÇA. AUSÊNCIA DE INTIMAÇÃO PARA APRESENTAÇÃO DE RÉPLICA. CERCEAMENTO DE DEFESA. INOCORRÊNCIA. APOSENTADORIA POR INVALIDEZ. CESSAÇÃO. INDÍCIO DE FRAUDE NA CONCESSÃO. AUSÊNCIA DE DIREITO LÍQUIDO E CERTO. NECESSIDADE DE DILAÇÃO PROBATÓRIA. INADEQUAÇÃO VIA PROCESSUAL ELEITA. I – No tocante à alegação de nulidade da sentença, sob o fundamento de cerceamento de defesa, em virtude de não ter facultado ao impetrante o direito de se manifestar acerca das informações prestadas pela autoridade impetrada, afigura-se manifestamente improcedente a pretensão recursal por ele deduzida, no particular, em face da manifesta incompatibilidade da dilação probatória com as vias estreitas do mandado de segurança, que não admite espaço para réplica. II – O remédio constitucional do Mandado de Segurança tem por finalidade assegurar a proteção a direito líquido e certo de ilegalidade ou abuso de poder praticado por autoridade pública ou agente de pessoa jurídica no exercício de atribuições do Poder Público, nos termos do inciso LXIX, do artigo 5º, da Constituição Federal. **O direito líquido e certo é aquele que decorre de fato certo, provado de plano por documento inequívoco, apoiando-se em fatos incontroversos e não complexos que possam reclamar a dilação probatória para a sua verificação.** III – **A questão controvertida no presente writ, qual seja, legalidade do ato administrativo praticado pelo INSS, consistente na cessação da aposentadoria por invalidez deferido à impetrante em decorrência de indícios de irregularidade na concessão, demanda a produção de prova para a aferição da capacidade da impetrante, bem como a reavaliação dos documentos que embasaram a concessão, não se mostrando adequada a via processual eleita para o fim de afastar os efeitos da decisão administrativa**, sendo insuficiente a invocação da isenção de submissão a perícias periódicas aplicável ao maior de sessenta anos (art. 101, § 1º, inciso II, da Lei nº 8.213/91) ou de não demonstração da má-fé da segurada. **IV – Dentro dessas circunstâncias, impossível o deslinde da controvérsia, para verificação da existência de direito líquido e certo, sem se recair em exame e dilação probatória, absolutamente incompatível com a via excepcional escolhida.** V – Tendo em vista a possibilidade de ocorrência de fraude contra o erário público, acolhe-se o parecer ministerial, a fim de determinar a expedição de ofício à Polícia Federal, para requisitar a abertura de inquérito e apurar a eventual ocorrência de crime de falso, falsa perícia e estelionato previdenciário, com a remessa a tal órgão de todas as cópias dos documentos dos autos, em especial a peça informativa da autoridade coatora e seus respetivos documentos, inclusive termos de convocação da apelante, inicial e sentença. VI – Preliminar rejeitada. Apelação da impetrante improvida. Parecer ministerial acolhido.

Outrossim, **o mandado de segurança não se constitui como ação de cobrança**, sendo descabida a cobrança de parcelas vencidas que precedam a data do seu ajuizamento.

Veja-se o STF:

> "(...) 1. Embora o Supremo Tribunal Federal haja reconhecido o direito líquido e certo dos impetrantes quanto à percepção da Gratificação de Atividade de Segurança (GAS), instituída pelo art. 15 da Lei 11.415/2006, a ordem judicial aqui proferida não alcança pagamentos referentes a parcelas anteriores ao ajuizamento da ação, "os quais devem ser reclamados administrativamente ou pela via judicial própria" (Súmulas n. 269 e 271 do STF). [**MS 26.740 ED**, rel. min. **Ayres Britto**, 2ª T, j. 7-2-2012, *DJE* 36 de 22-2-2012.]
>
> Ressalto que, conforme jurisprudência do Tribunal consubstanciada nas súmulas 269 e 271, o mandado de segurança não se presta aos fins de ação de cobrança, de forma que a concessão da segurança não produz efeitos patrimoniais em relação ao período anterior à impetração. [**MS 27.565**, rel. min. **Gilmar Mendes**, 2ª T, j. 18-10-2011, *DJE* 221 de 22-11-2011.]
>
> Há a considerar, ainda, no que concerne ao pedido de concessão de "efeito retroativo a dezembro de 2011" ao benefício previdenciário ora questionado, que o entendimento consagrado pela jurisprudência do Supremo Tribunal Federal, no sentido de que se mostra plenamente viável a utilização do mandado de segurança para veicular pretensão de conteúdo patrimonial, desde que a reparação pecuniária vindicada abranja período situado entre a data da impetração do "writ" e aquela em que se der o efetivo cumprimento da ordem mandamental. Isso significa, portanto, que efeitos patrimoniais produzidos em momento que precede a data da impetração do mandado de segurança não são alcançados pela decisão que o concede, tal como prescreve a Lei 12.016/2009, cujo art. 14, § 4º, impõe essa limitação de ordem temporal ao destacar que "O pagamento de vencimentos e vantagens pecuniárias assegurados em sentença concessiva de mandado de segurança a servidor público da administração direta ou autárquica federal, estadual e municipal somente será efetuado relativamente às prestações que se vencerem a contar da data do ajuizamento da inicial". Na realidade, essa regra legal, que constitui reprodução do que se continha na Lei 5.029/1966 (art. 1º), nada mais reflete senão diretriz jurisprudencial consubstanciada na Súmula 271 desta Suprema Corte, (...).
>
> [**MS 31.690 AgR**, rel. min. **Celso de Mello**, 2ª T, j. 11-2-2014, *DJE* 41 de 27-2-2014.]"

De outro vértice, é viável a cobrança das parcelas que se vencerem a partir da data do ajuizamento da ação.

Assim, em matéria de previdência a utilidade do manejo do mandado de segurança é apenas para demandas com direito comprovado pelo meio de prova documental e sem a cobrança de atrasados, a fim de compelir à autarquia de previdência a fazer ou deixar de fazer algo em cumprimento à legislação previdenciária.

O caso mais comum de interposição de mandado de segurança contra o INSS é contra ato omissivo da autarquia, a fim de que o juiz determine o julgamento de pedido de concessão de benefício previdenciário, quando ultrapassado prazo razoável de duração do processo administrativo (conhecido no foro como mandado de segurança "fura fila"):

> **Tipo**
>
> Acórdão
>
> **Número**
>
> 5007833-08.2018.4.03.6119
>
> PROCESSO_ANTIGO: PROCESSO_ANTIGO_FORMATADO: 50078330820184036119
>
> **Classe**
>
> REMESSA NECESSáRIA CíVEL ..SIGLA_CLASSE:

Relator(a)

Desembargador Federal MARCELO MESQUITA SARAIVA

Relator para Acórdão

RELATORC:

Origem

TRF – TERCEIRA REGIÃO

Órgão julgador

4ª Turma

Data

19/05/2020

Data da publicação

28/05/2020

Fonte da publicação

Intimação via sistema DATA: 28/05/2020 ..FONTE_PUBLICACAO1: ..FONTE_PUBLICACAO2: ..FONTE_PUBLICACAO3:

Ementa

EMENTA REMESSA OFICIAL. **MANDADO DE SEGURANÇA. PEDIDO DE CONCESSÃO DE BENEFÍCIO PREVIDENCIÁRIO. PRAZO RAZOÁVEL PARA CONCLUSÃO DO PROCESSO ADMINISTRATIVO.** LEI Nº 9.784/1999. 1. A Administração Pública tem o dever de pronunciar-se sobre os requerimentos, que lhe são apresentados pelos administrados na defesa de seus interesses, dentro de um prazo razoável, sob pena de ofensa aos princípios norteadores da atividade administrativa, em especial, o da eficiência, previsto no caput, do artigo 37, da Constituição da República. 2. A Emenda Constitucional nº 45/04 inseriu o inciso LXXVIII, no artigo 5º da Constituição, que dispõe: "a todos, no âmbito judicial e administrativo, são assegurados a razoável duração do processo e os meios que garantam a celeridade de sua tramitação". 3. Os artigos 48 e 49, da Lei Federal nº 9.784/99, dispõem que a Administração Pública deve emitir decisão nos processos administrativos, solicitação e reclamações em no máximo 30 dias. 4. Assim, os prazos para conclusão dos procedimentos administrativos devem obedecer o princípio da razoabilidade, eis que o impetrante tem direito à razoável duração do processo, não sendo tolerável a morosidade existente na apreciação de seus pedidos. 5. Remessa oficial improvida.

Não se admite mandado de segurança contra lei em tese (STF, Súmula 266). Isso porque é necessário que tenha sido praticado um ato administrativo em concreto (ato comissivo) ou uma omissão da prática de um ato administrativo a que a autoridade previdenciária estaria obrigada a praticar.

Logo, sem um caso concreto, por exemplo, o mandado de segurança não é a ação adequada para apontar uma ilegalidade na Instrução Normativa INSS 77/2015.

Eis o STF:

1. A lei em tese, como norma abstrata de conduta, não lesa qualquer direito individual, razão pela qual, na forma da Súmula 266 do Supremo Tribunal Federal, não é passível de impugnação por mandado de segurança. 2. O mandado de segurança não pode ser utilizado como mecanismo de controle abstrato da validade constitucional das leis e dos atos normativos em geral, posto não ser sucedâneo da ação direta de inconstitucionalidade.

[**MS 34432 AgR**, rel. min. **Luiz Fux**, P, j. 07-03-2017, *DJE* 56 de 23-03-2017.]

O direito de requerer mandado de segurança extinguir-se-á **decorridos 120 (cento e vinte) dias**, contados da ciência, pelo interessado, do ato impugnado. O pedido de mandado de segurança poderá ser renovado dentro do prazo decadencial, se a decisão denegatória não lhe houver apreciado o mérito.

Por seu turno, **pedido de reconsideração** não terá o condão de interromper o prazo de 120 dias. Veja-se o STF:

> Alega a recorrente, em síntese, que: (a) não se consumou, no caso, a decadência para a impetração do presente mandado de segurança; e (b) o termo inicial do prazo decadencial de 120 dias corresponderia à data da ciência da decisão que indeferiu pedido de reconsideração. (...) Ademais, segundo entendimento pacífico da Corte, "pedido de reconsideração na esfera administrativa não interrompe o prazo para o mandado de segurança" (Súmula 430 do STF).
>
> [**MS 28.793 AgR**, rel. min. **Teori Zavascki**, P, j. 30-4-2014, DJE de 19-5-2014.]

No caso de mandado de segurança por **ato omissivo**, é remansoso que não irá correr o citado prazo de caducidade para a impetração do *writ*, considerando que a ação busca justamente suprir a omissão da autoridade previdenciária que não praticou o ato administrativo que deveria.

O *writ* deve ser impetrado contra ato comissivo ou omissivo da autoridade coatora previdenciária, devendo ser assim considerada não necessariamente quem praticou ou deixou de praticar o ato, mas também a autoridade que possui poder de rever a suposta ilegalidade que feriu direito líquido e certo.

Dispõe o artigo 6º, § º, da Lei 12.016/2009 que se considera **autoridade coatora** aquela que tenha praticado o ato impugnado ou da qual emane a ordem para a sua prática.

Nesse sentido, embora sejam autoridades superiores que não julgam pedidos de benefícios previdenciários, é comum que o mandado de segurança seja interposto contra ato comissivo/omissivo do **Gerente Executivo do INSS** da região.

Por outro lado, quando o processo administrativo previdenciário estiver em **grau recursal no CRPS**, órgão da União, **o mandado de segurança não deverá ser interposto contra a autoridade do INSS**, e sim contra a **autoridade da União** na Junta, Câmara ou Plenário do CRPS:

> **Tipo**
>
> Acórdão
>
> **Número**
>
> 5000864-04.2019.4.03.6131 ..PROCESSO_ANTIGO: ..PROCESSO_ANTIGO_FORMATADO: 50008 640420194036131
>
> **Classe**
>
> APELAÇÃO / REMESSA NECESSÁRIA ..SIGLA_CLASSE: ApelRemNec
>
> **Relator(a)**
>
> Desembargador Federal MARLI MARQUES FERREIRA
>
> **Relator para Acórdão**
>
> ..RELATORC:
>
> **Origem**
>
> TRF – TERCEIRA REGIÃO
>
> **Órgão julgador**
>
> 4ª Turma

Data

19/05/2020

Data da publicação

27/05/2020

Fonte da publicação

e – DJF3 Judicial 1 DATA: 27/05/2020 ..FONTE_PUBLICACAO1: ..FONTE_PUBLICACAO2: ..FONTE_PUBLICACAO3:

Ementa

E M E N T A PREVIDENCIÁRIO. MANDADO DE SEGURANÇA. REVISÃO DE BENEFÍCIO. RECURSO ADMINISTRATIVO. DEMORA NO JULGAMENTO. ILEGITIMIDADE PASSIVA DA AUTORIDADE COATORA. EXTINÇÃO DO FEITO SEM ANÁLISE DO MÉRITO. TEORIA DA ENCAMPAÇÃO INAPLICÁVEL. **O gerente executivo do INSS não detém competência para figurar como autoridade coatora no polo passivo de mandado de segurança que visa a análise de recurso administrativo distribuído a uma das Juntas de Recursos da Previdência Social a qual compõe o Conselho de Recursos do Seguro Social – CRSS, nova denominação atribuída pela Lei nº 13.341/2016 ao Conselho de Recursos da Previdência Social – CRPS. Na forma do disposto no artigo 32 da Lei nº 13.844/2019 (conversão da Medida Provisória nº 870, de 01/01/2019) e no Decreto nº 9.745, de 08/04/2019, o Conselho de Recursos do Seguro Social integra a estrutura do Ministério da Economia, órgão da União Federal, encontrando previsão no art. 303 do Decreto 3.048/99, cujas atribuições são estabelecidas no artigo 305 desse mesmo diploma normativo.** Sendo o objeto do mandado de segurança a conclusão do processamento do recurso perante a Junta de Recursos do Conselho de Recursos da Previdência Social, a **legitimidade passiva do writ é da respectiva Junta**. Inviável processualmente a simples retificação do polo passivo pois a autoridade coatora, que ostenta a qualidade de servidor do INSS, erroneamente indicada, não pertence à mesma pessoa jurídica da autoridade de fato coatora, vinculada à União Federal. Em decorrência, inaplicável a teoria da encampação. Apelação e remessa oficial providas para extinguir o feito sem resolução do mérito, por ilegitimidade passiva da autoridade apontada como coatora, termos do artigo 485, VI do Código de Processo Civil.

Por força da Portaria Conjunta 1/2020 da PGF e PGU, os órgãos de execução da **Procuradoria-Geral da União (Advogados da União)** manifestarão em juízo a legitimidade da União para responder ações relacionadas às carreiras de Perito Médico Federal, de Perito Médico da Previdência Social e de Supervisor Médico– Pericial, de que tratam os arts. 18 e 19 da Medida Provisória n. 871, de 18 de janeiro de 2019 (publicada no DOU extra de 18.01.2019), convertida na Lei n. 13.846, de 18 de junho de 2019, nas seguintes demandas:

> I – que envolvam matéria de pessoal (servidores ativos, inativos e pensionistas), incluídos seleção, lotação, demissão, exoneração, gratificações, aposentadoria e pensão, processos disciplinares e demais temas relacionados, quando os pedidos se reportarem a fatos geradores **posteriores** à edição da Medida Provisória n. 871, de 18 de janeiro de 2019;
>
> II – **relativas às atividades médico-periciais** de que trata o art. 30, § 3º, da Lei n. 11.907, de 2 de fevereiro de 2009, na redação da Lei n. 13.846, de 18 de junho de 2019;
>
> III – relativas à gestão da Perícia Médica Federal de que trata o art. 77 do Decreto n. 9.745/2019; e
>
> IV – que demandem o adimplemento de obrigação de fazer a cargo da Subsecretaria da Perícia Médica Federal.

Desta forma, acaso seja intentado um mandado de segurado contra ato omisso do Perito Médico Federal pela demora na realização de perícia, com pedido de determinação judicial para a realização do ato médico, a atuação será da União através da PGU, e não mais do INSS através da PGF.

Por outro lado, os órgãos de execução da **Procuradoria-Geral Federal (Procuradores Federais)** manifestarão em juízo a legitimidade do Instituto Nacional do Seguro Social – INSS para responder ações relacionadas às carreiras de Perito Médico Previdenciário, de que trata a Lei n. 11.907, de 2 de fevereiro de 2009, de Perito Médico da Previdência Social, de que trata a Lei n. 10.876, de 2 de junho de 2004, e de Supervisor Médico-Pericial, de que trata a Lei n. 9.620, de 2 de abril de 1998, nas seguintes demandas:

> I – que envolvam matéria de pessoal (servidores ativos, inativos e pensionistas), incluídos seleção, lotação, demissão, exoneração, gratificações, aposentadoria e pensão, processos disciplinares e demais temas relacionados, quando os pedidos se reportarem a fatos geradores **anteriores** à edição da Medida Provisória n. 871, de 18 de janeiro de 2019; e
>
> II – relativas à implantação de benefícios previdenciários ou assistenciais.

Vale registrar ainda que o INSS não possui legitimidade passiva para responder **demandas previdenciárias fiscais** envolvendo as contribuições para a previdência social, devendo o mandado de segurança ser movido contra as autoridades fazendárias da Secretaria da Receita Federal do Brasil.

Veja-se o STJ:

> **Processo**
>
> AgInt no REsp 1695550 / RS
>
> AGRAVO INTERNO NO RECURSO ESPECIAL
>
> 2017/0219024-2
>
> **Relator(a)**
>
> Ministro GURGEL DE FARIA (1160)
>
> **Órgão Julgador**
>
> T1 – PRIMEIRA TURMA
>
> **Data do Julgamento**
>
> 26/06/2018
>
> **Data da Publicação/Fonte**
>
> **DJe 08/08/2018**
>
> Ementa
>
> PROCESSUAL CIVIL. MANDADO DE SEGURANÇA. IMPETRAÇÃO POR ESTABELECIMENTO FILIAL. JUÍZO FEDERAL DA LOCALIDADE DA MATRIZ. COMPETÊNCIA.
>
> **1. Em mandado de segurança impetrado com o fim de afastar a incidência do Fator Acidentário Previdenciário sobre a contribuição social sobre a folha de salários, a autoridade coatora é o Delegado da Receita Federal em exercício na localidade em que sediado o estabelecimento matriz.**
>
> 2. Hipótese em que o Tribunal Regional Federal corretamente decidiu: "o juízo competente, em se tratando de mandado de segurança, é delimitado pela autoridade coatora atinente ao domicílio tributário da matriz".
>
> 3. Agravo interno não provido.

A **competência jurisdicional** para o julgamento do mandado de segurança é do foro da localidade em que está situada a autoridade coatora. No entanto, em matéria previdenciária, o julgamento dos processos administrativos foi descentralizado para os Centros de Análise de Benefícios – CEAB.

Veja-se o artigo 6º da Resolução INSS 691/2019:

> "Art. 6º Ficam instituídas as seguintes CEABs:
>
> I – Centrais de Análise de Benefício para Reconhecimento de Direitos – CEAB/RD:
>
> a) Central Regional de Análise de Benefício para Reconhecimento de Direitos da Superintendência Regional – SR Sudeste I – CEAB/RD/SR I, **localizada em São Paulo**;
>
> b) Central Regional de Análise de Benefício – Reconhecimento de Direitos da SR Sudeste II – CEAB/RD/SR II, **localizada em Belo Horizonte**;
>
> c) Central Regional de Análise de Benefício para Reconhecimento de Direitos da SR Sul – CEAB/RD/SR III, **localizada em Florianópolis**;
>
> d) Central Regional de Análise de Benefício para Reconhecimento de Direitos da SR Nordeste – CEAB/RD/SR IV, **localizada em Recife**;
>
> e) Central Regional de Análise de Benefício para Reconhecimento de Direitos da SR Norte e Centro-Oeste – CEAB/RD/SR V, **localizada em Brasília**".

Suponha-se que um segurado residente em Salvador requereu uma aposentadoria perante o INSS que foi distribuída para julgamento pela CEAB/RD/SR IV, localizada em Recife.

Neste caso, não é razoável impor ao segurado o ajuizamento da demanda em Recife, devendo ser permitida a competência concorrente da Vara Federal de Salvador (BA), local do domicílio do autor.

Nesse sentido, a 1ª Seção do STJ:

> **Processo**
>
> AgInt no CC 166130 / RJ
>
> AGRAVO INTERNO NO CONFLITO DE COMPETÊNCIA
>
> 2019/0156775-1
>
> **Relator(a)**
>
> Ministro BENEDITO GONÇALVES (1142)
>
> **Órgão Julgador**
>
> S1 – PRIMEIRA SEÇÃO
>
> **Data do Julgamento**
>
> 03/09/2019
>
> **Data da Publicação/Fonte**
>
> DJe 05/09/2019
>
> **Ementa**
>
> PROCESSO CIVIL. AGRAVO INTERNO NO CONFLITO DE COMPETÊNCIA. **MANDADO DE SEGURANÇA. IMPETRAÇÃO. AUTARQUIA FEDERAL. APLICAÇÃO DA REGRA CONTIDA NO ART. 109, § 2º, DA CF.** ACESSO À JUSTIÇA. PRECEDENTES. COMPETÊNCIA DO JUÍZO SUSCITADO.

1. Na espécie, o conflito negativo de competência foi conhecido para declarar competente o juízo federal do domicílio do impetrante.

2. A Primeira Seção do STJ, em uma evolução jurisprudencial para se adequar ao entendimento do STF sobre a matéria, tem decidido no sentido de que, nas causas aforadas contra a União, inclusive em ações mandamentais, pode-se eleger a Seção Judiciária do domicílio do autor, com o objetivo de facilitar o acesso à Justiça. Precedentes: AgInt no CC n. 154.470/DF, Rel. Ministro Og Fernandes, Primeira Seção, DJe 18/4/2018; AgInt no CC n. 153.138/DF, Rel. Ministro Gurgel de Faria, Primeira Seção, DJe 22/2/2018; AgInt no CC n. 153.724/DF, Rel. Ministra Regina Helena Costa, Primeira Seção, DJe 16/2/2018.

3. Agravo interno não provido.

Processo

AgInt no CC **154470** / DF

AGRAVO INTERNO NO CONFLITO DE COMPETÊNCIA

2017/0238434-1

Relator(a)

Ministro OG FERNANDES (1139)

Órgão Julgador

S1 – PRIMEIRA SEÇÃO

Data do Julgamento

11/04/2018

Data da Publicação/Fonte

DJe 18/04/2018

Ementa

PROCESSO CIVIL. AGRAVO INTERNO NO CONFLITO DE COMPETÊNCIA. MANDADO DE SEGURANÇA. IMPETRAÇÃO. AUTARQUIA FEDERAL. APLICAÇÃO DA REGRA CONTIDA NO ART. 109, § 2º, DA CF. ACESSO À JUSTIÇA. PRECEDENTES DO STF E DO STJ. AGRAVO NÃO PROVIDO.

1. Tratando-se de mandado de segurança impetrado contra autoridade pública federal, o que abrange a União **e respectivas autarquias**, o Superior Tribunal de Justiça realinhou a sua jurisprudência para adequar-se ao entendimento do Supremo Tribunal Federal sobre a matéria, admitindo que seja aplicada a regra contida no art. 109, § 2º, da CF, **a fim de permitir o ajuizamento da demanda no domicílio do autor**, tendo em vista o objetivo de facilitar o acesso à Justiça. Precedentes: AgInt no CC 153.138/DF, Rel. Ministro Gurgel de Faria, Primeira Seção, julgado em 13/12/2017, DJe 22/2/2018; AgInt no CC 153.724/DF, Rel. Ministra Regina Helena Costa, Primeira Seção, julgado em 13/12/2017, DJe 16/2/2018; AgInt no CC 150.269/AL, Rel. Ministro Francisco Falcão, Primeira Seção, julgado em 14/6/2017, DJe 22/6/2017.

2. Agravo interno a que se nega provimento.

Na hipótese de mandado de segurança contra autoridade do INSS, mesmo que a causa de pedir seja decorrente de acidente de trabalho, a competência para o seu julgamento permanecerá na Justiça Federal, pois prevalece a competência funcional para o julgamento do *writ*.

Este, inclusive, é o posicionamento tradicional do STJ:

"CONSTITUCIONAL. MANDADO DE SEGURANÇA. COMPETENCIA. CRITERIOS DE FIXAÇÃO. ATO DE AUTORIDADE FEDERAL. SENTENÇA PROFERIDA POR JUIZ ESTADUAL INCOMPETENTE. ANULAÇÃO. – **EM SEDE DE MANDADO DE SEGURANÇA,**

A COMPETENCIA PARA O PROCESSO E JULGAMENTO E DEFINIDA SEGUNDO A HIERARQUIA FUNCIONAL DA AUTORIDADE COATORA, NÃO ADQUIRINDO RELEVANCIA A MATERIA DEDUZIDA NA PEÇA DE IMPETRAÇÃO. – COMPETE A JUSTIÇA FEDERAL CONHECER DE MANDADO DE SEGURANÇA CONTRA O ATO DE AUTORIDADE AUTARQUIA FEDERAL, AINDA QUE SE DISCUTA MATERIA RELACIONADA A LEGISLAÇÃO ACIDENTARIA DE NATUREZA PREVIDENCIARIA. – SOMENTE NAS HIPOTESES EM QUE O JUIZ ESTADUAL SE ENCONTRA INVESTIDO POR JURISDIÇÃO DE COMPETENCIA FEDERAL, CABE AO TRIBUNAL FEDERAL REEXAMINAR, EM GRAU DE APELAÇÃO, A SENTENÇA POR ELE PROLATADA, A TEOR DO INSCRITO NO ART. 108, II, AD CF/1988. – NO CASO, NÃO TENDO O TRIBUNAL DE JUSTIÇA ANULADO A SENTENÇA EMANADA DE JUIZ ESTADUAL INCOMPETENTE, E CERTO QUE ESTA CORTE, POR FORÇA DE SUA JURISDIÇÃO, DEVE DECLARAR A NULIDADE DOS ATOS DECISORIOS PRATICADOS POR JUIZ INCOMPETENTE, E FIXAR, DESDE LOGO, O JUIZO COMPETENTE. – CONFLITO NÃO CONHECIDO. REMESSA DOS AUTOS AO TRIBUNAL DE JUSTIÇA DO RIO GRANDE DO SUL[26]" (g.n.).

No mesmo sentido a posição atual do STJ no julgamento do Conflito de Competência 123.518, julgado pela 1ª Seção e publicado em 19.09.2012:

"CONFLITO NEGATIVO DE COMPETÊNCIA. PREVIDENCIÁRIO.MANDADO DE SEGURANÇA. RESTABELECIMENTO DE BENEFÍCIO ACIDENTÁRIO. **OBSERVÂNCIA DA QUALIFICAÇÃO DA AUTORIDADE IMPETRADA.** ATOS DE MÉDICO PERITO E DO SUPERINTENDENTE DO INSS.**COMPETÊNCIA DO JUÍZO DA JUSTIÇA FEDERAL**"

Porém, **há decisões recentes do STJ no sentido que deve se aplicar o artigo 109, § 3º (competência delegada), da Constituição aos mandados de segurança, a fim de permitir o ajuizamento da demanda no domicílio do autor, tendo em vista o objetivo de facilitar o acesso à Justiça**.

Nesse sentido: (AgInt no CC 153.138/DF, Rel. Ministro Gurgel de Faria, Primeira Seção, julgado em 13/12/2017, DJe 22/2/2018; AgInt no CC153.724/DF, Rel. Ministra Regina Helena Costa, Primeira Seção, julgado em 13/12/2017, DJe 16/2/2018; AgInt no CC 150.269/AL, Rel. Ministro Francisco Falcão, Primeira Seção, julgado em 14/6/2017, DJe 22/6/2017; AgInt no CC 154470 / DF, Rel. Min. OG Fernandes, Primeira Seção, julgado em 11/04/2018, DJe 18/04/2018).

Independentemente do valor da causa, também não terão os Juizados Federais competência para julgar as causas arroladas no artigo 3º, § 1º, da Lei 10.259/2001, dentre elas a ação de mandado de segurança:

"§ 1º Não se incluem na competência do Juizado Especial Cível as causas:

I – referidas no art. 109, incisos II, III e XI, da Constituição Federal, as ações de mandado de segurança, de desapropriação, de divisão e demarcação, populares, execuções fiscais e por improbidade administrativa e as demandas sobre direitos ou interesses difusos, coletivos ou individuais homogêneos;

26. CC 18.239, 3ª Seção, de 13.11.1996.

Destaque-se que o mandado de segurança não irá deflagrar demanda no JEF, mesmo que o valor da causa seja de até 60 salários mínimos, devendo ser interposto na Vara que opera pelo rito comum, pois, como será visto, somente se admite neste rito o *mandamus* como sucedâneo recursal.

Nos termos do Enunciado 108, do FONAJEF, "não cabe recurso para impugnar decisões que apreciem questões ocorridas após o trânsito em julgado", razão pela qual é cabível o mandado de segurança como sucedâneo recursal, única situação de cabimento do *mandamus* no rito do JEF.

De acordo com a TNU, "por constituir matéria de natureza processual, é incabível incidente de uniformização que busca reconhecimento da possibilidade de impugnação, pela via do mandado de segurança, de decisão monocrática na fase de cumprimento da sentença" (processo 0015699-25.2012.4.03.9301, de 16/3/2016).

Ademais, "por constituir matéria de natureza processual, é incabível incidente de uniformização que busca reconhecimento da possibilidade de impugnação, pela via do mandado de segurança, de decisão monocrática na fase de cumprimento da sentença" (TNU, processo 0015699-25.2012.4.03.9301, de 16/3/2016).

Destarte, no JEF, quando as decisões não são impugnáveis via recurso, a exemplo da decisão de incidente processual na execução do julgado, deverá a parte prejudicada interpor **mandado de segurança** para a respectiva Turma Recursal (órgão *ad quem)*, conforme entendimento consolidado do STJ[27], sendo este também o posicionamento do STF (RE 586.789, de 16.11.2011).

Também nesse sentido a Súmula 376 do STJ:

> **Súmula 376** – "Compete a turma recursal processar e julgar o mandado de segurança contra ato de juizado especial".

Não se concederá mandado de segurança quando se tratar:

> I – de ato do qual caiba recurso administrativo com efeito suspensivo, independentemente de caução;
>
> II – de decisão judicial da qual caiba recurso com efeito suspensivo;
>
> III – de decisão judicial transitada em julgado.

A petição inicial, que deverá preencher os requisitos estabelecidos pela lei processual, será apresentada em 2 (duas) vias com os documentos que instruírem a primeira reproduzidos na segunda e indicará, além da autoridade federal previdenciária coatora, a pessoa jurídica que esta integra (INSS, por exemplo), à qual se acha vinculada ou da qual exerce atribuições.

No caso em que o documento necessário à prova do alegado se ache em poder do INSS ou de outro estabelecimento público o, o juiz ordenará, preliminarmente, por ofício, a exibição desse documento em original ou em cópia autêntica e marcará, para o cumprimento da ordem, o prazo de 10 (dez) dias.

Ao despachar a inicial, o juiz ordenará:

> I – que se notifique o coator do conteúdo da petição inicial, enviando-lhe a segunda via apresentada com as cópias dos documentos, a fim de que, no prazo de 10 (dez) dias, preste as informações;
>
> II – que se dê ciência do feito ao órgão de representação judicial da pessoa jurídica interessada, enviando-lhe cópia da inicial sem documentos, para que, querendo, ingresse no feito;

27. EDROMS 200501035527, de 09.02.2010.

III – que se suspenda o ato que deu motivo ao pedido, quando houver fundamento relevante e do ato impugnado puder resultar a ineficácia da medida, caso seja finalmente deferida, sendo facultado exigir do impetrante caução, fiança ou depósito, com o objetivo de assegurar o ressarcimento à pessoa jurídica.

As autoridades federais previdenciárias, no prazo de 48 (quarenta e oito) horas da notificação da medida liminar, remeterão à Procuradoria-Geral Federal (no caso do INSS) cópia autenticada do mandado notificatório, assim como indicações e elementos outros necessários às providências a serem tomadas para a eventual suspensão da medida e defesa do ato apontado como ilegal ou abusivo de poder.

A inicial será desde logo indeferida, por decisão motivada, quando não for o caso de mandado de segurança ou lhe faltar algum dos requisitos legais ou quando decorrido o prazo legal para a impetração.

Do indeferimento da inicial pelo juiz de primeiro grau caberá apelação e, quando a competência para o julgamento do mandado de segurança couber originariamente a um dos tribunais, do ato do relator caberá agravo para o órgão competente do tribunal que integre.

O juiz ouvirá o representante do Ministério Público Federal, que opinará, dentro do prazo improrrogável de 10 (dez) dias, que atuará como *custos legis*.

Da sentença, denegando ou concedendo o mandado, caberá apelação, sendo obrigatório o reexame necessário da sentença pelo tribunal.

A sentença que verse a respeito de obrigação de fazer ou não fazer tem aplicação imediata, exceto se o recurso de apelação do INSS for recebido com efeito suspensivo.

Já a cobrança de parcelas pecuniárias que se vencerem após a data do ajuizamento da ação dependerá da formação da coisa julgada material, pois se trata de uma prerrogativa constitucional do Poder Público em juízo.

Quando, a requerimento do INSS ou do Ministério Público e para evitar grave lesão à ordem, à saúde, à segurança e à economia públicas, o presidente do tribunal ao qual couber o conhecimento do respectivo recurso suspender, em decisão fundamentada, a execução da liminar e da sentença, dessa decisão caberá agravo, sem efeito suspensivo, no prazo de 5 (cinco) dias, que será levado a julgamento na sessão seguinte à sua interposição.

A sentença ou o acórdão que denegar mandado de segurança, sem decidir o mérito, não impedirá que o requerente, por ação própria, pleiteie os seus direitos e os respectivos efeitos patrimoniais.

Por fim, não cabem, no processo de mandado de segurança, a interposição de embargos infringentes e a condenação ao pagamento dos honorários advocatícios, sem prejuízo da aplicação de sanções no caso de litigância de má-fé.

14. PROCEDIMENTO DOS JUIZADOS ESPECIAIS FEDERAIS

Neste item iremos apresentar as regras processuais do rito do Juizado Especial Federal mesclada com o direito material previdenciário no que for necessário à boa compreensão, desde a instauração do processo até a fase de execução.

Este procedimento é regido pelos princípios a oralidade, celeridade e informalidade, sendo necessário adaptar ou afastar certas regras inerentes ao procedimento comum.

14.1. Rito em 1º grau

A esmagadora maioria das ações que tramitam contra o INSS na Justiça Federal é de competência dos Juizados Especiais Federais, que possui regramento específico dado pela Lei 10.259/2001, aplicando-se supletivamente, no que for compatível, a Lei 9.099/95 (Lei dos Juizados Estaduais).

A aplicação do CPC/2015 ao rito do JEF será supletiva e apenas no que houver compatibilidade, pois temos um microssistema jurídico processual federal.

Nesse sentido, dispõe o Enunciado 151 do FONAJEF que o CPC/2015 só é aplicável nos Juizados Especiais naquilo que não contrariar os seus princípios norteadores e a sua legislação específica.

Demais disso, pontifica o Enunciado 152 do FONAJEF que a conciliação e a mediação nos juizados especiais federais permanecem regidas pelas Leis 10.259/2001 e 9.099/1995, mesmo após o advento do novo Código de Processo Civil.

De sua vez, a regra do art. 489, parágrafo primeiro[28], do NCPC deve ser mitigada nos juizados por força da primazia dos princípios da simplicidade e informalidade que regem o JEF (Enunciado 153 FONAJEF).

Ainda entende o FONAJEF que o artigo 46[29], da Lei 9099/1995, não foi revogado pelo novo CPC, a teor do Enunciado 154.

Ademais, pontifica o FONAJEF que não se aplica aos juizados especiais a técnica de julgamento não unânime (art. 942[30], CPC/2015), na forma do Enunciado 156.

Com base no Enunciado 159, do FONAJEF, "nos termos do enunciado nº 1 do FONAJEF e à luz dos princípios da celeridade e da informalidade que norteiam o processo no JEF, vocacionado a receber demandas em grande volume e repetitivas, interpreta-se o rol do art. 332[31] como exemplificativo".

---

28. § 1º Não se considera fundamentada qualquer decisão judicial, seja ela interlocutória, sentença ou acórdão, que:

    I – se limitar à indicação, à reprodução ou à paráfrase de ato normativo, sem explicar sua relação com a causa ou a questão decidida;

    II – empregar conceitos jurídicos indeterminados, sem explicar o motivo concreto de sua incidência no caso;

    III – invocar motivos que se prestariam a justificar qualquer outra decisão;

    IV – não enfrentar todos os argumentos deduzidos no processo capazes de, em tese, infirmar a conclusão adotada pelo julgador;

    V – se limitar a invocar precedente ou enunciado de súmula, sem identificar seus fundamentos determinantes nem demonstrar que o caso sob julgamento se ajusta àqueles fundamentos;

    VI – deixar de seguir enunciado de súmula, jurisprudência ou precedente invocado pela parte, sem demonstrar a existência de distinção no caso em julgamento ou a superação do entendimento.

29. Art. 46. O julgamento em segunda instância constará apenas da ata, com a indicação suficiente do processo, fundamentação sucinta e parte dispositiva. Se a sentença for confirmada pelos próprios fundamentos, a súmula do julgamento servirá de acórdão.

30. Art. 942. Quando o resultado da apelação for não unânime, o julgamento terá prosseguimento em sessão a ser designada com a presença de outros julgadores, que serão convocados nos termos previamente definidos no regimento interno, em número suficiente para garantir a possibilidade de inversão do resultado inicial, assegurado às partes e a eventuais terceiros o direito de sustentar oralmente suas razões perante os novos julgadores.

31. Art. 332. Nas causas que dispensem a fase instrutória, o juiz, independentemente da citação do réu, julgará liminarmente improcedente o pedido que contrariar:

    I – enunciado de súmula do Supremo Tribunal Federal ou do Superior Tribunal de Justiça;

    II – acórdão proferido pelo Supremo Tribunal Federal ou pelo Superior Tribunal de Justiça em julgamento de recursos repetitivos;

O objetivo é continuar a aplicar a regra de sentença de improcedência *prima facie* para questões jurídicas em que o Juízo *a quo* já entende pela impertinência, mesmo que não haja súmula ou acórdão repetitivo do STF/STJ ou decisão em incidente de resolução de demandas repetitivas ou de assunção de competência.

Por seu turno, a teor do Enunciado 160, do FONAJEF, não causa nulidade a não aplicação do art. 10[32] do NCPC e do art. 487, parágrafo único[33], do NCPC nos juizados, tendo em vista os princípios da celeridade e informalidade.

Ademais, na forma do Enunciado 176, do FONAJEF, "a previsão contida no art. 51, § 1º, da Lei 9.099/1995 afasta a aplicação do art. 317 do CPC/2015 no âmbito dos juizados especiais" (Aprovado no XIII FONAJEF) por se tratar de regra especial, razão pela qual continua sendo aplicável no rito do JEF a regra que prevê que a extinção do processo independerá, em qualquer hipótese, de prévia intimação pessoal das partes.

Nos termos do Enunciado 19, do FONAJEF, "aplicam-se os §§ 1º e 2º do art. 113 do CPC/2015 em sede de Juizados Especiais Federais". Assim, o juiz poderá limitar o litisconsórcio facultativo quanto ao número de litigantes na fase de conhecimento, na liquidação de sentença ou na execução, quando este comprometer a rápida solução do litígio ou dificultar a defesa ou o cumprimento da sentença, ao passo que o requerimento de limitação interrompe o prazo para manifestação ou resposta, que recomeçará da intimação da decisão que o solucionar.

Por sua vez, a litispendência deverá ser alegada e provada, nos termos do CPC/2015 (art. 337, VI), pelo réu, sem prejuízo dos mecanismos de controle desenvolvidos pela Justiça Federal[34].

Ao adaptar o artigo 1.013, do CPC[35], ao rito do JEF e ao recurso inominado, o FONAJEF o interpreta de modo ampliativo:

> **Enunciado 54** – "O artigo 1.013 e parágrafos do CPC interpretam-se ampliativamente no âmbito das Turmas Recursais, em face dos princípios que orientam o microssistema dos Juizados Especiais Federais".

III – entendimento firmado em incidente de resolução de demandas repetitivas ou de assunção de competência;

IV – enunciado de súmula de tribunal de justiça sobre direito local.

32. Art. 10. O juiz não pode decidir, em grau algum de jurisdição, com base em fundamento a respeito do qual não se tenha dado às partes oportunidade de se manifestar, ainda que se trate de matéria sobre a qual deva decidir de ofício.

33. Parágrafo único. Ressalvada a hipótese do § 1º do art. 332, a prescrição e a decadência não serão reconhecidas sem que antes seja dada às partes oportunidade de manifestar-se.

34. Enunciado 46, FONAJEF.

35. Art. 1.013. A apelação devolverá ao tribunal o conhecimento da matéria impugnada.

§ 1º Serão, porém, objeto de apreciação e julgamento pelo tribunal todas as questões suscitadas e discutidas no processo, ainda que não tenham sido solucionadas, desde que relativas ao capítulo impugnado.

§ 2º Quando o pedido ou a defesa tiver mais de um fundamento e o juiz acolher apenas um deles, a apelação devolverá ao tribunal o conhecimento dos demais.

§ 3º Se o processo estiver em condições de imediato julgamento, o tribunal deve decidir desde logo o mérito quando:

I – reformar sentença fundada no art. 485;

II – decretar a nulidade da sentença por não ser ela congruente com os limites do pedido ou da causa de pedir;

III – constatar a omissão no exame de um dos pedidos, hipótese em que poderá julgá-lo;

IV – decretar a nulidade de sentença por falta de fundamentação.

§ 4º Quando reformar sentença que reconheça a decadência ou a prescrição, o tribunal, se possível, julgará o mérito, examinando as demais questões, sem determinar o retorno do processo ao juízo de primeiro grau.

§ 5º O capítulo da sentença que confirma, concede ou revoga a tutela provisória é impugnável na apelação.

Ademais, "aplica-se analogicamente nos Juizados Especiais Federais a inexigibilidade do título executivo judicial, nos termos do disposto nos arts. 525, §§ 12[36], 14[37], 15[38]; 535, §§ 7.º[39], 8.º[40]; 1.057[41], todos do CPC/2015", nos termos do Enunciado 56 do FONAJEF.

Dessa forma, compatível com o rito do JEF o reconhecimento em incidente na execução da tese da coisa julgada inconstitucional, quando a obrigação reconhecida em título executivo judicial fundado em lei ou ato normativo considerado inconstitucional pelo Supremo Tribunal Federal, ou fundado em aplicação ou interpretação da lei ou do ato normativo tido pelo Supremo Tribunal Federal como incompatível com a Constituição Federal, em controle de constitucionalidade concentrado ou difuso, desde que a decisão do STF seja anterior ao trânsito em julgado da decisão exequenda.

Se posterior à formação da coisa julgada a data da decisão do STF, cabível a ação rescisória de acordo com o CPC. Mas como é prevalente o equivocado entendimento do não cabimento da ação rescisória no rito do JEF, deve ser estendido ao incidente na execução a tese da coisa julgada inconstitucional mesmo na hipótese de a decisão do STF ser posterior à *res iudicata.*

Não cabe multa pessoal ao procurador ad judicia do ente público, seja com base no art. 77, seja nos arts. 497 ou 536, todos do CPC/2015 **(Enunciado FONAJEF 64)**, ao passo que não cabe a prévia limitação do valor da multa coercitiva (astreintes), que também não se sujeita ao limite de alçada dos Juizados Especiais Federais, ficando sempre assegurada a possibilidade de reavaliação do montante final a ser exigido na forma do parágrafo 1º do artigo 537 do CPC/2015. **(Enunciado FONAJEF 65)**.

Isso porque cabe ao Procurador Federal instar o INSS a cumprir a decisão judicial, não podendo ser punido com multa pessoa por uma omissão da Administração Pública.

No entanto, nos termos do Enunciado FONAJEF 149, é cabível, com fundamento no art. 77, IV, §§ 1º a 5º[42] do CPC/2015, a aplicação de multa pessoal à autoridade administrativa responsável pela implementação da decisão judicial.

36. § 12. Para efeito do disposto no inciso III do § 1º deste artigo, considera-se também inexigível a obrigação reconhecida em título executivo judicial fundado em lei ou ato normativo considerado inconstitucional pelo Supremo Tribunal Federal, ou fundado em aplicação ou interpretação da lei ou do ato normativo tido pelo Supremo Tribunal Federal como incompatível com a Constituição Federal, em controle de constitucionalidade concentrado ou difuso.
37. § 14. A decisão do Supremo Tribunal Federal referida no § 12 deve ser anterior ao trânsito em julgado da decisão exequenda.
38. 15. Se a decisão referida no § 12 for proferida após o trânsito em julgado da decisão exequenda, caberá ação rescisória, cujo prazo será contado do trânsito em julgado da decisão proferida pelo Supremo Tribunal Federal.
39. § 7º A decisão do Supremo Tribunal Federal referida no § 5º deve ter sido proferida antes do trânsito em julgado da decisão exequenda.
40. § 8º Se a decisão referida no § 5º for proferida após o trânsito em julgado da decisão exequenda, caberá ação rescisória, cujo prazo será contado do trânsito em julgado da decisão proferida pelo Supremo Tribunal Federal.
41. Art. 1.057. O disposto no art. 525, §§ 14 e 15, e no art. 535, §§ 7º e 8º, aplica-se às decisões transitadas em julgado após a entrada em vigor deste Código, e, às decisões transitadas em julgado anteriormente, aplica-se o disposto no art. 475-L, § 1º, e no art. 741, parágrafo único, da Lei nº 5.869, de 11 de janeiro de 1973.
42. Art. 77. Além de outros previstos neste Código, são deveres das partes, de seus procuradores e de todos aqueles que de qualquer forma participem do processo:

    I – expor os fatos em juízo conforme a verdade;

    II – não formular pretensão ou de apresentar defesa quando cientes de que são destituídas de fundamento;

    III – não produzir provas e não praticar atos inúteis ou desnecessários à declaração ou à defesa do direito;

    IV – cumprir com exatidão as decisões jurisdicionais, de natureza provisória ou final, e não criar embaraços à sua efetivação;

A multa diária é comumente fixada contra o INSS (em média, R$ 50,00 por dia de atraso) nos casos de determinação de obrigação de fazer, a exemplo da implantação de benefício previdenciário.

Caso a multa global tenha se revelado vultosa, desproporcional ao objeto principal do processo, a jurisprudência tem admitido a sua revisão na fase de execução.

Sobre o tema, o Superior Tribunal de Justiça assentou o entendimento de que a multa prevista no art. 461 do Código de Processo Civil [arts. 497 a 207, do CPC/2015] não faz coisa julgada material e pode ser revista a qualquer tempo, quando se modificar a situação em que foi cominada. Nesse sentido: AgRg no AREsp 627.474/RJ, Rel. Min. LUIS FELIPE SALOMÃO, DJe 17.4.2015, e REsp. 1.333.988/SP, Rel. Min. PAULO DE TARSO SANSEVERINO, DJe 11.4.2014.

Entende o FONAJEF que a multa derivada de descumprimento de antecipação de tutela com base nos artigos 301, 536 e 537, do CPC/2015, aplicados subsidiariamente, é passível de execução mesmo antes do trânsito em julgado da sentença (Enunciado 150).

Acredita-se que este enunciado fira a Constituição Federal, pois se sabe que a execução de quantia certa contra a Fazenda Pública exige a formação de coisa julgada, sendo descabida a execução provisória.

As pessoas jurídicas de direito público não poderão ser autoras no rito dos Juizados Especiais Federais por expressa vedação normativa (art. 8º, § 1º, da Lei 9.099/95).

Nesse sentido, dispõe o Enunciado FONAJEF 121 que os entes públicos, suas autarquias e empresas públicas não têm legitimidade ativa nos Juizados Especiais Federais.

O seu principal critério de competência é o valor da causa, fixado em até 60 salários mínimos, que tem natureza absoluta, assim considerado o valor do salário mínimo em vigor na data da propositura da ação, nos termos do enunciado 15, do FONAJEF – Fórum Nacional dos Juizados Federais.

Veja-se o texto da Lei 10.259/2001:

> "Art. 3º Compete ao Juizado Especial Federal Cível processar, conciliar e julgar causas de competência da Justiça Federal até o valor de sessenta salários mínimos, bem como executar as suas sentenças.

V – declinar, no primeiro momento que lhes couber falar nos autos, o endereço residencial ou profissional onde receberão intimações, atualizando essa informação sempre que ocorrer qualquer modificação temporária ou definitiva;

VI – não praticar inovação ilegal no estado de fato de bem ou direito litigioso.

§ 1º Nas hipóteses dos incisos IV e VI, o juiz advertirá qualquer das pessoas mencionadas no caput de que sua conduta poderá ser punida como ato atentatório à dignidade da justiça.

§ 2º A violação ao disposto nos incisos IV e VI constitui ato atentatório à dignidade da justiça, devendo o juiz, sem prejuízo das sanções criminais, civis e processuais cabíveis, aplicar ao responsável multa de até vinte por cento do valor da causa, de acordo com a gravidade da conduta.

§ 3º Não sendo paga no prazo a ser fixado pelo juiz, a multa prevista no § 2º será inscrita como dívida ativa da União ou do Estado após o trânsito em julgado da decisão que a fixou, e sua execução observará o procedimento da execução fiscal, revertendo-se aos fundos previstos no art. 97.

§ 4º A multa estabelecida no § 2º poderá ser fixada independentemente da incidência das previstas nos arts. 523, § 1º, e 536, § 1º.

§ 5º Quando o valor da causa for irrisório ou inestimável, a multa prevista no § 2º poderá ser fixada em até 10 (dez) vezes o valor do salário-mínimo.

(...)

§ 3º No foro onde estiver instalada Vara do Juizado Especial, a sua competência é absoluta".

Trata-se de critério discutível, pois se o segurado deseja optar pelo rito comum deveria ter este direito, pois lá há mais segurança jurídica, embora a tramitação seja mais demorada, em tese.

Na prática previdenciária os advogados vêm postulando pedido de moral para superar o valor de sessenta salários mínimos a fim de tramitar a ação na vara federal que opera pelo rito comum.

Ademais, onde não houver Vara Federal, a causa poderá ser proposta no Juizado Especial Federal mais próximo do foro do segurado, vedada a aplicação da Lei 10.259/2001 no juízo estadual.

Outrossim, não serão remetidas aos Juizados Especiais as demandas ajuizadas até a data de sua instalação.

Desta forma, o segurado ou dependente domiciliado em sede de município que não possuir vara do JEF instalada poderá ajuizar a ação na Vara do JEF mais próxima, considerando a composição territorial da Seção Judiciária (Varas da capital do estado) ou das Subseções Judiciárias (interior do estado).

Outra solução é ajuizar a ação não acidentária na vara estadual, que estará investida de jurisdição federal, nos termos do artigo 109, §§ 3º e 4º da Constituição Federal.

Assim, um segurado residente em Senhor do Bonfim poderá ajuizar ação previdenciária não decorrente de acidente de trabalho no JEF da Subseção Judiciária de Campo Formoso ou na vara estadual de Senhor do Bonfim, que ficará investida de jurisdição federal.

De seu turno, existe forte controvérsia se a **Súmula 689, do STF** ("o segurado pode ajuizar ação contra a instituição previdenciária perante o juízo federal do seu domicílio ou nas varas federais da Capital do Estado-Membro") se aplica ao JEF ou não.

A polêmica decorre do fato de que os precedentes da Súmula STF 683 decorreram de ações que tramitaram pelo rito comum e são anteriores ao advento da Lei 10.259/2001, que prevê a natureza absoluta da competência do JEF.

Como se trata de questão de natureza processual, descabe uniformização pela TNU, que se limita a uniformizar questões de direito material, cabendo ao STF debater novamente o tema e fixar a tese no âmbito dos Juizados Especiais Federais.

Quando o valor da causa for superior a 60 salários mínimos, os Juizados Federais serão absolutamente incompetentes para o julgamento do feito. Se pretender ver o seu processo tramitando nesse rito, deverá o autor renunciar expressamente ao excedente ao valor da alçada, sob pena de extinção do processo, sem o julgamento do mérito, a teor do artigo 51, III, da Lei 9.099/95[43].

Com propriedade, de acordo com a **Súmula 17, da TNU**, "não há renúncia tácita no Juizado Especial Federal, para fins de competência", bem como "não cabe renúncia sobre parcelas vincendas para fins de fixação de competência nos Juizados Especiais Federais", nos moldes do enunciado 17, do FONAJEF.

Isso porque a renúncia é ato de disposição patrimonial, não podendo ser presumida, exigindo, ainda, poderes especiais do advogado para ser validamente realizada. Por unanimidade, no rito dos recursos repetitivos (Tema 1.030, de 28/10/2020), os ministros da 1ª Seção do STJ firmaram a seguinte tese: "Ao autor que deseje litigar no âmbito de juizado especial federal cível, é lícito renunciar, de modo expresso e para fins de atribuição de valor à causa, ao montante que exceda

43. Enunciado FONAJEF 24 – Reconhecida a incompetência do JEF é cabível a extinção do processo, sem julgamento de mérito, nos termos do art. 1º da Lei n. 10.259/2001 e do art. 51, III, da Lei n. 9.099/95.

os 60 salários mínimos previstos no artigo 3º, caput, da Lei 10.259/2001, aí incluídas, sendo o caso, as prestações vincendas". A novidade, a meu ver, foi a admissão da renúncia das parcelas vincendas, até então não admitida no rito do JEF.

Na hipótese de benefícios previdenciários, em que normalmente são postuladas parcelas vencidas e vincendas por tempo indeterminado, o valor da causa deverá ser calculado de acordo com o artigo 260, do antigo CPC, sendo somadas as parcelas vencidas com doze vincendas.

A mesma sistemática foi conservada no novo CPC (Lei 13.105/2015), ao aduzir no artigo 292 que quando se pedirem prestações vencidas e vincendas, considerar-se-á o valor de umas e outras, sendo que o valor das prestações vincendas será igual a uma prestação anual, se a obrigação for por tempo indeterminado ou por tempo superior a 1 (um) ano, e, se por tempo inferior, será igual à soma das prestações.

Eis o posicionamento da TNU e do FONAJEF:

> "PEDIDO DE UNIFORMIZAÇÃO DE INTERPRETAÇÃO DE LEI FEDERAL. PREVIDENCIÁRIO. JUIZADO ESPECIAL FEDERAL. VALOR DA CAUSA ABRANGE AS PARCELAS VENCIDAS SOMADAS A DOZE PARCELAS VINCENDAS NA DATA DO AJUIZAMENTO DA AÇÃO. ACÓRDÃO RECORRIDO EM CONFORMIDADE COM A JURISPRUDÊNCIA DA TNU. QUESTÃO DE ORDEM 13. INCIDENTE NÃO CONHECIDO" (TNU, processo 0018864-70.2013.4.01.3200, de 24/11/2016).
>
> **Enunciado 123 FONAJEF** – "O critério de fixação do valor da causa necessariamente deve ser aquele especificado no artigo 292, §§ 1º e 2º, do CPC/2015, pois este é o elemento que delimita as competências dos JEFs e das Varas (a exemplo do que foi feito pelo art. 2º, § 2º, da Lei 12.153/09)"

De acordo com o Enunciado 20 do FONAJEF, "não se admite, para firmar competência dos juizados especiais federais, o fracionamento de parcelas vencidas, ou de vencidas e vincendas, decorrentes da mesma relação jurídica material" (Revisado no XIII FONAJEF).

Nos termos da TNU, "a renúncia apresentada para definição de competência dos Juizados Especiais Federais, ressalvada manifestação expressa da parte autora, somente abrange o valor excedente a 60 salários mínimos, considerando-se as parcelas vencidas somadas a doze parcelas vincendas na data do ajuizamento da ação – e não na data da sentença" (processo 0007984-43.2005.4.03.6304, de 14/4/2016).

De acordo com o Superior Tribunal de Justiça, no julgamento do AgRg no REsp 1.209.914, de 03/02/2011, "nos casos de litisconsórcio ativo, o valor da causa para fixação da competência é calculado dividindo-se o valor total pelo número de litisconsorte".

Existem situações em que o segurado ou o seu dependente não deseja tramitar o seu processo sob o rito do JEF, haja vista a busca por uma produção de prova mais aprofundada, abrindo mão da celeridade e economicidade em nome da segurança jurídica.

Neste caso, considerando que a competência do JEF pelo valor da causa possui natureza absoluta, o instrumento que vem sendo utilizado para fugir dos Juizados é o pedido de dano moral contra o INSS, a fim de fazer elevar o valor da causa para além de 60 salários mínimos.

Nos termos do Enunciado 114 do FONAJEF, "havendo cumulação de pedidos, é ônus da parte autora a identificação expressa do valor pretendido a título de indenização por danos morais, a ser considerado no valor da causa para fins de definição da competência dos Juizados Especiais Federais".

Na desaposentação, o valor da causa deve considerar a diferença mensal entre a aposentadoria renuncianda e a renda da nova aposentadoria, calculando valores vencidos, se houver prévio requerimento administrativo, somando às prestações vincendas referentes a um ano após o ajuizamento da demanda.

Assim, se a aposentadoria a renunciar possui renda mensal de R$ 2.000,00 e a nova terá renda mensal de R$ 3.000,00, o proveito econômico mensal será de R$ 1.000,00, sendo o valor da causa de R$ 13.000,00 (já considerando o abono anual), caso inexistam atrasados por falta de requerimento administrativo.

Este, inclusive, é o entendimento do STJ (REsp 1.522.102, de 15/9/2015):

> "PROCESSUAL CIVIL E PREVIDENCIÁRIO. RECURSO ESPECIAL. DESAPOSENTAÇÃO. VALOR DA CAUSA. ARTIGO 260 DO CPC. PROVEITO ECONÔMICO. DIFERENÇA APURADA ENTRE A APOSENTADORIA RENUNCIADA E A NOVA APOSENTADORIA A SER DEFERIDA. RECURSO ESPECIAL CONHECIDO E PROVIDO.
>
> 1. A questão recursal gira em torno do conceito jurídico de proveito econômico para fins de valor da causa relativa à ação previdenciária de desaposentação, e, por conseguinte, delimitação da competência, se do juizado especial federal ou do juízo da vara federal, nos moldes do artigo 260 do CPC.
>
> 2. O Tribunal a quo entendeu que, tratando-se de pedido de desaposentação, o proveito econômico corresponde à soma das parcelas vincendas da nova aposentadoria a ser deferida, concluindo pela competência da vara federal.
>
> 3. A desaposentação, técnica protetiva previdenciária, é a renúncia a uma modalidade de aposentadoria, já implementada, para aproveitamento do respectivo tempo de serviço ou de contribuição, com cômputo do tempo posterior à jubilação, para obtenção de nova e melhor aposentadoria.
>
> 4. Para a jurisprudência do STJ o proveito econômico corresponde à expressão monetária do pedido, o valor da causa deve refletir o proveito econômico pretendido pela parte ao propor a ação.
>
> **5. Nos casos de desaposentação, o proveito econômico da causa é a diferença entre a aposentadoria objeto de renúncia e a nova pleiteada".**

Independentemente do valor, também não terão os Juizados Federais competência para julgar as causas arroladas no artigo 3º, § 1º, da Lei 10.259/2001.

> "§ 1º Não se incluem na competência do Juizado Especial Cível as causas:
>
> I – referidas no art. 109, incisos II, III e XI, da Constituição Federal, as ações de mandado de segurança, de desapropriação, de divisão e demarcação, populares, execuções fiscais e por improbidade administrativa e as demandas sobre direitos ou interesses difusos, coletivos ou individuais homogêneos;
>
> II – sobre bens imóveis da União, autarquias e fundações públicas federais;
>
> III – para a anulação ou cancelamento de ato administrativo federal, salvo o de natureza previdenciária e o de lançamento fiscal;
>
> IV – que tenham como objeto a impugnação da pena de demissão imposta a servidores públicos civis ou de sanções disciplinares aplicadas a militares".

Destaque-se que o mandado de segurança não irá deflagrar demanda no JEF, mesmo que o valor da causa seja de até 60 salários mínimos, devendo ser interposto na Vara que opera pelo rito comum, pois, como será visto, somente se admite neste rito o *mandamus* como sucedâneo recursal.

Nos termos do artigo 14, da Lei 9.099/95, compatível com o rito do JEF, o processo instaurar-se-á com a apresentação do pedido, escrito ou oral, à Secretaria do Juizado, sendo que do pedido constarão, de forma simples e em linguagem acessível:

> I – o nome, a qualificação e o endereço das partes;

II – os fatos e os fundamentos, de forma sucinta;

III – o objeto e seu valor.

Ademais, é lícito formular pedido genérico quando não for possível determinar, desde logo, a extensão da obrigação, sendo o pedido oral reduzido a escrito pela Secretaria do Juizado, podendo ser utilizado o sistema de fichas ou formulários impressos.

O segurado ou o seu dependente poderá ajuizar a ação através de advogado particular constituído, da Defensoria Pública da União ou por atermação promovida por servidor do próprio Poder Judiciário, vez que a assistência por advogado é facultativa no rito do JEF em 1º grau.

É raro que uma petição inicial seja pronunciada inepta no rito dos Juizados Especiais Federais, mas, em determinadas situações extremas, especialmente quando a parte estiver representada por advogado, poderá o juiz avaliar o preenchimento dos requisitos mínimos.

Nesse sentido, o enunciado 130 do FONAJEF:

> Enunciado FONAJEF 130 – "O estabelecimento pelo Juízo de critérios e exigências para análise da petição inicial, visando a evitar o trâmite de ações temerárias, não constitui restrição do acesso aos JEFs".

É requisito de admissibilidade da petição inicial a indicação precisa dos períodos e locais de efetivo exercício de atividade rural que se pretende reconhecer, sob pena de indeferimento, a teor do **Enunciado 186, do FONAJEF**.

Vale registrar que, além dos casos de segredo de justiça e de sigilo judicial, os documentos digitalizados em processo eletrônico somente serão disponibilizados aos sujeitos processuais, vedado o acesso à consulta pública fora da secretaria do juizado, nos termos do Enunciado 119 do FONAJEF.

Nos termos do artigo 11, da Lei 10.259/2001, a entidade pública ré deverá fornecer ao Juizado a documentação de que disponha para o esclarecimento da causa, apresentando-a até a instalação da audiência de conciliação.

Todavia, o disposto no art. 11 da lei 10.259/2001, não desobriga a parte autora de instruir seu pedido com a documentação que lhe seja acessível junto às entidades públicas rés (Enunciado FONAJEF 113), assim como o dever processual, previsto no art. 11 da Lei 10.259/2001, não implica automaticamente a inversão do ônus da prova.

Cabe ao autor, de logo, apresentar todos os documentos pertinentes para que o juiz avalie o recebimento da petição inicial, tais como a carta de indeferimento do benefício, exames médicos (ações que versem sobre benefícios por incapacidade), perfil profissiográfico previdenciário (ações sobre tempo especial), documentos contemporâneos de atividade rural/pesqueira (ações do segurado especial) e documentos para atestar a prova da união estável (ações para concessão de pensão por morte ou auxílio-reclusão aos companheiros).

Ademais, especialmente quando representado por advogado ou defensor público, cabe ao autor apresentar planilha demonstrando que o valor da causa não supera a sessenta salários mínimos, para fins de verificação do valor de alçada para a competência absoluta do JEF (até sessenta salários mínimos).

Embora inexista previsão legal expressa, é prevalente que no procedimento do JEF a parte autora poderá desistir da ação antes da prolação de sentença e sem a necessidade de aquiescência do INSS, mesmo que o feito já esteja contestado:

"TERMO Nr: 9301003574/2016 PROCESSO Nr: 0000923-86.2015.4.03.6335 AUTUADO EM 20/07/2015. ASSUNTO: 040101 – APOSENTADORIA POR INVALIDEZ (ART.42/7) CLASSE: 16 – RECURSO INOMINADO. RECTE: INSTITUTO NACIONAL DO SEGURO SOCIAL – I.N.S.S. (PREVID). ADVOGADO(A)/DEFENSOR(A) PÚBLICO(A): SP999999 – SEM ADVOGADO. RECDO: PEDRO PAULO DE SOUZA MENEZES. ADVOGADO(A): SP250484 – MARCO ANTÔNIO BARBOSA DE OLIVEIRA. DISTRIBUIÇÃO POR SORTEIO EM 24/11/2015 14:54:41 VOTO-EMENTA 1. Trata-se de recurso interposto pelo Instituto Nacional da Seguridade Social – INSS de sentença que extinguiu o feito sem julgamento do mérito, nos termos do art. 267, III, do Código de Processo Civil, tendo em vista pedido de desistência promovido pelo autor. 2. Embora o art. 267, parágrafo 4º, do Código de Processo Civil, preveja que, depois de decorrido o prazo para resposta e, obviamente, quando respondida a demanda, o autor não poderá, sem o consentimento do réu, desistir da ação, entendo que essa norma não se aplica aos procedimentos diferenciados dos Juizados Especiais. **Nesse sentido, a propósito, é o enunciado da Súmula nº 1 da Turma Regional de Uniformização do JEF (v.g. "A homologação do pedido de desistência da ação independe da anuência do réu."), mostrando-se dispensáveis maiores considerações a respeito;** 3. Mantida sentença de primeiro grau pelos seus próprios fundamentos, nos termos do art. 46, da Lei 9.099/95, e NEGO PROVIMENTO AO RECURSO; 4. Condeno a parte ré ao pagamento de honorários advocatícios, que fixo, por equidade, em R$ 500,00 (quinhentos reais), tendo em vista que a Fazenda Pública foi vencida em grande parte das suas alegações, bem como por não ter natureza complexa a presente causa, nos termos do art. 20, § 4º do Código de Processo Civil e art. 55 da Lei 9099/95.5. É o voto. ACÓRDÃO Visto, relatado e discutido este processo, em que são partes as acima indicadas, decide a Sétima Turma Recursal do Juizado Especial Federal da 3ª Região Seção Judiciária do Estado de São Paulo, por unanimidade, negar provimento ao recurso, nos termos do voto do Relator. Participaram do julgamento o(a)s Sr(a)s. Juíze(a)s Federais: Jairo da Silva Pinto, Douglas Camarinha Gonzales e Roberto Santoro Facchini. São Paulo, 26 de janeiro de 2015 (data do julgamento)". **(3ª Turma Recursal de São Paulo, processo 00009238620154036335, de 27/1/2016).**

Vale ressaltar que o CPC/2015, tal qual fazia o CPC/1973, exige a aquiescência da parte ré para a desistência da ação, quando já estabilizada subjetivamente a demanda.

Estende-se que quando a demanda já estiver instruída, é descabida a desistência da ação, salvo quando o INSS aquiescer, pois pode ser uma tentativa ilícita de fuga de uma sentença de improcedência, a exemplo da desistência de ação após a realização de perícia medica desfavorável ao autor.

Nos termos da **Resolução CJF 305/2014**, que dispõe sobre o cadastro e a nomeação de profissionais e o pagamento de honorários a advogados dativos, curadores, peritos, tradutores e intérpretes, em casos de assistência judiciária gratuita, no âmbito da Justiça Federal e da jurisdição federal delegada e dá outras providências, gozarão dos benefícios da assistência judiciária gratuita os brasileiros e estrangeiros residentes no País, em estado de pobreza, que necessitem de representação processual em processo ou procedimento, cível ou criminal, em tramitação na Justiça Federal ou juízo estadual no exercício de jurisdição federal delegada.

Considera-se em estado de pobreza aquele que se encontra em situação econômica que não lhe permita pagar as custas do processo e os honorários de advogado, sem prejuízo do sustento próprio ou da família, sendo comprovado mediante declaração subscrita pelo interessado ou por procurador com poder especial para sua realização, podendo constar na própria petição inicial.

Ademais, **a assistência judiciária gratuita** é **integral**, compreendendo a isenção do pagamento de custas, despesas processuais, emolumentos, honorários de peritos e advogados e depósitos previstos em lei para interposição de recurso, ajuizamento de ação e demais atos processuais inerentes ao exercício da ampla defesa e do contraditório.

Por seu turno, considera-se beneficiário da assistência judiciária gratuita, independentemente de decisão judicial, quem é representado pela Defensoria Pública em processo ou procedimento cível, salvo se na condição de curatelado especial, pois, neste caso, a pessoa representada pela Defensoria Pública somente fará jus à assistência judiciária gratuita se cumpridos os requisitos do estado de pobreza.

De acordo com o **Enunciado FONAJEF 38**, a qualquer momento poderá ser feito o exame de pedido de gratuidade com os critérios dos artigos 98 e seguintes do CPC/2015. Presume-se necessitada a parte que perceber renda até o valor do limite de isenção do imposto de renda.

Poderão ser réus no JEF a União, suas autarquias e fundações, bem como as empresas públicas federais. Sendo o Instituto Nacional do Seguro Social (INSS) uma autarquia federal, poderá figurar como parte ré no JEF.

O artigo 10 da Lei 10.259/2001 prevê que "as partes poderão designar, por escrito, representantes para a causa, advogado ou não", sendo, portanto, permitida a utilização de prepostos em audiência nos Juizados Especiais Federais.

A situação ideal é que o INSS seja representado por seu procurador legal natural que é o Procurador Federal, membro da Procuradoria-Geral Federal, órgão da Advocacia-Geral da União. No entanto, diante dos milhões de processos previdenciários em curso na Justiça Federal e dos estados, nem sempre haverá um Procurador Federal em cada localidade com disponibilidade, especialmente para a participação em audiências.

Nestes casos é possível a nomeação de preposto servidor do INSS, preferindo-se os formados em Direito. Sua utilização, entretanto, deve ser excepcional, justificada pela realidade da unidade local e, restrita às audiências de conciliação.

Com base no artigo 7º da Lei 10.259/2001, as citações e intimações da União serão feitas na forma prevista nos artigos 35 a 38 da Lei Complementar nº 73, de 10 de fevereiro de 1993.

Já a citação das autarquias, fundações e empresas públicas será feita na pessoa do representante máximo da entidade, no local onde proposta a causa, quando ali instalado seu escritório ou representação; se não, na sede da entidade.

O INSS será representado judicialmente pela Procuradoria-Geral Federal, órgão da Advocacia-Geral da União, através dos Procuradores Federais lotados nas Procuradorias Regionais Federais (onde houver tribunais federais), nas Procuradorias Federais (capitais onde não há sede de tribunal regional federal) e nas Procuradorias Seccionais (interior dos estados).

Nos termos do artigo 9º, da Lei 10.259/2001, **deve a citação para audiência de conciliação ser efetuada com antecedência mínima de trinta dias**. Nas demandas em que não há audiência vem se aplicando o prazo de 30 dias para a contestação por analogia à citada regra.

Desta forma, não é possível a realização de audiência em prazo inferior a 30 dias da data da efetivação da citação do INSS.

Ademais, pontifica o artigo 18 da Lei 9.099/95 que a citação far-se-á:

> I – por correspondência, com aviso de recebimento em mão própria;
>
> II – tratando-se de pessoa jurídica ou firma individual, mediante entrega ao encarregado da recepção, que será obrigatoriamente identificado;
>
> III – sendo necessário, por oficial de justiça, independentemente de mandado ou carta precatória.

Não será possível a citação por edital no Juizado Especial Federal, ante a expressa vedação do artigo 18, § 2º, da Lei 9.099/95, razão pela qual se a citação por Correios ou por Oficial de Justiça não for possível, a exemplo do desconhecimento do endereço do pensionista corréu, deverá o processo ser remetido à Vara que opera pelo rito comum, mesmo que a causa tenha valor de até sessenta salários mínimos.

Neste sentido, veja-se o STJ:

> "PROCESSUAL CIVIL. CONFLITO NEGATIVO. AÇÃO DECLARATÓRIA DE AUSÊNCIA. PERCEPÇÃO DE BENEFÍCIO PREVIDENCIÁRIO. CITAÇÃO POR EDITAL. RITO DA LEI N. 9.099/1995. INCOMPATIBILIDADE. COMPETÊNCIA DA JUSTIÇA COMUM FEDERAL. I. **A ação declaratória de ausência, em que a citação somente pode ocorrer pela via editalícia, não é compatível com o rito da Lei n. 9.099/1995, art. 18, § 2º, que não admite seu uso, aplicável à espécie por força do art. 1º da Lei n. 10.259/2001.** II. Conflito conhecido, para declarar competente o Juízo Federal da 1ª Vara de São Gonçalo, RJ, o suscitado" (CC 47936, de 8/11/2006).

Nos moldes do Enunciado 2, do FONAJEF, nos casos de julgamentos de procedência de matérias repetitivas, é recomendável a utilização de contestações depositadas na Secretaria, a fim de possibilitar a imediata prolação de sentença de mérito (Aprovado no II FONAJEF).

Na atualidade – salvo onde o processo judicial ainda não é eletrônico – como nas Varas Federais da 1ª Região, que adora o processo eletrônico nas varas das capitais, a citação tem se perpetrado pelo sistema eletrônico (sistema E-Cint na 1ª Região).

A contestação, que será oral ou escrita, conterá toda matéria de defesa, exceto arguição de suspeição ou impedimento do Juiz, que se processará na forma da legislação em vigor.

Nos termos do artigo 146 do CPC/2015, no prazo de quinze dias, a contar do conhecimento do fato, a parte alegará o impedimento[44] ou a suspeição[45], em petição específica dirigida ao juiz

---

44. Art. 144. Há impedimento do juiz, sendo-lhe vedado exercer suas funções no processo:

    I – em que interveio como mandatário da parte, oficiou como perito, funcionou como membro do Ministério Público ou prestou depoimento como testemunha;

    II – de que conheceu em outro grau de jurisdição, tendo proferido decisão;

    III – quando nele estiver postulando, como defensor público, advogado ou membro do Ministério Público, seu cônjuge ou companheiro, ou qualquer parente, consanguíneo ou afim, em linha reta ou colateral, até o terceiro grau, inclusive;

    IV – quando for parte no processo ele próprio, seu cônjuge ou companheiro, ou parente, consanguíneo ou afim, em linha reta ou colateral, até o terceiro grau, inclusive;

    V – quando for sócio ou membro de direção ou de administração de pessoa jurídica parte no processo;

    VI – quando for herdeiro presuntivo, donatário ou empregador de qualquer das partes;

    VII – em que figure como parte instituição de ensino com a qual tenha relação de emprego ou decorrente de contrato de prestação de serviços;

    VIII – em que figure como parte cliente do escritório de advocacia de seu cônjuge, companheiro ou parente, consanguíneo ou afim, em linha reta ou colateral, até o terceiro grau, inclusive, mesmo que patrocinado por advogado de outro escritório;

    IX – quando promover ação contra a parte ou seu advogado.

45. Art. 145. Há suspeição do juiz:

    I – amigo íntimo ou inimigo de qualquer das partes ou de seus advogados;

    II – que receber presentes de pessoas que tiverem interesse na causa antes ou depois de iniciado o processo, que aconselhar alguma das partes acerca do objeto da causa ou que subministrar meios para atender às despesas do litígio;

do processo, na qual indicará o fundamento da recusa, podendo instruí-la com documentos em que se fundar a alegação e com rol de testemunhas.

Acaso reconheça o impedimento ou a suspeição ao receber a petição, o juiz ordenará imediatamente a remessa dos autos a seu substituto legal, caso contrário, determinará a autuação em apartado da petição e, no prazo de quinze dias, apresentará suas razões, acompanhadas de documentos e de rol de testemunhas, se houver, ordenando a remessa do incidente ao tribunal.

No rito dos Juizados Federais, em favor do Poder Público, **não haverá prazos diferenciados nem reexame necessário das decisões proferidas contra as pessoas jurídicas de direito público.**

Desta forma, o trânsito em julgado não estará sujeito à devolução da matéria à Turma Recursal, existindo apenas o recurso voluntário por parte da autarquia previdenciária.

As partes serão intimadas da sentença, quando não proferida esta na audiência em que estiver presente seu representante, por aviso de recebimento em mão própria.

As demais intimações das partes serão feitas na pessoa dos advogados ou dos procuradores que oficiem nos respectivos autos, pessoalmente ou por via postal.

Vale registrar que já existe a possibilidade de intimações via Whatsapp no rito dos Juizados Especiais Federais, tendo o FONAJEF editado em 2017 enunciados sobre o tema:

> **Enunciado 193** – Para a validade das intimações por Whatsapp ou congêneres, caso não haja prévia anuência da parte ou advogado, faz-se necessário certificar nos autos a visualização da mensagem pelo destinatário, sendo suficiente o recibo de leitura, ou recebimento de resposta à mensagem enviada.
>
> **Enunciado 194** – Existindo prévio termo de adesão, a intimação por Whatsapp ou congênere é válida independentemente de visualização da mensagem pelo destinatário ou resposta à mensagem enviada, bastando certificação de envio nos autos.
>
> **Enunciado 195** – Existindo prévio termo de adesão, o prazo da intimação por Whatsapp ou congênere conta-se do envio da mensagem, cuja data deve ser certificada nos autos; em não havendo prévio termo de adesão, o termo inicial corresponde à data da leitura da mensagem ou do recebimento da resposta, que deve ser certificada nos autos.
>
> **Enunciado 196** – Existindo prévio termo de adesão à intimação por Whatsapp ou congêneres, cabe à parte comunicar eventuais mudanças de número de telefone, sob pena de se considerarem válidas as intimações enviadas para o número constante dos autos.
>
> **Enunciado 197** – O termo de adesão a intimação por Whatsapp ou congêneres subscrito pela parte ou seu advogado pode ser geral, para todos os processos em tramitação no Juízo, que será arquivado em Secretaria.

Os tribunais poderão organizar serviço de intimação das partes e de recepção de petições por meio eletrônico, sendo comum na Justiça Federal o manejo do processo eletrônico.

No entanto, nem mesmo a intimação pessoal dos Procuradores Federais vem se aplicando ao rito do JEF, embora garantida pela Lei 10.910/2004.

De acordo com o STF, "o espírito da Lei nº 10.259/01, que rege o procedimento dos Juizados Especiais Federais, é inequivocamente o de afastar a incidência de normas que alber-

---

III – quando qualquer das partes for sua credora ou devedora, de seu cônjuge ou companheiro ou de parentes destes, em linha reta até o terceiro grau, inclusive;

IV – interessado no julgamento do processo em favor de qualquer das partes.

guem prerrogativas processuais para a Fazenda Pública, máxime em razão do que dispõe o seu art. 9º, *verbis*: 'Não haverá prazo diferenciado para a prática de qualquer ato processual pelas pessoas jurídicas de direito público, inclusive a interposição de recursos'. **Não se aplica aos Juizados Especiais Federais a prerrogativa de intimação pessoal dos ocupantes de cargo de Procurador Federal**, prevista no art. 17 da Lei nº 10.910/2004, na medida em que neste rito especial, ante a simplicidade das causas nele julgadas, particular e Fazenda Pública apresentam semelhante, se não idêntica, dificuldade para o adequado exercício do direito de informação dos atos do processo, de modo que não se revela razoável a incidência de norma que restringe a paridade de armas, além de comprometer a informalidade e a celeridade do procedimento" (ARE N. 648.629-RJ).

Em razão da celeridade do procedimento, não será cabível a intervenção de terceiros ou a assistência, a teor do enunciado 14, do FONAJEF.

Isso porque prevê o artigo 10 da Lei 9.099/95 que não se admitirá, no processo, qualquer forma de intervenção de terceiro nem de assistência, salvo o litisconsórcio.

Com o advento do CPC/2015, vem se entendendo de modo prevalente que a nova sistemática dos **prazos processuais contados em dias** úteis **se estendeu ao rito do JEF**, tanto que a Portaria CJF 393/2016, de 19/4/2016, previu que "na contagem de prazo em dias, computar-se-ão somente os dias úteis" (art. 6º-A).

No mesmo sentido o FONAJEF:

> **Enunciado nº 175** – Por falta de previsão legal específica nas leis que tratam dos juizados especiais, aplica-se, nestes, a previsão da contagem dos prazos em dias úteis (CPC/2015, art. 219) (Aprovado no XIII FONAJEF).

Para espancar qualquer dúvida a respeito, coube à Lei 13.728/2018 inserir na Lei 9.099/95 o artigo 12-A:

> "Art. 12-A. Na contagem de prazo em dias, estabelecido por lei ou pelo juiz, para a prática de qualquer ato processual, inclusive para a interposição de recursos, **computar-se-ão somente os dias úteis**."

Prevê o artigo 28 da Lei 9.099/95 que na audiência de instrução e julgamento serão ouvidas as partes, colhida a prova e, em seguida, proferida a sentença, sendo decididos de plano todos os incidentes que possam interferir no regular prosseguimento da audiência.

Já as demais questões serão decididas na sentença. Sobre os documentos apresentados por uma das partes, manifestar-se-á imediatamente a parte contrária, sem interrupção da audiência.

Ademais, as testemunhas, **até o máximo de três para cada parte**, comparecerão à audiência de instrução e julgamento levadas pela parte que as tenha arrolado, independentemente de intimação, ou mediante esta, se assim for requerido.

O requerimento para intimação das testemunhas será apresentado à Secretaria no mínimo cinco dias antes da audiência de instrução e julgamento e, não comparecendo a testemunha intimada, o Juiz poderá determinar sua imediata condução, valendo-se, se necessário, do concurso da força pública.

Por outro lado, a teor do Enunciado 180, do FONAJEF, o intervalo entre audiências de instrução (CPC/2015, art. 357, § 9º) é incompatível com o procedimento sumaríssimo (CF, art. 98, I) e com os critérios de celeridade, informalidade, simplicidade e economia processual dos juizados (Lei 9.099/1995, art. 2º).

A audiência poderá ser designada já na distribuição do processo ou posteriormente pelo juiz, acaso necessária à produção do meio de prova testemunhal.

O maior volume de audiências no JEF se verifica para a prova da condição de segurado especial ou para a demonstração da existência de união estável para fins de pensão por morte.

Na prática previdenciária têm sido designadas audiências unas no JEF, pois normalmente a conciliação somente se torna possível após a colheita da prova testemunhal, salvo em situações em que o Procurador Federal, de logo, constata erro de direito na interpretação administrativa do INSS, quando já pode propor a conciliação no início da audiência.

Vale ressaltar que os representantes judiciais da União, autarquias, fundações e empresas públicas federais, ficam autorizados a **conciliar, transigir ou desistir**, nos processos da competência dos Juizados Especiais Federais, com base no artigo 10, da Lei 10.259/2001.

No âmbito da Advocacia-Geral da União, o tema foi regulamentado pela **Portaria 109/2007**, especialmente em seu artigo 3º:

> "Art. 3º A transação ou a não interposição ou desistência de recurso poderá ocorrer quando:
>
> I – houver erro administrativo reconhecido pela autoridade competente ou, quando verificável pela simples análise das provas e dos documentos que instruem a ação, pelo advogado ou procurador que atua no feito, mediante motivação adequada; e
>
> II – inexistir controvérsia quanto ao fato e ao direito aplicado".

Logo, quando o Procurador Federal representante do INSS verificar, de maneira indubitável, após a análise processual, a falha administrativa da autarquia federal, poderá propor conciliação ou não interpor recurso contra a decisão.

Há, ainda, a **Portaria AGU 488/2016**, que autorizou os Procuradores Federais a reconhecer a procedência do pedido, a abster-se de contestar e de recorrer e a desistir dos recursos já interpostos quando a pretensão deduzida ou a decisão judicial estiver de acordo com:

> I – súmula da Advocacia-Geral da União ou parecer aprovado nos termos dos artigos 40 ou 41 da Lei Complementar nº 73, de 10 de fevereiro de 1993;
>
> II – súmula vinculante do Supremo Tribunal Federal;
>
> III – acórdão transitado em julgado, proferido em sede de controle concentrado de constitucionalidade;
>
> IV – acórdão transitado em julgado, proferido em sede de recurso extraordinário representativo de controvérsia, processado nos termos do artigo 1.036 do CPC;
>
> V – acórdão transitado em julgado, proferido pelo Supremo Tribunal Federal em sede de recurso extraordinário em incidente de resolução de demandas repetitivas, processado nos termos do artigo 987 do CPC;
>
> VI – acórdão transitado em julgado, proferido pelo Supremo Tribunal Federal em sede de incidente de assunção de competência, processado nos termos do artigo 947 do CPC;
>
> VII – acórdão transitado em julgado, proferido pelo plenário do Supremo Tribunal Federal ou súmula do Supremo Tribunal Federal;
>
> VIII – parecer aprovado pelo Advogado-Geral da União e não submetido ao Presidente da República nos termos do art. 40 ou 41 da Lei Complementar nº 73, de 1993; ou
>
> IX – parecer aprovado pelo Procurador-Geral Federal.

Outrossim, a Procuradoria-Geral Federal poderá orientar os Procuradores Federais a reconhecer a procedência do pedido, a abster-se de contestar e de recorrer e a desistir dos recursos já interpostos, quando a pretensão deduzida ou a decisão judicial estiver de acordo com:

> I – acórdão transitado em julgado proferido pelo Superior Tribunal de Justiça em sede de recurso especial representativo de controvérsia, processado nos termos do artigo 1.036 do CPC;
>
> II – acórdão transitado em julgado, proferido pelo Superior Tribunal de Justiça em sede de recurso especial em incidente de resolução de demandas repetitivas, processado nos termos do artigo 987 do CPC;
>
> III – acórdão transitado em julgado, proferido pelo Superior Tribunal de Justiça em sede de incidente de assunção de competência, processado nos termos do artigo 947 do CPC;
>
> IV – súmula ou acórdão transitado em julgado, proferido pela Corte Especial do Superior Tribunal de Justiça ou pela Seção do Superior Tribunal de Justiça regimentalmente competente para analisar a matéria;
>
> V – acórdão transitado em julgado, proferido pelo Tribunal Superior do Trabalho em sede de recurso de revista representativo de controvérsia, processado nos termos do art. 896-C da Consolidação das Leis do Trabalho (CLT);
>
> VI – acórdão transitado em julgado, proferido pelo Tribunal Superior do Trabalho em sede de recurso de revista em incidente de resolução de demandas repetitivas, processado nos termos do artigo 987 do CPC, conforme o artigo 8º da Instrução Normativa nº 39/2016, aprovada pela Resolução nº 203, de 15 de março de 2016, do Pleno do TST;
>
> VII – acórdão transitado em julgado, proferido pelo Tribunal Superior do Trabalho em sede de incidente de assunção de competência, processado nos termos do artigo 947 do CPC, conforme o artigo 3º, XXV, da Instrução Normativa nº 39/2016, aprovada pela Resolução nº 203, de 15 de março de 2016, do Pleno do Tribunal Superior do Trabalho;
>
> VIII – acórdão transitado em julgado proferido pelo Pleno e súmula do Tribunal Superior do Trabalho, caso a controvérsia sobre matéria infraconstitucional seja atual;
>
> IX – acórdão transitado em julgado, proferido pela Turma Nacional de Uniformização dos Juizados Especiais Federais em sede de incidente repetitivo, processado nos termos do art. 16, VII, a, do Regimento Interno da Turma Nacional de Uniformização, aprovado pela Resolução nº 586/2019 – CJF, de 30 de setembro de 2019, nos processos que tramitam nos Juizados Especiais Federais.

Os Procuradores Federais poderão abster-se de interpor e a desistir de recurso interposto, em casos específicos e concretos, desde que demonstrado, conjunta ou isoladamente, o prejuízo à estratégia recursal definida pela Procuradoria-Geral Federal para a tese discutida ou que o valor em discussão não compensa o custo da tramitação do processo ou que a condenação da entidade representada pode ser substancialmente majorada em razão da sucumbência recursal prevista no art. 85, §§ 1º e 11 do CPC.

A caracterização das hipóteses previstas não afasta o dever de recorrer e manter a irresignação recursal quando o objeto da demanda tenha potencial para gerar relevante multiplicação de processos judiciais idênticos ou semelhantes que prejudique a análise individual da relação entre o valor em discussão e o custo da tramitação do processo e a majoração da condenação da entidade representada em razão da sucumbência recursal.

Por outro lado, a caracterização das hipóteses da Portaria AGU 488/2016 não afasta o dever de contestar, recorrer ou impugnar especificamente nos seguintes casos:

> I – incidência de qualquer das hipóteses elencadas no art. 337 do CPC;
>
> II – prescrição ou decadência;

III – existência de controvérsia acerca da matéria de fato;

IV – ocorrência de pagamento administrativo;

V – verificação de outras questões ou incidentes processuais que possam implicar a extinção da ação;

VI – existência de acordo entre as partes, judicial ou extrajudicial;

VII – verificação de circunstâncias específicas do caso concreto que possam modificar ou extinguir a pretensão da parte adversa;

VIII – discordância quanto a valores ou cálculos apresentados pela parte ou pelo juízo, observadas as regulamentações internas já existentes a respeito da não interposição de recursos ou desistência daqueles já interpostos nesse tema;

IX – situação fática distinta ou questão jurídica não examinada nos precedentes dos Tribunais Superiores e da Turma Nacional de Uniformização que imponha solução jurídica diversa;

X – superação dos precedentes judiciais fixados nesta portaria ou por decisão judicial posterior, hipótese em que deverão ser consideradas as especificidades dos parágrafos 3º e 4º do art. 927 do CPC, ou por alteração legislativa que modifique total ou parcialmente o ato normativo objeto da interpretação fixada pelos Tribunais Superiores e pela Turma Nacional de Uniformização.

Para efetuar o exame técnico necessário à conciliação ou ao julgamento da causa, o Juiz nomeará pessoa habilitada, que apresentará o laudo até cinco dias antes da audiência, independentemente de intimação das partes.

Por sua vez, nas ações previdenciárias e relativas à assistência social, havendo designação de exame, serão as partes intimadas para, em dez dias, apresentar quesitos e indicar assistentes.

As perícias no JEF normalmente são designadas nas seguintes demandas:

a) perícia médica para benefícios por incapacidade laboral;
b) perícia médica para o BPC/LOAS de deficiente e aposentadoria por tempo de contribuição do deficiente;
c) perícia médica para beneficiário de pensão por morte inválido para o trabalho ou com deficiência;
d) perícia social para atestar as condições do núcleo familiar para o BPC/LOAS.

Sobre as perícias médicas no JEF, colacionam-se dois enunciados do FONAJEF:

> Enunciado 126 – "Não cabe a presença de advogado em perícia médica, por ser um ato médico, no qual só podem estar presentes o próprio perito e eventuais assistentes técnicos".
>
> Enunciado 127 – "Para fins de cumprimento do disposto no art. 12, § 2º, da L. n. 10.259/01, é suficiente intimar o INSS dos horários preestabelecidos para as perícias do JEF".

Logo, não se admite pelo entendimento do FONAJEF que a parte autora esteja acompanhada de advogado por ocasião do exame pericial judicial, devendo, se quiser, ser acompanhada do seu assistente técnico.

Vale registrar que a vedação à participação do advogado à perícia não possui base legal e acaba impedimento a formulação de quesitos complementares *in loco*.

Outrossim, considerando que é comum a existência de salas periciais nos edifícios dos Juizados Especiais Federais, será bastante que o INSS seja previamente intimado dos horários pré-determinados para a sua realização.

Ainda é necessário transcrever outros três enunciados do FONAJEF:

> Enunciado 117 – "A perícia unificada, realizada em audiência, é válida e consentânea com os princípios informadores dos juizados especiais".
>
> Enunciado 118 – "É válida a realização de prova pericial antes da citação, desde que viabilizada a participação das partes".
>
> Enunciado 122 – "É legítima a designação do oficial de justiça, na qualidade de *longa manus* do juízo, para realizar diligência de constatação de situação socioeconômica".

A perícia unificada consiste na concentração do meu dia ou turno da audiência, a fim de facilitar o deslocamento do segurado, que muitas vezes mora em local distante e não possui recursos disponíveis para mais de um traslado.

Nos Juizados vigoram os Princípios da Celeridade, Economicidade e da Concentração dos Atos Processuais, razão pela qual é válida a unificação de audiência e perícia judicial, que, inclusive, facilitará a celebração de acordo.

Já a perícia prévia, antes da citação, facilita a prolação de sentenças de improcedência *prima face* (perícia desfavorável ao autor) e a proposta de acordo pelo INSS (perícia favorável ao autor).

Algumas Varas Federais adotam a chamada "perícia prévia", em que o INSS somente é citado após a realização da perícia judicial, justamente para viabilizar a celebração de acordos nos benefícios por incapacidade laborativa. Tal procedimento é válido, desde que as partes sejam intimadas antes da produção deste meio de prova.

Ademais, caso não seja possível a designação de perícia perpetrada por assistente social para aferir as condições sociais do lar para fins do BPC/LOAS idoso ou deficiente, caberá ao oficial de justiça fazê-lo através de auto de constatação.

Nos termos do Enunciado 155, do FONAJEF, as disposições do CPC/2015 referentes às provas não revogam as disposições específicas da Lei 10259/2001, sobre perícias (art. 12), e nem as disposições gerais da Lei 9099/1995.

Dizia o Enunciado 84 do FONAJEF que não era causa de nulidade nos juizados especiais federais a mera falta de intimação das partes da entrega do laudo pericial, tendo sido cancelado no XIII FONAJEF em 2016.

Com este cancelamento, presume-se que a falta de intimação da juntada de laudo pericial poderá ser considerada como causa de nulidade no rito do JEF, especialmente se restar demonstrado prejuízo à parte.

Por conseguinte, foi editado o Enunciado 179, do FONAJEF, prevendo que "cumpre os requisitos do contraditório e da ampla defesa a concessão de vista do laudo pericial pelo prazo de cinco dias, por analogia ao caput do art. 12 da Lei 10.259/2001" (Aprovado no XIII FONAJEF).

De acordo com o Enunciado 112 do FONAJEF, "não se exige médico especialista para a realização de perícias judiciais, salvo casos excepcionais, a critério do juiz".

As despesas periciais são arcadas pela Justiça Federal na situação de concessão da assistência judiciária gratuita, cabendo a condenação do INSS ao ressarcimento acaso seja perdedor da demanda:

> FONAJEF, ENUNCIADO 52 – É obrigatória a expedição de Requisição de Pequeno Valor – RPV em desfavor do ente público para ressarcimento de despesas periciais quando este for vencido (Aprovado no III FONAJEF).

Por fim, "os Juizados Especiais Federais são incompetentes para julgar causas que demandem perícias complexas ou onerosas que não se enquadrem no conceito de exame técnico (art. 12 da Lei 10.259/2001)", a teor do Enunciado 91 do FONAJEF, a exemplo de perícia sobre o meio ambiente do trabalho para afastar laudo ambiental.

No rito do JEF, o Juiz poderá, de ofício ou a requerimento das partes, deferir **medidas cautelares** no curso do processo, para evitar dano de difícil reparação, impugnáveis via **recurso inominado** no prazo de 10 dias.

Na prática, normalmente não são concedidas liminares cautelares, e sim satisfativas, inclusive de ofício, que se consubstanciam em tutela provisória.

Vale registrar que na sistemática do CPC/2015 a **tutela provisória** pode fundamentar-se em urgência ou evidência. A **tutela de urgência** será concedida quando houver elementos que evidenciem a probabilidade do direito e o perigo de dano ou o risco ao resultado útil do processo.

Já a **tutela da evidência** será concedida, independentemente da demonstração de perigo de dano ou de risco ao resultado útil do processo, quando:

> I – ficar caracterizado o abuso do direito de defesa ou o manifesto propósito protelatório da parte;
>
> II – as alegações de fato puderem ser comprovadas apenas documentalmente e houver tese firmada em julgamento de casos repetitivos ou em súmula vinculante;
>
> III – se tratar de pedido reipersecutório fundado em prova documental adequada do contrato de depósito, caso em que será decretada a ordem de entrega do objeto custodiado, sob cominação de multa;
>
> IV – a petição inicial for instruída com prova documental suficiente dos fatos constitutivos do direito do autor, a que o réu não oponha prova capaz de gerar dúvida razoável.

Nos termos do Enunciado 178, do FONAJEF, a tutela provisória em caráter antecedente não se aplica ao rito dos juizados especiais federais, porque a sistemática de revisão da decisão estabilizada (art. 304[46] do CPC/2015) é incompatível com os arts. 4º e 6º da Lei nº 10.259/2001 (Aprovado no XIII FONAJEF).

Assim, no rito do JEF, a tutela antecipada não se torna estável se da decisão que a conceder não for interposto o respectivo recurso, não sendo obrigatória para evitar a sua estabilização a interposição de recurso inominado contra a decisão interlocutória que antecipou os efeitos da tutela jurisdicional, vez que o artigo 304 do CPC/2015 não possui aplicabilidade ao rito dos Juizados Especiais Federais.

---

46. Art. 304. A tutela antecipada, concedida nos termos do art. 303, torna-se estável se da decisão que a conceder não for interposto o respectivo recurso.

§ 1º No caso previsto no caput, o processo será extinto.

§ 2º Qualquer das partes poderá demandar a outra com o intuito de rever, reformar ou invalidar a tutela antecipada estabilizada nos termos do caput.

§ 3º A tutela antecipada conservará seus efeitos enquanto não revista, reformada ou invalidada por decisão de mérito proferida na ação de que trata o § 2º.

§ 4º Qualquer das partes poderá requerer o desarquivamento dos autos em que foi concedida a medida, para instruir a petição inicial da ação a que se refere o § 2º, prevento o juízo em que a tutela antecipada foi concedida.

§ 5º O direito de rever, reformar ou invalidar a tutela antecipada, previsto no § 2º deste artigo, extingue-se após 2 (dois) anos, contados da ciência da decisão que extinguiu o processo, nos termos do § 1º.

§ 6º A decisão que concede a tutela não fará coisa julgada, mas a estabilidade dos respectivos efeitos só será afastada por decisão que a revir, reformar ou invalidar, proferida em ação ajuizada por uma das partes, nos termos do § 2º deste artigo.

O normal no JEF é a concessão de tutela provisória em sede de sentença, sendo incomum o seu deferimento anterior à sentença em sede de decisão interlocutória.

De resto, as restrições de liminares contra o Poder Público, previstas na Lei 8.437/92, validadas pelo STF no julgamento de ação declaratória de constitucionalidade nº 04, não são aplicáveis em demandas previdenciárias, na forma da **Súmula 729, da Suprema Corte**:

> "Súmula 729 – A decisão na ADC-4 não se aplica **à** antecipação de tutela em causa de natureza previdenciária".

> A 3ª Seção do STJ entendia que as parcelas recebidas em processo judicial, a título de benefício previdenciário, em decorrência de antecipação de tutela posteriormente revogada, eram irrepetíveis, em nome do Princípio da Segurança Jurídica e da Boa-fé:

> PREVIDENCIÁRIO. PROCESSUAL CIVIL. EMBARGOS DE DECLARAÇÃO NO RECURSO ESPECIAL. POSTULAÇÃO DE EFEITOS INFRINGENTES. PENSÃO POR MORTE. VALORES RECEBIDOS POR FORÇA DE TUTELA ANTECIPADA POSTERIORMENTE REVOGADA. DEVOLUÇÃO. IMPOSSIBILIDADE. ENTENDIMENTO DA TERCEIRA SEÇÃO. DISPOSITIVOS DA LEI DE BENEFÍCIOS QUE REGEM HIPÓTESES DIVERSAS. PRECEDENTES DA QUINTA E SEXTA TURMAS. ALEGADA OFENSA À CLÁUSULA DE RESERVA DE PLENÁRIO (CF, ART. 97). NÃO-OCORRÊNCIA. PRECEDENTES DO STF E STJ. EMBARGOS ACOLHIDOS. **1. A Terceira Seção do Superior Tribunal de Justiça, à unanimidade, sedimentou o entendimento sobre o tema para assentar que, em se tratando de verba alimentar percebida por força de tutela antecipada, posteriormente revogada, aplicável a jurisprudência consagrada por este Tribunal, pautado pelo princípio da irrepetibilidade dos alimentos.** 2. O "art. 115 da Lei nº 8.213/91 regulamenta a hipótese de desconto administrativo, sem necessária autorização judicial, nos casos em que a concessão a maior se deu por ato administrativo do Instituto agravante, não agraciando os casos majorados por força de decisão judicial" (AgRg no REsp 1.054.163/RS, Sexta Turma, Rel. Min. MARIA THEREZA DE ASSIS MOURA, DJe 30/6/08). 3. Não caracteriza ofensa à reserva de plenário a interpretação dispensada por órgão fracionário de Tribunal a dispositivo de lei que, mediante legítimo processo hermenêutico, tem sua incidência limitada a determinadas hipóteses. 4. Embargos de declaração acolhidos, com excepcionais efeitos infringentes, para negar provimento ao recurso especial (EDREsp 996.850, de 04.11.2008)".

O acesso ao Juizado Especial independerá, em primeiro grau de jurisdição, do pagamento de custas, taxas ou despesas, nos termos do artigo 54, da Lei 9.099/95.

Ademais, o preparo do recurso compreenderá todas as despesas processuais, inclusive aquelas dispensadas em primeiro grau de jurisdição, ressalvada a hipótese de assistência judiciária gratuita.

De sua vez, a sentença de primeiro grau não condenará o vencido em custas e honorários de advogado, ressalvados os casos de litigância de má-fé. Em segundo grau, o recorrente, vencido, pagará as custas e honorários de advogado, que serão fixados entre dez por cento e vinte por cento do valor de condenação ou, não havendo condenação, do valor corrigido da causa.

Nos termos do Enunciado 145, do FONAJEF, o valor dos honorários de sucumbência será fixado nos termos do artigo 55, da Lei nº 9.099/95, podendo ser estipulado em valor fixo quando for inestimável ou irrisório o proveito econômico ou, ainda, quando o valor da causa for muito baixo, observados os critérios do artigo 85, § 2º, CPC/2015.

A sentença mencionará os elementos de convicção do Juiz, com breve resumo dos fatos relevantes ocorridos em audiência, sendo legalmente dispensado o relatório.

Normalmente, as sentenças nas ações previdenciárias conterão dois capítulos principais:

a) Obrigação de fazer ou não fazer (implantar o benefício ou a sua revisão de renda mensal, determinação de cessação de descontos administrativos, podendo ser concedida tutela provisória);

b) Obrigação de pagar (pagamento das parcelas vencidas em atraso, exigindo a coisa julgada).

Ademais, **as sentenças serão necessariamente líquidas no JEF**, conforme exige o artigo 52, inciso I, da Lei 9.099/95, sob pena de nulidade, consoante já se pronunciou a TNU:

> "JUIZADOS ESPECIAIS FEDERAIS. FGTS. SENTENÇA ILÍQUIDA. ANULAÇÃO. ART. 38, PARÁGRAFO ÚNICO DA LEI Nº 9.099/95. **1 – Não basta que a sentença seja exeqüível, uma vez que o procedimento aqui adotado exige que a sentença já consigne o valor da condenação, no que se refere ao valor do benefício concedido e das parcelas vencidas e vincendas, se for o caso, pois não haverá a fase de liquidação do julgado. 2 – Recurso do INSS provido. 3 – Sentença anulada.** 4 – V.V. da Juíza Federal MARIA EDNA FAGUNDES VELOSO, entendendo que a falta de menção do valor da condenação na sentença, que ensejariam meros cálculos matemáticos, não levam à sua anulação[47]".

Admitir a prolação de sentenças ilíquidas nos Juizados Federais é atentar contra texto expresso de lei, bem como violar o Princípio da Celeridade. Demais disso, muitas vezes apenas na liquidação se descobre que a causa era, de fato, superior a 60 salários mínimos, não devendo tramitar sob o rito "sumaríssimo".

A respeito do tema, colaciona-se Enunciado aprovado no XI FONAJEF:

> **Tema – Sentenças em ações previdenciárias**
>
> **Recomendação 1**
>
> Recomenda-se que a administração dote as Varas de Juizado Especial de contadoria própria para que os juízes possam proferir sentenças contendo os valores exatos, a fim de evitar alongamento demasiado da fase de cumprimento e discussão sobre cálculo após o trânsito em julgado. **(Aprovada por contraste)**

Deverá ser proferida sentença com a extinção do processo sem o julgamento do mérito nas seguintes hipóteses arroladas no artigo 51, da Lei 9.099/95:

> I – quando o autor deixar de comparecer a qualquer das audiências do processo;
>
> II – quando inadmissível o procedimento instituído por esta Lei ou seu prosseguimento, após a conciliação;
>
> III – quando for reconhecida a incompetência territorial;
>
> IV – quando sobrevier qualquer dos impedimentos previstos no art. 8º desta Lei;
>
> V – quando, falecido o autor, a habilitação depender de sentença ou não se der no prazo de trinta dias;
>
> VI – quando, falecido o réu, o autor não promover a citação dos sucessores no prazo de trinta dias da ciência do fato.

47. PEDILEF 2003.38.00.702046-2, de 05.04.2003.

Prevê ainda o artigo 39 da Lei 9.099/95 que é ineficaz a sentença condenatória na parte que exceder a alçada estabelecida nesta Lei.

No entanto, no JEF, considerando que a competência em razão do valor da causa possui natureza absoluta, é causa de nulidade, salvo se houver expressa renúncia do excedente ao valor de sessenta salários mínimos pela parte autora.

A sentença de primeiro grau não condenará o vencido em custas e honorários de advogado, ressalvados os casos de litigância de má-fé, nos moldes do artigo 55, da Lei 9.099/95.

As sentenças e antecipações de tutela devem ser registradas tão-somente em meio eletrônico (Enunciado 5, do FONAJEF).

O Conselho Nacional de Justiça, através da sua Corregedoria, editou a Recomendação 04/2012, que dispõe sobre os elementos mínimos a serem inseridos nas sentenças previdenciárias para facilitar o seu cumprimento na fase de execução pelo INSS na concessão ou revisão de benefícios previdenciários ou assistenciais. Colaciona-se o seu Anexo:

Anexo da Recomendação nº 04, de 17 de maio de 2012:

1. Para implantação sem pedido prévio na via administrativa

1. número do CPF;
2. nome da mãe;
3. número do PIS/PASEP;
4. endereço do segurado;
5. nome do segurado;
6. benefício concedido;
7. renda mensal inicial – RMI, fixada judicialmente ou "a calcular pelo INSS", quando for o caso;
8. renda mensal atual, fixada judicialmente ou "a calcular pelo INSS", quando for o caso;
9. data de início do benefício – DIB;
10. data do início do pagamento administrativo.

2. Para implantação com pedido prévio na via administrativa, restabelecimento e revisão do benefício

1. nome do segurado;
2. benefício concedido;
3. número do benefício;
4. renda mensal inicial – RMI, fixada judicialmente ou "a calcular pelo INSS", quando for o caso;
5. renda mensal atual, fixada judicialmente ou "a calcular pelo INSS", quando for o caso;
6. data de início do benefício – DIB;
7. data do início do pagamento administrativo.

3. Informações Condicionais

1. nos casos de conversão de tempo especial em comum ou averbação de tempo rural ou urbano – o(s) período(s) acolhido(s) judicialmente;
2. se efetuado cálculo do tempo de serviço pelo Poder Judiciário – encaminhar o cálculo ou tabela de tempo de serviço;
3. nas hipóteses de benefícios concedidos à pessoa incapaz – o nome do representante legal autorizado a receber o benefício do INSS;

4. nas hipóteses de pensão por morte – identificação do instituidor e dados da certidão de óbito ou cópia da certidão.

5. nas hipóteses de salário maternidade – dados da certidão de nascimento ou cópia da certidão de nascimento.

O cumprimento da obrigação de fazer (v.g., implantação ou revisão do benefício) ou de não fazer (v.g., vedação de cessação ou de descontos no benefício) pelo INSS, quer em sede de antecipação de tutela ou em decisão definitiva, será promovida pela Agência da Previdência Social de Atendimento de Demandas Judiciais ou pelo Setor de Atendimento de Demandas Judiciais, não necessitando mais passar pela Procuradoria Federal do INSS, cabendo a intimação direta do órgão administrativo.

O CPC de 2015 continua prevendo que os embargos de declaração não possuem efeito suspensivo e **interrompem o prazo** para a interposição de recurso (art. 1.026), assim como **estendeu este regramento aos Juizados Especiais** a partir da sua vigência, ao alterar os artigos 50 e 83 da Lei 9.099/95:

> Art. 1.065. O art. 50 da Lei no 9.099, de 26 de setembro de 1995, passa a vigorar com a seguinte redação:
>
> "Art. 50. Os embargos de declaração interrompem o prazo para a interposição de recurso." (NR)
>
> Art. 1.066. O art. 83 da Lei no 9.099, de 26 de setembro de 1995, passam a vigorar com a seguinte redação:
>
> "Art. 83. Cabem embargos de declaração quando, em sentença ou acórdão, houver obscuridade, contradição ou omissão.
>
> (...)
>
> § 2º Os embargos de declaração interrompem o prazo para a interposição de recurso.

Desta forma, desde a vigência do CPC/2015, a interposição de embargos de declaração não mais suspende o prazo para o recurso inominado, e sim interrompe o prazo, voltando a correr do zero o prazo de 10 dias.

14.2. Rito nas instâncias superiores

De acordo com o artigo 41 e seguintes da Lei 9.099/95, da sentença, caberá recurso para o próprio Juizado, sendo julgado por uma turma composta por três Juízes togados, em exercício no primeiro grau de jurisdição, reunidos na sede do Juizado, **devendo as partes, no recurso, ser obrigatoriamente representadas por advogado.**

Assim, enquanto em primeiro grau nos Juizados a assistência por advogado é facultativa, em sede de recurso inominado é obrigatória.

O recurso será interposto no prazo de **dez dias**, contados da ciência da sentença, por petição escrita, da qual constarão as razões e o pedido do recorrente.

De efeito, a sentença de mérito proferida nos Juizados Especiais poderá ser impugnada por recurso inominado, quando antes não forem cabíveis os embargos de declaração, nas hipóteses de omissão, contradição ou obscuridade, cuja interposição **interrompe** o prazo de interposição do recurso inominado, a teor do artigo 50, da Lei 9.099/95, alterado pelo CPC/2015, conforme será visto.

Nos termos do Enunciado 59, do FONAJEF, **não cabe recurso adesivo** nos Juizados Especiais Federais por ser incompatível com a sua principiologia, de modo que descabe aderência ao recurso interposto pela parte ex-adversa, caso vencido o seu prazo recursal.

Pela literalidade do texto da Lei 10.259/2001, o recurso inominado somente é cabível no rito do JEF em duas situações:

a) contra decisões interlocutórias que deferiram medidas cautelares (art. 4º, Lei 10.259/2001);

b) contra sentenças de mérito (definitivas) (art. 5º, Lei 10.259/2001).

Na primeira hipótese, deverá ser interposto o recurso com a formação do instrumento diretamente na Turma Recursal, pois deverão ser formados autos apartados para julgamento do recurso enquanto os autos principais tramitam em 1º grau, podendo ser denominado ***recurso inominado na modalidade instrumento***, sendo similar ao agravo de instrumento previsto pelo rito comum.

Nesse caminho, de acordo com o artigo 1.017 do CPC/2015, a petição de agravo de instrumento será instruída:

> I – obrigatoriamente, com cópias da petição inicial, da contestação, da petição que ensejou a decisão agravada, da própria decisão agravada, da certidão da respectiva intimação ou outro documento oficial que comprove a tempestividade e das procurações outorgadas aos advogados do agravante e do agravado;
>
> II – com declaração de inexistência de qualquer dos documentos referidos no inciso I, feita pelo advogado do agravante, sob pena de sua responsabilidade pessoal;
>
> III – facultativamente, com outras peças que o agravante reputar úteis.

Já o artigo 1.018 do CPC/2015 prevê que o agravante **poderá** requerer a juntada, aos autos do processo, de cópia da petição do agravo de instrumento, do comprovante de sua interposição e da relação dos documentos que instruíram o recurso.

Mas se não forem eletrônicos os autos, o agravante tomará a providência no prazo de **três dias** a contar da interposição do agravo de instrumento, sendo que o seu descumprimento, desde que arguido e provado pelo agravado, importa inadmissibilidade do agravo de instrumento.

Logo, nos processos físicos a providência acima referida é obrigatória, podendo prejudicar o conhecimento do recurso, sendo facultativa nos processos eletrônicos, de fácil acesso pelo julgador.

Por sua vez, se o juiz comunicar que reformou inteiramente a decisão, o relator considerará prejudicado o agravo de instrumento.

Já quando interposto contra a sentença de mérito, será encaminhado em simples petição ao juiz de 1º grau, inexistindo a formação de novos autos, pois os autos subirão à Turma Recursal.

Vale registrar que não há previsão legal para a interposição de recurso inominado contra sentença que extingue o processo sem o julgamento do mérito (sentença terminativa), devendo, neste caso, ser manejado o mandado de segurança como supedâneo recursal.

Os recursos contra a sentença serão julgados pela Turma Recursal respectiva, formada por três juízes federais, que poderão manter a sentença, reformá-la ou anulá-la, total ou parcialmente.

Trata-se do **recurso inominado contra sentença definitiva** (não é recurso de apelação), a ser interposto no prazo de 10 dias para desafiar sentença que adentrou ao mérito da causa, sendo o prazo de contrarrazões igualmente de dez dias.

Até o advento da Resolução CJF 417, de 28 de outubro de 2016, o recurso inominado interposto contra sentença definitiva possuía o juízo de admissão provisório promovido pelo juiz de primeiro grau.

Esta regra, no entanto, foi modificada pela Resolução CJF 417/2016, passando a ser da **atribuição exclusiva da Turma Recursal o juízo de admissão**, cabendo apenas ao juiz de 1º grau fazer subir o recurso inominado, acompanhado das respectivas contrarrazões, se apresentadas pela parte ex-adversa em igual prazo de 10 dias.

Desta forma, descabe ao juiz de primeiro grau receber ou deixar de receber o recurso inominado, devendo se limitar a intimar a parte contrária para, querendo, apresentar contrarrazões, para posteriormente fazer subir o processo, cabendo à Turma Recursal avaliar os pressupostos normativos de admissão recursal.

Nesse sentido, nos termos do **Enunciado FONAJEF 182**, o juízo de admissibilidade do recurso inominado deve ser feito na turma recursal, aplicando-se subsidiariamente o art. 1.010, § 3º, do CPC/2015.

Vale frisar que descabe recurso inominado contra sentença terminativa, por força do artigo 5º da Lei 10.259/2001[48], sendo cabível mandado de segurança como sucedâneo recursal contra a sentença que extingue o processo sem o julgamento do mérito, que deve ser interposto em 120 dias, conquanto algumas Turmas Recursais entendam que também deverá ser observado o prazo de 10 dias neste caso, sendo um tema deveras controverso.

Aduz ainda o Enunciado 144, do FONAJEF, ser cabível recurso inominado contra sentença terminativa se a extinção do processo obstar que o autor intente de novo a ação ou quando importe negativa de jurisdição.

Nos termos do Enunciado 108, do FONAJEF, "não cabe recurso para impugnar decisões que apreciem questões ocorridas após o trânsito em julgado", razão pela qual é cabível o mandado de segurança como sucedâneo recursal.

Caso haja a interposição de recurso inominado contra sentença terminativa é possível que a Turma Recursal o aceite, através da correta aplicação do Princípio da Fungibilidade.

Por tudo isto, nota-se que o âmbito de cabimento do recurso inominado e do mandado de segurança no JEF é tema extremamente polêmico e recomenda-se que o leitor adira ao posicionamento local para prevenir graves problemas, pois descabe incidente de uniformização de jurisprudência para a TRU, TNU e STJ para discutir apenas questões processuais.

Nos termos do Enunciado 100, do FONAJEF, "no âmbito dos Juizados Especiais Federais, a Turma Recursal poderá conhecer diretamente das questões não examinadas na sentença que acolheu prescrição ou decadência, estando o processo em condições de imediato julgamento".

Ademais, nos termos do Enunciado 131, do FONAJEF, a Turma Recursal, analisadas as peculiaridades do caso concreto, pode conhecer documentos juntados na fase recursal, desde que não implique apreciação de tese jurídica não questionada no primeiro grau.

Conforme a Resolução CJF 393/2016, **ao relator compete negar seguimento a recurso** manifestamente inadmissível, improcedente, prejudicado ou em confronto com súmula ou

48. Art. 5º Exceto nos casos do art. 4º, somente será admitido recurso de sentença definitiva.

com jurisprudência dominante da Turma Nacional de Uniformização, do Superior Tribunal de Justiça ou do Supremo Tribunal Federal, ou em confronto com tese firmada em julgamento em incidente de resolução de demandadas repetitivas.

Desta forma, foram majorados os poderes do relator e afastado, *a priori*, o Princípio da Colegialidade, pois nas situações acima cabe o julgamento monocrático do recurso inominado, embora a questão possa ser devolvida ao colegiado por intermédio de agravo, conforme será visto.

O **incidente de resolução de demandas repetitivas** é criação do CPC/2015, sendo cabível com atuação obrigatória do Ministério Público quando houver, simultaneamente:

> I – efetiva repetição de processos que contenham controvérsia sobre a mesma questão unicamente de direito;
>
> II – risco de ofensa à isonomia e à segurança jurídica.

No entanto, é incabível o incidente de resolução de demandas repetitivas quando um dos tribunais superiores, no âmbito de sua respectiva competência, já tiver afetado recurso para definição de tese sobre questão de direito material ou processual repetitiva.

O pedido de instauração do incidente será dirigido ao presidente de tribunal:

> I – pelo juiz ou relator, por ofício;
>
> II – pelas partes, por petição;
>
> III – pelo Ministério Público ou pela Defensoria Pública, por petição.

Admitido o incidente, o relator:

> I – suspenderá os processos pendentes, individuais ou coletivos, que tramitam no Estado ou na região, conforme o caso;
>
> II – poderá requisitar informações a órgãos em cujo juízo tramita processo no qual se discute o objeto do incidente, que as prestarão no prazo de 15 (quinze) dias;
>
> III – intimará o Ministério Público para, querendo, manifestar-se no prazo de 15 (quinze) dias.

O relator ouvirá as partes e os demais interessados, inclusive pessoas, órgãos e entidades com interesse na controvérsia, que, no prazo comum de 15 (quinze) dias, poderão requerer a juntada de documentos, bem como as diligências necessárias para a elucidação da questão de direito controvertida, e, em seguida, manifestar-se-á o Ministério Público, no mesmo prazo.

Julgado o incidente, a tese jurídica será aplicada:

> I – a todos os processos individuais ou coletivos que versem sobre idêntica questão de direito e que tramitem na área de jurisdição do respectivo tribunal, **inclusive** àqueles **que tramitem nos juizados especiais do respectivo Estado ou região;**
>
> II – aos casos futuros que versem idêntica questão de direito e que venham a tramitar no território de competência do tribunal, salvo revisão na forma do art. 986.

Do julgamento do mérito do incidente caberá recurso extraordinário ou especial, conforme o caso, tendo o recurso efeito suspensivo, presumindo-se a repercussão geral de questão constitucional eventualmente discutida.

Uma vez apreciado o mérito do recurso, a tese jurídica adotada pelo Supremo Tribunal Federal ou pelo Superior Tribunal de Justiça será aplicada no território nacional a todos os processos individuais ou coletivos que versem sobre idêntica questão de direito.

Estas são as regras gerais do CPC que precisam ser adaptadas ao rito do JEF, especialmente nas Seções Judiciárias que possuem mais de uma Turma Recursal, devendo ser definido um órgão especial para julgar o incidente em comento, acaso se entenda pela extensão às Turmas Recursais, o que ainda precisa ser construído pela jurisprudência, pois, a rigor, o CPC/2015 apenas previu o IRDR no âmbito dos Tribunais.

De acordo com o Enunciado FONAJEF 181, "**admite-se o IRDR nos juizados especiais federais**, que deverá ser julgado por órgão colegiado de uniformização do próprio sistema".

Veja-se que o artigo o artigo 2º, § 6º, da Resolução CJF 347/2015 inserido pela Resolução CJF 393/2016, prevê que "a admissão de incidente de resolução de demandas repetitivas por tribunal regional federal suspende o processamento de pedido de uniformização regional, no âmbito de sua jurisdição", o que indica que os TRF's passarão a uniformizar as demandas repetitivas nos Juizados Especiais Federais.

Outrossim, **ao relator compete dar provimento ao recurso** se a decisão recorrida estiver em manifesto confronto com súmula ou com jurisprudência dominante da Turma Nacional de Uniformização, do Superior Tribunal de Justiça ou do Supremo Tribunal Federal, ou com tese firmada em julgamento em incidente de resolução de demandadas repetitivas.

Mais uma vez o relator poderá julgar monocraticamente o recurso nas situações acima, desta feita para dar provimento.

Da decisão do relator e do presidente da turma recursal caberá agravo regimental no prazo de quinze dias (eram 5 dias até o advento da Resolução CJF 393/2016). Se não houver retratação, o prolator da decisão apresentará o processo em mesa, proferindo voto.

Desta forma, a decisão monocrática do relator poderá ser submetida ao colegiado através do manejo do recurso do **agravo regimental,** a ser interposto no prazo de 15 dias.

No entanto, por força do Enunciado 30 do FONAJEF, "a decisão monocrática referendada pela Turma Recursal, por se tratar de manifestação do colegiado, não é passível de impugnação por intermédio de agravo interno" (Revisado no XIII FONAJEF).

De acordo com o enunciado 29, do FONAJEF, "cabe ao Relator, monocraticamente, atribuir efeito suspensivo a recurso, não conhecê-lo, bem assim lhe negar ou dar provimento nas hipóteses tratadas no artigo 932, IV, 'c', do CPC, e quando a matéria estiver pacificada em súmula da Turma Nacional de Uniformização, enunciado de Turma Regional ou da própria Turma Recursal" (Revisado no XIII FONAJEF). Por sua vez, conforme o Enunciado 101 do FONAJEF, "a Turma Recursal tem poder para complementar os atos de instrução já realizados pelo juiz do Juizado Especial Federal, de forma a evitar a anulação da sentença".

Da mesma forma, "sempre que julgar indispensável, a Turma Recursal, sem anular a sentença, baixará o processo em diligências para fins de produção de prova testemunhal, pericial ou elaboração de cálculos" (Enunciado 103 FONAJEF).

No caso de mandado de segurança julgado pela Turma Recursal no que concerne à competência jurisdicional do JEF, o posicionamento tradicional do STJ é de que é cabível recurso ordinário em mandado de segurança para o respectivo Tribunal Regional Federal:

"PROCESSUAL CIVIL. RECURSO ORDINÁRIO EM MANDADO DE SEGURANÇA. ATO DE MEMBRO DE TURMA RECURSAL DEFININDO COMPETÊNCIA PARA JULGAMENTO DE DEMANDA. CONTROLE PELO TRIBUNAL DE JUSTIÇA. IMPETRAÇÃO DO WRIT. POSSIBILIDADE.

1. A questão posta nos autos cinge-se ao cabimento do Recurso em Mandado de Segurança para os Tribunais de Justiça controlarem atos praticados pelos membros ou presidente das Turmas Recursais dos Juizados Especiais Cíveis e Criminais.

2. O entendimento do Superior Tribunal de Justiça é pacífico no sentido de que a Turma Recursal dos Juizados Especiais deve julgar Mandados de Segurança impetrados contra atos de seus próprios membros.

3. Em que pese a jurisprudência iterativa citada, na hipótese sub judice, o Mandado de Segurança não visa à revisão meritória de decisão proferida pela Justiça especializada, mas versa sobre a competência dos Juizados Especiais para conhecer da lide.

4. Inexiste na Lei 9.099/1995 previsão quanto à forma de promover o controle da competência dos órgãos judicantes ali referidos.

5. As decisões que fixam a competência dos Juizados Especiais – e nada mais que estas – não podem ficar absolutamente desprovidas de controle, que deve ser exercido pelos Tribunais de Justiça e Tribunais Regionais Federais e pelo Superior Tribunal de Justiça.

6. A Corte Especial do STJ, no julgamento do RMS 17.524/BA, firmou o posicionamento de que é possível a impetração de Mandado de Segurança com a finalidade de promover controle da competência dos Juizados Especiais.

7. Recurso Ordinário provido" (RMS 26.665, de 26.05.2009).

Competirá, ainda, à Turma Recursal o julgamento dos **embargos de declaração** opostos contra os seus acórdãos com omissão, obscuridade ou contradição, sendo cabível no prazo de **cinco dias**.

Uma grande utilidade dos aclaratórios na hipótese é pré-questionar a matéria para fins de interposição de incidentes de uniformização e de recurso extraordinários, pontos que serão enfrentados nesta obra.

Caso a decisão tomada pela Turma Recursal referente ao **direito material** divirja de outra Turma Recursal, poderá a parte prejudicada oferecer **pedido de uniformização de jurisprudência** sobre a aplicabilidade de lei federal, sendo descabido quando versar sobre questão de natureza processual, a exemplo de condições da ação e pressupostos processuais.

Eis a Súmula 43 da TNU:

Súmula 43: "Não cabe incidente de uniformização que verse sobre matéria processual."

Nesse sentido, "a discussão a respeito da competência dos Juizados Especiais Federais para processar e julgar a demanda é de índole processual, o que impede o conhecimento do incidente de uniformização nacional, incidindo a Súmula n. 43 da TNU: "Não cabe incidente de uniformização que verse sobre matéria processual" (Informativo 24/2018 – PUIL n. 0035839-25.2013.4.03.6301/SP).

Ademais, "PUIL n. 0001597-25.2009.4.01.3815/MG – "Não se conhece de incidente no qual se discute questões de índole eminentemente processual, como documentos indispensáveis à propositura da ação e distribuição do ônus da prova" (Informativo 27/2018).

O regime jurídico normativo dos pedidos de uniformização de lei federal (PEDILEF) é dado pelo artigo 14, da Lei 10.259/2001:

> "Art. 14. Caberá pedido de uniformização de interpretação de lei federal quando houver divergência entre decisões sobre questões de direito material proferidas por Turmas Recursais na interpretação da lei.
>
> § 1º O pedido fundado em divergência entre Turmas da mesma Região será julgado em reunião conjunta das Turmas em conflito, sob a presidência do Juiz Coordenador.
>
> § 2º O pedido fundado em divergência entre decisões de turmas de diferentes regiões ou da proferida em contrariedade a súmula ou jurisprudência dominante do STJ será julgado por Turma de Uniformização, integrada por juízes de Turmas Recursais, sob a presidência do Coordenador da Justiça Federal.
>
> § 3º A reunião de juízes domiciliados em cidades diversas será feita pela via eletrônica.
>
> § 4º Quando a orientação acolhida pela Turma de Uniformização, em questões de direito material, contrariar súmula ou jurisprudência dominante no Superior Tribunal de Justiça – STJ, a parte interessada poderá provocar a manifestação deste, que dirimirá a divergência.
>
> § 5º No caso do § 4º, presente a plausibilidade do direito invocado e havendo fundado receio de dano de difícil reparação, poderá o relator conceder, de ofício ou a requerimento do interessado, medida liminar determinando a suspensão dos processos nos quais a controvérsia esteja estabelecida.
>
> § 6º Eventuais pedidos de uniformização idênticos, recebidos subseqüentemente em quaisquer Turmas Recursais, ficarão retidos nos autos, aguardando-se pronunciamento do Superior Tribunal de Justiça.
>
> § 7º Se necessário, o relator pedirá informações ao Presidente da Turma Recursal ou Coordenador da Turma de Uniformização e ouvirá o Ministério Público, no prazo de cinco dias. Eventuais interessados, ainda que não sejam partes no processo, poderão se manifestar, no prazo de trinta dias.
>
> § 8º Decorridos os prazos referidos no § 7º, o relator incluirá o pedido em pauta na Seção, com preferência sobre todos os demais feitos, ressalvados os processos com réus presos, os habeas corpus e os mandados de segurança.
>
> § 9º Publicado o acórdão respectivo, os pedidos retidos referidos no § 6º serão apreciados pelas Turmas Recursais, que poderão exercer juízo de retratação ou declará-los prejudicados, se veicularem tese não acolhida pelo Superior Tribunal de Justiça.
>
> § 10. Os Tribunais Regionais, o Superior Tribunal de Justiça e o Supremo Tribunal Federal, no âmbito de suas competências, expedirão normas regulamentando a composição dos órgãos e os procedimentos a serem adotados para o processamento e o julgamento do pedido de uniformização e do recurso extraordinário".

Nos termos do artigo 3º da Resolução CJF 347/2015, os pedidos de uniformização de jurisprudência serão interpostos no prazo de **15 dias**, a contar da publicação do acórdão recorrido, sendo o requerido intimado perante o juízo local para, no mesmo prazo, apresentar **contrarrazões**.

O exame da admissibilidade dos pedidos de uniformização e dos recursos extraordinários compete ao presidente ou ao vice-presidente da turma recursal ou a outro membro designado pelo tribunal regional federal ou mediante previsão no regimento interno das turmas recursais diretamente afetadas pela medida.

Ademais, o juiz responsável pelo juízo preliminar de admissibilidade devolverá o feito à turma recursal para eventual **adequação**, caso o acórdão recorrido esteja em manifesto confronto com súmula ou jurisprudência dominante da Turma Nacional de Uniformização, do Superior

Tribunal de Justiça ou do Supremo Tribunal Federal, devendo ser devolvido também quando o acórdão recorrido contrariar julgamento proferido em incidente de resolução de demandas repetitivas, para aplicação da tese firmada.

O incidente de uniformização dirigido à Turma Regional de Uniformização ou à Turma Nacional de Uniformização será suscitado por petição endereçada ao presidente da turma recursal, no prazo de quinze dias, contados da publicação do acórdão recorrido, cabendo ao recorrente fazer a prova da divergência mediante cópia dos julgados divergentes, mencionando as circunstâncias que identifiquem ou assemelhem os casos confrontados.

Recebida a petição do incidente de uniformização pela secretaria da turma recursal, o presidente mandará intimar o recorrido para responder no prazo de quinze dias. Findo o prazo para a resposta, o presidente da turma recursal apreciará a admissibilidade do incidente.

Não será admitido o incidente que versar matéria já decidida pela Turma Regional de Uniformização ou pela Turma Nacional de Uniformização. Isso porque, neste caso, a uniformização já foi promovida.

Com fulcro no artigo 4º, da Resolução CJF 347/2015, compete à turma regional de uniformização processar e julgar:

> I – o incidente regional de uniformização de jurisprudência;
>
> II – os embargos de declaração opostos aos seus acórdãos; e
>
> III – o agravo regimental da decisão do relator ou do presidente.

Ademais, competirá ao presidente da turma regional de uniformização a apreciação da admissibilidade de pedidos de uniformização nacional de jurisprudência e de recursos extraordinários interpostos contra seus acórdãos.

Por sua vez, por força da Resolução CJF 417, de 28 de outubro de 2016, **não caberá incidente regional se a decisão da turma recursal estiver em consonância com súmula ou jurisprudência dominante do Superior Tribunal de Justiça ou da Turma Nacional de Uniformização.**

Acaso admitidos, os autos do incidente admitido serão enviados à secretaria da Turma Regional de Uniformização ou da Turma Nacional de Uniformização, conforme o caso.

Quando houver multiplicidade de incidentes de uniformização com fundamento em idêntica controvérsia, caberá ao presidente da turma recursal selecionar até três feitos representativos da divergência e encaminhá-los à Turma Regional de Uniformização ou à Turma Nacional de Uniformização, sobrestando os demais até o pronunciamento definitivo pelo respectivo órgão julgador, nos termos do artigo 87 do Regimento Interno das Turmas Recursais da 1ª Região.

Em caso de **inadmissão preliminar** dos pedidos de uniformização de jurisprudência, a parte poderá interpor **agravo** nos próprios autos, no prazo de **quinze dias** (eram 10 dias até o advento da Resolução CJF 393/2016), a contar de sua intimação, fundamentando-se no equívoco da decisão recorrida, a ser julgado pela TRU ou TNU conforme o caso.

Outra novidade trazida pela Resolução CJF 393/2016 foi o agravo interno, no prazo de 15 dias, contra decisão de inadmissão de pedido de uniformização regional fundada em julgamento do STF ou em súmula da TRU, a ser julgado pela Turma Recursal em decisão irrecorrível.

Da mesma forma, caberá agravo interno, no prazo de 15 dias, contra decisão de inadmissão de pedido de uniformização nacional fundada em julgamento do STF, proferido em repercussão geral, ou em súmula ou representativo de controvérsia da TNU, a ser julgado pela Turma Recursal em decisão irrecorrível.

Outrossim, por força da **Resolução CJF 586/2019**, contra decisão de inadmissão fundada em julgamento do Supremo Tribunal Federal, proferido na sistemática de repercussão geral, ou em súmula ou representativo de controvérsia da Turma Nacional de Uniformização, caberá agravo interno, no prazo de quinze dias, o qual será julgado pela Turma Regional, mediante decisão irrecorrível.

Assim, nestes dois casos, o processo não será julgado pela TNU, cabendo à própria Turma Recursal ser a última instância do rito do JEF.

Curioso notar a inexistência de previsão de cabimento do mencionado agravo interno contra as decisões que contrariarem o entendimento do STJ firmado em recurso especial repetitivo.

De acordo com a TNU, "os Juizados Especiais orientam-se pela simplicidade e celeridade processual nas vertentes da lógica e da política judiciária de abreviar os procedimentos e reduzir os custos. Diante da divergência entre decisões de Turma Recursais de regiões diferentes, o pedido de uniformização tem a natureza jurídica de recurso, cujo julgado, portanto, modificando ou reformando, substitui a decisão ensejadora do pedido. A decisão constituída pela Turma de Uniformização servirá para fundamentar o juízo de retratação das ações com o processamento sobrestado ou para ser declarada a prejudicialidade dos recursos interpostos"[49].

Ainda de acordo com a TNU, "em decorrência de julgamento em pedido de uniformização, poderá a Turma Nacional aplicar o direito ao caso concreto decidindo o litígio de modo definitivo, desde que a matéria seja de direito apenas, ou, sendo de fato e de direito, não necessite reexaminar o quadro probatório definido pelas instâncias anteriores, podendo para tanto, restabelecer a sentença desconstituída por Turma Recursal ou Regional"[50].

Caso o acórdão paradigma seja oriundo de Turma Recursal da mesma Região, competirá à **Turma Regional de Uniformização** unificar a jurisprudência. Caso contrário, o pedido de uniformização será julgado pela Turma Nacional de Uniformização.

Suponha-se que a Turma Recursal da Bahia (1ª Região) divirja em questão de direito material da Turma Recursal do Distrito Federal (1ª Região). Neste caso, caberá a interposição do incidente de uniformização para a Turma Regional de Uniformização da 1ª Região.

No entanto, caso a Turma Recursal da Bahia em questão de direito material possua entendimento divergente da Turma Recursal de Pernambuco (5ª Região), o incidente será interposto perante da **Turma Nacional de Uniformização**, haja vista se tratarem de Turmas de Regiões distintas.

> Nos termos da Questão de Ordem 32, da TNU, "o prazo para a interposição dos incidentes de uniformização nacional e regional é único e inicia-se com a intimação do acórdão proferido pela turma recursal, sendo incabível incidente nacional contra acórdão proferido por turma regional quando este mantiver o acórdão de turma recursal pelos mesmos fundamentos".

49. Questão de Ordem 01, de 12.11.2002.
50. Questão de Ordem 38, de 11.3.2015.

A Turma de Uniformização, em âmbito nacional, é presidida pelo Ministro Coordenador-Geral da Justiça Federal, compõe-se de dez juízes federais como membros efetivos[51] e tem a designação de Turma Nacional de Uniformização de Jurisprudência dos Juizados Especiais Federais.

A TNU ganhou novo Regimento Interno com a Resolução CJF 586, de 30 de setembro de 2019, que revogou a Resolução 345/2015.

Aduz o artigo 6º, do seu Regimento Interno, que compete à Turma Nacional processar e julgar o incidente de uniformização de interpretação de lei federal em questões de direito material:

> I – os pedidos de uniformização de interpretação de lei federal;
>
> II – os mandados de segurança contra atos de seus membros;
>
> III – as reclamações, na forma do Título V.

O PUIL (pedido de uniformização de interpretação de lei federal) não tem por objetivo a uniformização de tema constitucional, pois neste caso há o recurso extraordinário para o STF. Dessa forma, se o fundamento do incidente por questão constitucional, este não deve ser admitido, em regra.

Em 2018, a TNU aprovou a Súmula 86:

> **Súmula n. 86. "Não cabe incidente de uniformização que tenha como objeto principal questão controvertida de natureza constitucional que ainda não tenha sido definida pelo STF em sua jurisprudência dominante".**

Interpretando o citado enunciado de súmula a *contrario sensu*, nota-se que o PUIL pode versar sobre tema constitucional em duas hipóteses:

a) Quando a questão constitucional for objeto secundário da lide, sendo a questão principal infraconstitucional;
b) Quando a questão constitucional de direito material alvo de uniformização no PUIL já tiver sido pacificada pelo STF ou, ao menos, possuir jurisprudência com dominância.

Embora tenha sido editada pela TNU, evidente que este posicionamento pode ser estendido às Turmas Regionais, pois a *ratio legis* é a mesma.

Entende-se nesta obra que a hipótese indicada na letra b afronta texto normativo, pois mesmo que o tema seja constitucional e pacificado pelo STF seria hipótese de recurso extraordinário, e não de PUIL à TNU.

O incidente de uniformização dirigido à Turma Nacional será submetido ao Presidente da Turma Recursal ou ao Presidente da Turma Regional, adotando-se anteriormente o prazo de dez dias, a contar da publicação, com cópia dos julgados divergentes e a demonstração do dissídio.

No entanto, em 29 de setembro de 2014 o Regimento Interno da TNU foi alterado (art. 13), passando-se a adotar o prazo de 15 dias para a interposição do incidente de uniformização de jurisprudência, prazo extensível aos incidentes para as turmas regionais de uniformização.

51. Os membros efetivos são indicados pelos Tribunais Regionais Federais, sendo dois juízes federais de cada Região, escolhidos dentre os integrantes de Turmas Recursais, com mandato de dois anos, passando a ser admitida uma recondução com o advento da Resolução CJF 345, de 2 de junho de 2015.

Posteriormente, coube à Resolução CJF 345, de 2 de junho de 2015 aprovar o novo Regimento Interno da TNU (revogado em outubro de 2019) com algumas alterações pontuais, conforme noticiado no sítio da Justiça Federal em 27 de maio de 2015:

> **"Conselho da Justiça Federal aprova alterações no Regimento Interno da TNU**
>
> Publicação: 27/05/2015 11:20
>
> O Plenário do Conselho da Justiça Federal aprovou, por unanimidade, na sessão de 25 de maio, a revisão do Regimento Interno da Turma Nacional de Uniformização dos Juizados Especiais Federais (TNU). O desembargador federal Poul Erik Dyrlund, que havia pedido vista da minuta apresentada em abril, pelo então corregedor-geral e relator, ministro Humberto Martins, trouxe o processo ao Colegiado e acompanhou na íntegra a proposta, que foi elaborada por uma comissão formada por cinco membros efetivos da TNU, sendo um de cada região, com o objetivo de consolidar as melhores práticas nacionais e regionais, respeitados os limites legais.
>
> Entre as principais alterações, estão a possibilidade de um membro efetivo ser reconduzido, por mais dois anos, a critério do respectivo tribunal regional federal e a previsão de juízo de admissibilidade de pedido de uniformização e de recursos extraordinários ser realizado pelo presidente ou vice-presidente da turma recursal (com fulcro no art. 541 do Código de Processo Civil), bem como por outro membro do colegiado, designado pelo tribunal regional federal ou indicado no regimento interno da própria turma, a exemplo do que já ocorre em algumas regiões.
>
> Também, a partir desta aprovação pelo CJF, o magistrado responsável pelo juízo preliminar de admissibilidade poderá devolver o feito à Turma Recursal ou Regional para eventual adequação, caso o acórdão recorrido esteja em manifesto confronto com súmula ou jurisprudência dominante da TNU, do Superior Tribunal de Justiça (STJ) ou do Supremo Tribunal Federal (STF). As mudanças promovem, ainda, a regulamentação (na linha do art. 543-B do Código de Processo Civil) do pedido de uniformização de jurisprudência representativo de controvérsia; a fixação em 15 dias do prazo para o incidente de uniformização de jurisprudência dirigido ao STJ, uniformizando-o àquele do recurso extraordinário e dos pedidos dirigidos às Turmas Nacional e Regionais de Jurisprudência, nos termos das Resoluções CJF nºs 311 e 312, ambas de 14/10/2014; e a regulamentação do procedimento da reclamação.
>
> **Compatibilização de regimentos internos das turmas**
>
> Com as mudanças no Regimento Interno da TNU, o Colegiado aprovou, na mesma sessão, duas alterações na Resolução CJF n. 61/2009. O processo também aguardava a apresentação do voto vista do desembargador federal Poul Erik Dyrlund, que acompanhou integralmente o texto proposto pelo ministro Humberto Martins na sessão anterior. Foram estabelecidas regras para compatibilização dos regimentos internos das turmas recursais e turmas regionais de uniformização dos juizados especiais federais:
>
> 1ª) previsão do cabimento de agravo da decisão que inadmite na origem pedido de uniformização de jurisprudência, abolindo a referência ao pedido de submissão, não mais cabível desde a entrada em vigor da Resolução CJF n. 163/2011;
>
> 2ª) previsão de juízo de admissibilidade de pedido de uniformização e de recursos extraordinários ser realizado pelo presidente ou vice-presidente da turma recursal, com fulcro no art. 541 do Código de Processo Civil, bem como por outro membro do colegiado, designado pelo tribunal regional federal ou indicado no regimento interno da própria turma, a exemplo do que já ocorre em algumas regiões.
>
> No mais, o regramento anterior foi mantido, tendo sofrido algumas poucas alterações formais.
>
> Processos: CF-PPN-2014/00046 e CF-PPN-2014/ 00045".

O objetivo foi tornar mais fácil o controle dos prazos pelas turmas recursais e pelas turmas regionais, já que os prazos do pedido de uniformização e do recurso extraordinário poderão ser contados conjuntamente nos 15 dias.

Posteriormente, o Regimento Interno da TNU foi novamente alterado pela Resolução CJF 392/2016 especialmente para adequá-lo as novas regras do CPC de 2015.

Em seguida, a TNU ganhou novo Regimento Interno com a Resolução CJF 586, de 30 de setembro de 2019, que revogou a Resolução 345/2015.

Por sua vez, o requerido será intimado pela Turma de origem para, no mesmo prazo de quinze dias, apresentar contrarrazões.

O exame da admissibilidade dos pedidos de uniformização e dos recursos extraordinários compete ao presidente ou ao vice-presidente da turma recursal ou a outro membro designado pelo tribunal regional federal ou mediante previsão no regimento interno das turmas recursais diretamente afetadas pela medida.

De acordo com o **artigo 14 do Regimento Interno da TNU aprovado em 2019**, decorrido o prazo para contrarrazões, os autos serão conclusos ao magistrado responsável pelo exame preliminar de admissibilidade, que deverá, de forma sucessiva:

> I – **não conhecer** de pedido de uniformização de interpretação de lei federal intempestivo, incabível, prejudicado, interposto por parte ilegítima ou carecedor de interesse recursal;
>
> II – **determinar a suspensão** junto ao órgão responsável pelo exame preliminar de admissibilidade do pedido de uniformização de interpretação de lei federal que versar sobre tema submetido a julgamento:
>
> a) em regime de repercussão geral ou de acordo com o rito dos recursos extraordinários e especiais **repetitivos** pelo Supremo Tribunal Federal ou pelo Superior Tribunal de Justiça;
>
> b) em recurso representativo de **controvérsia** pela Turma Nacional de Uniformização ou em pedido de uniformização de interpretação de lei dirigido ao Superior Tribunal de Justiça; ou
>
> c) em **incidente de resolução** de **demandas repetitivas** ou em **incidente de assunção de competência** que irradiem efeitos sobre a Região.
>
> III – negar seguimento a pedido de uniformização de interpretação de lei federal interposto contra acórdão que esteja em conformidade com entendimento consolidado:
>
> a) em regime de **repercussão geral** ou de acordo com o rito dos recursos extraordinários e especiais **repetitivos** pelo Supremo Tribunal Federal ou pelo Superior Tribunal de Justiça;
>
> b) em recurso **representativo de controvérsia** pela Turma Nacional de Uniformização ou em pedido de uniformização de interpretação de lei dirigido ao Superior Tribunal de Justiça;
>
> c) em **incidente de resolução de demandas repetitivas** ou em incidente de **assunção de competência** que irradiem efeitos sobre a Região; ou
>
> d) em **súmula** do Supremo Tribunal Federal, do Superior Tribunal de Justiça ou da Turma Nacional de Uniformização.
>
> IV – **encaminhar** os autos à Turma de origem para eventual juízo de **retratação**, quando o acórdão recorrido divergir de entendimento consolidado:
>
> a) em regime de repercussão geral ou de acordo com o rito dos recursos extraordinários e especiais repetitivos pelo Supremo Tribunal Federal ou pelo Superior Tribunal de Justiça;
>
> b) em recurso representativo de controvérsia pela Turma Nacional de Uniformização ou em pedido de uniformização de interpretação de lei dirigido ao Superior Tribunal de Justiça;

> c) em incidente de resolução de demandas repetitivas ou em incidente de assunção de competência que irradiem efeitos sobre a Região; ou
>
> d) em súmula ou entendimento dominante do Supremo Tribunal Federal, do Superior Tribunal de Justiça ou da Turma Nacional de Uniformização.
>
> V – não **admitir** o pedido de uniformização de interpretação de lei federal, quando desatendidos os seus requisitos, notadamente se:
>
> a) não indicado paradigma válido, com a devida identificação do processo em que proferido;
>
> b) não juntada cópia do acórdão paradigma, salvo quando se tratar de julgado proferido em recurso repetitivo pelo Superior Tribunal de Justiça ou recurso representativo de controvérsia pela Turma Nacional de Uniformização;
>
> c) não demonstrada a existência de similitude, mediante cotejo analítico dos julgados;
>
> d) a análise do pedido de uniformização demandar reexame de matéria de fato;
>
> e) versar sobre matéria processual;
>
> f) a decisão impugnada possuir mais de um fundamento suficiente e as razões do pedido de uniformização não abranger todos eles;
>
> g) o acórdão recorrido estiver em consonância com entendimento dominante do Supremo Tribunal Federal, Superior Tribunal de Justiça e da Turma Nacional de Uniformização.
>
> VI – **admitir** o pedido de uniformização de interpretação de lei federal que preencha os requisitos legais e regimentais, encaminhando os autos à Turma Nacional de Uniformização e, havendo multiplicidade de recursos com fundamento em idêntica questão de direito, indicar sua afetação como representativo de controvérsia, observando, neste caso, o disposto no art. 16, ficando sobrestados os demais enquanto não julgado o caso-piloto.

Nos termos do Regimento Interno da TNU 2019, para destrancar pedido de uniformização de nacional inadmitido, caberá a interposição de agravo em 15 dias úteis a ser julgado pela TNU nos seguintes casos (incisos I e V):

> I – **não conhecer** de pedido de uniformização de interpretação de lei federal intempestivo, incabível, prejudicado, interposto por parte ilegítima ou carecedor de interesse recursal;
>
> V – **não admitir** o pedido de uniformização de interpretação de lei federal, quando desatendidos os seus requisitos, notadamente se:
>
> a) não indicado paradigma válido, com a devida identificação do processo em que proferido;
>
> b) não juntada cópia do acórdão paradigma, salvo quando se tratar de julgado proferido em recurso repetitivo pelo Superior Tribunal de Justiça ou recurso representativo de controvérsia pela Turma Nacional de Uniformização;
>
> c) não demonstrada a existência de similitude, mediante cotejo analítico dos julgados;
>
> d) a análise do pedido de uniformização demandar reexame de matéria de fato;
>
> e) versar sobre matéria processual;
>
> f) a decisão impugnada possuir mais de um fundamento suficiente e as razões do pedido de uniformização não abranger todos eles;
>
> g) o acórdão recorrido estiver em consonância com entendimento dominante do Supremo Tribunal Federal, Superior Tribunal de Justiça e da Turma Nacional de Uniformização.

Por outro lado, será interposto agravo interno a ser julgado pela Turma Recursal em decisão irrecorrível nas seguintes hipóteses (incisos II e III):

II – **determinar a suspensão** junto ao órgão responsável pelo exame preliminar de admissibilidade do pedido de uniformização de interpretação de lei federal que versar sobre tema submetido a julgamento:

a) em regime de **repercussão geral** ou de acordo com o rito dos recursos extraordinários e especiais **repetitivos** pelo Supremo Tribunal Federal ou pelo Superior Tribunal de Justiça;

b) em recurso **representativo de controvérsia** pela Turma Nacional de Uniformização ou em pedido de uniformização de interpretação de lei dirigido ao Superior Tribunal de Justiça; ou

c) em **incidente de resolução de demandas repetitivas** ou em **incidente de assunção** de competência que irradiem efeitos sobre a Região.

III – **negar seguimento** a pedido de uniformização de interpretação de lei federal interposto contra acórdão que esteja em conformidade com entendimento consolidado:

a) em regime de **repercussão geral** ou de acordo com o rito dos recursos extraordinários e especiais **repetitivos** pelo Supremo Tribunal Federal ou pelo Superior Tribunal de Justiça;

b) em recurso **representativo de controvérsia** pela Turma Nacional de Uniformização ou em pedido de uniformização de interpretação de lei dirigido ao Superior Tribunal de Justiça;

c) em **incidente de resolução de demandas repetitivas** ou em incidente de **assunção de competência** que irradiem efeitos sobre a Região; ou

d) em **súmula** do Supremo Tribunal Federal, do Superior Tribunal de Justiça ou da Turma Nacional de Uniformização.

No caso de a decisão de inadmissibilidade desafiar, a um só tempo, os dois agravos citados (externo e interno), será cabível apenas a interposição do agravo dirigido à Turma Nacional de Uniformização previsto no § 2º, no qual deverão ser cumulados os pedidos de reforma da decisão.

Caso haja a interposição simultânea de incidentes de uniformização dirigidos à Turma Regional de Uniformização e à Turma Nacional, será julgado, em primeiro lugar, o incidente dirigido à Turma Regional.

Nos termos do artigo 100, do Regimento Interno da Turma Regional de Uniformização da 1ª Região, competirá ao Presidente da TRU:

I – distribuir os incidentes de uniformização regional;

II – julgar o agravo interposto de decisão que inadmite pedido de uniformização de jurisprudência dirigido à Turma Regional de Uniformização; *(redação do inciso II dada pela Resolução Presi 33 de 30/09/2015)*

III – julgar prejudicados os incidentes de uniformização regional não distribuídos que versarem matéria já julgada;

IV – sobrestar os incidentes de uniformização ainda não distribuídos quando tratarem de questão sob apreciação da turma regional ou estiverem aguardando julgamento de incidente de uniformização nacional distribuído à Turma Nacional de Uniformização ou ao Superior Tribunal de Justiça ou for reconhecida a existência de repercussão geral pelo Supremo Tribunal Federal, na forma da lei processual;

V – dar vista ao Ministério Público Federal, quando for o caso, antes da distribuição do incidente ao relator;

VI – designar data e horário das sessões ordinárias e extraordinárias;

VII – mandar incluir em pauta os processos e assinar as atas das sessões;

VIII – presidir a sessão para edição de súmula da Turma Regional de Uniformização;

IX – manter a ordem nas sessões;

X – submeter à Turma Regional questões de ordem;

XI – proferir voto de desempate;

XII – proclamar o resultado dos julgamentos;

XIII – assinar e mandar expedir as comunicações e intimações;

XIV – apreciar a admissibilidade de incidentes e recursos dirigidos à Turma Nacional de Uniformização e recursos extraordinários dirigidos ao Supremo Tribunal Federal interpostos contra decisões e acórdãos proferidos pela Turma Regional de Uniformização;

XV – selecionar um ou mais incidentes ou recursos representativos de controvérsia e determinar o encaminhamento à Turma Nacional de Uniformização, ao Superior Tribunal de Justiça e ao Supremo Tribunal Federal, sobrestando-se os demais, na forma da lei processual;

XVI – devolver os processos à origem, na hipótese dos incisos IV e XV, após o julgamento de mérito pela Turma Nacional de Uniformização, pelo Superior Tribunal de Justiça e pelo Supremo Tribunal Federal, para adequação do julgado;

XVII – julgar prejudicados, nas hipóteses dos incisos IV e XV, os incidentes de uniformização e recursos extraordinários interpostos de acórdãos que tenham seguido a mesma orientação adotada no julgamento de mérito proferido pela Turma Nacional de Uniformização, pelo Superior Tribunal de Justiça e pelo Supremo Tribunal Federal.

Nos julgamentos, o Presidente da TRU, após a leitura do relatório, dará a palavra, se for o caso, sucessivamente, ao autor do incidente e ao réu para sustentação de suas alegações, tendo o representante do Ministério Público terá prazo igual ao das partes.

Cada integrante da TRU poderá falar duas vezes sobre o assunto em discussão e mais uma vez, se for o caso, para explicar eventual modificação de voto. Concluído o debate oral, o presidente tomará os votos do relator e dos outros juízes que se lhe seguirem na ordem de antiguidade na turma.

Após o voto do juiz mais novo na ordem de antiguidade, proferirá voto o juiz mais antigo, prosseguindo-se o julgamento. Se o relator for vencido, será designado para redigir a ementa o primeiro juiz que tiver proferido o voto prevalecente.

Em **decisão irrecorrível**, nos termos do artigo 15 do Regimento Interno da TNU 2019, antes da distribuição do pedido de uniformização de jurisprudência, o **Presidente da Turma Nacional de Uniformização** poderá:

I – não conhecer nas hipóteses previstas no art. 14, inciso I;

II – determinar a suspensão do feito junto ao juízo responsável pelo exame preliminar de admissibilidade na origem, nas hipóteses previstas no art. 14, inciso II;

III – negar seguimento nas hipóteses previstas no art. 14, inciso III;

IV – determinar a devolução dos autos à Turma de origem, para adequação, nas hipóteses do art. 14, inciso IV, ou quando o acórdão recorrido divergir da entendimento dominante do Supremo Tribunal Federal, do Superior Tribunal de Justiça ou da Turma Nacional de Uniformização;

V – inadmitir nas hipóteses previstas no art. 14, inciso V;

VI – admitir e determinar a distribuição do pedido de uniformização de interpretação de lei federal que preencha os requisitos legais e regimentais, e, havendo multiplicidade de recursos com fundamento em idêntica questão de direito, indicar sua afetação como representativo de controvérsia, observando o disposto no art. 16.

Os prazos na Turma Nacional de Uniformização correrão da publicação dos atos na imprensa oficial, da intimação pessoal ou da ciência por outro meio eficaz previsto em lei, sendo que, na contagem de prazo em dias, **computar-se-ão somente os dias úteis.**

Para espancar qualquer dúvida a respeito, coube à Lei 13.728/2018 inserir na Lei 9.099/95 o artigo 12-A:

> "Art. 12-A. Na contagem de prazo em dias, estabelecido por lei ou pelo juiz, para a prática de qualquer ato processual, inclusive para a interposição de recursos, **computar-se-ão somente os dias úteis.**"

De acordo com a TNU, no julgamento do pedido de uniformização 0017298-58.2007.4.04.7195, de 06.09.2011, "a circunstância de o acórdão recorrido contrariar, ao mesmo tempo, decisões de Turmas da mesma Região e decisões de Turmas de Regiões diversas, bem como a jurisprudência do STJ, impõe a interposição simultânea dos Incidentes de Uniformização Regional e Nacional, cujos prazos são simultâneos. A interposição do Incidente de Uniformização Nacional apenas após o julgamento do Regional impõe o reconhecimento de sua intempestividade".

Também competirá à TNU o julgamento de divergência de entendimento sobre questão de direito material entre Turmas Recursais da mesma região, caso se trate de decisão proferida em contrariedade a súmula ou jurisprudência dominante do STJ.

Também entende a TNU que, "tendo a recorrente indicado como paradigma acórdão de Turma Recursal de Minas Gerais, integrante de Região distinta da do acórdão recorrido, considero-o imprestável à demonstração de divergência jurisprudencial, eis que meramente colado no corpo do recurso ou juntado por íntegra sem a indicação da sua fonte. Em se tratando de divergência jurisprudencial entre decisões emanadas de Turmas de diferentes Regiões, impõe a Questão de Ordem nº 3 desta Turma Nacional a obrigatoriedade da juntada das cópias dos arestos paradigmas, a teor do seguinte verbete: A cópia do acórdão paradigma somente é obrigatória quando se tratar de divergência entre Turmas Recursais de diferentes Regiões."

Prossegue a TNU aduzindo que "a interpretação sistemática do conjunto normativo regulador da espécie impõe a conclusão de que o recorrente possui o inarredável ônus de carrear aos autos a íntegra dos julgados apontados como paradigmas, podendo dele se desincumbir através da juntada de certidão, cópia autenticada, citação do repositório de jurisprudência ou reprodução de página da internet, com indicação da respectiva fonte (endereço URL). Trata-se de exigência formal que, para além de permitir a verificação da divergência apontada, visa a assegurar a autenticidade do conteúdo das decisões reportadas. Nesse sentido, a mera transcrição, no corpo do recurso, do inteiro teor dos julgados paradigmas, ou mesmo a sua juntada na íntegra não é suficiente à demonstração da divergência apontada, se não há a indicação do repositório no qual foi publicado ou da fonte de onde foi extraído"[52].

Por tudo isso, questões meramente processuais não serão objeto de pedido de uniformização. Pontifica a **Súmula 07, da TNU, que "descabe incidente de uniformização versando sobre honorários advocatícios por se tratar de questão de direito processual"**, embora saibamos que discutir o valor dos honorários **é** nítida questão de direito material.

52. PEDILEF 0501964-27.2009.4.05.8100, de 29.03.2012.

Ademais, quando a orientação acolhida pela Turma Nacional de Uniformização, em questões de direito material, contrariar súmula ou jurisprudência dominante no Superior Tribunal de Justiça, a parte interessada poderá provocar a manifestação deste, que dirimirá a divergência.

Um precedente do Superior Tribunal de Justiça é suficiente para o conhecimento do pedido de uniformização, desde que o relator nele reconheça a jurisprudência predominante naquela Corte[53].

Nos termos da Questão de Ordem 09, entende a TNU que deferindo ou indeferindo, monocraticamente, o pedido de uniformização, a decisão do Relator poderá ser submetida, nos próprios autos, ao Presidente da Turma Nacional de Uniformização de Jurisprudência dos Juizados Especiais Federais, no prazo de dez dias.

Ademais, não cabe Pedido de Uniformização quando a jurisprudência da Turma Nacional de Uniformização de Jurisprudência dos Juizados Especiais Federais se firmou no mesmo sentido do acórdão recorrido, nos moldes da Questão de Ordem 13.

Por sua vez, "é incabível incidente de uniformização que impugna acórdão de turma recursal que, para fins de concessão de benefício assistencial (Lei 8.742/93, art. 20), entendeu estar ausente o requisito da 'miserabilidade', porque é inviável a análise de provas ou de situação fática por turma de uniformização de interpretação de lei" (TNU, processo 0500300-15.2015.4.05.8402, sessão de 18/2/2016).

Ainda de acordo com a TNU, "por constituir matéria de natureza processual, é incabível incidente de uniformização que busca reconhecimento da possibilidade de impugnação, pela via do mandado de segurança, de decisão monocrática na fase de cumprimento da sentença" (processo 0015699-25.2012.4.03.9301, de 16/3/2016).

Ademais, "por constituir matéria de natureza processual, é incabível incidente de uniformização que busca reconhecimento da possibilidade de impugnação, pela via do mandado de segurança, de decisão monocrática na fase de cumprimento da sentença" (TNU, processo 0015699-25.2012.4.03.9301, de 16/3/2016).

Outrossim, "não cabe incidente de uniformização para discussão de questões processuais, como aquelas relacionadas ao alcance da coisa julgada ou possibilidade de sua rescisão" (processo 0503294-66.2013.4.05.8311, de 20/10/2016).

Ainda de acordo com a TNU, **"inexiste questão material apta a ser examinada pela TNU em incidente a respeito da possibilidade de flexibilização do critério legal para aferição da condição de baixa renda necessária à concessão do benefício de auxílio-reclusão.** Assim, acaso não enquadrado o último salário de benefício recebido pelo segurado no parâmetro adotado pelo ordenamento jurídico, não há de se falar em averiguação, pela TNU, da viabilidade de deferimento da benesse, já que isso implicaria emissão de juízo de valor extremamente subjetivo, incompatível com a função da Turma de Uniformização, a quem, igualmente, não cabe assumir o papel de legislador" (Informativo 14/2017, processo 0002602-60.2014.4.03.6302).

Ademais, em conformidade com o art. 14, § 9º, da Lei n. 10.259/2001, cabe ao colegiado da Turma Recursal rejulgar o feito após a decisão de adequação de Tribunal Superior ou da TNU, nos termos do Enunciado 132, do FONAJEF.

Já a Questão de Ordem 10 pontifica que não cabe o incidente de uniformização quando a parte que o deduz apresenta tese jurídica inovadora, não ventilada nas fases anteriores do processo

53. Questão de Ordem 05, de 30.08.2004.

e sobre a qual não se pronunciou expressamente a Turma Recursal no acórdão recorrido. Neste caso o descabimento decorre da falta do pré-questionamento.

Dentre outras atribuições, **compete ao Presidente da TNU:**

> I – presidir a distribuição dos feitos aos juízes da Turma;
>
> II – praticar atos de gestão necessários ao funcionamento dos serviços administrativos da Turma, podendo delegá-los ao Secretário;
>
> III – apresentar anualmente ao Presidente do Conselho da Justiça Federal relatório das atividades da Turma;
>
> IV – convocar os juízes para as sessões ordinárias e extraordinárias;
>
> V – dirigir os trabalhos da Turma, presidindo as sessões de julgamento;
>
> VI – manter a ordem nas sessões, adotando, para isso, as providências necessárias;
>
> VII – proferir voto de desempate;
>
> VIII – julgar o agravo interposto de decisão que inadmite pedido de uniformização de interpretação de lei federal dirigido à Turma Nacional de Uniformização, observando que o agravo previsto no § 3º do art. 14 deste Regimento é de competência da Turma de origem;
>
> IX – proferir quaisquer das decisões previstas no art. 15 anteriormente à distribuição do pedido de uniformização de interpretação de lei federal;
>
> X – realizar os exames prévios de admissibilidade do recurso extraordinário e dos pedidos de uniformização de interpretação endereçados à Turma Nacional de Uniformização e ao Superior Tribunal de Justiça;
>
> XI – prestar informações solicitadas pelo relator em pedido de uniformização de interpretação de lei dirigido ao Superior Tribunal de Justiça e em recurso extraordinário;
>
> XII – dirimir as dúvidas relacionadas a questões de ordem e demais incidentes processuais, submetendo-os à apreciação do Plenário, quando for o caso;
>
> XIII – convocar magistrado federal, mediante ato específico, para atividade administrativa determinada dentre as atribuições da Turma Nacional de Uniformização dos Juizados Especiais Federais, com prazo certo e sem prejuízo da jurisdição, ciente o tribunal de origem.

O **sobrestamento de processos**, a fim de aguardar julgado do Supremo Tribunal Federal, do Superior Tribunal de Justiça ou da Turma Nacional de Uniformização, nos termos deste Regimento, precederá o juízo de admissibilidade, salvo quanto à tempestividade[54].

Nos termos do **Enunciado 184, do FONAJEF**, durante a suspensão processual decorrente do IRDR e de recursos repetitivos pode haver produção de provas no juízo onde tramita o processo suspenso, em caso de urgência, com base no art. 982, § 2º, do CPC.

Ainda entende o FONAJEF que os mecanismos processuais de suspensão de processos não impedem a realização de atos processuais necessários para o exame ou efetivação da tutela de urgência **(Enunciado 185)**.

Competirá ao **relator do processo:**

> I – ordenar e dirigir o processo;
>
> II – submeter à Turma as questões de ordem;
>
> III – pedir dia para julgamento dos feitos;

54. Artigo 52, do Regimento Interno da TNU.

IV – apresentar em mesa para julgamento os feitos que independem de pauta;

V – requisitar informações;

VI – colher a manifestação do Ministério Público Federal, quando for o caso;

VII – apreciar os pedidos de tutela provisória, na forma da lei processual;

VIII – não conhecer dos pedidos de uniformização nas hipóteses previstas no art. 14, inciso I;

IX – determinar a suspensão do feito junto ao juízo responsável pelo exame preliminar de admissibilidade na origem, nas hipóteses previstas no art. 14, inciso II;

X – negar seguimento nas hipóteses previstas no art. 14, inciso III;

XI – dar provimento, determinando a devolução dos autos à Turma de origem, para adequação, nas hipóteses do art. 14, inciso IV, ou quando o acórdão recorrido divergir da entendimento dominante do Supremo Tribunal Federal, do Superior Tribunal de Justiça ou da Turma Nacional de Uniformização;

XII – inadmitir nas hipóteses previstas no art. 14, inciso V;

XIII – indicar para afetação como representativo de controvérsia, quando houver multiplicidade de recursos com fundamento em idêntica questão de direito, observado o disposto no art. 16;

XIV – redigir o acórdão, quando seu voto for o vencedor no julgamento;

XV – homologar as desistências, transações e renúncias de direito.

Há uma grande dificuldade de um incidente de uniformização ser conhecido, quando se trata de questões concretas peculiares. É que será preciso demonstrar a divergência entre Turmas Recursais apontando um julgado paradigma, que muitas vezes considera questões específicas do caso.

De efeito, a TNU vem sendo muito rígida (até demais) na admissão dos incidentes de uniformização, exigindo identidade de situações fáticas, o que em alguns casos é impossível, a exemplo da aposentadoria por idade rural e dos benefícios por incapacidade, nas hipóteses em que é preciso verificar os documentos comprobatórios do início de prova material e as peculiaridades da suposta incapacidade, respectivamente.

De acordo com a TNU, "é possível o não conhecimento do pedido de uniformização por decisão monocrática quando o acórdão recorrido não guarda similitude fática e jurídica com o acórdão paradigma"[55].

O incidente de uniformização tem cabimento quando fundado em divergência entre decisões de Turmas Recursais de diferentes Regiões ou em face de decisão de Turma Recursal ou de Turma Regional de Uniformização proferida em contrariedade a súmula ou jurisprudência dominante da TNU ou do Superior Tribunal de Justiça. **A petição do incidente conterá obrigatoriamente a demonstração do dissídio, o seu cotejo analítico em duas etapas: primeiro, pela comparação entre as questões de fato tratadas no acórdão impugnado e no paradigma, com reprodução dos fundamentos de ambos; depois, pelo confronto das teses jurídicas em conflito, evidenciando a diversidade de interpretações para a mesma questão de direito.**

Mas não se conhecia do incidente quando a parte apresenta tese jurídica sobre a qual não se pronunciou expressamente o acórdão recorrido (Questão de Ordem nº 10). Para configuração do questionamento prévio era imprescindível que no aresto recorrido a questão tivesse sido discutida

55. Questão de Ordem 22, de 26.10.2006.

e decidida fundamentadamente, sob pena de não preenchimento do requisito, indispensável para o conhecimento dos chamados recursos especiais, inclusive o pedido de uniformização[56].

No entanto, com o advento da aprovação da Questão de Ordem 36, em 09 de outubro de 2013, foi facilitada a prova do pré-questionamento, bastando que a matéria seja veiculada nos embargos de declaração:

> Questão de Ordem 36 – "A mera interposição dos embargos de declaração supre o requisito do pré-questionamento, em razão dos princípios informadores dos Juizados".

Na sessão de 08 de outubro de 2014 passou a ter a seguinte redação:

> **Questão de Ordem 36 – "A interposição dos embargos de declaração para fins de prequestionamento faz-se necessária somente quando a matéria não tenha sido apreciada, a despeito de previamente suscitada".**

Nos termos da Questão de Ordem 35, "o conhecimento do pedido de uniformização pressupõe a efetiva apreciação do direito material controvertido por parte da Turma de que emanou o acórdão impugnado".

Deverá o pedido de uniformização ser instruído com a cópia do julgado divergente, cuja autenticidade deve ser comprovada mediante a apresentação de certidão, cópia autenticada ou citação do repositório de jurisprudência oficial ou credenciado em que foi publicada a decisão divergente, sendo que a TNU admite a reprodução de julgado disponível na página do respectivo órgão judicial na internet, desde que com indicação da respectiva fonte ou *link* que remeta o interessado diretamente ao acórdão apontado como paradigma[57].

Vale ressaltar que o incidente de uniformização é descabido para mera reapreciação de questões fáticas, a exemplo da reavaliação de provas para o questionamento da configuração de união estável, porquanto o seu objetivo é uniformizar teses jurídicas divergentes em questões de direito material.

Nesse sentido, dispõe a TNU:

> **Súmula 42:** "Não se conhece de incidente de uniformização que implique reexame de matéria de fato".

Por outro lado, nos termos do Enunciado 97, do FONAJEF, "cabe incidente de uniformização de jurisprudência quando a questão deduzida nos autos tiver reflexo sobre a competência do juizado especial federal".

A TNU vem pronunciando a nulidade de acórdãos genéricos que podem ser manejados em vários processos, pois não adentram as peculiaridades do caso concreto:

> "EMENTA/VOTO PROCESSUAL CIVIL. CONSTITUCIONAL. ACÓRDÃO PADRÃO E GENÉRICO. VIOLAÇÃO DO DEVER DE FUNDAMENTAÇÃO. AUSÊNCIA DE ADEQUADA DEVOLUÇÃO DA PRESTAÇÃO JURISDICIONAL. ANULAÇÃO DA DECISÃO RECORRIDA. INCIDENTE PROVIDO. 1. Este Colegiado possui entendimento consolidado no sentido de que a parte litigante possui o constitucional direito de ver a sua pretensão acolhida ou rechaçada pelo Poder Judiciário através de manifestação jurisdicional que veicule

56. PEDILEF 00040128920064036317, Rel. JUIZ FEDERAL JANILSON BEZERRA DE SIQUEIRA, DOU 08/06/2012.

57. ORIENTAÇÃO JUDICIAL Nº 05/2013 DO DEPARTAMENTO DE CONTENCIOSO/PGF.

adequada fundamentação, nos termos do inciso IX do art. 93 da Carta Constitucional. Esse direito não sofre relativização pela circunstância de se tratar de feito em curso perante os Juizados Especiais Federais, regido, por conseqüência, pelos princípios da celeridade, informalidade, simplicidade e informalidade. Decisões concisas e objetivas não prescindem de ser adequadamente fundamentadas, de forma a possibilitar a devolução da prestação jurisdicional aos litigantes. 2. Decisão genérica equivale a decisão não fundamentada e implica negativa de prestação jurisdicional, sendo que a sua chancela caracteriza o afastamento da possibilidade de controle da atividade jurisdicional. 3. Confirmação de entendimento desta TNU veiculado no acórdão prolatado nos autos do Pedilef 0502440-02.2008.4.05.8100, de 30/09/2011, Relator Juiz Federal Paulo Ricardo Arena Filho, ao qual se imprimiu a sistemática prevista no art. 7 do Regimento Interno desta Turma, que determina a devolução às Turmas de origem dos feitos congêneres, para manutenção ou adaptação dos julgados conforme a orientação pacificada. 4. Incidente provido, para anulação do acórdão recorrido, com determinação de retorno dos autos à Turma Recursal de origem para prolação de outro" (PEDILEF 0506479-67.2007.4.05.8103, de 29.02.2012).

No entanto, de acordo com o STF no julgamento do AI-AgR 749969, de 15/09/2009, "não viola a exigência constitucional de motivação a fundamentação de turma recursal que, em conformidade com a Lei nº 9.099/95, adota os fundamentos contidos na sentença recorrida".

Reconhecida a divergência, a Turma Nacional de Uniformização de Jurisprudência editará a súmula correspondente, se for aprovada pela maioria dos membros exigida pelo Regimento Interno[58], exigindo a maioria absoluta dos seus membros.

De acordo com o artigo 33 do Regimento Interno da TNU, a jurisprudência firmada pela Turma Nacional de Uniformização poderá ser compilada em **súmula**, cuja aprovação dar-se á pelo voto de pelo menos **sete de seus membros**, cabendo ao relator propor-lhe o enunciado.

Para a Questão de Ordem 39 da TNU, a aprovação, cancelamento e alteração de Enunciado de Súmula de Jurisprudência será julgada como Questão de Ordem, de forma apartada do dispositivo da decisão, mediante votação nominal.

Os enunciados da súmula prevalecem sobre jurisprudência anterior, aplicando-se a casos não definitivamente julgados. Durante o julgamento do incidente de uniformização, qualquer dos membros poderá propor a revisão da jurisprudência compendiada em súmula, caso a maioria dos presentes admita a proposta de revisão, procedendo-se ao sobrestamento do feito, se necessário, sendo que a alteração ou o cancelamento do enunciado de súmula será aprovado pelo voto de pelo menos sete membros da Turma.

A Turma Nacional de Uniformização reunir-se-á com a presença de, no mínimo, sete juízes, além do Presidente, e deliberará por maioria simples.

Na sessão de julgamento do incidente de uniformização na TNU, é facultado às partes, por seus advogados, **apresentar memoriais e produzir sustentação oral, por dez minutos,** prorrogáveis por igual prazo, a critério do Presidente.

A exclusivo critério do Presidente, eventuais interessados que não sejam partes no processo poderão fazer sustentação oral por ocasião do julgamento, sendo uma espécie de intervenção *amicus curiae* ou de terceiros interessados.

58. Questão de Ordem 15, de 25.04.2005.

Ademais, a Turma Nacional de Uniformização poderá converter o julgamento em diligência, quando necessário à decisão da causa, cabendo ao relator fará a exposição do caso e proferirá o seu voto, seguido pelos demais juízes, em ordem decrescente de antiguidade.

Demais disso, o acolhimento do pedido de uniformização gera dois efeitos: a reforma da decisão da Turma Recursal e a consequente estipulação de honorários advocatícios, se for o caso, bem assim a prejudicialidade do recurso extraordinário, se interposto, na forma da Questão de Ordem 02, da TNU.

Após o julgamento do incidente de uniformização, caberão **embargos de declaração, no prazo de cinco dias,** a contar da publicação da decisão, em petição dirigida ao relator, na qual será indicado o ponto obscuro, contraditório ou omisso cuja declaração se imponha.

Se os embargos forem manifestamente incabíveis, o relator os rejeitará de plano. O relator apresentará os embargos em mesa para julgamento na primeira sessão subsequente, proferindo voto. Se houver possibilidade de emprestar efeito modificativo à súmula aprovada ou acórdão em pedido de uniformização representativo de controvérsia, os embargos de declaração serão incluídos em pauta, a teor do artigo 30 do Regimento Interno da TNU.

Convém ainda tratar do instituto da **adequação dos julgados**. Cabe ao Presidente da Turma Recursal ou da Turma Regional decidir preliminarmente sobre a admissibilidade do incidente de uniformização.

No caso de incidentes de uniformização idênticos recebidos nas Turmas Recursais ou Regionais estes ficarão sobrestados antes de ser realizado o juízo preliminar de admissibilidade se, sobre o mesmo tema, outro incidente já tiver sido apresentado ou estiver em vias de apresentação na Turma Nacional de Uniformização.

Por sua vez, **a decisão proferida pela Turma Nacional de Uniformização, no incidente que versar sobre a questão discutida, deve ser adotada pela turma de origem para fins de adequação ou manutenção do acórdão recorrido.**

Logo, uma decisão proferida pela TNU em sentido contrário ao entendimento da Turma Recursal ou Turma Regional de Uniformização fará com que todos os processos com incidentes de uniformização sobrestados tenham a decisão reavaliada pela Turma, para adequá-la ao entendimento da TNU.

A mesma adequação dos julgados pode ser feita pela própria TNU em razão de decisão do STF ou do STJ. Isso porque compete ao Presidente da TNU determinar o sobrestamento dos feitos que já tiverem sido julgados pela TNU, nos quais tenha sido interposto incidente dirigido ao Superior Tribunal de Justiça e/ou recurso para o Supremo Tribunal Federal, até decisão final da instância superior para posterior adequação ou manutenção do aresto.

Nesse sentido, colaciona-se a **Questão de Ordem 33**, da TNU:

> Questão de Ordem 33 – **"Se as premissas jurídicas de acórdão da Turma Nacional de Uniformização forem reformadas pelo Supremo Tribunal Federal, em sede de julgamento de recurso extraordinário com repercussão geral, ou pelo Superior Tribunal de Justiça, em sede de recurso repetitivo, o Presidente da TNU fará a adequação do julgado, prejudicados eventuais recursos interpostos"** (Aprovada na 5ª Sessão Ordinária da Turma Nacional de Uniformização do dia 12.6.2013).

De acordo com o artigo 16 do Regimento Interno da TNU 2019, quando houver **multiplicidade de pedidos com fundamento em idêntica questão de direito**, o pedido de uniformização de jurisprudência será processado com observância deste procedimento **(Representativo de Controvérsia)**:

O juízo responsável pelo exame preliminar de admissibilidade que indicar pedido de uniformização de interpretação de lei federal como representativo de controvérsia na origem comunicará o Presidente da Turma Nacional de Uniformização, indicando os dados do respectivo processo e daqueles que ficaram sobrestados, a fim de que a Turma Nacional delibere acerca da afetação da matéria.

Após análise prévia de admissibilidade realizada pelo Presidente, o representativo de controvérsia, caso admitido, será distribuído ao relator, que deverá pautar a afetação do tema, no prazo de 60 (sessenta) dias.

A afetação e o julgamento do representativo de controvérsia deverão ser sucedidos da mais ampla e específica divulgação e publicidade.

A Secretaria da Turma Nacional de Uniformização dará ciência às Turmas Recursais e Regionais de Uniformização e ao juízo responsável pelo exame preliminar de admissibilidade dos pedidos de uniformização de interpretação de lei federal acerca da afetação de representativo de controvérsia, a fim de que sejam suspensos os demais processos envolvendo idêntica questão de direito enquanto não julgado o caso-piloto.

O pedido de uniformização de interpretação de lei federal admitido como representativo da controvérsia será processado e julgado com observância deste procedimento:

> I – será publicado edital para que pessoas, órgãos ou entidades com interesse na controvérsia possam apresentar memorais escritos no prazo de 10 (dez) dias;
>
> II – o relator poderá solicitar informações, a serem prestadas no prazo de 15 (quinze) dias, às Turmas Recursais e Regionais a respeito da controvérsia;
>
> III – antes do julgamento, o Ministério Público Federal terá vista dos autos pelo prazo de 10 (dez) dias;
>
> IV – transcorrido o prazo para o Ministério Público Federal e remetida cópia do relatório e voto do relator aos demais juízes, o processo será incluído em pauta, devendo ser julgado com preferência sobre os demais feitos, ressalvados os que envolvam réu preso;
>
> V – na sessão de julgamento, poderão fazer sustentação oral as quatro primeiras pessoas, órgãos ou entidades que tenham formulado requerimento nesse sentido, ficando a critério do Presidente assegurar a outros interessados o direito de também fazê-la;
>
> VI – transitado em julgado o acórdão da Turma Nacional de Uniformização, os pedidos de uniformização de interpretação de lei federal sobrestados:
>
> a) terão seguimento denegado na hipótese de o acórdão recorrido coincidir com a orientação da Turma Nacional de Uniformização; ou
>
> b) serão encaminhados à Turma de origem para juízo de retratação, quando o acórdão recorrido divergir do decidido pela Turma Nacional, ficando integralmente prejudicados os pedidos de uniformização de interpretação de lei federal anteriormente interpostos.

De acordo com o **Enunciado 183, do FONAJEF**, O magistrado, ao aplicar ao caso concreto a *ratio decidendi* contida no precedente vinculante, não precisa enfrentar novamente toda a argumentação jurídica que já fora apreciada no momento de formação do precedente, sendo suficiente que demonstre a correlação fática e jurídica entre o caso concreto e aquele já apreciado.

Segue, abaixo, quadro oficial publicado pela TNU contendo a lista e os temas dos incidentes representativos de controvérsia já julgados[59]:

59. http://www.cjf.jus.br/cjf/tnu/QuadroInformativo-art7-7marco.pdf/view.

A Turma Nacional de Uniformização dos Juizados Especiais Federais – TNU, com o objetivo de divulgar o resultado do julgamento de matérias controvertidas, disponibiliza, a seguir, quadro informativo, do qual constam os processos que foram julgados conforme o art. 7º, VII, "a" da Resolução CJF n. 22 de 4 de setembro de 2008.

O julgamento dos incidentes resulta na devolução dos demais recursos que versem sobre o mesmo objeto às Turmas de origem, a fim de que mantenham a decisão recorrida ou promovam a sua adequação às premissas jurídicas firmadas no âmbito da TNU.

Para acessar os incidentes representativos de controvérsia da TNU classificados por temas, tantos os julgados quanto os pendentes de julgamento, basta acessar o seguinte link:

https://www.cjf.jus.br/cjf/corregedoria-da-justica-federal/turma-nacional-de-uniformizacao/temas-representativos

Ademais, não são devidas custas pelo processamento do pedido de uniformização e jurisprudência dirigido à Turma Nacional de Uniformização, na forma do artigo 48 do Regimento Interno da TNU.

Por determinação do Presidente da Turma Nacional de Uniformização, poderá ser obrigatória a utilização de sistema informatizado para prática e comunicação de atos processuais, nos termos da lei, a teor do artigo 47 do Regimento Interno da TNU.

Veja-se que de acordo com o artigo 313, IV, do CPC de 2015, é causa de suspensão do processo a admissão de incidente de resolução de demandas repetitivas.

Na Turma Nacional de Uniformização de Jurisprudência dos Juizados Especiais Federais, admitia reclamação contra decisão da turma recursal que se recusava a adaptar acórdão à jurisprudência consolidada[60].

No entanto, a Questão de Ordem 16 restou revogada na sessão de 22/2/2018, por afrontar o Regimento Interno atual da TNU: A Turma Nacional de Uniformização dos Juizados Especiais Federais, na Primeira Sessão Ordinária, de 22 de fevereiro de 2018, deliberou, por unanimidade, pela revogação da Questão de Ordem nº 16, por estar em confronto com o inciso I[61], artigo 46, do Regimento Interno da Turma Nacional de Uniformização de 2015, instituído pela Resolução n. 345, de 02 de junho de 2015.

Não cabe reclamação, sendo a inicial desde logo indeferida, quando:

> I – se pretender a garantia da autoridade de decisão proferida em processo em que a reclamante não tenha sido parte;
>
> II – impugnar decisões proferidas pelo Presidente da Turma Nacional ou pelo magistrado responsável pelo juízo preliminar de admissibilidade nos casos do arts. 14 e 15 deste Regimento.

A reclamação será endereçada ao Presidente da Turma Nacional de Uniformização e instruída com as provas documentais pertinentes, será autuada e distribuída ao relator da causa principal, sempre que possível.

Ao despachar a reclamação, o relator:

60. Questão de Ordem 16, de 06.06.2005.
61. **Art. 46.** Não cabe reclamação, sendo a inicial desde logo indeferida quando:
I – fundamentada em decisões proferidas em outros autos.

I – requisitará informações da autoridade a quem foi imputada a prática do ato impugnado, as quais deverão ser prestadas no prazo de 10 (dez) dias;

II – determinará a suspensão do processo ou do ato impugnado, caso seja necessário para evitar dano irreparável;

III – determinará a citação do beneficiário da decisão impugnada, que terá prazo de 15 (quinze) dias para apresentar a sua contestação.

O Ministério Público, nas reclamações que não houver formulado, terá vista do processo, por 5 (cinco) dias, após o decurso do prazo para informações.

Julgando procedente a reclamação, a Turma Nacional de Uniformização cassará a decisão impugnada, no todo ou em parte, ou determinará medida adequada à preservação de sua competência.

De acordo com a TNU, "não se conhece de reclamação interposta nos próprios autos principais, como se recurso fosse, cuja apresentação nestes moldes é manifestamente equivocada, não sendo caso de aplicação de fungibilidade, pela existência de erro grosseiro" (Informativo 27/2018 – Reclamação n. 5011435-67.2011.4.04.7107/RS).

Por fim, julgando procedente a reclamação, a Turma Nacional de Uniformização cassará a decisão impugnada, no todo ou em parte, ou determinará medida adequada à preservação de sua competência, cabendo ao Presidente da Turma determinara o imediato cumprimento da decisão, lavrando-se o acórdão posteriormente.

O STJ vem restringindo o uso da reclamação no Juizado Especial Federal, pois existem instrumentos específicos de uniformização de jurisprudência, como o incidente ao próprio STJ quando a decisão da TNU violar súmula ou jurisprudência dominante da Corte Superior.

Nesse sentido, pontificou que "a reclamação teve o seu seguimento obstado pela decisão agravada com suporte na aplicação da iterativa jurisprudência da Primeira Seção desta Corte, que se tem posicionado no sentido do não cabimento da reclamação contra decisões proferidas pelas Turmas Recursais em demandas que tramitam no Juizado Especial da Fazenda Pública (Lei 10.253/2009) ou nos Juizados Especiais Federais (Lei 10.259/2001), tendo em vista a existência de mecanismos próprios para a solução das alegadas divergências jurisprudenciais" (AgRg na Rcl 30485, de 8/6/2016). O mesmo instituto pode ser previsto no Regimento Interno das Turmas Regionais. Curioso notar que o Regimento interno da TRU da 4ª Região não prevê a reclamação, embora seja um instituto extremamente necessário.

Em situações desta natureza, acredita-se ser cabível a dedução da tese por simples petição para assegurar o cumprimento da decisão da Turma Regional.

Quando a orientação acolhida pela TNU, em questões de direito material, contrariar súmula ou jurisprudência dominante STJ, a parte interessada poderá provocar a manifestação deste, que dirimirá a divergência.

Considera-se **jurisprudência dominante** o entendimento jurídico adotado reiteradamente em decisões idênticas proferidas em casos semelhantes.

De efeito, nos termos do artigo 31 do Regimento Interno da TNU, quando o acórdão da Turma Nacional de Uniformização for proferido em contrariedade à súmula ou jurisprudência dominante do Superior Tribunal de Justiça, o incidente de uniformização de jurisprudência será suscitado, nos próprios autos, no prazo de **quinze dias**, perante o Presidente da Turma Nacional de Uniformização.

Destarte, é necessário chegar à TNU para interpor incidente de interpretação de lei federal ao STJ, se cabível:

> "PREVIDENCIÁRIO. PROCESSUAL CIVIL. AGRAVO REGIMENTAL. ACÓRDÃO RECORRIDO PROFERIDO POR TURMA RECURSAL DO JUIZADO ESPECIAL FEDERAL. NÃO CABIMENTO DA RECLAMAÇÃO. SUCEDÂNEO RECURSAL. IMPOSSIBILIDADE.
>
> 1. Nos termos dos arts. 105, I, f, da CF e 187 do RISTJ, a reclamação destina-se a preservar a competência deste Tribunal ou garantir a autoridade das suas decisões. É um meio de impugnação de manejo limitado, que não pode ter seu espectro cognitivo ampliado, sob pena de se tornar um sucedâneo recursal.
>
> **2. No âmbito dos Juizados Especiais Federais, não é cabível reclamação diretamente contra decisão de turma recursal com a finalidade de discutir contrariedade à jurisprudência do STJ.**
>
> 3. Há previsão legal de recurso específico contra acórdão da Turma Recursal do Juizado Especial Federal, qual seja, o incidente de uniformização dirigido à Turma Nacional.
>
> **4. Ao STJ somente competirá, em momento posterior, a análise de eventual divergência entre o acórdão da Turma Nacional de Uniformização com a sua jurisprudência dominante ou sumulada, acerca de questões de direito material"** (STJ, AgInt na Rcl 32968 / SP, 1ª Seção, de 22/2/2047).

Desde a Resolução CJF 392/2016, caberá, também, incidente de uniformização para o STJ quando o acórdão proferido pela Turma Nacional de Uniformização estiver em contrariedade à tese firmada em julgamento de incidente de resolução de demandas repetitivas.

Inadmitido o incidente, a parte poderá requerer, nos próprios autos, no prazo de **dez dias**, que o feito seja remetido ao Superior Tribunal de Justiça, a teor do artigo 31 do Regimento Interno da TNU.

Coube à **Resolução 10/2007** da lavra da Presidência do STJ regular o processamento de incidente de uniformização da jurisprudência dos Juizados Especiais Federais.

Admitido o incidente ou, se inadmitido, houver requerimento da parte, o pedido de uniformização será distribuído no Superior Tribunal de Justiça a relator integrante da Seção competente.

Se o relator indeferir o pedido, dessa decisão caberá agravo à Seção respectiva, que proferirá julgamento irrecorrível.

No STJ, é possível o indeferimento liminar do incidente de uniformização com base no artigo 34, inciso XVIII, do Regimento Interno do STJ. Para desafiar esta decisão monocrática é cabível **agravo regimental** no prazo de cinco dias, nos termos do artigo 258 do RI/STJ, que neste caso será julgado pela 1ª Seção:

> Art. 258. A parte que se considerar agravada por decisão do Presidente da Corte Especial, de Seção, de Turma ou de relator, à exceção do indeferimento de liminar em procedimento de habeas corpus e recurso ordinário em habeas corpus, poderá requerer, dentro de cinco dias, a apresentação do feito em mesa relativo à matéria penal em geral, para que a Corte Especial, a Seção ou a Turma sobre ela se pronuncie, confirmando-a ou reformando-a. (Redação dada pela Emenda Regimental n. 24, de 2016)

O agravo regimental será submetido ao prolator da decisão, que poderá reconsiderá-la ou submeter o agravo ao julgamento da Corte Especial, da Seção ou da Turma, conforme o caso, computando-se também o seu voto.

No entanto, nos termos do artigo 4º da Resolução STJ 10/2007, "será de 10 (dez) dias o prazo para agravar das decisões proferidas pelo relator", devendo prevalecer este prazo por se tratar de regra especial.

Admitido o incidente, o relator:

> I – poderá, de ofício ou a requerimento da parte, presentes a plausibilidade do direito invocado e o fundado receio de dano de difícil reparação, deferir medida liminar para suspender a tramitação dos processos nos quais tenha sido estabelecida a mesma controvérsia (**contra esta decisão cabe agravo à Seção**);
>
> II – oficiará ao Presidente da Turma Nacional de Uniformização e aos Presidentes das Turmas Recursais, comunicando o processamento do incidente e solicitando informações;
>
> III – ordenará a publicação de edital no Diário da Justiça, com destaque no noticiário do STJ na internet, para dar ciência aos interessados sobre a instauração do incidente, a fim de que se manifestem, querendo, no prazo de 30 (trinta) dias;
>
> IV – decidir o que mais for necessário à instrução do feito.

Cumpridos os prazos, com ou sem manifestação das partes, do Ministério Público ou de eventuais terceiros interessados, o feito será incluído na pauta da sessão, com preferência sobre os demais, ressalvados os processos com réu preso, os *habeas corpus* e mandados de segurança.

Ademais, as partes, o representante do Ministério Público e, por decisão do Presidente da Seção, os terceiros interessados poderão produzir sustentação oral na conformidade do que dispõe o art. 160 do Regimento Interno do Superior Tribunal de Justiça.

Por fim, o acórdão do julgamento do incidente conterá, se houver, súmula sobre a questão controvertida, e dele será enviada cópia ao Presidente da Turma Nacional de Uniformização.

Os incidentes eram julgados pela 1ª Seção do STJ sob a sigla PET. No entanto, com a Emenda Regimental 22/2016, foi constituída a classe Pedido de Uniformização de Interpretação de Lei **(PUIL)**, que compreende a medida interposta contra decisão da Turma Nacional de Uniformização no âmbito da Justiça Federal que, em questões de direito material, contrarie súmula ou jurisprudência dominante no Superior Tribunal de Justiça.

Ademais, é condição de conhecimento do incidente que a questão de direito material tenha sido pré-questionada nas instâncias inferiores:

> "PROCESSUAL CIVIL. AGRAVO REGIMENTAL NA PETIÇÃO. INCIDENTE DE UNIFORMIZAÇÃO DE JURISPRUDÊNCIA. ART. 14, § 4º, DA LEI Nº 10.259/2001. AUSÊNCIA DE MANIFESTAÇÃO DA TURMA NACIONAL DE UNIFORMIZAÇÃO DE JURISPRUDÊNCIA DOS JUIZADOS ESPECIAIS FEDERAIS (TNU) SOBRE A QUESTÃO DE DIREITO MATERIAL. **1. Nos termos do art. 14, § 4º, da Lei 10.259/2001, o Superior Tribunal de Justiça examinará divergência entre acórdão proferido pela Turma Nacional de Uniformização de Jurisprudência dos Juizados Especiais Federais e a sua jurisprudência quando for analisada questão de direito material por aquele colegiado, o que não ocorreu no caso dos autos.** 2. Agravo regimental não provido" (STJ, AgRg na Pet 10964/PB, de 10/8/2016).

Ademais, é necessário que exista decisão da TNU sobre direito material que viole súmula ou jurisprudência dominante do STJ, sob pena de não conhecimento do incidente:

> "PREVIDENCIÁRIO. EMBARGOS DE DECLARAÇÃO NA PETIÇÃO RECEBIDO COMO AGRAVO REGIMENTAL. FUNGIBILIDADE RECURSAL. INCIDENTE DE UNIFOR-

MIZAÇÃO DE JURISPRUDÊNCIA. AUSÊNCIA DE DECISÃO DA TURMA NACIONAL SOBRE QUESTÃO DE DIREITO MATERIAL EM CONFRONTO COM SÚMULA OU JURISPRUDÊNCIA DOMINANTE DO STJ. INCIDENTE DE UNIFORMIZAÇÃO DE JURISPRUDÊNCIA INADMITIDO. AGRAVO REGIMENTAL DESPROVIDO. 1. As pretensões veiculadas nos Embargos de Declaração ora sob exame, típicas de Agravo Regimental, devem ser assim examinadas, diante dos princípios da fungibilidade economia processual. **2. Na presente demanda, a Turma Nacional, com base em fundamentos exclusivamente processuais, não admitiu o incidente de uniformização, razão pela qual não proferiu juízo acerca da questão de direito material suscitada. Dessa forma, ausentes os pressupostos do art. 14, § 4º. da Lei 10.259/2001, inadmissível o presente incidente.** 3. Verifica-se, ademais, que as teses jurídicas manifestadas na sentença e nos paradigmas não são divergentes, sendo certo que a solução adotada por eles é diversa em virtude da dessemelhança entre os suportes fáticos de cada um. 4. Com efeito, a sentença julgou improcedente o pedido de conversão do labor exercido entre 1.8.1982 a 30.7.1994 e 1.9.1994 a 30.9.1997 uma vez que nesses períodos o ora suscitante exerceu as atividades não enquadradas como insalubres (gerente administrativo e contribuinte individual – sócio de empresa). Por sua vez, os acórdãos paradigmas versam sobre a inexigibilidade de comprovação da efetiva exposição a agentes nocivos para o período em que a atividade enquadrada como especial foi desenvolvida antes da edição da Lei 9.032/1995. 5. O que se constata, nesse caso, é que as soluções adotadas pelo acórdão embargado e os paradigmas são diversas em virtude da dessemelhança entre os suportes fáticos de cada um, o que impede a admissão e o processamento do incidente. 6. Agravo Regimental desprovido" (STJ, EDcl na Pet 9712, de 10/8/2016).

Nos termos do artigo 263, do RI/STJ, alterado pela Emenda Regimental 22/2016, cabem **embargos de declaração** contra qualquer decisão judicial, a serem opostos no prazo legal, para:

I – esclarecer obscuridade ou eliminar contradição;

II – suprir omissão de ponto ou questão sobre a qual devia pronunciar-se o Órgão Julgador de ofício ou a requerimento; ou

III – corrigir erro material.

Como se trata de procedimento do JEF entende-se que o prazo para interposição dos aclaratórios será de **cinco dias**.

O embargado será intimado para, querendo, manifestar-se, no prazo legal, sobre os embargos opostos, caso seu eventual acolhimento possa implicar a modificação da decisão embargada.

Demais disso, se os embargos de declaração forem opostos contra decisão de relator ou outra decisão unipessoal, o Órgão Julgador da decisão embargada decidi-los-á monocraticamente.

Quando manifestamente protelatórios os embargos de declaração, na forma do § 4º do art. 1.026 do Código de Processo Civil de 2015, condenar-se-á o embargante, em decisão fundamentada, a pagar ao embargado multa não excedente a 2% sobre o valor atualizado da causa.

Cumpre ressaltar que os embargos de declaração interrompem o prazo para a interposição de recursos por qualquer das partes, salvo quando manifestamente protelatórios, na forma do § 4º do artigo 1.026 do CPC/2015.

De arremate, frise-se que não será cabível a interposição de recurso especial no rito do JEF por carência de previsão constitucional, conforme pacificado pelo STJ:

"AGRAVO DE INSTRUMENTO. RECURSO ESPECIAL CONTRA DECISÃO DE TURMA RECURSAL DE JUIZADO ESPECIAL – SÚMULA N. 203/STJ. É incabível recurso especial das decisões proferidas por órgãos recursais dos juizados especiais, sendo pacífica a jurisprudência desta

Corte no sentido de que esta hipótese não se enquadra no inciso III do artigo 105 da Constituição Federal. Agravo Regimental improvido" (AGA 1194435, de 17.11.2009).

Ressalte-se que as decisões tomadas pelas Turmas Recursais também poderão ser vergastadas através do **recurso extraordinário**, uma vez demonstrada a sua repercussão geral e umas das hipóteses de conhecimento contidas no artigo 102, incido III, da Constituição.

O recurso extraordinário poderá ser interposto contra a decisão de Turma Recursal, da TRU ou TNU.

Nos termos do artigo 32 do Regimento Interno da TNU, o recurso extraordinário poderá ser interposto, no prazo de **15 dias**, perante o Presidente da Turma Nacional de Uniformização, sendo a parte contrária será intimada para apresentar contrarrazões no mesmo prazo, findo o qual os autos serão conclusos ao Presidente da Turma Nacional de Uniformização para juízo de admissibilidade, observado o disposto na Constituição da República, na lei processual e no Regimento Interno do Supremo Tribunal Federal.

Admitido o recurso, os autos serão encaminhados ao Supremo Tribunal Federal; inadmitido, pode a parte interpor agravo nos próprios autos, respeitadas as regras processuais pertinentes.

Pontifica o Enunciado 157 do FONAJEF que se aplica o artigo 1.030, par. único, do CPC/2015 (regramento anterior à Lei 13.256/2016) aos recursos extraordinários interpostos nas Turmas Recursais do JEF, devendo o recurso ser remetido ao STF independentemente do juízo de admissão.

No entanto, com o advento da Lei 13.256/2016, este enunciado restou prejudicado, pois foi repristinado o juízo de admissão do recurso extraordinário pelo juízo *a quo*.

Registre-se que **o STF decidiu ser incabível a interposição conjunta de incidente de uniformização e recurso extraordinário**, pois antes do julgamento do incidente não há decisão única definitiva a desafiar o recurso extraordinário:

> "AGRAVO REGIMENTAL NO RECURSO EXTRAORDINÁRIO COM AGRAVO. APLICAÇÃO DA SISTEMÁTICA DA REPERCUSSÃO GERAL PELO TRIBUNAL DE ORIGEM. INTERPOSIÇÃO DO AGRAVO PREVISTO NO ART. 544 DO CPC. NÃO CABIMENTO. PRINCÍPIO DA FUNGIBILIDADE RECURSAL. DEVOLUÇÃO DOS AUTOS AO TRIBUNAL DE ORIGEM. CABIMENTO SOMENTE PARA OS RECURSOS INTERPOSTOS ANTES DE 19/11/2009. INTERPOSIÇÃO SIMULTÂNEA DE INCIDENTE DE UNIFORMIZAÇÃO E RECURSO EXTRAORDINÁRIO CONTRA DECISÃO DE TURMA RECURSAL DE JUIZADO ESPECIAL FEDERAL. SUPRESSÃO DE INSTÂNCIA. AGRAVO A QUE NEGA PROVIMENTO.
>
> I – Não é cabível agravo para a correção de suposto equívoco na aplicação da repercussão geral, consoante firmado no julgamento do AI 760.358-QO/SE, Rel. Min. Gilmar Mendes.
>
> II – A aplicação do princípio da fungibilidade recursal, com a devolução dos autos para julgamento pelo Tribunal de origem como agravo regimental, só é cabível nos processos interpostos antes de 19/11/2009.
>
> **III – A jurisprudência desta Corte considera inadmissível o recurso extraordinário interposto contra decisão proferida por Turma Recursal dos Juizados Especiais Federais antes do julgamento de pedido de uniformização interposto concomitantemente contra essa mesma decisão.**
>
> **IV – Diante da existência do incidente, pendente de julgamento, não há decisão de *única* ou *última* instância, o que daria ensejo a abertura da via extraordinária, circunstância que atrai a incidência da Súmula 281 do STF. Precedentes de ambas as Turmas desta Corte.**

> V – Agravo regimental a que se nega provimento (STF, ARE 911.738 AgR, Min. RICARDO LEWANDOWSKI, Pleno, DJe 16/12/2015).

No prazo de 15 dias, cabe agravo contra decisão do presidente ou do vice-presidente do tribunal recorrido que inadmitir recurso extraordinário, salvo quando fundada na aplicação de entendimento firmado em regime de repercussão geral ou em julgamento de recursos repetitivos, nos termos do artigo 1.042 do CPC/2015.

O agravado será intimado, de imediato, para oferecer resposta no prazo de 15 (quinze) dias. Após o prazo de resposta, não havendo retratação, o agravo será remetido ao STF.

O agravo poderá ser julgado, conforme o caso, conjuntamente com o recurso extraordinário, assegurada, neste caso, sustentação oral, observando-se, ainda, o disposto no regimento interno do STF.

Cabe ao Presidente da Turma Recursal, da TRU ou da TNU encaminhar ao STF o agravo de instrumento para destrancar recurso extraordinário, não podendo obstar a remessa.

Nesse sentido, a Súmula 727 do STF dispõe que *"não pode o magistrado deixar de encaminhar ao Supremo Tribunal Federal o agravo de instrumento interposto da decisão que não admite recurso extraordinário, ainda que referente a causa instaurada no âmbito dos juizados especiais"*.

Desta forma, é cabível reclamação para o STF para fazer subir o agravo de instrumento:

> *"AGRAVO DE INSTRUMENTO – JUÍZO PRIMEIRO DE ADMISSIBILIDADE – INADEQUAÇÃO. O agravo de instrumento protocolado visando à sequência de recurso extraordinário não passa por crivo de admissibilidade na origem, cabendo a remessa automática ao Supremo"* (Rcl 4.484/SP, Rel. Min. Marco Aurélio, Tribunal Pleno, DJ 23.11.2007).

Por fim, nos termos do artigo 337, do RI/STF, cabem embargos de declaração, quando houver no acórdão obscuridade, dúvida, contradição ou omissão que devam ser sanadas.

Como se trata de procedimento do JEF entende-se que o prazo para interposição dos aclaratórios será de **cinco dias.**

De acordo com a Súmula 44, do FONAJEF, o manejo da ação rescisória **é** incompatível com o rito do JEF:

> **Enunciado nº 44** – Não cabe ação rescisória no JEF. O artigo 59 da Lei n 9.099/95 está em consonância com os princípios do sistema processual dos Juizados Especiais, aplicando-se também aos Juizados Especiais Federais (Aprovado no II FONAJEF).

Acredita-se que é necessário existir um instrumento processual para rescindir decisões teratológicas no JEF, ou decisões que violem teses repetitivas firmadas pelo STF, STJ e TNU, sendo a melhor opção a adoção da ação rescisória, pois se limita o prazo de propositura a dois anos após a formação da coisa julgada.

No entanto, aderindo ao posicionamento do FONAJEF, as Turmas Recursais não vêm aceitando a propositura de ação rescisória no JEF.

A execução provisória no JEF é possível no que concerne às obrigações de fazer ou não fazer, desde que tenha sido deferida tutela provisória antes da formação da coisa julgada.

Já a execução das parcelas vencidas (obrigação de pagar quantia certa) exige a formação da coisa julgada, pois o INSS ostenta a natureza jurídica de pessoa jurídica de direito público.

Veja-se nesse sentido o posicionamento do FONAJEF:

Enunciado nº 35 – A execução provisória para pagar quantia certa é inviável em sede de juizado, considerando outros meios jurídicos para assegurar o direito da parte (Aprovado no II FONAJEF).

Após a formação da coisa julgada, quando o processo é baixado para o juiz de primeiro grau, que possui competência funcional para presidir a fase executória, o primeiro passo é diligenciar o cumprimento da obrigação de fazer ou não fazer, se for o caso.

Eis alguns exemplos:

a) implantação de benefício previdenciário (fazer);

b) revisão de renda de benefício (fazer);

c) averbação de tempo de contribuição (fazer);

d) manter ativo um auxílio-doença por seis meses ao menos (não fazer);

e) cessar descontos administrativos perpetrados em benefício (não fazer).

Após requerimento da parte autora, o INSS deverá ser intimado para atestar o cumprimento da obrigação de fazer ou não fazer, cabendo à Procuradoria Federal abrir tarefa administrativa para Agência da Previdência Social de Atendimento às Demandas Judiciais (APS/AADJ) da localidade.

O ideal é que os detalhes da obrigação já constem do título judicial transitado em julgado. Mas, infelizmente, isso não ocorre em muitos casos, especialmente na concessão e revisão de renda mensal de benefício com valor acima de um salário-mínimo.

Neste caso, é possível que haja fase cognitiva na execução no que concerne ao valor da renda mensal. Há casos, inclusive, que se verifica que a execução é vazia, pois a determinação judicial não se amolda ao caso concreto, o que na verdade configura uma anomalia judicial.

A fase seguinte – se cabível, pois há demandas previdenciárias que não possuem o pagamento de parcelas vencidas, a exemplo do simples pedido de averbação de tempo de contribuição – consiste no pagamento das parcelas vencidas, que se referem ao período anterior à DIP (data de início do pagamento administrativo), pois a partir da DIP as parcelas pecuniárias são pagas administrativamente pelo INSS.

Caberá ao magistrado inserir no final da decisão os comandos básicos de implantação, como a data de início do benefício (DIB), a renda mensal (salvo se delegado ao INSS o seu cálculo) e a data de início do pagamento (DIP).

A data do início do pagamento é o termo inaugural do pagamento das parcelas na via administrativa com depósito em conta do beneficiário, normalmente sendo o dia seguinte ao último dia do horizonte do cálculo das parcelas vencidas, sendo o marco divisor entre a obrigação de fazer e de pagar as parcelas vencidas.

É importante que não haja falha neste ponto, sob pena de pagamento em duplicidade de determinado período (prejuízo para o INSS) ou de não pagamento em algum período (prejuízo para o beneficiário).

Suponha-se que uma sentença tenha condenado o INSS em implantar uma aposentadoria por tempo de contribuição, com DIB (data de início do benefício) em 02/01/2012 (data do requerimento administrativo) e data do início do pagamento (DIP) em 01/01/2015.

Neste caso, o INSS irá implantar o benefício com efeitos financeiros a partir de 01/01/2015, pagos mensalmente na conta do segurado (obrigação de fazer). Já as parcelas vencidas (de

02/01/2012 até 31/12/2014) serão pagos em sede de execução no próprio processo judicial, através de precatório ou de requisição de pequeno valor, a depender do montante do crédito.

O ideal é que a decisão transitada em julgado no JEF já consigne o valor dos valores atrasados a serem pagos ao beneficiário da Previdência Social, pois neste caso caberá apenas a sua atualização.

Caso contrário, é possível que haja uma fase de discussão sobre esse valor, o que atrasa o curso do processo e pode exigir nova atuação da Turma **Recursal.**

De acordo com o Enunciado 13, do FONAJEF, não são admissíveis embargos de execução nos JEFs, devendo as impugnações do devedor ser examinadas independentemente de qualquer incidente.

Logo, as partes poderão impugnar os cálculos judiciais ou o cálculo da parte ex-adversa por simples petição dirigida ao juiz.

Quando as decisões não são impugnáveis via recurso, a exemplo da decisão de incidente processual na execução do julgado, deverá a parte prejudicada interpor **mandado de segurança** para a respectiva Turma Recursal (órgão *ad quem)*, conforme entendimento consolidado do STJ[62], sendo este também o posicionamento do STF (RE 586.789, de 16.11.2011).

Também nesse sentido a Súmula 376 do STJ:

> **Súmula 376** – "Compete a turma recursal processar e julgar o mandado de segurança contra ato de juizado especial".

No entanto, conforme visto acima, o tema é polêmico e o leitor deve avaliar o Regimento Interno da Turma Recursal da sua localidade e a jurisprudência local, pois descabe incidente de uniformização sobre questões processuais.

Conforme vimos, para exemplificar, chama a atenção na Turma Recursal do Sergipe do cabimento de **agravo de instrumento** para desafiar decisão do juízo singular em impugnação ao cumprimento de sentença, quando a decisão que transitou em julgado não contiver o valor exato da condenação, em razão da alteração legislativa implementada no antigo Código de Processo Civil, art. 475-M, § 3º, pela Lei nº 11.232/2005, posterior à Lei nº 10.259/2001, bem como contra a decisão que negar seguimento a recurso contra sentença definitiva para a parte autora.

Nesse sentido, a 1º Turma Recursal do Distrito Federal também admite o manejo do agravo de instrumento na hipótese:

> "PROCESSO CIVIL. EXTINÇÃO de EXECUÇÃO POR CUMPRIMENTO de OBRIGAÇÃO CUMPRIDA. DECISÃO IMPUGNÁVEL POR AGRAVO. INVIABILIDADE de APLICAÇÃO da REGRA da FUNGIBILIDADE Recursal. DECISÃO MANTIDA. AGRAVO IMPROVIDO. **Agravo é o recurso cabível para o fim de impugnar decisão proferida no** ***âmbito*** **do Juizado Especial Federal, tendo como fundamento extinção da execução por cumprimento do julgado (art. 4º da Lei n. 10.259/2001 c/c arts. 522, segunda parte, e 524, ambos do Código de Processo Civil), não se admitindo a aplicação da regra da fungibilidade recursal na hipótese de interposição de Recurso Ordinário,** por absoluta incompatibilidade entre os ritos estabelecidos para um e outro desses recursos. Agravo improvido." (Recurso 2007.34.00.903912-6, de 26/8/2008).

62. EDROMS 200501035527, de 09.02.2010.

Nos termos do artigo 17, da Lei 10.259/2001, tratando-se de obrigação de pagar quantia certa, após o trânsito em julgado da decisão, o pagamento será efetuado no prazo de sessenta dias, contados da entrega da requisição, por ordem do Juiz, à autoridade citada para a causa, na agência mais próxima da Caixa Econômica Federal ou do Banco do Brasil, independentemente de precatório.

Desta forma, os valores exequendos de até sessenta salários mínimos serão pagos via RPV (requisição de pequeno valor), ao passo que valores acima deste serão honrados no regime do precatório, salvo se a parte na fase de execução renunciar ao excedente a sessenta salários mínimos para fugir do precatório.

De efeito, dispõe o § 4º do artigo 17 da Lei 10.259/2001 que se o valor da execução ultrapassar o estabelecido no § 1º (60 salários mínimos), o pagamento far-se-á, sempre, por meio do precatório, sendo facultada à parte exequente a renúncia ao crédito do valor excedente, para que possa optar pelo pagamento do saldo sem o precatório, da forma lá prevista.

Trata-se de **novo ato de renúncia**, não se confundindo com a renúncia que poderá ser necessária no processo de conhecimento para manter a competência do JEF para julgar a causa com valor de até 60 salários mínimos (parcelas vencidas acrescidas das 12 vincendas). Sobre o tema, colaciona-se o Enunciado 71 do FONAJEF:

> Enunciado 71– "A parte autora deverá ser instada, na fase da execução, a renunciar ao excedente à alçada do Juizado Especial Federal, para fins de pagamento por Requisições de Pequeno Valor, não se aproveitando, para tanto, a renúncia inicial, de definição de competência".

Ademais, são vedados o fracionamento, repartição ou quebra do valor da execução, de modo que o pagamento se faça, em parte via RPV, e, em parte, mediante expedição do precatório, e a expedição de precatório complementar ou suplementar do valor pago.

Na execução dos julgados no JEF cabe à parte autora apresentar a planilha de crédito ou, supletivamente, a contadoria da Vara deverá fazê-lo, se a parte for hipossuficiente.

No entanto, forma-se uma jurisprudência no sentido de que o INSS pode ser compelido a apresentar os cálculos de liquidação, o que aparentemente afronta as regras processuais.

Nesse sentido, o enunciado 129 do FONAJEF:

> **Enunciado FONAJEF 129 – "Nos Juizados Especiais Federais, é possível que o juiz determine que o executado apresente os cálculos de liquidação".**

Para o Enunciado 177, do FONAJEF, "é medida contrária à boa-fé e ao dever de cooperação, previstos nos arts. 5º e 6º do CPC/2015, a impugnação genérica a cálculos, sem a indicação concreta dos argumentos que justifiquem a divergência" (Aprovado no XIII FONAJEF).

Há situações em que a parte autora queda-se inerte na execução e o seu crédito é alvo de prescrição intercorrente quinquenal por estar paralisado por mais de cinco anos:

> "PROCESSO CIVIL. EMBARGOS À EXECUÇÃO. PREVIDENCIÁRIO. PRESCRIÇÃO INTERCORRENTE. INOCORRÊNCIA. INCLUSÃO DE EXPURGOS INFLACIONÁRIOS. MERA RECOMPOSIÇÃO DA MOEDA. SENTENÇA MANTIDA. 1. Nos termos da Súmula nº 150 do Supremo Tribunal Federal, a prescrição da execução ocorre no mesmo prazo da pretensão. **2. Em se tratando de título judicial constituído contra a Fazenda Pública, a pretensão executiva prescreve no prazo de 5 (cinco) anos, contando-se do trânsito em julgado da sentença proferida na ação de conhecimento.** 3. A jurisprudência deste Tribunal já

firmou o entendimento de que somente ocorre a prescrição intercorrente quando o processo de execução ficar paralisado por mais de cinco anos sem que a parte exequente promova efetivamente a execução, conforme precedentes declinados no voto. 4. Na hipótese dos autos, não se consumou a prescrição da pretensão executória, já que o trânsito em julgado da sentença exequenda se deu em 15/09/1998, tendo sido requerida a intimação do INSS, pelo exequente, em julho de 2000, para apresentar elementos de cálculos para a elaboração da conta, que restou apresentada em outubro de 2000. E em 09/12/2003, requereu a citação do INSS para os fins do art. 730 do CPC. 5. As jurisprudências do STJ e deste Tribunal já consolidaram o entendimento no sentido de que são devidos os expurgos inflacionários na fase de liquidação de sentença, mesmo que a matéria não seja tratada na decisão exequenda. Considera-se que não há, no caso, ofensa à coisa julgada, visto que os expurgos são mera aplicação de índices de correção monetária, visando à recomposição do valor da moeda. Precedentes. 6. A Súmula n. 41 deste Tribunal prevê a inclusão dos expurgos inflacionários na execução de sentença condenatória de benefícios previdenciários, ainda que nela não haja previsão expressa. 7. Apelação do INSS desprovida **(TRF da 1ª Região, processo 2004.38.00.028865-9, de 17/5/2016).**

"PROCESSO CIVIL. EMBARGOS À EXECUÇÃO. PREVIDENCIÁRIO. PRESCRIÇÃO INTERCORRENTE. INOCORRÊNCIA. EXECUÇÃO COMPLEMENTAR. SENTENÇA MANTIDA. 1. Nos termos da Súmula nº 150 do Supremo Tribunal Federal, a prescrição da execução ocorre no mesmo prazo da pretensão. 2. No que concerne ao pagamento de prestações vencidas relativas a benefícios previdenciários, deve ser observada a prescrição quinquenal, conforme art. 103, parágrafo único, da Lei n. 8.213, de 1991, e Súmula 85 do STJ. **3. A jurisprudência deste Tribunal já firmou o entendimento de que somente ocorre a prescrição intercorrente quando o processo de execução ficar paralisado por mais de cinco anos sem que a parte exequente promova efetivamente a execução, conforme precedentes declinados no voto.** 4. Na hipótese dos autos, não ocorreu a prescrição da execução, tendo em vista que os presentes embargos referem-se a execução complementar, relativa a verbas remanescentes, cujo trânsito em julgado da sentença se deu em 25/05/2007, com a execução sendo ajuizada em 15/02/2001. 5. Apelação do INSS desprovida" **(TRF da 3ª Região, PROCESSO 0011690-69.2011.4.01.3300, de 19/8/2015).**

"PREVIDENCIÁRIO – PROCESSUAL CIVIL – EXECUÇÃO – AGRAVO PREVISTO NO ART. 557, § 1º, DO CPC – REVISÃO DE BENEFÍCIO – PRESCRIÇÃO INTERCORRENTE – REFLEXOS POSTERIORES – PARCELAS VENCIDAS – PRAZO. I – Tratando-se de revisão de renda mensal inicial, cujos reflexos permanecem até a data da implantação administrativa do valor revisado na forma fixada do título judicial, **a prescrição intercorrente atinge, tão-somente, as prestações vencidas anteriormente ao quinquênio que precedeu o ato processual que de início à execução, a teor da Súmula n. 85 do E. STJ.** II – Agravo do INSS, previsto no art. 557, § 1º, do CPC, improvido" **(TRF da 3ª Região, PROCESSO 00403584120124039999, de 13/8/2013).**

De acordo com o STJ, "a lei não impõe prazo para habilitação dos sucessores do autor e, por isso, não há que falar em prescrição intercorrente, sendo certo que não se deve conferir interpretação restritiva às regras que versem sobre prazos prescricionais" (RESP 201200421995, ELIANA CALMON, STJ – SEGUNDA TURMA, DJE 06/09/2013).

A TNU irá definir se flui prescrição após a expedição de RPV ou precatório que não foram sacados pelo beneficiário (tema 247):

Tema	247	Situação do tema	Em Julgamento – eproc		Ramo do direito	DIREITO ADMINISTRATIVO
Questão submetida a julgamento		Saber se flui prazo prescricional após a expedição do ofício precatório/RPV para o levantamento dos valores.				
Tese firmada		-				
Processo		Decisão de afetação	Relator (a)	Julgado em	Acórdão publicado em	Trânsito em julgado
PEDILEF 0501415-43.2007.4.05.8502/SE		12/12/2019	Juíza Federal Monique Marchioli	-	-	-

15. QUADRO SINÓTICO

PRAZOS EM DIAS ÚTEIS	SÍNTESE JEF – ATO PROCESSUAL
5 DIAS	Embargos de Declaração (interrupção desde o CPC/2015)
10 DIAS	Agravo regimental contra decisão monocrática do STJ que indefere incidente de uniformização
10 DIAS	Apresentar quesitos e indicar assistentes na perícia judicial
10 DIAS	Recurso Inominado contra sentença de mérito e decisão interlocutória sobre cautelar no processo de conhecimento
10 DIAS	Requerimento para destrancar incidente de uniformização ao STJ inadmitido pela TNU
15 DIAS	Agravo Regimental contra a decisão de Relator na TNU
15 DIAS	Agravo contra a decisão de inadmissão do Incidente de Uniformização para a TNU da lavra do Presidente da Turma Recursal ou da Turma Regional de Uniformização
15 DIAS	Agravo interno contra decisão de inadmissão de pedido de uniformização regional fundada em julgamento do STF ou em súmula da TRU, a ser julgado pela Turma Recursal em decisão irrecorrível
15 DIAS	Agravo interno contra decisão de inadmissão de pedido de uniformização nacional fundada nas situações dos incisos II e III do artigo 14 do Regimento da TNU, a ser julgado pela Turma Recursal em decisão irrecorrível
15 DIAS	Agravo regimental contra a decisão do Relator e do Presidente da Turma Recursal que dar ou negar provimento a Recurso Inominado monocraticamente
15 DIAS	Incidentes de Uniformização de Jurisprudência (TRU, TNU e STJ)
15 DIAS	Recurso Extraordinário (STF)
15 DIAS	Agravo para destrancar recurso extraordinário inadmitido, salvo quando fundada na aplicação de entendimento firmado em regime de repercussão geral ou em julgamento de recursos repetitivos
15 DIAS	Reclamação para a TNU
30 DIAS	Contestação (se houver audiência, poderá ser apresentada até este dia)

PRAZOS EM DIAS ÚTEIS	SÍNTESE JEF – ATO PROCESSUAL
60 DIAS	Pagamento de requisição de pequeno valor
120 DIAS	Mandado de segurança contra decisão que não caiba recurso (algumas Turmas Recursais adotam o prazo de 10 dias por analogia – verifique a jurisprudência local)
IRRECORRÍVEIS	Decisões monocráticas do Presidente da TNU (art. 15, do Regimento interno da TNU)

16. QUESTÕES DE PROVA

10.1 **(PROF. FREDERICO AMADO)** Antes de ajuizar ação judicial contra o INSS, em regra, é necessário que o segurado postule na via administrativa o benefício previdenciário.

Gabarito: Certa

Para acesso ao vídeo, utilize o QR Code ao lado.

10.2 **(PROF. FREDERICO AMADO)** Compete ao Juizado Especial Federal processar, conciliar e julgar causas previdenciárias de competência da Justiça Federal até o valor de sessenta salários mínimos, bem como executar as suas sentenças.

Gabarito: *Certa*

Para acesso ao vídeo, utilize o QR Code ao lado.

10.3 **(PROF. FREDERICO AMADO)** Quando a Comarca não for sede de Vara Federal, poderão ser processadas e julgadas na Justiça Estadual as causas em que forem parte instituição de previdência social e segurado e que se referirem a benefícios de natureza pecuniária, quando a Comarca de domicílio do segurado estiver localizada a mais de 100 km (cem quilômetros) de Município sede de Vara Federal.

Gabarito: *Certa*

Para acesso ao vídeo, utilize o QR Code ao lado.

10.4 (PROF. FREDERICO AMADO) O STJ entende ser possível a consideração de contribuições posteriores ao requerimento administrativo e ao ajuizamento da ação, reafirmando a DER para a data de implemento das contribuições necessárias à concessão do benefício.

Gabarito: *Certa*

Para acesso ao vídeo, utilize o QR Code ao lado.

10.5 (PROF. FREDERICO AMADO) De acordo com o STJ, o juiz não poderá conceder ao autor benefício previdenciário diverso do requerido na inicial, desde que preenchidos os requisitos legais atinentes ao benefício concedido.

Gabarito: *Errada.*

Para acesso ao vídeo, utilize o QR Code ao lado.

10.6 (PROF. FREDERICO AMADO) De acordo com o FONAJEF, é possível realizar a limitação do destaque dos honorários em RPV ou precatório.

Gabarito: *Certa*

Para acesso ao vídeo, utilize o QR Code ao lado.

10.7 (PROF. FREDERICO AMADO) De acordo com o posicionamento repetitivo do STJ, a ausência de conteúdo probatório eficaz a instruir a inicial implica a carência de pressuposto de constituição e desenvolvimento válido do processo, impondo a sua extinção sem o julgamento do mérito e a consequente possibilidade de o autor intentar novamente a ação, caso reúna os elementos necessários à tal iniciativa.

Gabarito: *Certa*

Para acesso ao vídeo, utilize o QR Code ao lado.

10.8 (PROF. FREDERICO AMADO) De acordo com a TNU, há renúncia tácita no Juizado Especial Federal, para fins de competência, pois decorre automaticamente do ajuizamento da demanda no JEF.

Gabarito: *Errada*

Para acesso ao vídeo, utilize o QR Code ao lado.

10.9 (PROF. FREDERICO AMADO) Com base no posicionamento do FONAJEF, a perícia unificada, realizada em audiência, é válida e consentânea com os princípios informadores dos juizados especiais, sendo também admitida a realização de prova pericial antes da citação, desde que viabilizada a participação das partes.

Gabarito: *Certa*

Para acesso ao vídeo, utilize o QR Code ao lado.

10.10 (PROF. FREDERICO AMADO) No procedimento do JEF, da decisão do relator e do presidente da turma recursal caberá agravo regimental no prazo de quinze dias.

Gabarito: *Certa*

Para acesso ao vídeo, utilize o QR Code ao lado.

10.11 (PROF. FREDERICO AMADO) A Turma Recursal, sem anular a sentença, não poderá baixar o processo em diligências para fins de produção de prova testemunhal, pericial ou elaboração de cálculos, sob pena de supressão de instância.

Gabarito: *Certa*

Para acesso ao vídeo, utilize o QR Code ao lado.

CAPÍTULO 11

DOS REGIMES PRÓPRIOS DE PREVIDÊNCIA SOCIAL – RPPS'S

1. DISPOSIÇÕES INICIAIS E CONTAGEM RECÍPROCA

Este Capítulo objetiva apenas analisar as normas gerais dos regimes de previdência social dos servidores públicos efetivos da União, dos estados, do Distrito Federal e dos municípios, assim como dos militares dos estados e do Distrito Federal, intitulados de Regimes Próprios de Previdência Social, cuja base normativa fundamental se encontra no artigo 40, da Constituição Federal, com as alterações e adições promovidas pelas Emendas Constitucionais 03/1993[1], 20/1998, 41/2003 e 47/2005.

O tema ganhou extrema complexidade com a publicação da Emenda 103/2019. A fim de já ir familiarizando o leitor com a **nova previdência do servidor público**, vamos listar de modo superficial as **principais mudanças** realizadas pela Reforma Constitucional:

- A competência para legislar sobre regras gerais de **inatividade remunerada** de policiais militares e bombeiros dos estados e Distrito Federal passou a ser **privativa da União**;
- Restou inserido o instituto da **readaptação**, permitindo que o servidor público titular de cargo efetivo possa ser readaptado para exercício de cargo cujas atribuições e responsabilidades sejam compatíveis com a limitação que tenha sofrido em sua capacidade física ou mental, enquanto permanecer nesta condição, desde que possua a habilitação e o nível de escolaridade exigidos para o cargo de destino, mantida a remuneração do cargo de origem;
- A concessão de **aposentadoria no RGPS** passa a gerar a **extinção da relação de trabalho com a Administração Pública**, quer celetista ou mesmo estatutária, o que atinge servidores efetivos de municípios que não criaram RPPS;
- **Vedou-se que o complemento de aposentadorias e pensões por morte** do RPPS seja feito pelos entes políticos, salvo no caso de regime de previdência complementar e de lei de extinção de RPPS que poderão prever os complementos;
- Afastou-se uma garantia do titular de mandato eletivo que possui cargo efetivo no serviço público, de modo que a Constituição não mais garante que os valores das remunerações para fins previdenciários sejam conservados como se o servidor estivesse no exercício do cargo efetivo, podendo agora ser considerados os valores das remunerações do mandato eletivo;

1. Com a EC 03/1993, o RPPS passou a exigir contribuições dos servidores públicos.

- **Vedou-se a incorporação de vantagens** de caráter temporário ou vinculadas ao exercício de função de confiança ou de cargo em comissão à remuneração do cargo efetivo;
- Não mais são citados no *caput* do artigo 40 da Constituição todos os entes políticos, de modo que não há mais imposição constitucional para que todos os entes políticos constituam RPPS, sendo o grande foco os municípios brasileiros;
- A aposentadoria por invalidez do servidor efetivo passa a se chamar de **aposentadoria por incapacidade permanente**, sendo necessário para a sua concessão um requisito adicional: não cabimento da readaptação;
- A renda mensal da aposentadoria por incapacidade permanente e das demais aposentações foi desconstitucionalizada, cabendo a aplicação da regra de transição do artigo 26 da Emenda;
- A aposentadoria por incapacidade por doenças graves, contagiosas ou incuráveis **não mais possui garantia de proventos integrais**;
- Fixou-se como regra permanente para os **servidores federais efetivos** a seguinte idade mínima para o deferimento de aposentadoria voluntária: **a) 65 anos, homens; b) 62 anos, mulheres;**
- O teto da aposentadoria passa a ser o teto do RGPS para os novos servidores públicos empossados no novo regime, respeitado o valor mínimo de um salário mínimo;
- Caberá ao ente federativo aprovar lei ordinária para regular o valor dos proventos de aposentadoria do seu servidor efetivo, quebrando a uniformidade nacional, o que será uma lástima e com enorme insegurança jurídica;
- As **aposentadorias especiais** no RPPS eram uma determinação constitucional. Agora passaram a ser um **ato discricionário do legislador**, ao inserir expressamente no texto constitucional a expressão "poderão", via lei complementar da entidade política;
- Os **professores** do ensino infantil, fundamental e média conservaram o direito de **reduzir 5 anos na idade** no benefício de aposentadoria por idade em relação às regras ordinárias, que no serviço público federal são de 65 anos para os homens e 62 para as mulheres, reduzindo na área federal para 60 anos para os professores e 57 anos de idade para as professoras;
- Possibilita que a **pensão por morte do servidor público possa ter renda inferior a um salário mínimo**, desde que o dependente seja beneficiário de **renda formal**, a exemplo de salário ou de aposentadoria;
- A regra permanente não mais trata da renda da pensão por morte, fazendo remissão à lei do respectivo ente federativo, que necessariamente terá que tratar de modo diferenciado a morte dos policiais, agentes penitenciários e agentes socioeducativos por agressão em decorrência da sua função de risco;
- Passa a ser **obrigatória** a criação do regime de **previdência complementar** pelas entidades federativas que possuam RPPS (era facultativo);
- Abriu-se em favor das entidades abertas de previdência complementar (EAPCs) a possibilidade de gerir planos de previdência complementar dos servidores públicos;
- O **abono de permanência** em serviço passa a ser de pagamento **facultativo**;

- O valor do abono não mais é fixado no valor da contribuição previdenciária devida pelo servidor público, podendo ser inferior a esse valor, não tendo sido previsto sequer um limite mínimo;
- Exige que a **União** edite uma **lei complementar** estabelecendo normas gerais sobre os Regimes Próprios de Previdência Social.

No âmbito dos **estados, do Distrito Federal e dos municípios**, a aposentadoria voluntária com modificação de na idade mínima, dependerá de emenda às respectivas Constituições e Leis Orgânicas, sendo conservado o antigo regime constitucional provisoriamente. O mesmo se aplica ao benefício de pensão por morte que depende de lei de incorporação dos entes federativos.

Dessa forma, existem regras da Emenda 103/2019 que se aplicam aos servidores de todas as esferas de governo. Por outro lado, existem regras que somente serão aplicáveis aos servidores dos estados, Distrito Federal e municípios se a legislação local for ulteriormente modificada, como os requisitos/renda para as aposentadorias e valor da pensão por morte.

É um **caos interpretativo**. Uma verdadeira **quebra de isonomia** entre servidores efetivos, que agora possuem regimes previdenciários com regramentos distintos.

Nos termos do artigo 36 da EC 103/2019, há ainda regras com período de vacância, quer pelo decurso de prazo (1/3/2020), quer pela necessidade de incorporação por lei local.

Conquanto todas as situações sejam tratadas ao longo desta obra, vamos apresentar uma tabela elaborada pela Secretaria de Previdência com lastro na **Nota Técnica SEI nº 12212/2019/ ME**, de 22/11/2019, dividindo as regras de RPPS da Emenda 103/2019 em três categorias:

- Normas com aplicabilidade imediata;
- Normas não autoaplicáveis;
- Normas com vacância.

NORMAS DE APLICABILIDADE IMEDIATA

Dispositivo	Tema
Art. 22, XXI da Constituição	Competência privativa da União para editar normas gerais sobre inatividades e pensões das polícias militares e corpos de bombeiros militares.
Art. 37, § 14 da Constituição e art. 6º da Emenda Constitucional nº 103/2019	Preceito segundo o qual a utilização de tempo de contribuição de cargo público e de emprego ou função pública, ainda que se trate de tempo de contribuição para o RGPS, acarreta o rompimento do vínculo com a Administração Pública, ressalvando-se a concessão de aposentadoria pelo RGPS até a data de entrada em vigor da Emenda Constitucional nº 103/2019.
Art. 37, § 15 da Constituição c/c o art. 7° da Emenda Constitucional nº 103/2019	Vedação de complementação de aposentadorias de servidores públicos e de pensões por morte a seus dependentes , que não seja decorrente da instituição do regime de previdência complementar a que se referem os §§ 14 a 16 do art. 40 da Constituição ou que não seja prevista em lei que extinga RPPS, ressalvadas as complementações de aposentadorias e pensões já concedidas.
Art. 38, V, da Constituição	Regra de filiação previdenciária segundo a qual o servidor que venha a exercer mandato eletivo, na hipótese de ser segurado de regime próprio de previdência social, permanecerá filiado a esse regime, no ente federativo de origem.

Dispositivo	Tema
Art. 39, § 9º da Constituição c/c o art. 13 da Emenda Constitucional nº 103/2019	Vedação de incorporação de vantagens de caráter temporário ou vinculadas ao exercício de função de confiança ou de cargo em comissão à remuneração do cargo efetivo, ressalvadas as incorporações efetivadas até a data de entrada em vigor da Emenda Constitucional nº 103/2019.
Art. 40, § 19 da Constituição	Concessão do abono de permanência nas regras permanentes. (Por meio de lei , os Estados, o Distrito Federal e os Municípios podem restringir o alcance dessa norma, estabelecendo critérios para seu pagamento)
Art. 40, § 19 da Constituiç ão; Emenda nº 41/2003 (arts. 2º e 6º)	Concessão do abono de permanência com base nas regras de transição das Emendas anteriores, enquanto não forem extintas para os RPPS dos Estados, Distrito Federal e Municípios, mediante lei do respectivo ente que referende integralmente a sua revogação pelo art. 35, incisos III e IV, da Emenda Constitucional nº 103/2019.
Art. 40, § 22 da Constituição	Vedação da instituição de novos regimes próprios de previdência social.
Arts. 93, VIII; 103-B, § 4°, III; e art. 130-A, § 2º III da Constituição	Exclusão da possibilidade de aplicação, como sanção administrativa, da pena de aposentadoria compulsória de magistrados e membros do ministério público dos Estados, com direito a proventos proporcionais ao tempo de serviço.
Art. 201, § 9º-A da Constituição	Direito à contagem recíproca do tempo de serviço militar e do tempo de contribuição ao RGPS ou RPPS, para fins de inativação militar ou aposentadoria.
Art. 4º § 10 da Emenda Constitu'cional nº 103/2019	Manutenção, no âmbito do RPPS dos Estados, Distrito Federal e Municípios, do cálculo dos proventos de aposentadoria concedida com fundamento na integralidade da remuneração, conforme lei do respectivo ente federativo em vigor antes da publicação da Emenda Constitucional nº 103/2019.
Art. 5° e art. 10 da Emenda Constitucional nº 103/2019	Regras jurídicas de transição e disposição transitória para a concessão de aposentadoria especial ao policial civil do Distrito Federal.
Art. 9º, caput, da Emenda Constitucional nº 103/2019	Recepção constitucional, com status de lei complementar, da Lei Federal nº 9.717/1998.
Art. 9º' § lº da Emenda Constitucional nº 103/2019	Modo de comprovação do equilíbrio financeiro e atuarial do regime próprio de previdência social, cuja norma encerra em si o conceito desse equilíbrio
Art. 9°, §§ 2° e 3° da Emenda Constitucional nº 103/2019	Limitação do rol de benefícios do RPPS às aposentadorias e à pensão por morte (os afastamentos por incapacidade temporária para o trabalho e o salário–maternidade não devem ser pagos à conta do RPPS, ficando a cargo do Tesouro dos entes federativos, passando agora a ser considerado como um beneficio estatutário e não mais previdenciário, integrando a remuneração para todos os fins, com relação ao salário-família e o auxílio-reclusão, entendemos que a sua natureza é de beneficio assistencial a ser concedido a servidores de baixa renda, inclusive quando aposentados, não integrando a remuneração destes, estando a cargo do ente federativo o seu pagamento.)
Art. 9°, §§ 4° e 5° da Emenda Constitucional nº 103/2019	Vedação para o estabelecimento, pelos Estados, Distrito Federal e Municípios, de alíquota inferior à da contribuição dos servidores da União, salvo na situação de ausência de deficit atuarial a ser equacionado, hipótese em que a alíquota não poderá ser inferior às alíquotas aplicáveis ao RGPS.
Art. 9º § 6º da Emenda Constitu'cional nº 103/2019	Prazo de dois anos da data de entrada em vigor da Emenda Constitucional nº 103/2019 para a instituição do regime de previdência complementar na forma dos §§ 14 a 16, e para a adequação do órgão ou entidade gestora único do RPPS ao§ 20, todos do art. 40 da Constituição Federal.

Dispositivo	Tema
Art. 9°, § 9° e art. 31 da Emenda Constitucional nº 103/2019, c/c art. 195, § 11 da Constituição	Vedação da moratória/parcelamento de débitos dos entes federativos com seus regimes próprios em prazo superior a sessenta meses, exceto em relação aos parcelamentos previstos na legislação vigente até a data de entrada em vigor da Emenda Constitucional nº 103/2019, cuja reabertura ou prorrogação de prazo para adesão não é admitida pelo art. 31 da mesma Emenda.
Art. 10, § 5°, da Emenda Constitucional n0 103/2019	Abono de pennanência do policial civil do Distrito Eederal. equivalente ao valor de sua contribuição previdenciária. até que entre em vigor lei federal que regulamente o disposto no § 19 do art. 40 da Constituição
Art. 10, § 6° da Emenda Constitucional n0 103/2019	Pensão por morte do policial civil do Distrito Federal, vitalícia para o cônjuge ou companheiro e equivalente à remuneração do cargo, quando decorrente de agressão sofrida no exercício ou em razão da função.
Art. 11, caput c/c o art. 36,1, e art. 9°, § 4° da Emenda Constitucional n0 103/2019	Adequação da alíquota de contribuição do segurados dos RPPS dos Estados, do Distrito Federal e dos Municípios à alíquota de contribuição do servidor da União, que poderá ter impacto na alíquota do ente, consoante o art. 2° da Lei n0 9.717/1998 (*)
Art. 14 da Emenda Constitucional n0 103/2019	Vedação de adesão de novos segurados e de instituição de novos regimes de previdência aplicáveis a titulares de mandato eletivo.
Art. 24 da Emenda Constitucional n0 103/2019	Restrições à acumulação de benefícios previdenciários e a recepção das regras sobre acumulação de benefícios previstas na legislação vigente ao tempo de sua publicação, no que não for contrário.
Art. 34 da Emenda Constitucional n0 103/2019	Requisitos para a hipótese de extinção, por lei do ente federativo, do respectivo regime próprio de previdência social, até que seja editada lei complementar federal sobre normas gerais que discipline o § 22 do art. 40 da Constituição.
Art. 4", § 9°; art. 5°, § 2°; art. 10, § 7°; art. 20, § 4°; art. 21, § 3°; e art. 22. parágrafo único, todos da Emenda Constitucional n0 103/2019	Normas constitucionais e infraconstitucionais relacionadas ao regime próprio de previdência social dos Estados, do Distrito Federal e dos Municípios, anteriores à data de entrada em vigor da Emenda Constitucional n0 103/2019, concernentes às regras de concessão de aposentadorias, inclusive por "invalidez permanente" mantida a aplicação da Súmula Vinculante – SV do STF n0 33, quanto à aposentadoria especial de que trata o art. 40, § 4°, III, da Constituição Federal, na redação da Emenda n°41/2003 e a regra de concessão de abono de permanência. (O art. 1° da Lei Federal n0 10.887/2004, continua a ser aplicado aos Estados, DF e Municípios para fins de cálculo dos proventos enquanto não promovidas alterações na legislação interna)
Art. 23, § 8º da Emenda Constitucional nº 103/2019	Normas constitucionais e infraconstitucionais relacionadas ao regime próprio de previdência social dos Estados, do Distrito Federal e dos Municípios, anteriores à data de entrada em vigor da Emenda Constitucional nº 103/2019, concernentes às regras de concessão e cálculo de pensões, enquanto não promovidas alterações na legislação interna. (O art. 2º da Lei Federal nº 10.887/2004 continua a ser aplicados aos Estados, DF e Municípios para fins de cálculo das pensões).
NORMAS NÃO AUTOAPLICÁVEIS	
Dispositivo	Tema
Art. 40, § 1º, inciso I da Constituição	Aposentadoria por incapacidade permanente para o trabalho, com exigência de avaliações periódicas para verificação da continuidade das condições que ensejaram a concessão, bem como a condição de o servidor ser insuscetível de readaptação. (Dependem de lei do respectivo ente federativo).

Dispositivo	Tema
Art. 40, § 1º, inciso III da Constituição	Concessão de aposentadoria voluntária. A idade mínima será estabelecida mediante emenda às respectivas Constituições e Leis Orgânicas. Foram desconstitucionalizados, atribuídos à Lei Complementar de todos os entes da Federação, os requisitos de tempo de contribuição, tempo de efetivo exercício no serviço público e de tempo no cargo efetivo em que se dará a aposentadoria.
Art. 40, § 3º da Constituição	Cálculo dos proventos de aposentadoria. (Dependem de lei do respectivo ente federativo).
Art. 40, §§ 4º, 4º-A, 4º-B, e 4º-C da Constituição	Requisitos de idade e tempo de contribuição para aposentadorias voluntárias especiais: servidor com deficiência, agente penitenciário, agente socioeducativo e policiais, servidor exposto a agentes químicos, físicos e biológicos prejudiciais à saúde. (Dependem de lei complementar do respectivo ente federativo para regulamentá-las).
Art. 40, § 5º da Constituição	Requisitos de tempo de efetivo exercício das funções de magistério para aposentadoria dos ocupantes de cargo de professor. (Dependem de lei complementar do respectivo ente federativo para regulamentá-lo). A idade mínima do professor é, por previsão constitucional, reduzida em 5 (cinco) anos com relação às idades mínimas a serem estabelecidas pelos entes federativos mediante emenda às respectivas Constituições e Leis Orgânicas.
Art. 40, § 7º da Constituição	Concessão da pensão por morte ao dependente do servidor público. (Depende de lei do respectivo ente federativo, garantido o piso do salário mínimo, quando se tratar da única fonte de renda formal)
Art. 40, § 7º da Constituição, parte final	Tratamento diferenciado para a hipótese de concessão de pensão por morte decorrente de agressão sofrida no exercício ou em razão da função, para o servidor policial, agente penitenciário ou socioeducativo. (Depende de lei do respectivo ente federativo, garantido o piso do salário mínimo, quando se tratar da única fonte de renda formal)
Art. 40, § 22 da Constituição	Diretivas que visam a orientar a atividade legislativa futura da União, acerca do objeto da lei complementar federal que deverá dispor sobre normas gerais de organização, de funcionamento e de responsabilidade na gestão dos RPPS.
Art. 201, § 9º e 9º-A da Constituição	Compensação financeira entre as receitas de contribuição referente aos militares e as receitas de contribuição aos demais regimes. (Critérios serão estabelecidos em lei).

NORMAS NÃO AUTOAPLICÁVEIS	
Dispositivo	Tema
Art. 40, § 1º, inciso I da Constituição	Aposentadoria por incapacidade permanente para o trabalho, com exigência de avaliações periódicas para verificação da continuidade das condições que ensejaram a concessão, bem como a condição de o servidor ser insuscetível de readaptação. (Dependem de lei do respectivo ente federativo).
Art. 40, § 1º, inciso III da Constituição	Concessão de aposentadoria voluntária. A idade mínima será estabelecida mediante emenda às respectivas Constituições e Leis Orgânicas. Foram desconstitucionalizados, atribuídos à Lei Complementar de todos os entes da Federação, os requisitos de tempo de contribuição, tempo de efetivo exercício no serviço público e de tempo no cargo efetivo em que se dará a aposentadoria.
Art. 40, § 3º da Constituição	Cálculo dos proventos de aposentadoria. (Dependem de lei do respectivo ente federativo).

Dispositivo	Tema
Art. 40, §§ 4º, 4º-A, 4º-B, e 4º-C da Constituição	Requisitos de idade e tempo de contribuição para aposentadorias voluntárias especiais: servidor com deficiência, agente penitenciário, agente socioeducativo e policiais, servidor exposto a agentes químicos, físicos e biológicos prejudiciais à saúde. (Dependem de lei complementar do respectivo ente federativo para regulamentá-las).
Art. 40, § 5º da Constituição	Requisitos de tempo de efetivo exercício das funções de magistério para aposentadoria dos ocupantes de cargo de professor. (Dependem de lei complementar do respectivo ente federativo para regulamentá-lo). A idade mínima do professor é, por previsão constitucional, reduzida em 5 (cinco) anos com relação às idades mínimas a serem estabelecidas pelos entes federativos mediante emenda às respectivas Constituições e Leis Orgânicas.
Art. 40, § 7º da Constituição	Concessão da pensão por morte ao dependente do servidor público. (Depende de lei do respectivo ente federativo, garantido o piso do salário mínimo, quando se tratar da única fonte de renda formal)
Art. 40, § 7º da Constituição, parte final	Tratamento diferenciado para a hipótese de concessão de pensão por morte decorrente de agressão sofrida no exercício ou em razão da função, para o servidor policial, agente penitenciário ou socioeducativo. (Depende de lei do respectivo ente federativo, garantido o piso do salário mínimo, quando se tratar da única fonte de renda formal)
Art. 40, § 22 da Constituição	Diretivas que visam a orientar a atividade legislativa futura da União, acerca do objeto da lei complementar federal que deverá dispor sobre normas gerais de organização, de funcionamento e de responsabilidade na gestão dos RPPS.
Art. 201, § 9º e 9º-A da Constituição	Compensação financeira entre as receitas de contribuição referente aos militares e as receitas de contribuição aos demais regimes. (Critérios serão estabelecidos em lei).
Art. 9º, § 7º da Emenda Constitucional nº 103/2019	Aplicação de recursos do RPPS na concessão de empréstimos com consignação em folha de pagamento dos segurados. (Depende de norma a ser expedida pelo Conselho Monetário Nacional – CMN).
Art. 149, §§ 1º-B e 1º-C da Constituição c/c art. 9º, § 8º, c/c art. 36, inciso II da Emenda Constitucional nº 103/2019	Instituição de contribuição extraordinária, por meio de lei, cuja regulamentação no âmbito dos Estados, Distrito Federal e Municípios somente poderá ser editada quando a alteração de redação dada pela reforma ao art. 149 da Constituição Federal tiver vigência em relação a estes entes, o que dependerá de publicação de lei estadual, distrital ou municipal que referende integralmente a alteração promovida nesse artigo da Constituição.
Art. 14, § 5°, da Emenda Constitucional nº 103/2019	Disciplina jurídica de transição para os regimes de titulares de mandato eletivo que porventura existam atualmente nos Estados, no Distrito Federal ou nos Municípios, no caso de opção de permanência em tais regimes, que passam a ser em extinção.
Art. 40, § 15 da Constituição c/c art. 33 da Emenda Constitucional nº 103/2019	Administração, por entidade aberta de previdência complementar, de planos de benefícios patrocinados pelos entes federados, que depende de regulamentação mediante lei complementar da União.
NORMAS COM PERÍODO DE VACÂNCIA	
Dispositivo	Tema
Arts. 11, 28 e 32 da Emenda Constitucional nº 103/2019	Vigência das alíquotas de contribuição do RPPS da União, que terá início no primeiro dia do quarto mês subsequente ao da data de publicação da Emenda (respeito a anterioridade nonagesimal).

Dispositivo	Tema
Art. 149 da Constituição e a cláusula de revogação contida na alínea a do inciso I e nos incisos III e IV do art. 35 da Emenda Constitucional nº 103/2019	Ausência de aplicabilidade para Estados, Distrito Federal e Municípios da alteração de redação ao art. 149 da Constituição e da cláusula de revogação contida na alínea a do inciso I e nos incisos III e IV do art. 35 da Emenda Constitucional nº 103/2019, enquanto estiverem em período de vacância, já que dependem de referendo para o início de sua vigência, mediante a publicação de lei destes entes, conforme o II do art. 36 da mesma Emenda.
Art. 149 da Constituição	Ausência de aplicabilidade para Estados, Distrito Federal e Municípios da possibilidade de instituir alíquotas de contribuição para o custeio do RPPS de forma progressiva e de fazer incidir contribuição ordinária dos aposentados e pensionistas sobre o valor dos proventos e pensões que superem o salário mínimo – em caso de deficit atuarial – enquanto não houver o referendo mediante lei de que trata o inciso II do art. 36 da Emenda Constitucional nº 103/2019.

(*) Considerando as alíquotas do RPPS da União (art. 11 da Emenda), os Estados, Distrito Federal e Municípios têm as seguintes alternativas para cumprimento do art. 9º, § 4º da Emenda Constitucional nº 103/2019:a) caso a alíquota seja uniforme e o RPPS possua deficit atuarial, deverá majorá-la, por meio de lei, para, no mínimo, 14%;

b) caso referende, por meio de lei, a alteração promovida no art. 149 da Constituição, na forma prevista no art. 36, II da Emenda, poderá implementar alíquotas progressivas, tendo por parâmetro mínimo as da União se o RPPS for deficitário ou as do RGPS se não for.

Deve ser observado que:

a) os RPPS com plano de equacionamento em vigor (de amortização ou segregação da massa) são considerados deficitários para fins de aplicação das alíquotas mínimas;

b) para a implementação de alíquotas progressivas deve-se avaliar se essas contribuirão para melhorar a situação do equilíbrio financeiro e atuarial do regime;

c) pode ser necessária a adequação da alíquota de contribuição do ente, consoante o art. 2º da Lei nº 9.717/1998 (contribuição patronal, no mínimo, igual à do segurado).

De efeito, foram preservados sem alteração somente os seguintes parágrafos do artigo 40 da Constituição:

> **§ 1º, inciso II** – compulsoriamente, com proventos proporcionais ao tempo de contribuição, aos 70 (setenta) anos de idade, ou aos 75 (setenta e cinco) anos de idade, na forma de lei complementar; *(Inciso com redação dada pela Emenda Constitucional nº 88, de 2015)*
>
> **§ 8º** – É assegurado o reajustamento dos benefícios para preservar-lhes, em caráter permanente, o valor real, conforme critérios estabelecidos em lei. *(Parágrafo com redação dada pela Emenda Constitucional nº 41, de 2003)*
>
> **§ 10** – A lei não poderá estabelecer qualquer forma de contagem de tempo de contribuição fictício. *(Parágrafo com redação dada pela Emenda Constitucional nº 20, de 1998)*
>
> *§ 11* – Aplica-se o limite fixado no art. 37, XI, à soma total dos proventos de inatividade, inclusive quando decorrentes da acumulação de cargos ou empregos públicos, bem como de outras atividades sujeitas a contribuição para o regime geral de previdência social, e ao montante resultante da adição de proventos de inatividade com remuneração de cargo acumulável na forma desta Constituição, cargo em comissão declarado em lei de livre nomeação e exoneração, e de cargo eletivo. *(Parágrafo com redação dada pela Emenda Constitucional nº 20, de 1998)*
>
> **§ 16**– Somente mediante sua prévia e expressa opção, o disposto nos §§ 14 e 15 poderá ser aplicado ao servidor que tiver ingressado no serviço público até a data da publicação do ato de instituição do correspondente regime de previdência complementar. *(Parágrafo com redação dada pela Emenda Constitucional nº 20, de 1998)*

> **§ 17**– Todos os valores de remuneração considerados para o cálculo do benefício previsto no § 3° serão devidamente atualizados, na forma da lei. *(Parágrafo acrescido pela Emenda Constitucional nº 41, de 2003)*
>
> **§ 18**[2] – Incidirá contribuição sobre os proventos de aposentadorias e pensões concedidas pelo regime de que trata este artigo que superem o limite máximo estabelecido para os benefícios do regime geral de previdência social de que trata o art. 201, com percentual igual ao estabelecido para os servidores titulares de cargos efetivos. *(Parágrafo acrescido pela Emenda Constitucional nº 41, de 2003)*

Algumas regras se aplicam aos servidores públicos de todos os entes federativos. Outras normas são aplicáveis, de início, apenas aos servidores federais, cabendo a edição de emenda às respectivas Constituições e Leis Orgânicas para a sua aplicação no âmbito dos Estados, do Distrito Federal e dos Municípios.

Dessa forma, de modo não isonômico, os servidores federais passaram a ter novas regras previdenciárias quase todas mais restritivas de direitos, que somente serão aplicáveis aos servidores dos demais entes políticos por alteração na legislação local.

Entende-se que há uma inconstitucionalidade neste discrímen, pois as regras gerais de aposentadorias e pensões por morte no serviço público devem ser as mesmas para todos os servidores públicos, não sendo razoável o tratamento diferenciado, pois ofensivo ao Princípio da Isonomia.

Nitidamente houve o endurecimento das regras de custeio e de benefícios para os servidores públicos e seus dependentes, o que sempre é indesejável, pois não há felicidade na restrição de direitos sociais.

De acordo com o novel caput do artigo 40 da Constituição, "o regime próprio de previdência social dos servidores titulares de **cargos efetivos** terá caráter **contributivo** e **solidário**, mediante contribuição do respectivo **ente federativo, de servidores ativos, de aposentados e de pensionistas**, observados critérios que preservem o **equilíbrio financeiro e atuarial**.

Com a alteração do caput do artigo 40 da Constituição, agora o dispositivo nomina o regime previdenciário básico dos servidores públicos efetivos de RPPS – Regime Próprio de Previdência Social.

Mas a grande modificação, que certamente passará despercebida por muitos, é que **não são citados todos os entes políticos**, de modo que não há mais imposição constitucional para que todos os entes políticos constituam RPPS, sendo o grande foco os municípios brasileiros.

A EC 103/2019 inseriu o § 15 no artigo 37 da Constituição:

> § 15. É **vedada a complementação de aposentadorias** de servidores públicos e de pensões por morte a seus dependentes que não seja decorrente do disposto nos §§ 14 a 16 do art. 40 ou que não seja prevista em lei que extinga regime próprio de previdência social.

Vedou-se que o complemento de aposentadorias e pensões por morte do RPPS seja feito pelos entes políticos, salvo no caso de regime de previdência complementar e de lei de extinção de RPPS que poderão prever os complementos.

Dessa forma, barra-se a edição de leis municipais que complementam aposentadorias no RGPS de servidores efetivos municipais em que inexiste RPPS constituído.

Veja um exemplo que ocorreu no Município de Ipatinga quando ainda não possuía RGPS[3]:

> "Art. 10. Aos servidores, que se aposentarem pelo Instituto Nacional de Seguridade Social – INSS, será assegurada, desde a data desta lei, a complementação da aposentadoria, paga pelos cofres municipais de Ipatinga.

2. Este parágrafo seria revogado, mas o Senado barrou.
3. Município de Ipatinga. Lei municipal n. 1.311, de 1994.

> Parágrafo único. A complementação, de que trata o artigo, corresponderá à diferença entre o valor da aposentadoria paga pelo INSS e os vencimentos previstos para o nível e grau do cargo em que o servidor se aposentou, acrescida dos respectivos quinquênios".

O problema jurídico desse complemento é a inexistência de contribuição previdenciária do servidor municipal, pois a sua contribuição foi limitada ao teto do salário de contribuição.

No entanto, existe regra de transição no artigo 7º:

> Art. 7º O disposto no § 15 do art. 37 da Constituição Federal não se aplica a complementações de aposentadorias e pensões **concedidas** até a data de entrada em vigor desta Emenda Constitucional.

Trata-se de regra infeliz, que utilizou como recorte intertemporal a data da concessão da aposentadoria ou pensão por morte, e não a data do implemento dos requisitos.

Daí que, se aplicável na literalidade, os segurados que requereram o benefício ou morreram antes da promulgação da reforma constitucional serão prejudicados, acaso o INSS ou o órgão gestor do RPPS demorem na concessão administrativa e só o faça após vigente o novo regime jurídico.

Entende-se que o dispositivo deve ser interpretado conforme a Constituição, que deve ser uma unidade normativa, de modo que o direito adquirido se forma pela implementação dos requisitos a uma aposentadoria ou pela lei em vigor no dia do óbito, e não no momento da concessão administrativa.

Ademais, restou inserido o § 9º no artigo 39 da Constituição Federal pela EC 103/2019:

> "§ 9º É **vedada a incorporação** de vantagens de caráter temporário ou vinculadas ao exercício de função de confiança ou de cargo em comissão à remuneração do cargo efetivo".

A política de incorporações de valores de cargos em comissão e funções comissionadas foi extinta no Poder Executivo da União desde o Governo de Fernando Henrique Cardoso, com a aprovação da Lei 9.528/97, que alterou o artigo 62[4] da Lei 8.112/90.

Mas essa política administrativa ainda existe em muitos estados e municípios brasileiros, o que acaba "inchando" a folha de remunerações e repercutindo nos gastos no RPPS, estando vedada desde a vigência da reforma previdenciária.

No entanto, o artigo 13 da Emenda 103/2019 preservou, como não poderia ser diferente, o direito adquirido:

> Art. 13. Não se aplica o disposto no § 9º do art. 39 da Constituição Federal a parcelas remuneratórias decorrentes de incorporação de vantagens de caráter temporário ou vinculadas ao exercício de função de confiança ou de cargo em comissão efetivada até a data de entrada em vigor desta Emenda Constitucional.

Logo, quem preencheu todos os requisitos para a incorporação de parcela remuneratória decorrente de função de confiança ou cargo em comissão até a data da promulgação da Emenda possui direito adquirido.

Por certo, vários dispositivos da Emenda 103/2019 serão alvo de ações abstratas de inconstitucionalidade. Algumas já foram propostas ainda sem julgamento de mérito.

---

4. § 2º A gratificação prevista neste artigo incorpora-se à remuneração do servidor e integra o provento da aposentadoria, na proporção de 1/5 (um quinto) por ano de exercício na função de direção, chefia ou assessoramento, até o limite de 5 (cinco) quintos.

O Regime Próprio de Previdência Social – RPPS é o regime de previdência, estabelecido no âmbito da União, dos Estados, do Distrito Federal e dos Municípios que assegura, por lei, aos servidores titulares de cargos efetivos, pelo menos, os benefícios de aposentadoria e pensão por morte previstos no art. 40 da Constituição Federal[5].

Ressalte-se que o Certificado de Regularidade Previdenciária – CRP, a ser expedido pelo Ministério da Economia, instituído pelo Decreto nº 3.788/01, atestará o cumprimento pelos Estados, Distrito Federal e Municípios, dos critérios e exigências estabelecidos na Lei nº 9.717/98 e na Lei nº 10.887/04.

De acordo com o *caput* do artigo 40 da Constituição, na redação dada pela EC 103/2019, "o regime próprio de previdência social dos servidores titulares de cargos efetivos terá **caráter contributivo e solidário**, mediante contribuição do respectivo ente federativo, de servidores ativos, de aposentados e de pensionistas, observados critérios que preservem o **equilíbrio financeiro e atuarial**".

Retirou-se a citação aos entes federativos, para demonstrar que não é obrigatória a criação de RPPS. Ao revés, o novel § 22 do artigo aduz que ser "**vedada a instituição de novos regimes próprios de previdência social**".

Deste modo, os municípios que não possuem RPPS não mais poderão criá-los a contar de 13 de novembro de 2019.

Considera-se equilíbrio financeiro a garantia de equivalência entre as receitas auferidas e as obrigações do RPPS em cada exercício financeiro, ao passo que equilíbrio atuarial a garantia de equivalência, a valor presente, entre o fluxo das receitas estimadas e das obrigações projetadas, apuradas atuarialmente, a longo prazo[6], devendo os RPPS passar por avaliações e reavaliações atuariais com o objetivo de dimensionar os compromissos do Plano de Benefícios e estabelecer o Plano de Custeio para a observância do equilíbrio financeiro e atuarial[7].

Por força da Emenda Constitucional 20/98, ao servidor ocupante, exclusivamente, de cargo em comissão declarado em lei de livre nomeação e exoneração, bem como de outro cargo temporário ou de emprego público, aplicar-se-á o Regime Geral de Previdência Social, disposição declarada válida pelo STF no julgamento da ADI 2.024, de 03.05.2007.

Por força da Emenda 103/2019, aplica-se ao agente público ocupante, exclusivamente, de cargo em comissão declarado em lei de livre nomeação e exoneração, de outro cargo temporário, inclusive aos detentores de mandato eletivo, ou de emprego público, o Regime Geral de Previdência Social.

> "O sistema previdenciário dos ocupantes de cargos comissionados foi regulado pela Lei 8.647/1993. Posteriormente, com a EC 20/1998, o art. 40, § 13, da CF determinou a filiação obrigatória dos servidores sem vínculo efetivo ao regime geral de previdência. Como os detentores de cargos comissionados desempenham função pública a título precário, sua situação é incompatível com o gozo de quaisquer benefícios que lhes confira vínculo de caráter permanente, como é o caso da aposentadoria. Inadmissível, ainda, o entendimento segundo o qual, à míngua de previsão legal,

5. Artigo 2º, da Portaria MPS 402/2008.
6. Artigo 2º, da Portaria MPS 403/2008.
7. Na forma do artigo 5º, da Portaria 403/2008, do MPS, o ente federativo, a unidade gestora do RPPS e o atuário responsável pela elaboração da avaliação atuarial deverão eleger conjuntamente as hipóteses biométricas, demográficas, econômicas e financeiras adequadas às características da massa de segurados e de seus dependentes para o correto dimensionamento dos compromissos futuros do RPPS, obedecidos os parâmetros mínimos de prudência estabelecidos nesta Portaria, tendo como referência as hipóteses e premissas consubstanciadas na Nota Técnica Atuarial do respectivo RPPS.

não se deva exigir o preenchimento de requisito algum para a fruição da aposentadoria por parte daqueles que desempenham a função pública a título precário, ao passo que, para os que mantêm vínculo efetivo com a administração, exige-se o efetivo exercício no cargo por cinco anos ininterruptos ou dez intercalados (art. 193 da Lei 8.112/1990)." (RMS 25.039, Rel. Min. Joaquim Barbosa, julgamento em 14-2-2006, Segunda Turma, DJE de 18-4-2008.)

Houve uma ampliação do conteúdo desde parágrafo. A expressão "servidor" foi substituída por "agente público", de maior abrangência, assim como foi inserido o detentor de mandato eletivo.

Dessa forma, apesar de já previsto pelas Leis 9.506/97 e 10.887/2004, agora consta expressamente do texto constitucional que o titular de mandato eletivo será segurado do Regime Geral de Previdência Social.

Por outro lado, registre-se que o titular de mandado eletivo que é servidor efetivo amparado por RPPS permanecerá vinculado ao RPPS, conforme expressamente consignado no texto constitucional[8] e na Lei 8.213/91[9].

De efeito, em termos de RPPS, a competência legislativa é concorrente, competindo a União editar normas gerais, cabendo aos demais entes políticos instituir os seus respectivos regimes de previdência para os servidores públicos efetivos e militares.

De acordo com o novel § 22 do artigo 40 da Constituição Federal, **vedada a instituição de novos regimes próprios de previdência social, lei complementar federal** estabelecerá, para os que já existam, normas gerais de organização, de funcionamento e de responsabilidade em sua gestão, dispondo, entre outros aspectos, sobre:

> I – requisitos para sua extinção e consequente migração para o Regime Geral de Previdência Social;
>
> II – modelo de arrecadação, de aplicação e de utilização dos recursos;
>
> III – fiscalização pela União e controle externo e social;
>
> IV – definição de equilíbrio financeiro e atuarial;
>
> V – condições para instituição do fundo com finalidade previdenciária de que trata o art. 249 e para vinculação a ele dos recursos provenientes de contribuições e dos bens, direitos e ativos de qualquer natureza;
>
> VI – mecanismos de equacionamento do déficit atuarial;
>
> VII – estruturação do órgão ou entidade gestora do regime, observados os princípios relacionados com governança, controle interno e transparência;
>
> VIII – condições e hipóteses para responsabilização daqueles que desempenhem atribuições relacionadas, direta ou indiretamente, com a gestão do regime;
>
> IX – condições para adesão a consórcio público;
>
> X – parâmetros para apuração da base de cálculo e definição de alíquota de contribuições ordinárias e extraordinárias"

Trata-se de um novo parágrafo inserido no artigo 40 da Constituição, que exige que a **União** edite uma **lei complementar** estabelecendo normas gerais sobre os Regimes Próprios de Previdência Social.

---

8. Art. 38. Ao servidor público da administração direta, autárquica e fundacional, no exercício de mandato eletivo, aplicam-se as seguintes disposições: IV – em qualquer caso que exija o afastamento para o exercício de mandato eletivo, seu tempo de serviço será contado para todos os efeitos legais, exceto para promoção por merecimento.
9. Art. 11. São segurados obrigatórios da Previdência Social as seguintes pessoas físicas: I – como empregado: j) o exercente de mandato eletivo federal, estadual ou municipal, desde que não vinculado a regime próprio de previdência social. (Incluído pela Lei nº 10.887, de 2004)

Atualmente, cabe a Lei 9.717/98 fazer a função de lei geral da União a respeito dos Regimes Próprios de Previdência Social, tendo sido recebida com o status de lei complementar pela EC 103/2019.

É vedada a existência de mais de um órgão ou entidade gestora desse regime em cada ente federativo, abrangidos todos os poderes, órgãos e entidades autárquicas e fundacionais, que serão responsáveis pelo seu financiamento.

Por força do artigo 8º-B, da Lei 9.717/98, inserido pela Lei 13.846/2019, os dirigentes da unidade gestora do regime próprio de previdência social deverão atender aos seguintes requisitos mínimos:

> I – não ter sofrido condenação criminal ou incidido em alguma das demais situações de inelegibilidade previstas no inciso I do caput do art. 1º da Lei Complementar nº 64, de 18 de maio de 1990, observados os critérios e prazos previstos na referida Lei Complementar;
>
> II – possuir certificação e habilitação comprovadas, nos termos definidos em parâmetros gerais;
>
> III – possuir comprovada experiência no exercício de atividade nas áreas financeira, administrativa, contábil, jurídica, de fiscalização, atuarial ou de auditoria;
>
> IV – ter formação superior.

Em 14 de abril de 2020, a Secretaria Especial de Previdência e Trabalho editou a **Portaria 9.907**, que estabeleceu parâmetros para o atendimento, pelos dirigentes, gestores de recursos e membros dos conselhos e comitês dos regimes próprios de previdência social da União, dos Estados, do Distrito Federal e dos Municípios, aos requisitos mínimos previstos no art. 8º-B da Lei nº 9.717, de 27 de novembro de 1998, e dá outras providências. (Processo nº 10133.101170/2019-77).

Curioso que há **expressa vedação de criação de novos RPPSs**, de modo que os municípios não poderão criar Regimes Próprios de Previdência Social a partir da data da publicação da **Emenda 103/2019**, considerando que a União, todos os estados federados e o Distrito Federal já possuem RPPS constituídos.

O dispositivo já fixa os temas mínimos que deverão constar da futura LC nacional de RPPSs, chamando a atenção que **agora há previsão constitucional para a Fiscalização e controle externo pela União** sobre RPPSs de estados, Distrito federal e municípios.

Embora a Lei 9.717/98[10] já preveja esse controle externo, este vinha sendo repelido pelo STF por afrontar a autonomia dos demais entes federativos.

---

10. Art. 9º Compete à União, por intermédio da Secretaria Especial de Previdência e Trabalho do Ministério da Economia, em relação aos regimes próprios de previdência social e aos seus fundos previdenciários: (Redação dada pela Lei nº 13.846, de 2019)

    I – a orientação, a supervisão, a fiscalização e o acompanhamento; (Redação dada pela Lei nº 13.846, de 2019)

    II – o estabelecimento e a publicação de parâmetros, diretrizes e critérios de responsabilidade previdenciária na sua instituição, organização e funcionamento, relativos a custeio, benefícios, atuária, contabilidade, aplicação e utilização de recursos e constituição e manutenção dos fundos previdenciários, para preservação do caráter contributivo e solidário e do equilíbrio financeiro e atuarial; (Redação dada pela Lei nº 13.846, de 2019)

    III – a apuração de infrações, por servidor credenciado, e a aplicação de penalidades, por órgão próprio, nos casos previstos no art. 8º desta Lei; (Redação dada pela Lei nº 13.846, de 2019)

    IV – a emissão do Certificado de Regularidade Previdenciária (CRP), que atestará, para os fins do disposto no art. 7º desta Lei, o cumprimento, pelos Estados, Distrito Federal e Municípios, dos critérios e exigências aplicáveis aos regimes próprios de previdência social e aos seus fundos previdenciários. (Incluído pela Lei nº 13.846, de 2019)

    Parágrafo único. A União, os Estados, o Distrito Federal e os Municípios encaminharão à Secretaria Especial de Previdência e Trabalho do Ministério da Economia, na forma, na periodicidade e nos critérios por ela definidos, dados e informações sobre o regime próprio de previdência social e seus segurados. (Redação dada pela Lei nº 13.846, de 2019)

Nesse sentido, o STF analisou a inconstitucionalidade do artigo 9º, da Lei 9.717/98, entendendo que houve quebra de autonomia dos estados, Distrito Federal e municípios, pois os subordinou ao Ministério da Previdência Social (competência atual do Ministério da Economia), havendo clara ingerência administrativa indevida, afastando o dispositivo liminarmente no caso concreto, em ação proposta pelo Estado do Paraná e pela Paranaprevidência.

Com propriedade, liminarmente, entendeu a Suprema Corte que a União ultrapassou a sua competência para editar normas gerais sobre a previdência dos servidores públicos, determinando a expedição do Certificado de Regularidade Previdenciário pelo MPS e dos respectivos repasses a título de compensação previdenciária[11].

Agora que é regra constitucional, resta saber se o STF irá rever a sua jurisprudência ou reafirmá-la, pronunciado (ou não) inconstitucional esta passagem da Emenda que pode afrontar a autonomia federativa.

Por força do **artigo 9º da Emenda 103/2019**, eis as **regras da transição** até a edição da LC nacional sobre RPPSs:

a) Prova de equilíbrio financeiro e atuarial mediante garantia de equivalência;

b) Restrição aos benefícios de aposentadorias e pensões por morte, devendo a maternidade e a incapacidade temporária serem tuteladas por licenças remuneradas;

c) Alíquota dos servidores estaduais, distritais e municipais não inferiores à alíquota dos servidores federais (artigo 11[12] da Emenda), salvo se o RPPS não possuir déficit atuarial[13], aplicando neste caso como piso as alíquotas do RGPS (artigo 28[14] da Emenda);

---

11. ACO-TAR 830, de 29.10.2007, Relator Ministro Marco Aurélio.

12. **Art. 11**. Até que entre em vigor lei que altere a alíquota da contribuição previdenciária de que tratam os arts. 4º, 5º e 6º da Lei nº 10.887, de 18 de junho de 2004, esta será de quatorze por cento.

§ 1º A alíquota prevista no *caput* será reduzida ou majorada, considerado o valor da base de contribuição ou do benefício recebido, de acordo com os seguintes parâmetros:

I – até um salário-mínimo, redução de seis inteiros e cinco décimos pontos percentuais;

II – acima de um salário-mínimo até R$ 2.000,00 (dois mil reais), redução de cinco pontos percentuais;

III – de R$ 2.000,01 (dois mil reais e um centavo) até R$ 3.000,00 (três mil reais), redução de dois pontos percentuais;

IV – de R$ 3.000,01 (três mil reais e um centavo) até R$ 5.839,45 (cinco mil oitocentos e trinta e nove reais e quarenta e cinco centavos), sem redução ou acréscimo;

V – de R$ 5.839,46 (cinco mil oitocentos e trinta e nove reais e quarenta e seis centavos) até R$ 10.000,00 (dez mil reais), acréscimo de meio ponto percentual;

VI – de R$ 10.000,01 (dez mil reais e um centavo) até R$ 20.000,00 (vinte mil reais), acréscimo de dois inteiros e cinco décimos pontos percentuais;

VII – de R$ 20.000,01 (vinte mil reais e um centavo) até R$ 39.000,00 (trinta e nove mil reais), acréscimo de cinco pontos percentuais; e

VIII – acima de R$ 39.000,01 (trinta e nove mil reais e um centavo), acréscimo de oito pontos percentuais.

13. Não será considerada como ausência de déficit a implementação de segregação da massa de segurados ou a previsão em lei de plano de equacionamento de déficit. Na hipótese da avaliação apontar déficit atuarial, deverá ser apresentado no Parecer Atuarial **plano de amortização** para o seu equacionamento, ou então o ente federativo poderá optar pelo equacionamento do déficit atuarial do seu RPPS por intermédio de **segregação da massa de seus segurados,** assim considerada a separação dos segurados vinculados ao RPPS em grupos distintos que integrarão o Plano Financeiro e o Plano Previdenciário, o que foi feito no RPPS do Estado do Rio Grande do Norte (2005) e da Bahia (2009).

14. **Art. 28**. Até que lei altere a alíquota da contribuição de que trata a Lei nº 8.212, de 24 de julho de 1991, devida pelo segurado empregado, inclusive o doméstico, e pelo trabalhador avulso, esta será de:

I – até um salário-mínimo, sete inteiros e cinco décimos por cento;

d) Prazo de 2 anos para a criação do regime de previdência complementar nos casos dos entes que ainda não o constituíram;

e) Possibilidade de celebrar empréstimos consignados com os segurados;

f) Possibilidade de aprovar lei para a criação de contribuição extraordinária por até 20 anos, na hipótese de déficit atuarial;

g) Parcelamento de dívidas por até 60 meses;

h) O rol de benefícios dos regimes próprios de previdência social fica limitado às aposentadorias e à pensão por morte.

Nesse sentido, a Secretaria Especial de Previdência e Trabalho do Ministério da economia editou a **Portaria 1.348, de 3/12/2019,** que dispõe sobre parâmetros e prazos para atendimento das disposições do artigo 9º da Emenda Constitucional nº 103, de 12 de novembro de 2019, para Estados, Distrito Federal e Municípios comprovarem a adequação de seus Regimes Próprios de Previdência Social – RPPS. (Processo nº 10133.101237/2019-73).

Restou previsto que os Estados, o Distrito Federal e os Municípios terão **o prazo até 31 de julho de 2020** para adoção das seguintes medidas, em cumprimento das normas constantes da Lei nº 9.717, de 1998, e da Emenda Constitucional nº 103, de 2019:

I – comprovação à Secretaria Especial de Previdência e Trabalho:

a) da vigência de lei que evidencie a adequação das alíquotas de contribuição ordinária devida ao RPPS, para atendimento ao disposto no § 4º do art. 9º da Emenda Constitucional nº 103, de 2019, aos arts. 2º e 3º da Lei nº 9.717, de 1998, e ao inciso XIV do art. 5º da Portaria MPS nº 204, de 2008;

b) da vigência de norma dispondo sobre a transferência do RPPS para o ente federativo da responsabilidade pelo pagamento dos benefícios de incapacidade temporária para o trabalho, salário-maternidade, salário-família e auxílio-reclusão, para atendimento ao disposto no § 3º do art. 9º da Emenda Constitucional nº 103, de 2019, no inciso III do art. 1º da Lei nº 9.717, de 1998, e no inciso VI do art. 5º da Portaria MPS nº 204, de 2008.

II – encaminhamento dos documentos de que trata o art. 68 da Portaria MF nº 464, de 19 de novembro de 2018, relativos ao exercício de 2020, para atendimento ao disposto no § 1º do art. 9º da Emenda Constitucional nº 103, de 2019, ao inciso I do art. 1º e ao parágrafo único do art. 9º da Lei nº 9.717, de 1998, e ao inciso II e a alínea "b" do inciso XVI do art. 5º da Portaria MPS nº 204, de 2008.

Mas alguns prazos foram prorrogados pela **Portaria 18.084, de 29/7/2020**, da lavra da Secretaria Especial de Previdência e Trabalho:

> "Art. 1º **Fica prorrogado até 30 de setembro de 2020**, exclusivamente para os fins de emissão do Certificado de Regularidade Previdenciária, de que trata o inciso IV do art. 9º da Lei nº 9.717, de 27 de novembro de 1998, o prazo para a comprovação à Secretaria Especial de Previdência e Trabalho das medidas de que tratam as **alíneas "a" e "b" do inciso I art. 1º da Portaria nº SEPRT 1.348, de 3 de dezembro de 2019**.

II – acima de um salário-mínimo até R$ 2.000,00 (dois mil reais), nove por cento;

III – de R$ 2.000,01 (dois mil reais e um centavo) até R$ 3.000,00 (três mil reais), de doze por cento; e

IV – de R$ 3.000,01 (três mil reais e um centavo) até o limite do salário de contribuição, de quatorze por cento.

Art. 2º Ficam prorrogados **por um ano** os prazos de início de exigência de apresentação:

I – do Demonstrativo de Viabilidade do Plano de Custeio, de que trata o inciso VII do art. 68 da Portaria MF nº 464, de 19 de novembro de 2018, previstos no § 1º do art. 6º da Instrução Normativa SPREV nº 10, de 21 de dezembro de 2018; e

II – do Relatório de Análise das Hipóteses, de que trata o inciso VIII do art. 68 da Portaria MF nº 464, de 2018, previstos no art. 8º da Instrução Normativa SPREV nº 9, de 21 de dezembro de 2018.

Art. 3º O prazo para encaminhamento dos documentos de que trata o inciso II do art. 1º da Portaria nº 1.348, de 2019, **fica mantido em 31 de julho de 2020.**

Parágrafo único. A implementação de novas medidas de equacionamento do deficit atuarial, decorrentes dos resultados apurados na avaliação atuarial de 2020, indicados nos documentos de que trata o art. 68 da Portaria MF nº 464, de 2018, deverá ser comprovada até o prazo previsto no art. 1º desta Portaria".

Por sua vez, ainda de acordo com a Secretaria Especial de Previdência e Trabalho, na definição das **alíquotas de contribuição ordinária devida ao RPPS**, para cumprimento da adequação a que se refere a alínea "a" do inciso I do art. 1º, deverão ser observados os seguintes parâmetros:

I – Para o RPPS em relação ao qual seja demonstrada a inexistência de déficit atuarial a ser equacionado, a alíquota de contribuição dos segurados e pensionistas não poderá ser inferior às alíquotas aplicáveis aos segurados do Regime Geral de Previdência Social;

II – Para o RPPS com déficit atuarial:

a) caso não sejam adotadas alíquotas progressivas, a alíquota mínima uniforme dos segurados ativos, aposentados e pensionistas será de 14% (quatorze por cento), na forma prevista no caput do art. 11 da Emenda Constitucional nº 103, de 2019;

b) caso sejam adotadas alíquotas progressivas, será observado o seguinte:

1. deverão ser referendadas integralmente as alterações do art. 149 da Constituição Federal, nos termos do inciso II do art. 36 da Emenda Constitucional nº 103, de 2019;

2. as alíquotas de contribuição ordinária dos segurados ativos, aposentados e pensionistas e suas reduções e majorações corresponderão, no mínimo, àquelas previstas no § 1º do art. 11 da Emenda Constitucional nº 103, de 2019.

Dessa forma, o órgão de controle entende que o estado e o municipal devem editar lei de adequação de alíquotas do RPPS ao texto da Emenda 103/2019, não tendo aplicação imediata a reforma constitucional previdenciária.

Ademais, para o RPPS com déficit atuarial, é compulsória a alíquota mínima de 14%, sendo facultativa a adoção de alíquotas progressivas que, se adotadas, devem seguir necessariamente as faixas mínimas previstas no artigo 11, § 1º, da EC 103/2019.

Eis as faixas já atualizadas para o exercício de 2020 pela Portaria 2.963, de 03/02/2020, da lavra do Ministério da Economia:

"Art. 1º Conforme § 3º do art. 11 da Emenda Constitucional nº 103, de 12 de novembro de 2019, os valores previstos nos incisos II a VIII do § 1º do mesmo artigo, ficam reajustados em 4,48% (quatro inteiros e quarenta e oito décimos por cento), índice aplicado aos benefícios do Regime Geral de Previdência Social.

§ 1º Em razão do reajuste previsto no caput, a alíquota de 14% (quatorze por cento) estabelecida no caput do art. 11 da Emenda Constitucional nº 103, de 2019, que entrará em vigor em 1º de março de 2020, será reduzida ou majorada, considerado o valor da base de contribuição ou do benefício recebido, de acordo com os seguintes parâmetros:

I – até 1 (um) salário-mínimo, redução de seis inteiros e cinco décimos pontos percentuais;

II – acima de 1 (um) salário-mínimo até R$ 2.089,60 (dois mil, oitenta e nove reais e sessenta centavos), redução de cinco pontos percentuais;

III – de R$ 2.089,61 (dois mil, oitenta e nove reais e sessenta e um centavos) até R$ 3.134,40 (três mil, cento e trinta e quatro reais e quarenta centavos), redução de dois pontos percentuais;

IV – de R$ 3.134,41 (três mil, cento e trinta e quatro reais e quarenta e um centavos) até R$ 6.101,06 (seis mil, cento e um reais e seis centavos), sem redução ou acréscimo;

V – de R$ 6.101,07 (seis mil, cento e um reais e sete centavos) até R$ 10.448,00 (dez mil, quatrocentos e quarenta e oito reais), acréscimo de meio ponto percentual;

VI – de R$ 10.448,01 (dez mil, quatrocentos e quarenta e oito reais e um centavo) até R$ 20.896,00 (vinte mil, oitocentos e noventa e seis reais), acréscimo de dois inteiros e cinco décimos pontos percentuais;

VII – de R$ 20.896,01 (vinte mil, oitocentos e noventa e seis reais e um centavo) até R$ 40.747,20 (quarenta mil, setecentos e quarenta e sete reais e vinte centavos), acréscimo de cinco pontos percentuais; e

VIII – acima de R$ 40.747,20 (quarenta mil, setecentos e quarenta e sete reais e vinte centavos), acréscimo de oito pontos percentuais".

Com a EC 103/2019, restou mantida a vedação de criação de mais de um RPPS em cada entidade federativa e de mais de um órgão ou unidade gestora de Regime Próprio, restando inserido que este regramento se aplica a todos os Poderes dos entes federativos.

Entende-se por *unidade gestora* a entidade ou órgão integrante da estrutura da Administração Pública de cada ente federativo, que tenha por finalidade a administração, o gerenciamento e a operacionalização do RPPS, incluindo a arrecadação e gestão de recursos e fundos previdenciários, a concessão, o pagamento e a manutenção dos benefícios[15], facultada aos entes federativos a constituição de fundos integrados de bens, direitos e ativos com finalidade previdenciária.

Por sua vez, atribuiu-se a cada Poder o custeio das suas despesas com RPPS, cabendo a uma lei complementar nacional fixar os parâmetros.

Ademais, retirou-se a ressalva de que o dispositivo não se aplica na situação do disposto no art. 142, § 3º, X[16], pois caberá a uma lei complementar da União reger o tema.

Há uma tendência política de aproximar as normas dos Regimes Próprios às do Regime Geral de Previdência Social, sendo esse movimento visível na redação do § 12, do artigo 40, da CRFB, ao prever que o regime de previdência dos servidores públicos titulares de cargo efetivo observará, no que couber, os requisitos e critérios fixados para o regime geral de previdência social. Logo, em caso de omissão, se houver compatibilidade, foi autorizada pela Constituição a utilização das normas das Leis 8.212/91 e 8.213/91 ao RPPS.

Isso foi reafirmado pela EC 103/2019: "§ 12. Além do disposto neste artigo, serão observados, em regime próprio de previdência social, no que couber, os requisitos e critérios fixados para o Regime Geral de Previdência Social".

15. Artigo 10, § 1º, da Portaria MPS 402/2008.

16. § 3º Os membros das Forças Armadas são denominados militares, aplicando-se-lhes, além das que vierem a ser fixadas em lei, as seguintes disposições: X – a lei disporá sobre o ingresso nas Forças Armadas, os limites de idade, a estabilidade e outras condições de transferência do militar para a inatividade, os direitos, os deveres, a remuneração, as prerrogativas e outras situações especiais dos militares, consideradas as peculiaridades de suas atividades, inclusive aquelas cumpridas por força de compromissos internacionais e de guerra. (Incluído pela Emenda Constitucional nº 18, de 1998)

O artigo 94, da Lei 8.213/91, assegura a contagem ao RPPS do tempo de contribuição prestado no RGPS e vice-versa (contagem recíproca). Contudo, não será considerado no RPPS o tempo de contribuição do contribuinte individual que trabalhe por conta própria e do segurado facultativo que recolham 11% ou 5% sobre o salário mínimo, salvo se houver a complementação com os encargos legais, bem como o período prestado pelo trabalhador rural antes da Lei 8.213/91, salvo se indenizado, nos termos nos termos do artigo 127, V, do RPS.

De acordo com o TCU, "a contagem de tempo de serviço municipal ou estadual prestado, sob regime estatutário, anteriormente à maioridade não é, em regra, admitida. A presunção, nesse caso, é pela impossibilidade de nomeação de menor, haja vista as implicações legais (nas esferas cível, administrativa e penal) a que se sujeita o servidor público. Ademais, no âmbito federal, desde a Lei 1.711/52, revogada pela Lei 8.112/90, há a exigência da idade mínima de 18 anos como requisito para a posse em cargo público. Logo, não sendo apresentada norma de teor diverso, a presunção de idade mínima de 18 anos para o exercício do cargo público opera contra a pretensão de contagem de tempo de serviço prestado por menor sob regime estatutário"[17].

Outrossim, o tempo de contribuição federal, estadual ou municipal será contado para efeito de aposentadoria e o tempo de serviço correspondente para efeito de disponibilidade, sendo vedada qualquer contagem de tempo de contribuição fictício.

Esta vedação foi instituída pela Emenda 20/1998, não tendo eficácia retroativa de acordo com o STF:

> "De acordo com a orientação firmada neste Tribunal, o servidor que completou o tempo de serviço para usufruir da licença-prêmio em momento anterior à vigência da EC 20/1998, e não o fez, tem direito a computar em dobro o tempo correspondente à licença para fins de aposentadoria." (AI 725.444-AgR, Rel. Min. Joaquim Barbosa, julgamento em 7-2-2012, Segunda Turma, DJE de 23-2-2012.)

Aliás, a própria Portaria MPS 154/2008 (artigo 11, inciso III) admite a expedição de certidão de tempo de contribuição com tempo de serviço fictício prestado até o advento da Emenda 20/1998.

Entende-se como tempo fictício aquele considerado em lei como tempo de contribuição para fins de concessão de aposentadoria sem que tenha havido, por parte do servidor, a prestação de serviço ou a correspondente contribuição[18].

Nesse sentido, é forçoso reconhecer que o artigo 103, § 2º, da Lei 8.112/90, ao dispor que "será contado em dobro o tempo de serviço prestado às Forças Armadas em operações de guerra" não foi recepcionado pela EC 20/1998, não podendo ser aplicado para a contagem de tempo de contribuição em dobro em razão da participação do militar da União em potenciais, futuras e indesejáveis guerras.

Ademais, de acordo com o TCU (**Acórdão 6105/2017 Primeira Câmara**), não é possível computar o tempo de inatividade para fins de nova aposentadoria após o advento da EC 20/1998, a qual derrogou o § 1º[19] do art. 103 da Lei 8.112/1990, mesmo aquele decorrido sob a égide da EC 41/2003, uma vez que a contribuição do servidor inativo é inferior à do ativo e não há contribuição por parte da União, suas autarquias e fundações quando o servidor está na inatividade.

---

17. Acórdão 2077/2014 Segunda Câmara (Pedido de Reexame, Relatora Ministra Ana Arraes).
18. Artigo 11, § 1º, da Portaria MPS 154/2008.
19. § 1º O tempo em que o servidor esteve aposentado será contado apenas para nova aposentadoria.

Por sua vez, caso o servidor busque a averbação de tempo de serviço prestado em empresas públicas e sociedades de economia mista, este período será apenas considerado para fins de aposentadoria e disponibilidade, haja vista se tratar de tempo prestado à pessoa jurídica de direito privado, conquanto integrante da Administração Pública Indireta.

Nesse sentido, a Súmula 69, da TNU:

> "Súmula 69– O tempo de serviço prestado em empresa pública ou em sociedade de economia mista por servidor público federal somente pode ser contado para efeitos de aposentadoria e disponibilidade".

Este também é o posicionamento do STJ, a afirmar que "não deve ser computado, para fins de percepção de gratificações ou adicionais, o tempo de serviço prestado anteriormente em sociedade de economia mista, dada a natureza privada dessa atividade" (ROMS 10.717, de 16/03/2000).

Na forma do artigo 123, parágrafo único, combinado com o artigo 127, V, ambos do RPS, para fins de contagem recíproca, ou seja, de consideração em RPPS, o tempo de serviço prestado pelo trabalhador rural anteriormente à competência novembro de 1991 será reconhecido apenas se houver indenização ao INSS.

Com efeito, pontifica com acerto o TCU que "assim como o tempo rural, a contagem de período laborado como pescador artesanal somente é possível, no regime estatutário, se acompanhada do recolhimento das contribuições previdenciárias devidas. Ilegalidade e negativa de registro do ato. Opção de retornar à atividade ou comprovar o recolhimento das contribuições previdenciárias"[20].

Embora a certidão de tempo de serviço rural expedida pelo INSS tenha validade para garantir a produção de efeitos no âmbito da previdência geral, ela não é suficiente para percepção de benefício no regime estatutário quando não acompanhada da comprovação de recolhimento das respectivas contribuições previdenciárias[21].

A jurisprudência da TNU e do STF vem admitindo a contagem recíproca de vínculos concomitantes ao RGPS antes da criação do regime jurídico único, mesmo na hipótese de averbação automática ao RPPS.

> **TNU PEDLEF 50022719-04.2013.4.04.7003/PR DJ 22/02/2018.**
>
> "PEDIDO NACIONAL DE UNIFORMIZAÇÃO. DIREITO PREVIDENCIÁRIO. **CONTAGEM RECÍPROCA. ATIVIDADES CONCOMITANTES VINCULADAS AO RGPS. ALTERAÇÃO DO REGIME JURÍDICO TRABALHISTA DE UMA DAS FUNÇÕES PARA ESTATUTÁRIO. POSSIBILIDADE DE CÔMPUTO DAS ATIVIDADES NO RGPS E NO RPPS**. ACÓRDÃO EM CONFRONTO COM A JURISPRUDÊNCIA DESTA TNU. INCIDENTE PROVIDO".
>
> **STF** – "DECISÃO RECURSO EXTRAORDINÁRIO. **ADMINISTRATIVO. PREVIDENCIÁRIO. APOSENTADORIA. TEMPO DE SERVIÇO EM REGIMES JURÍDICOS DISTINTOS. CONTAGEM RECÍPROCA: POSSIBILIDADE**. ACÓRDÃO RECORRIDO HARMÔNICO COM A JURISPRUDÊNCIA DO SUPREMO TRIBUNAL FEDERAL. RECURSO AO QUAL SE NEGA SEGUIMENTO. **Relatório** 1. Recurso extraordinário interposto com base na al. a do inc. III do art. 102 da Constituição da República contra o seguinte julgado

20. ACÓRDÃO 2614/2013 Segunda Câmara.

21. Acórdão TCU 4216/2017 Primeira Câmara (Aposentadoria, Relator Ministro Benjamin Zymler).

do Tribunal Regional Federal da Quinta Região: "PREVIDENCIÁRIO. APOSENTADORIA POR IDADE. CARÊNCIA. MAGISTÉRIO. REGIME PRÓPRIO E REGIME GERAL DA PREVIDÊNCIA SOCIAL (RGPS). SIMULTANEIDADE DE VÍNCULOS. CONTRIBUIÇÃO PARA AMBOS OS REGIMES DE PREVIDÊNCIA. CONCESSÃO DO BENEFÍCIO PELA LEI Nº 8.213/91. POSSIBILIDADE. HONORÁRIOS ADVOCATÍCIOS. ART. 20, PARÁGRAFO 4º, DO CPC. I. Apelação contra sentença que concedeu aposentadoria por idade ao autor, considerando, para contagem do tempo mínimo de carência, o período em que o demandante trabalhou junto a EMATER, como celetista e que não foi aproveitado para concessão de benefício previdenciário estatutário junto à UFRN. II. O autor, no período de 01/08/1978 a 09/09/1993, trabalhou na Universidade Federal do Rio Grande do Norte como Professor Adjunto, sob a égide da CLT e com vínculo ao RGPS até 11.12.1990, data da edição da Lei nº 8.112/90, que instituiu o regime jurídico único no âmbito da União. Com a mudança do regime jurídico, assegurou-se a averbação automática do período celetista. III. Entre 01/03/1969 a 24/01/1990, o autor trabalhou na EMATER, regido pela CLT e vinculado ao RGPS. Deste vínculo, foi averbado o período de 01/03/1969 a 31/07/1978 para concessão de aposentadoria estatutária – UFRN. IV. O autor requer o reconhecimento da contagem do período em que laborou na EMATER (01/08/0978 a 24/01/1990) para cumprimento da carência exigida para a concessão de aposentadoria por idade, junto ao INSS. **V. Não se vislumbra óbice para reconhecimento do tempo de serviço pleiteado, uma vez que as contribuições referentes ao período em que o autor laborou na UFRN, o qual coincide com o trabalhado na EMATER (01/08/1978 a 24/01/1990), foram utilizadas para concessão da aposentadoria estatutária (regime próprio de previdência). VI. A averbação do período celetista não representa impedimento à concessão da aposentadoria requerida, por tratar-se de tempo de serviço prestado à UFRN. Ademais, a parte autora não pretende fazer uso do tempo de serviço laborado para o ente público, mas, apenas do trabalhado na EMATER, para o qual contribuiu regularmente**. Precedentes: PROCESSO: 200884000069670, APELREEX4889/RN, RELATOR: DESEMBARGADOR FEDERAL FRANCISCO CAVALCANTI, Primeira Turma, JULGAMENTO: 27/05/2010, PUBLICAÇÃO: DJE 16/06/2010 – Página 130; APELREEX 00055405320124058400, Desembargador Federal Francisco Wildo, TRF5 – Segunda Turma, DJE – Data:22/11/2012 – Página:170. VII. Os honorários fixados pelo magistrado de primeiro grau encontram-se em harmonia com o art. 20, § 4º do CPC e com a jurisprudência desta Corte. VIII. Apelações improvidas" (doc. 2). Os embargos de declaração opostos foram rejeitados. 2. O Recorrente alega ter o Tribunal de origem contrariado o art. 40, § 10, da Constituição da República. Afirma que "os períodos ora em discussão não foram utilizados para fins de aposentadoria por tempo de serviço perante o INSS pelo fato de que a lei não permite o cômputo de período em duplicidade para o mesmo regime ou para regimes diversos. Assim, se referidos períodos concomitantes não puderam ser utilizados no RGPS também não poderão ser utilizados no regime próprio de previdência social. O fato de o autor ter contribuído por ambas as atividades concomitantes não justifica o seu cômputo em regime diverso, pois o que gera a obrigação de contribuir não é a contraprestação da previdência, mas o exercício de atividade remunerada abrangida pelo Regime Geral de Previdência Social. (...) Assim sendo, em virtude do Princípio da Unicidade da Filiação, aquele que exerce duas ou mais atividades sujeitas ao RGPS tem direito a apenas um benefício, operando-se o cálculo com base nas diferentes contribuições. É que se o vínculo com o RGPS é único, como consequência, o benefício substituidor do salário-de-contribuição também deve ser apenas um – regra da inacumulabilidade das prestações" (doc. 2). Apreciada a matéria trazida na espécie, DECIDO.

3. Razão jurídica não assiste ao Recorrente.

4. O acórdão recorrido harmoniza-se com a jurisprudência deste Supremo Tribunal no sentido da possibilidade de contagem recíproca do tempo de serviço prestado em regimes jurídicos distintos para efeito de aposentadoria: "PROCESSUAL CIVIL. PREVIDENCIÁRIO. AGRAVO REGIMENTAL EM RECURSO EXTRAORDINÁRIO. RECURSO EXTRAOR-

DINÁRIO. AUSÊNCIA DE PREQUESTIONAMENTO. SÚMULAS 282 E 356 DO STF. SERVIDOR PÚBLICO ESTADUAL. CONTAGEM RECÍPROCA DO TEMPO DE SERVIÇO PRESTADO NAS INICIATIVAS PÚBLICA E PRIVADA PARA FINS DE APOSENTADORIA. VIABILIDADE. AUTOAPLICABILIDADE DO ART. 202, § 2º, DA CONSTITUIÇÃO FEDERAL. PRECEDENTES. AGRAVO REGIMENTAL A QUE SE NEGA PROVIMENTO" (RE 354.960-AgR, Relator o Ministro Teori Zavascki, Segunda Turma, DJe 14.5.2013, grifos nossos). "Agravo regimental no agravo de instrumento. Contagem recíproca do tempo de serviço prestado na administração pública e na atividade privada. Possibilidade. Art. 202, § 2º, da Constituição Federal. Autoaplicabilidade. Precedentes. 1. É pacífica a jurisprudência desta Corte no sentido da autoaplicabilidade do art. 202, § 2º, da Constituição Federal, que dispõe sobre a contagem recíproca de tempo de serviço prestado para efeito de contribuição na administração pública e na atividade privada. 2. Agravo regimental não provido" (AI 336.460-AgR, Relator o Ministro Dias Toffoli, Primeira Turma, DJe 29.9.2011). "Agravo regimental em agravo de instrumento. 2. Contagem recíproca do tempo de serviço prestado em regimes jurídicos diferentes para efeito de aposentadoria. 3. Art. 201, § 9º, da CF/88 (antigo art. 202, § 2º, da CF/88). 4. Precedentes. 5. Agravo regimental a que se nega provimento" (AI 386496-AgR, Relator o Ministro Gilmar Mendes, Segunda Turma, DJe 20.5.2011). Nada há, pois, a prover quanto às alegações do Recorrente. 5. Pelo exposto, nego seguimento a este recurso extraordinário (art. 557, caput, do Código de Processo Civil e art. 21, § 1º, do Regimento Interno do Supremo Tribunal Federal). Publique-se. Brasília, 14 de novembro de 2014. Ministra CÁRMEN LÚCIA Relatora" **(RE 844186, Relator(a): Min. CÁRMEN LÚCIA, julgado em 14/11/2014, publicado em PROCESSO ELETRÔNICO DJe-227 DIVULG 18/11/2014 PUBLIC 19/11/2014).**

Daí, o servidor público terá a vantagem de desaverbar um período para obter aposentadoria pelo Regime Geral de Previdência Social, se for mais vantajoso no caso concreto, mantendo o outro vínculo para a obtenção de aposentadoria no RPPS.

Embora generalistas, as decisões são corretas, desde que a desaverbação de um dos períodos de RGPS averbados em RPPS observe o seguinte:

a) o tempo de contribuição averbado não tenha sido considerado para a concessão de vantagens pecuniárias ao servidor público e;

b) tenha havido recolhimento de contribuição previdenciária, pois é possível que haja limitação ao teto previdenciário em um dos vínculos e no outro não incida contribuição previdenciária.

O caso envolve o exercício de atividades concomitantes na antiga previdência social urbana ou RGPS (emprego público e atividade privada concomitantes) em que o vínculo de emprego público foi convertido em estatutário em razão da adoção do regime jurídico único determinado pelo texto originário da Constituição Federal, que para o servidor federal se deu através do artigo 243 da Lei 8.112/90:

"Título IX

Capítulo Único

Das Disposições Transitórias e Finais

Art. 243. Ficam submetidos ao regime jurídico instituído por esta Lei, na qualidade de servidores públicos, *os servidores dos Poderes da União, dos ex-Territórios, das autarquias, inclusive as em regime especial, e das fundações públicas, regidos pela Lei nº 1.711, de 28 de outubro de 1952 – Estatuto dos Funcionários Públicos Civis da União, ou pela Consolidação das Leis do Trabalho, aprovada pelo*

Decreto-Lei nº 5.452, de 1º de maio de 1943, exceto os contratados por prazo determinado, cujos contratos não poderão ser prorrogados após o vencimento do prazo de prorrogação.

§ 1º Os empregos ocupados pelos servidores incluídos no regime instituído por esta Lei ficam transformados em cargos, na data de sua publicação".

Desta forma, operou-se uma migração de regime previdenciário que foi automática para o servidor federal (antigo empregado público) da Previdência Urbana para o RPPS dos servidores federais, alterando a relação previdenciária:

a) Até o RJU, eram duas atividades sujeitas à Previdência Social Urbana (emprego público e atividade laboral privada);

b) Após o RJU, uma atividade sujeita ao RPPS (servidor público efetivo) e a atividade privada sujeita à Previdência Urbana, posteriormente substituída pelo RGPS no ano seguinte de 1991.

Por sua vez, o RJU foi adotado para servidores estaduais e municipais pelas respectivas normas estatutárias locais, que precisam ser analisadas no caso concreto.

Entendo que, **caso tenha havido recolhimento de contribuição previdenciária em ambos os vínculos citados sujeitos à Previdência Urbana**, nada impede que o período de atividade privada seja considerado para aposentadoria no RGPS e o período de emprego público seja computado para aposentadoria no RPPS, pois haverá recolhimentos paralelos decorrentes de relações de trabalho concomitantes.

Isto somente não se aplica se na atividade privada não houver recolhimento previdenciário, pois é possível que haja limitação ao teto previdenciário de época no vínculo de emprego público e na outra atividade não incida contribuição previdenciária.

Assim, a pretensão dos segurados não possui impedimento normativo, pois se trata do reconhecimento previdenciário de períodos contributivos paralelos em que houve recolhimento de contribuições previdenciárias na previdência urbana/RGPS, em que um período foi alvo de contagem recíproca automática para o RPPS com o RJU, inexistindo vedação normativa no artigo 96 da Lei 8.213/91 para a utilização do período da atividade privada paralela para uma **aposentadoria no RGPS.**

A jurisprudência da TNU e do STF também vem admitindo a contagem recíproca de vínculos concomitantes ao RGPS antes da criação do regime jurídico único, mesmo na hipótese de averbação automática ao RPPS.

TNU PEDLEF 50022719-04.2013.4.04.7003/PR DJ 22/02/2018.

"PEDIDO NACIONAL DE UNIFORMIZAÇÃO. DIREITO PREVIDENCIÁRIO. **CONTAGEM RECÍPROCA. ATIVIDADES CONCOMITANTES VINCULADAS AO RGPS. ALTERAÇÃO DO REGIME JURÍDICO TRABALHISTA DE UMA DAS FUNÇÕES PARA ESTATUTÁRIO. POSSIBILIDADE DE CÔMPUTO DAS ATIVIDADES NO RGPS E NO RPPS.** ACÓRDÃO EM CONFRONTO COM A JURISPRUDÊNCIA DESTA TNU. INCIDENTE PROVIDO".

STF -"DECISÃO RECURSO EXTRAORDINÁRIO. **ADMINISTRATIVO. PREVIDENCIÁRIO. APOSENTADORIA. TEMPO DE SERVIÇO EM REGIMES JURÍDICOS DISTINTOS. CONTAGEM RECÍPROCA: POSSIBILIDADE.** ACÓRDÃO RECORRIDO HARMÔNICO COM A JURISPRUDÊNCIA DO SUPREMO TRIBUNAL FEDERAL. RECURSO AO QUAL SE NEGA SEGUIMENTO. **Relatório** 1. Recurso extraordinário interposto com base na al. a do inc. III do art. 102 da Constituição da República contra o seguinte julgado do Tribunal Regional Federal da Quinta Região: "PREVIDENCIÁRIO. APOSENTADORIA POR IDADE. CARÊNCIA. MAGISTÉRIO. REGIME PRÓPRIO E REGIME GERAL DA PREVIDÊNCIA SOCIAL (RGPS). SIMULTANEIDADE DE VÍNCULOS. CONTRIBUIÇÃO PARA AMBOS OS REGIMES DE PREVIDÊNCIA. CONCESSÃO DO BENEFÍCIO PELA LEI Nº 8.213/91. POSSIBILIDADE. HONORÁRIOS ADVOCATÍCIOS. ART. 20, PARÁGRAFO 4º, DO CPC. I. Apelação contra sentença que concedeu aposentadoria por idade ao autor, considerando, para contagem do tempo mínimo de carência, o período em que o demandante trabalhou junto a EMATER, como celetista e que não foi aproveitado para concessão de benefício previdenciário estatutário junto à UFRN. **II. O autor, no período de 01/08/1978 a 09/09/1993, trabalhou na Universidade Federal do Rio Grande do Norte como Professor Adjunto, sob a égide da CLT e com vínculo ao RGPS até 11.12.1990, data da edição da Lei nº 8.112/90, que instituiu o regime jurídico único no âmbito da União. Com a mudança do regime jurídico, assegurou-se a averbação automática do período celetista.** III. Entre 01/03/1969 a 24/01/1990, o autor trabalhou na EMATER, regido pela CLT e vinculado ao RGPS. Deste vínculo, foi averbado o período de 01/03/1969 a 31/07/1978 para concessão de aposentadoria estatutária – UFRN. IV. O autor requer o reconhecimento da contagem do período em que laborou na EMATER (01/08/0978 a 24/01/1990) para cumprimento da carência exigida para a concessão de aposentadoria por idade, junto ao INSS. **V. Não se vislumbra óbice para reconhecimento do tempo de serviço pleiteado, uma vez que as contribuições referentes ao período em que o autor laborou na UFRN, o qual coincide com o trabalhado na EMATER (01/08/1978 a 24/01/1990), foram utilizadas para concessão da aposentadoria estatutária (regime próprio de previdência). VI. A averbação do período celetista não representa impedimento à concessão da aposentadoria requerida, por tratar-se de tempo de serviço prestado à UFRN. Ademais, a parte autora não pretende fazer uso do tempo de serviço laborado para o ente público, mas, apenas do trabalhado na EMATER, para o qual contribuiu regularmente.** Precedentes: PROCESSO: 200884000069670, APELREEX4889/RN, RELATOR: DESEMBARGADOR FEDERAL FRANCISCO CAVALCANTI, Primeira Turma, JULGAMENTO: 27/05/2010, PUBLICAÇÃO: DJE 16/06/2010 – Página 130; APELREEX 00055405320124058400, Desembargador Federal Francisco Wildo, TRF5 – Segunda Turma, DJE – Data: 22/11/2012 – Página: 170. VII. Os honorários fixados pelo magistrado de primeiro grau encontram-se em harmonia com o art. 20, § 4º do CPC e com a jurisprudência desta Corte. VIII. Apelações improvidas" (doc. 2). Os embargos de declaração opostos foram rejeitados. 2. O Recorrente alega ter o Tribunal de origem contrariado o art. 40, § 10, da Constituição da República. Afirma que "os períodos ora em discussão não foram utilizados para fins de aposentadoria por tempo de serviço perante o INSS pelo fato de que a lei não permite o cômputo de período em duplicidade para o mesmo regime ou para regimes diversos. Assim, se referidos períodos concomitantes não puderam ser utilizados no RGPS também não poderão ser utilizados no regime próprio de previdência social. O fato de o autor ter contribuído por ambas as atividades concomitantes não justifica o seu cômputo em regime diverso, pois o que gera a obrigação de contribuir não é a contraprestação da previdência, mas o exercício de atividade remunerada abrangida pelo Regime Geral de Previdência Social. (...) Assim sendo, em virtude do Princípio da Unicidade da Filiação, aquele que exerce duas ou mais atividades sujeitas ao RGPS tem direito a apenas um benefício, operando-se o cálculo com base nas diferentes contribuições. É que se o vínculo com o RGPS é único, como consequência, o benefício substituidor do salário-de-contribuição também deve ser apenas um – regra da inacumulabilidade das prestações" (doc. 2). Apreciada a matéria trazida na espécie, DECIDO.

3. Razão jurídica não assiste ao Recorrente.

4. O acórdão recorrido harmoniza-se com a jurisprudência deste Supremo Tribunal no sentido da possibilidade de contagem recíproca do tempo de serviço prestado em regimes jurídicos distintos para efeito de aposentadoria: "PROCESSUAL CIVIL. PREVIDENCIÁRIO.

AGRAVO REGIMENTAL EM RECURSO EXTRAORDINÁRIO. RECURSO EXTRAORDINÁRIO. AUSÊNCIA DE PREQUESTIONAMENTO. SÚMULAS 282 E 356 DO STF. SERVIDOR PÚBLICO ESTADUAL. CONTAGEM RECÍPROCA DO TEMPO DE SERVIÇO PRESTADO NAS INICIATIVAS PÚBLICA E PRIVADA PARA FINS DE APOSENTADORIA. VIABILIDADE. AUTOAPLICABILIDADE DO ART. 202, § 2º, DA CONSTITUIÇÃO FEDERAL. PRECEDENTES. AGRAVO REGIMENTAL A QUE SE NEGA PROVIMENTO" (RE 354.960-AgR, Relator o Ministro Teori Zavascki, Segunda Turma, DJe 14.5.2013, grifos nossos). "Agravo regimental no agravo de instrumento. Contagem recíproca do tempo de serviço prestado na administração pública e na atividade privada. Possibilidade. Art. 202, § 2º, da Constituição Federal. Autoaplicabilidade. Precedentes. 1. É pacífica a jurisprudência desta Corte no sentido da autoaplicabilidade do art. 202, § 2º, da Constituição Federal, que dispõe sobre a contagem recíproca de tempo de serviço prestado para efeito de contribuição na administração pública e na atividade privada. 2. Agravo regimental não provido" (AI 336.460-AgR, Relator o Ministro Dias Toffoli, Primeira Turma, DJe 29.9.2011). "Agravo regimental em agravo de instrumento. 2. Contagem recíproca do tempo de serviço prestado em regimes jurídicos diferentes para efeito de aposentadoria. 3. Art. 201, § 9º, da CF/88 (antigo art. 202, § 2º, da CF/88). 4. Precedentes. 5. Agravo regimental a que se nega provimento" (AI 386496-AgR, Relator o Ministro Gilmar Mendes, Segunda Turma, DJe 20.5.2011). Nada há, pois, a prover quanto às alegações do Recorrente. 5. Pelo exposto, nego seguimento a este recurso extraordinário (art. 557, caput, do Código de Processo Civil e art. 21, § 1º, do Regimento Interno do Supremo Tribunal Federal). Publique-se. Brasília, 14 de novembro de 2014. Ministra CÁRMEN LÚCIA Relatora" **(RE 844186, Relator(a): Min. CÁRMEN LÚCIA, julgado em 14/11/2014, publicado em PROCESSO ELETRÔNICO DJe-227 DIVULG 18/11/2014 PUBLIC 19/11/2014).**

Com o advento da Lei 13.846/2019, o artigo 96 da Lei 8.213/91 foi ampliado com as seguintes regras:

a) é vedada a emissão de Certidão de Tempo de Contribuição (CTC) com o registro exclusivo de tempo de serviço, sem a comprovação de contribuição efetiva, exceto para o segurado empregado, empregado doméstico, trabalhador avulso e, a partir de 1º de abril de 2003, para o contribuinte individual que presta serviço a empresa obrigada a arrecadar a contribuição a seu cargo, observado o disposto no § 5º do art. 4º da Lei nº 10.666, de 8 de maio de 2003;

b) a CTC somente poderá ser emitida por regime próprio de previdência social para ex-servidor;

c) é vedada a contagem recíproca de tempo de contribuição do RGPS por regime próprio de previdência social sem a emissão da CTC correspondente, ainda que o tempo de contribuição RGPS tenha sido prestado pelo servidor público ao próprio ente instituidor;

d) é vedada a desaverbação de tempo em regime próprio de previdência social quando o tempo averbado tenha gerado a concessão de vantagens remuneratórias ao servidor público em atividade;

e) para fins de elegibilidade às aposentadorias especiais referidas no § 4º do art. 40 e no § 1º do art. 201 da Constituição Federal, os períodos reconhecidos pelo regime previdenciário de origem como de tempo especial, sem conversão em tempo comum, deverão estar incluídos nos períodos de contribuição compreendidos na CTC e discriminados de data a data.

Vale registrar que dentro do RPPS (não em contagem recíproca) o Supremo Tribunal Federal passou a admitir a conversão do tempo especial em comum até o advento da EC 103/2019, ao julgar o RE 1014286, em 31/08/2020, **Tema 942 em Repercussão Geral:**

Tese firmada: "Até a edição da Emenda Constitucional nº 103/2019, o direito à conversão, em tempo comum, do prestado sob condições especiais que prejudiquem a saúde ou a integridade física de servidor público decorre da previsão de adoção de requisitos e critérios diferenciados para a jubilação daquele enquadrado na hipótese prevista no então vigente inciso III do § 4º do art. 40 da Constituição da República, devendo ser aplicadas as normas do regime geral de previdência social relativas à aposentadoria especial contidas na Lei 8.213/1991 para viabilizar sua concretização enquanto não sobrevier lei complementar disciplinadora da matéria. Após a vigência da EC n.º 103/2019, o direito à conversão em tempo comum, do prestado sob condições especiais pelos servidores obedecerá à legislação complementar dos entes federados, nos termos da competência conferida pelo art. 40, § 4º-C, da Constituição da República".

No âmbito do RPPS dos servidores federais, a Emenda 103/2019 veda a conversão do tempo especial em comum no seu artigo 10 após 13/11/2019:

"Art. 10. Até que entre em vigor lei federal que discipline os benefícios do regime próprio de previdência social dos servidores da União, aplica-se o disposto neste artigo.

§ 3º A aposentadoria a que se refere o § 4º-C do art. 40 da Constituição Federal observará adicionalmente as condições e os requisitos estabelecidos para o Regime Geral de Previdência Social, naquilo em que não conflitarem com as regras específicas aplicáveis ao regime próprio de previdência social da União, **vedada a conversão de tempo especial em comum**".

Somente será possível no RPPS dos entes políticos a conversão de tempo especial em comum após 13/11/2019 se houver lei complementar da lavra da entidade política autorizando.

IMPORTANTE!

O artigo 25, § 3º, da EC 103/2019 considera-se **nula a aposentadoria** que tenha sido concedida ou que venha a ser concedida por regime próprio de previdência social com contagem recíproca do Regime Geral de Previdência Social mediante o **cômputo de tempo de serviço sem o recolhimento da respectiva contribuição ou da correspondente indenização pelo segurado obrigatório responsável**, à época do exercício da atividade, pelo recolhimento de suas próprias contribuições previdenciárias.

Por sua vez, pontifica a TNU que "a nulidade da investidura ou do contrato, decorrente da ausência de prévia aprovação em concurso público, não anula o respectivo tempo de serviço/contribuição, desde que não tenha havido simulação ou fraude na investidura ou contratação" (PUIL n. 0506749-92.2015.4.05.8400/RN – Informativo 31/2018), situação na qual deve ser expedida CTC para o cômputo do tempo de contribuição no RGPS.

Caso o servidor tenha sido **demitido a bem do serviço público** com a consequente perda do cargo ou mesmo tenha a sua **aposentadoria cassada** em sede de processo administrativo disciplinar, **a imposição da penalidade não desfaz o tempo de contribuição prestado**.

Isso porque inexiste regra que anule o tempo de contribuição vertido, devendo ser emitida CTC pelo órgão gestor do RPPS para fins de contagem recíproca provavelmente para o RGPS.

Nesse sentido, o acertado posicionamento do STF:

RMS 34499 / DF – DISTRITO FEDERAL

RECURSO ORD. EM MANDADO DE SEGURANÇA

Relator(a): Min. ROBERTO BARROSO

Julgamento: 24/05/2017

Publicação

PROCESSO ELETRÔNICO

DECISÃO:

Ementa: **DIREITO ADMINISTRATIVO. RECURSO ORDINÁRIO EM MANDADO DE SEGURANÇA. PROCESSO ADMINISTRATIVO DISCIPLINAR. IMPROBIDADE ADMINISTRATIVA. CASSAÇÃO DE APOSENTADORIA.**

1. Pena de cassação de aposentadoria aplicada a ex-Auditor da Receita Federal do Brasil, em razão da prática de improbidade administrativa (art. 132, IV, da Lei 8.112/1990).

2. É pacífica a jurisprudência do Supremo Tribunal Federal no sentido da constitucionalidade da pena de cassação de aposentadoria prevista no art. 127, IV c/c 134 da Lei 8.112/1990, não obstante o caráter contributivo de que se reveste o benefício previdenciário.

3. Nos termos do art. 201, § 9°, da Constituição Federal, "para efeito de aposentadoria, é assegurada a contagem recíproca do tempo de contribuição na administração pública e na atividade privada, rural e urbana, hipótese em que os diversos regimes de previdência social se compensarão financeiramente, segundo critérios estabelecidos em lei".

4. Recurso a que se nega seguimento.

1. Trata-se de recurso ordinário em mandado de segurança interposto contra acórdão do Superior Tribunal de Justiça que denegou writ impetrado em face de ato do Ministro da Fazenda, consistente na Portaria nº 368, de 24 de junho de 2013, por meio da qual foi cassada a aposentadoria do impetrante, ex-Auditor da Receita Federal do Brasil. Confira-se a ementa do acórdão recorrido (e-STJ fl. 107): "PROCESSUAL CIVIL E ADMINISTRATIVO. MANDADO DE SEGURANÇA INDIVIDUAL. SERVIDOR PÚBLICO FEDERAL. AUDITOR FISCAL DA RECEITA FEDERAL DO BRASIL. PROCESSO ADMINISTRATIVO DISCIPLINAR. PENA DE CASSAÇÃO DE APOSENTADORIA. ART. 117, IX C/C ART. 132, IV E XIII, DA LEI 8.112/1990. CONSTITUCIONALIDADE. PRECEDENTES DO SUPREMO TRIBUNAL FEDERAL E DO SUPERIOR TRIBUNAL DE JUSTIÇA. CONTAGEM RECÍPROCA DO TEMPO DE SERVIÇO. INTELIGÊNCIA DO ART. 201, § 9°, DA CONSTITUIÇÃO FEDERAL. SEGURANÇA DENEGADA.

1. Pretende o impetrante, ex-Auditor Fiscal da Receita Federal do Brasil, a concessão da segurança para anular o ato coator que cassou a sua aposentadoria por invalidez, em razão da prática de infração disciplinar tipificada no art. 132, inc. IV ("improbidade administrativa") da Lei 8.112/1990, ao fundamento da inconstitucionalidade da pena de cassação de aposentadoria.

2. É firme o entendimento no âmbito do Supremo Tribunal Federal e desse Superior Tribunal de Justiça no sentido da constitucionalidade da pena de cassação de aposentadoria prevista no art. 127, IV e 134 da Lei 8.112/1990, inobstante o caráter contributivo de que se reveste o benefício previdenciário.

3. Precedentes: MS 23.299/DF, Rel. Min. Sepúlveda Pertence, Tribunal Pleno do STF, julgado em 06/03/2002, DJ 12/04/2002; AgR no MS 23.219/RS, Rel. Min. Eros Grau, Tribunal Pleno do STF, julgado em 30/06/2005, DJ 19/08/2005; (AgR na STA 729/SC, Rel. Min. Ricardo Lewandowski (Presidente), Tribunal Pleno do STF, julgado em 28/05/2015, DJe 22/06/2015; AgR no ARE 866.877/RJ, Rel. Min. Rosa Weber, Primeira Turma do STF, julgado em 25/08/2015, DJe 09/09/2015; MS 20.936/DF, Rel. Ministro Mauro Campbell Marques, Primeira Seção do STJ, julgado em 12/08/2015, DJe 14/09/2015; MS 17.537/DF, Rel. Ministro Arnaldo Esteves Lima, Rel. p/ Acórdão Ministro Mauro Campbell Marques, Primeira Seção do STJ, julgado em 11/03/2015, DJe 09/06/2015; MS 13.074/DF, Rel. Ministro Rogério Schietti Cruz, Terceira Seção do STJ, julgado em 27/05/2015, DJe 02/06/2015.

4. Nos termos do art. 201, § 9°, da Constituição Federal, "para efeito de aposentadoria, é assegurada a contagem recíproca do tempo de contribuição na administração pública e na atividade privada, rural e urbana, hipótese em que os diversos regimes de previdência social se compensarão financeiramente, segundo critérios estabelecidos em lei".

5. Segurança denegada.

(MS 20.470/DF, Rel. Ministro MAURO CAMPBELL MARQUES, PRIMEIRA SEÇÃO, julgado em 25/02/2016, DJe 03/03/2016)."

2. Narra o recorrente, em síntese, que:

a) em outubro de 2006 foi instaurado Processo Administrativo Disciplinar (PAD 10880.007335/2006-48), na Corregedoria do Ministério da Fazenda Estado de São Paulo, com o intuito de apurar suposta variação patrimonial;

b) apresentou quadro depressivo bastante acentuado, agravado pela descoberta e tratamento de um câncer;

c) tal situação clínica demonstrou-se de caráter persistente e evolutivo, culminando na aposentadoria por invalidez, ainda no curso da persecução disciplinar;

d) o relatório final da Comissão Processante concluiu pela sua responsabilidade por ato de improbidade administrativa e propôs a pena de demissão, de que trata o art. 132 da Lei 8.112/1990;

e) tendo em vista que o servidor já se encontrava em situação jurídica e aposentado por invalidez foi proposta a cassação da aposentadoria, baseada no art. 134 da Lei 8.112/1990.

3. Denegada a segurança pelo Superior Tribunal de Justiça, o recorrente reitera o fundamento da impetração, qual seja, a suposta inconstitucionalidade da penalidade de cassação da aposentadoria prevista na Lei nº 8.112/1990. Mais ainda, destaca que, no caso concreto, a aposentadoria se deu por invalidez, de modo que não teria o impetrante "condições de reestruturar sua vida, já que a capacidade laborativa se encontra comprometida". Alternativamente, sustenta o impetrante que teria o direito, ao menos, de resgate das contribuições previdenciárias efetuadas ao longo de sua atividade funcional.

4. É o relatório. Decido.

5. O recurso não merece provimento. No caso concreto, o impetrante, ex-Auditor Fiscal da Receita Federal do Brasil, teve cassada sua aposentadoria por invalidez, em razão da prática de infração disciplinar tipificada no art. 132, IV, da Lei 8.112/1990 ("improbidade administrativa").

6. A jurisprudência do Supremo Tribunal Federal é pacífica no sentido da constitucionalidade da penalidade administrativa de cassação da aposentadoria, não obstante o caráter contributivo de que se reveste o benefício previdenciário. Nesse sentido, cf., entre outros, RE 848019 AgR/SP, Rel. Min. Teori Zavascki; STA 729 AgR, Rel. Min. Ricardo Lewandowski; MS 21.948/RJ, Rel. Min. Néri da Silveira; MS 23.299/SP, Rel. Min. Sepúlveda Pertence; e MS 23.219-AgR/RS, Rel. Min. Eros Grau.

7. É irrelevante o fato de a aposentadoria ter se dado por invalidez, já que todo aposentado se presume sem capacidade laborativa, não havendo diferenciação na legislação, para aplicação da penalidade, quanto à espécie de aposentadoria.

8. Por outro lado, inexiste o suposto direito de resgate das contribuições previdenciárias, na medida em que a Constituição estabelece solução diversa para esse caso, consistente na possibilidade de contagem do tempo de contribuição no regime próprio para a aposentadoria no Regime Geral de Previdência Social (art. 201, § 9º).

9. Diante do exposto, com base no art. 21, § 1º, do RI/STF, nego seguimento ao recurso.

Publique-se. Intimem-se.

Brasília, 24 de maio de 2017.

Ministro LUÍS ROBERTO BARROSO

Relator

No mesmo sentido, a TNU (tema 233):

Tema	233	Situação do tema	Em julgamento – eproc	Ramo do direito	DIREITO PREVIDENCIÁRIO
Questão submetida a julgamento	Saber se, uma vez cassada a aposentadoria estatutária, pode o respectivo tempo de contribuição ser aproveitado para a obtenção de aposentadoria em outro regime, no caso o RGPS.				
Tese firmada	**O servidor público aposentado no RPPS e que sofrer pena de cassação de sua aposentadoria pode utilizar o respectivo período contributivo para requerer aposentadoria no RGPS, devidamente comprovado por meio de Certidão de Tempo de Contribuição fornecida pelo órgão público competente.**				
Processo	**Decisão de afetação**	**Relator (a)**	**Julgado em**	**Acórdão publicado em**	**Trânsito em julgado**
PEDILEF 0053962-51.2016.4.02.5151/RJ	18/09/2019	Juiz Federal Erivaldo Ribeiro dos Santos	12/03/2020	16/03/2020	ED opostos

2. SEGURADOS

São segurados do RPPS os servidores titulares de cargo de provimento efetivo, bem como os militares estaduais e distritais, sendo que a cessão de servidor ou militar dos Estados e do Distrito Federal (com ou sem ônus) não o retira do seu RPPS[22].

Ou seja, desde a Emenda 20/1998, foram excluídos do RPPS os ocupantes de cargo em comissão sem vínculo efetivo, os titulares de mandato eletivo, os contratados por regime especial por excepcional interesse público e os empregados públicos.

Na esfera federal, os titulares de cargo em comissão já eram vinculados ao RGPS desde o advento da Lei 8.647/93, o que foi estendido aos demais entes políticos pela referida reforma constitucional.

De acordo com o STF, no regime anterior ao advento da Emenda 20/1998, em que o servidor exclusivamente comissionado estadual e municipal era segurado do RPPS, "o Tribunal firmou entendimento no sentido de que legislações locais, com fundamento no art. 40, § 2º, da Constituição, podem exigir o preenchimento de requisitos específicos para a aposentadoria de servidor ocupante de cargo em comissão, entre eles a exigência de tempo mínimo de permanência no cargo para que se aperfeiçoe o direito à aposentadoria" (RE 380382/AgR, de 2/12/2010).

No caso dos militares da União, serão aplicáveis as disposições da Lei 6.880/80, que aprovou o Estatuto dos Militares, e não da Lei 9.717/98.

Não se admite a aposentação, pelo regime próprio de previdência social dos servidores públicos da União, de ex-empregados de empresas públicas extintas alcançados pela anistia prevista na Lei 8.878/1994, uma vez que o reingresso nos quadros da Administração Pública não altera o regime de celetista para estatutário[23].

---

22. Artigo 1º-A, da Lei 9.717/98.
23. **Acórdão TCU 1331/2017 Plenário** (Aposentadoria, Relator Ministro Augusto Nardes).

Por força da Emenda 103/2019, aplica-se ao **agente público** ocupante, exclusivamente, de cargo em comissão declarado em lei de livre nomeação e exoneração, de outro cargo temporário, inclusive aos detentores de **mandato eletivo**, ou de emprego público, o Regime Geral de Previdência Social.

Não deve ser segurado do RPPS, em especial após a EC 20/1998, o servidor estabilizado de que trata o artigo 19 do ADCT da Constituição:

> "Art. 19. Os servidores públicos civis da União, dos Estados, do Distrito Federal e dos Municípios, da administração direta, autárquica e das fundações públicas, em exercício na data da promulgação da Constituição, **há pelo menos cinco anos continuados, e que não tenham sido admitidos na forma regulada no art. 37**, da Constituição, são considerados **estáveis no serviço público**".

Trata-se de servidores que não prestaram concurso público e que foram estabilizados por terem ingressado no serviço público até 05/10/1983.

Veja-se a posição pacificada do STF:

ARE 1069876 AgR / SP – SÃO PAULO

AG.REG. NO RECURSO EXTRAORDINÁRIO COM AGRAVO

Relator(a): Min. DIAS TOFFOLI

Julgamento: 27/10/2017

Publicação: 13/11/2017

Órgão julgador: Segunda Turma

Publicação

PROCESSO ELETRÔNICO DJe-257 DIVULG 10-11-2017 PUBLIC 13-11-2017

Ementa

EMENTA Agravo regimental no recurso extraordinário com agravo. Administrativo. Servidores públicos detentores da estabilidade excepcional do art. 19 do ADCT. Inclusão no regime próprio de previdência social. Impossibilidade. Precedentes. **1. Os servidores abrangidos pela estabilidade excepcional prevista no art. 19 do ADCT não se equiparam aos servidores efetivos, os quais foram aprovados em concurso público. Aqueles possuem somente o direito de permanecer no serviço público nos cargos em que foram admitidos, não tendo direito aos benefícios privativos dos servidores efetivos. 2. Conforme consta do art. 40 da Constituição Federal, com a redação dada pela EC nº 42/2003, pertencem ao regime próprio de previdência social tão somente os servidores titulares de cargos efetivos da União, dos Estados, do Distrito Federal e dos municípios, incluídas suas autarquias e fundações**. 3. Agravo regimental não provido. 4. Majoração da verba honorária em valor equivalente a 10% (dez por cento) do total daquela já fixada (art. 85, §§ 2º, 3º e 11, do CPC), observada a eventual concessão do benefício da gratuidade da justiça.

ADI 5111 / RR – RORAIMA

AÇÃO DIRETA DE INCONSTITUCIONALIDADE

Relator(a): Min. DIAS TOFFOLI

Julgamento: 20/09/2018

Publicação: 03/12/2018

Órgão julgador: Tribunal Pleno

Publicação

PROCESSO ELETRÔNICO DJe-257 DIVULG 30-11-2018 PUBLIC 03-12-2018

Ementa

EMENTA Ação direta de inconstitucionalidade. Parágrafo único do art. 28 da Resolução nº 49, de 27/12/05, da Assembleia Legislativa do Estado de Roraima. Exaurimento da eficácia. Prejudicialidade. Artigo 3º, inciso I, parte final, da Lei Complementar nº 54, de 31/12/01, do Estado de Roraima, com a redação conferida pela Lei Complementar nº 138, de 26/6/08. Violação do art. 40 da Constituição Federal. Norma de absorção obrigatória pela legislação infraconstitucional. Modulação dos efeitos. Procedência parcial. 1. Com a edição da Resolução nº 3/2015 da Assembleia Legislativa do Estado de Roraima, ocorreu o esvaziamento da eficácia do parágrafo único do art. 28 da Resolução nº 49/2005 do mesmo órgão. Nesses casos, tem decidido o Supremo Tribunal Federal pela extinção anômala do processo de controle normativo abstrato, motivada pela perda superveniente de seu objeto, que tanto pode decorrer da revogação pura e simples do ato impugnado como do exaurimento de sua eficácia. Precedentes: *ADI* nº 2859/DF, de minha relatoria, Tribunal Pleno, DJe de 21/10/16; *ADI* nº 4365/DF, de minha relatoria, Tribunal Pleno, DJe de 8/5/15; *ADI* nº 1.979/SC-MC, Tribunal Pleno, Rel. Min. Marco Aurélio, DJ de 29/9/06; *ADI* nº 885/DF, Tribunal Pleno, Rel. Min. Néri da Silveira, DJ de 31/8/01. 2. **O art. 3º, inciso I, parte final, da Lei Complementar nº 54, de 31/12/01, do Estado de Roraima, com a redação conferida pela Lei Complementar nº 138, de 26/6/08, promove ampliação do rol previsto no art. 40 da Constituição Federal ao determinar que estão incluídos no regime próprio de previdência também os "servidores declarados estáveis, nos termos da Constituição estadual", expressão que acaba por abranger servidores estabilizados, embora não efetivos, de que trata o art. 19 do ADCT. Portanto, o preceito em tela viola o art. 40 da Constituição Federal, norma de absorção obrigatória pela legislação infraconstitucional, consoante jurisprudência da Suprema Corte. Precedentes: ADI nº 101/MG, Relator o Min. Celio Borja, Rel. p/ o ac. Min. Carlos Velloso, Tribunal Pleno, DJ de 7/5/93; ADI nº 178/RS, Rel. Min. Maurício Corrêa, Tribunal Pleno, DJ de 26/4/96; ADI nº 369/AC, Rel. Min. Moreira Alves, Tribunal Pleno, DJ de 12/3/99.** 3. Modulação dos efeitos da declaração de inconstitucionalidade, nos termos do art. 27 da Lei nº 9.868/99, para que sejam ressalvados da decisão aqueles que, até a data de publicação da ata do julgamento, já estejam aposentados ou tenham preenchido os requisitos para a aposentadoria sob o regime próprio de previdência do Estado de Roraima, exclusivamente para efeito de aposentadoria. 4. Ação julgada parcialmente procedente.

Sabe-se que a maioria das entidades políticas desrespeitam a posição pacificada do STF, os inserindo no RPPS indevidamente, quando deveriam estar filiados ao RGPS.

3. CONTRIBUIÇÕES PREVIDENCIÁRIAS

O custeio dos Regimes Próprios é feito por contribuições previdenciárias dos servidores públicos efetivos e dos militares, assim como dos recursos das respectivas entidades políticas, devendo ser observados critérios que preservem o equilíbrio financeiro e atuarial do sistema.

Com o advento da Emenda Constitucional 41/2003, o artigo 40 da Constituição Federal foi alterado a fim de permitir a incidência de contribuições previdenciárias a serem pagas pelos aposentados e pensionistas do RPPS, tendo em vista que apenas com o advento da Emenda 03/1993 todos os servidores (ativos) passaram a contribuir ao sistema.

De efeito, há autorização constitucional para que os aposentados e pensionistas do RPPS paguem contribuições previdenciárias sobre os seus proventos e pensões, mas apenas sobre a parcela que exceda ao teto do RGPS, com a mesma alíquota dos ativos.

Assim sendo, os beneficiários de aposentadorias e pensões em RPPS cuja renda não ultrapasse o teto do salário de contribuição do RGPS têm imunidade ao pagamento dos referidos tributos. Na hipótese de aposentado ou pensionista portador de doença incapacitante, apenas incidirá a contribuição previdenciária sobre o seu benefício se ele ultrapassar o dobro do teto do RGPS (imunidade dobrada), nos termos do artigo 40, § 21, da Constituição[24].

IMPORTANTE!

No entanto, a EC 103/2019 revogou o § 21 do artigo 40 da Constituição com aplicação imediata aos servidores federais desde 13/11/2019. No que concerne aos servidores dos estados, Distrito Federal e municípios, o dispositivo permanecerá em vigor por força do artigo 36, II, da EC 103/2019, até a data de publicação de lei de iniciativa privativa do respectivo Poder Executivo que as referende integralmente.

De acordo com decisão tomada pelo STF, no julgamento da Suspensão de Segurança AGR 3.679, de 04.02.2010, "enquanto não editada a lei a que se refere o § 21 do art. 40 da CF/88, vigem os diplomas estaduais que regem a matéria, que só serão suspensos se, e no que, forem contrários à lei complementar nacional".

No entanto, não cabe ao ente político dar isenção total ao aposentado e pensionista portador de doença incapacitante:

> Informativo 776– "Contribuição previdenciária de inativos e pensionistas: isenção e patologias incapacitantes – 3
>
> O Plenário, em conclusão de julgamento e por maioria, acolheu, em parte, pedido formulado em ação direta para estabelecer que o parágrafo único do art. 3º da Lei 8.633/2005 do Estado do Rio Grande do Norte ["Art. 3º. Os aposentados e os pensionistas de qualquer dos Poderes do Estado, do Ministério Público e do Tribunal de Contas do Estado, incluídas suas autarquias e fundações, e dos Militares Estaduais contribuirão para o regime próprio de previdência social, com 11 % (onze por cento) incidentes sobre o valor da parcela dos proventos de aposentadorias e pensões que supere o limite máximo estabelecido para os benefícios do regime geral de previdência social, fixado pela legislação federal. Parágrafo único. São isentos da contribuição de que trata o 'caput' deste artigo, os aposentados e pensionistas que sejam portadores de patologias incapacitantes, abrangidos pela isenção oferecida pela legislação do Imposto de Renda"] deve ser interpretado à luz do limite previsto no art. 40, § 21, da CF ("§ 21. A contribuição prevista no § 18 deste artigo incidirá apenas sobre as parcelas de proventos de aposentadoria e de pensão que superem o dobro do limite máximo estabelecido para os benefícios do regime geral de previdência social de que trata o art. 201 desta Constituição, quando o beneficiário, na forma da lei, for portador de doença incapacitante") — v. Informativo 646. O Colegiado destacou que a norma adversada seria extremamente simpática do ponto de vista da justiça social, a qual deveria valer para todos, sob pena de se ferir a isonomia. Ademais, ela alcançaria grande parte dos aposentados e pensionistas. Entretanto, o mencionado parágrafo único, ao conceder isenção total, seria mais amplo do que o § 21 do art. 40 da CF, que confere benefício limitado. Vencido, em parte, o Ministro Cezar Peluso (relator), que julgava o pedido parcialmente procedente para declarar a inconstitucionalidade do aludido parágrafo único, que criaria isenção não prevista constitucionalmente. ADI 3477/RN, rel. orig. Min. Cezar Peluso, red. p/ o acórdão Min. Luiz Fux, 4.3.2015. (ADI-3477)".

24. § 21. A contribuição prevista no § 18 deste artigo incidirá apenas sobre as parcelas de proventos de aposentadoria e de pensão que superem o dobro do limite máximo estabelecido para os benefícios do regime geral de previdência social de que trata o art. 201 desta Constituição, quando o beneficiário, na forma da lei, for portador de doença incapacitante.

Vale destacar que a reforma constitucional não instituiu diretamente a contribuição dos inativos e pensionistas, mas apenas autorizou a sua cobrança, cabendo aos entes políticos fazê-lo por lei ordinária, observado o Princípio da Anterioridade Nonagesimal.

O tema foi levado ao Supremo Tribunal Federal, que validou a instituição de contribuições previdenciárias sobre aposentadorias e pensões dos beneficiários dos RPPSs, confirmando a Suprema Corte a inexistência de direito adquirido, de modo que todos devem se sujeitar ao novo regramento, inclusive aqueles já beneficiários de aposentadorias e pensões na data de vigência da reforma constitucional.

Trata-se de um dos julgados mais contestados da lavra do STF em sua história:

> "EMENTAS: 1. Inconstitucionalidade. Seguridade social. Servidor público. Vencimentos. Proventos de aposentadoria e pensões. Sujeição à incidência de contribuição previdenciária. Ofensa a direito adquirido no ato de aposentadoria. Não ocorrência. Contribuição social. Exigência patrimonial de natureza tributária. Inexistência de norma de imunidade tributária absoluta. Emenda Constitucional nº 41/2003 (art. 4º, caput). Regra não retroativa. Incidência sobre fatos geradores ocorridos depois do início de sua vigência. Precedentes da Corte. Inteligência dos arts. 5º, XXXVI, 146, III, 149, 150, I e III, 194, 195, caput, II e § 6º, da CF, e art. 4º, caput, da EC nº 41/2003. No ordenamento jurídico vigente, não há norma, expressa nem sistemática, que atribua à condição jurídico-subjetiva da aposentadoria de servidor público o efeito de lhe gerar direito subjetivo como poder de subtrair ad aeternum a percepção dos respectivos proventos e pensões à incidência de lei tributária que, anterior ou ulterior, os submeta à incidência de contribuição previdencial. Noutras palavras, não há, em nosso ordenamento, nenhuma norma jurídica válida que, como efeito específico do fato jurídico da aposentadoria, lhe imunize os proventos e as pensões, de modo absoluto, à tributação de ordem constitucional, qualquer que seja a modalidade do tributo eleito, donde não haver, a respeito, direito adquirido com o aposentamento. 2. Inconstitucionalidade. Ação direta. Seguridade social. Servidor público. Vencimentos. Proventos de aposentadoria e pensões. Sujeição à incidência de contribuição previdenciária, por força de Emenda Constitucional. Ofensa a outros direitos e garantias individuais. Não ocorrência. Contribuição social. Exigência patrimonial de natureza tributária. Inexistência de norma de imunidade tributária absoluta. Regra não retroativa. Instrumento de atuação do Estado na área da previdência social. Obediência aos princípios da solidariedade e do equilíbrio financeiro e atuarial, bem como aos objetivos constitucionais de universalidade, equidade na forma de participação no custeio e diversidade da base de financiamento. Ação julgada improcedente em relação ao art. 4º, caput, da EC nº 41/2003. Votos vencidos. Aplicação dos arts. 149, caput, 150, I e III, 194, 195, caput, II e § 6º, e 201, caput, da CF. Não é inconstitucional o art. 4º, caput, da Emenda Constitucional nº 41, de 19 de dezembro de 2003, que instituiu contribuição previdenciária sobre os proventos de aposentadoria e as pensões dos servidores públicos da União, dos Estados, do Distrito Federal e dos Municípios, incluídas suas autarquias e fundações. 3. Inconstitucionalidade. Ação direta. Emenda Constitucional (EC nº 41/2003, art. 4º, § únic, I e II). Servidor público. Vencimentos. Proventos de aposentadoria e pensões. Sujeição à incidência de contribuição previdenciária. Bases de cálculo diferenciadas. Arbitrariedade. Tratamento discriminatório entre servidores e pensionistas da União, de um lado, e servidores e pensionistas dos Estados, do Distrito Federal e dos Municípios, de outro. Ofensa ao princípio constitucional da isonomia tributária, que é particularização do princípio fundamental da igualdade. Ação julgada procedente para declarar inconstitucionais as expressões "cinquenta por cento do" e "sessenta por cento do", constante do art. 4º, § único, I e II, da EC nº 41/2003. Aplicação dos arts. 145, § 1º, e 150, II, cc. art. 5º, caput e § 1º, e 60, § 4º, IV, da CF, com restabelecimento do caráter geral da regra do art. 40, § 18. São inconstitucionais as expressões "cinqüenta por cento do" e "sessenta por cento do", constantes do § único, incisos I e II, do art. 4º da Emenda Constitucional nº 41, de 19 de dezembro de 2003, e

tal pronúncia restabelece o caráter geral da regra do art. 40, § 18, da Constituição da República, com a redação dada por essa mesma Emenda" (ADI 3.105, de 18.08.2004)[25].

O STF apenas pronunciou a inconstitucionalidade de parte dos incisos I e II, do artigo 4º, da Emenda 41/2003, que criou uma situação discriminatória aos beneficiários de aposentadorias e pensões na data de publicação da reforma.

É que a incidência da contribuição previdenciária não tomaria como base de cálculo os valores que excedessem ao teto do RGPS, e sim apenas 50% do referido limite (para os aposentados e pensionistas dos Estados, Distrito Federal e Municípios) e 60% (para os da esfera federal), colocando esses segurados em situação desfavorável com relação aos ativos, pois acabariam pagando maiores contribuições previdenciárias, ante a menor extensão da imunidade.

> Vale ressaltar que as leis estaduais ou municipais que instituíram a contribuição dos inativos e pensionistas após a Emenda 20/1998 e antes do advento da Emenda 41/2003 são inválidas, pois inexiste constitucionalidade superveniente no sistema jurídico brasileiro, conforme declarado pelo STF no julgamento da ADI 2.158, em 15.09.2010.

Logo, entre as Emendas 20/1998 e 41/2003, a cobrança de contribuição previdenciária sobre aposentadorias e pensões no RPPS se revelou inconstitucional.

"O regime de previdência de caráter contributivo, a que se refere o art. 40, caput, da Constituição, na redação dada pela EC nº 20/98, foi instituído, unicamente, em relação "Aos servidores titulares de cargos efetivos...", inexistindo, desse modo, qualquer possibilidade jurídico-constitucional de se atribuir, a inativos e a pensionistas da União, a condição de contribuintes da exação prevista na Lei nº 9.783/99. Interpretação do art. 40, §§ 8º e 12, c/c o art. 195, II, da Constituição, todos com a redação que lhes deu a EC nº 20/98. DEBATES PARLAMENTARES E INTERPRETAÇÃO DA CONSTITUIÇÃO.– O argumento histórico, no processo de interpretação constitucional, não se reveste de caráter absoluto. Qualifica-se, no entanto, como expressivo elemento de útil indagação das circunstâncias que motivaram a elaboração de determinada norma inscrita na Constituição, permitindo o conhecimento das razões que levaram o constituinte a acolher ou a rejeitar as propostas que lhe foram submetidas. Doutrina.– O registro histórico dos debates parlamentares, em torno da proposta que resultou na Emenda Constitucional nº 20/98 (PEC nº 33/95), revela-se extremamente importante na constatação de que a única base constitucional – que poderia viabilizar a cobrança, relativamente aos inativos e aos pensionistas da União, da contribuição de seguridade social – foi conscientemente excluída do texto, por iniciativa dos próprios Líderes dos Partidos Políticos que dão sustentação parlamentar ao Governo, na Câmara dos Deputados (Comunicado Parlamentar publicado no Diário da Câmara dos Deputados, p. 04110, edição de 12/2/98). O destaque supressivo, patrocinado por esses Líderes partidários, excluiu, do Substitutivo aprovado pelo Senado Federal (PEC nº 33/95), a cláusula destinada a introduzir, no texto da Constituição, a necessária previsão de cobrança, aos pensionistas e aos servidores inativos, da contribuição de seguridade social" (ADI-MC 2.010, de 30.09.1999).

Contudo, no período anterior ao advento da Emenda 20/1998, o STF chancelou a referida cobrança, pois apenas com o advento da Emenda 20 exsurgiu a vedação de cobrança que foi extinta com a Emenda 41:

---

25. O mesmo posicionamento foi tomado na ADI 3.128.

> "EMENTA: EMBARGOS DE DECLARAÇÃO. CONTRIBUIÇÃO PREVIDENCIÁRIA SOBRE PROVENTOS DE INATIVOS E PENSIONISTAS. LEGITIMIDADE ATÉ O ADVENTO DA EMENDA CONSTITUCIONAL 20/1998. É constitucional a cobrança, anterior ao advento da EC 20/1998, de contribuição previdenciária sobre os proventos de inativos e pensionistas, conforme jurisprudência firmada neste Supremo Tribunal Federal, restringindo-se a devolução das parcelas indevidamente descontadas ao período posterior ao da referida emenda. Essa orientação aplica-se até o advento da Emenda Constitucional 41/2003, cujo art. 4º foi declarado constitucional por esta Corte, no julgamento das ADIs 3105 e 3128. Embargos de declaração acolhidos para dar provimento ao agravo de instrumento, o qual se converte em recurso extraordinário, para dar-lhe parcial provimento, afastando a cobrança da contribuição previdenciária no período de vigência da EC 20/1998" (AI 283.491 AgR-ED, de 14.03.2006).

Na esfera federal, a contribuição dos aposentados e pensionistas foi instituída pela Medida Provisória 167, de 17.12.2004, convertida na Lei 10.887/04, cobrada a partir de 20 de maio de 2004, por determinação do seu artigo 16.

A alíquota da contribuição previdenciária dos servidores estaduais, distritais e municipais não poderá ser inferior à dos servidores federais.

Aliás, coube à Emenda 41/2003 alterar a redação do § 1º ao artigo 149, da Constituição Federal:

> § 1º Os Estados, o Distrito Federal e os Municípios instituirão contribuição, cobrada de seus servidores, para o custeio, em benefício destes, do regime previdenciário de que trata o art. 40, cuja alíquota não será inferior à da contribuição dos servidores titulares de cargos efetivos da União. (Redação dada pela Emenda Constitucional nº 41, 19.12.2003)

Inclusive, o Supremo Tribunal Federal confirmou a validade desta passagem da EC 41/2003, no julgamento da ADI 3.138, de 14/09/2011:

> "AÇÃO DIRETA DE INCONSTITUCIONALIDADE. ART. 149, § 1º, DA CONSTITUIÇÃO DA REPÚBLICA (ALTERADO PELA EMENDA CONSTITUCIONAL N. 41/2003). 1. A norma que fixa alíquota mínima (contribuição dos servidores titulares de cargos efetivos na União) para a contribuição a ser cobrada pelos Estados, pelo Distrito Federal e pelos Municípios de seus servidores, para o custeio, em benefício destes, do regime previdenciário de que trata o art. 40 da Constituição da República não contraria o pacto federativo ou configura quebra de equilíbrio atuarial. 2. A observância da alíquota mínima fixada na Emenda Constitucional n. 41/2003 não configura quebra da autonomia dos Estados Federados. O art. 201, § 9º, da Constituição da República, ao estabelecer um sistema geral de compensação, há ser interpretado à luz dos princípios da solidariedade e da contributividade, que regem o atual sistema previdenciário brasileiro. 3. Ação julgada improcedente".

IMPORTANTE!

O § 1º[26] ao artigo 149 da Constituição Federal foi alterado apenas para os servidores federais a *priori*. Por outro lado, contínua aplicável aos estados, Distrito Federal e municípios até a data de publicação de lei de iniciativa privativa do respectivo Poder Executivo que as referende integralmente, nos termos do artigo 36, inciso II[27], da EC 103/2019.

---

26. § 1º A União, os Estados, o Distrito Federal e os Municípios instituirão, por meio de lei, contribuições para custeio de regime próprio de previdência social, cobradas dos servidores ativos, dos aposentados e dos pensionistas, que poderão ter alíquotas progressivas de acordo com o valor da base de contribuição ou dos proventos de aposentadoria e de pensões.
27. Art. 36. Esta Emenda Constitucional entra em vigor: II – para os regimes próprios de previdência social dos Estados, do Distrito Federal e dos Municípios, quanto à alteração promovida pelo art. 1º desta Emenda Constitucional no

De efeito, restou modificado e adicionado o regramento do **artigo 149 da Constituição**, que disciplina as contribuições para a seguridade social, dentre outras contribuições sociais.

Retirou-se do regramento permanente constitucional que a alíquota dos servidores estaduais, distritais e municipais não poderão ser inferiores à alíquota dos servidores federais, ressalvando o regramento de transição do artigo 9º, § 4º[28], da **Emenda 103/2019**, até a edição da lei complementar nacional com regras gerais sobre RPPS.

Ademais, restou inserida previsão expressa no texto constitucional para a **progressividade das contribuições previdenciárias** de ativos, inativos e pensionistas de todas as esferas de governo, de acordo com o valor da base de contribuição ou do benefício recebido.

No entanto, por força do artigo 36, inciso II, letra A, da **Emenda 103/2019**, a alteração promovida pelo art. 1º no art. 149 da Constituição Federal somente será aplicável ao RPPS dos Estados, do Distrito Federal e dos Municípios na data de publicação de lei de iniciativa privativa do respectivo Poder Executivo, que referende integralmente.

Pelo texto transcrito, seria possível no caso de **déficit atuarial** incidir contribuição previdenciária sobre os proventos de aposentadoria e de pensões por morte que **superem a um salário mínimo**.

No entanto, considerando que o Senado rejeitou a revogação do § 18 do artigo 40 da Constituição, entende-se ser absoluta a imunidade tributária do servidor federal sobre aposentadorias e pensões por morte até o teto do RGPS, havendo uma antinomia constitucional por esse motivo.

Essa regra se aplica a todas as esferas de governo e não há uma limitação expressa do percentual dessa alíquota extra.

Especificamente para o servidor ativo, inativo e pensionista do serviço público federal, acaso a medida de tributação *suso* referida não restar suficiente para equilibrar o déficit atuarial, será possível a criação de **contribuição extraordinária por prazo determinado**, que o artigo 149 da Constituição **não fixa o limite máximo temporal**, devendo ser adotadas medidas paralelas de combate ao déficit atuarial que o texto constitucional também não enumera.

Esse regramento em aberto poderá ser deveras gravoso especialmente ao ativo, inativo e pensionista do RPPS federal, que poderá ser compelido a arcar com uma alíquota de contribuição previdenciária extraordinária por prazo não limitado e alíquota também não limitada pelo novel texto constitucional.

De acordo com o STF em jurisprudência anterior à EC 103/2019, é (**era**) incabível a adoção da progressividade de alíquotas das contribuições previdenciárias do servidor público, sob pena de utilização do tributo com efeito confiscatório:

> "Agravo regimental no recurso extraordinário. Previdenciário. Servidor público. Contribuição previdenciária. Alíquota progressiva. Impossibilidade. Precedentes. 1. Esta Corte já decidiu que a instituição de alíquotas progressivas para a contribuição previdenciária dos servidores públicos ofende o princípio da vedação à utilização de qualquer tributo com efeito de confisco (art. 150, inciso IV, da Constituição Federal). 2. Agravo regimental não provido" (STF, RE 346197 AgR, 1ª Turma, de 16/10/2012).

---

art. 149 da Constituição Federal e às revogações previstas na alínea "a" do inciso I e nos incisos III e IV do art. 35, na data de publicação de lei de iniciativa privativa do respectivo Poder Executivo que as referende integralmente.

28. § 4º Os Estados, o Distrito Federal e os Municípios **não poderão estabelecer alíquota inferior à da contribuição dos servidores da União**, exceto se demonstrado que o respectivo regime próprio de previdência social não possui déficit atuarial a ser equacionado, hipótese em que a alíquota não poderá ser inferior às alíquotas aplicáveis ao Regime Geral de Previdência Social.

Particularmente, não há como concordar com o STF. Isso porque no próprio RGPS a contribuição do segurado empregado, doméstico e avulso possui alíquotas progressivas (8, 9 ou 11%), a teor do artigo 20, da Lei 8.212/91, disposição legal que nunca foi pronunciada inconstitucional pela Suprema Corte.

Isso porque elevar a alíquota de contribuição do servidor que ganha mais decorre do Princípio da Capacidade Contributiva e da Isonomia Tributária, não se vislumbrando, *a priori*, o uso do tributo com efeito confiscatório, salvo se forem instituídas alíquotas excessivas.

Mas o tema da progressividade é controverso no STF:

> "**AGRAVO REGIMENTAL NO RECURSO EXTRAORDINÁRIO. TRIBUTÁRIO. SERVIDOR PÚBLICO. CONTRIBUIÇÃO SOCIAL. MEDIDA PROVISÓRIA 560/1994. ALÍQUOTAS PROGRESSIVAS. APLICABILIDADE AOS SERVIDORES DO DISTRITO FEDERAL. AGRAVO IMPROVIDO. I** – O sistema de alíquotas progressivas instituído pela Medida Provisória 560/1994 é aplicável aos servidores do Distrito Federal. Precedentes. II – Agravo regimental improvido (RE 464765 AgR, de 15/5/2012, 2ª Turma).

Com o advento da EC 103/2019, a progressividade passa a constar por expressamente do texto constitucional, aparentemente encerrando a discussão do tema.

No caso dos Estados, Distrito Federal e Municípios, caberá a suas normas disciplinar as parcelas sobre as quais incidirão as respectivas contribuições previdenciárias.

A alíquota da contribuição previdenciária do servidor deve ser fixada por lei da respectiva entidade federativa, mas os critérios de seu cálculo não. De acordo com a Suprema Corte, "a alegação de que os critérios de cálculo de alíquota de contribuição previdenciária relativos a equilíbrio financeiro e atuarial deveriam ser necessariamente estabelecidos por lei em sentido formal foi rechaçada pelo Plenário do STF no julgamento da na ADI 2.034-MC, Rel. Min. Sydney Sanches." (RE 517.288-AgR, voto da Rel. Min Cármen Lúcia, julgamento em 22-2-2011, Primeira Turma, *DJE* de 18-3-2011).

O **artigo 11 da Emenda 103/2019** constituiu regra de transição para regular a contribuição previdenciária do servidor federal, até que sejam alterados os artigos 4º, 5º e 6º da Lei nº 10.887/2004, que fixavam em 11% a alíquota de contribuição do servidor federal, respeitado o Princípio da Anterioridade Nonagesimal, na hipótese de elevação tributária.

De efeito, **a alíquota é elevada para 14%,** mas com faixas de redução e elevação (progressividade extrafiscal), a depender do valor da remuneração, aposentadoria ou pensão por morte.

Essa regra **poderá refletir nas demais entidades políticas**, pois o artigo 9º, § 4º, da Emenda prevê que *"até que entre em vigor lei complementar que discipline o § 22 do art. 40 da Constituição Federal, aplicam-se aos regimes próprios de previdência social o disposto na Lei nº 9.717, de 27 de novembro de 1998 e o disposto neste artigo"*, estatuindo que *"os Estados, o Distrito Federal e os Municípios* ***não poderão estabelecer alíquota inferior à da contribuição dos servidores da União****, exceto se demonstrado que o respectivo regime próprio de previdência social não possui déficit atuarial a ser equacionado, hipótese em que a alíquota não poderá ser inferior às alíquotas aplicáveis ao Regime Geral de Previdência Social"*.

Desta forma, **as faixas de contribuição de que trata este artigo 11 da Emenda passam a constituir o piso para as contribuições de servidores estaduais, distritais e municipais**, exceto se o RPPS não possuir déficit atuarial a ser equacionado.

Entende-se que se trata de regra com efeitos imediatos para estados, Distrito Federal e municípios, pois não exige regulamentação "na forma da lei" e já possui elementos suficientes de autoaplicabilidade, conquanto se presuma que muitos estados e municípios irão advogar a tese da não aplicação imediata, o que pode gerar descumprimento constitucional indesejado por omissão, pois bastaria que o ente estadual ou municipal nunca editasse lei de regulamentação.

Com esta nova regra, os servidores federais passam a ter alíquotas progressivas por faixas de remuneração, respeitada a noventena nos casos de elevação do valor do tributo, tomando por base progressiva e regressiva a alíquota de 14%, e não mais a incidência da alíquota de 11% linear para todos os servidores da União, autarquias e fundações.

Haverá redução de contribuição previdenciária para os servidores federais que ganham pouco, e, do outro lado, elevação para os que recebem as maiores remunerações, como membros da AGU, DPU, MPF, juízes federais, delegados federais e Auditores da Receita Federal.

Eis as faixas originárias de 2019 que vão incidir sobre remunerações, aposentadorias e pensões por morte:

ALÍQUOTA	FAIXA DE RENDA
7,5%	Até 1 salário mínimo
9%	Acima de 1 salário até R$ 2.000,00
12%	De R$ 2.001,00 até R$ 3.000,00
14%	De 3.00,01 até R$ 5.839,45
14,5%	De R$ 5.839,46 até R$ 10.000,00
16,5%	De R$ 10.00,01 até R$ 20.000,00
19%	De R$ 20.000,01 até R$ 39.000,00
22%	Acima de R$ 39.000,00

CENÁRIO 1 – 2019

O servidor federal que ganha R$ 998,00 terá redução de alíquota de 11% para 7,5% (pagava uma contribuição de R$ 109,78 passando para R$ 74,85).

CENÁRIO 2

Um servidor federal que ganha R$ 30.000,00 pagava uma contribuição de 11% linear (R$ 3.300,00). Agora, com a aplicação das faixas, passará a pagar uma alíquota efetiva de 16,11% (R$ 4.835,83), o que importa em um aumento de R$ 1.535,83, respeitada a anterioridade nonagesimal.

Os valores acima serão reajustados, a partir da data de entrada em vigor da Emenda Constitucional 103/2019, na mesma data e com o mesmo índice em que se der o reajuste dos benefícios do Regime Geral de Previdência Social, ressalvados aqueles vinculados ao salário-mínimo, aos quais se aplica a legislação específica.

Eis as faixas já atualizadas para o **exercício de 2020** pela Portaria 2.963, de 03/02/2020, da lavra do Ministério da Economia:

"Art. 1º Conforme § 3º do art. 11 da Emenda Constitucional nº 103, de 12 de novembro de 2019, os valores previstos nos incisos II a VIII do § 1º do mesmo artigo, ficam reajustados em 4,48%

(quatro inteiros e quarenta e oito décimos por cento), índice aplicado aos benefícios do Regime Geral de Previdência Social.

§ 1º Em razão do reajuste previsto no caput, a alíquota de 14% (quatorze por cento) estabelecida no caput do art. 11 da Emenda Constitucional nº 103, de 2019, que entrará em vigor em 1º de março de 2020, será reduzida ou majorada, considerado o valor da base de contribuição ou do benefício recebido, de acordo com os seguintes parâmetros:

I – até 1 (um) salário-mínimo, redução de seis inteiros e cinco décimos pontos percentuais;

II – acima de 1 (um) salário-mínimo até R$ 2.089,60 (dois mil, oitenta e nove reais e sessenta centavos), redução de cinco pontos percentuais;

III – de R$ 2.089,61 (dois mil, oitenta e nove reais e sessenta e um centavos) até R$ 3.134,40 (três mil, cento e trinta e quatro reais e quarenta centavos), redução de dois pontos percentuais;

IV – de R$ 3.134,41 (três mil, cento e trinta e quatro reais e quarenta e um centavos) até R$ 6.101,06 (seis mil, cento e um reais e seis centavos), sem redução ou acréscimo;

V – de R$ 6.101,07 (seis mil, cento e um reais e sete centavos) até R$ 10.448,00 (dez mil, quatrocentos e quarenta e oito reais), acréscimo de meio ponto percentual;

VI – de R$ 10.448,01 (dez mil, quatrocentos e quarenta e oito reais e um centavo) até R$ 20.896,00 (vinte mil, oitocentos e noventa e seis reais), acréscimo de dois inteiros e cinco décimos pontos percentuais;

VII – de R$ 20.896,01 (vinte mil, oitocentos e noventa e seis reais e um centavo) até R$ 40.747,20 (quarenta mil, setecentos e quarenta e sete reais e vinte centavos), acréscimo de cinco pontos percentuais; e

VIII – acima de R$ 40.747,20 (quarenta mil, setecentos e quarenta e sete reais e vinte centavos), acréscimo de oito pontos percentuais".

De acordo com o artigo 4º, § 2º, da Portaria MPS 402/2008, os segurados ativos também contribuirão sobre o décimo terceiro salário, bem como sobre os benefícios de salário-maternidade e auxílio-doença, e os inativos e pensionistas sobre a gratificação natalina ou abono anual.

> Vale ressaltar que o STF[29] e o STJ[30] entendem que a quantia paga a título de terço de férias gozadas não deverá sofrer a incidência de contribuição previdenciária, pois não percebida na inatividade.

IMPORTANTE:

Em sede de Repercussão Geral, em 4 de agosto de 2020, no RE 576.967, **o STF declarou inconstitucional a incidência de contribuição previdenciária sobre o salário-maternidade**. Restou fixada a seguinte tese: **"É inconstitucional a incidência da contribuição previdenciária a cargo do empregador sobre o salário--maternidade":**

"69. Diante do exposto, considerando os argumentos formal e material, dou provimento ao recurso extraordinário, para declarar, incidentalmente, a **inconstitucionalidade da incidência de contribuição previdenciária sobre o salário maternidade, prevista no art. 28, § 2º, da Lei nº 8.212/91, e a parte final do seu § 9º, alínea a,** em que se lê " salvo o salário-maternidade" , e proponho a fixação da

29. AI-AgR 710.361, de 07.04.2009.
30. AGP – AGRAVO REGIMENTAL NA PETIÇÃO – 7.193, de 24.03.2010.

seguinte tese: " É inconstitucional a incidência da contribuição previdenciária a cargo do empregador sobre o salário maternidade".

A tese de aplica tanto à parte da empresa quanto à parte do segurado, conforme se depreende do voto vencedor acima transcrito, em que pese o fechamento tenha sido restritivo.

Não creio que essa tese NÃO se aplique ao RPPS, pois com o advento da EC 103/2019 a maternidade deve ser acobertada com remuneração por licença, e não pelo benefício previdenciário do salário-maternidade.

No julgamento do AI 603.537/AgR, em 27.02.2007, aduziu a 2ª Turma do STF que "somente as parcelas incorporáveis ao salário do servidor sofrem a incidência da contribuição previdenciária", razão pela qual declarou a inexigibilidade da contribuição previdenciária sobre o adicional de férias.

O tema foi definido pelo Plenário do STF no julgamento do Recurso Extraordinário 593.068 com repercussão geral reconhecida e julgamento finalizado:

> **Informativo 919 – Servidor público: contribuição previdenciária sobre parcelas não incorporáveis aos proventos** – 7 –
>
> **"Não incide contribuição previdenciária sobre verba não incorporável aos proventos de aposentadoria do servidor público, tais como terço de férias, serviços extraordinários, adicional noturno e adicional de insalubridade.**
>
> Com base nesse entendimento, o Plenário, por maioria e em conclusão de julgamento, ao apreciar o Tema 163 da repercussão geral, deu parcial provimento ao recurso extraordinário no qual servidora pública federal postulou o afastamento dos descontos previdenciários sobre aquelas verbas e quaisquer outras de caráter transitório que viesse a receber, diante da impossibilidade de incorporá-las aos proventos de aposentadoria (Informativos 776, 787 e 847).
>
> O acórdão recorrido afastara a pretensão deduzida para reconhecer a incidência da contribuição mesmo com relação às verbas não incorporáveis. O Tribunal a quo destacou que a Emenda Constitucional (EC) 41/2003 inaugurou regime marcadamente solidário, de modo que as únicas parcelas excluídas da base imponível seriam aquelas previstas expressamente em lei.
>
> Preliminarmente, o Colegiado ressaltou que, embora diversos dispositivos impugnados no recurso se referissem tanto ao Regime Próprio de Previdência Social (RPPS) quanto ao Regime Geral de Previdência Social (RGPS), o julgamento abrangeu apenas o regime próprio dos servidores públicos.
>
> No mérito, o Tribunal concluiu que o disposto nos §§ 3º (1) e 12 do art. 40 da Constituição Federal (CF), combinado com o § 11 (2) do art. 201 da CF, deixa evidente que somente podem figurar como base de cálculo da contribuição previdenciária os ganhos habituais com repercussão nos benefícios, excluindo, assim, as verbas que não se incorporam à aposentadoria.
>
> A dimensão contributiva do sistema mostra-se incompatível com a cobrança de qualquer verba previdenciária que não garanta ao segurado algum benefício efetivo ou potencial. O princípio da solidariedade não é suficiente para elidir esse aspecto, impondo ao contribuinte uma contribuição que não trará retorno.
>
> A não incidência da contribuição previdenciária sobre as parcelas não incorporáveis à aposentadoria do servidor público decorre de comando expresso no § 3º (1) do art. 40 da CF. Essa previsão especial afasta a incidência da regra disposta no § 11 (2) do art. 201 da CF, a qual é aplicável apenas de modo subsidiário ao próprio.
>
> Da redação originária do texto constitucional, o RPPS migrou de natureza solidária e distributiva para um regime também contributivo (EC 3/1993). Posteriormente, com a entrada em vigor da

EC 20/1998, o aspecto contributivo foi reforçado, colocando-se em aparente conflito os princípios da contributividade e da solidariedade.

Ocorre que, a partir de então, previu-se a vinculação expressa entre os proventos de aposentadoria e a remuneração recebida pelo servidor, de modo que as parcelas sem reflexo nos proventos estão livres da incidência da contribuição previdenciária.

Essa vinculação tornou-se ainda mais expressiva a partir da EC 41/2003. Ainda que a solidariedade do sistema tenha sido reforçada, não houve a derrogação do caráter contributivo. De um lado, o princípio da solidariedade afastaria a relação simétrica entre contribuição e benefício. De outro, o princípio contributivo impediria a cobrança de contribuição previdenciária sem que se conferisse ao segurado alguma contraprestação, efetiva ou potencial, em termos de serviços ou benefícios.

Nesse contexto, ainda que o princípio da solidariedade fosse pedra angular do sistema próprio dos servidores, não poderia esvaziar seu caráter contributivo, informado pelo princípio do custo-benefício, tendo em conta a necessidade de um sinalagma mínimo, ainda que não importasse em perfeita simetria entre o que se paga e o que se recebe. Desse modo, deve ser estabelecida a aplicação simétrica do binômio formado entre os princípios da contributividade e da solidariedade, de forma a prestigiá-los e conjugá-los em um produto final equilibrado. Logo, caso o Estado tenha intenção de promover um fortalecimento atuarial, poderá agravar a alíquota incidente sobre os participantes ou até mesmo aumentar sua participação no custeio, mas não tributar sobre base não imponível.

O Colegiado destacou, ainda, que a Constituição conferiu ao legislador ordinário a tarefa de estabelecer o critério definidor das parcelas que compõem a remuneração do servidor para fins previdenciários. No entanto, essa delegação não lhe permite subverter o comando constitucional de modo a incluir, na base de cálculo da contribuição previdenciária, parcelas sem repercussão nos proventos de aposentadoria, sob pena de desrespeito ao § 3º (1) do art. 40 da CF. Isso significa que o rol das parcelas isentas de contribuição previdenciária previsto pela Lei 9.783/1999 – e posteriormente pela Lei 10.887/2004 – não é taxativo, mas meramente exemplificativo.

Ressaltou, ademais, que a Lei 10.887/2004, em seu art. 4º, VII, X, XI e XII (3), excluiu as verbas que não serão incorporadas à aposentadoria do cálculo da contribuição previdenciária. Inclusive, o legislador optou por excluir expressamente as verbas indicadas pelo recorrente do conceito de remuneração para fins de incidência da contribuição previdenciária.

Desse modo, até a entrada em vigor da EC 41/2003, se a incidência não era admitida por falta de previsão constitucional acerca da aplicação do princípio da solidariedade de grupo ao regime próprio, após a vigência da referida emenda e a consagração da solidariedade como baliza do regime próprio, o legislador optou por proteger da incidência da contribuição as verbas discutidas no recurso extraordinário, com a consequente exclusão de tais parcelas da base de cálculo da contribuição previdenciária.

Por fim, o Colegiado ressaltou que a situação dos servidores inativos, contemplados com proventos de aposentadoria, é distinta da dos servidores em atividade. Os aposentados são impelidos a participar do custeio do regime previdenciário de sua categoria em menor proporção, com vistas a impedir eventual insolubilidade do sistema, por imposição do princípio da solidariedade. Além disso, a contribuição dos inativos tem base de cálculo diversa da dos servidores da ativa, pois a contribuição previdenciária incide apenas sobre as parcelas dos proventos que excedem o limite máximo estabelecido para os benefícios do RGPS.

Ficaram vencidos os ministros Teori Zavascki, Dias Toffoli, Marco Aurélio e Gilmar Mendes, que desproveram o recurso. Entenderam, em síntese, que o rol exemplificativo do art. 4º das Leis 9.783/1999 e 10.884/2004 deveria ser interpretado no sentido da possibilidade de se incluírem na base de cálculo das contribuições previdenciárias, independentemente da repercussão direta e imediata do valor do benefício, parcelas remuneratórias recebidas pelos servidores a título de ganhos habituais, excluindo-se, portanto, os ganhos não habituais e aqueles que, mesmo recebidos com habitualidade, tivessem caráter indenizatório

Adite-se que, para eles, a questão atinente à natureza da verba, inclusive seu caráter indenizatório ou não, para fins de incidência da contribuição previdenciária, seria matéria a implicar juízo de legalidade e de fatos e provas, inviável em recurso extraordinário. **RE 593068/SC, rel. Min. Roberto Barroso, julgamento em 11.10.2018. (RE-593068)**".

Veja-se o TCU:

Acórdão 47/2018 Plenário (Aposentadoria, Relator Ministro José Múcio Monteiro)

Pessoal. Aposentadoria. Proventos. Base de cálculo. Contribuição previdenciária. Pensão. Vedação.

No regime contributivo previdenciário constitucional é vedado ao servidor público carrear para os proventos da aposentadoria ou para a pensão por ele instituída parcela da remuneração sobre a qual não incidiu desconto previdenciário.

No mesmo sentido o STJ (Informativo 665):

Informativo 655 – PRIMEIRA TURMA

PROCESSO	EDcl no AgInt no REsp 1.659.435-SC, Rel. Min. Napoleão Nunes Maia Filho, Primeira Turma, por unanimidade, julgado em 03/09/2019, DJe 06/09/2019
RAMO DO DIREITO	DIREITO PREVIDENCIÁRIO, DIREITO TRIBUTÁRIO
TEMA	Servidor público. Proventos de aposentadoria. Verba não incorporável. Contribuição previdenciária. Não incidência. Matéria decidida sob o rito da repercussão geral. RE 593.068/SC (Tema 163). Juízo de retratação.

DESTAQUE
Em adequação ao entendimento do Supremo Tribunal Federal, não incide contribuição previdenciária sobre verba não incorporável aos proventos de aposentadoria do servidor público, tais como terço de férias, serviços extraordinários, adicional noturno e adicional de insalubridade.

INFORMAÇÕES DO INTEIRO TEOR
A Primeira Seção do STJ, no julgamento dos Recursos Especiais 1.358.281/SP, da relatoria do Ministro Herman Benjamin (DJe 5/12/2014), e 1.230.957/RS, da relatoria do Ministro Mauro Campbell Marques (DJe 18/3/2014), sob o rito dos recursos repetitivos previsto no art. 543-C do CPC/1973, consolidou entendimento de que incide contribuição previdenciária sobre os adicionais noturno, de periculosidade, de insalubridade, salários maternidade e paternidade e horas-extras. Ocorre que, em sessão realizada em 11.10.2018, o Plenário do Supremo Tribunal Federal, no julgamento do RE 593.068/SC, relator Ministro Roberto Barroso, tema 163, em regime de Repercussão Geral fixou a tese de que não incide contribuição previdenciária sobre verba não incorporável aos proventos de aposentadoria do servidor público, tais como terço de férias, serviços extraordinários, adicional noturno e adicional de insalubridade. Ressalta-se, assim, que a tese adotada pelo Supremo Tribunal Federal foi diametralmente oposta àquela esposada pelo Superior Tribunal de Justiça. Em tal circunstância, deve ser prestigiado o escopo perseguido na legislação processual, quanto à criação de mecanismo que oportunize o juízo de retratação na forma dos arts. 1.039 a 1.041 do CPC/2015 e em consonância com os princípios da economia e da celeridade processual.

A base de cálculo das contribuições previdenciárias do segurado apenas será formada por parcelas remuneratórias do labor, devendo ser excluídas as indenizatórias. Nesse sentido, por força do artigo 4º, § 1º, da Lei 10.887/04, no que concerne ao **servidor federal**, entende-se como base de contribuição o vencimento do cargo efetivo, acrescido das vantagens pecuniárias permanentes estabelecidas em lei, os adicionais de caráter individual ou quaisquer outras vantagens, excluídas:

Não incidirá contribuição previdenciária sobre as seguintes parcelas recebidas pelo servidor federal:

I – as diárias para viagens;

II – a ajuda de custo em razão de mudança de sede;

III – a indenização de transporte;

IV – o salário-família;

V – o auxílio-alimentação;

VI – o auxílio pré-escolar;

VII – as parcelas remuneratórias pagas em decorrência de local de trabalho;

VIII – a parcela percebida em decorrência do exercício de cargo em comissão ou de função comissionada ou gratificada;

IX – o abono de permanência de que tratam o § 19 do art. 40 da Constituição Federal, o § 5º do art. 2º e o § 1º do art. 3º da Emenda Constitucional nº 41, de 19 de dezembro de 2003;

X – o adicional de férias;

XI – o adicional noturno;

XII – o adicional por serviço extraordinário;

XIII – a parcela paga a título de assistência à saúde suplementar;

XIV – a parcela paga a título de assistência pré-escolar;

XV – a parcela paga a servidor público indicado para integrar conselho ou órgão deliberativo, na condição de representante do governo, de órgão ou de entidade da administração pública do qual é servidor;

XVI – o auxílio-moradia;

XVII – a Gratificação por Encargo de Curso ou Concurso, de que trata o art. 76-A da Lei no 8.112, de 11 de dezembro de 1990;

XVIII – a Gratificação Temporária das Unidades dos Sistemas Estruturadores da Administração Pública Federal (GSISTE), instituída pela Lei no 11.356, de 19 de outubro de 2006;

XIX – a Gratificação Temporária do Sistema de Administração dos Recursos de Informação e Informática (GSISP), instituída pela Lei no 11.907, de 2 de fevereiro de 2009;

XX – a Gratificação Temporária de Atividade em Escola de Governo (GAEG), instituída pela Lei nº 11.907, de 2 de fevereiro de 2009;

XXI – a Gratificação Específica de Produção de Radioisótopos e Radiofármacos (GEPR), instituída pela Lei nº 11.907, de 2 de fevereiro de 2009;

XXII – a Gratificação de Raio X;

XXIII – a parcela relativa ao Bônus de Eficiência e Produtividade na Atividade Tributária e Aduaneira, recebida pelos servidores da carreira Tributária e Aduaneira da Receita Federal do Brasil;

XXIV – a parcela relativa ao Bônus de Eficiência e Produtividade na Atividade de Auditoria-Fiscal do Trabalho, recebida pelos servidores da carreira de Auditoria-Fiscal do Trabalho;

XXV – (Incluído Medida Provisória nº 805, de 2017) (Vigência encerrada)

XXVI – o Bônus de Desempenho Institucional por Perícia Médica em Benefícios por Incapacidade (BPMBI); e (Incluído pela Lei nº 13.846, de 2019)

XXVII – o Bônus de Desempenho Institucional por Análise de Benefícios com Indícios de Irregularidade do Monitoramento Operacional de Benefícios (BMOB). (Incluído pela Lei nº 13.846, de 2019)

Por outro lado, o **servidor federal** ocupante de cargo efetivo **poderá optar pela inclusão**, na base de cálculo da contribuição, de parcelas remuneratórias percebidas em decorrência de local de trabalho e do exercício de cargo em comissão ou de função comissionada ou gratificada, da Gratificação Temporária das Unidades dos Sistemas Estruturadores da Administração Pública Federal (GSISTE), da Gratificação Temporária do Sistema de Administração dos Recursos de Informação e Informática (GSISP), da Gratificação Temporária de Atividade em Escola de Governo (GAEG), da Gratificação Específica de Produção de Radioisótopos e Radiofármacos (GEPR), da Gratificação de Raio X e daquelas recebidas a título de adicional noturno ou de adicional por serviço extraordinário, para efeito de cálculo do benefício a ser concedido com fundamento no art. 40 da Constituição Federal e no art. 2º da Emenda Constitucional nº 41, de 19 de dezembro de 2003, respeitada, em qualquer hipótese, a limitação estabelecida no § 2º do art. 40 da Constituição Federal.

Registre-se que os incisos X/XIX foram inseridos pela Lei 12.688/2012, valendo destacar que passou a existir previsão legal expressa para que o adicional de férias seja excluído da base de cálculo da contribuição previdenciária para o RPPS, em atendimento à jurisprudência do STF e do STJ.

Curiosamente, algumas parcelas tipicamente remuneratórias também foram excluídas a priori da base de cálculo da contribuição previdenciária dos servidores efetivos, a exemplo do adicional noturno, da gratificação de Raio-X e do adicional por serviço extraordinário, que apenas poderão ser tributadas por expressa autorização do servidor, a teor do artigo 4º, § 2º, da atual redação da Lei 10.887/04.

Ademais, a parcela paga a servidor público indicado para integrar conselho ou órgão deliberativo, na condição de representante do governo, de órgão ou de entidade da Administração Pública do qual é servidor, também foi retirada da base de cálculo da contribuição previdenciária, não podendo ser tributada nem com a aquiescência do servidor, conquanto tenha nítido caráter remuneratório.

O mesmo se verifica com a Gratificação por Encargo de Curso ou Concurso, de que trata o art. 76-A da Lei no 8.112, de 11 de dezembro de 1990 e com a Gratificação Temporária das Unidades dos Sistemas Estruturadores da Administração Pública Federal (GSISTE), instituída pela Lei no 11.356, de 19 de outubro de 2006, que possuem natureza remuneratória.

A contribuição das entidades políticas não poderá ser inferior à do servidor, nem superior ao dobro deste, na forma do artigo 2º, da Lei 9.717/98. No caso da União, suas autarquias e fundações, foi fixada no teto, ou seja, no dobro da remuneração do servidor federal, a teor do artigo 8º[31], da Lei 10.887/2004.

Como se tratam de regras do RPPS federal, cabe aos estados, Distrito Federal e municípios a edição de normas locais contemplando as parcelas que sofrerão ou não a incidência da contribuição previdenciária ao RPPS.

Ademais, caberá à respectiva entidade política cobrir a insuficiência de recursos para o pagamento de benefícios previdenciários, sendo que as contribuições previdenciárias irão para

31. Art. 8º A contribuição da União, de suas autarquias e fundações para o custeio do regime de previdência, de que trata o art. 40 da Constituição Federal, será o dobro da contribuição do servidor ativo, devendo o produto de sua arrecadação ser contabilizado em conta específica.

Parágrafo único. A União é responsável pela cobertura de eventuais insuficiências financeiras do regime decorrentes do pagamento de benefícios previdenciários.

um Fundo Previdenciário, afetado ao pagamento dos benefícios, exceto despesas administrativas (taxa de administração).

Frise-se que a responsabilidade tributária pela retenção e recolhimento das contribuições previdenciárias dos servidores efetivos, militares, aposentados, pensionistas e Poder Público será do dirigente e do ordenador de despesa do órgão ou entidade que efetuar o pagamento da remuneração ou do benefício, sob pena de sua responsabilidade penal e administrativa, observados os seguintes prazos:

> I – até o dia 15, no caso de pagamentos de remunerações ou benefícios efetuados no primeiro decêndio do mês;
>
> II – até o dia 25, no caso de pagamentos de remunerações ou benefícios efetuados no segundo decêndio do mês; ou
>
> III – até o dia 5 do mês posterior, no caso de pagamentos de remunerações ou benefícios efetuados no último decêndio do mês.

Caso não haja o desconto da contribuição previdenciária, nos termos do artigo 8º-A, § 3º, da Lei 10.887/04, caberá ao órgão público apurar os valores não retidos e proceder ao desconto na folha de pagamento do servidor ativo, do aposentado e do pensionista, em rubrica e classificação contábil específicas, podendo essas contribuições serem parceladas, desde que o valor de cada parcela não seja inferior ao correspondente a 10% da remuneração, provento ou pensão, com os acréscimos moratórios.

Logo, ao contrário do que ocorre no RGPS, absurdamente inexiste no RPPS a presunção de recolhimento das contribuições previdenciárias, conquanto o Poder Público seja o responsável tributário pela arrecadação.

Na hipótese de cessão de servidores ou de afastamento para exercício de mandato eletivo em que o pagamento da remuneração ou subsídio seja ônus do cessionário ou do órgão de exercício do mandato, será de responsabilidade desse órgão ou entidade o desconto da contribuição devida pelo segurado; o custeio da contribuição devida pelo órgão ou entidade de origem e o repasse das contribuições à unidade gestora do RPPS a que está vinculado o cedido ou afastado.

No mais, ressalte-se que as contribuições previdenciárias ao RPPS decorrentes de decisão judicial serão retidas na fonte pela instituição financeira responsável pelo pagamento, ainda que oriundas de acordo homologado.

O STJ entende que essa retenção na fonte independe de previsão no título judicial[32]:

> "REPETITIVO. RETENÇÃO. PSS. EXECUÇÃO. SENTENÇA
>
> É certo que a contribuição do plano de seguridade do servidor público (PSS) incide sobre os valores pagos em cumprimento de decisão judicial, ainda que decorrentes de acordo (art. 16-A da Lei n. 10.887/2004). Porém, o PSS deve ser retido na fonte independentemente de condenação ou de prévia autorização no título executivo, visto que constitui uma obrigação ex lege. A Seção firmou esse entendimento no julgamento deste recurso especial, sujeito aos ditames do art. 543-C do CPC (recurso repetitivo). Precedente citado: REsp 999.444-RN, DJe 3/11/2008. REsp 1.196.777-RS, Rel. Min. Teori Albino Zavascki, julgado em 27/10/2010".

32. Passagem do Informativo 453.

Ademais, de acordo com a Corte Superior, "a determinação de retenção na fonte da contribuição previdenciária, na forma e pelo modo estabelecido no art. 16-A da Lei n. 10.887/2004, nada mais representa do que uma providência de arrecadação do tributo, não traduzindo juízo de certeza quanto à legitimidade ou não da exação tributária ou do respectivo valor, razão pela qual o contribuinte não fica inibido de promover, contra a entidade credora, ação própria de repetição de indébito ou outra que for adequada para, se for o caso, obter a devida tutela jurisdicional a respeito." (EDcl no REsp 1.196.778/RS, Rel. Min. Teori Albino Zavascki, Primeira Seção, julgado em 25.5.2011, DJe 7.6.2011).

Ainda de acordo com o STJ, "a Administração, tendo deixado de recolher, por erro, na época própria, valores referentes à contribuição previdenciária sobre a Gratificação de Atividade Executiva (GAE), não pode proceder ao seu desconto em folha, com efeitos retroativos. É que, em razão da natureza tributária da parcela, sua cobrança deve observar as normas do direito tributário, assegurando ainda ao servidor o direito ao contraditório e à ampla defesa[33].

Vale registrar que a contribuição previdenciária do servidor público em decorrência de determinação judicial não incidirá sobre os juros de mora, pois esta parcela possui natureza indenizatória em razão da mora da Administração Pública.

Nesse sentido, colaciona-se passagem do Informativo 513 do STJ:

> "DIREITO TRIBUTÁRIO. CONTRIBUIÇÃO PARA O PSS DO SERVIDOR PÚBLICO CIVIL DA UNIÃO. INCIDÊNCIA SOBRE OS JUROS DE MORA RELATIVOS A VALORES PAGOS EM CUMPRIMENTO DE DECISÃO JUDICIAL. RECURSO REPETITIVO (ART. 543-C DO CPC E RES. N. 8/2008-STJ).
>
> A contribuição para o PSS não incide sobre o valor correspondente aos juros de mora, ainda que estes sejam relativos a quantias pagas em cumprimento de decisão judicial. Os juros de mora não constituem remuneração pelo trabalho prestado ou pelo capital investido, possuindo sim natureza indenizatória, pois se destinam a reparar o prejuízo suportado pelo credor em razão da mora do devedor que não efetuou o pagamento nas condições estabelecidas pela lei ou pelo contrato. Além disso, o fato de incidir contribuição para o Plano de Seguridade Social (PSS) sobre os valores pagos em cumprimento de decisão judicial não justifica, por si só, a cobrança de contribuição sobre os juros de mora a eles referentes. Com efeito, ainda que se admita a integração da legislação tributária pelo princípio do direito privado segundo o qual, salvo disposição em contrário, o bem acessório segue o principal, tal integração não pode acarretar a exigência de tributo não previsto em lei, nem dispensa do pagamento de tributo devido. Ademais, mesmo que seja possível a incidência de contribuição social sobre quaisquer vantagens pagas aos servidores públicos federais (art. 4º, § 1º, da Lei n. 10.887/2004), não se admite sua incidência sobre as parcelas pagas a título de indenização, como é o caso dos juros de mora, haja vista que, conforme expressa previsão legal (art. 49, I e § 1º, da Lei n. 8.112/1990), tais parcelas não se incorporam ao vencimento ou provento. REsp 1.239.203-PR, Rel. Min. Mauro Campbell Marques, julgado em 12/12/2012".

Por outro lado, incidirá contribuição previdenciária sobre a correção monetária, pois esta parcela se destina apenas a corrigir o valor básico, não tendo natureza compensatória. Veja-se o STJ (Informativo 598):

33. AgRg no AREsp 14.264, de 12.04.2012.

PROCESSO	**REsp 1.268.737-RS, Rel. Min. Regina Helena Costa, por unanimidade, julgado em 14/2/2017, DJe 21/2/2017.**
RAMO DO DIREITO	**DIREITO PREVIDENCIÁRIO**
TEMA	Execução de sentença. Verbas salariais pagas em atraso. Contribuição previdenciária. Incidência sobre valores pagos a título de correção monetária.
DESTAQUE	
Incide contribuição previdenciária sobre os valores recebidos a título de correção monetária em execução de sentença na qual se reconheceu o direito a reajuste de servidores públicos.	

4. CÁLCULO DOS BENEFÍCIOS

Com o advento da Emenda 41/2003, que alterou o § 3º, do artigo 40, da CRFB, foi extinta a integralidade e paridade remuneratória entre ativos e inativos, ou seja, os novos servidores públicos perderam o direito de se aposentar com a mesma remuneração percebida no cargo efetivo que ocupavam e ter os mesmos reajustes dos ativos, salvo os beneficiados pela regra de transição, que será vista ao final desde Capítulo.

Assim, a renda das aposentadorias e consequentemente das pensões por morte considerarão as remunerações utilizadas como base para as contribuições previdenciárias do servidor, similarmente como ocorre no RGPS.

De efeito, determina o artigo 1º, da Lei 10.887/04, que seja promovida a média aritmética simples das maiores remunerações, utilizadas como base para as contribuições do servidor aos regimes de previdência a que esteve vinculado, correspondentes a 80% de todo o período contributivo desde a competência julho de 1994 ou desde a do início da contribuição, se posterior àquela competência, atualizadas pelo índice do RGPS, que atualmente é o INPC.

Essas regras não mais se aplicam aos servidores federais, pois o artigo 26 da Emenda 103/2019 trouxe nova fórmula de cálculo das aposentadorias dos servidores federais. No âmbito dos **estados, do Distrito Federal e dos municípios** continua sendo aplicável o artigo 1º, da Lei 10.887/04, pois dependerá de emenda às respectivas Constituições e Leis Orgânicas a extensão da fórmula de cálculo da Emenda 103/2019, sendo conservado o antigo regime constitucional provisoriamente.

Isso porque a EC 103/2019 alterou a redação do § 3º do artigo 40 da Constituição, prevendo que "as regras para cálculo de proventos de aposentadoria serão disciplinadas em lei do respectivo ente federativo".

Para os servidores federais, já existe novo regramento transitório no artigo 26[34] da Emenda 103 (conforme será estudado), conservando-se o regramento anterior para servidores dos estados, Distrito Federal e municípios até a edição de lei local.

34. Art. 26. Até que lei discipline o cálculo dos benefícios do regime próprio de previdência social da União e do Regime Geral de Previdência Social, será utilizada a média aritmética simples dos salários de contribuição e das remunerações adotados como base para contribuições a regime próprio de previdência social e ao Regime Geral de Previdência Social, ou como base para contribuições decorrentes das atividades militares de que tratam os arts. 42 e 142 da Constituição Federal, atualizados monetariamente, correspondentes a 100% (cem por cento) do período contributivo desde a competência julho de 1994 ou desde o início da contribuição, se posterior àquela competência.

§ 1º A média a que se refere o **caput** será limitada ao valor máximo do salário de contribuição do Regime Geral de Previdência Social para os segurados desse regime e para o servidor que ingressou no serviço público em

De acordo com o TCU, "quaisquer vantagens pessoais, legalmente recebidas, que serviram de base de cálculo para o pagamento de contribuição previdenciária devem ser consideradas, para a estipulação dos proventos, no cálculo da média das maiores remunerações (art. 40, §§ 3º e 17, da CF/88), e não somadas posteriormente à média obtida, excluídas as vantagens expressamente previstas no art. 4º, § 1º, da Lei 10.887/04"[35].

Vale ressaltar que a base de cálculo não poderá ser inferior a um salário mínimo nem superior ao teto do RGPS, se houver período fora do serviço público, garantindo-se a aposentadoria em, pelo menos, um salário mínimo.

Por outro lado, os proventos de aposentadorias e pensões, por ocasião de sua concessão, não poderão exceder a remuneração do respectivo servidor, no cargo efetivo em que se deu a aposentadoria ou que serviu de referência para a concessão da pensão[36].

No entanto, coube à EC 103/2019 alterar o § 2º do artigo 40 da Constituição:

> "§ 2º Os proventos de aposentadoria não poderão ser inferiores ao valor mínimo a que se refere o § 2º do art. 201 ou superiores ao limite máximo estabelecido para o Regime Geral de Previdência Social, observado o disposto nos §§ 14 a 16".
>
> ~~§ 2º – Os proventos de aposentadoria e as pensões, por ocasião de sua concessão, não poderão exceder a remuneração do respectivo servidor, no cargo efetivo em que se deu a aposentadoria ou que serviu de referência para a concessão da pensão.~~ (Redação dada pela Emenda Constitucional nº 20, de 15/12/98)

---

cargo efetivo após a implantação do regime de previdência complementar ou que tenha exercido a opção correspondente, nos termos do disposto nos §§ 14 a 16 do art. 40 da Constituição Federal.

§ 2º O valor do benefício de aposentadoria corresponderá a 60% (sessenta por cento) da média aritmética definida na forma prevista no **caput** e no § 1º, com acréscimo de 2 (dois) pontos percentuais para cada ano de contribuição que exceder o tempo de 20 (vinte) anos de contribuição nos casos:

I – do inciso II do § 6º do art. 4º, do § 4º do art. 15, do § 3º do art. 16 e do § 2º do art. 18;

II – do § 4º do art. 10, ressalvado o disposto no inciso II do § 3º e no § 4º deste artigo;

III – de aposentadoria por incapacidade permanente aos segurados do Regime Geral de Previdência Social, ressalvado o disposto no inciso II do § 3º deste artigo; e

IV – do § 2º do art. 19 e do § 2º do art. 21, ressalvado o disposto no § 5º deste artigo.

§ 3º O valor do benefício de aposentadoria corresponderá a 100% (cem por cento) da média aritmética definida na forma prevista no **caput** e no § 1º:

I – no caso do inciso II do § 2º do art. 20;

II – no caso de aposentadoria por incapacidade permanente, quando decorrer de acidente de trabalho, de doença profissional e de doença do trabalho.

§ 4º O valor do benefício da aposentadoria de que trata o inciso III do § 1º do art. 10 corresponderá ao resultado do tempo de contribuição dividido por 20 (vinte) anos, limitado a um inteiro, multiplicado pelo valor apurado na forma do **caput** do § 2º deste artigo, ressalvado o caso de cumprimento de critérios de acesso para aposentadoria voluntária que resulte em situação mais favorável.

§ 5º O acréscimo a que se refere o **caput** do § 2º será aplicado para cada ano que exceder 15 (quinze) anos de tempo de contribuição para os segurados de que tratam a alínea "a" do inciso I do § 1º do art. 19 e o inciso I do art. 21 e para as mulheres filiadas ao Regime Geral de Previdência Social.

§ 6º Poderão ser excluídas da média as contribuições que resultem em redução do valor do benefício, desde que mantido o tempo mínimo de contribuição exigido, vedada a utilização do tempo excluído para qualquer finalidade, inclusive para o acréscimo a que se referem os §§ 2º e 5º, para a averbação em outro regime previdenciário ou para a obtenção dos proventos de inatividade das atividades de que tratam os arts. 42 e 142 da Constituição Federal.

§ 7º Os benefícios calculados nos termos do disposto neste artigo serão reajustados nos termos estabelecidos para o Regime Geral de Previdência Social.

35. Acórdão 1176/2015 Plenário (Representação, Relator Ministro-Substituto André de Carvalho).
36. Artigo 40, § 2º, da Constituição Federal.

Considerando que a Emenda 103/2019 determina a criação obrigatória do regime de previdência complementar (§ 14 do art. 40 da CF/88), o teto da aposentadoria passa a ser o teto do RGPS para os novos servidores públicos empossados no novo regime, respeitado o valor mínimo de um salário mínimo.

No entanto, não vejo como aplicar esse dispositivo enquanto estados e municípios, que ainda não possuem, não constituírem um regime de previdência complementar, de modo que somente pode ser aplicado de modo compulsório aos servidores que ingressarem após o funcionamento da previdência complementar nesses entes políticos.

Daí que, até por obviedade, o teto do RGPS somente se aplica aos servidores ingressos no serviço público a contar do funcionamento do regime de previdência complementar, salvo servidores antigos que fizeram a opção pelo novo regime, nos termos do artigo 40, § 16, da Constituição Federal.

O reajuste dos benefícios será anual e pelo índice utilizado no RGPS, que é o INPC[37], salvo os servidores que tiverem paridade assegurada, na forma do artigo 15, da Lei 10.887/2004[38], com redação da Lei 11.784/2008.

Nesse sentido, o STF determinou que o TCU revisasse benefício de servidor aposentado que não sofreu reajuste anual[39]:

> "EMENTAS: 1. MANDADO DE SEGURANÇA. Legitimidade. Passiva. Tribunal de Contas da União – TCU. Caracterização. Servidor público aposentado desse órgão. Proventos. Pedido de ordem para reajuste e pagamento. Verba devida pelo Tribunal a que está vinculado o funcionário aposentado. Efeito jurídico eventual de sentença favorável que recai sobre o TCU. Aplicação do art. 185, § 1º, da Lei Federal nº 8.112/90. Preliminar repelida. O Tribunal de Contas da União é parte passiva legítima em mandado de segurança para obtenção de reajuste de proventos de servidor seu que se aposentou. 2. SERVIDOR PÚBLICO. Funcionário aposentado. Proventos. Reajuste ou reajustamento anual. Exercício de 2005. Índice. Falta de definição pelo TCU. Adoção do índice aplicado aos benefícios do RGPS. Direito líquido e certo ao reajuste. MS concedido para assegurá-lo. Aplicação do art. 40, § 8º, da CF, cc. art. 9º da Lei nº 9.717/98, e art. 65, § único, da Orientação Normativa nº 3 de 2004, do Ministério da Previdência Social. Inteligência do art. 15 da Lei nº 10.887/2004. Servidor aposentado do Tribunal de Contas da União tem direito líquido e certo a reajuste dos proventos na ordem de 5,405%, no exercício de 2005."

Contudo, no dia 28 de setembro de 2011, no julgamento da ADI 4.582, a Suprema Corte decidiu cautelarmente que o artigo 15, da Lei 10.887/2004, não se aplica aos estados, ao Distrito Federal e aos municípios, mas apenas à União, conferindo-lhe interpretação de acordo com a Constituição de 1988.

Isso porque é concorrente a competência para legislar sobre os RPPSs, tendo a União invadido a competência dos demais entes políticos ao dispor sobre critério de reajuste dos benefícios previdenciários, consoante narrado no Informativo 642:

> "Lei federal 10.887/2004: previdência estadual e reajuste – 1

37. Índice previsto no artigo 41-A, da Lei 8.213/91.
38. Art. 15. Os proventos de aposentadoria e as pensões de que tratam os arts. 1º e 2º desta Lei serão reajustados, a partir de janeiro de 2008, na mesma data e índice em que se der o reajuste dos benefícios do regime geral de previdência social, ressalvados os beneficiados pela garantia de paridade de revisão de proventos de aposentadoria e pensões de acordo com a legislação vigente.
39. MS 25.871, de 11.02.2008.

O Plenário deferiu pedido de medida cautelar em ação direta de inconstitucionalidade, ajuizada pelo Governador do Estado do Rio Grande do Sul, para restringir a aplicabilidade do que contido no art. 15 da Lei federal 10.887/2004, na redação conferida pelo art. 171 da Lei 11.784/2008, aos servidores ativos e inativos, bem como aos pensionistas da União ("Os proventos de aposentadoria e as pensões de que tratam os arts. 1º e 2º desta Lei serão reajustados, a partir de janeiro de 2008, na mesma data e índice em que se der o reajuste dos benefícios do regime geral de previdência social, ressalvados os beneficiados pela garantia de paridade de revisão de proventos de aposentadoria e pensões de acordo com a legislação vigente"). Após retrospecto acerca das alterações normativas da matéria, a par da controvérsia de índole material, observou-se haver problemática alusiva à competência para dispor sobre revisão de proventos. No ponto, ressaltou-se que a Constituição, ao se referir a "lei", remeteria, de regra, à federal. Por sua vez, consoante o art. 24, XII, da CF, surgiria competência concorrente da União, dos Estados-membros e do Distrito Federal para legislar sobre previdência social, proteção e defesa da saúde. Reputou-se forçoso concluir que a regência federal deveria ficar restrita, como previsto no § 1º do indicado art. 24, ao estabelecimento de normas gerais. Ademais, realçou-se não ser possível inferir que, no campo destas últimas, definir-se-ia o modo de revisão dos proventos dos servidores estaduais. Sob esse ângulo, entendeu-se, à primeira vista, relevante a alegação do mencionado ente federativo no que apontara o vício formal quanto à observância do preceito questionado aos respectivos servidores. Enfatizou-se que os citados artigos 1º e 2º do diploma legal versam o cálculo dos proventos no âmbito não só da União como também dos Estados-membros, do Distrito Federal e dos Municípios. Além disso, frisou-se que, na Constituição gaúcha, haveria dispositivo a homenagear o princípio igualitário, considerados os servidores da ativa, os inativos e os pensionistas. Ponderou-se que, da mesma maneira que a normatização de revisão geral do pessoal da ativa caberia ao próprio ente federativo, competiria ainda a este legislar sobre o reajuste do que percebido pelos inativos e pelos pensionistas, sob pena de o sistema ficar capenga. Explicitou-se que, na espécie, ter-se-ia a regência da revisão do pessoal da ativa mediante lei estadual e dos inativos e pensionistas via lei federal. Ato contínuo, assinalou-se que nada justificaria esse duplo enfoque, cujo tratamento deveria ser uniformizado.

Lei federal 10.887/2004: previdência estadual e reajuste – 2

No tocante ao vício material, não se vislumbrou relevância suficiente a deferir-se a liminar. Registrou-se que o exame se dera em virtude do princípio da eventualidade. Destacou-se que se deveria considerar, para tanto, a redação contemporânea do art. 15 em comento, pois o teor primitivo fora suplantado. Sublinhou-se que a menção dele constante ao termo inicial – janeiro de 2008 – far-se-ia ligada ao fato de o diploma em tela ter sido editado no mesmo ano, procedendo-se à retroação, haja vista que a referência seria a janeiro, enquanto a lei, de setembro. Ao perquirir sobre o texto constitucional então vigente, entreviu-se que o dispositivo atacado acarretaria, justamente, a conveniente proteção das situações constituídas. Dessa forma, ao discorrer sobre a revisão de benefícios segundo o regime geral de previdência social, ressalvara os beneficiados pela garantia da paridade de revisão de proventos de aposentadorias e pensões de acordo com a legislação em vigor à época. A Min. Cármen Lúcia ratificou que índices e datas nada teriam de norma geral. O Min. Celso de Mello salientou a aparente ofensa ao princípio da Federação, tendo em vista a aludida sujeição dos servidores a critério heterônomo imposto de fora ao Estado-membro. ADI 4582 MC/DF, rel. Min. Marco Aurélio, 28.9.2011. (ADI-4582)".

A aplicação do mesmo índice do RGPS (INPC na atualidade) foi mantida para os servidores federais no artigo 26 da Emenda 103/2019:

"§ 7º Os benefícios calculados nos termos do disposto neste artigo serão reajustados nos termos estabelecidos para o Regime Geral de Previdência Social".

5. BENEFÍCIOS COM PREVISÃO CONSTITUCIONAL

Alguns benefícios dos RPPSs já gozam de previsão constitucional, conquanto os respectivos Planos de Benefícios possam instituir novas prestações, o que se verifica com as aposentadorias e pensões por morte.

Todavia, de acordo com o artigo 5º, da Lei 9.717/98, "os regimes próprios de previdência social dos servidores públicos da União, dos Estados, do Distrito Federal e dos Municípios, dos militares dos Estados e do Distrito Federal não poderão conceder benefícios distintos dos previstos no Regime Geral de Previdência Social, de que trata a Lei nº 8.213, de 24 de julho de 1991, salvo disposição em contrário da Constituição Federal".

Trata-se de mais um dispositivo que visa aproximar (ou igualar) o RPPS ao RGPS, desconsiderando que as relações públicas têm peculiaridades que podem, em alguns casos, gerar benefícios diferenciados.

Nesse sentido, os Regimes Próprios apenas poderão oferecer os seguintes benefícios[40]:

I – quanto ao servidor:

a) aposentadoria por invalidez;

b) aposentadoria compulsória;

c) aposentadoria voluntária por idade e tempo de contribuição;

d) aposentadoria voluntária por idade;

e) aposentadoria especial;

f) auxílio-doença;

g) salário-família; e

h) salário-maternidade.

II – quanto ao dependente:

a) pensão por morte; e

b) auxílio-reclusão.

IMPORTANTE!

No entanto, isto restou modificado pelo artigo 9º da EC 103/2019, que possui aplicação imediata a todos os entes políticos. **O rol de benefícios dos regimes próprios de previdência social foi limitado às aposentadorias e à pensão por morte, bem como os afastamentos por incapacidade temporária** para o trabalho e o **salário-maternidade** serão pagos diretamente pelo ente federativo e não correrão à conta do regime próprio de previdência social ao qual o servidor se vincula.

No caso de extinção do RPPS[41], a União, o Estado, o Distrito Federal e os Municípios assumirão integralmente a responsabilidade pelo pagamento dos benefícios concedidos durante a sua vigência, bem como daqueles benefícios cujos requisitos necessários à sua concessão foram implementados anteriormente à extinção do regime próprio de previdência social[42].

40. Artigo 51, da Orientação Interna MPS/SPS 02/2009.
41. Considera-se em extinção o RPPS do ente federativo que deixou de assegurar em lei os benefícios de aposentadoria e pensão por morte a todos os servidores titulares de cargo efetivo.
42. Artigo 10, da Lei 9.717/98.

De acordo com o artigo 7º da Portaria MF 464/2018, os entes federativos que colocarem o **RPPS em extinção**, por meio de lei que vincule os servidores ocupantes de cargo efetivo ao RGPS, além do cumprimento das obrigações previstas na legislação aplicável, deverão realizar avaliações atuariais com data focal em 31 de dezembro de cada exercício com o objetivo de apurar os valores dos compromissos.

Por força do artigo 34 da EC 103/2019, na hipótese de extinção por lei de regime previdenciário e migração dos respectivos segurados para o Regime Geral de Previdência Social, serão observados, até que lei federal disponha sobre a matéria, os seguintes requisitos pelo ente federativo:

> I – assunção integral da responsabilidade pelo pagamento dos benefícios concedidos durante a vigência do regime extinto, bem como daqueles cujos requisitos já tenham sido implementados antes da sua extinção;
>
> II – previsão de mecanismo de ressarcimento ou de complementação de benefícios aos que tenham contribuído acima do limite máximo do Regime Geral de Previdência Social;
>
> III – vinculação das reservas existentes no momento da extinção, exclusivamente:
>
> a) ao pagamento dos benefícios concedidos e a conceder, ao ressarcimento de contribuições ou à complementação de benefícios, na forma dos incisos I e II; e
>
> b) à compensação financeira com o Regime Geral de Previdência Social.
>
> Parágrafo único. A existência de superávit atuarial não constitui óbice à extinção de regime próprio de previdência social e consequente migração para o Regime Geral de Previdência Social.

A novidade é a imposição de um **mecanismo de ressarcimento ou de complementação de benefícios** aos que tenham contribuído acima do limite máximo do Regime Geral de Previdência Social, pois não é justo que o servidor que contribuiu acima do teto do INSS seja prejudicado com a ulterior extinção do RPPS.

Ademais, haverá **vinculação das reservas** existentes no momento da extinção, exclusivamente ao pagamento dos benefícios concedidos e a conceder, ao ressarcimento de contribuições ou à complementação de benefícios.

De acordo com o artigo 39, da Orientação Normativa MPS 02/2009, é vedada a utilização dos recursos previdenciários para custear ações de assistência social, saúde e para concessão de verbas indenizatórias ainda que por acidente em serviço, o que impede a previsão do benefício previdenciário auxílio-acidente, que ostenta natureza indenizatória.

5.1. Regras gerais e registro da aposentadoria e da pensão por morte no Tribunal de Contas

No âmbito do serviço público, entende-se que o ato de concessão de aposentadoria ou mesmo de pensão por morte classifica-se como ato jurídico complexo, pois formado pela junção da manifestação de vontade da autoridade administrativa e do respectivo Tribunal de Contas[43].

Normalmente, a vigência preliminar da aposentadoria será iniciada a partir do dia da publicação do ato de concessão pela autoridade administrativa, mesmo sem o registro no Tribunal de Contas, devendo ser analisada a lei do RPPS da entidade política que disporá sobre o tema.

43. Nesse sentido o STF, no RE 285.495, de 02.10.2007.

Em tese, deveria a lei do RPPS fixar prazo máximo para a apreciação do requerimento de aposentadoria perpetrado pelo servidor público efetivo, a exemplo de 90 dias, pois se tem notícia de que em alguns entes políticos se chega a demorar mais de dois anos, forçando o servidor a trabalhar por largo período até o seu deferimento pela autoridade administrativa, sem efeitos financeiros retroativos, configurando enriquecimento ilícito da Administração Pública.

Diante do direito fundamental à duração razoável do processo e do prejuízo experimentado pelo servidor público que somente poderá deixar o cargo após publicada a portaria concessiva da aposentadoria, é cabível o controle judicial da omissão do Poder Público com determinação de obrigação de fazer para decidir rapidamente sobre o benefício, inclusive em sede de mandado de segurança. Ademais, o STJ admite até a condenação do Poder Público em reparação pecuniária:

> **"O Superior Tribunal de Justiça firmou entendimento no sentido de que a demora injustificada da Administração em analisar o requerimento de aposentadoria [...] gera o dever de indenizar o servidor, que foi obrigado a permanecer no exercício de suas atividades.** Precedentes: STJ, REsp 968.978/MS, Rel. Ministro MAURO CAMPBELL MARQUES, SEGUNDA TURMA, DJe de 29/03/2011; AgRg no REsp 1.260.985/PR, Rel. Ministro CASTRO MEIRA, SEGUNDA TURMA, DJe de 03/08/2012; REsp 1.117.751/MS, Rel. Ministra ELIANA CALMON, SEGUNDA TURMA, DJe de 05/10/2009" (AgInt no REsp 1.694.600/DF, Rel. Ministro MAURO CAMPBELL MARQUES, SEGUNDA TURMA, DJe 29/05/2018)".

Com propriedade, compete ao Tribunal de Contas da União "apreciar, para fins de registro, a legalidade dos atos de admissão de pessoal, a qualquer título, na administração direta e indireta, incluídas as fundações instituídas e mantidas pelo Poder Público, excetuadas as nomeações para cargo de provimento em comissão, bem como a das concessões de aposentadorias, reformas e pensões, ressalvadas as melhorias posteriores que não alterem o fundamento legal do ato concessório", a teor do artigo 71, inciso III, da Constituição Federal, sendo uma norma de repetição obrigatória para os demais entes políticos.

Deveras, "o Supremo Tribunal Federal pacificou entendimento de que, sendo a aposentadoria ato complexo, que só se aperfeiçoa com o registro no Tribunal de Contas da União, o prazo decadencial da Lei n. 9.784/99 tem início a partir de sua publicação"[44].

Este prazo quinquenal tem aplicação supletiva às demais entidades federativas. Veja-se o STJ:

> **SÚMULA N. 633**
>
> A Lei n. 9.784/1999, especialmente no que diz respeito ao prazo decadencial para a revisão de atos administrativos no âmbito da Administração Pública federal, pode ser aplicada, de forma subsidiária, aos estados e municípios, se inexistente norma local e específica que regule a matéria. **Primeira Seção, julgado em 12/06/2019, DJe 17/06/2019**.

Deveria a prescrição quinquenal contra a Administração Pública ser iniciada com o registro no Tribunal de Contas, se é ato complexo. No entanto, "**de acordo com a jurisprudência do STJ, entende-se que o termo inicial do prazo prescricional da pretensão de revisão do ato de aposentadoria se inicia na data da concessão do ato de aposentadoria e não após o seu registro perante a Corte de Contas**. Precedentes: AgRg no AREsp n. 43.863/RS, Rel. Min. Castro Meira, Segunda Turma, julgado em 18/9/2012, Dje 25/9/2012; AgRg no AREsp n. 567.783/MG, Rel. Ministro Mauro Campbell Marques, Segunda Turma, julgado em 21/10/2014,

44. MS 25.552, de 007.04.2008.

DJe 28/10/2014; AgInt no AgInt no REsp n. 1.645.143/DF, Rel. Ministro Og Fernandes, Segunda Turma, julgado em 21/6/2018, DJe 27/6/2018; e EDcl no REsp n. 1.634.035/RS, Rel. Ministro Og Fernandes, Segunda Turma, julgado em 20/3/2018, DJe 23/3/2018".

Compete ainda ao TCU assinar prazo para que o órgão ou entidade adote as providências necessárias ao exato cumprimento da lei, se verificada ilegalidade, nos termos do artigo 71, IX, da Constituição.

Assim, o Tribunal de Contas da União, e, por reflexão, dos Estados, irá adotar as seguintes providências no processo de registro de aposentadorias e pensões no RPPS:

- Promover o registro, quando o ato concessório praticado pela autoridade administrativa for legítimo;
- Negar o registro, quando o mencionado ato administrativo for irregular e contiver vício insanável (a exemplo da inexistência de tempo de contribuição para se aposentar);
- Recomendar a readequação do ato à autoridade administrativa à luz do Princípio do Aproveitamento dos Atos Jurídicos e para não prejudicar o aposentado ou pensionista, quando o vício for sanável (a exemplo de mero erro de remissão à regra de aposentadoria).

Impende salientar que inexiste autorização constitucional para que o Tribunal de Contas determine que a autoridade administrativa corrija o ato, mas apenas que recomente a sua modificação, cabendo ao Tribunal apenas negar o registro, sob pena de cometimento de ato ilícito do Conselheiro.

Muito menos poderá o Tribunal de Contas inovar no mundo jurídico através da alteração do ato concessório da aposentadoria, pois isto extrapolaria a sua competência constitucional.

Este é o entendimento há muito pacificado pelo Plenário do STF no julgamento Mandado de Segurança 21.466, de 19 de maio de 1993:

> "MANDADO DE SEGURANÇA – TRIBUNAL DE CONTAS DA UNIÃO – COMPETÊNCIA CONSTITUCIONAL – APRECIAÇÃO DA LEGALIDADE DE ATO CONCESSIVO DE APOSENTADORIA – POSSIBILIDADE DE CONVERSÃO DO JULGAMENTO EM DILIGÊNCIA – CARÁTER NÃO-VINCULANTE DA DELIBERAÇÃO DO TCU – JUIZ CLASSISTA – PRERROGATIVAS – À QUESTÃO DA SUA EQUIPARAÇÃO AOS MAGISTRADOS TOGADOS – AUSÊNCIA DE DIREITO LÍQUIDO E CERTO A UM MESMO REGIME JURÍDICO – WRIT DENEGADO. – Com a superveniência da nova Constituição, ampliou-se, de modo extremamente significativo, a esfera de competência dos Tribunais de Contas, os quais, distanciados do modelo inicial consagrado na Constituição republicana de 1891, foram investidos de poderes mais amplos, que ensejam, agora, a fiscalização contábil, financeira, orçamentária, operacional e patrimonial das pessoas estatais e das entidades e órgãos de sua administração direta e indireta. – No exercício da sua função constitucional de controle, o Tribunal de Contas da União procede, dentre outras atribuições, a verificação da legalidade da aposentadoria, e determina – tal seja a situação jurídica emergente do respectivo ato concessivo – a efetivação, ou não, de seu registro. O Tribunal de Contas da União, no desempenho dessa específica atribuição, não dispõe de competência para proceder a qualquer inovação no título jurídico de aposentação submetido a seu exame. Constatada a ocorrência de vício de legalidade no ato concessivo de aposentadoria, torna-se lícito ao Tribunal de Contas da União – especialmente ante a ampliação do espaço institucional de sua atuação fiscalizadora – recomendar ao órgão ou entidade competente que adote as medidas necessárias ao exato cumprimento da lei, evitando, desse modo, a medida radical da recusa de registro. Se o órgão de que proveio o ato juridicamente viciado, agindo nos limites de sua esfera de atribuições, recusar-se a dar execução a diligência recomendada pelo Tribunal de Contas da União

-reafirmando, assim, o seu entendimento quanto a plena legalidade da concessão da aposentadoria –, caberá a Corte de Contas, então, pronunciar-se, definitivamente, sobre a efetivação do registro".

Este, inclusive, é o posicionamento atual do TCU:

> **Acórdão 471/2015 Plenário** (Representação, Relator Ministro-Substituto Marcos Bemquerer) "Competência do TCU. Administração Pública Federal. Ato normativo.
> **O TCU não tem competência para determinar a órgão jurisdicionado a retirada de atos normativos ou enunciativos do mundo jurídico".**

Por sua vez, o TCU determinará o registro dos atos que considerar legais e recusará o registro dos atos considerados ilegais, ao passo em que o acórdão que considerar legal o ato e determinar o seu registro não faz coisa julgada administrativa e poderá ser revisto de ofício pelo Tribunal, com a oitiva do Ministério Público e do beneficiário do ato, dentro do prazo de cinco anos da apreciação, se verificado que o ato viola a ordem jurídica, ou a qualquer tempo, no caso de comprovada má-fé.

Ademais, identificada irregularidade em ato de concessão já cadastrado nos sistemas informatizados do TCU, poderá o Tribunal proceder ao exame do respectivo ato, dispensando a manifestação do órgão de controle interno respectivo. No entanto, os atos que, a despeito de apresentarem algum tipo de inconsistência em sua versão submetida ao exame do TCU, não estiverem dando ensejo, no momento de sua apreciação, a pagamentos irregulares, serão considerados legais, para fins de registro, devendo ser consignada no julgamento a ressalva em relação à falha que deixou de existir, podendo considerar prejudicado, por perda de objeto, o exame dos atos de admissão e concessão cujos efeitos financeiros tenham se exaurido antes de sua apreciação.

Quando o ato de concessão de aposentadoria, reforma ou pensão for considerado ilegal, o órgão de origem fará cessar o pagamento dos proventos ou benefícios no prazo de quinze dias, contados da ciência da decisão do Tribunal, sob pena de responsabilidade solidária da autoridade administrativa omissa. Acaso não seja suspenso o pagamento, ou havendo indício de procedimento culposo ou doloso na concessão de benefício sem fundamento legal, o TCU determinará a instauração ou a conversão do processo em tomada de contas especial, para apurar responsabilidades e promover o ressarcimento das despesas irregularmente efetuadas.

Se recusado o registro do ato, por ser considerado ilegal, a autoridade administrativa responsável **poderá emitir novo ato**, se for o caso, escoimado das irregularidades verificadas. Verificada a omissão total ou parcial de vantagens a que faz jus o interessado, o Tribunal poderá considerar o ato legal, independentemente das comunicações que entender oportunas para cada caso.

Ainda prevê o Regimento Interno que o relator ou o Tribunal não conhecerá de requerimento que lhe seja diretamente dirigido por interessado na obtenção de quaisquer benefícios ou vantagens de caráter pessoal, devendo a solicitação ser arquivada após comunicação ao requerente.

Vale ressaltar que, de acordo com o tradicional entendimento do STJ, o lapso prescricional quinquenal contra o Poder Público, previsto no vetusto Decreto 20.910/32, contar-se-á da data da publicação do ato administrativo de concessão da aposentadoria, e não da data do registro no Tribunal de Contas, revelando-se como uma prescrição do fundo do direito, e não progressiva:

> "ADMINISTRATIVO. SERVIDOR PÚBLICO. ATO DE APOSENTADORIA. REVISÃO. CONTAGEM DE TEMPO DE SERVIÇO ESPECIAL. PRESCRIÇÃO DE FUNDO. OCORRÊNCIA. 1. A pretensão de revisão do ato de aposentadoria, com a contagem especial de tempo de

serviço prestado de forma insalubre, tem como termo inicial para o prazo prescricional a concessão dessa pela Administração. Transcorridos mais de cinco anos entre a inativação do servidor e o ajuizamento da ação que pretende a alteração desse ato, torna-se imperioso o reconhecimento da prescrição do chamado fundo de direito. 2. O prazo prescricional para revisão do ato de aposentadoria começa a transcorrer na data de sua publicação e não do seu registro no Tribunal de Contas, pois este possui natureza jurídica meramente declaratória. 3. Recurso especial improvido"[45].

Entretanto, em 15 de agosto de 2012, a Corte Especial do STJ adotou entendimento diverso. Ao julgar o Mandado de Segurança 17.406, decidiu o órgão especial que "sendo o ato de aposentadoria um ato complexo do qual se origina o direito à conversão em pecúnia da licença-prêmio, a prescrição somente se inicia com a integração de vontades da Administração, que se perfaz com a manifestação do órgão concedente em conjunto com a aprovação do Tribunal de Contas acerca de sua legalidade", conforme narrado no Informativo 502.

Deveria a prescrição quinquenal contra a Administração Pública ser iniciada com o registro no Tribunal de Contas, se é ato complexo. No entanto, "**de acordo com a jurisprudência do STJ, entende-se que o termo inicial do prazo prescricional da pretensão de revisão do ato de aposentadoria se inicia na data da concessão do ato de aposentadoria e não após o seu registro perante a Corte de Contas.** Precedentes: AgRg no AREsp n. 43.863/RS, Rel. Min. Castro Meira, Segunda Turma, julgado em 18/9/2012, Dje 25/9/2012; AgRg no AREsp n. 567.783/MG, Rel. Ministro Mauro Campbell Marques, Segunda Turma, julgado em 21/10/2014, DJe 28/10/2014; AgInt no AgInt no REsp n. 1.645.143/DF, Rel. Ministro Og Fernandes, Segunda Turma, julgado em 21/6/2018, DJe 27/6/2018; e EDcl no REsp n. 1.634.035/RS, Rel. Ministro Og Fernandes, Segunda Turma, julgado em 20/3/2018, DJe 23/3/2018".

Assim, nota-se que na atualidade o STJ reviu o seu posicionamento e passou a incidir a prescrição a partir do ato da concessão da aposentadoria, e não do registro no Tribunal de Contas.

Outrossim, por existir um regramento próprio disciplinando a prescrição das aposentadorias concedidas em sede de RPPS, o STJ vem afastando a aplicação do artigo 103, da Lei 8.213/91, aplicável somente ao RGPS:

> Informativo 542– Primeira Seção – DIREITO ADMINISTRATIVO E PREVIDENCIÁRIO. APLICABILIDADE DO ART. 1º DO DECRETO 20.910/1932 AOS CASOS DE REVISÃO DE APOSENTADORIA DE SERVIDOR PÚBLICO.
>
> Nos casos em que o servidor público busque a revisão do ato de aposentadoria, ocorre a prescrição do próprio fundo de direito após o transcurso de mais de cinco anos – e não de dez anos – entre o ato de concessão e o ajuizamento da ação. Trata-se da aplicação do art. 1º do Decreto 20.910/1932, segundo o qual as "dívidas passivas da União, dos Estados e dos Municípios, bem assim todo e qualquer direito ou ação contra a Fazenda federal, estadual ou municipal, seja qual for a sua natureza, prescrevem em cinco anos contados da data do ato ou fato do qual se originarem". A existência de norma específica que regula a prescrição quinquenal, nos feitos que envolvem as relações de cunho administrativo – tais como aquelas que envolvem a Administração Pública e os seus servidores –, afasta a adoção do prazo decenal previsto no art. 103, caput, da Lei 8.213/1991, que dispõe sobre os Planos de Benefícios da Previdência Social. Ressalte-se, ademais, que os requisitos e critérios fixados para o regime geral de previdência social – cuja adoção não poderá ser diferenciada tão

45. REsp 1032428, de 29.09.2009.

somente para efeito de aposentadoria– serão aplicáveis aos regimes de previdência dos servidores públicos titulares de cargo efetivo "no que couber", conforme determina a redação do art. 40, § 12, da CF. Precedentes citados: AgRg no AREsp 86.525-RS, Primeira Turma, DJe 16/5/2014; e AgRg no REsp 1.242.708-RS, Segunda Turma, DJe 14/4/2014. Pet 9.156-RJ, Rel. Min. Arnaldo Esteves Lima, julgado em 28/5/2014.

Inclusive, partindo da premissa que o ato não se perfaz com o registro na Corte de Contas, sequer há necessidade de concessão do contraditório e da ampla defesa, conforme entendimento da súmula vinculante 03:

"Súmula vinculante 03 – nos processos perante o Tribunal de Contas da União asseguram-se o contraditório e a ampla defesa quando da decisão puder resultar anulação ou revogação de ato administrativo que beneficie o interessado, excetuada a apreciação da legalidade do ato de concessão inicial de aposentadoria, reforma e pensão".

De acordo com a Súmula 106, do TCU, "o julgamento, pela ilegalidade, das concessões de reforma, aposentadoria e pensão, não implica por si só a obrigatoriedade da reposição das importâncias já recebidas de boa-fé, até a data do conhecimento da decisão pelo órgão competente".

No entanto, "a dispensa de reposição das parcelas recebidas de boa-fé, quando calcada expressamente na Súmula TCU 106, é limitada à data do conhecimento da decisão do TCU pelo responsável"[46].

No mesmo sentido é o entendimento do STF, que entende que "o julgamento pela ilegalidade do pagamento do benefício previdenciário não importa na obrigatoriedade da devolução das importâncias recebidas de boa-fé." (AI 746.442-AgR, Min. Cármen Lúcia, julgamento em 25-8-2009, Primeira Turma, DJE de 23-10-2009).

Por outro lado, entende o TCU que "a reforma de sentença judicial que permitia pagamentos considerados como irregulares impõe o dever de ressarcimento ao erário. É impossível falar-se em boa-fé quando o interessado tem pleno conhecimento de que estava recebendo os valores em discussão em razão de provimento jurisdicional de natureza precária ou não definitivo. Em caso de cassação desse tipo de decisão, devem as partes, por decorrência lógica da improcedência do pedido, retornar ao *status quo ante*, cabendo ao sucumbente repor os danos causados pela execução provisória da medida cassada"[47].

Entretanto, o Tribunal de Contas não poderá demorar muitos anos para registrar a aposentadoria concedida pela autoridade, pois tal mora atenta contra o Princípio da Segurança Jurídica. Por isso, o STF já flexibilizou a súmula vinculante 03, em um caso que o registro da aposentadoria levou mais de 05 anos para se realizar, concedendo direito de contraditório ao aposentado, conforme se depreende da análise de passagem do Informativo 598, do STF:

"Prazo para Registro de Aposentadoria e Princípios do Contraditório e da Ampla Defesa – 6

Em conclusão, o Tribunal, por maioria, concedeu mandado de segurança para anular acórdão do TCU no que se refere ao impetrante e para o fim de se lhe assegurar a oportunidade do uso das garantias constitucionais do contraditório e da ampla defesa. Na situação dos autos, a Corte de Contas negara registro a ato de aposentadoria especial de professor – outorgada ao impetrante – por

46. Acórdão 1876/2014 Segunda Câmara (Embargos de Declaração, Relator Ministro Raimundo Carreiro).

47. Acórdão 7845/2013 Primeira Câmara.

considerar indevido o cômputo de serviço prestado sem contrato formal e sem o recolhimento das contribuições previdenciárias – v. Informativos 415, 469, 589 e 590. Não obstante admitindo o fato de que a relação jurídica estabelecida no caso se dá entre o TCU e a Administração Pública, o que, em princípio, não reclamaria a audição da parte diretamente interessada, entendeu-se, tendo em conta o longo decurso de tempo da percepção da aposentadoria até a negativa do registro (cinco anos e oito meses), haver direito líquido e certo do impetrante de exercitar as garantias do contraditório e da ampla defesa. Considerou-se, ao invocar os princípios da segurança jurídica e da lealdade, ser imperioso reconhecer determinadas situações jurídicas subjetivas em face do Poder Público. Salientou-se a necessidade de se fixar um tempo médio razoável a ser aplicado aos processos de contas cujo objeto seja o exame da legalidade dos atos concessivos de aposentadorias, reformas e pensões, e afirmou-se poder se extrair, dos prazos existentes no ordenamento jurídico brasileiro, o referencial de cinco anos. Com base nisso, assentou-se que, transcorrido in albis o prazo qüinqüenal, haver-se-ia de convocar o particular para fazer parte do processo de seu interesse. MS 25116/DF, rel. Min. Ayres Britto, 8.9.2010. (MS-25116)"

Esse entendimento da Suprema Corte foi ratificado posteriormente, consoante historiado pelo Informativo 609:

"Registro de aposentadoria: garantias constitucionais e anistia

O Plenário, por maioria, concedeu parcialmente mandado de segurança para anular acórdão do Tribunal de Contas da União – TCU e restabelecer a percepção dos proventos de aposentadoria da impetrante, até que nova decisão seja proferida, em processo no qual lhe sejam garantidos a ampla defesa e o contraditório. Tratava-se, na espécie, de writ impetrado contra decisão da Corte de Contas que negara registro à aposentadoria da impetrante ao fundamento de que ela não teria comprovado vínculo com a Administração Pública antes de ser beneficiada por anistia (26.5.89), outorgada com amparo na EC 26/85, em que determinada a sua reintegração ao serviço público. Por conseguinte, o TCU desconstituíra o ato concessivo de anistia e cassara seus efeitos. Salientou-se que a apreciação, para fins de registro, do ato de concessão inicial de aposentadoria da impetrante fora realizada pelo TCU passados mais de 10 anos de sua efetivação. Nesse sentido, rememorou-se a orientação firmada pelo STF no julgamento do MS 26116/DF (j. em 8.9.2010, v. Informativo 599) em que assentada a necessidade de se assegurar aos interessados as garantias do contraditório e da ampla defesa caso decorridos mais de 5 anos da apreciação da legalidade do ato de concessão inicial de aposentadoria, reforma e pensão. Aduziu-se, ainda, que a negativa de registro da aposentadoria invalidara a própria anistia concedida à impetrante 15 anos antes e sem que observados os princípios do contraditório e da ampla defesa. Consignou-se que, se a Administração Pública tivesse, por meio de procedimento administrativo autônomo, procedido à revisão da anistia, teria que proporcionar à impetrante o contraditório e a ampla defesa. Assim, não faria sentido que – no bojo do procedimento de apreciação, para fins de registro, do ato de aposentadoria – pudesse fazê-lo sem considerar essas mesmas garantias. Vencidos os Ministros Marco Aurélio e Joaquim Barbosa que concediam a ordem em maior extensão por não reconhecerem ao TCU a atribuição de examinar a licitude, ou não, da anistia. MS 26053/DF, rel. Min. Ricardo Lewandowski, 18.11.2010. (MS-26053)".

A posição do STF passou a ser adotada pelo próprio TCU:

Acórdão 364/2015 Segunda Câmara (Pedido de Reexame, Relator Ministro Raimundo Carreiro)

Pessoal. Apreciação do ato. Contraditório e ampla defesa.

Diante de constatação que possa levar à negativa de registro de ato de admissão de pessoal ou de concessão de aposentadoria, reforma ou pensão, o TCU deve assegurar aos beneficiários a oportunidade do uso das garantias constitucionais do contraditório e da ampla defesa, sempre que transcorrido lapso temporal superior a cinco anos entre a entrada do ato no Tribunal e sua apreciação.

IMPORTANTE:

Mas tivemos uma grande inovação de jurisprudência do STF a respeito do tema no sentido de que **o Tribunal de Contas não poderá negar registro de aposentadoria, pensão por morte e reforma militar após o prazo de 5 anos, a contar da chegada do processo na Corte de Contas**.

Trata-se do julgamento do Tema 445 (RE 636553/RS, de 19/2/2020, publicado em 26/5/2020):

> "Recurso extraordinário. Repercussão geral. 2. Aposentadoria. Ato complexo. Necessária a conjugação das vontades do órgão de origem e do Tribunal de Contas. Inaplicabilidade do art. 54 da Lei 9.784/1999 antes da perfectibilização do ato de aposentadoria, reforma ou pensão. Manutenção da jurisprudência quanto a este ponto. 3. Princípios da segurança jurídica e da confiança legítima. Necessidade da estabilização das relações jurídicas. Fixação do prazo de 5 anos para que o TCU proceda ao registro dos atos de concessão inicial de aposentadoria, reforma ou pensão, **após o qual se considerarão definitivamente registrados**. 4. Termo inicial do prazo. Chegada do processo ao Tribunal de Contas. 5. Discussão acerca do contraditório e da ampla defesa prejudicada. **6. TESE: "Em atenção aos princípios da segurança jurídica e da confiança legítima, os Tribunais de Contas estão sujeitos ao prazo de 5 anos para o julgamento da legalidade do ato de concessão inicial de aposentadoria, reforma ou pensão, a contar da chegada do processo à respectiva Corte de Contas".** 7. Caso concreto. Ato inicial da concessão de aposentadoria ocorrido em 1995. Chegada do processo ao TCU em 1996. Negativa do registro pela Corte de Contas em 2003. Transcurso de mais de 5 anos. 8. Negado provimento ao recurso".

Dessa forma, o silêncio da Corte de Contas consistente em não julgar o registro da aposentadoria, reforma militar ou pensão por morte em até cinco anos, a contar da chegada do processo no Tribunal, importará em registro tácito do ato administrativo concessório do benefício.

Curioso notar que o STF não ventilou nenhuma hipótese de suspensão do lustro, haja vista que existem situações em que é razoável que haja a suspensão do prazo, a exemplo do período de cumprimento de exigência perpetrada pelo Tribunal de Contas perante a Administração Pública ou mesmo para o beneficiário.

Demais disso, nem mesmo em situações de manifesta inconstitucionalidade o STF afastou o prazo quinquenal para negar um registro após o quinquênio, a exemplo de nomeação e posse em cargo público após a Constituição de 1988 sem concurso público, situação ilegítima que ainda ocorre fartamente no Brasil especialmente no âmbito municipal.

De certo, o que levou o Supremo Tribunal a rever a sua tradicional jurisprudência foi o abuso de muitas Cortes de Contas desorganizadas que levam mais de uma década para julgar o ato concessão dos citados benefícios.

O caso apreciado pelo STF versou sobre um período de oito anos para o julgamento do registro, sendo conhecidos casos que chegaram a dez ou quinze anos, denotando a ineficiência de várias Cortes de Contas que deveriam zelar pela eficiência administrativa.

Mas fica a preocupação da perpetuação do erro administrativo ou mesmo de fraudes contra o Erário com a concessão ilegal ou mesmo inconstitucional de uma aposentadoria, reforma ou pensão por morte no âmbito do RPPS ou da previdência militar, com um registro tácito do Tribunal de Contas competente após o transcurso *in albis* do prazo quinquenal para a deliberação de registro.

Nem mesmo a má-fé do beneficiário foi colocada como causa de afastamento do prazo de cinco anos para o julgamento do ato administrativo em situações que podem até configurar algum delito contra a Administração Pública.

No que concerne à natureza jurídica da aposentadoria, reforma e pensão por morte como ato jurídico complexo e da desnecessidade do contraditório para a negativa do registro, desde que dentro do prazo de cinco anos, a jurisprudência do STF restou reafirmada pelo Plenário.

Por outro lado, restou prejudicada a discussão sobre a necessidade de concessão de contraditório na situação de a decisão do Tribunal de Contas se dar após o quinquênio, pois agora não poderá haver a negativa de registro após o citado prazo se consumar.

Ademais, restou confirmada a tese de que a decadência quinquenal de cinco anos para o exercício da autotutela somente terá início após o registro do ato administrativo concessório da aposentadoria, reforma ou pensão por morte.

Vale registrar que não houve nenhum tipo de modulação da mudança jurisprudencial, incidindo o novel posicionamento da Corte Suprema a todos os casos anteriores de concessão do benefício.

Desse modo, os processos recebidos pelos Tribunais de Contas sobre o tema há mais de cinco anos a respeito da concessão de aposentadoria, reforma ou pensão por morte no RPPS ou regime de previdência militar não mais terão julgamento, consumando-se o tácito registro decorrente da contumácia quinquenal dos Tribunais de Contas.

Por seu turno, para o STF, o termo a quo do prazo de cinco anos para que o Tribunal de Contas da União examine a legalidade dos atos concessivos de aposentadorias, reformas e pensões, conta-se a partir da data de chegada do processo administrativo na própria Corte de Contas (MS 24.781, de 02/03/2011).

Demais disso, de acordo com o Corte Especial do STJ, "o termo inicial do prazo decadencial de cinco anos para que a Administração Pública anule ato administrativo referente à concessão de aposentadoria, previsto no art. 54 da Lei n. 9.784/1999, é a data da homologação da concessão pelo Tribunal de Contas. A concessão de aposentadoria tem natureza jurídica de ato administrativo complexo que somente se perfaz com a manifestação do Tribunal de Contas acerca da legalidade do ato. Precedentes citados: AgRg no REsp 1.284.915-SC, DJe 10/4/2012; REsp 1.264.053-RS, DJe 16/3/2012; AgRg no REsp 1.259.775-SC, DJe 16/2/2012, e AgRg no REsp 1.257.666-PR, DJe 5/9/2011. EREsp 1.240.168-SC, Rel. Min. João Otávio de Noronha, julgados em 7/11/2012"[48].

No mesmo sentido, o Plenário do STF:

> "MANDADO DE SEGURANÇA – AUTORIDADE COATORA – MODIFICAÇÃO. Mostra-se válido o redirecionamento subjetivo do mandado de segurança quando a inicial é aditada dentro do prazo de 120 dias da prática do ato impugnado. DECADÊNCIA – REVISÃO DE ATO ADMINISTRATIVO – APOSENTADORIA – ARTIGO 54 DA LEI Nº 9.784/99. Enquanto não for aperfeiçoada a aposentadoria, a pressupor atos sequenciais, não incide a decadência quinquenal. APOSENTADORIA – SERVIÇO PÚBLICO – TEMPO DE ATIVIDADE RURAL – CÔMPUTO – SISTEMA CONTRIBUTIVO. O cômputo de tempo de atividade rural na aposentadoria em cargo público submete-se ao sistema contributivo" (MS 26.391, de 13/04/2011).

48. Informativo 508 do STJ.

No mesmo sentido, a TNU (Informativo 29/2018):

PUIL n. 0504009-13.2014.4.05.8105/CE – "Reafirmação do entendimento sedimentado no Tema n. 99 dos representativos de controvérsia, no sentido de que o prazo decadencial de cinco anos previsto no art. 54 da Lei n. 9.784/99 para alterar ato de aposentadoria de servidor público se inicia a partir do registro do ato no Tribunal de Contas, não do ato de concessão expedido pelo órgão a que estava vinculado".

O TCU tem afastado a decadência quinquenal quando no exercício de atividade de controle:

Acórdão 9167/2017 Segunda Câmara (Embargos de Declaração, Relator Ministro Augusto Nardes)

Responsabilidade. Decadência. Legislação. Princípio da autotutela. Processo de controle externo.

A decadência de que trata o art. 54, § 1º, da **Lei 9.784/1999** é aplicável ao TCU somente como meio de autotutela no desempenho de sua função administrativa, e não aos processos de controle externo.

Ainda de acordo com a Corte de Contas, o prazo decadencial a que se refere o art. 54 da Lei 9.784/1999 somente começa a contar a partir da data de registro do ato pelo TCU. **Quando o ato de pessoal é apreciado pela ilegalidade, com negativa de registro, não há que se falar em início da contagem do prazo decadencial, até porque tal ato ilegal não existia no mundo jurídico[49].**

Ademais, "solicitar aposentadoria sem ter tempo suficiente para tanto não é irregularidade de *per si* nem configura fraude por parte do peticionário, pois cabe ao órgão responsável examinar a documentação apresentada e indeferir o benefício quando não satisfeitos os requisitos legais. No entanto, caso se comprove a participação do peticionário em ilícito para a concessão irregular de benefício previdenciário, ele deve ser incluído como responsável solidário na devida tomada de contas especial"[50].

De acordo com o artigo 37, § 10, da Constituição, inserido pelo EC 20/1998, "é vedada a percepção simultânea de proventos de aposentadoria decorrentes do art. 40 ou dos arts. 42 e 142 com a remuneração de cargo, emprego ou função pública, ressalvados os cargos acumuláveis na forma desta Constituição, os cargos eletivos e os cargos em comissão declarados em lei de livre nomeação e exoneração".

A proibição de acumulação não alcança a aposentadoria concedida pelo Regime Geral de Previdência Social (art. 201, da Constituição), mas apenas a aposentadoria concedida pelo RPPS ou regime militar.

Nesse sentido, o STJ:

INFORMATIVO 559 – "DIREITO ADMINISTRATIVO. ACUMULAÇÃO DE APOSENTADORIA DE EMPREGO PÚBLICO COM REMUNERAÇÃO DE CARGO TEMPORÁRIO.

É possível a cumulação de proventos de aposentadoria de emprego público com remuneração proveniente de exercício de cargo temporário. Preceitua o art. 118, § 3º, da Lei 8.112/1990 que se considera "acumulação proibida a percepção de vencimento de cargo ou emprego público efetivo com proventos da inatividade, salvo quando os cargos de que decorram essas remunerações forem acumuláveis na atividade". Com efeito, da simples leitura do comando normativo infere-se que a

49. **Acórdão 4837/2017 Primeira Câmara** (Embargos de Declaração, Relator Ministro Vital do Rêgo).

50. Acórdão 1657/2014 Plenário (Tomada de Contas Especial, Relator Ministro Benjamin Zymler).

vedação nele contida diz respeito apenas à acumulação de proventos de aposentadoria com remuneração de cargo ou emprego público efetivo, categorias nas quais não se insere a função pública exercida por força de contratação temporária, preenchida via processo seletivo simplificado. Do mesmo modo, o art. 6º da Lei 8.745/1993 – diploma normativo que regulamenta o art. 37, IX, da CF – dispõe que "É proibida a contratação, nos termos desta Lei, de servidores da Administração direta ou indireta da União, dos Estados, do Distrito Federal e dos Municípios, bem como de empregados ou servidores de suas subsidiárias e controladas". Ademais, ainda que assim não fosse, a aposentadoria se deu pelo Regime Geral de Previdência Social – RGPS, não se lhe aplicando, portanto, o disposto no § 10 do art. 37 da CF, segundo o qual "É vedada a percepção simultânea de proventos de aposentadoria decorrentes do art. 40 ou dos arts. 42 e 142 com a remuneração de cargo, emprego ou função pública, ressalvados os cargos acumuláveis na forma desta Constituição, os cargos eletivos e os cargos em comissão declarados em lei de livre nomeação e exoneração", dispositivo constitucional ao qual não se pode atribuir interpretação extensiva em prejuízo do empregado público aposentado pelo RGPS, disciplinado pelo artigo 201 da CF. REsp 1.298.503-DF, **Rel. Min. Humberto Martins, julgado em 7/4/2015, DJe 13/4/2015".**

A TNU fixou a "tese de que a incompatibilidade de horários não determina a inacumulabilidade do exercício de cargo de professor com a percepção de aposentadoria pelo mesmo cargo, ainda que em regime de dedicação exclusiva, pois as respectivas atribuições não se exercem simultaneamente, impondo-se sejam essas fontes de renda consideradas individualizadamente para efeito de abate-teto (Informativo 29/2018 – PUIL n. 5055539-63.2014.4.04.7100/RS).

De acordo com o artigo 40, § 6º, da CRFB, com redação anterior à EC 103/2019, ressalvadas as aposentadorias decorrentes dos cargos acumuláveis, é vedada a percepção de mais de uma aposentadoria à conta de cada Regime Próprio de Previdência Social.

Por derivação, se não for possível a acumulação de duas aposentadorias, também não poderão ser instituídas duas pensões por morte em favor dos dependentes do servidor falecido, conforme correto pronunciamento do STF, noticiado no Informativo 638:

"638 – Acumulação de pensões e reingresso no serviço público antes da EC 20/98 – 4

Não é possível cogitar-se de direito ao recebimento de uma segunda pensão por morte se proibida a percepção de dupla aposentadoria estatutária pelo servidor que veio a falecer. Esse o consenso do Plenário que, em conclusão de julgamento, desproveu recurso extraordinário no qual se discutia a possibilidade de acumulação de duas pensões de natureza estatutária. Na espécie, ele aposentara-se em determinado cargo da Administração Pública, posteriormente nela reingressara, por concurso público, antes da EC 20/98, permanecendo no cargo até seu falecimento, em julho de 2001 – v. Informativos 564 e 588. Em razão de o reingresso no serviço público ter ocorrido anteriormente à EC 20/98, salientou-se que – não obstante a ressalva do direito à acumulação dos proventos da aposentadoria com a remuneração do cargo que exercia – não lhe era permitida a percepção de mais de uma aposentadoria estatutária (EC 20/98: "Art. 11 – A vedação prevista no art. 37, § 10, da Constituição Federal, não se aplica aos membros de poder e aos inativos, servidores e militares, que, até a publicação desta Emenda, tenham ingressado novamente no serviço público por concurso público de provas ou de provas e títulos, e pelas demais formas previstas na Constituição Federal, sendo-lhes proibida a percepção de mais de uma aposentadoria pelo regime de previdência a que se refere o art. 40 da Constituição Federal, aplicando-se-lhes, em qualquer hipótese, o limite de que trata o § 11 deste mesmo artigo"). Por conseguinte, entendeu-se não haver direito ao recebimento de duas ou mais pensões por parte de seus dependentes, uma vez que o art. 40, § 7º, da CF subordinava esse benefício ao valor dos proventos a que o servidor teria jus ("Lei disporá sobre a concessão do benefício da pensão por morte, que será igual ao valor dos proventos do servidor falecido ou ao valor dos proventos a que teria direito o servidor em atividade na data de seu falecimento, observado o disposto no § 3º"). Observou-se, por fim, não ser aplicável, ao caso, a regra de transição prevista no art. 3º da EC 20/98, visto que o instituidor da pensão não preenchia, em relação ao segundo cargo exercido, os requisitos para a obtenção de qualquer benefício. Alguns precedentes citados: RE 463028/RS (DJU de 10.3.2006); RE 527714 AgR/RJ (DJe de 29.6.2007); RE 489776 AgR/MG (DJe de 1º.8.2008). RE 584388/SC, rel. Min. Ricardo Lewandowski, 31.8.2011".

Ademais, "a Constituição veda apenas o recebimento cumulativo de aposentadoria do regime próprio de previdência e de remuneração de cargo, emprego ou função pública, ressalvados os cargos acumuláveis da forma da própria Constituição, os cargos eletivos e os cargos em comissão. Em nenhum momento, na vedação, é feita referência à aposentadoria paga pelo RGPS. Ao ser necessário optar por um dos fundamentos, deveria prevalecer aquele em sintonia com a jurisprudência do STF sobre a matéria, ou seja, o acolhido pelo ato reclamado" (Informativo 808 – Rcl 8168/SC, rel. orig. Min. Ellen Gracie, red. p/ o acórdão Min. Edson Fachin, 19.11.2015).

Entretanto, é preciso respeitar o direito adquirido, pois essa disposição foi incluída pela Emenda 20/1998. Nesse sentido, o STJ[51]:

> "ACUMULAÇÃO. APOSENTADORIAS. EC N. 20/1998
>
> Tratou-se de mandado de segurança preventivo no qual a impetrante buscava anular o ato administrativo que determinara prazo para o exercício de opção por uma das aposentadorias que percebia. No caso, a impetrante aposentou-se pela primeira vez no cargo de secretária-executiva de uma universidade federal em 1979 e, pela segunda vez, como analista em ciência e tecnologia do CNPQ, instituição vinculada ao Ministério de Ciência e Tecnologia, em 1995. Segundo a Seção, entre outras questões, o servidor que se tornou inativo e retornou ao serviço público no período de vigência da CF/1988 (art. 99, § 4º), tendo-se aposentado novamente, agora sob a vigência da redação originária do art. 37 da CF/1988, ou seja, antes da EC n. 20/1998, tem direito à acumulação dos proventos. Assim, a Seção concedeu a segurança para reconhecer à impetrante o direito de acumular as aposentadorias. Precedentes citados do STF: MS 24.952-DF, DJ 3/2/2006; AgRg no RE 593.027-DF, DJe 4/8/2010; do STJ: MS 12.518-DF, DJe 5/5/2008. MS 14.220-DF, Rel. Min. Jorge Mussi, julgado em 10/11/2010".

IMPORTANTE!

De acordo com o artigo 40, § 6º, da CRFB, com redação dada pela Emenda 103/2019, ressalvadas as aposentadorias decorrentes dos cargos acumuláveis na forma desta Constituição, é vedada a percepção de mais de uma aposentadoria à conta de regime próprio de previdência social, **aplicando-se outras vedações, regras e condições para a acumulação de benefícios previdenciários estabelecidas no Regime Geral de Previdência Social.**

Restou ampliada a regra proibitiva do § 6º, que vedava a acumulação de mais de uma aposentadoria de RPPS, salvo cargos acumuláveis previstos no artigo 37, XVI, da Constituição.

A inovação é a **extensão ao RPPS de outras vedações, regras e condições para a acumulação de benefícios previdenciários estabelecidas no Regime Geral de Previdência Social**, de modo que os impedimentos de acumulação do RGPS passam a ser aplicação ao RPPS, no que couber, a exemplo do artigo 124 da Lei 8.213/91.

51. Passagem do Informativo 455.

Ademais, o **artigo 24 da Emenda 103/2019** traz regras de vedação ou com restrição de acumulação entre pensões e aposentadoria com pensão, se aplicando de imediato a todos os regimes público de previdência, inclusive dos **estados, Distrito Federal e municípios**, determinado a **redução em faixas do menor benefício.**

Restou **vedada a acumulação de mais de uma pensão por morte deixada por cônjuge ou companheiro**, no âmbito do mesmo regime de previdência social, **ressalvadas** as pensões do mesmo instituidor decorrentes do exercício de **cargos acumuláveis** na forma do art. 37 da Constituição Federal, o que já existia no RGPS e RPPS federal, mas não existia em alguns estados e municípios por falta de previsão da lei local.

Admitiu-se a acumulação com a redução em faixas do menor benefício nos seguintes casos:

a) **pensão por morte** deixada por cônjuge ou companheiro de um regime de previdência social com **pensão por morte** concedida por outro regime de previdência social ou com pensões decorrentes das atividades militares;

b) **pensão por morte** deixada por cônjuge ou companheiro de um regime de previdência social com **aposentadoria** concedida no âmbito do Regime Geral de Previdência Social ou de regime próprio de previdência social ou com proventos de inatividade decorrentes das atividades militares;

c) de **aposentadoria** concedida no âmbito do Regime Geral de Previdência Social ou de regime próprio de previdência social com **pensões decorrentes das atividades militares.**

Neste caso, é assegurada a percepção do valor integral do benefício mais vantajoso e de uma parte de cada um dos demais benefícios, apurada cumulativamente de acordo com as **seguintes faixas**:

PERCENTUAL PAGO	FAIXA DO BENEFÍCIO	REDUTOR
100%	Até 1 salário mínimo	-
60%	Acima de 1 até 2 salários mínimos	40%
40%	Acima de 2 até 3 salários mínimos	60%
20%	Acima de 3 até 4 salários mínimos	80%
10%	Acima de 4 salários mínimos	90%

Vamos simular uma situação considerando o salário mínimo de **R$ 998,00** em 2019 e uma pensão por morte no valor de **R$ 5.000,00** que será reduzida por ser o menor benefício.

PERCENTUAL PAGO	FAIXA DO BENEFÍCIO	VALOR DEVIDO
100%	Até R$ 998,00	R$ 998,00
60%	Acima de R$ 998,00 até R$ 1.996,00	R$ 598,80

PERCENTUAL PAGO	FAIXA DO BENEFÍCIO	VALOR DEVIDO
40%	R$ 1.996,00 até R$ 2.994,00	R$ 399,20
20%	Acima de R$ 2.994,00 até R$ 3.992,00	R$ 199,60
10%	Acima de R$ 3.992,00 até R$ 5.000,00	R$ 100,80
-	-	**Total de R$ 2.296,40**

Destarte, no caso simulado, a pensão por morte será reduzida de **R$ 5.000,00** para **R$ 2.296,40.**

Essas faixas deverão ser modificadas anualmente, pois o salário mínimo sofre atualização monetária todo ano.

Eis a tabela para o ano de 2020:

PERCENTUAL PAGO	FAIXA DO BENEFÍCIO	REDUTOR
100%	Até 1 salário mínimo (R$ 1.045,00)	-
60%	Acima de 1 até 2 salários mínimos (R$ 2.090,00)	40%
40%	Acima de 2 até 3 salários mínimos (R$ 3.135,00)	60%
20%	Acima de 3 até 4 salários mínimos (R$ 4.180,00)	80%
10%	Acima de 4 salários mínimos (acima de R$ 4.180,00)	90%

Se o salário mínimo for reajustado acima do INPC (índice legal de reajuste dos benefícios, salvo beneficiários pela integralidade), o recálculo das faixas irá beneficiar o beneficiário da previdência social, pois irá elevar as faixas e a renda mensal.

No entanto, o artigo 24 é omisso a respeito, silenciando a respeito da revisão anual das faixas e consequentemente do redutor acaso o salário mínimo tenha reajuste real acima da inflação nos anos seguintes ao ano da concessão.

Não há restrição para a acumulação de aposentadorias em mais de um regime público de previdência, de modo que é possível **acumular sem redução**, por exemplo, duas aposentadorias do RPPS (cargos legitimamente permitidos na Constituição) e uma aposentadoria no RGPS.

Vale registrar que o novo regramento preserva o **direito adquirido**, quando o fato gerador da aposentadoria ou pensão por morte ocorreu até a data da publicação da Emenda 103/2019 (morte e requisitos para aposentar), mesmo que o requerimento seja ofertado ulteriormente.

Como o artigo 24 da EC 103/2019 é regra restritiva de direito, o seu **rol é taxativo**. Dessa forma, é necessário destacar alguns pontos.

O primeiro é que a restrição na acumulação de pensão por morte é apenas para pensionista cônjuge, companheiro ou companheira do segurado falecido, não se aplicando a pensão por morte instituída em favor de filhos e irmãos.

O segundo ponto a frisar é que pelo texto do artigo 24, § 2º, da EC 103/2019, na hipótese de acumulação de mais de dois benefícios citados no § 1º, a exemplo de aposentadoria e duas pensões por morte (uma de RPPS e outra de RGPS, pode exemplo), somente o benefício maior terá renda preservada, devendo ser reduzidos os outros dois menores de possuírem renda acima de um salário mínimo.

Isso porque consta do texto constitucional que "nas hipóteses das acumulações previstas no § 1º, é assegurada a percepção do valor integral do benefício mais **vantajoso e de uma parte de cada um dos demais benefícios".**

Frise-se que não será possível a aposentadoria voluntária do servidor se ainda não aprovado no estágio probatório, pois ainda não há investidura definitiva no cargo, conforme entendimento do STJ[52], sendo este também o posicionamento do STF:

> "EMENTA: CONSTITUCIONAL. ADMINISTRATIVO. SERVIDOR PÚBLICO. APOSENTADORIA. ESTÁGIO PROBATÓRIO. I. – Constituindo o estágio probatório complemento do processo seletivo, etapa final deste, não pode o servidor, no curso do mesmo, aposentar-se, voluntariamente. II. – Precedentes do STF: MS 22.947/BA, Min. Octavio Gallotti, Plenário, 11.11.98; MS 22.933/DF, Min. Octavio Gallotti, Plenário, 26.6.98; MS 23.577/DF, Min. Carlos Velloso, Plenário, 15.5.2002; MS 24.543/DF, Min. Carlos Velloso, Plenário, 21.8.2003. III. – Mandado de Segurança indeferido (MS 24.744, de 19.05.2004)".

Logo, no caso das aposentadorias involuntárias (compulsória e incapacidade permanente), é possível o seu deferimento durante o estágio probatório. Contudo, em interpretação inconstitucional, o TCU apenas vem afastando da exigência do estágio probatório a aposentadoria por invalidez:

> **Acórdão 4611/2015 Primeira Câmara** (Aposentadoria, Relator Ministro Benjamin Zymler)
>
> Pessoal. Aposentadoria. Estágio probatório.
>
> Não é possível a concessão de aposentaria em cargo no qual o servidor não implementou o estágio probatório, tendo em vista que ele não se tornou titular do cargo no qual busca a inativação. É admitida exceção apenas no caso de aposentadoria por invalidez, uma vez que tal situação não decorre da vontade do servidor e é imprevisível.
>
> Com efeito, se houver compatibilidade de horários, será possível a acumulação de dois cargos de professor, um de professor com um cargo técnico ou científico, assim como de dois cargos na área da saúde, com profissões regulamentadas, a teor do artigo 37, XVI, da Constituição Federal.

De acordo com o TCU, a **observância do teto constitucional, nas hipóteses de acumulação de remuneração com proventos ou pensão, é obrigatória mesmo quando envolver poderes ou esferas de governo distintos, em face do que rege o art. 40, § 11, da Constituição Federal (Acórdão 2190/2017 Plenário).**

No entanto, existe posicionamento do STJ aduzindo que o teto deve ser avaliado de maneira separada em cada cargo acumulável:

> "RECURSO ORDINÁRIO EM MANDADO DE SEGURANÇA. QUESTÃO DE ORDEM. MATÉRIA SUBMETIDA AO CRIVO DA PRIMEIRA SEÇÃO DESTE SUPERIOR TRIBUNAL. CONSTITUCIONAL E ADMINISTRATIVO. SERVIDOR PÚBLICO. CUMULAÇÃO

52. RMS 23.689, de 18.05.2010.

DE CARGOS PERMITIDA CONSTITUCIONALMENTE. CARGOS CONSIDERADOS, ISOLADAMENTE, PARA APLICAÇÃO DO TETO REMUNERATÓRIO. 1. "Tratando-se de cumulação legítima de cargos, a remuneração do servidor público não se submete ao teto constitucional, devendo os cargos, para este fim, ser considerados isoladamente". (Precedentes: AgRg no RMS 33.100/DF, Rel. Ministra ELIANA CALMON, DJe 15/05/2013 e RMS 38.682/ES, Rel. Ministro HERMAN BENJAMIN, DJe 05/11/2012). 2. Recurso Ordinário em Mandado de Segurança provido" (1ª Seção, ROMS 201001999461, de 26/06/2013).

Eis o posicionamento do TCU sobre o tema:

Acórdão 1994/2015 Plenário (Representação, Relator Ministro Benjamin Zymler)

Pessoal. Teto remuneratório. Acumulação de cargos.

No exercício de dois cargos públicos, as acumulações previstas no art. 37, inciso XVI, da Constituição Federal se submetem ao teto pelo somatório das respectivas remunerações. Em outras hipóteses de acumulação expressamente admitidas pelo texto constitucional, como as de magistrados com assento nos tribunais eleitorais (arts. 119 e 120) ou as de juízes e professores (art. 95, parágrafo único, inciso I), o teto remuneratório deverá ser observado de forma isolada para cada um dos cargos acumulados na atividade.

A posição do TCU e do STJ foi confirmada pelo STF (Informativo 862):

"Acumulação de cargo público e 'teto' remuneratório"

Nos casos autorizados constitucionalmente de acumulação de cargos, empregos e funções, a incidência do art. 37, XI (1), da Constituição Federal (CF) pressupõe consideração de cada um dos vínculos formalizados, afastada a observância do teto remuneratório quanto ao somatório dos ganhos do agente público.

Com base nesse entendimento, o Plenário, em julgamento conjunto e por maioria, negou provimento a recursos extraordinários e reconheceu a inconstitucionalidade da expressão "percebidos cumulativamente ou não" contida no art. 1º da Emenda Constitucional (EC) 41/2003, que alterou a redação do art. 37, XI, da CF, considerada interpretação que englobe situações jurídicas a revelarem acumulação de cargos autorizada constitucionalmente. **RE 612975/MT, rel. Min. Marco Aurélio, julgamento em 26 e 27.4.2017. (RE-612975). RE 602043/MT, rel. Min. Marco Aurélio, julgamento em 26 e 27.4.2017. (RE-602043)".**

Curiosamente, aparentemente adotando dois pesos e duas medidas, na hipótese de acumulação de remuneração ou aposentadoria com pensão por morte, o STF entendeu de modo oposto, considerando o teto com a soma da remuneração/aposentadoria com a pensão por morte.

Trata-se da decisão tomada em 6 de agosto de 2020 no **tema 359** no julgamento do **RE 602.584**:

"Julgado mérito de tema com repercussão geral

Decisão: O Tribunal, por maioria, apreciando o tema 359 da repercussão geral, deu provimento ao recurso extraordinário para indeferir a ordem, nos termos do voto do Relator, vencidos os Ministros Celso de Mello, Ricardo Lewandowski e Dias Toffoli (Presidente). Em seguida, foi fixada a seguinte tese: **"Ocorrida a morte do instituidor da pensão em momento posterior ao da Emenda Constitucional nº 19/1998, o teto constitucional previsto no inciso XI do artigo 37 da Constituição Federal incide sobre o somatório de remuneração ou provento e pensão percebida por servidor".** Falou, pelo amicus curiae Estado do Rio Grande do Sul, a Dra. Márcia dos Anjos

> Manoel, Procuradora do Estado. Afirmou suspeição o Ministro Alexandre de Moraes. Plenário, 06.08.2020 (Sessão realizada inteiramente por videoconferência – Resolução 672/2020/STF)".

De acordo com o TCU (Acórdão 3292/2017 Segunda Câmara), a pensão decorrente de montepio civil estadual deve ser somada com a pensão estatutária para fins de submissão ao teto constitucional.

O teto a ser considerado é a remuneração bruta, e não líquida, conforme definido pelo STF no julgamento do RE 675.978, de 15/4/2015:

> "O Tribunal enfatizou, no que se refere ao termo "remuneração", que a legislação lhe daria sentidos diversos, de caráter mais amplo ou mais restrito. Numa acepção mais extensiva, remuneração seria a designação genérica dada à totalidade de valores pecuniários recebidos pelo servidor, ativo ou inativo, como retribuição pelo exercício do respectivo cargo público. Em caráter mais restrito, remuneração seria o vencimento do cargo efetivo, acrescido das vantagens pecuniárias permanentes estabelecidas em lei. Dessa forma, definido que a remuneração constituiria os valores recebidos como contraprestação pelos serviços prestados à Administração e que o subsídio seria a remuneração paga aos agentes políticos e aos membros de Poder em parcela única – ambos compreendendo o valor total previsto para o cargo –, de acordo com o art. 37, XI, da CF, o teto remuneratório deveria incidir sobre o montante integral pago ao servidor, ou seja, sobre sua remuneração bruta. Nos termos da redação constitucional, o redutor teria aplicação sobre a remuneração e o subsídio dos ocupantes de cargos, funções e empregos públicos da Administração direta, autárquica e fundacional. Essa conclusão seria reforçada, inclusive, pelo fato de que o parâmetro para a incidência do limite remuneratório – o subsídio dos Ministros do STF – seria verificado em sua totalidade, sem quaisquer descontos, e não seria razoável realizar a comparação para fins de redução com o valor líquido a ser recebido pelo servidor. Seria necessário, portanto, comparar valores da mesma ordem: valor bruto com valor bruto, para, em seguida, aplicar os descontos devidos. Se assim não fosse, dar-se-ia à norma do limite remuneratório exegese mais elástica do que se permite, uma vez que a imposição do teto remuneratório teria também entre seus propósitos hierarquizar o serviço público, de forma a evitar distorções como a do subordinado que percebesse mais do que seu superior máximo. Portanto, as deduções de imposto de renda e de contribuições previdenciárias deveriam incidir após a aplicação do "abate-teto" (Informativo 781).

De acordo com o STF, "a redução de proventos de aposentadoria, quando concedida em desacordo com a lei, não ofende o princípio da irredutibilidade de vencimentos. Precedentes." (MS 25.552, Rel. Min. Cármen Lúcia, julgamento em 7-4-2008, Plenário, DJE de 30-5-2008.)

Isto porque o dogma da irredutibilidade do valor do benefício previdenciário apenas se forma nos casos de concessão regular do benefício previdenciário, não abarcando concessões equivocadas com renda acima da devida.

Por se tratar de verba indenizatória, o auxílio-alimentação não é devido aos inativos. Nesse sentido, a Súmula 680 do STF:

> "Súmula 680– O direito ao auxílio-alimentação não se estende aos servidores inativos".

O mesmo entendimento se aplica ao vale-alimentação:

> "O benefício do vale-alimentação, dada a sua natureza indenizatória, não integra a remuneração dos servidores públicos, não sendo devido, portanto, aos inativos." (AI 345.898-AgR, Rel. Min. Maurício Corrêa, julgamento em 26-2-2002, Segunda turma, DJE de 22-3-2002.) No mesmo sentido: AI 738.881, Rel. Min. Luiz Fux, decisão monocrática, julgamento em 29-2-2012, DJE de 6-3-2012.)

Demais disso, "a jurisprudência da Corte é no sentido de que é inviável estender a servidores inativos as vantagens pecuniárias decorrentes de reposicionamento, na carreira, de servidores ativos, com fundamento no art. 40, § 8º, da Constituição." (STF, RE 522.570-AgR, Rel. Min. Ricardo Lewandowski, julgamento em 5-5-2009, Primeira Turma, DJE de 5-6-2009.)

Vale ressaltar que o aposentado do RPPS poderá perder o seu benefício, se no processo administrativo disciplinar houver a aplicação da penalidade de cassação de aposentadoria, a ser prevista do Estatuto do Servidor, como ocorre na esfera federal, em que esta sanção é elencada no artigo 127, inciso IV, da Lei 8.112/90.

Assim, mesmo aposentado, nos casos de cometimento de ilícito administrativo grave antes da inatividade, poderá a Administração Pública cassar a aposentadoria do ex-servidor, após o devido processo legal, conforme referendado pelo STF:

> "EMENTA: CONSTITUCIONAL. ADMINISTRATIVO. SERVIDOR PÚBLICO. PROCESSO ADMINISTRATIVO DISCIPLINAR. CASSAÇÃO DE APOSENTADORIA. CERCEAMENTO DE DEFESA. ALEGAÇÃO DE INCONSTITUCIONALIDADE DA CASSAÇÃO DE APOSENTADORIA: IMPROCEDÊNCIA. Lei 8.112/90. I. – Processo administrativo disciplinar: o quadro orgânico da legalidade no que toca à apuração de faltas disciplinares dos servidores públicos, na forma da Lei 8.112/90. II. – Servidor público submetido a processo administrativo de forma regular, no qual foi-lhe assegurado o direito de defesa. Inocorrência de cerceamento de defesa. III. – O Supremo Tribunal Federal assentou que não é inconstitucional a penalidade de cassação de aposentadoria: Lei 8.112/90, art. 127, IV: MS 21.948/RJ, Relator Ministro Néri da Silveira, Plenário, 29.9.94, "D.J." de 07.12.95. IV. – Inocorrência de violação ao princípio da proporcionalidade na aplicação da penalidade. V. – R.M.S. não provido" (RMS 24557, de 13.04.2004).

Mas no caso de servidor efetivo que foi nomeado e tomou posse por decisão judicial precária e que após largo curso de tempo se aposentou no RPPS não poderá ter a sua aposentadoria cancelada por questões de segurança jurídica acaso a decisão judicial seja revogada.

Assim decidiu com acerto o STF:

> Informativo 911 – **Posse em concurso público e exercício determinados por de decisões precárias. Concessão de aposentadoria voluntária-**
>
> A Primeira Turma, em face da inaplicabilidade das orientações estabelecidas no RE 608.482, julgado sob o rito da repercussão geral (Tema 476), deu provimento ao agravo interno com vistas a negar seguimento ao recurso extraordinário em que se discutia a validade de portaria que tornou sem efeito ato de nomeação e posse de servidora pública.
>
> O colegiado rememorou que o Supremo Tribunal Federal (STF), ao julgar o RE 608.482, decidiu pela inaplicabilidade da "teoria do fato consumado" a candidato que assumiu o cargo em razão de decisão judicial de natureza precária e revogável. Naquele julgado, a Corte entendeu que, em face das disposições constitucionais que regem o acesso a cargos públicos, é incabível justificar a permanência de alguém que tomou posse em razão de decisão judicial de caráter precário, com fundamento nos princípios da boa-fé e da proteção da confiança legítima. **Entretanto, no julgamento do precedente, não foram contempladas as hipóteses em que servidor, em razão do decurso do tempo no exercício do cargo, tem a aposentadoria concedida pela Administração Pública.**
>
> **Afirmou-se que especificidades — em especial o decurso de mais de 21 anos no cargo e a concessão de aposentadoria voluntária pela Administração Pública — diferem das circunstâncias do indigitado "leading case". No caso concreto, em razão do elevado grau de estabilidade da situação jurídica, o princípio da proteção da confiança legítima incide com maior intensidade.**

A Turma entendeu que a segurança jurídica, em sua perspectiva subjetiva, protege a confiança legítima e preserva fatos pretéritos de eventuais modificações na interpretação jurídica, bem como resguarda efeitos jurídicos de atos considerados inválidos por qualquer razão.

A aplicação do princípio da proteção da confiança, portanto, pressupõe a adoção de atos contraditórios pelo Estado que frustrem legítimas expectativas nutridas por indivíduos de boa-fé. Naturalmente, tais expectativas podem ser frustradas não apenas por decisões administrativas contraditórias, mas também por decisões judiciais. **RE 740029 AgR/DF, rel. Min. Alexandre de Moraes, julgamento em 14.8.2018. (RE-740029).**

A concessão das aposentadorias voluntárias exigiam dez anos de efetivo exercício no serviço público e cinco anos no cargo efetivo em que se dará a aposentadoria, nos termos do artigo 40, § 1º, inciso III, da Constituição antes da EC 103/2019.

Vale registrar que, de acordo com o STF, "**a CF não exige que os cinco anos de efetivo exercício no cargo em que se dará a aposentadoria sejam ininterruptos.**" (RE 591.467-AgR, Rel. Min. Gilmar Mendes, julgamento em 10-4-2012, Segunda Turma, DJE de 25-4-2012), podendo, destarte, ser descontínuo.

Ademais, a exigência dos cinco anos no cargo efetivo em que se operar a aposentadoria não se aplica separadamente aos cargos da mesma carreira, caso o servidor tenha sido promovido por merecimento a menos de cinco anos da concessão do benefício.

Veja-se o STF:

> "EMENTA: Agravo regimental em agravo de instrumento. 2. Promoção retroativa. 3. Jurisprudência pacífica do Supremo Tribunal Federal. 4. Promoção por acesso do servidor constitui forma de provimento derivado e não implica ascensão a cargo diferente daquele em que o servidor já estava efetivado. 5. Inaplicável o prazo de cinco anos de efetivo exercício no cargo para o cálculo dos proventos de aposentadoria (art. 40, § 1º, III, da Constituição Federal). 6. Agravo regimental a que se nega provimento" (AI 768.536 AgR, de 16.11.2010).

Com o advento da EC 103/2019, o dispositivo passou a contar como seguinte regramento: "no âmbito da União, aos 62 (sessenta e dois) anos de idade, se mulher, e aos 65 (sessenta e cinco) anos de idade, se homem, e, no âmbito dos Estados, do Distrito Federal e dos Municípios, na idade mínima estabelecida mediante emenda às respectivas Constituições e Leis Orgânicas, observados o tempo de contribuição e os demais requisitos estabelecidos em lei complementar do respectivo ente federativo".

No âmbito dos estados, Distrito Federal e municípios a redação anterior se conserva até a alteração na legislação local. No caso dos servidores federais, será aplicado o regramento transitório do artigo 10 da EC 103/2019:

> "Art. 10. Até que entre em vigor lei federal que discipline os benefícios do regime próprio de previdência social dos servidores da União, aplica-se o disposto neste artigo.
>
> § 1º Os servidores públicos federais serão aposentados:
>
> I – voluntariamente, observados, cumulativamente, os seguintes requisitos:
>
> a) 62 (sessenta e dois) anos de idade, se mulher, e 65 (sessenta e cinco) anos de idade, se homem; e
>
> b) 25 (vinte e cinco) anos de contribuição, **desde que cumprido o tempo mínimo de 10 (dez) anos de efetivo exercício no serviço público e de 5 (cinco) anos no cargo efetivo em que for concedida a aposentadoria;**"

5.2. Aposentadoria compulsória por idade

A Emenda 103/2019 não alterou a previsão constitucional da aposentadoria compulsória por idade (art. 40, § 1º, inciso II, da Constituição Federal).

IMPORTANTE!

Desta forma, os requisitos para concessão deste benefício persistem os mesmos para os servidores de todas as esferas de governo, exceto no cálculo da renda mensal, que é distinta para os servidores federais, nos termos do artigo 26, § 4º[53], da Emenda 103/2019.

A aposentadoria compulsória do servidor público efetivo teve o seu regramento modificado pela Emenda Constitucional 88, de 7 de maio de 2015. Passou a ser prevista obrigatoriamente ao servidor efetivo, homem ou mulher, com proventos proporcionais ao tempo de contribuição, **aos 70 (setenta) anos de idade, ou aos 75 (setenta e cinco) anos de idade, na forma de lei complementar.**

Por sua vez, a Emenda 88/2015 criou regra de transição até a edição mencionada lei complementar, prevendo que os Ministros do Supremo Tribunal Federal, dos Tribunais Superiores e do Tribunal de Contas da União aposentar-se-ão, compulsoriamente, aos 75 (setenta e cinco) anos de idade, nas condições do art. 52 da Constituição Federal.

A aposentadoria será compulsória quando o servidor completar setenta anos de idade, homem ou mulher, salvo Ministros do Supremo Tribunal Federal, dos Tribunais Superiores e do Tribunal de Contas da União, que será aos 75 anos de idade, com **proventos proporcionais** ao tempo de contribuição, garantindo-se o benefício ao menos no valor de um salário mínimo, devendo a Administração Pública aposentar o servidor, independentemente da sua vontade.

Logo, para os servidores em geral, até a edição da lei complementar específica, a aposentadoria compulsória continuava se dando aos 70 anos de idade, à exceção dos Ministros dos mencionados Tribunais Superiores e do TCU.

Contra a Emenda 88/2015, foi proposta a ADI 5316, que já teve cautelar deferida pelo STF. De efeito, a Suprema Corte afastou a remissão ao artigo 52, da Constituição, por não se tratar de regra referente à aposentadoria dos Ministros dos Tribunais Superiores e do TCU, pois o mencionado artigo trata de competências privativas do Senado da República.

Ademais, aduziu que somente com a edição da lei complementar os demais agentes públicos poderão se aposentar compulsoriamente aos 75 anos de idade, visto que vários Desembargadores

53. Art. 26. Até que lei discipline o cálculo dos benefícios do regime próprio de previdência social da União e do Regime Geral de Previdência Social, será utilizada a média aritmética simples dos salários de contribuição e das remunerações adotados como base para contribuições a regime próprio de previdência social e ao Regime Geral de Previdência Social, ou como base para contribuições decorrentes das atividades militares de que tratam os arts. 42 e 142 da Constituição Federal, atualizados monetariamente, correspondentes a 100% (cem por cento) do período contributivo desde a competência julho de 1994 ou desde o início da contribuição, se posterior àquela competência.

§ 4º O valor do benefício da aposentadoria de que trata o inciso III do § 1º do art. 10 corresponderá ao resultado do tempo de contribuição dividido por 20 (vinte) anos, limitado a um inteiro, multiplicado pelo valor apurado na forma do **caput** do § 2º deste artigo, ressalvado o caso de cumprimento de critérios de acesso para aposentadoria voluntária que resulte em situação mais favorável.

de Tribunais de Justiça estavam conseguindo liminares para permanecer no cargo após os 70 anos de idade:

> "Informativo 786 – STF – "O Plenário, por maioria, deferiu pedido de medida cautelar em ação direta de inconstitucionalidade para: a) suspender a aplicação da expressão "nas condições do art. 52 da Constituição Federal" contida no art. 100 do ADCT, introduzido pela EC 88/2015, por vulnerar as condições materiais necessárias ao exercício imparcial e independente da função jurisdicional, ultrajando a separação dos Poderes, cláusula pétrea inscrita no art. 60, § 4º, III, da CF; b) fixar a interpretação, quanto à parte remanescente da EC 88/2015, de que o art. 100 do ADCT não pudesse ser estendido a outros agentes públicos até que fosse editada a lei complementar a que alude o art. 40, § 1º, II, da CF, a qual, quanto à magistratura, é a lei complementar de iniciativa do STF, nos termos do art. 93 da CF; c) suspender a tramitação de todos os processos que envolvessem a aplicação a magistrados do art. 40, § 1º, II, da CF e do art. 100 do ADCT, até o julgamento definitivo da ação direta em comento; e d) declarar sem efeito todo e qualquer pronunciamento judicial ou administrativo que afastasse, ampliasse ou reduzisse a literalidade do comando previsto no art. 100 do ADCT e, com base neste fundamento, assegurasse a qualquer outro agente público o exercício das funções relativas a cargo efetivo após ter completado 70 anos de idade. A norma impugnada – introduzida no ADCT pela EC 88/2015 – dispõe que, "até que entre em vigor a lei complementar de que trata o inciso II do § 1º do art. 40 da Constituição Federal, os Ministros do Supremo Tribunal Federal, dos Tribunais Superiores e do Tribunal de Contas da União aposentar-se-ão, compulsoriamente, aos 75 (setenta e cinco) anos de idade, nas condições do art. 52 da Constituição Federal". Alegava-se, na espécie, que a expressão "nas condições do art. 52 da Constituição Federal" incorreria em vício material por ofensa à garantia da vitaliciedade (CF, art. 93, "caput") e à separação dos Poderes (CF, art. 2º), exorbitando dos limites substantivos ao poder de reforma da Constituição" (CF, art. 60, § 4º, III e IV). ADI 5316 MC/DF, rel. Min. Luiz Fux, 21.5.2015. (ADI-5316)".

A fim de regulamentar a Emenda 88/2015, o Congresso Nacional aprovou projeto de lei complementar (PLS 274/2015 – Complementar) para elevar a idade da aposentadoria compulsória para os 75 anos de idade, mas o projeto foi vetado na íntegra pela Presidente da República, "por tratar da aposentadoria de servidores públicos da União, tema de iniciativa privativa do Presidente da República, o projeto contraria o disposto no Art. 61, § 1º, inciso II, da Constituição". Posteriormente, o Congresso Nacional cassou o veto, exsurgindo a LC 152/2015.

Com o advento da Lei Complementar 152, que iniciou vigência em 4 de dezembro de 2015, a aposentadoria compulsória aos 75 anos de idade foi estendida aos demais servidores efetivos e agentes políticos, inclusive os policiais civis (para estes a idade era de 65 anos de idade).

De efeito, serão aposentados compulsoriamente, com proventos proporcionais ao tempo de contribuição, aos 75 (setenta e cinco) anos de idade: **I** – os servidores titulares de cargos efetivos da União, dos Estados, do Distrito Federal e dos Municípios, incluídas suas autarquias e fundações; **II** – os membros do Poder Judiciário; **III** – os membros do Ministério Público; **IV** – os membros das Defensorias Públicas; **V** – os membros dos Tribunais e dos Conselhos de Contas.

Somente no caso dos servidores do **Serviço Exterior Brasileiro** foi criada uma espécie de regra de transição, pois será aplicado progressivamente à razão de 1 (um) ano adicional de limite para aposentadoria compulsória ao fim de cada 2 (dois) anos, a partir de 4 de dezembro de 2015, até o limite de 75 (setenta e cinco) anos:

4/12/2017	71 anos
4/12/2019	72 anos
4/12/2021	73 anos
4/12/2023	74 anos
4/12/2025	75 anos

O Serviço Exterior Brasileiro, essencial à execução da política exterior do Brasil, constitui-se do corpo de servidores, ocupantes de cargos de provimento efetivo, capacitados profissionalmente como agentes do Ministério das Relações Exteriores, no Brasil e no exterior, organizados em carreiras definidas e hierarquizadas. É composto da Carreira de Diplomata, da Carreira de Oficial de Chancelaria e da Carreira de Assistente de Chancelaria.

Já existe ADI questionando a validade da LC 152/2015 para o Poder Judiciário por vício de iniciativa:

STF

Segunda-feira, 07 de dezembro de 2015

Associações de magistrados questionam novas regras de aposentadoria

A nova regra sobre aposentadoria de membros do Poder Judiciário, que estabeleceu idade limite de 75 anos para a compulsória, foi questionada no Supremo Tribunal Federal (STF) na Ação Direta de Inconstitucionalidade (ADI) 5430. A ação foi proposta pela Associação dos Magistrados Brasileiros (AMB) e pela Associação Nacional dos Magistrados da Justiça do Trabalho (Anamatra), que pedem a declaração de inconstitucionalidade do inciso II do artigo 2º da Lei Complementar (LC) 152/2015.

A LC 152/2015 regulamenta o inciso II parágrafo 1º do artigo 40 da Constituição Federal (CF), alterado pela Emenda Constitucional (EC) 88/2015, segundo o qual os servidores serão aposentados aos 75 anos, na forma de lei complementar. Para as entidades, ao incluir os membros do Poder Judiciário na regulamentação, a Lei Complementar 152 violou prerrogativa do STF para propor alteração legislativa sobre o assunto.

"Na parte que toca aos membros do Poder Judiciário, o Congresso Nacional antecipou-se a esse egrégio Supremo Tribunal Federal quanto à iniciativa de lei complementar, e resolveu, invadindo a competência privativa dessa Corte, aprovar projeto de lei complementar apresentado por determinado senador da República", argumentam as associações, alegando ainda que o dispositivo afronta entendimento do STF no julgamento da ADI 5316.

Segundo as entidades, a Constituição Federal confere ao STF iniciativa de lei complementar para dispor sobre o Estatuto da Magistratura, inclusive quanto aos termos de aposentadoria (artigo 93, inciso VI). Argumentam que a iniciativa continua sendo do STF ainda que a reforma no inciso VI (EC 20/1998) tenha vinculado a aposentadoria de magistrados ao disposto no artigo 40 da CF, que trata do regime de aposentadoria dos servidores.

As associações entendem que a regulamentação de aposentadoria aos 75 anos não dependia da edição de uma única lei complementar. "Poderiam ser várias leis complementares para contemplar as diversas carreiras do serviço público ou uma única para contemplar todas as carreiras, excepcionada aí a carreira da magistratura, porque essa, nos exatos termos do artigo 93, VI da Constituição Federal, há de ser uma lei complementar de iniciativa desse egrégio STF", argumentam.

A ação aponta que a norma constitucional só poderá produzir efeitos se regulamentada no Estatuto da Magistratura. "Se o *caput* do artigo 93 da CF é claro ao assinalar que o Estatuto da Magistratura deverá observar os princípios contidos nos seus diversos incisos, resta evidente que a norma contida no inciso VI era e ainda é direcionada ao legislador complementar, portanto, uma norma de eficácia contida".

As entidades pedem que a concessão de medida cautelar para suspender a eficácia do inciso II do artigo 2 da LC 152/2015 e, no mérito, a declaração de inconstitucionalidade formal da norma.

O STJ já julgou o tema e pronunciou a validade da regra de transição da LC 152/2015 (Informativo 596) ao argumento de que existem especificidades na carreira do Serviço Exterior Brasileiro que justificam o discrímen:

PRIMEIRA SEÇÃO	
PROCESSO	**MS 22.394-DF, Rel. Min. Humberto Martins, por maioria, julgado em 9/11/2016, DJe 2/2/2017.**
RAMO DO DIREITO	DIREITO ADMINISTRATIVO, DIREITO CONSTITUCIONAL
TEMA	Servidor público federal. Serviço exterior. Aposentadoria compulsória. Aplicação de regra de transição da Lei Complementar n. 152/2015. Distinção entre carreiras no serviço público. Cabimento.
DESTAQUE	
Não viola o princípio da isonomia o implemento de regra de transição de aposentadoria dos servidores integrantes do Serviço Exterior Brasileiro – Lei 11.440/2006 – como está previsto no parágrafo único do art. 2º da Lei Complementar 152/2015, considerando-se as peculiaridades da carreira, as necessidades do Estado e a ordem constitucional vigente.	

Não nos parece clara a existência de peculiaridades nas carreiras do Serviço Exterior Brasileiro aptas a gerar uma diferenciação na regra da aposentadoria compulsória por idade progressiva.

O projeto trouxe a seguinte justificativa no Parecer da CCJ do Senado:

> "A citada Lei Complementar estabeleceu, portanto, a aposentadoria compulsória aos 75 anos para os agentes públicos elencados em seu art. 2º, inclusive aos servidores policiais, bem como estabeleceu regra diferenciada aos servidores do serviço exterior, a fim de que a aposentadoria compulsória aos 75 anos lhes seja implementada gradualmente em 10 anos, **com o objetivo de permitir a maior renovação dos quadros na diplomacia**, em especial do cargo de Ministro de Primeira Classe (Embaixador)".

Não restou claro, a nosso ver, porque somente as carreiras do Serviço Exterior Brasileiro necessitam de renovação imediata, daí a questionável discriminação poderá ser invalidada pelo STF quando for julgada a ADI 5430.

Para que o discrímen seja válido, caberia ao legislador demonstrar que há um envelhecimento diferenciado nas carreiras do Serviço Exterior Brasileiro que estão prejudicando a continuidade do serviço administrativo, o que não restou demonstrado, a nosso ver.

Os proventos serão calculados considerando uma proporcionalidade para 35 anos de contribuição, se homem, e para 30 anos de contribuição, se mulher. Logo, se uma servidora contar com 22 anos se contribuição, os proventos da sua aposentadoria compulsória serão calculados à razão de 22/30.

Por sua vez, a aposentadoria compulsória na atualidade deve ser calculada pela média aritmética simples das 80% maiores contribuições do servidor a partir da competência

7/1994, com correção monetária, nos termos do artigo 1º da Lei 10.887/2014, aplicando-se, em seguida, a fração proporcional ao tempo de contribuição. Nesse sentido, o correto entendimento do TCU:

> **ACÓRDÃO 238/2013 Segunda Câmara**
>
> Registro de ato. Aposentadoria compulsória, com proventos proporcionais. Base de cálculo.
>
> Proventos calculados com base na remuneração do cargo no momento da aposentadoria. Ilegalidade. A partir de 20/2/2004, com a edição da Lei 10.887/2004, os proventos são calculados pela média aritmética simples das maiores remunerações, utilizadas como base para as contribuições do servidor aos regimes de previdência a que esteve vinculado, correspondentes a 80% de todo o período contributivo. Ilegal o ato de aposentadoria. Determinação para cessar o pagamento decorrente do ato concessório impugnado, sob pena de responsabilidade solidária da autoridade administrativa omissa.

Esta fórmula de cálculo não mais se aplica aos servidores federais desde 13/11/2019, data da vigência da EC 103/2019, conforme será estudado no Capítulo exclusivo para os servidores federais.

Por outro lado, aplicam-se às aposentadorias dos servidores dos Estados, do Distrito Federal e dos Municípios as normas constitucionais e infraconstitucionais anteriores à data de entrada em vigor desta Emenda Constitucional, enquanto não promovidas alterações na legislação interna relacionada ao respectivo regime próprio de previdência social.

Para a aposentadoria compulsória não se exige 10 anos de efetivo serviço público e 05 anos no cargo público efetivo em que se der a aposentação.

Vale ressaltar que neste caso, por existir proibição de permanência no cargo público após os 75 anos de idade, a aposentadoria deverá ser declarada por ato da autoridade competente, retroagindo seus efeitos ao dia seguinte imediato ao que o servidor atingir a idade limite de permanência no serviço público, inclusive quanto à aquisição de vantagens e direitos.

Entretanto, é possível que existam problemas jurídicos no que concerne à aposentadoria compulsória dos servidores efetivos municipais, caso o município não tenha instituído RPPS, pois neste caso os servidores serão segurados obrigatórios do RGPS[54].

É que o artigo 40, da Constituição Federal de 1988, parte da premissa que todas as entidades políticas possuem RPPS para tutelar os seus servidores efetivos, o que não ocorre em centenas de municípios brasileiros, notadamente os menores.

Entende-se que, por serem estatutários, e não celetistas, mesmo os servidores efetivos municipais segurados do RGPS serão aposentados compulsoriamente, devendo o município requerer a edição do ato administrativo concessório pelo INSS, aplicando-se, com adaptações, o artigo 51, da Lei 8.213/91[55].

---

54. De acordo com o artigo 12, da Lei 8.213/91, o servidor civil ocupante de cargo efetivo ou o militar da União, dos Estados, do Distrito Federal ou dos Municípios, bem como o das respectivas autarquias e fundações, são excluídos do Regime Geral de Previdência Social consubstanciado nesta Lei, desde que amparados por regime próprio de previdência social.
55. Art. 51. A aposentadoria por idade pode ser requerida pela empresa, desde que o segurado empregado tenha cumprido o período de carência e completado 70 (setenta) anos de idade, se do sexo masculino, ou 65 (sessenta e cinco) anos, se do sexo feminino, sendo compulsória, caso em que será garantida ao empregado a indenização prevista na legislação trabalhista, considerada como data da rescisão do contrato de trabalho a imediatamente anterior à do início da aposentadoria.

A lacuna legal existe no caso do servidor efetivo que ainda não preencheu os requisitos para se aposentar por idade ou por tempo de contribuição pelo RGPS, pois poderá ter entrado tarde no serviço público e não ter realizado a carência de 180 contribuições previdenciárias mensais por não ter recolhimentos anteriores.

Neste caso peculiar, a solução que não poderá ser adotada é desligar o servidor dos quadros do município e não pagar a ele um benefício pelo RGPS, deixando desamparada uma pessoa de 75 anos de idade que prestou concurso público.

Das duas uma: ou se deixa o servidor efetivo municipal no serviço público mesmo após os 75 anos de idade, ou se concede um benefício pelo RGPS sem a integralização da carência. Logicamente, deverá o legislador suprir urgentemente essa lacuna legal, pois não é uma situação irreal.

Frise-se que para o extinto Ministério do Trabalho e Previdência Social a concessão de aposentadoria ao servidor titular de cargo efetivo, ainda que pelo RGPS, determinará a vacância do cargo[56], devendo ser desligado do cargo efetivo o servidor municipal que se aposentar pelo Regime Geral.

O tema restou pacificado pela EC 103/2019, que introduziu o § 14 no artigo 37 da Constituição:

> § 14. A aposentadoria concedida com a utilização de tempo de contribuição decorrente de cargo, emprego ou função pública, inclusive do **Regime Geral** de Previdência Social, acarretará o **rompimento do vínculo** que gerou o referido tempo de contribuição.

A concessão de aposentadoria no RPPS já gerava o rompimento da relação jurídica estatutária antes da reforma constitucional com a vacância do cargo efetivo.

A novidade agora é que a concessão de aposentadoria no RGPS passa a gerar a extinção da relação de trabalho com a Administração Pública, quer celetista ou mesmo estatutária, o que atinge servidores efetivos de municípios que não criaram RPPS.

Dessa forma, além dos servidores efetivos de municípios sem RPPS, mesmo os empregados públicos das estatais que se aposentarem pelo RGPS terão a extinção do contrato de trabalho com a Administração Pública.

Pela abertura do texto, embora seja até absurdo, tal regra chega a atingir os servidores que apenas ocupem cargo em comissão e que se aposentem pelo RGPS, embora neste caso nada impede nova nomeação após a exoneração decorrente da concessão da aposentadoria.

Para a aplicabilidade do dispositivo, será necessário criar um canal de comunicação entre o INSS e as entidades da Administração Pública para estas tomarem conhecimento da concessão de aposentadoria pelo RGPS.

O dispositivo também se aplica ao notário, ou tabelião, e oficial de registro, ou registrador, pois exercem função pública, reforçando a regra do artigo 39[57], incisos II e III da Lei 8.935/94, que prevê a aposentadoria do RGPS como causa de extinção da delegação:

---

56. Artigo 79, da Orientação Normativa 02/2009.
57. Art. 39. Extinguir-se-á a delegação a notário ou a oficial de registro por:
    I – morte;
    II – aposentadoria facultativa;
    III – invalidez.

Entende-se que os agentes públicos que adquiriram direito a se aposentar no RGPS antes da alteração constitucional possuem direito adquirido a permanecer com o vínculo ativo com a Administração Pública, embora a Emenda Constitucional 103/2019 silencie a respeito e a regra de transição trate de modo diverso.

Há, no entanto, fórmula de transição esdrúxula do artigo 6º da Emenda:

> "Art. 6º O disposto no § 14 do art. 37 da Constituição Federal não se aplica a **aposentadorias concedidas** pelo Regime Geral de Previdência Social até a data de entrada em vigor desta Emenda Constitucional".

Trata-se de regra infeliz, que utilizou como recorte intertemporal a data da concessão da aposentadoria pelo RGPS, e não a data do implemento dos requisitos da aposentadoria.

Daí que, se aplicável na literalidade, os segurados que requereram o benefício antes da promulgação da reforma constitucional serão prejudicados, acaso o INSS demore na concessão administrativa e só o faça após vigente o novo regime jurídico.

Entende-se que o dispositivo deve ser interpretado conforme a Constituição, que deve ser uma unidade normativa, de modo que o direito adquirido se forma pela implementação dos requisitos a uma aposentadoria, e não no momento da concessão administrativa.

Ao menos deve ser considerada a data do requerimento administrativo como divisor do regime jurídico, e não a data da concessão da aposentadoria.

O posicionamento esposado nessa obra foi seguido pelo Decreto 10.410/2020, que inseriu o artigo 153-A no Decreto 3.048/99:

> "Art. 153-A. A concessão de aposentadoria **requerida a partir de 14 de novembro de 2019** com utilização de tempo de contribuição decorrente de cargo, emprego ou função pública acarretará o rompimento do vínculo que gerou o referido tempo de contribuição. (Incluído pelo Decreto nº 10.410, de 2020)
>
> Parágrafo único. Para fins do disposto no **caput**, após a consolidação da aposentadoria, nos termos do disposto no art. 181-B, o INSS **notificará a empresa responsável sobre a aposentadoria do segurado e constarão da notificação as datas de concessão e de início do benefício**. (Incluído pelo Decreto nº 10.410, de 2020)".

Logo, somente os servidores efetivos de municípios sem RPPS que requereram ao INSS aposentadoria voluntária a partir de 14/11/2019 terão o rompimento do vínculo estatutário, devendo a autarquia notificar o ente político quando conceder o benefício previdenciário.

O tema ganhou um novo elemento para causar controvérsia na decisão da 1ª Turma do STF no julgamento dos agravos em recursos extraordinários 1234192 e 1250903 em junho de 2020.

Isso porque, **analisando situação anterior à EC 103/2019**, a Suprema Corte entendeu que já era incompatível que o servidor municipal ocupante de cargo efetivo continuasse ocupando o cargo após a concessão de aposentadoria pelo INSS no âmbito do RGPS:

> **1ª Turma reafirma impossibilidade de servidor receber proventos e remuneração pelo mesmo cargo**
>
> Prevaleceu o entendimento de que a acumulação só é possível em cargos distintos.
>
> 16/06/2020 20h48

Por maioria dos votos, a Primeira Turma do Supremo Tribunal Federal (STF) decidiu que servidor público municipal aposentado pelo Regime Geral de Previdência Social (RGPS) não pode ser reintegrado ao cargo em que se aposentou a fim de acumular proventos de aposentadoria e remuneração. A decisão foi tomada na tarde desta terça-feira (16) na análise dos Recursos Extraordinários com Agravos (AREs) 1234192 e 1250903.

Os casos

Um servente e um operador de máquinas do Município de Bituruna (PR) pediram a reintegração no cargo efetivo, com o fundamento de que sua exoneração, decorrente de aposentadoria pelo RGPS, foi ilegal. Eles argumentavam que, como não havia regime próprio de previdência, as despesas da inatividade não seriam suportadas pelo município.

O Tribunal de Justiça do Paraná (TJ-PR) considerou nulas as exonerações, por entender que o recebimento simultâneo de proventos de aposentadoria e vencimentos é vedado apenas para servidores vinculados ao regime próprio de previdência. Nos recursos extraordinários, o município sustentava desrespeito ao princípio da administração pública e apontava violação à regra constitucional (artigo 37, caput e parágrafo 10) que veda a acumulação em determinados casos.

O relator, ministro Marco Aurélio, havia rejeitado os dois recursos, motivando a interposição de agravos regimentais pelo município.

Impossibilidade de acumulação

Prevaleceu, no julgamento, o voto do ministro Alexandre de Moraes. Segundo ele, não há problema no fato de o servidor aposentado ter acesso a outro cargo público, seja em comissão ou por meio da realização de outro concurso, **mas não pode haver o acúmulo de duas remunerações que derivam do mesmo cargo (proventos de aposentadoria e a própria remuneração). "Uma vez que pediu a aposentadoria e se aposentou no cargo público efetivo específico, ele passou a ganhar aposentadoria e não pode retornar ao mesmo cargo**", afirmou.

Para o ministro, o servidor não pode recolher pelo INSS e, completado o tempo de serviço, continuar normalmente no cargo, agregando uma aposentadoria. Ao citar o entendimento da Turma nos REs 1238957 e 1235897, ele votou pelo provimento dos agravos regimentais a fim de julgar improcedentes os pedidos feitos pelos servidores. Seu voto foi acompanhado pelos ministros Luís Roberto Barroso e Luiz Fux.

O ministro Marco Aurélio votou pelo desprovimento dos agravos, com o entendimento de que o RE não é meio próprio para nova análise de provas nem serve à interpretação de normas. A ministra Rosa Weber seguiu o voto do relator.

Esse posicionamento acaba esvaziando a regra de transição do artigo 6º da Emenda 103/2019, permitindo inclusive que os municípios exonerem todos os servidores municipais efetivos aposentados pelo RGPS mesmo que antes do advento da EC 103/2019.

Vale ressaltar que os notários e registradores não são titulares de cargo público efetivo, razão pela qual não serão aposentados compulsoriamente aos setenta e cinco anos de idade do RPPS, conforme pacificado pela Suprema Corte:

"EMENTA: AÇÃO DIRETA DE INCONSTITUCIONALIDADE. PROVIMENTO N. 055/2001 DO CORREGEDOR-GERAL DE JUSTIÇA DO ESTADO DE MINAS GERAIS. NOTÁRIOS E REGISTRADORES. REGIME JURÍDICO DOS SERVIDORES PÚBLICOS. INAPLICABILIDADE. EMENDA CONSTITUCIONAL N. 20/98. EXERCÍCIO DE ATIVIDADE EM CARÁTER PRIVADO POR DELEGAÇÃO DO PODER PÚBLICO. INAPLICABILIDADE DA APOSENTADORIA COMPULSÓRIA AOS SETENTA ANOS. INCONSTITUCIONALIDADE. 1. O artigo 40, § 1º, inciso II, da Constituição do Brasil, na redação que lhe foi conferida pela EC 20/98, está restrito aos cargos efetivos da União, dos Estados-membros, do Distrito Federal e dos Municípios – incluídas as autarquias e fundações. **2. Os serviços de registros públicos, cartorários e notariais são exercidos em caráter privado por delegação do Poder Público – serviço público não-privativo. 3. Os notários e os registradores exercem atividade estatal, entretanto não são titulares de cargo público efetivo, tampouco ocupam cargo público. Não são servidores públicos, não lhes alcançando a compulsoriedade imposta pelo mencionado artigo 40 da CB/88 – aposentadoria compulsória aos setenta anos de idade.** 4. Ação direta de inconstitucionalidade julgada procedente" (ADI 2.602, de 24.11.2005).

No mesmo sentido, o RE 647827/PR, rel. Min. Gilmar Mendes, julgamento em 15.2.2017:

Aposentadoria compulsória e titulares de serventias judiciais não estatizadas

Não se aplica a aposentadoria compulsória prevista no art. 40, § 1º, II, da CF aos titulares de serventias judiciais não estatizadas, desde que não sejam ocupantes de cargo público efetivo e não recebam remuneração proveniente dos cofres públicos.

Com essa orientação, o Tribunal negou provimento a recurso extraordinário no qual se pretendia fosse aplicada a aposentadoria compulsória a escrivã de serventia judicial não estatizada remunerada exclusivamente por custas e emolumentos, cujo ingresso ocorreu em 19.11.1969.

Por sua vez, os servidores que exclusivamente ocupam cargo em comissão, por não serem segurados do RPPS, e sim do RGPS, não estão sujeitos à aposentadoria compulsória. Nesse sentido, o STJ:

"INFORMATIVO 523 – DIREITO ADMINISTRATIVO. INAPLICABILIDADE DA APOSENTADORIA COMPULSÓRIA POR IDADE A SERVIDOR PÚBLICO OCUPANTE EXCLUSIVAMENTE DE CARGO EM COMISSÃO.

Não é aplicável a regra da aposentadoria compulsória por idade na hipótese de servidor público que ocupe exclusivamente cargo em comissão. Com efeito, a regra prevista no art. 40, § 1º, II, da CF, cujo teor prevê a aposentadoria compulsória do septuagenário, destina-se a disciplinar o regime jurídico dos servidores efetivos, não se aplicando aos servidores em geral. Assim, ao que ocupa exclusivamente cargo em comissão, aplica-se, conforme determina o § 13 do art. 40 da CF, o regime geral de previdência social, no qual não é prevista a aposentadoria compulsória por idade. RMS 36.950-RO, Rel. Min. Castro Meira, DJe 26/4/2013".

Ademais, **as entidades políticas não possuíam margem legiferante para alterar o limite de idade da aposentadoria compulsória para além dos 70 anos de idade**, como o fez o Estado do Piauí (elevou a idade para 75 anos), o que só ocorreu com uma reforma na Constituição Federal de 1988, sendo este o correto posicionamento do STF no julgamento da ADI 4696 MC/DF, rel. Min. Ricardo Lewandowski, 1º.12.2011. Após a EC 88/2015, é necessária lei complementar editada pela União.

Consoante noticiado no Informativo 649, "apontou-se que a matéria encontrar-se-ia disposta no art. 40, § 1º, II, da CF, que disciplinaria, de forma global, o regime de previdência dos servidores públicos vinculados aos entes da Federação. Entendeu-se que a Carta da República não deixara qualquer margem para a atuação inovadora do legislador constituinte estadual, porquanto estabeleceria norma central categórica, de observância compulsória por parte dos Estados-membros e municípios".

No entanto, a Lei Complementar 144/2014, que disciplina a aposentadoria dos **policiais**, aduziu que estes eram compulsoriamente aposentados com proventos proporcionais ao tempo de contribuição, aos **65 anos de idade**, qualquer que seja a natureza dos serviços prestados.

Entende-se que a LC 144/2014, nesta passagem, é **inconstitucional**. Isso porque não compete ao legislador alterar a idade da aposentadoria compulsória mesmo que seja para os policiais, sendo que somente uma emenda constitucional poderia fazê-lo. Nesse sentido, foi ajuizada no STF a ADI 5.129.

A questão foi solucionada com o advento da LC 152/2015, tendo sido revogada expressamente a aposentadoria compulsória aos 65 anos de idade para o servidor policial, sendo aplicável desde então a idade de 75 anos.

6. QUADRO SINÓTICO

CONTAGEM RECÍPROCA
é vedada a emissão de Certidão de Tempo de Contribuição (CTC) com o registro exclusivo de tempo de serviço, sem a comprovação de contribuição efetiva, exceto para o segurado empregado, empregado doméstico, trabalhador avulso e, a partir de 1º de abril de 2003, para o contribuinte individual que presta serviço a empresa obrigada a arrecadar a contribuição a seu cargo, observado o disposto no § 5º do art. 4º da Lei nº 10.666, de 8 de maio de 2003
a CTC somente poderá ser emitida por regime próprio de previdência social para ex-servidor
é vedada a contagem recíproca de tempo de contribuição do RGPS por regime próprio de previdência social sem a emissão da CTC correspondente, ainda que o tempo de contribuição RGPS tenha sido prestado pelo servidor público ao próprio ente instituidor
é vedada a desaverbação de tempo em regime próprio de previdência social quando o tempo averbado tenha gerado a concessão de vantagens remuneratórias ao servidor público em atividade
para fins de elegibilidade às aposentadorias especiais referidas no § 4º do art. 40 e no § 1º do art. 201 da Constituição Federal, os períodos reconhecidos pelo regime previdenciário de origem como de tempo especial, sem conversão em tempo comum, deverão estar incluídos nos períodos de contribuição compreendidos na CTC e discriminados de data a data

APOSENTADORIA COMPULSÓRIA POR IDADE
Idade de 75 anos fixada pela LC 152/2015, salvo regra de transição para o Serviço Exterior Brasileiro
Proventos proporcionais ao tempo de contribuição, assegurada a renda de ao menos 1 salário mínimo
Dispensa de tempo mínimo de contribuição, de serviço público, de carreira ou no cargo em que se dará a aposentação

7. QUESTÕES DE PROVA

11.1 (Ano: 2019 Banca: VUNESP Órgão: SERTPREV – SP Prova: VUNESP – 2019 – SERTPREV – SP – Procurador Jurídico) Quanto às contribuições previdenciárias destinadas ao custeio dos RPPS, é correto afirmar

A) o ente que mantém o RPPS deve contribuir em valor no máximo igual ao da contribuição dos servidores ativos e no mínimo a metade desta.

B) a contribuição previdenciária cobrada, pelos entes estaduais e municipais, de seus servidores ativos deve ter a mesma alíquota que a União estabelece para seus servidores civis.

C) a base de cálculo das contribuições previdenciárias para os servidores ativos é a remuneração recebida, ficando a cargo de lei específica de cada ente definir as parcelas que a comporão.

D) a contribuição previdenciária não incide sobre os benefícios de salário-maternidade e auxílio-doença, mas incide sobre o valor do abono de permanência.

E) a base de cálculo da contribuição previdenciária dos inativos e pensionistas considera alíquota distinta da prevista para os servidores civis.

Gabarito: Letra C

Para acesso ao vídeo, utilize o QR Code ao lado.

11.2 (Ano: 2020 Banca: VUNESP Órgão: Valiprev – SP Prova: VUNESP – 2020 – Valiprev – SP – Procurador) Nas hipóteses de omissão da legislação de regência do Regime Próprio de Previdência Social, aplicar-se-ão, no que couber, os requisitos e critérios fixados para o

A) Regime Próprio de Previdência dos servidores federais.

B) Regime Próprio de Previdência dos servidores estaduais.

C) Regime Geral de Previdência Social.

D) Regime Próprio de Previdência Complementar.

E) Regime Geral de Previdência Complementar.

Gabarito: Letra C

Para acesso ao vídeo, utilize o QR Code ao lado.

11.3 (2020 Banca: VUNESP Órgão: Valiprev – SP Prova: VUNESP – 2020 – Valiprev – SP – Procurador) De acordo com a Constituição da República, o Regime Próprio de Previdência Social dos Municípios é disciplinado por normas

A) federais, estaduais e municipais, eis que inserido no âmbito da competência comum.

B) municipais, apenas, eis que inserido no âmbito da competência privativa do Município.

C) nacionais e municipais, eis que inserido no âmbito da competência concorrente.

D) municipais, apenas, eis que inserido dentre as matérias de peculiar interesse local.

E) nacionais, estaduais e municipais, eis que inserido no âmbito da competência decorrente.

Gabarito: Letra C

Para acesso ao vídeo, utilize o QR Code ao lado.

CAPÍTULO 12

DOS RPPS'S DOS ESTADOS, DISTRITO FEDERAL E MUNICÍPIOS QUE NÃO ALTERARAM A LEGISLAÇÃO LOCAL APÓS A EC 103/2019

A Emenda Constitucional 103/2019 forçou a divisão desta obra. Antes, eram estudadas as regras de aposentadorias e de pensão por morte no RPPS de todos os entes federativos, pois o regramento constitucional era uníssono.

Agora fomos obrigados a fazer a divisão. Neste Capítulo iremos estudar as regras previdenciárias no âmbito dos servidores dos estados, Distrito Federal e municípios brasileiros, nos pontos em que a EC 103/2019 não possui aplicação imediata, sendo dependente de incorporação pela legislação local.

IMPORTANTE:

Desta forma, **o leitor deve ficar atento**. As informações deste Capítulo 2 somente serão aplicáveis aos estados, Distrito Federal e municípios brasileiros até a incorporação da legislação local das regras da EC 103/2019 ou de regras próprias.

Caso tenha havido a mencionada incorporação, prevalecerão as regras da EC 103/2019 ou as regras específicas do RPPS local, respeitado o Princípio do *Tempus Regit Actum*.

Como exemplo, já existem ao menos vinte estados da federação que alteraram a sua legislação de RPPS em algum ponto após a EC 103/2019, muitos inclusive não incorporando integralmente as regras da EC 103/2019, a exemplo dos Estados da Bahia e de Sergipe que modificaram a idade mínima de modo diferenciado.

Enquanto para a União a idade mínima para a aposentadoria programada é em regra permanente de 65 anos para os homens, na Bahia foi fixada em 64 anos de idade.

Já a idade mínima da servidora federal para a aposentadoria programada em regra permanente é de 62 anos. Na Bahia é de 61 anos e em Sergipe de 60 anos de idade.

Acre, Alagoas, Amazonas, Bahia, Ceará, DF, Espírito Santo, Goiás, Maranhão, Mato Grosso, Matro Grosso do Sul, Pará, Paraíba, Pernambuco, Piauí, Paraná, Rio de Janeiro, Rio Grande do Sul, Santa Catarina, Sergipe e São Paulo são entes que já reformaram a legislação local em alguma passagem após 13/11/2019.

Em termos municipais, destacamos Salvador que reformou o seu RPPS pela LC 75/2020 incorporando a Emenda 103/2019 com diversas modificações nas regras de aposentadorias e cálculo de benefícios.

Como exemplo, a idade mínima para a aposentadoria programada em regra permanente no RPPS do Município de Salvador é de 64 anos para os homens e de 61 anos para as mulheres (1 ano a menos que a União).

Ademais, o cálculo da renda mensal em Salvador considera a média das 90% maiores remunerações desde 7/1994, ao passo que no modelo federal a média é de 100%.

Desta forma, são quatro as situações jurídicas dos estados, DF e municípios em termos de RPPS:

A) Os entes que não alteraram a legislação de RPPS após 13/11/2019, os quais se destina o presente Capítulo;

B) Os entes que alteraram a legislação local de RPPS que ratificaram integralmente a EC 103/2019;

C) Os entes que alteraram a legislação local de RPPS que ratificaram parcialmente a EC 103/2019 perpetrando modificações e criando um regramento peculiar;

D) Os entes que alteraram a legislação local de RPPS não adotando a EC 103/2019 e criando um regramento integralmente peculiar.

1. APOSENTADORIA POR INVALIDEZ

A aposentadoria por invalidez será devida em favor do servidor que apresentar incapacidade permanente para o trabalho, conforme definido em laudo médico pericial, devendo cessar se o aposentado voltar a exercer qualquer atividade laboral a partir da data do retorno, inclusive em caso de exercício de cargo eletivo.

De acordo com o TCU, "para a concessão de aposentadoria por invalidez permanente, não basta que o servidor tenha sido acometido por doença especificada em lei; é imprescindível que a incapacidade laboral dela decorrente tenha sido reconhecida formalmente pela Administração, mediante laudo produzido por junta médica oficial"[1].

É garantido constitucionalmente ao servidor o benefício da aposentadoria por invalidez permanente, sendo os proventos proporcionais ao tempo de contribuição, exceto se decorrente de acidente em serviço, moléstia profissional ou doença grave, contagiosa ou incurável.

Logo, os proventos serão proporcionais ao tempo de contribuição, exceto nas exceções descritas, que deverão ser regulamentadas pelos Planos de Benefícios, ante a lamentável omissão das Leis 9.717/98 e 10.887/04.

Absurdamente, a jurisprudência do STF entende que se a entidade política não editar lei listando as doenças graves, os proventos serão sempre proporcionais:

> "APOSENTADORIA – INVALIDEZ – PROVENTOS – MOLÉSTIA GRAVE. **O direito aos proventos integrais pressupõe lei em que especificada a doença**. Precedente: Recurso Extraor-

1. Acórdão 6197/2015 Primeira Câmara (Pedido de Reexame, Relator Ministro José Múcio Monteiro).

dinário nº 175.980-1/SP, Segunda Turma, relator ministro Carlos Velloso, Diário da Justiça de 20 de fevereiro de 1998, Ementário nº 1.899-3" (RE 353.595, de 03.05.2005).

"CONSTITUCIONAL. ADMINISTRATIVO. SERVIDOR PÚBLICO: APOSENTADORIA INVALIDEZ. MOLÉSTIA GRAVE: ESPECIFICAÇÃO EM LEI. C.F., art. 40, I. I. – Os proventos serão integrais quando o servidor for aposentado por invalidez permanente decorrente de moléstia profissional ou doença grave, contagiosa ou incurável, especificadas em lei. **Se não houver essa especificação, os proventos serão proporcionais**: C.F., art. 40, I. II. – R.E. conhecido e provido" (RE 175.980, de 09.03.1998).

Caberá a lei do respectivo ente político regulamentar o benefício de aposentadoria por invalidez, devendo disciplinar a definição do rol de doenças; o conceito de acidente em serviço; a garantia de percentual mínimo para valor inicial dos proventos, quando proporcionais ao tempo de contribuição; a periodicidade das revisões das condições de saúde que geraram a incapacidade e obrigatoriedade de que o aposentado se submeta às reavaliações pela perícia-médica.

Caso a lei do RPPS não defina o acidente de trabalho, deve ser aplicado com as devidas adaptações o regramento dos artigos 19, 20 e 21 da Lei 8.213/91, pois pontifica o artigo 40, § 12, da Constituição, que o regime de previdência dos servidores públicos titulares de cargo efetivo observará, no que couber, os requisitos e critérios fixados para o regime geral de previdência social:

Art. 19. Acidente do trabalho é o que ocorre pelo exercício do trabalho a serviço de empresa ou de empregador doméstico ou pelo exercício do trabalho dos segurados referidos no inciso VII do art. 11 desta Lei, provocando lesão corporal ou perturbação funcional que cause a morte ou a perda ou redução, permanente ou temporária, da capacidade para o trabalho. (Redação dada pela Lei Complementar nº 150, de 2015)

Art. 20. Consideram-se acidente do trabalho, nos termos do artigo anterior, as seguintes entidades mórbidas:

I – doença profissional, assim entendida a produzida ou desencadeada pelo exercício do trabalho peculiar a determinada atividade e constante da respectiva relação elaborada pelo Ministério do Trabalho e da Previdência Social;

II – doença do trabalho, assim entendida a adquirida ou desencadeada em função de condições especiais em que o trabalho é realizado e com ele se relacione diretamente, constante da relação mencionada no inciso I.

§ 1º Não são consideradas como doença do trabalho:

a) a doença degenerativa;

b) a inerente a grupo etário;

c) a que não produza incapacidade laborativa;

d) a doença endêmica adquirida por segurado habitante de região em que ela se desenvolva, salvo comprovação de que é resultante de exposição ou contato direto determinado pela natureza do trabalho.

§ 2º Em caso excepcional, constatando-se que a doença não incluída na relação prevista nos incisos I e II deste artigo resultou das condições especiais em que o trabalho é executado e com ele se relaciona diretamente, a Previdência Social deve considerá-la acidente do trabalho.

Art. 21. Equiparam-se também ao acidente do trabalho, para efeitos desta Lei:

I – o acidente ligado ao trabalho que, embora não tenha sido a causa única, haja contribuído diretamente para a morte do segurado, para redução ou perda da sua capacidade para o trabalho, ou produzido lesão que exija atenção médica para a sua recuperação;

> II – o acidente sofrido pelo segurado no local e no horário do trabalho, em conseqüência de:
>
> a) ato de agressão, sabotagem ou terrorismo praticado por terceiro ou companheiro de trabalho;
>
> b) ofensa física intencional, inclusive de terceiro, por motivo de disputa relacionada ao trabalho;
>
> c) ato de imprudência, de negligência ou de imperícia de terceiro ou de companheiro de trabalho;
>
> d) ato de pessoa privada do uso da razão;
>
> e) desabamento, inundação, incêndio e outros casos fortuitos ou decorrentes de força maior;
>
> III – a doença proveniente de contaminação acidental do empregado no exercício de sua atividade;
>
> IV – o acidente sofrido pelo segurado ainda que fora do local e horário de trabalho:
>
> a) na execução de ordem ou na realização de serviço sob a autoridade da empresa;
>
> b) na prestação espontânea de qualquer serviço à empresa para lhe evitar prejuízo ou proporcionar proveito;
>
> c) em viagem a serviço da empresa, inclusive para estudo quando financiada por esta dentro de seus planos para melhor capacitação da mão-de-obra, independentemente do meio de locomoção utilizado, inclusive veículo de propriedade do segurado;
>
> d) no percurso da residência para o local de trabalho ou deste para aquela, qualquer que seja o meio de locomoção, inclusive veículo de propriedade do segurado.
>
> § 1º Nos períodos destinados a refeição ou descanso, ou por ocasião da satisfação de outras necessidades fisiológicas, no local do trabalho ou durante este, o empregado é considerado no exercício do trabalho.
>
> § 2º Não é considerada agravação ou complicação de acidente do trabalho a lesão que, resultante de acidente de outra origem, se associe ou se superponha às conseqüências do anterior".

Infelizmente, mesmo sabendo que a lista legal de doenças graves, contagiosas ou incuráveis normalmente não as exaure, decidiu o STF que a lei do RPPS que previr o seu rol é taxativa.

Logo, mesmo que o servidor senha portador de doença notoriamente grave, contagiosa ou incurável, se a enfermidade não estiver listada pela lei da respectiva entidade política, os proventos da aposentadoria por invalidez serão proporcionais ao tempo de contribuição do servidor:

> **Informativo 755 – Aposentadoria por invalidez com proventos integrais: doença incurável e rol taxativo** – A concessão de aposentadoria por invalidez com proventos integrais exige que a doença incapacitante esteja prevista em rol taxativo da legislação de regência. Com base nessa orientação, o Plenário deu provimento a recurso extraordinário para reformar acórdão que deferira à recorrida aposentadoria com proventos integrais por invalidez decorrente de doença grave e incurável, embora a enfermidade da qual portadora não estivesse incluída em lei, tendo em conta que norma não poderia alcançar todas as hipóteses consideradas pela medicina como graves, contagiosas e incuráveis. Discutia-se a possibilidade de concessão de aposentadoria por invalidez com proventos integrais nos casos em que a moléstia incurável não estivesse especificada em lei. O Tribunal aduziu que o art. 40, § 1º, I, da CF assegura aos servidores públicos abrangidos pelo regime de previdência nele estabelecido o direito à aposentadoria por invalidez com proventos proporcionais ao tempo de contribuição. Registrou, no entanto, que esse benefício seria devido com proventos integrais quando a invalidez fosse decorrente de acidente em serviço, moléstia profissional ou doença grave, contagiosa ou incurável, "na forma da lei". Asseverou, desse modo, pertencer ao domínio normativo ordinário a definição das doenças e moléstias que ensejariam aposentadoria por invalidez com proventos integrais, cujo rol, segundo a jurisprudência do STF, teria natureza taxativa. RE 656860/MT, rel. Min. Teori Zavascki, 21.8.2014. (RE-656860).

O que se exige é que o rol de doenças graves, contagiosas ou incuráveis esteja prevista na lei do RPPS, e não o rol de doenças ocupacionais:

> **Acórdão 9880/2017 Segunda Câmara** (Aposentadoria, Relator Ministro José Múcio Monteiro)
>
> Pessoal. Aposentadoria por invalidez. Moléstia profissional. Proventos integrais. Doença especificada em lei.
>
> **A concessão de aposentadoria por invalidez com proventos integrais, em razão de incapacitação por moléstia profissional, independe de expressa especificação em lei da patologia que motivou a inativação do servidor.** A necessidade de especificação restringe-se aos casos decorrentes de doença grave, contagiosa ou incurável.

Os proventos serão calculados considerando uma proporcionalidade para 35 anos de contribuição, se homem, e para 30 anos de contribuição, se mulher. Logo, se um servidor do sexo masculino fica inválido com 25 anos de contribuição, os proventos da sua aposentadoria serão calculados à razão de 25/35, acaso não cai nas exceções dos proventos integrais acima vistas.

Contudo, por força da Emenda Constitucional 70, de 29 de março de 2012, aos servidores efetivos que tenham ingressado no serviço público até a data da publicação da Emenda 41/2003 (31.12.2003), existe uma fórmula especial para calcular a aposentadoria por invalidez.

De efeito, para esses servidores mais antigos e que tenham se aposentado ou venham a se aposentar por invalidez permanente, foi assegurado o direito a proventos de aposentadoria calculados com base na remuneração do cargo efetivo em que se der a aposentadoria, e não nas demais contribuições para o RPPS ou RGPS.

Logo, apenas a remuneração do cargo efetivo em que se der a aposentação por invalidez será considerada no cálculo do benefício, sendo que a Emenda 70 não trouxe qualquer inovação no que concerne aos proventos proporcionais, que continuam sendo a regra, salvo se a invalidez decorrer de acidente em serviço, moléstia profissional ou doença grave, contagiosa ou incurável.

Outra inovação da Emenda 70 foi à aplicação do artigo 7º, da Emenda 41/2003 (paridade), às referidas aposentadorias por invalidez dos servidores que ingressaram no serviço público até 31.12.2003, cujos benefícios serão revistos na mesma proporção e na mesma data, sempre que se modificar a remuneração dos servidores em atividade, regra aplicável às pensões por morte decorrentes das aposentadorias por invalidez em comento.

Nesse sentido, o entendimento do TCU:

> **Acórdão 9807/2015 Segunda Câmara** (Pensão Civil, Relator Ministro Vital do Rêgo)
>
> Pessoal. Pensão civil. Paridade.
>
> As pensões instituídas por servidores aposentados por invalidez permanente, e que tenham ingressado no serviço público federal antes da vigência da EC 41/03 (31/12/03), devem ser reajustadas pela regra da paridade com a remuneração dos servidores ativos (EC 70/12).
>
> **Acórdão 9205/2017 Segunda Câmara** (Pensão Civil, Relator Ministro-Substituto André de Carvalho)
>
> Pessoal. Pensão civil. Redutor. Integralização. Aposentadoria por invalidez.
>
> Não há integralidade para pensão instituída por servidor aposentado por invalidez permanente (art. 40, § 1º, inciso I, da **Constituição Federal**). O art. 6º-A, parágrafo único, da **EC 41/2003**, incluído pela **EC 70/2012,** assegura que o servidor aposentado por invalidez tenha paridade no reajuste da correspondente aposentadoria ou pensão. Contudo, não assegura integralidade para a pensão, que permanece sujeita ao redutor de 30% previsto no art. 40, § 7º, inciso I, da Constituição Federal.

Ainda foi prevista uma revisão administrativa a ser procedida em até 180 dias após a publicação da citada reforma constitucional, pois as aposentadorias por invalidez já concedidas aos servidores efetivos que ingressaram no serviço público até 31.12.2003 deverão ser revistas de acordo com as regras da Emenda 70/2012, mas com efeitos financeiros somente a contar da sua promulgação.

Nesse sentido, o STF firmou tese em repercussão geral no RE 924.456 no sentido de que "os efeitos financeiros das revisões de aposentadoria concedidas com base no artigo 6º-A da Emenda Constitucional 41/2003, introduzido pela Emenda Constitucional 70/2012, somente se produzirão a partir da data de sua promulgação (30/3/2012), e não desde o início da data da inatividade".

Este, inclusive, é o posicionamento do extinto Ministério da Previdência Social, exteriorizado através da Orientação Normativa 01, de 30 de maio de 2012.

Vale frisar que se divulgou na imprensa que a proposta inicial dessa emenda constitucional visava à concessão de aposentadoria por invalidez com proventos integrais aos antigos servidores, mas este não foi o texto aprovado, mantendo-se a regra dos proventos proporcionais.

Por se tratar de acumulação ilegal, o desligamento por invalidez permanente (art. 40, § 1º, inciso I, da Constituição Federal) de servidor público já aposentado em outro cargo público inacumulável se dá pelo instituto da vacância, e não por meio do instituto da aposentadoria, haja vista a vedação constitucional ao acúmulo de aposentadorias decorrentes de cargos inacumuláveis (art. 40, § 6º, da CF)[2].

2. APOSENTADORIA POR IDADE, COM PROVENTOS PROPORCIONAIS

Será deferida voluntariamente ao servidor que complete 65 anos de idade, se homem, ou 60 anos de idade, se mulher, com proventos proporcionais ao tempo de contribuição, desde que conte com 10 anos de efetivo exercício no serviço público e 05 anos no cargo efetivo em que se der a aposentadoria.

Os proventos serão calculados considerando uma proporcionalidade para 35 anos de contribuição, se homem, e para 30 anos de contribuição, se mulher. Logo, se um servidor do sexo masculino contar com 60 anos de idade, 10 anos de efetivo exercício no serviço público e 05 anos no cargo efetivo em que se der a aposentadoria, mas apenas possuir 31 anos de contribuição no total, os proventos da sua aposentadoria por idade serão calculados à razão de 31/35.

De efeito, para o cálculo do valor inicial dos proventos proporcionais ao tempo de contribuição, será utilizada fração cujo numerador será o total desse tempo e o denominador, o tempo necessário à respectiva aposentadoria voluntária com proventos integrais.

Ademais, a fração será aplicada sobre o valor inicial do provento calculado pela média das contribuições, observando-se previamente a aplicação do limite de remuneração do cargo efetivo, não podendo a renda ser inferior a um salário mínimo, sendo os períodos de tempo utilizados no cálculo considerados em número de dias[3].

Vale frisar que o tempo de contribuição prestado às empresas públicas e sociedades de economia mista não se configura como tempo de serviço público, pois vinculado ao RGPS, e não ao RPPS, por não se tratar de serviço público efetivo.

2. **Acórdão 3213/2017 Primeira Câmara** (Embargos de Declaração, Relator Ministro Benjamin Zymler).
3. Item 7.6 da Portaria MPS 402/2008.

De acordo com o STJ, "o tempo de serviço prestado em empresas públicas não pode ser considerado para fins de pagamento de adicional e/ou gratificação, **pois não se configura como "tempo de serviço público" para todos os efeitos**, ao contrário do que pleiteia o recorrente"[4].

3. APOSENTADORIA POR IDADE E TEMPO DE CONTRIBUIÇÃO, COM PROVENTOS INTEGRAIS

Será deferida voluntariamente ao servidor que complete 60 anos de idade, com 35 anos de contribuição, se homem, ou 55 anos de idade, com 30 anos de contribuição, se mulher, com proventos integrais, desde que conte com 10 anos de efetivo exercício no serviço público e 05 anos no cargo efetivo em que se der a aposentadoria.

Trata-se de regramento inaugurado pela reforma previdenciária da Emenda 20/1998, que inseriu idade mínima na aposentadoria voluntária com proventos integrais do servidor público efetivo.

De acordo com o acertado posicionamento do TCU, "na hipótese de exíguo tempo de serviço faltante para a aquisição do direito à aposentadoria (seis meses ou menos), o retorno à atividade de servidor afastado por longo período afronta não apenas o princípio da razoabilidade, mas também o da economicidade, porquanto não justifica os gastos necessários com seu treinamento e atualização profissional, para, enfim, laborar apenas alguns meses antes de nova inativação"[5].

Ainda conforme o TCU (Acórdão 9683/2017 Segunda Câmara), "o magistrado nomeado para tribunal regional federal (TRF), mesmo que possua tempo de serviço suficiente para se aposentar voluntariamente, necessitará desempenhar por cinco anos as atribuições do cargo de juiz do referido tribunal para que possa inativar-se como desembargador federal, bem como deverá contar com dez anos de serviço público".

Para o professor que comprove exclusivamente tempo de efetivo exercício das funções de magistério na educação infantil e no ensino fundamental e médio, haverá redução de 05 anos tanto na idade quanto no tempo de contribuição, para homens e mulheres.

Vale ressaltar que são consideradas funções de magistério as exercidas por professores e especialistas em educação no desempenho de atividades educativas, quando exercidas em estabelecimento de educação básica em seus diversos níveis e modalidades, incluídas, além do exercício da docência, as de direção de unidade escolar e as de coordenação e assessoramento pedagógico, nos termos do artigo 1º, da Lei 11.301/06, norma validada pelo STF por intermédio da ADI 3.772, de 29.10.2008, desde que exercidas em estabelecimentos de ensino básico, por professores de carreira, excluídos os especialistas em educação.

O caso concreto julgado pelo STF afastou do cômputo diferenciado para a aposentadoria de professor período em que o autor do processo exerceu a sua atividade na secretaria da escola:

> *"Portanto, inteiramente acertado o acórdão recorrido ao não considerar, para fins da aposentadoria especial de que trata o art. 40, § 5º, da CF/88, o tempo de exercício da parte autora na função de "responsável por Secretaria de Escola". Com efeito, as atividades arroladas nos Anexos II e III da Determinação de Providência 001/2012, da Procuradoria-Geral do Estado de Santa Catarina, não se abrigam no conceito de magistério. Apenas o tempo de exercício nos cargos e funções do Anexo I propicia a concessão da aposentadoria especial"* (passagem do voto do Ministro Alexandre de Moraes).

4. ROMS 46070, de 10/09/2014.
5. **Acórdão 3547/2015 Segunda Câmara** (Pedido de Reexame, Relator Ministro Raimundo Carreiro).

Note-se que sempre deve ser avaliado o caso concreto com as atribuições das funções do cargo, sendo uma decisão que se aplica tanto ao RGPS quanto ao RPPS na aposentadoria do professor.

De acordo com o TCU "o tempo de serviço prestado na condição de especialista em educação só pode ser considerado válido para aposentadoria especial se exercido por professor de carreira"[6].

Ainda de acordo com o TCU, É indevida a contagem de tempo exercido no cargo de auxiliar de ensino para fins de aposentadoria especial, destinada apenas aos ocupantes de cargo de provimento efetivo de professor no efetivo exercício do magistério (Acórdão 8039/2017 Primeira Câmara).

Logo, para as atividades de direção de unidade escolar, coordenação e assessoramento pedagógico não tem mais aplicabilidade a Súmula 726, do STF:

> **"Súmula 726 – Para efeito de aposentadoria especial de professores, não se computa o tempo de serviço prestado fora da sala de aula".**

Para que o professor tenha direito ao redutor de cinco anos na idade e no tempo de contribuição, deverá ter atuado exclusivamente no ensino básico, não podendo computar período contributivo em outra atividade para usufruir do regramento especial.

Não é outro o entendimento da Suprema Corte:

> "EMENTA: AGRAVO REGIMENTAL NO RECURSO EXTRAORDINÁRIO. ADMINISTRATIVO. CONTAGEM PROPORCIONAL DE TEMPO DE SERVIÇO EXERCIDO NO MAGISTÉRIO PARA FINS DE APOSENTADORIA COMUM. IMPOSSIBILIDADE. AGRAVO REGIMENTAL IMPROVIDO. I – Consoante a jurisprudência do STF, é vedada a contagem proporcional de tempo de serviço no magistério para fins de aposentadoria comum. II – Agravo regimental improvido" (RE 486.155, AgR, de 01.02.2011).

Para o TCU, em lastimável entendimento, "o tempo de serviço relativo a licenças ou afastamentos para a realização de cursos de qualquer natureza não se enquadra no conceito de "efetivo exercício das funções de magistério", só podendo ser computado para fins de aposentadoria ordinária"[7].

Este posicionamento é irrazoável, na medida em que irá desestimular a licença de capacitação do professor do ensino básico, que não poderá contar o período para a redução da aposentadoria do professor.

Vale registrar que é remansoso que a aposentadoria do professor deixou de ostentar a natureza de aposentadoria por agentes nocivos à saúde desde a EC 18/1981, somente existindo direito de conversão de tempo de contribuição até essa alteração constitucional.

Veja-se o TCU:

> **Acórdão 10569/2017 Primeira Câmara** (Aposentadoria, Relator Ministro Benjamin Zymler)
>
> Pessoal. Tempo de serviço. Professor. Penosidade. Tempo ficto. Marco temporal. Magistério.
>
> O tempo de contribuição relativo às atividades de magistério no regime celetista pode ser considerado como atividade penosa, portanto sujeito à contagem ponderada pelo fator 1,166 para conversão em tempo comum, até 9/7/1981, antes do advento da EC 18/1981, desde que não contrarie decisão judicial proferida em processo do qual o servidor tenha sido parte.

6. **Acórdão 2078/2014 Segunda Câmara** (Pedido de Reexame, Relatora Ministra Ana Arraes).
7. Acórdão 1838/2015 Primeira Câmara (Aposentadoria, Relator Ministro Bruno Dantas).

Por sua vez, na ocorrência das hipóteses previstas para concessão de aposentadoria compulsória ou por invalidez a segurado que tenha cumprido os requisitos legais para concessão de aposentadoria voluntária em qualquer regra, o RPPS deverá facultar que, antes da concessão da aposentadoria de ofício, o servidor, ou seu representante legal, opte pela aposentadoria de acordo a regra mais vantajosa, nos termos do artigo 77 da Orientação Normativa MPS 02/2009.

4. APOSENTADORIA ESPECIAL

Trata-se de exceção à regra constitucional que proíbe a adoção de requisitos e critérios diferenciados para a concessão de aposentadoria, em aplicação ao Princípio da Isonomia.

Com propriedade, a aposentadoria com critérios especiais era prevista apenas para os servidores que exerciam atividades sob condições especiais que prejudicassem a saúde ou a integridade física, que não sofreu regulamentação até o momento.

Com o advento da Emenda 47/2005, houve uma expansão do benefício, que passou a abarcar também os servidores que desenvolvem atividades de risco e os portadores de deficiência, mas nunca foi editada a lei complementar exigida pelo artigo 40, § 4º, da CRFB.

Será necessária a edição de uma lei complementar nacional a ser editada pela União após a iniciativa do Presidente da República fixando os pressupostos para a concessão de aposentadoria com critérios especiais no RPPS.

Nem mesmo os estados, o Distrito Federal e os municípios poderão suprir a lacuna federal, devendo aguardar a edição da lei complementar. Nesse sentido, o STF:

> "Aposentadoria especial de servidor público distrital. Art. 40, § 4º, III, da CR. (...) A competência concorrente para legislar sobre previdência social não afasta a necessidade de tratamento uniforme das exceções às regras de aposentadoria dos servidores públicos. Necessidade de atuação normativa da União para a edição de norma regulamentadora de caráter nacional." (MI 1.832-AgR, Rel. Min. Cármen Lúcia, julgamento em 24-3-2011, Plenário, *DJE* de 18-5-2011.)

De efeito, o artigo 5º, parágrafo único, da Lei 9.717/98, veda a concessão de aposentadoria especial até a edição de lei complementar para regular o tema.

Contudo, ante a omissão do Congresso Nacional, o STF passou a prover os mandados de injunção a respeito, garantindo a concessão do benefício especial aos servidores públicos mediante a aplicação das regras do RGPS, constantes dos artigos 57 e 58, da Lei 8.213/91:

> "**MI 758, de 01.07.2008**. MANDADO DE INJUNÇÃO – NATUREZA. Conforme disposto no inciso LXXI do artigo 5º da Constituição Federal, conceder-se-á mandado de injunção quando necessário ao exercício dos direitos e liberdades constitucionais e das prerrogativas inerentes à nacionalidade, à soberania e à cidadania. Há ação mandamental e não simplesmente declaratória de omissão. A carga de declaração não é objeto da impetração, mas premissa da ordem a ser formalizada. MANDADO DE INJUNÇÃO – DECISÃO – BALIZAS. Tratando-se de processo subjetivo, a decisão possui eficácia considerada a relação jurídica nele revelada. **APOSENTADORIA – TRABALHO EM CONDIÇÕES ESPECIAIS – PREJUÍZO À SAÚDE DO SERVIDOR – INEXISTÊNCIA DE LEI COMPLEMENTAR – ARTIGO 40, § 4º, DA CONSTITUIÇÃO FEDERAL. Inexistente a disciplina específica da aposentadoria especial do servidor, impõe-se**

a adoção, via pronunciamento judicial, daquela própria aos trabalhadores em geral – artigo 57, § 1º, da Lei nº 8.213/91."

"**MI 795, de 15.04.2009**. EMENTA: MANDADO DE INJUNÇÃO. APOSENTADORIA ESPECIAL DO SERVIDOR PÚBLICO. ARTIGO 40, § 4º, DA CONSTITUIÇÃO DA REPÚBLICA. AUSÊNCIA DE LEI COMPLEMENTAR A DISCIPLINAR A MATÉRIA. NECESSIDADE DE INTEGRAÇÃO LEGISLATIVA. 1. Servidor público. Investigador da polícia civil do Estado de São Paulo. Alegado exercício de atividade sob condições de periculosidade e insalubridade. 2. Reconhecida a omissão legislativa em razão da ausência de lei complementar a definir as condições para o implemento da aposentadoria especial. 3. **Mandado de injunção conhecido e concedido para comunicar a mora à autoridade competente e determinar a aplicação, no que couber, do art. 57 da Lei n. 8.213/91**".

Logo, com o novo posicionamento da Suprema Corte, que não mais se limita a declarar a mora legiferante, a aposentadoria especial do servidor público efetivo filiado ao RPPS será devida nos mesmos termos do RGPS, ou seja, com 15, 20 ou 25 anos de contribuição, sem idade mínima, conforme enquadramento da atividade no Regulamento da Previdência Social, desde que desenvolva atividade especial de maneira permanente, não ocasional nem intermitente:

> "Os parâmetros alusivos à aposentadoria especial, enquanto não editada a lei exigida pelo texto constitucional, são aqueles contidos na Lei 8.213/1991, **não cabendo mesclar sistemas para, com isso, cogitar-se de idade mínima**." (MI 758-ED, Rel. Min. Marco Aurélio, julgamento em 8-4-2010, Plenário, *DJE* de 14-5-2010.) No mesmo sentido: MI 795, Rel. Min. Cármen Lúcia, julgamento em 15-4-2009, Plenário, *DJE* de 22-5-2009; MI 788, Rel. Min. Ayres Britto, julgamento em 15-4-2009, Plenário, *DJE* de 8-5-2009.

O tema é regulamentado pela Instrução Normativa MPS/SPS 01, de 22.07.2010, que estabelece instruções para o reconhecimento do tempo de serviço público exercido sob condições especiais que prejudiquem a saúde ou a integridade física pelos regimes próprios de previdência social para fins de concessão de aposentadoria especial aos servidores públicos amparados por Mandado de Injunção.

> A Suprema Corte também passou a prover os mandados de injunção dos servidores públicos portadores de deficiência física, determinando a aplicação por analogia, no que couber, das regras do artigo 57, da Lei 8.213/91:

"**MANDADO DE INJUNÇÃO. SERVIDOR PÚBLICO PORTADOR DE DEFICIÊNCIA. DIREITO PÚBLICO SUBJETIVO À APOSENTADORIA ESPECIAL (CF, ART. 40, § 4º, I).** INJUSTA FRUSTRAÇÃO DESSE DIREITO EM DECORRÊNCIA DE INCONSTITUCIONAL, PROLONGADA E LESIVA OMISSÃO IMPUTÁVEL A ÓRGÃOS ESTATAIS DA UNIÃO FEDERAL. CORRELAÇÃO ENTRE A IMPOSIÇÃO CONSTITUCIONAL DE LEGISLAR E O RECONHECIMENTO DO DIREITO SUBJETIVO À LEGISLAÇÃO. DESCUMPRIMENTO DE IMPOSIÇÃO CONSTITUCIONAL LEGIFERANTE E DESVALORIZAÇÃO FUNCIONAL DA CONSTITUIÇÃO ESCRITA. A INÉRCIA DO PODER PÚBLICO COMO ELEMENTO REVELADOR DO DESRESPEITO ESTATAL AO DEVER DE LEGISLAR IMPOSTO PELA CONSTITUIÇÃO. OMISSÕES NORMATIVAS INCONSTITUCIONAIS: UMA PRÁTICA GOVERNAMENTAL QUE SÓ FAZ REVELAR O DESPREZO DAS INSTITUIÇÕES OFICIAIS PELA AUTORIDADE SUPREMA DA LEI

FUNDAMENTAL DO ESTADO. A COLMATAÇÃO JURISDICIONAL DE OMISSÕES INCONSTITUCIONAIS: UM GESTO DE FIDELIDADE À SUPREMACIA HIERÁRQUICO – NORMATIVA DA CONSTITUIÇÃO DA REPÚBLICA. A VOCAÇÃO PROTETIVA DO MANDADO DE INJUNÇÃO. LEGITIMIDADE DOS PROCESSOS DE INTEGRAÇÃO NORMATIVA (DENTRE ELES, O RECURSO À ANALOGIA) COMO FORMA DE SUPLEMENTAÇÃO DA "INERTIA AGENDI VEL DELIBERANDI". PRECEDENTES DO SUPREMO TRIBUNAL FEDERAL. MANDADO DE INJUNÇÃO CONHECIDO E DEFERIDO" **(mandado de injunção 1.967, de 24/05/2011, Rel. Min. Celso de Mello).**

Com o advento da LC 142/2013, que veio a regulamentar a aposentadoria especial do segurado deficiente do RGPS, o STF determinou a aplicação desta norma para a aposentadoria especial do servidor público, conforme notícia publicada no sítio da Suprema Corte:

"Sexta-feira, 04 de outubro de 2013

Ministro define critérios para aposentadoria de servidores com deficiência

Ao analisar agravo regimental no Mandado de Injunção (MI) 5126, o ministro Luiz Fux, do Supremo Tribunal Federal (STF), determinou a aplicação, ao caso, do disposto no artigo 57 da Lei 8.213/1991 (que dispõe sobre os benefícios da Previdência Social) até a entrada em vigor da Lei Complementar 142/2013 para fins de verificação do preenchimento dos requisitos para a aposentadoria especial do servidor com deficiência. Após a vigência da LC 142/2013, a aferição será feita nos moldes ali previstos.

O MI 5126 foi impetrado por um servidor público que alegava omissão legislativa da presidente da República e do governador do Distrito Federal. Ele sustenta ser portador de cervicalgia em razão da sequela de poliomielite, deficiência física passível de ser reconhecida como causa de aposentadoria especial, nos termos do artigo 40, parágrafo 4º, inciso I, da Constituição Federal.

Na primeira análise, o ministro Luiz Fux julgou procedente o pedido para conceder parcialmente a ordem, determinando a aplicação, no que coubesse, do artigo 57 da Lei Federal 8.213/1991, para os fins de verificação do preenchimento dos requisitos para a aposentadoria especial do servidor.

O governador do Distrito Federal interpôs agravo regimental contra a decisão, sustentando a impossibilidade de se aplicar à hipótese sob exame o disposto no artigo 57 da Lei 8.213/1991, uma vez que essa disposição trata apenas da aposentadoria especial em razão do exercício de atividades prejudiciais à saúde ou à integridade física. Destacou ainda que, em 8 de maio deste ano, foi editada a Lei Complementar 142/2013, que regulamenta a aposentadoria da pessoa com deficiência segurada do Regime Geral da Previdência Social, "revelando-se a disciplina adequada para o presente caso".

Decisão

O ministro Luiz Fux apontou que o STF já reconheceu a mora legislativa relativamente à disciplina da aposentadoria especial de servidores públicos, prevista no artigo 40, parágrafo 4º, da Constituição Federal. O dispositivo estabelece que lei complementar irá definir a aposentadoria especial dos servidores portadores de deficiência.

O relator explicou que, na primeira análise do MI 5126, ainda não havia regulamentação específica do direito à aposentadoria especial das pessoas com deficiência pelo Regime Geral de Previdência Social, razão pela qual o Supremo vinha determinando a aplicação do artigo 57 da Lei 8.213/1991. No entanto, com a regulamentação da aposentadoria da pessoa com deficiência naquele regime, o ministro reconsiderou parcialmente a decisão anterior e determinou a aplicação da LC 142/2013 a partir da data em que entrar em vigor (seis meses após sua publicação) e até que o direito dos servidores públicos na mesma condição seja objeto de regulamentação. Ressalvou, porém, que, até a sua entrada em vigor, mantém-se a aplicação do artigo 57 da Lei 8.213/1991".

Coube à Instrução Normativa MPS/SPPS nº 2, de 13/2/2014, estabelecer instruções para o reconhecimento, pelos Regimes Próprios de Previdência Social da União, dos Estados, do Distrito Federal e dos Municípios, do direito dos servidores públicos com deficiência, amparados por ordem concedida em Mandado de Injunção, à aposentadoria com requisitos e critérios diferenciados de que trata o § 4º, inciso I, do art. 40 da Constituição Federal.

Contudo, o STF vem inadmitindo o manejo do mandado de injunção para revisão de aposentadorias no RPPS com base no artigo 40, § 4º, da Constituição, pois já houve a concessão do benefício e se busca tão somente uma revisão de proventos:

> "O art. 40, § 4º, da CR não dispõe sobre o suposto direito à revisão do ato de aposentadoria, tampouco exige a sua regulamentação. (...) Os ministros deste Supremo Tribunal têm negado seguimento a mandados de injunção impetrados por servidor público inativo com o propósito de obter a revisão de suas aposentadorias, por faltar a essas impetrações a demonstração da inviabilidade do exercício de direito constitucional, em razão da inexistência da norma que lhe dê eficácia plena" (MI 3.319-AgR-segundo, voto do Rel. Min. Cármen Lúcia, julgamento em 7-12-2011, Plenário, *DJE* de 6-2– 2012.)

Outrossim, "o mandado de injunção não é a ação jurídica adequada para assegurar a contagem e a averbação do tempo de serviço trabalhado em condições especiais nos assentamentos funcionais de servidor público." (MI 3.881-AgR, Rel. Min. Cármen Lúcia, julgamento em 20-10-2011, Plenário, *DJE* de 21-11-2011.)

Vale registrar que as decisões do STF se limitam a determinar que a autoridade administrativa aplique, no que couber, as regras do artigo 57, da Lei 8.213/91, não adentrando a Suprema Corte ao mérito no que concerne ao direito à aposentadoria especial.

De acordo com o STF, "a autoridade administrativa responsável pelo exame do pedido de aposentadoria é competente para aferir, no caso concreto, o preenchimento de todos os requisitos para a aposentação previstos no ordenamento jurídico vigente" (MI 1.286-ED/DF, Rel. Min. CÁRMEN LÚCIA, Pleno).Isso significa, portanto, que não cabe indicar, nesta sede injuncional, como reiteradamente acentuado por esta Suprema Corte (MI 1.312/DF, Rel. Min. CELSO DE MELLO – MI 1.316/DF, Rel. Min. ELLEN GRACIE – MI 1.451/DF, Rel. Min. ELLEN GRACIE, v.g.), a especificação dos exatos critérios fáticos e jurídicos que deverão ser observados na análise dos pedidos concretos de aposentadoria especial, tarefa que caberá, exclusivamente, à autoridade administrativa competente ao se valer do que previsto no art. 57 da Lei 8.213/91 e nas demais normas de aposentação dos servidores públicos" (MI 1.277/DF, Rel. Min. ELLEN GRACIE)".

Conforme decidido pelo STF no julgamento do MI 5647 / DF, Relator(a): Min. TEORI ZAVASCK, de 10/06/2013, "para apuração do interesse de agir, será adotada a conjugação dessas duas concepções, da seguinte forma: **o impetrante deve comprovar inicialmente o requerimento administrativo da aposentadoria especial**, mas, nos processos já instruídos, presume-se a resistência quando há impugnação ao mérito ou omissão quanto à ausência de interesse por parte dos impetrados".

Ainda de acordo com a Suprema Corte, "tendo em vista que a lacuna legal apenas deverá ser preenchida por lei complementar de iniciativa privativa do **Presidente da República** (art. 61, § 1º, II, 'c', da Constituição), **este deve obrigatoriamente figurar como autoridade impetrada**, independentemente da inclusão – ou não – dos Presidentes da Câmara dos Deputados e do Senado Federal, conforme decidido no MI 1893".

Logo, de acordo com este posicionamento, o impetrante apenas possui interesse de agir na impetração de mandado de injunção se promover o prévio requerimento administrativo, bem como indicar o Presidente da República como autoridade coatora.

Ainda para o STF, "a concessão do mandado de injunção, na hipótese do art. 40 § 4º, da Lei Fundamental, reclama a demonstração pelo Impetrante do preenchimento dos requisitos para a aposentadoria especial e a impossibilidade concreta de usufruí-la ante a ausência da norma regulamentadora. O alcance da decisão proferida por esta Corte, quando da integração legislativa do art. 40, § 4º, inciso III, da CRFB/88, não tutela o direito à contagem diferenciada do tempo de serviço prestado em condições prejudiciais à saúde e à integridade física. Não tem procedência injuncional o reconhecimento da contagem diferenciada e da averbação do tempo de serviço prestado pelo Impetrante em condições insalubres por exorbitar da expressa disposição constitucional" (MI 2.140, de 06/03/2013).

Portanto, a Suprema Corte não vinha reconhecendo o direito do servidor de conversão do tempo de contribuição especial em comum, caso não preencha os requisitos da aposentadoria especial com base no artigo 57, da Lei 8.213/91, haja vista que a Constituição Federal não assegura esse cômputo diferenciado ao servidor.

No entanto, o Supremo Tribunal Federal passou a admitir a conversão do tempo especial em comum até o advento da EC 103/2019, ao julgar o RE 1014286, em 31/08/2020, Tema 942 em Repercussão Geral:

> Tese firmada: "Até a edição da Emenda Constitucional nº 103/2019, o direito à conversão, em tempo comum, do prestado sob condições especiais que prejudiquem a saúde ou a integridade física de servidor público decorre da previsão de adoção de requisitos e critérios diferenciados para a jubilação daquele enquadrado na hipótese prevista no então vigente inciso III do § 4º do art. 40 da Constituição da República, devendo ser aplicadas as normas do regime geral de previdência social relativas à aposentadoria especial contidas na Lei 8.213/1991 para viabilizar sua concretização enquanto não sobrevier lei complementar disciplinadora da matéria. Após a vigência da EC n.º 103/2019, o direito à conversão em tempo comum, do prestado sob condições especiais pelos servidores obedecerá à legislação complementar dos entes federados, nos termos da competência conferida pelo art. 40, § 4º-C, da Constituição da República".

No âmbito do RPPS dos servidores federais, a Emenda 103/2019 veda a conversão do tempo especial em comum no seu artigo 10 após 13/11/2019:

> "Art. 10. Até que entre em vigor lei federal que discipline os benefícios do regime próprio de previdência social dos servidores da União, aplica-se o disposto neste artigo.
>
> § 3º A aposentadoria a que se refere o § 4º-C do art. 40 da Constituição Federal observará adicionalmente as condições e os requisitos estabelecidos para o Regime Geral de Previdência Social, naquilo em que não conflitarem com as regras específicas aplicáveis ao regime próprio de previdência social da União, **vedada a conversão de tempo especial em comum"**.

Somente será possível no RPPS dos entes políticos a conversão de tempo especial em comum após 13/11/2019 se houver lei complementar da lavra da entidade política autorizando.

Para dar eficácia vinculante ao seu entendimento, independentemente da interposição e determinação em sede de mandado de injunção, na sessão plenária de 09 de abril de 2014 o STF aprovou a súmula vinculante 33:

Súmula Vinculante 33 – "Aplicam-se ao servidor público, no que couber, as regras do Regime Geral de Previdência Social sobre aposentadoria especial de que trata o artigo 40, parágrafo 4º, inciso III, da Constituição Federal, até edição de lei complementar específica".

Entende-se que a Suprema Corte poderia ter ido além. Isso porque a súmula vinculante 33 apenas determina a aplicação das regras do RGPS, no que couber, em favor dos servidores efetivos cujas atividades sejam exercidas sob condições especiais que prejudiquem a saúde ou a integridade física (artigo 40, § 1º, inciso III, da Constituição).

Logo, ficaram de fora do espectro jurídico da súmula vinculante 33 os servidores portadores de deficiência (inciso I) e os que exercem atividade de risco (inciso II), razão pela qual nestas duas situações continua sendo necessário o ajuizamento de ação judicial para compelir à Administração Pública a aplicar, no que couber, as regras de aposentadoria especial no RGPS.

Os Oficiais de Justiça Avaliadores também vindicaram o direito à aposentadoria com regras especiais no STF, por supostamente desenvolverem atividade de risco, através do mandado de injunção 833, já tendo obtido dois votos favoráveis, cujo julgamento foi suspenso em 02.08.2010.

No entanto, o pedido foi rejeitado pelo STF, que repeliu a concessão de regras especiais para aposentadoria para os oficiais de justiça (Informativo 789) por não se tratar de atividade permanentemente perigosa:

> "**O Plenário, em conclusão de julgamento e por maioria, denegou a ordem em mandado de injunção coletivo impetrado contra alegada omissão quanto à regulamentação do art. 40, § 4º, da CF, para fins de aposentadoria especial de ocupantes do cargo de oficial de justiça avaliador federal.** O sindicato impetrante requeria, ainda, a aplicação analógica da disciplina prevista na LC 51/1985, no que regulamenta a aposentadoria especial para servidor público policial – v. Informativos 594 e 764. **A Corte afirmou que a eventual exposição a situações de risco – a que poderiam estar sujeitos os servidores ora substituídos – não garantiria direito subjetivo constitucional à aposentadoria especial.** A percepção de gratificações ou adicionais de periculosidade, assim como o fato de poderem obter autorização para porte de arma de fogo de uso permitido (Lei 10.826/2003, art. 10, § 1º, I, c/c o art. 18, § 2º, I, da IN 23/2005-DG-DPF, e art. 68 da Lei 8.112/1990) não seriam suficientes para reconhecer o direito à aposentadoria especial, em razão da autonomia entre o vínculo funcional e o previdenciário. Os incisos do § 4º do art. 40 da CF utilizariam expressões abertas: "portadores de deficiência", "atividades de risco" e "condições especiais que prejudiquem a saúde ou a integridade física". Dessa forma, a Constituição teria reservado a concretização desses conceitos a leis complementares, com relativa liberdade de conformação, por parte do legislador, para traçar os contornos dessas definições. **A lei poderia prever critérios para identificação da periculosidade em maior ou menor grau, nos limites da discricionariedade legislativa, mas o estado de omissão inconstitucional restringir-se-ia à indefinição das atividades inerentemente perigosas.** Quanto às atribuições dos oficiais de justiça, previstas no art. 143 do CPC, eles poderiam estar sujeitos a situações de risco, notadamente quando no exercício de suas funções em áreas dominadas pela criminalidade, ou em locais marcados por conflitos fundiários. No entanto, esse risco seria contingente, e não inerente ao serviço, ou seja, o perigo na atividade seria eventual. MI 833/DF, rel. Min. Cármen Lúcia, red. p/ o acórdão Min. Roberto Barroso, 11.6.2015. **(MI-833)**".

Outrossim, pelos mesmos fundamentos acima declinados, o STF negou o direito à aposentadoria especial aos servidores inspetores e agentes de segurança judiciária, analistas e técnicos do Ministério Público da União com atribuições de segurança, e demais servidores com atribuições relacionadas a funções de segurança (Informativo 789):

MI: aposentadoria especial e servidores do Poder Judiciário e do Ministério Público – 3

Por ocasião do julgamento do MI 833/DF, acima noticiado, o Tribunal apreciou, em conjunto, o MI 844/DF — v. Informativo 594 e 764. Na espécie, o substituto processual pleiteava o benefício da aposentadoria especial aos servidores inspetores e agentes de segurança judiciária, analistas e técnicos do Ministério Público da União com atribuições de segurança, e demais servidores com atribuições relacionadas a funções de segurança. O Plenário, por maioria, denegou a ordem, reiterada a fundamentação expendida no MI 833/DF, vencidos os Ministros Ricardo Lewandowski (relator e Presidente), Cármen Lúcia e Teori Zavascki. **MI 844/DF, rel. Min. Ricardo Lewandowski, red. p/ o acórdão Min. Roberto Barroso, 11.6.2015. (MI-844)".**

Também houve rejeição do pedido aos guardas municipais:

"Informativo STF 907 – DIREITO CONSTITUCIONAL – APOSENTADORIA

Guardas municipais e aposentadoria especial

Diante da ausência de legislação específica, não cabe ao Poder Judiciário garantir aposentadoria especial [CF; art. 40, § 4º, II (1)] a guarda municipal.

Com base nessa orientação, o Plenário, em julgamento conjunto e por maioria, negou provimento ao agravo regimental no MI 6.515, e deu provimento aos agravos regimentais nos MIs 6.770, 6.773, 6.780 e 6.874.

O Tribunal entendeu que o referido benefício não pode ser estendido aos guardas civis, uma vez que suas atividades precípuas não são inequivocamente perigosas e, ainda, pelo fato de não integrarem o conjunto de órgãos de segurança pública relacionados no art. 144, I a V (2) da CF.

A proximidade da atividade das guardas municipais com a segurança pública é inegável, porém, à luz do § 8º (3) do mesmo dispositivo constitucional, sua atuação é limitada, voltada à proteção do patrimônio municipal. Conceder esse benefício por via judicial não seria prudente, pois abriria margem reivindicatória a diversas outras classes profissionais que, assim como os guardas municipais, lidam com o risco diariamente. Ademais, cabe ao legislador, e não ao Judiciário, classificar as atividades profissionais como sendo ou não de risco para fins de aposentadoria especial.

Vencidos os ministros Alexandre de Moraes, Ricardo Lewandowski e Marco Aurélio, que reconheceram o direito dos guardas civis ao benefício da aposentadoria especial, por considerarem que a atividade por eles exercida ostenta periculosidade inequívoca. O risco inerente é corroborado pelo fato de integrarem o rol do Sistema Único de Segurança Pública [Lei 13.675/2018; art. 9º, caput (4)], entre os quais figuraram os agentes penitenciários, que também receberam o benefício da aposentadoria especial. MI 6515/DF, rel. Min. Roberto Barroso, julgamento em 20.6.2018. (MI-6515) MI 6770/DF, rel. Min. Alexandre de Moraes, red. p/ o ac. Min. Roberto Barroso, julgamento em 20.6.2018. (MI-6770) MI 6773/DF, rel. Min. Alexandre de Moraes, red. p/ o ac. Min. Roberto Barroso, julgamento em 20.6.2018. (MI-6773) MI 6780/DF, rel. Min. Alexandre de Moraes, red. p/ o ac. Min. Roberto Barroso, julgamento em 20.6.2018. (MI-6780) MI 6874/DF, rel. Min. Alexandre de Moraes, red. p/ o ac. Min. Roberto Barroso, julgamento em 20.6.2018. (MI-6874)".

No que concerne aos agentes penitenciários, o tema ainda não foi alvo de julgamento pelo Plenário do STF, mas existem decisões monocráticas em mandado de injunção determinando a aplicação da LC 51, no que couber:

MI 7057 / DF – DISTRITO FEDERAL

MANDADO DE INJUNÇÃO

Relator(a): Min. ALEXANDRE DE MORAES

Julgamento: 05/12/2018

Publicação

PROCESSO ELETRÔNICO

DJe-264 DIVULG 07/12/2018 PUBLIC 10/12/2018

Decisão

Trata-se de Mandado de Injunção em face de omissão legislativa atribuída ao Presidente da República, ao Presidente do Senado Federal e ao Presidente da Câmara dos Deputados, relativamente à ausência de legislação complementar que regulamente a aposentadoria especial dos servidores públicos que exerçam atividades de risco, o que inviabiliza o exercício do seu direito à aposentadoria diferenciada.

Na inicial, o impetrante alega que: **(a) é servidor público estadual, exercendo a função de agente penitenciário no Estado do Paraná, portando, exposto a constante atividade de risco, o que autoriza a sua aposentadoria especial prevista no art. 40, § 4º, II, da CF/1988**; e (b) no entanto, pela ausência de Lei Complementar no âmbito federal, tal disposição estadual não considera a aposentadoria especial e exigem idade e tempo de contribuições para fins de aposentadoria, da mesma forma exigida por um servidor que trabalha em condições normais (fl. 5). Requer a concessão dos benefícios da gratuidade de justiça e, ao final, (i) o provimento do presente writ, a fim de declarar omissa legislativa, bem como declaração do direito à aposentadoria especial do impetrante por trabalhar há mais de 25 (vinte e cinco) anos em atividade penosa, insalubre, perigosa, com base nos artigos 5º, inciso LXXI, 40, § 4º, incisos II e III e, artigo 102, I q, da Constituição Federal c/c período estabelecido no Regime Geral de Previdência Social, nos termos da Lei Complementar 51/1985; (ii) declaração do impetrante como aposentado para todos os fins de direito, concedendo-se os proventos da aposentadoria com pagamento de forma integral, ou seja, 100% (cem por cento) do salário-benefício, equiparando-se aos servidores públicos estatuais da ativa, conforme disciplina a Lei Complementar 51/1985" (fl. 19).

Nos termos do art. 52, parágrafo único, do Regimento Interno do Supremo Tribunal Federal, dispenso a remessa dos autos à Procuradoria-Geral da República É o relatório. Decido.

DEFIRO a gratuidade de Justiça, pois não há elementos que possam afastar a presunção de insuficiência de recursos de que trata o § 3º do art. 99 do CPC/2015.

O art. 5º, inciso LXXI, da Constituição Federal prevê que se concederá mandado de injunção sempre que a falta de norma regulamentadora torne inviável o exercício de direitos e liberdades constitucionais e das prerrogativas inerentes à nacionalidade, à soberania e à cidadania.

Trata-se de ação constitucional autoaplicável, de caráter civil e de procedimento especial, que visa a suprir uma omissão do Poder Público, no intuito de viabilizar o exercício de um direito, uma liberdade ou uma prerrogativa prevista na Constituição Federal, visando a afastar o que ARICÊ MOACYR AMARAL SANTOS aponta como a "inércia da norma constitucional, decorrente da omissão normativa" (Mandado de injunção. São Paulo: Revista dos Tribunais, 1989. P. 31), ou no dizer de CANOTILHO, buscando "destruir o 'rochedo de bronze' da incensurabilidade do silêncio" legislativo (As garantias do cidadão na justiça. (coord. Sálvio de Figueiredo Teixera). São Paulo: Saraiva, 1993, p. 367). Em outras palavras, como tive oportunidade de afirmar, o mandado de injunção visa ao combate à síndrome de inefetividade das normas constitucionais (Direito Constitucional. 33. Ed. São Paulo: Atlas, 2017. P. 183).

As normas constitucionais que permitem o ajuizamento do mandado de injunção não decorrem de todas as espécies de omissões do Poder Público, mas tão só em relação às normas constitucionais de eficácia limitada de princípio institutivo de caráter impositivo e das normas programáticas vinculadas ao princípio da legalidade, por dependerem de atuação normativa ulterior para garantir sua aplicabilidade.

Assim, sempre é necessária a presença dos requisitos do mandado de injunção, que são (a) a falta de norma reguladora de uma previsão constitucional (omissão total ou parcial do Poder Público); (b) inviabilização do exercício dos direitos e liberdades constitucionais e das prerrogativas inerentes à nacionalidade, à soberania e à cidadania.

Ressalte-se, portanto, que o cabimento do mandado de injunção pressupõe a existência de nexo de causalidade entre a omissão normativa do Poder Público e a inviabilidade do exercício do direito, liberdade ou prerrogativa, conforme decidido por esta CORTE:

DIREITO SUBJETIVO À LEGISLAÇÃO E DEVER CONSTITUCIONAL DE LEGISLAR: A NECESSÁRIA EXISTÊNCIA DO PERTINENTE NEXO DE CAUSALIDADE. – O direito à legislação só pode ser invocado pelo interessado, quando também existir – simultaneamente imposta pelo próprio texto constitucional – a previsão do dever estatal de emanar normas legais. Isso significa que o direito individual à atividade legislativa do Estado apenas se evidenciará naquelas estritas hipóteses em que o desempenho da função de legislar refletir, por efeito de exclusiva determinação constitucional, uma obrigação jurídica indeclinável imposta ao Poder Público. Para que possa atuar a norma pertinente ao instituto do mandado de injunção, revela-se essencial que se estabeleça a necessária correlação entre a imposição constitucional de legislar, de um lado, e o consequente reconhecimento do direito público subjetivo à legislação, de outro, de tal forma que, ausente a obrigação jurídico-constitucional de emanar provimentos legislativos, não se tornará possível imputar comportamento moroso ao Estado, nem pretender acesso legítimo à via injuncional. Precedentes (MI 542, Rel. Min. CELSO DE MELLO, Plenário, DJ de 28/6/2002).

Em relação a ausência de legislação complementar regulamentadora do artigo 40, § 4º, II, da Constituição da República, a SUPREMA CORTE passou a exigir que a periculosidade seja inequivocamente inerente ao ofício, para que seja reconhecido o nexo de causalidade entre a omissão normativa do Poder Público e a inviabilidade do exercício do direito e, consequentemente, possa ser concedida a ordem no mandado de injunção (Pleno, MIs 833 e 844, Red. P/Acórdão Min. ROBERTO BARROSO, julgamentos em 11/06/2015).

O SUPREMO TRIBUNAL FEDERAL fixou, portanto, como fato determinante para o reconhecimento da atividade de risco a presença de periculosidade como inerente ao ofício, permitindo a colmatação da lacuna legislativa somente nos casos que se adequem a essa hipótese específica.

Nesse sentido, esta CORTE reconheceu a presença desse fato determinante para a categoria dos agentes penitenciários e determinou a aplicação do regime jurídico da LC 51/1985 (MI 6.250, Rel. Min. MARCO AURÉLIO, julgado em 31/1/2018; MI 6.171, Rel. Min. ROBERTO BARROSO, julgado em 1º/2/2018; MI 6.124, Rel. Min. LUIZ FUX, julgado em 30/11/2017; MI 6.219, Rel. Min. RICARDO LEWANDOWSKI, julgado em 9/2/2017; MI 3.973, Rel. Min. EDSON FACHIN, julgado em 26/10/2015; MI 2.045, Rel. Min. ROSA WEBER, julgado em 7/3/2014; MI 5.684, Rel. Min. CELSO DE MELLO, julgado em 28/2/2014).

Diante do exposto, defiro o pedido de justiça gratuita e, com base no art. 205, caput, do Regimento Interno do Supremo Tribunal Federal, CONCEDO PARCIALMENTE A ORDEM para reconhecer a mora legislativa e determinar ao órgão público competente que aprecie o pedido de aposentadoria especial do impetrante, aplicando, no que couber, os termos da LC 51/85.

Publique-se.

Brasília, 5 de dezembro de 2018.

Ministro Alexandre de Moraes

Relator

MI 6975 / PR – PARANÁ

MANDADO DE INJUNÇÃO

Relator(a): Min. CÁRMEN LÚCIA

Julgamento: 05/12/2018

Publicação

PROCESSO ELETRÔNICO

DJe-268 DIVULG 13/12/2018 PUBLIC 14/12/2018

Decisão

DECISÃO

MANDADO DE INJUNÇÃO. ALEGADA AUSÊNCIA DE NORMA REGULAMENTADORA DO ART. 40, § 4º, INC. II, DA CONSTITUIÇÃO DA REPÚBLICA. AGENTE PENITENCIÁRIO FEDERAL. PERICULOSIDADE INERENTE AO OFÍCIO. RECONHECIMENTO DA MORA LEGISLATIVA: PRECEDENTES. ORDEM CONCEDIDA PARA APLICAÇÃO, NO QUE COUBER, DA LEI COMPLEMENTAR N. 51/1985.

Antes da instituição do regime jurídico único no serviço público, o que ocorreu na União com o advento do artigo 243, da Lei 8.112/90[8], o tempo prestado em condições especiais sob a égide celetista deverá ser convertido em comum para fins previdenciários.

Nesse sentido, o posicionamento do STF[9] e da própria Advocacia-Geral da União, através da Instrução Normativa 01/2004:

> "Art. 1º Não se recorrerá de decisão judicial que reconhecer o direito à averbação do tempo de serviço prestado, em condições perigosas ou insalubres, pelo servidor que se encontrava sob a égide do regime celetista quando da implantação do Regime Jurídico Único.
>
> Parágrafo único – Será objeto de desistência o recurso interposto contra decisão de que trata o caput deste artigo".

De acordo com o STF, "o servidor público tem direito à emissão pelo INSS de certidão de tempo de serviço prestado como celetista sob condições de insalubridade, periculosidade e penosidade, com os acréscimos previstos na legislação previdenciária. A autarquia não tem legitimidade para opor resistência à emissão da certidão com fundamento na alegada impossibilidade de sua utilização para a aposentadoria estatutária; requerida esta, apenas a entidade à qual incumba deferi-la é que poderia se opor à sua concessão." (RE 433.305, Rel. Min. Sepúlveda Pertence, julgamento em 14-2-2006, Primeira Turma, *DJ* de 10-3– 2006.)

Este também é posicionamento da TNU, através da Súmula 66:

> Súmula 66– O servidor público ex-celetista que trabalhava sob condições especiais antes de migrar para o regime estatutário tem direito adquirido à conversão do tempo de atividade especial em tempo comum com o devido acréscimo legal, para efeito de contagem recíproca no regime previdenciário próprio dos servidores públicos.

Os policiais possuem um regramento especial para a sua aposentação ditado na Lei Complementar 51/1985, garantindo-se no seu texto originário aposentadoria voluntária com proventos

8. Ficam submetidos ao regime jurídico instituído por esta Lei, na qualidade de servidores públicos, os servidores dos Poderes da União, dos ex-Territórios, das autarquias, inclusive as em regime especial, e das fundações públicas, regidos pela Lei nº 1.711, de 28 de outubro de 1952 – Estatuto dos Funcionários Públicos Civis da União, ou pela Consolidação das Leis do Trabalho, aprovada pelo Decreto-Lei nº 5.452, de 1º de maio de 1943, exceto os contratados por prazo determinado, cujos contratos não poderão ser prorrogados após o vencimento do prazo de prorrogação.
9. RE-AgR 431.200, de 29.03.2005.

integrais, após 30 anos de serviço, desde que conte, pelo menos 20 anos de exercício em cargo de natureza estritamente policial.

No entanto, coube à Lei Complementar 144/2014 alterar essas regras em benefício das mulheres policiais, que passaram a se aposentar com 25 anos de tempo de contribuição. Em síntese, garante-se a aposentadoria voluntária aos policiais, com proventos integrais, independentemente da idade, nas seguintes condições:

a) após 30 (trinta) anos de contribuição, desde que conte, pelo menos, 20 (vinte) anos de exercício em cargo de natureza estritamente policial, se homem;

b) após 25 (vinte e cinco) anos de contribuição, desde que conte, pelo menos, 15 (quinze) anos de exercício em cargo de natureza estritamente policial, se mulher.

De acordo com o STF, esta norma foi recepcionada pela Constituição de 1988, conforme decisão tomada na ADI 3.817, de 13.11.2008:

> EMENTA: AÇÃO DIRETA DE INCONSTITUCIONALIDADE. ART. 3º DA LEI DISTRITAL N. 3.556/2005. SERVIDORES DAS CARREIRAS POLICIAIS CIVIS CEDIDOS À ADMINISTRAÇÃO PÚBLICA DIRETA E INDIRETA DA UNIÃO E DO DISTRITO FEDERAL: TEMPO DE SERVIÇO CONSIDERADO PELA NORMA QUESTIONADA COMO DE EFETIVO EXERCÍCIO DE ATIVIDADE POLICIAL. AMPLIAÇÃO DO BENEFÍCIO DE APOSENTADORIA ESPECIAL DOS POLICIAIS CIVIS ESTABELECIDO NO ARTIGO 1º DA LEI COMPLEMENTAR FEDERAL Nº 51, DE 20.12.1985. AÇÃO JULGADA PROCEDENTE. 1. Inexistência de afronta ao art. 40, § 4º, da Constituição da República, por restringir-se a exigência constitucional de lei complementar à matéria relativa à aposentadoria especial do servidor público, o que não foi tratado no dispositivo impugnado. 2. Inconstitucionalidade formal por desobediência ao art. 21, inc. XIV, da Constituição da República que outorga competência privativa à União legislar sobre regime jurídico de policiais civis do Distrito Federal. **3. O art. 1º da Lei Complementar Federal n. 51/1985 que dispõe que o policial será aposentado voluntariamente, com proventos integrais, após 30 (trinta) anos de serviço, desde que conte pelo menos 20 anos de exercício em cargo de natureza estritamente policial foi recepcionado pela Constituição da República de 1988**. A combinação desse dispositivo com o art. 3º da Lei Distrital n. 3.556/2005 autoriza a contagem do período de vinte anos previsto na Lei Complementar n. 51/1985 sem que o servidor público tenha, necessariamente, exercido atividades de natureza estritamente policial, expondo sua integridade física a risco, pressuposto para o reconhecimento da aposentadoria especial do art. 40, § 4º, da Constituição da República: inconstitucionalidade configurada. 4. Ação direta de inconstitucionalidade julgada procedente.

Para o TCU, "compete ao Ministério da Justiça, órgão ao qual está atrelada a carreira de policial federal, a regulamentação do alcance a ser dado ao art. 1º da Lei Complementar 51/85, de modo a delimitar as atividades e atribuições que devem ser enquadradas como estritamente policiais para fins de aposentadoria especial da categoria"[10].

Ademais, "é irregular a contagem ficta do tempo de serviço prestado sob a égide da Lei 3.313/1957, se o policial federal não reunia, à época de vigência dessa norma, as condições necessárias para a aposentadoria"[11].

10. Acórdão 1882/2015 Plenário (Embargos de Declaração, Relator Ministro Vital do Rêgo).
11. Acórdão 1885/2014 Segunda Câmara (Aposentadoria, Relator Ministro José Jorge).

Contudo, uma vez aplicado o regramento especial da LC 51/1985 aos policiais, não deve ser aplicado por analogia o artigo 57, da Lei 8.213/91:

> "AGRAVO REGIMENTAL NO MANDADO DE INJUNÇÃO. APOSENTADORIA ESPECIAL DE POLICIAL. ATIVIDADE DE RISCO. ART. 40, § 4º, INC. II, DA CONSTITUIÇÃO DA REPÚBLICA. LEI COMPLEMENTAR N. 51/1985. INEXISTÊNCIA DE OMISSÃO LEGISLATIVA. 1. A Lei Complementar n. 51/1985, que trata da aposentadoria especial dos policiais, foi recepcionada pela Constituição da República de 1988 (ADI 3.817/DF). 2. O reconhecimento da existência e da aplicabilidade de norma infraconstitucional regulamentadora do direito constitucional pleiteado evidencia o não cabimento do mandado de injunção, por inexistir omissão legislativa inviabilizadora do exercício de direito constitucionalmente assegurado. **3. Impossibilidade de conjugação do sistema da Lei Complementar n. 51/1985 com o do art. 57 da Lei n. 8.213/91**, para com isso, cogitar-se de idade mínima para aposentação. Precedentes. 4. Agravo regimental ao qual se nega provimento" (STF, MI 4.528 AgR, de 13.06.2012).

5. PENSÃO POR MORTE

A pensão por morte será devida aos dependentes do servidor segurado, em razão do seu falecimento, correspondendo, no passado, ao valor integral dos proventos ou remuneração do servidor falecido na data anterior do óbito.

Nem a Constituição Federal ou a Lei 9.717/98 (embora deveria, por ser tema geral de RPPS) indicam o rol de dependentes do servidor público efetivo, cabendo à lei de regência local fazê-lo.

Isso tem gerado distorções entre dependentes idênticos injustificáveis, a exemplo do cancelamento de pensão por morte de filho de servidor falecido do Estado da Bahia aos 18 anos de idade, e não aos 21 anos, como é o comum.

Mas o STJ tem pronunciado que o rol de dependentes do RPPS não pode diferir do RGPS:

> **Processo**
>
> AgRg no **RMS 49462** / MA
>
> AGRAVO REGIMENTAL NO RECURSO EM MANDADO DE SEGURANÇA
>
> 2015/0252450-8
>
> **Relator(a)**
>
> Ministro GURGEL DE FARIA (1160)
>
> **Órgão Julgador**
>
> T1 – PRIMEIRA TURMA
>
> **Data do Julgamento**
>
> 19/02/2019
>
> **Data da Publicação/Fonte**
>
> DJe 01/03/2019
>
> **Ementa**
>
> PREVIDENCIÁRIO. REGIME ESTATUTÁRIO. PENSÃO POR MORTE. LEI ESTADUAL. LIMITE ETÁRIO. NÃO PREVALÊNCIA.
>
> **1. Consoante o entendimento desta Corte, a Lei Federal n. 9. 717/1998, que fixa normas gerais para organização e funcionamento dos regimes próprios dos servidores públicos da União,**

Estados, Distrito Federal e Municípios, ao vedar a concessão de benefícios distintos daqueles previstos no Regime Geral de Previdência Social, deve prevalecer sobre as disposições de lei local em sentido diverso.

2. Hipótese em que deve prevalecer o limite de 21 anos previsto na Lei n. 8.213/1991, devendo ser afastadas as disposições da Lei Complementar do Estado do Maranhão n. 73/2004 respeitantes ao limite etário para pagamento de pensão por morte.

3. Agravo regimental desprovido.

É certo que ajustes privados entre dependentes dos segurados não são imponíveis ao Poder Público, pois o rol de dependentes e o regime preferencial é imposto pela lei do ente, não se sujeitando a convenções privadas.

Curioso e polêmico precedente foi inaugurado pelo STJ que, apesar de não afastar a titularidade da pensão por morte da companheira, admitiu que a mãe do segurado recebesse metade do benefício na fonte de pagamento, após acordo entre companheira e mãe do falecido (efeitos de acordo privado com repercussão na gestão do regime previdenciário – divisão na via administrativa):

INFORMATIVO 618– SEGUNDA TURMA	
PROCESSO	RMS 45.817-RJ, Rel. Min. Humberto Martins, Rel. Acd. Min. Og Fernandes, por maioria, julgado em 26/09/2017, DJe 05/02/2018
RAMO DO DIREITO	DIREITO ADMINISTRATIVO
TEMA	Pensão por morte. Acordo efetivado em juízo. Divisão entre companheira do de cujus e a genitora deste. Efeitos perante terceiros. Alteração da ordem legal de pensionamento. Impossibilidade.
DESTAQUE	
O acordo de partilha de pensão por morte, homologado judicialmente, não altera a ordem legal do pensionamento, podendo, todavia, impor ao órgão de previdência a obrigação de depositar parcela do benefício em favor do acordante que não figura como beneficiário perante a autarquia previdenciária.	

Note-se, por outro lado, que não haverá prejuízos ao RPPS, pois uma vez falecida a viúva, única titular do benefício, este será cessado, mesmo que a mãe do instituidor ainda esteja viva.

Sucede que a Emenda 41/2003 criou um redutor para as pensões por morte que superem o teto do RGPS. A renda deste benefício corresponderá ao valor da totalidade dos proventos do servidor falecido ou ao valor da totalidade da remuneração do servidor no cargo efetivo em que se deu o falecimento, até o limite máximo estabelecido para os benefícios do RGPS, acrescido de 70% da parcela excedente a este limite.

Logo, se a remuneração ou os proventos do servidor falecido for superior ao teto do RGPS, haverá um redutor de 30% sobre o excedente, justificável em razão da redução das despesas familiares, pois haverá uma pessoa a menos no núcleo.

Ressalte-se que esta nova regra apenas foi aplicável aos óbitos ocorridos a partir de 21.06.2004, data da vigência da Lei 10.887/2004, que regulamentou a previsão constitucional, em aplicação ao Princípio do *Tempus Regit Actum*, conforme ressalvado no artigo 2º, da referida norma.

Isso porque a lei em vigor no dia do óbito do servidor é que irá reger o benefício:

> "A regência da pensão faz-se considerada a legislação em vigor na data do falecimento do servidor, descabendo emprestar a texto de lei ou da Constituição eficácia retroativa, no que prevista a percepção pela totalidade dos vencimentos." (RE 273.570, Rel. Min. Marco Aurélio, julgamento em 14-2-2006, *DJ* de 5-5-2006.)

No entanto, o posicionamento do extinto Ministério da Previdência Social adota oficialmente o dia 20/02/2004 como o marco de vigência do redutor, pois neste dia entrou em vigor a MP 167/2004, nos termos da Orientação Normativa 02/2009:

> "Art. 66. A pensão por morte, conferida ao conjunto dos dependentes do segurado falecido a partir de 20 de fevereiro de 2004, data de publicação da Medida Provisória nº 167, de 19 de fevereiro de 2004, corresponderá a:
>
> I – totalidade dos proventos percebidos pelo aposentado na data anterior à do óbito, até o limite máximo estabelecido para os benefícios do RGPS, acrescida de setenta por cento da parcela excedente a esse limite; ou
>
> II – totalidade da remuneração do servidor no cargo efetivo na data anterior à do óbito, conforme definido no inciso IX do art. 2º, até o limite máximo estabelecido para os benefícios do RGPS, acrescida de setenta por cento da parcela excedente a esse limite, se o falecimento ocorrer quando o servidor ainda estiver em atividade".

Vale registrar que o direito à pensão se configura na data do falecimento do segurado, sendo o benefício concedido com base na legislação vigente nessa data, vedado o recálculo em razão do reajustamento do limite máximo dos benefícios do RGPS, nos termos do artigo 66, § 2º, da Orientação Normativa MPS 02/2009.

Por outro lado, de acordo com o TCU (Acórdão 3090/2017 Segunda Câmara), em pensões civis atualizadas conforme o princípio da paridade, é ilegal o reajuste do valor do benefício com congelamento da parcela redutora (art. 40, § 7º, inciso I, da Constituição Federal).

Em seguida, o extinto Ministério do Planejamento, Desenvolvimento e Gestão, por meio da Agenda de Decisão nº 14, de 16 de outubro de 2018, divulgou a Nota Técnica Conjunta nº 192/2018-MP, comunicando aos Órgãos e Entidades integrantes do SIPEC sobre a alteração da forma de cálculo do redutor das pensões, em face de entendimento firmado pelo Tribunal de Contas da União por intermédio do Acórdão 1293/2018 – TCU – Plenário, prolatado na sessão de 6 de junho de 2018, nos seguintes termos:

> *9.1. conhecer da presente representação, satisfeitos os requisitos de admissibilidade previstos nos artigos 235 e 237, inciso VI, do Regimento Interno do TCU, para, no mérito, considerá-la procedente;*
>
> *9.2. com fundamento no art. 250, inciso II, do Regimento Interno /TCU, determinar ao Ministério do Planejamento, Desenvolvimento e Gestão, à Defensoria Pública da União, ao Tribunal de Contas da União, à Câmara dos Deputados, ao Senado Federal, ao Conselho Nacional do Ministério Público e ao Conselho Nacional de Justiça que, no prazo de 120 dias:*
>
> *9.2.1. adotem as medidas necessárias,* ***no caso das pensões com paridade concedidas a partir de 20/2/2004****, para que o redutor previsto no* ***art. 40, § 7º****, incisos I e II, da Constituição Federal* ***passe a ser recalculado sempre que houver reajuste nos benefícios do Regime Geral de Previdência Social ou na remuneração do cargo do instituidor da pensão****, incluindo parcelas remuneratórias criadas após a concessão da pensão que sejam extensíveis aos pensionistas, em respeito ao estabelecido naquele dispositivo constitucional e em deferência ao princípio da isonomia;*

9.2.2. se o recálculo gerar redução no valor devido a título de pensão, ***instituam parcela de natureza compensatória, em respeito aos princípios da segurança jurídica e da irredutibilidade de vencimentos, a qual deverá ser absorvida pelos futuros reajustes.***

Assim, em razão da determinação citada aquele Órgão Central do SIPEC, esclareceu que as pensões com paridade concedidas a partir de 20/2/2004 (pensões tipo 57 – EC 47/2005, EC 70/2012 e tipo 62 – EC 47/2005 e EC 70/2012 – Lei nº 13.135/2015) terão o redutor previsto no art. 40, § 7º, incisos I e II, da Constituição Federal recalculado sempre que houver reajuste nos benefícios do Regime Geral de Previdência Social ou na remuneração do cargo do instituidor da pensão, incluindo parcelas remuneratórias criadas após a concessão da pensão que sejam extensíveis aos pensionistas, em respeito ao estabelecido naquele dispositivo constitucional e em deferência ao princípio da isonomia.

Demais disso, ainda de acordo com a Orientação Normativa MPS 02/2009, em caso de falecimento de segurado em exercício de cargos acumuláveis ou que acumulava proventos ou remuneração com proventos decorrentes de cargos acumuláveis, o cálculo da pensão será feito individualmente, por cargo ou provento.

Na hipótese de cálculo de pensão oriunda de falecimento do servidor na atividade, é vedada a inclusão de parcelas remuneratórias pagas em decorrência de local de trabalho, de função de confiança, de cargo em comissão, de outras parcelas de natureza temporária, ou do abono de permanência de que trata o art. 86, bem como a previsão de incorporação de tais parcelas diretamente no valor da pensão ou na remuneração, apenas para efeito de concessão do benefício, ainda que mediante regras específicas[12].

O STF assegurou paridade em regra de transição para a pensão por morte, mas não garantiu a integralidade, entendimento prejudicial ao dependente do servidor.

Isso com base no parágrafo único do artigo 3º da Emenda 47/2005, ao dispor que se aplica ao valor dos proventos de aposentadorias concedidas com base neste artigo o disposto no art. 7º da Emenda Constitucional nº 41, de 2003, observando-se igual critério de revisão às pensões derivadas dos proventos de servidores falecidos que tenham se aposentado em conformidade com este artigo.

Logo, mesmo que o aposentado tenha o seu benefício concedido com a regra de paridade e integralidade, como no caso julgado, a pensão por morte terá assegurada apenas o reajuste paritário, e não a integralidade:

> **"INFORMATIVO 786 – EC 41/2003: pensão por óbito posterior à norma e direito à equiparação – 2**
>
> **Os pensionistas de servidor falecido posteriormente à EC 41/2003 têm direito à paridade com servidores em atividade (EC 41/2003, art. 7º), caso se enquadrem na regra de transição prevista no art. 3º da EC 47/2005. Não têm, contudo, direito à integralidade (CF, art. 40, § 7º, I).** Com base nesse entendimento, o Plenário, em conclusão de julgamento, deu parcial provimento a recurso extraordinário em que se discutia eventual direito de pensionistas ao recebimento de pensão por morte de ex-servidor, aposentado antes do advento da EC 41/2003, mas falecido após a sua promulgação, nos mesmos valores (critério da integralidade) dos proventos do servidor falecido, se vivo fosse — v. Informativo 772. O Tribunal asseverou que a EC 41/2003 teria posto fim à denominada "paridade", ou seja, à garantia constitucional que reajustava os proventos de

12. Artigo 66, § 2º, da Orientação Normativa MPS 02/2009.

aposentadoria e as pensões sempre que se corrigissem os vencimentos dos servidores da ativa. A regra estava prevista no art. 40, § 8º, da CF, incluído pela EC 20/1998. A nova redação dada pela EC 41/2003 prevê apenas "o reajustamento dos benefícios para preservar-lhes, em caráter permanente, o valor real". Dessa forma, se o falecimento do servidor tivesse ocorrido após a vigência da EC 41/2003, não teriam seus pensionistas direito à paridade. Isso porque, assim como a aposentadoria se regeria pela legislação vigente à época em que o servidor implementara as condições para sua obtenção, a pensão igualmente regular-se-ia pela lei vigente por ocasião do falecimento do segurado instituidor, em observância ao princípio "tempus regit actum". A EC 47/2005, entretanto, teria excepcionado essa regra. Nela teria ficado garantida a paridade às pensões derivadas de óbito de servidores aposentados na forma de seu art. 3º, ou seja, preservara o direito à paridade para aqueles que tivessem ingressado no serviço público até 16.12.1998 e que preenchessem os requisitos nela consignados. No caso, o servidor instituidor da pensão ingressara no serviço público e se aposentara anteriormente à EC 20/1998 e, além disso, atendera ao que disposto no citado art. 3º da EC 47/2005. No entanto, essa emenda constitucional somente teria estendido aos pensionistas o direito à paridade, e não o direito à integralidade. Portanto, na espécie, estaria configurado o direito dos recorridos à paridade, porém, não o direito à integralidade. **RE 603580/RJ, rel. Min. Ricardo Lewandowski, 20.5.2015. (RE-603580)".**

6. OUTROS BENEFÍCIOS QUE PODIAM SER CRIADOS PELOS REGIMES PRÓPRIOS DE PREVIDÊNCIA SOCIAL

Além dos benefícios com previsão constitucional (aposentadorias e pensão por morte), que deverão ser obrigatoriamente criados, poderão as leis específicas dos Regimes Próprios de Previdência Social das pessoas políticas instituir outros benefícios previdenciários com paralelo no RGPS, consoante pontifica o artigo 51, da Orientação Interna MPS/SPS 02/2009, que terão o regramento básico posto em separado.

IMPORTANTE!

No entanto, por força do artigo 9º da EC 103/2019, autoaplicável a todos os entes federativos, **o rol de benefícios dos regimes próprios de previdência social fica limitado às aposentadorias e à pensão por morte**, sendo que os afastamentos por incapacidade temporária para o trabalho e o salário-maternidade serão pagos diretamente pelo ente federativo e não correrão à conta do regime próprio de previdência social ao qual o servidor se vincula.

Desta forma, manteremos este tópico por uma questão história e para a aplicação de acordo com a lei do tempo rege o ato jurídico.

6.1. Auxílio-doença

O auxílio-doença será devido ao segurado que ficar incapacitado para o trabalho, com base em inspeção médica que definirá o prazo de afastamento.

Caberá ao ente político disciplinar a forma de cálculo do auxílio-doença, o período do afastamento custeado pelo ente e pelo RPPS, as prorrogações e o período máximo para manutenção do benefício, as condições para readaptação e retorno à atividade e a obrigatoriedade do segurado se submeter às avaliações e reavaliações periódicas pela perícia-médica.

6.2. Salário-família

O salário-família será pago, em quotas mensais, em razão dos dependentes do segurado de baixa renda nos termos da lei de cada ente, sendo concedido apenas àqueles que recebam remuneração, subsídio ou provento mensal igual ou inferior ao valor limite definido no âmbito do RGPS, até que a lei discipline o acesso ao salário-família para os servidores, segurados e seus dependentes.

Vale registrar que a exigência de baixa renda para o deferimento do salário-família data de 16/12/1998, dada da publicação da Emenda 20, devendo ser preservado o direito adquirido formado anteriormente por segurados que não são de baixa renda (*Tempus Regit Actum*).

Desse modo, os segurados que faziam jus ao salário-família até 15/12/1998 possuem direito adquirido à manutenção do benefício enquanto perdurar os pressupostos legais de concessão, mesmo que não se enquadrem no critério constitucional de baixa renda a contar da publicação da Emenda 20 em 16/12/1998.

Nesse sentido, o acertado posicionamento do STF no julgamento do tema 543, noticiado no sítio oficial em 20 de junho de 2020, com tese firmada tanto no RGPS quanto no RPPS:

> **Salário-família é devido a trabalhadores que o recebiam até dezembro de 1998**
>
> 18/06/2020 18h12 – Atualizado há
>
> 1382 pessoas já viram isso
>
> O Plenário do Supremo Tribunal Federal (STF), por maioria, decidiu que os trabalhadores, incluindo os servidores públicos, que recebiam o salário-família até a promulgação da Emenda Constitucional (EC) 20/1998 continuam tendo direito ao benefício. A decisão se deu, em sessão virtual, no julgamento do Recurso Extraordinário (RE) 657989, com repercussão geral reconhecida (Tema 543).
>
> A redação originária do inciso XII do artigo 7º da Constituição Federal (CF) previa que todos os trabalhadores urbanos e rurais e os servidores públicos tinham direito ao salário-família para os seus dependentes. A EC 20/1998 restringiu o benefício aos trabalhadores de baixa renda.
>
> No RE 657989, uma servidora pública municipal questionava decisão do Tribunal de Justiça do Rio Grande do Sul (TJ-RS) que havia afastado o direito ao recebimento da parcela desde 1/1/1999, em razão da alteração promovida pela EC 20/1998. Segundo o Tribunal estadual, não há direito adquirido ao auxílio, pois a servidora se submete a regime estatutário próprio, nem obstáculo à mudança de situação jurídica anteriormente em vigor.
>
> **Direito adquirido**
>
> No julgamento do RE, prevaleceu o entendimento do relator, ministro Marco Aurélio, de que situações consolidadas não podem ser atingidas, por força da garantia do direito adquirido. Segundo ele, as novas regras instituídas pela EC 20/1998 não se aplicam a quem, na data da publicação da emenda, já estava em gozo do benefício.
>
> O ministro destacou ainda que o STF decidiu, no julgamento do RE 379199, que o salário-família é direito incorporado ao patrimônio do servidor público. "O salário-família integrava a remuneração da servidora até dezembro de 1998, quando inexistentes condicionantes ao recebimento. A sociedade não pode viver aos sobressaltos, aos solavancos", afirmou.
>
> **Tese**
>
> A tese de repercussão geral firmada no julgamento foi a seguinte: "A alteração de regência constitucional do salário-família não repercute nas relações jurídicas existentes na data em que promulgada a Emenda Constitucional 20/1998".
>
> Ficou vencido o ministro Luís Roberto Barroso.

6.3. Salário-maternidade

O salário-maternidade será devido à segurada gestante, por 120 (cento e vinte) dias consecutivos, sendo pago também pela adoção ou guarda judicial para adoção de criança, nos prazos e condições estabelecidos em lei do ente federativo, consistindo numa renda mensal igual à última remuneração da segurada.

Poderá o salário-maternidade ser concedido por 180 dias, conforme autoriza o artigo 2º, da Lei 11.770/08, desde que haja previsão legal da respectiva entidade política, o que ocorreu no âmbito do RPPS da União por força do Decreto 6.690/2008, que ampliou a licença-maternidade para 180 dias (no âmbito federal existe a licença-maternidade, não tendo sido instituído ainda o benefício previdenciário salário-maternidade).

Os Tribunais Regionais Federais entendem que inexiste discricionariedade da autoridade administrativa, devendo ocorrer à prorrogação para 180 dias, independentemente de regulamentação:

> "PREVIDENCIÁRIO E CONSTITUCIONAL. MANDADO DE SEGURANÇA. LICENÇA--MATERNIDADE. PRORROGAÇÃO. CF/88 (ART. 7º, XVIII) E LEI Nº 11.770/2008. DIREITO LÍQUIDO E CERTO E FATO CONSUMADO. 1. A CF/88 (art. 7º, XVIII) assegura à gestante o direito à licença-maternidade por 120 dias, sem prejuízo do emprego e do salário. 2. A Lei nº 11.770/2008 (art. 1º) instituiu o "Programa Empresa Cidadã", destinado a estimular a prorrogação do prazo constitucional da licença-maternidade (120 dias) por mais 60 dias imediatamente subseqüentes, totalizando repouso de 180 dias, prevendo extensão de tal benesse às servidoras da Administração Pública (art. 2º), desde que seu órgão de vinculação institua programa específico. **3. O Conselho de Administração do TRF1 afirmou que a dilatação temporal do prazo de gozo da licença-maternidade previsto na Lei nº 11.770/2008 não depende de norma ulterior**, que, ademais, já se encontra regulamentada pelo Decreto nº 6.690, de 11 de dezembro de 2008. 4. As servidoras públicas devem gozar do direito à prorrogação da licença-maternidade, sob o manto protetor da Lei nº 11.770/2008. 5. Considerando-se que foi proferida sentença concessiva da segurança, dilatando o prazo do repouso gestacional para até JAN 2009 e tal data-limite resta extrapolada há quase 01 ano, tem-se por configurada, ademais, a superveniente perda de objeto do "mandamus" ante a consumação irreversível do fato, pois os efeitos do descanso e da eventual convivência mãe e filho usufruídos – amparados por ordem judicial – não se desfazem por ordem contrária ulterior, que não detém poder de reversão tão amplo a ponto de desconstituir situações fáticas consolidadas, tudo a bem da segurança jurídica e da estabilidade das relações sociais. 6. Remessa oficial não provida" (**TRF da 1ª Região**, REOMS 2008.34.00.036012-0, de 18.01.2010).
>
> "PROCESSUAL CIVIL. MANDADO DE SEGURANÇA. SERVIDORA PÚBLICA. DIREITO DE TER PRORROGADA SUA LICENÇA-MATERNIDADE. LEI Nº 11.770/2008. 1. A Lei nº 11.770/2008, criou o Programa Empresa Cidadã, destinado à prorrogação da licença-maternidade de 120 para 180 dias, e estendeu a ampliação do benefício às servidoras vinculadas à Administração Pública direta, indireta e fundacional. **2. Diante das determinações do texto legal e da necessária compreensão teleológica da norma, urge entender que não resta ao administrador margem de discricionariedade, para optar por instituir ou não a prorrogação do benefício de acordo com critérios de conveniência e oportunidade"** (**TRF da 4ª Região**, AG 2008.04.00.039986-2, de 21.01.2009).

No caso de "barriga de aluguel", acredito que o direito seja da mãe biológica, pois por certo esta é que deverá cuidar da criança. Daí ser correta a decisão do TRF da 5ª Região:

0004161-23.2011.4.05.8300

00041612320114058300

Classe

AC – Apelação Cível – 534999

Relator(a)

Desembargador Federal Francisco Cavalcanti

Origem

TRIBUNAL – QUINTA REGIÃO

Órgão julgador

Primeira Turma

Data

30/08/2012

Data da publicação

06/09/2012

Fonte da publicação

DJE – Data::06/09/2012 – Página::254

Ementa

CONSTITUCIONAL. ADMINISTRATIVO. LICENÇA MATERNIDADE. PRAZO DE 180 DIAS. FERTILIZAÇÃO "IN VITRO" EM "**BARRIGA DE ALUGUEL**". DANOS MORAIS. INEXISTÊNCIA. 1. Hipótese em que a autora tendo realizado fertilização "in vitro" e gestação em "**barriga de aluguel**", em virtude das dificuldades em engravidar, pretende seja reconhecido o seu direto à licença maternidade pelo período de 180 (cento e oitenta dias) dias e não de 150 (cento e cinquenta) dias como deferido pela UFPE, bem como indenização por danos morais. 2. Devem ser computados aos prazos previstos nos artigos 207 e 210, da Constituição Federal, os prazos estabelecidos nos Decretos nºs. 6.690/2008 e 6.691/2008, resultando o benefício de 180 (cento e oitenta) dias para a mãe gestante e 150 (cento e cinquenta) dias para a mãe adotante. 3. A autora é, efetivamente, mãe biológica, não importa se a fertilização foi "in vitro" ou com "**barriga de aluguel**". **Os filhos são sanguíneos e não adotivos. A autora faz jus à licença maternidade pelo período de 180 (cento e oitenta) dias, o que se justifica, sobretudo, por serem 03 (três) os filhos**. 4. Quanto ao pedido de indenização por danos morais, conforme posicionamento firmado pelo Superior Tribunal de Justiça, o mero dissabor não gera o direito à indenização por danos morais. 5. "O mero dissabor não pode ser alçado ao patamar do dano moral, mas somente aquela agressão que exacerba a naturalidade dos fatos da vida, causando fundadas aflições ou angústias no espírito de quem ela se dirige" (REsp 898.005/RN, Rel. Ministro Cesar Asfor Rocha, Quarta Turma, julgado em 19/06/2007, DJ 06/08/2007 p. 528). 6. Apelação a que se nega provimento.

6.4. Auxílio-reclusão

Fará jus ao auxílio-reclusão o dependente do servidor de baixa renda, recolhido à prisão, nos termos da lei de cada ente, sendo que até que a lei discipline o acesso ao auxílio-reclusão para os dependentes do segurado, esses benefícios serão concedidos apenas àqueles que recebam remuneração, subsídio ou provento mensal igual ou inferior ao valor limite definido no âmbito no RGPS.

Eis o artigo 13 da Emenda 20/1998 (atualmente revogado pela EC 103/2019):

"Art. 13 – Até que a lei discipline o acesso ao salário-família e auxílio-reclusão para os **servidores**, segurados e seus dependentes, esses benefícios serão concedidos apenas àqueles que tenham renda bruta mensal igual ou inferior a R$ 360,00 (trezentos e sessenta reais), que, até a publicação da lei, serão corrigidos pelos mesmos índices aplicados aos benefícios do regime geral de previdência social".

No entanto, de maneira equivocada, o STJ já vinha afastando a exigência de baixa renda do servidor preso, conferindo interpretação restritiva ao artigo 13 da Emenda 20/1998, que não diferenciou o regime previdenciário do servidor:

> **INFORMATIVO 560 – "DIREITO ADMINISTRATIVO. AUXÍLIO-RECLUSÃO A SERVIDORES OCUPANTES DE CARGO EFETIVO.**
>
> **Para concessão de auxílio-reclusão, não se aplica aos servidores públicos estatutários ocupantes de cargos efetivos a exigência de baixa renda prevista no art. 13 da EC 20/1998.** Isso porque o referido dispositivo legal foi dirigido apenas aos servidores públicos vinculados ao Regime Geral da Previdência Social (RGPS). Ademais, por ocasião do julgamento do RE 486.413-SP, o STF examinou a questão do auxílio-reclusão sob a ótica de saber se, para sua concessão, a renda a ser considerada é a do próprio segurado preso ou aquela de seus dependentes. Naquela oportunidade, o STF assentou que "a Constituição circunscreve a concessão do auxílio-reclusão às pessoas que: (i) estejam presas; (ii) possuam dependentes; (iii) sejam seguradas da Previdência Social; e (iv) tenham baixa renda", tendo o voto vencedor expressamente registrado que "um dos escopos da referida Emenda Constitucional foi o de restringir o acesso ao auxílio-reclusão, utilizando, para tanto, a renda do segurado" (RE 486.413-SP, Tribunal Pleno, DJe 8/5/2009). Assim, conclui-se que o art. 13 da EC 20/1998 não afeta a situação jurídica dos servidores ocupantes de cargo público de provimento efetivo, mas apenas os servidores vinculados ao RGPS, isto é, empregados públicos, contratados temporariamente e exclusivamente titulares de cargos comissionados. Precedente citado: REsp 1.421.533-PB, Segunda Turma, DJe 25/9/2014. AgRg no REsp 1.510.425-RJ, Rel. Min. Humberto Martins, julgado em 16/4/2015, DJe 22/4/2015"

Corresponderá à última remuneração do cargo efetivo ou subsídio do servidor recluso, observado o valor definido como baixa renda, sendo devido aos dependentes do servidor recluso que não estiver recebendo remuneração decorrente do seu cargo e será pago enquanto for titular desse cargo.

Mas a EC 103/2019 revogou o artigo 13 da EC 20/1998 (art. 35, inciso II), bem como limitou o rol de benefícios dos regimes próprios de previdência social às aposentadorias e à pensão por morte (art. 9º, § 2º), de modo que não há mais base constitucional para a concessão do auxílio-reclusão em RPPS.

E isso gerou uma brecha. Isso porque com a revogação expressa do artigo 13 da EC 20/1998, passou a ser aplicado o artigo 27 da EC 103/2019:

> "Art. 27. Até que lei discipline o acesso ao salário-família e ao auxílio-reclusão de que trata o **inciso IV do art. 201 da Constituição Federal**, esses benefícios serão concedidos apenas àqueles que tenham renda bruta mensal igual ou inferior a R$ 1.364,43 (mil, trezentos e sessenta e quatro reais e quarenta e três centavos), que serão corrigidos pelos mesmos índices aplicados aos benefícios do Regime Geral de Previdência Social.
>
> § 1º Até que lei discipline o valor do auxílio-reclusão, de que trata o **inciso IV do art. 201 da Constituição Federal**, seu cálculo será realizado na forma daquele aplicável à pensão por morte, não podendo exceder o valor de 1 (um) salário-mínimo.
>
> § 2º Até que lei discipline o valor do salário-família, de que trata o **inciso IV do art. 201 da Constituição Federal**, seu valor será de R$ 46,54 (quarenta e seis reais e cinquenta e quatro centavos)".

A questão é que o artigo 27 da EC 103 apenas remete ao artigo 201 da Constituição, que trata do Regime Geral. Dessa forma, desde 13/11/2019, não há mais impedimento constitucional para a concessão em RPPS de auxílio-reclusão para dependentes de servidores presos que não sejam de baixa renda.

7. ABONO DE PERMANÊNCIA

Em termos do RPPS, a Emenda 41/03 instituiu o abono de permanência em favor do servidor público que completou todos os requisitos para se aposentar com proventos integrais, ou seja, 60 anos de idade e 35 anos de contribuição, se homem, ou 55 anos de idade e 30 anos de contribuição, se mulher, desde que conte com 10 anos de efetivo exercício no serviço público e 05 anos no cargo efetivo.

Trata-se do abono de permanência pelo regramento permanente de aposentadoria voluntária por idade e tempo de contribuição com proventos integrais, inserido no § 19 do artigo 40 da Constituição Federal.

Ao interpretar a regra constitucional, o STF cassou acertadamente decisão do TCU que negou o abono a desembargadora do trabalho que não possuía 5 anos no cargo, pois o período no cargo de juíza do trabalho, por ser da mesma carreira, deve ser considerado:

> Informativo 859 – **Abono de permanência e posse no TST**
>
> A Primeira Turma, em julgamento conjunto, concedeu a ordem em mandados de segurança impetrados contra decisão do Tribunal de Contas da União (TCU), na qual foram definidas as balizas para o pagamento de abono de permanência no âmbito do Judiciário federal.
>
> No ato impugnado, determinou-se que os tribunais federais observassem o requisito do tempo mínimo de cinco anos no cargo, de carreira ou isolado, para o implemento do benefício, nos termos do art. 40, § 19, da Constituição Federal (CF).
>
> No caso, a impetrante tomou posse como ministra do Tribunal Superior do Trabalho (TST) após o exercício da função de juíza de Tribunal Regional do Trabalho (TRT) até 2014, onde recebia, além do subsídio correspondente, o valor de 11% relativo ao abono de permanência. Sustentava que deveria continuar a percebê-lo, na condição de ocupante de cargo no Judiciário.
>
> A Turma asseverou que a decisão do TCU teve efeito concreto, não foi um pronunciamento genérico, tampouco uma simples recomendação.
>
> O Colegiado entendeu que o TCU conferiu interpretação restritiva ao § 19 do art. 40 da CF, confundindo o direito à aposentadoria no novo cargo com o direito ao abono.
>
> Por fim, ponderou que, se a impetrante viesse a se desligar do cargo de ministra, ainda assim permaneceria com o direito a aposentar-se como juíza. **MS 33424/DF, rel. Min. Marco Aurélio, julgamento em 28.3.2017. (MS-33424). MS 33456/DF, rel. Min. Marco Aurélio, julgamento em 28.3.2017. (MS-33456)**

Evidente que os professores do ensino básico possuem direito ao abono de permanente com a redução em cinco anos na idade e no tempo de contribuição na aposentadoria com proventos integrais.

Nesse sentido, de acordo com o STF, "o entendimento firmado pelo Tribunal de origem está alinhado à jurisprudência do Supremo Tribunal Federal. Nota-se que o Plenário Virtual desta Corte, no julgamento do ARE 954.408-RG, sob a relatoria do Ministro Teori Zavascki (Tema 888), reconheceu a repercussão geral da controvérsia e reafirmou a jurisprudência no sentido de que não há qualquer óbice à extensão do direito ao abono de permanência aos servidores públicos beneficiados por aposentadoria especial. Isso porque a Constituição Federal não restringe a concessão da vantagem apenas aos servidores que cumprirem os requisitos necessários para a aposentadoria voluntária comum. Tal entendimento é plenamente aplicável ao caso dos autos, tendo em vista que a aposentadoria diferenciada dos professores prevista no art. 40, § 5º, não pode ser considerada afastada pelo art. 40, § 19, de modo que os professores que preenchem os requisitos necessários para a aposentadoria voluntária e que optem por permanecer em atividade, fazem jus ao recebimento de abono de permanência"[13].

O abono de permanência corresponderá ao valor da contribuição previdenciária devida pelo servidor até completar as exigências para aposentadoria compulsória, não incidindo sobre ele contribuição previdenciária.

De acordo com o TCU, "em caso de provimento de cargo isolado de magistrado de tribunal de segunda instância ou superior, assim como do TCU, a concessão de abono de permanência prescinde de novo cumprimento do prazo mínimo de cinco anos no cargo se o nomeado já percebia o abono no cargo anteriormente ocupado"[14].

No entanto, conforme será visto abaixo, as regras transitórias de aposentadoria da Emenda 41/2003 (artigo 2º[15]) e da Emenda 47/2005 (artigo 3º[16]) também darão direito ao abono de permanência,

Ademais, ainda existe o abono de permanência com base no artigo 3º da Emenda 41/2003, assegurado em favor do servidor que, a qualquer tempo, tenham cumprido todos os requisitos para obtenção de aposentadoria até o dia 31/12/2003 (publicação da EC 41/2003), com base nos critérios da legislação então vigentes, desde que o servidor opte por permanecer em atividade e tenha completado as exigências para aposentadoria voluntária e que conte com, no mínimo, vinte e cinco anos de contribuição, se mulher, ou trinta anos de contribuição, se homem, até completar as exigências para aposentadoria compulsória.

Destarte, existem quatro regras (uma permanente e três transitórias) para o deferimento do abono de permanência:

Regra permanente	Artigo 40, § 19, da Constituição
Regra de transição	Artigo 2º, da Emenda 41/2003
Regra de transição	Artigo 3º, da Emenda 41/2003
Regra de transição	Artigo 3º, da Emenda 47/2005 (entendimento do TCU pela concessão, pois a Emenda 47/2005 foi omissa sobre a concessão do abono neste caso – veja o item 8.3 a seguir)

13. ARE 840465 / RN, de 28/4/2016.

14. Acórdão 3344/2015 Plenário (Administrativo, Relator Ministro Vital do Rêgo).

15. § 5º O servidor de que trata este artigo, que tenha completado as exigências para aposentadoria voluntária estabelecidas no *caput*, e que opte por permanecer em atividade, fará jus a um abono de permanência equivalente ao valor da sua contribuição previdenciária até completar as exigências para aposentadoria compulsória contidas no art. 40, § 1º, II, da Constituição Federal.

16. § 1º O servidor de que trata este artigo que opte por permanecer em atividade tendo completado as exigências para aposentadoria voluntária e que conte com, no mínimo, vinte e cinco anos de contribuição, se mulher, ou trinta anos de contribuição, se homem, fará jus a um abono de permanência equivalente ao valor da sua contribuição previdenciária até completar as exigências para aposentadoria compulsória contidas no art. 40, § 1º, II, da Constituição Federal.

Veja-se que o TCU garante o abono de permanência à regra de transição do artigo 3º da EC 47/2005, embora a Constituição não preveja por expresso:

"TCU

GRUPO I – CLASSE V – Plenário

TC 006.993/2013-3

A Emenda Constitucional nº 47, de 6/7/2005, apresentou nova regra de transição àqueles que ingressaram no serviço público até 16/12/1998 e que contassem com no mínimo 25 anos de serviço público, quinze anos na carreira e cinco no cargo (representando um aumento de exigências em relação à regra de transição estabelecida no art. 6º da EC nº 41/2003). Foi oferecida a possibilidade de, uma vez completado o tempo mínimo de contribuição, aplicarse um redutor correspondente a cada ano de contribuição que excedesse o tempo mínimo. Nela não há referência ao abono de permanência.

Nesse contexto, o Conselho Superior da Justiça do Trabalho (CSJT), no ano de 2012, encaminhou consulta a este Tribunal acerca da possibilidade de pagamento de abono de permanência para servidores ou magistrados quando implementados os requisitos para aposentadoria com base na regra do art. 3º da Emenda Constitucional nº 47/2005, no caso de opção por permanecer na atividade. Analisando a situação, esta Corte de Contas entendeu haver plausibilidade jurídica de concessão de abono de permanência nas hipóteses em que sejam cumpridos, por servidores ou magistrados, os requisitos para aposentadoria com base na regra do art. 3º da Emenda Constitucional nº 47/2005, no caso de opção por permanecer em atividade, consignando tal entendimento no Acórdão nº 1.482/2012-TCU-Plenário, *nos seguintes termos:*

'(...)

responder ao nobre Presidente do Conselho Superior da Justiça do Trabalho que é lícita a concessão de abono de permanência, de que trata o art. 3º, § 1º, da Emenda Constitucional nº 20, de 15 de dezembro de 1998, nas hipóteses em que sejam implementados, por servidores ou magistrados, os requisitos para aposentadoria com base na regra do art. 3º da Emenda Constitucional nº 47, de 5 de julho de 2005, no caso de opção por permanecer em atividade, sendo aplicável ao caso, por analogia, o disposto no art. 86 da Orientação Normativa MPS/SPS nº 2/2009.'

Apresentadas as mudanças constitucionais sobre a matéria, vê-se claramente que a intenção do legislador, ao longo do tempo, é desestimular aposentadorias precoces ou, de outro modo, incentivar a permanência em atividade do servidor que já tivesse preenchido os requisitos para aposentadoria voluntária, seja na forma inicial de isenção da contribuição previdenciária, seja por meio da concessão do abono de permanência, até completarem setenta anos de idade, quando seriam compulsoriamente aposentados. Compulsadas todas as alterações, sempre se encontra a exigência da permanência no cargo por, no mínimo, cinco anos, para a concessão da aposentadoria ou do abono de permanência para aqueles que optarem por permanecer na ativa até completarem as exigências para a aposentadoria compulsória".

Outrossim, **o Supremo Tribunal Federal possui precedentes da 2ª Turma pela concessão do abono de permanência em favor dos servidores que preencheram as regras para a concessão de aposentadoria com base no regramento do Regime Geral de Previdência Social ou nas normas especiais dos policiais:**

"ARE 904533 AgR / RS – RIO GRANDE DO SUL

AG.REG. NO RECURSO EXTRAORDINÁRIO COM AGRAVO

Relator(a): Min. GILMAR MENDES

Julgamento: 27/10/2015 Órgão Julgador: Segunda Turma

Agravo regimental em recurso extraordinário com agravo. **2. Abono de permanência. Servidores públicos beneficiados por aposentadoria especial. Possibilidade.** 3. Ausência de argumentos suficientes a infirmar a decisão recorrida. 4. Agravo regimental a que se nega provimento.

ARE 904527 AgR / RS – RIO GRANDE DO SUL

AG.REG. NO RECURSO EXTRAORDINÁRIO COM AGRAVO

Relator(a): Min. GILMAR MENDES

Julgamento: 27/10/2015 Órgão Julgador: Segunda Turma

Agravo regimental em recurso extraordinário com agravo. 2. Direito Previdenciário. **3. Abono de permanência. Servidores públicos beneficiados por aposentadoria especial. Possibilidade.** 4. Agravo regimental a que se nega provimento.

ARE 905116 AgR / RS – RIO GRANDE DO SUL

AG.REG. NO RECURSO EXTRAORDINÁRIO COM AGRAVO

Relator(a): Min. GILMAR MENDES

Julgamento: 15/09/2015 Órgão Julgador: Segunda Turma

Agravo regimental em recurso extraordinário com agravo. **2. Direito Previdenciário. 3. Lei Complementar 51/85. Recepção pela Constituição Federal. 4. Abono de permanência. Servidores públicos beneficiados por aposentadoria especial. Possibilidade.** 5. Agravo regimental a que se nega provimento".

Nos termos do artigo 7º da Lei 10.887/2004, "o servidor ocupante de cargo efetivo que tenha completado as exigências para aposentadoria voluntária estabelecidas na alínea *a* do inciso III do § 1º do art. 40 da Constituição Federal, no § 5º do art. 2º ou no § 1º do art. 3º da Emenda Constitucional no 41, de 19 de dezembro de 2003, e que opte por permanecer em atividade fará jus a abono de permanência equivalente ao valor da sua contribuição previdenciária até completar as exigências para aposentadoria compulsória contidas no inciso II do § 1º do art. 40 da Constituição Federal."

O abono será pago desde o dia de formação do direito adquirido, desde que requerido em até 5 anos, sob pena de incidência da prescrição quinquenal. No entanto, tema deverá ser avaliado à luz do regramento específico de cada RPPS, pois alguns entes da federação criaram regras específicas sobre o termo inicial do pagamento.

Nesse sentido, para o Estado de Rondônia, através do artigo 40 da Lei Complementar estadual 432/2008, o abono de permanência é devido a partir do cumprimento dos requisitos para obtenção do benefício de aposentadoria, quando requerido até 30 (trinta) dias após a data em que se deu o implemento do último requisito para a concessão de aposentadoria; e da data de protocolização do requerimento, quando este for apresentado depois de decorridos os 30 (trinta) dias estabelecidos os requisitos das aposentadorias mencionadas.

O objetivo do Poder Público com a criação do abono de permanência é manter o servidor público que já possui direito a uma das regras de aposentadoria acima referidas em atividade, com um gasto extra equivalente ao valor da sua contribuição previdenciária, postergando o aumento de despesas com a nomeação de novos servidores para suprir a inatividade do aposentado.

Algumas leis de RPPS fixam o termo inicial dos efeitos financeiros do abono de permanência na data do requerimento administrativo quando requerido após determinado prazo, e não na data do implemento das condições para a concessão da aposentadoria que gera abono.

É o caso do RPPS do Estado de Rondônia, cuja LC 432/2008 prevê no seu artigo 40 que o pagamento do abono de permanência é de responsabilidade do órgão a que o servidor esteja vinculado e será devido a partir:

> I – do cumprimento dos requisitos para obtenção do benefício de aposentadoria quando requerido até 30 (trinta) dias após a data em que se deu o implemento do último requisito para a concessão de aposentadoria; e
>
> **II – da data de protocolização do requerimento quando este for apresentado depois de decorridos os 30 (trinta) dias estabelecidos no inciso anterior.**

A Constituição Federal não trata do tema, mas mesmo assim o STF entende que os atrasados são devidos ao servidor (obviamente, respeitada a prescrição quinquenal), afastando as citadas leis estaduais:

> "DIREITO ADMINISTRATIVO E PREVIDENCIÁRIO. AGRAVO REGIMENTAL EM RECURSO EXTRAORDINÁRIO COM AGRAVO. SERVIDORA PÚBLICA. MOMENTO DO RECEBIMENTO DO ABONO DE PERMANÊNCIA. APLICAÇÃO DA SÚMULA 359/STF. **1. O Supremo Tribunal Federal possui o entendimento no sentido de que o termo inicial para o recebimento do abono de permanência ocorre com o preenchimento dos requisitos para a aposentadoria voluntária. Precedentes.** 2. Agravo regimental a que se nega provimento" (ARE 825334 AgR**/, 1ª Turma, 24/5/2016).**

A **natureza jurídica do abono de permanência** é tema controverso, no sentido de identificar se é uma parcela remuneratória ou indenizatória. **A 1ª Seção do STJ decidiu pela natureza remuneratória**, pois validou a incidência de Imposto de Renda sobre o abono:

> "PROCESSUAL CIVIL. AGRAVO REGIMENTAL NO RECURSO ESPECIAL. ABONO DE PERMANÊNCIA. INCIDÊNCIA DE IMPOSTO DE RENDA. OBSERVÂNCIA DO RESP 1.192.556/PE, JULGADO SOB O RITO DO ART. 543-C DO CPC. 1. A Primeira Seção do STJ, por ocasião do julgamento do REsp 1.192.556/PE, da relatoria do Ministro Mauro Campbell Marques, submetido ao regime dos recursos repetitivos, consolidou o entendimento de que "sujeitam-se à incidência do Imposto de Renda os rendimentos recebidos a título de abono de permanência a que se referem o § 19 do art. 40 da Constituição Federal, o § 5º do art. 2º e o § 1º do art. 3º da Emenda Constitucional 41/2003, e o art. 7º da Lei 10.887/2004" (DJe de 06.09.2010). 2. Agravo regimental desprovido" (AgRg no REsp 1284402, de 20/10/2015).

O STF decidiu que se trata de matéria infraconstitucional, devendo a última posição ser dada pelo Superior Tribunal de Justiça:

> **"RE 688001 RG / RS – RIO GRANDE DO SUL**
>
> **REPERCUSSÃO GERAL NO RECURSO EXTRAORDINÁRIO**
>
> **Relator(a): Min. TEORI ZAVASCKI**
>
> **Julgamento: 03/10/2013**
>
> TRIBUTÁRIO E CONSTITUCIONAL. RECURSO EXTRAORDINÁRIO. INCIDÊNCIA DE IMPOSTO DE RENDA SOBRE O ABONO DE PERMANÊNCIA. MATÉRIA INFRACONSTITUCIONAL. AUSÊNCIA DE REPERCUSSÃO GERAL (ART. 543-A DO CPC). 1. A controvérsia a respeito da incidência do imposto de renda sobre as verbas percebidas a título de abono de permanência é de natureza infraconstitucional, não havendo, portanto, matéria constitucional a ser analisada (ARE 665800 AgR, de minha relatoria, Segunda Turma, DJe de 20/08/2013; ARE

691857 AgR, Rel. Min. CÁRMEN LÚCIA, Primeira Turma, DJe 19/09/2012; ARE 662017 AgR, Rel. Min. DIAS TOFFOLI, Primeira Turma, DJe de 03/08/2012; ARE 646358 AgR, Rel. Min. RICARDO LEWANDOWSKI, Segunda Turma, DJe de 15/05/2012). 2. É cabível a atribuição dos efeitos da declaração de ausência de repercussão geral quando não há matéria constitucional a ser apreciada ou quando eventual ofensa à Constituição Federal se dê de forma indireta ou reflexa (RE 584.608 RG, Min. ELLEN GRACIE, Pleno, DJe de 13/03/2009). 3. Ausência de repercussão geral da questão suscitada, nos termos do art. 543-A do CPC".

8. REGRAS DE TRANSIÇÃO

Neste tópico serão analisadas sinteticamente as regras de transição do RPPS, aplicáveis em favor dos servidores estaduais, distritais e municipais ingressos antes das reformas trazidas pelas Emendas 20, 41 e 47.

Essas regras continuam em vigor nos estados, Distrito Federal e municípios até a data de publicação de lei de iniciativa privativa do respectivo Poder Executivo que as referende integralmente, nos termos do artigo 36, II, da Emenda 103/2019.

8.1. Direito adquirido

Tanto a Emenda 20 (artigo 3º), quanto a Emenda 41 (artigo 3º) asseguraram o **direito adquirido** à aposentadoria e pensão àqueles que preencheram os requisitos até a sua promulgação, mesmo os que não optaram por seu gozo, inclusive com base nos critérios da legislação vigente, em decorrência do Princípio do *Tempus Regit Actum*.

De acordo com o TCU, "os servidores que adquiriram o direito à aposentadoria por idade, com o implemento das condições antes da edição da EC 41/03, podem se aposentar, a qualquer tempo, com base nos critérios definidos na legislação anterior, desde que computado apenas o tempo de serviço prestado até a data de publicação dessa Emenda (31/12/2003)"[17].

Nesse sentido, pontifica a Súmula 359, do STF, que "ressalvada a revisão prevista em lei, os proventos da inatividade regulam-se pela lei vigente ao tempo em que o militar, ou o servidor civil, reuniu os requisitos necessários", independentemente de requerimento administrativo, conforme redação que decorreu do julgamento do RE 72.509.

Impende salientar que a regra de transição instituída pelo artigo 8º da Emenda 20/1998, embora tenha sido revogada expressamente pelo artigo 10 da Emenda 41/2003, à luz do direito adquirido, deverá ser aplicada ao servidor que, até 31/12/2003, implementou todos os requisitos à sua aplicação:

> "Art. 8º – Observado o disposto no art. 4º desta Emenda e ressalvado o direito de opção a aposentadoria pelas normas por ela estabelecidas, é assegurado o direito à aposentadoria voluntária com proventos calculados de acordo com o art. 40, § 3º, da Constituição Federal, àquele que tenha ingressado regularmente em cargo efetivo na Administração Pública, direta, autárquica e fundacional, até a data de publicação desta Emenda, quando o servidor, cumulativamente: (Revogado pela Emenda Constitucional nº 41, de 19.12.2003)
>
> I – tiver cinqüenta e três anos de idade, se homem, e quarenta e oito anos de idade, se mulher; (Revogado pela Emenda Constitucional nº 41, de 19.12.2003)

17. **Acórdão 1896/2015 Primeira Câmara** (Monitoramento, Relator Ministro Walton Alencar Rodrigues).

II – tiver cinco anos de efetivo exercício no cargo em que se dará a aposentadoria;(Revogado pela Emenda Constitucional nº 41, de 19.12.2003)

III – contar tempo de contribuição igual, no mínimo, à soma de:(Revogado pela Emenda Constitucional nº 41, de 19.12.2003)

a) trinta e cinco anos, se homem, e trinta anos, se mulher; e (Revogado pela Emenda Constitucional nº 41, de 19.12.2003)

b) um período adicional de contribuição equivalente a vinte por cento do tempo que, na data da publicação desta Emenda, faltaria para atingir o limite de tempo constante da alínea anterior. (Revogado pela Emenda Constitucional nº 41, de 19.12.2003)

§ 1º – O servidor de que trata este artigo, desde que atendido o disposto em seus incisos I e II, e observado o disposto no art. 4º desta Emenda, pode aposentar-se com proventos proporcionais ao tempo de contribuição, quando atendidas as seguintes condições:(Revogado pela Emenda Constitucional nº 41, de 19.12.2003)

I – contar tempo de contribuição igual, no mínimo, à soma de:(Revogado pela Emenda Constitucional nº 41, de 19.12.2003)

a) trinta anos, se homem, e vinte e cinco anos, se mulher; e(Revogado pela Emenda Constitucional nº 41, de 19.12.2003)

b) um período adicional de contribuição equivalente a quarenta por cento do tempo que, na data da publicação desta Emenda, faltaria para atingir o limite de tempo constante da alínea anterior;(Revogado pela Emenda Constitucional nº 41, de 19.12.2003)

II – os proventos da aposentadoria proporcional serão equivalentes a setenta por cento do valor máximo que o servidor poderia obter de acordo com o "caput", acrescido de cinco por cento por ano de contribuição que supere a soma a que se refere o inciso anterior, até o limite de cem por cento.(Revogado pela Emenda Constitucional nº 41, de 19.12.2003)

§ 2º – Aplica-se ao magistrado e ao membro do Ministério Público e de Tribunal de Contas o disposto neste artigo.(Revogado pela Emenda Constitucional nº 41, de 19.12.2003)

§ 3º – Na aplicação do disposto no parágrafo anterior, o magistrado ou o membro do Ministério Público ou de Tribunal de Contas, se homem, terá o tempo de serviço exercido até a publicação desta Emenda contado com o acréscimo de dezessete por cento.(Revogado pela Emenda Constitucional nº 41, de 19.12.2003)

§ 4º – O professor, servidor da União, dos Estados, do Distrito Federal e dos Municípios, incluídas suas autarquias e fundações, que, até a data da publicação desta Emenda, tenha ingressado, regularmente, em cargo efetivo de magistério e que opte por aposentar-se na forma do disposto no "caput", terá o tempo de serviço exercido até a publicação desta Emenda contado com o acréscimo de dezessete por cento, se homem, e de vinte por cento, se mulher, desde que se aposente, exclusivamente, com tempo de efetivo exercício das funções de magistério.(Revogado pela Emenda Constitucional nº 41, de 19.12.2003)

§ 5º – O servidor de que trata este artigo, que, após completar as exigências para aposentadoria estabelecidas no "caput", permanecer em atividade, fará jus à isenção da contribuição previdenciária até completar as exigências para aposentadoria contidas no art. 40, § 1º, III, "a", da Constituição Federal. (Revogado pela Emenda Constitucional nº 41, de 19.12.2003)".

8.2. Aposentadoria. Artigo 2º, da Emenda 41/2003

Vale ressaltar que o artigo 4º, da Emenda 20/98, determina a contagem do tempo de serviço como tempo de contribuição, até que seja editada lei específica sobre a matéria, que ainda inexiste.

Frise-se que antes da citada Emenda bastava o tempo de serviço para a concessão da aposentadoria do servidor público, pois não era exigida idade mínima, operando-se aos 35 anos de serviço, se homem, ou 30 anos de serviço, se mulher, com proventos integrais.

Já a aposentadoria com proventos proporcionais seria devida aos 30 anos de serviço, se homem, ou 25 anos de serviço, se mulher.

Existia uma regra de transição no artigo 8º, da Emenda 20/1998, em favor dos servidores que ingressaram no serviço público até o seu advento, mas restou revogada pela Emenda 41/03, que passou a disciplinar o tema em seu artigo 2º.

De efeito, para os servidores públicos ingressos até a publicação da Emenda 20/98 (16.12.98) e que não contavam com o direito adquirido, por não preencher todos os pressupostos legais, há uma regra de transição no artigo 2º, da Emenda 41/03, para a sua aposentadoria.

Deveras, para ter direito à aposentadoria pela regra de transição, o servidor deverá contar com a idade mínima de 53 anos (homem) ou de 48 anos de idade (mulher), bem como com 35 ou 30 anos de contribuição, respectivamente, ainda devendo realizar um tempo adicional ("pedágio") de 20% do tempo que, na data da emenda, faltaria para atingir esse período total de serviço, devendo ainda contar com 05 anos de efetivo exercício do cargo em que ocorrer a aposentação.

Neste caso, os proventos serão calculados da seguinte forma: para cada ano antecipado com relação à idade mínima (60 ou 55 anos de idade, se homem ou mulher, com redução de 05 anos para os professores exclusivos do ensino infantil, médio ou fundamental), os proventos serão reduzidos em 3,5% (se cumpridos os requisitos até 31.12.2005) ou em 5% por ano (se cumpridos os requisitos após 01.01.2006).

Caso o servidor preencha os requisitos para se aposentar por esta regra de transição, mas opte em permanecer em atividade, fará jus a um abono de permanência equivalente ao valor de sua contribuição previdenciária.

O artigo 2º, § 3º, da Emenda 41/2003, ainda traz uma regra de transição para beneficiar os magistrados e membros do Ministério Público do sexo masculino, que antes se aposentavam com 30 anos de serviço e 05 anos de judicatura ou de atividade no *parquet*, tendo o tempo de serviço exercido até a data de publicação da Emenda Constitucional nº 20 contado com acréscimo de 17%, apenas para fins da aposentadoria com base na cabeça do artigo.

Também para a utilização desta regra de transição, o artigo 2º, § 4º, da Emenda 41/2003, ainda contempla um benefício em favor dos professores vinculados ao RPPS, ingressos antes da Emenda 20/98, permitindo o acréscimo do tempo de serviço prestado até 16.12.1998 de 17%, se homem, ou de 20%, se mulher, desde que se aposente, exclusivamente, com tempo de efetivo exercício nas funções de magistério.

8.3. Aposentadoria. Artigo 3º, da Emenda 47/2005

Posteriormente, a Emenda 47/2005 trouxe nova regra de transição, que veio a se somar com a anterior, cabendo ao servidor optar pela mais vantajosa, inserta no seu artigo 3º, que garante aposentadoria com proventos integrais aos servidores ingressos antes da Emenda 20 (até 16.12.98), desde que preencham, cumulativamente, os seguintes requisitos:

> "I – trinta e cinco anos de contribuição, se homem, e trinta anos de contribuição, se mulher;
>
> II – vinte e cinco anos de efetivo exercício no serviço público, quinze anos de carreira e cinco anos no cargo em que se der a aposentadoria;

> III – idade mínima resultante da redução, relativamente aos limites do art. 40, § 1º, inciso III, alínea "a", da Constituição Federal, de um ano de idade para cada ano de contribuição que exceder a condição prevista no inciso I do caput deste artigo".

Logo, por esta regra de transição, conhecida como regra 95 para os homens ou regra 85 para as mulheres, desde que o servidor tenha ingressado no serviço público até a data de publicação (16.12.1998) da Emenda 20 e tenha atingido o tempo mínimo de contribuição para se aposentar com proventos integrais, contando com 25 anos de serviço público, 15 anos de carreira e 05 anos no cargo a se aposentar, haverá a redução de um ano de idade para cada ano de contribuição que extrapolar 35 anos (homem) ou 30 anos (mulher).

Esta regra de transição não traz tratamento diferenciado aos professores do ensino básico. Daí que, de acordo com o TCU, "**no que toca ao fundamento contido no art. 3º da EC 47/2005, comungo da análise empreendida pela unidade técnica no sentido de que ele não pode ser aplicado em conjunto com o já discorrido art. 40, § 5º, da CF, pois aquele deve ser entendido como a regra específica para os professores e esse a regra comum para os demais servidores públicos que estavam em atividade em 16/12/1998**" (ACÓRDÃO 2825/2009 – TCU – 2ª Câmara), negando o registro da aposentadoria.

Entende-se que a Constituição deve ser interpretada de modo teleológico e com arrimo no Princípio da Unidade, daí ser razoável a redução em cinco anos na idade e tempo de contribuição do professor do ensino básico nessa regra 85/95.

O tema não foi julgado pelos tribunais superiores e é bastante divergente entre os Tribunais de Justiça, cabendo ao STF definir o alcance do texto constitucional.

De acordo com o TCU "no preenchimento do requisito tempo mínimo na carreira, para fins de aposentadoria, somente pode ser considerado o tempo de serviço prestado nos cargos de mesma atribuição, ainda que em classes distintas. É irregular a soma do tempo de serviço prestado em carreiras constituídas pelos cargos de Técnico Judiciário e Analista Judiciário para atingir esse limite mínimo"[18].

Suponha-se que um servidor do sexo masculino, nesta situação, conte com 40 anos de contribuição. Neste caso, ele terá direito a uma redução de 05 anos na idade, podendo se aposentar com 55 anos de idade, desde que nessa idade tenha 40 anos de contribuição (40 + 55 = 95), sem direito ao abono de permanência, caso opte em permanecer na ativa.

Isso porque, diferentemente do quanto previsto na Emenda 41/2003, a Emenda 47/2005 não previu (expressamente) a concessão do abono de permanência aos servidores que já preencheram as regras de transição do seu artigo 3º e já poderiam estar aposentados, mas optaram em permanecer em atividade.

No entanto, considerando a irrazoabilidade da não previsão do abono nesta hipótese, construiu-se a tese da aplicação da regra permanente do artigo 40, § 19, da Constituição para a sua concessão:

> "ADMINISTRATIVO. CONSTITUCIONAL. APELAÇÃO EM MANDADO DE SEGURANÇA. SERVIDOR PÚBLICO. PREENCHIMENTO DOS REQUISITOS PARA APOSENTADORIA ESPECIAL. ABONO DE PERMANÊNCIA DO ARTIGO 40, § 19 DA CONSTITUIÇÃO. REGRA DO CORPO PERMANENTE DO TEXTO CONSTITUCIONAL APLICÁVEL À APOSENTA-

18. Acórdão 2294/2014 Primeira Câmara (Aposentadoria, Relator Ministro-Substituto Augusto Sherman).

DORIA PREVISTA NA EC 47/2005. DESNECESSIDADE. RECURSO PROVIDO. 1. Apelação interposta contra sentença que denegou mandado de segurança impetrado contra ato do Superintendente Federal de Agricultura do Ministério da Agricultura no Mato Grosso do Sul, que negou ao impetrante, fiscal federal agropecuário, o direito ao pagamento do abono de permanência previsto nos artigos 40, § 19, da Constituição Federal, art. 3º, § 1º, da EC 20/1998, e art. 2º, da EC 41/2003. 2. É incontroverso que o impetrante preenche os requisitos para a aposentadoria voluntária com proventos integrais, com base no art. 3º da Emenda Constitucional nº 47/2005. **A discussão cinge-se a possibilidade de concessão do abono de permanência, sustentando a Administração que, diferentemente do que ocorreu na EC nº 20/1998 e na EC nº 41/2003, não há previsão da referida verba no regime instituído pela EC nº 47/2005. 3. A regra do abono de permanência consta do corpo definitivo da Constituição, no § 19 do artigo 40, na redação da EC nº 41/2003. Constando do corpo definitivo da Constituição, é de se ter a norma por aplicável, sem a necessidade de que seja repetida nas emendas que dispõe sobre as regras de transição. 4. O fato de não constar da EC 47/2005 previsão de abono de permanência não leva à conclusão de que, ainda que satisfeitos os requisitos nela previstos, o servidor que continuar em atividade não fará jus ao mencionado abono. Tal conclusão somente seria válida se houvesse expressa vedação ao pagamento de tal verba na citada Emenda. Como não há, aplica-se a norma do corpo permanente da Carta, que prevê o abono para o servidor que preencher os requisitos da aposentadoria voluntária.** 5. Se a aposentadoria for voluntária, então a ela será aplicável a regra do § 19 do artigo 40 da Constituição. E aposentadoria especial por atividade insalubre ou perigosa classifica-se, indubitavelmente, como voluntária. 6. A razão de ser da regra que assegura a aposentadoria com menor tempo de contribuição para aqueles que exercem determinadas atividades não é, como equivocadamente sustentado, a de garantir que os servidores sujeitos a condições prejudiciais à saúde deixem de exercer sua atividade o quanto antes. Para que tal raciocínio fosse válido, a aposentadoria especial deveria ser compulsória, afastando o servidor, definitivamente, da atividade insalubre ou perigosa. E não é isso o que ocorre, já que a legislação permite a continuação do trabalho em atividade especial. 7. Não existe incompatibilidade lógica ao pagamento do abono de permanência ao impetrante, porque a aposentadoria, embora especial por atividade prejudicial à saúde, continua sendo voluntária. 8. Apelação provida" (TRF 3ª Região, AMS 339300, de 08/10/2013).

De sua vez, o Tribunal de Contas da União, por meio do Acórdão 698/2010-Plenário, já se posicionou pela concessão do abono de permanência nesta hipótese, assim como o artigo 86, § 2º, da Orientação Normativa MPS/SPS nº 2/2009:

> "§ 2º O recebimento do abono de permanência pelo servidor que cumpriu todos os requisitos para obtenção da aposentadoria voluntária, com proventos integrais ou proporcionais, em qualquer das hipóteses previstas nos arts. 58, 67 e 81, conforme previsto no caput e § 1º, **não constitui impedimento à concessão do benefício de acordo com outra regra vigente, inclusive as previstas nos arts. 68 e 69, desde que cumpridos os requisitos previstos para essas hipóteses, garantida ao segurado a opção pela mais vantajosa**".

Este entendimento foi confirmado pelo Plenário do TCU em 2013:

> **ACÓRDÃO 1078/2013 Plenário**
>
> Recurso. Administrativo. Abono de permanência.
>
> Concessão do benefício do abono de permanência em hipóteses não expressamente previstas na Constituição. É possível, em interpretação teleológica, estender o benefício para além dos casos expressamente previstos no § 19 do art. 40 da Constituição e no § 5º do art. 2º da Emenda Constitucional 41/2003, eis que a referida Emenda objetivou conceder aos servidores públicos a faculdade de continuar em atividade após preenchidos os requisitos de aposentação, sem excluir aqueles regulados por regras especiais, e conceder-lhes um benefício que, em última instância, desonera o próprio sistema previdenciário. Recurso provido.

8.4. Paridade e integralidade remuneratória entre ativos e inativos. Artigo 6º, da Emenda 41/2003

Conforme dito anteriormente, a Emenda 41/2003 extinguiu a integralidade remuneratória entre ativos e inativos, devendo os benefícios no RPPS ser calculados com base nas remunerações corrigidas, equivalentes a 80% do período contributivo.

Entrementes, há uma regra de transição para os servidores que ingressaram no serviço público até a data de publicação da Emenda 41, ocorrida em 31.12.2003, que garante a integralidade e paridade remuneratória entre ativos e inativos, no seu artigo 6º.

A **paridade remuneratória** consiste no direito dos aposentados e pensionistas de verem seus benefícios revisados na mesma proporção e na mesma data, sempre que se modificar a remuneração dos servidores em atividade, sendo também estendidos aos aposentados e pensionistas quaisquer benefícios ou vantagens posteriormente concedidos aos servidores em atividade, inclusive quando decorrentes da transformação ou reclassificação do cargo ou função em que se deu a aposentadoria ou que serviu de referência para a concessão da pensão.

Já a **integralidade** é o direito do servidor de se aposentar com a mesma remuneração do cargo efetivo em que se operar a sua aposentadoria, tendo sido o instituto extinto pela EC 41/2003 e mantido apenas em regra de transição.

Neste caso, deverá o servidor público contar com os requisitos tradicionais para se aposentar (60 anos de idade e 35 anos de contribuição, se homem, e 55 anos de idade e 30 anos de contribuição, se mulher), bem como com 20 anos de efetivo exercício no serviço público, 10 anos na carreira e 05 anos de efetivo exercício no cargo em que se der a aposentadoria.

Nos termos do entendimento do STF, "os servidores que ingressaram no serviço público antes da EC 41/2003, mas que se aposentaram após a referida emenda, possuem direito à paridade remuneratória e à integralidade no cálculo de seus proventos, desde que observadas as regras de transição especificadas nos arts. 2º e 3º da EC 47/2005." (RE 590.260, Rel. Min. Ricardo Lewandowski, julgamento em 24-6-2009, Plenário, *DJE* de 23-10-2009, com repercussão geral.)

No entanto, de acordo com o STF, não há direito dos aposentados com integralidade a extensão de gratificações *pro labore faciendo*, o que representa uma brecha para a criação de novas gratificações pelo Poder Público em prejuízo dos inativos com o objetivo de não extensão:

> "Segundo agravo regimental em recurso extraordinário com agravo. **2. Gratificação de desempenho de atividade de perícia médica previdenciária – GDAPMP. Ofensa à garantia constitucional da integralidade (art. 3º da EC nº 47/2005). Inocorrência. 3. Natureza pro labore faciendo da gratificação.** 4. Ausência de argumentos suficientes a infirmar a decisão recorrida. 5. Agravo regimental a que se nega provimento" **(RE 895879 AgR-, de 21/10/2015).**

> "Agravo regimental no recurso extraordinário com agravo. Direito Administrativo. Gratificação de desempenho de atividade médico-pericial (GDAMP). Manutenção da pontuação após a adoção dos critérios de avaliação. Prequestionamento. Ausência. Princípio da prestação jurisdicional. Ofensa reflexa. Fatos e provas. Reexame. Legislação infraconstitucional. Análise. Impossibilidade. Precedentes. 1. Não se admite o recurso extraordinário quando os dispositivos constitucionais que nele se alega violados não estão devidamente prequestionados. Incidência das Súmulas nºs 282 e 356/STF. 2. A afronta aos princípios da legalidade, do devido processo legal, da ampla defesa e do contraditório, dos limites da coisa julgada e da prestação jurisdicional, quando depende, para ser reconhecida como tal, da análise de normas infraconstitucionais, configura apenas ofensa indireta ou reflexa à Constituição Federal. 3. Inadmissível, em recurso extraordinário, o reexame dos fatos e das provas dos autos e a análise da legislação infraconstitucional. Incidência das Súmulas nºs

279 e 636/STF. **4. A jurisprudência da Corte assentou que o direito à paridade dos servidores inativos com relação às gratificações de natureza propter laborem ocorre somente até que sejam processados os resultados das primeiras avaliações de desempenho.** 5. Agravo regimental não provido" (**ARE 881868 AgR**, de 27/10/2015).

No mesmo sentido o TCU:

Acórdão 3347/2015 Plenário (Revisão de Ofício, Relator Ministro Vital do Rêgo)

Pessoal. Aposentadoria. Proventos.

O direito à paridade dos servidores inativos com relação às gratificações de natureza *pro labore faciendo* permanece somente até que sejam processados os resultados das primeiras avaliações de desempenho. Não caracteriza violação do direito à irredutibilidade de vencimentos a adequação dos proventos ao valor fixado em lei a partir do referido marco.

8.5. Acumulação de remuneração com proventos de cargos inacumuláveis

É certo que a Emenda 20, que inseriu o § 10, no artigo 37, da Constituição, proíbe a acumulação de remuneração de cargos, empregos ou funções públicas com proventos de aposentadoria, exceto nos casos excepcionais de cargos acumuláveis previstos expressamente.

Todavia, há uma regra de transição para os servidores ingressos até 16.12.98, data da publicação da Emenda 20.

De acordo com o artigo 11, da referida Emenda, "a vedação prevista no art. 37, § 10, da Constituição Federal, não se aplica aos membros de poder e aos inativos, servidores e militares, que, até a publicação desta Emenda, tenham ingressado novamente no serviço público por concurso público de provas ou de provas e títulos, e pelas demais formas previstas na Constituição Federal, sendo-lhes proibida a percepção de mais de uma aposentadoria pelo regime de previdência a que se refere o art. 40 da Constituição Federal, aplicando-se-lhes, em qualquer hipótese, o limite de que trata o § 11 deste mesmo artigo".

Logo, esses servidores antigos poderão excepcionalmente acumular a remuneração com os proventos de aposentadoria, mas não poderão concentrar duas aposentadorias.

Por derivação, se não for possível a acumulação de duas aposentadorias, também não poderão ser instituídas duas pensões por morte em favor dos dependentes do servidor falecido, conforme correto pronunciamento do STF, noticiado no Informativo 638:

"638 – Acumulação de pensões e reingresso no serviço público antes da EC 20/98 – 4

Não é possível cogitar-se de direito ao recebimento de uma segunda pensão por morte se proibida a percepção de dupla aposentadoria estatutária pelo servidor que veio a falecer. Esse o consenso do Plenário que, em conclusão de julgamento, desproveu recurso extraordinário no qual se discutia a possibilidade de acumulação de duas pensões de natureza estatutária. Na espécie, ele aposentara-se em determinado cargo da Administração Pública, posteriormente nela reingressara, por concurso público, antes da EC 20/98, permanecendo no cargo até seu falecimento, em julho de 2001 – v. Informativos 564 e 588. **Em razão de o reingresso no serviço público ter ocorrido anteriormente à EC 20/98, salientou-se que – não obstante a ressalva do direito à acumulação dos proventos da aposentadoria com a remuneração do cargo que exercia – não lhe era permitida a percepção de mais de uma aposentadoria estatutária** (EC 20/98: "Art. 11 – A vedação prevista no art. 37, § 10, da Constituição Federal, não se aplica aos membros de poder e aos inativos, servidores e militares, que, até a publicação desta Emenda, tenham ingressado novamente no serviço público por concurso público de provas ou de provas e títulos, e pelas demais formas previstas na Constituição Federal, sendo-lhes proibida a percepção de mais de uma aposentadoria pelo regime de previdência a que se refere o art. 40 da Constituição Federal, aplicando-se-lhes, em qualquer hipótese, o limite de que trata o § 11 deste mesmo artigo"). **Por conseguinte, entendeu-se não haver direito ao recebimento de duas ou mais pensões por parte de seus dependentes**, uma vez que o art. 40, § 7º, da CF subordinava esse benefício ao valor dos proventos a que o servidor teria jus ("Lei disporá sobre a concessão do benefício da pensão por morte, que será igual ao valor dos proventos do servidor falecido ou ao valor dos proventos a que teria direito o servidor em atividade na data de seu falecimento, observado o disposto no § 3º"). Observou-se, por fim, não ser aplicável, ao caso, a regra de transição prevista no art. 3º da EC 20/98, visto que o instituidor da pensão não preenchia, em relação ao segundo cargo exercido, os requisitos para a obtenção de qualquer benefício. Alguns precedentes citados: RE 463028/RS (DJU de 10.3.2006); RE 527714 AgR/RJ (DJe de 29.6.2007); RE 489776 AgR/MG (DJe de 1º.8.2008). **RE 584388/SC, rel. Min. Ricardo Lewandowski, 31.8.2011"**.

Por outro lado, o STF não estendeu essa proibição à acumulação de pensão civil com pensão militar, por serem regimes distintos e não existir regra proibitiva expressa, reformando decisão do TCU:

Informativo 859 – Cumulação de proventos, pensões e cargos públicos inacumuláveis em atividade

A Primeira Turma concedeu mandado de segurança impetrado contra ato do Tribunal de Contas da União (TCU), que determinou à impetrada optar por uma das duas pensões que recebe em decorrência de aposentadorias de seu falecido esposo – servidor público civil aposentado pelo SNI e militar reformado do Exército –, ao fundamento de que a cumulação seria ilegal.

Inicialmente, afastou a preliminar de decadência. O acordão impugnado foi publicado em 3.3.2004, ao passo que o "mandamus" somente foi protocolado em 13.10.2004, mais de 120 dias após a ciência do ato impugnado, o que resultaria na perda do direito de ajuizar a ação mandamental.

O Colegiado, entretanto, asseverou que o fato de a impetrante haver sido favorecida por decisão liminar deferida em 10.11.2004 — portanto, há mais de doze anos — justifica avançar na análise da impetração.

Ressaltou a necessidade de encontrar solução alternativa que leve em consideração a eficiência processual e a primazia da decisão de mérito, normas fundamentais já incorporadas na estrutura do novo CPC (1 e 2).

Ademais, citou precedentes da Corte no sentido da superação de óbices processuais, quando necessária para adentrar no exame das questões de mérito. Apontou, ainda, precedente no sentido da obrigatoriedade da observância do princípio da segurança jurídica, diante da concessão de medidas liminares em processos cujos méritos são definitivamente julgados depois de passados muitos anos.

No mérito, a Turma anotou que o art. 11 (3) da Emenda Constitucional 20/1998 vedou expressamente a concessão de mais de uma aposentadoria pelo regime de previdência dos servidores civis previsto no art. 40 da Constituição Federal (CF). Registrou, no entanto, não haver qualquer referência à concessão de proventos militares, os quais são tratados nos arts. 42 e 142 do texto constitucional.

Ressaltou que, por cumular a percepção de pensão civil com pensão militar, a impetrante está enquadrada em situação não alcançada pela proibição da referida emenda. Por fim, o Colegiado apontou precedentes nesse sentido (4).

1. CPC/2015: "Art. 4º As partes têm o direito de obter em prazo razoável a solução integral do mérito, incluída a atividade satisfativa."

2. CPC/2015: "Art. 8º Ao aplicar o ordenamento jurídico, o juiz atenderá aos fins sociais e às exigências do bem comum, resguardando e promovendo a dignidade da pessoa humana e observando a proporcionalidade, a razoabilidade, a legalidade, a publicidade e a eficiência."

3. EC 20/1998: "Art. 11 A vedação prevista no art. 37, § 10, da Constituição Federal, não se aplica aos membros de poder e aos inativos, servidores e militares, que, até a publicação desta Emenda, tenham ingressado novamente no serviço público por concurso público de provas ou de provas e títulos, e pelas demais formas previstas na Constituição Federal, sendo-lhes proibida a percepção de mais de uma aposentadoria pelo regime de previdência a que se refere o art. 40 da Constituição Federal, aplicando-se-lhes, em qualquer hipótese, o limite de que trata o § 11 deste mesmo artigo." 4. AI 375011/RS (DJU de 28.10.2004); RE 298694/SP (DJU de 23.4.2004); MS 22357/DF (DJU de 5.11.2004); MS 25192/DF (DJU de 6.5.2005); MS 24958/DF (DJU de 1º.4.2005); AI 801096 AgR-EDv/DF (DJE de 30.6.2015). **MS 25097/DF, rel. Min. Gilmar Mendes, julgamento em 28.3.2017. (MS-25097).**

9. QUADRO SINÓTICO

TABELA DIFERENCIADORA DO REGIME JURÍDICO APLICÁVEL AO SERVIDOR EFETIVO NO RPPS POR DATA DE INGRESSO ESTADOS, DF E MUNICÍPIOS ATÉ A INCORPORAÇÃO DA EC 103/2019 OU REGRA PECULIAR	
DATA DE INGRESSO NO SERVIÇO PÚBLICO (POSSE)	**REGRAS APLICÁVEIS**
Até 16/12/1998 (Até a Emenda 20/1998)	– Regra de transição de aposentadoria do artigo 2º, da Emenda 41/2003; – Regra de transição de aposentadoria do artigo 3º, da Emenda 47/2005; – Regra de transição do artigo 11, da Emenda 20/1998; – Paridade e integralidade pela regra de transição do artigo 6º da Emenda 41/2003 (vide art. 2º da Emenda 47/2005); – Regra de transição da aposentadoria por invalidez da Emenda 70/2012.
Após 16/12/1998 e até 31/12/2003 (Até a Emenda 41/2003)	– Paridade e integralidade pela regra de transição do artigo 6º da Emenda 41/2003 (vide art. 2º da Emenda 47/2005); – Regra de transição da aposentadoria por invalidez da Emenda 70/2012.
A partir de 01/01/2004 (após a Emenda 41/2003) e até a véspera do funcionamento da previdência complementar	– Cálculo da aposentadoria pela média das 80% maiores remunerações (art. 1º, da Lei 10.887/2004), limitada à remuneração do cargo.
A partir do funcionamento da previdência complementar	– Aposentadoria e pensão limitada ao teto do Regime Geral de Previdência Social.

10. QUESTÕES DE PROVA

12.1 (Ano: 2020 Banca: VUNESP Órgão: AVAREPREV-SP Prova: VUNESP – 2020 – AVAREPREV-SP – Procurador Jurídico) Suponha que determinado agente público preenche os pressupostos presentes na EC nº 20/98 para se aposentar com proventos integrais e paridade. Com base nessas informações, é correto afirmar que

A) a informação é incorreta e a concessão do benefício não pode ocorrer com integralidade e paridade, pois os benefícios não se encontram previstos no sistema constitucional.

B) a aposentadoria com proventos integrais corresponde, necessariamente, ao valor da última remuneração percebida pelo servidor em atividade.

C) os adicionais de insalubridade recebido pelo servidor em atividade se incorporarão ao seu benefício previdenciário.

D) caso o agente público passe para a inatividade, terá o direito à gratificação concedida aos servidores da ativa que possua a natureza de pro labore faciendo.

E) o servidor aposentado na última classe de determinada carreira não terá o direito de perceber proventos correspondentes aos da última classe da nova carreira, reestruturada por lei superveniente.

Gabarito: Letra E

Para acesso ao vídeo, utilize o QR Code ao lado.

12.2 (Ano: 2020 Banca: VUNESP Órgão: Valiprev – SP Prova: VUNESP – 2020 – Valiprev – SP – Procurador) Aquiles, ao alcançar aposentadoria, nos termos do artigo 40, § 1º, III, "a", da Constituição Federal, antes da Reforma Previdenciária, fará jus a proventos calculados segundo a regra da

A) "integralidade" e reajustados de forma paritária.

B) "média" e reajustados na forma da lei.

C) "integralidade" e reajustados na forma da lei.

D) "média" e reajustados de forma paritária.

E) "proporcionalidade" e reajustados de forma paritária

Gabarito: Letra B

Para acesso ao vídeo, utilize o QR Code ao lado.

12.3 (Ano: 2019 Banca: VUNESP Órgão: Prefeitura de Francisco Morato – SP Prova: VUNESP – 2019 – Prefeitura de Francisco Morato – SP – Procurador) Em se tratando do Regime Próprio de Previdência Social – RPPS, fazem jus ao abono de permanência:

A) os inativos.

B) os disponibilizados.

C) os que ocupam exclusivamente cargo em comissão.

D) os servidores que, tendo satisfeito os requisitos para aposentadoria voluntária, optem por permanecer em atividade.

E) os servidores que atingiram a idade mínima de 50 anos, se mulher, e 55 anos, se homem.

Gabarito: Letra D

Para acesso ao vídeo, utilize o QR Code ao lado.

12.4 (Ano: 2019 Banca: VUNESP Órgão: IPREMM – SP Prova: VUNESP – 2019 – IPREMM – SP – Procurador Jurídico) Ao tratar do equilíbrio financeiro e atuarial do regime próprio de previdência social dos servidores públicos, a Lei n° 9.717/98 estabelece:

A) a contribuição da União, dos Estados, do Distrito Federal e dos Municípios, incluídas suas autarquias e fundações, aos regimes próprios de previdência social a que estejam vinculados seus servidores não poderá ser inferior ao valor da contribuição do servidor ativo, nem superior ao dobro desta contribuição.

B) no caso de extinção de regime próprio de previdência social, a União, o Estado, o Distrito Federal e os Municípios não assumirão qualquer responsabilidade pelo pagamento dos benefícios concedidos durante a sua vigência, nem mesmo por aqueles benefícios cujos requisitos necessários a sua concessão foram implementados anteriormente à extinção do regime próprio de previdência social.

C) a contribuição da União, dos Estados, do Distrito Federal e dos Municípios, incluídas suas autarquias e fundações, aos regimes próprios de previdência social a que estejam vinculados seus servidores poderá ser superior ao dobro da contribuição do servidor ativo.

D) a União, os Estados, o Distrito Federal e os Municípios não são responsáveis pela cobertura de eventuais insuficiências financeiras do respectivo regime próprio, decorrentes do pagamento de benefícios previdenciários.

E) as alíquotas de contribuição dos servidores ativos dos Estados, do Distrito Federal e dos Municípios para os respectivos regimes próprios de previdência social serão inferiores às dos servidores titulares de cargos efetivos da União, devendo ainda ser observadas, no caso das contribuições sobre os proventos dos inativos e sobre as pensões, as mesmas alíquotas aplicadas às remunerações dos servidores em atividade do respectivo ente estatal.

Gabarito: Letra A

Para acesso ao vídeo, utilize o QR Code ao lado.

12.5 (Ano: 2019 Banca: VUNESP Órgão: IPREMM – SP Prova: VUNESP – 2019 – IPREMM – SP – Procurador Jurídico) A Lei n° 9.717/98, ao disciplinar os regimes próprios de previdência social dos servidores públicos, estabelece que tais regimes devem estar baseados em normas gerais de contabilidade e atuária, de modo a garantir o seu equilíbrio financeiro e atuarial, sendo correto afirmar:

A) é observado o critério da cobertura exclusiva a servidores públicos titulares de cargos efetivos e a militares, e a seus respectivos dependentes, de cada ente estatal, facultado o pagamento de benefícios, mediante convênios ou consórcios entre Estados, entre Estados e Municípios e entre Municípios.

B) é limitado o acesso dos segurados às informações relativas à gestão do regime e participação de representantes dos servidores públicos e dos militares, ativos e inativos, nos colegiados e instâncias de decisão em que os seus interesses sejam objeto de discussão e deliberação.

C) vige o critério de inclusão nos benefícios, para efeito de percepção destes, de parcelas remuneratórias pagas em decorrência de local de trabalho, de função de confiança ou de cargo em comissão, independentemente de tais parcelas integrarem a remuneração de contribuição do servidor que se aposentar.

D) é facultada a inclusão nos benefícios, para efeito de percepção destes, do abono de permanência de que trata a Constituição Federal.

E) o servidor público titular de cargo efetivo da União, dos Estados, do Distrito Federal e dos Municípios ou o militar dos Estados e do Distrito Federal filiado a regime próprio de previdência social, quando cedido a órgão ou entidade de outro ente da federação, com ou sem ônus para o cessionário, permanecerá vinculado ao regime de origem.

Gabarito: Letra E

Para acesso ao vídeo, utilize o QR Code ao lado.

12.6 (Ano: 2019 Banca: VUNESP Órgão: Prefeitura de São José do Rio Preto – SP Prova: VUNESP – 2019 – Prefeitura de São José do Rio Preto – SP – Procurador do Município) A Lei Federal nº 9.717, de 27 de novembro de 1998, estabelece normas gerais para a organização e o funcionamento dos regimes próprios de previdência social (RPPS) dos servidores públicos da União, dos Estados, do Distrito Federal e dos Municípios, dos militares dos Estados e do Distrito Federal. Com o intuito de garantir o equilíbrio financeiro e atuarial desses regimes, o diploma determina que cada RPPS conte obrigatoriamente com:

A) plano de equacionamento de eventual deficit mediante a criação de contribuições extraordinárias.

B) sistema de capitalizacão baseado na solidariedade intergeracional.

C) regime de previdência complementar para os servidores titulares de cargo efetivo.

D) registro contábil individualizado das contribuições de cada servidor e dos entes estatais, conforme diretrizes gerais.

E) sistema de repartição simples, caracterizado por contribuição definida e benefício estimado.

Gabarito: Letra D

Para acesso ao vídeo, utilize o QR Code ao lado.

CAPÍTULO 13

DO REGIME PRÓPRIO DO SERVIDOR FEDERAL

1. INTRODUÇÃO

Este Capítulo objetiva abordar as regras específicas do **Regime Próprio de Previdência Social dos servidores públicos federais civis efetivos dos quadros da União, suas autarquias e fundações públicas**, aprovado pela **Lei 8.112/90**, existindo também disposições na Lei 10.887/04.

A princípio, não se aplica ao servidor estadual, distrital ou municipal, exceto se a lei local determinou a aplicação das regras da EC 103/2019.

A Lei 13.135/2015 modificou profundamente as regras sobre a pensão por morte do servidor federal, refletindo quase que na integralidade o regramento deste benefício no Regime Geral de Previdência Social.

Apenas serão tratadas as especificidades do RPPS da União, tendo em vista já ter sido estudada a normatização genérica dos Regimes Próprios, mormente posta no artigo 40, da Constituição Federal e na Lei 9.717/98.

Serão analisadas as disposições principais que figuram nos artigos 183 ao 230, da Lei 8.112/90, sendo importante salientar que várias disposições não estão atualizadas pela Emenda 20/1998 e 103/2019, notadamente no que concerne às aposentadorias.

Também é importante destacar que a Lei 8.112/90 não trata apenas do Regime de Previdência dos servidores federais, e sim aprova um **Plano de Seguridade Social para o servidor e sua família**, englobando benefícios e serviços de previdência social, assistência social e saúde.

Vale frisar que os militares da União terão o seu regime previdenciário ditado pela Lei 6.880/80 (Estatuto dos Militares), não tendo direito à aposentadoria, e sim a reforma ou reserva remunerada.

A *reforma* é uma espécie de inatividade, caracterizando-se como uma dispensa definitiva do militar da prestação de serviço na ativa, apesar de continuar percebendo remuneração da União, podendo, a partir da Lei 9.442/97, o reformado executar excepcionalmente tarefa por tempo certo para as Forças Armadas do Brasil.

Já a *reserva remunerada* é outra modalidade de inatividade em que os reformados poderão executar tarefa por tempo certo, segundo regulamentação para cada Força Armada.

Ainda há previsão da *pensão militar*, a ser deferida aos beneficiários[1] do militar falecido ou extraviado paga conforme o disposto em legislação específica (Lei 3.765/1960), sendo que todos os militares são contribuintes obrigatórios da pensão militar correspondente ao seu posto ou graduação, com as exceções previstas em legislação específica.

Com o advento do Decreto 9.498/2018, restou centralizada no Ministério do Planejamento (competência atual do Ministério da Economia) a concessão e a manutenção de aposentadorias e de pensões do regime próprio de previdência social dos órgãos da administração pública federal direta integrantes do Sistema de Pessoal Civil da Administração Federal – Sipec, a ser completada até 1/2/2022.

O regime previdenciário militar será tratado no capítulo seguinte desta obra.

2. SEGURADOS

São segurados do RPPS da União apenas os servidores públicos civis efetivos federais, pois desde o advento da Lei 8.647/93 o servidor apenas titular de cargo em comissão, por não ter vínculo efetivo, foi inserido no RGPS como segurado empregado, a teor do artigo 11, inciso I, "g", da Lei 8.213/91.

Também são excluídos do RPPS da União os titulares de qualquer outro cargo temporário ou de emprego público, bem como os detentores de mandato eletivo sem vínculo efetivo com a União.

Será assegurada ao servidor licenciado ou afastado sem remuneração a manutenção da vinculação ao regime do Plano de Seguridade Social do Servidor Público, mediante o recolhimento mensal da contribuição própria, no mesmo percentual devido pelos servidores em atividade, acrescida do valor equivalente à contribuição da União, suas autarquias ou fundações, incidente sobre a remuneração total do cargo a que faz jus no exercício de suas atribuições, computando-se, para esse efeito, inclusive, as vantagens pessoais.

1. **De acordo com o artigo 50, do Estatuto dos Militares: § 2° São considerados dependentes do militar:** I – a esposa; II – o filho menor de 21 (vinte e um) anos ou inválido ou interdito; III – a filha solteira, desde que não receba remuneração; IV – o filho estudante, menor de 24 (vinte e quatro) anos, desde que não receba remuneração; V – a mãe viúva, desde que não receba remuneração; VI – o enteado, o filho adotivo e o tutelado, nas mesmas condições dos itens II, III e IV; VII – a viúva do militar, enquanto permanecer neste estado, e os demais dependentes mencionados nos itens II, III, IV, V e VI deste parágrafo, desde que vivam sob a responsabilidade da viúva; VIII – a ex-esposa com direito à pensão alimentícia estabelecida por sentença transitada em julgado, enquanto não contrair novo matrimônio. **§ 3º São, ainda, considerados dependentes do militar, desde que vivam sob sua dependência econômica, sob o mesmo teto, e quando expressamente declarados na organização militar competente:** a) a filha, a enteada e a tutelada, nas condições de viúvas, separadas judicialmente ou divorciadas, desde que não recebam remuneração; b) a mãe solteira, a madrasta viúva, a sogra viúva ou solteira, bem como separadas judicialmente ou divorciadas, desde que, em qualquer dessas situações, não recebam remuneração; c) os avós e os pais, quando inválidos ou interditos, e respectivos cônjuges, estes desde que não recebam remuneração; d) o pai maior de 60 (sessenta) anos e seu respectivo cônjuge, desde que ambos não recebam remuneração; e) o irmão, o cunhado e o sobrinho, quando menores ou inválidos ou interditos, sem outro arrimo; f) a irmã, a cunhada e a sobrinha, solteiras, viúvas, separadas judicialmente ou divorciadas, desde que não recebam remuneração; g) o neto, órfão, menor inválido ou interdito; h) a pessoa que viva, no mínimo há 5 (cinco) anos, sob a sua exclusiva dependência econômica, comprovada mediante justificação judicial; i) a companheira, desde que viva em sua companhia há mais de 5 (cinco) anos, comprovada por justificação judicial; e j) o menor que esteja sob sua guarda, sustento e responsabilidade, mediante autorização judicial.

3. CUSTEIO

Com o advento da Lei 12.350/2010, passou a competir à Secretaria da Receita Federal do Brasil a normatização, cobrança, fiscalização e controle da arrecadação das contribuições destinadas ao custeio do RPPS da União.

Desde a competência março de 2020, a contribuição previdenciária do servidor federal teve o regime extremamente modificado pela Emenda 103/2019.

Eis o artigo 11 da EC 103/2019:

> Art. 11. Até que entre em vigor lei que altere a alíquota da contribuição previdenciária de que tratam os arts. 4º, 5º e 6º da Lei nº 10.887, de 18 de junho de 2004, esta será de **quatorze por cento**.
>
> § 1º A alíquota prevista no *caput* será reduzida ou majorada, considerado o valor da base de contribuição ou do benefício recebido, de acordo com os seguintes parâmetros:
>
> I – até um salário-mínimo, redução de seis inteiros e cinco décimos pontos percentuais;
>
> II – acima de um salário-mínimo até R$ 2.000,00 (dois mil reais), redução de cinco pontos percentuais;
>
> III – de R$ 2.000,01 (dois mil reais e um centavo) até R$ 3.000,00 (três mil reais), redução de dois pontos percentuais;
>
> IV – de R$ 3.000,01 (três mil reais e um centavo) até R$ 5.839,45 (cinco mil oitocentos e trinta e nove reais e quarenta e cinco centavos), sem redução ou acréscimo;
>
> V – de R$ 5.839,46 (cinco mil oitocentos e trinta e nove reais e quarenta e seis centavos) até R$ 10.000,00 (dez mil reais), acréscimo de meio ponto percentual;
>
> VI – de R$ 10.000,01 (dez mil reais e um centavo) até R$ 20.000,00 (vinte mil reais), acréscimo de dois inteiros e cinco décimos pontos percentuais;
>
> VII – de R$ 20.000,01 (vinte mil reais e um centavo) até R$ 39.000,00 (trinta e nove mil reais), acréscimo de cinco pontos percentuais; e
>
> VIII – acima de R$ 39.000,00 (trinta e nove mil reais), acréscimo de oito pontos percentuais.
>
> § 2º A alíquota, reduzida ou majorada nos termos do disposto no § 1º, será aplicada de forma *progressiva* sobre a base de contribuição do servidor público, incidindo cada alíquota sobre a faixa de valores compreendida nos respectivos limites.
>
> § 3º Os valores previstos no § 1º serão reajustados, a partir da data de entrada em vigor desta Emenda Constitucional, na mesma data e no mesmo índice em que se der o reajuste dos benefícios do Regime Geral de Previdência Social, ressalvados aqueles vinculados ao salário-mínimo, aos quais se aplica a legislação específica.
>
> § 4º A contribuição de que trata o *caput*, com a redução ou a majoração decorrentes do disposto no § 1º, será devida pelos aposentados e pensionistas de quaisquer dos Poderes da União, incluídas suas entidades autárquicas e suas fundações, **incidentes sobre o valor da parcela dos proventos de aposentadorias e pensões que superem o limite máximo estabelecido para os benefícios do Regime Geral de Previdência Social**, hipótese em que será considerada a totalidade do valor do benefício para fins de definição das alíquotas aplicáveis.

Eis as faixas já atualizadas para o **exercício de 2020** pela Portaria 2.963, de 03/02/2020, da lavra do Ministério da Economia:

> "Art. 1º Conforme § 3º do art. 11 da Emenda Constitucional nº 103, de 12 de novembro de 2019, os valores previstos nos incisos II a VIII do § 1º do mesmo artigo, ficam reajustados em 4,48%

(quatro inteiros e quarenta e oito décimos por cento), índice aplicado aos benefícios do Regime Geral de Previdência Social.

§ 1º Em razão do reajuste previsto no caput, a alíquota de 14% (quatorze por cento) estabelecida no caput do art. 11 da Emenda Constitucional nº 103, de 2019, que entrará em vigor em 1º de março de 2020, será reduzida ou majorada, considerado o valor da base de contribuição ou do benefício recebido, de acordo com os seguintes parâmetros:

I – até 1 (um) salário-mínimo, redução de seis inteiros e cinco décimos pontos percentuais;

II – acima de 1 (um) salário-mínimo até R$ 2.089,60 (dois mil, oitenta e nove reais e sessenta centavos), redução de cinco pontos percentuais;

III – de R$ 2.089,61 (dois mil, oitenta e nove reais e sessenta e um centavos) até R$ 3.134,40 (três mil, cento e trinta e quatro reais e quarenta centavos), redução de dois pontos percentuais;

IV – de R$ 3.134,41 (três mil, cento e trinta e quatro reais e quarenta e um centavos) até R$ 6.101,06 (seis mil, cento e um reais e seis centavos), sem redução ou acréscimo;

V – de R$ 6.101,07 (seis mil, cento e um reais e sete centavos) até R$ 10.448,00 (dez mil, quatrocentos e quarenta e oito reais), acréscimo de meio ponto percentual;

VI – de R$ 10.448,01 (dez mil, quatrocentos e quarenta e oito reais e um centavo) até R$ 20.896,00 (vinte mil, oitocentos e noventa e seis reais), acréscimo de dois inteiros e cinco décimos pontos percentuais;

VII – de R$ 20.896,01 (vinte mil, oitocentos e noventa e seis reais e um centavo) até R$ 40.747,20 (quarenta mil, setecentos e quarenta e sete reais e vinte centavos), acréscimo de cinco pontos percentuais; e

VIII – acima de R$ 40.747,20 (quarenta mil, setecentos e quarenta e sete reais e vinte centavos), acréscimo de oito pontos percentuais".

Trata-se de regra de transição para regular a contribuição previdenciária do servidor federal, até que sejam alterados os artigos 4º, 5º e 6º da Lei nº 10.887/2004, que fixavam em 11% a alíquota de contribuição do servidor federal, respeitado o Princípio da Anterioridade Nonagesimal, na hipótese de elevação tributária.

Com o artigo 11 da Emenda 103/2019, **a alíquota é elevada para 14%,** mas com faixas de redução e elevação (progressividade extrafiscal), a depender do valor da remuneração, aposentadoria ou pensão por morte.

Essa regra **poderá refletir nas demais entidades políticas**, pois o artigo 9º, § 4º, da Emenda prevê que "até que entre em vigor lei complementar que discipline o § 22 do art. 40 da Constituição Federal, aplicam-se aos regimes próprios de previdência social o disposto na Lei nº 9.717, de 27 de novembro de 1998 e o disposto neste artigo", estatuindo que "os Estados, o Distrito Federal e os Municípios **não poderão estabelecer alíquota inferior à da contribuição dos servidores da União**, exceto se demonstrado que o respectivo regime próprio de previdência social não possui déficit atuarial a ser equacionado, hipótese em que a alíquota não poderá ser inferior às alíquotas aplicáveis ao Regime Geral de Previdência Social".

Desta forma, **as faixas de contribuição de que trata este artigo 11 da Emenda passam a constituir o piso para as contribuições de servidores estaduais, distritais e municipais**, exceto se o RPPS não possuir déficit atuarial a ser equacionado.

Entende-se que se trata de regra com efeitos imediatos para estados, Distrito Federal e municípios, pois não exige regulamentação "na forma da lei" e já possui elementos suficientes de autoaplicabilidade, conquanto se presuma que muitos estados e municípios irão advogar a tese da não aplicação imediata, o que pode gerar descumprimento constitucional indesejado por omissão, pois bastaria que o ente estadual ou municipal nunca editasse lei de regulamentação.

Com esta nova regra, os servidores federais passam a ter alíquotas progressivas por faixas de remuneração, respeitada a noventena nos casos de elevação do valor do tributo, tomando por base progressiva e regressiva a alíquota de 14%, e não mais a incidência da alíquota de 11% linear para todos os servidores da União, autarquias e fundações.

Haverá redução de contribuição previdenciária para os servidores federais que ganham pouco, e, do outro lado, elevação para os que recebem as maiores remunerações, como membros da AGU, DPU, MPF, juízes federais, delegados federais e Auditores da Receita Federal.

Eis as faixas que incidiram sobre remunerações, aposentadorias e pensões por morte no ano de 2019:

ALÍQUOTA	FAIXA DE RENDA
7,5%	Até 1 salário mínimo
9%	Acima de 1 salário até R$ 2.000,00
12%	De R$ 2.001,00 até R$ 3.000,00
14%	De 3.00,01 até R$ 5.839,45
14,5%	De R$ 5.839,46 até R$ 10.000,00
16,5%	De R$ 10.00,01 até R$ 20.000,00
19%	De R$ 20.000,01 até R$ 39.000,00
22%	Acima de R$ 39.000,00

No caso de **inativos e pensionistas federais**, as faixas serão incidentes sobre o valor da parcela dos proventos de aposentadorias e pensões que superem o limite máximo estabelecido para os benefícios do Regime Geral de Previdência Social, hipótese em que será considerada a totalidade do valor do benefício para fins de definição das alíquotas aplicáveis.

Os valores serão reajustados anualmente pelo INPC, na mesma data do reajuste anual do RGPS, conforme portaria anual do Ministério da Economia.

Já a **contribuição previdenciária da União será** equivalente ao **dobro da contribuição do servidor**, a teor do artigo 8º, da Lei 10.887/04, sendo responsável pela cobertura de eventuais insuficiências financeiras do regime decorrentes do pagamento de benefícios previdenciários, destinada ao Fundo Previdenciário afetado ao pagamento dos benefícios.

4. BENEFÍCIOS E SERVIÇOS DO PLANO DE SEGURIDADE SOCIAL DOS SERVIDORES PÚBLICOS FEDERAIS EFETIVOS

De acordo com o artigo 184, da Lei 8.112/90, o **Plano de Seguridade Social** visa a dar cobertura aos riscos a que estão sujeitos o servidor e sua família, e compreende um conjunto de benefícios e ações que atendam às seguintes finalidades: garantir meios de subsistência nos eventos de doença, invalidez, velhice, acidente em serviço, inatividade, falecimento e reclusão; proteção à maternidade, à adoção e à paternidade e assistência à saúde.

Os *servidores efetivos federais* terão direito aos seguintes benefícios do Plano de Seguridade Social:

a) **aposentadoria;**
b) **auxílio-natalidade;**
c) **salário-família;**
d) **licença para tratamento de saúde;**
e) **licença à gestante, à adotante e licença-paternidade;**
f) **licença por acidente em serviço;**
g) **assistência à saúde;**
h) **garantia de condições individuais e ambientais de trabalho satisfatórias[2].**

Já os *dependentes* terão direito aos seguintes benefícios de seguridade social:

a) **pensão por morte;**
b) **auxílio-funeral;**
c) **auxílio-reclusão;**
d) **assistência à saúde.**

IMPORTANTE!

No entanto, por força do **artigo 9º da EC 103/2019** o rol de benefícios dos regimes próprios de previdência social fica limitado às **aposentadorias e à pensão por morte**, sendo os afastamentos por incapacidade temporária para o trabalho e o salário-maternidade serão pagos diretamente pelo ente federativo e não correrão à conta do regime próprio de previdência social ao qual o servidor se vincula.

4.1. Aposentadorias do servidor federal efetivo – regras permanentes

Algumas disposições sobre as aposentadorias previstas no artigo 186, da Lei 8.112/90, não estão atualizadas com o texto da Constituição Federal após a reforma inaugurada pela Emenda 20/1998. Outras regras não foram recebidas pela EC 103/2019.

Conforme visto no Capítulo I deste Título III, o servidor público terá direito às seguintes espécies de aposentadoria do RPPS:

a) Aposentadoria por invalidez;
b) Aposentadoria compulsória;
c) Aposentadoria voluntária por idade e tempo de contribuição;
d) Aposentadoria voluntária por idade (não recebida pela EC 103/2019).

Já a aposentadoria com critérios especiais para os servidores portadores de deficiência, em atividades de risco (salvo policiais) ou que sejam exercidas sob condições especiais que prejudi-

2. Não se trata de um benefício previdenciário, pois inexiste obrigação de pagar, sendo uma atecnia da Lei 8.112/90.

quem a saúde ou a integridade física, ainda não foi regulamentada por lei complementar, o que não impediu o STF de integrar a mora com a aplicação analógica das normas do RGPS ao RPPS.

Por sua vez, a regulamentação das aposentadorias por agentes nocivos, atividades de risco e servidores federais por deficiência veio dada pela EC 103/2019.

A aposentadoria por invalidez do servidor efetivo passa a se chamar de **aposentadoria por incapacidade permanente**, sendo necessário para a sua concessão um requisito adicional: **não cabimento da readaptação**.

Ademais, a **revisão periódica da incapacidade permanente** passou a ter previsão constitucional, cabendo a cada esfera de governo edital norma sobre o procedimento das perícias de revisão.

Outrossim, a regra constitucional permanente não mais dispõe sobre os proventos da aposentadoria por incapacidade permanente, cabendo a lei do ente federativo a regulação (parágrafo 3º, a ser estudado).

Assim, a renda mensal da aposentadoria por incapacidade permanente e das demais aposentações foi desconstitucionalizada, cabendo a aplicação da regra de transição do **artigo 26 da Emenda 103/2019**, conforme será estudado abaixo, até que cada ente federativo regule o tema.

Restou mantido o inciso II, que prevê a aposentadoria compulsoriamente, com proventos proporcionais ao tempo de contribuição, aos 70 (setenta) anos de idade, ou aos 75 (setenta e cinco) anos de idade, na forma de lei complementar, conforme Emenda 88/2015.

Dessa forma, os requisitos da LC 152/2015[3] foram recebidos pela Emenda da reforma previdenciária, ao fixar a idade de 75 anos, salvo regra de transição em favor dos servidores do Serviço Exterior Brasileiro.

O inciso III também foi modificado, fixando como regra permanente para os **servidores federais efetivos** a seguinte idade mínima para o deferimento de aposentadoria voluntária:

a) 65 anos, homens;

b) 62 anos, mulheres.

No âmbito dos **Estados, do Distrito Federal e dos Municípios**, na idade mínima estabelecida mediante emenda às respectivas **Constituições e Leis Orgânicas**, razão pela qual estes entes passaram a possuir autonomia para a fixação da idade mínima, quebrando a isonomia dos servidores públicos, que poderão ter idades diferentes para a aposentação, o que é um verdadeiro absurdo constitucional, pois injustificável.

---

3. Art. 2º Serão aposentados compulsoriamente, com proventos proporcionais ao tempo de contribuição, aos 75 (setenta e cinco) anos de idade:

I – os servidores titulares de cargos efetivos da União, dos Estados, do Distrito Federal e dos Municípios, incluídas suas autarquias e fundações;

II – os membros do Poder Judiciário;

III – os membros do Ministério Público;

IV – os membros das Defensorias Públicas;

V – os membros dos Tribunais e dos Conselhos de Contas.

Parágrafo único. Aos servidores do Serviço Exterior Brasileiro, regidos pela Lei nº 11.440, de 29 de dezembro de 2006, o disposto neste artigo será aplicado progressivamente à razão de 1 (um) ano adicional de limite para aposentadoria compulsória ao fim de cada 2 (dois) anos, a partir da vigência desta Lei Complementar, até o limite de 75 (setenta e cinco) anos previsto no caput.

Ademais, o inciso III não mais trata do tempo mínimo de serviço público e de ocupação do cargo, cabendo a **lei complementar do respectivo ente federativo** dispor sobre o tempo de contribuição e os demais requisitos.

No âmbito do RPPS dos **servidores federais**, até que haja lei ordinária federal sobre o tema, será aplicado o artigo 10 da Emenda 103/2019 aos novos servidores:

Art. 10. Até que entre em vigor lei federal que discipline os benefícios do regime próprio de previdência social dos servidores da União, aplica-se o disposto neste artigo.

§ 1º Os servidores públicos federais serão aposentados:

I – voluntariamente, observados, cumulativamente, os seguintes requisitos:

a) 62 (sessenta e dois) anos de idade, se mulher, e 65 (sessenta e cinco) anos de idade, se homem; e

b) **25 (vinte e cinco) anos de contribuição**, desde que cumprido o tempo mínimo de **10 (dez) anos de efetivo exercício no serviço público** e de **5 (cinco) anos no cargo efetivo** em que for concedida a aposentadoria;

II – por **incapacidade permanente para o trabalho**, no cargo em que estiver investido, quando **insuscetível de readaptação**, hipótese em que será obrigatória a realização de avaliações periódicas para verificação da continuidade das condições que ensejaram a concessão da aposentadoria; ou

III – **compulsoriamente**, na forma do disposto no inciso II do § 1º do art. 40 da Constituição Federal.

(...)

§ 4º Os proventos das aposentadorias concedidas nos termos do disposto neste artigo corresponderão ao valor apurado na forma da lei.

(...)

§ 7º Aplicam-se às aposentadorias dos servidores dos Estados, do Distrito Federal e dos Municípios as normas constitucionais e infraconstitucionais anteriores à data de entrada em vigor desta Emenda Constitucional, enquanto não promovidas alterações na legislação interna relacionada ao respectivo regime próprio de previdência social.

Dessa forma, para os **servidores federais efetivos**, até que haja lei federal sobre o tema, as regras permanentes de aposentadorias deverão observar o artigo 10 da Emenda 103/2019 com requisitos cumulativos:

a) **HOMENS, 65 anos de idade;**

b) **MULHERES, 62 anos de idade;**

c) **25 anos de tempo de contribuição;**

d) **10 anos de efetivo exercício no serviço público;**

e) **5 anos no cargo efetivo de concessão da aposentadoria.**

Por outro lado, o § 4º do artigo 10 da Emenda 103/2019 não chegou a fixar o valor dos proventos de aposentadorias, devendo ser feito para os novos servidores por intermédio de lei federal ulterior.

Enquanto não editada a lei complementar federal, os proventos de aposentadoria dos servidores federais observarão a regra de transição do **artigo 26** da Emenda, que será em breve estudada (item 5.4.1).

Ademais, para os servidores do Distrito Federal, estados e municípios, o regramento constitucional anterior permanecerá em vigor, enquanto não promovidas alterações na legislação interna relacionada ao respectivo regime próprio de previdência social (art. 10, § 7º).

Trata-se de um tremendo absurdo, pois as regras gerais de aposentação deveriam ser fixadas para todos os servidores públicos, independentemente da esfera de governo a que pertença.

Vale registrar que, por questões didáticas, os §§ 2º, 3º, 5º e 6º serão estados no momento oportuno quando formos tratar das regras especiais de aposentadorias voluntárias.

Até que haja uma lei ordinária para os servidores federais, o cálculo dos benefícios do RPPS irá observar as regras do artigo 26 da Emenda 103/2019:

> Art. 26. Até que lei discipline o cálculo dos benefícios do **regime próprio de previdência social da União** e do Regime Geral de Previdência Social, será utilizada a **média aritmética simples** dos salários de contribuição e das remunerações adotados como base para contribuições a regime próprio de previdência social e ao Regime Geral de Previdência Social, ou como base para contribuições decorrentes das atividades militares de que tratam os arts. 42 e 142 da Constituição Federal, atualizados monetariamente, correspondentes a **cem por cento do período contributivo** desde a competência julho de 1994 ou desde o início da contribuição, se posterior àquela competência.
>
> § 1° A média a que se refere o *caput* será limitada ao valor máximo do salário de contribuição do Regime Geral de Previdência Social para os segurados deste regime e para o servidor que ingressou no serviço público em cargo efetivo após a implantação do regime de previdência complementar ou que tenha exercido a opção correspondente, nos termos do disposto nos §§ 14 a 16 do art. 40 da Constituição Federal.
>
> 2º O valor do benefício de aposentadoria corresponderá a **sessenta por cento da média aritmética** definida na forma prevista no *caput* e no § 1º, **com acréscimo**
>
> **de dois por cento para cada ano de contribuição que exceder o tempo de vinte anos de contribuição no caso:**
>
> (...)
>
> **II – do § 4º do art. 10, ressalvado o disposto no inciso II do § 3º e no § 4º deste artigo;**
>
> (...)
>
> § 3º O valor do benefício de aposentadoria corresponderá a **cem por cento da média aritmética** definida na forma prevista no *caput* e no § 1º:
>
> (...)
>
> **II – no caso de aposentadoria por incapacidade permanente, quando decorrer de acidente de trabalho, de doença profissional e de doença do trabalho.**
>
> § 4º O valor do benefício da aposentadoria de que trata o inciso III do § 1º (APOSENTADORIA COMPULSÓRIA) do art. 10 corresponderá ao resultado do tempo de contribuição dividido por vinte anos, limitado a um inteiro, multiplicado pelo valor apurado na forma do *caput* do § 2º, ressalvado o caso de cumprimento de critérios de acesso para aposentadoria voluntária que resulte em situação mais favorável.
>
> (...)
>
> § 6º Poderão ser excluídas da média as contribuições que resultem em redução do valor do benefício, desde que mantido o tempo mínimo de contribuição exigido, vedada a utilização do tempo excluído para qualquer finalidade, inclusive para o acréscimo a que se referem os §§ 2º e 5º, para a averbação em outro regime previdenciário ou para a obtenção dos proventos de inatividade de que tratam os arts. 42 e 142 da Constituição Federal.
>
> § 7º Os benefícios calculados nos termos do disposto neste artigo serão reajustados nos termos estabelecidos para o Regime Geral de Previdência Social.

Desta forma, para os servidores federais, será feita média aritmética simples de **100% do período contributivo** desde a competência **julho de 1994** ou desde o início da contribuição, se posterior àquela competência, não se aplicando mais a média aritmética simples dos 80% maiores, prevista no artigo 1º da Lei 10.887/2004[4].

O valor do benefício de aposentadoria corresponderá a **sessenta por cento da média aritmética das 100% das remunerações/salários de contribuição desde julho de 1994, com acréscimo de 2% para cada ano que ultrapassar os 20 anos de contribuição para homens e mulheres:**

TEMPO DE CONTRIBUIÇÃO	COEFICIENTE
Até 20 Anos	60%
21 anos	62%
22 anos	64%
23 anos	66%
24 anos	68%
25 anos	70%
26 anos	72%
27 anos	74%
28 anos	76%
29 anos	78%
30 anos	80%
31 anos	82%
32 anos	84%
33 anos	86%
34 anos	88%
35 anos	90%
36 anos	92%
37 anos	94%
38 anos	96%
39 anos	98%
40 anos	100%
E assim sucessivamente	E assim sucessivamente

4. Art. 1º No cálculo dos proventos de aposentadoria dos servidores titulares de cargo efetivo de qualquer dos Poderes da União, dos Estados, do Distrito Federal e dos Municípios, incluídas suas autarquias e fundações, previsto no § 3º do art. 40 da Constituição Federa l e no art. 2º da Emenda Constitucional nº 41, de 19 de dezembro de 2003, será considerada a média aritmética simples das maiores remunerações, utilizadas como base para as contribuições do servidor aos regimes de previdência a que esteve vinculado, correspondentes a 80% (oitenta por cento) de todo o período contributivo desde a competência julho de 1994 ou desde a do início da contribuição, se posterior àquela competência.

Desta forma, conforme tabela supra, em regra, a aposentadoria do servidor federal variará de 60% a 100% (ou mais de 100%) da média de todas as remunerações desde 7/1994, somente atingindo a 100% da média quando o servidor federal possuir 40 anos de tempo de contribuição.

Curioso notar que, **intencionalmente**, o artigo 26 da Emenda 103/2019 não limita a média de todas as remunerações do servidor a 100%, de modo que o servidor federal que possuir mais de 40 anos de tempo de contribuição poderá ter proventos que ultrapassem a 100% (**proventos *ultra* integrais**), a exemplo:

41 anos	102%
42 anos	104%
43 anos	106%
44 anos	108%
45 anos	110%
E assim sucessivamente	E assim sucessivamente

Ademais, **poderão ser excluídas da média as contribuições que resultem em redução do valor do benefício**, desde que mantido o tempo mínimo de contribuição exigido, vedada a utilização do tempo excluído para qualquer finalidade, para a averbação em outro regime previdenciário ou para a obtenção dos proventos de inatividade dos militares.

De efeito, cuida-se da REGRA DE DESCARTE. Suponha-se que determinado benefício previdenciário exija 25 anos de tempo de contribuição e que o segurado possua 30 anos de tempo de contribuição.

Nesse caso, se for benéfico no caso concreto, devendo ser feitas as simulações, o sistema da previdência que roda com inteligência artificial irá descartar até 5 anos se tempo de contribuição, se a renda mensal for melhor para o segurado.

Isso porque o descarte poderá aumentar o salário de benefício, mas irá reduzir o coeficiente do benefício (cada ano descartado reduz 2%), devendo ser simulado no caso concreto a melhor renda mensal em prol do segurado, o que é feito com perfeição pelo sistema do INSS que utiliza a inteligência artificial.

Vale frisar que a regra de descarte somente é compatível com os benefícios programados, não sendo compatível com a pensão por morte.

Por força da remissão feita no § 2º, inciso II, este artigo 26 da Emenda 103/2019 será aplicável às aposentadorias do servidor federal disciplinadas no artigo 10 da Emenda.

Por exceção, no caso de **aposentadoria por incapacidade permanente**, quando decorrer de **acidente de trabalho, de doença profissional e de doença do trabalho**, os proventos corresponderão a 100% da média de todas as remunerações.

Nota-se que a aposentadoria por invalidez do servidor federal quando decorrente de **doença grave, contagiosa ou incurável**, na forma da lei, lastimavelmente não mais tem a garantia dos proventos integrais, devendo ser feita a média supra.

Logo, para a **incapacidade permanente a contar de 13/11/2019**, as doenças **graves, contagiosas ou incuráveis** que constam do *artigo 186, § 1º, da Lei 8.112/90*, não mais geram proventos integrais: tuberculose ativa, alienação mental, esclerose múltipla, neoplasia maligna, cegueira posterior ao ingresso no serviço público, hanseníase, cardiopatia grave, doença de Parkinson, paralisia irreversível e incapacitante, espondiloartrose anquilosante, nefropatia grave, estados avançados do mal de Paget (osteíte deformante), Síndrome de Imunodeficiência Adquirida – AIDS, e outras que a lei indicar, com base na medicina especializada.

Infelizmente, mesmo sabendo que a lista legal de doenças graves, contagiosas ou incuráveis normalmente não as exaure, **decidiu o STF que a lei do RPPS que previr o seu rol é taxativa.**

Logo, mesmo que o servidor senha portador de doença notoriamente grave, contagiosa ou incurável, se a enfermidade não estiver listada pela lei da respectiva entidade política, os proventos da aposentadoria por invalidez serão proporcionais ao tempo de contribuição do servidor:

> **Informativo 755 – Aposentadoria por invalidez com proventos integrais: doença incurável e rol taxativo.** A concessão de aposentadoria por invalidez com proventos integrais exige que a doença incapacitante esteja prevista em rol taxativo da legislação de regência. Com base nessa orientação, o Plenário deu provimento a recurso extraordinário para reformar acórdão que deferira à recorrida aposentadoria com proventos integrais por invalidez decorrente de doença grave e incurável, embora a enfermidade da qual portadora não estivesse incluída em lei, tendo em conta que norma não poderia alcançar todas as hipóteses consideradas pela medicina como graves, contagiosas e incuráveis. Discutia-se a possibilidade de concessão de aposentadoria por invalidez com proventos integrais nos casos em que a moléstia incurável não estivesse especificada em lei. O Tribunal aduziu que o art. 40, § 1º, I, da CF assegura aos servidores públicos abrangidos pelo regime de previdência nele estabelecido o direito à aposentadoria por invalidez com proventos proporcionais ao tempo de contribuição. Registrou, no entanto, que esse benefício seria devido com proventos integrais quando a invalidez fosse decorrente de acidente em serviço, moléstia profissional ou doença grave, contagiosa ou incurável, "na forma da lei". Asseverou, desse modo, pertencer ao domínio normativo ordinário a definição das doenças e moléstias que ensejariam aposentadoria por invalidez com proventos integrais, cujo rol, segundo a jurisprudência do STF, teria natureza taxativa.RE 656860/MT, rel. Min. Teori Zavascki, 21.8.2014. (RE-656860).

Sem saída, coube ao STJ se curvar ao entendimento do STF:

> **Informativo 557 – Direito administrativo e previdenciário. Aposentadoria de servidor público com doença não prevista no art. 186 Da lei 8.112/1990.** Serão proporcionais – e não integrais – os proventos de aposentadoria de servidor público federal diagnosticado com doença grave, contagiosa ou incurável não prevista no art. 186, § 1º, da Lei 8.112/1990 nem indicada em lei. A jurisprudência do STJ firmara-se no sentido de que o rol de doenças constantes do § 1º do art. 186 da Lei 8.112/1990 para fins de aposentadoria integral não seria taxativo, mas exemplificativo, tendo em vista a impossibilidade de a norma prever todas as doenças consideradas pela medicina como graves, contagiosas ou incuráveis. No entanto, o STF, reconhecendo a repercussão geral da matéria, entendeu que "pertence, portanto, ao domínio normativo ordinário a definição das doenças e moléstias que ensejam aposentadoria por invalidez com proventos integrais, cujo rol, segundo a jurisprudência assentada pelo STF, tem natureza taxativa" (RE 656.860-MT, Tribunal Pleno, DJe 18/9/2014). Nesse contexto, em atendimento ao art. 543-B, § 3º, do CPC, a aposentadoria de servidor público federal diagnosticado com moléstia não mencionada no § 1º do art. 186 da Lei 8.112/1990, não pode se dar com o pagamento de proventos integrais, mas sim proporcionais. REsp 1.324.671-SP, Rel. Min. Humberto Martins, julgado em 3/3/2015, DJe 9/3/2015".

O TCU possui o mesmo entendimento pelo rol taxativo:

> **ACÓRDÃO 2874/2013 Primeira Câmara**
>
> Registro de ato. Aposentadoria. Invalidez com proventos integrais.

Doença não especificada na Lei 8.112/90. Impossibilidade jurídica. O servidor somente tem direito à aposentadoria por invalidez com proventos integrais quando incapacitado por doença prevista em dispositivo legal (§ 1º do art. 186 da Lei 8.112/90). Rol taxativo de doenças graves, contagiosas ou incuráveis. Ilegalidade. Negativa de registro do ato.

A aposentadoria por invalidez será precedida de licença para tratamento de saúde, por período não excedente a 24 (vinte e quatro) meses, que, uma vez expirada e não estando recuperado o servidor para assumir o cargo ou ser readaptado[5], gerará a aposentação por invalidez.

Sobre o tema, eis a Súmula 273 do TCU:

Súmula nº 273 de 16/05/2012

A aposentadoria por invalidez só poderá prosperar após a conclusão, por junta médica oficial, no sentido de que o servidor esteja incapacitado definitivamente para o exercício do cargo que ocupa e haja a impossibilidade de ser readaptado em cargo de atribuições e responsabilidades compatíveis com a respectiva limitação, nos termos do art. 24 da Lei nº 8.112/1990.

De efeito, de acordo com o TCU, "na aposentadoria por invalidez, a vigência da concessão se inicia com a publicação da portaria no Diário Oficial da União, e não com a emissão do laudo médico, que apenas se pronuncia sobre as condições físicas do servidor para o trabalho[6]".

De acordo com o TCU, a integralização de proventos, em razão de doença superveniente na inatividade (art. 190 da Lei 8.112/1990), não transmuda a natureza jurídica da aposentadoria voluntária proporcional para aposentadoria por invalidez. Nesse caso, o fundamento legal do ato concessório não deverá ser modificado de aposentadoria voluntária para aposentadoria por invalidez permanente, devendo, contudo, como supedâneo para a integralização do provento, ser incluído o art. 190 da Lei 8.112/1990 no ato de alteração da concessão de aposentadoria[7].

No que concerne à **aposentadoria compulsória do servidor federal**, esta corresponderá ao resultado do tempo de contribuição dividido por vinte anos, limitado a um inteiro, multiplicado pelo valor apurado na forma do *caput* do § 2º do artigo 10 da Emenda 103/2019, ressalvado o caso de cumprimento de critérios de acesso para aposentadoria voluntária que resulte em situação mais favorável.

Assim, um servidor federal que for se aposentar de modo compulsório aos 75 anos de idade, sem ainda preencher os requisitos da aposentadoria idade voluntária, e que tenha 10 anos de tempo de contribuição, necessário dividir 10 por 20, chegando a ½ de 60%, com proventos à razão de 30% da média de todas as remunerações desde julho de 1994, assegurado ao menos um salário mínimo de renda mensal.

Vale registrar que se o servidor federal possuir remunerações muito baixas, quer do RGPS ou do próprio RPPS, estas poderão ser excluídas da média as contribuições que resultem em redução do valor do benefício, desde que mantido o tempo mínimo de contribuição exigido, vedada a utilização do tempo excluído para qualquer finalidade.

5. A readaptação é mais uma forma de provimento de cargo público, de acordo com a limitação que o servidor tenha sofrido em sua capacidade física ou mental verificada em inspeção médica.
6. Acórdão 2361/2013 Plenário.
7. Acórdão 437/2017 Primeira Câmara (Aposentadoria, Relator Ministro José Múcio Monteiro).

Os benefícios serão reajustados pelo índice legal de correção monetária do Regime Geral, que atualmente é o INPC, nos termos do artigo 41-A da Lei 8.213/91[8].

Vale registrar que na NOTA INFORMATIVA 806 /2012/CGNOR/DENOP/SEGEP/MP, de 02 de outubro de 2012, o extinto Ministério do Planejamento, Orçamento e Gestão adotou "o entendimento no sentido da possibilidade de servidor público renunciar à aposentadoria, tornando-se, assim, disponível o tempo de serviço/contribuição no momento da prática do ato, podendo ser utilizado em outro cargo efetivo no qual o servidor encontra-se ativo, para fins de aquisição de jubilação".

Logo, **para fins de concessão de nova aposentadoria, o RPPS da União no que concerne aos servidores do Poder Executivo acolheu a tese da desaposentação.** Contudo, "adota o posicionamento pela impossibilidade, na hipótese de renúncia, de concessão ou recálculo: do adicional por tempo de serviço; das vantagens do art. 2º, 3º e 10 da Lei n.º 8.911, de 11 de junho de 1994; da vantagem do art. 184 da Lei n.º 1.711, de 28 de outubro de 1952; da vantagem do art. 192 da Lei n.º 8.112, de 11 de dezembro de 1990, da licença-prêmio, entre outros, uma vez que as legislações que permitiam as suas concessões não mais se encontram vigentes".

No mesmo sentido o TCU:

> **Acórdão 2305/2015 Plenário** (Revisão de Ofício, Relator Ministro Walton Alencar Rodrigues)
>
> Pessoal. Aposentadoria. Renúncia à aposentadoria.
>
> É lícita a renúncia a aposentadoria com o objetivo de contar o tempo de serviço nela empregado para a concessão de nova inativação.
>
> **Acórdão 2305/2015 Plenário** (Revisão de Ofício, Relator Ministro Walton Alencar Rodrigues)
>
> Pessoal. Aposentadoria. Renúncia à aposentadoria.
>
> A renúncia a aposentadoria, reforma ou pensão é irretratável quando firmada sem vício de vontade, por ser ato unilateral, discricionário, pelo qual se abdica de direito.

O TCU modulou a sua posição, somente admitindo a desaposentação em RPPS se anterior ao julgamento pelo STF em 2016 do RE 661.256:

- **Número do Acórdão**

  ACÓRDÃO 2492/2018 – PLENÁRIO

  Relator

  BENJAMIN ZYMLER

  Processo

  005.792/2017-7

  Tipo de processo

  APOSENTADORIA (APOS)

  Data da sessão

  31/10/2018

8. Art. 41-A. O valor dos benefícios em manutenção será reajustado, anualmente, na mesma data do reajuste do salário mínimo, *pro rata*, de acordo com suas respectivas datas de início ou do último reajustamento, com base no Índice Nacional de Preços ao Consumidor – INPC, apurado pela Fundação Instituto Brasileiro de Geografia e Estatística – IBGE. (Incluído pela Lei nº 11.430, de 2006)

Número da ata

43/2018 – Plenário

- **ATOS DE APOSENTADORIA. CÔMPUTO, EM UMA DAS CONCESSÕES, DE TEMPO DE SERVIÇO ORIUNDO DE RENÚNCIA A APOSENTADORIA ANTERIOR JÁ USUFRUÍDA ("DESAPOSENTAÇÃO"). IMPOSSIBILIDADE. PRECEDENTES. REGISTRO DO TÍTULO DE INATIVAÇÃO, EM CARÁTER EXCEPCIONAL, PORQUANTO EDITADO ANTERIORMENTE AO JULGAMENTO, PELO SUPREMO TRIBUNAL FEDERAL, DO RECURSO EXTRAORDINÁRIO 661.256, EM QUE FIXADA TESE DE REPERCUSSÃO GERAL A RESPEITO. LEGALIDADE E REGISTRO DO OUTRO ATO.**

Resta saber se este posicionamento será mantido, pois sabemos que o STF rejeitou a tese da desaposentação sem previsão normativa, conforme visto no Título II desta obra.

Considerando que o STF classifica a aposentadoria no RPPS como ato jurídico complexo, tese que particularmente não concordamos, entende-se que até a edição do registro no Tribunal de Contas poderá o servidor exercer de modo legítimo o seu direito de arrependimento, desde que restitua integralmente as parcelas recebidas do benefício acrescidas do índice legal de correção monetária, haja vista que se afastou do trabalho após a publicação do ato de concessão da autoridade administrativa.

Após perpetrado o registro, destarte, não será mais possível a desistência do pedido, recaindo na vedação à renúncia da aposentadoria (desaposentação), tese firmada pelo STF em 26 de outubro de 2016 pela ausência de previsão normativa da renúncia à aposentadoria, salvo se alguma lei local de RPPS autorizar expressamente.

No RPPS do Estado de São, por exemplo, a SPPREV somente aceita o pedido de desistência até a publicação do ato da autoridade administrativa que conceda a aposentadoria, e não até o registro no TCE, conforme disposto no Manual de Aposentadoria elaborado pela Diretoria de Benefício dos Servidores Públicos.

Eis as novas regras permanentes a respeito das aposentadorias especiais inauguradas pela EC 103/2019:

> § 4º É vedada a adoção de requisitos ou critérios diferenciados para concessão de benefícios em regime próprio de previdência social, ressalvado o disposto nos §§ 4º-A, 4º-B, 4º-C e 5º.
>
> § 4º-A **Poderão** ser estabelecidos por **lei complementar** do respectivo ente federativo idade e tempo de contribuição diferenciados para aposentadoria de servidores com **deficiência**, previamente submetidos à avaliação biopsicossocial realizada por equipe multiprofissional e interdisciplinar.
>
> § 4º-B **Poderão** ser estabelecidos por **lei complementar** do respectivo ente federativo idade e tempo de contribuição diferenciados para aposentadoria de ocupantes do cargo de **agente penitenciário**, de **agente socioeducativo** ou de **policial** dos órgãos de que tratam o inciso IV do *caput* do art. 51, o inciso XIII do *caput* do art. 52 e os incisos I a IV do *caput* do art. 144.
>
> § 4º-C **Poderão** ser estabelecidos por **lei complementar** do respectivo ente federativo idade e tempo de contribuição diferenciados para aposentadoria de servidores cujas atividades sejam exercidas com efetiva exposição a **agentes nocivos** químicos, físicos e biológicos prejudiciais à saúde, ou associação destes agentes, **vedada a caracterização por categoria profissional ou ocupação.**

As aposentadorias especiais no RPPS eram uma determinação constitucional. Agora passaram a ser um **ato discricionário do legislador**, ao inserir expressamente no texto constitucional a expressão **"poderão"**, o que é um lamentável retrocesso.

E agora cabe a **cada ente federativo** aprovar uma **lei complementar** com as regras especiais, **discricionariamente**, não sendo mais necessário que haja uma lei complementar nacional, quebrando a isonomia entre servidores das esferas de governo.

Em relação aos servidores que laboram expostos a agentes nocivos à saúde, nunca foi editada lei complementar em RPPS, razão pela qual o STF determinava a aplicação da legislação do RGPS, no que couber:

> **Súmula Vinculante 33**
>
> Aplicam-se ao servidor público, no que couber, as regras do regime geral da previdência social sobre aposentadoria especial de que trata o artigo 40, § 4º, inciso III da Constituição Federal, até a edição de lei complementar específica.
>
> **Precedentes Representativos**
>
> A aposentadoria especial de servidor público portador de deficiência é assegurada mediante o preenchimento dos requisitos previstos na legislação aplicável à aposentadoria especial dos segurados do Regime Geral de Previdência Social, até que seja editada a lei complementar exigida pelo art. 40, § 4º, II, da CF/1988. (...) 2. A eficácia do direito à aposentadoria especial objeto do art. 40, § 4º, da CF/1988 exige regulamentação mediante lei complementar de iniciativa privativa do presidente da República, de modo que cabe ao Supremo Tribunal Federal, *ex vi* do art. 102, I, *q*, da Lei Maior, o julgamento do mandado de injunção impetrado com o objetivo de viabilizar o seu exercício. [**MI 4.158 AgR-segundo**, rel. min. **Luiz Fux**, P, j. 18-12-2013, *DJE* 34 de 19-2-2014.]
>
> MANDADO DE INJUNÇÃO. APOSENTADORIA ESPECIAL DO SERVIDOR PÚBLICO. ART. 40, § 4º, DA CF/1988. AUSÊNCIA DE LEI COMPLEMENTAR A DISCIPLINAR A MATÉRIA. NECESSIDADE DE INTEGRAÇÃO LEGISLATIVA. 1. Servidor público. Investigador da polícia civil do Estado de São Paulo. Alegado exercício de atividade sob condições de periculosidade e insalubridade. 2. Reconhecida a omissão legislativa em razão da ausência de lei complementar a definir as condições para o implemento da aposentadoria especial. 3. Mandado de injunção conhecido e concedido para comunicar a mora à autoridade competente e determinar a aplicação, no que couber, do art. 57 da Lei 8.213/1991. **MI 795**, rel. min. **Cármen Lúcia**, P, j. 15-4-2009, *DJE* 94 de 22-5-2009.]

O tema é regulamentado pela Instrução Normativa MPS/SPS 01, de 22.07.2010, que estabelece instruções para o reconhecimento do tempo de serviço público exercido sob condições especiais que prejudiquem a saúde ou a integridade física pelos regimes próprios de previdência social para fins de concessão de aposentadoria especial aos servidores públicos amparados por Mandado de Injunção.

Como agora inexiste uma determinação constitucional de regulamentação, entende-se que não mais caberá ao STF determinar a aplicação das regras do RGPS para os **novos servidores.**

Ademais, **havia vedação expressa à caracterização por categoria profissional ou ocupação e o enquadramento por periculosidade**, a exemplo de *vigilantes* e *eletricitários*, buscando barrar a jurisprudência do STJ no RGPS que se aplicava ao RPPS em razão da súmula vinculante 33:

> RECURSO REPETITIVO
>
> Pesquisa de tema: Tema Repetitivo 534
>
> Situação do tema: Trânsito em Julgado

Pesquisa de Repetitivo Organizado por Assunto

Veja os EDcl no REsp 1306113-SC, que foram parcialmente providos.

Processo

REsp 1306113 / SC

RECURSO ESPECIAL

2012/0035798-8

Relator(a)

Ministro HERMAN BENJAMIN (1132)

Órgão Julgador

S1 – PRIMEIRA SEÇÃO

Data do Julgamento

14/11/2012

Data da Publicação/Fonte

DJe 07/03/2013

Ementa

RECURSO ESPECIAL. MATÉRIA REPETITIVA. ART. 543-C DO CPC E RESOLUÇÃO STJ 8/2008. RECURSO REPRESENTATIVO DE CONTROVÉRSIA. ATIVIDADE ESPECIAL. AGENTE ELETRICIDADE. SUPRESSÃO PELO DECRETO 2.172/1997 (ANEXO IV). ARTS. 57 E 58 DA LEI 8.213/1991. ROL DE ATIVIDADES E AGENTES NOCIVOS. CARÁTER EXEMPLIFICATIVO. AGENTES PREJUDICIAIS NÃO PREVISTOS. REQUISITOS PARA CARACTERIZAÇÃO. SUPORTE TÉCNICO MÉDICO E JURÍDICO. EXPOSIÇÃO PERMANENTE, NÃO OCASIONAL NEM INTERMITENTE (ART. 57, § 3º, DA LEI 8.213/1991).

1. Trata-se de Recurso Especial **interposto pela autarquia previdenciária com o escopo de prevalecer a tese de que a supressão do agente** eletricidade **do rol de agentes nocivos pelo Decreto 2.172/1997 (Anexo IV) culmina na impossibilidade de configuração como tempo** especial **(arts. 57 e 58 da Lei 8.213/1991) de tal hipótese a partir da vigência do citado ato normativo.**

2. À luz da interpretação sistemática, as normas regulamentadoras que estabelecem os casos de agentes e atividades nocivos à saúde do trabalhador são exemplificativas, podendo ser tido como distinto o labor que a técnica médica e a legislação correlata considerarem como prejudiciais ao obreiro, desde que o trabalho seja permanente, não ocasional, nem intermitente, em condições especiais **(art. 57, § 3º, da Lei 8.213/1991). Precedentes do STJ.**

3. No caso concreto, o Tribunal de origem embasou-se em elementos técnicos (laudo pericial) e na legislação trabalhista para reputar como especial o trabalho exercido pelo recorrido, por consequência da exposição habitual à eletricidade, o que está de acordo com o entendimento fixado pelo STJ.

4. Recurso Especial não provido. Acórdão submetido ao regime do art. 543-C do CPC e da Resolução 8/2008 do STJ.

Processo

Pet 10679 / RN

PETIÇÃO

2014/0233212-2

Relator(a)

Ministro NAPOLEÃO NUNES MAIA FILHO (1133)

Órgão Julgador

S1 – PRIMEIRA SEÇÃO

Data do Julgamento

22/05/2019

Data da Publicação/Fonte

DJe 24/05/2019

Ementa

PREVIDENCIÁRIO. PEDIDO DE UNIFORMIZAÇÃO DE INTERPRETAÇÃO DE LEI FEDERAL. ATIVIDADE **ESPECIAL. VIGILANTE,** COM OU SEM USO DE ARMA DE FOGO. SUPRESSÃO PELO DECRETO 2.172/1997. ARTS. 57 E 58 DA LEI 8.213/1991. ROL DE ATIVIDADES E AGENTES NOCIVOS. CARÁTER EXEMPLIFICATIVO. AGENTES PREJUDICIAIS NÃO PREVISTOS. REQUISITOS PARA CARACTERIZAÇÃO. EXPOSIÇÃO PERMANENTE, NÃO OCASIONAL NEM INTERMITENTE (ART. 57, § 3º., DA LEI 8.213/1991). INCIDENTE DE UNIFORMIZAÇÃO INTERPOSTO PELO SEGURADO PROVIDO.

1. Não se desconhece que a periculosidade não está expressamente prevista nos Decretos 2.172/1997 e 3.048/1999, o que à primeira vista, levaria ao entendimento de que está excluída da legislação a aposentadoria especial pela via da periculosidade.

2. Contudo, o art. 57 da Lei 8.213/1991 assegura expressamente o direito à aposentadoria especial ao Segurado que exerça sua atividade em condições que coloquem em risco a sua saúde ou a sua integridade física, nos termos dos arts. 201, § 1º. e 202, II da Constituição Federal.

3. Assim, o fato de os decretos não mais contemplarem os agentes perigosos não significa que não seja mais possível o reconhecimento da especialidade da atividade, já que todo o ordenamento jurídico, hierarquicamente superior, traz a garantia de proteção à integridade física do trabalhador.

4. Corroborando tal assertiva, a Primeira Seção desta Corte, no julgamento do 1.306.113/SC, fixou a orientação de que a despeito da supressão do agente eletricidade pelo Decreto 2.172/1997, é possível o reconhecimento da especialidade da atividade submetida a tal agente perigoso, desde que comprovada a exposição do trabalhador de forma permanente, não ocasional, nem intermitente.

5. Seguindo essa mesma orientação, é possível reconhecer a possibilidade de caracterização da atividade de vigilante como especial, com ou sem o uso de arma de fogo, mesmo após 5.3.1997, desde que comprovada a exposição do trabalhador à atividade nociva, de forma permanente, não ocasional, nem intermitente.

6. *In casu*, merece reparos o acórdão proferido pela TNU afirmando a impossibilidade de contagem como tempo especial o exercício da atividade de vigilante no período posterior ao Decreto 2.172/1997, restabelecendo o acórdão proferido pela Turma Recursal que reconheceu a comprovação da especialidade da atividade.

7. Incidente de Uniformização interposto pelo Segurado provido para fazer prevalecer a orientação ora firmada.

No entanto, após uma negociação no Senado, a vedação ao enquadramento por periculosidade foi retirada e o tema será em breve regulado por lei complementar, que irá descrever as situações de concessão por risco.

Restou mantida a previsão de aposentadoria especial para a **pessoa com deficiência**, previamente submetidos à avaliação biopsicossocial realizada por equipe multiprofissional e interdisciplinar, mas agora passa a ser um **ato discricionário do legislador** de cada esfera de governo, mediante lei complementar, o que é lamentável, pois julgamos que a pessoa com deficiência deveria sempre ter o direito à regras especiais de aposentação.

Por sua vez, a Constituição deixa de se referir a atividades de risco, agora elencando as carreiras que **poderão ter direito a uma aposentadoria especial,** se aprovada lei complementar no âmbito da respectiva esfera de governo:

A) **agente penitenciário;**

B) **agente socioeducativo;**

C) **policial civil dos estados e do Distrito Federal;**

D) **policiais federais, policiais rodoviários federais e policiais ferroviários federais;**

E) **policiais da Câmara dos Deputados e do Senado.**

Dessa forma, ao listar as carreiras do serviço público que possuirão direito à aposentadoria especial, a Emenda 103/2019 enterra pleitos de outras categorias que buscavam a especialidade de aposentação, a exemplo dos oficiais de justiça e guardas municipais.

Essas são as regras permanentes sobre as aposentadorias especiais aplicáveis aos **novos servidores**, ressalvada a existência de regra de transição nos artigos 5º e 10 da Emenda para os antigos servidores, que serão estudadas.

No entanto, o artigo 10 da Emenda 103 constituiu regras de transição até que entre em vigor **lei federal** que discipline os benefícios do regime próprio de previdência social dos servidores da União.

Até que a União edite uma lei para disciplinar as regras especiais de aposentadorias dos servidores federais, deverá ser observado o regramento de transição do artigo 10 da Emenda 103/2019 **(regra de transição a uma regra permanente):**

> Art. 10. **Até que entre em vigor lei federal** que discipline os benefícios do regime próprio de previdência social dos servidores da União, aplica-se o disposto neste artigo.
>
> (...)
>
> § 2º **Os servidores públicos federais com direito a idade mínima ou tempo de contribuição distintos da regra geral para concessão de aposentadoria**, na forma dos §§ 4º-B, 4º-C e 5º do art. 40 da Constituição Federal, poderão se aposentar, observados os seguintes requisitos:
>
> I – o **policial civil** do órgão a que se refere o inciso XIV[9] do *caput* do art. 21 da Constituição Federal, o **policial** dos órgãos a que se referem o inciso IV[10] do *caput* do art. 51, o inciso XIII[11] do *caput* do art. 52 e os incisos I a III[12] do *caput* do art. 144 da Constituição Federal e os ocupantes dos cargos de **agente federal penitenciário ou socioeducativo**, aos 55 (cinquenta e cinco) anos de idade, 30

9. XIV – organizar e manter a polícia civil, a polícia militar e o corpo de bombeiros militar do Distrito Federal, bem como prestar assistência financeira ao Distrito Federal para a execução de serviços públicos, por meio de fundo próprio; (Redação dada pela Emenda Constitucional nº 19, de 1998).

10. Art. 51. Compete privativamente à Câmara dos Deputados: IV – dispor sobre sua organização, funcionamento, polícia, criação, transformação ou extinção dos cargos, empregos e funções de seus serviços, e a iniciativa de lei para fixação da respectiva remuneração, observados os parâmetros estabelecidos na lei de diretrizes orçamentárias; (Redação dada pela Emenda Constitucional nº 19, de 1998).

11. Art. 52. Compete privativamente ao Senado Federal: XIII – dispor sobre sua organização, funcionamento, polícia, criação, transformação ou extinção dos cargos, empregos e funções de seus serviços, e a iniciativa de lei para fixação da respectiva remuneração, observados os parâmetros estabelecidos na lei de diretrizes orçamentárias; (Redação dada pela Emenda Constitucional nº 19, de 1998).

12. Art. 144. A segurança pública, dever do Estado, direito e responsabilidade de todos, é exercida para a preservação da ordem pública e da incolumidade das pessoas e do patrimônio, através dos seguintes órgãos: I – polícia federal; II – polícia rodoviária federal; III – polícia ferroviária federal.

(trinta) anos de contribuição e 25 (vinte e cinco) anos de efetivo exercício em cargo destas carreiras, para ambos os sexos;

II – o **servidor público federal** cujas atividades sejam exercidas com efetiva exposição a **agentes nocivos** químicos, físicos e biológicos prejudiciais à saúde, ou associação destes agentes, vedada a caracterização por categoria profissional ou ocupação, aos 60 (sessenta) anos de idade, 25 (vinte e cinco) anos de efetiva exposição e contribuição, 10 (dez) anos de efetivo exercício de serviço público e 5 (cinco) anos no cargo efetivo em que for concedida a aposentadoria;

§ 3º A aposentadoria a que se refere o § 4º-C do art. 40 da Constituição Federal observará adicionalmente as condições e **os requisitos estabelecidos para o Regime Geral de Previdência Social**, naquilo em que não conflitarem com as regras específicas aplicáveis ao regime próprio de previdência social da União, **vedada a conversão de tempo especial em comum.**

Vale registrar que dentro do RPPS o Supremo Tribunal Federal passou a admitir a conversão do tempo especial em comum até o advento da EC 103/2019, ao julgar o RE 1014286, em 31/08/2020, **Tema 942 em Repercussão Geral**:

> Tese firmada: "Até a edição da Emenda Constitucional nº 103/2019, o direito à conversão, em tempo comum, do prestado sob condições especiais que prejudiquem a saúde ou a integridade física de servidor público decorre da previsão de adoção de requisitos e critérios diferenciados para a jubilação daquele enquadrado na hipótese prevista no então vigente inciso III do § 4º do art. 40 da Constituição da República, devendo ser aplicadas as normas do regime geral de previdência social relativas à aposentadoria especial contidas na Lei 8.213/1991 para viabilizar sua concretização enquanto não sobrevier lei complementar disciplinadora da matéria. Após a vigência da EC n.º 103/2019, o direito à conversão em tempo comum, do prestado sob condições especiais pelos servidores obedecerá à legislação complementar dos entes federados, nos termos da competência conferida pelo art. 40, § 4º-C, da Constituição da República".

No âmbito do RPPS dos servidores federais, a Emenda 103/2019 veda a conversão do tempo especial em comum no seu artigo 10 após 13/11/2019:

> "Art. 10. Até que entre em vigor lei federal que discipline os benefícios do regime próprio de previdência social dos servidores da União, aplica-se o disposto neste artigo.
>
> § 3º A aposentadoria a que se refere o § 4º-C do art. 40 da Constituição Federal observará adicionalmente as condições e os requisitos estabelecidos para o Regime Geral de Previdência Social, naquilo em que não conflitarem com as regras específicas aplicáveis ao regime próprio de previdência social da União, **vedada a conversão de tempo especial em comum"**.

Somente será possível no RPPS dos entes políticos a conversão de tempo especial em comum após 13/11/2019 se houver lei complementar da lavra da entidade política autorizando.

De efeito, para os **policiais civis do Distrito Federal, policiais da Câmara dos Deputados, policiais do Senado, policiais federais, policiais rodoviários federais e policiais ferroviários federais, agentes penitenciários federais e agentes federais socioeducativos**, assegurou-se a concessão de aposentadoria observados os seguintes requisitos para ambos os sexos:

a) cinquenta e cinco anos de idade;
b) trinta anos de contribuição;
c) vinte e cinco anos de efetivo exercício em cargo destas carreiras.

Para o **servidor federal** efetivamente exposto a **agentes nocivos à saúde**, assegurou-se a concessão de aposentadoria observados os seguintes requisitos para ambos os sexos:

a) sessenta anos de idade;
b) vinte e cinco anos de efetiva exposição;
c) dez anos de efetivo exercício no serviço público;
d) cinco anos no cargo em que for concedida a aposentadoria.

Ademais, a aferição deve observar (no que couber) as complexas regras dos artigos 57 e 58 da Lei 8.213/91, tendo sido vedada a **conversão de tempo especial em comum após 13/11/2019.**

No âmbito da Administração Pública federal, o extinto Ministério do Planejamento, Orçamento e Gestão (MPOG), através da sua Secretaria de Gestão Pública, publicou a Orientação Normativa 16, de 23 de dezembro de 2013, que estabelece orientações aos órgãos e entidades integrantes do Sistema de Pessoal Civil da Administração Federal – SIPEC quanto aos procedimentos necessários à análise dos processos de aposentadoria especial com fundamento no art. 57 da Lei nº 8.213, de 24 de julho de 1991, dos servidores públicos federais amparados por decisão judicial em mandado de injunção julgado pelo Supremo Tribunal Federal.

Caberá à Administração Pública federal produzir laudo técnico de condições ambientais (LTCAT) elaborado por médico ou engenheiro do trabalho para, em seguida, preencher o formulário denominado perfil profissiográfico previdenciário (PPP), observado o regime de presunção por categoria profissional até 28/4/1995 (Lei 9.032/95).

Este regramento é **exclusivo para os servidores federais**. Nos termos do artigo 10, § 7º, da Emenda, "aplicam-se às aposentadorias dos servidores dos Estados, do Distrito Federal e dos Municípios as normas constitucionais e infraconstitucionais anteriores à data de entrada em vigor desta Emenda Constitucional, enquanto não promovidas alterações na legislação interna relacionada ao respectivo regime próprio de previdência social".

Dessa forma, para policiais civis dos estados da federação ainda devem ser aplicadas as regras de aposentação constantes da Lei Complementar 51/1985:

SÍNTESE DAS REGRAS DOS POLICIAIS CIVIS – LC 51/1985

Os policiais possuem um regramento especial para a sua aposentação ditado na Lei Complementar 51/1985, garantindo-se no seu texto originário aposentadoria voluntária com proventos integrais, após 30 anos de serviço, desde que conte, pelo menos 20 anos de exercício em cargo de natureza estritamente policial.

No entanto, coube à Lei Complementar 144/2014 alterar essas regras em benefício das mulheres policiais, que passaram a se aposentar com 25 anos de tempo de contribuição. Em síntese, garante-se a aposentadoria voluntária aos policiais, com proventos integrais, independentemente da idade, nas seguintes condições:

a) após 30 (trinta) anos de contribuição, desde que conte, pelo menos, 20 (vinte) anos de exercício em cargo de natureza estritamente policial, se homem;

b) após 25 (vinte e cinco) anos de contribuição, desde que conte, pelo menos, 15 (quinze) anos de exercício em cargo de natureza estritamente policial, se mulher.

No que concerne ao servidor com deficiência, foi constituída regra transitória no artigo 22 da EC 103/2019:

Art. 22. Até que lei discipline o § 4º-A do art. 40 e o inciso I do § 1° do art. 201 da Constituição Federal, a aposentadoria da pessoa com deficiência segurada do Regime Geral de Previdência Social ou do **servidor público federal** com deficiência vinculado a regime próprio de previdência social, desde que cumpridos, no caso do servidor, o tempo mínimo de **10 (dez) anos de efetivo exercício no serviço público e de 5 (cinco) anos no cargo efetivo** em que for concedida a aposentadoria, será concedida na forma da **Lei Complementar n° 142, de 8 de maio de 2013**, inclusive quanto aos critérios de cálculo dos benefícios.

Parágrafo único. Aplicam-se às aposentadorias dos servidores com deficiência dos **Estados, do Distrito Federal e dos Municípios** as normas constitucionais e infraconstitucionais anteriores à data de entrada em vigor desta Emenda Constitucional, enquanto não promovidas alterações na legislação interna relacionada ao respectivo regime próprio de previdência social.

Trata-se da regra de transição em favor do servidor federal portador de deficiência empossado antes ou demais da Emenda 103/2019 até que seja editada uma lei complementar de regulação.

Na sistemática anterior a União nunca editou lei complementar nacional para regular a aposentadoria dos servidores públicos com deficiência.

Diante deste quadro de omissão inconstitucional, a Suprema Corte também passou a prover os prover mandados de injunção dos servidores públicos portadores de deficiência física, determinando a aplicação por analogia, no que couber, das regras do artigo 57, da Lei 8.213/91:

> "**MANDADO DE INJUNÇÃO. SERVIDOR PÚBLICO PORTADOR DE DEFICIÊNCIA. DIREITO PÚBLICO SUBJETIVO À APOSENTADORIA ESPECIAL (CF, ART. 40, § 4º, I).** INJUSTA FRUSTRAÇÃO DESSE DIREITO EM DECORRÊNCIA DE INCONSTITUCIONAL, PROLONGADA E LESIVA OMISSÃO IMPUTÁVEL A ÓRGÃOS ESTATAIS DA UNIÃO FEDERAL. CORRELAÇÃO ENTRE A IMPOSIÇÃO CONSTITUCIONAL DE LEGISLAR E O RECONHECIMENTO DO DIREITO SUBJETIVO À LEGISLAÇÃO. DESCUMPRIMENTO DE IMPOSIÇÃO CONSTITUCIONAL LEGIFERANTE E DESVALORIZAÇÃO FUNCIONAL DA CONSTITUIÇÃO ESCRITA. A INÉRCIA DO PODER PÚBLICO COMO ELEMENTO REVELADOR DO DESRESPEITO ESTATAL AO DEVER DE LEGISLAR IMPOSTO PELA CONSTITUIÇÃO. OMISSÕES NORMATIVAS INCONSTITUCIONAIS: UMA PRÁTICA GOVERNAMENTAL QUE SÓ FAZ REVELAR O DESPREZO DAS INSTITUIÇÕES OFICIAIS PELA AUTORIDADE SUPREMA DA LEI FUNDAMENTAL DO ESTADO. A COLMATAÇÃO JURISDICIONAL DE OMISSÕES INCONSTITUCIONAIS: UM GESTO DE FIDELIDADE À SUPREMACIA HIERÁRQUICO – NORMATIVA DA CONSTITUIÇÃO DA REPÚBLICA. A VOCAÇÃO PROTETIVA DO MANDADO DE INJUNÇÃO. LEGITIMIDADE DOS PROCESSOS DE INTEGRAÇÃO NORMATIVA (DENTRE ELES, O RECURSO À ANALOGIA) COMO FORMA DE SUPLEMENTAÇÃO DA "INERTIA AGENDI VEL DELIBERANDI". PRECEDENTES DO SUPREMO TRIBUNAL FEDERAL. MANDADO DE INJUNÇÃO CONHECIDO E DEFERIDO" **(mandado de injunção 1.967, de 24/05/2011, Rel. Min. Celso de Mello).**

Com o advento da LC 142/2013, que veio a regulamentar a aposentadoria especial do segurado deficiente do RGPS, o STF determinou a aplicação desta norma para a aposentadoria especial do servidor público, conforme notícia publicada no sítio da Suprema Corte:

"Sexta-feira, 04 de outubro de 2013

Ministro define critérios para aposentadoria de servidores com deficiência

Ao analisar agravo regimental no Mandado de Injunção (MI) 5126, o ministro Luiz Fux, do Supremo Tribunal Federal (STF), determinou a aplicação, ao caso, do disposto no artigo 57 da Lei 8.213/1991 (que dispõe sobre os benefícios da Previdência Social) até a entrada em vigor da Lei Complementar 142/2013 para fins de verificação do preenchimento dos requisitos para a aposentadoria especial do servidor com deficiência. Após a vigência da LC 142/2013, a aferição será feita nos moldes ali previstos.

O MI 5126 foi impetrado por um servidor público que alegava omissão legislativa da presidente da República e do governador do Distrito Federal. Ele sustenta ser portador de cervicalgia em razão da sequela de poliomielite, deficiência física passível de ser reconhecida como causa de aposentadoria especial, nos termos do artigo 40, parágrafo 4º, inciso I, da Constituição Federal.

Na primeira análise, o ministro Luiz Fux julgou procedente o pedido para conceder parcialmente a ordem, determinando a aplicação, no que coubesse, do artigo 57 da Lei Federal 8.213/1991, para os fins de verificação do preenchimento dos requisitos para a aposentadoria especial do servidor.

O governador do Distrito Federal interpôs agravo regimental contra a decisão, sustentando a impossibilidade de se aplicar à hipótese sob exame o disposto no artigo 57 da Lei 8.213/1991, uma vez que essa disposição trata apenas da aposentadoria especial em razão do exercício de atividades prejudiciais à saúde ou à integridade física. Destacou ainda que, em 8 de maio deste ano, foi editada a Lei Complementar 142/2013, que regulamenta a aposentadoria da pessoa com deficiência segurada do Regime Geral da Previdência Social, "revelando-se a disciplina adequada para o presente caso".

Decisão

O ministro Luiz Fux apontou que o STF já reconheceu a mora legislativa relativamente à disciplina da aposentadoria especial de servidores públicos, prevista no artigo 40, parágrafo 4º, da Constituição Federal. O dispositivo estabelece que lei complementar irá definir a aposentadoria especial dos servidores portadores de deficiência.

O relator explicou que, na primeira análise do MI 5126, ainda não havia regulamentação específica do direito à aposentadoria especial das pessoas com deficiência pelo Regime Geral de Previdência Social, razão pela qual o Supremo vinha determinando a aplicação do artigo 57 da Lei 8.213/1991. No entanto, com a regulamentação da aposentadoria da pessoa com deficiência naquele regime, o ministro reconsiderou parcialmente a decisão anterior e determinou a aplicação da LC 142/2013 a partir da data em que entrar em vigor (seis meses após sua publicação) e até que o direito dos servidores públicos na mesma condição seja objeto de regulamentação. Ressalvou, porém, que, até a sua entrada em vigor, mantém-se a aplicação do artigo 57 da Lei 8.213/1991".

A aposentadoria com regras especiais em favor dos segurados deficientes passou a ter previsão na Constituição de 1988 somente com o advento da Emenda 47/2005. Coube à **Lei Complementar 142, de 08 de maio de 2013**, regulamentar a concessão de aposentadoria com critérios especiais aos referidos segurados, mas que apenas entrou em vigor após transcorridos seis meses da sua publicação, perpetrada no dia 09/05/2013.

Por sua vez, o Decreto 8.145, de 03 de dezembro de 2013, publicado nesse mesmo dia, promoveu a sua regulamentação, através da inserção no Regulamento da Previdência Social dos artigos 70-A *usque* 70-I.

A aposentadoria especial do deficiente (chamada pelo Decreto 3048/99 de aposentadoria por tempo de contribuição do deficiente) dependerá do **grau de deficiência** (grave, moderada ou leve), cabendo ao Regulamento da Previdência Social defini-las e ao INSS atestar o grau de deficiência por sua perícia médica, observada a seguinte tabela:

	Deficiência Grave	Deficiência Moderada	Deficiência Leve
Homens	25 anos de contribuição	29 anos de contribuição	33 anos de contribuição
Mulheres	20 anos de contribuição	24 anos de contribuição	28 anos de contribuição

Esta regra de transição do artigo 22 da Emenda será aplicável aos servidores federais empossados até a data da sua publicação, até que a união aprove lei complementar a respeito.

Serão aplicáveis aos servidores federais as regras citadas da LC 142/2013, acrescidas dos seguintes requisitos:

a) **tempo mínimo de 10 anos de efetivo exercício no serviço público;**

b) **5 anos no cargo efetivo em que for concedida a aposentadoria.**

A renda mensal desta aposentadoria do servidor federal com deficiência não será calculada no cabe no artigo 26 da Emenda, pois este artigo não se refere à esta regra de transição.

Ademais, a própria regra de transição determina a aplicação da LC 142/2013, "inclusive quanto aos critérios de cálculo dos benefícios", tema regular nos artigos 9º e 10:

> "Art. 8º A renda mensal da aposentadoria devida ao segurado com deficiência será calculada aplicando-se sobre o salário de benefício, apurado em conformidade com o disposto no art. 29 da Lei no 8.213, de 24 de julho de 1991, os seguintes percentuais:
>
> I – 100% (cem por cento), no caso da aposentadoria de que tratam os incisos I, II e III do art. 3º;"
>
> Art. 9º Aplicam-se à pessoa com deficiência de que trata esta Lei Complementar:
>
> I – o fator previdenciário nas aposentadorias, se resultar em renda mensal de valor mais elevado;"

Dessa forma, será de 100% do salário de benefício com aplicação do fator previdenciário, se benéfico ao segurado. Agora o fator previdenciário poderá migrar do RGPS ao RPPS neste caso, se favorável ao servidor com deficiência.

Essa remissão é totalmente infeliz, pois os benefícios do RGPS possuem base de cálculo no salário de benefício, que é limitado em 2020 a R$ 6.101,06 , sistemática distinta do RPPS e que vai gerar dúvidas de aplicação.

Por fim, este regramento de transição **não será aplicável às aposentadorias dos servidores com deficiência dos Estados, do Distrito Federal e dos Municípios**, que conservarão as normas constitucionais e infraconstitucionais (inexistentes) anteriores à data de entrada em vigor desta Emenda Constitucional 103/2019, enquanto não promovidas alterações na legislação interna relacionada ao respectivo regime próprio de previdência social.

Certamente os servidores dos estados, Distrito Federal e municípios precisarão continuar impetrando mandados de injunção no STF para ter a apreciação dos seus pedidos de aposentadoria de deficientes apreciados à luz da LC 142/2013.

No que concerne ao regramento do professor do ensino básico, a EC 103/2019 alterou o § 5º do artigo 40 da Constituição:

> § 5º Os ocupantes do **cargo de professor terão idade mínima reduzida em 5 (cinco) anos** em relação às idades decorrentes da aplicação do disposto no inciso III do § 1º, desde que comprovem tempo de efetivo exercício das funções de magistério na educação infantil e no ensino fundamental e médio fixado em **lei complementar** do respectivo ente federativo.

Os professores do ensino infantil, fundamental e médio conservaram o direito de **reduzir 5 anos na idade** no benefício de aposentadoria por idade em relação às regras ordinárias, que no serviço público federal são de 65 anos para os homens e 62 para as mulheres, reduzindo na área federal para **60 anos para os professores e 57 anos de idade para as professoras.**

Em relação aos estados, Distrito Federal e municípios, após as Constituições e Leis Orgânicas fixarem a idade mínima para os servidores comuns, deverá ser editada lei complementar reduzindo em 5 anos para os professores.

Nos termos do artigo 10, § 7º, da Emenda 103/2019, aplicável a este dispositivo, **"aplicam-se às aposentadorias dos servidores dos Estados, do Distrito Federal e dos Municípios as normas constitucionais e infraconstitucionais anteriores à data de entrada em vigor desta Emenda Constitucional, enquanto não promovidas alterações na legislação interna relacionada ao respectivo regime próprio de previdência social".**

Deste modo, a redação revogada continuará em vigor em favor de professores do ensino básico dos estados, Distrito Federal e municípios até que o tema seja regulamentado pela legislação local.

Por outro lado, **não mais há garantia de redução em 5 anos no tempo de contribuição.** Ademais, cada ente federativo deverá aprovar **lei complementar** de regulamentação fixando o tempo de efetivo exercício das funções de magistério na educação infantil e no ensino fundamental e médio que dará direito a esta regra especial.

A regra especial do professor trata-se de **norma impositiva** e não discricionária, pois o dispositivo utilizou a expressão "terão", diferentemente do § 4º anteriormente estudado.

O artigo 10 da Emenda 103/2019 constituiu regras de transição até que entre em vigor lei federal que discipline os benefícios do regime próprio de previdência social dos servidores da União:

> Art. 10. Até que entre em vigor lei federal que discipline os benefícios do regime próprio de previdência social dos servidores da União, aplica-se o disposto neste artigo.
>
> (...)
>
> § 2º **Os servidores públicos federais com direito a idade mínima ou tempo de contribuição distintos da regra geral para concessão de aposentadoria**, na forma dos §§ 4º-B, 4º-C e 5º do art. 40 da Constituição Federal, poderão se aposentar, observados os seguintes requisitos:
>
> (...)
>
> III – o titular do cargo federal de **professor**, aos **60 (sessenta) anos de idade, se homem**, aos **57 (cinquenta e sete) anos, se mulher**, **25 (vinte e cinco) anos de contribuição** exclusivamente em efetivo exercício das funções de magistério na educação infantil e no ensino fundamental e médio, **10 dez anos** de efetivo exercício de serviço público e **5 cinco anos** no cargo efetivo em que for concedida a aposentadoria, para ambos os sexos.
>
> § 4º Os proventos das aposentadorias concedidas nos termos do disposto neste artigo corresponderão ao valor apurado na forma da lei.

Dessa forma, os servidores federais ocupantes de cargo de professor do ensino básico poderão se aposentar com os seguintes requisitos:

a) sessenta anos de idade, homens e cinquenta e sete anos, mulheres;

b) vinte e cinco anos de tempo de contribuição em cargo com efetivo exercício de funções no ensino básico;

c) dez anos de efetivo exercício no serviço público;

d) cinco anos no cargo em que irá se dar a aposentadoria.

Até que haja uma lei ordinária para os servidores federais, o cálculo dos benefícios do RPPS irá observar as regras do artigo 26 da Emenda 103/2019:

> Art. 26. Até que lei discipline o cálculo dos benefícios do regime próprio de previdência social da União e do Regime Geral de Previdência Social, será utilizada a média aritmética simples dos salários de contribuição e das remunerações adotados como base para contribuições a regime próprio de previdência social e ao Regime Geral de Previdência Social, ou como base para contribuições decorrentes das atividades militares de que tratam os arts. 42 e 142 da Constituição Federal, atualizados monetariamente, correspondentes a cem por cento do período contributivo desde a competência julho de 1994 ou desde o início da contribuição, se posterior àquela competência.
>
> § 1° A média a que se refere o *caput* será limitada ao valor máximo do salário de contribuição do Regime
>
> Geral de Previdência Social para os segurados deste regime e para o servidor que ingressou no serviço público em cargo efetivo após a implantação do regime de previdência complementar ou que tenha exercido a opção correspondente, nos termos do disposto nos §§ 14 a 16 do art. 40 da Constituição Federal.
>
> § 2º O valor do benefício de aposentadoria corresponderá a sessenta por cento da média aritmética definida na forma prevista no *caput* e no § 1º, com acréscimo de dois por cento para cada ano de contribuição que exceder o tempo de vinte anos de contribuição no caso:
>
> (...)
>
> II – do § 4º do art. 10, ressalvado o disposto no inciso II do § 3º e no § 4º deste artigo;
>
> § 7º Os benefícios calculados nos termos do disposto neste artigo serão reajustados nos termos estabelecidos para o Regime Geral de Previdência Social.

Desta forma, para os professores federais, será feita média aritmética simples de **100% do período contributivo** desde a competência julho de 1994 ou desde o início da contribuição, se posterior àquela competência, não se aplicando mais a média aritmética simples dos 80% maiores, prevista no artigo 1º da Lei 10.887/2004[13].

O valor do benefício de aposentadoria corresponderá a **sessenta por cento da média aritmética das 100% das remunerações/salários de contribuição desde julho de 1994, com acréscimo de 2% para cada ano que ultrapassar os 20 anos de contribuição**, para homens e mulheres:

13. Art. anos 1º No cálculo dos proventos de aposentadoria dos servidores titulares de cargo efetivo de qualquer dos Poderes da União, dos Estados, do Distrito Federal e dos Municípios, incluídas suas autarquias e fundações, previsto no § 3º do art. 40 da Constituição Federa l e no art. 2º da Emenda Constitucional nº 41, de 19 de dezembro de 2003, será considerada a média aritmética simples das maiores remunerações, utilizadas como base para as contribuições do servidor aos regimes de previdência a que esteve vinculado, correspondentes a 80% (oitenta por cento) de todo o período contributivo desde a competência julho de 1994 ou desde a do início da contribuição, se posterior àquela competência.

TEMPO DE CONTRIBUIÇÃO	COEFICIENTE
Até 20 anos	60%
21 anos	62%
22 anos	64%
23 anos	66%
24 anos	68%
25 anos	70%
26 anos	72%
27 anos	74%
28 anos	76%
29 anos	78%
30 anos	80%
31 anos	82%
32 anos	84%
33 anos	86%
34 anos	88%
35 anos	90%
36 anos	92%
37 anos	94%
38 anos	96%
39 anos	98%
40 anos	100%

Desta forma, somente chegará a 100% da citada média quando o professor atingir a 40 anos de tempo de contribuição.

Curioso notar que, **intencionalmente**, o artigo 26 da Emenda 103/2019 não limita a média de todas as remunerações do servidor a 100%, de modo que o servidor federal que possuir mais de 40 anos de tempo de contribuição poderá ter proventos que ultrapassem a 100% (**proventos *ultra* integrais**), a exemplo:

41 anos	102%
42 anos	104%
43 anos	106%
44 anos	108%
45 anos	110%
E assim sucessivamente	E assim sucessivamente

Ademais, **poderão ser excluídas da média as contribuições que resultem em redução do valor do benefício**, desde que mantido o tempo mínimo de contribuição exigido, vedada a utilização do tempo excluído para qualquer finalidade, para a averbação em outro regime previdenciário ou para a obtenção dos proventos de inatividade dos militares.

O reajuste da aposentadoria observará a variação anual do INPC, índice utilizado para o reajuste anual dos benefícios do RGPS, nos termos do artigo 41-A[14] da Lei 8.213/91.

4.2. Pensão por morte do servidor federal efetivo – regras permanentes

A Emenda 103/2019 alterou o § 7º do artigo 40 da Constituição (óbitos a partir de 14/11/2019):

> "§ 7º Observado o disposto no § 2º do art. 201[15] **quando se tratar da única fonte de renda formal auferida pelo dependente**, o benefício de **pensão por morte** será concedido nos termos de **lei do respectivo ente federativo**, a qual tratará de **forma diferenciada** a hipótese de morte dos servidores de que trata o § 4º-B decorrente de agressão sofrida no exercício ou em razão da função".

Este parágrafo foi reformulado, possibilitando que a pensão por morte do servidor público possa ter **renda inferior a um salário mínimo**, desde que o dependente seja beneficiário de **renda formal**, a exemplo de salário ou de aposentadoria.

Foi retirado do RGPS e mantido no RPPS com evidente quebra de isonomia. Não há razão para essa diferenciação de dois pensionistas, um podendo ter pensão abaixo de um salário mínimo (RRPS) e o outro não (RGPS).

Ademais, o critério é injusto. Se a renda do dependente for informal, a exemplo do labor autônomo de R$ 5.000,00 por mês, a pensão por morte não poderá ser inferior a um salário mínimo.

Mas se o dependente tiver emprego ou renda de outro benefício previdenciário a sua pensão por morte poderá ser inferior a um salário mínimo. Esdrúxulo o fator de discrímen.

Ademais, a regra permanente não mais trata da renda da pensão por morte, fazendo remissão à **lei do respectivo ente federativo**, que necessariamente terá que tratar de modo diferenciado a morte dos **policiais**, **agentes penitenciários** e **agentes socioeducativos** por agressão em decorrência da sua função de risco.

Essa regra deveria ser estendida por isonomia a todos os servidores públicos que são agredidos e morrem no exercício da função, a exemplo do assassinato de um perito médico previdenciário durante atendimento na agência do INSS.

Por força do artigo 23, § 8º, "**e dos Municípios** as normas constitucionais e infraconstitucionais **anteriores à data de entrada em vigor desta Emenda Constitucional**, enquanto

14. Art. 41-A. O valor dos benefícios em manutenção será reajustado, anualmente, na mesma data do reajuste do salário mínimo, *pro rata*, de acordo com suas respectivas datas de início ou do último reajustamento, com base no Índice Nacional de Preços ao Consumidor – INPC, apurado pela Fundação Instituto Brasileiro de Geografia e Estatística – IBGE. (Incluído pela Lei nº 11.430, de 2006)

15. § 2º Nenhum benefício que substitua o salário de contribuição ou o rendimento do trabalho do segurado terá valor mensal inferior ao salário mínimo. (Redação dada pela Emenda Constitucional nº 20, de 1998)

não promovidas alterações na legislação interna relacionada ao respectivo regime próprio de previdência social".

Até a aprovação da lei federal sobre benefícios do RPPS, deve ser observado o artigo 10, § 6º, da Emenda 103/2019 para as seguintes carreiras da segurança pública:

> Art. 10. Até que entre em vigor lei federal que discipline os benefícios do regime próprio de previdência social dos **servidores da União**, aplica-se o disposto neste artigo. (...)
>
> § 6º A **pensão por morte** devida aos dependentes do policial civil do órgão a que se refere o inciso XIV do *caput* do art. 21 da Constituição Federal, do policial dos órgãos a que se referem o inciso IV do *caput* do art. 51, o inciso XIII do *caput* do art. 52 e os incisos I a III do *caput* do art. 144 da Constituição Federal e dos ocupantes dos cargos de agente federal penitenciário ou socioeducativo decorrente **de agressão sofrida no exercício ou em razão da função** será **vitalícia** para o cônjuge ou companheiro e equivalente à **remuneração do cargo**.

Deste modo, a pensão por morte decorrente de agressão no exercício ou em razão da função dos seguintes cargos irá gerar **pensão por morte vitalícia** para cônjuge ou companheiro (independentemente da idade do pensionista, tempo de casamento e período de ocupação do cargo até a data do óbito) e equivalerá à remuneração total do cargo (**pensão com integralidade**):

A) agente penitenciário federal;

B) agente socioeducativo federal;

C) policial civil do Distrito Federal;

D) policiais federais, policiais rodoviários federais e policiais ferroviários federais;

E) policiais da Câmara dos Deputados e do Senado.

Essa regra também deveria ser estendida por isonomia a todos os servidores públicos federais que são agredidos e morrem no exercício da função.

Para os demais servidores federais deverá ser aplicado o artigo 23 da EC 103/2019:

> Art. 23. A pensão por morte concedida a dependente de segurado do Regime Geral de Previdência Social ou de **servidor público federal** será equivalente a uma cota familiar de **50% (cinquenta por cento)** do valor da aposentadoria recebida pelo segurado ou servidor ou daquela a que teriam direito se fossem **aposentados por incapacidade permanente** na data do óbito, acrescida de cotas de **dez pontos percentuais por dependente**, até o máximo de **100% (cem) por cento**.
>
> § 1º As cotas por dependente cessarão com a perda desta qualidade e **não serão reversíveis aos demais dependentes**, preservado o valor de 100% (cem por cento) da pensão por morte, quando o número de dependentes remanescente for igual ou superior a 5 (cinco).
>
> § 2º Na hipótese de existir **dependente inválido ou com deficiência intelectual, mental ou grave**, o valor da pensão por morte de que trata o *caput* será equivalente a:
>
> I – **cem por cento** da aposentadoria recebida pelo segurado ou servidor ou daquela a que teriam direito se fossem aposentados por incapacidade permanente na data do óbito, **até o limite máximo de benefícios do Regime Geral de Previdência Social**; e
>
> II – a uma cota familiar de **cinquenta por cento** acrescida de **cotas de dez pontos percentuais por dependente**, até o máximo de cem por cento, **para o valor que supere o limite máximo de benefícios do Regime Geral de Previdência Social.**

§ 3º Quando não houver mais dependente inválido ou com deficiência intelectual, mental ou grave, o valor da pensão será **recalculado** na forma do disposto no *caput* e no § 1º.

§ 4º O tempo de duração da pensão por morte e das cotas individuais por dependente até a perda desta qualidade, o rol de dependentes, a sua qualificação e as condições necessárias para enquadramento serão aqueles estabelecidos na Lei nº 8.213, de 24 de julho de 1991.

§ 5º Para o dependente inválido ou com deficiência intelectual, mental ou grave, a condição de deficiente pode ser reconhecida previamente ao óbito do segurado, por meio de avaliação biopsicossocial realizada por equipe multiprofissional e interdisciplinar, observada revisão periódica na forma da legislação.

§ 6º Equiparam-se a filho, para fins de recebimento da pensão por morte, exclusivamente o enteado e o menor tutelado, desde que comprovada a dependência econômica.

§ 7º As regras sobre pensão previstas neste artigo e na legislação vigente na data de entrada em vigor desta Emenda Constitucional poderão ser **alteradas na forma da lei**, para o Regime Geral de Previdência Social, e, na forma do § 7º do art. 40 da Constituição

Federal, para o regime próprio de previdência social da União.

§ 8º Aplicam-se às pensões concedidas aos dependentes de **servidores dos Estados, do Distrito Federal e dos Municípios** as normas constitucionais e infraconstitucionais **anteriores à data de entrada em vigor desta Emenda Constitucional**, enquanto não promovidas alterações na legislação interna relacionada ao respectivo regime próprio de previdência social.

A renda mensal da pensão por morte do servidor federal cujo óbito foi posterior ao advento da Emenda 103/2019 (a partir de 14/11/2019) será calculada com arrimo no artigo 23, exceto a regra especial anteriormente estudada no artigo 10, § 6º, da Emenda.

Em regra, haverá um valor básico de 50% da aposentadoria recebida pelo inativo ou 50% da aposentadoria por incapacidade que teria direito na data do óbito, acrescido de 10% por dependente até o limite de 100%:

COEFICIENTE	DEPENDENTES
60%	1 dependente
70%	2 dependentes
80%	3 dependentes
90%	4 dependentes
100%	5 ou mais dependentes

Dessa forma, para o servidor ativo que vem a óbito, será necessário calcular os proventos da aposentadoria por incapacidade permanente para em seguida calcular o valor da pensão por morte.

Por força do artigo 26 da Emenda 103/2019, o valor do benefício de aposentadoria por incapacidade permanente corresponderá a **sessenta por cento da média aritmética das 100% das remunerações/salários de contribuição, com acréscimo de 2% para cada ano que ultrapassar os 20 anos de contribuição:**

TEMPO DE CONTRIBUIÇÃO	COEFICIENTE
Até 20 anos	60%
21 anos	62%
22 anos	64%
23 anos	66%
24 anos	68%
25 anos	70%
26 anos	72%
27 anos	74%
28 anos	76%
29 anos	78%
30 anos	80%
31 anos	82%
32 anos	84%
33 anos	86%
34 anos	88%
35 anos	90%
36 anos	92%
37 anos	94%
38 anos	96%
39 anos	98%
40 anos	100%

Assim, se um servidor federal morrer com até 20 anos de tempo de contribuição, o valor da aposentadoria por incapacidade permanente será de 60% da média de todas as remunerações desde julho de 1994, sendo este o valor base para o cálculo da pensão por morte que será incidirá à razão de 60, 70, 80, 90 ou 100% sobre 60% de toda a média contributiva do servidor federal.

Suponha-se um servidor federal tenha morrido com 10 anos de tempo de contribuição, de modo que os proventos de aposentadoria por incapacidade que ele teria direito seriam de 60% da média das remunerações.

Se ele possuir dois dependentes habilitados à pensão, o valor da pensão por morte será de 70% multiplicado por 60% da média das remunerações do servidor federal a partir de 7/1994 (7 x 6 = 42) chegando a apenas 42% da média das remunerações desde o Plano Real (não é 42% do último salário).

Curioso notar que, **intencionalmente**, o artigo 26 da Emenda 103/2019 não limita a média de todas as remunerações do servidor a 100%, de modo que o servidor federal que possuir mais de 40 anos de tempo de contribuição poderá gerar pensão que ultrapassem a 100%, a exemplo:

41 anos	**102%**
42 anos	**104%**
43 anos	**106%**
44 anos	**108%**
45 anos	**110%**
E assim sucessivamente	**E assim sucessivamente**

IMPORTANTE!

Excepcionalmente, no caso de morte por acidente de trabalho do servidor federal, se o segurado falecido não estava aposentado, a base de cálculo da pensão por morte deve ser 100% da média, pois essa seria a base da aposentadoria por incapacidade permanente decorrente de acidente de trabalho.

Outrossim, existe uma regra especial muito justa em favor do **dependente inválido ou com deficiência intelectual, mental ou grave (filhos, cônjuges/companheiros, pais e irmãos)**, pois neste caso a renda da pensão por morte será equivalente a:

I – **100%** da aposentadoria recebida pelo segurado ou servidor ou daquela a que teriam direito se fossem aposentados por incapacidade permanente na data do óbito, **até o limite máximo de benefícios do Regime Geral de Previdência Social**; e

II – a uma cota familiar de **50%** acrescida de **cotas de dez pontos percentuais por dependente**, até o máximo de cem por cento, **para o valor que supere o limite máximo de benefícios do Regime Geral de Previdência Social.**

Neste caso, o cálculo será feito em duas etapas, exceto se a aposentadoria recebida ou a aposentadoria por incapacidade permanente que o servidor teria direito não superarem ao teto do teto do RGPS em vigor no ano do óbito.

Ademais, é vedada a reversão de cotas de pensão entre dependentes. Dessa forma, para os novos óbitos após a vigência da Emenda 103/2019, o artigo 223 da Lei 8.212/90 não foi recebido pelo novel regramento constitucional:

> "Art. 223. Por morte ou perda da qualidade de beneficiário, a respectiva cota reverterá para os cobeneficiários. (Redação dada pela Lei nº 13.135, de 2015)"

Por sua vez, o tempo de duração da pensão por morte e das cotas individuais por dependente até a perda desta qualidade, o rol de dependentes, a sua qualificação e as condições necessárias para enquadramento serão aqueles estabelecidos na Lei nº 8.213, de 24 de julho de 1991.

Considerando que as regras da pensão por morte do servidor federal foram aproximadas ao regramento do RGPS pelas Leis 13.135/2015 e 13.846/2019 não se trata propriamente de uma novidade.

Em regra, se o óbito ocorrer sem que o servidor federal tenha vertido 18 (dezoito) contribuições mensais ou se o casamento ou a união estável tiverem sido iniciados em menos de 2 (dois) anos antes do óbito do segurado, a pensão por morte será paga por apenas 4 (quatro) meses ao cônjuge, companheiro ou companheira, salvo se o óbito do segurado decorrer de acidente de qualquer natureza ou de doença profissional ou do trabalho.

A Lei 13.135/2015 admitiu expressamente que o tempo de contribuição a Regime Próprio de Previdência Social (RPPS) ou RGPS será considerado na contagem das 18 (dezoito) contribuições mensais, acaso o servidor não possua 18 recolhimentos no RPPS federal.

Por sua vez, transcorridos os seguintes períodos, estabelecidos de acordo com a idade do beneficiário na data de óbito do segurado, se o óbito ocorrer depois de vertidas 18 (dezoito) contribuições mensais e pelo menos 2 (dois) anos após o início do casamento ou da união estável, ou se então o óbito do segurado decorrer de acidente de qualquer natureza ou de doença profissional ou do trabalho, a pensão terá a seguinte duração, sendo vitalícia apenas se o pensionista tiver 44 anos de idade no dia da morte:

1) 3 (três) anos, com menos de 21 (vinte e um) anos de idade;
2) 6 (seis) anos, entre 21 (vinte e um) e 26 (vinte e seis) anos de idade;
3) 10 (dez) anos, entre 27 (vinte e sete) e 29 (vinte e nove) anos de idade;
4) 15 (quinze) anos, entre 30 (trinta) e 40 (quarenta) anos de idade;
5) 20 (vinte) anos, entre 41 (quarenta e um) e 43 (quarenta e três) anos de idade;
6) vitalícia, com 44 (quarenta e quatro) ou mais anos de idade.

No entanto, há uma regra especial para o pensionista inválido ou com deficiência cônjuge ou companheiro(a), pois neste caso a pensão por morte apenas será cancelada pela cessação da invalidez ou pelo afastamento da deficiência. Se não houver recuperação do pensionista, portanto, será vitalícia, mesmo que o segurado não tenha vertido 18 (dezoito) contribuições mensais ou se o casamento ou a união estável tiverem menos de 2 (dois) anos antes do óbito do segurado. Caso o pensionista inválido ou deficiente se recupere, serão respeitados, ao menos, os prazos anteriores apresentados.

Regra de grande impacto é a que prevê que se equiparam a filho, para fins de recebimento da pensão por morte, exclusivamente o enteado e o menor tutelado, desde que comprovada a dependência econômica.

O objetivo desta regra foi reverter a posição repetitiva do STJ que equipara ao filho o menor sob guarda, inclusive no RPPS, nos termos do artigo 33, § 3º, do ECA:

PROCESSO	REsp 1.411.258-RS, Rel. Min. Napoleão Nunes Maia Filho, Primeira Seção, por unanimidade, julgado em 11/10/2017, DJe 21/02/2018. (Tema 732).
RAMO DO DIREITO	DIREITO PREVIDENCIÁRIO, DIREITO DA CRIANÇA E DO ADOLESCENTE
TEMA	Menor sob guarda judicial. Dependente econômico. Óbito do instituidor da pensão em data posterior à vigência da MP 1.523/1996, reeditada e convertida na Lei n. 9.528/1997. Manutenção do benefício previdenciário. Proibição de retrocesso. Diretrizes constitucionais de isonomia, prioridade absoluta e proteção integral à criança e ao adolescente.

DESTAQUE
O menor sob guarda tem direito à concessão do benefício de pensão por morte do seu mantenedor, **comprovada sua dependência econômica**, nos termos do art. 33, § 3º do Estatuto da Criança e do Adolescente, ainda que o óbito do instituidor da pensão seja posterior à vigência da Medida Provisória 1.523/96, reeditada e convertida na Lei n. 9.528/97. Funda-se essa conclusão na qualidade de lei especial do Estatuto da Criança e do Adolescente (8.069/90), frente à legislação previdenciária.

Processo

AgInt no AREsp 1289416 / RN

AGRAVO INTERNO NO AGRAVO EM RECURSO ESPECIAL

2018/0107251-3

Relator(a)

Ministro MAURO CAMPBELL MARQUES (1141)

Órgão Julgador

T2 – SEGUNDA TURMA

Data do Julgamento

04/10/2018

Data da Publicação/Fonte

DJe 29/10/2018

Ementa

ADMINISTRATIVO. AGRAVO INTERNO NO AGRAVO EM RECURSO ESPECIAL. ENUNCIADO ADMINISTRATIVO 3/STJ. **SERVIDORA PÚBLICA ESTADUAL APOSENTADA. MENOR SOB GUARDA. BISNETO. INCLUSÃO COMO DEPENDENTE. APLICABILIDADE DO ESTATUTO DA CRIANÇA E DO ADOLESCENTE – ECA.** INTERPRETAÇÃO COMPATÍVEL COM A DIGNIDADE DA PESSOA HUMANA E COM O PRINCÍPIO DE PROTEÇÃO INTEGRAL DO MENOR. PRECEDENTE DA PRIMEIRA SEÇÃO DESTA CORTE. AGRAVO INTERNO NÃO PROVIDO.

1. A orientação do STJ firmada sob o regime do art. 543-C do CPC/1973, é no sentido de que ao menor sob guarda deve ser assegurado o benefício de pensão por morte em face da prevalência do disposto no artigo 33, § 3º, do Estatuto da Criança e do Adolescente – ECA sobre norma previdenciária de natureza específica.

2. Agravo interno não provido.

É aguardar para ver a reação da jurisprudência ao novel dispositivo, que corre o risco de ser afastado por inconstitucionalidade.

Este artigo, de início, não será aplicável à pensão por morte dos servidores estaduais, distritais e municipais, enquanto não promovidas alterações na legislação interna relacionada ao respectivo regime próprio de previdência social.

A pensão por morte no serviço público sofreu relevantes alterações com o advento da Emenda 41/2003, com a criação de um redutor para as pensões com maior valor. Após a EC 103/2019, a fórmula de cálculo foi novamente revista, conforme supra estudado.

Outrossim, no âmbito do RPPS dos servidores federais efetivos, a Medida Provisória 664/2014 promoveu uma reforma significativa no benefício, alterando os artigos 215, 217, 218,

222, 223, 225 da Lei 8.112/90, ao tempo em que revogou expressamente o art. 216 e os §§ 1º a 3º do art. 218 da Lei nº 8.112, de 11 de dezembro de 1990.

Posteriormente, a MP 664/2015 foi convertida na Lei 13.135/2015 promovendo novas modificações no benefício. Tivemos também mudanças com a MP 871/2019 convertida na Lei 13.846/2019.

No âmbito do RPPS da União, a pensão por morte se divide quanto à natureza em **vitalícia ou temporária, muito embora as regras tenham sido alteradas com o advento da Lei 13.135/2015.**

Eram beneficiários da *pensão vitalícia* pelo regramento anterior: o cônjuge; a pessoa desquitada, separada judicialmente ou divorciada, com percepção de pensão alimentícia; o companheiro ou companheira designado que comprove união estável como entidade familiar; a mãe e o pai que comprovem dependência econômica do servidor; a pessoa designada, maior de 60 (sessenta) anos e a pessoa portadora de deficiência, que vivam sob a dependência econômica do servidor.

O parceiro homoafetivo estável do servidor também será considerado dependente, pois esta relação terá o mesmo regime jurídico previdenciário da união estável entre homem e mulher, conforme entendimento vinculante do Advogado-Geral da União, em 01.06.2010, que homologou o Parecer 38/2009, da lavra do Departamento de Análise de Atos Normativos, órgão da Consultoria-Geral da União.

De acordo com o entendimento do STF, **o(a) concubino(a) não é dependente previdenciária**, não tendo direito à pensão por morte:

> "COMPANHEIRA E CONCUBINA – DISTINÇÃO. Sendo o Direito uma verdadeira ciência, impossível é confundir institutos, expressões e vocábulos, sob pena de prevalecer a babel. UNIÃO ESTÁVEL – PROTEÇÃO DO ESTADO. A proteção do Estado à união estável alcança apenas as situações legítimas e nestas não está incluído o concubinato. PENSÃO – SERVIDOR PÚBLICO – MULHER – CONCUBINA – DIREITO. A titularidade da pensão decorrente do falecimento de servidor público pressupõe vínculo agasalhado pelo ordenamento jurídico, mostrando-se impróprio o implemento de divisão a beneficiar, em detrimento da família, a concubina" (**STF, RE 590.779, de 10.02.2009**).

No entanto, existe precedente do TCU se posicionando pela repartição da pensão por morte de servidor federal entre a esposa e a concubina:

> **Acórdão 3072/2015 Segunda Câmara** (Pensão Civil, Relator Ministro Augusto Nardes)
>
> Pessoal. Pensão Civil. Concessão simultânea à viúva e à companheira.
>
> Em respeito ao princípio da verdade material, é possível a concessão simultânea de pensão à viúva e à companheira, **ainda que inexistente reconhecimento judicial da união estável entre o instituidor e a companheira ou da separação de fato entre ele e sua esposa**, quando essa situação puder ser comprovada por outros elementos probatórios robustos.
>
> Vale registrar que não constitui requisito para a concessão de pensão por morte no RPPS federal a pronúncia judicial da união estável. Veja-se o STF em acertada decisão:
>
> **Informativo 824– Pensão por morte à companheira e à ex-esposa**
>
> **"Não constitui requisito legal para a concessão de pensão por morte à companheira que a união estável seja declarada judicialmente, mesmo que vigente formalmente o casamento.** Dessa forma, não é dado à Administração Pública negar o benefício apenas com base nesse fundamento, sem deixar, porém, de averiguar, no âmbito administrativo, a separação de fato e a união estável. Com base nessa orientação, a Primeira Turma confirmou a medida liminar e concedeu a ordem em

mandado de segurança para anular acórdão do TCU e restabelecer a pensão por morte da impetrante em concorrência com a viúva de ex-servidor público. Na espécie, o TCU negara registro à pensão por morte concedida à impetrante que a percebia há mais de dez anos em concorrência com a viúva. Segundo aquela Corte de Contas, não existiria decisão judicial a confirmar a união estável e a separação de fato. A Turma esclareceu que por via processual administrativa o órgão pagador do servidor falecido reconhecera a união estável e concedera-lhe a pensão por morte em concurso com a ex-esposa. Em preliminar, a Turma rejeitou a alegação de decadência do direito de revisão do ato administrativo. Anotou que o decurso de mais de cinco anos decorridos da entrada do processo no TCU não implicaria decadência do direito de rever o ato analisado, mas apenas a obrigatoriedade de se dar oportunidade de contraditório. Destacou que não se discutia nesses autos a possibilidade de rateio da pensão, muito menos a efetiva comprovação da união estável – reconhecida pela esfera administrativa e não afastada pelo ato impugnado. A questão cingiu-se à legalidade de se exigir decisão judicial a reconhecer a união estável e a separação de fato como requisitos para a concessão da pensão por morte. Frisou que o Código Civil dispõe não haver impedimento ao reconhecimento da união estável se a pessoa casada se achar separada de fato ou judicialmente ("Art. 1.723 ... § 1º. A união estável não se constituirá se ocorrerem os impedimentos do art. 1.521; não se aplicando a incidência do inciso VI no caso de a pessoa casada se achar separada de fato ou judicialmente"). A separação de fato, por definição, também seria situação que não dependeria de reconhecimento judicial para a sua configuração, tanto que a lei utiliza tal expressão em oposição à separação judicial. Salientou, ainda, que a Lei 8.112/1990, ao tratar da pensão por morte do servidor em favor do companheiro dependente não exige que a prova da união estável seja feita mediante decisão judicial. Por fim, sublinhou que a situação dos autos seria diversa da decidida no RE 397.762/BA (DJe de 12.9.2008), em que não havia separação de fato, mas relações concomitantes. Tal tema, no entanto, não está em discussão no presente julgamento. **MS 33008/DF, rel. Min. Roberto Barroso, 3.5.2016. (MS-33008)".**

Tinham direito à *pensão temporária* pelo regramento anterior: os filhos, ou enteados, até 21 (vinte e um) anos de idade, ou, se inválidos, enquanto durar a invalidez; o menor sob guarda ou tutela até 21 (vinte e um) anos de idade; o irmão órfão, até 21 (vinte e um) anos, e o inválido, enquanto durar a invalidez, que comprovem dependência econômica do servidor; a pessoa designada que viva na dependência econômica do servidor, até 21 (vinte e um) anos, ou, se inválida, enquanto durar a invalidez.

Agora as regras foram reformadas pela Lei 13.135/2015. Assim como ocorreu no Regime Geral de Previdência Social, criou-se a pensão por morte provisória para cônjuges, companheiros e companheiras com idade inferior a 44 anos na data do óbito do servidor federal.

Ademais, **excluiu-se do rol de dependentes** o menor sob guarda, à semelhança do que já havia ocorrido no Regime Geral de Previdência Social no ano de 1996, assim como a pessoa designada, maior de 60 (sessenta) anos e a pessoa portadora de deficiência, que vivam sob a dependência econômica do servidor; a pessoa designada que viva na dependência econômica do servidor, até 21 (vinte e um) anos, ou, se inválida, enquanto durar a invalidez.

Pelo novo artigo 217, da Lei 8.112/90, reformado pela Lei 13.135/2015, são dependentes habilitados à pensão por morte do servidor federal efetivo:

I – o cônjuge;

II – o cônjuge divorciado ou separado judicialmente ou de fato, com percepção de pensão alimentícia estabelecida judicialmente;

III – o companheiro ou companheira que comprove união estável como entidade familiar;

IV – o filho de qualquer condição que atenda a um dos seguintes requisitos:

a) seja menor de 21 (vinte e um) anos;

b) seja inválido;

c) tenha deficiência grave; ou

d) tenha deficiência intelectual ou mental;

V – a mãe e o pai que comprovem dependência econômica do servidor; e

VI – o irmão de qualquer condição que comprove dependência econômica do servidor e atenda a um dos requisitos previstos no inciso IV.

Os dependentes previstos nos incisos I a IV são preferenciais, afastando os dependentes arrolados nos incisos V e VI. Por sua vez, os dependentes do inciso V preferem aos dependentes do inciso VI. Por sua vez, o enteado e o menor tutelado equiparam-se a filho mediante declaração do segurado e desde que comprovada a dependência econômica na forma estabelecida no Regulamento.

Embora o STJ tenha editado a Súmula 336 com lastro no RGPS, entendo que a sua aplicação é plenamente pertinente no RPPS, sendo cabível reproduzir texto que foi inserto no Título II desta obra:

> Além do cônjuge ou companheiro (a) do segurado, o ***ex-cônjuge e o ex-companheiro (a)*** também serão considerados como dependentes, desde que haja a ***percepção de alimentos*** por ocasião da separação judicial (atualmente extinta pela Emenda 66/2010) ou do divórcio.
>
> De acordo com a ***Súmula 336****, do STJ*, "a mulher que renunciou aos alimentos na separação judicial tem direito à pensão previdenciária por morte do ex-marido, comprovada a necessidade econômica superveniente".
>
> Com todo o respeito que merece a Corte Superior pelos relevantes serviços prestados ao país com a melhor interpretação e uniformização da legislação federal, não há como deixar de criticar a redação da Súmula 336.
>
> Inicialmente, por isonomia, ao invés de se referir a "mulher", o enunciado deveria ter dito "pessoa", pois o mesmo entendimento é aplicável aos homens com o advento da Constituição de 1988 e da Lei 8.213/91. Ademais, esse entendimento não se limita à separação, sendo aplicável ao divórcio, como já decidiu o próprio STJ[16].
>
> Demais disso, também na dissolução da união estável é possível a adoção dessa linha de pensamento, pois também é uma relação apta a instituir uma entidade familiar, sendo cada vez mais comum no Brasil, por sua praticidade e economicidade, conquanto ainda se tenha certa dificuldade probatória, que inexiste no casamento.
>
> O mesmo entendimento também é extensível à parceria homoafetiva, pois, como será visto, a Corte Superior acertadamente coloca o parceiro como dependente preferencial do RGPS.
>
> Vale destacar que a renúncia é um ato de disposição expresso dos alimentos, caso a mulher fizesse jus na separação judicial, bem como a
>
> necessidade econômica deverá ser comprovada no momento do óbito, pois é esta a ocasião em que se definem os dependentes, e não posteriormente.
>
> Ainda se entende que os alimentos são prestações indisponíveis, não sendo tecnicamente adequado se falar em renúncia, com base no artigo 1.707, do Código Civil:
>
> "Art. 1.707. Pode o credor não exercer, porém lhe é vedado renunciar o direito a alimentos, sendo o respectivo crédito insuscetível de cessão, compensação ou penhora".

16. REsp 472.742, DJ de 31.03.2003.

Insta argumentar que essa necessidade econômica superveniente deverá ser comprovada com a demonstração de que o segurado falecido prestava algum auxílio substancial ao ex-cônjuge, companheiro(a) ou parceiro homoafetivo supérstite, mesmo sem o pagamento formal de pensão alimentícia.

Por tudo isso, crê-se que o enunciado deverá ser interpretado da seguinte forma: **"A pessoa que não exerceu o direito à prestação alimentícia na separação judicial, no divórcio, na dissolução de união estável ou de relação homoafetiva, terá direito à pensão por morte em decorrência do falecimento do respectivo segurado, desde que demonstrada a necessidade econômica superveniente, até a data do óbito, através da prestação de alimentos in natura ou de qualquer outro auxílio substancial que conduzisse à dependência econômica".**

Nesse sentido, com muito acerto, o STJ:

Tipo

Acórdão

Número

2009.02.03981-0200902039810

Classe

AGRESP – AGRAVO REGIMENTAL NO RECURSO ESPECIAL – 1159832

Relator(a)

FELIX FISCHER

Origem

STJ – SUPERIOR TRIBUNAL DE JUSTIÇA

Órgão julgador

QUINTA TURMA

Data

23/02/2010

Data da publicação

15/03/2010

Fonte da publicação

DJE DATA:15/03/2010 ..DTPB:

Ementa

EMEN: AGRAVO REGIMENTAL NO RECURSO ESPECIAL. PREQUESTIONAMENTO. AUSÊNCIA. VIOLAÇÃO AO ART. 535 DO CPC. NÃO OCORRÊNCIA. **SERVIDOR PÚBLICO. PENSÃO POR MORTE**. DESQUITE. **SÚMULA** N.º 336/STJ. NECESSIDADE ECONÔMICA SUPERVENIENTE. NÃO DEMONSTRADA. I – A omissão no julgado que desafia os declaratórios é aquela referente às questões, de fato ou de direito, trazidas à apreciação do magistrado, e não a referente às teses defendidas pelas partes a propósito daquelas questões. Mesmo porque, as teses jurídicas podem ser rechaçadas implicitamente pelo julgador. II – É inadmissível o recurso especial quando ausente o prequestionamento do tema inserto na norma apontada como violada. Incidência da **Súmula** n.º 282 do c. STF. III – Nos termos do enunciado n.º **336** da Súmula/STJ, "A mulher que renunciou aos alimentos na separação judicial tem direito à **pensão** previdenciária **por morte** do ex-marido, comprovada a necessidade econômica superveniente". IV– In casu, os autos revelam que não restou demonstrada a superveniente dependência econômica da recorrente, razão pela qual ela não faz jus à pensão por morte vindicada. Agravo regimental desprovido. ..EMEN:

Decisão

Vistos, relatados e discutidos os autos em que são partes as acima indicadas, acordam os Ministros da QUINTA TURMA do Superior Tribunal de Justiça, **por** unanimidade, negar provimento ao agravo regimental. Os Srs. Ministros Laurita Vaz, Arnaldo Esteves Lima, Napoleão Nunes Maia Filho e Jorge Mussi votaram com o Sr. Ministro Relator.

De acordo com o TCU, "não é cabível a concessão de pensão por morte a filho maior inválido quando este tiver renda própria suficiente para prover a sua subsistência"[17].

Outrossim, acertadamente o TCU considera "ilegal, por ofensa à moralidade e ao espírito da lei, o ato de pensão civil instituída em favor de filho adotivo quando caracterizado o desvirtuamento do instituto da adoção por escritura pública, utilizado tão somente com a finalidade de transferir benefício previdenciário à pessoa que a ele não faria jus (a exemplo dos netos do instituidor), como se herança fosse, sob a forma de renda vitalícia"[18].

Em regra, se o óbito ocorrer sem que o servidor federal tenha vertido 18 (dezoito) contribuições mensais ou se o casamento ou a união estável tiverem sido iniciados em menos de 2 (dois) anos antes do óbito do segurado, a pensão por morte será paga por apenas 4 (quatro) meses ao cônjuge, companheiro ou companheira, salvo se o óbito do segurado decorrer de acidente de qualquer natureza ou de doença profissional ou do trabalho.

A Lei 13.135/2015 admitiu expressamente que o tempo de contribuição a Regime Próprio de Previdência Social (RPPS) ou RGPS será considerado na contagem das 18 (dezoito) contribuições mensais, acaso o servidor não possua 18 recolhimentos no RPPS federal.

Por sua vez, transcorridos os seguintes períodos, estabelecidos de acordo com a idade do beneficiário na data de óbito do segurado, **se o óbito ocorrer depois de vertidas 18 (dezoito) contribuições mensais e pelo menos 2 (dois) anos após o início do casamento ou da união estável, ou se então o óbito do segurado decorrer de acidente de qualquer natureza ou de doença profissional ou do trabalho,** a pensão terá a seguinte duração, sendo vitalícia apenas se o pensionista tiver 44 anos de idade no dia da morte:

1) **3 (três) anos**, com menos de 21 (vinte e um) anos de idade;
2) **6 (seis) anos**, entre 21 (vinte e um) e 26 (vinte e seis) anos de idade;
3) **10 (dez) anos**, entre 27 (vinte e sete) e 29 (vinte e nove) anos de idade;
4) **15 (quinze) anos**, entre 30 (trinta) e 40 (quarenta) anos de idade;
5) **20 (vinte) anos**, entre 41 (quarenta e um) e 43 (quarenta e três) anos de idade;
6) **vitalícia**, com 44 (quarenta e quatro) ou mais anos de idade.

No entanto, há uma regra especial para o pensionista inválido ou com deficiência cônjuge ou companheiro(a), pois neste caso a pensão por morte apenas será cancelada pela cessação da invalidez ou pelo afastamento da deficiência. Se não houver recuperação do pensionista, portanto, será vitalícia, mesmo que **o segurado não tenha vertido 18 (dezoito) contribuições mensais ou se o casamento ou a união estável tiverem menos de 2 (dois) anos antes do óbito do**

17. Acórdão 5151/2015 Primeira Câmara (Pensão Civil, Relator Ministro Benjamin Zymler).
18. Acórdão 1154/2015 Primeira Câmara (Pensão Civil, Relator Ministro Bruno Dantas).

segurado. Caso o pensionista inválido ou deficiente se recupere, serão respeitados, ao menos, os prazos anteriores apresentados.

Vale frisar que a partir de junho de 2018 existe a possibilidade de mudanças nas faixas da pensão temporária e vitalícia, por ato do Ministro de Estado do Planejamento, Orçamento e Gestão, desde que haja o incremento mínimo de um ano inteiro na média nacional única, para ambos os sexos, correspondente à expectativa de sobrevida da população brasileira ao nascer, limitado o acréscimo na comparação com as idades anteriores ao referido incremento.

É sabido que no Brasil existem simulações e fraudes envolvendo casamentos e uniões estáveis apenas com o objetivo de instituir a pensão por morte. Por força da Lei 13.135/2015, **perde o direito à pensão por morte o cônjuge, o companheiro ou a companheira se comprovada, a qualquer tempo, simulação ou fraude no casamento ou na união estável, ou a formalização desses com o fim exclusivo de constituir benefício previdenciário, apuradas em processo judicial no qual será assegurado o direito ao contraditório e à ampla defesa.**

De acordo com o artigo 5º, da Lei 13.135/2015, "os atos praticados com base em dispositivos da Medida Provisória no 664, de 30 de dezembro de 2014, serão revistos e adaptados ao disposto nesta Lei", devendo haver retroação, pois a Lei 13.135/2015 foi mais benéfica ao pensionista e prevê expressamente a sua retroação, afastando-se, por exceção, o *Tempus Regit Actum*.

Contra as modificações promovidas pela Lei 13.135/2015 na Lei 8.112/90, a ANASPS propôs a ação direta de inconstitucionalidade 5461, conforme noticiado pelo site do STF:

> **Notícias STF**
>
> Quarta-feira, 03 de fevereiro de 2016
>
> **Associação questiona norma que alterou pensão por morte para servidores**
>
> A Associação Nacional dos Servidores da Previdência e da Seguridade Social (ANASPS), ajuizou no Supremo Tribunal Federal (STF) a Ação Direta de Inconstitucionalidade (ADI) 5461, com pedido de liminar, contra dispositivos da Lei 13.135/2015, que alteraram as regras sobre pensão por morte de servidores públicos federais. A entidade sustenta que a utilização de medida provisória para efetuar alterações na Lei 8.112/1990 foi abusiva, pois não estariam presentes os requisitos de urgência e relevância, representando vício insanável na origem. Alega, ainda, que a conversão em lei não convalida os vícios formais existentes originariamente no ato normativo.
>
> A entidade alega que a alteração legislativa, ao estabelecer que o tempo de pensão por morte será condicionado a determinados prazos, tanto para a concessão quanto para a fruição do benefício, teria negado a cobertura securitária assegurada expressamente na Constituição. Afirma ainda que alguns benefícios tradicionalmente vitalícios passaram a ter duração por prazo determinado, como as pensões percebidas por cônjuges em geral, cônjuges divorciados, separados judicialmente ou de fato com percepção de pensão alimentícia estabelecida judicialmente, ou, ainda, por companheiros que comprovem união estável como entidade familiar.
>
> Em caráter liminar, a ANASPS pede a suspensão da aplicação dos dispositivos impugnados até o julgamento final da ADI. No mérito, pede a declaração de inconstitucionalidade formal da Lei 13.135/2015, a inconstitucionalidade material dos artigos 3º e 7º, inciso I, da lei impugnada. Em caráter subsidiário, pede que seja declarado inconstitucional o artigo 3º da Lei 13.135/2015, ao menos em relação à inclusão do inciso VII e dos parágrafos 1º a 4º no artigo 222 da Lei 8.112/1990.
>
> A relatoria da ADI 5461 é do ministro Luiz Fux, relator também das ADIs 5340, 5389, 5411 e 5419, sobre o mesmo tema.
>
> PR/FB

De acordo com o STJ, "**não se exige prova de dependência econômica para a concessão de pensão por morte a filho inválido de servidor público federal.** Isso porque, nos termos do art. 217 da Lei 8.112/1990, não há exigência de prova da dependência econômica para o filho inválido, ainda que maior de 21 anos de idade. Conforme se infere do texto expresso da lei, a prova da dependência econômica somente é exigível, nas pensões vitalícias, da mãe, do pai e da pessoa designada maior de 60 anos ou portadora de deficiência. Quanto às pensões temporárias, a prova da dependência é exigida restritivamente do irmão órfão ou da pessoa designada, em qualquer caso até 21 anos ou, se inválido, enquanto perdurar eventual invalidez" (REsp 1.440.855-PB, **Rel. Min. Humberto Martins, julgado em 3/4/2014).**

Ainda de acordo com a Corte Superior (Informativo 553), "para fins de concessão da pensão por morte de servidor público federal, a designação do beneficiário nos assentos funcionais do servidor é prescindível se a vontade do instituidor em eleger o dependente como beneficiário da pensão houver sido comprovada por outros meios idôneos. Precedentes citados: AgRg no REsp 1.362.822-PE, Primeira Turma, DJe 17/4/2013; AgRg no REsp 1.295.320-RN, Segunda Turma, DJe 28/6/2012; e REsp 1.307.576-PE, Segunda Turma, DJe 25/4/2012. REsp 1.486.261-SE, Rel. Min. Herman Benjamin, julgado em 20/11/2014, DJe 5/12/2014".

De acordo com o TCU, mesmo antes da exclusão do menor sob guarda do rol de dependentes do servidor federal operada pela Lei 13.135/2015, não havia possibilidade de concessão de pensão civil a menor sob guarda ou tutela (neto de servidor), designado, porém sem comprovação de dependência econômica em relação ao instituidor[19].

De efeito, **o TCU e a AGU não mais vinham admitindo o menor sob guarda como dependente do servidor federal**. Conquanto a Lei 8.112/90 ainda o previa (até a MP 664/2014, convertida na Lei 13.135/2015) como dependente, para o entendimento da Corte de Contas e da Advocacia-Geral da União, a Lei 9.717/98 acabou revogando tacitamente este dispositivo, ao aduzir no seu artigo 5º, inserido pela MP 2.187-13/2001, que "os regimes próprios de previdência social dos servidores públicos da União, dos Estados, do Distrito Federal e dos Municípios, dos militares dos Estados e do Distrito Federal não poderão conceder benefícios distintos dos previstos no Regime Geral de Previdência Social, de que trata a Lei nº 8.213, de 24 de julho de 1991, salvo disposição em contrário da Constituição Federal". Veja-se:

> **"TCU – Processo: 020.668/2011-2**
>
> Sumário: PENSÃO CIVIL. AUSÊNCIA DE COMPROVAÇÃO DE DEPENDÊNCIA ECONÔMICA DE MENOR SOB GUARDA. IRRELEVÂNCIA ANTE A REVOGAÇÃO DA ESPÉCIE DE BENEFÍCIO PREVIDENCIÁRIO, BEM COMO DE OUTRAS CATEGORIAS DE BENEFICIÁRIOS DE PENSÃO CIVIL ESTATUTÁRIA PELA LEI 9.717/1998. CONSIDERAÇÕES SOBRE A EVOLUÇÃO NORMATIVA DA MATÉRIA. JURISPRUDÊNCIA DOS TRIBUNAIS SUPERIORES. POSICIONAMENTO DA AGU. ILEGALIDADE DE UM ATO. NEGATIVA DE REGISTRO. LEGALIDADE DOS DEMAIS. REGISTRO. DETERMINAÇÃO E CIÊNCIA AOS ÓRGÃOS CENTRAIS DE GESTÃO DE RECURSOS HUMANOS DA ADMINISTRAÇÃO PÚBLICA FEDERAL
>
> Assunto: Pensão Civil
>
> Número do acórdão: 2515
>
> Ano do acórdão: 2011

19. Acórdão 586/2005, Plenário.

AGU – Parecer 047/2010, emitido pela Advocacia-Geral da União, aprovado nos termos do Despacho do Consultor-Geral da União 878/2010, da lavra do Ministro Luis Inácio Lucena Adams:

"PAGAMENTO, PELO REGIME PRÓPRIO DE PREVIDÊNCIA SOCIAL DA UNIÃO, DE PENSÃO POR MORTE A MENOR SOB GUARDA DE SERVIDOR PÚBLICO FALECIDO. IMPOSSIBILIDADE. INEXISTÊNCIA DE PREVISÃO LEGAL DE TAL BENEFÍCIO NO REGIME GERAL DE PREVIDÊNCIA SOCIAL. INTELIGÊNCIA DO ART. 5º DA LEI 9.717/98.

1. O ART. 5º da Lei 9.717/98 deve ser interpretado de forma a vedar, tanto da concessão, pelos RPPS, de benefícios distintos daqueles previstos no RGPS, quanto da ampliação do rol dos beneficiários previstos neste regime.

2. Inexistindo previsão do pagamento de pensão por morte a menor sob guarda no RGPS, vedada sua concessão pelo RPPS da União."

Discordava-se do entendimento do TCU e da AGU até o advento da MP 664/2014, convertida na Lei 13.135/2015. Isso porque o artigo 5º, da Lei 9.717/98, apenas veda que o RPPS conceda benefícios não previstos no RGPS, não exigindo que o rol de dependentes do regime previdenciário dos servidores público seja o mesmo do Regime Geral de Previdência Social.

Não obstante isso, é forçoso afirmar que o STF já suspendeu liminarmente disposição de lei estadual que estendeu aos filhos solteiros dos servidores, com idade até 24 anos e frequência a cursos superiores ou técnico de 2º grau, a condição de dependentes com fundamento similar ao adotado pelo TCU e a AGU, muito embora também tenha se adotado o Princípio da Precedência da Fonte de Custeio:

"Ação direta de inconstitucionalidade. Lei Estadual n.º 2.120/99. Alegação de que a Lei Estadual violou os arts. 25, §§ 1º e 4º, 40 e 195, "caput", § 5º, da CF, ao indicar "os filhos solteiros, com idade até 24 anos e freqüência a cursos superiores ou técnico de 2º grau como dependentes, para fins previdenciários, no Estado do Mato Grosso do Sul. 2. O art. 195, da CF, na redação da EC n.º 20/98, estipula que nenhum benefício ou serviço de seguridade social poderá ser criado, majorado ou estendido sem a correspondente fonte de custeio total. **A Lei n.º 9.717/98 dispôs sobre regras gerais para a organização e funcionamento dos regimes próprios de previdência social dos servidores públicos da União, dos Estados, do Distrito Federal e dos Municípios, dos militares dos Estados e do Distrito Federal, dando outras providências. 3. No art. 5º, da Lei n.º 9.717/98 dispõe que "os regimes próprios de previdência social dos servidores públicos da União, dos Estados, do Distrito Federal e dos Municípios, dos militares dos Estados, e do Distrito Federal, não poderão conceder benefícios distintos dos previstos no Regime Geral de Previdência Social, de que trata a Lei n.º 8.213/91.**4. Extensão do benefício impugnada se fez sem qualquer previsão de correspondente fonte de custeio. A competência concorrente dos Estados em matéria previdenciária, não autoriza se desatendam os fundamentos básicos do sistema previdenciário, de origem constitucional. 5. Relevantes os fundamentos da inicial. Medida liminar deferida" (ADI/MC 2.311, de 07/03/2011).

No caso em apreço, **antes do advento da MP 664/2014, convertida na Lei 13.135/2015, o STF afastou corretamente o entendimento do TCU e da AGU, garantindo a pensão por morte ao menor sob guarda no RPPS dos servidores federais**, ante a expressa previsão legal vigente no artigo 217, II, letra B, da Lei 8.112/90:

"Agravo regimental em mandado de segurança. Tribunal de Contas da União. Menor sob guarda. Anulação de ato em que se negou registro, por ilegalidade, a pensão concedida com base no art.

217, II, b, da Lei nº 8.112/1990. Princípio da proteção à criança – art. 227 da CF. Dependência econômica do menor em relação à servidora falecida. Agravo regimental não provido. 1. É direito do menor que, na data do óbito de servidor, esteja sob a sua guarda receber pensão temporária até completar 21 (vinte e um) anos de idade (alínea 'b' do inciso II do art. 217 da Lei nº 8.112/90). Precedente. 2. Agravo regimental não provido" (**MS 31687 AgR, de 11/03/2014).**

"MANDADO DE SEGURANÇA – REGIME PRÓPRIO DE PREVIDÊNCIA SOCIAL DO SERVIDOR PÚBLICO FEDERAL – PENSÃO TEMPORÁRIA INSTITUÍDA EM FAVOR DE MENOR SOB GUARDA (LEI Nº 8.112/90, ART. 217, INCISO II, "B") – POSSIBILIDADE – SITUAÇÃO DE DEPENDÊNCIA ECONÔMICA DO MENOR EM RELAÇÃO AO RESPONSÁVEL – INAPLICABILIDADE, AO CASO, DO DISPOSTO NO ART. 5º DA LEI Nº 9.717/98 – ENTENDIMENTO JURISPRUDENCIAL DESTA SUPREMA CORTE – RECURSO DE AGRAVO IMPROVIDO" (**MS 30185 AgR, de 25/03/2014).**

De acordo com o STF, "as reformas constitucionais ocorridas em matéria previdenciária não teriam tido o condão de extirpar dos entes federados a competência para criar e dispor sobre regime próprio para os seus servidores, com a observância de critérios que preservassem o equilíbrio financeiro e atuarial e, por óbvio, das normas gerais estabelecidas pela União. Sob essa perspectiva, a interpretação do art. 5º da Lei 9.717/1998 a admitir a vinculação dos critérios de concessão de benefícios nos regimes próprios àqueles estipulados no Regime Geral de Previdência Social ofenderia o art. 24, XII, da CF", conforme passagem do Informativo 766:

"Pensão a menor sob guarda de ex-servidor – 2

A Turma ressalvou que o fato de se cuidar de vinculação ao regime previdenciário dos servidores da União tampouco afastaria a existência de vício na interpretação conferida ao dispositivo. De igual modo, estaria caracterizada a impossibilidade de a lei atender à norma constitucional inserida por emenda a ela posterior. Nesse ponto, a Lei 9.717/1998 — que não disporia do fundamento constitucional invocado pelo TCU — seria resultado da conversão, em 27.11.1998, da Medida Provisória 1.723, editada em 29.10.1998. Houvesse o dispositivo constitucional invocado (art. 40, § 12) estipulado a adoção de parâmetros de simetria entre os dois regimes na forma preconizada pelo TCU, não constaria em seu texto a ressalva "no que couber". Sinalizou a inexistência de lacuna legislativa a autorizar a aplicação subsidiária do RGPS no que se refere aos benefícios previstos no regime próprio de previdência dos servidores federais. A Lei 8.112/1990 apresentaria disciplina exaustiva sobre a pensão por morte, em cumprimento ao que disposto no § 5º da norma originária do art. 40 da CF, hoje § 7º. Considerada a diversidade da natureza das normas previdenciárias em discussão, não se poderia falar em revogação expressa de uma lei pela outra, tampouco em derrogação tácita das alíneas do inciso II do art. 217 da Lei 8.112/1990 (regime próprio) pelo § 2º do art. 16 da Lei 8.213/1991 (regime geral). Ademais, as normas dos sistemas de proteção social deveriam ser fundadas na ideia de abrigo aos menos favorecidos, quando colocados em situação de desamparo pela ocorrência de risco social. Dentre as situações constitucionalmente inseridas na previdência social brasileira, estaria a morte de segurado que fosse provedor econômico de determinada pessoa. Nesse aspecto, a preocupação com os indivíduos em relação a eventos que lhes pudessem causar dificuldade ou até mesmo impossibilidade de subsistência estaria na gênese da proteção social almejada pelo Estado contemporâneo. Enfatizou que a interpretação conferida ao art. 5º da Lei 9.717/1998 pelo TCU, que excluísse da ordem dos beneficiários, tradicionalmente consagrados pela previdência social, pessoa em comprovada situação de dependência econômica do segurado, seria divorciar-se do sistema de proteção formatado na Constituição, a afrontar, ainda, os princípios da vedação do retrocesso social e da proteção ao hipossuficiente. MS 31770/DF, rel. Min. Cármen Lúcia, 3.11.2014. (MS-31770)".

Após estas decisões do STF, o TCU reviu o seu posicionamento:

Acórdão 2377/2015 Plenário (Pensão Civil, Relator Ministro Aroldo Cedraz)

Pessoal. Pensão civil. Legislação.

O art. 5º da Lei 9.717/98 não derrogou do regime próprio de previdência social dos servidores públicos da União (RPPS) as categorias de pensão civil estatutária destinadas a filho emancipado e não inválido, a irmão emancipado e não inválido, a menor sob guarda e a pessoa designada. **A redação original do art. 217, incisos I e II, da Lei 8.112/90 permaneceu vigente até a edição da Medida Provisória 664/14 (convertida na Lei 13.135/15).**

Mesmo após o advento da Lei 13.135/2015, o tema certamente ainda trará muita polêmica, pois o STJ não vem admitindo a exclusão do menor sob guarda do rol de dependentes do servidor, mesmo havendo lei específica o excluindo, conforme precedente da 1ª Seção que envolveu o RPPS do Estado do Mato Grosso:

"Processo

RMS 36034 / MT

RECURSO ORDINÁRIO EM MANDADO DE SEGURANÇA 2011/0227834-9

Relator(a)

Ministro BENEDITO GONÇALVES (1142)

Órgão Julgador

S1 – PRIMEIRA SEÇÃO

Data do Julgamento

26/02/2014

Data da Publicação/Fonte

DJe 15/04/2014

Ementa

PROCESSUAL CIVIL E ADMINISTRATIVO. RECURSO EM MANDADO DE SEGURANÇA. PENSÃO POR MORTE. MENOR SOB GUARDA JUDICIAL. APLICABILIDADE DO ESTATUTO DA CRIANÇA E DO ADOLESCENTE – ECA. INTERPRETAÇÃO COMPATÍVEL COM A DIGNIDADE DA PESSOA HUMANA E COM O PRINCÍPIO DE PROTEÇÃO INTEGRAL DO MENOR.

1. Caso em que se discute a possibilidade de assegurar benefício de pensão por morte a menor sob guarda judicial, em face da prevalência do disposto no artigo 33, § 3º, do Estatuto da Criança e do Adolescente – ECA, sobre norma previdenciária de natureza específica.

2. Os direitos fundamentais da criança e do adolescente têm seu campo de incidência amparado pelo status de prioridade absoluta, requerendo, assim, uma hermenêutica própria comprometida com as regras protetivas estabelecidas na Constituição Federal e no Estatuto da Criança e do Adolescente.

3. A Lei 8.069/90 representa política pública de proteção à criança e ao adolescente, verdadeiro cumprimento da ordem constitucional, haja vista o artigo 227 da Constituição Federal de 1988 dispor que é dever do Estado assegurar com absoluta prioridade à criança e ao adolescente o direito à vida, à saúde, à alimentação, à educação, ao lazer, à profissionalização, à cultura, à dignidade, ao respeito, à liberdade e à convivência familiar e comunitária, além de colocá-los a salvo de toda forma de negligência, discriminação, exploração, violência, crueldade e opressão.

4. Não é dado ao intérprete atribuir à norma jurídica conteúdo que atente contra a dignidade da pessoa humana e, consequentemente, contra o princípio de proteção integral e preferencial a

crianças e adolescentes, já que esses postulados são a base do Estado Democrático de Direito e devem orientar a interpretação de todo o ordenamento jurídico.

5. Embora a lei complementar estadual previdenciária do Estado de Mato Grosso seja lei específica da previdência social, não menos certo é que a criança e adolescente tem norma específica, o Estatuto da Criança e do Adolescente que confere ao menor sob guarda a condição de dependente para todos os efeitos, inclusive previdenciários (art. 33, § 3º, Lei n.º 8.069/90), norma que representa a política de proteção ao menor, embasada na Constituição Federal que estabelece o dever do poder público e da sociedade na proteção da criança e do adolescente (art. 227, caput, e § 3º, inciso II).

6. Havendo plano de proteção alocado em arcabouço sistêmico constitucional e, comprovada a guarda, deve ser garantido o benefício para quem dependa economicamente do instituidor.

7. Recurso ordinário provido".

Conforme visto, a EC 103/2019 somente admite o menor enteado ou tutelado como equiparado a filho, provada a dependência econômica. Mais polêmica!

Pelas novas regras, ocorrendo habilitação de vários titulares à pensão o seu valor será distribuído em partes iguais entre os beneficiários habilitados. Por morte ou perda da qualidade de beneficiário, a respectiva cota reverterá para os cobeneficiários.

Por força de inovação da MP 871/2019 (óbitos a partir de 18/1/2019 – Princípio do *Tempus Regit Actum*), convertida na Lei 13.846/2019, na hipótese de o servidor falecido estar, na data de seu falecimento, obrigado por determinação judicial a pagar **alimentos temporários** a ex-cônjuge, ex-companheiro ou ex-companheira, **a pensão por morte será devida pelo prazo remanescente na data do óbito**, caso não incida outra hipótese de cancelamento anterior do benefício.

Antigamente (óbitos até 17/1/2019) a pensão por morte do servidor federal era paga desde o óbito do instituidor, independentemente da data do requerimento administrativo, observada apenas a prescrição quinquenal, que não correrá contra os absolutamente incapazes.

Isso foi modificado pela MP 871/2019, para os óbitos de servidores federais efetivos a partir da data de sua publicação (18/1/2019). Agora a pensão por morte será devida ao conjunto dos dependentes do segurado que falecer, aposentado ou não, a contar da data: do óbito, quando requerida em até **cento e oitenta dias** após o óbito, para os filhos **menores de dezesseis anos**; ou em até **noventa dias** após o óbito, para os **demais dependentes.**

Note-se que agora não haverá pagamento de atrasados em favor do absolutamente incapaz se o requerimento não for ofertado em até 180 dias do óbito. Para os demais, em até 90 dias do óbito, em alinhamento ao regramento do RGPS.

A concessão da pensão por morte não será protelada pela falta de habilitação de outro possível dependente e a habilitação posterior que importe em exclusão ou inclusão de dependente só produzirá efeito **a partir da data da publicação da portaria de concessão da pensão ao dependente habilitado.**

Outra novidade da **Lei 13.846/2019** é que, acaso ajuizada a ação judicial para reconhecimento da condição de dependente, este poderá requerer a sua habilitação provisória ao benefício de pensão por morte, exclusivamente para fins de rateio dos valores com outros dependentes, **vedado o pagamento da respectiva cota até o trânsito em julgado da decisão judicial que reconhecer a qualidade de dependente do autor da ação, salvo decisão judicial em sentido contrário.**

Se julgada improcedente a ação citada, o valor retido será corrigido pelos índices legais de reajustamento e será pago de forma proporcional aos demais dependentes, de acordo com as suas cotas e o tempo de duração de seus benefícios.

De acordo com o artigo 220, da Lei 8.112/90, "não faz jus à pensão o beneficiário condenado pela prática de crime doloso de que tenha resultado a morte do servidor", devendo haver condenação transitada em julgado em respeito ao Princípio da Presunção de Inocência.

O artigo 221, da Lei 8.112/90, ainda prevê a **pensão provisória por morte presumida do servidor**, a ser deferida nas hipóteses de declaração de ausência, pela autoridade judiciária competente; desaparecimento em desabamento, inundação, incêndio ou acidente não caracterizado como em serviço ou se desaparecimento no desempenho das atribuições do cargo ou em missão de segurança.

Esta pensão provisória será transformada em vitalícia ou temporária, conforme o caso, após decorridos cinco anos de sua vigência, ressalvado o eventual reaparecimento do servidor, hipótese em que o benefício será automaticamente cancelado.

São hipóteses de perda da qualidade de beneficiário da pensão por morte no RPPS da União:

I – o seu falecimento;

II – a anulação do casamento, quando a decisão ocorrer após a concessão da pensão ao cônjuge;

III – a cessação de invalidez, em se tratando de beneficiário inválido;

IV – o atingimento da idade de vinte e um anos pelo filho ou irmão, e equiparados a filho;

V – a acumulação de pensão na forma do art. 225;

VI – a renúncia expressa; e

VII – o decurso do prazo de recebimento de pensão dos beneficiários cônjuges, companheiros ou companheiras.

De acordo com a nova redação do artigo 225 da Lei 8.112/90, ressalvado o direito de opção, é vedada a percepção cumulativa de pensão deixada por mais de um cônjuge, companheiro ou companheira, e de mais de duas pensões.

4.3. Auxílio-natalidade

O auxílio-natalidade é devido à servidora por motivo de nascimento de filho, em quantia equivalente ao menor vencimento do serviço público, inclusive no caso de natimorto, sendo pago ao cônjuge ou companheiro servidor público, quando a parturiente não for servidora. Na hipótese de parto múltiplo, o valor será acrescido de 50% (cinquenta por cento), por nascituro.

4.4. Salário-família

O salário-família é devido ao servidor ativo ou ao inativo, por dependente econômico[20], assim considerado, para fins de percepção deste benefício: o cônjuge ou companheiro e os filhos, inclusive

20. Não se configura a dependência econômica quando o beneficiário do salário-família perceber rendimento do trabalho ou de qualquer outra fonte, inclusive pensão ou provento da aposentadoria, em valor igual ou superior ao salário-mínimo.

os enteados até 21 (vinte e um) anos de idade ou, se estudante, até 24 (vinte e quatro) anos ou, se inválido, de qualquer idade; o menor de 21 (vinte e um) anos que, mediante autorização judicial, viver na companhia e às expensas do servidor, ou do inativo; a mãe e o pai sem economia própria.

Quando o pai e mãe[21] forem servidores públicos e viverem em comum, o salário-família será pago a um deles; quando separados, será pago a um e outro, de acordo com a distribuição dos dependentes.

O salário-família **não está sujeito a qualquer tributo**, nem servirá de base para qualquer contribuição, inclusive para a Previdência Social, sendo que **o afastamento do cargo efetivo, sem remuneração, não acarreta a suspensão do pagamento do salário-família.**

O valor deste benefício não foi fixado diretamente pela Lei 8.112/90, e sim em ato normativo regulamentador, sendo que após o advento da Emenda 20/1998, apenas os servidores de **baixa renda** terão direito a este benefício.

Eis o artigo 13 da Emenda 20/1998 (atualmente revogado pela EC 103/2019):

> "Art. 13 – Até que a lei discipline o acesso ao salário-família e auxílio-reclusão para os **servidores**, segurados e seus dependentes, esses benefícios serão concedidos apenas àqueles que tenham renda bruta mensal igual ou inferior a R$ 360,00 (trezentos e sessenta reais), que, até a publicação da lei, serão corrigidos pelos mesmos índices aplicados aos benefícios do regime geral de previdência social".

Mas a EC 103/2019 revogou o artigo 13 da EC 20/1998 (art. 35, inciso II), bem como limitou o rol de benefícios dos regimes próprios de previdência social às aposentadorias e à pensão por morte (art. 9º, § 2º), de modo que não há mais base constitucional para a concessão do auxílio-reclusão em RPPS.

E isso gerou uma brecha. Isso porque com a revogação expressa do artigo 13 da EC 20/1998, passou a ser aplicado o artigo 27 da EC 103/2019:

> "Art. 27. Até que lei discipline o acesso ao salário-família e ao auxílio-reclusão de que trata o **inciso IV do art. 201 da Constituição Federal**, esses benefícios serão concedidos apenas àqueles que tenham renda bruta mensal igual ou inferior a R$ 1.364,43 (mil, trezentos e sessenta e quatro reais e quarenta e três centavos), que serão corrigidos pelos mesmos índices aplicados aos benefícios do Regime Geral de Previdência Social.
>
> § 1º Até que lei discipline o valor do auxílio-reclusão, de que trata o **inciso IV do art. 201 da Constituição Federal**, seu cálculo será realizado na forma daquele aplicável à pensão por morte, não podendo exceder o valor de 1 (um) salário-mínimo.
>
> § 2º Até que lei discipline o valor do salário-família, de que trata o **inciso IV do art. 201 da Constituição Federal**, seu valor será de R$ 46,54 (quarenta e seis reais e cinquenta e quatro centavos)".

A questão é que o artigo 27 da EC 103 apenas remete ao artigo 201 da Constituição, que trata do Regime Geral. Dessa forma, desde 13/11/2019, não há mais impedimento constitucional para a concessão em RPPS de auxílio-reclusão para dependentes de servidores presos que não sejam de baixa renda.

4.5. Licença para tratamento de saúde

No RPPS da União ainda não foi instituído o auxílio-doença, ao contrário do que prevê várias leis estaduais e municipais, razão pela qual a própria entidade política central arca com o

21. Ao pai e à mãe equiparam-se o padrasto, a madrasta e, na falta destes, os representantes legais dos incapazes.

pagamento da remuneração do servidor doente e incapacitado de trabalhar, não sendo utilizado o fundo previdenciário.

Deveras, será concedida ao servidor licença para tratamento de saúde, a pedido ou de ofício, com base em perícia médica oficial, sem prejuízo da remuneração a que fizer jus, sendo realizada, se necessário, na residência do servidor ou no estabelecimento hospitalar onde se encontrar internado, podendo ser feitas perícias periódicas.

Vale destacar que **a licença para tratamento de saúde inferior a 15 dias, dentro de 01 ano, poderá ser dispensada de perícia oficial**, na forma definida em regulamento, aprovado pelo Decreto 7.003, de 09.11.2009[22].

O atestado e o laudo da junta médica não se referirão ao nome ou natureza da doença, salvo quando se tratar de lesões produzidas por acidente em serviço, doença profissional ou qualquer das doenças especificadas no artigo 186, § 1º, da Lei 8.112/90.

4.6. Licença à gestante

De acordo com o artigo 207, da Lei 8.112/90, será concedida licença à servidora gestante por **120 (cento e vinte) dias consecutivos**, sem prejuízo da remuneração.

Contudo, com o advento do Decreto 6.690/2008, que regulamentou a Lei 11.770/08, a licença à gestante poderá ser **prorrogada em 60 dias**, pois criado no RPPS da União o Programa de Prorrogação da Licença à Gestante e à Adotante, **desde que haja requerimento de prorrogação até o final do primeiro mês após o parto**[23].

Contudo, no período de prorrogação da licença à gestante as servidoras públicas não poderão exercer qualquer atividade remunerada e a criança não poderá ser mantida em creche ou organização similar, sob pena de perder o direito à prorrogação e ressarcir os cofres públicos.

Frise-se que para amamentar o próprio filho, até a idade de seis meses, a servidora lactante terá direito, durante a jornada de trabalho, a uma hora de descanso, que poderá ser parcelada em dois períodos de meia hora.

No caso de **aborto** atestado por médico oficial, a servidora terá direito a **30 (trinta) dias de repouso remunerado.**

4.7. Licença à adotante

Na hipótese de servidora que **adotar ou obtiver guarda judicial de criança até um ano de idade, serão concedidos 90 dias de licença remunerada, ou de 30 dias, se a criança contar com mais de um ano de idade.**

No caso de adoção ou guarda judicial para adoção, de acordo com o Decreto 6.690/08, é prevista uma prorrogação, que poderá ocorrer nos seguintes prazos:

a) quarenta e cinco dias, no caso de criança de até um ano de idade;

---

22. Art. 4º A perícia oficial poderá ser dispensada para a concessão de licença para tratamento de saúde, desde que:
I – não ultrapasse o período de cinco dias corridos; e
II – somada a outras licenças para tratamento de saúde gozadas nos doze meses anteriores, seja inferior a quinze dias.

23. De acordo com a Nota Técnica nº 201/2010-COGES/DENOP/SRH, não haverá direito de prorrogação de licença gestante fora do prazo de 30 dias após o parto.

b) quinze dias, no caso de criança com mais de um ano de idade[24].

Ressalte-se que no período de prorrogação da licença à adotante as servidoras públicas não poderão exercer qualquer atividade remunerada e a criança não poderá ser mantida em creche ou organização similar, sob pena de perder o direito à prorrogação e ressarcir os cofres públicos.

4.8. Licença-paternidade

Pelo nascimento ou adoção de filhos, o **servidor terá direito à licença-paternidade de 05 dias consecutivos.**

Com o advento do Decreto 8.737/2016, foi instituído o Programa de Prorrogação da Licença – Paternidade para os servidores para os servidores federais regidos pela Lei 8.112/90, podendo agora a licença alcançar a vinte dias no total.

De efeito, a prorrogação da licença – paternidade será concedida ao servidor público que requeira o benefício **no prazo de dois dias úteis após o nascimento ou a adoção e terá duração de quinze dias**, além dos cinco dias concedidos pelo art. 208 da Lei nº 8.112, de 1990.

Por outro lado, o beneficiado pela prorrogação da licença – paternidade não poderá exercer qualquer atividade remunerada durante a prorrogação da licença – paternidade.

4.9. Licença por acidente de serviço

Se vitimado por acidente em serviço que o impeça de desenvolver as funções do seu cargo, o servidor público federal efetivo terá direito a uma licença com remuneração integral, pois inexistente o auxílio-doença no RPPS da União.

Configura acidente em serviço o dano físico ou mental sofrido pelo servidor, que se relacione, mediata ou imediatamente, com as atribuições do cargo exercido, devendo ser comprovado em 10 dias, prorrogável conforme as peculiaridades concretas.

O servidor acidentado em serviço que necessite de tratamento especializado poderá ser tratado em instituição privada, à conta de recursos públicos, mas o tratamento recomendado por junta médica oficial constitui medida de exceção e somente será admissível quando inexistirem meios e recursos adequados em instituição pública.

São equiparados a acidente em serviço o dano decorrente de agressão sofrida e não provocada pelo servidor no exercício do cargo ou sofrido no percurso da residência para o trabalho e vice-versa (acidente *in itinere*).

De acordo com a Lei 6.782/80, as doenças profissionais também foram equiparadas a acidente em serviço para fins de concessão de pensão, sendo aplicável este entendimento para a concessão desta licença.

4.10. Assistência à saúde do segurado e de seus dependentes

De acordo com o artigo 230, da Lei 8.112/90, a assistência à saúde do servidor, ativo ou inativo, e de sua família compreende assistência médica, hospitalar, odontológica, psicológica

24. Considera-se criança a pessoa de até doze anos de idade incompletos, nos termos do art. 2º da Lei nº 8.069, de 13 de julho de 1990.

e farmacêutica, terá como diretriz básica o implemento de ações preventivas voltadas para a promoção da saúde e será prestada pelo Sistema Único de Saúde – SUS, diretamente pelo órgão ou entidade ao qual estiver vinculado o servidor, **ou mediante convênio ou contrato, ou ainda na forma de *auxílio*, mediante ressarcimento parcial do valor despendido pelo servidor, ativo ou inativo, e seus dependentes ou pensionistas com planos ou seguros privados de assistência à saúde**, na forma estabelecida em regulamento.

A União, suas autarquias e fundações públicas poderão celebrar convênios exclusivamente para a prestação de serviços de assistência à saúde para os seus servidores ou empregados ativos, aposentados, pensionistas, bem como para seus respectivos grupos familiares definidos, com entidades de autogestão por elas patrocinadas por meio de instrumentos jurídicos efetivamente celebrados e publicados até 12 de fevereiro de 2006 e que possuam autorização de funcionamento do órgão regulador, sendo certo que os convênios celebrados depois dessa data somente poderão sê-lo na forma da regulamentação específica sobre patrocínio de autogestões, a ser publicada pelo mesmo órgão regulador, no prazo de 180 (cento e oitenta) dias da vigência desta Lei, normas essas também aplicáveis aos convênios existentes até 12 de fevereiro de 2006.

Outrossim, será possível a contratação, por licitação, de operadoras de planos e seguros privados de assistência à saúde que possuam autorização de funcionamento do órgão regulador.

De arremate, **o valor do ressarcimento fica limitado ao total despendido pelo servidor ou pensionista civil com plano ou seguro privado de assistência à saúde**, tendo natureza indenizatória, sendo regulado pela Portaria Normativa 05/2010, da lavra do Secretário de Recursos Humanos do Ministério do Planejamento, variando entre R$ 72,00 e R$ 129,00 por pessoa, a depender da remuneração do servidor e da sua faixa etária.

4.11. Auxílio-funeral

É um benefício devido à família do servidor falecido na atividade ou aposentado, em valor equivalente a um mês da remuneração ou provento, equivalendo a maior remuneração, na hipótese de acumulação legal de cargos, que objetiva auxiliar nas despesas de funeral.

Se uma terceira pessoa não integrante da família do servidor falecido custear as despesas de funeral, este terá direito ao benefício.

Caso o falecimento de servidor em serviço fora do local de trabalho, inclusive no exterior, as despesas de transporte do corpo correrão à conta de recursos da União, autarquia ou fundação pública.

De acordo com o entendimento do Tribunal de Contas de União, o auxílio-funeral não ostenta a natureza de benefício previdenciário, e assim assistencialista[25], mesmo porque os Regimes Próprios de Previdência Social não poderão conceder benefícios diversos do RGPS.

4.12. Auxílio-reclusão

Os familiares do servidor federal encarcerado terão direito à percepção do auxílio-reclusão, **equivalente a dois terços da remuneração**, quando afastado por motivo de prisão, em flagrante ou preventiva, determinada pela autoridade competente, enquanto perdurar a prisão, tendo direito o servidor à integralização posterior da remuneração se for absolvido.

25. Acórdão 346/2006 – Plenário.

Na hipótese de condenação transitada em julgado, se não houver perda do cargo público, equivalerá a metade da remuneração do servidor.

O benefício cessará a partir do livramento, mesmo que condicional.

Com o advento da Emenda 20/98, apenas os servidores presos de baixa renda instituirão o auxílio-reclusão aos seus dependentes, devendo ser considerada a última remuneração.

Fará jus ao auxílio-reclusão o dependente do servidor de baixa renda, recolhido à prisão, nos termos da lei de cada ente, sendo que até que a lei discipline o acesso ao auxílio-reclusão para os dependentes do segurado, esses benefícios serão concedidos apenas àqueles que recebam remuneração, subsídio ou provento mensal igual ou inferior ao valor limite definido no âmbito no RGPS.

Eis o artigo 13 da Emenda 20/1998 (atualmente revogado pela EC 103/2019):

> "Art. 13 – Até que a lei discipline o acesso ao salário-família e auxílio-reclusão para os **servidores**, segurados e seus dependentes, esses benefícios serão concedidos apenas àqueles que tenham renda bruta mensal igual ou inferior a R$ 360,00 (trezentos e sessenta reais), que, até a publicação da lei, serão corrigidos pelos mesmos índices aplicados aos benefícios do regime geral de previdência social".

No entanto, de maneira equivocada, o STJ já vinha afastando a exigência de baixa renda do servidor preso, conferindo interpretação restritiva ao artigo 13 da Emenda 20/1998, que não diferenciou o regime previdenciário do servidor:

> **INFORMATIVO 560 – "DIREITO ADMINISTRATIVO. AUXÍLIO-RECLUSÃO A SERVIDORES OCUPANTES DE CARGO EFETIVO.**
>
> **Para concessão de auxílio-reclusão, não se aplica aos servidores públicos estatutários ocupantes de cargos efetivos a exigência de baixa renda prevista no art. 13 da EC 20/1998**. Isso porque o referido dispositivo legal foi dirigido apenas aos servidores públicos vinculados ao Regime Geral da Previdência Social (RGPS). Ademais, por ocasião do julgamento do RE 486.413-SP, o STF examinou a questão do auxílio-reclusão sob a ótica de saber se, para sua concessão, a renda a ser considerada é a do próprio segurado preso ou aquela de seus dependentes. Naquela oportunidade, o STF assentou que "a Constituição circunscreve a concessão do auxílio-reclusão às pessoas que: (i) estejam presas; (ii) possuam dependentes; (iii) sejam seguradas da Previdência Social; e (iv) tenham baixa renda", tendo o voto vencedor expressamente registrado que "um dos escopos da referida Emenda Constitucional foi o de restringir o acesso ao auxílio-reclusão, utilizando, para tanto, a renda do segurado" (RE 486.413-SP, Tribunal Pleno, DJe 8/5/2009). Assim, conclui-se que o art. 13 da EC 20/1998 não afeta a situação jurídica dos servidores ocupantes de cargo público de provimento efetivo, mas apenas os servidores vinculados ao RGPS, isto é, empregados públicos, contratados temporariamente e exclusivamente titulares de cargos comissionados. Precedente citado: REsp 1.421.533-PB, Segunda Turma, DJe 25/9/2014. AgRg no REsp 1.510.425-RJ, Rel. Min. Humberto Martins, julgado em 16/4/2015, DJe 22/4/2015"

Corresponderá à última remuneração do cargo efetivo ou subsídio do servidor recluso, observado o valor definido como baixa renda, sendo devido aos dependentes do servidor recluso que não estiver recebendo remuneração decorrente do seu cargo e será pago enquanto for titular desse cargo.

Mas a EC 103/2019 revogou o artigo 13 da EC 20/1998 (art. 35, inciso II), bem como limitou o rol de benefícios dos regimes próprios de previdência social às aposentadorias e à pensão por morte (art. 9º, § 2º), de modo que não há mais base constitucional para a concessão do auxílio-reclusão em RPPS.

E isso gerou uma brecha. Isso porque com a revogação expressa do artigo 13 da EC 20/1998, passou a ser aplicado o artigo 27 da EC 103/2019:

"Art. 27. Até que lei discipline o acesso ao salário-família e ao auxílio-reclusão de que trata o **inciso IV do art. 201 da Constituição Federal**, esses benefícios serão concedidos apenas àqueles que tenham renda bruta mensal igual ou inferior a R$ 1.364,43 (mil, trezentos e sessenta e quatro reais e quarenta e três centavos), que serão corrigidos pelos mesmos índices aplicados aos benefícios do Regime Geral de Previdência Social.

§ 1º Até que lei discipline o valor do auxílio-reclusão, de que trata o **inciso IV do art. 201 da Constituição Federal**, seu cálculo será realizado na forma daquele aplicável à pensão por morte, não podendo exceder o valor de 1 (um) salário-mínimo.

§ 2º Até que lei discipline o valor do salário-família, de que trata o **inciso IV do art. 201 da Constituição Federal**, seu valor será de R$ 46,54 (quarenta e seis reais e cinquenta e quatro centavos)".

A questão é que o artigo 27 da EC 103 apenas remete ao artigo 201 da Constituição, que trata do Regime Geral. Dessa forma, desde 13/11/2019, não há mais impedimento constitucional para a concessão em RPPS de auxílio-reclusão para dependentes de servidores presos que não sejam de baixa renda.

Por fim, vale frisar que o auxílio-reclusão será devido, nas mesmas condições da pensão por morte, aos dependentes do segurado servidor federal recolhido à prisão.

Deste modo, as regras da pensão por morte serão aplicáveis ao auxílio-reclusão no que for compatível, tendo havido a comunicação das regras inauguradas pela Lei 13.135/2015.

5. DIREITO ADQUIRIDO E REGRAS DE TRANSIÇÃO À LUZ DA EMENDA 103/2019 PARA OS SERVIDORES EFETIVOS FEDERAIS

Nesta parte da obra iremos concentrar todas as regras de transição para os **servidores federais**, embora algumas delas já tenham sido apresentadas preliminarmente no item anterior por questões didáticas.

5.1. Direito adquirido

O direito adquirido é regido pelo artigo 3º da EC 103/2019:

Art. 3º A concessão de **aposentadoria** ao servidor público federal vinculado a regime próprio de previdência social e ao segurado do Regime Geral de Previdência Social e de **pensão por morte** aos respectivos dependentes será assegurada, **a qualquer tempo, desde que tenham sido cumpridos os requisitos para obtenção destes benefícios até a data de entrada em vigor desta Emenda Constitucional**, observados os critérios da legislação vigente na data em que foram atendidos os requisitos para a concessão da aposentadoria ou da pensão por morte.

§ 1º Os proventos de aposentadoria a serem concedidos ao servidor público a que se refere o *caput* e as pensões por morte devidas aos seus dependentes serão **calculados e reajustados de acordo com a legislação em vigor à época em que foram atendidos os requisitos nela estabelecidos para a concessão destes benefícios**.

§ 2º O valor da aposentadoria e da pensão concedida na forma prevista no *caput* para o segurado do Regime Geral de Previdência Social ou para seus dependentes será apurado de acordo com a legislação em vigor à época em que foram atendidos os requisitos nela estabelecidos para a concessão do benefício.

A **vigência da Emenda 103/2019** se deu data da sua publicação, ocorrida em **13/11/2019**, com início do novo regime jurídico no dia seguinte à sua publicação, salvo exceções contempladas no seu artigo 36.

Desde as Emendas 20/98[26] e 41/2003[27], assegurou-se o regime jurídico anterior com a formação do direito adquirido, ou seja, o implemento de todos os requisitos para a concessão do benefício em RPPS antes da reforma constitucional.

Daí que os servidores que implementarem todos os requisitos para se aposentar **até o dia da entrada em vigor da Emenda** 103/2019 **(data da publicação)** terão direito adquirido ao regime anterior, mesmo que prossigam em atividade.

O mesmo ocorre com os óbitos de servidores públicos ocorridos até o dia da promulgação da Emenda, cujo regime jurídico será o anterior, independentemente da data de entrada do requerimento administrativo, pois é pacífico que a norma em vigor no dia da morte forma o estatuto do benefício, em respeito ao Princípio do *Tempus Regit Actum*.

Nesse sentido, o STJ:

> Súmula 340– *"A lei aplicável à concessão de pensão previdenciária por morte é aquela vigente na data do óbito do segurado"*.
>
> Nesse sentido, o **direito adquirido do servidor federal** restou assegurado no artigo 3º da Emenda 103/2019.
>
> **A ninguém é dado ter o melhor de dois mundos jurídicos**, criando um terceiro regime jurídico com a escolha do melhor dos dois mundos. Daí que o servidor federal que prosseguir em atividade e optar pela concessão com base no direito adquirido, não poderá computar novas contribuições previdenciárias vertidas após a vigência da reforma constitucional.
>
> Muitos servidores públicos federais vêm buscando o pagamento de **indenização previdenciária** à luz do artigo 45-A[28] da Lei 8.212/91 para a emissão de CTC pelo INSS para trazer ao RPPS períodos de labor autônomo sem o devido recolhimento de contribuição previdenciária ao RGPS na época da prestação.

26. Art. 3º – É assegurada a concessão de aposentadoria e pensão, a qualquer tempo, aos servidores públicos e aos segurados do regime geral de previdência social, bem como aos seus dependentes, que, até a data da **publicação desta Emenda**, tenham cumprido os requisitos para a obtenção destes benefícios, com base nos critérios da legislação então vigente.

27. Art. 3º É assegurada a concessão, a qualquer tempo, de aposentadoria aos servidores públicos, bem como pensão aos seus dependentes, que, até a data de **publicação desta Emenda**, tenham cumprido todos os requisitos para obtenção desses benefícios, com base nos critérios da legislação então vigente.

28. Art. 45-A. O contribuinte individual que pretenda contar como tempo de contribuição, para fins de obtenção de benefício no Regime Geral de Previdência Social ou de contagem recíproca do tempo de contribuição, período de atividade remunerada alcançada pela decadência deverá indenizar o INSS. (Incluído pela Lei Complementar nº 128, de 2008)

    § 1º O valor da indenização a que se refere o caput deste artigo e o § 1º do art. 55 da Lei no 8.213, de 24 de julho de 1991, corresponderá a 20% (vinte por cento): (Incluído pela Lei Complementar nº 128, de 2008)

    I – da média aritmética simples dos maiores salários-de-contribuição, reajustados, correspondentes a 80% (oitenta por cento) de todo o período contributivo decorrido desde a competência julho de 1994; ou (Incluído pela Lei Complementar nº 128, de 2008)

    II – da remuneração sobre a qual incidem as contribuições para o regime próprio de previdência social a que estiver filiado o interessado, no caso de indenização para fins da contagem recíproca de que tratam os arts. 94 a 99 da Lei no 8.213, de 24 de julho de 1991, observados o limite máximo previsto no art. 28 e o disposto em regulamento. (Incluído pela Lei Complementar nº 128, de 2008)

    § 2º Sobre os valores apurados na forma do § 1º deste artigo incidirão juros moratórios de 0,5% (cinco décimos por cento) ao mês, capitalizados anualmente, limitados ao percentual máximo de 50% (cinqüenta por cento), e multa de 10% (dez por cento). (Incluído pela Lei Complementar nº 128, de 2008)

Isso é plenamente possível para o cômputo de tempo de contribuição em que o tributo já decaiu em razão do decurso de prazo superior a 5 anos do fato gerador, desde que demonstrada a atividade remunerada autônoma na época por início de prova material contemporâneo aos fatos ou inscrição ativa no INSS no período.

No entanto, para a formação do direito adquirido, conquanto o artigo 3º da Emenda 103/2019 não trate do tema de modo expresso, entende-se que **o pagamento da indenização previdenciária deve ocorrer até o dia da publicação da Emenda**, sob pena de não consideração para fins de aquisição de direito pré-reforma, pois o direito ao tempo de contribuição respectivo só é adquirido com o efetivo pagamento, conquanto se refira a período remoto.

Isso porque o direito adquirido é assegurado somente para os casos do direito formado no dia da publicação da Emenda, o que não ocorre se o pagamento da indenização se der a *posteriori*, pois nesta hipótese não havia o direito de aposentadoria na data de mudança de regime jurídico.

Por exceção, acaso o servidor federal tenha requerido ao INSS o pagamento de indenização em prazo razoável para a duração do processo administrativo previdenciário, com requerimento em data anterior ao advento da alteração constitucional em comento, entende-se que o pagamento deve ser admitido para a formação do direito adquirido, mesmo que efetuado posteriormente à reforma constitucional, pois o segurado não poderá se prejudicar pela mora da Autarquia Federal.

Tomando como parâmetro o julgamento do RE 631.240[29], entende-se que somente o requerimento de cálculo de indenização perpetrado antes de 90 dias do dia da publicação da Emenda se amolda na situação citada.

5.2. Artigo 4º – Aposentadorias – Regras de transição para os servidores federais que ingressaram até a data da publicação da Reforma Constitucional – Servidores com regra ordinária e professores do ensino básico

> Art. 4º O **servidor público federal** que tenha ingressado no serviço público em cargo efetivo **até a data de entrada em vigor desta Emenda Constitucional** poderá aposentar-se voluntariamente quando preencher, cumulativamente, os seguintes requisitos:
>
> I – **56 (cinquenta e seis) anos** de idade, se **mulher**, e **61 (sessenta e um) anos** de idade, **se homem**, observado o disposto no § 1°;
>
> II – *30* **(trinta) anos** de contribuição, se **mulher**, e **35 (trinta e cinco) anos** de contribuição, se **homem**;
>
> III – 20 (vinte) anos de efetivo exercício no serviço público;
>
> IV – 5 (cinco) anos no cargo efetivo em que se der a aposentadoria; e
>
> V – somatório da idade e do tempo de contribuição, incluídas as frações, equivalente a 86 (**oitenta e seis) pontos, se mulher, e 96 (noventa e seis) pontos, se homem**, observado o disposto nos §§ 2º e 3º.

---

§ 3º O disposto no § 1º deste artigo não se aplica aos casos de contribuições em atraso não alcançadas pela decadência do direito de a Previdência constituir o respectivo crédito, obedecendo-se, em relação a elas, as disposições aplicadas às empresas em geral. (Incluído pela Lei Complementar nº 128, de 2008)

29. 7. Nas ações sobrestadas, o autor será intimado a dar entrada no pedido administrativo em 30 dias, sob pena de extinção do processo. **Comprovada a postulação administrativa, o INSS será intimado a se manifestar acerca do pedido em até 90 dias, prazo dentro do qual a Autarquia deverá colher todas as provas eventualmente necessárias e proferir decisão.** Se o pedido for acolhido administrativamente ou não puder ter o seu mérito analisado devido a razões imputáveis ao próprio requerente, extingue-se a ação. Do contrário, estará caracterizado o interesse em agir e o feito deverá prosseguir.

§ 1º A partir de 1º de janeiro de **2022**, a **idade mínima** a que se refere o inciso I do *caput* será elevada para cinquenta e sete anos de idade, se mulher, e sessenta e dois anos de idade, se homem.

§ 2º A partir de 1º de janeiro de **2020**, a **pontuação** a que se refere o inciso V do *caput* será acrescida a cada ano de um ponto, até atingir o limite de **100 (cem) pontos, se mulher, e de 105 (cento e cinco) pontos, se homem**.

§ 3º A idade e o tempo de contribuição serão apurados em dias para o cálculo do somatório de pontos a que se referem o inciso V do *caput* e o § 2º.

§ 4º Para o titular do **cargo de professor** que comprovar exclusivamente tempo de efetivo exercício das funções de magistério na **educação infantil e no ensino fundamental e médio**, os requisitos de idade e de tempo de contribuição de que tratam os incisos I e II do *caput* serão:

I – 51 (cinquenta e um) anos de idade, se mulher, e 56 (cinquenta e seis) anos de idade, se homem;

II – 25 (vinte e cinco) anos de contribuição, se mulher, e 30 (trinta) anos de contribuição, se homem; e

III – 52 (cinquenta e dois) anos de idade, se mulher, e 57 (cinquenta e sete) anos de idade, se homem, a partir de 1º de janeiro de 2022.

§ 5º O somatório da idade e do tempo de contribuição de que trata o inciso V do *caput* para as pessoas a que se refere o § 4º, incluídas as frações, será de **81 (oitenta e um) pontos, se mulher, e 91 (noventa e um) pontos, se homem**, aos quais serão acrescidos, a partir de 1º de janeiro de 2020, 1 (um) ponto a cada ano, até atingir o limite de 92 (noventa e dois) pontos, se mulher, e de 100 (cem) pontos, se homem.

§ 6º Os proventos das aposentadorias concedidas nos termos do disposto neste artigo corresponderão:

I – à **totalidade da remuneração do servidor público** no cargo efetivo em que se der a aposentadoria, observado o disposto no § 8º, para o servidor público que tenha ingressado no serviço público em cargo efetivo até 31 de dezembro de 2003 e que não tenha feito a opção de que trata o § 16 do art. 40 da Constituição Federal, desde que tenha, no mínimo, 62 (sessenta e dois) anos de idade, se mulher, e 65 (sessenta e cinco) anos de idade, se homem, ou, para os titulares do cargo de **professor** de que trata o § 4º, 57 (cinquenta e sete) anos de idade, se mulher, e 60 (sessenta) anos de idade, se homem;

II – ao valor apurado na forma da lei, para o servidor público não contemplado no inciso I.

§ 7º Os proventos das aposentadorias concedidas nos termos do disposto neste artigo não serão inferiores ao valor a que se refere o § 2º do art. 201 da Constituição Federal e serão reajustados:

I – de acordo com o disposto no art. 7º da Emenda Constitucional nº 41, de 19 de dezembro de 2003, se concedidas nos termos do disposto no inciso I do § 6º; ou

II – nos termos estabelecidos para o Regime Geral de Previdência Social, se concedidas na forma prevista no inciso I do § 6º.

§ 8º Considera-se remuneração do servidor público no cargo efetivo, para fins de cálculo dos proventos de aposentadoria que tenham fundamento no disposto no inciso I do § 6º ou no inciso I do § 2º do art. 20, o valor constituído pelo subsídio, pelo vencimento e pelas vantagens pecuniárias permanentes do cargo, estabelecidos em lei, acrescidos dos adicionais de caráter individual e das vantagens pessoais permanentes, observados os seguintes critérios:

público no cargo efetivo em que se deu a aposentadoria e considerará a média aritmética simples dessa

carga horária proporcional ao número de anos completos de recebimento e contribuição, contínuos ou intercalados, em relação ao tempo total exigido para a aposentadoria;

I – se o cargo estiver sujeito a variações na carga horária, o valor das rubricas que refletem essa variação integrarão o cálculo do valor da remuneração do servidor

II – se as vantagens pecuniárias permanentes forem **variáveis** por estarem vinculadas a indicadores de desempenho, produtividade ou situação similar, o valor dessas vantagens integrará o cálculo da remuneração do servidor público no cargo efetivo mediante a aplicação, sobre o valor atual de referência das vantagens pecuniárias permanentes variáveis, da média aritmética simples do indicador, proporcional ao número de anos completos de recebimento e de respectiva contribuição, contínuos ou intercalados, em relação ao tempo total exigido para a aposentadoria ou, se inferior, ao tempo total de percepção da vantagem.

§ 9º Aplicam-se às aposentadorias dos servidores dos Estados, do Distrito Federal e dos Municípios as normas constitucionais e infraconstitucionais anteriores à data de entrada em vigor desta Emenda Constitucional, enquanto não promovidas alterações na legislação interna relacionada ao respectivo regime próprio de previdência social.

§ 10. Estende-se o disposto no § 9º às normas sobre aposentadoria de servidores públicos incompatíveis com a redação atribuída por esta Emenda Constitucional aos §§ 4º, § 4º-A, § 4º-B e § 4º-C do art. 40 da Constituição Federal.

A Emenda 103/2019 apresentou duas regras de transição concomitantes em favor dos **servidores federais** que já estavam **empossados no serviço público até a data da vigência da Emenda**.

Isso se aplica a servidores federais empossados após a Emenda, desde que tenham vindo sem interrupção do serviço público estadual ou municipal com posse em data anterior à publicação da Emenda.

Analisaremos primeiro a regra de transição do **artigo 4º da Emenda**. Eis os requisitos cumulativos para os antigos servidores federais que implementarem todos os requisitos até **31/12/2021**:

a) **61 anos de idade para os homens e 56 anos de idade para as mulheres;**
b) 35 anos de contribuição para os homens e 30 anos de contribuição para as mulheres;
c) 20 anos de efetivo exercício no serviço público;
d) 5 anos no cargo em que se dará a aposentadoria;
e) pontuação com soma de idade e tempo de contribuição.

Por sua vez, a idade mínima será elevada em 1 ano para os antigos servidores federais que implementarem todos os requisitos a partir de **1/1/2022**:

a) **62 anos de idade para os homens e 57 anos de idade para as mulheres;**
b) 35 anos de contribuição para os homens e 30 anos de contribuição para as mulheres;
c) 20 anos de efetivo exercício no serviço público;
d) 5 anos no cargo em que se dará a aposentadoria;
e) pontuação com soma de idade e tempo de contribuição.

Para os servidores federais que implementarem os requisitos **até 31/12/2019**, será adotada a seguinte pontuação mínima na soma da idade com o tempo de contribuição, incluídas as frações:

a) **96 pontos para os homens;**
b) **86 pontos para as mulheres.**

Sucede que, para quem implementar os requisitos *a* **partir de 1/1/2020**, essa pontuação será **progressiva**, acrescida a cada ano de um ponto, até atingir o limite de 100 pontos, se mulher (2033), e de 105, se homem (2028):

ANO	HOMENS	MULHERES
Até 31/12/2019	96	86
1/1/2020	97	87
1/1/2021	98	88
1/1/2022	99	89
1/1/2023	100	90
1/1/2024	101	91
1/1/2025	102	92
1/1/2026	103	93
1/1/2027	104	94
1/1/2028	105	95
1/1/2029	105	96
1/1/2030	105	97
1/1/2031	105	98
1/1/2032	105	99
1/1/2033	105	100

Dessa forma, os **homens** atingirão o ápice do escore em **105 pontos** em **1/1/2028** e as **mulheres** com **100 pontos** em **1/1/2033**.

De seu turno, para os **professores federais do ensino básico** com tempo de contribuição nessa condição, que ingressaram até a data da publicação da Emenda, serão observados os seguintes requisitos cumulativos se implementarem todos os requisitos até **31/12/2021**:

a) **56 anos de idade para os homens e 51 anos de idade para as mulheres;**
b) 30 anos de contribuição para os homens e 25 anos de contribuição para as mulheres;
c) 20 anos de efetivo exercício no serviço público;
d) 5 anos no cargo em que se dará a aposentadoria;
e) pontuação com soma de idade e tempo de contribuição.

Por sua vez, a idade mínima será elevada em 1 ano para os servidores federais professores do ensino básico que implementarem todos os requisitos a partir de **1/1/2022**:

a) **57 anos de idade para os homens e 52 anos de idade para as mulheres;**
b) 30 anos de contribuição para os homens e 25 anos de contribuição para as mulheres;
c) 20 anos de efetivo exercício no serviço público;
d) 5 anos no cargo em que se dará a aposentadoria;
e) pontuação com soma de idade e tempo de contribuição.

Para os servidores federais que implementarem os requisitos **até 31/12/2019**, será adotada a seguinte pontuação mínima na soma da idade com o tempo de contribuição:

a) **91 pontos para os homens;**

b) **81 pontos para as mulheres.**

Sucede que, para quem implementar os requisitos *a* **partir de 1/1/2020**, essa pontuação será **progressiva**, acrescida a cada ano de um ponto, até atingir o limite de noventa e dois pontos, se mulher (2030), e de cem pontos, se homem (2028):

ANO	HOMENS	MULHERES
Até 31/12/2019	91	81
1/1/2020	92	82
1/1/2021	93	83
1/1/2022	94	84
1/1/2023	95	85
1/1/2024	96	86
1/1/2025	97	87
1/1/2026	98	88
1/1/2027	99	89
1/1/2028	100	90
1/1/2029	100	91
1/1/2030	100	92

Dessa forma, os homens atingirão o ápice do escore em 100 pontos em 1/1/2028 e as mulheres com 92 pontos em 1/1/2030.

Ao que parecia, havia um **erro material** na regra dos professores federais. Isso porque somando a idade com o tempo de contribuição chegamos a 86 pontos para os homens e 76 pontos para as mulheres. No entanto, a tabela parte de 91 pontos para os homens e 81 pontos para as mulheres, tendo um excedente de 5 pontos. Mas o Congresso não fez nenhum ajuste.

No que concerne ao servidor federal comum, a tabela está certa, pois somando idade com tempo de contribuição partirmos de 96 pontos para os homens e 86 pontos para as mulheres.

O reajuste da aposentadoria observará a variação anual do INPC, índice utilizado para o reajuste anual dos benefícios do RGPS, nos termos do artigo 41-A[30] da Lei 8.213/91.

Vale registrar ainda que esta regra de transição poderá gerar **proventos com integralidade** à totalidade da remuneração do servidor público no cargo efetivo em que se der a aposentadoria,

30. Art. 41-A. O valor dos benefícios em manutenção será reajustado, anualmente, na mesma data do reajuste do salário mínimo, *pro rata*, de acordo com suas respectivas datas de início ou do último reajustamento, com base no Índice Nacional de Preços ao Consumidor – INPC, apurado pela Fundação Instituto Brasileiro de Geografia e Estatística – IBGE. (Incluído pela Lei nº 11.430, de 2006)

desde que seja um servidor federal que ingressou no serviço público até 31/12/2003 e não tenha optado pelo novo regime previdenciário com limitação ao teto do RGPS.

No entanto, para se beneficiar da integralidade, é necessário cumprir ainda um requisito adicional com idade mais elevada:

A) Homens 65 anos de idade e mulheres 62 anos de idade;

B) Para os professores do ensino básico, homens 60 anos de idade e mulheres 57 anos de idade.

Neste caso, restou garantido **reajuste paritário**, aplicando-se a regra do artigo 7º da Emenda 41/2003:

> "Art. 7º Observado o disposto no art. 37, XI, da Constituição Federal, os proventos de aposentadoria dos servidores públicos titulares de cargo efetivo e as pensões dos seus dependentes pagos pela União, Estados, Distrito Federal e Municípios, incluídas suas autarquias e fundações, em fruição na data de publicação desta Emenda, bem como os proventos de aposentadoria dos servidores e as pensões dos dependentes abrangidos pelo art. 3º desta Emenda, serão revistos na mesma proporção e na mesma data, sempre que se modificar a remuneração dos servidores em atividade, sendo também estendidos aos aposentados e pensionistas quaisquer benefícios ou vantagens posteriormente concedidos aos servidores em atividade, inclusive quando decorrentes da transformação ou reclassificação do cargo ou função em que se deu a aposentadoria ou que serviu de referência para a concessão da pensão, na forma da lei".

Essa regra de integralidade para os servidores com histórico de vencimentos fixos é bastante segura, a exemplo das carreiras de Estado da União que recebem por subsídios, como membros da AGU, DPU, MPF e magistratura federal.

Mas nas situações de remunerações variáveis ou de mudanças de remuneração por carga horária, deve ser observado o seguinte regramento:

A) **se o cargo estiver sujeito a variações na carga horária**, o valor das rubricas que refletem essa variação integrarão o cálculo do valor da remuneração do servidor público no cargo efetivo em que se deu a aposentadoria e considerará a **média aritmética simples dessa carga horária proporcional ao número de anos completos de recebimento e contribuição**, contínuos ou intercalados, em relação ao tempo total exigido para a aposentadoria;

B) **Se as vantagens pecuniárias permanentes forem variáveis** por estarem vinculadas a indicadores de desempenho, produtividade ou situação similar, o valor dessas vantagens integrará o cálculo da remuneração do servidor público no cargo efetivo mediante a aplicação, sobre o valor atual de referência das vantagens pecuniárias permanentes variáveis, da média aritmética simples do indicador, proporcional ao número de anos completos de recebimento e de respectiva contribuição, contínuos ou intercalados, em relação ao tempo total exigido para a aposentadoria ou, se inferior, ao tempo total de percepção da vantagem.

Por força do artigo 26, § 2º, inciso I da Emenda 103/2019, **para os servidores federais que se aposentarem por esta regra de transição SEM INTEGRALIDADE**, até que lei discipline o cálculo dos benefícios do regime próprio de previdência social da União e do Regime Geral de Previdência Social, será utilizada a média aritmética simples dos salários de contribuição e das remunerações adotados como base para contribuições a regime próprio de previdência social e ao Regime Geral de Previdência Social, ou como base para contribuições decorrentes das atividades militares de que tratam os arts. 42 e 142 da Constituição Federal, atualizados monetariamente, correspondentes a cem por cento do período contributivo desde a competência julho de 1994 ou desde o início da contribuição, se posterior àquela competência.

Desta forma, para os **servidores federais sem integralidade, a exemplo de quem ingressou a partir de 1/1/2004 e até a vigência da atual Emenda de reforma previdenciária**, será feita média aritmética simples de **100% do período contributivo** desde a competência julho de 1994 ou desde o início da contribuição, se posterior àquela competência, não se aplicando mais a média aritmética simples dos 80% maiores, prevista no artigo 1º da Lei 10.887/2004[31].

O valor do benefício de aposentadoria corresponderá a **sessenta por cento da média aritmética das 100% das remunerações/salários de contribuição desde julho de 1994, com acréscimo de 2% para cada ano que ultrapassar os 20 anos de contribuição.**

Considerando que o menor tempo de contribuição será da mulher/professora do ensino básico, com ao menos 25 anos de tempo de contribuição, conclui-se que para esta regra de transição a tabela partirá dos 25 anos (70% da média):

TEMPO DE CONTRIBUIÇÃO	COEFICIENTE
25 anos	70%
26 anos	72%
27 anos	74%
28 anos	76%
29 anos	78%
30 anos	80%
31 anos	82%
32 anos	84%
33 anos	86%
34 anos	88%
35 anos	90%
36 anos	92%
37 anos	94%
38 anos	96%

31. Art. anos 1º No cálculo dos proventos de aposentadoria dos servidores titulares de cargo efetivo de qualquer dos Poderes da União, dos Estados, do Distrito Federal e dos Municípios, incluídas suas autarquias e fundações, previsto no § 3º do art. 40 da Constituição Federa l e no art. 2º da Emenda Constitucional nº 41, de 19 de dezembro de 2003, será considerada a média aritmética simples das maiores remunerações, utilizadas como base para as contribuições do servidor aos regimes de previdência a que esteve vinculado, correspondentes a 80% (oitenta por cento) de todo o período contributivo desde a competência julho de 1994 ou desde a do início da contribuição, se posterior àquela competência.

TEMPO DE CONTRIBUIÇÃO	COEFICIENTE
39 anos	98%
40 anos	100%

Desta forma, conforme tabela supra, para esta regra de transição, a aposentadoria do servidor federal variará de 70% a 100% da média de todas as remunerações desde 7/1994, somente atingindo a 100% da média quando o servidor federal possuir 40 anos de tempo de contribuição.

Curioso notar que, **intencionalmente**, o artigo 26 da Emenda 103/2019 não limita a média de todas as remunerações do servidor a 100%, de modo que o servidor federal que possuir mais de 40 anos de tempo de contribuição poderá ter proventos que ultrapassem a 100% (**proventos *ultra* integrais**), a exemplo:

41 anos	102%
42 anos	104%
43 anos	106%
44 anos	108%
45 anos	110%
E assim sucessivamente	E assim sucessivamente

Ademais, **poderão ser excluídas da média as contribuições que resultem em redução do valor do benefício**, desde que mantido o tempo mínimo de contribuição exigido, vedada a utilização do tempo excluído para qualquer finalidade, para a averbação em outro regime previdenciário ou para a obtenção dos proventos de inatividade dos militares.

Estas regras são **exclusivas para os servidores federais**, pois a sua aplicação aos servidores dos estados, Distrito Federal e municípios depende de alterações na legislação interna relacionada ao respectivo regime próprio de previdência social, mantendo-se até lá as normas constitucionais e infraconstitucionais anteriores à data de entrada em vigor desta Emenda Constitucional 103/2019.

Curioso que o parágrafo 10 do artigo 4º da Emenda **estendeu essa regra de manutenção das regras revogadas aos de servidores públicos com regras especiais** ditadas nos §§ 4º, § 4º-A, § 4º-B e § 4º-C do art. 40 da Constituição Federal e que são incompatíveis.

5.3. Artigo 20 – Aposentadorias – Regras de transição para os servidores federais que ingressaram até a data da publicação da Reforma Constitucional – servidores com regra ordinária e professores do ensino básico

Art. 20. O segurado do Regime Geral de Previdência Social e o **servidor público federal** que tenham se filiado ao Regime Geral de Previdência Social ou **ingressado no serviço público em cargo efetivo até a data de entrada em vigor desta Emenda à Constituição** poderão aposentar-se voluntariamente quando preencherem, cumulativamente, os seguintes requisitos:

I – 57 (cinquenta e sete) anos de idade, se mulher, e 60 (sessenta) anos de idade, se homem;

II – 30 (trinta) anos de contribuição, se mulher, e 35 (trinta e cinco) anos de contribuição, se homem;

III – para os servidores públicos, 20 (vinte) anos de efetivo exercício no serviço público e 5 (cinco) anos no cargo efetivo em que se der a aposentadoria;

IV – período adicional de contribuição correspondente ao tempo que, na data de entrada em vigor desta Emenda Constitucional, faltaria para atingir o tempo mínimo de contribuição referido no inciso II.

§ 1º Para o professor que comprovar exclusivamente tempo de efetivo exercício das funções de magistério na educação infantil e no ensino fundamental e médio serão reduzidos, para ambos os sexos, os requisitos de idade e de tempo de contribuição em 5 (cinco) anos, não se aplicando o disposto no § 5º do art. 40 e no § 8º do art. 201 da Constituição Federal.

§ 2º Os proventos das aposentadorias concedidas nos termos do disposto neste artigo corresponderão:

I – em relação ao servidor público que tenha ingressado no serviço público em cargo efetivo até 31 de dezembro de 2003 e que não tenha feito a opção de trata o § 16 do art. 40 da Constituição Federal, à totalidade da remuneração no cargo efetivo em que se der a aposentadoria, observado o disposto no § 8º do art. 4º; e

II – em relação aos demais servidores públicos e aos segurados do Regime Geral de Previdência Social, ao valor apurado na forma da lei.

§ 3º Os proventos das aposentadorias concedidas nos termos do disposto neste artigo não serão inferiores ao valor a que se refere o § 2º do art. 201 da Constituição Federal e serão reajustados:

I – de acordo com o disposto no art. 7º da Emenda Constitucional nº 41, de 19 de dezembro de 2003, se concedidas nos termos do disposto no inciso II do § 2º;

II – nos termos estabelecidos para o Regime Geral de Previdência Social, se concedidas na forma prevista no inciso II do § 2º.

§ 4º Aplicam-se às aposentadorias dos servidores dos Estados, do Distrito Federal e dos Municípios as normas constitucionais e infraconstitucionais anteriores à data de entrada em vigor desta Emenda Constitucional, enquanto não promovidas alterações na legislação interna relacionada ao respectivo regime próprio de previdência social.

Além da regra de transição do artigo 4º da Emenda 103/2019, os servidores federais compartilham com os segurados do RGPS uma regra de transição paralela e coexistente no **artigo 20.**

Para o servidor federal que tenha ingressado no serviço público até a data da publicação da Emenda, é assegurada a concessão de aposentadoria voluntária mediante o preenchimento dos seguintes requisitos cumulativos:

a) 60 anos de idade, se homem e 57 anos de idade, se mulher;

b) 35 anos de tempo de contribuição, se homem e 30 anos de contribuição, se mulher;

c) 20 anos de efetivo exercício no serviço público;

d) 5 anos no cargo em que se dará a aposentadoria;

e) "Pedágio" (tempo de contribuição adicional) equivalente ao tempo em que faltava para atingir 35 anos de contribuição, se homem, e 30 anos se mulher, considerando o dia da promulgação da Emenda.

Assim, se no dia da promulgação da Emenda um homem possuía 34 anos de tempo de contribuição, terá que cumprir o 1 ano faltante mais um "pedágio" de 1 ano, totalizando 36 anos de tempo de contribuição.

No caso de servidor federal professor do ensino básico, devem ser observados os seguintes requisitos:

a) 55 anos de idade, se homem e 52 anos de idade, se mulher;
b) 30 anos de tempo de contribuição, se homem e 25 anos de contribuição, se mulher;
c) 20 anos de efetivo exercício no serviço público;
d) 5 anos no cargo em que se dará a aposentadoria;
e) "Pedágio" (tempo de contribuição adicional) equivalente ao tempo em que faltava para atingir 30 anos de contribuição, se homem, e 25 anos se mulher, considerando o dia da publicação da Emenda 103/2019.

Vale registrar ainda que esta regra de transição poderá gerar **proventos com integralidade** à totalidade da remuneração do servidor público no cargo efetivo em que se der a aposentadoria, desde que seja um servidor federal que ingressou no serviço público até 31/12/2003 e não tenha optado pelo novo regime previdenciário com limitação ao teto do RGPS.

Neste caso, também restou garantido o **reajuste paritário**, aplicando-se a regra do artigo 7º da Emenda 41/2003:

> "Art. 7º Observado o disposto no art. 37, XI, da Constituição Federal, os proventos de aposentadoria dos servidores públicos titulares de cargo efetivo e as pensões dos seus dependentes pagos pela União, Estados, Distrito Federal e Municípios, incluídas suas autarquias e fundações, em fruição na data de publicação desta Emenda, bem como os proventos de aposentadoria dos servidores e as pensões dos dependentes abrangidos pelo art. 3º desta Emenda, serão revistos na mesma proporção e na mesma data, sempre que se modificar a remuneração dos servidores em atividade, sendo também estendidos aos aposentados e pensionistas quaisquer benefícios ou vantagens posteriormente concedidos aos servidores em atividade, inclusive quando decorrentes da transformação ou reclassificação do cargo ou função em que se deu a aposentadoria ou que serviu de referência para a concessão da pensão, na forma da lei".

Estas regras são **exclusivas para os servidores federais**, pois a sua aplicação aos servidores dos estados, Distrito Federal e municípios depende de alterações na legislação interna relacionada ao respectivo regime próprio de previdência social, mantendo-se até lá as normas constitucionais e infraconstitucionais anteriores à data de entrada em vigor desta Emenda Constitucional.

Para quem se aposentar por esta regra de transição **sem integralidade**, a exemplo dos servidores antigos federais que ingressaram no serviço público a partir de 1/1/2004, os proventos de aposentadoria corresponderão **cem por cento da média** aritmética simples dos salários de contribuição e das remunerações adotados como base para contribuições a regime próprio de previdência social e ao Regime Geral de Previdência Social, ou como base para contribuições decorrentes das atividades militares de que tratam os arts. 42 e 142 da Constituição Federal, atualizados monetariamente, correspondentes a cem por cento do período contributivo desde a competência julho de 1994 ou desde o início da contribuição, se posterior àquela competência, nos termos do artigo 26, § 3º, inciso I da Emenda, com reajuste anual pelo INPC que é o índice do RGPS, nos termos do artigo 41-A da Lei 8.213/91.

Destarte, **será aplicado o coeficiente de 100% sobre a referida média de todas as remunerações/salários de contribuição** desde a competência Julho de 1994 (proventos integrais), conforme determina o artigo 26, § 3º, inciso I[32] da Emenda.

Desta forma, os antigos servidores federais possuem duas regras de transição paralelas no artigo 4º (sistema de pontuação) e no artigo 20 (sistema de "pedágio"), ambas com previsão de integralidade e reajuste paritário para servidores ingressos até 31/12/2003.

5.4. Artigo 5º – Aposentadorias – Regras de transição para os policiais que ingressaram até a data da publicação da Reforma Constitucional

Art. 5° O policial civil do órgão a que se refere o inciso XIV do *caput* do art. 21 da Constituição Federal, o policial dos órgãos a que se referem o inciso IV do *caput* do art. 51, o inciso XIII do *caput* do art. 52 e os incisos I a III do *caput* do art. 144 da Constituição Federal e os ocupantes dos cargos de agente federal penitenciário ou socioeducativo que tenham ingressado **na respectiva carreira** até a **data de entrada em vigor desta Emenda Constitucional** poderão aposentar-se, na forma da Lei Complementar nº 51, de 20 de dezembro de 1985, observada a **idade mínima de 55 (cinquenta e cinco) anos para ambos os sexos** ou o disposto no § 3º.

§ 1º Serão considerados tempo de exercício em cargo de **natureza estritamente policial**, para os fins do inciso II do art. 1º da Lei Complementar n° 51, de 1985, o **tempo de atividade militar nas Forças Armadas, nas polícias militares e nos corpos de bombeiros militares e o tempo de atividade como agente penitenciário ou socioeducativo.**

§ 2º Aplicam-se às aposentadorias dos servidores dos Estados de que trata o § 4º-B do art. 40 da Constituição Federal as normas constitucionais e infraconstitucionais anteriores à data de entrada em vigor desta Emenda Constitucional, enquanto não promovidas alterações na legislação interna relacionada ao respectivo regime próprio de previdência social.

§ 3º Os servidores de que trata o *caput* poderão se aposentar aos **52 (cinquenta e dois) anos de idade, se mulher, e aos 53 (cinquenta e três) anos de idade, se homem**, desde que cumprido **período adicional** de contribuição correspondente ao tempo que, na data de entrada em vigor desta Emenda Constitucional, faltaria para atingir o tempo de contribuição previsto na Lei Complementar nº 51, de 1985.

Trata-se de regra de transição que veio a beneficiar os seguintes servidores federais que exercem atividade de risco e que ingressaram nas respectivas carreiras até a vigência da Emenda 103/2019:

A) agente penitenciário federal;

B) agente socioeducativo federal;

C) policial civil do Distrito Federal;

D) policiais federais, policiais rodoviários federais e policiais ferroviários federais;

E) policiais da Câmara dos Deputados e do Senado.

32. § 3º O valor do benefício de aposentadoria corresponderá a **cem por cento da média** aritmética definida na forma prevista no *caput* e no § 1º:

I – no caso do inciso II do § 2º do art. 20.

Nesta situação, estes antigos servidores federais poderão aposentar-se, na forma da Lei Complementar nº 51, de 20 de dezembro de 1985, mas com inserção de um novo requisito: **idade mínima de cinquenta e cinco anos para ambos os sexos.**

> **SÍNTESE DAS REGRAS DOS POLICIAIS CIVIS – LC 51/1985**
>
> Os policiais possuem um regramento especial para a sua aposentação ditado na Lei Complementar 51/1985, garantindo-se no seu texto originário aposentadoria voluntária com proventos integrais, após 30 anos de serviço, desde que conte, pelo menos 20 anos de exercício em cargo de natureza estritamente policial.
>
> No entanto, coube à Lei Complementar 144/2014 alterar essas regras em benefício das mulheres policiais, que passaram a se aposentar com 25 anos de tempo de contribuição. Em síntese, garante-se a aposentadoria voluntária aos policiais, com proventos integrais, independentemente da idade, nas seguintes condições:
>
> a) após 30 (trinta) anos de contribuição, desde que conte, pelo menos, 20 (vinte) anos de exercício em cargo de natureza estritamente policial, se homem;
>
> b) após 25 (vinte e cinco) anos de contribuição, desde que conte, pelo menos, 15 (quinze) anos de exercício em cargo de natureza estritamente policial, se mulher.

De acordo com o STF, esta norma foi recepcionada pela Constituição de 1988, conforme decisão tomada na ADI 3.817, de 13.11.2008:

> EMENTA: AÇÃO DIRETA DE INCONSTITUCIONALIDADE. ART. 3º DA LEI DISTRITAL N. 3.556/2005. SERVIDORES DAS CARREIRAS POLICIAIS CIVIS CEDIDOS À ADMINISTRAÇÃO PÚBLICA DIRETA E INDIRETA DA UNIÃO E DO DISTRITO FEDERAL: TEMPO DE SERVIÇO CONSIDERADO PELA NORMA QUESTIONADA COMO DE EFETIVO EXERCÍCIO DE ATIVIDADE POLICIAL. AMPLIAÇÃO DO BENEFÍCIO DE APOSENTADORIA ESPECIAL DOS POLICIAIS CIVIS ESTABELECIDO NO ARTIGO 1º DA LEI COMPLEMENTAR FEDERAL Nº 51, DE 20.12.1985. AÇÃO JULGADA PROCEDENTE. 1. Inexistência de afronta ao art. 40, § 4º, da Constituição da República, por restringir-se a exigência constitucional de lei complementar à matéria relativa à aposentadoria especial do servidor público, o que não foi tratado no dispositivo impugnado. 2. Inconstitucionalidade formal por desobediência ao art. 21, inc. XIV, da Constituição da República que outorga competência privativa à União legislar sobre regime jurídico de policiais civis do Distrito Federal. **3. O art. 1º da Lei Complementar Federal n. 51/1985 que dispõe que o policial será aposentado voluntariamente, com proventos integrais, após 30 (trinta) anos de serviço, desde que conte pelo menos 20 anos de exercício em cargo de natureza estritamente policial foi recepcionado pela Constituição da República de 1988**. A combinação desse dispositivo com o art. 3º da Lei Distrital n. 3.556/2005 autoriza a contagem do período de vinte anos previsto na Lei Complementar n. 51/1985 sem que o servidor público tenha, necessariamente, exercido atividades de natureza estritamente policial, expondo sua integridade física a risco, pressuposto para o reconhecimento da aposentadoria especial do art. 40, § 4º, da Constituição da República: inconstitucionalidade configurada. 4. Ação direta de inconstitucionalidade julgada procedente.

Para o TCU, "compete ao Ministério da Justiça, órgão ao qual está atrelada a carreira de policial federal, a regulamentação do alcance a ser dado ao art. 1º da Lei Complementar 51/85, de modo a delimitar as atividades e atribuições que devem ser enquadradas como estritamente policiais para fins de aposentadoria especial da categoria"[33].

---

33. Acórdão 1882/2015 Plenário (Embargos de Declaração, Relator Ministro Vital do Rêgo).

Ademais, "é irregular a contagem ficta do tempo de serviço prestado sob a égide da Lei 3.313/1957, se o policial federal não reunia, à época de vigência dessa norma, as condições necessárias para a aposentadoria"[34].

Curioso notar que, para a aposentadoria do policial federal concedida com base na Lei Complementar 51/1985, foi reconhecida administrativamente pela União o **direito à integralidade e paridade** em regra de transição, através da Nota nº 033/2011-DEAEX/CGU/AGU – JCMB (contrariando entendimento da CONJUR do MTPS), ao pronunciar que:

> A) "O direito dos servidores policiais à integralidade da aposentadoria está garantido no art. 1º, inciso I, da LC 51/85 que foi recepcionado pela Constituição Federal de 1988 e serve de fundamento legislativo infraconstitucional para a regulamentação do parágrafo 4º do art. 40 da Constituição Federal";
>
> B) "O art. 38 da Lei nº 4.878/65 permanece em vigor, mantendo o direito dos servidores policiais à paridade na aposentadoria, sendo esse dispositivo o atual fundamento normativo a regulamentar o reajuste das suas aposentadorias previsto no parágrafo 17 do art. 40 da Constituição Federal."

Nos termos do Parecer 16/2013 da CONJUR/MTPS, na "NOTA 33/2011-DEAEX/CGU/AGU-JCMB, prevaleceram, em síntese, os seguintes posicionamentos: 1) que a LC n 51/85 regulamenta o art. 40, § 42, da CF/88; 2) que a integralidade da aposentadoria dos servidores integrantes das carreiras policiais está garantida pelo art. 12, inciso I, da LC n2 51/85; 3) que a LC n 51/85 foi recepcionada pela CF/88 e serve de fundamento constitucional para a regulamentação do art. 40, § 42, da CF/88; 4) que o art. 38 da Lei n 4.878/65, que assegura a paridade dos policiais, é o atual fundamento normativo do reajuste previsto no art. 40, § 17, da CF/88; e 5) que tal dispositivo não foi revogado, de forma que resta mantido o direito dos servidores das carreiras policiais à paridade na aposentadoria", entendimento da Administração Pública federal, que não vinculou as demais esferas de governo, existindo estados da federação que não estão aplicando o entendimento federal.

Curioso notar que os policiais da área federal que ingressaram no serviço público após o funcionamento da FUNPREP Executivo (4/2/2013) estavam submetidos ao teto do RGPS e muitos aderiram ao regime de previdência complementar.

Sucede que o Poder Executivo da União concedeu na via administrativa a integralidade e paridade aos ingressos até 12/11/2019 na regra de transição do artigo 5º da Emenda 103/2019, inclusive aos policiais da área federal que ingressaram após o regime de previdência complementar:

> "PARECER N. 00004/2020/CONSUNIAO/CGU/AGU NUP: 00400.001823/2019-68 INTERESSADA: FEDERAÇÃO NACIONAL DOS POLICIAIS FEDERAIS – FENAPEF ASSUNTO: APOSENTADORIA ESPECIAL DE POLICIAL CIVIL DO PODER EXECUTIVO FEDERAL EMENTA: SERVIDOR PÚBLICO. ATIVIDADE DE RISCO. POLICIAL CIVIL DA UNIÃO. APOSENTADORIA. PROVENTOS. INTEGRALIDADE. LEI COMPLEMENTAR Nº 51/1985. PARIDADE. LEI Nº 4.878/1965. EMENDA CONSTITUCIONAL Nº 103/2019.

Posteriormente adveio a homologação do Advogado-Geral da União em 9/6/2020:

> "PARECER Nº JL – 04 ADOTO , para os fins do art. 41 da Lei Complementar nº 73, de 10 de fevereiro de 1993, nos termos do Despacho do Consultor-Geral da União nº 502/2020/GAB/CGU/AGU, o Parecer nº 00004/2019/CONSUNIAO/CGU/AGU, e submeto-o ao EXCELENTÍSSIMO

34. Acórdão 1885/2014 Segunda Câmara (Aposentadoria, Relator Ministro José Jorge).

SENHOR PRESIDENTE DA REPÚBLICA, para os efeitos do art. 40, § 1º, da referida Lei Complementar, tendo em vista a relevância da matéria versada.

Enfatizo que o Parecer da Consultoria-Geral da União, ora adotado, toma em consideração manifestação de mérito da Secretaria Especial finalística competente do Ministério da Economia, que narra de modo muito claro o diálogo institucional havido acerca da matéria quando da sua gênese parlamentar, revelando argumento histórico que evidencia de modo bastante consistente a vontade do Constituinte Reformador, a exemplo do que analogamente fez, por exemplo, o Supremo Tribunal Federal quando do julgamento: (i) da Ação Direta de Inconstitucionalidade (Medida Cautelar) n. 2.010-2/DF, Relator o Ministro Celso de Mello, julgada em 30 de setembro de 1999; e (ii) do Mandado de Segurança n. 20.927-5/DF, Relator o Ministro Moreira Alves, julgado em 11 de outubro de 1989. Ademais, é essencial destacar que a compreensão histórica do que se tem no caso vertente encontra rigoroso respaldo na literalidade e na lógica do art. 5º da Emenda Constitucional n. 103, de 12 de novembro de 2019, a teor do quanto muito bem exposto no Parecer".

Por fim, em 17/06/2020, restou publicada a homologação do Presidente da República:

"DESPACHO DO PRESIDENTE DA REPÚBLICA ADVOCACIA-GERAL DA UNIÃO Processo nº 00400.001823/2019-68. Parecer nº JL – 04, de 9 de junho de 2020, do Advogado--Geral da União, que adotou, nos termos estabelecidos no Despacho do Consultor-Geral da União nº 00502/2020/GAB/CGU/AGU e no Parecer nº 00004/2020/CONSUNIAO/CGU/AGU da Consultoria-Geral da União. Aprovo. Publique-se para os fins do disposto no art. 40, § 1º, da Lei Complementar nº 73, de 10 de fevereiro de 1993. Em 17 de junho de 2020. PROCESSO ADMINISTRATIVO Nº: 00400.001823/2019-68 INTERESSADA: Federação Nacional dos Policiais Federais – FENAPEF ASSUNTO: Aposentadoria Especial de Policial Civil do Poder Executivo Federal".

Ao que parece, o texto da EC 103/2019 foi construído para realmente beneficiar os policiais da área federal, sem adentrar ao mérito da decisão do legislador constitucional.

Isso porque o 26 da Emenda 103/2019 não faz menção à fórmula de cálculo dos proventos de aposentadoria da regra de transição do artigo 5º, **não podendo ser aplicado o artigo 26 da EC 103por ausência de remissão ao citado artigo 5º:**

"§ 2º O valor do benefício de aposentadoria corresponderá a 60% (sessenta por cento) da média aritmética definida na forma prevista no caput e no § 1º, com acréscimo de 2 (dois) pontos percentuais para cada ano de contribuição que exceder o tempo de 20 (vinte) anos de contribuição nos casos:

I – do inciso II do § 6º do art. 4º, do § 4º do art. 15, do § 3º do art. 16 e do § 2º do art. 18;

II – do § 4º do art. 10, ressalvado o disposto no inciso II do § 3º e no § 4º deste artigo;

III – de aposentadoria por incapacidade permanente aos segurados do Regime Geral de Previdência Social, ressalvado o disposto no inciso II do § 3º deste artigo; e

IV – do § 2º do art. 19 e do § 2º do art. 21, ressalvado o disposto no § 5º deste artigo.

§ 3º O valor do benefício de aposentadoria corresponderá a 100% (cem por cento) da média aritmética definida na forma prevista no caput e no § 1º:

I – no caso do inciso II do § 2º do art. 20;

II – no caso de aposentadoria por incapacidade permanente, quando decorrer de acidente de trabalho, de doença profissional e de doença do trabalho".

Dessa forma, em que pese a discussão do mérito da Emenda 103/2019, de fato existe um tratamento diferenciado para a regra de transição do artigo 5º da Emenda 103/2019.

Uma questão derivada que precisará de um ajuste de contas são os policiais federais que não estavam pagando sobre o total da remuneração, pois ingressos após o regime de previdência complementar.

Nesse caso, deverão verter o complemento das contribuições previdenciárias para se beneficiar da posição do Poder Executivo da União, sob pena de ofensa à regra constitucional da contributividade.

Vale registrar que a temática deverá ser apreciada pelo STJ no julgamento em repercussão geral do RE 1.162.672:

> **RE 1162672 RG/SP – SÃO PAULO**
>
> **REPERCUSSÃO GERAL NO RECURSO EXTRAORDINÁRIO**
>
> **Relator(a): MINISTRO PRESIDENTE**
>
> **Julgamento: 22/11/2018**
>
> **Publicação: 30/11/2018**
>
> **Órgão julgador: Tribunal Pleno**
>
> Repercussão Geral – Admissibilidade
>
> **Publicação**
>
> PROCESSO ELETRÔNICO DJe-256 DIVULG 29-11-2018 PUBLIC 30-11-2018
>
> **Partes**
>
> RECTE.(S): ESTADO DE SÃO PAULO RECTE.(S): SÃO PAULO PREVIDÊNCIA PROC.(A/S)(ES): PROCURADOR-GERAL DO ESTADO DE SÃO PAULO RECTE.(S): SANDRA REGINA APARECIDA MURCIA XAVIER ADV.(A/S): ANA GLORIA DA SILVA SANTOS RECDO.(A/S): OS MESMOS
>
> **Ementa**
>
> EMENTA SERVIDOR PÚBLICO. ATIVIDADES DE RISCO. APOSENTADORIA. PROVENTOS. INTEGRALIDADE E PARIDADE REMUNERATÓRIA. REGRAS DE TRANSIÇÃO DAS EMENDAS CONSTITUCIONAIS NºS 41/03 E 47/05. PRESENÇA DE REPERCUSSÃO GERAL.
>
> **Decisão**
>
> Decisão: O Tribunal, por unanimidade, reputou constitucional a questão. O Tribunal, por unanimidade, reconheceu a existência de repercussão geral da questão constitucional suscitada. Ministro DIAS TOFFOLI Relator

Por sua vez, houve um elastecimento do enquadramento do que se considera como cargo de **natureza estritamente policial**, passando a ser considerado o tempo de atividade militar nas Forças Armadas, nas polícias militares e nos corpos de bombeiros militares e o tempo de atividade como agente penitenciário ou socioeducativo.

Vale frisar que o STJ não considerava que tempo militar fosse considerado como cargo estritamente policial:

> **STJ – RECURSO ESPECIAL REsp 1357121 DF 2012/0256024-8 (STJ)**
>
> Data de publicação: 05/06/2013
>
> **Ementa:** "ADMINISTRATIVO. PROCESSUAL **CIVIL. MÉDICO LEGISTA** DA **POLÍCIA CIVIL**. CÔMPUTO DE TEMPO DE SERVIÇO NAS FORÇAS ARMADAS. APOSENTADORIA ESPECIAL. LEI COMPLEMENTAR N. 51 /1985. EXIGÊNCIA DE ATIVIDADE

ESTRITAMENTE POLICIAL. RESTRIÇÃO LEGAL. JURISPRUDÊNCIA DO STJ. 1. O Tribunal a quo não se manifestou sobre o Estatuto dos Militares, sobre as Leis n. 3.313/1957 e 4.878 /1965, logo, não se fez o necessário prequestionamento. Aplicação das súmulas 282 e 356 do STF. **2. Não é possível computar o tempo de serviço prestado nas Forças Armadas para concessão de aposentadoria especial de policial civil, porquanto o art. 1º da Lei Complementar n. 51 /1985 exige pelo menos 20 anos de exercício em cargo de natureza estritamente policial. 3. As atribuições dos militares das Forças Armadas não são idênticas às dos policiais civis, militares, federais, rodoviários ou ferroviários. Enquanto aquelas destinam-se à defesa da Pátria, à garantia dos poderes constitucionais, da lei e da ordem, as atribuições dos policiais estão relacionadas com a segurança pública, preservação da incolumidade das pessoas e do patrimônio. Apesar das atividade se assemelharem, em razão do uso de armas, hierarquia e coerção para a ordem, possuem finalidades e atribuições distintas.** 4. Ademais, a atividade estritamente policial a que se refere a Lei Complementar n. 51 /1985 não diz respeito apenas ao exercício do cargo em si, mas deve ser entendida como o efetivo desempenho de atividades em condições de risco ou que representem prejuízo à saúde ou à integridade física, conforme interpretação dada pelo Supremo Tribunal Federal (ADI 3817/DF). Tais condições não poderiam ser examinadas em sede de recurso especial, em razão da súmula 7/STJ. Precedente do STJ. Recurso especial conhecido em parte e improvido".

Paralelamente a esta regra de aplicação da LC 51 para os citados servidores que exercem atividade de risco e que ingressaram nas respectivas carreiras até a publicação da Emenda 103/2019, observada a idade mínima de 55 anos para homens e mulheres, construiu-se uma **regra de transição paralela:**

a) 53 anos de idade, **homens**, e 52 anos de idade, **mulheres**;
b) 30 anos de contribuição, desde que conte, pelo menos, 20 anos de exercício em cargo de natureza estritamente policial, **se homem**; 25 anos de contribuição, desde que conte, pelo menos, 15 anos de exercício em cargo de natureza estritamente policial, **se mulher**;
c) Tempo adicional ("pedágio") correspondente ao tempo em que faltava para atingir aos períodos de tempo de contribuição acima citados, na data da publicação da Emenda.

Por outro dado, para o agente penitenciário, agente socioeducativo ou policial civil dos **estados** federados foram conservadas as normas constitucionais e infraconstitucionais anteriores à data da publicação da Emenda Constitucional reformadora, enquanto não promovidas alterações na legislação interna relacionada ao respectivo regime próprio de previdência social.

Deste modo, conserva-se a aplicação da LC 51 aos policiais civis dos estados, até que haja modificação da legislação estadual, se houver.

No que concerne aos **agentes penitenciários**, o tema ainda não foi alvo de julgamento pelo Plenário do STF, mas existem decisões monocráticas em mandado de injunção **determinando a aplicação da LC 51/1995**, no que couber, a exemplo do MI 7.057.

5.5. Artigo 21 – Aposentadoria especial por agentes nocivos – Regras de transição para os servidores federais que ingressaram até a data da publicação da Reforma Constitucional

> Art. 21. O segurado ou o **servidor público federal** que tenha se filiado ao Regime Geral de Previdência Social ou ingressado no serviço público em cargo efetivo até a data de entrada em vigor desta Emenda à Constituição, cujas atividades tenham sido exercidas com efetiva exposição a **agentes nocivos** químicos, físicos e biológicos prejudiciais à saúde, ou associação desses agentes,

vedada a caracterização por categoria profissional ou ocupação, desde que cumpridos, no caso do servidor, o tempo mínimo de **vinte anos de efetivo exercício no serviço público e de cinco anos no cargo efetivo** em que for concedida a aposentadoria, na forma dos arts. 57 e 58 da Lei nº 8.213, de 24 de julho de 1991, poderá aposentar-se quando **o total da soma** resultante da sua **idade** e do **tempo de contribuição** e o **tempo de efetiva exposição** forem, respectivamente, de:

I – 66 (sessenta e seis) pontos e 15 (quinze) anos de efetiva exposição;

II – 76 (setenta e seis) pontos e 20 (vinte) anos de efetiva exposição; e

III – 86 (oitenta e seis) pontos e 25 (vinte e cinco) anos de efetiva exposição.

§ 1º A idade e o tempo de contribuição serão apurados em dias para o cálculo do somatório de pontos a que se refere o *caput*.

§ 2º O valor da aposentadoria de que trata este artigo será apurado na forma da lei.

§ 3º Aplicam-se às aposentadorias dos servidores dos Estados, do Distrito Federal e dos Municípios cujas atividades sejam exercidas com efetiva exposição a agentes químicos, físicos e biológicos prejudiciais à saúde, ou associação desses agentes, vedada a caracterização por categoria profissional ou ocupação, na forma do § 4º-C do art. 40 da Constituição Federal, as normas constitucionais e infraconstitucionais anteriores à data de entrada em vigor desta Emenda Constitucional, enquanto não promovidas alterações na legislação interna relacionada ao respectivo regime próprio de previdência social.

Trata-se de regra de transição em favor do servidor federal empossado até a publicação da reforma previdenciária que labore exposto de modo permanente a agentes nocivos à saúde, físicos, químicos ou biológicos.

Vale registrar que, diante a inexistência de lei complementar sobre o tema, o STF já determinava a aplicação das regras do RGPS sobre aposentadoria especial (artigos 57 e 58 da Lei 8.213/91), no que couber:

Súmula Vinculante 33

Aplicam-se ao servidor público, no que couber, as regras do regime geral da previdência social sobre aposentadoria especial de que trata o artigo 40, § 4º, inciso III da Constituição Federal, até a edição de lei complementar específica.

Precedentes Representativos

A aposentadoria especial de servidor público portador de deficiência é assegurada mediante o preenchimento dos requisitos previstos na legislação aplicável à aposentadoria especial dos segurados do Regime Geral de Previdência Social, até que seja editada a lei complementar exigida pelo art. 40, § 4º, II, da CF/1988. (...) 2. A eficácia do direito à aposentadoria especial objeto do art. 40, § 4º, da CF/1988 exige regulamentação mediante lei complementar de iniciativa privativa do presidente da República, de modo que cabe ao Supremo Tribunal Federal, *ex vi* do art. 102, I, *q*, da Lei Maior, o julgamento do mandado de injunção impetrado com o objetivo de viabilizar o seu exercício. [**MI 4.158 AgR-segundo**, rel. min. **Luiz Fux**, P, j. 18-12-2013, *DJE* 34 de 19-2-2014.]

MANDADO DE INJUNÇÃO. APOSENTADORIA ESPECIAL DO SERVIDOR PÚBLICO. ART. 40, § 4º, DA CF/1988. AUSÊNCIA DE LEI COMPLEMENTAR A DISCIPLINAR A MATÉRIA. NECESSIDADE DE INTEGRAÇÃO LEGISLATIVA. 1. Servidor público. Investigador da polícia civil do Estado de São Paulo. Alegado exercício de atividade sob condições de periculosidade e insalubridade. 2. Reconhecida a omissão legislativa em razão da ausência de lei complementar a definir as condições para o implemento da aposentadoria especial. 3. Mandado de injunção conhecido e concedido para comunicar a mora à autoridade competente e determinar a aplicação, no que couber, do art. 57 da Lei 8.213/1991. **MI 795**, rel. min. **Cármen Lúcia**, P, j. 15-4-2009, *DJE* 94 de 22-5-2009.]

Agora esta regra de transição regula o tema, substituindo as regras da Lei 8.213/91, exceto na hipótese de enquadramento dos agentes nocivos, o que a nosso ver afasta a jurisprudência do STF para o servidor federal que não integralizou os requisitos da aposentadoria especial até a publicação da Emenda 103/2019, pois há fixação de idade mínima e pontuação.

A regra de transição possui dois pressupostos: 20 anos de efetivo exercício no serviço público e 5 anos no cargo efetivo em que for concedida a aposentadoria.

Ademais, é necessária uma pontuação mínima na soma da idade, tempo de contribuição e tempo de exposição:

a) **15 anos de efetiva exposição: 66 pontos;**
b) **20 anos de efetiva exposição: 76 pontos;**
c) **25 anos de efetiva exposição: 86 pontos.**

O texto constitucional contém uma má redação, pois afirma prevê "**o total da soma** resultante da sua **idade** e do **tempo de contribuição** e o **tempo de efetiva exposição".**

O tempo de exposição também é tempo de contribuição, o que permitiria uma contagem em duplicidade, o que certamente não é a intenção da reforma, pois a pontuação seria extremamente elevada.

A ideia do legislador, na verdade, pois permitir a soma de tempo especial com tempo comum para fins de atingir a pontuação citada.

Imagine que Allan é servidor federal e possui 25 anos de exposição permanente a agente nocivo à saúde previsto na legislação do RGPS. Neste caso, para atingir a pontuação 86, ele deve contar com 61 anos de idade, sendo uma idade elevada para quem labora com agentes nocivos à saúde, de modo que a pontuação constituída pela regra de transição foi bem dura.

A partir de **1/1/2020, as pontuações citadas seriam acrescidas de um ponto** a cada **ano** para o homem e para a mulher, até atingir, respectivamente, **81, 91 e 96 pontos**, respectivamente, para ambos os sexos. No entanto, o Senado barrou esta alteração que **não foi promulgada.**

Ademais, **havia vedação expressa à caracterização por categoria profissional ou ocupação e o enquadramento por periculosidade**, a exemplo de *vigilantes* e *eletricitários*, buscando barrar a jurisprudência do STJ no RGPS (ao menos para os novos tempos de contribuição prestados após a reforma) que se aplicava ao RPPS em razão da súmula vinculante 33:

RECURSO REPETITIVO

Pesquisa de tema: Tema Repetitivo 534

Situação do tema: Trânsito em Julgado

Pesquisa de Repetitivo Organizado por Assunto

Veja os EDcl no REsp 1306113-SC, que foram parcialmente providos.

Processo

REsp 1306113 / SC

RECURSO ESPECIAL

2012/0035798-8

Relator(a)

Ministro HERMAN BENJAMIN (1132)

Órgão Julgador

S1 – PRIMEIRA SEÇÃO

Data do Julgamento

14/11/2012

Data da Publicação/Fonte

DJe 07/03/2013

Ementa

RECURSO ESPECIAL. MATÉRIA REPETITIVA. ART. 543-C DO CPC E RESOLUÇÃO STJ 8/2008. RECURSO REPRESENTATIVO DE CONTROVÉRSIA. ATIVIDADE ESPECIAL. AGENTE ELETRICIDADE. SUPRESSÃO PELO DECRETO 2.172/1997 (ANEXO IV). ARTS. 57 E 58 DA LEI 8.213/1991. ROL DE ATIVIDADES E AGENTES NOCIVOS. CARÁTER EXEMPLIFICATIVO. AGENTES PREJUDICIAIS NÃO PREVISTOS. REQUISITOS PARA CARACTERIZAÇÃO. SUPORTE TÉCNICO MÉDICO E JURÍDICO. EXPOSIÇÃO PERMANENTE, NÃO OCASIONAL NEM INTERMITENTE (ART. 57, § 3º, DA LEI 8.213/1991).

1. Trata-se de Recurso Especial **interposto pela autarquia previdenciária com o escopo de prevalecer a tese de que a supressão do agente** eletricidade **do rol de agentes nocivos pelo Decreto 2.172/1997 (Anexo IV) culmina na impossibilidade de configuração como tempo** especial **(arts. 57 e 58 da Lei 8.213/1991) de tal hipótese a partir da vigência do citado ato normativo.**

2. À luz da interpretação sistemática, as normas regulamentadoras que estabelecem os casos de agentes e atividades nocivos à saúde do trabalhador são exemplificativas, podendo ser tido como distinto o labor que a técnica médica e a legislação correlata considerarem como prejudiciais ao obreiro, desde que o trabalho seja permanente, não ocasional, nem intermitente, em condições especiais **(art. 57, § 3º, da Lei 8.213/1991). Precedentes do STJ.**

3. No caso concreto, o Tribunal de origem embasou-se em elementos técnicos (laudo pericial) e na legislação trabalhista para reputar como especial o trabalho exercido pelo recorrido, por consequência da exposição habitual à eletricidade, o que está de acordo com o entendimento fixado pelo STJ.

4. Recurso Especial não provido. Acórdão submetido ao regime do art. 543-C do CPC e da Resolução 8/2008 do STJ.

Processo

Pet 10679 / RN

PETIÇÃO

2014/0233212-2

Relator(a)

Ministro NAPOLEÃO NUNES MAIA FILHO (1133)

Órgão Julgador

S1 – PRIMEIRA SEÇÃO

Data do Julgamento

22/05/2019

Data da Publicação/Fonte

DJe 24/05/2019

Ementa

PREVIDENCIÁRIO. PEDIDO DE UNIFORMIZAÇÃO DE INTERPRETAÇÃO DE LEI FEDERAL. ATIVIDADE **ESPECIAL. VIGILANTE,** COM OU SEM USO DE ARMA DE

FOGO. SUPRESSÃO PELO DECRETO 2.172/1997. ARTS. 57 E 58 DA LEI 8.213/1991. ROL DE ATIVIDADES E AGENTES NOCIVOS. CARÁTER EXEMPLIFICATIVO. AGENTES PREJUDICIAIS NÃO PREVISTOS. REQUISITOS PARA CARACTERIZAÇÃO. EXPOSIÇÃO PERMANENTE, NÃO OCASIONAL NEM INTERMITENTE (ART. 57, § 3º., DA LEI 8.213/1991). INCIDENTE DE UNIFORMIZAÇÃO INTERPOSTO PELO SEGURADO PROVIDO.

1. Não se desconhece que a periculosidade não está expressamente prevista nos Decretos 2.172/1997 e 3.048/1999, o que à primeira vista, levaria ao entendimento de que está excluída da legislação a aposentadoria especial pela via da periculosidade.

2. Contudo, o art. 57 da Lei 8.213/1991 assegura expressamente o direito à aposentadoria especial ao Segurado que exerça sua atividade em condições que coloquem em risco a sua saúde ou a sua integridade física, nos termos dos arts. 201, § 1º. e 202, II da Constituição Federal.

3. Assim, o fato de os decretos não mais contemplarem os agentes perigosos não significa que não seja mais possível o reconhecimento da especialidade da atividade, já que todo o ordenamento jurídico, hierarquicamente superior, traz a garantia de proteção à integridade física do trabalhador.

4. Corroborando tal assertiva, a Primeira Seção desta Corte, no julgamento do 1.306.113/SC, fixou a orientação de que a despeito da supressão do agente eletricidade pelo Decreto 2.172/1997, é possível o reconhecimento da especialidade da atividade submetida a tal agente perigoso, desde que comprovada a exposição do trabalhador de forma permanente, não ocasional, nem intermitente.

5. Seguindo essa mesma orientação, é possível reconhecer a possibilidade de caracterização da atividade de vigilante como especial, com ou sem o uso de arma de fogo, mesmo após 5.3.1997, desde que comprovada a exposição do trabalhador à atividade nociva, de forma permanente, não ocasional, nem intermitente.

6. In casu, merece reparos o acórdão proferido pela TNU afirmando a impossibilidade de contagem como tempo especial o exercício da atividade de vigilante no período posterior ao Decreto 2.172/1997, restabelecendo o acórdão proferido pela Turma Recursal que reconheceu a comprovação da especialidade da atividade.

7. Incidente de Uniformização interposto pelo Segurado provido para fazer prevalecer a orientação ora firmada.

No entanto, após uma negociação no Senado, a vedação ao enquadramento por periculosidade foi retirada e o tema será em breve regulado por lei complementar, que irá descrever as situações de concessão por risco.

Os proventos de aposentadoria especial serão calculados com base no artigo 26, § 4º, inciso IV da Emenda 103/2019.

Desta forma, para os **servidores federais** que ingressaram até a data de publicação da Emenda, será feita média aritmética simples de **100% do período contributivo** desde a competência julho de 1994 ou desde o início da contribuição, se posterior àquela competência, não se aplicando mais a média aritmética simples dos 80% maiores.

Para a aposentadoria especial que exige nocividade pelo período mínimo de **20 ou 25 anos**, o valor do benefício de aposentadoria corresponderá a **sessenta por cento da média aritmética das 100% das remunerações/salários de contribuição desde julho de 1994, com acréscimo de 2% para cada ano que ultrapassar os 20 anos de contribuição:**

TEMPO DE CONTRIBUIÇÃO 20 ou 25 ANOS DE NOCIVIDADE	COEFICIENTE
20 anos	60%
21 anos	62%
22 anos	64%
23 anos	66%
24 anos	68%
25 anos	70%
26 anos	72%
27 anos	74%
28 anos	76%
29 anos	78%
30 anos	80%
31 anos	82%
32 anos	84%
33 anos	86%
34 anos	88%
35 anos	90%
36 anos	92%
37 anos	94%
38 anos	96%
39 anos	98%
40 anos	100%

Desta forma, conforme tabela supra, para esta regra de transição, a aposentadoria do servidor federal variará 60% a 100% da média de todas as remunerações desde 7/1994, somente atingindo a 100% da média quando o servidor federal possuir 40 anos de tempo de contribuição.

No entanto, para **a aposentadoria especial que exige apenas 15 anos de nocividade**, existem uma regra especial de cálculo da renda mensal no artigo 26, § 5º[35], da Emenda 103/2019, que prevê a **progressão a contar de 15 anos**, e não de 20 anos de contribuição:

35. § 5º O acréscimo a que se refere o caput do § 2º será aplicado para cada ano que **exceder quinze anos** de tempo de contribuição para os segurados de que tratam a alínea "a" do inciso I do art. 19 **e do inciso I do art. 21** e para as mulheres filiadas ao Regime Geral de Previdência Social.

TEMPO DE CONTRIBUIÇÃO 15 ANOS DE NOCIVIDADE	COEFICIENTE
15 anos	60%
16 anos	62%
17 anos	64%
18 anos	66%
19 anos	68%
20 anos	70%
21 anos	72%
22 anos	74%
23 anos	76%
24 anos	78%
25 anos	80%
26 anos	82%
27 anos	84%
28 anos	86%
29 anos	88%
30 anos	90%
31 anos	92%
32 anos	94%
33 anos	96%
34 anos	98%
35 anos	100%

Curioso notar que, **intencionalmente**, o artigo 26 da Emenda 103/2019 não limita a média de todas as remunerações do servidor a 100%, de modo que o servidor federal que possuir mais de 40 anos de tempo de contribuição (nocividade de 20 ou 25 anos) ou de 35 anos (nocividade de 15 anos) poderá ter proventos que ultrapassem a 100% (**proventos *ultra* integrais).**

Ademais, **poderão ser excluídas da média as contribuições que resultem em redução do valor do benefício**, desde que mantido o tempo mínimo de contribuição exigido, vedada a utilização do tempo excluído para qualquer finalidade, para a averbação em outro regime previdenciário ou para a obtenção dos proventos de inatividade dos militares.

Estas regras são exclusivas para os servidores federais (e segurados do RGPS, conforme será estudado), pois a sua aplicação aos servidores dos estados, Distrito Federal e municípios depende de alterações na legislação interna relacionada ao respectivo regime próprio de previdência social, mantendo-se até lá as normas constitucionais e infraconstitucionais anteriores à data de entrada em vigor desta Emenda Constitucional 103/2019.

O enquadramento dos agentes nocivos como especiais por exposição permanente deve obedecer ao complexo regramento dos artigos 57 e 58 da Lei 8.213/91.

O enquadramento das atividades especiais é feito pelo **anexo IV, do Decreto 3.048/99**, que enumera os casos de aposentadoria especial com 15, 20 ou 25 anos de contribuição, conforme os agentes nocivos[36] a que estão expostos os segurados.

Nesse sentido, de acordo com o Decreto 8.123/2013, consideram-se **condições especiais** que prejudiquem a saúde e a integridade física aquelas nas quais a exposição ao agente nocivo ou associação de agentes presentes no ambiente de trabalho esteja acima dos limites de tolerância estabelecidos segundo critérios **quantitativos** ou esteja caracterizada segundo os critérios da avaliação **qualitativa**.

O agente nocivo poderá ser *apenas qualitativo*, sendo a nocividade presumida e independente de mensuração, constatada pela simples presença do agente no ambiente de trabalho, conforme constante nos Anexos 6, 13, 13-A e 14 da Norma Regulamentadora nº 15 – NR-15 do MTE, e no Anexo IV do RPS, para os agentes iodo e níquel.

Por sua vez, o Decreto 8.123/2013 passou a prever que a presença no ambiente de trabalho, com possibilidade de exposição a ser apurada, de **agentes nocivos reconhecidamente cancerígenos em humanos**, listados pelo Ministério do Trabalho (com a extinção do Ministério do Trabalho, desde 2019 o Ministério da Economia assumiu a área trabalhista, tendo sido criada uma Secretaria Especial de Previdência e Trabalho), **será suficiente para a comprovação de efetiva exposição do trabalhador.**

Poderá também o agente nocivo ser *quantitativo*, sendo a nocividade considerada pela ultrapassagem dos limites de tolerância ou doses, dispostos nos Anexos 1, 2, 3, 5, 8, 11 e 12 da NR-15 do MTE, por meio da mensuração da intensidade ou da concentração, consideradas no tempo efetivo da exposição no ambiente de trabalho.

A esmagadora maioria das atividades especiais prevê a aposentadoria com 25 anos de contribuição. Apenas tem previsão de 20 anos o tempo especial de mineração subterrânea cujas atividades sejam exercidas afastadas das frentes de produção (item 4.0.1), assim como a exposição aos asbestos ou amianto (item 1.0.2), enquanto os trabalhos em atividades permanentes no subsolo de minerações subterrâneas em frentes de produção farão com que os segurados se aposentem com apenas 15 anos de contribuição, em razão da enorme lesividade à saúde (item 4.0.2).

Na hipótese do servidor federal, é remota a hipótese de enquadramento da aposentadoria especial de 15 ou 20 anos de exposição (mineração e amianto).

Na hipótese de atividades concomitantes sob condições especiais, no mesmo ou em outro vínculo empregatício, será considerada aquela que exigir menor tempo para a aposentadoria especial.[37]

Na forma do quanto previsto no próprio anexo IV, do Decreto 3.048/99, o que determina o direito ao benefício é a exposição do trabalhador ao agente nocivo presente no ambiente de trabalho e no processo produtivo, **em nível de concentração superior aos limites de tolerância estabelecidos.**

---

36. **Nocividade:** situação combinada ou não de substâncias, energias e demais fatores de riscos reconhecidos, presentes no ambiente de trabalho, capazes de trazer ou ocasionar danos à saúde ou à integridade física do trabalhador.

37. Artigo 239, § 2º, da Instrução Normativa INSS 77/2015.

Ademais, o rol de agentes nocivos é exaustivo (ressalvada a posição do STJ), enquanto que as atividades listadas, nas quais poderá haver a exposição, são exemplificativas, sendo este o entendimento da Previdência Social.

A comprovação da efetiva exposição do segurado aos agentes nocivos será feita mediante **formulário** emitido pela empresa ou seu preposto, com base em **laudo técnico de condições ambientais do trabalho (LTCAT),** expedido por médico do trabalho ou engenheiro de segurança do trabalho, nos termos da legislação trabalhista.

Na análise do Laudo Técnico de Condições Ambientais do Trabalho – LTCAT, deverão ser observados os seguintes aspectos[38]:

I – se individual ou coletivo;

II – identificação da empresa;

III – identificação do setor e da função;

IV – descrição da atividade;

V – identificação de agente nocivo capaz de causar dano à saúde e integridade física, arrolado na Legislação Previdenciária;

VI – localização das possíveis fontes geradoras;

VII – via e periodicidade de exposição ao agente nocivo;

VIII – metodologia e procedimentos de avaliação do agente nocivo;

IX – descrição das medidas de controle existentes;

X – conclusão do LTCAT;

XI – assinatura do médico do trabalho ou engenheiro de segurança; e

XII – data da realização da avaliação ambiental.

O LTCAT deverá ser assinado por engenheiro de segurança do trabalho, com o respectivo número da Anotação de Responsabilidade Técnica – ART junto ao Conselho Regional de Engenharia e Arquitetura – CREA ou por médico do trabalho, indicando os registros profissionais para ambos.

Desde 01.01.2004, o formulário utilizado pela legislação previdenciária é o **PPP – Perfil Profissiográfico Previdenciário**, por força da IN INSS DC 95/2003[39], assim considerado o documento histórico-laboral do trabalhador, segundo modelo instituído pelo Instituto Nacional do Seguro Social, que, entre outras informações, deve conter registros ambientais, resultados de monitoração biológica e dados administrativos, que deverá sofrer atualização sempre que houver informações que impliquem na mudança do seu conteúdo, a ser feita pelo menos uma vez ao ano.

O PPP deverá ser emitido pela empresa empregadora, no caso de empregado; pela cooperativa de trabalho ou de produção, no caso de cooperado filiado; pelo órgão gestor de mão de obra, no caso de trabalhador avulso portuário e pelo sindicato da categoria, no caso de trabalhador avulso não portuário[40].

38. Artigo 262, da Instrução Normativa INSS 77/2015.

39. Antes, foram utilizados os antigos formulários SB-40, DISES-BE 5235, DSS-8030 e DIRBEN 8030.

40. Artigo 260, § 2º, da Instrução Normativa INSS 77/2015.

A luz do *Tempus Regit Actum*, deverá ser observada a seguinte tabela pela Administração Pública para enquadramento:

PERÍODO TRABALHADO	ENQUADRAMENTO
Até 28/4/1995	Quadro Anexo ao Decreto nº 53.831, de 1964. Anexos I e II do RBPS, aprovado pelo Decreto nº 83.080, de 1979. Formulário; CP/CTPS; LTCAT, obrigatoriamente para o agente físico ruído.
De 29/4/1995 a 13/10/1996	Código 1.0.0 do Quadro Anexo ao Decreto nº 53.831, de 1964. Anexo I do RBPS, aprovado pelo Decreto nº 83.080, de 1979. Formulário; LTCAT ou demais Demonstrações Ambientais, obrigatoriamente para o agente físico ruído.
De 14/10/1996 a 5/3/1997	Código 1.0.0 do Quadro Anexo ao Decreto nº 53.831, de 1964. Anexo I do RBPS, aprovado pelo Decreto nº 83.080, de 1979. Formulário; LTCAT ou demais Demonstrações Ambientais, para todos os agentes nocivos.
De 6/3/1997 a 31/12/1998	Anexo IV do RBPS, aprovado pelo Decreto nº 2.172, de 1997. Formulário; LTCAT ou demais Demonstrações Ambientais, para todos os agentes nocivos.
De 1º/1/1999 a 6/5/1999	Anexo IV do RBPS, aprovado pelo Decreto nº 2.172, de 1997. Formulário; LTCAT ou demais Demonstrações Ambientais, para todos os agentes nocivos, que deverão ser confrontados com as informações relativas ao CNIS para homologação da contagem do tempo de serviço especial, nos termos do art. 19 e § 2º do art. 68 do RPS, com redação dada pelo Decreto nº 4.079, de 2002.
De 7/5/1999 a 31/12/2003	Anexo IV do RPS, aprovado pelo Decreto nº 3.048, de 1999. Formulário; LTCAT ou demais Demonstrações Ambientais, para todos os agentes nocivos, que deverão ser confrontados com as informações relativas ao CNIS para homologação da contagem do tempo de serviço especial, nos termos do art. 19 e § 2º do art. 68 do RPS, com redação dada pelo Decreto nº 4.079, de 2002.
A partir de 1º/1/2004	Anexo IV do RPS, aprovado pelo Decreto nº 3.048, de 1999. Formulário, que deverá ser confrontado com as informações relativas ao CNIS para homologação da contagem do tempo de serviço especial, nos termos do art. 19 e § 2º do art. 68 do RPS, com redação dada pelo Decreto nº 4.079, de 2002.

6. ABONO DE PERMANÊNCIA: REGRAS PERMANENTES E DE TRANSIÇÃO

A Emenda 103/2019 modificou o § 19 do artigo 40 da Constituição:

> § 19. Observados critérios a serem estabelecidos em **lei do respectivo ente federativo**, o servidor titular de cargo efetivo que tenha completado as exigências para a aposentadoria voluntária e que opte por permanecer em atividade **poderá** fazer jus a um **abono de permanência** equivalente, **no máximo**, ao valor da sua contribuição previdenciária, até completar a idade para aposentadoria compulsória.

A **natureza jurídica do abono de permanência** é tema controverso, no sentido de identificar se é uma parcela remuneratória ou indenizatória. **A 1ª Seção do STJ decidiu pela natureza remuneratória**, pois validou a incidência de Imposto de Renda sobre o abono:

> "PROCESSUAL CIVIL. AGRAVO REGIMENTAL NO RECURSO ESPECIAL. ABONO DE PERMANÊNCIA. INCIDÊNCIA DE IMPOSTO DE RENDA. OBSERVÂNCIA DO RESP 1.192.556/PE, JULGADO SOB O RITO DO ART. 543-C DO CPC. 1. A Primeira Seção do

STJ, por ocasião do julgamento do REsp 1.192.556/PE, da relatoria do Ministro Mauro Campbell Marques, submetido ao regime dos recursos repetitivos, consolidou o entendimento de que "sujeitam-se à incidência do Imposto de Renda os rendimentos recebidos a título de abono de permanência a que se referem o § 19 do art. 40 da Constituição Federal, o § 5º do art. 2º e o § 1º do art. 3º da Emenda Constitucional 41/2003, e o art. 7º da Lei 10.887/2004" (DJe de 06.09.2010). 2. Agravo regimental desprovido" (AgRg no REsp 1284402, de 20/10/2015).

O STF decidiu que se trata de matéria infraconstitucional, devendo a última posição ser dada pelo Superior Tribunal de Justiça:

"RE 688001 RG / RS – RIO GRANDE DO SUL
REPERCUSSÃO GERAL NO RECURSO EXTRAORDINÁRIO
Relator(a): Min. TEORI ZAVASCKI
Julgamento: 03/10/2013

TRIBUTÁRIO E CONSTITUCIONAL. RECURSO EXTRAORDINÁRIO. INCIDÊNCIA DE IMPOSTO DE RENDA SOBRE O ABONO DE PERMANÊNCIA. MATÉRIA INFRACONSTITUCIONAL. AUSÊNCIA DE REPERCUSSÃO GERAL (ART. 543-A DO CPC). 1. A controvérsia a respeito da incidência do imposto de renda sobre as verbas percebidas a título de abono de permanência é de natureza infraconstitucional, não havendo, portanto, matéria constitucional a ser analisada (ARE 665800 AgR, de minha relatoria, Segunda Turma, DJe de 20/08/2013; ARE 691857 AgR, Rel. Min. CÁRMEN LÚCIA, Primeira Turma, DJe 19/09/2012; ARE 662017 AgR, Rel. Min. DIAS TOFFOLI, Primeira Turma, DJe de 03/08/2012; ARE 646358 AgR, Rel. Min. RICARDO LEWANDOWSKI, Segunda Turma, DJe de 15/05/2012). 2. É cabível a atribuição dos efeitos da declaração de ausência de repercussão geral quando não há matéria constitucional a ser apreciada ou quando eventual ofensa à Constituição Federal se dê de forma indireta ou reflexa (RE 584.608 RG, Min. ELLEN GRACIE, Pleno, DJe de 13/03/2009). 3. Ausência de repercussão geral da questão suscitada, nos termos do art. 543-A do CPC".

Trata-se do **regramento permanente** do **abono de permanência em serviço**. Eis as modificações:

A) O abono de permanência em serviço passa a ser de pagamento facultativo;

B) O valor do abono não mais é fixado no valor da contribuição previdenciária devida pelo servidor público, podendo ser inferior a esse valor, não tendo sido previsto sequer um limite mínimo.

Logo, de obrigatório e de valor fixo para a ser facultativo e com valor aberto, limitado ao valor da contribuição previdenciária descontada do servidor, cabendo a sua **regulação de acordo com cada lei local do ente político.**

Conforme será detalhado no item seguinte, para os **servidores federais** existem na Emenda 103/2019 três regras de transição para o abono de permanência em serviço:

a) artigo 3, § 3º;

b) artigo 8º;

c) artigo 10, § 5º.

Por outro lado, **não há regra de transição na Emenda no que concerne ao abono de permanência para servidores estaduais, distritais e municipais**, sendo razoável, por integração constitucional, manter a aplicação da regra anterior até ulterior deliberação por lei local das citadas entidades políticas.

Além do regramento permanente, apresentamos agora **as regras transitórias do abono de permanência:**

Regra de transição 1: No serviço público federal, nos termos do ***artigo 8º da Emenda 103/2019***, até que entre em vigor lei federal de que trata o § 19 do art. 40 da Constituição Federal, o servidor público federal que cumprir as exigências para a concessão da aposentadoria voluntária, nos termos do disposto nos arts. 4º, 5º, 20, 21 e 22 e que optar por permanecer em atividade, fará jus a um abono de permanência equivalente ao valor da sua contribuição previdenciária, até completar a idade para aposentadoria compulsória.

A **primeira regra de transição** do abono de permanência para o servidor federal será aplicada a todos até que haja lei federal regulamentando o § 19 do artigo 40 da Constituição, sendo aplicável a quem preencher os requisitos de aposentadorias dos artigos 4º, 5º, 20, 21 e 22 que serão estudados em breve.

Restou fixado o direito subjetivo ("fará jus") ao abono que corresponderá ao valor da contribuição previdenciária vertida pelo servidor federal até completar a idade da aposentadoria compulsória por idade:

A segunda regra de transição do abono de permanência para o servidor federal será aplicada a todos até que haja lei federal regulamentando o § 19 do artigo 40 da Constituição, na situação de direito adquirido à aposentadoria voluntária pelas regras anteriores permanentes ou no caso do direito adquirido por uma das regras de transição revogadas a seguir citadas em nota de rodapé.

Restou fixado o direito subjetivo ("fará jus") ao abono que corresponderá ao valor da contribuição previdenciária vertida pelo servidor federal até completar a idade da aposentadoria compulsória por idade:

Regra de transição 2: "§ 5º Até que entre em vigor lei federal de que trata o § 19 do art. 40 da Constituição Federal, o servidor federal que cumprir as exigências para a concessão da aposentadoria voluntária nos termos do disposto neste artigo e que optar por permanecer em atividade fará jus a um abono de permanência equivalente ao valor da sua contribuição previdenciária, até completar a idade para aposentadoria compulsória" (artigo 10 da Emenda 103/2019).

A **segunda regra de transição** está consignada no artigo 10, § 5º, da Emenda 103, garantindo abono de permanência para o servidor federal que preencher os requisitos de aposentação desse artigo e opte em permanecer em atividade até a aposentadoria compulsória, no valor da contribuição previdenciária.

Regra de transição 3: "Até que entre em vigor lei federal de que trata o § 19 do art. 40 da Constituição Federal, o servidor de que trata o caput que tenha cumprido os requisitos para aposentadoria voluntária com base no disposto na alínea "a" do inciso III do § 1º do art. 40 da Constituição Federal[41], na redação vigente até a data de entrada em vigor desta Emenda

41. § 1º Os servidores abrangidos pelo regime de previdência de que trata este artigo serão aposentados, calculados os seus proventos a partir dos valores fixados na forma dos §§ 3º e 17: III – voluntariamente, desde que cumprido tempo mínimo de dez anos de efetivo exercício no serviço público e cinco anos no cargo efetivo em que se dará

Constitucional 103/2019, no art. 2º[42], no § 1º[43] do art. 3º ou no art. 6º[44] da Emenda Constitucional nº 41, de 2003, ou no art. 3º[45] da Emenda

---

a aposentadoria, observadas as seguintes condições: a) sessenta anos de idade e trinta e cinco de contribuição, se homem, e cinqüenta e cinco anos de idade e trinta de contribuição, se mulher; (Redação dada pela Emenda Constitucional nº 20, de 15/12/98).

42. **Art. 2º** Observado o disposto no art. 4º da Emenda Constitucional nº 20, de 15 de dezembro de 1998, é assegurado o direito de opção pela aposentadoria voluntária com proventos calculados de acordo com o art. 40, §§ 3º e 17, da Constituição Federal, àquele que tenha ingressado regularmente em cargo efetivo na Administração Pública direta, autárquica e fundacional, até a data de publicação daquela Emenda, quando o servidor, cumulativamente: I – tiver cinqüenta e três anos de idade, se homem, e quarenta e oito anos de idade, se mulher; II – tiver cinco anos de efetivo exercício no cargo em que se der a aposentadoria; III – contar tempo de contribuição igual, no mínimo, à soma de: a) trinta e cinco anos, se homem, e trinta anos, se mulher; e b) um período adicional de contribuição equivalente a vinte por cento do tempo que, na data de publicação daquela Emenda, faltaria para atingir o limite de tempo constante da alínea *a* deste inciso.

§ 1 º O servidor de que trata este artigo que cumprir as exigências para aposentadoria na forma do *caput* terá os seus proventos de inatividade reduzidos para cada ano antecipado em relação aos limites de idade estabelecidos pelo art. 40, § 1º, III, a, e § 5º da Constituição Federal, na seguinte proporção: I – três inteiros e cinco décimos por cento, para aquele que completar as exigências para aposentadoria na forma do *caput* até 31 de dezembro de 2005; II – cinco por cento, para aquele que completar as exigências para aposentadoria na forma do *caput* a partir de 1º de janeiro de 2006.

§ 2º Aplica-se ao magistrado e ao membro do Ministério Público e de Tribunal de Contas o disposto neste artigo.

§ 3º Na aplicação do disposto no § 2º deste artigo, o magistrado ou o membro do Ministério Público ou de Tribunal de Contas, se homem, terá o tempo de serviço exercido até a data de publicação da Emenda Constitucional nº 20, de 15 de dezembro de 1998, contado com acréscimo de dezessete por cento, observado o disposto no § 1º deste artigo.

§ 4º O professor, servidor da União, dos Estados, do Distrito Federal e dos Municípios, incluídas suas autarquias e fundações, que, até a data de publicação da Emenda Constitucional nº 20, de 15 de dezembro de 1998, tenha ingressado, regularmente, em cargo efetivo de magistério e que opte por aposentar-se na forma do disposto no *capu*t, terá o tempo de serviço exercido até a publicação daquela Emenda contado com o acréscimo de dezessete por cento, se homem, e de vinte por cento, se mulher, desde que se aposente, exclusivamente, com tempo de efetivo exercício nas funções de magistério, observado o disposto no § 1º.

§ 5º O servidor de que trata este artigo, que tenha completado as exigências para aposentadoria voluntária estabelecidas no *capu*t, e que opte por permanecer em atividade, fará jus a um abono de permanência equivalente ao valor da sua contribuição previdenciária até completar as exigências para aposentadoria compulsória contidas no art. 40, § 1º, II, da Constituição Federal.

§ 6º Às aposentadorias concedidas de acordo com este artigo aplica-se o disposto no art. 40, § 8º, da Constituição Federal.

43. § 1º O servidor de que trata este artigo que opte por permanecer em atividade tendo completado as exigências para aposentadoria voluntária e que conte com, no mínimo, vinte e cinco anos de contribuição, se mulher, ou trinta anos de contribuição, se homem, fará jus a um abono de permanência equivalente ao valor da sua contribuição previdenciária até completar as exigências para aposentadoria compulsória contidas no art. 40, § 1º, II, da Constituição Federal.

44. **Art. 6º** Ressalvado o direito de opção à aposentadoria pelas normas estabelecidas pelo art. 40 da Constituição Federal ou pelas regras estabelecidas pelo art. 2º desta Emenda, o servidor da União, dos Estados, do Distrito Federal e dos Municípios, incluídas suas autarquias e fundações, que tenha ingressado no serviço público até a data de publicação desta Emenda poderá aposentar-se com proventos integrais, que corresponderão à totalidade da remuneração do servidor no cargo efetivo em que se der a aposentadoria, na forma da lei, quando, observadas as reduções de idade e tempo de contribuição contidas no § 5º do art. 40 da Constituição Federal, vier a preencher, cumulativamente, as seguintes condições: I – sessenta anos de idade, se homem, e cinqüenta e cinco anos de idade, se mulher; II – trinta e cinco anos de contribuição, se homem, e trinta anos de contribuição, se mulher; III – vinte anos de efetivo exercício no serviço público; e IV – dez anos de carreira e cinco anos de efetivo exercício no cargo em que se der a aposentadoria.

45. **Art. 3º** Ressalvado o direito de opção à aposentadoria pelas normas estabelecidas pelo art. 40 da Constituição Federal ou pelas regras estabelecidas pelos arts. 2º e 6º da Emenda Constitucional nº 41, de 2003, o servidor da União, dos Estados, do Distrito Federal e dos Municípios, incluídas suas autarquias e fundações, que tenha

Constitucional nº 47, de 2005, que optar por permanecer em atividade, fará jus a um abono de permanência equivalente ao valor da sua contribuição previdenciária, até completar a idade para aposentadoria compulsória" (artigo 3º, § 3º, da Emenda).

A **terceira regra de transição** está consignada no artigo 3º, § 3º, da Emenda 103, garantindo abono de permanência para o servidor federal que preencher os requisitos de aposentação (direito adquirido) com base na regra permanente revogada ou nas regras de transição citadas revogadas e opte em permanecer em atividade até a aposentadoria compulsória, no valor da contribuição previdenciária.

7. REGRAS DE TRANSIÇÃO PARA TITULARES DE MANDATO ELETIVO

Art. 14. **Vedada a adesão de novos segurados e a instituição de novos regimes dessa natureza**, os atuais segurados de regime de previdência aplicável a titulares de mandato eletivo da União, dos Estados, do Distrito Federal e dos Municípios poderão, por meio de opção expressa formalizada no prazo de **cento e oitenta dias**, contado da data de entrada em vigor desta Emenda Constitucional, **retirar-se dos regimes previdenciários** aos quais se encontrem vinculados.

§ 1º Os segurados do regime de previdência de que trata a **Lei nº 9.506, de 30 de outubro de 1997** que fizerem a opção de permanecer neste regime previdenciário deverão cumprir **período adicional** correspondente a **trinta por cento** do tempo de contribuição que faltaria para aquisição do direito à aposentadoria na data de entrada em vigor desta Emenda Constitucional e somente poderão se aposentar a partir dos **62 (sessenta e dois) anos de idade, se mulher, e 65 (sessenta e cinco) anos de idade, se homem**.

§ 2º Se for exercida a opção prevista no *caput*, será assegurada a contagem do tempo de contribuição vertido para o regime de previdência ao qual o segurado se encontrava vinculado, nos termos do disposto no § 9º do art. 201 da Constituição.

§ 3º A concessão de aposentadoria aos titulares de mandato eletivo e de pensão por morte aos dependentes de titular de mandato eletivo falecido será assegurada, a qualquer tempo, desde que cumpridos os requisitos para obtenção desses benefícios até a data de entrada em vigor desta Emenda Constitucional, observados os critérios da legislação vigente na data em que foram atendidos os requisitos para a concessão da aposentadoria ou da pensão por morte.

§ 4º Observado o disposto nos §§ 9º e 9º-A do art. 201 da Constituição Federal, o tempo de contribuição a regime próprio de previdência social e ao Regime Geral de Previdência Social, assim como o tempo de contribuição decorrente das atividades militares de que tratam os arts. 42 e 142 da Constituição Federal, que tenha sido considerado para a concessão de benefício pelos regimes a que se refere o *caput*, não poderá ser utilizado para obtenção de benefício naqueles regimes.

§ 5º Lei específica do Estado, do Distrito Federal ou do Município deverá disciplinar a regra de transição a ser aplicada aos segurados que, na forma do *caput*, fizerem a opção de permanecer no regime previdenciário de que trata este artigo.

ingressado no serviço público até 16 de dezembro de 1998 poderá aposentar-se com proventos integrais, desde que preencha, cumulativamente, as seguintes condições: I trinta e cinco anos de contribuição, se homem, e trinta anos de contribuição, se mulher; II vinte e cinco anos de efetivo exercício no serviço público, quinze anos de carreira e cinco anos no cargo em que se der a aposentadoria; III idade mínima resultante da redução, relativamente aos limites do art. 40, § 1º, inciso III, alínea "a", da Constituição Federal, de um ano de idade para cada ano de contribuição que exceder a condição prevista no inciso I do caput deste artigo.

O titular de mandato eletivo não amparado por RPPS foi inserido como segurado obrigatório empregado do RGPS pela Lei 9.506/97, que introduziu a alínea h no inciso I do artigo 11 da Lei 8.213/91:

> "h) o exercente de mandato eletivo federal, estadual ou municipal, desde que não vinculado a regime próprio de previdência social;" (*Suspenso pela Resolução 26/2005 do Senado da República)"*

Este inciso foi inserto pela Lei 9.506/97, que acabou com o IPC – Instituto de Previdência dos Congressistas, que não tinha equilíbrio financeiro e atuarial. Entretanto, a Lei 9.506/97 criou o **Plano de Seguridade Social dos Congressistas**, a cargo da União, de filiação facultativa dos Deputados Federais e Senadores.

O objetivo do legislador foi vincular o titular de mandato eletivo sem vínculo efetivo com a Administração Pública ao RGPS, na condição de segurado empregado. Todavia, com base na redação do artigo 195 da Constituição Federal em 1997, não poderia o titular de mandato eletivo ter sido inserido como segurado do RGPS por lei ordinária, vez que inexistia essa fonte de custeio para o pagamento das contribuições previdenciárias.

É que a criação de novas fontes de custeio para o pagamento de contribuições para a seguridade social não previstas na Constituição Federal demanda a edição de lei complementar, nos moldes do artigo 195, § 4º, da Lei Maior.

O STF, no RE 351.717, de 08/10/2003, julgou inconstitucional esta alínea "h", pois restou instituída uma nova fonte de custeio não prevista no artigo 195, da CRFB, que exige lei complementar para tanto:

> "EMENTA: CONSTITUCIONAL. TRIBUTÁRIO. PREVIDÊNCIA SOCIAL. CONTRIBUIÇÃO SOCIAL: PARLAMENTAR: EXERCENTE DE MANDATO ELETIVO FEDERAL, ESTADUAL ou MUNICIPAL. Lei 9.506, de 30.10.97. Lei 8.212, de 24.7.91. C.F., art. 195, II, sem a EC 20/98; art. 195, § 4º; art. 154, I.
>
> I. – A Lei 9.506/97, § 1º do art. 13, acrescentou a alínea h ao inc. I do art. 12 da Lei 8.212/91, tornando segurado obrigatório do regime geral de previdência social o exercente de mandato eletivo, desde que não vinculado a regime próprio de previdência social.
>
> II. – Todavia, não poderia a lei criar figura nova de segurado obrigatório da previdência social, tendo em vista o **disposto no art. 195, II, C.F.. Ademais, a Lei 9.506/97, § 1º do art. 13, ao criar figura nova de segurado obrigatório, instituiu fonte nova de custeio da seguridade social, instituindo contribuição social sobre o subsídio de agente político. A instituição dessa nova contribuição, que não estaria incidindo sobre "a folha de salários, o faturamento e os lucros" (C.F., art. 195, I, sem a EC 20/98), exigiria a técnica da competência residual da União, art. 154, I, ex vi do disposto no art. 195, § 4º, ambos da C.F. É dizer, somente por lei complementar poderia ser instituída citada contribuição.**
>
> III. – Inconstitucionalidade da alínea h do inc. I do art. 12 da Lei 8.212/91, introduzida pela Lei 9.506/97, § 1º do art. 13. IV. – R.E. conhecido e provido".

Posteriormente, o Senado suspendeu a sua eficácia *erga omnes* ao editar a Resolução 26/2005:

> "Art. 1º É suspensa a execução da alínea "h" do inciso I do art. 12 da Lei Federal nº 8.212, de 24 de julho de 1991, acrescentada pelo § 1º do art. 13 da Lei Federal nº 9.506, de 30 de outubro de 1997, em virtude de declaração de inconstitucionalidade em decisão definitiva do Supremo Tribunal Federal, nos autos do Recurso Extraordinário nº 351.717-1 – Paraná".

Em seguida, através da promulgação da Lei 10.887/2004, foi repetida a redação da alínea "h" com a inserção da alínea "j", pois, com o advento da Emenda 20/98, que alterou a redação do artigo 195, inciso II, da CRFB, o texto constitucional agora se refere ao trabalhador e demais segurados da Previdência Social, não cabendo mais se falar em inconstitucionalidade formal desta previsão por ser tema afeto à lei complementar para a criação de nova fonte de custeio.

Inclusive, este dispositivo já foi validado pelo STF (Informativo 866):

> **Informativo 866 – Contribuição previdenciária e exercentes de mandato eletivo**
>
> **Incide contribuição previdenciária sobre os rendimentos pagos aos exercentes de mandato eletivo, decorrentes da prestação de serviços à União, aos Estados e ao Distrito Federal ou aos Municípios, após o advento da Lei 10.887/2004, desde que não vinculados a regime próprio de previdência.**
>
> Com base nessa orientação, o Supremo Tribunal Federal, ao apreciar o Tema 691 da repercussão geral, por unanimidade, negou provimento a recurso extraordinário em que se discutiu a submissão dos entes federativos ao pagamento de contribuição previdenciária patronal incidente sobre a remuneração dos agentes políticos não vinculados a regime próprio de previdência social, após o advento da Lei 10.887/2004, na forma do art. 22, I, da Lei 8.212/1991
>
> A Corte entendeu que a Emenda Constitucional 20/1998 passou a determinar a incidência da contribuição sobre qualquer segurado obrigatório da previdência social, art. 195, I, "a" e II (2) e no art. 40, § 13 (3), ambos da Constituição Federal, que submeteu todos os ocupantes de cargos temporários ao regime geral de previdência, o que alcança os exercentes de mandato eletivo. **RE 626837/GO, rel. Min. Dias Toffoli, julgamento em 25.5.2017. (RE-626837)**

Insta ressaltar também que era será filiado ao RGPS o congressista federal que optasse em se filiar ao **Plano de Seguridade Social dos Congressistas – PSSC**, nos moldes dos artigos 2º e 16, da Lei 9.506/97.

Logo, o Deputado Federal e o Senador da República tinham alternativamente as seguintes filiações:

- Ao RPPS, se for servidor público efetivo ou militar de ente político que tenha instituído este regime;
- Ao Plano de Seguridade Social dos Congressistas, se optar por este regime;
- Ao RGPS, se não for servidor efetivo ou militar e não optar pelo Plano de Seguridade Social dos Congressistas.

Na verdade, a Lei 9.506/97 é de duvidosa validade constitucional, notadamente tomando como parâmetro a Emenda 20/1998, pois acabou criando um "RPPS disfarçado" em favor de Deputados Federais e Senadores brasileiros, enquanto o artigo 40, da Constituição Federal, prevê um regime previdenciário apenas em favor dos servidores titulares de cargo público efetivo e dos militares, hipótese na qual não se enquadram os parlamentares da União que não são filiados a algum RPPS.

Os pressupostos para a aposentação do congressista da União estão postos no artigo 2º da Lei 9.506/97:

> "Art. 2º O Senador, Deputado Federal ou suplente que assim o requerer, no prazo de trinta dias do início do exercício do mandato, participará do Plano de Seguridade Social dos Congressistas, fazendo jus à aposentadoria:

I – com proventos correspondentes à totalidade do valor obtido na forma do § 1º:

a) por invalidez permanente, quando esta ocorrer durante o exercício do mandato e decorrer de acidente, moléstia profissional ou doença grave, contagiosa ou incurável, especificadas em lei;

b) aos trinta e cinco anos de exercício de mandato e sessenta anos de idade;

II – com proventos proporcionais, observado o disposto no § 2º, ao valor obtido na forma do § 1º:

a) por invalidez permanente, nos casos não previstos na alínea a do inciso anterior, não podendo os proventos ser inferiores a vinte e seis por cento da remuneração fixada para os membros do Congresso Nacional;

b) aos trinta e cinco anos de contribuição e sessenta anos de idade.

§ 1º O valor dos proventos das aposentadorias previstas nos incisos I e II do caput será calculado tomando por base percentual da remuneração fixada para os membros do Congresso Nacional, idêntico ao adotado para cálculo dos benefícios dos servidores públicos civis federais de mesma remuneração.

§ 2º O valor da aposentadoria prevista no inciso II do caput corresponderá a um trinta e cinco avos, por ano de exercício de mandato, do valor obtido na forma do § 1º".

Dessa forma, a aposentadoria voluntária com proventos integras exigia 60 anos de idade e 35 anos de exercício de mandato eletivo, ou 35 anos tempo de contribuição com a citada idade com proventos proporcionais à razão de 1/35 por ano de exercício do mandato.

Com a alteração desta Emenda no § 13 do artigo 40 da Constituição, a filiação do titular de mandato eletivo da União ao RGPS não mais pode ser afastada:

"§ 13. Aplica-se ao agente público ocupante, exclusivamente, de cargo em comissão declarado em lei de livre nomeação e exoneração, de outro cargo temporário, inclusive aos detentores de **mandato eletivo**, ou de emprego público, o **Regime Geral de Previdência Social**".

Por sua vez, em todos os entes federativos, o artigo 14 da Emenda 103/2019 veda a criação de novos regimes de previdência para parlamentares, e, nos existentes, proíbe a filiação de novos parlamentares, assegurando um direito de retirada em até 180 dias da vigência da reforma previdenciária,

com permissão à contagem recíproca do tempo de contribuição.

No que tange ao Plano de Seguridade Social dos Congressistas – PSSC, aos segurados que permanecerem foi elevada a idade mínima para a aposentação de 60 anos para ambos os sexos para 65 anos de idade, se homens, e 62 anos de idade, se mulheres.

Ademais, restou criado um "pedágio" de 30% do tempo de contribuição que faltaria para aquisição do direito à aposentadoria (30% do que faltar para integralizar 35 anos de contribuição) na data de entrada em vigor da Emenda Constitucional 103/2019.

No âmbito dos estados, Distrito Federal e municípios, caberá às respectivas entidades federativas aprovarem as regras de transição.

Assegurou-se, como não poderia ser diferente, o direito adquirido na situação de implementação de todos os requisitos até a publicação da Emenda ou de óbito de congressista federal até esta data, para fins de pensão por morte[46].

46. Art. 3º Em caso de morte do segurado, seus dependentes perceberão pensão correspondente ao valor dos proventos de aposentadoria que o segurado recebia ou a que teria direito.

8. PENSÃO POR MORTE DOS MILITARES DA UNIÃO

Consoante determina o artigo 50, inciso IV, alínea "l", da Lei 6.880/1980, é direito do militar a constituição de pensão militar. As regras da pensão por morte constantes do artigo 50, §§ 2º[47] e 3º[48] da Lei 6.880/1980 foram tacitamente revogadas pela MP 2.215-10/2001, que dispôs da matéria de maneira diversa, alterando substancialmente a Lei 3.765/1960, reduzindo o rol de dependentes da pensão militar a fim de moralizá-lo.

Antes da reforma, por exemplo, as filhas solteiras sem remuneração dos militares percebiam a pensão por morte sem limite de idade, o que as levava a não celebração de núpcias apenas com o objetivo de manter o benefício. Até os cunhados e sobrinhos do militar eram arrolados como dependentes.

Já o filho estudante, menor de 24 (vinte e quatro) anos, desde que não receba remuneração, já constava como dependente do militar desde a Lei 6.880/80. Nesse sentido, decisão da Corte Especial do STJ (Informativo 571):

---

§ 1º O valor mínimo da pensão corresponderá a treze por cento da remuneração fixada para os membros do Congresso Nacional.

§ 2º Não é devida pensão ao dependente do segurado que tiver falecido posteriormente ao cancelamento de sua inscrição.

47. § 2° São considerados dependentes do militar:

I – a esposa;

II – o filho menor de 21 (vinte e um) anos ou inválido ou interdito;

III – a filha solteira, desde que não receba remuneração;

IV – o filho estudante, menor de 24 (vinte e quatro) anos, desde que não receba remuneração;

V – a mãe viúva, desde que não receba remuneração;

VI – o enteado, o filho adotivo e o tutelado, nas mesmas condições dos itens II, III e IV;

VII – a viúva do militar, enquanto permanecer neste estado, e os demais dependentes mencionados nos itens II, III, IV, V e VI deste parágrafo, desde que vivam sob a responsabilidade da viúva;

VIII – a ex-esposa com direito à pensão alimentícia estabelecida por sentença transitada em julgado, enquanto não contrair novo matrimônio.

48. § 3º São, ainda, considerados dependentes do militar, desde que vivam sob sua dependência econômica, sob o mesmo teto, e quando expressamente declarados na organização militar competente:

a) a filha, a enteada e a tutelada, nas condições de viúvas, separadas judicialmente ou divorciadas, desde que não recebam remuneração;

b) a mãe solteira, a madrasta viúva, a sogra viúva ou solteira, bem como separadas judicialmente ou divorciadas, desde que, em qualquer dessas situações, não recebam remuneração;

c) os avós e os pais, quando inválidos ou interditos, e respectivos cônjuges, estes desde que não recebam remuneração;

d) o pai maior de 60 (sessenta) anos e seu respectivo cônjuge, desde que ambos não recebam remuneração;

e) o irmão, o cunhado e o sobrinho, quando menores ou inválidos ou interditos, sem outro arrimo;

f) a irmã, a cunhada e a sobrinha, solteiras, viúvas, separadas judicialmente ou divorciadas, desde que não recebam remuneração;

g) o neto, órfão, menor inválido ou interdito;

h) a pessoa que viva, no mínimo há 5 (cinco) anos, sob a sua exclusiva dependência econômica, comprovada mediante justificação judicial;

i) a companheira, desde que viva em sua companhia há mais de 5 (cinco) anos, comprovada por justificação judicial; e

j) o menor que esteja sob sua guarda, sustento e responsabilidade, mediante autorização judicial.

"DIREITO ADMINISTRATIVO E PREVIDENCIÁRIO. PERCEPÇÃO DE PENSÃO MILITAR POR FILHO MENOR DE 24 ANOS.

O falecimento de militar após o advento da Lei 6.880/1980 e antes da vigência da Medida Provisória 2.215-10/2001 gera direito à percepção de pensão por morte a filho universitário menor de 24 anos e não remunerado. Em 1960, foi promulgada a Lei 3.765, que dispôs sobre as pensões militares, prevendo, em seu art. 7º, II, que "a pensão militar defere-se na seguinte ordem: [...] aos filhos de qualquer condição, exclusive os maiores do sexo masculino, que não sejam interditos ou inválidos". Posteriormente, foi editada a Lei 6.880/1980, que dispôs sobre o "Estatuto dos Militares". Em seu art. 50, § 2º, IV, estabeleceu que "são considerados dependentes do militar: [...] o filho estudante, menor de 24 (vinte e quatro) anos, desde que não receba remuneração". De fato, verifica-se uma aparente antinomia normativa surgida à época da promulgação da Lei 6.880/1980, ocasião em que ainda vigia a redação original da Lei 3.765/1960. Isso porque, em que pese a nova consideração da condição de dependente aos filhos estudantes, menores de 24 anos, desde que não recebessem remuneração, a Lei 3.765/1960 continuava a prever que não era devida a pensão por morte aos filhos do sexo masculino, após a maioridade. Possivelmente por conta disso, promulgou-se a Lei 8.216/1991, que, dentre outras disposições, promoveu mudança na Lei 3.765/1960, para prescrever que "a pensão militar é deferida em processo de habilitação na seguinte ordem de prioridade e condições: primeira ordem de prioridade – viúva ou viúvo; companheira ou companheiro; filhas solteiras e filhos menores de 21 anos ou, quando estudantes, menores de 24 anos". Contudo, por vício formal, o STF, na ADI 574-DF, julgada em 3/6/1993, declarou a inconstitucionalidade da redação dada pelo art. 29 da Lei 8.216/1991 ao art. 7º da Lei 3.765/1960. A incongruência normativa, que teria sido resolvida em 1991 (não fosse a declaração de inconstitucionalidade), somente foi dissipada, textualmente, em 2001, com a promulgação da Medida Provisória 2.215-10, que alterou o referido art. 7º, passando a dispor que "a pensão militar é deferida em processo de habilitação, tomando-se por base a declaração de beneficiários preenchida em vida pelo contribuinte, na ordem de prioridade e condições a seguir: [...] filhos ou enteados até vinte e um anos de idade ou até vinte e quatro anos de idade, se estudantes universitários ou, se inválidos, enquanto durar a invalidez". Posto isso, cabe esclarecer que a interpretação histórica e sistemática do tema e do ordenamento não permite aplicação do princípio da especialidade para, simplesmente, desconsiderar o que está disposto, desde 1980, no Estatuto dos Militares, o qual conferiu a condição de dependente aos filhos estudantes, menores de 24 anos, desde que não recebessem remuneração. **Nesse mesmo sentido, não tem aplicação o princípio do *tempus regit actum* como fundamento para negar o direito à pensão quando o óbito ocorreu após a vigência da Lei 6.880/1980. Isso porque, desde a edição da mencionada Lei (e não só com a edição da Medida Provisória 2.215-10, de 31/8/2001), deve-se considerar o direito à pensão por morte dos filhos até 24 anos de idade, se estudantes universitários. A edição da Medida Provisória 2.215-10/2001 apenas buscou adequar, textualmente, o que por meio de uma interpretação sistemática se extraía do ordenamento: a condição de dependente dos filhos estudantes, menores de 24 anos, e, por consequência, seu direito à pensão por morte do genitor militar. Sendo assim, quando igualmente vigentes ambos os diplomas (Lei 3.765/1960 e Lei 6.880/1980) na data do óbito do instituidor da pensão, o filho estudante de até 24 anos, desde que não receba remuneração, será beneficiário da pensão por morte de militar.** EREsp 1.181.974-MG, **Rel. Min. Og Fernandes, julgado em 16/9/2015, DJe 16/10/2015.**

Frise-se que a pensão por morte rege-se pelo Princípio do *Tempus Regit Actum*, de modo que as alterações no grupo de dependentes não terão aplicação retroativa para abarcar óbitos operados antes da sua vigência (a MP originária foi a 2.131, publicada em 29/12/2000).

Eis o entendimento do STJ nesse sentido:

"PENSÃO MILITAR POR MORTE. ANÁLISE DA RECEPÇÃO DE NORMAS FRENTE À CONSTITUIÇÃO DE 1988. IMPOSSIBILIDADE DE DISCUSSÃO NA VIA ELEITA. APLICAÇÃO DA LEI VIGENTE À DATA DO ÓBITO. LEI 3.765/1960. VALORES PERCEBIDOS POR FILHAS MAIORES DE 21 ANOS. POSSIBILIDADE. 1. A alegação de que a Lei 3.765/1960 não foi recepcionada pela Constituição Federal de 1988 é de natureza eminentemente constitucional, o que refoge aos limites da via do apelo especial. 2. No caso em apreço, o regramento a ser adotado à época do óbito do militar (art. 7º, II, da Lei 3.807/1960) estabelecia que a pensão era devida "aos filhos de qualquer condição, exclusive os maiores do sexo masculino, que não sejam interditos ou inválidos". 3. O falecimento do instituidor da pensão ocorreu em 6 de setembro de 1999 (fl. 38, e-STJ). Forçoso, portanto, concluir pela aplicação do disposto no art. 7º, II, da Lei 3.807/1960, o qual não impôs restrição às filhas maiores quanto ao recebimento da pensão. 4. A partilha deve ser feita com base no art. 9º da referida norma, rateando-se os valores em 50% para os filhos habilitados e os outros 50% entre a viúva e a ex-companheira. 5. Agravo Regimental não provido" (AGRESP 1.298.392, de 15/05/2012).

Posteriormente, as regras foram modificadas pela Lei 13.954, em vigor desde 17/12/2019.

Era prevista contribuição previdenciária de 7,5% da remuneração do militar, incidente, inclusive, sobre as parcelas que compõem os proventos na inatividade, sendo contribuintes obrigatórios, mediante desconto mensal em folha de pagamento, todos os militares das Forças Armadas.

O desconto de contribuição previdenciária sobre os proventos de inatividade está amparado pela Emenda 41/2003, conforme entendimento do STF:

"EMENTA: AGRAVO REGIMENTAL NO RECURSO EXTRAORDINÁRIO. CONTRIBUIÇÃO PREVIDENCIÁRIA. PROVENTOS. MILITAR. INCIDÊNCIA. EC 41/03.1. O Supremo, por ocasião do julgamento da ADI n. 3.105, Relatora a Ministra Ellen Gracie, DJ de 18.8.04, registrou inexistir "norma de imunidade tributária absoluta". A Corte afirmou que, após o advento da Emenda Constitucional n. 41/03, os servidores públicos passariam a contribuir para a previdência social em "obediência aos princípios da solidariedade e do equilíbrio financeiro e atuarial, bem como aos objetivos constitucionais de universalidade, equidade na forma de participação no custeio e diversidade da base de financiamento". 2. Os servidores públicos militares não foram excepcionados da incidência da norma, razão pela qual não subsiste a pretensa imunidade tributária relativamente à categoria. A inexigibilidade da contribuição – para todos os servidores, quer civis, quer militares – é reconhecida tão-somente no período entre o advento da EC 20 até a edição da EC 41, conforme é notório no âmbito deste Tribunal [ADI n. 2.189, Relator o Ministro Sepúlveda Pertence, DJ de 9.6.00, e RE n. 435.210-AgR, Relatora a Ministra Ellen Gracie, DJ de 14.6.05]. Agravo regimental a que se dá provimento." (RE 475076 AgR, de 25/11/2008).

Posteriormente, a alíquota foi majorada para 9,5% para o ano de 2020 e para 10,5% a contar do ano de 2011 por força da Lei 13.954/2019.

Por sua vez, a partir de 1º de janeiro de 2020, contribuirão extraordinariamente para a pensão militar os seguintes pensionistas, conforme estas alíquotas:

I – 3% (três por cento), as filhas não inválidas pensionistas vitalícias;

II – 1,5% (um e meio por cento), os pensionistas, excetuadas as filhas não inválidas pensionistas vitalícias, cujo instituidor tenha falecido a partir de 29 de dezembro de 2000 e optado em vida pelo pagamento da contribuição prevista no art. 31 da Medida Provisória nº 2.215-10, de 31 de agosto de 2001.

Quando o militar, por qualquer circunstância, não puder ter descontada a sua contribuição para a pensão militar, deverá efetuar o seu recolhimento, imediatamente, à unidade a que estiver vinculado.

Contudo, se, ao falecer o contribuinte, houver dívida de contribuição, caberá aos beneficiários saldá-la integralmente, por ocasião do primeiro pagamento da pensão militar.

No entanto, não serão contribuintes obrigatórios da pensão militar o aspirante da Marinha, o cadete do Exército e da Aeronáutica e o aluno das escolas, centros ou núcleos de formação de oficiais e de praças e das escolas preparatórias e congêneres, assim como os cabos, soldados, marinheiros e taifeiros, com menos de dois anos de efetivo serviço.

A pensão militar será igual ao valor da remuneração ou dos proventos do militar. Contudo, a pensão do militar não contribuinte que vier a falecer na atividade em consequência de acidente ocorrido em serviço ou de moléstia nele adquirida não poderá ser inferior à de aspirante a oficial ou guarda-marinha, para os cadetes do Exército e da Aeronáutica, aspirantes de marinha e alunos dos Centros ou Núcleos de Preparação de Oficiais da reserva; ou à de terceiro-sargento, para as demais praças e os alunos das escolas de formação de sargentos.

O regramento instituído pelo art. 7º da MP 2.215-10/2001 vigorou até 16/12/2019 e apresentava 03 classes de dependentes para a pensão por morte militar, conforme a seguinte ordem de prioridade:

> I – primeira ordem de prioridade:
>
> a) cônjuge;
>
> b) companheiro ou companheira designada ou que comprove união estável como entidade familiar;
>
> c) pessoa desquitada, separada judicialmente, divorciada do instituidor ou a ex-convivente, desde que percebam pensão alimentícia;
>
> d) filhos ou enteados até vinte e um anos de idade ou até vinte e quatro anos de idade, se estudantes universitários ou, se inválidos, enquanto durar a invalidez; e
>
> e) menor sob guarda ou tutela até vinte e um anos de idade ou, se estudante universitário, até vinte e quatro anos de idade ou, se inválido, enquanto durar a invalidez.
>
> II – segunda ordem de prioridade, a mãe e o pai que comprovem dependência econômica do militar;
>
> III – terceira ordem de prioridade:
>
> a) o irmão órfão, até vinte e um anos de idade ou, se estudante universitário, até vinte e quatro anos de idade, e o inválido, enquanto durar a invalidez, comprovada a dependência econômica do militar;
>
> b) a pessoa designada, até vinte e um anos de idade, se inválida, enquanto durar a invalidez, ou maior de sessenta anos de idade, que vivam na dependência econômica do militar.
>
> Os dependentes de classe I afastam os de classe II e III, exceto o menor sob guarda ou tutela até vinte e um anos de idade ou, se estudante universitário, até vinte e quatro anos de idade ou, se inválido, enquanto durar a invalidez.

Posteriormente, a contar de 17/12/2019, o artigo 50, § 2º, do Estatuto dos Militares foi alterado pela Lei 13.954/2019, regulando os óbitos a contar dessa data para fins de pensão por morte militar:

> **"§ 2º São considerados dependentes do militar, desde que assim declarados por ele na organização militar competente:**
>
> I – o cônjuge ou o companheiro com quem viva em união estável, na constância do vínculo;

II – o filho ou o enteado:

a) menor de 21 (vinte e um) anos de idade;

b) inválido;

III – (revogado);

IV – (revogado);

V – (revogado);

VI – (revogado);

VII – (revogado);

VIII – (revogado).

§ 3º Podem, ainda, ser considerados dependentes do militar, desde que não recebam rendimentos e sejam declarados por ele na organização militar competente:

a) (revogada);

b) (revogada);

c) (revogada);

d) (revogada);

e) (revogada);

f) (revogada);

g) (revogada);

h) (revogada);

i) (revogada);

j) (revogada);

I – o filho ou o enteado estudante menor de 24 (vinte e quatro) anos de idade;

II – o pai e a mãe;

III – o tutelado ou o curatelado inválido ou menor de 18 (dezoito) anos de idade que viva sob a sua **guarda por decisão judicial**.

§ 4º (Revogado).

§ 5º Após o falecimento do militar, manterão os direitos previstos nas alíneas "e", "f" e "s" do inciso IV do **caput** deste artigo, enquanto conservarem os requisitos de dependência, mediante participação nos custos e no pagamento das contribuições devidas, conforme estabelecidos em regulamento:

I – o viúvo, enquanto não contrair matrimônio ou constituir união estável;

II – o filho ou o enteado menor de 21 (vinte e um) anos de idade ou inválido;

III – o filho ou o enteado estudante menor de 24 (vinte e quatro) anos de idade;

IV – os dependentes a que se refere o § 3º deste artigo, por ocasião do óbito do militar."

O curioso é que o menor sob guarda foi excluído do rol de dependentes do RPPS federal e do RGPS, mas foi conservado na previdência militar, o que demonstra que a decisão é mais política do que técnica, na medida em que deveria haver uma uniformidade normativa.

Ademais, existe também a possibilidade de manutenção da pensão militar ao filho ou enteado até os 24 anos de idade, se estudante, quebrando também a uniformidade com o RGPS e RPPS federal, o que é lastimável.

Existe uma regra de transição no artigo 31, da MP 2.215-10/2001, que não foi revogada ela Lei 13.954/2019:

"Art. 31. Fica assegurada aos atuais militares, mediante contribuição específica de um vírgula cinco por cento das parcelas constantes do art. 10 desta Medida Provisória, a manutenção dos benefícios previstos na Lei no 3.765, de 1960, até 29 de dezembro de 2000.

§ 1º Poderá ocorrer a renúncia, em caráter irrevogável, ao disposto no caput, que deverá ser expressa até 31 de agosto de 2001.

§ 2º Os beneficiários diretos ou por futura reversão das pensionistas são também destinatários da manutenção dos benefícios previstos na Lei no 3.765, de 1960, até 29 de dezembro de 2000".

Este dispositivo legal é de péssima redação. Ao que parece busca assegurar a manutenção do rol de dependentes para os antigos militares de acordo com o regime anterior, desde que haja uma contribuição adicional de 1,5%, cabendo ao militar que não quis aderir a este regime de transição ter promovido a renúncia expressa no prazo fixado, prorrogado para 31 de agosto de 2002 pela Lei 10.556/2002.

Nesse sentido, a interpretação do TRF da 5ª Região:

"ADMINISTRATIVO. MILITAR. PENSÃO POR MORTE. ENTEADO. LEI 3.765/60 COM AS ALTERAÇÕES INTRODUZIDAS PELA MP 2215-10/2001. POSSIBILIDADE. LITIGÂNCIA DE MÁ-FÉ. NÃO COFIGURAÇÃO. 1. É entendimento pacífico nos Tribunais que a lei que regula a pensão é aquela vigente por ocasião do óbito do ex-INSTITUIDOR. 2. Tendo o instituidor do benefício falecido em 25/11/2007, consoante certidão de óbito de fls. 25, deve ser aplicada a Lei 3.765/60, com as alterações introduzidas pela MP 2215-10/2001. 3. A Lei 3.765/60, em especial seu artigo 7º prescreve que será concedida pensão por morte aos dependentes do servidor militar, figurando no rol de tais dependentes o enteado (art. 7º, I 'd'). 4. O autor comprovou a condição de enteado do falecido, tendo em vista que, quando em vida, o militar o inscreveu, juntamente com a sua mãe, companheira do de cujus, e a filha solteira, perante a Aeronáutica, como seu dependente econômico, consoante se infere dos documentos de fls. 31/32. 5. A interpretação dada pela apelante ao art. 31 da MP 2215-10/2001, não merece ser acolhida. O falecido militar recolhia a contribuição de 1,5%, assegurando, dessa forma, o direito ao benefício da pensão ao rol de dependentes previsto na redação original da Lei 3.765/60, que não previa o enteado como beneficiário, ou seja, tal circunstância beneficiaria as filhas maiores que seriam excluídas no caso da aplicação da redação da MP 2215-10/2001. 6. O art. 31 da referida medida provisória não deu opção pelo regime anterior, excluindo o atual, a assunção do encargo adicional por ela previsto não implica em renúncia aos novos benefícios. O que pretendeu foi assegurar a persistência da condição de beneficiárias das filhas maiores e solteiras, mediante a contrapartida de contribuição, no regime que passou a vigorar, regime esse que prevê o enteado como beneficiário. Assim, a contribuição adicional é condição para manter as benesses do regime anterior em adição à sistemática atual. 7. A intenção de lesar, de agir em desconformidade com a lealdade, deveria estar evidente, o que não ocorre no caso dos autos, pois agir displicentemente, com culpa, porque requereu providência já realizada, in casu, requereu a pensão por morte, quando já a recebia, não conduz, por si só, à má-fé e ao dolo. A boa-fé é que se presume. Precedente. Litigância de má-fé não configurada. 8. Apelação a que se nega provimento" (AC 487.920, de 15/03/2012).

"AÇÃO RESCISÓRIA. ADMINISTRATIVO. MILITAR DAS FORÇAS ARMADAS. PENSÃO POR MORTE. FILHA MAIOR E CAPAZ. ART. 7° DA LEI N° 3.765/60. MILITAR QUE EM VIDA, CONTRIBUIU COM 1,5% PARA MANUTENÇÃO DO BENEFÍCIO. ARTIGO 31, DA MP Nº 2.215-10-2001. SENTENÇA RESCINDENDA. PROCEDÊNCIA DO PEDIDO, EM PARTE, RECONHECENDO O DIREITO À PENSÃO ATÉ 24 ANOS. AFRONTA A LITERAL DISPOSITIVO DE LEI. OCORRÊNCIA. INDENIZAÇÃO POR DANOS MORAIS E MATERIAIS. IMPOSSIBILIDADE. 1. Rescisória ajuizada ao objetivo de desconstituir sentença que julgou procedente, em parte, o pedido da ora Autora, reconhecendo-lhe o direito à percepção da pensão por morte de seu genitor, Militar das Forças Armadas, até o dia em que completar 24 anos de idade, na forma da Lei nº 3.765/98. 2. A pensão por morte de servidor militar é regulada pela Lei nº 3.765/60, que teve sua redação original alterada pela Medida Provisória nº 2.215-10, de 31-8-2001, cujo artigo 31, assegurou aos militares a manutenção dos benefícios previstos na referida lei, desde que optassem por contribuir com 1,5% da respectiva remuneração. 3. Hipótese em que o instituidor do benefício contribuiu com a alíquota de 1,5%, tal como previsto no artigo 31, da MP nº 2.215-10/01, devendo ser reconhecido em favor da Autora, filha capaz e maior de 24 anos, o direito à manutenção da pensão por morte, prevista na redação original do artigo 7º, da Lei nº 3.765/60. 4. Sentença rescindenda que ao reconhecer o direito da Autora ao benefício pleiteado até os 24 anos de idade, afrontou dispositivo de lei, qual seja o artigo 31, da MP nº 2.215-10/2001. 5. Procedência, em parte, do pedido. Rescisão da sentença apenas para reconhecer em favor da Autora o direito à manutenção do benefício, sem a limitação imposta pela sentença, mantendo-a, contudo, no que tange ao indeferimento dos pedidos de indenização por dano moral e material. 6. Honorários advocatícios de sucumbência, fixados em R$ 1.000,00 (hum mil reais), nos termos do voto" (AR 6.169, de 10/03/2010).

No mesmo sentido o STJ:

"PROCESSUAL CIVIL E ADMINISTRATIVO. MILITAR. PENSÃO POR MORTE. APLICAÇÃO DA LEI VIGENTE À DATA DO ÓBITO. 1. O entendimento remansoso do STJ é no sentido de que, tratando-se de concessão de pensão, o benefício deve ser regido pelas leis vigentes ao tempo do óbito de seu instituidor. 2. In casu, verifica-se que o instituidor faleceu em 11.1.2004, e, portanto, é perfeitamente aplicável a Lei 3.765/1960, em vigor à época. Ademais, observa-se que a contribuição foi realizada de acordo com o art. 31 da MP 2.215-10/2001, o que assegurava à sua prole a manutenção da pensão prevista na redação original do art. 7ºda Lei 3.765/1960. 3. O acórdão recorrido não poderia ter estabelecido tratamento diferenciado entre as filhas do falecido, consoante dispõe o art. 227, § 6º, da Constituição Federal e a própria Lei 3.765/1960, que registra expressamente o direito dos filhos de qualquer situação e sexo. 4. Os memoriais trazidos pela parte recorrida não apresentam argumentos a modificar esse entendimento. Primeiro porque os arts. 7º da Lei 3.765/1960 e 31 da MP 2.215/2001 foram efetivamente analisados pela Corte de origem, preenchendo, assim, o requisito do prequestionamento. Depois, não se aplica a Súmula 283/STF ao caso, um vez que as razões recursais impugnaram por completo a fundamentação do julgado a quo. Finalmente, a questão fática ali levantada, além de não ter sido aventada na instância de origem, é inapreciável neste momento processual, de acordo com o disposto na Súmula 7/STJ" (RESP 1.188.756, de 04/08/2011).

No entanto, para o STJ, o prazo de renúncia é impróprio, podendo se dar a qualquer tempo:

"ADMINISTRATIVO. AGRAVO REGIMENTAL NO RECURSO ESPECIAL. PENSÃO MILITAR. PRAZO PARA RENÚNCIA. REQUERIMENTO ADMINISTRATIVO. TERMO INICIAL DA OBRIGAÇÃO DE RESTITUIR. PRESCRIÇÃO QUINQUENAL. CORREÇÃO MONETÁRIA. JUROS DE MORA. 1. É devido o adicional de contribuição para a pensão militar que visa a beneficiar as filhas em caso de morte do instituidor aos militares ativos e inativos que não renunciarem aos benefícios da Lei n. 3.567/1960. 2. É possível a manifestação de renúncia após 31/8/2001, prazo estabelecido pelo art. 31 da MP 2.215-10/2001, tendo em vista a ausência de prejuízo do erário, convergindo a renúncia com a finalidade da nova legislação, que é de minorar o déficit da previdência militar. 3. Expressa a renúncia em requerimento administrativo, tal é o termo inicial da obrigação de restituir o adicional de contribuição. 4. Prescrição quinquenal (Súmula 85/STJ). 5. Correção monetária conforme a Lei n. 6.899/1981 e juros de mora segundo o art. 1º-F da Lei n. 9.494/1997. 6. Agravo regimental a que se nega provimento" (AGRESP 1.063.012, de 15/08/2013).

A respeito dos aspectos atuais e históricos da pensão militar, colacionam-se informações extraídas do sítio oficial do Exército, que, curiosamente, chega a negar a existência de um regime previdenciário dos militares da União, certamente para descaracterizar o desequilíbrio financeiro e atuarial que o marca[49]:

> "É a importância paga, mensalmente, aos beneficiários do militar falecido ou assim considerado, nos termos da Lei. É de origem bicentenária (1795-período colonial, antes de surgir na Alemanha em 1883, o embrião da previdência social).
>
> Os militares da união (da ativa e inativos) sempre contribuíram para a pensão militar. Todos os militares da união (da ativa e inativos) contribuem, mensalmente, com 7,5% para a pensão militar e com até 3,5% para a assistência médico-hospitalar, sobre os seus proventos. Vale destacar que os Arts. 142 e 144 da CF/88 estabelecem as atribuições das Forças Armadas e das Forças Auxiliares. As Forças Auxiliares possuem um sistema previdenciário vinculado aos Estados da Federação.
>
> Mesmo quando na inatividade, o militar permanece vinculado à sua profissão. Nessa situação, o militar é classificado em dois segmentos bem distintos -a reserva e a reforma. Os militares na reserva estão sujeitos a leis militares, em especial ao Estatuto dos Militares e ao Regulamento Disciplinar, podendo ser mobilizados a qualquer momento. Esse elenco de especificidades, inerentes à profissão, enforma o aparato legal que regula as diferentes situações e relações do militar no Estado.
>
> Portanto, ao se abordar o tema da remuneração dos militares na inatividade, devem ser consideradas as peculiaridades do ofício do militar, anteriormente analisadas.
>
> A questão da remuneração dos militares federais na reserva e dos reformados, bem como das pensões, é percebida a partir de conceitos, de entendimentos e de uma suposta racionalidade que não se amparam na legislação vigente e nem na realidade.
>
> O que se observa, quanto a essa discussão, na maioria das vezes, é um verdadeiro exercício de ficção e de total desconhecimento do assunto, que se tomam evidentes até mesmo no emprego de conceitos básicos. Assim, com muita frequência, constata-se a referência ao regime previdenciário dos militares.
>
> Ora, os militares federais nunca tiveram e não têm um regime previdenciário estatuído, seja em nível constitucional, seja no nível da legislação ordinária. Essa característica é histórica no Brasil O Art. 142, da Constituição Federal, no inciso X do seu parágrafo 32, estabelece, literalmente, que a lei disporá sobre o ingresso nas Forças Armadas, os limites de idade, a estabilidade e outras condições de transferência do militar para a inatividade, "consideradas as peculiaridades de suas atividades". Que significa isto? Significa que as condições de transferência do militar para a inatividade, inclusive os seus vencimentos, são estabelecidas a partir das peculiaridades das atividades do militar, peculiaridades essas que não são consideradas, portanto, apenas para efeitos de remuneração na ativa e de contrato de trabalho, mas se estendem às demais relações de trabalho do militar. Essa perspectiva é histórica, mais que centenária, na legislação brasileira.
>
> As condições de transferência do militar para a inatividade e de percepção de pensões estão estabelecidas no Estatuto dos Militares (Lei n° 6.880, de 09 de dezembro de 1980), na Lei de Remuneração dos Militares (Medida Provisória n° 2.215-10, de 31 de agosto de 2001) e na Lei de Pensões (Lei n° 3.765 de 04 de maio de 1960).
>
> Em todos esses diplomas legais e na própria Constituição Federal, como já foi dito, nunca houve e não há qualquer referência a sistema ou a regime previdenciário dos militares federais. Portanto, não há regime previdenciário dos militares e, logicamente, não há o que referir a equilíbrio atual do regime previdenciário dos militares federais, porque ele não existe e por essa razão, quase que ontológica, porque não existe, não pode ser predicado e, conseqüentemente, não pode ser

49. http://www.eb.mil.br/a-pensao-militar

contributivo, nem de repartição. A remuneração dos militares na inatividade, dos reformados e os da reserva, é total e integralmente custeada pelo Tesouro Nacional.

Portanto, os militares não contribuem para "garantir a reposição de renda" quando não mais puderem trabalhar. Essa garantia é totalmente sustentada pelo Estado. Os militares federais contribuem, sim, com 7,5% da sua remuneração bruta para constituir pensões, que são legadas aos seus dependentes e com 3,5 %, também da remuneração bruta, para fundos de Saúde. Cabe ressaltar que as origens da pensão militar, no Brasil, remontam ao Século XVIII, quando criado o Plano de Montepio Militar dos Oficiais do Corpo da Marinha, em 23 de setembro de 1795. Este documento foi o primeiro ensaio no sentido de assegurar à família do militar falecido assistência condigna e compatível com o ambiente social em que vivia. Portanto, o advento da pensão militar tem uma historicidade que antecede mesmo ao movimento previdenciário no Brasil, cuja origem é atribuída à Lei ELOY CHAVES de 1923.

O desenvolvimento histórico da legislação brasileira sobre pensões militares reforça sempre o sentido da constituição de um patrimônio que, após a morte do militar, será legado aos seus dependentes. É por isso que o militar contribui, durante toda a sua vida profissional e na inatividade, até a sua morte, para formar esse patrimônio. É necessário entender esses fundamentos que têm sustentado, historicamente, no Brasil, a instituição de pensão militar.

Não se trata de um sistema de repartição, em que um universo de contribuintes sustenta um universo de beneficiários. Essa visão é extemporânea à gênese da instituição da pensão e pode provocar decisões equivocadas e danosas. Inúmeros cálculos já realizados indicam que, com uma remuneração anual de 6%, os recursos arrecadados com essas contribuições atendem à despesa com a pensão do militar por toda a vida do seu cônjuge e dos seus filhos e, se considerarmos os descontos de 7,5 % sobre a remuneração bruta, procedimento em vigor a partir de dezembro de 2000, o capital acumulado suporta por tempo infinito o pagamento das pensões dos herdeiros do militar.

Outro aspecto que precisa ser esclarecido diz respeito a, aproximadamente, 40.000 pensões especiais decorrentes de múltiplos diplomas legais e que não se referem a militares nem têm a contrapartida de uma contribuição que a sustentem. No entanto, as despesas com essas pensões especiais são computadas à conta das pensões militares e correspondem a quase 34% desse total.

Tem sido também difundida pela mídia "a questão das filhas dos militares" que recebem, por todas as suas vidas, pensões. Desde de 29 de dezembro de 2000, não existe mais esse direito, que era também centenário. Todos os cidadãos que ingressaram nas Forças Armadas, a partir daquela data, não foram mais amparados pela antiga disposição legal. Estabeleceu-se, então, uma regra de transição para aqueles que, naquela data, já fossem militares.

Por essa regra, todos os que desejassem manter esse direito deveriam descontar 1,5% dos seus vencimentos brutos. Pois bem, segundo cálculos estimativos realizados pelo Ministério da Previdência e pelo Ministério do Planejamento, os recursos arrecadados, anualmente, seriam cerca de 170 milhões de reais e permitiriam superávit até o ano de 2017.

Cálculos mais precisos, porque baseados em dados decorrentes dos anos de 2001 e 2002, portanto reais, permitem afirmar que, provavelmente, esse sistema será superavitário até 2036, quando se inicia o seu período de extinção, em decorrência de a população do sistema atingir o limite previsível de sobrevida. Portanto, a intervenção nesse processo ocasionará a interrupção de um fluxo de receita anual de cerca de 120 milhões de reais, a devolução dos recursos já arrecadados e, com grande probabilidade, inúmeras demandas judiciais, que, certamente, decorreriam dessa medida".

9. QUADRO SINÓTICO

Regras permanentes de aposentadorias para os servidores federais filiados a partir de 14/11/2019:

APOSENTADORIA PROGRAMADA – REGRA PERMANENTE – SERVIDOR FEDERAL
62 (sessenta e dois) anos de idade, se mulher, e 65 (sessenta e cinco) anos de idade, se homem.
25 (vinte e cinco) anos de contribuição, desde que cumprido o tempo mínimo de 10 (dez) anos de efetivo exercício no serviço público e de 5 (cinco) anos no cargo efetivo em que for concedida a aposentadoria.
O titular do cargo federal de professor, aos 60 (sessenta) anos de idade, se homem, aos 57 (cinquenta e sete) anos, se mulher, com 25 (vinte e cinco) anos de contribuição exclusivamente em efetivo exercício das funções de magistério na educação infantil e no ensino fundamental e médio, 10 (dez) anos de efetivo exercício de serviço público e 5 (cinco) anos no cargo efetivo em que for concedida a aposentadoria, para ambos os sexos.
Proventos proporcionais ao tempo de contribuição, a contar de 60% da média de todas as remunerações, acrescido de 2% por cada ano de contribuição que ultrapassar a 20 anos de contribuição.

APOSENTADORIA POR INCAPACIDADE PERMANENTE – SERVIDOR FEDERAL
Aposentadoria por incapacidade permanente para o trabalho, no cargo em que estiver investido, quando insuscetível de readaptação, hipótese em que será obrigatória a realização de avaliações periódicas para verificação da continuidade das condições que ensejaram a concessão da aposentadoria.
Proventos proporcionais ao tempo de contribuição, a contar de 60% da média de todas as remunerações, acrescido de 2% por cada ano de contribuição que ultrapassar a 20 anos de contribuição. No caso de acidente de trabalho, a renda será de 100% da média das remunerações.

APOSENTADORIA ESPECIAL POR AGENTES NOCIVOS – REGRA PERMANENTE – SERVIDOR FEDERAL
O servidor público federal cujas atividades sejam exercidas com efetiva exposição a agentes químicos, físicos e biológicos prejudiciais à saúde, ou associação desses agentes, vedada a caracterização por categoria profissional ou ocupação, aos 60 (sessenta) anos de idade, com 25 (vinte e cinco) anos de efetiva exposição e contribuição, 10 (dez) anos de efetivo exercício de serviço público e 5 (cinco) anos no cargo efetivo em que for concedida a aposentadoria.
Proventos proporcionais ao tempo de contribuição, a contar de 60% da média de todas as remunerações, acrescido de 2% por cada ano de contribuição que ultrapassar a 20 anos de contribuição.

APOSENTADORIA DOS POLICIAIS E AFINS – REGRA PERMANENTE – SERVIDOR FEDERAL
O policial civil do órgão a que se refere o inciso XIV do caput do art. 21 da Constituição Federal, o policial dos órgãos a que se referem o inciso IV do caput do art. 51, o inciso XIII do caput do art. 52 e os incisos I a III do caput do art. 144 da Constituição Federal e o ocupante de cargo de agente federal penitenciário ou socioeducativo, aos 55 (cinquenta e cinco) anos de idade, com 30 (trinta) anos de contribuição e 25 (vinte e cinco) anos de efetivo exercício em cargo dessas carreiras, para ambos os sexos.
Proventos proporcionais ao tempo de contribuição, a contar de 60% da média de todas as remunerações, acrescido de 2% por cada ano de contribuição que ultrapassar a 20 anos de contribuição.

APOSENTADORIA DAS PESSOAS COM DEFICIÊNCIA – REGRA PERMANENTE – SERVIDOR FEDERAL
A aposentadoria da pessoa com deficiência servidor público federal com deficiência vinculado a regime próprio de previdência social, desde que cumpridos, no caso do servidor, o tempo mínimo de 10 (dez) anos de efetivo exercício no serviço público e de 5 (cinco) anos no cargo efetivo em que for concedida a aposentadoria, será concedida na forma da Lei Complementar nº 142, de 8 de maio de 2013, inclusive quanto aos critérios de cálculo dos benefícios.
100% da média das remunerações.

10. QUESTÕES DE PROVA

13.1 (PROF. FREDERICO AMADO) Com o advento da Emenda Constitucional 103/2019, a aposentadoria concedida com a utilização de tempo de contribuição decorrente de cargo, emprego ou função pública, inclusive do Regime Geral de Previdência Social, acarretará o rompimento do vínculo que gerou o referido tempo de contribuição, exceto na situação elencada no artigo 6º da EC 103/2019.

Gabarito: *Certa*

Para acesso ao vídeo, utilize o QR Code ao lado.

13.2 (PROF. FREDERICO AMADO) A Emenda 103/2019 alterou automaticamente as regras de aposentadorias e pensões por morte dos servidores da União, estados, Distrito Federal e municípios.

Gabarito: *Errada*

Para acesso ao vídeo, utilize o QR Code ao lado.

13.3 (PROF. FREDERICO AMADO) A pensão por morte concedida a dependente de segurado de servidor público federal será equivalente a uma cota familiar de 50% (cinquenta por cento) do valor da aposentadoria recebida pelo segurado ou servidor ou daquela a que teriam direito se fossem aposentados por incapacidade permanente na data do óbito, acrescida de cotas de dez pontos percentuais por dependente, até o máximo de 100% (cem) por cento.

Gabarito: *Certa*

Para acesso ao vídeo, utilize o QR Code ao lado.

CAPÍTULO 14

DO REGIME DE PREVIDÊNCIA COMPLEMENTAR

1. INTRODUÇÃO

A previdência complementar privada goza de previsão no **artigo 202 da Constituição Federal**, sendo regulamentada pelas **Leis Complementares 108 e 109**, ambas promulgadas em 2001.

A Lei Complementar 109 traz as regras gerais sobre a previdência complementar privada, tendo revogado expressamente as Leis 6.435/77 e 6.462/77, ao passo que a Lei Complementar 108 regula a relação jurídica entre as entidades componentes da Administração Pública com as suas respectivas entidades fechadas de previdência complementar (fundos de pensão).

2. CARACTERÍSTICAS GERAIS

O regime de previdência privada é **complementar** e organizado de maneira **autônoma** ao Regime Geral de Previdência Social, sendo a sua **filiação de natureza facultativa**, obrigatoriamente regulamentado por lei complementar por determinação constitucional.

Conquanto a previdência privada integre a previdência social, lhe sendo aplicável, no que couber, os princípios informadores da seguridade social, lamentavelmente o STF vem negando a incidência do Princípio da Precedência da Fonte de Custeio ao regime previdenciário privado, argumentando com fragilidade que o referido princípio **"somente diz respeito à seguridade social financiada por toda a sociedade, sendo alheio às entidades de previdência privada"** (RE 583687 AgR, de 29.03.2011, 2ª Turma).

Sobre a facultatividade de filiação, colaciona-se passagem do Informativo 427, do STJ:

> "PREVIDÊNCIA PRIVADA. FILIAÇÃO. FACULDADE.
>
> É certo que a competência para legislar sobre a previdência social é concorrente (art. 24, XII, da CF/1988), porém cabe à União editar as normas gerais (§ 1º desse mesmo artigo). Dessarte, se há normas gerais editadas pela União, elas deverão ser respeitadas pela legislação estadual, sob pena de usurpação da competência constitucional. **Diante disso, conclui-se que, se o art. 1º da LC n. 109/2001 dispôs que é facultativa a adesão ao regime de previdência privada complementar, essa norma há de ser observada pelos estados e municípios, daí o recorrente não poder ser compelido a filiar-se em carteira de previdência complementar de escrivães, notários e registradores, quanto mais arcar com a contribuição, se nem sequer a isso anuiu.** Precedente citado do STF: AgRg no RE 482.207-PR, DJe 28/5/2009; do STJ: REsp 615.088-PR, DJ 4/9/2006. **REsp 920.702-PR, Rel. Min. Aldir Passarinho Junior, julgado em 18/3/2010".**

No entanto, ainda de acordo com o STJ, no julgamento do REsp 861.830, de 5/4/2016, "**é possível impor ao consumidor sua prévia filiação à entidade aberta de previdência complementar como condição para contratar com ela empréstimo financeiro.** O auxílio financeiro aos associados das entidades de previdência privada fechada é expressamente vedado pelo § 1º do art. 76 da LC n. 109/2001. Para as abertas, todavia, a realização de operações financeiras é admitida com seus patrocinadores, participantes e assistidos, por força de previsão expressa do parágrafo único do art. 71 da referida lei. O STJ, ao interpretar os referidos artigos, pacificou a orientação de que apenas as entidades abertas de previdência privada poderiam realizar operações financeiras com seus filiados e assistidos, hipótese em que ficariam submetidas ao regime próprio das instituições financeiras (REsp 679.865-RS, Segunda Seção, DJ 4/12/2006). Ressalte-se, contudo, que as entidades abertas de previdência complementar não têm como finalidade institucional a operação como instituição bancária. Elas são estritamente disciplinadas e fiscalizadas, conforme legislação específica – a fim de atender, com segurança, à finalidade a que se destinam – a previdência complementar".

A autonomia da previdência privada faz com que nasça um regime jurídico disciplinado no seu regulamento, não se aplicáveis as regras dos regimes públicos de previdência social incompatíveis com o regime complementar.

Nesse sentido, a existência de tempo de contribuição especial no RGPS não faz nascer, necessariamente, o mesmo direito na previdência privada. Veja-se o STJ:

Processo

REsp 1230046 / PB

RECURSO ESPECIAL

2010/0224652-5

Relator(a)

Ministro RICARDO VILLAS BÔAS CUEVA (1147)

Órgão Julgador

T3 – TERCEIRA TURMA

Data do Julgamento

04/11/2014

Data da Publicação/Fonte

DJe 07/11/2014

Ementa

"RECURSO ESPECIAL. CIVIL. PREVIDÊNCIA PRIVADA. CERCEAMENTO DE DEFESA. PROVA PERICIAL INDEFERIDA. FUNDAMENTO INATACADO. SÚMULA Nº 283/STF. PRESCRIÇÃO QUINQUENAL. RELAÇÃO DE TRATO SUCESSIVO. PRETENSÃO JÁ OBTIDA. AUSÊNCIA DE INTERESSE RECURSAL. **BENEFÍCIO PREVIDENCIÁRIO. REVISÃO DE RENDA MENSAL INICIAL. TEMPO DE SERVIÇO ESPECIAL. RECONHECIMENTO PELO INSS. UTILIZAÇÃO NA PREVIDÊNCIA COMPLEMENTAR. INADMISSIBILIDADE. SISTEMA FINANCEIRO DE CAPITALIZAÇÃO. AUTONOMIA EM RELAÇÃO À PREVIDÊNCIA OFICIAL.**

1. Ação de revisão de benefício de previdência privada em que se postula o aproveitamento de tempo de serviço especial (tempo ficto), devidamente reconhecido pelo INSS, para fins de cálculo da renda mensal inicial.

2. A aposentadoria especial é uma espécie de benefício previdenciário do regime geral de previdência social (RGPS), devida ao trabalhador que exerce atividade em condições prejudiciais à saúde ou à integridade física. Assim, ele pode se aposentar mais cedo como forma de se compensar o desgaste físico resultante do tempo de serviço prestado em ambiente insalubre, penoso ou perigoso (tempo de serviço especial). Ademais, quanto maior o grau de nocividade, menor será o tempo de trabalho.

3. A previdência privada possui autonomia em relação ao regime geral de previdência social. Além disso, é facultativa, regida pelo Direito Civil, de caráter complementar e baseada na constituição de reservas que garantam o benefício contratado, sendo o regime financeiro de capitalização.

4. A previdência social é um "seguro coletivo", público, de cunho estatutário, compulsório, ou seja, a filiação é obrigatória para diversos empregados e trabalhadores rurais ou urbanos (art. 11 da Lei nº 8.213/91), destinado à proteção social, mediante contribuição, proporcionando meios indispensáveis de subsistência ao segurado e à sua família na ocorrência de certa contingência prevista em lei (incapacidade, desemprego involuntário, idade avançada, tempo de serviço, encargos familiares e prisão ou morte do segurado), sendo o sistema de financiamento o de caixa ou de repartição simples.

5. A concessão de benefício oferecido pelas entidades abertas ou fechadas de previdência privada não depende da concessão de benefício oriundo do regime geral de previdência social, haja vista as especificidades de cada regime e a autonomia existente entre eles.

6. Pelo regime de capitalização, o benefício de previdência complementar será decorrente do montante de contribuições efetuadas e do resultado de investimentos, não podendo haver, portanto, o pagamento de valores não previstos no plano de benefícios, sob pena de comprometimento das reservas financeiras acumuladas (desequilíbrio econômico-atuarial do fundo), a prejudicar os demais participantes, que terão que custear os prejuízos daí advindos.

7. O tempo ficto ou o tempo de serviço especial, próprio da previdência social, é incompatível com o regime financeiro de capitalização, ínsito à previdência privada".

Por sua autonomia, vale ressaltar que **a relação previdenciária privada não integra o contrato de trabalho dos participantes**, pois não se confunde ou depende da relação laborativa.

De acordo com o STJ, a relação contratual mantida entre a entidade de previdência privada administradora do plano de benefícios e o participante não se confunde com a relação laboral mantida entre o participante trabalhador e a patrocinadora[1].

Dessa forma, a ação proposta contra entidade de previdência complementar adstrita ao seu plano de benefícios não tramitará na Justiça do Trabalho, por não se confundir com relação laboral, e sim na Justiça Estadual, a exemplo de ação em que se visa o reajuste da complementação da aposentadoria[2].

De acordo com a 2ª Seção do STJ, "compete à Justiça Estadual processar e julgar litígios instaurados entre entidade de previdência privada e participante de seu plano de benefícios" (REsp 1.207.071, de 27.06.2012).

Por outro lado, conforme já se pronunciou o STJ, através da sua 2ª Seção, "se a procedência do pedido articulado na reclamatória trabalhista (v.g., integração de horas extras) repercutir na

1. Precedentes: AgInt no AREsp 740736/RJ, Rel. Ministro LUIS FELIPE SALOMÃO, QUARTA TURMA, julgado em 15/09/2016, DJe 21/09/2016; AgInt no AREsp 567772/SE, Rel. Ministro MARCO BUZZI, QUARTA TURMA, julgado em 04/08/2016, DJe 16/08/2016; REsp 1443304/SE, Rel. Ministro RICARDO VILLAS BÔAS CUEVA, TERCEIRA TURMA, julgado em 26/05/2015, DJe 02/06/2015; REsp 909861/SC, Rel. Ministro MASSAMI UYEDA, TERCEIRA TURMA, julgado em 24/04/2012, DJe 11/05/2012.

2. STJ, REsp 328.401, de 28.08.2001.

renda mensal devida pela instituição de previdência complementar mantida com contribuições do empregador, este e aquela são partes na ação, que deve tramitar na Justiça do Trabalho"[3].

No entanto, no dia 20 de fevereiro de 2013, ao julgar o Recurso Extraordinário 586.453, **o Plenário do STF pronunciou a competência da Justiça Estadual para conhecer de causas que envolvam o regime de previdência complementar privado visando a complementação de aposentadoria, afastando a competência da Justiça do Trabalho.**

Por outro lado, operou-se a modulação da decisão da Suprema Corte, a fim de se determinar a manutenção na Justiça do Trabalho dos processos desta natureza em que já tenha sido proferida sentença de mérito até o dia da conclusão do julgamento do recurso (20/02/2013):

> "Recurso extraordinário – Direito Previdenciário e Processual Civil – Repercussão geral reconhecida – Competência para o processamento de ação ajuizada contra entidade de previdência privada e com o fito de obter complementação de aposentadoria –Afirmação da autonomia do Direito Previdenciário em relação ao Direito do Trabalho – Litígio de natureza eminentemente constitucional, cuja solução deve buscar trazer maior efetividade e racionalidade ao sistema – Recurso provido para afirmar a competência da Justiça comum para o processamento da demanda – Modulação dos efeitos do julgamento, para manter, na Justiça Federal do Trabalho, até final execução, todos os processos dessa espécie em que já tenha sido proferida sentença de mérito, até o dia da conclusão do julgamento do recurso (20/2/13). 1. A competência para o processamento de ações ajuizadas contra entidades privadas de previdência complementar é da Justiça comum, dada a autonomia do Direito Previdenciário em relação ao Direito do Trabalho. Inteligência do art. 202, § 2º, da Constituição Federal a excepcionar, na análise desse tipo de matéria, a norma do art. 114, inciso IX, da Magna Carta. 2. Quando, como ocorre no presente caso, o intérprete está diante de controvérsia em que há fundamentos constitucionais para se adotar mais de uma solução possível, deve ele optar por aquela que efetivamente trará maior efetividade e racionalidade ao sistema. 3. Recurso extraordinário de que se conhece e ao qual se dá provimento para firmar a competência da Justiça comum para o processamento de demandas ajuizadas contra entidades privadas de previdência buscando-se o complemento de aposentadoria. 4. Modulação dos efeitos da decisão para reconhecer a competência da Justiça Federal do Trabalho para processar e julgar, até o trânsito em julgado e a correspondente execução, todas as causas da espécie em que houver sido proferida sentença de mérito até a data da conclusão, pelo Plenário do Supremo Tribunal Federal, do julgamento do presente recurso (20/2/2013). 5. Reconhecimento, ainda, da inexistência de repercussão geral quanto ao alcance da prescrição de ação tendente a questionar as parcelas referentes à aludida complementação, bem como quanto à extensão de vantagem a aposentados que tenham obtido a complementação de aposentadoria por entidade de previdência privada sem que tenha havido o respectivo custeio".

Em decorrência deste entendimento da Suprema Corte, o STJ editou a Súmula 505, que pontifica a competência estadual para conhecer de demanda envolvendo instituição de previdência privada dos ferroviários em decorrência da relação jurídico-previdenciária complementar:

> **Súmula 505** – "A competência para processar e julgar as demandas que têm por objeto obrigações decorrentes dos contratos de planos de previdência privada firmados com a Fundação Rede Ferroviária de Seguridade Social – REFER é da Justiça estadual".

Eis passagem do Informativo 533 do STJ com o precedente que ensejou a edição da aludida súmula:

3. CC 59.401, de 14.06.2006.

STJ, Informativo 533– "DIREITO PREVIDENCIÁRIO E PROCESSUAL CIVIL. COMPETÊNCIA PARA JULGAR DEMANDA DECORRENTE DE PLANO DE PREVIDÊNCIA DA REFER. RECURSO REPETITIVO (ART. 543-C DO CPC E RES. 8/2008-STJ).

Compete à Justiça Estadual processar e julgar as demandas que têm por objeto obrigações decorrentes de contrato de plano de previdência privada firmado com a Fundação Rede Ferroviária de Seguridade Social (REFER) – entidade de previdência instituída e patrocinada pela extinta Rede Ferroviária de Seguridade Social (RFFSA) –, mesmo considerando o fato de que a União sucedeu a RFFSA nos direitos, obrigações e ações judiciais em que esta seja autora, ré, assistente, opoente ou terceira interessada, bem como de que se tornou patrocinadora dos planos de benefícios administrados pela REFER, nos termos dos arts. 2º, I, e 25 da Lei 11.483/2007. Inicialmente, esclarece-se que a controvérsia remonta à edição da Lei 9.364/1996 (convolação da MP 1.529/1996), que autorizou, em seu art. 1º, II, o pagamento com sub-rogação pela União dos débitos da RFFSA junto ao INSS e à REFER. Deve-se considerar, ainda, que, pelo art. 109 da CF, a competência se firma *ratione personae*, de modo que o deslocamento do feito para a Justiça Federal somente se justifica quando a União, autarquias federais ou empresas públicas federais forem interessadas na condição de autoras, rés, assistentes ou oponentes. Com efeito, em situações como a em análise, inexiste vínculo de direito material entre a União e associado ou ex-participante de plano de previdência privada firmado com a REFER a justificar o deslocamento da competência para a Justiça Federal. Além do mais, a REFER, entidade fechada de previdência privada, organizada sob a forma de fundação, possui personalidade jurídica própria que não se confunde com a da sua instituidora e patrocinadora, ou seja, a RFFSA, sociedade de economia mista que sequer é demandada nesses casos (CC 37443-RS, Segunda Seção, DJ 12/8/2003; REsp 246709-MG, Terceira Turma, DJ 11/12/2000; e REsp 234577-MG, Quarta Turma, DJ 18/3/2002). Depois de pacificada a matéria, a discussão foi retomada com a edição da MP 353/2007, convertida na Lei 11.483/2007, que encerrou o processo de liquidação da RFFSA e determinou, em seu art. 2º, I, a sucessão da RFFSA pela União nos direitos, obrigações e ações judiciais em que esta seja autora, ré, assistente, oponente ou terceira interessada, ressalvadas algumas ações previstas no art. 17, II, as quais tratam de lides trabalhistas. Quanto à interpretação do art. 25 da Lei 11.483/2007, para fins de fixação da competência, deve-se considerar tratar-se de norma com conteúdo e finalidade idêntica à regra do art. 1º, II, da Lei 9.364/1996, "sendo certo que o pagamento pela União dos débitos da RFFSA perante a REFER (Lei 9.364/96, art. 1º, II) não desloca a competência para a Justiça Federal, o mesmo entendimento aplica-se na hipótese de a União figurar como patrocinadora da REFER (Lei 11.483/2007), porque, do mesmo modo, o litígio decorre de contrato celebrado entre o segurado e a entidade de previdência privada" (REsp 1.148.604-MG, DJe 11/3/2011). Tese firmada para fins do art. 543-C do CPC: "A competência para processar e julgar as demandas que têm por objeto obrigações decorrentes dos contratos de planos de previdência privada firmados com a Fundação Rede Ferroviária de Seguridade Social – REFER é da Justiça Estadual". REsp 1.183.604-MG e REsp 1.187.776-MG, Rel. Min. Paulo de Tarso Sanseverino, julgados em 11/12/2013.

Em 2018, o STF aprovou o tema 149 em repercussão geral:

Informativo 903 – DIREITO CONSTITUCIONAL – CONFLITO DE COMPETÊNCIA

"Contribuição previdenciária e competência

Compete à justiça comum o julgamento de conflito de interesses a envolver a incidência de contribuição previdenciária, considerada a complementação de proventos.

Com base nessa orientação, o Plenário, **ao apreciar o Tema 149 da repercussão geral**, por maioria, deu provimento a recurso extraordinário para reconhecer **a incompetência da Justiça do Trabalho e declarar nulos os atos decisórios praticados em processo em que se discutia a legitimidade de contribuição previdenciária descontada de aposentados e pensionistas**. Determinou, assim, a remessa dos autos à Justiça comum.

No caso, o Tribunal Superior do Trabalho (TST) julgou ser competente a Justiça do Trabalho, nos termos do art. 114 da Constituição Federal (CF), **para processar e julgar ação sobre pedido de complementação de aposentadoria, mesmo em se tratando de regras estabelecidas por leis estaduais.**

Argumentava o recorrente não se tratar, no caso, de controvérsia alusiva a relação de trabalho, mas ao próprio poder de tributar incidente sobre complementação de aposentadoria. A redução verificada no montante devido a título de complementação de proventos não teria resultado do contrato de trabalho, mas da incidência de tributo, cabendo à justiça comum estadual a solução do conflito.

O Tribunal entendeu que o alcance da competência da Justiça do Trabalho se revela a partir de critérios de direito estrito. A situação narrada nos autos — incidência de contribuição social para o custeio do regime previdenciário de que trata o art. 40 da CF, a implicar o desconto, a título de contribuição social, de 11% do valor relativo a complementação de aposentadoria — é insuficiente a concluir pelo enquadramento num dos casos descritos no art. 114 da CF.

Com a reclamação trabalhista, os recorridos não pretendiam a obtenção de verba de natureza trabalhista, mas a não incidência da contribuição social, ante a alegada inaplicabilidade, ao caso, da norma de regência (Lei Complementar 954/2003, do Estado de São Paulo).

Entretanto, a definição da controvérsia depende da identificação dos sujeitos da exação, considerados os parâmetros estabelecidos em lei complementar pelo instituidor do tributo, questão de natureza exclusivamente tributária.

Dessa forma, é impróprio depreender a existência de relação empregatícia entre os litigantes a justificar a competência da Justiça especializada. Em realidade, a relação jurídica entre as partes, considerado o objeto do processo, é de Direito Tributário.

Vencidos os ministros Edson Fachin e Rosa Weber, que reconheceram a competência da Justiça do Trabalho. Entenderam que se discute, na espécie, direito derivado de relação contratual de trabalho. **RE 594435/SP, rel. Min. Marco Aurélio, julgamento em 24.5.2018. (RE-594435)**".

Em discutível decisão, **ressalvada a modulação estabelecida**, restou definido pelo **STJ em tese repetitiva** que a Inclusão nos cálculos de proventos de complementação de aposentadoria de horas extraordinárias habituais em decorrência de decisão da Justiça do Trabalho não é possível, pois afetaria o equilíbrio atuarial do plano de previdência complementar, cabendo ao participante acionar o patrocinador (ex-empregador) na Justiça Laboral pelos danos sofridos.

"**Teses definidas para os fins do art. 1.036 do CPC/2015:**

a) a concessão do benefício de previdência complementar tem como pressuposto a prévia formação de reserva matemática, de forma a evitar o desequilíbrio atuarial dos planos. Em tais condições, quando já concedido o benefício de complementação de aposentadoria por entidade fechada de previdência privada, é inviável a inclusão dos reflexos das verbas remuneratórias (horas extras) reconhecidas pela Justiça do Trabalho nos cálculos da renda mensal inicial dos benefícios de complementação de aposentadoria;

b) os eventuais prejuízos causados ao participante ou ao assistido que não puderam contribuir ao fundo na época apropriada ante o ato ilícito do empregador poderão ser reparados por meio de ação judicial a ser proposta contra a empresa ex-empregadora na Justiça do Trabalho;

c) modulação dos efeitos da decisão (art. 927, § 3º, do CPC/2015): nas demandas ajuizadas na Justiça comum até a data do presente julgamento – se ainda for útil ao participante ou assistido, conforme as peculiaridades da causa –, admite-se a inclusão dos reflexos de verbas remuneratórias (horas extras), reconhecidas pela Justiça do Trabalho, nos cálculos da renda mensal inicial dos benefícios de complementação de aposentadoria, condicionada à previsão regulamentar (expressa ou implícita) e à recomposição prévia e integral das reservas matemáticas com o aporte de valor a ser apurado por estudo técnico atuarial em cada caso;

d) nas reclamações trabalhistas em que o ex-empregador tiver sido condenado a recompor a reserva matemática, e sendo inviável a revisão da renda mensal inicial da aposentadoria complementar, os valores correspondentes a tal recomposição devem ser entregues ao participante ou assistido a título de reparação, evitando-se, igualmente, o enriquecimento sem causa da entidade fechada de previdência complementar". **REsp 1.312.736-RS, Rel. Min. Antonio Carlos Ferreira, Segunda Seção, por unanimidade, julgado em 08/08/2018, DJe 16/08/2018 (Tema 955).**

No caso da competência jurisdicional para propor ação de participante ou assistido contra entidade fechada de previdência complementar, conquanto o STJ afaste a aplicação do Código de Defesa do Consumidor, é adotada a competência concorrente entre o domicílio do réu, o foro previsto no contrato ou do local da prestação dos serviços à empresa:

> INFORMATIVO 571– DIREITO PROCESSUAL CIVIL. FORO PARA O AJUIZAMENTO DE AÇÃO EM FACE DE ENTIDADE FECHADA DE PREVIDÊNCIA COMPLEMENTAR.
>
> É possível a participante ou assistido de plano de benefícios patrocinado ajuizar ação em face da respectiva entidade fechada de previdência privada no foro do domicílio da ré, no eventual foro de eleição do contrato ou, até mesmo, no foro onde labora ou laborou para a patrocinadora do plano. De fato, as regras do CDC, conquanto sejam aplicáveis à relação jurídica existente entre a entidade aberta de previdência privada e seus participantes, não se aplicam à relação jurídica, de direito civil, formada entre entidade fechada de previdência complementar e seus participantes ou assistidos de plano de benefícios, mesmo em situações que não sejam regulamentadas pela legislação especial. Dessa maneira, tratando-se de ação proposta por participante em face de entidade fechada de previdência privada, o foro competente não será disciplinado pelo diploma consumerista. Afastada a aplicação do CDC, deve-se atentar à circunstância de que, embora a relação autônoma de previdência complementar não se confunda com a trabalhista, a própria legislação de regência (art. 16 da LC 109/2001) impõe que a entidade confira tratamento isonômico com relação a todos os empregados da patrocinadora. Dessarte, a possibilidade de o participante ou assistido poder ajuizar ação no foro do local onde labora(ou) para a patrocinadora não pode ser menosprezada, inclusive para garantir um equilíbrio e isonomia entre os participantes que laboram no mesmo foro da sede da entidade e os demais, pois o participante não tem nem mesmo a possibilidade, até que ocorra o rompimento do vínculo trabalhista com o instituidor, de proceder ao resgate ou à portabilidade. REsp 1.536.786-MG, Rel. Min. Luis Felipe Salomão, julgado em 26/8/2015, DJe 20/10/2015.

Diante da sua facultatividade, entende-se que **a natureza jurídica da relação previdenciária privada é contratual *sui generis***, haja vista existir forte controle estatal que mitigou a autonomia da vontade no que concerne ao regime dos planos ofertados, que deverão observar os parâmetros legais e ainda ser previamente aprovados pelos agentes normativos e reguladores do Poder Público.

Dessa forma, **havia a incidência do Código de Defesa do Consumidor**, consoante previa a revogada **Súmula 321, do STJ**:

> "**Súmula 321 STJ:** O Código de Defesa do Consumidor é aplicável à relação jurídica entre a entidade de previdência privada e seus participantes". (revogada em 26/2/2016).

No entanto, no julgamento do Recurso Especial 1.421.951, de 12 de dezembro de 2014, o STJ restringiu a aplicação da Súmula 321 aos planos privados abertos de previdência complementar, afastando a sua incidência aos planos fechados, pois, neste caso, o patrimônio da entidade e respectivos rendimentos revertem-se integralmente na concessão e manutenção do pagamento de benefícios, prevalecendo o associativismo e o mutualismo, o que afasta o intuito lucrativo.

Posteriormente, na sessão de 24 de fevereiro de 2016, a 1ª Seção do STJ cancelou a Súmula 321 e editou a Súmula 563, limitando a aplicação do CDC aos planos de previdência privada abertos:

> **Súmula 563: O Código de Defesa do Consumidor é aplicável às entidades abertas de previdência complementar, não incidindo nos contratos previdenciários celebrados com entidades fechadas.** Segunda Seção, aprovada em 24/2/2016, DJe 29/2/2016.

Logo, o objetivo primordial do legislador foi oferecer aos segurados do RGPS que recebem acima do teto daquele regime uma opção previdenciária facultativa a fim de manter o seu padrão de vida na inatividade, caso manifestem a sua vontade e se disponham a contribuir paralelamente ao custeio do RGPS.

Em razão do seu caráter autônomo, o gozo dos benefícios ofertados pelo regime privado independe do público, sendo **baseado na constituição de reservas que garantam o pagamento dos benefícios contratados.**

A previdência privada divide-se em **dois regimes**: *ABERTO*, em que é admitida a filiação de qualquer pessoa; *FECHADO*, pois apenas poderão ingressar no regime os empregados do patrocinador ou os membros/associados do instituidor.

O **regime aberto** será composto por entidades abertas de previdência complementar, sendo necessariamente administrado por pessoas jurídicas organizadas sob a forma de ***sociedades anônimas***, a exemplo da BRASILPREV, do Banco do Brasil, que conta com mais de 1,19 milhões de segurados.

Por outro lado, o **regime fechado** será integrado por ***entidades sem fins lucrativos*** (associações e fundações), a exemplo da PREVI – Caixa de Previdência dos Funcionários do Banco do Brasil, ressaltando que a legislação previdenciária de maneira atécnica se referiu a sociedade sem fins lucrativos, conquanto se saiba que as sociedades pressupõem finalidade econômica, na forma do artigo 981, do Código Civil.

A PREVI é a entidade fechada com os maiores ativos no Brasil, com pouco mais de 131 bilhões de reais, seguida da PETROS com cerca de 48 bilhões de reais (valores de agosto de 2009).

> A Constituição Federal proíbe que a Administração Pública aporte recursos nas entidades de previdência privada. Contudo, é possível a transferência de recursos para entidade fechada de previdência privada, caso alguma entidade da Administração Pública4 seja patrocinadora, quando em hipótese alguma a sua contribuição normal poderá exceder a do segurado.

Logo, o Banco do Brasil S/A, sociedade de economia mista integrante da Administração Pública Indireta federal, poderá efetuar aportes de recursos em favor da PREVI, na condição de patrocinadora, mas a sua contribuição ordinária não poderá ser maior que a vertida pelo funcionário da estatal que optou em aderir ao plano privado.[4]

4. União, Estados, Distrito Federal e Municípios, suas autarquias, fundações, empresas públicas, sociedades de economia mista e outras entidades públicas.

Ademais, objetivando uma administração democrática, a Constituição Federal garante a participação dos segurados nos órgãos colegiados diretores das entidades de previdência fechada.

Por tudo isso, é possível listar as seguintes **características gerais da previdência privada**:

a) Complementar;
b) Facultativa;
c) Autônoma ao RGPS;
d) Contratual *sui generis*;
e) Baseada na constituição de reservas;
f) Regulamentada por lei complementar;
g) Dividida em regime aberto e fechado;
h) Inconfundível com o contrato de trabalho.

Por determinação legal, os benefícios previdenciários são impenhoráveis, sendo que esta proteção não abarca apenas os decorrentes dos planos públicos de previdência (RGPS e RPPS), mas também os benefícios oriundos de plano de previdência complementar. Nesse sentido, a 2ª Seção do STJ:

> **Informativo 535 – "DIREITO PROCESSUAL CIVIL. IMPENHORABILIDADE DE FUNDO DE PREVIDÊNCIA PRIVADA COMPLEMENTAR.**
>
> **O saldo de depósito em fundo de previdência privada complementar na modalidade Plano Gerador de Benefícios Livres (PGBL) é impenhorável, a menos que sua natureza previdenciária seja desvirtuada pelo participante.** O regime de previdência privada complementar é, nos termos do art. 1º da LC 109/2001, "baseado na constituição de reservas que garantam o benefício, nos termos do caput do art. 202 da Constituição Federal", que, por sua vez, está inserido na seção que dispõe sobre a Previdência Social. Na aplicação em PGBL, o participante realiza depósitos periódicos, os quais são aplicados e transformam-se em uma reserva financeira, que poderá ser por ele antecipadamente resgatada ou recebida em data definida, seja em uma única parcela, seja por meio de depósitos mensais. Em qualquer hipótese, não se pode perder de vista que, em geral, o participante adere a esse tipo de contrato com o intuito de resguardar o próprio futuro ou de seus beneficiários, garantindo o recebimento de certa quantia, que julga suficiente para a manutenção futura do atual padrão de vida. A faculdade de "resgate da totalidade das contribuições vertidas ao plano pelo participante" (art. 14, III, da LC 109/2001) não tem o condão de afastar, de forma absoluta, a natureza essencialmente previdenciária e, portanto, alimentar, do saldo existente naquele fundo. Veja-se que a mesma razão que protege os proventos advindos da aposentadoria privada deve valer para a reserva financeira que visa justamente a assegurá-los, sob pena de se tornar inócua a própria garantia da impenhorabilidade daqueles proventos. Outrossim, se é da essência do regime de previdência complementar a inscrição em um plano de benefícios de caráter previdenciário, não é lógico afirmar que os valores depositados pelo participante possam, originalmente, ter natureza alimentar e, com o decorrer do tempo, justamente porque não foram utilizados para a manutenção do empregado e de sua família no período em que auferidos, passem a se constituir em investimento ou poupança". **EREsp 1.121.719-SP, Rel. Min. Nancy Andrighi, julgado em 12/2/2014.**

No entanto, essa regra não possui natureza absoluta pela jurisprudência do STJ. Isso porque, de acordo com a Corte Superior, **"a impenhorabilidade dos valores depositados em fundo**

de previdência privada complementar deve ser aferida pelo Juiz casuisticamente e se caracteriza nos casos de comprovada utilização dos valores para a subsistência familiar"[5].

Veja-se a tese firmada pela 2ª Seção do STJ em 12/2/2014, no julgamento do EREsp 1121719:

> "PROCESSUAL CIVIL. EMBARGOS DE DIVERGÊNCIA EM RECURSO ESPECIAL. SALDO EM FUNDO DE PREVIDÊNCIA PRIVADA COMPLEMENTAR. IMPENHORABILIDADE. INDISPONIBILIDADE DE BENS DETERMINADA À LUZ DO ART. 36 DA LEI 6.024/74. MEDIDA DESPROPORCIONAL.
>
> 1. O regime de previdência privada complementar é, nos termos do art. 1º da LC 109/2001, "baseado na constituição de reservas que garantam o benefício, nos termos do caput do art. 202 da Constituição Federal", que, por sua vez, está inserido na seção que dispõe sobre a Previdência Social.
>
> 2. Embora não se negue que o PGBL permite o "resgate da totalidade das contribuições vertidas ao plano pelo participante" (art. 14, III, da LC 109/2001), essa faculdade concedida ao participante de fundo de previdência privada complementar não tem o condão de afastar, de forma inexorável, a natureza essencialmente previdenciária e, portanto, alimentar, do saldo existente.
>
> 3. Por isso, a impenhorabilidade dos valores depositados em fundo de previdência privada complementar deve ser aferida pelo Juiz casuisticamente, de modo que, se as provas dos autos revelarem a necessidade de utilização do saldo para a subsistência do participante e de sua família, caracterizada estará a sua natureza alimentar, na forma do art. 649, IV, do CPC.
>
> 4. Ante as peculiaridades da espécie (curto período em que o embargante esteve à frente da instituição financeira e sua ínfima participação no respectivo capital social), não se mostra razoável impor ao embargante tão grave medida, de ter decretada a indisponibilidade de todos os seus bens, inclusive do saldo existente em fundo de previdência privada complementar – PGBL.
>
> 5. Embargos de divergência conhecidos e providos".

Tal qual foi firmado pela 1ª Seção do STJ para os benefícios do RGPS, existe precedente da 3ª Turma do Superior Tribunal de Justiça pela reversão da antecipação de tutela posteriormente revertida em favor de participante de plano de previdência complementar, observado o limite mensal de 10% para desconto em folha:

> "RECURSO ESPECIAL. CIVIL E PROCESSUAL CIVIL. PREVIDÊNCIA PRIVADA. BENEFÍCIO PREVIDENCIÁRIO COMPLEMENTAR. RECEBIMENTO PROVISÓRIO. TUTELA ANTECIPADA CONCEDIDA. POSTERIOR REVOGAÇÃO. DEVOLUÇÃO DOS VALORES. NECESSIDADE. MEDIDA DE NATUREZA PRECÁRIA. REVERSIBILIDADE. AUSÊNCIA DE BOA-FÉ OBJETIVA. DESCONTO EM FOLHA DE PAGAMENTO. POSSIBILIDADE. VERBA DE NATUREZA ALIMENTAR. PARÂMETROS.
>
> 1. Cinge-se a controvérsia a saber se a revogação da tutela antecipada obriga o assistido de plano de previdência privada a devolver os valores recebidos com base na decisão provisória, ou seja, busca-se definir se tais verbas são repetíveis ou irrepetíveis.
>
> 2. O Supremo Tribunal Federal já assentou inexistir repercussão geral quanto ao tema da possibilidade de devolução dos valores de benefício previdenciário recebidos em virtude de tutela antecipada posteriormente revogada, porquanto o exame da questão constitucional não prescinde da prévia

5. Precedentes: AgRg no REsp 1382845/PR, Rel. Ministro PAULO DE TARSO SANSEVERINO, TERCEIRA TURMA, julgado em 24/03/2015, DJe 30/03/2015; EREsp 1121719/SP, Rel. Ministra NANCY ANDRIGHI, SEGUNDA SEÇÃO, julgado em 12/02/2014, DJe 04/04/2014; AREsp 986463/RJ (decisão monocrática), Rel. Ministro MOURA RIBEIRO, julgado em 22/09/2016, DJe 28/09/2016; REsp 1363392/SP (decisão monocrática), Rel. Ministro LUIS FELIPE SALOMÃO, julgado em 27/06/2016, DJe 01/08/2016. (VIDE INFORMATIVO DE JURISPRUDÊNCIA N. 535).

análise de normas infraconstitucionais, o que se traduziria em eventual ofensa reflexa à Constituição Federal, incapaz de ser conhecida na via do recurso extraordinário (ARE nº 722.421 RG/MG).

3. A tutela antecipada é um provimento judicial provisório e, em regra, reversível (art. 273, § 2º, do CPC), devendo a irrepetibilidade da verba previdenciária recebida indevidamente ser examinada não somente sob o aspecto de sua natureza alimentar, mas também sob o prisma da boa-fé objetiva, que consiste na presunção de definitividade do pagamento. Precedente da Primeira Seção, firmado em recurso especial representativo de controvérsia (REsp nº 1.401.560/MT).

4. Os valores recebidos precariamente são legítimos enquanto vigorar o título judicial antecipatório, o que caracteriza a boa-fé subjetiva do autor. Entretanto, como isso não enseja a presunção de que tais verbas, ainda que alimentares, integram o seu patrimônio em definitivo, não há a configuração da boa-fé objetiva, a acarretar, portanto, o dever de devolução em caso de revogação da medida provisória, até mesmo como forma de se evitar o enriquecimento sem causa do então beneficiado (arts. 884 e 885 do CC e 475-O, I, do CPC).

5. A boa-fé objetiva estará presente, tornando irrepetível a verba previdenciária recebida indevidamente, se restar evidente a legítima expectativa de titularidade do direito pelo beneficiário, isto é, de que o pagamento assumiu ares de definitividade, a exemplo de erros administrativos cometidos pela própria entidade pagadora ou de provimentos judiciais dotados de força definitiva (decisão judicial transitada em julgado e posteriormente rescindida). Precedentes.

6. As verbas de natureza alimentar do Direito de Família são irrepetíveis, porquanto regidas pelo binômio necessidade/possibilidade, ao contrário das verbas oriundas da suplementação de aposentadoria, que possuem índole contratual, estando sujeitas, portanto, à repetição.

7. Os valores de benefícios previdenciários complementares recebidos por força de tutela antecipada posteriormente revogada devem ser devolvidos, ante a reversibilidade da medida antecipatória, a ausência de boa-fé objetiva do beneficiário e a vedação do enriquecimento sem causa.

8. Como as verbas previdenciárias complementares são de natureza alimentar e periódica, e para não haver o comprometimento da subsistência do devedor, tornando efetivo o princípio da dignidade da pessoa humana (art. 1º, III, da CF), deve ser observado, na execução, o limite mensal de desconto em folha de pagamento de 10% (dez por cento) da renda mensal do benefício previdenciário suplementar até a satisfação integral do crédito" (REsp 1555853, de 10/11/2015).

Este posicionamento foi confirmado pela 2ª Seção do STJ no julgamento do REsp 1.548.749, de 13/4/2016, sendo cabível mesmo que o título judicial não o preveja:

"PROCESSUAL CIVIL E PREVIDÊNCIA COMPLEMENTAR. RECURSO ESPECIAL. APRECIAÇÃO DE MATÉRIA CONSTITUCIONAL, EM SEDE DE RECURSO ESPECIAL. INVIABILIDADE. JULGAMENTO AFETADO À SEGUNDA SEÇÃO PARA PACIFICAÇÃO DE MATÉRIA NO ÂMBITO DO STJ. ANTECIPAÇÃO DOS EFEITOS DA TUTELA. REPARAÇÃO DE DANO, DECORRENTE DE MEDIDA DEFERIDA NOS AUTOS. POSSIBILIDADE. RESPONSABILIDADE PROCESSUAL OBJETIVA. RECONHECIMENTO POSTERIOR DA INEXISTÊNCIA DO DIREITO. OBRIGAÇÃO DE REPARAR O DANO PROCESSUAL. DECORRE DA LEI, **NÃO DEPENDENDO DE PRÉVIOS RECONHECIMENTO JUDICIAL E/OU PEDIDO DO LESADO**. POSSIBILIDADE DE DESCONTO, COM ATUALIZAÇÃO MONETÁRIA, DO PERCENTUAL DE 10% DO MONTANTE DO BENEFÍCIO SUPLEMENTAR, ATÉ QUE OCORRA A COMPENSAÇÃO DO DANO. UTILIZAÇÃO DE ANALOGIA. LEI N. 8.112/1990.

1. Os danos causados a partir da execução de tutela antecipada (assim também a tutela cautelar e a execução provisória) são disciplinados pelo sistema processual vigente à revelia da indagação acerca da culpa da parte, ou se esta agiu de má-fé ou não. Com efeito, à luz da legislação, cuida-se de responsabilidade processual objetiva, bastando a existência do dano decorrente da pretensão

deduzida em juízo para que sejam aplicados os arts. 273, § 3º, 475-O, incisos I e II, e 811 do CPC/1973 (correspondentes aos arts. 297, parágrafo único, 520, I e II, e 302 do novo CPC).

2. Em linha de princípio, a obrigação de indenizar o dano causado pela execução de tutela antecipada posteriormente revogada é consequência natural da improcedência do pedido, decorrência ex lege da sentença, e, por isso, independe de pronunciamento judicial, dispensando também, por lógica, pedido da parte interessada. A sentença de improcedência, quando revoga tutela antecipadamente concedida, constitui, como efeito secundário, título de certeza da obrigação de o autor indenizar o réu pelos danos eventualmente experimentados, cujo valor exato será posteriormente apurado em liquidação nos próprios autos.

3. É possível reconhecer à entidade previdenciária, cujo plano de benefícios que administra suportou as consequências materiais da antecipação de tutela (prejuízos), a possibilidade de desconto no percentual de 10% do montante total do benefício mensalmente recebido pelo assistido, até que ocorra a integral compensação da verba percebida. A par de ser solução equitativa, a evitar o enriquecimento sem causa, cuida-se também de aplicação de analogia, em vista do disposto no art. 46, § 1º, da Lei n. 8.112/1990 – aplicável aos servidores públicos.

4. Ademais, por um lado, os valores recebidos precariamente são legítimos enquanto vigorar o título judicial antecipatório, o que caracteriza a boa-fé subjetiva do autor; entretanto, isso não enseja a presunção de que tais verbas, ainda que alimentares, integram o seu patrimônio em definitivo. Por outro lado, as verbas de natureza alimentar do Direito de Família são irrepetíveis, porquanto regidas pelo binômio necessidade-possibilidade, ao contrário das verbas oriundas da suplementação de aposentadoria. (REsp 1555853/RS, Rel. Ministro RICARDO VILLAS BÔAS CUEVA, TERCEIRA TURMA, julgado em 10/11/2015, DJe 16/11/2015) 5. Recurso especial não provido".

3. DISPOSIÇÕES COMUNS AOS PLANOS DE BENEFÍCIOS DOS ENTES ABERTOS E FECHADOS

Há um considerável controle estatal sobre os planos privados de previdência complementar oferecidos no mercado, sendo necessária a prévia autorização do órgão gestor para a sua instituição e operação, a fim de se observar os padrões mínimos para se garantir a transparência, solvência, liquidez e equilíbrio econômico-financeiro e atuarial.

A legislação prevê que poderão ser aprovados os seguintes planos de benefícios:

a) **Benefício definido** – aquele cujos benefícios programados têm seu valor ou nível previamente estabelecidos, sendo o custeio determinado atuarialmente, de forma a assegurar sua concessão e manutenção;

b) **Contribuição definida** – aquele cujos benefícios programados têm seu valor permanentemente ajustado ao saldo de conta mantido em favor do participante, inclusive na fase de percepção de benefícios, considerando o resultado líquido de sua aplicação, os valores aportados e os benefícios pagos;

c) **Contribuição variável** – aquele cujos benefícios programados apresentem a conjugação das características das modalidades de contribuição definida e benefício definido.

Contudo, **o referido rol é exemplificativo**, pois poderão ser aprovadas outras formas de planos de benefícios que reflitam a evolução técnica e possibilitem flexibilidade ao regime de previdência complementar.

De efeito, prevê o artigo 68, § 2º, da Lei Complementar 109/2001, que a concessão de benefício pela previdência complementar não depende da concessão de benefício pelo regime geral de previdência social, ante a sua natureza autônoma.

Será considerado como *PARTICIPANTE* a pessoa física que aderir aos planos de benefícios, quando ainda não gozar de benefício. Por sua vez, *ASSISTIDO* é o participante ou seu beneficiário em gozo de benefício de prestação continuada.

A Lei Complementar 109/2001 não definiu o rol de beneficiários que farão jus ao benefício, cabendo aos respectivos planos a indicação dos dependentes dos segurados[6].

Contudo, **o STJ já se pronunciou expressamente no sentido de que o parceiro homoafetivo deverá ser considerado como beneficiário em plano de previdência privada, por também ser a relação apta a instituir entidade familiar**[7].

A entidade previdenciária deverá fornecer a todos os participantes: certificado onde estarão indicados os requisitos que regulam a admissão e a manutenção da qualidade de participante, bem como os requisitos de elegibilidade e forma de cálculo dos benefícios; cópia do regulamento atualizado do plano de benefícios e material explicativo que descreva, em linguagem simples e precisa, as características do plano; cópia do contrato, se o plano for coletivo aberto.

As entidades de previdência privada são **obrigadas a constituir reservas técnicas, provisões e fundos**, de conformidade com os critérios e normas fixados pelo órgão regulador e fiscalizador, que se destinarão ao pagamento dos benefícios previdenciários presentes e futuros, a serem aplicados conforme as diretrizes do Conselho Monetário Nacional, vedado o estabelecimento de aplicações compulsórias ou limites mínimos de aplicação.

Admite-se a contratação de **resseguro**[8] para assegurar compromissos juntos aos participantes e assistidos, por iniciativa própria ou por determinação do órgão regulador e fiscalizador.

Pontifica a legislação que, **no desempenho das atividades de fiscalização das entidades de previdência complementar, os servidores do órgão regulador e fiscalizador terão livre acesso às respectivas entidades, delas podendo requisitar e apreender livros, notas técnicas e quaisquer documentos**, caracterizando-se embaraço a fiscalização, sujeito às penalidades previstas em lei, qualquer dificuldade oposta à consecução desse objetivo.

O artigo 75 da Lei Complementar 109 instituiu o prazo prescricional de 05 anos sobre a pretensão das prestações não pagas nem reclamadas na época própria, ressaltando que não correrá a prescrição contra os absolutamente incapazes.

Deveras, a prescrição quinquenal incide sobre quaisquer prestações cobradas de entidades de previdência complementar[9], mesmo anterior à vigência da referida norma complementar[10]. No que concerne especificamente à complementação de aposentadoria, prevê a **Súmula 427, do STJ**:

> "**Súmula: 427** – A ação de cobrança de diferenças de valores de complementação de aposentadoria prescreve em cinco anos **contados da data do pagamento**".

6. Artigo 4º, III, da Resolução 08/2004, do Conselho de Gestão da Previdência Complementar.
7. REsp 1026981, de 04.02.2010.
8. É a operação pela qual uma companhia seguradora se alivia parcialmente do risco de um seguro já feito, contraindo um novo seguro noutra companhia.
9. STJ, REsp 707.056, de 02.02.2010.
10. STJ, AgRg no REsp 858.978, de 14.04.2009.

O STJ vem pronunciando a prescrição quinquenal progressiva, também conhecida como de trato sucessivo, prescrevendo apenas as parcelas que antecedem ao quinquênio que precedeu o ajuizamento da ação, afastando a incidência da prescrição do fundo do direito:

Relator(a)

AgRg o REsp 1504080

Ministro MARCO AURÉLIO BELLIZZE (1150)

Órgão Julgador

T3 – TERCEIRA TURMA

Data do Julgamento

08/09/2015

Data da Publicação/Fonte

DJe 23/09/2015

Ementa

"AGRAVO REGIMENTAL NOS EMBARGOS DE DECLARAÇÃO NO AGRAVO EM RECURSO ESPECIAL. 1. PREVIDÊNCIA PRIVADA. COMPLEMENTAÇÃO DE APOSENTADORIA. REVISÃO DA RENDA MENSAL INICIAL. PRESCRIÇÃO. RELAÇÃO DE TRATO SUCESSIVO. ACÓRDÃO EM CONSONÂNCIA COM A JURISPRUDÊNCIA DESTA CORTE. INCIDÊNCIA DA SÚMULA 83/STJ. 2. VIOLAÇÃO DO ART. 19, I, DA LC 109/2001. SÚMULAS 5 E 7/STJ. 3. RECURSO IMPROVIDO.

1. É compreensão de ambas as Turmas que compõem a Segunda Seção desta Corte Superior que, em demanda na qual se pleiteia a revisão de renda mensal inicial de benefício complementar de previdência privada, a relação é de trato sucessivo, razão pela qual a prescrição não atinge o próprio fundo de direito, mas apenas as parcelas reclamadas vencidas anteriores ao ajuizamento da ação".

No entanto, a pretensão do ente previdenciário de ser ressarcido perante o terceiro que percebeu indevidamente parcelas de benefício de previdência complementar não se sujeitará ao prazo quinquenal, pois se trata de relação que não se estabelece entre beneficiário e instituição de previdência complementar, e sim com terceira pessoa, não se aplicando, destarte, o artigo 75 da LC 109/2001.

Logo, neste caso, pertinente a aplicação do prazo trienal para o exercício da pretensão de reparação civil prevista do Código Civil, sendo este o correto posicionamento do STJ:

Informativo 588 – "DIREITO CIVIL. PRESCRIÇÃO DA PRETENSÃO DE REAVER VERBAS PAGAS A TÍTULO DE BENEFÍCIO DE PREVIDÊNCIA PRIVADA COMPLEMENTAR INDEVIDAMENTE APROPRIADAS POR TERCEIRO. **É trienal o prazo prescricional da pretensão de entidade de previdência privada complementar de reaver verbas relativas a benefício indevidamente apropriadas por terceiro.** A questão diz respeito ao prazo de prescrição, se seria de 5 ou de 3 anos. O prazo quinquenal disposto no art. 75 da LC n. 109/2001 (que dispõe sobre o Regime de Previdência Complementar e dá outras providências) refere-se à relação jurídica existente entre a entidade de previdência complementar e o segurado ou o beneficiário, e não a terceiro. Ressalte-se que, assim como nas ações envolvendo seguro – para as quais o entendimento do STJ é no sentido de que o prazo prescricional é ânuo, mas apenas entre o segurado e o segurador, não relativamente a um terceiro -, da mesma forma, na hipótese em que há um terceiro (e não segurado ou beneficiário), a regra do mencionado art. 75 da LC n. 109/2001, específica para a relação previdenciária, não se aplica, mas sim a regra trienal do enriquecimento ilícito prevista no CC, lei geral. Assim, sendo a demanda específica de ressarcimento de enriquecimento sem causa, é de se aplicar a regra do art. 206, § 3º, IV, do CC (prescrição trienal), e não a da LC n. 109/2001. REsp 1.334.442-RS, **Rel. Min. Luis Felipe Salomão, Rel. para acórdão Min. Raul Araújo, julgado em 7/6/2016, DJe 22/8/2016".**

No que tange à pretensão do participante ou assistido em ser restituído de contribuição previdenciária paga indevidamente ou acima do devido, a posição atual do STJ é pela aplicação da prescrição decenal com lastro no Código Civil:

INFORMATIVO 675– TERCEIRA TURMA

PROCESSO

REsp 1.803.627-SP, Rel. Min. Paulo de Tarso Sanseverino, Terceira Turma, por maioria, julgado em 23/06/2020, DJe 01/07/2020

RAMO DO DIREITO

DIREITO PREVIDENCIÁRIO, DIREITO CIVIL E PROCESSUAL CIVIL

TEMA

Previdência complementar. Restituição de contribuições indevidas. Existência de causa jurídica para as contribuições. Prazo prescrional decenal. Art. 205, **caput**, do CC/2002.

DESTAQUE

O prazo prescricional aplicável à pretensão de restituição de contribuições descontadas indevidamente dos beneficiários de contrato de previdência complementar é de dez anos.

INFORMAÇÕES DO INTEIRO TEOR

Cumpre salientar que, até recentemente, era possível afirmar que a jurisprudência de ambas as Turmas da Seção de Direito Privado do STJ havia se pacificado no sentido de que a pretensão de repetição de contribuições vertidas para plano de previdência complementar teria por fundamento o enriquecimento sem causa da entidade de previdência, sujeitando-se, portanto, ao prazo de prescricional específico do art. 206, § 3º, IV, do Código Civil de 2002.

No entanto, apesar da jurisprudência pacífica da Segunda Seção no sentido da prescrição trienal, a Corte Especial deste Tribunal Superior firmou entendimento pela prescrição vintenária, na forma estabelecida no art. 177 do Código Civil de 1916, na hipótese de restituição de cobrança indevida de serviço de telefonia (EREsp 1.523.744/RS).

No referido julgado, o fundamento para se afastar a prescrição trienal é a subsidiariedade da ação de enriquecimento sem causa, que somente seria cabível quando o indébito não tivesse "causa jurídica". Na hipótese de cobrança indevida por serviço de telefonia, o enriquecimento tem uma causa jurídica, que é a prévia relação contratual entre as partes.

O caso em análise, embora diga respeito à previdência complementar, guarda estreita semelhança com o referido precedente, pois, no curso de um plano de benefícios houve a cobrança indevida de contribuições, cuja restituição se pleiteia.

Desse modo, a conclusão que se impõe é também no sentido da incidência da prescrição decenal, de acordo com o previsto no art. 205 do Código Civil de 2002, pois o enriquecimento da entidade de previdência tinha uma causa jurídica, que era a prévia relação contratual com os participantes do plano de benefícios não sendo hipótese, portanto, de enriquecimento sem causa.

Outrossim, as contribuições vertidas para as entidades de previdência complementar, destinadas ao custeio dos planos de benefícios de natureza previdenciária, são dedutíveis para fins de incidência de imposto sobre a renda, nos limites e nas condições fixadas em lei, **não incidindo tributação e contribuições de qualquer natureza sobre as contribuições pagas pelos segurados**[11], sendo uma hipótese de *isenção* ao pagamento de qualquer exação fiscal.

Por sua vez, de acordo com o STJ (Informativo 556), "**são isentos do imposto de renda os proventos percebidos de fundo de previdência privada a título de complementação da aposentadoria por pessoa física acometida de uma das doenças arroladas no art. 6º, XIV, da Lei 7.713/1988**. Isso porque a isenção do imposto de renda prevista no art. 6º, XIV, da Lei 7.713/1988 – da qual faz jus pessoa física portadora de doença grave arrolada nesse inciso que receba proventos de aposentadoria ou reforma – engloba benefício complementar pago por entidade de previdência privada. É preciso ressaltar que o regime da previdência privada é facultativo e baseia-se na constituição de reservas que garantam o benefício contratado, nos termos do art. 202 da CF e da exegese do art. 1º da LC 109/2001. Assim, o capital acumulado em plano de previdência privada representa patrimônio destinado à geração de aposentadoria – ainda que intitulada de complementar -, possuindo natureza previdenciária, mormente ante o fato de estar inserida na seção sobre Previdência Social da CF (EREsp 1.121.719-SP, Segunda Seção, DJe 4/4/2014), o que legitima a isenção sobre a parcela complementar. Além disso, o caráter previdenciário da aposentadoria privada encontra respaldo no próprio Regulamento do Imposto de Renda (Decreto 3.000/1999), que estabelece a isenção sobre os valores decorrentes da complementação de aposentadoria no § 6º do seu art. 39: "As isenções de que tratam os incisos XXXI e XXXIII também se aplicam à complementação de aposentadoria, reforma ou pensão". Ademais, conforme a doutrina, "os planos previdenciários privados têm por ponto principal permitir uma continuidade no padrão de vida da pessoa, numa fase madura da vida". Nesse sentido, a isenção concedida aos portadores de doença grave consubstancia benefício fiscal que visa abrandar o impacto da carga tributária sobre a renda necessária à sua subsistência e sobre os custos inerentes ao tratamento da doença, legitimando um "padrão de vida" o mais digno possível diante do estado de enfermidade. Precedente citado: REsp 1.204.516-PR, Segunda Turma, DJe 23/11/2010. **REsp 1.507.320-RS**, Rel. Min. Humberto Martins, julgado em 10/2/2015, DJe 20/2/2015".

Vale destacar que os contratos de previdência privada deverão prever um índice real de correção monetária dos valores aportados quando do pagamento dos benefícios aos assistidos, sendo abusiva cláusula contratual que preveja apenas a correção pela TR (taxa referencial de juros), índice bem abaixo da inflação.

Nesse sentido, o posicionamento do Superior Tribunal de Justiça, no julgamento do recurso especial 1.201.737, de 04.08.2011:

> "RECURSO ESPECIAL – PLANO DE PREVIDÊNCIA PRIVADA ABERTA – VIOLAÇÃO AO CÓDIGO DE DEFESA DO CONSUMIDOR – OCORRÊNCIA – SUBSTITUIÇÃO DA TAXA REFERENCIAL (T.R.) POR ÍNDICE GERAL DE PREÇOS – POSSIBILIDADE – RECURSO ESPECIAL PROVIDO.
>
> I – Os planos de previdência privada aberta são comercializados no mercado por empresas com fins lucrativos e esses contratos estão inteiramente sujeitos ao Código de Defesa do Consumidor.

11. Artigo 69, da Lei Complementar 109/2001.

II – A T.R. (Taxa Referencial de Juros), como é do conhecimento público, foi criada no Plano Collor II para ser o principal índice brasileiro de atualização e que não refletisse a inflação do mês anterior, tendo em vista que é calculada a partir da remuneração mensal média líquida de impostos, dos depósitos a prazo fixo captados nos bancos comerciais, bancos de investimentos, bancos múltiplos e outros, de acordo com metodologia aprovada pelo Conselho Monetário Nacional (art. 1º da Lei 8.177/91).

III – A mensalidade de aposentadoria ou renda vitalícia, tem características alimentares (verba destinada ao sustento do contratante e de seus dependentes) e se for corrigida unicamente pela T.R., ou seja, sem qualquer outro acréscimo de juros como ocorre em contratos imobiliários ou cédulas de crédito, proporciona reajuste anual acumulado em percentual bem inferior aos índices que medem a corrosão da moeda e a remuneração da poupança, na qual, além da T.R., há juros mensais de 0,50% (meio por cento).

IV – A permanecer como se encontra, haverá, ao longo dos anos, uma considerável perda de poder aquisitivo dessa mensalidade de aposentadoria e foi para evitar essas distorções que a Resolução do Conselho Nacional de Seguros Privados nr. 7/96 e a Circular da Superintendência de Seguros Privados nr. 11/96 orientaram a repactuação dos contratos com a consequente substituição da T.R. por índice geral de preços de ampla publicidade.

V – O sistema de proteção ao consumidor busca dar equilíbrio na relação entre o consumidor e o fornecedor. O CDC não tem por objetivo criar ou proteger situação em que o consumidor leve vantagem indevida sobre o fornecedor. O propósito da Lei é o de que cada parte receba o que lhe é devido, sem que ocorra exploração do consumidor ou prejuízo injustificado. No presente caso, restou evidente a violação aos artigos 6º e 51 do CDC.

VI – Recurso especial provido".

No entanto, se for dado um reajustamento no RGPS acima da inflação, não existe a necessária extensão à previdência privada, salvo se o seu plano de benefícios previr. Veja-se o STJ:

INFORMATIVO 557 – "DIREITO CIVIL E PREVIDENCIÁRIO. INADMISSIBILIDADE DE EXTENSÃO À APOSENTADORIA COMPLEMENTAR DE AUMENTOS REAIS CONCEDIDOS PARA BENEFÍCIOS MANTIDOS PELO INSS.

A previsão normativa estatutária de reajuste da aposentadoria complementar segundo os mesmos índices de reajustamento incidentes nos benefícios mantidos pelo INSS não garante o aumento real do valor do benefício, mas apenas a reposição das perdas causadas pela inflação. De início, cumpre esclarecer que o índice de correção total periodicamente aplicado pela Previdência Social nos seus benefícios nem sempre corresponde apenas à inflação apurada no período, podendo haver outros componentes, como o ganho real. A previsão estatutária da entidade de previdência privada é de reajustamento do benefício de prestação continuada justamente para manter o poder aquisitivo que possuía antes de ser desgastado pela inflação, e não para conceder ganhos reais aos assistidos. De fato, a elevação do aporte financeiro demanda uma elevação proporcional na oneração de seus contribuintes, tendo em vista a dinâmica do regime de capitalização, ínsito à previdência privada. Assim, eventual determinação de pagamento de valores sem respaldo em plano de custeio implica desequilíbrio econômico atuarial da entidade de previdência privada, a prejudicar a universalidade dos participantes e assistidos, o que fere o princípio da primazia do interesse coletivo do plano. Vale assinalar, por pertinente, que se deve garantir a irredutibilidade do benefício suplementar contratado, e não a concessão de ganhos reais ao participante, sobretudo se isso comprometer o equilíbrio atuarial do fundo de previdência privada. Logo, não se revela possível a extensão dos aumentos reais concedidos pela previdência oficial ao benefício suplementar quando não houver fonte de custeio correspondente. Ademais, o objetivo do fundo de previdência complementar não é propiciar ganho real ao trabalhador aposentado, mas manter o padrão de vida para o assistido semelhante ao que desfrutava em atividade, devendo, para tanto, gerir os numerários e as reservas consoante o plano de benefícios e os cálculos atuariais. Precedente citado: REsp 1.414.672-MG, Quarta Turma, DJe 3/2/2014. REsp 1.510.689-MG, Rel. Min. Ricardo Villas Bôas Cueva, julgado em 10/3/2015, DJe 16/3/2015".

A tese foi confirmada pela 2ª Seção do STJ: REsp 1.564.070-MG, **Rel. Min. Luis Felipe Salomão, Segunda Seção, por unanimidade, julgado em 22/3/2017, DJe 18/4/2017. (Tema 941) – Nos planos de benefícios de previdência complementar administrados por entidade fechada, a previsão regulamentar de reajuste, com base nos mesmos índices adotados pelo Regime Geral de Previdência Social, não inclui a parte correspondente a aumentos reais.**

Entende o STJ que inexiste direito adquirido à manutenção do índice de correção monetária, sendo que a alteração do índice pelo Regulamento alcança até os benefícios já concedidos:

> "INFORMATIVO 574-DIREITO CIVIL E PREVIDENCIÁRIO. ALCANCE DE ALTERAÇÃO DO INDEXADOR DE CORREÇÃO MONETÁRIA DE APOSENTADORIA COMPLEMENTAR PREVISTO NO PLANO DE BENEFÍCIOS. **A alteração no regulamento referente ao plano de benefícios de previdência privada que substituir o indexador IGP-DI pelo INPC para fins de correção monetária da aposentadoria complementar alcança o assistido – "o participante ou seu beneficiário em gozo de benefício de prestação continuada" (art. 8º, II, da LC n. 109/2001) -, devendo o novo índice incidir integralmente a partir de sua vigência, e não apenas nos períodos em que o indexador for mais vantajoso ao assistido...** Todavia, quando se tratar de normas alteradoras da sistemática de correção monetária, não poderão ser invocados os institutos protetores do direito adquirido e do ato jurídico perfeito. Isso porque não há direito adquirido a determinado índice de correção monetária, mas sim ao benefício previdenciário complementar em si mesmo e à efetiva atualização monetária de seu valor. Diante disso, revela-se possível a substituição de um indexador por outro, desde que idôneo para medir a inflação, recompondo a obrigação contratada. Caso seja adotado um índice inadequado para atualizar as verbas previdenciárias suplementares, com o passar do tempo, substanciais prejuízos ocorrerão ao assistido, que perderá gradualmente o seu poder aquisitivo com a corrosão da moeda, dando azo ao desequilíbrio contratual. Além disso, restará frustrado o objetivo principal da Previdência Complementar, que é propiciar ao inativo padrão de vida semelhante ao que desfrutava em atividade. Especificamente quanto à legalidade da substituição do IGP-DI para o INPC para fins de correção monetária da aposentadoria complementar, sabe-se que o INPC é indexador tão eficaz para medir a desvalorização da moeda quanto o IGP-DI. Ambos são índices gerais de preços de ampla publicidade, sendo aptos a mensurar a inflação no mercado de consumo e corrigir os benefícios da previdência privada. REsp 1.463.803-RJ, **Rel. Min. Ricardo Villas Bôas Cueva, julgado em 24/11/2015, DJe 2/12/2015".**

A jurisprudência do STJ, no julgamento do Recurso Especial 1.121.719, de 15.03.2011, com base na Lei 6.024/74 (artigo 36), admitiu a penhora dos bens de administrador suspeito de gestão fraudulenta de instituição financeira, sendo "irrelevante o fato de os valores em fundo de plano de previdência privada terem sido depositados antes de o recorrente ter ingressado na gestão do Banco Santos, na qual permaneceu por apenas cinquenta e dois dias. O saldo de depósito em PGBL – Plano Gerador de Benefício Livre não ostenta nítido caráter alimentar, constituindo aplicação financeira de longo prazo, de relevante natureza de poupança previdenciária, porém susceptível de penhora. O mesmo sucede com valores em caderneta de poupança e outros tipos de aplicações e investimentos, que, embora possam ter originalmente natureza alimentar, provindo de remuneração mensal percebida pelo titular, perdem essa característica no decorrer do tempo, justamente porque não foram utilizados para manutenção do empregado e de sua família no período em que auferidos, passando a se constituir em investimento ou poupança".

4. AS ENTIDADES FECHADAS E OS SEUS PLANOS DE BENEFÍCIOS

Os planos de previdência fechada são socialmente e economicamente relevantes para o país, tendo a função de manter o padrão de vida dos beneficiários, ante a limitação do RGPS, contando atualmente com cerca de 2,7 milhões de participantes e assistidos e administrando 442 bilhões de reais de ativos totais, ao tempo em que pagam cerca de 700 mil aposentadorias e pensões, conforme informado em publicação do extinto Ministério da Previdência Social[12].

As entidades fechadas ou fundos de pensão organizar-se-ão sob a forma de **fundação ou sociedade** (*rectius* associação) **civil, sem fins lucrativos**, devendo manter estrutura mínima composta por conselho deliberativo, conselho fiscal e diretoria-executiva.

Deverá o estatuto do ente fechado prever, ao menos, a composição do conselho fiscal e do deliberativo com 1/3 de participantes e assistidos.

Tem como **objeto a administração e execução de planos de benefícios de natureza previdenciária, vedada às entidades fechadas a prestação de quaisquer serviços que não estejam no âmbito de seu objeto**, salvo o disposto no artigo 76, da LC 109/2001[13].

Apenas as entidades fechadas que não exijam contribuição dos beneficiários serão alcançadas pela *imunidade tributária* **(impostos)** que favorece as entidades de assistência social, nos termos da **Súmula 730, do STF**:

> "**Súmula 730** – A imunidade tributária conferida a instituições de assistência social sem fins lucrativos pelo art. 150, VI, c, da Constituição, somente alcança as entidades fechadas de previdência social privada se não houver contribuição dos beneficiários".
>
> "Na linha da jurisprudência desta Corte, a inexistência de contribuição, por parte dos prestadores de serviço, para obtenção de benefícios de previdência privada fechada, conduz ao reconhecimento do direito à imunidade tributária. Conforme vários casos análogos, incide, na espécie, o enunciado da Súmula 730 desta Corte". [**RE 766.352 AgR-segundo**, rel. min. **Rosa Weber**, 1ª T, j. 9-4-2014, **DJE** 82 de 30-4-2014.]

Serão *PATROCINADORES* a empresa ou grupo de empresas, assim como a União, os Estados, o Distrito Federal e os Municípios que instituam para seus empregados e servidores planos de previdência privada por intermédio de entidade fechada.

Já os *INSTITUIDORES* são as pessoas jurídicas de caráter profissional, classista ou setorial, que instituam para os seus associados ou membros planos de benefícios previdenciários privados através de entidade fechada.

Poderão ser instituidores[14]:

> I – os conselhos profissionais e entidades de classe nos quais seja necessário o registro para o exercício da profissão;
>
> II – os sindicatos, as centrais sindicais e as respectivas federações e confederações;
>
> III – as cooperativas que congreguem membros de categorias ou classes de profissões regulamentadas;

---

12. Reflexões e desafios. Brasília: MPS, 2009, p. 166.
13. Art. 76. As entidades fechadas que, na data da publicação desta Lei Complementar, prestarem a seus participantes e assistidos serviços assistenciais à saúde poderão continuar a fazê-lo, desde que seja estabelecido um custeio específico para os planos assistenciais e que a sua contabilização e o seu patrimônio sejam mantidos em separado em relação ao plano previdenciário.
14. Artigo 2º, parágrafo único, da Resolução 12/2002, do Conselho de Gestão da Previdência Complementar.

IV – as associações profissionais, legalmente constituídas;

V – outras pessoas jurídicas de caráter profissional, classista ou setorial, não previstas nos incisos anteriores, desde que autorizadas pelo órgão fiscalizador.

O instituidor que requerer a constituição de entidade fechada de previdência complementar deverá comprovar que:

I – congrega, no mínimo, mil associados ou membros de categoria ou classe profissional, em seu âmbito de atuação;

II – possui registro regular, na condição de pessoa jurídica de caráter profissional, classista ou setorial, há pelo menos três anos.

O funcionamento da entidade fechada de previdência complementar dar-se-á com o início da arrecadação das contribuições, após atingido o número mínimo de quinhentos participantes no plano de benefícios instituído, podendo a Secretaria de Previdência Complementar, excepcionalmente, autorizar o início do funcionamento da entidade sem que se tenha atingido o número mínimo de participantes referido, desde que atestada sua a viabilidade econômico-financeira por ocasião da análise do requerimento por esta encaminhada[15].

Os planos previdenciários fechados apenas serão acessíveis aos empregados e servidores dos patrocinadores, bem como aos associados ou membros dos instituidores. A legislação *equiparou* aos empregados ou associados os gerentes, diretores, conselheiros ocupantes de cargos eletivos e outros dirigentes de patrocinadores e instituidores.

No caso das entidades fechadas constituídas por instituidores é obrigatória a terceirização da gestão dos recursos garantidores das reservas técnicas e provisões mediante a contratação de instituição especializada autorizada e a adoção de planos na modalidade de contribuição definida.

Existem duas relações jurídicas previdenciárias independentes, embora conexas:

a) A relação entre a entidade de previdência privada fechada e o seu patrocinador ou instituidor;

b) A relação entre a entidade de previdência privada fechada e os participantes e assistidos.

Daí o patrocinador ser parte ilegítima para figurar no polo passivo de ação movida pelo assistido para rever benefício previdenciário do plano complementar, devendo a ação ser intentada contra a entidade fechada de previdência complementar, exceto se demonstrada a prática de ato ilícito pelo patrocinador, situação excepcional que poderá despertar a sua legitimidade passiva *ad causam*.

Nesse sentido, a correta tese repetitiva aprovada pela 2ª Seção do STJ:

PROCESSO	REsp 1.370.191-RJ, Rel. Min. Luis Felipe Salomão, Segunda Seção, por unanimidade, julgado em 13/06/2018, DJe 01/08/2018 (Tema 936)
RAMO DO DIREITO	DIREITO PREVIDENCIÁRIO, DIREITO PROCESSUAL CIVIL
TEMA	Previdência complementar fechada. Revisão de benefício previdenciário. Ilegitimidade passiva da patrocinadora. Eventual ato ilícito praticado pelo patrocinador. Exclusão do âmbito da matéria afetada. Tema 936.

15. Artigo 6º, da Resolução 12/2002, do Conselho de Gestão da Previdência Complementar.

DESTAQUE

O patrocinador não possui legitimidade passiva para litígios que envolvam participante/assistido e entidade fechada de previdência complementar, ligados estritamente ao plano previdenciário, como a concessão e a revisão de benefício ou o resgate da reserva de poupança, em virtude de sua personalidade jurídica autônoma. Não se incluem, no âmbito da matéria afetada, as causas originadas de eventual ato ilícito, contratual ou extracontratual, praticado pelo patrocinador.

Demais disso, ainda existe uma relação jurídica de cunho trabalhista entre o empregador (patrocinador) e o empregado e outra de natureza associativa entre o participante e a entidade instituidora (entidade profissional, associação ou sindicato).

Caso haja rompimento da relação contratual entre a empresa patrocinadora e a entidade de previdência privada patrocinada, não haverá rescisão do contrato entre o participante/assistido e a entidade previdenciária, pois se cuida de outra relação jurídica, muito embora esta relação possa ser afetada e precise ser reajustada em razão da cessação das contribuições do patrocinador.

Nesse sentido, veja-se didática passagem do Informativo 510 do STJ:

> **"DIREITO CIVIL. COMPLEMENTAÇÃO DE APOSENTADORIA POR ENTIDADE FECHADA DE PREVIDÊNCIA PRIVADA. INADIMPLÊNCIA DA PATROCINADORA. IMPOSSIBILIDADE DE SUPRESSÃO DO PAGAMENTO DO BENEFÍCIO AO ASSISTIDO.**
>
> Não é possível a supressão do pagamento de complementação de aposentadoria de empregado já aposentado, que cumpriu devidamente as condições pactuadas com a entidade fechada de previdência privada para a obtenção do benefício, quando o motivo ensejador do corte é a denúncia do convênio firmado entre a referida entidade e a patrocinadora, em face do inadimplemento desta. O empregado, ao aderir ao plano de benefícios oferecido pela entidade de previdência complementar patrocinada por seu empregador, passa a contribuir para ter direito ao recebimento dos benefícios quando do preenchimento das condições previstas no regulamento do respectivo plano. Nesse contexto, pode-se reconhecer a existência de duas relações jurídicas distintas firmadas pela entidade de previdência complementar: uma com a instituição patrocinadora do fundo, outra com o empregado. Assim, não pode este, já na condição de assistido, assumir o ônus de não mais receber os benefícios de complementação de aposentadoria a que tem direito na relação jurídica estabelecida com a entidade previdenciária, quando o inadimplemento ocorreu por parte da ex-empregadora e patrocinadora, que não repassou à referida entidade as contribuições devidamente pagas pelo empregado e, dessa forma, descumpriu o acordo firmado no convênio de adesão. Ademais, a entidade de previdência privada deve constituir reservas para garantir o adimplemento dos benefícios contratados, conforme dispõe o art. 202, caput, da CF e a LC n. 109/2001. Há, inclusive, previsão neste diploma legal de, em caso de insuficiência de recursos para pagamento dos benefícios, ser autorizada a intervenção ou liquidação extrajudicial da entidade previdenciária com a finalidade de se resguardar os direitos dos participantes e assistidos. **REsp 1.242.267-ES**, Rel. Min. Raul Araújo, julgado em 4/12/2012".

De acordo com os planos oferecidos, as entidades fechadas poderão ser qualificadas em:

a) **De plano comum**, quando administram planos ou conjunto de planos acessíveis ao universo de participantes;

b) **Com multiplano**, quando administram planos ou conjunto de planos de benefícios para diversos grupos de participantes, com independência patrimonial.

Conforme os patrocinadores ou instituidores, os entes fechados ainda poderão ser qualificados:

a) **Singulares**, quando estiverem vinculados a apenas um patrocinador ou instituidor;

b) **Multipatrocinados**, quando congregarem mais de um patrocinador ou instituidor.

Compete à **PREVIC – Superintendência Nacional de Previdência Complementar** a fiscalização e supervisão das atividades das entidades fechadas de previdência complementar e execução das políticas para o regime de previdência complementar operado pelas entidades fechadas de previdência complementar, sendo uma autarquia federal vinculada ao extinto Ministério da Previdência Social, criada pela Lei 12.154/2009[16].

Com o advento da Lei 13.341/2016, a pasta previdenciária restou transferida para o Ministério da Fazenda, sendo a PREVIC vinculada a este órgão, tendo sido o Ministério do Trabalho e Previdência Social transformado em Ministério do Trabalho. Em 2019, a supervisão ministerial da PREVIC passou para o Ministério da Economia (Decreto federal 9.660/2019, que regulamentou a reforma ministerial).

Anteriormente, essa função era atribuída à Secretaria de Previdência Complementar (fiscalização) e ao Conselho de Gestão da Previdência Complementar (regulamentação), observada a regra de transição do artigo 58, da Lei 12.154/2009[17].

Com o advento da Lei 12.154/09, o Conselho de Gestão da Previdência Complementar passou a se chamar Conselho Nacional de Previdência Complementar.

Como bem sintetizado em publicação do extinto Ministério da Previdência Social[18], com o novo regramento, a regulamentação dos entes fechados de previdência pode ser sintetizado da seguinte maneira:

- **Conselho Nacional de Previdência Complementar – CNPC**: órgão responsável pela regulação das atividades de previdência complementar;
- **Superintendência Nacional de Previdência Complementar – PREVIC**: autarquia responsável pelas: fiscalização; autorização para constituição e funcionamento de planos de benefícios e de entidades fechadas de previdência; apuração e julgamento das infrações, bem como aplicação das penalidades; promoção da mediação e conciliação dos interesses dos fundos de pensão, dos patrocinadores e dos participantes e assistidos;
- **Câmara de Recursos da Previdência Complementar – CRPC**: funcionará como instância recursal e de julgamento das decisões relativas às penalidades aplicadas pela PREVIC;
- **Secretaria de Política de Previdência Complementar – SPPC/MPS**: o órgão responsável pela formulação da política de previdência complementar, vinculada atualmente ao Ministério da Fazenda.

16. A PREVIC chegou a ser criada pela MP 233/2004, que caducou no Congresso Nacional.

17. Art. 58. Até que sejam publicados os regulamentos referentes à entidade e aos órgãos colegiados de que tratam os arts. 1º, 14 e 15, a Secretaria de Previdência Complementar e o Conselho de Gestão da Previdência Complementar continuarão desempenhando suas atribuições em conformidade com a legislação vigente na data anterior à da publicação desta Lei.

18. Reflexões e desafios. Brasília: MPS, 2009, p. 182/183.

Atualmente, após a reforma ministerial de 2019, o Instituto Nacional do Seguro Social – INSS e a PREVIC passaram a ser vinculados ao Ministério da Economia, assim como os seguintes órgãos previdenciários:

- **o Conselho Nacional de Previdência Complementar;**
- **a Câmara de Recursos da Previdência Complementar;**
- o Conselho Nacional de Previdência;
- o Conselho de Recursos da Previdência Social.

Nos termos do Decreto 7.123/2010, ao **CNPC**, colegiado integrante da estrutura básica do Ministério da Previdência Social, **cabe exercer a função de órgão regulador do regime de previdência complementar operado pelas entidades fechadas de previdência complementar.**

As deliberações do CNPC serão consubstanciadas em resoluções ou recomendações e as da CRPC em decisões.

Já à **CRPC**, órgão recursal colegiado no âmbito do extinto Ministério da Fazenda, **compete apreciar e julgar, encerrando a instância administrativa, os recursos interpostos contra decisão da Diretoria Colegiada da Superintendência Nacional de Previdência Complementar – Previc:**

I – sobre a conclusão dos relatórios finais dos processos administrativos iniciados por lavratura de auto de infração ou instauração de inquérito, com a finalidade de apurar responsabilidade de pessoa física ou jurídica, e sobre a aplicação das penalidades cabíveis; e

II – sobre as impugnações referentes aos lançamentos tributários da Taxa de Fiscalização e Controle da Previdência Complementar – Tafic.

No âmbito da PREVIC, nos termos da Instrução 10/2014, restou instalada a **Comissão de Mediação, Conciliação e Arbitragem – CMCA**, que funciona de acordo com as regras estabelecidas no Regulamento de Mediação, Conciliação e Arbitragem, considerando que a autarquia possui competência legal para funcionar como instituição arbitral, ao lado dos árbitros e instituições arbitrais já existentes ou que venham a ser constituídas, sendo a autarquia, nesta matéria, mais uma opção à disposição do sistema de previdência complementar fechada.

Com propriedade, os planos de benefícios das entidades fechadas poderão ser instituídos por patrocinadores e instituidores, sendo **obrigatório o regime financeiro de capitalização para os benefícios de pagamento em prestações que sejam programadas e continuadas**.

Vale ressaltar que os **planos de benefícios devem ser, obrigatoriamente, oferecidos a *todos* os empregados dos patrocinadores ou associados dos instituidores**.

As alterações processadas nos regulamentos dos planos aplicam-se a todos os participantes das entidades fechadas, a partir de sua aprovação pelo órgão regulador e fiscalizador, observado o direito acumulado de cada participante.

Apenas restará caracterizado o direito adquirido quando o participante tiver preenchido todos os requisitos de elegibilidade do benefício antes da alteração regulamentar. Nesse sentido, o STJ:

> **Informativo 542 – "DIREITO CIVIL E PREVIDENCIÁRIO. POSSIBILIDADE DE A REVISÃO DE PLANO DE BENEFÍCIOS DE PREVIDÊNCIA PRIVADA ATINGIR QUEM AINDA NÃO PREENCHEU TODOS OS REQUISITOS PARA APOSENTADORIA.**

A alteração regulamentar que implique a instituição do denominado "INSS Hipotético" para o cálculo de benefício pode alcançar todos os participantes do plano de previdência privada que ainda não atingiram todas as condições estabelecidas para elegibilidade previstas no regulamento, não havendo direito adquirido do beneficiário às normas do regulamento vigente na ocasião da adesão à relação contratual. Na previdência privada, o sistema de capitalização constitui pilar de seu regime – baseado na constituição de reservas que garantam o benefício contratado –, o qual é de adesão facultativa e de organização autônoma em relação ao regime geral de previdência social. Nessa linha, os planos de benefícios de previdência complementar são previamente aprovados pelo órgão público fiscalizador, de adesão facultativa, devendo ser elaborados com base em cálculos matemáticos, embasados em estudos de natureza atuarial, e, ao final de cada exercício, devem ser reavaliados, de modo a prevenir ou mitigar prejuízos aos participantes e beneficiários do plano (art. 43 da ab-rogada Lei 6.435/1977 e art. 23 da LC 109/2001). Os regulamentos dos planos de benefícios, evidentemente, podem ser revistos em caso de apuração de déficit ou superávit decorrentes de projeção atuarial que, no decorrer da relação contratual, não se confirme, pois no regime fechado de previdência privada há um mutualismo, com explícita submissão ao regime de capitalização. Os desequilíbrios verificados, isto é, a não confirmação de premissa atuarial decorrente de fatores diversos – até mesmo exógenos, como por exemplo a variação da taxa de juros que remunera os investimentos –, resultando em eventuais superávits ou déficits verificados no transcurso da relação contratual, repercutem para o conjunto de participantes e beneficiários. **Dessa forma, os vigentes arts. 17, parágrafo único, e 68, § 1º, da LC 109/2001 dispõem que as alterações processadas nos regulamentos dos planos aplicam-se a todos os participantes das entidades fechadas, a partir de sua aprovação pelo órgão público fiscalizador, só sendo os benefícios considerados direito adquirido do participante a partir da implementação de todas as condições estabelecidas para elegibilidade consignadas no regulamento vigente do respectivo plano de previdência privada complementar. REsp 1.184.621-MS**, Rel. Min. Luis Felipe Salomão, julgado em 24/4/2014".

Informativo 544 – "DIREITO CIVIL E PREVIDENCIÁRIO. REVISÃO DE BENEFÍCIO APÓS A MIGRAÇÃO ENTRE PLANOS DE PREVIDÊNCIA PRIVADA.

Havendo transação prevendo a migração de participante ou assistido para outro plano de benefícios de previdência privada, em termos previamente aprovados pelo órgão público fiscalizador, não há direito adquirido consistente na invocação do regulamento do plano primitivo para revisão do benefício complementar, sobretudo se, ao tempo da transação, ainda não forem preenchidas todas as condições para a implementação do benefício previsto no regulamento primitivo. Incialmente, a doutrina esclarece que, com a homologação da transação, há "destruição de toda a relação jurídica", por isso o "que persiste – no terreno do direito material – é a transação, negócio jurídico". Ademais, a teor do art. 1.026 do CC/1916 (correspondente ao art. 848 do CC/2002), sendo nula qualquer das cláusulas da transação, nula será esta. Com efeito, apenas mediante o ajuizamento de ação anulatória prevista no art. 486 do CPC, voltada à desconstituição de atos processuais inquinados de qualquer das nulidades estabelecidas nos arts. 145 e 147 do CC/1916 (similares aos arts. 166 e 171 do CC/2002), poderá o interessado obter a revogação de quaisquer atos praticados no desenrolar de procedimento judicial, bem como da sentença homologatória da transação. Uma vez acolhido o pedido anulatório, produzir-se-á o exclusivo e específico efeito de desfazer esse ato, a que corresponde a restituição do interessado ao statu quo ante, ou seja, à situação anterior à sua realização. Ademais, o STJ entende que a transação, com observância das exigências legais, sem demonstração de qualquer vício, é ato jurídico perfeito e acabado, não podendo o simples arrependimento unilateral de uma das partes dar ensejo à anulação do acordo (REsp 617.285-SC, Quarta Turma, DJ 5/12/2005). Além do mais, quanto à possível invocação do diploma consumerista, é de observar que "o ponto de partida do CDC é a afirmação do Princípio da Vulnerabilidade do Consumidor, mecanismo que visa a garantir igualdade formal-material aos sujeitos da relação jurídica de consumo, o que não quer dizer compactuar com exageros" (REsp 586.316-MG, Segunda Turma, DJe 19/3/2009).

Com efeito, ainda que perfilhado o entendimento acerca da incidência do CDC, é bem de ver que suas regras, valores e princípios são voltados a conferir equilíbrio às relações contratuais, de modo que, ainda que fosse constatada alguma nulidade da transação, evidentemente implicaria o retorno ao statu quo ante, não podendo, em hipótese alguma, resultar em enriquecimento a qualquer das partes. Noutro giro, a doutrina preceitua que a migração de planos de benefícios geridos pela mesma entidade fechada de previdência privada ocorre num contexto de amplo redesenho da relação contratual previdenciária, com o concurso de vontades do patrocinador, da entidade fechada de previdência complementar, por meio de seu conselho deliberativo, e autorização prévia da Previc (que sucedeu a Secretaria de Previdência Complementar, no tocante à atribuição legal de fiscalização e supervisão das entidades de previdência privada fechada). De mais a mais, havendo a migração de plano de benefícios de previdência privada, não há falar em invocação do regulamento do plano de benefícios primitivo, vigente por ocasião da adesão do participante à relação contratual. Na hipótese em foco, à luz da ab-rogada Lei 6.435/1977 e da LC 109/2001, verifica-se que a legislação de regência, visando ao resguardado do equilíbrio financeiro e atuarial do plano de custeio, sempre previu a possibilidade de alteração do regulamento do plano de benefícios, inclusive dos valores das contribuições e benefícios. **Por isso, a teor do parágrafo único do art. 17 e do § 1º do art. 68, ambos da LC 109/2001, só há falar em direito adquirido na ocasião em que o participante preenche todas as condições para o recebimento do benefício, tornando-se elegível ao benefício.** Além disso, esses mesmos artigos dispõem expressamente que as alterações processadas nos regulamentos dos planos de benefícios aplicam-se a todos os participantes das entidades fechadas, a partir de sua aprovação pelo órgão regulador e fiscalizador, só sendo considerado direito adquirido do participante os benefícios, a partir da implementação de todas as condições estabelecidas para elegibilidade consignadas no regulamento do respectivo plano. **REsp 1.172.929-RS**, Rel. Min. Luis Felipe Salomão, julgado em 10/6/2014".

PROCESSO	REsp 1.435.837-RS, Rel. Min. Paulo de Tarso Sanseverino, Rel. Acd. Min. Ricardo Villas Bôas Cueva, Segunda Seção, por maioria, julgado em 27/02/2019, DJe 07/05/2019 (Tema 907)
RAMO DO DIREITO	DIREITO PREVIDENCIÁRIO
TEMA	Previdência privada. Aposentadoria complementar. Concessão. Cálculo da renda mensal inicial. Regulamento da época do preenchimento dos requisitos do benefício. **Tema 907**.
DESTAQUE	
O **regulamento aplicável** ao participante de plano fechado de previdência privada para fins de cálculo da renda mensal inicial do benefício complementar é aquele **vigente no momento da implementação das condições de elegibilidade**, haja vista a natureza civil e estatutária, e não o da data da adesão, assegurado o direito acumulado. Esse entendimento se aplica a quaisquer das modalidades de planos de benefícios, como os Planos de Benefício Definido (BD), os Planos de Contribuição Definida (CD) e os Planos de Contribuição Variável (CV).	

Nos termos da Resolução MPS/CGPC 26/2008, considera-se como **revisão do plano de benefícios** a sua readequação visando restabelecer seu equilíbrio econômico-financeiro e atuarial, que poderá se dar em decorrência da apuração de superávit ou de déficit poderá ser realizada por meio da adequação do seu plano de custeio ou dos benefícios oferecidos no regulamento do plano de benefícios.

De efeito, a apuração do resultado do plano de benefícios de caráter previdenciário dar-se-á mediante o levantamento de suas demonstrações contábeis e de sua avaliação atuarial, ao final de cada exercício, coincidente com o ano civil.

A formalização da condição de patrocinador ou instituidor de um plano de benefício dar-se-á mediante **convênio de adesão** a ser celebrado entre o patrocinador ou instituidor e a entidade fechada, em relação a cada plano de benefícios por esta administrado e executado, mediante prévia autorização do órgão regulador e fiscalizador.

É plenamente possível a **retirada do patrocinador**, assim considerada o encerramento da relação contratual existente entre o patrocinador que se retira e a respectiva entidade fechada, formalizada no termo de retirada de patrocínio e aprovada pela PREVIC, relativamente a determinado plano de benefícios de natureza previdenciária e aos respectivos participantes e assistidos, seja o plano estabelecido na modalidade de benefício definido, contribuição definida, contribuição variável ou outra que venha a ser regulamentada, nos termos da Resolução MPS/CNPC 11/2013.

O plano de benefícios alcançado pela retirada de patrocínio, independentemente de sua modalidade, será mantido em funcionamento, com o cumprimento de todas as suas obrigações, até a data do cálculo[19], incluindo-se:

I – a concessão e o pagamento de benefícios e dos institutos da portabilidade, benefício proporcional diferido, autopatrocínio e resgate; e

II – o aporte de contribuições pelos participantes, assistidos e patrocinador que se retira, cabendo a este o cumprimento da totalidade dos seus compromissos assumidos com a entidade fechada e com o plano de benefícios relativamente aos direitos dos participantes, assistidos e obrigações legais, inclusive no tocante à quitação de dívidas e contribuições em atraso.

Ademais, fica vedada a adesão de novos participantes a partir da data de protocolo[20], independentemente de aprovação de novo regulamento pela PREVIC, salvo no caso de a proposta de retirada de patrocínio não ser autorizada, quando a vedação para novas adesões perderá seu efeito.

Por sua vez, ressalvadas as condições estabelecidas no termo de retirada de patrocínio e as obrigações relativas ao período de patrocínio, a retirada de patrocínio determinará a cessação de toda e qualquer responsabilidade do patrocinador para com a entidade fechada e os participantes e assistidos.

A retirada do patrocínio poderá ser:

a) **Total,** se dará quando não remanescer no plano nenhum patrocinador, resultando no encerramento do plano de benefícios e cancelamento de seu registro junto à Previc;

b) **Parcial,** se dará quando remanescer no plano de benefícios algum patrocinador e grupos de participantes ou assistidos.

---

19. **Data do cálculo**, correspondente ao último dia do mês em que ocorrer a data de autorização, momento em que os cálculos serão posicionados visando mensurar os direitos e obrigações das partes em face da retirada de patrocínio, substituindo os valores calculados referencialmente na data-base, restando encerrada a relação de patrocínio a partir dessa data.

20. **Data de protocolo**, aquela em que a entidade fechada protocolará o pedido de retirada de patrocínio junto à Superintendência Nacional de Previdência Complementar – Previc, não podendo ser superior a cento e oitenta dias da **data-base** (aquela em que serão posicionados os cálculos referenciais que servirão para a instrumentalização do processo de retirada de patrocínio, fixada pelo órgão estatutário da entidade fechada, com a prévia e formal concordância do patrocinador, respeitado o prazo não superior a sessenta dias, a contar da data de recebimento da notificação formal do patrocinador solicitando a retirada de patrocínio).

Na hipótese de retirada parcial de patrocínio, poderão permanecer no plano os assistidos e os participantes que optarem pelo autopatrocínio ou pelo benefício proporcional diferido ou que já estejam nestas condições, desde que haja concordância dos demais patrocinadores.

A retirada do patrocínio dar-se-á por iniciativa do patrocinador, o qual deverá notificar a entidade fechada, na pessoa de seu representante legal, apresentando a correspondente exposição de motivos; ou por iniciativa da entidade fechada, mediante pedido de rescisão de convênio de adesão, hipótese em que deverá ser apresentada a motivação e a documentação comprobatória do descumprimento, pelo patrocinador, de obrigações previstas no convênio de adesão em relação ao plano de benefícios.

Demais disso, na apuração do resultado patrimonial decorrente da avaliação atuarial de retirada de patrocínio serão considerados os valores correspondentes à reserva de contingência, à reserva especial, aos fundos previdenciais e ao fundo administrativo, observado o disposto no regulamento do plano de gestão administrativa da entidade fechada.

Outrossim, para fins de equacionamento de eventual insuficiência deverão ser identificados quais os montantes atribuíveis aos participantes e assistidos, de um lado, e ao patrocinador, de outro, observada a proporção contributiva do período em que ocorreu sua constituição, a partir das contribuições normais vertidas nesse período.

De sua vez, caso haja prévia concordância da entidade fechada, fundamentada em estudos de viabilidade técnica, deverá ser solicitada à Previc, na data de protocolo, a **criação de plano instituído por opção.**

Já os participantes e assistidos exercerão seu direito de opção, individualmente, em relação ao montante dos recursos que lhes couber:

I – pela adesão ao plano instituído por opção, quando cabível, mediante prévia e expressa manifestação individual;

II – por sua transferência para outro plano de benefícios de caráter previdenciário, observadas as disposições legais aplicáveis;

III – pelo seu recebimento em parcela única; e

IV – pela combinação das opções previstas nos incisos II e III.

Admitir-se-á **solidariedade** entre patrocinadores ou entre instituidores, com relação aos respectivos planos, **desde que expressamente prevista no convênio de adesão**.

De acordo com o STJ, **o benefício de previdência privada fechada é excluído da partilha em dissolução de união estável regida pela comunhão parcial de bens** (Informativo 606):

> "Cinge-se a controvérsia a identificar se o benefício de previdência privada fechada inclui-se dentro do rol das exceções do art. 1.659, VII, do CC/2002 e, portanto, é verba excluída da partilha em virtude da dissolução de união estável, que observa, em regra, o regime da comunhão parcial dos bens. Inicialmente, cumpre observar que a previdência complementar fechada possui natureza análoga aos institutos das pensões, meios-soldos, montepios, incluindo-se, por isso, nos termos "outras rendas" do art. 1.659, VII, do CC/2002. Ademais, observa-se que as entidades fechadas de previdência complementar, diferentemente das abertas, disponibilizam os planos de benefícios de natureza previdenciária apenas aos empregados atrelados a uma empresa ou grupo de empresas, sem se confundir, contudo, com relação laboral. Além disso, não faria sentido possibilitar a partilha do benefício, visto que o princípio nuclear da previdência complementar fechada é justamente o equilíbrio financeiro e atuarial. Não se pode negar que esse equilíbrio, preceito elementar e inerente ao sistema previdenciário, é permeado de cálculos extremamente complexos, que consideram para

a saúde financeira da entidade, inúmeras variáveis, tais como a expectativa de vida, o número de participantes, o nível de remuneração atual e o percentual de substituição do benefício complementar. Acrescer o regime de casamento ao cálculo desequilibraria o sistema como um todo, criando a exigência de que os regulamentos e estatutos das entidades previdenciárias passassem a considerar o regime de bens de união estável ou casamento dos participantes no cálculo atuarial, o que não faz o menor sentido por não se estar tratando de uma verba tipicamente trabalhista, mas, sim, de pensão, cuja natureza é distinta. Aliás, destaca-se que tal verba não pode sequer ser levantada ou resgatada ao bel prazer do participante, que deve perder o vínculo empregatício com a patrocinadora ou completar os requisitos para tanto, sob pena de violação de normas previdenciárias e estatutárias. Por fim, ressalta-se que a alegada obrigação de partilha não encontra correspondente na aposentadoria pública, benefício pago pelo INSS, que não é incluído, em regra, na meação como "bem", em razão da incomunicabilidade da verba". **REsp 1.477.937-MG, Rel. Min. Ricardo Villas Bôas Cueva, por unanimidade, julgado em 27/4/2017, DJe 20/6/2017.**

Os planos de benefícios deverão prever os seguintes institutos:

a) **Benefício proporcional diferido**, em razão da cessação do vínculo empregatício com o patrocinador ou associativo com o instituidor antes da aquisição do direito ao benefício pleno, a ser concedido quando cumpridos os requisitos de elegibilidade.

Outrossim, para fazer jus ao benefício proporcional diferido, será necessário cumprimento da carência de até três anos de vinculação do participante ao plano de benefícios.

Este instituto é regulado pela Resolução 06/2003 do Conselho de Gestão da Previdência Complementar, que revogou a Resolução 09/2002.

De acordo com o artigo 2º da Resolução 06/2003, do Conselho de Gestão da Previdência Complementar, é o instituto que faculta ao participante, em razão da cessação do vínculo empregatício com o patrocinador ou associativo com o instituidor e antes da aquisição do direito ao benefício pleno, optar por receber, em tempo futuro, o benefício decorrente dessa opção.

Vale registrar que a opção do participante pelo benefício proporcional diferido não impede posterior opção pela portabilidade ou resgate.

O benefício decorrente da opção pelo benefício proporcional diferido será atuarialmente equivalente à totalidade da reserva matemática do benefício pleno programado na data da opção, observado como mínimo o valor equivalente ao resgate.

b) **Portabilidade do direito acumulado pelo participante para outro plano**, *apenas devida na hipótese de cessação de vínculo empregatício com o empregador*, observada a carência de até três anos de vinculação do participante ao plano de benefícios.

Cuida-se do instituto que faculta ao participante, nos termos da lei, portar os recursos financeiros correspondentes ao seu direito acumulado para outro plano de benefícios operado por entidade de previdência complementar ou sociedade seguradora autorizada a operar planos de benefícios de previdência complementar, sendo um direito inalienável do participante, vedada a sua cessão sob qualquer forma, a teor do artigo 10, da Resolução 06/2003, do Conselho de Gestão da Previdência Complementar.

Poderá se operar a portabilidade para outra entidade fechada ou mesmo aberta, mas neste último caso apenas para contratação de renda mensal vitalícia ou por prazo determinado, que não poderá ser inferior ao período em que a reserva foi constituída, no mínimo de 15 anos, utilizando-se a integralidade dos recursos financeiros correspondentes ao direito acumulado do participante.

A portabilidade não caracteriza resgate, não podendo o participante receber os recursos diretamente, sendo correspondente às reservas constituídas pelo participante ou à reserva matemática[21], o que lhe for mais favorável.

É um direito do participante, **vedada a sua cessão sob qualquer forma, exercível de maneira irrevogável e irretratável**[22].

c) **Resgate da totalidade das contribuições vertidas ao plano pelo participante, descontadas as parcelas do custeio administrativo**, na forma regulamentada.

De acordo com a **Súmula 289 do STJ, "a restituição das parcelas pagas a plano de previdência privada deve ser objeto de correção plena, por índice que recomponha a efetiva desvalorização da moeda".**

Conforme já decidiu o STJ, "o beneficiário do plano de previdência complementar tem direito à devolução da totalidade das contribuições vertidas pessoalmente quando de seu desligamento, corrigidas monetariamente por índice que recomponha a efetiva desvalorização da moeda, **mesmo que o estatuto assim não preveja**, sob pena de configurar enriquecimento ilícito da entidade de previdência privada"[23] (g.n.).

Ainda de acordo com o STJ, "é devida a restituição da denominada reserva de poupança a ex-participantes de plano de benefícios de previdência privada, devendo ser corrigida monetariamente conforme os índices que reflitam a real inflação ocorrida no período, mesmo que o estatuto da entidade preveja critério de correção diverso, devendo ser incluídos os expurgos inflacionários (Súmula 289/STJ). **A atualização monetária das contribuições devolvidas pela entidade de previdência privada ao associado deve ser calculada pelo IPC, por ser o índice que melhor traduz a perda do poder aquisitivo da moeda"**[24].

Contudo, de acordo com a 2ª Seção do STJ, "a Súmula 289/STJ tem sua aplicação **restrita às hipóteses em que houver o definitivo rompimento do vínculo contratual** estabelecido entre o participante e a entidade de previdência complementar"[25].

De efeito, **a Segunda Seção desta Corte pacificou o entendimento no sentido de ser inaplicável a referida súmula (289) às hipóteses de migração de participantes de plano de benefícios de previdência complementar para outro plano dentro da mesma entidade, pois a migração, por meio de transação, envolve concessões recíprocas, com a transferência**

---

21. De acordo com o Dicionário de Termos Técnicos da Previdência Complementar Fechada, é o valor monetário que designa os compromissos da entidade fechada em relação a seus participantes em uma determinada data. Corresponde à soma da Reserva Matemática de Benefícios a Conceder e a Reserva Matemática de Benefícios Concedidos.
22. Artigo 10, da Resolução 06/2003, do Conselho de Gestão da Previdência Complementar.
23. AgRg no REsp 262.675, de 26.03.2009.
24. REsp1177973, de 14/11/2012, 2ª Seção.
25. Precedentes: AgInt no AREsp 526527/PR, Rel. Ministro RAUL ARAÚJO, QUARTA TURMA, julgado em 23/08/2016, DJe 09/09/2016; EDcl no REsp 1548821/DF, Rel. Ministro JOÃO OTÁVIO DE NORONHA, TERCEIRA TURMA, julgado em 23/06/2016, DJe 01/07/2016; EDcl no AgRg no REsp 1336910/RS, Rel. Ministro LUIS FELIPE SALOMÃO, QUARTA TURMA, julgado em 05/05/2016, DJe 11/05/2016; AgRg no Ag 1166363/SP, Rel. Ministro MARCO BUZZI, QUARTA TURMA, julgado em 15/03/2016, DJe 31/03/2016; AgRg nos EDcl no AREsp 602198/ SC, Rel. Ministro MARCO AURÉLIO BELLIZZE, TERCEIRA TURMA, julgado em 08/03/2016, DJe 28/03/2016; AgRg nos EAREsp 509379/SC, Rel. Ministro RICARDO VILLAS BÔAS CUEVA, SEGUNDA SEÇÃO, julgado em 28/10/2015, DJe 04/11/2015. (VIDE INFORMATIVO DE JURISPRUDÊNCIA N. 550).

das reservas de um plano de benefícios para outro da mesma entidade, auferindo-se, em contrapartida, certa vantagem, o que não se confunde com o resgate das contribuições[26].

Veja-se a tese repetitiva firmada pela 2ª Seção do STJ no julgamento do Recurso Especial 1551488 em 14/6/2017:

> "RECURSO ESPECIAL REPRESENTATIVO DE CONTROVÉRSIA. PREVIDÊNCIA COMPLEMENTAR E CONTRATO DE TRANSAÇÃO. MIGRAÇÃO E RESGATE. INSTITUTOS JURÍDICOS DIVERSOS, QUE NÃO SE CONFUNDEM. **A SÚMULA 289/STJ LIMITA-SE A DISCIPLINAR O INSTITUTO JURÍDICO DO RESGATE**, MEDIANTE O QUAL HÁ DESLIGAMENTO DO PARTICIPANTE DO REGIME JURÍDICO DE PREVIDÊNCIA COMPLEMENTAR, ANTES MESMO DE AUFERIR OS BENEFÍCIOS PACTUADOS. **TRANSAÇÃO PARA MIGRAÇÃO DE PLANO DE BENEFÍCIOS. CORREÇÃO MONETÁRIA DA RESERVA DE POUPANÇA E/OU DO BENEFÍCIO. EXPURGOS INFLACIONÁRIOS. INAPLICABILIDADE. NOS PLANOS DE BENEFÍCIOS ADMINISTRADOS PELAS ENTIDADES FECHADAS,** HÁ SOLIDARIEDADE NA DISTRIBUIÇÃO DOS RESULTADOS POSITIVOS OU NEGATIVOS. CONTRATO DE TRANSAÇÃO. NEGÓCIO JURÍDICO ONEROSO, UNITÁRIO E INDIVISÍVEL, TENDO POR ELEMENTO ESSENCIAL A RECIPROCIDADE DE CONCESSÕES.
>
> 1. As teses a serem firmadas, para efeito do art. 1.036 do CPC/2015 (art. 543-C do CPC/1973), são as seguintes: 1.1. Em caso de migração de plano de benefícios de previdência complementar, não é cabível o pleito de revisão da reserva de poupança ou de benefício, com aplicação do índice de correção monetária.
>
> 1.2. Em havendo transação para migração de plano de benefícios, em observância à regra da indivisibilidade da pactuação e proteção ao equilíbrio contratual, a anulação de cláusula que preveja concessão de vantagem contamina todo o negócio jurídico, conduzindo ao retorno ao statu quo ante.
>
> 2. No caso concreto, recurso especial provido".

Contudo, **o resgate apenas se refere às contribuições pagas de segurado, e não pelo patrocinador**, conforme ratificado pelo entendimento sumulado do STJ:

> **"Súmula: 290 – Nos planos de previdência privada, não cabe ao beneficiário a devolução da contribuição efetuada pelo patrocinador".**

Esta Súmula (publicada em 28.04.2004) foi aprovada em decisões à luz da legislação revogada (Lei 6.435/77). Contudo, continua sendo aplicada mesmo com o advento da LC 109/2001 que, em seu artigo 14, inciso III, somente prevê o resgate das contribuições dos participantes, silenciando sobre o resgate das contribuições do patrocinador.

Desta forma, entende-se que cabe ao plano de benefícios regular o tema, nada impedindo que possa autorizar o resgate também das contribuições do patrocinador em prol do participante.

Esta é a interpretação em sentido contrário que pode ser feita do artigo 26, da Resolução CGPC 06, de 30 de outubro de 2003, que diz que o "valor do resgate corresponde, no mínimo, à totalidade das contribuições vertidas ao plano de benefícios pelo participante, descontadas as parcelas do custeio administrativo que, na forma do regulamento e do plano de custeio, sejam de sua responsabilidade".

26. AgRg no AREsp 29505, de 20/10/2015.

Assim sendo, ao afirmar que o mínimo do valor do resgate será à totalidade das contribuições do participante, abatidas as parcelas administrativas, é possível concluir que o plano pode inserir as contribuições do patrocinador, total ou parcialmente, no direito de resgate.

Entrementes, caso silente o plano, ou se este vedar o resgate das contribuições do patrocinador, crê-se que deverá ser permitido ao participante apenas o resgate das suas contribuições.

Vale registrar que o resgate não será permitido caso o participante já esteja em gozo de benefício[27].

No caso de plano de benefícios instituído por patrocinador, o regulamento deverá condicionar o pagamento do resgate à cessação do vínculo empregatício[28].

Esta norma regulamentar foi validada pelo STJ:

> INFORMATIVO 563 – **"DIREITO CIVIL E PREVIDENCIÁRIO. CONDIÇÃO PARA O RESGATE DA TOTALIDADE DAS CONTRIBUIÇÕES VERTIDAS AO PLANO PRIVADO DE PREVIDÊNCIA COMPLEMENTAR DE ENTIDADE FECHADA.**
>
> **É lícita a cláusula que prevê a rescisão do vínculo laboral com o patrocinador como condição para o resgate da totalidade das contribuições vertidas ao plano privado de previdência complementar de entidade fechada.** A LC 109/2001, embora preveja que os regulamentos dos planos de benefícios deverão estabelecer o resgate da totalidade das contribuições vertidas pelo ex-participante, dispõe que caberá aos órgãos públicos regulador e fiscalizador estabelecer regulamentação específica acerca do referido instituto. Nessa conjuntura, a norma infralegal editada pelo órgão regulador, dentro do exercício do poder regulamentar, que disciplina atualmente a forma pela qual será efetuado o "resgate da totalidade das contribuições vertidas ao plano pelo participante", prevista na lei complementar de regência -vinculando as entidades de previdência privada e participantes -, é a Resolução do Conselho de Gestão da Previdência Complementar 6, de 30 de outubro de 2003. Pois bem, o art. 22 da referida Resolução enuncia que: "No caso de plano de benefícios instituído por patrocinador, o regulamento deverá condicionar o pagamento do resgate à cessação do vínculo empregatício". Portanto, nos planos de benefícios patrocinados, é lícita a disposição regulamentar que estabelece como requisito ao resgate a cessação do vínculo empregatício com o patrocinador. REsp 1.189.456-RS, Rel. Min. Luis Felipe Salomão, julgado em 12/5/2015, DJe, 11/6/2015".

No caso de plano de benefícios instituído por instituidor, o regulamento deverá prever prazo de carência para o pagamento do resgate, de seis meses a dois anos, contado a partir da data de inscrição no plano de benefícios[29].

O regulamento do plano de benefícios deverá prever o pagamento do resgate em quota única ou, por opção única e exclusiva do participante, o pagamento em até doze parcelas mensais e consecutivas[30].

Caso o participante ingresse com ação judicial para efetivar corretamente o resgate, na hipótese de pagamento a menor pela entidade fechada de previdência privada, não haverá a formação de litisconsórcio passivo necessário com, pois se trata de direito divisível e que não irá afetar os direitos dos demais participantes.

27. Artigo 24, da Resolução CGPC 06/2003, alterado pela Resolução CGPC 19/2006.
28. Artigo 22, da Resolução CGPC 06/2003.
29. Artigo 23, da Resolução CGPC 06/2003.
30. Artigo 25, da Resolução CGPC 06/2003.

Não é outra a posição do STJ:

> **"INFORMATIVO 522– DIREITO PROCESSUAL CIVIL. NÃO CONFIGURAÇÃO DE LITISCONSÓRCIO PASSIVO NECESSÁRIO NO CASO DE AÇÃO EM QUE SE OBJETIVE A RESTITUIÇÃO DE PARCELAS PAGAS A PLANO DE PREVIDÊNCIA PRIVADA.**
>
> **Na ação em que se objetive a restituição de parcelas pagas a plano de previdência privada, não há litisconsórcio passivo necessário entre a entidade administradora e os participantes, beneficiários ou patrocinadores do plano.** Com efeito, no caso em que existam diversos titulares de direitos que derivem do mesmo título ou do mesmo fato jurídico e que estejam em jogo direitos patrimoniais, cabendo a cada titular uma parcela do todo divisível, será, em regra, eficaz o provimento concedido a algum deles, mesmo sem a presença dos demais. Isso porque a própria lei confere caráter de excepcionalidade ao litisconsórcio necessário, impondo-o apenas nas hipóteses previstas em lei ou pela natureza da relação jurídica (art. 47 do CPC). Sendo assim, como não se trata de hipótese em que o litisconsórcio necessário seja imposto por lei, tampouco se cuida de uma única relação jurídica indivisível, não há como falar, nesses casos, na configuração de litisconsórcio passivo necessário. REsp 1.104.377-SP, Rel. Min. Luis Felipe Salomão, julgado em 18/4/2013".

d) **Faculdade de o participante manter o valor de sua contribuição e a do patrocinador, no caso de perda parcial ou total da remuneração recebida (autopatrocínio)**, para assegurar a percepção dos benefícios nos níveis correspondentes àquela remuneração ou em outros definidos em normas regulamentares.

Registre-se que a cessação do vínculo empregatício com o patrocinador deverá ser entendida como uma das formas de perda total da remuneração recebida, a teor do artigo 27, da Resolução 06/2003, do Conselho de Gestão da Previdência Complementar.

Ademais, a opção do participante pelo autopatrocínio não impede posterior opção pelo benefício proporcional diferido, portabilidade ou resgate.

Questão interessante é saber se o participante terá direito ao resgate das contribuições pagas em substituição ao patrocinador (autopatrocínio). No julgamento do recurso especial 1.053.644, em 20.05.2010, noticiado pelo Informativo 435, do STJ entendeu que não há direito ao referido resgate:

> **"PREVIDÊNCIA PRIVADA. RESTITUIÇÃO. VALOR.**
>
> *In casu*, diante da perda do vínculo empregatício, o recorrente passou a contribuir por algum tempo para a previdência privada de duas formas: com as parcelas que lhe eram devidas e com aquelas que caberia à patrocinadora recolher. Depois, o instituto de seguridade social privada só devolveu a importância referente às parcelas pagas a título de reserva de poupança do beneficiário, sem que lhe fossem restituídas aquelas pagas em substituição à patrocinadora. **Dessa forma, o cerne da discussão no REsp é saber se é abusiva a cláusula do regulamento do referido instituto que veda a restituição dos valores pagos a título de recolhimento da patrocinadora** (Súm. 321-STJ). Ressalta o Min. Relator que a hipótese dos autos difere das demais, **porquanto se discute a restituição de recolhimento pago em substituição à patrocinadora. Explica que, nessa hipótese, não há abusividade nem vantagem ou desvantagem de uma das partes, visto que as quantias pagas referentes às parcelas da patrocinadora, segundo o acórdão recorrido, tem por finalidade a cobertura dos custos administrativos e as vantagens que se revertem em favor de todo grupo segurado, mantendo-o em equilíbrio, em proporcionalidade aos direitos e obrigações. Também consignou-se que a patrocinadora oferece além da suplementação de aposentadoria, outros benefícios, como auxílio doença, abono anual e empréstimos aos participantes ativos.** Diante do exposto, a Turma negou provimento ao recurso".

Contudo, neste julgado, o STJ denegou o direito de resgate de contribuições pagas pelo participante a título de autopatrocínio entre 1996 e 1999 ao Instituto Energipe de Seguridade Social, quando não vigorava a LC 109/2001 e a Resolução CGPC 06, de 30 de outubro de 2003.

Logo, trata-se de julgado à luz da legislação revogada, e não com base na Lei Complementar 109/2001 e sua regulamentação pelo extinto Ministério da Previdência Social.

Ademais, no caso concreto, o STJ denegou o pedido de resgate em razão de se provar que o recolhimento efetuado pela patrocinadora (ENERGIPE) tem por finalidade a cobertura dos custos administrativos, enquanto a contribuição do empregado reverte-se para a sua reserva de poupança, informação que não consta da questão rechaçada.

De efeito, nos termos do artigo 14, da LC 109/2001, os planos de benefícios dos entes fechados deverão prever faculdade de o participante manter o valor de sua contribuição e a do patrocinador, no caso de perda parcial ou total da remuneração recebida, para assegurar a percepção dos benefícios nos níveis correspondentes àquela remuneração ou em outros definidos em normas regulamentares, o que vem se denominando de autopatrocínio.

Nesse sentido, dispõe o artigo 30, parágrafo único, da Resolução CGPC 06/2003, que **"as contribuições vertidas ao plano de benefícios, em decorrência do autopatrocínio, serão entendidas, em qualquer situação, como contribuições do participante".**

Portanto, a própria legislação do Conselho de Gestão da Previdência Completar (atual Conselho Nacional) trata a parcela paga como autopatrocínio como contribuições do participante em qualquer situação, pois de fato o é, o que permite o seu resgate.

Logo, a jurisprudência do STJ (Súmula 290) que veda o resgate da contribuição paga pelo patrocinador não se aplica ao autopatrocínio, pois neste caso não há contribuição da empresa patrocinadora, e sim o participante que mantém a contribuição que era paga pela empresa no caso de perda parcial ou total da remuneração recebida.

Vale registrar que a opção do participante pelo autopatrocínio não impede posterior opção pelo benefício proporcional diferido, portabilidade ou resgate, nos termos do artigo 29, da Resolução CGPC 06, de 30 de outubro de 2003.

Diante da autonomia e no lastro de constituição de reservas, admite-se validamente que o plano de plano complementar preveja o pagamento de joia como pressuposto para deferimento de pensão por morte, nos termos de entendimento validado pelo STJ:

PROCESSO	REsp 1.605.346-BA, Rel. Min. Luis Felipe Salomão, por unanimidade, julgado em 12/02/2019, DJe 28/03/2019
RAMO DO DIREITO	DIREITO CIVIL, DIREITO PREVIDENCIÁRIO
TEMA	Previdência privada. Inscrição de beneficiário. Pagamento de joia. Previsão no regulamento do plano de benefícios. Possibilidade.

DESTAQUE
É válida a exigência de pagamento de joia para inscrição de beneficiário no plano de previdência complementar para fazer jus à pensão por morte.

O plano de custeio terá periodicidade mínima anual, sendo composto por **contribuições normais** (para pagamento dos benefícios) **ou extraordinárias** (para o custeio de déficits, serviços passados e outras finalidades não incluídas na contribuição normal).

O **resultado deficitário** nos planos ou nas entidades fechadas será equacionado por patrocinadores, participantes e assistidos, na proporção existente entre as suas contribuições, sem prejuízo de ação regressiva contra dirigentes ou terceiros que deram causa a dano ou prejuízo à entidade de previdência complementar.

O **equacionamento** referido poderá ser feito, dentre outras formas, por meio do aumento do valor das contribuições, instituição de contribuição adicional ou redução do valor dos benefícios a conceder, observadas as normas estabelecidas pelo órgão regulador e fiscalizador, **não se aplicando a redução dos valores dos benefícios aos assistidos.**

Assim, **os benefícios em manutenção gozam da garantia de irredutibilidade do seu valor**, mesmo em situação de desequilíbrio do plano fechado.

Não há direito adquirido à manutenção do valor da contribuição, que poderá ser majorada mesmo para quem esteja em gozo de benefício para restabelecimento do equilíbrio financeiro e atuarial, ou reduzida no caso de superávit.

Este entendimento foi confirmado pelo STJ:

> INFORMATIVO 561 – "**DIREITO CIVIL E PREVIDENCIÁRIO. POSSIBILIDADE DE MAJORAÇÃO DAS CONTRIBUIÇÕES PARA PLANO DE PREVIDÊNCIA PRIVADA.**
>
> **A contribuição dos integrantes de plano de previdência complementar pode ser majorada sem ofender direito adquirido.** De acordo com os arts. 202 da CF e 1º da LC 109/2001, a previdência privada é de caráter complementar, facultativa, regida pelo Direito Civil, baseada na constituição de reservas que garantam o benefício contratado, sendo o regime financeiro de capitalização (contribuições do participante e do patrocinador, se houver, e rendimentos com a aplicação financeira destas) obrigatório para os benefícios de pagamento em prestações continuadas e programadas, e organizada de forma autônoma em relação ao regime geral de previdência social. Para cumprir sua missão e gerir adequadamente o fundo, as entidades de previdência complementar utilizam-se de alguns instrumentos, como o plano de benefícios e o plano de custeio. O plano de benefícios é um programa de capitalização através do qual alguém se propõe a contribuir, para a constituição de um fundo que, decorrido o prazo de carência, poderá ser resgatado mediante o pagamento de uma parcela única, ou de diversas parcelas sucessivas (renda continuada). **Já o plano de custeio, elaborado segundo cálculos atuariais, reavaliados periodicamente, deve fixar o nível de contribuição necessário à constituição das reservas e à cobertura das demais despesas, podendo as contribuições ser normais, quando destinadas ao custeio dos benefícios oferecidos, ou extraordinárias, quando destinadas ao custeio de déficits, serviço passado e outras finalidades não incluídas na contribuição normal. Logo, pelo regime de capitalização, o benefício de previdência complementar será decorrente do montante de contribuições efetuadas e do resultado de investimentos, podendo haver, no caso de desequilíbrio financeiro e atuarial do fundo, superávit ou déficit, a influenciar os participantes do plano como um todo, já que pelo mutualismo serão beneficiados ou prejudicados, de modo que, nessa última hipótese, terão que arcar com os ônus daí advindos**. Cabe asseverar, ademais, que a possibilidade de alteração dos regulamentos dos planos de benefícios pelas entidades de previdência privada, com a supervisão de órgãos governamentais, e a adoção de sistema de revisão dos valores das contribuições e dos benefícios já encontravam previsão legal desde a Lei 6.435/1977 (arts. 3º, 21 e 42), tendo sido mantidas na LC 109/2001 (arts. 18 e 21). De fato, é da própria lógica do regime de capitalização do plano de previdência complementar o caráter estatutário, até porque, periodicamente, em cada balanço, todos os planos de benefícios devem ser reavaliados atuarialmente, a fim de manter o equilíbrio do sistema,

haja vista as flutuações do mercado e da economia, razão pela qual adaptações e ajustes ao longo do tempo revelam-se necessários, sendo inapropriado o engessamento normativo e regulamentar. Cumpre assinalar que as modificações processadas nos regulamentos dos planos aplicam-se a todos os participantes das entidades fechadas de previdência privada, a partir da aprovação pelo órgão regulador e fiscalizador, observado, em qualquer caso, o direito acumulado de cada participante. **É certo que é assegurada ao participante que tenha cumprido os requisitos para obtenção dos benefícios previstos no plano a aplicação das disposições regulamentares vigentes na data em que se tornou elegível a um benefício de aposentadoria. Todavia, disso não decorre nenhum direito adquirido a regime de custeio, o qual poderá ser alterado a qualquer momento para manter o equilíbrio atuarial do plano, sempre que ocorrerem situações que o recomendem ou exijam, obedecidos os requisitos legais.** É por isso que o resultado deficitário nos planos ou nas entidades fechadas será suportado por patrocinadores, participantes e assistidos, devendo o equacionamento "ser feito, dentre outras formas, por meio do aumento do valor das contribuições, instituição de contribuição adicional ou redução do valor dos benefícios a conceder, observadas as normas estabelecidas pelo órgão regulador e fiscalizador" (art. 21, § 1º, da LC 109/2001). Precedentes citados: REsp 1.384.432-SE, Quarta Turma, DJe 26/3/2015; AgRg no REsp 704.718-DF, Quarta Turma, DJe 9/10/2014; e REsp 1.111.077-DF, Quarta Turma, DJe 19/12/2011. REsp 1.364.013-SE, Rel. Min. Ricardo Villas Bôas Cueva, julgado em 28/4/2015, DJe 7/5/2015".

O resultado superavitário dos planos de benefícios das entidades fechadas, ao final do exercício, satisfeitas as exigências regulamentares relativas aos mencionados planos, será destinado à constituição de **reserva de contingência**, para garantia de benefícios, até o limite de 25% do valor das reservas matemáticas.

Os valores excedentes serão destinados à constituição da reserva especial para revisão do plano de benefícios.

Ao final de cada exercício, coincidente com o ano civil, as entidades fechadas deverão levantar as demonstrações contábeis e as avaliações atuariais de cada plano de benefícios, por pessoa jurídica ou profissional legalmente habilitado, devendo os resultados ser encaminhados ao órgão regulador e fiscalizador e divulgados aos participantes e aos assistidos, sendo que a divulgação aos participantes, inclusive aos assistidos, das informações pertinentes aos planos de benefícios dar-se-á ao menos uma vez ao ano, na forma, nos prazos e pelos meios estabelecidos pelo órgão regulador e fiscalizador[31].

Vale registrar que é cabível o ajuizamento de ação de prestação de contas pelo participante contra a entidade fechada de previdência privada objetivando o esclarecimento dos dados financeiros da entidade, mesmo que tenha havido a divulgação anual, devendo as contas serem apreciadas pelo juiz mesmo que apresentadas de maneira diversa do modelo mercantil.

Nesse sentido, o STJ:

"INFORMATIVO 522– DIREITO PROCESSUAL CIVIL. INTERESSE DE AGIR PARA O AJUIZAMENTO DE AÇÃO DE PRESTAÇÃO DE CONTAS EM FACE DE ENTIDADE DE PREVIDÊNCIA PRIVADA.

O participante de entidade de previdência privada tem interesse em demandar a respectiva entidade em ação de prestação de contas para esclarecimentos sobre as importâncias vertidas ao fundo por ela administrado, ainda que ele não tenha esgotado a via administrava e mesmo que sejam cumpridas pela entidade as exigências legais de divulgação anual das

31. Artigos 22 e 24 da LC 109/2001.

> **informações pertinentes ao plano por ela administrado.** Com efeito, mesmo com a divulgação anual das informações referentes ao plano de benefícios – conforme determinam os arts. 22 a 24 da LC 109/2001 –,não afasta o interesse de participante da entidade em postular judicialmente, na forma individualizada, a prestação de contas. Além disso, o esgotamento da via administrativa não é condição para o surgimento do interesse em ajuizar a referida ação de prestação de contas. Precedentes citados: AgRg no Ag 1.163.447-DF, Quarta Turma, DJe 17/12/2010; e AgRg no REsp 888.090-DF, Terceira Turma, DJe 7/6/2010. AgRg no AREsp 150.390-SP, Rel. Min. Luis Felipe Salomão, julgado em 9/4/2013".
>
> **"INFORMATIVO 522– DIREITO PROCESSUAL CIVIL. PRESTAÇÃO DE CONTAS REALIZADA POR ENTIDADE DE PREVIDÊNCIA PRIVADA DE FORMA DIVERSA DA MERCANTIL.**
>
> **O magistrado não pode desconsiderar a prestação de contas realizada por entidade de previdência privada, ainda que de forma diversa da mercantil, na hipótese em que as contas tenham sido apresentadas de maneira clara e inteligível.** Com efeito, o magistrado deve verificar se as contas apresentadas atingem as finalidades do processo e, em caso positivo, afastar o rigor da norma inserida no art. 917 do CPC, pois o escopo da referida norma é apenas a indicação pormenorizada dos débitos e créditos, das receitas e despesas, a fim de permitir aos autores a exata compreensão da forma como se chegou ao resultado apresentado. Precedentes citados: AREsp 11.904-DF, Terceira Turma, DJe 17/2/2012; e REsp 1.171.676-DF, Terceira Turma, DJe 19/3/2012. AgRg no AREsp 150.390-SP, Rel. Min. Luis Felipe Salomão, julgado em 9/4/2013".

Por outro lado, o STJ não admite que a instituição de previdência privada promova a denunciação da lide ao patrocinador, pois este, ao menos diretamente, não será responsabilizado pelos encargos financeiros da condenação, devendo o patrimônio do ente previdenciário, que possui personalidade jurídica, responder pela revisão do benefício determinada judicialmente:

> **Informativo 534– "DIREITO PROCESSUAL CIVIL E PREVIDENCIÁRIO. DENUNCIAÇÃO DA LIDE AO PATROCINADOR DE PREVIDÊNCIA COMPLEMENTAR.**
>
> **É descabida a litisdenunciação da entidade pública patrocinadora de plano de previdência fechada complementar no caso de litígio envolvendo participantes e a entidade de previdência privada em que se discuta a revisão de benefício previdenciário.** Isso porque não se trata de hipótese em que o litisconsórcio necessário é imposto pela lei, tampouco se cuida de uma única relação jurídica indivisível (art. 47 do CPC), tendo a entidade de previdência privada personalidade jurídica própria, não se confundindo com o patrocinador. Ademais, consoante dispunham os arts. 14 e 39 da Lei 6.435/1977, regra reiterada nos arts. 32 e 36 da LC 109/2001, as entidades de previdência privada operam os planos, por isso têm inequívoca legitimidade para compor o polo passivo de ações relativas aos planos de benefícios que administram. Além disso, o art. 34 da LC 109/2001 deixa claro que as referidas entidades fechadas apenas administram os planos, sendo os participantes e assistidos os verdadeiros detentores do fundo acumulado. Assim, a eventual sucumbência da entidade de previdência será suportada pelo patrimônio acumulado, não havendo cogitar em pretensão a ensejar o ajuizamento de ação de regresso em face do patrocinador". **REsp 1.406.109-SP, Rel. Min. Luis Felipe Salomão, julgado em 21/11/2013.**

De acordo com o STJ, os pedidos de revisão de benefícios complementares devem ser instruídos com perícia técnica que demonstre a manutenção do equilíbrio financeiro e atuarial da entidade de previdência privada[32].

32. Precedentes: AgRg no AgRg no REsp 1449265/RS, Rel. Ministro MOURA RIBEIRO, TERCEIRA TURMA, julgado em 26/04/2016, DJe 05/05/2016; EDcl no AgRg no REsp 1546364/RS, Rel. Ministro RICARDO VILLAS BÔAS CUEVA,

Vale registrar que a sentença trabalhista que deferir ao participante verbas salariais não gera a necessária revisão da renda do benefício da previdência complementar, ante a autonomia da previdência complementar e a sua fundamentação na constituição de reservar que garantam o benefício contratado, devendo ser observado o caso concreto para preservar o equilíbrio financeiro e atuarial do plano.

Nesse sentido, de acordo com o STJ, "a extensão de vantagens pecuniárias ou mesmo reajustes salariais concedidos retroativamente aos empregados de uma empresa ou categoria profissional, por força de sentença individual ou coletiva da Justiça do Trabalho, de forma direta e automática, aos proventos de complementação de aposentadoria do autor/substituído, independentemente de previsão de custeio para o plano de benefícios correspondente, não se compatibiliza com o princípio do mutualismo inerente ao regime fechado de previdência privada e nem com dispositivos da Constituição e da legislação complementar, porque enseja a transferência de reservas financeiras a parcela dos filiados, frustrando o objetivo legal de proporcionar benefícios previdenciários ao conjunto dos participantes e assistidos, a quem, de fato, pertence o patrimônio constituído. Portanto, dada a autonomia entre o contrato de trabalho e o contrato de previdência complementar, mesmo se eventualmente reconhecida a natureza salarial de determinada parcela, não se seguirá o direito à sua inclusão nos proventos de aposentadoria complementar se não integrante do benefício contratado (art. 202 da CF). Além disso, convém destacar que, a despeito de os cálculos atuariais para a formação da reserva matemática necessária ao pagamento dos benefícios contratados serem de responsabilidade da entidade de previdência privada, os pagamentos são efetivados a partir das contribuições de participantes e assistidos que, acumuladas sob o regime de capitalização ao longo de toda a relação contratual, irão lastrear o pagamento dos benefícios contratados, não havendo, pois, como determinar o cumprimento das obrigações assumidas, sem o prévio aporte desses recursos" **(Informativo 574 – Resp 1.410.173-SC, Rel. Min. Isabel Gallotti, julgado em 5/11/2015, DJe 16/12/2015).**

No entanto, **"entidade fechada de previdência pode cobrar do beneficiário o pagamento da reserva matemática adicional, em virtude da majoração, por força de sentença judicial transitada em julgado, do benefício de aposentadoria complementar"** (STJ, REsp 1.624.273-PR, Rel. Min. Nancy Andrighi, Terceira Turma, por unanimidade, julgado em 21/05/2019, DJe 24/05/2019).

É importante destacar que a Lei Complementar 109/2001 apenas contempla regras gerais sobre os planos de benefícios a serem ofertados, cabendo a cada plano especificar os benefícios a serem pagos, assim como os beneficiários (dependentes) dos participantes (segurados).

Como exemplo, o atual plano de benefícios da PREVI – Caixa de Previdência dos Funcionários do Banco do Brasil arrola os seguintes beneficiários:

> "I – a esposa ou o marido;
>
> II – a companheira ou o companheiro;
>
> III – os filhos, de qualquer condição, menores de 24 (vinte e quatro) anos;

TERCEIRA TURMA, julgado em 19/04/2016, DJe 26/04/2016; AgRg no REsp 1439905/RS, Rel. Ministro MARCO AURÉLIO BELLIZZE, TERCEIRA TURMA, julgado em 15/12/2015, DJe 02/02/2016; EDcl no REsp 1526784/RS, Rel. Ministro ANTONIO CARLOS FERREIRA, QUARTA TURMA, julgado em 06/08/2015, DJe 13/08/2015; AgRg no AREsp 137726/RS, Rel. Ministro JOÃO OTÁVIO DE NORONHA, TERCEIRA TURMA, julgado em 25/11/2014, DJe 11/12/2014; REsp 1345326/RS, Rel. Ministro LUIS FELIPE SALOMÃO, SEGUNDA SEÇÃO, julgado em 09/04/2014, DJe 08/05/2014.

IV – o cônjuge separado judicialmente, o ex-cônjuge divorciado e a ex-companheira ou o ex-companheiro, todos desde que percebendo pensão alimentícia;

V – os enteados menores de 24 (vinte e quatro) anos;

VI – os menores que, por determinação judicial, se achem sob sua guarda e os tutelados que não possuam bens suficientes para o próprio sustento e educação, podendo ser mantida a inscrição, ainda que vencido o limite legal da guarda ou da tutela, desde que menores de 24 (vinte e quatro) anos e que persistam as condições de dependência, ou se inválidos;

VII – o pai e a mãe;

VIII – os irmãos, de qualquer condição, menores de 24 (vinte e quatro) anos;

IX – os filhos, os enteados e os irmãos, maiores de 24 (vinte e quatro) anos, se inválidos.

§ 1º – Para efeito de concessão de benefícios previstos neste Regulamento, a habilitação das pessoas físicas inscritas na forma dos incisos I a III é presumida, enquanto que a daquelas inscritas na forma dos incisos IV a IX ficará subordinada à comprovação de sua condição de dependente econômico na data de falecimento do participante.

§ 2º – Considera-se companheira ou companheiro a pessoa que mantém união estável com o participante, assim reconhecida pela Previdência Oficial Básica".

A PREVI ainda oferece os seguintes benefícios:

"I – Parte Geral

Aos participantes:

– Complemento de Aposentadoria por Invalidez;

– Complemento de Aposentadoria por Tempo de Contribuição;

– Complemento de Aposentadoria por Idade;

– Complemento Antecipado de Aposentadoria;

– Renda Mensal Vitalícia.

– Renda Mensal Temporária por Desligamento do Plano

Aos Beneficiários:

– Complemento de Pensão por Morte;

– Renda Mensal de Pensão por Morte.

II – Parte Opcional

Aos Participantes:

– Renda Mensal de Aposentadoria.

Aos Beneficiários:

– Renda Mensal de Pensão por Morte".

De acordo com o STJ, no julgamento do REsp 1.207.071/RJ, DJe de 8/8/2012, de que foi relatora a il. Ministra Maria Isabel Gallotti, consolidou-se o entendimento de que "o **auxílio cesta-alimentação estabelecido em acordo ou convenção coletiva de trabalho**, com amparo na Lei 6.321/76 (Programa de Alimentação do Trabalhador), apenas para os empregados em atividade, não tem natureza salarial, tendo sido concebido com o escopo de ressarcir o empregado das despesas com a alimentação destinada a suprir as necessidades nutricionais da jornada de trabalho. Sua natureza não se altera, mesmo na hipótese de ser fornecido mediante tíquetes, cartões eletrônicos ou similares, **não se incorporando, pois, aos proventos de complemen-**

tação de aposentadoria pagos por entidade de previdência privada (Lei 7.418/85, Decreto 5/91 e Portaria 3/2002)".

Logo, a Corte Superior considera o auxílio cesta-alimentação como uma parcela indenizatória, e não remuneratória, razão pela qual não é extensível aos aposentados pelo regime de previdência privada fechado.

5. AS ENTIDADES ABERTAS E OS SEUS PLANOS DE BENEFÍCIOS

Conforme já afirmado, as entidades de previdência privada abertas são constituídas **unicamente** sob a forma de **sociedades anônimas** e têm por objetivo instituir e operar planos de benefícios de caráter previdenciário concedido em forma de **renda continuada ou pagamento único, acessíveis a quaisquer pessoas físicas**, sendo reguladas, no que couber, pela legislação aplicável às sociedades seguradoras.

Aliás, as **sociedades seguradoras** que operam exclusivamente no **ramo vida** poderão ser autorizadas a operar esses planos de benefícios.

Os planos oferecidos poderão ser **individuais**, quando acessíveis a quaisquer pessoas físicas, ou **coletivos**, quando tenham por objetivo garantir benefícios previdenciários a pessoas físicas vinculadas, direta ou indiretamente, a uma pessoa jurídica contratante.

É vedada à entidade aberta a contratação de plano coletivo com pessoa jurídica cujo objetivo principal seja estipular, em nome de terceiros, planos de benefícios coletivos, sendo que a utilização de corretores na venda dos planos de benefícios das entidades abertas é facultativa.

As entidades abertas serão reguladas e fiscalizadas pelo Ministério da Economia, por intermédio do Conselho Nacional de Seguros Privados – CNSP e da Superintendência de Seguros Privados – SUSEP, até que seja constituída uma entidade específica.

A Lei Complementar 109/2001 não define especificamente os benefícios a serem ofertados, pois os planos deverão ser aprovados pela SUSEP. De acordo com esta autarquia federal, que integra o Sistema Nacional de Seguros Privados, são oferecidos pelo mercado os seguintes benefícios[33]:

- **RENDA POR SOBREVIVÊNCIA**: renda a ser paga ao participante do plano que sobreviver ao prazo de diferimento contratado, geralmente denominada de aposentadoria.
- **RENDA POR INVALIDEZ**: renda a ser paga ao participante, em decorrência de sua invalidez total e permanente ocorrida durante o período de cobertura e após cumprido o período de carência estabelecido no Plano.
- **PENSÃO POR MORTE**: renda a ser paga ao(s) beneficiário(s) indicado(s) na proposta de inscrição, em decorrência da morte do Participante ocorrida durante o período de cobertura e após cumprido o período de carência estabelecido no Plano.
- **PECÚLIO POR MORTE**: importância em dinheiro, pagável de uma só vez ao(s) beneficiário(s) indicado(s) na proposta de inscrição, em decorrência da morte do participante ocorrida durante o período de cobertura e após cumprido o período de carência estabelecido no Plano.

33. www.susep.gov.br

- **PECÚLIO POR INVALIDEZ:** importância em dinheiro, pagável de uma só vez ao próprio participante, em decorrência de sua invalidez total e permanente ocorrida durante o período de cobertura e após cumprido o período de carência estabelecido no Plano.

É assegurado aos participantes o direito à portabilidade, inclusive para plano de benefício de entidade fechada, assim como o resgate de recursos das reservas técnicas, provisões e fundos, total ou parcialmente, observados os critérios fixados pelo órgão regulador.

Com propriedade, apenas haverá direito a resgate caso o plano tenha sido estruturado no regime financeiro de capitalização, devido nos planos de renda por sobrevivência, se houver previsão.

Pende de julgamento representativo na 2ª Seção do STJ a definição sobre os índices de reajuste dos benefícios da previdência aberta após a vigência do artigo 22[34] da Lei 6.435/77 (Informativo 605):

> 605 PROCESSO RAMO DO DIREITO – TEMA – REsp 1.656.161-RS, Rel. Min. Luis Felipe Salomão, DJe 29/6/2017. DIREITO CIVIL
>
> Recurso especial submetido à Segunda Seção como representativo da seguinte controvérsia:
>
> **Definir, com a vigência do art. 22 da Lei n. 6.435/1977, acerca dos índices de reajuste aplicáveis aos benefícios de previdência complementar operados por entidades abertas.**

6. INTERVENÇÃO E LIQUIDAÇÃO EXTRAJUDICIAL DOS ENTES PREVIDENCIÁRIOS PRIVADOS

A PREVIC poderá, em relação às entidades fechadas, nomear **administrador especial**, a ser custeado pela entidade, com poderes próprios de intervenção e de liquidação extrajudicial, com o objetivo de sanear plano de benefícios específico, caso seja constatada na sua administração e execução alguma das hipóteses previstas para a intervenção ou liquidação extrajudicial.

A intervenção da Superintendência Nacional de Previdência Complementar (PREVIC) nas entidades fechadas de previdência privada deve perdurar pelo tempo necessário ao saneamento da entidade, podendo o prazo inicial de duração ser prorrogado mais de uma vez[35]:

> "Inicialmente cumpre salientar que a disciplina da intervenção nas entidades de previdência privada encontra-se nos arts. 44 a 46 da Lei Complementar n. 109/2001, havendo, no art. 62, remissão à legislação a respeito da intervenção e liquidação extrajudicial das instituições financeiras (Lei n. 6.024/1974), a qual deve ser aplicada de maneira subsidiária. Assim, apesar de o art. 4º da Lei n.

---

34. Art. 22. Os valores monetários das contribuições e dos benefícios serão atualizados segundo índice de variação do valor nominal atualizado das Obrigações Reajustáveis do Tesouro Nacional – ORTN e nas condições que forem estipuladas pelo órgão normativo do Sistema Nacional de Seguros Privados, inclusive quanto à periodicidade das atualizações.

    Parágrafo único. Admitir-se-á cláusula de correção monetária diversa da de ORTN, desde que baseada em índices e condições aprovadas pelo órgão normativo do Sistema Nacional de Seguros Privados.

35. REsp 1.734.410-SP, Rel. Min. Ricardo Villas Bôas Cueva, por unanimidade, julgado em 14/08/2018, DJe 24/08/2018.

6.024/1974 prever, para as instituições financeiras, que "o período da intervenção não excederá a seis (6) meses o qual, por decisão do Banco Central do Brasil, poderá ser prorrogado uma única vez, até o máximo de outros seis (6) meses" e, embora exista entendimento que considere aplicável tal norma à previdência privada, de modo a limitar o número de prorrogações do regime de intervenção, a própria Lei Complementar n. 109/2001 regulou o tema de forma diversa: "a intervenção será decretada pelo prazo necessário ao exame da situação da entidade e encaminhamento de plano destinado à sua recuperação". Logo, extrai-se que o regime de intervenção deve perdurar pelo tempo necessário ao saneamento da entidade, podendo o prazo inicial de duração ser prorrogado mais de uma vez se as circunstâncias fáticas assim o exigirem. Todavia, mesmo havendo indefinição acerca da limitação temporal da intervenção na Previdência Privada, visto serem possíveis sucessivas prorrogações segundo as particularidades do caso, é preciso atentar para o fato de que tal regime deve ser sempre excepcional, ou seja, não deve malferir a razoabilidade, já que não existe intervenção permanente, sendo totalmente desaconselhados o abuso e a longa duração, sob pena de a medida se transmudar em indevida estatização ou ocorrer supressão total da intervinda".

No caso de entidade aberta, uma vez realizada uma das hipóteses de intervenção extrajudicial, a SUSEP poderá nomear, por prazo determinado, prorrogável a seu critério e a expensas da respectiva entidade, um **diretor-fiscal**, sem poderes de gestão, que, se reconhecer a inviabilidade de recuperação da entidade aberta ou a ausência de qualquer condição para o seu funcionamento, proporá a decretação da intervenção ou da liquidação extrajudicial.

Colaciona-se, como exemplo, a Portaria PREVIC 955/2017 que determinou a intervenção na POSTALIS:

> Edição nº 191, seção 1, página 31, de 4 de outubro de 2017
>
> PORTARIA Nº 955, DE 03 DE OUTUBRO DE 2017
>
> A DIRETORIA COLEGIADA DA SUPERINTENDÊNCIA NACIONAL DE PREVIDÊNCIA COMPLEMENTAR – PREVIC, com fulcro nos incisos I a V do art. 44 da Lei Complementar nº 109, de 29 de maio de 2001, e no uso da atribuição que lhe confere o inciso VI do art. 2º combinado com o inciso X do art. 10, ambos do Anexo I do Decreto nº 8.992, de 20 de fevereiro de 2017, resolve:
>
> Art. 1º Decretar intervenção no Instituto de Seguridade Social dos Correios e Telégrafos – POSTALIS, pelo prazo de 180 (cento e oitenta) dias.
>
> Art. 2º Esta Portaria entra em vigor na data de sua publicação.
>
> FABIO HENRIQUE DE SOUSA COELHO

Destaque-se que **as entidades de previdência complementar abertas e fechadas não estarão sujeitas à recuperação judicial ou falência**, por força do artigo 2º, inciso II, da Lei 11.101/2005, conquanto o artigo 47, da Lei Complementar 109/2001, só tenha excluído as entidades fechadas.

De acordo com o artigo 44, da Lei Complementar 109/2001, para resguardar os direitos dos participantes e assistidos, poderá ser decretada a **intervenção na entidade de previdência complementar**, desde que se verifique, isolada ou cumulativamente, uma das seguintes hipóteses:

> I – irregularidade ou insuficiência na constituição das reservas técnicas, provisões e fundos, ou na sua cobertura por ativos garantidores;
>
> II – aplicação dos recursos das reservas técnicas, provisões e fundos de forma inadequada ou em desacordo com as normas expedidas pelos órgãos competentes;

III – descumprimento de disposições estatutárias ou de obrigações previstas nos regulamentos dos planos de benefícios, convênios de adesão ou contratos dos planos coletivos de que trata o inciso II do art. 26 desta Lei Complementar;

IV – situação econômico-financeira insuficiente à preservação da liquidez e solvência de cada um dos planos de benefícios e da entidade no conjunto de suas atividades;

V – situação atuarial desequilibrada;

VI – outras anormalidades definidas em regulamento.

A intervenção durará o prazo necessário ao exame da situação da entidade, cessando quando aprovado o plano de recuperação da entidade pelo órgão competente ou se decretada a sua liquidação extrajudicial.

Caso reconhecida a inviabilidade de recuperação da entidade de previdência complementar ou pela ausência de condição para seu funcionamento, será decretada a sua liquidação extrajudicial.

Exceto no que concerne às ações e aos débitos de natureza tributária, a decretação da liquidação extrajudicial produzirá, de imediato, os seguintes efeitos:

I – suspensão das ações e execuções iniciadas sobre direitos e interesses relativos ao acervo da entidade liquidanda;

II – vencimento antecipado das obrigações da liquidanda;

III – não incidência de penalidades contratuais contra a entidade por obrigações vencidas em decorrência da decretação da liquidação extrajudicial;

IV – não fluência de juros contra a liquidanda enquanto não integralmente pago o passivo;

V – interrupção da prescrição em relação às obrigações da entidade em liquidação;

VI – suspensão de multa e juros em relação às dívidas da entidade;

VII – inexigibilidade de penas pecuniárias por infrações de natureza administrativa;

VIII – interrupção do pagamento à liquidanda das contribuições dos participantes e dos patrocinadores, relativas aos planos de benefícios.

Aliás, De acordo com o STJ (Informativo 661), a mera decretação de intervenção extrajudicial já terá o condão de suspensão das ações e execuções judiciais:

PROCESSO	REsp 1.796.664-RS, Rel. Min. Nancy Andrighi, Terceira Turma, por unanimidade, julgado em 19/11/2019, DJe 22/11/2019
RAMO DO DIREITO	DIREITO PREVIDENCIÁRIO, DIREITO PROCESSUAL CIVIL
TEMA	Interdição da entidade de previdência complementar. Cumprimento de sentença. Suspensão.
DESTAQUE	
A decretação de intervenção federal em entidade de previdência complementar implica a suspensão do cumprimento de sentença.	

É possível o levantamento da liquidação a qualquer tempo, desde que constatados fatos supervenientes que viabilizem a recuperação da entidade de previdência complementar.

Caso se dê o levantamento da liquidação, deverá se restabelecer a execução fiscal que vise à cobrança de penalidade pecuniária por infração administrativa contra a entidade de previdência privada, haja vista a sua não extinção.

Nesse sentido, o STJ:

> "DIREITO PROCESSUAL TRIBUTÁRIO. EXECUÇÃO FISCAL. CDA. MULTA ADMINISTRATIVA. DECRETO DE LIQUIDAÇÃO EXTRAJUDICIAL. ENTIDADE DE PREVIDÊNCIA COMPLEMENTAR. ART. 49, VII, DA LC 109/2001. INTERPRETAÇÃO LÓGICO-SISTEMÁTICA. ART. 52 DA LC 109/2001 E ART. 29 DA LEI 6.830/80. SUSPENSÃO DO FEITO EXECUTIVO. RECURSO PROVIDO.
>
> 1. Em execução fiscal ajuizada pela Superintendência de Seguros Privados – SUSEP para a cobrança de multa administrativa, discutem-se os efeitos do decreto que determinou a liquidação extrajudicial da exequente sobre a execução fiscal.
>
> 2. A finalidade da norma contida no art. 49, VII, da LC 109/2001 – que estabelece a inexigibilidade das penalidades pecuniárias de natureza administrativa aplicadas às entidades liquidandas – é permitir a apuração dos haveres e, consequentemente, viabilizar o procedimento concursal. Assim, os benefícios instituídos pelo normativo apenas se justificam em favor da universalidade e não da pessoa jurídica que se sujeita à liquidação.
>
> 3. O art. 52 da LC 109/2001, por seu turno, preceitua que "A liqüidação extrajudicial poderá, a qualquer tempo, ser levantada, desde que constatados fatos supervenientes que viabilizem a recuperação da entidade de previdência complementar". Dessarte, atribuir à expressão "inexigibilidade das penas pecuniárias" o mesmo efeito prático de sua extinção acabaria por instituir uma inconsistência no âmbito da própria LC 109/2001, que permite a recuperação da entidade liquidanda e o prosseguimento de suas atividades.
>
> 4. Ademais, a LC 109/2001 deve se compatibilizar com o disposto no art. 29 da Lei de Execuções Fiscais, aplicável sobre dívidas tributárias e não tributárias executadas pelo Poder Público, que explicita: "A cobrança judicial da Dívida Ativa da Fazenda Pública não é sujeita a concurso de credores ou habilitação em falência, concordata, liquidação, inventário ou arrolamento".
>
> 5. Realizando-se uma interpretação lógico-sistemática dos preceitos legais em debate, conclui-se que a decretação da liquidação extrajudicial não extingue o executivo fiscal, mas apenas o condiciona ao resultado do concurso entre os credores. Logo: a)inexistindo bens suficientes para a satisfação dos créditos, a sociedade será extinta e a execução seguirá a mesma sorte, em virtude da superveniente perda de objeto; b) havendo, contudo, o levantamento da liquidação ou restando bens aptos à satisfação do débito, procede-se ao restabelecimento do feito executivo, ante o exaurimento dos efeitos da regra insculpida no art. 49, VII, da LC109/2001" (REsp1238965, de 14/08/2012).

Ressalte-se que o interventor terá amplos poderes de administração e representação e o liquidante plenos poderes de administração, representação e liquidação.

Os administradores, controladores e membros de conselhos estatutários das entidades de previdência complementar sob intervenção ou em liquidação extrajudicial ficarão com todos os seus *bens indisponíveis*, não podendo, por qualquer forma, direta ou indireta, aliená-los ou onerá-los, até a apuração e liquidação final de suas responsabilidades.

A indisponibilidade decorre do ato que decretar a intervenção ou liquidação extrajudicial e atinge todos aqueles que tenham estado no *exercício das funções nos doze meses anteriores*, podendo ser estendida aos bens de pessoas que, nos últimos doze meses, os tenham adquirido, a qualquer título, das pessoas acima referidas, desde que haja seguros elementos de convicção de que se trata de simulada transferência com o fim de evitar os efeitos da Lei Complementar 109/2001.

Deverá o liquidante organizar um *quadro geral de credores*, visando realizar o ativo e liquidar o passivo, sendo dispensados os **participantes e os assistidos** da habilitação dos seus créditos, que possuem **privilégio especial** sobre os ativos garantidores das reservas técnicas e, caso estes não sejam suficientes para a cobertura dos direitos respectivos, privilégio geral sobre as demais partes não vinculadas ao ativo.

Dentro da classe dos participantes, terão preferência aqueles que já estiverem recebendo benefícios, ou que já tiverem adquirido este direito antes de decretada a liquidação extrajudicial.

Todavia, **os créditos dos participantes e assistidos não têm preferência sobre os créditos de natureza trabalhista ou tributária, que são prioritários.**

De acordo com o STJ, o desligamento de participante de plano de previdência complementar faz cessar o direito ao rateio de eventual *superávit* de ativos apurados em posterior liquidação extrajudicial da entidade:

> "A questão central devolvida ao conhecimento desta Corte diz respeito à possibilidade de os ex-participantes de plano de previdência complementar serem beneficiados pelo rateio de ativos da entidade da qual eram filiados. Inicialmente, é importante pontuar que a condição de participante de um plano de previdência complementar traz consigo ônus e bônus. Exemplo de bônus é o rateio de *superávit*, que é a hipótese dos autos. Exemplo de ônus é ter de contribuir para a satisfação de eventual *déficit* da entidade de previdência, conforme previsto no art. 21 da Lei Complementar n. 109/2001. Esse enunciado normativo prevê que o *déficit* da entidade de previdência deve ser suportado conjuntamente pelos patrocinadores, participantes e assistidos, tendo apenas direito de regresso contra os eventuais responsáveis pelo prejuízo do plano. Os ex-participantes, portanto, não são chamados a arcar com o *déficit* da entidade de previdência. Deveras, o resgate das contribuições faz cessar o vínculo do participante com a entidade de previdência. **Ora, se os ex-participantes não são chamados a arcar com o *déficit* da entidade, também não podem se beneficiar de eventual *superávit***, pois isso equivaleria ao que se diz, em linguagem popular, desfrutar do "melhor dos dois mundos" (REsp 1.441.411-AM, Rel. Min. Paulo de Tarso Sanseverino, por unanimidade, julgado em 10/04/2018, DJe 19/04/2018).

No mais, aplicar-se-ão à intervenção e à liquidação das entidades de previdência complementar, no que couber, os dispositivos da legislação sobre a intervenção e liquidação extrajudicial das instituições financeiras, cabendo ao órgão regulador e fiscalizador as funções atribuídas ao Banco Central do Brasil.

7. A RELAÇÃO DA ADMINISTRAÇÃO PÚBLICA COM AS SUAS ENTIDADES FECHADAS DE PREVIDÊNCIA COMPLEMENTAR

A Emenda 103/2019 alterou o artigo 202 da Constituição Federal:

> "§ 4º Lei complementar disciplinará a relação entre a União, Estados, Distrito Federal ou Municípios, inclusive suas autarquias, fundações, sociedades de economia mista e empresas controladas direta ou indiretamente, enquanto **patrocinadores de planos de benefícios previdenciários, e as entidades de previdência complementar.**
>
> § 5º A lei complementar de que trata o parágrafo anterior aplicar-se-á, no que couber, às empresas privadas permissionárias ou concessionárias de prestação de serviços públicos, quando patrocinadoras de planos de benefícios em **entidades de previdência complementar**.

§ 6º Lei complementar estabelecerá os requisitos para a designação dos membros das diretorias das entidades fechadas de previdência complementar instituídas pelos patrocinadores de que trata o § 4º e disciplinará a inserção dos participantes nos colegiados e instâncias de decisão em que seus interesses sejam objeto de discussão e deliberação".

A modificação no *parágrafo quarto, quinto* e *sexto* veio a atender aos anseios do mercado financeiro, pois **passou a admitir que o patrocínio da Administração Pública a entidade de previdência complementar possa abarcar entidades abertas de previdência complementar** (sociedades por ações, com fins lucrativos), ao passo que a redação anterior restringia o patrocínio às entidades fechadas de previdência complementar (fundações e associações sem fins lucrativos).

Isso vai permitir que as entidades federativas insiram as entidades abertas de previdência complementar com gestoras dos planos de benefícios de previdência complementar.

No entanto, a sua aplicação demanda a aprovação de uma **lei complementar**, pois determina o **artigo 33 da Emenda 103/2019** que, "até que seja disciplinada a relação entre a União, os Estados, o Distrito Federal e os Municípios e entidades abertas de previdência complementar na forma do disposto nos §§ 4º e 5º do art. 202 da Constituição Federal, **somente entidades fechadas** de previdência complementar estão autorizadas a administrar planos de benefícios patrocinados pela União, Estados, Distrito Federal ou Municípios, inclusive suas autarquias, fundações, sociedades de economia mista e empresas controladas direta ou indiretamente".

A Lei Complementar 108/2001 regula a relação entre as entidades políticas, suas autarquias, fundações, empresas públicas e sociedades de economia mista e controladas enquanto **patrocinadoras de entes fechados de previdência complementar.**

Lembre-se que as entidades de previdência privada fechada organizar-se-ão sob a forma de **fundação ou "sociedade" civil sem fins lucrativos**, constituídas por conselho deliberativo, conselho fiscal e diretoria-executiva.

O seu plano de benefícios deverá observar:

a) **carência mínima de 60 contribuições mensais a plano de benefícios e cessação do vínculo com o patrocinador**, para se tornar elegível a um benefício de prestação que seja programada e continuada;

b) **concessão de benefício pelo regime de previdência ao qual o participante esteja filiado por intermédio de seu patrocinador**, quando se tratar de plano na modalidade **benefício definido**, instituído depois da publicação da Lei Complementar 108/2001.

Trata-se de exceção pontual (de duvidosa validade constitucional) trazida na LC 108/2001 ao Princípio da Autonomia da Previdência Complementar, apenas na situação de patrocínio de entidade de previdência complementar pela Administração Pública. De acordo com o artigo 3º, II, da LC 108, os planos de benefícios das entidades de que trata esta Lei Complementar atenderão às seguintes regras: concessão de benefício pelo regime de previdência ao qual o participante esteja filiado por intermédio de seu patrocinador, quando se tratar de plano na modalidade benefício definido, instituído depois da publicação desta Lei Complementar.

No julgamento do Recurso Especial 1.421.951, de 12 de dezembro de 2014, decidiu o STJ que não há ilegalidade na exigência feita pela entidade de previdência privada do requisito da cessação do vínculo empregatício do participante com o patrocinador (empregador) como condição para a concessão da aposentadoria complementar.

A Terceira Turma do Superior Tribunal de Justiça (STJ) entendeu que a exigência prevista pelo artigo 3º, inciso I, da Lei Complementar 108/01, que exige a cessação do vínculo empregatício como uma das condições para obtenção da aposentadoria complementar, é válida e incide sobre os planos de benefícios instituídos antes de sua vigência.

A decisão foi proferida em um recurso interposto pela Fundação Petrobras de Seguridade Social (Petros) contra decisão do Tribunal de Justiça do Sergipe. No caso, o TJSE entendeu que as normas vigentes quando da assinatura do contrato de trabalho incorporavam-se ao patrimônio jurídico do empregado, como direito adquirido, não podendo ser alteradas em prejuízo da parte hipossuficiente.

Esta tese foi confirmada em repetitivo julgado pela 2ª Seção do STJ (tema 944 – Informativo 594):

594 – PROCESSO	REsp 1.433.544-SE, **Rel. Min. Luis Felipe Salomão, Segunda Seção, por unanimidade, julgado em 9/11/2016, DJe 1/12/2016.**
RAMO DO DIREITO	**DIREITO PREVIDENCIÁRIO**
TEMA	Plano de previdência privada patrocinado por ente federado. Contrato de Trabalho e contrato de previdência complementar. Vínculos contratuais autônomos e distintos. Aplicabilidade da Lei Complementar 108/2001 aos planos de benefícios já operantes por ocasião do advento da lei. Concessão de benefício de prestação programada e continuada. Necessidade de cessação do vínculo do participante com o patrocinador. Recurso repetitivo. Tema 944.

DESTAQUE
Nos planos de benefícios de previdência privada patrocinados pelos entes federados – inclusive suas autarquias, fundações, sociedades de economia mista e empresas controladas direta ou indiretamente -, para se tornar elegível a um benefício de prestação que seja programada e continuada, é necessário que o participante previamente cesse o vínculo laboral com o patrocinador, sobretudo a partir da vigência da Lei Complementar n. 108/2001, independentemente das disposições estatutárias e regulamentares.

Os **reajustes** dos benefícios em manutenção serão efetuados de acordo com critérios estabelecidos nos **regulamentos** dos planos de benefícios, **vedado o repasse de ganhos de produtividade, abono e vantagens de qualquer natureza para tais benefícios.**

Nesse sentido, decisão da 2ª Seção do STJ:

> **Informativo 541– "DIREITO PREVIDENCIÁRIO. PLANOS DE BENEFÍCIOS DE PREVIDÊNCIA PRIVADA FECHADA PATROCINADOS PELA ADMINISTRAÇÃO DIRETA E INDIRETA. RECURSO REPETITIVO (ART. 543-C DO CPC E RES. 8/2008-STJ).**
>
> **Nos planos de benefícios de previdência privada fechada, patrocinados pelos entes federados – inclusive suas autarquias, fundações, sociedades de economia mista e empresas controladas direta ou indiretamente –, é vedado o repasse de abono e vantagens de qualquer natureza para os benefícios em manutenção, sobretudo a partir da vigência da LC 108/2001, independentemente das disposições estatutárias e regulamentares; e não é possível a concessão de verba não prevista no regulamento do plano de benefícios de previdência privada, pois a previdência complementar tem por pilar o sistema de capitalização, que pressupõe a acumulação de reservas para assegurar o custeio dos benefícios contratados, em um período de longo prazo.** REsp 1.425.326-RS, Rel. Min. Luis Felipe Salomão, julgado em 28/5/2014".

É vedado à União, aos Estados, ao Distrito Federal e aos Municípios, suas autarquias, fundações, empresas públicas, sociedades de economia mista e outras entidades públicas o aporte de recursos a entidades de previdência privada de caráter complementar, **salvo na condição de patrocinador.**

Ademais, a responsabilidade pelo custeio dos benefícios será do patrocinador e dos participantes, inclusive dos assistidos.

A contribuição normal do patrocinador para plano de benefícios, em hipótese alguma, excederá a do participante, observada a regra de transição do artigo 5º da Emenda Constitucional no 20/98[36] e as regras específicas emanadas pela PREVIC.

De acordo com o TCU[37], a contribuição do patrocinador estatal para plano de benefícios de previdência privada tem como limite a contribuição do participante, inclusive assistido (art. 6º, § 1º, da LC 108/2001), não abrangendo o segurado beneficiário (pensionista ou dependente), conforme conceitos definidos no art. 8º da LC 109/2001.

Vale registrar que os serviços sociais autônomos, como pessoas jurídicas de direito privado prestadoras de serviço público, enquadram-se no conceito de patrocinador público e sujeitam-se ao princípio da paridade contributiva. Nesse sentido, o TCU:

> "SUMÁRIO: PRESTAÇÃO DE CONTAS. APORTE DE RECURSOS DESTINADOS AO PAGAMENTO DE PREVIDÊNCIA PRIVADA ABERTA. INOBSERVÂNCIA AOS PRECEITOS CONSTITUCIONAIS QUE REGEM A MATÉRIA. IRREGULARIDADE DAS CONTAS. DÉBITO E MULTA. 1. Aplica-se aos serviços sociais autônomos a regra insculpida no art. 202, § 3º, da Constituição Federal. 2. Não é admissível o aporte de recursos públicos a instituição de previdência complementar de natureza aberta. 3. Os recursos destinados pelos patrocinadores às entidades de previdência privada deverão observar o princípio da paridade contributiva" (TC011.363/2003-0. Data da Sessão: 6/4/2011 – Ordinária).

Além das contribuições normais, os planos poderão prever o aporte de recursos pelos participantes, a título de **contribuição facultativa, sem contrapartida do patrocinador.**

É vedado ao patrocinador assumir encargos adicionais para o financiamento dos planos de benefícios, além daqueles previstos nos respectivos planos de custeio, cabendo ao patrocinador, participantes e assistidos o custeio da despesa administrativa da entidade de previdência complementar.

É facultada aos patrocinadores a **cessão de pessoal** às entidades de previdência complementar que patrocinam, desde que ressarcidos os custos correspondentes.

Por fim, destaque-se que as entidades fechadas de previdência complementar patrocinadas por **empresas privadas permissionárias ou concessionárias** de prestação de serviços públicos subordinam-se, **no que couber**, às disposições da Lei Complementar 108/2001, na forma estabelecida pela PREVIC e pelo Conselho Nacional da Previdência Complementar.

8. PREVIDÊNCIA COMPLEMENTAR NO SERVIÇO PÚBLICO

Com o advento da Emenda Constitucional 20/98, nasceu a autorização constitucional para a instituição do regime público de previdência complementar, antes restrito ao campo privado.

36. Art. 5º – O disposto no art. 202, § 3º, da Constituição Federal, quanto à exigência de paridade entre a contribuição da patrocinadora e a contribuição do segurado, terá vigência no prazo de dois anos a partir da publicação desta Emenda, ou, caso ocorra antes, na data de publicação da lei complementar a que se refere o § 4º do mesmo artigo.
37. Acórdão 1252/2017 Plenário (Pedido de Reexame, Relator Ministro Vital do Rêgo).

A aprovação dessa reforma na previdência dos servidores públicos decorre de um movimento político que busca aproximar cada vez mais o regime previdenciário dos servidores públicos efetivos ao regime dos trabalhadores em geral, ignorando as peculiaridades inerentes à relação de trabalho no âmbito das pessoas jurídicas de direito público.

Nesse sentido, a Emenda 20/98 inseriu os §§ 14, 15 e 16 no artigo 40 da Constituição Federal, tendo ainda o § 15 sua redação alterada pela Emenda 41/03. Ao regime previdenciário público complementar será aplicável, no que couber, as disposições do artigo 202, da Constituição Federal, que trata do regime de previdência complementar privada.

De efeito, a União, os Estados, o Distrito Federal e os Municípios poderiam instituir regime de previdência complementar para os seus servidores efetivos, mediante **lei de iniciativa de o respectivo Poder Executivo**. Antes do advento da Emenda 41/2003, exigia-se que aprovação se desse por lei complementar, podendo agora ser uma mera lei ordinária, que não exige o quórum qualificado.

A Constituição previa a criação de **entidades fechadas de previdência complementar, de natureza pública**, que ofereceriam aos respectivos participantes planos de benefícios somente na modalidade de **contribuição definida**, sendo a **adesão facultativa**.

Mas os dispositivos constitucionais foram alterados pela **Emenda 103/2019**:

> "§ 14. A União, os Estados, o Distrito Federal e os Municípios **instituirão**, por lei de iniciativa do respectivo Poder Executivo, regime de previdência complementar para servidores públicos ocupantes de cargo efetivo, **observado o limite máximo dos benefícios do Regime Geral de Previdência Social** para o valor das aposentadorias e das pensões em regime próprio de previdência social, ressalvado o disposto no § 16".

Há uma enorme modificação constitucional neste dispositivo, a saber:

A) Passa a ser obrigatória a criação do regime de previdência complementar pelas entidades federativas que possuam RPPS (era facultativo);

B) Passa a ser obrigatória a adoção do teto do RGPS no RPPS após a criação da previdência complementar (era facultativo), respeitado o regime dos antigos servidores, na forma do § 16, salvo opção expressa.

Nos termos da art. 9º, § 6º, da Emenda 103/2019, a instituição do regime de previdência complementar na forma dos §§ 14 a 16[38] do art. 40 da Constituição Federal e a adequação do órgão ou entidade gestora do regime próprio de previdência social ao § 20 do art. 40 da Constituição Federal **deverão ocorrer no prazo máximo de dois anos da data de entrada em vigor da Emenda Constitucional**.

O que a Emenda não diz são os efeitos jurídicos previdenciários da mora do Poder Executivo e/ou Legislativo, na hipótese de não criação do regime complementar no aludido biênio.

> "§ 15. O regime de previdência complementar de que trata o § 14 oferecerá plano de benefícios somente na modalidade contribuição definida, observará o disposto no art. 202 e será efetivado por intermédio de entidade fechada de previdência complementar **ou de entidade aberta de previdência complementar**".

---

38. § 16 – Somente mediante sua prévia e expressa opção, o disposto nos §§ 14 e 15 poderá ser aplicado ao servidor que tiver ingressado no serviço público até a data da publicação do ato de instituição do correspondente regime de previdência complementar. (Incluído pela Emenda Constitucional nº 20, de 15/12/98)

Retirou-se a necessidade de que as entidades fechadas de previdência complementar possuam natureza pública, que no caso do modelo federal (Lei 12.612/2012, art. 4º[39]) adotaram a posição de fundações de direito privado, mas integrantes da Administração Pública Indireta.

Abriu-se em favor das entidades abertas de previdência complementar (EAPCs) a possibilidade de gerir planos de previdência complementar dos servidores públicos, atendendo a um antigo desejo do mercado financeiro, cuja atividade visa ao lucro que deverá ser suportado pelos participantes e assistidos, ao passo em que o regime fechado não possui finalidade lucrativa.

Mas é necessário que saia a regulamentação do setor. Isso porque dispõe o artigo 33 da Emenda 103/2019 que, "até que seja disciplinada a relação entre a União, os Estados, o Distrito Federal e os Municípios e entidades abertas de previdência complementar na forma do disposto nos §§ 4º e 5º do art. 202 da Constituição Federal, somente entidades fechadas de previdência complementar estão autorizadas a administrar planos de benefícios patrocinados pela União, Estados, Distrito Federal ou Municípios, inclusive suas autarquias, fundações, sociedades de economia mista e empresas controladas direta ou indiretamente".

Logo, este dispositivo nesta parte possui eficácia limitada, dependendo previamente da regulamentação de que tratam os §§ 4º e 5º do artigo 202 da Constituição.

De acordo com a Resolução 16, de 22.11.2005, do Conselho de Gestão da Previdência Complementar, os planos de benefícios na modalidade contribuição definida são aqueles cujos benefícios programados têm seu valor permanentemente ajustado ao saldo de conta mantido em favor do participante, inclusive na fase de percepção de benefícios, considerando o resultado líquido de sua aplicação, os valores aportados e os benefícios pagos.

Ou seja, no plano de contribuição definida os benefícios programados não têm o seu valor ou nível previamente estabelecidos, o que aparentemente poderá gerar insegurança jurídica futura aos novos servidores públicos efetivos.

Após a instituição da previdência pública complementar, as respectivas entidades políticas poderão fixarão, para o valor das aposentadorias e pensões dos Regimes Próprios de Previdência Social, o limite máximo estabelecido para os benefícios do Regime Geral de Previdência Social.

Todavia, os dispositivos constitucionais que preveem a previdência pública complementar apenas serão aplicáveis aos servidores públicos que tiverem ingressado no serviço público após a data da publicação do ato de instituição do correspondente regime de previdência complementar.

Ressalte-se que os servidores que mudarem de cargo público efetivo não se sujeitarão ao novo regime, desde que não haja interrupção do vínculo com qualquer entidade política, pois inexiste qualquer restrição constitucional nesse sentido.

No entanto, na visão da Advocacia-Geral da União (AGU) e do extinto Ministério do Planejamento, Orçamento e Gestão (MPOG), entende-se que a mudança de cargo público entre entidades políticas diversas não conserva o regime jurídico previdenciário anterior, mesmo que não haja solução de continuidade.

39. § 1º A Funpresp-Exe, a Funpresp-Leg e a Funpresp-Jud serão estruturadas na forma de fundação, de natureza pública, com personalidade jurídica de direito privado, gozarão de autonomia administrativa, financeira e gerencial e terão sede e foro no Distrito Federal.

Assim, caso um servidor público seja aprovado em outro concurso e deixe o seu cargo para assumir outro em entidade política diversa que já tenha instituído regime de previdência complementar para os seus servidores, irá ingressar no novo regime jurídico, mesmo que não sujeito à previdência complementar no vínculo estatutário anterior.

Suponha-se que Giocondia seja servidora pública efetiva de um município que ainda não instituiu um regime de previdência complementar. Após ser aprovada em concurso, é nomeada e empossada em cargo público de um estado da federação que já criou e já funciona o regime complementar para os servidores efetivos estaduais.

Neste caso, Giocondia estará sujeita ao novo regime jurídico previdenciário, pois ingressou no serviço público estadual após a instituição do regime de previdência complementar.

Nesse sentido, a AGU editou o Parecer nº 009/2013/JCBM/CGU/AGU, de 30 de outubro de 2013, aprovado pelo Despacho do Advogado-Geral da União, em 31 de outubro de 2013, que ensejou a Orientação Normativa 17, de 23 de dezembro de 2013, da lavra da Secretaria de Gestão Pública do extinto Ministério do Orçamento, Planejamento e Gestão.

Considerando que o regime de previdência complementar dos servidores efetivos do Poder Executivo da União iniciou o seu funcionamento em 04 de fevereiro de 2013, a posição oficial é que os novos servidores federais empossados a partir desta data devem ingressar no novo regime jurídico, mesmo que egressos do serviço público estadual ou municipal sem interrupção.

Veja-se passagem da Orientação Normativa 17, de 23 de dezembro de 2013, da lavra da Secretaria de Gestão Pública do extinto Ministério do Orçamento, Planejamento e Gestão:

> "**A SECRETÁRIA DE GESTÃO PÚBLICA DO MINISTÉRIO DO PLANEJAMENTO, ORÇAMENTO E GESTÃO**, no uso da atribuição que lhe confere o inciso III do art. 23 do Anexo I ao Decreto nº 7.675, de 20 de janeiro de 2012, e tendo em vista o disposto nos §§ 14 a 16 do art. 40 da Constituição Federal, na Lei n° 12.618, de 30 de abril de 2012, no Decreto n° 7.808, de 20 de setembro de 2012, na Orientação Normativa SEGEP/MP nº 12, de 23 de setembro de 2013, e no Parecer nº 009/2013/JCBM/CGU/AGU, de 30 de outubro de 2013, aprovado pelo Despacho do Advogado-Geral da União, em 31 de outubro de 2013, resolve:
>
> **CAPÍTULO I**
>
> **DAS DISPOSIÇÕES GERAIS**
>
> Art. 1° Orientar os órgãos e entidades integrantes do Sistema de Pessoal Civil da Administração Federal – SIPEC quanto ao correto entendimento a ser adotado no que tange ao regime de previdência complementar instituído pela Lei n° 12.618, de 30 de abril de 2012, especificamente quanto ao ingresso de servidores públicos oriundos de outros entes da federação em cargos efetivos no Poder Executivo Federal a partir de 04 de fevereiro de 2013, data que entrou em vigor o referido regime, conforme a Portaria nº 44, de 31 de janeiro de 2013, da Superintendência Nacional de Previdência Complementar – PREVIC.
>
> Parágrafo único. Consideram-se servidores egressos de outros entes da federação, para os fins de que trata esta Orientação Normativa, aqueles oriundos de órgãos ou entidades dos Estados, Distrito Federal e Municípios que passaram a ocupar cargo público federal do Poder Executivo Federal.
>
> **CAPÍTULO II**
>
> **DOS NOVOS INGRESSOS**
>
> **Art. 2º Estão sujeitos ao regime de previdência complementar de que trata a Lei nº 12.618, de 2012, e consequentemente, terão suas contribuições previdenciárias submetidas ao limite máximo estabelecido para os benefícios do Regime Geral de Previdência Social:**

I – os servidores federais que ingressaram ou ingressarem em cargos públicos efetivos no Poder Executivo Federal a partir de 04 de fevereiro de 2013;

II – os servidores egressos de órgãos ou entidades de qualquer dos entes da federação mencionados no parágrafo único do art. 1º desta Orientação Normativa que tenham ingressado ou ingressarem em cargo público efetivo do Poder Executivo Federal a partir de 04 de fevereiro de 2013.

Parágrafo único. O disposto no inciso II deste artigo aplica-se inclusive aos servidores que tenham tomado posse e entrado em exercício no respectivo órgão ou entidade federal sem descontinuidade.

Art. 3º Os servidores detentores de cargo público efetivo federal que, tendo ingressado no serviço público federal anteriormente a 04 de fevereiro de 2013, e, posteriormente, ingressarem em outro cargo na esfera do Poder Executivo Federal, sem descontinuidade, e estejam vinculados ao Plano de Seguridade Social da União (PSS), poderão optar por permanecer naquele regime ou ingressar no regime de previdência complementar, por tratar-se, nesse caso, de migração de servidor no mesmo ente federado".

Ao menos neste ato do MPOG restou conservado o regime jurídico anterior aos servidores do Poder Legislativo e Judiciário da União que migraram sem interrupção ao serviço do Poder Executivo da União a partir do dia 04 de fevereiro de 2013.

O TCU possui o mesmo posicionamento:

Acórdão 1204/2015 Plenário (Recurso Administrativo, Relatora Ministra Ana Arraes)

Pessoal. Regime de Previdência Complementar. Poder Legislativo.

É obrigatória a aplicação do Regime de Previdência Complementar da União, instituído pela Lei 12.618/12, aos servidores do Poder Legislativo que ingressaram no serviço público federal a partir de 07/05/2013, ainda que oriundos, sem quebra de continuidade, do serviço público dos estados, do Distrito Federal e dos municípios.

Entretanto, é indispensável frisar que a Constituição Federal não é clara a respeito. Isso porque o seu artigo 40, § 16, aduz que "o disposto nos §§ 14 e 15 poderá ser aplicado ao servidor que tiver ingressado no serviço público até a data da publicação do ato de instituição do correspondente regime de previdência complementar".

Destarte, a Constituição se refere genericamente ao ingresso no "serviço público", não exigindo literalmente a entrada no serviço público da respectiva entidade federativa até a data da publicação do ato de instituição do correspondente regime de previdência complementar.

Ao longo dos anos será necessário acompanhar o entendimento da Administração Pública a respeito, e especialmente do Supremo Tribunal Federal, pois é possível extrair mais de uma interpretação da plurissignificativa normatização constitucional.

Aliás, neste momento, acredita-se que a melhor interpretação do § 16 do artigo 40 da Constituição Federal seja garantir o antigo regime jurídico para os servidores estaduais e municipais que ingressarem no serviço público federal do Poder Executivo a partir de 04 de fevereiro de 2013, vez que é regra de hermenêutica jurídica que, se a Lei Maior não distinguiu a espécie de serviço público, não caberá ao intérprete fazê-lo, máxime em prejuízo do novo servidor público federal.

Nesse sentido, o Sindicato Nacional dos Servidores Federais conseguiu liminar na Seção Judiciária do Distrito Federal para manter os novos servidores federais oriundos (sem interrupção de vínculo) de outras esferas de governo no antigo regime previdenciário, desde que empossados em outro ente político antes do funcionamento de regime de previdência complementar.

Esta decisão foi mantida no Tribunal Regional da 1ª Região, cuja principal passagem se transcreve:

> "PODER JUDICIÁRIO TRIBUNAL REGIONAL FEDERAL DA PRIMEIRA REGIÃO **AGRAVO DE INSTRUMENTO N. 0014659-24.2015.4.01.0000/DF** (d) Processo Orig.: 0070641-42.2014.4.01.3400 55 – Nº Lote: 2015050533 – 8_1 – AGRAVO DE INSTRUMENTO N. 0014659-24.2015.4.01.0000/DF (d) RELATOR: DESEMBARGADOR FEDERAL FRANCISCO DE ASSIS BETTI RELATOR CONVOCADO: JUIZ FEDERAL CLEBERSON JOSÉ ROCHA AGRAVANTE: UNIÃO FEDERAL PROCURADOR: JOSÉ ROBERTO MACHADO FARIAS AGRAVADO: SINDICATO NACIONAL DOS SERVIDORES FEDERAIS AUTÁRQUICOS NOS ENTES DE FORMULACÃO PROMOCÃO E FISCALIZACÃO DA POLITICA DA MOEDA ADVOGADO: CARLOS ALBERTO MACEDO CIDADE ADVOGADO: VERA MIRNA SCHMORANTZ ADVOGADO: RAFAEL PEDROSA DINIZ ADVOGADO: FABIANA DE SOUSA LIMA
>
> D E C I S Ã O
>
> ...
>
> **7. A controvérsia central cinge-se sobre a vinculação ao regime próprio de previdência da União decorrente de posse em cargo público federal, sendo o empossado oriundo de outros regimes próprios de previdência na condição de servidor público titular de cargo efetivo.**
>
> 8. A Administração firmou o entendimento de que deve ser considerada a posse no novo cargo o vínculo originário para efeito de enquadramento nas normas da Lei 12.618/2012.
>
> 9. Essa lei prevê nos § 7º e 8º do art. 3º as seguintes regras: a) estará vinculado do regime de previdência complementar e submetido ao teto do Regime Geral de Previdência Social – RGPS: a) aqueles servidores que ingressaram no serviço público a partir da vigência do regime de previdência complementar; e b) aqueles que ingressaram ante a vigência do regime complementar, mas que optarem por vincular ao regime complementar de previdência.
>
> 10. A regra, por exclusão, é que os servidores que ingressaram no serviço público antes da vigência do regime de previdência complementar teriam as garantias até então previstas no art. 40 da Constituição, dentre elas não estar submetido ao teto do RGPS.
>
> 11. Pois bem, ao interpretar a norma a Administração entendeu que considera para efeito do direito de opção a vinculação da pessoa ao serviço público atual e não o vínculo anterior, ainda que sem perda da continuidade, se o servidor já ostentava essa condição, mas vinculado a outro regime próprio de previdência.
>
> **12. Essa interpretação não encontra amparo na Constituição e no texto expresso da própria norma interpretada. Vejamos.**
>
> 13. A Constituição estabelece o regime de previdência no serviço público e direitos e deveres decorrentes para todos os entes da Federação e respectivos poderes. Bem assim, estabelece requisitos de permanência no serviço público e no cargo. Confira-se: Art. 40. Aos servidores titulares de cargos efetivos da União, dos Estados, do Distrito Federal e dos Municípios, incluídas suas autarquias e fundações, é assegurado regime de previdência de caráter contributivo e solidário, mediante contribuição do respectivo ente público, dos servidores ativos e inativos e dos pensionistas, observados critérios que preservem o equilíbrio financeiro e atuarial e o disposto neste artigo. (Redação dada pela Emenda Constitucional nº 41, 19.12.2003) § 1º Os servidores abrangidos pelo regime de previdência de que trata este artigo serão aposentados, calculados os seus proventos a partir dos valores fixados na forma dos §§ 3º e 17: (Redação dada pela Emenda Constitucional nº 41, 19.12.2003) I – por invalidez permanente, sendo os proventos proporcionais ao tempo de contribuição, exceto se decorrente de acidente em serviço, moléstia profissional ou doença grave, contagiosa ou incurável, na forma da lei; (Redação dada pela Emenda Constitucional nº 41, 19.12.2003) II – compulsoria-

mente, aos setenta anos de idade, com proventos proporcionais ao tempo de contribuição; (Redação dada pela Emenda Constitucional nº 20, de 15/12/98) III – voluntariamente, desde que cumprido tempo mínimo de dez anos de efetivo exercício no serviço público e cinco anos no cargo efetivo em que se dará a aposentadoria, observadas as seguintes condições: (Redação dada pela Emenda Constitucional nº 20, de 15/12/98) a) sessenta anos de idade e trinta e cinco de contribuição, se homem, e cinqüenta e cinco anos de idade e trinta de contribuição, se mulher; (Redação dada pela Emenda Constitucional nº 20, de 15/12/98) b) sessenta e cinco anos de idade, se homem, e sessenta anos de idade, se mulher, com proventos proporcionais ao tempo de contribuição. (Redação dada pela Emenda Constitucional nº 20, de 15/12/98) 14. A norma do inciso III é expressa quando exige interstício de dez anos no serviço público e cinco no cargo para a aposentadoria voluntária (dez anos de efetivo exercício no serviço público e cinco anos no cargo efetivo). Tal demonstra que se deve considerar a vinculação ao serviço público, compreendido as entidades dos diversos entes da federação e respectivos poderes, devendo para se aposentar no cargo o tempo de cinco anos. O que não se pode é haver rompimento do vínculo, mas a mudança é admitida expressamente pelo texto. 15. Para confirmar essa interpretação o § 16 é novamente expresso: § 16 – Somente mediante sua prévia e expressa opção, o disposto nos §§ 14 e 15 poderá ser aplicado ao servidor que tiver ingressado no serviço público até a data da publicação do ato de instituição do correspondente regime de previdência complementar. (Incluído pela Emenda Constitucional nº 20, de 15/12/98)

16. Para afastar qualquer dúvida os §§ 7° e 8° do art. 3° e do art. 22 da Lei n° 12.618/2012, objetivando garantir o direito de opção ou não pelo novo regime de previdência, estabelecem novamente a mesma norma: Art. 3º Aplica-se o limite máximo estabelecido para os benefícios do regime geral de previdência social às aposentadorias e pensões a serem concedidas pelo regime de previdência da União de que trata o art. 40 da Constituição Federal, observado o disposto na Lei nº 10.887, de 18 de junho de 2004, aos servidores e membros referidos no caput do art. 1º desta Lei que tiverem ingressado no serviço público: I – a partir do início da vigência do regime de previdência complementar de que trata o art. 1º desta Lei, independentemente de sua adesão ao plano de benefícios; e II – até a data anterior ao início da vigência do regime de previdência complementar de que trata o art. 1º desta Lei, e nele tenham permanecido sem perda do vínculo efetivo, e que exerçam a opção prevista no § 16 do art. 40 da Constituição Federal. (....) § 7º O prazo para a opção de que trata o inciso II do caput deste artigo será de 24 (vinte e quatro) meses, contados a partir do início da vigência do regime de previdência complementar instituído no caput do art. 1º desta Lei. § 8º O exercício da opção a que se refere o inciso II do caput é irrevogável e irretratável, não sendo devida pela União e suas autarquias e fundações públicas qualquer contrapartida referente ao valor dos descontos já efetuados sobre a base de contribuição acima do limite previsto no caput deste artigo.

17. Finalmente, para deixar indene de dúvida a legislação é clara no direito de o servidor contar o tempo de contribuição aos diversos regimes previdenciários para o benefício. 18. Sobre o tema, relevante trazer à colação o § 9º do art. 201 da Constituição Federal, nestes termos: Art. 201. A previdência social será organizada sob a forma de regime geral, de caráter contributivo e de filiação obrigatória, observados critérios que preservem o equilíbrio financeiro e atuarial, e atenderá, nos termos da lei, a: (Redação dada pela Emenda Constitucional nº 20, de 1998) (Vide Emenda Constitucional nº 20, de 1998) (...) § 9º Para efeito de aposentadoria, é assegurada a contagem recíproca do tempo de contribuição na administração pública e na atividade privada, rural e urbana, hipótese em que os diversos regimes de previdência social se compensarão financeiramente, segundo critérios estabelecidos em lei. (Incluído dada pela Emenda Constitucional nº 20, de 1998) (grifos do relator) 19. A Lei 12.618/2012 estabelece: Art. 22. Aplica-se o benefício especial de que tratam os §§ 1º a 8º do art. 3º ao servidor público titular de cargo efetivo da União, inclusive ao membro do Poder Judiciário, do Ministério Público e do Tribunal de Contas da União, oriundo, sem quebra de continuidade, de cargo público estatutário de outro ente da federação que não tenha instituído o respectivo regime de previdência complementar e que ingresse em cargo público efetivo federal a partir da instituição do regime de previdência complementar de que trata esta Lei, considerando-se,

para esse fim, o tempo de contribuição estadual, distrital ou municipal, assegurada a compensação financeira de que trata o § 9º do art. 201 da Constituição Federal. 20. Ressalte-se que o servidor público federal, ao tomar posse em novo cargo público, não será compelido a aderir ao novo regime de previdência complementar, principalmente pelo fato de não ter havido ruptura com o serviço público. 21. **Dessa forma, os servidores oriundos de outras entidades e órgãos da Administração que ingressaram antes da instituição do regime de previdência complementar de que cuida a Lei 12.618/2012, que não tiveram ruptura de vínculo somente estarão vinculados a esse regime complementar se fizerem expressa opção. 22. Em face do exposto, nego seguimento ao recurso. Publique-se. Intimem-se. Arquive-se.** Brasília, 26 de junho de 2015.

JUIZ FEDERAL CLEBERSON JOSÉ ROCHA

RELATOR CONVOCADO"

No final do ano de 2017, em sessão administrativa, o STF se posicionou pela mesma linha de raciocínio desta obra, conforme publicado no site oficial:

Quarta-feira, 29 de novembro de 2017

Funpresp: servidores do STF oriundos de estados e municípios têm direito ao regime próprio de previdência

O Supremo Tribunal Federal (STF) decidiu, na sessão administrativa realizada nesta quarta-feira (29), que os servidores oriundos de estados, do Distrito Federal e dos municípios que ingressaram no STF depois da criação do regime complementar de previdência dos servidores públicos e da instituição do Fundo de Previdência dos Servidores do Judiciário da União (Funpresp-Jud) têm direito ao regime previdenciário próprio anterior, sem limitação ao teto do Regime Geral de Previdência Social. A exigência é que tenham sido ocupantes titulares de cargos efetivos nos entes federativos e que não tenha havido descontinuidade no serviço público – ou seja, desde que o servidor tenha saído do poder público local e entrado imediatamente no STF.

O relator do processo administrativo, ministro Dias Toffoli, explicou que o artigo 40 da Constituição da República, ao instituir, para os servidores titulares de cargos efetivos, um regime de previdência de caráter contributivo e solidário mediante contribuição do ente público, dos servidores ativos e inativos e dos pensionistas, o faz, de maneira indistinta, para os integrantes da União, dos estados, do Distrito Federal e dos municípios. "Em nenhum de seus vinte e um parágrafos, se indica, de forma veemente, que esses servidores deverão ser tratados diferenciadamente a depender do ente federativo a que se encontrem vinculados", afirmou. "Pelo contrário: após indicar, na cabeça do artigo 40, que estava a se referir aos servidores da União, dos estados, do Distrito Federal e dos municípios, o texto constitucional somente volta a se referir aos indivíduos atingidos pela norma como 'servidores públicos', o que permite compreender que em momento algum o legislador pretendeu fazer distinção entre entes da Federação para esse fim".

O ministro observou ainda que, conforme o STF já reconheceu em precedente no qual declarou a inconstitucionalidade de lei que exigia tempo mínimo de serviço público para admissão da compensação entre regimes previdenciários distintos, a contagem recíproca do tempo de contribuição entre entes da Federação não pode ser afastada. "O tempo de contribuição federal, estadual, distrital ou municipal será contabilizado indistintamente para fins de aposentadoria e tempo de serviço correspondente para efeito de disponibilidade", assinalou.

Outro ponto destacado foi o prejuízo à segurança jurídica, à previsibilidade, à certeza e à legítima confiança na Administração. "Não se afigura nada razoável que, após diversos recolhimentos em porcentagem sobre seu vencimento para o regime próprio do ente de origem, o servidor dos estados, do Distrito Federal ou dos municípios que venha a tomar posse em cargo público no Supremo Tribunal Federal, em que pese o regramento previsto na Constituição, veja seus proventos de aposentadoria limitados ao teto do regime geral", explicou.

A decisão foi por maioria. O ministro Marco Aurélio ficou vencido, por considerar que há, de qualquer forma, uma descontinuidade, uma vez que houve o desligamento do servidor do poder local antes de seu exercício no STF.

No mesmo sentido, o STJ:

Processo

REsp **1671390** / PE

RECURSO ESPECIAL

2017/0110037-8

Relator(a)

Ministro HERMAN BENJAMIN (1132)

Órgão Julgador

T2 – SEGUNDA TURMA

Data do Julgamento

08/08/2017

Data da Publicação/Fonte

DJe 12/09/2017

Ementa

RECURSO ESPECIAL. LEI 12.618/2012. NOMEAÇÃO EM CARGO DO PODER JUDICIÁRIO FEDERAL. VÍNCULO ANTERIOR COM O SERVIÇO PÚBLICO ESTADUAL. DIREITO À OPÇÃO DE REGIME PREVIDENCIÁRIO. POSSIBILIDADE. 1. A controvérsia consiste em saber se os servidores egressos de outros entes da federação que, sem solução de continuidade, ingressaram no serviço público federal, tem ou não direito de optar pelo regime previdenciário próprio da União anterior ao regime de previdência complementar estabelecido por esse último ente e sujeito ao teto do RGPS. **2. O art. 40, § 16, da CF e o art. 1º , § 1º, da Lei 12.618/2012, ao tratar da obrigatoriedade do regime de previdência complementar, utilizaram-se do ingresso no serviço público como critério diferenciador, sem fazer referência expressa a qualquer ente federado. Não há, portanto, nenhuma restrição ao ente federado em que houve o ingresso no serviço público**. 3. Recurso Especial não provido.

Desta forma, servidores estaduais, distritais e municipais que ingressaram sem interrupção no serviço público federal após o início da vigência do novo regime de previdência complementar, terão conservado o regime anterior (sem limitação de aposentadoria e pensão por morte ao teto do Regime Geral), desde que, no ente federativo anterior, já estivessem no regime jurídico antigo, situação que deve ser investigada pela Administração Pública Federal.

O tema será julgado pelo STF em repercussão geral:

STF vai decidir sobre regime previdenciário de servidor federal que ocupava anteriormente cargo público de outro ente federado

O recurso, com repercussão geral reconhecida, discute se servidores municipais, estaduais e distritais que ingressaram no serviço público federal após a instituição da previdência complementar podem optar pelo regime anterior.

O Supremo Tribunal Federal (STF) vai decidir se servidor que ingressou no serviço público federal após a instituição do regime complementar de previdência, mas que ocupava cargo público de outro ente federado, pode ser vinculado ao regime previdenciário próprio anterior. A matéria, objeto do Recurso Extraordinário (RE) 1050597, teve repercussão geral reconhecida em deliberação no Plenário Virtual.

Funpresp

O recurso foi interposto por um servidor federal oriundo do serviço público municipal contra decisão da Justiça Federal do Rio Grande do Sul que havia negado o direito ao enquadramento na sistemática previdenciária anterior ao regime complementar. Segundo a 5ª Turma Recursal dos Juizados Especiais Federais do RS, o servidor que tenha pertencido à esfera estadual, distrital ou municipal e se tornado servidor da União depois de 4/2/2013 não poderia permanecer no regime anterior. A data diz respeito ao início da gestão do plano de previdência pela Fundação de Previdência Complementar do Servidor Público Federal do Poder Executivo (FunprespExe).

Ainda de acordo com a Turma Recursal, a regra da Constituição Federal que garante o direito de opção do servidor que tiver ingressado no serviço público até a data de instituição do regime de previdência complementar (parágrafo 16 do artigo 40) alcança somente o serviço público prestado ao mesmo ente federativo e à mesma pessoa jurídica da administração pública indireta.

Direito de opção

No STF, o servidor sustenta que seu direito de opção deve ser reconhecido, pois não houve quebra da continuidade na prestação do serviço público. Ele argumenta ainda que a Constituição não faz distinção entre servidores públicos federais, municipais e estaduais e que a expressão "serviço público" abrange todos os entes da federação e suas respectivas autarquias e fundações.

Interpretação controvertida

O relator do recurso, ministro Edson Fachin, explicou que a controvérsia trata da definição do alcance da expressão "ingressado no serviço público" do artigo 40, parágrafo 16, da Constituição para fins de opção sobre o regime de previdência a ser adotado, considerando-se o vínculo anterior com o serviço público distrital, estadual ou municipal.

O ministro lembrou que o STF, em sessão administrativa, já reconheceu a possibilidade de manutenção, sem interrupção, do regime previdenciário dos servidores oriundos de outro ente federativo que ingressaram na Corte após a instituição da Fundação de Previdência Complementar do Servidor Público Federal do Poder Judiciário (Funpresp-Jud). Observou, no entanto, que não há precedente específico do Plenário a respeito da questão.

Segundo Fachin, a matéria veiculada no recurso ultrapassa os limites individuais do caso e envolve interesse de toda a categoria de servidores públicos federais na mesma situação. O relator destacou ainda a relevância jurídica do tema, pois se trata de juízo de constitucionalidade de legislação federal cuja interpretação é controvertida.

A manifestação do relator foi seguida por unanimidade. O mérito do recurso será submetido a posterior julgamento do Plenário.

SP/AD//CF

No âmbito do RPPS da União, há um déficit maior do que no Regime Geral de Previdência Social, sendo o ente central responsável pelo complemento dos recursos faltantes no fundo previdenciário.

Estima-se em 2010 um rombo superior a 50 bilhões de reais no RPPS da União, equivalente a aproximadamente 1,5% do PIB nacional, o que favorece a intenção política de instituir rapidamente o regime público complementar, a fim de limitar as aposentadorias e pensões dos novos servidores ao teto do RGPS, conquanto a União tenha cometido erros históricos na gestão do seu RPPS.

Com esse argumento, **a União instituiu o regime de previdência complementar para os servidores detentores de cargo efetivo por intermédio da Lei 12.618, de 30 de abril de 2012**, que será estudado no Capítulo III deste Título IV.

Após a iniciativa federal, as demais entidades federativas estão cada vez mais encorajadas a criar os regimes complementares para os seus servidores efetivos. O **Estado de São Paulo**, por exemplo, promoveu a aprovação mesmo antes da União, através da Lei estadual 14.653, de 22 de dezembro de 2011, que criou a Fundação de Previdência Complementar do Estado de São Paulo – **SP-PREVCOM**.

De seu turno, o **Estado do Rio de Janeiro** também aprovou o regime de previdência complementar para os seus servidores efetivos, por intermédio da Lei estadual 6.243, de 21 de maio de 2012, que criou a Fundação de Previdência Complementar do Estado do Rio de Janeiro – **RJPREV**.

Tem-se notícia que o Estado do Ceará também constituiu regime de previdência complementar para os seus servidores efetivos, assim como Minas Gerais, Espírito Santo, Rondônia, Bahia e Pernambuco.

Vale registar que o Estado de São Paulo, por intermédio da Lei estadual 16.391/2017, permitiu que possam figurar como patrocinadores **os demais entes da Federação, suas autarquias e fundações, mediante prévia autorização do Conselho Deliberativo da SP-PREVCOM, por maioria absoluta, e desde que firmem convênio de adesão e venham a aderir ao plano de benefícios previdenciários complementares administrado pela referida entidade.**

Assim, estados e municípios poderão criar um regime de previdência complementar para os servidores públicos por lei local sem a necessidade da constituição de entidade fechada, firmando convênio de adesão com a **SP-PREVCOM, que irá gerir o plano, o que está sendo avençado com o Estado de Rondônia.**

Esperava-se que essa abertura se desse no modelo federal, mas o projeto de lei 6.088/2016 ainda não foi aprovado. Ele permite que os planos de benefícios estaduais, distritais e municipais possam ser administrados pela Funpresp-Exe.

9. PREVIDÊNCIA COMPLEMENTAR DOS SERVIDORES FEDERAIS

Com a justificativa de equacionar os débitos do Regime Próprio de Previdência Social dos servidores públicos federais, a União aprovou a **Lei 12.618, de 30 de abril de 2012**, publicada em 02 de maio de 2012, que instituiu o regime de previdência complementar para os servidores públicos federais titulares de cargos efetivos.

A Lei 12.618/2012 apenas definiu a normatização básica do citado regime complementar, haja vista existirem inúmeros temas que demandam de regulamentação a ser estatuída nos planos de benefícios.

Registre-se que o citado regime de previdência complementar também se aplica aos servidores efetivos das autarquias e fundações públicas federais e aos membros do Ministério Público, do Poder Judiciário e do Tribunal de Contas da União.

Portanto, apenas os servidores ocupantes de **cargo de provimento efetivo** poderão aderir aos planos da previdência complementar no serviço público federal, não podendo figurar como participantes os servidores que exclusivamente ocupam cargo em comissão (não são efetivos), os empregados públicos (são celetistas) ou qualquer outro cargo temporário.

Por sua vez, **também foi limitado ao teto do salário de contribuição no Regime Geral de Previdência Social o valor das pensões e aposentadorias para os servidores públicos federais que ingressarem após o ato de criação da previdência complementar**.

Trata-se de mais um duro golpe nos servidores públicos federais, que cada vez mais perdem direitos. Não bastasse a extinção da paridade e integralidade remuneratória entre ativos e inativos, suprimida pela Emenda 41/2003 para os novos servidores, agora as aposentadorias e pensões instituídas por novos servidores não irão ultrapassar o teto do RGPS.

Vale relembrar que, por força do artigo 40, § 16, da Constituição, somente mediante sua prévia e expressa opção, o regime de previdência complementar poderá ser aplicado ao servidor que tiver ingressado no serviço público até a data da publicação do ato de instituição do correspondente regime de previdência complementar.

Logo, somente os servidores públicos efetivos federais que ingressarem após a publicação do ato de instituição do correspondente regime de previdência complementar terão aposentadorias e instituirão pensões limitadas ao teto do RGPS, **salvo se algum antigo servidor fizer uma expressa opção pelo regime complementar**, o que será improvável.

Será necessário verificar a data da posse do novo servidor público federal, se até o dia da publicação do ato de instituição do correspondente regime de previdência complementar, ou posterior, para identificar o regime jurídico previdenciário que se sujeitará o servidor.

Na visão da Advocacia-Geral da União (AGU) e do extinto Ministério do Planejamento, Orçamento e Gestão (MPOG), entende-se que a mudança de cargo público entre entidades políticas diversas não conserva o regime jurídico previdenciário anterior, mesmo que não haja solução de continuidade.

Nesse sentido, a AGU editou o Parecer nº 009/2013/JCBM/CGU/AGU, de 30 de outubro de 2013, aprovado pelo Despacho do Advogado-Geral da União, em 31 de outubro de 2013, que ensejou a Orientação Normativa 17, de 23 de dezembro de 2013, da lavra da Secretaria de Gestão Pública do extinto Ministério do Orçamento, Planejamento e Gestão.

Considerando que o regime de previdência complementar dos servidores efetivos do Poder Executivo da União iniciou o seu funcionamento em 04 de fevereiro de 2013, a posição oficial é que os novos servidores federais empossados a partir desta data devem ingressar no novo regime jurídico, mesmo que egressos do serviço público estadual ou municipal sem interrupção.

Ao menos neste ato do MPOG restou conservado o regime jurídico anterior aos servidores do Poder Legislativo e Judiciário da União que migraram sem interrupção ao serviço do Poder Executivo da União a partir do dia 04 de fevereiro de 2013.

Entretanto, é indispensável frisar que a Constituição Federal não é clara a respeito. Isso porque o seu artigo 40, § 16, aduz que "o disposto nos §§ 14 e 15 poderá ser aplicado ao servidor que tiver ingressado no serviço público até a data da publicação do ato de instituição do correspondente regime de previdência complementar".

Destarte, a Constituição se refere genericamente ao ingresso no "serviço público", não exigindo literalmente a entrada no serviço público da respectiva entidade federativa até a data da publicação do ato de instituição do correspondente regime de previdência complementar.

Ao longo dos anos será necessário acompanhar o entendimento da Administração Pública a respeito, e especialmente do Supremo Tribunal Federal, pois é possível extrair mais de uma interpretação da plurissignificativa normatização constitucional.

Aliás, neste momento, acredita-se que a melhor interpretação do § 16 do artigo 40 da Constituição Federal seja garantir o antigo regime jurídico para os servidores estaduais e municipais que ingressarem no serviço público federal do Poder Executivo a partir de 04 de fevereiro de 2013, vez que é regra de hermenêutica jurídica que, se a Lei Maior não distinguiu a espécie de serviço público, não caberá ao intérprete fazê-lo, máxime em prejuízo do novo servidor público federal.

O **prazo para a opção** que os antigos servidores federais poderão fazer pelo regime complementar será de **24 meses**, contados a partir do início da vigência do regime de previdência complementar[40], tendo cunho **irrevogável e irretratável**, não sendo devida pela União, suas autarquias e fundações públicas federais qualquer contrapartida referente ao valor dos descontos já efetuados sobre a base de contribuição acima do limite do salário de contribuição do RGPS.

Esse prazo de opção para os antigos servidores efetivos federais aderirem ao novo regime foi reaberto por 24 meses, expirando em 29 de julho de 2018, a teor do artigo 92 da Lei 13.328/2016:

> CAPÍTULO XIV – DA REABERTURA DE PRAZO PARA ADESÃO AO REGIME DE PREVIDÊNCIA COMPLEMENTAR
>
> Art. 92. É reaberto o prazo para opção pelo regime de previdência complementar de que trata o § 7º do art. 3C da Lei no 12.618, de 30 de abril de 2012, por 24 (vinte e quatro) meses, contados a partir da data de entrada em vigor desta Lei.
>
> Parágrafo único. O exercício da opção a que se refere o *caput* deste artigo é irrevogável e irretratável, não sendo devida pela União e por suas autarquias e fundações públicas qualquer contrapartida referente ao valor dos descontos já efetuados sobre a base de contribuição acima do limite máximo estabelecido para os benefícios do Regime Geral de Previdência Social (RGPS).

Tais prazos legais para migração de regime são válidos na linha do STF:

> Informativo 908 -
>
> "**ADI MC: Funpresp e data limite para adesão ao regime de previdência complementar**
>
> **O Plenário, em conclusão de julgamento e por maioria, indeferiu pedido de medida cautelar em ação direta de inconstitucionalidade que pretendia suspender a eficácia dos artigos 3º, § 7º, da Lei 12.618/2012 e 92 da Lei 13.328/2016, com vistas a afastar qualquer restrição temporal à opção pelo regime de previdência complementar.**
>
> A teor do disposto no § 16 do art. 40 da Constituição Federal (CF), o servidor que houver ingressado nos quadros da Administração até o dia da publicação do ato de criação do correspondente regime de previdência complementar somente será a ele vinculado por meio de prévia e expressa opção.
>
> Com a instituição do regime de previdência da União, o legislador assinou o prazo de 24 meses a partir do início da sua vigência para que o servidor exerça o direito de escolha (Lei 12.618/2012, art. 3º, § 7º). Em 2016, o prazo foi postergado, sendo o término em 29.7.2018 (Lei 13.328/2016, art. 92).
>
> O Colegiado observou que o Poder Executivo justificou a reabertura do período para a opção pelo novo regime, com adesão à Fundação de Previdência Complementar do Servidor Público Federal (Funpresp), diante do contexto trazido pela Medida Provisória 664, de 30.12.2014, convertida na Lei 13.135/2015. A legislação promoveu importantes mudanças tanto no Regime Geral de

40. Art. 30. Para os fins do exercício do direito de opção de que trata o parágrafo único do art. 1º, considera-se instituído o regime de previdência complementar de que trata esta Lei a partir da data da publicação pelo órgão fiscalizador da autorização de aplicação dos regulamentos dos planos de benefícios de qualquer das entidades de que trata o art. 4º desta Lei.

Previdência Social quanto no Plano de Seguridade Social dos Servidores Públicos Federais, com alterações na Lei 8.112/1990.

O deferimento da liminar representaria indevida manipulação de opção político-normativa do Parlamento. Ao Supremo Tribunal Federal (STF), à semelhança do que ocorre com as demais Cortes Constitucionais, cabe exercer o papel de legislador negativo. É sua a relevante função de extirpar do ordenamento jurídico normas incompatíveis com a Lei Maior, devendo, exatamente por esse motivo, atuar com parcimônia.

Não há, sob o ângulo material ou formal, qualquer traço de incompatibilidade direta com a Constituição Federal. Quanto ao prazo, o conteúdo dos dispositivos revela legítima atuação parlamentar por meio da fixação de razoáveis balizas temporais ao exercício da opção franqueada aos servidores públicos.

Também foi rejeitada a argumentação de que se mantém o quadro de insegurança jurídica derivado da imposição de escolha, em caráter irrevogável e irretratável, pelo ingresso em regime de previdência que poderá vir a ser invalidado pelo STF. Acolher essa alegação subverteria o princípio da presunção de constitucionalidade dos atos normativos.

Além da ausência de plausibilidade jurídica da pretensão, não se vislumbrou prejuízo decorrente do retardamento da decisão para os servidores que, tempestivamente, fizerem opção pelo ingresso em regime de previdência complementar, caso o Tribunal, no julgamento do mérito da ação direta, declare a inconstitucionalidade dos preceitos nela impugnados.

Na hipótese de vir a ser assentada a inconstitucionalidade da instituição de entidade fechada de previdência complementar de natureza pública, o cenário anterior deverá ser restaurado, com a devida reparação dos danos causados aos servidores públicos atingidos pelas normas eventualmente glosadas pelo STF.

Vencidos os ministros Luiz Fux e Ricardo Lewandowski, que deferiram a cautelar. Consideraram presente o "fumus boni iuris", porque o art. 93, VI (1), da CF remete a disciplina da previdência dos magistrados à lei complementar de iniciativa do STF. O ministro Ricardo Lewandowski entendeu demonstrado, também, o "periculum in mora", em razão da proximidade do prazo de opção. **ADI 4885 MC/DF, rel. Min. Marco Aurélio, julgamento em 27.6.2018. (ADI-4885)**".

Posteriormente, foi reaberto até 29/3/2018 pela Medida Provisória 853, de 25 de setembro de 2018 (convertida posteriormente na Lei 13.809/2019), que foi convertida na Lei 13.809, de caráter irrevogável e irretratável e não sendo devida pela União e por suas autarquias e suas fundações públicas qualquer contrapartida referente ao valor dos descontos já efetuados sobre a base de contribuição acima do limite máximo estabelecido para os benefícios do Regime Geral de Previdência Social – RGPS, assegurado o direito ao benefício especial.

De acordo com o TCU "o direito de optar pelo Regime de Previdência Complementar da União, instituído pela Lei 12.618/12, ou permanecer vinculado ao regime anterior cabe apenas àqueles que tenham ingressado no serviço público federal antes do início da vigência do novo regime (art. 3º, inciso II, c/c art. 33, inciso I, daquele diploma legal)"[41].

A Lei 13.183/2015 modificou o artigo 1º da Lei 12.618/2012 para prever a filiação automática ao regime de previdência complementar pelos novos servidores federais efetivos que receberam remuneração acima do teto do salário de contribuição do RGPS.

De efeito, os servidores efetivos e os membros de Poder no âmbito federal com remuneração superior ao limite máximo estabelecido para os benefícios do Regime Geral de Previdência Social, que venham a ingressar no serviço público a partir do início da vigência do regime

41. Acórdão 1204/2015 Plenário (Recurso Administrativo, Relatora Ministra Ana Arraes).

de previdência complementar federal, serão automaticamente inscritos no respectivo plano de previdência complementar desde a data de entrada em exercício.

No entanto, assegurou-se o cancelamento da inscrição a qualquer tempo, nos termos do regulamento do plano de benefícios. Por outro lado, para que o cancelamento da inscrição tenha eficácia retroativa, é necessário que seja feita em até noventa dias.

Isso porque na hipótese de o cancelamento ser requerido no prazo de até noventa dias da data da inscrição, fica assegurado o direito à restituição integral das contribuições vertidas, a ser paga em até sessenta dias do pedido de cancelamento, corrigidas monetariamente, não configurando resgate.

Ademais, a contribuição aportada pelo patrocinador será devolvida à respectiva fonte pagadora no mesmo prazo da devolução da contribuição aportada pelo participante.

Este novel dispositivo que instituiu uma filiação automática à previdência complementar dos servidores federais, embora possa ser cancelada (com efeitos retroativos em até 90 dias), é aparentemente violadora da Constituição de 1988, que assegura a natureza facultativa da adesão à previdência complementar, decorrendo da ânsia da União de obter novos participantes atropelando a Lei Maior.

Certamente serão raros os casos em que os antigos servidores federais irão optar pelo regime complementar, especialmente os que ingressaram no serviço público até 31 de dezembro de 2003, pois ainda terão direito à paridade e integralidade remuneratória em regra de transição da Emenda 47/2005.

O modelo adotado para o regime público complementar dos servidores federais efetivos é fundamentado no regime de previdência privada, tanto que em vários momentos a Lei 12.618/2012 expressamente faz remissão às Leis Complementares 108 e 109/2001.

Nesse sentido, o seu artigo 27 da Lei 12.618/2012 pontifica que **"aplicam-se ao regime de previdência complementar a que se referem os §§ 14, 15 e 16 do art. 40 da Constituição Federal as disposições das Leis Complementares 108 e 109, de 29 de maio de 2001"**.

Por tudo isso, não é possível estudar o regime de previdência complementar dos servidores efetivos federais apenas com o manejo da Lei 12.618/2012, que deve ser interpretada conjuntamente com as Leis Complementares 108 e 109/2001, razão pela qual as disposições do Capítulo II desde Título IV constitui um pré-requisito de estudo deste Capítulo III.

Apenas no que for incompatível, por aplicação do Princípio da Especialidade, é que não serão aplicados dispositivos contidos nas referidas Leis Complementares.

São adotadas as seguintes nomenclaturas:

Patrocinador	A União, suas autarquias e fundações.
Participante	O servidor público titular de cargo efetivo da União, inclusive o membro do Poder Judiciário, do Ministério Público e do Tribunal de Contas da União, que aderir aos planos de benefícios administrados pelas entidades de previdência fechada dos servidores públicos federais.
Assistido	O participante ou o seu beneficiário em gozo de benefício de prestação continuada.

Será aprovado **código de ética e de conduta**, inclusive com regras para prevenir conflito de interesses e proibir operações dos dirigentes com partes relacionadas, que terá ampla divulgação, especialmente entre os participantes e assistidos e as partes relacionadas, cabendo aos conselhos fiscais das entidades fechadas de previdência complementar assegurar o seu cumprimento, cabendo ao órgão regulador definir as partes relacionadas ao código.

A Constituição previa a criação de **entidades fechadas de previdência complementar, de natureza pública**, que ofereceriam aos respectivos participantes planos de benefícios somente na modalidade de **contribuição definida**, sendo a **adesão facultativa**.

Mas os dispositivos constitucionais foram alterados pela **Emenda 103/2019**:

> "§ 14. A União, os Estados, o Distrito Federal e os Municípios **instituirão**, por lei de iniciativa do respectivo Poder Executivo, regime de previdência complementar para servidores públicos ocupantes de cargo efetivo, **observado o limite máximo dos benefícios do Regime Geral de Previdência Social** para o valor das aposentadorias e das pensões em regime próprio de previdência social, ressalvado o disposto no § 16".

Há uma enorme modificação constitucional neste dispositivo, a saber:

A) Passa a ser obrigatória a criação do regime de previdência complementar pelas entidades federativas que possuam RPPS (era facultativo);

B) Passa a ser obrigatória a adoção do teto do RGPS no RPPS após a criação da previdência complementar (era facultativo), respeitado o regime dos antigos servidores, na forma do § 16, salvo opção expressa.

Nos termos da art. 9º, § 6º, da Emenda 103/2019, a instituição do regime de previdência complementar na forma dos §§ 14 a 16[42] do art. 40 da Constituição Federal e a adequação do órgão ou entidade gestora do regime próprio de previdência social ao § 20 do art. 40 da Constituição Federal **deverão ocorrer no prazo máximo de dois anos da data de entrada em vigor da Emenda Constitucional**.

O que a Emenda não diz são os efeitos jurídicos previdenciários da mora do Poder Executivo e/ou Legislativo, na hipótese de não criação do regime complementar no aludido biênio.

> "§ 15. O regime de previdência complementar de que trata o § 14 oferecerá plano de benefícios somente na modalidade contribuição definida, observará o disposto no art. 202 e será efetivado por intermédio de entidade fechada de previdência complementar **ou de entidade aberta de previdência complementar**".

Retirou-se a necessidade de que as entidades fechadas de previdência complementar possuam natureza pública, que no caso do modelo federal (Lei 12.612/2012, art. 4º[43]) adotaram a posição de fundações de direito privado, mas integrantes da Administração Pública Indireta.

IMPORTANTE!

Dessa forma, coloca-se em dúvida a recepção constitucional da Lei 12.618/2012 nos artigos que enquadram as Funpresp's como fundações privadas pertencentes à Administração Pública Indireta, haja vista que a intenção da reforma constitucional foi excluir a natureza pública dessas fundações, em especial a exigência de concursos públicos, licitação e princípios administrativos.

42. § 16 – Somente mediante sua prévia e expressa opção, o disposto nos §§ 14 e 15 poderá ser aplicado ao servidor que tiver ingressado no serviço público até a data da publicação do ato de instituição do correspondente regime de previdência complementar. (Incluído pela Emenda Constitucional nº 20, de 15/12/98)

43. § 1º A Funpresp-Exe, a Funpresp-Leg e a Funpresp-Jud serão estruturadas na forma de fundação, de natureza pública, com personalidade jurídica de direito privado, gozarão de autonomia administrativa, financeira e gerencial e terão sede e foro no Distrito Federal.

Abriu-se em favor das entidades abertas de previdência complementar (EAPCs) a possibilidade de gerir planos de previdência complementar dos servidores públicos, atendendo a um antigo desejo do mercado financeiro, cuja atividade visa ao lucro que deverá ser suportado pelos participantes e assistidos, ao passo em que o regime fechado não possui finalidade lucrativa.

Mas é necessário que saia a regulamentação do setor. Isso porque dispõe o **artigo 33 da Emenda** 103/2019 que, "até que seja disciplinada a relação entre a União, os Estados, o Distrito Federal e os Municípios e entidades abertas de previdência complementar na forma do disposto nos §§ 4º e 5º do art. 202 da Constituição Federal, somente entidades fechadas de previdência complementar estão autorizadas a administrar planos de benefícios patrocinados pela União, Estados, Distrito Federal ou Municípios, inclusive suas autarquias, fundações, sociedades de economia mista e empresas controladas direta ou indiretamente".

Logo, este dispositivo nesta parte possui eficácia limitada, dependendo previamente da regulamentação de que tratam os §§ 4º e 5º do artigo 202 da Constituição.

Nessa linha, antes da EC 103/2019, a Lei 12.618/2012 autorizou a União a instituir três entidades de previdência fechada de acordo com os Poderes da República para administrar e executar planos de benefícios de caráter previdenciário:

Fundação de Previdência Complementar do Servidor Público Federal do Poder Executivo (Funpresp-Exe)	para os servidores públicos titulares de cargo efetivo do Poder Executivo, por meio de ato do Presidente da República.
Fundação de Previdência Complementar do Servidor Público Federal do Poder Legislativo (Funpresp-Leg)	para os servidores públicos titulares de cargo efetivo do Poder Legislativo e do Tribunal de Contas da União e para os membros deste Tribunal6, por meio de ato conjunto dos Presidentes da Câmara dos Deputados e do Senado Federal.
Fundação de Previdência Complementar do Servidor Público Federal do Poder Judiciário (Funpresp-Jud)	para os servidores públicos titulares de cargo efetivo e para os membros do Poder Judiciário, por meio de ato do Presidente do Supremo Tribunal Federal.

Interessante notar que não há clareza sobre o enquadramento dos membros do Ministério Público da União, que expressamente não foram enquadrados em nenhuma das três fundações, mas que certamente ingressarão na FUNPRESP-JUD, em razão da equivalência institucional com os membros do Poder Judiciário.[44]

Contudo, **será possível a criação de duas ou mesmo de apenas uma entidade de previdência**, se houver consenso entre o Presidente da República, os Presidentes da Câmara dos Deputados e do Senado Federal e o Presidente do Supremo Tribunal Federal.

Foram instituídas a fundação do Poder Executivo e a do Judiciário apenas. Os servidores do Legislativo poderão aderir à FUNPRESP/EXE (não foi criada a FUNPRESP/LEG) ao passo que os servidores do Ministério Público da União à FUNPRESP/JUD.

Serão estruturadas, nos termos do artigo 4º, § 1º, da Lei 12.618/2012, "na forma de **fundação, de natureza pública com personalidade jurídica de direito privado**, gozarão de autonomia administrativa, financeira e gerencial e terão sede e foro no Distrito Federal".

44. Consideram-se membros do Tribunal de Contas da União, para os efeitos da Lei 12.618/2012, os Ministros, os Auditores de que trata o § 4º do art. 73 da Constituição Federal e os Subprocuradores-Gerais e Procuradores do Ministério Público junto ao Tribunal de Contas da União.

Assim, serão **entidades integrantes da Administração Indireta da União**, mas com **personalidade jurídica de direito privado**. A questão aqui é saber se há inconstitucionalidade neste dispositivo da Lei 12.618/2012, pois ao prever uma entidade de natureza pública certamente o artigo 40, § 15, da Constituição, teve a intenção de serem criadas pessoas jurídicas de direito público, e não de direito privado, embora integrantes da Administração Pública Indireta.

Por conseguinte, o regime público complementar dos servidores efetivos federais foi em certa medida "privatizado" e provavelmente não demorará de ser proposta no STF uma ação direta de inconstitucionalidade suscitando a questão, muito embora não se acredite que a Suprema Corte pronuncie a inconstitucionalidade do artigo 4º, § 1º, da Lei 12.618/2012.

Por se tratar de um ente da Administração Pública Indireta, as fundações estarão sujeitas à **licitação** como condição para a contratação, se submetendo aos ditames da Lei 8.666/93, devendo se curvar às sujeições decorrentes do Princípio da Indisponibilidade do Interesse Público e aos princípios informadores da atuação do Poder Público, com destaque aos Princípios da Economicidade e da Eficiência.

Demais disso, anualmente, deverão promover publicação na imprensa oficial ou em sítio oficial da administração pública certificado digitalmente por autoridade para esse fim credenciada no âmbito da Infraestrutura de Chaves Públicas Brasileira (ICP Brasil), de seus demonstrativos contábeis, atuariais, financeiros e de benefícios, sem prejuízo do fornecimento de informações aos participantes e assistidos dos planos de benefícios e ao órgão fiscalizador das entidades fechadas de previdência complementar, na forma das Leis Complementares 108 e 109/2001.

As FUNPRESPs contarão com os seguintes órgãos:

a) CONSELHO DELIBERATIVO – é o órgão máximo da estrutura organizacional, sendo responsável pela definição da política geral de administração da entidade e de seus planos de benefícios, tendo composição paritária e cada um será integrado por seis membros[45] remunerados;

b) CONSELHO FISCAL – é órgão de controle interno da entidade, tendo a composição paritária e cada um deles será integrado por quatro membros[46] remunerados[47];

c) DIRETORIA EXECUTIVA – é o órgão responsável pela administração da entidade, em conformidade com a política de administração traçada pelo conselho deliberativo, sendo composta, no máximo, por quatro membros[48], nomeados pelos conselhos deliberativos das entidades fechadas de previdência complementar.

A designação dos membros dos conselhos deliberativos e fiscais caberá ao Presidente da República (FUNPRESP-EXE), aos Presidentes da Câmara e do Senado (FUNPRESP-LEG) e do Supremo Tribunal Federal (FUNPRESP-JUD).

45. A presidência dos conselhos deliberativos será exercida pelos membros indicados pelos patrocinadores, na forma prevista no estatuto das entidades fechadas de previdência complementar.

46. A presidência dos conselhos fiscais será exercida pelos membros indicados pelos participantes e assistidos, na forma prevista no estatuto das entidades fechadas de previdência complementar.

47. A remuneração dos membros dos conselhos deliberativo e fiscal é limitada a 10% (dez por cento) do valor da remuneração dos membros da diretoria executiva.

48. A remuneração e as vantagens de qualquer natureza dos membros das diretorias executivas das entidades fechadas de previdência complementar serão fixadas pelos seus conselhos deliberativos em valores compatíveis com os níveis prevalecentes no mercado de trabalho para profissionais de graus equivalentes de formação profissional e de especialização, observado o disposto no inciso XI do art. 37 da Constituição Federal.

Os membros do Conselho Deliberativo, Fiscal e da Diretoria Executiva deverão possuir comprovada experiência no exercício de atividade na área financeira, administrativa, contábil, jurídica, de fiscalização, atuarial ou de auditoria; não ter sofrido condenação criminal transitada em julgado; não ter sofrido penalidade administrativa por infração da legislação da seguridade social, inclusive da previdência complementar ou como servidor público; e ter formação de nível superior.

As FUNPRESPs poderão instituir **comitês de assessoramento técnico**, de caráter consultivo, com as atribuições de apresentar propostas e sugestões quanto à gestão da entidade e sua política de investimentos e à situação financeira e atuarial dos respectivos planos de benefícios e de formular recomendações prudenciais a elas relacionadas, com representação paritária entre os patrocinadores e os participantes e assistidos.

Os funcionários das fundações serão contratados sob o **regime celetista**, após realização de **concurso público**, podendo ser feito processo simplificado para a contratação por tempo determinado para atender a necessidade temporária de excepcional interesse público[49].

A FUNPRESP-EXE foi instituída pelo Decreto 7.808, de 20 de setembro de 2012, sendo vinculada ao extinto Ministério do Planejamento, Orçamento e Gestão, com a finalidade de administrar e executar planos de benefícios de caráter previdenciário.

Caberá atualmente ao Ministério da Economia elaborar a proposta de estatuto da FUNPRESP-EXE, celebrar convênio de adesão com a Funpresp-Exe em nome dos órgãos da administração direta, das autarquias e das fundações do Poder Executivo federal e promover aporte inicial, a título de adiantamento de contribuições futuras, de até 50 milhões de reais.

O Decreto 7.808/2012 permitiu que o Ministério Público da União, o Conselho Nacional do Ministério Público, a Câmara dos Deputados, o Senado Federal e o Tribunal de Contas da União celebrem convênios de adesão com a FUNPRESP-EXE, na qualidade de patrocinadores de planos de benefícios próprios administrados pela entidade.

Por determinação constitucional, os **planos de benefícios** ofertados no regime de previdência complementar dos servidores públicos efetivos serão estruturados na modalidade **contribuição definida**[50], assim considerados aquele cujos benefícios programados têm seu valor permanentemente ajustado ao saldo de conta mantido em favor do participante, inclusive na fase de percepção de benefícios, considerando o resultado líquido de sua aplicação, os valores aportados e os benefícios pagos.

Em uma linguagem mais simples e clara, o valor contribuição é previamente definido, mas a renda dos benefícios a conceder não, pois irá decorrer do rendimento líquido da sua aplicação, o que acaba trazendo uma insegurança previdenciária aos servidores que recebem muito acima do teto do salário de contribuição do RGPS e terão as suas aposentadorias pelo RPPS limitadas a esse valor, sem saber previamente qual será o *quantum* do benefício a ser pago pelo regime complementar.

49. Art. 24. Para fins de implantação, ficam a Funpresp-Exe, a Funpresp-Leg e a Funpresp-Jud equiparadas às pessoas jurídicas a que se refere o art. 1º da Lei no 8.745, de 9 de dezembro de 1993, com vistas à contratação de pessoal técnico e administrativo por tempo determinado.

§ 1º Considera-se como necessidade temporária de excepcional interesse público, para os efeitos da Lei no 8.745, de 9 de dezembro de 1993, a contratação de pessoal técnico e administrativo, por tempo determinado, imprescindível ao funcionamento inicial da Funpresp-Exe, da Funpresp-Leg e da Funpresp-Jud.

§ 2º As contratações observarão o disposto no caput do art. 3º, no art. 6º, no inciso II do art. 7º e nos arts. 9º e 12 da Lei nº 8.745, de 9 de dezembro de 1993, e não poderão exceder o prazo de 24 (vinte e quatro) meses.

50. De acordo com o artigo 40, § 15, da Constituição, o regime de previdência complementar de que trata o § 14 oferecerá plano de benefícios somente na modalidade contribuição definida, observará o disposto no art. 202 e será efetivado por intermédio de entidade fechada de previdência complementar ou de entidade aberta de previdência complementar. (Redação dada pela Emenda Constitucional nº 103, de 2019)

Não é preciso ser a "Madame Beatriz" ou "o Astro" para saber que essa limitação das aposentadorias ao teto do RGPS fará com que os novos servidores prolonguem a sua permanência no serviço público até a aposentadoria compulsória aos setenta e cinco anos de idade, com o objetivo de não perder padrão de vida com uma aposentadoria voluntária aos 60 anos de idade (homens) ou 55 anos de idade (mulheres) no teto do RGPS e um benefício complementar que somado com a aposentadoria do RPPS não alcance nem de perto à remuneração percebida.

Ademais, permanecendo no serviço público até os setenta e cinco anos de idade, haverá o aumento do benefício a ser pago pelo regime complementar, pois serão mais anos contributivos do participante e do patrocinador, o que acentuará o envelhecimento dos servidores ativos, tendência já verificada desde a criação do abono de permanência em serviço.

De efeito, o valor do **benefício programado** será calculado de acordo com o montante do saldo da conta acumulado pelo participante, devendo **o valor do benefício estar permanentemente ajustado ao referido saldo.**

Caberá ao Regulamento prever os **benefícios não programados**[51] decorrentes dos eventos **invalidez e morte** e, se for o caso, a cobertura de outros riscos atuariais, que deverão ter um custeio específico.

Os benefícios não programados poderão ser administrados nos planos de benefícios das FUNPRESPs ou serem contratados externamente. Portanto, existe autorização legal para a "terceirização" dos benefícios não programados em favor das seguradoras privadas.

Entrementes, para que haja a concessão de um benefício não programado pelo regime complementar, a exemplo de benefício decorrente da morte ou da invalidez do participante, é necessário que o RPPS previamente conceda a pensão por morte ou a aposentadoria por invalidez.

Logo, **a concessão do benefício não programado pelo RPPS é condição para a concessão do benefício não programado pelo regime de previdência complementar dos servidores públicos federais.**

É possível que o servidor participante **permaneça filiado** ao regime complementar mesmo na hipótese de **cessão a outro órgão público**, mesmo que no âmbito estadual, do Distrito Federal ou dos municípios.

Neste caso, a União, suas autarquias ou fundações públicas apenas arcarão com as contribuições ao regime complementar se a cessão se deu com ônus para as referidas entidades federais. Caso a cessão se opere com ônus para o cessionário, este é que deverá arcar com as contribuições, em substituição temporária ao patrocinador.

Outrossim, o servidor participante **poderá permanecer filiado** ao regime complementar na hipótese de **afastamento ou licenciamento do cargo efetivo temporariamente**, com ou sem recebimento de remuneração, assim como quando optar pelo benefício proporcional diferido[52] ou autopatrocínio[53], na forma do regulamento do plano de benefícios.

---

51. Os benefícios não programados são prestações previdenciárias devidas quando ocorre um infortúnio que enseja a sua concessão que, apesar de possível, não integra uma programação específica do regime.
52. É o instituto que faculta ao participante, em razão da cessação do vínculo com o patrocinador e antes da aquisição do direito ao benefício pleno programado, optar por receber, em tempo futuro, benefício de renda programada, calculado de acordo com as normas do plano de benefícios.
53. É a faculdade de o participante manter o valor de sua contribuição e a do patrocinador, no caso de perda parcial ou total da remuneração recebida.

Os requisitos para aquisição, manutenção e perda da qualidade de participante, assim como os requisitos de elegibilidade e a forma de concessão, cálculo e pagamento dos benefícios, deverão constar dos regulamentos dos planos de benefícios, observadas as disposições das Leis Complementares 108 e 109/2001, e a regulamentação do órgão regulador das entidades fechadas de previdência complementar, pois a Lei 12.618/2012 apenas trouxe a normatização geral do regime de previdência complementar dos servidores públicos federais.

Cada FUNPRESP possui um Plano de Benefícios aprovado pela PREVIC **(os três planos – Executivo, Legislativo e Judiciário/Ministério Público estão disponibilizados ao final desta obra como anexos)**, não possuindo regras idênticas.

Assim, cada Plano terá regras distintas tanto em relação ao custeio quanto aos benefícios previdenciários e seus requisitos de concessão. No entanto, nos três Planos foram previstos os seguintes benefícios previdenciários:

a) aposentadoria normal;
b) aposentadoria por invalidez;
c) pensão por morte do participante ativo normal e do participante autopatrocinado;
d) pensão por morte do participante assistido;
e) benefício por sobrevivência do assistido.

Para os servidores efetivos federais que tenham ingressado no serviço público até a data anterior ao início da vigência do regime de previdência complementar e nele tenham permanecido sem perda do vínculo efetivo, **e que tenham feito a opção** pelo regime de previdência complementar dos servidores federais, assegurou-se o pagamento de um **benefício especial a ser pago pela União no RPPS**.

Isso porque esses antigos servidores promoveram o recolhimento da sua contribuição previdenciária ao RPPS sobre o valor total da sua remuneração, não limitado ao teto do salário de contribuição no RGPS.

O benefício especial será equivalente à diferença entre a média aritmética simples das maiores remunerações anteriores à data de mudança do regime, utilizadas como base para as contribuições do servidor ao regime de previdência da União, dos Estados, do Distrito Federal ou dos Municípios, atualizadas pelo Índice Nacional de Preços ao Consumidor Amplo -IPCA, divulgado pela Fundação IBGE, ou outro índice que venha a substituí-lo, correspondentes a 80% de todo o período contributivo desde a competência julho de 1994 ou desde a do início da contribuição, se posterior àquela competência, e o limite máximo do salário de contribuição do RGPS, na forma regulamentada pelo Poder Executivo, **multiplicada pelo fator de conversão.**

O fator de conversão é calculado com base na seguinte equação:

$$FC = \frac{Tc}{Tt}$$

O **"Tc – Tempo de contribuição"** é a quantidade de contribuições mensais efetuadas para o regime de previdência da União de que trata o artigo 40 da Constituição Federal (RPPS), efetivamente pagas pelo servidor titular de cargo efetivo da União ou por membro do Poder Judiciário, do Tribunal de Contas e do Ministério Público da União até a data da opção.

O **"Tt"** é um **divisor** utilizado pelo legislador que variará de acordo com o sexo do servidor e também para os professores:

Tt 455	Servidor titular de cargo efetivo da União ou membro do Poder Judiciário, do Tribunal de Contas e do Ministério Público da União, **se homem**.
Tt 390	Servidor titular de cargo efetivo da União ou membro do Poder Judiciário, do Tribunal de Contas e do Ministério Público da União, **se mulher, ou professor de educação infantil e do ensino fundamental.**
Tt 325	Servidor titular de cargo efetivo da União de **professor** de educação infantil e do ensino fundamental.

Vale registrar que após a aprovação da lei complementar para a concessão de aposentadoria especial no RPPS para servidores expostos a agentes nocivos à saúde, para os deficientes e servidores que exercem atividade de risco, será necessária a aprovação de novos "Tts" proporcionais aos menores períodos contributivos que certamente irão beneficiar esses servidores.

O benefício especial será concedido por ocasião do deferimento da aposentadoria do servidor pelo RPPS, inclusive no caso de aposentação por invalidez, sendo também devido no caso de concessão de pensão por morte do servidor que o recebia ou que teria direito de recebe-lo, e terá a mesma duração da aposentadoria ou pensão paga pelo RPPS, gerando, inclusive, uma **gratificação natalina**.

Também terá direito ao benefício especial o servidor público titular de cargo efetivo da União, inclusive ao membro do Poder Judiciário, do Ministério Público e do Tribunal de Contas da União, **oriundo, sem quebra de continuidade, de cargo público estatutário de outro ente da federação que não tenha instituído o respectivo regime de previdência complementar** e que ingresse em cargo público efetivo federal a partir da instituição do regime de previdência complementar dos servidores federais, considerando-se, para esse fim, o tempo de contribuição estadual, distrital ou municipal, assegurada a compensação financeira entre os Regimes Próprios.

É que esses servidores públicos federais oriundos de outros entes da federação em que também ocupavam cargos de provimento efetivo e que ainda não instituíram o seu regime de previdência complementar também fizeram o recolhimento das suas contribuições previdenciárias pelo valor total da sua remuneração, não tendo sido limitado ao teto do RGPS.

Por fim, o benefício especial será reajustado anualmente pelo mesmo índice de reajuste dos benefícios do RGPS, que é o INPC, a teor do artigo 41-A[54], da Lei 8.213/91.

O regime de previdência complementar dos servidores públicos federais será mantido pelas contribuições do **patrocinador** (União, autarquias ou fundações públicas federais), dos **participantes** (servidores federais ocupantes de cargo efetivo) e dos **assistidos** (participante ou seu beneficiário em gozo de benefício).

Ademais, os resultados financeiros de suas aplicações e de doações e legados de qualquer natureza também são receitas do regime complementar, lembrando que **a transferência de**

54. Art. 41-A. O valor dos benefícios em manutenção será reajustado, anualmente, na mesma data do reajuste do salário mínimo, pro rata, de acordo com suas respectivas datas de início ou do último reajustamento, com base no Índice Nacional de Preços ao Consumidor – INPC, apurado pela Fundação Instituto Brasileiro de Geografia e Estatística – IBGE.

recursos do Poder Público para a entidade fechada somente poderá se dar na condição de patrocinador, situação na qual, em hipótese alguma, sua contribuição normal poderá exceder a do segurado, nos termos do artigo 202, § 3º, da Constituição Federal, dispositivo aplicável ao regime de previdência complementar dos servidores públicos federais.

A contribuição do patrocinador e do participante incidirá sobre a parcela da remuneração do servidor que exceder ao teto do salário de contribuição do Regime Geral de Previdência Social, observado o teto do funcionalismo público federal, que é o subsídio dos Ministros do STF.

Entende-se como base de contribuição **(salário de participação)** o vencimento do cargo efetivo, acrescido das vantagens pecuniárias permanentes estabelecidas em lei, os adicionais de caráter individual ou quaisquer outras vantagens, excluídas as parcelas contidas no artigo 4º, § 1º, da Lei 10.887/2004[55].

Contudo, se quiser, o participante poderá optar pela inclusão de parcelas remuneratórias percebidas em decorrência do local de trabalho e do exercício de cargo em comissão ou função de confiança.

A Lei 12.618/2012 possibilitou ao participante escolher anualmente a alíquota da sua contribuição, observados os parâmetros previstos no regulamento.

ATENÇÃO!

No Plano de benefícios da FUNPRESP-JUD, que abarca os servidores efetivos do Judiciário e Ministério Público da União, o servidor poderá escolher as seguintes alíquotas para a contribuição normal: 6,5%, 7,0%, 7,5%, 8,0% ou 8,5%.

Já nos Planos da FUNPRESP-EXE e LEG os servidores efetivos do Poder Executivo e Legislativo da União poderão escolher apenas três alíquotas: 7,5%, 8,0% ou 8,5%.

No caso do patrocinador, a sua alíquota será a mesma do participante, mas não excederá a 8,5%.

55. I – as diárias para viagens; II – a ajuda de custo em razão de mudança de sede; III – a indenização de transporte; IV – o salário-família; V – o auxílio-alimentação; VI – o auxílio-creche; VII – as parcelas remuneratórias pagas em decorrência de local de trabalho; VIII – a parcela percebida em decorrência do exercício de cargo em comissão ou de função comissionada ou gratificada; IX – o abono de permanência de que tratam o § 19 do art. 40 da Constituição Federal, o § 5º do art. 2º e o § 1º do art. 3º da Emenda Constitucional nº 41, de 19 de dezembro de 2003; X – o adicional de férias; XI – o adicional noturno; XII – o adicional por serviço extraordinário; XIII – a parcela paga a título de assistência à saúde suplementar; XIV – a parcela paga a título de assistência pré-escolar; XV – a parcela paga a servidor público indicado para integrar conselho ou órgão deliberativo, na condição de representante do governo, de órgão ou de entidade da administração pública do qual é servidor; XVI – o auxílio-moradia; XVII – a Gratificação por Encargo de Curso ou Concurso, de que trata o art. 76-A da Lei no 8.112, de 11 de dezembro de 1990; XVIII – a Gratificação Temporária das Unidades dos Sistemas Estruturadores da Administração Pública Federal (GSISTE), instituída pela Lei no 11.356, de 19 de outubro de 2006; XIX – a Gratificação de Raio X.

Destarte, recomenda-se que os participantes optem, ao menos, pela alíquota de 8,5%, pois haverá a contrapartida integral do patrocinador. Suponha-se que um participante opte pela alíquota de 10% na sua contribuição. Neste caso, a contribuição da União, autarquia ou fundação pública federal será de apenas 8,5%, que é a alíquota máxima.[56]

Para facilitar a compreensão, vamos simular um caso concreto tomando como parâmetro o ano de 2012 em que o teto do RGPS é de R$ 3.916,20. Suponha-se que um servidor federal que aderiu ao regime complementar tenha uma remuneração de R$ 10.000,00.

Neste caso, a base de cálculo das contribuições do participante e do patrocinador será de R$ 6.083,80, valor equivalente à diferença entre a remuneração do servidor e o teto do RGPS simulado para o ano de 2012.

Ainda existe previsão legal para que o participante, além da contribuição normal, possa **contribuir facultativamente, sem contrapartida do patrocinador**, na forma do regulamento do plano, certamente através de aportes esporádicos para aumentar a renda do benefício a conceder.

De acordo com o TCU[57], é ilegal a destinação de recursos públicos a entidades fechadas de previdência privada a título de patrocínio de previdência complementar de servidores submetidos ao Regime Jurídico Único (Lei 8.112/1990), salvo nas hipóteses previstas na Lei 12.618/2012, devendo os recursos irregularmente vertidos à patrocinada ser devolvidos aos cofres da patrocinadora, porquanto não perderam a natureza de recurso público, desde que a devolução não acarrete desequilíbrio no plano de previdência complementar, com prejuízo aos participantes.

Vale registrar que a remuneração do servidor, quando devida durante afastamentos considerados por lei como de efetivo exercício, será integralmente coberta pelo ente público, continuando a incidir a contribuição para o regime complementar.

> Mesmo aqueles servidores que recebem remuneração abaixo do teto do salário de contribuição do RGPS poderão participar do regime complementar dos servidores federais. Mas, neste caso, inexistirá contrapartida do patrocinador, se assemelhando neste ponto ao regime privado aberto.

A responsabilidade pelo repasse das contribuições às FUNPRESPs será da União, autarquias e fundações públicas federais, inclusive no que concerne às contribuições dos participantes que serão descontadas das suas remunerações e repassadas **até dia 10 do mês seguinte ao da competência**, sob pena de incidência dos acréscimos de mora para tributos federais e responsabilização penal e administrativa da autoridade competente.

No caso da FUNPRESP-EXE, a transferência das contribuições será de responsabilidade atualmente do Ministério da Economia, na forma do artigo 4º, inciso III, do Decreto 7.808/2012.

Com o objetivo de manter ou restabelecer o equilíbrio financeiro permanente, a distribuição das contribuições nos planos de benefícios e nos planos de custeio será revista sempre que necessário.

---

56. No regime de previdência complementar dos servidores do Estado de São Paulo, a contribuição do patrocinador será de até 7,5%. No Estado do Rio de Janeiro será de até 8,5%.

57. Acórdão 1488/2017 Plenário (Monitoramento, Relator Ministro Vital do Rêgo).

Demais disso, as entidades de previdência deverão manter controle das reservas constituídas em nome do participante, registrando contabilmente as contribuições deste e as dos patrocinadores.

Caberá ao plano de custeio[58] discriminar o percentual da contribuição do participante e do patrocinador, conforme o caso, para cada um dos benefícios previstos no plano de benefícios, sendo vedado ao patrocinador assumir encargos adicionais para o financiamento dos planos de benefícios, além daqueles previstos nos respectivos planos de custeio.[59]

> Existirá um Fundo de Cobertura de Benefícios Extraordinários formado por uma parcela da contribuição do patrocinador e do participante, bem como de contribuições extraordinárias que serão vertidas na conta do participante na hipótese de sua morte, invalidez, aposentadoria com critérios especiais21, aposentadoria voluntária proporcional das mulheres aos 60 anos de idade e sobrevivência do assistido.

No caso das contribuições extraordinárias para a hipótese de concessão de aposentadoria com critérios especiais e de aposentadoria voluntária proporcional das mulheres aos 60 anos de idade, o montante do aporte extraordinário será equivalente à diferença entre a reserva acumulada pelo participante e o produto desta mesma reserva multiplicado pela razão entre 35 e o número de anos de contribuição exigido para a concessão do benefício pelo Regime Próprio de Previdência Social.

A Lei 12.618/2012 foi muito cautelosa na administração e aplicação dos recursos garantidores do regime de previdência complementar dos servidores públicos federais, que deve seguir a regulamentação do Conselho Monetário Nacional, podendo se dar por intermédio de **carteira própria, carteira administrada ou fundos de investimento**.

As FUNPRESP's (Executivo, Legislativo e Judiciário) irão realizar **procedimento licitatório** para contratar por **até 05 anos** apenas instituições, administradores de carteiras ou fundos de investimento que estejam autorizados e registrados na Comissão de Valores Mobiliários[60].

Nessa licitação existirão regras especiais que obrigatoriamente deverão estar previstas no edital. É que serão estabelecidos os valores máximos que as fundações de previdência irão pagar de taxa de administração e de outros custos a serem imputados.

Ademais, será condição de habilitação a ser prevista no edital a solidez, o porte e a experiência em gestão de recursos da instituição contratada, não podendo a empresa participante de a licitação ter qualquer ligação societária com outra instituição que esteja concorrendo na mesma licitação ou que já administre reservas, provisões e fundos da mesma entidade fechada de previdência complementar.

---

58. O plano de custeio, com periodicidade mínima anual, estabelecerá o nível de contribuição necessário à constituição das reservas garantidoras de benefícios, fundos, provisões e à cobertura das demais despesas, em conformidade com os critérios fixados pelo órgão regulador e fiscalizador, sendo o regime financeiro de capitalização obrigatório para os benefícios de pagamento em prestações que sejam programadas e continuadas.
59. Servidores que exercem atividades de risco, com deficiência e que trabalham expostos a agentes nocivos à saúde.
60. Art. 28. Até que seja promovida a contratação na forma prevista no § 3º do art. 15 desta Lei, a totalidade dos recursos garantidores correspondentes às reservas técnicas, aos fundos e às provisões dos planos de benefícios da Funpresp-Exe, da Funpresp-Leg e da Funpresp-Jud será administrada por instituição financeira federal, mediante taxa de administração praticada a preço de mercado, vedada a cobrança de taxas de performance.

Com o objetivo de socializar os riscos, cada instituição contratada poderá administrar, no máximo, 20% dos recursos garantidores correspondentes às reservas técnicas[61], aos fundos e às provisões.

A supervisão e a fiscalização das Fundações de Previdência Complementar do Servidor Público Federal dos Poderes da União será exercida pela **PREVIC – Superintendência Nacional de Previdência Complementar**[62], autarquia federal vinculada ao Ministério da Economia, criada pela Lei 12.154/2009.

No entanto, o poder de fiscalização e controle da PREVIC não exime os patrocinadores da responsabilidade pela supervisão e fiscalização sistemática das atividades das entidades fechadas de previdência complementar, que deverão encaminhar os resultados à referida autarquia federal.

No caso da FUNPRESP-EXE, caberá ao Ministério da Economia a supervisão e fiscalização sistemática das atividades da referida Fundação, na forma do artigo 4º, inciso III, do Decreto 7.808/2012.

É da competência da PREVIC autorizar a constituição, o funcionamento, os estatutos, os planos de benefícios, os convênios de adesão e as retiradas de patrocínio nas FUNPRESPs.

No caso da aprovação da proposta do estatuto, da adesão de novos patrocinadores e da instituição de planos ainda será necessária a manifestação favorável do Ministério da Economia (FUNPRESP-EXE); das Mesas Diretoras da Câmara dos Deputados e do Senado Federal (FUNPRESP-LEG) e do Supremo Tribunal Federal[63] (FUNPRESP-JUD).

Os administradores de entidade, os procuradores com poderes de gestão, os membros de conselhos estatutários, o interventor e o liquidante responderão civilmente pelos danos ou prejuízos que causarem, por ação ou omissão, às entidades de previdência complementar, assim como os administradores dos patrocinadores ou instituidores, os atuários, os auditores independentes, os avaliadores de gestão e outros profissionais que prestem serviços técnicos à entidade, diretamente ou por intermédio de pessoa jurídica contratada.

Caso haja a infração das disposições da Lei 12.618/2012, a PREVIC poderá aplicar às seguintes penalidades administrativas, nos termos do artigo 65 da LC 109/2001:

> I – advertência;
>
> II – suspensão do exercício de atividades em entidades de previdência complementar pelo prazo de até cento e oitenta dias;
>
> III – inabilitação, pelo prazo de dois a dez anos, para o exercício de cargo ou função em entidades de previdência complementar, sociedades seguradoras, instituições financeiras e no serviço público; e
>
> IV – multa de dois mil reais a um milhão de reais, devendo esses valores, a partir da publicação da Lei Complementar 109/2011, ser reajustados de forma a preservar, em caráter permanente, seus valores reais.

61. São as reservas obrigatoriamente constituídas pela entidade de previdência complementar, em função dos benefícios contratados e como parte integrante e indispensável do mecanismo da entidade, para garantia de suas operações.
62. A PREVIC atuará como entidade de fiscalização e de supervisão das atividades das entidades fechadas de previdência complementar e de execução das políticas para o regime de previdência complementar operado pelas entidades fechadas de previdência complementar, observadas as disposições constitucionais e legais aplicáveis.
63. Existia no projeto aprovado pelo Congresso Nacional a necessidade de manifestação favorável do Conselho Nacional de Justiça ao lado do STF, mas esta exigência foi vetada sob o argumento de que, na forma como redigida, a proposta causaria assimetria em relação à forma de gestão dos Fundos dos demais Poderes.

Ademais, o TCU tem competência para fiscalizar os recursos que integram as contas individuais dos participantes das entidades fechadas de previdência complementar patrocinadas por órgãos ou entidades públicas, uma vez que esses valores, enquanto administrados pelas EFPC, são considerados de natureza pública[64].

A Lei 12.618/2012 foi publicada no dia 02 de maio de 2012. Contudo, por força do seu artigo 33, o Capítulo I (Do Regime de Previdência Complementar) não entrou em vigor na data da sua publicação, ao contrário dos demais Capítulos.

É que foi previsto o prazo de **180 dias**, a contar da sua publicação, para a Funpresp-Exe, a Funpresp-Leg e a Funpresp-Jud serem criadas pela União, só entrando em vigor o Capítulo I na data em que forem criadas quaisquer das entidades de previdência[65].

Após a sua instituição, as fundações deverão entrar em funcionamento em até **240 dias** após a publicação da autorização de funcionamento concedida pela PREVIC.

Contudo, a norma não é clara a respeito. É que é possível interpretar conjuntamente os artigos 26, 31 e 33 e concluir que apenas quando transcorridos os prazos de 180 dias para a instituição das FUNPRESPs e de 240 dias para o seu efetivo funcionamento é que o novo regime entrará em vigor, mesmo que as Fundações ainda não estejam em atividade.

Inclusive, de acordo com previsão expressa da Lei 12.618/2012, constitui ato de improbidade administrativa o descumprimento injustificado do referido prazo de 180 dias.

O regime de previdência complementar para os servidores do **Poder Executivo** da União teve como marco inaugural o dia **04 de fevereiro de 2013**, estando os novos servidores empossados a partir desta data sujeitos ao novel regime previdenciário, nos termos da Orientação Normativa 12[66], de 23 de setembro de 2013, da lavra da Secretaria de Gestão Pública do extinto Ministério do Planejamento. O plano de benefícios dos servidores do Executivo federal se chama ExecPrev.

Logo, foi adotado como marco inaugural da FUNPRESP EXE o dia da publicação da Portaria da PREVIC que aprovou o Regulamento do Plano Executivo Federal, quando, pelo texto da Lei 12.618/2012, deveria ser o funcionamento da Fundação.

Por outro lado, o **Poder Legislativo** optou por não ter uma fundação própria delegando à Funpresp-Exe a administração do plano de previdência para os servidores da Câmara dos Deputados, do Senado Federal e do Tribunal de Contas da União. O plano de benefícios se chama LegisPrev, tendo sido aprovado pela Portaria PREVIC 239, publicada em **07 de maio de 2013**.

Já o regime complementar dos servidores do **Poder Judiciário** se encontra em processo final de regulamentação, sendo a gestão feita pela Funpresp-Jud, cujo plano de benefícios foi aprovado pela Portaria PREVIC 559/2013, publicada em **14 de outubro de 2013**, com prazo de 180 dias para início do funcionamento, tendo os servidores do Ministério Público da União aderido ao plano dos servidores do Judiciário.

---

64. Acórdão 2072/2015 Plenário (Solicitação do Congresso Nacional, Relator Ministro Vital do Rêgo).

65. Art. 33. Esta Lei entra em vigor:

    I – quanto ao disposto no Capítulo I, na data em que forem criadas quaisquer das entidades de que trata o art. 4º, observado o disposto no art. 31.

66. Art. 2º O regime de previdência complementar de que trata a Lei nº 12.618, de 2012, entrou em vigor para os servidores públicos federais do Poder Executivo, suas autarquias e fundações públicas, no dia 4 de fevereiro de 2013, data da publicação da Portaria nº 44, de 31 de janeiro de 2013, do Diretor de Análise Técnica da Superintendência Nacional de Previdência Complementar (Previc), que aprovou o Regulamento do Plano Executivo Federal.

Este tema é obscuro, dado o tratamento legal não detalhado na Lei 12.18/2012, sendo de extrema importância, pois os servidores federais efetivos empossados após o funcionamento do no novo regime adentrarão nele, que certamente lhes será desfavorável, pois as aposentadorias e pensões serão limitadas ao teto do RGPS.

Não nos parece isonômico adotar datas diversas entre servidores federais. Tome como exemplo dois servidores federais efetivos, um do Poder Executivo e o outro do Poder Judiciário. Ambos tomaram posse no dia 1º de março de 2013.

Nesta situação hipotética, o servidor do Executivo estaria inserido no novo regime, ao passo que o do Judiciário entraria ainda no regime previdenciário anterior, pois nesta data ainda não funcionava o plano de benefícios ofertado pela FUNPRESP JUD.

10. QUADRO SINÓTICO

Previdência Complementar Privada:

Entidades abertas	As entidades de previdência privada abertas são constituídas unicamente sob a forma de sociedades anônimas e têm por objetivo instituir e operar planos de benefícios de caráter previdenciário concedido em forma de renda continuada ou pagamento único, acessíveis a quaisquer pessoas físicas, sendo reguladas, no que couber, pela legislação aplicável às sociedades seguradoras.
Entidade fechada	As entidades fechadas ou fundos de pensão organizar-se-ão sob a forma de fundação ou sociedade (*rectius* associação) civil, sem fins lucrativos, devendo manter estrutura mínima composta por conselho deliberativo, conselho fiscal e diretoria-executiva, tendo como objeto a administração e execução de planos de benefícios de natureza previdenciária, vedada às entidades fechadas a prestação de quaisquer serviços que não estejam no âmbito de seu objeto.
Patrocinadores	A empresa ou grupo de empresas, assim como a União, os Estados, o Distrito Federal e os Municípios que instituam para seus empregados e servidores planos de previdência privada por intermédio de entidade fechada.
Instituidores	São as pessoas jurídicas de caráter profissional, classista ou setorial, que instituam para os seus associados ou membros planos de benefícios previdenciários privados através de entidade fechada.
Participante	A pessoa física que aderir aos planos de benefícios, quando ainda não gozar de benefício.
Assistido	É o participante ou seu beneficiário em gozo de benefício de prestação continuada.
Portabilidade	Instituto que faculta ao participante, nos termos da lei, portar os recursos financeiros correspondentes ao seu direito acumulado para outro plano de benefícios operado por entidade de previdência complementar ou sociedade seguradora autorizada a operar planos de benefícios de previdência complementar.
Resgate	Instituto que dá o direito ao participante de restituir a totalidade das contribuições vertidas ao plano pelo participante, descontadas as parcelas do custeio administrativo.
Benefício proporcional diferido	Instituto que faculta ao participante, em razão da cessação do vínculo empregatício com o patrocinador ou associativo com o instituidor e antes da aquisição do direito ao benefício pleno programado, optar por receber, em tempo futuro, benefício de renda programada, calculado de acordo com as normas do plano de benefícios.
Autopatrocínio	Instituto que faculta ao participante manter o valor de sua contribuição e a do patrocinador, no caso de perda parcial ou total da remuneração recebida.

11. QUESTÕES

14.1 (PROF. FREDERICO AMADO) A Emenda 103 determinou a criação de regime de previdência complementar para todos os entes federativos que possuam RPPS, concedendo um prazo de 2 anos.

Gabarito: *Certa*

Para acesso ao vídeo, utilize o QR Code ao lado.

14.2 (PROF. FREDERICO AMADO) De acordo com o STJ, o Código de Defesa do Consumidor é aplicável às entidades abertas e fechadas de previdência complementar.

Gabarito: *Errada*

Para acesso ao vídeo, utilize o QR Code ao lado.

14.3 (PROF. FREDERICO AMADO) No que tange ao regime de previdência complementar, a ação de cobrança de diferenças de valores de complementação de aposentadoria prescreve em cinco anos contados da data do pagamento.

Gabarito: *Certa*

Para acesso ao vídeo, utilize o QR Code ao lado.

14.4 (PROF. FREDERICO AMADO) O benefício proporcional diferido é o instituto que faculta ao participante, em razão da cessação do vínculo empregatício com o patrocinador ou associativo com o instituidor e antes da aquisição do direito ao benefício pleno, optar por receber, em tempo futuro, o benefício decorrente dessa opção.

Gabarito: *Certa*

Para acesso ao vídeo, utilize o QR Code ao lado.

14.5 (PROF. FREDERICO AMADO) O patrocínio máximo a ser pago pela União no âmbito do regime de previdência complementar do servidor federal será de 8,0% sobre o salário de participação.

Gabarito: *Errada*

Para acesso ao vídeo, utilize o QR Code ao lado.

CAPÍTULO 15

DOS CRIMES CONTRA A SEGURIDADE SOCIAL

Objetiva este Capítulo analisar o conteúdo dos principais crimes praticados contra a Previdência Social ou mesmo outras áreas da seguridade social, sendo selecionados os delitos de apropriação indébita previdenciária, sonegação de contribuição previdenciária, falsificação de documento público contra a Previdência Social e estelionato previdenciário.

Não se buscou apenas analisar a sua tipicidade, mas também adentrar em questões de índole processual, assim como abordar a posição jurisprudencial dominante sobre os temas, com ênfase natural nas decisões do STF e do STJ.

1. APROPRIAÇÃO INDÉBITA PREVIDENCIÁRIA

Art. 168-A. **Deixar de repassar** à previdência social as contribuições recolhidas dos contribuintes, no prazo e forma legal ou convencional:

Pena – reclusão, de 2 (dois) a 5 (cinco) anos, e multa.

§ 1º Nas mesmas penas incorre quem **deixar de**:

I – recolher, no prazo legal, contribuição ou outra importância destinada à previdência social que tenha sido descontada de pagamento efetuado a segurados, a terceiros ou arrecadada do público;

II – recolher contribuições devidas à previdência social que tenham integrado despesas contábeis ou custos relativos à venda de produtos ou à prestação de serviços;

III – pagar benefício devido a segurado, quando as respectivas cotas ou valores já tiverem sido reembolsados à empresa pela previdência social.

§ 2º É **extinta a punibilidade** se o agente, espontaneamente, declara, confessa e efetua o pagamento das contribuições, importâncias ou valores e presta as informações devidas à previdência social, na forma definida em lei ou regulamento, **antes do início da ação fiscal**.

§ 3º É facultado ao juiz **deixar de aplicar a pena** ou aplicar somente a de multa se o agente for primário e de bons antecedentes, desde que:

I – tenha promovido, após o início da ação fiscal e antes de oferecida a denúncia, o pagamento da contribuição social previdenciária, inclusive acessórios; ou

II – o valor das contribuições devidas, inclusive acessórios, seja igual ou inferior àquele estabelecido pela previdência social, administrativamente, como sendo o mínimo para o ajuizamento de suas execuções fiscais.

§ 4º A faculdade prevista no § 3º deste artigo não se aplica aos casos de parcelamento de contribuições cujo valor, inclusive dos acessórios, seja superior àquele estabelecido, administrativamente, como sendo o mínimo para o ajuizamento de suas execuções fiscais. *(Incluído pela Lei nº 13.606, de 2018)*

Trata-se de delito trasladado ao Código Penal por intermédio da Lei 9.983/2000, antes previsto no artigo 95, "d", da Lei 8.212/91, podendo ser classificado como de **ação múltipla alternativa**, pois existem vários núcleos do tipo, considerando a norma de equiparação do § 1º, sendo realizada a tipicidade com qualquer um deles.

De efeito, com o advento da Lei 9.983/00, não se operou a *abolitio criminis*, conforme entendimento pacificado pelo STF:

> **STF, HC 84.021, de 20.04.2006.** – "O crime de apropriação indébita contra a Previdência Social continua tipificado no ordenamento positivo, nos termos do art. 168-A do Código Penal, não obstante a derrogação do art. 95, "d", da Lei nº 8.212/91. **A superveniência da Lei nº 9.983/2000 (art. 3º) não implicou alteração na descrição normativa da conduta anteriormente incriminada, pois o art. 3º da referida Lei nº 9.983/2000, longe de provocar a descaracterização típica do comportamento delituoso, "apenas transmudou a base legal de imputação para o Código Penal, continuando sua natureza especial em relação à apropriação indébita simples, prevista no art. 168 do CP".**

Deveras, com o advento do novo regramento, que atende ao Princípio da Reserva do Código, apenas houve uma redução da pena máxima de 06 para 05 anos, que deverá retroagir, pois favorável ao réu (*novatio legis in mellius*).

O tipo abarca as condutas dos responsáveis tributários que fazem o desconto das contribuições previdenciárias dos segurados que lhe são vinculados, mas não repassa os valores à Previdência Social ou o faz sem observar o prazo legal, a exemplo o empregador que desconta a contribuição previdenciária do seu empregado, mas não transfere a quantia à União, até o dia 20 do mês subsequente ao da competência, além de outras hipóteses similares previstas no artigo 30, I, da Lei 8.212/91.

Outrossim, **o tipo engloba a conduta dos agentes de instituições financeiras que recebem as referidas contribuições previdenciárias e não fazem o citado repasse.**

Também realiza o tipo a pessoa física que não paga benefício devido a segurado, quando as respectivas cotas ou valores já tiverem sido reembolsados à empresa pela Previdência Social, o que poderá ocorrer com o *salário-família* e o *salário-maternidade*, na forma do artigo 255, do RPS, pagos pelas empresas e reembolsados posteriormente pela União, através da compensação no pagamento das contribuições previdenciárias patronais devidas.

Fechando o tipo por equiparação, também cometerão este crime às pessoas físicas que deixarem de recolher contribuições devidas à previdência social e que tenham integrado nas despesas contábeis ou custos relativos à venda de produtos ou à prestação de serviços também consumarão este delito.

Conquanto se cuide de delito omissivo, a figura do *caput* necessariamente pressupõe conduta comissiva, consistente no desconto de contribuições previdenciárias por parte do responsável tributário sobre a remuneração do segurado contribuinte.

Assim sendo, caso a empresa não efetue o desconto da contribuição previdenciária do segurado empregado, avulso ou contribuinte individual que lhe preste serviço, não se consumará este delito.

Como as pessoas jurídicas não poderão ser responsabilizadas penalmente – exceto nos crimes ambientais – deverão responder as pessoas físicas que praticaram os atos configurados como apropriação indébita previdenciária, concorrendo para a sua prática, diretamente ou na condição de dominador do fato.

Logo, não basta ser sócio ou administrador do ente moral para ser autor deste crime. É imprescindível que haja a conduta omissiva dolosa, sob pena de inépcia da denúncia, que deverá descrever os fatos delituosos, não podendo apenas tentar responsabilizar uma pessoa por ser sócio ou gestor da pessoa jurídica.

Não é outra a atual posição do STF:

> **STF, HC 93.683, de 24.04.2008**. "**A jurisprudência do Supremo Tribunal Federal evoluiu no sentido de que a descrição genérica da conduta nos crimes societários viola o princípio da ampla defesa. É inepta a denúncia pela prática do crime de apropriação indébita previdenciária quando fundada tão-somente na circunstância de o paciente constar do quadro societário da empresa**. É necessário o mínimo de individualização da conduta e a indicação do nexo de causalidade entre esta e o delito de que se trata, sem o que fica impossibilitado o exercício da ampla defesa".

Destaque-se que se cuida de **crime próprio**, pois apenas poderá ser cometido pelos representantes legais das empresas e entidades equiparadas, bem como pelos agentes das instituições financeiras responsáveis pelo repasse ao Erário das contribuições previdenciárias arrecadadas.

É controverso se este tipo alcança as contribuições descontadas e não repassadas aos Regimes Próprios de Previdência Social, pois a Previdência Social tem um significado amplo (todos os regimes) e restrito (apenas o Regime Geral de Previdência Social).

Entende-se que sim. Os Regimes Próprios de Previdência Social também são protegidos por este tipo criminal, pois integrantes da Previdência Social. Aliás, é possível ir além, podendo-se sustentar que a tutela penal também abarca a apropriação indébita de contribuições previdenciárias no regime de previdência privada, no que couber, regulado pelo artigo 202, da Constituição Federal, que integra a Seção II (Da Previdência Social), do Capítulo II (Da Seguridade Social), do Título VIII (Da Ordem Social).

O crime será apurável via **ação penal pública incondicionada**, sendo de **competência da Justiça Federal**, por força do artigo 109, inciso IV, da Constituição Federal, pois atenta contra bens, serviços e interesses da União.

> Há polêmica a respeito da natureza jurídica deste crime. Há precedente do Plenário do STF que o classifica como crime omissivo material, ou seja, demanda resultado naturalístico para a sua consumação, o que gerou uma mudança de paradigma sobre o tema:

> **AGRAVO REGIMENTAL NO INQUÉRITO 2.537, de 12.06.2008**. "APROPRIAÇÃO INDÉBITA PREVIDENCIÁRIA – CRIME – ESPÉCIE. **A apropriação indébita disciplinada no artigo 168-A do Código Penal consubstancia crime omissivo material e não simplesmente formal.** INQUÉRITO – SONEGAÇÃO FISCAL – PROCESSO ADMINISTRATIVO. Estando em curso processo administrativo mediante o qual questionada a exigibilidade do tributo, ficam afastadas a persecução criminal e – ante o princípio da não-contradição, o princípio da razão suficiente – a manutenção de inquérito, ainda que sobrestado".

Nesse julgado, pontificou o Ministro Marco Aurélio em seu voto vencedor que, "[...] a denominada apropriação indébita previdenciária não consubstancia crime formal, mas omissivo material. A leitura do artigo 168-A do Código Penal revela que se tem como elemento da prática delituosa deixar de repassar contribuições previdenciárias. Indispensável, portanto, a apropriação de valores, com inversão da posse respectiva [...]"

Para o entendimento tradicional do STJ, cuida-se de **delito omissivo próprio ou puro**, pois independe da realização de resultado naturalístico para a sua consumação:

> "PENAL E PROCESSUAL PENAL. RECURSO ESPECIAL. APROPRIAÇÃO INDÉBITA PREVIDENCIÁRIA. AUSÊNCIA DE VIOLAÇÃO DO ART. 619 DO CPP. AUSÊNCIA DE PROVAS PARA CONDENAÇÃO NO MONTANTE AUFERIDO. INCIDÊNCIA DA SÚMULA 7/STJ. DOLO GENÉRICO. ALEGAÇÃO DE DIFICULDADES FINANCEIRAS. ÔNUS PROBATÓRIO DA DEFESA. CONTINUIDADE DELITIVA. AUMENTO JUSTIFICADO PELO NÚMERO DE INFRAÇÕES COMETIDAS. RECURSO ESPECIAL PARCIALMENTE CONHECIDO E IMPROVIDO. 1. Não existe violação ao art. 619 do CPP quando o Tribunal de origem pronuncia-se de forma clara e precisa sobre a questão posta nos autos, assentando-se em fundamentos suficientes para embasar a decisão. 2. A alegação de ausência de prova para a condenação no montante de R$ 46.582,72 exige a incursão no contexto fático-probatório dos autos, defesa em sede de recurso especial, nos termos da Súmula 7/STJ. **3. O crime de apropriação indébita previdenciária tem sido entendido como crime omissivo próprio (ou omissivo puro), isto é, aquele em que não se exige necessariamente nenhum resultado naturalístico, esgotando-se o tipo subjetivo apenas na transgressão da norma incriminadora, no dolo genérico, sem necessidade de comprovação do fim especial de agir, ou dolo específico, consistente na vontade livre e consciente de ter a coisa para si (animus rem sibi habendi).** 4. A impossibilidade de repasse das contribuições previdenciárias em decorrência de crise financeira da empresa constitui, em tese, causa supralegal de exclusão da culpabilidade – inexigibilidade de conduta diversa –, e, para que reste configurada, é necessário que o julgador verifique a sua plausibilidade, de acordo com os fatos concretos revelados nos autos, não bastando para tal a referência a meros indícios de insolvência da sociedade. 5. No crime continuado é indispensável que o agente, mediante mais de uma ação ou omissão, pratique duas ou mais condutas delituosas da mesma espécie, nas mesmas condições de tempo, lugar, maneira de execução e outras semelhantes. O aumento da pena pela continuidade delitiva se faz, basicamente, quanto ao art. 71, caput do Código Penal, por força do número de infrações praticadas. 6. Recurso especial parcialmente conhecido e improvido (REsp 1.113.735, de 02.03.2010).

Recentemente, identificou-se precedente da 5ª Turma do STJ, que seguiu o STF e passou a considerá-lo como crime omissivo material:

> "HABEAS CORPUS. APROPRIAÇÃO INDÉBITA PREVIDENCIÁRIA (ART. 168-A DO CPB). CRIME OMISSIVO MATERIAL. DÉBITO EM DISCUSSÃO NO INSS. APLICAÇÃO DO ART. 83 DA LEI 9.430/96. DECISÃO ADMINISTRATIVA DEFINITIVA. CONDIÇÃO OBJETIVA DE PUNIBILIDADE. AÇÃO PENAL INICIADA ANTES DO ENCERRAMENTO DO PROCESSO ADMINISTRATIVO-FISCAL. FALTA DE JUSTA CAUSA. CONSTRANGIMENTO ILEGAL EVIDENCIADO. PARECER DO MPF PELA DENEGAÇÃO DO WRIT. ORDEM CONCEDIDA, NO ENTANTO, PARA TRANCAR A AÇÃO PENAL. 1. **O crime de apropriação indébita previdenciária é espécie de delito omissivo material**, exigindo, portanto, para sua consumação, efetivo dano, já que o objeto jurídico tutelado é o patrimônio da previdência social, razão porque a constituição definitiva do crédito tributário é condição objetiva de punibilidade, tal como previsto no art. 83 da Lei 9.430/96, aplicável à espécie. Precedentes do STF e do STJ. 2. Parecer do MPF pela denegação do writ. 3. Ordem concedida, no entanto, para trancar a Ação Penal 2005.61.81.005020-0, em curso perante a 4a. Vara Criminal da Subseção Judiciária de São Paulo, sem prejuízo de sua ulterior renovação, em sendo cabível" (HC 102.596, de 09.03.2010).

De acordo com o STF, para a sua consumação, não é exigível o dolo específico, consistente no *animus* de assenhoramento (*rem sibi habendi*), ao contrário do que ocorre com a apropriação indébita comum, que é um delito comissivo:

"EMENTA: HABEAS CORPUS. PENAL. CRIME DE APROPRIAÇÃO INDÉBITA PREVIDENCIÁRIA. ART. 168-A DO CÓDIGO PENAL. ALEGAÇÃO DE AUSÊNCIA DE DOLO ESPECÍFICO (ANIMUS REM SIBI HABENDI). IMPROCEDÊNCIA DAS ALEGAÇÕES. ORDEM DENEGADA. **1. É firme a jurisprudência deste Supremo Tribunal Federal no sentido de que para a configuração do delito de apropriação indébita previdenciária, não é necessário um fim específico, ou seja, o animus rem sibi habendi** (cf., por exemplo, HC 84.589, Rel. Min. Carlos Velloso, DJ 10.12.2004), "bastando para nesta incidir a vontade livre e consciente de não recolher as importâncias descontadas dos salários dos empregados da empresa pela qual responde o agente" (HC 78.234, Rel. Min. Octavio Gallotti, DJ 21.5.1999). No mesmo sentido: HC 86.478, de minha relatoria, DJ 7.12.2006; RHC 86.072, Rel. Min. Eros Grau, DJ 28.10.2005; HC 84.021, Rel. Min. Celso de Mello, DJ 14.5.2004; entre outros). 2. **A espécie de dolo não tem influência na classificação dos crimes segundo o resultado, pois crimes materiais ou formais podem ter como móvel tanto o dolo genérico quanto o dolo específico.** 3. Habeas corpus denegado".[1]

Ou seja, o STF o classifica como crime omissivo material, mas persiste afirmando que não se exige a intenção de assenhoramento dos recursos para a sua consumação, sendo possível haver prejuízos à Previdência Social sem a configuração do *animus rem sibi habendi*.

Por sua vez, o término do processo administrativo de lançamento em que se discute a legitimidade da cobrança do tributo figura condição objetiva de procedibilidade da ação penal, impedindo o início do curso prescricional, por se tratar de crime contra a ordem tributária, conforme posicionamento do STJ, seguindo a Suprema Corte:

"HABEAS CORPUS. **CRIME DE APROPRIAÇÃO INDÉBITA DE CONTRIBUIÇÃO PREVIDENCIÁRIA (ART. 168-A, § 1º., I DO CPB). MUDANÇA DE ENTENDIMENTO. DELITO MATERIAL. IMPRESCINDIBILIDADE DO PRÉVIO ESGOTAMENTO DA VIA ADMINISTRATIVA-FISCAL. CONSTITUIÇÃO DEFINITIVA DO CRÉDITO TRIBUTÁRIO. CONDIÇÃO DE PROCEDIBILIDADE PARA A INSTAURAÇÃO DE INQUÉRITO POLICIAL**. PRECEDENTES DO STJ. PARECER DO MPF PELA DENEGAÇÃO DA ORDEM. ORDEM PARCIALMENTE CONCEDIDA, TODAVIA, TÃO-SOMENTE PARA TRANCAMENTO DO INQUÉRITO POLICIAL RELATIVAMENTE À NOTIFICAÇÃO FISCAL DE LANÇAMENTO DE DÉBITO 35.453.676-1. 1. **Conforme recente orientação do colendo Supremo Tribunal Federal, o esgotamento da via administrativa, onde se discute a exigibilidade do tributo, é condição de procedibilidade para a instauração de Inquérito Policial para a apuração do delito tipificado no artigo 168-A, § 1º., I do CPB**. Precedentes do STJ. 2. Conforme informações contidas nos autos, a Notificação Fiscal de Lançamento de Débito (NFLD) 35.453.676-1 encontra-se com a exigibilidade suspensa, em virtude de recurso interposto. 3. Parecer do MPF pela denegação da ordem. 4. Ordem parcialmente concedida, todavia, para trancar o Inquérito Policial, tão-somente quanto à Notificação Fiscal de Lançamento de Débito 35.453.676-1" (HC 97.789, de 03.12.2009).

1. HC 96.092, de 02.06.2009.

O § 2º prevê a extinção da punibilidade, na hipótese de o agente confessar e pagar as contribuições previdenciárias devidas, antes do início da ação fiscal.

Sucede que há norma mais benéfica no artigo 9º, § 2º, da Lei 10.684/2003, que não limita temporalmente a extinção da punibilidade, desde que se opere o pagamento integral do débito, mesmo depois do início da ação fiscal:

> "Art. 9º. É **suspensa a pretensão punitiva do Estado**, referente aos crimes previstos nos arts. 1º e 2º da Lei nº 8.137, de 27 de dezembro de 1990, e nos arts. 168A e 337A do Decreto-Lei nº 2.848, de 7 de dezembro de 1940 – Código Penal, **durante o período em que a pessoa jurídica relacionada com o agente dos aludidos crimes estiver incluída no regime de parcelamento**.
>
> § 1º A prescrição criminal não corre durante o período de suspensão da pretensão punitiva.
>
> § 2º Extingue-se a punibilidade dos crimes referidos neste artigo quando a pessoa jurídica relacionada com o agente efetuar o pagamento integral dos débitos oriundos de tributos e contribuições sociais, inclusive acessórios".

Não é outro o posicionamento do STJ:

> **STJ, HC 63.168, de 18.11.2008.** "APROPRIAÇÃO INDÉBITA PREVIDÊNCIÁRIA. CONTRIBUIÇÕES DESCONTADAS DOS EMPREGADOS. IMPOSSIBILIDADE DE INCLUSÃO NO REFIS. JUSTIFICATIVA PARA NÃO SE PERMITIR A EXTINÇÃO DA PUNIBILIDADE. IMPROPRIEDADE. PAGAMENTO INTEGRAL PELA ARREMATAÇÃO DE BENS. DIREITO DO RÉU AO RECONHECIMENTO DA BENESSE LEGAL. ART. 9º, § 2º, DA LEI 10.684/2003.
>
> Segundo entendimento firmado pelas Turmas da 3ª Seção desta Corte, o pagamento integral do débito previdenciário, antes ou depois do recebimento da denúncia, é causa da extinção da punibilidade, na linha da previsão do art. 9º, § 2º, da Lei 10.684/2003".

De acordo com o STF (Plenário), o pagamento integral do débito, a qualquer tempo, irá extinguir a punibilidade:

> "INFORMATIVO 731 – ED: extinção de punibilidade pelo pagamento integral de débito e prescrição retroativa – 11
>
> **Em conclusão de julgamento, o Plenário, por maioria, acolheu embargos de declaração e declarou extinta a punibilidade de parlamentar apenado pela prática dos crimes de apropriação indébita previdenciária e de sonegação de contribuição previdenciária (CP, art. 168-A, § 1º, I, e art. 337-A, III, c/c o art. 71, caput, e art. 69).** O embargante alegava que o acórdão condenatório omitira-se sobre o entendimento desta Corte acerca de pedido de extinção de punibilidade pelo pagamento integral de débito fiscal, bem assim sobre a ocorrência de prescrição retroativa da pretensão punitiva do Estado – v. Informativos 650, 705 e 712. Preponderou o voto do Ministro Luiz Fux, que deu provimento aos embargos. **No tocante à assertiva de extinção da punibilidade pelo pagamento do débito tributário, realizado após o julgamento, mas antes da publicação do acórdão condenatório, reportou-se ao art. 69 da Lei 11.941/2009** ("Extingue-se a punibilidade dos crimes referidos no art. 68 quando a pessoa jurídica relacionada com o agente efetuar o pagamento integral dos débitos oriundos de tributos e contribuições sociais, inclusive acessórios, que tiverem sido objeto de concessão de parcelamento"). Sublinhou que eventual inconstitucionalidade do preceito estaria pendente de exame pela Corte, nos autos da ADI 4273/DF. **Entretanto, haja vista que a eficácia do dispositivo não estaria suspensa, entendeu que o pagamento do tributo, a qualquer tempo, extinguiria a punibilidade do crime tributário, a teor do que já decidido pelo STF (HC 81929/RJ, DJU de 27.2.2004).** Asseverou que, na aludida disposição legal, não

haveria qualquer restrição quanto ao momento ideal para realização do pagamento. Não caberia ao intérprete, por isso, impor restrições ao exercício do direito postulado. Incidiria, dessa maneira, o art. 61, caput, do CPP ("Em qualquer fase do processo, o juiz, se reconhecer extinta a punibilidade, deverá declará-lo de ofício"). Observou, ainda, que a repressão penal nos crimes contra a ordem tributária seria forma reforçada de execução fiscal. Na sequência, o Ministro Dias Toffoli ressaltou que a lei privilegiaria o recebimento do valor devido pelo contribuinte, em detrimento da imposição de pena corporal. Alertou que a Corte não poderia agir de modo a restringir a aplicabilidade de norma despenalizadora – a condicionar o pagamento a determinado marco temporal –, sob pena de extrapolar sua atribuição constitucional. Ressalvou entendimento de que o pagamento integral promovido mesmo após o trânsito em julgado da condenação implicaria a extinção da punibilidade. O Ministro Marco Aurélio subscreveu a orientação segundo a qual o direito penal funcionaria como método coercitivo ao recolhimento de tributos. Ademais, se o título condenatório ainda não ostentaria irrecorribilidade e o débito estaria satisfeito, a punibilidade estaria extinta. O Ministro Celso de Mello enfatizou que a circunstância de ordem temporal da sucessão de leis penais no tempo revelar-se-ia apta a conferir aplicabilidade, no caso, às disposições contidas no § 2º do art. 9º da Lei 10.684/2003. **AP 516 ED/DF, rel. orig. Min. Ayres Britto, red. p/ o acórdão Min. Luiz Fux, 5.12.2013. (AP-516)".**

Frise-se que, durante o período do parcelamento do débito, restará suspenso o curso do prazo prescricional.

Com o advento da Lei 11.941/09, este entendimento foi reforçado:

"Art. 68. É suspensa a pretensão punitiva do Estado, referente aos crimes previstos nos arts. 1º e 2º da Lei nº 8.137, de 27 de dezembro de 1990, e nos arts. 168-A e 337-A do Decreto-Lei nº 2.848, de 7 de dezembro de 1940 – Código Penal, limitada a suspensão aos débitos que tiverem sido objeto de concessão de parcelamento, enquanto não forem rescindidos os parcelamentos de que tratam os arts. 1º a 3º desta Lei, observado o disposto no art. 69 desta Lei.

Parágrafo único. A prescrição criminal não corre durante o período de suspensão da pretensão punitiva.

Art. 69. Extingue-se a punibilidade dos crimes referidos no art. 68 quando a pessoa jurídica relacionada com o agente efetuar o pagamento integral dos débitos oriundos de tributos e contribuições sociais, inclusive acessórios, que tiverem sido objeto de concessão de parcelamento.

Parágrafo único. Na hipótese de pagamento efetuado pela pessoa física prevista no § 15 do art. 1º desta Lei, a extinção da punibilidade ocorrerá com o pagamento integral dos valores correspondentes à ação penal".

Entretanto, vale lembrar que **não poderão ser objeto de parcelamento** as contribuições descontadas dos empregados, inclusive dos domésticos, dos trabalhadores avulsos, dos contribuintes individuais, as decorrentes da sub-rogação e as demais importâncias descontadas na forma da legislação previdenciária, a teor do artigo 7º, da Lei 10.666/03.

Vale ressaltar que a existência de *crise financeira na empresa*, apontada como causa da consumação da apropriação indébita previdenciária, poderá funcionar como *causa supralegal de extinção da culpabilidade.*

Nesse sentido, já se posicionou o STJ no sentido de que "a impossibilidade de repasse das contribuições previdenciárias em decorrência de crise financeira da empresa constitui, em tese, causa supralegal de exclusão da culpabilidade – inexigibilidade de conduta diversa –, e, para que reste configurada, é necessário que o julgador verifique a sua plausibilidade, de acordo com os fatos concretos revelados nos autos, não bastando para tal a referência a meros indícios de insolvência da sociedade"[2].

Entende-se que o crime de apropriação indébita previdenciária é permanente, apenas correndo a prescrição após a cessação da vantagem. Esta é a posição do TRF da 2ª Região (ACR – APELAÇÃO CRIMINAL – 5542, 24.10.2007) e da 1ª Região:

> **Processo 2006.41.00.000.047-4, de 11.04.2006.** "PENAL. APROPRIAÇÃO INDÉBITA PREVIDENCIÁRIA. PRESCRIÇÃO. **CRIME PERMANENTE. PRESCRIÇÃO DA PRETENSÃO PUNITIVA A CONTAR DA CESSAÇÃO DA PERMANÊNCIA.**
>
> I – O não repasse das contribuições previdenciárias pelo recorrente se deu no período de abril de 1993 a agosto de 1997, de modo que a partir da cessação da percepção da vantagem que se tem por indevida foi que se iniciou o prazo prescricional, nos termos do art. 111, item III, do Código Penal.
>
> II – Sendo a pena in concreto de 02 (dois) anos regulada pelo prazo prescricional de 04 (quatro) anos (cf. art. 109, V, do CP) e tendo sido a denúncia recebida em 03/02/99, não se verifica a prescrição da pretensão punitiva do Estado".

Todavia, o tema é controverso, pois há precedentes jurisprudenciais que o colocam como crime instantâneo de efeitos permanentes, a exemplo da posição do TRF da 4ª Região (HC 2006.04.00.003021-3, de 21.03.2006) e da 5ª Região:

> "PENAL. APROPRIAÇÃO INDÉBITA PREVIDENCIÁRIA. ART. 168-A DO CP. CONDENAÇÃO PELO STJ. FIXAÇÃO DA PENA. – Condenação imposta pelo eg. STJ. Determinação ao TRF para fixar a pena. – Favoráveis as circunstâncias judiciais do art. 59, do CP, deve a pena ser imposta no mínimo legal. – A pena de multa deve considerar as condições econômicas do apenado – art. 59 do CP. – **O crime de apropriação indébita de contribuições previdenciárias é crime instantâneo com efeitos permanentes, consumado em momento certo**. Afastamento do aumento da pena previsto no art. 71, do CP. – Pena de 02 (dois) anos de reclusão. – Prazo prescricional – 04 (quatro) anos. – Redução pela metade em favor do réu maior de 70 (setenta) anos. – Denúncia recebida em 21.11.2000. Acórdão condenatório do eg. STJ publicado em 23.05.2005. – Prescrição retroativa consumada (arts. 109, V, c/c 110, caput e parágrafo 1º e 107, IV, do CP). – Extinção da punibilidade pela prescrição retroativa" (ACR 3.393, de 26.10.2006).

Existem precedentes do STJ que o coloca com a natureza de delito instantâneo de efeitos permanentes:

> "STJ, 6ª Turma, REsp 1171603 / ES, DE 19/11/2012 -"O crime de apropriação indébita previdenciária **é instantâneo** e unissubsistente. Assim, cada vez que é ultrapassado o prazo legal sem o devido recolhimento das contribuições previdenciárias há a ocorrência de um novo crime, sendo forçoso o reconhecimento da continuidade delitiva". No mesmo sentido a 5ª Turma, AgRg no REsp 1315984 / SP, DE 16/2/2016.

O § 3º prevê hipóteses de perdão judicial ou de mera aplicação de multa, se o réu for primário e gozar de bons antecedentes, desde que pague as contribuições previdenciárias após a ação fiscal e antes do oferecimento da denúncia.

Outrossim, poderá o juiz apenas aplicar apenas a pena de multa ou perdoar o réu se o valor das contribuições devidas, inclusive acessórios, for igual ou inferior àquele estabelecido

2. Passagem do REsp 1.113.735, de 02.03.2010.

pela Previdência Social, administrativamente, como sendo o mínimo para o ajuizamento de suas execuções fiscais, atualmente fixado em R$ 10.000,00 pelo artigo 20, da Lei 10.522/02.

Por sua vez, a Portaria 75/2012 do extinto Ministério da Fazenda determina a não inscrição na Dívida Ativa da União de débito de um mesmo devedor com a Fazenda Nacional de valor consolidado igual ou inferior a R$ 1.000,00 (mil reais) e o **não ajuizamento de execuções fiscais de débitos com a Fazenda Nacional**, cujo valor consolidado seja igual ou inferior a **R$ 20.000,00 (vinte mil reais).**

No entanto, por força da Lei 13.606/2018, a faculdade prevista no § 3º não se aplica aos casos de parcelamento de contribuições cujo valor, inclusive dos acessórios, seja superior àquele estabelecido, administrativamente, como sendo o mínimo para o ajuizamento de suas execuções fiscais (R$ 20.000,00).

Assim, no caso de dívidas previdenciárias com valor consolidado acima de R$ 20.000,00, somente o pagamento em parcela única irá possibilidade o perdão judicial, e não o pagamento parcelado.

De seu turno, **o STJ vinha aplicando o Princípio da Insignificância se o débito não superasse R$ 1.000,00, pois neste caso há autorização legal para a extinção das execuções**:

> "**CRIME DE APROPRIAÇÃO INDÉBITA PREVIDENCIÁRIA. PRINCÍPIO DA INSIGNIFICÂNCIA**. INAPLICABILIDADE. VALOR SUPERIOR ÀQUELE PREVISTO NO ART. 1.º, § 1.º, DA LEI N.º 9.441/97. 1. Não é possível utilizar o art. 4.º da Portaria n.º 4.943/99, com redação dada pela Portaria n.º 1.103/2003, ambas do Ministério da Previdência e Assistência Social como parâmetro para aplicar o princípio da insignificância, já que o mencionado dispositivo se refere ao não-ajuizamento de ação de execução, e não de causa de extinção de crédito. **2. O melhor parâmetro para afastar a relevância penal da conduta é justamente aquele utilizado para extinguir todo e qualquer débito oriundo de contribuições sociais junto ao Instituto Nacional de Seguro Social, consoante dispõe o art. 1.º, § 1.º, da Lei n.º 9.441/97, que determina o cancelamento da dívida igual ou inferior a R$ 1.000,00 (mil reais). Precedentes. 3. Recurso provido**"[3].

Mais recentemente, o STJ passou a aplicar a bagatela também nos casos em que o valor não supera a R$ 10.000,00 (as execuções até esse valor não serão ajuizadas), com base no artigo 20, da Lei 10.522/2002, conforme julgados da 5ª e da 6ª Turma:

> "A Lei nº 11.457/2007 que criou a Secretaria da Receita Federal do Brasil considerou como dívida ativa da União os débitos decorrentes das contribuições previdenciárias. Diante disso, entende-se viável, sempre que o valor do débito não for superior a R$ 10.000,00 (dez mil reais), a aplicação do princípio da insignificância também no crime de apropriação indébita previdenciária" **(5ª Turma, AgRg no REsp 1.114.109, de 06.09.2011).**
>
> "Entende-se adequada, sempre que o quantum do débito não ultrapassar R$ 10.000,00 (dez mil reais), a aplicação do princípio da insignificância também no crime de apropriação indébita previdenciária" **(6ª Turma, AgRg no REsp 1.226.727, de 01.09.2011).**
>
> "PENAL. AGRAVO REGIMENTAL NO RECURSO ESPECIAL. APROPRIAÇÃO INDÉBITA PREVIDENCIÁRIA. APLICAÇÃO DO PRINCÍPIO DA INSIGNIFICÂNCIA. POSSIBILIDADE. PARÂMETRO: VALOR PREVISTO NO ART. 20 DA LEI N. 10.522/2002. RECURSO ESPECIAL REPRESENTATIVO DE CONTROVÉRSIA Nº 1.112.748/TO.

3. REsp 1068911, de 16.06.2009.

AGRAVO DESPROVIDO. Esta Corte Superior de Justiça pacificou o entendimento de que o princípio da insignificância é aplicável na hipótese de apropriação indébita previdenciária ou de sonegação de contribuição previdenciária, nos mesmos moldes em que é aplicado ao crime de descaminho" (6ª Turma, AgRg no REsp 1318828, de 27/10/2015).

Em seguida, de modo correto, o valor foi atualizado para R$ 20.000,00 em tese repetitiva:

RECURSOS REPETITIVOS	
PROCESSO	REsp 1.688.878-SP, Rel. Min. Sebastião Reis Júnior, Terceira Seção, por maioria, julgado em 28/02/2018, DJe 04/04/2018 (Tema 157).
RAMO DO DIREITO	DIREITO PENAL
TEMA	Princípio da insignificância. Crimes tributários federais e de descaminho. Débito não excedente a R$ 10.000,00 (dez mil reais). Art. 20 da Lei n. 10.522/2002. Portarias n. 75 e 130/MF. Parâmetro de 20.000,00 (vinte mil reais). Orientação consolidada no STF. Revisão do tema n. 157.
DESTAQUE	
Incide o princípio da insignificância aos crimes tributários federais e de descaminho quando o débito tributário verificado não ultrapassar o limite de R$ 20.000,00 (vinte mil reais), a teor do disposto no art. 20 da Lei n. 10.522/2002, com as atualizações efetivadas pelas Portarias n. 75 e 130, ambas do Ministério da Fazenda.	

Todavia, conforme noticiado no Informativo 592, em 22.06.2010, a 1ª Turma do STF repeliu a aplicação do Princípio da Insignificância ao delito de apropriação indébita de contribuições previdenciárias, em razão do bem jurídico tutelado:

"Princípio da Insignificância e Art. 168-A do CP

A Turma, tendo em conta o valor supra-individual do bem jurídico tutelado, indeferiu habeas corpus em que condenados pelo delito de apropriação indébita previdenciária (CP, art. 168-A) pleiteavam a aplicação do princípio da insignificância. Consignou-se que, não obstante o pequeno valor das contribuições sonegadas à Previdência Social, seria incabível a incidência do almejado princípio. HC 98021/SC, rel. Min. Ricardo Lewandowski, 22.6.2010. (HC-98021). HC 100938/SC, rel. Min. Ricardo Lewandowski, 22.6.2010. (HC-100938)"

O mesmo posicionamento passou a ser adotado pela 2ª Turma do STF:

"Agravo regimental em recurso ordinário em habeas corpus. 2. Apropriação indébita previdenciária e sonegação de contribuição previdenciária. Condenação. 3. Reconhecimento da prescrição. Impossibilidade. Necessidade de esgotamento da via administrativa para deflagração da ação penal e início da contagem do prazo prescricional. Não ocorrência da alegada prescrição. 4. Aplicação do princípio da insignificância. Impossibilidade. Elevado grau de reprovabilidade da conduta. Precedentes. 5. Dosimetria da pena. Reprimenda aplicada de forma proporcional e suficientemente fundamentada. 6. Agravo regimental a que se nega provimento" (RHC 132706 AgR, de 21/6/2016).

Tipo principal	Deixar de repassar à previdência social as contribuições recolhidas dos contribuintes, no prazo e forma legal ou convencional.
Norma de equiparação	Deixar de recolher, no prazo legal, contribuição ou outra importância destinada à previdência social que tenha sido descontada de pagamento efetuado a segurados, a terceiros ou arrecadada do público.
	Deixar de recolher contribuições devidas à previdência social que tenham integrado despesas contábeis ou custos relativos à venda de produtos ou à prestação de serviços.
	Deixar de pagar benefício devido a segurado, quando as respectivas cotas ou valores já tiverem sido reembolsados à empresa pela previdência social.
Pena	Reclusão, de 2 (dois) a 5 (cinco) anos, e multa.
Causa de extinção da punibilidade	Se o agente, espontaneamente, declara, confessa e efetua o pagamento das contribuições, importâncias ou valores e presta as informações devidas à previdência social, na forma definida em lei ou regulamento, antes do início da ação fiscal.
Possibilidade de perdão judicial ou de aplicação apenas de multa	Se o agente for primário e de bons antecedentes, desde que tenha promovido, após o início da ação fiscal e antes de oferecida a denúncia, o pagamento da contribuição social previdenciária, inclusive acessórios.
	Se o agente for primário e de bons antecedentes, desde que tenha o valor das contribuições devidas, inclusive acessórios, seja igual ou inferior àquele estabelecido pela previdência social, administrativamente, como sendo o mínimo para o ajuizamento de suas execuções fiscais.

2. SONEGAÇÃO DE CONTRIBUIÇÃO PREVIDENCIÁRIA

Art. 337-A. **Suprimir ou reduzir** contribuição social previdenciária e qualquer acessório, mediante as seguintes condutas:

I – omitir de folha de pagamento da empresa ou de documento de informações previsto pela legislação previdenciária segurados empregado, empresário, trabalhador avulso ou trabalhador autônomo ou a este equiparado que lhe prestem serviços;

II – deixar de lançar mensalmente nos títulos próprios da contabilidade da empresa as quantias descontadas dos segurados ou as devidas pelo empregador ou pelo tomador de serviços;

III – omitir, total ou parcialmente, receitas ou lucros auferidos, remunerações pagas ou creditadas e demais fatos geradores de contribuições sociais previdenciárias:

Pena – reclusão, de 2 (dois) a 5 (cinco) anos, e multa.

§ 1º É **extinta a punibilidade** se o agente, espontaneamente, **declara e confessa** as contribuições, importâncias ou valores e presta as informações devidas à previdência social, na forma definida em lei ou regulamento, **antes do início da ação fiscal**.

§ 2º É facultado ao juiz **deixar de aplicar a pena** ou aplicar somente a de multa se o agente for primário e de bons antecedentes, desde que:

I – vetado

> II – o valor das contribuições devidas, inclusive acessórios, seja igual ou inferior àquele estabelecido pela previdência social, administrativamente, como sendo o mínimo para o ajuizamento de suas execuções fiscais.
>
> § 3º Se o empregador não é pessoa jurídica e sua folha de pagamento mensal não ultrapassa R$ 1.510,00 (um mil, quinhentos e dez reais), o juiz poderá reduzir a pena de um terço até a metade ou aplicar apenas a de multa.
>
> § 4º O valor a que se refere o parágrafo anterior será reajustado nas mesmas datas e nos mesmos índices do reajuste dos benefícios da previdência social.

Trata-se de delito inserido no Código Penal por intermédio da Lei 9.983/2000. Anteriormente, as condutas eram enquadradas no tipo do artigo 1º, da Lei 8.137/90, que é genérico, aplicando-se aos tributos em geral.

É um tipo plurinuclear alternativo, sendo o **crime omissivo impróprio ou material**, pois exige resultado naturalístico para a sua consumação, consistente na **supressão ou redução de contribuição previdenciária ou acessórios**, com multa e juros de mora.

De acordo com o atual posicionamento do STJ, revendo a sua tradicional jurisprudência que entendia ser delito formal, **"nos termos do entendimento recente da Suprema Corte, os crimes de sonegação e apropriação indébita previdenciária também são crimes materiais, exigindo para sua consumação a ocorrência de resultado naturalístico, consistente em dano para a Previdência"[4].**

> "O delito de **sonegação** de **contribuição previdenciária**, por se tratar de crime material, somente se consuma após a constituição definitiva do crédito tributário mediante o **esgotamento da via administrativa**" **(EDcl no AgInt no REsp 1569916, DE 19/6/2018).**

Para que haja conduta que constitua este crime, é preciso que ocorra a **supressão ou redução no pagamento de contribuição previdenciária ou acessórios**, mediante as seguintes condutas alternativas:

a) Omitir em folha de pagamento ou em outro documento previdenciário (a exemplo da GFIP) a existência de segurados empregados, trabalhadores avulsos ou contribuintes individuais prestadores de serviço à empresa, vez que a classe dos autônomos, equiparados a autônomos e empresários foram fundidas pela Lei 9.876/99, nascendo os contribuintes individuais;

b) Deixar de lançar mensalmente nos títulos das empresas as contribuições previdenciárias descontadas dos empregados, avulsos e contribuintes individuais;

c) Omitir receita, faturamento ou remunerações pagas ou creditadas aos segurados que prestam serviços à empresa, bem como qualquer outro fato gerador de contribuição previdenciária.

Vale ressaltar que a redução ou supressão de outras contribuições para a seguridade social, não enquadradas como contribuições previdenciárias, não realizarão este tipo, a exemplo da COFINS e da CSLL, e sim o tipo genérico do artigo 1º, da Lei 8.137/97, pois não é possível a interpretação extensiva do tipo penal em desfavor do réu.

Nesse sentido, é criticável o seguinte julgado do TRF da 4ª Região:

4. Passagem de decisão tomada no HC 96.348, de 24.06.2008.

"PENAL. PROCESSUAL PENAL. CRIME CONTRA O SISTEMA TRIBUTÁRIO NACIONAL. ARTIGO 1º, INCISO I, DA LEI Nº 8.137/90 E ARTIGO 337-A DO CÓDIGO PENAL. SONEGAÇÃO DE TRIBUTOS E CONTRIBUIÇÕES SOCIAIS PREVIDENCIÁRIAS. MATERIALIDADE E AUTORIA COMPROVADAS. CONCURSO FORMAL. 1. A multiplicidade de tributos sonegados leva à dualidade de crimes, porquanto uma mesma conduta ensejou resultados criminosos distintos, cada qual enquadrado em um preceito penal distinto. 2. Comprovadas a autoria e a materialidade do delito do art. 1º, inc. I, da Lei nº 8.137/90 (sonegação de IRPJ e PIS) e **do art. 337-A do Código Penal (omissão e supressão de COFINS e CSLL),** e inexistindo causas excludentes de culpabilidade ou antijuridicidade, deve ser mantida a sentença condenatória. 3. Embora a prática dos crimes tipificados no art. 1°, inciso I, da Lei n° 8.137/90 e no art. 337-A do Código Penal mediante uma só ação ou omissão caracterizem o concurso formal previsto no art. 70 da codificação penal e ressalvado entendimento pessoal, pacificou o Superior Tribunal de Justiça que também existindo hipótese de crime continuado apenas esta majorante se fará incidir, evitando o non bis in idem" (ACR 200672110018767, de 10.06.2008).

Para a consumação da sonegação de contribuição previdenciária, não é necessário o dolo específico, bastando o dolo genérico:

2. "Segundo a orientação desta Corte, para a consumação do crime sonegação de contribuições previdenciárias, é suficiente a constatação do **dolo genérico**". (AgInt no AREsp 692.950/SP, Rel. Min. REYNALDO SOARES DA FONSECA, QUINTA TURMA, DJe 13/05/2016).

De acordo com a literalidade do § 1º, para a extinção da punibilidade, não é necessário o pagamento, mas apenas a declaração e confissão de débito, desde que operada antes da ação fiscal.

Após o início da ação fiscal, incidirá o artigo 9º, § 2º, da Lei 10.684/2003, que não limita temporalmente a extinção da punibilidade, desde que se opere o pagamento integral do débito, mesmo depois do início da ação fiscal ou proposta a denúncia:

"Art. 9º. É **suspensa a pretensão punitiva do Estado**, referente aos crimes previstos nos arts. 1º e 2º da Lei nº 8.137, de 27 de dezembro de 1990, e nos arts. 168A e 337A do Decreto-Lei nº 2.848, de 7 de dezembro de 1940 – Código Penal, **durante o período em que a pessoa jurídica relacionada com o agente dos aludidos crimes estiver incluída no regime de parcelamento**.

§ 1º A prescrição criminal não corre durante o período de suspensão da pretensão punitiva.

§ 2º Extingue-se a punibilidade dos crimes referidos neste artigo quando a pessoa jurídica relacionada com o agente efetuar o pagamento integral dos débitos oriundos de tributos e contribuições sociais, inclusive acessórios".

Sobre o tema, veja-se o STF:

"EMENTA: HABEAS CORPUS. PENAL E PROCESSUAL PENAL. AÇÃO PENAL. INSTAURAÇÃO DE AÇÃO PENAL ANTES DA CONCLUSÃO DE PROCEDIMENTO FISCAL. INOCORRÊNCIA. TRANCAMENTO. IMPOSSIBILIDADE. PARCELAMENTO E QUITAÇÃO DE DÉBITO TRIBUTÁRIO. NÃO COMPROVAÇÃO. EQUÍVOCOS NA AÇÃO FISCALIZATÓRIA. REGULARIDADE DA DOCUMENTAÇÃO DA EMPRESA. BOA-FÉ DO PACIENTE. AUSÊNCIA DE RECUSA NO FORNECIMENTO DOS DOCUMENTOS SOLICITADOS. IMPROPRIEDADE DO HABEAS CORPUS PARA REEXAME DE FATOS E PROVAS. 1. O trancamento da ação penal por ausência de justa causa é medida excepcional, justificando-se quando despontar, fora de dúvida, atipicidade da conduta, causa extintiva da punibilidade ou ausência de indícios de autoria, o que não ocorre no caso sob exame. **2. Prática, em tese, do crime de sonegação de contribuição previdenciária [artigo 337-A do CP].** Isso em razão de o Superior Tribunal de Justiça ter afirmado que o processo administrativo fiscal foi julgado antes da instauração da ação penal, quando já constituído definitivamente o crédito tributário. **3. Esta Corte decidiu que "[a] adesão ao Programa de Recuperação Fiscal – Refis não implica a novação, ou seja, a extinção da obrigação, mas mero parcelamento. Daí a harmonia com a Carta da República preceito a revelar a simples suspensão da pretensão punitiva do Estado, *ficando a extinção do crime sujeita ao pagamento integral do débito – artigo 9º da Lei nº 10.684/2003*"** [RHC n. 89.618, Relator o Ministro Marco Aurélio, DJ de 9.3.07]. 4. O impetrante, no caso, não demonstrou ter ocorrido a inclusão do débito tributário no programa de parcelamento, nem a quitação da dívida. Daí não ser possível a suspensão da pretensão punitiva ou a extinção da punibilidade. 5. As alegações concernentes (i) a equívocos na ação fiscalizatória, (ii) regularidade da documentação da empresa, (iii) boa-fé do paciente e (iv) ausência de recusa no fornecimento dos documentos solicitados demandam aprofundado reexame de fatos e provas, incompatível com o rito do habeas corpus. Ordem indeferida"[5].

Com o advento da Lei 11.941/09, a disciplina da Lei 10.684/03 foi reforçada:

"Art. 68. É suspensa a pretensão punitiva do Estado, referente aos crimes previstos nos arts. 1º e 2º da Lei nº 8.137, de 27 de dezembro de 1990, e nos arts. 168-A e 337-A do Decreto-Lei nº 2.848, de 7 de dezembro de 1940 – Código Penal, limitada a suspensão aos débitos que tiverem sido objeto de concessão de parcelamento, enquanto não forem rescindidos os parcelamentos de que tratam os arts. 1º a 3º desta Lei, observado o disposto no art. 69 desta Lei.

Parágrafo único. A prescrição criminal não corre durante o período de suspensão da pretensão punitiva.

Art. 69. Extingue-se a punibilidade dos crimes referidos no art. 68 quando a pessoa jurídica relacionada com o agente efetuar o pagamento integral dos débitos oriundos de tributos e contribuições sociais, inclusive acessórios, que tiverem sido objeto de concessão de parcelamento.

Parágrafo único. Na hipótese de pagamento efetuado pela pessoa física prevista no § 15 do art. 1º desta Lei, a extinção da punibilidade ocorrerá com o pagamento integral dos valores correspondentes à ação penal".

É possível o perdão judicial ou se aplicar apenas a multa, se o agente for primário e tiver bons antecedentes, desde que o valor não supere R$ 10.000,00, conforme previsto no artigo 20, da Lei 10.522/2002.

No entanto, a Portaria 75/2012 do extinto Ministério da Fazenda determina a não inscrição na Dívida Ativa da União de débito de um mesmo devedor com a Fazenda Nacional de valor consolidado igual ou inferior a R$ 1.000,00 (mil reais) e o não ajuizamento de execuções fiscais de débitos com a Fazenda Nacional, cujo valor consolidado seja igual ou inferior a R$ 20.000,00 (vinte mil reais).

Há uma hipótese de redução de pena de 1/3 a 1/2 ou aplicação só de multa se o empregador não for pessoa jurídica, desde que o valor de sua folha mensal seja de até R$ 5.386,27 (valor atualizado para 2020).

5. HC 93.351, de 02.06.2009.

Por se tratar de crime material, o término do processo administrativo onde se discute a legitimidade da cobrança do tributo figura condição objetiva de procedibilidade da ação penal, impedindo o início do curso prescricional.

Nesse sentido, o atual posicionamento do STJ, refletindo a jurisprudência da Suprema Corte:

> "RESP 875.897, de 04.11.2008. **1. Consoante recente orientação do Supremo Tribunal Federal, nos crimes de apropriação indébita previdenciária e sonegação de contribuição previdenciária, o procedimento administrativo de apuração de débitos se constitui em condição de procedibilidade para a instauração da ação penal**".

O STJ reconheceu a existência de crime continuado entre a apropriação indébita e a sonegação de contribuição previdenciária, os julgando da mesma espécie mesmo que em Títulos diferentes no Código Penal, no julgamento do REsp 1.212.911, 6ª Turma, de 20.03.2012:

> "RECURSO ESPECIAL. PREVIDENCIÁRIO. ARTS. 71, 168-A E 337-A, III, DO CP. SUPRESSÃO OU REDUÇÃO DE CONTRIBUIÇÃO SOCIAL PREVIDENCIÁRIA. EMPRESAS PERTENCENTES AO MESMO GRUPO EMPRESARIAL. CONTINUIDADE DELITIVA. POSSIBILIDADE. INQUÉRITOS E AÇÕES PENAIS EM CURSO NÃO CONFIGURAM PERSONALIDADE NEGATIVA DO AGENTE. HABEAS CORPUS CONCEDIDO DE OFÍCIO. PRECEDENTES DO STJ E DO STF.
>
> 1. Para o reconhecimento da continuidade delitiva, é necessária a prática sucessiva de ações criminosas de semelhante espécie que guardem, entre si, vínculos em relação ao tempo, ao lugar e à forma de execução, de modo a revelar homogeneidade de condutas típicas, evidenciando serem as últimas ações desdobramentos da primeira (art. 71 do CP).
>
> 2. No caso, o réu responde por delitos descritos nos arts. 168-A e 337-A, ambos do Código Penal – em continuidade delitiva –, nas Apelações Criminais n. 2004.71.038480-8, 2003.71.00.042734-7 e 2004.71.00.021296-7.
>
> **3. Em função da melhor hermenêutica, os crimes descritos nos arts. 168-A e 337-A, apesar de constarem em títulos diferentes no Código Penal e serem, por isso, topograficamente díspares, refletem delitos que guardam estreita relação entre si, portanto cabível o instituto da continuidade delitiva (art. 71 do CP).**
>
> 4. O agente cometeu delitos análogos, descritos nos arts. 168-A e 337-A do Código Penal, na administração de empresas diversas, mas de idêntico grupo empresarial, durante semelhante período, no mesmo espaço geográfico (cidade de Porto Alegre/RS) e mediante similar maneira de execução, portanto tem lugar a ficção jurídica do crime continuado (art. 71 do CP).
>
> 5. Precedentes deste Tribunal e do Supremo Tribunal Federal".

Entretanto, em precedentes mais recentes da lavra da 5ª Turma do STJ, a tese vem sendo rejeitada:

> "I – Os delitos de apropriação indébita previdenciária e de sonegação de contribuição previdenciária, previsto nos arts. 168-A e 337-A, ambos do Código Penal, embora sejam do mesmo gênero, são de espécies diversas, porquanto os tipos penais descrevem condutas absolutamente distintas. II – Esta Corte Superior tem entendimento consolidado no sentido de que é impossível o reconhecimento da continuidade delitiva entre crimes de espécies distintas". AgRg no AREsp 1172428, de 12/6/2018.

O crime será apurável via **ação penal pública incondicionada**, sendo de **competência da Justiça Federal**, por força do artigo 109, inciso IV, da Constituição Federal, pois atenta contra bens, serviços e interesses da União.

Tipo principal	Suprimir ou reduzir contribuição social previdenciária e qualquer acessório, mediante as seguintes condutas: I – omitir de folha de pagamento da empresa ou de documento de informações previsto pela legislação previdenciária segurados empregado, empresário, trabalhador avulso ou trabalhador autônomo ou a este equiparado que lhe prestem serviços; II – deixar de lançar mensalmente nos títulos próprios da contabilidade da empresa as quantias descontadas dos segurados ou as devidas pelo empregador ou pelo tomador de serviços; III – omitir, total ou parcialmente, receitas ou lucros auferidos, remunerações pagas ou creditadas e demais fatos geradores de contribuições sociais previdenciárias.
Pena	Reclusão, de 2 (dois) a 5 (cinco) anos, e multa.
Causa de extinção da punibilidade	Se o agente, espontaneamente, declara e confessa as contribuições, importâncias ou valores e presta as informações devidas à previdência social, na forma definida em lei ou regulamento, antes do início da ação fiscal.
Possibilidade de perdão judicial ou de aplicação apenas de multa	Se o agente for primário e de bons antecedentes, desde que o valor das contribuições devidas, inclusive acessórios, seja igual ou inferior àquele estabelecido pela previdência social, administrativamente, como sendo o mínimo para o ajuizamento de suas execuções fiscais.
Redução da pena de 1/3 até 1/2 ou de aplicação apenas de multa	Se o empregador não é pessoa jurídica e sua folha de pagamento mensal não ultrapassa R$ 5.386,27 (valor 2020), o juiz poderá reduzir a pena de um terço até a metade ou aplicar apenas a de multa.

3. FALSIFICAÇÃO OU ALTERAÇÃO DE DOCUMENTO PÚBLICO CONTRA A PREVIDÊNCIA SOCIAL

Art. 297. Falsificar, no todo ou em parte, documento público, ou alterar documento público verdadeiro:

Pena – reclusão, de dois a seis anos, e multa.

§ 1º Se o agente é funcionário público, e comete o crime prevalecendo-se do cargo, aumenta-se a pena de sexta parte.

§ 2º Para os efeitos penais, equiparam-se a documento público o emanado de entidade paraestatal, o título ao portador ou transmissível por endosso, as ações de sociedade comercial, os livros mercantis e o testamento particular.

§ 3º Nas mesmas penas incorre quem *insere ou faz inserir*:

I – na folha de pagamento ou em documento de informações que seja destinado a fazer prova perante a previdência social, pessoa que não possua a qualidade de segurado obrigatório;

II – na Carteira de Trabalho e Previdência Social do empregado ou em documento que deva produzir efeito perante a previdência social, declaração falsa ou diversa da que deveria ter sido escrita;

III – em documento contábil ou em qualquer outro documento relacionado com as obrigações da empresa perante a previdência social, declaração falsa ou diversa da que deveria ter constado.

§ 4º Nas mesmas penas incorre quem omite, nos documentos mencionados no § 3º, nome do segurado e seus dados pessoais, a remuneração, a vigência do contrato de trabalho ou de prestação de serviços.

A falsificação ou alteração de documento público é um delito originário do Código Penal. No ano de 2000, através da Lei 9.983, foram inseridos os §§ 3º e 4º no artigo 297, com o intuito de proteger a Previdência Social contra as falsificações e alterações de documentos públicos.

A norma de equiparação do **§ 3º é comissiva e formal**, se consumando mediante as seguintes condutas alternativas:

a) **Incluir em folha de pagamento ou outro documento a ser apresentado à Previdência Social pessoa que não é segurado obrigatório do RGPS**:

Lamentavelmente, não é raro que os representantes de empresas insiram ilegalmente em suas folhas de pagamentos pessoas que não eram prestadores de serviços, normalmente com o propósito de instituir benefícios previdenciários, em especial a aposentadoria por invalidez e a pensão por morte.

b) **Inserir na Carteira de Trabalho do empregado ou outro documento para fins previdenciários, declaração falsa ou diversa da que deveria ser aposta:**

Também é comum esta ilegalidade, em que a CTPS é anotada com informações falsas visando conferir a cobertura previdenciária, cabendo ao INSS fazer as pesquisas, quando verificada que os registros não constam dos seus cadastros, em especial do CNIS.

c) **For feita declaração falsa ou diversa da que deveria ser anotada em documento contábil ou qualquer outro a ser apresentado à Previdência.**

Já a norma de equiparação do **§ 4º é omissiva e formal,** se consumando quando são omitidos nos citados documentos o nome do segurado, os seus dados pessoais, a sua remuneração, a vigência do contrato de trabalho ou de prestação de serviços.

Por exemplo, é comum que as empresas declarem uma remuneração inferior a real, com o propósito de reduzir o pagamento das contribuições previdenciárias patronais ou mesmo os direitos trabalhistas.

Insta destacar que este crime exige a intenção de fraudar. Como exemplo, a simples omissão em preenchimento na CTPS não realiza o tipo, caso inexista o dolo de lesar a Previdência Social ou os direitos trabalhistas.

Nesse sentido, o posicionamento do TRF da 1ª Região:

> "HABEAS CORPUS – 2005.01.00.004.934-9, de 06.06.2005. PENAL. HABEAS CORPUS. FALSIFICAÇÃO DE DOCUMENTO PÚBLICO. FALTA DE ANOTAÇÃO DA CTPS.
>
> **1. Não constitui crime (falsidade de documento público por equiparação) a falta de anotação da carteira de trabalho e previdência social do empregado, pelo empregador, mas apenas uma falta administrativa e trabalhista, que, mesmo grave, não tem conotação penal.**
>
> **2. A figura típica do § 4º do art. 297 do Código Penal** ("Nas mesmas penas incorre quem omite, nos documentos mencionados no § 3º, nome do segurado e seus dados pessoais, a remuneração, a vigência do o contrato de trabalho ou de prestação de serviços.") **não se identifica, em termos penais, com a simples falta de anotação da CTPS, pois, tendo como objeto jurídico a fé pública nos documentos relacionados com a previdência social, imprescinde do propósito direto de fraudá-la."**

No mesmo sentido o STJ:

> Informativo 539 – "**DIREITO PENAL. FALSIFICAÇÃO DE DOCUMENTO PÚBLICO POR OMISSÃO DE ANOTAÇÃO NA CTPS.**
>
> **A simples omissão de anotação na Carteira de Trabalho e Previdência Social (CTPS) não configura, por si só, o crime de falsificação de documento público (art. 297, § 4º, do CP).** Isso porque é imprescindível que a conduta do agente preencha não apenas a tipicidade formal, mas antes e principalmente a tipicidade material, ou seja, deve ser demonstrado o dolo de falso e a efetiva possibilidade de vulneração da fé pública. Com efeito, o crime de falsificação de documento público trata-se de crime contra a fé pública, cujo tipo penal depende da verificação do dolo, consistente na vontade de falsificar ou alterar o documento público, sabendo o agente que o faz ilicitamente. Além disso, a omissão ou alteração deve ter concreta potencialidade lesiva, isto é, deve ser capaz de iludir a percepção daquele que se depare com o documento supostamente falsificado. Ademais, pelo princípio da intervenção mínima, o Direito Penal só deve ser invocado quando os demais ramos do Direito forem insuficientes para proteger os bens considerados importantes para a vida em sociedade. Como corolário, o princípio da fragmentariedade elucida que não são todos os bens que têm a proteção do Direito Penal, mas apenas alguns, que são os de maior importância para a vida em sociedade. Assim, uma vez verificado que a conduta do agente é suficientemente reprimida na esfera administrativa, de acordo com o art. 47 da CLT, a simples omissão de anotação não gera consequências que exijam repressão pelo Direito Penal. **REsp 1.252.635-SP**, Rel. Min. Marco Aurélio Bellizze, julgado em 24/4/2014".

Este crime podia ser de competência da Justiça Federal ou Estadual, a depender da situação concreta, conforme antigo posicionamento do STJ no julgamento do Conflito de Competência 99.451, em 13.05.2009:

> "CONFLITO NEGATIVO DE COMPETÊNCIA. AUSÊNCIA DE ANOTAÇÃO DE CONTRATO DE TRABALHO NA CTPS. COMPETÊNCIA. 1. IDENTIFICAÇÃO DE DUAS SITUAÇÕES FÁTICAS DISTINTAS. PRIMEIRA: EMPRESA PRIVADA QUE DEIXA DE ANOTAR O PERÍODO DE VIGÊNCIA DE CONTRATO DE TRABALHO DE EMPREGADO EM SUA CTPS. INTERESSE DO PARTICULAR LESADO EM SEUIS DIREITOS TRABALHISTAS. SÚMULA 62 DO STJ. COMPETÊNCIA DA JUSTIÇA ESTADUAL. SEGUNDA: INSERÇÃO DE DADOS FALSOS NA CTPS PARA FAZER CONSTAR PERÍODO DE TRABALHO INEXISTENTE NA REALIDADE, PARA COMPUTAR COMO PRAZO PARA A OBTENÇÃO DE BENEFÍCIO PREVIDENCIÁRIO JUNTO AO INSS. INTERESSE DIRETO DA UNIÃO. CONDUTA VOLTADA À OBTENÇÃO DE BENEFÍCIO INDEVIDOS, COM DETRIMENTO DO PATRIMÔNIO PÚBLICO. COMPETÊNCIA DA JUSTIÇA FEDERAL. 2. EMPRESA CONDENADA EM RECLAMAÇÃO TRABALHISTA. OMISSÃO NA ANOTAÇÃO DE CONTRATO DE TRABALHO. RELAÇÃO DE TRABALHO E VÍNCULO EMPREGATÍCIO RECONHECIDOS. **CRIME DE FALSIFICAÇÃO DE DOCUMENTO PÚBLICO (ARTIGO 297, § 4º DO CP)**. COMPETÊNCIA DA JUSTIÇA ESTADUAL. SÚMULA 62 DO STJ. 3. COMPETÊNCIA DO JUÍZO SUSCITANTE, ESTADUAL.
>
> 1. Duas são as situações fáticas que devem ser analisadas para fins de fixação de competência: **(i)** a primeira é a hipótese em que determinada empresa privada deixa de anotar o período de vigência de contrato de trabalho de um empregado na CTPS ou anota período menor do que o realmente trabalhado com o fito de não reconhecer o vínculo empregatício e assim frustrar os direitos trabalhistas do indivíduo; **(ii)** a segunda hipótese é aquela em que são inseridos dados falsos na CTPS, fazendo constar como período de trabalho que na realidade não existiu, com o fito de serem criadas condições necessária para se pleitear benefício previdenciário junto ao INSS. **Na primeira, não**

se vislumbra qualquer prejuízo a bens, serviços ou interesses da União, senão, por via indireta ou reflexa, do INSS na anotação da carteira, dado que é na prestação de serviço que se encontra o fato gerador da contribuição previdenciária. Entendimento da Súmula 62 do STJ. **Na segunda, a lesão à União é evidente, porque a conduta é cometida com a intenção de obter vantagem indevida às custas do patrimônio público".**

No entanto, em 2012, a 3ª Seção do STJ modificou o posicionamento, firmando a competência da Justiça Federal:

> "CONFLITO NEGATIVO DE COMPETÊNCIA. PENAL. DELITO DE **FALSIFICAÇÃO** DE **DOCUMENTO** PÚBLICO. OMISSÃO DE DADOS NA CARTEIRA DE TRABALHO E **PREVIDÊNCIA** SOCIAL DO EMPREGADO. LESÃO DIRETA A INTERESSE DA UNIÃO. ART. 109, INCISO IV, DA CARTA MAGNA. COMPETÊNCIA DA JUSTIÇA FEDERAL. A partir do julgamento no **conflito de competência n. 127.706/RS**, de relatoria do Ministro ROGERIO SCHIETTI CRUZ, esta egrégia Terceira Seção pacificou o entendimento no sentido de que "**o sujeito passivo primário do crime omissivo do art. 297, § 4.º, do Diploma Penal, é o Estado, e, eventualmente, de forma secundária, o particular, terceiro prejudicado, com a omissão das informações, referentes ao vínculo empregatício e a seus consectários da CTPS. Cuida-se, portanto de delito que ofende de forma direta os interesses da União, atraindo a competência da Justiça Federal**, conforme o disposto no art. 109, IV, da Constituição Federal" (DJe 9/4/2014).

É possível que este delito seja absorvido por outros, quando enquadrado como crime-meio, a exemplo da sua consunção pelo estelionato ou apropriação indébita previdenciária, consoante entendimento do TRF da 4ª Região:

> "Processo: 2003.71.00.039854-2, de 16/01/2008. PENAL. SONEGAÇÃO DE CONTRIBUIÇÃO PREVIDENCIÁRIA. ART. 337-A DO CP. FALSIFICAÇÃO DE DOCUMENTO PÚBLICO. ART. 297, § 3º, III, DO CP. INÉPCIA DA INICIAL. INOCORRÊNCIA. ABSORÇÃO DO FALSO PELA EVASÃO TRIBUTÁRIA. DOLO. PROVA PLENA. DIFICULDADES FINANCEIRAS. DESCABIMENTO.
>
> 1. Descabe falar em inépcia da denúncia em face da ausência de inquérito policial e perícia técnica para comprovação da materialidade delitiva, à vista de outros meios legais para a comprovação.
>
> **2. O delito de sonegação de contribuição previdenciária absorve a falsidade, quando esta é o meio empregado para a prática do delito tributário.**
>
> 3. O elemento subjetivo exigido pelo tipo é o dolo genérico, caracterizado pela vontade dirigida ao propósito de reduzir ou suprimir a contribuição previdenciária com proveito próprio ou alheio, hipótese concretizada nos autos.
>
> 4. Não é admitida a aplicação da excludente de culpabilidade por dificuldades financeiras nos casos de sonegação de contribuição previdenciária, que se perfaz com a utilização de meios fraudulentos para suprimir ou reduzir contribuição social, diferentemente do que ocorre com o crime de omissão de recolhimentos de contribuições previdenciárias.
>
> 5. Redução da pena privativa de liberdade.
>
> 6. Substituição por restritivas de direitos."

Este posicionamento foi confirmado no STF:

> Rcl 24424 AgR / MT – MATO GROSSO
>
> AG.REG. NA RECLAMAÇÃO

Relator(a): Min. ROBERTO BARROSO

Julgamento: 20/04/2018 Órgão Julgador: Primeira Turma

AGRAVO REGIMENTAL EM RECLAMAÇÃO. ALEGADA OFENSA À SÚMULA VINCULANTE 24. INVESTIGAÇÃO DE CRIME MATERIAL CONTRA A ORDEM TRIBUTÁRIA NÃO CONFIGURADA. **1. O crime de sonegação fiscal previdenciária (art. 337-A do Código Penal) absorve o crime de falso previsto no art. 297, § 4º, do Código Penal quando este tiver sido praticado com o único fim de deixar de recolher contribuições previdenciárias**. 2. Na hipótese dos autos, não restou comprovado que o crime de falso se exauriu no crime tributário, de modo que não incide A Súmula Vinculante 24. 3. Agravo regimental a que se nega provimento.

4. ESTELIONATO PREVIDENCIÁRIO

O estelionato é capitulado no artigo 171, do Código Penal, se consumando quando o agente obtém para si ou outrem vantagem ilícita, induzindo ou mantendo alguém em erro, através do manejo de algum meio fraudulento, **sendo necessariamente doloso**.

Nesta passagem da obra não se objetiva analisar detidamente este delito, mas apenas a sua repercussão contra os bens, serviços ou interesses da Administração Pública Previdenciária, abordagem que realmente interessa.

É possível que a Previdência Social seja vítima de estelionato por atos comissivos ou omissivos das pessoas, especialmente dos segurados e representantes de empresas.

Ocorrerá o crime, por exemplo, quando um segurado frauda documento que registra tempo de serviço, ampliando o período de trabalho, logrando êxito na concessão do benefício de aposentadoria, sendo o falso absorvido pelo estelionato, se não restar mais nenhuma potencialidade lesiva[6].

Neste caso, o delito será consumado no momento da percepção da primeira parcela do benefício previdenciário pago indevidamente[7]. Obviamente, por carência de previsão legal, inexiste estelionato culposo[8], ao contrário do que ocorre com o peculato.

A apuração do estelionato previdenciário independe da instauração de processo administrativo, que não é condição de procedibilidade da ação penal, conforme entendimento do STF[9].

Outrossim, incidirá a causa de aumento de § 3º, do artigo 171, porquanto se cuida de crime praticado contra entidade pública[10].

Há grande polêmica na classificação deste crime, se permanente ou instantâneo de efeitos permanentes, quando consumado pelo próprio beneficiário, o que irá definir o *dies a quo* do prazo prescricional.

---

6. De acordo com a Súmula 17, do STJ, quando o falso se exaure no estelionato, sem mais potencialidade lesiva, é por este absorvido.
7. STJ, AgRg no REsp 1.022.286, de 17.12.2009.
8. TRF da 3ª Região, ACR 89.03.001592-4, de 12.04.94.
9. HC 84.487, de 02.06.2009.
10. STF, HC 73.749.

As Turmas do STF vinham divergindo a respeito. **Para a 1ª Turma, quando praticado pelo próprio beneficiário do resultado do delito, é crime permanente** (HC 99.112/AM, rel. Min. Marco Aurélio, 20.4.2010).

Por outro lado, **para a 2ª Turma era delito instantâneo de efeitos permanentes** (HC 99.363, de 17/11/2009; HC 91.716, de 31.08.2010).

Entretanto, o tema foi pacificado, pois a 2ª Turma aderiu ao posicionamento da 1ª no julgamento do HC 116.816 decidindo que o estelionato praticado pelo próprio beneficiário é **delito permanente**, conforme notícia publicada no sítio do STF em 13 de agosto de 2013:

> "Terça-feira, 13 de agosto de 2013
>
> **2ª Turma reafirma natureza permanente do crime de estelionato previdenciário**
>
> A Segunda Turma do Supremo Tribunal Federal (STF) negou o Habeas Corpus (HC) 116816, impetrado pela Defensoria Pública da União (DPU) em favor de C.S.S., denunciado pela prática do crime de estelionato previdenciário (previsto no artigo 171, parágrafo 3º, do Código Penal), sob a acusação de ter utilizado documentação falsa para sacar valores depositados em nome de outra pessoa a título de benefício previdenciário, no período de julho de 1997 a outubro de 2007. No julgamento desta terça (13), discutiu-se a natureza do delito – se se trata de crime instantâneo de efeito permanente ou de crime permanente. Essa definição é essencial para efeito da prescrição.
>
> Por unanimidade de votos, a Segunda Turma acompanhou o voto do relator do HC, ministro Gilmar Mendes, no sentido de que se trata de crime permanente, tendo em vista que sua consumação se renova a cada recebimento mensal. Com isso, o prazo prescricional deve ser contado a partir do fim do recebimento do benefício irregular (no caso em questão, outubro de 2007). A Turma rejeitou o argumento do defensor público presente à sessão de que se tratava de crime instantâneo de efeito permanente. De acordo com a tese apresentada pelo representante da DPU, embora tenha havido recebimentos sucessivos mensais, a consumação do delito ocorreu no recebimento do primeiro benefício indevido, que ocorreu em julho de 1997, devendo a prescrição ser contada a partir dessa data.
>
> **Em seu voto, o ministro Gilmar Mendes invocou a jurisprudência da Corte no sentido de que o crime de estelionato previdenciário, praticado pelo próprio beneficiário, tem natureza permanente, por isso o prazo prescricional começa a fluir a partir da cessação da permanência.** O relator também destacou trecho do parecer do Ministério Público Federal, de que a obtenção da vantagem ilícita não pode ser considerada meramente efeito do crime, uma vez que consiste tanto em ato de execução como de consumação do delito".

No âmbito do **STJ**, o tema também gerava divergência entre os órgãos internos. **Para a 6ª Turma, é instantâneo de efeitos permanentes** (HC 126.984, de 06.04.2010). Já a 5ª Turma da Corte Superior, entende que o estelionato contra a Previdência Social é delito permanente (HC 152.150, de 04.02.2010; HC 181.250, de 14.06.2011).

Contudo, no dia 24 de junho de 2012, a 3ª Seção do STJ, no julgamento do Recurso Especial 1.206.105, definiu que "sendo o objetivo do estelionato a obtenção de vantagem ilícita em prejuízo alheio, nos casos de prática contra a Previdência Social, a ofensa ao bem jurídico tutelado pela norma é reiterada, mês a mês, enquanto não há a descoberta da aplicação do ardil, artifício ou meio fraudulento. Tratando-se, portanto, de crime permanente, inicia-se a contagem para o prazo prescricional com a supressão do recebimento do benefício indevido e, não, do recebimento da primeira parcela da prestação previdenciária, como entendeu a decisão que rejeitou a denúncia".

De maneira urgente, no âmbito do STF, é preciso que a divergência seja solucionada, a fim de conferir segurança jurídica para o cálculo prescricional deste delito, pois o entendimento firmado em 2007 pelo Plenário não vem sendo seguido pela 1ª Turma.

Entende-se que é delito permanente, na hipótese de indução da Previdência Social em erro, caso haja a percepção de benefício previdenciário, enquanto durar o seu pagamento, pois é uma obrigação progressiva, renovando-se o engodo a cada pagamento mensal.

De acordo com o entendimento acertado do Superior Tribunal de Justiça (Informativo 559), "**não extingue a punibilidade do crime de estelionato previdenciário (art. 171, § 3º, do CP) a devolução à Previdência Social, antes do recebimento da denúncia, da vantagem percebida ilicitamente, podendo a iniciativa, eventualmente, caracterizar arrependimento posterior, previsto no art. 16 do CP**. O art. 9º da Lei 10.684/2003 prevê hipótese excepcional de extinção de punibilidade, "quando a pessoa jurídica relacionada com o agente efetuar o pagamento integral dos débitos oriundos de tributos e contribuições sociais, inclusive acessórios", que somente abrange os crimes de sonegação fiscal, apropriação indébita previdenciária e sonegação de contribuição previdenciária, ontologicamente distintos do estelionato previdenciário, no qual há emprego de ardil para o recebimento indevido de benefícios. Dessa forma, não é possível aplicação, por analogia, da causa extintiva de punibilidade prevista no art. 9º da Lei 10.684/2003 pelo pagamento do débito ao estelionato previdenciário, pois não há lacuna involuntária na lei penal a demandar o procedimento supletivo, de integração do ordenamento jurídico. Precedente citado: AgRg no Ag 1.351.325-PR, Quinta Turma, DJe 5/12/2011. REsp 1.380.672-SC, Rel. Min. Rogerio Schietti Cruz, julgado em 24/3/2015, DJe 6/4/2015".

O STJ reconheceu a continuidade delitiva para a hipótese de saque irregular de aposentadoria de segurado falecido:

> **INFORMATIVO 516 – "DIREITO PENAL. APLICAÇÃO DA REGRA DA CONTINUIDADE DELITIVA AO ESTELIONATO PREVIDENCIÁRIO PRATICADO MEDIANTE A UTILIZAÇÃO DE CARTÃO MAGNÉTICO DO BENEFICIÁRIO FALECIDO.**
>
> A regra da continuidade delitiva é aplicável ao estelionato previdenciário (art. 171, § 3º, do CP) praticado por aquele que, após a morte do beneficiário, passa a receber mensalmente o benefício em seu lugar, mediante a utilização do cartão magnético do falecido. Nessa situação, não se verifica a ocorrência de crime único, pois a fraude é praticada reiteradamente, todos os meses, a cada utilização do cartão magnético do beneficiário já falecido. Assim, configurada a reiteração criminosa nas mesmas condições de tempo, lugar e maneira de execução, tem incidência a regra da continuidade delitiva prevista no art. 71 do CP.A hipótese, ressalte-se, difere dos casos em que o estelionato é praticado pelo próprio beneficiário e daqueles em que o não beneficiário insere dados falsos no sistema do INSS visando beneficiar outrem; pois, segundo a jurisprudência do STJ e do STF, nessas situações o crime deve ser considerado único, de modo a impedir o reconhecimento da continuidade delitiva. REsp 1.282.118-RS, Rel. Min. Maria Thereza de Assis Moura, julgado em 26/2/2013".

Por fim, se houver prejuízos contra bens, serviços ou interesses do INSS, a competência para julgamento será da Justiça Federal.

Colaciona-se um caso em que o STJ decidiu pela competência da Justiça Estadual para o seu julgamento, noticiado através do Informativo 432:

> **"COMPETÊNCIA. ESTELIONATO. EMPRÉSTIMO. APOSENTADA.**
>
> Cuida-se da suposta prática de estelionato mediante a contratação fraudulenta de empréstimo consignado em folha de pagamento de proventos do INSS. Constatou-se que foi utilizada a senha de um representante de corretora de seguros para realizar o empréstimo fraudulento na instituição financeira privada e consigná-lo na folha de pagamento da aposentada. Diante disso, constata-se que o estelionato

não foi cometido em detrimento de bens, serviços ou interesses da União ou suas entidades autárquicas, o que afasta a competência da Justiça Federal e determina a da Justiça comum estadual. Precedentes citados: CC 102.207-SP, DJe 3/8/2009; CC 38.293-RS, DJ 9/6/2003, e AgRg no CC 37.487-RS, DJ 20/10/2003. **CC 100.725-RS, Rel. Min. Jorge Mussi, julgado em 28/4/2010**".

5. QUADRO SINÓTICO

Apropriação indébita de contribuição previdenciária	Deixar de repassar à previdência social as contribuições recolhidas dos contribuintes, no prazo e forma legal ou convencional: Pena – reclusão, de 2 (dois) a 5 (cinco) anos, e multa.
Sonegação de contribuição previdenciária	Suprimir ou reduzir contribuição social previdenciária e qualquer acessório, mediante as seguintes condutas: I – omitir de folha de pagamento da empresa ou de documento de informações previsto pela legislação previdenciária segurados empregado, empresário, trabalhador avulso ou trabalhador autônomo ou a este equiparado que lhe prestem serviços; II – deixar de lançar mensalmente nos títulos próprios da contabilidade da empresa as quantias descontadas dos segurados ou as devidas pelo empregador ou pelo tomador de serviços; III – omitir, total ou parcialmente, receitas ou lucros auferidos, remunerações pagas ou creditadas e demais fatos geradores de contribuições sociais previdenciárias: Pena – reclusão, de 2 (dois) a 5 (cinco) anos, e multa.
Falsificação de documento público contra a Previdência Social	Quem *insere ou faz inserir*: I – na folha de pagamento ou em documento de informações que seja destinado a fazer prova perante a previdência social, pessoa que não possua a qualidade de segurado obrigatório; II – na Carteira de Trabalho e Previdência Social do empregado ou em documento que deva produzir efeito perante a previdência social, declaração falsa ou diversa da que deveria ter sido escrita; III – em documento contábil ou em qualquer outro documento relacionado com as obrigações da empresa perante a previdência social, declaração falsa ou diversa da que deveria ter constado. § 4º Nas mesmas penas incorre quem omite, nos documentos mencionados no § 3º, nome do segurado e seus dados pessoais, a remuneração, a vigência do contrato de trabalho ou de prestação de serviços. Pena – reclusão, de dois a seis anos, e multa.
Estelionato previdenciário	Obter, para si ou para outrem, em detrimento da previdência social, vantagem ilícita, em prejuízo alheio, induzindo ou mantendo alguém em erro, mediante artifício, ardil, ou qualquer outro meio fraudulento: Pena – reclusão, de um a cinco anos, e multa, de quinhentos mil réis a dez contos de réis.

6. QUESTÕES DE PROVA

15.1 (Ano: 2019 Banca: Instituto Consulplan Órgão: Prefeitura de Suzano – SP Prova: Instituto Consulplan – 2019 – Prefeitura de Suzano – SP – Procurador Jurídico) Sobre crime de sonegação fiscal previdenciária, analise as afirmativas a seguir.

I. Para a consumação do crime de sonegação fiscal previdenciária pressupõem duas omissões sucessivas.

II. Estando em curso processos administrativos nos quais se questiona a exigibilidade das contribuições devidas ao INSS, não há justa causa para a persecução criminal.

III. O crime de sonegação de contribuição previdenciária é classificado como delito de caráter formal.

IV. É extinta a punibilidade se o agente, espontaneamente, declara, confessa e efetua o pagamento das contribuições, importâncias ou valores e presta as informações devidas à Previdência Social, na forma definida em lei ou regulamento, antes do início da ação fiscal. Estão corretas apenas as afirmativas

A) I e II.

B) I e IV.

C) II e III.

D) III e IV.

Gabarito: Letra A

Para acesso ao vídeo, utilize o QR Code ao lado.

15.2 (Ano: 2020 Banca: VUNESP Órgão: AVAREPREV-SP Prova: VUNESP – 2020 – AVAREPREV-SP – Procurador Jurídico) De acordo com a Lei nº 9.983/00, o ato de suprimir ou reduzir contribuição social previdenciária e qualquer acessório de maneira dolosa corresponde ao crime de

A) sonegação de contribuição previdenciária.

B) apropriação indébita previdenciária.

C) peculato apropriação.

D) modificação ou alteração não autorizada de sistema de informações.

E) estelionato previdenciário.

Gabarito: Letra A

Para acesso ao vídeo, utilize o QR Code ao lado.

REFERÊNCIAS

ALENCAR, Hermes Arrais. *Benefícios Previdenciários*, 4ª edição, Ed. Leud, São Paulo, 2009.

ALEXANDRE, Ricardo. *Direito Tributário Esquematizado.* 2ª edição, Ed. Método, São Paulo.

AMADO, Frederico. *Curso de Direito e Processo Previdenciário.* São Paulo: Juspodivm, 2020.

AMADO, Frederico. MACIEL, Carlos. *In Cálculos Previdenciários. Teoria Jurídica e Análise Contábil na Concessão e Revisão de Benefícios do RGPS.* 2014, Ed. Juspodivm.

AMORIM FILHO, Agnelo. Critério científico para distinguir a prescrição da decadência e para identificar as ações imprescritíveis. *Revista de Direito Processual Civil.* São Paulo, v. 3º, p. 95-132, jan./jun. 1961.

BALERA, Wagner. *Sistema de Seguridade Social*, 5ª ed., São Paulo: LTR, 2009.

BARROSO, Luís Roberto. *Fundamentos Teóricos e Filosóficos do Novo Direito Constitucional Brasileiro (Pós-modernidade, Teoria Crítica e Pós-Positivismo).* In *A Nova Interpretação Constitucional: Ponderação, Direitos Fundamentais e Relações Privadas.* Luís Roberto Barroso (organizador). 2. ed. Rio de Janeiro : Renovar, 2006.

BERNANDO, Leandro Ferreira; FRACALOSSI, William. *Direito Previdenciário na Visão dos Tribunais*: doutrina e jurisprudência. 1ª edição, Ed. Método, São Paulo.

BOSCHETTI, Ivanete. *Seguridade social na América Latina após o dilúvio neoliberal.* Disponível em http://www.ibase.br/userimages/seguridade1.pdf. Acesso em 01 dez. de 2010.

BRASIL, Instituto de Pesquisa Econômica Aplicada – IPEA. Nota Técnica: Auxílio-doença: Contribuição para um diagnóstico, 2007.

BRASIL, Ministério da Previdência Social. *Panorama da Previdência Social brasileira*, 3ª edição, Brasília: MPS, 2008.

BRASIL, Ministério da Previdência Social. *Previdência Social*: Reflexões e desafios. Brasília: MPS, 2009.

CARVALHO FILHO, José dos Santos. *Direito administrativo.* 17. ed. Rio de Janeiro: Lumen Iuris, 2007.

CASTRO, Carlos Alberto Pereira; LAZZARI, João Batista. *Manual de Direito Previdenciário*, 11ª edição, Florianópolis.

COSTA, Eliane Romeiro. Sistemas Previdenciários Estrangeiros. Análise das Reformas Estruturais de Previdência Complementar. *Revista de Direito Previdenciário* n. 299. LTR, 2005.

________ Fundamentos do Sistema de Assistência Social. *Estudos*, Goiânia, v. 34, maio/junho de 2007. Disponível em http://seer.ucg.br/index.php/estudos/article/viewDownloadInterstitial/327/266. Acesso em 10 dez. de 2010.

DIAS, Eduardo Rocha; MACÊDO, José Leandro Monteiro de. *Curso de Direito Previdenciário*, 1ª edição, Ed. Método, São Paulo.

FERREIRA, Aurélio Buarque de Holanda. *Dicionário Aurélio básico da língua portuguesa*. Rio de Janeiro: Nova Fronteira, 1988.

FIGUEIRA, Adriano Almeida. *Revisão judicial do valor dos benefícios previdenciários*. Impetus, Rio de Janeiro, 2008.

GRANEMANN, Sara. *Políticas Sociais e Financeirização dos Direitos do Trabalho*. Disponível em http://www.e-publicacoes.uerj.br. Acesso em 06 fev. de 2010.

HERKENHOFF, João Batista. *Justiça, Direito do povo*. 2. edição. Rio de Janeiro: Thex.

IBRAHIM, Fábio Zambitte. *Curso de Direito Previdenciário*, 13ª edição, Impetus, Rio de Janeiro.

________ *Curso de Direito Previdenciário*, 15ª edição, Impetus, Rio de Janeiro.

INSS, Procuradoria Federal Especializada. Lei nº 8.213/91 Anotada pela PFE/INSS. Escola da AGU, Brasília, 2010.

KERTZMAN, Ivan. *Curso Prático de Direito Previdenciário*, 7ª edição, Juspodivm, Salvador.

LAZZARI, João Batista; Kravchychyn, Jefferson Luis; Pereira de Castro, Carlos Alberto; Kravchychyn, Gisele Lemos. *Prática Processual Previdenciária Administrativa e Judicial*, 2ª edição, Ed. Conceito, Florianópolis, 2011.

LEAL, Antônio Luiz da Câmara. *Da Prescrição e da Decadência*, 3ª ed., RJ, Forense, 1978.

LEITÃO, André Studart; MEIRINHO, Augusto Grieco Sant'Anna (organizadores). *Prática Previdenciária* – A Defesa do INSS em Juízo. Quartier Latin, São Paulo, 2008.

MARTINEZ, Wladimir Novaes. *Curso de Direito Previdenciário*. 3ª edição, LTR, São Paulo.

MARTINS, Sergio Pinto. *Direito da Seguridade Social*, 29ª edição, Atlas, São Paulo.

MAXIMILIANO, Carlos. *Hermenêutica e Aplicação do Direito*. Rio de Janeiro: Forense, 2003.

MENDES, Gilmar Ferreira; COELHO, Inocêncio Mártires; BRANCO, Paulo Gustavo Gonet. *Curso de Direito Constitucional*, 4ª edição, Saraiva, São Paulo.

Organização Mundial da Saúde Como usar a CIF: Um manual prático para o uso da Classificação Internacional de Funcionalidade, Incapacidade e Saúde (CIF). Versão preliminar para discussão. Outubro de 2013. Genebra: OMS.

RIBEIRO, Maria Helena Carreira Alvim. *Aposentadoria Especial*, 3ª edição, Juruá, Curitiba.

SAVARIS, José Antonio. *Direito Processual Previdenciário*, 3ª edição, 2011, Juruá.

TAVARES, Marcelo Leonardo. *Direito Previdenciário*, 11ª edição, Impetus, Rio de Janeiro.

TREZUB, Cláudio; PATSIS, Keti. *Perícia Médica Previdenciária*: Benefícios por incapacidade, 1ª edição, Juspodivm, Salvador.

EDITORA
JusPODIVM
www.editorajuspodivm.com.br

Impressão e acabamento: BMF Gráfica e Editora